U0816688

中国科学技术协会
年　鉴
2021

中国科学技术出版社
·北　京·

图书在版编目（CIP）数据

中国科学技术协会年鉴 . 2021 / 中国科学技术协会组织编写 . -- 北京 : 中国科学技术出版社 , 2021.12

ISBN 978-7-5046-9125-5

Ⅰ . ①中…　Ⅱ . ①中…　Ⅲ . ①中国科学技术协会—2021 —年鉴　Ⅳ . ①G322.25-54

中国版本图书馆 CIP 数据核字（2021）第 152942 号

责任编辑　韩　颖
装帧设计　中文天地
责任校对　焦　宁　邓雪梅　张晓莉　吕传新
责任印制　李晓霖

出　　版　中国科学技术出版社
发　　行　中国科学技术出版社有限公司发行部
地　　址　北京市海淀区中关村南大街16号
邮　　编　100081
发行电话　010-62173865
传　　真　010-62179148
网　　址　http://www.cspbooks.com.cn

开　　本　889mm × 1194mm　1/16
字　　数　2350千字
印　　张　73.25
印　　数　1—1600册
版　　次　2021年12月第1版
印　　次　2021年12月第1次印刷
印　　刷　北京华联印刷有限公司
书　　号　ISBN 978-7-5046-9125-5 /G·907
定　　价　150.00元

（凡购买本社图书，如有缺页、倒页、脱页者，本社发行部负责调换）

编辑说明

一、《中国科学技术协会年鉴》是一部综合性资料性工具书，由中国科学技术协会主办，2001 年创刊，每年出版一卷，旨在全面、系统地反映中国科协系统为科技工作者服务、为创新驱动发展服务、为提高全民科学素质服务、为党和政府科学决策服务等各项事业发展变化的基本情况和发生的大事、要事、新事及有影响的事，为各方面了解中国科协提供信息和资料。

二、《中国科学技术协会年鉴》采用分类编辑法，主体内容设类目、分目、条目三个结构层次，以条目为表现内容的基本形式，全书条目的标题统一用黑体加【 】表示。

三、《中国科学技术协会年鉴（2021）》着重反映 2020 年中国科协系统的基本情况。全书设中央领导同志贺信讲话、中国科协主席党组书记讲话、重要文件、专题文章、"抗击新冠疫情　科协系统在行动"专题、"聚焦科技经济融合发展　推动'科创中国'建设"专题、主要活动和重要事件、人物、表彰奖励、统计公报、全国学会（协会、研究会）简况、省（自治区、直辖市，新疆生产建设兵团）科协简况、大事记、附录 14 个类目。

四、本年鉴配备双重检索系统，书前刊有目录，书后配有索引。索引采用主题分析法，款目按汉语拼音字母顺序排列。

五、本年鉴的编辑出版工作得到各撰稿单位的通力合作，谨此致谢。本卷疏漏之处，敬请批评指正。

《中国科学技术协会年鉴（2021）》编辑委员会

主　　任　张玉卓

副 主 任　徐延豪　孟庆海　束　为　吕昭平　殷　皓
　　　　　王进展　王守东

主　　编　束　为

编　　委　周文标　李坤平　郭　哲　刘兴平　顾　斌
　　　　　杨文志　王庆林　李志刚　王江宏

副 主 编　周文标　郭　哲　高　勘　周大亚　崔建平
　　　　　张小林

《中国科学技术协会年鉴（2021）》编辑部

（编辑部设在中国科协信息中心）

主　　任　杨利军

副 主 任　党　锋

执行主编　董艳苹　周丹东　王学健　李安安

执行编辑　邹冰洋　孙艳鹏　刘　畅　刘冰心　刘　桐
　　　　　陆宇豪　吴俣桐　王宇光　唐志荣　尹莉华
　　　　　冯　钰　刘　倩　张　达

目　　录

专题文章

抗击新冠肺炎疫情 科协系统在行动

聚焦科技经济融合发展 推动“科创中国”建设

中国科协 2020 年主要活动和重要事件

人　物

表彰奖励

中国科协 2020 年度事业发展统计公报

全国学会、协会、研究会（含受委托管理的学会）简况

省、自治区、直辖市科协，新疆生产建设兵团科协简况

大事记

附 录

索 引

中国科学技术协会章程

（2016年6月1日中国科学技术协会第九次全国代表大会通过）

第一章　总　则

第一条　中国科学技术协会是中国科学技术工作者的群众组织，是中国共产党领导下的人民团体，是党和政府联系科学技术工作者的桥梁和纽带，是国家推动科学技术事业发展的重要力量。

第二条　中国科学技术协会的宗旨是：高举中国特色社会主义伟大旗帜，坚持以马克思列宁主义、毛泽东思想、邓小平理论、"三个代表"重要思想、科学发展观为指导，深入贯彻落实习近平总书记系列重要讲话精神，按照全面建成小康社会、全面深化改革、全面依法治国、全面从严治党的战略布局，坚持科学技术是第一生产力，坚持把创新作为引领发展的第一动力，把人才作为支撑发展的第一资源，把创新摆在发展全局的核心位置，深入实施科教兴国战略、人才强国战略、创新驱动发展战略，认真履行为科学技术工作者服务、为创新驱动发展服务、为提高全民科学素质服务、为党和政府科学决策服务的职责定位，促进科学技术的繁荣和发展，促进科学技术的普及和推广，促进科学技术人才的成长和提高，反映科学技术工作者的意见建议，维护科学技术工作者的合法权益，营造良好科学文化氛围，坚定不移走中国特色社会主义群团发展道路，不断增强政治性、先进性和群众性，建设开放型、枢纽型、平台型科协组织，真正成为党领导下团结联系广大科技工作者的人民团体，提供科技类公共服务产品的社会组织，国家创新体系的重要组成部分，把广大科学技术工作者更加紧密地团结凝聚在党的周围，为实现中华民族伟大复兴的中国梦而努力奋斗。

第三条　中国科学技术协会由全国学会、协会、研究会（以下学会、协会、研究会简称学会），地方科学技术协会及基层组织组成。

地方科学技术协会由同级学会和下一级科学技术协会及基层组织组成。

第四条　中国科学技术协会贯彻自主创新、重点跨越、支撑发展、引领未来的科技工作方针，弘扬尊重劳动、尊重知识、尊重人才、尊重创造的风尚，倡导创新、求实、协作、奉献的精神，坚持独立自主、民主办会的原则和"百花齐放、百家争鸣"的方针，依法依章程开展工作。

第五条　中国科学技术协会高举爱国主义旗帜，加强与香港特别行政区、澳门特别行政区和台湾地区的科学技术交流，维护民族团结，促进祖国统一。

第二章　任　务

第六条　密切联系科学技术工作者，宣传党的路线方针政策，反映科学技术工作者的建议、意见和诉求，维护科学技术工作者的合法权益，建设科技工作者之家。

第七条　开展学术交流，活跃学术思想，倡导学术民主，优化学术环境，促进学科发展，推进国家创新体系建设。

第八条　组织科学技术工作者开展科技创新，参与科学论证和咨询服务，加快科学技术成果转化应用，助力创新发展，为增强企业自主创新能力作贡献。

第九条　弘扬科学精神，普及科学知识，推广先进技术，传播科学思想和科学方法，捍卫科学尊严，提高全民科学素质。

第十条　健全科学共同体的自律功能，推动建立和完善科学研究诚信监督机制，促进科学道德建设和学风建设，宣传优秀科学技术工作者，培育科学文化，践行社会主义核心价值观。

第十一条　组织科学技术工作者参与国家科技战略、规划、布局、政策、法律法规的咨询制定和国家事务的政治协商、科学决策、民主监督工作，建设中国特色高水平科技创新智库。

第十二条　组织所属学会有序承接科技评估、工程技术领域职业资格认定、技术标准研制、国家科技奖励推荐等政府委托工作或转移职能。

第十三条　注重激发青少年科技兴趣，发现培养杰出青年科学家和创新团队，表彰奖励优秀科学技术工作者，举荐科学技术人才。

第十四条　开展民间国际科学技术交流活动，促进国际科学技术合作，发展同国（境）外科学技术团体和科学技术工作者的友好交往，为海外科技人才来华创新创业提供服务。

第十五条　兴办符合中国科学技术协会宗旨的社会公益性事业。

第三章　会　员

第十六条　中国科学技术协会实行团体会员制。

学会和高等学校科协、大型企业科协等基层组织，符合条件的，经批准可成为同级科学技术协会的团体会员。

学会和基层组织发展个人会员。

第十七条　会员的权利和义务：

团体会员可推选代表参加科学技术协会代表大会，享有选举权、被选举权和监督权；参加科学技术协会的活动，对科学技术协会的工作提出建议和批评并进行监督。

团体会员须遵守本章程，接受科学技术协会的领导，执行科学技术协会的决议和决定，开展符合本章程规定的各项活动，承担科学技术协会委托的工作任务。

个人会员的权利和义务由学会和基层组织章程规定。

第四章　全国领导机构

第十八条　全国代表大会和它选举产生的全国委员会是中国科学技术协会全国领导机构。

全国代表大会常务委员会是全国代表大会的常设机构。

第十九条　全国代表大会每五年举行一次，由全国委员会召集。特殊情况下，可以提前或延期举行。

第二十条　全国代表大会的代表名额和选举办法由常务委员会决定，其代表经全国学会和省、自治区、直辖市科学技术协会及有关方面民主协商，选举产生。

代表大会代表实行任期制。

第二十一条　全国代表大会行使下列职权：

一、决定中国科学技术协会的工作方针和任务；

二、审议和批准全国委员会的工作报告；

三、制定和修改中国科学技术协会章程；

四、选举产生全国委员会；

五、决定其他重大事项。

第二十二条　全国委员会会议每年举行一次，由常务委员会召集。

第二十三条　全国委员会行使下列职权：

一、执行全国代表大会的决议；

二、选举主席、副主席和常务委员；

三、审议中国科学技术协会年度工作报告；

四、决定授予荣誉职务；

五、决定其他重大事项。

第二十四条　全国委员会闭会期间，常务委员会领导中国科学技术协会的工作，实施全国委员会确定的任务，批准全国委员会委员的变更、增补或撤销，会员的接纳、退出或处罚；决定常务委员会委员、全国委员会副主席的调整，并提交全国委员会会议批准。

常务委员会会议一般每半年举行一次，由主席召集，也可由主席委托副主席召集。

第二十五条　常务委员会下设书记处。书记处由第一书记和书记若干人组成，人选由主席提名，经常务委员会通过。书记处在常务委员会领导下主持中国科学技术协会的日常工作。

第二十六条　常务委员会设置若干工作委员会和专门委员会，协助审议需经常务委员会审定的有关事项。

第二十七条　常务委员会根据需要，聘请成就卓著的科学家为中国科学技术协会顾问。

第二十八条　全国委员会委员和常务委员会委员应珍惜荣誉，遵守纪律，认真履职。全国委员会委员连续两次无故缺席全国委员会会议，没有正常履职的，一般应辞去全国委员会委员职务；常务委员会委员三次无故缺席常务委员会会议，没有正常履职的，一般应辞去常务委员会委员职务。

因为严重违纪受到查处或受到刑事处罚的，撤销委员职务，同时终止全国代表大会代表资格。

第五章　全国学会

第二十九条　本章程所称全国学会是按自然科学、技术科学、工程技术及相关科学的学科组建或以促进科学技术发展和普及为宗旨的社会团体。

第三十条　加入中国科学技术协会的全国学会须满足以下基本条件：

一、承认中国科学技术协会章程；

二、按照社会团体登记管理规定依法登记；

三、学术带头人应在相关领域有重要影响，个人会员达到1000名以上；

四、经常开展国内外学术交流活动，具有较强的服务科技创新、决策咨询和科学技术普及能力，编辑出版科学技术或科学普及刊物，原则上应设有科学技术奖项；

五、有实体办事机构、固定办公场所和专职工作人员。

第三十一条　符合本章程第三十条规定的全国学会，向中国科学技术协会提出申请，经常务委员会批准，即为中国科学技术协会的团体会员。

第三十二条　加入中国科学技术协会的全国学会接受中国科学技术协会的领导，执行中国科学技术协会的决议，承担并完成中国科学技术协会委托的任务，选举代表参加中国科学技术协会全国代表大会。

全国学会退出中国科学技术协会，须经中国科学技术协会常务委员会批准。

第三十三条　全国学会会员代表大会每四至五年举行一次，决定学会的工作方针和任务，审议和批准学会理事会的工作报告和财务报告，制定、修改会章，选举新的理事会。

全国学会办事机构在理事会领导下开展工作。

第三十四条　全国学会可根据学科发展需要组建学会联合体，有条件的学会联合体应设立党的工作机构。学会联合体为非法人社团组织，其成立或解散须经中国科学技术协会常务委员会批准。

第三十五条　全国学会有下列情形之一的，经中国科学技术协会批准，给予限期整改、警告、撤销团体会员资格等处罚：

一、履职不力、组织涣散的，责令限期整改；

二、限期整改后仍无明显改进的，经批准，给予警告处分；

三、违反国家法律法规，或严重违反中国科学技术协会章程，造成严重不良后果的，经常务委员会批准，撤销团体会员资格。

第六章　地方科学技术协会

第三十六条　本章程所称地方科学技术协会指省（自治区、直辖市）科学技术协会，市（地、州、盟）科学技术协会和县（市、区、旗）科学技术协会。地方科学技术协会是中国科学技术协会的地方组织，是地方同级党委领导下的人民团体。

第三十七条　省、自治区、直辖市科学技术协会接受中国科学技术协会的业务指导。

市（地、州、盟）科学技术协会接受省（自治区、直辖市）科学技术协会的业务指导。

县（市、区、旗）科学技术协会接受市（地、州、盟）科学技术协会的业务指导。

省级以下（含省级）学会接受同级科学技术协会领导，业务上受相应的上级学会指导。

第三十八条　地方科学技术协会执行中国科学技术协会的章程和决议，推选代表参加上级科学技术协会代表大会。

第三十九条　地方科学技术协会代表大会每五年举行一次，决定本地区科学技术协会的工作方针和任务，审议地方科学技术协会委员会的工作报告，选举地方科学技术协会委员会。

地方科学技术协会主席、副主席选举结果应报上一级科学技术协会备案。

第七章　基层组织

第四十条　科学技术工作者集中的企业事业单位和有条件的乡镇、街道社区等建立的科学技术协会（科学技术普及协会）是中国科学技术协会的基层组织，依照本章程开展活动。

地方科学技术协会联系指导农村专业技术协会等基层组织。

第四十一条　中国科学技术协会和地方科学技术协会可依规模和影响发展符合条件的基层组织作为团体会员。

第四十二条　基层组织应立足自身特点，动员和组织科学技术工作者开展学术交流，普及科学技术，推广实用技术，助力创新驱动，服务大众创业万众创新。

第四十三条　基层组织应大力发展个人会员，及时准确反映基层科学技术工作者的建议、意见和诉求，建好科技工作者之家、广交科技工作者之友。

第八章　工作人员

第四十四条　各级科学技术协会机关对其工作人员按照国家有关规定进行管理。

第四十五条　各级科学技术协会所属学会对其工作人员根据其编制性质和管理的需要，执行相应的人事管理制度。

第四十六条　各级科学技术协会所属事业单位的工作人员按国家对事业单位的管理规定进行管理。

第四十七条　各级科学技术协会工作人员应热爱科学技术协会的事业，牢固树立为科学技术工作者服务的思想，持续改进工作作风，深入实际和基层，密切联系和真诚服务科学技术工作者，不断提高政策水平、专业技能和社会服务能力。

第四十八条　各级科学技术协会要加强对工作人员的培养和教育，有计划有组织地开展培训工作，提高工作人员的政治和业务素质。

第四十九条　各级科学技术协会及所属团体工作人员应自觉加强纪律和道德约束，共同维护科学技术协会作为科技工作者之家的良好形象，不得肆意贬损诋毁。如有违犯者，视情节轻重给予处理。

第九章　经费及资产管理

第五十条　经费来源：

一、财政拨款；

二、资助；

三、捐赠；

四、会费；

五、企事业收入；

六、其他收入。

第五十一条　建立学术交流、科学技术普及、人才举荐和奖励等专项基金。

第五十二条　建立常务委员会领导下的民主理财管理体制。

第五十三条　各级科学技术协会的经费、资产及国家和地方拨给科学技术协会的不动产受法律保护，任何单位和个人不得侵占、挪用和任意调拨；各级科学技术协会所属企业、事业的资产隶属关系不得随意改变。

第十章 会 徽

第五十四条 中国科学技术协会会徽由古天象仪、航天器、齿轮、麦穗、蛇杖以及中文和英文标出的中国科学技术协会名称组成。

第五十五条 中国科学技术协会会徽可在办公地点、活动场所、会议会场悬挂，在出版物上印制，也可制作成徽章佩戴。

第十一章 附 则

第五十六条

中国科学技术协会简称中国科协。

中国科学技术协会会址设在北京。

中国科学技术协会的英文全称是 CHINA ASSOCIATION FOR SCIENCE AND TECHNOLOGY，缩写为 CAST。

第五十七条 全国委员会依照本章程制定《全国学会组织通则》。

第五十八条 全国学会依据有关社会团体登记管理规定、本章程制定学会章程。

地方科学技术协会可根据本章程制定实施细则。

第五十九条 本章程解释权属中国科学技术协会。

第六十条 本章程经中国科学技术协会全国代表大会通过实施。

中国科学技术协会会徽

中国科学技术协会会徽由古天象仪、航天器、齿轮、麦穗、蛇杖以及中文和英文标出的中国科学技术协会名称组成。

中国科学技术协会会徽可在办公地点、活动场所、会议会场悬挂，在出版物上印制，也可作为徽章佩戴。

中国科学技术协会标识

中国科学技术协会标识图案为双面拓扑图形，造型富于变化，富有动感。舞动的丝带寓意中国科协是党和政府联系广大科技工作者的桥梁和纽带，象征科协组织具有蓬勃的生命力和创造力。

中国科学技术协会简介

一、历史沿革

中华人民共和国成立前夕，党中央为团结科技工作者，为新中国建设事业贡献力量，邀请科技界派代表参加中国人民政治协商会议，批准由中国科学社、中华自然科学社、中国科学工作者协会和东北自然科学研究会等 4 个科学团体共同发起，筹备召开中华全国自然科学工作者代表会议（简称科代会）。1949 年 7 月，科代会筹备会议在北平召开，选出正式代表 15 人和候补代表 2 人参加中国人民政治协商会议。1950 年 8 月，科代会在北京举行，决定成立“中华全国自然科学专门学会联合会”（简称全国科联）和“中华全国科学技术普及协会”（简称全国科普），推举地质学家李四光为全国科联主席、林学家梁希为全国科普主席。

1958 年 9 月，经党中央批准，全国科联和全国科普合并，正式成立全国科技工作者的统一组织——中国科学技术协会。至今，中国科协先后召开十次全国代表大会，李四光、周培源、钱学森、朱光亚曾分别担任第一、二、三、四届全国委员会主席，周光召为第五、六届全国委员会主席，韩启德为第七、八届全国委员会主席，2016 年 6 月，万钢当选为第九届全国委员会主席。1991 年 1 月，全国政协七届十二次常委会议决定，恢复中国科协为全国政协组成单位。

二、宗旨任务

1. 宗旨

高举中国特色社会主义伟大旗帜，坚持以马克思列宁主义、毛泽东思想、邓小平理论、“三个代表”重要思想、科学发展观、习近平新时代中国特色社会主义思想为指导，增强“四个意识”、坚定“四个自信”、做到“两个维护”，按照“五位一体”总体布局和“四个全面”战略布局，坚持科学技术是第一生产力，坚持把创新作为引领发展的第一动力，把人才作为支撑发展的第一资源，坚持面向世界科技前沿、面向经济主战场、面向国家重大需求、面向人民生命健康，充分发挥作为国家创新体系重要组成部分的作用。

牢牢把握增强政治性、先进性、群众性要求，建设开放型、枢纽型、平台型科协组织，坚持为科技工作者服务、为创新驱动发展服务、为提高全民科学素质服务、为党和政府科学决策服务，促进科学技术的繁荣和发展，促进科学技术的普及和推广，促进科技人才的成长和提高，促进科技智库作用的发挥和彰显。坚持面向世界、面向未来，增进对国际科技界的开放、信任、合作，为推动构建人类命运共同体作出更大贡献。

坚定不移走中国特色社会主义群团发展道路，最广泛地把广大科技工作者团结凝聚在党的周围，自觉履行高水平科技自立自强的使命担当，为全面建设社会主义现代化国家、实现中华民族伟大复兴的中国梦而努力奋斗。

2. 任务

一是引导科技工作者学习贯彻习近平新时代中国特色社会主义思想，宣传党的路线方针政策，密切联系科技工作者，反映科技工作者的建议、意见和诉求，维护科技工作者的合法权益，建设有温度、可信赖的科技工作者之家。二是开展学术交流，活跃学术思想，倡导学术民主，优化学术环境，促进学科发展，协同组织推进世界一流科技期刊培育建设，推进国家创新体系建设。三是 组织科技工作者开展科技创新，开展科技志愿服务，参与科学论证和咨询服务，坚定创新自信，着力攻克关键核心技术，加快科学技术成果转化应用，助力创新发展，促进科技创新与经济社会发展深度融合。四是弘扬科学精神，普及科学知识，推广先进技术，传播科学思想，倡导科学方法，捍卫科学尊严，提高全民科学素质。五是健全科学共同体的自律功能，推动建立和完善科学研究诚信监督机制，促进科学道德建设，加强科技伦理建设，涵养优良学风，宣传优秀科技工作者，培育科学文化，践行社会主义核心价值观。六是组织科技工作者参与国家科技战略、规划、布局、政策、法律法规的研究、咨询和制定，参与国家事务的政治协商、科学决策、民主监督工作，建设中国特色高端科技创新智库。七是组织学会有序承接科技评估、工程技术领域职业资格认定、技术标准研制、国家科技奖励推荐等政府委托工作或转移职能。支持地方科学技术协会承接政府的科技类公共服务职能。八是注重激发青少年科技兴趣，推进科技人才队伍建设，造就更多国际一流的科技领军人才和创新团队，培养具有国际竞争力的青年科技人才后备军。表彰奖励优秀科技工作者，举荐科技人才。九是开展民间国际科学技术交流活动，促进国际科学技术合作，支持学会等加入国际科技组织，推动设立国际科技组织或分支机构，参与国际科技事务和全球科技治理。加强中国工程师联合体建设，扩大与国际工程师组织合作。支持科技工作者在国际科技组织和重大国际科技议程中发挥积极作用。发展同国（境）外科学技术团体和科技工作者的友好交往，为国际科技组织和海外科技人才来华交流合作、创新创业提供服务。十是兴办符合中国科学技术协会宗旨的社会公益性事业。

三、职责定位

坚持为科技工作者服务、为创新驱动发展服务、为提高全民科学素质服务、为党和政府科学决策服务的职责定位，推动开放型、枢纽型、平台型科协组织建设，接长手臂，扎根基层，团结引领广大科技工作者积极进军科技创新，组织开展创新争先行动，促进科技繁荣发展，促进科学普及和推广，真正成为党领导下团结联系广大科技工作者的人民团体，成为科技创新的重要力量。

四、组织状况

中国科学技术协会由全国学会、协会、研究会和地方科学技术协会组成。地方科学技术协会由同级学会、协会、研究会和下一级科学技术协会及基层组织组成。全国学会、协会、研究会是中国科学技术协会的团体会员。各级地方学会、协会、研究会是同级地方科学技术协会的团体会员。县级以上科学技术协会发展团体会员。基层组织发展个人会员。

中国科学技术协会全国代表大会和它选举产生的全国委员会是中国科学技术协会全国领导机构。全国委员会闭会期间，常务委员会领导中国科学技术协会的工作。常务委员会下设书记处，设置若干专门委员会。书记处在常务委员会的领导下主持中国科学技术协会的日常工作。

A Brief Introduction to the China Association for Science and Technology

As the largest non-governmental organization of scientific and technological professionals in China, the China Association for Science and Technology (CAST) serves as a bridge that links the Communist Party of China and the Chinese government to the country's science and technology community. Through its 210 national member societies and local branches all over the country, CAST maintains close ties with millions of Chinese scientists, engineers and other professionals working in the fields of science and technology.

The history of CAST can trace back to the eve of the founding of the People's Republic of China in 1949 when a number of the nation's primary scientific and technological organizations gathered at a meeting to call upon the country's science and technology community to dedicate all their efforts to the building of New China. The meeting led to the birth in 1950 of two new national organizations — the All-China Federation of Natural Science Societies and the All-China Association for Science Popularization. In September 1958, the two organizations decided at their joint congress to merge into a unified single organization — the China Association for Science and Technology.

Since its inauguration, CAST has made significant contributions to the prosperity and development of science and technology, to the popularization of science and technology among the public, to the emerging of large numbers of professional talents, and to the overall economic and social development in China.

As the bridge linking Chinese science and technology community with the Communist Party of China and the Chinese government, CAST is a constituent member of the country's top political advisory body — the Chinese People's Political Consultative Conference (CPPCC), where it joins all the political parties and other social groups in the state affairs through political consultation, policy-making and democratic supervision.

CAST maintains cooperative relations with scientific and technological organizations of many countries and, as the representative of the Chinese science and technology community, is the national members of ICSU, WFEO and many other international scientific and technological organizations. In 2004, CAST was granted consultative status with the Economic and Social Council of the United Nations.

The highest leading organ of CAST is the National Congress that meets every five years and the National Committee elected by it. The President of the current National Committee is Prof. Dr. Wan Gang. The Secretariat appointed by the National Committee is responsible for the daily operation of CAST.

Major tasks of CAST include:

1) to carry out academic exchanges, activate academic thinking, promote the development of all scientific disciplines, and stimulate independent innovation.

2) to organize scientific and technological professionals to contribute to the establishment of a technological innovation system that takes enterprises as the main body and can significantly enhance the enterprises' innovation ability.

3) to carry forward the scientific spirit, popularize scientific knowledge and disseminating scientific ideas and methods according to the Law of the People's Republic of China on Science and Technology Popularization; uphold the dignity of science, promote the application of advanced technologies, encourage and organize science educational activities among children and youth, and improve the scientific literacy of all citizens.

4) to reflect suggestions, opinions and demands of scientific and technological professionals, and safeguard their legitimate rights and interests.

5) to push forward the establishment and improvement of a research integrity supervision mechanism, and promote the construction of scientific ethics and a fine style of study.

6) to organize scientific and technological professionals to participate in the making of science and technology-related policies and laws; organize scientific and technological professionals to participate in the political consultation, scientifically informed decisions and democratic supervision of state affairs.

7) to recognize and reward outstanding scientific and technological professionals, and recommend scientific and technological talents.

8) to provide scientific augmentation and consulting services, and policy advice, facilitate the transformation of research results; undertake project evaluation and appraisal, participate in the formulation of technical standards, professional qualification accreditation.

9) to organize international science and technology exchange programs, promote international scientific and technological cooperation, and develop cooperative relations with scientific and technological organizations and personnel worldwide.

10) to carry out continuing education and training programs.

11) to develop social and public welfare institutions cohering to the aim of the China Association for Science and Technology.

中央领导同志贺信讲话

习近平在科学家座谈会上的讲话

（2020 年 9 月 11 日）

习近平

今天，我们召开科学家座谈会，听听大家对“十四五”时期以及更长一个时期推动创新驱动发展、加快科技创新步伐的意见和建议。出席今天座谈会的科学家和科技工作者分别来自科研院所、高等院校和企业，涉及基础研究、应用基础研究、应用研究，还有在华工作的外国科学家。

刚才，大家结合各自研究领域，就深化科技体制改革、推动科技创新和发展等问题提出了许多有价值的意见和建议。请有关方面认真研究吸收。下面，结合大家的发言，我谈几点意见。

一、充分认识加快科技创新的重大战略意义

党的十八大以来，我们高度重视科技创新工作，坚持把创新作为引领发展的第一动力。通过全社会共同努力，我国科技事业取得历史性成就、发生历史性变革。重大创新成果竞相涌现，一些前沿领域开始进入并跑、领跑阶段，科技实力正在从量的积累迈向质的飞跃、从点的突破迈向系统能力提升。在这次抗击新冠肺炎疫情过程中，广大科技工作者在治疗、疫苗研发、防控等多个重要领域开展科研攻关，为统筹推进疫情防控和经济社会发展提供了有力支撑、作出了重大贡献。借此机会，我向广大科技工作者表示衷心的感谢！

当今世界正经历百年未有之大变局，我国发展面临的国内外环境发生深刻复杂变化，我国

“十四五”时期以及更长时期的发展对加快科技创新提出了更为迫切的要求。一是加快科技创新是推动高质量发展的需要。建设现代化经济体系，推动质量变革、效率变革、动力变革，都需要强大科技支撑。二是加快科技创新是实现人民高品质生活的需要。当前，我国社会主要矛盾已经转化为人民日益增长的美好生活需要和不平衡不充分的发展之间的矛盾，为满足人民对美好生活的向往，必须推出更多涉及民生的科技创新成果。三是加快科技创新是构建新发展格局的需要。推动国内大循环，必须坚持供给侧结构性改革这一主线，提高供给体系质量和水平，以新供给创造新需求，科技创新是关键。畅通国内国际双循环，也需要科技实力保障产业链供应链安全稳定。四是加快科技创新是顺利开启全面建设社会主义现代化国家新征程的需要。从最初提出“四个现代化”到现在提出全面建设社会主义现代化强国，科学技术现代化从来都是我国实现现代化的重要内容。

现在，我国经济社会发展和民生改善比过去任何时候都更加需要科学技术解决方案，都更加需要增强创新这个第一动力。同时，在激烈的国际竞争面前，在单边主义、保护主义上升的大背景下，我们必须走出适合国情的创新路子，特别是要把原始创新能力提升摆在更加突出的位置，努力实现更多“从0到1”的突破。希望广大科学家和科技工作者肩负起历史责任，坚持面向世界科技前沿、面向经济主战场、面向国家重大需求、面向人民生命健康，不断向科学技术广度和深度进军。

二、加快解决制约科技创新发展的一些关键问题

我国拥有数量众多的科技工作者、规模庞大的研发投入，初步具备了在一些领域同国际先进水平同台竞技的条件，关键是要改善科技创新生态、激发创新创造活力，给广大科学家和科技工作者搭建施展才华的舞台，让科技创新成果源源不断地涌现出来。

第一，坚持需求导向和问题导向。科研选题是科技工作首先需要解决的问题。我多次讲，研究方向的选择要坚持需求导向，从国家急迫需要和长远需求出发，真正解决实际问题。恩格斯说：“社会一旦有技术上的需要，这种需要就会比十所大学更能把科学推向前进。”

当前，我国经济社会发展、民生改善、国防建设面临许多需要解决的现实问题。比如，农业方面，很多种子大量依赖国外，农产品种植和加工技术相对落后，一些地区农业面源污染、耕地重金属污染严重。工业方面，一些关键核心技术受制于人，部分关键元器件、零部件、原材料依赖进口。能源资源方面，石油对外依存度达到70%以上，油气勘探开发、新能源技术发展不足；水资源空间分布失衡，带来不少问题。社会方面，我国人口老龄化程度不断加深，人民对健康生活的要求不断提升，生物医药、医疗设备等领域科技发展滞后问题日益凸显。对能够快速突破、及时解决问题的技术，要抓紧推进；对属于战略性、需要久久为功的技术，要提前部署。

第二，整合优化科技资源配置。对科技创新来说，科技资源优化配置至关重要。“两弹一星”

的成功，有赖于一批领军人才，也有赖于我国强有力的组织系统。我们有大批科学家、院士，有世界级规模的科研人员和工程师队伍，要狠抓创新体系建设，进行优化组合，克服分散、低效、重复的弊端。要有一批帅才型科学家，发挥有效整合科研资源作用。要发挥企业技术创新主体作用，推动创新要素向企业集聚，促进产学研深度融合。要发挥我国社会主义制度能够集中力量办大事的优势，优化配置优势资源，推动重要领域关键核心技术攻关。要组建一批国家实验室，对现有国家重点实验室进行重组，形成我国实验室体系。要发挥高校在科研中的重要作用，调动各类科研院所的积极性，发挥人才济济、组织有序的优势，形成战略力量。

第三，持之以恒加强基础研究。基础研究是科技创新的源头。我国基础研究虽然取得显著进步，但同国际先进水平的差距还是明显的。我国面临的很多“卡脖子”技术问题，根子是基础理论研究跟不上，源头和底层的东西没有搞清楚。基础研究一方面要遵循科学发现自身规律，以探索世界奥秘的好奇心来驱动，鼓励自由探索和充分的交流辩论；另一方面要通过重大科技问题带动，在重大应用研究中抽象出理论问题，进而探索科学规律，使基础研究和应用研究相互促进。要明确我国基础研究领域方向和发展目标，久久为功，持续不断坚持下去。要加大基础研究投入，首先是国家财政要加大投入力度，同时要引导企业和金融机构以适当形式加大支持，鼓励社会以捐赠和建立基金等方式多渠道投入，扩大资金来源，形成持续稳定的投入机制。对开展基础研究有成效的科研单位和企业，要在财政、金融、税收等方面给予必要政策支持。要创造有利于基础研究的良好科研生态，建立健全科学评价体系、激励机制，鼓励广大科研人员解放思想、大胆创新，让科学家潜心搞研究。要办好一流学术期刊和各类学术平台，加强国内国际学术交流。

第四，加强创新人才教育培养。人才是第一资源。国家科技创新力的根本源泉在于人。十年树木，百年树人。要把教育摆在更加重要位置，全面提高教育质量，注重培养学生创新意识和创新能力。要加强数学、物理、化学、生物等基础学科建设，鼓励具备条件的高校积极设置基础研究、交叉学科相关学科专业，加强基础学科本科生培养，探索基础学科本硕博连读培养模式。要加强基础学科拔尖学生培养，在数理化生等学科建设一批基地，吸引最优秀的学生投身基础研究。要加强高校基础研究，布局建设前沿科学中心，发展新型研究型大学。要尊重人才成长规律和科研活动自身规律，培养造就一批具有国际水平的战略科技人才、科技领军人才、创新团队。要高度重视青年科技人才成长，使他们成为科技创新主力军。要面向世界会聚一流人才，吸引海外高端人才，为海外科学家在华工作提供具有国际竞争力和吸引力的环境条件。

第五，依靠改革激发科技创新活力。我国科技队伍蕴藏着巨大创新潜能，关键是要通过深化科技体制改革把这种潜能有效释放出来。转变政府职能是科技改革的重要任务。我们很多产业链供应链都需要科技解决方案，能够提供这种解决方案的只能是奋战在一线的千千万万科技工作者和市场主体，政府要做的是为他们创造良好环境、提供基础条件，发挥好组织协调作用。要加快科技管理职能转变，把更多精力从分钱、分物、定项目转到定战略、定方针、定政策和创造环境、搞好服务上来。要加快推进科研院所改革，赋予高校、科研机构更大自主权，给予创新领军人才更大的技术路线决定权和经费使用权，坚决破除“唯论文、唯职称、唯学历、唯奖项”。要整合财政科研投入体制，改变部门分割、小而散的状态。对大家提出的加强科技力量统筹问题，我们将通盘研究考虑。

第六，加强国际科技合作。国际科技合作是大趋势。我们要更加主动地融入全球创新网络，在开放合作中提升自身科技创新能力。越是面临封锁打压，越不能搞自我封闭、自我隔绝，而是要实施更加开放包容、互惠共享的国际科技合作战略。一方面，要坚持把自己的事情办好，持续提升科技自主创新能力，在一些优势领域打造“长板”，夯实国际合作基础。另一方面，要以更加开放的思维和举措推进国际科技交流合作。在当前形势下，要务实推进全球疫情防控和公共卫生领域国际科技合作，开展药物、疫苗、检测等领域的研究合作。要聚焦气候变化、人类健康等共性问题，加强同各国科研人员的联合研发。要逐步放开在我国境内设立国际科技组织、外籍科学家在我国科技学术组织任职，使我国成为全球科技开放合作的广阔舞台。

三、大力弘扬科学家精神

科学成就离不开精神支撑。科学家精神是科技工作者在长期科学实践中积累的宝贵精神财富。新中国成立以来，广大科技工作者在祖国大地上树立起一座座科技创新的丰碑，也铸就了独特的精神气质。去年5月，党中央专门出台了《关于进一步弘扬科学家精神　加强作风和学风建设的意见》，要求大力弘扬胸怀祖国、服务人民的爱国精神，勇攀高峰、敢为人先的创新精神，追求真理、严谨治学的求实精神，淡泊名利、潜心研究的奉献精神，集智攻关、团结协作的协同精神，甘为人梯、奖掖后学的育人精神。广大科技工作者要肩负起历史赋予的科技创新重任。这里，我重点强调一下爱国精神和创新精神。

科学无国界，科学家有祖国。我国科技事业取得的历史性成就，是一代又一代矢志报国的科学家前赴后继、接续奋斗的结果。从李四光、钱学森、钱三强、邓稼先等一大批老一辈科学家，到陈景润、黄大年、南仁东等一大批新中国成立后成长起来的杰出科学家，都是爱国科学家的典范。希望广大科技工作者不忘初心、牢记使命，秉持国家利益和人民利益至上，继承和发扬老一辈科学家胸怀祖国、服务人民的优秀品质，弘扬“两弹一星”精神，主动肩负起历史重任，把自己的科学追求融入建设社会主义现代化国家的伟大事业中去。

科技创新特别是原始创新要有创造性思辨的能力、严格求证的方法，不迷信学术权威，不盲从既有学说，敢于大胆质疑、认真实证、不断试验。原创一般来自假设和猜想，是一个不断观察、思考、假设、实验、求证、归纳的复杂过程，而不是简单的归纳。假设和猜想的创新性至关重要。爱因斯坦说过：“提出一个问题往往比解决一个问题更重要。”如果选不准，即使花费很大精力，也很难作出成果。广大科技工作者要树立敢于创造的雄心壮志，敢于提出新理论、开辟新领域、探索新路径，在独创独有上下功夫。要多出高水平的原创成果，为不断丰富和发展科学体系作出贡献。科学研究特别是基础研究的出发点往往是科学家探究自然奥秘的好奇心。从实践看，凡是取得突出成就的科学家都是凭借执着的好奇心、事业心，终身探索成就事业的。有研究表明，科学家的优势不仅靠智力，更主要的是专注和勤奋，经过长期探索而在某个领域形成优势。要鼓励科技工作者专注于自己的科研事业，勤奋钻研，不慕虚荣，不计名利。要广泛宣传科技工作者勇于探索、献身科学的生动事迹。好奇心是人的天性，对科学兴趣的引导和培养要从娃娃抓起，使他们更多地了解科学知识、掌握科学方法，形成一大批具备科学家潜质的青少年群体。

各级党委和政府以及各级领导干部要认真贯彻党中央关于科技创新的决策部署，落实好创新驱动发展战略，尊重劳动、尊重知识、尊重人才、尊重创造，遵循科学发展规律，推动科技创新成果不断涌现，并转化为现实生产力。领导干部要加强对新科学知识的学习，关注全球科技发展趋势。

马克思讲过："在科学上没有平坦的大道，只有不畏劳苦沿着陡峭山路攀登的人，才有希望达到光辉的顶点。"我相信，我国广大科学家和科技工作者有信心、有意志、有能力登上科学高峰，为实现中华民族伟大复兴、为推动构建人类命运共同体作出应有贡献！

习近平致科技工作者代表的回信

（2020年5月29日）

习近平

袁隆平、钟南山、叶培建等25位同志：

你们好，来信收悉。大家对创新创造的思考和实践，体现了新时代我国广大科技工作者矢志报国的情怀。值此“全国科技工作者日”到来之际，我向你们、向全国科技工作者致以诚挚的问候！

创新是引领发展的第一动力，科技是战胜困难的有力武器。面对突如其来的新冠肺炎疫情，全国科技工作者迎难而上、攻坚克难，在临床救治、疫苗研发、物质保障、大数据应用等方面夜以继日攻关，为疫情防控斗争提供了科技支撑。希望全国科技工作者弘扬优良传统，坚定创新自信，着力攻克关键核心技术，促进产学研深度融合，勇于攀登科技高峰，为把我国建设成为世界科技强国作出新的更大的贡献。

中国科协主席党组书记讲话

在中国科协第九届全国委员会第七次会议上的工作报告

（2020 年 4 月 30 日）

万　钢

各位委员：

在全国人民同舟共济、统筹推进疫情防控和经济社会发展之际，我们以“通信 + 电视电话会议”形式召开中国科协九届七次全委会议，进一步凝心聚力，引领动员广大科技工作者紧密团结在以习近平同志为核心的党中央周围，为打赢疫情防控的人民战争、总体战、阻击战，实现决胜全面建成小康社会、决战脱贫攻坚的目标任务作出应有贡献。

受中国科协第九届全国委员会常务委员会委托，我向大会报告工作，请予审议。

2019 年工作情况

2019 年是新中国成立 70 周年，是党和国家发展进程极不寻常的一年。习近平总书记深切关怀广大科技工作者，多次作出重要指示，寄予期待与重托。70 年来，在党中央坚强领导下，我国科技事业实现了历史性、整体性、格局性重大变化，科技创新在党和国家发展全局中的战略地位不断提升。过去一年创新成果不断涌现：我国科学家首次观测到三维量子霍尔效应、新型手性费米子，实现原子级石墨烯可控折叠，灵长类动物早期胚胎发育机制、青蒿素抗药性等研究取得新突破，“嫦娥四号”在人类历史上第一次登陆月球背面，“长征五号”遥三运载火箭成功发射，新一代极地破冰船“雪龙 2 号”首航南极，北斗导航全球组网进入冲刺期，5G 商用加速推出，科技支撑乡村振兴、服务民生改善、助力精准扶贫取得新进展，科技与经济深度融合，引领高质量发展取得新成效，科技人才队伍不断壮大，创新型国家建设迈出新步伐。广大科技工作者不负重托，砥砺爱国奋斗，矢志创新建功，为经济社会发展和国家安全提供了重要战略支撑。

一年来，中国科协以习近平新时代中国特色社会主义思想为指导，全面贯彻党的十九大和十九届二中、三中、四中全会精神，坚决贯彻总书记重要指示和党中央重大决策部署，紧扣庆祝新中国成立 70 周年主线，把强“三性”融入“四服务”，把“四个着力”工作要求贯穿始终，把广大科技工作者紧紧团结在以习近平同志为核心的党中央周围，不忘初心、牢记使命，守正创新、服务发展，不断开拓工作新局面。

一、突出政治引领政治吸纳，科技界共同思想基础进一步筑牢

把深入贯彻习近平新时代中国特色社会主义思想作为首要任务，坚定履行政治使命，团结引领广大科技工作者增强“四个意识”、坚定“四个自信”、做到“两个维护”，巩固科技界爱国奋斗的共同思想基础。

一是持续强化理论武装。按照中央统一部署，深入开展“不忘初心、牢记使命”主题教育，各级科协组织和党员干部思想政治受到洗礼锤炼，增强了守初心、担使命的思想自觉和行动自觉。突出示范带动。紧紧围绕中央确立的加强党的政治建设、防范风险挑战、科技服务经济社会发展、脱贫攻坚、科技治理等重大主题，及时跟进开展党组理论学习中心组集体学习，用新思想武装头脑、指导实践，全面带动机关、系统广大党员干部提高政治站位，增强识变应变求变能力。强化“一体两翼”系统部署。针对学习上热中温下冷、学用脱节等问题，形成“听一课、讲一课”机制，带动全国学会理事长、省级科协主席、党组书记等学深悟透并有效落实。推动知行合一。围绕学习总书记国庆系列重要讲话精神，组织科技科普70年成就展等活动，激发爱国热情。围绕学习贯彻总书记关于科技创新重要论述精神，推动开展科协系统学风传承行动。围绕全面贯彻党的十九大和十九届二中、三中、四中全会精神，组建宣讲团，组织科学家精神报告团举行100余场报告会，全年共组织64期科协系统培训。各地科协也开展了形式多样的学习活动，如重庆举办400余场“讲信仰、讲信念、讲信心”宣讲活动，覆盖20万余人次。创建中国科协党校（人才学院）。统筹“一体两翼”组织架构，凝心聚力，通过有效服务团结引领“三支队伍”，打造没有围墙的人才中心和价值引领阵地。抓住科技领军人才这一关键群体，着力强化理想信念教育，筑牢信仰、信念、信心，强化高端引领和示范效应。在井冈山干部学院举办青年科技领军人才国情研修班；联合中央党校，组织近200名院士专家专题学习习近平新时代中国特色社会主义思想，探索打造融学习、交流、智库于一体的政治引领平台；组织暑期考察休假，传递总书记对科技人才的关心关爱；加强国际组织任职能力培训，助力科学家在国际舞台更好彰显价值。面向海外人才，强化开放引领和国情文化交流，增强信任、包容、合作的共识与信心。积极利用世界组织、国际会议等平台做好海外人才吸纳。面向科协系统干部，着力强化管理能力提升，实现对全国学会理事长秘书长、省级科协主要负责人、脱贫攻坚骨干力量以及青年领军人才的有效覆盖。江西、浙江等地方科协先后成立党校，河南建立乡村振兴科技党校。经过半年的建设，科协党校面向“三支队伍”的学习平台功能初步显现。12月5日，中国科协正式入驻“学习强国”平台，发挥智力密集优势，整合智库、学术资源，用学术语言讲好政治，截至年底已吸纳20家地方科协和全国学会作为信息来源渠道，推送百余篇原创文章。精心组织一批为社会公众喜闻乐见的科学家精神、科技前沿知识视频和专题内容，50集网络视频课程受到主站热推和社会公众好评。

二是坚决贯彻总书记重要指示精神。深刻领会总书记对科技、科协工作的重要指示精神，进一步聚焦靶心，明确战略主攻方向，以攻坚克难的勇气不折不扣落实，有效激励科技工作者的创新报国热情。落实中央深改委关于一流期刊建设的重大部署，着眼全局加强战略谋划，带领科技界以打造一流期刊为突破口，强信心、促改革，添动能、建机制，服务科技强国建设。贯彻总书记对首届世界科技与发展论坛等系列国际会议的贺信精神，搭建中国主场交流平台，宣介中国开放合作的主张，服务人类命运共同体建设。深入贯彻总书记关于加强科技创新、科学普及、决策咨询、推动科技为民服务的重要批示精神，完善发挥老科技工作者协会作用的保障机制。贯彻总书记对集成电路人才培养等重要指示精神，与教育部、工信部等有关部门加强沟通，推动学科建设、国家产业基金等工作落实。

三是大力弘扬新时代科学家精神。组织科技界深入学习总书记关于科技创新的重要论述，凝练新时代科技工作者的价值符号，推动出台《关于进一步弘扬科学家精神　加强作风和学风建设的意见》，将科学家精神纳入革命精神谱系。深入落实总书记关于学风建设的重要指示精神，推动转化为科技界行动遵循。发挥全国学会示范作用，组织生命科学学会联合体、智能制造学会联合体、航空发动机产学联合体和千名青年科学家发布学风建设倡议，中国老科协启动“大力弘扬科学家精神　促进学风建设行动”，形成全面加强学风作风建设的强大共识。夯实科学家精神和学风建设的青年基础，持续打造“科学大师名校宣传工程”品牌，围绕庆祝新中国七十华诞，组织13所高校演出49场，一批剧目集思想性、艺术性、时代性于一体，使青年学子受震撼、受教育。组织部分剧目赴澳门、广东巡演，为庆祝澳门回归20周年、服务粤港澳大湾区建设增添亮色。贵州打造反映“人民科学家”南仁东先进事迹的新剧目，江苏创编反映直升机泰斗王适存感人事迹的新剧目。唱响“礼赞共和国、追梦新时代”主旋律，32家省级科协和中华医学会、中国铁道学会、中国能源研究会等65家全国学会参与，共同开展“最美科技工作者”宣传活动，集中展示科技工作者爱国奋斗的时代风貌。面向高校和科研机构征集科学摄影作品和微视频，组织科技人员讲好身边故事，自觉把个人和团队奋斗融入国家发展大局。北京选树61位老科学家作为科技界楷模。山东将郭永怀事迹陈列馆命名为全省“中国科学家精神宣传教育基地”，打造科学家精神的宣传教育品牌。上海制作《十院士谈学风》专题片，上线抖音官方账号。以重大活动与组织创新为载体，持续营造团结引领氛围。在全国科技工作者日组织开展“双百双服”（百家学会、百支科技志愿队，服务基层、服务企业）行动，倡导并推动科学家精神与志愿服务精神相结合，成立中国科技志愿总队，百余家（占全国学会近半数）全国学会组成科技志愿服务队，以服务基层、服务企业的实际行动礼赞新中国七十华诞。人民日报官方微博“全国科技工作者日”话题上线一周阅读量超1.5亿次。北京以“科技工作者今天的心声”为题策划拍摄《我和我的祖国》快闪视频，在“学习强国”全国平台首页播出，产生热烈反响。湖北围绕庆祝新中国成立70周年启动“五个一批”行动。

四是守牢科技界意识形态阵地。全面研判中美贸易摩擦向科技、人才遏制演化等外部环境变化对科技界意识形态工作的新挑战，强化大局意识和斗争精神，坚持正确的政治方向、舆论导向、价值取向，严把入口关、过程关、宣传关、处置关、问责关，全面落实意识形态责任制。推动阵地建设从科协机关、直属单位向全国学会、地方科协纵深推进。排查学术会议、重大活动的潜在风险，重点做好青年和网络意识形态风险防范工作。针对美国地理学家学会、美国科促会插手涉疆问题与苗头倾向，与外交部密切沟通，及时妥善处置，表明立场、澄清误判。在中央有力领导下，积极应对“IEEE审稿门”事件，中国电子学会、中国通信学会、中国人工智能学会、中国电机工程学会、中国机械工程学会、中国电工技术学会、中国仪器仪表学会、中国光学学会、中国汽车工程学会、中国生物医学工程学会等10家学会主动发声，站稳科学无国界、学术无歧视、交流无障碍的道义高地，在意识形态斗争前沿锤炼斗争精神，增强在国际科技舞台上交朋友、增认同、展形象的能力。在全年举办的106场国际学术活动中建立新闻发言人机制，既引导科技舆论，又擦亮“探头”增强政治敏锐性、防范意识形态风险。山东制定应对机制预案，加强对所属100多个网络平台以及自媒体的舆情监测。

五是代表委员和各专门委员会积极履职，形成工作合力。中国科协副主席、常委、荣誉委员在重大活动和重点工作中率先垂范、认真履职，九大代表深入调研，形成系列建议。各地科协积极推动代表委员发挥作用、增强履职实效。安徽建立省科协常委、委员履职通报制度，开展省科协兼职常委牵头实施重点工作任务试点。中国科协常委会各专门委员会也做了大量工作，老科技工作者专委会参与举办纪念中国老科协成立30周年座谈会、老科学家圆桌会议等活动；决策咨询专委会助力黑龙江省党政领导与院士专家座谈会；企业自主创新专委会围绕粤港澳大湾区国际科技创新中心建设、技术交易服务等问题深入调研；青年科技工作者专委会积极推进优秀中外青年交流计划；人才与继续教育专委会开展西部科技人才流失情况专题调研；女科技工作者专委会举办新时代科技女性践行和弘扬科学家精神座谈会，开展女科学家走基层、向女科学家致敬等主题宣传活动，组织《大美·中国女科学家》丛书采编工作，激发创新报国热情。

二、围绕中心服务大局，支撑高质量发展的组织力持续提升

紧扣时代发展主题，聚力打造智库、学术、科普“三轮”驱动工作载体，把开放型枢纽型平台型组织优势转化为服务高质量发展优势。

一是服务决策，持续构筑科协智库平台。服务中央决策。形成跨界研判机制，围绕总书记对破解“卡脖子”问题等重大关切，聚焦中美贸易摩擦、数字经济、科技伦理治理等国家重大战略问题，汇聚“反卡”、“对卡”之策，全年报送建议60余篇，多次得到中央领导同志批示，组织科技界、产业界、金融界专家跨界研判，服务中央决策的动员机制日益完善。持续增强学会、学术交流平台的学术引领能力，通过建立重大科学问题和工程技术难题发布机制，树立科技前沿发展风向标。与北大、清华、人大、北航等高校共建智库，发挥其学科人才资源、全球合作网络等方面优势，突出科技治理特色，支撑国家治理现代化。动员全国学会专家参与地方智库建设，为基层科协组织服务党委政府决策提供支持，半数以上省级科协提出的咨询报告多次得到地方领导批示，科协组织智库影响力持续提升。重庆向市委市政府等报送决策咨询建议30篇，其中17篇获得省部级及以上领导批示。江苏持续打造第三方评估工作品牌，全年报送决策咨询建议18篇，其中8篇（次）得到省委主要领导批示。内蒙古组织召开科技工作者日建言献策座谈会、农牧业高质量发展建言献策座谈会。陕西打造“智惠三秦”高端智库品牌。吉林以承办院士专家暑期考察休假活动为契机，汇聚专家智慧。

二是凝聚人才，夯实高质量发展的智力保障。深入落实总书记关于聚天下英才而用之的重要指示精神，为海内外科技人才发挥作用创造良好条件。学术引领、以才聚才。与浙江省共同举办首届世界青年科学家峰会，总书记致贺信，为青年创新合作指明方向。峰会以青年科技人才为纽带搭建开放平台，吸引来自102个国家、地区和国际组织的代表参加，发布《全球青年科技领袖圆桌会议共识》。重庆举办英才大会，塑造人才引进和培育的品牌。广东承办中瑞青年科学家论坛，推动成立“中瑞产学研联盟”。主动推进科技与经济融合发展。主办发展战略论坛，如世界科技与发展论坛等，体现汇聚战略共识、构筑国际合作战略通道等功能；推进通用技术交流与合作，如与黑龙江合作举办中国科协年会，会同北京、中国电子学会等主办世界机器人大会等，通过建立科技问题、产业态势发布机制，加强前沿引领；推进专业技术与产业发展，以跨界学术交流推动数字经济、人工智能、智能制造、生物医学等领域发展，并与地方合作、服务区域发展，如以新能源汽车大会服务海南自由贸易港建设。平台托举、以才育才。加大对新型研发机构和科技企业领军人才以及青年人才参评两院院士的举荐力度，中国科协单一渠道推荐的孙斌勇（42岁）成为新当选最年轻中科院院士。提名孙家栋院士荣获“共和国勋章”、叶培建院士荣获“人民科学家”荣誉称号。关键阶段雪中送炭，托举青年人才。强化政治引领和学风建设，着力破除“四唯”倾向。地方各级科协持续实施人才支持计划，完善人才激励机制。北京精心打造科技交流学术月，营造良好创新生态。辽宁组建院士联合会，实施首批“学术头雁计划”，搭建柔性引才育才平台。甘肃联合省委组织部共建院士候选人人才储备库。陕西与省委组织部等10部门共同推进院士专家工作站建设，柔性引进团队。河北全力推动科技工作者之家建设。天津的杰出人才培养计划和青年人才托举工程，吉林的青年科技领英计划，上海的飞翔计划、晨光计划，河南的中原青年拔尖人才等，成为托举培育青年科技人才的重要品牌。

三是产学融合，服务国家战略区域发展。外力做功助力东北全面振兴，组织100余位院士专家开展大调研，精准对接东三省需求，突出技术和人才导入，着力优化创新生态。在黑龙江举办第二十一届中国科协年会，聚焦创新驱动发展十大战略问题，组织百余位院士专家开展专题咨询，提出解决方案，120余位院士、近30个国家的130余位科学家和领军人物、80余位全国学会主要负责人、260余家企业代表等共计6000余名国内外专家学者参与，围绕东北全面振兴开展多种形式的学术服务。助力京津冀、长三角、大湾区创新发展，与北京、天津、重庆、江苏、浙江、上海共建国际合作平台，推动人工智能科技与产业深度融合，培育数字经济增长极，助力北京、上海建设科创中心。河北建设京津冀科协科技成果转化平台，开展首都科技工作者助力河北创新发展行动计划。广东成立粤港澳大湾区科技协同创新联盟、智能制造等学会联合体、高校科协联盟、乡村振兴战略联盟等赋能创新协同组织。生态环境产学联合体组织开展咨询服务，助力粤港澳大湾区生态环境治理和绿色发展。以“三库一平台”（需求库、项目库、人才库，技术服务与交易平台）建设为抓手，助力破解“卡脖子”难题，主动探索建立技术服务与交易体系，推动开源平台建设，助推数字经济人才培养，促进技术、资本、人才的深度融合。以开源的平台思路，推动协同创新，降低技术交易成本，促进科技成果转化。推动全国学会与地方联合，提升世界机器人大会、智能大会、新能源汽车大会、中关村论坛等跨界交流平台的影响力，有效汇聚人才、技术等要素。航空发动机产学联合体围绕航空发动机“卡脖子”问题，发布中国航发基础研究合作需求，搭建产学融合交流平台。中国有色金属学会成立“固体废弃物大宗消纳及再生资源综合利用”创新联合体。天津建设中国科协创新资源共享平台天津（滨海）分中心，上线企业超过1100家，动员200余家民营企业共同成立滨海新区民营企业科协。河南举办2019世界传感器大会、2019中国（濮阳）石化产业技术发展大会等10多场产业技术大会，签约项目40余项，签约金额近200亿元。贵州围绕大数据战略行动，成功举办天文论坛。江西承办2019中国航空产业大会。上海推广使用科技创新券，院士专家工作站服务范围覆盖中小微企业4万余家。

四是打造社会化公共服务品牌。中国公路学会等6家学会入选国家标准委“团体标准培优计划”，69

家全国学会发布团体标准807项。全国“双创”活动周“会、展、赛”全链条服务效果凸显，各方面人才脱颖而出。50余家全国学会和地方科协积极参与全国“双创”活动，湖南组织企业科协联合开展创新创业融合行动，中国公路学会举办世界大学生桥梁设计大赛，中国卫星导航定位协会举办“北斗之星”创新创业大赛，中国林学会举办全国林业和草原科普微视频创新创业大赛，中国机械工程学会举办中国大学生机械工程创新创意大赛，中国城市科学研究会开展贫困县农村“双创”的典型模式及作用机理研究，中国作物学会举办全国农科学子创新创业大赛。深入实施创新驱动助力工程，依托“百千万”服务区域发展行动等平台，开拓全国学会服务下沉、地方科协协同承接新渠道。100余家全国学会和地方科协创设各类服务品牌，50家全国学会与地方政府、地方科协共建产学联合组织和产业前沿科技智库，30家全国学会会同地方科协开展“全国专家走进国家重大战略区域和重点产业领域”示范活动。面向长三角一体化发展，浙江开展“千名专家进万企”专项行动，累计建立各类学会服务站381个、企业联系点2580个，创新助力学会企业联合体6个、产业技术创新战略联盟11家，每年都有2000余名高级专家活跃在助力工程一线。辽宁实施“全国学会入辽计划”，成立科技成果转化促进联盟54个，组织动员科技工作者服务民营企业1.2万人次。中国复合材料学会、中国化工学会、中国纺织工程学会、中国煤炭学会等与多个地方科协合作建设实体化转化应用基地。中国稀土学会与江西省科协、江西省赣州市政府签订战略合作协议，建设稀土科技成果转化基地。中国电子学会等与地方科协广泛合作，累计培训高校师资近2000人,《人工智能导论》累计发售近3万本，覆盖22个省份。北京推动社团融合创新，支持全国学会与地方学会抱团开展“创新簇”建设。围绕粤港澳大湾区建设，广州市科协与中国通信学会等近20家全国学会开展合作，承办中国创新创业成果交易会。天津市科协发布枢纽型企业科协组织建设指南。湖南省科协与省工信厅联合发文加强中小企业科协组织建设。安徽征集300项企业技术需求与省级学会进行集中对接。山东省泰安市科协与10家全国学会密切合作，建立实体化平台25个。

五是构建科普社会协同化发展新格局。推动科普服务由政府单一主导向社会化协同发展转型，联合125家产学研机构和媒体平台，首次建立中国公众科学素质促进联合体。广东组织150余家科普新媒体单位成立科普新媒体联盟，覆盖粉丝超过1000万。安徽牵头承办第九届中国（芜湖）科普产品博览交易会。四川成功承办第五届中国（成都）国际科幻大会，探索科幻与其他产业融合发展路径。加强与地方党委政府联动，支持中心城市开展全域科普试点，首期试点地区天津形成全领域行动、全地域覆盖、全媒体传播、全民参与共享的“四全”工作模式，上千万群众直接受益。2019年，天津、重庆、湖南、广西、福建推动将全民科学素质工作纳入党政绩效考核，累计12个省份开展此项工作。深圳颁布《深圳经济特区科学技术普及条例》，强化科普法制化建设。聚焦不平衡不充分短板，创新升级中国特色现代科技馆体系，扩大流动科技馆、数字科技馆的覆盖面。“科学辟谣”平台聚焦人民群众生产生活的重大关切，专业导入，权威发布，广泛传播，形成及时响应和深度覆盖，8月底启动上线以来，活动覆盖3000多万人。“科普中国”广泛动员社会力量加大优质内容供给，传播量超过285亿人次。全国科普日活动线上线下参与达3.2亿人次。湖北、贵州、云南、青海、西藏积极推进“科普中国”落地应用。全国青少年科技创新大赛在澳门成功举办，吸引56个国家和地区代表队参与，增进澳门青少年对祖国的向心力和归属感。加大科普人才培养力度，推动科普与教育融合。北京、天津在图书资料职称系列增设科学传播专业，北京评选全国首批75名科学传播高级职称人才。北京科学中心建设一流科技辅导员队伍，设计开发54门课程、八大主题实验室、100余项展厅实践活动，受到首都青少年欢迎。京津冀三地共同成立科学教育馆联盟。上海、江苏、浙江、安徽举办长三角一体化系列科普合作交流活动。全国学会科普热情高涨。中国海洋学会、中国昆虫学会、中国航空学会、中国有色金属学会、中国煤炭学会、中华医学会、中华口腔医学会、中国卒中学会、中国园艺学会等37家全国学会首批开展科技志愿服务活动。中国药学会以安全用药为主要内容，建设“两微九端”科普传播矩阵，覆盖人群近5000万。中国康复医学会率先组建志愿者服务团队，组织“科普进社区、帮扶下基层活动”，线上线下开展科学辟谣。中国环境科学学会围绕生态环境热点问题和公众需求加强传播，助力打好污染防治攻坚战。中国电工技术学会全年组织近50次科普活动，发布科技信息500余篇。中国食品科学技术学会发起青年科技志愿服务团队、食育科普创新战略联盟，开展食品安全周活动。

六是扎实服务脱贫攻坚和乡村振兴。坚决贯彻落实中央关于打赢脱贫攻坚战的决策部署，以扶贫为主题，志智双扶，选树典型，广泛组织动员科技组织和科技工作者参与脱贫攻坚，定点扶贫县“点单”、科技组织“接单”、科协“买单”，超额完成中央定点扶贫年度任务，助力临县脱贫摘帽、岚县巩固脱贫成效。地方科协和全国学会立足优势、精准发力。山西实施科技助力精准扶贫“百千万”工程，3 年累计帮扶贫困人口 8.6 万人。内蒙古开展“科技助力精准扶贫和乡村振兴专家旗县行”活动，组织实用技术培训 851 场次，受益农牧民 10.6 万人次，打造“县会协作”科技扶贫模式，对 31 个国家级贫困旗县“一对一”定向科技帮扶。新疆实施“精准扶贫专家服务行动”，800 余名科协干部职工分批下沉，常态化制度化推进“访惠聚”驻村、南疆支教和深度贫困村脱贫攻坚等工作。甘肃持续推进农技协转型升级，走“以会带户、带基地、带合作社、带产业”的社会化扶贫路子。湖北组织 249 支科技扶贫工作队开展产业扶贫、技术扶贫。云南创建“学会 +”扶贫模式，组织 200 多个省州级学会和 1 万多名科技专家组建 120 个专家服务团。中国公路学会为山西临县农村捐建“爱心桥”。

三、完善机制营造生态，一流期刊建设顺利推进

突出机制创新和生态营造，以卓越行动计划为引领，重点突破，加大数字化、集群化、国际化改革力度，精耕细作打好硬仗。

一是强化顶层设计。推动《关于深化改革　培育世界一流科技期刊的意见》出台，会同中宣部、教育部、科技部等部门，集成科技界、出版界意见，形成贯彻落实意见总体方案、领军期刊遴选建设方案、集群化改革试点方案等，有序推进实施。

二是实施卓越行动计划。系统布局单刊建设、集群发展、平台托举、人才培育等先行示范项目，以域选刊，围绕重点领域和战略方向，确定 22 种领军期刊（18 种影响因子学科排名进入世界前 25%，12 种进入前 10%）、29 种重点期刊（18 种学科排名进入世界前 25%，5 种进入前 10%）、199 种梯队期刊和 30 种高起点新刊，形成重点建设目录。强化刊群联动、平台托举，试点推进集群化改革，对接国际标准启动数字生产、运营、传播平台建设，开展高水平办刊人才选育。

三是多方协同推进。积极争取中宣部、教育部、科技部、财政部、中国科学院、中国工程院支持，建立部际协调工作机制，组建具有广泛代表性的专家委员会。与美国科促会、英国工程技术学会、施普林格·自然集团、爱思唯尔集团等建立伙伴关系，深化国际合作。全国学会积极参与，形成合力。

四是营造良好生态。建设中国临床医生案例成果数据平台，着力扭转唯论文、唯 SCI 评价导向，推动构建案例成果代表作制度，推进分类多元评价。选取 15 家全国学会试点发布科技期刊分级目录，推动中外期刊同质等效。着眼提升对全球科技资源的汇聚、管理和运营能力，研究推进科技期刊论文大数据中心建设。研究筹建专项发展基金，探索建立市场化运作机制。编制《科技期刊出版伦理规范》，完善学术不端预警查处机制，筑牢学术诚信和出版伦理底线。

四、深化改革强化基层，群众工作动员力不断增强

坚持接长手臂、扎根基层，推动科协系统改革向基层延伸，扩大组织覆盖，创新联系服务体制机制，党在科技界执政的群众基础进一步夯实。

一是党建带群建赋能基层组织。开展党建引领社区科协建设试点，将科协系统资源统筹下沉基层，共建共享党群服务中心、新时代文明实践中心等基层服务平台，打造社区书院、科普讲堂、健康沙龙等群众欢迎的活动品牌，把惠民服务和党的理论宣讲有机结合。联合中央文明办，开展新时代文明实践中心科技志愿服务试点。成立中国科技志愿者总队，发起科技志愿服务行动，构建四级联动的服务体系。截至 2019 年年底，注册成立各级志愿服务组织 7153 个，实名注册志愿者 24.7 万人，累计开展约 1.8 万次志愿服务活动，参与服务 450 余万人。天津发展 1268 个科技志愿组织，志愿者 6 万余人，规模稳居全国第一。吉林组建全省各级科技志愿者队伍近百支，组建吉林省科学传播专家团队 64 支，推动科技服务走基层。河南注册科技志愿者 9000 余人、科技志愿服务组织 277 个，开展科技志愿服务活动 2700 多项，数量居全国首位。安徽建立“省—市—县”三级科技志愿服务体系，全面开展新时代文明实践中心科技志愿服务工作。湖南怀化市鹤城区将“科普中国”“科普湖南”嵌入党群服务网络平台。广东实施科技志愿服务和“上山下乡”行动。

二是以“3+1”试点改革强基。总结前期试点经验，推广复制有效工作模式，支持32个省级科协因地制宜开展“3+1”工作。在做加法基础上做乘法，累计吸纳3万余名医院院长、学校校长、农技站站长等“三长”进入县乡科协兼挂职，调动相关战线力量服务基层，在缓解“四缺”的同时，促进农技、教育、医疗等公共服务结构调整优化，形成面向基层群众的服务合力，为完善共建共治共享的基层社会治理新格局作出新探索。天津出台《基层科协组织建设三年行动计划》，大力推动社区（村）科协组织建设。重庆科协与市委组织部、市教委、市农业农村委、市卫生健康委联合出台《关于进一步深化基层科协组织“三长制”改革的意见》。宁夏实现县、乡镇全覆盖。山西实现117个县域全覆盖。江苏推进县乡村三级建立“四长”工作机制，13个设区市、96个县（市、区）、1287个乡镇（街道）科协组织实现全覆盖，95%的村（社区）成立科协组织。浙江实现全省11个市、89个县（市区）、1335个乡镇完成“三长”纳入科协班子，村级层面将“四老”人物（老教师、老医生、老干部、老退伍军人）纳入科协组织，基层科协组织手臂有效延长。

三是扎实推动学会治理改革。强化内部治理，制定实施全国学会组织通则，提高专业化规范化服务能力。改革学会办事机构挂靠单位调整机制，继续扩大无挂靠学会的范围，充分保障学会社团法人地位。以全国学会为枢纽，广泛联合产业力量组建产学联合体、产业协同创新共同体，增强学会跨界协同优势。围绕产业升级的关键共性难题，构筑产学融合通道，组建航空发动机产学联合体，促进产业界与科技界集智攻关和聚群发展。中华口腔医学会强化精准服务，个人会员突破10万人，会费缴费率保持在80%以上。

四是推动改革向基层延伸。以庆祝新中国成立70周年为契机，围绕党的十八大以来科协系统改革创新发展的生动实践、伟大成就、宝贵经验，开展争创“十佳”行动，选树十佳学会党组织、十佳服务企业创新学会、十佳深化改革县级科协、十佳调研报告、十佳科技助力精准扶贫示范点、十佳科普作品、十佳科幻作品，发挥示范引领作用。尊重基层首创，加强工作研讨和经验交流，深入开展地方科协改革试点工作。深化改革研究，推动理论和实践相结合。重庆持续举办四届科协改革研讨会。安徽开展市科协特色工作创新试点。江西坚持省市县三级科协工作同部署同推进同总结，2019年，5个设区市、49个县科协工作经费增加。甘肃市县科协机构改革全部到位，14个市州科协新增部门15个、编制7个，86个县区新增部门12个、编制16个，基层科协工作基础得到夯实。

五是提升网上联系服务能力。贯彻落实总书记关于提升网上群团工作能力的指示精神，持续推进“智慧科协”建设工程。连接汇聚132个全国学会和32个省级科协，科技人才资源库不断丰富，科技工作者网上之家“科界”、面向公众服务“科普中国”等App覆盖用户规模持续扩大，全年新增600万人，累计达到1593万人。科技成果交易“绿平台”“智慧学会”等一批特色应用服务有力支撑科协组织业务流程再造和服务能力提升。各地科协积极建设网上群团，拓宽科协与科技工作者、社会公众的联系渠道。山东精准绘制全省科技工作者分布地图，打造资源汇聚、工作协同、精准服务、创新交流四位一体综合平台。广西建立网上广西科技工作者之家，注册人数超过5万人，并与中国科协“绿平台”实现数据互通。

五、精心打造“国际月”系列活动，民间科技交流通道有效拓展

以习近平外交思想为指引，着眼推动文明互鉴、提升中华文化影响力，畅通民间科技人文交流渠道，成功举办“国际月”系列活动，提升中国科技的国际话语权和影响力。

一是服务外交大局，主动创设议题。深刻领会总书记对首届世界科技与发展论坛等大会的贺信精神，聚焦科技革命与产业变革、科技与教育文化、青年科学家与中小企业成长等重大议题，及时传递中国科技发展服务人类共同愿景的价值主张，展示推动开放合作的坚定信心。联合新华社制作宣传片《守护》，阐释总书记贺信精神，在海内外广泛传播。落实总书记2018年对首届世界公众科学素质促进大会贺信精神，巩固合作成果，形成18国19个重要科技组织联合推动的“北京行动路线图”。落实联合国可持续发展目标的中国主张得到国际科学理事会等积极响应。组织人民日报、新华社、央视等主流媒体精心策划宣传话题，广泛动员国际知名科学家多角度阐释协同发展的合作理念，全方位释放“国际月”的舆论引导效应。

二是创新合作机制，搭建交流平台。会同中科院、工程院与俄罗斯科工联共同主办首届世界科技与发展论坛，联合41个国家和地区、76个重要科技机构和国际组织就科技、经济、社会、文化融合新趋势密集研讨，形成广泛共识，有力推动互信、合作、发展。“国际月”期间，6000余名海外科学家、企业家、教育家，96个国际组织、287个国别组织积极参与各类活动。上海联合有关部门成功举办第二届世界顶尖科学家论坛，会聚70位世界顶尖科学家和100位优秀青年科学家，习近平总书记致贺信。山东举办世界海洋科技大会，发布九大类别200余项海洋科技成果，形成“青岛共识”。

三是稳步推进与重点国家和关键组织的合作。加大与美国科学促进会等对口组织的交流合作。精心筹划中美物理学家交流活动，成功召开圆桌会议，形成定期沟通机制，赵忠贤院士在特殊时期率团出访并圆满完成任务，展现了强烈的国家使命意识。积极拓展中瑞、中俄等合作渠道并取得新成效，实施“中瑞青年科学家交流计划”，与俄罗斯科工联签署谅解备忘录，并纳入中俄总理第二十四次定期会晤联合公报。开拓与缅甸、巴基斯坦、以色列等“一带一路”国家的合作新通道。推荐在374个国际组织担任决策层职务359人，比2019年增长11人。支持李静海、龚克、黄维等在国际组织履职，提升中国科学家在国际科技界的话语权和影响力。中国汽车工程学会与世界汽车工程师学会联合会签署《汽车工程师能力标准》互认协议，为德国等14个成员国所互认，中国汽车工程师能力标准首次获得世界认可，填补了全球汽车人才评价标准空白。

四是发挥系统优势，拓展联络渠道。深入实施海智计划，建成77个海智计划工作基地、14个国家海外人才离岸创新创业基地、5个海智计划海外“双创”基地，制度化联系98个海外华人科技团体。鼓励全国学会在海外建设分支机构或联系点，探索外籍会员制度。建立完善法律和政策支撑体系，推动我国科学家牵头发起成立以我为主的国际科技组织，吸引国际科技组织总部落户中国。江苏举办苏州国际离岸创新创业峰会，在国家级高新区新建10家省级离岸基地，打造海智大会品牌。江西举办“海智赣鄱行——2019海外人才创新创业项目（江西宜春）对接会”。内蒙古举办“海智专家内蒙古行”等系列活动。中国有色金属学会连续30年开展中俄双边科技交流合作，累计促成百余项高端新材料项目。

五是积极开展对港澳台科技交流工作，凝聚海外科技工作者和青少年人心。福建发挥区位优势，坚持10余年举办海峡两岸科技专家论坛等对台科技交流项目。江苏主动承担中国科协对港澳台交流工作，每年暑期举办海峡两岸暨港澳青年创新创业训练营活动。中国化学会参与举办海峡两岸暨港澳绿色发展青年论坛，彰显学会在做港澳台人员人心回归工作的优势。

六、强化党建保障，全面从严治党工作更加深入

贯彻新时代党的建设总要求和党的组织路线，以党的政治建设为统领，抓好党的各方面建设，自觉履行全面从严治党主体责任。

一是深化主题教育，加强党的政治建设。推进履行“两个责任”的制度建设。围绕学习贯彻习近平新时代中国特色社会主义思想主线，统筹“一体两翼”，深入开展主题教育。检视查摆4个方面33个突出问题，推进整改落实，做到靶心不虚、中心不偏、重心不浮，坚守初心使命，永葆科协组织政治本色。各地科协主动作为、聚焦问题、精准发力。河北科协连续两年被评为省直机关党建先进单位。广西针对基层农技协长期未解决的深层次问题，下大力气协调降低基层农技协登记管理门槛。

二是配合中央巡视。自觉接受中央第十二巡视组巡视监督，围绕“四个落实”，突出问题导向，接受全面政治体检，深入查找政治偏差，通过巡视发现问题、形成震慑，推动改革、促进发展。建立长效机制，扎实开展内部巡视。

三是深入实施“党建强会计划”。发挥机关党建示范作用，全国学会和地方科协一体推进，构建科协系统大党建工作格局，辐射带动科技界强化党的创新理论武装，增强对党的向心力。以党建强化新时代学会使命和价值认同，以评促建，强化标杆示范，推动全国学会理事会党委建设，组建中国科协学会党建示范工作联合体。推进党建业务融合发展，找准结合点，围绕中心抓党建，抓好党建促业务，激发学会组织活力。集中整治软弱涣散基层党组织，对学会党建情况进行全面摸底，对业务主管全国学会的133个基层党组织逐一排查，建立工作台账，重点整顿存在问题的1个联合党支部。依托“党建云”平台，扎实推进党建信息化。天津市科协科技社团党委建设“流动党校”，送学上门服务80多个学会，“一会一策”整治7个软弱涣散学会党组织。上海探索形成科技社团党的工作小组、办事机构党支部、党建工作联络员“三位一体”党建工作体系。湖南对所属学会派驻“第一书记”，以党建带会建，被列入政府重点工作绩效评估考核内容。安徽按照“应建尽建”原则，实现省级学会党的组织全覆盖。

四是坚决贯彻落实中央八项规定精神。精简会议文件，全年发文量440个，同比减少三分之一；召开会议108个，比年初计划压减32.08%，严格将中央基层减负精神落实到位。强化执行力，建立绩效考核和业绩档案管理机制，完善重大问题专题研究、重大任务定期调度、重要工作及时总结、重要事项督办问责制度，驰而不息整治形式主义、官僚主义。强化廉政风险防控，完善出台29项财务内控管理制度，推进管评分离，构筑“两门四墙”预算管理新流程。建立预警机制，加强对全国学会财务风险监管。加强干部队伍政治建设，鼓励干部担当作为。

过去一年科协工作取得的成绩，根本在于以习近平同志为核心的党中央的坚强领导，根本在于习近平新时代中国特色社会主义思想的科学指引，得益于有关部门、社会各界的大力支持，得益于科协系统和广大科技工作者的共同努力。一年来，江西、河南、山东、四川、内蒙古、天津、甘肃等省级科协先后召开代表大会，推动地方科协事业承前启后、继往开来。过去一年，也是中国科协副主席、常委、荣誉委员履职情况最好的一年，赵忠贤、李静海、袁亚湘、杨卫、王恩哥、龚克、郑晓静、周守为、李洪等一批科学家在东北调研服务、一流期刊建设、院士举荐、国际合作等重点工作中身体力行、主动作为。地方科协和全国学会在科协年会举办、科技危机应对、学风建设等重大活动中积极作为、创新建功，汇聚成科协系统强大组织合力。经过公众投票和专家评审产生“2019年度科协十大事件”,“国际月”系列活动、首届世界新能源汽车大会、科技期刊改革、作风学风建设、科学家精神宣传等在科技界乃至全社会产生广泛影响,“最美科技工作者”学习宣传活动深入人心，科技志愿服务行动、中国科协党校（人才学院）建设、产学融合助力东北振兴、中国公众科学素质促进联合体建设等工作受到各方好评,“3+1”试点改革强基，推进基层科协有效壮大工作队伍，有力激发了科协系统组织活力。在此，我对大家一年来的辛勤努力和卓越贡献表示诚挚敬意和衷心感谢!

对照党中央要求，顺应科技工作者期盼，我们清醒认识到科协工作还存在一些与新形势新要求不相适应的方面。比如，团结引领、联系服务广大科技工作者的机制方式有待创新，科协组织覆盖和工作覆盖有待拓展，科协活动的品牌影响力有待提升，纵深推动科协系统改革力度有待加强，中国科协对全国学会和基层科协的政策指导、规范监督有待加强。对这些发展中的突出问题，必须通过改革创新加以解决。

2020年工作安排

2020年是决胜全面建成小康社会、打赢精准脱贫攻坚战、实现“十三五”规划收官之年。科协工作总体思路是，坚持以习近平新时代中国特色社会主义思想为指导，全面贯彻党的十九大和十九届二中、三中、四中全会精神，增强“四个意识”、坚定“四个自信”、坚决做到“两个维护”，紧扣决胜全面建成小康社会、决战脱贫攻坚，聚焦保持和增强政治性、先进性、群众性，把握“四服务”职责定位，着力加强对科技工作者的思想政治引领，着力服务党和国家工作大局，着力深化科协系统改革，着力构建联系广泛、服务群众的科协工作体系，激励党员干部务实担当，更好地把广大科技工作者团结凝聚在以习近平同志为核心的党中央周围，为打赢疫情防控的人民战争、总体战、阻击战，实现决胜全面建成小康社会、决战脱贫攻坚目标任务，建设创新型国家和世界科技强国不懈奋斗。

新冠肺炎疫情发生以来，习近平总书记亲自指挥、亲自部署，发表一系列重要讲话，作出一系列重要指示。在党中央的坚强领导下，科协组织坚决贯彻习近平总书记重要指示精神和党中央决策部署，按照“坚定信心、同舟共济、科学防治、精准施策”的总要求，团结动员科技工作者积极行动、全力奋战，努力为统筹疫情防控和经济社会发展提供科技支撑。一是以有效动员彰显科协组织力。迅速启动全国科普应急响应与联动机制，先后发出4次倡议，全面动员、全面部署，形成全系统、全方位、立体化推进防疫和科技经济融合发展格局。二是以聚合平台增强科学传播力。加强与相关部委协作，发挥融媒体优势，整合“科普中国”“科学辟谣”“数字科技馆”以及地方媒体平台，普及科学防疫与心理健康知识，讲述防疫抗疫生动故事，宣传“最美逆行者”“最美科技工作者”，累计浏览量近70亿人次。中国科技馆科普资源总浏览量14.8亿人次，联合行动科学实验挑战赛提交作品数量超1.4万个，大赛百度专题推广播放量近5亿。“科学辟谣”平台有效阻击“疫情谣言”。“科普中国”新媒体连续3个月蝉联人民号影响力排名政务榜榜首。三是以系统联动增强组织凝聚力。各级科协组织广泛动员科技工作者参与防疫科研攻关、决策咨询和科技志愿服务。全国学会发挥专业优势，助力有序复工复产，各地科协推动服务资源下沉，基层“三长”、科技志愿者和科普信息员队伍成为抗疫生力军。四是以组织赋能增强战略支撑力。以习近平总书记关于统筹推进疫情防控和经济社会发展工作的重要讲话精神为指引，运用大数据等科技手段推动精准施策，启动服务科技经济融合发展行动，为高质量发展提供有力支撑。五是以开放交流增强国际影响力。组织动员全国学会和专家，主动联系对口国际科技组织，提供防疫科普资源，创新国际疫情合作机制，努力为疫情防控营造良好国际环境。

今年是中国科协“合作发展年”，我们要崇尚实干、注重实绩、提升实力、务求实效，统筹“1–9–6–1”工作布局和“一体两翼”系统布局，推动科协服务下沉、重心下移，不断优化科协治理结构、治理过程、治理效能，以组织赋能拓展开放合作格局，以机制创新提升开放合作能力，搭建大平台、凝聚大团队、集成大成果，不断提升组织力、动员力、凝聚力、影响力，强化不忘初心、牢记使命的制度落实，以巡视整改推动科协高质量发展，把开放型枢纽型平台型组织优势有效转化为服务国家治理现代化的新效能，重点推进以下工作。

一、加强理论武装，拓展政治引领广度深度

一是深化习近平新时代中国特色社会主义思想学习贯彻。持续深入学习贯彻习近平新时代中国特色社会主义思想，深入学习领会习近平总书记关于科技及群团工作的重要论述，引导科技工作者不断增强“四个意识”、坚定“四个自信”、做到“两个维护”，坚定不移听党话跟党走。把学习党的创新理论同学习党的十九大和十九届二中、三中、四中全会精神紧密结合，同学习党史、新中国史、改革开放史紧密结合，同学习《习近平谈治国理政》三卷本和总书记关于科技、群团工作的重要论述紧密结合，同贯彻新时代爱国主义教育实施纲要、公民道德建设实施纲要紧密结合，推动理想信念教育常态化制度化，增强贯彻落实的自觉性和坚定性。健全贯彻落实总书记重要指示批示和党中央决策部署工作机制。

二是精心打造科协党校政治引领平台。统筹“一体两翼”系统架构，以有效服务团结引领“三支队伍”，打造没有围墙的价值引领阵地。把学习习近平总书记关于科技创新的重要论述、对科协工作的重要指示作为党校必修课，编写专门教材，强化培训实效。构建科协党校体系，推动建立科协党校全国学会分校、省级科协党校，面向老科技工作者、女科技工作者、青年科技工作者成立专门党校，完善联动协同的组织架构。增强科协党校面向“三支队伍”开展党性锤炼、能力提升、教学相长的学习平台功能，突出对领军人才、青年骨干和海外人才的对象化、分众化引领服务，提升润物无声实效。借力中央党校和延安、浦东、井冈山干部学院等教育资源，办好青年科技领军人才等培训。组建习近平新时代中国特色社会主义思想科学家宣讲团和老科技工作者报告团，面向广大科技工作者和社会公众开展百场巡回宣讲；全国学会和地方科协结合各自学科特点和区域发展实际，开展分众、分类、分层宣讲。

三是丰富科学家精神宣传阵地和政治引领活动载体。打造集思想性、政治性、艺术性、时代性于一体的引领平台，围绕《关于进一步弘扬科学家精神加强作风和学风建设的意见》三年工作目标，组织“科学大师名校宣传工程”深耕高校、走向社会，推动精品大众化。联合高校科研院所深入开展学风传承行动，继续办好全国科学道德和学风建设宣讲教育，开展宣讲教育10年总结评估，加强明德典范榜样宣传和违规失信案例警示教育，扎实推动科技界作风学风转变。举办抗疫防疫优秀科技工作者事迹报告会，组织“百馆千场万人科学家精神宣讲”。做好老科学家学术成长资料联合采集，开展中国科学家精神主题巡展，精心组织“中国共产党领导下的科学家主题摄影展”，献礼建党一百周年。深入开展全国科技工作者日主题活动，发挥创新争先奖引领作用，广泛宣传疫情防控和脱贫攻坚一线的“最美科技工作者”，引导科技工作者服务科技经济融合发展，为决胜全面小康作出实实在在的贡献。强化网络宣传阵地覆盖，线上线下、内宣外宣结合，讲好中国之治。引导各级科协组织创新机制平台，组织讲好科技助力精准脱贫的中国故事，增强科技界对建功全面小康的荣誉感和认同感。支持老科技工作者协会在传承科学家精神、服务创新型国家建设方面充分发挥作用。

四是防范化解涉科技、涉群团类风险。全面落实意识形态责任制，加强对热点问题和突发事件的引导处置。完善科技舆情监测体系，针对科技界热点、敏感问题加强研判，重点扫除学会盲区。有效支撑科技伦理治理。围绕学风作风、科研伦理和道德等各种风险因素，加强战略预判，加强与有关部门协同，化解风险，防患未然。

五是加强网上引领与联系服务。持续推进智慧科协建设工程，发挥好科协资源优势，以互动增进合作，以共享带动共建，建好全国学会和地方科协样板间，更大范围、更加深入地连接汇聚全国学会和地方科协。强化“科界”等网络平台互动服务，拓展服务科技工作者的便捷渠道。持续加强智慧科协建设，完善网络联系服务机制。

二、围绕全面小康战略主题，扎实推动科技为民服务

一是聚力决战脱贫攻坚。开展“决胜小康　奋斗有我”行动，组织动员千家科技组织、万名科技工作者，聚焦脱贫、致贫、返贫人口，突出加强智力帮扶。联合中央文明办实施“智惠行动”，指导地方科协和全国学会助力新时代文明实践中心建设，稳步扩大志愿服务队伍。统筹整合项目资源下沉服务市县科协，推进基层科普阵地转型升级，有效服务脱贫攻坚。加强科技志愿服务制度保障，建设科技志愿服务信息二期平台，完善服务基层、服务群众的社会动员机制，构建四级联动组织体系。在500个新时代文明实践中心试点县乡两级实现科技志愿服务基本覆盖。决战中国科协山西吕梁定点扶贫，巩固岚县脱贫成果，助力临县如期脱贫，总结35年定点扶贫成果。加强科协系统援疆援藏工作。

二是启动《全民科学素质行动规划纲要（2021—2035年）》编制。大力开展新冠肺炎应急科普，认真总结经验做法，完善应急科普工作机制，推动应急科普纳入国家应急管理体系。开展第十一次中国公民科学素质调查、全民科学素质行动实施15年评估督查。加强顶层谋划，编制上报《全民科学素质行动计划规划纲要（2021—2035年）》。重点做好乡村振兴农民科学素质提升行动、青少年科技教育品牌活动、中国特色现代科技馆体系可持续发展、科普大篷车运行机制建设、2020年全国科普日活动等。

三是创新科普手段和服务模式。强化“科普中国”品牌引领，扎实推进科普中国e站转型升级，丰富传播载体，发挥新媒体优势，打造全媒体科普阵地和“科普中央厨房”。打造国家级科学辟谣平台，切实提高辟谣信息的传播力、引导力、影响力。繁荣科幻创作，推进科幻产业发展。继续举办2020中国科幻大会和第十届科博会，推进科技与影视融合，联合有关部门出台促进科幻电影发展若干政策，推动科幻产业发展。开设精品科普电视节目。支持有条件的地区开展全域科普试点，推进全民科学素质建设境界提升，促进科普服务全面、均衡、普惠、高质量发展。

四是创新科普社会动员机制。推动科普服务网络化组织、社会化协同、国际化发展，形成多元主体参与、共建共治共享的现代科普治理体系。完善发展现代科技馆体系，加强数字科技馆建设，开展科技馆免费开放工作综合评估，推进科普资源下沉。推动中国公众科学素质促进联合体有效运行，建立健全运行机制，发挥专项基金作用，设立权威科普奖项，促进科普生态系统能力整合，推进科普开放合作。

三、深化合作发展，服务科技工作者创新建功

一是搭建资源协同融合服务平台。优化协同、健全体系、融合提升，打造凝聚大团队、服务大发展的大平台。引导科技工作者围绕疫苗研发、公共卫生、应急管理等方面的突出问题开展高端跨界交流。着眼全局发挥汇聚战略共识、拓展国际合作战略通道的功能，继续办好世界科技与发展论坛、世界公众科学素质促进大会等品牌会议，汇集全球智慧，策源创新思想。着眼支撑“卡脖子”问题突破，组织中国科协副主席、常委委员参与，动员相关全国学会、高校、科研院所和产业界高层次专家开展调研和研讨，形成具有战略性、前瞻性的对策建议。推进省会合作，促进资源贯通、服务重心下移，提供精准化、精细化科技服务，助力黄河流域生态保护和高质量发展战略，与山东省共同办好第二十二届中国科协年会。联合地方建设引才引智开放合作平台，健全关键领域科技人才安全保障机制，用好海内外两方面人才，服务国家发展。强化各级科协组织联系服务功能，为科技工作者办成一批实事好事。

二是打造“科创中国”工作品牌。深入推进服务科技经济融合发展行动，积极探索常态化组织动员机制，努力创新服务模式，引导激励广大科技工作者推动产学融合，协同解决重点领域、重点产业的关键短板问题，破解发展瓶颈，为企业成长和区域经济振兴提供解决方案，深化国际间科技合作，助力企业融入全球创新网络，把技术、人才、数据等创新要素引向国内、引向企业、引向基层，为对冲疫情影响、服务高质量发展提供有效支撑。着力打造“科创中国”工作品牌，注重开放合作，联合各类创新主体，共建数字经济背景下集政产学研金于一体的技术服务与转移专业化网络平台。强化组织赋能，建立以省级为统筹、地市为中心、县区为重点的科技工作者动员组织体系，推动资源下沉，将技术、人才等创新要素导入地市，共建一批技术创新与转移枢纽城市。围绕城市化快速发展和乡村振兴战略，聚焦地方产业和企业需求，持续深入开展科技志愿服务，建立运转高效的国际科技合作和产学合作机制。坚持试点先行，与有关省（区、市）沟通合作，遴选若干地级市开展先行先试，打造一批创新要素供需精准对接的样板间。

三是完善柔性智库网络体系。建立完善科协系统智库网络，提高智库人才培养和开放合作能力。实施“智库伙伴计划”，完善智库合作发展系统布局。聚焦科技治理、科技经济融合发展等专题，做优做强与高校共建智库基地。聚焦关键核心技术领域与技术创新体系建设，推动与企业共建高端智库平台。围绕国家战略区域发展，与地方科协共建战略智库。聚焦重要科技领域，强化学会的智库功能。联合国内外智库机构，围绕创新发展、人才成长、科技治理规律开展专题研究。扩大科技智库国际交流合作。组建科技立法专家队伍，推动科技界参与国家法律制度建设。

四是发挥民间科技交流合作独特作用。全方位拓展民间科技交流新空间，统筹与科技大国、关键创新小国和重点周边国家的合作关系，保持和拓展与科技发达国家科技交流战略通道。加强与海外科技组织、科学家的联络，创新疫情防控科研合作机制，讲好防疫抗疫中国故事，增进互信、促进合作。落实世界公众科学素质促进大会“北京行动路线图”，开展系列双边、多边务实合作，用好世界公众科学素质促进组织筹备工作协调机制，力争取得重要实质性成果。加大重要国际科技组织任职专家履职支撑力度，发挥联合国咨商专业委员会的作用，积极吸引国际科技组织总部落户中国。深入实施“一带一路”民间科技人文交流“携手计划”。推动中美、中俄、中瑞、中日等双边高层交流，深化与周边国家、亚太、拉美的合作交流，扩大知华友华朋友圈。通过百场高水平国际活动，吸引千家国际机构和万名科技人才来华交流合作。围绕中央对港澳台工作大局做好人心工作。推动海智计划提质增效。搭建工程能力认证标准和国际互认平台，探索推动通信等领域的工程能力评价试点。

四、强化改革攻坚，提升科技群团治理效能

一是加快培育世界一流科技期刊。贯彻落实《关于深化改革培育世界一流科技期刊的意见》，深入实施“中国科技期刊卓越行动计划”，集中力量打造22种领军期刊，试点推进中外优秀期刊同质等效的评价体系改革。引导领军期刊在凝聚优秀稿源、强化国际传播、提升服务能力等方面重点发力，建立领军期刊进展定期监测评估和情况通报机制。构建科技期刊国际传播体系，建设国际化数字出版服务平台和科学数据仓储中心。深度参与国际科技治理，办好第三届世界科技期刊论坛、第十六届中国科技期刊发展论坛。围绕评价体系改革、开放获取发展趋势及应对策略等开展跨部门联合调研和政策研究。

二是改革提升学会现代化治理水平。加强党对学会的全面领导，深入实施“党建强会计划”，建立全国学会理事会党委职责清单和议事清单，推进党建与业务融合发展。健全对全国学会监管机制。召开全国学会工作会议。探索建立学会治理现代化标准，发布《世界一流科技社团排行榜》，研究制订全国学会章程示范文本和境外分支机构审批办法，出台《关于全面加强全国学会治理改革的意见》，健全中国科协联系服务全国学会工作机制，确立新时代学会创新发展的目标任务，完善学会改革发展的制度体系，提升学会办事机构履职能力和团结服务会员能力，推进学会治理体系和治理能力现代化。建立与政府部门常态化对接机制，推动学会承接政府转移职能。加强对全国学会的分类指导，实现监管服务全覆盖。扎实推进世界一流学会建设，持续支持50家全国学会围绕提升“五大能力”和“八个重点建设方向”加快深化改革，带动全国学会提升工作能力、打造一批有国际影响力的公共服务品牌，提升科技为民服务能力。推进学会联合体、产学联合体建设，促进面向大学科领域或全产业链的学会集群发展。

三是有效发挥基层组织的社会治理功能。不断完善联系广泛、服务群众的科技群团工作体系，支撑国家治理体系建设。推动基层科协主动融入基层治理体系建设，提高科协基层组织的动员力、影响力。推动“三长制”扩面提质增效。完善吸纳“三长”的组织程序，建立履职规范和有效激励机制。选树优秀典型，推广成功经验，推动“三长制”在全国广覆盖，除个别艰苦边远地区外，力争2020年年底实现地市级科协所辖范围内均有“三长”模范县（乡、镇）。省、市两级科协和学会推动资源下沉，将工作融入基层社区党群服务中心。分类推进企业科协、高校科协、园区科协、农技协等基层组织建设，创新机制，扩大组织和工作覆盖。推动科协资源与新时代文明实践中心、基层党群服务中心深度融合，促进面向基层、面向群众的公共服务结构优化、效能提升。做好挂点联系宁夏新时代文明实践中心建设工作。

五、夯实党建保障，加强科协组织自身建设

一是巩固主题教育成果。突出主题教育作为党建永恒课题和全体党员干部终身课题的政治意识，形成常态化长效化机制，完善不忘初心、牢记使命的制度体系，推进专项整治落地，着力解决群众反映强烈的问题。指导地方科协、全国学会深化主题教育成果，不断提升团结引领服务能力。

二是扎实推进巡视整改。强化政治担当，压实整改责任，紧盯问题、精准整改，确保中央巡视反馈问题逐项整改到位。坚持“一体两翼”系统推进，实施网格化聚焦、工程化实施、里程碑考核，纵横推进、系统落实，补齐短板、做优长板。进一步深化党组巡视，切实履行好管党治党责任。综合运用巡视整改成果，巩固扩大整改成效，一体推进“不忘初心、牢记使命”主题教育检视问题整改，以常态化长效化整改提高党的建设质量，推动全面从严治党向纵深发展。

三是提升科协治理能力。坚持把党的政治建设摆在首位，引导科协系统党员干部提高政治站位，增强“四个意识”、坚定“四个自信”、坚决做到“两个维护”。精心做好中国科协十大筹备工作，围绕章程修订，全面谋划科协组织在国家治理体系中的新定位。强化政治机关意识，创建“让党中央放心、让人民群众满意”模范机关。深化机构和干部管理制度改革，开展科协系统干部队伍专业服务能力提升行动，制定激励干部担当作为的具体举措，引导干部狠抓工作落实、增强忧患意识、提高工作本领，用心、用情、用力做好服务。

各位委员、同志们：

科技筑梦、协同建功。广泛汇聚智慧力量，赢得疫情防控阻击战的最后胜利，实现决胜全面建成小康社会、决战脱贫攻坚的目标任务，科技界肩负着光荣使命。我们要更加紧密团结在以习近平同志为核心的党中央周围，引导广大科技工作者不忘初心、牢记使命，只争朝夕、不负韶华，为全面建成小康社会、建设世界科技强国、实现中华民族伟大复兴的中国梦作出更大贡献。

在2020年“全国科技工作者日”的致辞

（2020年5月30日）

万　钢　怀进鹏

今天，我们迎来了第四个“全国科技工作者日”。我们谨代表中国科学技术协会，向广大科技工作者致以诚挚问候和良好祝愿！

党的十八大以来，广大科技工作者以习近平新时代中国特色社会主义思想为指引，在建设创新型国家征程中创新争先，为经济社会高质量发展作出突出贡献。在疫情防控人民战争、总体战、阻击战中，科技发挥了重要支撑作用。我们谨向广大科技工作者致以崇高敬意！

“全国科技工作者日”前夕，习近平总书记通过给25位科技界代表回信，高度赞誉科技工作者矢志报国的情怀，充分肯定科技支撑疫情防控的成绩，充分体现了党中央对科技事业的高度重视、对科技工作者的关心关爱。我们要牢记嘱托、不负使命，在新时代创新创造中奋斗建功。

当前，世界正处于百年未有之大变局，并与中华民族伟大复兴的战略全局形成历史交汇，科技革命与产业变革浪潮涌动。面对国际形势风云变幻，广大科技工作者更加深刻领会到“创新是引领发展的第一动力，科技是战胜困难的有力武器”，更加深刻认识到加快产学研深度融合、壮大新增长点、培育发展新动能的重要性紧迫性，进一步增强了以开放合作应对全球挑战、推动构建人类命运共同体的责任感使命感。

希望广大科技工作者弘扬优良传统，矢志报国为民。弘扬爱国、创新、求实、奉献、协同、育人的新时代科学家精神，坚持报国为民奋斗担当，以爱国之志点燃创造激情，把报国之情转化为创造之为。

希望广大科技工作者坚定创新自信，勇攀科技高峰。坚持自主创新，坚定敢为天下先的志向，充分发挥新型举国体制的优势，着力突破关键核心技术瓶颈。坚持开放创新，深度参与全球科技治理，以科技支撑人类命运共同体建设。

希望广大科技工作者推进协同创新，服务高质量发展。抢抓科技革命和产业变革机遇，推动产学研深度融合，加速科技成果向现实生产力转化，为实现“六稳”“六保”作贡献。服务发展新基建、新技术、新材料、新装备、新产品、新业态，培育更具活力的创业主体，奋力创造新时代科技创业的中国质量。

砥砺奋进新征程，凝心聚力再出发。让我们更加紧密地团结在以习近平同志为核心的党中央周围，增强“四个意识”、坚定“四个自信”、做到“两个维护”，以科技助力在危机中育新机、于变局中开新局，为建设世界科技强国、实现中华民族伟大复兴的中国梦作出更大贡献。

致2021年新年贺词

（2020年12月31日）

万　钢　怀进鹏

天地风霜尽，乾坤气象和。在2021年即将到来之际，我们谨代表中国科学技术协会，向全国广大科技工作者致以诚挚的新年祝福！

2020年是新中国历史上极不平凡的一年，是中国人民取得彪炳史册伟大成就的一年。面对突如其来的新冠肺炎疫情，广大科技工作者响应习近平总书记和党中央号令，积极投身医疗救治、防疫检测、药物与疫苗研发、科普与心理咨询等抗疫一线，科技志愿者主动融入基层，凝聚智慧力量，激发斗志豪情，砥砺创新建功，有力支撑疫情防控与经济社会发展，让伟大抗疫精神和科学家精神交相辉映！

奋战在科研一线的广大科技工作者聚焦前沿、独辟蹊径、勠力攻坚、坚毅前行，5款新冠疫苗已进入Ⅲ期临床试验并即将用于规模接种，杂交水稻双季亩产突破1500公斤，北斗全球卫星导航系统全球组网，“奋斗者”号完成万米海试，“天问一号”开启火星探测，“嫦娥五号”实现地外天体采样……成就和辉煌属于人民、光耀时代，在国家现代化进程中树立起又一座历史丰碑。

一年来，中国科协在党中央坚强领导下，坚持守正创新，深入开展“全国科技工作者日”“全国科普日”等活动，组织“最美科技工作者”宣传，树立智慧灯塔，高扬新时代科学家精神。启动应急科普动员机制，汇聚资源、协同发力基层抗疫，拓展民间交流渠道助力全球抗疫。全面提升“科普中国”服务广度，以党建带群建，助力新时代文明实践中心建设，突出智志双扶，引导科技工作者投身决战脱贫攻坚伟大事业，以所学所研报效国家、服务人民，密切与基层群众的血肉联系，彰显科技的时代价值。因时因势打造“科创中国”新品牌，以省为统筹、地市为中心，建设26个创新枢纽城市（园区），搭建国家技术服务与交易数字平台，营造产学融通新生态。以“智汇中国”释放第一资源强大优势，跨界集智协力化解“卡脖子”风险，推进世界一流科技期刊建设。扩大朋友圈，凝聚开放、信任、团结的价值共识，推动构建以理服人的学术共同体、以德服人的价值共同体，在全球抗疫中进一步彰显以人为本的命运共同体的强大感召力。

2021年是“十四五”开局之年，是国家现代化进程中具有特殊重要性的一年。党的十九届五中全会擘画国家未来发展新蓝图，强调把握新发展阶段、贯彻新发展理念、构建新发展格局。坚持深化供给侧结构性改革的主线，坚持扩大内需的战略基点，以改革创新为根本动力，充分发挥科技推动供给创造和引领需求的关键作用。我们要勇担新发展阶段的时代责任，坚持“四个面向”，以新发展理念履行创新使命，主动服务构建新发展格局，以优异成绩庆祝建党100周年。

国运基于科技自立自强，发展依靠人才创新创造。新征程上，我们要更加紧密团结在以习近平同志为核心的党中央周围，增强“四个意识”、坚定“四个自信”、做到“两个维护”，同心协契、蹈厉奋发，为铸造世界科技强国、实现中华民族伟大复兴的中国梦作出新贡献！

在2020年全国学会工作会议上的讲话

（2020年11月30日）

万　钢

今天，中国科协召开全国学会工作会议，这是科技界深入学习宣传贯彻党的十九届五中全会精神的重要会议。会议的主题是“创新学会组织、凝聚科技力量，为构建新发展格局、推进国家现代化作出新贡献”。在此，我代表中国科协，向会议的召开表示热烈的祝贺，对参加本次会议的线上和线下各位代表表示诚挚的感谢！

党的十八大以来，在以习近平同志为核心的党中央坚强领导下，我国科技事业取得历史性的进展，重大创新成果竞相涌现，一些前沿领域进入并行、领跑阶段，自主创新能力显著提升。全国学会紧紧围绕中心大局，坚持以政治性、先进性、群众性为统领，团结广大科技工作者砥砺奋进，为科技创新和经济社会高质量发展提供了重要战略支撑。

一是价值引领的开放型组织建设成效显著。持续唱响爱国创新主旋律，实现党的组织和工作全覆盖，与学会事业有机融合，政治引领全面加强；不断突破单位、行业、区域限制，实现会员数量增长26%，把科技工作者更加广泛、更加紧密地团结在党的周围；中国科学家在数十个领域担任国际组织主要领导职务，开放、互信、合作的朋友圈不断扩大。

二是协同创新的枢纽型组织特征愈加凸显。科技期刊建设取得重大突破，前瞻研判体系、多层级学术交流矩阵影响广泛，形成面向前沿基础创新的学术导向；建设一大批新型协同创新组织，广泛聚合产学研创新主体和创新要素，促进技术、资本、创新生态协同发力，形成深度融入产业链和区域布局的创新枢纽。

三是治理优化的平台型组织能力快速提升。组织科技工作者广泛开展科技为民服务，公民科学素质持续提升；承担两院院士候选人推荐，实施青年人才托举，数十个科技奖项成为领域最高奖和“终身成就奖”，人才成长服务不断优化；大批一线科技工作者和青年人才进入学会，知名院士、专家担任学会党委书记、监事长，深化治理改革成效明显。

特别是今年以来，全国学会积极助力新冠肺炎疫情防控，及时开展应急科普，广泛开展科技攻关援助和倡议建言，主动与国际组织传递有效信息和合作共识，为服务全球共同抗疫、维护人民生命健康作出重要贡献。学会出色完成习近平总书记交给科协组织的光荣任务，中国特色现代化科技社团的组织内涵不断丰富，支撑创新发展的时代特征更加鲜明，在国家创新体系中的地位更加凸显。

借此机会，我代表中国科协，对大家取得的丰硕成果表示祝贺，向大力支持学会工作的各有关部门单位表示衷心的感谢，向积极参与和支持学会工作的专家学者、向奋战在一线的广大学会工作者表示诚挚问候和崇高敬意！

下面，我讲三点意见。

一、全面贯彻落实党的十九届五中全会精神，准确把握学会发展的历史使命和前进方向

当今世界正经历百年未有之大变局，我国发展仍处于重要战略机遇期。在新的历史起点上，党的十九届五中全会深入分析我国发展环境面临的深刻复杂变化，提出“十四五”时期主要发展目标和二零三五年远景目标，明确创新在我国现代化建设全局中的核心地位，强调把科技自立自强作为国家发展的战略支撑，为学会深化改革和创新发展明确了方向、树立了目标。

面对新形势新要求，学会要站在战略和全局高度，充分认识学会深化改革和创新发展的重要性、紧迫性，要坚持面向世界科技前沿、面向经济主战场、面向国家重大需求、面向人民生命健康，团结引领科技工作者不断向科技创新和高质量发展的广度和深度进军。要围绕贯彻新发展理念、推进高质量发展、构建新发展格局，紧扣为国家创新体系提供支撑、为新型举国体制贡献力量、为科技工作者融入国际科技创新网络形成联结，系统谋划学会的发展方向和发力重点，在新发展格局中开好头、起好步。

团结引领科技工作者在新时代建功立业，关键在价值认同和精神感召。学会要秉持科技共同体定位，丰富科学家精神宣传阵地和政治引领活动载体，积极宣传著名科学家优秀事迹，向社会公众传递科学精神，培养科学文化，增强科技界对建功新时代的荣誉感和认同感。要倡导学术伦理，抵制学术不端行为，营造风清气正的学术环境，扎实推动学会组织成为科技工作者的精神家园。

二、聚焦创新发展大势和国家战略需求，为实现科技自立自强接续奋斗

实现科技自立自强，必须注重原始创新。学会要聚焦基础研究和“卡脖子”问题、颠覆性技术等，加强对科技创新方向的引领，完善智慧碰撞的学术交流体系，搭建科技工作者发挥作用的各类组织化平台，形成高端跨界的资源汇聚链条，促进面向大学科领域或全产业链的学会集群发展。

要坚持面向经济建设主战场，有力促进产业基础高级化、产业链现代化，以科技创新催生发展新动能。积极参与“科创中国”“科普中国”“智汇中国”建设，不断拓展连通组织边界，提升公民科学素质，推动科技经济深度融合，强化服务经济社会高质量发展的组织支撑。

新一轮科技革命和产业变革正在推动现有治理规则、标准、体系革新和再造，世界正面临未来创新格局和创新中心重塑。保护科学不受歧视和干扰是学会的天职。学会要顺应国际科技交流合作的大趋势，主动发起全球科技创新议程和对话，积极建立完善多边对话机制，推动构建交流、互信、合作的新型国际关系，营造良好国际环境，促进国际科技治理格局重构，以国际科技共同体支撑人类命运共同体建设，共同创造世界更加美好的未来。

三、着力提升学会治理效能，服务科技工作者创新建功

学会是国家创新体系的重要组成部分。要对标国际一流，确立新时代创新发展的目标任务，着力建设具有国际影响力的中国特色现代化科技社团。要加强党对学会的全面领导，要把党的建设覆盖学会理事会、办事机构、分支机构、会员等各个层级，把政治引领体现到学会各项业务活动中去，确保正确发展方向。学会的理事长、理事会和秘书长要切实履职尽责、抓纲带目，提升学会团结服务会员的能力，推进学会治理体系和治理能力现代化。

强化科技战略支撑，必须发挥好人才第一资源的作用。全国学会要创新工作模式，把科技工作者组织起来，把个体智慧汇聚起来，把人才活力激发出来。要围绕科技工作者学术成长和职业发展核心需求，精准有效地提供系列服务产品，满足不同类型科技工作者个体化需求。要突出服务会员宗旨和科技工作者主体地位，重点培育青年科技人才，吸引海内外高端人才，推动人才资源规模壮大和结构优化。不断完善科技工作者群体跨界交流的服务机制，更好激发科技工作者的创新能力和创造活力，夯实新时代创新发展的人才之基。

要坚持通过深化治理改革增活力、强动力。有条件的学会要奋力走在前列，探索学会提升效能、拓展领域、深化服务方面的差别化创新。要紧盯学会发展中的突出问题，勇于破除思维定式、工作惯性和路径依赖，在变化中找机遇、在改革中谋发展、在创新中求突破，实现学会改革和发展深度融合、高效联动，使改革更好获得党和政府认可、科技工作者认可、社会各界认可，不断提升科技工作者的参与感、认同感、获得感。

各位代表、同志们：

面对新的时代，科技界肩负着光荣使命。我们要更加紧密地团结在以习近平同志为核心的党中央周围，不忘初心、牢记使命，只争朝夕、不负韶华，在新时代中国发展的壮阔征程上作出更大贡献！

在中国科协第九届全国委员会第七次会议上的总结讲话

（2020年4月30日）

怀进鹏

万钢主席，各位委员，同志们：

昨天，中央政治局常委会召开会议，习近平总书记指出，在党中央坚强领导和各方面的大力支持下，在湖北人民特别是武汉人民的积极参与配合下，经过艰苦卓绝的努力，湖北保卫战、武汉保卫战取得决定性成果，全国疫情防控阻击战取得重大战略成果。习近平总书记近期多次强调，要因时因势调整工作着力点和应对举措，统筹推进疫情防控和经济社会发展，在常态化疫情防控中，全面推进复工复产达产，恢复正常经济社会秩序，培育壮大新的增长点增长极，牢牢把握发展主动权。根据近期形势和委员建议，我们创新中国科协九届全国委员会第七次会议组织方式，一是把会议分成通讯会和视频会两个阶段，让委员更充分地审议报告和研究工作；二是安排委员就近参会，除主会场外，在中国科技会堂、中国科技馆，各省区市和新疆生产建设兵团科协及部分副省级城市、地级市科协设置分会场，避免参会人员跨城市流动，最大程度降低风险；三是党组、书记处同志在不同的分会场参会，并以视频直播方式作补充，扩大参会范围。

2019年，中国科协以习近平新时代中国特色社会主义思想为指导，坚决贯彻习近平总书记重要指示精神和党中央重大决策部署，突出政治引领政治吸纳，不断巩固科技界共同思想基础，围绕中心服务大局，扎实履行“四服务”职责，通过深化改革强化基层，顺利完成工作任务，科协系统组织力动员力得到增强。在此，特别感谢各级学会、各级科协和各位委员的辛勤付出。刚才，我们传达学习了中央书记处关于今年工作的重要指示精神，突出强调要紧扣决胜全面建成小康社会、决战脱贫攻坚，聚焦保持和增强政治性先进性群众性，着力加强思想政治引领，着力服务党和国家工作大局，着力深化改革，着力构建联系广泛、服务群众的群团工作体系，这是我们做好今年工作的重要遵循。万钢主席代表常委会向大会作了工作报告，报告全面总结了2019年科协工作，对2020年工作进行了系统安排，希望各级科协和全国学会认真学习、抓好落实，团结动员广大科技工作者继续加强理论武装、深化改革攻坚、加强党建引领、深化合作发展，为打赢疫情防控阻击战、实现全面建成小康社会、决战脱贫攻坚的目标任务作出切实贡献。

当前，统筹疫情防控和经济社会发展工作是全党全社会的重大任务。为贯彻落实习近平总书记重要讲话精神和中央决策部署，充分发挥科协系统人才智力和组织网络优势，服务企业复工达产，培育经济新增长点，壮大发展新动能，中国科协决定组织实施2020年服务科技经济融合发展行动计划。今天，我们邀请8位委员围绕“科协组织和科技人员如何服务科技与经济融合工作”交流发言，与我们一起分享经验、体会和思考。疫情以来，中国科协向中央提交了97份建议，多次得到中央领导批示。我们也会把今天会上委员们的意见建议融入行动计划中，并希望各位委员继续提出建议，为党和国家科学决策做好咨询调研，这是我们共同的责任！

下面，我就如何贯彻落实好中央书记处指示、做好2020年科协工作谈几点意见，供大家参考。

一、理论武装强引领

这次新冠肺炎疫情是新中国成立以来传播速度最快、感染范围最广、防控难度最大的一次重大突发公共卫生事件。习近平总书记亲自指挥、亲自部署，全国人民众志成城、共克时艰，谱写了荡气回肠、可歌可泣的英雄事迹，推动疫情防控形势持续向好。习近平总书记关于统筹常态化疫情防控和经济社会发展发表一系列重要讲话、作出一系列重要指示批示，包括近期对科协工作的重要批示指示，是习近平新时代中国特色社会主义思想的重要组成部分，蕴含着与时俱进的时代要求，为我们应对重大公共危机、推动各项工作提供了重要的思想和方法论指引。当前，全球疫情持续蔓延并深度演化，世界经济下行乃至衰退风险加剧，不稳定不确定因素显著增多，由此给我国经济社会发展带来全新挑战。当前，企业复产达产形势严峻，推动“六稳”、实现“六保”难度加大，确保实现决战脱贫攻坚、决胜全面小康目标任务艰巨。面对危机和不确定性，坚定信心是“补天之石”，要树立必胜信心，坚信有以习近平同志为核心的党中央坚强领导，有中国特色社会主义制度的显著优势，有改革开放以来的丰厚积累，我们一定能化危为机、一往无前；团结信任是希望之光，唯有团结协作，才能应对共同挑战，守望相助的互信历久弥坚，同舟共济的友谊地久天长；科学理性是破解之道，坚定弘扬科学家精神，坚持向科学要答案、要方法，坚定以科技支撑疫情防控和高质量发展；开放合作是制胜法宝，积极拓展民间科技交流新空间，以合作的阳光驱散疫情的阴霾，在科技支撑人类命运共同体构建中把握战略主动、争取更大作为。科协组织要深入学习宣传贯彻习近平总书记重要讲话精神，特别要落实好总书记关于发挥科技对疫情防控、经济社会发展的支撑作用等重要论述精神，要按照总书记所指出的，对“国之大者”要心中有数，深刻领会什么是党和国家最重要的利益、什么是最需要坚定维护的立场，切实把增强“四个意识”、坚定“四个自信”、做到“两个维护”落到行动上。

二、围绕中心强服务

习近平总书记强调，我们要胸怀两个大局，一个是中华民族伟大复兴的战略全局，一个是世界百年未有之大变局。长期以来，各级科协、全国学会围绕中心、服务大局，取得了显著成效，积累了宝贵经验。面向未来，我们要因时因势、因需因能，在改革中发展、在继承中创新、在奋进中开拓，在新时代履践科协之行、塑造科协之能，以科协之治支撑科技之治、服务中国之治、贡献世界之治。一要擦亮“科普中国”老品牌，在科普惠民利民中创造新价值。认真总结科协系统长期实践，特别是疫情防控应急科普的成功经验，抓住机遇、乘势而上，推动“科学辟谣平台”升舱，实现数字科技馆升级，在服务国家应急管理、夯实全面小康社会的科学素质根基中展现新作为。二要创建“科创中国”新品牌，在破解新难题中作出新贡献。创新合作发展机制，“两翼”互动协同，实现供需对接、纵横融合、条块结合，聚焦地方产业发展需求，以组织机制创新导入技术和人才，实现真正赋能。搭建政产学研用金介供需精准对接的数字化平台，助力建设一批创新枢纽城市，持续开展科技志愿服务，组织人才技术培训，集聚海外智力创新创业，在科技助力精准扶贫、服务地方经济社会高质量发展中展现新作为。三要推动深化改革再出发。系统总结科协改革发展经验，加强深化改革统筹谋划，持续推进学会治理改革和一流期刊建设，把科协组织优势转化为服务高质量发展优势和治理效能，在服务国家治理现代化中展现新作为。

三、健全体系强组织

党的十九届四中全会指出，要把健全联系广泛、服务群众的群团工作体系作为坚持和完善党的领导制度体系的重要组成部分，这为我们加强组织建设、提升组织力提供了根本遵循。我们把2020年确定为科协“合作发展年”，就是要拓宽视野、开放合作，全面提升组织力，搭建大平台、凝聚大团队、汇聚大成果，形成新时代科协组织体系大格局。一要统筹“三支队伍”。把海外科技人才、国内科技工作者和科协系统干部都纳入工作服务的视野，实现政治引领和群众工作广覆盖、全覆盖。二要激活“一体两翼”。整合全国学会、地方科协和各级学会力量，放大科协系统工作合力，形成全系统结构衔接、功能互补、联动协同的工作新格局。三要拓展开放交流。进一步加强同国际科技组织和科学家的交往，广泛开展民间科技双边多边合作，助力中国科学家走近国际舞台中央，拓展“朋友圈”，加强以民间科技交流提升中华科技与文化影响力。四要夯实基层基础。推动“三长制”嵌入式发展，助力党群服务中心和新时代文明实践中心建设。加强智慧科协建设，强化网上引领、网上联系、网上服务。研究修订科协章程，完善科协组织基础制度，推进科协治理体系和治理能力现代化。

四、夯实党建强保障

坚持把党的政治建设摆在首位，压实全面从严治党政治责任。围绕“决胜小康、岗位建功”，加强机关党建，推进党建业务相融互促。一要巩固深化主题教育成果，推进专项整治落实落地。二要扎实推进巡视整改，统筹谋划、精准整改，坚决克服形式主义官僚主义，确保中央巡视反馈问题整改到位。三要加强干部队伍建设，强化为科技工作者服务的鲜明导向，营造风清气正的政治生态、干事创业的良好氛围，锻造忠诚、干净、担当的高素质科协干部队伍。

借此机会，我向大会报告全国科技工作者日总体计划。今年5月30日，我们将迎来第四个“全国科技工作者日”。4月28日，我们召开了新闻发布会，社会反响积极。今年活动设计贯穿一条主线，即充分体现以习近平同志为核心的党中央对科技事业、科技工作者的关心重视，团结引领科技工作者创新争先，突出三个重点：一是服务经济，二是服务社会，三是服务开放合作。我们按照“三个面向”“五大板块”进行整体设计，即面向科技工作者、面向社会公众、面向海外同行，从团结引领、建家办事、为民服务、开放合作、表彰发布五方面，动员各级各类科协组织开展一批特色亮点活动，提升节日影响力和服务效能。

“530”有四大亮点活动。一是推出“科创中国”品牌。动员全国学会和地方科协把技术和人才导入枢纽城市，促进科技经济深度融合。二是颁发第二届全国创新争先奖。三是打造一台直播活动。5月30日下午举办主场直播，展示科技工作者典型故事、典型场景。四是举办2020年公共卫生安全国际研讨会。根据“530”工作安排，一是希望各级科协组织在中国科协云平台上筹备、开展好各项活动。中国科协开发了“全国科技工作者日”云平台，包括“云发布”“云展览”“云论坛”“云课堂”“云征集”“云互动”等内容，提前一周，即将于5月23日正式上线。二是希望大家积极动员科技工作者登录云平台。三是希望各级科协组织加强统筹协调、凝聚合力、广泛宣传，因时因势创新工作方式，保证活动既隆重热烈，又朴素大方，力戒形式主义。让我们共同努力，将“全国科技工作者日”打造成科技界乃至全社会具有标志性、影响力的节日品牌，团结引领广大科技工作者弘扬新时代科学家精神、建功立业新时代。

各位委员、同志们：

中国科协第九届全国委员会第七次会议经过与会委员和同志们的共同努力，完成了预定的各项议程，会议开得圆满、成功。我代表与会各位同志，向参与会议筹备和服务的全体工作人员、全国各地各分会场的工作人员表示衷心感谢！

现在，我宣布：中国科学技术协会第九届全国委员会第七次会议闭幕！

祝大家身体健康、工作顺利，提前祝大家“五一”劳动节、“五四”青年节两节快乐！

在 2020 年中国国际服务贸易交易会数字贸易发展趋势和前沿高峰论坛上的致辞

（2020 年 9 月 5 日）

怀进鹏

尊敬的各位领导、专家、企业家，女士们、先生们、朋友们：

大家上午好！

很高兴出席 2020 年中国国际服务贸易交易会数字贸易发展趋势和前沿高峰论坛。我谨代表中国科协，向出席论坛的海内外各位嘉宾和朋友表示衷心感谢和诚挚欢迎！

昨天在全球服务贸易峰会开幕式上，习近平主席发表重要视频致辞，倡导共同营造开放包容的合作环境，共同激活创新引领的合作动能，共同开创互利共赢的合作局面，为全球服务贸易指明发展方向。中国正在聚力科技创新、服务贸易和数字经济发展，打造高水平开放平台，构建更高层次改革开放新格局。

人类社会正加速迈入数字经济时代，数字化成为引领服务贸易蓬勃发展的强劲动力。全球数字产业分工远未形成、产业格局仍在调整、数字贸易规则尚不明确，探讨全球数字贸易现状、发展前景、挑战与机遇具有重要意义。借此机会，与大家分享三个问题与思考。

第一，为什么要发展数字贸易？

集成电路已经步入后摩尔定律时代，当前数据量呈几何级数增长，数据成为继货物和资本之后最重要的贸易资源，中国数字产业蓬勃发展。数字贸易是数字时代的象征，是科技赋能的标志，是未来贸易发展的方向。数字化、网络化、智能化方兴未艾，服务贸易数字化、数字服务贸易化快速发展，推动服务业日益占据经济主导地位。数字技术在服务贸易中的地位日益凸显。据联合国贸易和发展会议统计，过去十年，可在线提供的服务出口额每年增长 7%~8%。2019 年全球公有云服务市场规模同比增长 26%，全球服务贸易中一半以上已实现数字化。疫情蔓延使国际贸易面临严峻挑战，数字化成为降低疫情影响、对冲经济下行的关键希望所在。让贸易插上数字化的翅膀，让服务跨越时空，数字贸易将展现更加旺盛的生命力。

第二，数字贸易需要什么样的合作？

全球信任与合作是数字贸易的基石。我们需要共建数字治理体系。推动多边、区域等层面数字贸易规则协调，针对隐私保护、数据确权与安全、数字税收、数据法治等内容，在组织与制度创新方面贡献智慧。共享数字贸易成果。全球数字化进程不能忽视传统中小企业和弱势人群，要扶持青年人创新创业，努力弥合数字鸿沟，倡导包容文明。共促开源开放。共建信任网络、开源社区，鼓励开放合作，以数字技术、数字贸易增进人类福祉。

第三，社会组织能发挥什么作用？

数字贸易是数字技术与经济、社会深度融合、共同演进的产物。社会组织在其中扮演着不可或缺的角色，在促进跨界融合、聚合创新资源、激活创新动能、营造行业生态等方面能够发挥不可替代的作用。

中国科协是中国科技共同体组织，拥有210个自然科学、工程技术和交叉领域的全国学会，与374个国际科技组织具有良好交流关系与合作基础，连接着国际创新网络。今年，中国科协推出“科创中国”服务品牌，以组织创新聚合资源，让产业插上创新的翅膀，让“市长”找到市场，让科学家找到企业家，让创业者找到创投者，把“书架”内容变成“货架”内容。科协组织助力数字贸易发展，一是推动跨界协同，搭建数字技术服务与交易平台，推动创新发展，构筑数字经济新生态；二是培育数字人才，以学术交流、人才举荐、专业培训等渠道，助力数字经济人才成长；三是拓展开放合作，开展民间科技交流，深化与国际、国别科技组织的合作，共建全球数字贸易与治理体系。

女士们、先生们、朋友们：

期待高峰论坛汇聚智慧共识、促进交流合作，推动数字经济与服务贸易发展繁荣。让我们共同努力，以数字贸易焕发新生机、打造新引擎，携手共创全球服务、互惠共享的美好未来。

预祝本次高峰论坛取得圆满成功！

在2020世界青年科学家峰会开幕式上的致辞

（2020年10月18日）

怀进鹏

金秋十月，很高兴与大家相聚在东海之滨的温州，参加2020世界青年科学家峰会。我谨代表中国科协，对峰会召开表示热烈祝贺！向现场和云参会的各位嘉宾、各界人士以及媒体朋友表示诚挚欢迎！对长期以来与中国开展友好交流合作的国际、国别科技组织的朋友特别是青年朋友们表示衷心感谢！

去年十月，习近平主席给首届世界青年科学家峰会发来贺信，对青年科学家寄予厚望，为科技人文交流和青年创新创业合作指明方向。在贺信精神感召和指引下，海内外科学家广泛达成互利共赢、互惠发展的共识，积极落实峰会成果，拓展交流平台，推动创新合作不断走向深入。

一代人才，一代事业。青年是科技创新的未来。青年时期是人生之春、人生之华，处于创新活跃期，最少保守性，最具创造力。在应对人类面临的全球性科技挑战时，也必然依靠年轻人。年轻人更有干事激情，更长于创新思维，更有能力准确识变、科学应变、主动求变，更善于在危机中育新机、于变局中开新局。青年一代科学家茁壮成长，科技事业才能生生不息。今年的峰会在“云上”举办，更多的朋友在线上见面，远隔千山万水，但交流的热情近在咫尺，创新的活力触屏可及。

一代人才，一代责任。互鉴是文明进步的基石。在历史长河中，人类文明因多样而交流、因交流而互鉴、因互鉴而发展。青年人勇担增进包容文明的责任，文明就会因应对挑战而走向辉煌。一年来，峰会对互信互鉴的引领效应初步显现，各国青年才俊通过项目合作、人才培训、技术认证和民间智库建设等形式广泛开展交流合作，催生了一批具有发展潜力和影响力的创新合作成果，使我们感受到不同文明在互鉴交流中增进理解与信任、在互鉴发展中共同进步。

一代人才，一代使命。创新是引领合作的动能。科技革命与产业变革蓬勃兴起，数字化、网络化、智能化正在重塑创新合作格局。我们推动与世界青年科学院、诺贝尔可持续发展基金等众多新型国际科技组织建立合作关系，与55个“一带一路”沿线国家建立友好联系，编织了辐射各大陆、连接各大洋的民间科技人文交流网络，“一园一器一基金”建设和科学界、企业界、创投界“三界”融合创新取得实质成效，青年人的使命意识、创新能力与创新激情不断为合作发展注入澎湃动能。

当前，新一轮科技革命与产业变革正在孕育，疫情叠加使世界大变局加速演进，经济全球化遭遇逆流。我们能回答什么问题，也取决于我们提出了什么问题。尽管世界的不稳定、不确定性增加，但科技总会给人类带来希望。经历风雨才能更加坚强，科技共同体的合作与信任网络更加彰显出不可或缺的重要价值。在全球抗疫中，我们见证了团结合作的力量，感受到信任交流的价值。从病毒全基因组序列信息的公开，到科研成果交流平台建设与网上论坛的举办，从口罩、防护器具、呼吸机的互通有无，到疫苗研发、采购与生产的密切合作，各国科学家扎紧团结信任的纽带，架起跨越国界的桥梁，搭建分享知识经验的平台，筑牢科技支撑疫情防控的雄关铁壁。各国青年科学家深度参与，为全球抗疫作出独特贡献。

当前，全球疫情仍在蔓延，横亘在人类发展史上的这次重大疫情考验着全球医务工作者、科技工作者的集体智慧，考验着生命健康前沿领域集智攻关的战略能力，更是发挥科技共同体开放合作优势的难得机遇。本次峰会以“汇聚天下英才　共创美好未来”为主题，就是要搭建开放与信任的平台，向世界发出合作邀约，呼吁各国携手合作、共克时艰，以科技育新机，以人才开新局。今天在座的嘉宾和线上云端的各界人士是来自100多个国家、地区和国际科技组织的科学家、企业家、创投家、艺术家的优秀代表，相信大家的智慧思考与行动将为创造未来提供珍贵的启示与价值。

在这里，我对发挥好峰会平台作用提出三点建议，与大家交流。

一是深化青年创新合作。无论携手应对疫情挑战，还是提振世界经济，都需要不断深化全球青年科学家之间的创新创业合作。期待峰会创新组织机制，搭建更多线上线下平台，促进跨国界、跨年龄、跨学科、跨地域的科技人才交流，丰富全球创新网络，深化开放包容、互惠共享的创新合作。为此，我们倡导建立“世界青年科学家联盟”，更好打造科技创新的开放高地、友谊高地、人才高地、信任高地。

二是服务人类可持续发展。以开放合作应对共同挑战，以科技创新推动可持续发展，成为破解各国关心的一些重要全球性问题的必由之路，也是青年科学家责任所系。期待峰会推动务实合作，促进产学研深度融合，提升创新要素整合力，共同维护全球产业链、创业链安全稳定，让科技成为经济增长的内生动力，让创新成果惠及更多国家和人民，为疫后世界经济复苏与可持续发展汇聚动力。

三是推动科技共同体建设。以共同理念凝聚的科技共同体是最具创新价值的公共产品提供机制，青年科学家是科技共同体建设的新生力量。我们要共同呵护自由畅想、大胆假设、认真求证的创新品格，以创新创造彰显科学理性，推动构建“以理服人”的科学共同体；弘扬科学精神，恪守科研诚信与科技伦理，尊重文化与研究的多样性，讲信义、重情义、扬正义、守道义，推动构建“以德服人”的价值共同体；坚持科技造福人类的宗旨，为粮食安全、数字安全、人类健康、气候变化等关乎人类福祉的公共事务提供科技解决方案，推动构建“以人为本”的命运共同体。

女士们、先生们、青年朋友们：

科创凭翘楚，协同聚英才。我相信，创新动能的培育要靠青年的接力奋斗来实现，文明沟通的桥梁要靠青年的友好交往来架设。我坚信，各国青年科学家以互信、包容、互鉴、共享的眼光看待世界，我们就会攻克艰难险阻，人类的未来就会充满希望。

温州是创新创业创造的热土，是青年科学家建功立业的乐园。我们诚邀各国更多企业、商协会、青年才俊入驻青年峰会，通过温州走进浙江、走进长江三角洲乃至中国的更广阔地区，搭建开放平台，碰撞思想火花，以信任连接多元世界，以合作构建全球创新网络，让峰会成果更好融入经济社会，共同推动更高质量、更有效率、更加公平、更可持续、更为安全的发展。

中国科协是中国科技共同体的组织，拥有世界规模最大的科技工作者群体。我们希望与世界各国科技界携手合作，应对共同挑战、共创美好未来。我们期待，让开放与包容成为一种信仰，让团结与合作成为一种力量，让创新与创造成为一种文化，让科技文明之灯塔照亮并服务全人类。

最后，预祝2020世界青年科学家峰会圆满成功！

谢谢大家！

在第三届世界顶尖科学家论坛上的致辞

（2020 年 10 月 30 日）

怀进鹏

上海深秋，智者云集，很荣幸参加第三届世界顶尖科学家论坛。我代表中国科协，向论坛举办表示热烈祝贺！向现场和云参会的各位嘉宾、各界人士以及媒体朋友们表示诚挚欢迎！特别对长期支持开展科技交流合作的世界各国科学家表示衷心感谢和崇高敬意！

刚才，习近平主席发表重要视频致辞，为深化国际科技合作指明了方向，期待各位科学家积极交流思想、推进合作，共同推进世界科技事业。上海素有“开明睿智，大气谦和”的美誉，我们可以感受到这座城市由内向外散发出的开放气质。世界顶尖科学家论坛三次在上海举办，为城市气质增添底色，成为深入落实习主席重要指示，推进全方位、高水平国际科技合作，支持人类命运共同体建设的生动实践。科技界积极拓展开放平台，助力青年才俊，推动创新合作不断走向深入。

顶尖科学家是智慧的灯塔。科技的宿命在于永无止境的探索和创新，获得诺贝尔奖、菲尔兹奖、沃尔夫奖、图灵奖等世界重大奖项的科学家处于象牙之塔的塔尖，以非凡创造洞开科学的大门、摘取科学皇冠上的明珠，以智慧贡献丰富了人类知识宝库。两年来，众多科学家以智启智、以智汇智、以智融智，致力于推动研究突破、孵育创新思想、破解未来难题、推动科技进步。

顶尖科学家是文明的使者。科学始终与人类幸福相伴，助力克服艰难险阻，给人类带来希望。论坛以“科技，为了人类命运”为主题，顶尖科学家们探索未知、预见未来，以鼓舞人心的成果领跑前沿，以理性与谦逊、思想与美德为青年人才引领方向。两年来，论坛持续关注人类面临的挑战，聚焦科技发展与伦理治理，筑起科学增进人类福祉的文明高地。

顶尖科学家是合作的先锋。论坛作为独特的团结合作平台，架起了一座连接全球科技界的新桥梁，凝聚了一批极具全球视野、领开放风气之先的战略科学家。在全球抗疫中，世界科学家命运与共，从病毒全基因组序列信息公开、药物与疫苗研发合作，到成果交流平台建设，各国科学家扎紧团结信任的纽带，架设跨越国界的桥梁，搭建分享知识经验的平台，以科技筑牢防控疫情的雄关铁壁。本届论坛迎来 130 余位世界顶尖科学家参会，覆盖全球 20 多个国家和地区、80 所顶尖实验室和研究机构、90 余个国际科技组织。这让我们再次见证了团结与合作的力量，感受到信任与交流的价值。

习近平主席强调，国际科技合作是大趋势，要更加主动地融入全球创新网络，实施更加开放包容、互惠共享的国际科技合作战略。当前，新一轮科技革命与产业变革深入发展，全球疫情仍在蔓延，经济全球化遭遇逆流。我们相信，科技是战胜困难的有力武器。应对这场严重的疫情挑战，促进世界经济社会的恢复发展，既考验着各个国家应对挑战的能力，也考验着全球科学家的集体智慧，更是织密科技共同体交流网络、发挥科学家开放创新优势的难得机遇。

面对错综复杂的国际形势，面对全球性挑战与机遇，世界科技界需要共同努力。

一是共塑开放科学。科学在开放中发展，知识在流动中增值，封闭、阻断、禁锢是对科学精神的最大亵渎。近代科学向现代科学演进，经历了从贵族式的私密科学到建制化的公开科学的嬗变，正在重塑开放科学的新格局。应对粮食能源安全、人类生命健康、全球气候变化等共同挑战，需要全人类的共同智慧，开放的科学精神更应成为时代的鲜明标志。在开放科学模式下，推动开放获取制度化，就能使科研成果成为人人唾手可得的“知识面包”。期待论坛开辟更多合作平台，鼓励开源开拓，以无障碍、无歧视的知识分享弥合知识鸿沟、数字鸿沟、发展鸿沟，让科学成为文明沟通之桥，嫁接文明断裂带、融合文明断层，让开放、包容成为一种信仰。

二是共济开放人才。开放科学根本在于开放人才，人类之发展根本是人的发展。唯有开放交流，才能使不同思想相互切磋、碰撞，促进不同文明的包容互鉴，人类文明就会在应对挑战中走向新辉煌。期待论坛发挥对科学人才的磁吸作用，促进顶尖科学家和青年科学家深度互动和常态化交流，培育青年人才自由畅想、大胆假设、认真求证的科学方法与创新品质，帮助青少年实现科学梦想，促进不同文化背景的人才交流与交融，让团结、合作成为一种力量。

三是共促开放治理。以创造、创新推动可持续发展，以科技支撑全球治理，成为应对全球性挑战的必由之路。在科技发展与治理中，科技共同体合作与信任网络具有不可或缺的重要价值。我们需要以更加开放的姿态共建全球治理体系，推动多边、区域等层面科技治理规则协调，平衡好科学政策与政策科学，增强科技的透明性、责任性，从而有效应对科技伦理挑战。期待论坛聚力推动构筑开放网络，共建开放平台，共同应对挑战，让透明、负责任成为一种文明。

四是共建科技共同体。以共同理念凝聚的科技共同体是最具创新价值的全球公共产品提供机制。我们倡导开放、信任、透明、负责任的科学研究，以创新创造彰显科学理性，推动构建“以理服人”的学术共同体；弘扬科学精神，恪守科研诚信和科技伦理，尊重文化与研究的多样性，讲信义、重情义、扬正义、守道义，推动构建“以德服人”的价值共同体；坚持科技服务于人类进步，为关乎人类福祉的公共事务提供科技解决方案，推动构建“以人为本”的命运共同体。

中国科协是中国的科技共同体组织，拥有210家全国学会和世界上规模最大的科技工作者群体。在本届论坛上，中国科协组织100多家学会参与，并在全国遴选出50多名青少年科技英才参加“科学T大会”，一批中国知名科学家、青年学者参加各项论坛活动。为深入落实习近平主席对论坛的期待要求，我们将与上海市、世界顶尖科学家协会共同努力，依托论坛平台，与各国科学家携手合作，为世界可持续发展与人类命运共同体建设作出独特贡献。

各位来宾，各位朋友：

科学是全人类的崇高事业，是科技界的共同语言。科技无国界，任何困难与挑战都阻挡不了全球科技共同体交往、交流、交融的愿望，阻挡不了我们携手共进、合作共赢的信心和行动。让我们凝聚战略共识、深化信任合作，以科技育先机、以人才开新局，以科学之光照亮至暗时刻，共创人类美好未来。

祝愿本次论坛取得圆满成功！

创新学会组织、凝聚科技力量
为构建新发展格局、推进国家现代化作出新贡献

——塑造中国特色世界一流科技社团、服务世界科技强国建设

（2020年11月30日）

怀进鹏

在全国上下深入学习宣传贯彻党的十九届五中全会精神之际，中国科协召开2020年全国学会工作会议，主要任务是以习近平新时代中国特色社会主义思想为指导，深刻把握新形势、新目标、新任务，全面总结党的十九大以来全国学会的创新实践，系统部署今后一个时期全国学会创新发展的目标任务、重点举措，提高站位、凝聚共识，开放创新、主动作为，深入谋划推进全国学会“十四五”发展，为中国科协十大召开做好准备，聚焦有效团结动员人才这个第一资源，把全国学会发展与落实国家战略紧密结合起来，把学习宣传贯彻全会精神的成效转化为推进全国学会蓬勃发展的强大动力，为开启全面建设社会主义现代化国家新征程谱写学会工作新篇章。

一、坚定初心使命，服务发展大局，全国学会创新发展取得显著成效

全国学会是国家创新体系的重要组成部分，是国家推动科技事业发展的重要力量，在国家现代化治理中具有独特作用。全国学会作为科技共同体，也是推动国际大循环、建立双循环的主动脉节点，是国际科技组织与治理体系和治理能力的重要组成部分，是推动世界文明和经济发展的重要支撑力量。党中央一贯关心重视学会工作，习近平总书记多次对全国学会举办的会议和活动致贺信，深切关怀并寄予期待。党的十九大以来，中国科协深入贯彻党中央、国务院重大决策部署，在国家发展全局中找准定位，在识变应变求变中培植优势，以强“三性”统领“三型”组织建设，以“三轮”驱动履行“四服务”职责，以传承创新、服务发展、合作发展为主题梯次布局年度工作目标，全面推进全国学会深化改革和创新发展。全国学会团结科技工作者的政治引领和政治吸纳能力显著增强，会员组织力、学术引领力、战略支撑力、文化传播力、国际影响力持续提升，现代化、国际化科技社团创新发展之势蓬勃兴起、生机盎然。

（一）坚持党的全面领导，科技工作者团结奋斗的共同思想基础更加稳固

凝聚科技界共识，牢牢把好发展“生命线”。以党的建设全面引领学会事业发展，打造学会理事会、办事机构、分支机构三级党组织体系，“党的建设”“坚持党的全面领导”“社会主义核心价值观”写入学会章程，实现党的组织和党的工作“两个全覆

盖”。探索具有科技共同体价值特征、符合科技工作者专业特点、与学会事业发展相融互促的党建新模式。大力弘扬科学家精神与党建工作同步推进，100余个全国学会组建院士专家带头的宣传团队，开展“最美科技工作者”学习宣传，依托国家重点实验室等建设教育基地，扩大对中国科学家和成果的对外宣传。加强科学道德和学风建设，近40个全国学会新建学术自律和科学伦理专门机构，学会联合体协同千名青年科学家发布学风建设倡议，针对美国有关组织插手涉疆问题与苗头倾向及时妥善处置、表明立场、澄清误判。针对IEEE“审稿门”“基因编辑婴儿”、《德国应用化学》发布有歧视言论的论文等科技突发事件率先联合发声，保护科学不受歧视，对不端行为“零容忍”，营造风清气正的学术生态。将党的建设与服务国家中心工作紧密结合起来，在关键时刻、大是大非面前彰显学会党建引领作用。积极开展科技助力精准扶贫，70余个全国学会结合自身专业优势开展形式多样的特色扶贫活动，中国自动化学会“教育扶志，助学起航”入选国务院扶贫办“社会组织扶贫50佳案例”。

2020年，全国学会积极助力全球疫情防控。15家学会党委成立抗击疫情工作小组，形成统一领导，充分发挥战斗堡垒作用，让党旗在疫情前线高高飘扬。191家全国学会面向全国科技工作者发出倡议。中华医学会推荐110位专家驰援武汉。中国心理卫生协会组建公益心理督导师团队。170多种期刊向世界卫生组织提供抗疫最新研究元数据成果。167个全国学会与254个国际组织密切互动，向世界传递了凝聚合作共识、联手抗疫的积极信号。全国学会围绕疫情防控建言献策560多条，出台团体标准149项。同期组织相关议题国际高端研讨和线上学术交流，全球受众高达2000万人，展现了科学理性之光。积极推动经济复苏和复工达产，组织技术成果推介、项目路演等1300余场次。

（二）围绕中心布局力量，服务科技工作者创新争先、建功立业形成新格局

围绕中心凝聚智慧，以全方位、多层次、宽领域的创新创造服务高质量发展。引领原创的世界一流期刊建设取得重大突破，全国学会主办的10种期刊学科排名进入前5%、30多种期刊进入国际第一梯队，23个全国学会面向国际创设英文期刊。充分发挥科技共同体组织优势，与国际科技组织合作，强化前瞻性学术引领和创新策源，70余个全国学会开展面向未来的科技趋势研判和重大问题难题凝练，60余个全国学会组织领域技术预见、学科基础方向研究和技术路线图编制，持续发布生命科学、智能制造等领域年度十大进展，相关建议得到多位中央领导同志的充分肯定。聚焦人类可持续发展中最迫切、最基本、最具挑战性的需求，世界科技与发展论坛连续两届发布“人类社会发展十大科学问题”。搭建多层次学术交流平台，形成层次清晰的学术交流矩阵。全国学会年学术活动数量从2016年的近2万场跃升到2019年的3万余场，100余个全国学会的学术年会成为一流学术品牌。强化专业化智库建设，深度服务科学决策，先后参与30余个重要立法咨询，形成数千项专业智库成果。中国兵工学会、中国动物学会相关建议得到习近平总书记重要批示，中国水力发电工程学会推动行业关键问题两次写入国务院政府工作报告，中国环境科学学会提出的居民环境与健康素养提升目标纳入《健康中国行动》。充分发挥全国学会在公民科学素质建设中的重要作用，推进学会科普向社会化、信息化发展，26个全国学会加入中国公众科学素质促进联合体，71个全国学会成立并注册科技志愿者总队、开展科技志愿服务活动，122个全国学会建设512个科学传播专家团队，80余个全国学会开展特色科普基地建设。中华预防医学会抗疫网络直播受众超过4000万人次。中国药学会“两微九端”传播量超1亿人次。中国铁道学会编发铁路防控读本、开发科普动漫，受众2亿人次。中国核学会“魅力之光”系列科普活动吸引234万青少年参与竞答。中国电子学会3年培训科技教师2万名。中国公路学会等5个全国学会获得全国科普先进单位荣誉称号。中国农村专业技术协会在山西等10余个省建立104个科技小院，助力乡村振兴和脱贫攻坚。

（三）汇聚国内外资源，建成开放合作、互信共享、协同发展新枢纽

以“科创中国”品牌为引领，开展科技成果鉴定、技术评价和技术交易服务，打通科技创新与产业融合通道，构建创新要素流动与聚合平台，促进科技经济深度融合发展。中国复合材料学会、中国纺织工程学会等在产业集聚区建设实体化研发机构，103个全国学会组建75支科技服务团和100余个新型产学协同创新组织，创建50余个标准研制专门机构，25个全国学会纳入国家标准委试点，累计发布团体标准

3560余项。积极拓展国际科技交流合作渠道，学会国际化水平不断提升。149个全国学会加入367个国际组织，推荐359名我国科学家在国际组织担任执委以上职务，打造世界机器人大会、世界交通运输大会、世界生命科学大会、世界新能源汽车大会等30多个主场国际交流品牌。以同行评价为内核，畅通促进科技人才脱颖而出的举荐渠道。积极开展两院院士候选人遴选、创新人才推进计划、全国创新争先奖、中国青年女科学家奖、中国青年科技奖推荐工作，170个全国学会设立各类科技奖项490余项，18个全国学会获得国家科技奖励直推资格。注重青年人才早期成长培养，110多个学会托举培养青年人才1400余名。广泛开展创新人才培训，年覆盖6500万人次，中国计算机学会、中国图学学会等人才评价成为领域标准。10余个全国学会承担国家专业人才知识更新工程，探索工程师能力标准国际互认试点。

（四）深化治理改革，激发内在活力，全国学会治理能力和创新发展水平有效提升

深入落实《科协系统深化改革实施方案》，向改革要活力要动力。创新科技工作者联系服务机制，组织会员重新登记，规范会员管理。全国学会个人会员数从450万人增至550万人。中国化学会会员数超过英国皇家化学会，列全球第二。中国电工技术学会与美、英等10个国家的科技组织建立会员互认机制。多个学会面向高校开设学会会员绿色通道，中国康复医学会正式注册个人会员由2000人增加到3.8万人。中国化工学会五年来个人会员增长10倍，单位会员数量翻番。不断深化全国学会治理结构改革，完善全国学会治理体系，形成会员代表大会、理事会、监事会、办事机构、分支机构职责明晰、位阶有序、运行规范的治理结构。800余名院士在全国学会担任职务。全国学会办事机构职业化建设取得新进展，专职从业人员从1400多人上升为3000多人。全国学会运营能力不断增强，面向市场的科技成果鉴定、人才培训、科技咨询等服务比重显著提升。全国学会平均年收入从不足1000万元升至1800万元，全资投入或参股控股企业达100余家。信息化、数字化进程加快，中国机械工程学会等建成知识产品化、应用模块化、交流国际化、服务平台化、管理数字化的“智慧学会”样板间，极大拓展了服务效能。

各地方科协立足所属学会特点，拓宽思路、创新方式，以专项活动带动学会服务区域发展，激发学会发展活力。20余个省级科协设立各类重点专项，引导学会从党建、学术、科普、智库等方面快速提升发展能力。支持学会围绕区域重点产业开展专业服务，把人才、技术等资源导入企业园区，助力地方产业转型升级。湖北省机械工程学会在武汉封城期间坚持不停转，积极开展线上调研和多个在线论坛，助力产业和企业复苏。江苏省人工智能学会承担行业发展白皮书编写。重庆市公路学会承接政府重要科技奖励评审。山东环境科学学会牵头创建绿色产业与环境安全创新创业共同体。推动科技志愿服务进企业、进农村、进社区，全力推进地方科学素质建设。天津市健康教育协会以“健康明白人”活动助力全域科普深入人心。积极发挥枢纽作用，加强地方学会与全国学会联动。200余个省级学会通过“科创中国”等平台与全国学会形成资源供给与承接落地的紧密协同机制。浙江省科协协同全国学会和省市学会打造世界青年科学家峰会品牌，浙江省农业机械学会与全国学会、地方政府、企业、科技工作者形成五位一体机制的农机创新平台。广东省工程师学会积极推进粤港澳大湾区工程技术人才专业资格互认，广州市科协联合全国学会和省市学会将中国创新创业成果交易会打造成为城市名片。北京科技情报学会与对口全国学会联合创办学术品牌。

近年来学会改革创新发展取得的成果是在习近平新时代中国特色社会主义思想指引下，各级党委政府关怀支持的结果，是各有关部门单位通力协作的结果，是各级学会会员和科技工作者共同奋斗的结果，是全国学会工作者辛勤努力的结果。中国科协向积极参与和支持学会工作的各有关方面表示诚挚的感谢！

与党和国家对科技社团的要求、与经济社会发展的需求、与科技工作者的期待相比，全国学会工作还有一定差距，仍存在不少问题和不足。主要表现在：发展会员、为会员提供优质服务的能力有待提高，会员覆盖面需要扩展、会员结构需要优化；围绕国家重大战略需求整合资源、以高质量支撑服务高质量发展的能力还不足，创新动员机制还有待进一步探索；凝练有价值的科学问题、研判发展趋势、推动“从0到1”创新的机制亟待构建；一流期刊、一流学术平台的建设水平与科技工作者的期待还有差距，缺乏有重大影响力的学术品牌；对国际规则不熟悉、不适应，与国际科技组织深入协同、提出大科学计划的协调能力较为欠缺，在全球科技治理中的话语权和国际影响力亟待提升；履行自律职

责、抵制学术不端、维护科技伦理还缺乏真招实招，科学道德和学风建设仍需加强；科技共同体的价值理念还需要进一步彰显，对科学家精神以及科学思想、科学方法的传播弘扬还不能做到真正入脑入心等，这些问题需要我们共同思考，并在今后工作中着力通过改革创新加以解决。

二、围绕中心任务，把握历史方位，深刻认识学会创新发展面临的新形势新任务

党的十九届五中全会科学擘画了我国未来发展新蓝图，开启了全面建设社会主义现代化国家新征程。实现“十四五”及2035年发展目标，党和人民对科技工作者自信自立自强寄予殷切期望。党中央确定的新战略新目标新要求，就是科技界奋进新时代、实现新作为的号角。在进军现代化的新征程上，我们要把学会工作放在“两个大局”中加以考量，放在构建以国内大循环为主体、国内国际双循环相互促进的新发展格局中予以谋划，在把握新发展阶段、坚持新发展理念、构建新发展格局中找准历史方位、战略定位，为深化供给侧结构性改革和扩大内需提供战略支撑，推动学会改革和发展深度融合、高效联动，努力把科技共同体的组织优势有效转化为高质量发展优势和现代化治理效能，把学会集聚的人才资源、创新资源势能有效转化为建设科技强国、实现“两个一百年”奋斗目标的强大动能。

（一）坚定自觉以党的十九届五中全会精神统一思想行动，深入谋划“十四五”学会发展

党的十九届五中全会站在“两个一百年”历史交汇点上，专题研究“十四五”规划和2035年远景目标，时机非同寻常，影响极其深远，在我国现代化发展进程中具有里程碑意义。习近平总书记在全会上的重要讲话科学回答了一系列方向性、根本性、战略性重大问题，是习近平新时代中国特色社会主义思想的最新发展。全会关于科技创新的重要论述充分体现了以习近平同志为核心的党中央对创新发展的高度重视，是对科技界和科协组织在新发展阶段的动员令。要从新发展阶段、新发展背景、新发展理念、新发展格局“四个新”上着眼，从历史和现实、理论和实践的角度准确把握五中全会建议关于“一个格局、两个基点、一个动力”的深刻科学内涵，即服务构建新发展格局，以科技支撑供给侧结构性改革、扩大内需的战略基点，以改革开放为根本动力，把创新作为科技共同体的历史责任和时代使命，找准科协服务党和国家工作大局的结合点、发力点，坚定走科技自立自强的创新发展道路，倡导科技共同体的使命感召和价值引领，在构建新发展格局中与时俱进，调整优化工作模式、工作载体、工作手段，提升“四服务”效能，作出科协工作的生动实践，构建以“开放、信任、团结”为价值共识的科技共同体，推动构建“以理服人”的学术共同体、“以德服人”的价值共同体、“以人为本”的命运共同体，团结引领广大科技工作者在新时代创新建功。

（二）把科技人才势能转化为创新发展动能，打造一支强大的国家科技创新力量，砥砺科技自立自强、创新创造、开放发展

科协是做人的工作，团结好、服务好、组织好人才这个第一资源是学会组织最大的作用。深入贯彻习近平总书记关于“人才第一资源、创新第一动力、发展第一要务”的重要论述精神，充分发挥科技共同体团结人才、服务人才的组织优势，构建符合科技创新和人才成长规律的人才服务体系，形成与国家高质量发展相适应的人才服务机制，塑造科技创新骨干力量，激励各类人才各展其长，形成源源不断向科学进军的磅礴力量。

一是为强化科技自立自强战略支撑凝聚科技创新力量。习近平总书记强调，“关键核心技术是要不来、买不来、讨不来的”。面对新一轮科技革命、产业变革和复杂严峻的外部形势，迫切需要科技创新突破基础研究短板，着力解决关键核心技术和产品受制于人的难题，实现战略性产业发展的自主可控。全国学会必须更紧密地团结引领广大科技工作者，面向世界科技前沿、面向经济主战场、面向国家重大需求、面向人民生命健康，以价值认同凝聚科技工作者智慧，以理性精神涵养科学文化和创新生态，以集体智慧完善设计布局和提升创新能力，以前瞻研判强化“从0到1”的创新导向，以开放合作促进形成体系化创新格局，推动科技资源向自主创新倾斜，更好实现基础研究、创新能力和科技人才的有效聚合，深化供给侧创新能力与经济社会发展的有效适配，不断向科学技术广度和深度进军。

二是为提升国家创新体系效能架设协同创新网络。习近平总书记指出，“建设现代化经济体系，推动质量变革、效率变革、动力变革都需要强大科技支撑”。实现创新驱动高质量发展，重点在于促进以研发为先导的知识创新体系、产学研深度融合的技术创

新体系，实现人才、技术、资本等创新要素的高效配置，提升科技创新成果转化能力，提升创新链整体效能，优化稳定产业链、供应链，催生经济发展新动力。全国学会必须更加聚焦关键核心技术突破，更加聚焦从经济社会发展和产业实践中凝练问题，更加聚焦应用基础研究和技术创新模式，发挥柔性和无边界链接组织特性，跨界组织各学科领域顶尖科技工作者，有效协同各类创新主体，深度融入重点产业和重大区域发展，推动人工智能、大数据等创新技术与实体经济的深度融合，融通产学研成果转化链条，营造开放融合创新生态，加快建设现代产业体系和现代化经济体系，为畅通国内大循环、塑造我国在国际大循环中的主动地位提供有力支撑。

三是为塑造对外开放新高地建设国际创新枢纽。习近平总书记强调，“新发展格局绝不是封闭的国内循环，而是开放的国内国际双循环”“越是面临封锁打压，越不能搞自我封闭、自我隔绝，而是要实施更加开放包容、互惠共享的国际科技合作战略”。当前正处于国际体系重构期、民粹主义泛滥期和国际治理脆弱期，形成以国内大循环为主体、国内国际双循环相互促进的新发展格局，需要推进更加开放包容、互惠共享的国际科技合作新机制，从根本上破解制约“双循环”要素流通的障碍。全国学会要以更加开放的眼光、姿态、思维和举措推进国际科技交流合作，当好国内大循环和国际大循环的战略链接器、科技助推器，助力科技工作者联结国际科技组织和国际科学平台，促进全球科学家、工程师和企业家协同解决共性问题，培育开放、信任、团结的价值理念和国际科技共同体创新合作网络，构建开放新高地，塑造竞争新优势。

三、发扬改革创新精神，推进中国特色世界一流科技社团建设，为实现国家“十四五”发展目标注入强大动能

新时代赋予全国学会新的历史使命。世界百年未有的大变局中蕴含着重大发展机遇，也隐藏着严峻而紧迫的挑战，不奋进就会拖后腿，不创新就会被淘汰，不发展就会边缘化。站在新的历史起点上，全国学会要切实发挥科技共同体的组织优势、人才优势，面向时代所需、形势所迫、科技工作者所盼，前瞻布局，系统谋划，创新机制，担当作为，坚定不移走中国特色现代化科技社团发展道路，以高度的历史责任感和破釜沉舟的改革创新精神抓住提升服务科技创新能力这个关键，扭住组织赋能、治理创新这个战略基点，把握团结引领科技工作者创新建功这条主线，坚持依法依规与民主办会有机结合这个原则，突出构建更高水平对外开放新高地这个要点，着眼构建中国特色世界一流科技社团这个目标，举旗帜、建机制、建阵地、建生态，以改革促发展、向开放要动力，以只争朝夕的奋进姿态展示新气象新作为，在探索构建新发展格局中更好地形成“学会做强做优方案”，在新时代新征程中创造更大发展成效。

（一）坚持正确方向，党建强会，打造政治坚定的价值共同体

理念、价值、精神是一个组织的灵魂。坚持党的领导始终是中国特色科技共同体最本质的特征和最大的优势。“爱国、创新、求实、奉献、协同、育人”的科学家精神是科技共同体塑形铸魂的核心，是广大科技工作者价值认同、情感归属、意志所向的基石。坚持和加强党的全面领导，积极探索科技共同体特点的党建新模式，巩固“全覆盖”成果，严格全国学会负责人政治把关，制定学会理事会党委职责清单，实施学会办事机构基层党组织标准化建设，深化“党建强会”计划，建设一批具有学会特点、科协元素和科技特色的党建教育基地，加强党员和党务干部教育培训，以党建引领学会创新发展。积极践行社会主义核心价值观，主动宣讲党和国家关于科技创新等方面的战略方针，引领广大科技工作者把个人理想自觉融入科技强国伟业。大力传承和弘扬科学家精神，建设科学家精神宣讲团、教育宣传基地，表彰宣传优秀科技工作者，营造尊重人才、尊重知识、尊重劳动、尊重创造、崇尚科学的浓厚氛围，凝聚奋进力量。加强科技人才尤其是青年人才的培育和举荐，建立结构化人才库，深化实施青年人才托举工程。坚守科技共同体价值立场，切实履行诚信自律责任，建立科技工作者学术信用记录，提倡负责任的研究，维护科技伦理规范，对学术歧视、学术不端行为敢于发声、勇于亮剑，营造公开透明、风清气正的学术环境，维护学术界共同利益。

（二）坚守创新创造，学术立会，提升“四个面向”的科技支撑能力

推动创新创造是全国学会的立身之本。要着力打造与建设世界科技强国相适应、与新时代国家创新体系和“四个面向”研发布局相协调的科技共同体。聚力打造一流学术期刊，探索期刊集群化发展，吸引

更多原创成果首发。创设一批国际化高端交流合作平台，吸引更多国内外创新人才参与，促进中外科技英才同台竞技，拓展学术交流的深度和广度。与国际科技组织共同构建引领未来的学术前瞻研判体系，完善基于科技共同体战略共识的重大科学问题和工程技术难题凝练机制，组织开展学科研究报告，围绕人类社会共同关切、服务人类福祉发起创新议题和大科学计划，引领科技发展方向。稳定支持基础学科类学会发展，引导科技工作者潜心基础性研究、聚焦核心关键技术突破，提升原始创新能力。聚力做优“科创中国”，打造科技共同体公共服务新机制、跨界协同新组织、要素聚合新平台、产学融通新生态，发挥学术引领作用，面向战略区域、产业集群、重点企业需求，组建科技服务团，开展科技咨询、成果评价、技术扩散及转移转化、标准制定、人才培养等定制化、组合式服务。以团体标准研制为重要抓手，强化市场应用导向，促进团体标准与国家标准、行业标准的协同和转化。做精“智汇中国”，形成跨界集智、守正铸稳、协同治理、开放融合的科技智库体系，发挥战略支撑作用，推动学术资源有效转化为智库成果，聚焦国家重大发展战略，打造高层次、专业化新型智库，健全智库人才体系，汇聚更多跨界人才参与智库建设，形成高质量智库报告，深度服务科学决策。做强“科普中国”，构筑社会化协同、智慧化传播、规范化建设、国际化合作的科学素质建设新格局，发挥传播辐射作用，实施新时代全民科学素质行动，面向公众开展本领域特色科普活动，推动学术成果转化为科普资源，组织科技工作者深入农村、社区开展科技志愿服务，总结疫情防控应急科普经验，建立应急科普工作机制，深化科普信息化建设，强化科普队伍、阵地建设和科普资源开发，积极开展科学辟谣，积极回应社会关切，积极践行科技为民服务。

（三）拓展战略链接，开放兴会，建设跨界协同的国际创新网络

组织力是科技共同体的关键能力，提升组织力重在开放和联结。要通过理念价值认同、广泛组织联结、密切交流合作、夯实服务内容，把个体汇聚为集体、把要素集合为整体、把智慧转化为合力，更好地集中力量办大事，更广泛地促进科技界开放、信任与合作。设立全国学会开放合作专项，支持全国学会汇聚更多创新资源，搭建协同服务平台，提供优质专业服务。联合政府部门、科研机构、企业、金融机构等建设专业性、区域性新型产学协同组织，构建产学研融合发展新模式，畅通科技资源下沉渠道，主动服务战略区域发展和产业集群创新。建立与对口国际、国别科技组织的常态化交流合作机制，建立国际组织后备人才队伍，完善国际科技组织领导人举荐机制、职员输送机制、人才双向交流机制、成果转化应用机制，围绕“一带一路”倡议等发起成立国际组织或吸引国际组织总部落户，推动我国科学家到国际组织任职数量、新成立或落户国际组织数量“倍增”，深度参与国际科技治理，打造国际竞争优势。积极发展外籍会员，吸纳一批知华友华外籍科学家深度参与学会发展。建设专业领域国际人才信息库，设立海外分支机构和对外交流服务机构，面向世界汇聚科技人才。建立有广泛国际影响的论文、成果、人才评选奖励体系，在国内外会议设立最佳贡献奖、青年学者奖、报告奖、海报奖等，开展优秀论文评选，发起并参与国际科技奖励，主导并参与国际技术标准研制和认证，主动融入世界创新网络。

（四）提升治理效能，依章治会，更好地建设联系广泛、服务会员的科技工作者之家

会员服务是学会发展的生命线。要做实“科技工作者之家”，健全联系广泛、服务会员的组织体系。坚持目标导向和问题导向，树立科技发展与有效治理同等重要的观念，聚焦创新发展内涵和科技工作者核心需求，通过持续深化改革不断强化发展动能。对标世界一流科技社团，积极打造面向国际的品牌活动和专项业务，建设有国际影响力的一流学会。坚持法治与自治相统一，提升学会治理现代化水平，探索以会员为中心的学会治理体系，切实保障理事长履职尽责，不断完善依章治会、民主办会机制，充分激发科技工作者的责任感、积极性、主动性。持续扩大会员规模，强化对青年科技工作者、高技能人才、企业科技工作者特别是非公有制企业科技工作者等的组织吸纳和联系服务，积极建设科技志愿者服务队伍，完善分级分类的会员管理服务体系，建立联系广泛、服务优质、运转高效的科技工作者联系服务机制，不断激发学会内生动力。建设高效率、专业化学会办事机构，逐步实现学会秘书长专职化聘任。提高运用现代科技提升治理水平的能力，推进“智慧学会”建设，充分运用信息化、数字化手段建设有情感温度的网上科技工作者之家。

中国科协将积极争取地方党委和政府以及民政、

科技、财政等有关部门支持，强化全国学会、地方科协及地方学会、基层组织的协同联动，接通组织层级链条，打通资源下沉渠道，形成广泛覆盖的特色组织网络，创造更加有利于学会创新发展的环境。

海阔凭鱼跃，天高任鸟飞。新的奋斗征程呼唤学会工作新的使命担当。让我们以习近平新时代中国特色社会主义思想为指导，更加紧密地团结在以习近平同志为核心的党中央周围，团结引领广大科技工作者创新争先、奋力前行，为推动构建新发展格局、建设创新型国家和世界科技强国、全面建设社会主义现代化国家、实现中华民族伟大复兴的中国梦作出新的更大的贡献！

在决战决胜科技助力精准扶贫推进会上的讲话

（2020 年 5 月 19 日）

怀进鹏

同志们：

今年 3 月 6 日，习近平总书记在决战决胜脱贫攻坚座谈会上发表重要讲话，吹响决战决胜脱贫攻坚的总攻令和集结号。4 月 24 日，中国科协党组理论学习中心组组织了专题学习，按照中央决战决胜、全面收官、接续衔接的要求，对标对表党中央的决策部署和工作要求，结合中央巡视指出的问题，我们重点就做好科技助力精准扶贫的督战、交卷、再出发的落实措施进行了认真研究谋划，强化督导、督战、督查，将脱贫攻坚纳入中国科协党组巡视工作，督促落实脱贫攻坚政治责任，确保如期交出科技助力精准扶贫和定点扶贫的满意答卷。

我们在这里召开这次推进会，就是坚决响应总书记和党中央的号令，向决战决胜科技助力精准扶贫发起总攻的重要落实措施。刚才，宋军同志传达了总书记的重要讲话精神，四川省科协毛大付书记介绍了今年关于“天府科技云”的工作特点和前期的工作准备，云南省科协袁晓瑭副主席介绍了云南在脱贫攻坚中的重要进展、成绩和安排，新疆科协丁有明书记向我们分享了近年来新疆在科技助力精准扶贫方面的工作部署和总的安排。3 个典型发言都很有特色，结合实际工作介绍了今年决战决胜坚实有力的落实举措，给我们大家带来了新鲜经验，这也是一次很好的学习交流机会。当然，还有一些地方和学会的工作也是非常有特色的，由于时间的关系，我们今天就安排这 3 个典型发言。这对我们推进这项工作也是有力的触动，同时，也让我们感到在决胜决战脱贫攻坚中我们面临的困难不小，决胜决战工作仍然任重道远。

2016 年 10 月，中国科协、农业部（现农业农村部）、国务院扶贫办启动实施科技助力精准扶贫工程，确定了“千、万、十万”（注：到 2020 年，组织 1000 个以上农技协联合会、1 万个以上农技协、10 万名以上科技工作者参与脱贫攻坚）的工作任务目标；2017 年年初，将这些指标和带动脱贫人数等任务目标分解分工到各地各相关单位，这是我们对党中央、科技界和全社会作出的郑重承诺，必须如期实现。我们看到四川已经超额完成了任务和目标，也看到在如期推进完成任务目标数字的同时，还有很多任务需要去实现。现在，决战决胜科技助力精准扶贫收官在即，务请各省（包括新疆生产建设兵团）科协、农业农村、扶贫等部门以及全国学会高度重视、不忘初心、坚定信心、下定决心、不胜不休，高质量圆满完成既定任务目标，交出让党放心、让人民满意的合格答卷。

下面，我就贯彻落实习近平总书记重要指示精神，做好决战决胜脱贫攻坚工作，讲几点意见。

一、深刻领会总书记重要指示精神实质，坚定决战决胜科技助力精准扶贫的信念信心

在决战决胜脱贫攻坚座谈会上，总书记要求我们不忘初心、牢记使命，坚定信心、顽强奋斗，以更大决心、更强力度推进脱贫攻坚，坚决克服新冠肺炎疫情影响，坚决夺取脱贫攻坚战全面胜利。各级科技组织和广大科技工作者要深入学习好、领会好、贯彻落实好习近平总书记重要指示精神。

一要坚定决战决胜科技助力精准扶贫的必胜信念。党的十八大以来，在以习近平同志为核心的党中央坚强领导下，全党全国集中力量攻坚克难，全面打响脱贫攻坚战，脱贫攻坚力度之大、规模之广、影响之深前所未有，成就举世瞩目。为贯彻落实中央脱贫攻坚重大决策部署，2016年我们启动了科技助力精准扶贫工程，几年来各级科技组织和广大科技工作者积极投身脱贫攻坚工作，务实开展科技服务，助力贫困地区产业发展提质增效、贫困群众科技致富能力不断增强、干部群众科学素质不断提升，为脱贫攻坚作出了积极贡献，科技助力精准扶贫任务目标指标接近完成。2017年以来（3年），先后有30个科技组织获得全国科技助力精准扶贫优秀组织单位、259个集体获得全国科技助力精准扶贫先进团队、760名科技工作者获得全国科技助力精准扶贫先进个人的表扬。在这里，我代表全国科技助力精准扶贫工程领导小组向大家取得的成绩表示祝贺！向各级科技组织和广大科技工作者表示衷心感谢！特别感谢农业农村部、国务院扶贫办的密切配合和积极支持！

有总书记的亲自指挥、亲自部署，有党中央的重大工作部署，有农业农村部、国务院扶贫办以及兄弟部门的大力支持，经过我们共同的努力，科技助力精准扶贫一定会圆满收官、取得决战决胜的全面胜利。

二要不辱使命，勇于为决战决胜贡献智慧和力量。习近平总书记在决战决胜脱贫攻坚座谈会上发出了总攻号令。总书记有号令，我们必须有响应；中央有部署，我们必须有行动。各级科技组织和广大科技工作者要把思想和行动统一到总书记重要讲话精神上来，充分发挥各自优势，突出科技为民，突出智力帮扶，上山下乡，急为剩余贫困人口、新致贫人口和返贫人口所急，想为党和政府决战决胜脱贫攻坚和乡村振兴所想，谋为我们的新生活、新奋斗所谋，精准发力，精锐出战，在决战决胜脱贫攻坚和乡村振兴中建功立业。

三要言信行果，坚决兑现科技助力精准扶贫的承诺。习近平总书记指出，到2020年现行标准下的农村贫困人口全部脱贫是党中央向全国人民作出的郑重承诺，必须如期实现，没有任何退路和弹性。签了军令状，承诺了就要兑现。2016年，全国科技助力精准扶贫确定了“千、万、十万”的任务目标，各地各级科技组织也都确定了各自的任务目标，这就是我们对党中央作出的承诺、对人民群众作出的承诺。今年是脱贫攻坚收官之年，既然我们已经作出承诺，我们就必须言出必行、行之必果，坚定不移兑现我们的承诺。

二、做好检查盘点，确保科技助力精准扶贫任务落实到位

习近平总书记要求，要严格考核开展普查，严把退出关，坚决杜绝数字脱贫、虚假脱贫，下半年开始，国家要组织开展脱贫攻坚普查，对各地脱贫攻坚成效进行全面检验。为落实习近平总书记重要指示精神，按照中央巡视中国科协党组反馈问题整改、中央纪委国家监委驻部纪检监察组反馈意见整改的要求，全国科技助力精准扶贫工程领导小组办公室将组织开展检查验收工作。

一是严格对标对表。2017年5月，全国科技助力精准扶贫工程领导小组办公室印发的《关于印发全国科技助力精准扶贫工作建议目标任务的通知》确定了到2019年要完成的“两数”（注：支持建设农技协数和组织动员专家数；带动建档立卡贫困户脱贫人数）任务指标，日前已到期，需要我们进行总结检查和评估。各省级科协、农业农村、扶贫等部门以及全国学会务必对照科技助力精准扶贫任务目标和要求，切实做好自查评估工作，全面排查梳理问题，全力冲刺任务目标清零，确保我们的任务目标落实经得起历史和人民检验。

二是坚决查漏补缺。要围绕对表“两数”任务目标指标中存在的问题，聚焦薄弱环节、补齐短板弱项。对于仍未完成的科技助力精准扶贫“两数”任务目标，要充分利用今年有限的时间，因时因势、精准施策，千方百计确保任务目标落实到位，形成成绩单，准备好接受检查验收。

三是严格检查验收。在自查和查漏补缺的基础上，全国科技助力精准扶贫工程领导小组办公室将组织对部分省进行抽查。检查内容主要包括：组织动员科技专家、支持建设农技协（联合会）参与科技助力精准扶贫任务目标完成情况；对接建档立卡贫困户任务目标完成情况；科技助力精准扶贫工作的成效和经验；科技助力精准扶贫工作的优秀团队、先进个人、典型事例。

四是坚决防止不正之风。要坚决按照习近平总书记在决战决胜脱贫攻坚座谈会上的重要讲话精神，坚决反对形式主义、官僚主义，要严把退出关，坚决杜绝数字脱贫、虚假脱贫。检查验收将坚决贯彻落实中共中央办公厅印发的《关于解决形式主义突出问题为基层减负的通知》要求，切实为基层减负，强化结果导向，关键看扶贫效果、干部群众评价。除必要的少量报表外，不要求层层报材料、层层汇报，更不查看领导批示、开会发文、台账记录、工作笔记。检查验收坚决执行轻车简从，坚决不搞层层陪同。检查验收工作将在8月底前完成。

三、开展考核宣传，讲好全国科技助力精准扶贫精彩故事

刚才，3个典型发言介绍了在实际工作中的鲜活经验和案例，也谈了在今年的工作重点特色。习近平总书记强调，脱贫攻坚不仅要做得好，而且要讲得好。要重点宣传党中央关于脱贫攻坚的决策部署，宣传各地区各部门统筹推进疫情防控和脱贫攻坚工作的新举措、好办法，宣传基层扶贫干部的典型事迹和贫困地区人民群众艰苦奋斗的感人故事。各级科技组织和科技工作者在决战决胜科技助力精准扶贫中，既是战斗员，也是宣传员，要讴歌党中央关于脱贫攻坚的决策部署和减贫成就，传颂宣讲科技组织和科技工作者的典型事迹，歌颂贫困地区干部群众脱贫攻坚的感人故事，弘扬心有大我、至诚报国、把论文写在祖国大地上的精神。

一要认真做好2016年以来科技助力精准扶贫工作考核。全国科技助力精准扶贫工程领导小组办公室要组织开展好工作考核，各省级科协、农业农村、扶贫等部门以及全国学会要认真总结2016年以来科技助力精准扶贫工作取得的成效经验，同时，在总结中发现和深度挖掘科技助力精准扶贫的典型经验模式、典型事迹、先进集体、先进个人，并进行表扬和广泛宣传。

二要办好决战决胜科技助力精准扶贫在线展览。中国科协将在线上举办决战决胜科技助力精准扶贫展览，展览以省和全国学会为单位。请各省级科协、农业农村、扶贫等部门以及全国学会按照科技助力精准扶贫工程确定的任务目标指标，结合自身工作部署安排，重点展示重大决策部署、重要目标指标完成、重点任务推进、典型人典型事等，宣传中央精准扶贫、精准脱贫的战略部署；宣传广大科技组织和科技工作者投身科技助力精准扶贫取得的成效；宣传贫困地区干部群众脱贫的成效；宣传在科技助力精准扶贫中涌现出的先进科技组织和先进个人。

三要办好中国科协定点扶贫35年系列活动。中国科协自1985年起，在山西省吕梁市已接续开展定点扶贫35年。借此契机，本着厉行节约原则，中国科协与吕梁市共同开展“扶贫干部回望吕梁行”活动、主题征文、拍摄专题片、举办成果展览等系列活动，推进全国科技助力精准扶贫和中国科协定点扶贫工作，同时，讲好科技助力精准扶贫和定点扶贫的故事，增强科技界对建功全面小康的荣誉感和认同感。

四、再谋划再出发，谱写科技助力精准帮扶与乡村振兴新篇章

习近平总书记指出，脱贫摘帽不是终点，而是新生活、新奋斗的起点。各级科技组织和科技工作者务必按照习近平总书记重要指示要求，接续推进全面脱贫与乡村振兴有效衔接，推动减贫战略和工作体系平稳转型。目前，中央有关部门正在研究这项工作，我们也要做好准备。

务请各省（包括新疆生产建设兵团）科协、农业农村、扶贫等部门以及全国学会落实中央要求，做好科技助力精准帮扶和乡村振兴接续工作谋划。按照总书记的要求，总的要有利于激发欠发达地区和农村低收入人口发展的内生动力，有利于实施精准帮扶，促进逐步实现共同富裕。有条件的地方也可以结合实际，率先探索科技助力精准帮扶和乡村振兴衔接的路子，为其他地区提供经验和可借鉴模式。刚才，从四川省典型发言中看到，四川“天府科技云”正在积极探索“五位一体”推进有序衔接，很多地方也采取了重要的行动。

在这些工作基础上，适时在山西吕梁召开全国科技助力乡村振兴论坛，全面总结全国科技助力精准扶贫工作，表扬2016年以来全国科技助力精准扶贫工作的先进集体、先进个人，深入研讨和全面部署科技助力精准帮扶与乡村振兴工作。

同志们：

脱贫攻坚为民服务，使命光荣。让我们以习近平新时代中国特色社会主义思想为指导，不忘初心、凝心聚力、决战决胜，交出一份让党放心、让人民群众满意的科技助力精准扶贫合格答卷。

重要文件

科技部　中央宣传部　卫生健康委　中国科协关于举办2020年全国科技活动周的通知

国科发智〔2020〕167号

各省、自治区、直辖市及计划单列市、副省级城市科技厅（委、局）、党委宣传部、卫生健康委、科协，新疆生产建设兵团科技局、党委宣传部、卫生健康委、科协，中央、国务院有关部门、直属机构，中央军委科技委：

2020年是全面建成小康社会、实现第一个百年奋斗目标之年，是实现迈进创新型国家行列目标的决胜之年，是全国科技活动周举办20周年。2020年突如其来的新冠肺炎疫情对我国经济社会发展和人民生活带来巨大影响，在以习近平同志为核心的党中央坚强领导下，疫情防控取得重大战略成果，科技为打赢疫情防控阻击战发挥了重要作用。

为全面展示科技创新成就和科技战疫成效，大力弘扬科学精神、普及科学知识，促进科技创新和科学普及协调发展，推动科技创新成果和科学普及活动惠及于民，科技部、中央宣传部、卫生健康委、中国科协将共同主办2020年全国科技活动周。现将有关事项通知如下。

一、时间与主题

（一）时间

2020年8月23—29日。

（二）主题

科技战疫　创新强国

深入学习贯彻习近平新时代中国特色社会主义思想，全面落实党的十九大和十九届二中、三中、四中全会精神，动员号召全国科技工作者、科普工作者、社会各界人士积极投身创新驱动发展战略的伟大实践；以科技战疫为重点，展示科学技术对战胜疫情的重要支撑作用和系列成果，展示科学普及在引导人民群众科学识疫、科学防疫中发挥的重要作用；以创新强国为核心，展示科技创新对国家经济社会发展的重要支撑作用，展示科技创新在全面建成小康社会、满足人民群众美好生活需要、美丽中国建设中的显著成效；以科学普及与科技创新同等重要为主线，深入实施《中华人民共和国科学技术普及法》，在全国范围内举办群众性科技活动，展示科学普及工作和科技活动周20年成效，助力实现中华民族伟大复兴中国梦。

（三）主要内容

1. 展示科技战疫成效。展示药物、疫苗、溯源、传播途径、动物模型等科研攻关新进展；展示呼吸机、负压救护车等疫情防控新技术新装备；展示科普工作在普及抗疫知识方法、助力复工复产等方面发挥的重要作用；宣传科技战疫先进典型，讲好一线抗疫故事。

2. 展示科技创新成就。展示国家科技重大专项成果，特别是人工智能、信息技术、生物技术等方面的新技术、新装备、新产品，彰显科技创新支撑经济高质量发展成效。推进国家重大科学工程、大科学装置、国家（重点）实验室、国家工程（技术）中心、科研机构和大学等科技资源向公众开放。展示第二次青藏高原综合科学考察研究工作成效及重大成果。

3. 体验美好生活活动。展示科技创新对改善和提升人民生活质量的显著成效。针对公众关注的科技热点，开展科普讲解、实验演示、示范传授等活动，普及基本科学知识和常用技术方法。面对公众多样化科技需求，举办互动性、参与性、体验性强的科技活动和丰富多彩的科普惠民活动。展示科技活动周20年发展历程，特别是优秀科普作品、产品、展品及重大事项。

4. 科技助力脱贫攻坚。展示科技创新在全面建成小康社会中的重要作用。送科技下乡进村入户，提供精准技术帮扶活动。加强农村科普资源和科普能力建设，开展适合少数民族和边疆地区特点的特色科普活动，提高广大农民的科技意识，助力科技扶贫、精准脱贫。

二、主场活动及组织形式

（一）启动式

全国科技活动周启动式安排在北京中关村国家自主创新示范区展示中心。邀请党和国家领导人出席，有关部门、科学家、外国专家、学生、社会各界代表出席，参观科技创新和科普展览，参与现场科普互动体验活动等。启动式由科技部、北京市人民政府主办。

在湖北省武汉市设立分会场，由科技部、湖北省人民政府主办。

（二）主场展览活动

主场展示疫情防控科研攻关进展、重大科技创新成果、第二次青藏科考、全国优秀科普作品产品、科技活动周20周年成果等，科普惠民成效，开展以生物安全为重点的国家科技安全教育。主场展览活动由科技部、卫生健康委、北京市人民政府主办。

（三）闭幕式

8月29日在湖北省武汉市举办，由科技部、中央宣传部、卫生健康委、中国科协、湖北省人民政府主办。

（注：根据疫情发展形势，若届时无法组织实体展览相关活动，将举办网络科技活动周。请各地各部门根据国务院应对新型冠状病毒肺炎疫情联防联控机制统一安排，合理确定举办方式。）

三、主要活动

科技活动周作为全国群众性科技活动品牌，既要安排主场活动和重大示范活动，又要部署部门、地方同步举办各类特色科普活动。

（一）重大示范活动

全国科技活动周组委会将组织一批重大示范活动。

1. 科学之夜活动。
2. 科研机构和大学开放。
3. 科技列车怀化行。
4. 全国科普讲解大赛。
5. 全国科普微视频大赛。
6. 全国科学实验展演汇演。
7. 全国优秀科普作品推荐。
8. 科普援藏活动。
9. 全国优秀科普展品巡展。
10. 科技下乡集中示范活动。
11. “全国中小学生创·造大赛”。
12. “未来工程师”博览。
13. “一带一路”科普交流周。
14. “科学之路·科普课堂”。

（二）部门、地方重点活动

有关部门根据自身优势和特点，举办各具特色的群众性科技活动。相关部门开展“科研机构、大学向社会开放”“科学使者进社区（农村、企业、学校、军营）”等活动。部队举办军营开放等活动。请各地同步举办科技活动周、“科技节”等具有区域优势和特点的群众性科技活动。

四、工作要求

（一）加强组织协调

各级科技管理部门、党委宣传部门、卫生健康部门、科协组织要高度重视，加强统筹协调和资源共享，充分发挥各级科普工作联席会议机制的作用，调动各方面的积极性和创造性，认真组织好2020年全国科技活动周活动。要认真贯彻落实中央八项规定及其实施细则精神，严格执行国家和各地联防联控机制部署，加强安全防范措施，精心组织举办各类活动，防止聚集性感染事件发生，切实提高科技活动周活动实效。

（二）制订活动方案

各地各部门要按照通知要求，尽快制定活动方案，精心策划重点项目，配合全国科技活动周组委会做好相关重点活动。请于7月31日前填报《2020年科技活动周重点项目备案表》《2020年参与开放活动的科研机构和大学备案表》，报送科技部引进国外智力管理司。

（三）加强宣传报道

各地各部门要重视2020年科技活动周的宣传报道工作，及时全面准确地宣传科技活动周情况。加强广播电视科普宣传，扩大活动的影响力和覆盖面。重视发挥新媒体优势，充分利用大数据、云计算、人工智能等现代信息技术，采取微视频、微动漫、H5、VR、AR、MR等技术开展宣传，提升科技活动周在全社会的传播效果。

（四）做好工作总结

为表彰2020年度全国科技活动周优秀组织单位和人员，请各地各部门于9月21日前向科技部引进国外智力管理司提交科技活动周总结、影像资料及媒体报道资料（视频时长不超过3分钟）。

（五）联系方式（略）

附件1：2020年科技活动周重点项目备案表（略）

附件2：2020年参与开放活动的科研机构和大学备案表（略）

科技部　中央宣传部
卫生健康委　中国科协
2020年6月18日

中国科协　中央宣传部　教育部　科技部　水利部　农业农村部　国家卫生健康委　应急管理部关于举办2020年全国科普日活动的通知

科协发普字〔2020〕14号

2020年是全面建成小康社会和打赢脱贫攻坚战的

决胜之年。为深入贯彻习近平新时代中国特色社会主义思想，贯彻落实党的十九大和十九届二中、三中、四中全会精神，弘扬科学精神、普及科学知识，充分展现科技进步对实现全面小康、打赢脱贫攻坚战、满足人民美好生活需要的重大作用，推进平战结合的科普工作机制，营造讲科学、爱科学、学科学、用科学的良好氛围，中国科协联合中央宣传部、教育部、科技部、水利部、农业农村部、国家卫生健康委、应急管理部等有关单位共同组织开展2020年全国科普日活动。

一、时间和主题

2020年全国科普日主题为：决胜全面小康，践行科技为民。定于9月19—25日在全国各地集中开展。各地各部门可根据全国活动主题，结合工作实际拟定活动副主题，主题宣传活动贯穿全年。

二、活动内容

1. 弘扬科学精神，展现科学价值。着力传播坚持问题导向、实事求是、求真务实等科学思想和方法，引导公众提高科学思维能力。

2. 助力疫情防控，推动健康科普。结合疫情防控工作，引导公众了解和掌握卫生健康知识、增强防控意识，助力打赢疫情防控的人民战争、总体战、阻击战。

3. 聚焦脱贫攻坚，决胜全面小康。围绕全面小康和脱贫攻坚，提供精准科技科普服务，充分体现科技在助力乡村振兴、助力人民美好生活中的重要作用，提升公众对于科技进步的获得感。

4. 加强科技志愿，彰显科技为民。将科技志愿服务“智惠行动”全面融入科普日活动，充分调动科技和科普工作者积极性，广泛开展以科技惠民、科学普及等为主要内容的科技志愿服务，满足群众对新时代科普服务的需求。

三、主要活动

2020年全国科普日活动立足面向基层、服务发展，着力打造“云启动仪式、省级主场、联合行动以及网络平台”的“3+1”活动架构，广泛开展“多阵地、多战线、广覆盖、齐参与”的系列科普活动。（注：根据疫情发展形势，若届时无法组织线下活动，将以网络活动为主。请各地各部门根据国务院应对新型冠状病毒肺炎疫情联防联控机制统一安排，合理确定举办方式。）

（一）全国科普日“云启动”仪式

围绕活动主题，通过网络连线方式联通各部门、各地、各学会，共同开启2020年全国科普日活动。

（二）全国科普日省级主场活动

结合本地经济社会发展，按照“一省一策一特色”理念，开展全国科普日省级主场活动，带动辖区内各地掀起科普活动热潮。

（三）全国系列联合行动

在全国科普日活动期间，集中动员组织学会、大中小学校、企业、科研院所等社会各界，深入新时代文明实践中心（所、站）、党群服务中心、农村、社区、学校等，开展多形式、广覆盖的系列科普联合行动。

1. 科普阅读联合行动。联合出版社、图书馆等相关机构，向公众推介系列优秀科普科幻图书，开展形式多样的阅读活动。组织科普科幻作家和科学家开展签名售书活动，由著名科学家和科普科幻作家作为领读人，让科普科幻图书走入公众视野，形成全民读科学、学科学、用科学的良好社会氛围，推动科学文化的建设与繁荣。

2. 校园科普联合行动。积极动员全国大中小学开展校园科普活动，面向广大青少年举办科普报告、科技实践活动、科普表演等活动，启迪青少年科学思维和创新意识。

3. 科研团队联合行动。发动科研院所科技工作者、科研项目承担团队等将相关的科技项目成果进行科普化展示。推动科研团队通过开展线下讲座、线上直播等形式向公众讲解高新技术。

4. 农村科普联合行动。实施乡村振兴农民科学素质提升行动，组织涉农科技工作者、科技志愿者等深入农村开展技能培训、科普讲座、农民科学素质网络竞答等活动，着力提高农民生产生活能力，助力乡村振兴。发动各地农技协通过农技培训、技术指导等方式，开展精准科技推广和科普服务助力脱贫攻坚。

5. 卫生健康科普联合行动。开展各类健康科普讲座和知识问答，尤其是开展新型冠状病毒防控知识普及，提升公众健康素养水平，树立健康生活理念。

6. 公共安全科普联合行动。开展应对安全生产、火灾、水旱灾害、地质灾害等突发事件的知识普及，提升公众安全意识和自救保护、应急救助能力。

7. 节水科普联合行动。开展节水知识讲座和节水技能培训，举办水利科普讲解大赛，面向公众开放国家水情教育基地和各类节水教育场所，在科普日期间开展各类体验活动，普及节水科学知识，提升全民节水意识。

8. 企业科普联合行动。动员组织企业开展企业科普活动，履行社会责任，通过开放参观、交流体验、专家讲解等形式面向公众传播科学知识、诠释技术应用，扩大优质科普资源供给。

9. 学会科普联合行动。发动各级学会通过科技讲座、论坛等形式，将优质学术资源面向公众进行科普化宣传，促进发挥科技资源的科普作用，促进科技经济融合发展。

10. 科普阵地联合行动。发动实体科技馆、流动科技馆、科普大篷车和数字科技馆等科技馆体系在科普日期间开展展览展示、动手体验、网上课堂等各种科技教育活动。动员各地科普教育基地依托丰富的科普资源，积极推出形式内容多样的科普日主题活动，大力弘扬科学家精神，开展公民科学道德教育，助力公民道德素质提升。号召自然科学类博物馆及其他具有科普功能的阵地共同开展科技科普活动，塑造泛在学习的社会环境。

（四）全国科普日网络活动

丰富网络活动内容，组织开展2020年“云上科普日”活动。推出活动打卡、直播、短视频等网络在线科普活动，形成网络科普传播热点，汇聚展示全国各类线上线下科普日活动，服务公众参与体验和反馈评价。

四、工作要求

1. 提高站位，服务大局。各单位和部门要高度重视，充分发挥全国科普日的平台作用，积极沟通、做好统筹，最大限度汇聚资源搭建科普展示平台，主动邀请当地党政领导与公众一起参与全国科普日相关活动。

2. 面向基层，公平普惠。各单位和部门要紧紧围绕科普日活动主题，接长手臂、深入基层、服务群众、普惠民生，注重面向乡村、积极助力乡村振兴战略，提升基层群众的幸福感和获得感。

3. 加强宣传，营造氛围。各单位和部门要充分利用广播、电视、新媒体等多种方式开展全方位、多角度的宣传推介，提升公众知晓度，营造领导重视、广泛动员、群众参与的良好氛围。

4. 厉行节约，务求实效。各有关单位要认真落实中央关于改进工作作风、厉行勤俭节约的有关规定，力戒形式主义和官僚主义。要加强安全防范措施，充分利用现有资源，切实提高活动实效。

五、有关事项

1. 登记填报。请各活动举办单位于2020年8月3日—9月25日注册并登录全国科普日网站（www.kepuri.org）或科普中国客户端（https://url.cn/5GXxUrC），填报活动信息。鼓励活动举办单位通过全国科普日网站或科普中国客户端将活动信息提前向社会发布，以便公众查询了解活动、参与活动并反馈评价。请各全国学会、省（自治区、直辖市）科协做好动员工作，组织联合行动、网络活动，并通过科普中国客户端或全国科普日网站进行管理。各类线上线下科普活动须采取适当方式标注“2020年全国科普日活动”。

2. 信息完善。请各活动举办单位于2020年10月9日前通过全国科普日网站或科普中国客户端及时补充完善活动信息和进展成果，包括活动图片、视频、新闻报道链接等。如开展网络活动，须提供活动网址信息，以便全国科普日网站运营机构配合各单位向社会进一步宣传报道。

3. 工作总结。请各活动举办单位于2020年10月16日前在全国科普日网站提交科普日活动总结材料。各全国学会、省（自治区、直辖市）科协于10月23日前在全国科普日网站完成优秀组织单位、优秀活动推荐工作。主办单位将开展全国科普日活动工作总结，按照社会动员、联合行动组织实施、网络活动、宣传工作、科技志愿服务、活动信息服务以及公众评价情况等指标考核科普日活动组织机构，并对工作扎实的组织单位和特色鲜明、实效显著的活动予以表扬。

中国科学技术协会　中华全国妇女联合会 中国联合国教科文组织全国委员会关于开展第十七届中国青年女科学家奖和2020年度未来女科学家计划候选人提名工作的通知

科协发组字〔2020〕29号

各省、自治区、直辖市及新疆生产建设兵团科协、妇联，中国科协所属各全国学会、协会、研究会，有关高等学校和企业科协，各有关单位：

为深入学习贯彻习近平新时代中国特色社会主义思想，面向世界科技前沿、面向经济主战场、面向国家重大需求、面向人民生命健康，深入实施科教兴国战略、人才强国战略、创新驱动发展战略，激发广大女科技工作者的创新创业创造热情，大力弘扬新时代科学家精神，为建设世界科技强国贡献智慧和力量，现开展第十七届中国青年女科学家奖和2020年度未来女科学家计划候选人提名工作。有关事项通知如下。

一、第十七届中国青年女科学家奖

（一）奖励名额

中国青年女科学家奖奖励个人名额不超过20名，其中至少2名在西部地区工作；团队奖名额不超过5个。

（二）评选条件

1. 中国青年女科学家奖。

（1）坚决维护习近平总书记党中央的核心、全党的核心地位，坚决维护党中央权威和集中统一领导，拥护党的路线、方针和政策，遵纪守法，践行“爱国、创新、求实、奉献、协同、育人”的新时代科学家精神。

（2）在基础科学、生命科学、计算机与信息领域（不含涉密领域）取得重大发现、重大成果的青年科技领军人才，特别注重提名创新团队中的领军人才。

（3）不超过45周岁（1975年1月1日及以后出生）的中国籍女科技工作者。

2. 团队奖。

（1）团队负责人须符合中国青年女科学家奖的评选条件，团队结构稳定、合理，主要成员须有女性科技工作者。

（2）团队承担国家基础科学、生命科学、计算机与信息领域（不含涉密领域）重大科研任务，取得创新性和系统性的重大成果。

（3）团队有明确的研发目标和发展规划，并具有持续创新能力和较好的发展前景。

（三）组织提名

1. 各省、自治区、直辖市及新疆生产建设兵团科协开展提名工作，在征求妇联意见后，可提名本地区的候选人5名、候选团队2个。

2. 各有关中央和国家机关部门可提名候选人3名、候选团队1个。

3. 中央军委政治工作部可提名军队系统候选人10名、候选团队4个。军队系统候选人或团队由中央军委政治工作部统一提名，不得由其他提名渠道提名。

4. 中国科协所属各有关全国学会、协会、研究会可提名本学科领域的候选人3名、候选团队1个。

5. 香港、澳门特别行政区有关机构可提名本地区候选人5名、候选团队2个，提交前需征求中联办意见。

6. 各有关高校科协和企业科协可提名本单位候选人2名、候选团队1个。

（四）专家提名

1. 提名规则。

中国科学院院士和中国工程院院士可作为提名专家。每位提名专家可提名本学科专业（一级学科）范围内中国青年女科学家奖候选人1名、候选团队1个；候选人、候选团队须获得3名或3名以上提名专家提名方为有效。提名专家不得提名军队系统候选人。

2. 责任与义务。

（1）提名专家应承担提名、异议答复等责任，并对相关材料的真实性和准确性负责。

（2）提名专家签署提名意见应严格遵守保密规定。

二、2020年度未来女科学家计划

（一）评选范围和条件

1. 热爱祖国、遵纪守法、诚实守信、勤奋学习、刻苦钻研，具有良好的学风和道德品质，表现出较强的科研能力和发展潜力。

2. 从事基础科学、生命科学或计算机与信息领域研究工作，研究项目涉及动物（如实验用脊椎动物）和化妆品研究的不在此列。

3. 不超过35周岁（1985年1月1日及以后出生）的中国籍女性在读博士生或在站博士后（候选人学籍关系或工作关系应在国内，在读博士生应为全日制）。

4. 具有拟利用本计划资助开展的科研项目，且获得资助后该项目研究的持续时间不少于12个月。

（二）资助人数

资助人数不超过5名。

（三）组织提名

1. 各省、自治区、直辖市及新疆生产建设兵团科协开展提名工作，在征求妇联意见后，可提名本地区候选人3名。

2. 中央军委政治工作部可提名军队系统候选人6名。军队系统候选人由中央军委政治工作部统一提名，不得由其他提名渠道提名。

3. 中国科协所属各有关全国学会、协会、研究会可提名本学科领域的候选人2名。

4. 香港、澳门特别行政区有关机构可提名本地区候选人3名，提交前需报经中联办审核。

5. 各有关高校科协和企业科协可提名本单位候选

人1名。

（四）专家提名

1. 提名规则。

中国科学院院士和中国工程院院士可作为提名专家。每位提名专家可提名本学科专业（一级学科）范围内的未来女科学家计划候选人1名，候选人须获得3名或3名以上提名专家提名方为有效。提名专家不得提名军队系统候选人。

2. 责任与义务。

（1）提名专家应承担提名、异议答复等责任，并对相关材料的真实性和准确性负责。

（2）提名专家签署提名意见应严格遵守保密规定。

三、提名工作要求

1. 每位被提名人需明确参评中国青年女科学家奖个人奖、团队奖或未来女科学家计划中的一项。

2. 坚持公开、公正、公平、择优原则，保证提名质量。

3. 中国青年女科学家奖提名人选要注重向长期在科研和生产一线以及在西部地区艰苦行业工作的优秀青年女科技工作者倾斜，关注提名人选在科普、智库、扶贫、民间科技外交等领域的科技服务情况，关注中国科协青年人才托举工程入选者。提名表中所列成果贡献应以在国内作出的为主，被提名人（团队）应为该成果的主要贡献人或主要完成人。

4. 提名候选团队的研究方向应符合国家、行业重点发展需求，结构合理，具有良好的持续发展和服务能力。

5. 未来女科学家计划提名人选既要注重目前已承担的科研工作取得的成果及表现出的科研潜力，也要注重拟申请资助项目的创新性。

6. 提名单位和候选人、团队要自觉恪守科学道德和学术规范。提名材料要简明扼要、突出重点、客观、准确、完整。对于材料不实或有其他学术不端行为者，经查实，均按程序取消评选资格或撤销获奖和资助资格。如候选人或团队被投诉，提名单位及候选人或团队所在单位应进行调查核实并提供书面调查材料和结论性意见。

7. 中国青年女科学家奖候选人或团队负责人须按干部管理权限征求干部管理、纪检监察部门意见。中国青年女科学家奖候选人或团队负责人为企业负责人的，还需按照《企业负责人征求意见表》征求有关部门意见。相关工作应由提名渠道统一组织，如专家提名的由候选人所在单位组织，不得由拟提名对象个人或团队办理。

8. 提名材料不得涉及国家秘密，并由候选人所在单位出具保密审查证明。违反保密规定的，取消被提名资格。

四、材料报送要求

（一）电子材料报送要求

请各提名单位注册并登录“网上科技工作者之家”（https://www.scimall.org.cn/），点击“人才评奖”，使用分配的提名单位用户名、密码进入中国科协专家服务平台与远程评审系统，按照要求组织候选人用候选人注册密码注册并登录后，在线填报材料，其中包括提名表和有关附件材料。填报中注意选择拟提名的类别。提名单位用户名、密码及候选人注册码另行发送。

提名专家开展提名工作前，可与中国科协培训和人才服务中心联系获取系统用户名、密码。提名专家须在候选人提名表上签署提名意见及签字。

请于2020年12月13日前填报候选人电子材料。填报成功后，不能更改。

（二）书面材料报送要求

电子材料上传成功后，使用中国科协专家服务平台与远程评审系统打印书面材料，电子版材料与书面材料须保持一致。

1. 提名工作材料。提名情况报告1份，仅组织提名报送。内容包括提名人选或团队产生方式、专家评审情况以及确定提名的人选等，单位负责人签字并加盖提名单位公章。提名情况报告电子版通过中国科协专家服务平台与远程评审系统上传。

2. 中国青年女科学家奖候选人材料。

（1）《第十七届中国青年女科学家奖候选人提名表》5份原件（请勿另附封面）。

（2）附件材料1套，包括代表性论文（不超过3篇）、主要科技成果目录、技术鉴定、知识产权、技术应用、所获奖项等相关证明材料。专著（不超过1本）可另附。

（3）《中国青年女科学家奖人选征求意见表》一式3份，候选人所在单位为机关事业单位、国有企业的须提供此表。

（4）《企业负责人征求意见表》一式3份，候选人为企业负责人的须提供此表。

（5）候选人所在单位出具的保密审查证明。

3. 候选团队材料。

（1）《中国青年女科学家奖团队奖候选团队提名表》5 份原件（请勿另附封面）。

（2）附件材料 1 套，根据《中国青年女科学家奖团队奖候选团队提名表》提交“主要业绩和贡献”栏涉及内容的相关证明材料。

（3）《中国青年女科学家奖人选征求意见表》一式 3 份；候选团队负责人所在单位为机关事业单位、国有企业的须提供此表。

（4）《企业负责人征求意见表》一式 3 份，候选团队负责人为企业负责人的须提供此表。

（5）候选团队依托单位出具的保密审查证明。

4. 未来女科学家计划候选人材料。

（1）《2020 年度未来女科学家计划候选人提名表》5 份原件（请勿另附封面）。

（2）博士生请提供研究生院出具的在读证明，需写明专业及拟毕业时间；在站博士后请提供博士学位证书及工作协议。

（3）候选人所在单位（学校）出具的保密审查证明。

（三）材料报送截止时间

书面纸质材料报送截止时间为 2020 年 12 月 15 日前，以接收时间为准。

（四）材料接收单位

网上系统填报指导及材料接收工作由中国科协培训和人才服务中心负责。

五、联系方式（略）

附件 1：第十七届中国青年女科学家奖候选人提名表（略）

附件 2：第十七届中国青年女科学家奖团队奖候选团队提名表（略）

附件 3：2020 年度未来女科学家计划候选人提名表（略）

附件 4：中国青年女科学家奖人选征求意见表（略）

附件 5：企业负责人征求意见表（略）

中国科学技术协会　中华全国妇女联合会

中国联合国教科文组织全国委员会

2020 年 11 月 18 日

科技部　中央宣传部　中国科协
关于表彰全国科普工作先进集体
和先进工作者的决定

国科发智〔2020〕344 号

各省、自治区、直辖市科技厅（委、局）、党委宣传部、科协，新疆生产建设兵团科技局、党委宣传部、科协，中央、国务院各有关部门、直属机构，各有关人民团体，中央军委政治工作部：

近年来，广大科普工作者在以习近平同志为核心的党中央坚强领导下，大力实施创新驱动发展战略，贯彻落实《中华人民共和国科学技术普及法》，在弘扬科学精神、普及科学知识，加强国家科普能力建设、提高公民科学文化素质，推进科普事业发展、建设创新型国家工作中作出了积极贡献，涌现出一大批先进集体和个人，为表彰先进、弘扬正气、振奋精神，激励广大科普工作者进一步做好新时代科学技术普及工作，经全国评比达标表彰工作协调小组核准，科技部、中央宣传部、中国科协决定对 2016 年以来在科普工作中作出突出贡献的北京青少年科技中心等 183 个单位授予“全国科普工作先进集体”称号（见附件 1），对北京大学第三医院乔杰等 288 名个人授予“全国科普工作先进工作者”称号（见附件 2）。

希望受到表彰的先进集体和先进工作者不忘初心、牢记使命、珍惜荣誉、开拓创新，在科普工作中不断作出新的成绩。各地方各部门要以习近平新时代中国特色社会主义思想为指导，全面贯彻党的十九大和十九届二中、三中、四中、五中全会精神，以受到表彰的先进集体和先进工作者为榜样，增强“四个意识”、坚定“四个自信”、做到“两个维护”，更加紧密地团结在以习近平同志为核心的党中央周围，奋发有为、扎实工作、知重负重、攻坚克难，为全面建设社会主义现代化国家、实现中华民族伟大复兴的中国梦不懈奋斗！

附件 1：全国科普工作先进集体名单

附件 2：全国科普工作先进工作者名单

科技部　中宣部　中国科协

2020 年 12 月 11 日

附件 1

全国科普工作先进集体名单

序号	先进集体单位名单
1	北京青少年科技中心
2	北京市疾病预防控制中心
3	北京动物园
4	共青团北京工业大学委员会
5	天津市科学技术信息研究所
6	天津市科普作家协会
7	天津自然博物馆
8	天士力控股集团
9	河北省邯郸市科学技术局
10	河北科学技术出版社有限责任公司
11	河北省协同创新中心（科技大厦）
12	内蒙古广播电视台农村牧区广播绿野之声
13	内蒙古自治区科学技术协会科学技术普及部
14	内蒙古自治区科学技术厅政策法规与监督处
15	辽宁省科学技术馆
16	大连市沙河口区中小学生科技中心
17	鞍钢集团博物馆
18	辽宁省科学技术厅政策法规与监督处
19	吉林省科学技术厅政策法规与创新体系建设处
20	中共吉林市委宣传部
21	吉林省科技馆
22	黑龙江省公安厅科技信息化总队
23	黑龙江省消防救援总队宣传处
24	哈尔滨市科学技术局法规处
25	上海市科技艺术教育中心
26	上海市科学技术委员会科普工作处
27	上海市科学技术协会科学技术普及部
28	上影集团科教电影制片厂（上海东影传媒有限公司）
29	江苏省南京市江宁区科学技术局
30	恐龙园文化旅游集团股份有限公司
31	江苏省苏州市昆山市科学技术局
32	杭州青少年活动中心
33	宁波科学探索中心管理有限公司
34	浙江省绍兴市科学技术局
35	浙江省台州市科学技术协会

续表

序号	先进集体单位名单
36	安徽省马鞍山市科学技术局
37	安徽省天长市科学技术局
38	安徽农业大学科技处
39	福建省漳州市科学技术局
40	福建省气象宣传科普教育中心
41	福建省福州市科学技术局
42	厦门市思明区科学技术协会
43	江西省南昌市科学技术局
44	中共江西省萍乡市湘东区委宣传部
45	江西省宜春市科学技术协会
46	山东省青岛市口腔健康教育基地（青岛市口腔医院）
47	山东省淄博市临淄区人民政府齐陵街道办事处
48	山东省潍坊市科学技术协会
49	山东科技报
50	河南省科学技术厅政策法规处
51	河南省科学技术协会科学技术普及部
52	中共河南省郑州市委宣传部
53	湖北省黄石市科学技术协会
54	湖北省武汉市科学技术局科技合作处
55	中国科学院武汉植物园科学教育中心
56	中共湖南省委宣传部宣传教育处
57	湖南省常德市科学技术局
58	湖南省怀化市鹤城区科学技术协会
59	广东长隆集团有限公司
60	广东新大地生物科技股份有限公司
61	广东省汕尾市陆河县河田中学
62	深圳市龙岗区科学技术协会
63	广西壮族自治区南宁市科学技术局
64	广西壮族自治区党委宣传部宣传教育处
65	广西科学技术普及传播中心
66	海南省三亚市南繁科学技术研究院
67	海南师范大学生物多样性博物馆
68	海南省琼海市科学技术协会
69	中共重庆市委宣传部宣传教育处
70	重庆市科学技术局宣传统战与科普处
71	重庆课堂内外杂志有限责任公司
72	重庆医科大学附属儿童医院两江院区

续表

序号	先进集体单位名单
73	成都大熊猫繁育研究基地
74	四川科技馆
75	四川科学技术出版社有限公司
76	贵州省生产力促进中心
77	贵州省黔南布依族苗族自治州龙里县科学技术协会
78	中共贵州省委宣传部宣传教育处
79	云南省科学技术发展研究院
80	云南省曲靖市科学技术局
81	云南省红河哈尼族彝族自治州科学技术局
82	西藏自然科学博物馆
83	西藏人民出版社
84	西藏藏医药学会
85	陕西科学技术馆
86	陕西科技报社新媒体工作室
87	中共陕西省委科技工委陕西省科学技术厅宣传教育与统战处
88	甘肃省兰州市科学技术局
89	甘肃省定西市科学技术局
90	甘肃省武威市科学技术局
91	中共宁夏回族自治区党委宣传部宣传教育处
92	宁夏回族自治区地质博物馆
93	宁夏回族自治区银川市科学技术协会
94	青海省科学技术馆
95	青海省海西蒙古族藏族自治州科学技术局（科协）
96	青海省西宁市科学技术协会
97	新疆维吾尔自治区阿克苏地区科学技术协会
98	新疆维吾尔自治区伊犁哈萨克自治州奎屯市青少年活动中心
99	新疆维吾尔自治区乌鲁木齐市米东区科学技术局
100	石河子大学科学技术协会
101	塔里木大学植物科学学院
102	新疆农垦科学院科技成果推广处
103	中央组织部人才工作局二处
104	中央宣传部传媒监管局受理审查处
105	中央宣传部反非法反违禁局信息宣传处
106	中央文明办一局信息处
107	暨南大学附属第一医院神经内科

续表

序号	先进集体单位名单
108	九三学社中央社会服务部科教处
109	中央网信办违法和不良信息举报中心辟谣工作处
110	国家发展改革委创新和高技术发展司创新创业处
111	中国传媒大学电视学院
112	北京邮电大学信息与通信工程学院
113	陕西师范大学科学技术协会
114	科学技术部办公厅宣传处
115	中国科学技术交流中心科普处
116	国家自然科学基金委科学传播与成果转化中心采编制作部
117	工业和信息化部科技司综合处
118	北京航空航天大学科学技术协会
119	国家民委教育科技司
120	西南民族大学科技处
121	中国人民公安大学科研处
122	公安部物证鉴定中心科研管理处
123	民政部地名研究所应用理论研究室
124	司法部信息中心科技和标准化处
125	人力资源和社会保障部专业技术人员管理司继续教育处
126	中国人力资源和社会保障出版集团有限公司科技和职业安全图书编辑室
127	中国地质博物馆社会教育部
128	自然资源部宣传教育中心远程教育部
129	国家大气污染防治攻关联合中心
130	中国环境科学学会环境科普部
131	中国城市规划设计研究院城市交通研究分院
132	交通运输部海事局宣传处
133	中国公路学会
134	南水北调中线干线工程建设管理局宣传中心
135	中国农学会科普处
136	文化和旅游部全国公共文化发展中心资源管理处
137	国家图书馆少年儿童馆
138	国家卫生健康委员会宣传司健康促进处
139	中国人民银行昆明中心支行科技处
140	中国人民银行科技司科技管理处
141	审计署电子数据审计司二处
142	北京海关科技处

续表

序号	先进集体单位名单
143	国家税务总局政策法规司综合处
144	国家税务总局广东省税务局政策法规处
145	福建省计量科学研究院
146	国家广播电视总局科技司科技管理处
147	中央广播电视总台社教节目中心科教频道《飞向月球》制作团队
148	国家体育总局体育科学研究所科学健身与健康促进研究中心
149	应急管理部宣传教育中心宣教部
150	应急管理出版社有限公司编辑三室
151	国家统计局社会科技和文化产业统计司科技处
152	浙江省林业局科学技术处
153	国家知识产权局专利检索咨询中心咨询处
154	新华网股份有限公司科普事业部
155	中国科学院植物研究所北京植物园
156	中国科学院合肥现代科技馆
157	中国科学院上海光学精密机械研究所科普志愿服务队
158	中国社会科学院习近平新时代中国特色社会主义思想研究中心
159	北京市防震减灾宣教中心
160	安徽省铜陵市气象局
161	江苏省粮食和物资储备局安全仓储与科技处
162	国家能源局能源节约和科技装备司科技处

续表

序号	先进集体单位名单
163	中国兵器装备集团有限公司轻武器博物馆
164	中国铁道科学研究院集团有限公司铁道科学技术研究发展中心
165	中国民航科普基金会
166	中国邮政快递报社
167	中国文物报社博物馆研究与传播中心
168	中国健康传媒集团
169	国家中医药管理局办公室新闻办公室
170	中农集团控股股份有限公司农业服务事业部
171	国务院扶贫办开发指导司产业处
172	国防科工局系统工程一司航天管理处
173	解放军总医院国家老年疾病临床医学研究中心
174	国防科技大学电子科学学院自动目标识别重点实验室
175	战略支援部队某部政治工作部政工保障中心宣传文化站
176	火箭军工程大学基础部
177	上海市职工技术协会
178	《中国少年报》编辑部
179	中国儿童中心兴趣培养部科技创客分中心
180	《人民文学》编辑部
181	中国药学会
182	中国康复医学会
183	中国科学技术馆展览教育中心

附件 2

全国科普工作先进工作者名单

序号	姓名	所在单位
1	乔　杰	北京大学第三医院
2	郭　耕	北京麋鹿生态实验中心
3	高　巍	北京市密云区医院
4	凌　丽	北京市海淀区科学技术协会
5	王　伟	北京市科技传播中心
6	马长生	首都医科大学附属北京安贞医院
7	马　红	北京市林业碳汇工作办公室
8	陈　佳	天津市科学技术信息研究所
9	李兆江	天津市地理学会

续表

序号	姓名	所在单位
10	李　杉	天津市科学技术协会
11	周燕川	天津市气象灾害防御技术中心
12	宋文琦	应急管理部天津消防研究所
13	张伟刚	南开大学电子信息与光学工程学院
14	张　威	天津市滨海新区科学技术协会
15	刘风通	河北省邢台市科学技术局
16	张秋霞	河北医科大学
17	孙禄军	河北省科学技术厅
18	任嵘嵘	东北大学秦皇岛分校
19	秦瑞强	河北省正定县科技馆
20	张　静	河北省科学技术情报研究院
21	姜宝林	内蒙古自治区火炬高技术产业开发中心
22	郑建军	内蒙古自治区公安厅科技信息化总队科技管理支队
23	白　莲	内蒙古日报社
24	许　勇	内蒙古自治区巴彦淖尔市科学技术局
25	王莉烨	内蒙古自治区赤峰市科学技术局
26	特格希	内蒙古自治区通辽市扎鲁特旗科学技术协会
27	江　雪	大连自然博物馆
28	于　波	沈阳市公共文化服务中心
29	马　韬	辽宁省营口市科学技术馆
30	张　月	辽宁省锦州市黑山县农家养鸡专业合作社
31	刘　哲	辽宁省辽阳市科学技术局
32	崔淑霞	中国科学院沈阳分院
33	单秋海	中共辽宁省委宣传部
34	张瑜凤	吉林省辽源市科学技术局
35	杨　华	吉林省科学技术信息研究所
36	夏　腾	长春中国光学科学技术馆
37	李　兵	东北师范大学附属中学
38	刘　斌	中共吉林省委宣传部
39	金中伟	吉林省青少年科技中心
40	王　琦	黑龙江省科学技术馆
41	陈　爽	黑龙江省对外科技合作中心
42	孙宝林	黑龙江省科学技术厅
43	李　宏	佳木斯大学视光中心
44	李丽云	科技日报社驻黑龙江记者站
45	朴　田	黑龙江省大庆市科学技术局
46	张文宏	复旦大学附属华山医院

续表

序号	姓名	所在单位
47	陈　剑	上海智慧湾投资管理有限公司
48	李　娜	华东师范大学第二附属中学附属初级中学
49	任　荃	文汇报社
50	孙莉雯	上海市闵行区科学技术协会
51	王　宁	上海广播电视台融媒体中心
52	严雪梅	上海市废弃物管理处
53	张　华	江苏省科学技术情报研究所
54	谭　旭	江苏省扬州市高邮市科学技术局
55	钱小荣	江苏省泰州市科学技术局
56	张亿锋	江苏省苏州市科学技术协会
57	葛璟璐	江苏省科学传播中心
58	张　俊	常州国家高新区（新北区）科学技术局
59	孙吉宝	浙江省杭州市江干区科学技术局
60	虞科娜	宁波市慈溪市科学技术协会
61	徐　勇	湖州市科技馆
62	姚爱英	浙江省嘉兴市平湖市老科技工作者协会
63	伍亚萍	浙江省绍兴市科学技术协会
64	洪中勇	浙江省丽水市科学技术协会
65	吴瑜良	浙江省舟山市科学技术协会
66	纪　杰	中国科学技术大学火灾科学国家重点实验室
67	庞良俊	安徽省合肥市第四人民医院
68	金　迪	安徽省地质博物馆宣教部
69	江　水	安徽省合肥市科学技术协会
70	周广亮	安徽省科学技术厅农村处
71	万昭莹	合肥学院校团委
72	方　秀	福建闽威实业股份有限公司
73	林　实	福建省闽江学院软件学院
74	陈兰芳	福建省南平市松溪县科学技术协会
75	郭浠恒	福建省龙岩市科学技术局
76	杨采薇	福建省科学技术协会
77	翁祖潮	福建省平潭综合实验区经济发展局
78	董剑锋	厦门科技交流中心有限公司
79	吴春晓	景德镇市青少年宫
80	张智辉	赣州科技馆
81	梁　颖	中共江西省新余市委宣传部
82	徐保明	江西省贵溪市农业农村粮食水产工作站
83	冷文义	江西省九江市同文中学

续表

序号	姓名	所在单位
84	成静清	江西省水利科学研究院水资源水环境研究所
85	聂麦花	山东省青岛市中学
86	关若飞	山东省淄博市科学技术局
87	邢红辉	山东省滨州市科学技术局
88	刘建林	中国石油大学（华东）
89	董兆选	山东省科学技术厅
90	蔡小涛	山东第一医科大学
91	张庆军	山东省科学技术协会
92	杨力勇	河南省卫生健康委
93	何景阳	河南省疾控中心健康教育与慢病管理所
94	豆敬磊	河南省地质博物馆
95	李秀珍	河南科技大学林学院
96	蔡晓辉	中共河南省委宣传部宣教处
97	李天岭	河南省南阳市邓州市科学技术协会
98	黄朝林	武汉市金银潭医院
99	谭世荣	湖北省宜昌市夷陵区科学技术局
100	习德成	湖北省襄阳市科学技术局
101	刘　珩	中国地质大学（武汉）地学科普研究与创作中心
102	陈玉芬	湖北省科学技术协会普及部
103	王　华	湖北省武汉市洪山区科学技术协会
104	戴　飞	湖南广播电视台
105	徐　海	中南大学
106	黄　辉	湖南省益阳市安化县科学技术和工业信息化局
107	肖加其	湖南省湘潭市科学技术局
108	陈　昶	湖南省长沙市科学技术局
109	彭金春	湖南省娄底市科学技术局
110	黄亚萍	广东科学中心科普教育部
111	丛　锋	广东省实验动物监测所
112	许学猛	广东省第二中医院
113	朱伟业	瀚蓝绿电固废处理（佛山）有限公司
114	汤锦洪	广东省清远市清城区大观小学
115	辛世民	深圳市科普教育基地联合会
116	林晓燕	广州市科学技术局产学研结合处
117	李　泉	广西壮族自治区科学技术厅
118	陈正理	广西壮族自治区钦州市科学技术局
119	余奕珠	广西壮族自治区党委宣传部
120	王冬旭	广西壮族自治区防城港市防城区科学技术协会

续表

序号	姓名	所在单位
121	邹裕恒	广西壮族自治区贺州市科学技术协会
122	胡永东	广西壮族自治区生态环境厅
123	李卫平	解放军总医院海南医院
124	黄国道	海南省五指山市科技和工业信息化局
125	范高野	海南无字教育服务管理有限公司
126	王洪坚	海南省海口市海瑞学校
127	莫覃慧	海南省昌江黎族自治县科技和工业信息化局
128	邓文明	海南兴科兴隆热带植物园开发有限公司
129	任海滨	重庆市安全生产调度信息（宣传）中心
130	李向东	重庆市社会科学界联合会社科普及咨询管理部
131	张雪萍	重庆市北碚区科学技术局
132	张启义	重庆科技学院
133	李东林	重庆工程职业技术学院
134	熊　琳	重庆市南山植物园管理处
135	杨　怡	重庆市动物园管理处
136	罗　琳	四川省科技交流中心
137	苏勇林	四川大学华西医学展览馆
138	黎开成	四川省阿坝藏族羌族自治州科技交流普及中心
139	毕　圆	四川广播电视台
140	郑　俊	四川省科学技术协会
141	杨绍林	四川省甘孜藏族自治州科学技术协会
142	张安国	贵州省铜仁市思南县教育局
143	黄绍发	贵州省黔南布依族苗族自治州科学技术局
144	隋常玲	遵义师范学院
145	耿　坤	贵州省贵阳市植保植检站
146	张琳莉	贵州省黔西南布依族苗族自治州兴义市科学技术协会
147	黄　莎	贵州省遵义市汇川区科学技术局
148	武　卫	云南省科学技术情报研究院
149	罗朝新	云南省科学技术协会科普部
150	周忠明	中共云南省委宣传部宣传教育处
151	李维薇	中国科学院昆明动物研究所
152	谢建平	云南省科学技术厅科技宣传教育中心
153	解玉红	石林石得利地质科技有限公司
154	次　旺	西藏自治区科学技术厅政策法规处
155	央金措姆	西藏自然科学博物馆
156	巴桑旺堆	西藏自治区农牧科学院畜牧兽医研究所
157	高　飞	西藏大学科学技术协会

续表

序号	姓名	所在单位
158	贡桑曲珍	西藏自治区疾病预防控制中心
159	李联平	西藏自治区林芝市科学技术协会
160	雷振民	陕西省渭南市科学技术协会
161	刘海燕	西安交通大学第二附属医院
162	张　梅	陕西日报社
163	刘建妮	西北大学
164	任　忞	陕西省科技资源统筹中心
165	王　伟	西安中科创星科学传播发展有限责任公司
166	王　扬	甘肃省科学技术厅
167	杜　英	甘肃省科学技术情报研究所
168	李　洁	甘肃省生产力促进中心
169	赵金惠	甘肃科技馆
170	张国森	甘肃省酒泉市肃州区蔬菜技术服务中心
171	徐国宏	甘肃省张掖市甘州区科学技术局
172	朱筱轩	宁夏回族自治区广播电视台
173	姜　璐	宁夏日报报业集团
174	石虹媛	宁夏回族自治区科学技术厅
175	张振斌	宁夏回族自治区银川市科学技术局
176	马　艳	宁夏回族自治区科学技术协会
177	吴志东	宁夏回族自治区吴忠市青铜峡市科学技术协会
178	马国珍	青海省西宁市科学技术局
179	翟　咏	青海省科学技术馆
180	杜中平	青海省农林科学院
181	马青山	青海省黄南藏族自治州草原工作站
182	马玉光	青海省海东市平安区科学技术协会
183	田德宁	青海省海东市互助土族自治县科学技术协会
184	阿娜尔古丽·达吾提	新疆维吾尔自治区阿克苏地区拜城县米吉克乡农业发展服务中心
185	周蔚红	新疆维吾尔自治区和田思成生产力促进中心有限公司
186	依米尔·艾乃斯	新疆维吾尔自治区喀什地区植物保护检疫站
187	徐启生	新疆维吾尔自治区克州生产力促进中心（有限公司）
188	刘宝龙	新疆维吾尔自治区克拉玛依市独山子区第一小学
189	努尔玛依·加马力	新疆维吾尔自治区吐鲁番市高昌区林果业技术推广服务中心
190	武　刚	新疆生产建设兵团第一师农科所
191	杨建伟	新疆生产建设兵团第六师五家渠第三中学
192	赵新芳	石河子大学医学院第一附属医院
193	张桂青	石河子大学医学院第一附属医院
194	祁成年	塔里木大学

续表

序号	姓名	所在单位
195	姜继元	新疆农垦科学院林园研究所
196	方永来	中央组织部党员教育中心
197	何效梅	中央组织部机关事务管理局机关服务中心门诊部
198	栾　勇	中央组织部公务员三局一处
199	倪　默	中央宣传部新闻局文化新闻处
200	杨震林	中央宣传部出版局期刊处
201	邓　杨	中央宣传部宣教局办公室
202	孙自法	中国新闻社政文部
203	任中保	国家发展改革委创新和高技术发展司创新能力处
204	高万林	中国农业大学
205	赵序茅	兰州大学
206	胡熳华	中国农村技术开发中心
207	张佳星	科技日报社
208	刘　娅	中国科学技术信息研究所
209	张姗姗	工业和信息化部科技司综合处
210	王晓峰	北京航空航天大学科学技术协会
211	安　燕	国家民委教育科技司
212	韩晓乐	中南民族大学化学与材料科学学院
213	赵　丰	公安部科技信息化局科技人才培训处
214	张　峰	深圳出入境边防检查总站信息科技处
215	杨洁萌	国家康复辅具研究中心
216	王英明	司法部立法三局二处
217	张晓华	财政部科教和文化司科技二处
218	杨　奕	人力资源和社会保障部职业能力建设司
219	林京耀	中国人力资源和社会保障出版集团有限公司
220	李　瑾	自然资源部宣传教育中心
221	周　艳	中国地质博物馆
222	李　晨	生态环境部环境工程评估中心
223	卢佳新	中国环境科学学会
224	胡文娜	中国城市规划设计研究院
225	任海静	住房和城乡建设部科技与产业化发展中心
226	翟　墨	中国航海学会
227	韩亚楠	人民交通出版社股份有限公司
228	张笑蕾	黄河水利委员会黄河博物馆
229	邵自平	水利部宣传教育中心
230	廖丹凤	中国农学会科普处
231	余晓洁	中国国家博物馆新闻传播处

续表

序号	姓名	所在单位
232	张　晴	中国艺术科技研究所
233	陈国永	中国健康教育中心
234	崔玉琳	国家卫生健康委员会宣传司健康促进处
235	徐　雷	中国银联支付学院
236	张伟宁	人民银行广州分行科技处
237	闫　姝	中华人民共和国审计署办公厅
238	周　强	南京海关隶属张家港海关
239	陆　敏	广州海关隶属广州白云机场海关综合技术服务中心
240	段志伟	国家税务总局政策法规司税制改革处
241	李海波	国家税务总局湖南省税务局纪检组、驻汝城县三合瑶族村帮扶工作队
242	周　宇	浙江省特种设备科学研究院科普宣传办
243	丁　宁	中国质量标准出版传媒有限公司
244	王铁英	国家广播电视总局二〇二四台
245	李　忆	中央广播电视总台社教节目中心科教频道
246	王富百慧	国家体育总局体育科学研究所
247	王全军	应急管理部消防救援局宣传处
248	张　英	应急管理部宣传教育中心安全文化研究所
249	林　梅	国家统计局社科文司创新调查处
250	唐红英	国家林业和草原局科学技术司推广处
251	王亚玲	国家知识产权局专利局专利文献部知识产权图书馆
252	陈　芳	新华通讯社国内部科技采访室
253	林　群	中国科学院数学与系统科学研究院
254	王　英	中国科学院计算机网络信息中心
255	叶　昀	中国科学院武汉分院
256	仇子龙	中国科学院脑科学与智能技术卓越创新中心
257	张冬梅	中国科学院自动化研究所
258	孙丽文	中国社会科学院科研局项目管理处
259	曲　哲	中国地震局工程力学研究所
260	刘　波	中国气象局气象宣传与科普中心
261	范秀平	山西省气象信息中心
262	尚金锁	河北柏乡国家粮食储备库
263	冯　波	国家能源局能源节约和科技装备司科技处
264	王进军	国防科工局系统工程二司
265	田　冰	中国船舶工业综合技术经济研究院
266	魏庆朝	北京交通大学
267	白　伟	中国民航科普基金会
268	夏志向	国家邮政局政策法规司

续表

序号	姓名	所在单位
269	李　巍	中国文物信息咨询中心影视部
270	施　阳	中国药学会科技开发中心
271	王　庆	国家中医药管理局科技司综合处
272	华　蓉	中华全国供销合作总社昆明食用菌研究所
273	罗朝立	国务院扶贫办中国扶贫发展中心
274	张祥锋	中国人民解放军 95829 部队
275	李晓亮	军委训练管理部职业教育局
276	肖　红	军事科学院系统工程研究院
277	刘东锋	中国人民解放军 63936 部队
278	葛立德	国防大学军事管理学院
279	郭岩松	中国人民武装警察部队警官学院科研学术处
280	李作虎	中国卫星导航系统管理办公室
281	蔡明华	福建省总工会
282	赵晨羽	中国工人出版社编辑室
283	李雪梅	共青团中央统战部青联界别工作处
284	应　莹	中国妇女出版社有限公司图书数字出版中心
285	李丹莉	新疆维吾尔自治区文学艺术界联合会《新疆艺术》杂志社
286	李元潮	中国科学技术馆
287	任　磊	中国科普研究所
288	蔡永健	中国科协青少年科技中心

人力资源和社会保障部　中国科协　科技部 国务院国资委关于评选第二届全国创新争先奖的通知

人社部函〔2020〕27 号

各省、自治区、直辖市及新疆生产建设兵团人力资源和社会保障厅（局）、科协、科技厅（委、局）、国资委，有关中央和国家机关人事人才司（局），中央军委政治工作部干部局，中国科协所属全国学会、协会、研究会和各全国学会联合体：

为团结引领广大科技工作者在建设世界科技强国进程中创新争先，宣传表彰积极投身创新争先行动，在基础研究和前沿探索、重大装备和工程攻关、成果转化和创新创业、社会服务方面成绩突出、贡献卓著、在国内外产生重大影响的优秀科技工作者，人力资源和社会保障部、中国科协、科技部、国务院国资委共同开展评选第二届全国创新争先奖工作。现就有关事项通知如下。

一、表彰名额

1. 先进个人 300 名，奖励在工作一线作出突出贡献的优秀科技工作者，颁发全国创新争先奖状，对其中 30 名作出重大贡献的科技工作者颁发全国创新争先奖章。

2. 先进集体 10 个，奖励科技工作者团队，颁发全国创新争先奖牌。

二、评选条件

1. 拥护党的路线、方针、政策，思想政治坚定，坚决维护习近平总书记党中央的核心、全党的核心地位，坚决维护党中央权威和集中统一领导，热爱祖国，作风廉洁，遵纪守法，具有良好学风，恪守科学道德。

2. 科技工作者或团队应于三年内在以下任一方面取得突出成绩：

（1）疫情防控。在应对新冠肺炎疫情中投身防控一线或在科研、物资生产方面作出突出贡献、具有典型学习宣传事迹的科技工作者优秀代表。

（2）脱贫攻坚。在脱贫攻坚工作中深入基层一线、为地方经济社会发展和科技扶贫作出重大贡献、具有典型先进事迹的科技工作者优秀代表。

（3）基础研究和前沿探索。面向世界科技前沿，取得重大原创性科学发现，提出或解决重大科学问题，开辟新方向，探索无人区，实现前沿领域领跑或突破。

（4）重大装备和工程攻关。面向国家重大需求，引领完成重大工程和装备研发，突破关键核心技术，为应对经济社会发展瓶颈制约、国家安全挑战等取得新成果和作出新贡献；长期服务在生产服务一线岗位，具有高超技艺技能的学习型、创新型的人才。

（5）成果转化和创新创业。面向经济主战场，推动科学技术成果转化为产品或服务，开发、应用、推广科技成果，形成新技术、新产业、新标准和规模化应用示范等，经济社会生态效益显著；基于科技产品和服务的创新而进行成功的创业活动，具有显著的开拓性和原创性。

（6）社会服务。开展科学普及活动，面向社会公众提供高质量的科技类社会化公共服务产品，产生显著社会效益；围绕经济社会建设、科学技术发展、生态环境保护等开展决策咨询，政策建议对促进发展和有关问题的解决产生显著成效或得到有关部门重视和批示；促进开放合作，在推动国际民间科技交流与合作中作出突出贡献；开展科技志愿服务活动，特色鲜明、群众受益、社会认可，有典型学习宣传事迹。

上述工作应当主要在国内完成。

3. 获奖科技工作者应为中国籍，表彰的先进个人一般为在职；团队成员 70% 以上应为中国籍，其中团队负责人必须为中国籍。

4. 已获得往届全国创新争先奖个人奖（奖状或奖章）的个人不纳入本届全国创新争先奖个人奖的候选人范围。

三、推荐渠道和名额

（一）中央和国家机关推荐

1. 教育部、工业和信息化部、农业农村部、国家卫生健康委、国务院国资委、国务院扶贫办、中国科学院、中国工程院、国家国防科工局、国家自然科学基金委员会可分别推荐个人奖候选人 20 名、奖牌候选团队 3 个。

2. 军队系统候选人和候选团队由中央军委政治工作部统一推荐，不得从其他渠道推荐；中央军委政治工作部可推荐个人奖候选人 40 名、奖牌候选团队 6 个。

3. 其他有关中央和国家机关可分别推荐个人奖候选人 5 名、奖牌候选团队 1 个。

（二）地方推荐

各省、自治区、直辖市及新疆生产建设兵团科协组织开展推荐工作，在征求人力资源和社会保障厅（局）、科技厅（委、局）、国资委意见后，推荐本地区个人奖候选人 10 名、奖牌候选团队 2 个。

香港、澳门特别行政区有关机构可推荐本地区的个人奖候选人 10 名、奖牌候选团队 2 个，提交前需报经中联办审核。

（三）学术团体推荐

各中国科协所属全国学会可推荐个人奖候选人 5 名、奖牌候选团队 1 个。各中国科协学会联合体可推荐个人奖候选人 10 名、奖牌候选团队 2 个。

所有个人奖候选人和奖牌候选团队均应通过上述推荐渠道产生。

四、推荐工作程序

1. 制定工作方案。各推荐渠道根据本通知要求，结合工作实际研究制定工作方案，明确组织领导，规范工作程序，开展推荐工作。

2. 产生拟推荐对象。拟推荐对象所在单位在充分发扬民主、广泛征求意见基础上，经过民主推荐、专家评议、领导班子集体研究决定，提出拟推荐对象并公示。

3. 审核与评审。各推荐渠道要对拟推荐对象所在单位工作规范性和相关推荐材料进行审核，通过相关民主程序产生推荐对象并公示。

4. 上报。各推荐渠道向全国创新争先奖评选奖励委员会办公室报送推荐材料，办公室审查通过后组织评审，差额产生获奖者并公示。

五、推荐工作要求

1. 坚持公平、公正、公开的原则，坚持高标准、严要求，把科研生产一线真正爱国奉献、政治表现好、成就突出、贡献卓著、在国内外产生重大影响的优秀的科技工作者和团队推荐出来，宁缺毋滥。

2. 各推荐渠道应充分发挥优势，扩大人才发现和举荐视野，着重举荐在疫情防控和脱贫攻坚中作出突出贡献、具有典型学习宣传事迹的优秀科技工作者代表；着重举荐高校、科研院所、企业、国防领域基层一线科技工作者优秀代表；着重发现优秀的青年科技工作者和非公有制企业科技工作者。

3. 推荐材料要真实、准确、规范，成绩和贡献要重点突出、言简意赅，避免面面俱到、空话套话。公示期内，如有书面、实名投诉，应及时处理，并明确提出是否继续推荐的意见。

4. 坚持面向基层和工作一线，不推荐副司局级或者相当于副司局级（含）以上的单位和个人，不推荐县级以上党委、政府，处级干部人选比例不超过20%。在事业单位担任领导职务、具有副高级以上专业技术职务、长年坚持在教学或科研一线并作出特殊贡献的专家和学术带头人，可以按科研人员推荐。

5. 严肃评选纪律，加强监督检查。要严格纪律、加强监管，认真处理群众举报，杜绝暗箱操作。对于伪造成绩、贡献、材料骗取荣誉的行为，经查实后撤销其评选资格。对于推荐工作中徇私舞弊、严重渎职的，经查证后取消推荐渠道参加下一届评选推荐的资格。对于已获奖的先进集体、先进个人，如发生违纪违法等行为，将撤销其所获奖项并收回奖章、奖状、奖牌、证书，终止其享受的相关待遇。

6. 全国创新争先奖的奖章（奖状、奖牌）所有拟获奖人选和团队确定后，拟获奖人选须按干部管理权限征求干部管理、纪检监察部门意见，统一征求省级公安部门意见；拟获奖人选或团队负责人为企业负责人的，还需按照《企业负责人征求意见表》征求有关部门意见；相关征求意见工作由推荐渠道或有关单位统一组织，不得由拟获奖对象个人或团队自行办理。

7. 推荐材料涉及国家秘密的，应经过保密审查，并严格按有关保密规定办理。基础研究和前沿探索、重大装备和工程攻关两个领域的候选人和候选团队可提交涉密（不超过机密级）材料；涉密推荐材料以符合保密管理要求的方式单独报送。其他领域（疫情防控、脱贫攻坚、成果转化和创新创业、社会服务）的候选人和候选团队提交的材料不得涉密。

六、推荐材料报送要求

对于非涉密和涉密的推荐材料，各推荐渠道和申报单位应严格区分，进行管理、审核和报送。

（一）电子材料报送要求

对于非涉密推荐，请各推荐渠道根据分配的用户名和密码登录全国创新争先奖推荐及评审管理系统（http://qwyc.cast.org.cn/），填报《全国创新争先奖推荐渠道工作机构成员名单》，并根据要求组织候选人和候选团队登录后填报电子材料，其中包括《全国创新争先奖推荐书（推荐科技工作者个人用）》《全国创新争先奖推荐书（推荐科技工作者团队用）》和有关附件等材料。推荐单位用户名、密码，候选人和候选团队注册密码另行发送。4 月 26 日前，各推荐渠道应通过推荐系统上传提交非涉密推荐的电子版材料，提交后不能更改。

对于涉密推荐，电子版材料包括《全国创新争先奖推荐书（推荐科技工作者个人用）》或《全国创新争先奖推荐书（推荐科技工作者团队用）》、有关支撑材料和推荐情况报告电子版。涉密推荐的电子版材料以附件形式使用涉密存储介质，与书面材料一起于 4 月 28 日前以符合保密管理要求的方式报送指定接收单位。

（二）书面材料报送要求

非涉密推荐的候选人和候选团队的电子版申报材料提交成功后，使用全国创新争先奖推荐及评审管理系统打印书面材料。涉密推荐的书面材料（包括申报表和有关支撑材料）须以符合保密管理要求的方式打印。书面材料须与电子版材料保持一致。

1. 推荐工作报告，包括：

（1）推荐工作情况（推荐工作组织情况、推荐过程、推荐对象公示情况、推荐意见等）。

（2）《全国创新争先奖候选人汇总表》《全国创新争先奖候选团队汇总表》《全国创新争先奖推荐渠道工作机构成员名单》。

（3）推荐渠道公示材料。

推荐工作报告须加盖推荐渠道公章，其中，中央和国家机关推荐的，加盖有关司局公章；地方推荐的，加盖省级科协公章；学术团体推荐的，加盖学术团体公章。

（注：既有非涉密推荐又有涉密推荐的渠道，须出具非涉密推荐和涉密推荐两份推荐情况报告。）

2. 推荐对象材料，包括：

（1）《全国创新争先奖推荐书》纸制版一式 8 份，其中原件 5 份、复印件 3 份。

（2）附件材料 1 套并装订成册，其中候选人根据《全国创新争先奖推荐书》"重要成果列表"栏提交相应证明材料，候选团队提交"主要成绩和贡献"栏涉及内容的相关证明材料。

（3）《全国创新争先奖获奖人选征求意见表》一

式4份。

（4）《企业负责人征求意见表》一式4份。

（5）推荐对象所在单位公示材料1份。

（6）非涉密推荐的，提供推荐材料非涉密证明（保密审查部门或所在单位签章）1份；涉密推荐的，须注明密级并提供推荐材料保密审查证明1份。

（三）书面材料报送时间和方式

对于非涉密推荐，请以快递方式将候选人和候选团队的书面材料邮寄至中国科协培训和人才服务中心，应严格按照邮寄地址信息填写，时间以当地邮戳为准，须于4月28日前寄出，逾期无效，材料不接收现场报送。

对于涉密推荐，请推荐单位于2020年4月28日前将候选人和候选团队的书面材料和电子版材料（以附件形式使用涉密存储介质），按有关保密要求现场报送或通过机要交通邮寄至指定接收单位，现场报送接收时间为4月20—24日及4月26—28日8:30—16:30，通过机要交通邮寄的须确保4月28日前寄达。

除上述方式外，其他方式报送的材料原则上不予接收，因疫情防控形势造成的特殊情况除外。因推荐单位报送材料方式不符合要求造成报送材料逾期的，责任由推荐单位承担。谢绝候选人本人或候选团队成员本人报送材料。

七、奖励方式

人力资源和社会保障部、中国科协、科技部、国务院国资委联合印发表彰决定，对获奖个人和团队颁发证书、奖章（奖状、奖牌），并对获奖个人按有关规定发放奖金，其中全国创新争先奖章获得者享受省部级表彰奖励获得者待遇。

八、组织领导

人力资源和社会保障部、中国科协、科技部、国务院国资委联合成立全国创新争先奖评选奖励委员会，负责全国创新争先奖评选表彰工作的组织领导。评选奖励委员会下设办公室，负责评选表彰日常工作，办公室设在中国科协组织人事部。

各推荐渠道要高度重视，加强组织领导，建立工作机构，高质量完成全国创新争先奖推荐工作。

九、联系方式（略）

附件1：全国创新争先奖推荐书（推荐科技工作者个人用）（略）

附件2：全国创新争先奖推荐书（推荐科技工作者团队用）（略）

附件3：全国创新争先奖获奖人选征求意见表（略）

附件4：企业负责人征求意见表（略）

附件5：全国创新争先奖候选人汇总表（略）

附件6：全国创新争先奖候选团队汇总表（略）

附件7：全国创新争先奖推荐渠道工作机构人员名单（略）

人力资源和社会保障部　中国科协
科技部　国务院国资委
2020年4月13日

中国科协　中央宣传部　科技部　国家卫生健康委　应急管理部关于进一步加强突发事件应急科普宣教工作的意见

科协发普字〔2020〕22号

各省、自治区、直辖市科协、党委宣传部、科技厅（局）、卫生健康委、应急管理厅（局），新疆生产建设兵团科协、党委宣传部、科技局、卫生健康委、应急管理局，各有关机构：

为深入学习贯彻习近平新时代中国特色社会主义思想和党的十九大精神，落实《中华人民共和国突发事件应对法》《中华人民共和国科学技术普及法》有关要求，推进实施《“健康中国2030”规划纲要》《全民科学素质行动计划纲要》，不断增强社会公众关于公共卫生、自然灾害、事故灾难等突发事件的应急意识和应对能力，最大限度地预防和减少突发事件造成的损害，更好地服务和保障经济社会发展，现就进一步加强突发事件应急科普宣教工作提出如下意见。

一、背景意义

党和国家历来高度重视应急科普宣教工作。2005年，国务院办公厅印发《应急管理科普宣教工作总体实施方案》（国办函〔2005〕90号），有力指导各地各部门将应急防护知识普及到公众、落实到基层。《中华人民共和国突发事件应对法》《“健康中国2030”规划纲要》等政策规定制度相继明确，县级以下人民政府应当组织开展应急知识的宣传普及活动和必要的应急演练，要完善突发事件卫生应急体系。

自新冠肺炎疫情发生以来，在以习近平同志为核心的党中央坚强领导下，经过全国上下艰苦努力，湖北保卫战、武汉保卫战取得决定性成果，防控工作已从应急状态转为常态化。各地各有关部门积极开展应急科普宣教工作，引导公众科学应对疫情、缓解心理压力，在助力打赢疫情防控整体战等方面发挥了重要作用。但也应看到，应急科普宣教工作依然存在不足，跨部门间制度化联动机制有待完善，网络信息冗余且权威发声不足，资源有效整合和精准传播不够，社会力量和市场机制作用尚未得到充分发挥。

当前，我国正处在全面建成小康社会、实现“两个一百年”目标的关键时期，进一步加强突发事件应急科普宣教工作，提升全民科学素质以及公众应对突发事件的处置能力、心理素质和应急素养，对于抓紧抓实抓细常态化疫情防控，实现主动防灾、科学避灾、有效减灾具有重要意义。

二、总体要求

（一）指导思想

以习近平新时代中国特色社会主义思想为指导，全面贯彻党的十九大和十九届二中、三中、四中全会精神，认真落实党中央、国务院有关决策部署，坚持以人民为中心的发展思想，以提升公众科学素质为主线，倡导健康文明科学的生活方式，深入开展公共卫生、自然灾害、事故灾难等突发事件应急科普宣教工作，积极回应公众关切、正确引导社会舆论，努力形成全民动员、平战结合、以防为主、防治抗救相促进的生动局面，为实现“两个一百年”奋斗目标和中华民族伟大复兴的中国梦提供坚实基础。

（二）基本原则

政府主导、社会参与。坚持各级政府的工作主导地位，地方政府就近指挥，发挥主体作用、承担主体责任，根据实际情况及时处理并统筹开展应急科普宣教工作。充分发挥人民团体、专业机构、新闻媒体的重要作用，加强政府与社会力量、市场机制的协同配合，形成工作合力。

平战结合、协同联动。坚持日常科普与应急宣传相统一、经常性宣传教育与集中式宣传教育相统一。在常态化条件下建立部门定期会商制度，加强科普议题设置；在突发事件状态下密切跨部门协作，及时开展应急科普宣教工作，做好政策解读、知识普及和舆情引导等工作。

预防为主、共建共享。坚持早宣传、早发现、早干预，将预防贯穿突发事件管理全过程，推动应急服务供给侧结构性改革。共建共享应急科普内容资源，协同打造资源平台和发声平台，加大基层和偏远地区扶持力度，通过立体化传播和精准化服务，让成果惠及最广大群众。

三、主要任务

（一）建立健全应急科普联动协调机制

按照突发事件不同类型，协调推进部门间应急科普宣教工作。一旦发生突发事件，根据不同响应等级，政府相关主管部门通过官方主渠道首先发声，其他机构和媒体平台协同跟进，做好政策解读和知识普及，形成统一发声、联合行动、快速反应的动态机制。宣传部门负责指导协调宣传工作、新闻单位工作；科技部门负责突发事件科研攻关的权威发布；卫生健康部门负责公共卫生应急科普的牵头协调、联动实施和权威发布；应急管理部门及相关议事机构负责自然灾害、事故灾难等应急科普的牵头协调、联动实施和权威发布；科协组织负责联系专家生产精细化科普内容，利用自身平台、组织体系做好资源汇聚和协同传播。

（二）共建国家级应急科普宣教平台

结合健康中国战略、国家应急总体预案和规划，各部门分工负责，集聚资源和渠道推动建设国家级应急科普宣教平台，做好权威发布、专家咨询、线上传播、线下服务、专题宣传等相关工作。科技部和中国科协将建立突发事件科研攻关科普专家库和资源库。国家卫生健康委和中国科协将建立健康科普专家库和资源库，为健康中国平台提供科普内容。应急管理部和中国科协将建立完善应急科普专家库和资源库，协同打造应急管理部官网科普频道和中国应急信息网科普馆。

（三）加强应急科普内容资源建设

贴近实际、贴近生活、贴近群众，大力推进应急科普信息化建设，支持科普中国和科学辟谣等平台升级，针对不同人群开发储备科普内容资源。开展突发事件应急预案和应急机制、体制和法制的科学解读。编制印发社区和家庭应急科普手册，组织开展应急科普作品比赛和推介等活动。完善应急科普产品市场化机制，推动社会力量参与开发与制作，在全国范围内形成一批专业化生产机构。

（四）开展应急科普主题宣教活动

在日常科普中融入应急理念和知识，利用全国防灾减灾日、全国科普日、科技活动周、文化科技卫生“三下乡”、全国安全生产月、119 消防宣传月等时间节点，积极开展知识宣讲、技能培训、案例解读、应急演练等多种形式的应急科普宣教活动。重点关注偏远落后和灾害多发地区，提高应对突发事件能力，防止因灾返贫。完善应急科普基础设施，推动建设应急科普宣教场馆，推动科技场馆、教育基地、灾害事故遗址等阵地设施设立应急科普宣教专区。全面推进应急科普知识进企业、进农村、进社区、进学校、进家庭。

（五）强化媒体沟通协调

宣传部门统筹协调各类传统媒体和新媒体，特别是主流新闻媒体和主流网络媒体，会同相关部门共同推动建立应急科普宣教媒体绿色通道。无偿开展突发事件预防与应急、自救互救等方面的公益宣传，充分解读应急预案的主要内容和处置规程。加强舆情跟踪和研究，积极回应和解读热点问题，加强应急科普内容科学性把关，针对谣言快速发声，采用科普方式将相关信息开诚布公，赢得群众信任和理解，营造有利舆论氛围。

四、保障措施

（一）加强组织领导

强化政治引领，积极争取党委政府的领导和支持，正确认识突发事件应急科普宣教工作的极端重要性。各级科协要会同宣传、科技、卫生健康、应急管理等部门，结合本地区实际，牵头制定相应的工作计划和应急科普响应机制，纳入各级突发事件应急工作整体规划和协调机制。

（二）完善制度保障

认真贯彻实施《中华人民共和国突发事件应对法》《传染病防治法》《中华人民共和国科学技术普及法》等法律法规，切实加大执法力度，加强应急科普宣教的配套制度建设，加大应急科普项目支持力度。探索建立工作目标管理和效果评价机制，对在工作中涌现的优秀组织和个人予以激励表扬。全面弘扬科学家精神和志愿精神，引导科技工作者开展应急科普研究和传播，推动建立发声容错机制，让科技工作者愿说、敢说、乐说。

（三）强化队伍建设

推动应急科普纳入全民素质教育体系，推进应急管理相关学科建设和人才培养。建立国家级应急科普专家委员会，推动形成各级各类专家队伍。提升各级领导干部处置决策能力，提高专职人员和相关媒体人员的业务素质，加强高危行业从业人员的应急科普培训。依托社区管理力量、志愿者等，强化基层救援力量、基层卫生员、灾害信息员、科普中国信息员等队伍建设。

中国科协　中央宣传部

科技部　国家卫生健康委　应急管理部

2020 年 9 月 18 日

中国科协　民政部印发《关于进一步推动中国科协学会创新发展的意见》的通知

科协发学字〔2020〕31 号

中国科协所属全国学会、协会、研究会：

现将《关于进一步推动中国科协学会创新发展的意见》印发给你们。请结合实际，认真组织实施。

中国科协　民政部

2020 年 11 月 26 日

关于进一步推动中国科协学会创新发展的意见

为认真贯彻习近平新时代中国特色社会主义思想，全面落实党的十九大和十九届二中、三中、四中、五中全会精神，以及党中央关于群团改革和社会组织发展的重要决策部署，现就进一步推动中国科学技术协会（以下简称中国科协）所属全国学会、协会、研究会（以下简称学会）创新发展提出如下意见。

一、重要意义和总体要求

学会是党和政府团结联系广大科技工作者的桥梁纽带，是国家创新体系的重要组成部分，是建设科技强国的重要力量。近年来，学会改革发展取得显著成效，在团结凝聚科技工作者促进科技创新、助力经济社会发展、深化国际科技合作、优化科技治理等方面发挥了不可替代的重要作用。但还存在吸引力凝聚力不够、科技战略支撑力不强、国际化程度不高等问题，有的学会在自身建设、规范管理等方面仍存在一些短板甚至突出问题。

党的十九届五中全会明确了创新在我国现代化建设全局中的核心地位，要求将科技自立自强作为国家发展的战略支撑，加快建设科技强国。面对新形势新挑战，要从战略和全局高度充分认识推动学会进一步创新发展的重要性和紧迫性，坚持问题导向和方向引领，一手抓积极引导发展，一手抓严格规范管理，构建面向现代化的学会发展新格局，不断促进学会高质量发展。要加强党的全面领导，不断强化政治引领政治吸纳，坚定不移走中国特色科技社团发展之路；要突出更高水平对外开放，深化培育一流学会、一流科技期刊和一流学术品牌，深度融入全球科技治理体系；要提升科技战略支撑能力，持续打造开放型、枢纽型、平台型学术组织，不断提升为科技工作者服务、为创新驱动发展服务、为提高全民科学素质服务、为党和政府科学决策服务的质量和效能；要更紧密地团结广大科技工作者，面向世界科技前沿、面向经济主战场、面向国家重大需求、面向人民生命健康，汇聚科技创新的磅礴力量，不断向科学技术广度和深度进军。

二、强化创新发展导向

参与全球科技治理。支持学会与国际同行“交朋友、结对子”，联合建设国际人才信息库，密切人才双向交流，积极对接国际资源，促进国际科技界开放、信任与合作。支持学会“走出去”，设立对外联系服务机构、境外分支（代表）机构，在境外举办学术会议、开展学术交流，持续向国际科技组织举荐专家、输送职员，设立专项基金为中国科学家发起国际大科学计划、工程等提供稳定支持。支持学会“引进来”，依照有关规定适当发展港澳台会员和外籍会员，探索吸纳港澳台及海外知华友华科学家在学会任职，发起成立国际或区域科技组织，吸引对口国际科技组织总部落户中国，探索推动为国际科技组织总部在华运行设立账户，简化科技工作者代表学会参加境外学术交流的审批程序。

强化学术引领。支持学会强化对科技工作者创新方向的引领，鼓励科技工作者潜心基础性研究、攻克核心关键技术。完善学科发展及趋势研判体系，持续发布前沿热点问题和技术预见成果。支持学会主动围绕国际共同关切发起创新议题，创设国际化高端主场交流品牌，打造服务多元、梯次多级、规模多种、形式多样、具有学科特色的学术活动集群。支持学会创新科技期刊出版模式，吸纳国际顶尖学者和专业出版运营人才加入办刊团队，提高科技期刊的数字化、国际化水平。

促进科技与经济深度融合。以“科创中国”建设为引领，支持学会聚焦关键核心技术攻坚，开展技术成果评价、验证，扩大技术标准研制认证规模，开展专业化技术服务与交易。引导学会聚焦创新链整体效能，畅通与省市合作的资源下沉通道，建设科技服务团队，面向战略区域、产业集群、重点企业提供定制化、组合式专业服务。支持学会探索协同创新模式，建设各类新型协同创新组织，广泛联结高校、科研院所、企业、新型研发机构、技术服务中介等，强化组织赋能，打造技术创新与转移枢纽。

建设专业科技创新智库。支持学会参与“智汇中国”平台建设，突出学科领域特色和组织优势，强化跨领域交流，将学术交流成果有效转化为智库成果，前瞻性提出未来竞争优势的攸关领域和重点布局，为制定科技战略、规划和政策提供依据。围绕国家重大发展战略、现代化产业体系构建、区域和产业协调发展等现实问题，深入调查研究，提供解决方案和可行性建议。以重大项目为纽带，把更多海内外高层次专家学者纳入智库专家队伍。

提升公民科学素质。制定加强新时代学会科普工作的意见，实施全国学会科普能力提升项目，支持学会结合重大科技事件、科研成果、社会热点等开展科普活动，开发优质科普资源，深入乡村、社区开展科技志愿服务。通过教育培训增强科技工作者科普责任意识和服务能力。组织广大科技工作者针对公众普遍关注的生态环境、卫生健康、食品安全等民生问题，及时发声、权威解读。支持学会参与“科普中国”建设，开展应急科普和科学辟谣。

服务科技人才成长。支持学会按照社会力量设立科学技术奖励有关政策，设立具有广泛公信力和国际影响力的科学技术奖项，完善定位准确、特色鲜明的人才、成果、技术奖励体系，严格质量审查和评选程序，严控奖项数量和获奖比例，严禁收取任何费用。推动建立科技奖项动态清单。支持学会完善基于同行评议的学术评价体系，多渠道评价举荐人才，参与国内工程能力认证与国际工程师资格互认，促进创新领军人才、青年科技人才、企业科技人才合作交流。

三、提升治理能力

加强学会党的建设。学会要把加强党的建设、坚持党的全面领导等内容载入章程，自觉将坚持党的领导与依法依章程自治相统一，为党组织开展活动、发挥作用创造条件，确保正确发展方向。完善学会理事会、办事机构、分支机构三层级党组织建设，配强学会党组织书记，推行理事会党委与学会负责人双向进入、交叉任职。学会理事会党委要政治把关学会换届选举工作，前置审议规划计划、大额经费开支、接受大额捐赠、奖项评选和人才举荐等重大事项。学会办事机构党组织要支撑理事会党委日常工作。主动探索学会党建规律方法，积极探索分支机构党建途径，深入实施“党建强会计划”，促进党建和业务工作深度融合。

弘扬科学家精神。学会要以社会主义核心价值观引领科学文化建设，组建科学家宣讲团，建设教育宣传基地，选树宣传优秀科技工作者和创新团队典型，持续开展科学道德和学风建设宣讲，将传承、培育、弘扬科学家精神融入业务活动。要坚守科技共同体价值，提倡负责任的研究，建设诚信自律机构和工作机制，严守科研伦理规范，建立科技工作者学术信用体系，对学术歧视、学术不端行为要及时发声，维护学术界共同利益，营造风清气正的学术环境。

优化内部治理结构。学会要强化章程意识，建立健全会员大会（会员代表大会）、理事会、监事（监事会）、办事机构等制度，完善权力机构、执行机构运行机制，落实民主选举、民主决策和民主管理。要将政治意识强、学术水平高、群众基础好、能引领学会事业发展的业内专家和实务工作者选为主要负责人，推行秘书长全职化履职和专职化聘任，优化学会理事会人员构成，扩大理事会中基层一线和中青年人员比例。推动建立学会从业人员职级评价体系，加强职业化建设，打造运转高效、规范有序的实体化办事机构。

拓展服务覆盖面。学会要突出发展个人会员，完善分级分类的会员体系，强化对青年科技工作者、企业科技工作者、非公领域科技工作者、高校学生等的吸纳与联系。创新数字化、网络化服务方式，建设科技工作者之家，提供多样化、精准化服务。支持学会与地方科协、地方学会加强联系和业务合作，织密和拓展服务网络。围绕国家重大战略需求，支持在前沿新兴交叉等学科领域依法成立科技类社会组织。

四、加强规范管理

规范分支（代表）机构管理。学会应当根据自身管理服务能力和业务活动需要，在章程规定的宗旨和业务范围内，经过内部民主程序依法依规设立分支（代表）机构，避免过多过滥，不得以任何形式变相在分支（代表）机构下再设立分支（代表）机构。要建立健全分支（代表）机构管理制度，切实加强机构日常管理和动态考核，对于问题突出、长期不开展活动、作用发挥不充分的分支（代表）机构要及时调整、清理。

规范开展业务活动。学会开展论坛、研讨会等业务活动应当符合章程规定的宗旨和业务范围，按照相关法规政策规定，切实履行民主决策和备案程序，并加强对各项活动的监督管理。作为“主办单位”“协办单位”等开展业务活动的，要切实履行职责，加强对活动全过程监管，不得以挂名方式参与合作、收取费用，不得强制会员或者参加人员赞助、捐赠、订购有关产品或刊物。学会与境外组织或者个人进行合作，接受境外捐赠，应当遵守有关法律法规和外事管理规定。

规范评比达标表彰活动。学会开展评比达标表彰活动，要严格遵守社会组织评比达标表彰政策规定，符合章程规定的宗旨和业务范围，坚持面向基层、注重实效，坚持非营利原则和公平公正公开原则。未经批准，不得举办或参与举办以行业、学科、学术成果以及专业领域的集体或个人为评选对象的各类评比达标表彰活动，不得与境外组织合作举办评比表彰活动。

五、抓好组织保障

强化统筹协调。中国科协会同民政部等部门建立工作协调机制，加强信息共享，对日常管理中发现的问题定期进行沟通会商，协调有关部门研究解决制约学会创新发展的重大问题。中国科协结合学会管理实际情况，有效落实业务主管单位的管理监督职责。民政部加强对学会登记、年检等日常管理，依法查处学会违法违规行为，对长期不开展活动、违法情节严重的学会进行清理。

完善评价导向。建立完善一流学会评估标准，将学会创新发展成效和规范管理情况作为重要评估指标，引导并支持打造一批世界一流学会，建设一批在学术引领、智库支撑、科学普及、产学融合、国际化发展等业务上具有世界一流水平的学会，做强一批基础研究类学会。

加强教育培训。建立常态化教育培训工作机制，开展学会新任负责人培训、秘书长定期轮训和工作人员业务培训。坚持需求导向，突出培训重点，围绕党的建设、社团管理法律法规、社团运营实务等不断创新培训方式，切实提升学会工作人员业务水平。

中国科协 中央文明办关于组织实施科技志愿服务“智惠行动”的通知

科协发普字〔2020〕10号

各全国学会、协会、研究会，各省、自治区、直辖市、副省级城市科协、文明办，新疆生产建设兵团科协、文明办：

为深入贯彻习近平新时代中国特色社会主义思想，贯彻落实党的十九大和十九届二中、三中、四中全会精神，推动落实《志愿服务条例》（中华人民共和国国务院令第685号）和《科技志愿服务管理办法（试行）》（科协办函普字〔2019〕136号），大力推进科技志愿服务，促进科技志愿服务制度化、规范化、常态化，中国科协与中央文明办在全国范围内广泛开展以科技惠民、科学普及等为主要内容的科技志愿服务“智惠行动”。现将有关事项通知如下。

一、总体思路

（一）指导思想

以习近平新时代中国特色社会主义思想为指导，深入贯彻党的十九大和十九届二中、三中、四中全会精神，以党建带群建、群建促党建为工作主线，以服务人民群众和服务科技工作者为目标导向，充分发挥广大科技工作者和科普工作者在弘扬志愿精神和新时代科学家精神、传播党的创新理论和科学知识、助力经济社会发展中的积极作用，广泛开展科技志愿服务活动，共同打造“智惠行动”服务品牌。

（二）工作目标

着力加强党的领导和思想政治引领，推动科协系统改革向基层延伸，形成各界参与、内容丰富、形式多样、机制健全的科技志愿服务体系，提升基层科协组织能力和基层科技科普服务能力。搭建科技和科普服务基层的供需精准对接平台，广泛动员科技工作者成立专业高效、各具特色的科技志愿服务队伍，面向基层开展丰富多样、满足需求的科技志愿服务活动。通过组织化的志愿服务来拓宽与群众面对面、心贴心的联系沟通渠道，满足广大人民群众对美好生活的科技需求，让党的声音传遍千家万户，有效增强人民群众获得感和幸福感。通过制度化的志愿服务来搭好服务平台和展示舞台，满足广大科技工作者发挥所学所长、履行社会责任和实现自我价值的精神需求。

（三）工作原则

坚持围绕中心、融合共享。全面加强与基层党建相结合，以党委政府的要求、基层党组织的需要、人民群众的需求为工作重心，强化与新时代文明实践中心和党群服务中心的融合共建，打通科技科普服务和群众需求之间的机制隔阂。

坚持深化改革、创新发展。通过组织化科技志愿服务来推动科技科普工作理念、制度、内容、方法、形式的全方位改革创新，着重拓展科技志愿服务领域，探索团结引领科技工作者的动员和组织模式，探索凝聚服务群众需求的精准对接模式，建立高效工作体系，形成有效运行机制。

坚持上下联动、服务基层。力戒官僚主义、形式主义，始终坚持从实践中来、到实践中去，主动联系基层、了解基层、服务基层、指导基层，上下合力、联动下沉，共同以群众需求为根本，做好科技科普供给侧改革。

二、主要任务

（一）整合资源创新推进科技志愿服务

在2019年新时代文明实践中心科技志愿服务试点工作基础上，各级科协和文明办要因地制宜创造条件，全面整合和逐级下沉已有项目资源、活动资源和人才智力资源，创新运行机制和工作模式，创新服务领域和服务手段，创新激励措施和支撑保障，继续壮大省级科技志愿服务总队，督促、指导有条件的市县级科协成立本级科技志愿服务队伍，组织动员广大科技工作者、科协工作人员、科普场馆辅导员、青少年科技辅导员、农业技术人才等注册成为科技志愿者，发挥专业优势参加科技志愿服务。充分利用全国科普日、全国科技工作者日、全国科技活动周、文化科技卫生“三下乡”、学雷锋纪念日、国际志愿者日等重点活动和关键时间节点积极开展科技志愿服务活动。

（二）助力新时代文明实践中心建设

新时代文明实践中心试点县（市、区）科协要按照《关于新时代文明实践志愿服务机制建设的实施方案》（文明办〔2019〕17号）要求，主动对接新时代文明实践中心，在县级志愿服务总队下成立科技志愿服务队伍，组织动员科技工作者特别是基层科协“三长”（学校校长、医院院长、农技站站长等）为代表的广大基层科技工作者注册成为科技志愿者，遴选“三长”担任科技志愿服务队队长、分队长，纳入县级新时代文明实践志愿服务总队体系。依托新时代文明实践中心（所、站）和基层党组织摸清人民群众生产生活需求，开展卫生健康服务、青少年科普、生物安全、应急安全技能培训、实用技术推广、科学辟谣、反伪科学反封建迷信宣传等科技志愿服务活动。

试点县（市、区）所在省、市科协要加强对试点县科技志愿服务工作的指导和支持，将区域内科技馆、流动科技馆、科普大篷车、农村中学科技馆、科普活动室（站）、科普教育（示范）基地、科技竞赛等资源打通盘活，充分支撑试点县科技志愿服务队伍开展工作。

各级文明办要支持试点县（市、区）建立科技志愿服务队伍和开展科技志愿服务活动。

（三）开展学会科技志愿服务基层行

各全国学会和省级学会要充分发挥学会专家人才聚集优势，突出专业化、多领域、多学科融合组织的特色，招募符合条件的学会会员组建科技志愿服务队伍。学会科技志愿服务队伍要重点为边远贫困地区、边疆民族地区和革命老区提供科技培训、科普讲座、技术指导等多层次、多模式、重实效的科技志愿服务，努力推动优质科技资源向老少边贫等困难地区倾斜，推进科技科普基本公共服务均等化，助力实现决胜全面建成小康社会、决战决胜脱贫攻坚目标任务。

（四）推荐选树科技志愿服务“四个十佳”

中国科协将选树科技志愿服务“四个十佳”，包括十佳科技志愿者、十佳科技志愿服务队、十佳科技志愿服务项目和十佳科技志愿服务点（社区或村），以选树典型促工作开展。各级学会、科协要积极发掘推荐“四个十佳”典型人物和典型案例，以此带动全社会各方力量支持参与科技志愿服务。

三、有关要求

（一）强化组织领导

各级学会、科协和文明办要高度重视，把科技志愿服务作为传播党的创新理论、服务基层科技科普需求、提升群众科学文化素质的重要抓手，进一步建立健全科技志愿服务工作机制、活动运行长效机制、嘉许激励机制。动员组织科技志愿者、科技志愿服务队通过“科技志愿服务信息平台”（http://www.stvs.org.cn）注册。要严格落实意识形态工作责任制，坚持“谁主管谁负责”“谁主办谁负责”和属地管理的原则，严格把关科技志愿服务内容。

（二）加强资金支持

中国科协安排科技志愿服务专项资金，重点支持各全国学会和省级学会、各级科协开展科技志愿服务工作。各地科协要将中央转移支付的基层科普行动计划、科技馆免费开放和本级科普经费向科技志愿服务工作倾斜，并结合工作实际，积极争取地方财政资金支持，为当地科技志愿服务队伍开展科技志愿服务活动提供必要的场地、后勤、人身保险等工作经费保障。

（三）加强项目支持

中国科协组织实施“智惠行动”项目，分为整合资源创新推进科技志愿服务、助力新时代文明实践中心建设、学会科技志愿服务基层行三个子项目（2020年“智惠行动”项目申报指南、项目申报书等请登录“科技志愿服务信息平台”下载）。各级科协要根据实际情况，策划实施本地区科技志愿服务“智惠行动”项目，引导社会各方面有序参与，重点支持新时代文明实践中心试点县（市、区），提升科技志愿服务水平，推动科技志愿服务常态化。

（四）加大宣传力度

各级学会、科协和文明办要注重发挥典型示范作用，广泛宣传深受群众欢迎的科技志愿服务项目、站点、团队和个人，展现科技志愿服务工作成果，增强科技志愿服务在社会上尤其是科技界中的影响力。

（五）维护合法权益

各级学会、科协和有关社会团体等在组织开展科技志愿服务活动时，要为科技志愿者提供必要的工作条件，依法依规保障好科技志愿者的合法权益，制定科技志愿服务活动安全预案，防止意外事件发生。

（六）落实工作责任

各级学会、科协要强化责任，担当实干，注重实效，组织做好中国科协“智惠行动”项目申报工作，引导本领域、本地域科技志愿服务工作良性发展。各全国学会、省级科协于2020年11月10日前将本年度科技志愿服务工作总结报送中国科协农技中心。

四、联系方式（略）

中国科协　中央文明办
2020年5月19日

国家电影局、中国科协印发《关于促进科幻电影发展的若干意见》

国家电影局、中国科协印发《关于促进科幻电影发展的若干意见》(以下简称《若干意见》),提出将科幻电影打造成为电影高质量发展的重要增长点和新动能,把创作优秀电影作为中心环节,推动我国由电影大国向电影强国迈进。《若干意见》提出了对科幻电影创作生产、发行放映、特效技术、人才培养等加强扶持引导的10条政策措施,被称为“科幻十条”。

《若干意见》强调,要深入学习贯彻习近平新时代中国特色社会主义思想和习近平总书记关于电影工作的重要指示批示精神,坚持科幻电影发展正确方向,树立以人民为中心的创作导向,坚持培根铸魂、彰显中国价值、传承中华美学,植根当代中国创新创造,把握科技前沿、传播科学思想、弘扬科学家精神,推动科学精神和人文精神融合,努力打造思想精深、艺术精湛、制作精良的中国科幻电影。

《若干意见》要求,要加大对科幻电影剧本的培育力度,鼓励扶持原创,促进科幻文学、动漫、游戏等资源转化,丰富科幻电影内容创新源头,推动建立多层次多样化可持续的科幻电影剧本供给体系。支持在夏衍杯优秀电影剧本征集、扶持青年优秀电影剧作计划、电影剧本孵化计划等工作中设立科幻类别。鼓励有关电影节设立科幻电影单元等。

《若干意见》提出,鼓励组建全国科幻科普电影放映联盟,支持各级科技馆、科学馆、工业博物馆、青少年宫、文化主题公园等加盟,推进资源共享,丰富片源供给,支持加入全国电影票务综合信息管理系统。

《若干意见》要求,要以科幻电影特效技术发展引领带动电影特效水平整体提升。鼓励研发具有自主知识产权的电影特效底层核心技术和平台工具,支持电影数字内容加工处理和数字版权保护等领域的关键技术研发和产业化,支持国产高精尖电影装备的研发生产和推广应用,建立完善电影特效技术标准体系。引导符合条件的从事电影特效技术的企业申请国家高新技术企业、技术先进型服务企业认定,进一步落实国家鼓励软件和集成电路产业发展的政策。结合扩大和升级信息消费工作,推动丰富数字创意内容和服务,加快文化资源的数字化进程,将电影数字特效内容加工处理纳入新型信息消费示范项目重点支持领域。鼓励多层次开展技术、标准、检测认证等方面的国际交流与合作。

《若干意见》强调,要落实财税支持政策。鼓励科幻电影相关企业入驻文化产业园区(基地)、国家文化和科技融合示范基地、国家文化出口基地、国家高新技术产业开发区、国家高新技术产业化基地、自由贸易试验区、海关特殊监管区域等,享受场租等优惠政策。

《若干意见》提出,鼓励金融机构探索适合科幻电影特点的信贷产品和贷款模式,开展供应链融资、银团贷款等业务。鼓励保险机构创新开展科幻电影知识产权侵权责任保险、团体意外伤害保险、特定演职人员人身意外伤害保险等业务。鼓励融资担保机构通过多种方式为科幻电影提供融资担保服务。

《若干意见》强调,要加强科幻电影人才培养,推动文化名家暨“四个一批”人才、宣传思想文化青年英才、中国青年电影导演扶持计划、中国电影新力量论坛等向科幻电影人才倾斜。鼓励高校结合自身优势,加强科幻电影相关人才培养。积极向中小学生推荐优秀科幻科普电影,利用科幻科普电影开展科学教育。

《若干意见》提出,要建立促进科幻电影发展联系机制,由国家电影局、中国科协牵头,教育部、科技部、工业和信息化部、财政部、商务部、国务院国资委、中国科学院、中国工程院、国家国防科工局、中国文联等单位有关部门参加,联系机制日常办事机构设在中国科协科技传播与影视融合办公室。建立科幻电影科学顾问库,吸纳专家院士和科技工作者参加,为科幻电影提供专业咨询、技术支持等科学顾问服务。

牢记嘱托,在创新创造中建功立业——向全国科技工作者的倡议书

为深入学习贯彻习近平总书记给科技界杰出代表的回信精神,以科技育新机,以人才开新局,汇聚建设世界科技强国的强大力量,值此第四个全国科技工作者日到来之际,我们谨向广大科技工作者发出如下倡议。

一、弘扬优良传统,勇当强国建设排头兵

矢志报国,攻坚克难,大力弘扬伟大创造的民族精神和新时代科学家精神。科技为民,甘于奉献,自觉践行抗疫精神和科技志愿服务精神。勇闯“无人区”,勇攀科技高峰,摒弃浮夸浮躁,不断提升基础研究水平和原始创新能力,为推动人类文明进步书写

中国人的崭新篇章。

二、坚定创新自信，把握战略竞争主动权

坚持自主创新，紧盯国家战略所需，充分发挥新型举国体制优势，着力攻克关键核心技术，切实维护科技安全、产业安全，提升产业链、供应链保障水平。坚持开放创新，积极参与全球科技治理，塑造国内国际双循环相互促进的新发展格局，为构建人类命运共同体贡献科技力量。

三、推进产学协同，打造高质量发展新引擎

迎着新一轮科技革命和产业变革浪潮，汇聚众智促进产学研深度融合，加速科技成果向现实生产力转化，奋进实干，为实现“六稳”“六保”作贡献。服务发展新基建、新技术、新材料、新装备、新产品、新业态，加快培育更具活力的创业主体，奋力创造新时代科技创业的中国质量。

创新是引领发展的第一动力，科技是战胜困难的有力武器。让我们更加紧密团结在以习近平同志为核心的党中央周围，铭记嘱托、不负使命，增强“四个意识”、坚定“四个自信”、做到“两个维护”，以创新创造的生动实践为建设世界科技强国不断作出新的更大贡献。

中国科学技术协会

2020 年 5 月 30 日

中国科协办公厅　科技部办公厅关于举办2020年中国创新方法大赛的通知

各省、自治区、直辖市、计划单列市科协、科技厅（委、局），新疆生产建设兵团科协、科技局，各有关单位：

2020 年中国创新方法大赛总决赛计划于 2020 年 11 月中下旬在天津市举办，现将有关事项通知如下。

一、主办单位

中国科学技术协会、科学技术部、天津市人民政府。

二、承办单位

中国科协企业创新服务中心、中国 21 世纪议程管理中心、创新方法研究会、天津市科协、天津市科技局、天津市西青区人民政府。

三、赛事安排

1. 大赛设立企业创新方法、大学生 TRIZ 杯和工业工程创新方法 3 个专项赛事。企业创新方法专项赛由中国科协企业创新服务中心、中国 21 世纪议程管理中心、创新方法研究会、天津市科协、天津市科技局和西青区人民政府共同举办。大学生 TRIZ 杯专项赛、工业工程创新方法专项赛赛事方案另行发布（详见大赛官网）。

2. 企业创新方法专项赛分省级决赛和总决赛两个阶段。

第一阶段：9 月 25 日—10 月 31 日为省级决赛组织阶段，由省级科协和科技主管部门联合组织。各省（自治区、直辖市）通过省级决赛推荐优秀项目参加总决赛。鼓励有条件的地、市组织选拔赛，推荐优秀项目参加省级决赛。

第二阶段：总决赛安排在 11 月中下旬。总决赛项目数额为 200 个左右。各省级赛区推荐参加总决赛的名额将在大赛报名结束后，依照各省级赛区有效报名参赛项目数量按比例确定，即时在官网公布。

3. 企业创新方法专项赛总决赛分理论测试、项目展示和电视擂台赛三个环节。

理论测试全员参加，理论测试成绩按适当比例计入参赛队总成绩（参考书详见官网通告）。

项目展示全员参加，成绩按适当比例计入参赛队总成绩。

总决赛电视擂台赛由 10 支左右优胜团队和 1 支举办地直通车团队争夺大赛金银铜奖。

根据疫情防控形势，理论测试、项目展示已做好线上活动预案，电视擂台赛已做好无观众录制预案。请各地参照总决赛方式，因时因地做好相关工作，确保人员赛事安全。

4. 大学生 TRIZ 杯专项赛、工业工程创新方法专项赛前三名在总决赛进行集中颁奖。

5. 参赛团队请登录科创中国创新资源共享平台 / 中国创新方法大赛官网（http://www.qiyekexie.com/portal/scds/index.action）统一报名参加企业创新方法专项赛，报名时间为 2020 年 8 月 15 日—9 月 20 日。报名参赛不收取任何费用。

四、其他事项

请各有关单位积极开展大赛的宣传和推介活动，广泛动员、认真组织团队和企业参加大赛；地方科协与科技主管部门加强协同，共同推进；地方科协组织要将有关工作融入“科创中国”品牌建设。大赛组委会将把以上工作作为大赛优秀组织单位评选的重要参考。

大赛工作进展情况请及时关注官网后续公告。

中国科协办公厅　科技部办公厅

2020年8月12日

中国科协办公厅　教育部办公厅等5部门关于联合开展2020年“共和国的脊梁——科学大师名校宣传工程”工作的通知

科协办发调字〔2020〕7号

各省、自治区、直辖市科协、教育厅（教委）、团委，新疆生产建设兵团科协、教育局、团委，中国科学院各分院：

为全面贯彻落实党的十九大和十九届二中、三中、四中全会精神，结合贯彻落实中共中央办公厅、国务院办公厅《关于进一步弘扬科学家精神加强作风和学风建设的意见》和中共中央、国务院印发的《新时代爱国主义教育实施纲要》有关文件要求，以中国科学家精神为引领，在青年群体中扎实开展深入生动的爱国主义教育，着力培养担当民族复兴大任的时代新人，中国科协、教育部、共青团中央、中国科学院、中国工程院将联合开展2020年“共和国的脊梁——科学大师名校宣传工程”，现将有关工作通知如下。

一、目的意义

以习近平新时代中国特色社会主义思想为指导，全面贯彻党的十九大和十九届二中、三中、四中全会精神，增强“四个意识”、坚定“四个自信”、做到“两个维护”，紧紧扭住“举旗帜、聚民心、育新人、兴文化、展形象”使命任务，着力培育和弘扬社会主义核心价值观，大力宣传新时代中国科学家精神，持续丰富提升高校思想政治工作的吸引力和实效性，培育壮大思政教师队伍，切实加强青少年理想信念教育，培养担当民族复兴大任的时代新人。

二、主要安排

1. 开展2020年演出季。利用好高校新生入学季，动员所有工程参与高校组织校内演出，重点面向大一、研一入校新生连续演出多场，帮助广大青年学生扣好人生第一颗纽扣，树立正确的理想信念。疫情结束后，支持10所高校适时开展校外演出，深耕校园、走向基层，广泛传播优秀校园文化，激发科技工作者创新创业热情，在全社会营造尊重劳动、尊重知识、尊重人才、尊重创造的良好氛围。在校内广泛组织分享会、交流会等，丰富高校思政教育工作形式，切实推动科学家精神进校园、进课堂、进头脑。

2. 支持高校创排优秀科学家主题剧目。始终坚持“校友演校友，学弟演学长”的方式，通过重点支持、鼓励带动的方式，鼓励支持高校创排科学家主题剧目，加强精品力作原创供给。力争年内支持3所高校完成科学家主题剧目创排。加强剧目专业指导，推动建立专家审核机制，加强剧目创排的科学把关，充分遵循艺术创作规律，提升校园主题剧目的思想性、艺术性和观赏性。

3. 实施学风传承资助计划。加快推进学风建设，围绕“一流学校、院所，一流学科，一流学风，一流人才”分别资助10所高校、10所科研院所开展系列学风传承活动（申报指南网址：http://www.cast.org.cn/art/2020/4/14/art_457_118689.html）。深入挖掘科学家学术成长资料所蕴含的学术思想、人生积累和精神财富，广泛开展具有学科专业特色、体现中国学科发展历史脉络、彰显优良学风作风的宣传讲座、思政慕课。搭建跨系统、跨学科、跨地区的“学风作风数据汇交大平台”，推动形成国家层面的大数据积累。依托科技馆、国家重点实验室、重大科技工程纪念馆（遗迹）等设施建设一批科学家精神教育基地。

4. 开展“最美科技工作者进校园、进院所”系列活动。通过先进事迹报告、担任校外辅导员、指导实习实践等多种形式，邀请“最美科技工作者”进入高校、院所，为学生和科技工作者讲述科研报国故事、创新创业故事、青春奋斗故事，以新时代科学家精神引领学生和科技工作者把个人学习奋斗目标同民族伟大复兴结合起来，努力成为树立“四个意识”、坚定“四个自信”、做到“两个维护”的新时代接班人和建设者。

5. 开展“决胜小康　奋斗有我”主题教育活动。组织高校师生开展假期社会实践活动，深入开展调研考察和宣传服务，在为人民服务中茁壮成长，在艰苦奋斗中砥砺意志品质，在社会实践中增长本领。支持中国老科学技术工作者协会组建老科学家报告团，深入高校、院所开展宣讲，讲好科技助力精准扶贫的中国故事，强化爱国之志，激发爱国之情，增强青年学生和科技工作者对建功全面小康的荣誉感和认同感。

6. 丰富科学家精神主题文化作品。开展“科学也偶像”微视频征集活动，组织动员高校师生拍摄上传微视频，从小场景、小故事中生动呈现有血有肉、情感细腻、热爱生活、多才多艺的真实科技工作者形象，展现科技界良好精神风貌。鼓励参与国家艺术基金，推动建立科技界与文艺界合作交流机制，引导支持文艺工作者运用多种艺术形式讲好科技工作者科学报国故事。

三、保障条件

1. 加强组织保障。要切实负起政治责任和领导责任，压紧压实意识形态工作责任制，把弘扬科学家精神、加强作风和学风建设作为培育和践行社会主义核心价值观的重要工作摆上议事日程，协同抓好各项任务落实。要加强沟通、密切配合、齐抓共管，推动工作任务落实落地。要充分动员各高校、院所的积极性主动性创造性，创新工作模式和方法，创造性做好科学大师名校宣传工作。

2. 强化宣传推广。要深入宣传阐释科学家精神，讲好科技工作者科学报国故事，宣传高校思政工作的好经验、好做法、好成果。要发挥好科协、共青团的组织优势，密切联系，广泛动员，用好各类宣传平台。要创新宣传方式和手段，增强宣传效果，扩大传播范围。

3. 做好经费保障。由中国科协根据实际任务量提供财政经费资助支持，大力引导高校、院所进行经费投入，撬动社会机构和资金参与文化产品创作和传播，共同营造尊重人才、尊崇创新的社会风气。

4. 加强安全保障。要把守护师生生命安全和身体健康放在第一位，疫情防控期间或防控条件不好不搞聚集性排练和演出活动，鼓励支持以科学家精神、学风作风建设和新时代爱国主义教育为主题的网络宣传，充分运用原排演视频进行再传播，壮大网上正能量。

中国科协办公厅　教育部办公厅
共青团中央办公厅　中国科学院办公厅
中国工程院办公厅
2020 年 4 月 7 日

中国科协办公厅　农业农村部办公厅关于开展 2020 年全国农民科学素质网络知识竞赛活动的通知

科协办函普字〔2020〕50 号

各省、自治区、直辖市科协、农业农村（农牧）厅（局、委），新疆生产建设兵团科协、农业农村局：

为深入贯彻落实习近平新时代中国特色社会主义思想，贯彻落实党的十九大和十九届二中、三中、四中全会精神，贯彻落实《中共中央　国务院关于实施乡村振兴战略的意见》，落实中国科协、农业农村部《乡村振兴农民科学素质提升行动实施方案（2019—2022 年）》的有关要求，中国科协、农业农村部决定联合开展 2020 年全国农民科学素质网络知识竞赛活动，提高农民群众科学素质，树立科学生产、健康生活、协调发展的理念，促进小农户和现代农业发展有机衔接，助力乡村振兴战略。现将有关事项通知如下。

一、活动主题

提升农民科学素质，助力脱贫奔小康。

二、活动时间

2020 年 5 月 15 日—11 月 15 日。

三、组织机构

主办单位：农民科学素质协调行动小组。

承办单位：中国农学会、中国科协农村专业技术服务中心、中国农村专业技术协会、同方知网（北京）技术有限公司。

支持媒体：科普中国平台、全国农业科教云平台、人民网、新华网、光明网。

四、活动对象

包括但不限于农民、农村基层科教文卫工作者、农业科研教学单位人员和涉农专业学生等群体。

五、活动目标

今年活动以扩大活动参与人群覆盖面和受益面为总目标，继续动员更多的农民群众、科技工作者及社会有关方面积极参与本次活动。

1. 提高农民群众运用互联网获取农业生产、科学生活、科学经营等方面技术和知识的能力，不断树立科学生产、健康生活、协调发展的理念，促进农村乡风文明和农业产业发展。

2. 传播大国“三农”新理念、新进展，切实发挥农民在乡村振兴中的主体作用，调动农民发展生产的积极性、主动性和创造性，鼓励各类科技工作者投身乡村振兴农民科学素质提升行动，助力乡村全面振兴。

3. 普及科学知识，传播科学思想，推动移风易俗，提升农民精神风貌，培养有文化、懂技术、会经营的新型智慧农民。

六、活动方式

本次竞赛活动以知识竞答为主要形式，结合科技志愿服务，设置知识竞答、科普活动有奖竞答、限时PK赛、专题竞赛、团队PK竞答等内容，依据参赛者答题得分成绩给予相应积分奖励，并根据竞赛活动综合得分情况，于2020年12月向社会公布竞赛活动结果。

1. 知识竞答。包括普通答题、闯关答题，参赛者可随时进行答题并在完成答题后取得相应积分。同时设置学习区，可先学习后答题，达到“边学边考，学考结合”的效果。

2. 科普活动有奖竞答。结合全国科技活动周、全国科技工作者日、全国科普日等活动，同步举办有奖竞答。

3. 限时PK赛。每周一至周五12：00—12：30限时竞答，前10名给予2—10元不等的红包奖励。

4. 专题竞赛。根据题库内容设置健康生活、疫情防控、应急避险、生态环境、食品安全、政策法规、农业种养等七大专题竞赛，结合重要节日科普活动，定期推出专题竞赛，保证科普的针对性；已推出的专题竞赛持续在线开放，满足不同领域用户的答题需求，用户可自行选择不同专题进行答题。

5. 团队PK竞答。用户自行组队，获取队伍验证码，可将验证码进行转发，新加入队员输入手机号和验证码即可参与答题。竞答结束后，每队计算综合得分，进行排名，发放红包。

七、参与方式

参赛者可访问全国农民科学素质网络知识竞赛官网参与网络端答题，或通过扫描“全国农民科学素质网络知识竞赛”“全国农业科教云平台”“三农科学传播”“科普中国”“科技志愿服务”等微信公众号参与答题，或下载“知农”“科普中国”“云上智农”等手机App等方式参与答题，也可直接扫码参与答题。

竞赛官网网址：http://www.nongminjingsai.com。

微信公众号二维码：（略）

手机App二维码：（略）

可直接扫码参与活动：（略）

八、工作要求

1. 高度重视，加强领导。各级科协、农业农村部门要提高认识，把组织开展本次竞赛活动作为开展乡村振兴农民科学素质提升行动、助力乡村振兴战略的重要抓手，共同谋划制定本地区活动计划和目标，确保工作落实到位。

2. 加强组织，积极发动。各级科协、农业农村部门要加强沟通协调，共同筹划，创新活动组织方式，发挥组织优势和资源优势，积极动员广大农民群众和社会有关方面参与竞赛活动，做好活动组织实施工作。

3. 扩大宣传，品牌推广。各级科协、农业农村部门要加大竞赛活动的宣传力度，层层发动，通过报刊、广播、电视、互联网等方式广泛深入宣传，扩大竞答活动的参与量和知名度，强化活动品牌效应，形成全社会共同参与的良好局面。

九、联系方式（略）

中国科协办公厅　农业农村部办公厅
2020年5月15日

中国科协办公厅　中国科学院办公厅关于开展2020年度科普融创培植计划的通知

科协办函普字〔2020〕58号

各全国学会、协会、研究会，各省、自治区、直辖市科协，新疆生产建设兵团科协，中科院院属各单位，各有关单位：

为深入贯彻落实习近平新时代中国特色社会主义思想和党的十九大和十九届二中、三中、四中全会精神，面向世界科技前沿、面向国家重大需求、面向国民经济主战场，在全社会厚植创新发展沃土，推动开放型、枢纽型、平台型科协组织建设，中国科协、中国科学院拟共同实施2020年度科普融创培植计划（以下简称融培计划），培育科普融创团队，推动高端资源科普化，生产传播紧跟时代潮流、回应公众关切、兼具人文关怀的科普作品，引导公众更好地了解国家科技战略布局、了解重大科技进展与突破、了解新闻热点事件的科学内涵，有力促进公众科学素质提升。

现将有关事宜通知如下。

一、制定选题指南

为实施好本年度融培计划，中国科协、中国科学院组织相关专家，聚焦国家战略布局、科学技术前沿、社会生活热点，共同研究制定《2020年科普融创选题指南》（以下简称《选题指南》，详见附件1），并请各全国学会、省级科协、中科院院属单位结合工作实际推进工作、加强宣传，广泛动员社会各方力量围绕《选题指南》开展科普创作。

二、团队申报评审

以科普创作为持续发展方向、有志于通过融培计划提升业务能力和业界影响力的社会团队，包括依托于具备独立法人资格的企事业单位、科研机构、高等院校、社会团体的创作团队和不具备法人资格的自然人组成的创作团队，可根据《科普融创团队申报书》（附件2）和《选题指南》的有关要求提交团队及作品申报材料，融培计划具体实施单位中国科学院计算机网络信息中心将组织专家就团队情况、作品质量、预期传播效果等要素进行综合评估，对于入选的团队将授予"科普中国融创团队"称号，并支持其入驻科普中国科普号，对其作品生产传播给予一定支持。

三、开展融创传播

融培计划将密切联系科研团队、创作团队与媒体渠道，邀请相关专家、资深科普人和媒体代表出任"科普中国融创导师"并组建"科普中国融创学院"，不定期开展线上线下培训，在科普作品的选题策划、资源采集、设计制作和传播评估等各环节向融创团队提供专业咨询和资源支持。

融培计划将入围作品在科普中国传播矩阵上百家媒体同步首发，推送至科普中国云平台和中科院科普云平台，并鼓励团队后续自行拓展渠道广泛传播。入围作品在线上线下传播推广的显著位置标注"科普中国"标识，版权归中国科协所有，创作团队具有署名权和网络传播权。

四、持续培育扶持

融培计划将组织有关专家对融创团队围绕《选题指南》生产的原创作品品质及其传播效果进行评审，据此对作品予以不同额度的经费扶持。融培计划拟于年底对各团队的创作与传播绩效进行综合评估，对于本年度取得较为突出成绩、具有良好社会影响力的团队授予"2020年度科普中国融创之星"称号，并推荐参与"科创中国"、全国"双创"活动周等相关活动。

五、有关要求

1. 有意参与申报的团队可访问科普中国融合创作频道（http://c.kepu.cn）查阅前期成果情况、下载相关附件，并根据要求提交《科普融创团队申报书》和选题作品，报送至中国科学院计算机网络信息中心。申报截止日期为2020年11月30日。

2. 中国科协科学技术普及部具有融培计划申报评审、融创传播、培育扶持的审议权。融培计划申报团队要保证在申报及后续实施过程中均不侵犯任何第三方的知识产权及其他合法权益。

3. 有以下情形的，融培计划有权对入围的融创团队进行重新审核，并依据其过错的严重程度分别或同时采取撤销称号、暂缓拨款、终止拨款、追回部分或全部支持款项、撤销对该团队的资助以及三年内暂停申报资格等相应措施，并依法追究相关人员责任：

（1）申报团队在项目实施过程中侵犯任何第三方的知识产权及其他合法权益；

（2）团队实施内容、经费支出、结项成果等与融培计划的约定存在重大差异；

（3）申报团队存在其他弄虚作假、挪用资助资金、违反协议等情形；

（4）申报者有其他严重违法违纪行为。

六、联系方式（略）

附件1：2020年科普融创选题指南（略）

附件2：科普融创团队申报书（略）

中国科协办公厅　中国科学院办公厅
2020年6月18日

中国科协办公厅关于推荐第二十三届中国科协求是杰出青年成果转化奖人选的函

科协办函厅字〔2020〕28号

各省、自治区、直辖市科协和新疆生产建设兵团科协：

为促进优秀青年科技人才脱颖而出、鼓励青年科技人才积极投身创新型国家建设，为建设世界科技强国、实现中华民族伟大复兴中国梦作出新的更大贡献，中国科协求是杰出青年奖评审委员会决定开展第二十三届中国科协求是杰出青年成果转化奖评选工作。现将有关事项通知如下。

一、奖励名额

本届中国科协求是杰出青年成果转化奖获奖者不超过10名，往届获奖者不重复授奖。

二、评选条件

1. 热爱祖国，遵纪守法，树牢“四个意识”、坚定“四个自信”、做到“两个维护”，模范践行新时代科学家精神，具有勇于创新的科学精神和严谨求实的科学学风。

2. 成果转化奖获奖者应在科技成果转化方面取得突出成绩，产生显著的社会效益或经济效益。

3. 年龄不超过45周岁的中华人民共和国公民（1975年6月30日及以后出生）。

三、推荐渠道和名额

各省、自治区、直辖市科协和新疆生产建设兵团科协可推荐本地区成果转化奖候选人1名。

四、推荐工作要求

1. 坚持公开、公正、公平、择优原则，拓宽推荐渠道，严格推荐条件，突出品德、能力、业绩导向，克服唯论文、唯职称、唯学历、唯奖项倾向，保证推荐质量。

2. 注重推荐在应对新冠肺炎疫情中主动担当、集智攻关，作出突出贡献，取得显著业绩的优秀青年科技工作者。注重推荐长期工作在科研与生产一线、西部地区艰苦行业的优秀青年科技工作者。

3. 推荐材料应简明扼要、客观准确、符合事实、重点突出，不得涉及国家秘密。违反保密规定的，取消被推荐资格。

4. 军队系统候选人由中央军委政治工作部统一推荐，不得从其他渠道推荐。

五、推荐材料报送要求

（一）电子材料报送要求

请通过中国科协求是杰出青年成果转化奖推荐及评审管理系统（http://qwyc.cast.org.cn）报送电子材料。请使用分配的推荐单位用户名、密码（另附）登录系统，按说明组织候选人使用候选人注册码注册并登录后进行网络填报。

请于2020年4月28日前完成候选人电子材料报送工作。上传成功后，不能更改。

（二）书面材料报送要求

候选人电子材料报送完成后，请使用中国科协求是杰出青年成果转化奖推荐及评审管理系统打印《中国科协求是杰出青年成果转化奖推荐表》，电子版材料与纸质材料须保持一致。

1.《中国科协求是杰出青年成果转化奖推荐表》原件2份。

2. 有关附件材料1份（装订成册），包括：

（1）主要科学技术成果证明，包括重大发明，相关学科建设成就证明，公开发表的论文、专著及引用情况证明等；

（2）省部级以上科技奖励和荣誉证明；

（3）科技成果转化经济效益和社会效益证明。

（三）书面材料报送时间、方式

请于2020年4月30日前将候选人书面材料报送至中国科协培训和人才服务中心。材料可由推荐单位现场报送，现场报送时间为4月29—30日8:30—16:30；以快递方式邮寄的，请严格按照邮寄地址信息填写，时间以当地邮戳为准，于4月30日前寄出，逾期无效。谢绝候选人本人报送材料。

六、推荐材料接收方式（略）

中国科协求是杰出青年奖评审委员会办公室
2020年4月7日

中国科协办公厅关于公布第五届中国科协青年人才托举工程项目立项结果的通知

各全国学会、协会、研究会，各学会联合体，相关单位：

按照《中国科协青年人才托举工程实施管理细则》（科协学函管字〔2019〕141号，以下简称《管理细则》）有关要求，经有关单位自愿申报、专家评审、社会公示，确定中国力学学会等56个单位为第五届（2019—2021年度）中国科协青年人才托举工程（以下简称青托工程）项目立项单位。现对立项单位名单及资助名额予以公布（见附件1）。为做好第五届青托工程实施工作，现将有关事项通知如下。

一、认真开展被托举人遴选工作

各立项单位要严格按照《管理细则》相关工作要求制定遴选办法、严格遴选条件、明确遴选程序，成立专门工作机构，坚持公平公正的原则，根据资助名额认真开展被托举人遴选工作。各单位遴选确定的被托举人推荐人选有关信息（包括人选姓名、年龄、研究领域、工作单位、对应的推荐专家或机构）和遴选专家信息（包括姓名、研究领域、工作单位）要及时通过本单位官方网站、官方微信平台等面向社会公示，自觉接受社会监督。

公示无异议后，报中国科协审核确认。

二、重点突出青年人才的选拔培养导向

各立项单位开展被托举人遴选工作，要坚持正确的导向，严把政治关和学术道德关，重点关注在关键共性技术、前沿引领技术、现代工程技术、颠覆性技术、"卡脖子"技术等方面潜心研究、守正创新的青年科技工作者；积极投身国家重大战略部署、三大攻坚战等的青年科技工作者；为推动经济技术融合发展作出积极贡献的青年科技工作者；在国内开展学术研究取得突出成绩、在国内期刊发表高水平研究成果等的青年科技工作者，为建设世界科技强国选拔培养优秀科技后备人才。

三、扎实开展青年人才托举工作

各立项单位要坚持面向世界科技前沿、面向经济主战场、面向国家重大需求，进一步完善本单位青年人才托举工作方案，制定本单位青托工程项目管理办法，研究青年人才成长规律，优化青年人才培养机制，创新青年人才培养方法，明确青年人才培养目标，为被托举人提供精准化、全方面的扶持培养服务，助力青年科技工作者成长成才。同时，各单位要以青年人才托举工作为契机，视情成立与青年人才培养工作相关的分支机构，不断完善自身组织体系，提升科协组织在青年科技工作者中的影响力和吸引力。

四、有关工作要求及说明

1. 请各项目立项单位于2020年2月10日前完成被托举人的遴选工作，在青年人才托举工程人才培养跟踪服务平台（网址：http://qingtuo.36ve.com）上使用项目申报账号登录，完成项目基本信息和人才库填写，并导出打印被托举人推荐人选登记表（见附件2）和被托举人推荐人选名单（见附件3）一式1份报送至中国科协培训和人才服务中心科技人才服务处。所有材料须加盖学会公章，学会联合体立项的由牵头学会负责填写并盖章。

2. 立项单位应客观真实填报有关材料。如发现存在信息不实或虚报现象，将取消其立项资格。

3. 特殊科技领域青年人才托举工程相关工作另行安排。

4. 本通知及相关附件可从中国科协网站主页"通知公告"栏下载，网址为http://www.cast.org.cn。

五、联系方式（略）

附件1：第五届中国科协青年人才托举工程项目立项单位名单及资助名额

附件2：第五届中国科协青年人才托举工程被托举人推荐人选登记表（样本）（略）

附件3：第五届中国科协青年人才托举工程被托举人推荐人选名单（样本）（略）

中国科协办公厅

2020年1月9日

附件1

第五届中国科协青年人才托举工程项目立项单位名单及资助名额

序号	单位编码	申报学会（学会联合体）	中国科协资助名额（人）	学会自筹经费资助名额（人）	名额小计（人）
1	A-3	中国力学学会	4		4
2	A-5	中国声学学会	2	1	3
3	A-6	中国化学会	4	2	6
4	A-9	中国空间科学学会	2		2
5	A-11	中国地理学会	2		2
6	A-12	中国地球物理学会	2	4	6
7	A-27	中国心理学会	2		2
8	A-29	中国环境科学学会	2		2

续表

序号	单位编码	申报学会 （学会联合体）	中国科协资助名额 （人）	学会自筹经费资助名额 （人）	名额小计 （人）
9	A–33	中国岩石力学与工程学会	2	8	10
10	A–35	中国系统工程学会	2		2
11	A–39	中国运筹学会	2		2
12	B–1	中国机械工程学会	4		4
13	B–2	中国汽车工程学会	2	4	6
14	B–3	中国农业机械学会	2		2
15	B–5	中国电机工程学会	2		2
16	B–6	中国电工技术学会	2	3	5
17	B–8	中国水利学会	2	6	8
18	B–10	中国工程热物理学会	1		1
19	B–12	中国制冷学会	2		2
20	B–14	中国自动化学会	2		2
21	B–16	中国计量测试学会	2	2	4
22	B–18	中国图学学会	2		2
23	B–19	中国电子学会	3	15	18
24	B–21	中国通信学会	2	10	12
25	B–22	中国中文信息学会		2	2
26	B–26	中国铁道学会	2	12	14
27	B–27	中国公路学会	2		2
28	B–38	中国煤炭学会	2	8	10
29	B–50	中国食品科学技术学会	2		2
30	B–51	中国粮油学会	2	2	4
31	B–54	中国仿真学会	2		2
32	B–60	中国惯性技术学会	2		2
33	B–65	中国图象图形学学会	2		2
34	B–66	中国人工智能学会	2		2
35	B–71	中国指挥与控制学会	2		2
36	B–74	中国密码学会	1		1
37	B–75T	中国大坝工程学会	2		2
38	B–76T	中国卫星导航定位协会	2	3	5
39	C–1	中国农学会	4	4	8
40	C–2	中国林学会	2		2
41	C–3	中国土壤学会	2		2
42	C–9	中国作物学会	2		2
43	C–10	中国热带作物学会	2	1	3
44	C–12	中国水土保持学会	2		2

续表

序号	单位编码	申报学会（学会联合体）	中国科协资助名额（人）	学会自筹经费资助名额（人）	名额小计（人）
45	C-15T	中国植物营养与肥料学会	2		2
46	D-2	中华中医药学会	2	2	4
47	D-4	中国药学会	2		2
48	D-9	中国病理生理学会	1		1
49	D-12	中国针灸学会	2		2
50	D-23T	中华口腔医学会	2	2	4
51	D-27W	中国睡眠研究会	2	2	4
52	D-28W	中国卒中学会	2		2
53	E-7	中国科学技术情报学会	2		2
54	L-1	中国科协生命科学学会联合体	33	4	37
55	L-2	中国科协创新融合学会联合体	32	24	56
56	L-6	中国科协先进材料学会联合体	25	14	39
合计			200	135	335

中国科协办公厅关于开展第六届中国科协青年人才托举工程项目申报工作的通知

各全国学会、协会、研究会：

为落实中央《关于深化人才发展体制机制改革的意见》精神和《科协系统深化改革实施方案》部署，促进优秀青年科技人才脱颖而出，按照中国科协2020年工作安排，根据《中国科协青年人才托举工程实施管理细则》（以下简称《实施管理细则》）有关规定，现将第六届（2020—2022年度）中国科协青年人才托举工程项目（以下简称本届项目）申报工作有关事项通知如下。

一、资助对象

本届项目拟资助培养300—400名32岁（1988年6月30日以后出生）以下青年科技工作者（以下简称被托举人）。

其中，中国科协通过全国学会、协会、研究会（以下简称全国学会）和学会联合体选拔资助200名，给予每人每年15万元资助；全国学会和学会联合体按照《实施管理细则》相关要求，通过自筹资金的方式选拔资助100—200名，资助金额不低于每人每年15万元。

人力资源和社会保障部博士后创新人才支持计划、留学回国人员创业启动支持计划入选者和其他国家级人才计划入选者，不作为资助对象。

本届项目重点关注在关键共性技术、前沿引领技术、现代工程技术、颠覆性技术、“卡脖子”技术等方面潜心研究、守正创新的青年科技工作者；积极投身疫情防控、决战决胜脱贫攻坚等国家重大战略部署的青年科技工作者；为推动科技与经济融合发展作出积极贡献的青年科技工作者；在国内开展学术研究取得突出成绩、在国内期刊发表高水平研究成果等的青年科技工作者。向全国创新争先奖获奖团队的青年成员倾斜。

二、申报对象

1. 全国学会。曾获第五届青托项目立项的全国学会，申报名额原则上不超过第五届获得科协立项资助的名额；其他学会申报名额原则上不超过2个。

2. 学会联合体。曾获第五届青托项目立项的学会联合体，申报名额原则上不超过第五届获得科协立项资助的名额；其他联合体申报名额原则上不超过本联合体参与申报学会数量的2倍。

三、申报方式

1. 注册。申报单位须在青年人才托举工程人才培养跟踪服务平台（网址：http://qingtuo.36ve.com）注册。注册时应先选择用户类别（全国学会用户、学会联合体用户等），使用项目联络人手机号码作为用户名，注册成功后即可登录账户进行项目申报。曾获青年人才托举工程立项的单位，可使用已有管理员账户直接登录，进行网上申报。

2. 申报。申报单位在网上完成《中国科协青年人才托举工程项目申报书》（以下简称《项目申报书》，样本见附件，以申报平台内版式为准）填写，并下载打印带有自动生成二维码的《项目申报书》，将《项目申报书》（一式 2 份）及其相关证明材料按要求签字盖章后，报送至中国科协培训和人才服务中心科技人才服务处，并在信封上注明“青年人才托举工程项目申报”字样。报送截止时间为 2020 年 12 月 18 日 17:00（邮寄以邮戳时间为准），申报平台同时关闭，逾期不予受理。

四、步骤安排

1. 项目申报。各全国学会和学会联合体根据本通知要求，严格按照《实施管理细则》中的申报条件自愿申报。鼓励各申报单位建立青年人才专门工作机构和青年人才储备库。

2. 项目评审。评审采取现场答辩、专家评议和无记名投票等方式组织。通过评审评选出拟定立项单位名单及资助名额分配方案。具体评审工作安排另行通知。

3. 项目公示。拟定立项单位名单及资助名额分配方案在中国科协官方网站、官方微信平台公示 5 个工作日。公示无异议的申报单位，经中国科协审议通过后，正式确定为立项单位，并给予相应的资助名额。

4. 人才选拔。立项单位严格按照《实施管理细则》及相关工作要求，制定项目实施方案和培养方案，按要求报送中国科协，签署年度《项目合同书》。

5. 组织实施。中国科协按规定拨付项目经费；立项单位按照《项目合同书》、项目实施方案和培养方案要求，开展被托举人培养工作，做好被托举人成长过程的跟踪记录，接受中国科协的监督指导。自筹资金的立项单位须按照中国科协总体要求和工作进度统一组织实施。

6. 验收和结项。中国科协对项目经费实际使用情况和被托举人培养工作进行年度检查，在项目结束前发布结项验收通知，组织开展财务验收和业务验收。

五、有关要求

1. 以学会联合体形式申报本届项目，须征得全体成员学会同意，并指定责任学会专门负责申报及组织实施等工作。凡以学会联合体形式参与申报的，联合体成员学会不能再以学会形式单独申报；同时加入多个学会联合体的学会，只能选择参与一个学会联合体的申报；联合体成员学会同时申请自筹资金资助的，由所在学会联合体统一申报。

2. 科协立项资助与自筹资金资助同等管理。统一开放申报、统一专家评审、统一选拔标准、统一经费管理、统一托举支持。通过自筹资金资助被托举人的申报学会，须面向本学科领域开放申报，不得将自筹资金来源与资助名额、人选直接挂钩，不得限定自筹资金的资助方向；自筹资金必须由学会建立专账管理，从学会账户拨出或通过学会专账报销；鼓励学会合法合规募集社会资金，促进资助资金来源多元化、资助对象开放化、管理基金化、使用规范化。

3. 特殊科技领域和创新争先奖获奖团队的青年人才托举工程申报工作另行通知。

六、联系方式（略）

附件：中国科协青年人才托举工程项目申报书（样本）（略）

中国科协办公厅
2020 年 12 月 10 日

中国科协办公厅关于开展中国科协九大代表2020年调研课题专项资助活动的通知

科协办函厅字〔2020〕70 号

各全国学会、协会、研究会，各省、自治区、直辖市科协：

为充分发挥代表联系凝聚广大科技工作者的重要纽带作用，进一步贯彻实施代表任期制，更好地为代表深入调查研究、积极建言献策提供支撑和服务，经研究，决定继续开展中国科协九大代表调研课题专项资助活动，现将有关事项通知如下。

一、申报条件

1. 调研课题负责人为中国科协九大代表，鼓励不同行业、不同地域的代表联合开展课题调研。

2. 调研课题需通过省级科协或全国学会申报。

3. 调研课题可从《中国科协九大代表2020年调研课题选题目录》（见附件1）中选择申报，也可以结合中国科协重点工作自拟题目申报。

4. 按照《中国科协全国代表大会代表调研课题专项资助项目管理办法（试行）》要求，2019年代表调研课题尚未结题者，原则上不得申请2020年代表调研课题。

二、实施方式

1. 采取自愿申报、统一评审、自主调研的方式。

2. 通过组织专家统一评审，确定专项资助调研课题并公布名单，拨付调研课题专项资助经费。课题负责人自主开展调研活动，严格按照《中国科协全国代表大会代表调研课题专项资助项目管理办法（试行）》实施调研项目。

3. 2021年2月28日前完成调研活动并提交结题报告。

三、资助范围及金额

根据申报和评审情况，对入选的每个调研课题给予6万—10万元的专项资助经费。

四、有关要求

1. 各全国学会和省级科协要高度重视这项工作，将其作为代表联络服务工作的重要抓手，及时通知九大代表，并组织、协助代表做好课题申报工作。

2. 调研课题申报人需填写《中国科协九大代表调研课题申报书》（附件2，以下简称《申报书》）。

3. 各全国学会、省级科协须对《申报书》进行审核并加盖公章。要严格按照国家有关规定和《中国科协财政项目管理办法》《中国科协全国代表大会代表调研课题专项资助项目管理办法（试行）》规范管理和使用项目经费。

4.《申报书》一式3份寄至中国科协培训和人才服务中心，并请同时报送电子版。

申报截止日期为2020年8月5日，以邮戳为准，逾期不予受理。

五、联系方式（略）

附件1：中国科协九大代表2020年调研课题选题目录（略）

附件2：中国科协九大代表调研课题申报书（略）

中国科协办公厅

2020年7月22日

中国科协办公厅关于征集2020重大科学问题和工程技术难题的通知

各全国学会、协会、研究会，部分中央企业和非公企业科协：

为研判未来科技发展趋势、前瞻谋划和布局前沿科技领域与方向，瞄准世界科技前沿，推进世界科技强国建设，中国科协通过各全国学会、学会联合体、部分中央企业和非公企业科协，面向广大科技工作者征集“2020重大科学问题和工程技术难题”。现就有关事项通知如下。

一、征集时间

即日起至2020年4月25日止。

二、征集领域

原则上征集范围覆盖所有自然科学与工程技术领域，重点征集数理化基础科学、生命科学、地球科学、生态环境、制造科技、信息科技、先进材料、资源能源、农业科技、交通运输、空天海洋、医学健康12个科技领域。

三、征集内容

征集对面向未来科技发展具有引领作用的前沿科学问题、工程技术难题。加强对关系根本和全局的科技问题的征集，尤其是基础研究、关键共性技术、前沿引领科技、现代工程技术、颠覆性技术、“卡脖子”技术、科技攻关重点方向、促进可持续发展的科技等方向，重点关注交叉融合领域的相关问题难题。包括问题题目、所属学科、关键词、问题描述（含问题背景、最新进展、重要意义）。正文长度为2000个汉字左右。除标题及关键词以中英文双语对照撰写外，其余内容均以中文撰写（见附件1）。不按照规定格式撰写的问题、难题将不能进入遴选环节。

四、征集方式

面向中国科协所属全国学会、学会联合体、企业科协（以下简称推荐单位）组织征集。每个全国学会（学会联合体）可联合相对应的国际组织共同推荐或自行组织推荐重大前沿科学问题3—5个、工程技术难题3—5个；鼓励企业科协参与问题难题推荐，每家可推荐重大科学问题1—3个、工程技术难题1—3个。

五、工作要求

推荐单位应按如下程序组织推荐工作：

1. 制订推荐方案。明确推荐原则、推荐标准、推荐流程等事项。鼓励在方案中加大相应国际组织的参与力度。指定专人作为学术秘书、联系人，负责推荐工作推进落实。

2. 组建专家推荐委员会。推荐单位成立能代表本领域、本学科学术水平的专家推荐委员会，专家不少于 15 人，在学科覆盖面以及部门、地域等方面具有一定代表性。联合相应国际组织推荐的，应有国外相关领域专家参加专家推荐委员会。专家推荐委员会负责确定推荐问题、难题，把握问题难题颗粒度，审核推荐文稿，对推荐结果的专业性、科学性负责。

3. 推荐题目确定。推荐单位以高层次专家推荐、线上线下会议研讨筛选、专家推荐委员会议定等形式确定可推荐的问题难题。应加强调查研究，面向重大需求，鼓励国外同行参与，鼓励青年专家参与。

4. 理事长负责制。全国学会、学会联合体理事长，企业科协主席牵头主持本领域的问题难题推荐工作。相关全国学会协同国外相关学会或科技组织推荐的问题由相关学会负责推荐，由理事长或企业科协主席签字后提交。

5. 问题难题要求。以问题的形式提出重大问题和工程技术难题；聚焦“点”上的问题，原则上应细化问题颗粒度至少到三级学科以下；对于既需要科学原理创新也需要工程技术应用创新的问题难题，可考虑进一步细化问题；对于跨领域、跨学科、交叉融合的问题难题，视情况考虑明确应用领域和场景。

六、其他事项

1. 2020 年 4 月 25 日前，各单位将所推荐问题难题推荐方案、推荐表、推荐报告经理事长或相关负责人签字后，通过活动专题网站（scique.cast.org.cn）按照相关要求上传提交。

2. 中国科协将组建学术评议委员会及有关学科组，通过科技工作者初选、学科专家复选、学术评议委员会终选三个环节，对推荐问题进行遴选评议，遴选出 10 个对科学发展具有导向作用、10 个对技术和产业创新具有关键作用的问题难题面向社会发布。

（1）通过终评遴选的 20 个问题难题拟于第二十二届中国科协年会上发布。中国科协将邀请相关问题、难题撰写者以及推荐学会或学会联合体负责人、联系人作为嘉宾出席发布仪式。

（2）通过终评遴选的 20 个问题难题将与其文献计量分析报告结集出版为《2020 年重大科学问题和工程技术难题》。

（3）围绕征集、遴选的重大科学问题和工程技术难题召开系列高层次研讨会，研讨问题难题的机遇挑战、重要进展、主要问题、应用前景与政策建议等内容，形成建议报告。中国科协将选取其中部分问题，通过“科技工作者建议”等渠道呈送国家有关部门提供决策参考。

（4）对联合相应国际组织开展推荐工作的全国学会给予经费支持。支持入选问题难题的全国学会围绕重大科学问题和工程技术难题召开高层次研讨会并形成建议报告。

附件 1：重大科学问题和工程技术难题撰写格式模板（略）

附件 2：重大科学问题和工程技术难题推荐表（略）

附件 3：问题难题遴选推荐报告模板（略）

中国科协办公厅
2020 年 3 月 6 日

中国科协办公厅关于印发《中国科协 2020 年工作要点》的通知

科协办发厅字〔2020〕1 号

各全国学会、协会、研究会，各省、自治区、直辖市、副省级城市科协，新疆生产建设兵团科协：

经中国科协党组、书记处同意，现将《中国科协 2020 年工作要点》印发给你们。请结合实际，研究制定贯彻实施的具体措施，狠抓工作落实。

中国科协办公厅
2020 年 4 月 13 日

中国科协 2020 年工作要点

2020 年是决胜全面建成小康社会、打赢精准脱贫攻坚战、实现“十三五”规划收官之年。科协工作总体思路是，坚持以习近平新时代中国特色社会主义思想为指导，全面贯彻党的十九大和十九届二中、三中、四中全会精神，增强“四个意识”、坚定“四个自信”、做到“两个维护”，紧扣决胜全面小康、决战脱贫攻坚，聚焦保持和增强政治性先进性群众性，坚持“四服务”职责定位，着力加强对科技工作者思想政治引领，着力服务党和国家工作大局，着力深化科协系统改革，着力构建联系广泛、服务群众的科协工作体系，更好地把广大科技工作者团结在以习近平同志为核心的党中央周围，为全面打赢新冠肺炎疫情防控人民战争、总体战、阻击战，实现全年经济社会发展目标任务，建设创新型国家和世界科技强国不懈奋斗。

2020年是中国科协“合作发展年”。科协系统要围绕统筹做好疫情防控和经济社会发展，推进“1–9–6–1”工作布局，发挥“一体两翼”组织优势，推动服务下沉、重心下移，崇尚实干、注重实绩、提升实力，以组织赋能拓展开放合作格局，以机制创新提升开放合作能力，搭建大平台、凝聚大团队、集成大成果，加强统筹协调、督查协办、考核评估，按时保质保量完成各项任务，扎实做好中央巡视反馈问题整改，建立“不忘初心、牢记使命”主题教育长效机制，不断优化科协治理结构、治理过程和治理效能，更好服务国家治理现代化。

一、持续深入学习贯彻习近平新时代中国特色社会主义思想，拓展政治引领政治吸纳广度深度

1. 发挥党组示范带头作用。持续深入学习贯彻习近平新时代中国特色社会主义思想，深入学习领会习近平总书记关于科技及群团工作的重要论述。创办“四史”（党史、新中国史、改革开放史、社会主义发展史）讲堂，党组、书记处同志带头讲课，邀请知名专家作报告。健全贯彻落实习近平总书记重要指示批示和党中央决策部署工作机制。党组、书记处同志与全国学会、地方科协负责同志围绕科技支撑高质量发展和增强科协组织政治性先进性群众性，共同开展10个左右专题调研。各级科协、学会领导班子特别是主要负责同志要以上率下、学思践悟、融会贯通，真正学懂弄通做实。压紧压实意识形态责任制，切实做到守土担责、守土尽责。

2. 精心打造科协党校政治引领平台。推动成立省级科协党校、全国学会分校和各类专门党校，形成科协系统党校体系。坚持对象化、分众化，持续面向科技领军人才、青年科技人才和海外人才组织高层次研修和国情考察。借力中央党校和延安、浦东、井冈山干部学院等教育资源，办好青年科技领军人才等培训。组建习近平新时代中国特色社会主义思想科学家宣讲团和老科技工作者报告团，面向广大科技工作者和社会公众开展百场巡回宣讲；全国学会和地方科协结合各自学科特点和区域发展实际，开展分众、分类、分层宣讲。

3. 宣传阐释中国科学家精神。围绕《关于进一步弘扬科学家精神加强作风和学风建设的意见》三年工作目标，推动“科学大师名校宣传工程”扩容增效，深耕校园、走向基层；开展老科学家学术成长资料联合采集，面向全国开展中国科学家精神主题巡展、中国共产党领导下的科学家主题摄影展；加强科学家典型人物宣传，举办抗疫防疫优秀科技工作者事迹报告会，组织“百馆千场科学家精神宣讲会”；继续办好全国科学道德和学风建设宣讲教育，联合高校、科研院所开展优良学风传承行动，开展宣讲教育10年总结评估。支持老科技工作者协会在传承科学家精神、服务创新型国家建设方面充分发挥作用。

4. 积极回应科技工作者关切。围绕科技工作者所忧所盼开展专项调查。各级科协、学会为基层一线科技工作者办一批实事，强信心、暖人心、聚民心。完善科技舆情监测体系，加强对科技领域热点问题和突发事件的引导处置，有效维护科技工作者合法权益，维护科技界整体声誉和良好国际形象。

二、围绕决胜全面建成小康社会和决战脱贫攻坚，扎实推动科技为民服务

5. 决战脱贫攻坚。开展“决胜小康　奋斗有我”群众性宣传教育活动，组织动员千家科技组织、万名科技工作者，聚焦剩余贫困人口、新致贫人口、返贫人口加强智力帮扶，开展科技助力精准脱贫攻坚决战，讲好科技助力精准扶贫的中国故事，增强科技界对建功全面小康的荣誉感和认同感。组织全国学会和各地科协全面总结定点扶贫与科技助力精准扶贫工作的成效与经验。召开全国科技助力乡村振兴论坛，部署科技助力减贫和乡村振兴工作。决战中国科协山西吕梁定点扶贫，巩固岚县、临县脱贫成果，开展35年定点扶贫成果交流活动。加强科协系统援疆援藏工作。

6. 协同研判助力攻关关键核心技术。着眼支撑“卡脖子”问题突破，组织动员相关全国学会、高校、科研院所和产业界高层次专家开展调研和研讨，形成具有战略性、前瞻性的对策建议。着眼研判未来科技发展趋势，推动基础研究和基础能力建设，发布20个重大科学问题与工程技术难题，持续打造科技创新问题库和对策建议库。着眼汇聚自主创新合力，科协系统青年人才资助计划、优秀人才奖项评选、学术交流平台资源等向瞄准国家重大紧迫需求开展攻关的科研人员倾斜，引导激励科技工作者投身科技强国建设。

7. 深化全民科学素质行动。大力开展新冠肺炎应急科普，认真总结经验做法，完善应急科普工作机制，强化基层科普服务能力，深入推进国家公民科学素质和科技志愿服务行动计划，构建与全面建成小康社会相适应的科普工作体系。组织《全民科学素质行动计划纲要（2006—2010—2020年）》实施评估，启动《全民科学素质行动规划纲要（2021—2035年）》编制。完善评价指标和监测体系，开展第十一次中国公民科学素质调查。深入实施乡村振兴农民科学素质提升行动。持续做好青少年科技教育品牌活动。推动中国特色现代科技馆体系可持续发展，开展科技馆免费开放评估，完善流动科技馆、科普大篷车运行机制，持续推动“智慧科技馆”建设。办好2020年全国科普日活动。以实体化方式推进世界公众科学素质促进组织建设，实施“北京行动路线图”。

8. 创新科普手段和服务模式。打造国家级“科学辟谣平台”，以科学精神塑造理性平和的社会心态。创新科普手段，做好科普内容生产汇聚和精准推送。强化“科普中国”品牌引领，扎实推进科普中国e站转型升级，打造全媒体科普阵地。探索设立专项基金和社会化科普奖项，推动中国公众科学素质促进联合体切实发挥作用。扩大全域科普试点。推动科普科幻产业发展，办好2020中国科幻大会和芜湖科博会。

三、实施2020年服务科技经济融合发展行动，打造“科创中国”服务品牌

9. 搭建科技经济深度融合的协同创新服务体系。制定实施促进科技经济深度融合三年行动计划。围绕科技供给和产业需求精准对接，开展专项社会调查。深化会地合作，以地级市为重点，与地方政府合作共建技术创新枢纽城市，推动创新资源下沉聚汇。举办产学融合论坛，制发科技创业数字地图，举办人才培训和技术推广活动，服务地方引才引智引技。研究设立技术服务交易基金，建立“技贸通”国际技术交易促进协作机制，开展国际技术贸易服务行动。推动海智计划提质增效，新建一批海智基地和海外人才离岸创新创业基地，开展“海外人才中国行”活动，集聚海外智力创新创业。

10. 打造“科创中国”科技经济融通平台。联合各类创新主体共建共享集政产学研用金于一体、创新要素供需双方直接对接的网络服务平台，促进需求库、成果库、人才库和创新资源共享平台一体化转型。与地方政府合作，遴选若干重点产业，组织开展“技术路演”，构建线上线下渠道融通的创新创业生态系统，促进优质技术项目转移和成果转化。办好全国“双创”活动周和“创响中国”活动，深入开展“双创”示范基地评估，带动全社会兴起创新创业热潮。

11. 深入开展中国特色科技志愿服务。健全科技志愿服务制度，完善政策措施和社会动员机制，构建四级联动组织体系，增强科技志愿服务信息平台功能，实现科技志愿服务上规模、见实效。全国学会组建国家级“科技服务团”，省级科协组建区域性“科技服务队”，开展创新驱动助力“百城千会万企”科技志愿服务。联合中央文明办实施“智惠行动”，择优支持科技志愿服务项目，开展典型人物和事迹宣传推介。推动实现500个新时代文明实践中心中央试点县县乡两级科技志愿服务基本覆盖，推动科技、人才上山下乡。

12. 完善柔性智库网络体系。围绕关爱健康、关注发展，建立完善科协系统智库网络，提高智库人才培养和开放合作能力。聚焦数字经济发展，建立企业需求常态化调查机制，开展科技决策咨询，为服务地方创新发展建言献策。实施“智库伙伴计划”，完善智库合作发展系统布局。聚焦科技治理、科技支撑社会治理，做优做强与高校共建智库基地；聚焦关键核心技术领域与技术创新体系建设，推动与企业共建高端智库平台；围绕国家区域发展战略，与地方共建战略智库；聚焦重要科技领域，强化学会的智库功能。扩大科技智库国际交流合作。

四、深化开放合作发展，服务科技工作者成长成才

13. 搭建高端学术交流平台。引导科技工作者围绕疫苗研发、公共卫生、应急管理等方面的突出问题开展高端跨界交流。推动国际科技交流合作，继续办好世界科技与发展论坛，汇集全球智慧，策源创新思想。助力黄河流域生态保护和高质量发展战略，与山东省共同办好第二十二届中国科协年会。推动一批全国学会（学会联合体）打造国际高端会议品牌，联合地方政府打造一批综合性高端学术会议，支持一批地方科协举办服务地方经济发展的政产学研用学术论坛。

14. 举荐宣传优秀科技人才。举办“5·30”全国科技工作者日系列活动，让更多科技工作者和广大群众有参与感、获得感和认同感，持续提升“5·30”品牌影响力。以决战脱贫攻坚、决胜全面小康和新冠肺炎疫情防控中的先进典型为重点，开展系列十佳评选，遴选若干“最美科技工作者”，广泛宣传优秀科技工作者。组织好第二届全国创新争先奖、首届全国杰出工程师奖、第十六届中国青年科技奖等评选表彰，持续开展青年人才托举工程、优秀中外青年交流计划。继续支持办好世界顶尖科学家论坛、世界青年科学家峰会。支持全国学会、地方科协开展人才举荐宣传工作。

15. 助力科技工作者走近国际科技舞台中央。加强与海外科技组织、科学家的联络，讲好防疫抗疫中国故事，解疑释惑，增进互信。加大重要国际科技组织任职专家履职支撑力度，发挥联合国咨商专业委员会作用，积极吸引国际科技组织总部落户中国。深入实施“一带一路”民间科技人文交流“携手计划”。办好中美、中俄、中瑞、中日等双边高层交流活动，深化与周边国家、亚太、拉美的合作交流。通过百场高水平国际活动吸引千家国际机构和万名科技人才来华交流合作。围绕中央对港澳台工作大局做好人心工作。搭建工程能力认证标准和国际互认平台，推动通信等领域工程能力评价试点。

16. 强化智慧科协互动服务功能。持续推进智慧科协建设工程，强化“科界”“绿平台”“科协一家”等网上服务功能与应用集成，促进资源开放与共享，建好基层应用样板间，更广泛更深入连接汇聚全国学会和地方科协，推进覆盖全国科技工作者的沟通联络和咨询服务互动平台。及时总结信息化在应急科普中发挥的独特作用，推进与各级融媒体合作，拓展服务内容和渠道，完善网络联系服务机制。

五、强化改革攻坚，提升科技群团治理能力

17. 深入推进世界一流科技期刊建设。贯彻落实《关于深化改革培育世界一流科技期刊的意见》，全力打造领军期刊，深入实施“中国科技期刊卓越行动计划”，试点推进中外科技期刊同质等效。同步推进集群化试点改革和数字出版服务平台建设，构建科技期刊国际传播体系。深度参与国际科技治理，举办第三届世界科技期刊论坛、第十六届中国科技期刊发展论坛，拓展高端对话渠道，建立选刊推荐、人才培养等国际合作机制。围绕评价体系改革、开放获取发展趋势及应对策略等开展跨部门联合调研和政策研究。

18. 提升科协组织治理能力。贯彻实施《党委（党组）落实全面从严治党主体责任规定》和《中国共产党党和国家机关基层组织工作条例》，强化政治机关意识，创建“让党中央放心、让人民群众满意”的模范机关。加强机关党建，召开中国科协机关第九次党代会。围绕强“三性”去“四化”，开展形式主义、官僚主义专项整治行动。深化中国科协机关和直属单位机构改革，深化地方科协改革，建立健全各项工作制度。继续开展党组巡视工作，强化政治监督和执纪问责。开展科协系统干部队伍专业服务能力提升行动，制定进一步激励干部担当作为的具体举措，引导干部狠抓工作落实、增强忧患意识、提高工作本领。做好章程修订等中国科协第十次全国代表大会筹备工作。围绕“科协之治”，提出“十四五”时期科协事业发展的指导思想、发展目标、重大任务和重点举措；推动各全国学会、地方科协规划编制工作，形成中国科协“一体两翼”的规划体系。

19. 深化全国学会治理改革。加强党对学会的全面领导，建立健全学会党建工作机制。研究制订《关于全面加强全国学会治理改革的意见》，确立新时代学会创新发展的目标任务，完善学会改革发展的制度体系，推进学会治理体系和治理能力现代化。加强对全国学会的分类指导，实现监管服务全覆盖。打造一批有国际影响力的学会公共服务品牌，提升学会科技为民服务能力。推进学会联合体、产学联合体建设，促进面向大学科领域或全产业链的学会集群发展。

20. 以“党建带群建”推进基层组织建设。推动基层科协主动融入基层治理体系建设，提高科协基层组织的动员力、影响力。开展“三长制”扩面增效行动，完善吸纳组织程序，出台履职规范，建立激励机制，选树优秀典型，推广试点经验，服务新时代文明实践中心建设。省、市两级科协和学会推动资源下沉，将工作融入基层社区党群服务中心。分类推进企业科协、高校科协、园区科协、农技协等基层组织建设，创新机制，扩大组织和工作覆盖。

21. 狠抓巡视整改。对标对表中央巡视整改要求，一体两翼联动，形成系统合力，压实各级整改责任，项目化管理、工程化推进整改任务，建立明责、考核、督查、问责全链条闭环式工作机制。综合运用巡视整改成果，巩固扩大整改成效，一体推进“不忘初心、牢记使命”主题教育检视问题整改，以常态化长效化整改促进提高党的建设质量，推动全面从严治党向纵深发展。

抄送：中国科协机关各部门、各直属单位。

中国科协办公厅
2020 年 4 月 14 日

中国科协办公厅关于印发《中国科协 2020 年服务科技经济融合发展行动方案》的通知

各全国学会、协会、研究会，各省、自治区、直辖市、副省级城市科协，新疆生产建设兵团科协：

《中国科协 2020 年服务科技经济融合发展行动方案》已经中国科协 2020 年第十一次党组会议审议通过，现印发你们，请结合实际认真贯彻执行。

中国科协办公厅
2020 年 4 月 8 日

中国科协 2020 年服务科技经济融合发展行动方案

为贯彻落实党中央、国务院决策部署，充分发挥科协系统人才智力和组织网络优势，服务企业复工达产、培育经济新增长点、壮大发展新动能，中国科协组织实施 2020 年服务科技经济融合发展行动。

一、总体要求

坚持以习近平总书记关于统筹推进疫情防控和经济社会发展工作的重要讲话精神为指引，以促进科技经济深度融合为目标，会地合作、上下联动，资源整合、重心下移，以地级市为重点，汇聚国内外创新资源，激发创新创业活力，促进数字经济与实体经济融合发展，推动城镇化与乡村振兴协调共进，助力地方经济社会高质量发展。

二、工作目标

按照合作发展、开放协同的原则，打造“科创中国”服务品牌，开通科技经济融通平台，组织百个“科技服务团”“科技服务队”，与地方共建百座技术创新枢纽城市，组织千家学会深入万家企业开展科技志愿服务，举办千场人才技术培训，组织百场国际技术贸易活动和百场科技决策咨询活动，把创新要素引向国内、引向基层、引向企业，帮助地方提升产业竞争力和技术创新力，拓展高质量发展新空间。

三、重点任务

1. 打造“科创中国”科技经济融通平台。联合各类创新主体共建共享集政产学研用金于一体、创新要素供需双方直接对接的网络服务平台，汇聚海内外创新资源和中小企业技术需求，积累形成开放式、演进型“问题库”“成果库”“人才库”。与地方政府合作，遴选若干重点产业，组织开展“技术路演”，构建线上线下渠道融通的创新创业生态系统，促进优质技术项目转移和成果转化。

2. 共建“科创中国”创新枢纽城市。与地方政府合作，共建百座创新要素供需对接枢纽城市，推动创新资源聚汇。在京津冀、长三角、粤港澳等重点区域共建技术交易服务中心，发展国际技术交易联盟，打造适应科技与产业加速变革的技术交易服务网络。支持地市创新和科普资源下沉，探索科技志愿服务与党群服务中心、新时代文明实践中心融合机制，建设新时代“科技工作者之家”，践行科技为民，推动科技、人才“上山下乡”，助力脱贫攻坚和乡村振兴。

3. 推动“科创中国”科技志愿服务。全国学会组建国家级“科技服务团”，省级科协组建区域性“科技服务队”，各类企业和科技园区科协组建行业型“技术经理人团队”，围绕地方产业发展和企业需求开展科技志愿服务。在 15 个左右省（区、市）开展需求调研，遴选 10 个左右重点产业领域，面向百座地级市，组织千家学会深入万家企业，年底前实现对重点区域、重点产业服务全覆盖。

4. 组织“科创中国”人才技术培训。全国学会、省级科协围绕数字经济与实体经济融合发展和国家城镇化战略，服务地方引才引智引技。针对产业数字化、数字产业化和新型基础设施建设中的关键核心技术问题，组织开展学术交流，提供解决方案；开展先进适用技术培训，推动群众性技术创新；支持创新团队与企业共建专家工作站，开展订单式服务。发挥顶尖科学家论坛、青年科学家峰会、创新创业成果交易会等品牌活动的示范作用，举办千场人才培训和技术推广活动。

5. 集聚“科创中国”海外智力创新创业。结合地市需求，新建一批海智基地和海外人才离岸创新创业基地。建立面向全球的“技贸通”国际技术交易促进协作机制，吸纳各地优秀技术转移服务机构、国际技术转移经理人，构建以城市为载体的国际技术交易服务“微循环”体系。开展“海外人才中国行”活动，支持国内企业与海外创新团队共建科研工作站。组织百场国际技术贸易和交流活动，吸引千家海外机构、万名海外人才参与。

6. 开展“科创中国”科技决策咨询。聚焦数字经济发展，建立企业需求常态化调查机制，开展技术预见，研判关键技术路线和产业创新方向，为新型基础设施建设、产业升级和结构优化提供决策参考。聚焦城镇化发展对科技和公共治理带来的机遇和挑战，围绕科技服务民生、科技助力城市建设和乡村振兴开展决策咨询。组织百场服务地方创新发展的建言献策活动。

四、进度安排

4 月上旬，印发通知。

4 月底，遴选首批试点地市。

5 月，启动试点工作。

10 月底，交流首批试点经验，启动第二批试点工作。

12 月底，开展试点工作总结，制订明年工作计划。

五、实施保障

1. 加强组织领导。中国科协成立领导小组，办公室设在学会学术部。全国学会成立专项工作组，组建科技服务团，下沉服务地市。省级科协会同有关地市成立协调机构，协同推进工作。

2. 深化会地合作。中国科协与相关省（区、市）签订会省（区、市）合作协议。省级科协加强统筹，推进协议落地实施。以地级市为中心，创新合作模式，努力形成长效机制。

3. 坚持试点先行。会同相关省（区、市）党委政府，按照省级为统筹、地市为重心原则，选择一批试点城市开展重点产业供需对接服务，探索因地、因产、因企制宜的服务模式和运行方式。

4. 强化过程管理。中国科协设立专项经费支持平台建设、科技服务团活动等“科创中国”品牌建设，实施项目化管理、工程化推进。加强节点控制和绩效考核，强化闭环管理，确保项目执行效果。

中国科协办公厅关于印发《2020 年科协系统深化改革重点任务》的通知

科协办发调字〔2020〕12 号

机关各部门，各直属单位：

《2020 年科协系统深化改革重点任务》已经中国科协深化改革领导小组审议通过，现正式印发，请各部门、单位推动落实。

中国科协办公厅

2020 年 7 月 3 日

2020 年科协系统深化改革重点任务

根据习近平总书记系列重要讲话精神和中央书记处对科协工作的指示要求，围绕贯彻落实中央巡视整改要求，结合《中国科协 2020 年工作要点》，研究提出 2020 年科协系统深化改革重点任务如下。

一、总体要求和基本原则

（一）总体要求

2020 年是决胜全面建成小康社会、打赢精准脱贫攻坚战、实现“十三五”规划收官之年。科协系统改革要坚持以习近平新时代中国特色社会主义思想为指导，全面贯彻党的十九大和十九届二中、三中、四中全会精神，增强“四个意识”、坚定“四个自信”、做到“两个维护”，紧扣决胜全面小康、决战脱贫攻坚，聚焦保持和增强政治性先进性群众性，坚持“四服务”职责定位，着力加强对科技工作者思想政治引领，着力服务党和国家工作大局，着力深化科协系统改革，着力构建联系广泛、服务群众的科协工作体系，更好把广大科技工作者团结在以习近平同志为核心的党中央周围，为全面打赢新冠肺炎疫情防控人民战争、总体战、阻击战，实现全年经济社会发展目标任务，建设创新型国家和世界科技强国不懈奋斗。

（二）基本原则

1. 坚持改革创新。坚定改革信心，强化改革担当，坚持向改革要动力，创新思路理念和方式方法，做实改革举措，精准推进落实，培育科协事业发展新动能，为把疫情造成的损失降到最低限度、推动经济社会高质量发展作出科协贡献。

2. 坚持问题导向。以巡视整改为契机，针对中央巡视指出的“对地方科协改革指导不够，改革越往下延伸力度越弱，县级科协不敢改、不会改”等问题精准发力，从国家治理体系和治理能力现代化的高度谋划推动科协改革特别是基层改革，深入研究新时代科技群团目标定位、运行机制、作用发挥模式，创新工作举措，赋能基层组织，优化科协治理结构、治理过程和治理效能。

3. 坚持合作发展。围绕“合作发展年”主题，推进“1–9–6–1”工作布局，服务统筹推进疫情防控和经济社会发展工作，发挥“一体两翼”优势和开放型枢纽型平台型特色，以开放促改革，推动服务下沉、重心下移，以组织赋能拓展开放合作格局，以机制创新提升开放合作能力，激发制度活力，服务国家战略需求。

二、重点任务

1. 加大对地方科协改革工作指导力度。①强化改革顶层设计，尊重基层首创，实施第二批地方科协深化改革试点；②针对薄弱环节，会同相关省份制定改革工作要点，联合推动改革向基层延伸。（牵头部门：调宣部）

2. 加强网上科技工作者之家建设。贯彻落实习近平总书记关于加强网上群团工作能力建设的重要指示精神，着眼构建联系广泛、服务群众的科协工作体系，创新线上联系服务科技工作者机制模式，整合科协优势资源，推动工作上网、服务上网、活动上网，以科技社交为纽带，以“科普中国”和“科创中国”平台为支撑，服务科技工作者创新创业需求和公众对优质科普产品的迫切需求，增强网上群众组织力动员力。（牵头部门：组人部）

3. 创新政治引领模式。①建设科协党校政治引领平台，推动成立省级科协党校、全国学会分校和各类专门党校；②探索完善团结引领科技领军人才、青年科技人才和海外人才的工作机制；③创新习近平新时代中国特色社会主义思想宣讲机制，鼓励全国学会和地方科协结合各自学科特点和区域发展实际，开展分众、分类、分层宣讲。（牵头部门：组人部）

4. 提升科学家精神宣传实效。①围绕《关于进一步弘扬科学家精神加强作风和学风建设的意见》三年工作目标，持续加大宣传阐释力度，提高覆盖面和实效；②打造科学家精神宣传品牌，推动“科学大师名校宣传工程”深耕校园、走向基层，优化老科学家学术成长资料采集方式，通过主题巡展、摄影展等多种方式提升影响力；③创新科学家典型人物宣传模式和活动载体，通过举办抗疫防疫优秀科技工作者事迹报告会、“百年学会百名大家”科学家精神宣讲活动、“百馆千场科学家精神宣讲会”等平台，引领价值导向；④继续办好全国科学道德和学风建设宣讲教育，创新工作方式，加强联动协同，联合高校、科研院所开展优良学风传承行动；⑤完善支持老科技工作者协会在传承科学家精神、服务创新型国家建设方面充分发挥作用的工作机制。（牵头部门：调宣部）

5. 创新科学文化公共服务机制。①强化新时代公民科学素质建设顶层设计，推进科普理念、制度、内容、方法改革创新，突出问题导向、目标导向和效果导向，建立普惠共享的现代科普体系；②探索建立“平战结合”的应急科普工作机制，认真做好新冠肺炎应急科普阶段性经验总结，强化基层科普服务能力，深入推进科技志愿服务行动计划；③创新科普手段和服务模式，做好科普内容生产汇聚和精准推送，强化“科普中国”品牌引领，打造国家级“科学辟谣平台”，打造全媒体科普阵地。进一步推动中国公众科学素质促进联合体建设，扩大全域科普试点。（牵头部门：科普部）

6. 创新“科创中国”工作机制，促进产学研深度融合。①贯彻落实习近平总书记回信精神，搭建“科创中国”融通平台，加强服务引领、平台创新与组织创新机制建设，完善运行机制，广泛链接区域、产业、企业、学会、服务机构等各类创新主体，汇聚国内外创新资源，激发创新创业活力；②完善助力地方和区域高质量发展模式，突出会地合作、上下联动，强化与地方党委政府合作，共建“科创中国”试点城市，资源整合、重心下移，支持科技服务团队下沉服务，培育产学协同创新组织，把创新要素引向国内、引向基层、引向企业。（牵头部门：学会部、办公厅、组人部）

7. 探索服务决战脱贫攻坚长效机制。①完善组织动员科技组织、科技工作者助力脱贫攻坚的机制模式，突出智志双扶，建立防止返贫的长效工作机制；②组织全国学会和各地科协全面总结定点扶贫与科技助力精准扶贫工作成效与经验。（牵头部门：计财部）

8. 深入推进世界一流科技期刊建设。①贯彻落实《关于深化改革培育世界一流科技期刊的意见》，全力打造领军期刊，深入实施“中国科技期刊卓越行动计划”，试点推进中外科技期刊同质等效；②同步推进集群化试点改革和数字出版服务平台建设，构建科技期刊国际传播体系；③深度参与国际科技治理，拓展高端对话渠道，建立选刊推荐、人才培养等国际合作机制；④围绕评价体系改革、开放获取发展趋势及应对策略等开展跨部门联合调研和政策研究。（牵头部门：学会部）

9. 拓展服务国家外交大局新空间。①加强与海外科技组织、科学家的联络，畅通民间科技人文交流渠道，创新合作机制，搭建交流对话平台，及时解疑释惑，增进互信；②发挥联合国咨商专业委员会作用，积极吸引国际科技组织总部落户中国。（牵头部门：国际部）

10. 深化全国学会治理改革。①建立健全学会党建工作机制，加强党对学会的全面领导；②制定《关于全面加强全国学会治理改革的意见》，确立新时代学会创新发展的目标任务；③加强学会治理制度体系研究，出台学会监事会工作管理办法，制定学会章程示范文本，打造学会制度样板间；④突出分类指导，形成具有中国科协组织特色的学会治理模式；⑤创新学会组织模式，推进学会联合体、产学联合体建设，促进面向大学科领域或全产业链的学会集群发展；⑥鼓励并支持学会开展外籍会员发展工作，持续提升学会参与全球科技治理的能力和水平。（牵头部门：学会部）

11. 完善“党建带群建”工作机制。①推动基层科协主动融入基层治理体系建设，助力新时代文明实践中心、基层社区党群服务中心建设；②推动“三长制”常态化，完善吸纳组织程序，出台履职规范，建立激励机制，提高基层科协组织动员力；③分类推进企业科协、高校科协、园区科协、农技协等基层组织建设，创新组织动员机制，赋能基层组织；④健全科技志愿服务制度，完善政策措施和社会动员机制，构建四级联动组织体系。（牵头部门：组人部）

12. 提升科协组织治理能力。①深化中国科协机关和直属单位机构改革，深化地方科协改革，建立健全各项工作制度；②以筹备中国科协第十次全国代表大会、修订章程为契机，提升治理能力；③围绕“科协之治”，提出“十四五”时期科协事业发展的指导思想、发展目标、重大任务和重点举措；推动各全国学会、地方科协规划编制工作，形成中国科协“一体两翼”的规划体系。（牵头部门：组人部、计财部）

以上12项改革任务由各牵头部门会同相关参与部门和单位进一步细化目标任务、推进举措和进度计划。

三、组织保障

1. 强化任务落实。中国科协深化改革领导小组定期听取改革重点任务进展情况，原则上与党组书记处会议、调度会等合并召开。重点任务推进情况应及时报送改革工作办公室。

2. 注重联动协同。牵头部门是重点改革任务的责任部门，应会同相关参与部门加强研究，狠抓工作落实，抓紧形成推进思路和重点举措。突出问题导向，注重改革任务与日常工作的协同。充分发挥“一体两翼”组织优势，加强与全国学会和地方科协联动配合。

3. 尊重首创精神。调动激发深化改革的系统活力，探索攻坚克难的新机制新举措。加强调查研究，及时发现改革中存在的新情况新问题，精准施策，确保改革取得实效。认真总结基层、试点等的实践成果，加大宣传推广和经验交流力度。

附件：2020年科协系统深化改革重点任务清单

中国科协办公厅
2020年7月6日

附件

2020年科协系统深化改革重点任务清单

序号	改革重点任务	着力点	牵头部门	重大任务
1	加大对地方科协改革工作指导力度	推动改革向基层延伸	调宣部	
2	加强网上科技工作者之家建设	强化思想政治引领	组人部	是
3	创新政治引领模式		组人部	是
4	提升科学家精神宣传实效		调宣部	是

续表

序号	改革重点任务	着力点	牵头部门	重大任务
5	创新科学文化公共服务机制	提升科技类公共服务产品供给能力和水平	科普部	是
6	创新“科创中国”工作机制，促进产学研深度融合		学会部、办公厅、组人部	是
7	探索服务决战脱贫攻坚长效机制		计财部	是
8	深入推进世界一流科技期刊建设		学会部	是
9	拓展服务国家外交大局新空间	服务外交大局	国际部	是
10	深化全国学会治理改革	治理结构和治理方式改革	学会部	是
11	完善“党建带群建”工作机制		组人部	是
12	提升科协组织治理能力		组人部、计财部	是

中国科协办公厅关于印发《中国科协关于深化改革创新、提高调查研究实效的意见》的通知

科协办发调字〔2020〕3号

机关各部门、各直属单位：

《中国科协关于深化改革创新、提高调查研究实效的意见》已经审议通过。现印发给你们，请结合实际，认真贯彻执行。

中国科协办公厅

2020年2月28日

中国科协关于深化改革创新、提高调查研究实效的意见

调查研究是谋事之基、成事之道，是我们党的优良传统，是做好各项工作的基本功。为深入贯彻习近平新时代中国特色社会主义思想，切实把党的十九大和十九届二中、三中、四中全会精神融入科协实践，紧扣决胜全面建成小康社会、决战脱贫攻坚主线，巩固深化主题教育成果，扎实推动巡视整改，切实转变工作作风，以调查研究促进履行“四服务”职责、推动合作发展，现提出如下意见。

一、总体要求

（一）指导思想

以习近平新时代中国特色社会主义思想为指导，深入贯彻落实习近平总书记关于“大兴调查研究之风”的重要指示精神和中央重大决策部署，增强政治性、先进性、群众性，推动开放型、枢纽型、平台型科协组织建设，面向基层、面向群众，深化改革、强基赋能，深入调研、广泛联系，多做统一思想、凝聚人心、解疑释惑、化解矛盾的工作，不断夯实党在科技界的执政基础，把组织优势有效转化为服务高质量发展优势和治理效能。

（二）基本原则

1.坚定政治方向。增强“四个意识”、坚定“四个自信”、做到“两个维护”，站稳政治立场，提高政治站位，坚持从政治上深入研究和精准把握问题，注重从党和国家工作全局分析和思考问题，以深入调查研究为履行政治使命、拓展政治引领广度深度奠定坚实基础。

2.践行群众路线。加强与一线科技工作者的组织联系和情感交流，广泛凝聚科技工作者的智慧，把调查研究同问智、问计、问需结合起来，同破解发展不平衡、不充分的问题结合起来，寓调研于服务之中，以调研促进合作发展，推动科学决策、民主决策、依法决策，提升治理能力。

3.强化辩证思维。运用辩证唯物主义和历史唯物主义方法，坚持定性和定量结合、宏观和微观结合、静态和动态结合，对调查材料进行去粗取精、去伪存真、由此及彼、由表及里的思考、分析、综合，透过现象看本质，把握创新发展规律、人才成长规律、科技治理规律、科技群团工作规律。

4.坚持务求实效。坚持目标导向、问题导向、效果导向，围绕中央关心、社会关注、科技界关切的重大问题，聚焦科协系统深化改革、推动事业发展不平衡不充分的突出问题，实事求是反映情况，探求解决

问题的办法和路径，形成具有针对性、指导性和操作性的意见和建议。

（三）主要目标

健全调研工作体系，创新调研工作机制，以调研活动激发系统活力，以调研实效保障科协组织力和治理能力提升，引导科协系统广大干部更加自觉地贯彻党的群众路线，切实转变工作作风，更加扎实有效地团结引领、联系服务广大科技工作者，提升科协工作的专业化、科学化水平和支撑社会治理能力，让深化改革强化基层的各项任务落下去，让惠及科技工作者的各项工作实起来，确保党中央大政方针和决策部署落地生根。

二、聚焦重大问题

1. 紧扣中央关注的重大问题。重点围绕深入落实习近平总书记关于科技创新的重要论述精神，开展政治引领与科学文化建设研究，推动科学家精神广泛弘扬、作风学风实质性改观；开展科技创新战略、科技评价制度等研究，健全符合科研规律的科技管理体制和政策体系；加强基础研究、前沿技术和颠覆性创新前瞻研判，促进完善关键核心技术攻关的新型举国体制；深化创新发展、人才成长规律研究，完善科技人才发现、举荐、培养、激励机制。

2. 紧扣推进国家治理现代化的战略部署。围绕服务国家治理现代化的目标，深入开展科技与经济、社会、文化、生态协同发展机制研究，探索科技支撑社会治理体系的方向、重点和路径；研究新兴技术发展中可能出现的伦理问题，为健全科技伦理治理体制提出对策建议；研究科技社团在国家治理体系中的定位和作用，为科协组织在国家治理现代化新征程中发挥独特作用提供科学依据。

3. 紧扣科协改革发展的瓶颈短板。围绕科协组织履行新时代政治使命、增强“三性”需要推进的重点工作，紧扣我国社会主要矛盾变化，聚焦科技工作者最急最忧的问题，广泛听取各方面意见和建议；围绕政治引领针对性、时效性不够，“三轮驱动”融合发展不足，合作发展能力不足，组织体系不完善，组织赋能、制度赋能实效不强等短板深入调研，破解改革发展难题。

三、强化效果导向

1. 把调查研究贯穿于决策和执行全过程。各级科协组织要坚持抓工作调研在先，坚决破除形式主义、官僚主义，从工作部署、人员配置、制度规范上加大调查研究分量，形成浓厚的调查研究风气。要确保调研成为经常性工作，防止把调研作为临时性任务、作为应付交差的权宜之计，防止为调研而调研、调研与工作脱节，以深入透彻的调查研究确保决策科学、执行有效。

2. 掌握科学的调研方法。遵循社会调查规律，尊重调查对象特点，善于运用互联网、大数据等新技术手段获取数据、分析数据，提高调查研究效率和效益。充分发挥各单位调研部门的作用，广泛调动社会各界的研究力量，重视吸收相关科技工作者参与调研，多层次、多方位、多渠道地调查了解情况，深入全面掌握第一手材料。

3. 及时形成高质量调研报告。调研报告要提高政治站位，实事求是反映情况，辩证认识、精准分析问题，善于运用科学方法，善于从个别现象中总结和把握事物发展趋势和矛盾运动规律，探求破解难题的办法路径，形成针对性、指导性、操作性强的意见和建议。

中国科协机关和直属单位应在调研结束 30 天内提交调研报告，报分管领导审定后，于 10 个工作日内提交存档。鼓励全国学会、地方科协将有关调研成果报送中国科协。调研报告视同中国科协高水平科技智库成果统筹管理，其中对经济社会发展和科技创新有重要价值或对科协事业发展有重要意义的，按流程履行审批手续后以适当形式上报，推动调研成果服务决策、服务发展。

四、创新组织机制

1. 建立协同调研机制。中国科协加强统筹协调，充分发挥全国学会的学术优势、地方科协的区域优势，以调查研究为基本方法，推动智库、学术、科普服务工作和服务产品向“一体两翼”延伸，在“一体两翼”上传导和辐射。发挥各级科协代表、专委会协同作用，调动代表、委员参与调研的积极性。探索与高校共建长效机制，打造开放智库平台。推动智库与媒体融合发展，用好政策语言、学术语言、新闻语言，讲好中国之治的故事。联合各方面力量共同打造一批科协原创品牌调研活动、构建一批多领域专家评估及咨询团队、培养一批高水平调研工作人才、发布一批高质量调研成果，不断提升科协系统调研工作整体效能和社会效益。

2. 创新调研项目管理机制。完善调研选题机制，加强与党委、政府调研部门的有效沟通，增强选题的针对性。加强调研项目管理，规划立项评审、中期检查、结题评估等程序，建立调研报告制度。共同打造集信息汇交、数据共享、成果发布、技术支持于一体的服务平台，建设问题需求库、人才资源库、调研成果库，健全共商共建、共治共享调研平台，完善决策支持信息系统。积极开展国际交流合作，推动调研成果服务人类命运共同体建设。

3. 探索人才培养机制。以调查研究活动为载体，凝聚科技工作者的智慧，统筹加强“三支队伍”建设。各单位要将调研能力作为干部能力建设的重点，通过相关培训提升理论素养和群众工作本领，着力培养中青年干部的脑力、眼力、脚力、笔力，打造一批热爱科协工作、理论素养扎实、业务知识丰富、调研能力过硬的科协干部队伍。

4. 完善考核评价机制。把调查研究纳入中国科协、全国学会和地方科协工作考核的重要内容，作为检验科协干部学习研究能力、改革创新能力、群众工作能力的重要依据。把领导干部开展调查研究的成效作为领导班子民主生活会对照检查的重要内容。

5. 健全调研报告评选机制。中国科协定期组织优秀调研报告评选，突出实效导向，开展年度“十佳”调研报告遴选等活动，形成示范引领。对优秀调研成果视情况给予奖励或后补助，定期组织调研成果交流，汇编优秀调研报告，作为干部业务学习的重要内容。

6. 建立调研督导机制。坚持以深入调研推动中央重大决策部署在科协系统落实落地。各级科协组织加强调查研究、提高调查研究实效的情况要纳入经常性工作检查和巡视巡察内容，中国科协适时组织专项检查。

五、切实转变作风

1. 实事求是开展调查研究。调查研究必须鼓励讲真话、道实情，有喜报喜、有忧报忧。不得设计所谓“经典调研线路”，不得安排有关人员当“群众演员”，不得要求干部群众统一口径“背台词”，不得编假情况、造假数字、摆假现场、树假典型，更不得对反映真实情况的人实施打击报复。

各单位主要负责同志要带头深入基层了解情况，倾听广大科技工作者的意见建议，每年到基层调研累计时间应当不少于20天，每年牵头完成至少1项重大课题；其他领导班子成员、各部门负责同志应结合各自业务领域分工调研，每年到基层调研累计时间应当不少于15天，每年完成至少1项重大课题。

2. 严明调查研究纪律。调研活动要坚决贯彻执行中央八项规定及《中国科协贯彻落实中央八项规定精神实施细则》，不搞层层陪同、对等陪同。要加强调研统筹，主要负责同志和各部门原则上不得轮番到一个省（区、市）、一个地区、一个点调研。严格控制调研人数，只安排与工作紧密相关的同志随行，用好调研经费。严格执行领导干部出差审批制度，严格按照公务接待标准住宿、报销经费，不接受超标准接待，不接受任何礼品和土特产，不增加基层负担，不影响调研对象单位正常工作。各单位有关部门要对调研中违反廉洁自律和作风建设要求的单位和个人及时批评纠正，依纪依规严肃问责。

六、完善保障措施

1. 加强党对调研工作的领导。各级科协党组（党委）要高度重视调查研究，切实加强领导，明确任务、细化分工、扎实推进。有关部门应建立调研活动的组织、协调、督查、交流、项目管理、成果转化等工作规范。

2. 加强成果普及宣传。充分运用手机、互联网、微博、微信等新媒体手段，推动可公开的优秀调研成果广泛传播，积极引导社会舆论，为弘扬科学家精神、工匠精神、科技志愿服务精神、企业家精神，服务高质量发展和国家治理现代化营造良好社会氛围。

3. 系统联动突出年度特点。中国科协将按照中央书记处指示精神，围绕年度工作重点任务，适时发布重大调研活动选题指南、调研报告质量标准等规范，会同省级科协和全国学会共同开展专题调研。各单位要将开展常态化调研工作纳入年度重要议事日程，认真研究本单位开展调研工作的配套保障机制，创新调研方法，改进调研手段，提高调研实效。

中国科协办公厅关于印发《2020年“全国科技工作者日”活动实施方案》的通知

科协办函组字〔2020〕29号

各全国学会、协会、研究会，各省、自治区、直辖市科协，新疆生产建设兵团科协，有关高校科协、企业科协：

根据中国科协党组批准的“全国科技工作者日”

活动整体安排，特研究制定了《2020年“全国科技工作者日”活动实施方案》（以下简称《实施方案》），现印发你们，请结合工作实际认真贯彻落实，并指导下级科协组织深入开展好2020年相关活动。

一、有关要求

1. 做好工作预案。各级科协组织要密切跟踪疫情防控进展，准确把握疫情防控阶段性变化，因时因势创新工作方式，提前作出活动预案。

2. 报送工作材料。请各全国学会、省级科协、高校科协、企业科协按照《实施方案》，统筹制定工作方案，并于4月22日前择优精选1—2项特色亮点活动筹备方案报送中国科协（盖章PDF版和Word版），并于6月20日前提交该特色亮点活动的总结报告（3000字以内，盖章PDF版和Word版）。

中国科协将评选优秀组织单位和优秀活动案例，予以通报表扬。

二、联系方式（略）

中国科协办公厅

2020年4月9日

2020年“全国科技工作者日”活动实施方案

一、指导思想

以习近平新时代中国特色社会主义思想为指导，紧紧围绕党中央重大决策部署，着力增强科协组织和工作政治性、先进性、群众性，以团结引领、建家办事、为民服务、开放合作、表彰发布“五大模块”为举措，形成科协系统“一体两翼”开展“全国科技工作者日”活动的长效机制，让科技工作者成为节日主角，提升自豪感、获得感、认同感，把广大科技工作者更加紧密地团结在以习近平同志为核心的党中央周围。

二、基本构架

引领各级各类科协组织参照“五大模块”在5月底开展一批有亮点、有特色、有影响的活动。面向科技工作者，提升组织凝聚力，增强自豪感；面向社会公众，提升宣传动员力，增强获得感；面向海外同行，提升合作影响力，增强认同感。

（一）团结引领

聚焦弘扬新时代科学家精神，采用调研座谈、展览展示、宣讲报告、走访慰问等形式，搭建党和政府联系服务科技工作者的平台，加强作风和学风建设，团结凝聚中国科协党校（人才学院）“三支队伍”（科技领军人才、海外科技人才、科协系统干部）。中国科协拟举办表彰奖励大会暨“双百”座谈会、主题访谈活动、线上展览、走访慰问科技工作者等。

（二）建家办事

聚焦建设科技工作者精神家园，大力加强“科技工作者之家”阵地建设，鼓励发展各级学会会员、科协会士，为科技工作者搭平台、解难题、办实事，维护科技工作者权益，使科技工作者切实感受到“家”的温暖和“节”的温馨。

（三）为民服务

聚焦弘扬科技志愿服务精神，突出党建带群建，全面融入党群服务中心和新时代文明实践中心，推动新时代文明实践中心试点县（市、区、旗）在县级志愿服务总队下成立县科协牵头的科技志愿服务队伍，充分发挥“三长”作用，服务基层、服务社会，深入开展科技志愿服务，普及科学知识、推广科学技术、倡导科学方法、服务科学决策、传播科学思想、弘扬科学精神。中国科协拟启动“智惠行动”和“科技服务团”“百城千会万企”示范服务活动，集中推介一批待转化成果，举行科技馆免费开放日活动、“科学家精神宣讲作品征集”联合行动、中国科技馆数字馆藏科普资源发布活动等。

（四）开放合作

聚焦合作共赢，与相关部门、单位联合开展活动，纳入党委和政府工作大局，争取支持、形成合力；动员相关国有企业、民营企业、社会组织、民间机构积极开展活动，形成较强的社会自发效应，进一步贴近大众；通过国际会议、高峰论坛、倡导倡议、走访交流、主题寄语等形式，通过培育国际科技组织、建设国际民间合作平台等方式，吸引更多海外机构参与，积极深化国际科技人文交流，拓展跨行业跨地域跨领域的朋友圈。中国科协拟举办公共卫生安全系列国际研讨会，面向科技工作者和国际科技组织负责人征集一批贺信或视频寄语等。

（五）表彰发布

聚焦总结动员，以奖项、荣誉称号评选表彰为抓手，加大对科技工作者的奖励力度，广泛宣传先进事迹；通过典型宣传、通报表扬等方式，总结推广科协系统优秀组织、案例经验做法，积极推动科协系统全面深化改革；发布科协组织重大成果、平台、标准，启动科协系统重大工作项目，向科技界、全社会发出动员，广泛争取关注、支持。中国科协拟开展第二届全国创新争先奖推荐评选表彰、求是杰出青年奖表彰，开展全国“最美科技工作者”评选宣传，开展“优秀抗疫学会”“优秀扶贫学会”典型宣传，推介“服务企业创新学会”品牌活动，选树基层“三长”优秀典型、“优秀科技志愿者”“优秀科技志愿服务队”，集中举行“科创中国”上线启动、科学辟谣平台发布仪式等。

三、北京主场活动

紧紧围绕党中央重大决策部署，以习近平总书记重要指示精神为根本遵循，突出时代主题、年度特征，打造标志性、引领性主场活动，将“全国科技工作者日”活动推向高潮。中国科协拟举行表彰奖励大会暨“双百”座谈会，一是颁发全国创新争先奖和中国科协求是杰出青年奖；二是聚焦“健康中国、全面小康”主题，与获奖者代表、百名两线（应对新冠肺炎疫情防控第一线和科研、物资生产两条战线）、百名“两决”（决胜全面建成小康社会、决战脱贫攻坚）科技工作者代表举行座谈会。

附件：2020 年“全国科技工作者日”特色亮点活动筹备方案（样表）（略）

中国科协办公厅关于印发《2021—2025 年度全国科普示范县（市、区）标准（2020 年修订）》的通知

各省、自治区、直辖市科协，新疆生产建设兵团科协：

2020 年 7 月，中国科协办公厅印发了《关于深入开展全国科普示范县（市、区）有关工作的通知》（科协办发普字〔2020〕13 号），公布了 2021—2025 年度全国科普示范县（市、区）标准。各地科协对照标准，积极开展全国科普示范县（市、区）有关工作。同时，部分地区反馈标准的部分标准设置偏高。考虑到基层工作实际，经研究，中国科协决定对现有标准进行修改，现将新标准印发给你单位，请按照此标准执行。

中国科协办公厅

2020 年 12 月 4 日

《2021—2025 年度全国科普示范县（市、区）标准（2020 年修订）》

为持续发挥全国科普示范县（市、区）的示范带动作用，推动县域全面实施《全民科学素质行动计划纲要》（以下简称《纲要》），推进新时代基层科普工作模式转型升级，不断提升基层科普公共服务能力，加强科学精神、科学方法和科学家精神在县域的宣传，着力构建以市域为中心、以县域为重点、以街道乡镇和村、社区为主阵地的全域科普体系，特制定如下标准。

一、党委和政府重视公民科学素质建设

1. 党委和政府重视、制度健全。深入贯彻落实党的十九大精神和习近平总书记“把科学普及放在与科技创新同等重要的位置”等关于科普的重要指示精神。必须已出台当地科协深化改革实施方案。将科学素质建设纳入当地经济社会发展总体规划及精神文明建设规划，建立全民科学素质工作领导机制，建立动员社会力量参与实施《纲要》和开展科普工作的有效机制。党委、政府负责同志积极参加科普活动，每年听取工作汇报，研究解决问题，营造良好的科普工作环境和条件。积极争取市级党委、政府对县级科普的支持。

2. 建立考核管理与表彰奖励制度。结合本地区实际出台相关文件，将实施科普工作纳入党政领导机关目标责任考核体系，并纳入年度工作目标考核、表彰、奖励范围。与经济社会发展其他指标同考核、同奖惩。对在科学素质建设中作出突出贡献的集体和个人，按国家有关规定给予奖励和表彰。

3. 建立应急科普工作机制，加强应急科普工作。积极发挥全国学会和地方科协“一体两翼”组织动员优势，加强新媒体在应急科普中的运用，依托科普中国、科学辟谣、数字科技馆等信息化科普平台，发动广大科技志愿者、基层“三长”、科普中国信息员深入开展应急科普。结合重大热点科技事件，组织传媒与专家共同解读相关领域科学知识，引导公众正确理解和科学认识社会热点事件。探索建立各种应急科普的常态化平台。

二、科普条件和能力不断增强

4. 组织机构健全。县（市、区）科协依照章程民主办会。乡（镇、街道）、村（社区）两级科普组织健全，街道（乡、镇）主要领导或分管科协工作领导

主抓科普工作，并明确相关人员做好具体工作。吸纳本地区“三长”（学校校长、医院院长、农技站站长）到县、区、街道（乡、镇）科协兼职挂职，鼓励其结合自身专业和工作开展科普活动。每所中小学合理配备专兼职科学教师或科技辅导员。50%以上的涉农乡镇建有农村专业技术协会，涉农县（市、区）围绕农业主导产业或特色产业有1个以上在民政部门登记注册，与企业、合作社等农业生产经营主体融合发展的农技协联合会，且入驻智慧农技协平台。

5. 科普经费保障充分。按规定安排经费支持科普相关事业发展。就基层科普行动计划、科技馆免费开放等上级拨付的经费做到切实发挥实效。

6. 基层科普阵地建设具有一定规模且服务效果良好。县（市、区）建有综合性科普活动场所或专业科普场馆，或科普场馆建设纳入当地经济社会发展规划和基本建设计划，积极筹措经费推动科普场馆建设和运营。有市级（地级市）以上科普教育基地、青少年科技教育基地、农村科普示范基地或科技教育特色学校5处（所）以上。县（市、区）属中、小学建有科技活动室达到50%以上。充分利用各类文化设施、党群服务中心、新时代文明实践中心（所、站）、社区等建设科普阵地。

7. 科技志愿服务扎实推进。成立县级科技志愿服务队伍并在科技志愿服务信息平台注册。不断引导各类科技人才加入科技志愿者队伍，注册科技志愿者人数不少于1000人。每年开展形式多样、丰富多彩、贴近群众生产生活实际、围绕地方产业发展和企业需求的科技志愿服务活动50场以上，助力新时代文明实践中心建设效果明显。形成常态化科技志愿服务品牌。制订出台科技志愿服务嘉许激励制度。

三、科普工作成效显著

8. 科普渠道多样化。充分利用各类综合性科普活动场所、新时代文明实践中心、党群活动中心、社区、街道、学校等开展精准化、多样化科普活动。利用大众传媒开展科技传播，在广播电台、电视台、报纸和杂志等媒体开设科普宣传栏目，每周刊、播1次以上。充分运用新媒体手段建立科普渠道，如科普公众号或科普微博等。在县政府等主要政务公众号中设立科普栏目，扩大和提升科普传播覆盖面和影响力。

9. 广泛动员社会资源开展科普活动。吸引社会各方面力量兴办科普事业或参与科普活动。利用学校等企事业单位、公共场所、科技园区、示范基地等公共资源，面向公众开展科普活动，年科普活动的覆盖面达到全县（市、区）常住人口的80%以上。科普工作与精神文明建设紧密结合，辖区内近三年不得发生恶劣影响的愚昧迷信、伪科学活动。

10. 推动科普中国等平台的资源落地应用。融合科技志愿服务，建立健全科普中国信息员队伍，吸纳更多公众成为科学知识的倡导者、传播者、践行者，通过微信、微博等社交渠道，将科普中国App优质科普资源传递给周边群众，科普中国信息员人数和年度总活跃人数在全省排名均处于前30%。充分利用各类基层科普渠道，分享科普中国等平台的资源，将科技志愿服务与科普信息传播结合，加大科普传播力度。

11. 充分发挥现代科技馆体系独特作用。建好并发挥好实体科技馆展教功能，没有实体馆的县每三年至少开展流动科技馆巡展工作1次。通过科普大篷车广泛深入乡镇、农村开展活动。建设并利用农村中学科技馆开展活动。运用数字科技馆的丰富内容开展科学教育。

12. 科普工作具有特色并形成品牌。科普工作具有创新性，在提高公民科学素质，促进科技创新、经济社会发展和和谐社会建设等方面发挥积极作用。探索提高公民科学素质的有效手段和方式，创新开拓基层科普阵地，形成可复制可推广的、有示范作用的典型经验和模式，树立有一定影响力的科普品牌。

中国科协办公厅关于印发《中国科技志愿服务标识使用管理办法（暂行）》的通知

科协办函普字〔2020〕62号

各全国学会、协会、研究会，各省、自治区、直辖市、副省级城市科协，新疆生产建设兵团科协，各有关机构：

为规范中国科技志愿服务标识使用，维护中国科技志愿服务标识良好声誉，中国科协研究制定了《中国科技志愿服务标识使用管理办法（暂行）》，已经中国科协书记处同志同意，现印发给你们，请遵照执行。

中国科协办公厅

2020年6月24日

中国科技志愿服务标识使用管理办法（暂行）

第一章　总　则

第一条　为规范中国科技志愿服务标识使用，维护中国科技志愿服务标识良好声誉，根据《中华人民共和国商标法》《中华人民共和国著作权法》《中华人民共和国商标法实施条例》，特制定本管理办法。

第二条　本办法所指的中国科技志愿服务标识是指为扩大中国科技志愿服务工作的社会影响力和传播力，鼓励动员更多科技工作者参与科技志愿服务工作的需求，广泛开展以科技惠民、科学普及等为主要内容的科技志愿服务工作的权威标志。

第三条　中国科学技术协会（以下简称中国科协）对中国科技志愿服务标识享有全部知识产权，负责统一制定发布中国科技志愿服务标识使用管理要求，并对中国科技志愿服务标识使用实施监督管理。

第四条　中国科技志愿服务标识的合法使用人有以下三类：

（1）地方科学技术协会（包括省、自治区、直辖市科学技术协会，市、地、州、盟科学技术协会和县、市、区、旗科学技术协会，统称地方科协）、基层组织（包括科技工作者集中的企业、园区、高等学校、科研院所等单位和有条件的乡镇、街道、社区、行政村等建立的科协或科普协会）、各级学会、协会、研究会；

（2）在科技志愿服务信息平台注册的志愿者、队伍；

（3）通过签订合同、认定、审批等方式获得授权的。

中国科技志愿服务标识合法使用人应遵循诚实守信的原则，按照相关标准、管理规范进行使用，必须保证其传播内容的准确和科学权威。

第二章　中国科技志愿服务标识的样式

第五条　中国科技志愿服务标识基本图案为：

中国科技志愿服务
CHINA VOLUNTEERS IN SCIENCE AND TECHNOLOGY

“中国科技志愿服务”英文表达为 CHINA VOLUNTEERS IN SCIENCE AND TECHNOLOGY，其标识视觉形象由红、绿、蓝、橘色人形标志构成，所有人形标志凝聚形成大脑的外形。不同颜色的人形标志象征不同领域的科技志愿者凝聚团结在一起，向社会或者他人提供公益性科技科普类服务，彰显奉献、友爱、互助、进步的志愿精神和爱国、创新、求实、奉献、协同、育人的新时代科学家精神。大脑外形体现了科技志愿服务以科技惠民、科学普及为主的特征。

第六条　中国科技志愿服务标识基本图案的矢量图可在科技志愿服务信息平台（http://www.stvs.org.cn）下载。中国科技志愿服务标识可按比例放大或缩小，标注后应清晰可识。

第三章　中国科技志愿服务标识的使用

第七条　中国科技志愿服务标识合法使用人在从事科技志愿服务时可使用中国科技志愿服务标识，可采用的中国科技志愿服务标识标示方法有：

（1）自主选择任意制作工艺（如印制、模压、刺绣等）制作铭牌、徽章、随附文件；

（2）加贴或吊挂在包装物上；

（3）直接印刷、悬挂或以其他方式展示在会议、宣传等活动场所中；

（4）根据实际情况采用相应的标示方法。

第八条　任何组织和个人使用中国科技志愿服务标识视觉形象须遵照《中国科技志愿服务标识视觉形象应用手册》。所有合法使用人都应按相关规定使用中国科技志愿服务标识，严格执行《中国科技志愿服务标识视觉形象应用手册》所规定的各项规范，不得随意更改，以保证中国科技志愿服务标识视觉形象的规范性和统一性，避免产生误导。

第四章　中国科技志愿服务标识的监督管理

第九条　中国科协科学技术普及部负责中国科技志愿服务标识使用过程中的检查、监管和维权。

第十条　各合法使用人在使用中国科技志愿服务标识的过程中，必须保护、维护中国科技志愿服务标识形象，不得对标识形象构成损害。未经授权，在传播媒介、销售产品、科学传播活动中应用中国科技志愿服务标识或者近似的标志，或未经同意更换中国科技志愿服务标识并将该更换标志的产品又用于信息传播的，均属侵犯中国科技志愿服务标识专有权。引起纠纷的，协商解决；不愿协商或者协商不成的，中国科协保留法律诉讼的权利，或者提起工商行政诉讼。

第十一条　在所有与中国科技志愿服务标识应用、

合作或者其他任何相关的行为中，不得出现以下相关情况：

（1）未经中国科协同意情况下应用中国科技志愿服务标识；

（2）对中国科技志愿服务标识造成破坏或者负面影响；

（3）未能正确按照中国科技志愿服务标识管理相关规定应用中国科技志愿服务标识；

（4）应用中国科技志愿服务标识过程中违反国家现行法律、法规、规章、条例以及任何具有法律效力之规范所限制或者禁止的其他行为。

第五章　附　则

第十二条 《中国科技志愿服务标识视觉形象应用手册》电子版可从科技志愿服务信息平台（http://www.stvs.org.cn）下载。

第十三条　本管理办法由中国科协科学技术普及部负责解释。

第十四条　本管理办法自公布之日起施行。

中国科协办公厅关于开展“典赞·2020科普中国”宣传推选活动的通知

科协办发普字〔2020〕20号

各全国学会、协会、研究会，各省、自治区、直辖市科协，新疆生产建设兵团科协，各有关单位：

为深入学习贯彻习近平新时代中国特色社会主义思想，落实科学普及与科技创新同等重要的指示精神，团结引领广大科普工作者不忘初心、牢记使命，弘扬科学精神、普及科学知识，助力统筹推进疫情防控和经济社会发展，中国科协联合中央广播电视总台等有关主流媒体共同举办“典赞·2020科普中国”宣传推选活动（以下简称“典赞活动”），盘点融汇年度科学传播典范和业界智慧，增强科普工作者的幸福感、获得感、认同感。现将有关事项通知如下。

一、目的意义

1. 盘点年度典范，提升品牌价值。凝聚科普业界智慧，盘点年度极具影响力的科普人物、科普作品、科学传播事件，揭示“科学”误区、终结“科学”流言，引导公众提高科学思维能力，提升“科普中国”品牌力和影响力。

2. 聚焦工作主线，助力全面小康。紧紧围绕脱贫攻坚、疫情防控等年度工作主线，充分体现科普在助力全面小康和人民美好生活中的重要作用，提升公众对于科技创新和科学普及的认同与支持。

3. 弘扬科技志愿，彰显科技为民。大力弘扬践行“奉献、友爱、互助、进步”的志愿精神，激励广大科普工作者积极开展科技志愿服务，真正让有影响、用得上的科学技术造福百姓、奉献社会、服务发展。

二、推选项目

本次活动推选以下四个项目：年度科普人物、年度科普作品、年度科学传播事件、年度科学辟谣榜。

1. 年度科普人物分为基层科普人物、科研科普人物、科普特别人物等三类，分别约占三分之一。

2. 年度科普作品分为科普图书图文、科普影音视频、科普展览展品等三类，分别约占三分之一。

3. 年度科普人物、年度科普作品接受全国学会、省级科协以及全民科学素质纲要实施办公室成员单位、中国公众科学素质促进联合体成员单位的推荐，其他机构须通过上述单位进行申报。

4. 年度科学传播事件、年度科学辟谣榜通过大数据筛选及分析产生，不接受申报和推荐。

5. 2017年、2018年、2019年已获“典赞·科普中国”十大科学传播人物、十大网络科普作品奖项的，不再参与本年度典赞活动推选。

三、活动安排

今年典赞活动时间为2020年9月—2021年3月，充分发挥科协系统“一体两翼”组织优势，按照“统一发动、分类推选、统一公示、统一发布”的“总—分—总”工作模式，对组织方式、评选流程、奖项设置等进行全面改革创新。

1. 发动推选阶段（2020年9—10月）。各全国学会、省级科协广泛发动社会力量，组织开展本领域和本区域的典赞推选活动（基本条件详见附件1），推选出候选年度科普人物和作品。其中，人物项分为基层科普人物、科研科普人物、科普特别人物等三类，每类推选不超过2个，人物项推选总数不多于6个；作品项分为科普图书图文、科普影音视频、科普展览展品3类，每类推选不超过2个，作品项推选总数不多于6个。各单位按推选结果先后顺序面向社会公示，无异议后通过申报系统填报推选情况和推荐函等相关材料，报送中国科协科普部。

2. 分类评审阶段（2020 年 11 月上中旬）。中国科协科普部分类梳理各单位上报的有关材料，结合科学传播事件和科学辟谣的大数据分析，组织专家评选出年度基层科普人物、年度科研科普人物、年度科普特别人物、年度优秀科普图书图文、年度优秀科普影音视频、年度优秀科普展览展品等，每类均不超过 10 个；评选出 20 个候选年度科学传播事件、20 个候选年度科学辟谣榜。统筹其他已有奖项，按评选结果先后顺序，统一在科普中国网及相关门户网站公示，同时进行网络集赞活动。公示期间，如有异议，可通过电话、信函、来访等方式反映情况。

3. 集中评审阶段（2020 年 11 月下旬）。邀请科学领域专家、知名媒体人等组成专家终评组，参考网络集赞情况，最终评选出年度科普人物、年度科普作品、年度科学传播事件、年度科学辟谣榜，各项均不超过 10 个。

4. 发布揭晓阶段（2020 年 12 月—2021 年 1 月）。拟于 2021 年 1 月中旬左右邀请有关领导、获奖人员、各界代表参加发布揭晓活动，现场发布年度科学传播事件和年度科学辟谣榜，揭晓年度科普人物和科普作品，争取在中央电视台科教频道录播。同时，将结合疫情防控情况实时调整，如影响严重，则采取网络直播方式策划实施揭晓活动。

5. 展示总结阶段（2021 年 2—3 月）。采访本次活动获奖专家，分享获奖感言，通过各大新闻媒体和各类网络平台宣传年度科普人物和科普作品。收录活动花絮以及精彩瞬间等，策划制作典赞活动纪念册和精彩视频。做好资料留存和梳理，为今后活动积累经验。

四、有关要求

1. 高度重视、认真部署。各全国学会、省级科协要把此次活动作为评价本领域、本区域科普工作成效的核心抓手，摆上重要位置，认真做好组织动员、申报评选等工作。要立足工作实际、紧贴工作主线，着重推荐方向正、影响大、群众认可的“最美、最佳”科普典型，鼓励向老科学家报告团、科技辅导员、科普中国信息员等一线人员倾斜，鼓励向服务脱贫攻坚、疫情防控、防汛救灾等重大任务的科普工作者倾斜。

2. 加强宣传、提升影响。各全国学会、省级科协要把新闻宣传贯穿活动始终，结合各自的典赞推选活动大力宣传科普工作进展和成效，展示本单位推选出的科普人物和作品等先进典型，引领时代风采和树立良好形象，不断扩大活动覆盖面和影响力。中国科协科普部将协调科普中国平台和人民网、新华网、今日头条等媒体单位积极予以支持。

3. 报送方式。各全国学会、省级科协在完成本领域和本区域的候选年度科普人物和作品的评选及公示后，于 2020 年 10 月 8 日起登录科普中国网（www.kepuchina.cn）“典赞·2020 科普中国活动”申报系统，填报相关信息。信息提交后，须下载并填写《“典赞·2020 科普中国”推荐函（样例）》（见附件 2），将推荐函加盖公章后回传至申报系统，则视为申报成功。未在规定时间内回传盖章推荐书的，视为报名无效。参评的科普图书需提交 3 套作品样本，并在 2020 年 10 月 25 日前邮寄至新华网；未在规定时间内收到参评科普图书，则视为报名无效。

网上填报截止日期为 2020 年 10 月 25 日。

五、联系方式（略）

附件 1：“典赞·2020 科普中国”活动基本推选条件

附件 2：“典赞·2020 科普中国”活动推荐函（样例）（略）

附件 3：“典赞·2020 科普中国”活动推荐表（略）

中国科协办公厅
2020 年 9 月 4 日

附件 1

“典赞·2020 科普中国”活动基本推选条件

一、年度科普人物基本推选条件

年度科普人物分为基层科普人物、科研科普人物、科普特别人物 3 类，各类分别约占三分之一。

（一）基层科普人物

1. 热爱科普事业，长期在一线从事具体科普工作的人员，包括科技辅导员、科普中国信息员、农技推广员、流动科技馆和科普大篷车工作人员等。

2. 具有较强的科技传播、推广、示范和组织能力，业务素质好，坚持创新，特色突出。

3. 带头开展和组织科普活动，受众面广，深受公众欢迎，科普工作成效显著。

（二）科研科普人物

1. 热爱科普事业，长期从事科普工作的科研工作者，积极参与科普报告的老科学家，在促进公众科学素质提升中作出突出贡献。

2. 能够将科研成果通过科普手段广泛传播，开发具有创新性和推广价值的科普作品，取得良好社会反响。

3. 科普受众面大，社会效益显著。

（三）科普特别人物

热爱科普事业，围绕国家重大发展战略和急难险重任务作出积极贡献的科普工作者。例如，在今年脱贫攻坚任务中通过开展科普扶贫、扶智成效显著的，在疫情防控、防汛救灾中通过开展应急科普成效显著的。

二、年度科普作品基本推选条件

年度科普作品分为科普图书图文、科普影音视频、科普展览展品 3 类，各类分别约占三分之一。

（一）科普图书图文

1. 2018 年 1 月—2020 年 8 月在国内首次公开出版或发布的原创中文类科普图书图文。

2. 套书需在全部完成出版后整套参评；丛书可整套参评，也可以其中单册图书参评。科普图文字数不限，制作精良，成系列图文优先，利用互联网和新媒体等平台传播量高、影响力大。

3. 参评的科普图书要达到国家合格品标准，具有较好的发行量和受众面。

（二）科普影音视频

1. 2018 年 1 月—2020 年 8 月在国内影院、电视台、广播、网络平台等首次公开播映或正式发布的原创中文类科普影视、音频和视频。作品无知识产权纠纷，符合相关政策规定。

2. 科普影视包括纪录片、教育片、动画片、科幻片等，符合国家有关影视播出、放映技术指标的有关规定。

3. 科普音视频主要是面向广播渠道和新媒体、网络平台等渠道公开发表的音视频精品资源，成系列的科普音视频优先。作品要制作精良，具有广泛传播力和社会影响力。

（三）科普展览展品

1. 2018 年 1 月—2020 年 8 月举办的科普展览和展出展品。

2. 要为弘扬科学精神、普及科学知识，围绕科学现象、原理、技术应用等设计的展览和展品。

3. 能够体现时代精神，具有良好的展示效果，能够达到形式设计与内容设计的和谐统一，能够形象展示科学现象和原理。

三、年度科学传播事件基本推选条件

1. 本年度公众重点关注的热点事件，引发科学家广泛进行科学解读。

2. 引发媒体广泛报道传播，公众知晓度高，引发全民性讨论。

3. 面向公众解疑释惑，促进公众了解前沿科技动态。

四、年度科学辟谣榜基本推选条件

1. 本年度所流行的与公众日常生活及社会热点息息相关的流言、谣言，且被公众广泛传播转发。

2. 相关媒体单位及时有效地对该流言进行辟谣，形成科学权威结论，并形成广泛传播。

3. 辟谣结果对加强公众谣言辨别能力、提升公民科学素质有显著效果。

中国科协办公厅关于对 2020 年全国科普日有关组织单位和活动予以表扬的通知

科协办函普字〔2020〕158 号

各全国学会、协会、研究会，各省、自治区、直辖市、副省级城市科协，新疆生产建设兵团科协，各有关单位：

为贯彻习近平新时代中国特色社会主义思想，落实党的十九大和十九届二中、三中、四中、五中全会精神，弘扬科学精神、普及科学知识，推进全国科普日活动创新发展，在全社会营造讲科学、爱科学、学科学、用科学的良好氛围，按照《中国科协　中央宣传部　教育部　科技部　水利部　农业农村部　国家卫生健康委　应急管理部关于举办 2020 年全国科普日活动的通知》（科协发普字〔2020〕14 号）的要求，中国科协对 2020 年全国科普日有关组织单位和活动进行工作表扬。

经综合评估，水利部宣传教育中心等 717 个单位被评为 2020 年全国科普日活动优秀组织单位；“节水在身边”全国短视频大赛等 788 个活动被评为 2020 年全国科普日优秀活动；“北斗惠民”展示活动等 18 个活动被评为 2020 年全国科普日北京主场优秀活动。

希望受到表扬的单位再接再厉、开拓进取，继续发挥示范带头作用，在更高起点、更高目标、更高层次上谋划推进全国科普日。同时，要以科技志愿服务为抓手，更加突出价值引领，继续大力弘扬科学精神和科学家精神，培育青少年科学兴趣，为提高全民科学素质、建设世界科技创新强国作出新的更大贡献。

附件1：2020年全国科普日活动优秀组织单位名单（略）

附件2：2020年全国科普日优秀活动名单（略）

附件3：2020年全国科普日北京主场优秀活动名单（略）

中国科协办公厅

2020年12月18日

中国科协办公厅关于开展新型冠状病毒感染的肺炎疫情应急科普工作的通知

科协办函普字〔2020〕11号

各省、自治区、直辖市科协，新疆生产建设兵团科协：

近期，湖北省武汉市等多个地区发生新型冠状病毒感染的肺炎疫情。疫情发生后，党中央、国务院高度重视。习近平总书记多次过问疫情和患者救治情况，对做好疫情防控工作作出重要指示批示。李克强总理多次作出重要批示，国务院常务会议研究部署疫情防控。

为落实习近平总书记重要指示，按照有关要求加强舆论引导、加强有关政策措施宣传解读工作，坚决维护社会大局稳定、维护人民群众健康，各级科协要积极做好当前和今后一个时期新型冠状病毒感染的肺炎疫情应急科普工作，科学宣传疫情防护知识，提高公众自我保护意识。具体要求如下。

一、高度重视、切实担当

目前正值春节期间，人员大范围密集流动，做好疫情防控工作十分紧要，让广大社会公众掌握正确的疫情防护知识对于疫情防控意义重大。中国科协已成立由书记处负责同志为组长的领导小组，办公室设在中国科协科普部。各级科协要高度重视、切实担当，坚持以人民为中心，把人民群众生命安全和身体健康放在第一位。各级科协负责同志要亲自挂帅，调配工作力量，明确责任到人，保持动态响应，确保“疫情不解除，科普不掉线”。要在地方党委和政府领导下，与有关部门加强联系，做好应急科普工作。

二、广泛动员、权威发声

1. 加大科普宣传力度。第一时间传播国家权威部门发布的相关信息，组织权威专家有效发声，用好科普中国和科学辟谣平台提供的科普内容，动员科普信息员队伍广泛传播，以群众易于理解的科普化方式提升传播效果。

2. 统筹利用各类传播渠道。充分发挥报刊、电视等传统媒体权威性强，微信、微博、抖音等网络新媒体形式活泼、覆盖面广，街道、社区等基层科普阵地线下渠道直接触达受众的优势，统筹用好各类传播渠道，进行分类、精准传播。

3. 加强舆情分析。通过舆情分析及时了解公众对疫情防控中相关科学问题的疑问以及传播中存在的科学性谣言，有针对性地进行解疑释惑和科学辟谣，满足公众需求，打造网络清朗空间。

4. 强化科普场所疫情防控措施。按照相关主管部门的要求，结合本地实际，强化科普场所疫情防控措施，落实通风、消毒、测体温等必要措施。

三、加强联动、形成合力

1. 建好用好联动机制。中国科协已与国家卫健委、有关全国学会建立应急科普联动机制，组织相关应急科普资源生产和传播，相关情况和信息将及时在“中国科协＋各省科协科普部”工作交流群中发布，与各地科协建立起上下联动的应急科普工作机制。各地科协可参照建立工作联动机制，及时交流工作动态和有效经验，提出需求。

2. 制定应急科普工作方案。各地科协应急科普工作负责人原则上为科普分管领导，联系人原则上为科普部主要负责同志，负责人和联系人春节假期期间保持联系通畅，推动相关工作持续开展。请各地科协将名单和方案及时报备，2月7日前将阶段性工作小结报送至中国科协。

3. 用好科普内容资源。科普中国App已开通“防控新型肺炎　让春节更祥和”专题，生产并汇聚相关资源。各地科协要积极用好资源开展科普宣传，中国科协将通过大数据手段及时统计、公布各地科普信息员相关传播情况。

中国科协办公厅

2020年1月22日

关于印发《2020 年全民科学素质行动工作要点》的通知

纲要办发〔2020〕1 号

全民科学素质纲要实施工作办公室各成员单位，各省、自治区、直辖市、副省级城市纲要办（科协），新疆生产建设兵团纲要办（科协）：

现将《2020 年全民科学素质行动工作要点》印发给你们，请结合实际贯彻落实，确保 2020 年全民科学素质工作任务圆满完成。

全民科学素质纲要实施工作办公室

（中国科协办公厅代章）

2020 年 4 月 20 日

2020 年全民科学素质行动工作要点

2020 年是决胜全面建成小康社会和决战脱贫攻坚之年，也是《全民科学素质行动计划纲要（2006—2010—2020 年）》的收官之年。全民科学素质工作要坚持以习近平新时代中国特色社会主义思想为指导，深入贯彻党的十九大和十九届二中、三中、四中全会精神，增强“四个意识”、坚定“四个自信”、做到“两个维护”，把人民对美好生活的向往作为奋斗目标，坚持目标、问题、效果导向，着力解决不平衡不充分问题，厚植创新发展沃土，服务国家治理体系和治理能力现代化，为建设世界科技强国和社会主义现代化强国作出更大贡献。

一、以习近平新时代中国特色社会主义思想为统领，在全社会厚植创新发展沃土

（一）深入贯彻党的十九届四中全会精神，推动科普能力现代化

1. 推动习近平新时代中国特色社会主义思想在全民科学素质工作中的深化转化，把握工作正确方向，不断提高推动工作跨越发展的能力。（各成员单位）

2. 围绕国家发展战略和人民群众高质量科普需求，服务国家治理体系和治理能力现代化，鼓励引导科技工作者开展科技志愿服务，助力新时代文明实践中心建设，在推动经济社会创新发展、建设社会主义先进文化、优化社会治理体系、构建人类命运共同体等方面发挥公民科学素质的更大作用。（各成员单位）

3. 探索建立国家应急科普快速响应机制，力争纳入国家应急管理体系。建立党政部门、学术共同体、权威专家、医疗机构、科研机构等多元主体协同发声机制，将科普与舆论引导、政策措施宣传结合，规范发声渠道，辟除虚假信息，减少信息过载。建设应急科普中央厨房，完善应急广播平台，创作、汇聚高质量科普内容。（中国科协、中央宣传部、应急部、卫生健康委、生态环境部、自然资源部、教育部、广电总局、气象局、地震局）

4. 打造国家级“科学辟谣平台”。发挥权威科技工作者、科技群团作用，联合各有关主责部门，用好“科普中国”“科学辟谣平台”和各部门权威科普信息平台。建立应急科普资源库和权威专家库，及时跟进媒体舆论，围绕公众关切和突发事件，针对谣言快速发声、澄清事实，定期发布科学谣言榜，正确引导舆论，维护社会稳定。（中国科协、中央宣传部、应急部、卫生健康委、生态环境部、自然资源部、教育部、市场监管总局、中科院、气象局、地震局）

（二）大力弘扬科学精神，助推创新驱动发展

5. 推动科学普及超越知识价值层面，更加重视科学方法、科学精神、科学文化层面的社会培育。弘扬求真务实、不懈探索、勇于创新、兼容并蓄、宽容失败的科学精神，全面彰显科学普及的多元价值。（各成员单位）

6. 宣传展示党的十八大以来和新冠肺炎疫情防控中贡献突出的科技界生动实践、宝贵经验和优秀典型。在各类主流媒体、新媒体上围绕国家战略、区域发展、重大科技成就等开展科普宣传，强化宣传时、度、效。推动科学精神进校园、进社区、进乡村、进企业。（各成员单位）

7. 大力宣传报道优秀科技成果、学科领域的最新进展、重大科技成就，特别是新冠肺炎疫情防控相关病毒学、流行病学、医药学等科研成果，加大科技领域时代楷模和“最美科技工作者”的学习宣传力度，发扬心有大我、至诚报国的中国科学家精神，把抗击疫情斗争作为弘扬科学家精神、塑造科技界形象的生动教材，展示科技界服务决胜决战和抗疫斗争的优秀典型，巩固壮大科技界爱国奋斗的思想基础。（中央宣传部、科技部、教育部、卫生健康委、广电总局、中科院、工程院、中国科协）

（三）深入开展主题科普活动，促进社会环境文明和谐

8. 围绕人民群众关心的卫生健康、疫情防控等领域，普及健康生活方式，提高全民健康素养水平。根据新冠肺炎疫情总体形势，统筹开展“5·30”科技工作者日、全国科普日、科技活动周、中科院科学节、世界艾滋病日、世界防治结核病日、世界无烟日、世界气象日、世界环境日、世界地球日、世界海洋日、科普文化进万家、健康中国行、全国食品安全宣传周、全国质量月、全国安全用药月、中国航海日、全民健身科技志愿服务神州行等科普活动。（各成员单位）

二、加强分类指导和精准施策，狠抓重点人群科学素质提升

（一）实施青少年科学素质行动

9. 深化中小学科学领域课程教学改革。开展义务教育课程修订，切实加强中小学生科学教育。推动科技教育资源开放与共享，拓展传播渠道，丰富线上教育内容资源。（教育部）

10. 推动青少年科技后备人才培养。深入实施“中学生英才计划”，办好“明天小小科学家”奖励活动和全国青少年科技创新大赛等活动，积极探索科技创新后备人才发现、选拔和培养机制。（中国科协、教育部、自然科学基金委）

11. 充分挖掘图书馆、实验室等校内资源，整合青少年宫、科技馆等校外资源，利用好中小学生研学实践教育基（营）地，加强科学精神、学习兴趣和实践能力培养。提升家庭教育科学化水平，加大农村学校科技辅导员培训力度，面向农村留守儿童开展疫情防控、心理疏导、健康生活等方面的志愿服务。（教育部、科技部、共青团中央、全国妇联、中国科协）

12. 实施国家级大学生创新创业训练计划，推进实施基础学科拔尖学生培养计划 2.0。统筹开展中国“互联网+”大学生创新创业大赛、“挑战杯”“创青春”等活动。（教育部、共青团中央、中国科协）

13. 广泛组织开展学校科技节、公众科学日、红领巾科技小社团、“科技之光”青年专家服务团和高校科学营、求真科学营等活动，继续实施“圆梦”蒲公英、“水上交通安全知识进校园”等主题活动，积极推进科技场馆、博物馆、科普大篷车进校园。增强科普益智互动节目的吸引力，激发青少年的科学梦想。（教育部、科技部、交通运输部、文化和旅游部、广电总局、中科院、文物局、共青团中央、中国科协）

（二）实施农民科学素质行动

14. 实施《乡村振兴农民科学素质提升行动实施方案（2019—2022 年）》，深入开展产业扶贫带头人、新型农业经营与服务主体经营者、返乡入乡创业者、专业种养加能手等培训，服务乡村振兴战略。引导各地建设具有区域特色的农民培训基地，鼓励高校院所、农业企业和社会力量开展农民教育，扩大农村妇女带头人培训试点。（农业农村部、教育部、全国妇联、中国科协）

15. 注重扶贫同扶志、扶智相结合，加强信息技术培训，降低新冠肺炎疫情对农业生产的影响。向革命老区、民族地区、边疆地区、集中连片贫困地区加大政策和资源倾斜力度，加强科普基础设施配置，实现流动科普服务全覆盖。深入开展科普援藏援疆工作，加强对农村留守儿童、老人和妇女等困难群体的关爱服务。（农业农村部、中国科协、国家民委、民政部、卫生健康委、全国妇联）

16. 加强农村科普教育设施建设，进一步发挥农村中学科技馆、乡村学校少年宫等作用，依托幸福院、敬老院等农村养老服务机构设施开展消防、卫生、安全等方面科普宣传。（中国科协、民政部、农业农村部、卫生健康委、应急部、共青团中央、全国妇联）

17. 抓好移风易俗，树立文明新风，坚决破除食用野生动物的陋习，不断改善农民精神风貌。用好新时代文明实践中心、基层党群活动中心等各种阵地，深入开展健康中国行、千乡万村环保科普行动、农村安居宣传和农民科学素质网络知识竞赛等科普活动。（中央宣传部、农业农村部、国家民委、民政部、生态环境部、文化和旅游部、卫生健康委、广电总局、林草局、中国科协）

18. 搭建、完善农民科学素质提升工作平台，发挥全国农业科教云平台、科普中国服务云、中国环保科普资源网、中国兴农网、农村社区公共服务综合信息平台、农村科技网络书屋等作用，有力推动“三农”工作。（农业农村部、中国科协、科技部、民政部、生态环境部、文化和旅游部、卫生健康委、广电总局、气象局、全国妇联）

（三）实施城镇劳动者科学素质行动

19. 广泛开展疫情防控、防灾减灾、安全生产、信息技术等教育和培训，实施国家高技能人才振兴计划，开展中国技能大赛、“振兴杯”全国青年职业技能

大赛、全国青年岗位能手、“青创先锋”评选等工作，促进城镇劳动者整体素质提升。（人力资源和社会保障部、教育部、工业和信息化部、卫生健康委、应急部、市场监管总局、全国总工会、共青团中央、中国科协）

20. 深入实施专业技术人才知识更新工程，全面实施急需紧缺人才培养培训项目，建设一批国家级专业技术人员继续教育基地。继续开展新疆、西藏少数民族专业技术人才特殊培养。大力开展农民工求学圆梦行动、“春潮行动”——农民工职业技能提升计划、创业创新巾帼行动等活动，提高进城务工人员稳定就业和科学生活能力。（人力资源和社会保障部、教育部、全国总工会、共青团中央、全国妇联、中国科协）

21. 认真贯彻落实劳动者终身职业技能培训制度，指导各地重点贯彻落实全面推行现代学徒制和企业新型学徒制。广泛开展质量提升小组活动，提升一线员工质量素养和职业技能。大力弘扬工匠精神，深入开展选树“大国工匠”“最美职工”“创新创业好青年”、智慧蓝领、巾帼建功等活动。（人力资源和社会保障部、教育部、中央宣传部、工业和信息化部、广电总局、全国总工会、共青团中央、全国妇联、中国科协）

（四）实施领导干部和公务员科学素质行动

22. 把习近平新时代中国特色社会主义思想作为干部学习的中心内容，把科学素质教育和科学决策能力纳入党校（行政学院）教学计划。强化课程教材建设，指导各地各部门和干部培训教育机构学好用好干部科学素质读本等教材，组织开发科技知识、科学素质方面的培训课程。（中央组织部、科技部、中科院、工程院、中国科协）

23. 在领导班子和领导干部综合考核评价中体现科学素质方面的要求。注重培养基层干部专业能力和专业精神，提升贯彻党的决定、领导基层治理、团结动员群众等方面的能力。在公务员考录中加强对科学思维、科学素养、创新能力等方面的测查。（中央组织部）

24. 抓好领导干部科学素质教育培训，合理安排班次和课程，办好院士专家科技讲座、科普报告等各类领导干部和公务员科普活动，引导和帮助领导干部和公务员强化科学思维、提升治理能力，提升应对重大突发公共安全事件的科学决策能力。加强干部心理健康培训，做好心理健康服务工作。（中央组织部、中科院、工程院、中国科协）

三、深化科普供给侧改革创新，持续提升科普公共服务能力

（一）实施科普信息化工程

25. 打造“科普中国”等亮点品牌，推进优质科普内容生产汇聚和传播服务，探索运用游戏等手段创新科普表达的有效方式，推进科普与宣传、文艺等融合发展。（中国科协、中央宣传部、文化和旅游部、广电总局、中科院）

26. 依托互联网、大数据、云计算等信息技术手段，构建多元、高效、精准、普惠的科普资源供给和科普服务推送渠道，推动科普中国 e 站等基层科普阵地转型升级，充分发挥科普信息员的作用，实现优质科普资源及时有效落地应用。（中国科协、农业农村部、广电总局、文化和旅游部）

（二）实施科技教育与培训基础工程

27. 积极开展科技教育研究和教师培训。加强青少年科技教育培养体系、政策、方式、内容等研究，不断更新丰富教材内容。加强科学教育类教师培养，建立一批科学教师和科技辅导员培训基地，推进培训课程资源建设。（教育部、中国科协）

28. 建设科技教育培训基础设施。加强农村边远贫困地区中小学科技教育硬件设施建设。调动社会力量积极参与中小学科技教育资源建设，不断丰富科技教育内容。（教育部）

29. 动员高等院校、科研院所、科技场馆、职业学校、成人教育培训机构、社区学校、科技型企业等积极参与科技教育和培训工作，把青少年科技活动贯穿到创新型人才培养教育各阶段。（教育部、科技部、中科院、工程院、中国科协）

（三）实施社区科普益民工程

30. 深入开展科技、文化、安全、健康、环保进社区等活动，组织防灾减灾、安全技能、疫情防控等各类应急安全教育培训。动员驻区学校、科研院所、企业等单位开发开放科普资源，推动医院面向公众开展健康科普服务。推动书报、广播、电视、电影等基本公共文化服务资源向基层下沉。（中国科协、中央宣传部、教育部、国家民委、科技部、民政部、自然资源部、生态环境部、文化和旅游部、卫生健康委、应急部、广电总局、中科院、工程院、气象局、地震局）

31. 将社区科普工作纳入城乡社区治理，总体部署、同步推进，推动城乡社区综合服务设施整合资源，在现代公共文化服务中切实加强社区科普服务。深入推进社区科普益民服务站、科普中国社区e站、科普学校、科普网络建设，进一步加强社区科普组织和人员建设，提高科普志愿服务水平。（中国科协、民政部、中央组织部、中央宣传部、共青团中央）

（四）实施科普基础设施工程

32.完善现代科技馆体系。继续推进科技馆免费开放，提高免费开放科技馆管理运营水平。鼓励各级科技馆、各类科普场馆向参加抗击新冠肺炎疫情的医护人员及家属免费开放。加快建设农村中学科技馆、乡村学校少年宫等科普设施。加强科普展品研发力度、展教活动服务水平和科普影视创作能力，促进实体科技馆与流动科普服务联动协作。（中国科协、财政部）

33.实施“高端科研资源科普化”计划。充分发挥国家重大科技基础设施的科普功能。推动科技场馆、科普教育基地等与青少年宫、文化馆、博物馆、图书馆等公共文化基础设施联动。鼓励有条件的科技场所、重大工程、重点实验室、科技型企业研发设施面向公众开放，大力建设科普教育基地。（中科院、科技部、教育部、工业和信息化部、自然资源部、生态环境部、文化和旅游部、交通运输部、林草局、气象局、地震局、文物局、工程院、共青团中央、中国科协）

（五）实施科普产业助力工程

34.办好中国科幻大会，繁荣科普科幻创作。完善科技、文化融合发展机制和科普科幻产业发展政策，推动制定全国科幻行业标准。（中国科协、中央宣传部、科技部、文化和旅游部、中科院）

35.建立科技创意产品多元化开发与营销良性机制。实施全国科技创意产品培育计划。搭建科普创作产业交易平台，办好中国（芜湖）科普产品博览会、上海国际科普产品博览会等。（中国科协、中央宣传部、文化和旅游部）

（六）实施科普人才建设工程

36.加强科普人才建设政策研究。推进高层次科普专门人才培养，在中科院、国家民委系统研究生培养中开展科普学分制试点。开展科普组织管理、科技教育、科技传播、科普活动组织、科普经营管理等行业从业者培训。（科技部、教育部、国家民委、中科院、中国科协）

37.发展壮大科学传播专家团队，建设科学传播专家工作室。在中小学校、科普场馆、青少年宫等建立专职青少年科技辅导员队伍，推动老科学家科普演讲团工作，加强双语科普人才培养，实施系列防灾科普讲座。（中国科协、教育部、科技部、国家民委、地震局、中科院、工程院、共青团中央）

38.落实志愿服务相关政策法规与标准体系。推进科技志愿服务项目化、品牌化发展，深入开展科技扶贫志愿服务。动员组织科技特派员、大学生村官、农村致富带头人、气象信息员等担任科普员。建立健全科技志愿者队伍评价激励机制。（中国科协、教育部、农业农村部、气象局）

四、编制面向2035年的全民科学素质规划纲要，完善长效工作机制

39.全面推进面向2035年的全民科学素质行动规划纲要编制工作。开展第十一次中国公民科学素质调查和《纲要》督查评估工作，在总结《纲要》实施成效基础上，编制面向2035年的全民科学素质行动规划。构建新时代中国公民科学素质测评体系，提升中国公民科学素质建设能力。（各成员单位）

40.强化《纲要》各成员单位大联合大协作的工作机制。在顶层设计、平台搭建等方面形成战略合力，提高国家科普动员能力。推动各级政府积极承担主体责任，确保政策、资金等保障有力。（各成员单位）

41.推进中国公众科学素质促进联合体建设，打造社会化科普生态，组织开展重大科普活动，成立社会专项基金，评选社会化科普奖项。动员全国学会、高校、科研院所、企业、医疗机构和广大科技工作者履行科普社会责任。（中国科协）

42.推动建立世界公众科学素质促进组织，研究推广公民科学素质国际评价标准，开展“一带一路”科技人文交流，办好2020世界公众科学素质促进大会。

关于印发《中国科协2020年度宣传工作要点》的通知

各全国学会、协会、研究会秘书处，各省、自治区、直辖市、副省级城市科协宣传部门，新疆生产建设兵团科协宣传部门：

为贯彻落实全国宣传部长会议精神和中央书记处关于科协工作的指示要求，切实履行好在科技界举旗帜、聚人心、育新人、兴文化、展形象的使命任务，我部研究制定了《中国科协2020年度宣传工作要点》。

现印发你们，请结合实际认真贯彻落实。

中国科协调研宣传部
2020年2月21日

中国科协2020年度宣传工作要点

2020年是全面建成小康社会和“十三五”规划收官之年。科协宣传工作的总体思路是：以习近平新时代中国特色社会主义思想为指导，深入贯彻党的十九大和十九届二中、三中、四中全会精神，贯彻落实中央书记处关于科协工作指示要求和全国宣传部长会议精神，坚持稳中求进工作总基调和守正创新、塑形铸魂的基本思路。以意识形态专项巡视整改为契机，着力集成系统资源、创新宣传手段方式、打造宣传工作品牌，切实履行在科技界举旗帜、聚人心、育新人、兴文化、展形象的使命任务，激励引导广大科技工作者增强“四个意识”、坚定“四个自信”、做到“两个维护”，紧密团结在以习近平同志为核心的党中央周围，做新时代追梦人。

一、坚持不懈将习近平新时代中国特色社会主义思想学习宣传贯彻引向深入

1. 充分发挥党组理论学习中心组学习的示范引领作用。制定印发《中国科协党组理论学习中心组集体学习细则》，进一步推进党组理论学习中心组学习制度化、规范化。结合中宣部下发的党组中心组学习纲要，做好党组理论学习中心组年度学习计划，全面带动机关、系统提高政治站位，增强识变应变求变能力。强化党组成员讲党课机制，建立“四史”大讲堂，示范带动全国学会、地方科协负责人“关键少数”进入平台，层层递进，带动全系统理论学习热潮。

2. 组建中国科协宣讲团广泛开展分众化对象化宣讲。组建中国科协宣讲团，深入高校院所、企业社区，面向基层一线科技工作者开展分众化对象化宣讲，推动学习宣传贯彻习近平新时代中国特色社会主义思想和中央决策部署往深里走、往实里走、往心里走。持续更新习近平总书记关于科技创新重要论述摘编，将习近平科技创新重要论述转化为群众语言、转化为网络语言，深化研究阐释，加强宣传普及。

3. 用心用情讲好习近平总书记关心科技事业、关爱科技工作者的故事。强化精品导向，与主流媒体合作推出《习近平科技论述》《创新中国》等系列微视频，讲好总书记对科技事业的关心、对科技工作者的关怀故事，激发海内外科技工作者爱国之情和报国之志。内宣外宣联动，启动中国科协十大宣传片筹备制作，展示中国科协贯彻落实习近平总书记重要指示批示精神，呈现新时代事业发展新气象。

二、围绕主题主线着力为决胜全面小康、决战脱贫攻坚营造良好氛围

4. 精心策划“决胜全面建成小康社会、决战脱贫攻坚”主题宣传。结合“最美科技工作者”学习宣传活动和全国创新争先奖评选，创新宣传方式、做强正面宣传，生动展示科技界服务决胜决战的优秀典型、生动实践和成就经验，巩固壮大科技界爱国奋斗的思想基础。主题宣传波次推进，在科技界营造决胜决战的舆论氛围，于5月30日全国科技工作者日前后达到高潮，引导广大科技工作者不断增强对全面小康、改革发展的思想认同，积极投身决胜全面小康、决战脱贫攻坚生动实践。围绕2021年建党一百周年提前策划“我心向党”主题宣传，组织开展“党领导下的中国科学家”主题摄影作品征集活动。

5. 围绕“决胜小康　奋斗有我”主题组织开展群众性宣传教育活动。持续深入组织开展“镜见创新：发现科学之美”摄影作品征集活动和“科学也偶像”短视频征集活动，引导广大科技工作者积极主动讲好身边故事，自觉把个人和团队奋斗融入国家发展大局。支持引导地方科协主动对接新时代文明实践中心试点建设，突出科技服务民生主题，开展“智惠行动”，把惠民服务和党的理论宣讲有机结合。组织开展中国科协定点扶贫宣传，展现中国科协扶贫工作成效和模式经验，讲好中国科协定点扶贫故事。

6. 统筹开展典型人物宣传。统筹做好重大典型和基层先进等不同层次的典型宣传，科技界“时代楷模”发布后，及时联系支持相关高校排演典型人物话剧；组织动员全国学会和地方科协深入挖掘、广泛宣传在本地区本学科本领域作出突出贡献的优秀科技工作者和创新团队；联合相关学会和地方科协策划开展1—2次主题宣传。

三、深入宣传，凝聚众志成城抗疫合力

7. 充分动员科技工作者投身防疫抗疫人民战争。根据疫情发展及时发布抗击疫情倡议书，号召广大科技工作者大力发扬“研当以报效国家为己任，学必以服务人民为荣光”的科技志愿服务精神，以坚忍不拔的顽强意志和决战有我的担当精神，众志成城、全力以赴投身抗疫防疫人民战争。支持引导学会组织发挥专业优势，围绕“开展义诊与心理咨询，推出一批在线课程，整合一批发展建议”等主题主动开展工作。

8. 深入挖掘科协系统先进典型。组织科协系统宣传平台开设“科协人战‘疫’时刻”“基层‘三长’在行动”“典型事、身边人”“记录者”等栏目，支持动员全国学会和地方科协及时挖掘科技志愿者、基层“三长”和科协系统干部职工坚守阵地、发挥优势、为抗击疫情作贡献的典型人、典型事，展示科普人、科协人的担当和奉献精神。

9. 全面展示科技界担当风采。把抗击疫情斗争作为弘扬科学家精神、塑造科技界形象的伟大实践和生动教材，与“最美科技工作者”学习宣传活动、科技工作者日、科技志愿服务紧密结合，作为年度主线开展专题宣传，引导全国学会和地方科协深入挖掘本地区、本领域防疫抗疫“最美科技工作者”，全面展示前方抗疫一线的医护工作者和后方抗疫科研攻关的科研人员坚定信心听党话，始终把人民群众生命安全和身体健康放在首位，争分夺秒、迎难而上的时代精神。

四、用科学家精神滋养培育社会主义新人

10. 深入推动《关于进一步弘扬科学家精神加强作风和学风建设的意见》贯彻落实。联系中央党史和文献研究院，将科学家精神纳入党的革命精神谱系，编纂科学家精神图书。精心组织开展《关于进一步弘扬科学家精神加强作风和学风建设》实施进展评估，找准实施中存在的不足和薄弱环节，确保3年取得实质性进展。精心打造科学家精神报告团品牌，开展传承2020计划，深入基层开展宣讲。

11. 持续打造“科学大师名校宣传工程”品牌。拓展“科学大师名校宣传工程”参与面，支持更多高校参与科学家主题剧目排演，加强精品力作原创供给。依托“一体两翼”组织优势，围绕决胜全面小康、决战脱贫攻坚主题，在科技工作者日和高校开学季组织集中演出。搭建全媒体传播平台，大力支持微视频创作，进一步扩大精品剧目传播力和影响力。

12. 启动实施学风传承行动试点。积极联系教育部，引导支持地方科协遴选一批高校和科研院所开展学风传承行动试点，发挥试点单位学术资源和人才优势，鼓励支持一批科研功底扎实、学风作风优良的科技教师组建政治素质过硬、科研能力精湛、育人能力高超的宣讲队伍，用科学家的故事滋养年轻心灵，引导青少年扣好科研人生的第一粒扣子。

五、打造中央厨房，持续加强辐射引领能力

13. 打造科协系统宣传工作资源库。以“科界”平台为依托，以科技人物宣传为重点，结合重点工作和重大活动宣传，组织全国学会和地方科协及时向中国科协推荐重大宣传线索和有血有肉、接地气、有温度的鲜活案例及原创宣传产品，汇聚形成科协系统宣传工作资源库，推动共建共享。

14. 联合主流媒体打造优质原创宣传产品。与中央人民广播电视总台联合推出《创新强国》纪录片。在新华社客户端等平台推出《创新中国》系列科技人物宣传片。在科技日报开辟“科学精神在基层”人物宣传专栏。联合七部委推出《2020年度CCTV科技盛典》。全国学会和地方科协要积极推出适合广大科技工作者的优秀原创宣传产品，配合重大活动及时转发推广中国科协宣传产品，让主流价值观念在科技界入脑入心。

15. 加强网络阵地建设。用好“学习强国”平台，用学术语言讲好政治。整合“一体两翼”宣传资源，建好科协新媒体矩阵，实现快速动员、一呼百应。

六、做好新闻宣传和舆论引导，塑造科技界、科协良好形象

16. 积极研判科技界宣传思想动向。发挥科协与北大、清华等高校共建智库在学科人才资源、全球合作网络等方面的优势，分析研判科技界宣传思想领域突出问题。用好科技工作者状况调查机制，结合网络舆情，及时把握科技界思想动态，有针对性地加强引导、化解矛盾，守牢底线、主动作为。

17. 服务外交大局主动创设议题。配合国家外交大局，结合举办科技与发展论坛等重大国际科技交流活动，借嘴说话，展示中国科技界开放合作形象。制作《科技中国之治》专题片，在海内外传播讲好中国科技治理故事。探索在“一带一路”沿线国家开展对外宣传，结合重大活动和重要节展赛事，讲好中国科技人员为当地经济社会发展和人民幸福生活作贡献的鲜活故事，塑造创新中国良好形象。

18. 针对科技领域热点敏感问题做好舆论引导。围绕学风作风、科研伦理和科学道德等各种风险因素，加强与有关部门协同处置，确保学风问题不扩大、不蔓延。针对科技界热点、敏感问题加强预判，重点扫除学会监管盲区。

19. 以各项重大活动宣传为切入点，全面塑造“科技工作者之家”形象。加强对全国科技工作者日、中国科协年会、“双创”周、全国科普日等重大活动的宣传力度。全国学会和地方科协要主动谋划，组织媒体充分报道科协组织在智库建设、学术交流、科学普及、人才服务、维护权益等方面为科技工作者办实事办好事的鲜活事例，切实增强科技工作者的认同感和社会公众的知晓率。

七、加强宣传工作管理和资源整合力度，严格落实意识形态工作责任制

20. 健全工作体制机制。研究制定《中国科协党组贯彻落实意识形态责任制实施细则》，明确宣传思想工作正面和负面清单，推动意识形态工作责任制落细落实。召开科协系统宣传工作会议，举办宣传干部、新媒体人员培训班，加强对全国学会和地方科协宣传工作的指导服务力度。探索建立上下联动的宣传工作机制，联合开展重大主题宣传，每年全力支持3—5项全国学会和地方科协重点工作、重大活动宣传。

21. 强化宣传归口管理。强化绩效考核，探索建立严谨、科学、可量化的评价指标体系，探索按季度发布科协系统宣传影响力报告，适时启动按月发布中国科协“两微”榜单。修订意识形态阵地管理办法，全面加强对全国学会所属期刊、网站及“两微一端”等宣传阵地和举办会议活动的监管，做到守土有责、守土尽责。

22. 加强部门联络合作。牵头建立国家层面科技报道专家库，配合中宣部举办科技记者培训班，充分发挥科协组织在科技报道中的专业指导作用。积极加强与中宣部、中央网信办等主管部门和教育部、科技部、中科院、工程院、国防科工局等相关业务部门的沟通联络，争取支持、扩大合作，更好融入党和国家宣传思想工作大局。

关于印发《2020年中国科协学会学术工作要点》的通知

各全国学会、协会、研究会秘书处（办公室），各省、自治区、直辖市、副省级城市科协，新疆生产建设兵团科协学会工作负责部门：

为深入贯彻党的十九大和十九届二中、三中、四中全会精神，认真落实中央书记处关于科协工作的指示要求，按照中国科协党组书记处“1-9-6-1”工作布局和年度工作部署，我部研究制定了《2020年中国科协学会学术工作要点》。现印发给你们，请结合实际抓好落实。

中国科协学会学术部

2020年2月28日

2020年中国科协学会学术工作要点

2020年，中国科协学会学术工作坚持以习近平新时代中国特色社会主义思想为指导，全面贯彻党的十九大和十九届二中、三中、四中全会精神，紧扣决胜全面小康、决战脱贫攻坚，围绕“合作发展”年度主题，以加强学术引领广泛凝聚人心，以深化学会治理增强服务效能，以促进科技经济融合推动高质量发展，加快世界一流学会建设、世界一流期刊建设，为全面打赢新冠肺炎疫情防控人民战争、总体战、阻击战，实现全年经济社会发展目标任务，推进科技创新治理体系和治理能力现代化，加快建设创新型国家作出新的贡献。

一、积极推进学会治理能力现代化

加强党对学会工作的全面领导，把学会治理摆在更加突出的位置，探索学会治理现代化的标准与路径，打造具有中国特色的世界一流科技社团。

1. 强化全国学会的政治引领作用。推动把习近平新时代中国特色社会主义思想、党的建设和社会主义核心价值观等内容载入学会章程，提高政治站位，强化政治引领。完善学会党建工作领导体制和工作机制，明确全国学会理事会党委职责，实现党的领导和学会治理有机统一，引领学会健康发展。充分发挥科技社团科学家精神传承与弘扬的独特优势，组织开展“百年学会百名大家”科学家精神宣讲活动。稳步推进青年人才托举工作，推动学会建立青年工作专委会，搭建青年科学家交流平台，提升对青年科技工作者的影响力、吸引力和凝聚力。

2. 制定全面加强全国学会治理改革的意见。围绕增强会员服务能力、创新发展能力、支撑社会治理能力、服务高质量发展能力，确立新时代学会创新发展的目标任务，引领学会向着世界一流科技社团迈进。加强学会治理政策体系研究，明确学会改革发展所需的根本制度、基本制度和重要制度，为学会深化改革提供理论支撑。加强对全国学会的分类指导，探索建立适合中国科协组织特色的学会发展模式。

3. 深化学会治理结构与治理方式改革。发布世界一流科技社团排行榜，为中国特色的世界一流学会建设提供参考。制订科技类社团章程示范文本，从党的建设以及决策、监督、执行等方面进行规范，出台全国学会监事会工作指导意见。逐步推进秘书长专职化。有序推进列入行业协会商会脱钩的全国学会治理改革。加快全国学会国际化改革，扩大外籍会员吸纳，提升全国学会参与全球科技治理的能力和水平。

4. 持续打造科技为民服务的学会品牌。联合国家标准委共同支持学会开展团体标准化工作，推动团体标准研制、认证、推广、出版等工作的国际化，服务中国方案、中国技术和中国人才“走出去”。遴选 10 家左右学会开展科技奖励国际化提升行动，吸引国际顶尖科技成果和科技人才参与奖励提名和推荐，持续扩大学会奖项的国际知名度和影响力。完善学会联合体运行管理机制，促进面向大学科领域或全产业链的学会集群发展，鼓励学会联合体在生命科学、信息科技、智能制造、生态环境等领域持续发布科技进展。

5. 提升学会数字化建设能力。完善学会学术信息化服务体系，构建智能便捷、全面高效的一站式学术资源与社交服务平台。打造服务企业创新发展、促进产学研用深度融合的协同创新平台，形成共建、共享的线上科技创新生态圈。持续优化全国学会组织管理信息平台。启用全国学会干部培训平台，开发学会干部职业化课程，全面提升学会干部专业化职业化水平。

二、大力加强世界一流科技期刊建设

贯彻落实《关于深化改革培育世界一流科技期刊的意见》，以“中国科技期刊卓越行动计划”为统领，全力打造领军期刊，精心培育优秀梯队，全面提升我国科技期刊的国际影响力和话语权。

6. 集中力量打造领军期刊。组织领军期刊召开开题汇报会，一刊一策制定发展规划，明确年度重点建设任务。定期评估期刊发展状况，为改进办刊策略提供参考。支持期刊举办重要国际学术会议、展会论坛，建立海外分支机构，增强组稿约稿能力。建立全媒体传播网络，对领军期刊及其代表性成果进行重点宣传推广，扩大国际影响。

7. 试点推进中外期刊同质等效。遴选 15 家全国学会试点发布高质量期刊分级目录，对试点成果进行应用推广。联合教育部、科技部等部门，选取若干高校、科研机构试点推进中外期刊同质等效，对国内优秀期刊特别是中文期刊给予充分认可。遴选推介国内科技期刊发表的优秀论文，引导高水平成果在本土期刊集聚。围绕期刊建设、评价改革等重要问题开展跨部门联合调研和政策研究。

8. 大力提升办刊规范化水平。精心培育卓越计划期刊方阵，塑造品质优良的刊群形象，发挥示范引领作用。完善主管期刊三审三校、社会效益考核等管理制度，全面落实意识形态工作责任制，强化学会期刊建设。办好第三届世界科技期刊论坛、第十六届中国科技期刊发展论坛，继续出版《中国科技期刊发展蓝皮书（2020）》。开展期刊编辑海外研修和同行评议专题培训，打造专业化、高水平办刊队伍。与国际重要期刊数据库建立选刊推荐机制，协同国际出版界加强科研诚信联防联治。

9. 着力增强数字出版服务能力。对接国际标准，同步推进数字生产运营传播平台建设，引导国内期刊免费试用，不断优化用户体验。积极推进集群化改革，提升刊群规模质量，完善数字资源体系，推进自有平台建设。开发科学出版数据汇交仓储和应用服务平台，加强科学数据资源的规范管理和共享使用。

三、强化跨界交流合作

以提升学术引领能力为主线，聚焦跨界交叉融合，服务国家战略决策，促进全球科技创新合作共赢，服务人类命运共同体建设。

10. 迭代重构科学技术前瞻研判体系。瞄准世界科技前沿和共同关切，打造重大科学问题难题研判、科学技术服务可持续发展研判和学科发展研判三大品牌，形成高质量建议与可持续有效机制，全面提升学术引领能力。着眼未来科技发展趋势，前瞻布局前沿科技领域与方向，探索联合国际组织共同发布 20 个重大科学问题与工程技术难题。关注全球可持续发展重点领域，发布年度人类社会发展十大问题。充分发挥学术共同体独特作用，创新全国学会学科发展研究发布机制。

11. 全面提升科技会议品牌国际影响力。凝聚全球共识，策源创新思想，深化开放合作，继续办好世界科技与发展论坛，以科技创新推动可持续发展。助力黄河流域生态保护和高质量发展战略，服务海洋强国建设，与山东省共同办好第二十二届中国科协年会。推动全国学会、学会联合体打造一批国际高端会议品牌，联合地方政府打造一批综合性学术活动品牌，支持地方科协举办一批服务地方经济发展的政产学研用学术论坛。搭建青年科技工作者与学术前辈交流对话平台。发布重要学术会议指南。

12. 推动协同攻关关键核心技术。组织全国学会、高校、科研院所和产业界高层次专家，围绕疫苗研发、公共卫生、应急管理等方面的突出问题以及信息、交通、材料、能源等重点领域关键核心技术、“卡脖子”问题开展跨界调研和研讨，形成具有战略性、前瞻性的对策建议。引导学会联合体瞄准国家重大紧迫需求，汇聚学术资源，组织集中攻关。打造有影响力的中国科技会堂论坛品牌。

四、促进科技经济深度融合

落实中央统筹推进疫情防控和经济社会发展重要部署，抓住产业链重构升级的难点与需求，加快推动经济发展产业化、数字化、智能化进程，为国家现代化经济体系建设提供科技支撑。

13. 服务重点区域创新发展和产业转型升级。突出京津冀协同发展、长江经济带发展、“一带一路”建设、粤港澳大湾区建设、长三角一体化发展、黄河流域生态保护以及东北振兴和中西部地区脱贫攻坚绿色发展需求，着力开展创新驱动助力“百城千会万企”行动。发挥“一体两翼”组织优势，突出专业化、多领域、多学科融合组织赋能，建设10支左右重点产业科技服务团，链接全国学会资源，带动各级地方科协开展多层次、多模式、重实效的科技志愿服务。加大科技资源向定点扶贫县基层下沉力度。

14. 完善科技与经济深度融合长效机制。研究创设技术服务交易基金，开展技术交易服务区域综合试点，在重点区域实施全链条专业化技术服务，实施国际技术贸易促进行动，聚焦信息产业、生物医药、智能制造等重点领域，促进创新资源共享平台（“绿平台”）和“问题库”“成果库”“专业人才库”一体化转型，积极推动绿平台分中心建设。建设科技经济融合国际化智库，筹建科技经济融合专业学会。

15. 强化对企业和企业科技工作者的引领覆盖。强化对省级科协和副省级城市科协的指导，推动企业科协数量快速增长。创新联系服务机制，加快企业科协联合会、园区科协、中小企业科协建设，指导联系一批中央企业、冠军企业和活跃科技企业，鼓励支持各类新型协同创新组织建设。推广企业科协工作手册，提升基层组织负责人创新服务能力。联合有关部委和地方政府举办系列产学科技融合论坛、中国创新方法大赛。

16. 打造创新创业创造群团特色服务。落实国务院部署，突出新时代特色，联合国家发展改革委等举办全国“双创”活动周，集中展示国家创新创业最新成果，打造中西部创新地标。举办面向国际的海外活动周，举办面向基层的“创响中国”巡回展示，发布科技创业数字地图等系列公共服务产品，持续打造有科协特色的创新创业创造服务品牌。支持50个以上科协组织参与核心项目遴选推介，承担重大活动任务，形成一批有广泛影响的服务模式、服务平台和服务资源，充分释放发展潜力和动能。

关于印发《2020年中国科协计划财务工作要点》的通知

各全国学会、协会、研究会办公室，各省、自治区、直辖市科协计划财务部（办公室），新疆生产建设兵团科协办公室，中国科协机关各部门、各直属单位：

为持续深入学习贯彻习近平新时代中国特色社会主义思想，贯彻落实中央书记处对科协工作的指示要求，切实履行好谋发展、添动能、防风险、求绩效的职责使命，我部研究制定了《2020年中国科协计划财务工作要点》。经中国科协书记处领导同意，现印发你们，请结合实际认真贯彻落实。

附件：2020年中国科协计划财务工作要点

中国科协计划财务部
2020年3月2日

附件

2020年中国科协计划财务工作要点

2020年是决胜全面建成小康社会、打赢精准脱贫攻坚战、实现“十三五”规划收官之年，是中国科协“合作发展年”。2020年中国科协计财工作坚持以习近平新时代中国特色社会主义思想为指导，全面贯彻党的十九大和十九届二中、三中、四中全会精神，增强“四个意识”、坚定“四个自信”、做到“两个维护”，紧扣决胜全面小康、决战脱贫攻坚，牢固树立艰苦奋斗、勤俭节约思想，坚决落实过紧日子要求，按照中央书记处对科协工作的指示要求，聚焦靶心，坚持“谋发展、添动能、防风险、求绩效”工作方针，全面推进中央巡视发现问题整改、全面推进脱贫攻坚决战决胜、全面推动中国科协“十四五”规划编制、全面加强预算绩效管理、全面推进工作重心下移和服务资源下沉、全面加强学会财务规范管理，做好“十三五”规划目标任务圆满收官和“十四五”谋篇布局，为统筹推进新冠肺炎疫情防控和经济社会发展，为推进科协组织治理体系和治理能力现代化、推进新时代科协事业发展作出新的更大贡献。

一、持续深入学习贯彻习近平新时代中国特色社会主义思想，服务新时代科协事业高质量发展

以习近平新时代中国特色社会主义思想为指导，坚持“谋发展、添动能、防风险、求绩效”工作方针，全面推进中央巡视发现问题整改，为新时代科协事业发展提供有力保障。

1. 坚持政治建设，坚决贯彻落实习近平总书记系列讲话精神要求。持续深入学习贯彻习近平新时代中国特色社会主义思想，坚定不移贯彻落实党的路线方针政策和党中央重大决策部署。坚持用好“不忘初心、牢记使命”主题教育成果，深入推动主题教育发现问题的整改落实，把全面从严治党的要求真正落到实处。深入学习贯彻习近平总书记在统筹推进新冠肺炎疫情防控和经济社会发展工作部署会上的重要讲话精神，建立科协预算与采购“绿色通道”，为抗击新冠肺炎疫情提供保障。深入贯彻中央八项规定和《党政机关厉行节约反对浪费条例》工作要求，科学预算、厉行节约、精打细算，服务好新时代科协事业发展。

2. 提高政治站位，扎实推进中央巡视发现问题的整改落实。把中央巡视发现问题整改落实作为重大政治任务，坚决做好习近平总书记重要批示指示精神的落实。严格履行从严治党“两个责任”，加大采购监管、财务管理、企业清理脱钩等领域廉政风险防控。突出扶智帮扶，广泛动员科技组织和科技工作者参与决战决胜脱贫攻坚。优化资源配置，完善相关制度，推进工作重心下移、服务资源下沉。

3. 党建引领、财业融通，全面提升服务新时代科协事业发展的质量水平。按照规划引领、财业融通、先计后财、借钱说事、用钱办事以及用组织赋能、用数据说话、用结果证明的计财工作要求，加强顶层设计，实现规划计划任务与项目计划预算的衔接。按照制度先行、管评分离、闭环管理、信息支撑的要求，围绕项目计划、项目预算、项目执行、经费支出、项目验收、绩效考核的“两门四墙”，进一步完善计财赋能服务与风险防控的计财善治工作场景。按照新时代科协事业发展对计财工作的新要求，着力提升计财干部的先计后财、财业融通的计财管理服务能力，提升谋划设计、协同推动的计财动员执行能力，提升实时感知、精准施策的计财调控服务能力，提升风险识别、化解风险的计财监督服务能力，实现科协计财工作由站起来向强起来转变，努力提升计财服务新时代科协事业发展的质量水平。

二、坚决贯彻中央脱贫攻坚战略部署，决战决胜科技助力精准扶贫

认真落实党中央、国务院关于决战脱贫攻坚、决胜全面建成小康的战略部署，努力克服疫情影响，狠抓脱贫攻坚工作落实，聚焦剩余贫困人口、新致贫人口、返贫人口，加强智力帮扶，讲好科技助力精准脱贫的中国故事，确保稳定实现“两不愁三保障”，补足“三农”短板，推动科技助力精准扶贫与科技助力乡村振兴有效衔接。

4. 坚决完成中央单位定点扶贫脱贫攻坚任务，决战决胜定点扶贫。按照中央定点扶贫工作要求，印发《2020年中国科协定点扶贫工作要点》，实施科普惠民服务专项定点帮扶项目，广域动员，采取定点扶贫县点单、科技组织接单、科协买单的方式，以科技助力传统产业提质增效、乡村规划引领乡村振兴、订单式培训提升技能素质、众扶众帮拓展脱贫路子为重点，充分调动中国科协机关和直属单位、全国学会的积极性，全面加强作风建设，帮助山西临县、岚县的剩余贫困人口脱贫，防止返贫、阻断贫困，推动减贫与乡村振兴有效衔接。组织开展中国科协定点扶贫35年成效经验总结。

5. 坚决贯彻党中央决战决胜脱贫攻坚部署，开展“决胜小康　奋斗有我”行动。认真落实党中央、国务院关于决战脱贫攻坚、决胜全面建成小康的战略部署，印发《2020年全国科技助力精准扶贫工作要点》，组织开展“决胜小康　奋斗有我”行动。动员千家科技组织、万名科技工作者聚焦剩余贫困人口、新致贫人口、返贫人口，加强智力帮扶，开展科技助力精准扶贫攻坚决战，做好科技助力精准扶贫工作全面收官。组织开展对2016年以来全国科技助力精准扶贫工作的总结考核，对典型事迹进行网络宣传，对先进集体、先进个人进行表扬，弘扬科技助力精准扶贫精神，歌颂脱贫攻坚和全面小康的伟大成就，向社会公众和世界讲好中国故事。组织召开全国科技助力乡村振兴论坛，再部署再动员科技助力精准减贫和科技助力乡村振兴工作。

6．扎实开展全国科协系统援疆援藏工作。持续深入开展全国科协系统援疆援藏工作，支持新疆、西藏科普资源开发和科普设施建设，加强新疆、西藏科技人才队伍培训培养。开展援疆援藏工作调研，对“援疆科技增效工程”“援藏科技增效工程”实施成效经验进行全面总结，对援疆援藏工作中涌现出的典型事迹、典型集体、典型个人进行宣传表扬，进一步探索援疆援藏的创新工作方式，提高援疆援藏工作成效。

三、聚焦靶心、服务大局，科学谋划中国科协事业发展“十四五”工作

围绕党中央、国务院决策部署和“科协之治”，提出“十四五”时期科协事业发展的指导思想、发展目标、重大任务和重点举措；推动全国学会、地方科协根据各自情况编制规划，形成中国科协“一体两翼”的规划体系；积极参与国家“十四五”规划、国家中长期科技发展规划等国家重大工作顶层设计和研究谋划。

7.组织编制中国科协“十四五”事业发展系列规划。面对新时代、新机遇、新挑战、新任务，坚持对标对表、把握大局，坚持问题导向、突出重点，坚持守正创新、汇集众智，坚持系统设计、注重实操，编制中国科协事业发展“十四五”规划以及科协组织力建设、学会学术创新、全民科学素质行动、高端科技创新智库建设、对外民间科技人文交流、智慧科协建设等专项规划。

8.推动编制全国学会发展规划。动员全国学会结合实际，紧紧围绕本学科、本行业、本领域发展趋势和特点以及学会治理体系和治理能力现代化要求，面向世界、面向未来，完善治理，研究制定本学会发展规划。

9.推动编制地方科协发展规划。动员各级科协在当地党委政府的坚强领导下，结合实际，紧紧围绕国家和区域发展战略，加强与相关部门的协同配合，与相关区域、行业发展规划衔接，紧扣组织治理体系和治理能力现代化，研究制定本地区科协组织发展规划。

四、优化资源布局、完善项目结构，推动工作重心下移、服务资源下沉

服务科协系统深化改革，完善预算的制度和结构，优化财政资源配置，扩大“一体两翼”科协工作覆盖面，强化科协基层工作，促进服务资源下沉共享。

10.优化资源布局，推动工作重心下移、服务资源下沉。深入开展工作调研和课题研究，提出科协工作重心下移、服务资源下沉的意见建议和办法措施，探索创新有效的政府购买服务方式，完善一般性转移支付的管理办法。畅通工作重心下移、服务资源下沉的绿色通道，优化资源布局，充分发挥财政项目的杠杆作用，建立与全国学会和地方科协有效统筹协同、“一体两翼”的工作体系，推动形成“大生产、大规模、大供给、大效能”的科技类社会化公共服务产品生产和有效供给的新模式。

11.优化项目设置，推动科协服务供给侧结构调整。进一步调整预算结构、优化资源配置，提高重点品牌项目占比，提高能牵动“一体两翼”项目占比，压减非品牌一般性项目占比，更加注重规划计划、重点任务与项目预算的一体化设计和工程化实施，推进预算编制与重点任务凝练同设计、同研究、同部署，进一步发挥科协组织服务生产供给的宏观调控和综合平衡作用，形成“财业融通、双轮驱动”的科协预算工作格局。充分发挥市场机制作用，引导社会资本进入公共服务领域，探索世界一流科技期刊建设等项目多元化投入机制。

12.强化绩效管理，提升科协组织公共服务供给效能。全面落实中央财政绩效管理要求，建立完善财政项目实施细则，着力解决项目管理制度执行的“最后一公里”问题。编发科协优秀项目案例，促进科协预算编制和执行的能力水平。进一步推进预算支出标准的执行，修订《中国科协财政项目绩效评价管理办法》，建立完善学术、科普、智库、组织力等统分结合的预算项目考核指标体系，将预算绩效管理贯穿预算编制和执行全过程。加强预算执行管理，强化绩效目标导向，做好绩效运行监控，健全绩效评价结果与预算安排挂钩机制，推动科协组织科技类公共服务产品供给水平和质量稳步提升。

五、坚持制度先行、组织赋能，全面推进科协计财治理现代化

坚持计财制度先行，坚持管评分离，坚持闭环管理，坚持用数据说话，强化项目执行、采购管理、经费支出、资产管理、统计管理，完善智慧计财服务平台，优化计财赋能服务与风险防控有效结合的计财善治工作场景。

13. 全面推进采购制度规范落实。全面推动《中国科协采购管理操作规程（修订）》落地，强化部门单位的采购责任，强化监督问责。开展对部门单位负责人的采购法规培训，开展对采购联络员和采购经办人的采购专业培训，实行采购联络员和经办人培训考核。建立以采购联络员为骨干、采购经办人为主体，覆盖各部门单位、业务熟练、数量结构合理的采购人员队伍，提高采购规范意识、采购风险防范意识和采购实操能力。完善合同范本，推行合同法律审核，开展合同抽查和采购检查。

14. 赋能全国学会强化财务治理。深入贯彻落实《科协系统深化改革实施方案》，依据《中国科协所属全国学会财务管理指引大纲》制作培训课件、编印培训手册，组织全国学会财务管理人员轮训，督促指导财务管理指引大纲落地执行。加强对全国学会办事机构负责人及管理人员的培训力度，提高学会财务管理规范意识，指导学会完善财务管理制度，服务赋能全国学会提高财务治理能力水平。

15. 全面强化财务资产管理。开展机关及直属事业单位财务从业人员继续教育和岗位业务的培训。推动《中国科协数据资产管理暂行办法》实施，探索研究制定数据分类标准、技术标准、数据标识和规范使用标准等管理制度，适时开展数据资产清查登记。修订中国科协资产管理办法，组织开展机关本级及事业单位资产清查核实和产权登记，组织开展中国科协资产配置计划、资产月报、国有资产统计、决算以及直属事业单位转企改制的资产清查、资产评估、资产处置等工作。按照精准施策、分步实施、积极稳妥、分类推进的原则，推进中国科协开办企业清理脱钩工作。

16. 进一步推进计财服务信息化智能化建设。在建设完善财务内控信息系统、项目管理服务系统、科协智慧统计系统的基础上，充分利用财务内控信息系统完善计财风险预警、风险分析，启动建设全国学会财务服务系统，迭代升级中国科协智慧计财服务平台。强化科协系统统计数据的质量监管，加强数据质量自查、抽查、互查以及联合会审等核查和评估，强化统计数据的分析应用。

关于印发《2020 年全国科技助力精准扶贫工作要点》的通知

各全国学会，各省、自治区、直辖市科协、农业农村厅（局、委）、扶贫办，新疆生产建设兵团科协、农业局、扶贫办：

为深入贯彻落实党中央、国务院关于决战脱贫攻坚、决胜全面建成小康的战略部署，做好全国“科技助力精准扶贫工程”全面收官，全国科技助力精准扶贫工程领导小组办公室组织制定《2020 年全国科技助力精准扶贫工作要点》，现印发你们，请结合本地区、本单位实际，认真抓好落实。

附件：2020 年全国科技助力精准扶贫工作要点

全国科技助力精准扶贫工程领导小组办公室
（中国科协计划财务部代章）
2020 年 3 月 16 日

附件

2020 年全国科技助力精准扶贫工作要点

2020 年是全面建成小康社会目标实现之年，是全面打赢脱贫攻坚战收官之年。2020 年全国科技助力精准扶贫工作以习近平新时代中国特色社会主义思想为指导，深入贯彻落实党的十九大和十九届二中、三中、四中全会精神，树牢“四个意识”、坚定“四个自信”、坚决做到“两个维护”，认真落实党中央、国务院关于决战脱贫攻坚、决胜全面建成小康的战略部署，统筹推进新冠肺炎疫情防控和经济社会发展，开展“决胜小康　奋斗有我”行动，组织动员千家科技组织、万名科技工作者聚焦剩余贫困人口、新致贫人口、返贫人口，加强智力帮扶，讲好科技助力精准脱贫的中国故事，确保稳定实现“两不愁三保障”，补足“三农”短板，推动科技助力精准扶贫与科技助力乡村振兴有效衔接，为实现第一个百年奋斗目标作出应有的贡献。

一、坚决贯彻党中央决战决胜脱贫攻坚部署，开展“决胜小康　奋斗有我”行动

坚决贯彻落实习近平总书记关于决战决胜脱贫攻坚系列讲话精神，开展“决胜小康　奋斗有我”行动，组织动员千家科技组织、万名科技工作者聚焦剩余贫困人口、新致贫人口、返贫人口，加强智力帮扶，开展科技助力精准扶贫攻坚决战，做好《科技助力精准扶贫工程实施方案》全面收官。

1. 广泛动员科技组织积极参与决战决胜科技助力精准扶贫。广泛组织各级科协组织、学会、农技推广站、农技协（联合会）、农村科普示范基地、农民专业合作社、农技专家服务站以及高校、科研院所、科技企业等组织机构，要针对攻城拔寨、全面收官阶段脱贫攻坚的特点，坚持科技助力精准扶贫，以更加有力的举措、更加精细的工作强化结对帮扶、定点扶贫、对口援助、购买服务等工作力度，有效开展科技培训、技术推广、科普活动、产业服务，助力剩余贫困人口、新致贫人口、返贫人口实现持续稳定脱贫。

2. 广泛动员广大科技工作者投身决战决胜科技助力精准扶贫。广泛组织发动广大科技工作者围绕贫困地区党委政府脱贫攻坚中心任务，以剩余贫困人口、新致贫人口、返贫人口为重点，开展科技咨询、技术服务、技术推广、人员培训、成果转化、决策咨询、生态健康科普等工作，助力增收脱贫。

3. 精准对接帮扶需求，决战决胜脱贫攻坚。针对剩余贫困人口和新致贫人口，要瞄准致贫的突出问题和薄弱环节，做好科技精准帮扶和健康帮扶，提高贫困户经济收入和医疗健康水平。做好销售扶贫和消费扶贫，增加贫困人口收入。针对返贫人口，突出智力扶贫，加大技术培训，促进贫困人口就业，增强返贫人口致富能力和内生动力。

二、发挥科技优势，助力打赢决战决胜脱贫攻坚战

以深度贫困地区和贫困群体实际需求为导向，精准对接，充分发挥各级科技组织和科技工作者的优势，组织开展实用技术培训、健康扶贫、乡村振兴规划编制等，助力贫困群众增收和持续稳定脱贫。

4. 大力组织开展科技实用技术培训。组织高校、科研院所、龙头企业等围绕贫困地区实际需求，采用“订单式”培训方式开展实用致富技术培训，加大新品种、新技术、新模式的开发、引进、集成和推广力度，组织推广先进实用种植、养殖、特色、加工等增收致富新技术、新品种。

5. 大力组织开展健康扶贫。针对贫困地区需求，加大新冠肺炎等疫情防控，组织开展基层医务人员培训，为贫困地区医疗技术骨干到大医院进修学习提供机会，为贫困地区培养医疗学科带头人。组织医疗机构和医务工作者开展医疗下乡，对慢性病、常见病、地方病和重大传染病的防治进行科普宣传。

6. 组织编制贫困地区乡村振兴建设规划。组织相关科技组织和专家帮助贫困县、乡、村编制乡村振兴规划，统筹贫困地区城乡国土空间开发格局，优化乡村生产生活生态空间，打造乡村振兴示范样板。

三、突出扶智，助力贫困地区实现持续减贫

坚持以扶贫为主题，突出扶智扶志，组织各级科技组织和科技工作者加强贫困地区重点人群培训，加大贫困地区科普资源和服务聚集下沉，有效提升贫困地区群众科学素质，逐步提升贫困地区基层科协组织力，增强贫困地区和贫困群众的自我发展能力，大力激发脱贫内生动力。

7. 加强贫困地区重点人群培训。结合高素质农民培育计划，开展贫困地区产业扶贫带头人、产业指导员、科普中国信息员、乡村科技人才、农村学校科技辅导员、农村妇女带头人等培训。组织贫困地区群众参加科学素质网络知识竞赛。

8. 加大科普工作重心下移、服务资源下沉。加大科普工作、服务资源等向贫困地区下沉，加大流动科技馆、科普大篷车、农村中学科技馆等活动和服务资源向贫困地区倾斜。大力开展贫困地区青少年科普活动和生活技能培训，深入推动贫困地区农技协转型升级和流动科技馆常态化建设，提升贫困地区基层科普组织服务生产、带动脱贫的能力。

9. 建立完善基层科技服务组织。在贫困地区大力推动“三长”（医院院长、学校校长、农技站站长）等进入县乡（镇）科协领导机构任职、兼职、挂职，全面增强贫困地区基层科协组织力、科普扶贫和扶智扶志的能力。

四、认真总结经验成效，讲好科技助力精准扶贫中国故事

科技助力精准扶贫是我国脱贫攻坚的重要方面，要按照党中央、国务院关于决战脱贫攻坚、决胜全面建成小康的战略部署，全面做好经验成效的总结，突出先进人先进事，讲好科技助力精准脱贫的中国故事，增强科技界对建功全面小康的荣誉感和认同感。

10. 全面总结科技助力精准扶贫工作经验成效。

各级科技组织、全国学会和各地科协要以《科技助力精准扶贫工程实施方案》和各自相应的工作方案为依据，进行认真对照，按照缺什么补什么的要求，确保既定工作规划计划和目标任务的完成。要认真总结2016年以来科技助力精准扶贫工作的成效和经验，注重发现和深度挖掘科技助力精准扶贫的典型经验模式、典型事迹、先进集体、先进个人，并进行广泛宣传传播，讲好科技助力精准脱贫的中国故事，增强科技界对建功全面小康的荣誉感和认同感。中国科协将开展定点扶贫35年总结。全国科技助力精准扶贫领导小组办公室将开展对2016年以来全国科技助力精准扶贫工作的考核，对典型事迹进行宣传，对先进集体、先进个人进行表扬。

11. 开展全国科技助力精准扶贫专题宣传。依托科协一家平台，建立线上线下结合的全国科技助力精准扶贫的专家群和工作联络群，广泛联络参与扶贫的科技工作者以及贫困县科协、农业、扶贫等部门的工作人员，便于科技工作者参与科技扶贫工作交流；有效沟通科技助力精准扶贫工作情况，及时反馈工作动态。开设“决胜小康 奋斗有我”宣传专栏，组织采集和上传全国科技助力精准脱贫工作动态，推荐和传播全国科技助力精准脱贫工作典型、先进集体和先进个人的典型事迹，挖掘和传颂全国科技助力精准脱贫典型故事，弘扬科技助力精准扶贫精神，歌颂脱贫攻坚和全面小康的伟大成就，向社会公众和世界讲好中国故事。

12. 召开全国科技助力乡村振兴论坛。组织召开全国科技助力乡村振兴论坛，总结全国科技助力精准扶贫成效经验，对2016年以来全国科技助力精准扶贫工作的先进集体、先进个人进行表扬，再部署再动员科技助力精准减贫和科技助力乡村振兴工作。

全国科技助力精准扶贫工程领导小组办公室
2020年3月16日

关于印发《中国科协2020年科普工作要点》的通知

科协普函综字〔2020〕5号

各全国学会、协会、研究会科普部（普委会），各省、自治区、直辖市、副省级城市科协科普工作相关部门，新疆生产建设兵团科协科普部：

为深入贯彻习近平新时代中国特色社会主义思想，全面落实党的十九大和十九届二中、三中、四中全会精神和中央书记处对科协工作的指示要求，现将《中国科协2020年科普工作要点》印发给你们，请结合实际认真贯彻落实，切实做好2020年科普工作。

附件：中国科协2020年科普工作要点

中国科协科普部
2020年3月12日

附件

中国科协2020年科普工作要点

2020年中国科协科普工作将以习近平新时代中国特色社会主义思想为指导，全面贯彻党的十九大和十九届二中、三中、四中全会精神，增强“四个意识”、坚定“四个自信”、做到“两个维护”，围绕决胜全面小康、决战脱贫攻坚，紧扣中国科协“合作发展年”主题，扎实推进中央巡视反馈问题整改，积极服务党和国家工作大局，深化科技为民服务，加强应急科普体系建设，不断提升科协组织动员力，打造普惠创新、全面动员、全民参与的社会化大科普格局。

一、以新冠肺炎疫情防控科普工作为契机，加强科协系统“一体两翼”科普服务联动

1. 持续做好应急科普宣传服务。围绕服务新型冠状病毒疫情防控和助力复工复产促进经济社会发展，动员地方科协、全国学会发挥科技工作者专业优势，用好科技馆体系，动员广大基层“三长”、科普信息员、科技志愿者和社会各方力量，积极主动配合有关部门和地方加强疫情防控、丰富科普资源、加强精准传播，持续开展应急科普宣传。

2. 推进建设中国科普“中央厨房”。深入实施科普信息化建设工程，打造“科普中国”品牌，支持“自主生产+平台化运营”模式，发挥好科普中国、数字科技馆和“一体两翼”科协组织科普平台作用，丰富科普服务产品供给。动员学会、科研院所、科普大V等社会各方入驻科普中国，吸引汇聚社会机构生产的优质科普资源。探索整合现有资源，加强与电视、网络、报刊等主流媒体合作，扩大和提升科普平台传播覆盖面和影响力。

3. 创新提升基层科普服务水平。引导基层科协组织积极融入并充分依托所在地党群服务中心和新时代文明实践中心，运用信息化传播手段升级传统科普方式，加强科普内容精细供给和精准推送。落实《乡村振兴农民科学素质提升行动实施方案（2019—2022 年）》，继续开展新型职业农民科学素质培训培育，提升农民科普信息化服务水平。深化全域科普试点工作，鼓励地方科协继续探索建立全领域行动、全地域覆盖、全媒体传播、全民参与共享的科普工作体系。做精做强中国农技协科技小院，建设智慧农技协，加强农技协组织建设。以服务公众、发挥作用为导向，推动科普 e 站以客户端为重点转型升级。

4. 强化“一体两翼”联动工作机制建设。认真分析总结防控应急科普工作经验做法，健全工作信息报送和工作经验交流手段，探索建立涵盖应急科普领导组织、内容生产、传播发声、协同合作、国际交流等方面行之有效的机制措施。建立地方科协、全国学会科普信息化工作科学评价体系，应用大数据分析手段对地方科协、全国学会入驻科普中国、新媒体运营、基层科普阵地、科普信息员等工作进行常态化评价并定期发布。加强调查研究，组织基层区域观摩交流，宣传推广各地、各学会在科普工作特别是抗疫应急科普工作中的先进典型，推动基层科普服务常态化、精准化、多样化发展。

5. 着力提升全国科技工作者日、全国科普日等重点活动效果影响。围绕“5・30”全国科技工作者日开展好科技志愿服务和应急科普典型表彰、主题科普活动等科普板块工作。在 9 月第三周集中开展全国科普日活动，进一步创新形式，集成基层工作资源，集中展现全年科普工作特色和亮点，形成年度科普工作热潮。结合健康中国、绿色核能、环境保护、防灾减灾、食品安全、合理用药等热点主题，广泛组织开展群众性科普活动。

二、全面总结评估，强化党委政府联合协作的《科学素质纲要》实施平台

6. 组织《全民科学素质行动计划纲要（2006—2010—2020 年）》（以下简称《科学素质纲要》）实施评估。开展第十一次全国公民科学素质调查，覆盖全部地级市。采用各地自评估、第三方评估和实地检查相结合的方式，对各地、各部门十五年以来《科学素质纲要》实施情况开展督查评估。强化《科学素质纲要》大联合大协作的工作机制，在顶层设计、平台搭建等方面形成战略合力，推动各级政府积极承担主体责任，强化政策、资金等保障。

7. 开展《科学素质纲要》实施工作表彰。联合中央有关部委，对《科学素质纲要》实施十五年来作出突出贡献的先进集体和个人进行表彰。宣传好《科学素质纲要》实施十五年取得的成就。

8. 做好新科学素质规划纲要编制工作。总结梳理《科学素质纲要》实施的有效经验，围绕未来十五年中长期经济社会发展目标，全面开展《全民科学素质行动规划纲要（2021—2035 年）》编制工作。把握公民科学素质建设的基本规律和国际发展趋势，研究构建新时代科学素质发展监测指标体系。

三、强化科普供给，深入建设社会化科普大平台

9. 推进中国公众科学素质促进联合体建设。持续推动建设社会化科普生态，着力建立完善制度机制，加强秘书处建设，密切联合体成员之间的交流联动，推动设立有影响力的科普奖项、开展有影响力的科普活动，发挥各成员单位在科普领域的示范带动作用。继续举办“典赞・科普中国”活动。

10. 推动科学辟谣平台“升舱”。推动应急科普和科学辟谣平台纳入国家应急管理能力建设，努力打造国家级平台。扎实推进谣言库、辟谣资源库、权威专家库“三库”建设，持续拓宽传播渠道，带动地方科协、全国学会和社会各方形成科学辟谣传播矩阵。加强与有关部委联动，进一步发挥科技群团的科技属性和准官方、第三方优势，提升科协科学辟谣权威、影响力。

11. 着力推进中国特色科技志愿服务。以“党建＋科技志愿服务”为主线，着力打造系统化的科技志愿服务制度体系，加强服务记录证明、嘉许激励等制度建设。推动与中央文明办共同打造“智惠行动”科技志愿服务项目。大力完善科技志愿服务信息平台功能。助力新时代文明实践中心建设，推动 500 个新时代文明实践中心试点县的县级科协牵头，在县级志愿服务总队下组建科学普及志愿服务常备队伍。打造中国特色现代科技馆体系科技志愿服务队伍并深入开展科技志愿服务。不断引导各类科技人才加入科技志愿者队伍，推动开展形式多样、丰富多彩、贴近群众生产生活实际的科技志愿活动，形成常态化开展科技志愿服务的良好态势。

12. 强化科普理论支撑。围绕“一体两翼，同等重要”，深入研究弘扬科学精神、传播科学方法、普及科学知识的路径载体和传播机制，紧扣科协“1-9-6-1”生动实践，总结梳理中国科普发展鲜活经验，加强应急科普理论研究和公民科学素质评价国际交流，推出一批具有理论、学术和实践价值的研究成果。

13. 加强科普人才队伍建设。动员科技工作者履行科普社会责任，深入推进科学传播专家团队建设。联合相关高校持续推进高层次科普人才培养，加强科普人才教育培训师资、课程、教材、基地建设。以科研人员、科学记者、科协骨干等为重点，突出实践教学和互动教学，创新开展科普人员培训和继续教育工作。

四、落实“北京行动路线图”，拓展公众科学素质促进国际化平台

14. 以实体化方式推进公众科学素质促进国际组织建设。建立世界公众科学素质促进组织筹备工作协调机制，完善国际组织章程，建立专题网站，汇集各组织合作项目资源信息，研究以国际组织名义开展的工作项目。强化日常沟通交流，加强与有关国家和地区科技组织的对接合作。办好2020世界公众科学素质促进大会。

15. 推进双边多边务实交流合作。加强科协系统科普国际合作统筹协调和信息交流。集成中国科协及地方科协和全国学会科普交流资源和合作成果，积极开展和参与公共安全应急等科普传播交流，与国际同行共享科普资源成果。加强青少年科技教育、科学传播人才培养、科学素质评测及研究等领域的交流合作。精心打造一流青少年科技竞赛和品牌活动，组织开展科学教师培训，以建设“一带一路”虚拟科学中心为抓手，进一步发挥“一带一路”国际科学教育协调委员会作用，探索建立科学教育领域长效合作机制。继续做好中国流动科技馆赴尼泊尔、巴基斯坦国际巡展工作。办好2020国际科技馆能力建设高级工作坊、海峡两岸科学传播论坛等品牌工作。

五、强化改革创新，不断扩大科协科普品牌影响力

16. 推动中国特色现代科技馆体系可持续发展。总结中国特色现代科技馆体系“十三五”运行情况，编制《中国特色现代科技馆体系“十四五”发展规划》。推动流动科技馆区域常态化巡展，开展科普大篷车20周年主题年活动，继续探索流动科普设施社会化运行，深化农村中学科技馆辅导教师培训体系，搭建数字科技馆优质科普资源收录平台。打造“智慧科技馆”样板间，提升科技馆系统网上组织力。扎实推进全国科技馆免费开放工作，开展实施情况评估。

17. 深入实施科技后备人才培养促进行动。办好第35届全国青少年科技创新大赛和中国青少年机器人竞赛、全国科技馆展览展品大赛、全国青年科普创新实验暨作品大赛、明天小小科学家奖励活动、高校科学营、“英才计划”等各项活动，创新组织动员机制，进一步提升活动覆盖面和影响力。以全国青少年科技创新活动服务平台为载体，连接各级各类单位，探索打造“智慧活动”应用场景，示范带动科协系统青少年科技教育信息化建设。持续提高科技辅导员队伍专业素养和能力水平，丰富校外场所科技教育资源，探索总结青少年科技创新人才成长规律。

18. 推动科普科幻产业发展。精心举办2020中国科幻大会，推动打造国内科幻领域权威平台。策划推出“平行宇宙”主题科幻展览。办好芜湖科博会。推进科技与影视融合，围绕促进科幻电影等科幻事业和产业发展，联合有关部门出台相关政策措施。

专题文章

践行伟大抗疫精神　凝聚科技强国力量

中国科协党组

习近平总书记在全国抗击新冠肺炎疫情表彰大会上发表重要讲话，为我们全面战胜疫情乃至一切艰难险阻提供了行动指南和精神动力。科技界坚持以习近平新时代中国特色社会主义思想为指引，坚决贯彻习近平总书记关于疫情防控的重要讲话和指示批示精神，积极行动、全力奋战，努力为疫情防控提供科技支撑。深入学习习近平总书记在全国抗击新冠肺炎疫情表彰大会上的重要讲话，对于不断筑牢科技界团结奋斗的共同思想基础、广泛凝聚爱国奉献的科技力量、建设世界科技强国，具有重大而深远的意义。

一、伟大抗疫精神凝聚科技抗疫强大组织力

突如其来的新冠肺炎疫情是新中国成立以来传播速度最快、感染范围最广、防控难度最大的一次重大突发公共卫生事件。习近平总书记以非凡的政治智慧、顽强的意志品质、深厚的人民情怀、强烈的使命担当，带领全党全军全国各族人民打响了一场气壮山河的抗击疫情人民战争、总体战、阻击战。

习近平总书记亲自指挥、亲自部署，为科技抗疫引领方向、提供遵循、汇聚力量。战“疫”之初，习近平总书记及时提出“坚定信心、同舟共济、科学防治、精准施策”的疫情防控总要求，为打赢这场人民战争提供了科学指引。2 月 3 日，习近平总书记在中央政治局常委会会议上强调，战胜疫病离不开科技支撑，要加大科研攻关力度。3 月 2 日，习近平总书记在军事医学研究院、清华大学医学院调研时指出：“人类同疾病较量最有力的武器就是科学技术，人类战胜大灾大疫离不开科学发展和技术创新”“共享科研数据和信息，共同研究提出应对策略，为推动构建人类命运共同体贡献智慧和力量”。3 月 10 日，习近平总书记在湖北考察时进一步强调，“防控新冠肺炎斗争有两条战线，一条是疫情防控第一线，另一条就是科研和物资生产，两条战线要相互配合、并肩作战”“创新是引领发展的第一动力，科技是战胜困难的有力武器”。在 5 月 29 日给科技界代表的回信中，习近平总书记嘱托科技工作者坚定创新自信、勇攀科技高峰。在统筹疫情防控和经济社会发展的全过程和每个关键点，习近平总书记始终强调发挥科技的重要利器作用，强调以科学防治为基本要求，以强化科技支撑为重要保障，坚持向科学要答案、要方法，为广大科技工作者积极投身科技抗疫、砥砺创新建功提供了重要思想遵循和科学方法论指引。

党中央的决策部署、国家和人民的需要就是科技界的“集结号”。广大科技工作者坚决听从以习近平同志为核心的党中央号令，尽锐出战、勇挑重担、攻坚克难。科技部、卫健委、工信部等 12 个部门迅速组成科研攻关组，确定临床救治和药物、疫苗研发、检测技术和产品、病毒病原学和流行病学、动物模型构建五大主攻方向，综合多学科力量开展科研攻关，发挥科技阻断病毒传播的关键利器作用。国家自然科学基金“新冠病毒研究”应急专项指南甫一发布，许多大学和科研机构迅速组织力量，开展医学前沿攻关和流行病学研究。

当白衣战士们开始驰援湖北时，中国科协联合中华医学会等四个学会发出第一封倡议《致抗疫一线同仁书》，呼吁全社会坚定信心、尊重科学，积极关爱广大医务工作者。中国科协紧跟中央因时因势调整防控策略，向科技界连续发出《战"疫"有我，为决胜攻坚提供科技志愿服务》《团结信任、创新争先，坚决打赢疫情防控人民战争》等倡议。5月29日，在第四个"全国科技工作者日"来临之际，习近平总书记给袁隆平等25位科技界代表回信，高度赞誉科技工作者矢志报国的情怀，充分肯定科技的重要支撑作用。中国科协随即发出《牢记嘱托，在创新创造中建功立业》倡议书，号召广大科技工作者坚决贯彻习近平总书记和党中央重要指示精神，打造高质量发展新引擎，汇聚建设世界科技强国的强大力量。这一封封"家书"，传递着习近平总书记的关爱嘱托，传达着党中央全面部署，在没有硝烟的战场上温暖了科技工作者的心田，更凝聚了智慧和力量、激发了斗志和豪情。

伟大抗疫精神铸就亮丽精神标识，融汇中国精神、民族精神、时代精神。"生命至上、举国同心、舍生忘死、尊重科学、命运与共"，习近平总书记对伟大抗疫精神的精辟概括是对中国精神、民族精神、时代精神的生动诠释，是弘扬科学家精神、推动科技进步与创新的重要遵循。在科技工作者眼中，"尊重科学"蕴含着鲜明的时代内涵与硬核力量。"把尊重科学写入伟大抗疫精神，表达出科技界的心声，写到了科技工作者的心坎上"，一位科学家这样感慨。面对前所未知的新型传染性疾病，秉持科学精神、科学态度，把遵循科学规律贯穿于决策指挥、病患治疗、技术攻关、社会治理各方面全过程，成为抗疫斗争的鲜明特点。

二、筑牢科技支撑疫情防控的雄关铁壁

疫情防控是一场与病魔较量的阻击战，也是一场与病毒赛跑的科技战。习近平总书记强调："我们对新冠肺炎疫情的源头和宿主、传播途径、致病机理、危害性致命性、诊疗方案、救治药物以及患者康复后是否存在后遗症等，都还没有完全搞清楚。越是面对这种情况，越要坚持向科学要答案、要方法。"习近平总书记的重要指示既是期待、更是要求，这些"没有完全搞清楚"的问题就是科技精准发力的重要靶向。

医疗救治一线是抗疫斗争最激烈、最惊险的战场，也是医学科技创新的搏击场。科研与临床结合是提高治愈率、降低感染率和病亡率的关键，这就要求科研人员必须站到一线。为打赢这场战"疫"，科研人员分秒必争，向未知挑战，致力于攻克技术难关、有效服务临床救治及疫情防控。

诊断检测是早发现、早隔离、早治疗的关键。科研攻关组按照习近平总书记"英雄不论出处，谁有本事谁就揭榜"的指示要求，面向全国征集解决方案，推出了一批灵敏度高、操作便捷的快速核酸、抗原、抗体等检测设备和试剂。厦门大学夏宁邵团队、邱子欣团队在国家自然科学基金和国家重点研发计划等支持下，率先推出双抗原夹心法总抗体检测试剂，由世界卫生组织向全球推荐。在科研人员共同努力下，我国新冠诊断试剂产品研发及获批临床数量均为全球第一。工信部组织三大运营商开发并面向全国手机用户提供"通信大数据行程卡"到访地查询和人员流动监测服务。一批科技型企业开发应用大数据追踪溯源、健康码识别等科技手段服务于快速筛查、精准定位，为及早发现和隔离病例赢得了宝贵先机。

我国迅速形成重点药物研发的科研攻关格局，最早聚焦老药新用，通过体外试验筛选出具有潜在抗病毒活性的药物，实行中西医结合，先后推出八版全国新冠肺炎诊疗方案，筛选出"三药三方"等临床有效的中药西药和治疗办法，为抗击疫情提供有力支撑，被多个国家借鉴和使用。

医疗装备是科学诊疗的基本条件。我国加快关键核心技术攻关，对人工肺以及动物模型、分子生物学、人工智能、大数据分析、模拟仿真等重大基础科学、应用技术以及医疗装备加大科技创新布局和支持力度。中科院周欣研究员领衔的科研团队应用人体肺部气体磁共振成像装备，在全球首次对新冠肺炎导致的肺功能损伤、治疗及预后进行全面评价，应用至武汉金银潭医院和武汉同济医院抗疫一线。

疫苗是战胜疫情的终极武器。为提高疫苗研发成功率，我国5条技术路线同时启动，灭活疫苗、腺病毒载体疫苗、重组蛋白疫苗、核酸疫苗、减毒流感病毒载体活疫苗研制同步并举，技术路线覆盖全球主要类型，已有多款疫苗进入临床试验阶段，走在了世界前列。

习近平总书记深刻指出，科技创新、科学普及是实现创新发展的两翼，要把科学普及放在与科技创新同等重要的位置。平时如此，战时更如此。面对信息"疫情"，科技界迅速启动应急科普机制，突出“防疫病、防恐慌”，以科学方法、用事实说话，传播防疫知识、分析疫情态势，稳定公众情绪，坚定必胜信心，有效增强了全社会科学防控疫情的意识和能力。

疫情防控升级后，公众对科学防治的信息需求激增。中国科协第一时间编制了《科学防护“疫”问医答》系列科普挂图，“科普中国”平台第一时间上线微博话题“疫情速报”，持续更新最新科研进展、有效诊疗方案，普及防控知识，相关产品浏览量超过82.8亿人次，科学知识与正能量传播增强了公众理性认知。科学辟谣平台广泛汇聚科普资源，总传播量超过20亿次。让科学跑赢谣言，让谣言止于初始，让科技成为制胜之器——这正是科技界的誓言！

为公众吃下“定心丸”。面对汹涌疫情和诸多未知，紧张、焦虑、恐慌……中国医学救援协会迅速开通全国心理援助电话热线。中国心理学会启动抗击疫情“安心”行动，面向公众开展心理援助与危机干预。

“如何快速切断病毒扩散途径？”中国城市规划学会发布《一个减少冠状病毒扩散的规划建议》。中国城市科学研究会连续提出“理性封城防疫十策”“启用对口支援模式”等多项政策建议。“疫情会不会卷土重来？”华中公共卫生与健康联合研究中心提出《今冬明春重大疫情防控面临的风险和对策》。“七十二溪成一瀑，合流飞落玉渊长”，一条条建议如小溪汇聚入海，为战胜疫情注入了科技力量。

三、高擎科学家精神火炬照亮至暗时刻

习近平总书记强调，人无精神则不立、国无精神则不强。伟大抗疫精神同中华民族长期形成的特质禀赋和文化基因一脉相承，是中华民族伟大精神的时代写照。以爱国、创新、求实、奉献、协同、育人为内核的科学家精神，是中国科技共同体在长期实践中积累的宝贵精神财富，是科技进步与创新的精神支撑。在这场疫情战斗中，广大科技工作者不忘初心、牢记使命，以科学驱散疫情阴霾，砥砺创新创造实践，让新时代科学家精神与伟大抗疫精神交相辉映。

胸怀祖国，服务疫情防控科学决策。面对突如其来的传染病，科学家的爱国、奉献精神体现在对国家和人民高度负责的态度，大胆质疑、科学论证，及时提出可行性防控救治方案，为党中央科学决策提供了可靠依据。1月18日晚，一支会聚了中国呼吸病学、流行病学、重症医学、微生物学、疾病预防控制等相关学科6位院士的高级别专家组赶赴武汉，84岁的钟南山院士任组长。专家组临危受命，开展实地考察，取得第一手调查资料后，专家组确信新冠病毒有人传人现象。1月20日一早，6位高级别专家走进中南海，直接面对决策层汇报对疫情的研判意见。

1月22日，习近平总书记作出重要指示，要求立即对湖北省、武汉市人员流动和对外通道实行严格封闭的交通管控。这是一个艰难的重大决定。恰逢中国春运这一人类最大规模的人口迁徙，对一个超千万人口的现代化大都市“封城”，决策者面临空前压力。习近平总书记指出，“作出这一决策，需要巨大政治勇气，但该出手时必须出手，否则当断不断、反受其乱”。

2月初，数以万计、与日俱增的病患不断超出医疗资源负荷极限。疫情重压如山，如何尽快实现应收尽收、应治尽治？“启用大空间、多床位的‘方舱医院’，是当务之急。”2月3日，王辰院士这样建议。短短10多天，一座座被视为“生命方舟”的方舱医院在武汉三镇建设启用，大幅扩容收治能力。

勇攀高峰，拨开疫情传播蔓延迷雾。面对未知的疾病，科学家的求实、创新精神体现在潜心研究、主动作为，把论文写在抗击疫情的第一线，把研究成果应用到抗疫实践中。在武汉，陈薇院士率领团队与后方科研基地联合作战，向新冠病毒研究的前沿发起冲锋，研制出国内第一个获批正式进入临床试验的疫苗，8月11日，该疫苗获得国家专利，成为国内首个进入临床获得专利权的新冠疫苗。张伯礼院士从一开始就推进中医国家队进方舱医院，在抗疫前线，他力推中医药尽早介入、全程参与病人救治。最终，中医国家队进驻的江夏方舱医院所有病人零转重、零复阳，医护人员零感染。

协同合作，助力疫情防控命运与共。习近平总书记强调，病毒没有国界，唯有团结协作、携手应对，国际社会才能战胜疫情。面对蔓延全球的传染病，中国科学家们集智攻关、团结协作，共享科研数据和信息，共同研究提出应对策略，深化科技抗疫国际合作，以科技支撑人类命运共同体建设。

早在1月7日，中国科学家就从样本中分离出新型冠状病毒并检测出病毒全基因组序列，及时向世界公开，受到世界卫生组织高度评价。中华医学会建立专业性交流平台，与全球共享最新科研成果、诊治防控经验。200多种期刊迅速向世界卫生组织提交授权书参与COVID-19数据库建设，为全球抗疫贡献中国科技期刊的力量。

科学致真，大道不孤。中国科技界致力于建设“以理服人”的学术共同体、“以德服人”的价值共同体、“以人为本”的命运共同体，向世界讲好中国抗疫故事。我国科技组织与约300个国际、国别科技组织开展交流合作，通过线上讲座、视频会议等方式举办“国际抗疫大讲堂”等系列活动，为全球抗疫提供科学指导。一系列跨越国界的民间科技交流增信释疑、凝聚共识，巩固了友谊，促进了合作。

在这场同严重疫情的殊死较量中，中国科技界经受了抗疫斗争伟大实践的风雨洗礼，广大科技工作者进一步坚定了使命担当和创新自信。9月11日，习近平总书记在科学家座谈会上提出面向世界科技前沿、面向经济主战场、面向国家重大需求、面向人民生命健康的新时代科技发展战略方针，这是鞭策，更是动员令，激励着广大科技工作者肩负起历史责任，向科学技术广度和深度进军。为统筹疫情防控和经济社会发展提供答案、提供方法、提供科技解决方案，是科技工作者报国为民的神圣使命。我们要更加紧密团结在以习近平同志为核心的党中央周围，弘扬伟大抗疫精神，擎起新时代科学家精神火炬，为建设世界科技强国不懈奋斗！

（来源:《求是》2020年第20期）

为全面建设社会主义现代化国家汇聚科技力量

中国科协党组书记、常务副主席、书记处第一书记　怀进鹏

党的十九届五中全会审议通过的《中共中央关于制定国民经济和社会发展第十四个五年规划和二〇三五年远景目标的建议》强调："坚持创新在我国现代化建设全局中的核心地位。"这充分体现了以习近平同志为核心的党中央对创新发展的高度重视，更加坚定了我们走科技自立自强的创新发展道路的信心和决心。广大科技工作者必将以更加锐意进取的斗志挺进国家现代化建设主战场，以更加丰硕的创新成果回报党和人民赋予的无上荣光和崇高使命。

强化科技自立自强的战略定力。习近平总书记强调："关键核心技术是要不来、买不来、讨不来的。"科技界要站在国家发展全局高度，全面把握创新发展理念，发扬以爱国创新为鲜明导向的科学家精神，咬定青山不放松，紧紧围绕"四个面向"，不断拓展科技创新的深度和广度，把实现中华民族伟大复兴建立在科技自立自强的基础之上，以自主创新铸就国家现代化航船的钢筋铁骨，为夺取全面建设社会主义现代化国家新胜利作出应有贡献。

提升国家创新体系效能。习近平总书记指出："抓住了创新，就抓住了牵动经济社会发展全局的'牛鼻子'。"坚持创新在我国现代化建设全局中的核心地位，要提高创新链整体效能。促进学科交叉融合、科学技术与工程融合、科技与经济融合，实现以产学研融合推动人才、技术、资本等创新要素高效配置，汇聚创新资源，推进科学中心、创新高地、人才枢纽和治理中心建设，打造一支强大的国家创新力量，更加主动地融入全球创新网络，完善我国自主科技创新体系。以科技创新催生新基建、新技术、新材料、新装备、新产品、新业态，以创新链的提升优化稳定产业链、供应链，把更多科技创新成果转化为经济发展动力，推动经济高质量发展，为"十四五"时期经济社会发展提供有力支撑。

厚培创新型国家建设沃土。党的十九届五中全会将"关键核心技术实现重大突破，进入创新型国家前列"列入2035年基本实现社会主义现代化远景目标，充分表明了以习近平同志为核心的党中央对创新这一引领发展第一动力的高度重视和深刻把握。推进创新型国家建设，必须厚培创新土壤。一方面，弘扬科学精神，传播科学知识，把增强人民群众科学素质作为科技自立自强的基础工程；另一方面，放眼未来，创新人才培养理念，以体制机制建设激励科技创新创造，塑造科技创新骨干力量，激励各类人才各展其长，形成源源不断向科学进军的磅礴力量。

服务推进国家治理体系和治理能力现代化。新一轮科技革命和产业变革持续推动科技与经济、社会的深度融合，科技以一种前所未有的姿态融入社会治理体系，为推进国家治理体系和治理能力现代化带来了新机遇新挑战。着眼未来，要树立科技发展与有效治理同等重要的观念，提高运用现代科技手段提升治理

水平的能力，增强机遇意识和风险意识，树立底线思维，推动科学研究创新发展，加快建设与现代化相适应的科技伦理治理体系。

建设现代化国际化科协组织。习近平总书记强调，要“推动开放型、枢纽型、平台型科协组织建设”，这是科协系统在更高起点上推动改革再出发的重要指针。全国学会和各级科协组织要按照党的十九届五中全会战略部署，继续发挥好“一体两翼”组织优势，通过智库、学术、科普三轮驱动，不断提升“四服务”效能。以“智汇中国”广纳科技治理的先进理念，服务党和政府科学决策。以“科普中国”平台支撑全民科学素质建设，推动科普服务社会化协同、规范化建设、国际化合作。以“科创中国”网络连接区域发展各平台，以民间科技交流促进开放合作，为构建新发展格局贡献科协力量。

（来源:《人民日报》2020 年 11 月 19 日）

为疫情防控和经济社会发展汇聚科技力量

中国科协党组书记、常务副主席、书记处第一书记　怀进鹏

新冠肺炎疫情发生以来，科技界坚决贯彻习近平总书记重要讲话、重要指示精神和党中央决策部署，积极行动、全力奋战，努力为打赢疫情防控阻击战提供科技支撑。科协组织坚持以习近平新时代中国特色社会主义思想为指导，围绕中心、服务大局，以支撑科学防疫的实际成效检验科协组织的政治性、先进性、群众性，在应战应考中提升科协系统组织力，团结引领广大科技工作者为打赢疫情防控阻击战、推动经济社会发展贡献力量。

广泛汇聚人才资源

发展是第一要务，人才是第一资源，创新是第一动力。习近平总书记在北京考察新冠肺炎防控科研攻关工作时强调，人类同疾病较量最有力的武器就是科学技术，人类战胜大灾大疫离不开科学发展和技术创新。这深刻阐明了科学技术对战胜疫病的重要作用。马克思指出，科学是“历史的有力杠杆”，是“最高意义的革命力量”。纵观人类发展史，科技发展极大解放了社会生产力，提高了人类健康水平和生活质量，推动人类文明不断发展进步。科技发展的根本在人才。广大科技工作者作为先进生产力的开拓者，是创新活动中最活跃、最积极的因素。科协要强化政治引领，广泛汇聚人才资源，把党和国家确立的目标转化为科技界的自觉行动，把科协的组织优势转化为服务经济社会发展的优势，把科技人才集聚的势能转化为实现“两个一百年”奋斗目标的磅礴动能。

广泛汇聚人才资源，必须深入学习贯彻习近平新时代中国特色社会主义思想，认真贯彻落实习近平总书记关于科技创新和群团改革的一系列新理念新思想新战略。习近平总书记强调，“切实保持和增强党的群团工作和群团组织的政治性、先进性、群众性”“推动开放型、枢纽型、平台型科协组织建设”，这为科协发展指明了方向。科协要坚定大目标、提升组织力、强化组织赋能，打造大平台、构建大枢纽、促进大开放、凝聚大团队，把强“三性”寓于建“三型”“四服务”之中，发挥人才资源优势，激活创新第一动力，服务发展第一要务。首先，担当起引导科技工作者听党话跟党走的政治任务，引导科技工作者紧密团结在党的周围。其次，激发科技工作者报国为民的荣誉感，弘扬科学家精神和志愿服务精神，搭建科技工作者创新创业创造的服务平台，彰显先进性。再次，践行党的群众路线，努力实现科学公共利益最大化，健全联系广泛、服务群众的组织体系。

认真贯彻落实习近平总书记对科技创新和群团改革提出的一系列新理念新思想新战略，团结动员广大科技工作者创新建功，是科协组织的政治使命。在疫情防控中，中国科协组织 191 个全国学会发出《战“疫”有我，为决胜攻坚提供科技志愿服务》倡议，动员广大科技工作者以科技志愿服务践行为民初心、担

当攻坚使命。疫情防控进入最吃劲的关键阶段，中国科协及时发出《团结信任、创新争先，坚决打赢疫情防控人民战争》倡议，引导广大科技工作者坚定信心听党话跟党走，以坚忍不拔的顽强意志和决战有我的担当精神，为支撑科学防治、打赢疫情防控阻击战再接再厉。为深入贯彻习近平总书记关于统筹推进疫情防控和经济社会发展的重要讲话精神，中国科协发出《让科学家精神光耀时代，让科技创造新的价值》倡议，动员科技工作者坚守“心有大我、至诚报国”的光荣传统，坚定信心、实事求是、尽出所学、各展所长，汇聚成共克时艰、共谋发展的科技志愿服务大军，让知识服务社会，让科技创造价值。

充分发挥组织优势

打赢疫情防控阻击战，要坚持向科学要答案、要方法；推动经济社会发展，也要有坚强的科技支撑。汇聚科技界智慧力量服务疫情防控和经济社会发展，要求科协组织充分发挥自身的组织优势。

以有效动员彰显科协组织力。科协坚决贯彻“坚定信心、同舟共济、科学防治、精准施策”的总要求，全面动员、全面部署，组织全国学会和地方科协“两翼”联动推进，形成全系统、全方位、立体化疫情防控格局。遵循习近平总书记关于科学普及与科技创新同等重要的重要指示精神，从应急科普切入，坚持需求牵引、问题导向，推动科技志愿服务进入疫情防控主战场，迅速启动全国科普应急响应与联动机制，不断强化对口联系指导，推动形成以“两防”（防疫情、防恐慌）、“三导”（防疫辅导、心理疏导、科学引导）、“一实”（做一批实事）为重点的工作机制，以科学有效的抗击疫情动员彰显科协组织力。

以聚合平台增强科学传播力。中国科协依托全民科学素质行动计划纲要实施工作机制，主动与国家卫生健康委、科技部等相关部委协作，合力抗击疫情。发挥融媒体传播优势，整合“科普中国”“科学辟谣”“数字科技馆”以及各类地方媒体平台资源，迅速形成传播合力，普及科学防疫与心理健康知识，讲述一线防疫抗疫生动故事，宣传“最美逆行者”“最美科技工作者”，累计总浏览量超过58亿。“科学辟谣”平台有效发挥让真相出台、让谣言出清的作用，传播量超过3亿。

以系统联动增强组织凝聚力。各级科协组织广泛动员科技工作者积极参与疫情防控科研攻关、决策咨询和科技志愿服务，为科学防控疫情提供有力支撑。中国科协组织形成了50余期《科技界情况》和《科技工作者建议》，在科学防疫、提振经济、完善治理等方面建言献策。全国学会发挥专业优势，创作高质量科普产品，组织义诊和心理咨询，搭建供需对接平台，为企业发展和区域经济振兴提供解决方案，助力有序复工复产。各地科协在推动应急科普、心理咨询服务的同时，组织干部下沉社区，筑牢基层防线，推动服务资源下沉，基层“三长”（医院院长、学校校长、农技站站长）、科技志愿者和科普信息员队伍勇挑重担，工作直达街道乡镇、社区村居等基层一线。

以开放交流增强国际影响力。全球公共卫生危机需要国际社会共同应对。中国科协充分发挥国际民间科技交流渠道优势，凝聚信任、合作、发展共识，彰显人类命运共同体理念。组织动员全国学会和专家，主动联系对口国际科技组织，先后致函国际科学理事会和发展中国家科学院等国际科技组织、美国科学促进会和英国皇家学会等国别科技组织、海外华人科技社团、港澳台机构及知名科学家等，筹划交流合作事宜。积极联系相关国际科技组织和国别科技组织提供防疫科普资源，以多种方式快捷有效地回应国际组织及有关方面来函关切，介绍中国疫情防控情况，得到世界工程组织联合会、亚太工程组织联合会等国际科技组织的赞赏和积极响应。通过一系列国际民间科技交流，凝聚共识、巩固友谊、促进合作，讲好中国故事，传播好中国声音，充分展现中国智慧、中国精神和中国负责任大国担当，努力为疫情防控营造良好国际环境。

更好凝聚科技力量

习近平总书记强调，人民的需要和呼唤是科技进步和创新的时代声音。我们要坚持以习近平新时代中国特色社会主义思想为指导，团结动员广大科技工作者增强“四个意识”、坚定“四个自信”、做到“两个维护”，大力弘扬科学家精神，在疫情防控和决胜全面建成小康社会、决战脱贫攻坚中创新建功。

为打赢疫情防控阻击战提供科技支撑。统筹全国学会和地方科协“两翼”组织优势，持续做好应急科普和心理咨询等服务保障。凝聚科技界智慧，积极建言完善疫情影响应对的公共政策。加强前瞻谋划、系统部署，按照统筹推进疫情防控和经济社会发展的要求，为高质量发展贡献智慧和力量。

打造公共服务品牌。持续提升智库、学术、科普等公共服务品牌的影响力，搭建并拓展科技工作者创新创业创造的服务平台。不断完善开放协同、跨界集智机制，为现代化治理提供咨询服务。组织实施促进科技经济深度融合三年行动计划，支撑高质量发展。深化学会治理改革，培育一流科技期刊，完善学术评价体系。启动编制面向2035年的全民科学素质行动规划纲要，推动应急科普机制纳入国家应急管理体系，打造“中国辟谣平台”，强化中国特色现代科技馆体系资源整合。

进一步面向基层、服务群众。健全党建带群建机制，发挥枢纽型组织优势，完善联系广泛、服务群众的科协工作体系。以科技志愿服务机制赋能基层，进一步激发“面向基层、服务群众”的组织活力，让科技在服务全面建成小康社会中创造新的价值。推动基层科协组织“三长”制试点工作嵌入式发展，助力基层党群服务中心、新时代文明实践中心建设。突出志智双扶，推动定点扶贫提质增效，全力做好科技助力精准脱贫工作。

深入推动合作发展。强化大联合大协作，促进科技经济结合、产学融合、跨界协同。增进跨越国界的相互理解、信任和支持，深化国际科技合作。讲好中国故事，传递守望相助、患难见真情的国际友谊，推动开放交流和文明互鉴，为构建人类命运共同体注入正能量。

（来源:《人民日报》2020年3月20日）

打造数字贸易新引擎

中国科协党组书记、常务副主席、书记处第一书记　怀进鹏

数字贸易是数字技术与经济、社会深度融合、共同演进的产物，社会组织在其中扮演着不可或缺的角色。

人类社会正加速迈入数字经济时代。中国正在聚力科技创新、服务贸易和数字经济发展，打造高水平开放平台，构建更高层次改革开放新格局。当前，数字化成为引领服务贸易蓬勃发展的强劲动力。同时，全球数字产业分工远未形成、产业格局仍在调整、数字贸易规则尚不明确。探讨全球数字贸易现状、发展前景与机遇具有重要意义，有这样三点思考。

第一，数字贸易是数字时代的象征，是科技赋能的标志，是未来贸易发展的方向。数字化、网络化、智能化方兴未艾，推动服务业日益占据经济主导地位。数字技术在服务贸易中的地位日益凸显。据联合国贸易和发展会议统计，2019 年全球公有云服务市场规模同比增长 26%，全球服务贸易中一半以上已实现数字化。疫情蔓延使国际贸易面临严峻挑战，数字化成为降低疫情影响、对冲经济下行的希望所在。

第二，全球信任合作是数字贸易的基石。我们需要共建数字治理体系，推动多边、区域等层面数字贸易规则协调，针对隐私保护、数据安全、数据确权、数字税收、数据法治等强化组织与制度创新。共享数字贸易成果。全球数字化进程不能忽视传统中小企业和弱势人群，需要扶持青年人创新创业，弥合数字鸿沟，倡导包容文明。共促开源开放。共建信任网络、开源社区，鼓励开放合作，以数字技术、数字贸易增进人类福祉。

第三，数字贸易是数字技术与经济、社会深度融合、共同演进的产物，社会组织在其中扮演着不可或缺的角色，在促进跨界融合、聚合创新资源、激活创新动能、营造行业生态等方面能够发挥不可替代的作用。中国科协是中国科技共同体组织，拥有 210 个自然科学、工程技术和交叉领域的全国学会，与 374 个国际科技组织建立了合作关系，连接国际创新网络。今年，中国科协推出“科创中国”品牌，以组织创新聚合资源，让“市长”找到市场，让科学家找到企业家。科协组织助力数字贸易发展，一是推动跨界协同，搭建数字技术服务与交易平台，构筑数字经济新生态；二是培育数字人才，以学术交流、人才举荐、专业培训等渠道助力数字经济人才成长；三是拓展开放合作，开展民间科技交流，深化与国际、国别科技组织的合作，共建全球数字贸易与治理体系。

让我们共同努力，以数字贸易焕发新生机、打造新引擎，携手共创全球服务、互惠共享的美好未来。

（来源:《人民日报》2020 年 9 月 6 日）

擎起新时代科学家精神火炬

中国科协党组书记、常务副主席、书记处第一书记　怀进鹏

➤ 科学家精神是科技工作者的共同价值追求，是科技工作者的道德高线

➤ 把科技成果应用在实现国家现代化的伟大事业中，把人生理想融入为实现中华民族伟大复兴的中国梦的奋斗中，是我国科技和社会全面发展的永恒旋律

科学成就离不开精神支撑。科学家精神是科技工作者在长期科学实践中积累的宝贵精神财富。

9月11日，习近平总书记在京主持召开科学家座谈会并发表重要讲话，就“十四五”时期我国科技事业发展听取意见。习近平指出，要大力弘扬科学家精神，并重点强调了爱国精神和创新精神。

如何理解科学家精神在新时代科技创新中的重要意义？又该怎样弘扬培育科学家精神？《瞭望》新闻周刊记者就相关话题专访了中科院院士，中国科协党组书记、常务副主席怀进鹏。

迈向科技强国需要弘扬科学家精神

《瞭望》：如何理解科学家精神的时代意义和深刻内涵？

怀进鹏：新中国成立以来，广大科技工作者在祖国大地上树立起一座座科技创新的丰碑，也铸就了“爱国、创新、求实、奉献、协同、育人”的科学家精神。

胸怀祖国、服务人民的爱国精神是科学家精神的灵魂和要义。中国科学家始终坚持国家和人民利益至上，以支撑服务社会主义现代化强国建设为己任，着力攻克事关国家安全、经济发展、生态保护、民生改善的基础前沿难题和核心关键技术。历经几代科学家的不懈努力，我国的科技发展取得长足进步，并在诸多领域取得原创性突破，奠定了中国在世界前沿科技领域的地位，这一切正源自广大科学家长期艰苦卓绝的不断努力和无名英雄式的无私奉献，正是其坚定深厚的爱国主义情怀一直支持着他们在科学之路上披荆斩棘、屡克难关。

勇攀高峰、敢为人先的创新精神是追求科学与真理的必要条件。科技的发展离不开创新，敢于提出新理论、开辟新领域、探寻新路径，不畏挫折、敢于试错，在独创独有上下功夫，在解决受制于人的重大瓶颈问题上强化担当作为，这种进取超越的精神正是从“中国制造”走向“中国创造”的根本和力量的源头。

追求真理、严谨治学的求实精神是科学家的高贵品质。坚持解放思想、独立思辨、理性质疑、大胆假设、认真求证、不迷信学术权威是科学家精神的重要内核。

淡泊名利、潜心研究的奉献精神是科学坎途中的试金石。反对盲目追逐热点、坚决摒弃拜金主义是科学家从事科学研究的应有立场和坚守。

集智攻关、团结协作的协同精神是大科学时代通往真理的必由之路。在人类命运休戚与共、科技发展日新月异的新时期，中国科学家必须坚持全球视野，秉持互利共赢理念，为构建人类命运共同体贡献中国智慧。

甘为人梯、奖掖后学的育人精神是科学家的使命和担当。善于发现培养青年科技人才，甘做提携后学的“铺路石”和领路人，是科学家在引领科技界攀登科学高峰中应有的担当。

《瞭望》：现在强调弘扬科学家精神，有何紧迫性？

怀进鹏： 伟大精神是一代一代中华儿女创造和积淀出来的，也需要一代一代传承下去。在迈向科技强国的新时代背景下，我们比以往更加需要弘扬科学家精神。

放眼全球，世界正面临百年未有之大变局，新一轮科技革命和产业变革不仅打开了国际科技竞争制高点争夺的机会窗口，极大重塑着全球创新版图，更进一步推动了科技与经济、科技与社会、科技与人的全面发展，人类迎来科技文明前所未有的大发展时代。复杂国际形势下，应对创新的复杂性和全球性问题，需要进一步彰显科学精神、科学思想、科学方法、科学知识对时代进步、人的全面发展的作用，需要以科学家精神号召更多科研工作者为人类文明进步作贡献。

反观国内，我们正处于全面建成小康社会的决胜期、经济转型升级的关键期、全面深化改革的攻坚期，我们既面临着千载难逢的历史机遇，又面临着严峻挑战。科技创新的重要性从未像今天这样被反复强调、深刻认识，科技工作者肩负的使命和任务从未像今天这样重逾千钧。越是这个时候，越需要凝心聚力，以共同价值观号召科技工作者把个人理想自觉融入科技强国伟业，引导广大科技工作者面向世界科技前沿、面向经济主战场、面向国家重大需求、面向人民生命健康，不断向科学技术广度和深度进军，为建设世界科技强国、实现中华民族伟大复兴中国梦贡献力量。

爱国、创新精神是科学家精神的底色与内核

《瞭望》：新时代应该如何弘扬培育科学家的爱国精神？

怀进鹏： 科学无国界，科学家有祖国。心怀祖国、情系人民的爱国精神是中国科技工作者心有大我、以身许国，为中国科技和社会发展贡献一切的强大精神支柱。继承和发扬老一代科学家艰苦奋斗、科学报国的优秀品质，把科技成果应用在实现国家现代化的伟大事业中，把人生理想融入为实现中华民族伟大复兴的中国梦的奋斗中，正是我国科技和社会全面发展的永恒旋律，是新时代中国科学家不断前进、再创辉煌的精神指引。

培育爱国精神要从以下几方面着手，例如，要加强理论学习，组织科技工作者学习了解党史、新中国史、改革开放史、社会主义发展史，深刻认识只有在中国共产党的领导下，科技工作者才能真正实现科技报国、科技兴国的人生抱负；加强宣传力度，深入挖掘、积极选树、表彰宣传优秀科技工作者典型，系统采集、妥善保存老一辈科学家学术成长资料，推动中国科学家博物馆实体馆建设，建设一批科学家精神教育基地，制作推出一批优秀宣传产品，激励鼓舞广大科技工作者把个人理想自觉融入建设世界科技强国伟业，在奋斗中成就创新梦想、实现人生价值。此外，还要加强青少年思政建设，组织科学家精神宣讲团深入大中小学讲述前辈科学家爱国奋斗的感人故事，引导广大青少年感悟他们的家国情怀，推动科学家精神进校园、进课堂、进头脑。

《瞭望》：创新精神有哪几个维度？弘扬培育创新精神需要哪些实招硬招？

怀进鹏： 创新是引领发展的第一动力，是建设现代化经济体系的战略支撑，也是实现高质量发展的必由路径。创新精神是科学家精神的核心，只有凭借创新精神，科学家才能融会贯通各个相关学科的知识体系，才能灵活运用多种科学思想和研究方法，创造性地提出尖端问题的解决方案。

创新精神的第一个层面是保持好奇心和探索精神，善于提出问题、推动解决问题；第二个层面是坚定敢为天下先的自信和勇气，敢于提出新理论、开辟新领域、探寻新路径，向无人区发起冲击，勇攀科学高峰。

当前科技体制改革已进入深水区，各相关部门应勇于担当，敢于啃硬骨头，积极营造良好的科技创新生态环境。

首先，要以国家发展目标和科技自身发展目标为导向，创新人才评价机制，建立健全以创新能力、质量、贡献为导向的科技人才评价体系。要根据不同学科领域、不同行业类别、不同层次人才的特点，按照分类、分层原则进行差异化评价。中国科协正着力推动建设世界一流期刊、一流学会，引导正确价值取向，促进建立科学分类、合理、多元的评价体系。

其次，要扩大高校、科研院所在收入分配上的自主权，同时加强科技成果产权对科研人员的激励，增进有突出成果的科研人员的获得感。

再次，面对科研诚信和学术风气方面的问题，不要怕得罪人，要对科研不端行为“零容忍”，果断亮剑、率先发声，净化学术环境，在学术界树立灯塔。

《瞭望》：弘扬科学家精神与加强作风学风建设的关系是怎样的？

怀进鹏：科学家精神是科技工作者的共同价值追求，是科技工作者的道德高线。优良的作风和学风是做好科技工作的“生命线”，也是必须坚持的底线，是决定科技事业成败的关键，也是建设创新型国家和世界科技强国的根基。只有严守科研伦理规范、守住学术道德底线，才能守护好科学家的品格和尊严，催生真正一流的科研成果。

弘扬科学家精神，需要整个科技界行动，把作风和学风建设摆在事关科技工作全局的重要位置，在制度建设、工作机制、教育引导、监督惩戒等方面加大力度，坚持科学规律，反对主观臆断；坚持严谨求实，反对虚浮夸大；坚持诚信为本，反对弄虚作假；坚持敬业报国，反对功利主义，推动我国科研作风学风建设取得积极成效。

2019年6月，中共中央办公厅、国务院办公厅印发《关于进一步弘扬科学家精神加强作风和学风建设的意见》，对弘扬科学家精神、加强作风和学风建设作出全面系统部署，希望以科学家精神的传承和优良学风的养成，促进科学家群体更好地推动科技创新。

《瞭望》：如何看待当前的科研作风学风状况？

怀进鹏：近年来，经过广大科技工作者的不懈努力，我国主要科技创新指标稳步提升，一批重大科技成果竞相涌现。同时，我们也要清醒地看到，我国科研领域不同程度地存在浮夸浮躁、弄虚作假、急功近利等现象；研究灌水、论文剽窃等学术不端行为不时见诸报端，一些论文集中撤稿事件令人震惊。一些科技工作者盲目追求名利和各种“帽子”，专做短平快的项目，自动“屏蔽”失败风险大、研究周期长但科学价值相对较高的基础性研究；还有的人把主要精力放在混圈子、拿项目、“算”经费上面，心沉不下来，冷板凳坐不住，硬骨头不愿意啃……这些问题不仅侵蚀了科学家精神、透支了公众对这一群体的信任，也伤害了中国科学界的公信力，任由其发展下去，甚至会阻碍科技强国的建设步伐。

学风问题很复杂，是由内因和外因共同作用的。内因就是科研人员本身的职业素养和品德修养有所欠缺；外因则是学术共同体的影响，即群体学风，存在着各种小圈子现象，如项目和头衔帽子评审时的各种打招呼、托关系等。圈子文化的产生与科技资源分配制度、科技评价和奖励制度以及科研组织模式密不可分。当前以论文为主要考核指标的评价体系既不科学，也不利于科研人员创新；以增加知识价值为导向的分配机制在实际运作中，科研人员收入往往与劳动付出不完全匹配，影响他们的积极性。

擎起新时代科学家精神火炬

《瞭望》：要让科学家精神真正落地成为科学家群体的日常坚守，中国科协做了哪些工作？

怀进鹏：中国科协作为党领导下的人民团体，坚持把学习宣传贯彻习近平新时代中国特色社会主义思想贯彻于联系服务科技工作者各项工作始终。今年5月30日，习近平总书记给科技工作者代表回信第二天，中国科协即以线上专题节目形式全面解读总书记关于弘扬优良传统、增强创新自信等重要指示精神，4700万人在线直接参与；深入学习贯彻习近平总书记在科学家座谈会上的重要讲话精神，于9月28日举办“弘扬科学家精神，加强作风学风建设”——新当选院士研修班学员论坛，引导新当选两院院士坚持“四个面向”，坚定创新自信，弘扬科学家精神；建设中共中国科协党校，举办青年科技领军人才国情研修班，面向科协系统广大党员干部、国内科技工作者和海外科技人才分类精确引导。

中国科协坚持高扬社会主义核心价值观主旋律，塑形铸魂科学家精神。我们深入开展老科学家学术成长资料采集工程，深入研究科技人才成长规律和科技发展规律、宣传优秀科技人物的崇高精神和爱国情怀；把抗击疫情斗争作为弘扬科学家精神、塑造科技界形象的伟大实践和生动教材，用心用情讲好科技界抗疫故事；创新高校思政工作模式，持续打造“科学大师名校宣传工程”品牌；开展“最美科技工作者”学习宣传活动，挖掘宣传一批扎根基层无私奉献的典型榜样；积极开展科学家精神培育基地建设，选定中国科技馆作为首个试点，建立国家最高科学技术奖获奖科学家手模墙；打造全国创新争先奖、中国青年科技奖、青年女科学家奖等奖励品牌，持续开展“青年人才托举工程”，增强科技工作者的事业成就感、精神获得感、组织归属感、政治认同感。

此外，中国科协突出重点人群，做好学风引导。联合教育部、科技部等在人民大会堂举办学风道德宣讲教育报告会，每年有80多万名学生和导师在线观看；发挥全国学会的学术共同体示范引领作用，组织学会联合体和千名青年科学家发布学风建设倡议，形成全面深化学风作风建设的强大共识；联合教育部、中科院策划实施“学风传承行动”，通过资助高校院所，鼓励一批优秀的院士名师参与思想政治理论课讲授，打造一批具有学科背景、历史史实的优秀学风主题视频；联合科技部等组织开展《关于进一步弘扬科学家精神加强作风和学风建设的意见》实施进展评估，找准《意见》实施中存在的不足和薄弱环节，确保3年取得实质性进展。

《瞭望》：落实习近平总书记科学家座谈会讲话精神，中国科协还计划采取哪些措施弘扬和培育科学家精神？

怀进鹏：在弘扬和培育科学家精神方面，中国科协将持续以塑形铸魂科学家精神为抓手，继续打造“老科学家学术成长资料采集工程”“科学大师名校宣传工程”等品牌，倡导爱国情怀、责任使命，凝聚起建设世界科技强国的强大动力；进一步加强作风和学风建设，充分发挥全国学会示范作用，扎实开展科学道德和学风建设宣讲行动，营造风清气正的科研环境；与科普工作有机融合，推动全国科技馆开辟科学家精神宣传阵地，建设一批科学家精神培育基地；与媒体深入合作，开辟科学家精神宣传专栏专题，选树宣传一批优秀科技工作者和创新团队典型。

此外，结合纪念中国共产党成立100周年和全面建成小康社会的第一个百年奋斗目标实现，中国科协将深入挖掘宣传报道杰出科学家特别是中共党员中的科学家典型，举办“党领导下的中国科学家”主题展，引导广大科技工作者更加紧密地团结在以习近平同志为核心的党中央周围，擎起新时代科学家精神火炬，为建设世界科技强国不懈奋斗。

我们还将以科学家精神作为共同理念和价值追求，推动科技共同体建设，引导广大科技工作者共同呵护自由畅想、大胆假设、认真求证的创新品格，以创新创造彰显科学理性，推动构建“以理服人”的科学共同体；弘扬科学精神，恪守科研诚信与科技伦理，尊重文化与研究的多样性，讲信义、重情义、扬正义、守道义，推动构建“以德服人”的价值共同体；坚持科技造福人类的宗旨，为粮食安全、数字安全、人类健康、气候变化等关乎人类福祉的公共事务提供科技解决方案，推动构建“以人为本”的命运共同体。

（来源：《瞭望》2020年第43期）

全面提升科协系统组织力　汇聚决战决胜的科技力量

中国科协党组书记、常务副主席、书记处第一书记　怀进鹏

党的十八大以来，习近平总书记就科技创新和群团改革发表的一系列重要讲话、作出的一系列重要指示，是习近平新时代中国特色社会主义思想的重要组成部分，蕴含着与时俱进的时代要求，为科技、科协事业发展指明了方向，提供了重要思想和方法论指引。科协组织认真履行政治使命，团结动员广大科技工作者听党话跟党走，在服务党和国家工作大局中砥砺奋斗、创新建功，不懈推动习近平新时代中国特色社会主义思想在科协系统落地生根。

深入领会习近平总书记关于科技创新和群团改革的重要论述

把握创新发展的历史方位。面对全球科技革命、产业变革与我国经济社会转型和高质量发展形成历史交汇，科技博弈日趋激烈，人才竞争空前白热化，如何充分发挥科技第一生产力的作用？习近平总书记强调，“发展是第一要务，人才是第一资源，创新是第一动力”，既以历史唯物主义准确把握科技创新推动人类文明进步的重要地位，又以辩证唯物主义从发展诸要素矛盾中认识创新与人才的核心作用。马克思认为，科学是“历史的有力杠杆”，是“最高意义的革命力量”。习近平总书记指出，“我们所做的一切都是为人民谋幸福、为民族谋复兴、为世界谋大同”。中国科技共同体是有使命召唤的责任共同体，当代科技工作者践行初心使命，既要坚持科学探索永无止境，以持续的天工开物推动生产力发展，不断促进科技为人类造福；又要涵养文化自信，以科技交流推动文化繁荣，进而推动中华文明创造性转化、创新性发展，与世界文明交流互鉴，为构建人类命运共同体提供强大的精神动力。科协组织要团结动员科技工作者，把习近平总书记的重要指示精神、党中央重大决策部署转化成科技界的自觉行动，有效集聚科技人才组织与资源势能，为建设世界科技强国、实现“两个一百年”奋斗目标释放磅礴动能。

把握科技群团的政治属性。习近平总书记强调，要切实保持和增强党的群团工作的政治性、先进性、群众性。担当团结引领科技工作者坚定信心听党话跟党走的政治任务，筑牢党在科技界执政之基，就是彰显政治性；广泛搭平台拓渠道，发挥科技工作者作为先进生产力开拓者的作用，推动自主创新、协同创新、开放创新，就是体现先进性；坚持广泛联系、服务群众，回应科技工作者所急所忧所盼，为他们办实事解难事，就是体现群众性。要以有效组织，助力科技人才的价值实现，充分发挥人才第一资源优势，激活创新第一动力，服务国家发展这一重大的政治任务。

把握科协组织的鲜明特色。世界多极化、经济全球化、社会信息化、文化多样化不断演进，开放式创新、网络化组织、开源生态、平台赋能加速演化，科学技术及其组织从未像今天这样深刻影响全球治理的格局重组、体系重构、优势重塑。如何识变应变求变，优化组织治理体系、提升组织治理能力？要突出开放

型，以全球视野推动开放合作，促进开放共享，保持和拓展科技与人才交流合作战略通道，支持中国科学家深度参与全球科技治理，为人类命运共同体提供科技支撑。突出枢纽型，强化跨界融合的枢纽连接，当好党和政府联系科技工作者的桥梁纽带。突出平台型，充分运用数字化网络化手段，以搭建科技创新、志愿服务、产学融合等平台，更好荟萃人才、汇聚资源。强“三性”是建“三型”组织的根本标尺，建“三型”是强“三性”的重要途径。我们要坚定大目标，提升组织力，打造大平台、构建大枢纽、凝聚大团队、促进大开放，形成科技促进经济社会发展的大成果，彰显鲜明政治本色和“三型”特色，推动科技群团的探索与实践。

以科学有效的组织推动党的创新理论生动实践

科学有效的组织是科技经济社会发展的倍增器、助推器。我们坚持把强“三性”融入为科技工作者服务、为创新驱动发展服务、为提高全民科学素质服务、为党和政府科学决策服务的“四服务”职责之中，充分发挥中国科协和全国学会、地方科协“一体两翼”的组织优势，把贯彻落实习近平新时代中国特色社会主义思想转化为科技界的自觉行动。

聚焦靶心强引领。坚持党的全面领导是科协发展的“定海神针”，团结科技工作者听党话跟党走是科协组织的政治使命。坚定理想信念，以理论学习强化思想武装。我们创建中国科协党校（人才学院），统筹“一体两翼”构筑融合提升的重要学习交流平台，打造没有围墙的价值引领阵地。突出价值主轴，弘扬科学家精神，切实把习近平总书记关于学风建设的重要指示转化为行动遵循。创新活动载体，精心组织开展全国科技工作者日、全国科普日等重大活动，持续营造润物无声的政治引领氛围，推进科学家精神与志愿精神融合，凝心聚力，服务发展。在抗击新冠肺炎疫情与助力经济社会发展中，科协组织先后发起4次倡议，把党中央号召变成科技界的行动。同时，广泛宣传科技界抗疫感人事迹。

围绕中心强服务。紧扣时代主题，提供科技类社会化公共服务，是科协组织服务大局的职责所在。我们以国际化、信息化、协同化“三化联动”，提升智库、学术、科普三大品牌影响力，为科技人才实现价值打造服务平台。服务党和政府决策。与多方共建科技智库，打造开放交流平台，组织专家为科技经济发展、人才成长和国际交流合作等建言献策。服务创新驱动发展。推动跨界学术交流，促进多学科协同攻关，探索共建产学合作与技术交易服务体系，促进数字经济与实体经济融合，组织学会服务区域和地方发展。完善机制，营造生态，集中力量打造世界一流科技期刊。服务全民科学素质提升。创办世界公众科学素质促进大会，拓展开放合作的组织机制。建立中国公众科学素质促进联合体，推动社会化协同。特别是在抗疫期间，我们以应急科普切入，启动全国科普应急响应与联动机制，有效动员科技力量服务科学防疫主战场。服务脱贫攻坚。组织多种形式扶贫帮困，盯紧抓实定点扶贫任务，扎实推进脱贫攻坚。

“一体两翼”强组织。我们探索“党建引领、统筹设计、分布协同、合作发展”的治理模式，以外向拓展、纵横融合、网络活跃的“三维聚力”方式推进组织力提升工程。一是依托“党建带群建”组织优势，将科技志愿服务融入基层党群服务中心和新时代文明实践中心嵌入式发展，探索科技社团服务支撑社会治理的有效路径。二是以“一体两翼”组织架构深化组织改革创新，横向强化学会联合体、协同创新共同体等跨界融合组织机制，纵向突出地市级科协的联动枢纽作用，打通资源集成和工作下沉堵点；强化“智慧科协”和“三长制”（医院院长、学校校长、农技站站长）建设赋能强基，解决组织功能下沉“最后一公里”问题。三是组织动员百家学会和百支科技志愿服务队伍下沉基层、深入企业助力创新发展。四是强化科协组织国际化发展能力。积极参与全球科技治理，增强国际科技话语权。截至2019年11月，已有359人经科协推荐在374个国际组织中担任决策层职务。

开放交流强合作。弘扬中华文化价值观和中国精神，着眼科技、文明与人类可持续发展创设议题，推动世界文明交流互鉴，创新机制促进合作发展。2019年，中国科协推出“国际月”系列活动，集聚6000余名海外科学家、企业家、教育家，96个国际组织、287个国别组织参与各类活动，积极拓展国际科技交流合作舞台，广泛动员国际科技力量多角度阐释人类命运共同体价值理念，发挥民间渠道增信释疑、缓冲压力、对冲风险、激浊扬清的独特作用。首次举办世界科技与发展论坛，创设科技与教育文化等议题赢得国际共识。推动建立世界公众科学素质促进联盟，贡献中国智慧。与浙江共办首届世界青年科学家峰会，推动组建世界青年科学家联合体。在疫情防控中，主动联系沟通国际、国别科技组织，创新疫情防控科研合作机制，彰显民间科技交流渠道独特优势，推动人类命运共同体建设。

为决胜全面小康、决战脱贫攻坚提供有力科技支撑

面向未来，我们要坚持以习近平新时代中国特色社会主义思想为指导，团结引领广大科技工作者增强“四个意识”、坚定“四个自信”、做到“两个维护”，有效服务科技之治、中国之治、世界之治，为疫情防控、决胜全面小康、决战脱贫攻坚贡献智慧力量。

强化政治引领。坚持举旗帜、聚民心、强信心、暖人心，筑牢科技界共同思想基础。精心打造科协党校等政治引领平台。大力弘扬中国科学家精神，以爱国奉献激励人心，以团结信任凝聚人心，以仁爱友善温润人心，涵养优良学风作风，让科学理性在全社会蔚然成风。

锻造服务品牌。持续提升智库、学术、科普等公共服务品牌的影响力，拓展创新创业创造服务平台。完善开放协同、跨界集智机制，服务现代化治理决策咨询。组织实施促进科技经济深度融合三年行动计划，聚力打造“科创中国”平台，支撑高质量发展。培育一流科技期刊，完善学术评价体系。启动编制面向2035年的全民科学素质行动规划纲要，完善平战结合的“科普中国”机制，推动应急科普纳入国家应急管理体系。

健全组织体系。围绕健全联系广泛、服务群众的组织体系，提升治理能力，深化学会治理改革，加强对地方科协的分类指导，激活“一体两翼”系统效能。以科技志愿服务机制赋能基层，夯实基层基础，让科技在服务全面小康中创造新的价值。推动“三长”制嵌入式发展，助力党群服务中心和新时代文明实践中心建设。突出志智双扶，推动定点扶贫提质增效，全力做好科技助力精准脱贫工作。

推动合作发展。强化大联合大协作，促进科技经济结合、产学融合、跨界协同。增进相互理解、信任和支持，深化国际间科技合作。讲好中国故事，以民间科技交流提升中华文化影响力，传递守望相助、患难之交的国际友谊，推动开放交流和文明互鉴，为人类命运共同体建设持续注入正能量。

（来源:《旗帜》2020 年第 5 期）

抗击新冠肺炎疫情
科协系统在行动

【中国科协党组传达学习习近平总书记重要讲话精神　研究部署疫情防控工作】 2月7日，中国科协召开2020年第四次党组会议，传达学习习近平总书记在中央政治局常委会会议研究应对新型冠状病毒感染肺炎疫情工作时的重要讲话精神，研究部署进一步加强疫情防控工作。会议由中国科协党组书记怀进鹏主持。

会议指出，习近平总书记两次主持召开中央政治局常委会会议，听取中央应对疫情工作领导小组和有关部门的工作汇报，研究疫情防控并发表重要讲话，为全面加强疫情防控工作指明了方向、提供了遵循，必将鼓舞和动员全党全军全国各族人民万众一心、众志成城、坚定信心，坚决夺取这场人民战争的伟大胜利。科协系统要进一步增强“四个意识”、坚定“四个自信”、做到“两个维护”，坚持把人民群众生命安全和身体健康放在第一位，把疫情防控作为当前最重要的工作来抓，激励党员干部务实担当，将党中央的决策部署抓实抓细抓到位。

会议听取了科协系统应急科普、疫情防控等工作汇报，认为前一阶段全面动员、全面部署、全面加强防疫工作取得有效进展，要认真总结、系统谋划，以利再战。会议强调，党有号召，科技界要有行动，科协系统要有作为。要继续发挥全国学会和地方科协“两翼”组织动员优势和科技工作者的专业优势，把强“三性”融入“四服务”，做好强信心、暖人心、聚民心的工作。要扎实做好“两防”（防疫病、防恐慌）、“三导”（防疫辅导、心理疏导、舆论引导）、“一实”（做一批实事）的工作。要聚焦疫情动态，扎实开展应急科普，及时回应公众关切、澄清防疫谣言，有效舒缓社会恐慌情绪，引导公众相信科学、做好防疫。要着眼长远完善科普工作体系，统筹谋划平时和战时科普动员机制与方式。要强化宣传引导，及时挖掘展示科技界和科协系统抗击疫情感人事迹，加强人文关怀，凝聚共克时艰的强大正能量。要坚决反对形式主义官僚主义，切实减轻基层负担，让基层干部把更多精力投入到疫情防控第一线。各部门、各单位要加强党的领导，主要负责同志要靠前指挥，严守防控责任、严格防控措施、严肃防控纪律，不折不扣继续做好各办公区的疫情防控工作。要坚持“停班不停工”，紧扣全面建成小康社会的目标任务，切实推进年度重点工作。

会议还传达学习了全国组织部长会议精神，强调要坚持以习近平新时代中国特色社会主义思想武装党员干部头脑、指导实践、推动发展。要与当前的疫情防控相结合，注重在疫情防控重大任务中考查和识别干部，在边学边干边组织中不断提升组织力。增强科协系统各级党组织政治功能，发挥基层科协、学会党组织在重大任务落实中的战斗堡垒作用，切实把政治优势组织优势有效转化为治理效能。

中国科协党组副书记徐延豪，党组成员束为、宋军、王守东、殷皓出席会议。书记处书记孟庆海、中央纪委国家监委驻科技部纪检监察组同志、中国科协机关有关部门主要负责同志列席会议。

【中国科协党组传达学习党中央、国务院关于疫情防控重要指示精神　研究贯彻落实举措】 3月6日，中国科协召开2020年党组第七次会议，传达学习习近平总书记在北京考察新冠肺炎防控科研攻关工作和中央政治局常委会会议上的重要讲话精神，以及中央应对新冠肺炎疫情工作领导小组会议、国务院联防联控机制有关通知精神，研究贯彻落实举措。会议由中国科协党组书记怀进鹏主持。

会议指出，习近平总书记的重要讲话，深刻阐明了科学技术在战胜疫病中的重要作用，对加强疫情防控、公共卫生科研攻关体系和能力建设作出重要部署、提出明确要求，为我们更好运用科学力量防疫抗疫、统筹疫情防控和经济社会发展提供了重要遵循。要把思想和行动统一到党中央决策部署上来，更好团结动员广大科技工作者，推动疫情防控、科研和物资生产两条战线相互配合、并肩作战，向科学要答案、要方法，为打赢疫情防控人民战争、总体战、阻击战提供坚强有力的科技支撑。

会议强调，在党中央的坚强领导下，当前已初步呈现疫情防控形势持续向好、生产生活秩序加快恢复的态势，但必须清醒认识当前疫情防控和经济社会发展形势的复杂性，增强统筹抓好各项工作的责任感和紧迫感，对疫情的警惕性不能降低，防控要求不能降低，做到慎终如始，继续抓紧抓实抓细。

会议提出，要进一步提高站位，抢抓机遇，前瞻研判，按照“立即办、谋机制、做准备”的要求，抓好国务院领导同志重要批示的贯彻落实工作，作出科协组织独特贡献。充分发挥科协组织大联合大协作优势，打造国家级应急科普平台，推动把应急科普纳入国家应急管理体系。充分发挥科协“一体两翼”组织优势，团结动员权威专家队伍创作一批高质量科普作品，强化国际公共卫生安全合作交流。加强宣传引导，搭建与主流媒体合作平台，科学创设议题，用好立体化传播渠道，进一步激发正能量、弘扬真善美。

会议还研究了其他工作。

中国科协党组副书记徐延豪，党组成员束为、宋军、王守东、殷皓出席会议。书记处书记孟庆海、中央纪委国家监委驻科技部纪检监察组同志、中国科协机关和直属单位有关部门主要负责同志列席会议。

【中国科协党组传达学习习近平总书记在湖北省考察疫情防控工作时的重要讲话精神】 3月13日，中国科协召开2020年第八次党组会议，传达学习习近平总书记在湖北省考察新冠肺炎疫情防控工作时的重要讲话精神。会议由中国科协党组书记怀进鹏主持。

会议指出，湖北和武汉是疫情防控的重中之重，习近平总书记亲临抗疫一线考察并发表重要讲话，给全国人民以极大鼓舞，为打赢湖北保卫战、武汉保卫战进一步指明了方向。要深入学习理解、贯彻落实好总书记重要讲话精神，切实把思想和行动统一到党中央、国务院决策部署上来，以统筹科学防疫和经济社会发展的实际成效检验科协组织的政治性、先进性、群众性。

会议强调，当前疫情防控任务依然艰巨繁重，行百里者半九十，气可鼓不可泄。要咬定青山不放松，坚决克服麻痹思想、厌战情绪、侥幸心理、松劲心态，把疫情防控放在心上、落在事中。加强对干部职工的关心关爱，对离退休职工、困难职工做好心理疏导和帮扶工作。挖掘宣传科协系统典型人物先进事迹，加强科协组织文化建设，激发广大干部职工的荣誉感责任感。各级党组织和党员干部要冲锋在前，“一把手”要靠前指挥，班子成员要各负其责，做到主体责任、一岗双责、监督责任相统一，磨砺锤炼责任担当之勇、科学防控之智、统筹兼顾之谋、组织实施之能，在大战中践行初心使命，在大考中交出合格答卷。

会议提出，这次疫情防控是对治理体系和治理能力的一次大考，要深入总结科协组织服务疫情防控的经验教训，抓紧补齐工作中的短板和弱项，推动在国家层面建立健全重大公共事件应急科普体系，加强“一体两翼”组织架构在基层的延伸拓展，促进学会与地方工作紧密结合，推动科技与经济深度融合，增进与国际和国别科技组织的交流合作。

会议还研究了其他事项。

中国科协党组副书记徐延豪，党组成员束为、宋军、王守东出席会议。书记处书记孟庆海、中央纪委国家监委驻科技部纪检监察组同志、中国科协机关和直属单位有关部门主要负责同志列席会议。会议以电视电话会议形式召开，魏公村、北辰、白家庄、陶然亭办公区设分会场。

【中国科协党组理论学习中心组专题学习习近平总书记关于统筹推进疫情防控和经济社会发展工作的重要论述】 3月26日，中国科协党组理论学习中心组召开2020年第二次集体学习研讨扩大会议，专题学习习近平总书记关于统筹推进疫情防控和经济社会发展工作的重要论述，围绕贯彻落实党中央、国务院决策部署，深入分析科协面临的新形势新任务新挑战，坚持问题导向、目标导向、效果导向，因时因势调整科协工作的着力点和应对举措，确保在打赢疫情防控的人民战争，在实现决胜全面建成小康社会、决战脱贫攻坚目标任务中彰显科协价值。中国科协党组书记、常务副主席、书记处第一书记怀进鹏主持会议并作学习讲评。机关有关部门、直属单位负责人就奋力夺取疫情防控和实现经济社会发展目标双胜利作引导发言。党组、书记处其他同志作交流发言。

会议指出，新冠肺炎疫情发生以来，习近平总书记统揽全局、运筹帷幄、指挥若定，多次召开会议、多次听取汇报、作出一系列重要指示，适时提出了“准确把握国内外疫情防控和经济形势的阶段性变化，因时因势调整工作着力点和应对举措”的明确要求，为统筹推进疫情防控和经济社会发展工作提供了科学指引和根本遵循，有力推动国内疫情防控形势持续向好，生产生活秩序加快恢复。科协组织坚持以习近平新时代中国特色社会主义思想为指导，坚决贯彻“坚定信心、同舟共济、科学防治、精准施策”的总要求，组织全国学会和地方科协“两翼”联动推进，形成全系统、全方位、立体化疫情防控格局，广泛动员科技工作者积极投身防疫抗疫人民战争，深入开展面向基层、面向群众的应急科普服务，在紧急状况、重大考验面前有力动员、坚决担当、切实履责，努力作出科协系统积极贡献。

会议强调，当前，新冠肺炎疫情防控工作正处于关键时刻，决胜脱贫攻坚进入紧要关头。在以习近平同志为核心的党中央坚强领导下，全国人民上下一心、众志成城，取得了抗击新冠肺炎疫情的积极成效。在充分肯定成绩的同时，仍需清醒看到，疫情形势依然严峻复杂，特别是境外疫情扩散蔓延及其对世界经济产生不利影响，也给我国疫情防控和经济发展带来新的挑战。中国科协要深入学习领会习近平总书记强调的马克思主义唯物辩证法的重要思想方法和工作方法，坚持“两点论”和“重点论”的有机统一，一手抓疫情防控，一手抓科技助力经济社会发展，做到两手抓、两促进，丝毫不能放松警惕。要坚决贯彻落实习近平总书记重要指示精神和党中央、国务院决策部署，准确把握国内外疫情防控和经济形势的阶段性变化，因时因势调整工作着力点和应对举措，发挥科协优势，主动担当作为，紧紧围绕疫情防控和经济社会发展献计出力。

会议强调，要做好政治引领，凝聚科技力量。在全党全国齐心抓好疫情防控和经济社会发展的关键时刻，要进一步做好政治引领和政治吸纳工作，充分发挥科协系统基层党组织战斗堡垒作用和党员先锋模范作用，让党旗始终在疫情防控和复工复产一线上高高飘扬。深入挖掘宣传科技工作者的先进典型和感人事迹，大力宣传前方抗疫一线的医护工作者和后方抗疫科研攻关的科研人员坚定信心听党话，始终把人民群众生命安全和身体健康放在首位，争分夺秒、迎难而上的典型事迹，生动讲好科技工作者积极推进复工复产、科技助力精准扶贫和经济社会发展的故事，大力弘扬新时代中国科学家精神，履行好在科技界举旗帜、聚人心、育新人、兴文化、展形象的使命任务，引导科技工作者做新时代的追梦人。

会议强调，要发挥组织优势，服务疫情防控。当前，以武汉市为主战场的全国本土疫情传播已基本阻断，但零星散发病例和局部暴发疫情的风险仍然存在，疫情在全球出现大流行，形势依然复杂严峻。对疫情的警惕性不能降低，防控要求不能降低，加强疫情防控必须慎终如始，继续抓紧抓实抓细。一方面要统筹全国学会和地方科协“两翼”组织优势，持续做好应急科普和心理咨询等服务保障，特别是做好患者康复和隔离群众的心理疏导，协助解决援外医疗队队员的后顾之忧。另一方面要加强前瞻谋划、系统部署，按照统筹推进疫情防控和经济社会发展的要求，积极凝聚科技界智慧，积极建言完善疫情影响应对的公共政策，努力形成科协知识策源、价值引领和组织赋能的功能。

会议强调，要面向基层，服务群众。深化会地合作，探索打造地市级科技创新资源供需对接的调度中枢，推动重心下移、资源下沉。健全党建带群建机制，发挥枢纽型组织优势，完善联系广泛、服务群众的科协工作体系。以科技志愿服务机制赋能基层，进一步激发“面向基层、服务群众”的组织活力，让科技在服务全面建成小康社会中创造新的价值。推动基层科协组织“三长”制试点工作嵌入式发展，助力基层党群服务中心、新时代文明实践中心建设。突出志智双扶，推动定点扶贫提质增效，全力做好科技助力精准脱贫工作。组织实施促进科技经济深度融合三年行动计划，支撑高质量发展。

会议强调，要打造服务品牌，推动合作发展。持续提升智库、学术、科普等公共服务品牌的影响力，搭建并拓展科技工作者创新创业创造和技术贸易等服务平台。不断完善开放协同、跨界集智机制，为现代化治理提供咨询服务。进一步密切与重要国际国别科技组织、重要科学家的交流联系，增进跨越国界的相互理解、信任和支持，深化国际科技交流合作。

中国科协党组副书记徐延豪，党组成员束为、宋军、王守东、殷皓出席会议。书记处书记孟庆海，中央纪委国家监委驻科技部纪检监察组有关负责人，中国科协机关各部门、各直属单位主要负责人列席会议。会议以电视电话会议形式召开，魏公村、北辰、白家庄、陶然亭办公区设分会场。

【中国科协党组深入学习统筹推进新冠肺炎疫情防控和经济社会发展工作部署会议精神　研究贯彻落实举措】 2月28日，中国科协召开2020年第六次党组会议，传达学习近期党中央、国务院及北京市关于统筹推进新冠肺炎疫情防控和经济社会发展工作有关精神，研究贯彻落实举措。会议由中国科协党组书记怀进鹏主持。

会议认为，习近平总书记在统筹推进新冠肺炎疫情防控和经济社会发展工作部署会议上的重要讲话，全面总结了疫情防控工作情况，深刻分析了疫情防控形势及对经济社会发展的影响，明确提出统筹推进疫情防控和经济社会发展工作的总体要求和七项重点工作、八项重大举措，为科协系统统筹推进有效防控疫情和有序复工复产指明了方向、提供了遵循。各级科协组织要进一步增强“四个意识”、坚定“四个自信”、做到“两个维护”，切实把思想和行动统一到党中央、国务院的决策部署上来。

会议指出，在党中央的坚强领导下，当前疫情防控形势整体积极向好，复工复产有序推进，但湖北、武汉的防疫形势依然严峻复杂，存在反弹风险，决不能存在任何的麻痹思想、厌战情绪、侥幸心理、松劲心态，不获全胜绝不轻言成功。

会议强调，要紧紧抓住主要矛盾和矛盾的主要方面，做到外防输入、内防聚集扩散，主动识变应变，严格遵守属地疫情防控管理要求，与所在地区、社区建立联防联控机制，结合实际细化各项防控措施，查找薄弱环节、消除死角盲区。

会议强调，应对不确定性，细节见真才。领导干部特别是"一把手"要靠前指挥，做到主体责任、一岗双责、监督责任相统一，管好人、把好门。做到关口前移，严格落实健康备案和日报告制度，做好信息统筹，避免多头管理，统筹抓好工作和休息时段干部职工管理及防控措施落实。要做好换挡和转段，统筹抓好科学防疫和服务经济社会发展，对今年的重点工作早研究早部署，下好先手棋，打好主动仗，做到工作不断、秩序不乱，确保各项工作有序推进。加强宣传引导，回应社会关切，为支持疫情防控和复工复产营造良好舆论环境。

会议传达了中组部关于组织党员自愿捐款支持新冠疫情防控工作通知精神。会议指出，习近平总书记带头为支持新冠肺炎疫情防控工作捐款，为广大党员作出表率。各级党组织要坚持自觉自愿、量力而行原则，认真组织好捐款工作，科协党员干部要积极奉献爱心、见证初心，以实际行动支持疫情防控。

会议还研究了其他工作。

中国科协党组副书记徐延豪，党组成员束为、宋军、王守东、殷皓出席会议。书记处书记孟庆海、中央纪委国家监委驻科技部纪检监察组同志、中国科协机关和直属单位有关部门主要负责同志列席会议。会议以电视电话会议形式召开，魏公村、北辰、白家庄、陶然亭办公区设分会场。

【中国科协党组传达学习中央有关疫情防控重要精神】 3月27日，中国科协召开2020年第十次党组会议，传达学习习近平主席在二十国集团领导人特别峰会上的重要讲话精神，研究落实中央应对新冠肺炎疫情工作领导小组有关部署。会议由中国科协党组书记怀进鹏主持。

会议认为，习近平主席出席二十国集团领导人特别峰会并发表重要讲话，秉持人类命运共同体理念，介绍"中国经验"，阐述"中国主张"，提出"中国倡议"，作出"中国贡献"，体现了中国推动开展抗击疫情国际合作的大国担当，对国际社会坚定信心、凝聚合力、全面合作具有重要意义。病毒无国界，重大传染性疾病是人类共同的敌人。党中央始终把人民生命安全和身体健康摆在第一位，提出坚定信心、同舟共济、科学防治、精准施策的总要求，中国政府、中国人民为抗击疫情付出艰苦努力和巨大牺牲。要引导广大科技工作者深刻理解、凝聚共识，树立正确的义利观、价值观，进一步增强"四个意识"、坚定"四个自信"、做到"两个维护"，切实把思想和行动统一到党中央、国务院的决策部署上来。

会议指出，要认真落实党中央、国务院应对疫情工作重要部署，科学研判疫情形势，因时因势调整工作着力点和应对举措。坚持目标导向、问题导向、效果导向，提升谋划力、组织力、执行力，抓紧调整完善年度工作要点，提高针对性、实效性。发挥"一体两翼"组织优势，加强对全国学会和地方科协的工作指导，推动科技深度融入经济社会发展，进一步强化国际交流合作，压实责任，激励实干，务求实效，争创实绩。

会议还研究了其他事项。

中国科协党组副书记徐延豪，党组成员束为、宋军、吕昭平、王守东、殷皓出席会议。书记处书记孟庆海、中央纪委国家监委驻科技部纪检监察组同志、中国科协机关和直属单位有关部门主要负责同志列席会议。会议以电视电话会议形式召开，魏公村、北辰、白家庄、陶然亭办公区设分会场。

【中国科协党组传达学习中央精神　部署常态化疫情防控等工作】 4月10日，中国科协召开2020年第十二次党组会议，传达学习习近平总书记在4月8日中共中央政治局常务委员会上的重要讲话精神，研究落实中央应对新冠肺炎疫情工作领导小组有关部署的具体举措。会议由中国科协党组书记怀进鹏主持。

会议强调，习近平总书记在中央政治局常委会会议上的重要讲话，深入分析国内外新冠肺炎疫情防控和经济运行形势，对落实常态化疫情防控举措、全面推进复工复产工作提出重要要求，为我们统筹做好疫情防控和经济社会发展工作进一步指明方向。各级科协组织要认真学习领会、坚决贯彻落实总书记重要讲话精神和党中央、国务院决策部署，准确把握国内外疫情防控和经济形势的阶段性变化，强化系统研究和前瞻谋划，因时因势调整工作着力点和应对举措，发挥科协优势，主动担当作为，以围绕中心、服务大局的实际行动增强“四个意识”、坚定“四个自信”、带头做到“两个维护”。

会议指出，近期中央领导同志对科协工作多次作出重要批示，充分肯定科普宣传和舆论引导等工作成效，为科协发展提供科学指引，科协系统倍感振奋、备受鼓舞。要坚持底线思维，建立同常态化疫情防控相适应的应急处置机制，充分预估风险，管好身边人身边事，坚决堵住可能导致疫情反弹的漏洞。要做好较长时间应对外部环境变化的思想准备和工作准备，坚持政策安排与实践探索相结合，聚焦主责主业、创新机制方式、强化责任落实，保持工作连续性。要不断增强准确识变、科学应变、主动求变能力，强化组织赋能，推动数字化、国际化进程，提升开放协同、合作发展能力，聚力打造“科普中国”“科创中国”协同并进的基础性、综合性、战略性服务品牌，更好推动全民科学素质提升和经济社会高质量发展。

党组副书记徐延豪，党组成员束为、宋军、吕昭平、王守东、殷皓出席会议。书记处书记孟庆海、中央纪委国家监委驻科技部纪检监察组同志、中国科协机关和直属单位有关部门主要负责同志列席会议。会议以电视电话会议形式召开，魏公村、北辰、白家庄、陶然亭办公区设分会场。

【中国科协及中华医学会、中华中医药学会、中华护理学会、中华预防医学会致抗炎一线同仁书】

敬爱的全国医务工作者：

新春伊始，随着新型冠状病毒感染的出现，一场没有硝烟的战斗从江城拉开序幕，威胁着广大人民的健康安危。疫情出现以来，党中央和国务院给予高度重视，习近平总书记作出重要指示，李克强总理作出重要批示，为做好疫情防控工作指明了方向。

在这紧急时刻，全国医务工作者不顾安危，挺身而出，以大无畏的革命精神和舍我其谁的勇气，为保护全民健康，用自己的血肉之躯筑起科学防控的铜墙铁壁。全体科技工作者向你们表示崇高的敬意和亲切的问候！

人类与病毒之间的博弈已逾百年。征服疾病始终是我们勇敢探索未知世界的原动力，这种坚定的信念和无穷力量源于医务工作者无私的奉献。我们不仅拥有抗击SARS的成功经验，更有举国体制下全民一心众志成城的实力。只要我们和衷共济地携手努力，人类终将找出病毒变异的规律，研制出精准制服病毒的良方。

作为人民生命健康的守护者，救死扶伤是你们的光荣使命。你们写下了“不计报酬，无论生死”的豪迈之言，作为你们坚强的后盾，中国科协将全力以赴支持你们，助力科学防控，也恳请你们务必多多珍重，做好自我防护。我们向全社会呼吁，相信科学、尊重科学，积极关心和爱护广大医务工作者。

我们坚信，有党中央的亲切关怀，有各级政府的鼎力支持，有广大医务工作者舍生忘死的付出，我们一定能够勠力同心，共同筑起防控之路，最终战胜病毒的侵袭。

我们期待你们凯旋！

中国科学技术协会
2020年1月22日

【团结信任　创新争先　坚决打赢疫情防控人民战争——向全国科技工作者的倡议】新冠肺炎疫情发生以来，在以习近平同志为核心的党中央坚强领导下，广大科技工作者各尽所长，主动奋战一线、潜心科研攻关、开展战略研判、参与科学普及，为防疫抗疫贡献力量。各级科协和学会启动全国应急科普联动机制，开展科学辟谣，组织义诊及心理咨询，科技志愿者深入城乡社区开展联防联控，191个全国学会共同倡议为决胜攻坚提供科技志愿服务，172家科技馆联动为青少年提供“空中课堂”科学教育。中国科协再次向这场阻击战中的“最美逆行者”致以崇高敬意和衷心感谢！

当前疫情防控正处于胶着对垒的关键阶段，取得这场战争的最终胜利，必须更加紧密团结起来，把思想和行动统一到习近平总书记的重要指示精神和中央要求上来，以坚忍不拔的顽强意志和决战有我的担当精神，为打赢阻击战再作新贡献。

坚定信心听党话。始终把人民群众生命安全和身体健康放在首位，迎难而上，发挥火线上的中流砥柱作用，坚决把中央决策部署落实到本职工作中，以爱国奉献激励人心，以团结信任凝聚人心，以仁爱友善温润人心。坚定信心保“六稳”，积极投身决胜全面建成小康社会、决战脱贫攻坚，做到疫情防控、生产发展两不误。

科学防治强支撑。面向防控一线，强化协作意识，加快诊疗手段的临床应用。强化协同奉献，攻克最急防治难题，把成果运用到防疫抗疫的战场上。面向联防联控、群防群治，加强决策研判，服务科学治理。面向社区村镇，开展科技志愿服务，加强防疫辅导、心理疏导、科学引导，帮助群众理性看待疫情，增强防范意识和防护能力。

合作发展解难题。坚定我国经济长期向好的信心，促进科技经济深度融合。立足岗位，科技护航，服务复工复产。发挥专业优势，依托学会组织，积极投身创新驱动助力“百城千会万企”行动，推动成果转化和技术交易，服务中小微企业。化危为机，抢抓数字经济发展新机遇，利用新技术新业态新模式开展创新创业，拓展高质量发展新空间。

崇尚科学树新风。自觉践行爱国、创新、求实、奉献、协同、育人的科学家精神，加强科学道德和科技伦理自律，在防疫抗疫中涵养优良学风作风。普及科学知识，倡导科学方法，弘扬科学精神，促进公众理解科学、相信科技的力量，培育全社会的科学理性，引导公众养成健康科学生活方式，推动社会文明进步。

开放交流凝共识。积极参与国际疫情防控学术交流，与世界同行共享研究成果，提高人类共同应对重大疫情挑战的能力。讲好中国防疫抗疫故事，增信释疑，深化合作，共同推进人类命运共同体建设。

研当以报效国家为己任，学必以服务人民为荣光。让我们更加紧密团结在以习近平同志为核心的党中央周围，增强“四个意识”、坚定“四个自信”、做到“两个维护”，团结信任，创新争先，为打赢疫情防控的人民战争、决胜全面建成小康社会作出更大贡献！

中国科学技术协会

2020 年 2 月 11 日

【让科学家精神光耀时代　让科技创造新的价值】 新冠肺炎疫情发生以来，科技界坚决贯彻落实习近平总书记重要指示精神，在党中央、国务院坚强领导下，紧急行动、全力奋战、众志成城，为打赢疫情防控阻击战提供了强有力的科技支撑。为夺取疫情防控和实现经济社会发展目标的双胜利，中国科协向全国学会（协会、研究会）、各级科协组织和广大科技工作者再次倡议：

一、砥砺学风，勇担重任。斩断疫情，科技铸剑。振兴经济，科技当先。广大科技工作者要坚守“心有大我、至诚报国”的光荣传统，坚定信心，实事求是，尽出所学，各展所长，汇聚成共度危机、共谋发展的科技志愿服务大军，让知识服务社会，让科技支撑发展，让科学家精神光耀时代。

二、问题导向，需求牵引。聚焦企业复产的关键领域，精准把握产业发展的痛点堵点，破解发展瓶颈，攻克“卡脖子”问题，在协同攻关中提升自主创新能力。以数字化网络化智能化重构生产、经营、管理流程和模式，提升产品服务能力，在解决实际难题中彰显科技力量，在推动高质量发展中成就科技价值。

三、产学融合，创新发展。协同解决重点领域、重点产业的关键短板问题，推动企业转型升级、提质增效。引导龙头企业以技术优势辐射中小企业，形成规模效应，推动形成产业集群和产学跨界机制，帮助中小企业渡过难关。激发创新创业创造生机与活力，释放产业转型发展新动能。

四、平台支撑，精准施策。充分发挥科技智库作用，为产业发展、生态优化和治理现代化提供有效政策建议。搭建跨学科供需对接平台，实施精准服务，推动企业高质量发展。有效开展“百城千会万企”助力行动，组建“科技服务团”，为企业成长和区域经济振兴提供解决方案。

五、开放团结，合作共赢。科学无歧视，发展无止境。增强跨越国界的相互理解、相互信任和相互支持，深化国际间科技合作，秉持开放共享，凝聚发展共识，尊重知识产权，助力企业融入全球创新网络。

战“疫”必将胜利，发展时不我待。国家和人民的需要就是科技界的集结号。希望广大科技工作者大力弘扬爱国、创新、求实、奉献、协同、育人的科学家精神，躬行社会责任，把论文写在祖国大地上，让科技在经济社会发展中创造新的价值。

中国科学技术协会

2020 年 2 月 23 日

【战“疫”有我，为决胜攻坚提供科技志愿服务——向全国科技工作者的倡议】 当前，疫情防控进入了更复杂严峻的关键时期。为深入贯彻落实习近平总书记一系列重要批示指示精神，进一步凝聚科技工作者力量，坚决打赢疫情防控阻击战，中国科协和全国学会向全国科技工作者发出如下倡议：

一、众志成城，服务一线。主动担当、理性发声、合力协同、科学作为，为战胜疫情提供专业支撑。为“逆行而上”的防控一线科技工作者提供温情关爱和有力援助，帮助他们守好后方、做好保障。利用 5G、人工智能等新技术手段，支撑防控一线开展大数据分析、远程会诊、线上问诊等。畅通科技工作者联系渠道，及时反映防控一线的呼声，切实解决科技工作者实际困难。积极保护科技工作者，为他们撑腰鼓劲。

二、协同攻关，服务决策。鼓励科技工作者加强科研攻关，前方后方协调一致、大力协同，将研究成果及时应用到抗疫最前方，将论文写在抗疫第一线。为企业恢复生产支撑抗疫提供技术支持。结合最新研究进展和突破，加强信息共享，汇聚国内外专业同行智慧，组织多学科综合研判，为政府部门科学决策提供学术依据和智力支持。

三、全域科普，服务社会。倡导科学方法，普及防疫知识，紧紧抓住阻断疫情扩散这个关键，做好重点人群、重点地区解疑释惑工作，促进群众认识科学、相信科学、依靠科学。充分利用科普中国等网络平台提供权威科普内容，利用多种媒体、多种方式有针对性地开展科学辟谣，传播正能量，引导公众传播真知，坚定全社会抗疫信心。科技界积极开展心理疏导和心理咨询服务，稳人心暖人心聚人心，减少社会焦虑恐慌和失序。动员学会、科研机构和大学开发传播“空中课堂”等在线教育课程，为中小学生停课不停学提供更丰富的学习资源。

四、资源下沉，服务基层。全面落实联防联控措施，为构筑群防群治的严密防线作出实际贡献。强化枢纽功能，开放联系，搭建平台，全国学会要带头示范，带动各级学会团结广大科技工作者各展所长，组织一批义诊与心理咨询，推出一批在线课程，整合一批发展建议，以多种形式为基层群众和社区提供志愿服务。因地制宜组建科技志愿服务团队，在当地党委政府领导下为群众提供力所能及的服务，为构建理性互助有爱的社会环境尽一份心、出一份力。

五、强化堡垒，服务群众。牢记初心使命，一切为了人民，一切依靠人民，在大战中锤炼党性、检验干部。坚持党建引领，发挥党组织战斗堡垒作用，紧紧依靠科技工作者、有效组织科技工作者，强化服务意识，提供实效服务，避免形式主义，减轻基层负担。及时发现宣传科技工作者在防控斗争中的先进典型和感人事迹，凝聚共克时艰正能量。

“研当以报效国家为己任，学必以服务人民为荣光。”预防并阻断新发传染病的大规模流行，是我们面临的巨大挑战和共同责任。我们将与全国人民一道，在党中央的坚强领导下，大力弘扬科技志愿服务精神，众志成城、全力以赴、攻坚克难，夺取疫情防控阻击战的最终胜利。

首批联合倡议的全国学会（排名不分先后）：

中国数学会、中国物理学会、中国化学会、中国天文学会、中国空间科学学会、中国地理学会、中国动物学会、中国微生物学会、中国生物化学与分子学会、中国细胞生物学学会、中国生物物理学会、中国心理学会、中国野生动物保护协会、中国机械工程学会、中国电工技术学会、中国制冷学会、中国自动化学会、中国电子学会、中国计算机学会、中国通信学会、中国航空学会、中国兵工学会、中国核学会、中国人工智能学会、中国指挥与控制学会、中国农学会、中华医学会、中华中医药学会、中国中西医结合学会、中国药学会、中华护理学会、中国生理学会、中国生物医学工程学会、中国病理生理学会、中国营养学会、中国针灸学会、中国防痨协会、中国心理卫生协会、中国抗癌协会、中国体育科学学会、中国康复医学会、中国免疫学会、中华预防医学会、中华口腔医学会、中国医学救援协会、中国研究型医院学会、中国农村专业技术协会、中国老科学技术工作者协会、中国城市规划学会、中国生物多样性保护与绿色发展基金会。

【关于呼吁我国科技期刊加入世卫组织 COVID-19 数据库　助力全球抗疫合作的倡议书】 新冠肺炎疫情发生以来，我国科技界为打赢疫情防控阻击战进行了总动员。科技期刊第一时间投入战斗，密切跟踪科研攻关进展，紧贴一线诊疗实践，快速发表优秀成果，荟萃科学抗疫中国智慧，强化国际共享合作，充分彰显了科技期刊的学术价值和社会责任担当。

当前，疫情还在全球蔓延，世界公共卫生安全面临极大挑战，国际社会只有坚定信心、科学应对、团结互助，才能赢得这场人类同重大传染性疾病斗争的胜利。为支持全球抗疫工作，世界卫生组织特别搭建 COVID-19 数据库，汇聚各国研究文献，提供开放共享服务。为展现中国科技期刊界的责任担当，中国科协向全国各相关出版单位发出倡议：积极参与世卫组织 COVID-19 数据库建设，授权世卫组织使用期刊新冠肺炎相关论文元数据，丰富专题数据库的中国资源，向全球抗击疫情的医护人员和科研工作者更加全面、更加广泛地分享我国研究进展和防控治疗经验，为早日赢得全球疫情阻击战的胜利作出积极贡献。

世界卫生组织已提供授权书文本，指定其设立在兰州大学的指南实施与知识转化合作中心负责采集中国期刊有关元数据，并将其用于 COVID-19 数据库建设。有意参与的期刊出版单位，请在授权书文本签字盖章后，将扫描件发送至世界卫生组织指定邮箱 library@who.int 和 chenyaolong@lzu.edu.cn。

世界卫生组织将于出版单位授权后，在其 COVID-19 文献平台 https://search.bvsalud.org/global-literature-on-novel-coronavirus-2019-ncov/ 上线有关文献信息。

希望广大科技期刊界同人积极参与，共同助力全球战疫！

咨询电话：010-68571884，68581259

中国科协学会学术部期刊出版处

附件：Authorization for Abstract Use.pdf（略）

中国科学技术协会

2020 年 5 月 19 日

【万钢出席推进中国 - 瑞典抗击新冠肺炎疫情科研合作视频研讨会】 3 月 8 日，致公党中央联合中国科协召开推进中国 - 瑞典抗击新冠肺炎疫情科研合作视频研讨会，商讨加强中瑞科技交流，开展应对新冠肺炎疫情研究与合作事宜。全国政协副主席、中国科协主席、致公党中央主席万钢出席会议并讲话。全国政协常委、全国政协副秘书长、致公党中央常务副主席蒋作君，全国政协常委、全国政协港澳台侨委员会副主任、致公党中央副主席闫小培，山东省政协副主席、致公党山东省委会主委、致公党中央医药卫生委员会主任赵家军，中国科协党组成员、书记处书记束为等出席。

万钢首先对海内外医学科技人员为抗击新冠肺炎疫情作出的创造性努力表示感谢。他指出，新冠肺炎疫情发生以来，在习近平主席亲自部署指挥和海内外各方面的共同努力下，中国国内疫情防控形势积极向好的态势正在拓展，在疾病防治等方面创造并积累了很多成功经验。当前，新冠疫情在全球蔓延，已成为全世界人民共同的挑战，需要各国人民尤其是医疗科技人员的共同努力，发挥智慧力量付诸科学实践，为构建人类命运共同体作出贡献。

万钢指出，当前推进中国、瑞典两国开展抗击疫情科研合作，既是两国科技人员的共同意愿，也是疫情发展的现实需要。他还就中瑞合作提出了继续为疫病诊疗献计献策、及时总结提升诊疗方法、深入开展基础研究、开展科学普及工作、持续科研开放合作等五点建议。

研讨会上，束为全面介绍了自疫情发生以来，中国科协发挥学术、科普、智库三大品牌优势，在应急科普、建言献策以及国际合作三方面开展工作的情况；闫小培介绍了致公党所联系的海内外医学科技人员在抗击新冠肺炎疫情中建言献策情况及取得的成效；中国驻瑞典使馆科技参赞戴钢介绍了中瑞科技合作框架协议和瑞典科技界应对新冠肺炎疫情的情况；科技部同志介绍了国务院联防联控机制科技攻关组的工作情况；北欧致公协会会长、中国工程院外籍院士、瑞典卡罗林斯卡医学院终身教授曹义海介绍了中瑞科技合作的相关设想；与会国内专家介绍了各地抗击疫情、科研攻关的相关情况。

【万钢出席中德数字化转型论坛：面向疫情的数字创新】 12 月 10 日，由中国科学技术协会与德国中国之桥协会共同主办的“中德数字化转型论坛：面向疫情的数字创新”以视频会议形式召开。全国政协副主席、中国科协主席万钢，德国联邦议院副议长、德国中国之桥协会主席汉斯 - 彼得 · 弗里德里希，世界互联网大会高级别专家咨询委员会联合主席维纳 · 措恩，中国德国友好协会会长、原中国驻德国大使史明德出席论坛并致辞。论坛开幕式由中国科协党组成员、书记处书记宋军主持。

万钢指出，新冠肺炎疫情发生以来，中德两国领导人密切沟通、协调政策，有效推动了两国在疫情防控、经贸往来、经济恢复和国际协同各方面的合作。两国同舟共济、携手互助，进一步丰富和发展了中德全方位战略伙伴关系。双方既有联合抗疫的共同需求，又有数字化转型的共同目标，在发展数字经济方面合作前景广阔。两国科技界在疫情期间依然通过网络保持着密切联络，推动了中德青年科学院、数字化远程教育平台、风能效率提升等方面务实合作。未来应进一步加强协同合作和交流互鉴，共筑全球公共卫生体系，共塑中德数字伙伴关系，共促全球数字治理。

弗里德里希表示，数字化转型涉及社会、经济、医疗等各个领域，中德两国越早实现数字化转型，就能越早引领行业标准制定。他希望双方能深入挖掘共同点，发挥各自优势潜能，为全球抗疫提供有效手段，共同探索数字化发展新趋势。

措恩表示，此次论坛是中德数字化转型领域合作的一次有益尝试，未来将通过世界互联网大会高级别专家咨询委员会给予中德各方建议，促进更深入的交流。史明德指出，团结合作才能应对全球性挑战，希望未来中德双方能发掘新亮点，开辟新领域，抓住新机遇，将中德数字化合作打造成中欧合作新典范。

本次论坛专题讨论环节设置“预防新冠疫情继续扩散——中德抗疫科研进展”“现状与展望——疫苗及数字抗疫产品”“摆脱经济困局——疫情下的企业数字化转型”三个议题。中国工程院副院长、中国医学科学院（北京协和医学院）院长、中国工程院院士王辰，中国人工智能学会理事长、清华大学信息科学技术学院院长、中国工程院院士戴琼海，中华预防医学会副会长杨维中，武汉华中数控股份有限公司董事长陈吉红，阿里巴巴集团副总裁刘松，德国联邦议院议员卡尔·劳特巴赫，德中人工智能协会主席肖涵，Innoplexus股份有限公司转译科学副总裁维纳·塞茨，善康国际公司和胡氏科技公司创始人兼首席执行官胡平生，柏林洪堡大学宏观经济学教授、德国经济研究所所长马塞尔·弗拉茨舍，思爱普公司德国总经理、全球客户咨询主管朱利安·普雷图等多位中德资深专家作专题报告，为疫情下发挥数字创新的效能提供思想启发和经验借鉴。

2020年9月，中德欧领导人视频会晤达成一致共识，将数字领域确定为中欧未来合作的重点领域，打造中欧数字合作伙伴关系。为深入落实中德欧领导人会晤精神，中国科协与德国中国之桥协会共同发起中德数字化转型论坛，旨在为中德两国医学和数字化领域专家学者搭建交流平台，并以此为契机探索逐步形成中德数字化合作交流机制，促进两国科研人员交流及项目合作，为中德数字伙伴关系建设作出贡献。

中国驻德国大使馆、中国科协国际联络部、中国国际科技交流中心、中国自动化学会、中华医学会、湖北省科协、上海市科协及华为技术有限公司等单位和企业的负责人及代表出席论坛活动。

【新冠肺炎疫情防控国际经验交流研讨会】 4月2日，中华预防医学会通过视频形式组织召开以“携手共进，抗击疫情”为主题的新冠肺炎疫情防控国际经验交流研讨会。中国科协党组书记、常务副主席、书记处第一书记，中国科学院院士怀进鹏，世界公共卫生联盟副主席沃尔特·里查尔迪出席会议并致辞。中华预防医学会副会长兼秘书长、世界公共卫生联盟执委梁晓峰主持会议。

怀进鹏首先代表中国科协向世界公共卫生联盟及各国公共卫生学会，并通过他们向战斗在一线的医护人员表示崇高的敬意和诚挚的问候。他指出，中国政府和人民在习近平主席的带领下，按照“坚定信心、同舟共济、科学防治、精准施策”的总要求，万众一心、众志成城，打响了一场全民参与、国际联动的疫情防控阻击战，已经取得重大成效。习近平主席在二十国集团领导人应对新冠肺炎特别峰会上特别强调，全面加强国际合作，凝聚起战胜疫情强大合力，携手赢得这场人类同重大传染性疾病的斗争。中国始终秉持人类命运共同体理念，本着公开、透明、负责任态度，及时发布疫情信息，毫无保留同世卫组织和国际社会分享防控、诊疗经验。

怀进鹏强调，重大传染疾病是全人类的敌人，没有国界不分种族；预防是战胜重大传染疾病的最有效方法；应对疫情需要建立跨学科跨部门的合作网络；全球合作是防治并战胜疫情的关键。他呼吁，世界各国从现在开始应共同努力建立稳定的全球性重大传染疾病的预防体系。他表示中国科技界愿意成为建设者之一。

沃尔特·里查尔迪感谢中华预防医学会组织这次活动并成为此次合作的发起者。他指出，疫情的蔓延已成定局，我们必须分享我们的经验、知识。现在是需要我们携手应对的时候，同时为下一次大流行做准备。我们需要一种稳定的国际合作机制。世界公共卫生联盟愿意为世界各地的公共卫生协会提供支持。

研讨会上，中国疾控中心传防处研究员王丽萍介绍了《中国新冠肺炎疫情防控方案第六版》等中国疫情防控经验。来自中国、意大利、西班牙、瑞士、新加坡、越南、巴西及非洲的有关公共卫生组织负责人和公共卫生领域专家从防控角度分享了各国、各区域应对新冠肺炎疫情的措施，围绕全球新冠肺炎疫情防控面临的困难和挑战等进行了交流研讨。

为应对新冠肺炎疫情全球蔓延的势态，中国科协全力组织动员全国学会进一步加强国际合作，开展国际交流活动。截至4月2日，已有208个国际组织、国别组织与全国学会进行交流互动。近期，还将有一批全国学会通过网络视频等形式组织国际学术交流，为全球战疫分享中国经验，贡献中国智慧。

【凝聚合作共识　共同应对挑战——新冠肺炎疫情下的全球科技发展与治理国际研讨会】 5月30日，以“凝聚合作共识　共同应对挑战”为主题，由中国科协主办，中国科协学会学术部、中华预防医学会、腾讯医典共同承办的新冠肺炎疫情下的全球科技发展与治理国际研讨会以线上线下相结合的方式举办。这是中国科协在第四个全国科技工作者日期间，以“科技为民 奋斗有我”为主题，以服务科技工作者为主线，聚焦科技服务经济、服务社会、服务开放合作，开展的系列国际研讨会之一。来自意大利、瑞士、苏丹、日本、澳大利亚、巴西、新加坡等国的专家参加会议。人民网、CGTN、中国网、光明网、腾讯新闻、新浪新闻、网易新闻、今日头条等数十家媒体对研讨会进行了直播，初步估计全球有上千万观众在线收看。

中国科协党组书记、常务副主席、书记处第一书记、中国科学院院士怀进鹏，发展中国家科学院院长穆罕默德·哈桑，世界卫生组织荣誉总干事陈冯富珍，世界公共卫生联盟候任主席沃尔特里查尔迪出席会议并致辞。中华预防医学会副会长兼秘书长、世界公共卫生联盟执委梁晓峰主持会议。

怀进鹏表示，在第四个全国科技工作者日来临之际，习近平主席给科技工作者代表回信，指出创新是引领发展的第一动力，科技是战胜困难的有力武器，热情洋溢，令人振奋。面对新冠肺炎疫情全球蔓延给世界人民生命安全和身体健康带来的威胁，增强团结信任是希望之光，各国科学家之间应该增进理解互信，凝聚战胜疫情的强大合力；坚守科学理性是解危之策，坚持以科技创新有效应对重大传染性疾病等全球性挑战；推动开放合作是治理之道，深化科技合作是全球抗疫的内在要求。他呼吁，世界各国应深化国际交流合作，共同维护全球公共卫生安全；促进科技创新发展，推动实现可持续发展目标；发挥科技组织作用，推动全球治理体系变革。他表示，中国科技界愿与世界同仁加强交流合作，以科技发展支撑可持续发展，共同建设人类幸福安全的地球家园。

穆罕默德哈桑在致辞中，对中国帮助受疫情影响的国家特别是非洲国家表示感谢，对中国科学家开展的国际疫情防控合作表示钦佩，对中国科协科学抗疫等工作表示赞赏。他呼吁加强共享和开放国际合作特别是南南合作，促进科学、技术和创新，应对疫情及其他挑战，造福发展中国家，并为整个人类的福祉作出贡献。

陈冯富珍在致辞中指出，国际科技合作是加速新冠病毒疫苗研发的利器，战胜疫情的唯一途径是团结合作。她建议，要加强全球科技协作体系建设，建立分享诊断、治疗、研究数据以及药物和疫苗研发经验的开放平台，加强科技交流与合作应对全球公共卫生挑战，中国科技界和科技工作者应在科学合作和管理方面发挥关键作用。

沃尔特里查尔迪对中国给予意大利抗疫的帮助表示感谢。他指出，应该加强更加公开、透明和结构化的国际合作，世界公共卫生联盟愿意为世界各国的公共卫生事业提供支持，希望更多组织、机构和个人参与国际合作。

中国工程院院士，中国工程院副院长，中国医学科学院－北京协和医学院院长王辰指出方舱医院可以迅速大规模组建，成本较低，具备多种重要功能，重点关注轻症新冠肺炎患者，是应对医疗资源短缺的有效分配方式，在武汉抗疫过程中发挥了非常重要的作用。清华大学中国科技政策研究中心主任薛澜表示，此次疫情凸显科技创新及其国际合作在解决人类社会重大挑战中的重要性，全世界科技共同体应加强合作，建立公平的全球治理体系，关注生物安全，加强疫苗研发协调，为全球疫情防控提供高效平等的公益产品。世界工程组织联合会前主席马琳坎加强调在新冠肺炎疫情下完善全球治理的重要性，表示世界工程组织联合会在全球科技发展与治理中发挥积极作用，希望全世界的科技工作者能够竭诚努力、共克时艰。笹川和平财团常务理事、海洋政策研究所所长角南笃表示世界科技界应加强基础性研究和综合性研究，在“一带一路”等国际合作平台下加强公共卫生基础设施建设，应对未来共同挑战。

世界公共卫生联盟执行主任、日内瓦全球公共卫生学院教授贝蒂娜博里什在主旨报告中指出，国际社会需要共建信任来应对包括新冠肺炎疫情在内的危机，通过技术创新可以实现更好的治理。非洲疾病预防控制中心主任约翰·恩肯加松在报告中表示健康和卫生是全球人民福祉重要的保障，需要各国在科技等方面开展通力合作，建立具备协调和管理能力的领导机制，开展积极行动。

中国疾控中心全球公共卫生中心主任董小平，巴西健康协会、巴伊亚联邦大学教授路易斯欧金尼奥德苏扎等中外嘉宾围绕各国科学防疫的做法和有效开展国际科技合作的举措等开展了圆桌讨论。

【新冠肺炎治疗国际学术交流会】 4月6日，中华中医药学会通过视频形式召开新冠肺炎治疗国际学术交流会，共有来自中国、美国、英国、德国、法国、西班牙等国家的70多位卫生健康领域科技社团负责人、医学专家和中医药企业负责人参加会议，人民网面向全球进行网络直播，先后有4.5万多人在线观看。中国科协党组成员、书记处书记宋军，国家中医药管理局医疗救治组组长、中国科学院院士仝小林，中国驻美国使馆经商处公使朱洪，美国马里兰州议员Susan Lee，德国联邦医师公会－德中医学会主席Michael Nerlich，中华中医药学会副会长兼秘书长王国辰等出席会议。

宋军在致辞中代表中国科协向各个公共卫生领域的科技社团、各位专家，并通过他们向战斗在一线的医护人员表示崇高的敬意和诚挚的问候。他指出，新冠肺炎疫情暴发以来，中国政府和人民在习近平主席的带领下，始终把人民生命安全和身体健康摆在第一位，坚持全民动员、联防联控、科学防治、公开透明，已经取得阶段性重大成效。特别是注重发挥中医药治未病、辨证施治、多靶点干预的独特优势，探索形成了以中医药为特色、中西医结合救治患者的系统方案，成为中医药传承创新的一次生动实践。宋军强调，世界各国是休戚与共的命运共同体，唯有加强国际合作才能凝聚起战胜疫情的强大合力，应对这一全球性公共卫生安全重大挑战。

交流会上，仝小林院士作报告《新型冠状病毒肺炎中医认识与治疗》，系统介绍了中医参与新冠肺炎防治的情况和取得的效果。湖北省中西医结合医院副院长、新冠肺炎医疗专家组组长夏文广结合在武汉参与新冠肺炎治疗的工作实际，作报告《新冠肺炎中西医结合康复治疗策略》。重症医学专家、美国加州大学旧金山分校医学院教授Andrew Schober，WHO“全球康复联盟”主席、德国汉诺威医科大学康复中心主任Christoph Gutenbrunner，碳云智能合伙创始人、首席科学家李英睿等分别围绕新冠肺炎防治的有关工作作专题报告。交流会还围绕中医药在新冠肺炎防治中的特色优势、有关临床治疗应用和治疗效果，中医药在全球疫情防控中的应用等进行了问答交流。

中国科协学会学术部有关负责人参加会议。

【新冠肺炎防治中国经验研讨会】 4月7日，中华医学会和缅甸、泰国、巴基斯坦等国家医学会以视频形式联合举办新冠肺炎防治中国经验研讨会，共有来自中国、缅甸、泰国、巴基斯坦等国家的500多位卫生部门管理人员、医学会负责人、临床医生、病理研究人员等参加会议。中国科协党组成员吕昭平应邀出席会议并致辞，泰国医学会会长阿蒙·里拉萨米、缅甸医学会会长廷昂素、巴基斯坦医学会秘书长奎撒·萨贾德出席会议。会议由中华医学会副秘书长姜永茂、中华医学会呼吸病学分会主任委员瞿介明分别主持。

吕昭平说，面对突如其来的新冠肺炎疫情，中国政府和人民在习近平主席的带领下，坚定信心、同舟共济、科学防治、精准施策，取得了阶段性的重大成效。中国的一线医护人员针对疫情防控、病患诊治，积极探索，认真总结，形成了有效的临床防治经验；中国的医学科技工作者针对疫苗研制、药物筛选、病毒致病机理、快速检测试剂研究和应用等，争分夺秒开展科研攻关。这些工作为中国的疫情防控工作提供了科技支撑，贡献了积极力量。四国医学会联合举办这次新冠肺炎防治经验交流研讨会，参与疫情防控的中国专家分享新冠肺炎防控经验，非常有意义。他呼吁各国直面挑战、加强互信、深化合作、守望相助，共同为新冠肺炎疫情防控全球阻击战贡献积极力量，共同维护各国人民的健康福祉！

研讨会上，复旦大学中山医院呼吸与危重症学科张静代表中华医学会呼吸病学分会候任主任委员曹彬，四川大学华西医院廖雪莲代表中华医学会重症医学分会副主任委员康焰，中华医学会检验医学分会委员蒋黎、放射学分会主任委员金征宇，中华预防医学会医院感染控制分会主任委员吴安华结合新冠肺炎防控工作实际，分别围绕新冠肺炎诊治、重症患者管理、分子诊断应用、放射学经验及有关区域防控和管理措施等作专题学术报告，分享中国新冠肺炎疫情防控经验。参会人员还围绕医护人员的自我防护、新冠肺炎的检测方法和血浆疗法等进行了问答交流。

中国科协学会学术部有关负责人参加会议。

【科协系统突出应急科普全力抗击疫情】 新型冠状病毒引发的肺炎疫情发生以来，中国科协深入学习贯彻习近平总书记对疫情防控的系列重要指示精神，切实把思想和行动统一到党中央、国务院决策部署上来，把打赢疫情防控阻击战作为当前最重要的工作，发挥科协系统“一体两翼”的组织动员优势和科技工作者专业优势，以应急科普工作为重点，积极主动配合有关部门和地方加强疫情防控，引导公众掌握防控知识、坚定战胜疫情信心，在紧急状况、重大考验面前有力动员、坚决担当、切实履责。

全面部署，迅速动员

全系统迅速动员。中国科协坚决落实党中央重大决策部署，各项工作为打赢疫情防控阻击战服务。习近平总书记对新型冠状病毒感染的肺炎疫情防控作出重要批示后，中国科协第一时间传达学习，成立应急科普领导小组，1月22日下发《关于开展新型冠状病毒感染的肺炎疫情应急科普工作的通知》，要求科协系统全时工作不掉线，发挥“一体两翼”组织作用，特别是发挥科技工作者专业优势，动员广大基层“三长”、科普信息员、科技志愿者和社会各方力量，持续推进应急科普，形成横向到边、纵向到底工作体系。中国科协建立固定联系人制度和工作日报制度，安排专人每日与37个相关全国学会、32个省级科协对口联系指导。1月31日，中国科协发出《战“疫”有我，为决胜攻坚提供科技志愿服务》倡议，号召广大科技工作者大力弘扬科技志愿服务精神，全力以赴、攻坚克难，与全国人民一道夺取疫情防控阻击战的最终胜利。中国科技馆发展基金会发布关于开展“坚定信心　同舟共济　‘疫’期加油”公共募捐的倡议。

各地科协积极响应。湖北等32个省级科协全部成立领导小组，指导各地市制定工作方案，建立工作机制，向本地科技工作者、科技志愿者和科普信息员发出号召，积极参与抗疫工作。

全国学会立即行动。中华医学会、中华中医药学会、中华护理学会、中华预防医学会第一时间向全国医务工作者发出《致抗炎一线同仁书》，中国药学会、中国药理学会、中国毒理学会、中国病理生理学会等188个全国学会分别发布倡议书，203个全国学会响应中国科协发出的倡议书，各领域科技工作者行动起来，投入疫情防控战。

发挥优势，精准发力

充分发挥广大科技工作者的专业优势。各专业学会纷纷主动发声，提出专业建议，供有关部门决策参考，为医务工作者和群众提供专业指导。中国医学救援协会制定大型公共卫生事件心理危机干预科普指南，开通全国心理援助电话热线，针对疫区人民和医务工作者提供心理健康服务。中华医学会科学普及分会郭树彬教授在央视、腾讯等媒体上讲视频公开课为公众解疑释惑、儿科分会发布《儿童2019-nCoV病毒感染的诊断与防治建议》，中国营养学会临床营养分会发布《关于防治新型冠状病毒肺炎的营养建议》，中国药学会发布《病毒防护药师须知》，中国制冷学会发布《春节上班后应对新冠肺炎疫情安全使用空调（供暖）的建议》，中国城市规划学会发布《一个减少冠状病毒扩散的规划建议》。医务工作者勇于担当，奋战一线。中华医学会联系推荐20位高级别专家、110位相关专家，先后赴武汉一线参加救治工作。中国防痨协会理事长、中国疾控中心副主任刘剑君等专家一直战斗在临床一线，中国研究型医院学会副会长、中南大学湘雅医院院长雷光华带领专家团队出征武汉参与抗疫。中国女医师协会会长、北京大学第三医院院长乔杰院士带领北医三院第二批援鄂抗疫国家医疗队驰援武汉。

充分发挥大联合大协作的协同优势。利用全民科学素质纲要实施工作办公室工作机制和“科学辟谣”平台合作机制，与卫生健康委、国家疾控中心保持联动，实时跟进网络舆情，有针对性地组织专家第一时间制作并发布科普信息。联合中国志愿服务联合会、中国平安发起“健康守护——抗击新型肺炎志愿服务行动”，帮助乡村医疗卫生机构人员及时掌握疫情防控知识。科普中国联合清博大数据上线“疫情谣言粉碎机”，集粉碎谣言、防护企业查询等于一体，实现自动数据实时更新与检索。科界联合人民日报客户端、成都无糖信息技术有限公司、360大数据推出肺炎确诊患者同行程查询工具，以科技服务疫情防控。

充分发挥各类媒体立体化传播优势。中国科协通过科普中国、科学辟谣、数字科技馆、科协官网、今日科协、科界等平台，持续普及疫情防控知识、开展科学辟谣，截至2月5日上午共刊发相关内容报道5154篇次，视频164个，主持和维护微博话题30个，浏览量超31.3亿。中国科协联合支付宝开展“面对新型肺炎，我们这样保护自己”肺炎答题活动参与量达5696万人次。中国科技馆“空中课堂”为中小学生停课不停学提供学习资源，传播量达8444万；发起全国科技馆科学实验DIY挑战赛，各级科技馆102家积极参与。各省纷纷利用App、微信、微博、抖音等新媒体平台，持续推送疫情防控权威科普知识。湖北武汉开展“抗击新型冠状病毒　打赢疫情防控阻击战”网络科普知识有奖竞答，辐射全省、延伸全国，引起强烈反响。浙江省科协联合《都市快报》从1月21日起，每日在报纸上推出5个整版的新型冠状病毒病特刊，通过科普栏目“超级科学+”对李兰娟院士的采访网上阅读数突破5613万，单条视频观看6292万次，“新型冠状病毒怕酒精不耐高温”微博话题阅读数达到16.1亿。山东省科协开展“防控新型冠状病毒感染的肺炎——山东在行动！”专题内容在山东IPTV上线，覆盖1700多万家庭，每天10万多人点播。重庆市协调重庆电视台科教频道，面向3000万市民，每晚3次、每次5分钟滚动播出科普中国推出的动漫视频《预防新型冠状病毒肺炎科普知识》。江苏南京市科协在全市科普阅览屏、6个区级电视台、全部10条地铁线路站台和车厢平台滚动播放权威科普资源；无锡市、常州市科协通过地铁、公交每天播出科普知识，受众超11万人次。青海、西藏、内蒙古科协开展双语科普，福建、海南科协开展特色方言科普。

充分发挥科协系统基层队伍广泛传播优势。北京市各区科协全体人员深入各社区和村协助开展疫情防控工作。上海市科协开展"我们在行动"计划，大年初一制作完成《冠状病毒防治宣传册》并下发基层。天津科协发动全域科普体系，实现全部234个街道（乡镇）、5112个社区（村）的全地域覆盖，全市8.5万名科技志愿者、4.5万名科普信息员累计推送科普信息1000万条次。各地基层科协工作人员、科普志愿者按照属地党委统一部署，全部投入到社区防控一线，协助社区进行人员排查工作，平均每人每天排查人数100余人。

河南省科协组织全省7000多个农技协推送权威科普资料，覆盖300余万农民；动员全省3000多个大屏管理员、5000多个农技协专家和所有科普信息员转发10余万次，覆盖农村人口600余万。吉林省科协充分发挥全省48万名科普信息员作用，每名科普信息员建立不少于50人的微信朋友圈，截至1月31日累计转发2028万次。广西科协在全区有关LED屏播放科普视频时长3465分钟，在全区550个科普e站发布应急科普知识，阅读量超过10万人次。江西、黑龙江、山西省科协通过农技协、科普e站、农村大喇叭、科普基地等渠道，动员科普信息员和"三长"开展疫情防控和应急科普。新疆伊犁州科协依托科普大篷车走街串巷开展宣传，州科协本级直达135个村和社区，科普大篷车累计行程650千米，发放科普宣传材料4万份。

心系基层，突出实效

中国科协依托应急科普工作领导小组，统筹指导科协系统做好疫情防控科普服务，定期指导各地科协、各级学会下一步工作注意事项。坚持把应急科普作为贯彻落实习近平总书记重要指示精神、推动科技为民服务的有效实践，不断增强支持疫情防控的科学性、针对性、有效性。坚持科学防疫，反复强调各级科协要在各地应对疫情工作领导小组的统一指挥调度下，积极有序参与疫情防控工作，重点利用信息化科普资源，为群众提供足不出户的科普服务和舆情引导，不搞纸上发动，给基层"帮忙不添乱"。

中国科协党组书记处心系奋战抗疫一线、积极开展应急科普的湖北省基层科技工作者，1月31日通过中国科技馆基金会紧急捐赠医用口罩2万个、N95口罩1000个。根据财政部1月26日下发的《关于疫情防控采购便利化的通知》，中国科协紧急启动应急科普支持地方专项，组织编写并由中国科学技术出版社出版新型肺炎防控知识挂图15万份和折页25万份，2月3日起下发湖北、浙江、北京等全国31个省份的社区、村居等基层一线使用。

【中国科协召开科技助力企业复工产业转型专题研讨会】 3月18日，为落实习近平总书记近期关于统筹推进疫情防控和经济社会发展工作的重要指示精神，中国科协召开科技助力企业复工产业转型专题研讨会，围绕科协组织如何动员全国学会和地方科协，助力企业复工复产和产业转型升级，组织各方专家进行分析研判、提出咨询建议。中国科协党组书记、常务副主席、书记处第一书记怀进鹏主持研讨会。

与会专家围绕疫情影响下国际国内新形势新机遇，针对企业特别是科技型中小企业复工复产、产业链恢复及创新贯通、产业化数字化智能化发展转型，学会与企业、产业、行业互动对接，科协组织融入产业链、供应链、创新链的可行路径等议题展开热烈讨论并提出意见建议。

会议认为，应对全球疫情下的企业复工复产和产业转型发展，必须进一步增强传统产业转型升级的紧迫感、进一步明晰新兴产业蓄势待发的方向感。复工复产应对的是企业短期生存问题，产业转型则事关经济社会可持续发展。数字化、新经济已成为中国抗击疫情和复工复产中重要的支撑力量，创造了很多崭新的应用场景，取得的中国经验应加以总结推广，同时不断完善创新生态，促进新经济蓬勃发展。科协组织应顺势而为、化危为机，进一步搭建科技经济融合发展平台，激励科技人才创新创业创造，补足创新生态系统功能缺失，促进产业创新资源配置优化，弥合技术转移转化环节断线，为促进形成产学融通发展的新格局贡献科技界的智慧和力量。

怀进鹏表示，科协组织将深入贯彻落实习近平总书记关于统筹抓好疫情防控和经济社会发展重点工作的指示，团结动员科技界、产业界等社会各方力量，为夺取疫情防控和经济社会发展的“双胜利”提供坚实的科技支撑。同时，他感谢与会专家提出的宝贵见解和建设性意见，表示将认真研究与会代表的建言献策，由中国科协相关部门和单位按照职责分工对接，梳理归纳逐步落实。

中国城市科学研究会理事长仇保兴、中国科学学与科技政策研究会名誉理事长方新、中国电机工程学会理事长舒印彪、中国电子学会副理事长徐晓兰、中国汽车工程学会常务副理事长张进华、中国纺织工程学会常务副理事长伏广伟、中国标准化协会副理事长高建忠等全国学会代表，清华大学技术创新研究中心主任陈劲、长城企业战略咨询研究所所长王德禄、中国技术交易所董事长吴汝川等产业技术经济专家，北京旷视科技有限公司总裁付英波、滴滴出行首席技术专家吴国斌等科技型企业代表参加座谈会。中国科协党组成员、书记处书记宋军，以及中国科协有关机关部门和直属单位负责同志参加会议。

【中国科协联合国咨商专家积极行动　利用数字技术支撑防疫抗疫】 新冠肺炎疫情发生以来，中国科协联合国咨商专家各尽所长，主动应对，充分利用数字技术，建立新冠肺炎知识与数据信息系统，积极为防疫抗疫贡献力量。

北京时间1月31日凌晨，世界卫生组织宣布将新型冠状病毒疫情列为“国际关注的突发公共卫生事件”，中国科协联合国咨商专家迅速作出反应，在通信与信息技术专业委员会（以下简称通信专委会）专家刘闯教授建议下，在委员会主席龚克的统筹领导下，通信专委会联合生命科学与人类健康专业委员会（以下简称健康专委会），就运用大数据、人工智能等数字技术，服务疫情防控，发挥科学决策支撑作用，多次召开电话会议，共同推动建立新冠肺炎知识与数据信息系统。在各位专家共同努力下，于2月5日推出新冠肺炎知识与数据信息系统内测版，收录文献57篇。该系统以需求为导向，以实现服务国家、应对疫情为宗旨，从大数据入手，关注国外科技进展，特别是药物与疫苗研发、隔离方法及措施等信息。健康专委会及时向中国疾病预防控制中心相关部门汇报数据信息系统的建设工作，了解需求，并就数据呈现模式，数据实用性进行沟通。中国疾病预防控制中心专家对数据库的建设给予了高度评价。

截至2020年2月15日24时，共收录文献381篇、科学数据28个，以及包含气温、降水、气压、风速及新型冠状病毒疫情等相关数据的2020年冬春季中国近地面基本气象要素日预测栅格数据集1份，其中来自世界卫生组织的学术论文53篇、科学数据17个。

新冠肺炎知识与数据信息系统仍在建设中，将根据中央有关“要鼓励运用大数据、人工智能、云计算等数字技术，在疫情监测分析、病毒溯源、防控救治、资源调配等方面更好发挥支撑作用”的指导方针，不断完善，以提升数字技术为防疫抗疫工作提供支撑的水平及能力。

【国际技术转移线上专区助力新冠肺炎疫情防控】 为深入学习贯彻习近平总书记关于统筹推进新冠肺炎疫情防控和经济社会发展工作的重要讲话精神，落实中国科协有关发挥科技组织优势服务企业疫后发展、促进科技经济深度融合的决策部署，中国国际科技交流中心（以下简称中心）联合国内外专业机构共同促进国际技术转移，助力疫情防控和企业复工复产。

中心与重点国别国际对口组织积极对接，聚焦重点技术，汇聚国际科技成果，精准服务企业所需。在生物医药、诊断设备、监测设备、远程医疗、防护材料、医疗器械、公共卫生等相关领域汇集了来自美国、英国、以色列、德国、意大利、匈牙利、俄罗斯、韩国8个国家的30个国际项目，并在中心网站、微信客户端、中国科协创新资源共享平台开辟线上专区，进行项目发布，助力企业攻克技术难关加紧复工复产。同时，加强在线对接互动，联合中国科协创新资源共享平台客服小绿在线，为有需求的企业提供高效、便捷的咨询服务。

在新冠病毒疫情防控期间，中心计划联合更多在线平台上及时提供数字技术、防疫防护、药物和疫苗、公共卫生等领域的技术和产品供给信息，通过线上线下的技术对接服务，加快技术和信息在供需双方之间的流动，提高国际技术转移的成效，加快科技成果产业化，促进科技经济有机融合。并在遵守国际准则和公约，加强知识产权保护的前提下，按照自愿、平等、公平、守信的市场交易原则推动国际技术转移和成果转化。

下一步，中心将利用中国科协系统“一体两翼”的组织优势，整体动员，征集我国创新型企业技术需求，有针对性地面向国际间的技术贸易、技术转移促进机构发布；同时，征集国外先进适用技术和新产品信息，组建国际技术转移专家咨询团，对国外先进技术和产品信息进行评估，指导企业获取新技术、新产品的知识产权许可，助力疫后产业结构调整和提档升级。

线上专区地址：http://cast.ciccst.org.cn/

【“新冠肺炎知识与数据信息系统”推动无国界无歧视无障碍学术交流】 新冠肺炎疫情发生以来，中国科协联合国咨商专家各尽所长，主动应对，积极为防疫抗疫贡献力量。中国科协联合国咨商生命科学与人类健康专委会（CCLH 专委会）和通讯与信息技术专委会（CCIT 专委会）共同建立了“新冠肺炎知识与数据信息系统”，力争运用大数据、人工智能等数字技术服务抗击疫情。

“新冠肺炎知识与数据信息系统”收录来自世界卫生组织的文件、科学文献和科学数据等，并将英文资料翻译成中文。同时，主动向联合国系统、国际科技组织介绍疫情防控进展，推动无国界无歧视无障碍学术交流。这批资料已经上线公开发布，用户量和阅读量迅速攀升。

中国国际科技交流中心作为中国科协联合国咨商工作办公室，联合百度推动这批科学数据和文献信息作为优质科普资源，为更多公众所了解。

【中国科协青少年科技中心持续行动　助力国际合作伙伴抗击新冠肺炎疫情】 面对全球新冠肺炎疫情形势，中国科协青少年科技中心迅速组织力量开发了《加强学习、采取行动，共同抗击新冠肺炎》系列科学教育活动案例，其中还特别加入了“我们在一起”和“人类命运共同体”两项活动，帮助“一带一路”沿线国家师生客观了解疫情的事实和发展情况，理解全人类在疫情中保持团结的重要性。该套案例已在“一带一路”国际科学教育协调委员会（以下简称委员会）官方网站上线并推送给委员会各成员组织以及世界卫生组织（WHO）、联合国教科文组织（UNESCO）、国际电信联盟（ITU）、国际科学院组织（IAP）、世界工程组织联合会（WFEO）、联合国儿童基金会（UNICEF）、亚太地区工程组织联合会（FEIAP）、NOVARTIS 基金会等国际机构，得到了热烈反馈。世界工程组织联合会已在官网刊登相关信息。罗马尼亚天鹅科技协会表示将在暑期运用该项资源开展校外科技活动。

这是中国科协青少年科技中心向国际合作伙伴推送的第二批新冠肺炎相关科普资源。中国科协青少年科技中心将持续关注疫情发展，继续与国际科学教育机构携手合作，助力各国共同抗击新冠肺炎疫情。

聚焦科技经济融合发展
推动“科创中国”建设

【“科创中国”论坛聚焦科技助力中小企业纾困发展】 5月13日，中国科协“科创中国”首期论坛在北京举行。论坛聚焦“中小企业发展与技术服务”的主题，通过现场+视频连线的方式，与北京、无锡、嘉兴、重庆、深圳5个城市16位企业代表及学者进行交流。中国科协党组书记、常务副主席、书记处第一书记怀进鹏主持论坛。中国科协党组成员、书记处书记吕昭平出席论坛。

与会企业代表及学者围绕技术服务体系建设、产学研融合、大中小企业融通发展、高端人才引进、中小微企业融资、科创公司权益保护等企业发展面临的难题，以及科协组织充分发挥人才智力优势，整合学会服务资源，搭建“科创中国”平台等开展交流研讨。

怀进鹏在总结讲话时强调，首期“科创中国”论坛聚焦中小企业发展与技术服务的专题，就是通过深入研讨交流，听取大家对“科创中国”品牌建设的意见和建议，助力中小企业创新发展。中国科协将认真吸纳大家中肯的意见与建议，特别要深入研究在开放合作中加强知识产权保护、保障科技创新公司权益、精准引导大学生就业等建议，及时向中央反映。“科创中国”品牌建设要进一步从四个方面完善总体方案：一是为地方发展导入技术和人才，汇聚国内外创新资源；二是把中小企业的项目、产品和服务导入地方，实现创新要素供需直接对接；三是把创业企业导入区域经济体系，激发创新创业活力；四是组建“科创中国”百人会，促进政产学研用金紧密结合，更好发挥智库功能。

与会企业代表普遍认为，中国科协打造“科创中国”平台，是适应新形势推动深化科技体制改革、促进科技经济深度融合、服务高质量发展的战略举措。大家深入分析当前企业困境，并结合企业需求，对“科创中国”品牌建设提出了意见建议。

【中国科协召开“科创中国”建设工作座谈会】 5月20日，中国科协召开“科创中国”建设座谈会，邀请高校、科研院所、国有民营企业及科技产业园区负责人代表，征求对“科创中国”品牌建设的意见建议。中国科协党组书记、常务副主席、书记处第一书记怀进鹏主持座谈会。中国科协党组成员、书记处书记束为、吕昭平出席。

怀进鹏指出，打造“科创中国”品牌是中国科协响应中央号召、回应社会诉求，团结引领广大科技工作者服务经济社会发展的一项重要工作。在全球经济形势严峻、我国经济质量效率动力转型的关键时期，中国科协聚焦科技经济融合焦点问题，在“5·30”推出“科创中国”品牌，以人为本打造技术服务交易平台，就是要汇聚创新要素、有效推动科学家和企业家合作，将人才、技术导入产业、资本，推动技术服务和交易的规范化、市场化、国际化，形成新的组织模式和工作方式，探索产学融合的组织制度和激励机制，推动以地市为基础的区域经济发展。中国科协将以需求为导向，链接全国学会、地方科协以及国内外各方面创新资源，组建科技服务团，对接中小企业，建设开源社区，打出促进科技经济融合“组合拳”，营造创业创新创造良好生态，让科技更好地服务经济社会发展。

与会代表对中国科协在国家经济社会发展的特殊阶段推出“科创中国”品牌、积极促进科技经济融合给予充分肯定。大家表示要积极支持“科创中国”品牌建设，将本单位科技资源汇聚融入“科创中国”平台。同时围绕深化与高校合作、链接新型赋能组织、培育技术服务专业人才队伍、建设创新创业生态等方面提出了意见建议。

北京大学副校长黄如、北京航空航天大学党委副书记赵罡、北京理工大学副校长龙腾、北京科技大学副校长臧勇、中科院自动化研究所副所长战超、北京协同创新研究院院长王茤祥、清华大学技术创新中心主任陈劲等高校院所代表，中国电子信息产业集团有限公司副总经理陈锡明、中国移动通信研究院副院长黄宇红等大型国有企业代表，百度集团副总裁吴甜、旷视科技副总裁严飞、腾讯公司发展合作中心总监、腾讯科协秘书长张谦等民营科技型企业代表，北京经济技术开发区管委会副主任张广等作重点发言。

中国科协学会学术部部长刘兴平介绍了“科创中国”品牌的建设背景、功能定位和建设思路，中国科学技术出版社社长秦德继现场演示了“科创中国”平台的主体框架、内容设计和资源汇聚情况。与会代表围绕“科创中国”品牌的整体设计、特色优势、运行机制和协同模式等进行研讨。

10月14日，中国科协在北京召开“科创中国”建设工作座谈会，邀请科学家、企业家、经济学家、政策、法律专家等参与，研讨科技经济融合发展与“科创中国”组织创新。座谈会由中国科协党组书记、常务副主席、书记处第一书记怀进鹏主持，中国科协党组成员、书记处书记束为出席。国务院参事、中国城市科学研究会理事长仇保兴，中国汽车工程学会理事长李骏院士，中星微集团首席科学家邓中翰院士，首都经济贸易大学原校长文魁，清华大学苏世民书院院长薛澜，北京航空航天大学法学院院长龙卫球，中国节能环保集团有限公司总工程师邹结富，数字中国联合会主席、中泽嘉盟投资基金董事长吴鹰，中国技术交易所总裁郭书贵，中关村软件园总经理张金辉，91科技集团董事长许泽玮，中国科学院化学研究所副研究员周恒等参加座谈。

在听取“科创中国”试点建设阶段性进展情况介绍后，与会专家充分肯定了“科创中国”理念和建设思路，并围绕科协组织促进科技经济融合的组织优势、工作定位、推进方式等问题进行研讨。与会专家还结合各自领域的实践，就“科创中国”建设如何更好凝聚科技工作者参与、如何聚焦关键核心目标、如何与金融和资本市场结合、如何创新激励评价机制、如何推动国际化发展等问题提出了意见和建议。

怀进鹏总结讲话时强调，在迎来“十四五”发展的关键时期，中国科协要围绕构建新发展格局，充分发挥社会组织资源优势和跨界协同优势，构建科技创新合作网络，促进要素合理配置，当好科技经济融合的示范者和先行者，把扩大内需与提升科技创新供给能力进行有效适配，服务高质量发展。中国科协将结合专家意见，进一步推动“科创中国”组织创新，汇聚科技界、企业界、创投界等各方资源，引导海内外优秀人才和科技经济组织交流互鉴、凝聚共识，促进开放共享、合作互信，打造高水平国际交流平台，积极融入全球创新网络。

【中国科协召开“科创中国”试点建设座谈会】 5月21日，中国科协在北京召开“科创中国”试点建设座谈会，进一步探讨如何整合和发挥科协资源优势，以试点城市（园区）为重点，推动科技经济深度融合，服务地方经济发展。会议设主会场及各地分会场，中国科协党组书记、常务副主席、书记处第一书记怀进鹏，中国科协党组成员、书记处书记吕昭平出席。会议由中国科协党组成员、书记处书记束为主持。

怀进鹏指出，打造“科创中国”新品牌，总体上是希望营造创新、创业、创造的良好生态，构建资源整合平台、供需对接平台、技术服务和交易平台，实现人才聚合、技术集成和服务到位，探索产学融合的组织制度和激励机制，以发掘企业需求与价值、提升产业园区产业链为重点，推动技术服务和交易的规范化、专业化、市场化、国际化，让科技更有效地服务经济社会高质量发展。推动“科创中国”品牌建设，就要坚持试点先行，探索出经验，探索出路子，通过与地市合作，探索打造一批创新枢纽城市，形成一批科技经济融合的工作样板间，为构建符合国情的创新生态、打造中国特色的技术创新模式，积极探索并积累可复制、可推广的经验和机制。

怀进鹏要求，要进一步提高政治站位，担当起服务科技经济融合发展的时代使命和重要责任，认真扎实做好促进科技经济深度融合发展试点示范工作，打造“科创中国”新品牌，培育创新创业创造新活力，为做好“六稳”工作、落实“六保”任务提供有力的科技支撑和平台支撑，为提升区域创新能力和产业发展动力、实现国家经济社会高质量发展不断做出科协新贡献。

学会学术部部长刘兴平介绍“科创中国”建设总体思路。北京市中关村科技园区管委会二级巡视员刘航，湖北省科协常委、武汉市东湖新技术开发区管委会副主任夏亚民，黑龙江省七台河市副市长王婷，浙江省嘉兴市副市长盛全生，广东省深圳市副市长聂新平，中国汽车工程学会常务副理事长兼秘书长张进华，中国纺织工程学会副理事长龚进礼等作重点发言。

科协科技经济融合领导小组办公室成员单位主要负责人、18个省（自治区、直辖市）牵头部门及省科协负责人、21个试点城市（园区）、地市发改委、地方科协负责人，32个全国学会理事长（秘书长）、科技服务团专家代表约200人参会。

【中国科协召开“科创中国”开源生态建设专题座谈会】 7月8日，中国科协召开“科创中国”开源生态建设专题座谈会。中国科协党组书记、常务副主席、书记处第一书记怀进鹏主持会议，中国科协党组成员、书记处书记束为、吕昭平参加会议。

百度集团、旷视科技、麒麟软件、用友网络科技、海尔海创汇、中国开发者社区、商汤科技、中关村发展集团、中关村大河资本、国科嘉和基金等相关科技企业及金融机构专家、企业家参加会议。百度集团副总裁吴甜及中关村发展集团党委书记、董事长赵长山分别围绕“AI开源建设助力‘科创中国’构建技术创新平台”及“打造开源生态，助力技术创新网络建设”作专题发言。

与会专家围绕开源生态建设提出三方面建议。一是凝聚开源发展共识。龙头企业应充分发挥牵引和示范作用，联合产学各界力量，拓展国际交流渠道和方式，加速构建活跃、公平、开放的开源平台，营造开源平台的共建共享文化，助力经济社会高质量发展。二是聚焦关键技术领域。瞄准若干需求迫切、条件成熟的关键技术、优势技术领域，引导资源投向，打造开源品牌，培育开源队伍，鼓励开放数据，推动开源软件和信息技术服务在制造、金融、教育等各个领域普及应用，创造经济和社会效益。三是培育开源生态基础。关注高校、院所师生的开源意识和能力培养，不断壮大开源人才队伍，加强开源社区的政策体系、信用体系、评价体系建设，保障开源生态可持续发展，促进开源需求与开源人才、开源技术、开源基金等要素形成良性互动。

怀进鹏认真听取了与会企业家对于多主体协同构建技术创新网络，强化本土开源政策引导，建立开源基金会、开源生态联盟，建设开源代码托管平台，培育开源人才队伍，壮大开源软件产业链等方面的意见建议。他表示，中国科协将借力“科创中国”平台，大力营造开源生态，完善开源生态治理，鼓励相关机构参与开源建设，引导企业开源开放、共治共享，创新国际合作模式与渠道，降低技术交易成本，畅通创新要素流动，促进科技经济深度融合。

【中国科协举办地方科协主席“科创中国”专题研讨班】 7月29—31日，中国科协以主、分会场和视频相结合的形式举办地方科协主席“科创中国”专题研讨班。

7月29日，培训班学员视频列席中国科协科技经济融合工作第二次专题会议，学习中国科协党组书记、常务副主席、书记处第一书记怀进鹏的工作讲话和党组成员、书记处书记束为、吕昭平的辅导报告，系统全面认识“科创中国”的整体定位、目标使命和重点任务，加深对“科创中国”项目的理解，强化使命，坚定信心。

7月30日，研讨班安排了3场理论报告和前沿实践讲座，增强学员对科技形势政策的把握和“科技成果转化”专业领域的知识储备，深刻理解“为什么干”和“怎么干”。中国科协党组成员、书记处书记束为、宋军出席。

清华大学苏世民书院院长薛澜教授作报告《第四次工业革命与创新之路》，从历史、理论和实践等维度对第四次工业革命背景下中国在创新之路上面临的挑战和机遇进行了系统梳理和独到分析。九三学社中央副主席、北京石墨烯研究院院长刘忠范院士针对目前科技成果转化难、技术交易落地成功率低的现状，介绍了北京石墨烯研究院探索出的“研发代工”新模式，在发挥市场牵引作用的同时调动科技人员的创造活力，大大缓解了科技成果转化“最后一公里”的难题。深圳清华大学研究院副院长刘仁辰分享了深圳清华研究院20多年来在打造产学研深度融合的科技创新孵化体系中的探索和实践，为各地产学研协同发展提供了新的思路。

本次培训班设主会场及各地分会场，18个试点省份科协党组书记、分管副主席，22个试点城市（园区）科协党组书记、主席，中国科协挂点干部，部分全国学会科技服务团人员以及内蒙古科技厅，宁夏银川市发改委、科技局、人才局、经开区，湖北省武汉市东湖新技术开发区管委会、北京市中关村软件园发展有限责任公司、国家技术转移东部中心（上海）等相关单位人员，共计200余人参加。试点城市（园区）和挂点干部结合地方实际就培训内容进行了分组交流研讨。

【中国科协与青岛市政府签署“科创中国”试点城市建设合作协议】 8月14日，在第二十二届中国科协年会期间，中国科协与青岛市政府在青岛国际会议中心签署“科创中国”试点城市建设合作协议。中国科协党组书记、常务副主席、书记处第一书记怀进鹏，中国科协党组成员、书记处书记宋军、吕昭平，山东省委常委、青岛市委书记王清宪，青岛市委副书记王鲁明出席签约仪式。

根据合作协议，双方将在建设科技协同创新赋能组织、推进青岛世界工业互联网之都建设、打造“一带一路”国际科技合作新平台、共创“会展赛”精品活动、开展科技创新高端智库服务、落实全民科学素质行动计划、深化践行科技为民服务等方面全面加强合作，扩大“后年会效应”，促进科技经济深度融合发展，导入“科创中国”创新资源，服务青岛高质量发展。

6月，中国科协将青岛市纳入首批“科创中国”试点城市，协议的签订，将进一步发挥科协系统组织、人才、智力的独特优势，依托中国科协“科创中国”服务品牌，完善政产学研金服用协同创新机制，推动技术服务和交易的市场化、专业化、国际化，构建符合青岛实际的创新生态、创新模式，促进“科创中国”科技经济融合平台在青岛落地，形成科技经济融合的“科创青岛”样板，把青岛打造成为“科创中国”创新枢纽城市，为上合示范区、山东自贸试验区青岛片区、世界工业互联网之都建设提供科技支撑，推动青岛科技创新发展、产业转型升级、经济提质增效、公众科学素质提升。

【天津市滨海新区“科创中国”试点城市建设启动会暨科技经济融合专家座谈会召开】 8月20日，天津市滨海新区“科创中国”试点城市建设启动会暨科技经济融合专家座谈会召开。中国科协党组成员、书记处书记束为，天津市委常委、滨海新区区委书记连茂君，中国机械工程学会副理事长、中国工程院院士陈学东，天津市科协党组书记、常务副主席陆为民，由相关全国学会组建的“科创中国”天津（滨海）科技服务团专家学者、“科创中国”试点城市建设北京天津工作组成员及天津滨海新区发改委、科技局、工信局、科协等相关部门负责人出席会议。

束为在座谈中指出，中国科协推出“科创中国”品牌，期望通过供需匹配，让科学家找到企业家，让企业家找到科学家，打造数字化技术服务和交易平台、构建试点城市网络、建设新型创新组织、培育融通的创新生态，推动科技经济深度融合，服务地方经济发展。滨海新区是“科创中国”首批试点城市。中国科协将进一步发挥科协组织优势，聚焦新区重点发展领域，树立“科创中国”服务品牌，导入“科创中国”创新资源，深入开展科技志愿服务，发挥科技创新高端智库作用，落实全域科普、全民科学素质行动计划，助力滨海新区完善产学研用金服等协同创新机制，推动技术服务和交易的市场化、专业化、国际化，构建符合天津实际的创新生态、创新模式，促进“科创中国”科技经济融合平台在滨海新区落地生根，推动滨海新区科技创新发展、产业转型升级、经济提质增效、公民科学素质提升，全力支持滨海新区打造“科创中国”试点城市，形成科技经济融合高质量发展的样板间。

连茂君在座谈中提出，滨海新区要以“科创中国”试点城市建设为契机，坚守促进科技和经济有机协同、深度融合宗旨，完善科技经济融合发展机制，建立长效推进机制，以“工作干出来、经验总结出来、品牌打造出来”为目标导向，坚持“企业提需求、学会送服务、科协搭平台、地方汇资源”，全力打造信创产业、生物制造、融资租赁、先进计算四大引领产业，加快培育智能科技、化工新材料、新能源、海洋科技四大高成长型产业，全力完善“四个一”支撑体系，努力实现新时代高质量发展。

启动会上，束为向陈学东院士授予“科创中国”天津（滨海）科技服务团团旗，连茂君宣布天津市滨海新区“科创中国”试点城市建设启动。“科创中国”试点城市建设北京天津工作组组长、中国科协科学技术传播中心副主任陈锐与中国电子信息产业集团科技委副秘书长于庆宏签署《中国电子信息产业集团与中国科协科学技术传播中心战略合作框架协议》。中国机械工程学会与滨海高新区、天津金桥巴顿焊接研究院，中国汽车工程学会与经开区汽车产业促进局，中国造船工程学会、中国可再生能源学会与天津力神公司，中国金属学会与新天钢集团，天津市科协、天津市高企协、滨海新区民营企业科协、滨海企业家俱乐部分别签署合作协议。

座谈会上，陈锐介绍了“科创中国”工作背景及挂点工作组有关情况，滨海新区科协党组书记窦克忠介绍了滨海新区落实“科创中国”试点城市建设工作进展和思路，陈学东院士结合智能制造产业发展提出专家建议，于庆宏围绕中国电子信息产业集团助力天津信创产业发展提出工作建议，与会各全国学会负责人围绕科技服务团赋能滨海新区科技企业作专题发言。座谈会后，科技服务团各位专家分赴云圣智能、飞腾信息、麒麟软件、天津力神、新天钢、金桥巴顿等企业开展对接服务。

【科创中国·技术交易券商培育与赋能计划启动】 12月24—25日，科创中国·技术交易券商培育与赋能计划全国巡回培训研讨班（北京站）举办，拉开了科创中国·技术交易券商培育与赋能计划的序幕。中国科协党组成员、书记处书记吕昭平，中国科协学会学术部、中国科学技术出版社有限公司，上海市科协、上海市杨浦区、上海技术交易所负责人出席启动仪式。

吕昭平在致辞中表示，“科创中国”品牌已初步形成平台建设、区域试点、组织创新“三位一体”的工作格局。此次发起“科创中国·技术交易券商培育与赋能计划”，希望能够依托试点城市（园区）逐步建立并规范技术经纪人培养模式，搭建技术经纪人学习交流平台，发挥科协组织在人才培养方面的优势，打造一支懂科技、会交流、善服务的技术经纪人队伍。

“科创中国·技术交易券商培育与赋能计划”将在全国巡回举办技术交易券商培训研讨班。此次在北京举办的研讨班设置了“科技成果转化环境及政策解读”“‘双创’时代下的技术转移新趋势”等课程，来自“科创中国”试点城市（园区）及学会科技服务团以及高校、科技园区、全国学会、专业服务机构的50余名学员参加培训研讨。专家分别从技术转移新趋势、高校科技成果转移转化、技术转移转化政策、交易场所规则、交易案例与模式分析等角度进行授课，聚焦技术成果转化及交易中的痛点难点，着力培养技术券商人才队伍。

启动仪式上，还举行了“上海国际信息工程与应用技术交易服务平台”“上海国际智能设计技术交易服务平台”2个技术券商样板间揭牌仪式。2个样板间分别依托复旦大学、同济大学建立。

本次活动由中国科协科技经济融合工作领导小组办公室主办，上海市科协、中国科学技术出版社有限公司、上海技术交易所、上海全国高校技术市场有限公司共同承办，是推进“科创中国”品牌建设的重要举措。

【“海外创业者科创中国行”系列活动首站浙江行活动】 5月30日，由中国科协支持，中国国际科技交流中心、浙江省科协共同主办的“海外创业者科创中国行”系列活动首站浙江行活动正式启动。中国科协党组成员、书记处书记宋军出席活动并致辞。

宋军指出，当前新冠肺炎病毒袭来，全球经济社会发展受到严重影响，创新创业成为促进世界经济恢复的最强快进键。我们比以往任何时候都更加需要创新的精神和创业的勇气，持续打造市场化、法治化、国际化营商环境，深入推进大众创业万众创新，加快经济恢复和企业复工复产。他表示，中国科协作为中国规模最大的科技团体，以“科创中国”为品牌，开展“服务科技经济融合发展行动”，通过搭建数字化国际技术服务和交易平台、建设试点城市（园区）网络、建立新型创新赋能组织等方式，汇聚海内外创新资源，把创新要素引向企业，提升企业竞争力和技术创新力，推动产学研深度融合，助力经济社会高质量发展。

世界工程组织联合会主席龚克，中国科技体制改革研究会理事长张景安，中国科学院院士刘嘉麒，国际科技园及创新区域协会（IASP）副主席陈鸿波，巴西驻华大使馆科技参赞范天阳，意大利驻华大使馆前科技参赞、英国皇家化学会会士意诺晨等海内外专家参加活动并对活动内容进行点评。

此次活动通过央视网以及央视网在Facebook、YouTube、Twitter等海外社交平台账号面向海内外创业者进行在线直播。海外学者、企业家、投资人等56人进行实时线上交流。海内外共有156万人通过央视网等直播渠道观看直播。

本次“海外创业者科创中国行”系列活动是中国科协“科创中国”服务科技经济融合发展行动之一。首站浙江行活动利用了央视网海内外传播渠道，通过视频介绍、专家点评、连线互动等方式，向海外推介世界青年科学家峰会、浙江科普活动、杭州未来科技城国际人才园、浙江德清地理信息小镇、中国归谷嘉善科技园、创胜集团等一批浙江省优秀的科创活动、科创园区、科创小镇和科创企业。结合海内外专家的点评，使海外创业者直观、生动地感受到中国优良的创新创业环境，开展全社会创新创业的决心和取得的成绩，帮助海外创业者、投资者便利地寻求投资创业、谋求发展合作的机会。

【“海外创业者科创中国行”系列活动江苏行活动】 7月31日，由中国科协支持，中国国际科技交流中心、江苏省科协共同主办的“海外创业者科创中国行”系列活动江苏行活动正式启动。中国科协党组成员、书记处书记吕昭平致辞。

中国工程院院士、中国生物医学工程学会副理事长顾晓松，清华大学中美关系研究中心理事会秘书长靳晓明，国际科技园及创新区域协会（IASP）副主席陈鸿波，国际科技园及创新区域协会（IASP）顾问委员会主席路易斯·桑斯，巴西驻华大使馆科技创新处参赞范天阳，德国中小企业联合会董事会顾问、德国阿卡迪亚学院董事延斯·君特等海内外专家参加活动并对活动内容进行点评。活动通过央视网以及央视网在Facebook、YouTube、Twitter等海外社交平台账号面向海内外创业者进行在线直播。海外学者、企业家、投资人等109人进行实时线上交流。海内外共有269.1万人次观看直播，其中海外浏览量为210万人次。

吕昭平在活动致辞中指出，中国正在全面推进一系列深化改革的政策措施，加快要素市场化配置改革，持续打造市场化、法治化、国际化营商环境，深入推进大众创业万众创新，积极为中小微企业解难纾困。中国是全球最有潜力的大市场，具有最完备的产业配套条件，在中国创新创业一定会有光明的未来。

他表示，中国科协2020年正式启动了“服务科技经济融合发展行动”，以“科创中国”为品牌，充分发挥科协系统人才智力和组织网络优势，汇聚国内外创新资源，建设数字化技术服务和交易平台，成立建制化科技服务团队，培育产学研协同创新组织，打造试点城市（园区）样板间，把创新要素引向企业，提升企业竞争力和技术创新力，助力地方经济社会高质量发展。

本次“海外创业者科创中国行”系列活动是中国科协“科创中国”服务科技经济融合发展行动之一。江苏行活动利用央视网海内外传播渠道，通过视频介绍、专家点评、连线互动等方式，向海外推介南京江北新区、无锡滨湖马山国家生命科学园、苏州工业园区、连云港国际医药大会、星星充电等。结合海内外专家的点评，使海外创业者、投资者更加直观、生动地感受到我国优良的创新创业环境。

【“海外创业者科创中国行”系列活动湖北行活动】 12月1日，“海外创业者科创中国行”系列活动湖北行活动举办。中国科协党组成员、书记处书记宋军在线致辞。

宋军指出，当今世界科技革命和产业变革日新月异，5G等新技术，新业态、新平台蓬勃发展，为中国经济发展注入新动能。中国在积极构建以国内大循环为主体、国内国际双循环相互促进的新发展格局，为世界共享中国经济高质量发展成果带来更多机遇。他表示，中国科协作为国内规模最大的科技社团组织，历来重视科技经济融合发展，以“科创中国”为品牌，充分发挥科协系统人才智力和组织网络优势，汇聚国内外创新资源，建设数字化技术服务和交易平台，把创新要素引向企业，提升企业竞争力和技术创新力，助力地方经济社会高质量发展，服务国内国际双循环相互促进的新发展格局。

华中科技大学、光谷自贸研究院院长陈波，阿卡迪亚学院董事延斯·君特以及来自清华大学中美关系研究中心、中国国际人才交流与开发研究会、国际科技园及创新区域协会（IASP）、德国中小企业联合会、巴西驻华大使馆等海内外专家学者参加活动，并对活动内容进行点评。

“海外创业者科创中国行”湖北行活动通过视频介绍、专家点评、连线互动等方式向海外推介武汉东湖高新区、国家（武汉）海外人才离岸创新创业基地、襄阳高新区、宜昌高新区、咸宁国家高新区等科技园区，武汉高德智感科技有限公司等创新园区和企业。结合海内外专家点评，使海外创业者、投资者更加直观、生动地感受湖北优良的创新创业环境，了解湖北科技创新方向，为更多海外创业者参与湖北科技创新发展牵线搭桥，助推湖北高质量发展，帮助复工达产跑出加速度。

此次活动通过央视网以及央视网在Facebook、YouTube、Twitter等海外社交平台账号面向海内外创业者进行在线直播，海内外共有258.69万人观看活动。

【“科创中国”建设试点城市（园区）（南片区）现场交流调研活动】 11月5日，“科创中国”建设试点城市（园区）（南片区）现场交流调研活动在湖北省咸宁市举行。中国科协党组书记、常务副主席、书记处第一书记怀进鹏，中国科协党组成员、书记处书记束为、吕昭平，湖北省科协主席郭生练出席活动。北京中关村管委会主任翟立新、深圳源创力离岸创新中心周路明、浙江清华长三角研究院院长王涛等专家作特邀报告。湖北省科协、广西壮族自治区科协，咸宁市、泉州市、广州市政府，中国通信学会、中国药学会、中国产学研合作促进会等作交流发言。

怀进鹏强调，一是干好事。试点城市（园区）政府和各级科协要利用“科创中国”搭建的平台集中力量干好自己的事，通过组织赋能推动科技创新生态建设，更好服务区域经济发展。二是解难事。试点城市（园区）要找准企业、市场、产业发展的难点、痛点、堵点，特别是对科技的需求，通过创新赋能推动创新创业和科技产业的进步，构造创新、创业、创造良好生态，加快推动科技与经济深度融合，助力现代产业体系建设。三是办实事。要从企业和产业的实际需求出发，遵循科技规律、产业规律和市场规律，坚持目标导向、问题导向，扎扎实实、久久为功，切实解决好企业、市场在创新发展中遇到的难题，坚决杜绝形式主义。四是做成事。要凝神聚力，坚定信念，持续创新，把想法变成办法和举措，把办法和举措变成示范和机制，把示范和机制变成创新的制度和文化，推动人才、技术、企业、金融、政策等要素良性循环、穿珠成链，构建有效推动创新聚集、科技繁荣的良好生态，为高质量发展提供更强有力的支撑。

“科创中国”南片区试点城市（园区）代表、部分全国学会负责人、科技服务团专家代表、中国科协机关挂点工作组成员等考察调研了湖北香城智能机电产业研究院、咸宁海威复合材料制品有限公司、咸宁南玻光电玻璃等企业，参观了咸宁市科技经济融合专题展览，观摩了“科创中国·湖北中心”网络服务平台建设及运行情况，并就“科创中国”试点城市（园区）建设中遇到的问题展开交流和讨论。

【“科创中国”建设试点城市（园区）（北片区）现场交流调研活动】 11月25日，“科创中国”建设试点城市（园区）（北片区）现场交流调研活动在北京举行。中国科协党组书记、常务副主席、书记处第一书记怀进鹏，中国科协党组成员、书记处书记束为、吕昭平出席活动。

北京大学创新研究院院长、北京协同创新研究院院长王荄祥，江苏产业技术研究院院长刘庆，中国电子信息产业集团副总经理、党组成员陈锡明作特邀报告。天津市科协、浙江省科协，天津滨海新区、泰安市、青岛市、无锡市政府，中国纺织工程学会，海尔智家股份有限公司等作交流发言。

怀进鹏指出，要深入学习宣传贯彻党的十九届五中全会精神，深刻理解新发展阶段、新发展理念、新发展格局等科学内涵，担负起创新作为现代化建设首要支撑的时代使命，扎实推进“科创中国”各项试点工作，发挥组织优势，加快数字赋能，推动协同创新，服务构建新发展格局，为开启全面建设社会主义现代化国家新征程贡献科协力量。

会议强调，一要应连尽连、服务发展。试点城市（园区）政府和各级科协要聚焦产业链创新链的薄弱环节，精准发力、出台政策，提供技术路演服务，搭建产学融通平台，配套产业发展基金，发挥好科技创新的溢出效应。二要内容为王、合作发展。要营造创新环境，发挥人才作用，地市、学会要加强合作，举旗帜、出政策、建基地、筑生态，强化政策落实落地，通过解难题、办实事提升对创新人才的吸引力凝聚力，真正把“科创中国”建设成为一流科技人才的引力场、强磁场、创新域。三要产学融合、创新发展。中国科协挂点干部、全国学会和地方科协的同志要深入创新一线，推进产学融合，加强组织创新，对着问题去、盯准目标干，在“科创中国”试点实践中，试出新模式、试出新机制、试出新成效。

8个省（自治区、直辖市）牵头政府部门负责人、省级科协负责人，10个试点城市（园区）政府（管委会）负责人，地市科协负责人，部分科技服务团牵头学会负责人，中国科协科技经济融合领导小组办公室成员单位主要负责人，以及“科创中国”试点城市（园区）挂点工作组挂点干部等参加现场交流，考察调研了京东数字科技集团，参观了北京经济技术开发区区史馆，观摩了中国汽车工程学会智能网联汽车创新平台，并就“科创中国”试点建设中遇到的困难和问题展开交流和讨论。

【怀进鹏带队开展“科创中国”专题调研】 7月1日，中国科协党组书记、常务副主席、书记处第一书记怀进鹏带队到魏公村办公区开展“科创中国”专题调研，党组成员、书记处书记束为、吕昭平，党组成员兼机关党委书记王守东参加调研。

围绕提升“科创中国”学会服务团、技术路演的服务效能，中国科协学会服务中心、中国国际科技交流中心、中国科协科学技术传播中心、中国科协企业创新服务中心分别汇报了已开展的工作情况和下一步的工作计划。怀进鹏在调研中详细了解各项工作推进中的实效和挑战，同与会人员进行了深入交流讨论。他指出，在大家的共同努力下，相关单位创新工作思路，直面困难和瓶颈，大胆探索，积极推进，科技服务团和技术路演取得了初步成效，摸出了一条服务科技经济融合发展的新路，为进一步擦亮“科创中国”品牌奠定了良好基础。

怀进鹏强调，实施服务科技经济融合发展行动、打造“科创中国”服务品牌是中国科协贯彻落实习近平总书记关于统筹推进疫情防控和经济社会发展工作的重要讲话精神的具体举措，要按照党组、书记处的统一部署，汇聚国内外创新资源，激发创新创业活力，促进数字经济与实体经济融合发展，助力地方经济社会高质量发展。要牢固树立品牌意识，整合各类创新资源，统一集成到“科创中国”平台上，形成品牌合力。要按照连接、内容、合作、自信的4C方法，统筹设计、聚焦重点，需求牵引、科技驱动，产业导向、平台支撑，产学融合、组织创新，因时因势因能推动需求和供给的有效对接，将科技经济融合服务做深做实。

调研组成员还现场观摩了“STAR of Sci-Tech Innovation 优选科创：信息技术科创人才团队推介”（宁波站）路演活动。

中国科协办公厅、组织人事部、学会学术部、中国科学技术出版社有限公司主要负责人参加调研。

【怀进鹏带队深入全国学会专题调研科技经济融合工作】 7月2日，中国科协党组书记、常务副主席、书记处第一书记怀进鹏带队到中国汽车工程学会开展科技经济融合工作调研，以更好地引领科技工作者以服务经济社会发展为切入点，推动党建与科技经济融合工作同频共振。中国科协党组成员、书记处书记束为、吕昭平，有关全国学会负责人，北京经济技术开发区相关领导和驻区单位代表参加调研。

怀进鹏一行听取了中国汽车工程学会关于产业创新协同、智库建设方面的工作介绍，特别是以“公司”+“联盟”模式推动智能网联汽车产学研协同创新的汇报，实地参观了国汽智能网联汽车研究院实验室。中国航空学会、中国金属学会、中国机械工程学会、中国纺织工程学会、中国动物学会、中国标准化协会分享了学会服务科技经济融合的经验、做法和有效模式。

中冶京诚工程技术有限公司、中航高科智能测控有限公司及北京亦创生物技术产业研究院等单位代表交流了与全国学会开展产学合作的情况、遇到的困难与问题，提出了企业技术创新的需求。

北京经济技术开发区管委会有关领导以智能网联汽车创新中心建设为例，介绍了开发区政府通过深度参与、政策引导，以全国学会牵头整合产业链各方资源，产学政研金贯通、培育新兴产业的工作理念、工作机制和工作方法。

怀进鹏详细了解了有关全国学会、企业和开发区政府开展科技经济融合工作的思考、体会和下一步考虑，充分肯定了学会依托专业优势、组织优势，结合行业、产业和学科特点开展科技服务、破解科技经济融合难题的积极探索，对相关企业和开发区政府给予学会工作的支持表示感谢。他指出，打造“科创中国”品牌，促进科技经济融合，是科协系统深入贯彻习近平总书记给科技工作者重要回信指示精神、服务统筹疫情防控和经济社会发展工作、践行新时期科技共同体责任使命的重要工作，也是认真落实中央巡视整改要求、密切与全国学会联系并形成工作机制的具体举措。全国学会要积极组织动员科技工作者主动投身经济建设主战场，精准发掘企业需求，链接产学结合断点，通过建立产学协同组织搭平台、建机制，补短板、接长板，携手各类创新主体合作共进，让科技成为化危为机的重要力量和战略支撑。

怀进鹏对学会开展科技经济融合工作提出了四点要求。一是要摸清产业特质，每个产业特点不同、发展阶段不同，需求也不同，要研究把握产业特点，通过组织创新、机制创新，创造性地开展工作，根据新需求、创造新模式。二是要争取政策支持，聚焦地方发展需求，形成“市长+市场”的推动模式，以“有形之手”结合“无形之手”，通过政策保障牵引、整合企业、金融、技术和人才资源，建立一个零距离的产学结合体，形成合作互信的创新组织网络。三是要放大人才优势，促进科技经济融合，科技工作者主动参与很重要。要瞄准产业共性技术，面向学科交叉领域，做实协同创新平台，吸引大教授大专家参与，真正把学会的“顶梁柱”顶上去，让他们深度参与学会工作，深度融入产业创新发展。四是要积极共建“科创中国”，学会要推荐好技术、好项目、好产品参与国际国内路演和“科创中国”大赛，对接“科创中国”平台，建设案例库、开源库，与产业场景结合促进落地。怀进鹏表示，中国科协愿意支持全国学会与各类主体共同探索可复制、可推广的经验和机制，为区域创新和产业转型升级提供新动力，打造中国特色的科技经济融合模式。

中国科协办公厅、学会学术部、中国科学技术出版社有限公司主要负责人参加调研。

【怀进鹏带队专题调研全国学会服务科技经济融合和产业数字化转型工作】 7月8日，中国科协党组书记、常务副主席、书记处第一书记怀进鹏带队，在中国工业互联网研究院进行科技经济融合专题调研。中国科协党组成员、书记处书记束为、吕昭平，中国电子学会理事长张峰，中国仪器仪表学会理事长、中国工程院院士尤政，中国铁道学会理事长、中国工程院院士卢春房，以及有关全国学会负责人，工业和信息化部、中关村管委会及驻区企业代表参加调研。

怀进鹏一行听取了中国电子学会关于服务科技经济融合发展的总体情况介绍、中国工业互联网研究院关于开展产学研协同创新的情况汇报，实地参观了工业互联网测试中心和国家工业互联网大数据中心。中国科协智能制造学会联合体、中国自动化学会、中国仪器仪表学会、中国铁道学会、中国公路学会、中国人工智能学会有关负责人，分享了在推进产业数字化转型、促进智能信息技术应用落地、提供高质量服务产品等方面发挥倍增器、助推器作用的成功经验、典型案例和工作思考，提出了对建立产学合作互信创新网络，扎实推进“科创中国”建设的意见建议。

怀进鹏肯定了全国学会面向实体经济开展科技服务、破解科技经济融合难题的积极探索。他指出，当前迫切需要利用新一代信息技术，打通不同层级与不同行业间的数据壁垒，提高产业整体运行效率，构建全新的数字经济体系。全国学会要充分发挥在人才资源、产学协同、国际合作等方面的独特作用，以数字化转型为契机，拓展服务渠道和空间，服务区域产业数字化转型需求，推动技术发展和行业进步。要鼓励学会之间的跨界合作，支持多个学会围绕行业共性技术难题、交叉领域技术难题开展联合攻关协作，探索形成学会间紧密的合作模式。要总结学会多样化的创新实践和生动案例，推广技术创新中心等成功服务模式，将学会业务与产业深度融合，提升服务产业、服务企业的能力，深化学会改革，实现创新发展。

怀进鹏表示，中国科协将支持全国学会以“科创中国”品牌为牵引，联合各类创新主体建设产学合作互信网络，通过机制创新、组织模式创新，降低交易成本，提升生产效率和交换效率，形成良好区域网络生态，为产业数字化转型提供新动力，为国家经济繁荣发展培育新动能。

中国科协办公厅、组织人事部、学会学术部、中国科学技术出版社有限公司主要负责人参加调研。

【徐延豪带队调研“科创中国”泉州试点城市建设工作】 8月25—26日，中国科协党组副书记、副主席、书记处书记徐延豪带领“科创中国”泉州挂点工作组和高技术纺织纤维科技服务团、生态环保科技服务团到福建省泉州市调研“科创中国”试点建设工作。福建省委常委周联清会见徐延豪一行。中国纺织工程学会常务副理事长伏广伟、副秘书长李娟，中国环境科学学会副秘书长刘鸿志，福建省科协党组书记、副主席曾能建，福建省发展与改革委员会副主任詹晨辉，福建省科协党组成员、副主席林学理，泉州市委书记康涛，泉州市市长王永礼，泉州市委常委、组织部部长孔繁军，泉州市副市长肖汉辉，泉州市政协副主席、市科协主席骆沙鸣等参加调研活动。

周联清代表福建感谢中国科协对福建省、泉州市推动科技与经济融合发展的大力支持，希望借助中国科协“科创中国”行动，为福建省、泉州市创新驱动产业经济高质量发展注入活力。徐延豪感谢福建省委、省政府对中国科协工作的重视和支持，并表示将充分发挥科协优势，通过打造“科创中国”品牌为地方产业经济发展提供切实帮助和优质服务。

徐延豪一行深入调研中纺学服装及配饰产业研究院、福建百宏聚纤科技实业有限公司等科研院所和企业，并召开座谈会。泉州市科协、泉州市政府及企业代表分别汇报“科创中国”试点城市建设工作进展，并提出需求建议。

徐延豪指出，开展“科创中国”工作是贯彻落实习近平总书记关于实施科技创新驱动发展战略的重大部署。泉州试点工作要加强领导，协同推进，建立工作机制，形成各部门协同、联动、合作的工作氛围；要结合实际，切实了解重点行业、企业面临的技术困难，依靠科技寻求解决方案，实实在在为企业解决问题；要充分发挥泉州特有的侨乡优势，深入实施“海智计划”，把“侨智”引过来，服务地方高质量发展。中国科协将结合福建、泉州的地方需求，组织专家开展精准服务，助力地方产业转型升级，助推地方经济社会高质量发展。

【徐延豪到江西南昌调研“科创中国”试点园区建设工作】 8月27日，中国科协党组副书记、副主席、书记处书记徐延豪一行到江西省南昌市调研“科创中国”试点园区建设工作并召开座谈会。江西省委常委、南昌市委书记吴晓军会见调研组一行。

调研组一行先后到南昌高新区航空城、南昌中微半导体公司、高新区科创中心、江西迅特通信和硅基中心等企业，就“科创中国”试点园区建设工作进行调研并召开座谈会。南昌高新区、南昌市科协、南昌市人民政府、企业代表分别汇报了试点工作开展情况，并提出相关请求和建议。

徐延豪指出，打造“科创中国”品牌是中国科协贯彻习近平总书记关于统筹推进新冠肺炎疫情防控和经济社会发展工作重要指示精神，促进科技经济融合、助力经济社会高质量发展的重大举措。“科创中国”服务地方过程中需要地方配套导入政策、导入资本等创新要素，地市层面要注重发挥领导机制作用，做好政策资源的配套保障；要加强统筹、多方协同、精心落实，把试点工作与其他各项工作有机结合，确保“科创中国”试点园区建设工作稳步推进；要明确产业发展需求，找准切入点，分步推进，因地制宜打造本地化的科创平台，培育南昌创新创业创造的发展生态圈。

徐延豪向中国科学院院士、江西农业大学党委书记黄路生颁发创新争先奖状，并为高新区海智基地授牌。

江西省科协，南昌市委、市政府有关负责人参加座谈会。中国科协“科创中国”南昌高新区挂点工作组、中国电子学会、中国通信学会等单位相关负责人参加调研。

【孟庆海到无锡调研“科创中国”试点城市建设工作】 8月24—25日，中国科协副主席、书记处书记孟庆海带领中国科协信息科技学会联合体服务团和挂点工作组到江苏省无锡市调研“科创中国”试点城市建设工作情况。孟庆海一行深入园区和企业开展调研，了解无锡物联网、集成电路产业现状和需求，并召开座谈会。无锡市委书记黄钦，市委副书记、市长杜小刚，市委常委、组织部部长柏长岭，副市长高亚光，江苏省科协党组书记、副主席孙春雷等参加相关活动。

调研组与无锡市专题召开试点工作协商对接会。会上，杜小刚介绍了无锡经济社会发展情况。他希望科协系统的创新资源能够支持无锡太湖科创带建设、支持无锡经济社会高质量发展。孟庆海介绍了中国科协“科创中国”品牌活动的背景及意义。他表示，建设“科创中国”试点城市主要目的是服务地方科技经济融合发展，通过与地方政府合作，实现技术、人才、资本等创新资源在地方的汇聚，并探索形成一种可持续、有效的服务机制。会上，还就青少年科普教育、基层科普能力提升、科普宣传方式优化等进行探讨。

在调研组召开的中国科协“科创中国”试点城市建设座谈会上，高亚光汇报了无锡市关于中国科协“科创中国”试点城市建设工作的情况。她表示，无锡市将围绕“三大经济”（数字经济、总部经济、枢纽经济）和16个先进制造业产业集群，突出以物联网为龙头的新一代信息技术产业创新需求，积极协调全国学会和海外高端科技资源服务无锡，着力建设持续高效的创新载体，着力打造产业学术品牌，着力推动技术攻关成果转化，实现“产业聚能、生态赋能、机制提能”的“科创中国”无锡样板间。

孟庆海对无锡市“科创中国”试点建设工作予以肯定。他希望，无锡作为首批试点城市，要积极探索地方科协与政府部门之间合力推动的组织机制，形成科学家与企业家、科技成果与市场畅通对接的有效服务模式，为其他城市提供有益经验。无锡作为中国高质量发展第一梯队中的重要一员，在试点城市建设中要高起点推动、高标准要求、高质量完成试点城市建设。在工作推进中，无锡市科协要做好服务员、协调员，与政府部门齐心协力，扎实有序推进各项工作。他表示，中国科协及所属全国学会和省科协将与无锡市委、市政府共同推进“科创中国”无锡试点城市建设，共同为无锡数字经济与实体融合、科技经济深度融合贡献科协力量。

孟庆海一行还到江苏物联网研究发展中心、华虹半导体、朗新科技、卓胜微、中科芯、超算中心等单位进行实地调研，围绕物联网、集成电路产业创新发展提出意见和建议，与科技人员进行深入交流。

【孟庆海到重庆调研“科创中国”试点城市建设工作】 8月26—27日，中国科协副主席、书记处书记孟庆海带领挂点工作组和“信息科技学会联合体”服务团赴重庆市专题调研“科创中国”试点城市建设工作。重庆市副市长、市政协副主席屈谦会见了孟庆海一行。中国电子学会副秘书长洪京一，重庆市委副秘书长黄茂军，永川区委书记滕宏伟，区委副书记、区长张果，区委副书记潘文峰，市科协党组书记、常务副主席王合清等一同调研或座谈。

在会见中，屈谦感谢中国科协长期以来对重庆的大力支持，希望进一步深化“市会”合作，支持永川区试点城市建设工作，共同努力擦亮“科创中国”品牌，推动经济高质量发展。孟庆海感谢重庆市委、市政府对科协工作的高度重视，表示中国科协将以“科创中国”品牌为引领，充分发挥科协优势，促进科技经济融合，为重庆发展注入新的动能。

孟庆海一行到永川区规划展览馆、重庆云谷·永川大数据产业园、长城汽车永川生产基地等实地调研，详细了解永川数字经济规划、大数据产业发展、科技成果转化等情况。

孟庆海对重庆“科创中国”试点城市建设工作予以肯定。他指出，永川作为首批试点城市，要结合“十四五”规划，高起点、高水平做好数字经济发展规划，用规划引领产业发展。要突出重点、关注节点、打通链条，在招商引资中突出优先级，找准定位搭建平台，构筑良好产业生态，以龙头企业带动产业发展，形成产业集聚。要在体制机制上探索形成“永川经验”，让干部群众和企业都能在“科创中国”试点城市建设中拥有获得感。要扎实推进全域科普工作，积极探索科技志愿服务与党群中心、文明实践中心的融合机制，切实提高公民科学素质水平。

挂点工作组、“信息科技学会联合体”服务团和重庆市科协、永川区召开“科创中国”试点城市永川区工作推进会，就贯彻落实“科创中国”试点城市永川区调研座谈会精神和推动《重庆市永川区建设“科创中国”试点城市方案》落地进行探讨。

【束为就“科创中国”试点城市建设工作与宁夏银川进行对接】 7月16日，中国科协党组成员、书记处书记束为主持召开“科创中国”银川试点建设工作对接协调会。

宁夏科协党组书记、主席陈红缨等介绍了2020年上半年宁夏科协实施科技经济融合发展行动计划、助力新时代文明实践中心建设、提升基层科协组织力、庆祝全国科技工作者日系列活动等重点工作推进情况以及宁夏在学术交流、“科创中国”建设、科技智库等方面请中国科协支持的有关事项。银川市委常委、副市长李晓鹏介绍了银川市建设“科创中国”试点城市工作情况，重点介绍了《银川市建设“科创中国”试点城市实施方案》主要内容，2020年重点实施的科技服务行动、引才引智行动、产业关键技术攻关、建设创新枢纽载体等工作。

束为强调，一是要抓好落实，抓出成效。各部门（单位）和全国学会要做细做实，一件一件事情抓好落实，真正抓出成效。二是要聚焦重点，分步推进。各部门（单位）要进一步聚焦，明确重点，确保承担任务不分散，和地方有效对接并分步实施，逐步推进。三是要试点先行，打造好样板间，形成机制。试点工作中要注重总结提炼，形成可推广可复制的经验。

中国环境科学学会、中国机械工程学会、中国水利学会、中国金属学会、中国有色金属学会、中国材料研究学会等学会负责人，中国科协办公厅、调研宣传部、学会学术部、创新战略研究院、学会服务中心、企业创新服务中心、中国科学技术出版社等部门（单位）负责人，“科创中国”银川试点工作组成员参加会议。

【束为带队到浙江省调研对接“科创中国”试点城市建设工作】 8月3—6日，中国科协党组成员、书记处书记束为带队到浙江省宁波市、嘉兴市、湖州市进行“科创中国”试点城市建设工作专题调研，重点考察了解科技经济融合、科技志愿服务、新型创新组织建设、科技人才引进服务等方面情况，并与试点城市主要负责人就加快推进“科创中国”试点建设进行交流对接。

在宁波市、嘉兴市、湖州市，束为一行先后深入宁波高端装备海外工程师协同创新中心、宁波德业科技股份有限公司、大碶高档模具及汽配产业园、灵峰工业社区服务中心，浙江清华柔性电子技术研究院、浙江清华长三角研究院、嘉兴市秀洲区光伏小镇、中国电子科技南湖研究院、嘉兴市南湖区新时代文明实践中心，浙江大学德清涡轮机械与推进系统研究院航空航天产业工程师协同创新中心、莫干山高新区地理信息小镇科技馆和国际会议中心、莫干山浙江院士之家等地，进行实地调研。

调研期间，束为仔细听取地方党政领导、相关部门负责人、院士专家、企业家、一线科技工作者和科技志愿者介绍有关情况，并进行交流座谈，详细了解科协组织服务地方经济社会发展和企业复工复产情况，推进科技经济深度融合情况，新型研究平台和工程师协同创新中心的战略布局、创新模式、运转机制、成果转化情况，以及科技志愿服务、科普平台建设、“三长”作用发挥等方面情况。束为在宁波还会见了第二届全国创新争先奖状获得者、中机智能装备创新研究院（宁波）有限公司总经理龙伟民研究员并为其颁奖。

浙江省科协及宁波、嘉兴市委市政府负责人感谢中国科协将宁波、嘉兴列为“科创中国”首批试点城市，表示要抢抓机遇，深入推进“科创中国”试点城市建设，积极探索科技经济深度融合机制，全力打造科技经济融合试点标杆城市，并希望中国科协给予大力指导和支持帮助。

宁波市委副书记、市长裘东耀，嘉兴市委书记张兵，浙江省科协党组书记郑金平以及中国科协组织人事部、浙江省科协、宁波市、嘉兴市、湖州市相关负责人和“科创中国”浙江试点工作组参加交流对接或有关调研活动。

【宋军带队到广州市、深圳市对接“科创中国”试点城市建设工作】 为贯彻落实《中国科协2020年服务科技经济融合发展行动方案》，加快推进“科创中国”试点城市（园区）建设，7月11—13日，中国科协党组成员、书记处书记宋军带队到广州、深圳开展专题调研并进行工作对接。广东省委副书记、深圳市委书记王伟中，广东省委常委、统战部部长黄宁生，广州市委副书记、市长温国辉先后会见宋军一行，双方围绕“科创中国”试点城市（园区）建设进行深入交流。

宋军表示，为深入贯彻落实习近平总书记关于疫情防控和促进经济社会发展的重要指示精神，中国科协启动了服务科技经济融合发展行动，旨在通过打造“科创中国”服务平台，因时因地因能为地方精准导入人才资源和技术资源，助力科技经济深度融合。中国科协将按照广东省的发展需求，积极做好广州、深圳的试点工作，用心构筑“交钥匙工程”，建立长效工作平台和机制，有效推进试点城市样板间建设，服务粤港澳大湾区高质量发展。

广东省及广州市、深圳市负责人感谢中国科协将广州、深圳纳入“科创中国”试点城市，表示要抢抓粤港澳大湾区建设的历史机遇，深入推进“科创中国”试点建设，积极探索科技领域的深度合作，努力培育创业创造新活力，助力营造良好的创新生态建设。

宋军一行还深入鲲云人工智能应用创新研究院、柔宇科技股份有限公司、深圳市源创力离岸创新中心等机构，围绕知识产权证券化、技术交易服务等科技经济融合主题开展调研。

中国科协办公厅、“科创中国”广东试点工作组、广东省及广州市、深圳市有关方面负责人参加会见和调研。

【宋军出席上海市杨浦区“科创中国”试点城市（园区）建设现场推进活动并调研】 8月25日，上海市杨浦区“科创中国”试点城市（园区）建设现场推进活动在上海市杨浦区湾谷科技园举行。中国科协党组成员、书记处书记宋军，上海市科协党组书记、副主席马兴发等出席活动。

宋军在讲话中指出，由长三角区域“科创中国”5个试点城市成立的“长三角区域创新组织”意义重大，是科协系统响应和落实习近平总书记讲话精神的具体举措，也是科协组织力的一种创新形式。他强调，在新形势下，“科创中国”试点城市（园区）工作在长三角地区落地，要紧扣一体化和高质量两个关键词真抓实干，不断取得成效。一是要建立有效协同机制，建立与省市两级政府及相关部门、相关企业、科协组织、学会之间的有效联系渠道，明确各方职责任务，形成密切配合、有效协同的工作机制；二是要形成有效供需清单，梳理好产业整体需求、企业个性需求，尤其是中小微科技型企业的需求，要深入调研，把企业发展中遇到的难点和问题真正找出来，理清试点城市（园区）产业方向，形成“科创中国”工作有效推进的路线图；三是要探索有效组织形态，聚集建设创新生态的目标，结合试点城市（园区）实际和特点，遵循产业、科技和社会组织规律，探索并逐步明确新型产学研组织建设的有效载体形态。他期待杨浦区能够围绕更多产业领域，形成可复制、可推广、可借鉴的建设经验，为全国的试点城市做出典范，勇攀高峰，不断取得新的成绩。

活动中，中国科协“科技服务团”与杨浦区科协签署了《关于共建“科创中国”试点城市的合作协议》。

为以实际行动落实长三角一体化发展战略，推动长三角地区建设成为我国发展强劲、活跃的增长极，长三角“科创中国”首批试点城市江苏省无锡市科协、浙江省宁波市科协、浙江省嘉兴市科协、安徽省铜陵市科协和上海市杨浦区科协共同发起倡议建立“科创中国”长三角区域创新组织。5个市（区）科协一致表示，将以“科创中国”品牌为引领，以打通技术交易“最后一公里”为目标，通过实施“科协－学会－学术”一体化、“技术－产业－资本”一体化、“高校－企业－政府”一体化的三螺旋组织体制，构建长效、稳定的运作机制，推进长三角“科创中国”试点建设形成合力。

活动前，宋军分赴中国国际进口博览局和上海清华国际创新中心，就虹桥国际经济论坛“数字经济塑造世界未来”分论坛举办及“科创中国”技术路演进行工作调研。

【吕昭平与安徽省领导座谈交流科技经济融合工作】 8月24日，中国科协党组成员、书记处书记吕昭平一行到安徽省调研科技经济融合工作，与安徽省政府领导以及相关部门就“科创中国”落地安徽、推动安徽省科技经济融合工作进行座谈交流。安徽省委常委、常务副省长邓向阳，省政府副秘书长孙东海，以及省发展改革委、省经信厅等部门有关负责人参加座谈。中国有色金属学会副理事长兼秘书长张洪国等科技服务团有关专家，省科协党组书记、副主席王洵共同座谈。

吕昭平对安徽省推进科技创新、发展战略性新兴产业取得的成绩给予高度评价，对省委省政府高度重视并大力支持“科创中国”品牌建设，统筹推进科技经济融合工作表示感谢。他表示，安徽省创新发展思路与中国科协“科创中国”品牌建设高度契合，中国科协将继续与安徽省委省政府密切合作，建立常态化对接服务机制，加速国际国内创新资源要素导入安徽，为推动安徽跨越式、高质量创新发展添砖加瓦，贡献科技智慧力量。

邓向阳指出，在安徽全省上下贯彻落实习近平总书记在安徽考察的重要指示精神、加快建设美好安徽的关键时期，中国科协第一时间组织国家级专家团队向地方送服务，是助力安徽高质量发展的务实举措。安徽省将强化统筹，务实推进“科创中国”落地，建设“科创安徽”，扎实做好科技经济融合与铜陵试点建设工作。

座谈会上，省科协汇报了促进安徽省科技经济融合的工作情况，省发展改革委介绍了安徽省资源型城市转型升级与战略性新兴产业发展概况，省经信厅介绍了加强教育培训、完善技术创新体系、推进精品制造工程、促进产学协同等具体做法。

【吕昭平带队到铜陵市调研“科创中国”试点城市建设工作】 8月25日，中国科协党组成员、书记处书记吕昭平一行到安徽省铜陵市调研“科创中国”试点建设工作，出席铜陵市“科创中国”试点城市建设座谈会，听取铜陵市政府关于试点工作情况的汇报，与铜陵市相关部门、企业界就试点建设座谈交流。安徽省科协党组书记、副主席王洵，中国有色金属学会副理事长兼秘书长张洪国，中国电子学会党委书记张宏图，中国地质大学教授、国家杰出青年基金获得者姚俊，国家发展改革委经济体制与管理研究所城乡与区域统筹研究室主任王喆等“科创中国”科技服务团专家，铜陵市委书记、市人大常委会主任丁纯，市委副书记、市长胡启生，市发展改革委等15个政府部门、区县政府与产业园区相关负责人，7家企业代表40余人参加座谈。

吕昭平对铜陵市推动传统产业转型升级、培育战略性新兴产业取得的成绩表示祝贺，对于市委市政府统筹推进试点建设给予肯定。他要求着力做好三方面工作：一是要进一步明确试点方向。依托长三角一体化和长江经济带建设重大战略，立足铜陵产业基础和特色优势，充分调研、科学谋划，明确1个区域总体建设目标、2个重点产业支持方向与3个产业培育方向，打造科技经济融合样板间，以试点推示范。二是要持续优化协同服务工作机制。挂点工作组要根据区域需求动态完善全国学会服务专家团队，加强对铜陵科技经济融合工作的指导。省科协要加强对省级部门的横向对接、对地方学会的统筹协调，发挥对接中国科协与联通地方的桥梁纽带作用。同时希望铜陵市委市政府持续优化政策环境，强化组织协同，进一步凝聚工作合力。三是要构建常态化落地服务体系。科技服务团要与地方共同搭建政产学研金服用各领域资源要素融通创新大平台，组建产业联盟、研究院等融通组织，通过组织赋能，构建常态化服务机制与举措，加速国际国内创新资源要素导入，服务铜陵产业升级与企业创新发展。

调研组一行实地考察了中科大创业园、铜陵金威铜业有限公司、铜陵华科电子材料有限公司等企业、专业服务机构，就技术创新问题与企业、专家进行交流。同期组织开展了科技服务团“矿山环境治理与生态修复技术”专场报告会，铜陵市科协、资源规划、生态环保等部门负责人，产业园区、矿山企业相关负责人与技术人员等共计近170人参加报告会。

【王守东带队到天津市调研对接“科创中国”试点城市建设工作】 8月23日，“科创中国”天津试点城市建设座谈对接会在天津武清召开。中国科协党组成员、机关党委书记王守东，天津市科协主席、中国科学院院士饶子和，天津市科协党组书记、常务副主席陆为民，武清区委书记戴东强，中国自动化学会、中国生物工程学会、中国汽车工程学会、国家知识产权局专利局专利审查协作天津中心、天津市科学技术发展战略研究院等机构的专家学者、“科创中国”试点城市建设北京天津工作组成员及天津市科协、武清区工信局、科协、科技局及相关产业园区负责人出席会议。

王守东在座谈会上表示，天津市“科创中国”试点城市建设体现出两个特点：一是战略设计好，以武清区、北辰区、东丽区、滨海新区等四区四园作为工作试点，通过“武清－北辰－东丽－滨海”主轴，连接北京中关村、经开区和雄安新区，有利于打造京津冀科技创新走廊；二是组织动员好，整合了中国科协、全国学会、地方科协的优势人才资源，组建科技服务团、科技服务队，为企业提供实实在在的科技服务。他对下一步工作提出希望：一是要持续扎实推进，力争取得长期成效；二是建立有效机制，让科学家、企业家、投资人等主体广泛参与、精准对接；三是搭建融通平台，扎实做好供需对接和企业服务工作，有效推动天津科技经济融合发展。

饶子和在发言中表示，天津正在围绕打造“1+3+4”产业体系积极引育新动能：“1”是智能科技，“3”代表生物医药、新能源和新材料，“4”是指航空航天、装备制造、石油化工、汽车工业。下一步，天津市科协将进一步发挥组织协调作用，围绕“1+3+4”产业体系需要，打造“科创中国”服务品牌，引进中国科协和全国学会的人才及项目，推进科技经济融合发展，为“五个现代化天津”建设做贡献。希望武清区充分发掘各园区、企业的创新需求，积极对接、导入“科创中国”创新资源和科技服务，建设科技协同创新的赋能组织，发挥科技创新高端智库的作用，推动武清区科技创新发展，形成科技经济融合、高质量发展的样板间。

天津市科协党组书记、常务副主席陆为民介绍了“科创中国”天津科技服务团服务科技经济融合工作情况。中国自动化学会、中国生物工程学会与天津新技术产业园区武清开发区总公司，中国汽车工程学会与天津武清汽车产业园有限公司，国家知识产权局专利局专利审查协作天津中心与天津京津科技谷有限公司签订了战略合作协议。会后，与会领导和各位专家学者分别到武清和滨海新区企业开展走访调研和对接。

【王守东带队调研中关村软件园“科创中国”试点园区和开源生态建设】 8月27日，中国科协党组成员、机关党委书记王守东带队到中关村软件园调研，与百度、君正、易捷行云等企业相关负责人交流开源生态建设情况。

北京中关村软件园发展有限责任公司总经理张金辉、百度副总裁吴甜、北京易捷思达科技发展有限公司CEO陈喜伦、北京君正集成电路有限公司副总经理周生雷在座谈会上发言，就试点园区建设、加强开源人才培育、传播推广开源平台、打造开源特色园区、推动开源生态建设提出意见建议。

王守东表示，随着新一代人工智能技术的快速发展，开源已成为数字经济领域的核心动力，越发深刻地影响着全球科技创新的发展格局。下一步要结合“科创中国”试点园区建设，发挥中关村软件园专业化、特色化、国际化、品牌化和线上线下一体化的科技服务体系优势，扎实推进开源生态建设；要积极整合中国科协、全国学会、地方科协的优势人才资源，组建科技服务团、科技服务队，为开源软件企业人才培养、技术创新提供实实在在的科技服务，助力开源行业和企业长远可持续发展。

中国科协科学技术传播中心、“科创中国”试点城市建设北京天津工作组、中关村管委会、北京市科协等相关负责人参加调研。

【殷皓带队到广西壮族自治区调研对接“科创中国”试点城市建设工作】 8月19—22日，中国科协党组成员、中国科技馆馆长殷皓带队到广西南宁市、柳州市、崇左市等地开展调研对接，重点考察了解广西在加快推进“科创中国”试点建设方面取得的进展和铝产业重点龙头企业技术需求，同时就广西开展科技志愿服务和中国特色现代科技馆体系可持续发展调研交流。自治区政府副主席费志荣，自治区政协副主席、科协主席黄日波等出席相关活动。中国有色金属学会和中国汽车工程学会负责人分别参加南宁和柳州相关活动。

8月20日，自治区领导与院士专家面对面座谈会召开。自治区政府副主席费志荣、副秘书长黄植建，中国科学院院士刘忠范，中国工程院院士桂卫华、黄小卫、聂祚仁等科技服务团专家学者，中国有色金属学会理事长贾明星、副理事长兼秘书长张洪国，调研组一行，自治区科协以及南宁市等9个涉铝产业的市政府领导、相关部门负责人和17家企业代表出席。院士专家为广西有色金属产业特别是铝产业发展“把脉问诊”，为促进科技经济融合发展建言献策。

调研组一行实地考察了广西南南铝加工有限公司并召开“科创中国”广西南宁试点城市建设工作座谈会，与南宁市政府、4家企业负责人和科技服务团专家深入交流摸准需求清单、科技创新供给与产业发展需求对接机制等。调研柳州市上汽通用五菱汽车股份有限公司后，与柳州市政府、3家企业负责人和中国汽车工程学会等多方召开科技服务团工作座谈会，了解科技服务团服务汽车产业技术攻关和成果转化情况，并推动中国汽车工程学会、国家智能网联汽车创新中心和柳州市大数据发展局签署三方战略合作协议。

殷皓表示，中国科协因时因势因能推出“科创中国”品牌，是新形势下推动科技经济融合、实现高质量发展的重要抓手，是探索组织创新、强化交流合作、实现合作共赢的重要途径。南宁市作为试点城市，要进一步聚焦试点目标，明晰“试点试什么”“示范做什么”的工作思路，深化重点提升的两个产业领域、长远培育的三个产业方向及相应的可持续组织机制。全国学会和科技服务团是“科创中国”建设的主力军，要精准对接政府和企业需求，现场调研、现场把脉、现场对接，把人才和技术真正导入地方、导入企业。各级科协要加强协同合作，整合各类创新资源，集聚多方创新力量，探索组织创新和制度创新，共同推进“科创中国”南宁试点建设。

广西南宁开展“科创中国”试点工作建设以来，自治区党委政府、南宁市委市政府高度重视，积极汇聚学会、企业等各方资源，探索“会地合作”+“区市共建”叠加模式，加快推动广西铝工业结构从资源型产业向新材料产业和深加工产业转变，助力广西构建铝产业创新、创业、创造良好生态，努力打造“科创广西”科技经济融合示范样板间。

自治区科协党组书记纳翔，南宁市政府副市长刘为民、柳州市委副书记梁旭辉和市政府党组成员袁东升、崇左市政府副市长黄覃梅，自治区和南宁市、柳州市、崇左市相关部门负责人，“科创中国”南宁试点工作组参加相关活动。

【殷皓到内蒙古自治区巴彦淖尔市调研“科创中国”试点城市建设工作】 9月2—4日，中国科协党组成员、中国科技馆馆长殷皓带领“科创中国”挂点工作组和乡村振兴科技服务团深入内蒙古自治区巴彦淖尔市调研“科创中国”试点城市建设工作。内蒙古自治区科技厅党组成员陈志谦，中国农学会党委书记陈金发，中国作物学会副秘书长程维红，巴彦淖尔市市长张晓兵、副市长邱永红，内蒙古自治区科协党组书记麻魁、主席赵吉等分别参加相关活动。

调研期间，殷皓一行先后深入内蒙古金草原生态科技集团有限公司、内蒙古鲜农农牧业科技有限公司、内蒙古兆丰河套面业有限公司、“天赋河套”总部基地和巴彦淖尔市农牧业科学研究院、巴彦淖尔农高区展览馆，以及杭锦后旗头道桥核心区科技小院、蒙海玉米科技小院开展工作调研，同相关企业、院所负责人和科技工作者进行深入交流，了解企业发展现状，对接企业需求；到杭锦后旗青少年科技馆、乌拉特中旗科技馆、乌拉特后旗青少年科技馆调研考察中国流动科技馆区域常态化巡展工作开展情况。

9月2日，“科创中国”巴彦淖尔市试点建设工作座谈会在巴彦淖尔市召开。麻魁传达内蒙古自治区副主席欧阳晓晖的批示。欧阳晓晖要求巴彦淖尔市与内蒙古科协、科技厅一道，按照中国科协“科创中国”工作要求和自治区“科技兴蒙”行动部署，深入推进“科创中国”试点建设工作，打造“科创中国”巴彦淖尔样板间，为推动内蒙古绿色高质量发展汇聚各方力量、提供科技支撑。巴彦淖尔市、中国农学会分别介绍了“科创中国”巴彦淖尔市试点工作推进情况、农高区建设情况和乡村振兴科技服务团、农业科研杰出人才及创新团队建设情况。小麦种植、设施农业、农畜产品加工等方面的科技服务团专家与企业代表在会上进行交流。殷皓为乡村振兴科技服务团授旗，巴彦淖尔市人民政府与中国农学会、中国作物学会分别签署“地方政府＋全国学会”战略合作框架协议。

巴彦淖尔市入选“科创中国”首批试点城市以来，内蒙古自治区党委、政府高度重视，大力支持，市委、市政府行动迅速，大力推进。结合区域经济发展定位和产业优势，将“科创中国”与创建农高区统筹推进，确定了大力发展现代生态农牧业的总体目标，并以龙头企业在创新资源、技术发展等方面亟待解决的技术瓶颈问题为突破口，制定工作方案、汇聚各方资源，取得了成效。

调研期间，殷皓会见了巴彦淖尔市委书记常志刚，双方就瞄准试点建设目标，整合创新资源和力量，加快推进试点建设工作进行深入交谈。

中国科协农技中心、中国科技馆、内蒙古科协相关部门负责人，巴彦淖尔市科协、发改委、科技局、工信局、农牧局等单位负责人，临河区、杭锦后旗、乌拉特中旗、乌拉特后旗党委政府、科协有关负责人及9家企业代表，“科创中国”巴彦淖尔试点工作组参加有关活动。

【中国科协召开科技经济融合发展工作专题研讨会】 4月1日，中国科协党组书记、常务副主席、书记处第一书记怀进鹏主持召开科技经济融合发展工作专题研讨会。

会议根据国内外疫情防控和经济形势的阶段性变化，分析研判当前面临的新形势新任务新挑战，按照问题导向、目标导向、效果导向和既立足当前、又放眼长远的要求，深入研究因时因势调整科协工作的着力点和应对举措，提出《中国科协2020年服务科技经济融合发展行动方案》。

怀进鹏指出，促进科技经济深度融合是新时代科协组织增强政治性、先进性、群众性的必然要求，也是科协作为开放型、枢纽型、平台型组织的重大机遇。科协要发挥“一体两翼”优势，瞄准地方需求，强化组织赋能，下沉两级，主动作为，促进数字经济和实体经济融合发展。

怀进鹏强调，中国科协要加强与地方党委政府合作，从东部、中部、西部分别选取一批重点产业集聚城市，围绕当地支柱产业和经济需求，以打造“科创中国”服务品牌为引领，打造科技经济融通平台，组建一批科技服务团，研制一批包含人才培训、成果推介等内容的技术服务方案，推进一批科技产业化项目，提供科技智库咨询服务，实施一批海外智力服务计划，建设一批区域性创新枢纽城市，助力地方经济社会发展。

中国科协副主席、书记处书记孟庆海，党组成员、书记处书记束为以及有关机关部门和直属单位负责同志参加会议。

【中国科协召开科技与经济融合工作推进会】 4月16日，中国科协召开科技与经济融合工作推进会，落实习近平总书记关于统筹推进疫情防控和经济社会发展工作的重要指示精神，聚焦“科创中国”建设，因时因势统筹推进科技经济融合年度重点任务落实。中国科协党组书记、常务副主席、书记处第一书记怀进鹏主持会议。中国科协副主席、书记处书记孟庆海，党组成员、书记处书记束为、宋军，党组成员吕昭平出席会议。

会议听取了有关单位关于落实科技经济融合年度行动方案总体考虑、基层组织建设举措、技术转移体系国别研究、国际技术推介体系等专题工作汇报和专项任务汇报，并开展工作研讨。

怀进鹏强调，要统筹构建以技术与人才服务为特色的“科创中国”平台。一是要突破现有组织机制，坚持问题导向，推动基于任务目标、能力需要、要素驱动进行组织重构，把科协组织、各级学会、地方政府及各类利益共同体调动起来，充分发挥学会的人才汇聚和技术服务优势，通过组织赋能形成有机体，在地市一级建设地方产业联盟、技术联合体、产学研联合体、企业家联合体等组织体系，打造创新枢纽。通过开放合作建立“科创中国”全国网络。二是建设合理运维机制，设立科学标准，选取试点地市打造样板间，根据需求提供精准化、定制化套餐式科技服务。以“科创中国”为主体，打造统一平台并链接地方、企业、学会等，通过开展线上线下服务，形成平台经济，降低交易成本。三是形成有效激励机制，筹建技术经济融合基金，撬动政府引导基金，借鉴日本等发达国家经验，做好技术转移交易的中介服务，吸引投资和应用。

怀进鹏要求，科协组织要围绕建设融通创新平台、协同创新网络和探索创新治理机制，充分发挥科学家品牌、多学科综合交叉、地方无缝连接、国际组织联系等组织优势，坚持要素驱动、节点控制和里程碑考核，把全国学会和地方科协充分动员起来，形成实实在在的落地成果。

中国科协有关机关部门和直属单位负责人参加会议。

【中国科协召开科技经济融合工作调度会】 4月28日，中国科协召开科技经济融合工作调度会。会议听取“科创中国”整体推进和平台建设、科技服务团组建对接、“三库”建设等重点工作汇报，研究工作中的难点问题，明确下一阶段重点任务。中国科协党组书记、常务副主席、书记处第一书记怀进鹏主持会议。中国科协副主席、书记处书记孟庆海，中国科协党组成员、书记处书记束为、宋军，中国科协党组成员吕昭平、王守东、殷皓出席会议。

怀进鹏强调，要按照科技经济融合工作的总体部署，强化组织协同，创新路径方法，边设计边落实，加紧加快推进“科创中国”建设重点任务。下一步，要进一步细化完善方案，做好顶层设计，加强任务统筹，密切与地方的联系，从组织、人才、服务、激励等方面建立机制，聚合各方面资源推进工作。一是要尽快推动试点城市建设，加强重点地市（园区）“一市一策”的对接，优化试点方案，建好样板间。二是要加强集成创新，以组织优势实现产学研等要素无缝对接，以技术交易和服务打通供需堵点，创新“市长＋市场”机制，推动产业数字化转型和城市化建设。三是要重视标准建设、资源集成、品牌保护和数据主权，把更多资源汇聚到“科创中国”平台上来，让资源连起来、合起来、用起来、活起来。四是要加强“科创中国”品牌宣传，既要注重网络媒体的“铺天盖地”，也要注重主流媒体的“顶天立地”。近期要集中力量做好“科创中国”系列工作在“5·30”全国科技工作者日的集中亮相，提升“5·30”和“科创中国”品牌的社会影响力。在工作中要坚持问题导向、效果优先，从点上做起，不怕没有经验，不怕下笨功夫，扎扎实实出成效。

6月19日，中国科协召开科技经济融合工作调度会，统筹研究“科创中国”建设重点工作，明确下一阶段任务举措。中国科协党组书记、常务副主席、书记处第一书记怀进鹏主持会议，党组、书记处同志孟庆海、束为、宋军、吕昭平、王守东、殷皓出席会议。

会议听取了学会学术部、办公厅、组织人事部关于平台建设、试点城市、组织建设工作推进情况的汇报，6个代表性试点城市挂点工作组的工作思路汇报，并开展研讨交流。党组、书记处同志分别点评相关工作。

会议肯定了前期各单位通力合作、创新探索所取得的阶段性进展。会议强调，打造社会认可的“科创中国”品牌，是科协组织使命重构、价值提升、有所作为的重要内容，是服务中心、应对变革的创新工作。平台、试点网络和组织机制三位一体，要把问题和需求聚集起来、技术和产品储备起来、机制和模式搭建起来，目标要大、工作要实，小步快跑，迭代创新，不断试错、务实推进，在观念、组织方面形成新的跨越和提高。

会议指出，要直面“三大挑战”，结合互联网方式不断深化、延展、提升传统工作方法。要直面探索平台建设运营模式的挑战，解决数字化技术服务和交易的难题，赋能产业，服务社会；要直面加快做实城市试点网络的挑战，打破单一、惯性交流模式，以服务地市作为主要支撑点，把资源下沉到最需要的产业一线，激发活力，提升能力；要直面组织重构的挑战，建设有效协同的组织机制，团结凝聚基层和产业界的广大科技工作者，提供长周期、高质量的公共服务产品，形成品牌，创造价值。

会议强调，试点工作要坚持三个“搞清楚”，清楚“干什么”“为什么”“怎么做”，清楚“服务谁”“用什么服务”，清楚“效果如何”“问题是否解决”“激励机制是什么”，坚持以链接促进发展、以内容提供服务、以合作建设组织，对接联通科技界、产业界，形成长效共赢机制并持续推进。挂点干部要认真做好调研，清楚需求、明确供给、匹配资源，激发地方内生动力，做好“科创中国”的宣传者、建设者、推动者。

会议议定尽快与试点城市对接挖掘需求、开展现场专题调研、抓好工作统筹推进等工作事项。

【中国科协召开科技经济融合工作专题会议】 7月23日，中国科协召开科技经济融合工作第一次专题会议，研究“科创中国”下一阶段任务部署，讨论推进“科创中国”试点城市（园区）重点工作。党组书记怀进鹏主持会议。党组、书记处同志束为、吕昭平出席会议。

会议指出，以试点城市（园区）为重点，推动科技经济深度融合，服务地方经济发展，是“科创中国”建设的重要内容。试点城市（园区）要把握区域经济发展定位，结合本地区经济发展总体目标、产业特色、创新优势，明晰“试点试什么”“示范做什么”的工作思路，明确提出支持试点的方式和落地举措，明确重点提升的两个产业领域、长远培育的三个产业方向及相应的可持续组织机制，共同打造“科创中国”的本地化平台与技术创新合作网络。科协挂点干部要加强对区域经济的学习研究，推动合作发展，努力通过组织创新，把创新优势转化为市场优势。

7月29日，中国科协召开科技经济融合工作第二次专题会议，深入贯彻落实习近平总书记关于统筹推进疫情防控和经济社会发展的重要指示和给科技工作者代表的重要回信精神，围绕坚定创新自信、促进产学研深度融合、建设世界科技强国的主题，对“科创中国”试点城市（园区）建设和科技服务工作进行再动员、再部署，加速推动科技服务与试点城市（园区）有效对接，深化组织创新工作举措，助力科技经济融合发展。中国科协党组书记、常务副主席、书记处第一书记怀进鹏出席并主持会议，党组、书记处同志孟庆海、束为、宋军、吕昭平、王守东、殷皓出席会议。

吕昭平从“为什么”“建什么”“前期进展”和“工作安排”四个方面介绍了“科创中国”平台建设情况，要求试点城市（园区）明确支持试点的方式和落地举措，聚焦一个建设目标、两个重点产业支持方向、三个产业培育方向及相应的可持续组织机制，打造“科创中国”的本地化平台与技术创新合作网络，对共同建设“科创中国”提出建议。

束为重点介绍了“科创中国”组织创新的实践，提出“科创中国”建设要坚持目标导向，从国内、国际宏观发展趋势认识组织创新的意义；坚持问题导向，从服务科技经济融合发展实践中理解组织创新的价值；坚持任务导向，从协同推进试点探索中落实组织创新的举措，明确了进一步完善组织机制、强化组织赋能、提升组织力的工作要求。

怀进鹏在总结讲话中强调，要强化使命担当，围绕中心服务大局，构建科技经济融合平台网络与组织生态，开拓联系服务、团结动员科技工作者创新创业创造的新空间，为落实“六稳”“六保”和高质量发展做出新贡献。要拓展开放格局，加强组织创新，汇聚地方科技力量、企业力量、社会力量，聚合创新资源，聚焦区域经济，构建产学研融合的可持续组织机制，提升科技经济融合的组织力，开创合作共赢新局面。要锤炼务实作风，深入调研切实际，聚焦靶心办实事，资源下沉求实效。广泛团结动员科技共同体和各方力量，真抓实干谋发展，凝心聚力克时艰，共同建设“科创中国”，写好科技经济融合这篇大文章。

会议设主会场及各地分会场，中国科协科技经济融合领导小组及办公室成员、18个省（自治区、直辖市）政府牵头部门及科协负责人、22个试点城市（园区）政府（管委会）和部门负责人，部分全国学会理事长（秘书长）、科技服务团专家代表、中国科协机关挂点干部、地方科协主席“科创中国”专题研讨班学员等约260人参会。

【中国科协召开科技经济融合工作学会调研会】 5月13日，中国科协组织召开科技经济融合工作学会调研会，了解学会在服务科技经济融合中可提供的产品、项目、技术等资源以及与地方合作的案例和经验，听取对“科创中国”平台建设的意见建议。中国科协党组成员、书记处书记吕昭平出席会议并讲话。中国科协学会学术部部长、企业工作办公室主任刘兴平主持会议。

中国机械工程学会、中国电子学会、中国复合材料学会等学会介绍了各自的创新资源和专家网络建设情况，分享服务地方科技经济融合的典型案例和有益经验。与会学会表示，要认真落实中国科协部署，组织动员科技工作者参与科技服务团和地方服务工作，同时就加强地方政府对科技社团的了解认同、关注疫情背景下学会发展困境、充分利用专家资源、积极主动解企业需要、努力支撑创新资源供需对接等方面内容提出了建设性意见建议。

吕昭平在总结讲话中指出，科技经济融合在全球范围内都是重大难题。在抗击疫情和助力复工达产背景下，中国科协发挥“一体两翼”组织优势，主动作为，开展技术转移与技术交易服务，积极推进科技经济融合。一是打造科技经济服务与交易平台，深入梳理区域产业发展需求和学会供给资源，为供需双方牵线搭桥。二是积极实施试点城市建设，针对全国重点地市和园区创新需求提供组合式服务，打造科技经济融合样板间，以试点城市为示范带动辐射地方发展。三是建立有效工作机制，中国科协直接与试点城市所在省委省政府对接，统一思想、统一认识，汇聚各方创新资源，构建合作共同体、利益共同体和发展共同体，保证各项服务措施落实落地。

中国科协办公厅、中国科协学会服务中心有关负责人，13家全国学会负责人出席会议。

8 月 14 日，全国政协副主席、中国科协主席万钢出席
在山东省青岛市举办的第二十二届中国科协年会并在开幕式上致辞

9 月 29 日，在海南省海口市召开的 2020 世界新能源汽车大会上，
全国政协副主席、中国科协主席、世界新能源汽车大会主席万钢发布《2020 世界新能源汽车大会共识》

5 月 25 日，中国科协名誉主席韩启德出席
在北京召开的 2020 重大科学问题和工程技术难题征集发布终审评议会并讲话

6 月 3 日，中国科协名誉主席韩启德出席在北京召开的第二届中国科学文化论坛并致辞

4 月 30 日，中国科协第九届全国委员会第七次会议在北京召开

8 月 31 日—9 月 1 日，中国共产党中国科协机关第九次代表大会在北京召开

4 月 17 日，中央纪委国家监委驻科技部纪检监察组与中国科协党组
在北京召开 2020 年第一次全面从严治党专题会商会议暨中国科协党组全面从严治党专题会议

11 月 16 日，中国科协在北京举办学习宣传贯彻党的十九届五中全会精神报告会，
宣讲报告会以电视电话会议形式召开

5月30日，中国科协党组书记、常务副主席、书记处第一书记怀进鹏主持在北京举办的第二届全国创新争先奖表彰奖励大会

9月4日，中国科协党组书记、常务副主席、书记处第一书记怀进鹏（左）看望慰问抗战时期参加革命工作的离休干部、中国科协原党组成员、中国科学技术出版社原社长麦林

11月8日，中国科协党组书记、常务副主席、书记处第一书记怀进鹏主持在北京举办的第二届世界科技与发展论坛开幕式

7月2日，中国科协党组副书记、副主席、书记处书记徐延豪出席在北京召开的中国科协宣传思想工作会议并讲话

12月8日，中国科协副主席、书记处书记孟庆海出席在北京举办的2020年世界公众科学素质促进大会并主持大会开幕式和主旨报告会

10月18日，中国科协党组成员、书记处书记束为出席在浙江省温州市召开的2020世界青年科学家峰会并致辞

9 月 23 日，中国科协党组成员、书记处书记宋军出席在广东省广州市举办的 2020 中国创新创业成果交易会并致辞

4 月 7 日，中国科协党组成员、书记处书记吕昭平以视频会议形式在北京出席新冠肺炎防治中国经验研讨会并致辞

9 月 1 日，中国科协党组成员兼机关党委书记王守东出席在北京召开的中国共产党中国科协机关第九次代表大会并投票

9 月 9 日，中国科协党组成员、中国科技馆馆长、中国科技馆发展基金会理事长殷皓出席在北京举行的“2020 年中学科技馆在行动”启动仪式并致辞

3 月 18 日，中国科协定点扶贫领导小组
2020 年第一次会议以视频形式在北京召开

5 月 19 日，中国科协在北京召开决战决胜科技助力精准扶贫推进会，
中国科协、农业农村部、国务院扶贫办有关领导，以及 32 个省级
分会场的相关部门负责人 470 余人参加会议

11 月 26 日，主题为“决胜小康　奋斗有我”的中国科协吕梁定点扶贫
35 年回望报告会在北京举办，除主会场外，设立 10 个视频分会场

科技助力精准扶贫

作为全国率先开展扶贫工作的 10 个部委之一，中国科协突出智志双扶的科技优势，举全系统之力，深耕吕梁 35 年，助力吕梁定点扶贫目标全面实现。2016 年以来，共支持建设 1956 个农技协联合会、12527 个农技协（科技组织），组织 18.99 万名科技专家参与科技助力精准扶贫工作，助力 390.38 万人脱贫，为决战脱贫攻坚、决胜全面建成小康社会作出重要贡献

全国科技工作者日

5月29日，在第四个“全国科技工作者日”到来之际，习近平总书记给25位科技界代表回信。5月30日，中国科协以“科技为民、奋斗有我”为主题在北京举办第二届全国创新争先奖表彰奖励大会、全国科技工作者日座谈会、全国科技工作者日特别节目等系列活动，网上“科技工作者之家”上线运行，“科创中国”品牌正式亮相

第二届全国创新争先奖表彰奖励大会

全国科技工作者日座谈会

全国科技工作者日特别节目

第二十二届中国科协年会开幕式

山东省党政领导与院士专家座谈会
暨 2020 年山东省创新驱动发展院士恳谈会

第二十二届中国科协年会闭幕式

中国科协年会

8 月 10—15 日，由中国科协和山东省政府共同主办的第二十二届中国科协年会以线上线下结合的方式举办，主会场设在山东省青岛市。年会主题为“改革开放，创新引领——科技赋能，合作发展”，吸引 12 个国家、37 个国际组织代表参会

“国家最高科学技术奖获奖科学家手模墙”亮相中国科技馆

全国科普日

9月19日，以“决胜全面小康、践行科技为民”为主题的全国科普日活动在全国启动，着力打造“北京主场活动、省级主场活动、十大联合行动及云上科普日”的“3+1”活动架构。2020年全国科普日开展各类科普活动3.7万项，线下活动参与超2亿人次，线上浏览超10亿次

全国科普日特别活动科普阅读联合行动在北京举行

观众在全国科普日北京主场参观体验

5 月 5 日，第二届全国创新争先奖评审会议在北京召开

8 月 21 日，第十六届中国青年科技奖终评会议在北京召开

9 月 28 日，以“共克时艰、跨界协同、合作共赢”
为主题的 2020 世界新能源汽车大会在海南省海口市举行

11 月 8 日，以“信任 · 合作 · 发展”为主题的第二届世界科技与发展论坛在北京举办

11 月 27 日，第二十三届中国科协求是杰出青年奖评审会议在北京召开

12 月 27 日，第十七届中国青年女科学家奖评审会议在北京召开

5 月 13 日，中国科协在北京举办“科创中国”论坛——中小企业发展与技术服务

5 月 21 日，中国科协在北京举办“科创中国”试点建设座谈会

5 月 14 日，中国科协在北京举办道路交通领域关键核心技术“卡脖子”问题高层研讨会

6 月 5 日，中国科协应对公共卫生危机高层研讨会在北京举办

6 月 12 日，中国科协人工智能新趋势高层次研讨会在北京举办

7 月 10 日，中国科协在北京举办基础科学重大问题高层次研讨会

8 月 10 日，中国科技峰会—第三届中国科技期刊论坛在北京举办

9 月 24—25 日，第十六届中国科技期刊发展论坛在吉林省长春市举办

11 月 30 日，2020 年全国学会工作会议在北京召开，全国学会、各省级科协及所属学会负责同志，中国科协部门单位主要负责同志 1600 余人以线上线下方式参加会议

11 月 30 日，中国科协党校全国学会分校及教育基地授牌仪式在北京举办

6月2日,《全民科学素质行动计划纲要（2021—2025—2035年）》编制工作顾问组会议在北京召开

7月15日，全民科学素质纲要实施工作办公室会议暨
《全民科学素质行动计划纲要（2021—2025—2035年）》编制工作领导小组办公室会议在北京召开

11 月 1 日，主题为“科学梦想　创造未来”的 2020 中国科幻大会在北京举办

12 月 8 日，以“提升公众科学素质　促进全球科学抗疫”为主题的 2020 世界公众科学素质促进大会在北京召开，来自 20 多个国家和地区的专家、学者通过线上与线下相结合的方式参会

7 月 2 日，中国科协宣传思想工作会以主会场和视频分会场相结合的形式在北京召开

7 月 25 日，中国科协“老科学家学术成长资料采集工程”北京大学联合采集启动仪式暨交流会在北京举行

10 月 29 日，2020 年“最美科技工作者”遴选会议在北京召开

11 月 20 日，2020 年全国科学道德和学风建设宣讲教育报告会暨宣传月启动仪式在北京举行

12 月 3 日，中国科协党组书记、常务副主席、书记处第一书记怀进鹏
与发展中国家科学院执行主任罗曼·穆伦齐进行线上会谈

12 月 22 日，中国科协党组成员、书记处书记宋军
在以色列驻华使馆会见以色列驻华大使何泽伟（Zvi Heifetz）

中国科协 2020 年
主要活动和重要事件

中国科协 2020 年工作概况

2020 年是极不平凡的一年。以习近平同志为核心的党中央团结带领全党全国各族人民开拓奋进，夺取抗疫斗争重大战略成果，打赢脱贫攻坚战、全面建成小康社会、实现第一个百年奋斗目标胜利在望，开启全面建设社会主义现代化国家新征程。习近平总书记亲切关怀科技工作者，给科技界代表回信，召开系列座谈会，多次对科技创新作出重要指示批示，激励鼓舞广大科技工作者爱国奋斗、坚毅前行。

一年来，中国科协坚持以习近平新时代中国特色社会主义思想为指导，深入贯彻党的十九大和十九届二中、三中、四中、五中全会精神，紧扣决胜全面建成小康社会、决战脱贫攻坚，聚焦保持和增强政治性先进性群众性，着力加强对科技工作者的思想政治引领，着力服务党和国家工作大局，着力深化科协系统改革，着力构建联系广泛、服务群众的科协工作体系，深化合作发展，拓展“四服务”空间，引领广大科技工作者为统筹疫情防控和经济社会发展作出扎实贡献。

一、推动党的创新理论深化转化，强化润物无声政治引领

把深入学习宣传贯彻习近平新时代中国特色社会主义思想作为政治引领首要任务，引导广大科技工作者增强“四个意识”，坚定“四个自信”，做到“两个维护”，持续将弘扬科学家精神作为团结科技界践行使命宗旨的重要抓手，塑形铸魂、凝心聚力。

一是全面加强政治建设。中国科协党组坚决打起主体责任，把政治建设摆在首位，推动学习贯彻党中央重大战略部署制度化规范化。建立“第一议题”制度，全年 38 次党组会均第一时间组织学习总书记重要讲话和指示批示精神，努力做到学深悟透，并与科协实践结合，指导推动事业发展。坚持示范带动，创新党组理论学习中心组集体学习方式，围绕党和国家工作大局精心设置主题，及时跟进学、开放贯通学、带动系统学，同党史、新中国史、改革开放史、社会主义发展史结合学，实现对全国学会理事长秘书长、省级科协主要负责人、脱贫攻坚骨干力量以及科技领军人才的有效覆盖。党组成员分别宣讲，带动全系统强化学思践悟。深入实施“党建强会计划”，开展学会理事会党委职责清单试点。强化工作台账落实。加强督查督办、跟踪问效和横向协调，确保总书记重要指示精神和中央决策部署落到实处。创新理论武装方式。聚焦总书记重要指示批示、回信、贺信精神，在人民日报、《求是》《旗帜》等发表署名文章，利用新媒体、全媒体、融媒体广泛传播，开设“学而时习之”“嘱托”等各类专栏，及时宣传贯彻解读治国理政思想和重大部署。“科学家精神”类原创作品，举旗帜、聚民心、育新人、兴文化、展形象的作用进一步发挥。

二是高扬新时代科学家精神。持续学悟习近平总书记关于科技创新特别是科学家精神的重要论述，落实中办国办《关于进一步弘扬科学家精神　加强作风和学风建设的意见》，引领科技界坚定自立自强。推动科学家精神进入革命精神谱系，在中央党史文献研究院指导下，研编《科学家精神》读本，激励科技界传承优良传统，增强对党的向心力。落实总书记关于抓好互联网和青年群体等重要指示要求，适应高校青年人才特点，会同教育部、中科院启动学风传承行动，首批试点覆盖 200 余家高校和院所，将科学家精神与思政相融合，学生创作、学生受益，共同应对不良学风滋生，形成强大反制。完善科学道德宣传教育机制，开展学风建设宣传月活动，引发青年学子积极响应。在中宣部指导下，广泛开展“最美科技工作者”宣传活动，树立科技工作者报效国家、服务人民的社会形象。

三是筑牢思想引领宣传阵地。面向“三支队伍”，强化科协党校价值引领功能。面向新当选院士、青年领军人才等，持续加强思想引领。推动党校与学术交流平台融合，以政治建设引领学术，以学术语言讲好政治，推动全国学会理事长、知名科学家讲党课，组织“最美科技工作者”进校园、进企业，形成广泛覆盖。用好“全国科技工作者日”“全国科普日”“科学大师名校宣传工程”等平台，及时传递总书记对科技工作者的关心关爱和殷切嘱托。联合中央媒体，精心创作一批精品力作，系统准确解读总书记科技创新论述和治国理政思想，加强对象化、分众化传播。“科学也偶像”活动征集 7 万余个微视频，全年播放和点赞数超 33 亿次。通过广泛动员各类媒体，科学家精神标识线上认知度显著增强。

四是在联系服务中广泛凝聚海内外科技人才人心。“全国科技工作者日”期间，面向科技工作者发布倡议，深入学习宣传总书记回信精神，激励科技工作者牢记嘱托，在创新创造中建功立业。组织“科技为民　奋斗有我”主题活动，新华网等直播页面在线观看人次超1300万，人民日报微博相关话题阅读量超2.7亿人次。在第二届全国创新争先奖中特设疫情防控和脱贫攻坚专题，一批在抗疫战场和脱贫攻坚一线拼搏奋斗的科技工作者和创新团队得到全社会广泛赞誉，1700万人在线收看颁奖大会。将政治引领与学术交流、表彰举荐深度融合，发挥全国创新争先奖、中国青年科技奖、青年女科学家奖、青年人才托举工程、优秀中外青年交流计划等品牌的正向带动作用，与浙江、上海、重庆等举办世界青年科学家峰会、顶尖科学家论坛、英才大会系列活动，增强科技工作者获得感、荣誉感、归属感，增强听党话、跟党走的坚定性自觉性。

二、弘扬伟大抗疫精神，凝聚科技抗疫强大组织力

坚守人民至上、生命至上，闻令而动、主动作为，有序组织尽锐出战，团结动员科技工作者不忘初心、牢记使命，为疫情防控提供有力支撑，服务“六稳”“六保”，在应战应考中提升科协组织力凝聚力战斗力。

一是广泛组织动员同心抗疫。疫情防控进入战时状态，科协组织坚决响应习近平总书记的号令，坚决落实党中央统一部署，发出第一封倡议《致抗炎一线同仁书》，呼吁全社会坚定信心、尊重科学。紧跟中央因时因势调整防控策略，组织191个全国学会发出《战“疫”有我，为决胜攻坚提供科技志愿服务》《团结信任、创新争先，坚决打赢疫情防控人民战争》等倡议，激励科技工作者在医疗救治、诊断检测、药物与疫苗研发、科普与心理咨询等方面创新建功。贯彻落实总书记对科技界代表的重要回信精神，发出《牢记嘱托，在创新创造中建功立业》倡议，凝聚智慧力量、激发斗志豪情，让伟大抗疫精神和科学家精神交相辉映。

二是应急科普发力基层抗疫。贯彻落实总书记重要指示精神，动员系统力量全面支撑科学防治。及时落实中央领导对应急科普等工作14余次重要批示，突出“两防”（防疫情、防恐慌）、“三导”（防疫辅导、心理疏导、科学引导）、“一实”（做一批实事）工作主线，迅速启动全国科普应急响应与联动机制。多部门联动协同。依托全民科学素质行动计划纲要工作机制，与国家卫生健康委、科技部等协作，联合中央宣传部等4部门提出加强应急科普宣教的工作意见，调动全国科技卫生力量投身科普抗疫。“科普中国”聚合平台资源广泛传播。全国345万科普信息员第一时间投身抗疫战场，广泛链接社会媒体，打通抗疫知识普及进家庭、进社区的“最后一公里”。截至9月，各类抗疫科普信息传播量超82亿。与中央网信办等联合打造“科学辟谣”平台，有效阻断“信息疫情”，总传播量超过20亿。其中，联合知乎主办的抗疫知识互动问答活动，阅读量突破5亿次；“板蓝根和醋不能预防肺炎”等话题，内容流量破2000万，并被《人民日报》和“健康中国”官微采用。在央视“共同关注”栏目开辟应急科普通道，“一问到底”专题节目收视率达0.7%～0.9%。“科普中国”登顶《人民日报》人民号影响力排行榜总榜和政务榜“榜首”，官方微信多次位列微信指数排行榜第一，成为疫情期间公众及时获取科学信息的重要平台。推动科技志愿服务下沉基层。春节期间，加急制作防控知识挂图，下沉北京市各区和全国433个地级市，并在网上开放版权。各级科协系统层层下沉，动员4万余名基层“三长”、345万科普信息员直达街道乡镇、社区村居等一线，开展各具特色的志愿服务。全国科技馆体系助力青少年线上学习。中国科技馆携手全国357家科技（文化）场馆联合行动，动员高校、研究机构和科教企业，推出系列公益课程，2万余名科技辅导员参与。“科学实验挑战赛”参与人次近5亿。中国科技馆科普资源总浏览量超22亿。心理咨询服务解疑释惑稳定人心。中国心理学会发挥专业优势，制定发布10余项心理援助工作指南、实施细则和伦理规范，打造专业培训课程。组织520家社会心理服务机构，在志愿服务旗帜下，面向重点人群、社区、家庭开展心理援助，定点服务2500个单位480万人次。“同心战疫　守护健康——青少年心理健康科普专项行动”参与量逾2200万人次。

三是汇智聚力支撑立体抗疫。“一体两翼”系统动员服务抗疫大局，全国学会和3500个省级学会全面参与。广大科技工作者以学会为纽带，克服疫情不利影响，密集开展线上学术交流，把智力优势全面转化为服务抗疫决策的智库优势。《科技界情况》和《科技工作者建议》抗疫专刊、复产复工专刊成为科技工作者建言献策的快速通道，报告数量创历史新高，一批决策建议得到党中央国务院重视和采纳，有效调动科技工作者服务国家科学决策的热情。3万场各类学术会议聚焦抗疫和复产复工大局，交流新思想、创设新议题，不断拓展科技经济融合的发展空间。“双创云上活动周”线上线下 5000 多万人参加，“抗疫情　化危机　促发展”云课堂 500 万人次企业科研人员上线学习，提振企业发展信心，助力复工复产。设立支持湖北疫后重振一揽子计划，各省科协组织实施援助湖北行动，对湖北科技工作者形成强大激励，与湖北省共建“华中公共卫生与健康研究中心”，提升应对重大公共卫生危机的科技支撑能力。

四是开放信任助力全球抗疫。动员民间渠道，积极响应国家抗疫外交大局，加强与国际科学理事会、世界工程组织联合会、世界科技工作者联合会、发展中国家科学院等国际科技组织的联系，组织 167 个全国学会，分别与 254 个对口国际（国别）科技组织建立信息分享机制，阐释我国抗疫主张，共享科技资源。联手应对全球抗疫。应联合国教科文组织邀请，分享科研新进展。利用联合国特别咨商地位，建立“新冠病毒肺炎知识与数据信息系统”，服务抗疫数据共享。组织中华医学会等旗下百余种期刊，向世界卫生组织提交授权书参与 COVID-19 数据库建设。围绕抗疫搭建中瑞科技交流平台，拓展对欧公共卫生领域合作空间。讲好中国抗疫故事。组织知名专家开展系列国际研讨，“新冠肺炎疫情下的全球科技发展与治理”论坛通过 9 种语言面向海外传播，覆盖 170 多个国家（地区）、1860 万人次同步收看。支持全国学会开展近 1000 场疫情防控学术会议，传递中国抗疫经验。联合新华社等主流媒体推出《佑护》短视频等精品力作，阐释习近平总书记凝聚战胜疫情强大合力、共建人类卫生健康共同体的倡议，新华社、Twitter、Facebook、YouTube 账号仅 12 小时浏览量超 10 万次。

三、扎实践行科技为民，服务决胜全面小康决战脱贫攻坚

拓展“科普中国”服务社会广度，创建“科创中国”推动科技经济融合发展新品牌，强化“智汇中国”资政建言，组织动员科技工作者以智志双扶夯实全面小康社会的科学素质基础，以创新创造为打好脱贫攻坚硬仗作出实实在在的业绩。

一是系统动员决战脱贫攻坚。圆满完成定点扶贫任务。坚决贯彻落实党中央关于打赢脱贫攻坚战的部署，扎实做好定点扶贫，落实产业扶贫，项目点单、培训赋能、规划引导等多种举措并进，巩固脱贫成果。2020 年，在定点扶贫县投入帮扶资金 1900 万元，引进帮扶资金 560 万元，帮助销售农产品 2100 万元，培训基层干部、技术人员 7000 余名，超额完成目标任务。将吕梁纳入“科创中国”试点城市，在脱贫摘帽基础上迈向高质量发展。系统总结 35 年定点扶贫经验成效，全面落实总书记指示要求和党中央战略部署，讲好 21 届扶贫团、4 届讲师团、132 人次等持续接力扶贫事业的感人故事，进一步激发科技工作者在新起点再出发，推动巩固拓展脱贫成果同乡村振兴有效衔接。推进科技助力精准扶贫，会同农业农村部、国务院扶贫办，组织动员千家科技组织、万名科技工作者投身脱贫攻坚。围绕提升农民科学素质，会同农业农村部开展农民网络知识竞赛，覆盖 31 个省（区、市）、326 个地级市、1500 个区县，4700 万余人次参与。加大援疆、援藏科技增效工程投入力度，广泛开展科技培训、技术推广、科普活动、产业服务，助力维护地区民族团结稳定、推动西藏地区经济社会高质量发展。

二是打造“科创中国”平台，助力地方经济社会发展。贯彻落实党中央关于统筹推进常态化疫情防控和经济社会发展的决策部署，以产学融合为抓手，以学会为供给主体，紧密结合区域城市创新转型发展需求，着力机制创新和组织重构，打造新平台营造新生态。围绕国家区域战略布局，助力创新枢纽城市发展。面向京津冀、长三角、大湾区、成渝双城经济圈等，联合 19 个省（区、市）培育 23 个试点城市（园区）。75 支科技服务团联络 3200 余名院士专家、131 家全国学会、588 所高校（科研院所），根据城市产业集群发展需求，开展技术对接服务。枢纽城市辐射 142 个地级市。平台托举集聚技术资本要素服务企业。培育“互联网 + 技术交易”社会动员机制，激励科技人员响应企业需求“揭榜挂帅”。疫情期间，依托平台开展近百场技术路演，13 个国家近 300 个机构千余项目参与，促成供需对接 3000 余次，线上线下贯通融合的技术服务与交易生态初步形成。跨界协同组织创新，形成长效服务模式。吸引科技、产业、金融界领军人物，组建“科创中国”咨询委员会和联合体。组建“长三角”区域创新联盟、湖北省科技经济融合学会、广州国际技术交易服务中心等 189 个各类新型协同创新组织，打造“企业主体、专家主角、经纪主推、资本主力”科协组织服务新模式。“科创中国”品牌陆续长入进博会、服贸会、中关村论坛等知名平台，社会影响力持续扩大。

三是持续提升全民科学素质，厚植创新沃土。加强战略谋划。面向“十四五”和中长期发展国家现代化特别是科学文化素质建设的战略需求，开展全民科学素质行动计划新一轮纲要编制工作。优化科普生态。“科普中国”品牌影响力持续提升，截至年底，累计资源量近40TB、传播量超348亿人次。社会化协同机制不断完善，中国公众科学素质促进联合体有效运行，推进科普开放合作。支持天津、深圳开展全域科普。全国科普日广泛动员，扩大覆盖取得新突破，相关话题累计阅读量超过10亿次。举办中国科幻大会，线上线下8000万人次参与，成为科幻与学术交流、产业发展、人才培养、国际合作奖励有机结合的平台。联合国家电影局出台促进科幻电影发展的政策，发起全国科幻科普电影放映联盟。点亮青少年科学梦想。落实总书记关于“培养具备科学家潜质的青少年群体”的重要指示，建立与青少年成长和创新人才培育相适应的科普工作方式。一年来，“大手拉小手科普报告汇”“院士科学人文课”“虚拟大学城”“云上科学营”等品牌活动，累计覆盖7000余万人次。《我的创新故事》宣传片登陆“学习强国”，“致敬科学家、照亮少年路”主题活动话题总阅读量超过6152万。

四是持续提升科协智库的决策支撑能力。突出服务国家治理的发展特色，广泛联系知名高校，形成各具特色的研究平台，在科技伦理、智能社会治理等方面，推出一批高质量研究成果。与科技部合作，组织外国专家建言中国科技。面向国家区域发展战略，优化智库布局，围绕后疫情时代数字经济、公共卫生、成渝双城经济圈建设等重大问题，会同天津、湖北、重庆等地共建战略智库。在黄河流域生态保护和高质量发展座谈会召开一周年之际，联合黄河流域9省学习总书记讲话精神，与山东省政府共建黄河国家战略研究院。聚焦自主创新、“卡脖子”问题等开展深入研究。组织数百名专家，围绕美对我科技脱钩、基础研究、产业链安全、集成电路、产学研深度融合等自主创新的重大问题开展密集研讨，形成一批决策建议报送中央。完善学会主导、科学家领衔、科技界广泛参与、国际科技组织联合支持的智库研判机制，持续发布重大科学问题和工程技术难题，引起科技产业界的广泛关注，进一步激发科技工作者坚持“四个面向”的主动性。持续打造世界新能源汽车大会、世界智能大会、中国人工智能大会、中国航天大会等学术交流高地。有效支撑国家立法咨询，65个学会围绕《科技进步法》等14余部法律法规建言献策，形成持续服务国家立法咨询的专业力量。建设科情在线调查网络，运用互联网平台，连接533个调查节点300万调查员，形成面向科技工作者的快速调查和信息获取机制，及时反映科技工作者呼声诉求，推动“智汇中国”平台成为“科技工作者之家”重要内容。

四、凝聚开放信任团结共识，国际合作通道有效拓展

着眼世界变局和国家外交大局，倡导开放科学，筑牢信任基石，扎紧团结纽带，强化科技人才流动性缺失风险对冲，国际民间学术交流日益活跃，逐步形成构建以理服人的学术共同体、以德服人的价值共同体、以人为本的命运共同体等战略共识。

一是持续搭建高端对话平台。深化习近平总书记对首届世界科技与发展论坛贺信精神的贯彻，以“信任·合作·发展”为主题，举办第二届世界科技与发展论坛，全球科技、教育、产业等领域106位代表人物聚焦重大议题开展对话，2600万人次线上线下参与，有效宣示我国科技界服务人的全面发展和人类文明进步的价值立场。举办2020世界公众科学素质促进大会，来自全球23个国际、国家和地区的科技组织代表和专家学者分享全球疫情防控经验成果，完善共同提升科学素质的国际合作机制，向世界传递“科学好声音”。大会直播落地174个国家和地区，1850万人次在线观看开幕式。

二是稳中求进拓展与全球创新网络的伙伴联系。开拓中美民间科技外交新途径，连续两次组织中美科学家圆桌对话线上活动，探索出一条由顶尖科学家牵头推动、依托双方科学家团体务实合作的有效路径。支持中国公路学会、中国宇航学会、中国化学会等开展对美机制性学术交流活动。拓展中俄、深耕欧亚的民间合作机制取得积极进展。落实中俄两国元首会晤精神，组织中俄科技创新年系列活动，建立中俄“学会+大学+基金+园区+服务体系”的合作模式。拓展中欧在公共卫生及数字经济领域的合作，举办中日科学家高层对话，搭建中韩技术交易资源对接和合作融通平台。

三是持续提升我科学家国际组织任职工作力度。支持我国科学家担任重要科技组织领导职务。中国科协系统加入的374个国际民间科技组织中，359位我国科学家担任执委以上职务，中国科协加入的6个国际组织中，有4位科学家担任主席、2位担任副主席。

做好履职服务支撑，从推送竞聘向深度参与治理过渡，用好国际组织平台资源。加强国际组织任职和后备人才培养力度。针对国际组织任职专家、任职后备人员和外事管理人员三类人员开展精准培训，为我国科学家参与国际组织活动提供经费支持，提升履职能力和综合竞争力。

四是深化“一带一路”科技人文交流。成立 13 家联合培训（研究）中心，培养 6000 名科技人才，覆盖 80 多个国家，吸引 50 余个国际组织和 206 个国别组织参与，初步构建起与“六廊六路多国多港”相对接的国际科技合作网络。打造线上国际科技文化嘉年华，“一带一路”青少年创客营活动覆盖 53 个国家（地区）和国际组织，2000 万人次参与。分批向 70 余个国家的对口组织和国际机构推送我国抗击新冠肺炎疫情的中英文科普视频资源和青少年科学教育活动案例。推进“一带一路”工程师资格互认，巩固与缅甸、巴基斯坦等沿线国家的交流合作，推动中国企业走出去和解决中国工程师海外执业“签字权”问题。持续开展中国科协优秀中外青年交流计划，鼓励支持 97 名青年科技人才赴国外进行科技交流合作。

五、持续深化改革，提升科协系统组织力凝聚力

围绕强“三性”推进改革向纵深推进、向基层延伸，扩大有效覆盖。创新组织方式和动员手段，不断释放“三型”组织优势，延伸服务链条。以一流期刊建设为引领，学会治理改革取得积极成效。融入党建和基层治理体系，网上群团建设取得突破性进展。

一是持续推动中央群团改革部署在基层落地。根据中央深改委要求，系统总结党的十八届三中全会以来的改革进展，面向“十四五”全面谋划科协改革的顶层设计。突出问题导向，围绕构建体系、创新组织、转变职能、网上动员，凝练一批重大任务。配合驻科技部纪检监察组开展《科协系统深化改革实施方案》落实情况专项监督。党建带群建的效能不断显现。在中央文明办支持下，实现对 500 个新时代文明实践中心科技志愿服务的基本覆盖，实施“智惠行动”，不断满足基层群众科学文化素质提升的迫切需求。科技志愿服务队伍稳步扩大，注册人数接近 100 万、注册组织超 2.6 万个。夯实基层基础。基层 4 万余名“三长”在抗疫实战中得到全面锻炼，纵横交织、条块结合的组织网络进一步完善，工作资源的集成带动服务能力的提升，成为基层治理的一支重要力量。深化地方改革试点，60 余个地市级科协以试点为带动，在党委政府支持下，创造出一批基层工作机制和服务案例。学术、科普、智库三大资源平台协同下沉，多级联动，为基层改革赋予新动力。“科技工作者之家”网上动员能力显著增强。在近年来网上联系服务能力建设的基础上，结合抗疫特殊场景，进一步动员各级组织把工作平台搬到网上，“科界”平台充分发挥技术枢纽功能，整体升级为“科技工作者之家”，年底已连接 8500 余家科协组织，汇集千余个科技类资讯平台，积累十万量级行业专家、六百万用户、千万量级学术资源。“科技工作者之家”入驻学习强国平台后，组织线上活动 400 余场、发布国内外会议信息 6000 余个，推出的“科学家精神”“学风传承行动”“科学大师”“国士无双”等专题，总阅读量超 12 亿，成为科技界主流线上社区。

二是一流科技期刊建设取得新突破。领军期刊表现优异。14 种期刊学科排名进入国际前 10%，10 种进入前 5%（较上一年度增加 5 种）。22 种领军期刊影响因子、海外投稿比例、海外编委（审稿专家）比例，均实现大幅度跃升。《园艺研究》登顶学科榜首，《细胞研究》影响因子突破 20，进入全球百强，持续蝉联生命科学领域亚洲第一。国内顶尖科学家办刊热情高涨，“高起点新刊”申报数量达 132 种，创历史新高，期刊卓越计划的引领能力进一步增强。期刊国际化迈出新步伐。与全球最大同行评议文献数据库 Scopus 共建选刊推荐机制，与施普林格等出版集团合作开展期刊能力提升培训。举办第三次世界科技期刊论坛，226 万人次在线观看直播。推动评价导向改革。推进中外期刊同质等效，推动卓越行动计划入选期刊与国际顶级期刊、学术会议论文并列为“三类高质量论文”，鼓励科技工作者在国内科技期刊首发。发布科技期刊世界影响力评价指数，集成 95 个国家（地区）、38 个语种共约 1.5 万种科技期刊构建“世界引文库”，建立 286 个学科分类体系，初步构建自主评价体系。建设临床案例成果数据库。推进医疗工作者评价制度改革，5.5 万余篇病例报告向社会开放。加快集群化试点改革。建设期刊论文关联数据仓储和应用服务平台。组织国内 5 大出版机构开展集群化改革，为打造具有国际竞争力的科技期刊出版集团奠定基础。

三是持续深化学会治理改革。积极响应学会诉求，会同民政部针对发展外籍会员、评价奖励、职业化建设等难点问题，提出改革举措。召开全国学会工作会议，研讨并推出世界一流科技社团建设标准，启动全国学会参与“科创中国”三年行动计划。完善会员代表大会、理事会、监事会、办事机构、分支机构职责明晰、位阶有序、运行规范的治理结构。全国学会办事机构专业化职业化建设取得新进展。全国学会个人会员数达到550万。学会运营能力不断增强，面向市场的科技成果鉴定、人才培训、科技咨询等服务比重显著提升。

六、深入落实中央巡视整改任务，扎实推进全面从严治党

把全面落实中央巡视整改任务作为纵深推进全面从严治党的重要抓手，举一反三，综合运用巡视成果，巩固拓展主题教育，风清气正的政治生态持续向好，干事创业氛围更加浓厚。

一是强化政治担当，压实整改责任。党组坚决扛起巡视整改政治责任，传压导责，各基层党组织落实整改主体责任，扭住问题不放、攻坚克难、全面整改、强力推进。24项整改任务161个整改事项，除部分需长期坚持的都基本完成，特别是针对企业清理、组织建设等历史难题成立专门攻坚组，尽锐出战，取得显著成效，并逐步完善长效机制。

二是强化党建保障，落实两个责任。在驻科技部纪检监察组指导帮助下，党组建立《落实全面从严治党主体责任清单》并制定实施方案，一体推进不敢腐不能腐不想腐，纪检机构突出政治监督、强化日常监督、聚焦执纪问责。相继开展党组巡视、党风廉政教育等多维工作，持续推进“不忘初心、牢记使命”主题教育，常检视常整改。持续推进干部队伍能力建设，创建“让党中央放心、让人民群众满意”模范机关。

三是坚决贯彻落实中央八项规定精神，力戒形式主义官僚主义。根据中央部署，制定具体举措，力戒基层形式主义问题，为决胜全面小康提供作风保证。开展专项集中整治，制订“不得”“不准”负面清单，坚决防止“四风”问题反弹回潮。对违反中央八项规定精神的个案给予严肃处理。完善党组书记处同志调研制度，制定提高调查研究实效的意见，出台激励干部担当作为的具体举措。

四是全面压实意识形态工作责任。突出建章立制、健全工作机制，将落实意识形态责任制纳入党组全面从严治党主体责任清单，将意识形态工作纳入党建工作责任制，每半年一次专题研究并向党中央专题报告。健全意识形态阵地管理制度，印发专门意见，实现监管无盲区。加强宣传思想阵地建设和队伍建设，构建网络宣传平台，提升主题宣传能力和舆论斗争本领，线上线下全方位联动，实现对科技工作者团结引领。边整改、边落实，在抗击新冠肺炎疫情实战中充分展示整改成效。

过去一年，科协组织着眼党和国家工作全局，在深化改革中不断拓展服务发展空间，干部队伍干事创业热情高涨，各项事业取得显著进展。但同时，科协工作还存在一些不足，联系服务科技工作者机制与平台数字化转型不足，网上科技工作者之家不能很好适应科技社团发展需求；学会现代化治理能力亟待提升，科技期刊国际竞争力不足，与科技工作者日益增长的学术交流需求不适应；科学文化公共服务机制创新不足，科普不能很好适应人民对美好生活的向往；围绕提升基层组织力动员力的载体和平台创新不足；制度型开放不足，坚持以理服人、以德服人、以人为本，推动科技共同体建设还有待深入；科协系统改革还面临一些外部体制机制约束等。这些问题需要在持续深化改革中加以解决。

综　合

【中国科协第九届全国委员会第七次会议】 4月30日，中国科协第九届全国委员会第七次会议在北京召开。会议传达学习了中央书记处关于中国科协工作的重要指示精神，系统总结2019年工作，全面部署2020年重点任务。全国政协副主席、中国科协主席万钢作常委会工作报告，中国科协党组书记、常务副主席、书记处第一书记怀进鹏主持会议。

会议认为，新冠肺炎疫情是新中国成立以来传播速度最快、感染范围最广、防控难度最大的一次重大突发公共卫生事件。习近平总书记对统筹疫情防控和经济社会发展，发表一系列重要讲话，作出一系列重要指示批示，是习近平新时代中国特色社会主义思想的重要组成部分，蕴含着与时俱进的时代要求，为应对重大公共危机、推动各项事业发展提供了重要思想和方法论指引。疫情发生以来，习近平总书记亲自指挥、亲自部署，全国人民众志成城、共克时艰，谱写了荡气回肠、可歌可泣的英雄事迹，疫情防控阻击战取得重大战略成果。科协组织坚决贯彻习近平总书记重要指示精神和党中央决策部署，团结动员科技工作者积极行动、全力奋战，深入开展科技创新、应急科普、决策咨询、科技志愿服务等工作，为疫情防控和复工复产提供了有力科技支撑。

会议指出，过去一年来，中国科协以习近平新时代中国特色社会主义思想为指导，全面贯彻党的十九大和十九届二中、三中、四中全会精神，紧扣庆祝新中国成立70周年主线，把强“三性”融入“四服务”，把“四个着力”工作要求贯穿始终，科技界共同思想基础进一步筑牢，支撑高质量发展的组织力持续提升，一流期刊建设顺利推进，民间科技交流通道有效拓展，全面从严治党更加深入，科协各方面工作取得新进展新成效。

会议指出，2020年是决胜全面建成小康社会、打赢精准脱贫攻坚战、实现“十三五”规划收官之年。科协工作要坚持以习近平新时代中国特色社会主义思想为指导，全面贯彻党的十九大和十九届二中、三中、四中全会精神，增强“四个意识”、坚定“四个自信”、坚决做到“两个维护”，紧扣决胜全面建成小康社会、决战脱贫攻坚，聚焦保持和增强政治性、先进性、群众性，把握“四服务”职责定位，着力加强对科技工作者的思想政治引领，着力服务党和国家工作大局，着力深化科协系统改革，着力构建联系广泛、服务群众的科协工作体系，更好把广大科技工作者团结凝聚在以习近平同志为核心的党中央周围，为打赢疫情防控阻击战，实现决胜全面建成小康社会、决战脱贫攻坚目标任务，建设创新型国家和世界科技强国而不懈奋斗。

会议强调，2020年也是中国科协“合作发展年”，科协组织要深入学习宣传贯彻习近平总书记重要讲话精神，切实把思想和行动统一到中央决策部署上来，主动识变、科学应变、创新求变。要围绕中心强服务，擦亮“科普中国”老品牌，创建“科创中国”新品牌，推动深化改革再出发。要统筹“三支队伍”，激活“一体两翼”，拓展开放交流，夯实基层基础。要夯实党建强保障，巩固深化主题教育成果，扎实推进巡视整改，坚决克服形式主义官僚主义，强化为科技工作者服务的鲜明导向，营造风清气正的政治生态、干事创业的良好氛围，锻造忠诚干净担当的高素质科协干部队伍。

会上，孟红等8位委员围绕“科协组织和科技人员如何服务科技经济融合发展”作交流发言。

会议采取“通信+电视电话会议”的形式举办。第一阶段以通信会议方式审议并通过了中国科协常委会工作报告、《中国科协第九届全国委员会第七次会议关于常务委员会工作报告的决议》和《关于增补吕昭平同志中国科协第九届全国委员会常务委员会委员职务的决议》。第二阶段以电视电话会议方式举行，安排中国科协九届全委会委员就近参会。除主会场外，在中国科技会堂、中国科技馆，各省区市和新疆生产建设兵团科协及部分副省级城市、地级市科协设置分会场。

会议还通报了2020年5月30日即第四个“全国科技工作者日”活动总体安排情况。

中央纪委国家监委驻科技部纪检监察组有关同志，部分省区市科协、副省级城市科协驻会专职主席（常务副主席）、各省区市科协和副省级城市科协党组书记和有关负责同志，中国科协机关各部门、各直属单位主要负责同志列席会议。部分荣誉委员和全国学会、协会、研究会的秘书长通过观看视频直播方式参会。

此次会议前，根据疫情防控形势，中国科协九届常委会第十一次会议于4月19日以通信方式召开。

【万钢会见天津市市长张国清一行】 6月10日，全国政协副主席、中国科协主席万钢在北京会见天津市委副书记、市长张国清一行并听取天津市关于举办第四届世界智能大会的汇报。中国科协党组书记、常务副主席、书记处第一书记怀进鹏，中国科协党组成员、书记处书记吕昭平参加会见。

万钢代表中国科协对张国清一行的到访表示欢迎。他指出，在疫情防控形势下，天津克服困难、创新形式、精心组织，为筹备第四届世界智能大会做了大量卓有成效的工作，世界智能大会影响力和引领作用逐步增强，有效促进了产业竞争力的提升。第四届世界智能大会要突出新时代，坚持以人民为中心的理念，体现科技、人文在抗击新冠肺炎疫情中发挥的积极作用；要突出新生活，描绘好智慧能源、智慧城市管理等新的生活场景；要突出新产业，围绕数字化发展，融入创新创业，搭建人才交流平台；要突出国际化，推动国际合作，发出中国声音。

怀进鹏表示，中国科协将继续支持天津市办好第四届世界智能大会，推介“科创中国”品牌，举办技术路演活动，组织全国学会专家服务团对接天津市科技创新需求，在人才引进、产业升级等方面服务天津发展。

张国清代表天津市委、市政府感谢中国科协对天津发展给予的大力支持。他表示，将根据中国科协意见建议，进一步落实会议筹备有关工作，进一步围绕新时代、新生活、新产业、国际化和“科创中国”品牌建设丰富大会内容，确保第四届世界智能大会取得圆满成效。

中国科协办公厅、学会学术部，天津市政府有关负责人参加会见。

【万钢到中国航空发动机集团调研】 12月24日，全国政协副主席、中国科协主席万钢到中国航空发动机集团调研。中国科协党组书记、常务副主席、书记处第一书记怀进鹏，中国航发党组书记、董事长曹建国一同参加。

万钢一行参观了中国航发展厅，观看了中国航发宣传片，详细了解企业发展历程、型号研制、科技创新等情况，并听取了深化改革、自主创新、党的建设等方面工作汇报，对中国航发成立四年多来坚持走自主创新道路特别是心无旁骛聚焦主业所取得的成绩给予肯定。他指出，航空发动机是国之重器，成立中国航发是党中央、国务院作出的重大战略部署。四年多来，中国航发深入贯彻习近平总书记重要指示批示精神，始终牢记使命、牢记责任，坚持自主创新，推动协同创新，深化基础研究，加强人才队伍建设，坚决完成国家赋予的使命任务，为我国国防武器装备建设和国民经济发展作出了巨大贡献。

万钢强调，2021年是我国现代化建设进程中具有特殊重要性的一年。中国航发要更加注重原始创新，加强基础研究和前沿探索，注重凝练科学问题，总结共性规律，进一步提升基础理论、基础工艺、基础材料、基础构件创新水平；要加强协同创新体系建设，充分激发企业主体创新活力，加快产业数字化、智能化发展，进一步增强产业链供应链自主可控能力；要实行更高水平对外开放，注重国际思维，促进国际合作，积极参与国际规则制定，为促进国内国际双循环作出应有贡献。

怀进鹏表示，航空发动机作为现代工业“皇冠上的明珠”，涉及学科领域广泛，关系国家战略、国家安全和经济命脉。推动我国航空发动机技术创新和产业发展使命艰巨，需要充分发挥新型举国体制优势。中国科协愿与中国航发进一步深化合作，联合推进航空发动机产学联合体建设，围绕航空发动机领域面临的整体问题和关键问题，探索建立航空发动机科学研究、人才培养、国际合作等有效机制，积极推动航空发动机自主研发，为航空发动机事业高质量发展提供有力支撑。

中国科协党组、书记处成员吕昭平、王守东，中国航发党组成员、副总经理陈少洋、李宏新，中国科协和中国航发相关部门、直属单位负责人参加调研。

【万钢到中国工业互联网研究院调研】 9月3日，全国政协副主席、中国科协主席万钢赴中国工业互联网研究院开展调研。工业和信息化部党组成员、副部长王江平，中国科协党组成员、书记处书记吕昭平和相关院士专家参加调研。

万钢先后考察了工业互联网测试中心和国家工业互联网大数据中心，听取了中国工业互联网研究院院长徐晓兰关于该院整体工作情况的汇报，并与参会代表进行了座谈交流。

万钢指出，中国工业互联网研究院成立以来，取得了很多工作成果，在支撑疫情防控与复工复产、行业与区域应用推广、支撑政府战略研究、赋能企业创新发展等方面发挥了很大作用，行业影响力不断提升。

对于下一步工作，万钢提出了四点要求：一是要加强工业互联网政策研究，推动工业互联网法制建设与规范建设，支撑国家治理体系和治理能力现代化。二是要提升产业创新能力，以龙头企业带动供应链、产业链、服务链提升，培育开源开放的创新环境。三是要促进跨界融合，推动新一代信息技术与制造业深度融合，带动传统企业转型升级。四是要加强科学普及，缩小数字鸿沟，支持创新创业。

王江平在座谈时表示，工业和信息化部将继续支持中国工业互联网研究院建设好国家工业互联网大数据中心，加强数据汇聚应用，服务国家治理，赋能企业发展，推动制造业与工业互联网深度融合。

一同参加调研的还有中国工程院院士、教育部科技委主任、北京航空航天大学校学术委员会主任、中国仿真学会理事长、虚拟现实技术与系统国家重点实验室主任赵沁平，中国科协原党组副书记、副主席、书记处书记齐让，全国政协委员、北京理工大学杰出教授、北京市混合现实与新型显示工程技术研究中心主任王涌天，百度首席技术官（CTO）、中国电子学会副理事长王海峰，京东集团技术委员会主席、京东智联云总裁周伯文，达阔科技创始人兼CEO、华中科技大学电子信息与通信学院院长黄晓庆，以及工业和信息化部、中国科协相关部门负责人。

【中国科协主席与山东大学生见面会】 8月15日，中国科协主席与山东大学生见面会在中国海洋大学鱼山校区逸夫科技馆举行。全国政协副主席、中国科协主席万钢与来自中国海洋大学、山东大学、中国石油大学（华东）、山东科技大学、青岛大学、青岛科技大学、青岛农业大学和青岛理工大学的50余名青年学子代表进行了面对面交流，15万人次通过青岛电视台“蓝睛”平台线上同步观看。

中国科协主席与大学生见面会是中国科协年会的活动之一。中国科协年会自1999年开始举办，是我国科技领域高层次的年度盛会。2020年是第二十二届年会，共有国际科技交流合作、海洋强国建设、科技与经济深度融合、公共安全和社会治理、科技人才助力创新发展5大系列30余项活动。

本次见面会以“青年·科技·未来”为主题，采用线上线下结合的问答交流方式。见面会开始，万钢对疫情期间大学生坚持学习、走向抗疫一线表示了赞赏，对投身到脱贫攻坚一线、艰苦地区、基层锻炼自己的大学生表达了鼓励。

万钢与学生们围绕“工匠精神”、海洋强国战略、中美中欧科技合作和国家的创新驱动发展战略等话题进行了亲切交流，对大家关心的大学生创业、职业发展规划和坚守科研等内容给予了建议和鼓励。

万钢说，工匠精神不光在工，不光在匠，还在心灵，在精神。他以潍柴动力公司参观时一位全国劳模所说要用眼用脑用心动手才能做好事情为例，强调工匠精神的培育要从日常的书本、生活、实验中开始，培养分析问题、辨识问题和解决问题的能力。万钢说，工匠精神往往体现在我们身边的某一位工匠或者某一位普通人身上。他鼓励青年学生要有锲而不舍、孜孜不倦的精神，求真务实，严谨求学，追求卓越，永远谨慎。

对于学生提问中提到的创业中如何找到市场、如何防范风险等问题，万钢说，冷板凳坐上去的时候需要把它坐热，热板凳坐上去的时候要把它做大。要善于分析社会需求，要善于营销，同时学校和社会也要有创新驱动发展的氛围，搭建平台，支持学生创业。对于如何找到并保持科研的兴趣问题，万钢以自己的学习经历为例，希望学生们在探索未知的过程中，锲而不舍地不断拓宽思维，通过一番艰苦搏斗得到探索成果。万钢希望广大青年学子能把所学知识和能力用到国家最需要的地方，能够扎根基层，从基层做起，来提升创新、创业、创造的能力。

对于学生提出的关于国际科学技术竞争合作的关系问题，万钢说，科学是无疆界的，技术是有主权的。在教育和科学的范畴中应该更多地合作和交流。他以疫情为例，讲到未来的人类社会要面临更多全球性的问题和挑战，需要全球结成人类命运共同体来应对，我们要坚定全球化的决心，献身于全球化的思维。解决这些问题需要科学，要尊重科学，尊重事实，要组成国际合作新局面，互信互帮，共同面向未来。全球合作需要寻找解决方案，发展相应技术。技术会全球化，但却是有主权的。合作是在共同制定的规则下进行的，在规则中竞争，在规则中合作。

在大学生如何助力我国海洋强国建设事业问题上，万钢说，海洋强国建设在于海洋的健康和持续长久稳定的发展。我们要认识海洋、研究海洋，在掌握了解的基础上再去开发利用海洋，创造更多的财富和成就。助力人类发展的同时也要助力海洋资源的发展。建设海洋强国实际上也是人类对自然的认识、发现、开发、创造的过程，是一个平衡、稳定、可持续的过程。万钢鼓励青年学子，要具备这样一个思维高度，为海洋强国建设作出贡献。

见面会前，万钢参观了山东大学生科技成果展和中国海洋大学海水养殖教育部重点实验室原生动物学研究室。在原生动物学研究室，万钢听取了纤毛虫的研究情况，与海洋环境的关系，鼓励学生们要从看似枯燥单调的科研中找到乐趣，把冷板凳坐成热板凳。

山东大学生科技成果展现场共有来自8所山东高校的24项科创作品，万钢在参观时与大学生们不时亲切交流，鼓励中国石油大学（华东）的学生勇于到现场去实践，从艰苦锻炼中找到学习的乐趣。在参观中国海洋大学的科研装备展时，万钢给海大学生研发的水下助力机器人取名为“水下摩托”。他表示，现在的大学生动手能力强，学校要给他们的成长提供良好的条件，鼓励钻研探索。

中国科协党组成员、书记处书记宋军，山东省政协副主席赵家军，青岛市政协主席杨军，中国科协办公厅主任王进展，山东省科协党组书记、副主席王春秋，中国海洋大学校长于志刚，青岛市科协副主席徐冰，中国海洋大学党委常委、校长助理吴强明等出席见面会。

【怀进鹏会见北京市副市长隋振江一行】 1月3日，中国科协党组书记、常务副主席、书记处第一书记怀进鹏在中国科技会堂会见北京市副市长隋振江一行，双方围绕共同举办中国科幻大会和中关村论坛、建设科幻产业基地等合作内容进行深入交流。中国科协副主席、书记处书记孟庆海参加会见。

怀进鹏对隋振江一行来访表示欢迎，对北京市长期以来对中国科协的帮助，特别是支持国家科技传播中心建设表示由衷感谢。他指出，习近平总书记高度重视科幻事业的发展，中国科协愿与北京市共同努力把北京的科幻产业基地打造成具有国际影响力的亚洲文化、文明交流中心，聚焦“高站位高辐射”，打造高端品牌，引领全国乃至亚洲科幻产业的发展方向。同时，还要注重科幻人才的培养，在高校推动设置科幻相关专业，建立科幻人才培养机制，支持推动产学合作。他强调，中关村论坛是北京市围绕总书记提出的“四个中心”建设，特别是科技创新中心建设打出的一张“高端牌”，中国科协全力支持中关村论坛建设。中关村论坛可充分借鉴国内外成功的论坛和学术会议模式，突出体现北京特点，聚合各方力量，注重国际化、高端化、品牌化，成为优化营商环境、引领世界走向的风向标平台。

隋振江对中国科协长期以来对北京市科技创新中心建设给予的帮助表示感谢。他表示，北京市委市政府高度重视与中国科协的合作，希望在科幻产业发展和中关村论坛打造上与中国科协进一步深入合作，中国科协可在政策支持和资源导入上给予更多倾斜，北京将提供各方面优质资源做好承接落地工作。希望通过发挥中国科协民间科技交流优势，将中关村论坛纳入国家的主场外交活动体系，注入国际重要学术组织高端会议、全国学会高端国际化活动、企业以及社会力量等资源，进一步增强论坛的国际化、高端化和可持续化。

孟庆海表示，中国科协与北京市共同举办的中国科幻大会，聚集各类科普科幻资源，已经成为重要的交流展示平台。下一步要利用好这些资源，加强沟通，做好产业基地的实地调研、选址论证，加快推进北京科幻产业基地建设，助力首都经济社会高质量发展。

北京市政府副秘书长刘印春，市科委、中关村管委会、中关村发展集团负责人，科幻产业基地相关专家，中国科协办公厅、调研宣传部、学会学术部、科学技术普及部等部门负责人参加会见。

【怀进鹏会见宁夏回族自治区党委常委、宣传部部长李金科】 7月27日，中国科协党组书记、常务副主席、书记处第一书记怀进鹏在北京会见宁夏回族自治区党委常委、宣传部部长李金科。

怀进鹏充分肯定宁夏新时代文明实践中心建设试点工作取得的积极成效，特别是5个国家试点县与自治区试点县同步推动实现全域试点，5大平台建设中科技科普平台取得突出成绩，认为科技志愿服务活跃在农村基层，为科协组织更好地在新时代文明实践中心建设试点工作中发挥独特组织优势人才优势科技优势积累了可推广可复制的宝贵经验。

怀进鹏指出，要重点围绕学习贯彻习近平总书记视察宁夏重要讲话精神和对科技科协工作指示批示精神，认真做好志愿服务工作，让科技更好地服务社会，助力经济发展。要认真贯彻落实中宣部、中央文明办通知要求，扎实推进新时代文明实践中心建设试点工作，在解决难点问题上下功夫，在科技志愿服务创新上勇于探索。要认真学习贯彻实施乡村振兴战略，主动将文明实践中心建设试点工作与乡村振兴战略相结合，落实好各项任务目标。要不断加强党建带群建、群建助党建的主动性和自觉性，发挥好党群服务中心和文明实践中心的联动机制，共同做好民族团结和基层治理各项工作。

怀进鹏表示，中国科协将积极支持宁夏开展好新时代文明实践中心建设试点工作，组织动员更多的县乡“三长”踊跃参加科技志愿服务，组建专业志愿服务队和专业协会，精准聚焦农村基层在教育、健康、农技服务等方面的需求，开展点单式精准服务，满足农村群众对科技的需求，真正做到科技志愿服务能够长驻乡村。

怀进鹏强调，中国科协将大力支持宁夏银川市开展“科创中国”试点建设，通过学术交流、技术转移、成果转化，深化东西部联动和产学研融合，进一步推进科技与经济的融合发展，特别是助力宁夏银川的重点工业企业和葡萄酒等特色产业的技术储备和产品研发，加长产业链，按照需求提供有效的精准服务。将积极利用院士专家在宁夏开展休假考察活动的契机，组织院士专家深入企业乡村，组织科技辅导培训，为长期合作奠定基础。将积极支持宁夏创建“科普宁夏”品牌，支持宁夏开展特色职业教育，培育学文化懂技术有技能的新农民，进一步巩固脱贫攻坚成果。

李金科向怀进鹏转达了自治区党委书记陈润儿、政府主席咸辉对中国科协长期关心支持宁夏工作的感谢，并重点介绍了宁夏新时代文明实践中心建设试点工作情况。按照党中央决策部署和中宣部、中央文明办要求，宁夏回族自治区党委政府加强组织领导，主动担当作为、积极先行先试，着力破解实践中心建设“做什么、谁来做、怎样做”的问题，努力构建新时代文明实践中心科技服务体系，着力打造“智惠行动”服务品牌，推动试点工作实现重要进展。试点工作已在全区普遍推开，宁夏科协系统成立 340 多支各类科技志愿服务队伍，帮助农村基层群众学习新技术、成立合作社，助力农民群众增产增收，推动农村基层移风易俗，提升人们科学文化素质，深受广大群众欢迎。

中国科协办公厅、组织人事部和宁夏回族自治区党委宣传部负责同志参加会见。

【怀进鹏会见浙江省委常委、温州市委书记陈伟俊一行】 8 月 19 日，中国科协党组书记、常务副主席、书记处第一书记怀进鹏在北京会见浙江省委常委、温州市委书记陈伟俊一行。双方围绕 2019 世界青年科学家峰会（以下简称青年峰会）“后峰会文章”推进及 2020 青年峰会筹备工作进行了深入交流。

怀进鹏对陈伟俊一行表示欢迎，对“后峰会文章”和 2020 青年峰会筹备情况予以充分肯定。他指出，青年峰会是落实习近平总书记“人才是第一资源”理念的重要举措，向全世界宣示了中国胸怀和格局，形成了温州乃至浙江全省新的战略起点，为促进区域经济社会发展起到积极作用。

怀进鹏指出，要以联合国成立 75 周年为契机，围绕脱贫攻坚等时代主题讲好中国故事、传播中国声音。推动青年科学家开展科技人文交流、推动创新合作，探索世界青年科学家可持续发展论坛、人类文明对话论坛。探索发起区域经济论坛并打造品牌，依托长三角吸引有关国家共话发展。共同打造“科创中国”平台，为科学家、企业家、创投家创造良好营商环境、创新环境和发展环境，以会聚才，以才兴业，以区域经济为重点做好科技与经济融合发展这篇大文章，实现更高质量发展。

陈伟俊代表浙江省委、省政府和温州市委、市政府，对中国科协的高度重视和大力支持表示感谢。他指出，在习近平总书记贺信精神引领下，青年峰会以“一园一器一基金”为基础推进科学家、企业家、创投家“三界”融合创新发展，在国际科技人文交流、一流人才引进等方面产生了显著溢出效应，成为浙江的响亮品牌、温州统筹推进疫情防控和经济社会发展的重要推力和温州新时代高质量发展的重要引擎。他表示，在中国科协指导下，要把青年峰会办成践行习近平总书记贺信精神的重要示范，成为新时代全面展示中国特色社会主义制度优越性的重要窗口，成为创新强省、人才强省的重要抓手和载体，成为温州高质量发展的重要平台。

中国科协党组成员、书记处书记束为，浙江省科协党组书记、副主席郑金平，党组成员、副主席姜长才，温州市委常委、市委秘书长王军，市政府副市长汪驰，中国科协办公厅、组织人事部、国际联络部有关负责人参加会见。

【怀进鹏会见四川省委常委、成都市委书记范锐平一行】 8 月 27 日，中国科协党组书记、常务副主席、书记处第一书记怀进鹏在北京会见四川省委常委、成都市委书记范锐平一行。双方就科技创新建设进行深入交流。

怀进鹏对范锐平一行表示欢迎，对成都疫情防控、经济社会发展和科技创新取得的成就给予充分肯定。他指出，成都是国家中心城市，是西部地区重要的经济中心、科技中心、文创中心、对外交往中心和综合交通枢纽，第二次产业转型要在后发优势的基础上探索先发优势。中国科协愿与成都进一步加深合作，支持“科创中国”在成都落地，积极发挥科协组织和人才优势，聚焦成都产业优势，一体推进天府实验室和“科创中国”建设，支持成都围绕产业功能区加快布局建设海智计划工作基地，为促进区域经济高质量发展发挥积极作用。

范锐平介绍了成都市经济社会发展和科技创新工作情况，代表四川省委、省政府和成都市委、市政府向中国科协长期以来对成都的高度重视和大力支持表示感谢，希望中国科协继续加大对成都科技创新等有关工作的指导和支持，为成都实现高质量发展提供有力支撑。

中国科协党组成员、书记处书记束为，成都市领导苟正礼、方存好、曹俊杰，中国科协办公厅、调研宣传部、学会学术部、国际联络部、创新战略研究院负责人参加会见。

【怀进鹏会见重庆市市长唐良智一行】 9 月 17 日，中国科协党组书记、常务副主席、书记处第一书记怀进鹏在北京会见重庆市委副书记、市长唐良智一行，双方围绕在促进科技经济深度融合、推动区域经济高质量发展方面开展合作进行深入交流。

怀进鹏对唐良智一行表示欢迎。他指出，重庆作为中西部唯一的直辖市和西部地区开发开放战略支撑、长江经济带西部中心枢纽城市，全面贯彻习近平总书记提出的“两点”定位、“两地”“两高”目标、发挥“三个作用”重要指示要求，贯彻落实党中央关于推动成渝地区双城经济圈建设的重大战略部署，牢固树立和贯彻新发展理念，着力稳住经济基本面、培育新的增长点，加快促进科技和经济深度融合，全面融入共建“一带一路”和长江经济带发展，取得了有目共睹的突出成绩。

怀进鹏表示，中国科协作为科技工作者之家，着力构建“以理服人”的学术共同体、“以德服人”的价值共同体、“以人为本”的命运共同体。中国科协愿充分发挥广泛联系科技工作者和国际科技组织的优势，与重庆进一步加强战略合作，全力支持西部（重庆）科学城建设，推动“科创中国”在重庆高新区落地；聚焦重庆打造“制造重镇”、建设“智慧名城”，共建新型高端智库；支持重庆举办世界区域创新论坛，为促进成渝地区双城经济圈发展发挥积极作用；加强科普工作与弘扬科学家精神有机融合，不断提升公民科学素质，夯实科技创新的社会基础。

唐良智代表重庆市委、市政府向中国科协长期以来对重庆的支持表示感谢，介绍了西部（重庆）科学城建设规划。他指出，重庆正在举全市之力、集全市之智，以重庆高新区为战略平台，聚焦科学主题“铸魂”、面向未来发展“筑城”、联动全域创新“赋能”，高标准高起点建设西部（重庆）科学城，为经济社会发展提供源源不断的科技供给，打造高质量发展新引擎。希望中国科协继续加大对重庆科技创新等有关工作的指导和支持，为重庆实现高质量发展提供有力科技支撑。

中国科协党组成员、书记处书记束为，重庆市副市长、高新区党工委书记熊雪，中国科协办公厅、组织人事部、学会学术部、创新战略研究院，重庆市政府有关负责人参加会见。

【怀进鹏到联想集团调研】 7月7日，中国科协党组书记、常务副主席、书记处第一书记怀进鹏一行赴联想集团调研科技经济融合工作。北京市副市长隋振江，中国科协党组成员、机关党委书记王守东和中关村管委会主任翟立新、海淀区委书记于军以及中国科协办公厅、组织人事部、学会学术部、调研宣传部、“科创中国”试点城市（园区）北京天津工作组等有关负责人参加了调研。

联想集团董事长兼首席执行官杨元庆等就联想集团科技创新与产业基础再造、产业链提升和科技创新中面临的问题作了专题发言；宽带资本、中科寒武纪科技、滴滴出行、软通动力、北京华胜天成等企业负责人结合5G专网建设、人工智能新基建、科技企业政策扶持、公共数据开放共享等主题进行了交流发言。

在座谈交流中，中关村管委会主任翟立新表示会认真研究各企业提出的意见建议并积极推进，提出今后要聚焦关键核心技术，发挥各界合力，整合各方资源，从建立协同机制、建设公共平台、搭建应用场景等方面入手，共同打造良好产业生态。海淀区委书记于军表示，海淀区在科技成果转化方面进行了大量探索，推出创新政策，营造创新环境，下一步还要更加尊重科技人员价值，完善配套政策体系，提供更多科技应用场景，传播推广企业科技产品，期待海淀区能够在“科创中国”试点中不断研究实践总结提升。

隋振江对北京中关村软件园能够成为“科创中国”首批试点城市（园区）表示感谢，认为通过“科创中国”平台，广泛汇聚联系科学家和企业家，一定能够在服务国家宏观决策、服务企业创新和区域发展上作出实际成效，表示积极支持科协系统开展此项品牌活动。同时，邀请与会企业聚焦人工智能、5G、大数据等领域，就特色示范性应用场景建设等深度思考、研提意见，未来北京市将坚定不移推动科技创新，深度垂直整合创新链、供应链和产业链，推动实现高质量发展。

怀进鹏在详细听取各方代表关于科技经济融合、区域经济发展和大中小企业融通发展等工作后，向北京市对“科创中国”品牌活动的支持表示感谢，希望双方发挥各自优势，拓展合作深度广度。在听取联想集团各相关负责人交流发言时，他充分肯定了联想集团作为标志性领军企业，在推进智能制造、整合创新网络、打造创新生态等方面取得的工作成效，对于联想集团未来打造新战略、勇担新责任，发挥龙头作用、推动数字化转型等提出希望。

怀进鹏指出，打造“科创中国”品牌，促进科技经济融合，是科协系统深入贯彻习近平总书记给科技工作者回信重要指示精神、服务统筹疫情防控和经济社会发展工作的重要举措。他强调，在传统的产学合作模式之外，科协系统要充分发挥自身组织网络和人才智力优势，导入学术和人才要素，搭建社会合作网络，探索实践新的科技产业合作机制和模式，服务区域经济发展；在打造开源生态方面，要加大国际合作力度，按照国际通用规则，发起国际开源联盟，以全球视野谋划和推进科技与经济社会融通发展。

调研组一行还现场参观了联想未来中心展厅，观摩交流了联想集团智能家居、智能工作、智能出行等场景和智能制造、智能矿山、智慧农业、智慧教育等行业的实践案例。

【怀进鹏到中国科学院干细胞与再生医学创新研究院调研】 9月17日，中国科协党组书记、常务副主席、书记处第一书记怀进鹏到中国科学院干细胞与再生医学创新研究院调研。

怀进鹏考察了研究院科普平台、生物制造实验室、影像平台和辉凌中国产品开发实验室，深入了解干细胞与再生医学科普工作、关键核心技术和产学研融合工作等情况。在座谈会上，中国科学院周琪院士详细介绍了研究院基本情况、主要成绩、参与抗击新冠肺炎疫情工作，以及研究院在科技规划、科技人才、体制改革、创新环境、科技合作等方面已开展的工作和下一步计划。

怀进鹏对研究院成立三年以来取得的成绩给予充分肯定，对抗击新冠肺炎疫情过程中研究院科技工作者在药物研发、现场救治等方面所作出的贡献表示敬意。怀进鹏指出，研究院要贯彻习近平总书记坚持面向世界科技前沿、面向经济主战场、面向国家重大需求、面向人民生命健康的要求，勇于创新体制机制，强化国际合作与交流，在“科创中国”建设中加强生物医药领域科技经济融合，探索通过设立基金方式建设高水平国际期刊群，积极推动成立新型学会组织，深入开展面向大众需求的科学普及。

中国科协办公厅、学会学术部负责人参加调研。

【怀进鹏到中国石化集团公司北京化工研究院调研】 11月17日，中国科协党组书记、常务副主席、书记处第一书记怀进鹏赴中国石化集团公司北京化工研究院调研并座谈。中国石化集团公司董事长、党组书记张玉卓，总经理马永生一同调研，中国工程院院士毛炳权参加座谈会。

怀进鹏一行先后参观北京化工研究院高通量实验室、催化剂评价实验室和塑料技术中心实验室，看望一线科技工作者，并围绕产学联合共同促进能源转型、建设创新型国家和世界科技强国进行座谈交流。

在听取张玉卓董事长介绍情况和一线科技人员发言后，怀进鹏充分肯定中国石化集团在科技创新体系建设、青年科技人才培养等方面取得的显著成就。他表示，中国石化集团深入学习习近平总书记重要指示精神，认真贯彻党中央决策部署，深入研判大局大势，开启向世界科技强国进军的新征程，明确打造世界领先洁净能源化工公司愿景目标，积极构建“一基两翼三新”发展格局，提出向技术先导型公司迈进的战略任务，充分体现了央企作为共和国长子的责任担当，具有很强的示范引领作用。

怀进鹏强调，中国科协将一如既往支持中国石化集团创新发展，贯彻落实习近平总书记在科学家座谈会上的讲话精神，紧密结合中石化集团需求，积极搭建科技资源共享平台和创新创业平台，激发科技人员创新创造热情；与中石化集团合作开展化学、化工等领域的科普工作；联合有关行业、学会探索建设氢能等领域产学研联合体，共同促进能源转型；围绕中石化相关科研、学科方向推动一流国际期刊建设、设立国际专业性奖励奖项，支持中石化集团在建设创新型国家和世界科技强国中走在前列、作出表率、作出贡献。

中国科协党组书记处束为、吕昭平，中国石化集团有限公司党组成员、副总经理喻宝才，中国化学会、中国地质学会、中国腐蚀与防护学会、中国化工学会、中国石油学会相关负责人，中国科协相关部门和直属单位负责人，中国石化集团公司总部相关部门负责人参加调研。

【怀进鹏到中国电子信息产业集团有限公司调研】 11月26日，中国科协党组书记、常务副主席、书记处第一书记怀进鹏赴中国电子信息产业集团有限公司网络安全和信息化产业基地调研。中国电子集团董事长、党组书记芮晓武一同参加。

怀进鹏一行先后参观基地综合展厅、金融科技展厅，深入了解中国电子集团产业发展、企业自主创新情况，并围绕网信产业产学研融合、科技创新、人才培养等方面座谈交流。

在听取芮晓武董事长等同志介绍情况后，怀进鹏充分肯定中国电子集团在推进全方位超常规创新、深化市场化结构性改革、打造战略性核心竞争力等方面取得的显著成就。他认为，中国电子集团深入贯彻落实习近平总书记网络强国战略思想，聚焦网信产业国家队的职责与使命，树立突破核心技术、服务国家战略需求的发展导向，通过加强科技攻关、创新体制机制、强化资本运作、构建产业生态等途径，不断激发高质量发展活力，奋力打造国家网信产业核心力量和组织平台，探索出一条底色鲜明、战略清晰、适合网信企业发展的特色之路。

怀进鹏强调，中国科协认真贯彻落实党的十九届五中全会精神和习近平总书记在科学家座谈会上的讲话精神，将一如既往支持中国电子集团创新发展，把中国电子集团业务发展与科协事业发展结合起来，合力推动“科创中国”平台建设，促进产学研深度融合；联合国际科技组织推动中国电子产业标准国际化；共同推进中国工程师联合体建设、推进国际工程师资质认证工作，在新发展格局下践行初心使命，共同推动科技自主创新取得更大成绩，为加快建设创新型国家和世界科技强国作出更大贡献。

中国科协党组书记处束为、吕昭平，中国电子集团党组副书记、董事曾毅，副总经理、党组成员陈锡明，中国电子学会、中国通信学会、中国航空学会、中国仿真学会、中国图象图形学学会、中国指挥与控制学会、中国真空学会相关负责人，中国科协相关部门和直属单位负责人，中国电子集团相关部门负责人参加调研。

【怀进鹏到中国电子科技集团调研】 12月2日，中国科协党组书记、常务副主席、书记处第一书记怀进鹏带领班子成员一行赴中国电子科技集团调研。中国电科集团董事长、党组书记陈肇雄，总经理吴曼青一同参加。

怀进鹏一行先后观看中国电科宣传片、参观集团总体情况展和自主可控专题展，深入了解中国电科产业发展、科技创新平台布局情况，并就贯彻落实党的十九届五中全会精神，聚焦国家战略需求，深化会企合作、产学研融合，促进人才培养、科技创新等方面进行了深入交流。

在听取陈肇雄董事长、吴曼青总经理等介绍情况后，怀进鹏充分肯定中国电科在推动实现国防现代化、提升企业自主创新能力、加强数字中国和智慧社会建设等方面取得的显著成就。他认为，中国电科深入贯彻落实党中央、国务院、中央军委决策部署，紧扣军工电子主力军、网信事业国家队、电子信息领域科技创新战略力量“战略定位”，坚决履行职责使命，积极服务国家重大领域应用，主动融入国民经济主战场，有效推动了国家治理体系和治理能力现代化。

怀进鹏强调，中国科协认真贯彻落实习近平总书记在科学家座谈会上的讲话精神，围绕企业发展需求，进一步加强合作对接，充分发挥学科齐全、人才荟萃、联系广泛的优势，全力支持中国电科改革创新发展。将携手推动“科创中国”平台建设，促进产学研深度融合；加强专业领域学术交流，支持学术期刊建设，联合推广科普教育工作；加强高端科技人才联合培养，共同挖掘、宣传科技人员立足本职、干事创业的感人事迹；支持成立中国电科企业科协，协同打造“科技工作者之家”。

中国科协党组书记处徐延豪、孟庆海、束为、宋军、吕昭平、王守东，中国电科集团副总经理、党组成员高涛，中国电子学会、中国通信学会、中国航空学会、中国仿真学会、中国图象图形学学会、中国指挥与控制学会、中国真空学会相关负责人，中国科协相关部门和直属单位负责人，中国电科相关部门负责人参加调研。

【怀进鹏到中国机械工业集团调研】 12月3日，中国科协党组书记、常务副主席、书记处第一书记怀进鹏赴中国机械工业集团调研。国机集团党委书记、董事长张晓仑一同参加。

怀进鹏一行参观了国机集团综合展厅，深入了解国机集团经营情况、企业自主创新情况，并围绕产学研融合、科技创新、人才培养等问题座谈交流。

在听取张晓仑董事长等同志介绍情况后，怀进鹏充分肯定国机集团在加强科研体系建设、保障高端装备供给、服务国计民生等方面取得的显著成就，特别是新冠肺炎疫情发生以来，国机集团在疫情防控、复工复产和医疗物资保供方面做了很多卓有成效的工作，体现了央企的担当精神。他认为，国机集团深入贯彻落实习近平总书记关于加快推进科技创新的系列重要讲话和指示批示精神，切实履行机械工业“国家队”的责任担当，坚持“锻造国机所长、服务国家所需”发展定位，充分发挥科技创新的支撑引领作用，努力解决“卡脖子”技术难题，取得了一批重大科技成果，在引领行业技术进步、保障国家重大工程建设和国家战略需要中发挥了重要作用。

怀进鹏表示，中国科协将认真贯彻落实党的十九届五中全会精神和习近平总书记在科学家座谈会上的讲话精神，充分发挥科协系统人才智力资源优势，与国机集团进一步深化合作，围绕企业、产业发展痛点堵点难点联合开展调查研究，提升决策咨询质量；进一步深化专业领域学术交流，共同建设世界一流科技期刊；共同推动相关产业标准国际化，推荐优秀科学家到国际科技组织任职，提高“中国智造”国际影响力；共同发起成立“科创中国”联合体，为我国世界科技强国建设作贡献。

中国科协党组、书记处成员徐延豪、宋军、王守东，国机集团党委常委、副总经理、总工程师陈学东，中国机械工程学会、中国电工技术学会、中国农业机械学会、中国仪器仪表学会、中国汽车工程学会以及中国科协和国机集团相关部门、直属单位负责人参加调研。

【怀进鹏到湖北省考察调研】 8月24—26日，为深入贯彻习近平总书记关于统筹疫情防控和经济社会发展的重要指示、视察湖北重要讲话精神，扎实推动科技经济深度融合、服务高质量发展，怀进鹏一行赴湖北省武汉市、咸宁市开展调研。

在会见湖北省委书记应勇，省委副书记、省长王晓东时，怀进鹏向在疫情防控斗争中作出突出贡献的湖北人民致以诚挚敬意。他表示，湖北科教人才资源丰富，科学抗疫防疫经验宝贵，中国科协将充分发挥科协组织和人才优势，通过智库、科普、学术交流合作等多种方式，传播弘扬好湖北战疫经验和科学家精神，助力湖北引入更多优秀人才和科技成果，促进产学研深度融合，助力湖北疫后重振和高质量发展。应勇介绍了湖北省统筹疫情防控和经济社会发展情况，对怀进鹏和相关院士专家来鄂考察调研表示欢迎，真诚感谢中国科协长期以来对湖北经济社会发展尤其是疫情防控、疫后重振的大力支持，希望中国科协一如既往关心支持湖北科技创新、科技事业发展，为统筹常态化疫情防控和经济社会发展提供强大科技支撑。

8月25日，怀进鹏在华中科技大学出席“华中公共卫生与健康联合研究中心”成立大会暨专题论坛，并与湖北省副省长肖菊华、湖北省科协主席郭生练、华中科技大学党委书记邵新宇共同为研究中心揭牌。他指出，由中国科协、湖北省政府、华中科技大学共建研究中心，是中国科协支持湖北疫后重振的实际行动，是新时代发挥科学共同体作用、服务党和政府科学决策、推进国家公共卫生治理现代化的务实举措，期待各方共同努力，把研究中心建设成为公共卫生健康领域的价值高地、创新高地、开放高地。

8月25日，怀进鹏在武汉东湖新技术开发区主持统筹推进疫情防控和经济社会发展科技助力湖北疫后重振座谈会。怀进鹏介绍了前期中国科协支持湖北武汉抗疫的情况。他表示，武汉是英雄的城市，湖北人民、武汉人民是英雄的人民，湖北医务人员、科技人员在抗疫斗争中表现出的抗疫精神、科学家精神，值得广大科技工作者学习。他强调，要按照习近平总书记给科技工作者代表回信要求，弘扬优良传统，坚定创新自信，着力攻克关键核心技术，促进产学研深度融合，勇攀科技高峰。希望武汉、咸宁以“科创中国”试点建设为契机，探索打造创新高地，促进技术、人才、企业、金融深度融合，为产业基础再造和产业链提升、经济社会创新发展贡献力量，创造英雄业绩。在武汉，怀进鹏一行参观了武汉大学校史馆、病毒学国家重点实验室、国家多媒体软件工程技术研究中心、测绘遥感信息工程国家重点实验室，华中科技大学国家光电研究中心、武汉脉冲强磁场科学中心，武汉光谷展示中心、高德红外公司、烽火科技公司等企业。在咸宁，怀进鹏一行考察了湖北科技学院糖尿病心脑血管病变实验室、香城智能机电产业技术研究院、启迪之星科技企业孵化器有限公司、奥瑞金饮料工业有限公司、厚福医疗装备有限公司和咸安区文笔路社区。

湖北省委常委、统战部部长尔肯江·吐拉洪，湖北省委常委、武汉市委书记王忠林，湖北省副省长肖菊华，武汉市委副书记、市长周先旺，湖北省科协主席郭生练，武汉大学党委书记韩进，武汉大学党委副书记、校长窦贤康，华中科技大学党委书记邵新宇，湖北省科协党组书记叶贤林，咸宁市委书记孟祥伟，咸宁市委副书记、市长王远鹤，部分第二届全国创新争先奖获得者代表，支持武汉和咸宁“科创中国”试点建设的全国学会科技服务团部分院士专家，以及中国科协办公厅、调研宣传部、学会学术部、“科创中国”试点城市（园区）建设挂点工作组负责同志参加调研或座谈。

【怀进鹏到宁夏回族自治区考察调研】 9月2—3日，怀进鹏赴宁夏银川市、吴忠市及宁东能源化工基地调研，并为宁夏回族自治区党委理论学习中心组作报告。

在银川市，怀进鹏考察了上海交大（银川）材料产业研究院、中国葡萄酒产业技术研究院、银川中关村创新中心等机构和天通银厦新材料、银和半岛体科技、汉尧石墨烯等企业，深入了解新材料产业发展、“科创中国”科技服务团对接服务等情况。怀进鹏对银川市“科创中国”试点工作给予充分肯定。他指出，实施服务科技经济融合发展行动、打造“科创中国”服务品牌是中国科协贯彻落实习近平总书记关于统筹推进疫情防控和经济社会发展工作重要讲话精神的具体举措。要汇聚国内外创新资源，用活用好“科创中国”平台，探索符合宁夏区情的服务模式和运行方式，高质量打造“科创中国”试点城市。要聚焦重点、问需于企，加大需求牵引、科技驱动、产业导向、平台支撑，因时因势因能推动需求和供给的有效对接，将科技经济融合服务做深做实。

在吴忠市利通区，怀进鹏先后来到区新时代文明实践中心、第九小学、板桥乡李闸渠村、马莲渠乡汉北堡村、郭家桥乡山水沟村设施农业种植园区，了解新时代文明实践中心建设和基层“三长”服务特色农业产业发展情况。怀进鹏强调，开展新时代文明实践工作就是要解决宣传群众、服务群众、凝聚群众的问题。要坚持典型示范，注重挖掘宣传和推广像“兰花热心小组”这样的典型人、典型事、典型案例，辐射带动更多爱心人士参与志愿服务活动。要整合各类资源，在点上探索、在面上总结。对已经确定的试点乡镇、试点村，摸清底数、找准需求，精心谋划、开展符合群众意愿的志愿服务活动。要发挥“三长”作用，把医院院长、学校校长、农技站站长纳入志愿服务队伍，培养成为新时代文明实践中心骨干力量，广泛开展科技志愿服务“智惠行动”，推动志愿服务制度化、常态化。要进一步更新观念，充分发挥科普的生活价值、经济价值和社会价值。

在宁东能源化工基地，怀进鹏参观了基地展示中心、国家能源集团宁夏煤业公司、宁夏泰和新材有限公司，考察项目进展情况和科技创新工作。怀进鹏强调，2016年7月19日，习近平总书记在这里提出“社会主义是干出来的”的，成为响彻神州大地的时代强音，我们要牢记总书记的嘱托，真抓实干、埋头苦干，扎扎实实推进各项工作的深入开展，为实现中华民族伟大复兴的中国梦作出新的贡献。

考察期间，怀进鹏先后会见了宁夏回族自治区党委书记陈润儿和自治区人民政府主席咸辉，并应邀为自治区党委理论学习中心组作题为“数字经济与科创中国：创新与变革”的专题报告。陈润儿主持报告会，自治区党委副书记、银川市委书记姜志刚和自治区党委常委、宣传部部长李金科一同调研。中国科协办公厅、组织人事部负责人，“科创中国”银川挂点干部、中国科协宁夏挂职干部参加调研。

【怀进鹏听取湖南省科协工作汇报】 11月12日，中国科协党组书记、常务副主席、书记处第一书记怀进鹏在北京听取湖南省科协党组书记刘小明同志汇报工作，并就湖南省科协学习贯彻落实党的十九届五中全会精神、服务科技经济融合等工作给予指导、提出要求。

怀进鹏肯定了湖南省科协近期工作，特别是向学会派出“第一书记”、开展学会党建“三个一批”传帮带活动、开展“五美”评选宣传活动、推进科技人才托举、创新驱动助力、科普惠民提升、科技助力乡村振兴“四大工程”工作，取得了积极成效。

怀进鹏指出，湖南省科协系统要贯彻党的十九届五中全会精神，按照中央党的群团工作会议要求，落实湖南省委省政府工作部署，探索、创造科协组织建设的新经验。要加强对两新组织中科技工作者的服务和引领，主动进入经济社会发展主战场，主动助力新时代文明实践中心建设和社区党群服务中心建设，把中央的要求、科技工作者的价值和科协组织的使命很好地结合起来。

怀进鹏要求，湖南省科协系统要深刻认识国内形势和国际环境的变化，按照加快构建以国内大循环为主体、国内国际双循环相互促进的新发展格局的要求，把科协组织如何更好地服务全省经济社会发展作为重要课题，团结带领全省科技工作者，面向世界科技前沿、面向经济主战场、面向国家重大需求、面向人民生命健康，在深化供给侧结构性改革、推动高质量发展、建设世界科技强国中作出新贡献。

衡阳市委副书记廖健、湖南省科协有关同志和中国科协办公厅、组织人事部、学会学术部、科学技术普及部负责同志参加汇报会。

【怀进鹏听取陕西省科协工作汇报】 11月12日，中国科协党组书记、常务副主席、书记处第一书记怀进鹏在北京听取陕西省科协党组书记孙科同志汇报工作，并就陕西省科协学习贯彻落实党的十九届五中全会精神、筹备省科协第九次代表大会等工作给予指导、提出要求。

怀进鹏肯定了陕西省科协一段时间以来的工作，特别是在弘扬“西迁精神”、宣传“最美科技工作者”、加强基层组织建设、助力防疫抗疫和复工复产、服务科技经济融合等方面取得了成绩，为科技工作者提供了实实在在的服务，为经济社会发展作出了积极贡献。

怀进鹏强调，陕西省科协系统要认真学习宣传贯彻党的十九届五中全会精神，深刻认识国内形势和国际环境的变化，特别要深入领会“坚持创新在我国现代化建设全局中的核心地位，把科技自立自强作为国家发展的战略支撑”的重大意义，团结带领全省科技工作者，面向世界科技前沿、面向经济主战场、面向国家重大需求、面向人民生命健康，积极投身科教兴国战略、人才强国战略、创新驱动发展战略，为建设世界科技强国作出更大的贡献。

怀进鹏要求陕西省科协按照中央党的群团工作会议精神，主动识变求变，努力提高应变能力和创新能力，进一步深化改革，进一步优化机制，进一步提高群团组织力和社会动员力，做好省科协换届的各项筹备工作，把省科协第九次代表大会开成统一思想、团结奋进、开创新局面的大会。

陕西省科协有关同志和中国科协办公厅、组织人事部负责同志参加汇报会。

【“2019 年度科协十大事件”揭晓】 2019 年是新中国成立 70 周年，是党和国家发展进程极不寻常的一年。一年来，中国科协以习近平新时代中国特色社会主义思想为指导，全面贯彻党的十九大和十九届二中、三中、四中全会精神，坚决贯彻总书记重要指示和党中央重大决策部署，紧扣庆祝新中国成立 70 周年主线，把强“三性”融入“四服务”，把“四个着力”工作要求贯穿始终，把广大科技工作者紧紧团结在以习近平同志为核心的党中央周围，不忘初心、牢记使命，守正创新、服务发展，不断开拓工作新局面。

经社会公众投票和专家评审，面向社会发布“2019 年度科协十大事件”。（排序不分先后）

1. 习近平向首届世界科技与发展论坛等致贺信，成功举办“国际月”系列活动

10 月，中国科协联合有关部门精心打造“国际月”系列活动，主动服务外交大局，着眼科技、文明与人类可持续发展交汇点，高站位创设议题，创新合作机制，搭建交流平台，广泛汇聚信任、合作、发展共识。习近平主席为首届世界科技与发展论坛、2019 世界青年科学家峰会、2019 中关村论坛致贺信。中国科技界提出落实联合国可持续发展目标（SDGs）的可持续创新主张得到国际科学理事会积极响应。

2. 习近平向首届世界新能源汽车大会致贺信

7 月 2 日，由中国科协和海南省政府共同主办的首届世界新能源汽车大会在海南博鳌开幕。国家主席习近平向大会致贺信。大会围绕“新时代、新变革、新产业”主题，着眼于全球汽车产业的转型升级和生态环境持续改善，凝聚产业共识，明晰汽车产业转型升级方向，探索电动化、智能化、共享化协同发展有效路径。

3. 联合下发《关于深化改革　培育世界一流科技期刊的意见》

按照中央全面深化改革委员会第五次会议部署，8 月，中国科协、中宣部、教育部、科技部四部门印发《关于深化改革　培育世界一流科技期刊的意见》，并与财政部、中科院、工程院等七部门共同实施“中国科技期刊卓越行动计划”，面向全国遴选 22 种领军期刊和 258 种后备梯队期刊，制定“一刊一策”精准建设方案，全面推进科技期刊专业化、数字化、集团化、国际化进程。

4. 推动出台《关于进一步弘扬科学家精神加强作风和学风建设的意见》

6 月，中办、国办印发《关于进一步弘扬科学家精神加强作风和学风建设的意见》，明确提出在全社会大力弘扬爱国、创新、求实、奉献、协同、育人的新时代科学家精神，引导广大科技工作者紧密团结在以习近平同志为核心的党中央周围，汇聚起建设世界科技强国、实现中华民族伟大复兴中国梦的磅礴力量。

5. 学习最美争当最美，“最美科技工作者”学习宣传活动深入人心

中国科协联合中宣部、科技部、中科院、工程院、国防科工局开展 2019 年“最美科技工作者”学习宣传活动，深入挖掘、广泛宣传一批优秀科技工作者典型，唱响礼赞共和国、追梦新时代主旋律，引导和激励广大科技工作者学习最美、争当最美，将爱国之情、报国之志转化为投身创新实践的实际行动。

6. 广泛开展科技志愿服务行动，助力脱贫攻坚和文明实践中心建设

5 月 30 日，中国科协在京成立中国科技志愿者总队。联合中央文明办出台《关于开展新时代文明实践中心科技志愿服务试点工作的通知》，引导建立各级、各行业科技志愿服务队伍，扎实服务脱贫攻坚和乡村振兴，助力科技经济深度融合和公民科学素质提升等工作。截至2019年底，全国注册科技志愿者24.7万人，注册组织7000余个，开展科技志愿活动1.7万余项，参与科技工作者约450万。

7. 创建中国科协党校（人才学院），入驻学习强国平台，分类开展思想引领

5月30日，中国科协党校（人才学院）揭牌成立。12月5日，中国科协以“科界”之名入驻中宣部“学习强国”平台。以学习贯彻习近平新时代中国特色社会主义思想为主线，以加强对科技界的政治引导和思想引领为宗旨，依托科协“一体两翼”组织优势，融合智库、学术、科普资源，着力打造网上网下团结引领广大科技工作者听党话、跟党走的红色阵地。

8. 举办第二十一届中国科协年会，产学融合助力东北振兴

6月29—30日，第二十一届中国科协年会在黑龙江省成功举办。围绕“改革开放　创新引领——科技助力新时代东北全面振兴”主题，设置开幕式、闭幕式、科技引领、聚力振兴、引才惠民五大板块35项活动，5700余名科技工作者参会。会前，中国科协组织专家组分赴辽宁、吉林、黑龙江实地调研，深入分析东北地区科技人才状况，召开座谈交流会20场次，组织高端论坛和科普报告16场，签署战略合作协议27项，形成7份调研报告，以实际行动助力东北地区经济社会发展。

9. 打造中国公众科学素质促进联合体，构建科普社会协同化发展新格局

12月18日，在中国科协倡导下，125家具有重要影响的企业、媒体、学会、高校、科研文化机构共同发起成立中国公众科学素质促进联合体，发布《中国公众科学素质促进宣言》。华为、科大讯飞、中核集团、航天科工、腾讯、中国华能、三快在线（美团）7家单位向中国科技馆发展基金会下设的公众科学素质促进专项基金捐赠3700万元，专门用于发展社会化科普事业。

10. “3+1”试点改革强基，助力完善基层社会治理新格局

中国科协坚持以党建为统领，推动“3+1”试点与新时代文明实践中心、基层党群服务中心建设深度融合，两年来吸纳3万余名医院院长、学校校长、农技站站长等“三长”进入县乡科协兼职挂职，围绕基层党委政府中心工作和基层群众生活关切，助力实施健康中国战略、创新驱动发展战略、乡村振兴战略，推进基层科协有效壮大工作队伍、拓宽服务领域、激发组织活力、提升动员能力。

【中国科协发布2020重大科学问题和工程技术难题】 为研判未来科技发展趋势，抓住科技创新突破口，前瞻谋划和布局前沿科技领域与方向，经过网络初评投票、复审评议和终审评议，8月15日，中国科协在第二十二届中国科协年会闭幕式上发布了10个对科学发展具有导向作用的科学问题和10个对技术和产业具有关键作用的工程难题。

10个前沿科学问题为：

冠状病毒跨种传播的生态学机制是什么？

引力波将如何揭示宇宙奥秘？

地球物质是如何演化与循环的？

第五代核能系统会是什么样子？

特种能场辅助制造的科学原理是什么？

数字交通基础设施如何推动自动驾驶与车路协同发展？

调节人体免疫功能的中医药机制是什么？

植物无融合生殖的生物学基础是什么？

如何优化变化环境下我国水资源承载力，实现健康的区域水平衡状态？

如何建立虚拟孪生理论和技术基础并开展示范应用？

10个工程技术难题为：

如何开发新型免疫细胞在肿瘤治疗中的新途径与新技术？

水平起降组合动力运载器一体化设计为何成为空天技术新焦点？

如何实现农业重大入侵生物的前瞻性风险预警和实时控制？

信息化条件下国家关键基础设施如何防范重大电磁威胁？

硅光技术能否促成光电子和微电子的融合？

如何解决集成电路制造工艺中缺陷在线检测难题？

无人车如何实现在卫星不可用条件下的高精度智能导航？

如何在可再生能源规模化电解水制氢生产中实现“大规模”“低能耗”“高稳定性”三者的统一？

如何突破进藏高速公路智能建造及工程健康保障技术？

如何突破光刻技术难题？

在推进建设世界科技强国进程中，不断提出、判别科技重大问题及其优先级具有重要的战略意义。中国科协发挥科学共同体在学术上的引领作用，引导科技工作者面向世界前沿、把握国家战略需求、研判趋势、识别重大问题，找准关系根本和全局的重大科学问题。自 2018 年以来，中国科协组织全国学会及学会联合体开展重大科学问题和工程技术难题征集活动并向公众发布，三年共评选、发布了 100 个难题。2020 年的征集发布活动共征集到 103 家全国学会、学会联合体、企业科协提交的 490 个问题难题，1.88 万余名院士、专家、一线科技工作者参与。

据悉，中国科协将以重大问题发布强化学术引领，承担科技共同体的价值使命，坚持尊重科学家对科学前沿的敏感性和探索精神，重视发挥跨界学术交流孕育创新的积极作用，逐步形成“中国科协引导、全国学会主导、知名科学家领衔、科技工作者广泛参与、联合国际科技组织支持”的科技重大问题凝练机制。

【《面向未来的科技——2020 重大科学问题和工程技术难题解读》图书发布】 8 月 15 日，在第二十二届中国科协年会闭幕式上，中国科学技术协会举办《面向未来的科技——2020 重大科学问题和工程技术难题解读》图书发布会。本书由中国科学技术协会主编，18 家全国学会组织相关专家参与编写，以解读问题和难题的形成背景、国际发展趋势，分析可能的解决方案，预测未来的发展前景为主要内容，分为“重大科学问题”与“工程技术难题”两个部分。

本书可以让广大科技工作者更好地把握世界科技前沿和发展趋势，激发青少年科学兴趣，促进公众理解科学，提升公民科学素质，为自主创新营造良好环境，并借此引领全国学会拓展重大科学问题和工程技术难题发布活动服务链条，打造成为学术、智库、科普相融互促的科学共同体服务新范式。

本书的出版得到了广大科技工作者的大力支持。18 家全国学会联合组织，邀请了 70 余位相关专家联袂撰写。问题难题解读文章成稿后，22 位院士领衔导读，从不同的角度对文稿内容进行了点评，有助于读者理解。

本书由中国科学技术出版社出版，在第二十二届中国科协年会发布后会正式向社会出版发行。

【山东省党政领导与院士专家座谈会暨 2020 年山东省创新驱动发展院士恳谈会】 8 月 14 日，山东省党政领导与院士专家座谈会暨 2020 年山东省创新驱动发展院士恳谈会在青岛国际会议中心举行。会议深入贯彻习近平总书记关于科技创新的重要论述和对山东发展的重要指示精神，听取智库团队和院士专家的意见建议，谋划推动山东经济社会高质量发展。全国政协副主席、中国科协主席万钢，山东省委书记、省人大常委会主任刘家义出席会议并讲话，中国科协党组书记、常务副主席、书记处第一书记怀进鹏出席，山东省委副书记、省长李干杰主持会议。

按照中国科协与山东省委、省人民政府事先共同确定的十大战略选题，会上，国务院参事仇保兴，中国工程院院士赵春江、李华军、彭苏萍、邱志明，中国科学院院士尹浩、彭孝军，清华大学苏世民书院院长薛澜，中国科协 – 北京大学科学文化研究院研究员王一方，中国人民大学党委书记靳诺分别代表所在战略研究课题组作了发言，为山东高质量发展把脉问诊、出谋划策。

万钢在讲话中指出，党政领导与院士专家座谈会已成功举办 15 年，成为中国科协年会的一项品牌活动，深受各地欢迎，影响越来越大。在 2020 年的调研中，各院士专家团队同山东省各相关部门通过座谈交流、视频会议等多种形式，顺利完成调研工作，形成高质量决策咨询成果。山东发展基础好、经济实力强，近年来全面推进改革开放，科技创新展现出蓬勃生机。面向未来，希望山东省继续加速创新驱动，培育新引擎新动能，推进高质量发展和高水平开放，聚焦科技前沿，服务国家战略，立足资源禀赋，支撑区域发展，发展数字经济，培育创新生态，努力形成科技与经济深度融合、相互促进的良性循环。

万钢强调，2020 年是决胜全面建成小康社会、决战脱贫攻坚之年，也是“十三五”规划收官之年，中国科协和山东省要思考新时代赋予的新使命新要求，梳理新思路，抢抓新机遇，谋划新发展。要广泛团结动员科技工作者服务国家发展大局，以科学咨询支撑科学决策，以科学决策引领科学发展。建立健全服务区域发展常态化机制，促进科技经济深度融合。加强成果凝练，着力形成一批高质量决策咨询成果，将院士专家建议切实转化为山东省推动科技进步的良方和创新驱动发展的妙策。建立院士专家、科协智库与山东省的良好沟通机制，助力山东释放更大创新潜能，为新一轮改革发展插上更强健的科技翅膀。

刘家义向中国科协及各位院士专家长期以来给予山东的支持帮助表示感谢，他强调，各位院士专家从不同角度分析了山东的优势和短板，为山东高质量发展把脉会诊，提出了很多很好的意见对策。近年来，山东省坚定不移贯彻落实习近平新时代中国特色社会主义思想和习近平总书记对山东工作的重要指示要求，明确发展目标，完善发展布局，夯实发展基础，着力开好局起好步，经济生态、政务生态、自然生态、社会生态、政治生态不断优化。山东省要始终把科技创新作为第一动力，着力完善创新体系，着力提升创新能力，着力加速聚集创新人才，着力培育壮大创新产业，推动科技创新取得积极成效。在发展过程中，山东还面临着很多矛盾和问题，期盼中国科协和各位院士专家继续关心支持山东创新发展，在打造产业生态、建设重大科技平台、加快科技成果转化、引进培养多层次人才、促进区域经济协调发展、推动中华优秀传统文化创造性转化创新性发展等方面给予山东更多指导帮助，把更多决策咨询成果和科技创新成果落户在山东、转化在山东、见效在山东。山东省将持续加强创新支持政策，持续优化创新环境，持续提升服务保障水平，竭尽所能提供高质量服务，让院士专家们在山东舒心生活、安心创业、放心发展。

中国科协党组、书记处有关领导同志，山东省委、省人大、省政府、省政协相关负责人，山东省相关部门主要负责人，各市党委、政府主要负责人，中国科协有关部门及相关全国学会主要负责人，相关高端科技智库、高等院校、科研院所和企业代表等参加会议。

【第二届中国科学文化论坛】 6月3日，由中国科协－北京大学科学文化研究院、中国科协创新战略研究院、北京大学科学技术与医学史系共同主办的第二届中国科学文化论坛在北京举行。本届论坛采用线上线下相结合的方式，以“抗疫与科学文化建设”为主题，邀请8位国内来自不同学科的专家学者围绕主题展开交流和讨论。

中国科协名誉主席、中国科协－北京大学科学文化研究院院长、中国科学院院士韩启德，北京大学校长郝平，科技部党组成员、国家自然科学基金委员会主任、中国科协副主席李静海，教育部学位管理与研究生教育司司长洪大用出席会议并致辞。中国科协党组书记、常务副主席、书记处第一书记、中国科学院院士怀进鹏作大会特邀主旨报告《繁荣科学文化　建设科技强国》。

怀进鹏在主旨报告中，全面深刻地阐述了繁荣科学文化与建设科技强国之间的关系。他指出，科学技术和创新都是永无止境的探索，科学文化的传承历久弥新，要深入认识科学文化，在新一轮科技革命和产业变革形势下，抓住机会加强对科学文化的认识与反思，建设国内国际双循环的科技体系，推进产学研融合，建设现代高科技产学经济。中国科协建立“科创中国”平台，是充分发挥中国科协的组织优势，搭建产学平台，促进中国产学研更紧密融合。他呼吁科技界面对机遇与挑战，要弘扬科学精神，推动学风作风建设；重视基础研究与科学问题；重视技术创新和产业的转型与变革；持续聚焦于重要科学问题；发挥好举国体制，营造有效的科技组织制度和体系；重视科技伦理治理和推动构建科技共同体的使命担当。

论坛还邀请中国科学院院士陈国强，香港中文大学流行病学荣休教授唐金陵，中国社会科学院数量经济与技术经济研究所所长李平，北京大学讲席教授彭波，中国科协创新战略研究院院长、中国科协－北京大学科学文化研究院副院长任福君，中国人民大学教授赵延东，北京大学教授、中国科协－北京大学科学文化研究院副院长周程7位专家，结合新冠肺炎疫情的新形势，分别就医学教育、公共卫生、创新发展态势、数字领导力、科学家精神弘扬等科学文化相关问题展开讨论，报告纲举目张、高屋建瓴，引发深入思考。会后，参会媒体和观众踊跃提问，同与会专家进行热烈讨论。

韩启德在总结中指出，此次新冠肺炎疫情让我们更加深体会到科学的力量，更加体会到科学文化的核心是科学精神，而科学精神就是优秀科学家的精神，更加体会加强公众科学普及工作，在全社会弘扬科学文化的迫切性。当疫情来袭时，中国广大科技工作者即刻怀着巨大的激情投入战斗，无私奉献，体现出中国科学家特有的家国情怀。他呼吁科技工作者继续增强责任感，带头弘扬科学精神，做科学文化建设的实践者、促进者、引领者。他提出，建设科学文化，需要全社会对科学的理解与尊重，需要对科学家的理解、尊重与宽容。要保证科学技术专业机构在自己职责范围内开展工作和行使职权，保持它们的独立性与权威性。

论坛通过中国科协科界、北京大学官方快手等平台进行在线直播，超过 200 万观众同时在线收看。人民网、新华社、光明网、科技日报、经济日报、中国教育报和瞭望智库等多家媒体参与报道。

【黄河流域生态保护和高质量发展协同智库座谈会】 为贯彻习近平总书记在科学家座谈会上的重要讲话精神，2020 年 9 月 18 日，在习近平总书记主持召开黄河流域生态保护和高质量发展协同智库座谈会并发表重要讲话一周年之际，中国科协组织沿黄九省区科协及相关领域专家，在济南召开黄河流域生态保护和高质量发展协同智库座谈会。共商服务黄河流域生态保护和高质量发展的决策咨询机制，推动搭建协同智库平台，服务国家战略。中国科协党组副书记、副主席、书记处书记徐延豪出席会议并讲话。山东省人民政府副省长凌文出席会议并讲话。

徐延豪强调，要深入贯彻习近平总书记 9 月 11 日在科学家座谈会上的讲话精神，坚持“四个面向”，围绕中心、服务大局，立足服务党和政府科学决策的职责使命，服务黄河流域生态保护和高质量发展。要处理好全流域和各省区的关系。加强全域设计，综合统筹，协调推进。要处理好生态保护和高质量发展的关系。结合各省区实际，分流域提出高质量发展的针对性战略。要处理好科协系统内外的关系。调动和整合系统内外资源，汇集各方优势力量，实现工作联动、资源互补、优势协同、数据共享。要处理好流域内外的关系。拓宽智库视野，充分借鉴国内其他流域及国外流域的治理和发展经验。要处理好自然科学和社会科学的关系。坚持问题导向，加强学科交叉，充分发挥科技支撑作用，打造黄河流域生态保护和高质量发展科学决策咨询平台。

凌文在讲话中指出，智库建设要落实习近平总书记“治理黄河，重在保护，要在治理”的要求，坚持目标导向和成果导向，着力提升研究的战略性和前瞻性，形成高质量决策咨询成果，服务国家战略。要因地制宜，推动黄河流域高质量发展。科协组织作为科技工作者之家，具有团结引领凝聚广大科技工作者的优势，组织推动黄河流域生态保护和高质量发展协同智库，山东省将全力支持。

会上，山东大学常务副校长王琪珑介绍了黄河流域生态保护和高质量发展协同智库筹建方案。青海、四川、甘肃、宁夏、内蒙古、陕西、山西、河南、山东九省区科协代表就智库建设交流了工作意见。

中国科学院西北高原生物研究所学术委员会委员周华坤、内蒙古自治区水利科学研究院副院长于健、中国科学院西北生态环境资源研究院党委书记冯起、青海省生态环境厅总工程师吴向培等专家热烈交流，为协同智库建设出谋划策。

【2020 年“中国创新 50 人论坛”】 11 月 11—13 日，由中国科协调宣部指导，中国科协创新战略研究院、广东省科学技术协会、汕头市人民政府联合主办，广东省科技工作者与企业创新服务中心和汕头华侨试验区管委会承办，汕头市科协等单位协办的第九届“中国创新 50 人论坛”在广东省汕头市举行。中国科协党组副书记、副主席、书记处书记徐延豪出席论坛并致辞。

本次论坛以“开放融通・科创中国”为主题，围绕科技经济融合、创新要素融通、数字化转型、技术交易等焦点问题展开讨论。俄罗斯工程院外籍院士、华南理工大学原校长刘焕彬，加拿大工程院院士、汕头大学执行校长王泉，华为云中国区总裁彭柯，国家海外人才离岸创新创业基地（深圳）CEO、深圳市科协原主席周路明，平安集团智慧城市发展办公室秘书长陈佳林，中国科学院大学经济与管理学院教授柳卸林等作大会报告。来自中国科协学会学术部、广州市科协、中科院广东分院、长城战略咨询、上海技术交易所和中国技术交易所的代表围绕“双创示范基地建设”“科创中国”等进行了专题发言和互动交流。

论坛指出要坚持创新在我国现代化建设全局中的核心地位，把科技自立自强作为国家发展的战略支撑，作为牵动发展全局的“牛鼻子”。要深入总结创新发展经验，研究创新发展规律，以“科创中国”为契机，探讨“政产学研金服用”融合的组织制度，交流新的组织模式和工作方式，推动科学家和企业家合作，构造创新、创业、创造良好生态，助力开源开放、跨界融合的现代化经济体系建设。要有效发挥“双创”示范基地的作用，不断推动示范基地的横向联动和纵向融通，积极推进科技与经济、数字经济与实体经济融合发展，以创新创业引领畅通国内大循环，服务国内国际双循环新发展格局。

中国创新 50 人论坛由中国科协于 2015 年正式发起，旨在搭建高端思想交流平台，提高决策咨询质量，坚持问题导向，集成国内外科技创新、战略规划和企业创新等各界顶尖人士和知名专家学者的研究背景和专业优势，围绕科技创新的重大战略问题碰撞出高质量的咨询意见，提出针对性的建议，解决中国创新发展有关问题，推动创新驱动发展战略实施，全力打造“科创中国”品牌。

【2020 中国科技智库论坛】8月10日，中国科协与山东省人民政府在北京市联合主办以“构建具有全球竞争力的创新人才治理体系”为主题的2020中国科技智库论坛。中国科协原党组副书记、副主席、书记处书记，中国老科学技术工作者协会常务副会长齐让出席论坛并致辞。

齐让在致辞中说，举办中国科技智库论坛，至今已历三届。2020年的主题是“构建具有全球竞争力的创新人才治理体系”，希望借这个主题研讨来推动我国进一步优化创新人才治理体系，以应对当前越来越严峻的国际形势和越来越激烈的国际人才竞争，为我们国家科技、经济、社会发展提供更强有力的支撑。

齐让指出，我国智库发展进入一个崭新阶段，智库整体实力不断上升。中国智库在全球治理和多边外交中发挥越来越重要的作用，来自中国智库的声音越来越多，国际社会对中国智库给予更多的关注，中国智库的国际影响力和知名度正在逐步提升。但同时也要意识到，我国的智库发展还面临着大而不强的问题，当务之急还是要提高智库的研究成果质量。首先需要解决好定位问题，瞄准专业特色，实现全方面服务，既要服务党和政府决策咨询，也要把服务转向市场需求和社会发展两个方面。其次要推进“专家库”“成果库”“课题库”三库建设。最后要加强自主调查研究，增加实地调研，运用新方法，如大数据技术等，提升智库建言献策能力，打造智库品牌报告。

本次论坛作为第二十二届中国科协年会的重要组成部分，论坛聚焦新时期我国创新人才治理体系如何构建，以及如何支撑国家创新发展、新旧动能转化及科技经济融合等核心议题进行深度探讨，集中展示智库研究成果，服务新时代改革开放和人类命运共同体建设。论坛中6位嘉宾应邀发表主旨演讲。中国机械工程学会理事长，中国工程院院士李培根李院士从创新的主要差距、中国创新人才环境的主要问题，以及对策建议等方面进行了分析。电子科技大学校长曾勇分享电子科技大学实施人才优先发展战略的情况，介绍学校推动人才发展治理体系改革的实践，包括构建符合高校自身特色的人才体系、设立对接国家重大需求的特色岗位、破“五唯”完善人才评价机制等方面的制度设计。中国科学学与科技政策研究会理事长穆荣平以构建创新发展命运共同体，成就天下创新英才之梦想为题，分析实施国家人才强国战略和创新驱动发展战略，把握创新规律和人才成长规律，完善创新人才发展政策法律环境，激发创新人才活力等热点话题。中国科协创新战略研究院院长任福君从一项人才研究的最新成果——科技后备人才创造力研究的一些新发现和思考出发，以心理学创造力为理论基础，通过统计、调查和访谈的方式来描绘科技后备人才的成长轨迹和主要特征，从个人、家庭、学校、社会四个维度来探究影响创造力发展的关键要素。中国国际人才专业委员会副会长胡建华通过回顾党的十八大以来对人才工作的推进和部署，重温习近平总书记关于人才发展的重要讲话和批示，并结合中央《关于深化人才发展体制机制改革的意见》，分析当前存在的主要问题，探讨如何进一步改革创新、加快构建具有全球竞争力的人才治理体系。京东集团副总裁何晓冬以京东人工智能研究院为例，围绕人才促进产业智能升级主题作报告。

当天下午论坛发布了中国科协创新战略研究院的智库成果《科技人力资源发展研究报告（2018）》《中国科学技术与工程指标（2020）》。《中国科技人力资源发展研究报告（2018）》是中国科协调研宣传部与中国科协创新战略研究院联合推出的《中国科技人力资源发展研究报告》系列报告第六部。报告以“科技人力资源的总量、结构与科研人员流动”为主题，系统论述了我国科技人力资源总量与结构、科研人员流动的基本状况和特点、国外科技人力资源流动状况和政策走向等内容。《中国科学技术与工程指标（2020）》主要采用国内外公开统计及权威数据库数据、国内全国性专项调查数据，系统呈现了我国科技人力资源、中小学数学和科学教育、科学技术与工程领域的高等教育、研究与试验发展经费投入、科研论文及专利产出和影响力、国家科技基础条件资源、高技术产业和贸易发展、公民对科学技术的理解与态度等情况。

10位来自国内知名智库、高校、研究机构、科协系统的专家学者、企业家围绕“我国未来十年科技创新人才发展战略与规划”和“科技创新人才驱动科技经济融合”2个议题开展对话讨论。

本次论坛由中国科协创新战略研究院承办，中国科学学与科技政策研究会、山东省创新战略研究院和青岛市科学技术协会协办。来自 50 余家智库机构、高校、科研院所和企业的 100 位代表参加论坛。

【决胜小康　奋斗有我——中国科协吕梁定点扶贫 35 年回望报告会】 2020 年是决战脱贫攻坚、决胜全面建成小康社会之年，也是中国科协定点扶贫 35 周年。为深入贯彻习近平总书记关于“脱贫攻坚不仅要做得好，而且要讲得好”的指示要求，深入学习宣传贯彻党的十九届五中全会精神，宣传好扶贫成就，讲好中国科协定点扶贫故事，再动员再部署，推动巩固拓展脱贫攻坚成果同乡村振兴有效衔接，中国科协于 11 月 26 日举办主题为“决胜小康　奋斗有我”的中国科协吕梁定点扶贫 35 年回望报告会。中国科协党组书记、常务副主席、书记处第一书记、定点扶贫领导小组组长怀进鹏出席会议并讲话。吕梁市委副书记、市长王立伟出席会议并致辞。中国科协党组成员、书记处书记束为、吕昭平，中国科协党组成员、机关党委书记王守东，中国科协党组成员、中国科技馆馆长殷皓出席会议，中央和国家机关工委办公厅保密专员（副局长级）白树勇、审计署科技审计局二级巡视员李晓南等应邀出席会议。会议由中国科协党组成员、书记处书记宋军主持。

会议分别向曾经参加中国科协吕梁定点扶贫工作团（讲师团）扶贫干部代表以及获得主题征文获奖者代表颁发证书。邀请扶贫团（讲师团）、全国学会以及吕梁的 8 位代表作专题报告，从扶贫、脱贫的亲历者视角，与大家分享交流定点扶贫真切感悟。会前，主会场代表参观了中国科协吕梁定点扶贫 35 年主题展览，观看了《使命之路》主题曲《去山西》及相关专题片。

王立伟代表吕梁市委、市政府在大会上致辞，他表示，中国科协 35 年来，带着“老区不脱贫、扶贫不脱钩”的庄严承诺，架起了党和政府与老区人民沟通联系的桥梁，使吕梁大地发生了翻天覆地的变化，他代表吕梁市委市政府和 389 万老区人民向中国科协表示感谢，并希望中国科协一如既往地关心支持吕梁经济社会发展。

怀进鹏指出，报告会是一堂生动深刻、真情洋溢的党课和国情教育课，使大家感受到吕梁老区人民的奋斗与牺牲精神，展示了科协系统对吕梁振兴、扶智、扶志所作的独特贡献，回顾 35 年来中国科协定点扶贫走过的不平凡历程，共同分享属于我们这个集体的、由几代人接续奋斗所取得的功绩和荣耀。

怀进鹏强调，35 年来中国科协坚决贯彻党中央、国务院决策部署，矢志不渝、接续奋斗，立足实际、勇于创新，团结协作、甘于奉献。早在 1985 年，中国科协就按照中央统一部署，作出在山西吕梁开展科技定点扶贫的决定，成为全国率先开展扶贫工作的 10 个部委之一。历届党组书记处都把做好定点扶贫工作作为大事来抓，一棒接着一棒跑、一茬接着一茬干，先后选派 21 届扶贫团和 4 届讲师团、117 名（计 132 人次）优秀干部到吕梁挂职，与吕梁人民同甘苦、共奋斗。坚持把“科”字特色融入定点扶贫全过程，强化定点扶贫同科学普及、同科技推广相结合，充分发挥全国学会和地方科协作用，积极为吕梁脱贫致富和乡村振兴汇智聚力，助力吕梁脱贫摘帽。

怀进鹏要求，要扎实做好定点扶贫各项任务收官，按照既定任务书和路线图，确保资金到位、人员到位、工作到位，如期完成各项帮扶任务，向吕梁人民交出满意答卷。要坚决落实中央“摘帽不摘责任、摘帽不摘政策、摘帽不摘帮扶、摘帽不摘监管”等要求，统筹谋划好吕梁脱贫摘帽后的科协帮扶计划，使科协助力吕梁创新发展、高质量发展常态化、长效化。要把定点扶贫实践中行之有效的好做法、好模式、好样板向全国推广，为巩固脱贫攻坚成果同乡村振兴衔接提供解决方案。

怀进鹏要求，要认真总结好科协定点扶贫和全国科技助力精准脱贫的经验做法，通过更广泛的渠道，运用更丰富的手段，讲好定点扶贫、精准脱贫的科技故事和科协故事，切实增强科技界对我国脱贫攻坚成果的认同感和自豪感，增强科协干部对全面建成小康社会的荣誉感和责任感，把广大科技工作者更加紧密地团结在党的周围，胸怀“两个大局”，紧盯“两个百年”奋斗目标，增强机遇意识和风险意识，坚定不移听党话、跟党走。

怀进鹏要求，要持之以恒抓好科技助力乡村振兴和高质量发展，要紧密结合吕梁实际，协助定点扶贫县认真梳理全面脱贫后主要矛盾变化，理清工作思路，制定符合当地实际的乡村振兴规划和方案。要从实际出发，发挥好科协机关部门、直属单位、全国学会以及地方科协的优势，从超常举措向常态化帮扶转变，从集中攻坚向长效机制转变，因地制宜、精准施策，打造各具特色的新乡村。要大力推进吕梁“科创中国”试点城市建设，促进全国创新要素与吕梁发展需求精准对接，助力巩固拓展脱贫攻坚成果同乡村振兴有效衔接，支撑吕梁高质量发展，让吕梁人民过上更加幸福美好的新生活。

会议要求，要更加紧密团结在以习近平同志为核心的党中央周围，深入学习贯彻党的十九届五中全会精神，认真做好2020年最后阶段的扶贫脱贫工作，计划好2021年和今后巩固脱贫成果和乡村振兴有效衔接的各项工作，聚力共建“科创中国”“科普中国”“智汇中国”，把广大科技工作者紧紧团结在党的周围，为加快构建新发展格局、推动实现高质量发展，为早日实现中国梦不断作出新的更大的贡献！

报告会采取视频方式，除主会场外，设立10个分会场，同时开通了视频直播，中国科协机关和直属单位职工，部分全国学会代表，吕梁市、临县、岚县干部等共800多人参会。

【决战决胜科技助力精准扶贫推进会】 5月19日，决战决胜科技助力精准扶贫推进会召开。中国科协党组书记、常务副主席、书记处第一书记怀进鹏出席会议并讲话。会议由中国科协党组成员、书记处书记宋军主持，农业农村部科技教育司副司长张晔、国务院扶贫办开发指导司副司长刘晓山，以及32个省级分会场的科协、农业农村、扶贫等部门相关负责人共计470余人参加会议。

会议学习贯彻落实习近平总书记在决战决胜脱贫攻坚座谈会上的指示要求，落实统筹新冠肺炎疫情防控与脱贫攻坚，深入推动全国科技助力精准扶贫工作，全面部署2020年科技助力精准扶贫的收官交卷、总结宣传、验收考核等工作。

会议指出，习近平总书记在决战决胜脱贫攻坚座谈会上发表重要讲话，吹响了决战决胜脱贫攻坚的总攻令和集结号。4月24日，中国科协党组理论学习中心组组织了专题学习，按照中央决战决胜、全面收官、接续衔接的要求，对标对表党中央的决策部署和工作要求，结合中央巡视指出的问题，重点就做好科技助力精准扶贫的督战、交卷、再出发的落实措施进行了认真研究谋划，强化督导、督战、督查，将脱贫攻坚纳入中国科协党组巡视工作，督促落实脱贫攻坚政治责任，确保如期交出科技助力精准扶贫和定点扶贫的满意答卷。

会议要求，深刻领会习近平总书记指示精神实质，坚定决战决胜科技助力精准扶贫的信心。要深入学习好、领会好、贯彻落实好习近平总书记重要指示要求，坚定决战决胜科技助力精准扶贫必胜的信念；要不辱使命，勇于为决战决胜贡献智慧和力量，把思想和行动统一到总书记讲话精神上来，充分发挥各自优势，突出科技为民，突出智力帮扶，上山下乡，在决战决胜脱贫攻坚和乡村振兴中建功立业；要言信行果，坚决兑现科技助力精准扶贫的承诺。

会议要求，做好检查盘点，确保科技助力精准扶贫任务落实到位。要严格对表任务目标指标，切实做好自查评估工作，全面排查梳理问题，全力冲刺任务目标清零；要坚决查漏补缺补足短板，围绕对表“两数”任务目标指标中存在的问题，聚焦薄弱环节、补齐短板弱项；要严格检查验收，检查科技助力精准扶贫任务目标完成情况、科技助力精准扶贫工作的成效和经验，以及科技助力精准扶贫工作的优秀团队、先进个人、典型事例；要坚决防止扶贫领域不正之风，坚决反对形式主义、官僚主义，要严把退出关，坚决杜绝数字脱贫、虚假脱贫。

会议要求，开展考核宣传，讲好全国科技助力精准扶贫精彩故事。要认真做好2016年以来科技助力精准扶贫工作考核，认真总结2016年以来科技助力精准扶贫工作取得的成效经验，同时，在总结中发现和深度挖掘科技助力精准扶贫的典型经验模式、典型事迹、先进集体、先进个人，并进行表扬和广泛宣传；要办好决战决胜科技助力精准扶贫在线展览，重点展示重大决策部署、重要目标指标完成、重点任务推进、典型人典型事等；要办好中国科协定点扶贫35年系列活动，包括“扶贫干部回望吕梁行”活动、主题征文、拍摄专题片、举办成果展览等。

会议要求，再谋划再出发，谱写科技助力精准帮扶与乡村振兴新篇章。要做好科技助力精准帮扶和乡村振兴接续工作谋划，有条件的地方，可以结合实际率先探索科技助力精准帮扶和乡村振兴衔接的路子，为其他地区提供经验和可借鉴模式；要召开好全国科技助力乡村振兴论坛，全面总结全国科技助力精准扶贫工作，表扬2016年以来全国科技助力精准扶贫工作的先进集体、先进个人，深入研讨和全面部署科技助力精准帮扶与乡村振兴工作。

中央纪委国家监委驻科技部纪检监察组、有关全国学会、中国科协机关部门及有关直属单位负责人出席主会场会议。四川省、云南省、新疆维吾尔自治区分别围绕决战决胜科技助力精准扶贫在分会场作大会发言。

【中国科协召开定点扶贫领导小组2020年第一次会议】 3月18日，中国科协定点扶贫领导小组2020

年第一次会议召开，中国科协党组书记、常务副主席、书记处第一书记、定点扶贫领导小组组长怀进鹏主持会议。会议以视频形式召开。

会议传达学习了习近平总书记在决战决胜脱贫攻坚座谈会上的重要讲话精神，听取了中国科协定点扶贫2019年总结及2020年计划安排建议的情况汇报。吕梁市委市政府相关领导，定点扶贫县县委、县政府主要领导，以及山西省科协相关负责同志分别进行了发言。会议审议通过中国科协2019年定点扶贫总结及2020年工作安排。

会议指出，要继续认真学习落实好习近平总书记在决战决胜脱贫攻坚座谈会上的重要讲话精神，落实好党中央、国务院关于扶贫工作的重大部署，统筹推进新冠肺炎疫情防控和决战决胜脱贫攻坚"两大战场"工作，加快定点扶贫帮扶项目实施进度，打造好绿色通道，与定点扶贫县一起做好落地落实工作。

要进一步深入贯彻落实习近平总书记重要讲话精神，早计划早安排，切实抓好分工，做好落实。凝心聚力，共克时艰，向党中央交出中国科协定点扶贫合格答卷。推动减贫战略和定点扶贫工作体系平稳转型，筹备好中国科协定点扶贫35年系列活动，积极探索吕梁特色科技助力乡村振兴模式，开好今年的全国科技助力乡村振兴论坛。

徐延豪、孟庆海、宋军、王守东等中国科协党组书记处领导同志，中国科协机关各部门、各直属单位主要负责同志出席会议。中央纪委国家监委驻科技部纪检监察组相关负责同志、山西省科协相关负责同志、吕梁市委市政府相关领导、中国科协定点扶贫县县委县政府主要领导、中国科协派驻定点扶贫县挂职干部列席会议。

【中国科协援疆援藏工作领导小组会议】 12月21日，中国科协援疆援藏工作领导小组会议在北京召开，中国科协党组成员、书记处书记、援疆援藏工作领导小组组长宋军出席会议并讲话。中国科协援疆援藏工作领导小组全体成员出席会议。

会议传达学习习近平总书记在第三次中央新疆工作座谈会和第七次中央西藏工作座谈会上的讲话精神，通报了中国科协援疆援藏工作领导小组调整相关情况，审议了中国科协援疆援藏2016—2020年工作总结及下一步工作安排。参会同志依次进行了发言，并结合近年来援疆援藏新情况提出了意见建议。会上，宋军作总结讲话，肯定了2016年以来中国科协援疆援藏工作成绩，对中国科协援疆援藏下一步工作提出要求。

宋军强调，中国科协各部门、各直属单位要认真学习贯彻习近平总书记在第三次中央新疆工作座谈会和第七次中央西藏工作座谈会上的讲话精神，结合工作实际深入思考，要切实把思想和行动统一到党中央关于援疆援藏工作的决策部署上来，以习近平新时代中国特色社会主义思想为指导，增强"四个意识"、坚定"四个自信"、做到"两个维护"，坚定不移贯彻落实中央治疆治藏方略，抓好各项任务落实，为推动新疆社会稳定和长治久安，推动新时代西藏长治久安和高质量发展贡献科协力量。他强调，中国科协各部门、各直属单位要对标中央要求，主动作为，加强引导、凝聚共识，压实工作责任，强化督促检查，推动科协系统援疆援藏工作深入基层，把党中央的决策部署走深走实，巩固拓展脱贫成果与乡村振兴有效衔接；要做好新疆、西藏当地优秀科技人才培养和推荐工作，加强学术交流活动，增强基层科技人员能力，引进智力支持，切实增强新疆、西藏地区获得感。要加强援疆援藏典型人物、典型事迹宣传。援疆援藏工作任务艰巨，使命光荣，要充分挖掘社会认可、群众认可的典型人物和典型事迹，进一步激发广大干部群众真抓实干，无私奉献，为新疆、西藏建设作出新的更大贡献。科协系统援疆援藏工作要继续聚焦公民科学素质建设，组织中国科协机关及直属单位、全国学会、对口援疆援藏省市科协等单位，共同出谋划策，立足新疆、西藏实际，科学谋划好今后科协系统援藏援疆工作。

【怀进鹏到山西省吕梁市临县调研定点扶贫工作】 8月17—18日，中国科协党组书记、常务副主席、书记处第一书记怀进鹏一行深入山西省吕梁市临县，调查了解定点扶贫县决战决胜脱贫攻坚与乡村振兴工作情况，部署安排2020年定点扶贫工作，督促任务落实。中国科协党组成员、书记处书记宋军，山西省科协党组书记张敬平，吕梁市委副书记、政法委书记张广勇，临县人民政府县长李双会等一同调研。

怀进鹏先后赴临县安业乡安业村、城庄镇程家塔村实地调研，详细了解临县玉坪乡张家焉村原址采煤沉陷区治理、村民移民安置，以及程家塔村美丽乡村建设规划实施、基层党组织结对帮扶等情况。

在张家焉村采煤沉陷区治理搬迁小区（安业村龙

玉府小区），怀进鹏走入搬迁户郝缠秀、曹汝昌家，详细询问两家在搬进移民安置点后的生活、就业等情况，了解村民对搬迁工作的满意度和搬迁后面临的主要困难，听取市、县、乡政府有关同志的情况介绍。

在程家塔村，怀进鹏了解乡村振兴规划实施情况，实地考察村容村貌治理、党群活动中心和“爱心超市”运行情况，看望慰问了中国科协派驻程家塔村第一书记赵奇。

随后，怀进鹏与临县县委县政府、相关部门主要负责同志、中国科协挂职干部，以及“三长”代表座谈，听取了临县脱贫攻坚情况、中国科协定点扶贫工作落实情况的汇报。大家围绕基层“三长”、科技经济融合等工作进行了交流讨论。怀进鹏对临县完成脱贫摘帽表示祝贺，对下一步定点帮扶工作提出要求，一是深入贯彻落实习近平总书记关于决战决胜脱贫攻坚系列重要讲话精神，不折不扣完成脱贫攻坚各项工作任务，高质量高标准向党中央交出合格答卷；二是充分发挥科协组织优势，在扶志扶智上探索深耕，进一步加强基层科协组织建设，充分发挥“三长”在脱贫攻坚和实施乡村振兴战略中的重要作用，推动以县为基点、以市为中心、以省为统筹的科技经济融合试点建设，把“科普中国”与“科创中国”融入吕梁试点，把工作做深做实，促进临县经济社会高质量发展；三是充分发挥中国科协人才优势，探索打造专家互动平台，促进全国学会、省市学会、国际科技组织等人才资源聚合，形成企业与人才、项目、资金汇聚发展的良好模式；四是在打赢脱贫攻坚战的同时，开启乡村振兴工作，制定实施乡村振兴规划，让定点扶贫县彻底摘掉贫困帽，早日实现转型与创新发展。

【2020年度中国科协宣传思想工作会议】 7月2日，中国科协宣传思想工作会议在京召开。中国科协党组副书记、副主席、书记处书记徐延豪出席会议并讲话，中国科协调研宣传部部长郭哲主持会议。

徐延豪表示，2020年以来中国科协党组以习近平新时代中国特色社会主义思想为指导，学习贯彻落实中央书记处关于科协工作指示要求和全国宣传部长会议精神，牢牢把握宣传思想工作正确方向导向，与党和国家大局、与科协事业发展同向同行，坚持守正创新、因时因势施策，各项工作取得新的重大进展。

徐延豪指出，习近平总书记5月29日在给科技工作者代表的回信中对科技界寄予殷切期望。科协系统要从两个大局高度全面领会总书记重要回信指示精神，深刻把握宣传思想工作面临的新形势新任务，坚持党的领导，确保宣传思想工作始终沿着正确方向前进；坚持旗帜鲜明，自觉用习近平新时代中国特色社会主义思想指导工作实践；坚持大宣传理念，构建宣传思想工作大格局；坚持守正创新，推动新时代科技界宣传思想工作创新发展。

徐延豪强调，做好2020年科协宣传思想工作，要讲深讲透习近平新时代中国特色社会主义思想，提升科协组织政治引领工作水平；加强正面宣传，营造决胜全面建成小康社会的浓厚氛围；突出铸魂塑形，用科学家精神滋养时代新人；加强党的领导，深入巩固拓展巡视整改成果。要把握规律，提高做好新时代宣传思想工作能力水平，坚持集约发展，建强网络宣传阵地；坚持上下贯通，提升引导服务水平；坚持以人为本，不断提升队伍战斗力。

会议以主会场和视频分会场相结合形式召开，中国科协信息中心中华预防医学会、浙江科协等单位代表作交流发言。中国科协机关各部门、各直属单位和直管全国学会代表在科技会堂参加现场会议，全国学会和地方科协有关同志通过视频会议方式参会。

【《中国科技人力资源发展研究报告（2018）——科技人力资源的总量、结构与科研人员流动》发布】 8月12日，中国科协调研宣传部和中国科协创新战略研究院联合发布《中国科技人力资源发展研究报告（2018）——科技人力资源的总量、结构与科研人员流动》（以下简称《报告》）。《报告》由中国科协创新战略研究院联合有关专家学者共同研究完成，是中国科协高端科技创新智库品牌成果之一。

《报告》以“科技人力资源的总量、结构与科研人员流动”为主题，系统论述我国（未包括香港、澳门特别行政区和台湾地区）科技人力资源总量与结构，科研人员流动的基本状况和特点，国外科技人力资源流动状况和政策走向等内容，并对我国（未包括香港、澳门特别行政区和台湾地区）科技人力资源的总量（截至2018年年底）、学科（专业）、学历、年龄、性别结构及培养区域分布情况（截至2017年年底）进行测算分析，展示了当前我国科技人力资源的发展状况。全书分为上、中、下三篇，共二十一章。

《报告》研究结果显示，不考虑专升本、死亡及出国因素，截至2018年年底，我国科技人力资源总量达 10154.5 万人，规模继续保持世界第一。普通高等教育依然是科技人力资源培养的最主要渠道。

《报告》指出，我国科技人力资源学历呈金字塔形结构。专科层次科技人力资源为主体，但近几年本科层次科技人力资源的增量和增速均超过专科，未来科技人力资源学历结构将进一步优化；在各学历层次的科技人力资源中，工学背景的科技人力资源最多，占比均为最高；我国科技人力资源中，39 岁及以下人群超过 3/4；女性科技人力资源比例将进一步提升，2016—2017 年新增研究生层次科技人力资源中女性超过一半。另外，我国科技人力资源培养的区域分布不均衡，东部地区培养总量大、密度较高，中部地区相对均衡、各省培养总量与密度差异较小，西部地区培养总量小、密度低。

【“老科学家学术成长资料采集工程”专家委员会第九次会议】 为顺利推进 2020 年度老科学家学术成长资料采集工程（以下简称“采集工程”）的各项工作，结合新冠肺炎疫情防控工作要求，4 月 16—23 日，采集工程以“云评审”方式召开专家委员会第九次会议。会议对《采集工程 2019 年工作进展情况和 2020 年工作安排》和《2020 年度拟启动采集名单》进行函评。

中国科学院院士、中国科协名誉主席、采集工程第二届专家委员会主任韩启德等 10 位专家委员会委员对采集工程 2019 年度各项工作给予高度肯定，对采集工程在“采、藏、研、宣”等方面作出的新尝试、新举措表示支持。专家委员会认为，2019 年采集工程完善了采集工作机制、形成了一批高质量研究成果，并在打造新媒体宣传平台矩阵和多样化宣传产品等工作上收到良好成效。

韩启德表示，要深入开展采集资料的研究，探索采集工作的不足，进一步提高采集质量。函评意见指出要继续加强关于采集工作的宣传，加强面向公众尤其是面向青少年的科学家精神宣传。

会议审议通过 2020 年工作安排；审议通过 2020 年度拟启动的常规采集名单，包括 11 位工程院院士、7 位科学院院士、5 位非院士以及 2 项群体采集等共计 25 个。群体采集中的“我国新型冠状病毒肺炎防治资料采集与整理”，将为新时期我国公共卫生事业和医学事业的发展记录生动的史料。

会议要求，2020 年采集工程要继续做好“采、藏、研、宣”各项工作，为宣传和弘扬中国科学家精神贡献新成果。

采集工程专家委员会是指导采集工程的最高学术咨询组织，为采集工程提供有效的智力支持。专家委员会负责确定采集原则，审议采集工程项目办公室的年度工作和工作安排，审定采集名单，并对采集工程提供学术指导。

【中国科协“老科学家学术成长资料采集工程”北京大学联合采集启动仪式暨交流会】 7 月 25 日，中国科协“老科学家学术成长资料采集工程”北京大学联合采集启动仪式暨交流会在北京大学英杰交流中心举行。中国科协名誉主席、北京大学科学技术与医学史系创系主任、北京大学科学文化研究院创始院长韩启德院士，北京大学副校长黄如院士，中国科协调研宣传部部长郭哲，中国科协创新战略研究院院长任福君等出席活动并致辞。

“老科学家学术成长资料采集工程”于 2010 年正式启动，旨在通过实物采集、口述访谈、录音录像等方式记录科学家学术成长历程资料，为记录共和国科技发展历程，深入研究科技人才成长规律，宣传优秀科技人物提供第一手资料和原始素材。中国科协在前期调研、会商、评审的基础上，最终确定北京大学、清华大学、浙江大学、中南大学、中国科学院长春应用化学研究所 5 家单位作为第一批联合采集试点单位。北京大学是新时期联合采集试点工作的第一家启动单位。

韩启德在仪式上表示，十年来，采集工程已经步入规范化和常态化的发展轨道，也在各方支持下取得了一批重要成果，充分体现出科学的精神魅力，包含着对中国科学事业发展和科技创新规律的思考。他强调，资料采集工作中要挖掘和还原鲜活的人；要坚持科学研究和科学史研究的态度和方法；要坚持科学的唯物史观和正确导向；要增强叙事能力，适应现在的媒体规律和特点；要坚持专人专职做专门工作，在资料收集的过程中培养和锻炼科学史的专业人才。

黄如表示，梳理老科学家的学术成长历程，发掘和宣传老科学家埋头苦干和“啃硬骨头”的精神，对于大力倡导回归科研初心、建设风清气正的科研生态有重要价值。北京大学会在资料采集、撰写、总结、宣传等环节继续做好各项工作。

郭哲表示，新时期，采集工程在前十年的工作基础上创新工作机制，启动联合采集的模式，发挥了科学家所在的高校科研院所的先天优势。北京大学学科综合优势突出，双方强强联合，有信心推动采集工作达到新的高度，中国科协调研宣传部会全力做好支持和服务工作。

中国科协创新战略研究院副院长周大亚和北京大学科学研究部部长张宁代表双方签署联合采集任务书。韩启德向采集工程赠送书法题词。

中国科协调研宣传部和中国科协创新战略研究院相关负责人员，北京大学老科学家学术成长资料采集工程领导小组成员、采集院系代表和采集项目办公室成员，以及媒体代表参加活动。

【“我和我的祖国——中国科学家精神主题展”全国巡展】 5月30日至6月2日，“我和我的祖国——中国科学家精神主题展”全国巡展启动仪式分别在广西科技馆（南宁市）和宁波科学探索中心举行。本次展览由中国科协主办，由中国科协调研宣传部、中国科协创新战略研究院、中国科学技术出版社、中国科协科学技术传播中心、中国国际科技交流中心及各地方科协联合承办。全国巡展分为东西两条路线，共覆盖11个城市，东西线首站分别为宁波市与南宁市。

广西壮族自治区党委副书记、自治区主席陈武，自治区党委副书记孙大伟，自治区副主席费志荣，自治区政协副主席、科协主席黄日波等出席南宁站启动仪式。中国科协创新战略研究院院长任福君出席宁波启动仪式并致辞，宁波市委副书记宋越舜，浙江省科协党组成员、副主席王忠民等出席宁波站启动仪式。东西两线首展受到当地观众热烈欢迎。

任福君表示，该展览以新时代中国科学家精神为主线，以中国科协“老科学家学术成长资料采集工程”为依托，以严谨的史实为依据，匠心打磨，彰显了中国科学家爱国奉献、求实创新、协同育人的崇高精神。本次展览将促进科学知识的普及和科学精神的弘扬，推动科学文化与创新文化建设，为实现科技梦、中国梦贡献力量。

本次展览分为“我爱你中国”“无限风光在险峰”“协同攻关，甘为人梯”“接力精神火炬，奋进新的长征”4个展区，通过图片、视频、实物、多媒体互动等多种形式，讲述不同历史时期科技工作者的动人篇章。展览还特别增加了“坚守初心铺设健康之路”板块，加入公共卫生领域科学家的内容，展示新中国防疫工作和医疗卫生事业的发展之路。

大量珍贵史料首次在展览中与公众见面，包括刘东生1941年到1942年的地质考察笔记；吴文俊在1977年首次手算、验证“吴方法”的部分手稿；西迁期间，钟兆琳在交通大学的乘车证和火车食票；崔国良收藏的写有“热烈欢呼我国第一颗人造地球卫星发射成功”的搪瓷杯；中国神舟六号飞船载人航天飞行成功纪念徽章；黄旭华作词作曲的《〇九战歌》手稿等。

多媒体呈现手段和高科技互动方式也是本次展览的亮点，如用沙画形式呈现科学家剪影，以AR技术再现原子弹爆炸景观，通过扫二维码让观众了解更多科学家的故事，电子签名扫一扫发送等。观众在展览中仿佛置身于特殊的历史时期，走进科学家的内心世界。一些观众还在留言簿上写下对展览的感悟，抒发对祖国的热爱和对科学家精神的感慨。

本次展览依托“老科学家学术成长资料采集工程”策划和设计，是采集工程的重要成果之一，也是学术性和大众性有机结合的一次尝试。

【“共和国的脊梁——科学大师名校宣传工程云端剧院”上线仪式】 10月16日晚，中国科协在清华大学举行“共和国的脊梁——科学大师名校宣传工程云端剧院”上线仪式，中国科协党组副书记、副主席、书记处书记徐延豪，清华大学党委书记陈旭出席并共同为“科学家精神云端剧院”揭幕。

上线仪式上，徐延豪与陈旭分别通过“云在线”与清华大学工程物理系2016级博士生孙启明同学、核能与新能源技术研究院2019级博士生朱云龙同学隔空连线、互动交流，询问“云端剧院”内容需求，了解学习工作体会。

“云端剧院”是由中国科协、教育部、共青团中央、中国科学院、中国工程院共同主办，以弘扬科学家精神为主题，用青年学生喜欢的方式，在全媒体平台实现云观演、云展览、云记录、云视频，探索建立新时代青年人“致敬科学大师，照亮青春花路”的精神家园。

同时，上线仪式上首次发布了科学大师名校宣传工程演出季主题曲，专业歌手和清华学生联袂演唱了2020年演出季主题曲《追梦人》。

上线仪式后，徐延豪与陈旭共同观看了清华大学原创话剧《马兰花开》。

【《中国现代科学家（八）》纪念邮票首发式】 9月19日，《中国现代科学家（八）》纪念邮票首发式在中国科技会堂举行。《中国现代科学家（八）》纪念邮票一套4枚，入选的四位科学家分别是：应用光学家王大珩，固体物理、半导体物理学家黄昆，核物理学家于敏，数学家陈景润。中国科协党组副书记、副主席、书记处书记徐延豪和中国邮政集团有限公司总会计师、党组成员郭成林共同为《中国现代科学家（八）》纪念邮票揭幕。

徐延豪在致辞中表示，科学成就离不开精神支撑。在邮票这个国家名片上镌刻展示我国杰出科学家形象，对于推动科学大师走近社会公众，让科学文化融入中国发展，让科学家精神光耀时代具有重要意义。希望广大科技工作者以入选的四位科学家为榜样，弘扬优良传统，坚定创新自信，强化使命担当，不断增强“四个意识”、坚定“四个自信”、做到“两个维护”，紧密团结在以习近平同志为核心的党中央周围，为实现“两个一百年”的奋斗目标、实现中华民族伟大复兴的中国梦作出更大贡献。

郭成林表示，中国邮政努力践行国有企业在推进社会主义精神文明建设方面的责任与义务，充分利用邮票这一特殊的文化载体，着力反映新时期我国各方面建设成就以及人民幸福生活的美好状态。科学无国界，对科学的探索和追求永远任重而道远。我们要向老一辈科学家致敬、向广大科学工作者致敬。他们勤奋钻研、不慕虚荣、不计名利、不忘初心的品质，将永载史册，永远留在中国人民的心中。

中国科协调研宣传部部长郭哲和中国邮政集团有限公司北京市分公司总经理徐茂君为《中国现代科学家（八）》纪念邮票首日封揭幕。

据介绍，该套邮票采用素描写实表现手法设计，并采用雕刻印刷技术印制，生动细致地刻画出四位科学家的经典形象，并展示了四位科学家的科研方向和研究成果。

《中国现代科学家》系列纪念邮票自 1988 年首次发行以来，迄今已经发行八组，共有地质学家李四光、气象和地理学家竺可桢等 34 位中国现代科学家入选。

本次活动由中国科协、中国邮政集团有限公司共同主办，中国科协调研宣传部、中国邮政集团有限公司北京市分公司共同承办。入选科学家家属代表、相关单位和学会代表、邮票设计师，以及媒体记者共 50 余人参加首发式。

【中国科协党组、书记处同志看望科学家】 新春佳节来临之际，中国科协党组、书记处同志分别走访看望屠呦呦、孙家栋、赵忠贤等著名科学家，王小云等青年科学家代表，中国科协名誉主席韩启德，荣誉委员李振声、赵沁平等，代表中国科协和全体干部职工向他们致以诚挚的问候，送去新春祝福。

中国科协党组书记、常务副主席、书记处第一书记怀进鹏在看望屠呦呦、孙家栋时，介绍了中国科协 2019 年工作情况，转达了党中央对科技工作者的关怀和节日问候。屠呦呦建议中国科协在全球疟疾彻底消灭工作方面积极发挥作用，孙家栋建议以高质量科普工作推动公众科学素质的提升。

中国科协党组、书记处徐延豪、孟庆海、束为、宋军、王守东、殷皓同志分别走访看望了其他科学家。科学家们感谢中国科协的慰问和祝福，表示中国科协一直以来高度重视同广大科技工作者的联系，持续关心和支持科技工作者的生活和事业发展，他们表示将一如既往地关注和支持科技事业和科协事业的发展。

【中国科协党组向离退休老同志通报工作暨新春团拜会】 1 月 15 日，2020 年中国科协党组向离退休老同志通报工作暨新春团拜会在中国科技会堂举行。中国科协党组书记、常务副主席、书记处第一书记怀进鹏向离退休老同志通报科协工作情况，并与党组、书记处全体同志一道向科协老同志致以诚挚问候和新春祝福。徐延豪、孟庆海、束为、宋军、殷皓等党组、书记处领导同志，麦林、苑郑民等机关、直属单位离退休老同志，机关各部门、各直属单位负责人，老干部工作人员约 540 人参加会议。会议由党组成员、机关党委书记王守东主持。

怀进鹏指出，2019 年恰逢新中国成立 70 周年，习近平总书记对科技、科协工作多次作出重要指示批示，对科技工作者寄予深切关怀、期待与重托。中国科协在党中央坚强领导下，以习近平新时代中国特色社会主义思想为指导，坚决贯彻总书记重要指示精神，紧扣庆祝新中国成立 70 周年主线，把强“三性”融入“四服务”，团结引领广大科技工作者，把中国科协的事业与党中央赋予中国科协的使命和任务结合起来，与国家发展的大局结合起来，用高质量服务推动高质量发展，举办全国科技工作者日、全国科普日、世界科技与发展论坛等一系列影响力广泛的活动，推进世界一流科技期刊建设、中国科协党校建设、科协基层组织力提升等系列工程，科协组织的凝聚力和影响力不断增强，不少地方科协组织用积极有效的主动作为把科协的“冷板凳”坐成了“热板凳”，全国学会在智库、学术、科普等方面的工作获得社会的广泛认可。广大离退休老同志热心投身科协事业发展，主动建议献策，为科协发展作出了积极贡献。

怀进鹏强调，2020年是决胜全面建成小康社会和“十三五”规划收官之年，也是实现第一个百年奋斗目标、实现脱贫攻坚决战决胜之年。中国科协将以“合作发展”为关键词，进一步围绕中心、服务大局，通过提升合作能力和机制创新能力，推进国家治理体系和治理能力现代化，不断推动高质量发展。持续拓展政治引领广度深度，夯实党在科技界执政之基；践行科技为民，服务全面小康，打赢脱贫攻坚战；强化改革攻坚，完善群团工作体系；深化合作发展，助力学会发展、加强会地合作与国际合作，提升系统效能；推进巡视整改，建立长效机制，强化党建保障。

团拜会上，怀进鹏为获得“全国离退休干部先进个人”称号的离休干部、原党组成员、科普出版社社长王麦林同志颁发了荣誉证书。会上，大家共同观看了2019年中国科协老干部工作专题片，联合国“卡林加奖”获得者、中国科技馆原馆长李象益代表老同志作了发言。老同志们互致问候、畅叙情谊，会场温馨祥和、暖意融融，欢声笑语间洋溢着节日的喜庆气氛。

人　才

【第二届全国创新争先奖表彰奖励大会】 5月30日是第四个“全国科技工作者日”。人力资源和社会保障部、中国科协、科技部、国务院国资委联合举办的第二届全国创新争先奖表彰奖励大会在北京举行。本次大会以“科技为民　奋斗有我”为主题。全国政协副主席、中国科协主席万钢出席会议并讲话。中国科协党组书记、常务副主席、书记处第一书记怀进鹏主持大会。

三代半导体（氮化镓）创新团队等10个团队获得全国创新争先奖牌，丁健等28名科技工作者获得全国创新争先奖章，丁奎岭等258名科技工作者获得全国创新争先奖状。

万钢在致辞中指出，“全国科技工作者日”前夕，习近平总书记给25位科技界代表回信，充分体现了以习近平同志为核心的党中央对科技创新的高度重视、对科技人才的关心关怀。回信内涵丰富、情真意切，在科技界乃至全社会引起强烈反响。广大科技工作者一定要深入学习宣传贯彻习近平总书记重要回信精神，砥砺创新争先、奋斗建功，为统筹推进疫情防控和经济社会发展，为决胜全面小康、决战脱贫攻坚汇聚磅礴力量。

万钢强调，党的十八大以来，习近平总书记敏锐把握世界科技创新发展趋势，深刻阐明发展是第一要务、人才是第一资源、创新是第一动力等一系列新理念新思想新战略，强调把科技创新摆在国家发展全局的核心位置。广大科技工作者积极投身科技事业发展和现代化建设，取得了举世瞩目的成就。特别是新冠肺炎疫情发生以来，广大科技工作者贯彻落实习近平总书记重要指示精神，奋战在疫情防控第一线和科研、物资生产两条战线，为打赢疫情防控阻击战提供了科技支撑。他希望，广大科技工作者继续坚定报国为民奋斗担当的理想信念，以创造锤炼强国建设排头兵，继续保持卧薪尝胆奋力攻关的精神风貌，以创新把握前沿竞争主动权，继续坚持产学协同奋进实干的拼搏状态，以创业打造高质量发展新引擎，为建设世界科技强国、实现中华民族伟大复兴的中国梦作出新的更大贡献。

会上，万钢、怀进鹏，中国科学院党组副书记、副院长侯建国，人力资源和社会保障部副部长、党组成员张义全，中央军委科学技术委员会副主任赵晓哲，科学技术部党组成员陆明，中国工程院副院长、党组成员何华武，国务院国资委副秘书长庄树新，中国科协党组副书记、副主席、书记处书记徐延豪，共同为获奖代表颁奖。张义全宣读表彰决定。

天津中医药大学校长张伯礼、中国中医科学院中药研究所所长陈士林、中国科学院物理研究所研究员向涛、中国航天科技集团有限公司第一研究院党委书记兼副院长李明华、上海微创医疗器械（集团）有限公司董事长兼首席执行官常兆华、江西省寻乌中学教师黄才发等6位全国创新争先奖章获得者代表作了发言。

全国创新争先奖于2017年经党中央批准，由中国科协和人力资源和社会保障部、科技部、国务院国资委共同设立，表彰在基础研究和前沿探索、重大装备和工程攻关、成果转化和创新创业、科普及社会服务等方面作出卓越贡献的优秀科技工作者和优秀团队。全国创新争先奖表彰周期为3年，包括为先进集体颁发全国创新争先奖牌，为先进个人颁发奖状，其中贡献突出者获颁奖章并享受省部级表彰奖励获得者待遇。本届评选还特别设立了“疫情防控”和“脱贫攻坚”专项，表彰为疫情防控斗争和决战脱贫攻坚作出重要贡献的科技工作者。

在京全国创新争先奖获得者现场参加会议，京外全国创新争先奖获得者通过视频直播方式参加会议。

【2020 世界青年科学家峰会】 10 月 18 日，2020 世界青年科学家峰会在浙江省温州市开幕。全国政协副主席、中国科协主席万钢发表开幕式视频讲话。中国科协党组书记、常务副主席、书记处第一书记怀进鹏，浙江省委副书记、省长郑栅洁，浙江省委常委、温州市委书记陈伟俊出席开幕式并致辞。团中央书记处书记徐晓，全国政协教科卫体委员会副主任曹健林，中国华能集团有限公司董事长舒印彪，国家自然科学基金委员会副主任谢心澄，浙江省领导高兴夫、蔡秀军、姚克，阿龙・切哈诺沃等 12 位诺贝尔奖、沃尔夫奖获得者，李兰娟、樊代明、吴朝晖、张希、刘良、陈国强、施一公等 110 余位中外院士通过线下或线上方式出席开幕式。中国科协党组成员、书记处书记束为主持开幕式。

万钢指出，习近平主席向首届峰会致贺信，在海内外引起强烈反响，一年来，越来越多的全球青年科学家积极投身科技交流、提升创新能力，构建国际交流网络，以开放协作的精神推动构建人类命运共同体。

万钢表示，以科技创新推动可持续发展，成为破解各国共同关心的全球性问题、应对全球性挑战的必由之路。中国宣布加入新冠肺炎疫苗实施计划，将致力于同国际社会一道应对疫情挑战。

万钢提出，一是矢志科技创新，为促进可持续发展、增进人类福祉提供创新动力。希望青年科学家面向前沿科技领域深入合作，激发创新活力，勇攀科技高峰，共同打造新技术、新产业、新业态、新模式，积极推动科技与经济社会深度融合发展，推动科技创新成果惠及更多国家和人民。二是广泛凝聚共识，进一步汇聚共同应对全球性挑战的信心、智慧和力量。希望各国青年科学家主动融入全球创新与人才网络体系，推动科技创新深度合作和人才广泛交流，以更加系统、协同、务实的举措，为粮食安全、能源安全、数字安全、人类健康、气候变化等关乎人类福祉的公共事务提供解决方案，携手合作、共克时艰，共同应对人类面对的风险挑战。三是要推动构建全球创新网络，深化开放包容、互惠共享的高水平开放合作。充分发挥世界青年科学家峰会的桥梁纽带作用，以战略眼光、开放视野、宽阔胸怀，前瞻世界科技发展新态势，谋划和推进科技创新，在全球范围内广泛开展合作交流，增进科技人才互信合作。

怀进鹏在致辞中表示，2019 年 10 月，习近平主席给首届世界青年科学家峰会发来贺信，对青年科学家寄予厚望，为科技人文交流和青年创新创业合作指明方向。在贺信精神感召和指引下，海内外科学家广泛达成互利共赢、互惠发展的共识，积极落实峰会成果，拓展交流平台，推动创新合作不断走向深入。

怀进鹏指出，青年是科技创新的未来，互鉴是人类文明进步的基石，创新是引领合作的动能。一是要深化青年创新合作，促进跨国界、跨年龄、跨学科、跨地域的科技人才交流，更好打造科技创新的开放高地、友谊高地、人才高地、价值高地。二是服务人类可持续发展。促进产学研深度融合，提升创新要素整合力，共同维护全球产业链、创业链安全稳定，为疫后世界经济复苏与可持续发展汇聚动力。三是推动科技共同体建设。聚力构建以理服人的科学共同体、以德服人的价值共同体、以人为本的命运共同体。

郑栅洁强调，浙江要深入贯彻习近平总书记致首届峰会贺信精神和考察浙江的重要讲话精神，聚焦打造“互联网 +”、生命健康、新材料三大科创高地，把人才强省、创新强省作为首位战略，争当科技和产业创新的开路先锋，为构建发展新格局、打造“重要窗口”提供坚实支撑。

陈伟俊表示，希望持续放大“峰会效应”，增进开放共创美好的理念，拓展创新引领未来的路径，奏响合作成就梦想的强音，在碰撞思想、启迪智慧、凝聚共识中深化国际青年创新合作交流，在忠实践行“八八战略”、奋力打造“重要窗口”中续写新时代温州创新史。

开幕式举行第十六届中国青年科技奖颁奖仪式，怀进鹏、徐晓、束为、陈伟俊和两院院士代表、企业家代表等为获奖者颁奖。其中，孙明波等 10 位青年科学家获得第十六届中国青年科技奖特别奖，于品等 90 位科学家获得第十六届中国青年科技奖。开幕式后，第十六届中国青年科技奖获得者开展“科创中国浙江行”活动，赴温州、嘉兴、绍兴、宁波、仙居等开展座谈交流、实地考察、技术咨询、产业和需求对接等活动，争取达成项目合作意向，推动高端智力科技成果转化落地，促进区域经济高质量发展。

开幕式上，举行了 2020 世界青年科学家峰会点亮仪式，20位来自全球不同国家的青年共同宣读了《2020世界青年科学家峰会温州宣言》，表达了青年科学家以科学改变世界的时代担当。共和国勋章获得者、中国工程院院士钟南山，联合国秘书长青年特使贾亚特玛·维克拉玛纳亚克，第十六届中国青年科技奖获得者陆朝阳、特别奖获得者陈玲玲分别作主旨报告。

世界青年科学家峰会由中国科协与浙江省人民政府共同主办，以“汇聚天下英才　共创美好未来”为主题，每年举办一次。本届峰会吸引了来自100多个国家、地区和国际科技组织的近800名科学家、企业家、创投家、艺术家优秀代表参加。开幕式后，围绕对话未来、成就梦想、团聚分享等板块，共开展中外大学校长论坛圆桌会、大健康论坛、2020大学创业世界杯全球总决赛等14项核心活动，聚焦温州市经济产业发展开展高峰研讨会、产业对接会等15项延伸活动。

【国际青年女科学家论坛暨第十二届中国女科学家论坛】 10月19日，以“环境与健康”为主题的国际青年女科学家论坛暨第十二届中国女科学家论坛在浙江温州举行。中国科协党组书记、常务副主席、书记处第一书记怀进鹏，国家自然科学基金委员会副主任、中国女科技工作者协会常务副会长高瑞平，温州市委副书记、市长姚高员，美国地球物理联合会（AGU）主席、哥伦比亚大学拉蒙特－多尔蒂地球观测所教授Robin Bell，温州医科大学党委书记吕一军出席论坛并致辞。中国科协党组成员、书记处书记束为，浙江省政协原副主席、省科协主席姚克，中国女科技工作者协会会长王红阳院士，曹晓风、朱美芳等院士以及中外女科技工作者150余人通过线下或线上方式出席论坛。中国科协副主席、女科技工作者专门委员会主任郑晓静院士主持论坛开幕式。

怀进鹏指出，女科技工作者是人才“第一资源”的重要组成部分，社会对女科学家有很多期待。期待女科学家坚定创新自信，勇闯“无人区”，成为勇攀科技高峰的探索者；期待女科学家、企业家携手合作，成为服务可持续发展的贡献者；期待女科学家倡导信任与合作，化身“亲善使者”，成为国际科技交流的推动者；期待女科学家践行爱国、创新、求实、奉献、协同、育人，成为高尚科学家精神的倡导者。

Robin Bell表示，全球是互通互联的，解决环境和健康问题需要世界一流的科学家应用先进的科学技术，有女科学家的团队将发挥更大的作用。

高瑞平表示，国家自然科学基金委员会和中国女科技工作者协会将竭诚为女科技工作者服务，助力全面实现她们的综合价值。姚高员认为，女科学家展现的创造力、行动力、影响力，将带动社会形成崇尚科学、尊重知识、爱才敬才的良好氛围。吕一军认为，本次论坛将激励女性医务工作者积极投身大健康领域，推动女科学家为环境和健康事业贡献巾帼力量。

论坛主旨报告由曹晓风院士主持，田梅、吕帆、郑焰、韩喜球、Robin Bell、Particia M. Glibert等中外女科学家围绕“新型健康威胁与防治”“环境污染与治理修复”主题作报告，以女性视角分享环境与健康前沿领域的研究进展，探讨实现可持续发展的路径和方法。

在吕植教授主持下，王莲月、成果、孟红、鲍琳琳、孙静、张彤、唐丹玲、曹玲、Ana Persic、Sylvia Sander等女科学家、女企业家聚焦“地球健康和人类健康”开展对话交流，探讨科技女性在改善人类健康和地球健康方面如何发挥独特作用。

第十六届青年科技奖获奖者张然和6位来自不同国家的女科技工作者代表共同宣读了论坛倡议，表达了以科学推动实现可持续发展的时代担当。

论坛期间，王红阳、曹晓风、秦川等女科学家走进校园、深入企业，引导青年理解践行新时代科学家精神，放飞科技梦想，投身科技经济融合发展。

【第十六届中国青年科技奖终评会】 8月21日，第十六届中国青年科技奖终评会议在北京召开。全国政协副主席、中国科协主席、中国青年科技奖领导工作委员会主席万钢出席并主持会议，评审委员会主任侯建国，中国青年科技奖领导工作委员会常务副主席怀进鹏，主办单位相关负责人、中国青年科技奖领导工作委员会和监督委员会委员出席会议。

会议审定了中国青年科技奖100名拟获奖人选，答辩产生了陈玲玲等10名中国青年科技奖特别奖拟获奖人选。

万钢指出，做好第十六届中国青年科技奖评审、表彰、宣传工作，是贯彻习近平新时代中国特色社会主义思想和党的十九大精神，落实习近平总书记关于科技创新、人才工作、青年工作重要指示精神，充分体现习近平总书记对于青年科技工作者关心关怀的重要举措，意义重大、责任重大。

万钢强调，中国科协要发挥好团结引领和联系服务职责使命，促进科技与经济深度融合的“科创中国”品牌建设和面向社会公众提供高质量科普产品的“科普中国”建设等工作，为包括中国青年科技奖获奖者在内的优秀科技工作者发挥作用搭建平台、提供舞台，把优秀科技人才培养成为我国科技创新事业的中坚力量。

万钢要求，在国际人才争夺日趋白热化的复杂形势下，各主办单位要继续加大对获奖者的关注和支持力度，加强对青年科技工作者的关心和帮助，培养好、激励好、使用好青年科技人才，努力建设一支矢志爱国奉献、勇于创新创造的优秀人才队伍。

会上，侯建国就本届中国青年科技奖推荐、网络初评和复评情况做了汇报。监督委员会全程巡视、监督本次评审工作。

中国青年科技奖至今已走过了 30 多年历程。1987 年，为解决科技人才断层现象，在钱学森等老一辈科学家提议下，中国科协设立了“中国科协青年科技奖”，每届名额 100 名。1994 年起，由中国科协会同中央组织部、原人事部共同主办，名称更名为“中国青年科技奖”。2015 年，经中央批准，增设中国青年科技奖特别奖，每届择优评选产生 10 名特别奖获奖者。2017 年，增加共青团中央作为主办单位。

【第十七届中国青年女科学家奖评审会议】 12 月 27 日，第十七届中国青年女科学家奖评审会议在北京召开。评审委员会主任、中国科协副主席、中国工程院副院长陈左宁院士出席并主持会议，34 名院士在内的 42 位评审专家出席会议。中国科协党组成员、书记处书记束为出席会议并讲话。监督委员会主任、中国科学院院士王小云，监督委员会成员、中国科协党组成员王守东等出席并全程监督本次评审工作。

会议指出，中国青年女科学家奖评选要坚持以习近平新时代中国特色社会主义思想为指导，深入贯彻落实党的十九届五中全会精神，坚持创新在我国现代化建设全局中的核心地位，把科技自立自强作为国家发展的战略支撑，积极引导广大女性科技工作者把论文写在祖国大地上，激励青年女科学家不断向科学技术广度和深度进军。

会议强调，中国青年女科学家奖评审工作要大力弘扬新时代科学家精神，强化学风道德建设，坚持对违背科学道德和学风不端行为“零容忍”；要以创造有利于基础研究的良好科研生态为目标，树立正确评价导向，为促进优秀青年女性科技人才脱颖而出搭建平台；要准确把握新发展阶段的奖项定位，站在政治高度为国选才、为国聚才，注重向长期在科研和生产一线、西部地区艰苦行业工作的优秀青年女性科技人才倾斜，真正评选出潜心服务于国家战略和社会经济发展、德才兼备的青年女科学家。

经评审委员会初评、复评，本届共产生 20 名中国青年女科学家奖获奖人选、5 个中国青年女科学家奖拟获奖团队、5 名未来女科学家计划入选人选。

中国青年女科学家奖作为举荐、表彰优秀青年女性科技工作者的重要平台，影响力不断提升，历届获奖者在科技创新事业中作出突出贡献，其中 9 位获奖者当选为两院院士。

【中国科协求是杰出青年奖评审会议】 11 月 27 日，第二十三届中国科协求是杰出青年奖评审会议在北京召开。经评审委员会审议通过，共有 25 名青年科技工作者获奖，其中实用工程奖 15 名，成果转化奖 10 名。

中国科协求是杰出青年奖于 1998 年设立，每年评选一次，包括“求是杰出青年实用工程奖”和“求是杰出青年成果转化奖”。实用工程奖主要奖励在航天、信息、生物医疗等领域作出突出贡献的青年科技人员，每年不超过 15 名。成果转化奖主要奖励在科技成果转化方面取得突出业绩并有一定效益和良好应用前景的青年科技人员，每年不超过 10 名。该奖对激励创新人才成长，促进青年科技人才脱颖而出，推动我国科技事业发展发挥了积极作用。

【第二十二届中国科协求是杰出青年成果转化奖揭晓】 5 月 30 日，第二十二届中国科协求是杰出青年成果转化奖在北京揭晓。

在中国科协主办的“科技为民　奋斗有我！”全国科技工作者日特别直播活动中，中国科协求是杰出青年奖评审委员会主任，中国科协副主席、国家自然科学基金委员会主任、中国科学院院士李静海为获奖者代表颁授奖牌、证书。军事科学院系统工程研究院军需工程技术研究所主任、高级工程师马天，中国食品药品检定研究院副研究员纳涛，新特能源股份有限公司党委书记、总经理、总工程师、高级工程师银波，海军工程大学军用电气科学与技术研究所主任、教授孟进，西南石油大学能源装备研究院院长、教授王国荣，广州海格通信集团股份有限公司总经理、党委书记、高级工程师余青松，青岛农业大学机电工程学院教授杨然兵，中国航天科技集团有限公司第九研究院第七七二研究所所长、高级工程师陈雷，大连工业大学食品学院副院长、教授董秀萍，中国中医科学院中药资源中心副主任、研究员袁媛等十人获第二十二届中国科协求是杰出青年成果转化奖。

中国科协求是杰出青年成果转化奖设立于1998年，主要奖励工作在企业、科研院所、高等学校，在科技成果转化方面取得突出业绩并有一定效益和良好应用前景的青年科技人员，在激励创新人才成长、促进青年科技人才脱颖而出、推动科技事业发展、助力科技经济深度融合等方面发挥了积极作用。

【2020年“最美科技工作者”集中遴选会议】 10月29日，2020年“最美科技工作者”集中遴选会议在北京召开。全国政协副主席，中国科协主席万钢主持召开会议。主办单位负责人、在京知名科学家、科技管理专家、主流媒体科技报道负责人出席会议。

中国科协党组副书记、副主席、书记处书记徐延豪介绍2020年“最美科技工作者”学习宣传活动基本情况和集中遴选工作规则。今年“最美科技工作者”组织实施注重体现科学家精神六个维度的杰出代表，把胸怀祖国、服务人民的爱国精神和勇攀高峰、敢为人先的创新精神摆在更加突出的位置；突出面向世界科技前沿、面向经济主战场、面向国家重大需求、面向人民生命健康，深入挖掘科技人员立足本职、干事创业的感人事迹；突出有故事性、有感染力的优秀代表，同等条件下适当向基层一线倾斜，引导更广大的科技工作者把论文写在祖国的大地上，把科技成果应用在实现现代化的伟大事业中，不忘初心、牢记使命，谱写出最动人的科技报国壮歌。

按照遴选办法规定，遴选分为初评和集中遴选两个阶段。初评阶段，分组遴选评委从5个遴选组449位候选人中遴选产生22位集中遴选人选。在集中遴选会议上，由遴选委员会集中评议和无记名投票，产生10位2020年“最美科技工作者”，监督委员会全程监督。

中国科协将与各主办单位，对这次遴选产生的10位“最美科技工作者”和400多位各推选渠道层层选拔出来的优秀科技工作者代表，进行持续关注和宣传，大力弘扬新时代科学家精神，营造热爱科学、尊重人才的良好氛围，为加快培育建设世界科技强国的强大精神动力作出新贡献。

【中国科协举行“全国科技工作者日”座谈会】 在第四个“全国科技工作者日”到来之际，习近平总书记给25位科技界代表回信。5月30日，中国科协召开“全国科技工作者日”座谈会，组织科技界代表深入学习贯彻习近平总书记重要回信精神。全国政协副主席、中国科协主席万钢出席会议、宣读回信并讲话。座谈会由中国科协党组书记、常务副主席、书记处第一书记怀进鹏主持。

万钢指出，习近平总书记的回信内涵丰富、情真意切，褒扬科技工作者矢志报国情怀和为疫情防控所作的贡献，勉励大家为建设世界科技强国奋斗建功，充分体现了党中央对科技事业的高度重视、对科技工作者的关心关爱。科协系统要迅速掀起贯彻落实习近平总书记重要回信精神的热潮，统筹推进常态化疫情防控和经济社会发展，为实现决胜全面建成小康社会、决战脱贫攻坚的目标任务不懈努力。

万钢强调，科技工作者要胸怀战略大局，准确把握新时代科技创新的历史方位，做好较长时间应对外部环境变化的思想准备和工作准备，着力构建国内国际双循环相互促进的新发展格局，推动构建与现代化经济体系相适应的国家创新体系，以高质量科技供给支撑高质量发展。要弘扬优良传统，心有大我、至诚报国，践行爱国、创新、求实、奉献、协同、育人的新时代科学家精神，为建设科技强国汇聚强大精神动力。要坚定创新自信，坚定敢为天下先的志向，勇于挑战前沿科学难题，勇于攀登世界科技高峰，把握全球科技竞争的战略主动，为科技支撑人类命运共同体建设贡献中国智慧。要砥砺奋斗建功，把论文写在祖国大地上，把科技成果运用到现代化建设实践中，促进产学研深度融合，推动协同创新，服务经济社会高质量发展，为实现“六稳”“六保”作出扎扎实实的贡献。

怀进鹏在主持会议时强调，要把贯彻习近平总书记重要回信精神融入科协工作各个环节各个方面，把总书记的悉心关怀转化为开拓进取的强大正能量。中国科协作为“科技工作者之家”，要始终心怀“国之大者”的使命意识，准确把握“四服务”职责定位，坚持聚焦靶心、服务中心、凝聚人心，团结动员广大科技工作者在创新创造实践中奋斗建功。

给习近平总书记写信的科技工作者代表，中国科学院院士、中国空间技术研究院研究员叶培建，中国科学院院士、清华大学副校长薛其坤，中国工程院院士、浙江大学医学院附属第一医院传染病诊治国家重点实验室主任李兰娟，中国工程院院士、中国中医科学院院长黄璐琦，中国工程院院士、军事科学院军事医学研究院研究员陈薇，山东重工集团有限公司党委书记、董事长谭旭光；企业和高校的科技工作者代表，中国航天科技集团有限公司董事长、党组书记吴燕生，中国工程院院士、中国航空工业集团公司科技委副主任樊会涛，天津大学教授、副校长巩金龙，百度首席技术官王海峰，北京旷视科技有限公司总裁付英波；高校学生代表北京航空航天大学可靠性与系统工程学院博士生海星朔等作重点发言。与会其他科技工作者代表作了自由发言。

科技界代表在发言中，围绕贯彻习近平总书记重要回信精神，结合工作实际，畅谈体会、交流交心。大家认为，回信充分体现了总书记和党中央对科技工作者的关心关爱，既是巨大的精神鼓舞，又是砥砺奋进的鞭策。大家聚焦加强基础研究、解决“卡脖子”的关键核心技术难题、推动创新创业等主题，就科技支撑现代化经济体系、引领高质量发展提出了意见和建议。大家纷纷表示，一定要牢记嘱托、不负使命，接力精神火炬，奋进时代征程，为建设世界科技强国作出新的更大的贡献。

中国科协副主席、西湖大学校长施一公院士代表科技工作者宣读了《牢记嘱托，在创新创造中建功立业》的倡议书。

科学技术部党组成员、副部长、中国科协副主席王曦，中国工程院副院长、党组成员、中国科协副主席何华武，中国工程院副院长、党组成员、中国科协副主席陈左宁，中国科协党组、书记处全体同志，第二届全国创新争先奖获奖者代表，参与“科创中国”建设服务创新、创造的科技工作者代表，青年科技工作者代表、高校学生代表等共 120 人参加座谈会。

【2020 年全国科学道德和学风建设宣讲教育报告会暨宣传月启动仪式】 在深入学习贯彻党的十九届五中全会精神之际，为大力弘扬科学家精神，引导广大师生和科技工作者传承优良学风、坚守学术诚信，中国科协、教育部、科技部、中国科学院、中国社会科学院、中国工程院、国家自然科学基金委于 11 月 20 日在北京举办 2020 年全国科学道德和学风建设宣讲教育报告会暨宣传月启动仪式。全国政协副主席、中国科协主席万钢致辞，中国工程院院士戚发轫、敦煌研究院名誉院长樊锦诗作报告，中国科协党组书记、常务副主席、书记处第一书记怀进鹏主持报告会。

万钢在致辞中指出，党的十九届五中全会进一步强调要“加强学风建设，坚守学术诚信”，并着力“健全科技伦理体系”，这为今后一个时期的科学道德和学风建设工作指明了方向。2020 年新冠肺炎疫情防控阻击战，充分体现了科技的重要支撑作用，广大科技工作者有力弘扬践行了爱国、创新、求实、奉献、协同、育人的新时代科学家精神。他强调，广大师生和科技工作者要弘扬爱国主义，践行科技为民，坚持四个面向，把满足人民对美好生活的向往作为科技创新的落脚点。要坚定创新自信，主动担当作为，始终保持对未知领域的好奇心和探索激情，跳出舒适区、勇蹚深水区、敢闯“无人区”，着力攻克基础前沿难题和核心关键技术，真正解决实际问题，不断向科学技术广度和深度进军。要恪守求实精神，维护科学道德，自觉遵守学术规范，真正把做人、做事、做学问统一起来，既要著作等身，更要著作等“心”，真正让践行科学家精神成为行动自觉。

樊锦诗是敦煌研究院名誉院长，“文物保护杰出贡献者”国家荣誉称号获得者，被誉为“敦煌的女儿”，她报告的题目是《守一不移　奉献敦煌》。她深情回忆了自己初见敦煌、选择敦煌、坚守敦煌的往事，讲述了自己面对几次可以离开敦煌的机会，从动心到最终选择坚守的心路历程。她坚信国家培养了自己就应当回馈国家，这是她选择坚守的本心。她始终做好掌舵人的工作，在莫高窟保护与开发的抉择中，她坚持不追求一时的热闹和利益，对莫高窟的开发和保护作出了卓越的贡献。她勉励青年学子要学会思考和追求真理，面对困难不退缩，积极想办法解决问题，坚持本心奉献祖国。

戚发轫院士是杰出的空间技术专家，神舟号飞船首任总设计师，他报告的题目是《传承航天精神，建设航天强国》。他结合自身的科研经历回顾了中国航天事业 60 多年的发展历程，讲述了我国老一辈航天人在一穷二白且面临技术封锁的严峻形势下，咬紧牙关，坚持自主研发，攻克了众多难以想象的难关，从第一发导弹、第一枚运载火箭、第一颗卫星、第一艘试验飞船到第一艘载人飞船，生动诠释了航天精神、“两弹一星”精神、载人航天精神的深刻内涵和时代价值。他以身边的小故事，勉励广大师生和科技工作者“要有一个强国梦，要爱这个国家，爱这个事业，爱这个岗位，爱这个团队”“每一个人把自己的岗位做好了，就是爱国”。

2020 年是科学道德和学风建设宣讲教育工作开展

十周年，活动开始以视频方式回顾了历届报告会的精彩瞬间，重温了一批德学双馨的科学家的感人故事。万钢在报告会上宣布宣传月启动，并与戚发轫院士、樊锦诗先生等一同向在京青年学生赠书，引导广大师生和科研人员更加深刻体会科学家精神、更好弘扬传承优良学风。

怀进鹏在主持时强调，为更好学习贯彻党的十九届五中全会精神，全国宣讲教育领导小组决定将以往的“一场报告会”，拓展为“学风建设宣传月”。宣传月活动期间，全国宣讲教育领导小组将指导各地各高校共同开展“共和国的脊梁——科学大师名校宣传工程”2020年演出季、学风传承系列活动、“最美科技工作者进校园、进院所”、院士传记赠书等系列活动，引领广大师生和科技工作者以习近平新时代中国特色社会主义思想为指引，以前辈专家学者为榜样，大力弘扬科学家精神，坚守科研诚信底线，严格自律，坚决抵制浮夸浮躁之风，自觉肩负起历史赋予的重任，在全社会营造尊重知识、崇尚创新、尊重人才、热爱科学、献身科学的浓厚氛围，为科技自立自强和建设世界科技强国汇聚磅礴力量。

报告会在北京设立主会场，清华大学师生代表400余人参加主会场活动，全国各地开设1000余个视频分会场，形成了“百万师生同上一堂学风课”的盛况。全国宣讲教育领导小组成员单位以及中央组织部、中央宣传部、最高人民法院、最高人民检察院、工业和信息化部、农业农村部、国务院国资委、中央军委科技委、中央军委装备发展部和清华大学等单位有关领导出席报告会。

【“弘扬科学家精神，加强作风学风建设”——新当选院士研修班学员论坛】 为深入学习贯彻习近平总书记在科学家座谈会上的重要讲话及关于弘扬科学家精神、加强科技创新等重要指示精神，9月28日，由中央组织部主办、中国科协承办的“弘扬科学家精神，加强作风学风建设”——新当选院士研修班学员论坛在中央党校举办。中国科协党组书记、常务副主席、书记处第一书记怀进鹏院士出席并主持论坛，“人民英雄”国家荣誉称号获得者、天津中医药大学校长、张伯礼院士，中国工程院原副院长杜祥琬院士，中国科学院党组成员、副秘书长周琪院士，中国科协党组成员、书记处书记束为，中央组织部人才工作局副局长牛伟宏等出席论坛。130余名2019年新当选中国科学院、中国工程院院士参加论坛。

张伯礼以“弘扬抗疫精神　发挥科技力量”为主题，围绕赴湖北武汉抗疫实践，讲述了坚守文化自信、中医药全程参与救治的中国故事，展现了中医药为抗击疫情作出的突出贡献，分享了在武汉抗疫一线的斗争经验，畅谈加强学风建设、坚守学术底线的认识与体会。

杜祥琬院士以“守护净土　责任担当”为主题，分享了朱光亚、彭恒武、王淦昌、邓稼先、林士谔等老一辈科学家和瓦里关站为地球测温等鲜为人知的生动故事，鼓励新当选两院院士“板凳宁坐十年冷、文章不写半句空”，针对科技界的不良现象，提出院士自律、弘扬楷模、完善制度、社会监督的建设性意见。

周琪院士以“弘扬科学家精神，建设创新型国家”为主题，从把握好我国发展的战略机遇期入手，对科技创新面临的国际形势、建设世界科技强国中缺乏原始创新等问题深入分析，围绕学习贯彻习近平总书记在科学家座谈会上的重要讲话精神，从历史视角对“两弹一星”精神、科学家精神进行了生动解读。

研修班学员中国科学院物理研究所所长方忠院士，华中科技大学党委书记邵新宇院士，结合论坛主题和三位院士的专题报告，畅谈了传承、弘扬科学家精神的心得体会。

怀进鹏在论坛总结时，引用习近平总书记对两院院士的重要论述和高度评价，强调院士作为国家的财富、人民的骄傲、民族的光荣，理应是社会的灯塔，社会期待院士成为领域的权威专家，不当万能的科学家，不做令人脸红的事，不懂装懂就是对科学方法的破坏、是对科学精神的践踏。希望新当选两院院士认真学习贯彻习近平总书记在科学家座谈会上的重要讲话精神，坚持“四个面向”，坚定创新自信，大力弘扬科学家精神，不断拓展科学技术的广度和深度，为建设世界科技强国贡献智慧力量。

中央组织部人才工作局、中国科协组织人事部有关同志参加会议。

【2020年中国科协院士专家第一期暑期考察休假活动】 为进一步助力“科创中国”建设，推动科技与经济社会深度融合，8月24—30日，中国科协组织杨乐、瞿金平、王玉忠、王华明、张新友、黄荷凤、聂祚仁、邹学校、李培武、龚克等20余位院士专家，赴宁夏开展考察休假活动。

考察休假期间，院士专家们深入“科创中国”首批试点城市银川，分赴宁夏大学、宁夏农林科学院、宁夏医科大学及其总医院、宁夏中医医院、宁夏食品检测研究院、宁夏共享集团股份有限公司、宁夏瑞银有色金属科技有限公司、宁夏青龙塑料管材有限公司、宁夏志辉源石葡萄酒庄园等企事业单位，开展座谈交流、专题讲座、技术咨询、参观考察等一系列对接活动。

在文化旅游产业座谈会上，院士专家们围绕人才培养引进、国际学术交流、水稻节水栽培、葡萄酒品牌建设、提升枸杞等农产品附加值等方面积极建言献策，提出意见建议。

在银川市贺兰县稻渔空间乡村生态观光园，院士专家们深入了解宁夏现代农业发展、农业合作社带动农民增收致富运营模式等情况，观看宁夏特色农产品展示，了解稻渔种养业融合发展的创新做法，并提出了开发产品溯源平台、建立现代化生产经营体系，从而推动产业迈向高端化的发展建议。

在闽宁镇扶贫展示馆，院士专家们围绕“今日闽宁镇、苦瘠甲天下、高瞻展宏图、关怀与共建、四个样板镇、小康新梦想”六个板块，深刻感受习近平总书记对闽宁的关心关怀，聆听 20 多年来福建与宁夏对口协作，推动闽宁镇“携手共圆小康梦”的故事。

考察休假期间，院士专家们还参观考察了全国科普教育基地——中国科学院沙坡头沙漠研究试验站、宁夏博物馆、宁夏水利博物馆等。

宁夏回族自治区党委书记、自治区人大常委会主任陈润儿和自治区领导姜志刚、石岱、吴秀章等会见院士专家。中国科协组织人事部和自治区科协、党委宣传部等有关负责人一同考察，中卫市等地方党政领导和科协负责人看望慰问院士专家。

学术交流

【第二十二届中国科协年会开幕】 8 月 14 日，由中国科协和山东省人民政府共同主办的第二十二届中国科协年会在青岛国际会议中心隆重开幕，会议主题为“改革开放　创新引领　科技赋能　合作发展”。全国政协副主席、中国科协主席万钢致开幕词，山东省委书记、省人大常委会主任刘家义致欢迎词。开幕式由中国科协党组书记、常务副主席、书记处第一书记怀进鹏主持。

万钢在致辞中指出，2020 年年初，面对突如其来的疫情和复杂严峻的国内外形势，习近平总书记亲自部署指挥，党中央统筹推进疫情防控和经济社会发展，广大科技工作者牢记嘱托、锐意创新，积极投身疫情防控，为常态化疫情防控提供高效有力的科技支撑。要正确认识当前经济社会发展大局和国内国际形势，深刻理解我国发展仍然处于战略机遇期，增强机遇意识和风险意识，把握发展规律，善于在危机中育新机、于变局中开新局。

万钢强调，当前全球新一轮科技革命和产业变革正在加速拓展，我国已进入高质量发展阶段，迫切需要科技引领和支撑。广大科技工作者要坚持围绕中心、服务大局，坚定创新自信，勇担服务高质量发展的战略新使命，着力推进创新链和产业链的高效协同，打造新时代支撑高质量发展的第一动力。要推动科技经济深度融合，在更高起点、更高层次、更高目标上推进“科创中国”建设，以平台筑生态，以试点推示范，以开放拓网络，以人才强服务，更好服务经济社会发展。要深化开放合作，更加积极地融入国际创新网络，保持和拓展科技与人文交流通道，持续推动全球科学共同体开放、交流与合作，助力形成国内国际双循环相互促进新发展格局。

万钢提出，青岛是国家首批沿海开放城市和创新型城市，也是“科创中国”首批试点城市。希望青岛发挥优势、主动创新、做好示范，打造技术经济融合的山东样板间，合作聚力打造新品牌。希望广大科技工作者大力弘扬爱国、创新、求实、奉献、协同、育人的新时代科学家精神和志愿服务精神，进一步增强使命感责任感紧迫感，在建设世界科技强国新征程中再铸辉煌，为实现中华民族伟大复兴的中国梦作出新的更大贡献。

刘家义在致辞时说，党的十八大以来，以习近平同志为核心的党中央把创新放在国家发展全局的核心位置，实施创新驱动发展战略，加快建设创新型国家，取得了令全国人民倍感振奋和自豪的科技成就。中国科协年会是我国科技领域高层次、高水平、大规模的科技盛会。本届年会为山东量身定做板块，充分体现了中国科协对山东发展的高度重视和大力支持。

刘家义说，山东是经济大省、人口大省、科技大省，“重创新、尚变革”的文化基因一直扎根在齐鲁儿女的血脉之中。我们牢记习近平总书记嘱托，深入推进科技体制改革，不断优化创新要素配置，持续增强创新主体活力，推动科技事业取得新突破。当前，山东正处于由转型发展向创新发展加速迈进的关键时期，我们聚力激发企业创新活力，加快实施科技型企业梯次培育行动，加快建设行业技术创新中心、高新技术企业培育库，推动创新资源向企业集聚。聚力打造科技创新平台，整体构建全省实验室体系，整合重组各类创新平台，提高科技创新公共服务能力，补齐企业创新服务“短板”。聚力深化科技体制改革，加快科技管理职能转变，改进科技创新考核体系，让广大科研人员心无旁骛搞创新。聚力推动科技成果转化，推进科技成果使用处置权收益权改革，实施重大创新产品示范应用工程，健全成果转化“全链条”服务体系，推动更多科研成果转化为现实生产力。聚力优化人才发展环境，提供全链条、全要素的人才创业支持，建立创新型团队培育库，让更多千里马在山东创新型省份建设赛道上竞相奔腾。我们将以承办本届年会为契机，深化与中国科协和海内外科技界的战略合作，推动更多科技创新成果在山东落地生根、开花结果。

怀进鹏在主持开幕式时表示，面临世界百年未有之大变局，中国科协年会在新冠肺炎疫情全球持续蔓延并深度演化的特殊时刻召开，希望突显科学共同体在价值共识、理念认同、多元联结、跨界协同等方面的独特优势，广泛凝聚科技创新力量，坚定不移服从、服务于国家发展大局，推动信任、合作、发展、开放、共赢，在非凡之年，以非凡之力，铸非凡之功，为全球科技治理和人类文明进步持续注入正能量。

开幕式上，山东省委副书记、省长李干杰，2020年电气和电子工程师协会（IEEE）主席、中国科学院外籍院士福田敏男，中国工程院院士、中国医学科学院–北京协和医学院院校长王辰，中国科学院院士、国际数字地球学会名誉主席郭华东分别作主旨报告，就山东实施创新驱动发展战略、疫情下的国际合作、当前新冠防控策略、地球大数据驱动联合国可持续发展目标实现等主题分享观点。中国科学院院士、中国科协副主席、国家自然科学基金委员会主任李静海主持报告环节。

开幕式还设立了高端对话单元，百度首席技术官王海峰、地平线创始人兼首席执行官余凯、海尔集团首席技术官刘建国、中国电波传播研究所所长吴健畅谈新一轮科技产业发展机遇。对话环节由德勤中国副主席、德勤全球家族企业服务领导合伙人周锦昌主持。

中国科学院院士、中国工程院院士等著名专家学者，来自科研一线的科技工作者和企业家代表，国家有关部委负责同志，山东省委、省政府和青岛市委、市政府有关领导同志，来自日本、韩国、德国等国家的专家学者、科技组织代表和媒体记者300人参加线下开幕式。山东省16地市设立线上分会场。

据了解，本届科协年会坚持厉行节约，全面创新组织模式，充分运用网络化和新媒体技术，从以往以“线下”活动为主调整为“线上线下”结合形式，从以往集中多场活动调整为分散地域、扩充时域、多维延展方式，持续发挥跨界交流、交融、交汇，代表科技界发声、发力、发布的重要平台作用。

本届年会共设立开幕式、闭幕式及国际科技交流合作、海洋强国建设、科技与经济深度融合、公共安全和社会治理、科技人才助力创新发展五大系列活动，共计30余项活动。开、闭幕式及主要活动地点为山东省青岛市，部分活动在北京及山东泰安、潍坊、威海、德州、日照等地开展。

【第二十二届中国科协年会“科创中国”科技创新企业家高峰论坛】 8月15日，第二十二届中国科协年会“科创中国”科技创新企业家高峰论坛在青岛国际会议中心举行。论坛以“产业数智化发展趋势与对策”为主题，汇聚科技界、产业界、投资界专家学者，搭建对话交流平台，探讨产业数智化、数字产业化及市场链、价值链、产业链重构机遇，共谋创新之道、共议发展之策，立足形成国内国际双循环相互促进的新发展格局，以科技赋能产业，推动科技与经济深度融合，推进“科创中国”建设，服务区域经济发展。本次论坛由中国科协和山东省人民政府共同主办。

中国科协党组书记、常务副主席、书记处第一书记、中国科学院院士怀进鹏出席并致辞，山东省副省长、省政府党组成员、中国工程院院士凌文，中国机械工程学会理事长、中国工程院院士李培根，全国人大常委会委员、中国科协荣誉委员、中国科协企业自主创新专门委员会委员许振超，青岛市副市长耿涛，数字中国联合会主席吴鹰，清华大学互联网产业研究院院长朱岩，百度首席技术官王海峰，金沙江创业投资董事总经理丁健等出席论坛。

怀进鹏在致辞中指出，这是一次聆听智者的声音、智者的建议和智者探索与实践体会的论坛。疫情蔓延改变了原有生产、生活与技术交流方式，使数字化生存、数字化转型、数字化发展更受社会关切，未来发展取决于现在的思考、认识与行动，凝聚人心、共筑信任、深化合作，推动科技经济深度融合是科技界、产业界、金融界面临的新挑战。他强调，发掘中国超大规模市场优势与潜力，期待科学家、企业家、投资家携手合作，共创价值。科学家创造价值体现在探索自然、发现知识，并把知识惠赠给人类；企业家通过创造财富推动经济社会发展，同时促进科技进步；科技创新与产业发展需要金融的强力助推，投资家在其中创造新的价值，三者共同担当起以应用带动技术创新、以市场推动合作发展、以人与人之间互信构筑命运共同体的历史责任。“科创中国”为科学家、企业家、投资家共同发展提供有效平台，通过提供技术服务与交易、导入技术与产品、引入创业企业等活动，增强经济增长活力和知识创造动力，并为政府、社会提供科技产业政策建议。

李培根、吴鹰、王海峰分别以“产业数智化：从体验开始”“技术大爆发——前所未有”“智能云加速产业智能化”为题做主旨报告，并与朱岩、丁健围绕论坛主题开展对话。李培根强调，产业数智化要以人为本，注重挖掘日常体验，培育、创造体验，产业数智化的难点在制造业领域，需着力加快标准化、模块化。吴鹰认为，当前正处于前所未有的技术大爆发时代，新一代信息技术将推动产业持续铸造辉煌，应加强国际科技合作，推动传统产业尤其是制造业加快数字化发展进而实现智能化转型。王海峰表示，人工智能技术的标准化、自动化、模块化标志着智能化已进入工业大生产阶段，产业正在从信息化向以云计算为基础、人工智能为抓手的智能化升级，智能云平台将加速产业数智化。朱岩指出，数字化将全方位颠覆产业生态，今后20年是以流量为核心的消费互联网升级演进为以信用为基础的产业互联网的时代。丁健认为，产业数智化转型是跨代转型，政府应鼓励行业企业合作和开源共享，推动产业数智化转型升级，企业合作做得好的行业就是投资者青睐的方向。

“科创中国”科技创新企业家高峰论坛是第二十二届中国科协年会科技与经济深度融合板块的一项重要活动。本次论坛由中国科协企业创新服务中心、青岛市人民政府联合承办，中国机械工程学会、中国人工智能学会、中国工业互联网研究院、数字中国联合会、山东省科协、青岛市科协、海尔海创汇协办。山东省、青岛市相关部门，科学界、企业界、投资界代表，青岛企业科技工作者等共计90余人参加论坛。

论坛通过中国科协年会平台、“科创中国”平台网络和海创汇平台等进行直播。截至8月15日中午已有近50万人次在线观看论坛视频直播。新华网、人民网、凤凰网、新浪网、中国科学报、财经日报、青岛电视台《青岛新闻》、青岛日报等20家媒体参与现场采访报道。

【第二十二届中国科协年会科技经济融合高峰论坛】 8月15日，由中国科协、山东省人民政府主办，中国科协学会服务中心、山东省科协承办，中国纺织工程学会、青岛市科协协办的第二十二届中国科协年会科技经济融合高峰论坛在山东省青岛市举行。中国科协党组成员、书记处书记吕昭平，中国科学院院士、中国科学院空天信息创新研究院研究员、中国遥感应用协会副理事长郭华东，中国科学院院士、精细化工国家重点实验室主任彭孝军，以及来自中国科协有关部门单位、部分“科创中国”科技服务团全国学会、山东省部分地市科协与地方学会、部分科研院所和代表性企业共计90余位专家参加会议。

论坛以“科技服务团”助推经济振兴为主题进行交流，围绕国际形势新变化、科技发展新趋势、产业转型新需求，结合“科创中国”试点建设，为推动山东省经济发展质量变革、效率变革、动力变革研讨献策。

论坛举行了“科创中国”科技服务团服务青岛启动仪式，7个全国学会服务站落地区域，7个全国学会与山东省地市级人民政府、地方科协及园区企业签订合作协议。

吕昭平在致辞中表示，中国科协以促进科技经济深度融合为宗旨，全力打造“科创中国”服务品牌，希望通过论坛搭建的融通合作平台，有效汇聚学术界、产业界、企业界创新要素，碰撞思想、交流合作、产学对接，聚焦服务以山东省为代表的重点区域，以海洋经济、数字经济等为代表的重点领域，就技术创新的堵点、痛点组合发力，让科技在服务经济社会发展中实现价值。中国科协将与“政产学研金服用”社会各界创新力量携手一道，共建、共享“科创中国”服务品牌，探索中国特色科技经济融合新范式；继续强化与山东省的合作，将产学融合的新机制、新模式、新场景应用在青岛等“科创中国”试点先行先试，优化区域创新生态，为区域持续创新发展添活力、增动力。

主旨报告环节，郭华东院士，彭孝军院士，国家发改委国土开发与地区经济研究所原所长、研究员肖金成，海尔智家生态平台副总裁、超前创新研发总经理王晔等院士专家与企业家围绕数字地球科学技术、先进材料技术开发与利用、国土空间规划与蓝色经济发展、企业科创平台建设等主题分别作主旨报告《地球大数据科学工程及应用》《智能化学产品工程及其发展趋势》《山东半岛城市群与蓝色经济区建设》和《创新生态与科创平台的融合探索》，交流产业前沿趋势，探讨科技经济融合路径。

【第二十二届中国科协年会科技社团发展与治理论坛】 8月10日，第二十二届中国科协年会科技社团发展与治理论坛在北京举办。本次论坛围绕“治理创新、互信合作”主题，探讨科技社团的治理结构、治理方式、发展方向的创新思路，探究如何提高科技社团在全球科技治理中的参与度、活跃度、贡献度和可见度。中国科协党组书记、常务副主席、书记处第一书记怀进鹏出席论坛并致辞。

怀进鹏指出，中国与世界众多科技社团秉持人类命运共同体的理念，为抗击疫情积极贡献智慧、方案和热情，发出科学正义之声，展现了科学理性与希望之光。新一轮科技革命和产业变革蓬勃发展，科技共同体更需要团结一致，更需要以科学精神和理念推动科学发展，不断增强科学和技术服务人类社会的能力。一是要建设科技智库型社团，强化思想创造力、决策咨询力和舆论引导力，科学识别人类面临的新问题新挑战和新的产业变革，更好发挥科技在支撑全球治理中的作用。二是要建设平台网络型社团，推动产学主体结合，以更有效的方式培育青年科学家和中小企业，促进技术创新和市场创新，加快科技经济深度融合。三是要建设数据驱动型社团，发挥科技社团广泛链接和数据积累优势，深化合作网络，完善数字治理规则，提升数字治理能力，推动数字经济与实体经济融合发展。四是要建设开放合作型社团，共同应对挑战，推动科技更好地服务社会、创造价值、促进文明。

怀进鹏表示，中国科协愿与世界同行共同谋划科技社团发展与治理，推进“开放、合作、共赢”，构建“以理服人”的科学共同体，“以德服人”的价值共同体，“以人为本”的命运共同体，以科技支撑人类社会可持续发展。

世界工程组织联合会主席龚克主持论坛主旨报告，美国科学促进会首席执行官苏迪普·帕里赫，国际标准化组织原主席、世界钢铁协会原主席张晓刚，英国工程技术学会首席执行官范纳杰，中国社会科学院大学社会组织与公共治理研究中心主任蔡礼强，世界汽车工程师学会联合会首席执行官克里斯·梅森等5位嘉宾围绕加强科技社团治理与合作、建立国际科技共同体作主旨报告。

中国心理学会理事长、亚洲心理协会主席韩布新主持论坛重点分享及专题研讨，16位中外科技社团主要负责人和专家分享科技社团在推动科技进步、促进无国界合作以及治理创新的经验及建议，围绕科技社团改革与发展、国际科技共同体建设组织了专题讨论并形成论坛共识。论坛还发布世界一流科技社团评价报告成果，对世界知名科技社团进行综合评价。

中国科协党组成员、书记处书记吕昭平，中国可再生能源学会理事长、中国工程院院士、北京化工大学校长谭天伟，中华中医药学会会长王国强，中国药学会理事长孙咸泽，中国卫星导航定位协会会长于贤成，中华口腔医学会会长俞光岩，中国煤炭学会理事长刘峰，西安交通大学公共政策与管理学院教授孟凡蓉，中国科学院自然科学史研究所主任、研究员刘益东，以及相关科技社团负责人、科技社团研究专家、中国科协相关部门负责人共80余人现场参会。

本次论坛为期一天，包含主旨报告、成果发布、重点分享和专题研讨等板块，通过光明网、科创中国、百度、今日头条、网易、钉钉、哔哩哔哩以及有关国际科技组织网站面向全球直播。截至8月10日中午，已有近40万人在线观看论坛视频直播。

【第二十二届中国科协年会闭幕】 8月15日，由中国科协和山东省人民政府共同主办的第二十二届中国科协年会在青岛国际会议中心胜利闭幕。中国科协党组书记、常务副主席、书记处第一书记怀进鹏出席并致辞，中国科协党组成员、书记处书记吕昭平主持闭幕式。

怀进鹏表示，本届年会在特殊时期召开，是中国科学共同体坚定信心、因时因势发挥作用、服务国家发展的大动员，是打造大平台、凝聚大团队、促进大协作、汇聚大成果的大展示。中国科协年会已成为团结服务国内外科技同行，共同探讨新时代履行科协之责、塑造科协之能，以科协之治支撑科技之治、服务中国之治、贡献世界之治的重要平台。与往届相比，本届科协年会从“一地集中多场”调整为“多地延展辐射”，从“线下”活动为主调整为“线上线下”结合，形成以青岛为中心、京鲁互动、覆盖山东、辐射全国的新格局，有效放大了年会的社会效应。

怀进鹏指出，本届年会亮点凸显、精彩纷呈，一是突出创新引领，赋能发展动力转换。将“科创中国”建设贯穿始终，通过链接政产学研金等各方，促进资源动态循环，助力区域经济高质量发展。二是突出区域和时代特色，促进海洋经济发展。设立“海洋强国建设”系列活动，进一步聚集全球海洋人才、技术、产业资源，以科技守护碧海蓝天，以合作共赢蓝色未来。三是突出跨界融合，汇聚创新资源合力。全国学会与山东各级科协组织协同融合，推动一批合作协议和项目落实落地。四是突出信任合作，链接全球创新网络。吸引 12 个国家、37 个国际组织代表参会。五是突出人才为本，集聚天下科技英才。年会进一步拓展服务高端人才、青年人才、女性科技工作者创新创业交流平台。

怀进鹏提出，疫情防控及其对科技的挑战，成为贯穿本届年会系列论坛的一个重要议题。疫情期间，中国科技界、产业界者向全世界及时分享了知识和经验，向全社会提供了智慧解决方案，广大科技工作者开启竞速赛、争当逆行者，在防疫抗疫、应急科普、复工复产中勇担当、敢作为，为统筹疫情防控和经济社会发展提供了科技支撑，谨向科技工作者致以崇高的敬意！

怀进鹏强调，要深入贯彻习近平总书记在 2020 年全国科技工作者日给科技工作者代表的重要回信精神，牢记嘱托，弘扬优良传统，坚定创新自信，推动产学研深度融合，勇攀科技高峰，为建设世界科技强国作出新的更大的贡献。一要坚定担当时代使命，推动创新发展。更好凝聚科技共同体的力量，坚定不移服从并服务于国家发展，坚持把科技作为战胜困难的有力武器，把创新优势转化为市场优势，把组织优势转化为高质量发展优势。二要坚定信任合作发展，砥砺价值创造。把科技创新与持续的经济增长有效结合，以人才第一资源助推创新第一动力，服务发展第一要务，不断创造新的机制、新的组织能力，把“科创中国”建设与经济社会进步有机结合，让创新创业创造在中国大地绽放新的光彩。三要坚定开源开放开拓，倡导包容文明。构建“以理服人”的科学共同体、“以德服人”的价值共同体、“以人为本”的命运共同体，推进更高起点、更高层次、更高目标的开放合作，以科技增进人类福祉，以全球科学共同体的努力共创美好未来。

闭幕式上，中国工程院院士杜祥琬代表中国科协发布了 2020 重大科学问题和工程技术难题共 20 项。这是中国科协连续三年发布重大科学问题和工程技术难题，是建立我国基于科学共同体战略共识的战略研判机制的探索与实践。

在闭幕式主旨报告环节，国家深海基地管理中心潜航员管理办公室副主任、中国载人深潜“蛟龙”号首批潜航员傅文韬，北京旷视科技有限公司合作人兼总裁付英波，北京大学第三医院神经外科主治医师、北京大学援鄂抗疫国家医疗队队员吴超作主旨报告，展示了青年科技工作者家国情怀和舍我其谁的责任担当。

在高端对话环节，中国科学院院士梅宏、中国科学院院士周琪、深圳清华大学研究院院长嵇世山、中国技术交易所总裁郭书贵、清华大学博士生导师郑新前、中国科学院工程热物理所副所长陈海生、海尔卡奥斯工业互联网平台首席运营官严鹏飞、北京中科闻歌科技股份有限公司董事长王磊等，围绕“科技创造价值、青年改变世界”主题进行深入交流。

闭幕式上还颁发了中国（青岛）海外人才创新创业项目大赛奖项。宣布下届年会将在北京举办，举行了年会会旗交接仪式。

中国科协党组、书记处有关领导同志，山东省委、省政府和青岛市委、市政府有关领导同志，北京市委、市政府有关领导同志，院士专家、企业家和一线科技工作者代表，国外专家学者和科技组织代表，以及媒体记者 300 人参加闭幕式。

【2020 世界新能源汽车大会开幕并发布共识】 9 月 28 日，2020 世界新能源汽车大会在海南国际会展中心开幕。全国政协副主席、中国科协主席、世界新能源汽车大会主席万钢出席会议并做“共克时艰、跨界协同、合作共赢——拥抱全球汽车产业百年未遇大变革”的主旨报告。德国驻华大使葛策、海南省省长沈晓明出席会议并致辞，中国科协党组副书记、副主席、书记处书记徐延豪主持开幕式。

万钢指出，汽车产业同舟共济、迅速行动，在对抗击疫情、复工复产、维护全球产业链供应链稳定方面发挥了重要作用。当前，新能源汽车进入市场化和高质量发展攻坚期，要保持战略定力，坚定新能源汽车重大战略方向，加快推动新能源汽车由政策驱动向“市场＋政策”双轮驱动转变。

万钢强调，面对复杂多变的内外部环境和百年未遇之大变革，全球汽车产业应更加紧密合作、共克时艰，充分发挥汽车产业作为国际国内双循环的节点作用，危中求机，主动拥抱新一轮科技革命，加快推进“电动化、智能化、共享化”转型，全面构建产业融合发展新生态，共享汽车产业创新发展成果，为建设清洁美丽世界、推动世界创新、绿色、可持续发展作出更大贡献。

葛策表示，中德两国在新能源汽车领域长期紧密合作取得长足发展，面向未来挑战，必须以全球的视角和眼光进一步加强全球合作，共同推动碳减排，携手共建绿色低碳美丽世界。

沈晓明在致辞中表示，海南将新能源汽车发展作为建设国家生态文明试验区的标志性项目，着力打造“一基地两中心”。随着海南步入自由贸易港时代，自由贸易港政策直接利好新能源汽车发展，海南将争做中国新能源汽车发展的排头兵。

国务院发展研究中心原党组书记、中国电动汽车百人会理事长陈清泰，海南省副省长沈丹阳，海南省政协副主席侯茂丰，海南省政府秘书长倪强，前驻德国大使、中德友好协会会长史明德、中国科协党组成员、书记处书记吕昭平出席了会议。

工业和信息化部副部长辛国斌，科学技术部副部长李萌，国家市场监督管理总局副局长甘霖出席会议，并就政府加快推动新能源汽车市场化发展从统筹规划、科技创新、质量与安全管理等方面发表演讲，联合国副秘书长兼联合国环境规划署执行主任英格·安德森，清洁能源部长级合作机制秘书处主任唐·杜纳就推动新能源汽车领域的协同合作发表视频演讲。日本经济产业省为本次大会发来贺信。

大众汽车集团管理董事会主席赫伯特·迪斯，上海汽车集团总裁王晓秋，宝马集团董事韦博凡、长安汽车常务副总裁袁明学、日产汽车副社长中畔邦雄围绕全面电动化的愿景与行动作专题演讲。清华大学教授、中国科学院院士、世界新能源汽车大会科技委员会联合主席欧阳明高发布了“2020 全球新能源汽车前沿及创新技术”评选结果。大会期间，由政产学研各界讨论形成并发布《2020 世界新能源汽车大会共识》。

本次大会由中国科学技术协会、海南省人民政府、科学技术部、工业和信息化部、国家市场监督管理总局联合主办，大会特别邀请德国作为主宾国。大会线下活动包括 2 场全体大会、5 场主题峰会、1 场中德论坛、1 场国是论坛、1 场高层闭门会议，线上活动包括 8 场云科普、5 场云峰会、云展览、在线直播等内容。大会围绕“共克时艰、跨界协同、合作共赢”主题，就新能源汽车可持续健康发展，电动化、智能化、共享化融合发展与跨界协同，以及科技变革与新能源汽车技术创新等议题展开研讨。

据介绍，2019 年，全球主要国家新能源汽车销量超过 210 万辆，中国销量达到 120.6 万辆，占中国新车销售比例达 4.68%。截至 2019 年年底，全球新能源汽车累计销量突破 720 万辆，中国占比 50% 以上。

9 月 29 日，在世界新能源汽车大会上，全国政协副主席、中国科协主席、世界新能源汽车大会主席万钢发布了《2020 世界新能源汽车大会共识》。

“共识”基于对全球新能源汽车发展现状及趋势的综合研判，汇集了国内外政产学研各界的意见和智慧，将为今后一段时间内世界新能源汽车产业发展提供重要的方向指引。

“共识”再次确认了 2019 年“博鳌共识”提出的“到 2035 年全球新能源汽车市场份额达到 50%”的目标。

“共识”认为，应当加强全球合作，共同应对挑战，以更加积极的态度主动拥抱新一轮科技变革。在未来 5—10 年政策扶持仍将发挥不可或缺的作用，各国政府应创新监管模式，对新技术、新产品、新业态采取审慎包容的原则，而整车企业则要发挥技术创新、产业链培育和市场推广的龙头作用。

“共识”指出，安全是新能源汽车健康可持续发展的重要前提，需要持续加强全产业链安全技术研究，制定和执行严格的安全技术标准。同时指出，电动化、智能化、共享化叠期发展亟须汽车与能源、交通、信息通信、城市规划等行业更紧密地跨界协同，共同构建产业新生态。

“共识”呼吁，开放合作成为攻坚克难、创新发展的必然选择。汽车行业应积极构建“开放包容、创新引领、互利共赢”的全球合作新格局，共同培育产业转型升级新动能。

附：2020 世界新能源汽车大会共识（全文）

2020 年 9 月，全球汽车产业主要相关方再次聚首中国海南，共议汽车产业转型升级与可持续发展，与会各方再次确认了“博鳌共识”提出的“到 2035 年全球新能源汽车市场份额达到 50%”的目标，就加快推动新能源汽车市场化发展达成以下重要共识。

一、面对经济下行、新冠肺炎疫情等诸多挑战，全球汽车市场正处于深度调整期，得益于各国政府强力推动和产业界不断努力，新能源汽车呈现出逆势增长的良好发展趋势，成为稳定汽车消费、加快产业结构调整的重要力量。与会各方一致认为应当加强全球合作、共同应对挑战，以更加积极的态度主动拥抱新一轮科技变革，更加坚定不移地推进“电动化、智能化、共享化”转型发展，依靠创新化危为机，构建更有竞争力、稳定可持续的全球汽车产业体系。

二、全球新能源汽车发展总体上已经迈过培育期进入成长期，但距离完全市场化还有一定距离，在未来 5—10 年政策扶持仍将发挥不可或缺的作用，应进一步创新政策工具，保持政策的科学性、连续性和稳定性，加大对新型基础设施建设和车辆使用环节的政策支持，尤其需要进一步发挥地方政府作用，加快完善新能源汽车使用环境。各国政府要创新监管模式，对新技术、新产品、新业态采取审慎包容的原则，健全有利于新能源汽车、智能网联、共享出行创新发展的政策法规体系和管理制度。

三、企业是新能源汽车市场化发展的主体，产业界应持续加大新能源汽车关键技术研发投入，与高校、研究机构加强联合，加快推进基础前沿技术研究和成果转化，推动产品技术迭代升级。整车企业要发挥技术创新、产业链培育和市场推广的龙头作用，进一步扩大公共领域应用，推进私人消费，拓展乡村等新兴市场，满足多元化市场需求。通过技术进步和规模效应，力争到 2025 年前后纯电动汽车基本具备完全市场化条件。

四、安全是新能源汽车健康可持续发展的重要前提，当前新能源汽车安全问题较为突出，但总体可防可控。提升新能源汽车安全性是一项系统工程，需要持续加强全产业链安全技术研究，从设计、制造、使用、维护保养、回收利用全生命周期建立“本体安全、主动安全、被动安全、过程安全”的防控体系，加强软件远程更新（OTA）和大数据技术应用，制定和执行严格的安全技术标准，开展全产业链的质量提升行动，为消费者提供安全可靠的产品和出行体验。

五、电动化、智能化、共享化叠期发展，加速融合，产业链不断拓展，亟须汽车与能源、交通、信息通信、城市规划等行业更紧密地跨界协同，共同构建产业新生态。汽车行业将积极加强可再生能源与 V2G 技术应用，推动构建“绿色、智能”的新型能源体系；加快人工智能、大数据和新一代信息通信技术的应用，拓展智能网联汽车的商业化应用场景，扩大共享出行服务规模，推动与智能交通系统和智慧城市的融合发展。

六、经济与社会的可持续发展迫切要求汽车产业转型升级，新一轮科技革命催生产业变革与重塑，百年汽车产业正面临着前所未有的发展机遇与挑战，开放合作成为攻坚克难、创新发展的必然选择。汽车产业需要进一步创新合作模式、拓宽合作领域、提升合作水平，深化在政策法规协调、科技创新、市场培育、产业协作等领域的全球合作，积极构建“开放包容、创新引领、互利共赢”的全球合作新格局，共同培育产业转型升级新动能。

【第三届世界顶尖科学家论坛】 10 月 30 日，第三届世界顶尖科学家论坛在上海召开。国家主席习近平向论坛作视频致辞。中共上海市委书记李强，中国科协党组书记、常务副主席、书记处第一书记怀进鹏，世界顶尖科学家协会主席、2006 年诺贝尔化学奖获得者罗杰·科恩伯格等出席开幕式并致辞。上海市委副书记、市长龚正主持开幕式。

怀进鹏在致辞中表示，习近平主席在论坛开幕式上发表重要视频致辞，为深化国际科技合作、共同推进世界科学事业指明了方向。顶尖科学家是智慧的灯塔、文明的使者、合作的先锋，他们探索未知、预见未来，以鼓舞人心的成果领跑前沿，以理性与谦逊、思想与美德，为青年人才引领方向。论坛作为独特的团结合作平台，架起了一座连接全球科技界的新桥梁。当前新一轮科技革命与产业变革深入发展，全球疫情仍在蔓延，经济全球化遭遇逆流，应对这场严重疫情以及世界经济社会的恢复发展，既考验着各个国家应对挑战的能力，也考验着全球科学家的智慧，更是织密科技共同体交流网络，发挥科学家开放创新优势的难得机遇。

怀进鹏强调，面对当前全球性挑战与机遇，世界科技界需要共同努力。一是共塑开放科学，期待论坛开辟更多合作平台，让开放、包容成为一种信仰。二是共济开放人才，期待论坛发挥对科学人才的磁吸作用，让团结、合作成为一种力量。三是共促开放治理，以开放姿态共建全球治理体系，推动多边、区域等层面科技治理规则协调，让透明、负责任成为一种文明。四是共建科技共同体，倡导和推动构建“以理服人”的学术共同体、“以德服人”的价值共同体、“以人为本”的命运共同体。他表示，中国科协将与上海市、世界顶尖科学家协会一道，依托论坛平台，推动与各国科学家的信任合作，为世界可持续发展和人类命运共同体建设作出独特贡献。

开幕式上还举行了世界顶尖科学家发展基金会揭牌仪式和世界顶尖科学家社区云启幕仪式。罗杰·科恩伯格、迈克尔·莱维特、姚期智、王贻芳、谢晓亮共同启动了世界顶尖科学家国际联合实验室云进驻仪式。罗杰·科恩伯格、朱棣文、文卡特拉曼·拉马克里希南、野依良治、迈克尔·莱维特、兰迪·谢克曼六位世界顶尖科学家协会执行委员会成员联合发表了科学态度。

世界顶尖科学家论坛由世界顶尖科学家协会发起、上海市人民政府主办，中国科协为论坛指导单位。论坛以“科技，为了人类共同命运”为永恒主题，全力打造具有国际影响力的科技创新合作与交流平台。本届论坛采用线上线下相结合的方式举办，全球300多位科学家（包括61位诺贝尔奖得主）参会。中国科协动员全国100多家学会共同参与，并在全国遴选出50多名青少年科技英才参加科学大会。

论坛期间，怀进鹏还与顶尖科学家、少年科技英才分别举行座谈会。中国科协党组成员、书记处书记宋军，以及中国科协办公厅、青少年中心、国际科技交流中心等单位同志陪同出席有关活动。

【2020年全国学会工作会议】 11月30日，2020年全国学会工作会议在北京召开。全国政协副主席、中国科协主席万钢出席会议并讲话，中国科协党组书记、常务副主席、书记处第一书记怀进鹏作工作报告。科技部党组成员、副部长李萌围绕“十四五”科技创新战略规划，民政部党组成员、副部长詹成付围绕新发展阶段更好发挥社会组织的作用分别作专题辅导报告。中央纪委国家监委驻科技部纪检监察组组长、科技部党组成员龚堂华，中国科协党组、书记处负责同志，民政部社会组织管理局局长柳拯，中央和国家机关工委群众工作部副部长王瑞芹出席会议。全国学会、各省级科协及所属学会负责同志，中国科协部门单位主要负责同志约1600余人以线上线下方式参加会议。中国科协党组成员、书记处书记吕昭平主持会议。

会议以习近平新时代中国特色社会主义思想为指导，深入学习宣传贯彻党的十九届五中全会精神，全面总结党的十九大以来全国学会工作经验，筹划部署“十四五”及更长时期全国学会创新发展的目标任务、重点举措，为中国科协十大召开做好准备，把全国学会发展与落实国家战略紧密结合起来，把学习贯彻全会精神的成效转化为推进全国学会蓬勃发展的强大动力。

万钢指出，党的十九大以来，全国学会改革创新发展取得丰硕成果，价值引领的开放型组织建设成效显著，协同创新的枢纽型组织特征愈加凸显，治理优化的平台型组织能力不断提升。他强调，全国学会要深入学习贯彻党的十九届五中全会精神，准确把握学会发展的历史使命和战略方位，坚持面向世界科技前沿、面向经济主战场、面向国家重大需求、面向人民生命健康，系统谋划学会的发展方向和发力重点。要聚焦创新发展大势和国家战略需求，加强对科技创新方向的引领，保护科学不受歧视和干扰，推动构建开放、互信、合作的新型国际关系，为实现科技自立自强接续奋斗。要着力提升学会治理效能，对标国际一流，着力建设具有国际影响力的中国特色社会主义现代化科技社团，服务科技工作者创新建功。

怀进鹏回顾了全国学会主动服务疫情防控、积极促进经济社会发展的生动实践，系统总结了全国学会改革发展成效与问题，围绕贯彻落实党的十九届五中全会精神，深入分析国内外科技经济发展态势，要求全国学会以服务构建新发展格局、推进国家现代化为目标，以科技支撑供给侧结构性改革、扩大内需为战略基点，以改革开放为根本动力，坚持党建强会、学术立会、开放兴会、依章治会，建设世界一流科技社团，努力把科技共同体的组织优势有效转化为高质量发展优势和现代化治理效能，把学会集聚的人才资源、创新资源势能有效转化为建设世界科技强国的强大动能。

李萌围绕我国科技事业的历史性成就和存在的挑战，阐释了科技自立自强的重要性和必要性，介绍了构建新时代国家创新体系的内涵和要点。詹成付充分肯定“十三五”时期我国社会组织工作取得的新成就，分析了“十四五”规划建议对社会组织提出的新要求，介绍了民政部支持科技类社会组织高质量发展的相关举措。

曹建国、姚建年、樊代明、冯夏庭、石楠等全国学会理事长以及浙江省科协党组书记、副主席郑金平，青年科技工作者代表徐梦珍等在大会上作交流发言。与会代表围绕建设一流学会、提升学术引领能力、融入全球创新网络、促进产业链现代化等“十四五”时期全国学会高质量发展面临的机遇与挑战进行了分组讨论。

吕昭平作了会议总结，要求各全国学会、地方科协及地方学会及时传达会议精神，把思想和行动统一到党的十九届五中全会精神上来，主动担负起推动科技创新、实施创新驱动发展战略的重任。

会议期间，公布了中国科协与民政部联合印发的《关于进一步推动中国科协学会创新发展的意见》，意见突出创新发展导向，聚焦突出问题，在促进学会国际化发展、服务科技人才及提高治理能力等多方面推出了一系列激励举措。会议还就《世界一流科技社团建设评估标准》《“科创中国”三年行动计划》等征求了意见，向中国科协党校全国学会分校及教育基地授牌，还以书面、展板、在线专栏形式宣传交流了学会创新发展的生动实践案例与鲜活经验。

【中国科协2020重大科学问题和工程技术难题征集发布终审评议会】 5月25日，由中国科协主办的2020重大科学问题和工程技术难题征集发布系列活动在北京召开终审评议会。会议由中国科学院院士、中国科协名誉主席韩启德主持，中国科协党组书记、常务副主席、书记处第一书记、中国科学院院士怀进鹏，中国科协党组成员、书记处书记吕昭平出席会议。

韩启德指出，中国科协自2018年起组织全国学会及学会联合体开展重大科学问题和工程技术难题征集发布活动。活动瞄准世界科技前沿，研判未来科技发展趋势，前瞻谋划和布局前沿科技领域与方向，引导科学家、科研机构、企业合作开展科技攻坚，为科技创新推动可持续发展贡献力量。经过几年的努力，活动逐步完善，已形成品牌，要进一步优化评审方法，扩大国际视野，为人类科学未知探索作出我们的贡献。

怀进鹏在致辞中指出，在当前国际国内的形势下，中国科协要紧紧依靠广大科技工作者的智慧和力量，承担科技共同体的价值使命，持续研判世界未来科技发展趋势，继续做好重大科学问题和工程技术难题征集发布活动。要进一步突出创新引领，不断引领科技工作者合力攻坚，让科技成为化危为机的重要力量和战略支撑。要加强智库化和长效机制建设，在科技创新的源头、科技创新的中间地带以及科技创新发展打通“最后一公里”，真正从策源地、中间地和到未来发展支撑地的角度，对中国科技创新发展提出重要的智库建议。要强化国际合作机制，凝聚海内外科技力量，着力打造重大科学问题和工程技术难题征集发布品牌，逐步被国际认同。

2020重大科学问题和工程技术难题终审会学术委员会由36位院士专家组成，韩启德担任学术委员会主任。会上，中国科协学会学术部部长刘兴平介绍2020重大科学问题和工程技术难题评选情况，各领域学术组召集人汇报每个学科领域复审情况，复审评议总召集人汇报总复审情况。

此次征集发布工作于3月6日正式启动，截止到4月27日，共有96家全国学会、3家学会联合体和4家企业科协提交490个问题难题。复审会期间，与会专家从前沿性、引领性、创新性、战略性四个方面严格把关，在12个领域的复审环节共评出了79个问题难题进入终审。

经过专家投票，终审评议会最终选出10个对科学发展具有导向作用的科学问题和10个对技术和产业具有关联作用的工程技术难题，将在第二十二届中国科协年会闭幕式上面向社会发布。

【第二届世界科技与发展论坛】 11月8日，第二届世界科技与发展论坛在北京召开。全国政协副主席、中国科协主席万钢出席开幕式并致辞。联合国教科文组织自然科学助理总干事贝杜埃勒，国际科学理事会主席达亚·瑞迪，世界工程组织联合会主席龚克，日本科学技术振兴机构原理事长冲村宪树以及中国工程院党组书记、院长李晓红分别致辞，来自34个国际组织和国别组织以及顶尖科学家协会向大会发来贺信。论坛开幕式由中国科协党组书记、常务副主席、书记处第一书记、中国科学院院士怀进鹏主持。

万钢指出，十九届五中全会提出要“坚持创新在我国现代化建设全局中的核心地位”，并将“坚持实施更大范围、更宽领域、更深层次对外开放”，这意味着中国扩大科技开放合作的步伐将会越迈越大。应对新冠肺炎疫情大流行和世界经济复苏与民生改善，需要全球科技界的共同行动，迫切需要全球科技界倡导开放包容，推动互信互鉴，共同激活创新合作的动能。围绕加强全球科技创新合作，万钢提出三点期望：一是增进互信，筑牢合作基础，希望各国科技组织致力于建立无障碍、无歧视的科学共同体，坚持尊重科学、尊重事实、增进互信的理念；二是团结合作，凝聚创新力量，发挥科学共同体的独特优势，继续高举和平、发展、合作、共赢旗帜，凝聚科技界力量，为人类的健康与和平发展发出共同声音；三是共同发展，增进人类福祉，推动各国在涉及人类命运与前途的领域中深入开展联合研究，使科学和技术成为推动发展的内生动力，促进产学研深度融合，共同推动全球创新发展，为世界经济的绿色复苏和可持续发展增添不竭动力。

论坛邀请到来自亚、非、欧、美、大洋洲等五大洲 21 个国家，以及联合国科学技术促进发展委员会、联合国教科文组织、世界工程组织联合会、国际科学理事会和国际电信联盟 5 个国际组织的 30 余位院士、知名专家、大学校长、科技企业负责人展开研讨交流，200 余位来自全国学会、知名企业、高等院校和科研机构的代表现场出席。

中国科学院院长白春礼，国际科学史研究院秘书长埃菲思缪斯·尼古拉耶迪斯，诺贝尔经济学奖获得者、前世界银行副行长兼首席经济学家保罗·罗默，北京市副市长隋振江，瑞士洛桑管理学院（IMD）金融学教授、IMD 世界竞争力中心主任阿图罗·布里斯，清华大学教授、中国科学院院士张钹，百度创始人、董事长兼首席执行官李彦宏，万维网发明人、图灵奖获得者、英国计算机专家蒂姆·伯纳斯·李，华为公司董事、华为战略研究院院长徐文伟围绕“科技革命与人类文明演进”“区域创新与创新政策环境”“数字经济与包容性增长”三大议题作主旨报告。

微软公司前执行副总裁、美国工程院外籍院士沈向洋，世界工程组织联合会主席龚克，清华大学苏世民书院院长薛澜，中国工程院院士、北京大学第三医院院长乔杰，中国科学院院士、中国科学院脑科学与智能技术卓越创新中心学术主任蒲慕明，微软首席科学家埃里卡·霍维茨，联合国教科文组织 UNESCO 人工智能伦理委员会召集人、荷兰特文特大学教授保罗·维贝克进行高端对话，共同探讨推进构建全球科技伦理治理体系议题。

11 月 9 日，第二届世界科技与发展论坛在北京闭幕。中国科协党组书记、常务副主席、书记处第一书记、中国科学院院士怀进鹏出席闭幕式并以“构建开放、信任、团结的科技共同体”为题作总结讲话，中国科协党组成员、书记处书记吕昭平主持闭幕式。

怀进鹏指出，科技共同体在关注科学求真的本质的同时，也在思考如何提升科技向善、科学臻美的新境界。面对疫情蔓延，面对世界进入不稳定变革期，面对全球性挑战与机遇，要着力构建“以理服人”的学术共同体，为科学求真建立灯塔，让开放、包容成为一种信仰；着力构建“以德服人”的价值共同体，为科学向善指明航向，让透明、负责成为一种文明；着力构建“以人为本”的命运共同体，为科学臻美铸就使命，让团结、合作成为一种力量。怀进鹏希望，以开放的确定性应对未来的不确定性，以信任的内聚性应对世界的不稳定性，以团结的包容性应对文明冲突的挑战性，科技文明必然成为人类幸福旅程的灯塔，照亮至暗时刻。科技共同体要凝聚价值共识，扎紧信任纽带，在开放中创造机遇，在合作中破解难题，共创人类美好未来。

闭幕式主旨报告围绕“开放科学与科学共同体责任使命”，邀请挪威经济学家乔根·兰德斯，中国科协副主席、西湖大学校长、中国科学院院士施一公，联合国教科文组织自然科学助理总干事贝杜埃勒，联合国可持续发展技术促进机制 10 人组成员、中国科学院院士郭华东，国际科学理事会主席达亚·瑞迪作报告。

闭幕式上还发布了 2020 年度十大科学问题、科技期刊世界影响力指数研究报告、阿里巴巴一站式超大规模图计算系统和京东智能供应链决策引擎等四项成果，并将发布成果入库“科创中国”平台。

本届论坛由中国科协、中国科学院、中国工程院主办，联合国教科文组织、国际科学理事会、世界工程组织联合会、日本科学技术振兴机构等国际组织协办，以线上线下相结合的形式进行。论坛以“信任、合作、发展”为主题，设置开幕式、闭幕式、主论坛，以及世界数字经济、科技型中小企业创新、开放科学与开源创新合作、女科学家、技术服务与交易等 5 个分论坛，围绕“科技革命与人类文明演进”“区域创新与创新政策环境”“数字经济与包容性增长”“开放科学与科学共同体责任使命”“科技伦理与科学文化”等议题，百余位境内外高层次专家进行交流研讨，并面向全球网络直播。据不完全统计，主论坛和分论坛线上直播观看人数近 2600 万人。

【第四届世界智能大会】 6 月 23 日，第四届世界智能大会在天津开幕，大会采取“云上”办会的全新模式呈现。

全国政协副主席、中国科协主席万钢出席云开幕式暨主题峰会并作主旨报告，天津市委书记李鸿忠致辞，中国工程院院长李晓红通过视频对大会表示祝贺。

李鸿忠在致辞中说，智能科技已成为天津的一张城市名片，正成为高质量发展的核心驱动力。展望未来，我们将以崭新的姿态，主动拥抱智能新时代，推动第四次工业革命先锋城市建设迈出更大步伐。

万钢在主旨报告中指出，随着后疫情时代的到来，我们将突出时代新需求，在疫情防控中打通大数据、利用区块链、创新云服务，使社会服务更加完善；促进新产业发展，进一步推动全产业链智能化、数字化，持续推进人工智能与实体经济紧密结合；创造就业新平台，构建开源开放的共享平台，打造“科创中国”品牌；持久深化基础研究，构建世界级的人工智能开发平台和产业生态体系；促进人工智能领域国际合作，与世界各国共同应对这次疫情大考。

第四届世界智能大会以“智能新时代：创新、赋能、生态”为主题，用“会、展、赛＋智能体验”“四位一体”方式，举办云推介、云发布、云双边会谈、云智能体验、云智能科技展及世界智能驾驶挑战赛、“第五空间”智能安全大赛、天津市“海河英才”创业大赛等 6 项云赛事，13 场云平行论坛陆续亮相，还举行了云签约和线下现场签约活动。

【第二十四届全国发明展览会】 11 月 19—21 日，为期 3 天的第二十四届全国发明展览会——一带一路暨金砖国家技能发展与技术创新大赛在佛山举办。十三届全国政协副主席、中国科协主席万钢为展会开幕式作视频讲话。开幕式由中国发明协会党委书记、常务副理事长兼秘书长余华荣主持。第十二届全国政协常委、中国发明协会理事长潘云鹤院士，科学技术部副秘书长贺德方，中国工程院院士、云南省科协主席朱有勇，省科协党组成员、专职副主席冯日光，佛山市委常委、常务副市长蔡家华等领导嘉宾出席开幕式并参观展览。

万钢在视频讲话中强调，本届展会通过为发明者、企业家提供学习、交流、对话和发明创新成果转化的平台，将进一步推动国家之间、地区之间的创新资源互补共享，实现互惠互利、共同发展。

本届展会展览面积 4 万平方米，设置了高端装备制造、节能环保、生物医药、智能家居、粤港澳大湾区、青少年发明创新等展区，吸引了全国各地 800 多家企业、高校和科研院所 5000 多人参加展会活动。本届展会非常重视促进发明创新与产业资本对接，同期举行了 2020 年科技成果直通车（佛山站智能制造领域）活动和项目投资合作路演活动，此外，还举办了“一带一路”暨金砖国家技能发展与技术创新大赛和“一带一路”暨金砖国家技能发展与技术创新国际研讨会。

【2020 世界智能网联汽车大会】 11 月 11 日，以“智能新时代车联新生活”为主题的 2020 世界智能网联汽车大会在北京隆重开幕。大会由北京市人民政府、工业和信息化部、公安部、交通运输部、中国科学技术协会共同主办。中共中央政治局委员、北京市委书记蔡奇出席开幕式并宣布大会开幕，工业和信息化部部长肖亚庆，北京市市长陈吉宁，中国科协党组书记、常务副主席、书记处第一书记怀进鹏，公安部副部长刘钊，交通运输部副部长刘小明，国际电信联盟（ITU）秘书长赵厚麟分别致辞，北京市委常委、副市长殷勇主持大会开幕式。

陈吉宁在致辞中表示，北京市高度重视智能网联汽车产业发展，发挥国家智能网联汽车创新中心等平台支撑引领作用，制定实施创新发展行动方案，创新监管模式，实施交通安全评估，加大仿真测试应用，在全国率先开展自动驾驶车辆开放道路测试。北京市已开放公开测试道路 200 条，总长达 700 公里，为 14 家企业的 87 辆车发放了自动驾驶车辆道路测试牌照，安全测试里程超过 200 万公里。年内又建设了全球首个网联云控式高级别自动驾驶示范区。

怀进鹏在致辞时指出，中国科协充分发挥人才汇聚和网络密集的优势，正在组织搭建科创中国平台网络，引导技术人才和数据等创新要素聚合发展。科创中国平台已汇聚众多智能汽车和车联网等资源，为推进产学融通发展提供了合作的基础。

刘钊在致辞中提出，公安部将认真贯彻党的十九届五中全会精神，聚焦智能网联汽车发展需求，不断完善政策、法律标准，加快推进车路协同发展，切实夯实安全运行基础，努力为智能网联汽车发展营造良好环境。

按照疫情防控要求，2020 世界智能网联汽车大会采用线下会议与线上云直播、云讲坛、云展览相结合的方式举办。在 11—13 日三天会期中，举行 4 场主题峰会、2场高端对话、1场名家云讲堂等系列活动。此外，还举办了智能网联汽车道路测试与示范应用研讨会、国际合作圆桌论坛、自动驾驶城市末端配送创新与实践等多场特色活动。大会同期举行的中国国际新能源和智能网联汽车展览会，打造全新“线下＋云”双平台展览模式。除设立整车、关键零部件、自动驾驶科创企业集群、ICT和人工智能、5G车联网与智能交通等主题展区外，还设立新基建和智能网联商用车展区、抗疫专区等特色展区。此外，还举办了智联未来——自动驾驶测评演示体验活动，并首次扩展到社会开放道路场景。

【2020中国国际智能产业博览会】 9月15日，2020中国国际智能产业博览会采取“云上”办会模式在重庆隆重开幕。开幕式设新加坡分会场，并与主会场实时连线。

市委书记陈敏尔在开幕式上致辞。联合国副秘书长刘振民视频致辞，新加坡人力部部长兼内政部第二部长杨莉明在分会场出席并视频致辞，工信部副部长王志军现场致辞。国家网信办主任庄荣文、科技部部长王志刚、中国科学院院长白春礼、中国工程院院长李晓红、中国科协党组书记怀进鹏发来祝福视频。市委副书记、市长唐良智主持开幕式，市人大常委会主任张轩、市政协主席王炯，中国工程院院士周济出席。

国家电网董事长毛伟明、韩国高丽大学校长郑真泽、复星国际集团董事长郭广昌、京东方公司董事长陈炎顺、中国建设银行董事长田国立、浪潮集团董事长孙丕恕、三菱电机（中国）公司董事长富泽克行等也通过视频向本次大会发来祝福。

中央有关部委领导，部分央企负责人，全体市级领导，新加坡驻成都总领事，市有关部门负责人，部分知名企业代表在现场参加开幕式。有关国际组织和机构、外国政府部门官员，驻华使领馆官员，国际友好城市负责人，国内外院士专家和知名学者，国内外知名企业代表，科研院所负责人等通过线上方式参加。

2020中国国际智能产业博览会由重庆市人民政府、工业和信息化部、国家发展改革委、科技部、国家网信办、中国科学院、中国工程院、中国科协以及新加坡贸工部共同主办。本次智博会为期三天，聚焦“智能化：为经济赋能、为生活添彩”主题，创新办展理念和方式，推出内容丰富的线上发布、线上展览、线上赛事、线上论坛活动，集中展现全球智能领域最新技术创新成果，努力打造线上智博会平台。大会期间，包括图灵奖在内的世界知名科学家、行业权威等国内外重量级嘉宾将通过多种形式参加智博会活动。300多家世界500强、中国500强等企业将在线参加展览。

【中国国际服务贸易交易会数字贸易发展趋势和前沿高峰论坛】 9月5日，2020年中国国际服务贸易交易会数字贸易发展趋势和前沿高峰论坛在北京举行。工业和信息化部部长肖亚庆，中国科协党组书记、常务副主席、书记处第一书记怀进鹏，北京市政协主席吉林，商务部副部长王炳南，人民日报社副总编赵嘉鸣，山西省副省长卢东亮等出席论坛开幕式，中国电子学会理事长张峰主持开幕式。

怀进鹏在致辞中指出，习近平主席在峰会开幕式上发表重要视频致辞，为全球服务贸易发展提供重要遵循。数字贸易是数字时代的象征，是科技赋能的标志，是未来贸易发展的方向。数字化成为降低疫情影响、对冲经济下行的希望所在。全球信任合作是数字贸易的基石，要共建数字治理体系，推动多边、区域等层面数字贸易规则协调，强化组织与制度创新，共促开源开放，共享数字贸易成果。他表示，中国科协与众多国际科技组织建立了合作关系，连接国际创新网络，将进一步推动跨界协同，培育数字人才，推动开放合作，助力数字贸易发展。期待与各方共同建设“科创中国”平台，以数字贸易焕发新生机、打造新引擎，共创全球服务、互惠共享的美好未来。

肖亚庆在致辞时表示，在社会各界的共同努力下，我国数字经济实现了跨越式发展，数字经济总量跃上新台阶，数字产业化基础更加坚实，产业数字化进程提速升级，数字经济国际合作稳步推进。2020年是“十三五”的收官之年，也是开启国家“十四五”发展新征程的关键之年。要高质量编制“十四五”大数据、软件、信息通信等产业规划，深入实施工业互联网创新发展战略，优化数据要素市场化配置，提升数据和网络安全保障能力，持续深化开放合作，为发展数字经济贡献中国智慧和中国方案。

吉林表示，北京市作为全国科技创新中心，将发展数字经济、数字贸易作为推动高质量发展的战略选择。未来将加快建设高质量数字贸易示范区域，推动区块链、人工智能、大数据等技术赋能生产及交易各环节，加快发展服务型制造新业态新模式，培育一批具有全球影响力和市场引领性的数字经济龙头企业与独角兽企业，建设持续稳定、开放、繁荣的全球数字贸易体系，打造推动经济社会发展新的增长极。

诺贝尔经济学奖得主约瑟夫·斯蒂格利茨，全国政协常委、经济委员会委员李稻葵作主旨演讲，来自腾讯、高通、百度、京东、旷视等企业负责人作主题演讲，“科创中国”平台和《“一带一路”数字贸易指数发展报告》在论坛上发布。

本次论坛由商务部、北京市政府、工业和信息化部、中国科协、人民日报社共同主办，是2020年服贸会4场高峰论坛之一，邀请互联网、物联网和数字经济领域头部企业代表及专家学者，交流研讨数字贸易面临的机遇与挑战和数字贸易发展新思路、新模式、新方向，搭建全球数字经济体间对话、沟通、合作和发展平台。

【世界数字经济论坛】 11月9日，由中国科协主办，中国科协学会服务中心、中关村科技园区管理委员会承办，中国通信学会、中国科学学与科技政策研究会、中国计算机学会、中国电子学会等单位联合支持的世界数字经济论坛在北京召开。中国科协党组书记、常务副主席、书记处第一书记、中国科学院院士怀进鹏，联合国科技促进发展委员会主席彼得·梅杰，国际电信联盟副秘书长马尔科姆·约翰逊分别致辞。论坛共分为开幕式、主旨报告、圆桌讨论三个部分，分别由世界工程组织联合会主席、俄罗斯宇航科学院外籍院士龚克，中国科学院科技战略咨询研究院党委书记、中国科学学与科技政策研究会理事长穆荣平主持，50余位世界数字科技与经济领域著名专家学者参与论坛。

怀进鹏在致辞中代表中国科协向出席世界数字经济论坛的现场嘉宾和线上嘉宾表示诚挚的欢迎。他指出，当今科技革命和产业变革正在深入发展，数字经济已成为第四次工业革命最重要的特征，数字技术是其最核心的内容，社会正在发生转型，技术正在深刻影响着产业，影响着社会。十九届五中全会上对“十四五”时期加快数字发展，推动产业数字化、数字产业化，坚定不移建设数字中国作出重大部署。未来数字经济和数字化发展将进一步提速升级，在数字经济快速发展的同时，数字经济也带来新的困惑，如数据泄露、数据迷失等，要加大数字技术的研究，使数字经济、数字技术与实体经济更加柔和、有效、渐进、持续地发展。在数字转型中，注重利用数字经济服务人这一最重要的目标，不断加强数字治理和数字服务。他强调，世界要携起手来，坚持在包容中发展，在共享中创新，让数字经济为人类社会创造更美好的未来。

彼得·梅杰从联合国的角度阐述了数字技术对世界经济和社会的影响。他指出，以人工智能等数字技术为代表的新技术有效缓解了新冠肺炎疫情带来的冲击，能够有力推动和平、人权和可持续发展进程，带来经济和社会活动领域的巨变。网络安全漏洞、侵犯隐私等数字安全问题日益突出，这需要各国政府、民间团体、学术界和技术产业界共同努力，消除数字鸿沟，加强数字治理，建设具有包容性特征的惠及所有人的数字经济。

马尔科姆·约翰逊指出，当前数字经济在国民经济中的地位持续提升，融合发展趋势更加深入，显著改善了人们的生产生活方式。特别是在此次新冠肺炎疫情全球大流行期间，数字技术以前所未有的力量催生了远程医疗、在线教育、协同办公、跨境电商等新业态、新模式，已成为世界经济增长的潜力所在。各方需要共同努力，加强合作，推动部署5G、工业互联网等新一代信息网络基础设施，同时降低信息安全、隐私、就业等方面的潜在风险，推动实现联合国可持续发展目标。

主旨报告环节，中国工程院院士、中国工程院原副院长邬贺铨，德国国家科学与工程院董事会主席、中国工程院外籍院士孔翰宁，中国国际经济交流中心副理事长、第十三届全国政协委员、国务院发展研究中心原副主任王一鸣，丹麦哥本哈根商学院数字化系教授扬·丹斯高，中国信息通信研究院院长刘多，荷兰乌得勒支大学全球历史转型与挑战中心教授、莱昂纳多·达·芬奇奖章获得者约翰·肖特，京东集团副总裁、IEEE/CAAI会士何晓冬分别作主旨报告《数字机遇与创新生态》《“数字化转型是成功的因素”——从新冠肺炎疫情危机中得出的第一个结论》《以数字化转型推进新旧动能转换》《数字化——范式转变》《全球数字科技发展与产业变革》《引领数字化转型迈向第二次深度可持续转型》《智能交互时代服务业数字化的实践与思考》。

圆桌讨论环节，中国科学技术发展战略研究院院长胡志坚，中国通信学会副理事长兼秘书长张延川，商务部国际贸易经济合作研究院副院长张威，浙江大学教授王春晖，英特尔中国研究院院长宋继强，德国SAP中国副总裁和首席数字官彭俊松等专家学者和企业家围绕数字经济发展的机遇和挑战、企业数字化转型路径、数字安全等议题进行了深入探讨。

世界数字经济论坛是第二届世界科技与发展论坛的5个分论坛之一，本次论坛立足中国，放眼国际，围绕共建人类命运共同体发展目标，汇聚全球数字经济顶级智力资源，力争通过搭建开放共享合作信任的国际数字经济交流平台，引领培育数字经济新业态，构建数字经济新生态，倡导合作共赢的发展理念，共同推进数字经济、共享经济蓬勃发展，推动世界经济不断焕发生机活力，切实推动实现联合国可持续发展目标，使每个人共享数字经济红利，共创全球发展、互惠共享的美好未来。

【第二届世界科技与发展论坛分论坛——开放科学与开源创新合作论坛】 11月9日，第二届世界科技与发展论坛分论坛——开放科学与开源创新合作论坛在北京中关村国家自主创新示范区展示中心举办。中国科协党组书记、常务副主席、书记处第一书记、中国科学院院士怀进鹏出席并致辞。北京大学信息科学技术学院院长、中国工程院院士、论坛主席高文，百度首席技术官王海峰，中国科学院计算技术研究所研究员包云岗，中国社科院科学技术和社会研究中心主任段伟文，北京航空航天大学计算机学院院长吕卫峰，中国开发者网络创始人、董事长、CODECHINA发起人蒋涛，阿里巴巴副总裁刘松，旷视科技首席架构师徐串，汉能投资董事长兼首席执行官陈宏等嘉宾现场出席。联合国教科文组织开放科学专项负责人巴努·诺伊帕内，OpenCV创始人加里·布拉德斯基，RISC-V国际基金会首席技术官马克·海美尔斯特恩，OpenStack基金会执行董事乔纳森·布莱斯，剑桥大学莎特沃兹基金会研究员珍妮·莫洛伊等外宾通过视频连线出席论坛。本次论坛以“开源创新与科技发展”为主题，由中国科协、中国科学院和中国工程院共同主办。

吕卫峰主持主旨报告环节，王海峰、巴努·诺伊帕内、包云岗、加里·布拉德斯基和段伟文5位中外嘉宾，聚焦开源开放促进技术创新和产业升级、开源芯片研发、开源国际化发展和开放科学促进科研深化发展等议题，探讨了开放科学、开放数据和开源创新对全球科技革命和产业变革的重大影响，以全球化视野和战略眼光凝聚开放包容、开源共享共识。

蒋涛主持对话交流环节，与刘松、徐串、陈宏、马克·海美尔斯特恩、乔纳森·布莱斯、珍妮·莫洛伊6位中外嘉宾，就开放科学开源协作如何驱动科技创新、开放科学开源创新下全球科技生态的新机遇新特点、开源创新与开放共赢的合作探讨与未来构想等话题进行了热烈而深入的交流，对如何推动全球开源开放合作提出富有创见的举措建议。

本次论坛由中国科协企业创新服务中心、中国科学院科学传播局、中国科学院科技创新发展中心（北京分院）、中国工程院信息与电子工程学部、中国开发者网络和清华大学互联网产业研究院承办，中国科协科学技术传播中心、中国电子学会和数字中国联合会协办。60余位科技界、产业界、投资界的专家学者和全国学会代表现场参加论坛，“科创中国”平台同步开展在线直播。

【2020中国创新创业成果交易会】 9月23日，以“数字变革创新引领”为主题的2020中国创新创业成果交易会在广州开幕。中国科协党组书记、常务副主席、书记处第一书记怀进鹏视频致辞，广东省人民政府副省长王曦、广东省政协副主席、九三学社省委会主委、省住房和城乡建设厅厅长张少康出席启动仪式，广州市市长温国辉，中国科协党组成员、书记处书记宋军在启动仪式上致辞。中国科协、中国科学院、中国工程院、九三学社中央、广东省、广州市有关领导以及宋尔卫、曹春晓等11名院士和墨西哥、以色列、尼泊尔、土耳其、埃塞俄比亚、哥伦比亚等21个国家驻穗总领事馆40名官员、国内外科技团体、高校科研院所、民办科研机构、参展技术成果持有人或团队代表、风投创投机构代表及各界创新创业人士共约200人参加启动仪式。启动仪式由广州市副市长王东主持。

怀进鹏在视频致辞中代表中国科协对本届创交会举行和广州国际技术交易服务中心成立表示祝贺，他表示，中国科协将深化会市合作，支持广州推进国际技术交易中心建设，期待广州国际技术交易服务中心以技术服务促进产学研深度融合，支持粤港澳大湾区建设，为服务构建新发展格局培育新动能，成为技术高地、人才高地、开放高地。

温国辉在致辞中提到，创交会历经5年举办，品牌知名度、影响力大幅提升，累计促成约500个项目转化落地，涉及金额394亿元。他强调，广州深入学习贯彻习近平总书记关于科技创新重要论述精神，坚持“四个面向”，积极构建“科学发现、技术发明、产业发展、人才支撑、生态优化”的全链条创新发展体系。

启动仪式上，宋军、温国辉共同为广州国际技术交易服务中心揭牌；10 个已达成落地或交易意向的创新创业成果项目持有方代表与企业代表交换签约文本。启动仪式后，与会领导和嘉宾参观了创新创业成果展览。

中国创新创业成果交易会由中国科协、国家发展改革委、中国科学院、中国工程院、九三学社中央、广东省政府、广州市政府共同主办。2020 年的创交会于 9 月 23—25 日举行，首次采用线上线下相结合的方式，展会期间举办 22 场专项活动，通过线上线下方式展出 3000 多项成果，有 5 项专利成果现场拍卖，成交额达 1430 万元。本届创交会聚焦疫情引发的产业变革和产业融合催生的新动能，专设“防疫技术成果展区”，强化产学研用深度合作，着力打造国际化、专业化、市场化的创新创业平台，助推科技经济深度融合发展。

【基础科学重大问题研讨会】 7 月 10 日，中国科协召开基础科学重大问题研讨会。中国科协党组书记、常务副主席、书记处第一书记怀进鹏主持会议，中国科协党组成员、书记处书记束为、吕昭平出席。中国数学会理事长、中国科学院院士田刚，中国物理学会副理事长、中国科学院院士孙昌璞，中国化学会副理事长、中国科学院院士刘忠范，中国力学学会理事长、中国科学院院士方岱宁，中国植物学会理事长、中国科学院院士种康，中国细胞生物学学会理事长、中国科学院院士陈晔光，中国动物学会副理事长兼秘书长、中国科学院院士魏辅文，中国光学学会副理事长任晓敏，中国空间科学学会副理事长邹永廖，中国感光学会副理事长汪鹏飞，中国地球物理学会秘书长郭建等出席会议。

田刚、陈晔光分别就数学和生命科学的发展态势、重要科学前沿、重大科学问题、我国发展现状与建议等作专题报告。与会专家围绕我国基础科学的战略布局、前沿问题、体制机制、人才培养、科学精神等开展深入研讨，就凝练基础科学重大问题、推动科技体制机制创新、培养领军人才等提出意见建议。

怀进鹏在研讨会上传达了中央领导同志近期对基础科学发展的重要指示精神。他强调，基础科学研究是我国跻身世界科技强国的必要条件，基于态势研判识别重大问题及优先级，对于加快提升自主创新能力十分重要。中国科协深入贯彻习近平总书记重要指示精神和党中央、国务院决策部署，按照国家科改领导小组专题会议要求，以“科创中国”品牌建设为切入点，探索推动科技经济深度融合的组织机制创新，引导和服务全国学会深入谋划重大科学问题和工程技术难题，深化国际交流合作，加强领军人才培养，促进科技体制改革，为科学发展营造良好生态环境。希望各全国学会进一步凝聚科技工作者的智慧，深入开展基础科学领域重大问题研究，发挥好智库功能，为我国“十四五”和中长期科技发展规划建言献策。

中国科协办公厅、组织人事部、调研宣传部、学会学术部、学会服务中心主要负责人参加会议。

【学会国际化发展专题研讨会】 7 月 9 日，中国科协召开学会国际化发展专题研讨会，中国科协党组书记、常务副主席、书记处第一书记怀进鹏主持会议并讲话，党组成员、书记处书记吕昭平出席。中国航海学会理事长何建中，中国电机工程学会理事长、国际电工委员会主席、中国工程院院士舒印彪，中国计算机学会理事长、中国科学院院士梅宏，国际数字地球协会名誉主席、中国科学院院士郭华东以及外交学院院长徐坚、中国未来研究会理事长金灿荣等 15 位学会理事长、秘书长及专家出席会议。

徐坚和金灿荣分别围绕推动新时代民间外交、加强全球科技交流合作等方面作专题报告。与会的全国学会理事长、秘书长围绕筹建运营国际组织、国际标准互认、设立国际科技奖项、国际化人才培养举荐、海外分支机构建设、外籍会员发展等内容展开研讨，针对深化学会治理改革、完善制度机制，提出了一系列意见建议。

9 月 16 日，中国科协召开学会国际化发展专题研讨会，深入贯彻习近平总书记在科学家座谈会上的重要讲话精神。中国科协党组书记、常务副主席、书记处第一书记怀进鹏主持会议并讲话，中国科协党组成员、书记处书记宋军出席。

与会专家分析了当前国际科技组织面临的挑战和机遇，围绕积极参与国际科技组织建设运营、推动国际科技期刊发展、提升国际科技交流的针对性和效率、优化科技社团国际化政策制度、培育国际交流合作后备人才队伍等内容开展深入研讨，就搭建全球性重大议题对话交流平台、创新引领数字经济发展、提出大科学计划、研制国际标准、开展重大问题国际合作、创新学会国际化组织形式、维护国际组织生态圈等提出了意见建议。

怀进鹏指出，要深刻理解习近平总书记关于“国际科技合作是大趋势”等重要论断，在新的转折时代，深入研判不可预见、不确定性情况下的发展趋势，进一步明确科学共同体的职责使命，通过参与国际科学共同体建设深化科技合作，增强国际科学界的联系、合作和信任，实现超越国家、超越意识形态、超越种族的开放合作、开放组织和开放交流。

怀进鹏强调，要坚持尊重科学规律，倡导合作精神和规则意识，大力加强科学文化建设，利用国际组织、国际期刊及国际会议，拓展跨越界限的互信，强化突破边界的合作，推动科技与经济融合，在合作发展基础上实现对冲发展、博弈发展。要谋划好“十四五”时期学会国际化和国际科技组织发展的方向和策略，加快打造国际一流期刊和一流学术平台，深化与国际接轨的科技政策研究，加快融入全球创新网络，为构建全球科技治理新格局贡献力量。

【2020年中国科技峰会青年科学家专题沙龙】 10月11日，由中国科学技术协会和北京航空航天大学联合主办、中国女科技工作者协会承办的2020年中国科技峰会系列活动青年科学家沙龙第二十五期——动力工程领域科技经济融合与成果转化主题沙龙在北京唯实国际交流中心举办。

中国科协党组书记、常务副主席、书记处第一书记、中国科学院院士怀进鹏，北京航空航天大学党委书记、中国女科技工作者协会常务副会长曹淑敏，中国航空发动机集团有限公司副总经理、党组成员、中国女科技工作者协会副会长、中国工程院院士向巧，国家自然科学基金委副主任、党组成员、中国女科技工作者协会常务副会长高瑞平，北京航空航天大学副校长陶智，中国工程院院士刘大响、宫声凯等动力工程领域专家和来自20余家单位的60余位青年科学家参加主题沙龙开幕式。开幕式由向巧院士主持，怀进鹏和曹淑敏分别致辞，承办方代表、中国女科技工作者协会会长王红阳发来视频致辞。

怀进鹏在致辞中提出，推进科技更好地服务经济、服务社会、服务国家发展，是科学家、科技工作者义不容辞的责任，也是中国科协和学术共同体应该担当的重要使命。广大青年科技工作者要深入学习习近平总书记在科学家座谈会上的重要讲话精神，勇做科学“无人区”的探索者，高扬创新自信，提升原创能力，努力实现更多“从0到1”的突破，共同建设“以理服人”的科学共同体；勇做科技经济融合的示范者，发挥航空发动机研发对相关领域技术创新和国民经济发展的重要支撑作用，加速成果转化应用；勇做国际科技合作交流的推动者，发挥科学共同体的平台枢纽作用，通过科学家特别是女科学家推动建立国际科技界的信任、合作、发展，有效推动国际交流，不断塑造“以人为本”的命运共同体；勇做中国科学家精神的力行者，自觉以爱国创新锻造筋骨，淬炼学风，让科学家精神在中华大地结硕果、酿沉醉、溢流光，努力打造“以德服人”的价值共同体。女科技工作者已经成为一个国家、一个地区不可或缺的重要力量，希望大家在科技领域绽放异彩、在创新研究和人才培养中发挥更大作用。

曹淑敏表示，动力工程领域是关系国家安全的重大战略领域，要通过产学研用融合发展和校企协同创新，加速核心技术攻关和成果转化，以提升对社会经济发展和国家安全的战略支撑能力。青年科学家是科技创新的生力军，希望本次沙龙活动提供研讨、交流和学习的平台，激发新理念和新思路。王红阳在致辞中表示，妇女在各行各业都书写了不平凡的成就，女科学家在动力工程领域，也毫不逊色彰显巾帼力量。期待本次沙龙能够通过学术交流、理念碰撞，激发创新活力，进一步形成科技经济融合，推动成果转化的战略共识与推进方案。

本次沙龙设置2个主论坛和2个分论坛，围绕如何开展动力工程领域高校基础研究成果转化和经济科技融合经验进行交流，邀请高校和企业的优秀青年科技工作者分享创新成果与思考。

【2020全球工业互联网大会】 10月18日，以“赋能高质量·打造新动能”为主题的2020全球工业互联网大会在辽宁省沈阳市召开。工业和信息化部副部长刘烈宏，中国科学技术协会副主席、书记处书记孟庆海，辽宁省委副书记、省长刘宁发表致辞。开幕式由辽宁省委常委、常务副省长陈向群主持。

孟庆海表示，辽宁省在发展数字经济和落实新型基础设施建设等方面取得了明显成效。下一步，中国科协将组织全国学会与辽宁精准对接，聚焦工业互联网领域，共同开展成果转化、网上路演、产业协同、高端智库、人才培养与国际技术交易等合作，为辽宁工业互联网发展助力，为推动全球工业互联网发展作出积极贡献。

刘宁表示，辽宁工业门类齐全，应用场景丰富，省委省政府深刻认识到加快发展工业互联网的重要性和紧迫性。在政策设计、规划引领、主体培育、模式创新等方面积极实践，抢抓工业互联网新机遇，力争在新一轮竞争中赢得主动，形成新优势。刘宁也对辽宁省下一阶段工作进行展望，并提出下一步将着力提升工业互联网的创新能力、融合深度、开放水平和发展生态。

开幕式期间，中国工业互联网研究院发布了《全球工业互联网十大成长性技术展望（2020—2021）》《工业互联网发展应用指数白皮书》《工业互联网产业经济测算系统》，辽宁省人民政府发布了《辽宁省数字经济发展规划纲要》重大成果；辽宁省人民政府与华为技术有限公司签署深化战略合作协议；中国工业互联网研究院辽宁分院、分中心正式落地揭牌。大会宣布，每年10月18日将在沈阳举办全球工业互联网大会。

此外，倪光南、高金吉、柴天佑、李培根、黄维5位两院院士先后发表主题演讲。来自中科院沈自所、东软集团、华晨宝马、华为、航天云网、用友网络、紫光集团、奇安信、深兰科技、和利时智能、阿里巴巴等企业代表分享了工业互联网在各自领域的技术应用与行业实践经验。

【第八期“风向标——中国创新创业先锋论坛”】 8月11日，第二十二届中国科协年会第八期“风向标——中国创新创业先锋论坛”在北京举办。论坛主题是“中小微科技企业数字化赋能”，围绕企业数字化转型升级、本土开源生态建设和产业链布局、链接产学研创新要素、打造数字产业生态、促进数字产业集聚发展等议题，探讨建设开源创新生态，助力企业转型发展的技术路径，探索构建区域技术创新合作网络。中国科协党组成员、书记处书记吕昭平同志出席论坛并致辞。

与会嘉宾认为，京津冀尤其北京是中国乃至世界数字经济的策源地。中国科协应协同京津冀发挥好各自资源禀赋，充分发挥中国科协第三方和全国学会的人才优势，利用京津冀的优势产业基础和科技创新资源，聚焦大规模应用场景，以需求为牵引积极构建开源创新生态系统，促进技术链、服务链、园区链、资本链、产业链融合发展，形成数字经济创新循环，培育经济新动能，建设数字经济高地，辐射带动北方地区乃至全国的经济发展。

中国汽车工程学会常务副理事长张进华、南开大学数字经济研究中心主任刘刚、北京邮电大学经济管理学院执行院长王欢等相关专家，中关村软件园发展有限公司总经理张金辉、海尔卡奥斯工业互联网平台销售平台总经理任强、京东数字科技集团技术产品部区块链总监翟欣磊等企业界相关负责人，河北省保定市常务副市长李国勇、天津市科协副主席张丽珠、滨海新区科协党组书记窦克忠等论坛联合承办单位负责人到会讨论。中国科协办公厅、学会学术部、科学技术传播中心等机关部门和直属单位负责人，京津冀和山东青岛的科技界、产经界、创投界代表共40余人参加论坛。

风向标——中国创新创业先锋论坛旨在打造中国科协的高端智库型论坛，搭建科技工作者创新创业创造的跨界交流平台，中国科协联系服务科技企业家的重要渠道。本期风向标论坛是由中国科协主办，中国科协科学技术传播中心、山东省青岛市人民政府、北京市中关村管委会、天津市滨海新区人民政府、河北省保定市人民政府、天津市科学技术协会共同承办。

【中国科协青年科学家论坛400期回顾暨“弘扬科学家精神”报告会】 12月22日，中国科协青年科学家论坛400期回顾暨“弘扬科学家精神”报告会在北京召开，中国科协党组成员、书记处书记吕昭平出席会议并讲话。会议以“砥砺初心·共铸使命——弘扬科学家精神，创新立业新时代”为主题。200余位曾经参与过论坛活动的老、中、青三代科技工作者共聚一堂，大力弘扬当代科学家的精神，呼吁青年科技工作者投身于创新型国家建设当中，砥砺前行，建功立业。会议由中国科协主办，中国科协学会服务中心承办。

主旨报告邀请蛋白质组学国家重点实验室主任、中国科学院院士，第1、39、80期论坛执行主席贺福初；海军研究院研究员，第258期论坛执行主席崔东华；北京崇高纳米科技有限公司董事长、研究员，第234期论坛执行主席李毕忠；北京理工大学计算机学院副院长、教授，第400期论坛执行主席刘驰4位老、中、青科学家代表，分别以“我的蛋白质组学梦”“永远前行，让科研生涯绽放光彩”“抗病毒材料研究及应用”“薪火传承　争做新时代科技创新排头兵”为题，围绕各自的科研领域，讲述他们攻坚克难、孜孜以求的科研成长经历，激励更多的青年科技工作者将自己的理想融入国家科技创新中，并为之不懈努力。

主题访谈邀请中国科学院院士、中国石油大学教授，第21、47期论坛执行主席高德利；北京科技大学新材料技术研究院教授、博士生导师，第239、257、379期论坛执行主席董超芳；北京航空航天大学教授，第311、347、398期论坛执行主席段海滨；中国农业大学食品学院研究员、第393期论坛报告人李媛；腾讯教育高级研究员、第399期论坛报告人刘萌5位科技工作者代表，围绕“爱国、创新、求实、奉献、协同、育人”的科学家精神，结合自身科研成长，发表感悟，交流互动，激励和鼓舞广大青年科技工作者开拓创新，肩负起历史赋予的科技创新重任。

中国科协青年科学家论坛于1995年设立，是中国科协重要的学术交流品牌。25年来，中国科协青年科学家论坛累计举办400次活动，参会人数已逾2万人，1755名杰出青年科技工作者陆续担任执行主席，其中76位院士曾在青年时代担任过执行主席。

【2020中欧科技创新合作发展论坛】 11月19日，由中国科协、深圳市人民政府主办，中国科协企业创新服务中心、深圳市科学技术协会、中国生物工程学会、中国通信学会、中国宇航学会、中国航空学会、中国科学院深圳先进技术研究院等承办的2020中欧科技创新合作发展论坛在深圳举行。

本次论坛作为“科创中国”试点城市的年度重点活动，以“创新引领发展、合作共赢未来”为主题，搭建中欧产学研合作协同创新国际化平台，从多角度、多学科、多领域深入探讨中欧科技创新交流合作及国际前沿科技成果转化应用新模式新机制，推动中欧企业、科研机构和科技服务业的深度融合，为科学家与企业的深度合作创造条件，进一步促进科技与经济深度融合，为世界经济可持续发展提供新动能。中国科协副主席李洪在会上致辞。在开幕式暨主旨论坛上，来自中国、德国、英国、比利时、芬兰等国家的8位嘉宾作主题演讲。欧洲科技商会主席Florian von Tucher就“中欧科技国际合作创新探索与实践”发表演讲，他指出，中国对于科技和创新进行了极大的投入，有非常开放的态度来推进国际合作。对于欧洲来讲，中国作为伙伴的地位和作用越来越重要。

国家气候变化专家委员会主任、科技部原副部长刘燕华就“中欧科技合作·绿色复苏”发表演讲，他指出，中欧在应对气候变化和公共卫生健康领域有很好的合作基础，也有很大的潜力。绿色复苏是一场社会经济变革的拐点，在这个拐点中有阵痛但是也有潜力，将来要引进的就是绿色要素，要输出的是绿色产品，要形成绿色产业链，同时营造绿色的生产和生活方式。

欧盟驻华代表团公使衔参赞、科技处处长魏立国博士就“中欧科研创新合作：经验与前景”发表演讲，分享了中欧在科技合作领域方面的一些经历和实践。他指出，20多年前中欧双方就已经签署了科技合作的协议。欧盟2004年设立的“地平线2020”欧洲研究与创新框架计划，有关基础科研领域开展的研究项目，有许多中国团队参与，中国是排名仅次于美国的欧盟第二大合作伙伴。“地平线2020”是完全对中国团队开放的，也对全球的团队开放，希望能够进一步促进中欧合作的合作，通过合作来应对全球所面临的难题，包括气候变化等。

本次论坛由开幕式暨主旨论坛、四个平行分论坛——2020中欧第三代半导体产业高峰论坛、航空航天科技创新与产业发展论坛、生命科学与生物医药产学研协同创新论坛、数字经济产学研协同创新发展论坛和中欧创新科技项目路演活动组成，共邀请来自中国、德国、英国、比利时、芬兰、乌克兰、法国、意大利等国家的45位专家在论坛上发表了主题演讲和圆桌对话，其中中国科学院、中国工程院、国际欧亚科学院院士3位，德国国家科学院与工程院及乌克兰国家科学院院士3位，论坛邀请了中国、欧洲相关国家政府官员、行业专家、高校教授和科技企业、产业园区、创新载体、投资机构等代表参加，现场参加人数近800人，企业500余家。受新冠肺炎疫情影响，本次论坛采取线上线下联动，国外专家均以视频方式参加。论坛实况通过科创中国、深圳商报·读创客户端、央视新闻+客户端、新华社现场云客户端、新浪微博（深圳商报官方微博）、今日头条、抖音短视频等平台进行了直播推广发布，总计观看量超90万人次。

【中国科协在线发布中国科技创业数字地图　打造开放共享公共数字智库平台】 5月29日，由中国科协主办的“中国科技创业数字地图与研究报告发布活动”在线上举办。中国科协党组成员、书记处书记吕昭平出席活动并发表致辞，中国技术经济学会理事长李平出席活动并作主题报告，国务院发展研究中心创新发展研究部部长马名杰、科技部办公厅调研室原主任、全国科技振兴城市经济研究会理事长胥和平以及科技园区代表、创业者代表等出席活动，活动由中国科协企业创新服务中心主任、企业工作办公室副主任苏小军主持。本次活动采用互联网上云发布的方式举行。

吕昭平与活动嘉宾、创业者代表、企业代表、园区代表共同在线启动数字地图平台。李平作报告《新时代下的科技创业形势分析——中国创新创业发展研究》，对中国科技创业研究报告的初步成果进行介绍。马名杰、胥和平两位专家对发布成果进行点评。

本次发布的数字地图基于知识图谱技术，采用大数据分析对多源创新创业数据进行融合处理，抽取出“双创”政策、高技术就业人口、研发经费投入、科创企业融资等 90 项反映中国科技创业发展的分析维度，形成“双创”人才、“双创”主体、“双创”投资、“双创”能力、“双创”环境、服务载体 6 个指标体系，按地域进行呈现。数字地图通过展现高新技术创业成果及技术创新的全局和区域发展态势，客观反映各地创新创业生态体系特点和发展环境差异，分析创新创业核心要素流动趋势和影响创新创业的突出问题，为地方不断优化改善创新创业创造生态体系环境提供决策参考，为科技工作者和科技创业者开展创新创业提供高质量建议和服务。

李平在报告中较为全面地梳理和分析了 2014—2019 年中国创新创业政策与发展脉络，从全国、省域和地区三个层面分析了创新创业特征与趋势，提出创新创业指数并进行了初步测算，分析了创新创业政策强度和结构等特征，介绍了创新创业政策效应试评估结果。

中国科协计划在这次发布的基础上，建立长效数据共建共享机制，持续完善更新中国科技创业数字地图数字资源和研究成果。该活动具体由中国科协企业创新服务中心承办。

【第三届世界人工智能大会开幕并颁发青年优秀论文奖】 7 月 9 日，第三届世界人工智能大会在上海开幕。当日，世界人工智能大会青年优秀论文奖正式颁发。

为促进人工智能领域青年人才成长，鼓励创新性研究，推动人工智能领域的科技进步，助力上海加快建设国家人工智能发展高地，上海市科协与市经信委于 4 月 23 日启动“世界人工智能大会青年优秀论文奖”评选，面向全球高校、科研院所、企业开展人工智能领域青年优秀论文征集活动，得到积极响应，来稿踊跃。经专家初评、终评，最终评选出“世界人工智能大会青年优秀论文奖”论文 10 篇，提名奖论文 10 篇。

来自“前浪天团”的严格审视

设置青年优秀论文奖是世界人工智能大会在学术深度上的集中体现。该奖项面向 40 岁及以下的青年科学家，参评论文必须是 2017—2020 年在学术期刊或学术会议上公开发表的。

论文“征集令”一出，包括清华大学、北京大学、斯坦福大学、卡内基梅隆大学、牛津大学等国内外知名高校以及华为公司、腾讯公司等海内外企业 80 多家单位踊跃参加，共提交参评论文 184 篇。这些论文发表在《自然》《科学》和 IEEE 体系的期刊，以及 AAAI、ICML 等专业会议，内容涉及机器学习、计算机视觉与模式识别等多个领域。

在评审中，AI 科研“后浪”们的论文要接受“前浪天团”的严格审视。这个“天团”星光熠熠：英国皇家工程院院士 Anthony G Cohn，日本工程院院士任福继，欧洲科学院院士徐雷，中国工程院院士潘云鹤、李德毅、戴琼海，中国科学院院士张旭，上海市人工智能战略咨询专家委员会召集人蒋昌俊……

最终获奖的 20 人中最年轻的已经是“95 后”了：上海交通大学庞博、英国牛津大学阿纳布 · 戈什、美国卡内基梅隆大学罗希特 · 吉尔达尔。这些“80 后”“90 后”科学家不仅能够在顶尖学术期刊发表一流的人工智能学术论文，而且这些成果已经在人工智能的深度应用上展现出良好的前景。这让人们对人工智能的未来充满期待。

唯一全票论文与新型 AI 芯片有关

人工智能的科学研究正在走向更为深远的领域，更加注重科学交叉融合，这也使得“前浪天团”对参评论文的讨论非常白热化。没有一位专家能够囊括人工智能所有领域，因此在无记名投票中，只有一篇论文获得了全票。这就是来自清华大学的姚鹏在《自然》发表的“忆阻器卷积网络的全硬件实现”论文。

忆阻器可替代经典计算机底层的晶体管，以更小的功耗和更低的硬件成本大幅提升计算设备的算力，在一定程度上突破了传统计算框架“冯诺依曼瓶颈”的限制。姚鹏所在的科研团队开发的阵列芯片，集成了 8 个包含 2048 个忆阻器的列阵，并构建了一个五层的卷积神经网络进行图像识别，精度高达 96% 以上。在人工智能对算力要求越来越高之后，未来人工智能芯片需要一条新技术路径，以取代现在的 CPU 和 GPU

限制。清华大学的这一研究成果体现了我国在该领域的突破，也为新型人工智能芯片描绘了一个可见的未来，获得评审青睐也就理所当然了。

“AI+”落地引人关注

人工智能难在落地，各种“AI+”需要更加深度的融合。在获奖论文里，人工智能应用的研究令人关注。

美国伊利诺伊大学香槟分校罗宇男和北京航空航天大学邓岳的两篇获奖论文不约而同地聚焦到“AI+生命科学”领域。其中，罗宇男发表在《自然·通讯》的论文，提出了一个基于网络扩散的药物–靶标相互作用预测的机器学习算法，通过该算法预测的胺丁羟磷酸盐，替米沙坦和氯磺丙脲与靶标基因的关系，在实验中得到了验证。邓岳发表在《自然·方法》的论文，阐述了人工智能算法对多尺度细胞类型进行分析，如今的生命科学还处于实验和经验科学阶段，人工智能的介入能帮助科学家们大大提升科研效率。

东华大学李重是20位获奖者中唯一的女性科学家。她的研究关注了人工智能与车联网的结合。事实上，智能、无人驾驶领域，一直是人工智能实现落地的焦点。

中国科学技术大学朱洪渊将人工智能与音乐结合，设计了一个基于和弦的节奏和旋律交叉生成模型和多乐器联合编曲模型，使得人工智能“小冰乐队”们能够进行音乐创作。这为人工智能应用开创了一个新领域。

从数量上来看，除了前文提到的1篇智能芯片与系统、4篇人工智能应用之外，计算机视觉与模式识别是最大赢家，共有8篇论文。此外，人工智能基础理论的论文有2篇，机器人、自然语言处理、大数据、机器学习各1篇，其他类型1篇。

【第十六届中国科技期刊发展论坛】 9月24日，以“合作共赢　赋能未来——共筑科技期刊发展生态圈”为主题的第十六届中国科技期刊发展论坛在吉林省长春市开幕。本届论坛围绕贯彻落实《关于深化改革　培育世界一流科技期刊的意见》，以建设世界一流科技期刊为目标，学术界、期刊界、期刊管理者、企业界等通过线上线下结合的方式齐聚一堂，共话科技期刊创新合作发展之路，搭建起产业协同、融合发展的良好生态，引导中国科技期刊融入科技创新网络，积极参与创新型国家建设。

论坛发布了《中国科技期刊发展蓝皮书（2020）》、高质量科技期刊分级目录试点成果、第五届中国科协优秀科技论文遴选计划入选论文和第十六届中国科技期刊发展论坛云展览。中国科协党组成员、书记处书记吕昭平，吉林省副省长安立佳，中宣部出版局副局长冯士新出席开幕式并致辞。中国科学院院士汪尔康、陈晔光，国际欧亚科学院院士冯长根等出席本届论坛。

大会主旨报告环节，“人民英雄”国家荣誉称号获得者、中国工程院院士、天津中医药大学校长张伯礼，中国科学院院士、《中国科学·数学》主编袁亚湘，中国工程院院士、华东师范大学校长钱旭红，全国政协教科卫体委员会副主任、科技部原副部长、《光：科学与应用》主编曹健林，分别围绕“后疫情时代科技期刊的作用”“中国科技期刊国际化之路”“在中国大地发出声音——关于科技期刊发展的思考”“用优秀成果促顶级期刊——进一步提高我国科技期刊水平的体会与思考”等主题作论坛主旨报告。

本届论坛举办两场高峰论坛。其中，由中国科学技术信息研究所牵头组织实施“科技期刊学术评估体系的构建和综合评价指标方法”高峰论坛，从学术期刊的出版者、评价评估体系的构建者、评估结果的使用者等不同层面探索面向应用的科技期刊学术评估体系和综合评估方法；由中国知网牵头组织实施“知识服务视域下科技期刊的出版转型与升级”高峰论坛，从供需两侧为知识生产方与知识需求方搭建对话平台，围绕科技期刊的知识服务模式创新、服务能力建设以及技术与平台支持等方面进行研讨。

与本届论坛同期举办的还有第十六届中国科技期刊发展论坛云展览，展览以卓越启航：融合·共生·赋能·飞跃为主题，以全线上展馆的形式展现我国科技期刊发展风貌以及国家在科研成就、促进成果传播方面取得的卓越成效。通过三维空间建模、720°全景VR等技术在为展商打造行业“云盘点”、期刊“云展示”、新品“云发布”、互通“云洽商”等功能的同时，也为参展人呈现出一场内容丰富形式多样的科技期刊视听盛宴。论坛期间，还将举办“方正–Light学术出版与知识服务平台发布暨战略合作”等多场签约活动。

由中国科协学会服务中心主办、中国科技期刊编辑学会承办的第四届中国科技期刊青年编辑业务大赛决赛也在本届论坛举办。此次大赛历时2个多月，通过初赛、复赛、直通赛的选拔，共有17名选手从850位参赛者中脱颖而出，晋级决赛，通过激烈角逐，最终4位优秀青年编辑荣获一等奖。

本次论坛为期3天，共有来自258家期刊、杂志社、出版社、相关学术研究机构和企业的近300人到场参会。央视网、人民网、中国科技期刊发展网、科创中国、学会服务365媒体矩阵、中国知网等平台对论坛进行了现场直播，截至发稿，论坛开幕式及主旨报告环节直播全网浏览量超过64万。

【全球顶级科技期刊出版机构共话科技期刊创新发展之路】 8月10日，第二十二届中国科协年会重点活动“中国科技峰会–第三届世界科技期刊论坛”主旨报告会在北京举行。本届论坛以“连接·互鉴·共治——大数据时代科技期刊的新使命”为主题，围绕开放科学和出版传播前沿热点问题，探讨科技期刊创新发展之路。中国科协党组书记、常务副主席、书记处第一书记怀进鹏院士出席论坛并致辞。浙江大学教授、原校长、国家自然科学基金会原主任杨卫院士，科技部原副部长、《光：科学与应用》主编曹健林研究员，中国科学院学部主席团成员、全国政协常委饶子和院士，中国科协党组成员、书记处书记吕昭平出席论坛。

怀进鹏指出，科学创造和发现是学术共同体建立科技期刊的重要目的。科技期刊是学术首发权的重要体现，代表科学共同体的同行认可；是科学重大发现和成果传播的重要平台，对建立社会有秩序的理性极端重要；是弘扬科学精神、传播科学方法、服务社会发展的重要支撑。新冠肺炎疫情使整个世界面临严峻的威胁，对全球科技、经济和社会未来发展的范式产生了深远影响。在世界各国同舟共济、携手应对重大公共危机的进程中，科技期刊发挥出越来越重要的独特作用。

怀进鹏强调，国际期刊出版界应秉持荟萃科学发现、促进知识传播、引领科技发展、服务人类福祉的职责和使命，以开放互联赋能科技创新，有效服务知识创造、传播和应用转化；以交流互鉴促动行业变革，打造更加繁荣、富有活力的出版市场；以协同共治应对时代挑战，合力构建更加健康、有序的学术生态圈。中国的期刊出版界要在做好本土服务的基础上，不断深化与国际同道的合作，为实现联合国可持续发展目标、服务构建人类命运共同体贡献力量。

在主旨报告环节，国际科技与医学出版商协会（STM）首席执行官尹恩·莫斯（Ian Moss）阐述了对科技出版国际化现状及未来发展趋势的最新理解。杨卫院士指出，为共同应对全球危机，中国的期刊出版事业应与国际同道一起共享全球科学，实现从“共智”到“共治”的转变。爱思唯尔集团首席学术官尼克·福勒（Nick Fowler）表示，在技术和开放科学运动的推动下，国际出版商应更加深入参与和支持全球科学研究，促进社会健康有序发展。施普林格·自然集团中国区总裁安诺杰（Arnout Jacobs）指出，转换协议和多种出版模式下基础设施、出版质量、成本控制等面临的挑战，需要国际同行频繁互动、加强合作。约翰·威利出版集团执行副总裁朱迪·维尔斯（Judy Verses）呼吁全球学术出版行业把握技术变革的机遇，实现学术出版的迭代创新，积极探索协同发展合作模式，为科研创新和社会发展创造价值。

中国期刊协会副会长李军、中国科学院科学传播局局长周德进、中国图书进出口（集团）总公司执行董事、党委书记张纪臣，以及来自科技期刊相关管理部门、国内外科技期刊出版机构的近200位专家参加会议，光明网、新浪网、百度、钉钉、科创中国等平台同步进行中英文现场直播。

论坛组织了专题对话，13位专题报告嘉宾及主持人围绕“出版传播体系变革”和“开放科学的技术与规则问题”两个议题进行主题发言，并通过线上、线下两个渠道，与全球同行研讨深化国际交流合作、出版传播体系的变革与发展、开放科学中的科研诚信等热点话题和难点问题。

【中国科技期刊卓越行动计划北京片区领军期刊调研督导会】 为扎实推进世界一流科技期刊建设，深入实施中国科技期刊卓越行动计划，10月20日，中国科协召开北京片区领军期刊首场调研督导会。中国科协党组成员、书记处书记吕昭平主持会议，中国工程院院士、《机械工程学报》编委会主任陈学东，中国期刊协会副会长李军，中国科学院科学传播局局长周德进，中国科学院文献情报中心研究员刘筱敏，科睿唯安业务总监宁笔等出席会议。

会上，《工程》《国家科学评论》《科学通报（英文版）》《摩擦》《纳米研究》《石油科学（英文版）》《微系统与纳米工程（英文）》7种卓越计划领军期刊负责人分别汇报了一年来开展的主要工作、期刊发展现状及存在问题，并提出了下一阶段办刊规划。与会专家对各刊逐一进行了点评，就高水平稿源建设、国际学术声誉和影响力提升、办刊队伍培育、服务能力强化等重点问题与项目负责人进行了深入交流，并提出了针对性指导建议。

吕昭平表示，2020年以来，尽管受到疫情影响，各刊通过开辟快速审稿通道发表新冠肺炎最新研究成果，采取线上会议的方式开展编委会选题策划，组织学术研讨会、作者分享会等活动，开展精准推送、社交媒体宣传，加强编辑队伍人才建设、拓展国际审稿专家等多种措施，在提升学术质量和影响力方面取得了积极成效。22种领军期刊有14种进入学科排名前10%，10种进入学科前5%，较上一年各增加5种；总被引频次相比上一年度刊均增加843次，8种期刊总被引频次增长一倍以上；14种期刊发文量超过上一年度。总体来看，领军期刊发展呈现良好态势，但也有部分期刊与预期目标有一定差距，需要对照问题，深入分析，做好下一阶段的发展规划。

吕昭平强调，培育世界一流科技期刊是服务世界科技强国建设的基础性工作，中央对此高度重视。2020年9月，习近平总书记主持召开科学家座谈会并发表重要讲话，特别强调要办好一流学术期刊和各类学术平台，加强国内国际学术交流。领军期刊是卓越行动计划的尖兵方阵，是国内科技期刊最优秀的代表，要以办出国际高水平期刊为目标，积极进取、大胆开拓。一是要以高度的责任感和使命感推进项目任务，发挥头雁效应，以服务学科发展、促进学术交流为根本宗旨，紧密依靠主编、编委等科学家群体，着力在发表一流成果、服务引领创新方面多下功夫、多出实招。二是要加强交流互鉴，创新工作方式方法，利用新的手段如多媒体、自媒体、开放获取出版、双语传播等，应对疫情和国际形势的新变化，积极关注“一带一路”国家科研进展，关注重大科学问题和科技政策方面的重要动向，提升期刊服务引领创新的能力。三是要坚持不懈，久久为功，稳步提升期刊影响力，不以影响因子等指标作为办刊的追求，要加强学术积淀和品牌经营，立足国内、面向国际，从产业链上下功夫，有机整合学术要素、产业要素、媒体要素，使编辑出版和传播形成完整链条。四是要加强项目经费使用的科学性和规范性，把钱花好，用在刀刃上，用在选题策划、组稿约稿、传播服务等重点任务、重点方向上，不断扩大期刊在学术共同体中的认可度和公信力，塑造品牌声誉。中国科协将持续监测各刊的发展态势，对于办刊遇到的困难特别是政策层面的制约，也将会同联合实施部门共同研究，不断完善支持体系，努力为期刊发展营造良好生态。

中宣部出版局、教育部科学技术司、中国科学院传播局、中国工程院三局、中国科协学会学术部等卓越行动计划联合实施单位有关负责同志参加会议。

【中国科技期刊卓越行动计划集群化试点项目调研督导会】 10月13日，中国科协学会学术部组织召开中国科技期刊卓越行动计划集群化试点项目调研督导会。世界一流科技期刊建设专家委员会副主任、北京理工大学党委常务副书记项昌乐院士出席会议，中国图书进出口（集团）总公司执行董事、党委书记张纪臣，中国高校科技期刊研究会名誉理事长颜帅，中国科学技术信息研究所科学计量与评价研究中心主任潘云涛，科睿唯安业务总监宁笔等专家参会，中国科协学会学术部部长、企业工作办公室主任刘兴平主持会议。

会上，中国科技出版传媒股份有限公司、《中国激光》杂志社、高等教育出版社、有科期刊出版（北京）有限公司、中华医学会等五家试点单位负责人就项目阶段性进展、年度绩效目标完成情况、经费执行情况、下一步工作计划及有关意见建议等进行了专题汇报。与会专家就刊群发展、集约化运行机制的建设、出版传播和服务能力的提升等重点问题与项目负责人进行了深入交流，并提出了针对性指导建议。

项昌乐院士对试点单位工作逐一进行了点评，他指出，集群化试点项目与单刊建设不同，重在创新机制、提高办刊的集约化、市场化水平，以群育刊，以刊带群，改变办刊资源分散、方式传统、传播影响力不足的现状。在项目实施的第一个年度，各试点单位能够有效克服新冠肺炎疫情的影响，积极整合办刊资源和创办高水平新刊，加大数字化设施投入打造自主平台，持续推进办刊模式和管理机制创新，工作取得了扎实进展。但在刊群的体系化、精品化建设特别是旗舰期刊打造、出版机构的市场化经营、传播服务能力提升等方面还需要持续发力。特别是要深入分析各自的特点、优势，研究国际出版机构的发展路径，着眼长远发展，找到适合自身的模式、道路。要充分发挥项目的牵引作用，有效整合资源，大胆探索深化改革的突破口。

中宣部出版局、教育部科学技术司、中国科学院传播局、中国工程院三局等项目联合实施单位有关负责同志参会。会前，与会人员共同观摩了中华医学会杂志社刊群建设和数字资源建设成果。

【中国科技期刊卓越行动计划成都片区领军期刊调研督导会】 10月20日，中国科协组织召开中国科技期刊卓越行动计划成都片区领军期刊调研督导会。中国科学院院士、四川大学华西医院生物治疗国家重点实验室主任魏于全教授，四川大学华西口腔医学院学术院长、口腔疾病研究国家重点实验室主任周学东教授，中国高校科技期刊研究会名誉理事长颜帅，中华医学会杂志社副社长刘冰，四川省科协党组成员、副主席周利平等参加会议。中国科协学会学术部部长、企业工作办公室主任刘兴平主持会议。

会上，《信号转导与靶向治疗》《国际口腔科学杂志（英文版）》《镁合金学报（英文）》《岩石力学与岩土工程学报（英文版）》四家领军期刊负责人对各刊发展状况、问题和下一步发展规划等进行汇报。与会专家围绕国际交流推广、队伍建设、数据共享、集团化建设等重点问题与各刊负责人深入交流，并对期刊下一步发展提出了针对性建议。专家指出，我国科技期刊特别是国际化期刊起步较晚，吸引高水平稿源十分不易，应加强期刊栏目创新，严把质量关，拒绝“人情稿”，树立期刊的公信力，利用新技术做好传播，抓住国内科研评价改革的契机，积极争取把本土最高水平的科研成果吸引过来。

刘兴平强调，领军期刊是卓越行动计划入选期刊的尖刀班和突击队。要认真落实习近平总书记关于建设一流学术期刊的重要指示，牢记建设世界一流科技期刊的目标，树立使命担当意识，严格对照项目考核指标，勇于探索改革道路，办出中国期刊自信，保证高质量完成项目建设任务。

【中国科协部署启动2020年度分领域发布高质量科技期刊分级目录试点工作】 6月1日，中国科协学会学术部召开2020年度分领域发布高质量科技期刊分级目录工作启动会，学会学术部部长刘兴平出席会议，2019年度分级目录试点学会代表、2020年度分级目录15个试点单位负责人及专家代表参加会议。

会上，中华医学会、中国电机工程学会作为2019年度试点单位代表，介绍试点工作组织实施情况及经验，中科院文献情报中心作为支撑单位对工作流程和注意事项进行了详细说明。各试点单位就有关困难和问题进行了交流研讨。

刘兴平在会议总结中强调，一是聚焦有限目标，在遵从学科发展规律的前提下科学合理地设定学科评定边界，不贪大求全，守住项目时间节点，确保按期提交项目成果；二是以应用为要，充分调研学科内科研机构和科技工作者的评价需求，在项目执行的初期就对评价结果的应用推广进行谋划，确保项目成果的实用性和可用性；三是以学术质量为先，制定公正客观、定性和定量相结合的评价体系，真正将中外高水平期刊放在同一体系内同台竞技，使项目成果具有较高的学术公信力和权威性；四是以专家领衔，广泛邀请相关学科的各利益相关方尽早参与评定过程，遴选在本学科学术水平高、公信力强的专家组成评审委员会，组织实施本领域期刊分级认定工作，全国学会作为项目承担单位，做好组织保障。

分领域发布我国高质量科技期刊分级目录是中国科协落实《关于深化改革　培育世界一流科技期刊的意见》的重要举措，自2018年起，中国科协按照试点先行、逐步推开的原则，委托部分全国学会进行了前期探索和研究，2019年首批遴选15家全国学会开展试点工作。2020年，试点学会的规模扩大到30个，基本覆盖了物理、生命、材料、制造、工程等主要学科领域。中华医学会、中国电机工程学会、中华中医药学会、中国自动化学会、中国地理学会、中国地质学会已经发布了各自领域的科技期刊分级认定成果，并在相关学科领域科技评价中开始初步应用。

全民科学素质工作与科普活动

【中国科协组织《全民科学素质行动计划纲要（2021—2025—2035年）》编制工作】 5月11—13日，中国科协召开《全民科学素质行动计划纲要（2021—2025—2035年）》（以下简称《新纲要》）编制工作研讨会。来自中央组织部、中央宣传部、科技部、国家卫健委等33家全民科学素质行动计划纲要办公室成员单位的专家出席会议。与会专家对《新纲要》编制工作方案和框架草案给予肯定，并围绕党和国家工作大局、未来经济社会发展对公民科学素质的需求、公民科学素质均衡发展、科普社会化市场化精准化、科普国际交流等方面建言，对框架草案提出完善意见。

6月2日，《新纲要》编制工作顾问组第一次会议召开，原国务委员、第十一届全国人大常委会副委员长、中国老科学技术工作者协会会长陈至立主持会议并讲话。中国科协党组书记、常务副主席、书记处第一书记怀进鹏，中国科协副主席、书记处书记孟庆海，《新纲要》编制工作顾问组成员出席会议。怀进鹏宣布陈至立为《新纲要》编制工作顾问组长，齐让为副组长，汪光焘等16位老领导、老专家为成员。汪光焘、张志军、欧阳自远、赵沁平等13位顾问对《新纲要》框架大纲给予肯定，并围绕未来发展形势，对《新纲要》指导方针和目标、重点任务、组织机制、条件保障等提出意见和建议。

8月31日，《新纲要》编制工作座谈会在北京召开。会议听取了《新纲要》编制工作领导小组办公室对《新纲要》编制工作情况及文本内容的汇报，相关学会及地方科协代表就《新纲要》讨论稿进行交流发言。

10月21日，《新纲要》编制工作专家座谈会在北京召开。会议听取了《新纲要》编制工作领导小组办公室对《新纲要》编制工作阶段性进展情况和文本（初稿）的汇报，与会专家就新时代公民科学素质建设和《新纲要》（初稿）文本内容进行研讨。与会专家从政策保障、队伍建设、国际化发展等角度，就如何发挥科普全面价值，更好地服务人的全面发展、服务创新发展、服务治理体系和治理能力现代化、服务人类命运共同体建设等问题提出意见和建议。

11月19日，《新纲要》编制工作顾问组第二次会议在北京召开。会议听取编写组关于《新纲要》编制工作进展情况和文本（征求意见稿）的汇报。顾问组结合五中全会精神，对《新纲要》的前言、指导思想、方针、目标、主要任务、保障机制等相关内容提出意见和建议。

【2020世界公众科学素质促进大会】 12月8日，2020世界公众科学素质促进大会在北京召开。来自全球23个国际、国家和地区的科技组织代表与相关领域顶尖专家参加会议，共话公众科学素质提升与科学抗疫。全国政协副主席、中国科协主席万钢在开幕式上发表视频致辞。大会支持单位联合国教科文组织、国际科学理事会、世界工程组织联合会、发展中国家科学院代表向大会致贺词。中国工程院院士张伯礼、诺贝尔化学奖得主迈克尔·莱维特、马来西亚科学院首席执行官哈扎米·哈比卜和以色列工程师、建筑师和技术科学毕业生协会董事会主席埃胡德·梅尼帕斯、中国科协党组书记、常务副主席、书记处第一书记怀进鹏等中外知名科学家作主旨报告。大会开幕式和主旨报告会由中国科协副主席、书记处书记孟庆海主持。

万钢在致辞中指出，中共十九届五中全会要求促进人的全面发展，提高人民科学文化素质，强调坚持更大范围、更宽领域、更深层次对外开放，中国科技界将更加积极主动融入全球创新网络。新冠肺炎疫情全球大流行再次证明，人类是相互依存、休戚与共的命运共同体，应当充分发挥科技创新在战胜危机、实现可持续发展中的引领作用，充分发挥公众科学素质的基础支撑作用。他提出，国际科技共同体应坚持多边交流、坚持开放合作、坚持共同发展，携手推动世界公众科学素质提升，为抗击疫情和推动经济复苏不懈努力，为构建人类命运共同体、实现联合国可持续发展目标、建设美好世界贡献力量。

怀进鹏回顾了广大科技工作者践行伟大抗疫精神、投身科技抗疫，在医疗救治、诊断检测、药物与疫苗研发、科普与心理咨询服务等方面创新建功的奋斗历程，介绍了中国科技界贯彻习近平主席致首届世界公众科学素质促进大会贺信、给科技界代表重要回信精神，聚力打造科普中国、科创中国、智汇中国公共服务产品，提升公众科学素质的生动实践。他倡议秉持开放、信任、合作、共赢理念，将科学素质建设纳入联合国可持续发展议题，推进实施全球公众科学素质行动计划。

围绕科学防控与跨国合作，张伯礼院士以中医药防治疫病的丰富经验、系统理论和实际效果，向世界诠释了中医药如何发挥重大作用、点亮中国抗疫方案的过程。莱维特教授特别强调了基础科学研究对于新冠肺炎疫情应对实践的极端重要性。哈扎米·哈比卜执行官分享了马来西亚对科学研究、科学普及高度重视，依靠科学做好疫情防控的重要经验。埃胡德·梅尼帕斯主席勾画了新冠肺炎疫情之后世界发展“新常态”的一种图景，以及如何帮助决策者、政府和企业等应对变化，充分依靠科学技术获得创新和增长。

在多边对话环节，相关科技组织代表和专家学者围绕“科学防控新冠肺炎疫情”“科学普及服务社会治理”“保障全球公共卫生安全”等话题展开连线探讨，分享了科技组织、科学传播团体在全球疫情防控中的工作经验和成果，并与现场观众进行互动。

世界公众科学素质促进大会由中国科协主办，大会设置了“提升科学素质，应对全球挑战”电视论坛及“公众科学素质与生态文明建设”“健康世界，共筑未来”“面向2035的青少年科技教育”“公众科学素质与公共卫生危机应对”“新形势下科学中心的服务与发展”五个专题论坛，分别由中国科普研究所、中国科协科技传播中心承办，自11月18日—12月8日陆续举行。大会采用线上与线下相结合方式，同时配合现场同声传译，开幕式与主旨报告通过电视和网络直播，向世界传递“科学好声音”。

【2020年全国科普日活动】 9月19日，由中国科协、中宣部、教育部、科技部、水利部、农业农村部、国家卫生健康委、应急管理部共同主办的2020年全国科普日活动启动。活动以“决胜全面小康，践行科技为民”为主题，于9月19—25日在全国各地集中开展，立足面向基层、服务发展，着力打造“云启动仪式、省级主场、联合行动以及网络平台”的“3+1”活动架构，广泛开展“多阵地、多战线、广覆盖、齐参与”的系列科普活动，进一步激发社会各方面支持科普、参与科普的积极性、主动性和社会责任感，在全社会起到了良好的示范引导作用。9月21日上午，中央政治局委员、国务院副总理刘鹤同志与首都群众共同参加2020年全国科普日北京主场活动，并对活动给予高度评价，这是中央领导同志连续17年参与全国科普日。全国政协副主席、中国科协主席万钢，中央和国家机关有关部门及北京市负责同志一同参加主场活动。中国科协党组书记、常务副主席、书记处第一书记怀进鹏院士在全国科普日北京主场，为广大中小学生做了关于5G和人工智能主题的精彩科普报告，向大家提出“科学三问”，深刻诠释科学、科学精神和科学家精神，激励大家要敢于提问，勇于追梦；中国科协副主席、书记处书记孟庆海为“科普中国心理应急志愿服务队”授旗，倡导科技工作者参与志愿服务，践行科技为民。

活动坚持把政治性摆在首位，紧紧围绕全面小康、脱贫攻坚等内容，结合助力抗击疫情和复工复产，充分发挥“三型”组织优势，通过大协同、大联合的组织方式，实现从办活动到搭平台的转变，积极搭建联合部委、服务学会和地方“一体两翼”、团结引领9100万科技工作者、动员企业社会机构的社会化大平台，国省市县，一级带动一级，逐级开展科普阅读联合行动、校园科普联合行动、科研团队联合行动、农村科普联合行动、卫生健康科普联合行动、公共安全科普联合行动、节水科普联合行动、企业科普联合行动、学会科普联合行动、科普阵地联合行动系列科普联合行动，形成全社会动员、全领域参与、全民共享的新时代科普生态。活动注重联合协作，强化宣传引领，将科学家精神与志愿服务精神汇合、应急与日常结合、科创与科普联合、线上与线下融合，深入开展宣传报道，组织优秀展览全国巡展，掀起新时代科学传播浪潮。从院士专家到基层科技工作者广泛动员，组织开展科技、文化、卫生、健康、安全、环保、防灾减灾等科普活动，通过接长手臂、深入基层、服务群众，切实提升基层群众的幸福感和获得感。

据统计，活动期间共组织各类科普活动37451项，线下活动参与超2亿人次，全国科普日官网线上活动浏览次数达6000余万次，科普中国微博、抖音、快手等平台主持的科普日优质话题，累计阅读量超过10亿次。

【2020中国科幻大会】 11月1日，2020中国科幻大会在北京石景山区首钢园开幕，本次大会主题为“科学梦想　创造未来”，由中国科学技术协会和北京市人民政府共同主办，国家电影局指导。大会采取线上线下相结合方式进行，促进科幻电影发展联系机制成员单位、北京市有关部门、石景山区委区政府以及部分地方科协负责同志，科技工作者、科幻业界代表、影视界人士和科幻爱好者等300余人出席开幕会，10余位来自美国、英国、日本等国家的科学家、著名科幻作家、科幻业界知名人士和全球科幻机构和组织代表通过线上方式参会。

中国科协党组书记、常务副主席、书记处第一书记怀进鹏出席开幕会并致辞，北京市委副书记、市长陈吉宁出席开幕会并致辞，著名科幻作家凯文·安德森等国际嘉宾向大会发来视频祝词。中国科协党组副书记、副主席、书记处书记徐延豪主持开幕会。

怀进鹏在致辞中表示，党的十九届五中全会站在“两个一百年”奋斗目标的历史交汇点，擘画我国未来发展的宏伟蓝图，全会提出坚持创新在我国现代化建设全局中的核心地位，把科技自立自强作为国家发展的战略支撑，和“到2035年，国民素质和社会文明程度达到新高度，国家文化软实力显著增强”等重大战略目标，为我们的工作指明了方向。科幻源于梦想，对于激发想象力、培养创造力具有独特作用；科幻系于国运，对于提升民族文化软实力、传播国家科技文明和核心价值观具有重要意义；科幻在于人才，在培养科学与文明交融、培育创造创意人才和促进创新创造创业等方面发挥着日益凸显的作用。他强调，要坚定文化自信、繁荣科幻创作，涵养生态雨林、推动事业发展，引育科幻人才、激发创新活力，倡导开放互鉴、增进包容文明，建设有利于科幻繁荣发展的开放合作高地、创意创造高地、创投创业高地、人才集聚高地。

陈吉宁在致辞中强调，要深入学习贯彻十九届五中全会精神，进一步加快北京全国科技创新中心建设，充分发挥首钢园区和石景山区的优势特色，广泛吸引和集聚产业要素，不断完善产业生态，努力打造科幻产业发展的新高地，推动北京在科幻领域成为具有世界影响力的城市。

中国科协科技传播与影视融合办公室和全国科幻科普电影放映联盟在开幕会上揭牌，建立起由国家电影局、中国科协牵头，教育部、科技部、工业和信息化部、财政部、商务部、国务院国资委、中国科学院、中国工程院、国家国防科工局、中国文联等单位有关部门组成的促进科幻电影发展联系机制，加强对科幻电影创作生产的科学把关，促进科学技术与影视创作的深度融合，同时加大科幻科普电影资源共享，丰富片源供给，推动《关于促进科幻电影发展的若干意见》落地实施。

开幕会上，中国科协与北京市政府签订了促进北京科幻产业发展战略合作协议。双方将在建设科幻发展平台、推进科幻产业发展、合作加强科幻研究、拓展科幻人才培养等方面开展深入合作，共同促进科幻事业和产业发展。

开幕会还进行了一系列发布和签约仪式。石景山区政府发布了促进科幻产业发展相关计划措施，首钢集团发布《首钢园科幻产业集聚区实施方案》，面向全球开展首钢园工业遗址场景科幻创意征集活动，进行北京科幻产业项目落地签约、科幻影视项目签约。会上，南方科技大学教授、中国科普作家协会副理事长吴岩发布了2020中国科幻产业报告。

中国科幻大会期间，举办全国科幻科普电影放映联盟研讨会、科幻电影产业发展论坛、“科幻＋科技创新”主题论坛等多项专题论坛；举办科幻影视创投会、晨星高校科幻辩论赛、青少年未来科学梦想教育课、中国科幻研究中心成立、科幻之夜等多项系列活动；同时面向广大公众举办平行宇宙科幻主题展、科技创新新技术新产品展、科幻艺术展等多项展览展示活动。

自2016年以来，中国科幻大会已成功举办五届，受到社会各界特别是科幻业界和广大科幻爱好者的普遍欢迎和广泛关注。本届大会聚焦科幻影视发展和科幻产业集聚，将进一步助力推进我国科幻事业产业繁荣兴盛。

【“国家最高科学技术奖获奖科学家手模墙”揭幕仪式暨首场“院士科学人文课”】 9月19日，在2020年全国科普日到来之际，中国科技馆围绕“决胜全面小康、践行科技为民”主题，举办“国家最高科学技术奖获奖科学家手模墙”揭幕仪式、中国科协“科学家精神培育基地”授牌仪式和“科技馆里的科学课”启动仪式暨首场“院士科学人文课”等系列活动。中国科协党组书记、常务副主席、书记处第一书记怀进鹏，中国科协副主席、书记处书记孟庆海，中国科协党组成员、中国科技馆馆长殷皓等出席。

在“国家最高科学技术奖获奖科学家手模墙”揭幕仪式上，怀进鹏向两位国家最高科学技术奖获奖科学家代表王小谟院士和赵忠贤院士赠予手模，感谢并致敬他们及其所代表的33位科学家为我国科技事业和创新驱动发展所作的卓越贡献。同时，怀进鹏向中国科技馆授予中国科协“科学家精神培育基地”牌匾，勉励中国科技馆积极响应习近平总书记在科学家座谈会上的重要讲话精神，先行先试，为探索推动全国科技馆开辟科学家精神宣传阵地积累经验。

随后，怀进鹏启动“科技馆里的科学课”暨首场“院士科学人文课”活动，并以院士身份讲授第一课。在活动现场，他首先与武汉市科技馆馆长、山西省吕梁市岚县民觉学校校长视频连线，对他们在抗击疫情与扶贫攻坚中所做工作表示肯定，希望他们用好中国科技馆赠送给两地的千余套课程资源包，为提升青少年的科学素养发挥更大作用。

启动仪式后，怀进鹏院士为大家带来首场“院士科学人文课”，以“科学之知识、方法与精神——从人工智能和5G谈起”为主题，结合科技进步、信息时代演进、人工智能与移动通信发展历史及翔实案例，介绍了我国在人工智能和5G等方面的发展现状，阐述科学知识、科学方法及科学精神的深刻内涵。他以钱学森、黄旭华、钟南山、陈薇等科学家的故事为例证，生动解读了“爱国、创新、求实、奉献、协同、育人”的科学家精神。他提出想象力是智慧、思维、力量等富于启迪的理念，勉励新时代青少年勤于思考，勇于提问，保持对科学的好奇与探索之心。他还与现场听课的青少年互动，回答了线上线下观众提出的问题。

此次“院士科学人文课”是 2020 年全国科普日“十大联合行动”之一——“同上一堂科学课”全国科技馆联合行动的重点内容，也是中国科技馆 2010 年以来所举办的品牌活动——院士科普报告的第 100 场报告会。活动同步视频连线武汉市科技馆和中国科协定点扶贫地区山西吕梁市以及全国科技馆，各地的师生和现场观众共同聆听了怀进鹏院士带来的精彩科学人文课。活动同步在中国数字科技馆、央视频等网络平台视频直播，累计浏览量 10 万人次。

【世界公众科学素质组织筹备委员会成立会议】 12 月 7 日，世界公众科学素质组织筹备委员会成立会议在北京召开。作为第三届世界公众科学素质促进大会的重要议程，此次会议正式成立了世界公众科学素质组织筹备委员会，推选中国科协副主席、书记处书记孟庆海任筹委会主任，并商讨下一步国际科学素质建设合作项目事宜。来自全球各地 19 个国家和地区科技组织的代表参会，共商推进组织建设，提升科学素质促进人类发展的大计。会议由中国科协副主席、中国科学院院士、世界公众科学素质促进大会程序委员会副主任袁亚湘主持。

与会的各国（地区）科技组织代表在线参加会议，就筹委会目标与职责开展研讨，一致认为筹委会是世界公众科学素质组织正式成立之前的最高决策机构，要继续拓展世界公众科学素质组织成员、组织世界公众科学素质促进大会、推动开展双边多边务实交流合作、制定世界公众科学素质组织成立章程、建立有效畅通的工作协调机制。

孟庆海在就职发言中指出，自 2018 年首届世界公众科学素质促进大会以来，中国科协始终脚踏实地，不畏艰难，坚守提高世界公众科学素质的初心。新冠肺炎疫情更加凸显了提升公众科学素质的重要性与紧迫性，也让中国科协倍感作为科技组织的重大责任。

孟庆海表示，此次筹委会会议是推动世界公众科学素质组织正式成立进程中的重要里程碑。作为筹委会主任，今后将和各位委员一起落实本次筹委会会议精神，切实推进世界公众科学素质组织成立和多边合作交流。中国科协将开展“公众科学素质提升国际合作行动”，在中国科普研究所设立筹委会秘书处，从设立专门基金、开展合作研究、支持科普资源互换、推动科学教育国际合作等方面加大支持力度，推进合作共赢。

【中国公众科学素质促进联合体成立】 2019 年 12 月 18 日，中国公众科学素质促进联合体成立大会在北京举行。在中国科协倡导下，125 家具有重要影响的企业、媒体、学会、高校、科研文化机构共同发起成立中国公众科学素质促进联合体，探索中国科普事业新模式，打造社会化科普新引擎。中国科协名誉主席韩启德出席会议并讲话。中国科协党组书记、常务副主席、书记处第一书记怀进鹏出席开幕式并致辞。

会议推选韩启德为中国公众科学素质促进联合体首任理事长，中国科协副主席、书记处书记孟庆海为执行副理事长。韩启德表示，将牢记使命，恪尽职守，为推动我国科普事业创新发展、服务国家和人民作出贡献。

成立大会上，各成员单位共同发布《中国公众科学素质促进宣言》。宣言强调，追求服务国家战略、履行社会责任、满足人民需求相统一，推动科学普及与科技创新两翼齐飞，弘扬科学精神，传播科学知识，打造科普生态，为建设世界科技强国厚植创新沃土，为实现中华民族伟大复兴和构建人类命运共同体贡献力量。

华为、科大讯飞、中核集团、航天科工、腾讯、中国华能、三快在线（美团）7 家单位向中国科技馆发展基金会下设的公众科学素质促进专项基金捐赠 3700 万元，专门用于发展社会化科普事业。相关部委、各发起单位代表等约 400 人出席大会。

长期以来，我国科普工作实行政府主导模式，为公民科学素质从低起点快速提升到 8.47%，接近创新型国家门槛起到了关键作用，充分彰显了中国特色社会主义的制度优势。进入新时代，我国科普事业迎来历史性“拐点”，需要充分激发全社会科学普及的内生动力，实现政府主导和多元参与“双轮驱动”。

中国公众科学素质促进联合体顺应时代发展大势，是贯彻落实习近平总书记“两翼同等重要”指示和党的十九届四中全会精神的积极探索。中国公众科学素质促进联合体以搭建社会化科普平台、发展公益性科普事业、繁荣科普产业、扩大优质科普供给、举办科普表彰奖励、开展国际交流合作等为战略重心，旨在充分汇聚各方力量，共同打造社会化参与、市场化运作、制度化保障、信息化支撑、国际化交流的有效机制，为国家治理体系和治理能力现代化注入强劲动力。

【“科学素质与全球挑战”电视专题论坛】 12月8日，由中国科学技术协会和中国中央广播电视总台CGTN共同举办的“科学素质与全球挑战”电视专题论坛在北京举行。中国科协党组书记、常务副主席、书记处第一书记、中国科学院院士怀进鹏，中宣部副部长、中央广播电视总台台长兼总编辑慎海雄，“共和国勋章”获得者、中国工程院院士钟南山出席论坛并致辞。

此次电视论坛的主题为“科学素质与全球挑战”，研讨会以线上与线下相结合方式举办，10位诺贝尔奖得主、30位世界科学院及中国两院院士、300位社会科学组织代表及青年科学家参加了论坛。此次活动与同期举办的2020世界公众科学素质促进大会共同搭建起一个全球国际组织及科技交流平台。

怀进鹏在致辞中表示，科学素质是促进社会发展与治理的重要基石，人的科学素质是人类进步之基、可持续发展之根、文明互鉴之魂。科学教育与传播是公众理解科学的根本途径，应对世界公众科学素质建设的困境与难题，把握传播规律，创新内容形式，实现新媒体、全媒体、融媒体的传播平台将是更好的解决之道。开放合作是人类文明进步的时代主题，我们需要以开放的确定性应对未来发展的不确定性，以信任的内聚性应对世界变局的不稳定性，以团结的包容性应对治理体系的脆弱性。中国科协致力于增进跨国界、跨种族、跨文化的理解与信任，愿意与国际同行深化务实合作，激活创新引领的合作动能，构建科学素质共同体，为促进世界经济绿色复苏、完善全球治理体系不懈努力。

慎海雄在致辞中提出，新冠肺炎疫情再次表明，人类是休戚与共的命运共同体。提高公众科学素养，需要推动形成尊重科学、相信科学、依靠科学的氛围，不断深化媒体和科学界的合作。受地缘政治影响，当前全球面临着科学问题政治化等各种复杂严峻的挑战，人类比任何时候都更需要在科学方面加强合作，携手前行。应对全球挑战不仅是政治家和精英群体的责任，更是具备科学素养的媒体、科学家和公众的共同使命。媒体是公众获取科技信息的重要渠道，也是倡导科学方法、传播科学思想、弘扬科学精神的重要平台。中央广电总台将充分发挥全媒体时代主流媒体桥梁纽带作用，积极投身科普事业，通过科普内容的有效传播和广泛覆盖，为提升全人类科学素质作出更大贡献。

钟南山在致辞中指出，正确的“群防群控”指导思想与强有力的干预措施是我国取得抗疫重大战略成果的基础，坚持科技创新的理念是解决有关新冠病毒基本科学问题的保障。钟南山鼓励广大生物医学工作者肩负起人民生命健康的重任，进一步促进未来医学模式的创新，要从“以治疗为中心”转变到“以健康为中心”，将“早发现、早诊断、早治疗”的理念提升到更重要的地位。

论坛期间，中央广播电视总台CGTN智库和中国科协科学技术传播中心共同发布了《疫情为镜　科学有多重要》报告。报告指出，正是因为有了科学家，科学才得以转化成技术惠及民众。正是来自科学家的建议和指导，以及中国人长期以来对科学的尊重和信任，助力了中国高效的疫情防控。疫情不仅仅验证了科学的重要性，也提高了各国民众对于科学的认可度。

诺贝尔生理学或医学奖得主兰迪·谢克曼、诺贝尔物理学奖得主迈克尔·科斯特利茨、诺贝尔化学奖得主迈克尔·莱维特等10位诺奖获得者分别就重大公共危机与公民科学素质提升、重视青少年科学兴趣培养等主题阐述了对提升公众科学素养的观点与建议。

【研讨应急科普机制　完善应急管理体系——应急科普座谈会】 3月11日，中国科协召开专家座谈会，研讨应急科普机制，为完善国家应急管理体系建言献策。国务院应急管理专家组组长、国家减灾委专家委员会副主任、国务院参事闪淳昌，清华大学公共安全研究院院长、中国工程院院士范维澄，清华大学苏世民书院院长、国家战略咨询与综合评估特邀委员会委员薛澜，以及来自北京大学、国家预警信息发布中心、国家卫健委、人民网和有关全国学会的专家学者参加座谈会。中国科协党组书记、常务副主席、书记处第一书记怀进鹏主持座谈会，副主席、书记处书记孟庆海，党组成员、书记处书记宋军，以及中国科协有关单位负责人参加会议。

与会专家围绕应急科普价值与治理体系和治理能力现代化的关系、完善国家应急管理体系思路等召开热烈讨论。与会专家认为，应急科普工作在此次新冠肺炎疫情防控中为传播科学防控知识、促进社会稳定发挥了积极作用，应当全面总结经验做法，补齐问题短板，形成政府部门、社会机构、科研力量、大众传媒等有效协调联动的国家应急科普体制，进一步提高国家应急管理水平。

会议认为，习近平总书记高度重视科技力量在疫情防控中的重要作用，指出“打赢疫情防控人民战争、总体战、阻击战还需要付出艰苦努力。越是面对这种情况，越要坚持向科学要答案、要方法”“要完善重大疫情防控体制机制，健全国家公共卫生应急管理体系”这一系列重要指示精神，为科技群团参与国家应急管理制度建设，推进治理体系和治理能力现代化提供了重要遵循。在这次疫情防控中，中国科协主动作为，发挥各级科协和各级学会“一体两翼”组织动员优势，依托科普中国、科学辟谣、数字科技馆等信息化科普平台，发动广大科技志愿者、基层“三长”、科普信息员深入开展应急科普，作出科技人、科协人、科普人的贡献。要深入贯彻落实习近平总书记系列重要指示精神，认真梳理、理性思考此次应急科普工作的有效做法和经验，把实践升华为机制，更好服务国家治理能力建设。

【第二十七届全国科普理论研讨会】 9 月 28 日，以“面向未来的科学素质建设”为主题的第二十七届全国科普理论研讨会在北京召开。中国科协副主席、书记处书记孟庆海出席开幕式并致辞。孟庆海、中国科学院院士周忠和作主旨报告。来自有关高校、科研院所、科协系统的学会和地方科协、科技场馆以及传媒机构的专家学者、科普工作者 400 余人通过线上线下方式参加会议。

孟庆海在题为“新时代科普高质量发展的思考”的主旨报告中以应急科普为切入点，阐释了科普在国家治理和人的全面发展中的重要作用，强调紧扣时代之变，把握科普的内涵、理念、手段和机制之变，指出要实现科普之治，更好地为人的全面发展服务、为创新发展服务、为国家治理体系和治理能力现代化服务、为构建人类命运共同体服务，需要走出社会化协同、智慧化传播、规范化建设、国际化合作的科普新发展路径。

周忠和作主旨报告《科研人员做科普：一些问题的思考》。周忠和从为什么要鼓励科研人员做科普之问切入，分析了当前科研人员做科普的困惑，从政策设置、个体参与等不同视角，提出改善科学家不愿、不屑、不敢、不擅长做科普现象的思考和建议。他呼吁广大科研人员积极投身科普，为推动科学文化建设与全民科学素质提升贡献力量。

七位来自中国科协、中国科学院、清华大学等机构的专家学者作大会学术报告。议题涉及全域科普、科技资源科普化、科学教育、应急科普等多领域。大会报告立足新起点，面向新时代，聚焦科学素质建设，提出新理念新做法，具有很强的思想性、针对性和指导性。

大会同期对中国科普研究所《中国科普图书史丛书——悟理之路：中国物理科普图书史》《中华人民共和国史小丛书——新中国科普 70 年》等最新 6 项优秀学术成果进行集群发布，并为此次大会评选的优秀论文进行颁奖。

会议由中国科普研究所主办，中国科技馆、中华医学会、中国科协－清华大学科技传播与普及研究中心协办，北京科技报社承办。

【面向 2035 年公民科学素质建设专家座谈会】 4 月 8 日，中国科协召开面向 2035 年公民科学素质建设专家座谈会，清华大学社科学院副院长李正风，中国科学院大学马克思主义学院副院长任定成，中国科学院大学人文学院联合党委书记兼副院长张增一，中国科学院科技战略咨询研究院研究员周建中，中国社会科学院工业经济研究所党委书记、副所长李雪松，国家发展改革委宏观经济研究院社会发展研究所社会治理室主任曾红颖参加座谈会。中国科协副主席、书记处书记孟庆海主持座谈会，党组成员、中国科技馆馆长殷皓，有关单位负责人参加会议。

与会专家围绕 2035 年国家发展形势预判、公民科学素质在世界科技强国建设中的重要性、公民科学素质与国家治理体系和治理能力现代化、公民科学素质与国家经济社会发展等议题展开热烈讨论。与会专家认为，公民科学素质对经济、社会、文化、教育、生态等事业具有重要的支撑作用，应当全面总结经验做法，补齐问题短板，创新体制机制，推动新时代公民科学素质建设高质量发展。

会议指出，习近平总书记高度重视科普工作，强调“科学普及与科技创新同等重要”，为提升全民科学素质、推动科技为民服务提供了重要遵循。《全民科学素质行动计划纲要》颁布实施以来，在以习近平同志为核心的党中央领导下，全民科学素质行动取得了显著成效。在新冠肺炎疫情防控中，中国科协依托纲要实施 15 年来形成的党政部门、新闻媒体、社会机构联合协作基础，建立了一套自上而下、横向到边、纵向到底、国省市县四级联动的应急科普工作体系，有效服务疫情防控工作，得到了党中央、国务院充分认可。

会议强调，要深刻理解习近平总书记关于科普工作系列重要论述，做好未来15年公民科学素质建设顶层设计，更好发挥科普服务国家治理体系和治理能力现代化、服务人的全面发展和服务构建人类命运共同体的价值使命。

【“中华优秀科普图书榜”2019年度榜单发布会】

1月8日，由中国科协科普部、中国出版协会、韬奋基金会、中国大百科全书出版社联合主办的“中华优秀科普图书榜”（以下简称科普图书榜）年度榜单发布会在北京举行。榜单共有71种科普图书入选，经过多轮评审和公众投票，10种科普图书脱颖而出，入选2019年科普图书榜年度榜单。中国出版协会常务副理事长邬书林，中国科协党组成员、中国科技馆馆长殷皓等为入榜图书出版方代表颁发证书，韬奋基金会副秘书长黄国荣和“中华优秀科普图书榜”评审委员会评委代表、《科学世界》杂志社社长安然，中国科普作家协会常务副秘书长、《科普时报》总编辑尹传红出席发布仪式。

“中华优秀科普图书榜”2019年度榜单：“科技改变中国”丛书（人民邮电出版社）、《这里是中国》（中信出版集团）、《名画在左　科学在右》（上海科技教育出版社）、《纽约：一座超级城市是如何运转的》（南海出版公司）、《天气预报：一部科学探险史》（广西师范大学出版社）、《恐龙在中国》（科学普及出版社）、《穿越时空看文明：全景手绘中国史》（石油工业出版社）、《藏在地图里的二十四节气》（山东友谊出版社）、《DK不可思议的大剖面》（中国大百科全书出版社）、《英国儿童科普探险阶梯书——海洋》（化学工业出版社）。

【大型科技科普展——“科技创新让生活更美好”】

为庆祝中华人民共和国成立70周年、澳门回归20周年，1月10日，由澳门特区政府、中国科协联合主办，中国科技馆、澳门科学技术协进会、澳门科学馆承办的大型科技科普展——“科技创新让生活更美好”在澳门科学馆隆重开幕。澳门特别行政区行政长官代表、运输工务司司长罗立文（Raimundo Arrais do Rosário），中国科协副主席、书记处书记孟庆海，中央人民政府驻澳门特别行政区联络办公室副主任姚坚，澳门特别行政区政府政策研究和区域发展局局长米健，中央人民政府驻澳门特别行政区联络办公室经济部副部长朱宏，澳门科学技术协进会会长崔世平等出席开幕仪式。

孟庆海对展览的开幕表示热烈祝贺，并对各方各界给予展览的大力支持表示感谢。他指出，澳门回归20周年，与祖国内地同发展、共繁荣，在国家鼎力支持下，澳门的科技事业日新月异，创新正逐步成为濠江新名片。中国科协一直致力于推动澳门科技界与祖国内地的交流合作，厚植科技创新土壤，推动澳门可持续发展。2018年，中国科协与澳门特区政府签署了《澳门特别行政区政府　中国科学技术协会合作框架协议》，双方重点围绕科普交流、创新创业交流、人才交流和学术产业交流开展合作。2019年，中国科协与澳门特区政府共同组织第34届全国青少年科技创新大赛等庆祝澳门回归祖国20周年的“会、展、赛、演、研”五大系列活动。澳门的科普事业随着科技事业进步也迎来历史上最好的发展机遇。他表示，此次举办的科普双庆展和系列活动，将以见物见人见精神的方式，如徐徐展开的历史画卷般再现新中国成立70年以及澳门回归20年在科技方面取得的成就，充分展现祖国的科技实力与澳门的科技潜能，相信澳门同胞特别是青少年在领略科技创新魅力的同时，更能激发创新创造活力，进一步增强祖国认同感和民族自豪感，让爱国爱澳成为全社会核心价值。

开幕式后，与会嘉宾一同参观了展览。展览通过40余件展品，回顾新中国成立70周年以及澳门回归20周年在科技创新方面取得的成就，充分展示了祖国的科技实力和澳门的科技创新潜能。澳门多家媒体记者到场参加开幕式，对此次活动进行了全面报道，并现场对中国科协科学技术普及部有关负责人进行了采访。

展览开幕期间，中国科技馆员工在澳门科学馆为公众开展一系列科普演出。科学实验《一飞冲天》《球球总动员》《扭转乾坤》和互动科幻童话剧《皮皮的火星梦》，通过新颖的创意、精彩的实验、令人惊叹的科学现象和通俗化的科学展示让观众沉浸于精彩有趣的科学世界中，受到当地公众的一致好评。

大型科技科普展——“科技创新让生活更美好”献展澳门，既为澳门公众了解祖国科技发展、增强澳门同胞的家国情怀和爱国爱澳精神搭建了平台，也为进一步增进内地和澳门的科普交流合作、让澳门的科普事业更深度地融入内地的科普事业、更好地实现科普资源对接打下了良好的基础。该展览在澳门科学馆的展出周期为1月10日—2月28日，展出期间向公众免费开放。

【"科普中国—我是科学家"2020年度盛典活动】

12月12日，中国科协科普部主办、果壳承办的"科普中国－我是科学家"2020年度盛典活动在中国科技馆举办。中国科协副主席、书记处书记孟庆海，中国科协党组成员、中国科技馆馆长殷皓，中国自然科学博物馆学会理事长、中国科协原党组副书记、副主席程东红等出席活动。

首都医科大学附属北京朝阳医院副院长童朝晖、清华大学物理系教授龙桂鲁、中国科学院计算技术研究所研究员孙毅、国家航天局探月与航天工程中心副主任刘彤杰、自然资源部第二海洋研究所海底科学实验室副主任韩喜球分别从新冠抗疫、量子计算、区块链技术、探月探火工程和深海探测等角度，分享了科学研究背后的故事，向公众展现了爱国奉献、勇攀高峰的科学家精神。

"科学家的精神，持续点亮着2020。"宣南乐队带来一首特别创作的《2020，这一年》，向科学家致敬。第21期活动嘉宾、首都师范大学生命科学学院副教授顾有容返场，和家人共同献唱了自己重新填词的《大手拉小手》之"化学版"，展示了科技工作者多才多艺和家庭温馨的另一面。

活动现场，260余位热爱科学的观众在现场聆听了科学家的演讲，各个年龄层来自不同行业的观众带着不同角度的问题，踊跃与演讲嘉宾互动，线上直播点击量超172万。

"科普中国－我是科学家"项目通过为科学家搭建演讲平台，并通过新媒体阵地广泛传播，向公众弘扬科学精神、普及科学知识，在科学家群体中形成了示范传播效应。项目至今已举办线下演讲活动30期，有128位科学家登上演讲舞台，其中包括叶叔华、王志珍、王贻芳、丘成桐、高福等知名科学家。参与过演讲的科学家不仅表示了对项目的肯定，也积极推荐身边的同事参与科普，促进了科学家群体参与科普热情的提升。同时，科学家亲自参与科普的形式拉近了科学家与公众的距离，不仅传播了科学知识和科学思想，也展现了科学家的精神风貌和鲜活形象，体现了新时代科学家精神。

【科普中国直播探秘三门核电站　与网友共话能源】 12月18日，由中国科协、中国核工业集团有限公司、中国公众科学素质促进联合体联合指导，中国科学技术出版社有限公司、中国核学会、浙江省科协、三门核电站共同主办的未来耀科学"能源探索"特别直播在浙江三门核电站举行。央视频、腾讯、新浪、百度、知乎、快手、斗鱼、抖音等21个平台同步推出。

作为化石能源的替代品，核能是最有潜力的新能源之一，相比传统化石燃料，它消耗少，产出大，二氧化碳零排放。随着核科学与技术进步，核能应用的安全性和可控性都在飞速提升，已被广泛用于能源（发电）、工业、农业、医学等方方面面。但大众对于核能的发展却知之甚少。早期的一些负面新闻，时隔几十年仍在持续挑动众人神经，原子弹、核事故等被无限渲染，核科普极度缺位。为此，科普中国"未来耀科学"系列直播走进三门核电站，带领网友近距离观看核能发电过程，体验核电站的安全管理，并和核电人一起讨论核能奥秘、核能应用前景，共同探讨未来能源话题。

本次直播从探秘三门核电站、核能基础及应用、绿色能源和未来能源三个不同角度调动观众兴趣，覆盖不同喜好的人群，力求打消公众疑虑，引发对科技议题的思考。在第一场"探秘三门核电站"直播中，主持人在核电专家带领下深入核电站发电中心，在轰隆的汽轮机房和整洁的核反应堆建筑中，体验了一回工业之美。听到"核能发电也是通过（核裂变热量）烧开水，产生水蒸气来推动汽轮机发电"，网友们纷纷表示"原来如此"！"涨知识"！核电仿佛不再神秘，变得日常又亲切起来。在第二场"核能基础与应用"直播中，三位专家就核能奥秘、核燃料分布、核能应用等展开讨论。网友们一会儿仿佛回到中学课堂，一会儿被带到科技前沿领域。人造太阳、核潜艇、月球上的氦－3（核聚变原料）、核放射育种等，每一个话题都让人听得兴起。直播间不时发出"期待中国加快发展核能""核聚变发电才是王道"的感叹。还有网友发起了和平、合理利用核资源的话题

在最后一场"绿色能源和未来能源"直播中，三位年轻的核电工程师和网友们聊起了科幻作品中的能源装置。从已经实现的风能、水能、生物质能应用，到设想中的"戴森球""反物质""黑洞"等。现场脑洞大开，互动频繁，掀起了一个小高潮。借助这些科学幻想，"环保""碳中和""能源使用效率""能源和人类发展"等宏大话题也被不断提及。网友们还谈论起了"探索宇宙"的话题，对科技发展的美好愿望洋溢于心。整场直播共吸引了387万人在线观看。

"未来耀科学"是科普中国升级示范项目打造的

全新直播活动品牌，以直播的形式，结合当下热点和地方需求，邀请权威专家对相关话题进行全面解读。8月以来，相继联合中国地震局公共服务司、自然资源部中国地质调查局、水利部宣传教育中心、中国核工业集团有限公司等有关部门，会同中国核学会、中国科普作家协会等有关全国学会，为青海、湖北、四川、广西、浙江等地科协提供科普服务，促进当地经济社会发展，落地服务直播活动累计观看人数超4000万。

【中国科协召开视频会议研究部署2020年科普重点工作】 2月25日，中国科协副主席、书记处书记孟庆海，中国科协党组成员、中国科技馆馆长殷皓召开视频办公会议，传达学习习近平总书记在统筹推进新冠肺炎疫情防控和经济社会发展工作部署会议上的重要讲话精神，研究部署2020年科普有关重点工作。

会议指出，各有关部门要深入贯彻落实习近平总书记关于新冠肺炎疫情防控系列重要指示精神，按照科协党组书记处有关部署，统筹推进疫情防控和科普各项重点工作，增强忧患意识、狠抓工作落实、提高工作本领，继续做好疫情防控应急科普，并注重总结有效机制、典型做法，讲好抗疫应急中的中国科普故事。

会议围绕启动《全民科学素质行动规划纲要（2021—2035年）》编制工作、推进世界公众科学素质促进组织建设、新时代文明实践科技志愿服务行动、中国公众科学素质促进联合体建设和推动科幻发展等重点工作进行了研究讨论。

会议强调，科普有关部门要进一步提高工作站位，围绕服务打赢疫情防控人民战争，服务“两个决胜”，提质悟道，突出重点，抓关键环节，明确目标靶心，以做好应急科普工作为契机，全面提升科协“一体两翼”组织动员力，推动各项工作再上新台阶。

【中国科协2020年科普工作视频会议】 3月31日，中国科协2020年科普工作视频会议在北京召开。中国科协副主席、书记处书记孟庆海出席会议并讲话，中国科协党组成员、中国科技馆馆长殷皓主持会议。各省、自治区、直辖市和副省级城市科协分管科普工作的副主席和有关负责人、全国学会科普工作负责人通过科协视频会议系统或收看直播方式参会。

会议的主要任务是深入学习贯彻习近平新时代中国特色社会主义思想，落实中央巡视整改和中国科协2020年工作部署要求，交流经验做法，部署年度科普重点工作。

孟庆海指出，2019年在以习近平同志为核心的党中央坚强领导下，全面建成小康社会取得新的重大进展。科协系统按照中央书记处的要求，紧扣庆祝新中国成立70周年主线，面向基层、服务民生、抓生态、抓组织、建渠道，科普工作取得了显著的成效。特别是在这次抗击新冠肺炎疫情的人民战争中，科协组织主动开展应急科普工作，形成了自上而下，横向到边，纵向到底，各省市县以及各级学会联动的应急科普工作体系，取得了很好的效果，得到全社会的高度关注和重视。

孟庆海强调，2020年是全面建成小康社会，实现第一个百年奋斗目标的决胜之年，是科协的合作发展之年，也是科普事业发展的规划之年，科普工作迎来了难得的发展机遇。一是要再接再厉，助力打赢抗疫战争，战“疫”不结束，科普不下线。二是要时刻对标习近平总书记指出的“科技创新、科学普及是实现创新发展的两翼，要把科学普及放在与科技创新同等重要的位置”要求，重新认识新时代科普的价值使命。三是要以服务“决胜全面建成小康社会、决战脱贫攻坚”为主轴主线，全国学会、地方科协“一体两翼”联动，谋划好、落实好全年的重点工作。四是要以高度的政治责任感做好中央巡视整改工作。各级科协组织要共同努力，抓实抓细抓落地，切实将各项整改措施落实到基层，确保整改工作真正到位。

中国科协科普部和各科普直属单位负责人在主会场参加会议。在线实时参会人数超过2500人。

【全域科普工作和基层科协组织建设现场会】 为深化科协基层组织创新、探索群团组织参与社会治理的有效路径，12月23—24日，中国科协、中共天津市委在天津共同举办全域科普工作和基层科协组织建设现场会。中国科协党组书记、常务副主席、书记处第一书记怀进鹏出席全体会并讲话。中国科协副主席、书记处书记孟庆海，中国科协党组成员、书记处书记束为，中国科协党组成员、中国科技馆馆长殷皓出席有关会议并参加实地考察、研讨交流等活动。

怀进鹏指出，科协系统各级组织要以深入学习宣传贯彻党的十九届五中全会和中央经济工作会议精神为契机，进一步深入贯彻落实习近平总书记关于科技和科协工作的重要指示要求，推动科技创新与科学普及“两翼齐飞”，推进全域科普和基层组织建设同谋划、同部署、同推进，强化组织体系对全域科普的支撑保障，提升数字化时代科普的经济、社会和文化价值，彰显科普服务人的全面发展的价值。

怀进鹏强调，要深刻认识新发展阶段科协组织的时代责任和创新使命，团结引导广大科技工作者坚持新发展理念、砥砺创新创造，把人才第一资源的势能、潜能转化为创新驱动发展的活力、动能，把科协“三型”组织优势转化为服务高质量发展优势，把国家发展优势转化为面向全球开放、信任、合作的战略优势。要坚持系统观念，持续提升科协组织力，不断完善机制平台，全面提升智库、学术、科普品牌服务能力，着力塑造“科技工作者之家”品牌，更好凝心聚力服务构建新发展格局。

会议认真总结了党的十九大以来科协系统各级组织围绕基层科协组织建设和科普工作开展的系列改革创新实践，共同研究谋划新时代组织建设和科普工作的发展方向和思路，为下一个五年基层科协工作育新机、开新局、谋新篇，并围绕“基层组织在两中心建设中持续发挥作用”“基层科协科普工作中的组织机制和激励机制”“三长在科协组织建设中的作用”“科技志愿服务的经验做法”等主题逐步凝聚共识，提炼有示范性、代表性的工作方法、模式，各级科协要统一认识、转变观念、改进作风、提高能力，始终坚持“党建带群建、群建助党建”的组织建设根本遵循，聚焦靶心、服务中心、凝聚人心、坚定信心，系统推进组织建设和业务工作，将“三长制”“全域科普”的工作流量转化为团结引领和联系服务科技工作者的人才存量，把各领域基层科技工作者团结凝聚在党的周围，夯实党在科技界的执政基础，团结引领基层科技工作者砥砺建功新时代。

会前，天津市委书记李鸿忠，市委副书记、市长廖国勋，天津市委常委、市委教育工委书记于立军等先后与怀进鹏一行进行会晤，就推动天津市“全域科普”工作深入交换意见。怀进鹏、孟庆海还赶赴天津中医药大学看望了人民英雄、中国工程院院士张伯礼，并前往组分中药国家重点实验室和中医药研究院调研考察。

各省级科协、中国科协有关部门及相关单位负责同志、天津市纲要办成员单位和各区科协负责同志等共 170 余人参会并开展专题交流、分组讨论。

【2020 年英才计划中期研讨会暨专家咨询委员会第七次全体会议】 8 月 26 日，2020 年英才计划中期研讨会暨专家咨询委员会第七次全体会议以线上和线下相结合方式在北京召开。中国科协副主席、书记处书记孟庆海，北京大学原校长、中国科学院原副院长、英才计划专家咨询委员会主任王恩哥院士，复旦大学原校长、英才计划专家咨询委员会副主任杨玉良院士，中国科学院大学党委书记、校长李树深院士，浙江大学校长吴朝晖院士，中国科学院大学天文与空间科学学院院长武向平院士，中国科学技术大学副校长杨金龙院士等出席会议。

王恩哥在研讨会上指出，英才计划在实施过程中必须坚持不忘初心，保持定力，善做善成；遵循科技创新人才培养规律，加强科学化管理；坚持名师引领和非功利原则，尊重学生科学兴趣；坚持使命引领，立德树人。

研讨会上公布了 2019 年英才计划优秀组织实施单位和优秀组织工作者，播放了 2019 年度英才计划工作总结视频。英才计划物理学科导师、北京航空航天大学介绍了实施双导师制培养学生的理念和做法；吉林大学介绍了学校英才计划与拔尖计划贯通培养人才，以及与东北师大附中合作开展省级“英才”试点工作；英才计划上海管理办公室介绍了实行“科学种子计划”，从小学培养创新人才的探索模式；四川大学附属中学介绍了以研究性课程、研究性教师培养研究性学生的典型经验。英才计划全国管理办公室总结了疫情期间各单位有序组织开展英才培养的典型经验，对 2020 年下半年工作进行了安排部署。与会 21 个实施省份代表围绕 2020 年度学生评议方式、疫情防控常态化下的英才学生培养方式等议题进行讨论发言。

王恩哥院士主持英才计划专家咨询委员会第七次全体会议，委员们围绕推动英才计划发展进行深入讨论，提出要延长培养周期，促进交叉学科培养和线上线下相结合培养，进一步发挥中学作用，发挥示范作用，从低龄学生开始培养创新人才，推进创新人才培养立法等宝贵建议。委员们表示，将充分发挥专家智库作用，进一步献智献策，调动自身资源，动员社会力量，让更多热心青少年科技创新人才培养的有志之士参与进来，给学生提供更多接触科技前沿的机会。

英才计划专家咨询委员会、学科工作委员会、省级管理办公室、省教育部门负责人，参与高校教务处长、教学院长、导师代表、中学校长、科技教师等 400 余位代表参加会议。

【科学辟谣平台入选 2020 年度数字出版精品遴选推荐计划】 日前，中国科协、国家卫建委、应急管理部、市场监管总局共同打造的科学辟谣平台入选国家新闻出版署公布的数字出版精品遴选推荐计划，平台影响力日益扩大。2019 年 8 月，科学辟谣平台正式上线。2020 年 4 月开始，科学辟谣平台与国家互联网联合辟谣平台每月共同发布“科学”流言榜单，初步建成国家级辟谣平台。

创新科普机制　提升平台影响力

新冠肺炎疫情期间，科学辟谣平台发挥应急科普机制优势，打通专家、学会、平台资源，因响应及时，受到社会各界广泛关注。《为什么有些人瞒报行程?“正常化偏误”了解一下》《炎症风暴：人体免疫系统，是怎样反噬自身的?》等多篇文章得到主流媒体刊发，单篇作品传播量过百万。为方便与公众双向沟通，科学辟谣平台建立问答机制，在多平台开发问答功能，收集流言线索并及时辟谣、反馈。

以活动带品牌　引发科学大讨论

科学辟谣平台自成立以来，联合美团、今日头条、爱奇艺、快手等平台开展各类线上线下活动近 20 场，保证月月有活动，通过活动提升品牌影响力，增加用户黏性。

今年 8 月，科学辟谣平台联合知乎共同举办“科学求真”活动，广泛调动社会媒体及科普大 V，通过科学家、媒体、网友等对科学方法、科学思维的线上线下集中讨论，促进全社会形成热烈、积极、正向的科学讨论舆论氛围，帮助公众提高识谣、辨谣“体质”。活动已征集作品近 43 万个，累计传播量超过 6.3 亿次。

内容品质提升传播累计 20 亿次

今年以来，科学辟谣平台原创内容有 500 余篇在第三方平台浏览量超过 10 万 +，4 个话题浏览量过亿。同时，平台不断拓展短视频领域，相继开通抖音、快手等全民短视频平台，并以专辑形式，开展内容的聚合传播。其中，# 张文宏医生告诉你 # 专辑，播放量已超过 1 亿次。截至 2020 年 11 月底，科学辟谣平台已构建起一个系统完备、科学规范、公众信赖、运行高效的科学辟谣体系，全网传播量破 20 亿次，用户数超 440 万。

【共建启新程　共享筑辉煌　2020 年度中国数字科技馆共建共享会议】 12 月 16—17 日，2020 年度中国数字科技馆共建共享会议在郑州召开。会议由中国科技馆主办、郑州市科技馆承办，来自全国 47 家主要科普场馆及相关单位的 110 余人参加会议。中国科协党组成员、中国科技馆馆长殷皓，中国科协科普部副部长钱岩，河南省科协党组成员、副主席王继芬，郑州市科协党组成员、副主席崔光伟出席开幕式。王继芬代表河南省科协致欢迎词。

本次会议旨在回顾总结中国特色现代科技馆体系信息化“十三五”实施情况，研究部署“十四五”工作规划，探索进一步整合、提升体系信息化发展水平的新思路、新做法。

殷皓从三个方面对提升科技馆智慧化建设，加强科学精神价值引领，推动中国特色现代科技馆体系创新发展工作进行了总结和部署：一是“十三五”期间，中国特色现代科技馆体系加速发展，依托信息化促进体系整合发展的需求日趋旺盛；二是以科学思想和科学方法加强场馆信息化建设，充分发挥信息化手段倍增效应，提升科普服务效能；三是以信息化建设助力中国特色现代科技馆体系“十四五”发展。

他强调，“十四五”时期，中国特色现代科技馆体系将着力构建开放、协同、联动、共享的科普生态格局，将省市级科技馆建设为本级科技馆体系“连接器”和次级科技馆的“组织者”，强化组织赋能、机制变革、资源整合。为此应做好三方面工作：一是要加强科技馆体系信息化基础设施和服务建设，推进科技馆体系融合发展；二是要依托信息化技术，通过线上线下结合方式，推进科技馆体系价值引领能力和资源共建协作能力提升；三是要依托信息化技术推进科技馆体系社会协同与合作。

通过这次会议，与会代表提高了认识，开拓了见识，凝聚了共识，强化了建设、发展、提升中国特色现代科技馆体系的使命感，进一步明确了助力科普事业高质量发展和公民科学素质有效提升的工作目标。

【中国科技馆与中国图书馆学会科普合作项目首站试点启动】 9 月 25 日，由中国科技馆与中国图书馆学会联合开展的中国流动科技馆“跨界流动 · 助力基层”巡展项目首站试点在甘肃省敦煌市图书馆举行启动仪式，并正式向公众开放。中国科协党组成员、中国科技馆馆长殷皓，中国图书馆学会副理事长、国家图书馆副馆长陈樱，甘肃省科协党组书记、第一副主席陈炳东，甘肃省科协副主席张平，甘肃省图书馆副馆长陈军，酒泉市科协、敦煌市政府等单位领导出席启动仪式。

“跨界流动 · 助力基层”项目由中国科技馆与中

国图书馆学会共同策划实施，是贯彻落实党中央、国务院对科普工作的指示，以及习近平总书记在科学家座谈会上的讲话精神的重要举措。项目按照中国科协“1–9–6–1”战略布局，大力塑造基层科普工作社会化格局，融合实体科技馆、流动科技馆和数字科技馆优质展教资源，利用县级公共图书馆场地开展面向基层公众的科普文化活动。通过跨界联合，充分整合双方优势资源，面向基层公众开展线下展览、专题讲座、数字科普资源共享以及科普读物推介等丰富多样的科普活动，加强公共文化服务资源共建共享，促进更多优质科普文化资源走进基层、服务基层。2020 年计划在甘肃敦煌市、江西樟树市和浙江德清县 3 个县市级图书馆开展先行合作试点工作，为“十四五”推广实施积累经验。

殷皓同志在启动仪式上指出，作为中国特色现代科技馆体系的重要组成部分，中国流动科技馆项目实施十年来成效显著，甘肃敦煌市图书馆作为中国流动科技馆跨界合作项目的首个试点意义重大，将开启科技馆与图书馆合作的新篇章，这既是科普领域与文化领域的跨界合作，也是公共科普服务与公共文化服务融合发展的一次创新尝试，通过合作将切实加强不同行业间资源的共建共享，既能够丰富和完善县域公共图书馆的服务内容，吸引更多公众特别是青少年走进图书馆，也将促进科普教育的深度传播，提升县域公众的科学文化素质。

陈樱同志表示，中国图书馆学会和中国科技馆在落实科普工作、服务社会、促进基本公共服务均等方面有着天然的共通性，通过跨界合作，连接两个领域，打通两大行业，将实现双方优势互补、合作共赢。

启动仪式上，殷皓同志还代表中国科技馆向敦煌市东街小学捐赠 200 套《科技馆里的科学课》套材资源包，为巡展期间组织开展馆校合作科普活动提供丰富的资源素材。与会嘉宾及 200 余名当地公众代表一同参观了中国流动科技馆展览，展览新颖的形式、有趣的内容获得了现场观众的一致好评。

【科普大篷车 20 周年系列活动——全国科普大篷车二十周年工作总结会暨 2020 年工作交流会】 12 月 3 日至 4 日，2020 年全国科普大篷车二十周年工作总结会暨 2020 年工作交流会在安徽省池州市召开。中国科协党组成员、中国科技馆馆长殷皓，中国科协科普部副部长廖红，中国科技馆副馆长庞晓东，安徽省科协党组成员、副主席魏军锋，中共池州市委副书记聂爱国，池州市政协副主席、市科协主席欧阳振家等领导出席会议，会议由廖红主持。来自全国科协系统科普大篷车负责同志及科普企业的百余名代表参加会议。

本次会议旨在回顾 20 年来科普大篷车项目发展历程，总结“十三五”期间科普大篷车项目工作，交流工作经验，研讨“十四五”发展思路。会议期间还表彰了科普大篷车“明星车队”“明星科普工作者”“明星科技志愿者”，开展了观摩调研活动。

殷皓同志在会议讲话中充分肯定了科普大篷车“十三五”期间取得的成绩。针对新时代科普大篷车项目的发展时指出，一要紧扣“十四五”规划和二〇三五年远景目标，以习近平新时代中国特色社会主义思想为引领，助力国家战略和中心工作在乡村地区的推动和实施；二要积极落实中国科协“1–9–6–1”战略布局，联合各方力量联动聚力，推动服务资源下沉，在中国特色现代科技馆体系下，不断推动供给侧改革。三要加强体系之间以及与其他科普设施的联合协作，坚持服务基层、服务乡村的根本宗旨，创新基层科普理念和服务模式，促进城乡公共科普服务的均等化，全方位提高乡村地区公众的科学素质。

会议还特别邀请了四位 20 年前科普大篷车启动的见证者。最早参与科普大篷车研发设计单位的安徽科技馆原馆长闫光亚，早期参与科普大篷车车辆改装企业的合肥通用机械研究院有限公司副总工程师李小瓯，最早一批科普大篷车工作者、云南省少数民族科普工作队科普部部长包海，20 年前科普大篷车活动的少年观众、池州市贵池区池口小学科学课教师金灿到会分享了自己的感受。闫光亚说，20 年过去了，科普大篷车已成为中国科协的闪亮品牌之一，但中国科协没有忘记我们这些第一代“科普大篷车”人，让我们感动，让我们激动。金灿认为科普大篷车用科学点亮了乡村孩子的眼睛，为孩子们打开了新世界的大门，并向科普大篷车项目表达感谢。

庞晓东同志作了科普大篷车“十三五”期间工作报告，总结了科普大篷车“十三五”期间在丰富升级车型和车载资源、提升运行管理水平、打造社会化科普工作格局、助力国家战略和重点工作的推动与实施等方面取得的成绩。指出了在政策保障、配发机制、车载资源、评价激励等方面的一些不足。针对“十四五”发展，提出了优化配发机制、加强资源研发、完善运行模式、打造品牌活动、加强评价激励、加强运行管理等思路。

通过此次会议，总结了科普大篷车20年发展成绩，收获了信心，凝聚了人心，进一步坚定了项目在“十四五”期间“在继承中发扬、在坚持中创新”的决心。20年前，科普大篷车从安徽出发，迈出了基层科普的新征程。20年来，科普大篷车累计配发1727辆，开展26万次活动，服务2.7亿人次，形成服务乡村的科普服务网络。20年后，科普大篷车从安徽再出发，站在两个百年的历史交汇点，面向服务乡村振兴等新任务，必将进一步为基层公众科学素质的提高、建设创新型国家发挥更重要的作用。

【“新的对决——抗击新冠肺炎疫情”专题展览】 新冠疫情暴发之初，中国科技馆迅速反应，2月8日率先推出“新的对决——抗击新冠肺炎疫情网络专题展”，成为全国首个抗击新冠肺炎疫情的网络专题展。首版上线24小时点击量超过60万次，升级版总点击量达800万次。

7月25日，武汉科技馆恢复开馆首日，推出了由中国科学技术馆、武汉科学技术馆、慈溪科技馆联合主办的“武汉战‘疫’——抗击新冠肺炎疫情专题展”。

11月起，“新的对决——抗击新冠肺炎疫情网络专题展”和“武汉战‘疫’——抗击新冠肺炎疫情专题展”作为共襄战疫·共享未来——中国科协抗疫主题展览全国巡展活动的两大主题站，逐步开展全国范围内的巡展工作。11月3日，“新的对决——抗击新冠肺炎疫情专题展”在内蒙古自治区科尔沁右翼前旗科技馆启动，拉开了全国巡展的帷幕。12月30日，“武汉战‘疫’——抗击新冠肺炎疫情专题展”全国巡展首站在郑州科技馆开幕。

本次巡展活动充分发挥科技馆行业的联动机制，形成合力，使已经花费大量心血和财力所打造的优质展览得以延长生命周期、普惠更多公众、发挥更大作用，更好地服务于常态化疫情防控工作，使积累的宝贵应急科普资源和经验在巡展中得以交流互通，在交流互鉴中不断提升各馆的应急科普能力，为推进新时代科普事业发展贡献力量。

【“全面小康·科技同行”专题展览】 2020年是全面建成小康社会，实现第一个百年奋斗目标之年。为与广大公众共同见证这一伟大成就，由中国科协指导，中国科技馆主办的“全面小康·科技同行”专题展览于9月17日在中国科技馆短期展厅正式开幕。

9月18日，中国科协党组书记、常务副主席、书记处第一书记怀进鹏同志，中国科协副主席、书记处书记孟庆海同志在视察科普日准备工作期间专程参观展览，并给予高度评价。9月21日，中国科学院院长、党组书记白春礼院士，中国科协常委、党组成员、书记处书记束为同志参观展览。白春礼院士详细询问了参展高科技展品的研究单位和成果应用情况，表示将继续与中国科协加强合作，共同将科研最新成果转化为优质科普资源，在普及科学知识、推广科技成果、服务公众科普需求等方面发挥重要作用。

在全面建成小康社会的道路上，科技始终同行。“全面小康·科技同行”专题展览，响应时代主题，传颂奋斗精神，围绕建设小康社会历程中的科技推动和民生变迁，通过问题导向、今昔对比的形式设置12组图文问题徐徐展开，“从‘东方红’到‘北斗’，中国卫星如何服务生活？”“从‘半导体’到‘家庭影院’，百姓享受了怎样的文娱盛筵？”“从‘伐木队’到‘护林员’，如何落实‘绿水青山就是金山银山’？”……全面、生动和立体地呈现建设小康社会四十余年的壮阔历程，展现科技的发展应用推动国家综合国力、人民生活水平和国际影响力的大幅跃升，激发情感共鸣，共设置“关键抉择·筑梦小康（开篇）”“科技兴国·铸力小康”“科技惠民·乐享小康”“科技发力·共奔小康”“聚力凝心·圆梦全面小康（尾声）”5个展区，展示面积2000平方米，展品28件。

展览在9月17日—11月1日免费开放，带领公众进行一场回望小康奋斗历程的时空之旅。

【“大医精诚　无问西东——中西医结合抗击新冠肺炎疫情纪实展”】 6月2日，由中国科学技术协会、国家中医药管理局指导，中国科技馆自主开发的“大医精诚　无问西东——中西医结合抗击新冠肺炎疫情纪实展”精彩亮相，以生动翔实的内容展示新冠疫情发生以来，中西医结合聚力克艰、舍身战“疫”的光辉事迹，讴歌了白衣战士的医者仁心，成为中国科技馆以主题展览形式向在新冠肺炎疫情中作出杰出贡献的全体医务工作者的致敬之作。

展览以“大医精诚　无问西东”为主题，通过图文版、实物、视频、场景再现等多种形式，以生动翔实的内容展示新冠肺炎疫情发生以来，中医与西医联手并肩，坚决贯彻习近平总书记关于疫情防控工作的一系列重要讲话和指示批示精神，聚力克艰、舍身战“疫”、成果辉煌的光辉事迹。同时，回溯中国古代抗击瘟疫的历史，以及新中国成立以来在历次抗疫中中西医结合组成“统一战线”共同防治疫病的典型事例，以此说明中国是一个勇于并善于抗击疫病的国家，中西医结合是中国人在历次抗疫中摸索出来的有效方法。展览还分别介绍了钟南山、张伯礼等院士在此次抗疫中所作出的重大贡献，展现了广大医务工作者医者仁心、无私奉献的崇高精神，彰显了中国共产党领导的中国特色社会主义制度在疫情防控中的关键作用和显著优势。

展览被选定为 2020 年全国科普日北京主场活动项目，由张伯礼院士现场为刘鹤副总理做讲解。展览荣膺“典赞・2020 科普中国十大科普作品”。

国际学术交流

【世界科学峰会高级别圆桌会】 11 月 8 日，世界科学峰会中德美俄四国高级别圆桌会于线上召开。会议由德国科技创新基金会发起，主题为“多边世界的科学”。全国政协副主席、中国科协主席万钢，德国前联邦教研部部长安奈特・沙万，美国前总统科技顾问、前白宫科技政策办公室主任约翰・霍尔德伦，俄罗斯总统科技助理、前教育与科学部长安德烈・富尔先科共同出席，围绕如何推动国际科技合作以及科学如何在多边主义中发挥关键作用开展深入探讨。会议由德国独立记者、政治科学家和经济学家扬 – 马丁・威亚尔达主持。

万钢强调，无论是一国的科学政策，还是国际间的科技合作，关键在于连通科学家之间相互交流的渠道。科学研究必然要求国际合作，科学家的国际合作是内生需求。他倡导促进科技界自由和无障碍的沟通，寻找政治与科学的共同目标。政治家应当为科学家创造良好的外部环境，保障科学家之间的稳定交流。科学家间交流产生的友谊，能够促进各国间的相互理解和信任，弥合政治鸿沟。政治与科学之间达到最佳合作效果的重要基础，就是要尊重科学、尊重事实。政治与科学要互相尊重，追求共同的目标。

万钢指出，新冠肺炎疫情给全球带来启示，在人类共同面临的危机面前，只有携手合作、主动行动才能解决诸如气候变化这样的全球共同挑战，为未来绿色发展作出贡献。单边主义等问题并不能阻止科学家自发自觉的相互联系。尽管当前新冠肺炎疫情造成各国人员流通不便，科技界依然可以通过网络开展沟通联络，科学家在科学研究等工作层面和价值理念交流方面实则有所加强。疫情发生以来中国科协已开展 300 多场不同专业、不同学科领域之间的国际交流活动，其中至少 80% 的活动包含来自中、德、美、俄四国科学家的参与。

万钢倡议，应从四方面加大对科学研究的资源投入力度，即政府财政投入支持长远性的基础科学研究，财政税收政策激励企业投入更多研发经费，鼓励社会公益性资金投入科研领域，科研成果转化惠及研发人员等，应当以此支持科技工作者特别是青年科技人员的发展。

沙万指出，科学研究和科研政策制定是一种非常好的方式和策略，可以让各国建立起沟通的桥梁，并且可以作为外交的手段建立彼此的互信，他强调应加强全球青年科学家的交流与合作。霍尔德伦指出，决策者应尊重知识，必须要了解科学和技术才是解决今天社会所面对问题的唯一答案，并不只是针对公共卫生问题、环境、气候变化等问题，每一件事情当中如果没有科学和证据的支持，就没有办法有效解决这些问题。富尔先科指出，我们这样的对话真正在艰难的时刻建立了桥梁，不仅是跟欧盟科学家，跟全世界科学家都是如此，在今天这个时刻国际合作比以往更加重要。会议还围绕科学和科技政策如何解决全球挑战、政治与科学对话的方式作用、交流科研和创新领域的解决方案、加强国际合作、推动青年科技人才交流等话题进行了深入研讨。

中国科协国际联络部、中国国际科技交流中心主要负责人和有关负责人列席会议。

【2020 中小企业数字经济全球论坛】 7 月 16 日，由中国科协主办、中国国际科技交流中心承办的 2020 中小企业数字经济全球论坛在北京举办。截至 7 月 17 日上午 7 时共有 1788.8 万全球用户通过央视网、Facebook 及 YouTube 等社交媒体平台央视网账号参与收看，引发广泛关注和热烈反响。

论坛主题是“数字经济挑战与机遇：中小企业的数字化转型”，议程包括主旨报告、高峰对话和分论坛，6 个分论坛主题分别是“开放数据：释放新要素原生动力”“合作共生：平台组织新实践”“构筑平台：数字技术助力企业复工复产”“开放生态：实现包容赋能新融合”“精益创业：数字经济下中小企业创业新模式”“消除鸿沟：破解数字经济治理新问题”。

中国科协党组书记、常务副主席、书记处第一书记、中国科学院院士怀进鹏，世界工程组织联合会（WFEO）主席龚克，中国科协党组成员、书记处书记宋军、吕昭平，联合国教科文组织（UNESCO）原助理总干事汉斯·多维尔，管理学大师、西蒙模型创立者、“隐形冠军”之父赫尔曼·西蒙，德国国家科学与工程院院士、慕尼黑研究会主席迈克尔·道林，英国皇家工程院院士、图灵研究院院士安东尼·科恩，经济合作与发展组织（OECD）数字税收政策顾问埃里克·罗伯特，英国国家科研与创新署研究商业化局长托尼·索特里乌，佐治亚理工学院副校长卡尔·鲁斯特，以及IBM大中华区集团董事长陈黎明，施耐德电气全球执行副总裁、中国区总裁尹正，滴滴出行联合创始人兼CTO、滴滴自动驾驶CEO张博，旷视联合创始人唐文斌，新加坡源启科技的创始人兼首席执行官陈锦华，中科寒武纪科技股份有限公司副总裁石梅，中关村大河资本创始合伙人、优卅青年服务中心理事王童，中关村科技园区管委会二级巡视员陈文奇出席论坛。

怀进鹏作主旨报告《汇聚中小企业力量促进数字经济合作发展》，他认为，数字经济已经成为世界各国纷纷布局的重点领域并由此孕育了全球新一轮成长空间。随着产业发展和世界制造业格局改变，数字经济不仅改变了生产和管理过程，成为新的经济增长点，也蕴含着更大的机遇和挑战，特别在科技创新、产业格局重构、中小企业发展和人才培养、社会治理、全球信任合作等方面，需要全球范围内的携手共进，共同坚守科学精神、坚持创新冲动、保护创业文化和创新生态。中国科协愿意通过“科创中国”建设，与各国科技界、产业界共同推进技术进步，服务中小企业创新，促进数字经济合作发展。

陈黎明、埃里克·罗伯特、迈克尔·道林、安东尼·科恩、赫尔曼·西蒙分别围绕数字化转型、数字税、创新商业模式、协同智能系统、数字经济新机遇作主旨报告。在高峰对话环节，龚克、汉斯·多维尔、托尼·索特里乌、尹正、唐文斌、张博、陈锦华、卡尔·鲁斯特就中小企业在数字化转型中面临的挑战和机遇、协作与竞争等问题展开深入讨论。

【第16届世界公共卫生大会中国卫星会】 10月16日，第16届世界公共卫生大会中国卫星会在北京召开。中国科协党组书记、常务副主席、书记处第一书记、中国科学院院士怀进鹏出席并发表致辞，世界公共卫生联盟主席沃尔特·里查尔迪在线参会并致辞。

怀进鹏代表中国科协向全球各公共卫生组织和一线防疫医护人员表示敬意和问候。他表示，新冠肺炎疫情是百年来最严重的全球传染病大流行，中国政府秉持人类命运共同体理念，本着公开、透明、负责任的态度，及时发布疫情信息，同国际社会共同合作抗击疫情。中国科协运用组织优势，主动发挥国际民间科技交流主渠道作用，推动科研攻关，发布防控指南，开展应急科普和心理咨询，服务抗疫大局。他指出，要全力支持国际组织发挥作用，构筑强大的公共卫生体系，建立跨学科跨部门合作网络，共同合作抗击疫情，向全球分享中国抗疫举措，推动全球抗疫合作。

沃尔特·里查尔迪表示，中国卫星会是第16届世界公共卫生大会的重要组成部分。他感谢中国公开疫情信息并提供抗疫援助，对中国抗疫成果表示充分认可，强调世界公共卫生联盟愿与中国相关机构继续加强合作，让工作更加高效、透明，保护全球公共卫生。

本次卫星会是深入贯彻落实习近平总书记在科学家座谈会上重要讲话精神，务实推进全球疫情防控和公共卫生领域国际科技合作的落实举措。围绕中国抗击新冠肺炎疫情的公共卫生举措，来自世界公共卫生联盟、中国疾病预防控制中心、中国医学科学院、北京大学、中国生物技术股份有限公司等国内外专家学者共同分享抗疫经验，探讨卫生领域合作。

会议由中国科协联合国咨商生命科学与人类健康专委会、中华预防医学会主办，通过第16届世界公共卫生大会官网进行直播，面向125个国家和地区的公共卫生组织4000余参会代表开放。中国科协国际联络部、中国国际科技交流中心和中华预防医学会相关人员于现场参会。

【2019中国科协国际科学理事会中国委员会全体会议】 1月16日，2019中国科协国际科学理事会中国委员会（ISC-CHINA）全体会议在中国科技会堂召开。中国科协副主席、国际科学理事会副主席、ISC-CHINA主席李静海，太平洋科学协会主席、ISC-

CHINA 副主席吕永龙，国际材料研究联合会主席、ISC-CHINA 副主席韩雅芳，国际数据委员会副主席、ISC-CHINA 副主席黎建辉，中国科协国际联络部副部长、ISC-CHINA 副主席王庆林，ISC-CHINA 委员，相关学会、科研院所代表以及秘书处成员 30 余人参加会议。会议由王庆林主持。

李静海介绍了 2018 年 7 月 ISC 重构以来的主要工作情况，特别是 ISC 三年行动计划“Advancing Science as A Global Public Good”。他指出，基于 ISC 的愿景、使命，ISC 的三年行动计划提出了关于 2030 可持续发展议程、数字革命、基于科学的政策制定、推动科学自身发展等四个方面的重要活动方案以及 12 个相关议题。ISC 希望通过举办高质量科技活动，扩大 ISC 的全球影响力，更积极地参与全球科技治理。

会议听取了 ISC-CHINA 秘书长秦久怡 2019 年度 ISC-CHINA 工作总结及 2020 年度工作思路的报告。听取了 ISC 三大国际科学计划——“灾害风险综合研究计划”“未来地球计划”“城市健康与福祉计划”国内协调机构 2019 工作进展与 2020 年工作计划的汇报。在工作报告的基础上，委员们就 ISC-CHINA 2020 年及未来工作进行了讨论，并就更好地推动中国科学家在国际组织任职履职，发挥中国科学家作用，加强合作等话题展开交流。

李静海在总结中指出，面对百年未有之大变局，世界科技、科技治理体系发展均处于转型阶段。国际科技组织工作应顺势应变，抓住科研范式变革的机遇，秉持和平发展合作共赢价值理念，坚持推动科学的开放和全球化，为共同应对全球挑战、支撑全球可持续发展目标的实现等作出贡献。

【第二届世界科技与发展论坛——技术服务与交易论坛】 11 月 9 日，第二届世界科技与发展论坛——技术服务与交易论坛在中关村国家自主创新示范区会议中心举办。本次论坛以“开放协作·共促发展”为主题，研讨新一轮科技革命和产业变革加速演进背景下，推进全球技术转移与合作。中国科协党组成员、书记处书记束为出席论坛并致辞，英国工程技术学会（IET）首席执行官范纳杰线上致辞。来自国内外的科研机构、企业、投资机构、学会协会、技术交易服务机构的代表线上线下共同参加论坛。

束为在致辞中指出，新的发展格局更需要依托我国大市场优势，加强国际合作，实现互利共赢，希望论坛能聚焦技术服务与交易，推动建立起由企业、金融、技术、人才等要素组成的产学研协同网络，助力打造全球技术创新动力平台，以更加务实进取的态度，共同营造开放包容的合作环境，共同激活创新引领的合作动能，共同开创互利共赢的合作局面。

范纳杰强调当前国际形势下创新合作的必要性，愿进一步加强与中国的合作。中关村管委会二级巡视员陈文奇到会介绍“国际技术交易联盟”筹备情况及工作进展，表示联盟将充分利用好“科创中国”平台，深入开展资源对接、成果转化、技术交易等方面的交流和合作。7 位来自英国、意大利、德国、美国的“国际技术交易联盟”国际理事会成员向论坛发来视频寄语，充分肯定论坛及联盟在推动国际技术转移与合作方面的重要作用。

主旨报告环节，百度风投董事、战略发展部总经理朱峰，意大利国家研究计划指导委员会委员、意大利贝尔加莫大学创新与技术转移副校长、中意技术转移中心负责人塞尔吉奥·卡瓦列里（Sergio Cavalieri）教授，世界贸易组织 WTO 知识产权、政府采购与竞争司司长安东尼·陶布曼（Antony Taubman）分别作主旨报告《风险投资推动科技成果转化的实践及思考》《中意技术转移合作构建中欧创新枢纽》《贸易、可持续发展与知识产权当前的关键问题》。

圆桌论坛环节，英国工程技术学会学术和研究市场总监文森特·卡西迪，意大利那不勒斯费德里克二世大学计算机科学专业全职教授卡洛·桑松，德国 INFRANEU 基础建设与可持续发展总会项目经理人、INFRAWIND 欧亚新能源与可持续发展联合会副主席李彦泽，瑞典光电子联盟联合创始人、经理伦纳特·姆·斯文松，中国机械工程学会常务副理事长张彦敏，中国能源研究会可再生能源专委会秘书长许勤华，德国亥姆霍兹国家研究中心联合会北京代表处首席代表何宏博士，就如何发挥学术组织推动国际技术交易与创新技术产业化、如何进一步发挥资源优势促进创新技术跨境产业化合作等议题进行探讨。

开幕式上，中国国际科技交流中心与国际技术转移协作网络、佐治亚理工学院签署了关于创新技术商品化专业人士项目三方合作协议，举行了“国际技术交易联盟”国际理事会线上成立及证书颁发仪式。

【第二十二届中国科协年会国际技术贸易大会暨中日韩技术贸易论坛】 8 月 13 日，由中国科协、山东省人民政府主办，中国国际科技交流中心、青岛市人民政府承办的第二十二届中国科协年会国际技术贸易大会暨中日韩技术贸易论坛在山东省青岛市举办。中国科协党组成员、书记处书记宋军，中国工程院原副院长、中国工程院院士干勇，青岛市人大常委会副主任、市总工会主席刘圣珍，韩国领事馆领事朴基焕，日本领事馆经济研究员鸭川润一，日本科学技术振兴机构北京代表处李清等出席论坛。山东省科协党组副书记、副主席纪洪波主持开幕式。

论坛旨在促进科技经济融合，打造技术贸易与创新合作国际平台，建设“科创中国”品牌。来自中国北京、山东，韩国、日本、美国的200余人以线上及线下的方式参加活动。海内外共有75万人次通过光明网、钉钉，青岛本地媒体蓝睛、爱城阳等媒体观看在线直播。宋军和刘圣珍分别致辞。中国工程院院士干勇作主旨报告。

经过前期相关方沟通、调研、筹备，中国国际科技交流中心、青岛市城阳区人民政府、青岛市科学技术协会三方正式签署了战略合作框架协议，共同推进青岛市城阳区的科技创新合作交流、国际技术贸易发展；中国材料研究学会、中国机械工程学会、青岛轨道交通产业示范区管理委员会等聚焦轨道交通、机械工程、高端装备、新兴产业、新材料等领域的高新技术项目，签署战略合作协议。

论坛组织安排与会中日韩学术界和企业界代表来到中韩交流合作“国际客厅”、国家高速列车技术创新中心、城阳区万亩国家级滨海盐碱地稻作改良示范基地实地参观考察，在“国际客厅”对产业、企业、技术、产品和人才等资源的研究和对接基础上，重点围绕高速列车和智慧农业领域，整合中日韩三方经贸合作资源，探讨合作路径。

【2020年中国国际服务贸易交易会中国国际技术贸易论坛】 9月8日，2020年中国国际服务贸易交易会中国国际技术贸易论坛在北京举办。中国科协党组成员、书记处书记宋军，中国科学院院士刘嘉麒，中国科技评估与成果管理研究会理事长、中纪委驻科技部纪检组原组长郭向远，中国科学技术指标研究会原理事长、中国科协原副主席齐让出席论坛。

宋军表示，中国科协愿与国际科技界一起，构建互信、互利、互惠的科技创新价值共同体，努力维护国际科技界的核心价值，遵守联合国宗旨下的科技治理原则，维护知识产权保护法律体系，消除技术壁垒，促进国际科技交流的便利化、数字化、智能化，以更加务实进取的态度，共同营造开放包容的合作环境，共同激活创新引领的合作动能，共同开创互利共赢的合作局面。在论坛现场，中国国际科技交流中心联合中国科技评估与成果管理研究会、国际技术转移协作网络（ITTN）、国际应用科技开发协作网（ISTA）、中国技术交易所等多家机构共同发布“2020全球百佳技术转移案例”。中国科学院院士刘嘉麒发表主题报告《以科技创新促进一带一路经济发展》。欧洲科学与技术转移行业协会（ASTP）前主席、德国法兰克福大学技术转移办公室主任马丁·雷迪奇就技术转移、知识转移学术界的作用以及科学对社会的影响分享主题报告，国际技术转移协作网络（ITTN）秘书长张璋分享主题报告《国际技术转移与创新技术产业化跨境合作的驱动力量》，美国Ocean Tomo有限责任公司董事长兼首席执行官詹姆斯·马拉科夫斯基就美国专利制度的历史分享主题报告。

在高端对话环节，“2020全球百佳技术转移案例”评审专家及机构代表结合相关经典国际技术转移案例，聚焦“市场化机制运行的国际技术转移促进第四方平台”主题，就“高校、科研机构国际技术转移合作”“国际技术转移平台市场化运营模式与发展机遇”两个专题展开交流。

此次论坛主题为“开放创新、融合联动”，旨在通过打造技术贸易与创新合作国际平台，推动技术贸易与服务跨境合作融合，促进国内需求与国际创新资源服务贸易发展对接，凝聚智慧服务北京加快建设全国科技创新中心。论坛由中国科协指导，中国国际科技交流中心、北京市科协、北京市科学技术研究院共同主办。截至北京时间9月8日13时，海内外共有超300万人次通过央视网、Facebook及YouTube等海外社交媒体平台观看论坛。

【北京工商大学-经济合作组织科学基金会“一带一路”科技与经济合作联合培训中心揭牌仪式】 9月25日，作为2020年中国科协“一带一路”国际科技组织平台建设支持项目，北京工商大学-经济合作组织科学基金会“一带一路”科技与经济合作联合培训中心在北京举行揭牌仪式。中国科协党组成员、书记处书记宋军，北京工商大学党委书记黄先开出席并致辞，经济合作组织科学基金会主席曼佐·侯赛因·索默洛在线上发表致辞。共有来自8个国家100余名代表在线上线下参加揭牌仪式。

宋军表示，作为推动民间科技交流的主要力量，中国科协高度重视与世界各国的科技合作和人文交流，增进科技界的互通互信，推动科技共同体建设。中国科协自 2016 年启动实施“一带一路”国际科技组织合作平台建设项目，努力把“一带一路”打造成团结应对挑战的合作之路、维护人民健康安全的健康之路、促进经济社会恢复的复苏之路、释放发展潜力的增长之路。他希望，联合培训中心的建设要深入了解“一带一路”国家科技合作的需求，推动“一带一路”产学研一体化发展和积累“一带一路”高质量发展的合作经验，使之成为国际科技合作的重要平台与各国民心相通、互学互鉴、合作创新的桥梁。

黄先开表示，2020 年是北京工商大学成立 70 周年，作为北京市属高校，学校将继续发挥学科优势，促进人才交流，利用好“一带一路”沿线国家的合作网络，更好地服务国家战略、北京“四个中心”建设和行业发展需求。

曼佐·侯赛因·索默洛表示，科技与创新发挥着重要作用。他希望各方能通力合作，深挖“一带一路”沿线国家的合作潜力，建立有效合作机制，提升科技创新能力，促进科技发展。

中国驻巴基斯坦大使馆科技秘书贾伟，巴基斯坦驻华使馆科技参赞阿塔·拉赫曼，发展中国家工程技术学院院长、联合国宽带促进可持续发展委员会委员李怡章，经济合作组织德黑兰秘书处人力资源与可持续发展部主任卡恩·萨因，巴基斯坦科学促进会代表安朱姆·阿夫塔布分别代表项目支持单位进行主题发言。

联合培训中心建设项目由北京工商大学承担，得到巴基斯坦科学基金会、巴基斯坦科学促进会、发展中国家工程技术学院、巴基斯坦驻华使馆、中国驻巴基斯坦使馆等单位的支持与帮助。

揭牌仪式后，宋军就北京工商大学开展中国科协“一带一路”国际科技组织合作平台建设项目工作进行调研。

中国科协国际联络部、北京市科协、北京工商大学等有关单位负责人一同参加揭牌仪式和调研活动。

【2020 年中日科学家高层对话活动】 10 月 23 日，中日科学家高层对话活动在北京举办。中国科协党组成员、书记处书记宋军，日本科学技术振兴机构前理事长、上席研究员冲村宪树出席了对话活动并致辞；中科院院士姚建铨，西武文理大学校长小尾敏夫等中日专家做了学术报告。

宋军在致辞中表示，中国科协一直非常重视对日交流，与日本科技振兴机构和日本国内科研机构及科技型企业有着广泛的联系，通过开展“中日科学家高层对话”“中日青少年交流计划”“樱花科技计划”等多项活动为高端学术交流、青少年科技人文交流搭建平台。人口老龄化是世界性问题，中日都是人口老龄化程度较高的国家。数据显示，2019 年年底中国 65 岁以上人口占总人口的比例为 12.6%，日本达到 28.7%。为此，自 2017 年起，中日科学家高层对话活动连续三年将“智能科技应对老龄化”作为主题，希望持续推动中日在智能养老领域的合作与交流，造福全球老龄群体。

冲村宪树表示，中日科学家高层对话活动始于 2017 年，虽然 2020 年遭遇了新冠肺炎疫情，但是活动以线上线下结合的方式，搭建了更为广阔的交流平台。当下，颠覆性技术为经济和社会带来了深远影响，拥抱新机遇、迎接新产业、推动新技术成果转化、创造更多社会价值将是两国的共同目标，我们愿意为推动企业、大学和研究机构切实合作，打造知识、人才、资金充分循环，充分发挥国内外知识资源，培育初创企业，构建创新型体系作出努力。

论坛采用了线上线下相结合的形式举办。线下主会场设在中国北京与日本东京，广州、青岛设立了两个分会场。约 40 万人通过 ZOOM 平台、光明网、科创中国平台观看了直播。此次论坛增加了项目推介专场，中日企业、重点园区、科研机构、高校技术转移办公室等分别在多个会场进行了现场连线，介绍了最新技术与项目需求，寻找有意向的企业或风险投资机构合作。

本次活动由中国科学技术协会与日本科技振兴机构联合主办。

【第一届国际高科技协同创新高峰论坛系列活动】 11 月 14 日，第一届国际高科技协同创新高峰论坛在深圳会展中心举办。中国科协党组成员、书记处书记宋军出席并致辞，科技部原党组成员、中国科技成果管理研究会理事长郭向远，深圳市科协党组书记林祥，深圳市福田区区长黄伟等出席论坛开幕式。开幕式由科技部国际合作司原司长、深圳市高科技企业协同创新促进会会长靳晓明主持。

此次高峰论坛在第二十二届中国国际高科技成果交易会期间召开，以“前沿科技　协同创新”为主题，旨在围绕国际前沿科技行业，汇聚各界高端智慧，为粤港澳大湾区建设和深圳打造中国特色社会主义先行示范区建言献策。开幕式上，与会领导为“十大潜力股高科技项目”进行颁奖，举办了《中国科技成果转化年度报告》《广东省高校院所科技成果转化年度报告》《三大湾区金融科技专利检索分析报告》等研究成果的发布仪式。

11 月 14 日，宋军出席由深圳产学研合作促进会举办的服务科技经济融合发展，海峡两岸暨港澳协同创新工作会议并讲话。深圳产学研合作促进会会长、深圳市宝能投资集团有限公司董事长姚振华，深圳产学研合作促进会创会会长、深圳市第四届政协副主席、市委统战部原部长廖军文，以及内地及港澳地区的近 30 位企业家代表参加会议。

在深圳期间，宋军对第二十二届中国国际高科技成果交易会进行调研。中国科协国际联络部、中国国际科技交流中心、深圳市科协负责人参加相关活动。

【“一带一路”国际科技组织联合研究中心成立暨揭牌仪式】 11 月 17 日，西南交通大学“一带一路”国际科技组织联合研究中心在成都举行成立暨揭牌仪式。中国科协党组成员、书记处书记宋军出席仪式并讲话，与西南交通大学校长杨丹共同为联合研究中心揭牌。西南交通大学副校长周仲荣现场致辞，德中协会主席马丁·吴莫汀、国际铁路联盟客运部主任马克·吉贡、宜可城全球秘书处可持续交通高级项目官员庄欣怡（马来西亚）作视频致辞。

宋军表示，面对当前全球性变革与挑战，我们迫切需要在全球范围加强科技合作。为积极响应“一带一路”倡议，切实推动“一带一路”科技人文交流走深走实，中国科协自 2016 年启动实施“一带一路”国际科技组织合作平台建设项目，打造国际科技合作的重要平台，构建各国民心相通、理解包容、互学互鉴、合作创新的桥梁，共同推动中国与世界各国在科技、产业和经济等领域的交流合作。他希望，联合研究中心作为中国科协 2020 年支持的项目，要立足高起点，高标准推进中心建设，将中心打造成有效促进民间科技人文交流的“标杆”智库。周仲荣表示，西南交通大学将在中国科协的领导和指导下，与共建方一起，团结一致、通力合作、携手奋进，将联合研究中心建设纳入学校科学研究事业规划，从人、财、物等方面给予大力支持，立足高起点建设，着力培育高素质科技人才，推广中国工程及科学评估体系和认证标准，为发展区域科学技术一体化建设创造良好氛围，为“一带一路”建设贡献力量。

吴莫汀表示，德中协会致力于德中两国科技人文交流，双方将通过举办人员培训和学术交流活动推动联合研究中心建设。揭牌仪式后，宋军赴西南交通大学校史馆调研，深入了解以茅以升、竺可桢、张维等为代表的老一辈西南交通大学毕业生的爱国情怀和奉献精神。

【第七届中俄工程技术论坛】 11 月 24 日，第七届中俄工程技术论坛在北京和莫斯科等地同时在线举办。本次论坛以“中俄携手　共创共赢”为主题，是两国元首确立的中俄科技创新年的系列活动之一。中国科协党组成员、书记处书记宋军出席并致辞。俄罗斯科学工程协会联合会（以下简称“俄罗斯科工联”）主席、俄罗斯科学院院士古里亚耶夫进行视频致辞。

宋军表示，第七届中俄工程技术论坛的举办，是深入落实两国元首重要指示精神、推进高水平中俄科技人文交流合作的生动实践。他指出，面对全球性挑战和机遇，两国科技界和工程界应共同维护开放包容、互惠共赢的科技价值观，夯实中俄民间科技人文交流基础，打造中俄科技创新合作新生态，共同筑牢中俄新时代全面战略协作伙伴关系的民间科技人文基础。

古里亚耶夫指出，2020 年中国科协与俄罗斯科工联的联合活动进一步丰富。未来双方可考虑持续充实中俄工程技术论坛的内容，围绕信息技术、人工智能、医学和人类健康等重要议题开展研讨，进一步深化互动内容，促进中俄科技和人文领域的合作与信息交流。

本次论坛设主旨报告和特邀报告环节，邀请到中国工程院院士、俄罗斯工程院外籍院士杜祥琬，俄罗斯科工联第一书记、俄罗斯工程院院士德鲁卡连科·谢尔盖·彼得罗维奇，中国工程院院士、西北工业大学材料学院教授李贺军，俄罗斯科学院院士梅沙尔金·瓦列里·帕夫洛维奇等多位中俄资深院士专家作报告，参与院士专家人数为历届论坛之最。

2019 年 9 月，中国科协与俄罗斯科工联在中俄两国总理见证下签署了关于进一步加强科技人文交流与合作的谅解备忘录。作为落实谅解备忘录的重要举措和中俄科技创新年的重要活动，第七届中俄工程技术论坛旨在积极搭建中俄学术、技术和产业交流合作的高端平台，推动两国在相关工程技术领域的广泛交流。报告环节后论坛设置了项目推介环节，吸引中俄多家科技型企业、科研机构参与，从百余个项目中遴选出的 7 个优秀项目进行了在线推介。论坛除北京和莫斯科主会场外，在西安、南昌设分会场并通过科创中国、光明网等平台直播，在线收看人数达到 45 万人次。

中国科协国际联络部、中国国际科技交流中心、“一带一路”国际科学组织联盟、俄罗斯联邦驻华商务代表处、国际技术转移协作网络等单位负责人及代表出席论坛开幕式和相关活动。

【首次中俄科技人文交流合作联合委员会会议】 11 月 24 日，首次中俄科技人文交流合作联合委员会会议以视频方式召开。会议由中国科协党组成员、书记处书记宋军及俄罗斯科学工程协会联合会（以下简称“俄罗斯科工联”）第一书记德鲁卡连科共同主持。

宋军对中国科协与俄罗斯科工联在 2020 年中俄科技创新年期间完成的任务与取得的成绩表示肯定。他指出，中国科协和俄罗斯科工联作为两国有重要影响力的民间科技组织，在推进中俄民间科技人文交流领域大有可为。今后，双方应坚持共商共建，推动中俄工程技术论坛等现有项目提质增效，积极推进中俄数字经济示范项目，进一步扩大中俄青年科学家和青少年交流范围，加强协同创新，完善两会交流机制，共同为构建全方位、多层次、宽领域的中俄民间科技人文交流体系作出贡献。

德鲁卡连科表示，自 2019 年两会签署新的谅解备忘录以来，俄罗斯科工联与中国科协之间的关系迈上新台阶。双方在数字经济、工程教育、工程技术、人文交流、国际协同等方面的合作进一步加强。俄罗斯科工联希望与中国科协保持密切沟通，就中俄数字经济项目、中国大使奖、第三届柯西金国际论坛等活动加强合作，同时希望双方着眼于未来，探讨长期合作方案，持续充实双方合作内容。

会议听取了中国科协国际联络部负责人关于中国科协 2020 年执行两会谅解备忘录总体情况的报告、各项目牵头实施单位负责人的专题报告，以及俄罗斯科工联及俄相关机构负责人对 2020 年执行谅解备忘录情况的报告。双方还就下一步工作计划和合作重点进行了交流。

中国科协国际联络部、中俄科技创新年中方组委会秘书处、科技部国际合作司、中国驻俄罗斯大使馆，俄罗斯科工联及下属学会等 14 家单位的近 50 位相关负责人及代表参加会议。

【中俄数字经济高峰论坛（2020）】 12 月 22 日，由中国科协和俄罗斯科工联共同主办的中俄数字经济高峰论坛（2020）在北京和莫斯科等地同时在线举办。本次论坛以“促进数字经济·构建智慧社会”为主题，是中俄科技创新年系列活动“中俄数字经济示范项目”的重要板块之一。中国科协党组成员、书记处书记宋军，俄罗斯科工联第一书记德鲁卡连科出席并致辞。俄罗斯科工联主席、俄罗斯科学院院士古里亚耶夫为论坛发来书面致辞。

宋军表示，数字经济已成为全球经济增长的新引擎，是全球未来的发展方向，以数字经济为主要形态的数字化时代正在加速到来。中俄数字经济示范项目是深入落实两国元首重要指示精神，推进中俄两国在数字经济领域高水平交流合作的实践。希望两国科技界、产业界、投资界以中俄数字经济高峰论坛为平台，加强科技创新合作，为中俄数字经济夯基础；加强产业战略合作，为中俄数字经济谋发展；加强数字治理合作，为中俄数字经济强保障。

德鲁卡连科表示，数字化和数字经济在当今社会具有重要现实意义，科学和工程组织在数字化转型中发挥独特作用。本次论坛是俄罗斯科工联与中国科协持续开展中俄科技创新合作的一次建设性对话，希望双方能在数字化与数字经济领域继续提升人才培养水平，扩大协作领域，开辟合作新空间，为两国数字经济推广、数字技术应用注入动力。

本次论坛设主旨报告和圆桌对话环节，世界工程组织联合会主席、中国新一代人工智能发展战略研究院院长、俄罗斯宇航科学院外籍院士龚克，俄罗斯普列汉诺夫经济大学教授、经济哲学科学院院士拉丽莎·切列德尼琴科，莫斯科创新集群总裁阿纳托利·瓦列托夫，启迪控股股份有限公司董事长王济武，BaseAlt 开源软件公司总经理阿列克谢·斯米尔诺夫，中国社会科学院俄罗斯东欧中亚研究所所长孙壮志，俄罗斯数字经济非营利性组织首席运营官顾问米哈伊尔·彼得罗森等专家作主旨报告，清华大学公共管理学院副院长、清华大学科技发展与治理研究中心副主任朱旭峰，俄罗斯总统国民经济和公共管理学院首席数字转型官教育中心首席专家帕维尔·波蒂耶夫，中国人民大学数字创业创新研究中心主任郭海，俄中投资基金高级副总裁丹尼斯·莫伊切夫等专家参与圆桌讨论。

论坛通过光明网等平台直播，在线收看人数达到 200 万人次。

【2020 绿色发展科技创新大会】 11 月 6 日，以“数字经济赋能绿色发展”为主题的 2020 绿色发展科

技创新大会（以下简称“2020绿科会”）在浙江省安吉县召开。大会采用“线上线下”结合的举办方式，并通过央视网和Facebook、YouTube等海外社交媒体平台进行全球中英双语同步直播，全球浏览量已达到1274.3万。

2020年是“绿水青山就是金山银山”理念提出15周年，浙江省安吉县不仅是理念发源地，更是中国绿色发展的优秀典范之一。继2018年首届大会成功举办后，2020绿科会落地安吉，由中国科协、生态环境部、住房和城乡建设部主办。大会包括开幕式、主旨报告、全球绿色城市对话、技术路演、专题论坛等活动。

中国科协党组成员、书记处书记宋军进行线上致辞，生态环境部党组成员、副部长庄国泰，住房和城乡建设部总经济师杨保军出席开幕式并致辞。

宋军在致辞中强调，顺应绿色发展是各国人民的共同愿望，中国的绿色发展理念、发展方式和发展智慧为建设美丽中国提供了不竭动力，也为开创世界绿色发展新格局提供了可借鉴的中国范式。希望各国科技界携起手来，开展更加开放包容、互惠共享的合作，让科技创新更好造福人类。

庄国泰在致辞中说，刚刚闭幕的十九届五中全会再次对科技创新和绿色发展作出部署，提出坚持创新在我国现代化建设全局中的核心地位，把科技自主、自立、自强作为科技发展的战略支撑。要加强推动绿色低碳发展，持续改善环境质量，提升生态系统质量和稳定性，全力提高资源利用效率。

湖州市委常委、安吉县委书记沈铭权以“科技创新助力绿色发展的安吉实践”为题，中国科学院院士、研究员、中科院城市环境研究所党委书记朱永官以“看不见的微生物世界与城市绿色发展”为题，哥伦比亚大学可持续发展研究中心主任、联合国可持续发展解决方案网络（SDSN）主席、联合国秘书长高级顾问杰弗里·萨克斯教授以“可持续发展时代的绿色创新与合作”为题，中国节能环保集团总工程师兼中节能工程技术研究院院长邹结富以“践行绿水青山就是金山银山理念　推动科技创新引领绿色发展”为题作主旨报告。

全球绿色城市对话环节，对话嘉宾聚焦科技发展，探索更佳路径，把握合作方向。四川省遂宁市人民政府副市长罗孝廉，山西省长治市人民政府副秘书长宋海浪，中共安吉县委副书记、安吉县人民政府县长宋波以本地绿色城市建设及发展经验展开深度交流，展示中国方案、中国智慧。来自英国、韩国、爱尔兰、意大利等国家的专家学者通过视频连线实时参与对话讨论，带来绿色城市规划发展的国际视角与专业启发。

大会两场专题论坛分别以“美丽中国：大数据与可持续发展——新兴信息技术在生态环境领域创新应用”和“智能科技与健康城市发展论坛”为题展开专题研讨。国内外相关领域知名专家学者、绿色发展典范城市管理者就数字技术在绿色发展中的创新引领、智慧环保与美丽中国建设、城市智能与健康城市发展等畅所欲言。

2020年中国科协着力打造“科创中国”品牌活动，促进科技与经济深度融合。此次大会积极推介安吉当地生态经济化和经济生态化成功模式，中国环境科学学会“科创中国”安吉服务站签约揭牌，围绕绿色发展与科技创新项目开展路演活动，并将线下活动与线上项目路演有机结合，合力搭建“科创中国”科技资本融通创新平台。

【中国科协代表团参加《华盛顿协议》2020年全体会议】 6月22日，中国科协代表团在北京参加2020年国际工程联盟大会（IEAM 2020）《华盛顿协议》闭门会议。2020年国际工程联盟大会原定于6月21—26日在南非开普敦召开，受全球疫情影响改为线上举行。

中国科协国际部副部长王庆林，教育部高等教育司副司长范海林，中国工程教育专业认证协会副理事长、教育部评估中心主任范唯等9人作为中国代表团参加会议。

本次《华盛顿协议》闭门会议对预备成员转正申请、预备会员申请转正考察、正式成员周期性考察、因新冠肺炎疫情影响调整考察时间等议题进行了表决。会议通过了哥斯达黎加工程师和建筑师联合会（CFIA）的转正申请；决定对印度尼西亚工程教育认证委员会（IABEE）和孟加拉国工程师学会（IEB）实施转正考察；通过了全印度技术教育委员会国家认证委员会（NBA）和英国工程委员会（ECUK）的周期性考察；决定将加拿大工程师学会（EC）、香港工程师学会（HKIE）和美国工程技术认证委员会（ABET）周期性考察推迟至2021年。

《华盛顿协议》是工程教育本科专业学位国际互认协议，与其他2个教育互认协议和4个工程师互认协议共同组成了国际工程联盟，该组织制定的毕业生能力素质和工程师能力要求是国际工程界对工科毕业生和工程师职业能力公认的权威要求。中国科协自2016年成为《华盛顿协议》正式成员以来，深度参与协议组织管理规则制定和各项议题表决，积极参与工程教育全球治理，并以此为契机，深入推进我国的工程教育专业认证工作，对提升我国工程教育质量和工程能力提升发挥了重要作用。

【2020 年世界工程组织联合会执行委员会会议】 10月29—30日，2020年世界工程组织联合会（WFEO）执行委员会（以下简称“执委会”）会议在线上召开。此次会议由 WFEO 主席龚克主持，共有世界各地的39名代表参会。世界工程组织联合会创新技术委员会（WFEO-CEIT）执行主席彭静，WFEO 国家代表李若梅，WFEO 国际组织代表、亚太工程组织联合会主席黄维等3位在 WFEO 执委会任职的中国科技人员出席会议。

龚克报告了2020年以来 WFEO 的主要工作。过去一年中，WFEO 积极应对新冠肺炎疫情带来的影响，成功举办首届“世界工程日”，积极参与相关国际事务与工程共同体发声，在联合国可持续发展高级别政治论坛（HLPF）等重要国际会议中发挥积极作用。同时，为会员提供不间断服务，建立 COVID-19 信息门户网站，汇聚行业力量，为世界防疫作出贡献。他表示，基于过去一年的工作，WFEO 在国际上的影响力得到了提高，在新冠肺炎疫情、气候变化、工程伦理等诸多领域的发声更加有力，与联合国及其相关机构互动更加活跃，与国际科学理事会、国际工程联盟等国际组织联系更加紧密。在报告中，龚克还对举办2021年世界工程日等未来重要事务进行了说明。

会议听取了秘书处执行主任工作汇报、项目合作情况汇报、财务报告、内部审计报告、专业委员会报告。在工作报告的基础上，对 WFEO 2020 年及未来工作进行了讨论，并就更好地推动工程教育等话题展开交流。

会议对安哥拉工程学会（OEA）、印度尼西亚工程学会（PII）申请成为国家会员，美国土木工程师学会（ASCE）申请成为联系会员，国际工程与建筑协会（IAEA）、墨西哥哈利斯科州土木工程协会（CICEJ）申请成为附属会员以及2名荣誉委员提名进行了表决，对组织章程和议事规则修订进行了表决，均获得通过。

中国科协国际联络部有关负责人及 WFEO 相关专业技术委员会任职委员等10余人列席会议。

【2020 年中国科协外事能力提升专题培训班】 11月25日，2020年中国科协外事能力提升专题培训班在北京开班。中国科协党组成员、书记处书记宋军出席开班式并讲话。

宋军表示，当今世界正经历百年未有之大变局，新冠肺炎疫情加速国际格局调整，科协系统对外交流工作面临新的挑战，也迎来了新的发展机遇。新的国际形势对科协系统干部提出了更高的要求。提升科协系统干部外事能力，是贯彻落实习近平外交思想的需要，是学习贯彻落实党的十九届五中全会精神的需要，是应对当前复杂国际形势、积极构建新发展格局的需要。中国科协党组把本次培训班作为中国科协党校学习贯彻落实党的十九届五中全会精神的重点活动之一，充分体现了对科协系统干部外事能力提升工作的重视。

围绕下一步科协系统的外事队伍建设，宋军提出以下要求：要进一步提高政治站位，加强党的领导；要加强政策学习，强化制度规矩；要提高斗争意识，防范化解风险；要改善对外事工作保障条件，加强队伍建设；要服务中心工作，推动事业发展，为全面建设社会主义现代化国家、构建人类命运共同体贡献力量。

培训班邀请来自外交部、国务院台办、港澳办、外交学院的专家领导分别围绕习近平外交思想和国际形势解读、外事管理和领事服务以及国家对港澳台工作等作主题报告，中国公路学会、中华医学会、北京市科协、福建省科协、广西壮族自治区科协、中国科协创新战略研究院作典型经验发言，中国科协国际联络部有关负责人从五个方面介绍了中国科协对外合作交流工作，并进行分组研讨交流。

来自中国科协机关和直属单位、全国学会、地方科协的150余名学员参加培训。

外事活动

【怀进鹏与美国科促会执行主任苏迪普·帕里赫举行会谈】 8月31日，中国科协党组书记、常务副主席、书记处第一书记怀进鹏与美国科促会首席执行官、《科学》系列期刊执行出版人苏迪普·帕里赫博士进行线上会谈。中国科协党组成员、书记处书记宋军参加会谈。

双方回顾并肯定了中国科协与美国科促会过去四十多年的友谊与合作成果，一致认为在当前形势下，作为中美两国最大的科学共同体，双方有责任成为两国科技界的桥梁，在互相尊重和信任的基础上开展更多富有成效的务实合作，并共同拓展国际科技界合作，携手应对人类面临的全球性挑战，增进信任、加强交流，为推动世界科技发展和人类文明进步作出贡献。

双方就共同推进中美青年科学家及女科学家交流、建设全球科学文化、共同开展科学辟谣与期刊合作、建立两会高层会晤机制等方面达成共识。

中国科协国际联络部、学会学术部、科学技术普及部主要负责人，美国科促会国际事务、行政和对外事务、《科学》系列期刊主要负责人参加会谈。

【怀进鹏与发展中国家科学院执行主任罗曼·穆伦齐举行会谈】 12月3日，中国科协党组书记、常务副主席、书记处第一书记怀进鹏应邀与发展中国家科学院（TWAS）执行主任罗曼·穆伦齐进行线上会谈。

双方在会谈中简要回顾了近年来的合作交流情况，就TWAS参与2020年世界公众科学素质促进大会，与中国科协共同举办非洲科学素质峰会，以及在科学教育、疫情应急科普、发挥女性科学家作用和价值等方面深入交换意见。

怀进鹏指出，习近平主席高度重视中国与非洲的友好合作关系，对推动中非科技组织在教育、科技和产业等领域的全方位密切合作给予高度关注，对提升科技创新和科学素质能力有很多重要论述。中国科协愿意积极参与促进非洲可持续发展和提升科学素质的工作，也愿意将中国的实践经验和方法与非洲的朋友分享。

怀进鹏表示，中国科协愿意与TWAS、国际科学院合作组织（IAP）、发展中国家妇女科学家组织（OWSD）共同举办非洲科学素质峰会，为提升非洲公众科学素质，推动发展中国家科技发展，助力全球可持续发展贡献中国智慧。希望今后能与TWAS共同分享在科学素质调查方面积累的经验和做法，参与开展非洲公众科学素质调查；加强青少年科学教育合作，共享科学教育资源，帮助非洲地区跨越数字鸿沟、减少贫困人口。

穆伦齐对中国科协给予TWAS的支持表示感谢。他表示，TWAS也将支持并积极参与中国科协举办2020年世界公众科学素质促进大会，参加世界公众科学素质组织筹备工作，怀进鹏对此表示感谢。双方一致认为，应开展更高水平、更加紧密的交流合作，共同推动形成发展中国家科技组织间有效的国际合作网络，并建立长效合作机制。

中国科协科学技术普及部、国际联络部、中国科普研究所，TWAS科学主管、项目协调负责人等共同参加会谈。

港澳台

【孟庆海率中国科协代表团访问澳门】 应澳门科学技术协进会邀请，中国科协副主席、书记处书记孟庆海率中国科协代表团于1月9—11日访问澳门，出席由中国科协和澳门特区政府共同主办的庆中华人民共和国成立70周年·澳门特别行政区成立20周年大型科技科普展——“科技创新让生活更美好”展览开幕式并进行访问。在“科技创新让生活更美好”展览开幕式上，孟庆海指出，提升全民科学素质，服务社会治理体系和治理能力现代化，任重而道远，千钧惟担当。希望本次展览成为中国科协与澳门各界创新合作交流的新起点，铸强创新发展的科普之翼，闪耀创新之光，点亮智慧澳门，为粤港澳大湾区建设与实现中华民族伟大复兴的中国梦贡献智慧和力量。

本次展览澳门主办方代表、澳门特别行政区政府政策研究和区域发展局局长米健在致辞中表示，本次展览紧循《粤港澳大湾区发展规划纲要》重要发展战略，搭建先进科学科技的展示平台，激发澳门青少年对科技创新的热情，为未来澳门科技创新种下前途不可估量的种子和幼苗。

本次展览包含“澳门科普及科技创新展区”和“国家科技展区”两大板块，展品超过80件，以互动及趣味性的方式呈现澳门以及国家的科技创新发展。

在澳门期间，孟庆海还访问了澳门大学、澳门科技大学、澳门青年创业孵化中心等机构，与澳门科技工作者及青年创业人员进行座谈交流。

此次访问加强了中国科协与澳门在科学普及、科技创新等领域的交流与合作。中国科协将继续推动内地与澳门特区政府以及科技界的交流互动，促进澳门科技与经济深度融合，服务大湾区科技经济融合创新。

【束为会见澳门科学技术发展基金行政委员会主席马志毅一行】 1月9日，中国科协党组成员、书记处书记束为在北京会见来访的澳门科学技术发展基金行政委员会主席马志毅一行，双方围绕科技人文交流、合作机制发展等话题进行交流。

束为对马志毅一行来访中国科协表示欢迎。他表示，澳门科学技术发展基金代表团是2020年来访中国科协的新一届澳门特区政府第一个代表团，为双方增进了解、加强合作与交流提供了契机。他指出，2019年是澳门回归祖国20周年，中国科协与澳门在青少年科技人文交流、科研项目评审等多个方面合作内容充实，合作氛围良好。他表示，澳门作为粤港澳大湾区科技创新走廊中在珠江西岸的中心城市，拥有知名高等学府和国家重点实验室等科教资源，希望双方能进一步夯实合作基础，推动合作机制化与项目多元化，加强科技人员来往，促进内地和澳门科技进步，共同推动粤港澳大湾区的繁荣与发展。

马志毅感谢中国科协在对第34届全国青少年科技创新大赛在澳门举办、澳门科技项目评审等方面给予的大力支持。他表示，澳门科学技术发展基金将按照习近平主席在庆祝澳门回归祖国20周年大会上的讲话精神，继续推动澳门的科技发展工作。他希望能与中国科协一道，在科技人文交流、科研项目管理机制优化、项目团队专业素质提升等方面加强探讨，促进澳门产业多元化，推动内地和澳门科技发展。

双方进一步交流了科技项目评审工作。随着澳门回归祖国20年来的多元发展，澳门科学技术发展基金评审项目逐年增多。2019年，由中国科协企业创新服务中心承担的澳门科技评审项目共6批次77项，项目数量同比增长50%；项目平均评审周期由2018年的约44天缩短到2019年的约24天。这正是双方落实粤港澳大湾区发展规划、加大投入推动科技发展切实举措的体现。

中国科协交流部、企业创新服务中心相关负责人，澳门科学技术发展基金相关人员参加会见。

【2020海峡科技专家论坛】 9月19日，第十二届海峡论坛——2020海峡科技专家论坛在福建省厦门市开幕。论坛由中国科协主办，福建省科协承办，海峡两岸30家单位共同协办。中国科协党组成员、书记处书记宋军发表视频致辞，福建省人民政府副省长郭宁宁出席论坛开幕式并致辞。来自海峡两岸的200多位嘉宾和专家学者、企业家代表通过线上、线下方式参加论坛主会场活动。

宋军表示，在这极不平凡的2020年，新冠肺炎疫情催生出科技经济新业态，如何抓住产业数字化、数字产业化赋予的新机遇，全面赋能经济社会高质量发展，既是两岸数字经济发展的研究方向，也是推动两岸科技界交流的良好机遇，为两岸科技人才携手合作提供更加广阔的舞台空间。他强调，为服务企业复工达产、培育经济新增长点、壮大发展新动能，中国科协组织实施了服务科技经济融合发展系列行动，打造的“科创中国”平台正式上线。本次论坛作为系列活动之一，目的是推动两岸人才聚合、技术集成和服务聚力，让科技更好地服务两岸经济社会发展。他希望，福建省科协持续推进两岸科技融合高质量发展，为福建全方位高质量发展超越提供科技支撑，为助力两岸经济发展交上一份满意的“科协答卷”。

开幕式上，发布了《闽台民间科技交流博览（第一册）》新书；邀请中国疾控中心流行病学首席专家吴尊友、台湾文藻外语大学原副校长高明瑞分别作主旨报告《新冠肺炎疫情形势与防控策略》和《非营利组织与社会创新创业》。

2020海峡科技专家论坛于9月18—26日分别在厦门、福州、龙岩三地举办，通过“线上+线下”相结合的活动形式，来自两岸的科技专家、企业家代表1000余人参加活动，其中台湾代表300多人。本届论坛以“两岸新时代，科技新融合”为主题，重点聚焦科技融合、健康中国、“应通尽通”、社会治理、乡村振兴、第一家园建设等议题，采用“1+6”举办模式，设1个主会场、6个分会场，积极探索两岸融合发展和高质量发展新路径，是两岸民间科技和产业交流融合的盛会。

【2020当代杰出华人科学家公开讲座在澳门举办】 11月29日，“2020当代杰出华人科学家公开讲座（抗疫专场）”在澳门大学举办。中国工程院院士李兰娟担任主讲嘉宾，澳门科学技术协进会理事长、澳门科学馆馆长邵汉彬致辞。活动由澳门科学技术协进会副会长、澳门大学副校长葛伟主持。

李兰娟院士以“人民至上　生命至上　科学战疫　护卫健康”为题作报告，内容包括五个方面：一是从健全疫情防控体系，坚决遏制疫情蔓延；二是完善救治体系，提升救治能力，降低病死率；三是加快科技研发，打赢科技抗疫攻坚战；四是运用大数据、人工智能，支撑疫情防控；五是加强常态化疫情防控，促进经济社会协调发展。她结合自身参与抗击疫情的亲身经历，用案例和数据，深入浅出地讲述党中央坚决打赢疫情防控阻击战的坚定决心和一系列科学的决策部署、全国一盘棋的有力措施，广大医务工作者主动担当、勇挑重担、义无反顾投身抗疫第一线的感人事迹，在疫情防控、临床救治、科技攻关、疫苗研发等方面取得的抗疫科技创新成果，以及在抗疫中所形成的伟大抗疫精神的实质和内涵。

邵汉彬表示，澳门在特区政府的带领下，在澳门医务人员和全体市民的共同努力下，根据防疫指引，积极做好防范措施，持续保持城市安全。他指出，当代华人科学家公开讲座一直得到中国科学技术协会的大力支持，成为面向澳门科学界、学校师生及市民的一项科学盛会，也成为内地与澳门科技界的重要交流平台，让更多内地科学家向澳门介绍国家科技创新发展成果，鼓励澳门青年人投身科研工作，支持澳门融入国家发展大局。

本次活动由中国科学技术协会与澳门科学技术协进会共同主办，并在线上进行直播。

澳门大学校长宋永华，澳门科学技术协进会会长崔世平，澳门中联办经济部、澳门特别行政区有关部门、澳门基金会等单位和机构有关负责人出席。澳门医务工作者、高校医学相关专业学生、中学教师及学生、社团人士等近300人参加活动。

当代杰出华人科学家公开讲座自2003年起在香港（2020年因疫情影响在香港暂停一年）、2004年起在澳门已分别举办了17届，迄今已有周光召、白春礼、钟南山、怀进鹏等70余位我国著名科学家作为主讲嘉宾出席公开讲座活动，在港澳撒播科学的“种子”，鼓励更多港澳青年崇尚科学、投身科技事业，促进内地与港澳地区之间的科技交流。该讲座也是港澳社会各界了解祖国科技事业创新发展的“一扇窗子”。

海智计划

【中国科协2020年海智计划工作会】 11月17—18日，中国科协2020年海智计划工作会在四川省成都市召开。中国科协党组成员、书记处书记宋军出席开幕式并讲话，成都市委常委、市委统战部部长、市总工会主席吴凯出席开幕式并致欢迎词。来自101个海外人才离岸创新创业基地和海智计划工作基地、各省区市科协以及11个国家的海外科技团体和海智专家代表等260余人参加会议。来自13个国家的28名海外科技团体和海智专家代表发来祝贺视频。

宋军指出，海智计划实施以来，从引进海外人才、智力入手，整合引才渠道和创新创业资源要素，不断引进海外原创项目、积极服务地方产业升级，创立了中国科协独特的引才引智模式，推动了国家人才战略实施，服务了国家外交大局，为地方经济发展作出了贡献。会上，宋军为新聘海智计划特聘专家代表颁发聘书，并和吴凯共同为中国科协海智计划四川（成都国际铁路港）、四川（成都市新都区现代交通产业功能区）工作基地揭牌。会议期间，还召开了中国海归创业联盟（以下简称“海创联”）五周年座谈会，海创联理事长马启元作海创联五周年工作总结报告，国际合作组织和海外科学家通过视频致辞，海创联会员代表、中国海外人才创新创业项目大赛落地项目团队代表交流发言。

【宋军出席国家海外人才离岸创新创业基地成立活动并调研海智计划工作】 10月26—29日，中国科协党组成员、书记处书记宋军一行赴海南省海口市，广东省深圳市、珠海市出席国家海外人才离岸创新创业基地成立活动，并调研海智计划工作。

在海口市，海南省委副书记李军和宋军共同为国家海外人才离岸创新创业基地（海口复兴城互联网信息产业园）揭牌。海口离岸基地是海南省第一家离岸创新创业基地，基地落成后将充分利用海南自贸港优惠政策，简化来华外国人员工作许可流程，以复兴城互联网创新创业园为核心区，同海南自由贸易港海口国家高新技术产业开发区、江东新区、海南师范大学国家大学科技园共建，形成“1+3”一核三区的整体布局，助力海南自贸港实施更加积极、更加开放、更加有效的人才政策，探索更为开放灵活的国际招才引智和创新创业新模式。

在珠海市，宋军与广东省科协党组书记、副主席郑庆顺共同为国家海外人才离岸创新创业基地（珠海横琴新区）揭牌。

中国科协已在全国设立了20个国家海外人才离岸创新创业基地，88个海智计划工作基地，在海外设立了6个海外创新创业基地，与98家海外科技团体建立了合作关系。海智基地的设立为海外科技人才来华创新创业提供了良好生态，每年离岸基地引进数百个海外优秀创业项目来华孵化，在推动科技经济融合发展，服务形成国内国际两个市场，提升地方经济社会高质量发展等方面发挥了重要作用。

中国科协国际联络部、海南省科协、广东省科协、深圳市科协主要负责人及有关部门同志参加活动。

【国家海外人才离岸创新创业基地揭牌仪式暨2020首都海智“创新链接”年度会议】 9月25日，国家海外人才离岸创新创业基地揭牌仪式暨2020首都海智“创新链接”年度会议在北京经济技术开发区举行。中国科协党组成员、书记处书记宋军发表视频致辞。

宋军在致辞中强调，中国科协设立国家海外人才离岸创新创业基地，是探索海外高端人才“不求所有、不求所在、但求所用”柔性引智的重要举措，通过离岸基地建设，使海智计划发挥更大作用，汇聚全球创新资源，实现项目资金国内国外“双向打通”。希望北京经济技术开发区国家海外人才离岸创新创业基地，以建设“科创中国”品牌为牵引，发挥好“首都海智”作为海外人才开发工作的重要渠道和平台作用，秉承国际创新与合作理念，积极探索离岸创新创业基地新模式，搭建“政产学研金服用”为一体的创新机制，推动首都科技经济深度融合发展，打造首都国际高精尖人才服务的新高地。

作为第23届北京科技交流学术月重点活动之一，本次活动致力于搭建海外人才、项目与北京经济技术开发区经济建设需求交流的平台。活动期间，举办了“工程教育及其国际交流合作”“后疫情时代科创企业的阵痛与突破”“解密以色列创新基因”“双循环格局下的产业创新发展机遇”等主题研讨会。

来自中国科协-FCPAE欧洲（比利时）海智创新创业基地、北欧致公协会、德国OWL智能技术尖端集群的海外专家，海内外知名院士、科学家、工程师、企业家、媒体记者近300人参加活动。

中国科协国际联络部、北京经济技术开发区、北京市科协等有关单位负责人参加活动。

【中国（青岛）海外人才创新创业项目大赛颁奖仪式】 8月15日，作为中国科协第二十二届年会闭幕式的环节之一，中国（青岛）海外人才创新创业项目大赛颁奖仪式在青岛国际会议中心举行。中国科协党组书记、常务副主席、书记处第一书记怀进鹏，山东省政府党组成员、副省长凌文，中国科协党组成员、书记处书记宋军、吕昭平，青岛市委副书记、市长孟凡利出席仪式并为获奖项目代表颁奖，仪式由吕昭平主持。

中国（青岛）海外人才创新创业项目大赛作为中国科协第二十二届年会的重要活动之一，由中国科协与山东省政府联合主办，青岛市科学技术协会、青岛西海岸新区管委与中国海归创业联盟共同承办。本次大赛历经报名征集、海选初审、预赛、决赛及路演等4个阶段，共有来自六大洲28个国家和地区的509个项目报名参加，83个项目入围决赛，最终评选出一等奖3名、二等奖6名、三等奖9名、优胜奖12名。颁奖仪式上，怀进鹏等同志分别为一、二、三等奖的获奖项目代表颁奖。

本次大赛参赛项目为历届数量最多，范围涵盖了28个国家和地区，国际化、多元化要素进一步凸显。同时，聚焦人工智能、大健康和高端装备三个领域，立足于服务举办地科技经济深度融合发展，高起点、人主流项目不断增加。经过对接洽谈与“项目创新+政府引导+市场主体+风投基金”的一体化服务，共有25个项目签约落地青岛西海岸新区，还有30余个项目正在与青岛有关区市深入对接洽谈，做到让全球顶尖人才、创新项目进得来、留得住、能落地、有发展。此次大赛还得到了中国驻日本、比利时使馆，驻旧金山、纽约领事馆的高度重视与支持。

相关院士专家、企业家和一线科技工作者代表，国外专家学者和科技组织代表，以及媒体记者等300余人参加颁奖仪式。

自身建设

【中国科协召开谋划“十四五”发展工作推进会】 10月15日，中国科协召开谋划“十四五”发展工作推进会，学习贯彻习近平总书记近期主持召开有关“十四五”及中长期发展系列专家座谈会和在深圳经济特区建立40周年庆祝大会上的重要讲话精神，筹划未来五年及更长一段时期科协事业发展。中国科协党组书记、常务副主席、书记处第一书记怀进鹏主持。

推进会上，相关部门负责同志分别结合各自工作职能，分析研判我国科技事业未来发展的国际形势和机遇挑战，着眼党和国家工作大局，对推进政治引领、智库咨询、科技创新、科普服务、科技人才等方面的发展思路与举措进行了交流。

会议强调，"十四五"及更长一段时期，是实现中华民族伟大复兴的关键时期，要深入思考科协组织在党和国家工作大局中的战略定位，深入思考新时代科技共同体的价值所在。在世界面临百年未有大变局、进入动荡变革期的新形势下，中国科协要切实增强准确识变、创新应变、主动求变能力。要着眼我国进入新发展阶段的大局，落实新发展理念，紧扣推动高质量发展、构建新发展格局，坚持"四个面向"，深入研究流动性减少对创新能力建设的新要求，深入研究社会创新合作网络缺失对科技社会组织的新要求，充分发挥科学共同体的独特作用，全面提升科协组织的思想政治引领力、组织动员凝聚力、公共产品竞争力，着力打造"科普中国""科创中国""智汇中国"和"科技工作者之家"，探索中国特色科技群团发展道路，夯实党在科技界的执政基础，为服务国家治理体系和治理能力现代化，构建人类命运共同体作出独特贡献。

会议要求，各部门各单位要坚持以习近平新时代中国特色社会主义思想为指导，深入贯彻党中央、国务院重大决策部署，聚焦靶心、服务中心、凝聚人心、增强信心，深化对科协组织优势、劣势、机遇、挑战的战略分析，深入调研，创新思路，主动作为，扎实做好"十四五"发展的谋划和部署。

党组成员、书记处书记束为、宋军出席会议。机关各部门主要负责同志、直属单位有关同志列席会议。

【华中公共卫生与健康联合研究中心成立】 8月25日，中国科学技术协会、湖北省人民政府、华中科技大学共建"华中公共卫生与健康联合研究中心"成立大会在湖北省武汉市举行。中国科协党组书记、常务副主席、书记处第一书记怀进鹏，湖北省人民政府副省长肖菊华，华中科技大学党委书记邵新宇分别致辞。湖北省科协主席郭生练主持会议。

怀进鹏对湖北省、武汉市医疗、科技工作者为疫情防控作出的突出贡献表示敬意，他强调，共建"华中公共卫生与健康联合研究中心"，是贯彻落实习近平总书记系列重要指精神和党中央决策部署，支持湖北疫后重振的实际行动，是新时代发挥科学共同体作用、服务党和政府科学决策、推进国家公共卫生治理现代化的务实举措。期待研究中心汇聚多学科力量，分享经验、探索未知，努力建成价值高地，树立宏大目标，坚守人民至上、生命至上理念，勇担时代使命，深入开展公共卫生治理重大问题的研究；努力建成创新高地，在人才培养、创新研究、服务社会等方面作出独特贡献；努力建成开放高地，团结凝聚公共卫生健康领域的广大科技工作者，加强国际合作，增进信任，传递友谊，推动文明互鉴。以中心为平台，推动构建"以理服人"的科学共同体，"以德服人"的价值共同体，"以人为本"的命运共同体。

肖菊华在致辞中对中国科协支持湖北疫后重振表示感谢，她表示，湖北省委、省政府将为联合研究中心发展提供有力保障，希望中心培育公共卫生人才，引入智慧外脑，深入总结湖北和武汉抗疫斗争经验，打造疾病预防控制体系改革和公共卫生体系建设的"湖北样板"，以高质量研究促进国家公共卫生治理。

邵新宇在致辞中介绍了华中科技大学及其附属医院3万多名医护人员疫情期间主动请缨、逆风前行，用生命守护生命的壮举，表示将发挥公共卫生学科人才优势，广泛汇聚智慧力量，为联合研究中心发展提供有力支撑，为国家乃至全球公共卫生与健康事业作出独特贡献。

据介绍，华中公共卫生与健康联合研究中心将依托湖北以及华中地区高等院校、科研院所、科协系统智力资源，华中科技大学公共卫生与健康学科优势，共同建设开放、高端、具有品牌影响力的公共卫生与健康智库，服务党和政府科学决策。中心将吸引和整合海内外人才资源，搭建多领域、开放型、前沿化研究平台，开展公共卫生与健康战略规划、体制机制、标准化和治理体系研究，提供公共卫生与健康咨询服务。

成立大会后，联合研究中心以线上线下相结合的形式，举办"公共卫生与健康"国际论坛，分别在郑州大学、中南大学、南昌大学、安徽医科大学等设立分论坛。湖北省卫健委副主任张定宇、中国疾病预防控制中心流行病学首席科学家曾光、南京医科大学校长沈洪兵、中国高等医学教育学会公共卫生教育研讨会副理事长马骁在论坛上作专题报告。

【城市化与区域创新极发展研究中心揭牌成立】 11月21日，中国科协、重庆市政府、重庆大学、四川大学共建"城市化与区域创新极发展研究中心"在2020重庆英才大会开幕式上揭牌成立。中共中央政治局委员、重庆市委书记陈敏尔出席。中国科协党组书记、常务副主席、书记处第一书记怀进鹏，中共重庆市委副书记、市长唐良智，重庆大学校长张宗益，四川大学校长、中国工程院院士李言荣为城市化与区域创新极发展研究中心揭牌。

怀进鹏在开幕式致辞中指出，重庆承载着成渝地区双城经济圈、“一带一路”、西部大开发等国家战略，是各类英才的聚集高地、用武之地。面对百年未有之大变局和中华民族伟大复兴战略全局，我们需要谋划准确识变之道、科学应变之策、主动求变之举，服务新发展格局，锻造英才强磁场，构建科技合作平台。中国科协将坚持弘扬科学家精神，坚定创新自信，推动科技经济深度融合发展，砥砺科技人才创新创业创造，愿与重庆共同探索汇智聚力、产学协同、科普惠民、开放合作新机制，服务成渝地区高质量发展。

同期举办了成渝地区双城经济圈暨西部科学城高峰论坛。唐良智出席论坛并向中国工程院院士、重庆大学教授周绪红等研究中心学术委员代表颁发聘书，重庆市委常委、组织部部长胡文容出席论坛并致辞，重庆市政府副市长熊雪主持论坛开幕式。中国科学院院士李应红、张平文、卞修武，中国工程院院士江欢成、陈鲸、周绪红、潘复生等出席论坛。论坛上，专家学者围绕数字经济、建筑工程、航空、协同创新、成渝地区双城经济圈建设等发表专题演讲，为成渝地区双城经济圈暨西部科学城建设建言献策。

据介绍，城市化与区域创新极发展研究中心将紧扣完善城市化战略，瞄准区域创新发展趋势，聚焦成渝地区双城经济圈建设，重点依托中国科协、重庆市政府、重庆大学、四川大学组织优势、专家力量和研究基础，构建开放、包容、合作的协同创新机制，广泛开展人才引培、学术研究、国际交流、政策咨询和科技服务，努力打造人才高地、创新高地、开放高地、价值高地，力争建成西部顶尖、国内一流、国际知名的高端科技智库和创新平台，持续为推动成渝地区双城经济圈建设、推进区域协调和创新驱动发展、推动中国特色城市化与区域创新极发展贡献智慧力量。

【中国科协与天津市政府、南开大学共建数字经济研究中心】 6 月 24 日，中国科协、天津市政府、南开大学数字经济研究中心成立大会在南开大学举行。中国科协党组书记、常务副主席、书记处第一书记怀进鹏，天津市委常委、市委教育工委书记于立军，南开大学党委书记杨庆山分别致辞。中国工程院院士、南开大学校长曹雪涛，世界工程组织联合会主席、中国新一代人工智能发展战略研究院执行院长龚克出席会议。中国科学院院士、天津市科协主席饶子和主持会议。

怀进鹏在致辞中强调，要深入贯彻习近平总书记重要指示精神，统筹疫情防控和经济社会发展，加速数字产业化、产业数字化进程，培育新经济增长极、蓄积提质增效动力源、开拓转型发展新蓝海。怀进鹏希望数字经济研究中心围绕数字科技革命与产业变革、数字技术与经济社会民生融合生态、科技伦理与社会治理、数字经济时代全球合作与挑战、创新人才与中小企业发展等问题深入研究，积极建言献策，使数字经济更好赋能产业、赋能社会、赋能生活，有效发挥复工复产的稳定器、经济振兴的加速器、新动能的倍增器作用。

于立军在致辞中表示，天津市将全力支持数字经济研究中心建设，为中心发展创造良好环境和条件，共同努力把中心建设成为国内一流、国际知名智库，为区域、国家乃至全球数字经济发展贡献中国智慧、提供中国方案。

杨庆山在致辞中表示，南开大学将在中国科协和天津市委、市政府指导下，搭建一流智库平台，组建一流科研团队，产出一流研究成果，推动制度创新，为国家制定和实施数字经济发展战略作出南开贡献。

中国科协、天津市政府、南开大学共建数字经济研究中心，旨在打造数字经济领域高端智库平台。龚克教授任中心理事长，中国联通科技委主任刘韵洁院士任中心学术委员会主任。

成立大会后，数字经济研究中心以线上线下相结合的形式，举办数字经济与未来发展国际高峰论坛。刘韵洁，《工业大数据》和《工业人工智能》作者李杰，富士康工业人工智能部门负责人孙可意，德国杜伊斯堡－埃森大学东亚研究所马库斯·陶伯，英国皇家工程院院士、香港浸会大学副校长郭毅可，挪威工程院院士、IEEE 区块链联合主席容淳铭，中国万向控股有限公司副董事长兼执行董事肖风，天津产权交易中心主任孔晓艳，云账户（天津）共享经济信息咨询有限公司董事长杨晖，南开大学经济研究所所长刘刚等 10 名专家学者和企业家围绕数字经济前沿领域议题开展了交流研讨。

【中国农业科学院科学技术协会成立大会】 9 月 9 日，中国科协党组书记、常务副主席、书记处第一书记怀进鹏出席中国农业科学院科学技术协会成立大会。

怀进鹏代表中国科协对中国农业科学院科学技术协会成立表示热烈祝贺。他指出，中国农业科学院作为国家综合性农业科研机构，担负着全国农业重大基础研究、应用研究和高新技术研究的任务，是农业科技创新的国家队、排头兵，也是国家级科研院所的典型代表。中国农业科学院深入贯彻落实习近平总书记提出的“三个面向，两个一流”贺信精神，始终牢记农业科研国家队初心使命，在推动农业科技进步、保障国家粮食安全、促进农业农村发展等方面作出大量富有成效的工作。农科院系统科技工作者众多，成立科协对于健全联系广泛、服务群众的科技群团工作体系具有深远意义。希望院科协提高政治站位，突出政治性先进性群众性，团结凝聚广大农业科技工作者听党话跟党走，肩扛国之大者、农业科技重器的使命担当，锐意进取、开拓创新，助推农科院早日建设成为科技创新的高地、成果转化的示范地，成为人才成长的高地、一流人才的集聚地，成为开放合作的高地、改革发展的示范区。

怀进鹏表示，中国科协作为科技工作者之家，将全力支持院科协开展工作，携手共建“以理服人”的学术共同体、“以德服人”的价值共同体、“以人为本”的命运共同体，进一步深化与中国农业科学院的合作，共建高水平科技创新智库，围绕深化农业科技体制改革、推动农业科技与经济紧密结合，开展综合性、前瞻性和战略性研究，并提出重大战略建议。

中国农业科学院成立于1957年。目前下设30多个研究所，专业技术人员6000余人。建院以来，获得各类科技成果6000多项，国家科技奖励成果340余项。原农业部副部长、农科院原院长李家洋，中国科协副主席、中国工程院副院长邓秀新，中国工程院原副院长刘旭担任院科协名誉主席，农业农村部党组成员、农科院院长唐华俊院士担任主席，院党组书记张合成担任常务副主席。院属各单位以整建制形式作为院科协团体会员。

成立大会前，怀进鹏一行参观了国家种质资源库、国家数字农业创新中心，中国农业科学院贯彻落实习近平总书记贺信精神重大科技成就展。随后，召开农业科技创新座谈会，与会人员围绕深化农业科技体制改革、优化农业科技支持、加强农业科学普及、培育国际一流农业学术期刊建设、攻关农业“卡脖子”技术、推动农业科技与经济紧密结合等方面，特别是当前我国农业科技及政策亟须解决的突出问题和深层次原因进行了深入交流。

中国科协副主席邓秀新、孟庆海，党组成员王守东，农业农村部党组成员、农科院院长唐华俊，农科院党组书记张合成，农业农村部和中国科协相关部门、单位负责人，北京市科协负责人等参加活动。

【第四届科协发展理论研讨会】 11月18日，第四届科协发展理论研讨会在北京召开。中国科协党组副书记、副主席、书记处书记徐延豪出席会议并致辞，中国科学院院士、原中国科学院地质研究所所长刘嘉麒，中国未来研究会理事长、中国人民大学国际关系学院副院长金灿荣，中共中央党校（国家行政学院）公共管理教研部主任王满传，中国科协计划财务部部长杨文志，中国科协学会学术部部长刘兴平，中国科协常委、北京市科协党组书记马林，江西省科协党组书记、副主席罗莹出席会议并作主旨报告。来自地方科协、学会、高校、科研机构、企业的代表近200人参加现场会议。大会开幕式由中国科协创新战略研究院院长任福君主持。

徐延豪在致辞中指出，党的十九届五中全会提出“坚持创新在我国现代化建设全局中的核心地位”，为实现“十四五”规划和二〇三五年远景目标指明了方向，是对科技界和科协组织在新发展阶段进军现代化的动员令。围绕学习宣传贯彻党的十九届五中全会精神，就做好科协发展理论研究，他提出三点意见。一要进一步支撑“科技自立自强”的国家战略目标；二要进一步凝聚科技共同体的组织优势和人才优势；三要进一步丰富“科普中国”“科创中国”“智汇中国”的理论与实践。要通过这次会议，使更多的科技工作者参与到科协组织的建设和科协事业的发展中来，探索联系和激励科技工作者的路径和方法，推动广大的一线科技工作者将个人理想和国家发展有机结合，将创新工作与党和国家的战略目标有机结合，为实现中华民族伟大复兴的中国梦贡献智慧和力量。

本次研讨会的主题是“新形势下科协服务国家治理体系和治理能力现代化”。会议以党的十九大和十九届二中、三中、四中、五中全会精神为指导，围绕深入推进国家治理体系和治理能力现代化，进一步完善科协体制机制建设，强化组织赋能，健全联系广泛、服务群众的群团工作体系，认真谋划中国科协事业高质量发展。中国未来研究会副理事长、中国科学院自然科学史研究所研究员刘益东，中国科学院科技战略咨询研究院研究员刘海波，中国人事科学研究院副院长、研究员柳学智，中国华能集团科技创新与信息化部副主任徐越，北京医学会会长封国生，北京怀柔科学城管委会副主任伍建民，中国物理学会副秘书长王进萍，北京市人力资源和社会保障局专业技术人员管理处处长刘武等 8 位专家学者、政府科技部门和优秀企业代表作了大会专题报告，围绕新时期深化科技群团改革发展研究、“科创中国”科技经济融合发展及其实践研究、健全科技伦理治理体制机制研究、新时期科技社团国际合作和科技文化交流研究、探索科技人才成长规律研究、科技支撑城市公共卫生治理研究等六个专题进行了深入探讨交流。本次会议征文经过专家初评和复评，共有 50 篇论文被评为优秀论文。大会向优秀论文作者代表颁发了荣誉证书，3 位优秀论文作者在会上进行了交流发言。

本次研讨会由中国科协创新战略研究院和北京市科学技术协会联合主办，北京市科学技术进修学院承办，中国科协调研宣传部支持。

【2020 中国科协系统新媒体工作人员培训班】 9 月 23—24 日，由中国科协调研宣传部主办、中国科技新闻学会承办的 2020 中国科协系统新媒体工作人员培训班在北京举办。本次培训采用“线上 + 线下”相结合方式，来自全国学会、北京科协、中国科协各部门及事业单位的 80 名学员参加线下培训，600 余名全国各地学员通过线上直播参与培训。中国科协调宣部副部长宋玉荣出席培训班并为学员授课。中国科技新闻学会副理事长兼秘书长许英主持开班式。

本次培训课程内容聚焦媒体融合发展、科技类内容创作、新技术引发的智能化传播等领域。北京大学互联网研究院副院长方兴东，人民网舆情数据中心融媒体副总编辑杨硕，腾讯（北京）公司腾讯网内容运营总监何宾，艾利艾智库全媒体中心总经理吴一凡，新华网融媒体未来研究院院长、首席科学家杨溟，中科院物理所综合处副处长成蒙分别围绕“Tik Tok 事件与互联网治理体系”“科技赋能媒体融合发展”“腾讯新闻如何打造内容爆款与 IP”“新技术新业态与全媒体传播应用”“融媒体与智能化传播”“融媒体环境下科学传播工作的思考”等作了专题报告。

培训班还组织集体调研考察新华网科创中心，使学员对融媒体业态、大数据云屏、新华文创产业等媒体新技术、新战略有了直观认识。

党　　建

【中央第十二巡视组向中国科学技术协会党组反馈巡视情况】 1 月 2 日，中央第十二巡视组向中国科学技术协会党组反馈巡视情况。中央组织部副部长吴玉良主持召开向中国科协党组书记、常务副主席、书记处第一书记怀进鹏的反馈会议，出席向中国科协党组领导班子反馈会议，对巡视整改提出要求。会议向怀进鹏传达了习近平总书记关于巡视工作的重要讲话精神，中央第十二巡视组组长武在平代表中央巡视组分别向怀进鹏和领导班子反馈了巡视情况。全国政协副主席、中国科协主席万钢出席向领导班子反馈会议并讲话，怀进鹏主持向领导班子反馈会议并就做好巡视整改工作讲话。

根据党中央统一部署，2019 年 9—11 月，中央第十二巡视组对中国科协党组进行了常规巡视。巡视组坚持以习近平新时代中国特色社会主义思想为指导，全面贯彻巡视工作方针，坚守政治巡视定位，把“两个维护”作为根本任务，围绕中心、服务大局，紧扣职责使命强化政治监督，重点检查落实党的路线方针政策和党中央重大决策部署、全面从严治党战略部署、新时代党的组织路线以及巡视整改等情况，推动中央和国家机关加强政治建设，带头做到“两个维护”、践行“三个表率”、建设模范机关，推进党和国家治理体系和治理能力现代化。中央巡视工作领导小组听取了巡视组的巡视情况汇报，并向中央政治局常委会会议报告了有关情况。

武在平在反馈时指出，中国科协党组坚持以习近平新时代中国特色社会主义思想为指导，管党治党意识逐步增强，党的领导逐步加强，党的建设得到提升，积极推进学术交流、智库建设、科学普及、助力创新驱动发展等方面工作，取得较好成效。巡视也发现一些问题，主要是：贯彻落实习近平新时代中国特色社会主义思想和党中央重大决策部署还有差距，聚焦“四服务”职责定位有短板，党组领导作用发挥还不够充分，机关化、行政化问题仍然存在，扎根基层不够深入，推动科协系统深化改革有差距；履行全面从严治党主体责任不够有力，落实监督责任存在薄弱环节，对下属单位和学会协会监管不够有力，部分领域和岗位存在廉洁风险；落实新时代党的组织路线不够到位，班子建设和队伍建设存在薄弱环节，执行组织人事纪律不够严格，党建工作责任制落实不够到位，基层党建有短板；落实巡视整改责任不够到位，整改举一反三不够。同时，巡视组还收到反映一些领导干部的问题线索，已按有关规定转中央纪委国家监委、中央组织部等有关方面处理。

武在平提出了五点整改意见建议：一是深入学习贯彻习近平新时代中国特色社会主义思想和党的十九大以及十九届二中、三中、四中全会精神，增强“四个意识”，坚定“四个自信”，做到“两个维护”。旗帜鲜明加强党的领导，健全领导体制机制，把党的领导落实到科协工作全过程。紧紧围绕“四服务”职责定位，适应新形势新任务新要求，创新工作方式方法，增强联系服务科技工作者的能力，加大科普产品供给力度，加强高端智库建设。二是扎实推进科协治理体系和治理能力现代化，强化务实担当，推动科协系统深化改革各项措施落地见效。三是进一步强化管党治党政治责任。切实把主体责任扛在肩上、落到实处，敢于动真碰硬，层层压实责任。健全完善监督制约机制，加大廉洁风险防控力度，强化监督执纪问责。四是认真落实新时代党的组织路线，严格执行组织人事制度规定，严把选人用人关，加强基层党建。五是切实担负起巡视整改主体责任，一体推进巡视新发现问题、“不忘初心、牢记使命”主题教育检视问题和上次巡视整改不到位问题的整改，坚持举一反三，建立长效机制，以整改促进工作高质量发展。

吴玉良对加强巡视整改提出明确要求，强调中央和国家机关是推动党和国家各项事业发展的领导机关，在党和国家治理体系中处于特殊重要位置，中国科协党组要切实提高政治站位，坚持党的领导，加强政治建设，坚持用习近平新时代中国特色社会主义思想武装头脑、指导实践、推动工作，增强“四个意识”，坚定“四个自信”，做到“两个维护”。要强化政治担当，践行初心使命，积极适应新形势新任务新要求，自觉站在党和国家事业全局高度谋划本单位、本系统工作，结合职能职责把党的路线方针政策和党中央重大决策部署落到实处。坚决落实全面从严治党“两个责任”，建立健全权力监督制约机制，持续整治形式主义、官僚主义，推动中央单位全面从严治党向纵深发展。要从政治高度抓好巡视整改和成果运用，贯彻落实十九届四中全会和中央经济工作会议精神，把巡视整改与巩固拓展“不忘初心、牢记使命”主题教育成果结合起来，与深化改革发展结合起来，与强化日常监督结合起来。领导班子对巡视整改负总责，党组书记必须自觉担负起整改第一责任人责任，坚持从本级、本人改起，一体推进巡视新发现问题、“不忘初心、牢记使命”主题教育检视问题和上次巡视整改不到位问题的整改，建立健全整改长效机制，完善内部治理体系，提高治理能力和治理水平，推动中国科协各项工作高质量发展。纪检监察机关和组织部门要加强巡视整改日常监督，对敷衍整改、虚假整改的严肃问责。

万钢表示，中央对中国科协党组开展巡视，充分体现以习近平同志为核心的党中央对科协组织的信任、对科协工作的重视、对广大科技工作者的关心。中国科协领导班子和广大干部职工要始终坚持以习近平新时代中国特色社会主义思想为指导，深入学习、深刻领会习近平总书记在十九届四中全会和中央经济工作会议上的重要讲话以及关于巡视工作的重要讲话精神，增强“四个意识”，坚定“四个自信”，做到“两个维护”，完善治理体系，提升治理能力，迅速把思想、行动统一到坚决落实中央巡视反馈意见上来。

怀进鹏表示，习近平总书记关于巡视工作的重要讲话精神内容指向鲜明，内涵博大精深，是做好科协各项工作的行动指南，特别是抓好巡视整改的根本遵循，抓好学习贯彻是中国科协当前的重要政治任务。巡视反馈意见站位高、把脉准，一针见血地指出问题，切中要害，完全切合科协实际。中国科协党组全体同志诚恳接受，将团结带领中国科协全体党员和干部职工，以最坚决的态度、最严格的要求、最有力的举措、最扎实的作风，不折不扣完成好巡视整改工作。一是认真学习领会习近平总书记重要讲话精神，用习近平新时代中国特色社会主义思想武装头脑、指导实践，进一步提高政治站位，坚决贯彻落实中央重大决策部署，抓好党的十九届四中全会和中央经济工作会议精神的落实，把党的领导落实到科协工作全过程，切实引领广大科技工作者听党话、跟党走，不断夯实党在科技界的执政基础。二是强化政治担当，压实整改责任，建立整改工作机制，立即行动起来，确保一项一项整改落实到位。三是聚焦突出问题，举一反三，紧扣治理体系和治理能力现代化，深化标本兼治，持续推动全面从严治党向纵深发展。四是忠实践行新时代党的组织路线，严把选人用人关，加强领导班子和干部队伍建设，培养造就忠诚干净担当的高素质专业化干部队伍。五是强化使命担当，以巡视整改为契机推动深化改革创新，推动科协事业持续健康高质量发展。

中央第十二巡视组副组长及有关同志，中央巡视工作领导小组办公室、中央纪委国家监委有关监督检查室、中央组织部有关局负责同志，中央纪委国家监委驻科学技术部纪检监察组有关负责同志，中国科协党组领导班子成员出席会议；中国科协近年退出领导班子的部分老领导、机关正处长及以上干部、直属单位领导班子成员和直属学会负责同志列席会议。

【中国科协党组关于十九届中央第四轮巡视整改进展情况的通报】 根据中央统一部署，2019 年 9 月 10 日至 11 月 25 日，中央第十二巡视组对中国科协党组开展了常规巡视。2020 年 1 月 2 日，中央巡视组向中国科协党组反馈了巡视意见。按照巡视工作有关要求，现将巡视整改进展情况予以公布。

一、提高政治站位，强化政治担当，坚决扛起整改主体责任

一是深入学习领会习近平总书记重要讲话指示批示精神，把思想和行动统一到党中央对巡视整改工作的部署要求上来。中国科协党组把巡视整改作为检验“四个意识”和“两个维护”的试金石，坚决扛起巡视整改主体责任，不折不扣坚决落实巡视整改重大政治责任，旗帜鲜明坚持中国科协政治机关属性，着眼党和国家事业发展大局，在锤炼政治能力、增强“四个意识”、坚定“四个自信”、做到“两个维护”的自觉性坚定性上见行动见成效。特别是面对新冠肺炎疫情，中国科协党组坚决贯彻落实习近平总书记关于疫情防控的重要指示精神，举一反三综合运用巡视成果，聚焦靶心、服务中心、凝聚人心，总揽科协系统全局，协调整合各方资源，发挥“一体两翼”组织优势，在统筹推进疫情防控和经济社会发展中体现新时代科技群团和科技界的国家使命和责任担当，提升科协组织的政治能力。

二是落实整改两个责任，层层传压导责。建立健全领导机制和工作机制，成立中国科协巡视整改工作领导小组，对巡视整改负总责，党组书记任组长，党组、书记处同志任成员，明确重大任务事项由领导小组研究、党组审议决策。成立中国科协巡视整改工作领导小组办公室，党组成员任主任，承担协调组织联系等整改有关工作。建立巡视整改常态化长效化机制，完善形成专题会议、日常调度、定期报告、督促检查等制度，坚持网格化聚焦、工程化管理、项目化推进。制定工作方案、分工方案，建立工作台账，明确问题清单、任务清单、责任清单，明确牵头部门、主责部门、配合部门，提出总体要求、基本原则和时间安排。召开巡视整改动员部署会，党组与党组、书记处同志签订整改责任书，进一步明确党组整改主体责任。召开巡视整改专题民主生活会，党组成员严肃开展批评与自我批评，推动整改工作往深里走、实里做。召开领导小组会议，落实驻科技部纪检监察组与中国科协党组全面从严治党专题会商会意见，深入查摆存在的问题，对巡视整改查漏补缺。巡视整改办充分发挥督促落实、协调组织作用，传压导责，紧盯关键环节，挂图作战、对账销号，形成巡视整改工作闭环。

三是强化科学施策，坚持“当下改”与“长久立”相结合。加强整改统筹，把巡视整改与“不忘初心、牢记使命”主题教育检视问题整改，与“十四五”规划制定、年度工作和科协“十大”筹备一体推进落实；把握整改任务、整改事项关联性，分专题逐一研究落实具体整改措施；明确不同党组成员统筹协调，加强联动。确定“短中长”整改目标，研究制定相应整改措施，对立行立改的集中攻坚，下狠力解决；对需要一段时间解决的积极创造条件、提速整改、限期见效；对需要长期整改的制定规划、持续用力，通过信息系统实现整改任务事项动态管理、实时跟踪监督，及时督促，确保整改全面落实、深入推进。

四是主动接受监督，积极落实监督建议。通过邀请驻科技部纪检监察组领导列席党组会议、巡视整改工作领导小组会议等，及时汇报巡视整改工作进展情况，主动接受驻科技部纪检监察组的全程监督，认真落实驻科技部纪检监察组相关建议。完善整改工作台账，细化整改措施，明确巡视整改的牵头领导、主责领导、整改牵头部门和主责部门，确保巡视整改工作任务责任到人。认真落实驻科技部纪检监察组的监督建议。集中巡视整改期间，驻科技部纪检监察组组长 3 次到中国科协监督指导巡视整改工作，提出整改要求。与驻科技部纪检监察组共同召开全面从严治党会商会，会议认真贯彻中央纪委四次全会精神，聚焦推进巡视整改工作，指出 4 方面 15 项问题，提出 5 条意见建议。党组高度重视，认真研究部署，第一时间制定监督建议整改工作实施方案，分解任务责任清单，及时制定 58 项具体问题事宜清单和整改台账，修改完善24项整改任务实施方案，扎实履行主体责任。主动向驻科技部纪检监察组报告问题线索办理情况，接受对巡视移交机关纪委问题线索办理工作的指导，进一步规范问题线索处置工作。巡视整改工作领导小组办公室坚持“日碰头、周调度、旬推进”，编制《巡视整改动态》并上报驻科技部纪检监察组，下大力度持续推动巡视整改工作落实落细落地和跟踪问效。

二、中央巡视整改进展情况

中国科协党组把中央巡视反馈意见细化为24项整改任务、161个整改事项，除信访举报和问题线索外，共制定365条整改措施，除需长期坚持的87条整改措施，主要任务年底基本完成。

（一）关于贯彻落实习近平新时代中国特色社会主义思想和党中央重大决策部署的整改情况

1. 关于贯彻落实习近平总书记重要指示批示精神还有差距的整改情况

一是维护核心，健全党组学习传达和贯彻落实制度。制定贯彻落实习近平总书记重要指示批示精神工作细则。对传达学习、贯彻落实、督查督办、执纪问责等作出具体规定，明确党组主体责任和党组书记第一责任人责任。对标中央巡视要求，全面梳理自上轮中央巡视以来，特别是党的十九大以来习近平总书记重要指示批示情况工作台账，明确责任人、责任部门、目标要求，对落实情况逐项进行修订完善；定期督查落实情况，及时研究解决落实中的问题，更新台账，制定向中央及时报告落实情况工作制度，确保总书记重要指示批示精神件件有着落、事事有回音。

二是聚焦靶心，狠抓贯彻落实。党组带头主动提升政治站位，提高围绕中心、服务大局的能力。党组会议均安排传达学习贯彻习近平总书记重要指示批示精神和党中央重大决策部署，党组同志带头加强学习转化，每次专题学习都集思广益形成创新性工作思路和有效落实措施。

三是围绕中心，提升系统落实能力。在落实总书记重要指示批示中，紧密围绕党中央中心工作和国家事业发展大局，充分发挥“一体两翼”组织优势，着力破解对全国学会特别是地方科协带动不强的问题，整合科普、学术、智库等优势资源，因时因势因能因需，推出“科创中国”等工作平台，协同地方整体下沉，为基层组织赋能提效，在落实党中央的重大战略部署中锤炼科协的政治性先进性群众性，提高科协系统整体落实总书记重要指示批示精神的系统合力。

四是凝聚人心，推动广大科技工作者紧跟核心维护核心。创新学习贯彻习近平总书记重要指示批示精神推动方式，带动科协系统和科技界深刻学习领会理论内涵和精神实质。围绕深入学习贯彻习近平总书记系列贺信指示精神编印《嘱托》，为全国学会和地方科协持续贯彻落实提供支撑。新冠肺炎疫情期间，根据党中央决策部署，连续面向科技界发布5封“家书”、上线专题节目，倡议动员广大科技工作者深入学习总书记指示精神，一心向党、共克时艰，动员中华医学会、中华中医药学会、中华护理学会、中华预防医学会4家全国学会发出《致抗炎一线同仁书》，联合191家全国学会发出《战“疫”有我，为决胜攻坚提供科技志愿服务——向全国科技工作者的倡议》。根据疫情形势，及时调整工作方向，围绕坚决打赢疫情防控人民战争、弘扬科学家精神、在创新创造中建功立业等及时发布倡议，全国学会积极响应。习近平总书记给袁隆平、钟南山、叶培建等25位科技工作者代表回信的第二天，即以线上专题节目形式，全面解读总书记关于弘扬优良传统、坚定创新自信、着力攻克核心关键技术、促进产学研深度融合等重要指示精神，第一时间将总书记对科技工作者的关心关爱和殷切期待传递给科技界和全社会，引导科技界响应总书记号召，科技为民、建功立业，新华网、人民网、腾讯网、“科界”平台等转载。

2. 关于聚焦“四服务”职责定位有短板的整改情况

一是着力完善联系服务制度，提升服务质量和建家交友水平，下功夫拓展联系科技工作者广度和深度。持续宣传科技工作者在疫情防控、复工复产中的科技支撑贡献，塑造科技界科技为民的良好形象。及时转呈袁隆平、钟南山、叶培建等25位科技工作者代表给习近平总书记的致信，得到总书记亲切勉励。在全国创新争先奖中特别设立“疫情防控”和“脱贫攻坚”专题。集成科协优势资源，打造网上科技工作者之家，形成以“科普中国”“科创中国”为主要支撑的公共服务产品平台。织密科技工作者调查网络，及时准确了解情况和诉求。针对科技工作者底数不清等问题，升级“科情在线”调查平台，着力完善全国科技工作者状况调查体系。优化中国科协常委会道德权益专委会功能，探索科技工作者维权服务重点领域和方式。建立一批对学会开展联系和指导的工作制度，明确党组、书记处同志直接联系学会名单和分工。党组、书记处同志多次参与线上线下疫情防控学术交流活动，加强工作研讨和交流，深入开展调研指导工作。

二是落实习近平总书记关于推动科技创新和经济社会发展深度融合的重要指示精神，建设“科创中国”平台，推动产学研深度融合。启动实施 2020 年服务科技经济融合发展行动，搭建数字化技术服务与交易平台。推动建设区域创新联盟、技术和企业联合体等新型服务组织，为科技工作者服务高质量发展提供创新创业创造平台。

三是创新方式手段，全面提升服务能力和水平。及时启动应急科普响应机制，在疫情防控实战中，组织各级学会和地方科协尽锐而出，推动专家资源和平台资源下沉。发挥全民科学素质纲要办机制作用，与有关部委保持密切沟通协调，地方科协将应急科普工作有效纳入当地党委政府抗疫工作大局。针对缺乏有效利用新媒体等多样化创新举措的问题，完成“科普中国”平台升级，制定“科普中国”平台科普号入驻计划，支持“自主生产 + 平台化”运营模式，搭建“中央厨房”，推进“科普中国”的大练兵和系统升级。针对科普平台影响力不足问题，组建中国公众科学素质促进联合体，推动设立专项基金。建立“科学辟谣”平台，建立高效识谣辟谣机制，与“中国互联网联合辟谣平台”共同发榜。针对科普中国 e 站后续管理和维护缺位的问题，全面调研 32 个省级科协情况，印发《关于进一步做好科普中国 e 站巡视整改工作的通知》《关于科普中国 e 站转型升级的意见》，加快推进科普中国 e 站与党建平台、新时代文明实践中心的融合发展。针对科技（普）大篷车项目效果问题，开展“十三五”绩效评价，以完善运行机制为重点，促进资源下沉。广泛动员科技（普）大篷车运维服务人员投入应急疫情科普。

四是全面加强高端科技智库建设。聚焦中央关切，广泛动员学会、地方、高校智库力量开展应急研究，向中央提出《关于新冠肺炎潜在治疗法的建议》《关于健全我国应急科普机制的建议》等一批有价值的智库型建议。加强智库建设顶层规划和学术成果汇集。开展智库建设“十三五”规划实施情况评估，研究制定《中国科协高水平科技创新智库建设“十四五”规划》。建立学术会议成果汇集机制，形成《重要学术会议指南》方案，打造前瞻研判重大科学问题难题、科学技术服务可持续发展品牌发布活动。以中国科协年会为引领，搭建中国科技峰会系列活动等跨地域、跨界别、跨领域交流平台。充分发挥高校跨学科、人才密集优势，依托高校国际合作渠道，拓展科协智库的开放功能。深化中国科协创新战略研究院改革，研究制定三年发展规划，提升核心竞争力。实施高端科技创新智库青年项目，支持 35 岁以下青年人才自主开展创新研究，得到积极响应。

3. 关于党组领导作用发挥还不够充分的整改情况

一是加强党的全面领导，强化党组政治引领作用，在科协系统扎实践行强“三性”去“四化”群团改革要求，加快建设“三型”组织，在重大任务的确立中时刻对标对表中央要求，在实施中将全国学会枢纽作用和地方基层组织的有效落实充分贯通。印发《中国科协党组理论学习中心组学习实施细则》，推进党组理论学习中心组制度化规范化建设。创新干部理论武装方式，制定《关于强化党组成员讲党课机制工作方案》，建立 7 个党组同志党课学习小组，由党组同志分别担任组长，每人联系 2 个青年理论学习小组。印发《关于中国科协所属全国学会章程修订有关事项的通知》，加强对全国学会章程进行全面摸底和政治审核把关。加强中国科协党校建设，制定党校体系建设方案，推动地方科协和部分学会成立党校。与科技部、人社部、中科院、工程院联合印发《关于进一步做好院士工作站规范管理工作的通知》，指导督促主导建站或参与建站的 27 个地方科协配合开展专项摸底，印发《关于进一步做好科协系统院士工作站规范管理工作的通知》，加强监督管理，健全退出机制。突出扶智扶志、决战决胜科技助力精准扶贫，联合国务院扶贫办、农业农村部召开决战决胜科技助力精准扶贫推进会，印发《关于做好全国科技助力精准扶贫收官相关工作的通知》《2020 年全国科技助力精准扶贫工作要点》，对做好科技助力精准扶贫盘点工作、总结考核、宣传工作进行部署。紧紧围绕中央单位定点扶贫主体责任，开展科技助力传统产业提质增效、乡村规划引领乡村振兴、订单式培训提升技能素质、众扶众帮拓展脱贫路子等工作。

二是把弘扬科学家精神贯穿于抗疫和复工复产实践，丰富宣传载体。以倡议书为引领，及时宣传阐释总书记重要讲话精神和党中央、国务院重大决策部署，因时因势提出科技界凝心聚力的主攻方向。在主流媒体等宣传平台上设置“最美逆行者”“最美科技工作者”专题，与全国学会、地方科协联动，及时挖掘本地区、本领域抗疫典型人典型事。与“学习强国”联动，加强精品原创内容供给。组织专家发出权威声音，一批原创融合传播产品获全网转发。围绕学风作风建设3年目标加快落实持续推进科学道德和学风建设，联合教育部、中科院在高校和科研机构启动学风传承行动，精心打造“科学大师名校宣传工程”品牌，组织师生讲好身边学风故事。会同科技部、中科院、工程院等细化责任分工，联合科技部共同开展作风学风长期监测和系统评估。配合教育部等八部门印发《关于加快构建高校思想政治工作体系的意见》，推动科学大师名校宣传工程纳入高校思想政治工作体系。联合有关部门发布《爱国奋斗精神学习读本》第二阶段丛书、系列有声读物及视频，高扬新时代改革先锋科技人物爱国奋斗主旋律。把弘扬科学家精神、加强作风学风作为专项工作部署，作为重大工程，设立专项经费，拓展工作路径，加大工作力度。

三是坚持党建带群建，着力创新组织赋能机制、提升组织服务效能。充分发挥系统联动优势，着力构建中国科协顶层设计、省级统筹、市为中心、县为基点的工作格局。系统推进科技志愿服务融入当地新时代文明实践中心、党群服务中心等工作平台。商请中央文明办实施科技志愿服务“智惠行动”，表彰一批“优秀科技志愿者”“优秀科技志愿服务队”。全面推进“三长”制取得新进展，累计吸纳3万余名“三长”（医院院长、学校校长、农技站站长）等进入基层科协领导机构。开设中国科协助力企业（园区）复工疫情防控平台。面向全国省级科协开展企业（园区）科协工作信息全面采集和企业科技工作者需求状况调查。通过“科创中国”等平台，推动供需对接和资源下沉。联合全国工商联以及各类创新主体，举办系列云课堂活动。优化“企业科协能力建设”项目，提升企业科协负责人能力。提升新时代农技协组织发展活力，上线“智慧农技协”，动员各级农技协、专业委员会、科技小院助力战疫情、保春耕。

四是持之以恒加强作风建设，完善制度建设。集中学习习近平总书记关于反对形式主义、官僚主义的重要论述精神，制定落实《关于持续解决困扰基层的形式主义问题为决胜全面建成小康社会提供坚强作风保证的通知》的具体举措。制定《中国科协关于深化改革创新、提高调查研究实效的意见》，按照中央要求、结合科协实际，设计重大调研选题和年度调研方案，切实转变作风。将形式主义、官僚主义整改情况纳入机关部门和直属单位年终述职内容，制订形式主义、官僚主义负面清单，针对形式主义、官僚主义突出问题开展集中整治。举办活动注重面向基层，重成效，不追求“高大上”。大幅精简文件，对篇幅过长、文风不实、文种不合规等文件坚决予以纠正；设计发文登记系统，为精简文件提供信息化支撑。严格控制会议数量、规模、规格，坚持开短会、讲短话，灵活安排会议，提高视频会议比例。针对群众反映强烈的典型案例、突出问题及时进行核实查办、通报警示。抗疫期间主动问需于地方，开发适合社区、基层的应急科普资源，以网上应急科普为重点，在及时为地方纾难解困中锻造工作作风。深入倾听职工之声，党组书记召开青年干部座谈会，了解群众正当合理诉求，针对群众反映强烈一直想解决却未解决的问题，下大力气推动解决。

4. 关于推动科协系统深化改革有差距的整改情况

一是着力推动改革向纵深拓展、向基层延伸，强化新时代改革顶层设计。结合驻科技部纪检监察组和中国科协党组专题会商会精神和新形势新任务，明确2020年11项改革重点任务和主攻方向，以重点领域突破推动改革向纵深发展。完善层层抓落实的工作机制，巡视期间和整改阶段，两次对地方改革方案出台情况进行全面摸底，目前，地市级科协改革方案基本全部出台。自上而下传导压力，上线试运行“改革活跃指数”动态平台，利用大数据手段，自动监测5大类18项近百个关键指标。开展省份试点，联合制定协同推进县域改革工作方案，破解“县级科协不敢改、不会改”问题；启动新一批改革试点，鼓励组织机制与方式创新；深化改革经验交流，凝练推广地方科协疫情防控期间涌现出的一批好做法好经验，在“科协改革进行时”官方微信公众号开辟“基层改革实践”栏目，突出改革视角，编印改革创新案例集。

二是着力深化学会治理结构和治理方式改革，提升发展活力。指导学会开展秘书长专职化工作；研究起草《中国科协全国学会监事会工作办法》，指导年内换届学会全部成立监事会。推动学会承接政府转移职能，与国家有关部门沟通对接，就推进团体标准研制、工程技术领域职业资格认定、工程教育专业认证等相关工作建立了常态化对接机制。印发《中国科协所属学会科技评估工作规范（试行）》，研究探索“僵尸学会”“口袋学会”退出机制，成立由党组、书记处分管同志担任组长的工作组，聘请律师事务所和会计师事务所等专业机构参与，与有关部门积极探讨退出机制和程序。加快推进一流期刊建设，资助15家学会，开展分领域发布高质量期刊分级目录试点工作；印发《中国科学技术协会主管期刊审读办法（试行）》，强化主管期刊内容质量建设和办刊导向要求；深入实施中国科技期刊卓越行动计划，制定“一刊一策”建设方案；会同6家联合实施部门及高层次专家，制定《2020年世界一流科技期刊建设工作要点》，建立领军期刊动态监测和季度报告制度。

三是着力推进民间国际科技交流合作。以服务国家抗疫外交大局为契机，讲好中国抗疫故事。以主席或党组、书记处负责人名义与有关国际机构和专家致函沟通防疫抗疫工作。持续支持中国科学家在重要国际组织履职；开展中国科协“一带一路”国际组织平台建设项目征集工作，推动“一带一路”民间科技人文交流合作平台建设。加强与国际科技组织交流合作，合作设立“抗击新冠肺炎疫情联合行动计划”。搭建“中国科协联合国咨商专委会新冠病毒肺炎（COVID-19）知识与数据信息系统”中英文版，为国家卫健委、中国疾控中心等组织的抗疫工作提供信息服务和支持。加强海智基地建设，服务合作交流。拓展渠道、加强宣传，有效提升中国海外人才创新创业项目大赛吸引力。

（二）关于落实全面从严治党“两个责任”，防范重点领域、关键岗位廉洁风险的整改情况

1. 关于党组履行全面从严治党主体责任不够有力的整改情况

一是强化责任意识，落实“一岗双责”。加强政治纪律和政治规矩建设，深化党员干部拒腐防变思想认识，印发《关于开展“守纪律、讲规矩”——强化政治机关意识教育的通知》，强化全面从严治党主体责任。制定《中国科协党组全面从严治党主体责任清单（暂行）》，健全“一岗双责”工作机制。召开2020年全面从严治党专题会商会议暨中国科协党组全面从严治党专题会议，专题研究中央巡视整改工作，审议通过《2020年党组落实全面从严治党年度任务安排及分工》。针对重大案件，加强廉政教育和警示教育，召开中国科协全面从严治党、党风廉政建设和反腐败工作会议。

二是健全对全国学会监管机制，强化政治属性。分类督促、指导学会依法依章换届，对210家学会换届情况进行摸底，形成学会换届情况报告。开展直属学会主要负责人经济责任审计，制定《中国科协直属学会主要负责人经济责任审计实施细则》，全面启动对直属学会主要负责人经济责任审计工作。推动学会完善大型会议、培训审批制度，从20多家优秀学会中选取各类制度300多个，组织专家队伍进行分类研究，形成制度样板间初级模板。完善财务监管职能，制定印发《中国科协所属全国学会财务管理指引大纲》，全面规范全国学会财务管理。编制发送《全国学会财务管理指引大纲解读》，完成《全国学会财务服务系统建设工作方案》，印发《关于开展中国科协所属全国学会财务信息化试点工作的通知》，启动全国学会财务信息化试点工作。

三是提高对直属企业清理脱钩等历史遗留问题整改的紧迫感，专门成立由党组、书记处同志组成的领导小组，针对清理脱钩中的老大难企业等历史遗留难题，成立由党组成员任组长的专项工作组，建立工作机制、督导机制，明确专职领导专职负责，开展集中攻坚工作，加大清理工作力度。注销中国科协兴办的吊销未注销企业，目前已完成6家企业清理注销。成立清算组，清理脱钩中国科协兴办控股在业企业，部分已完成法律尽职调查，抽调局、处级干部等组成专职专班，启动清产核资相关工作，开展中国科协兴办参股在业企业退出或划转工作。

四是成立由党组成员任组长的党组巡视工作专项检查整改领导小组，加强巡视整改等关键重点环节力度。制定《中国科协党组巡视工作专项检查整改方案》，出台23项党组巡视规范化制度，规范巡视全流程，提高巡视效率。巡视领导小组定期听取巡视工作汇报，审定巡视工作方案，研究巡视工作成果运用。全面组织被巡视单位开展整改“回头看”，逐项对照，举一反三，建立整改长效机制。

2. 关于监督责任存在薄弱环节的整改情况

主动开展监督执纪。明确纪检部门和纪检干部职责定位，强化监督专责意识，着力提升纪检干部履职能力和监督执纪水平。探索建立专项监督检查机制，实现由被动执纪向主动监督、面上监督向深层次监督转变。结合疫情防控，印发《关于贯彻党中央部署要求　加强新型冠状病毒感染疫情防控监督工作的通知》，设立疫情防控纪律举报信箱和电话；开展疫情防控和复工复产专项监督检查，实现疫情防控检查督导全覆盖。提高案件处置时效，建立联合办案、抽调

办案机制。对本次中央巡视反馈问题线索的核查处置，抽调精干办案人员，积极接受驻科技部纪检监察组支持指导，集中力量攻坚。建立问题线索联络员机制，修订《中国科协机关纪委工作规则》，明确在纪律检查工作中，每个问题线索指定一名纪检干部担任联络员。修订《中国科协机关纪委办理信访举报及问题线索处置暂行办法》，对案件查办时限作出明确规定。

3. 关于部分领域存在廉洁风险的整改情况

印发《关于开展 2019 年度采购专项排查及与企业合作事项备案工作的通知》。开展《中国科协采购管理操作规程（修订）》执行情况专项检查。加强政府采购规范化制度化建设，修订中国科协采购管理操作规程，举办专题培训，迭代建设中国科协智慧计财服务平台，编印《中国科协智慧计财服务平台项目管理用户手册》。建立与企业合作备案制度，印发《关于加强委托企业事项廉政风险防控的通知》，对采购工作提出纪律要求，对交由企业实施的项目实行备案。责成有关部门单位梳理项目合同，对不规范使用的员工进行清退。组织制定中国科协部门单位规范使用项目承接公司员工的规定。

（三）关于加强落实新时代党的组织路线、完善班子建设和队伍建设的整改情况

1. 关于班子建设存在薄弱环节的整改情况

一是主动担当作为，服务党和国家工作大局。从夯实党在科技界执政基础的政治高度谋划推动工作，在扎实有效的“四服务”实践中把习近平新时代中国特色社会主义思想和党中央重大决策部署真正落到实处，不断增强“四个意识”，坚定“四个自信”，做到“两个维护”。围绕加强组织建设、探索组织机制创新，成立由党组成员任组长的专项工作组，由党组、书记处领导牵头负责，坚持问题导向，发挥专项工作组专职功能，攻坚克难，集中整改。特别是巡视整改期间，中国科协党组坚决贯彻落实习近平总书记关于疫情防控的重要指示精神，探索扎实有效的整改模式，整合全系统资源、力量，共同应对这场国家治理的大考，在疫情防控的激烈实战中锻造科协组织服务大局的能力。

二是提升党组班子政治能力和执行力。加强党组班子建设，制定党组全面落实从严治党主体责任清单。贯彻十九届中央纪委四次全会精神，建立党组书记与机关部门和直属单位主要负责人廉政谈话制度。制定党组会议讨论重大问题清单，健全完善党组决策落实跟踪督查、定期调度、效果评估和结果反馈机制，提高担当意识。调整优化中国科协党组、书记处成员分工，明确党组主要负责人切实履行第一责任，落实“分工首责制”，出台 2020 年科协工作要点，细化责任领导、牵头部门。

三是优化直属单位领导班子配备。对科协局级领导干部的年龄结构分布、交流轮岗力度、女干部配备、岗位职数空缺、今后三年到龄退休人数、可供培养使用的干部等进行全面分析，加强领导班子建设。统筹谋划和前瞻布局，持续调整完善领导班子配备，不断提高直属单位班子建设质量。

2. 关于执行组织人事纪律不够严格的整改情况

一是强化中国科协干部工作领导小组对动议人选的前置审核把关。定期召开干部工作领导小组会议，深化对动议人选的综合分析研判。进一步健全与驻科技部纪检监察组的廉政审查沟通机制，配合驻科技部纪检监察组研究制定征求党风廉政意见的有关制度，树立新时代新担当新作为的鲜明用人导向。研究制定《关于进一步激励干部担当作为有关具体举措》，从教育培训、责任机制、培养选拔、关心关爱等四个方面提出 10 条具体举措。注重在关键时期和重大任务中考察识别干部，对优秀干部做到优先表彰、晋升、安排挂职和学习。进一步拓宽选人用人视野和渠道，坚持事业为上、以事择人，做好“四个统筹”，统筹科协系统内外干部、统筹机关和直属单位干部、统筹优秀年轻干部和资深老同志、统筹党务纪检干部和业务干部。坚持五湖四海、任人唯贤，推进“四个一批”，内部提拔一批、交流任职一批、挂职培养一批、择优引进一批。坚持民主集中制，注重充分发挥中国科协干部工作领导小组对动议人选的集体酝酿机制。党组严把选任关口，对个别选任把关不严的干部进行职务调整处理。

二是研究制定个人有关事项报告查核“基本一致”认定标准，把基本一致、漏报、瞒报区分开来。创新工作形式，部署 2020 年个人有关事项报告集中填报工作，重点关注曾出现过瞒报、漏报问题的同志。在中国科协巡视专题警示教育大会点名通报不如实报告个人有关事项的典型案例和个别单位。在 2020 年集中报告个人有关事项工作中，明确不予采信的几种情形，采用取消年度评优资格、约谈主要负责人、通报批评等方式，督促领导干部自觉接受组织监督。

三是完善因私出国审批管理制度，制定中国科协

干部因私出国（境）管理办法，加强因私出国（境）证件管理，规范因私出国（境）审批流程。

3. 关于党建工作责任制落实不够到位的整改情况

一是结合中国科协章程修订，建立对全国学会政治引领指导制度和工作机制，推进中国科协学会党建工作机构设置，制定中国科协学会党建领导机构组建方案，设立中国科协学会党建领导机构，健全完善学会党建领导机制。认真总结抗疫实践中探索出的学会党建工作新机制、新举措。赴中央和国家机关工委调研，听取工委对健全完善学会党建领导体制和工作机制的意见建议。对中国科协业务主管的 189 个全国学会基层党组织进行全面梳理和摸底，强化挂靠单位党组织管党治党主体责任；推动对不具备成立办事机构基层党组织条件的全国学会健全党建指导员。开展学会理事会党委职责清单研究工作，形成《中国科协所属学会理事会党委职责清单》试点试行稿，制定《学会理事会党委职责任务分类试点工作方案》，将理事会党委职责清单试点与“负面清单”研究合并实施。深入部分学会开展党建工作专项调研，了解情况、指出问题，持续跟踪工作情况，相关部门积极推动学会专项整改工作。

二是针对“基层党建有短板”的问题，建立完善党组听取党建工作汇报机制。党组会议审议通过《2020 年中国科协机关党的建设工作要点》，2019 年部门单位班子年度考核充分运用党建考核结果，对党建工作着力不够的两个单位主要负责人进行了约谈。召开党组全面从严治党专题会议，审议通过《2020 年党组落实全面从严治党年度任务安排及分工》。开展基层党建工作规范化检查，严肃党内政治生活，部署开展“灯下黑”问题专项整治、全面推进党支部标准化规范化建设工作。召开第九次中国科协机关党员代表大会，选举产生新一届机关党委和机关纪委。充分发挥“党建云”平台教育功能，开展专题学习研讨；持续举办“青年学习汇”交流活动，不断深化政治理论学习；督促党员领导干部自觉参加双重组织生活，建立党支部工作联系点，定期组织机关党务干部特别是基层党组织书记轮训。

（四）关于落实巡视整改责任不够到位问题的整改情况

一是抓紧推进上次中央巡视整改不到位的问题，加快整改落实。针对重点问题，成立由党组成员任组长的专项工作组，专组专责工作，攻坚突破，深入整改。

二是针对整改举一反三不够的问题，压实整改责任，建立巡视整改长效机制。压实党组主体责任，党组、书记处同志一线落实，对分管部门、领域整改工作负全责，带头召集有关部门单位进行研讨，推动问题解决。制订考核评估办法和中央巡视整改任务“考核点”台账，明确考核验收范围、评分标准、考核程序和方法，将整改成效作为年度重大任务考核重点。针对改后又犯的财务等问题开展核查，举一反三，开展对直属单位和直属学会财务管理问题系统排查，推动立行立改和自查自纠。

（五）移交的信访件和问题线索核查处置情况

中国科协党组对巡视组移交的信访件和问题线索高度重视，及时制定《中央巡视组移交信访举报线索处置方案》，在驻科技部纪检监察组指导帮助下，按照信访内容和具体分工，组织力量抓紧办理。

三、下一步整改工作打算

中国科协党组清醒认识到，整改成效只是初步的，距离党中央要求和广大科技工作者期盼还有差距。下一步，中国科协党组将进一步深入贯彻习近平总书记关于巡视工作的重要讲话精神，坚定履行整改主体责任，坚持政治责任不松、整改标准不降、工作力度不减，持续抓好整改落实，完成好巡视“后半篇文章”，以整改实际成效推动全面从严治党向纵深发展，以党的建设高质量推动科协治理能力和治理体系现代化，让习近平总书记的重要指示批示和党中央的重大决策部署在科协系统及时全面得到落实，践行“两个维护”，向中央交上一份合格满意的答卷。

一是坚定践行“两个维护”，毫不松懈担负巡视整改重大政治责任。中国科协党组将持续深入学习贯彻习近平新时代中国特色社会主义思想，深刻理解习近平总书记关于巡视工作、科技工作、科协工作重要论述和指示批示精神对科协事业发展的重大意义，强“三性”，去“四化”，建设“三型”组织，认真履行“四服务”职责，努力将学习成果转化为贯彻落实中央决策部署、推动科协事业高质量发展的强大动力和有力举措，思考谋划、推动落实中国科协各项工作。

二是坚持问题导向，持续用力抓好巡视整改后续工作。进一步加强对巡视整改落实工作的领导，建立健全持续整改工作机制，定期研究巡视整改进展和问题。坚持分类施策，做到交账不“销账”，与“不忘初心、牢记使命”主题教育整改一体推进，不断巩固深化巡视整改成果，锲而不舍抓好后续整改工作。对已完成的整改事项，适时组织“回头看”，坚决防止问题反弹；对正在进行的整改事项，加强跟踪问效，确保在限定时间内落实到位；对需要长期坚持的整改工作，定期分析评估，及时调整完善，确保整改到位。加强整改工作的督查问责，适时开展专项督导，对整改不力、虚假整改的严肃查处。

三是坚守责任使命，以巡视整改带动全面深化改革，推进科协治理体系和治理能力现代化。把巡视整改与推进科协事业发展改革各项工作结合起来，切实解决影响科技群团事业长远发展的体制机制问题，把联系服务科技工作者作为工作生命线，推动构建联系广泛、服务群众的组织体系，实现以整改促改革、以改革促发展，以走中国特色社会主义科技群团发展道路的实践检验巡视整改成效。强化成果运用，结合2021年中国科协“十大”召开的契机，做好章程修订工作，深化机构改革，把巡视整改的成效体现到科协事业未来发展中，将巡视整改过程中形成的带有普遍性和规律性的认识、好的经验和做法及时提炼上升为政策和制度，不断提升科协组织在国家治理体系中的作用。

四是全面落实新时代党的建设总要求，纵深推进全面从严治党。中国科协党组将持续坚持和加强党的全面领导，以政治建设为统领，探索创新党建工作方式方法，强化组织宣传动员能力。着力破解科协党建特别是学会党建存在的共性难题，推动党的组织和工作有效覆盖，分类指导，推动党建与业务深入融合。认真落实新时代党的组织路线，把政治标准放在第一位，进一步匡正选人用人风气，持续整顿软弱涣散基层党组织，推动全面从严治党向基层延伸。严格执行中央八项规定及其实施细则精神，坚决纠正形式主义、官僚主义的新变种新表现，坚决查处顶风违纪问题，坚决防止“四风”问题反弹回潮。坚定不移深化政治巡视，发挥巡视利剑作用，夺取反腐败斗争压倒性胜利。

欢迎广大干部群众对中国科协巡视整改落实情况进行监督。如有意见建议，请及时向我们反映。联系方式：电话010–68788457；邮政信箱：北京市海淀区复兴路3号中国科协机关纪委，100036；电子邮箱：jiandu@cast.org.cn。

中国科协党组

2020年11月7日

【中国科协党组传达学习中央书记处关于科协工作的重要指示精神】 1月7日，中国科协党组召开2020年第一次会议，传达学习中央书记处关于科协工作的重要指示精神，研究贯彻落实举措。会议由中国科协党组书记怀进鹏主持。

会议认为，2020年是全面建成小康社会和“十三五”规划收官之年。中央书记处对2019年科协工作给予充分肯定，对2020年工作提出明确要求，充分体现了以习近平同志为核心的党中央对科技群团工作的关心关怀和高度重视。中央书记处重要指示和王沪宁同志重要讲话精神，为做好科协工作指明了方向、提供了遵循。各级科协组织要坚持以习近平新时代中国特色社会主义思想为指导，坚定不移走中国特色社会主义群团发展道路。

会议指出，中国科协作为党领导下的人民团体，要深入贯彻党的十九大和十九届二中、三中、四中全会精神，增强“四个意识”，坚定“四个自信”，坚决做到“两个维护”，保持和增强政治性、先进性、群众性，团结引领广大科技工作者听党话、跟党走，为决胜全面建成小康社会、决战脱贫攻坚不懈努力。

会议强调，做好新一年科协工作，要坚持高站位，认真对标习近平总书记重要指示精神，增强政治责任感使命感，深刻认识新形势下科技群团工作责任重大、大有可为。要坚持高标准，全面落实中央书记处重要指示要求，紧扣决胜全面建成小康社会的战略任务，主动、精准、高效开展工作。要坚持高质量，把“强三性”融入“四服务”，着力强化政治引领，着力围绕中心服务大局，着力深化科协系统改革，着力构建联系广泛、服务群众的群团工作体系，全面加强党的领导和党的建设，面向基层、面向群众，做好扶贫帮困、雪中送炭、化解矛盾、凝聚人心的工作，持续提升服务高质量发展的系统效能，有效支撑国家治理现代化。

党组副书记徐延豪，党组成员束为、宋军、王守东、殷皓出席会议。书记处书记孟庆海、中央纪委国家监委驻科技部纪检监察组同志、中国科协机关各部门、各直属单位主要负责同志列席会议。

【中国科协党组专题学习习近平总书记给科技工作者代表重要回信精神】 5月29日，中国科协党组召开专题会议，传达学习习近平总书记给袁隆平、钟南山、叶培建等25位科技工作者代表的重要回信精神。会议由中国科协党组书记怀进鹏主持。

会议指出，在我国疫情防控阻击战取得重大战略成果、全面建成小康社会进入决战决胜阶段的重要时刻，在第四个“全国科技工作者日”到来之际，习近平总书记给袁隆平、钟南山、叶培建等25位科技工作者代表回信，向他们并通过他们向全国科技工作者表达诚挚问候，褒扬科技工作者矢志报国的情怀，充分肯定科技支撑疫情防控的成绩，充分体现了总书记和党中央对科技事业的高度重视、对科技工作者的关心关爱和期待重托。总书记的回信充满真挚感情，具有很强的思想性、指导性、针对性，对于鼓舞、激励和引领广大科技工作者以更坚定的信心、更强的干劲、更大的勇气建功新时代，坚决打赢脱贫攻坚战、决胜全面建成小康社会具有重大意义。各级科协组织和党员干部要提高思想认识，以更高的政治站位、更强的责任感使命感，深刻领会、准确把握习近平总书记重要回信精神，团结引领广大科技工作者在建设世界科技强国新征程上创新创造、奋斗建功。

会议强调，要把习近平总书记的悉心关怀转化为开拓进取的强大正能量，转化为忠诚履职尽责的实际行动，突出为科技工作者服务，打造网上科技工作者之家，多做扶贫帮困、雪中送炭、化解矛盾、凝聚人心的工作，把广大科技工作者更加紧密团结在党的周围。大力弘扬新时代科学家精神，筑牢科技界团结奋斗的共同思想基础。不断优化工作品牌，积极推进“科创中国”建设，搭建平台枢纽，推进产学研深度融合，进一步调动科技人才创新创造的积极性主动性创造性，服务经济社会高质量发展。

会议强调，要统筹谋划部署，把科协系统和科技界学习宣传贯彻重要回信精神不断引向深入。要把学习贯彻总书记重要回信精神与学习贯彻习近平新时代中国特色社会主义思想、贯彻落实全国两会精神紧密结合起来，准确把握总书记回信的丰富内涵、精神实质。要广泛深入开展宣讲活动，推动科技界迅速掀起学习领会、贯彻落实重要回信精神的热潮。要进行专题再学习和专题研究，制定切实有效的落实举措，把贯彻落实重要回信精神融入科协工作各个环节各个方面，确保重要回信精神落实落地。

党组副书记徐延豪，党组成员束为、宋军、吕昭平、王守东、殷皓出席会议。书记处书记孟庆海、中央纪委国家监委驻科技部纪检监察组同志、中国科协机关和直属单位有关部门负责同志列席会议。会议以电视电话会议形式召开，魏公村、北辰、白家庄、陶然亭办公区设分会场。

【中国科协党组传达学习习近平总书记在科学家座谈会上的重要讲话精神】 9月14日，中国科协党组召开2020年第二十九次会议，专题学习9月11日习近平总书记在科学家座谈会上的重要讲话精神。会议由中国科协党组书记怀进鹏主持。

会议指出，习近平总书记的重要讲话，从党和国家事业发展全局出发，深刻阐明加快科技创新的重大战略意义，提出破解制约科技创新发展关键问题的六个重要突破口，系统阐释科学家精神的丰富内涵，强调坚持“四个面向”，激励广大科学家和科技工作者肩负起历史责任，不断向科学技术广度和深度进军，为我国“十四五”时期以及更长一个时期推动创新驱动发展提供了科学指引。各级科协要认真学习领会讲话精神实质，结合实际认真抓好贯彻落实。

会议强调，科协组织要进一步提高政治站位，切实履行“四服务”职责定位，充分发挥人才济济、组织有序的优势，凝聚战略科技力量。团结引领广大科学家和科技工作者把握大势、抢占先机，直面问题、迎难而上，瞄准世界科技前沿，引领科技发展方向，肩负起历史赋予的重任，勇做新时代科技创新的排头兵。

会议指出，要高标准构建“科创中国”平台网络，协同推进“科普中国”“智汇中国”品牌建设，携手地方共同搭建“政产学研金服用”资源要素融通创新大平台，建立常态化服务机制，加速国际国内创新资源要素导入，以平台筑生态，以试点推示范，以开放拓网络，以人才强服务，促进科技经济深度融合，为保障产业链供应链稳定安全探索科技解决方案。

会议指出，要以塑形铸魂科学家精神为抓手，持续打造“老科学家学术成长资料采集工程”“科学大师名校宣传工程”等品牌，倡导爱国情怀、责任使命，凝聚起建设世界科技强国的强大动力。进一步加强作风和学风建设，充分发挥全国学会示范作用，扎实开展科学道德和学风建设宣讲和学风传承行动，营造风清气正的科研环境。与科普工作有机融合，推动全国科技馆开辟科学家精神宣传阵地。

会议提出，要主动加强国际科技合作和学术交流，加快建设世界一流科技期刊，充分发挥科学共同体重要作用，更加积极地融入全球创新网络，保持和拓展科技与人文交流通道，持续推动全球科学共同体开放、交流与合作，助力形成国内国际双循环相互促进新发展格局。

会议指出，要不断开阔视野，拓展智库工作格局，更好汇聚战略智慧，动员广大科技工作者深入探索和实践科研规律、科技创新发展规律、科技人才成长规律、科技成果转化规律，构建充满活力的创新生态系统，做推动科技体制机制改革的时代先锋。

会议强调，科协广大干部职工要自觉运用党的创新理论武装头脑、指导实践、推动工作，主动适应新时代新形势新要求，深刻认识党和国家赋予的职能职责，胸怀“两个大局”，强化使命担当，不断增强“四个意识”、坚定“四个自信”、做到“两个维护”，将广大科技工作者紧密团结在以习近平同志为核心的党中央周围，为实现中华民族伟大复兴中国梦努力奋斗。

党组副书记徐延豪，党组成员束为、宋军、吕昭平出席会议。书记处书记孟庆海、中央纪委国家监委驻科技部纪检监察组同志、中国科协机关和直属单位有关部门主要负责同志列席会议。会议以电视电话会议形式召开，魏公村、北辰、白家庄、陶然亭办公区设分会场。

【中国科协党组传达学习习近平总书记在专家学者座谈会上重要讲话精神】 6月5日，中国科协党组召开2020年第十九次会议，传达学习习近平总书记在专家学者座谈会上的重要讲话精神。会议由中国科协党组书记怀进鹏主持。

会议指出，在常态化疫情防控的关键时刻，习近平总书记主持召开专家学者座谈会并发表重要讲话，站在国家整体战略高度，深刻阐明卫生健康事业的重要战略地位，再次凸显科技对构建强大公共卫生体系的关键支撑作用，系统论述改革完善疾病预防控制体系等一系列重大问题，充分彰显了人民领袖坚定的人民立场、真挚的为民情怀，为我们加强公共卫生体系建设、开展核心技术攻关、切实维护人民健康安全提供了根本遵循。

会议强调，越是攻坚时刻，越需要统一思想；越是奋进征程，越需要凝聚合力。科协系统各级党组织和全体党员干部要深入学习贯彻习近平总书记重要讲话精神，增强“四个意识”、坚定“四个自信”，坚决把“两个维护”落实到行动上。统筹做好疫情防控常态化条件下政治引领工作，发挥“一体两翼”组织优势，持续做好应急科普、建言献策、典型宣传工作，履行好在科技界举旗帜、聚民心、育新人、兴文化、展形象的使命任务。持续打造“科创中国”服务品牌，促进产学协同、科技经济深度融合，为做好“六稳”工作、落实“六保”任务作出科协贡献。激发联系广泛、服务群众的组织体系活力，以科技志愿服务机制赋能基层，有效发挥“三长”作用，夯实基层基础。深入推动国际合作，进一步密切与重要国际国别科技组织、各国科学家的交流联系，为构建人类命运共同体持续注入正能量。要深入总结科协系统在疫情防控斗争中的经验与不足，不断丰富科协工作内涵与机制方法，在聚焦靶心、服务中心、凝聚人心方面探索科协生动实践。

会议还研究了其他事项。

党组副书记徐延豪，党组成员束为、宋军、吕昭平、王守东、殷皓出席会议。书记处书记孟庆海、中央纪委国家监委驻科技部纪检监察组同志、中国科协机关和直属单位有关部门主要负责同志列席会议。会议以电视电话会议形式召开，魏公村、北辰、白家庄、陶然亭办公区设分会场。

【中国科协党组理论学习中心组召开学习扩大会议　传达学习党的十九届五中全会精神】 11月2日，中国科协党组理论学习中心组召开学习扩大会议，传达学习党的十九届五中全会精神，结合学习习近平总书记在科学家座谈会上的重要讲话精神，深入研究贯彻落实举措。党组书记怀进鹏主持会议并作总结发言，党组副书记徐延豪和党组成员宋军分别结合弘扬科学家精神、编制科协“十四五”规划工作作重点发言。

会议认为，党的十九届五中全会是在“两个一百年”历史交汇期、世界百年未有之大变局之际，全球新一轮科技革命、产业变革蓄势待发之时，召开的一次重要会议，是对中国之治的伟大宣示，是对抢抓千载难逢的历史机遇作出的重大战略部署。全会审议通过《中共中央关于制定国民经济和社会发展第十四个五年规划和二〇三五年远景目标的建议》，将“十四五”规划与2035年远景目标统筹考虑，充分体现了以习近平同志为核心的党中央运筹帷幄、办好中国自己事情的强大定力和能力，敢于斗争、善于斗争的非凡胆魄和智慧，将新时代改革开放进行到底的坚定意志和行动，加快建设社会主义现代化国家的历史担当和作为。全会站在“两个一百年”奋斗目标的历史交汇点，擘画发展蓝图、规划实践路径、作出战略部署，对全面建设社会主义现代化国家开好局、起好步，具有十分重要的意义。

会议指出，“十三五”时期，以习近平同志为核心的党中央团结和带领全党全国各族人民砥砺前行、开拓创新、奋发图强，我国经济实力、科技实力、综合国力跃上新台阶，脱贫攻坚取得举世瞩目成就。面对错综复杂的国际形势，我们在新冠肺炎疫情防控中取得重大战略成果，充分体现了习近平总书记对事物发展态势准确的判断力、果断决策力、战略统筹力、全局掌控力，充分体现出中国特色社会主义制度的优越性及其有效转化为治理效能的优势。

会议强调，全会审议通过的建议是开启全面建设社会主义现代化国家新征程的纲领性文件，标志着时代发展进入分界点、转折点和新起点，必须深刻认识我国社会主要矛盾变化带来的新特征新要求，深刻认识错综复杂的国际环境带来的新矛盾新挑战，保持战略定力，把思想和认识统一到中央的重大决策和部署上来，以实际行动增强“四个意识”，坚定“四个自信”，做到“两个维护”。

一是要扎实开展党的十九届五中全会精神的学习贯彻，在科协系统掀起学习宣传贯彻全会精神的热潮。二是科学编制中国科协“十四五”规划，推动科协事业高质量发展。三是要通过举旗帜、建制度、建基地，总结形成高质量发展模式。党组成员束为、吕昭平、殷皓出席会议。书记处书记孟庆海，驻科技部纪检监察组有关同志和机关各部门、各直属单位主要负责同志列席会议。会议以电视电话会议形式召开，魏公村、北辰、白家庄、陶然亭办公区设分会场。

【中国科协党组传达学习国家科技领导小组会议精神】 12 月 11 日，中国科协党组召开 2020 年第三十七次会议，传达学习国家科技领导小组会议精神。会议由中国科协党组书记怀进鹏主持。

会议指出，12 月 7 日召开的国家科技领导小组会议，是贯彻党的十九届五中全会精神，贯彻新发展理念、构建新发展格局，推动国家科技创新部署的一次重要会议。李克强总理的重要讲话再次强调了科技创新的重大意义，提出了着力加强基础研究和应用基础研究、着力以改革更大激发创新创造活力、着力推动科技与经济深度融合等重点任务，为下一步科协工作进一步指明了方向。

会议强调，科协组织作为党和政府联系科技工作者的桥梁和纽带，国家创新体系的重要组成部分，要以习近平新时代中国特色社会主义思想为指导，深入学习宣传贯彻党的十九届五中全会精神，不断探索有效服务新发展格局的战略路径，团结带领广大科技工作者落实好中央决策部署。要进一步拓展新发展阶段“四服务”职责使命，把服务科技工作者实现自身价值摆在重要位置，继续加强组织建设，以团结联系、价值引领聚能赋能提能，通过做强“科普中国”、做优“科创中国”、做精“智汇中国”、做实“科技工作者之家”、构建国际创新合作网络，为全面建设社会主义现代化国家汇聚科技力量。

党组副书记徐延豪，党组成员束为、宋军、吕昭平、王守东、殷皓出席会议。中央纪委国家监委驻科技部纪检监察组同志、中国科协机关和直属单位有关部门主要负责同志列席会议。会议以电视电话会议形式召开，魏公村、北辰、白家庄、陶然亭办公区设分会场。

【怀进鹏围绕学习宣传贯彻党的十九届五中全会精神作专题宣讲报告】 11 月 16 日，中国科协举办学习宣传贯彻党的十九届五中全会精神报告会，中国科协党组书记、常务副主席、书记处第一书记怀进鹏围绕学习宣传贯彻全会精神，以“团结凝聚广大科技工作者为构建新发展格局、推进国家现代化贡献智慧力量”为题作专题宣讲报告。中国科协党组、书记处全体成员出席会议，中央和国家机关工委、中央纪委国家监委驻科技部纪检监察组有关同志到会指导，机关直属单位全体党员、干部和全国学会党组织负责人等 1200 余人参加会议。

怀进鹏提出，党的十九届五中全会是在我国决胜全面建成小康社会取得决定性成就，即将实现第一个百年奋斗目标、开启全面建设社会主义现代化国家新征程的关键时刻，召开的一次具有全局性、开创性、里程碑意义的重要会议。全会重点研究了“十四五”规划和 2035 年远景目标问题并提出建议，充分体现了以习近平同志为核心的党中央规划未来的远见卓识和继往开来的历史担当，充分反映了我们党团结带领人民接续推进“两个一百年”奋斗目标的坚定信心和坚强决心。全会通过的建议，全面总结了决胜全面建成小康社会取得的决定性成就，深入分析了我国发展环境面临的深刻复杂变化，清晰展望了到 2035 年基本实现社会主义现代化的远景目标，明确提出了“十四五”时期我国经济社会发展的指导方针、主要目标、重点任务、重大举措，是开启全面建设社会主义现代化国家新征程、向第二个百年奋斗目标进军的纲领性文件，是今后五年乃至更长时期我国经济社会发展的行动指南。习近平总书记在全会上的重要讲话，科学回答了一系列方向性、根本性、战略性重大问题，进一步升华了党对经济社会发展规律、社会主义建设规律的认识，是习近平新时代中国特色社会主义思想的最新发展。要深刻认识到党有核心才能万众一心，制度优势能有效转化为治理效能不仅因为制度本身好，而且因为制度运用好，中国办好自己的事情就是最大的底气。

怀进鹏通过翔实的数据分析，阐明了“十三五”时期，在以习近平同志为核心的党中央坚强领导下，我国经济社会发展取得历史性成就，经济实力、科技实力、综合国力跃上新的大台阶。一方面，世界主要经济体“东升西降”态势逐步凸显。另一方面，我国在全球创新版图中的位势进一步上升。特别是面对新冠肺炎疫情的空前挑战，以习近平同志为核心的党中央以坚定果断的勇气和坚韧不拔的决心，统筹推进疫情防控和经济社会发展，抓紧恢复生产生活秩序，我国经济在巨大困难挑战中实现了持续稳定复苏。中国经济的巨大潜力和消费体量，正成为世界经济复苏的强劲动力，成为推动全球经济增长的重要力量。中国科协坚决贯彻落实党中央重大决策部署，聚焦靶心、服务中心、凝聚人心、坚定信心，团结引领广大科技工作者创新建功，各项工作取得显著成绩。科协系统党员干部要胸怀“两个大局”，深刻认识“十三五”时期全面建成小康社会的决定性成就，增强“四个意识”、坚定“四个自信”、做到“两个维护”，进一步团结引领科技工作者为科技自立自强、建设科技强国作出新的贡献。

怀进鹏强调，谋划“十四五”科协工作，要深刻认识新发展阶段、全面贯彻新发展理念、着力构建新发展格局，准确识变、科学应变、主动求变；要准确把握五中全会建议关于“一个格局、两个基点、一个动力”的科学内涵，即服务构建新发展格局，以科技支撑供给侧结构性改革、扩大内需的战略基点，以改革开放为根本动力，找准科协服务党和国家工作大局的结合点、发力点；要深入贯彻习近平总书记关于“人才第一资源、创新第一动力、发展第一要务”的重要论述精神，开创新发展阶段科协工作新局面；要倡导科协的使命感召和价值引领，聚焦靶心，团结引领科技工作者听党话、跟党走，要坚持在构建新发展格局中与时俱进调整优化工作模式、工作载体、工作手段，提升“四服务”效能，作出科协工作的生动实践；要发挥科技共同体独特优势，聚力共建“科创中国”“科普中国”“智汇中国”和“科技工作者之家”；要倡导科学方法、传播科学思想、弘扬科学精神，把增强科学文化素质作为科技自立自强的基础工程，与思想道德素质和身心健康素质建设统筹推进、互促共融；要构建以“开放、信任、合作”为价值共识的科技共同体，推动构建“以理服人”的学术共同体、“以德服人”的价值共同体、“以人为本”的命运共同体；科协干部要在“道理、胆识、能耐”等方面全面发展，在构建新发展格局中明晰“道”与“理”、增强“胆”与“识”、提升“能”与“耐”。

怀进鹏要求，深入学习宣传贯彻党的十九届五中全会精神，是中国科协各级组织当前和今后一个时期的首要政治任务。各部门单位、全国学会和各级科协组织要认真组织学习，做好宣传，研究提出在构建新发展格局中的思路举措和工作建议。一是真学真懂，学做结合，深刻理解新发展格局。二是形式多样，注重实效，推动全会精神在科协的生动实践。三是压实责任，增强组织活力和能力，助力科技强国建设。要积极争取中央和国家机关工委、中央纪委国家监委驻科技部纪检监察组的指导支持，确保学习贯彻全会精神不走偏、不走样。

宣讲报告会以电视电话会议形式召开，木樨地、魏公村、北辰、白家庄、陶然亭办公区设分会场。

【怀进鹏讲党课：凝心聚力建设世界科技强国】 7月17日，根据中央和国家机关工委统一部署，中国科协党组书记、常务副主席、书记处第一书记怀进鹏围绕“强化政治机关意识，走好第一方阵”，以“牢记使命、坚定创新自信、凝心聚力建设世界科技强国”为题，为中国科协机关和直属事业单位党员、干部讲专题党课。党组副书记、副主席、书记处书记徐延豪主持会议。

怀进鹏以学习习近平总书记关于加强政治建设、统筹疫情防控和经济社会发展等重要讲话、《求是》杂志发表的《中国共产党领导是中国特色社会主义最本质的特征》等重要文章为主线，结合科协系统“一体两翼”合力抗疫的丰富案例谈实践体会。他提出，习近平总书记关于政治建设的重要论述是科协强化政治机关意识，走好第一方阵的根本遵循和行动指南。要深入学习领会习近平总书记重要论述的重大意义、精神实质、核心要义，不断增强“两个维护”的思想自觉、政治自觉、行动自觉。要深入贯彻落实新时代党的建设总要求和新时代党的组织路线，加强党对科协工作的全面领导，不断完善组织体系，着力培养忠诚干净担当的高素质干部，着力集聚爱国奉献的各方面优秀科技人才。要坚守初心使命，坚持人民至上，加强团结引领，创造性地开展事业引领、组织引领、价值引领、开放引领等工作，更好承担起引导科技工作者听党话、跟党走的政治任务。

怀进鹏指出，凝心聚力建设世界科技强国是科技界的重要政治任务。要着眼中华民族伟大复兴战略全局和世界百年未有之大变局，善于积势蓄势谋势、识变应变求变，激励科技工作者提升自主创新能力，突破“卡脖子”的关键核心技术，勇担新时代推进科技强国建设的战略任务。科协组织要深入研究科技、经济发展的非科技、非经济要素，系统理解、深入推进现代化产业体系、现代化经济体系建设，统筹推动高效协同的国家创新体系发展，助力构建国内国际双循环相互促进的新发展格局。

怀进鹏结合国内外科技经济融合发展的生动案例与翔实数据，探讨产学融合作为现代经济发展的科学方法、组织生态创新对重构产业链、价值链的重要意义。他强调，要围绕中心、服务大局，深入贯彻党中央、国务院重大决策部署，以“科创中国”平台建设为切入点，立足当前做好“六稳”“六保”，着眼长远以高质量科技供给服务经济社会高质量发展。创新无止境，僵化无发展，要借鉴世情、结合国情，持续推动机制创新与产学研协同网络建设，提升人才、技术、金融等多要素整合与重构能力，推进区域创新试点示范，营造区域经济良性生态，推进现代产业体系与能力建设。建设“科创中国”品牌，要统筹好科协特色科技创新智库建设，统筹好一流期刊一流学会建设，统筹好重大科学问题与工程技术难题征集发布等学术引领机制建设，实现“科技工作者之家”“科普中国”“科创中国”“一家两平台”相融互促、协同并进。

怀进鹏提出，科协组织要进一步明确使命与责任，打造“以理服人”的科学事业共同体，引导科技工作者以创造彰显文明，以创新推动经济，以创业服务社会。打造“以德服人”的价值共同体，大力弘扬新时代科学家精神，倡导爱国奉献，坚守科技伦理，促进信任合作，推动开放共享。打造“以人为本”的命运共同体，为增进人类福祉和世界和平贡献力量。推进激励勇于探索创新发展规律、科技管理规律、人才成长规律，创新制度与合作网络重构，创造性打造公共服务品牌，推动科协事业高质量发展。

怀进鹏强调，要统筹推进巡视整改、深化改革、合作发展与机关党建等各项工作。科协党员干部要坚持用党的创新理论武装头脑、推动工作。紧跟核心，学懂、弄通、做实习近平新时代中国特色社会主义思想，坚定理想信念，保持和增强政治性、先进性、群众性，强化政治机关意识，坚定履行科协政治使命。围绕中心，落实习近平总书记关于科技创新和群团工作重要论述精神，完善联系广泛、服务群众的科协工作体系，推动组织创新，做好“四个服务”，建设使命召唤的科协组织。凝聚人心，学思悟贯通、知信行统一，自觉运用马克思主义的立场、观点、方法看问题、作决策、干事情，结合落实巡视整改，建设让党中央放心、让人民群众满意的模范机关，为建设世界科技强国作出新的更大贡献。

中国科协党组、书记处全体同志，机关和直属单位党员干部 1100 多人参加会议。报告会以电视电话会议形式召开，木樨地、魏公村、北辰、白家庄、陶然亭办公区设分会场。

【徐延豪对中国科协机关和直属单位全面从严治党工作开展调研】 为深入贯彻落实习近平总书记关于加强全面从严治党的指示精神，落实中央纪委四次全会精神，落实中央纪委国家监委驻科技部纪检监察组与中国科协党组全面从严治党专题会商会意见，推动中国科协深入学习贯彻党的十九届五中全会精神，按照中国科协党组有关要求和党组书记指示意见，11 月 17 日—12 月 16 日，中国科协党组副书记、副主席、书记处书记徐延豪对中国科协机关和直属单位全面从严治党工作开展全面调研。

本次调研通过与负责人谈话、调阅资料和召开系列座谈会等形式展开。徐延豪充分了解、认真听取了各部门、单位管党治党情况和全面从严治党工作的思路、成效、问题和困难，仔细查看有关资料，同大家进行交流，传压导责，针对具体情况给予指导，提出要求。调研座谈针对设纪委的直属单位、未设纪委的直属单位、机关部门，分三个批次在中国科学技术馆、中国科协魏公村办公区和木樨地办公区召开纪检工作专题调研座谈会，分别调研，分类指导，提升调研针对性和效果。机关各部门、各直属单位纪委书记、纪检委员分别汇报了本部门单位全面从严治党工作情况，并进行了研讨交流。

徐延豪指出，各基层党组织和纪检组织能够运用习近平新时代中国特色社会主义思想武装头脑、指导实践、推动工作，落实中国科协党组各项决策部署，所做工作和取得的成效值得肯定，但同时也存在一些问题和不足。各部门、单位党组织要以党的政治建设为统领，以中央巡视整改为契机，坚定不移提高政治站位，紧盯关键少数、层层传导压力，落实“一岗双责”，推进全面从严治党向纵深发展。

【徐延豪讲党课：从“四史”中汲取营养，提升科协组织思想引领水平】 7月23日，根据《2020年中国科协党员领导干部讲专题党课安排》和科协党组统一部署，中国科协党组副书记、副主席、书记处书记徐延豪同志围绕强化政治机关意识教育主线，以“从‘四史’中汲取营养，提升科协组织思想引领水平”为题，为分管部门单位党员干部和所联系的青年理论学习小组同志讲专题党课。

徐延豪同志结合党史、新中国史、改革开放史、社会主义发展史和科协组织发展史，分别从中国共产党的初心和使命深刻理解科技工作者听党话、跟党走；从中华人民共和国成立看科协组织的建立、初心和使命；从推进改革开放和中国特色社会主义建设看科协组织的发展和使命；从新时代中国特色社会主义事业的要求看科协组织的新使命新担当四个部分，详细阐述以党的指导思想为行动指南，以党的中心任务为光荣使命，是科协组织融入血脉和灵魂的初心和使命。

他指出，建立中国共产党、成立中华人民共和国、推进改革开放和中国特色社会主义事业在中国共产党历史上具有里程碑意义，对科协组织的诞生、事业的发展和思想的引领产生了重大影响。要以史为鉴，面向未来，透过特殊的历史节点理解中国共产党的初心与使命，理解科协组织的初心与使命。

他提出，党的十八大以来，以习近平同志为核心的党中央带领全党全国各族人民取得历史性成就、党和国家事业发生历史性变革，中国日益走近世界舞台中央，对世界的影响力感召力日益增强。同时，新时代中国特色社会主义面临着各种严峻风险挑战。我们必须坚持底线思维，增强忧患意识，保持政治定力，不忘初心，持续奋斗，不懈奋斗，永远奋斗。

他强调，要着眼中华民族伟大复兴战略全局和世界百年未有之大变局，牢牢把握新时代科协组织的责任与使命，把讲深讲透习近平新时代中国特色社会主义思想作为提升科协组织思想引领水平的根本保证；围绕习近平总书记关于科技工作、关于群团工作的重要指示精神推动科协重大任务的落实；加强党的领导，深入巩固拓展巡视整改成果，为强化科协组织政治引领能力提供组织和机制保障，在时代展现新作为。

中国科协调研宣传部、机关离退办、反邪教协会、创新战略研究院全体党员和科普所第二青年理论学习小组同志参加党课学习。

【中国科协召开2020年全面从严治党、党风廉政建设和反腐败工作会议】 5月19日，中国科协召开2020年全面从严治党、党风廉政建设和反腐败工作会议，深入学习贯彻十九届中央纪委四次全会精神，回顾总结中国科协2019年全面从严治党、党风廉政建设和反腐败工作，落实与中央纪委国家监委驻科技部纪检监察组全面从严治党专题会商会意见，部署2020年工作。中国科协党组书记、常务副主席、书记处第一书记怀进鹏，中央纪委国家监委驻科技部纪检监察组组长龚堂华出席会议并讲话。会议由中国科协党组成员、机关党委书记王守东主持。

会议强调，学习贯彻十九届中央纪委四次全会精神特别是习近平总书记重要讲话精神，是当前和今后一段时期的重要政治任务。习近平总书记重要讲话站在实现“两个一百年”奋斗目标的历史交汇点上，深刻回答管党治党必须“坚持和巩固什么、完善和发展什么”的重大问题，是对党的十八大以来全面从严治党战略部署的新发展，是从管党治党角度落实党的十九届四中全会精神的再部署。中国科协各级党组织要把握全会精神的精髓要义，深刻把握习近平总书记重要讲话总结的“四个坚定不移”和以全面从严治党新成效推进国家治理体系和治理能力现代化的6个方面重要部署要求，深入理解、自觉运用、长期坚持，在创造性贯彻落实上下真功夫。

会议认为，党的十八大以来，在党中央坚强领导下，中国科协认真学习贯彻习近平新时代中国特色社会主义思想，管党治党意识逐步增强，党的建设得到提升，党的领导有所加强，在积极推进学术交流、智库建设、科学普及、助力创新驱动发展、国际合作等方面工作中取得了一定成效。过去一年，中国科协坚决贯彻落实习近平总书记重要指示批示精神和党中央重大决策部署，认真落实中央和国家机关工委、驻科技部纪检监察组工作要求，全方位突出政治建设、加强理论武装、深化纪律作风建设、推进建章立制，探索“大党建”工作格局，坚定不移推进全面从严治党。特别是通过“不忘初心、牢记使命”主题教育、配合中央巡视和服务防疫抗疫工作大局，各级领导班子抓全面从严治党工作的责任意识明显增强，全面从严治党有关制度逐步健全完善，党员干部精神面貌和能力作风发生新的变化，呈现了干事创业、担当作为的良好局面。

怀进鹏从学习领会十九届中央纪委四次全会精神，全面把握精神内涵；回顾工作紧盯问题，认清形势保持政治定力；贯彻落实全会精神，抓好全面从严治党工作等方面，对中国科协2019年全面从严治党、党风廉政建设和反腐败工作进行了总结和回顾，对2020年的工作作出全面部署。龚堂华传达、解读了十九届中央纪委四次全会精神，并结合中国科协实际，对进一步贯彻落实提出建议。一是深入领会四次全会精神，切实把思想和行动统一到党中央部署要求上来。二是坚决贯彻落实党中央重大决策部署，以实际行动践行“两个维护”。三是坚持一以贯之全面从严治党，把“严”的主基调长期坚持下去。四是强化责任担当，层层压实管党治党主体责任。五是发挥领导干部“关键少数”作用，以身作则、以上率下，做遵纪守规的表率。

中央纪委国家监委驻科技部纪检监察组有关同志，中国科协党组、书记处全体同志出席会议。中国科协机关部门副处级以上、直属单位中层正职以上干部，党组织关系隶属于中国科协科技社团党委的全国学会负责同志334人参加会议。会议以电视电话会议形式召开，魏公村、北辰、白家庄、陶然亭办公区设分会场。

【中国共产党中国科协机关第九次代表大会】 8月31日—9月1日，中国共产党中国科协机关第九次代表大会召开。中国科协党组书记、常务副主席、书记处第一书记怀进鹏，中央和国家机关工委副书记吴汉圣出席开幕式并讲话。中央纪委国家监委驻科技部纪检监察组组长龚堂华、副组长玄洪云出席开幕式。中国科协党组副书记、副主席、书记处书记徐延豪主持开幕式。党组成员宋军、殷皓出席会议，党组成员、机关党委书记王守东代表机关党委作工作报告。

怀进鹏充分肯定五年来特别是党的十九大以来，中国科协党的建设工作取得的突出成绩。他强调，中国科协是党领导下的人民团体，首先是政治机关，必须坚定不移把党的政治建设摆在首位，牢固树立政治机关意识，立场坚定，旗帜鲜明。要提高政治站位，深入学习宣传贯彻习近平新时代中国特色社会主义思想，准确把握加强和改进科协党的建设的使命任务，增强“四个意识”、坚定“四个自信”、坚决做到“两个维护”。要坚持更高标准，完善制度体系和工作机制，健全“四责”统一工作机制，推进党建业务相融互促，巩固拓展科协系统大党建工作格局。要深入贯彻新时代党的组织路线，扎实做好中央巡视整改“后半篇文章”，压实主体责任，促进改革创新，推动科协事业高质量发展。新一届机关党委、纪委要以党的政治建设为统领，着力强化理论武装，着力夯实基层基础，着力推进正风肃纪，聚力全面从严治党，筑牢高质量发展根基，为科协事业改革发展提供坚强政治保证。

吴汉圣代表中央和国家机关工委向大会的召开表示祝贺。他指出，中国科协党组深入贯彻习近平新时代中国特色社会主义思想，坚持以党的政治建设为统领，增强“四个意识”、坚定“四个自信”、做到“两个维护”，不断提高机关党的建设质量，在加强理论武装、夯实基层基础、持续正风肃纪、压实党建工作责任制等方面取得实效。特别是面对突如其来的疫情，科协党组坚决贯彻落实党中央关于疫情防控各项决策部署，充分发挥职能作用，服务大局、靠前指挥。各级党组织和广大党员干部充分发挥战斗堡垒作用和先锋模范作用，确保零疫情、工作不掉线，引导科技界积极投身抗疫和复工复产，以实际行动和工作成效体现了科协机关的政治担当。他强调，中国科协在推进国家治理体系和治理能力现代化进程中肩负着重要政治责任，关系国家科技创新发展，关系全民科学素质整体提升，机关党建工作有很好的传统和基础，应该也完全能够成为让党中央放心、让人民群众满意的模范机关。要深入贯彻落实习近平总书记重要讲话精神及中央和国家机关党的工作暨纪检工作会议精神，提高政治站位，聚焦重点工作，扭住高质量发展，层层压实责任，以机关党建新气象新作为向建党一百周年献礼，为建设世界科技强国、实现中华民族伟大复兴的中国梦作出新的更大贡献。

王守东代表第八届机关党委作工作报告《全面加强党的建设　增强政治引领能力　推动科协事业高质量发展　为建设世界科技强国作贡献》，全面总结五年来机关党委工作成效和经验，分析了当前面临的形势和任务，对今后一段时期党建工作提出建议。会议审议了机关纪委的书面报告《牢记初心使命　忠诚履职担当　推动新时代科协纪检工作高质量发展》。

来自机关各部门、各直属单位党组织和业务主管全国学会党组织的188名代表出席会议，在主席团的领导下，严格组织程序，认真履行职责，积极建言献策。会议按照民主程序，选举产生了中国共产党中国科协机关第九届委员会、纪律检查委员会。

党组第四轮巡视组全体成员和机关、直属单位团员青年代表参加开幕式。

【中国科协学会党建示范工作联合体举办座谈暨学会党建研究成果发布活动】 日前，中国科协学会党建示范工作联合体座谈暨学会党建研究成果发布活动在中国科技会堂举办。中国科协党组成员、书记处书记宋军，中国航空学会理事会党委书记、理事长林左鸣，中国公路学会理事会党委书记、理事长翁孟勇，中华医学会理事会党委副书记、副会长李五四，中国力学学会、中国化工学会、中国电子学会、中国水产学会、中国岩石力学与工程学会、中国复合材料学会、中国康复医学会、中国老科技工作者协会等学会党组织负责同志出席会议。会议由林左鸣主持。

宋军对成立学会党建示范工作联合体予以充分肯定。他指出，组建中国科协学会党建示范工作联合体是深入学习贯彻落实习近平新时代中国特色社会主义思想和党的十九大、十九届四中全会精神，发掘中国科协全国学会党建工作成果，探索新时代科技群团党建工作规律的具体实践。他希望联合体在今后工作中要坚持政治引领，坚持问题导向、目标导向、效果导向，突出先行先试，搭建交流平台，努力开拓创新，加强宣传、作出实效，充分发挥示范引领作用，推动破解学会党建难题，团结凝聚科技工作者，为创新发展建功立业。

会上，中国航空学会秘书长姚俊臣介绍了联合体筹建情况和2020年重点工作计划，李五四、翁孟勇、中国水产学会副秘书长王淑欣、中国岩石力学与工程学会秘书长杨晓杰、中国电子学会总部党委书记张宏图作重点发言。参会人员围绕学习贯彻党的十九届四中全会精神，弘扬科学家精神、推动科协系统党校建设，进一步发挥学会党委作用等方面进行了研讨。会议发布了科技社团党建研究课题成果，并对开展学会党委职责清单试点工作进行部署。

中国科协机关党委、学会学术部、科技社团党委有关负责人参加会议。

为深入贯彻落实习近平新时代中国特色社会主义思想和党的十九大精神，巩固深化“两个全覆盖”工作成果，团结广大科技工作者听党话、跟党走，按照中国科协党组要求，在中国科协科技社团党委指导下，中国力学学会、中国电子学会、中国航空学会、中国化工学会、中国公路学会、中国水产学会、中华医学会7家全国学会党委共同发起，成立中国科协学会党建示范工作联合体。

【2020年度全国学会党组织负责人培训班在北京举办】 9月22日，2020年度全国学会党组织负责人培训班在北京举办。本次培训班由科技社团党委主办，采取线上直播和线下培训相结合的形式，中国科协党组成员、机关党委书记王守东出席培训班并讲话，科技社团党委有关负责人以及来自全国160余个学会的230多名党组织负责人参加培训。

王守东传达了习近平总书记在科学家座谈会上的重要讲话精神，强调学会党组织负责人要提高政治站位，把认真学习贯彻讲话精神作为当前的重大政治任务，贯穿于学会工作的始终，充分发挥人才荟萃、组织有序的优势，团结引领广大科技工作者肩负起历史赋予的重任，勇做新时代科技创新的排头兵。王守东要求，一是提高政治站位，团结凝聚广大科技工作者，夯实党在科技界的执政基础；二是围绕中心，服务大局，以学会党建高质量发展推动学会改革发展；三是明确使命职责，理顺体制机制，推动党建工作落地见效。

本次培训班邀请中央党校（国家行政学院）教授以“谱写新时代中国特色社会主义新篇章”为题对《习近平谈治国理政》（第三卷）进行专题辅导；针对当前意识形态的热点问题，邀请中国社会科学院教授作专题讲座《关于当前社会意识领域的若干分析》，深刻分析意识形态问题的重要性、严峻性和应对方式；围绕着弘扬科学创新精神，华东师范大学国际航运物流研究院、中国机械工程学会副监事长包起帆教授作主题宣讲《不忘初心、牢记使命、乐于奉献》。

人　物

2020 年新当选的全国学会、协会、研究会理事长

（按中国科协团体会员序列排序）

张培震，中国地震学会理事长，中国科学院院士。

1955 年 12 月出生，河南信阳人。现任中山大学教授。曾任中国地震局地质研究所所长、研究员。

长期从事新生代地质构造和地震动力学研究，在中国大陆现今构造变形、青藏高原生长与动力学、活动断裂习性与强震复发规律、新构造与气候变化、利用 GPS 技术研究构造变形与地震活动等方面开展大量工作，在国际有关领域形成较大影响。先后发表论文 135 篇，其中 SCI 收录 73 篇。获国家杰出青年科学基金，并入选“新世纪百千万人才工程”第一层次人选，被评为“全国留学回国人员先进个人”，获国家重点基础研究发展计划（“973”计划）项目先进个人奖。2005 年被评为全国先进工作者。曾获第九次李四光地质科学奖、“十一五”国家科技计划执行突出贡献奖、国家科学技术进步奖二等奖 3 项、国家自然科学奖二等奖 1 项、全国优秀教师奖。

李红，中国心理学会理事长。

1965 年 1 月出生，四川武胜人。现任华南师范大学心理学院教授，四川师范大学脑与心理科学研究院院长，教育部高等学校心理学教学指导委员会副主任，《心理科学》杂志副主编，中国心理学会情绪与健康心理学专业委员会主任。教育部“长江学者奖励计划”特聘教授，入选首批“新世纪百千万人才工程”，被授予“抗震救灾感动中国全国师德标兵”称号。曾任西南大学心理学部部长，辽宁师范大学副校长，深圳大学心理与社会学院院长，第六届、第七届国务院学科评议组成员，两次荣获教育部一等奖。

主要从事儿童认知发展、负性情绪易感性、学生发展核心素养等领域的研究。

何满潮，中国岩石力学与工程学会理事长，中国科学院院士。

1956年5月出生，河南灵宝人。矿山工程岩体力学专家，全国政协第十三届委员，阿根廷国家工程院院士，中国矿业大学（北京）深部岩土力学与地下工程国家重点实验室主任。兼任中国矿业科学协同创新联盟理事长、中国矿业知识产权联盟理事长，曾任国际岩石力学学会副主席、教育基金会主席。全国杰出科技人才奖、全国创新争先奖奖状和何梁何利基金科学与技术进步奖获得者。获国家技术发明奖二等奖1项、国家科学技术进步奖二等奖3项、中国专利金奖1项。

主要从事矿山岩体大变形灾害控制理论和技术研究。提出“缓变型”和“突变型”大变形灾害的理论体系，研发多套大变形灾害机理实验系统，创建深部岩体力学实验室。形成无煤柱自成巷110/N00工法技术体系，引领矿业科学技术第三次革命。

姚檀栋，中国青藏高原研究会理事长，中国科学院院士。

1954年7月出生，甘肃通渭人。1978年本科毕业于兰州大学自然地理学专业，1982年硕士毕业于兰州大学自然地理学专业，1986年博士毕业于中国科学院兰州冰川冻土研究所。1995—2003年历任中国科学院兰州冰川冻土研究所、寒区旱区环境与工程研究所副所长、所长；2003—2018年任中国科学院青藏高原研究所所长。第九届全国人民代表大会代表，第十一、第十二、第十三届全国政协委员。现任“第三极环境（TPE）”计划主席、国际山地学会副主席、中国第四纪研究会副理事长、中国科学院青藏高原研究所名誉所长。曾获何梁何利基金科学与技术进步奖、多项国家自然科学奖、维加奖。

长期从事青藏高原地球系统科学领域研究，聚焦于冰川与环境和地球系统科学。研究成果先后在*Science*、*Nature*等国际权威科学杂志发表并产生重要国际影响。

戴彧虹，中国运筹学会理事长。

1971年8月出生，湖南涟源人。中国科学院数学与系统科学研究院研究员。1992年获北京理工大学应用数学系学士学位，1997年获中国科学院计算数学与科学工程计算研究所计算数学专业博士学位。1997年7月至今，在中国科学院从事运筹学理论、计算、应用的研究和教学工作。曾获国家自然科学奖二等奖（排名第2）、陈省身数学奖、冯康科学计算奖和首届萧树铁应用数学奖。发表论文110余篇。

主要研究方向为连续优化、整数规划与应用优化。发展和完善非线性共轭梯度法理论并提出戴－袁方法；发展和完善梯度法理论并提出Dai-Fletcher方法；独立解决BFGS拟牛顿法收敛性公开问题以及合作解决一般升维覆盖割平面公开问题。其发明的方法和取得的成果在物理、航天、物流、能源等领域成功应用。

杨庆新，中国电工技术学会理事长。

1961 年 4 月出生，河北唐山人。毕业于河北工业大学，工学博士。“新世纪百千万人才工程”国家级人选。现任中国科协智能制造学会联合体主席团副主席、清华大学和西安交通大学等国家重点实验室学术委员、天津理工大学校长。曾任国际电磁场计算学会理事及中国分会主席、国家自然科学基金委员会工程与材料科学部咨询委员、2019 年工科国家重点实验室评估领导小组副组长、河北工业大学副校长、河北省自然科学基金委员会主任、河北省科技厅厅长、天津工业大学校长等职。

长期从事工程电磁场与磁技术的研究及教学工作。主持承担国家自然科学基金重大研究计划、重点项目、国家“973”和“863”项目等。获河北省科学技术突出贡献奖、科学技术进步奖一等奖和天津市科学技术进步奖一等奖等。

魏山忠，中国水利学会理事长。

1963 年 1 月出生，湖北京山人。硕士学位，正高级工程师。1979—1983 年在原武汉水利电力学院农田水利专业学习；1983—2016 年在水利部长江水利委员会工作，先后任规划处引水室副主任、主任，规划处副处长、处长，总工程师助理兼长江勘测规划设计研究院规划处处长，计划局副局长、局长，规划计划局局长，水文局局长、党委副书记，水利部长江水利委员会副主任 / 党组成员、主任 / 党组书记；2017 年 7 月至今，任水利部副部长、党组成员。

获大禹水利科学技术奖一等奖 2 项、湖北省科学技术进步奖特等奖 1 项。出版《长江巨型水库群防洪兴利综合调度研究》专著。

江亿，中国制冷学会理事长，中国工程院院士。

1952 年 4 月出生，北京人。1977 年毕业于清华大学建工系暖通专业；1978 年在清华大学攻读硕士研究生；1981 年起在清华大学热能系任教，并攻读在职博士研究生；1985 年获清华大学工程热物理专业博士学位。2000—2007 年任清华大学建筑技术科学系系主任兼建筑学院副院长；2005 年至今，担任清华大学建筑节能研究中心主任。

曾获国家技术发明奖二等奖 2 项，国家科学技术进步奖二等奖 2 项，省部级科学技术进步奖一等奖 4 项、二等奖 6 项。主持编写《中国建筑节能发展研究年度报告》，拥有 70 项发明专利，发表科研论文 150 余篇。

吴燕生，中国宇航学会理事长。

1963 年 7 月出生，湖北汉阳人。中国航天科技集团有限公司党组书记、董事长。国际宇航科学院院士，俄罗斯宇航科学院荣誉院士。1981—1986 年在清华大学电机专业学习，1986—1989 年在航天工业部一院导弹设计专业学习，2009 年获北京航空航天大学飞行器设计专业博士学位。

“全国五一劳动奖章”获得者，国家级“新世纪百千万人才工程”人选，被授予“全国优秀科技工作者”称号。曾获第十三届光华工程科技奖，国家科学技术进步奖特等奖 2 项、一等奖 1 项，省部级科学技术进步奖二等奖、三等奖共 4 项，第十一届“袁宝华企业管理金奖”。

焦开河，中国兵工学会理事长。

1960 年 2 月出生，内蒙古自治区托克托人。1976 年 7 月参加工作，研究生学历，博士学位，研究员级高级工程师。现任十三届全国政协委员、社会和法制委员会副主任，中国兵器工业集团有限公司党组书记、董事长。

伏广伟，中国纺织工程学会理事长。

1967 年 7 月出生，吉林敦化人。现任中国纺织信息中心党委副书记、中国纺织工业联合会检测中心主任、中国纺织工业联合会常务理事、中国纺织工程学会标准化技术委员会主任。曾获中国纺织工业联合会科学技术进步奖二等奖 4 项、三等奖 2 项，并获“全国纺织行业先进工作者”称号。

主编《面料实物大全》，翻译《美国 AATCC 技术手册》，发表学术论文近 50 篇，拥有多项发明和实用新型专利。主持国家生态及功能纺织品服装质量监督检验中心建设、国家中小企业公共服务平台建设和国家纺织面料馆建设项目。

韩占武，中国烟草学会理事长。

1966年10月出生，吉林松原人。2000年2月任国家发展计划委员会人事司委属单位处副处长；2003年7月起历任国家发展改革委人事司委属单位干部处副处长、委属单位干部处调研员，综合处处长；2008年8月起历任工业和信息化部人事教育司副巡视员兼机关干部处处长、副司长；2010年11月任中国机电设备招标中心党委书记、主任；2016年6月起历任工业和信息化部人事教育司司长、办公厅主任、直属机关党委副书记；2019年9月起任工业和信息化部办公厅主任、直属机关党委副书记；2020年4月至今，任国家烟草专卖局党组成员、副局长。

刘正雷，中国照明学会理事长。

1958年11月出生，安徽合肥人。1983—1986年在中国社会科学院马列系攻读硕士研究生。1986—1988年任劳动人事部编制局综合处干部、主任科员；1988—1994年任人事部地编司主任科员、副处长；1994—2020年历任中央机构编制委员会办公室三司一处副处长、一处处长、助理巡视员、副司长、巡视员，监督检查司巡视员、副司长，中国行政体制与机构改革研究中心主任；2020年1月起，任中国照明学会理事长。

王耀南，中国图象图形学学会理事长，中国工程院院士。

1957年11月出生，云南龙陵人。湖南大学教授、博士生导师。曾任湖南大学电气与信息工程学院院长、机器人学院院长。现任机器人视觉感知与控制技术国家工程实验室主任。

长期致力于机器人感知与控制技术研究和工程应用。开创机器人自主加工规划与决策技术体系，提出高速高精视觉感知与自适应鲁棒控制等方法，突破多机器人协同制造技术难题，发明机器人灵巧精准作业技术。率先研制出智能制造机器人自动化柔性生产线控制系统等，并成功应用于航空、舰船、汽车、电子、医药等国内外企业和国家重大工程。创建机器人国家工程实验室。以第一完成人获国家技术发明奖二等奖1项、国家科学技术进步奖二等奖3项、省部级一等奖11项。发表SCI论文160余篇，出版著作8部，获国家发明专利70余项。国家“新世纪百千万人才工程”，德国洪堡学者，获得“全国五一劳动奖章”“全国先进工作者”等。

罗格，中国遥感应用协会理事长。

1955 年 1 月出生，湖南浏阳人。哈尔滨工业大学、北京航空航天大学兼职教授，国际宇航科学院院士。曾任国家航天局副局长，国家航天局系统工程司司长、外事司司长。获庆祝建国 70 周年纪念章及“全国抗震救灾模范”称号。

参加数项航天重大科技工程研制、试验工作；组织拟制航天多个五年发展规划及中长期战略发展规划；组织新一代运载火箭及各型卫星的论证、工程研制、试验发射等；组织实施航天重大科研生产能力建设；组织协调并完成数十项政府间和部门间双边和多边航天合作协议的谈判和签署；参与组织并创建亚太空间合作组织、联合国灾害管理与应急反应天基信息平台合作机制；推动中国加入空间与重大灾害国际宪章、国际空间碎片组织等国际合作机制等。主编《感知地球——卫星遥感知识问答》《世界航天器与运载火箭集锦》《叩开太空之门——航天科技知识问答》《中国航天五十年》等图书。

王小云，中国密码学会理事长，中国科学院院士。

1966 年 8 月出生，山东诸城人。1993 年毕业于山东大学，获博士学位，后留校任教。2005 年受聘清华大学高等研究院，2019 年当选国际密码协会会士。

主要从事密码理论及相关数学问题研究。在密码分析领域，提出密码哈希函数的碰撞攻击理论，破解包括 MD5、SHA-1 等在内的 5 个国际通用哈希函数算法。在密码设计领域，主持设计的哈希函数 SM3 为国家密码算法标准，在金融、交通、国家电网等重要经济领域广泛使用，并于 2018 年 10 月正式成为 ISO/IEC 国际标准。

发表论文 50 余篇，其中 3 篇被欧洲密码会议、美国密码会议评为最佳论文。曾获国家自然科学奖二等奖、陈嘉庚科学奖、求是杰出科学家奖、苏步青应用数学奖、未来科学大奖数学与计算机科学奖，以及“全国优秀科技工作者”称号。

矫勇，中国大坝工程学会理事长。

1956 年 4 月出生，山东牟平人。博士研究生学历，教授级高级工程师，全国人大常委会委员。

1984—1991 年历任中国水利水电科学研究院岩土工程研究所工程师、副所长；1991—1995 年在英国帝国理工学院攻读博士研究生；1995—1997 年任英国 REC 岩土工程咨询公司高级工程师；1997—2005 年历任中国水利水电科学研究院院长助理，水利部外资办公室副主任，水利部规划计划司副司长、司长，水利部南水北调工程规划设计管理局局长等职；2005—2016 年历任水利部副部长、党组成员、党组副书记。

张佳宝，中国土壤学会理事长，中国工程院院士。

1957 年 9 月出生，江苏高邮人。中国科学院南京土壤研究所研究员，中国科学院特聘核心骨干研究员，国家重点基础研究发展计划（“973”计划）项目首席科学家，中国科学院大学教授、博士生导师。兼任浙江大学求是讲座教授、山西农业大学资源环境学院学术院长、国际土壤学联合会土壤工程与技术委员会主席。曾获国家科学技术进步奖一等奖 1 项、二等奖 3 项；发表学术论文 453 篇，其中 SCI 收录论文 172 篇；获国家专利 44 项、软件著作权 21 项。

主要从事土壤水循环、物质迁移转化过程系统模拟及其生态环境效应、土壤信息快速获取、中低产田治理与地力提升理论和技术等方面的研究工作。近年来，重点围绕中国 13 亿亩中低产田治理面临的土壤障碍因子消减、地力提升两大科技问题进行突破，创建土壤障碍因子分类消减、激发式快速培肥地力、易涝渍农田水土联治等理论与技术体系，创新土壤参数探测技术与设备，并作为带头人建立农田试验站联网研究平台和土壤养分管理国家工程实验室。

刘国道，中国热带作物学会理事长。

1963 年 6 月出生，云南腾冲人。农学博士，研究员，博士生导师。1985 年至今在中国热带农业科学院工作，现任中国热带农业科学院副院长。兼任联合国粮农组织热带农业平台执行委员会观察员、中国－刚果（布）农业技术示范中心主任等职务。

获海南省自然科学奖特等奖 1 项，省部级科学技术奖一等奖 8 项、二等奖 3 项、三等奖 17 项。完成中国热区及 68 个热带国家牧草资源考察，收集保存热带牧草种质资源 14000 多份；命名并在国际上公开发表莎草科新物种 6 个；培育国审热带牧草新品种 29 个，获植物新品种保护权 2 项，新品种累计推广 3800 多万亩。发表论文 460 篇，出版《中国热带牧草品种志》等大型基础性专著 19 部；2 套（38 册）科普丛书获中华农业科技奖科普奖，1 套（17 册）获全国农民培训优秀教材。获国家专利 21 项，获省部级科技奖励 10 项；研发热带牧草高产栽培技术 20 套、间（套）作技术 15 套。

隋斌，中国农业历史学会理事长。

1964年6月出生，黑龙江青冈人。现任全国农业展览馆（中国农业博物馆）党委书记，二十四节气保护传承联盟理事长，《中国农史》和《古今农业》编委会主任。曾获农业农村部突出贡献奖（2 次）、改革开放 40 年中国农业工程杰出贡献奖，主持的“二十四节气传承”项目获 2018—2019 年度农业农村部中华农业科技奖科普奖。

长期致力于优秀传统文化保护传承，牵头申报的“二十四节气”被联合国教科文组织列为人类非物质文化遗产；策划设立二十四节气研究中心，制定保护传承规划，发起成立保护传承联盟，推动各地开展保护传承工作，持续带动文旅产业和农业农村经济发展。主编《中国农业通史》《中国农业百科全书・农业历史卷》《古今论种》《二十四节气农谚大全》等图书；作为首席专家，主持国家“十三五”重点研发计划“农业废弃物厌氧发酵及资源化成套技术与设备研发”项目。

于文明，中华中医药学会会长。

1963年6月出生，山东单县人。1988年8月参加工作，医学硕士学位，研究员。第十届、十一届全国政协委员，第十二届、十三届全国政协常务委员。先后在《中国中医药报》社、中国中医药科技开发交流中心、国家中医药管理局工作，现任国家中医药管理局局长、农工党中央专职副主席。

曾获北京市科学技术进步奖二等奖、中国中西医结合学会科学技术进步奖一等奖。

陈香美，中国中西医结合学会会长，中国工程院院士。

1951年1月出生，山东蓬莱人。第十三届全国人大代表，中华医学会常务理事，中国医师协会常务理事及肾脏内科医师分会会长。现任中国人民解放军总医院肾脏病研究所所长，肾脏疾病国家重点实验室主任，国家慢性肾病临床医学研究中心主任，国家肾脏病医疗质量控制中心主任。

承担两项国家重点基础研究发展计划（“973”计划）项目首席科学家，国家科技支撑计划项目首席专家，连续获得国家自然科学基金创新研究群体项目、重点项目等20余项。以第一或通讯作者在国内外期刊上发表论文千余篇，出版专著16部，主持撰写指南和专家共识12部。曾获国家科学技术进步奖一等奖1项、创新团队奖1项（第一完成人）、二等奖4项，省部级一等奖8项，何梁何利基金科学与技术进步奖，吴阶平医学奖，世界杰出华人医师霍英东奖，以及“全国三八红旗手”“中国侨界杰出人物”称号等。立个人一等功1次、二等功2次。

张幼怡，中国病理生理学会理事长。

1956年1月出生，辽宁沈阳人。博士，研究员，享受国务院政府特殊津贴。1982年毕业于新疆医学院医疗系，获医学学士学位。1982—1985年在新疆医学院第一附属医院心血管内科工作，住院医师；1985—1992年在新疆医学院分别获医学硕士学位、博士学位；1993年起在北京医科大学第三医院血管医学研究所做博士后；1994年12月留所工作至今，先后任副研究员、研究员。

长期从事肾上腺素受体与心血管疾病发病机制的研究，主要研究交感-肾上腺素受体系统在引起心脏炎症、心脏肥厚和心肌纤维化中的病理机制。利用单分子检测技术，研究肾上腺素受体在细胞内的转运、信号传递及其生物学意义。先后主持或参加国家和省部级科研基金项目共20项，发表学术论文293篇。曾以第二完成人身份获国家自然科学奖一等奖。

刘剑君，中国防痨协会理事长。

1962年12月出生，北京人。现任中国疾病预防控制中心副主任，研究员。1986年毕业于北京医科大学公共卫生学院，获学士学位；先后获苏州大学管理学院研究生学历、英国利物浦大学热带病学院硕士学位。2006年至今，任中国疾病预防控制中心副主任。兼任《中国防痨杂志》和《结核与肺部疾病杂志》总负责人、中华预防医学会常务理事、中国医师协会预防医学专业委员会主任委员、国家健康中国行动推进委员会专家咨询委员会委员、国家卫生健康标准委员会委员兼秘书长等职。

曾获卫生部"全国先进工作者"称号、世界银行行长奖以及中华预防医学会科学技术奖等。承担10余项国家级课题或国际合作研究，以第一和通讯作者身份在《柳叶刀》等国内外杂志上发表文章70余篇，主编出版《结核病防治》《现代结核病监测》《结核病防治规划系列手册》《酒后驾驶干预》《卫生应急物资保障》等10余部图书。

张福仁，中国麻风防治协会会长。

1963年10月出生，山东栖霞人。二级教授，博士生导师，现任山东第一医科大学副校长、附属皮肤病医院院长。兼任《中国麻风皮肤病杂志》主编，中华医学会皮肤性病学分会副主任委员。

长期致力于麻风性病控制和银屑病、大疱性皮肤病等常见、危重皮肤病的临床诊疗和科研教学工作。承担国家重点研发计划、国家自然科学基金委员会重点国际合作项目、国家自然科学基金委员会中英合作项目等科研课题多项。曾获国家自然科学奖二等奖1项，山东省科学技术进步奖一等奖2项、自然科学奖一等奖1项，国家技术发明奖一等奖1项，吴阶平－保罗·杨森医学药学奖，以及"全国先进工作者"称号等。

王文志，中国卒中学会会长。

1952年6月出生，北京人，大学学历，主任医师、教授。1977年毕业于首都医科大学医疗系。1977—1981年就职于首都医科大学北京宣武医院；1981—2019年就职于北京市神经外科研究所。现任北京市神经外科研究所流行病室主任、全国脑血管病防治研究办公室主任。兼任中国老年保健医学研究会副会长、中国抗癫痫协会常务理事、中国高血压联盟委员、北京高血压防治协会副会长、世界卒中组织委员、国家卫生健康委疾病预防控制专家委员会委员等职。

独立或合作主持完成多项国际合作课题、科技部攻关课题和北京市科研课题，获国家级、卫生部及北京市科学技术进步奖10余项。

石勇，中国管理现代化研究会理事长。

1956 年 8 月出生，湖南湘西人。博士生导师，发展中国家科学院院士，国际欧亚科学院院士。1982 年获西南石油大学数学学士学位，1983 年获中国科技管理培训中心（大连理工大学）工商管理硕士学位，1991 年获美国堪萨斯大学管理科学和计算机系统博士学位。1991—2004 年任美国内布拉斯加大学管理学院助理教授、信息科学和技术学院副教授、查尔斯－马克丽·德信息技术杰出讲座教授和数据挖掘实验室主任。现任中国科学院虚拟经济与数据科学研究中心主任、大数据挖掘与知识管理重点实验室主任。兼任国际信息技术和量化管理学会主席、澳大利亚国家科学机构兼职高级研究员、国务院参事。

出版专著 32 部，发表学术论文 400 余篇。曾获国际智能联盟科研贡献奖、教育部自然科学奖一等奖（2 项）、系统科学与系统工程应用贡献奖、Pattern Recognition 最佳论文奖、国际多目标决策学会最高奖励“康托学术奖”、复旦管理学杰出贡献奖、中国国家杰出青年科学基金、美国内布拉斯加州立大学卓越研究奖等。

戴国强，中国科学技术情报学会理事长。

1961 年 1 月出生，河北文安人。1979—1984 年在清华大学水力机械专业学习；1984—1986 年在清华大学攻读管理工程研究生。1986—1991 年任清华大学水电工程系讲师、教务科长；1991—2010 年在国家科学技术委员会工业司、科技部高新技术发展及产业化司从事项目管理、计划管理和产业化管理工作；2010 年 6 月—2014 年 11 月任国家基础条件平台中心主任；2014 年 11 月—2021 年 1 月任中国科学技术信息研究所所长。

组织并参加 1995—2010 年国家中长期科技发展规划研究，2006—2020 年国家中长期科技发展规划研究及中长期科技发展纲要编制，“极大规模集成电路”等多项国家重大科技专项的任务研究、论证和实施工作，“蛟龙”号的论证、研究与开发制造，国家科技攻关计划、国家科技支撑计划和国家高技术研究发展计划（“863”计划）相关领域的多个五年计划的研究与制定，国家基础条件平台认证和绩效考核体系研究，《中国射频识别（RFID）技术政策白皮书》的研究与发布，国家工程技术研究中心和国家大学科技园工作。

饶权，中国图书馆学会理事长。

1966 年 3 月出生，江西金溪人。在职工商管理硕士。1987 年毕业于中国人民大学国民经济管理专业。先后在国家计划委员会、国家发展改革委社会发展司工作，历任文化旅游处、生活质量处副处长、处长；2009 年 3 月—2018 年 7 月，历任文化部财务司副司长兼海外文化设施建设管理中心主任（正局级）、政策法规司司长；2018 年 8 月任国家图书馆馆长、党委副书记，国家古籍保护中心主任，国家典籍博物馆馆长。

组织起草《文化部“十三五”时期文化发展改革规划》等多部重要文件，在《中国图书馆学报》《国家图书馆学刊》《图书馆杂志》等核心期刊上发表多篇重要文章，主编《中国图书馆事业发展报告：图书馆标准化卷》等。

穆荣平，中国科学学与科技政策研究会理事长。

1960年出生，安徽合肥人。中国科学技术大学理学学士、硕士，德国柏林工业大学哲学博士。现任中国科学院科技政策与管理科学研究所所长、研究员。兼中国科学院大学公共管理学院常务副院长、博士生导师，中国科学院创新发展研究中心主任，《科研管理》和《科技进步与对策》等杂志主编。

长期从事科技政策、技术预见、创新政策与管理、高技术产业国际竞争力评价等研究，主持多项国家部委和中国科学院重要研究项目，参与《国家中长期科学和技术发展规划战略研究》《〈国家中长期科学和技术发展规划纲要（2006—2020年）〉若干配套政策》及《国家自主创新基础能力建设“十一五”规划》等主要报告和文件的研究起草工作。在重要学术期刊和国际会议上发表论文30余篇，出版英文学术专著1部，主编出版国际会议论文集2部。先后获北京市和中国科学院科学技术进步奖4项。

才大颖，中国工艺美术学会理事长。

1960年3月出生，黑龙江哈尔滨人。研究生学历，教授级高级工程师。现任中国轻工业联合会党委委员、副秘书长。曾任哈尔滨轻工业学校校长，中国轻工业管理干部学院副院长（主持日常工作），中央工艺美术学院副院长，中国轻工业原材料总公司党委书记、副总经理，中轻投资有限公司总经理、董事长，轻工业展览中心主任，中国轻工业信息中心党委书记、主任，中国轻工业出版社有限公司党委书记、董事长等职。

2009年起，受聘国家发展改革委产业协调司、工业和信息化部消费品司轻纺行业专家。2011年6月起，兼任中国信息产业商会副会长。2015年5月起，兼任品牌中国战略规划院副院长。

周忠和，中国科普作家协会理事长，中国科学院院士。

1965年1月出生，江苏江都人。1986年毕业于南京大学地质系地层古生物学专业，1999年获美国堪萨斯大学博士学位。美国科学院外籍院士，美国鸟类学会荣誉会员。

主要从事早期鸟类演化、相关陆相地层古生物及地质环境背景的综合研究。现任第十三届全国政协常务委员，《国家科学评论》地学副主编，*Current Biology*（《当代生物学》）编委。曾任国际古生物学会主席。曾获中国科学院杰出科学成就奖、国家自然科学奖二等奖。

武向平，中国青少年科技辅导员协会理事长，中国科学院院士。

1961年1月出生，陕西黄龙人。1985年毕业于西北电讯工程学院（现西安电子科技大学），获硕士学位；1989年获中国科学院北京天文台天体物理专业博士学位。曾在中国科学院理论物理研究所、法国巴黎天文台从事博士后研究，历任中国科学院北京天文台副研究员、研究员，其间在美国亚利桑那大学做访问学者。2001年4月至今，任中国科学院国家天文台研究员。

主要从事宇宙学方面的研究，在理论天体物理和观测宇宙学等方面成绩出色，发表论文100余篇。曾获中国科学院自然科学奖一等奖、国家自然科学奖二等奖、中国青年科学家奖、何梁何利基金科学与技术进步奖等。

杨冬权，中国档案学会理事长。

1955年4月出生，江苏淮安人。1982年毕业于南京大学历史系。历任国家档案局机关档案工作指导司地方处副处长、中央处处长，档案馆（室）业务指导司副司长，办公室主任，副局长，局长。中共十七大、十八大代表，第十二届全国政协委员。

出版专著2部，主持编纂3部，发表论文数十篇。曾获"五个一工程奖"、中国电视金鹰奖、中国政府出版奖等。

王树国，中国工程教育专业认证协会理事长。

1958年10月出生，河北献县人。毕业于哈尔滨工业大学机械工程系。现任西安交通大学校长、党委副书记，十三届全国人大常委会委员。

主要从事机械电子工程学研究，主持完成国家自然科学基金、国家高技术研究发展计划（"863"计划）等项目20余项，科研成果获省部级科学技术进步奖7项，申请国家发明专利15项。现参与国家"863"计划、国家自然科学基金等项目6项。曾在国际上发表多篇论著，并促成多项国际项目合作与交流，获法国国家荣誉勋位团骑士勋章、法国国家农科院奖章等奖项。

李怀林，中国检验检测学会会长。

1954年1月出生，甘肃泾川人。本科毕业于甘肃农业大学，北京大学企业管理研究生，美国明尼苏达大学研修生。获国际电工委员会杰出贡献奖、蒙古国卫生部授予的国际合作功勋奖章以及“全国科普先进工作者”称号。历任甘肃商检局第一检验处工程师、办公室副主任、第二检验处处长，国家商检局监管处副处长、认证监管司体系监管处处长，中国进出口商品质量认证中心副主任（副司级主持工作），国家检验检疫局中国进出口质量认证中心主任（正司级）兼党委书记，国家质检总局中国质量认证中心主任（正局级）兼党委书记，中国检验认证集团总裁兼副董事长、党委副书记，中国检验检疫科学研究院院长兼党委副书记，中国管理科学学会副会长等。

获国家科学技术进步奖二等奖1项，省部级科学技术奖一等奖2项、二等奖2项、三等奖2项，参与的1项重大科技攻关研究项目获国家科学技术进步奖特等奖。发表论文10余篇、SCI论文1篇，牵头制定国家和行业标准5项，主持编著和参与编著出版专业技术著作12部。

2020年新当选的省、自治区、直辖市科协主席

庞达，黑龙江省科协第八届委员会主席。

1962年9月出生，山东临清人。医学博士，教授，博士生导师，第十三届全国政协委员，黑龙江省政协副主席。1997年加入九三学社。1985年获哈尔滨医科大学医疗专业学士学位，1988年获哈尔滨医科大学肿瘤学专业硕士学位，2007年获华中科技大学同济医学院外科学专业博士学位。历任哈尔滨医科大学附属三院副院长，九三学社黑龙江省委副主委，黑龙江省肿瘤防治研究所副所长、所长，哈尔滨医科大学副校长，黑龙江省社会主义学院院长，九三学社中央常委、黑龙江省委主委。被评为“龙江学者”特聘教授。

先后被评为黑龙江省级重点学科带头人、省卫生系统跨世纪培养人才，黑龙江省杰出青年基金获得者及黑龙江省政府特殊津贴获得者等。获黑龙江省科学技术进步奖2项、卫生部中华医学科技奖1项，以及黑龙江省首届优秀医师奖。

朱有勇，云南省科协第九届委员会主席，中国工程院院士。

1955年11月出生，云南个旧人。植物病理学专家，云南农业大学名誉校长，中国工程院农业学部第三届常委、第五届教育委员会委员。2019年12月被中共中央宣传部授予“时代楷模”称号。

1982年毕业于云南农业大学植物保护学院，2000年获中国农业大学博士学位。带领科研团队开创性地研究了作物多样性控制病害的效应、机理和推广应用。在*Nature*等国内外学术刊物上发表论文160余篇，出版专著5部，获发明专利20余项。获国际、国家和省部级科技奖励18项，曾获联合国粮食及农业组织国际稻米年科学研究奖一等奖、国际农业研究磋商组织优秀奖、国家技术发明奖二等奖、国家科学技术进步奖二等奖、云南省杰出贡献奖、云南省科学技术进步奖特等奖、云南省自然科学研究奖一等奖、云南省科学技术进步奖一等奖等。荣获全国优秀党员、全国先进工作者、全国脱贫攻坚先进个人、全国杰出专业技术人才、全国模范教师、全国高校名师、中华英才、兴滇人才等称号。中共十六、十七、十八大代表，第十三届全国人大代表。

表彰奖励

中共中央组织部　人力资源和社会保障部　中国科协　共青团中央关于表彰第十六届中国青年科技奖获奖者的决定

科协发组字〔2020〕24 号

为深入贯彻习近平新时代中国特色社会主义思想，大力实施创新驱动发展战略和人才强国战略，培养造就一批具有国际水平的战略科技人才、科技领军人才，表彰在国家经济发展、社会进步和科技创新中作出突出贡献的青年科技人才，激发广大青年科技工作者的创新创造创业热情，中共中央组织部、人力资源和社会保障部、中国科协、共青团中央决定授予孙明波等 100 名同志中国青年科技奖，其中包括 10 名中国青年科技奖特别奖。希望受到表彰的获奖者珍惜荣誉、再接再厉，在建设世界科技强国的征程上作出新的更大贡献。

中国青年科技奖获奖者弘扬新时代科学家精神，为建设世界科技强国奋发有为、砥砺建功，在基础研究、工程科技、科学普及、成果转化方面取得了突出成绩，为提升我国的经济实力、科技实力、国防实力、国际影响力作出了重要贡献，是我国青年科技工作者的杰出代表。广大科技工作者特别是青年科技工作者要以中国青年科技奖获奖者为榜样，大力弘扬爱国奋斗精神，把个人理想自觉融入国家发展伟业，坚定创新自信，面向世界科技前沿、面向经济主战场、面向国家重大需求、面向人民生命健康，抢抓科技革命和产业变革新机遇，肩负起历史赋予的重任，勇立潮头，锐意进取，着力攻克关键核心技术，勇攀科技高峰，不断向科学技术广度和深度进军，为加快建设创新型国家和世界科技强国贡献智慧和力量。

各地区各部门要坚持以习近平新时代中国特色社会主义思想为指导，增强“四个意识”，坚定“四个自信”，做到“两个维护”，深入实施创新驱动发展战略，持续优化科技创新生态，加快促进科技与经济深度融合，要大兴识才爱才敬才用才之风，聚天下英才而用之，要高度重视青年科技人才成长，为他们人生出彩搭建舞台，使他们成为科技创新主力军，激励广大青年科技工作者为实现中华民族伟大复兴的中国梦而努力奋斗！

附件 1：第十六届中国青年科技奖特别奖获奖者名单

附件 2：第十六届中国青年科技奖获奖者名单

中共中央组织部　人力资源和社会保障部
中国科协　共青团中央
2020 年 10 月 15 日

附件 1

第十六届中国青年科技奖特别奖获奖者名单

（按姓氏笔画排序）

序号	姓　名	工作单位
1	孙明波	中国人民解放军国防科技大学
2	孙津济	北京航空航天大学
3	何元智（女）	中国人民解放军军事科学院
4	谷　林	中国科学院物理研究所
5	陈玲玲（女）	中国科学院分子细胞科学卓越创新中心
6	徐　闯	黑龙江八一农垦大学
7	郭庆来	清华大学
8	黄汝锦	中国科学院地球环境研究所
9	常　超	中国人民解放军军事科学院
10	曾　杰	中国科学技术大学

附件 2

第十六届中国青年科技奖获奖者名单

（按姓氏笔画排序）

序号	姓　名	工作单位
1	于　品	清华大学
2	王　宇	中国科学院空天信息创新研究院
3	王　敏	中国科学院古脊椎动物与古人类研究所
4	王殳凹	苏州大学
5	王新颖（女）	中国人民解放军东部战区总医院
6	王源华（女）	中国人民解放军 61786 部队
7	戈惠明	南京大学
8	毛　竹（女）	中国科学技术大学
9	尹　珅	哈尔滨工业大学
10	叶　玲（女）	四川大学
11	宁晓琳（女）	北京航空航天大学
12	吕　奔	中南大学湘雅三医院
13	朱永群	浙江大学
14	朱继宏	西北工业大学
15	刘　庄	苏州大学
16	刘　诚	中国科学技术大学
17	刘　攀	东南大学
18	刘万里	清华大学
19	刘宏涛（女）	中国科学院上海生命科学研究院
20	刘若川	北京大学
21	刘裕强	南京农业大学
22	刘慧泉	西北农林科技大学
23	许　金	中国人民解放军海军工程大学
24	许献磊	中国矿业大学（北京）
25	李　刚	清华大学
26	李云玲（女）	水利部水利水电规划设计总院
27	李玉阳	上海交通大学
28	李利平	山东大学
29	李国良	清华大学
30	李明洲	四川农业大学
31	李建利	北京航空航天大学
32	肖云峰	北京大学
33	吴　南	中国医学科学院北京协和医院
34	吴蓓丽（女）	中国科学院上海药物研究所

续表

序号	姓　名	工作单位
35	邱　强	西北工业大学
36	何　龙	中国兵器装备集团有限公司
37	余　彦（女）	中国科学技术大学
38	狄增峰	中国科学院上海微系统与信息技术研究所
39	汪　洋	中国农业大学
40	沈　俊（女）	中国科学院理化技术研究所
41	宋令阳	北京大学
42	张　怡（女）	福建农林大学
43	张　然（女）	吉林大学
44	张　强	清华大学
45	张冬梅（女）	同济大学
46	张冠斌	成都博奥新景医学科技有限公司
47	张新雨	中国科学院数学与系统科学研究院
48	陆朝阳	中国科学技术大学
49	陈　兴	北京大学
50	陈　斐	武汉理工大学
51	陈　焱（女）	天津大学
52	陈旭瑾（女）	中国科学院数学与系统科学研究院
53	陈金辉	复旦大学
54	陈海波	上海交通大学
55	陈燕东	湖南大学
56	林　鸿	中国计量科学研究院
57	金涛勇	武汉大学
58	周　恒	中国科学院化学研究所
59	庞晓露	北京科技大学
60	郑世强	北京航空航天大学
61	孟祥飞	国家超级计算天津中心
62	赵玉新	哈尔滨工程大学
63	段　峰	中国人民解放军总医院
64	姜长涛	北京大学
65	宫　磊	东北师范大学
66	姚　望	香港大学
67	姚华建	中国科学技术大学
68	秦成峰	中国人民解放军军事科学院
69	秦莹莹（女）	山东大学附属生殖医院
70	袁文平	中山大学

续表

序号	姓　名	工作单位
71	聂　鑫	清华大学
72	徐　强	华中农业大学
73	徐立章	江苏大学
74	徐海君	浙江大学
75	高　昊	暨南大学
76	郭　威	吉林大学
77	郭少军	北京大学
78	唐云龙	中国科学院金属研究所
79	展思辉	南开大学
80	黄旭辉	香港科技大学
81	黄艳利	中国矿业大学
82	崔俊宁	哈尔滨工业大学
83	覃小红（女）	东华大学
84	焦雨铃	中国科学院遗传与发育生物学研究所
85	谢　文	中国人民解放军陆军炮兵防空兵学院
86	雷亚国	西安交通大学
87	詹　帅	中国科学院上海生命科学研究院
88	蔡开泉	北京航空航天大学
89	樊江莉（女）	大连理工大学
90	潘时龙	南京航空航天大学

人力资源和社会保障部　中国科协　科技部　国务院国资委关于表彰第二届全国创新争先奖获奖者的决定

人社部发〔2020〕39 号

各省、自治区、直辖市及新疆生产建设兵团人力资源和社会保障厅（局）、科协、科技厅（委、局）、国资委，有关中央和国家机关人事人才司（局），中央军委政治工作部干部局，中国科协所属全国学会、协会、研究会和各全国学会联合体：

为深入贯彻落实习近平总书记在“科技三会”上的重要讲话精神，广泛开展创新争先行动，进一步团结引领广大科技工作者在建设世界科技强国进程中奋勇争先砥砺建功，树立新时代国家科技创新领域的楷模，表彰在疫情防控、脱贫攻坚、基础研究和前沿探索、重大装备和工程攻关、成果转化和创新创业、社会服务等方面作出突出贡献的集体和个人，人力资源和社会保障部、中国科协、科技部、国务院国资委决定授予三代半导体（氮化镓）创新团队等 10 个团队第二届全国创新争先奖牌；授予丁健等 28 名同志第二届全国创新争先奖章并享受省部级表彰奖励获得者待遇；授予丁奎岭等 258 名同志第二届全国创新争先奖状。希望受到表彰的全国创新争先奖获奖者珍惜荣誉、再接再厉，在建设世界科技强国的征程上作出新的更大贡献。

全国创新争先奖获奖者是我国广大科技工作者和创新团队的杰出代表，是为建设世界科技强国作出突出贡献的排头兵、领航者。广大科技工作者要以获奖者为榜样，坚定创新信心和决心，把个人理想自觉融入国家发展伟业，大力弘扬新时代科学家精神，瞄准世界科技前沿，引领科技发展方向，抢抓科技革命和产业变革新机遇，肩负起历史赋予的重任，勇立潮头，锐意进取，奋发有为，紧扣经济发展和民生急需，把准科技创新的着力点，创造更多“从0到1”的原创成果，加速产业升级的关键核心技术攻关和成果转化，为推动经济高质量发展提供强大动力，为加速建设创新型国家贡献智慧和力量。

各地区各部门要坚持以习近平新时代中国特色社会主义思想为指导，增强“四个意识”，坚定“四个自信”，做到“两个维护”，深入实施创新驱动发展战略，以“双创”汇聚众智，加快促进科技与经济深度融合，持续优化科技创新生态，增强科技创新内生动力，着力壮大新增长点，形成发展新动能，要大兴识才爱才敬才用才之风，鼓励和支持人才创新创业创造，聚天下英才而用之，为建设世界科技强国汇聚磅礴力量，为实现“两个一百年”奋斗目标、实现中华民族伟大复兴的中国梦而努力奋斗！

附件1：第二届全国创新争先奖牌获奖团队名单
附件2：第二届全国创新争先奖章获奖者名单
附件3：第二届全国创新争先奖状获奖者名单

人力资源和社会保障部　中国科协
科技部　国务院国资委
2020年5月29日

附件1

第二届全国创新争先奖牌获奖团队名单

（按团队名称首字笔画排序）

序号	获奖团队名单
1	三代半导体（氮化镓）创新团队
2	大跨拱桥关键技术研究团队
3	广州医科大学新冠肺炎疫情防控研究南山团队
4	中国人民解放军总医院灾害医学救援与伤病救治创新团队
5	水下发射大型固体运载火箭研制团队
6	北京大学第三医院医学创新研究院
7	武汉雷神山医院抗疫团队
8	空间飞行器系统研发团队
9	复兴号动车组研发创新团队
10	高超声速强预冷空天动力研究团队

附件2

第二届全国创新争先奖章获奖者名单

（按姓氏笔画排序）

序号	姓　名	工作单位
1	丁　健	中国科学院上海药物研究所
2	马　林	中国电子科技集团公司信息科学研究院
3	王红阳（女）	中国人民解放军海军军医大学第三附属医院
4	巴桑旺堆（藏族）	西藏自治区农牧科学院畜牧兽医研究所
5	龙　腾	北京理工大学
6	付小兵	中国人民解放军总医院
7	仝小林	中国中医科学院广安门医院
8	冯小明	四川大学

续表

序号	姓　名	工作单位
9	冯江华	中车株洲电力机车研究所有限公司
10	向　涛	中国科学院物理研究所
11	杜　斌	中国医学科学院北京协和医院
12	李兰娟（女）	浙江大学
13	肖文交	中国科学院新疆生态与地理研究所
14	辛万青	中国航天科技集团有限公司第一研究院
15	张伯礼	天津中医药大学
16	陈士林	中国中医科学院中药研究所
17	陈孝平	华中科技大学同济医学院附属同济医院
18	金黎平（女）	中国农业科学院蔬菜花卉研究所
19	胡　豫	华中科技大学同济医学院附属协和医院
20	俞书宏	中国科学技术大学
21	唐玉华（女）	探月与航天工程中心
22	黄才发	江西省寻乌中学
23	黄璐琦	中国中医科学院
24	常兆华	上海微创医疗器械（集团）有限公司
25	彭志勇	武汉大学中南医院
26	焦宗夏	北京航空航天大学
27	樊会涛	中国空空导弹研究院
28	薛　澜	清华大学

附件 3

第二届全国创新争先奖状获奖者名单

（按姓氏笔画排序）

序号	姓　名	工作单位
1	丁奎岭	上海交通大学
2	丁钢强	中国疾病预防控制中心营养与健康所
3	于贵瑞	中国科学院地理科学与资源研究所
4	万贤纲	南京大学
5	马冠生	北京大学
6	王　华	大理大学
7	王　威	安徽省泗县第三中学
8	王　洁（女）	国家癌症中心
9	王　浩	中国水利水电科学研究院水资源研究所
10	王　韬	上海市东方医院
11	王开云	西南交通大学
12	王云鹏（满族）	北京航空航天大学

续表

序号	姓　名	工作单位
13	王华平	东华大学
14	王齐华	中国科学院兰州化学物理研究所
15	王沛芳（女）	河海大学
16	王松灵	首都医科大学
17	王岳飞	浙江大学
18	王树新	天津大学
19	王香增	陕西延长石油（集团）有限责任公司
20	王爱勤	中国科学院兰州化学物理研究所
21	王海斌	中国科学院声学研究所
22	王彬文	中国飞机强度研究所
23	王智彪	重庆医科大学
24	王福生	中国人民解放军总医院第五医学中心
25	王黎明	核工业理化工程研究院
26	王耀南	湖南大学
27	支修益	首都医科大学宣武医院
28	车慧正	中国气象科学研究院大气成分与环境气象研究所
29	牛　勇	公安部刑事侦查局
30	介万奇	西北工业大学
31	方创琳	新疆大学
32	孔令义	中国药科大学
33	邓中亮	北京邮电大学
34	邓景辉	中国直升机设计研究所
35	厉彦虎	国家体育总局运动医学研究所
36	龙伟民	中机智能装备创新研究院（宁波）有限公司
37	龙丽娟（女）	中国科学院南海海洋研究所
38	卢煜明	香港中文大学
39	叶文才	暨南大学
40	叶叔华（女）	中国科学院上海天文台
41	田怀玉	北京师范大学
42	田建军	内蒙古农业大学
43	付　琨	中国科学院空天信息创新研究院
44	代正华	华东理工大学
45	包振民	中国海洋大学
46	冯　起	中国科学院西北生态环境资源研究院
47	冯仲科	北京林业大学
48	冯晓峰	中国建设银行建信金融科技有限责任公司
49	邢卫红（女）	南京工业大学

续表

序号	姓　名	工作单位
50	吕金虎	北京航空航天大学
51	朱　军	公安部物证鉴定中心
52	朱　坤	中国航天科工集团第三研究院
53	朱恒银	安徽省地质矿产勘查局
54	刘　良	华中科技大学
55	刘　浩	中国科学院沈阳自动化研究所
56	刘　辉（女）	故宫博物院
57	刘书杰	中海油研究总院有限责任公司
58	刘玉玲（女）	中国医学科学院药物研究所
59	刘加平	东南大学
60	刘光华	云南省农业科学院热带亚热带经济作物研究所
61	刘仲华	湖南农业大学
62	刘保延	中国中医科学院中医药数据中心
63	刘新华	生态环境部核与辐射安全中心
64	江桂斌	中国科学院生态环境研究中心
65	汤　群	中信建筑设计研究总院有限公司
66	祁成年	塔里木大学
67	孙长凯	大连理工大学
68	孙公权	中国科学院大连化学物理研究所
69	孙立宁	苏州大学
70	孙建设	河北农业大学
71	孙斌勇	中国科学院数学与系统科学研究院
72	严建华	浙江大学
73	严浙平	哈尔滨工程大学
74	严景华（女）	中国科学院微生物研究所
75	严新平	武汉理工大学
76	苏东林（女）	北京航空航天大学
77	苏新宁	南京大学
78	杜雄明	中国农业科学院棉花研究所
79	李　云	水利部交通运输部国家能源局南京水利科学研究院
80	李　玉	吉林农业大学
81	李天来	沈阳农业大学
82	李为民	四川大学华西临床医学院 / 华西医院
83	李术才	山东大学
84	李召良	中国农业科学院农业资源与农业区划研究所
85	李剑东（壮族）	中国航天科技集团有限公司第五研究院
86	李建生	河南中医药大学

续表

序号	姓　名	工作单位
87	李洪文	中国农业大学
88	李贺军	西北工业大学
89	李得天	兰州空间技术物理研究所
90	李欲晓	中国网络空间研究院
91	李清泉	深圳大学
92	李道亮	中国农业大学
93	杨为民	中国石油化工股份有限公司上海石油化工研究院
94	杨远柱（土家族）	袁隆平农业高科技股份有限公司
95	杨树兴	中国兵器工业第二〇三研究所
96	杨晓明（藏族）	中国生物技术股份有限公司
97	肖忠良	南京理工大学
98	吴丰昌	中国环境科学研究院
99	吴贝贝（女）	中国人民银行清算总中心
100	吴玉章	中国人民解放军陆军军医大学
101	吴安华	中南大学湘雅医院
102	吴志强	同济大学
103	何建梅（女）	四川省宜宾市农业农村局蚕业管理站
104	何祖华	中国科学院分子植物科学卓越创新中心
105	余家国	武汉理工大学
106	邹小波	江苏大学
107	冷文军	中国船舶集团有限公司第七一九研究所
108	冷劲松	哈尔滨工业大学
109	闵庆文	中国科学院地理科学与资源研究所
110	汪　晖（女）	华中科技大学同济医学院附属同济医院
111	宋仁德	青海省玉树藏族自治州动物疫病预防控制中心
112	宋尔卫	中山大学孙逸仙纪念医院
113	宋征宇	中国航天科技集团有限公司第一研究院
114	宋保维	西北工业大学
115	张　军	厦门大学
116	张　宏	中国科学院生物物理研究所
117	张　政	广东省深圳市第三人民医院
118	张　琨	中建三局集团有限公司
119	张　翼	中国社会科学院社会发展战略研究院
120	张一敏	武汉科技大学
121	张小松	电子科技大学
122	张卫华	西南交通大学
123	张卫红	西北工业大学

续表

序号	姓　名	工作单位
124	张友军	中国农业科学院蔬菜花卉研究所
125	张文宏	复旦大学附属华山医院
126	张志俭	哈尔滨工程大学
127	张志愿	上海交通大学医学院附属第九人民医院
128	张应龙	陕西省神木市生态保护建设协会
129	张阿漫	哈尔滨工程大学
130	张国防	福建农林大学
131	张金良	黄河勘测规划设计研究院有限公司
132	张建锋	阿里云计算有限公司
133	张柏楠	中国航天科技集团有限公司第五研究院
134	张颂民	中南建筑设计院股份有限公司
135	张继贤	国家测绘产品质量检验测试中心
136	张雪霞（女）	华北制药集团新药研究开发有限责任公司
137	张铭志（女，满族）	汕头大学·香港中文大学联合汕头国际眼科中心
138	陆　林	北京大学第六医院
139	陈　军	南开大学
140	陈　志	中国农业机械化科学研究院
141	陈　钱	南京理工大学
142	陈山枝	中国信息通信科技集团有限公司
143	陈子江（女）	山东大学
144	陈日新	江西中医药大学
145	陈发虎	中国科学院青藏高原研究所
146	陈发棣	南京农业大学
147	陈政清	湖南大学
148	陈冠铭	海南省三亚市南繁科学技术研究院
149	陈莉莉（女）	华中科技大学同济医学院附属协和医院
150	陈新军	上海海洋大学
151	陈德昌	上海交通大学医学院附属瑞金医院
152	邵　峰	北京生命科学研究所
153	邵汉彬	澳门科学馆
154	苑伟政	西北工业大学
155	罗先刚	中国科学院光电技术研究所
156	罗胜联	南昌航空大学
157	金　奇	中国医学科学院病原生物学研究所
158	周　欣	中国科学院精密测量科学与技术创新研究院
159	周　嵘	中国科学院兰州化学物理研究所
160	周　琦	贵州省地质矿产勘查开发局

续表

序号	姓　名	工作单位
161	周小秋	四川农业大学
162	周卫健（女）	中国科学院地球环境研究所
163	周忠和	中国科学院古脊椎动物与古人类研究所
164	周晋峰	中国生物多样性保护与绿色发展基金会
165	周雪平	中国农业科学院植物保护研究所
166	周绪红	重庆大学
167	郑海学	中国农业科学院兰州兽医研究所
168	单忠德	机械科学研究总院集团有限公司
169	宗敦峰	中国电力建设集团有限公司
170	赵中伟	中南大学
171	赵新全	中国科学院西北高原生物研究所
172	郝丽娟（女）	青海红十字医院
173	郝爱民	北京航空航天大学
174	胡　郁	科大讯飞股份有限公司
175	胡钦勇（土家族）	湖北省武汉市汉南区人民医院
176	胡海岚（女）	浙江大学
177	胡德文	中国人民解放军国防科技大学
178	茹振钢	河南科技学院
179	钟彩虹（女）	中国科学院武汉植物园
180	段文晖	清华大学
181	侯　旭	厦门大学
182	侯文邦	河南科技大学
183	侯仰龙	北京大学
184	侯建民	中国地震台网中心
185	饶　宏	南方电网科学研究院有限责任公司
186	施　闯	北京航空航天大学
187	施　斌	南京大学
188	姜周华	东北大学
189	洪家光	中国航发沈阳黎明航空发动机有限责任公司
190	祝小平	西北工业大学
191	姚　颖（女）	华中科技大学同济医学院附属同济医院
192	姚建民	山西省农业科学院农业资源与经济研究所
193	贺　泓	中国科学院生态环境研究中心
194	徐　星	中国科学院古脊椎动物与古人类研究所
195	徐　涛	广州再生医学与健康广东省实验室
196	徐　麟	新疆农业科学院农作物品种资源研究所
197	徐卫华	中国科学院生态环境研究中心

续表

序号	姓　名	工作单位
198	徐兵河	中国医学科学院肿瘤医院
199	徐明岗	中国热带农业科学院南亚热带作物研究所
200	徐铭恩	杭州捷诺飞生物科技股份有限公司
201	凌　祥	南京工业大学
202	高允旺	福建省顺昌县大历镇三农服务中心
203	高新波	西安电子科技大学
204	郭　旭	大连理工大学
205	郭华东	中国科学院空天信息创新研究院
206	唐丹玲（女）	中国科学院南海海洋研究所
207	黄　震	上海交通大学
208	黄三文	中国农业科学院农业基因组研究所
209	黄长玲	中国农业科学院作物科学研究所
210	黄文杰	中国人民解放军南部战区总医院
211	黄玉东	哈尔滨工业大学
212	黄路生	江西农业大学
213	曹　彬	中日友好医院
214	曹务春	中国人民解放军军事科学院军事医学研究院
215	龚启勇	四川大学华西医院
216	常俊标	河南师范大学
217	崔　鹏	中国科学院地理科学与资源研究所
218	崔世平	澳门青年创业孵化中心
219	康红普	中国煤炭科工集团有限公司
220	康艳荣（女）	公安部物证鉴定中心
221	梁玉斌	宁夏回族自治区中卫市沙坡头区柔远镇农技站
222	提　布（藏族）	云南省迪庆藏族自治州农业农村经济发展服务中心
223	彭年才	西安交通大学
224	彭孝军	大连理工大学
225	葛世荣	中国矿业大学（北京）
226	董佳家	中国科学院上海有机化学研究所
227	董绍明	中国科学院上海硅酸盐研究所
228	董新洲	清华大学
229	蒋昌俊	同济大学
230	韩金林	中国科学院国家天文台
231	程　京	清华大学
232	程杰成	大庆油田有限责任公司
233	程荣辉	中国航发沈阳发动机研究所
234	程博闻	天津科技大学

续表

序号	姓　名	工作单位
235	焦新安	扬州大学
236	曾　嫵（女）	江苏苏洪农业科技集团有限公司
237	谢　鹏	重庆医科大学附属第一医院
238	谢小冬（回族）	兰州大学
239	谢晓亮	河北省农林科学院经济作物研究所
240	路保平	中国石油化工股份有限公司石油工程技术研究院
241	褚景春（蒙古族）	国电科技环保集团股份有限公司
242	蔡秀军	浙江大学医学院附属邵逸夫医院
243	端义宏	中国气象科学研究院
244	谭文杰	中国疾病预防控制中心病毒病预防控制所
245	谭旭光	潍柴动力股份有限公司
246	谭明生	中日友好医院
247	谯仕彦	中国农业大学
248	樊海宁	青海大学附属医院
249	潘　伟	清华大学
250	潘一山	辽宁大学
251	潘国君	黑龙江省农业科学院水稻研究所
252	霍　勇	北京大学第一医院
253	戴　航	青海省西宁市科学技术局
254	戴立忠	圣湘生物科技股份有限公司
255	戴民汉	厦门大学
256	魏一鸣	北京理工大学
257	瞿礼嘉	北京大学
258	瞿金平	华南理工大学

科技部　中央宣传部　中国科协关于表彰全国科普工作先进集体和先进工作者的决定

国科发智〔2020〕344号

各省、自治区、直辖市科技厅（委、局）、党委宣传部、科协，新疆生产建设兵团科技局、党委宣传部、科协，中央、国务院各有关部门、直属机构，各有关人民团体，中央军委政治工作部：

近年来，广大科普工作者在以习近平同志为核心的党中央坚强领导下，大力实施创新驱动发展战略，贯彻落实《中华人民共和国科学技术普及法》，在弘扬科学精神、普及科学知识、加强国家科普能力建设、提高公民科学文化素质、推进科普事业发展、建设创新型国家工作中作出了积极贡献，涌现出一大批先进集体和个人，为表彰先进、弘扬正气、振奋精神，激励广大科普工作者进一步做好新时代科学技术普及工作，经全国评比达标表彰工作协调小组核准，科技部、中央宣传部、中国科协决定对2016年以来在科普工作中作出突出贡献的北京青少年科技中心等183个单位授予“全国科普工作先进集体”称号（见附件1），北京大学第三医院乔杰等288名个人授予“全国科普工作先进工作者”称号（见附件2）。

希望受到表彰的先进集体和先进工作者不忘初心、牢记使命、珍惜荣誉、开拓创新，在科普工作中不断作出新的成绩。各地方各部门要以习近平新时代中国特色社会主义思想为指导，全面贯彻党的十九大和十九届二中、三中、四中、五中全会精神，以受到表彰的先进集体和先进工作者为榜样，增强“四个意识”，坚定“四个自信”，做到“两个维护”，更加紧密地团结在以习近平同志为核心的党中央周围，奋发有为、扎实工作、知重负重、攻坚克难，为全面建设社会主义现代化国家、实现中华民族伟大复兴的中国梦不懈奋斗！

附件1：全国科普工作先进集体名单
附件2：全国科普工作先进工作者名单

科技部　中宣部　中国科协
2020年12月11日

附件1

全国科普工作先进集体名单

序号	先进集体单位名单
1	北京青少年科技中心
2	北京市疾病预防控制中心
3	北京动物园
4	共青团北京工业大学委员会
5	天津市科学技术信息研究所
6	天津市科普作家协会
7	天津自然博物馆
8	天士力控股集团
9	河北省邯郸市科学技术局
10	河北科学技术出版社有限责任公司
11	河北省协同创新中心（科技大厦）
12	内蒙古广播电视台农村牧区广播绿野之声
13	内蒙古自治区科学技术协会科学技术普及部
14	内蒙古自治区科学技术厅政策法规与监督处
15	辽宁省科学技术馆
16	大连市沙河口区中小学生科技中心
17	鞍钢集团博物馆
18	辽宁省科学技术厅政策法规与监督处
19	吉林省科学技术厅政策法规与创新体系建设处
20	中共吉林市委宣传部
21	吉林省科技馆
22	黑龙江省公安厅科技信息化总队
23	黑龙江省消防救援总队宣传处
24	哈尔滨市科学技术局法规处
25	上海市科技艺术教育中心
26	上海市科学技术委员会科普工作处
27	上海市科学技术协会科学技术普及部

续表

序号	先进集体单位名单
28	上影集团科教电影制片厂（上海东影传媒有限公司）
29	江苏省南京市江宁区科学技术局
30	恐龙园文化旅游集团股份有限公司
31	江苏省苏州市昆山市科学技术局
32	杭州青少年活动中心
33	宁波科学探索中心管理有限公司
34	浙江省绍兴市科学技术局
35	浙江省台州市科学技术协会
36	安徽省马鞍山市科学技术局
37	安徽省天长市科学技术局
38	安徽农业大学科技处
39	福建省漳州市科学技术局
40	福建省气象宣传科普教育中心
41	福建省福州市科学技术局
42	厦门市思明区科学技术协会
43	江西省南昌市科学技术局
44	中共江西省萍乡市湘东区委宣传部
45	江西省宜春市科学技术协会
46	山东省青岛市口腔健康教育基地（青岛市口腔医院）
47	山东省淄博市临淄区人民政府齐陵街道办事处
48	山东省潍坊市科学技术协会
49	山东科技报
50	河南省科学技术厅政策法规处
51	河南省科学技术协会科学技术普及部
52	中共河南省郑州市委宣传部
53	湖北省黄石市科学技术协会
54	湖北省武汉市科学技术局科技合作处
55	中国科学院武汉植物园科学教育中心
56	中共湖南省委宣传部宣传教育处
57	湖南省常德市科学技术局
58	湖南省怀化市鹤城区科学技术协会
59	广东长隆集团有限公司
60	广东新大地生物科技股份有限公司
61	广东省汕尾市陆河县河田中学
62	深圳市龙岗区科学技术协会
63	广西壮族自治区南宁市科学技术局

续表

序号	先进集体单位名单
64	广西壮族自治区党委宣传部宣传教育处
65	广西科学技术普及传播中心
66	海南省三亚市南繁科学技术研究院
67	海南师范大学生物多样性博物馆
68	海南省琼海市科学技术协会
69	中共重庆市委宣传部宣传教育处
70	重庆市科学技术局宣传统战与科普处
71	重庆课堂内外杂志有限责任公司
72	重庆医科大学附属儿童医院两江院区
73	成都大熊猫繁育研究基地
74	四川科技馆
75	四川科学技术出版社有限公司
76	贵州省生产力促进中心
77	贵州省黔南布依族苗族自治州龙里县科学技术协会
78	中共贵州省委宣传部宣传教育处
79	云南省科学技术发展研究院
80	云南省曲靖市科学技术局
81	云南省红河哈尼族彝族自治州科学技术局
82	西藏自然科学博物馆
83	西藏人民出版社
84	西藏藏医药学会
85	陕西科学技术馆
86	陕西科技报社新媒体工作室
87	中共陕西省委科技工委陕西省科学技术厅宣传教育与统战处
88	甘肃省兰州市科学技术局
89	甘肃省定西市科学技术局
90	甘肃省武威市科学技术局
91	中共宁夏回族自治区党委宣传部宣传教育处
92	宁夏回族自治区地质博物馆
93	宁夏回族自治区银川市科学技术协会
94	青海省科学技术馆
95	青海省海西蒙古族藏族自治州科学技术局（科协）
96	青海省西宁市科学技术协会
97	新疆维吾尔自治区阿克苏地区科学技术协会
98	新疆维吾尔自治区伊犁哈萨克自治州奎屯市青少年活动中心
99	新疆维吾尔自治区乌鲁木齐市米东区科学技术局

续表

序号	先进集体单位名单
100	石河子大学科学技术协会
101	塔里木大学植物科学学院
102	新疆农垦科学院科技成果推广处
103	中央组织部人才工作局二处
104	中央宣传部传媒监管局受理审查处
105	中央宣传部反非法反违禁局信息宣传处
106	中央文明办一局信息处
107	暨南大学附属第一医院神经内科
108	九三学社中央社会服务部科教处
109	中央网信办违法和不良信息举报中心辟谣工作处
110	国家发展改革委创新和高技术发展司创新创业处
111	中国传媒大学电视学院
112	北京邮电大学信息与通信工程学院
113	陕西师范大学科学技术协会
114	科学技术部办公厅宣传处
115	中国科学技术交流中心科普处
116	国家自然科学基金委科学传播与成果转化中心采编制作部
117	工业和信息化部科技司综合处
118	北京航空航天大学科学技术协会
119	国家民委教育科技司
120	西南民族大学科技处
121	中国人民公安大学科研处
122	公安部物证鉴定中心科研管理处
123	民政部地名研究所应用理论研究室
124	司法部信息中心科技和标准化处
125	人力资源和社会保障部专业技术人员管理司继续教育处
126	中国人力资源和社会保障出版集团有限公司科技和职业安全图书编辑室
127	中国地质博物馆社会教育部
128	自然资源部宣传教育中心远程教育部
129	国家大气污染防治攻关联合中心
130	中国环境科学学会环境科普部
131	中国城市规划设计研究院城市交通研究分院
132	交通运输部海事局宣传处
133	中国公路学会
134	南水北调中线干线工程建设管理局宣传中心
135	中国农学会科普处

续表

序号	先进集体单位名单
136	文化和旅游部全国公共文化发展中心资源管理处
137	国家图书馆少年儿童馆
138	国家卫生健康委员会宣传司健康促进处
139	中国人民银行昆明中心支行科技处
140	中国人民银行科技司科技管理处
141	审计署电子数据审计司二处
142	北京海关科技处
143	国家税务总局政策法规司综合处
144	国家税务总局广东省税务局政策法规处
145	福建省计量科学研究院
146	国家广播电视总局科技司科技管理处
147	中央广播电视总台社教节目中心科教频道《飞向月球》制作团队
148	国家体育总局体育科学研究所科学健身与健康促进研究中心
149	应急管理部宣传教育中心宣教部
150	应急管理出版社有限公司编辑三室
151	国家统计局社会科技和文化产业统计司科技处
152	浙江省林业局科学技术处
153	国家知识产权局专利检索咨询中心咨询处
154	新华网股份有限公司科普事业部
155	中国科学院植物研究所北京植物园
156	中国科学院合肥现代科技馆
157	中国科学院上海光学精密机械研究所科普志愿服务队
158	中国社会科学院习近平新时代中国特色社会主义思想研究中心
159	北京市防震减灾宣教中心
160	安徽省铜陵市气象局
161	江苏省粮食和物资储备局安全仓储与科技处
162	国家能源局能源节约和科技装备司科技处
163	中国兵器装备集团有限公司轻武器博物馆
164	中国铁道科学研究院集团有限公司铁道科学技术研究发展中心
165	中国民航科普基金会
166	中国邮政快递报社
167	中国文物报社博物馆研究与传播中心
168	中国健康传媒集团
169	国家中医药管理局办公室新闻办公室
170	中农集团控股股份有限公司农业服务事业部
171	国务院扶贫办开发指导司产业处

续表

序号	先进集体单位名单
172	国防科工局系统工程一司航天管理处
173	解放军总医院国家老年疾病临床医学研究中心
174	国防科技大学电子科学学院自动目标识别重点实验室
175	战略支援部队某部政治工作部政工保障中心宣传文化站
176	火箭军工程大学基础部
177	上海市职工技术协会
178	《中国少年报》编辑部
179	中国儿童中心兴趣培养部科技创客分中心
180	《人民文学》编辑部
181	中国药学会
182	中国康复医学会
183	中国科学技术馆展览教育中心

附件 2

全国科普工作先进工作者名单

序号	姓 名	所在单位
1	乔 杰	北京大学第三医院
2	郭 耕	北京麋鹿生态实验中心
3	高 巍	北京市密云区医院
4	凌 丽	北京市海淀区科学技术协会
5	王 伟	北京市科技传播中心
6	马长生	首都医科大学附属北京安贞医院
7	马 红	北京市林业碳汇工作办公室
8	陈 佳	天津市科学技术信息研究所
9	李兆江	天津市地理学会
10	李 杉	天津市科学技术协会
11	周燕川	天津市气象灾害防御技术中心
12	宋文琦	应急管理部天津消防研究所
13	张伟刚	南开大学电子信息与光学工程学院
14	张 威	天津市滨海新区科学技术协会
15	刘风通	河北省邢台市科学技术局
16	张秋霞	河北医科大学
17	孙禄军	河北省科学技术厅
18	任嵘嵘	东北大学秦皇岛分校
19	秦瑞强	河北省正定县科技馆
20	张 静	河北省科学技术情报研究院

续表

序号	姓 名	所在单位
21	姜宝林	内蒙古自治区火炬高技术产业开发中心
22	郑建军	内蒙古自治区公安厅科技信息化总队科技管理支队
23	白 莲	内蒙古日报社
24	许 勇	内蒙古自治区巴彦淖尔市科学技术局
25	王莉烨	内蒙古自治区赤峰市科学技术局
26	特格希	内蒙古自治区通辽市扎鲁特旗科学技术协会
27	江 雪	大连自然博物馆
28	于 波	沈阳市公共文化服务中心
29	马 韬	辽宁省营口市科学技术馆
30	张 月	辽宁省锦州市黑山县农家养鸡专业合作社
31	刘 哲	辽宁省辽阳市科学技术局
32	崔淑霞	中国科学院沈阳分院
33	单秋海	中共辽宁省委宣传部
34	张瑜凤	吉林省辽源市科学技术局
35	杨 华	吉林省科学技术信息研究所
36	夏 腾	长春中国光学科学技术馆
37	李 兵	东北师范大学附属中学
38	刘 斌	中共吉林省委宣传部
39	金中伟	吉林省青少年科技中心
40	王 琦	黑龙江省科学技术馆
41	陈 爽	黑龙江省对外科技合作中心
42	孙宝林	黑龙江省科学技术厅
43	李 宏	佳木斯大学视光中心
44	李丽云	科技日报社驻黑龙江记者站
45	朴 田	黑龙江省大庆市科学技术局
46	张文宏	复旦大学附属华山医院
47	陈 剑	上海智慧湾投资管理有限公司
48	李 娜	华东师范大学第二附属中学附属初级中学
49	任 荃	文汇报社
50	孙莉雯	上海市闵行区科学技术协会
51	王 宁	上海广播电视台融媒体中心
52	严雪梅	上海市废弃物管理处
53	张 华	江苏省科学技术情报研究所
54	谭 旭	江苏省扬州市高邮市科学技术局
55	钱小莱	江苏省泰州市科学技术局
56	张亿锋	江苏省苏州市科学技术协会

续表

序号	姓　名	所在单位
57	葛璟璐	江苏省科学传播中心
58	张　俊	常州国家高新区（新北区）科学技术局
59	孙吉宝	浙江省杭州市江干区科学技术局
60	虞科娜	宁波市慈溪市科学技术协会
61	徐　勇	湖州市科技馆
62	姚爱英	浙江省嘉兴市平湖市老科技工作者协会
63	伍亚萍	浙江省绍兴市科学技术协会
64	洪中勇	浙江省丽水市科学技术协会
65	吴瑜良	浙江省舟山市科学技术协会
66	纪　杰	中国科学技术大学火灾科学国家重点实验室
67	庞良俊	安徽省合肥市第四人民医院
68	金　迪	安徽省地质博物馆宣教部
69	江　水	安徽省合肥市科学技术协会
70	周广亮	安徽省科学技术厅农村处
71	万昭莹	合肥学院校团委
72	方　秀	福建闽威实业股份有限公司
73	林　实	福建省闽江学院软件学院
74	陈兰芳	福建省南平市松溪县科学技术协会
75	郭浠恒	福建省龙岩市科学技术局
76	杨采薇	福建省科学技术协会
77	翁祖潮	福建省平潭综合实验区经济发展局
78	董剑锋	厦门科技交流中心有限公司
79	吴春晓	景德镇市青少年宫
80	张智辉	赣州科技馆
81	梁　颖	中共江西省新余市委宣传部
82	徐保明	江西省贵溪市农业农村粮食水产工作站
83	冷文义	江西省九江市同文中学
84	成静清	江西省水利科学研究院水资源水环境研究所
85	聂麦花	山东省青岛市中学
86	关若飞	山东省淄博市科学技术局
87	邢红辉	山东省滨州市科学技术局
88	刘建林	中国石油大学（华东）
89	董兆选	山东省科学技术厅
90	蔡小涛	山东第一医科大学
91	张庆军	山东省科学技术协会
92	杨力勇	河南省卫生健康委

续表

序号	姓 名	所在单位
93	何景阳	河南省疾控中心健康教育与慢病管理所
94	豆敬磊	河南省地质博物馆
95	李秀珍	河南科技大学林学院
96	蔡晓辉	中共河南省委宣传部宣教处
97	李天岭	河南省南阳市邓州市科学技术协会
98	黄朝林	武汉市金银潭医院
99	谭世荣	湖北省宜昌市夷陵区科学技术局
100	习德成	湖北省襄阳市科学技术局
101	刘 珩	中国地质大学（武汉）地学科普研究与创作中心
102	陈玉芬	湖北省科学技术协会普及部
103	王 华	湖北省武汉市洪山区科学技术协会
104	戴 飞	湖南广播电视台
105	徐 海	中南大学
106	黄 辉	湖南省益阳市安化县科学技术和工业信息化局
107	肖加其	湖南省湘潭市科学技术局
108	陈 昶	湖南省长沙市科学技术局
109	彭金春	湖南省娄底市科学技术局
110	黄亚萍	广东科学中心科普教育部
111	丛 锋	广东省实验动物监测所
112	许学猛	广东省第二中医院
113	朱伟业	瀚蓝绿电固废处理（佛山）有限公司
114	汤锦洪	广东省清远市清城区大观小学
115	辛世民	深圳市科普教育基地联合会
116	林晓燕	广州市科学技术局产学研结合处
117	李 泉	广西壮族自治区科学技术厅
118	陈正理	广西壮族自治区钦州市科学技术局
119	余奕珠	广西壮族自治区党委宣传部
120	王冬旭	广西壮族自治区防城港市防城区科学技术协会
121	邹裕恒	广西壮族自治区贺州市科学技术协会
122	胡永东	广西壮族自治区生态环境厅
123	李卫平	解放军总医院海南医院
124	黄国道	海南省五指山市科技和工业信息化局
125	范高野	海南无字教育服务管理有限公司
126	王洪坚	海南省海口市海瑞学校
127	吴卓慧	海南省昌江黎族自治县科技和工业信息化局
128	邓文明	海南兴科兴隆热带植物园开发有限公司

续表

序号	姓　名	所在单位
129	任海滨	重庆市安全生产调度信息（宣传）中心
130	李向东	重庆市社会科学界联合会社科普及咨询管理部
131	张雪萍	重庆市北碚区科学技术局
132	张启义	重庆科技学院
133	李东林	重庆工程职业技术学院
134	熊　琳	重庆市南山植物园管理处
135	杨　怡	重庆市动物园管理处
136	罗　琳	四川省科技交流中心
137	苏勇林	四川大学华西医学展览馆
138	黎开成	四川省阿坝藏族羌族自治州科技交流普及中心
139	毕　圆	四川广播电视台
140	郑　俊	四川省科学技术协会
141	杨绍林	四川省甘孜藏族自治州科学技术协会
142	张安国	贵州省铜仁市思南县教育局
143	黄绍发	贵州省黔南布依族苗族自治州科学技术局
144	隋常玲	遵义师范学院
145	耿　坤	贵州省贵阳市植保植检站
146	张琳莉	贵州省黔西南布依族苗族自治州兴义市科学技术协会
147	黄　莎	贵州省遵义市汇川区科学技术局
148	武　卫	云南省科学技术情报研究院
149	罗朝新	云南省科学技术协会科普部
150	周忠明	中共云南省委宣传部宣传教育处
151	李维薇	中国科学院昆明动物研究所
152	谢建平	云南省科学技术厅科技宣传教育中心
153	解玉红	石林石得利地质科技有限公司
154	次　旺	西藏自治区科学技术厅政策法规处
155	央金措姆	西藏自然科学博物馆
156	巴桑旺堆	西藏自治区农牧科学院畜牧兽医研究所
157	高　飞	西藏大学科学技术协会
158	贡桑曲珍	西藏自治区疾病预防控制中心
159	李联平	西藏自治区林芝市科学技术协会
160	雷振民	陕西省渭南市科学技术协会
161	刘海燕	西安交通大学第二附属医院
162	张　梅	陕西日报社
163	刘建妮	西北大学

续表

序号	姓　名	所在单位
164	任　忞	陕西省科技资源统筹中心
165	王　伟	西安中科创星科学传播发展有限责任公司
166	王　扬	甘肃省科学技术厅
167	杜　英	甘肃省科学技术情报研究所
168	李　洁	甘肃省生产力促进中心
169	赵金惠	甘肃科技馆
170	张国森	甘肃省酒泉市肃州区蔬菜技术服务中心
171	徐国宏	甘肃省张掖市甘州区科学技术局
172	朱筱轩	宁夏回族自治区广播电视台
173	姜　璐	宁夏日报报业集团
174	石虹媛	宁夏回族自治区科学技术厅
175	张振斌	宁夏回族自治区银川市科学技术局
176	马　艳	宁夏回族自治区科学技术协会
177	吴志东	宁夏回族自治区吴忠市青铜峡市科学技术协会
178	马国珍	青海省西宁市科学技术局
179	翟　咏	青海省科学技术馆
180	杜中平	青海省农林科学院
181	马青山	青海省黄南藏族自治州草原工作站
182	马玉光	青海省海东市平安区科学技术协会
183	田德宁	青海省海东市互助土族自治县科学技术协会
184	阿娜尔古丽·达吾提	新疆维吾尔自治区阿克苏地区拜城县米吉克乡农业发展服务中心
185	周蔚红	新疆维吾尔自治区和田思成生产力促进中心有限公司
186	依米尔·艾乃斯	新疆维吾尔自治区喀什地区植物保护检疫站
187	徐启生	新疆维吾尔自治区克州生产力促进中心（有限公司）
188	刘宝龙	新疆维吾尔自治区克拉玛依市独山子区第一小学
189	努尔玛依·加马力	新疆维吾尔自治区吐鲁番市高昌区林果业技术推广服务中心
190	武　刚	新疆生产建设兵团第一师农科所
191	杨建伟	新疆生产建设兵团第六师五家渠第三中学
192	赵新芳	石河子大学医学院第一附属医院
193	张桂青	石河子大学医学院第一附属医院
194	祁成年	塔里木大学
195	姜继元	新疆农垦科学院林园研究所
196	方永来	中央组织部党员教育中心
197	何效梅	中央组织部机关事务管理局机关服务中心门诊部
198	柴　勇	中央组织部公务员二局[illegible]处
199	倪　默	中央宣传部新闻局文化新闻处

续表

序号	姓　名	所在单位
200	杨震林	中央宣传部出版局期刊处
201	邓　杨	中央宣传部宣教局办公室
202	孙自法	中国新闻社政文部
203	任中保	国家发展改革委创新和高技术发展司创新能力处
204	高万林	中国农业大学
205	赵序茅	兰州大学
206	胡熳华	中国农村技术开发中心
207	张佳星	科技日报社
208	刘　娅	中国科学技术信息研究所
209	张姗姗	工业和信息化部科技司综合处
210	王晓峰	北京航空航天大学科学技术协会
211	安　燕	国家民委教育科技司
212	韩晓乐	中南民族大学化学与材料科学学院
213	赵　丰	公安部科技信息化局科技人才培训处
214	张　峰	深圳出入境边防检查总站信息科技处
215	杨洁萌	国家康复辅具研究中心
216	王英明	司法部立法三局二处
217	张晓华	财政部科教和文化司科技二处
218	杨　奕	人力资源和社会保障部职业能力建设司
219	林京耀	中国人力资源和社会保障出版集团有限公司
220	李　瑾	自然资源部宣传教育中心
221	周　艳	中国地质博物馆
222	李　晨	生态环境部环境工程评估中心
223	卢佳新	中国环境科学学会
224	胡文娜	中国城市规划设计研究院
225	任海静	住房和城乡建设部科技与产业化发展中心
226	翟　墨	中国航海学会
227	韩亚楠	人民交通出版社股份有限公司
228	张笑蕾	黄河水利委员会黄河博物馆
229	邵自平	水利部宣传教育中心
230	廖丹凤	中国农学会科普处
231	余晓洁	中国国家博物馆新闻传播处
232	张　晴	中国艺术科技研究所
233	陈国永	中国健康教育中心
234	崔玉琳	国家卫生健康委员会宣传司健康促进处
235	徐　雷	中国银联支付学院

续表

序号	姓　名	所在单位
236	张伟宁	人民银行广州分行科技处
237	闫　姝	中华人民共和国审计署办公厅
238	周　强	南京海关隶属张家港海关
239	陆　敏	广州海关隶属广州白云机场海关综合技术服务中心
240	段志伟	国家税务总局政策法规司税制改革处
241	李海波	国家税务总局湖南省税务局纪检组、驻汝城县三合瑶族村帮扶工作队
242	周　宇	浙江省特种设备科学研究院科普宣传办
243	丁　宁	中国质量标准出版传媒有限公司
244	王铁英	国家广播电视总局二〇二四台
245	李　忆	中央广播电视总台社教节目中心科教频道
246	王富百慧	国家体育总局体育科学研究所
247	王全军	应急管理部消防救援局宣传处
248	张　英	应急管理部宣传教育中心安全文化研究所
249	林　梅	国家统计局社科文司创新调查处
250	唐红英	国家林业和草原局科学技术司推广处
251	王亚玲	国家知识产权局专利局专利文献部知识产权图书馆
252	陈　芳	新华通讯社国内部科技采访室
253	林　群	中国科学院数学与系统科学研究院
254	王　英	中国科学院计算机网络信息中心
255	叶　昀	中国科学院武汉分院
256	仇子龙	中国科学院脑科学与智能技术卓越创新中心
257	张冬梅	中国科学院自动化研究所
258	孙丽文	中国社会科学院科研局项目管理处
259	曲　哲	中国地震局工程力学研究所
260	刘　波	中国气象局气象宣传与科普中心
261	范秀平	山西省气象信息中心
262	尚金锁	河北柏乡国家粮食储备库
263	冯　波	国家能源局能源节约和科技装备司科技处
264	王进军	国防科工局系统工程二司
265	田　冰	中国船舶工业综合技术经济研究院
266	魏庆朝	北京交通大学
267	白　伟	中国民航科普基金会
268	夏志向	国家邮政局政策法规司
269	李　巍	中国文物信息咨询中心影视部
270	施　阳	中国药学会科技开发中心
271	王　庆	国家中医药管理局科技司综合处

续表

序号	姓　名	所在单位
272	华　蓉	中华全国供销合作总社昆明食用菌研究所
273	罗朝立	国务院扶贫办中国扶贫发展中心
274	张祥锋	中国人民解放军 95829 部队
275	李晓亮	军委训练管理部职业教育局
276	肖　红	军事科学院系统工程研究院
277	刘东锋	中国人民解放军 63936 部队
278	葛立德	国防大学军事管理学院
279	郭岩松	中国人民武装警察部队警官学院科研学术处
280	李作虎	中国卫星导航系统管理办公室
281	蔡明华	福建省总工会
282	赵晨羽	中国工人出版社编辑室
283	李雪梅	共青团中央统战部青联界别工作处
284	应　莹	中国妇女出版社有限公司图书数字出版中心
285	李丹莉	新疆维吾尔自治区文学艺术界联合会《新疆艺术》杂志社
286	李元潮	中国科学技术馆
287	任　磊	中国科普研究所
288	蔡永健	中国科协青少年科技中心

中国科协 2020 年度
事业发展统计公报

中国科协 2020 年度事业发展统计公报 *

2021 年 4 月

2020 年度，面对新冠肺炎疫情的严重冲击，中国科协坚持以习近平新时代中国特色社会主义思想为指导，深入贯彻党的十九大和十九届二中、三中、四中、五中全会精神，紧扣决胜全面建成小康社会、决战脱贫攻坚，聚焦保持和增强政治性先进性群众性，着力加强对科技工作者的思想政治引领，着力服务党和国家工作大局，着力深化科协系统改革，着力构建联系广泛、服务群众的科协工作体系，深化合作发展，拓展“四服务”空间，引领广大科技工作者为统筹疫情防控和经济社会发展作出扎实贡献。

一、组织建设

（一）科协组织建设

各级科协组织 3097 个，直属单位 2016 个。各级代表大会总人数 326889 人，其中委员会委员总人数 89307 人，常务委员会委员总人数 34954 人。

各级科协从业人员 37431 人，其中女性从业人员 16136 人。各级科协本年收入 ① 总额 153.2 亿元。

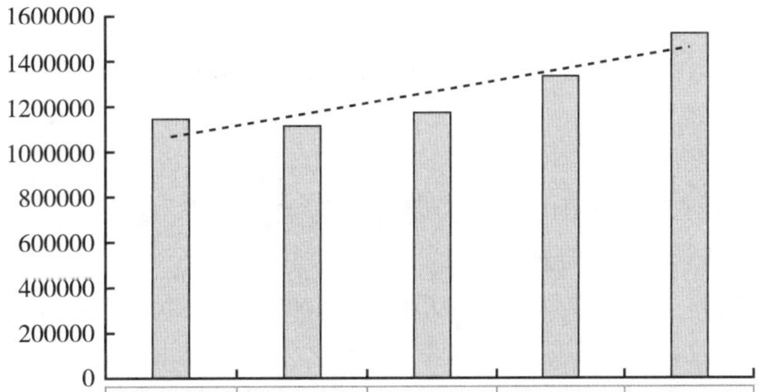

	2016年	2017年	2018年	2019年	2020年
各级科协总收入	1156639	1118080	1177507	1340589	1532280

图 1　各级科协收入情况（单位：万元）

* 本公报中各项统计数据均未包括香港特别行政区、澳门特别行政区和台湾地区。部分数据因四舍五入的原因，存在与分项合计不等的情况。

公报中各种范围所表述的含义：

各级科协：指中国科协机关及直属单位、省级科协、地级科协、县级科协。

地方科协：指省级科协、地级科协、县级科协。

学会：指各级科协所属学会、协会、研究会。

两级学会：指全国学会、省级学会。

全国学会：指中国科协所属学会、协会、研究会。

省级学会：指各省级科协所属学会、协会、研究会。

中国科协基层组织：指各级科协在科技工作者集中的企业事业单位、高校院校和有条件的乡镇（街道）、村（社区）、农村等建立的科学技术协会（科学技术普及协会）等。主要包括企业科协、高校科协、乡镇 / 街道科协、村 / 社区科协、农技协等。

① 各级科协本年收入：指本年度各级科协部门经费总收入，包括科协经费总收入和直属单位经费总收入。考虑到统计调查数据的时效性，公报中的财务类数据均按调查单位确定的时点数据或预计数上报。

企业科协①21849个，个人会员252.2万人。高校科协②1607个，个人会员83.8万人。乡镇（街道）科协③29380个，个人会员153.7万人。村（社区）科协④39206个，个人会员58.9万人。农技协⑤2.5万个，个人会员394.1万人。

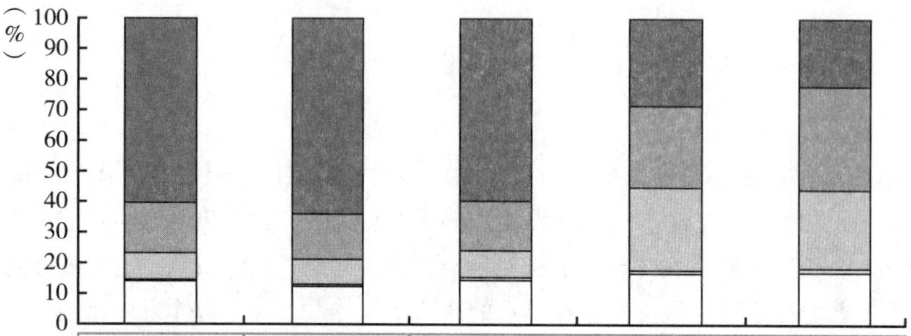

	2016年	2017年	2018年	2019年	2020年
农科协（个）	103606	89856	78492	27575	24658
村（社区）科协（个）	29052	21590	22012	26637	39206
乡镇（街道）科协（个）	15046	11292	12194	26936	29380
高校科协（个）	1066	1161	1374	1437	1607
企业科协（个）	26096	18523	20312	17510	21849

□企业科协（个） □高校科协（个） ▥乡镇（街道）科协（个） ■村（社区）科协（个） ■农科协（个）

图2　科协基层组织基本情况

（二）学会组织建设

各级科协所属学会23123个，其中中国科协所属全国学会209个，省级科协所属省级学会3599个。全国学会理事会理事⑥3.0万人，省级学会理事会理事27.8万人。

两级学会从业人员63593人，其中全国学会从业人员4009人，省级学会从业人员59584人。

两级学会本年收入总额73.3亿元，其中全国学会本年收入总额38.8亿元。

两级学会个人会员⑦1324.3万人，团体会员32.1万个。其中全国学会个人会员557.9万人，团体会员6.4万个。省级学会个人会员766.4万人，团体会员25.8万个。

①企业科协：指各级科协批复由企业（园区）成立的科协基层组织，以及在民政部门登记的经各级科协正式审批接纳的在国家和各级地方政府批准成立的自主创新示范区、经济技术开发区和高新技术产业开发区等企业密集区域和众创空间等新经济组织内建立的科协组织。

②高校科协：指各级科协批复的由高等院校成立的科协基层组织。

③乡镇（街道）科协：指乡镇、街道成立的科协基层组织。

④村（社区）科协：指在村、社区一级设立的科协基层组织。

⑤农技协：指经各级科协正式审批接纳或登记备案的农村专业技术协会以及各类农村专业技术研究会（农研会）等。

⑥理事会理事：指经学会会员代表大会选举产生的学会理事。

⑦学会个人会员：指在学会注册登记，并取得本学会会员资格的人员（包括外籍会员）。

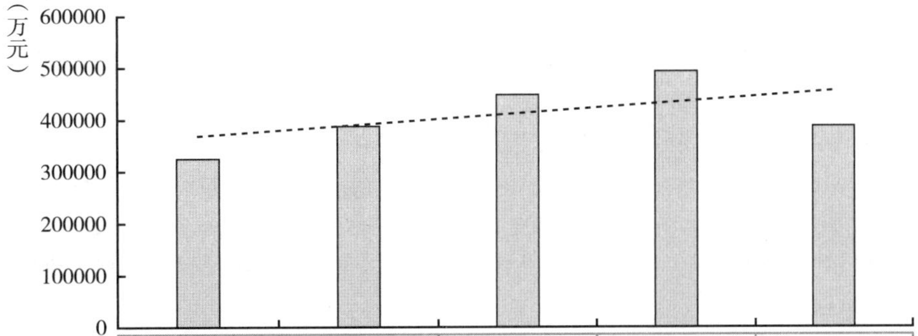

	2016年	2017年	2018年	2019年	2020年
全国学会总收入	328191	388230	448292	495858	388411

图 3　全国学会收入情况（单位：万元）

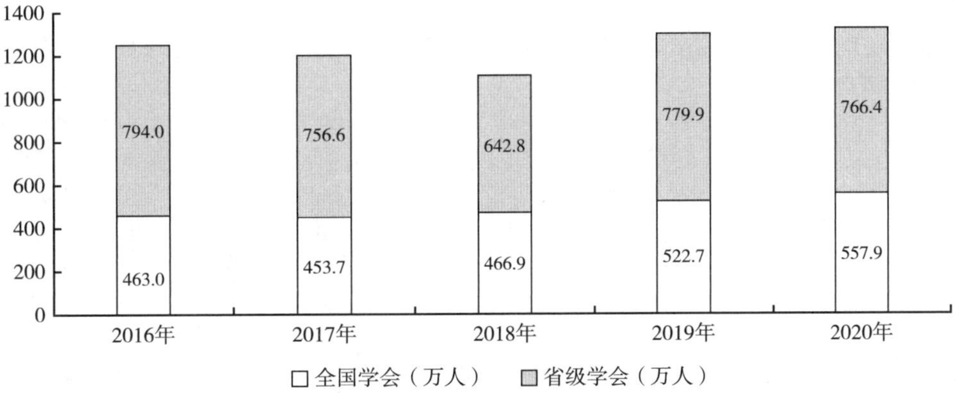

图 4　全国学会和省级学会个人会员情况

二、为科技工作者服务

（一）思想政治教育及能力提升

开展科学道德与学风建设宣讲活动[①]8745 场次，宣讲活动受众人数 442.8 万人次。

举办干部教育培训班 5037 次（期），共培训 47.8 万人次。

举办继续教育培训班 17583 场次，培训参训人数 2770.2 万人次。

（二）表彰举荐

各级科协和两级学会向省部级（含）以上科技奖项、人才计划（工程）举荐人才 10760 人次，向省部级（含）以上科技奖项推荐项目 4570 项。

设立科技奖项[②]1636 项，其中全国学会设立 365 项。表彰奖励科技工作者 14.7 万人次，其中女性科技工作者 4.0 万人次，45 岁以下科技工作者 8.4 万人次。

（三）媒体宣传

通过媒体宣传科技工作者 42.2 万人次，其中中央 / 省级媒体宣传科技工作者 3.8 万人次。宣传媒介呈多样化，通过电视宣传 9.0 万人次，通过纸质媒体宣传 9.2 万人次，通过网络与新媒体宣传 29.1 万人次。

① 科学道德与学风建设宣讲活动：指各级科协和两级学会主办或牵头组织的宣讲科学精神、科学道德、科学伦理和科学规范的会议、培训及活动等。

② 科技奖项：指省级及以上科协组织和两级学会设立的科技奖项，涵盖人物奖和成果奖、科技奖和科普类奖项等。不包括一般的表扬鼓励和专门针对本单位工作人员的表彰奖励。

（四）志愿服务

在基层直接为公众提供科技攻坚、成果转化、人才培养、科技咨询、科学普及等方面专职科普工作者（科普工作时间占其全部工作时间 60% 以上的工作人员）7.5 万人，兼职科普工作者 104.2 万人，科技志愿者①253.7 万人。

三、国际及港澳台地区民间科技交流

各级科协和两级学会加入国际民间科技组织②889 个。在国际民间科技组织中任职专家 2248 人，其中担任主席、副主席、执委或相当职务的高级别任职专家 1173 人，其他一般级别任职专家 1060 人。

参加国际科学计划③154 项。参加境外科技活动 6.2 万人次，参加港澳台地区科技活动 0.3 万人次。接待境外专家学者 0.8 万人次。

四、学术交流

（一）推进创新创业服务活动

开展推进创新创业活动 3.1 万项，其中举办竞赛、论坛、展览等类型的活动 7615 项，开展咨询、教育、培训等类型的活动 1.9 万项，开展投融资、成果转化等类型的活动 2291 项。

（二）专家服务

各级科协指导组建专家工作站④7858 个，全年组织进站专家 8.8 万人次。组建专家服务团队⑤5435 个，参加服务团队专家 13.7 万人次。

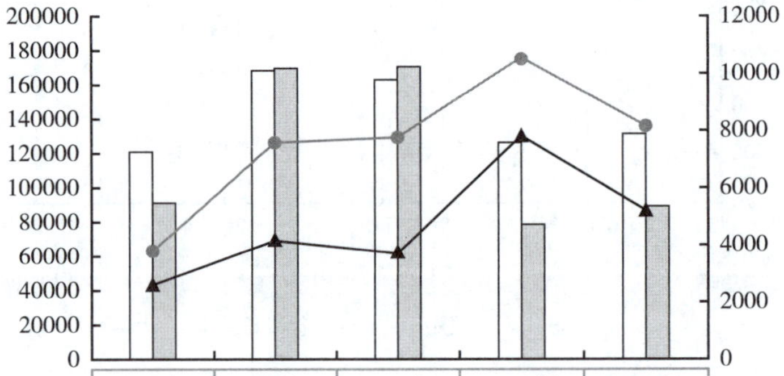

	2016年	2017年	2018年	2019年	2020年
专家工作站（个）	7226	10120	9881	7627	7858
专家服务团队（个）	5440	10175	10321	4761	5435
专家进（站、中心）人数（人次）	43199	70142	61117	132007	87507
参加服务团队专家人数（人次）	63536	124755	129099	175152	136907

专家工作站（个）　专家服务团队（个）
专家进（站、中心）人数（人次）　参加服务团队专家人数（人次）

图 5　各级科协指导组建专家工作站、专家服务团队情况

① 科技志愿者：指各级科协及所属学会按照国家关于志愿服务的相关规定，登记注册的不以物质报酬为目的，利用自己的时间、科技技能、科技成果、社会影响力等自愿为社会或他人提供公益性科技类服务的科技工作者、科技爱好者和热心科技传播的人士等。

② 国际民间科技组织：指各级科协和两级学会代表国家、地区或学科加入的，经所在国正式注册、具有法人资质的国际民间科技组织。

③ 国际科学计划：指各级科协和两级学会及所联系的专家参与国际民间科技组织发起或主导的国际科学计划。

④ 专家工作站：指各级科协组织和两级学会协同有关单位，为高层次专家直接参与经济建设和社会服务而组建的科技服务机构。

⑤ 专家服务团队：指各级科协和两级学会根据项目合作需要，按专业特点牵头组织的专家服务团队，主要承担科学普及、科技攻关、决策咨询、工程论证、技术指导、科技扶贫等相关合作项目。

（三）标准制定

两级学会研制技术标准①481 个、团体标准②1698 个。

（四）学术会议

各级科协和两级学会共举办学术会议 16442 场次，参加人数 16758.9 万人次，交流论文 68.2 万篇。

举办国内学术会议③15692 场次，其中举办学术年会 6588 场次。国内学术会议参加人数 16314.4 万人次，交流论文 62.9 万篇。

举办境内国际学术会议④678 场次，参加人数 441.6 万人次，交流论文 5.0 万篇。

举办港澳台地区学术会议⑤72 场次，参加人数 2.9 万人次，交流论文 0.3 万篇。

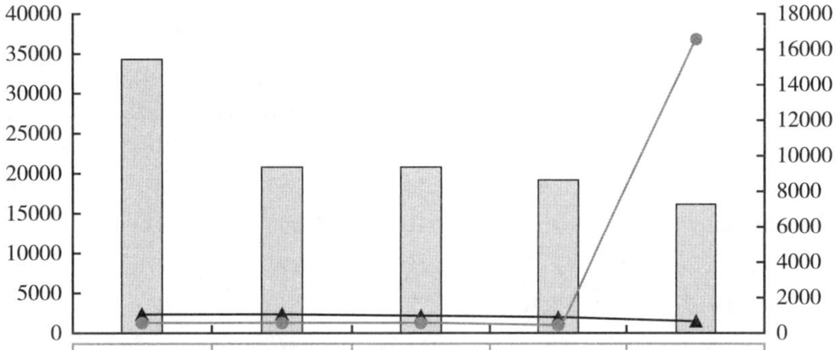

	2016年	2017年	2018年	2019年	2020年
学术会议（次）	34542	21096	21096	19461	16442
参加人数（万人次）	610	558.8	613	508	16759
交流论文（千篇）	1094	1008	935	995	682

学术会议（次） 参加人数（万人次） 交流论文（千篇）

图 6 各级科协和两级学会举办学术交流活动情况

（五）科技期刊

各级科协和两级学会主办科技期刊⑥1819 种。编委会成员人数 10.9 万人，编辑部总人数 11387 人。科技期刊总印数 4270.6 万册，发表论文、文章数 58.3 万篇。

五、科学技术普及活动

（一）科普基础设施建设

截至 2020 年年底，各级科协拥有所有权或使用权的科技馆⑦1000 个，总建筑面积 526.5 万平方米，展厅面积 284.1 万平方米。已实行免费开放的科技馆 933 个。科技馆全年接待参观人数 3664.1 万人次。流动科技馆 1202 个。

① 技术标准：指两级学会经公认机构批准的、非强制执行的、供通用或重复使用的产品或相关工艺和生产方法的规则、指南或特性的文件等。

② 团体标准：指两级学会按照团体确立的标准制定程序，自主制定发布、由社会自愿采用的标准。

③ 国内学术会议：指在我国境内由各级科协和两级学会主办或牵头主办的以学术交流为目的，由国内有关专家学者及科技人员参加并提交学术论文的综合交叉性、专业性高端前沿等系列学术研讨会、交流会、报告会和论坛等。

④ 境内国际学术会议：指在我国境内由各级科协和两级学会主办或牵头主办以及受国际组织委托承办的以学术交流为目的，与会代表来自三个或三个以上国家或地区（不含港澳台地区）的研讨会、交流会、报告会和论坛等。

⑤ 港澳台地区学术会议：指由各级科协和两级学会与港澳台地区有关组织联合主办的以学术交流为目的，来自港澳台地区的与会代表人数占总参会人数三分之一以上的研讨会、交流会、报告会和论坛等。

⑥ 科技期刊：指由各级科协和两级学会主办或合办，具有固定刊名、刊期、年卷或年月顺序编号，以报道科学技术为主要内容的连续出版物，包括学术期刊、综合期刊、技术期刊、科普期刊和检索期刊等，不包括各类内部刊物。

⑦ 科技馆：指各级科协拥有所有权或使用权的具备展览教育、培训教育、实验教育等功能，面向公众常年开放的社会科技教育固定设施。

科普活动站（中心、室）59486 个，全年参加活动（培训）人数 3497.0 万人次。科普画廊建筑面积（宣传栏、宣传橱窗）183.3 万平方米，全年展示面积①425.1 万平方米。科普大篷车 1265 辆，全年下乡次数 3.5 万次。科普大篷车全年下乡行驶里程 720.2 万千米，受益人数 4588.8 万人次。

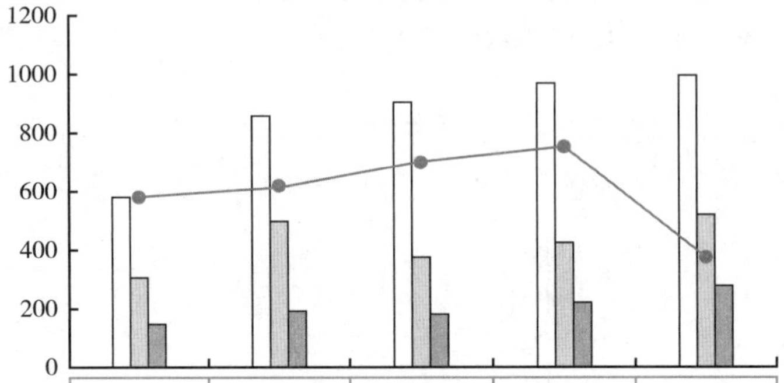

	2016年	2017年	2018年	2019年	2020年
科技馆（个）	587	867	909	978	1000
建筑面积（万平方米）	314	499	383.5	434.2	526.5
展厅面积（万平方米）	155	194	187.1	231.1	284.1
全年接待参观人数（十万人次）	579	610	697.2	747.9	366.4

□ 科技馆（个） ▨ 建筑面积（万平方米）
■ 展厅面积（万平方米） —●— 全年接待参观人数（十万人次）

图 7 各级科协科技馆建设基本情况

（二）科普宣讲活动

各级科协和两级学会举办科普宣讲活动②26.7 万场次，其中专家科普报告会 4.3 万场次，专题展览 1.2 万场次，科技咨询 7.9 万场次。科普宣讲活动受众人数 24.9 亿人次。举办实用技术培训 8.1 万次，接受培训人数 1874.2 万人

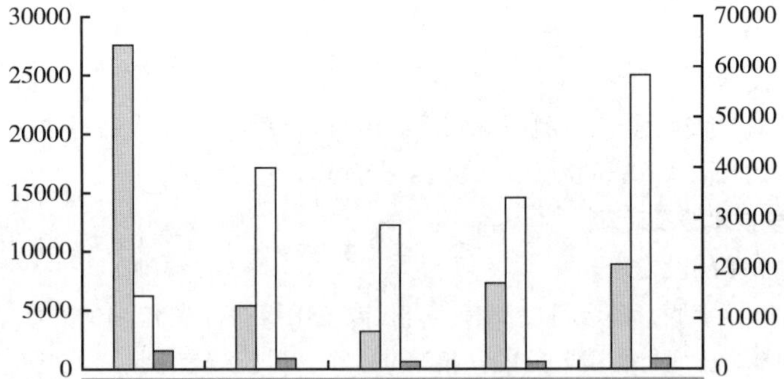

	2016年	2017年	2018年	2019年	2020年
科普宣讲活动受众人数（十万人次）	6213	17099	12180	14406	24873
推广新技术新品种（项）	64434	12810	7604	17243	20757
实用技术培训人数（万人次）	3423	2093	1111	1392	1874

□ 科普宣讲活动受众人数（十万人次） ▨ 推广新技术、新品种（项）
■ 实用技术培训人数（万人次）

图 8 各级科协和两级学会科普活动情况

① 科普画廊展示面积：指各级科协和两级学会单独或牵头联合有关单位共同建设的科普画廊（宣传栏、橱窗）中展示科学技术信息图片、文字的实际面积。按实际展示面积计算，单面的计算单面面积，双面的计算双面面积。单个年展示面积 = 每次展示面积 × 展示次数。

② 科普宣讲活动：指各级科协和两级学会单独或牵头组织的以报告会、广播、电视、报刊、网络或其他形式举办的科普讲座和报告，以陈列实物及展示图片等形式举办的各类科普展览，组织相关专业专家组成智力团体，以科学技术为依据，向社会和公众提供的智力服务。

次。推广新技术新品种 20757 项。各类科普活动覆盖村（社区）24.6 万个次。

（三）青少年科技教育

各级科协和两级学会举办青少年科普宣讲活动 60288 场次，受众 4.2 亿人次。举办青少年科技竞赛 5785 项，参加竞赛的青少年 2625.6 万人次，获奖人数 130.9 万人次。举办青少年科学营[①]957 次，参加人数 10.8 万人次。编印青少年科技教育资料 3187 种，印数 743.6 万册。举办青少年科技教育活动和培训 35270 场次，参加培训人数 9900.0 万人次。通过中学生英才计划[②]培养学生 5.2 万人。

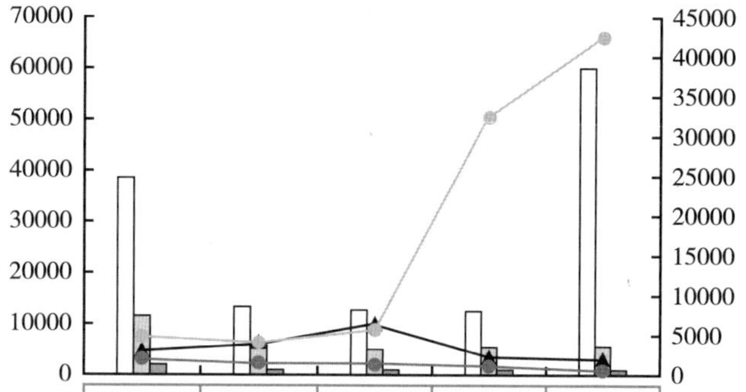

	2016年	2017年	2018年	2019年	2020年
举办青少年科普宣讲活动（次）	38876	13408	12794	12794	60288
举办青少年科技竞赛（项）	11906	5834	4883	5680	5785
举办青少年科学营（次）	2178	1164	1094	1288	957
青少年科学营参加人数（百人次）	3007	2078	1908	1600	1082
青少年科技竞赛参加人数（万人次）	4484	6196	9905	3056	2626
青少年科普宣讲活动受众人数（万人次）	4693	3949	5456	32244	42427

图 9　各级科协和两级学会举办的青少年科技教育活动情况

（四）科普传播

各级科协和两级学会编著科技图书 6525 种，印数 6224.7 万册。制作科普挂图 65899 种，印数 961.6 万张。

制作科技广播影视节目总时长 4.8 万小时。制作科普动漫作品总时长 3.0 万小时。

主办科普传播类网站 1586 个，全年浏览量 233.9 亿人次。主办科普 App 257 个，下载安装 1671.4 万次。主办科普微信公众号 2521 个，关注数 5856.6 万个。主办科普微博 2574 个，粉丝数 4878.3 万个。

六、科技决策咨询

（一）科技决策咨询活动

各级科协和两级学会举办决策咨询活动 4922 场次，参与专家 6.2 万人次。开展科技评估[③]8927 项。组织参与立法咨询 476 次。组织政协科协界委员协商或调研活动 1667 场次。

---

① 青少年科学营：指由中国科协、教育部共同主办，旨在充分利用重点大学的科技教育资源，激发青少年对科学的兴趣，培养青少年的科学精神、创新意识和实践能力的青少年高校科学营活动。

② 中学生英才计划：指中国科协和教育部联合开展，为落实“支持有条件的高中与大学、科研院所合作开展创新人才培养研究和试验，建立创新人才培养基地”的要求，发现和培养一批具有科学创新潜质的中学生走进大学，在自然科学基础学科领域的著名科学家指导下参加科学研究项目、科技社团活动、学术研讨和科研实践等活动。

③ 科技评估：指各级科协和两级学会独立或牵头开展，遵循一定的原则、程序和标准，运用科学、公正和可行的方法，对科技活动有关的政策、计划、项目、成果、专有技术、产品机构、人才等进行专业判断的评估活动。

（二）科技决策咨询成果

提供决策咨询报告 5099 篇，其中获上级领导同志批示的报告 1422 篇。反映科技工作者建议 10586 条，其中获上级领导同志批示的建议 2119 条。答复人大、政协代表（委员）提案 1002 件。组织政策解读活动 1938 场次。发布政策解读文章 946 篇。

中国声学学会

11月30日，常熟市人民政府与中国声学学会合作协议签约仪式在江苏省常熟市举办

中国天文学会

10月12日，中国天文学会2020年学术年会在北京召开

中国气象学会

9月16日，在黄河流域生态保护和高质量发展高层科技论坛上，河南省科协、郑州大学、中国水利学会、中国气象学会签署战略合作协议

中国地理学会

11 月 29 日，首届中国地理学会会士授予仪式暨地理科学前沿论坛在北京举办

中国矿物岩石地球化学学会

12 月 6 日，中国矿物岩石地球化学学会第九届理事会第七次常务理事扩大会议在陕西省西安市召开

中国古生物学会

10 月 17 日，中国古生物学会第十二届理事会第三次理事会议暨和政古动物化石保护利用研讨会在甘肃省临夏回族自治州和政县召开

中国海洋湖沼学会

12月3—4日，2020年中国海洋湖沼学会青年科技论坛在山东省东营市召开

中国海洋学会

8月13日，世界海洋科技论坛暨2020海洋学术（国际）会议在山东省青岛市召开，会上颁发2019年度海洋科学技术奖

中国地震学会

10月17日，中国地震学会第十次会员代表大会暨第十六次学术大会在重庆市召开

中国微生物学会

10 月 24 日，2020 年中国微生物学会学术年会在四川省成都市召开

中国植物生理与植物分子生物学学会

10 月 12 日， 在 2020 全国植物生物学大会上，中国科学院院士、中国科学院植物研究所研究员匡廷云获得中国植物生理与植物分子生物学学会终身贡献奖

中国心理学会第十二届理事会第四次全体会议暨全国省级心理学会理事长联席会

中国心理学会

12 月 18 日，中国心理学会第十二届理事会第四次全体会议暨全国省级心理学会理事长联席会在广东省广州市召开

中国生态学学会

11月21日，第十九届中国生态学大会在北京召开

中国自然资源学会

11月6日，第18届中国水论坛圆桌会议在江苏省南京市召开

中国优选法统筹法与经济数学研究会

8月29日，中国优选法统筹法与经济数学研究会、中国管理科学与工程学会、中国系统工程学会在北京联合发布《FMS管理科学高质量期刊推荐列表》

中国岩石力学与工程学会

12月12日，中国岩石力学与工程学会第九次全国会员代表大会第一次全体会议在北京召开

中国运筹学会

10月16日，中国运筹学会第十一次会员代表大会暨第十五次学术交流会在安徽省合肥市开幕

中国神经科学学会

8月21—23日，2020中国情感障碍大会在湖南省长沙市召开

国际动物学会

9月19日，2020中国长白山国际生态会议在吉林省长白山市开幕

中国汽车工程学会

10月27日，首批国际互认汽车工程师授予仪式在上海市举办

中国农业机械学会

12月12—14日，第十八届中国农业机械学会2020学术年会在浙江省宁波市召开

中国农业工程学会

9 月 20 日，“科创中国”农业工程科技服务团启动会暨农业工程科技与经济融合发展高端论坛在北京召开

中国电机工程学会

11 月 12 日，中国电机工程学会 2020 年度系列学术报告发布会揭幕仪式在北京举办

中国电工技术学会

11 月 16 日，中国电工技术学会第九次会员代表大会在北京召开

中国水利学会

12 月 21 日，中国水利学会第十一次会员代表大会在北京召开

中国工程热物理学会

11 月 27—29 日，2020 年中国工程热物理学会传热传质学术会议暨国家自然科学基金项目进展交流会在广东省广州市举办

中国制冷学会

10 月 16 日，中国制冷学会第十次全国会员代表大会在北京召开

中国真空学会

1 月 10 日，中国真空学会科技工作者日暨 2020 新春联谊会在甘肃省兰州市举办

中国自动化学会

11 月 7—9 日，2020 中国自动化大会在上海市召开

中国仪器仪表学会

12 月 24 日，“科创中国”中国仪器仪表学会科技服务团专家杭州行活动启动

中国计量测试学会

12 月 11—13 日，首届国际高端测量仪器高层论坛暨第 11 届精密工程测量与仪器国际会议在北京召开

中国图学学会

11 月 26 日，2020 全国 BIM 高峰论坛暨第十届龙图杯启动会及第九届龙图杯颁奖典礼在北京举办

中国电子学会

8 月 15 日，中国电子学会科学技术奖励大会在北京举行

中国通信学会

12月4—6日，2020（第三届）中国信息通信大会开幕式暨院士报告会在四川省成都市举办

中国测绘学会

7月31日，中国测绘学会与鹤壁市人民政府共同建设“空间地理信息与5G融合应用试验区”合作协议签约仪式在河南省鹤壁市举办

中国造船工程学会

11月21—22日，2020中国（南通）船舶设计师高峰论坛在江苏省南通市举办

中国航海学会

8月25日，中国航海智库成立大会暨后疫情时代航运业发展机遇与挑战研讨会在北京召开

中国铁道学会

10月23日，第二届中国铁路发展论坛在北京召开

中国公路学会

11月24日，全国公路科普教育基地（2020—2024年）授牌仪式在浙江省杭州市淳安县举办

中国宇航学会

9月20日，中国宇航学会青年科学家俱乐部在2020年中国航天大会上正式成立

中国化工学会

9月15日，2020中国化工学会科技创新大会在北京召开

中国可再生能源学会

9月20日，2020中国可再生能源学术大会“十四五”绿色能源高质量发展对话活动在云南省昆明市举办

中国能源研究会

11 月 21 日，“科创中国”中国能源研究会荆门综合能源专家服务站签约仪式在湖北省荆门市举行

中国建筑学会

10 月 28 日，2020 中国建筑学会学术年会在广东省深圳市开幕

中国土木工程学会

9 月 22 日，第十七届中国土木工程詹天佑奖颁奖大会在北京召开

中国生物工程学会

9月24日，第十三届中国生物产业大会在湖北省武汉市开幕

中国纺织工程学会

10月15日，中国纺织工程学会第二十六次全国会员代表大会暨学会成立90周年纪念活动在江苏省无锡市召开

中国造纸学会

12月11—12日，中国造纸学会第十九届学术年会在河南省郑州市召开

中国印刷技术协会

10 月 15 日，2020“新时代乡村阅读季”印刷业“携手奔小康”图书捐赠活动在四川省绵阳市举办

中国食品科学技术学会

9 月 21 日，2020 年全国科普日暨食品安全与健康科普——百名专家百校行活动启动仪式在北京举办

中国烟草学会

9 月 15 日，中国烟草学会第八次会员代表大会在北京召开

中国仿真学会

9 月 18 日，第二十届中国虚拟现实大会在吉林省长春市召开

中国照明学会

11 月 11 日，中国照明学会第八次全国会员代表大会暨八届一次理事会议在江苏省苏州市召开

中国动力工程学会

9 月 13 日，中国动力工程学会第八届青年学术年会在重庆市召开

中国抗癌协会

11 月 12—15 日，2020 中国肿瘤学大会在广东省广州市召开

中国毒理学会

11 月 7 日，中国毒理学会第七次中青年学者科技论坛在广西壮族自治区南宁市召开，会上举行了中国毒理学会优秀青年科技奖颁奖仪式

中国康复医学会

11 月 30 日，《康复医学指南》丛书新书发布启动仪式在北京举办

中国针灸学会

11 月 28 日，世界针灸周“中医针灸”申遗十周年特别活动暨世界针灸学会联合会 2020 国际针灸学术研讨会在海南省海口市开幕

中国防痨协会

12 月 8 日，2020 年生物产业协同创新与产业集群发展促进大会暨中国防痨协会结核病防治产学研协同创新论坛在广东省江门市召开

中国心理卫生协会

9 月 25—27 日，第十三次全国心理卫生学术大会在北京召开

中国病理生理学会

10 月 17 日，中国病理生理学会第十一届理事会全体理事在北京合影

中国营养学会

11 月 7 日，2020 营养健康产业科技创新发展大会暨“科创中国”系列路演活动 – 营养健康专场在江苏省苏州市举办

中国药理学会

10 月 18 日，2020 世界青年科学家峰会——国际青年医药科学家研讨会暨中国（温州）医药峰会在浙江省温州市举办

中国中西医结合学会

10 月 22—25 日，中国中西医结合学会第八次全国会员代表大会在北京召开

中国解剖学会

10 月 16—18 日，第二届海峡两岸暨港澳解剖学青年科学家论坛在广西壮族自治区南宁市召开

中国生物医学工程学会

11 月 21 日，2020 中国生物医学工程大会暨创新医疗峰会—中国生物医学工程学会成立 40 周年庆在北京举办

中国草学会

1月16日，“一带一路”草原退化荒漠化防治亚洲联盟在北京启动

中国农业历史学会

9月19日，中国农业历史学会第七次会员代表大会在江苏省南京市召开

中华中医药学会

12月5日，中华中医药学会第七次全国会员代表大会在北京召开

中国作物学会

11 月 8 日，2020 年度中国作物学会科学技术成就奖——杰出人才奖颁奖仪式在湖北省武汉市举行

中国热带作物学会

10 月 29 日，2020 年全国热带作物学术年会在广东省佛山市召开

中国水土保持学会

12 月 6 日，第十二届中国水土保持学会科学技术奖、青年科技奖评审会在北京召开

中国园艺学会

8月26日，中国园艺学会和安徽省园艺学会组织党员会员专家到安徽省岳西县开展园艺生产技术对接服务

中国畜牧兽医学会

10月23日，第九届中国畜牧科技论坛在重庆市召开

中国植物病理学会

11月10—13日，第三届全国植物病理学教学研讨会在河南省郑州市召开

中国林学会

12月9日，首届中国林草计算机应用大会在北京召开

中国土壤学会

9月24日，中国土壤学会第十四次全国会员代表大会在黑龙江省哈尔滨市召开

中国水产学会

11月11日，第五届中国水产学会范蠡科学技术奖颁奖仪式在四川省成都市举办

中国大坝工程学会

12月3日，中国大坝工程学会科学技术奖颁奖盛典在北京举办

中国卫星导航定位协会

9月23日，2020年卫星导航定位科技进步奖颁奖仪式在湖北省武汉市举办

中国农学会

12月4—5日，中国农学会在海南省海口市主办2020都市现代农业发展研讨会

中国遥感应用协会

10 月 17 日，中国遥感应用协会第六届全国会员代表大会在北京召开

中国微米纳米技术学会

10 月 24—26 日，微纳医疗与健康论坛暨第四届微米纳米技术应用创新大会在福建省厦门市召开

中国密码学会

11 月 28 日，中国密码学会第五次全国会员代表大会在北京召开

中国图象图形学学会

12 月 5 日，中国图象图形学学会第八次全国会员代表大会在北京召开

中国人工智能学会

7 月 25 日，2020 全球人工智能技术大会在浙江省杭州市开幕

中国体视学学会

12 月 25 日，2020 年中国体视学学会科学技术奖评审会在北京召开

中国惯性技术学会

10 月 15 日，中国惯性技术学会 2020 年科技工作者研讨会在河南省南阳市召开

中国复合材料学会

11 月 5 日，第八届国际复合材料科技峰会在广东省东莞市召开

中国消防协会

11 月 24 日，中国消防协会城市轨道交通消防安全专业委员会成立大会在江苏省徐州市召开

中国技术经济学会

10 月 16—17 日，中国技术经济学会第二十七届学术年会在四川省成都市召开

中国未来研究会

11 月 28 日，中国未来研究会 2020 年学术年会暨七届六次理事会在北京召开

中国科学技术史学会

11 月 14 日，中国科学技术史学会 2020 年学术年会暨学会成立四十周年庆祝活动在北京召开

中国科学技术情报学会

12月5日，中国科学技术情报学会第九次全国会员代表大会在广东省广州市召开

中国图书馆学会

11月25日，中国图书馆学会第十次会员代表大会在北京召开

中国科学学与科技政策研究会

11月21日，中国科学学与科技政策研究会第八次全国会员代表大会暨第十六届中国科技政策与管理学术年会在北京召开

中国农村专业技术协会

11 月 17 日，中国科协农技中心临县食用菌科技小院揭牌仪式座谈会在山西省吕梁市临县召开

中国工艺美术学会

9 月 2 日，中国工艺美术学会第五次全国会员代表大会暨五届一次理事会在北京召开

中国科普作家协会

9 月 24 日，《科普伦理倡议书》发布会在江苏省常州市举办

中国自然科学博物馆学会

9 月 24 日，中国自然科学博物馆学会成立 40 周年发展论坛在江苏省常州市召开

中国青少年科技辅导员协会

12 月 24 日，中国青少年科技辅导员协会第八次全国会员代表大会在北京召开

中国科教电影电视协会

11 月 20 日，第五届深圳（国际）科技影视周暨第 11 届中国国际科教影视展评制片人年会闭幕式在广东省深圳市召开

中国流行色协会

10 月 24—25 日，第十二届亚洲色彩论坛在广东省佛山市召开

中国档案学会

12 月 3 日，中国档案学会第九次全国会员代表大会在北京召开

中国国土经济学会

11 月 29 日，世界粮食安全与中国对策高峰论坛在北京召开

中国科技新闻学会

12月5日，2020年中国科技传播论坛暨中国科技新闻学会第十五次学术年会在北京召开

中国老科学技术工作者协会

10月25日，“健康行”第五届（2020）全国老科技工作者日暨北京第十六届老科技工作者日活动在北京举办

中国城市规划学会

11月5日，环青海湖地区高原美丽城镇人居环境提升战略研讨会在北京召开

中国产学研合作促进会

10 月 10 日，万融科技金融服务集团与中国产学研合作促进会合作签约暨授牌仪式在辽宁省大连市举办

中国发明协会

11 月 21 日，第二十四届全国发明展览会——“一带一路”暨金砖国家技能发展与技术创新大赛在广东省佛山市举办

中国检验检测学会

12 月 11 日，中国检验检测学会首席顾问聘请仪式在北京举办

中国高科技产业化研究会

11 月 7—9 日，第三届中国高科技产业化高峰会议在广东省广州市召开

中国科技馆发展基金会

11 月 10 日，第七届全国青年科普创新实验暨作品大赛在宁夏回族自治区银川市启动

中国生物多样性保护与绿色发展基金会

11 月 4 日，由新华网与中国生物多样性保护与绿色发展基金会联合主办的“大江大河大征途”活动启动发布会在北京举行

全国学会、协会、研究会（含受委托管理的学会）简况

中国数学会

学会建设 截至2020年年底，学会共有个人会员7920人、团体会员102个。个人会员人数较2019年增加500人。

10月16日，学会在第十三届四次常务理事会议上进一步修订完善《中国数学会会费管理办法》，并议定将于2021年年初开始向个人会员收取会费。

学会网站2020年度累计浏览量59.3万次，累计访问人数17.8万人，关注度较2019年有小幅提升。学会微信公众号关注人数达10.4万人，较2019年增加3.2万人；单篇文章最高阅读量达9.1万次，较2019年增加9000次。

学会全年召开党委会议2次、党员扩大会议1次、正副理事长秘书长会议3次、常务理事会议3次、理事会议1次。工作会议上讨论并审定学会第十三届理事会各工作委员会的成员组成，丝路数学中心指导委员会领导换届名单，评奖委员会换届名单，主办期刊《数学学报》英文版、内部刊物《中国数学会通讯》编委会成员换届名单；审议通过进一步修订完善的《中国数学会分支机构管理办法》《中国数学会财务管理规定》《中国数学会财务管理细则》以及《中国数学会分支机构财务管理条例》；审核并批准中国数学会数理逻辑专业委员会的换届申请以及中国数学会医学数学专业委员会的设立申请。

根据工作要求，学会还召开组织工作委员会会议1次，主要对分支机构的换届和设立进行初步审议，并针对如何进一步规范与加强对分支机构的管理进行讨论；召开发展基金工作委员会会议1次，主要对2020年的会议资助申请材料、资助方式和资助级别等内容进行更加细致的规范。

8月，学会秘书处聘任新的专职办公室主任，并对秘书处工作人员的工作进行更具体、详细的分工。

主办期刊 学会主办期刊共9种，其中学术类期刊8种、科普类期刊1种。9种主办期刊中有6种中文学术期刊是国内核心期刊，2种英文学术期刊都被SCI（科学引文索引）收录。2020年度期刊总印数约14.6万册，共发表论文1760篇。

《数学学报（英文版）》全年收稿678篇，录用134篇，出版12期，发表论文96篇。组织“算术几何”和“几何分析”两个方向的学科专辑，共计组织约稿20篇。《数学学报（英文版）》获得中国科协等7部委联合实施的“中国科技期刊卓越行动计划”梯队期刊项目支持。根据2020年发布的《期刊引用报告》，《数学学报（英文版）》的影响因子为0.618，在325种数学类期刊中位列第226；总被引频次为1665，位列第89。

《数学进展》全年收稿333篇，包括综述性稿件12篇和问题与猜想类稿件2篇，录用稿件101篇。每期发行量约为900册。2020年获得国家自然科学基金数学天元基金资助。创建“数学进展”微信公众号，进一步加强期刊宣传工作。

国际学术会议 2020年，学会共举办2场国际学术会议，总参会人数达200余人，累计学术报告数量40余场。

11月13—15日，由学会数理逻辑专业委员会主办的2020年全国数理逻辑年会以网络形式召开。会议邀请多位国内外数理逻辑界专家学者作大会报告，包括美国加利福尼亚大学尔湾分校教授Isaac Goldbring、英国牛津大学教授Joel David Hamkins、南京大学教授喻良和四川大学教授张德学等。

12月5—6日，由学会主办的丝路数学中心第四次学术活动——2020年动力系统国际会议在上海市召开。会议采用线上线下相结合的方式召开，百余位学者参加会议。会议邀请新加坡国立大学教授Tien-Cuong Dinh，香港中文大学教授De-Jun Feng，北京大学教授甘少波，波兰科学院教授Yonatan Gutman、Feliks Przytycki，中国科学技术大学教授黄文，俄罗斯国立研究大学高等经济学院教授Vladlen Timorin，浙江大学教授王晓光，四川大学教授张伟年和南开大学教授周麒10位专家学者作报告。会议期间，与会专家学者对动力系统领域最新的研究成果和研究动态进行探讨。

国内主要学术会议 2020年，学会及学会分支机构各举办国内学术会议1场，总参会人数近1500人，累计学术报告数量150余场，交流论文篇数约130篇。受疫情影响，学会部分会议延期举办，2020年度学术会议举办次数、参会人数只达到往年的25%。

8月15—17日，由学会组合数学与图论专业委员会主办的2020年第九届全国组合数学与图论大会以网络视频会议形式召开。会议安排8个大会报告和17个邀请报告，200余位来自各高等院校、科研院所的专家学者参加会议。

10月16—19日，中国数学会2020年学术年会在河北省石家庄市召开。会议邀请中国科学院院士、北京大学教授鄂维南，中国科学院数学与系统科学研究院研究员高小山和复旦大学教授沈维孝作大会报告。来自各高校、科研单位的141位学者在代数与数论等10个领域作分组邀请报告，1100余位专家学者参加会议。

国际交往 由国际数学联盟主办的国际数学家大会是国际数学界规模最大也是最重要的会议，每四年举办一次。学会2020年度向国际数学家大会推荐中国15位数学学者作为大会邀请报告和分组报告候选人。

12月7日，中国数学会丝路数学中心指导委员会第五次会议（网络会议）在线上召开，中心12个成员数学会的理事长或副理事长均出席会议。会议对中心2020年学术活动进行总结，并讨论2021年的学术活动安排及中心发展规划。

科普活动 学会全年联合中国工业与应用数学学会、中国运筹学会举办8场系列网络科普讲座，其中学会主办4场、协办4场。

学会主办的4场网络科普讲座分别是：5月10日，中国科学院院士、学会理事长田刚作的《数学内外》；5月30日，中国科学院院士、学会副理事长席南华作的《数学的意义》；9月27日，学会常务理事刘建亚作的《素数的故事》；12月23日，中国科学院院士、学会常务理事汤涛作的《圆周率计算与现代计算数学》。科普讲座总观看人数达7.5万人，国内的科普公众平台如“知识分子”“返朴”和“央视频”等对讲座进行同步直播并转载讲座实录。

学会普及与传播工作委员会在学会学术年会期间组织召开数学文化与传播论坛，邀请浙江大学教授蔡天新、河北师范大学教授邓明立、山东大学教授刘建亚和四川大学教授罗懋康作主题报告。在论坛期间，学会还邀请中国科学院院士严加安、田刚、席南华和袁亚湘到河北省中学和高校作6场科普报告。

11月12日，中国科学院院士、学会副理事长席南华应邀前往北京市中关村中学作科普报告《认识数学》，报告还安排网络同步直播，约1.4万人在网上同步收看。

表彰举荐优秀科技工作者 2020年度，学会共推荐第二届全国创新争先奖、2020年中国科协优秀中外青年交流计划、第十七届中国青年女科学家奖、2020年度未来女科学家计划等候选人15人。

学会推荐的中国科学院院士、中国科学院数学与系统科学研究院研究员孙斌勇获得第二届全国创新争先奖；推荐的吉林大学教授张然获得第十七届中国青年女科学家奖。

党建强会 2020年度，学会共召开党委会会议2次、党委扩大会议1次。会议主要对学会“三重一大”工作事项进行审议，并学习习近平总书记系列重要讲话精神。

年初，新冠肺炎疫情暴发，学会党委第一时间响应中国科协党委倡议和号召，发挥先锋模范作用，动员全体理事党员和会员党员投身抗疫工作，以一系列发布在重要核心期刊及国家卫健委等部门的研究论文和简报为科学战“疫”作出贡献。

学会申报中国科协2020年“党建强会计划”项目，依托项目举办科普活动、采集老科学家学术成长资料，弘扬科学家精神、传播科学思想。

10月16日，学会党委书记巩馥洲同志带领学会理事会近30位党员前往河北省石家庄市西柏坡参观，让理事党员更加全面地了解革命历史，发扬继承老一辈革命家艰苦奋斗的革命精神及谦虚谨慎的工作作风。

【中国数学会2020年学术年会】 10月16—19日，中国数学会2020年学术年会于2020年在河北省石家庄市召开。会议由中国数学会主办、河北师范大学承办。中国数学会第十三届理事会理事、中国科学院院士、各高校与科研单位的专家学者、编辑出版单位的代表等1100余人参加会议。

10月17日上午，召开大会开幕式，中国科学院院士、学会理事长田刚，河北省政协副主席边发吉，河北师范大学党委书记戴建兵，河北师范大学校长刘敬泽，中国科学院院士、中国科协副主席、国际工业与应用数学联合会主席袁亚湘，中国科学院院士、国家自然科学基金委数理学部主任江松，中国科学院院士严加安、席南华、叶向东等专家出席开幕式。

会议期间，中国科学院院士、北京大学教授鄂维南，中国科学院数学与系统科学研究院研究员高小山和复旦大学教授沈维孝分别作大会报告《机器学习的数学理论》《数学机械化新进展》《Weierstrass型函数图像的分形性质》，阐述相关领域前沿的科研成果。来自各高校、科研单位的141位学者在代数与数论、几何与拓扑、常微动力系统、偏微分方程、实分析和复分析、计算数学、概率和统计、运筹与控制、组合与计算机数学、数学教育10个领域作分组邀请报告，增进学术交流。

此外，学会普及与传播工作委员会、学会教育工作委员会还分别举办数学文化与传播论坛、数学教育论坛。山东大学教授刘建亚、四川大学教授罗懋康、河北师范大学教授邓明立和浙江大学教授蔡天新在数学文化与传播论坛上作主题报告，四位专家从赋对、书法、数学结构、诗歌等多个角度向与会人员讲述数学文化的优美与博大。在数学教育论坛上，东北师范大学教授史宁中、北京师范大学教授曹一鸣、福建师范大学教授王长平和华东师范大学教授鲍建生针对义务教育数学课程标准的修改提出独到见解，报告结束后，广大数学教育工作者针对数学教育的现状展开讨论。这是学会首次尝试在年会期间举办论坛。

应学会和河北师范大学邀请，严加安、田刚、席南华和袁亚湘在会议期间分别前往河北省的中学和高校作科普报告，帮助当地师生加深对数学的了解、提升学习数学的兴趣。

【中国数学会丝路数学中心指导委员会第五次会议】 12月7日，中国数学会丝路数学中心指导委员会第五次会议以网络视频会议形式召开。中心12个成员数学会的理事长或副理事长出席会议，包括学会副理事长兼秘书长、丝路数学中心副主任巩馥洲，学会副理事长、丝路数学中心副主任李骏，亚美尼亚数学会理事长 Yuri Movsisyan，格鲁吉亚国家数学委员会主席 Rolandi Duduchava，香港数学会理事长杨彤，印度尼西亚数学会 Ikha Magdalena，尼泊尔数学会理事长 Chet Raj Bhatta，菲律宾数学会理事长 Emmanuel Cabral，波兰数学会理事长 Waclaw Marzantowicz，莫斯科数学会副理事长 Victor Buchstaber，圣彼得堡数学会理事长 Yuri V. Matiyasevich，新加坡数学会理事长 Victor Tan 以及土耳其数学会理事长 Burak Özbağci。会议主要对2021年中心的主要活动计划、如何进一步发展会员以及如何促进各国学者之间的交流与合作进行讨论。

会议讨论并拟定以下初步安排：于2020年举办3 ~ 4场学术活动，活动主题包括动力系统、随机分析、科学计算等，学术活动的举办形式采用线上线下同步召开的形式；中心将继续发展会员，考虑2021年吸收1 ~ 2个新的成员数学会加入中心；学会将整理以往中心的学术活动资料，并发布到学会网站、微信公众号及学会内部刊物《中国数学会通讯》上，使中心的历史资料得以保存并进一步提升中心的知名度和影响力。

（撰稿人：陈景辉）

中国物理学会

服务创新型国家和社会建设 2020年，学会发挥专业和专家优势，组织开展科研仪器研发关键技术与主要障碍研讨会和科技成果鉴定工作。

1月10—11日，学会和中国科学院物理研究所联合组织召开科研仪器研发关键技术与主要障碍研讨会，来自高校、科研院所、仪器研发/产业化领域的60余位专家学者参加会议。研讨会围绕“科研仪器关键技术、培育与转化、产业化”主题展开，邀请报告涉及冷冻和干涉单分子定位显微镜等10余项仪器技术领域的“卡脖子”问题。与会专家学者就如何提高国产高端科研设备认可度、如何提升国产化大型设备的竞争力、如何增强设备研制的国产化率、科学家与企业家如何各展其能等问题交换意见。

11月，学会中子散射专业委员会组织专家对中国散裂中子源反角白光中子实验装置（Back-n）进行成果鉴定。鉴定专家组认为 Back-n 性能先进、运行高效、成果突出，是一个重要的通用型科研平台。

学会建设 2020年，学会启动以建设“中国物理学工作者之家”为核心的改革，围绕加强制度建设、创新运行方式等展开。

为加强体制机制建设，学会起草和修订《中国物理学会财务管理办法》《中国物理学会印章、法人证书管理办法》《中国物理学会档案管理办法》《中国物理学会学术交流委员会工作条例》《中国物理学会物理教学委员会工作条例》《中国物理学会科普工作委员会工作条例》《中国物理学会出版工作委员会工作条例》《中国物理学会咨询工作委员会工作条例》《中国物理学会物理名词委员会工作条例》《中国物理学会国际交流工作委员会工作条例》《中国物理学会女物理工作者委员会工作条例》11项管理制度，并根据民政部和中国科协的要求，将党建有关内容增加进学会章程。

为保证学会管理的规范性和高效性，常务理事会明确每季度召开一次常务理事会议，决策学会重要工作；不定期召开理事长办公会议，处理学会紧急工作。

青年人才托举工程 为选拔、培养优秀青年科技人才，学会专门组建青年工作小组，全面负责第六届（2020—2022年度）中国科协“青年人才托举工程”项目的组织申报、托举人的指导及鉴定工作等，并组织面向青年的系列学术交流活动，为广大青年人才搭建交流平台。经申报及答辩，学会成为第六届（2020—2022年度）中国科协“青年人才托举工程”项目立项单位，获得2个托举名额。

主办期刊 学会主办的科技期刊共11种。2020年，各期刊完成出版和发行任务，其中《物理学报》《中国物理快报》《理论物理通讯》《中国物理B》《中国物理C》等期刊获得中国科技期刊卓越行动计划资助和“中国最具国际影响力学术期刊”称号。

2020年，学会开展物理领域高质量科技期刊分级目录试点，就认定和发布供中国物理学界学术文献成果评价参考的高质量期刊分级目录进行探索。试点工作以专家领衔，组建在学科领域、单位机构和年龄分布等方面具有广泛代表性的期刊分级目录评审委员会，采用定量和定性相结合的评价方法对国内外物理学期刊进行综合评价，形成分级目录认定结果。

学科发展工程 学会开展“2020年物理领域重大科学问题和工程技术难题”的征集遴选工作。在国家需求的指引下，组织撰写4个重大科学问题和工程技术难题，包括金属氢的合成、国家级原子分子数据库建设等。在征集过程中，学会广泛征求专家意见，就基础科学的独特性以及如何确定国家强力支持的基础科学研究选题等课题进行探索，有关建议由学会副理事长孙昌璞在7月10日召开的基础科学重大问题研讨会上向中国科协党组书记、常务副主席、书记处第一书记怀进鹏作汇报，并整理成文提交中国科协。

学会在9月召开的中－美物理学会物理教育专题研讨会暨西部物理教育圆桌会议上，组织专家对中国物理教育尤其是西部地区物理教育的现状、问题、中外对比进行交流，在人才培养模式、教师队伍建设、考核体系、教材编制等多个方面提出建议，凝练起草报告《关于我国物理教育发展的建议》。

由学会组织编撰的《中国科学技术专家传略·理学编·物理学卷5》于11月完成全部44篇稿件的撰写和审稿，进入出版流程。该系列丛书以介绍中国近现代物理学家为主线，反映中国科技发展进程，已先后出版4卷，收录中国著名物理学家198位。

国际学术会议 2020年，受新冠肺炎疫情影响，大部分国际学术会议取消或者推迟。面对挑战，学会及其分支机构采取线上线下相结合的方式召开中－英物理学会拓扑专题研讨会、中－美物理学会物理教育专题研讨会、2020国际量子大会、2020高能环形正负电子对撞机国际研讨会等国际学术会议，承办第三届世界顶尖科学家论坛的量子物理、天文物理等6个峰会。

10月19—22日，2020国际量子大会在线上召开。会议由学会、英国物理学会出版社、中国科技大学共同举办。来自世界各地产业界、学术界的近4500名研究人员参加会议，共同探讨量子科学与技术的最新发展和前沿方向。

国内主要学术会议 2020年，组织举办全国电子显微学学术年会、第五届全国高能量密度物理青年科学家论坛、第八届全国中子散射会议暨国家中子源多学科应用研讨会、第十九届全国基础光学与光物理学术讨论会、粒子加速器分会学术交流会、2020中国显示学术会议、2020年引力和宇宙学研讨会、第五届原子分子物理与光物理学术研讨会等线下会议，其中全国电子显微学学术年会和2020中国显示学术会议的参加人数超过500人。

国际交往 2020年，学会积极参与多边合作，出席国际组织领导人圆桌会议。同时，学会与英国物理学会、美国物理学会创新合作模式，组织系列高端国际会议。

6月24日，中美科技论文写作与投稿审稿经验分享活动在线上举办，来自中国、美国的300位专家学者参加视频会议，超过11万人次观看网络直播。

科普活动 2020年，学会制作《云里·悟理》系列科普视频微课。微课共30节，由20余位一线研究人员担当主讲，以丰富疫情期间学生的学习内容。通过主流新媒体、网络平台等渠道传播，覆盖学习强国、《人民日报》客户端、央视频、新华网、科普中国、哔哩哔哩、今日头条、抖音、知乎、蔻享学术等38个媒体平台，全网平台累计播放量超过2800万。

学会邀请专家作科普报告，并依托会员单位的科普资源参与组织公众科学日、线上科普书展等活动。其中，科普书展向云南省大理白族自治州某小学捐赠科普图书 1000 余本。

1 月 15 日，学会在北京师范大学实验华夏女子中学举办精英论坛，邀请中国科学院物理研究所研究员曹则贤作科普报告，600 余位中学生和教师参加活动。活动特邀中国科学院物理研究所研究员吴令安、北京工业大学教授隋曼龄、清华大学教授李群庆和北京邮电大学教授郭霞参加互动环节。

2020 年，作为首批成员单位之一，学会加入中国科协青少年科技中心牵头发起的“大手拉小手科普报告汇”。

经学会推荐，魏红祥入选“典赞 · 2020 科普中国”年度科研科普人物，《1 分钟物理：“中科院物理所”趣味科普专栏（第 1 辑）》入选年度科普图书图文。

表彰举荐优秀科技工作者 学会评选颁发 2020 年度中国物理学会各项物理奖，获奖者共计 9 人。中国科学院理化技术研究所研究员高波和中国科学院大学教授周武获得中国物理学会胡刚复物理奖（实验技术），上海交通大学教授陈黎明和中国科学技术大学教授李传锋获得中国物理学会饶毓泰物理奖（光学、声学与原子分子物理），复旦大学教授张远波获得中国物理学会叶企孙物理奖（凝聚态物理），中国科学院理论物理研究所研究员周善贵和中国原子能科学研究院研究员郭冰获得中国物理学会吴有训物理奖（原子核物理），中国科学技术大学教授安琪和中国科学院高能物理研究所研究员王建雄获得中国物理学会王淦昌物理奖（粒子物理和惯性约束核聚变）。受新冠肺炎疫情影响，各项物理奖颁奖仪式延期举办。

经学会推荐，清华大学张金松和山东大学刘智青获 2020 年度亚太物理学会协会杨振宁奖。

党建强会 2020 年，学会党委认真学习党的十九届五中全会精神，领会、贯彻党中央关于科技发展、基础研究等方面的重要指示，坚持党的领导与学会工作相统一，主动把党的工作融入学会发展中。学会党委先后召开 2 次党委会议，前置审议“三重一大”事项，牢牢把握学会政治方向。学会党委选派方忠担任党建指导员，加强党建工作的组织保障和实效性。

会员服务 为进一步密切学会与会员的联系，学会官方网站全面升级，开发新版的学术会议系统和会员管理系统，创办中国物理学会电子刊 e-CPS。电子刊于 4 月 1 日正式创刊，学会理事长张杰撰写“新的起点，扬帆远航”创刊寄语。

【中 - 英物理学会拓扑专题研讨会】 9 月 18—20 日，由学会与英国物理学会、兰州大学、中国国际科技交流中心联合主办的中 - 英物理学会拓扑专题研讨会在北京召开。研讨会主题为“拓扑材料、物理与器件”，采取线上线下相结合方式进行，来自中国科学院物理研究所、南京大学、清华大学、北京大学等 20 多所高校、科研院所的 100 余位专家学者和研究生参加线下会场，来自英国、美国、德国、荷兰等国家的 10 余位专家通过视频会议作邀请报告，2.3 万余人次参与研讨会直播和交流。

在开幕式上，学会理事长、中国工程院院士张杰和英国物理学会首席执行官 Paul Hardaker 先后致辞。北京大学谢心澄、美国哈佛大学 Ashvin Bishwanath、英国剑桥大学 Suchitra Sebastian、荷兰莱顿大学 Carlo Beenakker、德国马普研究所 Claudia Felser 等 28 位拓扑物理领域的知名学者应邀作大会报告，报告内容涵盖拓扑理论、计算和实验的最新进展和热点。

【中 - 美物理学会物理教育专题研讨会】 9 月 25—27 日，中 - 美物理学会物理教育专题研讨会在甘肃省兰州市举办。会议采取线上线下相结合方式进行，来自兰州大学、北京大学、清华大学、复旦大学、中国科学院近代物理研究所等 30 多所高校和科研院所的 140 余位专家学者和学生到现场参加会议，2.5 万余人次参与研讨会直播交流。

会议邀请北京大学刘玉鑫、中山大学赵福利、复旦大学金晓峰、清华大学王青、南京大学吴小山、美国缅因大学 Michael Wittmann、美国犹他大学 Ramon Barthelmey、美国罗格斯大学 Geraldine Cochran、美国俄亥俄州立大学 Lin Ding、美国西密歇根大学 Charles Henderson、美国匹兹堡大学 Chandralekha Singh 等 24 位物理教育领域的专家围绕物理教育研究、教学策略、物理实验、课程改革、信息技术等主题作大会报告，介绍物理教育领域的前沿动态。

研讨会同期召开西部物理教育专题圆桌会，与会专家学者围绕西部物理教育的特殊问题展开讨论，提出有针对性的方案和建议。

【国际组织领导人圆桌会议】 7 月 15 日，为探讨如何携手抗疫、共克时艰，来自 11 个国家、15 个国际组织的领导人齐聚“云端”，召开线上圆桌会议。参加会议的国际组织及各国物理学会包括中国物理学会、国际纯粹与应用物理联合会、英国物理学会、美国物理学会、美国物理联合会、日本物理学会、日本应用物理学会、法国物理学会、德国物理学会、意大利物理学会、南非物理联合会、加拿大物理学会、荷兰物理学会、印度物理学会、英国光学学会。学会副理事长、中国科学院院士赵政国参加会议并发言。

与会专家学者围绕本国疫情防控情况、物理学工作者面临的困境及物理学会的长远发展规划等内容展开交流，探讨如何将疫情给物理学工作者带来的冲击和影响降到最低程度，倡导开展抗疫国际合作，共同助力全球经济社会发展。赵政国介绍中国在疫情防控方面的各项努力和取得的成效，以及学会2020年开展国际学术交流与合作的情况，为会议讨论提供具有借鉴意义的中国经验。

【第37届全国中学生物理竞赛】 2020年，学会组织举办第37届全国中学生物理竞赛，并选拔选手参加国际物理奥林匹克竞赛，取得优异成绩。

第37届全国中学生物理竞赛共有659810名学生参加预赛，26550名学生参加复赛理论考试，2605名学生参加复赛实验考试，365名学生参加决赛。决赛评出一等奖120名、二等奖120名、三等奖125名；另评出总成绩最佳、理论成绩最佳、实验成绩最佳、女生成绩最佳4项单项奖。

受新冠肺炎疫情影响，原计划于7月18—26日在立陶宛举办的第51届国际物理奥林匹克竞赛顺延到2021年。为保证2020年各个国家和地区选拔学生参加国际竞赛的机会，经国际物理奥林匹克竞赛委员会同意，由俄罗斯承办国际物理奥林匹克竞赛。竞赛于12月8—15日在各参赛国家和地区分时区举办。来自45个国家和地区的204名选手参加比赛，中国代表队的5位选手全部以高于金牌分数线50%以上的突出成绩夺得金牌并包揽前五名，选手张意飞更是以优异成绩勇夺最佳总成绩奖、最佳理论奖、最佳实验奖3个单项奖。

（撰稿人：胡兴华）

中国力学学会

服务创新型国家和社会建设 学会理事长方岱宁在参加由中国科协党组书记、常务副主席、书记处第一书记怀进鹏主持召开的基础科学重大问题研讨会上，提出力学领域面向国家重大需求的4个重要基础问题。随后，学会组织业内专家撰写《推动国家自主计算力学CAE软件研究》《先进结构力学设计与先进结构技术》《“极端力学”领域的重大科学前沿问题》等咨询报告，向中国科协和有关部委递交咨询建议。这些建议得到中国科协采纳，部分报告已向国家有关部门上报。

学会面向所属专业委员会征集重大基础科学问题和工程技术难题，累计收到“半导体芯片制造等离子体工艺中的流体力学模拟研究”等16个重大基础科学问题和“深海资源开发重大科学与技术问题研究”等10个重大工程技术问题。

学会以创新驱动助力工程示范市浙江省嘉兴市为基地，依托浙江清华柔性电子技术研究院成立检测技术与仪器装备科技服务团，开展仪器装备服务地方科技经济融合发展探索；参与中国科协“科创中国”试点建设，在嘉兴市成立实验力学工作基地，组建具有专业领域特色的科技服务队，深入一线调研企业实际需求、开展技术培训与指导。

8月，学会联合甘肃省力学学会、兰州大学赴甘肃省兰州市皋兰县开展扶贫工作。与皋兰县人民政府签署扶贫合作协议，设立“力智助学，协力同行”基础教育帮扶项目。

学会建设 2020年，学会召开理事会议1次、常务理事会议2次、理事长秘书长办公会4次、秘书长办公会2次。

7月11日，在中国力学学会第十一届理事会第三次全体常务理事会议上，学会理事长方岱宁发言，提出第十一届理事会由“传统的以学术交流为主”向“学会能力建设提升为主”转变的工作思路。

修订《中国力学学会专业委员会、工作委员会、编委会管理规定》，制定《中国力学学会专业组管理规定（试行）》，学会所属分支机构按照新要求完成换届工作。

学会委托专业会计师事务所开展内部控制体系建设，制定《中国力学学会秘书处考勤制度》、修订《中国力学学会秘书处岗位管理制度》等管理规定。

2020年，学会微信公众号关注数量达到17208人，同比增加32%。学会个人会员36298人，团体会员47个。

在中国科学学与科技政策研究会课题组、西安交通大学绩效管理研究中心共同完成的世界一流科技社团评价中，学会获评四星级以上社团、世界一流科技中型社团50强、世界一流科技社团基础理科50强、世界一流科技社团评价中国社团50强。

青年人才托举工程 学会完成第三届（2017—2019年度）中国科协“青年人才托举工程”项目，入选的5位托举人才取得优异成绩，其中3人晋升为副教授或长聘副教授、1人破格晋升为教授；人均发表高水平论文10篇以上；1人入选教育部“长江学者奖励计划”青年学者；3人获授权国家发明专利多项。

学会获批第五届（2019—2021年度）中国科协“青年人才托举工程”项目立项，资助4位青年人才。

学会建立导师专家库，为每位托举人才匹配导师，进行个性化指导；邀请国内外顶尖力学专家开办培训班和小型研讨会；邀请资深专家与托举人才分享知识和经验。

主办期刊 学会成立以学会理事长方岱宁和副理事长郑晓静为共同主任的“中国力学学会期刊指导委员会”，指导学会所属期刊制定“十四五”规划，提出切实可行的措施和时间点，邀请专家评议发展目标、量化指标、实施措施。

在2020年最新公布的影响因子中，*Acta Mechanica Sinica*（《力学学报》英文版）上升为1.897，*Applied Mathematics and Mechanics*（《应用数学和力学》英文版）上升为2.017，*Acta Mechanica Sinica Solida*（《固体力学学报》英文版）上升为2.008，其中*Applied Mathematics and Mechanics*涨幅最高，较2019年增长33.2%。

Acta Mechanica Sinica 和 *Acta Mechanica Sinica Solida*获得2020年“中国最具国际影响力学术期刊”称号，*Theoretical and Applied Mechanics Letters*（《力学快报》英文版）和《工程力学》获得2020年“中国国际影响力优秀学术期刊”称号，《力学学报》获得中国科学院出版基金资助项目。

国际学术会议 受新冠肺炎疫情影响，2020年学会共举办国际学术交流活动5次，线上、线下参加交流人数11250人次，交流论文197篇。延期召开国际会议8个，取消召开国际会议1个。

9月24—27日，第五届国际应用力学前沿大会暨国际应用力学协会年会在陕西省西安市召开。大会由国际应用力学协会主办、西安交通大学承办。国际应用力学协会主席、中国力学学会理事长、中国科学院院士、北京理工大学教授方岱宁，西安交通大学副校长王铁军及国内外超过30家高校和研究机构的100多名专家学者以线下或线上方式参加会议，就应用力学前沿发展和导向进行汇报和交流。

国内主要学术会议 2020年，学会共举办国内学术交流活动36次，线上、线下参加交流人数114925人次，交流论文2724篇。主要学术会议有：第十一届全国流体力学学术会议、2020年固体力学发展机遇与前沿挑战研讨会、第十一届全国动力学与控制学术会议、2020年全国生物力学学术研讨会、第21届流体动力与机电控制工程国际学术会议、第十五届全国流变学学术会议、第一届全国极端力学学术会议等。

学会面向青年学者首次举办2020年中国力学学会首届全国力学博士生学术论坛，举办5次青年学术沙龙，与国家自然科学基金委员会联合举办第十四届全国动力学与控制青年学者学术研讨会、第五届全国计算力学青年学术研讨会、第四届全国生物力学青年学者学术研讨会、第九届全国固体力学青年学者学术研讨会。

国际组织任职 8月25—26日，国际理论与应用力学联盟（IUTAM）召开全体理事大会，多名中国学者被推选担任IUTAM重要职务。学会副理事长、中国科学院院士陈十一担任IUTAM大会委员会执委，学会副理事长、中国科学院院士郑晓静当选IUTAM大会委员会委员。

清华大学教授庄茁当选国际计算力学学会执委（任期为2020—2026年）。

国际交往 在新冠肺炎疫情初期，学会与国际组织互致慰问，及时分享抗疫经验成果。

第25届国际理论与应用力学大会受疫情影响延期举办。学会积极参与组织工作，动员国内力学工作者投稿。

2020年，中国申请承办的5个2022—2023年IUTAM高端专题研讨会获得批准。

科普活动 学会组织科普专家作系列科普知识讲座，分别于4月、6月、11月在北京市、广东省深圳市和河南省郑州市作《实验——神奇的平衡》《神奇的摩擦》等科普报告，共计2万余名中小学生听取讲座。

举办线上力学科普大讲坛，组织科普专家作线上科普报告，向公众传播前沿科学知识，共计组织10个科普报告，受众达3万余名。

表彰举荐优秀科技工作者 学会开展2019年度中国力学学会优秀博士学位论文评选工作，评选产生5篇获奖论文和5篇提名奖论文。

学会开展第六届中国力学学会科学技术奖评选工作，评选产生2项学会自然科学奖二等奖、1项学会科技进步奖二等奖。

开展“2020年最美力学科技工作者”遴选活动，树立力学领域优秀科学家榜样，弘扬科学家精神。

党建强会 学会修订《中国力学学会党委关于推进学会所属专业委员会、工作委员会、工作组党建工作的指导意见（2020年修订版）》，指导学会所属分支机构建立党的工作小组，实现党的组织和党的工作全覆盖。

学习宣传贯彻党的十九届五中全会精神，学会党委副书记戴兰宏作专题报告《科技创新与科学家精神》。学会联合中国化学会、中国自动化学会、中国颗粒学会、中国复合材料学会共同开展主题党日活动，分享党建特色工作经验、组织学习专题党课和参观中国科学院力学研究所“人民科学家·强国奠基石”党员主题教育基地。

会员服务 学会利用网站、期刊、《中国力学学会会讯》《中国力学学会会员专刊》以及官方微博、微信公众号等向广大会员提供学术资讯。

【中国力学学会“力智助学，协力同行”基础教育帮扶项目】 学会全面落实党中央、国务院打赢脱贫攻坚战的决策部署，设立“力智助学，协力同行”基础教育帮扶项目。

8月，学会联合甘肃省力学学会、兰州大学，由中国科协副主席、学会副理事长、中国科学院院士郑晓静，学会党委书记、理事长方岱宁，学会党委副书记、副理事长戴兰宏，学会固体力学专业委员会主任周又和等专家带队，赴甘肃省兰州市皋兰县开展扶贫工作。

学会与皋兰县人民政府签署扶贫合作协议，通过在皋兰县建立助学助教基地，设立家庭贫困学生助学金、优秀教师和学生奖励金，邀请皋兰县中学生参加兰州大学重点实验室开放日活动，组织国内有关高校向皋兰县中学捐赠力学实验设备和教材，邀请力学专家到皋兰县各学校作科普专场讲座等方式和举措，推动学会基础教育帮扶项目的落地实施，动员广大力学工作者参与科教助力精准扶贫，强化学会在脱贫攻坚中的责任担当。

【2020年中国力学学会首届全国力学博士生学术论坛】 11月7—8日，由学会主办、北京大学和北京航空航天大学联合承办的2020年中国力学学会首届全国力学博士生学术论坛在北京召开。学会理事长方岱宁担任论坛主席。

论坛以“协力同行、驭梦飞翔”为主题，设置4个大会特邀报告和15个分会场专题邀请报告。采取线上线下相结合的形式，设有15个并行分会场，其中5个线下分会场安排110位博士生报告、10个线上分会场安排182位博士生报告，旨在展示近年来中国博士研究生在相关领域的研究进展和成果，搭建全国性力学博士研究生的学术交流平台。

【第一届全国极端力学学术会议】 10月17—18日，第一届全国极端力学学术会议在陕西省西安市召开。会议由学会女科技工作者委员会主办、西北工业大学和北京大学共同承办、西北工业大学协办。美国国家科学院和美国工程院院士、哈佛大学教授锁志刚（视频连线），学会副理事长、中国科学院院士、西北工业大学教授郑晓静，中国科学院院士、南京航空航天大学教授郭万林，学会副理事长、中国科学院力学研究所研究员戴兰宏，国家自然科学基金委员会和西北工业大学领导，以及来自全国50余所高校、科研院所的200余名专家学者现场参会。会议还通过网络进行同步直播，得到国内相关领域的专家学者关注，直播平台关注人数近9万人次，同时在线最高人数超过3000人次。

会议安排18个大会邀请报告和8个极端力学主题报告。与会专家学者围绕极端力学的关键科学问题展开学术交流，共同研讨极端力学的科学内涵、交流国内外极端力学方面的研究进展。

【礼赞·传承·筑梦——中国力学学会联合多个学会开展学习宣传贯彻党的十九届五中全会精神主题党日活动】 12月17日，中国力学学会、中国化学会、中国自动化学会、中国颗粒学会、中国复合材料学会在北京以“学习宣传贯彻党的十九届五中全会精神、弘扬科学家精神”为主题开展主题党日活动。学会专职副秘书长汤亚南、中国化学会常务副秘书长郑素萍、中国自动化学会秘书长张楠、中国颗粒学会秘书长王体壮、中国复合材料学会常务副秘书长叶金蕊带领5个学会的党员同志近40人参加活动。中国科协科技社团党委组织处副处长张佳良和组织处干事一同参加并给予指导。

此次活动由学会专职副秘书长汤亚南主持。5个学会党员代表分别介绍各具特色的学会党建工作、分享党建交流经验。中国颗粒学会秘书长王体壮为与会党员作党课报告《不忘初心，礼赞共和国，牢记使命，筑梦新时代》。与会党员参观中国科学院力学研究所“人民科学家·强国奠基石”党员主题教育基地；观看《“两弹一星”元勋郭永怀》纪录片；参观钱学森、郭永怀办公室，观看他们的信件、证书、书籍及曾经使用过的物品，聆听讲解员的翔实讲解，切身感受“爱国、创新、求实、奉献、协同、育人”的科学家精神内涵。

（撰稿人：刘　洋）

中国光学学会

服务创新型国家和社会建设　学会2019年推选的“空间信息网络安全与激光通信组网研究”工程技术难题于2020年进入专家评审最后一轮。

中国科学院院士、学会副理事长顾瑛作为中国人民解放军总医院海南分院疫情专家小组成员，坚守抗疫一线，直至病例清零。中国工程院院士、学会副理事长刘文清在疫情期间前往武汉，利用大气环境监测技术为武汉疫情监控提供保障。

学会有针对性地举办培训活动3场，分别为第七届工业用激光器及系统使用安全培训班、全国激光安全培训班和第16届光学薄膜培训班，受众达600余人次。

3月1日，中国科学院院士、学会常务理事黄维在《光明日报》发表文章《科技领域复工复产同样需要关注》，指出疫情对科研领域的影响，提出科技领域复工复产的建议。9月，黄维在《新华日报》发表文章《面向中国特色颠覆性技术创新体系开创新时代全球科技合作新格局》，探讨如何夯实国际合作基础，开创国际科技合作新格局。

学会颜色光学专业委员会参加并完成全国颜色标准化技术委员会关于《中国共产主义青年团团旗》《中国共产主义青年团团徽》《中国共产主义青年团团旗颜色标准样品》等国家标准的编写，对中国共产主义青年团团旗、团徽和团旗颜色标准样品的要求、试验方法、检验规则、标志、包装、运输和贮存等进行规定，这三个标准均已于10月15日通过中国共产主义青年团中央委员会组织的标准审查会的审查，形成报批稿上报国家标准化管理委员会。同时，参与并完成中国纺织行业标准《纺织颜色体系》修订稿的意见征集及其报批稿的审查工作。

学会建设　2020年，学会先后召开2次常务理事会议和1次理事会议，分别对学会章程、条例等进行审议，学会章程增加“习近平新时代中国特色社会主义思想”和“党的建设”相关内容，补充理事会、常务理事会、监事会的产生和换届内容，相关文件修改草案待下次召开会员代表大会时提交会议审议通过。

学会八届七次常务理事会审议通过《中国光学学会理事长办公会议事规则》《中国光学学会秘书处职责》《中国光学学会保密管理办法》《中国光学学会法人证书管理办法》《中国光学学会招聘管理办法》《中国光学学会秘书处年度奖励办法》《中国光学学会内部控制规范》《中国光学学会主办期刊管理办法》。

4月5日，学会第八届常务理事会第七次会议以视频会议形式召开，35名常务理事及代表参加会议，学会监事会监事长和3名监事列席会议。会议由学会理事长龚旗煌主持。会议召开学会党委扩大会议，听取学会开展防疫抗炎工作的部署和安排、2019年学会工作总结、2020年亚洲光电子会议筹备和第四届国际先进光刻技术研讨会筹备工作；通报2019年度王大珩光学奖评奖结果、2018年度光学优秀博士学位论文评奖结果和2019年度光学科技奖评奖结果。当天还以视频会议形式召开学会第八届理事会第四次会议，110名理事及代表参加会议，学会监事会监事长和3名监事列席会议。会议由学会秘书长、浙江大学教授刘旭主持。会议听取八届七次、八届八次常务理事会工作情况汇报，报告总结自八届三次理事会以来，学会在组织建设、会员服务、学术交流、国际合作、科普宣传、期刊建设、表彰奖励等方面的工作。会议审议修改《中国光学学会章程》《中国光学学会理事会、常务理事会条例》《中国光学学会监事会条例》。

3月18日，学会红外与光电器件专业委员会以腾讯视频会议的形式召开换届会议。通过微信工作群的小程序进行无记名投票，选举产生新一届专业委员会成员。中国工程院院士方家熊当选名誉主任委员，蔡毅当选名誉副主任委员，龚海梅当选主任委员，5位副主任委员分别为陈福胜、陈洪钧、姬荣斌、刘俊刚、喻松林，秘书长为邵秀梅。

9月8日，学会工程光学专业委员会在上海市召开换届会议，会议采取线上线下结合的方式召开。会议由上海理工大学副教授金钻明主持，中国工程院院士庄松林代表上届专业委员会作工作报告。中国工程院院士谭久彬当选主任委员，天津大学教授刘铁根和南京理工大学教授陈钱当选副主任委员，上海理工大学副教授金钻明当选秘书长，委员共19人。

12月19日，学会基础光学专业委员会召开换届会议，选举产生新一届专业委员会成员，其中主任委员为北京大学教授刘运全，3位副主任委员分别为华东师范大学教授程亚、华中科技大学教授陆培祥、哈尔滨工业大学教授孙秀冬，秘书长为北京大学高级工程师杨宏。

12月26日，学会第八届常务理事会第八次会议以视频会议形式召开，32名常务理事及代表参加会议，学会监事会监事长和3名监事列席会议。会议由学会理事长龚旗煌主持。会议召开学会党委扩大会议，听取2020年亚洲光电子会议和第四届国际先进光刻技术研讨会情况汇报；通报2020年学会会士遴选结果和2020年度光学科技奖评奖结果；同意成立中国光学学会光刻技术专业委员会；审议通过《中国光学学会学生分会管理条例》修改草案和《中国光学学会青年人才托举工程项目管理办法》。

主办期刊 学会主办12种学术期刊，其中中文期刊8种，英文期刊4种；其中被SCI收录的3种，被EI收录的9种（有部分期刊被SCI、EI同时收录）；中国科协主管的3种，中国科学院主管的8种，教育部主管的1种。

《光：科学与应用》（英文版）获2019—2023年"中国科技期刊卓越行动计划"领军期刊类项目；《高功率激光科学与工程》（英文版）获重点期刊类项目；《中国光学快报》（英文版）、《光电子前沿》（英文版）获梯队期刊类项目；《中国激光》《光学学报》获中文梯队项目。《光谱学与光谱分析》《光电子前沿》（英文版）获2020中国国际影响力优秀学术期刊。《中国激光》《光学学报》《光：科学与应用》（英文版）入选第二十七届北京国际图书博览会"2020中国精品期刊展"。《高功率激光科学与工程》（英文版）获2020年中国最具国际影响力学术期刊。《光电子前沿》（英文版）获2020年中国高校优秀科技期刊。《光子学报》获第六届陕西省科技期刊精品期刊奖。

学科发展工程 4月25日，学会激光加工专业委员会协助湖南大学机械与运载工程学院和华中科技大学光电学院举办首届"两湖"激光学术交流论坛。论坛邀请湖南、湖北地区八大高校的16位教授和博士生，围绕激光技术研究，结合激光在机械工程制造领域中的应用成果进行交流。

学会组织专家编写光学相关决策建议报告。7月10日，学会副理事长、北京邮电大学教授任晓敏参加中国科协基础科学重大问题高层次研讨会，递交关于推动极端光学研究的建议。

国际学术会议 2020年学会及专业委员会主办、协办、承办各类国际线上、线下学术会议5次，共有来自科研院所、大学和企业的专家学者和青年学子等6862人次参加，交流论文500余篇。

6月28—30日，学会激光加工专业委员会与慕尼黑博览集团以线上形式共同主办第十五届国际激光加工技术研讨会。来自世界各地激光行业的专家学者、企业代表共4998人次参加会议。德国慕尼黑国际博览集团副总裁Reinhard Pfeiffe、德国亚琛工业大学激光技术学院教授Reinhart Poprawe和学会激光加工专业委员会主任王又良等出席会议并作报告。会议设大会报告和两个分论坛，其中大会报告6篇、分论坛报告26篇。

10月11—16日，学会与国际光学工程学会共同主办2020年亚洲光电子会议，这是一年一度的主要面向光学科技领域的品牌学术会议。2020年由于新冠肺炎疫情的影响，会议首次免收参会费且以网络直播的形式呈现给参会者。大会持续6天，较以往时间翻倍。考虑到时差问题，大会报告分3天直播，分会场的16个专题会议在国际光学工程学会网站放送，参会者可随时登录网站查看。开幕前三天线上直播累计观看人数超过4.5万人次。

11月5—6日，由学会与中国集成电路创新联盟主办的第四届国际先进光刻技术研讨会在四川省成都市举办。研讨会由中国科学院微电子研究所、中科芯未来微电子科技成都有限公司和中国科学院光电技术研究所承办，成都市双流区人民政府和南京诚芯集成电路技术研究院协办，电气与电子工程师协会提供技术支持。来自中国、美国、德国、日本、荷兰等国家企业、厂商、科研机构、高校的共500余名技术专家和学者参加大会，外籍人员参会数量为 38 人，1 位院士参加。会议收录论文 63 篇并出版论文集。

国内主要学术会议 2020 年，学会及专业委员会主办、协办各类国内线上、线下学术会议 34 次，共有来自科研院所、大学和企业的专家学者和青年学子等 53402 人次参加，交流论文 1700 余篇。

国际交往 11 月，学会参加申办环太平洋地区激光和光电子会议，最终获得 CLEO-PR 2026 会议主办权。

科普活动 2020 年，学会理事、会士中有 6 位院士在大中专院校作 6 场线上科普报告，超过 8 万大学生以及中学生参加科普报告会。

学会参加公众开放日、科普周、科普日活动，举办科普活动 18 次，还联合北京大学、浙江大学、中国科学院光电技术研究所、中国科学院安徽光学精密机械研究所、中国科学院上海光学精密机械研究所、中国科学院微电子所等单位开展线上线下相结合的 2020 年“全国科普日”活动，包括作科普报告，参观实验室，展示裸眼 3D 光学显示设备，举办科普夏令营、科普大赛、物理文化节、科普展览、校园宣讲等，受众达 500 万余人次。

5—6 月，学会 2020“国际光日”系列科普活动在线上展开。共计组织线上活动 27 期，其中院士科普讲堂 3 期、长春中国光学科技馆线上参观 7 期、光学简史主题 5 期、现代光学技术介绍 12 期，受众超 8 万人次。

表彰举荐优秀科技工作者 2020 年，学会评选第十六届王大珩光学奖中青年科技人员光学奖获奖者 2 名、学生光学奖获奖者 30 名；评选 2019 年度中国光学学会光学科技奖一等奖 3 项、二等奖 4 项；评选 2020 年度中国光学学会光学科技奖一等奖 4 项、二等奖 2 项、三等奖 2 项；评选 2018 年度中国光学学会光学优秀博士论文 5 篇、提名优秀论文 10 篇。2020 年，学会增选会士 8 名和外籍会士 4 名。

11 月，中国工程院院士、学会副理事长刘文清，中国科学院院士、学会会士徐红星，学会高级会员、研究员戴世勋和周朴获得“全国先进工作者”称号。

学会组织 2020 年“最美科技工作者”推选和学习宣传活动，挖掘、宣传光学科技工作者典型，引导和激励广大光学科技工作者向其学习。

学会推荐的北京大学教授肖云峰获第十六届中国青年科技奖。同时，学会还推荐两名会员作为第十七届中国青年女科学家奖候选人。

党建强会 学会党委组织学习党的方针、政策，通过党委扩大会议、电子邮件、微信群等多样化方式发挥政治引领作用。4 月 5 日，学会党委以视频会议形式召开第五次会议。学会党委书记、理事长龚旗煌通报包括中央第十二巡视组 2019 年 9—11 月对中国科协党组进行常规巡视的情况和 2020 年中国科协学会学术工作要点等内容。12 月 26 日，学会党委以视频会议形式召开第六次会议，学会党委书记、理事长龚旗煌组织学习习近平总书记给 25 位科技工作者代表的回信精神以及在科学家座谈会上的重要讲话精神，学习党的十九届五中全会精神，指出学会理事会党委要加强对科技工作者的政治引领、思想引领和组织保障。

学会党委会议在常务理事会议前召开，审议学会“三重一大”事项。在学会党委的领导下，学会在疫情期间团结光学科技工作者抗击疫情，将学会党建工作与学会业务工作相融合，组织报道光学领域科学家在服务国家重大需求、前沿交叉学科创新、科技强国和高水平科技期刊建设等方面做出的突出工作。

会员服务 2020 年，学会发展个人会员 2885 人，其中 60% 以上为高级会员，会员总数达到 7352 人；发展单位会员 10 家，总数达到 121 家。

5 月 8 日，学会副理事长、山西大学教授贾锁堂主持召开会员发展工作会议。会议强调学会应将会员发展工作作为未来重点工作进行推进，制定合理的会员发展计划，针对学会理事单位的不同性质，重点发展高等院校中的学生会员、科研院所中的科研人员、企业中的研发和技术人员，实行学会理事长、副理事长、秘书长牵头负责制度，联系学会理事单位发展会员，学会秘书处落实具体会员发展工作。

学会先后对学会网站和会议注册系统进行升级和改版，“中国光学学会”和“光学界”两个微信公众号分别报道学会近期开展活动以及光学领域专家访谈、科技发展及相关资讯，每两周给会员发送一份学会活动简报。2020 年，两个微信公众号关注量均突破 6000 人。

经学会八届五次常务理事会通过，学会在高校和科研院所成立学生分会，2020 年新成立学生分会 8 个，新加入学生会员 884 人。

【2020年亚洲光电子会议】 10月11—16日，2020年亚洲光电子会议在线上举办。此次会议由学会和国际光学工程学会联合主办。中国工程院院士、学会理事长龚旗煌，中国科学院院士、学会副理事长顾瑛、李儒新，学会副理事长、北京邮电大学教授任晓敏，学会秘书长、浙江大学教授刘旭，国际光学工程学会主席 John Greivenkamp 与国际光学工程学会全球业务发展高级总监 Andrew Brown 等出席会议。

大会开幕式由刘旭主持，龚旗煌和 John Greivenkamp 分别致开幕词。开幕式上，刘旭宣布2019年王大珩光学奖中青年科技人员光学奖与学生奖的获奖者名单以及2020年学会新晋会士名单。

顾瑛、任晓敏、李儒新分别主持大会邀请报告。中国科学院院士、海南大学校长骆清铭，以及南京工业大学教授王建浦、美国哈佛大学教授 Federico Capasso、日本东京大学教授 Kaoru Yamanouchi 分别作大会邀请报告。

大会共设16个专题，包括高功率激光及应用，半导体激光器及应用，先进激光加工与制造，光电子器件与集成，光学设计和测试，先进光电成像技术，光电成像和多媒体技术，全息与衍射光学及其应用，光学计量与检验的工业应用，医疗和生物医学光学，先进传感器系统及其应用，实时光电子测量、数据管理和处理，纳米光子学和微纳光学，表面等离子元光学，量子与非线性光学，红外与毫米波及太赫兹技术。

会议共收到832篇投稿，共有439位学者作口头报告，张贴论文393篇，邀请报告160篇。大会第一次通过线上形式交流，吸引众多光学科研工作者参与，来自国内外从事光学和光学工程领域的研究者报道各自的工作成果进展。

【"2020国际光日"系列科普活动】 5月16日为"国际光日"。2020年恰逢激光器诞生60周年，受新冠肺炎疫情影响，学会青年工作委员会和科普工作委员会组织学生分会举办4场线上系列科普活动。

活动一：院士科普大讲堂。学会邀请3位院士作线上科普报告，分别是5月7日中国科学院院士郭光灿的讲座《百年光子》、5月16—18日中国工程院院士龚旗煌的讲座《光学发展与社会进步》和6月8—9日中国科学院院士李儒新的讲座《超高峰值功率激光及其重要应用》，在线观看人数近万人次。

活动二：光科馆览胜（5月9—15日）。活动由吉林大学学生分会、长春理工大学学生分会、中国科学院长春光学精密机械与物理研究所学生分会、长春中国光学科学技术馆承办。活动在学会微信公众号上以微视频形式让观众们线上参观长春中国光学科学技术馆。活动通过"奇妙之光""千年光辉""神州光华""光的探索""光的时代""光彩世界""光的未来"七大主题展示各种光学现象、光学原理以及光学发展史等。

活动三：光学发展史（5月19—23日）。活动由深圳大学学生分会、电子科技大学学生分会、中国科学院上海光学精密机械研究所学生分会承办。活动以视频形式讲述人们对包括激光、太空、光子、黑洞在内的认识过程。纪录片共5期，分别从"概况与萌芽时期""几何光学""波动光学""量子光学""现代光学"五个时期介绍科学家与重大科学发现。

活动四："星光点点"图文科普（5月26日—6月6日）。活动由北京工业大学学生分会、北京大学学生分会、南开大学学生分会、天津大学学生分会、福建师范大学学生分会、中国科学院西安光学精密机械研究所学生分会承办。活动分别从"激光器及其前沿应用""微纳光子学""光通信""光纤传感""全息存储""摄影"6个专题开展为期12天的图文科普活动，讲述光在医疗、工业生产、军事、教育及艺术等众多领域的应用。活动最后还设置答题互动环节。

（撰稿人：贾瑞卿）

中国声学学会

服务创新型国家和社会建设 2020年，学会与常熟市人民政府签订共建"苏州·中国声学创新谷"的有关协议。该项目涉及20个重点声学项目，以常熟经济技术开发区为核心，以声学产业为基础，探索科技创新与产业协同发展模式，共同推进声学技术自主创新能力的提升，是学会创新科技服务模式、助力地方经济发展的重要举措。

2020年，学会协助中国人民解放军总医院举办全国听力学培训班，对中国声学听力保护方面标准进行宣贯。来自全国各地和部队单位的临床听力学医师、测听技术人员等100余人参加学习，线上学员达1万余人。培训课程涉及听力学有关的声学基础知识、纯音气导和骨导测听、言语测听、声场测听等测试内容。

3—10月，学会联合各分会举办线上线下各种培训、教育、咨询活动共15场，包括超声引导下神经阻滞学习班，以及专门应对新冠肺炎疫情超声检查的新冠病人筛查与相关ICU培训学习班、超声技术围术期应用学习班等，累计受众达2万人次。同时推出系列精品线上课程《临床超声，朝阳启程》，点击量超11万人次。

学会建设 截至2020年，学会共有个人会员5907人、团体会员51个。

6月，学会组织召开九届三次常务理事会议。会上通过学会计算机声学分会筹备方案，学会专业委员会数量增至13个，总分支机构数量达到20个。

学会注重内部管理和人才队伍建设，于6月聘请常务副秘书长1名，主持学会秘书处日常工作。

青年人才托举工程 6月，中国声学学会青年人才托举工程项目交流评审会在陕西省西安市召开。2018年学会推荐至中国科协的3位被托举人才应邀作结项报告，3位被托举人均完成培养计划、达到预期培养目标。

6月，学会组织开展2020年中国声学学会青年人才托举工程项目，8名青年人才入选2020年中国声学学会青年人才托举工程项目。

12月，学会推荐4名优秀青年人才入选第六届中国科协“青年人才托举工程”项目。

国际学术会议 2020年，由学会环境声学分会参与举办的2020中国环境噪声管理技术论坛在上海市召开。论坛围绕“城市环境噪声管理技术”主题，邀请科研机构、企事业单位的近30名专家学者作主题报告，分别就《中华人民共和国环境噪声污染防治法》修订及政策趋势分析、环境噪声标准的发展和新方向、声环境技术评价导则修订等主题与现场观众交流分享。

国内主要学术会议 2020年，学会及其所属分会共举办国内学术交流活动6次，参与人数1245人，交流论文、报告453篇。

8月下旬，由学会联合其他单位举办的2020’中国西部声学学术交流会在甘肃省酒泉市召开。会议旨在促进中国声学领域的研究和管理技术的发展。来自高校及研究院所的专家学者就环境声学、海洋水下水声监测、水声模型的构建、新型黏弹性隔声减振材料模型及应用等多个声学领域作报告。会议收录130余篇论文、15篇专题报告，由《声学技术》杂志负责出版。

10月21日，学会生物医学超声工程分会在上海市举办中国生物医学超声联合学术年会。此次年会与第83届中国国际医疗器械博览会同期举办。年会共有1300余名专家学者、研究生和企业家以线上线下方式参加。来自国内10余家单位的医学超声领域专家学者围绕超声引导的低伪像光声穿颅成像、基于深度学习的小样本超声CAD研究、超超声功能成像研究进展等多个细分领域开展交流与探讨。

10月30—31日，由学会环境声学分会参与举办的2020年全国职业噪声与振动控制学术研讨会在安徽省合肥市召开。来自国内科研院所、高等院校、技术服务机构、大型企业及社团组织等单位的155名专家学者参加会议。会议围绕健康企业创建、工业企业噪声与振动工程控制实践、职业噪声听力损害及研究进展、听力测试环境要求与管理控制技术、听力保护实施与管理经验等议题进行学术报告交流和经验分享。

12月11—12日，中国声学学会声频工程分会2020年学术交流年会以线上会议形式举办。20余篇论文在会上进行交流，内容涉及室内外场景声学设计、声学测量、声学标准、电声系统设计和声学信号处理等多个领域。来自清华大学、南京大学、华南理工大学、中国传媒大学等院校的声学领域专家学者以及传统电声企业和高新技术企业的负责人和工程技术人员共300余人参加会议。大会邀请学术界和企业界的专家学者围绕科学研究及工程实践中的热点问题进行讨论。

国际交往 2020年，学会及其所属分会共组织30人参与国际学术会议3次，交流论文、报告15篇。

8月25—26日，学会检测分会专家受邀在第47届国际定量无损检测年会“油气工业”线上分会场作特邀报告 *Unipole Sonic Logging While Drilling with Eccentric Tools and Anisotropy Evaluations*（《偏心声源随钻单极子声波测井及各向异性评价》）。

9月7—11日，学会检测声学分会组织10余人次参加2020 IEEE国际超声论坛，在线上与国际学者进行交流。

学会与国际噪声控制工程委员会合作，搭建共享数字图书馆，共享双方文献资源，并供学会会员免费查看和下载。

科普活动 2020年，学会及其所属分支机构和会员单位开展科普活动18场，累计受益人数达40万余人次，创作科普作品315件，持续运营科普自媒体平台3个。

9月，经专家组考察、审核，学会认定欣紫科培（北京）信息技术研究院有限公司科普场馆为2020年全国声学科普教育基地，成为学会首个在北京落地的探索科普产业化道路的专门性声学科普体验馆。

表彰举荐优秀科技工作者 4月，学会参与第二届全国创新争先奖的推荐选拔工作，推荐的中国科学院声学研究所研究员王海斌获第二届全国创新争先奖。

5月，学会启动2020年中国声学学会魏荣爵奖评审工作，重庆大学教授邓明晰、中国科学院声学研究所研究员朱敏2人获此奖项。

5月，学会开展中国声学学会优秀博士学位论文评选工作，共收到参评论文15篇，最终评选出优秀博士学位论文奖5个、优秀博士学位论文提名奖5个。

党建强会 学会党委持续重视前置审议学会"三重一大"事项，牢牢把握正确的政治方向，推动学会各项工作稳步进行。2月，学会党委向广大声学科技工作者发出关于抗击新冠肺炎疫情倡议书，号召声学科技工作者提高思想认识、坚定"战疫"信心、及时调整工作、科学防控疫情，齐心协力打赢疫情防控阻击战。

6月，召开学会党委会，对九届三次常务理事会议议程进行前置审议，并通信学习十九届五中全会精神。

学会承担中国科协"党建强会计划"项目之科技志愿服务基层活动。5—11月，围绕"创新科普，服务大众"这一主题，陆续开展"云游实验室，走进声世界"活动、"声传大江 智爱三峡"——扶智活动、千岛湖科普研学活动等，累计受众达40万余人次。发挥党员先锋模范作用，推进党建与科普工作的深度融合，依托科普工作特色和使命，助力疫情防控和脱贫攻坚。进一步提升学会党支部凝聚力和服务能力。

会员服务 学会进一步梳理信息化工作流程，学会官网、会员系统、会议系统和微信移动端已经稳定运行两年。2020年，学会对会员系统进行优化和升级，尤其在2020年全国声学大会中提升学会秘书处的工作效率和会员服务质量。12月，学会与北京智联软件技术有限公司签订网络安全维护协议，进一步加强学会网络信息安全工作，保障会员信息安全。

（撰稿人：钟　平）

中国化学会

服务创新型国家和社会建设 2020年，学会完成"人才发展专项调查""2020年第二次专项调查""2020年第三次专项调查""2020年第四次专项调查"4项调查活动。

学会继续参与中国科协2020前沿科学问题和工程技术难题推荐工作，由学会推荐的"如何在可再生能源规模化电解水制氢生产中实现'大规模''低能耗''高稳定性'三者的统一？"入选中国科协2020重大科学问题和工程技术难题。

7月，学会与河南省濮阳市南乐县人民政府举办科技合作网上签约仪式，共同签署《南乐生物基材料研究院合作共建意向书》，同期召开生物基材料产业技术研发机构构建研讨会。

8月，在山东省青岛市举办的高端智库服务山东重大需求项目签约仪式暨2020年山东省创新驱动发展院士恳谈会上，学会与山东高端化工研究院签订合作框架协议；学会联合深圳市科协共同主办2020年大湾区创新药物和医用新材料产学研融合发展论坛，并同期组织2020年大湾区医药、医疗器械和生物材料融资路演洽谈活动，直播观看人数13721人次，同期编撰大湾区、广东省大健康产业智库报告1.6万余字，供地方政府决策参考。

12月，学会与河南省科协共同主办2020中国（濮阳）化工产业高层论坛，100余人参加论坛报告会。学会发布121项石化和精细化工产业技术成果，并撰写化工自动化与安全仪表系统改造技术智库报告2万余字，供地方政府决策参考。

学会建设 2020年，学会新发展个人会员近5000人，会员总数达7.5万余人；单位会员160个。新成立专业委员会3个，下设39个学科/专业委员会。

2020年，学会官网总浏览量近310万次，会员邮件系统发信140万余封；发布各类信息260余篇。微信公众号图文阅读总量约123万次，单篇阅读量最高约21万次。

青年人才托举工程 2020年，学会在前四届"青年人才托举工程”项目实施的同时，开展中国科协第五届“青年人才托举工程”项目，4人入选。截至2020年年底，学会青年被托举人才已达30人。

主办期刊 根据科睿唯安发布的2020年度《期刊引证报告》，学会主办的13种期刊影响因子实现增长，9种期刊影响因子超过2.0。《催化学报》影响因子已达6.146，在国际应用化学、化学工程和物理化学学科中居Q1区。《化学学报》达到2.759，位于SCI化学综合Q2区。与英国皇家化学会合作期刊*Materials Chemistry Frontiers*（《材料化学前沿》）首个影响因子为6.788。

2020年，学会独立创办的旗舰新刊CCS *Chemistry* 已出版6期，发表84篇文章，吸引超过15个国家和地区的约20.5万次访问，全文下载量近17万次。新增Author Spotlight栏目，新推出Immediate Online Accepted（IOA）功能，稿件一经接收即可上线。

学科发展工程 10月25日，石墨烯产业与技术发展路线图研究项目开题会在北京召开，16位石墨烯产业与学术界专家参加。编写专家组成员结合石墨烯产业与技术发展特点以及项目要求发表建议，并就项目实施方案进行讨论。

国内主要学术会议 2020年，受全球新冠肺炎疫情影响，学会及其分支机构主办的学术会议大部分延期召开。在遵守防疫要求的情况下，学会及其分支机构主办国内线下会议5场，参会人数3893人次，交流论文1559篇。由学会高分子学科委员会主办的第四届全国高分子结晶理论、应用及表征技术研讨会采用线上形式召开。

第四届全国高分子结晶理论、应用及表征技术研讨会、第二届全国光功能材料青年学者研讨会、第十四届全国电分析化学学术会议、2020年全国糖科学青年科技论坛、第15届全国流变学学术会议、2020第三届中国化学会菁青论坛6项学术会议获得学会2020年度优秀学术会议组织奖。

国际组织任职 截至2020年，经学会推荐，在国际纯粹与应用化学联合会（IUPAC）任职的中国人员达14人，其中学科/工作委员会高级别委员9人。学会副理事长帅志刚任IUPAC审查委员会六人小组成员，牵头IUPAC化学学科发展和机构改革项目。学会副秘书长游书力任IUPAC国际化学标识符委员会委员。

国际交往 6月和11月，学会分别发布第八届化学科学与社会高峰论坛白皮书《科学促进可持续发展的塑料》英文版和中文版，致力于描绘一张全球塑料可持续发展的路线图。

经过提名、遴选，学会授予10名国际著名科学家“中国化学会荣誉会士”称号。至今，已有60名国际科学家被授予该称号。

科普活动 2020年，全国共有约6万人参加第34届中国化学奥林匹克（初赛），最终决出一等奖1677名、二等奖4868名、三等奖5848名。经过角逐，408名学生参加第34届中国化学奥林匹克（决赛），共决出一等奖124名、二等奖163名、三等奖94名。受全球新冠肺炎疫情影响，经由60多个国家和地区投票表决，第52届国际化学奥林匹克比赛形式调整为远程在线考试，同时取消实验考试，只进行理论考试，4名学生代表中国队参赛，获得三金一银。

表彰举荐优秀科技工作者 2020年，学会启动中国化学会青年化学奖和分支机构7项奖励。其中，中国化学会青年化学奖获奖者12名、分支机构奖励获奖者42名。

学会参与国家科学技术奖、第二届全国创新争先奖、2020年度高等学校科学研究优秀成果奖（科学技术）——青年科学奖、第十七届中国青年女科学家奖、2020年度未来女科学家计划、北京市科学技术奖等推荐和提名工作。其中，冯小明获第二届全国创新争先奖章，孙公权和常俊标获第二届全国创新争先奖状。

党建强会 在疫情防控关键时期，学会党委第一时间在学会官网和官方微博发出《战“疫”有我，为决胜攻坚提供科技志愿服务——向全国科技工作者的倡议》；积极联系学界专家，报道专家免费发放自制消毒液的文章——《没有消毒液？化学家给你配》并公布消毒液配方。

2020年，学会办事机构党支部联合5家学会以学习宣传贯彻党的十九届五中全会精神、弘扬科学家精神为主题，开展主题党日活动；学会办事机构党支部组织党员及群众参观“铭记伟大胜利　捍卫和平正义——纪念中国人民志愿军抗美援朝出国作战70周年主题展览”活动。

会员服务 2020年，学会制定《中国化学会会士条例》，形成包括学生会员、会员（含国际会员）、高级会员和会士的多元化个人会员体系，共晋升高级会员 571 人、会士 160 人。

学会官网新推出“云图书馆”数字集合平台，收录会议论文集 37 套、图书 31 本、音视频 61 个、图集 52 套及化学工具等资源。

以全国科技工作者日为契机，继续开展 5 月 30 日新注册会员免费入会体验一年活动，活动当日新入会员总数 1432 人。

【庆祝全国科技工作者日暨 CCS Chemistry 网络学术峰会】 5 月 29 日，学会庆祝第四个全国科技工作者日系列活动之一——庆祝全国科技工作者日暨 CCS Chemistry 网络学术峰会在线召开，来自国内外的化学科研工作者、教育工作者和学生超过 3.5 万人次在线实时参加。峰会以“化学——主动转型赢得未来”为主题，邀请周其林、江雷、张希、包信和 4 位中国科学院院士分享各自科研工作和创新感悟。这是学会首次尝试线上直播会议，是学会应对疫情防控及时代变化开创会议新形式的重要举措。

（撰稿人：王以菲）

中国天文学会

学会建设 学会拥有单位会员 32 个、个人会员 3482 人，其中 551 人为国际天文学联合会（IAU）会员。学会下设 8 个工作委员会、1 个工作组（基金）及 11 个专业委员会。

2020 年，完成向民政部、中国科协报备学会增补副理事长备案工作。

坚持民主办会制度，先后召开中国天文学会十四届三次、四次常务理事会议及十四届四次理事会议，落实完成会议各项决定。组织召开十四届二次组织工作会议，完成学会 2020 年 134 名新会员的审核工作。

青年人才托举工程 2020 年，学会完成第三届中国科协“青年人才托举工程”项目验收工作；组织落实第四届中国科协“青年人才托举工程”人才跟踪培养、经费支持、项目合同管理等工作；申请开展第六届中国科协“青年人才托举工程”项目资格。

主办期刊 2020 年，学会完成《天文学报》编委会换届报批工作；配合《天文爱好者》完成中国科协报刊社会效益自评工作；组织各期刊开展核查假冒学会期刊现象的工作。

国内主要学术会议 受新冠肺炎疫情影响，2020 年学会举办国内学术会议 5 次，其中综合性学术年会 1 次，全年学术会议参会人数达 1400 余人次，交流论文 400 余篇。会议包括中国天文学会 2020 年学术年会、中国天文学会第 22 届郭守敬学术研讨会暨 2020 年星系宇宙学前沿研讨会、中国天文学会虚拟天文台与天文信息学 2020 年学术年会、中国天文学会信息化工作委员会 2020 年度工作会议、中国天文学会天文学名词研讨会暨第十一届审定委员会第二次会议。

国际组织任职 2020 年，学会向 IAU 天文学教育办公室推荐 5 名国家天文学教育协调员，向 IAU 提名中国区域副理事长候选人 1 名。

国际交往 2020 年，响应中国科协通知要求，学会向 IAU 致函，介绍中国新冠肺炎疫情的情况及采取措施，向关心、支持中国的朋友表达谢意，并请 IAU 转发给各专业委员会。

10 月，学会邀请韩国教授 Hyesung Kang 及 Dongsu Ryu 在北京召开的中国天文学会 2020 年学术年会上作第 31 届 IAU 大会相关报告，并及时通过学会官网、官微向广大科技工作者宣传第 31 届 IAU 大会。

向 IAU 推荐 IAU 新会员 9 名、初级会员 15 名。

科普活动 2020 年，学会组织新冠肺炎科普知识线上有奖竞答活动，在微信公众号、微博、官方网站上推出相应板块，强化应急科普工作。同时，在二十四节气、国际天文馆日等重要节日及日环食期间组织线上科普活动，科普受众 10 万余人次。

全国科普日、全国科技周期间，学会以“决胜全面小康、践行科技为民”为主题，推出各类天文科普活动。主要包括：8 月 25 日，在北京天文馆举办“仰望星空”科学之夜活动，科普受众 800 余人；科技活动周期间，以线上线下相结合的方式开展科技活动周重大示范活动——“一带一路”科普交流周；9 月 19—25 日，北京古观象台推出雕版天文图印刷和测日影两项特色科普活动，面向不同年龄段受众、满足不同科普需求，受众 30 余人次；9 月 24—25 日，推出“探索天文，线上观星”系列在线科普活动；面向新疆维吾尔自治区各中小学开展“火星探测校园巡展”活动，主要内容包括展板校园巡展、展板讲解直播和火星探测讲座直播。

9 月 20 日，在全国 13 个考点举办全国中学生天文知识竞赛预赛。11 月 9—13 日，在河北省廊坊市举办全国中学生天文知识竞赛决赛，最终 8 名学生获得金牌、17 名学生获得银牌、18 名学生获得铜牌。决赛期间还进行 2021 年国家集训队选拔赛，最终确定代表中国参加 2021 年各项国际天文奥林匹克赛事的选手。

表彰举荐优秀科技工作者 2020 年，学会组织完成第二届全国创新争先奖推荐工作，推荐中国科学院新疆天文台加尔肯·叶生别克、中国科学院紫金山天文台封莉为创新争先奖候选人；中国科学院新疆天文台南山观测站为创新争先奖牌候选团队。

组织开展第十七届中国青年女科学家奖和 2020 年度未来女科学家计划候选人推荐工作，推荐厦门大学李昂、中国科学院紫金山天文台封莉、中国科学院云南天文台李祝莲为中国青年女科学家奖候选人；中国科学院紫金山天文台应蓓丽、北京大学科维理天文与天体物理研究所符晓婷为 2021 年度未来女科学家计划候选人。

与中国科学院国家天文台联合组织开展“2019 年度十大天文科技进展”评选活动。组织学会专家参加第五届“中国科协优秀科技论文”遴选活动。组织开展第八届中国天文学会黄授书奖评奖活动。

党建强会 学会党委组织学会理事会党委会议、常务理事会议、理事会议认真学习党的十九大精神文件，学习贯彻习近平总书记重要讲话精神；召开中国天文学会十四届党员大会、科技社团党委调研中国天文学会党建工作会议，做好科技社团党委调研中国天文学会党建工作；完成学会办事机构党建指导员工作情况摸底。

按照《中国科协关于加强科技社团党建工作的若干意见》等要求，制定中国天文学会理事会党委工作制度，加强学会党委在学会建设中发挥政治引领、思想引领和组织保障作用；严格落实《关于进一步加强中国科协所属学会党委建设的指导意见（试行）》要求，规范定期召开学会理事会党委会议，原则上每半年召开一次，一般在常务理事会议或理事会议之前召开；明确学会党委工作遵循原则。

支持科技工作者政治参与，参加“党领导下的中国科学家”主题展览活动；学会党委书记参加 2020 年度全国学会党组织负责人培训班、中国科学院党委书记研讨班；学会理事党员参加各自单位党支部的各项党建活动。

【中国天文学会 2020 年学术年会】 10 月 12—14 日，由学会主办、北京师范大学和北京天文学会承办的中国天文学会 2020 年学术年会在北京召开。年会以“搭建深入交流平台，助力院校台站广泛合作；弘扬京师‘观天习文’精神，促进天文快速发展”为主题，采取线上线下相结合的方式举办。来自主会场和线上收看视频的全国各天文单位的 1000 余位专家学者参加年会。

开幕式上，颁发中国天文学会第十五届张钰哲奖和第四届黄润乾天体物理基础研究奖，北京大学教授吴月芳、中国科学院高能物理研究所研究员王建民分别获奖。此届学术年会恰逢北京师范大学天文系建系 60 周年，开幕式上还举办庆祝纪念活动。

年会主要围绕天文学各分支学科和相关交叉领域的研究，以大会特邀报告、高级科普报告、专题讲座和分会场报告等形式进行。年会设置大会特邀报告 12 篇、专题讲座 2 场、高级科普报告 1 场，分会场交流报告 251 篇。

此届年会首次采取线上线下相结合的方式，为学会日后举办线上会议积累经验。年会还得到北京市科学技术委员会、北京市科协、国家自然科学基金委员会数理科学部的支持。

（撰稿人：谢　洁）

中国气象学会

服务创新型国家和社会建设 面向国家和社会需求，学会积极推动科技智库体系建设。发挥学会独立第三方优势，做好科技咨询评估工作。完成“SMART 季节气候预测系统与应用”“区域全球一体化 GRAPES 数值天气预报业务系统与应用”“农业气象灾害和作物苗情的全天候卫星遥感监测技术”科技成果评价 3 项。开展湖北省恩施土家族苗族自治州建始县生态旅游气候资源评估论证工作，服务地方生态文明建设，助力脱贫攻坚。

开展成果转化促进工作。8 月 19—21 日，学会在上海市举办 2020 年中国气象现代化建设科技博览会。共有 100 余家企业参展，展品覆盖气象、防雷、水文等行业，展出新品上千款，博览会接待观众达上万人次，意向交易额超 2 亿元，展商好评率达 98%。博览会同期举办 2020 年气象观测创新发展论坛、2020（第八届）中国水利信息化技术论坛、2020 上海国际气象人才招聘会、2020 第二届大气与环境科学青年人才论坛。

学会建设 9月4日，学会组织召开第二十八届理事会第六次通信会议，审议在《中国气象学会章程》中增加党的建设等有关内容。全体理事一致同意学会章程修订内容，在第二十八届理事会原有章程基础上，按照党中央和民政部、中国科协最新要求增补修订党的建设等有关内容。

学会秘书处完成年度审计、统计、年检、年报、年鉴、资产清查、决算预算等各项工作以及2019年全年合同及公文归档、梳理学会日常管理相关制度。配合推进中国气象学会第二十九次全国会员代表大会和学会党组织组建筹备相关工作。

学会官网开通云端气象科技论坛专区，采集、整理并发布相关单位活动信息，组织各类线上学术交流活动，对部分活动进行视频录制后发布到该专区。

青年人才托举工程 学会组织召开第二、第三、第四届中国科协"青年人才托举工程"项目工作管理视频会议。完成第三届中国科协"青年人才托举工程"项目验收和第四届中国科协"青年人才托举工程"项目中期考核工作。组织历届被托举人才开展线上专题论坛，推荐学会被托举人才参加中国科协科学大家谈科普讲座，讲座实时在线观看人数达38万人次。

主办期刊 学会保质超额完成2020年度期刊编辑出版工作。《气象学报》中、英文版共刊出162篇文章，刊载量2426页，较2019年增加86页。两刊均编辑出版《新中国成立70周年气象科研业务进展》专刊，《气象学报（英文版）》还出版《气象卫星生态遥感应用》和《中英气候科学与气候服务（*CSSP China*）》专刊。

最新发布的《气象学报（英文版）》SCI数据库影响因子为2.302，涨幅达59%，升至Q3区。《气象学报（英文版）》入选中国知网中国最具国际影响力学术期刊、中国科学技术信息研究所"中国科技核心期刊"，《气象学报》中文版入选中国国际影响力优秀学术期刊，并获评2019年度中国百种杰出学术期刊和第5届中国精品科技期刊；两刊同时入选《我国高质量科技期刊分级目录》T1级期刊，一篇《气象学报（英文版）》论文入选2020年第五届中国科协优秀科技论文遴选计划。

学科发展工程 2020年，学会通过中国科协学科发展研究项目"大气科学学科史研究"项目验收。

国际学术会议 学会联合主办中国科协第三届世界顶尖科学家"共同家园"系列峰会3——何去何从：气候变化与人类命运。

国内主要学术会议 受新冠肺炎疫情影响，学会2020年上半年学术交流活动主要依托互联网开展；下半年持续推进线上活动，同时开展各类线下学术交流活动。

学会组织开展的专题性学术和技术交流活动主要有新一代静止气象卫星资料同化研讨会、2020年全国重大天气过程总结和预报技术经验交流会、2020年气象观测创新发展论坛、全国人工影响天气技术与方法交流会、2020年气候预测与气候应用技术论坛、气象青年科技交流会暨2020年青年科学家论坛、2020风云气象卫星用户大会、2020年全国决策气象服务业务技术交流会等，会议内容涵盖天气预报、气候预测、卫星气象、人工影响天气、气象服务业务等领域。

学会推动各类区域特色学术交流，组织召开气象科技创新高峰论坛暨第八届淮河流域暴雨·洪水学术研讨会、第二届中原风云论坛暨气象保障黄河流域生态保护和高质量发展论坛、第六届海河流域天气气候预报预测技术交流会、第七届全国农业与气象论坛、第一届武夷论坛等会议。

两岸交流 学会组织申报中国科协"2020年海峡两岸暨港澳民间科技人文交流"项目。

国际交往 学会组织申报并获批2020年中国科协青年科学家参与国际组织及相关活动项目。1月，派员参加第100届美国气象学会年会并进行期刊推广。

科普活动 学会继续加强校园气象科普制度建设。完善和优化校园气象科普教育整体解决方案升级版，开发校园气象科普教育网站，制定气象教育特色学校管理办法。加大气象科学课程开发与应用力度，与"科学玩家"合作开展中国农业科学院附属小学气象实验类社团课程。针对教师开展气象科学培训和气象科学知识讲座。支援建设陕西省延安市延长县七里村镇呼家川完全小学校园气象站。开展第四届校园气象科学展评活动。

持续推动气象科普活动品牌化建设。策划并组织世界气象日纪念活动、全国气象科普讲解大赛、全国防灾减灾日、气象防灾减灾宣传志愿者中国行、气象科技活动周和全国气象科普日系列活动，开展第十一届全国优秀气象科普作品展评、"风云之战"气象知识有奖竞答、“智爱妈妈”气象科学素质普及等活动。参与中国科协中国公众科学素质促进联合体建设。学会科普工作再次获得中国科协表彰。

加强气象科普基地建设和管理。组织开展首批国家气象科普基地认定工作，中国气象局和科技部共同认定中国气象科技展馆及系列专题科普展区等16家单位为首批国家气象科普基地。完成第七批全国气象科普教育基地评审工作。制定《气象科普教育基地创建规范》。

以互联网思维创新科普工作模式，聚焦公众需求，深入推进“互联网＋气象科普”工作。学会官方科普微信除通过科普文章、长图、短视频、动漫等形式传播科普内容外，还开展“风云之战”气象知识有奖竞答、科普讲座线上直播、全国科普教育基地360度全景展示等线上活动，助力公众气象科学素质提升。

表彰举荐优秀科技工作者 学会组织完成中国科协第二届全国创新争先奖候选人推荐工作，推荐候选人5名、候选团队2个。

组织完成中国科协第十七届中国青年女科学家奖、2020年度未来女科学家计划候选人推荐工作，推荐候选人5名、候选团队1个。

党建强会 学会全面加强党的领导，持续推进党支部标准化规范化建设，落实“三会一课”制度，全年共开展党支部活动33次、领导干部讲党课5次。

建设学习型支部，加强政治理论学习。持续深入学习贯彻习近平新时代中国特色社会主义思想、习近平总书记关于新中国气象事业70周年重要指示精神和党的十九届五中全会精神，巩固“不忘初心、牢记使命”主题教育成果，形成常态化长效化机制。成立青年理论学习小组，年内组织14次集体学习。强化干部培训，派员参加中国科协宣传、期刊等相关政策性培训，组织全体党员参加中国气象科学研究院举办的党员集中培训班。

全面落实上级党组织部署的各项党建工作。加强疫情期间党的领导，党员干部主动担当作为，积极捐款，以实际行动驰援疫情防控一线。探索疫情防控期间组织生活新形式和新载体，通过支部微信群及时传达中国科协、中国气象局有关精神，确保党内政治生活不间断。开展庆祝建党99周年“唱支红歌给党听”主题党日活动；组织参观中国气象局主办的廉政教育展、全国爱国主义教育示范基地“没有共产党就没有新中国”纪念馆；配合中央对中国气象局党组的巡视工作，推进巡视整改；开展2019年党支部党建工作考核工作；开展为新疆维吾尔自治区少年儿童献爱心编织活动；参加中国气象科学研究院党委组织开展的2019—2020年度优秀共产党员、优秀党务工作者和先进基层党组织评选活动，1人获评优秀共产党员。

会员服务 学会积极响应中国科协和中国气象局的倡议，在学会官网开设抗疫专栏，及时向会员传达有关精神。疫情期间，联合中国知网为全体会员免费开放学术资源库，在学会官网开通云端气象科技论坛专区，服务气象行业抗疫和科研工作。编发会讯3期、工作手册1本，发放《气象知识》杂志6期。通过微信公众号、交流群密切联系会员，及时向会员通报学会工作动态和活动信息。

【黄河流域生态保护和高质量发展高层科技论坛】 9月16日，由中国科协主办，学会及河南省科协、水利部黄河水利委员会、中国水利学会、河南省水利厅、河南省气象局承办的黄河流域生态保护和高质量发展高层科技论坛在河南省郑州市召开。论坛以“加强生态保护　促进高质量发展”为主题，旨在探讨黄河流域生态保护和高质量发展途径，形成政策性和专业性相结合的政策建议报告，共同为黄河流域生态保护和高质量发展贡献智慧和力量。论坛采取线上线下相结合的方式，对大会特邀报告和大会报告进行全程直播，现场参加论坛的专家学者约200人。

为推进河南省黄河流域生态保护和高质量发展，充分发挥学会与中国水利学会在黄河流域水资源高效利用、水沙调控、生态环境保护等方面的院士专家、技术等优势资源，学会和河南省科协、郑州大学及中国水利学会达成并签署《战略合作协议》。协议各签署方将共同搭建宣传、学术交流、专家智库咨询、人才培育交流等平台，为促进河南省黄河流域生态保护和高质量发展及打造河南省黄河研究基地共同谋划出力。

【2020年全国重大天气过程总结和预报技术经验交流会】 由学会主办，国家气象中心、学会天气学委员会联合承办的2020年全国重大天气过程总结和预报技术经验交流会分两个阶段进行。5月28日，第一阶段交流会通过中国气象局天气会商视频系统进行。国家气象中心及各省（自治区、直辖市）气象局一线业务科技人员及有关单位专家参加交流。

交流会共安排特邀报告2篇、大会报告5篇。中国工程院院士、国家气候中心前主任丁一汇，中国气象科学研究院研究员陈昊明分别作特邀报告《2020年夏季中国气候预测背景分析》《面向降水精细化预报的区域高分辨率模式降水评估》。5篇大会报告涉及暴雨、台风、强对流、模式性能检验等方面内容，丁一汇逐一进行点评，针对报告内容提出意见和建议。

7月8—10日，第二阶段专题交流会以视频方式进行。围绕暴雨、暴雪、强对流天气、台风与海洋、灾害性天气、天气预报技术方法、水文气象等主题开展研讨，共安排报告45篇、墙报交流报告87篇。来自全国各级气象台站的一线预报员交流研究工作进展以及预报中的难点问题，有关高校、科研院所的科研人员也参加研讨和交流。

会议共收到投稿论文205篇，平均每场参加人数超过600人次。

【2020年气候预测与气候应用技术论坛】 11月11—13日，由学会、国家气候中心、中国气象局公共气象服务中心联合主办的2020年气候预测与气候应用技术论坛在北京召开。论坛以交流气候预测技术方法、分享气候预测技术成果为目的，分为气候预测机理分析和诊断，气候预测技术发展和气候模式应用，2020年度业务气候预测总结及气候资源监测、评估和预测预估技术4个分论坛。

论坛首次采用线上线下相结合的形式，邀请中国工程院院士、国家气候中心前主任丁一汇，中国气象局兰州干旱气象研究所研究员张强，中国科学院大气物理研究所研究员陆日宇、周天军、高晓清，清华大学教授罗勇等10余位专家作特邀报告。来自中国气象局各直属科研业务单位、各省（自治区、直辖市）气象局，中国科学院大气物理研究所、西北生态环境资源研究院，清华大学、南京大学等单位的科研人员参加论坛，在线收看人数近1500人次。

论坛投稿数量70余篇，经专家评审遴选出交流报告40篇，评选出10篇优秀论文。

【2020年全国决策气象服务业务技术交流会】 12月3—4日，由学会、国家气象中心、国家气候中心联合主办，广东省气象局承办的2020年全国决策气象服务业务技术交流会在广东省广州市召开。来自全国气象部门、相关科研院所、中国民用航空局空中交通管理局等单位的80多位专家学者参加交流活动。

中国气象局决策气象服务首席王维国、国家气候中心研究员王国复、广东省气象局专业技术总师杜尧东、国家气象中心农业气象中心主任侯英雨、吉林省气象台副台长陈长胜、中山大学教授吴欢6位专家分别作特邀报告《2020年主要天气气候事件及决策气象服务回顾》《气象灾害综合风险普查及应用（广州）》《气象指数保险在广东的创新应用》《农业生产气象影响与决策服务材料策划》《四结合、四超前服务机制应战三台连击和罕见冰冻》《面向全球到局地尺度洪水风险预测的水文气象解决方案》。

会议收到投稿论文203篇，经专家评审，70篇入选会议文集，其中选出38篇进行大会口头交流。

【2020年世界气象日纪念活动】 2020年世界气象日期间，学会联合全国400多家单位开展线上全国气象科普系列报告会、“风云之战”气象知识有奖竞答活动。其中，气象科学传播专家团队首席研究员朱定真围绕2020年世界气象日主题“气候与水”所作的线上科普报告，传播和浏览量达910万人次；“风云之战”气象知识有奖竞答活动参与人数3万余人次，世界气象日系列纪念活动受众3000万余人次，活动赠予气象科普产品数量6000余件。同时，上线20家全国气象科普教育基地360度全景展示，新增1000多道气象知识竞赛题、134件气象科普产品，其中共享资源88件。策划《知识就是力量》世界气象日专刊。

【2020年全国气象科普讲解大赛决赛】 9月29日，由学会与中国气象局主办的第六届全国气象科普讲解大赛决赛在北京举办。大赛旨在宣传普及气象科学知识、弘扬科学精神，提高气象科普讲解水平、提升气象科学传播能力，使气象科技发展成果更广泛地惠及公众。决赛分为自主命题讲解、随机命题讲解和科技常识测试三部分。24位选手借助实验、道具、图解、多媒体等多种辅助手段，运用通俗易懂的语言表述气象科学知识。来自科技部、国家林业和草原局、中国科协、中国科学院、中国气象局等单位的11名评委从内容陈述、表达效果、整体形象等方面进行综合评价，最终评选出一等奖3人、二等奖6人、三等奖15人、优秀奖21人。获奖选手还代表中国气象局参加2020年全国科普讲解大赛并取得优异成绩。

（撰稿人：刘文泉　王　妩）

中国空间科学学会

服务创新型国家和社会建设　学会承担中国工程院“统筹我国空间科学、空间技术和空间应用协调发展战略研究”项目。基于中国航天发展六十余年的实践，系统梳理国内外空间科学、空间技术和空间应用三大领域发展历程中的顶层规划、政策指导和资源配置情况，研究国际航天强国的成熟做法和管理逻辑，聚焦中国空间科学短板对三者均衡发展的掣肘，研究提出应对举措。

学会组织专家调研中国科研工作者在宇宙极端条件下的物理规律方面已取得的研究成果，分析提炼出尚未得到解决的暗物质粒子性质、极高能量宇宙射线源头等一系列极端宇宙的重大科学问题，从战略规划、国际大科学计划专项支持、交叉学科建设等方面提出“推动宇宙极端条件下物理规律研究”建议，并作为科技工作者建议通过中国科协上报至中共中央办公厅、国务院办公厅等部门。

学会主动对接中国科协“科创中国”平台，开展创新驱动助力工程示范项目“空间科技创新助力区域健康产业发展”。针对长江三角洲地区经济和产业发展特别是医药健康产业，推动科技与经济深度融合。学会组织中国科学院院士薛永祺、赵玉芬和都有为等20多位专家组成“磁科技与生命健康服务团”多次赴企业考察、调研、座谈，举办磁科技与生命健康服务团产学研深度融合创新论坛，协助企业完成磁健康产品测试设备及关键技术的研发和攻关，支持企业起草制定《静磁保健产品通则》行业标准，完成《磁科技与健康产业现状和发展战略》智库报告，与企业联合建立产学研协同创新平台，与对接企业共建科普服务基地并开展线上科普讲座、编写出版科普书籍等科普活动。参与8月25日湖北省武汉市东湖高新区调研统筹推进疫情防控和经济社会发展、科技助力疫后重振及“科创中国”试点工作，以空间科技服务、驱动区域健康产业发展。

学会建设　2020年，中国空间科学学会第九届理事会召开理事会议1次、常务理事会议2次和理事长办公会1次。

学会制定《中国空间科学学会归档文件编号规则（暂行）》。修订《中国空间科学学会青年人才托举工程项目管理实施细则》和《中国空间科学学会青年人才托举工程项目经费管理办法》，经理事会审议通过并正式发布。

学会向全社会公开征集Logo，共收到270余份设计稿。经常务理事会评审通过一等奖1名、二等奖2名、三等奖3名。经评选确定学会的Logo。

5月，学会办公室主任孙丽琳到岗开展工作。11月，经学会第九届理事会第五次会议表决同意，增补孙丽琳为学会常务副秘书长。7月，经招聘程序，孙伟英为学会办公室副主任。

学会理事长、秘书长、常务副秘书长参加中国科协组织的第二届世界科技与发展论坛，以及2020年全国学会工作会议、秘书长论坛和分支机构论坛等。组织《空间科学学报》编辑参加2020年期刊编校质量与影响力提升研修班。

学会对微信公众号进行改版，板块更加清晰，内容更加丰富，成为服务广大会员的重要宣传窗口。

青年人才托举工程　学会对中国科协“青年人才托举工程”项目进行第三届项目的总结和第四届项目的中期评估，并开展第六届项目的申请工作，获得2个中国科协资助名额。经遴选评审，柴立晖和项正入选。

主办期刊　《空间科学学报》2020年出版6期正刊，刊发论文117篇。其中，第5期为国际空间研究委员会中国委员会编校出版的*Space Science Activities in China National Report* 2018—2020。

2020年，《空间科学学报》编辑部对编校出版规范和已发表论文质量进行3轮次全面自查自纠；修订并发布学报优秀论文评选办法，增加优秀论文评选频次和获奖论文数量。

《空间科学学报》于10月加入Researcher平台，并被中国科协发布的《我国高质量科技期刊分级目录》认定为地学领域T1类期刊，即已经接近或具备国际顶级水平的期刊；同时被认定为航空航天领域T3类期刊，即国内外航空航天领域重要、为学术界所认可的期刊。

学科发展工程　学会参与中国科协举办的“重大科学问题和工程技术难题”征集项目，提交《太阳系天体高效原位探测技术》和《利用空间静电探测解决强震灾害的临震预估问题》2份建议书。

12月，全国空间科学及其应用标准化技术委员会标准审查会在北京召开。会议审定《地球卫星轨道空间环境探测器监测要素通用规范》《空间材料科学实验地面匹配试验规范》《月球与行星探测激光测距仪通用规范》《月球与行星原位光谱探测仪器通用规范》《月球与行星原位探测相机通用规范》5项标准。

国内主要学术会议 受疫情影响，学会2020年组织开展线下国内学术会议10余次，近2000人次参加，交流论文、报告660余篇。

9月25日，“不忘初心来时路，砥砺奋进新征程——中国空间科学学会成立四十周年”学术研讨会暨座谈会在北京召开。中国科协、科技部、中国科学院等多部委、单位的领导、专家，学会成立发起人、第九届理事会成员、各专业委员会委员及会员代表等共160余人出席研讨会。

10月20—21日，学会空间物理专业委员会在重庆市召开的中国地球物理年会上组织两个专题会。“太阳活动及其空间天气效应”专题会提交论文36篇，年刊录用36篇，口头报告24人，张贴报告12人；“磁层中的等离子体物理过程”专题会提交论文70篇，年刊录用60篇，口头报告40人，张贴报告21人。

11月4—5日，由学会空间遥感专业委员会与中国科学院空天信息创新研究院联合主办的第一届水质高光谱遥感新技术交流研讨会在天津市召开。会议主题为“水质高光谱遥感新技术”。会议主席为中国科学院院士童庆禧、薛永祺。会议包括12场学术报告，近200人参加会议。

11月12—13日，学会月球科学与比较行星学专业委员会在四川省成都市组织召开“首次火星探测任务有效载荷探测技术和数据处理”第四次学术研讨会，包括34场学术报告，约120人参加会议。

11月22—26日，学会空间探测专业委员会在海南省海口市组织召开第三十三届全国空间探测学术研讨会。来自55家单位的近260位专家学者参加会议。会议设7个特邀报告，101位报告人进行口头报告，交流墙报20余篇。

11月26—28日，由学会空间天文学专业委员会协办的第3届ASO-S科学大会在福建省厦门市召开。来自22家单位的近200人参加会议。会议分为7个专题，共有98个报告。

12月3—6日，学会空间地球科学专业委员会在广东省珠海市组织召开第三届空间地球科学学术研讨会，收到83家单位约500篇会议投稿。会议设置6个议题，参会人数超600人。

12月15—16日，召开地外生物化学进展国际研讨会暨中国空间科学学会空间生命起源与进化专业委员会年会。会议设2个专场，邀请8位主报告人，包括来自美国、英国、瑞士、日本的4位海外专家和4位国内专家。

12月20—22日，由学会微重力科学与应用研究专业委员会主办的空间材料科学实验卫星专题研讨会在广西壮族自治区桂林市召开，80余位专家参加会议。

国际组织任职 中国科学院院士、学会空间地球科学专业委员会主任郭华东作为联合国技术促进机制10人组成员、中国科学院“地球大数据科学工程”专项负责人，于2020年牵头组织“联合国可持续发展大数据国际研究中心”的筹建工作。

国际交往 4月，学会空间生命专业委员会段恩奎/雷晓华团队在国际综合期刊*National Science Review*（《国家科学评论》，NSR）在线发表利用SJ-10返回式科学卫星开展的微重力条件下哺乳动物早期胚胎体外发育研究内容，该研究被遴选为NSR杂志第7卷第9期封面文章。

9月17—18日，学会空间智能专业委员会组织参加第十一届无线与卫星系统国际会议，李玉庆出任Intelligent Satellite Operations，Managements and Applications分会场主席。

学会微重力科学与应用研究专业委员会赵建福和何振辉作为第12届亚洲微重力会议主席，为日本微重力学会会刊*International Journal of Microgravity Science and Applications/AMS* 2018专辑撰写前言。该专辑的发表进一步强化了第12届亚洲微重力会议的学术影响。

科普活动 2020年，学会开展科技志愿服务等工作，推动公民科学素质提升。

4月24日是第五个“中国航天日”暨中国第一颗人造地球卫星“东方红一号”成功发射50周年纪念日。学会联合多单位开展以“弘扬航天精神，拥抱星辰大海”为主题的线上讲座。活动邀请“东方红一号”卫星总体设计组副组长潘厚任，中国科学院院士、中国科学院国家空间科学中心主任王赤和中国航天基金会理事长吴志坚讲述“东方红一号”卫星研制及发射的故事，解读中国空间科学和航天事业的发展现状。近57万人次在线观看并参与互动。

学会理事长吴季的科普书籍《月球旅店》兼具科学技术知识普及功能和人文关怀，于11月13日获第六届中国科普作家协会优秀科普作品奖科普图书类金奖。

“空间科技创新助力区域健康产业发展”项目举办科普活动5场，中国航天员科研训练中心研究员李莹辉、西北工业大学教授商澎、河北工业大学教授徐桂芝等5位专家主讲，线上线下受众累计83.5万人次。出版科普读物《磁　生命　健康》。

11月，学会成功申请“空间科学传播专家工作室建设试点”项目。项目执行主体为中国科学院国家空间科学中心研究员刘勇及其团队。

学会打造“星辰大海等着你”公益科普品牌。11月25日，“星辰大海等着你”第一场、第二场公益科普活动走进海南大学。北京大学教授焦维新和中国科学院国家空间科学中心高级工程师徐欣锋作报告《中国探月的创新之路》《我国月球与深空探测领域已有任务特点及未来》，100余名师生参与。12月4日、6日，“星辰大海等着你”第三场、第四场公益科普活动在北京师范大学珠海分校举办。学会理事长吴季作报告《从载人航天到太空旅游》，近200名师生参与；中国科学院空天信息创新研究院研究员施建成作报告《空间地球科学与全球水循环卫星》，50余位本科生参与。12月22日，在广西壮族自治区桂林市组织召开“星辰大海等着你”第五场、第六场公益科普活动。中国科学院国家空间科学中心研究员刘勇作报告《人类的航天》，中国科学院空间科学与应用研究中心研究员于强作报告《空间微重力科学》。

中国空间技术研究院研究员庞之浩接受新华社、《科技日报》等多家媒体采访50余次，出版2本科普书籍，发表文章40多篇，作科普讲座10余场。

中国科学院国家空间科学中心研究员刘勇发表科普文章2篇；接受《科技日报》、北京科技报社等媒体采访9次，作30余场科普报告。“北斗导航与空间天气”直播讲座观看人数近2万人次。

中国科学院院士薛永祺在上海市、广东省深圳市、浙江省嘉兴市作科普报告，受众约500人次。上海技术物理研究所研究员亓洪兴在上海市作讲座《生活与科学中的多彩光谱技术》，受众约260人次。

7月，在中国科学院院士赵玉芬的倡议和筹备下，宁波大学天体化学与空间生命—钱学森空间科学协同研究中心举办为期2周的2020太空探索系列之“火星科研培训班”夏令营。22名学员现场参与。8月25日，举办太空探索系列之火星沙龙活动，中国空间技术研究院钱学森实验室首席研究员姚伟和新加坡国立大学教授陈宇综共话火星探索，约200人参加。

中山大学教授郭金虎撰写的《生命的时钟》成为2020年上海书展《中华读书报》推荐科普类图书。

中国科学院力学研究所研究员赵建福在北京作报告《微重力多相热流体动力学研究进展及其空间应用》，全年进行10余次线上科普活动。

学会空间智能专业委员会全年在黑龙江省哈尔滨市开展3场科普讲座，还借助哈尔滨工业大学航天馆为本科新生开展技术讲座。

表彰举荐优秀科技工作者　学会申报2020年中国科协优秀中外青年交流计划项目，2人入选。

党建强会　学会党支部集中学习党的十九届五中全会文件，领会全会精神。学会常务副秘书长参加中国科协于11月16日举办的学习贯彻党的十九届五中全会精神报告会。

学会获得中国科协“党建强会计划”项目“编创学会党建宣传电子作品”立项支持。

会员服务　借助学术会议、网站和微信公众平台，学会会员持续增长。借助会员信息系统对会员进行数字化管理，不断提升服务、优化管理。

【“不忘初心来时路，砥砺奋进新征程——中国空间科学学会成立四十周年”学术研讨会暨座谈会】　9月25日，“不忘初心来时路，砥砺奋进新征程——中国空间科学学会成立四十周年”学术研讨会暨座谈会在北京召开。中国科协、科技部、中国科学院、国家国防科技工业局、国家航天局、中国航天基金会和学会挂靠单位、会员单位、兄弟学会等单位的领导、专家，学会成立发起人，第九届理事会成员，学会各专业委员会委员及会员代表等共160余人参加研讨会。学会第九届理事长吴季主持研讨会。

中国科协党组成员、书记处书记吕昭平代表中国科协致辞。中国科学院重大科技任务局副局长黄铁青代表中国科学院副院长相里斌致辞。学会第六届理事长肖佐作为学会发起人代表，中国科学院院士顾逸东、王赤及中国科学院高能物理研究所研究员熊少林作为老、中、青三代科学家代表作特邀报告。

学会发起人、老专家和挂靠单位负责人等50余人参加座谈会。

（撰稿人：庞红勋　孙丽琳　管清风）

中国地质学会

服务创新型国家和社会建设　学会开展地质类工程专业认证工作，提出地质类专业认证委员会和秘书处换届方案，并通过认证协会审批。开展10所高校的10个专业点自评报告审阅和7个专业点进校考察工作。组织召开认证委员会工作会议，对专业认证工作进行总结和部署。首次申报取得中国科协"工程师资格国际互认"工作资格，获得工作经费，为推动中国地质类工程师国际互认奠定基础。

为全面了解掌握全国地质科技工作者的工作、学习、生活、科研、待遇等实际问题和需求，学会编制设计第二轮全国地质科技工作者状况调查问卷，共回收有效问卷10796份，为政府部门决策和地勘行业转型发展提供依据。

学会征集、报送的"地球物质是如何演化与循环的"入选中国科协2020年十大重大科学问题，并获得中国科协专项资助。针对该问题，学会完成未来发展建议报告撰写。

支撑服务乡村振兴战略，推进地质文化村（镇）建设有关工作。学会起草印发《地质文化村（镇）评审授牌和监督管理办法（试行）》，为规范开展地质文化村（镇）申报和管理工作奠定制度基础。举办首期地质文化村（镇）建设业务培训班。正式启动第一批地质文化村（镇）申报推荐工作，总计35个候选地质文化村（镇）提交申请，学会组织专家进行初评和现场实地踏勘评估。

聚焦服务农业高质量发展，推进天然富硒土地开发利用，服务脱贫攻坚和乡村振兴战略。学会起草印发《天然富硒土地认定和标识管理办法（试行）》，为规范开展天然富硒土地申报、认定和标识管理奠定制度基础。组织启动首批天然富硒土地申报推荐，共收到50个候选天然富硒土地项目，并举办首期天然富硒土地业务培训班。

9月19日，学会在四川省成都市主办关键矿产资源调查研究与发展规划培训研讨班，邀请院士、专家详细讲解关键矿产资源的全球战略资源格局和供应风险、资源类型、富集机理、勘探评价等方面内容，分享典型矿种、矿床案例，并与培训人员进行现场问答互动。来自全国各省（自治区、直辖市）地勘局、地调院和中央管理的行业地勘单位、有关高校等的200余人参加培训研讨班。

11月7—8日，学会在广东省湛江市主办油气资源勘查理论技术培训研讨班，邀请12位从事油气资源勘查理论技术相关研究工作的院士、专家解读国内油气资源基础（常规油气、页岩油、页岩气、天然气水合物等）和未来发展规划，分享油气勘查理论、技术方法最新研究进展，介绍关键含油气盆地取得的重大勘探突破。来自中国石油天然气集团有限公司、中国石油化工集团有限公司、中国海洋石油集团有限公司等石油企业及其所属各油田公司、有关高校和全国各省（自治区、直辖市）地勘局、地调院等单位的200余人参加培训研讨班。

面对新冠肺炎疫情，学会及时落实党委工作部署，发布《关于"抗击新型冠状病毒、打赢疫情防控阻击战"的倡议书》，号召学会各理事单位、分支机构、省级地质学会、全国广大地质科技工作者坚定信心、奉献爱心、共克时艰，为坚决打赢疫情防控阻击战贡献智慧和力量。

学会建设　2020年，学会组织召开2次全体理事会议、5次常务理事（通信）会议、7次行业单位秘书长会议、1次全国秘书长工作会。

学会深化"三重一大"议事规则，防控风险，修订《中国地质学会财务管理办法》《中国地质学会合同管理办法》，细化财务人员工作职责、加强重大事项决策和大额经费支出审批流程，形成相互制约机制。制定《中国地质学会财务档案管理办法》《中国地质学会资产管理办法》，填补财务档案、资产管理制度空白。此外，举办财务管理培训班，邀请中国科协财务专家、中国地质科学院纪委书记针对廉政风险防控作专题报告，加强财务内部控制与廉政风险防控。

学会改革网站信息报送工作，提升信息质量。学会网站2020年上传信息300余条，浏览量110万余人次。

学会向中国科协申报承担项目9项，其中承担的中国科协"世界一流学会建设"项目周期为3年。为保障学会健康发展，学会开展所属61个分支机构的评估工作，建立"有进有出"的动态机制。

学会向中国科协提交《2020年中国科协"一带一

路”国际科技组织合作平台建设项目申报书》。计划在2020—2022年建立以学会为主导、由“一带一路”国家科技组织共同参与的“一带一路”区域地学科技联盟，进一步提升学会国际民间科技治理能力。已建立“一带一路”区域地学科技联盟决策层，负责全面领导、统筹规划联盟各项重大事务，组织学术委员会负责指导联盟发展规划和工作计划、审议学术会议议题和咨询建议报告等事项，并提供专业咨询意见。设立秘书组，负责执行领导机构决策部署、联盟日常运行、国际联络、会议筹备等工作。

主办期刊 《地质学报》（英文版）继续被SCI数据库收录，JCR中的影响因子为1.973；《地质学报》（中文版）继续被EI等国内外数据库收录；《地质论评》继续被CA等国内外数据库收录。

2020年，学会完成《地质学报》（中、英文版）、《地质论评》的编辑、出版和发行工作，共出版正刊24期，并通过社会效益评价考核，考核结果全部为优秀，位列中国科协“我国地学领域高质量科技期刊分级目录”T1级别以及《2020中国学术期刊影响因子年报（自然科学与工程技术版）》Q1区。

《地质学报》（中、英文版）继续获得“中国科技期刊卓越行动计划”项目资助，并完成中国科协第五届优秀论文遴选项目，3篇文章获第五届中国科协优秀科技论文。《地质学报》（中、英文版）、《地质论评》分获“2020中国最具国际影响力学术期刊”和“2020中国国际影响力优秀学术期刊”称号，《地质学报》和《地质论评》被评为“第五届中国精品科技期刊”。同时，《地质论评》1篇文章入选中国科学信息研究所“2019年中国百篇最具影响国内学术论文”，《地质学报》和《地质论评》多篇文章入选2020年“领跑者5000——中国精品科技期刊顶尖学术论文”。学会《矿床地质》《岩矿测试》《岩石矿物学杂志》《中国岩溶》《新疆地质》等地质科技刊物的办刊质量不断提升，影响力逐渐扩大。

国内主要学术会议 9月9—10日，由学会主办，学会地热专业委员会、中国地质科学院水文地质环境地质研究所等单位协办的第二届地热青年论坛在山东省青岛市召开。会议围绕地热资源勘查和开发利用、关键理论、技术难题展开交流研讨，为中国能源战略实施和生态文明建设作出贡献。来自全国地勘单位、高校、科研院所等单位的200余名专家学者参加会议。

9月27—29日，由学会主办，学会岩溶地质专业委员会、中国地质调查局岩溶地质研究所等单位承办的岩溶区生态文明建设学术研讨会在贵州省贵阳市召开。研讨会以总结交流近年来岩溶区生态文明建设研究的相关经验为主题，涉及岩溶区生态文明建设面临的机遇与挑战、岩溶水文地质、水资源与水环境、岩溶石漠化与生态修复、岩溶作用与全球变化、岩溶景观发育与演化、岩溶沉积物与古环境重建等内容。来自全国高校、科研院所、地勘系统等40余家单位的近150余人参加会议。

10月16—18日，由学会主办、学会工程地质专业委员会和中国地质大学（武汉）承办、国家自然科学基金委员会等54家单位协办的第十一届全国工程地质大会在湖北省武汉市召开。大会共设3个主旨报告、20个特邀报告、17个邀请报告，全面回顾近年来工程地质学科的进展与成绩，勾勒未来发展前景。大会通过对工程地质方向12个议题的研究探讨，为中国重大工程与宜居地球建设献计献策。大会采取线下会议线上实时转播的方式进行，线下参会人数340人，线上直播观看量累计达20万人次。

11月25日，由学会主办，学会矿床地质专业委员会、中国地质科学院矿产资源研究所等承办的第十五届全国矿床会议在浙江省杭州市召开。会议以“产学研紧密结合，科技创新引领前行，推进绿色矿业发展，保障矿产资源安全”为主题，旨在融通政产学研用等全要素资源，构筑产学研融通创新创业体系，搭建促进科技成果转化的创新平台，交流找矿成果，梳理学科前沿，总结历史成绩，推动关键共性技术攻关。来自自然资源部、中国科学院、中国工程院、中国科协、国家自然科学基金委员会等300余家科研院所、地勘单位、社会团体等单位的2000余人参加会议。

11月25—26日，中国地质调查局发展研究中心（全国地质资料馆）依托学会地质资料研究分会，在河南省郑州市召开第十三届全国地质档案资料学术研讨会。学会地质资料研究分会主任委员、副主任委员及委员代表，部分地质档案资料学术论文作者参加会议。

国际交往 10月，国际地质科学联合会理事会特别会议以视频会议形式召开。学会作为中国在国际地质科学联合会的入会组织参加此次会议，并在会上听取、审议国际地质科学联合会执行局官员和各内部机构过去四年的工作报告；投票选举新一届委员，投票通过各项报告、决议等。

学会参加全国中学生地球科学竞赛暨国际地球科学奥林匹克竞赛的筹备会议，提出学会方面的组委会名单，包括顾问委员会、竞赛委员会、秘书处、监督委员会和考试委员会名单。

学会推荐世界青年地球科学家联盟国际区委员、中国区主席梁锋，国际减灾协会（联合国教科文组织讲席组织）理事姚鑫参加中国科协举办的国际组织任职及后备人员培训班，以提升中国科技人才的国际组织胜任力和全球治理能力。

受新型冠状病毒疫情影响，第36届国际地质大会延期举办。学会积极与大会主办方沟通，关注大会延期和退费等最新信息，做好中国地质代表团相关咨询工作。起草、翻译以学会理事长名义发给国际地质科学联合会及各成员单位的信函，通报中国政府和中国地质界抗击疫情情况，争取国际同行更多的理解与支持。

科普活动 为加强全民科学素养和地学研学体系建设，学会开展首批学会地学科普研学基地（营地）的评选和地学研学导师的培训，举办2020年地学研学导师培训班暨首批地学科普研学基地授牌仪式。

学会与中国科协科普部、湖北省黄石市人民政府联合主办第四届中国（黄石）地矿科普大会，服务地方经济发展，促进地矿产业绿色转型。学会举办2020全国青少年地学线上夏令营，全国近万名中小学生参加，视频点击量34万余次。学会与光明网联合举办世界地球日“六脉神剑”科普活动。

学会完成首届科普人物奖、科普产品奖的评选工作，激励广大地质科技工作者参与地学科普工作。面向全国地勘单位开展科技志愿者团队建设活动，向中国科协报送2名科技志愿者、1支科技志愿者服务队。其中报送的自然资源部第二海洋研究所研究员唐立梅入选“典赞·2020科普中国”年度十大科学传播人物。

表彰举荐优秀科技工作者 学会完成第十届黄汲清青年地质科学技术奖评选工作，15名优秀青年地勘人才获奖；完成第四届野外青年地质贡献奖——金罗盘奖的评选工作，100名优秀野外地勘一线工作者获奖；完成“2019年度十大地质科技进展与十大地质找矿成果”评选工作；完成第一批地学科普研学基地评选工作；开展2020年度国土资源科学技术奖评选工作；完成2020年（第四届）中华国际科学交流基金会杰出工程师奖推荐，推荐的8名候选人中有3人获奖；完成第二届全国创新争先奖的推荐工作，推荐的南京大学教授施斌获第二届全国创新争先奖；为提高地质类工程教育的教学质量和毕业设计质量，完成首届地质类工程专业优秀本科毕业设计评选工作。

党建强会 学会党委和办事机构党支部扎实推进党建工作。组织全体党员干部参加中国地质调查局组织的十九届五中全会精神学习、党风廉政建设学习等活动。

学会加强基层党建工作。按照中国地质科学院党委对党支部换届改选有关工作的部署，新组建成立第六党支部。新支部讨论研究明确支委职责任务，成立2个党小组、2个野外临时党支部，组织召开支部党员大会、支委会会议和党小组会，研究提出支部下一步的重点工作计划。

会员服务 《中国矿业报》会员服务端线上阅览正式运行。完成报刊订阅页面电脑端与手机端两种技术设计，会员可在手机端微信公众平台“会员服务栏目”和电脑端“会员服务平台”订购《中国矿业报》全文电子报刊。

为支持湖北省地质工作有序复工复产，学会决定对湖北省个人会员实施减免一年会费的政策，共计减免会费约16万元。

学会谋划设计开发移动端“码上入会”程序，改进现有微信公众号，完善移动端会员服务工作。

学会与评选出的33个研学基地（营地）签署合作共建地学科普基地协议书，并对学会会员减免相关门票等费用。

（撰稿人：李彬飔）

中国地理学会

服务创新型国家和社会建设 学会承担的《中国大百科全书》第三版《地理学》《中国地理》《世界地理》三个卷本的词条编写工作取得重要进展。2020年，《中国地理》卷9200多个条目的编写工作基本完成，已经提交70%，有3661条已经上线。《地理学》卷4000多个条目已完成编写，上线640条。《世界地理》卷完成编写队伍组建，召开两次编委会议，确定条目6500多条，各分区或专题组也分别召开会议，现已全面进入词条编写阶段。

2020 年，地理大数据百校传播活动在全国高校和科研院所举办 3 场。截至 12 月底，地理大数据百校传播活动共在全国范围内举办 31 场，为推动基于大数据分析的地理学研究注入活力，也为科技工作者间的科学数据共享和知识产权保护发挥推动作用。

2020 年，学会承办第二十二届中国科协年会区域协调发展论坛，聚焦中国区域发展格局及其变化、国家“十四五”发展规划、黄河流域生态保护和高质量发展的制约因素及发展路径问题，并针对山东、河南两省的发展进行剖析和诊断，提交《关于推进黄河流域产业高质量发展的对策建议》《关于构建黄河流域分区分级分类一体化协同调控新体系的建议》2 份咨询报告，被中国科协采纳。结合抗击疫情工作等社会问题，学会组织专家撰写并提交《关于加强新冠疫情防控国际合作的建议》《关于推动常态化人口数据采集的建议》《我应谨防疫情后沦为科技孤岛》等 4 份咨询报告，得到中国科协重视并被部分采纳。学会积极参加国家有关部门决策咨询工作，选派专家参加科技部“中国中长期科技发展规划”、科技部国际合作司“‘十四五’国家国际科技创新合作专项规划（2021—2025）”意见征求工作；参加自然资源部“全国市级国土空间规划”编制工作动员活动。

7 月，学会举办第十六届全国高校青年教师 GIS 技术研讨班，为青年人才成长搭建平台。

学会建设 2020 年，学会发展个人会员 450 人，个人注册会员总数达到 14531 人。完成学会环境变化与环境考古专业委员会的换届工作；成立学会研学工作组。

作为亚洲地理学会（筹）的依托机构，学会召开 2020 年亚洲地理学会执行委员会工作会议、亚洲地理学会青年工作委员会第一次会议。

2020 年，学会召开全体理事会议 1 次、常务理事会议 3 次。

学会加强信息化建设，完成中国地理学会和亚洲地理学会的英文网站建设，于 8 月正式上线。2020 年，学会网站发布 63 条消息，访问人数 38.3 万；微博发布 82 条消息，总阅览数 88.1 万；微信推送 205 条消息，总阅览数 50.7 万。截至 2020 年年底，学会微信公众号已有 43200 人关注，微博关注人数达 18800 人。

青年人才托举工程 2020 年，学会制定《中国地理学会“青年人才托举工程”管理办法》，组建领导小组、工作组和专家组。成功申请第五届中国科协“青年人才托举工程”项目，遴选杜鹏和黄洁 2 位博士生作为被托举对象。

主办期刊 学会与中国科学院地理资源所联合创办《全球变化数据仓储电子杂志（中英文版）》，学会科技期刊阵容已达 20 种。期刊集群化进一步发展，数据出版方面实现论文、数据、仓储关联出版。

学会组织完成“地理资源领域高质量科技期刊分级”研究工作，并进行权威发布；组织评选表彰中国地理学会期刊优秀学术论文（2016—2017 年）、中国地理学会第四届优秀地理期刊及第五届优秀地理编辑；组织召开 2020 年中国地理编辑出版年会，大会报告涉及自然、人文、信息技术三大地理领域，首次尝试推动哲学与地理学的交叉，从研究到出版，推动地理学理论建设和多学科交流，促进期刊融合发展。

在“中国科技期刊卓越行动计划”和“世界一流学会建设”项目等的支持下，《地理学报（中英文版）》《地理研究》《地理科学》《中国地理科学（英文版）》《干旱区地理》《地球信息科学学报》《地理科学进展》《全球变化数据仓储（中英文版）》等学会期刊稳定发展，入选梯队期刊、高起点新刊、集群化试点等子项目，获业内认可。

《地理学报》刊登的论文《地理探测器：原理与展望》入选“第五届中国科协优秀科技论文遴选计划”。《地理学报》、*Journal of Geographical Sciences*（《地理学报》英文版）、*Chinese Geographical Science*（《中国地理科学》英文版）、《经济地理》、《人文地理》入选 2020 年“中国最具国际影响力学术期刊”（TOP 5%）；《地理研究》《地理科学进展》《冰川冻土》《地理科学》《遥感学报》入选 2020 年“中国国际影响力优秀学术期刊”（10%）。根据 2020 年公布的中国科技期刊 JCR 影响因子排名，7 种学会学术期刊进入前 100 名，4 种期刊位居前十，更有《地理学报》多年排名第 1。《世界学术期刊学术影响力指数年报》显示，《地理学报》等 4 种期刊位于 Q1 区，《地理科学进展》等 4 种期刊位于 Q2 区。以《地理学报》为首的期刊所在单位被评为“2018—2019 年度中国科学院科技出版先进单位”，刘闯被评为“2018—2019 年度中国科学院科技出版先进个人”。

学科发展工程 2020 年，学会组织专家完成“中国地理学十大科学问题”“地理科学十本经典读本”

的梳理和遴选工作；启动“2020年度中国地理科学十大进展”遴选工作；初步完成“地理科学学科体系”的梳理，正在征求意见；配合国家自然科学基金委员会和中国科学院工作部署，开展“中国地理学科及前沿领域发展战略（2021—2035）”研究工作；协助国家自然科学基金委员会完成“地理学科申请代码”研究。

组织开展全国地理教学机构调研工作，摸清全国地理机构人员队伍状况和社会需求情况；组织召开2020年地理学学科发展与高校地理学院院长论坛、教育部高等学校地理科学类专业教学指导委员会2020年年会、国务院学位委员会地理学学科评议组2020年会议暨全国地理科学类学院院长论坛，有效提高全国高校参加地理学科、地理专业和地理课程评估的积极性；发出《关于规范全国高校地理学科机构名称的倡议书》，促进有关高校对地理学核心价值的重新认识，推动地理院系名称的回归。

国内主要学术会议 2020年，受新冠肺炎疫情影响，2020年中国地理编辑出版年会、2020年中国人文地理学术年会、2020年中国地理学会世界政治经济地理大会、“乡村振兴与美好人居”学术研讨会等20多个会议采取线上线下相结合方式召开，另有10余个系列会议论坛的近40次活动完全采取线上方式举办。

线下会议保持适度规模，坚持高水平，强调学术性和“四个面向”，线上交流与直播强调广泛性和影响力。虽然活动数量和规模受到限制，但通过采取线上或线上线下相结合的方式，学术交流受益面和影响力大大提高。其中，“乡村振兴与美好人居”学术研讨会线上参与者超过14万人，2020年中国人文地理学术年会线上参与者超过6万人。学会承办的以智库论坛为特色的第二十二届中国科协年会区域协调发展论坛线上线下参与者超过4万人。

国际组织任职 2020年，国际冻土协会进行换届选举，中国科学院院士赖远明当选新一届国际冻土协会执委会委员。中国科学院地理科学与资源研究所研究员王卷乐当选国际科学理事会世界数据系统科学委员会委员。

在国际组织二级组织层面，学会2020年有30余位中国学者连任或新当选国际地理联合会专门委员会主席、副主席或指导委员会成员等。

国际交往 新冠肺炎疫情初期，学会与加入的4个国际组织（国际地理联合会、国际冻土学会、国际地貌学家协会、亚洲地理学会），美国、俄罗斯、英国、法国、日本、韩国、土耳其、泰国等十余个国家地理学会，以及多个国家的地理学家进行邮件联系，并向国际地理联合会通讯投稿讲述中国地理学家在抗击新冠肺炎疫情时所作的贡献，及时通报和沟通中国的疫情发展状况，并表达希望与国际科学界团结合作的意愿。

作为亚洲地理学会挂靠单位，学会通过亚洲地理学会秘书处进行与亚洲地理学会成员的日常联系沟通工作，推动亚洲地理学会相关工作进展，组织召开亚洲地理学会执行委员会线上会议1次、亚洲地理学会工作组线上工作会议1次，出版亚洲地理学会通讯2期。

学会作为亚洲地理学会（筹）的依托机构，10月22日，在线召开亚洲地理学会执委会工作会议，会议由亚洲地理学会主席秦大河院士主持，8位执行委员会委员全部参加在线会议。

5月，学会监事长、中国科学院院士、北京师范大学地理科学学部部长傅伯杰被授予“英国皇家地理学会荣誉会士”称号。该称号自2003年设立以来，全球共有31位科学家和专业人士获此殊荣。

科普活动 2020年，学会科普工作重点是编辑出版科普期刊《中国国家地理》。2020年，《中国国家地理》入选中国优秀科普期刊目录，共开展科普活动76场，包含实地授课29场、科普讲座14场、在线讲座33场，参与人数近万人。

《中国大百科全书》第三版编写组织工作稳步推进，其中《中国地理》卷接近尾声、《世界地理》卷启动。

学会主编并正式出版《幼儿趣味世界地理绘本》，通过绘本形式展现70多个国家的历史文化、建筑景观、节日习俗、自然环境、珍稀动植物等知识，为3～10岁儿童打造趣味地理启蒙百科书。全书一套10本，全年发行5万册。

经教育部批准，学会举办第十四届“地球小博士”全国地理科普知识大赛活动，来自全国850余所中学的高中师生共28万余人参加活动。学会于线上举办第二届“映像·新知”摄影摄像大赛，通过镜头带领大家“云游览”祖国风光，感受各地人文风情。学会还举办第九届全国大学生GIS应用技能大赛、第十八届“超图杯”全国高校GIS大赛等面向大学生专业技能培养与提高的赛事活动。

2020年，世界地理科学传播首席专家团队在保山学院、云南师范大学、河北师范大学共开展三场地理大数据百校传播与学科发展建设沙龙，共有1000余名师生参加报告会。

新冠肺炎疫情期间，学会微信公众号发布疫情信息和与抗击疫情相关报道45篇，包括倡议书、图说每日疫情、典型案例宣传和疫情研究、教育指导等信息，在推进疫情防控和经济社会发展等方面作出贡献。

表彰举荐优秀科技工作者 2020年，学会建立中国地理学会会士制度，分为会士和荣誉会士，为终身荣誉，这是中国地理学会设立的地理科学领域的最高学术荣誉称号。学会完成首届会士和荣誉会士评选工作，开展首届会士颁授仪式。授予陈发虎等22位院士专家为中国地理学会会士；授予孙鸿烈等20位院士专家为中国地理学会荣誉会士。

学会推荐白娥、王娇娥为第十七届中国青年女科学家候选人，朱琳团队为第十七届中国青年女科学家奖团队奖候选人。

党建强会 2020年，学会召开理事会党委正式会议4次，引领学会发展，做到学会"三重一大"问题党委会研究和理事会决定的有机统一。

学会参加中国科协科技社团党委"学会理事会党委职责任务分类试点"任务，制订学会理事会党委职责任务清单和负面清单，使学会党委工作有章可循。申请并完成中国科协科技社团党委"党建强会计划"项目——"科技志愿服务助力精准扶贫与科技帮扶"项目，推动学会科学传播、科教帮扶和精准扶贫工作。

学会党委组织引领会员和地理工作者开展抗疫工作，通过开展疫情动态研究与发布、主动对接境外组织交流疫情信息、组织专家撰写咨询报告、表彰抗疫优秀集体和个人等工作，提升学会党组织的凝聚力，被中国科协授予"优秀抗疫学会"。

学会以理事会党委成员和常务理事为核心，组织18人的科技志愿服务专家团队，选择有代表性的地理机构作为帮扶对象，分期分批在全国基层地理单位作线上或线下学术演讲和座谈，根据对象需求指导其开展工作。学会科技志愿服务团先后前往云南省、宁夏回族自治区和湖南省，多次走进当地中学传播地理知识。8月，先后在保山学院资源环境学院和云南师范大学地理学部举办两场科学传播与调研活动，并访问"瑷珲－腾冲"中国人口地理分界线主题公园，开展"不忘初心、牢记使命"主题教育活动。9月，先后在宁夏回族自治区吴忠市盐池县和宁夏大学举办两场科技服务与调研活动，并访问盐池县革命历史纪念园，开展"不忘初心、牢记使命"主题教育。11月，在云南省昆明市寻甸回族彝族自治县进行调研和战略咨询，在云南师范大学和西南林业大学举办两场学科建设咨询服务活动，并参观寻甸县脱贫攻坚纪实展，开展"不忘初心、牢记使命"主题教育。

【首届中国地理学会会士授予仪式暨地理科学前沿论坛】 11月29日，首届中国地理学会会士授予仪式暨地理科学前沿论坛在北京举办。中国科学院院士徐冠华等22位科学家当选中国地理学会会士，中国科学院院士孙鸿烈等20位科学家当选中国地理学会荣誉会士。学会理事长陈发虎、副理事长张国友分别为当选会士和荣誉会士颁授证牌。中国地理科学领域院士、全国主要地理机构负责人和学界专家学者60多人应邀参加颁授仪式。

颁授仪式结束后，举办地理科学前沿论坛。论坛邀请地理学界18位中青年专家学者作学术报告。报告结合相关领域的学术进展，重点介绍各自取得的突出科研成果，并对该学科领域的未来发展作展望。论坛上交流广泛，20位中国科学院、中国工程学院院士分别对报告进行点评和提问，另有8位发展中国家科学院院士和欧亚科学院院士作报告及参会交流。与会院士、专家建议学会定期组织该论坛活动，搭建地理学高层次人才成长平台，进一步扩大学会的社会影响力。

（撰稿人：张萱子）

中国地球物理学会

服务创新型国家和社会建设 2020年，学会召开中国地球物理学会院士专家工作站研讨会，评选出西北有色地质矿业集团有限公司等2家2019年度优秀院士专家工作站、1家2019年度优秀重点实验室、4家2019年度优秀科技推广试点单位。

学会鉴定"陆相页岩油地球物理评价关键技术及应用成效"等三个项目；受理团体标准申请7项。

11月9—11日，2020年中国注册地球物理工程师考试、考核答辩在河南省郑州市举办，65 人通过。

学会微信公众号发布《凝心聚力，抗击疫情——中国地球物理学会倡议书》，先后转发《中国科协：团结信任　创新争先　坚决打赢疫情防控人民战争——向全国科技工作者的倡议》《中国科协再次倡议：让科学家精神光耀时代　让科技创造新的价值》，呼吁学会会员参与防疫抗疫。

学会 68 家会员单位共捐款 917.4 万元，共捐出护目镜 7580 副、防护服 12230 套、各类口罩 159820 个、正压头罩 100 个、红外测温枪 30 个、方便食品 121 件、酒精 1.5 吨、蔬菜 2.5 吨等一系列物资，折合人民币 436.14 万元。

学会建设　2020 年，学会新加入会员 755 人，其中女会员 111 人；截至 12 月 31 日，会员总数为 22017 人；按照管理条例对单位会员进行调整，单位会员为 182 家。

组织召开学术会议 23 个，其中计划内会议 11 个、计划外会议 12 个，累计参加学术交流人员 11084 人次。

学会召开常务理事会议 2 次、秘书长会议 2 次、党委专题工作会 2 次、学会工作会议 1 次、理事扩大会议 1 次和理事通讯会议 1 次。

青年人才托举工程　评选吉林大学副教授李静、南方科技大学助理教授陈克杰 2 人入选 2019—2021 年度中国科协“青年人才托举工程”项目；中国石油大学（华东）讲师许松、中国石油大学（北京）助理研究员丁拼搏、中国地震局地球物理研究所助理研究员强正阳、中国石油集团东方地球物理勘探有限责任公司工程师赵博 4 人入选 2019—2021 年度中国科协“青年人才托举工程”项目（自筹资金：资助费用由学会和单位共同承担）。

国际学术会议　10 月 11—14 日，由学会主办、吉林大学地球探测与信息技术学院承办的第九届环境与工程地球物理国际会议在吉林省长春市召开。会议主题为“智慧城乡与工程环境地球物理”，来自美国、加拿大、墨西哥、德国、日本、瑞士、澳大利亚等国家的专家在线参会。会议共设立 13 个专题、11 个分会场。共收到稿件 161 篇，录用 158 篇，张贴海报 63 个，口头报告 81 个（其中特邀报告 10 个）。

国内主要学术会议　11 月 20—22 日，由学会构造物理化学专业委员会与中国地质学会地质力学专业委员会联合主办、中国地质科学院地质力学研究所与山东黄金集团有限公司承办的第一届构造物理化学理论和应用学术研讨会在海南省昌江黎族自治县召开。研讨会旨在展示和交流构造物理化学研究和应用成果，总结找矿经验，推动地质力学创新发展，开展学科建设。会上，专家交流相关领域最新成果和认识，聚焦资源勘查、地下水、地热、海洋、地质灾害和环境治理等方面的科学问题，为能源资源勘查贡献计策，为国家能源资源与环境可持续发展提供支撑。自然资源部中国地质调查局 5 个研究院所、5 个发展研究 / 地质调查中心和 2 个省级地质调查院，中国科学院大学及 5 个研究所，教育部 13 所高等院校、产业部门的 19 家大中型企业 / 研究院，昌江黎族自治县政府、昌江恒科“候鸟”人才工作站等单位的专家学者约 250 人参加会议。

科普活动　2020 年年初，学会按照中国科协加强抗击疫情科普工作的要求，将科普宣传的重点转移到抗击新冠肺炎疫情上来。学会号召专家大量转发官方及权威疫情防控信息并开发相应科普素材，编写并在学会科普微信公众号转发抗疫科普文章 20 余篇，宣传抗疫科普知识。

疫情暴发以来，中国科学院院士、学会专家石耀霖带领其研究团队基于地球物理学家的思维，将传播动力学的研究方法跨界应用到疫情趋势分析中，并在“中国科学院计算地球动力学重点实验室”官网发布十余篇研究简报，对新冠肺炎疫情的形成、传播及消亡全过程进行追踪。这项研究在学会科普微信公众号“上天入地”发布后，引起学术界及大众的关注，对于抗击疫情、稳定公众情绪发挥了作用。此外，学会公众号发布《凝心聚力，抗击疫情——中国地球物理学会倡议书》，呼吁学会会员参与防疫抗疫。

2—4 月，学会建设的“地球科学探秘”和“上天入地”两个科普微信公众号在疫情期间编写并发布 5 篇抗疫科普文章。“上天入地”科普微信公众号连续发布和转发 14 篇抗疫文章。

CSDP-2 井是中国南黄海崂山隆起全取心钻探第一孔，首次揭示南黄海中古生界碳酸盐岩地层中油气的存在。学会海洋资源与环境首席科学传播专家、中国地质调查局青岛海洋地质研究所研究员张训华及其科普团队根据研究成果制作 CSDP-2 井岩心展示柜以及钻井平台模型，通过大型展会等活动向公众普及科普知识。公众可通过展示柜和钻井平台模型了解海上钻井情况以及海底以下的地层分布。

2020年世界地球日主题为“珍爱地球，人与自然和谐共生”。4月22日，中国地球物理学会联合“腾讯看点”、《知识就是力量》杂志等媒介举办三场线上科普问答活动。来自中国科学院、中国地震局、中国地质调查局、中国地质大学、南方科技大学、自然资源部第二海洋研究所、辽宁省地球物理学会等单位的13位地球物理、地质、海洋和天文等方面的国内专家，其中包括学会7位科学传播专家团队首席专家参加活动，回答网友提出的300多个科学问题。活动当日总计曝光量约为2200万人次，三场问答页面累计180万次阅读量。

5月12日是中国第12个全国防灾减灾日，主题为“提升基层应急能力，筑牢防灾减灾救灾的人民防线”。5月9—15日防灾减灾宣传周期间，学会科普公众号“上天入地”发表《汶川地震12周年地震科普专辑》科普文章12篇，转发《地震科普动画》系列视频5集。

科技活动周期间，学会组织开展垃圾分类环保科普活动。学会科普委员、航空地球物理科学传播团队首席专家吴海成来到北京市丰台区玉林里社区作环保科普讲座《贯彻新条例　垃圾分类我们一起来》，为社区居民系统讲解垃圾分类的意义及注意事项。

9月19—25日全国科普日活动期间，学会科普基地自然资源实物地质资料中心举办以“决胜全面小康，践行科技为民”为主题的全国科普日自然资源科普知识网络竞答活动。此次活动共计参与人数2478人次，在答题满分者中共抽取一等奖20人、二等奖40人、三等奖80人和鼓励奖100人。获奖人员分别来自天津、山东、河北、北京、湖南、江西、江苏等省（自治区、直辖市）。

10月10—11日，由学会主办、成都理工大学承办的2020年全国大学生“创新杯”地球物理知识演讲大赛复赛、决赛在成都理工大学开展。全国24所高校共59支队伍参加大赛，其中地震测井组20支、重磁电组23支、固体地球物理组16支。本次复赛、决赛在腾讯会议、雨课堂等线上平台在线直播，经过数轮角逐与评委老师评审，最终决出比赛名次。中国石油大学（华东）、桂林理工大学、成都理工大学代表队分别获地震测井组、重磁电组和固体地球物理组特等奖。

表彰举荐优秀科技工作者　学会组织开展中国地球物理科学技术奖、中国地球物理学会地球物理工程奖、顾功叙地球物理科技发展奖等奖项的评选工作。

2020年度，12个项目获得中国地球物理科学技术奖。其中，深地探测地球物理多维多参数协同创新技术及应用等4个项目获得一等奖，“大功率时频电磁技术装备配套及工业化应用”等7个项目获得二等奖，“陆上超高密度高效可控震源采集技术及工业化应用”项目获得三等奖。中国科学院深海科学与工程研究所吴时国获得科技创新一等奖。

10个项目获得中国地球物理学会地球物理工程奖。其中，“北方沉积型铝土矿综合地球物理探测技术及应用”等3个项目获得金奖，“沪昆客专长昆段综合地球物理勘探——以CKGZTJ-12标为例”等5个项目获得银奖，“鄂尔多斯盆地侏罗纪煤田矿井安全生产综合地球物理探测关键技术”等2个项目获得铜奖。

中国科学院地质与地球物理研究所研究员滕吉文获得2020年顾功叙地球物理科技发展奖。中国石油大学（北京）黄炜霖、中国科学技术大学冷伟、西南石油大学地球科学与技术学院张固澜、同济大学于有强、武汉中国石油大学（北京）姚刚、电子科技大学资源与环境学院王华、中国地质大学（武汉）刘双、中国石油大学（华东）苏远大8名会员获得2020年傅承义青年科技奖。

按照《刘光鼎地球物理青年科学技术奖评选办法》，第十一届刘光鼎地球物理青年科学技术奖由赵峦啸、陈石、薛莲、李怀良、刘国峰5位青年学者获得。

根据期刊检索系统对《地球物理学报》论文引用率查询统计的结果，4篇论文获得2020年陈宗器地球物理优秀论文奖，分别是《中国大陆地区大地热流数据汇编（第四版）》（姜光政等）、《基于等值反磁通原理的浅层瞬变电磁法》（席振铢等）、《九寨沟M_s7.0地震的InSAR观测及发震构造分析》（季灵运等）、《核磁共振T2谱多重分形特征及其在孔隙结构评价中的应用》（闫建平等）。

党建强会　为贯彻落实习近平总书记关于打赢疫情防控阻击战系列讲话精神和《中国科协社团9号文》文件要求，3月1日，学会秘书处临时党支部组织党员和入党积极分子自愿捐款支持疫情防控工作，全体支部党员和入党积极分子响应号召，并将募集款项交由中国科协科技社团党委。

会员服务 学会开展会员职称评审工作，评定正高级职称4人、副高级职称8人、中级职称11人。截至2020年12月底，共为会员单位评审人才200人。

【中国地球科学联合学术年会】 10月17—21日，由学会与中国地震学会、全国岩石学与地球动力学研讨会组委会、中国地质学会构造地质学与地球动力学专业委员会、中国地质学会区域地质与成矿专业委员会、国家自然科学基金委员会地球科学部共同联合发起，学会承办，中国科学院国家空间科学中心协办的中国地球科学联合学术年会在重庆市召开。年会设立1个主会场、31个学术报告分会场，开设专题92个（含1个国际英文专题），其中地球物理专题51个（含1个国际英文专题）。报告内容包括6个大会特邀报告、5个地球物理学前沿报告、8个2020年傅承义青年科技奖候选人报告以及92个分会场专题报告等。会议共提交报告3200篇，其中口头报告2150余篇、张贴报告950余篇。会议吸引国内地球科学领域的4000多位科技工作者参加，80余家展商参展。

会议同期召开中国地球物理学会第36届学术年会，设邀请报告3个。

（撰稿人：乔忠梅）

中国矿物岩石地球化学学会

学会建设 学会完善会员系统，制定并完善专业委员会管理考评制度。对个人会员资料进行整理、统计，及时更新会员联系方式，2020年新增会员84人。截至2020年年底，会员总数达7882人，其中终身会员1523人，其余为年度会员和学生会员。

3月，学会以通讯方式召开第九届理事会第三次会议，就学会2019年的工作情况向理事会作汇报，同时就2020年活动情况和安排进行通报。一些理事就学会工作提出意见和建议，学会责成秘书处归纳整理后提交各工作委员会，经讨论研究后形成实施方案再提交常务理事会审议。

5月，学会以通讯方式召开第九届理事会第四次会议，审议《中国矿物岩石地球化学学会章程》修订草案，该草案审议通过后提交中国科协备案并待第十届会员代表大会表决。

8月28日，学会召开2020年度秘书长工作视频会议，重点讨论2020年全国科普日活动方案（征求意见稿）以及中国矿物岩石地球化学学会第十届理事会换届方案（征求意见稿）等事宜。

12月6日，学会在陕西省西安市召开第九届理事会第七次常务理事（扩大）会议，就学会2020年工作报告和财务报告、2021年工作计划及其他有关事项进行审议。

学会新设立非金属矿物资源高效利用专业委员会；2020年有8个专业委员会专门召开工作会议，商讨专业委员会的工作。

青年人才托举工程 学会开展中国科协“青年人才托举工程”项目，继续对中国科技大学副教授高彭和浙江大学副教授何毓新给予支持培养。

主办期刊 2020年，学会继续在中文科技期刊精品建设计划、中国科技期刊国际影响力提升计划的资助下，不断完善期刊平台建设，努力提高期刊质量并取得成效。

学会主办的7种刊物全年均正常出版，并全部通过有关单位年度核查。7种期刊共发表文章712篇，共印刷26940册。

国际学术会议 2020年，学会主办国际学术会议2次。

国内主要学术会议 2020年，学会各专业委员会主办或作为主要主办单位参与组织召开国内系统性学术会议7次、主题论坛11次，在相关会议中组织专题7次。

9月25—27日，学会化学地球动力学专业委员会与岩浆岩专业委员会在江苏省南京市共同主办2020年造山带岩浆岩高级研讨会，参会人数近200人。

10月19—22日，学会矿床地球化学专业委员会在河北省石家庄市组织召开第十四届全国矿床会议，共有1000余人参加会议。

10月30日—11月2日，学会应用地球化学专业委员会、大数据与数学地球科学专业委员会及其他单位在广东省珠海市共同主办第八届全国应用地球化学学术会议，200余人参加会议。

11月20—23日，学会同位素地球化学专业委员会与岩矿分析测试专业委员会及其他单位在湖北省武汉市共同主办第十二届全国同位素地质年代学与同位素地球化学学术讨论会，500余人参加会议。

11月24—27日，学会矿床地球化学专业委员会与中国地质学会等单位在浙江省杭州市共同承办第十五届全国矿床会议，1000余人参加会议。

12月12—13日，学会大数据与数学地球科学专业委员会在湖北省武汉市以线上方式召开第四届全国大数据与数学地球科学学术研讨会，200余人参加会议。

12月18—21日，学会矿物包裹体专业委员会在吉林省长春市召开第二十届全国矿物包裹体及地质流体学术研讨会，200余人参加会议。

科普活动 9月19—25日，学会11家理事单位联合举办13场主题为“决胜全面小康、践行科技为民”的全国科普日活动。9月19日，学会以在线科普讲座形式正式拉开活动序幕。此次在线科普讲座由学会与腾讯新闻合作，面向全国进行直播。学会名誉理事长、中国科学院院士、天体化学家、“嫦娥工程”首任首席科学家欧阳自远应邀作报告《红色火星蓝色的星球梦》；学会副监事长、中国科学院院士、石油地质学家邹才能应邀作报告《世界能源大势与中国能源战略》；中国科学院地质与地球物理研究所研究员、矿床学家范宏瑞应邀作报告《中国有稀土》。报告围绕大众关心的话题，紧扣学科发展前沿，内容生动新颖。83万余人次在线观看。

学会多个专业委员会先后组织科普讲座、培训班20余场，线上线下受众人数合计超过120万人次。

表彰举荐优秀科技工作者 10月10日，第18届侯德封矿物岩石地球化学青年科学家奖评审会在上海市召开，16名评委参加会议，中国科学院院士、地球化学家刘丛强主持会议。共评选出李艳等20名获奖人。

党建强会 2020年，学会理事会功能型党委以召开理事会议（常务理事会议）为契机，学习贯彻落实党的十九届四中、五中全会精神和习近平新时代中国特色社会主义思想，把握发展中国的地球化学事业、为科技强国贡献力量的初心和使命，增强学会凝聚力。

学会党委及秘书处党支部制定2020年度党建计划并按照计划开展党建活动，全年不定期安排人员参加各项党建主题宣读培训活动，在认真执行“三会一课”的基础上，严格按照中国科学院党组及中国科协科技社团党委要求开展各项党建活动。

12月5日，中国矿物岩石地球化学学会第九届理事会党委第五次会议在陕西省西安市召开。学会党委书记冯新斌，纪律委员何宏平，党委委员翟明国、陈骏、邓军和郑建平出席会议。会议由冯新斌主持，传达中国科协关于党的十九届五中全会文件精神，就学会第九届理事会党委成立以来的工作进行梳理和总结，审议第九届理事会第七次常务理事会议议题，最后重点讨论第十届理事会党委换届方案。

会员服务 学会每两月一次将会刊《矿物岩石地球化学通报》寄送给会员。建立官方微信公众号，通过微信公众号和学会网站及时发布学会最新信息。

学会针对会员开展人才奖励推荐活动，如中国科协“青年人才托举工程”和侯德封矿物岩石地球化学青年科学家奖。丰富学会服务会员的内容，提高会员的学术活跃度。

【中国矿物岩石地球化学学会2020年度秘书长工作视频会议】 8月28日，中国矿物岩石地球化学学会2020年度秘书长工作视频会议召开。会议由学会秘书长冯新斌主持，包括常务副秘书长刘莉在内的11位副秘书长以及学会监事周新华出席会议。

此次会议是第九届理事会组建以来的第四次秘书长会议，重点讨论2020年全国科普日活动方案（征求意见稿）以及中国矿物岩石地球化学学会第十届理事会换届方案（征求意见稿），听取两名第四届中国科协“青年人才托举工程”项目被托举人的工作汇报。会议就相关议题进行讨论，与会人员提出意见和建议。

【中国矿物岩石地球化学学会第九届理事会第七次常务理事（扩大）会议】 12月6日，中国矿物岩石地球化学学会第九届理事会第七次常务理事（扩大）会议在陕西省西安市召开。学会理事长胡瑞忠，副理事长翟明国、郑永飞、陈骏、邓军、何宏平、郑建平，秘书长冯新斌，监事长李世杰，副监事长徐义刚，以及部分常务理事、理事、监事、专业委员会主任委员、学会副秘书长、省级学会负责人等60余人参加会议。

胡瑞忠主持会议。冯新斌首先作2020年理事会工作报告，李世杰作监事会工作报告。会议还就一些具体工作进行讨论。2020年学会启动《2011—2020十年矿物学岩石学地球化学研究进展与展望》（暂定名）的编撰工作，郑永飞代表学术工作委员会通报这一工作进展，并对下一步工作进行部署。

（撰稿人：郭　盛）

中国古生物学会

学会建设 9月，学会对《中国古生物学会章程》进行修订，将“坚持党的全面领导”“习近平新时代中国特色社会主义思想”和“社会主义核心价值观”等内容写入学会章程。

10月17—18日，中国古生物学会第十二届三次理事会暨和政古动物化石保护利用研讨会在甘肃省临夏回族自治州和政县召开。包括学会理事、监事、副秘书长及《古生物学报》编委等在内的近100位专家学者以及和政古动物化石博物馆相关人员参加会议。学会理事长詹仁斌主持开幕式并致辞，总结学会2019年的工作亮点并对学会未来工作提出展望。会议总结学会2019—2020年度各项工作，讨论和部署2020—2021年度学会开展学术活动和国际交流等工作，重点讨论学会第30届学术年会的筹备情况等。

10月18—19日，学会在甘肃省临夏回族自治州和政县召开分支机构负责人工作会议，学会秘书长蔡华伟组织分支机构负责人学习《社会团体登记管理条例》《社会团体分支机构、代表机构登记办法》《中国科协全国学会组织通则（试行）》《中国古生物学会章程》等相关文件，规范分支机构组织学术活动时在名称使用、财务收支等方面的行为。

12月22日，中国古生物学会十二届五次常务理事会议以视频方式召开。会议总结学会2020年在党建、组织建设、学术交流及科普等工作方面的完成情况，并制订2021年工作计划。会议还就2021年召开第十二届四次理事会议和十二届六次常务理事会议事宜进行讨论。会上，学会理事长詹仁斌就党的十九届五中全会精神进行集中宣讲，并带领与会代表一同学习和讨论。

主办期刊 学会会刊《古生物学报》是中国古生物学和地层学领域的权威期刊。2020年，完成59卷1—4期的编校和出版工作；全年共出版文章52篇。

7月，《古生物学报》入选地学领域T1级高质量科技期刊；12月，入选“2020中国国际影响力优秀学术期刊”。

10月17日，在甘肃省临夏回族自治州和政县召开的中国古生物学会十二届三次理事会议上，学会副理事长、《古生物学报》主编王永栋向理事会报告《古生物学报》2019—2020年工作进展，介绍在编委会换届、学报改版、出版专辑、网络投审稿、网络首发、多媒体传播、编辑规范及青年编辑队伍建设等方面取得的成果。理事会议同期召开《古生物学报》2020年编委会会议，新一届《古生物学报》编委会成员、主编和副主编以及编辑部成员等20余人参加会议。

国内主要学术会议 10月20日，第五届全国地质古生物科普研讨会在内蒙古自治区召开。会议由学会科普工作委员会、内蒙古自治区自然资源厅科技与信息处主办，内蒙古自然博物馆、中国科学院南京地质古生物研究所南京古生物博物馆共同承办。来自全国16个省（自治区、直辖市）的科研院所、高等院校、自然类博物馆、地质古生物博物馆、科普基地、国家地质公园和重点化石产地、科学传播、科技出版和文创企业等60余个单位的150余人参加研讨会。

11月6—10日，由学会化石藻类专业委员会、学会微体古生物学分会、江苏省古生物学会主办，澄江化石地世界自然遗产管理委员会、中国前寒武系省级地质自然保护区管护局等单位协办的中国古生物学会化石藻类专业委员会第十九次学术年会、中国古生物学会微体古生物学分会第十一届会员代表大会暨第十八次学术年会、江苏省古生物学会2020年学术年会在云南省澄江市召开，166位代表参加。会议共收到论文摘要81篇，共有59位专家学者在会上作口头报告，18位作展板报告。会议期间还完成学会微体古生物学分会第十一届理事会的选举工作。

科普活动 2020年，学会结合自身特点，在促进公民科学素质提升工作中密切联系学会各科普教育基地，整合互联网加智能技术，在文创产品研发、联合办展、技术培训、出版科普图书和开展国际化石日活动等方面搭建运行良好、工作高效、务实合作、对外开放的科普工作新平台。

倡导对古生物科学知识的科普宣传工作是学会的一项重要任务。学会广大会员和有关单位组织各种化石展览和史前生命展，向公众普及古生物科学知识。学会建立和发展的中国古生物学会全国科普教育基地成为学会开展科普活动的主要平台和有效途径，已建立中国古动物馆、南京古生物博物馆、辽宁宜州化石馆、宜昌龙化石博物馆、山旺古生物化石博物馆、自贡恐龙博物馆、深圳古生物博物馆、成都理工大学博物馆、北京自然博物馆、常州中华恐龙园、山东省天宇自然博物馆、重庆自然博物馆、中国地质大学逸夫博物馆、关岭化石群国家地质公园博物馆、大连史前生命博物馆、四川射洪硅化木国家地质公园博物馆、辽宁古生物博物馆、浙江自然博物馆、本溪地质博物馆、大连自然博物馆、河南省地质博物馆、河源恐龙蛋博物馆、嘉荫神州恐龙博物馆、三亚水稻国家公园中国恐龙科普基地等37个科普基地。

学会十二届三次理事会议对2020年申请中国古生物学会全国科普教育基地的五家单位进行审核、讨论，并表决同意内蒙古自然博物馆、湘西世界地质公园、山东莱阳白垩纪国家地质公园以及和政古动物化石博物馆4家单位成为学会全国科普教育基地。

新冠肺炎疫情期间，学会开展相关应急科普工作。4—6月，学会科普工作委员会副主任冯伟民共进行三次《微生物灾害的过去与现在：启示与省思》的主题讲座，通过线上和线下的课程详细分析和阐述地质史上微生物的发展和当今面临的一些情况，共吸引10000余人次观看。

学会多家理事单位联合中国自然科学博物馆学会，承办“科普联动共克时艰，助力战‘疫’誓竟全功”——新型冠状病毒肺炎科普知识有奖竞答线上有奖竞答活动。

表彰举荐优秀科技工作者 2020年，学会开展“最美科技工作者”学习宣传活动，以及第五届中国科协优秀科技论文遴选计划、2020年中国科协创新驱动助力工程示范项目、中国科协“一带一路”国际科技组织合作平台建设项目、第二届全国创新争先奖、第十七届中国青年女科学家奖和2020年度未来女科学家计划等奖项入选项目或候选人的提名工作。

中国科学院古脊椎动物与古人类研究所研究员邓涛作为学会向中国科协推荐的中国科学院院士候选人；中国科学院古脊椎动物与古人类研究所研究员付巧妹和中国科学院南海海洋研究所研究员张兰兰作为学会向中国科协推荐的第十七届中国青年女科学家奖候选人，其中付巧妹获第十七届中国青年女科学家奖。

党建强会 2020年，学会党委（功能型）制定中国古生物学会党委（功能型）学习制度，从学习组织、学习内容、学习要求以及反腐倡廉和科技体制改革等方面提出明确要求。

10月17日，中国古生物学会2020年党建工作会议在甘肃省临夏回族自治州和政县召开，参加中国古生物学会十二届三次理事会议的理事、分支机构负责人和秘书处副秘书长等参加会议。学会党委（功能型）书记、理事长詹仁斌首先带领与会人员学习中共中央办公厅印发的《党委（党组）落实全面从严治党主体责任规定》，提出要进一步增强“两个维护”的政治自觉，强化守土有责、守土担责、守土尽责的政治担当，不断提高履职尽责本领，提高战胜各种风险挑战能力，推动全面从严治党向纵深发展，从而推动学会改革创新各项工作取得新进展、新成效。学会秘书长蔡华伟带领学习全国“两会”精神。要求广大会员认真学习领会习近平总书记提出的“在危机中育新机，于变局中开新局”的科学论断，处理好“危”与“机”的关系，将自身工作与国家战略需求紧密结合。

【中国古生物学会古生态专业委员会第八届一次学术年会】 11月12—15日，由学会古生态专业委员会主办，南京大学地球科学与工程学院、云南大学古生物研究院、澄江化石地世界自然遗产管理委员会、中国科学院南京地质古生物研究所澄江古生物研究站、现代古生物学和地层学国家重点实验室共同承办的中国古生物学会古生态专业委员会第八届一次学术年会在云南省澄江市召开。来自全国各大专院校、研究所、博物馆等30余家单位的140余位科研工作者和学生参加，共收到论文摘要73篇，共有63位专家学者作口头学术报告，7位做展板报告。会议论文摘要和学术报告内容涵盖各地质时期化石类群，生物多样性，群落古生态、古地理、古环境、古气候，生物与环境协同演化和综合地层学等多学科、多方面的热点研究内容，在传统古生态学的基础上展示和介绍新的研究方法，包括化石三维形态复原、基于大数据的生物多样性分析、群落生态数字模拟、标准化智能古地理重建等。

（撰稿人：张玲芝）

中国海洋湖沼学会

服务创新型国家和社会建设 2020年，学会在科技评估领域开展工作，先后受自然资源部第一海洋研究所、青岛海洋地质研究所、中国科学院海洋研究所、国家深海基地管理中心等单位委托开展9次成果水平鉴定工作，进一步推动“承能”工作的常态化开展，为打造社会化公共服务品牌奠定基础。学会与福建一嘉海带苗业有限公司共建创新驱动服务站，开展创新驱动助力合作工作。

学会建设 2020年，学会召开2次常务理事会议和2次分支机构秘书长会议；召开1次特别会员代表大会，表决通过新修订的《中国海洋湖沼学会会费标准及管理办法》；筹备成立3个新的分支机构；举办第一届水域生态牧场建设论坛；接待中国科协党组成员、书记处书记吕昭平到学会调研，指导学会建设与发展；完成第六届曾呈奎海洋科技奖评选工作。

主办期刊 学会主办《海洋湖沼学报（英文版）》《海洋与湖沼》《水生生物学报》《湖泊科学》《海洋科学》5种科技期刊。《海洋湖沼学报（英文版）》《海洋与湖沼》《湖泊科学》在2020年被评为中国国际影响力优秀学术期刊；《湖泊科学》入选百种中国杰出学术期刊；《水生生物学报》入选中国精品科技期刊，并继续被收录为中国科技核心期刊。

国内主要学术会议 8月11日，由学会药物学分会主办的2020年海洋生物医药研究与开发论坛在山东省青岛市举办。论坛以线上线下相结合的方式召开，200余位药物学界专家参加会议。论坛共设5个特邀报告，邀请5位药物学领域专家围绕近年来中国对海洋生物的发展研究、医药开发及其应用前景等议题展开研讨。会上共交流论文20篇。

8月12日，学会及其分支机构举办世界海洋科技论坛暨2020海洋学术会议“海洋牧场建设——科技支撑与挑战”分论坛、第一届水域生态牧场建设论坛、2020年中国海洋湖沼学会青年科技论坛、2020年海洋生物医药研究与开发论坛4次国内学术会议，线上线下共有4210余人次参加会议，交流论文127篇。

8月12日，在第二十二届中国科协年会期间，由学会主办的世界海洋科技论坛暨2020海洋学术会议“海洋牧场建设——科技支撑与挑战”分论坛在山东省青岛市举办。论坛由中国科学院海洋研究所协办，全国30余家政府相关部门、科研院所、高等院校，以及海洋牧场相关企业和海洋智能产业等单位的90余名领导、专家和企业负责人参加论坛。论坛的报告采用现场会议和线上直播相结合的方式进行，共邀请9位学者作大会报告。会上共交流论文21篇。

9月26—27日，由学会主办的第一届水域生态牧场建设论坛在河南省驻马店市召开。论坛以“新时代　新理念　新起点　新发展”为主题，采取线上线下两种方式同步举办。来自全国各地科研院所、高校、企业的180余名专家学者到现场参加论坛，3800余人次线上参与。论坛邀请19位专家作主题报告，会上共交流论文40篇。

12月3—4日，2020年中国海洋湖沼学会青年科技论坛在山东省东营市举办。论坛以“全球变化下的海洋与湖泊——健康海洋与可持续发展”为主题，来自全国各地科研院所、高校和企业的120余名专家学者参加。论坛邀请5位学者作特邀报告、15位中青年学者作论坛报告。会上共交流论文46篇。

科普活动 5月23日，学会联合中国科学院海洋研究所举办“奇妙海洋探秘之旅”公众科学日活动。活动全部采用线上方式，通过今日头条、抖音同步直播，累计吸引超过10万人次观看。

8月24—26日，由中国科协、教育部主办，学会、中国科学院海洋研究所联合承办的2020年青少年“云上科学营”全国活动——“科学”号海洋科学考察活动正式开始。活动通过云游“科学”号科考船、与船长和首席科学家面对面、海洋科学考察连线、邀请航次首席科学家作专题报告、云游大学校园及研究所活动、线上实验课程、邀请大学优秀本科生开展优秀学生访谈、组织营员线上进行海洋知识竞赛等形式，让学生了解海洋科学考察、探索海洋科学奥秘、感受海洋科技魅力，为培养国家海洋科技创新后备人才奠定基础。

9月24日，学会走进山东省青岛市崂山区金家岭学校开展“海洋科普进校园”主题活动。活动期间向金家岭学校赠送价值近万元的科普读物，学会科普专家团队3位成员分别以“化石的故事”“现代化海洋牧场”“我们的海洋强国梦”为题，为学生带来海洋科普讲座。团队成员还从“海洋湖沼科普知识库”中精选30道问答题，分别为小学部和初中部的学生举办两场海洋湖沼科普知识有奖问答活动。“海洋科普进校园”主题活动是学会的一项常规性特色科普活动，旨在激发中小学生学习海洋科学知识的兴趣。

党建强会 2020年，学会定期召开党委会，开展党课培训班、党委委员面向广大党员讲党课；积极参加中国科协举办的党组织负责人培训班和青年党务干部学习培训班；配合上级组织开展学会党委2019年度相关情况调查，及时总结党务工作，分享党务工作经验。在党建宣传方面，整合资源、拓宽渠道，通过网站、微信等方式建立起中国科协科技社团党委和学会之间的党建学习宣传联动。学会利用微信公众号，及时将中国科协科技社团党委的最新党建信息转发至学会党建工作微信群，连续推送习近平总书记的重要讲话精神、党的十九大五中全会精神专题学习文件。2020 年累计推送党建知识等信息 80 余条，总阅读量超过 1 万余次。

会员服务 学会每周向理事会员发送展示国外同行最新研究进展的情报资料《海洋科学快报》和《海洋科学消息》以及学会潮汐与海平面专业委员会内部刊物《气候变化与海平面上升研究动态》月刊，定期向理事会员提供学会《海洋湖沼学报（英文版）》《海洋与湖沼》《水生生物学报》《湖泊科学》《海洋科学》5 种科技期刊目录。为会员提供贝类养殖、浮游生物监测、基准潮位核定、计量认证知识等方面的培训活动 30 余次，1000 余名会员参加。

【2020 年度中国海洋与湖沼十大科技进展评选揭晓】 学会组织 2020 年度中国海洋与湖沼十大科技进展评选，评选范围为 2020 年度在国际或国内产生重大影响的海洋湖沼领域的科技成果。经过海洋与湖沼领域相关单位、专家推荐，以投票方式评选出 2020 年度中国海洋与湖沼十大科技进展，分别是海洋下洋壳岩石中深部微生物生存策略取得新发现；气候变暖背景下的全球平均海洋环流加速现象及其机制研究取得重要进展；海洋微生物独特生命特征、极端环境适应与生态效应获重要进展；奋斗者号全海深载人潜水器成功完成万米海试；海洋幼虫起源进化研究取得重要突破；海洋牧场生境修复和生物资源养护技术实现创新构建与推广应用；过去半个世纪以来海洋层结变化及其时空结构得以揭示；海洋天然气水合物开采基础研究取得重大突破；深海微生物驱动的碳氮循环耦合机制及通量研究取得新进展；富营养化湖泊氮磷控制争议得以澄清。

（撰稿人：潘文静）

中国海洋学会

服务创新型国家和社会建设 2020 年，学会围绕世界一流学会建设项目，总结和提升学会承接政府转移职能任务，扩大国际及区域影响力。主办 2020 年度海洋科学技术奖评审工作，修改奖励办法及评审办法，对标国家奖相关制度和标准，加大获奖项目的科技成果宣传、推广力度。支持学会团体标准制定及科技图书评选等工作，开展海洋装备设备成果在线推广应用及服务 3 ~ 7 场。

学会向中国科协申报各重大课题类别 5 项，审核通过 2 项。提交验收课题项目 3 项，通过审核验收 3 项。制定并发布学会团体标准 1 类 11 项。

学会向自然资源部推荐并发布年度海洋科技进展成果，教育培养活动 1 项。

10 月，学会与清华大学等涉海高校签订合作协议。全年共 4 次参与中国科协生态环境学术联合体等工作。

学会参与 2020 年海洋重大科学问题和工程技术难题的推荐工作、2020 年中国十大海洋科技进展的评选工作以及全国科普日优秀活动的推荐评选工作。

学会建设 4 月 24 日、10 月 16 日，学会分别召开理事会通讯会议 2 次；3 月 15 日、8 月 7 日、10 月 14 日分别召开常务理事会议 3 次，其中 2 次以通讯会议形式召开。召开学会领导层会议。通过建立微信会议机制，在疫情防控期间传达学习党和政府的会议精神，推进各项工作开展。

形成学会换届工作方案。方案主要突出学会领导班子成员增加院士比例，在理事会增加青年科学家、科研院所、涉海高校、企业单位的比例，弱化行政色彩等学会专家办会治理的结构基础。形成中国海洋学会第九次全国会员代表大会工作方案；形成《中国海洋学会章程》，拟增加学会监事会的职责、分支机构规范管理、发展外籍专家等章节条文；形成《中国海洋学会会费标准（草案）》《中国海洋学会会费管理办法（草案）》，从规范学会财务管理入手，做好组织保障工作。

合并调整学会办事机构。变更学会秘书处挂靠法人单位，编制人员合并到科研事业单位，实现人财物交由挂靠单位管理，逐步让学会秘书处从综合性事务解放出来，专心从事学会业务性工作，为学会秘书长专职化打下组织基础。

2020 年，学会志愿者队伍新增 120 人，并继续与涉海高校科技社团保持业务指导工作。

主办期刊 2020 年，学会主办的《海洋学报》《海洋工程》（中英文版）实现中外专家互审机制，新增外籍专家 8 名。学会和中国极地研究中心共同主办的《极地科学进展》(英文版)进入国际期刊类别。

国内主要学术会议 9月26日，学会与舟山市人民政府等共同主办的2020中国海洋经济论坛在浙江省舟山市召开。论坛主题为“长三角一体化与区域海洋经济发展”，共有6名院士、专家参加论坛并作大会报告，为深入贯彻习近平总书记提出的构建海洋经济高质量发展新格局作出应有贡献。

10月16日，学会与深圳市科协等单位共同主办的2020中国海洋工程科技创新论坛在广东省深圳市召开。论坛以“梦逐大海，走向深蓝”为主题，12位院士出席论坛并作专题报告，来自涉海科研院所的专家、企业代表以及深圳市领导等共约300人参加论坛，共同讨论海洋工程科技创新的发展方向。

国际交往 学会推进国际合作稳步发展，结合疫情常态防控工作实际指导学术期刊及学术活动拓展国际国内资源。2020年，先后与俄罗斯、巴西等国家以通信、邮件形式签订电子合作协议。与韩国海洋学会的学术交流活动因新冠肺炎疫情影响，以视频连线方式召开筹备组会议。

科普活动 在全国防灾减灾日期间，学会发挥科学传播专家团队作用，指导各科普教育基地开展活动。在光明网“一直播”平台举办两场海洋防灾减灾科普直播活动。海洋科学传播专家团队首席传播专家走进贵州省、青海省、新疆维吾尔自治区等西部学校，向师生捐赠海洋科普画册。

学会开展全国科普日活动。与国家海洋信息中心共同举办“心系海洋 蓝色希望”海洋知识竞赛。印制科普产品，加强主办科普期刊《海洋世界》《亲海特刊》的建设。捐赠科普画册6000册。

2020年，学会获得中国科协科学技术普及部关于中国海洋学会科普工作鉴定的通报表彰。自2014年起，学会已连续6年获此荣誉。

表彰举荐优秀科技工作者 2020年，学会开展中国科学院院士、中国工程院院士及全国科技工作者的推选工作，以及2020年度中国海洋十大科技进展、海洋十大科技人物评选等工作。

10月23—24日，2020年度海洋科学技术奖评审委员会评审会议在北京召开。评审委员会由中国工程院院士潘德炉、周守为、蒋兴伟，中国科学院院士焦念志等49名专家组成。依据奖励办法及评审标准，按照获奖比例不超过40%的原则，评选出2020年度海洋科学技术奖拟获奖项目39项（其中特等奖2项、一等奖13项、二等奖24项）、海洋优秀科技图书拟获奖图书16部。2019年度海洋科学技术奖共评选出获奖项目33项，其中特等奖1项、一等奖11项、二等奖21项；评选出海洋优秀科技图书16部。

学会完成对2019年度海洋科学技术奖、十大科技进展的发布和表彰。

党建强会 2020年，学会党委共召开党委会议3次（其中4月20日、8月28日召开的会议采用视频连线形式），前置审议筹备常务理事会议、理事会议的重大议题。制定中国海洋学会党委换届工作方案。4月20日，学会党委以通讯会议形式形成决定，结合海洋科技工作者工作、生产实际，发出“让科学家精神光耀时代 让科技创造新的价值”倡议，鼓舞和调动广大海洋科技工作者。

11月23—24日，学会党委结合2020年厦门国际海洋周组织开展学会党建强会特色活动。11月29日，参加由青岛市人民政府承接的中国科协“科创中国”系列活动，向中国科协申报学会优秀科学家精神宣传表彰活动人选。

会员服务 2020年，学会新增团体会员单位4家，每家团体会员单位人数控制在5—150人。新增会员550人，会员总数达到150550人。

升级完善中国海洋学会团体会员信息库管理登记系统，规范团体会员登记证书，建立团体会员单位年检制度。通过视频会议完成10项海洋科技成果项目的鉴定评估工作。

（撰稿人：王东亚）

中国地震学会

服务创新型国家和社会建设 学会在促进协同创新、推进科技成果转化、承接政府转移职能等方面开展一系列工作。2020年，学会作为第三方技术审查机构，承接并完成96项地震安全性评价报告的技术审查；开展社会团体标准编制工作，已完成16项团体标准的立项工作、1项团体标准的审查发布工作；向“科创中国”推荐先导技术，其中“基于地震动信号反演的重大地质灾害（链）事件与风险一体化预警方法”入选2020年“科创中国”先导技术榜单。

学会服务国家重大工程建设项目，为川藏铁路提供地震风险与地震参数的技术支持。推进科技成果转化，组织科技人员开发与全国地震动参数区划图匹配的应用程序。

经过申报，学会主办的全国中学生地球科学竞赛进入教育部2020—2021学年面向中小学生的全国性竞赛活动名单。在学会的联络组织下，全国竞赛委员会和考试委员会完成换届重组工作。

学会建设 10月17日，学会在重庆市召开中国地震学会第十次会员代表大会，完成换届工作，产生新一届的理事会和学会负责人，并召开第十届理事会第一次会议。此次换届工作聘任专职秘书长，同时法定代表人不再由秘书长担任，而由理事长委托副理事长担任。

学会全年召开理事会议1次、常务理事会议（含通讯会议）6次、全国省级学会秘书长工作会议1次、分支机构工作会议1次。截至12月底，学会共发展个人会员139人、单位会员16个，个人会员总数达2720人。

2020年，学会推进学会办公室实体化和职业化的进程。学会办公室新增2名聘用制专职工作人员，实现科普工作和会员服务的专人管理。

学会开展“中国地震学会分支机构质量提升计划”，出台《中国地震学会分支机构考核办法》，对于考核优秀的分支机构和先进个人予以表彰，对于考核不合格的机构进行整顿。

11月29日—12月2日，学会在海南省万宁市召开全国省级学会秘书长工作会议及分支机构工作会议。会上向各省级学会和分支机构传达中国科协最新动态，开展“认真学习贯彻党的十九届五中全会精神 加强地震学会建设 努力推进地震科技创新”党课学习活动，各省级学会和分支机构进行工作汇报和经验交流。

主办期刊 2020年，《地震学报》完成6期的编辑任务，共发表文章64篇。《中国科技期刊引证报告（核心版）》数据显示，《地震学报》2018年核心影响因子为0.392（2017年为0.547），核心总被引频次为1107（2017年为1318），综合评价总分为38.69（2017年为41），学科扩展指标为8.4（2017年为10.64），学科影响指标为0.93（2017年为0.93），在15种地球物理学类期刊中排名第8位。

《地震学报》（英文版）出版3期专刊，分别为Developments in Seismic Data Acquisition、Analysis and Interpretation Complicated Features on Seismic Sources and Deep Structures以及《中国地震试验场专刊》，邀请多篇散稿。协助主编完成编委换届改选、进入SCI的标准等多项调研准备工作。

2020年，《地震科学进展》共出版12期，载文84篇；每期印400册，累计印4800册，发行量约每期250册，累计发行3000册。继续与中国知网、万方数据、维普资讯、超星和中国阅读网签约合作，加入国家科技学术期刊开放平台，在其数据库发布电子版。

国内主要学术会议 学会及其分支机构共举办中国地震学会第十六次学术大会、2020年中国地球科学联合学术年会等国内学术交流活动11次，交流论文3540余篇，6080余人次参加会议。

学会地震学专业委员会、地震观测技术专业委员会、地震电磁专业委员会、地震应急专业委员会分别召开2020年度学术研讨会，参会人数327人次，交流论文128篇。学会历史地震专业委员会分别在山西省太原市和海南省海口市召开历史地震研讨会，参会人数约50人。

根据新冠肺炎疫情的实际情况，学会分支机构开展线上学术交流活动。学会青年工作委员会主办深度学习报告会，300余人参加会议。学会空间对地观测专业委员会组织“地球物理探测卫星数据分析处理技术与地震预测应用研究”专题交流会，来自中南大学、中国科学院大学、中国地震局地震预测研究所、中国地震局地球物理研究所、华中科技大学等10余家单位的60余人参加会议并进行讨论。学会岩土工程防震减灾专业委员会举办6期学术讲座。学会工程隔震与减震控制专业委员会组织《巨震应对技术规程》编制会议，来自清华大学、哈尔滨工业大学、同济大学、广州大学、中国地震局工程力学研究所、中国建筑西南设计院、广东省地震局、云南省地震局等25家学校及科研、工程技术单位的60多名专家学者参加会议。学会近岸与离岸工程灾害环境防护专业委员会、大地测量与地震动力学专业委员会分别与其他单位联合组织第五届中国国际核电厂建构筑物可靠性与抗震性能评价技术交流论坛、第一届亚太地球物理学生大会等学术会议，参会人数300余人次，交流论文100余篇。

国际交往 学会与美国地震学会开展学术交流，在美国地震学会2021年度的学术会议中设置4个独立专题，学会会员受邀参加并与美国地震学会会员享有同等权利。

科普活动 作为第十五届国际地球科学奥林匹克竞赛全球总决赛的主办方之一，学会策划并拍摄竞赛宣传片。通过地球科学竞赛的国内外赛事，推动地球科学的科普工作不断发展。

3月15日，由学会主办、国际地震学与地球内部物理学联合会和亚洲地震委员会协办的2020国际防震减灾科普作品大赛启动，共收到参赛作品200余件，最终评选出获奖作品32件，其中一等奖4件、二等奖10件、三等奖18件。大赛结束后，学会制作获奖科普作品展示视频、画册及长图等科普资源，在学会官网和微信公众号展播。

学会和其他单位联合主办第四届全国防震减灾科普讲解大赛。此次大赛是第12个全国防灾减灾日的重点科普活动之一，来自全国各地各级地震部门、灾害防御协会、科技馆、纪念馆、学校和志愿者服务中心的近千人报名参赛。

学会举办“地震者说”主题有奖征文活动，并将征集到的优秀作品整理成“地震与减灾科普系列丛书”《地震者说》进行出版，旨在通过广大地震工作者亲历的感人事迹、难忘瞬间以及生活感悟展现40年来中国防震减灾事业的发展历程。

学会各分支机构在全国防灾减灾日期间开展科普宣传活动。5月11日，学会地震工程专业委员会协办在人民网公益频道的直播讲座《地震与工程震害》在线直播；学会地壳形变测量专业委员会组织“5·12”防震减灾主题开放日活动科普报告会，受众约100人；5月12—14日，学会大地测量与地震动力学专业委员会承办的第十二个全国防灾减灾宣传周活动暨大地测量与地震动力学网络系列论坛在北京召开，近200名专家学者和研究生参加会议，会议安排8场科普报告；学会深部探测专业委员会承办的2020年全国防灾减灾日防震减灾科普宣传活动在河南省郑州市举办，共有30余名科技人员、5名专家参加活动，受众约1000人。

表彰举荐优秀科技工作者 学会推荐第二届全国创新争先奖候选人。

11月，学会在海南省万宁市召开省级学会秘书长工作会议。会上，授予15家单位“2020年度中国地震学会系统优秀学会（会员单位）”称号，同时授予15人“2020年度中国地震学会系统先进工作者”称号。

学会开展中国地震学会“最美科技工作者”评选和宣传工作。经过推荐、评选，2020年度共评选出5名“最美科技工作者”，并通过官网、微信公众号对5名“最美科技工作者”的先进事迹进行报道和宣传。

党建强会 学会完善党建工作领导体制机制，实现党的领导和学会治理有机统一，在各项工作中充分发挥学会党委在政治引领、思想引领和组织保障方面的作用，引导学会健康发展。结合学会工作的特点，将党建工作落实在学会各项具体任务中。

1月9日，学会在北京召开第九届常务理事会党委第七次扩大会议，审议通过学会换届方案、学会章程修订草案、学会财务管理规定等多个重大事项。7月7日，学会第九届常务理事会党委召开第八次视频会议，审议通过第十届理事会、监事会及新一届党委委员候选人名单，以及中国地震学会章程审议稿、第九届理事会工作报告审议稿、财务报告审议稿、第十次会员代表大会主要议程等多个重大事项。10月17日，学会在重庆市召开第十届常务理事会党员大会，表决第十届理事会学会党委委员名单，组建中国地震学会第十届党委。

11月29日—12月2日，学会在海南省海口市举办分支机构工作会议、全国秘书长会议，参会人数68人。会上开展学习贯彻党的十九届五中全会精神专题活动，邀请中国地震局地球物理研究所书记乔森作专题党课《认真学习贯彻党的十九届五中全会精神　加强地震学会建设　努力推进地震科技创新》。

【中国地震学会第十次全国会员代表大会】 10月17日，中国地震学会第十次全国会员代表大会在重庆市召开。学会第九届理事会理事长、中国科学院院士张培震，学会第九届理事会副理事长、中国科学院院士陈晓非，中国地震局地球物理研究所副所长高孟潭，中国地震局工程力学研究所所长孙柏涛出席大会，近200名会员代表参加大会。学会秘书长李小军主持大会开幕式。

张培震作学会第九届理事会工作报告，回顾学会第九届理事会五年来的工作。学会副秘书长李亚琦作第九届理事会财务报告，并宣读《中国地震学会章程（草案）》和《中国地震学会单位会员会费标准（草案）》。全体会员代表举手表决第九届理事会工作报告和财务报告以及《中国地震学会章程（草案）》，并对《中国地震学会单位会员会费标准（草案）》进行不记名投票表决。

大会上，全体会员代表投票选举出学会第十届理事会理事和监事会监事。在随后召开的第十届理事会第一次会议上，投票选举出第十届理事会正、副理事长和常务理事，并由理事长提名聘任秘书长人选，理事会举手表决。同期召开第一届监事会第一次会议，投票选举第一届监事会监事长。

【中国地震学会第十六次学术大会】 10月16—17日，中国地震学会第十六次学术大会在重庆市召开。学会理事长张培震、中国工程院院士周福霖、中国科学院院士陈云敏、重庆市地震局局长杜玮、中国地震局科技司处长齐诚、中国地震局地球物理研究所副所长高孟潭和学会副理事长孙柏涛出席会议。来自全国地震系统、科研院所、高等院校、科技期刊、仪器设备厂家的专家学者、科研人员、技术人员、青年学生等600余人参加会议。学会秘书长李小军主持大会开幕式，张培震致开幕词，齐诚代表中国地震局讲话，杜玮致辞。

孙柏涛主持大会特邀报告。大会特别邀请陈云敏、中国地震局地震预测研究所研究员邵志刚、周福霖和张培震分别作报告《岩土工程震害调查的几点认识》《中国大陆基于震源物理模型的长期地震预测及其应用》《新时代防震减灾新要求》《2008年汶川地震的孕育和发生机理研究》。

大会设立海洋岩土地震工程、基于数值模拟的确定性–概率地震危险性分析方法研究、黄土地震滑坡风险评估与防治、活动断层与减灾、地下流体/地球化学方法与地震灾害防治、地震灾害风险分析与社会学、韧性城乡理论方法及应用、强震动观测技术与应用8个专题会场共计22个专题特邀报告和129个专题报告。

【2020年中国地球科学联合学术年会】 10月18—21日，由学会与中国地球物理学会、全国岩石学与地球动力学研讨会组委会等单位共同主办，中国地球物理学会承办，中国空间科学学会空间物理学专业委员会协办的2020年中国地球科学联合学术年会在重庆市召开。来自全国产学研用单位的近4000名地学工作者参加会议，80余家展商参加展览活动。会议组织6个大会邀请报告、92场分专题报告。

开幕式上，中国科学院院士郑永飞宣布2019年中国地球科学联合学术年会“优秀学生论文奖”获奖名单。中国科学院院士陈晓非、张培震主持特邀报告。中国科学院院士徐义刚、崔鹏、潘永信、肖文交、高锐分别作报告《深部过程与宜居地球》《川藏铁路灾害风险及其防控研究》《火星探测：回顾与展望》《多重拼贴与中亚大陆增生》《深地震反射剖面、密集地震台阵、MT等联合揭露青藏高原陆–陆碰撞的深部过程》。中国石油勘探与生产分公司巫芙蓉（代教授级高工赵邦六）作报告《地球物理技术在四川盆地页岩气勘探开发中的关键作用和成效》。

【中国地震预报论坛——2020年地震和火山联合学术交流会】 9月28—29日，由学会地震预报专业委员会与中国灾害防御协会火山专业委员会共同主办的中国地震预报论坛——2020年地震和火山联合学术交流会在吉林省延边朝鲜族自治州安图县召开。会议主题为“地震与火山研究如何相互促进以及相互促进的着眼点”。

中国地震局监测预报司调研员黄蔚北，中国灾害防御协会火山专业委员会主任许建东，吉林省地震局副局长杨清福出席开幕式并致辞。来自中国科学院国家空间中心、半导体研究所以及全国地震行业的73名专家学者参加会议。会议交流报告36篇，其中口头报告13篇、张贴展板23篇；13篇口头报告中，特邀口头报告5篇（其中行业外的邀请报告2篇）；从23篇张贴报告中评选出优秀张贴报告7篇、最佳设计创意张贴报告1篇。大会按照惯例举办Panel讨论，参加讨论的专家学者围绕地震预报和火山预警都需要基于观测资料的快速而准确的解译这一出发点，深入讨论地震与火山研究如何相互促进的问题。

大会组织与会人员前往长白山火山监测站现场实地学习火山综合监测技术，包括测点与观测技术的遴选，高级工程师刘国明作观测技术讲解。

学会地震预报专业委员会副主任张永仙主持闭幕式，并向张贴报告获奖的7位代表颁发获奖证书。

【中国地震学会地震观测技术专业委员会2020年度学术研讨会】 11月24—26日，中国地震学会地震观测技术专业委员会2020年度学术研讨会在江苏省苏州市召开。会议由学会地震观测技术专业委员会主办、江苏省地震局和北京港震科技股份有限公司协办。江苏省地震局副局长刘红桂、中国地震局地震预测研究所副所长汤毅、学会地震观测技术专业委员会主任薛兵及副主任刘瑞丰出席开幕式。来自全国各省

（自治区、直辖市）地震局、科研院校、企业等相关部门的 112 名专家学者参加研讨会。

大会共收到学术论文 23 篇，正式安排学术报告 23 个，与会专家学者围绕地震观测仪器（测震、前兆、强震）研发动态、观测技术新方法与问题；数字地震台站、台网建设与运维技术，水库地震台网研究进展；数字地震观测台网数据产品加工、信息发布服务；地震观测仪器检测、检定新方法与试验；地震观测信息化、标准化；深井地震观测研究进展与应用；海洋地震观测技术研究与进展；“十四五”科技项目与近期地震观测技术发展方向等几个方面作相关学术报告。

【第一届海上“一带一路”灾害防御高端学术论坛】 11 月 27—28 日，由学会近岸与离岸工程灾害环境防护专业委员会与基础设施防震减灾专业委员会等单位联合主办，大连大学、大连市应急管理协会等单位共同承办的第一届海上“一带一路”灾害防御高端学术论坛在辽宁省大连市召开。学会副理事长李小军，中国灾害防御协会秘书长唐豹，中国地震灾害防御中心司长助理张郁山，大连市人大常委会副主任、大连大学党委书记王晋良，中国科学院院士林皋、程耿东，中国工程院院士岳清瑞、杨永斌，日本工程院外籍院士赵衍刚，加拿大工程院院士 M.Hesham El Naggar 受邀出席论坛。此外，众多长江学者、教授级高工、高级工程师列席论坛现场。约 120 人参加会议。

此次论坛采用线上线下集成模式，与会专家学者进行线上交流，聚焦近海与远洋开发灾害防御研究，围绕“海外核电工程灾害防御性能设计”“海洋资源及海底能源开发与防灾减灾设计”“岛礁吹填场地地震安全与岸坡防护”“近海风电与交通工程防震减灾性能设计”4 个核心主题展开讨论。立足国家关于海上“一带一路”建设的大背景、大环境，结合自身的研究方向和研究成果从不同角度作报告，洞察近海与远洋开发灾害防御工作的本质并剖析防灾研究的具体路径。

【第四届全国防震减灾科普讲解大赛决赛】 7 月 28 日，由中国地震局公共服务司指导，学会与中国灾害防御协会、中国地震灾害防御中心、中国地震局发展研究中心、中国地震局地球物理研究所联合主办的第四届全国防震减灾科普讲解大赛决赛在福建省厦门市开赛。

来自全国各地的选手围绕“防震减灾科普先行”主题，结合实际案例，从不同角度讲解减隔震技术、钻地蚯蚓机器人、抗震阻尼器等在地震救援中的应用，以及《你不知道的地震急救包》《给孩子的防震减灾课》《家庭防震——你的家具摆放对了么》等实用内容。比赛全程通过央视频、Q 学友、微赞平台进行全网直播，近 40 万人次在线观看。

经过角逐，张挺（浙江省）、刘卫康（北京市）、雷羽南（陕西省）获得大赛一等奖及“防震减灾科普大使”称号，左田田获得最佳形象奖，叶学获得最佳口才奖，安徽省地震局、北京市防震减灾宣教中心等 15 家单位获得优秀组织奖。

（撰稿人：李亚琦）

中国动物学会

服务创新型国家和社会建设 学会按中国科协要求，组织推荐“2020 年重大科学问题”，提出“冠状病毒跨种传播的生态学机制是什么？”重大科学问题。该问题的推荐专家为学会副理事长兼秘书长、中国科学院院士魏辅文；提出该问题的 4 位专家分别为学会副理事长冯江、欧洲科学院院士张知彬、中国工程院院士夏咸柱、军事医学科学院军事兽医所研究员涂长春。该问题入选“2020 重大科学问题”。6 月 29 日，学会围绕重大科学问题组织召开野生动物疫病与生态安全战略研讨会，4 位院士及该领域的专家和研究生共计 62 人参加。与会专家针对野生动物疫源疫病与溯源相关科学问题、动物疫源疫病与野生动物健康及人类健康、如何实现多学科交叉融合以及如何减少或者杜绝未来野生动物疫病的大范围传播展开讨论，对未来野生动物疫源疫病工作进行规划。学会组织专家撰写科技工作者建议，由中国科协上报中央并获得领导人批示。

2 月 24 日—11 月 11 日，学会组织开展《中华人民共和国野生动物保护法》修改建议的征集工作，通过学会理事群、常务理事群和会员群广泛征集《中华人民共和国野生动物保护法》的修改建议，与中华人民共和国濒危物种科学委员会组织专家进行论证，形成共计 9 条 11 页的修改建议并上报中国科协。

5 月 15—19 日，学会组织开展《中华人民共和国动物防疫法修正案（草案）》修改建议的征集工作，组织专家讨论，形成共七章 23 条的修改意见和建议并上报中国科协。

12 月 15 日，学会组织 7 名专家组成评审专家组，就“第一批中国动物学会濒危动物保育示范基地”进行评审。专家组由学会副理事长、河南师范大学党委副书记陈广文担任主任，学会副秘书长、中国科学院动物所研究员杜卫国担任副主任。与会专家听取中国川金丝猴种群监测示范基地、浙江乌岩岭黄腹角雉种群监测与繁育示范基地、黄河源猎隼种群监测示范基地、四川铜马沟中国大鲵野化放归示范基地、大相岭大熊猫野化放归示范基地、广西大桂山鳄蜥野化放归示范基地和河南董寨白冠长尾雉种群监测示范基地 7 家基地的工作汇报，审阅有关资料，开展质询和讨论。经专家组投票评议，全票（7 票）通过 7 家基地为第一批中国动物学会濒危动物保育示范基地。

学会建设　2 月 18 日，学会召开常务理事通信会议，对学会 2020 年工作进行讨论，审核并通过学会 2020 年工作计划。

3 月 26 日—4 月 15 日，学会通过理事会和分支机构开展“2020 年重大科学问题”的征集工作。经学会学科与发展规划工作委员会委员投票表决，确定学会最终推荐的重大科学问题并上报中国科协。

4 月 15—21 日，学会理事会开展第二届全国创新争先奖候选人的推荐工作。4 月 21—24 日，学会召开通讯常务理事会议对推荐的候选人进行投票表决，确定学会推荐的第二届全国创新争先奖候选人 3 名并上报中国科协。

5 月 26—27 日，学会召开通讯常务理事会议，就学会设立“中国动物学会长隆奖”进行表决，36 位常务理事一致同意学会设立该奖项。监事会进行监督。

7 月 26 日—8 月 1 日，学会召开理事会通信会议，对《中国动物学会长隆奖奖励办法（试行）》进行投票表决，理事对其进行修改，监事会进行监督。

9 月 2—10 日，学会召开常务理事通信会议，对修订后的《中国动物学会长隆奖奖励办法（试行）》进行投票表决，一致通过该奖励办法。学会将中国动物学会长隆奖奖励办法报告监事会，监事会参与监督。

9 月 20—22 日，学会召开常务理事通信会议，对“中国动物学会动物地理学分会”名称变更为“中国动物学会生物地理学分会”进行审议，常务理事一致投票表决同意名称变更。

12 月 21—22 日，学会召开常务理事通讯会议，审议通过第一届中国动物学会长隆奖专家评审委员会评审结果，32 位常务理事一致同意评审结果：功勋奖 1 位、成就奖 3 位、新星奖 5 位、启航奖 10 位。

青年人才托举工程　学会获得第四届和第五届中国科协“青年人才托举工程”3 个培养名额。对 2 位获得第三届（2017—2019 年度）中国科协“青年人才托举工程”项目支持的人才培养工作进行总结，并上报中国科协生命科学学会联合体。

主办期刊　学会主办 9 种科技期刊，包括英文期刊 4 种，其中 3 种英文期刊被 SCI 收录。

《动物学报》（*Current Zoology*）据 2020 年公布的 2019 年 ISI JCR，2019 年影响因子为 2.351，学科排名 19/168，进入 TOP 11%；五年影响因子为 2.665，学科排名 15/168，进入 TOP 9%，继续稳定在 Q1 区。全年出版 6 期，收文 346 篇，刊载 80 篇论文。被引频次 1692。

《动物学研究》（*Zoological Research*）据 2020 年公布的 2019 年 ISI JCR，2019 年影响因子为 2.638，学科排名 12/168，进入 Q1 区。全年 6 期共发文 82 篇，印刷总数为 2400 册。

《鸟类学研究》（*Avian Research*）据 2020 年公布的 2019 年 ISI JCR，2019 年影响因子为 1.215，比 2018 年（0.818）增长 48.5%，在 28 份鸟类学 SCI 期刊中排名第 10 位，跨入 JCR 鸟类学期刊 Q2 区。2020 年共收稿 210 篇，比 2019 年（173 篇）增长 21.4%。

《兽类学报》完成 2020 年 6 期的编辑、出版和发行工作，全年发表论文 69 篇。2020 年刊发“动物分类与系统发育”专刊。《兽类学报》被 Scopus、《生物学文摘》《动物学记录》《文摘杂志》等国外数据库收录。

《动物学杂志》2020 年出刊 6 期，刊出研究论文、简报和综述文章共 93 篇，动态与其他或封面动物栏目的短文 21 篇，总计 114 篇，全年印刷总数 9600 册。影响因子为 0.664，他引影响因子为 0.585，学科排名为 65/95；总被引频次 2102，他引总引比为 0.92。

《生物学通报》2020 年共收稿件 1250 篇，发稿 234 篇，占来稿的 18.72%。其中约稿 42 篇，占发稿量的 17.9%。

《动物分类学报》出版期刊 4 期，发表论文 30 篇，其中综述3篇、研究论文21篇、通讯6篇。2020年被引频次已达97次，其中当年发表论文被引频次为17次。

《寄生虫与医学昆虫学报》全年收稿76篇，退稿23篇。全年出版学报4期，发行2000册。发表文章40篇，其中著述34篇、综述5篇、病例报告1篇。影响因子0.614，总被引频次209。

《蛛形学报》共刊发论文25篇，被 *The Zoological Record* 收录。

国内主要学术会议 2020年，学会组织或协办12次国内学术会议、讲座，共有159536人参加，交流学术论文590篇，编辑印刷摘要集6本。

8月17—18日，由学会承办的2020年中国科技峰会系列活动青年科学家沙龙第一期——生物安全与生物多样性科学研究青年科学家沙龙会议在山东省青岛市举办。21名青年学者参加，其中13人作专题报告，报告内容涵盖“生物安全与防治”“生物多样性与保护”“生态系统服务”3个主要领域。此次沙龙受到广泛关注，在科创中国和中国科讯平台收看人数累计达26500人次。

8月25—26日，由学会鸟类学分会主办的中国青年鸟类学家研讨会暨第十六届翠鸟论坛在线举办。来自全国各高校、科研机构、保护区与动物保护机构等45个单位的350余人参加。80余名研究生提交报告摘要。本次论坛在活动组织方式上进行革新，共设置“鸟类群落生态学”“鸟类多样性与保护”“鸟类分子进化生态学”“鸟类行为生态学”四个主题单元，每个单元由专家报告、若干学生报告和主题讨论三部分组成，提供更多学术交流机会。

10月18—21日，中国动物学会兽类学分会暨《兽类学报》成立40周年学术研讨会在青海省西宁市召开，189位专家学者和学生参加会议。中国科学院动物研究所原所长王祖望从“不要妄自菲薄，中国先民在兽类的认知和利用等方面对人类文明作出重大贡献”“不要忘记我们在兽类学研究中的短板”“抓住机遇，通过基础研究培养人才”三个方面着重讲自己的三点感悟。中国科学院院士魏辅文作大会特邀报告《保护基因组学与宏基因组学》。11位优秀青年学者作大会报告。《兽类学报》主编王德华回顾学报和中国兽类学40年的发展历程，总结40年来中国兽类学发展的历程及取得的成就。

11月6—8日，中国动物学会动物行为学分会首届青年学者论坛在湖北省武汉市召开。196名青年学者和研究生参加，47位作会议学术报告，29位作墙报展示。论坛从研究生和博士后参会者中评选出10个优秀口头报告、5个优秀壁报。

11月27—30日，由学会动物生理生态学分会主办的第十届全国动物生理生态学学术研讨会在浙江省温州市召开。来自70余家单位的共计283位专家学者参加会议。会议共安排5个优秀青年动物生理生态学工作者报告、34个教师专题报告、39个研究生报告和42个墙报。评出优秀研究生口头报告奖一等奖6名、二等奖10名和优秀奖23名，优秀研究生墙报奖一等奖3名、二等奖6名和优秀奖33名。

11月27—30日，中国动物学会寄生虫学专业委员会第十二届全国寄生虫学青年工作者学术研讨会在安徽省合肥市召开，135人参加。会议共收到论文摘要145篇，内容囊括原生动物学、蠕虫学、节肢动物学及相关领域。有近40位来自不同院所的寄生虫青年学者作2场大会报告和2场分会场报告以及6份墙报交流。会议还通过网络进行在线直播。

11月27日，“动物科学大家谈——动物保护与生态安全”活动在北京举办。活动由中国科学院动物研究所主办，学会与中华人民共和国濒危物种科学委员会、中国昆虫学会、中国科学院中国动物志编辑委员会、国际动物学会和中国科学院文献情报中心联合承办。在疫情防控常态化情况下，此次活动采用线上直播与线下相结合的方式，现场有100余位师生参加，有13万人通过中国科讯直播平台观看。

12月11—13日，中国动物学会比较内分泌学专业委员会第十三次（2020年）学术研讨会在广东省湛江市召开，200名专家学者参加。会议安排学术报告33个，收到会议摘要87篇，论文内容涵盖哺乳类、鸟类、鱼类、甲壳类、昆虫等动物类群的内分泌学研究。

科普活动 2020年，学会开展2项科普活动。

学会甲壳动物学分会主任委员李新正发挥科普传播专家的作用，积极开展海洋科普宣传，受众人数2030人。

8月7—13日，参加2020年第31届国际生物学奥林匹克竞赛线上挑战赛活动。生物学奥赛试题所涉及的生物学专业门类较多，中国代表团成员由不同专业的领队、副领队和观察员共7名专家，3名监考人员及考务人员、4名选手共计14人组成。本届挑战赛共产生21枚金牌、42枚银牌、56枚铜牌、11位荣誉奖；中国选手获得3枚金牌、1枚银牌，其中浙江省萧山中学邵承骏、杭州第二中学姚前、济南市历城第二中学徐润田获得金牌，成都市石室中学贾宏哲获得银牌；浙江省萧山中学邵承骏、杭州第二中学姚前获得此次挑战赛理论成绩最优秀荣誉奖。

全国中学生物学竞赛委员会推荐北京师范大学生命科学学院教授张立为国际生物学竞赛委员会指导委员会候选人，参与3名国际委员名额的竞争。

表彰举荐优秀科技工作者 学会推荐的西北大学教授邱强获得第十六届中国青年科技奖。

设立并组织第一届中国动物学会长隆奖评审工作。12月21日，召开专家评审委员会会议，评审专家按照《中国动物学会长隆奖奖励办法（试行）》，对候选人材料进行认真评审，评选出20位获奖者，其中功勋奖1名、成就奖3名、新星奖5名、启航奖10名、国际学者奖1名。

10月，开展2020年度蔡司・斑马鱼科学研究奖评选工作，共有17名青年科技工作者和研究生获得该奖项。

党建强会 2月7日，学会发出《中国动物学会理事会党委、中国动物学会关于抗击新冠肺炎疫情致广大动物学科技工作者的倡议书》，并将倡议书上传学会网站。通过微信群发布在学会常务理事群、理事群、分会秘书长群，省学会理事长及秘书长群，通过分会秘书长和省学会理事长及秘书长群发布在学会各个专业的会员群。

学会理事会党委制定《中国动物学会理事会党委工作制度、议事规则（试行）》共计5章17条，规范议事规则，促进学会党委发挥政治核心、思想引领作用。

12月21日，在中国科学院动物研究所召开学会理事会党委委员会议。学会党委书记张知彬，副书记桂建芳、宋微波，组织委员魏辅文，委员冯江、陈广文、张永文参加，部分学会理事列席。会议由张知彬主持，他带领党员学习党的十九届五中全会精神。

会员服务 学会加强对会员的服务，通过学会及分会、专业委员会网站为会员提供更多的国内外学术会议信息、学科发展前沿进展、科普信息等。为会员提供学术会议注册费优惠政策，鼓励会员参加学会和专业分会组织的学术讨论会。另外，学会重要活动信息通过学会各个会员微信群迅速发布给会员，学会组织的专家学术报告进行网上在线直播，让更多的会员、动物学工作者受益。编辑1期学会会员通讯，介绍学会工作动态。

【第五届全国发育生物学大会】 10月27—29日，学会与中国细胞生物学学会、中国遗传学会主办的第五届全国发育生物学大会在广东省广州市召开。108所高校、科研院所及企业的近1048名专家学者参加会议。会议设置1个主会场和8个分会场，邀请6位院士和4位专家作大会特邀报告，71位专家学者在分会场作学术报告，14位青年学者在WLLA青年论坛上作报告，48位青年学者和研究生作墙壁交流。

【野生动物疫病与生态安全战略研讨会】 6月29日，由学会和中华人民共和国濒危物种科学委员会共同主办的野生动物疫病与生态安全战略研讨会通过腾讯会议平台召开。4位院士及其他病毒学、动物学和生态学等领域的学者、研究生共计62位参加会议。

11位专家作有关野生动物疫源疫病的主题报告和4个专题讨论。与会专家针对“野生动物疫源疫病与溯源相关科学问题”“动物疫源疫病与野生动物健康及人类健康”“如何实现‘医学—生物学—动物学—生态学—环境科学—信息科学’多学科交叉融合”“如何减少或者杜绝未来野生动物疫病的大范围传播”四个主题展开讨论。会后，相关专家整理形成冠状病毒跨种传播的生态学机制和野生动物疫病战略调研报告；撰写重点研发专项的立项建议，呈报相关部门。

【第五届全国暨全球华人斑马鱼PI大会】 11月13—15日，由学会斑马鱼分会与其他单位共同主办的第五届全国暨全球华人斑马鱼PI大会在湖北省武汉市召开。来自海内外的302位专家学者参加，收到论文摘要84篇。60多位专家学者和青年科学家报告各自最新研究成果。会上颁发蔡司・斑马鱼科学研究奖，共有17人分别获得优秀青年学者奖、博士后优秀论文奖、研究生优秀论文奖和人才培养奖。

【中国动物学会生物地理学分会成立大会暨第二届学术研讨会】 9月27—29日，中国动物学会生物地理学分会成立大会暨第二届学术研讨会在北京召开。来自30多家单位的150多位师生参加会议。中国科学院院士陈宜瑜，中国科学院动物研究所原所长王祖望，以及学会副理事长兼秘书长、中国科学院院士魏辅文，中国昆虫学会副理事长卜文俊等10多位专家应邀出席大会。

中国动物学会生物地理学分会成立大会上一致推举李义明为主任委员，卜文俊、丁平、何舜平、蒋学龙、雷富民、乔格侠为副主任委员，雷富民兼任秘书长，屈延华、刘宣、陈静为副秘书长。

学术研讨会上，陈宜瑜作大会特邀报告《中国淡水鱼类历史生物地理学研究概况》。11位优秀青年学者作大会报告。报告内容从鸟兽、鱼类、两栖爬行类等陆栖脊椎动物到昆虫等无脊椎动物，围绕谱系生物地理学、生物多样性格局与维持机制、岛屿生物地理学、生物地理区划以及全球变化背景下的生物地理学和保护生物地理学等全球最新研究热点开展交流。

（撰稿人：张永文　张　欢）

中国植物学会

学会建设　1月，学会召开在京理事团拜会，总结2019年工作进展并介绍2020年重点工作。9月，学会在北京召开第十六届理事会第四次理事长联席会。会议部署增设“外来植物”和“入侵植物”主题科普活动、完善宣讲课件及创新科普宣传方式等下一步科普工作；审议2020年度中国植物学会省级学会理事长联席会会议议程。会议还研究学会2021年重要学术活动，一是以《生物多样性公约》第十五次缔约方大会为契机组织一个卫星会议，二是于每届届中增加一次植物科学前沿学术大会。

11月，学会在浙江省金华市召开2020年度省级学会理事长联席会。会议采用线上线下相结合的方式，在20余家省级学会设置分会场，共计4.3万人次观看直播。会议发布《植物科学领域高质量期刊分级目录》，举办中国植物学会2019年科普活动获奖作品和优秀组织单位颁奖仪式，并邀请中国科学院上海植物逆境生物学研究中心主任、美国国家科学院院士朱健康和中央电视台制片人李瑛开展高端科普培训。

12月，学会第一届监事会第二次会议在北京召开，讨论《中国植物学会监事会工作条例（试行）》与2021年监事会工作计划。

进一步完善学会各种规章制度建设、修改学会章程，并经学会理事会审议通过，强调“坚持党的全面领导”。

加强对学会分支机构的管理，对开展业务活动注意事项、高级会员享受不低于八折优惠、全部活动收支纳入学会统一管理等事项作出明确规定。

青年人才托举工程　学会开展第六届中国科协“青年人才托举工程”项目推荐工作，推荐2名候选人，南京大学博士生王龙通过中国科协生命科学联合体评选获得中国科协2020—2022年度“青年人才托举工程”项目资助。

学会从第一届至第六届，累计托举13名青年人才。

主办期刊　学会主办9种科技期刊，其中英文期刊4种，全部被SCI收录。

英文期刊*Journal of Integrative Plant Biology*（《植物学报》，JIPB）、*Journal of Systematics and Evolution*（《植物分类学报》，JSE）、*Journal of Plant Ecology*（《植物生态学报》，JPE）及中文期刊《植物生态学报》《生物多样性》5种期刊连续获得中国科技期刊卓越行动计划项目支持，JIPB和《植物生态学报》《生物多样性》入选第5届《中国精品科技期刊目录》。

JIPB、JSE、JPE获得2020“中国最具国际影响力学术期刊”称号；《植物生态学报》《生物多样性》和英文期刊*Plant Diversity*（原《植物分类与资源学报》，PD）获得2020“中国国际影响力优秀学术期刊”称号；《生命世界》入选《中国优秀科普期刊目录（2020年）》。

2020年，JIPB最新两年影响因子为4.885，在植物科学排第17位，已经连续8年居Q1区，近年来在国际化发展取得的成绩得到《中国科学报》头版头条报道；JSE入选第27届北京国际图书博览会“2020中国精品期刊展”；JIPB和《植物学报》各有1篇论文分获第五届中国科协优秀科技论文一等奖和三等奖。

国际学术会议　12月15日，植物逆境适应机制国际前沿学术研讨会通过线上举办。会议由学会主办、东北林业大学东北盐碱植被恢复与重建教育部重点实验室承办。12位国际专家受邀作报告，1000余名专家学者围绕“植物逆境信号转导与基因调控”和“植物生物与非生物胁迫机制”等专题进行交流。

国内主要学术会议　2020年，学会所属各分支机构组织召开各类学术年会、研讨会、论坛等共3次，共有1600余人次参加，征集交流论文、报告648篇。

10月10—13日，2020年中国植物园学术年会在辽宁省沈阳市召开。大会由学会联合中国野生植物保护协会等多家单位主办，以“保护植物　维护生命共同体”为主题，围绕植物园在植物生物多样性保护、植物园管理运用等方面的成绩和经验进行研讨和交流。来自全国64个植物园、知名企业和有关行业的近300位专家学者和代表参加会议。

11月25—28日，2020全国系统与进化植物学研讨会暨第十四届青年学术研讨会在云南省西双版纳傣族自治州召开。会议采用线上线下相结合的方式，700余名专家学者参加。19位专家作大会邀请报告，130位学者作专题学术报告，主要围绕“植物分类与资源”“系统发育和生物地理”“古植物”“物种形成和适应性进化”4个专题展开。

11月30日—12月1日，2020年江苏省研究生中医中药学术创新论坛在江苏省南京市召开。会议以“中医药研究的守正与创新”为主题，来自国内22家高校的600余位学者、研究生参加。会议收到研究生论文摘要176篇。

科普活动　2020年，学会通过线上线下相结合等方式组织开展科普报告、培训、宣讲等活动，受众人数超过120万人次。

8月2日和9月13日，2020年全国中学生生物学联赛在全国29个省（自治区、直辖市）举办。共计40861名学生参加比赛，评出一等奖1375人、二等奖5108人、三等奖7662人。10月5—8日，第29届全国中学生生物学竞赛在重庆市举办。来自全国30支代表队的领队、教练和240名选手参加比赛，共产生72枚金牌、72枚银牌、95枚铜牌。

9月19日，学会理事长种康应邀做客“科学与中国”云讲堂，为公众作科普报告《从自然界到餐桌的奇迹——驯化的魔力》。为响应国家节约粮食号召，报告围绕“作物驯化与粮食安全”主题展开，内容涉及主要粮食作物驯化过程、如何培育良种、精准设计优质水稻品种等。此次报告依托腾讯新闻、中国科讯等多家媒体平台同步直播，首播实时观看总人数达40万人次。

11月6日，中国植物学会科普高端培训与中国植物学会省级学会理事长联席会在浙江省金华市同步召开。会议邀请中国科学院上海植物逆境生物学研究中心主任、美国国家科学院院士朱健康和中央电视台《透视新科技》制片人李瑛分别以“基因编辑”和“科普工作技巧”为主题展开交流，受益人数达4万余人次。

2020年，学会联合各省级植物学会继续开展“万人进校园”科普宣讲活动，共在全国11个省（自治区、直辖市）开展116场线下宣讲和10场线上宣讲，累计受众30万余人次。

学会持续开展第二届“绿叶科抖”全国植物科学科普短视频大赛，共征集119部作品。50万人参与大众微信评选活动，超过16万人点赞。

11月6日，学会举办中国植物学会2019年科普活动获奖作品和优秀组织单位颁奖仪式，共有《苔藓》等13部作品获奖，安徽省植物学会等9家单位获得优秀组织奖。获奖作品摘要视频集在会上播放。根据科普工作奖励方案，为优秀组织单位和获奖作品创作团队拨付奖励经费。

表彰举荐优秀科技工作者　经学会推荐，北京大学教授瞿礼嘉获得第二届全国创新争先奖；中国科学院分子植物科学卓越创新中心研究员刘宏涛获得第十六届中国青年科技奖；中国科学院植物研究所与福建三安集团有限公司自主研发的“全智能植物工厂产业化关键技术”入选2020年“科创中国”先导技术榜单。

党建强会　2020年，学会党委召开4次党委会通讯会议，前置审议奖项评选、人才举荐等重大事项。

4月17日，召开第十六届理事会第二次通讯会议，表决通过《中国植物学会章程》修订稿，将“坚持党对学会的全面领导，设立党组织，开展党的活动”写入章程。

6月19日，中国科协社团党委通过视频会议调研学会党建工作，对近年来学会党委工作给予肯定，并对下一步工作进行指导。

7月16日，中国工程院院士、学会党委副书记康振生参加中国科协学会党建工作沙龙，就建立完善学会理事会党委职责任务清单等内容进行交流研讨。

9月，学会制定《中国植物学会党委工作规则》，加强党委自身建设，完善相关工作机制。

会员服务　2020年，学会发展新会员268人，比2019年度增加131人。其中，高级会员182人、普通会员86人。

加强对会员的服务，通过更新学会网站和微信公众号、发送学会《电子简报》及年报等，为会员提供学会活动、科研进展、科普等资讯。利用微信公众号实现在线注册、缴费等功能，便于会员入会。组织各类评奖、项目申报和人才举荐等工作，加强与会员的联系和服务，提升学会凝聚力。

【承担中国科协“分领域发布高质量科技期刊分级目录”项目】 5—11月，受中国科协委托，学会组织开展分领域发布高质量科技期刊分级目录发布工作。

根据中国科协的统一部署，学会制定《植物科学领域高质量期刊分级目录发布工作实施细则（试行）》，组建学会期刊分级评审委员会，成立期刊分级评审委员会办公室，分宏观植物学、微观植物学和生态学3个领域开展工作。

学会多次召开期刊分级工作会，讨论相关工作机制及分工；采用定性和定量评价相结合的方式，编制植物科学领域高质量科技期刊分级评价指标体系，经广泛征求专家意见后作进一步修改和完善；研讨初步遴选拟入级期刊名单和专家评分等事项。

9月14日，学会在北京召开期刊分级目录评审会，审议确定分级目录，137种期刊进入《植物科学领域高质量期刊分级目录》，其中T1级21种、T2级39种、T3级77种，另有6种中文期刊入选高质量中文期刊目录。该分级目录在中国植物学会省级学会理事长联席会议上正式发布。

（撰稿人：姜　晔）

中国昆虫学会

服务创新型国家和社会建设 学会发挥专家优势，为中国地方农业发展提供专业技术支撑。11月4日，“中国昆虫学会盘锦服务站”签约、揭牌仪式在辽宁省盘锦市召开。学会理事长、中国科学院院士康乐一行7人，辽宁省科协党委书记、副主席张春英，沈阳农业大学校长陈启军，辽宁省农业科学院副院长孙占祥，盘锦市政府副市长贾洪琳等专家和领导出席仪式。工作站旨在解决水稻主产区生产中存在的问题。通过实地调研以及与盘锦市科技人员和农业科学院专家的研讨，学会针对盘锦市“两水（水稻、水产）”产业绿色发展和区域病虫害绿色防控技术需求，将为地方提供相关技术服务。

4月2日，学会科技咨询工作委员会主任刘玉升组织专家赴山东省滨州市邹平市尚庄村开展农业知识讲座。参加培训的有30余名村民和全村200余户果树种植户，村委会将专家的话筒连上村里大喇叭进行全村直播。专家不仅向村民传递农业新知识、新技术、新观念，还带来昆虫养殖项目。培训后，尚庄村党支部书记组织部分村民随专家到邹平市玉蟲缘特种养殖农民专业合作社参观学习。

10月12日，中国科学院院士杨焕明、康乐等专家在山东省烟台市农业技术推广中心党委书记、主任、烟台农学会理事长吕常厚的陪同下，到烟台市农学会果品基地——龙口市鲁禾北方果蔬农民专业合作社和莱州市琅琊岭小龙农产品农民专业合作社调研。两位院士就果树害虫防治提出建议。

学会建设 截至12月31日，学会有个人会员13589人、团体会员5个。学会秘书处统一管理会员。学会设分支机构29个，其中5个工作委员会、24个专业委员会。2020年度，学会各分支机构完成预定工作任务，向学会提交工作总结和下一年度工作计划。各分支机构管理规范，以分支机构名义主办的会议、展览、培训等各类活动所发生的经费往来全部纳入学会账户管理，符合《中国昆虫学会章程》。

青年人才托举工程 12月，学会启动第六届（2020—2022年度）中国科协“青年人才托举工程”项目的申报工作，有12位青年学者上报，评审出2名候选人进入中国科协生命科学学会联合体层面参加评审，中国农业大学副教授宋凡获得中国科协第六届中国科协“青年人才托举工程”项目扶持资格。截至2020年年底，学会已有10名青年学者获得该项目资助。

主办期刊 学会主办《昆虫科学（英文版）》《昆虫学报》《动物分类学报（英文版）》（合办）、《应用昆虫学报》《昆虫分类学报（英文版）》《寄生虫与医学昆虫学报》（合办）和《环境昆虫学报》（合办）七种期刊，收稿1861篇，共发表文章690篇，发行16128册，完成全年出版任务。《昆虫科学（英文版）》在101种国际昆虫学领域期刊中排名第11位，是国际昆虫学领域一本重要的学术期刊。2019年该刊入选中国科技期刊卓越行动计划领军期刊项目。

国际学术会议 7月21—23日，国际节肢动物基因组研讨会在线上召开，全球1300余位专家学者参与云端会议。鉴于中国学者在节肢动物基因组领域的表现，i5K（5000种昆虫基因组）组织在此次会议中设置中国专场，这是该组织成立以来首次设置国家专场。中国专场于北京时间7月22日举办，近300多位中外学者参加。会议安排6个中方专家学术报告，学会理事长、中国科学院院士、河北大学校长康乐应邀作主题报告，介绍中国昆虫基因组的研究进展，解释中国学者基因组数据释放的原则，得到国际同行肯定。浙江大学农业与生物技术学院院长陈学新、昆虫科学研究所副教授唐璞应邀作报告 Large-scale Genome Sequencing and Evolutionary Analysis of Parasitic Wasps，浙江大学研究生院常务副院长、昆虫所教授叶恭银应邀作报告 Genome of Tens of Parasitoids and Their Venom Functions。会议在讨论中结束，对数据共享和国际合作提出一些切实可行的建议。

国内主要学术会议 在线上学术交流方面，中国昆虫学会传粉昆虫专业委员会联合“中国东部传粉昆虫资源调查与评估”项目组，邀请4位国内外青年学者作传粉昆虫学研究进展报告，4500人参加。在原有QQ群、微信群基础上增加3个钉钉群，为传粉昆虫学研究人员提供交流平台。

在线下学术交流方面，8月27—31日，2020年全国害虫生物防治学术研讨会在贵州省遵义市召开，150余人参加会议，共有24位专家和研究人员分享天敌昆虫、病原线虫、病原微生物的筛选、饲养、应用等绿色防控技术方面的研究和应用成果；9月25—27日，中国昆虫生态学与害虫防治研究十五年：回首与展望学术研讨会在上海市崇明岛召开，60余人参加会议，设学术报告15个；10月12—14日，中国昆虫学会2020年学术年会在山东省烟台市召开，580人参加会议，设大会报告20个；10月31日—11月1日，昆虫高峰论坛在浙江省宁波市举办，60余人参加会议，设4个学术报告。

科普活动 新冠肺炎疫情防控期间，学会开展线上活动，设立“昆虫科普微课堂”。5月23—24日，在中国科学院公众科学日活动期间组织4场次线上活动，单场最高8.2万人次收看。

2019年12月—2020年2月，结合第五届环球自然日的成果，学会科普工作委员会推出第五届环球自然日成果展，受众约4000人次。7月24—25日和8月15—16日，学会科普工作委员会两次在四川科技馆举办“酷虫世界、萤火飞舞”昆虫主题系列科普活动。

学会科普工作委员会指导2020年全国昆虫摄影大赛，并举办摄影比赛获奖和优秀作品展览。《科普时报》对该活动进行报道。10月12—13日，在中国昆虫学会2020年学术年会期间，学会科普工作委员会主任张润志宣读2020年全国昆虫摄影大赛获奖名单并主持颁奖仪式。中国科学院院士杨焕明、康乐等为获奖者代表颁奖。

出版科普图书6册：学会科普工作委员会主任张润志领衔翻译出版《生物入侵》；学会科普工作委员会副主任曹成全领衔编著和出版《昆虫创意产业》《昆虫产业与乡村振兴》《发光的宝藏——萤火虫的养与玩》（全国首部阐述萤火虫科普和产业的书籍）、《囊萤夜读——萤火虫主题研学游读本》（全国首部萤火虫主题研学游教材）、《萤火虫实景生态科普读物》（全国首部用野外实景照片全面介绍萤火虫的科普读物）。

党建强会 1月31日，新冠肺炎疫情期间，学会党委发起《战“疫”有我，为决胜攻坚提供科技志愿服务——向全国科技工作者的倡议》。通过学会网站、党委会微信群、会员微信群推送给会员。会员响应号召，发挥党员先锋带头作用，积极参与疫情防控、宣传防控知识。

为深入贯彻落实党的十九大精神，加强学会党的建设，推进学会党委工作科学化、制度化、规范化，根据《中国共产党章程》，按照《中国科协关于加强科技社团党建工作的若干意见》《关于进一步加强中国科协所属学会党委建设的指导意见（试行）》等文件要求，学会党委会和常委会讨论通过中国昆虫学会党委工作制度、议事规则。

2020年学会党委加大党组织建设工作，围绕中国科协深化“1-9-6-1”的战略布局，把党建工作与学会工作相结合，提升学会“四服务”的能力，发挥学会党组织的政治引领作用，10月12日，在中国昆虫学会2020年学术年会开幕式上进行党建宣讲活动。学会党委书记戈峰作党建报告《创新报国　构建生态命运共同体》。报告围绕聚焦党的生态文明建设、中国昆虫学在生态文明建设中的作用、构建生态命运共同体等方面进行阐述。

（撰稿人：孟晓星）

中国微生物学会

服务创新型国家和社会建设 学会力争在国家重大项目的组织和实施中发挥影响力和作用。8月27日，学会普通微生物学专业委员会组织专家学者参与由中国生物技术发展中心主办、山东大学微生物技术国家重点实验室承办的国家重点研发计划“合成生物学”重点专项2019年度项目实施工作推进会。学会理事长、中国科学院院士邓子新，中国科学院院士赵进东等专项专家组成员出席会议，与合成生物学领域的专家学者一起讨论未来发展方向和挑战，共同推进合成生物学的基础研究和产业应用。

10月23—27日，在2020年中国微生物学会学术年会期间，设立“新冠病毒最新研究进展”前沿论坛，邀请7位疾控领域专家作报告。会议还邀请中国科学院武汉病毒研究所研究员石正丽作大会报告《从SARS、MERS、SADS到COVID-19：带您了解蝙蝠冠状病毒》，对冠状病毒和新冠肺炎疫情进行全方位解读。

2020年度，学会微生物生物安全专业委员会共组织15次线上线下生物安全培训，内容聚焦新冠疫情之下实验室生物安全监管和风险防控，重点讲解生物安全一线法律、法规、标准、规范，新冠实验活动生物安全操作技术、动物实验以及实验危废物处置等内容。针对实验室管理人员、技术保障人员和实验操作人员的理论培训、模拟操作演练、体系文件宣贯和意外事件分析改进开展专项培训，来自全国科研院所、院校、医院和企业的547名人员参加培训和考核。这些培训不仅为疫情期间科研院所及企业开展新冠病毒相关基础研究和产品研发提供生物安全知识和技能保障，而且为常态化开展高等级病原微生物研究与应用开发培育良好的生物安全文化。

学会建设 2020年，学会第十一届理事会召开理事会议1次、常务理事会议2次、召开全国各省（自治区、直辖市）微生物学会秘书长工作会议1次。截至12月底，学会会员总数1.9万余人。

学会第十一届理事会将于2021年10月到期，为保障换届工作顺利进行，学会22个专业委员会和6个工作委员会分别召开委员会议，讨论并投票决定第十二届专业委员会的主任委员人选。

主办期刊 学会主办的期刊有《微生物学报》《生物工程学报》《病毒学报》《中国人兽共患病学报》《微生物学通报》《微生物学杂志》和*Virologica Sinica*（《中国病毒学（英文版）》）7种。

Virologica Sinica 2020年影响因子为3.242，逐年提升，在SCI收录的全球37种病毒学期刊中排名第16位，升至病毒学领域Q2区。

《病毒学报》和《中国人兽共患病学报》在首次期刊社会效益评价考核中被评为优秀。其中，《病毒学报》入选领跑者5000——中国精品科技期刊顶尖学术论文平台（F5000）。在新冠肺炎疫情期间，与疫情及病毒相关的研究论文在专家评审后均须经过学会和中国科协的审核。学会按照中国科协的精神和要求及时审核《病毒学报》编辑部上报的待发论文，2020年已经有50余篇新冠病毒研究论文发表，下载量30万余次，引用量100余次。此外，《病毒学报》发表的一篇论文入选第五届中国科协优秀科技论文。

国际学术会议 2020年，学会及所属专业委员会共组织境内国际会议1次。

10月19—20日，由中国兽医药品监察所与学会兽医微生物学专业委员会共同举办的第二届国际布鲁氏菌病（布病）学术交流会在北京举办。此次学术交流会是实施国家外国专家局“高端外国专家引进计划”项目的一项重要活动。会议采用现场和“云端”相结合的方式进行。世界动物卫生组织亚太区委员会总干事、农业农村部和中国兽医药品监察所有关领导出席会议。来自法国、以色列、泰国、意大利、挪威、匈牙利、美国等10个国家的共33位中外专家学者围绕布病的流行病学、致病机制、新型诊断技术与疫苗和防控策略及牧场管理实践等进行主题报告和多层面的学术交流。

此次学术交流以“同一世界，同一健康”为主题，全面总结和集中展示近年来中国布病防控科学技术研究成果，交流世界各国在防控和净化布病方面的先进技术和有益经验，探讨布病防控和净化的热点、难点问题以及防控的关键技术、策略和对策，为在世界范围内开展布病防控技术研究、开发和推广提供合作交流平台。来自国内外研究布病的相关科研院所、大专院校、动物疫病控制机构、奶牛养殖企业等的高水平专家共计60余人现场参加会议。全球范围内超过4.3万位业内人士线上观看中英文网络直播并参与交流。

国内主要学术会议 2020年，学会及所属专业委员会共组织国内学术会议9次。

8月5—7日，由学会分析微生物学专业委员会、中国检验检疫科学研究院、食品伙伴网共同主办的第十届食品微生物检测与控制技术交流会在上海市召开。来自全国各地的食品检测机构、食品生产企业、科研机构、大专院校、微生物检测试剂和设备生产企业的400余名专家学者、企业代表参加会议，通过专题演讲、嘉宾访谈、线上直播的新媒体形式就食品微生物检测与控制技术开展交流。会议邀请来自国家食品安全风险评估中心、国家市场监管总局系统、海关技术中心、疾病预防控制系统及企业的20位专家，在国家食品安全标准修订、微生物检测新方法与产品应用、实验室认证认可与质量控制等方面作20场专题报告，会议选择10场专题报告在网上进行同步直播。

科普活动 受新冠肺炎疫情影响，学会科普活动主要集中于2020年下半年开展。

科普工作委员会专家在北京、河南、浙江、广东等地为中小学生作32场线下科普讲座，面对面听众7567人，其中浙江省金华市浦江县实验小学、浦江县平安中心小学和广东省河源市龙川县田家炳中学同步收看师生达7300余人。这些活动多数是当地科协主办的科技日、科技周或科技节的主要活动，为各地师生和公众科技素养的提高作出贡献。

5—12月，农业微生物科普馆组织大型活动28场次、中小型活动126场，接待人数2800多人次。其中科普听众包括贫困地区农民代表、市政协委员、区政协委员、人大代表、集团总裁等，取得了良好的科普成效。这些活动为农业微生物知识普及和微生物菌剂的应用和环境保护作出贡献。

表彰举荐优秀科技工作者 学会推荐的北京师范大学教授田怀玉获得全国创新争先奖状，同时也是学会推荐的第四届中国科协“青年人才托举工程”项目获得者之一。

党建强会 10月24日，2020年中国微生物学会学术年会期间，学会委员会2020年党员大会在四川省成都市同步召开。会议由学会党委书记、秘书长东秀珠主持。会议审议学会第十二届理事会理事候选人名单、专业委员会和工作委员会主任委员候选人名单、学会负责人候选人名单、监事会候选人名单等，各位党员同志还就学习《习近平治国理政》（第三卷）交换学习体会和感受。

【2020年中国微生物学会学术年会】 10月23—26日，由中国微生物学会和四川省微生物学会主办的2020年中国微生物学会学术年会在四川省成都市召开。此次学术年会围绕“微生物与大健康”主题设置4个分会场主题，分别为“微生物资源与微生物组学”“病原微生物与健康”“环境微生物与环境生物技术”“微生物生理代谢与合成生物学”；同时增设“新冠病毒最新研究进展”和“微生物群体感应通讯系统及其利用”前沿热点论坛。来自全国400多家单位的1300余名微生物学工作者和会员代表参加大会。

大会邀请中国科学院武汉病毒研究所研究员石正丽、中国科学院微生物研究所研究员钱韦、上海交通大学教授许平和四川大学教授周学东分别作大会特邀报告《从SARS、MERS、SADS到COVID-19：带您了解蝙蝠冠状病毒》《病原细菌细胞受体组氨酸激酶感知寄主与环境的生物化学机制》《微生物分解代谢小分子化合物的分子机制》《口腔微生物与全身健康》。另外，共有33位专家分别在分会场作主旨报告，87位与会专家围绕四个主题作分会场报告。

10月24日，石正丽以“蝙蝠病毒研究之心路历程”为主题，同与会专家进行面对面的互动和交流。

【第九届工业企业微生物安全控制技术与实践研讨会】 11月4—6日，由中国工业微生物菌种保藏管理中心、学会工业微生物学专业委员会共同主办的第九届工业企业微生物安全控制技术与实践研讨会在北京召开，来自工业微生物领域的150余位专家学者现场参会。会议同期进行网络直播，1200余位行业同人实名注册参加网络会议，会议直播网站累计浏览超过6500人次。大会以“工业微生物领域科技、标准、产业的协同发展”为主题，汇聚行业监管、标准制修订、检验检疫、高新技术研发机构和工业企业专家，设置主会场、药品分论坛、食品和饲料分论坛、化妆品分论坛，线下、线上观众与报告人同步交流研讨。

主会场报告针对食品、药品、化妆品、饲料、抗菌等领域，围绕食品、药品微生物相关法规标准的国内外最新研究动态与一致性研究，基于微生物全基因测序、单细胞拉曼光谱识别的精准分析高新技术的产业应用、化妆品领域ATP（三磷酸腺苷）生物荧光增幅法的企业微生物安全技术实践等行业前沿共性技术进行交流，针对食品行业的生物保护、抗菌产业发展、肠道微生物与抗生素替代、皮肤微生态平衡等热点问题进行专题分析，多角度、多维度、多层次展开研讨。

参会人员来自伊利、蒙牛、光明、玛氏、雀巢、罗氏、同仁堂、华北制药、宝洁、联合利华、玫琳凯等企业，国家药品监督管理局、中国疾病预防控制中心、海关技术中心等国家各级检验检测机构和第三方实验室。

（撰稿人：王　旭）

中国生物化学与分子生物学会

学会建设　截至2020年12月底，学会新发展个人会员2016人，会员总数16232人。学会采用通讯会议的方式召开常务理事会议2次、理事会议1次。完成学会临床医学专业分会、糖复合物专业分会的换届工作。

编撰出版《中国生物化学与分子生物学会2020年工作年报》，同时发行纸质及电子版材料。

青年人才托举工程　学会推荐的国科大杭州高等研究院/中国科学院分子细胞科学卓越创新中心李响与北京生命科学研究所许悦入选第六届（2020—2022年度）中国科协“青年人才托举工程”项目。

国内主要学术会议　2020年，学会及所属分支机构共组织召开国内学术会议7次，内容涵盖临床应用、复合糖、农业、临床医学、基础医学等领域。受新冠肺炎疫情影响，2020年度会议采用线上线下相结合的方式开展，线下参与人数1260人次，线上人数达55000人次。

6月17—18日，第二届糖复合物研究前沿网络大会在线召开，在线人数约2700人。9月20—21日，2020年全国糖生物学会议在江苏省无锡市召开，400余人参加会议。10月22—25日，中国生物化学与分子生物学会2020年全国学术会议在线召开，24561人参加线上会议，累计访问量达11.2万余人次。11月20—23日，第19次全国农业生物化学与分子生物学学术研讨会在江西省宜春市召开，300余人参加会议。11月22日，中国生物化学与分子生物学会临床医学专业分会2020年学术年会在江苏省苏州市召开，110人参加线下会议，约12000人参加线上会议。12月11—12日，2020年第五届全国生物化学与分子生物学会基础医学青年论坛在广东省深圳市召开，约180人参加会议。12月25日，中国生物化学与分子生物学会2020年福州学术报告会在福建省福州市召开，约150人参加线下会议，约15000人次参加线上会议。

国际组织任职　学会监事长昌增益担任亚洲及大洋洲生物化学家和分子生物学家联盟前任主席，任期为2020—2021年。

学会常务理事兼副秘书长丁建平担任国际期刊IUBMB Life副主编；学会副理事长蒋澄宇、学会常务理事兼副秘书长杨运桂担任IUBMB Life编委。

国际交往　10月20日，国际生物化学与分子生物学联盟执委会议在线召开，学会监事长昌增益作为执委参加会议。

科普活动　学会每年5月开展“科普月”活动。2020年受新冠肺炎疫情防控的要求，学会将线下实验室开放活动转为线上科普活动，面向全体会员和生物化学与分子生物学相关的科技工作者征集科普素材，包括科普视频、科普文章、显微摄影作品等。其中，优秀作品通过学会官方微信公众号进行不定期推送，累计阅读量或参与量达到2028次，实现“云”科普，以创新的方式让大众走近科学。同时，学会向优秀科普作品的作者颁发优秀科普工作者证书。

表彰举荐优秀科技工作者　2020年，学会推荐国内外各级奖项及人才20人，奖励各级人才70余人。其中，学会副理事长、北京生命科学研究所研究员邵峰获得第二届全国创新争先奖状。

学会3个项目入选2020年度“中国生命科学领域十大进展”，分别是上海科技大学杨海涛团队的“首个新冠病毒蛋白质三维结构的解析及两个临床候选药物的发现”，武汉大学生命科学学院宋保亮团队的“进食诱导胆固醇合成的机制及降脂新药靶发现”，中国科学院分子细胞科学卓越创新中心许琛琦团队的“抗原受体信号转导机制及其在CAR-T治疗中的应用”。

学会奖励人才共70人，包括普洛麦格生物化学奖2人、2020年度郑集-张昌颖青年优秀论文奖4人、2020年全国生化大会青年论坛奖11人、2020年全国生化大会优秀墙报奖5人、2020年度罗氏大学研究基金41项。

党建强会　2020年，学会党委坚持以习近平新时代中国特色社会主义思想为指引，增强“四个意识”、坚定“四个自信”、做到“两个维护”。学会党委将党建工作项目化、业务化，尤其是在新冠肺炎疫情暴发的特殊情况下，学会在服务新冠肺炎疫情防控、助力复工复产中充分发挥学会党组织和党员作用。

第一时间传达中共中央《关于加强党的领导　为打赢疫情防控阻击战提供坚强政治保证的通知》，发布《战“疫”有我，为决胜攻坚提供科技志愿服务——向全国科技工作者的倡议》；合理部署调整工作，围绕新冠疫情开展应急科普工作；发挥专家优势，为疫情防控建言献策；调整业务活动方式，学术交流、会议组织工作以及科普活动改为线上线下相结合等形式；宣传典型、树立榜样，对参加一线抗疫会员进行表彰奖励。

会员服务　学会完善会员入会服务系统，开通微信注册会员功能，服务更加便利。

制作学会简报、年报，定期推送给会员，方便会员及时了解学会工作动态及活动信息。提供免费寄送刊物、免费发放 CNKI 论文数据库检索卡等服务。提供学会会员免费观看 2020 年学会线上会议等系列福利。

【中国生物化学与分子生物学会 2020 年全国学术会议】　中国生物化学与分子生物学会是学会创立的学术交流品牌，自 2019 年起每年举办 1 次。受新冠肺炎疫情影响，10 月 22—25 日，中国生物化学与分子生物学会 2020 年全国学术会议改为线上形式召开。这是 2020 年学会第一个线上组织召开的大型学术会议。

开幕式当天，线上访问量达到 3.24 万人次，观众总人数达到 5467 人。截至会议闭幕，会议累计访问量达 11.2 万人次，观众总人数 25461 人。大会围绕学科前沿热点及产业化发展进行深入研讨，较为全面地反映了中国生物化学与分子生物学科近年来的发展态势与创新研究成果，有效推动学科发展。

（撰稿人　孙晓丽）

中国细胞生物学学会

服务创新型国家和社会建设　2020 年，学会立项起草 6 项干细胞相关团体标准，修订 2 项团体标准，共同发布 1 项专家意见，举办 2 场继续教育培训和 2 场教学展评活动，向学会理事、分支机构、省市级地方细胞生物学学会组织征集 5 项前沿科学问题和 1 项工程技术难题，推荐 4 项年度重要学术会议，承担 4 项咨询研究课题，向中国科协提交 3 份政策建议专报。

3 月 10 日，学会干细胞生物学分会联合中华医学会感染病学分会发布《干细胞治疗新型冠状病毒肺炎（COVID-19）临床研究与应用专家指导意见》，详细介绍针对 CAStem 细胞药物和间充质干细胞治疗技术用于新冠肺炎的初步方案。

7 月 28 日，学会在北京承办“社会资本参与科技期刊产业发展”高端小型前瞻学术研讨会，9 位期刊、金融和法律界专家学者围绕会议主题进行主旨演讲，35 位专家受邀出席，通过研讨为中国社会资本进入科技期刊产业发展的相关项目提供参考。9 月 23 日，学会承办中国科协第十六届中国科技期刊发展论坛闭门会议，邀请专家围绕社会资本参与科技期刊产业发展进一步探讨。

8 月 30 日，经学会审查批准，《干细胞通用要求》及《人胚干细胞》2 项团体标准修订后正式发布实施。

11 月 14 日，由学会参与承办的第四期中国科技会堂论坛在北京召开。论坛邀请专家以主题演讲和嘉宾对话的形式共同探讨类器官这项新技术给公众带来的挑战和机遇，并撰写提交类器官发展趋势与瓶颈决策建议报告。学会已连续三年组织专家支持科技重大问题及其优先序战略咨询有关工作，获得中国科协认可。

12 月 15 日，学会经组织专家评议、投票、数据分析及两轮公示，最终发布 2020 年度《细胞生物学领域高质量科技期刊分级目录》。

学会建设　学会获评 2020 年世界一流科技社团评价四星级社团，入选 2020 年世界一流科技社团评价基础理科类 50 强。号召和动员广大会员以实际行动投身防控科研攻关，被中国科协表彰为“优秀抗疫学会”。

学会新增个人会员 1300 人，清理涉军单位个人会员 554 人，现有个人会员 15800 人；退出 6 家单位会员，新增 1 家，现有单位会员 28 家，较 2019 年度会员增速减缓，但与非换届往年基本持平。新建、重组各 1 个专业分会，发布《中国细胞生物学学会科研诚信管理暂行办法》。升级改版学会门户网站、会议模板网站和会员中心，已加入 4 家民间国际科技组织，共有 10 位任职专家，其中 6 人担任高级别专家。召开 1 次全体理事会议、3 次常务理事会议和 1 次监事会议及其他各类工作会议共计 13 次。

2020 年，学会迎来四十华诞，收到中国科协、国际组织、67 家兄弟学会贺信。学会设计四十周年庆标识，制作纪念视频1套，编印学会四十周年纪念册1本，征集回忆纪念文章4篇，开展周年庆纪念活动。

8月3日，中国细胞生物学学会第四次下属分支机构评估会议在江苏省苏州市召开，对17个专业分会2018—2019年度工作开展评估，对于连续两次排名后两位的“医学细胞生物学分会”进行重组，新设立“细胞死亡研究分会”。

8月4日，中国细胞生物学学会第十二届理事会第二次全体会议在江苏省苏州市召开，87位理事出席。会议修订学会章程，增加党建相关内容，同意学会支撑单位变更为中国科学院分子细胞科学卓越创新中心，审议完善分支机构管理条例等9项学会管理制度，新建对外投资管理办法等7项制度。

青年人才托举工程 学会根据中国科协“青年人才托举工程”项目管理办法和实施细则做好实施项目的跟踪管理工作。2020年度，受该项目支持的青年人才共发表第一作者、通讯作者研究论文6篇，获得国家自然科学基金资助项目3项、省级自然科学基金资助项目1项，3人争取到省市级人才计划支持，1人获得赛诺菲—中国科学院上海生命科学研究院优秀青年科技人才奖励基金。

学会推荐的陈显军、李乐2位候选人入选第五届中国科协“青年人才托举工程”项目；完成第三届中国科协“青年人才托举工程”项目结题工作；开展第六届“青年人才托举工程”项目的人才选拔推荐工作，从34位候选人中评选出卞舒惠等3人择优向中国科协生命科学学会联合体推荐。

8月4日，学会2020年“青年人才托举工程”项目汇报会在江苏省苏州市召开。项目启动以来的7位入选者汇报各自的项目进展，由学会学术委员会与其学术导师共9位专家组成的评估组对他们的工作进行综合考评和指导建议。

主办期刊 学会现有5种期刊，其中1种主办期刊《细胞再生》(*Cell Regeneration*)，4种共同主办期刊，包括《细胞研究》(*Cell Research*)及其子刊《细胞发现》(*Cell Discovery*)、《分子细胞生物学报》(*Journal of Molecular Cell Biology*)、《中国细胞生物学学报》。

5月，《细胞再生》被EMBASE数据库收录。正式与Springer Nature开始合作出版，6月2日发表第一篇文章。

《细胞研究》迎来创刊三十周年，最新影响因子达20.507，获得“中国科技期刊卓越行动计划”经费支持。2月，《细胞研究》发表中国研究团队关于对已获批抗冠状病毒药物抗病毒效果的分析研究论文，居2020年度Altmetric TOP 100论文第10位，期刊国际影响力得到提升。12月4日，《细胞研究》在上海市举办创建一流学术期刊座谈会，邀请中国科协、中国科学院、上海市的领导以及高校和科研院所、兄弟期刊的专家与编辑出席，交流办刊经验，探讨中国科技期刊未来发展之路。

作为《细胞研究》的子期刊，《细胞发现》2020年最新影响因子为6.255，在195种细胞生物学领域期刊中排名第42位。

《中国细胞生物学学报》完成第八届编辑委员会的换届工作，中国科学院分子细胞科学卓越创新中心研究员赵允任主编。8月5日，《中国细胞生物学学报》第八届编委会在苏州召开第八届编辑委员会第一次工作会议。

《分子细胞生物学报》论文全文2020年度下载量突破30万次，相比2017年和2018年翻倍。期刊社论栏目（Editorial）获评2020年度华东地区期刊优秀栏目，编辑李卫红入选首届上海市科技期刊青年编辑“腾飞”项目。9月10日，《分子细胞生物学报》正式被开放存取期刊目录数据库DOAJ收录。12月，《分子细胞生物学报》出版专辑Understanding SARS-CoV-2 and Its Clinical World，主题覆盖COVID-19及其并发症的诊断、预防、治疗，以及SARS-CoV-2对全身器官/系统的影响，及时报道相关领域科学家努力攻坚所取得的科研成果。

学科发展工程 学会设立学科发展研究项目，鼓励和资助各专业分会开展相关学科领域的发展态势和规律研究。

2020年，由学会衰老细胞生物学分会承担的“衰老领域学科发展研究报告”项目共有5位专家参与，通过对国内外衰老研究领域进行调研分析，撰写《2020衰老学科发展报告》1份，提出伦理、法律相关两条政策建议。

国际学术会议 学会及所属各分会克服新冠肺炎疫情带来的不利影响，采用线上会议形式共举办5次境内国际学术会议，共计1.9万余人次在线观看，其中境外参加者2707人次，交流论文、报告50篇。

10 月 30 日—11 月 1 日，学会受邀与上海科技大学共同承办第三届世界顶尖科学家论坛——世界顶尖科学家青年论坛生物医学会议Ⅰ，来自美国等 7 个国家和地区的 7 位报告人作主题演讲，200 人参加。

通过腾讯会议、Zoom 等在线会议系统，学会专业分会共举办云发育论坛 27 期、Cell Death Research Webinar（细胞死亡研究网络研讨会）10 期、染色质与表观遗传学系列讲座 2 期、云生物钟论坛 4 期，平均每期吸引专业观众超 300 人。学会建立专属云论坛主题网站，为论坛报告的交流分享提供便利。

国内主要学术会议 学会及所属专业分会共举办各类国内学术会议 15 次，共计 8188 人次参加会议，交流论文、报告 1470 篇。由于引入线上参会形式，学术会议次数与 2019 年度持平，但参会人数与交流论文显著增加。

8 月 4—7 日，中国细胞生物学学会 2020 年全国学术大会·苏州暨学会成立四十周年庆在江苏省苏州市召开，线上线下共计 1000 余人参加会议。会议共收录 275 篇摘要，211 位报告人交流最新前沿进展和学术成果。

10 月 11—13 日，中国干细胞第十届年会在贵州省贵阳市召开，线上线下共 1100 余人参加会议。会议共交流墙报 73 篇，8 位大会特邀报告人和 63 位分会场报告人在会上作报告，分享最新的研究进展和对于干细胞基础研究与临床转化的思考。

10 月 27—29 日，第五届全国发育生物学大会在广东省广州市召开，1048 人参加会议。会议设置 1 个主会场和 8 个分会场，邀请 6 位院士和 4 位专家作大会特邀报告，71 位专家学者在分会场作学术报告，14 位青年学者在 WLLA 青年论坛上作报告，交流墙报 48 篇。

10 月 29 日—11 月 2 日，第八届细胞结构与功能的信号基础研讨会在山东省泰安市召开。会议收到摘要 75 篇，共有 58 位专家作报告，现场展示墙报 12 篇，230 余人参加会议。

11 月 4 日，由学会协办的 2020 中国生物技术创新大会专题研讨会——“细胞科学前沿技术研讨会”在江苏省苏州市召开，100 位专家学者参加会议，3 位专家作专题报告。会上，苏州工业园区企业代表和与会专家就如何与苏州工业园区在生物技术方面开展合作展开讨论，并初步达成与学会长期合作的意向。

11 月 4—6 日，中国细胞生物学学会染色质生物学分会第五次学术研讨会在上海市召开，150 余人参加会议。会议从染色质修饰等 4 个主题展开 29 个大会主题报告并进行交流讨论。

11 月 4—7 日，第九届神经细胞生物学前沿研讨会在安徽省合肥市召开，会议共邀请 54 位专家学者参加并进行学术报告。

11 月 6—8 日，2020 年度中国细胞生物学学会免疫细胞生物学分会年会在江苏省苏州市召开，300 余人参加会议。24 位专家作报告，聚焦免疫调节等 4 个热点话题。大会收到摘要 20 余篇，遴选出 5 篇优秀墙报。

11 月 26—29 日，第五届植物青年科学家论坛在江苏省常州市召开，200 余人参加会议。28 位植物青年科学家应邀在“大数据与新技术”等五个分会场作报告，介绍在植物生物学各个前沿热点领域所取得的重要进展和突破。

国际组织任职 国际细胞生物学联盟后备人才曾益新调整为陈畔光，亚洲太平洋地区细胞生物学组织原后备人才曾艺调整为罗凌飞，以保持国际组织关系的延续性和后备人才的年轻化。

国际交往 学会及时向国际细胞生物学联盟、亚洲太平洋地区细胞生物学组织致函，通报中国抗击新冠肺炎疫情的最新情况，获得两个国际组织理事长的回信支持。

学会理事长、中国科学院院士陈畔光为第 32 届韩国分子细胞生物学会国际会议致视频贺信，并争取到 10 个免注册费名额提供给国内参会人员。邀请国际组织亚洲太平洋地区细胞生物学组织向第二届世界科技与发展论坛致贺信。国际细胞生物学联盟、亚洲太平洋地区细胞生物学组织，以及美国、韩国、日本等多家国际细胞生物学相关组织向学会发来贺信，祝贺学会成立四十周年。

科普活动 学会通过线上线下活动方式共开展科普宣讲活动 150 次，受众人数累计 1410540 人次，超过往年人数的 3 倍。

5 月，举办 2020 年全国联动“实验室开放日”线上云科普活动，共开展 75 场线上科普活动，其中 9 场为直播，累计阅读量达 63.6 万次。

5—9 月，举办中国细胞生物学学会第九届显微摄影大赛，收到 63 张显微照片投稿，评选出获奖作品 13 幅。

8月4日，在江苏省苏州市举办“科普大师校园行”在线活动，邀请4位报告人在线开设科普讲座，通过学会新浪官方微博和B站视频号直播，累计浏览量达7618人次。

10—12月，举办2020年度全国联动“诺贝尔奖解读”活动31场，共有33位专家参与讲解，吸引约7159名在校师生、科研人员参与。

表彰举荐优秀科技工作者 学会开展中国细胞生物学学会创新奖评选，2020年共表彰奖励科技工作者7人，中国科学院院士、同济大学教授裴钢获终身贡献奖，中国科学院院士、清华大学教授孟安明获杰出成就奖，军事医学科学院微生物流行病研究所研究员秦成峰、浙江大学教授靳津获青年科学家奖，中国科学院上海巴斯德研究所研究员潘磊等3人入围青年科学家奖。

组织省（部）级以上奖项和人才计划选拔推荐共计10人次及1个团队，其中，中国科学院生物物理研究所研究员张宏获第二届全国创新争先奖状。

举荐第五届中国科协优秀科技论文遴选计划专家5人次、第五届中国科协优秀科技论文遴选计划评审专家1人次、教育部科技管理信息系统专家库专家5人次。组织遴选推荐省部级科技奖项11项，其中“器官衰老的机制及调控”成果入选2020年度“中国生命科学十大进展”。

开展学会2020年度“最美科技工作者”推荐工作，并向中国科协推荐王琳、宋晓元两位候选人，通过学会自媒体平台进行宣传其先进事迹。

党建强会 学会开展中国科协“党建强会计划”项目和学会党委职责任务分类试点工作。

8月4日，中国细胞生物学学会第十二届理事会党委第二次工作会议在江苏省苏州市召开，共计5人出席，学会领导、监事会列席。学会党委书记、中国科学院院士张旭汇报2019—2020年上半年党委工作。会议前置审议学会理事会“三重一大”事项，改选蒋争凡为学会党委副书记、李劲松为学会党委纪检委员。

会员服务 新增B站、抖音等主流媒体官方号，9家学会分支机构和期刊公众号入驻，构建成官方自媒体矩阵。

学会官方微信公众号“细胞世界”发布科普图文信息1058条，粉丝数27412人，阅读量达[illegible]万次，较2019年度上升30%；学会微博粉丝31441人，共计发布153条图文信息，阅读量达302万次；今日头条累计发布信息18条，累计浏览量2166次。共发布电子简讯11期，服务会员多种渠道了解学会资讯。

5月30—31日，继续推出“多重礼遇致敬全国细胞科技工作者”活动，112位会员报名参加。

【中国细胞生物学学会2020年全国学术大会·苏州暨学会成立四十周年庆】 8月4—7日，中国细胞生物学学会2020年全国学术大会·苏州暨学会成立四十周年庆在江苏省苏州市召开。在疫情防控常态化的新形势下，学会积极探索学术交流新形式，搭载“科创中国”平台，首次采取线上直播和线下会议同步进行的方式举办学术会议，线上线下共计1000余人参加会议。会议共邀请8位领域内专家作大会特邀报告，设立19个专题学术分会场，211位来自各大高校和科研院所的专家学者分享最新学术成果和前沿进展。会议编印论文摘要集，共收录大会口头报告及墙报摘要275篇，现场并在线同步展示墙报81篇。会议还同期举办学会成立四十周年纪念活动。

大会开闭幕式颁发中国细胞生物学学会创新奖及大会设立的青年优秀论文奖等6个活动奖项，共有48位科技工作者获奖。

大会期间还根据参会人员的实际需求举办就业宣讲会、期刊编辑面对面、基金委基金申请论坛、女性科学家论坛、院校企业创新创业论坛、新产品新技术小型卫星会议等多个主题特色活动，不仅充分利用会场空间和时间，还使参会人员在学术交流的同时获得技术推广、资深同行交流的机会，助推职业发展。科普分会场“科普大师校园行”改为云端直播，共邀请4位科学专家讲解新冠病毒感染免疫及疫苗研发过程，揭秘人体免疫细胞、生物钟、基因治疗与基因编辑等知识，并在学会自媒体平台同步播放，点击量共计7618人次。

大会特别设立青年学者交流专场即WLLA论坛，以“工程细胞设计与精准治疗”为主题，帮助推动新近归国PI快速融入国内的科研学术圈，促进青年科学家间的交流合作。大会教学分会场举办“细胞信号转导”专家示范授课、青年教师讲课比赛及创意课堂作品展评活动，为高校一线细胞生物学教学工作者提供新思路。

大会共有84家企业参展，为增加企业推广展示机会，学会通过官方微博、B站免费为参展企业提供直播或录播宣传视频服务，播放视频时长共计 832 分钟，浏览量为 256834 人次，以实际行动助力企业复工复产。

（撰稿人：林晓静）

中国植物生理与植物分子生物学学会

服务创新型国家和社会建设 学会参与中国科学院学部“发展营养牵引型农作物，促进农作物供给侧结构性改革”咨询评议项目，开展“农作物新发病虫害态势与防治对策”调研活动，邀请领域内 10 位专家赴上海市崇明区和海南省海口市开展调研，通过与当地农业研究人员和管理人员座谈，了解当地农作物病虫害发生态势、防治策略及新兴生物技术在农作物病虫害防治中的应用与影响等情况，征求相关专家建议和意见，为项目研究提供实据信息支撑。

学会建设 2020 年，学会共召开理事会视频会议 1 次、常务理事会视频会议 2 次。

5 月、9 月，学会分别召开第十二届理事会第二次、第三次常务理事会议，讨论和规划学会组织全国植物生物学大会及学会人才奖项评审的具体事宜；12 月，学会召开第十二届理事会第二次理事会议扩大会议，进行学会党委换届选举、副理事长选举，对 2020 年工作进行总结汇报，同时规划和布局“十四五”期间学会的发展目标和方向，为学会的长足发展奠定基础。

学会帮助和扶持地方学会发展。协助湖南、湖北、河南、江西、广东中南五省的植物生理学会举办第一届中南五省植物生理学会联合学术年会；协助上海市植物生理与植物分子生物学学会举办第十三届上海市植物生物学青年学术研讨会；加强学会与地方学会的联系，促进地区性植物生物学的发展与壮大。

青年人才托举工程 2020 年，学会共推荐 2 名会员申请第六届中国科协“青年人才托举工程”项目，其中，中国科学院分子植物科学卓越创新中心董文涛获得中国科协“青年人才托举工程”项目资助。

截至 2020 年，学会共有 7 名会员获得中国科协“青年人才托举工程”项目资助，并均取得良好成绩。其中，浙江大学教授徐娟共发表 10 篇高质量论文，获得国家自然科学基金委员会优秀青年基金支持；湖南大学教授于峰以通讯作者等身份在 *PLoS Biology* 等期刊发表论文 7 篇，并入选 2017 年度教育部青年长江学者奖励计划。

主办期刊 根据 2019 年度《期刊引证报告》，学会主办的英文期刊 *Molecular Plant*（《分子植物》）SCI 影响因子突破 12，上升为 12.084，最新的 5 年影响因子为 12.744，在植物科学领域研究类期刊中稳居第 2 位，连续 9 年在亚洲同领域期刊中排名第 1，连续 4 年超过美国植物生物学家学会主办的植物科学领域顶级期刊 *The Plant Cell*（《植物细胞》）。*Molecular Plant* 的姊妹刊 *Plant Communications*（《植物通讯》）也于 1 月正式开放获取。

2020 年，*Molecular Plant* 举办 Mplant 在线讲座 22 场，满足科研工作者在新冠肺炎疫情期间科学交流的需求；*Molecular Plant* 重视专业编辑人才队伍建设，2020 年引进 1 名全职科学编辑，通过参加国际会议、走访实验室等多种方式提升科学编辑团队的国际视野和学术判断能力；优化编委会组成，形成编委的良性流动和替换，充分调动和发挥国际编委在邀约稿件和提升期刊国际影响力方面的作用；充分利用新媒体、全球新闻发布、电子邮件等方式增加文章阅读量和下载量、扩大读者群，提升期刊的传播范围和影响力。

学会主办的中文期刊《植物生理学报》是植物科学领域领先的中文学术期刊、中文核心期刊、中国科技核心期刊、CSCD 核心期刊、Scopus 来源出版物。2020 年，《植物生理学报》入选中国科协《植物科学领域高质量期刊分级目录》“高质量中文期刊”；CNKI 期刊综合影响因子达到 1.364，增长 11.35%；网络下载量 25.21 万次，增长 15.48%。发文量 281 篇。

学科发展工程 学会承接并开展重大科学问题和工程技术难题征集和推荐工作，2020 年，向中国科协提交重大科学问题和工程技术难题项目 2 项；承接中国科协生命科学联合体 2020 年度“中国生命科学领域十大进展”推荐工作，推荐 5 项重大进展；参与 2020 年“科创中国”先导技术榜单提名推荐工作，推荐 2 项先导技术，服务“科创中国”建设。

国际学术会议 11 月 7 日，学会主办的细胞器与逆境生物学国际研讨会以线上线下相结合的方式在上海市及 Zoom 线上平台同步召开，来自国内外的 500 余名专家学者通过线上参加会议，来自全国各地的 150 余位师生在现场参加会议。会议邀请美国康奈尔大学教授 Klaas van Wijk，德国科学院院士、马普分子植物生理研究所教授 Ralph Bock，中国科学院上海植物逆境生物学研究中心研究员 Rosa Lozano-Duran 和 Chanhong Kim，中国科学院生物物理研究所研究员李栋和中国科学院微生物研究所研究员孔照胜，德国莱布尼兹汉诺威大学教授 Thomas Pfannschmidt 等多位国内外专家学者参加会议并作报告，就细胞器功能与逆境研究开展交流，报告最新研究进展，讨论细胞器生物学的未来发展。

国内主要学术会议 2020 年，学会共召开国内学术会议 5 次，线上线下参会人数超过 2910 人，交流论文 397 篇。主要会议包括第七届全国植物生物技术与产业化大会、第二届全国植物光生物学大会、第二十三届全国生物固氮学术研讨会等。

国际交往 学会与美国植物生物学家学会、世界植物科学理事会等国外植物科学组织保持良好互动，并就新冠肺炎疫情情况保持良好沟通；邀请世界植物科学理事会为第二届世界科技与发展论坛致贺信；学会秘书长唐威华代表学会参加 2020 年世界植物科学理事会会议，就如何团结全球植物科学组织应对全球植物科学焦点问题提出建设性意见。

科普活动 在全国科技活动周期间，学会组织“国际植物日”科普活动。受新冠肺炎疫情影响，2020 年“国际植物日”科普活动主要通过线上图展、线上视频和线上讲座等方式进行。活动以“热爱植物、健康生活”为主题，联合江苏省植物生理学会、天津市植物生理与分子生物学学会、南京晓庄学院、南京师范大学组织制作药食两用植物线上图展，并通过中国食育网、江苏学会网、学会微信公众号等平台发布，呼吁民众关注药食同源植物，在面对新冠肺炎疫情时合理利用药食同源植物搭配日常膳食，以增强体质、提高自身免疫力；开放南师植物在线平台，宣传植物之美与植物学相关基础知识。活动面向民众长期开放，线上浏览、关注、参与人数超过 2 万人次。

学会植物生物学女科学家分会开展“植物生物学女科学家科普校园行”活动，共举办科普校园行活动 2 次，分享科普报告 17 场。中国科学院院士曹晓风、北京大学教授顾红雅、山东大学教授夏光敏等十余位国内外女科学家走进宁波大学、江苏师范大学，向学生分享自己的成功理想和信念。

7 月，学会联合上海市科协和上海市科学技术委员会举办 2020 年中学生物教师培训班，来自上海市各个中学的 70 余名生物教师参加现场或网络培训。在为期 7 天的培训中，来自复旦大学、上海交通大学、上海公共卫生临床中心、中国科学院各科研院所的教授、研究员进行授课，通过线上和线下报告为教师讲解遗传学、生物化学、植物生理学、神经科学等领域的前沿研究成果。这些生命科学的最新研究将通过教师走进中小学生的课堂，进而激发中小学生对生命科学研究的兴趣。

学会加强科普信息化建设，2020 年，学会网站新建“前沿科普”信息专栏，发布前沿科普进展消息 208 条，阅读量超过 8 万人次；学会监事长何祖华参与科普中国“科技前沿大师谈”科普短视频《一粒种子背后的抗病虫害研究》的制作，视频于 11 月 5 日正式发布；联合南京师范大学教授陆长梅制作《怎样才能认识更多植物、学好植物学》《跟着时间学植物》《如何快速认识一种植物》等系列科普短视频，并上传到优酷教育、腾讯课堂、江苏学会网等平台供民众免费观看。

表彰举荐优秀科技工作者 2020 年，学会共举荐第二届全国创新争先奖候选人 2 人、第十七届中国青年女科学家奖候选人 2 人。其中，推荐的中国科学院分子植物科学卓越创新中心研究员何祖华、中国农业科学院（深圳）农业基因组研究所研究员黄三文获得第二届全国创新争先奖；中国科学院分子植物科学卓越创新中心研究员刘宏涛和南京农业大学教授吴俊获得第十七届中国青年女科学家奖。

学会还开展卫志明青年创新奖，中国植物生理和植物分子生物学学会终身贡献奖、杰出成就奖、杰出青年科学家奖，光生物学杰出贡献奖等奖项的评选工作。学会 2020 年首次设立终身贡献奖，中国科学院院士、中国科学院植物研究所匡廷云和中国科学院院士、北京大学许智宏获此奖项；中国科学院院士、中国科学院植物研究所种康和中国科学院院士、中国科学院分子植物科学卓越创新中心韩斌获学会杰出成就奖；上海师范大学教授黄学辉和福建农林大学教授徐通达获学会杰出青年科学家奖；来自南方科技大学、复旦大学、中国农业大学、南京农业大学和中国科学院分子植物科学卓越创新中心的 5 位优秀青年科研工作者获卫志明青年创新奖；中国科学院分子植物科学卓越创新中心研究员刘宏涛获光生物学杰出贡献奖。

党建强会 2020 年，学会按照《关于进一步加强中国科协所属学会党委建设的指导意见》《中国科协所属全国学会党委委员产生方式及审核办法》等文件精神，完成学会第十二届理事会党委换届工作，发挥政治引领、思想引领与组织保障作用。学会第十二届理事会党委由 5 人组成，党委书记由陈晓亚担任，党委副书记由朱玉贤担任，纪检委员由曹晓风担任，委员由黄英金、夏光敏担任。在学会党委的领导下，2020 年召开学会理事党员会议 1 次，以党建工作引领学会发展。

会员服务 2020 年，学会加强会员联系与服务工作，梳理在册会员情况，邀请会员在线更新个人信息，已有 1200 人完成个人信息更新，新增个人会员 65 人。

重视会员思想政治引领，在 2020 年全国植物生物学大会期间，学会专门举办科研分享会活动，邀请中国科学院院士、北京大学原校长许智宏，中国科学院院士、中国科学院植物研究所匡廷云分享科研经历，勉励青年科研人员把兴趣放在第一位，不随波逐流，坚定创新自信、主动担当作为，沉得住气、耐得住寂寞，做好长期面对困难、承受挫折的心理准备。组织动员学会会员观看 2020 年全国科学道德和学风建设宣讲教育报告会暨宣传月启动仪式，号召会员恪守求实精神、维护科学道德、自觉遵守学术规范，真正把做人、做事、做学问统一起来，践行爱国、创新、求实、奉献、协同、育人的新时代科学家精神。

【2020 年全国植物生物学大会】 10 月 11—14 日，由学会与中国遗传学会、中国细胞生物学学会、中国作物学会、中国植物学会联合主办，中国农业科学院（深圳）农业基因组研究所、南方科技大学 - 北京大学植物与食品研究所共同承办，深圳市罗湖区政府提供特别支持，广东省植物生理学会等单位共同协办的 2020 年全国植物生物学大会在广东省深圳市举办。来自北京大学、清华大学、中国科学院、中国农业科学院等 200 余家高校、科研机构的 1000 余名科研人员到现场或通过线上参加会议。

大会设置主题报告、专题报告、青年学者论坛等环节，专家学者围绕植物基因组学、表观遗传、光合作用、植物代谢、植物营养与环境、植物生殖发育、植物细胞信号、植物非生物逆境、植物生物互作等主题，结合自己的科研领域作学术报告，同时聚焦农业、生态环境等领域面临的重大问题展开交流研讨。大会收到摘要、墙报 245 份，共交流学术报告 74 个，并评选出优秀墙报奖。

（撰稿人：郑亚洁）

中国生物物理学会

服务创新型国家和社会建设 学会参与国家重点研发计划“主动健康和老龄化科技应对”重点专项，承担“老年骨骼系统退行性病变慢病管理新模式”课题。构建医院—社区—居家三级联动老年骨骼系统退行性病变共病管理平台，集成早期退变的关键指标、专家方案，设计针对基层医生和社区人群的双向教育模块，为搭建早防早治协作体系提供理论依据和技术支持。同时，在国家卫生健康委“针对老年人肌少症所致失能开展预防干预”项目中，学会体育医学分会负责华北地区（北京）老年肌少症患者的科普宣教和运动指导工作。

11 月 27 日，学会与广东省科协、广东省科技厅、广东省工商业联合会、广东省社会科学院、广东省精准医学应用学会、广东科技新闻工作者协会在广东省广州市联合举办 2020 年岭南科学论坛系列活动之精准医学高峰论坛。邀请陈润生、侯凡凡、金力、舒红兵、仝小林、王福生、王志新、徐涛、杨焕明 9 位中国科学院院士研讨中国精准医学发展战略，就精准医学行业专业化、网络化、规模化、国际化，提升精准医学行业的科技创新水平和竞争优势，提出建议和意见。

学会建设 截至 12 月 31 日，学会有个人会员 16567 名、团体会员 9 个，分别较 2019 年增加 14% 和 125%。编撰出版《中国生物物理学会 2019 年工作年报》，发行纸质版 500 册，发送电子版 14000 余份。

2020 年，学会召开理事会议 2 次、常务理事会议 2 次。审议通过《中国生物物理学会章程修改草案》《中国生物物理学会第十二届理事会换届方案》，新增太赫兹生物物理分会、糖生物学分会、肠道菌群分会、线粒体生物学分会，原“运动科学分会”更名为“运动与公共健康分会”。

9 月 3 日，学会在北京召开第二次分支机构秘书长会议，考核分支机构 2019 年度、2020 年度工作，分析存在的主要问题，部署 2021 年重点工作。

青年人才托举工程 2020 年，学会通过单位推荐、专家评审，从33份申请中推荐中国科学院动物研究所王思、天津大学刘斯参与中国科协生命科学学会联合体的评审，均获得第六届中国科协“青年人才托举工程”项目资助。

完成第三届中国科协“青年人才托举工程”项目总结。2017—2019年度，学会在科研管理能力、继续教育、学术交流、职业发展规划等方面为被托举人提供支持和帮助。南开大学副教授郭宇被中国科协推选为第三届青托人才典型代表人物，学会制作相关的宣传短片，利用学会官微、网站等进行宣传。

主办期刊 2020年，学会参与主办的3种学术期刊联合邀请论文写作及制图专家，在第十八次中国暨国际生物物理大会上举办第二届期刊专题论坛，以线上线下结合的方式为科技工作者提供学术出版服务。

Protein & Cell（《蛋白质与细胞》）在2020年发布的《SCI期刊引证报告》中，影响因子首次突破10，达到10.164，在Q1区排名由31位升至19位。入选中国科协等七部委联合主办的中国科技期刊卓越行动计划梯队期刊，并连续第九年入选中国最具国际影响力学术期刊。主办新冠病毒靶点结构与药物研发专题会议。

Biophysics Reports（《生物物理学报》）改版英文期刊进入第6年，是中国科学引文数据库收录期刊。借助多年与国外出版平台合作积累的国际出版经验，2020年向自有出版转变，生产平台、数据注册等多项转换工作稳步推进。

《生物化学与生物物理进展》作为生命科学领域SCI收录的唯一中文学术期刊，在2020年发布的《SCI期刊引证报告》中，总被引频次为371，影响因子为0.463，较2019年有显著增长。第八期出版《中药与炎症》专刊，开设“诺贝尔奖解读”和“科教融合”栏目。

学科发展工程 学会撰写《关于促进精准医疗在基础研究与临床应用中存在的机遇与突破的建议》智库报告，从精准医疗存在的困难、可行的解决方式、行业发展的意义和途径等方面提出建议：加强精准医疗带来的大数据的整理、挖掘与规划；建立和完善大数据共享与数据安全的管理体系；降低精准医疗科研和诊疗承本，推动产业化发展。

与施普林格联合出版英文著作*Nanozymology*（《纳米酶学》）。由中国科学院院士、中国科学院生物物理研究所研究员阎锡蕴担任主编，从纳米酶的基本概念及特性、纳米酶的种类、纳米酶的应用研究等三个方面介绍纳米酶学及这一新领域存在的挑战、机遇及前景。出版后引发学术界关注，电子版在施普林格网站累计下载次数超过1.3万次。

国际学术会议 2020年，学会主办国际学术会议5次，共计参会人数5850人次，交流论文430篇。30位国外专家以视频方式参加会议，交流学术论文30篇。

受新冠肺炎疫情影响，2020年各类国际学术会议延期、取消，或以“大线上小线下”的方式举办。

5月，学会生物磁共振分会启动“生物磁共振与多学科交叉”系列线上学术报告会。中国科学院上海有机化学研究所研究员刘聪，南开大学教授苏循成，法国国家科研中心教授Fabien Ferrage，北京大学教授宇文泰然，美国St.Jude儿童研究医院江亚军，美国宾夕法尼亚大学教授Nikolaos Sgourakis，美国国家科学院院士、美国国立卫生研究院教授Robert Tycko，美国国立卫生研究院教授沈杨和应金发八位专家围绕“生物大分子相分离”“生物顺磁核磁共振方法与应用”“可变梯度场强核磁共振方法”“生物大分子不可见激发态的检测”“分子伴侣机器的动态工作原理”“生物磁共振方法的整合运用”“极端低温条件下的固体核磁共振与磁共振成像方法”“蛋白质结构计算方法”以及“非均匀采样核磁共振方法”主题，分享最新的研究进展与研究成果。学术报告同期上传至优酷网、哔哩哔哩等视频网站，供同行及学生观看、学习。

国内主要学术会议 2020年，学会及所属分支机构举办国内学术会议17次，参会人数112270人次，交流学术论文514篇。

10月30日—11月2日，第二届（2020年）生物大分子相变前沿论坛在安徽省宣城市绩溪县召开。会议由学会生物大分子相分离与相变分会、BioArt网站及《蛋白质与细胞》编辑部联合主办，围绕“相变与染色质、基因表达调控”“相变与疾病发生发展”“相变与物质运输”“无膜细胞器与膜性细胞器的互作”“相变与药物筛选”“相变研究的新技术新方法”“相变与信号转导”“相变的调控（包括分层的相变，新的调控因子）”8个主题，研讨生物大分子相分离相关领域的国际学术动态，促进国内生物大分子相分离领域的深度交流与合作。中国科学院院士、中国科学技术大学教授施蕴渝，中国科学院院士、香港科技大学教授张明杰以及中国科学院生物物理研究所研究员张宏应邀作大会特邀报告。来自清华大学、北京大学、复旦大学、上海交通大学、中国科学技术大学、中山大学、华中科技大学、南方科技大学、香港科技大学、西湖大学、中国科学院生物物理研究所、中国科学院广州生物医药与健康研究院、中国科学院武汉物理与数学研究所、中国科学院生物与化学交叉研究中心的专家共作28场专题学术报告。会议以闭门会议方式进行，受邀的与会专家就相分离领域的国际和国内发展现状提出各自看法，纠偏相关技术方法的错误认识，共同探索并提出新的理论与技术方法。

国际交往 新冠肺炎疫情在全球暴发，学会响应中国科协的号召，积极与对口国际组织——国际纯粹与应用生物物理联合会联络，全面介绍中国政府抗击疫情的决心和取得的成果，发出“病毒无国界，国际社会联合攻关、互信合作、团结共赢的倡议”并获得响应。

科普活动 2020年，学会共计开展科普宣讲活动54场，其中针对青少年的科普活动17场，受众人数达到23.5万人次。依托中国科学院生物物理研究所建立1个500平方米的科普展厅和3个开放式科普教育平台，成立中国科学院生物物理研究所淮安研究中心科普基地。

通过微信公众号、网站、微博、头条号、科学网（官方账号）等推送科普文章176篇，阅读量近85.8万次。“生物医学大讲堂”上传腾讯视频63次，浏览量8.2万人次；其微信公众号推送文章254篇，阅读量20.2万次，订阅者23715人次。

2020年，学会在抖音、知乎等平台开设科普官方账号，科普工作重点转为线上云科普。5月23日举办公众科学日活动，首次尝试以线上方式开展3个小时的在线直播。“奔跑吧·细胞”让网友紧跟探访者的脚步沉浸式云游科研平台；“科学蛋黄·派”采用谈话节目形式，以群聊取代单一科普报告，同时设置多个话题随意切换，让网友体验更轻松随意的互动效果。活动在今日头条、抖音和知乎等4个平台直播期间，超过4万人次在线收看，收获弹幕评论超过3000条。

表彰举荐优秀科技工作者 经学会推荐，中国科学技术大学教授薛天获第十三届谈家桢生命科学创新奖；“器官衰老的机制及调控”“进食诱导胆固醇合成的机制及降脂新药靶发现”入选2020年度中国生命科学领域十大进展。

党建强会 11月17日，学会党委在召开的第十一届四次理事会议上设立“第十九届五中全会公报要点解读”专题，组织学会理事学习中国共产党第十九届中央委员会第五次全体会议精神。学会党委成员梁兴杰介绍党的十九届五中全会背景、“十三五”时期党和国家取得的成就，并围绕“充分认识决胜全面建成小康社会取得的决定性成果”“深刻理解进入新发展阶段的重大意义”“准确把握2035年远景目标和‘十四五’时期我国发展的指导方针、主要目标、重点任务”“为实现‘十四五’规划和2035年远景目标而努力奋斗”4个主题对党的十九届五中全会精神进行系统解读。

会员服务 2020年，学会对会员数据库进行优化整理，清理无效数据224条，核实更新会员信息3698条，并根据中国科协要求完成对238名涉军会员的统计上报。建立会员信息安全管理工作体系，对官网和会员数据库进行防火墙加固，保证会员信息安全。

优化学会微信公众号菜单，实现微信端入会、缴费、参加学术会议的功能。创新邮件服务新模式，推出入会欢迎、生日祝福定制邮件，针对不同学科领域实现会议咨询的精准推送，开辟《会员专刊》和《月度资讯》等邮件栏目。

与中国日报社合作，搭建学会官方网站英文版，设立9大板块，涵盖学会新闻、学科动态、学术咨询、奖项设立、求职招聘等内容，打造全球化沟通平台。

【第十八次中国暨国际生物物理大会】 11月16—18日，由学会主办的第十八次中国暨国际生物物理大会在广东省广州市召开。会议以“前沿技术与人类健康”为主题，组织大会特邀报告6场、专题报告149场、专题讨论会16个、特色论坛4个，交流学术墙报117份。800余名专家学者参加会议。

学会秘书长张宏主持大会开幕式，学会名誉理事长饶子和、学会理事长徐涛、中国科学院生物物理研究所所长许瑞明等先后致辞，19位中国科学院院士出席会议。

中国科学院院士、清华大学教授饶子和，中国科学院院士、清华大学教授孟安明，中国科学院上海生物化学与细胞生物学研究所研究员曾艺，中国科学院院士、清华大学教授陈畔光，中国科学院院士、中国科学院动物研究所研究员康乐，中国科学院院士、中国科学院生物物理研究所研究员阎锡蕴分别作大会特邀报告《从2003“非典”到2020“新冠”》《T-RNA衍生的5'tiRNAs通过促进tRNA基因转录对胚胎发育发挥至关重要的作用》《胰岛中新型常驻祖细胞的确定》《微环境因子对肠道上皮的调控》《蝗虫群与瘟疫的秘密》《纳米酶：一种连接生物和纳米技术的新型模拟酶》。

此次学术年会首次尝试设立“云端版生物物理大会”栏目，除完成各场学术报告的现场直播外，还设立6大高端科普板块，全面覆盖大会的精彩看点及科学重点，实现“让普通大众看懂学术大会”的愿景。“开跑·生物物理大会”设置“科学家请回答”的环节，科学家们就生物物理、生命是什么、科学家为什么要发文章等现场观众和网友感兴趣的问题做通俗易懂的回答。“科学蛋黄·派”从年轻人感兴趣的“30+前浪”热点话题聊起，来自不同研究领域的专家一起探讨对年龄、衰老、健康等的理解。“科学大咖秀”由资深研究员就每位院士报告的内容及院士团队的研究方向作科普解读，让公众用短短40分钟的时间了解到5位院士的大会报告精华。“科学任意门”意在“学术交流，推门就进”，邀请各分会场科学家代表阐述该领域研究进展、研究愿景、代表人物、科学成果等并在线回答网友提问。“一起午餐吧”利用午餐间隙，联合参展公司在线直播科学小实验，对基本实验原理、先进科学技术方法等进行科普。“科学嘉年华”设置一系列科学游戏，线上线下共同参与，共享科学、融合、生活的盛宴。大会期间，“云端版生物物理大会”栏目在哔哩哔哩、知乎等直播平台同时进行36小时不间断直播，累计在线收看人数达16万人次。

【体医融合主动健康示范区建设】 学会承担中国科协“国家级体医融合体育健康团助力地方大健康产业创新发展”项目，围绕“整合国内外临床医学、体育科学、生命科学等跨学科资源优势，促进运动科学技术与医学融合，引导公众安全健身、科学健身，服务地方大健康产业”的宗旨，结合北京朝阳区来广营乡人民政府打造“体医融合健康朝来”的需求，与之共同建设体医融合主动健康示范区。

搭建社区“三三三制”体医融合主动健康模式，即每个社区家庭医生配备3个社区体育指导员、每个社区指导员配备3个运动积极分子，每个积极分子带动3个家庭，实现健康运动资源共享平台，改变大众锻炼无针对性、无目的性、健康效果不明显、运动风险无法规避的弊端，从大众健康管理服务单纯依靠医疗卫生机构“被动、后端的健康干预”向体育健身“主动、前端的健康干预”新模式转变。

依托地区卫生服务中心，围绕如何科学健身，什么是真正的健康，怎样才能拥有健康，怎样预防糖尿病、心脑血管疾病、高血压等慢性病等内容，定期组织专业人员进社区开展健康知识讲座，并筛选糖尿病、高血压、骨关节病、肥胖等常见慢性病患者，为其开展体医结合科学运动指导、提供运动疗法和非医疗健康干预服务，推进体质监测评估与健身指导、慢性病早期筛查、健康自我管理、运动营养一体化的社区健康促进服务中心建设。

通过体医融合主动健康示范区的推进，逐步树立全国社区科学运动专项体医融合人才培养标杆，建立一套可复制、可推广的人才培养体系，打造全国社区慢性病患者康复运动专项体医融合人才培训基地。

（撰稿人：王　悦）

中国遗传学会

服务创新型国家和社会建设 学会一直致力于推动中国遗传咨询的发展，2017—2020年特别注重对中国遗传咨询专业人才的培养。为进一步推动遗传咨询在中国医疗及社会工作中的作用，学会申请设立“遗传咨询师”新职业，于11月完成“遗传咨询师”新职业申请答辩。新职业符合国家健康战略需求，符合人民对了解自身遗传信息的渴望，有利于鼓励和支持更多执业人员从事遗传咨询工作，壮大人才队伍，促进中国出生遗传咨询工作的全面发展。

自新冠肺炎疫情发生以来，学会发挥会员优势，征集专家建议，号召理事、会员为疫情防控积极开展科研，是首批与中国科协联合、面向全国科技工作者发布抗疫倡议的学会之一。形成包括关于国家安全、疫情预警的建议，关于相关信息平台的建议，关于科研相关及行业管理建议，关于疫情相关知识教育及科普工作的建议等四个方面在内的《中国遗传学会就本次疫情对本行业产生的影响和启示以及发展建议》并上报中国科协。另外，学会伦理委员会部分委员专家参与以上海市临床研究伦理委员会为主起草的《人类生物样本库伦理审查范本》（2020 年 2 月），经讨论和实际试用，得到普遍认可。

学会建设 受新冠肺炎疫情影响，4 月 23 日，中国遗传学会十届三次理事会议及党委会以通信方式召开，商议并通过将党建内容写入学会章程及理事调整等事宜。

2020 年，学会召开 2 次常务理事会议，分别就学会改革与发展、学会期刊、学会奖项、分支机构管理等事宜进行讨论并作出决议。

青年人才托举工程 学会推荐的中国科学院遗传与发育生物学研究所靳帅、南京农业大学李超获第六届中国科协“青年人才托举工程”项目支持。中山大学郑健入选第三届中国科协“青年人才托举工程”典型代表人物。

主办期刊 学会作为第一主办单位主办的期刊《激光生物学报》完成期刊效益评价工作。学会作为第二主办单位主办的期刊有《遗传》、*Journal of Genetics and Genomics*（《遗传学报》英文版，JGG）和 *Genomics, Proteomics & Bioinformatics*（《基因组蛋白质组与生物信息学报》，GPB）。

2020 年，JGG 和《遗传》聘任新一任主编，召开 2020 年度编委会会议。6 月 29 日科睿唯安发布的 JCR 数据显示，2019 年度 JGG 的影响因子为 5.065，在遗传学领域位于 Q1 区。JGG 已被 SCI-E、PubMed、Scopus 等国际检索系统收录。《遗传》刊载多篇新冠病毒方面的文章，其中 2020 年第 2 期发表的《2019 新型冠状病毒信息库》文章下载近 8000 次、被引 24 次，高居全年第一。GPB 保持 WoS 遗传学科前 10%。

学科发展工程 2020 年，学会继续加强科学伦理道德建设。上半年重点开展加强学风建设和遵循科技伦理规范的相关工作，并在新型冠状病毒疫情形式下进行相关伦理研究。

国际学术会议 12 月 19 日，2020 年度 GPB 前沿研讨会在北京召开，此次研讨会由学会和中国科学院北京基因组研究所（国家生物信息中心）联合主办。研讨会包含“新冠病毒”和“单细胞组学”两个主题，邀请来自美国、澳大利亚及中国 16 家学术机构的 22 位专家学者，以线上为主、线下为辅的方式出席研讨会并作报告。“新冠病毒”主题的报告人介绍他们在新冠病毒溯源、进化、数据库构建和致病机理等方面的最新研究进展；“单细胞组学”主题的报告人与大家分享单细胞组学研究的新技术和新方法以及单细胞组学在疾病致病机理研究方面的应用。报告内容多为尚未发表的最新研究成果，为相关领域研究提供新的思路。

国内主要学术会议 6 月 23 日，由学会遗传诊断分会、上海市遗传学会、上海市浦东新区生物产业行业协会、长三角一体化基因检测联盟、转化医学网联合主办的遗传病分子流行病学讨论沙龙在上海市举办，共计 67 名专家学者参加。此次沙龙重点讨论如何能够准确获得各种单基因遗传病发病的详细生理和病理相关数据，如何利用新技术推动遗传病诊断和治疗的研究及应用，为探究遗传病发生机制、促进遗传病的诊疗和防控起到积极作用。

7 月 9 日，由学会遗传诊断分会、上海市浦东新区生物产业行业协会、长三角一体化基因检测联盟、转化医学网联合主办的单细胞测序技术应用沙龙在上海市举办，共计 81 名专家学者参加。活动邀请基础、临床、生信和转化等方面的专家针对单细胞测序技术的发展现状、存在的问题及未来的应用场景进行探讨，重点讨论单细胞测序技术未来主要的应用场景、面临怎样的机遇和挑战，致力于共同推动单细胞技术的广泛应用。

8—11 月，学会青年委员会举办多期线上生殖遗传与健康论坛，每月举办 1 ~ 2 期，每次约 150 人参加。采用网络会议的形式，每次邀请 1 位专家进行学术讲座，并与讨论嘉宾、参会学者开展互动讨论，培育生殖健康领域的青年科学家和临床专家。

9 月 12 日，由国家卫生健康委出生缺陷与生殖健康重点实验室、学会遗传诊断分会、中国遗传学会人类与医学遗传专业委员会联合主办，上海市遗传学会、复旦大学基因技术教育部工程研究中心承办的 2020 基因与出生缺陷预防论坛在上海市举办。论坛邀请医学遗传学、儿科、内分泌科、血液科、眼科、神经内科、生殖遗传学等领域的专家学者，针对出生缺陷防控领域热点话题，围绕疾病的严重性评估、出生缺陷防控、出生缺陷的基因诊断、新生儿基因筛查、儿科神经遗传病、血液系统罕见病、遗传性眼病的诊治等领域展开系统全面的介绍和深入分析，为参会者分享经验和心得。论坛现场参会人数 120 人、线上浏览量 4652 次，报告数 7 个。

9 月 19 日，由学会微生物遗传专业委员会、微生物资源前期开发国家重点实验室共同主办的 2020 微生物遗传前沿交叉云端论坛于线上举办。论坛聚焦微生物遗传领域备受关注的环境和人体健康等前沿科学问题，注重多学科的交叉融合，邀请领域内15位专家学者分享近期取得的重要学术成果，为微生物遗传相关学科研究带来新视角和新理念。2万余人次通过直播平台收看大会报告或参与提问环节，促进微生物遗传及前沿交叉领域的学术交流。云端论坛设有“微生物遗传与环境”“微生物遗传与人体健康”“微生物遗传与前沿交叉”三个主题分论坛。

10月12—14日，2020全国植物生物学大会在广东省深圳市召开。会议由学会与中国植物生理与植物分子生物学学会、中国细胞生物学学会、中国作物学会、中国植物学会联合主办，深圳市罗湖区政府为大会提供特别支持。来自北京大学、清华大学、中国科学院、中国农业科学院等200余所高校、科研机构的1000余名科研人员参加会议。大会期间，各院士专家围绕植物基因组学、表观遗传、光合作用、植物代谢、植物营养与环境、植物生殖发育、植物细胞信号、植物非生物逆境、植物生物互作等主题，结合各自的科研领域作学术报告，同时聚焦农业、生态环境等领域面临的重大问题展开交流研讨。

11月17—18日，由学会遗传诊断分会、上海市临床检验中心、上海市实验研究院联合举办的中国遗传学会遗传诊断分会年会在上海市召开。与会专家就遗传学领域热点话题展开讨论，300余名相关专业的从业人员现场参会，千余人观看线上直播会议。

12月11—13日，2020线粒体与人类疾病论坛在湖南省衡阳市召开。会议由中南大学精准分子医学研究所、学会行为遗传学分会、湖南省遗传学会、南华大学联合主办。会议邀请30余位线粒体生物学领域、儿童孤独症领域的专家学者就各自领域新成果、新进展、难点问题等进行交流探讨，共290余人参加会议，作23场报告。

国际交往 2020年，学会完成中国科协“一带一路”国际科技组织平台建设项目，项目由学会理事长兼党委书记薛勇彪牵头，通过国际生物多样性与健康大数据联盟促进与“一带一路”沿线国家合作交流，推动生命与健康大数据交汇、应用与共享平台的建设。

科普活动 2020年，学会开拓创新科普工作，服务社会公众。学会诊断分会举办2020年新一代测序技术培训班和第三届全国新一代测序建库技能大赛，通过大赛推动遗传学相关技术的科普工作。

表彰举荐优秀科技工作者 2020年，学会完成重要学术会议指南、全国创新争先奖、最美科技工作者、“中国生命科学十大进展”、谈家桢生命科学奖等奖项推荐工作。经学会推荐，第二十一届全国植物基因组学大会入选《重要学术会议指南（2020）》；兰州大学谢小冬、新疆农业科学院农作物品种资源研究所徐麟获第二届全国创新争先奖状；中国科学院遗传与发育生物学研究所研究员傅向东、山东农业大学教授孔令让的项目均入选2020年度“中国生命科学十大进展”；中国科学院遗传与发育生物学研究所田志喜获2020年度第十三届谈家桢生命科学创新奖。

党建强会 2020年，学会党委带领学会全体成员学习党的十九大精神、十九届五中全会精神、习近平新时代中国特色社会主义思想以及习近平给科学家代表回信精神、科学家座谈会精神等重要文件精神，开展“不忘初心、牢记使命”主题教育实践活动，进一步增强“四个意识”和“听党话、跟党走”的思想自觉和行动自觉。

党委严要求，支部促党建。学会办事机构党支部在理事会功能型党委的指导下，依据“以党建为引领，促学会建设，促本职工作”的活动纲领，与支撑单位党支部、理事会相关单位党组织开展党建联合工作，做到党建引领、立足本职、促进交流、促进发展。

会员服务 2020年，学会进一步加强会员服务工作，新吸纳会员444人。同时，全面推进学会支付、发票的电子化，便捷会员，助力学会降低运作成本、提高工作效率。

【浦江分子诊断大讲堂系列讲座】 2020年，学会遗传诊断分会围绕社会热点和公众关切，就新冠肺炎和疫情防控相关问题设置多个防疫专场议题，先后开展8次浦江分子诊断大讲堂系列讲座，利用新媒体手段，通过视频直播最大限度地发挥传播和宣传功能，累计观看人数达3.8万余人次。

2月12日，开展浦江分子诊断大讲堂（线上讲座）防疫专场，讲座主题为“疫情下临床PCR实验室搭建建议”，视频观看人数达2250余人次。

3月5日，开展浦江分子诊断大讲堂（线上讲座），以“新冠疫情下探讨流式细胞术在诊断治疗中的应用”为主题，讲座观看人数达1100余人次。

4月16日，开展浦江分子诊断大讲堂（线上讲座），特别邀请境外抗疫医疗专家组后方支持诊疗领域团队成员、全国新冠肺炎医疗救治专家组成员、上海市（复旦大学附属）公共卫生临床中心教授为医疗卫生从业者解读“新冠病毒感染：精准诊断与治疗”。视频观看人数达1680余人次。

4月26日，为提升医学检验人员在疫情下对实验室检测和安全防护的认识与实践，浦江分子诊断大讲堂（线上讲座）邀请专家分享新冠病毒实验室诊断及检验科生物安全防护经验。7660余人次收看。

5月21日，开展“如何选择合适的核酸检测试剂·浦江分子诊断大讲堂第三十七讲”，邀请专家直播分享新冠核酸检测与荧光PCR质量控制，解读如何选择合适的核酸检测试剂以获得更加精准的检验结果。视频观看人数达5885人次。

6月6日，开展“专家论道：疫情下核酸检测的新思考·浦江分子大讲堂第三十八讲”。随着疫情防控进入常态化，核酸检测需求大幅提升，对各地医疗机构的核酸检测能力形成挑战。讲座涉及如何解决当前核酸检测工作中面临的众多问题，视频观看人数达3370余人次。

7月31日，开展“妇儿医院新冠病毒核酸检测线上会议·浦江分子诊断大讲堂第三十九讲”。为全力配合复工复产复学、推动疫情防控常态化平稳进行，讲座探讨新冠病毒的实验室诊断要点、污染防御措施以及解读新冠病毒核酸和抗体检测的临床应用。视频观看人数达9620余人次。

8月20日，开展“血液体液学检验新进展暨论文撰写学术视角·浦江分子诊断大讲堂第四十讲”。此次讲座是新冠肺炎疫情发生以来浦江分子诊断大讲堂主办的首次线下讲座，邀请众多上海市医学会检验专科分会的专家及一线骨干，围绕中文医学期刊专家审稿的视角、检验科如何跟踪血小板治疗及疗效判断、肠道微生物态紊乱与结直肠癌精准诊断、视网膜玻璃体淋巴瘤的实验室诊断、流式细胞分析仪及细胞形态学在血液病诊断中的案例分享等方面进行探讨。近100人到现场参加，近6500人次观看线上直播。

（撰稿人：申　玲）

中国心理学会

服务创新型国家和社会建设　新冠肺炎疫情暴发后，学会及各分支迅速反应。第一时间成立“抗击疫情心理援助与危机干预”工作组，于1月28日正式启动抗击疫情“安心”行动，为打赢疫情防控阻击战贡献心理科学的专业力量。“安心”行动向受疫情不同程度影响的群体提供多种心理援助服务：面向大众提供免费的短程线上心理援助服务和安心自助训练营（公众版、亲子版、医护版、个人版）微信小程序；面向心理咨询师开展专业培训和讲座，专家网络联合督导和小组督导，开放专题技能培训；针对全国社会心理服务机构组织“千家机构送安心”活动，以心社联动模式联合湖北省当地及全国心理咨询机构与社工机构为当地提供心理援助。同时，“安心”行动也组织心理学专家多次前往湖北省武汉市一线医院和社区等阵地实地开展心理援助。

学会临床心理学注册工作委员会召集专家进行紧急线上会议，经多次研究讨论，结合注册系统已有的伦理规范，针对疫情心理援助的特殊性，紧急制定出台一系列相关专业文件，为全国一线心理救援工作者开展专业工作提供引领、规范和指导，进一步帮助广大心理援助工作者科学、规范、有序、有效地开展特殊抗疫时期的心理救援工作，引领专业人员开展具有专业胜任力且符合专业伦理的心理援助工作。

学会被中国科协评为“全国优秀抗疫学会”。

学会委托各分支及相关机构举办各类培训班近200场次，累计培训86万余人次。其中，从1月28日起，针对新冠肺炎疫情所举办的“安心从大讲堂”持续开讲130期，累计培训受众84.9人次；2月24日—8月20日，“千家机构送安心”专题培训共举办系列培训47期，受众累计2355人次。

12月19日，学会联合中国医师协会精神科医师分会举办2020年精神卫生和心理健康专业人才培养工作研讨会，就应用心理专业硕士培养方案的实施、课程师资培训、督导资源调配、精神卫生专业人才培养等问题进行讨论交流，旨在推动精神卫生和临床与咨询心理学专业人才的学历教育。

学会建设　2020年，学会召开全国会员代表大会1次、理事会议1次、常务理事会议4次。

12月18日，中国心理学会第十二届理事会第四次全体会议暨全国省级心理学会理事长联席会在广东省广州市召开。学会常务理事和理事、各省级心理学会负责人和代表等72人出席会议，22人通过腾讯会议平台同步参加会议，学会秘书长罗劲主持会议。与会代表通过《中国心理学会第十三届理事会换届方案（草案）》。8位省级心理学会的代表围绕其所在学会的组织建设、学术交流、社会服务等工作作交流报告。

学会新成立积极心理学专业委员会，分支机构总数达45个，包含专业委员会33个、工作委员会12个。学会体育运动心理专业委员会、心理学教学工作委员会、社会心理学专业委员会完成负责人变更。学会康复心理学专业委员会、校园欺凌与暴力防治专业委员会、行为与健康心理学专业委员会、时间心理学专业委员会启动筹建工作。

学会新发展普通会员1010余名、学生会员1340余名、学术单位会员2个。

青年人才托举工程　学会入选第五届中国科协“青年人才托举工程”项目并组织完成全国范围内的遴选工作。第一轮经由所有专业委员会推荐及个人自荐，收到申请材料33份；第二轮经由学会领导与专家组评审，最终推选中国科学院心理研究所副研究员屈青青为第五届中国科协“青年人才托举工程”项目被托举人。

主办期刊　学会主办学术期刊《心理学报》（*Acta Psychological Sinica*）和《心理科学》（*Journal of Psychological Science*）。根据《2020中国学术期刊国际引证年报》，两刊入选“2020中国最具国际影响力学术期刊”。《心理学报》在人文社科类期刊中排名第5，在国内12种心理学学术期刊中排名第1，均与2019年持平；《心理科学》在人文社科类期刊中排名第12，较2019年提升6个名次，在国内12种心理学学术期刊中排名第2，较2019年提升2个名次。

《心理学报》全年发行纸质期刊43200册，发表文章113篇；《心理科学》全年发行纸质期刊17795册，发表文章211篇。

7月，《心理学报》通过Scopus和科睿唯安内容甄选的严格评估流程，正式被Scopus数据库和Web of Science中的ESCI数据库收录。从第7期开始尝试推出英文全文网络版。

学科发展工程　学会组织编撰《心理学学科发展报告2018—2019》，于9月正式出版。报告主题为“人工智能时代下的心理学”，是中国科协学科发展研究系列报告的组成部分。

学会向中国科协推荐前沿科学问题1个。

国际学术会议　学会及所属分支机构主办、承办国际学术会议2次，共计54万余人次参加会议，包含17位来自国际心理学联合会、国际应用心理学协会、英国心理学会、澳大利亚心理学会、亚洲心理学会、亚洲社会心理学会、亚太心理学联盟等多个国际、国别组织负责人和心理学家，交流论文及报告100篇。

5月30日，在2020年全国科技工作日来临之际，由中国科协主办，中国科协学会学术部、中国心理学会、腾讯共同承办的疫情防控中的国际心理学在线论坛举办。论坛借助网络直播形式，来自11个国家和5个国际组织的心理学家参与分享中国心理学界抗击疫情的工作成果与经验，共计50万余人次在线收看会议。会后，学会向中国科协提交《关于在重大疫情防控中加强社会心理服务体系建设并开展国际协作的建议》。

11月7—8日，中国心理学会文化心理学专业委员会2020年学术年会通过网络平台向全球直播，主题为“促进剧变时代的文化理解与沟通”。会议邀请美国、加拿大、日本等国家的文化心理学专家以及国内学界的教授共同探讨如何认识和解释不同文化的共识与差异，如何在尊重不同文化情感的基础上促进构建文化理解与沟通的心理机制。会议共组织11场主题报告、4个主题论坛和8个分论坛，报告场次共计85场，接收会议投稿100余篇，直播平台累计在线收看人数近4万人次。

国内主要学术会议　学会及所属分支机构主办、承办各类国内学术会议21次，其中学术年会6次，参加会议人数22140人次，交流论文及报告1056篇。会议主要包括中国心理学会工程心理学专业委员会第四届全国学术年会、2020年中国心理学会民族心理学专业委员会年会、第七届脑成像与脑电研究与应用研讨会、第二期新时代社会心理服务体系融合发展论坛暨重点人群心理服务与危机干预机制研讨会、2020年全国心理测试技术与微表情研究高峰论坛、第五届心理测量理论与应用技术研讨会、心理服务关键技术的成果转化与应用融合青年科学家主题沙龙等。

两岸交流　2月4—6日，由学会心理学质性研究专业委员会和闽南师范大学主办的中国心理学会心理学质性研究专业委员会第三届学术会议暨第六届海峡两岸生命叙事与心理传记学研讨会在福建省漳州市召开。大会设置8场大会主旨报告、5场专题报告会、8场分组讨论会，5场学术报告以及1个研究生论坛。来自中国科学院、北京大学、复旦大学等大陆研究院所、高校的专家学者，以及来自台湾地区的15位学者围绕心理理解与人际沟通、学生耐挫心理结构及其干预、在辅仁大学的叙事工作经验、疫情下学校心理老师的“多面”人生等进行交流研讨。来自海峡两岸的近200位专家学者参加研讨会。

国际组织任职 学会前任理事长韩布新担任亚洲心理协会候任主席（任期为2020—2022年）。

8月起，学会行为与健康心理学专业委员会（筹）主任甘怡群任国际应用心理学协会健康心理学分会候任理事长。

国际交往 8月22日，第七届中日韩三方研讨会线上会议召开，学会时任理事长韩布新，国际学术交流工作委员会主任孙向红、副秘书长王力等代表学会参加。中日韩三方研讨会为中国心理学会、日本心理学会、韩国心理学会三方共同发起、轮流主办的学会交流与合作会议。此次会议由韩国心理学会主办，主题为 Addictive Behavior in Everyday Life and During Crisis。

科普活动 2020年，学会共举办科普宣讲活动100次，参加活动的科技人员、专家人数达1550人次，科普活动受众总计8万余人次。编著科技图书3本，制作科普挂图6种，制作科技广播、影视节目20套。主办科普微信公众号“心理服务基层协作网”和“啊哈 psychology”，总关注数5888人，年度总阅读数38863人次，原创文章年度单篇最高点击量为2663次。

9月，中国科协科普部和中国心理学会共同发起成立科普中国心理应急志愿服务队。

学会承担中国科协“科普传播专家工作室建设试点项目”，发挥首席科学传播专家影响力，指导建立一批具有职业化科学传播水平的队伍，树立科普品牌。

学会被中国科协科普部评为“2020年度全国学会科普工作优秀单位”。

表彰举荐优秀科技工作者 学会组织开展2020年中国心理学会终身成就奖的评选工作，授予中国科学院心理研究所研究员傅小兰中国心理学会终身成就奖。

学会推荐第二届全国创优争先奖个人奖候选者5名、候选团队1个；2020年中国科协优秀中外青年交流计划候选人1名；“典赞·2020科普中国”候选科普人物5名（学会副秘书长、心理危机干预工作委员会主任刘正奎当选“典赞·2020科普中国”十大年度科普特别人物）、候选科普作品4项；第十七届中国青年女科学家奖候选人3名、2020年度未来女科学家计划候选人1名。

学会向“中国科技会堂论坛”推荐主讲专家1名；向教育部科技管理信息系统推荐心理学专家23名。

党建强会 2020年，学会共召开4次党委工作会议、1次理事会党员会议。经学会党委批准，心理咨询师工作委员会成立首个学会分支机构党的工作小组。探索建立理事会党委工作制度，形成《中国心理学会党委工作规则（草案）》。

12月18日，中国心理学会理事会党员会议在广东省广州市召开，学会党委副书记李红主持会议。学会候任理事长、河南师范大学党委书记赵国祥向理事会党员作党的十九届五中全会精神专题宣讲。学会党委按照科技社团党委对学会党委换届的指导意见进行党委成员变更：李红担任党委书记，赵国祥担任副书记，苏彦捷担任纪检委员，陈红、罗劲担任委员。

学会在开展抗击疫情工作中十分注重和加强党的领导，“抗击疫情‘安心’行动”依托中国科学院心理研究所党委成立专家组和工作组临时党支部，在疫情期间切实发挥党员先锋模范作用和党支部战斗堡垒作用，促进“抗击疫情‘安心’行动”的开展。

会员服务 学会启动全国高校及科研院所心理学专业帮扶结对工作。2020年，共签订帮扶协议41份，参与单位40余家，并通过此项工作吸纳心理学教学单位成为学术单位会员，其在读学生均可成为学生会员。

学会发布《中国心理学会年报2019》；增选罗跃嘉、王重鸣、燕国材、游旭群4人为中国心理学会会士；组织评定陈作松等26人为新一批“中国心理学会认定心理学家”。

【中国心理学会第十二届四次全国会员代表大会】

10月30日，中国心理学会第十二届四次全国会员代表大会在腾讯会议平台召开。学会秘书长罗劲主持会议。会议选举新任候任理事长、增选副理事长。学会秘书长罗劲宣读《中国科协关于同意中国心理学会、中国农业机械学会负责人人选的批复》，同意李红为中国心理学会第十二届理事会理事长人选，方晓义为中国心理学会第十二届理事会副理事长人选。

学会监事长聂衍刚作关于通讯投票的说明：经8月5日召开的中国心理学会第十二届十二次常务理事会议讨论决议，同意中国心理学会第十二届四次全国会员代表大会以网络形式召开，以通信投票方式选举候任理事长、增选副理事长。根据会员代表的回执反馈情况，学会秘书处于10月27日发出选票270份。随后，两位候任理事长候选人——华东师范大学教授郭秀艳、河南师范大学教授赵国祥分别作竞选演说。会员代表进行线下投票。

全体代表还听取学会理事长韩布新作的《中国心理学会工作报告2019—2020》和监事长聂衍刚作的《中国心理学会监事会工作报告》等。

11月8日，中国心理学会第十二届十三次常务理事会议在北京召开。正式选举赵国祥为候任理事长、方晓义为副理事长，成立由现任理事长李红、前任理事长韩布新以及候任理事长赵国祥等人组成的新一届执委会。

（撰稿人：张　蔓　王　希）

中国生态学学会

服务创新型国家和社会建设　学会组织开展学会创新与发展项目“天然林资源保护工程生态系统服务功能评估”和“清洁能源生产对生态环境的潜在影响”。其中“天然林资源保护工程生态系统服务功能评估”项目于2020年内完成，并撰写新时代天然保护工程的政策咨询建议《中国天然林保护工程实施20年成效评估研究总结报告》；“清洁能源生产对生态环境的潜在影响”项目于2020年度启动，旨在系统研究中国北方地区风力发电和光伏发电产业对区域生态环境的影响，提出降低两类清洁能源开发生态环境影响的对策和建议，为相关政策措施提供决策支撑。

学会组织开展2020生态产品价值实现研讨会和生态学在城市健康社区营造的作用学术沙龙，会议成果形成政策建议专报，向中国科协提交《关于开展海洋生态产品价值实现试点的建议》和《推动城市健康社区营造的生态解决途径建议》的科技工作者建议2份。

学会组织会员、分支机构主动履行职责使命，为抗击疫情建言献策。学会微生物生态专业委员会向中国科协提交《“粪便中病毒的环境传播与阻断”科技工作者建议》；学会副理事长、中国科学院院士魏辅文，学会常务理事、中国科学院院士于贵瑞参与提交《中国科协生态环境产学联合体抗击新冠肺炎疫情专家建议》至中国科协。

学会组织专家围绕《中华人民共和国民法典（草案）》《中华人民共和国乡村振兴促进法（草案）》《中华人民共和国长江保护法（草案）》《中国公民生态环境与健康素养（征求意见稿）》向中国科协回复意见建议。

学会参加财政部、生态环境部委托生态环境部环境规划院组织的生态补偿改革方案专家咨询会，提出生态补偿改革要充分发挥社会组织的作用，包括开展本领域教育培训、调查研究、诉求收集、评估标准优化改进等建议。

学会建设　截至12月31日，学会有个人会员11350人，较2019年增加350人；新增学会可持续生态专业委员会，学会共有5个工作委员会、30个专业委员会。

学会修订《中国生态学学会章程》，制定《中国生态学学会生态科学技术奖奖励办法（试行）》和《中国生态学学会生态科普教育基地管理办法（试行）》，进一步规范学会内部管理。

学会为搭建覆盖全国的生态科普网络，制定《中国生态学学会生态科普教育基地管理办法（试行）》，对基地评选的总则、资格与条件、申报与认定、管理与服务等内容进行规定，2020年度评审批准9家，分别为中国科学院华南植物园、中国科学院西双版纳热带植物园、广西弄岗国家级自然保护区、北京南海子麋鹿苑博物馆、厦门大学漳江口红树林教学科研基地/漳江口红树林国家级自然保护区、额尔古纳森林草原过渡带生态系统研究站、拜泉县生态文化博物馆、扬州市环境保护教育基地、复旦大学国家级环境科学虚拟仿真实验教学中心，学会生态科普教育基地达到12家。

学会设计开发并上线新版学会网站，在整体风格、内容展现、栏目设置等方面进行优化升级。

主办期刊　学会共主办9种科技期刊，其中中文期刊《生态学报》继续保持全国核心科技期刊排名第1，《生态学报》《应用生态学报》《生态学杂志》的总被引频次和影响因子继续保持生态学期刊排名第1。《生态学报》和EHS均获2020年中国科协卓越行动计划项目梯队期刊项目资助。

6月29日，科睿唯安正式发布2019年度SCI影响因子，学会主办的两种英文期刊首获SCI影响因子。*Ecosystem Health and Sustainability*（EHS）在2019年2月被SCI收录，期刊第一个影响因子为2.315，在生态学领域168种期刊中排名第73，位于SCI数据库Q2区。这是EHS继获得第一个CiteScore 5.7后获得的另一个期刊评价指标。Ecological Processes影响因子为1.642，这是该期刊获得的首个SCI影响因子，该刊在全球168种生态学SCI期刊中位列第105，在中国大陆241种SCI期刊中位列第169。

学会承担中国科协“分领域发布高质量科技期刊分级目录”项目，开展并完成2020年度中、英文生态类高质量科技期刊分级试点工作，初步完成分级目录认定工作，以期推动国内生态学领域高质量科技期刊与国外高水平生态学期刊在科技成果评价中的等效使用。

学科发展工程 3月，学会组织编撰的《中国生态学学科40年发展回顾》专著出版发售，全书130万余字，系统总结分析中国生态学学科各领域近40年来的发展历程、研究现状与特点、发展趋势及展望，为从事生态学研究及相关领域研究或教学的研究人员、学者以及生态学相关业务管理部门提供决策参考。

学会持续开展生态学重点分支学科的前沿与动态研究，2020年支持“生态学透视丛书”《生态水文学》《城市生态学》《恢复生态学》3项，其中《生态水文学》已于2020年出版。

国际学术会议 受新冠肺炎疫情影响，学会及所属专业委员会创新学术交流活动会议组织形式。2020年共举办国际会议4个，参会人数407人次，其中国外专家39人，安排学术报告80个。

5月，学会海洋生态专业委员会承办中澳赤潮和水母灾害预警视频研讨会。会议设置3个口头报告，来自中国和澳大利亚的35名专家参加线上交流，其中澳大利亚专家12名。会议推动中国－澳大利亚赤潮和水母灾害预警研究进一步深化。

6月，学会海洋生态专业委员会承办中澳海洋双边视频研讨会。会议围绕中国科学院－澳大利亚联邦科学与工业研究组织“蓝色经济与变化中的海洋”项目进展进行交流，共设置10个口头报告。22名专家参加会议，其中包括10名澳大利亚专家。双方就中国、澳大利亚共同面对的气候、人类活动等压力下近海生态环境问题，赤潮和水母灾害的早期预警，热浪形成的机制、热浪引起的生态效应，微塑料研究的相关问题等进行交流和探讨，为下一步合作奠定重要基础。

10月31日，在2020年第三届世界顶尖科学家论坛期间，学会与其他单位联合承办缤纷的生命——世界顶尖科学家生物多样性峰会。学会通过哔哩哔哩直播平台对峰会进行直播，线上参会人数近5000人。

11月16—19日，由学会生物入侵生态专业委员会与江苏大学联合主办，台州学院、沈阳农业大学承办的第四届全球变化与生物入侵国际学术研讨会在江苏省镇江市召开。此届国际学术研讨会采用线下线上相结合方式召开，共有来自国内外近百家高校和科研院所的200多位国内专家以及50多位国外专家参加研讨会。会议的召开进一步拓宽中国在全球变化和外来生物入侵研究领域的深度和广度，并对进一步构筑中国新时代环境健康与生态安全奠定理论支撑和实践基础，进而为快速推进中国生态文明建设水准并为建设人与自然和谐共生的美丽中国和社会主义生态文明新时代奠定生态环境基础。

国内主要学术会议 学会及所属分支机构共举办年会、研讨会、报告会、论坛等学术活动37次，参与人数10899人，提交学术交流论文1133篇。

9月25—27日，学会高寒生态专业委员会和西藏高原生态学会在西藏自治区林芝市举办首届中国生态学学会高寒生态专业委员会年度会议暨第三届西藏高原生态安全论坛。来自全国的130余名专家参加论坛，共话“高寒生态”。

10月30日—11月2日，由学会区域生态专业委员会、中国科学院水利部水土保持研究所、西北农林科技大学、长安大学主办的第二届全国区域生态学学术研讨会在陕西省西安市召开。会议以线下为主、线下线上相结合的方式进行，来自全国各地50余家单位的530余人（其中线上227人）参加研讨会。

11月7—10日，由学会恢复生态专业委员会主办的“森林生态系统供给服务与调节服务协同机制”学术研讨会在湖南省怀化市会同县召开。研讨会设3个特邀主旨报告、3个分会场，共计70个专题报告，内容涉及森林生态系统生产力形成与维持机制、森林生态系统碳氮循环与土壤有机碳稳定性、森林生态系统调节服务形成机制与调控机理、森林生态系统长期观测数据挖掘与应用等，近300位专家参加会议。

11月21日，学会产业生态专业委员会参与主办第十五届全国循环经济与生态工业学术研讨会，召集产业生态与生态文明分会场，共计组织16个专题报告，来自全国各地的300名专家学者参加分会场交流。

11月，由学会湿地生态专业委员会、中国科学院东北地理与农业生态研究所、东北林业大学、黑龙江省林业科学院、黑龙江省科学院共同举办的中国湿地论坛（第五届）暨中国生态学学会湿地专业委员会2020年年会在黑龙江省哈尔滨市召开，来自全国各地的400余名专家学者参加会议。

两岸交流 11月19—22日，学会海洋生态专业委员会承办第七届海峡两岸及港澳鲸豚研究和保护研讨会，来自大陆的鲸豚专家，政府主管部门和非政府组织的代表共150余人到现场参加会议，并有来自中国香港特别行政区、台湾地区以及日本的专家线上参加会议。会议共收集摘要68篇，设置报告49个、墙报8个。

国际交往 作为东亚生态学会联盟的发起方之一，学会积极推动与东亚生态学会联盟之间的合作发展。受新冠肺炎疫情影响，原定于2020年在中国召开的东亚生态学会联盟第九次国际学术大会推迟至2021年举办。学会作为承办单位已着手会议筹备工作，已完成会议网站的建设，并已面向中国、日本、韩国三国学者征集专题分会场。

科普活动 2020年，学会共举办主题科普活动148次，其中举办科普讲座218次、科普展览56次。参加活动的科技工作者682人次，主题科普活动受众人数达3276297人次。

“生态科普行”科普活动是学会聚焦社会与学科热点，多方进行协作，整合各方资源打造的品牌科普活动。2020年，在学会科普工作委员会的支持下，学会与地方生态学会、分支机构以及相关科研院所、大学等单位多方联合，分别在北京、广东、上海、福建、江西、宁夏、西藏、海南、内蒙古、浙江、重庆等十余个省（自治区、直辖市）走进学校、乡村和社区，开展亲近自然——与湿地握手、生态文明建设、布鲁氏菌病防治、藏东南森林健康与生态安全保护、贺兰山生态修复的理论和技术等十几场各种主题的科普活动，并将活动领域进一步扩展到原未涉及的上海、宁夏、西藏、海南等地，活动受众达5万余人。

学会品牌科普活动“第三届中国生态文明科学大讲坛”围绕“传播生态科学理念，助力生态文明建设”主题，开展“生态文明与生物多样性保护”“青藏高原二次科考掠影”“城市生态与我们的未来”等25场科普活动。

表彰举荐优秀科技工作者 学会组织开展第二届全国创新争先奖、十七届中国青年女科学家奖和2020年度未来女科学家计划、2020年中国科协优秀中外青年交流计划候选人推荐工作。

学会组织开展第六届中国生态学学会青年科技奖评选和宣传表彰工作，10位科技工作者获奖。

学会新设立中国生态学学会“青年人才托举工程”项目，助力优秀青年人才成长。2020年最终评选出8名被托举人。

学会新设立中国生态学学会生态科学技术奖，授予在生态基础研究和应用基础研究、科普与应用推广等方面取得突出成果的单位或个人。旨在鼓励生态领域科技创新，调动广大生态科技工作者的积极性，促进生态事业高质量发展。

党建强会 学会注重党建的政治引领作用，进一步强化在学会工作中对科技工作者进行思想政治引领。新冠肺炎疫情发生后，学会发挥组织优势和专家优势，组织开展一系列工作。学会官网、官微在“党建强会”版块发布《中国生态学学会党委、中国生态学学会致广大会员倡议书》、宣传《中国科协再次倡议：让科学家精神光耀时代，让科技创造新的价值》等内容。2020年，学会官网、官微的学会党建内容覆盖人群超1万人次。

学会参加中国科协举办的学习宣传贯彻党的十九届五中全会精神报告会，听取《团结凝聚广大科技工作者为构建新发展格局、推进国家现代化贡献智慧力量》专题宣讲报告。

会员服务 学会通过智能化学术交流平台、电子期刊、官方微信、建立秘书长微信工作群等多种信息化交流手段，为科技工作者提供更多和更加优质的服务。2020年，学会官方微信公众号共发布各类资讯50条，关注用户增幅达68.6%。

开设高端学术和“互联网+”相融合的会员服务产品“空中生态大讲堂”，向会员提供网络在线学术报告视频7个。

英国生态学会、美国俄克拉荷马州立大学分别向学会会员开放免费在线生态学系列研究讲座和环境科学技术前沿国际论坛。

【第十九届中国生态学大会】 11月21—22日，由学会主办、中国科学院华南植物园承办的第十九届中国生态学大会以线上线下相结合的形式召开。会议注册人数达2200人，设置592个口头报告和110个学术墙报，累计近8万人次通过会议平台线上直播间在线观看大会特邀报告和分会场报告。

大会主题为“生态科学新使命：促进人与自然和谐”。中国科学院院士于贵瑞、中国工程院院士杨志峰、中国科学院院士朱永官、中国工程院院士张偲、中国科学院生态环境研究中心研究员陈利顶、中国科学院华南植物园研究员闫俊华、中国科学院西北高原生物研究所研究员赵新全、中国科学院东北地理与农业生态研究所研究员何兴元、浙江大学教授程磊、北京大学副教授唐志尧，分别从“自然保护与资源环境管理的若干生态学问题”“环境生态工程：学科脉络与前沿展望”“土壤微生物组与土壤健康”“冷泉生态系统的研究”“中国景观生态学发展历史、现状与未来”“新时代生态文明建设视角”“草地的多功能性与自然保护地建设”“生态系统响应气候变化：微生物视角”“植物群落构建、多样性与功能”等方面作大会报告。

此届大会深化创新办会模式，在确保疫情防控不放松的同时，从“一地集中多场”“线下”活动为主调整为“多地延展辐射全国”“线上线下”结合的大会活动新格局，共组织线下活动3场、线上活动40场，有效放大大会的服务覆盖面和社会效应。大会紧抓生态学前沿，报告国内外重要的新进展，反映不同分支领域与研究方向的新成果，特别是有不少研究是针对国家、区域或地方的生态实践问题，围绕着生态文明建设国家需求开展的，为展示中国生态学领域各类成果、汇聚生态学创新智慧、支持中国社会经济发展和生态文明进步搭建平台。

【第十一届中国生态文明腊子口论坛】 8月28—30日，学会与甘肃省甘南藏族自治州州委、州人民政府在甘南藏族自治州合作市召开第十一届中国生态文明腊子口论坛。论坛主题为“实施黄河上游生态大保护战略，推动甘南经济社会高质量发展”。学会副理事长陈利顶、秘书长钟林生，甘南藏族自治州人大常委会主任安锦龙、政协主席徐强、州委副书记何谋保，甘肃省生态环境厅一级巡视员张政民，甘肃省农业农村厅一级巡视员阎奋民，以及来自国内相关科研院所、高校的专家学者，甘南藏族自治州州委、州政府领导与各级相关部门、自然保护区和森林公园管理局代表，以及人民网、新华网、腾讯、网易、《中国青年报》《兰州晨报》等30多家新闻媒体共270余人参加会议。甘南网络广播电视台等多个频道和直播平台对会议进行现场直播。会议期间，与会人员观看甘南生态文明建设成果宣传片，参观生态科普牧区行活动——“美丽中国”生态科普展。

与会专家会后考察临潭县冶力关镇、碌曲县尕秀村的全域旅游无垃圾示范区、生态文明小康村和全域旅游标杆村等地的建设发展情况，调研美仁草原高寒草甸、尕海湿地的生态保护情况及旅游发展情况，为当地生态环境保护和经济社会发展提出前瞻性和实践性的意见建议。

【第三届中国生态文明大讲坛】 11月26—28日，由学会、海南大学主办，学会科普工作委员会、海南大学生态与环境学院、海南省生态学会、海南省科协、全国生态文明教育科学传播团队等单位承办，海南大学旅游学院、海南大学林学院、广西壮族自治区、云南省、重庆市等地生态学会及中国杭州低碳科技馆等25家单位协办的第三届中国生态文明大讲坛在海南、广西、云南、浙江、重庆等地举办。大讲坛共组织1个主会场、21个分会场，开展25场科普活动，线下受众3900多人，线上受众达15280余人。

11月27日，来自全国20多家单位的近50位生态科普专家和代表线下参加开幕式。海南大学副校长陈险峰主持开幕式，学会秘书长钟林生与海南大学校长骆清铭分别代表主办方致辞。开幕式后对2020年学会批准的9家中国生态学学会生态科普教育基地进行授牌。中国林业科学研究院院长刘世荣、海南大学教授杨小波、中国科学院院士魏辅文分别作《基于自然的气候变化解决方案：森林减缓与适应》《我们与保护地的生态环境——以海南人与热带雨林国家公园为例》《生态文明与生物多样性保护》。大讲坛开幕式及科普报告首次通过学会B站直播间对公众进行直播。

海南分会场分别在海南大学生态与环境学院、海南大学旅游学院、海南中学、海南琼山中学、海南演丰中学、海口五源河中学、海南大学儋州校区、海南鹦哥岭国家级自然保护区及海南三亚七加学校同时举办。

11月16日、11月24日，浙江分会场分别在湖州市安吉县梅园学校（云贵川外来民工少数民族子弟学校）和中国杭州低碳科技馆举办。

11月24日，由云南大学和云南省生态学会承办，云南大学科协、中国科学院昆明动物博物馆、中国科学院昆明植物园联合组织的云南分会场在昆明市长城中学开展。

11月24日，重庆分会场在重庆缙云山国家级自然保护区新建成的重庆市环保志愿者之家启动，围绕“无废城市”建设及珍稀动植物保护主题在北碚区新时代文明实践生态文明分中心开展活动。

11月26—28日，由广西生态学学会和阿拉善SEE八桂项目中心联合承办的广西分会场分别在广西大学、广西科技馆、玉林市图书馆、贵港市图书馆、大明山国家级自然保护区、广西弄岗国家级自然保护区、广西南宁市武鸣区两江镇雷江小学开设7个分会场，开展11场科普活动。

（撰稿人：罗春燕）

中国环境科学学会

服务创新型国家和社会建设　学会承接中国科协创新驱动助力工程项目，组建生态环保科技服务团，把创新要素引向宁夏回族自治区、江苏省、辽宁省以及四川省成都市、福建省泉州市等项目服务区。全年共组织150余人次科技工作者参与生态环保科技服务团的调研、咨询、培训、座谈、论坛等活动。

学会受国家生态环境部委托，开展《居民生态环境与健康素养提升行动方案（2020—2022年）》编制工作，并于7月正式印发。

学会参与“科创中国”建设，将生态环境科技创新系列讲座资源及生态环保科技服务团新闻推送至“科创中国”数字平台。同时，响应中国科协成立“科创中国”联合体倡议，同意作为首批发起单位共同筹建“科创中国”联合体。

受辽宁省沈阳市生态环境局委托，学会组建沈阳市水污染防治攻坚智库团队。该团队由62位国内专家组成，以现场访谈或者勘察形式开展咨询服务5次，形成各类技术报告、方案或议案29份，提出专家建议或咨询意见33份。

学会全年共发布《水回用评价指南　再生水分级与标识》等12项团体标准；正式立项《二氧化碳捕集利用与封存名字标准》等63项团体标准。完成《中华人民共和国民法典（草案）》《中华人民共和国乡村振兴促进法（草案）》《放射性同位素与射线装置安全和防护条例（草案送审稿）》等法律法规征求意见工作，并形成修改建议提交至中国科协。

9—11月，学会组织开展场馆、自然保护地、科研和企业四类基地的专题交流和培训，以课堂教学、现场教学、案例研讨等形式开展4期培训，培训人数240人。12月24日，生态环境部和科技部联合发布第七批国家生态环境科普基地，共28家入选。

按照中央疫情防控的要求和中国科协部署，学会第一时间发布学会理事长黄润秋签发的《致广大生态环境科技工作者的倡议书》，号召全国广大生态环境科技工作者贡献智慧和力量。组织包括4位院士在内的20多位专家提出疫情防控医疗废物应急处理技术和管理等4方面16条建议，由中国科协《科技工作者建议》报送中共中央办公厅、国务院办公厅和全国人大、政协。

学会分支机构发挥专业特长和专家优势，先后整理发布《新冠肺炎疫情固体废物处理与管理相关政策文件汇编》《新冠肺炎疫情时期加强生态环境政策工作的建议》等文件，搭建“新冠肺炎疫情固体废物应急处置与管理技术在线专家支持系统”在线咨询平台，为疫情防控提供科学服务。组织工程技术中心和单位会员申报科技部“科技助力经济2020”项目，助力企业复工复产。

2月初，学会联系会员单位帮助中华环保基金会找到一批防疫口罩货源，并将2.1万只防疫口罩送往湖北省武汉市、孝感市等疫情防控一线。

根据中国科协组织人事部《关于通报表扬年度科协系统优秀组织和个人的函》，学会被推选为科协系统在推进疫情防控和经济社会发展等方面作出积极贡献的先进典型，受到通报表扬。

学会建设　截至2020年年底，学会有个人会员60519人、会员单位1400个。

组织召开全体理事大会1次、常务理事会议3次，审议《中国环境科学学会章程》修订、理事会领导和理事变更、分支机构变更、批准发布学会团体标准等重要事项。加强分支机构管理，完成2019年度分支机构考评工作，编印《中国环境科学学会分支机构工作指南》，组织召开分支机构工作交流会，安排专人对口联络分支机构，指导加强分支机构内部建设。经常务理事会批准，成立绿色贸易与投资专业委员会、可持续消费与生产专业委员会、生态环境模型专业委员会、生态遥感监测与评估专业委员会4个分支机构。

青年人才托举工程　学会持续开展第五届中国科协“青年人才托举工程”项目，依托青年科学家分会组织召开生态环境青年科学家峰会，邀请被托举人代表作专题报告并开展工作交流，展示培养效果与科研成绩。学会获得第六届中国科协“青年人才托举工程”项目 2 个立项支持名额，上海交通大学罗金明、清华大学深圳国际研究生院郑博成为推荐人选。

主办期刊 根据《2019 年版中国科技期刊引证报告》，由学会主办的《中国环境科学》引证指标继续位居环境科学技术及资源科学技术类科技期刊前列，核心影响因子为 1.892。《中国环境科学》2020 年度共处理稿件 3200 余篇，出版正刊 12 期，共发表论文 630 余篇。2020 年被评为“第五届中国精品科技期刊（即 F5000 来源期刊）”“2020 中国国际影响力优秀学术期刊”。

在中国科协的支持下，学会与哈尔滨工业大学、中国环境科学研究院联合主办 *Environmental Science & Ecotechnology*（《环境科学与生态技术（英文）》，ESE）期刊。该期刊管理委员会和编委会由包括 17 位院士在内的 56 位国内外学者组成，中国工程院院士任南琪任主编，中国工程院院士王金南、吴丰昌任副主编，美国国家工程院院士 Danny Reible 等 6 位具有国际影响力的专家任执行主编。期刊重点关注环境与健康、全球气候变化、生态工程与绿色可持续技术、生物过程与技术、绿色能源与技术、绿色发展标准与政策等内容。ESE 与国际出版机构爱思唯尔集团合作，采取线上开放获取模式，最大化国际发行覆盖面。1 月，ESE（创刊号）正式上线并在全球出版发行。截至 12 月底，ESE 共收到投稿 141 篇，其中国际投稿占比 54.3%、约稿占比 33.0%。出刊 4 期，发表论文 42 篇。

学科发展工程 历时 3 年，学会牵头完成国家重点研发计划“大气污染成因与控制技术研究”专项“大气环保产业园创新创业政策机制试点研究”项目，建立大气污染防治技术评价方法体系，设计并提出大气污染防治技术评价体系和服务模式，开展大气污染防治技术评价应用试点。完成《大气污染防治技术评价方法研究报告》《大气污染防治技术评价导则（建议稿）》等 5 个标准规范、《典型大气污染治理技术评价报告（送审稿）》等 3 个评价报告。5 月 23 日，该项目通过验收。

国际学术会议 2020 年，学会举办境内国际会议 6 个，共计参会人数 26530 人次（含线上），交流论文 120 篇。

8 月 2 日和 12 月 11 日，学会与美国化学会出版社等共同举办两场主题论坛，分别为全球 COVID-19 疫情下的环境与健康论坛和环境化学专场：水污染挑战与控制。会议均以线上形式开展，来自生态环境技术与环境健康和水环境领域的专家、科研人员和学生约 2.5 万人次参加在线会议。

国内主要学术会议 围绕生态环境领域重点工作，学会秘书处和分支机构主办或参与举办学术会议 78 次，参加会议的专家超过 2 万人次，交流论文 3800 余篇，出版《第二十四届大气污染防治技术研讨会论文集》等 22 部学术出版物。会议主要包括第二十四届大气污染防治技术研讨会、生态环境污染治理技术研讨会、第四届环保科技创新发展高端论坛、中国环境谷论坛暨 2020 臭氧与挥发性有机物管控技术研讨会、水环境污染物暴露识别与健康风险管控学术研讨会暨第三届新型污染物环境健康风险及防控学术会议、2020 全国有机固废处理与资源化利用高峰论坛、第十届重金属污染防治技术及风险评价研讨会暨重金属污染防治专业委员会 2020 年学术年会、2020 全国水污染防治技术研讨会暨黄河流域生态保护与高质量发展高峰论坛、2020 年全国海洋生态环境保护及监测技术研讨会、第八届全国沉积物环境与污染控制研讨会暨 2020 沉积物环境专业委员会学术年会、第九届中国环境院所长论坛、黄河流域生态保护与高质量发展高层次专家研讨会等。

两岸交流 9 月 1—3 日，2019 两岸环保高层专家论坛在黑龙江省哈尔滨市召开。论坛由学会与台湾环境永续发展基金会主办，围绕“携手环境科技创新，融合两岸共建生态文明”主题，就污染防治、固体废物管理与资源回收、生态系统保护及生态修复以及环境产业发展等议题展开研讨和交流。来自海峡两岸的环保研究院所、高校、企业等的 160 人参加论坛。

12 月 25—29 日，第十一届海峡两岸人工湿地研讨会在湖北省武汉市召开。来自海峡两岸及香港特别行政区、澳门特别行政区的 40 余家高校、科研院所和企业的专家和工程技术人员共 230 余人参加会议。会议主题为“后疫情时代人工湿地在区域环境保护和生态修复方面的作用”。与会专家学者共进行 33 场报告，另有 50 余篇论文和墙报参与交流。

国际交往 中国科协生态环境产学联合体和学会支持举办 2020 年（第六届）环保创新创业大赛“海外项目挑战赛”。学会与国际水协会、丹麦科技创业中心等国际机构建立合作，进行大赛海外推广、海外项目的邀请和筛选，并通过互联网和海外合作网络，帮助海外项目组了解中国市场需求和环境。其中，联合北欧创新署、丹麦科技创业中心、挪威创新署、芬兰国家商务促进局等项目组举办2020（第六届）环保创新创业大赛海外项目挑战赛——北欧五国专场，邀请技术专家、企业技术负责人、科技投资人组成评委团。大赛由评委团以线上线下相结合的方式进行提问、点评和评分，同时进行现场实况直播。

科普活动 2020年，学会围绕“疫情防控”“野生动物保护与生物多样性”等主题，累计在微信公众号上发布科普文章160篇，上报中国科协的33条均被采纳，上报生态环境部的3篇均被采纳。编制《新型冠状病毒肺炎疫情防控环境保护知识问答》《VOCs污染防治知识问答》2部科普图书，出版《中小学生活垃圾分类教材（7—9年级）》教材资料和《守护生命家园》宣传册各1部；开发《绿色今朝，回望百年》（共5册）生态环保献礼图书。围绕水、土壤、畜禽养殖等主题开发动画作品40部。

注重生态环境科普队伍的梯队建设，组建“院士+中青年科学家+科学家团队+大学生科普志愿者”科普人才队伍。组织环境科学首席传播专家及团队成员参加疫情防控、科技志愿服务等科普活动6人次；围绕疫情防控与水、大气、健康等主题，面向领导干部、科研人员和青少年开展15次讲座，包括云课堂系列公益讲座4次；撰写生态环境相关科普文章20篇；接受中央电视台财经频道、新闻频道媒体采访2次；参编出版科普读物6部，在生态环境部官网、新华网、光明网、《环境与生活》杂志、“两微一端”、“环保科普365”微博等广泛传播，其中《新型冠状病毒肺炎疫情防控环境保护科学知识问答》在2020年年初疫情严峻时期推出，起到引领示范作用。

2020年，学会组织全国18个省（自治区、直辖市）85所高校的6000多名志愿者以线上线下相结合的方式走进社区、村庄、校园开展科普志愿服务，直接受益人群超过80万人次。

开展“我是生态环境讲解员”活动，吸引20多个省（自治区、直辖市）的260多名选手参与。入围总决赛的10名选手，既有生态环保志愿者和企业员工，也有来自地质、水务、科技、环保等战线的从业者。通过总决赛选拔出3名优秀选手，代表生态环境部参加全国科普讲解比赛并获得“优秀组织单位”称号。

表彰举荐优秀科技工作者 学会组织开展国家科学技术奖提名工作，2020年共提名3项成果参评国家科学技术奖，2个项目通过国家初评。组织完成2020年度环境保护科学技术奖参评项目征集和评审工作，评出一等奖5项、二等奖37项、科普类奖2项。组织开展第三届中国环境科学学会青年科学家奖评选工作，评出30名获奖者，其中金奖10名、优秀奖20名。开展青年人才托举工程、青年科学家奖等人才举荐活动，经学会推荐，中国科学技术大学教授刘诚、南开大学教授展思辉获第十六届中国青年科技奖，中国工程院院士、中国环境科学研究院副总工程师吴丰昌获第二届全国创新争先奖，中国工程院院士郝吉明被评为2020年“最美科技工作者”。

党建强会 学会组织全体党员干部参加十九届五中全会精神辅导报告会和集中学习。修订完善《学会党总支工作制度》，严格执行“三会一课”制度，不断提高基层组织生活质量。开展“灯下黑”问题专项整治。2020年，共召开25次党总支扩大会、6次全体党员大会、1次巡视整改专题民主生活会，领导班子成员和支部书记讲党课6次，上报党建活动信息46篇。

新冠肺炎疫情以来，学会组织党员群众认真学习贯彻习近平总书记关于疫情防控重要指示精神，强化组织领导，号召党员干部广泛联系广大生态环境领域的科技工作者、会员、分支机构等，发挥专业优势参与疫情防控工作。

会员服务 学会开展会员走访与调研活动，确保调研工作落到实处，提高会员服务工作水平。依托中国环博会搭建会员服务平台。8月，在上海市举办2020中国环境技术大会暨中国环境科学学会单位会员交流年会，来自全国的700余位环保领军企业家、专业技术人员到现场参加会议，近5万人次在线观看直播。同期举办的会员创新技术分享会得到会员单位好评。编制并发送数字版《中国环境科学学会2020年会员服务指南》《中国环境科学学会工作动态》《中国环境科学学会环境科技企业名录（第二册）》《中国环境科学学会年报》，供会员浏览。

收集整理疫情期间会员单位等参与抗击疫情、驰援武汉市和复工复产典型案例，通过学会微信公众平台持续报道。

【第二十四届大气污染防治技术研讨会】 8月27—28日，由学会联合中国环境科学研究院、清华大学、北京大学等单位主办的第二十四届大气污染防治技术研讨会在广东省广州市召开。来自全国各地的800余位专家学者参加会议。

在大会主旨报告环节，学会监事长、中国工程院院士、北京大学环境科学与工程学院教授张远航，学会副理事长、中国工程院院士、清华大学环境学院教授贺克斌，国际欧亚科学院院士、中国矿业大学环境与测绘学院教授薛勇3位院士分别作主旨报告《大气臭氧污染防治的几点基本认识》《我国中长期空气质量改善：挑战与展望》《苏皖鲁豫枢纽区域大气污染遥感监测》。

会议围绕电力行业污染排放控制及运行、钢铁行业超低排放新技术及应用等专题设置23个分会场和“臭氧污染成因与来源解析”“建材（水泥、玻璃、陶瓷）行业烟气多污染物协同深度减排”2个高级研修班，同期设置院士专家与党政领导座谈会、优秀环保科技成果展，为地方大气污染防治提供专家咨询及治理技术等可行性解决方案。会议共进行口头报告200余个，张贴墙报50余篇，收录论文53篇。

【生态环境污染治理技术研讨会】 9月21—22日，由学会主办，中国环境科学研究院、中国科学院生态环境研究中心、清华大学、上海交通大学、同济大学、南京大学等单位联合举办的生态环境污染治理技术研讨会在江苏省南京市召开。来自全国各地的1500余位专家学者参加会议。

在大会主旨报告环节，同济大学环境科学与工程学院院长戴晓虎，俄罗斯工程院、俄罗斯自然科学院外籍院士、上海大学副校长吴明红，中国科学院地理科学与资源研究所研究员陈同斌，生态环境部华南环境科学研究所副所长于云江等专家分别围绕“污泥处理处置技术方向选择的思考”“石墨烯微结构精确调控及其环境有机污染修复应用”“重金属污染土壤修复的实践与展望”“我国环境污染与化学品健康风险防控科技发展重点领域与方向”作主旨报告。

会议同期围绕大气环境污染防治政策与技术、水污染防治技术、生态修复与土壤污染治理技术、固体废物处理处置技术、生态环境修复与评估5个方面设置30个专题，300余位专家围绕各专题进行研讨。为深入践行学会“大学术”体系建设，研讨会期间还设置研究生论坛和环保科技成果展，助推人才培育和科技成果转化。

会议共进行口头报告300余个，张贴墙报60余篇。

【黄河流域生态保护和高质量发展高层次专家研讨会】 9月29日，由中国科协主办、学会承办的黄河流域生态保护和高质量发展高层次专家研讨会在北京召开。中国工程院院士、新疆额尔齐斯河流域开发工程建设管理局局长邓铭江以及来自政府、高校、企业、科研院所等研究黄河或水生态环境保护与利用的20余位专家学者出席会议。

黄河勘测规划设计研究院有限公司党委书记、董事长、教授级高级工程师张金良作开题发言，从黄河战略水安全保障规划、黄土高原高标准免管护淤地坝、黄河下游生态廊道、沿黄城镇双供双排新型给排水系统等方面介绍黄河流域生态环境保护和高质量发展的创新举措。结合开题发言，与会专家学者围绕黄河中上游水土保持技术升级、黄河下游生态廊道功能提升、沿黄城镇给排水系统创新等议题展开讨论。

生态环境部黄河流域生态环境监督管理局局长、河南省政府参事张柏山表示，水资源、水环境、水生态是相互关联、相互统一的有机整体，面对黄河复杂的生态环境问题，要坚持水质水量及其过程的管理。

清华大学研究生院副院长、环境学院教授胡洪营表示，黄河流域治理的内涵还不清晰，要站在流域的视角梳理黄河流域的科学内涵，从技术、工程、管理等方面推进黄河流域的生态保护与高质量发展。

邓铭江在总结发言中表示，“节流减污”是治黄永恒的主题，水沙是治黄的“牛鼻子”，减排治污是治黄的难点，流域管理是治黄的重要手段。作为重大国家战略，黄河流域生态环境保护和高质量发展既需要各级地方政府和党委的领导和组织实施，也需要广大科技工作者针对重大问题、系统性难题做研究和科学论证，从而深入推进黄河流域生态环境保护与高质量发展。

会后，学会结合专家发言，整理形成政策建议报告上报中国科协。

【美丽中国百人论坛2020年会】 12月18日，由学会与生态环境部环境规划院、中国生态文明研究与促进会、清华大学环境学院、北京大学环境科学与工程学院、中国科学院生态环境研究中心共同发起并主办的美丽中国百人论坛2020年会在北京召开。论坛以习近平生态文明思想为指导，以推进美丽中国建设为目标，召开跨部门、跨学科的高端学术会议，研究2035年及中远期生态环境保护与生态文明建设任务，推动生态文明和美丽中国建设进程。

中国科学院院士、全国人大常委会副委员长陈竺向论坛致贺信，论坛主席、生态环境部部长黄润秋出席年会并讲话。联合国前副秘书长、联合国环境规划署执行主任埃里克·索尔海姆向论坛致贺信。论坛名誉主席、首任国家环境保护局局长曲格平发表视频致辞。

中国社会科学院学部委员、研究员潘家华主持论坛圆桌会议，会议主题为“开启美丽中国建设新征程——‘十四五’展望”。中国科学院科技战略咨询研究院副院长、研究员王毅结合“美丽中国建设战略重点与方向”作引导报告。论坛成员和与会专家从绿色发展、战略政策、科学技术、应对气候变化、污染防治、生态保护、法律制度、数字政府、企业责任、全民行动以及地方实践等方面进行交流发言，为推动美丽中国建设与全球可持续发展提供建设性意见和建议。

生态环境部有关司局、直属单位负责人，部分地方生态环境部门主要负责人，地方政府、科研院所、高等院校、社会组织、企业和媒体代表，论坛主办单位主要负责人和成员代表，共140余人到现场参加年会。《人民日报》《中国日报》《中国青年报》《中国环境报》《中国能源报》、新华社、中国新闻社、中央广播电视总台、第一财经、每日经济新闻、财新网等国内主流媒体进行现场采访报道。

【第一届生态环境科技期刊发展论坛】 12月4日，由学会创办的第一届生态环境科技期刊发展论坛在北京召开。这是中国生态环境领域第一次举办全国性科技期刊专题论坛。论坛围绕“创办世界一流期刊的使命与路径”“生态环境科技期刊的体制创新与数字化变革”“科技期刊对实现联合国可持续发展目标、服务构建人类命运共同体的推动作用”“生态环境期刊的特色发展之路”“开放创新提升科技期刊的传播力与影响力”“新时代背景下学术期刊如何实现媒体融合发展”6个议题进行交流研讨。汇聚*Frontiers of Environmental Science & Engineering light*、《环境科学研究》等70多家生态、环境、气象、水利、地质、林学等领域的科技期刊，为生态环境科技期刊改革发展、改进期刊评价体系、促进期刊开源与国际化等提供交流平台。来自生态环境领域的科技期刊主编、编辑和国内外出版机构的代表近200人参加论坛。

【首届大气环境遥感与协同分析青年学者论坛】 11月28—29日，由学会环境信息系统与遥感专业委员会主办的首届大气环境遥感与协同分析青年学者论坛在广东省珠海市召开。面向$PM_{2.5}$与臭氧协同治理、碳减排等国家重大需求，论坛设置气溶胶、臭氧及其前体物（VOCs、NO_2等）遥感反演、基于遥感数据的大气污染特征和机制分析、基于遥感数据的大气污染物排放估算、卫星遥感与模式协同、空气质量遥感制图与健康风险评估等主题。来自中国科学院空天信息创新研究院、中国科学院合肥物质科学研究院、中国科学院大气物理研究所、中国气象科学研究院、生态环境部卫星环境应用中心等30多个机构的100余名青年学者参加论坛。论坛除35个口头报告外，还设立展示互动内容（presenting interactive content，PICO）环节，评选出10个最佳PICO报告奖。在论坛的头脑风暴环节，来自大气、环境、遥感、信息、仪器等不同学科的青年学者就学科交叉融合、研究生培养与团队建设两大议题进行讨论。

（撰稿人：张宏亮）

中国自然资源学会

服务创新型国家和社会建设 受中国科协及自然资源部、司法部等委托，学会组织专家对《中华人民共和国民法典（草案）》《中华人民共和国长江保护法（草案）》《中华人民共和国国土空间规划法（草案）》《中华人民共和国土地管理法实施条例（修订草案）》等提出修改意见，部分建议得到采纳。

2020年，学会陆续向自然资源部提交《强化自然资源科普教育，提升公民资源保护意识和科学素养》《关于加强自然资源科学传播和决策咨询提升新时代自然资源综合治理能力的建议》等3份建议报告，获自然资源部部长陆昊批示。

7月23日，自然资源部综合司司长韩海青和副司长吴太平等一行到学会调研座谈。

学会推出智库性内部咨询报告《中国自然资源观察》，在《自然资源学报》刊文的基础上，立足国家重大战略需求，探索提供政策咨询服务的全新办刊模式，提升期刊社会集成服务能力。2020年推出7份政策咨询报告，其中1份报告获得自然资源部副部级领导批示。

学会资源制图专业委员会、旅游资源专业委员会、资源法学专业委员会积极参与疫情防控工作和咨询智库等社会公共服务工作，多位委员在线作科普报告、提交咨询建议报告，发挥自然资源科技在抗疫中的积极作用。

12月6—8日，由学会国土空间规划研究专业委员会与中科地信（北京）遥感信息技术研究院共同主办的2020国土空间规划编制培训班在浙江省杭州市召开。4位专家分别从智慧国土空间规划理论与方法、城市设计应用、规划编制的实践难点解析、乡村规划编制与实施等几方面进行教学解读。

学会建设 2020年，学会新增会员850人，个人会员总数达8450人。召开理事会议1次、常务理事会议2次。

学会新成立草原资源专业委员会、海洋资源专业委员会，分支机构共计36个。学会土地资源研究专业委员会完成换届选举。6个专业委员会召开工作会议。

9月18日，学会理事长成升魁赴学会秦巴分会调研，考察秦巴分会实验基地筹建情况，就推动秦巴分会工作举办座谈会。

9月24日，宁夏自然资源学会成立，宁夏大学资源环境学院院长孙兆军当选首任理事长。

主办期刊 中国知网发布的2020年《中国学术期刊影响因子年报》显示，《自然资源学报》最新复合影响因子为5.059，较2019年增加27.56%，位居资源领域科技期刊影响因子第1。策划“国土空间生态修复”“世界能源流动与国家安全”2个特色专辑和7个特色专栏。入选中国国际影响力优秀学术期刊及第5届中国精品科技期刊，其中一篇文章入选“中国百篇最具影响国内学术论文”。

2020年，《应用基础与工程科学学报》出版6期，刊发论文124篇，组织黄河系列的专题论文。被EI收录为核心期刊，被Scopus数据库、日本科学技术振兴机构数据库收录。

《资源科学》组织3个专辑和3个专栏，其中“黄河流域高质量发展路径与资源生态保障”专辑中的19篇文章在中国知网总下载频次达26314次。中国知网年报显示，《资源科学》2020年复合影响因子为4.966。入选中国国际影响力优秀学术期刊、中国管理科学高质量期刊、中国中文权威学术期刊名单，在《我国高质量科技期刊分级目录》中列居地学领域T1级。

国内主要学术会议 2020年，学会及其分支机构组织各类学术会议27场次，合计3633人次参加线下会议、86.4万人次参加视频会议，交流论文691篇。

2月，学会旅游资源研究专业委员会组织召开线上会议，探讨新冠肺炎疫情发展趋势、疫情后旅游业如何恢复等议题，形成“新冠病毒疫情对中国旅游的影响及应对探讨”笔谈，在学会微信公众平台发布。13位学者参加笔谈。

8月30日，学会资源法学专业委员会采取线上线下相结合的方式主办食物节约立法座谈会。40余位专家和学生分别就食物浪费的立法概览及中国方案、立法上如何处理食物节约与适度消费的关系、中国制定《节约食物法》、食物节约立法中违法行为的类型以及反浪费立法的理论展开讨论。会议成果以专家笔谈的形式刊发在《自然资源学报》上。

10月9—11日，由学会资源工程专业委员会、《自然资源学报》编辑部共同主办的“海洋资源经济与战略”专题学术论坛在浙江省宁波市召开，60余位专家学者参加会议。

10月16日，由学会资源循环利用专业委员会和上海市风景园林学会共同举办的美丽中国与生态文明建设高端论坛在上海市召开。7位专家作报告，130余人参加论坛。

10月17—18日，由学会和湖南大学共同主办，学会资源法学专业委员会、湖南大学法学院等承办的第二届中国自然资源法治论坛在湖南省长沙市召开。论坛主题为“《民法典》实施与自然资源法治体系”，100余位专家学者参加论坛。

10月18日，由学会中药及天然药物资源研究专业委员会等12家学术团体联合主办的第三届中国中药资源大会在江苏省南京市召开。大会主题为“中药资源与产业高质量发展”，20位专家学者作学术报告，220余人出席线下大会，2000余人注册观看大会视频直播。

10月24日，由学会秦巴分会主办的黄河上中游生态保护和高质量发展研讨会在甘肃省兰州市召开。中国科学院院士张国伟、陈发虎、夏军，中国工程院院士王双明分别作主旨报告。20余名专家学者围绕黄河治理与高质量发展的理论与实践展开研讨。

11月6—8日，由学会水资源专业委员会等单位主办的第十八届中国水论坛在江苏省南京市召开，论坛主题为“水科学与未来地球”。中国科学院院士刘昌明、夏军、王焰新，中国工程院院士王浩等12位专家作大会报告。论坛设置17个专题分会场，1200余名专家学者参加论坛。

11月13—15日，由学会土地资源研究专业委员会主办的2020城乡融合背景下的中国土地资源科学创新与精准扶贫战略学术研讨会在浙江省杭州市召开。180余人参加会议，5位专家作大会报告，会议安排16个邀请报告和40个专题报告。

11月20—22日，由学会森林资源专业委员会主办的第三届森林资源论坛暨“提升森林质量　助力美丽中国建设”学术研讨会在湖南省怀化市会同县举办。17位专家和研究生作报告，70余名专家学者参加会议。

11月21日，学会草原资源专业委员会成立大会暨首届中国草原资源论坛在内蒙古自治区呼和浩特市召开。9位专家作报告，100余位专家学者参加会议。

11月26日，由学会和宁夏回族自治区科协等单位联合主办的黄河流域生态保护和高质量发展科技高峰论坛在宁夏回族自治区银川市召开。30余位专家作报告。中国工程院院士、宁夏回族自治区科协名誉主席何季麟，北京林业大学校长安黎哲等300余位专家学者参加线下会议，75万余人次在线观看。

11月30日，学会资源产业专业委员会2020年学术年会在北京召开，年会主题为“资源产业创新与发展”。中国科学院院士刘丛强等5位院士、专家作报告，160余名专家学者参加会议。

12月4—5日，由学会国土空间规划研究专业委员会主办的2020年国土空间规划学术年会在线上召开，会议主题为“实践中的问题探索”。20位专家学者作报告，会议网络直播平台最高同时在线人数4.2万人次。

12月5日，由学会水资源专业委员会等单位主办的第二届“黄河保护与发展”高层论坛暨黄河水环境高端论坛在甘肃省兰州市召开。15位专家学者作报告，200余人到现场参加会议，5000余人次线上观看。

12月5—6日，由学会资源制图专业委员会联合主办的第五届全国地图学理论与方法研讨会在湖北省武汉市召开。会议主题为“跨越自然和人文的地图学”。260余位专家学者参加线下会议，6.5万人次线上观看。

12月11日，学会海洋资源专业委员会成立大会暨科技创新促进海洋资源可持续利用学术研讨会在山东省青岛市召开。60人参加会议。

12月11—13日，由学会、学会旅游资源研究专业委员会和《自然资源学报》编辑部主办的红色旅游资源创新开发与产品文化品质提升专题研讨会在江西省南昌市召开。50多位专家学者进行学术汇报，140余位专家学者参加会议。

12月18—19日，绿色发展与资源可持续利用学术研讨会暨中国自然资源学会资源地理专业委员会2020年学术年会在江苏省徐州市召开。5位专家作大会报告，42位学者作专题报告，80余位专家学者参加会议。

12月25日，由学会资源大数据研究分会主办的战略性矿产资源大数据研讨会在北京召开。20余位专家围绕2019年度全国非油气矿产资源开发利用现状和中国战略性矿产资源大数据进行研讨。

国际组织任职　7月，学会副理事长、中国科学院院士夏军当选第九届国际大地测量和地球物理学联合会中国委员会主席。

科普活动　2020年，学会共举办校园科普讲座20余场次，科普讲座授课专家30余人，科普受众4000余人次。

组织科普报告20场次。8月23—27日，全国科技活动周期间，学会科普工作委员会联合中国科学院新疆生态与地理研究所共同组织《沙漠的动与静》《土壤健康与生物多样性》《大美新疆》等在线科普讲座，受众群体覆盖千余名少数民族儿童和青少年。9月19—20日，全国科普日期间，学会科普工作委员会组织《水循环，不一样的圈》《从科学家的大脑，到公众的心：科学普及这样乘风破浪》2个在线科普报告。

组织科普进校园活动4次。科普专家和研究生分别走进中国科学院附属实验学校、北京市海淀区东升实验小学、四川师范大学附属第九实验中学等学校开展资源科普知识讲座，介绍山地科学及防灾减灾、减少食物浪费等科普知识。

组织科普走基层活动6次，对资源管理部门人员进行业务培训。学会教育工作委员会组织专家深入自然资源部空间规划局、西藏自治区甘孜藏族自治州自然资源和规划局、江苏省建筑行业协会、重庆市规划和自然资源局、宁夏回族自治区自然资源厅等单位，讲授美丽中国与国土空间治理创新、自然资源产权改革与国土空间用途管制等相关业务。科普受众1100人次。

5月，2020年中国科学院第十六届公众科学日活动期间，学会科普工作委员会联合支撑单位投资制作《建设地球上最富有人情味的国家公园》科普视频，在中国科学院科普云平台“中国科普博览”上投放。视频以钱江源、三江源、武夷山和神农架国家公园等为例，讲解符合中国国情的生态补偿模式和依靠自然生态保护地建设的具有中国特色的国家公园理念。

学会举办主题科普活动5次，分别是认识身边的“暖温带落叶阔叶林”野外实践活动、“赏秋天美景　认身边植物”野外科学实践活动、讲授科普报告《中科院奥运村科技园的乔灌木——兼谈植物拉丁学名的基本知识》、认识中科院奥运村科技园的乔灌木并挂牌野外实践活动、“亲近自然，与湿地握手”湿地生态科普活动，吸引200余名市民参与。

学会做好疫情防控和应急科普工作，通过微信公众号发出抗击疫情倡议书。学会各分支机构组织撰写《与其敲锣求助，不如动手应急自救——手把手教你在家选方熬中药》《疫情中，一只口罩的自述》等科普文章，同时发表《韧性城市：应对重大突发瘟疫灾害的新思考》《新冠病毒疫情对中国旅游的影响及应对探讨》等抗疫文章，为打赢疫情防控阻击战作出贡献。

表彰举荐优秀科技工作者　学会在第十八届中国水论坛、全国土地资源学术会议等学会分支机构主办的学术会议上向一批优秀青年学者颁发青年优秀论文奖。

党建强会　11月29日，学会党委组织第五届全国资源科学青年科学家论坛参会代表到湖南省长沙市橘子洲头景区开展党建活动，感受青年毛泽东忧国忧民、勇于担当的情怀。30日，组织30多人赴湖南省郴州市汝城县沙洲村参观学习，实地感受“半条被子，温暖中国”的故事。

12月18日、22日，学会党委分别在淮海战役纪念馆和淮海战役陈官庄地区歼灭战纪念馆开展“传承红色基因、牢记初心使命”主题教育活动。学会理事长、党委书记成升魁等20人参加活动。

会员服务　学会第八届理事会继续执行对学生会员减免会费的优惠措施。会员参加学会主办的学术会议，注册费优惠。

【第五届全国资源科学青年科学家论坛】　11月28—29日，由学会和湖南财政经济学院主办的第五届全国资源科学青年科学家论坛在湖南省长沙市召开。论坛主题为“国土空间治理与自然资源管理”。来自全国40余所高校和研究机构的80余名青年学者参加研讨。

湖南财政经济学院常务副校长刘寒波、学会理事长成升魁分别致辞，希望青年学者围绕自然资源管理的国家需求和资源科学发展前沿与热点、难点问题，以青年科学家的情怀为资源科学发展作出贡献。

论坛执行主席、学会青年工作委员会主任姜鲁光就青年科学家论坛的发展历程与主题进行解读。论坛执行主席、学会青年工作委员会副主任郑一、李金铠、黄秋昊、吴文斌先后主持论坛专题学术交流，湖南省经济地理研究所所长魏晓主持学术期刊编辑对话活动。20位青年学者分享研究进展。

【第二届大学生自然资源科技作品大赛决赛】　12月20日，由学会主办，学会教育工作委员会、江苏师范大学地理测绘与城乡规划学院、广东国地规划科技股份有限公司等单位承办的第二届大学生自然资源科技作品大赛决赛在江苏省徐州市举办。

大赛以“践行资源节约、贡献一己之力”为主题，旨在加强大学生对资源国情的科学认识，调动其参与自然资源科技事业的积极性与创造性。大赛共收到由全国81所院校选送的232份参赛作品。经过专家组层层遴选，60项作品晋级决赛。决赛阶段采用线上线下相结合的方式进行答辩。专家评委围绕作品选题的背景、技术方法应用、团队成员分工、成果潜在问题与应用前景等方面进行提问，全方位考察参赛队员的理论基础、技能水平、学术素养、团队协作等方面的综合能力。最终，河南理工大学、中国农业大学获特等奖；咸阳师范学院、宁夏大学（2支代表队）、广州大学、南京大学、江西师范大学、华南农业大学、苏州科技大学共8支代表队获一等奖。

学会名誉理事长、中国工程院院士石玉林为大赛题写“功崇惟志，业广惟勤”。学会理事长成升魁，江苏师范大学副校长钱进，南京大学地理与海洋科学学院副院长、学会副秘书长金晓斌，广东国地规划科技股份有限公司联席总裁张鸿辉出席开幕式并致辞。

（撰稿人：刘丽娜）

中国感光学会

服务创新型国家和社会建设 学会开展中国科协创新驱动助力工程示范项目，通过“科创中国”辐射固化科技服务团，组织专家走访调研，开展学术交流研讨活动5次，召开企业座谈会3次，开展线上线下宣讲培训3次，对接企业27家，开展科技成果转化4项，申请和授权专利15项，联合技术攻关项目8项，形成新产品25个，推动辐射固化行业的科研创新和技术改造，促进产业结构调整和技术转型升级。

3月，学会收到商务部贸易救济调查局发来的有关了解英国脱欧对中国相纸反倾销案影响情况的函。学会向商务部贸易救济调查局提交回函，说明英国、欧盟相纸产业情况以及对中国出口情况，提出对维持欧盟/英国反倾销措施的意见和建议。

2020年，学会推荐的“如何突破光刻技术难题”入选2020十大工程技术难题。7月8日，学会召开“如何突破光刻技术难题”专家座谈会，形成《科技工作者建议——关于突破光刻技术难题的建议》报告，呈报相关部门并被重点采用，得到中央有关单位采编。

根据中国科协召开的基础科学重大问题高层次研讨会的要求，学会向中国科协提交《科技工作者建议——关于加强人工光合成研究及平台建设的建议》报告。

学会数字成像技术专业委员会走访企业会员单位，搭建合作平台；影像保护专业委员会为中国照片档案馆、碑林博物馆等单位开展技术咨询等服务；视频侦查技术与特种照相专业委员会发挥协同创新中心平台建设优势，引入国内外高校、企业以及相关业务局参与视频侦查技术实验平台建设；遥感技术专业委员会协调参与国家重点研发计划“高频次迅捷无人航空器区域组网遥感观测技术”项目在江西省开展的组网实验，前往鄱阳湖流域重灾区提供无人机组网遥感测绘巡航，为防汛提供数据分析。

学会建设 2020年，学会召开理事会议1次、常务理事会议3次、监事会议2次、理事长办公会议2次。

学会新增个人会员14人，个人会员总数达4546人；新增单位会员1个，单位会员总数达72个。

学会制定《中国感光学会科学技术成果评价办法》《中国感光学会科学技术奖奖励办法》，对《中国感光学会分支机构管理办法》等相关制度进行修订，进一步规范学会内部管理。

主办期刊 《影像科学与光化学》《影像技术》是学会的主办刊物。2020年，两种刊物按计划编辑出版12期，刊登主要文章300余篇。

国内主要学术会议 2020年，学会及各专业委员会共举办国内学术会议10余次，线下参加人数近2000人次，线上参加人数近6万人次，交流论文300余篇。主要会议包括“如何突破光刻技术难题”座谈会、第二届紫外LED长治国际会议暨长治LED产业发展峰会、2020第六届中国光催化产业大会暨光催化产业线上嘉年华、2020·光刻胶先进技术和产业应用研讨会、2020第二十一届辐射固化年会、侦查办案新技术理论与实践学术研讨会、LED UV光固化专题交流会、2020激光技术与光电子材料学术研讨会、2020第十一届中国印刷与包装学术年会暨科技融合创新发展论坛、第四届全国偏振与椭偏测量研讨会等。

科普活动 5月23日，学会联合中国科学院理化技术研究所举办以“云游理化所，科学零距离”为主题的线上公众科学日活动，近3万人在线观看。

7月11日，学会光电技术科学传播专家团队首席科学传播专家刘晨在中国科技馆“中科馆大讲堂”为全国的中小学生在线讲授科普讲座《趣谈“中国古代光学”》，在线听众高达130万余人。

刘晨带领团队创作发表《OLED：全面屏未来主力军》等科普文章8篇，创作“激光有什么用？”科普短视频。经学会推荐，刘晨入选“典赞·2020科普中国”年度科研科普人物。

表彰举荐优秀科技工作者 2020年，学会开展第二届全国创新争先奖推荐工作，推荐5名个人及1个团队申报全国创新争先奖。开展第十七届中国青年女科学家奖的推荐工作，推荐1名候选人。

党建强会 学会理事会党委按期召开会议，前置审议学会“三重一大”事项。学会办事机构联合党支部按期开展“三会一课”，开展“诵读科学经典，弘扬科学精神”“我与‘三个面向’‘四个率先’”“不忘初心、弘扬优良家风”“不忘初心，牢记使命”等主题党日活动。

会员服务 学会进一步修订《中国感光学会会员管理条例》，就会员类别、入会程序、会员权利与义务、会员发展与管理等作调整。

学会使用中国科协学会管理服务平台的会员系统，实现会员在线申请与审核、会员信息线上管理、实时动态推送等功能。

改版后的学会网站对栏目重新设计，增加表彰奖励、会员管理及会议管理等相应栏目，优化后台管理。

【2020 第二十一届辐射固化年会】 10 月 16—18 日，由学会辐射固化专业委员会主办的 2020 第二十一届辐射固化年会在陕西省西安市召开。会议主题为“辐射引领　绿动未来”。来自辐射固化领域及相关行业的企业和院校 300 余家单位的近 500 名专家学者参加会议。

会议通过邀请报告、主题报告、技术研讨、企业产品信息发布等形式交流研讨辐射固化及相关行业技术及产业的现状、问题和发展趋势，推动辐射固化技术更广泛的应用，展示辐射固化新产品、新工艺、新技术，促进 UV/EB 技术进步，为生态文明建设和突破“卡脖子”技术难题贡献力量。

会上，中国科学院院士杨万泰、中国涂料工业协会会长孙莲英、中国科学院院士彭孝军、中国科学院院士吴骊珠、学会副理事长杨建文分别作报告《可见光表面接枝交联聚合及应用》《中国涂料行业经济运行分析及相关绿色发展工作分享》《光驱动智能染料，从靶标识别到肿瘤治疗》《光化学转换》《我国辐射固化技术与产业动态以及在 5G 通讯产业上的应用》。

会议期间举办辐射固化行业传承座谈会、“科创中国”辐射固化技术及产业论坛、辐射固化企业展览展示等活动。

【2020 第六届中国光催化产业大会暨光催化产业线上嘉年华】 9 月 19—28 日，学会光催化专业委员会主办 2020 第六届中国光催化产业大会暨光催化产业线上嘉年华。会议为期 10 天，浏览量达到 59773 人次。

会议邀请清华大学教授朱永法、北京科技大学教授曹文斌、广东省微生物研究所研究员谢小保、德国科隆大学教授 Sanjay Mathur、意大利米兰大学教授 Claudia Blanchi、日本东北大学教授殷澍等专家作大会报告。大会报告从当前国内外光催化技术研发方向、产业技术与产业化现状等多个方向和角度进行交流。

会议以光催化产学研一体化为主线，通过专家论坛、展示和互动直播等多种形式，将从光催化起源到光催化的发展延伸到光催化取得的成就在线上呈现。

（撰稿人：周云霞）

中国优选法统筹法与经济数学研究会

服务创新型国家和社会建设　受中国科协项目委托，研究会承担“我国《传染病防治法》与其他公共政策之间协调性研究”项目。组织学会应急管理专业委员会及外部专家为《中华人民共和国传染病防治法》《中华人民共和国突发事件应对法》修法工作建言献策，达到预期目标。

承担中国科协委托的政策研究类项目“疫情后期中小微企业生存发展面临的问题及应对策略研究”，提出应对当前中小微企业生存发展难题的政策建议、应对策略和实施路径。

学会建设　2020 年，研究会召开理事会议 2 次、常务理事会议 2 次、分支机构会议 1 次、秘书处工作扩大会议 7 次。发展个人会员 1335 人，会员总数达 5621 人，团体会员单位 47 个，分支机构 23 个，工作委员会 5 个。

7 月开始，研究会启动变更法人程序，经中国科协、民政部审核及法人离任审计后，民政部批准将法人变更为研究会理事长池宏。

主办期刊　研究会主办、承办学术期刊 3 种，其中中文刊 1 种、英文刊 2 种，印数 27600 册。

2020 年，研究会主办的《中国管理科学》发表论文 257 篇，印数 26400 册，论文刊载量提升 4%；总被引频次为 3277，影响因子为 1.713。被评为“中国最具国际影响力学术期刊”。

研究会灰色系统专业委员会承办的国际科技期刊 *Grey System：Theory and Application*（《灰色系统：理论与应用》）组稿 3 期，发表学术论文 36 篇，进入 SCI 检索，被 SCIE 数据库收录。

国际科技期刊 *The Journal of Grey System*（《灰色系统学报》）为 SCI 源刊，组稿 4 期，共发表论文 40 篇。

学科发展工程　8 月 29 日，研究会与管理科学与工程学会、中国系统工程学会联合发布《FMS 管理科学高质量期刊推荐列表》。专家认为，列表在很大程度上反映了中国管理科学领域学界的共识，对于营造良好创新环境、推进中国管理科学领域研究创新及本土高质量期刊发展将会发挥重要作用。

国际学术会议 2020年，研究会举办国际学术会议6次、高端前沿会议4次，参会人数1150人，其中境外专家167人，交流论文225篇。

10月9—11日，由研究会船海经济管理分会主办的2020大数据时代的智慧交通与物流国际会议暨第八届国际决策科学高峰论坛在云南省昆明市召开。会议围绕交通、物流、决策等研究领域组织大会报告，探讨交通运输、物流供应链、服务运作管理等在大数据时代面临的机遇与挑战。会议邀请INS主编Witold Pedrycz，COR主编Fransisco Sladanha da Gama，MSOM副主编Metin Cakanyildirim，NRL副主编Yunan Liu，长江学者、国家杰出青年科学基金获得者樊治平、胡祥培、李建平等国内外专家，以及滴滴出行等企业的管理人员出席会议并分享主题报告。会议采用线上线下结合方式进行，180余位国内外专家学者参加会议。

10月24—25日，由中国能源金融联盟、研究会、中国石油大学（华东）联合主办的2020能源金融国际会议以线上形式召开。来自中国、英国、德国、巴基斯坦、澳大利亚、日本、北爱尔兰7个国家的70多所高校的400多位专家学者围绕会议主题“全球气候治理和能源金融：机遇与挑战”，对气候变化经济学等前沿问题展开交流和研讨。会议收到投稿论文186篇，接收106篇，经专家组评审，8篇被评为会议最佳论文。

11月6—8日，由研究会应急管理专业委员会与中国科学院大学、中国科学院科技战略咨询研究院、西安交通大学主办的第十五届国际应急管理论坛在陕西省西安市召开。来自国家发展改革委、国家应急管理部、中国科学院大学、清华大学等多家单位的120位专家学者参加论坛。论坛围绕新冠肺炎疫情影响，聚焦应急管理宏观政策、应急理论与方法、应急能力评价与应急决策、应急风险分析与灾害救援、应急管理技术及应用五个专题进行交流研讨。

国内主要学术会议 2020年，研究会及所属分支机构举办国内学术会议24次，其中高端前沿会议13次，参加会议人数75084人次，交流论文881篇，参会人数、学术水平有所提升。

8月26日，由研究会网络科学分会主办的中国优选法统筹法与经济数学研究会网络科学分会第一届学术年会在山东省临沂市召开。会议以线上线下相结合的方式举办，主题为“疫情背景下的网络科学”。临沂大学副校长池福安、研究会原顾问徐伟宣、研究会副理事长李建平等，以及来自全国60多所大学和科研机构的300多位专家学者参加会议。研究会网络科学分会副理事长、浙江大学教授王明征主持开幕式。大会由主题报告和分专题交流报告2个环节组成，会议同期还举办产业金融与社会治理网络、交通网络、物流与供应链网络、医疗与应急网络4个分会场报告会。

11月11—13日，由研究会工业工程分会主办的2020年中国优选法统筹法与经济数学研究会工业工程分会学术交流暨学会年会在重庆市召开。来自清华大学、北京大学等40多所高校的140多位专家学者参加会议，共同围绕质量及可靠性、风险矩阵设计、企业绿色发展、智能物联制造等领域展开交流研讨、分享最新研究成果。大会设4个分会场，分别开展不同专题的学术交流和优秀论文评选。会议收到论文56篇，其中16篇论文被评为最佳论文和优秀论文。

11月22日，由研究会管理决策与信息系统分会主办的中国优选法统筹法与经济数学研究会管理决策与信息系统分会2020年年会在浙江省宁波市举办。来自中国科学院、浙江理工大学等高校的近百位专家学者参加会议，围绕“数据驱动的政策研究”主题展开交流探讨。

11月27—29日，由研究会智能决策与博弈分会主办的第一届学术会议暨数据驱动的决策与博弈论坛在江苏省南京市召开，来自中国科学院、哈尔滨工业大学等96所高校、科研院所的289位专家学者参加会议。研究会理事长池宏、南京信息工程大学副校长闵锦忠、智能决策与博弈分会理事长李登峰等领导出席大会并讲话。开幕式由管理工程学院院长巩在武主持。大会设1个主会场、10个大会主旨报告和4个分会场，43篇论文参加分组学术交流。

科普活动 1月，由研究会主办、研究会低碳发展管理分会承办的INE杯第六届全国大学生能源经济学术创意大赛开展，共收到全国百余所高校的754支队伍的参赛作品。竞赛分初赛和决赛两个环节进行，决赛于7月11—12日在腾讯会议平台举办，来自中国科学院、中国工程院、国家发展改革委能源研究所、北京航空航天大学、清华大学等单位的12位专家担任评委，中国工程院工程科技知识中心能源知识服务系统进行全程直播，近2万人收看。最终产生特等奖2组、一等奖13组、二等奖35组、最佳能源建模奖2组、最佳能源大数据奖2组；获得二等奖以上作品的指导教师获“优秀指导教师”称号。

5月21—25日，研究会主办第十届MathorCup高校数学建模挑战赛，共有来自504所高校的4842支队伍1.4万名学生报名参赛。参赛高校覆盖清华大学、北京大学、浙江大学、复旦大学、中国科学技术大学等37所985高校、104所211高校，以及厦门大学马来西亚分校、昆山杜克大学、广东以色列理工学院、温州肯恩大学、香港浸会大学、香港中文大学以及英国华威大学等。最终评出一等奖队伍217支、二等奖队伍632支、三等奖队伍1263支。在8月1日进行的网络答辩会上，12支队伍入围MathorCup赛后与企业合作研究项目名单。

8月30日，由研究会项目管理研究委员会、国际项目管理研究协会主办的2020（第五届）高等院校项目管理大赛暨国际项目管理锦标赛中国区选拔赛以线上方式举办，并于9月6日举办云颁奖典礼。来自全国49所高校103个团队的412名选手参加大赛。通过角逐，评出研究生组、本科生组2个组别的个人特等奖，个人一、二、三等奖，团队特等奖，团队一、二、三等奖8个类别的奖项。

2020年，由研究会主办，研究会数学教育委员会编辑、发行的科普期刊《数理天地（初中版、高中版）》共出版24期（初中版、高中版各12期），发表文章468篇，印刷73760册。

表彰举荐优秀科技工作者　经研究会分支机构推荐、专家组评议，推荐刘思峰、徐泽水为第二届全国创新争先奖候选人；推荐张紫琼为第十七届中国青年女科学家奖候选人。

党建强会　2020年，面对新冠肺炎疫情，研究会党委第一时间向全体会员发出倡议书，号召全体会员、理事、分支机构发挥专业力量，为疫情防控应急管理建言献策。研究会分支机构、团体会员单位以及优秀科研团队专家紧扣疫情发挥研究专长，对有关机制、模式作用与效果进行大数据分析，开展针对性和前瞻性研究，提出相应政策建议，作出有效探索，并取得阶段性成果，被省一级政府、政协等相关部门采纳。

11月15日，研究会召开第十届理事会三次会议暨研究会功能型党委会议，学习贯彻党的十九届五中全会精神、习近平总书记重要讲话精神，充分发挥党在学会工作中的政治核心和引领作用，用党的政治理论与思想指导研究会工作。

11月16日，在研究会党委书记池宏、副书记林则夫的带领下，80余位研究会理事、会员党员参观重庆红岩革命纪念馆，开展题为“不忘初心，牢记使命，缅怀革命先烈，做一名合格共产党员”的主题教育活动。

会员服务　研究会利用网络和微信平台做好会员服务，及时推送学术交流信息；每月向理事、团体会员单位、资深会员推送《中国管理科学》电子版并寄送纸质版期刊。

【第二十二届中国管理科学学术年会暨中国优选法统筹法与经济数学研究会2020年年会】　11月13—16日，由研究会、中国科学院科技战略咨询研究院、重庆工商大学、重庆大学、《中国管理科学》编辑部主办，重庆工商大学工商管理学院、管理科学与工程学院承办的第二十二届中国管理科学学术年会暨中国优选法统筹法与经济数学研究会2020年年会在重庆市召开。

中国工程院院士杨善林、陈晓红，重庆工商大学校长孙芳城，中国科学院科技战略咨询研究院院长潘教峰，研究会理事长池宏，研究会副理事长华中生、李建平、李仲飞、刘维奇、徐泽水、周勇，研究会常务理事和来自全国高校、科研院所的800余位专家学者参加会议，全国2.3万余人次通过线上方式参加会议。大会开幕式由研究会秘书长林则夫主持，孙芳城、潘教峰、池宏先后致辞。开幕式上颁发《中国管理科学》优秀评审专家证书。

年会以“百年未有之大变局中的管理科学”为主题，分为大会主题报告、分专题交流、多论坛研讨交流三个环节进行。在大会主题报告阶段，杨善林作报告《智慧医院与远程诊疗服务系统》，陈晓红作报告《数字经济时代下的绿色智慧城市治理现代化战略》，国家自然科学基金委管理学部副主任刘作仪通过线上会议方式作报告《科学基金改革与管理科学“十四五”战略》，潘教峰作报告《智库研究基本逻辑体系与方法的思考》，国家杰出青年基金获得者、长江学者李仲飞、朱庆华、华中生等分别围绕主题作报告。

在分专题讨论阶段，大会分六个专题设11个分会场134篇论文进行交流，经专家评审组评审，21篇论文获大会推荐论文，将在《中国管理科学》2021年正刊上发表。在多论坛研讨交流阶段，分别举办院长与企业家论坛、第七届《中国管理科学》期刊与学者学术交流论坛和第五届数学建模在企业中的应用研讨会暨 MathorCup 高校数学建模挑战赛——大数据竞赛启动仪式。

年会期间还召开研究会第十届三次理事会议暨党委扩大工作会议、第三次常务理事扩大会议、分支机构会议，并举办研究会党建活动，参观重庆红岩革命纪念馆。

11 月 15 日，林则夫主持大会闭幕式。重庆工商大学工商管理学院院长杨柏、研究会理事长池宏作大会总结讲话，会议宣布推荐论文名单。

【华罗庚先生诞辰 110 周年纪念活动】 11 月 12 日，为弘扬科学家精神，缅怀华罗庚先生将数学方法应用于国民经济领域所作出的贡献，继承和发扬他的学术思想和创新精神，研究会以线上线下相结合的方式在北京举办华罗庚先生诞辰 110 周年纪念活动。华罗庚的长子华俊东、儿媳柯小英，中国科学院科技战略咨询研究院院长潘教峰，中国科学院大学党委副书记高随祥，中国科学院原党组副书记方新，国家自然科学基金委管理科学部原常务副主任陈晓田，中国科学院数学与系统科学研究院研究员李文林，研究会顾问 / 原理事长陈德泉等 170 余位专家学者参加活动。

纪念活动由研究会理事长池宏主持。潘教峰、高随祥、池宏先后致辞，表达对华罗庚先生“不为个人而为人民服务”的爱国热情和历史责任感的敬佩之情，希望继续传承华罗庚先生的思想和风范，为国家作出更大贡献。

【《FMS 管理科学高质量期刊推荐列表》发布会】 8 月 29 日，研究会、管理科学与工程学会、中国系统工程学会召开发布会，联合发布《FMS 管理科学高质量期刊推荐列表》。发布会以线上线下相结合的方式进行，中国工程院院士杨善林、金智新，三家学会（研究会）理事长，经管学院院长等 200 余位专家学者参加发布会。

发布会由研究会副理事长李建平主持。研究会理事长池宏、管理科学与工程学会理事长高自友（由学会常务副秘书长吴建军宣读）、中国系统工程学会理事长杨晓光分别致辞，阐述《FMS 管理科学高质量期刊推荐列表》工作的启动背景、目的和历程。研究会顾问、原理事长徐伟宣和研究会监事吴登生分别介绍《FMS 管理科学高质量期刊推荐列表》的研制历程和基本情况、研制模型和方法。

杨善林、金智新、山西财经大学校长刘维奇、中国科学技术大学管理学院执行院长余玉刚分别致辞，高度评价《FMS 管理科学高质量期刊推荐列表》，认为它在很大程度上反映了中国管理科学领域学界的共识，对于营造良好创新环境、推进中国管理科学领域研究创新及本土高质量期刊发展将发挥重要作用。

《FMS 管理科学高质量期刊推荐列表》是在 2014 年研制的管理科学重要期刊推荐列表初稿（简称“393 期刊列表”）的基础上，在中国科协试点高质量科技期刊分级目录发布工作方针的指导下，参考主要发达国家编制的期刊列表，运用多种计量分析方法，并按照 32 个学科领域广泛征集 240 余位领域专家（包括资深专家和 100 余位国家杰出青年科学基金或国家优秀青年科学基金获得者）意见，经过多轮研讨后形成的列表。具体包括高质量中文期刊推荐列表和高质量国际期刊推荐列表。

高质量中文期刊推荐列表在充分考虑重要数据库收录、经济管理学院认可程度、领域影响因子、专家意见、重要奖励五个维度信息基础上，通过建模计算推荐出管理科学高质量中文期刊 85 种并分成 T1、T2 两个等级，其中 T1 类期刊 28 种、T2 类期刊 57 种。

高质量国际期刊推荐列表以英国 ABS 期刊列表、澳大利亚 ABDC 期刊列表、法国 CNRS 期刊列表和德国 VHB 期刊列表四家列表中三家列表同时包含的期刊为蓝本，将文献计量指标和同行评议结果相结合，并充分关注由中国科研机构创办或由中国学者担任主编的国际期刊，最终推荐出管理科学高质量国际期刊 1135 种并分成 A、B、C、D 四个等级，其中 A 类期刊 133 种、B 类期刊 319 种、C 类期刊 444 种、D 类期刊 239 种。

（撰稿人：张　玲）

中国岩石力学与工程学会

服务创新型国家和社会建设 长期以来，学会为国家大型水电工程建设中的关键岩石力学难点问题科技攻关提供科技支撑。2020 年，从三峡工程到溪洛渡、向家坝，再到乌东德，白鹤滩，学会依托高端智库，组织岩石力学专家团队深入工程现场开展技术咨询 13

次，协同科研攻关。

为贯彻落实中国科协《科技助力精准扶贫工程实施方案》，学会在山西省吕梁市和陕西省延安市两个革命老区，结合当地资源特点和区域产业基础，开展实施“高科技精准帮扶”行动计划。通过产业帮扶和技术帮扶，构建高科技引领产业发展服务体系，形成“政府主导、企业主体、专家主力、学会主角”的工作机制，构建“规划咨询、成果推广、联合攻关、产业服务”的工作体系。在此基础上，学会根据《中国科协2020年服务科技经济融合发展行动方案》精神，认真实施学会和中国煤炭学会共同倡议和制定的“煤炭矿业领域高科技帮扶和经济融合行动计划”，建立八处高科技帮扶和经济融合示范工程。

学会筹备第三届高科技精准帮扶延安现场会；组建科技专家服务团，助力革命老区实现传统产业转型升级；获中国科协“优秀扶贫学会”称号。

学会通过开展学术交流、科技评估等活动，汇聚优秀科技创新人才，不断充实学会科技智库。学会在库专家总人数606人，其中院士36人、外籍专家40人、国家杰出青年基金获得者46人。在库专家总人数比2019年增长20%。

学会为川藏铁路工程提供决策咨询。总结梳理2019年8次川藏铁路建设系列高端论坛，编辑整理成册，助力川藏铁路建设国家战略，提供高水平有价值的技术咨询建议报告。组织并实施国家自然科学基金川藏铁路重大基础科学专项“川藏铁路埋深超长隧道工程灾变机制及防控方法”，协调工程现场试验工作。

学会开展团体标准编制工作，承接政府转移职能。成立学会标准化技术委员会，首批两部标准正式出版发行。策划3项标准报批稿评审、8项新立项标准申请，组织9项标准的大纲评审与11项标准的初稿评审。

2020年共组织“特高拱坝基础适应性开挖与整体加固关键技术”等项目的线上、线下科技成果评价31项。

学会建设 学会结合换届筹备工作，完成章程修订；加强分支机构沟通交流，组织2次秘书长视频会议；加强分支机构监管力度，开展考核评估工作；加强分支机构服务成效，在组织筹建、成立换届、学术年会、高端论坛、科技评价、团体标准编制、经费管理等方面予以支持和帮助。

学会各部门重组，明确职责定位，加强部门管理；秘书处例会常态化，2020年度共召开秘书处例会34次；加强学会内控制度建设，各部门修订完善管理条例。

学会通过线上视频会议组织二级机构工作会议、科技评价和团体标准编制等工作，疫情期间，学会各项工作均得到有序推进，获中国科协“优秀抗疫学会”称号。

青年人才托举工程 学会获得第六届中国科协“青年人才托举工程”项目2名资助名额和8名自筹名额。采取两轮评审、两轮公示的方式遴选青年人才，专门设计评审系统，提高项目评审的效力及公信力，并在学会网站专门设置“青托”专栏。

10月9—10日，由学会被托举人才担任执行主席主持的中国科协第22期青年科学家沙龙——“青年岩石力学工作者经济融合与成果转化沙龙”在北京举办。

主办期刊 4月13日，召开中国岩石力学与工程学会建设世界一流学术期刊2020年第二次工作会议。会议由学会秘书长杨晓杰主持，学会理事长、中国科学院院士何满潮，学会顾问秘书长方祖烈，学会副理事长朱合华，学会编辑工作委员会秘书长佘诗刚等参加会议。会议主要研究讨论关于中国科协发布高质量期刊分级目录项目申报书的相关事项，并交流学会一流期刊建设指导委员会的工作进展。

11月23日，《岩石力学与岩土工程学报》（*Journal of Rock Mechanics and Geotechnical Engineering*，JRMGE）第三届理事会、编委会换届会议在北京召开。三家主办单位（中国科学院武汉岩土力学研究所、中国岩石力学与工程学会、武汉大学）领导以及协办单位领导、理事、编委、特邀代表及期刊社成员等约50人参加会议。会议同期召开第一届岩土力学与工程青年科学家论坛。论坛由中国科学院武汉岩土力学研究所与JRMGE编委会共同主办，主题为“岩石断裂与损伤研究进展”。论坛邀请潘鹏志、王者超、范立峰、张丰收、赵志宏5位优秀青年科学家作报告，结合各自的理论研究与工程实践，针对岩石断裂与损伤问题进行讨论和交流。

学科发展工程 9月，学会承接中国科协学会学术部《2020—2021岩石力学与岩石工程学科发展报告》项目。报告计划载文量20篇，包括岩石力学与岩石工程学科发展综合报告，以及围绕岩石力学理论、试验研究进展、岩石力学工程应用研究进展、灾害环境下重大工程安全性等主题的专题报告，如岩体工程地质力学研究进展、岩体工程数值模拟研究进展等。所有报告均由该学科领域各个研究方向上的专家领衔组成研究团队撰写，详细介绍中国在领域内研究和应用等方面的进展以及未来发展趋势分析。

川藏铁路工程是世界上科学与技术难题最多的交通工程和难度最大、最为复杂艰险的超大型岩体工程，建设意义重大。为研究和解决川藏铁路建设中的岩石力学科学问题与工程技术难题，服务国家重大战略，2 月 1 日，学会组织承办“川藏铁路建设中的科学问题与工程技术难题”高层论坛，为川藏铁路建设建言献策。2019 年 2 月—2020 年 1 月，学会共召开 6 次高端专题论坛，分别对川藏铁路的主要科学难题、活动构造、高地应力与岩爆、大变形、高温热害、高边坡、智能建造、新材料、新方法、新能源等科学问题进行研讨和展望，形成针对性的建议并上报中国科协和川藏铁路总公司。

国内主要学术会议 10 月 23—26 日，CHINA ROCK 2020——第十七次中国岩石力学与工程学术年会在北京召开。

学会开设“岩石力学与工程云课堂”，由岩石力学与工程领域的专家学者分享原始理论创新和重大工程实践经验，已举办 4 讲，累计观看 10 万余人次。为加强青年学者间的学术交流，学会开设“青岩学术沙龙”，已累计开展 11 讲。

两岸交流 10 月 25—26 日，由中国科协主办、学会青年工作委员会与环境岩土分会联合承办的 2020 海峡两岸暨港澳青年科学家学术活动“城市深部空间开发前沿理论、关键技术及工程应用”论坛在北京以线上线下相结合的形式召开。论坛邀请海峡两岸及香港、澳门特别行政区的青年科学家 80 余人，聚焦未来中国城市深部地下工程建设中面临的工程热点、难点问题，在深部岩土体多尺度力学效应、深部地下工程安全控制多场耦合分析、深部地下结构精细化设计理论和深部地下工程智能运维理论和方法等方面开展交流，搭建促进学科间交叉与发展的学术平台。

国际交往 学会与国际岩石力学与岩石工程学会、国际地质工程联合会、国际地下空间研究中心、国际地下物流学会等 8 个国际组织建立密切联系，推荐多名中国科学家在国际组织中担任要职。

响应中国科协号召，学会积极与相关国际组织和国家通报疫情防控情况，分别向 3 个相关国际组织和 5 个国家致函交流新冠肺炎疫情防控情况，共收到 3 个国际组织和 1 个国家的回函。

3 月 12 日，召开中国岩石力学与工程学会国际交流与合作 2020 年第一次视频工作会。学会理事长、国际岩石力学与岩石工程学会中国国家小组主席何满潮主持会议，共计 29 人参加会议。会上，在国际组织任职的中国学者通过通报国际组织工作，就工作中存在的问题以及下一步工作计划进行交流和探讨。

受国际新冠肺炎疫情影响，学会承办的国际岩石力学与岩石工程学会的区域性国际会议——第十一次亚洲岩石力学大会延期召开。

2020 年，学会发布 14 期英文简报，编写并翻译 30 余篇文章，发送给 8 个相关国际组织及国际岩石力学与岩石工程学会各国家小组，以加强国际社会对学会工作的了解和融合。

科普活动 学会举办首届中国岩石力学与工程学会科普摄影赛，得到广大科技工作者和会员的响应；4 月 22 日世界地球日期间，学会利用新媒体手段制作宣传稿件，介绍世界地球日的历史沿革和倡议；5 月 9—15 日为防灾减灾宣传周，学会支撑单位中国地震局地壳应力研究所组织举办防震减灾学术科普线上直播系列讲座；在全国科普日期间，学会组织二级机构开展科普讲座、科学实践和实验室开放日等科普活动。

表彰举荐优秀科技工作者 2020 年度，学会完善第十一届中国岩石力学与工程学会科学技术奖的奖励评价体系、修改评价指标；自然奖、发明奖、进步奖初审增加专利查重；去 SCI 化，鼓励“三类高质量论文”，钱七虎奖增加 H（即 h-index）指数评价指标；优博奖增加网评；增加各奖项网评专家人数，完善评审专家遴选规则。根据《中国岩石力学与工程学会科学技术奖励条例》的规定，经十一届中国岩石力学与工程学会科学技术奖评审委员会评审和网上公示、报奖励委员会审定，产生自然科学奖一等奖 2 项、二等奖 2 项，科技进步奖特等奖 3 项、一等奖 5 项、二等奖 13 项，钱七虎奖 8 人，优秀博士学位论文奖 10 篇。

学会副理事长、中国工程院院士康红普、李术才，学会副理事长、辽宁大学教授潘一山，学会理事、中国石化石油工程技术研究院教授路保平 4 人获第二届全国创新争先奖；学会副理事长、中国地质调查局环境监测院研究员殷跃平获第十三届光华工程科技奖；中国矿业大学（北京）教授左建平获国际岩石力学与岩石工程学会科学技术奖。

10 月 24 日，学会主办“专岩杯”第五届全国青年岩石力学与岩土工程创新创业大赛。大赛以“绿色岩石力学与岩土工程”为主题，参赛项目涵盖设备研发、装备研制、软件开发和技术应用等。在为期 10 天的网络投票环节，累计 18 万余人次参与投票。经过初赛、网络投票、展板展示和决赛现场的项目演讲等多个环节，最终决出一等奖 1 名、二等奖 2 名、三等奖 5 名、优秀奖 2 名。

党建强会 2020 年，学会组织召开 5 次党委会议，前置审议学会“三重一大”事项。以换届工作为契机，将党建工作写入章程。

6 月 29 日，习近平总书记对三峡集团金沙江乌东德水电站首批机组投产发电作出重要指示。7 月 2 日，中国科协科技社团党委与学会党委联合举办“学习习近平总书记重要指示精神，坚持新发展理念，勇攀科技新高峰”座谈会。中国科协党组成员、书记处书记吕昭平，学会监事长、中国工程院院士、国家最高科技奖获得者钱七虎出席会议。学会理事会党委委员、全体理事、学会支撑单位三峡集团乌东德水电站施工区参建单位代表、参与乌东德水电站建设的岩石力学与工程科技工作者代表、学会理事会党委职责任务试点工作第二组的 13 位全国学会代表，以及通过中国科协“科界”平台观看网络直播的观众共计 2.8 万人次参加会议。中国三峡集团有限公司向学会致感谢信。

学会党委高度重视党建工作，强调党建全面引领学会各项工作，被纳入全国学会理事会党委职责任务清单首批试点单位，并承担试点工作第二组组长工作，连续多年获得“党建强会计划”项目支持。

1 月 9 日，学会八届十一次党委扩大会议暨八届八次理事长办公会上学习十九届四中全会精神。6 月 1 日，学会秘书处党支部联合深部岩土力学与地下工程国家重点实验室党支部，邀请全国政协委员、学会党委副书记、理事长何满潮通过云课堂形式传达学习 2020 年全国两会主要会议精神，70 余名党员和会员接受教育。6 月 13 日，通过网络视频的形式组织召开学会八届十二次党委会，何满潮传达 5 月 29 日习近平总书记给袁隆平、钟南山等 25 位科技工作者代表回信的文件精神，作专题报告《学习两会精神，落实学会工作》。9 月 20 日，组织召开学会八届十三次党委会，何满潮传达 9 月 11 日习近平总书记在科学家座谈会上的讲话精神。10 月 23 日，学会八届十四次党委会上传达学习中国科协部署意识形态责任制和意识形态阵地管理工作的相关文件精神。此外，学会秘书处党支部相继组织召开学会秘书处党支部支委会、党员大会和组织生活会共 15 次，组织党员集中学习。

4 月 1 日，学会党委向学会各分支机构发出《关于全面加强党的建设，大力推进“两个全覆盖”的通知》，新成立的分支机构均成立党的工作小组，原有的 14 家分支机构已有 8 家按照规定要求成立党组织。学会分支机构党的工作小组由 16 个增加至 28 个，覆盖率达到 80%。

组织评选表彰先进党支部和优秀共产党员活动，对水下盾构隧道工程技术分会党的工作小组等 9 个先进党组织、以中国工程院院士钱七虎为代表的 65 名优秀共产党员予以表彰。

开展“党建 + 扶贫”“党建 + 学术”“党建 + 科普”“党建 + 科技服务”等多种活动模式，促进党建全面引领学会各项活动。

面对新冠肺炎疫情，学会党委贯彻落实中共中央关于统筹防疫和经济发展的精神指示，迅速行动，先后四次发出倡议书和慰问信，号召学会各级党组织和广大党员积极响应抗炎防疫工作；在学会官方平台设置“科学防控、共渡难关”专栏，宣传抗疫感人事迹。据不完全统计，学会领导、会员单位和支撑单位等累计捐款捐物 2.6 亿元；若干相关单位附属医院组建医疗队驰援湖北省一线；学会各二级机构和团体会员单位参与援建“方舱医院”。

会员服务 学会组织召开会员工作专题会议，确定会员发展方案。截至 11 月 22 日，学会个人会员总数为 22773 人，比 2019 年增加 8620 人，增幅 61%。新增团体会员 39 家。

新会员系统通过分层注册，更精准和全面地获取会员信息；开发使用订单系统，实现会员自主完成从注册、缴费到获取会费发票的一体化功能；建立会员活动档案，对会员参与学会活动进行全轨迹记录。

学会官网经过改版后于 2020 年年初正式上线。网站建设以面向会员、服务会员、宣传并全面展示学会、提升学会网站数字化建设为工作目标，对网站框架和栏目设置进行重新搭建，使网站紧密围绕和反映学会工作，版面设计清晰，浏览方便。大量丰富栏目和内容，增加新服务功能，截至 11 月 20 日，学会网站总浏览量 873762 人次，改版后的学会官网位列中国科协全国学会网站第 7 名。此外，在网站内部设立学会档案管理功能，加强学会档案信息化建设。

【CHINA ROCK 2020——第十七次中国岩石力学与工程学术年会】 10 月 23—26 日，CHINA ROCK 2020——第十七次中国岩石力学与工程学术年会在北京召开。大会主题为“聚焦岩石工程瓶颈难题，促进科技经济深度融合”，来自全国水利水电、煤炭石油、能源矿山、交通铁路、地质灾害、生态环境、安全防护、市政建设、国防科研、大专院校等不同行业与部门的 6000 余位专家学者参加线上或线下会议。学术交流采用线下主会场特邀报告与线上分会场报告相结合的形式，通过 CHINA ROCK 云大会平台全程同步直播，主会场特邀报告线上直播观看累计人数达 18676 人次。

大会邀请 30 余位海外专家作大会特邀和分会场报告，设立 4 个国际分会场；共收到学术论文摘要 721 篇、全文 420 篇，其中 317 篇论文将由英国 IOP 出版社在线出版英文论文集。学会所属 43 个二级机构共组织 23 个分会场，设 424 场专题学术报告、5 场技术培训以及 3000 平方米的科技创新工业展览。科技创新工业展览也采用线上与线下相结合的模式：线下在 3000 平方米展厅设置 6 大展区，50 多家参展单位共设立 154 个展位，6803 人次观展；同时设置云展览及 20000 平方米的 VR 展厅，为工程装备制造单位、科研院所、大专院校及相关企业、事业单位搭建科技创新展示交流平台。通过云展览持续开展 365 天科技品牌展。线上 VR 展厅已累计观看 48900 余人次。

大会开幕式由学会前任理事长、中国工程院院士冯夏庭主持。学会理事长、中国科学院院士何满潮致开幕词。国际岩石力学与岩石工程学会副主席 Suseno Kramadibrata 代表国际学会视频致辞。中国科协学会学术部部长刘兴平发表讲话。

大会邀请 21 位专家作大会特邀报告，包括何满潮的《采矿岩石力学创新与未来》、冯夏庭的《工程岩体破裂过程局部化分析方法、软件与应用》、中国工程院院士李术才的《隧道不良地质超前预报与灾害治理》、中国科学院院士赵阳升的《原位改性流体化采矿》、中国工程院院士杨春和的《深部页岩水利压裂中的岩石力学问题研究与进展》、美国国家工程院院士 Mark Zoback 的 *Stimulating Production from Unconventional Reservoirs-Three Topics in 3D Geomechanics* 等。来自美国、英国、法国、澳大利亚、新加坡、巴西、土耳其、印度尼西亚、哈萨克斯坦和国内的 30 位专家围绕岩石力学与工程研究中急待突破的理论与技术难题作分会场报告。

大会随后举办中国岩石力学与工程学会科学技术奖、第五届全国青年岩石力学与岩土工程创新创业大赛奖、年会优秀论文奖及第八届学会分支机构优秀党小组颁奖典礼。何满潮作大会总结讲话。

【“岩石力学与工程云课堂”第二讲】 5 月 29 日，由学会推出的“岩石力学与工程云课堂”第二讲开讲。此次云课堂特别邀请中国科学院院士、中国水利水电科学研究院陈祖煜作报告《深度学习在引松工程 TBM 施工塌方段的反演分析》。学会秘书长杨晓杰主持活动。

陈祖煜简要回顾神经网络的基础知识，以一个简单的算例直观介绍神经网络的工作过程和原理。随后，陈祖煜以 TBM（全断面硬岩隧道掘进机）掘进数据机器学习竞赛为切入点，介绍几个参赛队伍的研究方法，展示机器学习在分析吉林引松 TBM 工程海量掘进数据中取得的相关成果，并展望机器学习在 TBM 扭矩、转速预测以及隧道塌方段分析等方向的应用前景，相关研究成果成熟后将为 TBM 掘进参数优化和风险预警提供方法，促进施工过程信息化、智能化。最后，陈祖煜展示基于深度学习的 TBM 软件平台的界面和主要功能，还谈到有关机器学习应用于 TBM 掘进的思考，表达建立数据共享平台、服务广大科研工作者的愿望。

【绍兴论坛系列讲座——“岩土工程中国软件”讲座】 12 月 23 日，由学会指导、中国岩石力学与工程学会地质工程创新工作委员会（筹）和中国地质学会工程地质专业委员会暨 IAEG 中国委员会联合主办的绍兴论坛系列讲座——“岩土工程中国软件”讲座在浙江省绍兴市召开。学会理事长、中国科学院院士何满潮，中国地质大学教授唐辉明，大连理工大学教授唐春安，中国科学院力学研究所研究员李世海，清华大学教授杨强，绍兴文理学院教授伍法权 6 位岩石力学与工程领域的专家出席活动并作特邀点评。来自全国各地高校及行业的 150 多位专家学者、10 个国产岩土工程软件的研发团队参加讲座，探讨交流国产软件的前沿科技成果。

伍法权主持开幕式，何满潮、唐辉明等分别致辞。何满潮深刻剖析当下中国软件发展状况，建议要深刻理解和充分认识到发展国产软件的重要性。随后，唐春安、李宁、冯春、陈新、潘鹏志分别作特邀讲座《RFPA：从原理、方法到软件》《隧道工程现场快速设计与分析软件平台 FAST》《GDEM 力学分析系列软件及 GENVI 生态化数值仿真平台》《深部软岩工程大变形力学分析软件 Ldeas1.0》《工程岩体破裂过程局部化分析方法和 CASRock 软件研发与应用》，全面展示国内岩石力学相关的优秀软件成果。

报告结束后，6 位特邀点评专家分别予以点评，为国产软件未来的发展提供诸多中肯和有启发性的建议。何满潮作总结讲话。

（撰稿人：胡　威）

中国野生动物保护协会

服务创新型国家和社会建设　1 月 5—15 日，协会联合全国有越冬鹤类分布的 22 个省（自治区、直辖市）的 76 个单位和组织共计 500 余人开展全国越冬鹤类种群同步调查工作。经过统计分析、专家评审，形成《2019—2020 冬季全国越冬鹤类同步调查报告》。

7 月 30 日，协会联合中国快递协会、中国饭店协会等 9 个行业协会在北京开展抵制野生动植物非法交易行业自律公约倡议活动，共同倡议各行业组织成立抵制野生动植物非法交易自律联盟，制订行业自律公约，以实际行动共同抵制乱捕滥采滥食、非法交易野生动植物行为。

9 月 22—24 日，协会在浙江省杭州市举办 2020 年全国林业和草原科技活动周暨中国野生动物保护协会第 20 期“自然体验培训师”培训班，来自全国 12 个省（自治区、直辖市）保护区、自然教育机构的 70 余名工作人员参加培训。截至 10 月底，协会共举办 20 期“自然体验培训师”培训班，共培养来自学校和自然保护地的工作人员 1120 人。

10 月 20 日，协会联合国际爱护动物基金会、国际野生物贸易研究组织、世界自然基金会和腾讯公司在北京共同举办打击网络野生动植物非法贸易互联网企业联盟 2020 交流活动。发布《网络平台非法野生动植物交易控制要求》团体标准，为中国互联网企业打击网络非法野生动植物交易提供执行标准和参考规范。

为科学有序地恢复和重建珍稀濒危物种野生种群，协会多次组织专家赴麋鹿、普氏野马拟放归地考察调研并召开现场座谈会和专家论证会，听取专家和实施单位意见，拟定《内蒙古大青山国家级自然保护区放归普氏野马和麋鹿的可行性及实施方案》和《内蒙古大青山国家级自然保护区就麋鹿、野马放归区域本底调查报告》。

11 月 6 日，协会在江苏大丰麋鹿国家级自然保护区参与举办 25 只麋鹿放归自然活动。《人民日报》、中央电视台财经频道、中央电视台新闻频道、人民网、新华网等 40 多家国内外媒体或网站转载报道，其中仅《人民日报》和新浪微博的阅读量就达 7500 万余次。

为妥善解决勐海亚洲象隔离种群致害和种群质量退化问题，协会多次组织专家赴云南省亚洲象肇事、受灾村镇及拟安置转移区域进行实地考察调研，收集信息、数据等资料，听取专家、地方有关部门和受灾群众的意见和建议，拟定《勐海亚洲象隔离种群转移安置项目实施方案》和《勐海亚洲象转移安置项目公众宣传和舆论引导预案》。协会利用无人机、红外热感、地方专业人员巡护等手段，对拟转移安置的 18 头象的活动轨迹和行为方式进行监测，截至 2020 年年底，2 头象通过食物招引进入勐海临时管控区域。

由协会牵头组建的麝类保护繁育与利用国家创新联盟自成立以来，致力于野生麝类资源保护与饲养麝类繁育及相关领域科技支撑，通过开展技术培训、科技助农、实地踏查、座谈研讨等形式，在延伸林药产业链、推动地方经济转型、构建健康监测体系、研发颗粒饲料、防控寄生虫疾病等方面开展工作。2020 年 12 月，协会被国家林业和草原局评选为 2020 年高活跃度林业和草原国家创新联盟。

协会按照国家林业和草原局扶贫工作的总体安排，2020 年捐款 200 万元，被国家林业和草原局扶贫办公室、中国绿色碳汇基金会授予“优秀合作伙伴”称号。

学会建设　协会制定并完善协会《中国野生动物保护协会会员管理办法》《中国野生动物保护协会志愿者管理办法》《中国野生动物保护协会分支机构管理办法》等 7 个管理办法以及《中国野生动物保护协会公务用车管理台账》《中国野生动物保护协会

固定资产管理台账》《中国野生动物保护协会合同协议台账》等7个台账。

编辑印刷《社会团体管理规定汇编》，内容包括中共中央、国务院、民政部、中国科协等多部门现行的社团管理相关文件及政策法规。

出版《中国陆生野生动物保护管理法律法规文件汇编（2020年版）》，内容包括行政法规、国务院文件、常用法律法规解释、部门规章与规范性文件、野生动物保护名录、地方性法律规章。

国内主要学术会议 9月19日，2020长白山国际生态会议在吉林省长白山保护开发区池北区召开，主题为“自然保护地的历史与未来”。会议由协会国家公园及自然保护地委员会与长白山保护开发区管理委员会、吉林省林业和草原局、国际动物学会共同主办。

9月26—28日，由协会鹤类联合保护委员会和东北林业大学野生动物与自然保护地学院共同主办的2020年中国鹤类及栖息地保护学术研讨会暨中国野生动物保护协会鹤类联合保护委员会年度工作会议在黑龙江省齐齐哈尔市富裕县召开。来自全国各地科研院所、国际鹤类基金会、鹤类保护区等机构的160多人参加会议，其中有60多人线上参加会议。会议共安排5个大会报告和16个分会场报告，就鹤类的取食、迁徙、生境利用、肠道微生物等生态学研究以及种群现状调查评估、鹤类保护区的保护管理等内容开展分享交流。

10月24日，中国野生动物保护协会科学考察委员会第二届委员代表大会在河北省秦皇岛市召开，来自全国各地的委员代表共50余人参加会议。会上表决通过协会科学考察委员会工作规则和第二届委员会组成人员建议名单，并就协会科学考察委员会2021年开展珍稀、濒危野生动植物科学考察和自然生态保护宣传教育等重点工作进行讨论。

12月13—15日，中国野生动物保护协会国家公园及自然保护地委员会2020年年会在云南省昆明市召开，来自国家林业和草原局相关司局、协会国家公园及自然保护地委员会委员，以及全国各省（自治区、直辖市）林业和草原局及自然保护地管理机构的150余位专家学者参加会议。会议期间邀请专家解读《国家公园资源调查与评价规范》和《国家公园总体规划技术规范》，就青海省保护地、江苏省大丰麋鹿国家级自然保护区、石林世界地质公园的保护管理经验展开分享交流，明确2021年工作重点。

国际交往 协会与所加入的国际组织保持沟通，致信国际狩猎和野生动物保护理事会主席、野生动物保护联盟特别工作组主席，介绍中国在抗疫方面的举措和成效，强调进一步加强野生动物保护合作。

科普活动 协会在全国30个省（自治区、直辖市）的中小学校、保护区、疫源疫病监测站共计282家单位开展野生动物生物安全科普宣教活动，组织专家编写出版《蝙蝠的那些事儿》《探秘野生动物与病原体》2本科普书籍，制作野生动物生物安全科普系列动画5部（蝙蝠篇、猕猴篇、鹦鹉篇、旱獭篇、刺猬篇），向公众普及野生动物与疫源疫病的关系；与百度百科合作制作蝙蝠和野生动物与病原体科普专题，并制作宣传长图50条，在百度百科、微博、百家号进行宣传，曝光量达300多万。

在北京市、安徽省、吉林省等地举办2020年全国科普日系列科普活动，包括野生动物摄影展、野生动物科普知识进校园等，弘扬普及科学保护知识；开展“爱鸟周”系列宣传活动，号召公众参与鸟类保护工作；开展2020年志愿者“护飞行动”；与国家开放大学合作开展“野生动物保护知识”系列直播间（第一季）3期直播课程，分别讲授《现代野生动物管理的理论与实践》《灵长类中的攀岩冠军——白头叶猴》《野生动物疫病和人类健康》课程。

3月3日，协会通过线上线下相结合的方式开展主题为“维护全球生命共同体”的世界野生动植物日系列活动。制作主题宣传视频和主题海报，主题海报被《濒危野生动植物种国际贸易公约》秘书处选作2020年世界野生动植物日全球官方海报之一。与国内外非政府组织、互联网企业、快递物流公司合作，发布“拒绝食用野生动物”公益海报。与互联网本地生活服务平台“口碑”平台合作，制作“拒绝食用野生动物，从我做起”公益海报和短视频，被多家线上媒体转载，活动话题最高达到新浪微博公益类话题榜热搜排名第1，访问量达3269万人次；邀请歌手创作的以野生动物保护为主题的歌曲《2050》被人民网、中国公益之声、中央电视台公益之声、光明公益等多家媒体平台转载。

4月22日世界地球日期间，在中国地质博物馆参与举办“珍爱地球 人与自然和谐共生——中国野生动物保护专题展”，展示野生动物图片。协会官网、微信公众号及中国地质博物馆同步推出线上展览，自然资源部官网对活动进行报道。

制作《天是鹤家乡——中国九种鹤的影像志》纪录片，在5月22日国际生物多样性日期间通过中央电视台及其他媒体播出；配合国家林业和草原局动植物司合作摄制《看春天》《看夏天》《看秋冬》栏目共30集，在中央电视台纪录频道、央视频、“学习强国”App等中央媒体或平台播放，通过微博、抖音、快手等新媒体转载，累计播放量超千万次，并在2020年全国林业和草原网络科技活动周上展播。

10月16—25日，在北京举办“万类霜天竞自由——中国野生动物保护摄影展”，展出近80个物种、100余幅野生动物摄影作品，涉及野生动物栖息地保护、科学研究、科普宣传、国际合作及保护管理等内容。展期内共有100万余人次观展，《中国绿色时报》、中国科协官网、新华社、光明网、腾讯网、网易、国家林业和草原局抖音账号、今日头条等网站或媒体平台进行报道。

10月23日国际雪豹日期间，协会参与举办国际雪豹日公益科普宣传活动，通过现场沙龙、视频连线科研工作者、共同倡议等活动向全社会普及雪豹保护及其赖以生存的山地生态系统保护相关知识，世界自然保护联盟官网对活动进行报道。

11月17日，与广东省林业局、国家林业和草原局驻广州专员办在广东省广州市共同举办以“万物和谐　美丽家园”为主题的2020年全国暨广东省“保护野生动物宣传月”活动。来自国家林业和草原局、广东省林业局、澳门特别行政区市政署等多家单位的专家学者，以及野生动植物保护青年志愿者、游客等千余人次参加活动。启动仪式上，发布生物安全科普系列动画，同时对野生动物法律法规进行宣讲。

邀请科学技术委员会专家撰写野生动物保护科普文章，在协会微信公众号上连载，同时在《中国绿色时报》“生态话题”栏目进行刊载，截至2020年年底已发布8篇。

组织人员编写并出版《让孩子体验自然之美——自然教育活动手册》。全书4编24章，内容涵盖生态道德教育和自然教育的基本理论概念及发展、自然教育培训师的培训和教学、可借鉴的自然教育活动案例、学校和自然保护区如何开展自然教育等方面，为未成年人生态道德教育和自然教育提供理论与实践的专业支撑。

联合各地教育、自然资源等相关部门，组织编写“全国未成年人生态道德教育系列教材”，将生态保护、生态道德教育融入中小学综合实践活动课程，帮助未成年人科学认识人与自然的关系。2020年出版《美丽家乡——黄河口》和《我爱我家——白头叶猴在崇左》，内容包括当地生态和物种的特色以及相关的生态知识。截至2020年，该系列教材已出版11本，在全国12个省（自治区、直辖市）的基层学校作为五年级综合实践课程的必修教材推广使用。

表彰举荐优秀科技工作者　11月18日，协会与中国绿色碳汇基金会、国际野生生物保护学会在北京联合主办2020野生动植物卫士行动暨第七届野生动植物卫士奖颁奖典礼。来自海关总署缉私总局、公安部食品药品犯罪侦查局、国家林业和草原局相关司局的领导，获奖代表，媒体、企业代表等50余人参加活动。协会会长陈凤学出席活动并致辞。活动申报截至1月底，共有公安、边防、森林公安、海警、海关、出入境检验检疫、渔政、林业、自然保护区等290家单位和个人提交申请。经过专家评审，共有26家单位和15位个人获奖。活动采取线上线下相结合的方式，线上活动通过凤凰网全程直播。

党建强会　协会组织全体干部职工学习研讨习近平总书记关于加强政治机关意识的讲话，理论中心组组织10余次集中学习，研讨习近平总书记关于林草工作的重要论述和指示批示精神以及党的十九届五中全会精神；开展以“讲政治、守纪律、负责任、有效率”为主题的讲党课活动；制定班子及支委、处室负责人责任清单，党员领导干部履行“一岗双责”，全面从严治党；开展“灯下黑”问题专项整治和廉政风险排查防控工作；推进党支部标准化规范化建设。

加强意识形态工作，开展“书香中动协”活动，创建党建品牌。已开展两次读书交流活动和一次“我爱我的祖国”主题党日演讲活动。

会员服务　协会组织开展主题为“革除滥食野生动物陋习，从你我做起”的2020年会员日活动。以各地有关自然博物馆、动植物园、自然保护区等为依托，面向会员开展有奖知识问答、有奖征文，举办科普讲座、主题摄影展、书画展、文化演出等活动。

在海南省海口市组织开展全国野生动物救助技术研究与经验交流培训班，就野生动物收容救护及疫源疫病监测管理经验展开交流，来自全国18个省（自治区、直辖市）的野生动物救护研究机构及野生动物保护管理部门的共计60多人参加培训。

建立并完善通讯员制度，发展第一批共25名通讯员，按规定进行信息报送。编印完成两期《中国野生动植物保护通讯》，分发给协会理事、各省协会理事及资深会员。2020年，协会官网共设栏目27个，累计发布新闻132条；微信公众号发布186期，发文523篇，文章累计阅读量400万余次。

完成协会门户网站的升级及会员发展系统的开发。完善门户网站的功能、栏目设置、布局，提升用户体验。健全会员管理系统的管理和服务功能，开发专家库申报和建设系统。

【中国野生动物保护协会新冠肺炎疫情防控工作】 新冠肺炎疫情暴发后，协会第一时间在微信公众号上发布宣传落实《全国人大常委会关于全面禁止非法野生动物交易、革除滥食野生动物陋习、切实保障人民群众生命健康安全的决定》的贯彻意见，并将其内容融入野生动物保护科普宣传活动中；在协会官网、微信公众号上转发中国科协、国家林业和草原局党组相关通知，动员各省级协会党组织、各分支机构党建工作小组和广大党员干部投身疫情防控斗争；先后发出4份倡议书，强化公众保护野生动物意识和公共卫生安全意识。

支援湖北省野生动植物保护工作人员、志愿者在疫情期间开展野生动植物野外监测、巡护、救护等工作，向湖北省林业系统捐赠防疫物资。

做好疫情期间的科普宣传工作，协会先后在官网、微信公众号发布“拒绝滥食野生动物，做文明公民”“抗击新型冠状病毒，对滥食野生动物说不”《穿山甲科普知识系列漫画》等多张公益海报，倡导公众保护野生动物、树立健康饮食新风尚；6月5日，协会联合国际环保组织WildAid（野生救援）发布《野生动物保护，需要您的参与》动画，呼吁公众不要非法猎杀、交易和食用野生动物，该视频在协会微信公众号、央视动物世界微博等新媒体播出；9月11日，协会联合国家林业和草原局宣传中心推出《革除滥食野生动物陋习》公益广告，在北京地铁1号线、2号线、5号线、13号线及二环沿线公交站点投放。

【中荷、中韩、中美大熊猫保护研究合作的副成功繁育幼仔】 5月，协会与荷兰欧维汉动物园开展的大熊猫保护研究合作中的旅荷雌性大熊猫“武雯”诞生幼崽，被命名为“梵星”。这是中国2020年海外出生的首只大熊猫幼崽。国家主席习近平和夫人彭丽媛同荷兰国王威廉·亚历山大和王后马克西玛就此互致贺信。

7月，协会与韩国爱宝乐园动物园开展的大熊猫保护研究合作中的旅韩雌性大熊猫“华妮”顺利产崽，被命名为“福宝”，这是在韩国出生的首只大熊猫幼崽。

8月，协会与美国史密桑宁国家动物园开展的大熊猫保护研究合作中的旅美雌性大熊猫“美香”再次顺利诞下幼崽，被命名为“小奇迹”，此为“美香”诞下的第四只幼崽。

【全国“爱鸟周”系列宣传活动】 4月2日，协会启动以“爱鸟新时代，共建好生态”为主题的2020年全国“爱鸟周”主题宣传活动，设计并印制2020年“爱鸟周”主题公益宣传海报，发布“爱鸟周”主题标识。

联合国家林业和草原局野生动植物保护司、宣传中心在绿色中国网络电视开播10期大型系列主题公益直播访谈节目《新闻2+1》“爱鸟周”系列节目，向公众宣传鸟类保护理念，增强公众鸟类保护意识。

在北京地铁2号线、5号线和13号线及二环沿线公交站点投放“爱鸟周”公益海报；发布《候鸟保护》公益视频，在自然资源部和国家林业和草原局微博、微信公众号等新媒体播放量达317万次。

【2020年志愿者“护飞行动”】 协会采取线上和线下双线联动的方式，一方面在条件适宜和疫情安稳的地带，结合鸟类迁徙情况组织开展“护飞行动”；另一方面利用网络平台开展培训，宣传《野生动物保护法》和全国人大常委会《全国人大常委会关于全面禁止非法野生动物交易、革除滥食野生动物陋习、切实保障人民群众生命健康安全的决定》精神，调查和举报违法行为。

2020年“护飞行动”累计开展活动约3300次，直接参加的志愿者超过2.2万人次，巡护村屯4336多个，救助放飞鸟类2.2万余只，协助执法部门拆除鸟网、鸟笼等捕鸟工具2.03万余件，开展科普、普法讲座及展览155余场，影响受众达4万余人次，与196个村屯和社区等单位签订《共建爱鸟护鸟文明乡村协约》，回访已签约乡村70余个，志愿委编发61期志愿者简报，受到《人民日报》、新华网、中新网、央广网、光明网、央视新闻直播间等 100 余家媒体报道转发“护飞行动”新闻 361 条。

（撰稿人：于永福　李雅迪）

中国系统工程学会

服务创新型国家和社会建设　学会智能制造系统工程专业委员会荣誉主任委员、第四届系统科学与系统工程科学技术奖终身成就奖获得者、中国工程院院士杨善林组建多支“小核心大协作”研究队伍，在高端装备智能制造工程管理、空天系统工程管理、能源与环境工程管理、医疗与健康工程管理等领域取得一批创新性研究成果，推动前沿科技与经济社会融合发展。

其中，面向中国微创医疗装备在舰艇卫勤、应急救援以及分级诊疗等方面的国家重大需求，团队项目“人机协同的智能微创医疗装备系统关键技术及应用”首创人机协同的智能微创医疗装备系统，实现国产高端微创装备跨越式发展，突破人机协同、决策服务等技术难题。该成果装备应用于北京协和医院等 100 余家三甲医院和 1000 余家中、小医院；出口英国、德国、土耳其、尼日利亚等国家，服务国家“一带一路”倡议。11 月 23 日，该项目获评世界互联网最具领先性的 15 项科技成果之一，杨善林在大会上向全球公开发布该成果。

在高端装备制造业方面，杨善林带领团队在高端成形装备的部件耦合控制、系统协同优化和装备故障预测三个核心方向上取得系列突破性进展，攻克多部件耦合联动控制和多点分区精密控制技术，创新成形主机多部件耦合优化设计技术；发明多工序多机构的协同优化技术，创建一体化可重构的集成智能控制系统；发明基于机理—数据融合的故障诊断与预测技术，创建全流程智能化运维保障服务系统。该系列技术打破复杂薄壁构件深拉深等控制技术的国外垄断，提高大型整体部件的成形制造能力和运维保障水平，引领行业智能化、服务化发展。

学会建设　学会充实官网内容，并策划升级会员系统。截至 12 月 31 日，学会共有团体会员 10 家、个人会员 2037 名。2020 年度学会通过微信公众号累计推文 96 篇，关注人数新增 1545 人，增长率达 58%。

学会的各种决议事项均以有关事项的文件或者（常务）理事会议会议纪要发布到学会网站和微信公众号。学会对分支机构的组织更替采用（常务）理事会议讨论并发布正式批文的形式，对分支机构的学术活动采取持续推动报备制度，同时通过学会微信公众号发布报备活动的新闻。对中国科协等机构下发的各类文件采用秘书长、常务副秘书长阅览批审制度，及时传发给理事会、分支机构乃至全体会员，并委派专门主管强化对分支机构的服务与管理。

2020 年，学会共召开 1 次常务理事会通信会议、1 次常务理事会议、1 次理事会议和 1 次分支机构工作会议。对学会医药卫生系统工程专业委员会、水利系统工程专业委员会、信息系统工程专业委员会、交通运输系统工程专业委员会、能源资源系统工程分会、模糊数学与模糊系统专业委员会、金融系统工程专业委员会、决策科学专业委员会、林业系统工程专业委员会九个分支机构完成换届批复。新成立数据科学与知识系统工程专业委员会、生态环境系统工程专业委员会两个分支机构。

青年人才托举工程　2020 年，学会在第 21 届学术年会期间以会议分组方式专门举办第五届（2019—2021 年度）中国科协“青年人才托举工程”项目学会被托举人的中期评估，学会领导、托举导师代表、首届“青年人才托举工程”项目被托举人和来自理事会的其他专家等参加研讨和评估。活动对所有代表开放。

学会获批第六届（2020—2022 年度）中国科协“青年人才托举工程”项目 2 个托举名额，并开展项目申报工作。

主办期刊　学会主办 5 种学术期刊，包括 3 种中文刊《系统工程理论与实践》《系统工程学报》《交通运输系统工程与信息》以及 2 种英文期刊 *Journal of Systems Science and Systems Engineering*（《系统科学与系统工程学报》）和 *Journal of Systems Science and Information*（《系统科学与信息学报》）。

《系统工程理论与实践》被认定为 RCCSE 中国中文权威学术期刊（A+）（6390 种学术期刊中 A+ 共 366 种），被收录在《FMS 管理科学高质量期刊推荐列表》，被列为 T1 类期刊。完成中国科技期刊卓越行动计划第一期项目的验收总结工作。出版《系统工程理论与实践》创刊 40 年纪念专辑。2020 年发表文章 248 篇，发行纸质期刊 16800 册。

《系统工程学报》被《FMS 管理科学高质量期刊推荐列表》列为 T1 类期刊。完成期刊质量自查报告及出版形式质量自查工作。2020 年发表文章 70 篇，发行纸质期刊4620册。

《交通运输系统工程与信息》完成中国科技期刊卓越行动计划第一期项目的验收总结工作，2020年共出版6期正刊，发表文章209篇，发行纸质期刊18000册。

2020年，*Journal of Systems Science and Systems Engineering* 发表39篇文章，发行纸质期刊3000册。

Journal of Systems Science and Information 被收录在《FMS管理科学高质量期刊推荐列表》。9月变更法定代表人。2020年出版区块链和智慧物流两本专辑，发表36篇文章。

国内主要学术会议 2020年，学会及其分支机构共举办国内主要学术会议18次，参加会议人数约4227人次，交流论文、报告1028余篇。

11月13—15日，由学会过程系统工程专业委员会主办、重庆大学承办的2020年过程系统工程专业委员会年会在重庆市召开，216余人参加会议。年会以"大变局形势下PSE支撑过程工业高质量发展"为主题，邀请10位业内专家和企业代表作大会特邀报告。会议分6个分会场进行报告，交流149个学术成果，并评选出优秀论文。

12月19日，由学会船海系统工程专业委员会主办、大连海事大学与江苏科技大学承办的第五届船海论坛暨中国系统工程学会船海系统工程专业委员会第二届会员大会以线上方式举办。会议以"新冠疫情下船海产业发展"为主题，来自学会船海系统工程专业委员会的领导，哈尔滨工程大学、大连海事大学、江苏科技大学等单位的相关领导、专家，期刊编辑和师生共200余人参加会议。会议选举产生第二届学会船海系统工程专业委员会主任委员及其他成员名单，赵金楼担任新一届主任委员。

国际组织任职 国际系统与控制科学院在线上举办换届活动，学会前任理事长汪寿阳当选国际系统与控制科学院副理事长。

国际交往 6月22日，国际系统研究联合会2020理事会议在线上举办，学会理事长杨晓光和秘书长唐锡晋参加会议。会议讨论国际系统研究联合会章程，选举新的国际系统研究联合会执行委员会。

1月13—16日，学会教育系统工程专业委员会主任委员许晓东参加在缅甸仰光举办的当代中国与世界——中缅智库对话会，在开幕式上作为高校代表发表主旨演讲。

科普活动 在第四个全国科技工作者日期间，学会在微信公众号上首次推出《漫谈系统》广播节目，旨在通过不超过8分钟的音频内容介绍一个与系统科学和系统工程相关的概念，普及系统科学和系统工程知识，推进其在现实行动中的应用。5月28日—6月29日，共播出6期节目并在微信平台广泛传播，相关公众号进行转载。40天内，学会微信公众号关注人数增加260余人。

学会推动团体会员单位申请科协"科普中国"相关项目，中国商用飞机有限责任公司成功申请"科普中国"共建基地项目。

学会设立的科普工作站举办线上系统工程沙龙，邀请德国西门子、瑞士洛桑联邦理工学院、中国电子信息产业集团有限公司、中国航天科技集团有限公司的专家分别聚焦"软件工程与系统工程的动力学原理""下一代MBSE建模语言（Kama语言）""网络安全系统工程"等话题进行线上研讨。科普工作站建立专门的微信公众号，活跃会员780多人，粉丝量超过6000人。

表彰举荐优秀科技工作者 学会响应中国科协号召，开展先进事迹和人物征集活动，推荐第二届全国创新争先奖候选人和候选团队、"最美科技工作者"候选人等。学会推荐的中国科学院数学与系统科学研究院研究员张新雨获得第十六届中国青年科技奖。

党建强会 2020年，学会坚持以习近平新时代中国特色社会主义思想为指导，学会常委对学会的各项"三重一大"事项进行前置审议，在学会各项工作文件出台前均进行审读。

学会党委组织开展一系列学习教育活动。9月13日，组织十届四次常务理事会议参会代表前往重庆红色教育基地参观学习，重点参观曾家岩50号周公馆和中国民主党派历史陈列馆。

会员服务 学会采取会员信息网络化、会费支付多元化、票据管理电子化的新措施，建立高效有序的会员沟通机制。通过学会微信公众号推送学会动态，传递学会工作信息。对于由学会主办的学术会议，会员注册费给予优惠。

【中国系统工程学会十届四次常务理事会议】 9月12日，中国系统工程学会十届四次常务理事会议在重庆市召开。学会常务理事或委派代表共43人出席会议。会议由学会理事长杨晓光主持。重庆大学校长张宗益、经济与工商管理学院党委书记严太华及3位副院长但斌、黄河、刘辛，以及学会和会务组工作人员列席会议。张宗益、杨晓光分别致辞。

学会常务副秘书长房勇通报中国科协2019—2020年下达给学会关于党建方面的公文，介绍《关于中国科协所属全国学会章程修订有关事项的通知》以及《中国科协关于转发〈民政部关于督促指导全国性社会组织在章程中增加党建有关内容的函〉的通知》的部署要求，对学会章程进行修订并提请常务理事会投票表决。

会上开展十届理事增选及学会章程修订工作。经投票表决，理事会最终通过《中国系统工程学会章程（讨论修订稿）》，以及同意学会生态环境专业委员会主任、北京师范大学教授陈彬和团体会员单位中国商用飞机有限责任公司研究员钱仲焱当选学会十届理事的决议。

会上对2020年会筹备和学会成立40周年纪念活动进展情况进行通报。学会常务副秘书长房勇通报十届理事会就任以来换届的9家专业委员会信息，并总结2020年学会秘书处响应中国科协完成的任务，包括政务信息每月一报送，现积分排行居前列；学会常务理事杨翠红撰稿入选《全国学会“四服务”优秀案例汇编》，学会的两种期刊《系统工程理论与实践》及《交通运输系统工程与信息》入选中国科技期刊卓越行动计划等。

会议最后，杨晓光邀请学会副理事长胡祥培、寇纲、冯耕中、李仲飞，常务理事毛恩荣、赵存如等代表发言，为学会的发展建言献策。

【中国系统工程学会第21届学术年会】 10月31日—11月1日，中国系统工程学会第21届学术年会在陕西省西安市召开。年会由西安交通大学管理学院承办，主题为“系统工程与百年变局之新机遇”，设置1个主会场、2个自由投稿分组、4个期刊推荐分组、13个专业委员会分会场以及5个专题论坛。来自全国200多所院校、研究机构和企事业单位的千余名科研工作者及社会同行参加年会。

学会副理事长、西安交通大学管理学院院长冯耕中主持开幕式。学会理事长、全体副理事长、监事长、前理事长等出席开幕式。西安交通大学校长王树国，国家自然科学基金委员会管理科学部副主任刘作仪，陕西省科协党组书记、常务副主席孙科，科学出版社副总经理陈亮以及学会理事长杨晓光分别致辞。

开幕式同期举办中国系统工程学会第五届系统科学与系统工程科学技术奖颁奖仪式，由学会副理事长狄增如主持。中国科学院数学与系统科学研究院研究员陈锡康获终身成就奖；中国科学院数学与系统科学研究院研究员汪寿阳获贡献奖；中国科学院数学与系统科学研究院博士赵琳、电子科技大学教授吕琳媛和西安交通大学教授刘汕获青年科技奖；西安交通大学博士孙少龙、哈尔滨工业大学博士姜杨、中国科学技术大学博士孙李波和国防科技大学博士罗廷金获优秀博士学位论文奖。不同于往届年会，此次获得青年科技奖和优秀博士学位论文奖的7位青年学者在主会场的科技奖励报告专场作学术报告。

在大会报告专场上，中国工程院院士郑南宁，中国科学院院士管晓宏，发展中国家科学院院士、联合国环境署国际生态系统管理伙伴计划项目主任张林秀，中国工程院院士、东北大学教授唐立新分别作报告《面对人工智能的挑战，人才培养的下一步如何走》《网络与智能时代的系统工程》《农村人口走出贫困的系统工程：从人力资本提升说起》《基于系统工程的STEEM计划》。

分组活动以学会主办的期刊推荐分组和自由投稿两个组有序进行，来自交通运输、决策科学、可持续运营与管理、生态环境、教育、数据科学与知识、系统可靠性、水利、系统动力学、能源资源、医药卫生、信息、港航经济13个专业委员会以5个专题论坛呈现系统科学与系统工程领域的研究及成果。其中，自由投稿分组中穿插举办第五届中国科协“青年人才托举工程”项目中国系统工程学会被托举人的中期评估。

会议期间召开十届三次理事会议、学会分支机构管理会议和教育与普及工作委员会会议，就在中国科协部署下如何开展学会相关工作进行沟通与交流。

闭幕式上，杨晓光向大会的4名优秀组织者和24名优秀志愿者颁发证书。随后召开学会成立40周年会庆论坛，邀请中国工程院院士汪应洛，第五届系统科学与系统工程科学技术奖终身成就奖获得者陈锡康，学会前任理事长陈光亚、汪寿阳，学会林业系统工程专业委员会主任陆元昌等先后发言。

此届年会首次尝试会议程序的自动生成，促进会议注册、投稿等流程规范化。年会期间，照片直播的浏览量超过2.6万人次。

（撰稿人：李星润）

中国实验动物学会

服务创新型国家和社会建设 3月、9月，学会模型鉴定与评价专业委员会对人冠状病毒肺炎寒湿疫毒袭肺证小鼠病证结合模型等6种模型进行鉴定与评价。

4月29日—7月30日，学会开展高等级生物安全实验室系列在线培训课程。培训共举办8期，每期讲解一个专题，7位专家授课，200余位专家学者参加培训。

6月24日，由学会免疫与细胞治疗专业委员会主办的实验动物平台培训在上海市召开。培训就实验动物伦理、分类、动物实验技能等问题进行解读，30余名学员参加培训。

8月2—30日，学会动物模型鉴定与评价工作委员会开展实验动物模型研究和应用系列在线培训课程。培训共举办5期，9位专家就小鼠疾病模型的制备和应用等问题进行讲解，200位专家学者参加培训。

8月14日，由苏州大学实验动物继续教育基地主办的实验动物技术人员专业水平评价考试在上海市举办。培训包括理论和实操两部分，对实验动物初、中、高三个等级进行评价考试，25位学员参加培训。

8月18—21日、11月11—14日，由学会主办的实验动物医师专业技术等级培训班在江苏省苏州市召开。培训就提高实验动物医师从业人员专业技术水平、发展从业人员职业能力、提高行业竞争力、建设实验动物医师继续教育培训和专业水平评价体系等问题进行讲解，8位专家授课，60余名学员参加培训。

9月9—28日，学会实验动物医师工作委员会举办实验动物医师系列线上培训。培训班共4期，7位专家就实验动物饲养的欧洲标准等8个专题进行讲解，460余位学者参加培训。

9月12日，由学会主办的动物实验基础操作技术培训班在北京召开。培训就实验大、小鼠的性别与年龄鉴定等基本实验操作进行讲解，30余名学员参加培训。

9月26—30日，由西安交通大学实验动物继续教育基地主办的实验动物从业人员技术等级培训班在陕西省西安市召开。培训内容涵盖《实验动物从业人员标准》中的初级、中级、高级内容。6位专家就7个主题开展培训，40余位学员参加培训。

10月16日、11月6日，由上海农林技校实验动物继续教育基地主办的实验动物从业人员技术等级培训班在上海市召开。培训内容涵盖《实验动物从业人员标准》中的初级、中级、高级内容，104位学员参加培训。

10月19—21日，由中国医学科学院医学实验动物研究所继续教育基地主办的实验动物从业人员技术等级培训班在北京召开。专家就实验动物科学进展与基本理论等问题开展培训，30余位学员参加培训。

10月19—23日，由吉林大学基础医学院继续教育基地主办的实验动物从业人员技术等级培训班在吉林省长春市召开。专家就国内外实验动物管理体制与法规等问题开展培训，27位学员参加培训。

12月1日，学会颁布《实验动物新资源鉴定与评价条件和程序（试行）》和《实验动物新资源登记实施指南（试行）》。

学会针对北京实验动物从业人员举办3期上岗证培训，累计367人参加。

学会修订强制性国家标准4项，制定6项推荐性国家标准，其中5项完成报批，发布团体标准23项。

学会组织专家编辑出版《中国实验动物学会团体标准汇编（第四卷）》《大鼠和小鼠传染性疾病及临床症状图册》《比较传染病学——病毒性疾病》《比较组织学》。

学会整合继续教育资源，利用“互联网+”与网络多媒体等培训理念与技术手段，建设实验动物行业继续教育网络平台，平台依据实验动物从业人员技术等级培训项目进行搭建。同时进行人才的系统管理，实现一站式在线学习管理功能。全年有效注册500余人，课程收看3万余次。

学会建设 截至12月31日，学会个人会员总数3120人、团体会员29个。学会新成立分支机构1个，下设分支机构共34个。

1月10—11日，中国实验动物学会农业实验动物专业委员会换届会议暨第四届委员会第一次会议在山东省济南市召开。会议选举产生第四届专业委员会委员，并对《第四届农业实验动物专业委员会工作规划》进行讨论。

3月27日，受科技部委托，学会和中国医学科学院医学实验动物研究所信息中心共同建立的“国家动物模型资源共享信息平台”正式开通。学会发挥平台作用，整合国内动物模型资源，更新和完善动物模型信息，为科技攻关生物医药产业提供有力支撑。

9月18日，中国实验动物学会实验动物设备工程专业委员会换届会议暨第四届委员会第一次会议在山东省青岛市举办。会议选举产生第四届委员会委员，并讨论未来五年的工作规划。

12月1日，中国实验动物学会实验动物标准化专业委员会换届会议暨第三届委员会第一次会议在北京召开。会议选举产生第三届委员会主任委员及秘书长，并对第三届委员会的主要任务和工作目标进行讨论，30余位委员出席会议。

12月5日，中国实验动物学会女科技工作者工作委员会成立大会在浙江省杭州市召开。中国工程院院士王红阳等3位女科学家分别以“弘扬科学家精神，努力攻克医学难题”为主题作报告。会议选举产生工作委员会委员并制定委员会工作规划，200余位专家学者参加会议。

学会通过官网、微信、会议系统、投稿系统等为实验动物科技工作者提供学习和交流平台，为个人会员和单位会员提供各种服务，为党员同志创建党员学习阵地，并向爱好者进行实验动物科普知识宣讲和科普活动互动。

在智慧科协的“科界”和“绿平台”开设中国实验动物学会专栏，不定期发布学会动态。

青年人才托举工程 学会推荐的4人获得第六届中国科协“青年人才托举工程”项目资助。

主办期刊 学会主办的季刊*Animal Models and Experimental Medicine*（《动物模型与实验医学》，AMEM）出版4期，并已相继被PMC、CSCD、DOAJ、中国知网、万方等多个国内外重要数据库收录。

《中国实验动物学报》继续被“中国科技核心期刊”、《中文核心期刊要目总览》、中国科学引文数据库来源期刊等数据库收录。

《中国比较医学杂志》继续被“中国科技核心期刊”、《中文核心期刊要目总览》等数据库收录。

国际学术会议 2月9日，学会组织专家参加新冠病毒疾病模型评价技术规范国际视频研讨会。会议就制定新冠病毒疾病动物模型评价技术规范进行学术交流，为科技部鉴定和评价新冠病毒疾病动物模型提供技术支撑。

4月7日，学会组织专家参加新冠病毒传染病（COVID-19）实验动物模型国际视频研讨会，介绍中国在COVID-19ACE2小鼠和恒河猴两种新冠病毒疾病实验动物模型的制备方法、评价指标及应用。

国内主要学术会议 1月10—11日，由学会农业实验动物专业委员会主办的农业实验动物质量控制与应用研讨会在山东省济南市召开。来自全国从事农业实验动物资源培育和质量检测等领域的50余位专家参加会议。

1月17日，由学会动物实验生物安全专业委员会主办的动物实验室生物安全培训班与学术交流研讨会在北京召开。50余位学者参加会议。

9月18日，由学会实验动物设备工程专业委员会主办的实验动物设备工程专业委员会学术交流会在山东省青岛市召开。学会理事长秦川等多位专家就实验动物模型与新冠疫情、动物实验室设施设计等内容进行分享。会议就实验动物模型与新冠疫情，生物安全，动物实验室设施设计、建设、设备、管理、发展等内容进行研讨。100余位专家参加会议。

9月28日—10月1日，由学会中医药实验动物专业委员会主办的全国高等中医药院校实验动物学教学研讨会在甘肃省兰州市召开。3位专家作报告，98位学者参加会议。

10月9—13日，由学会动物实验生物安全委员会、上海市公共卫生临床中心、上海市实验动物学会生物安全专业委员会共同主办的动物模型与生物安全研讨会暨国家继续教育培训班在上海市召开。会议采用线上和线下方式同步进行，300余位学者参加会议。

10月17日，学会屏障医学专业委员会邀请专家在线上就小鼠荷瘤实验及大鼠术期管理对相关专业研究生进行讲授。

11月16日，应新冠肺炎疫情防控的需要，学会无菌动物专业委员会邀请专家在线上进行学术报告。对不同肠段生理功能及其微生物组的空间异质性，通过粪菌移植对肠道菌群进行靶向性定植干预等专题进行讲解，97位学者参加会议。

11月25日，由学会实验动物设备工程专业委员会主办的生物安全技术研讨会在广东省广州市召开。会议从生物安全设施运行经验、新冠疫情防控形势与进展、生物安全新领域新技术探索等角度进行讲解。180余位专家学者参加会议。

12 月 11—13 日，由学会灵长类实验动物专业委员会主办的新冠肺炎疫情背景下非人灵长类实验动物研究与应用研讨会在江苏省苏州市召开。吕龙宝等 11 位专家从国家非人灵长类实验动物资源库的建设情况、如何利用先进精准的技术设备在介观尺度下获取猕猴大脑皮层间的信息连接等方面作报告，170 余位专家学者参加会议。会议对当下非人灵长类实验动物行业面临的严峻挑战发出一致呼声，号召大家立足市场、设立长远目标、共促非人灵长类实验动物研究及应用领域的良性发展。

科普活动 3 月 10 日，学会开展“疫情期间人员防控知识普及”线上讲座，讲解人员日常防护、环境的消毒与公共卫生要求等内容，及时指导公众进行安全防控。

4 月，学会组织专家出版原创科普图书《亲密，有隙》，向读者介绍科学健康的生活方式、防患人兽共患疾病等知识。

4 月 24 日，在世界实验动物纪念日，学会举办“尊重生命、善待动物”线上讲座，宣传实验动物相关科学知识。

5 月 30 日，在第四个全国科技工作者日，学会与社区共同开展以“团结引领为民路，开放合作迎小康”为主题的科普活动。活动展示认识新型冠状病毒、疫情期间的心理应对等科普展板，并发放科普图书。

10月27日，学会开展“珍爱生命，从心开始”“恼人的慢性咽炎”线上公益讲座，为公众普及急性心梗和慢性咽炎知识。

学会发表五篇科普文章，就“新冠病毒的传播途径以及防护措施”等问题在《科技日报》《科普时报》《第一财经》为大众解读专业知识。

学会在中国科协“爱宠疫情防护”专栏中发表《宠物需要戴口罩吗》等 4 篇文章。在“今日科协”微信公众号中发表《过敏人群应倍加小心抗新冠》文章。

学会制作科普挂图 28 种，悬挂于科普画廊供社会公众学习。在官网及微信公众号发布科普文章 153 篇。

表彰举荐优秀科技工作者 12 月 24 日，学会组织专家评审出中国实验动物学会科学技术奖一等奖项目 3 项、二等奖项目 4 项、三等奖项目 3 项、优秀青年人才奖 3 人。

党建强会 2 月，学会党支部与中国医学科学院实验动物研究所党委联合开展动研所抗疫英雄风采宣传，共制作“抗击疫情，冲锋在前”展板 24 块。

12 月 5 日，由学会与学会党支部共同主办的“女科学家创新成长 - 爱国爱家”主题报告会在浙江省杭州市举办。3 位女科学家作报告，200 余位实验动物行业的女科技工作者代表及大学生参加会议。

会员服务 学会通过邮件和官网每两个月为会员推送一次电子通信，涵盖学会近期活动、会议、通知等动态内容。

【第 2 届龙潭科学会议】 11 月 19—20 日，由学会和中国医学科学院医学实验动物研究所共同主办的第 2 届龙潭科学会议在北京召开。会议旨在展示实验动物学在生命科学各大领域中的应用、人类疾病动物模型资源和比较医学研究成果，面向国内外实验动物科学发展的前沿创新知识和思维、交流知识理论技术、展望学科发展趋势、促进学科交叉融合。6 位院士和来自国内外的近 300 位专家学者参加会议。

中国工程院院士巴德年等 15 位专家分别就医学教育与科技创新等方面作学术报告，内容集合近年最新研究成果，引领生命科学、医学领域学术交流，共议行业发展新技术、新趋势。

【国家动物模型资源共享信息平台】 3 月 27 日，由学会和中国医学科学院医学实验动物研究所信息中心共同建立的“国家动物模型资源共享信息平台”正式开通。该信息平台是动物模型资源供求信息发布的平台，提供可视化展示动物模型资源，提供从模型数据集成、供求信息发布、模型数据展示等一站式服务。通过动物模型数据集中，满足不同层次、不同研究目的的需求。根据新型冠状病毒疫情防控科研攻关需要，信息平台第一期重点围绕 SARS/MERS/COVID-19 疾病收集 125 个动物模型资源信息。

（撰稿人：陈　蕾）

中国青藏高原研究会

服务创新型国家和社会建设 6 月 10 日，研究会在北京组织专家对中国科学院·水利部成都山地灾害与环境研究所、中铁二院工程集团有限责任公司和西藏自治区地质环境监测总站完成的“川藏交通廊道山地灾害防治理论与关键技术”项目成果进行评审。专家组认为，该成果整体达到国际先进水平，其中基于灾害链动力过程的高寒山地灾害风险评估和防治技术居于国际领先水平。

学会建设 2020年，研究会召开第七次会员代表大会、第七届理事会第一次全体理事大会及第七届理事会常务理事会第一次会议，选举产生研究会新一届理事会、监事会、常务理事和荣誉理事。

国际学术会议 12月19日，研究会与中国科学院加德满都科教中心、第三极环境计划瑞典中心在北京联合举办第四届青年科学家论坛。论坛以“珠穆朗玛峰及其附近地区的地质演变和气候变化”为主题，第三极环境计划瑞典中心、瑞典哥德堡大学博士欧廷海主持云上圆桌会议。美国内华达大学助理教授曹文融、中国科学院青藏高原研究所研究员马伟强、荷兰乌得勒支大学博士后菲利普、中国科学院地理科学与资源研究所研究员汤秋鸿等专家学者分别作报告。来自中国、巴基斯坦、印度、美国、荷兰、瑞典等国家的近80位中外青年科学家以线上或线下的方式参加论坛。

国内主要学术会议 11月30日，研究会参与承办第二届北地青年学术沙龙。研究会常务理事、中国科学院院士王成善致开幕词。现场及线上共有近400位专家学者参加学术沙龙。来自北京大学、南京大学、浙江大学、中山大学、兰州大学、西北大学、中国地质大学（武汉）、中国地震局地质研究所、中国科学院·水利部成都山地灾害与环境研究所等单位的12名国内青年学者作演讲，围绕青藏高原不同区域的构造演化、地貌形成及其与气候之间的相互关系展开探讨。

国际组织任职 11月18日，美国地球物理学联合会发布2020年度美国地球物理学联合会会士评选结果，研究会理事长、中国科学院院士姚檀栋当选。

科普活动 研究会利用青藏高原研究的科研和观测平台积极开展科普宣传，通过举办讲座、创作科普作品、组织科普活动等形式向社会公众介绍青藏高原的自然环境特点，宣传中国青藏高原研究的巨大成就。

10月17—26日，《珠峰讲堂——青藏科考故事》在北京完成第二批近40集节目的录制工作。至此，历时近一年、分两批次开展的50多集大型系列节目《珠峰讲堂——青藏科考故事》完成前期录制工作。《珠峰讲堂——青藏科考故事》秉承“用科学的方式打开青藏、用科学的视角发现青藏、用科学的精神引领青藏、用科学的光芒照耀青藏”的原则，展示青藏高原生态保护取得的显著成就，讲述青藏科考过程中发生的感人故事，呈现青藏高原的自然风貌。该节目由研究会、第二次青藏高原综合科学考察研究队和西藏广播电视台联合制作，将在西藏汉语卫视播出。

研究会联合《新京报》等单位制作“老青藏说”——第一次青藏科考的那些往事访谈录，对一批“老青藏”进行访谈。采访对象包括孙鸿烈、陈宜瑜、陈鸿昭、陈廷恩、冯祚建、黄复生、李文华、欧欲雄、潘裕生、沙金庚、滕吉文、文世宣、虞孝感、章铭陶、郑度15位老专家。

由研究会和第二次青藏高原综合科学考察研究队共同主办建立的科普微信公众号“第三极大本营”自2019年8月认证以来，原创文章阅读量累计突破11万次，2020年度单篇最高点击量达2.7万次。

表彰举荐优秀科技工作者 1月10日，第十二届青藏高原青年科技奖颁奖仪式在北京举办。研究会名誉理事长、中国科学院院士孙鸿烈宣读第十二届青藏高原青年科技奖的奖励决定。孙鸿烈、研究会第六届理事会理事长姚檀栋分别为获得第十二届青藏高原青年科技奖的10位获奖者颁发证书和奖杯。

由研究会推荐的中国科学院院士陈发虎、崔鹏和于贵瑞获第二届全国创新争先奖状。研究会推荐张凡、张东菊、卢宏玮为第十七届中国青年女科学家奖候选人，其中，兰州大学教授张东菊获得第十七届中国青年女科学家奖。

党建强会 研究会党委坚决贯彻落实中共中央办公厅《关于加强社会组织党的建设工作的意见（试行）》、中国科协《关于加强科技社团党建工作的若干意见》和《关于进一步加强中国科协所属学会党委建设的指导意见（试行）》等有关文件精神，积极组织理事和研究会工作人员学习习近平总书记一系列重要指示精神，围绕党中央的重大决策部署，在开展研究会各项工作中坚持党的领导、坚定政治方向、突出党的政治引领作用。深入学习宣传贯彻党的十九届五中全会精神，为全面建设社会主义现代化国家汇聚科技力量。

会员服务 2020年，研究会新发展个人会员20人。截至12月底，研究会个人会员总数为1644人。

研究会从服务质量入手，扩大会员基础，服务会员专业学术需求，着力提升服务科技工作者的能力。编印研究会宣传手册，通过介绍研究会的宗旨、工作职能、重要活动等，让更多的从事青藏高原研究的青年学者了解、加入研究会，同时更好地为会员提供服务。

2020年，研究会获得中国科协的技术支持，改版研究会的门户网站，开启电子通信服务功能，向会员传播研究会工作信息和科研资讯等，在促进研究会管理信息化的同时，为会员提供更加周到的服务。

【中国青藏高原研究会第七次会员代表大会】 1月10日，中国青藏高原研究会第七次会员代表大会在北京召开，130余位会员代表参加会议。大会产生研究会新一届理事会、监事会，颁发第十二届青藏高原青年科技奖。中国科协向大会发来贺信。

会上，研究会第六届理事会理事长姚檀栋汇报第六届理事会的主要工作：过去五年，研究会以学术交流为主线，组织和参与组织50余次学术交流，以学术年会为中心打造青藏高原学术交流平台，同时联合美国地球物理协会、第三极环境计划等举办主题会议，展示第三极地区地球科学及环境变化研究最新进展，扩大国际影响力；依托研究会专家群体的优势，发挥智库作用；参加中国－北欧国家科学战略圆桌会议，参与高层智库建设工作；加强国际和地区间民间科技交流与和合作，建设第三极环境联合科教中心，推进第三极区域国际合作研究和人才培养等；注重发现和举荐优秀人才特别是青年人才，发挥青藏高原研究群体的人才催化作用；加强学术群体和社会公众的联系，增进全社会科学理解青藏高原。研究会举办科普公众日活动、开展科普讲座、出版优质科普读物、开设科学传播公众号“第三极大本营”等。

根据研究会章程，大会选举产生研究会第七届理事会；随后召开第七届理事会第一次全体理事大会，选举研究会第七届理事会的常务理事会、理事长、副理事长；进而召开研究会第七届理事会常务理事会第一次会议，秘书长由理事长提名、七届一次常务理事会表决通过。姚檀栋当选研究会第七届理事会理事长，陈发虎、崔鹏、赤来旺杰、史培军、潘保田、张宪洲、曾令森当选副理事长，张镱锂当选秘书长。经常务理事会提议，理事会议表决通过《关于聘请孙鸿烈院士、郑度院士担任中国青藏高原研究会名誉理事长的决定》。

（撰稿人：吴　娟　戴玉凤）

中国环境诱变剂学会

服务创新型国家和社会建设　1月30日，学会党委发出倡议书，号召全体会员积极投入抗击新冠肺炎疫情战斗中。学会一大批从事公共卫生、环境与健康、健康教育等方面的专家发挥专业特长，工作在所在单位、所在地区的防控工作前线。学会参加国家和地方新冠肺炎疫情防控督导检查、编写新冠肺炎防疫指南、开展科技攻关援助及倡议建言、及时开展应急科普、申报“新冠肺炎科技防治”研发项目，并通过各种渠道为疫区捐款捐物。

学会理事长曹佳担任《陆军部队抗击新冠肺炎防治指南》主审，印发陆军使用；副理事长（兼秘书长）郝卫东作为北京大学公共卫生学院疫情防控工作组组长，对接疫情防控各项工作；副理事长浦跃朴主编《南京市新冠肺炎预防控制指引手册》并印发当地使用；中国医科大学公共卫生学院教授徐苑苑牵头承担“辽宁省公共卫生应急管理法治保障研究”项目。特别是工作在全国各地疾控中心的学会会员，组织病原学检测、公共交通设施的环境监测、现场流行病学调查、数据核查、追踪密接、生物垃圾处理消杀等工作。

10月，学会膳食与疾病专业委员会在北京举办临床营养技能更新班，向学员颁发临床营养技能培训证书，共70人次参加。

学会建设　学会共有会员5600余人，下设13个专业委员会、4个组织工作委员会。

6月20日、12月12日，学会以视频会议形式分别召开第七届第六次、第七次常务理事会议以及第七届第四次理事会议。会议确定并通报新专业委员会成立、换届专业委员会改选以及近两年专业委员会发展建设事宜；商榷2022年学会第八次全国会员代表（暨换届）大会、第十九次全国学术大会、亚洲环境诱变剂学会学术年会联合筹办事宜；确定开展学会团体标准工作，成立学会工作委员会、专家委员会等事宜；对2020年度各项工作进行研究部署，逐步优化学会治理、规范运行。

10月11日、12月1日，学会环境应激与健康损害专业委员会、环境与神经退行性疾病专业委员会分别召开成立大会。新专业委员会的成立旨在顺应学科发展、迎合多学科交叉需求，汇集国内不同领域的学者组成跨学科的学术联盟，推动学科的发展壮大，服务国家“健康中国 2030”发展规划。

11 月 7 日，学会风险评价专业委员会在浙江省宁波市召开第六届第六次工作会议；11 月 28 日，学会致突变专业委员会在浙江省金华市召开第三届第二次工作会议；12 月 24 日，学会青年委员会召开第一届第二次工作会议。

11 月 27 日，学会生殖缺陷防治专业委员会在福建省厦门市召开第三次会员代表大会暨第三届换届大会，根据学科发展需求更名为环境与生育健康专业委员会。

主办期刊 《癌变·畸变·突变》是中国科协主管、学会主办的双月刊学术期刊，每年发行 6000 册，是中国科技核心期刊。2020 年，发表论文 91 篇，完成中国科协和广东省新闻出版局的年度检验。根据中国知网，2020 年该期刊复合影响因子为 0.789，综合影响因子为 0.593。《癌变·畸变·突变》第七届编委会有 108 人（含外籍编委 7 人），均为肿瘤学、环境毒理学及相关领域的专家。

国际学术会议 11 月 15—18 日，学会活性氧生物学效应专业委员会协办第九届国际生物医学工程与生物技术国际学术会议和第十八次中国暨国际生物物理大会两次学术会议。

国内主要学术会议 2020 年度，学会线上线下共举办主要学术会议 10 次，其中学术年会 6 次、高端前沿会议 1 次、境内国际学术会议（高端前沿会议）1 次、小型论坛 1 次、学术沙龙 1 次。参会专家学者 2128 人次，其中企业代表 94 人次、境外专家学者 11 人次（线上），交流论文 219 篇。

10 月 11 日，学会环境应激与健康损害专业委员会召开线上云端学术研讨会。10 月 15 日，学会膳食与疾病专业委员会召开线上第四届京津冀妇幼营养与学生健康高峰论坛。11 月 7—9 日，学会风险评价专业委员会于浙江省宁波市召开中国环境诱变剂学会风险评价专业委员会第二十二届全国学术交流会。11 月 9 日，学会风险评价专业委员会在浙江省宁波市与宁波海关技术中心实验室开展学术交流互动活动。11 月 27 日，学会环境与生育健康专业委员会在福建省厦门市召开第三届环境与生育健康专业委员会学术研讨会。11 月 27—29 日，学会致癌专业委员会、致畸专业委员会、致突变专业委员会在浙江省金华市联合开展学术年会暨 2020 第三届长三角生物医学技术产业化论坛。12 月 4—5 日，学会环境应激与健康损害专业委员会召开线上第一届现代毒理国际云端论坛。12 月 13 日，学会生物标志物专业委员会和暴露组学与暴露科学专业委员会于线上联合举办学术年会暨 2020 环境暴露与生物标志物学术研讨会。12 月 16 日，学会毒性测试与替代方法专业委员会在线上召开毒性测试与替代方法团体标准讨论会。12 月 24 日，学会青年委员会于线上召开中国环境诱变剂学会青年委员会第二次学术会议。

国际交往 学会筹办 2022 年亚洲环境诱变剂学会学术大会。2020 年度，学会多位专家线上参加世界卫生组织等重要国际组织的相关学术会议，与国外大学开展相关领域学术合作。

学会向亚洲环境诱变剂学会推荐曹佳任下届理事会理事长，陈雯任秘书长。

科普活动 2020 年，学会举办科普活动 8 次，共约 340 人次科技工作者（其中专家 45 人次）参加，受众约 26.5 万人，覆盖多个社区。发放科普宣传册约 400 本，设计挂图 11 张。

5 月，学会膳食与疾病专业委员会在全国开展线上“全民营养周”科普宣传活动；在北京交通广播开展“食品安全”科普广播；在北京卫视开展“我是大医生”科普视频；在中央人民广播电台开展“把住视频安全观”科普广播；在北京市科协开展“疫情时代如何提高免疫力”科普宣传。

9 月、12 月，学会抗诱变剂和抗癌剂专业委员会在黑龙江省哈尔滨市举办“膳食与癌症”科普讲座，学会环境与生育健康专业委员会在北京开展“环境·动物——人类健康”科普讲座，学会暴露组学与暴露科学专业委员会在线上开展“2020 环境暴露与生物标志物”科普讲座。

党建强会 学会党委要求学会全体党员理事充分认识学习宣传贯彻习近平新时代中国特色社会主义思想和党的十九大精神的重大意义，结合实际工作认真学习，参加所在单位党组织的学习。学会党委书记郝卫东给会员、师生讲主题党课《学习十九届五中全会体会》。学会党委召开党委会学习十九届五中全会精神，讨论在全会精神指引下制定好学会下一阶段发展规划。

4 月、9 月，学会党委以视频方式召开党委会，讨论学会发展问题，对学会承办 2022 年亚洲环境诱变剂学会学术大会、因新冠肺炎疫情调整举办国际环境流行病学大会、学会开展团体标准工作的组织机构和工作方案、向亚洲环境诱变剂学会推荐下届理事长和秘书长等事宜进行前置研究讨论。

学会党委号召全体会员为科技强国战略发奋工作，引导学会在各类学术交流活动中营造科技创新的学术环境和尊重知识、尊重人才的学术氛围，强调严守学术规范和学术道德。学术交流的主题和内容要切合党和国家发展的战略，反映社会发展的需求。

学会党委广泛听取会员的意见和诉求，尽力为其提供力所能及的服务和帮助。学会成立青年委员会，为青年科技工作者提供各种发展的机会，如推荐评优、加入相关专业团体等。

【中国环境诱变剂学会团体标准工作】 为贯彻落实国务院深化标准化工作改革要求，充分发挥学会功能，学会按照国家市场监督管理总局、国家标准化委员会、民政部《团体标准管理规定（试行）》等有关规定，完成学会团体标准登记平台的注册和公示。12月7日起正式向社会征集团体标准的立项申请，第一期共收到8项团体标准立项申请，得到社会积极响应。

根据《中国环境诱变剂学会团体标准管理办法（试行）》规定，学会团体标准化委员会对2020年度第一批竞标的8项团体标准申请进行函审。完成《遗传毒性Ames试剂盒标准》等8项团体标准的立项审查。经审查，7项团体标准申请符合立项要求，准予立项。

（撰稿人：高苏堤）

中国运筹学会

服务创新型国家和社会建设 学会促进公民科学素质提升、开展科技志愿服务等相关工作。针对疫情防控防治中大规模全员核酸检测，学会第十届理事会理事长胡旭东借助“柚子优化”微信公众号，在两个月内先后发表六篇系列报告《数学无处不在——血液检测的数学模型和理论》，阅读量1.5万余次。该系列报告主要讲解核酸/抗体检测中的组合优化模型、方法和理论，如何用最小的成本（检验次数和时间）在大量的样本中准确地检验哪些样本是阴性的（好的）、哪些是阳性的（坏的），以及其中涉及的概率模型、组合模型、在线算法和分布式算法。胡旭东还先后在广西运筹学会成立大会和上海运筹学会会员代表大会上作相关报告。

学会建设 10月17日，学会在安徽省合肥市召开中国运筹学会第十一届全国会员代表大会并完成换届工作。戴彧虹当选学会第十一届理事会理事长。

截至12月31日，学会共有缴费会员1774人，其中学生会员350人；学会下设分支机构16个、工作委员会10个。学会召开理事会议2次、常务理事会议2次、三刊编辑部工作会议1次。

青年人才托举工程 11月19日，中国运筹学会第三届中国科协青年人才托举工程项目结题报告会在北京召开。学会名誉理事长胡晓东、青年工作委员会主任韩德仁、数学规划分会理事长徐大川、秘书长陈旭瑾，两位托举导师中国科学大学教授郭田德和北京大学文再文以及多位专家学者参加线下会议。学会名誉理事长袁亚湘、理事长戴彧虹、第四届和第五届中国科协“青年人才托举工程”项目入选者等多位专家学者通过腾讯会议平台在线参加会议。韩德仁主持会议。胡旭东对第三届中国科协“青年人才托举工程”项目进行总结和介绍，并邀请袁亚湘线上致辞。之后，两位被托举人孙聪（北京邮电大学博士）和姜波（南京师范大学博士）分别进行科研和财务汇报。被托举人的托举导师分别对两位在项目执行期间的科研进行点评和回顾。线下专家和线上专家对被托举人的科研工作进行讨论和点评。

主办期刊 学会主办《运筹与管理》《运筹学学报》《中国运筹学会会刊》3种学术期刊。2020年，中文学术期刊总印数18800册，英文学术期刊总印数1000册，发表论文数422篇。

10月15日，在中国运筹学会第十一次全国会员代表大会上，《运筹与管理》《运筹学学报》《中国运筹学会会刊》完成换届工作。中国科协副主席袁亚湘、学会理事长胡旭东、三刊全体编委、上海大学期刊社副社长刘志强和编辑部全体成员参加换届会议，会议由胡旭东主持。《中国运筹学会会刊》主编由袁亚湘担任，副主编由戴彧虹、洪流、胡旭东、赵晓波担任。《运筹学学报》主编由戴彧虹担任，副主编由白延琴、陈旭瑾、修乃华、张汉勤担任。《运筹与管理》主编由章祥荪担任，副主编由梁昌勇、刘克、唐立新、汪寿阳、张汉勤担任。

国际学术会议 学会和学会分支机构共组织境内国际学术会议2次，交流论文171篇，与会专家学者610人。

9月19—20日，学会计算系统生物学分会和中国生物化学与分子生物学会分子系统生物学专业委员会、海南师范大学联合主办的计算系统生物学国际会议在海南省海口市召开。大会以“系统生物学：从基础研究到健康科学”为主题，特邀美国国家科学院院士、美国斯坦福大学教授王永雄，日本东京大学教授 Kazuyuki Aihara，厦门大学教授林圣彩，西北工业大学教授王文作大会主旨报告，从单细胞组学、4P 医学、定量生物学、表型组学、基因组学、微生物组学、计算生物学、数学生物学等多角度、多维度对系统生物学进行阐释，实现跨学科跨领域的学术交流。围绕大会主题，开设分子系统生物学、系统生物医学和计算系统生物学多个主题会场，安排和挑选共计 30 余个报告，就系统生物学研究理论策略、技术方法等主题和转化应用以及如何运用系统生物学造福人类等问题展开讨论。

10 月 8—11 日，2020 年质量、可靠性、风险、维修性及安全性工程国际学术会议在陕西省西安市召开。会议由电气与电子工程师协会可靠性学会、欧洲安全性与可靠性协会、学会可靠性分会等共同主办，邀请 8 名国内外可靠性领域的专家学者作大会报告。会议还组织 5 个专题讨论会和 24 个分会场，涉及“可靠性建模和风险分析”“可靠性、维修性和保障性”“系统分析、仿真与优化”“状态监测、故障诊断和 PHM”“稳健性、可靠性及全寿命周期设计”“维修和保修管理及失效物理分析”等 7 个主题。共收到作者投稿 968 篇，经过会议专家委员会遴选最终确定收录 341 篇，研究内容涵盖质量、可靠性、风险、维修性、安全性、故障诊断等领域，既有前沿的理论研究成果，更有源于工业界的典型应用案例。

国内主要学术会议 2020 年，学会及所属分支机构共举办国内学术会议 11 次，交流学术论文 476 篇。以腾讯视频会议形式组织 38 期“运筹千里”纵横论坛，邀请 25 位国内专家、22 位国际及中国香港特别行政区、澳门特别行政区的专家学者作报告，并开展线上讨论。学会数学规划专业委员会将原定的次模优化专题研讨班由线下举办改到线上。近半年来，34 位国内外专家学者先后作 61 场报告，上万人次参加研讨班。

11 月 6—8 日，2020 年中国运筹学会排序分会学术交流年会在辽宁省大连市召开。会议由学会排序分会主办，大连海事大学航运经济与管理学院、辽宁省港口与物流枢纽数字化重点实验室联合承办。来自全国 50 余所高校和科研院所的近 150 名专家学者和研究生参加会议。大会邀请五场主旨报告，清华大学教授王凌、北京交通大学教授曹志刚、上海交通大学教授万国华、大连理工大学教授胡祥培围绕排序与调度以及相关领域的重要研究成果和最新研究进展作报告。

12 月 19—20 日，第十二届“行为运筹学与行为运营管理”研讨会在江苏省南京市召开。会议由学会行为运筹与运营管理分会、清华大学工业工程系、南京大学工程管理学院联合主办。会议以线上线下相结合的方式举办，400 余人参加线下会议，70 人参加线上会议。清华大学教授赵晓波和南京大学教授周晶担任会议主席。研讨会以“供应链中的行为运营管理”为主题，邀请美国加州理工学院教授 Colin Camerer、美国德州大学阿灵顿分校教授 Kay-Yut Chen、瑞士苏黎世大学教授 Ernst Fehr 和挪威经济学院教授 Alexander W. Cappelen 4 位专家在线作大会主旨报告，分享其在行为科学领域的前沿研究成果。此外，会议还分设 20 组（共计 131 篇论文）分组报告。

国际交往 3 月 15 日，新冠肺炎疫情期间，学会本着“全球命运与共　传递中国情谊”的理念，学会理事长胡旭东主动与国际运筹学会联合会主席、意大利布雷西亚大学副校长 M. Grazia Speranza 联系，针对国际运筹学会联合会大会的改期和日程进行多次邮件和视频沟通。同时，先后分二次赠送其 1000 只医用外科口罩。

9 月 30 日，学会参加国际运筹学会联合会组织的全球线上系列论坛。推荐上海财经大学教授葛冬冬在“亚太运筹学：近期趋势和实践（OR in the Asia Pacific：Recent Trends and Practices）”论坛作主旨演讲 *Supply Chain Network Management in Mitigation of Covid-19*（《新冠病毒阻击中的供应链网络管理》）。

科普活动 依托互联网，学会推出线上科普活动，通过网络直播的方式邀请多位数学界院士、专家作科普报告；通过线上讲堂实现足不出户讲科普、听科普，打破时空界限，科普活动覆盖范围更广、受众人数更多。

3 月 14 日是首个国际数学日。学会联合中国工业与应用数学学会和中国数学会邀请中国科学院院士袁亚湘举办网络科普讲座《数学漫谈》。此次网络科普讲座在线观看人数达上千人，总播放量超过 20 万人次。袁亚湘以图文并茂的方式，从什么是数学、数学的特点、数学的作用三个方面带领大众了解数学。

5月31日，学会联合中国工业与应用数学学会、中国数学会邀请学会理事长胡旭东作网络科普讲座《运筹学——求解生活中的数学趣题》。1700余位师生参加讲座。

表彰举荐优秀科技工作者 6月12日，学会联合中国科学院数学与系统科学研究院、中国科学院大学和中国数学会共同举办华罗庚先生诞辰100周年纪念活动。中国科协副主席、国际工业与应用数学联合会主席、中国科学院院士、中国数学会和学会名誉理事长袁亚湘，中国科学院数学与系统科学研究院院长、中国数学会副理事长、中国科学院院士、国科大数学科学学院院长席南华等参加活动。活动采用线下直播间和线上视频会议相结合的方式进行，特别邀请华罗庚先生的子女和亲属在直播间与大家共同追忆、缅怀华罗庚先生。近千名学者、师生参加纪念活动。

党建强会 学会党委发挥政治引领作用，参与学会“三重一大”事项前置审议。采取集中学习、专题调研、理论研讨、心得交流等方式，开展学习宣传贯彻党的十八届六中全会、十九大精神的活动。在学会理事会议、常务理事会议上，学会理事长带头就党的十九大精神对学会工作的指引进行解读。

1月12日，学会运筹支部开展“不忘初心、牢记使命”主题活动，组织中国科协副主席袁亚湘、学会党委书记胡旭东、支部书记张世华等17位同志到香山革命纪念馆参观学习，重温和学习中国共产党从建党到成立中华人民共和国28年的奋斗历程和1949年中华人民共和国成立以来70多年的奋斗历程。

8月22—24日，学会党委在井冈山开展党建活动。中国科协副主席袁亚湘，学会党委书记胡旭东、委员修乃华和白延琴，学会副理事长杨晓光、戴彧虹、赵晓波、张玉忠，学会秘书长刘克，以及学会20余位常务理事、副秘书长、监事和办公室的同志参加活动。先后参观会师纪念馆、茨坪革命旧址群、黄洋界、井冈山革命博物馆、茅坪八角楼、大井毛泽东同志旧居、井冈山革命烈士陵园等革命人文景观和遗址。

会员服务 学会采取会员信息网络化、会费支付多元化、票据管理电子化的新措施，建立高效有序的会员沟通机制。由学会主办的学术会议，会员注册费给予优惠；由学会主办的期刊，会员免费下载。通过学会“运筹通讯”微信公众号推送学会动态，传播学会学术活动，传递学会工作信息，提升学会凝聚力，拓展会员服务新途径。新冠肺炎疫情期间，学会以腾讯会议形式组织的“运筹千里”纵横论坛、次模优化专题研讨班优先为会员免费开放。

【中国运筹学会科协青托沙龙】 10月18日，中国运筹学会科协青托沙龙在安徽省合肥市举办。沙龙由学会青年工作委员会主任韩德仁主持，依托“运筹千里”纵横论坛通过腾讯会议平台同步在线举办，学会理事长戴彧虹等50名专家学者现场参加沙龙，百余位专家学者及研究生在线参加沙龙。

各位专家以“行业与底层优化算法与软件研发”为主题，就国外数值优化软件的发展历史、国内数值优化软件的现状、底层数值优化算法的难点和挑战以及可能的研究方向、国产数值优化软件的生态建设、数值优化软件开发的人才培养五个方面进行发言、讨论与交流，形成关于国内底层优化算法软件研发的几点共识。对于底层数值优化算法库的重要性及其难度，专家认为底层数值优化算法库的“国产化”是国家实现“制造强国”不可缺少的重要前提之一；自主研发数值优化软件并非易事，此类软件是构建在大量复杂的底层算法之上的，其中，底层算法库的设计和实现难度非常大，要求软件工程师既要有扎实的理论基础，又具备很好的编程能力。在国内底层优化算法软件研发现状方面，专家同意国内相关科研人员在特定优化问题数值软件开发领域已经取得一定进展，同时认为当前国内底层优化软件与国际顶尖软件还有一定的距离。为此，专家对科研教学提出如下建议：切实贯彻落实国家破“五唯”政策，引导青年科研人员为底层优化算法软件研发贡献自己的力量；在优化专业课程教学中加强学生动手能力的培养，争取培养出既有理论修养又精通算法实践的优秀学生，为底层优化算法与软件的研究打好基础；建设一个底层算法开放共享平台，鼓励学者将论文算法的代码提交到平台。

【中国运筹学会第十一次全国会员代表大会暨第十五次学术交流会】 10月15—18日，中国运筹学会第十一次全国会员代表大会暨第十五次学术交流会在安徽省合肥市召开，来自国内外的约900名代表参加会议。大会主题是纪念学会创建人及首任理事长华罗庚先生诞辰110周年和庆祝中国运筹学会成立40周年。学会秘书长刘克主持大会开幕式。学会第十届理事长胡旭东致欢迎词。中国科学技术大学副校长罗喜胜和数学科学学院院长马志明、中国科协副主席袁亚湘应邀出席大会开幕式并先后致辞。开幕式上还举办第七届中国运筹学会科学技术奖颁奖仪式，中国科学院数学与系统科学研究院研究员徐光辉获终身成就奖，马志明和袁亚湘为运筹研究奖获得者复旦大学教授胡建强和大连理工大学教授张立卫颁发奖牌和证书。开幕式后，中国工程院院士、东北大学副校长唐立新和运筹研究奖获奖者分别作报告。

10 月 16 日，华为研究院理论部实验室资深科学家张弓、美国明尼苏达大学卡尔森管理学院讲座教授崔海涛等专家学者先后作大会特约报告。另外，因疫情未能到现场参加会议的三位大会报告人通过腾讯视频会议系统作报告。

10 月 17 日，召开中国运筹学会第十一次全国会员代表大会。胡旭东先后作第十届理事会工作报告、党委工作报告和关于修改学会章程的说明；常务副秘书长刘德刚作财务工作报告和关于会费标准的说明；监事长杨新民作监事会工作报告。刘德刚作第十一届理事会候选人产生过程及选举事项说明。与会 300 余位会员代表通过无记名投票表决，同意学会章程的修订和会费标准，并选举产生由 149 人组成的第十一届理事会和由杨新民为监事长的监事会。当天还举办学会第十一届理事会的第一次会议，130 位新当选的理事或代表参加会议。会上，经无记名投票选举产生由 49 人组成的第十一届常务理事会及负责人，戴彧虹为理事长，郭田德、鲁习文、唐立新、童小娇、张国川、张玉忠和赵晓波为副理事长，陈旭瑾为秘书长。会议通过戴彧虹理事长提议：胡旭东为学会名誉理事长。随后，学会第十一届理事会常务理事会召开第一次会议，推举产生 10 个工作委员会的负责人及副秘书长人选。最后，举办常务理事会党员会议，经无记名投票选举产生学会党委，赵晓波为党委书记，胡旭东为副书记，杨新民为纪检委员，鲁习文为组织委员，张国川为宣传委员。

10 月 17—18 日，分 5 个分会场举办学术交流会，并进行 17 组专题特邀报告和 8 组自由报告，先后有 100 余位运筹学师生作学术报告。

此外，举办运筹学应用奖和青年科技奖的评审会。经评选，由上海交通大学教授陈峰等完成的项目“整物流智能调度优化决策支持系统研发与实施”、由上海杉数网络科技有限公司教授葛冬冬等完成的项目“大规模数学规划求解器 COPT 的应用”和由福州大学教授朱文兴等完成的项目“超大规模集成电路布局及相关问题的研究”获运筹应用奖。上海财经大学江波、南开大学史永堂、上海大学徐姿、中国科学院数学与系统科学研究院姚大成和南方科技大学张进获青年科技奖，中国科学技术大学刘林冬、山东大学刘治平、北京交通大学罗自炎和北京邮电大学孙聪获提名奖。

胡旭东主持大会闭幕式。闭幕式上宣布当选第十一届理事会正副理事长和秘书长、党委书记及监事长的名单。随后举办第七届中国运筹学会科学技术奖颁发仪式。

（撰稿人：胡　洁）

中国菌物学会

服务创新型国家和社会建设　为实施创新驱动助力工程，自 2020 年起，学会正式启动学会服务站筹备建立工作。8 月 5 日，经到申报单位实地考察，首家中国菌物学会服务站——宜昌科技服务站落户湖北省宜昌市。该服务站组织学会专家、科研机构、企业代表、政府部门和科技服务人员共同组建三峡地区食用菌示范科技服务团，为三峡地区特色农业产业发展提供创新驱动和科技支撑；同时通过该科技服务站的平台效应，为三峡地区食用菌产业发展提供整体化、长效化、科技化的科技创新驱动助力。9 月，在福建省福州市科协的支持与推动下，学会与福州市罗源县食用菌研发中心签订协议，正式启动中国菌物学会罗源县食用菌研发中心学会服务站的筹备建立工作。

在学会食用菌产后与加工分会的协助组织下，8 月，中国科学院微生物研究所党委书记、副所长李俊雄一行 4 人到河南龙丰食用菌产业研究院有限公司和分会理事单位国家食用菌加工技术研发专业中心参观考察，并与中心负责人、河南大学教授康文艺等座谈，围绕企业和微生物所加强合作、形成新的模式、创新食用菌深加工产品技术和应用进行交流。

学会建设　2020 年度学会发展新增登记个人会员 52 名。

主办期刊　学会主办学术期刊 3 种。其中，英文期刊 *Mycology*（《真菌学》）旨在搭建中国菌物学家与国际学者学术交流的平台，引领和促进菌物学科发展，促进与国际的接轨。该期刊刊登菌物学（包括卵菌、黏菌）各个领域的最新研究成果，已被 CABI、PubMed、Scopus、CSA、DOAJ 数据库收录，

Mycology 共发表近200篇稿件，作者来自美国、德国、荷兰、芬兰、日本、韩国、中国、印度等20余个国家。

中文期刊《菌物学报》为中国自然科学核心期刊，被AM、CA、CABI、Ulrich IPD、CSA、CSCD、CNKI、IC等国内外检索数据库收录。

国内主要学术会议 受新冠肺炎疫情影响，2020年度学会减少线下大型会议的举办，利用网络平台，通过线上线下相结合的方式开展学术与产业领域相结合的研讨会，包括第五届全国羊肚菌大会（线上）、2020年中国香菇产业网络大会（线上）、2020第二届中国大球盖菇产业发展大会（线上）、2020中国天麻产业网络大会（线上）、2020中国（宜昌·远安）食用菌产业发展大会、首届中国松乳菇（贵州紫花菌）节暨野生菌与健康高端论坛、中国菌类博物馆建设研讨会、2020中国·贵州食用菌产业发展大会、2020第二届中国（临清）桑黄产业发展大会、食用菌采后与加工研讨会等，在线观看人数超过5000人次，线下会议每场参会人数100～500人。

学会菌文化分会联合丽水市农林科学研究院、丽水市博物馆在浙江省丽水市召开中国菌类博物馆建设研讨会。来自全国130多位馆建、菌类研究的专家学者以“探索、传承、发展、建设”为主题，围绕菌文化、特色产业博物馆的探索与思考、菌类博物馆的商业模式等方面进行交流和讨论。会议形成菌类博物馆建设“丽水宣言”，向业界发出包括收集、整理、归纳有关菌类资源、生产技艺、故事传说等资料；挖掘、开发、利用、发展菌文化，并通过菌类博物馆建设促进产业发展；呼吁国家有关部门支持菌类小镇、博物馆、展览馆、展示馆的建设，倡议有条件的地方政府建设菌类博物馆，鼓励有条件的企业、个体建设菌类博物馆、展示馆、体验馆等在内的6条建议。

科普活动 2020年度，学会依托全国各省市科普工作基地，分别利用自身优势开展系列长效性科普活动。陕西省科普工作基地与湖南省羊肚菌科普工作基地专家通过讲座、技术培训等方式向企业或种植户进行食用菌种植特别是羊肚菌种植技术相关知识普及和讲解。中华灵芝文化馆科普基地依托文化馆的展览，通过定向开放的方式宣传灵芝等食药用菌的功效和产业发展历程。广东省科普工作基地通过广东省微生物研究所科研团队带头，进入中学、社区开展关于大型真菌识别特别是毒蘑菇识别和误食预防等方面的科普宣传与讲解。另外，学会利用网络科普平台开展“每日一菇”“毒蘑菇识别”等系列新闻推送，实现新媒体科普宣传作用。上海市农业科学院食用菌研究所团队录制纪录片《香菇的一生》，4月27日在上海市科普平台展播，并由学会推荐至“典赞·2020科普中国”宣传推选活动，并于5月16日在上海广播电视台纪实人文频道播出。

党建强会 学会理事会党委把政治建设摆在首位，建立学会党委理论学习制度，组织制作多种形式的集中学习党课课件。开展科学家精神宣讲活动，增进广大菌物科技工作者政治认同、情感认同、价值认同。在日常学会管理工作中，研究审定学会党建年度工作总结、计划及工作制度，前置审议学会重大事项决策。

【2020中国菌物学发展论坛暨学会理事会编委会扩大会议】 12月26日，由学会主办，广西大学、广西农业科学院微生物研究所、广西食用菌学会、广西食用菌协会与易菇网联合承办的2020中国菌物学发展论坛暨学会理事会编委会扩大会议在广西壮族自治区南宁市召开，近200名菌物学专家学者参加会议。

大会开幕式由学会秘书长、中国科学院微生物研究所研究员白逢彦主持。开幕式上，学会理事长、中国科学院微生物研究所研究员郭良栋致开幕词。广西大学副校长冯家勋向与会人员介绍广西大学的建校历史以及在学科建设、人才培养、教育科研等方面的发展情况和重要成果。广西农业科学院微生物研究所所长阎勇介绍广西壮族自治区农业科学院在推进广西农业农村现代化进程和乡村振兴工作中作出的贡献，以及在农产品、果树和食用菌等多个领域中取得的成果。

大会特邀8位专家作学术报告，分别是华中农业大学教授姜道宏的《真菌病毒将死体营养型病菌转变为互惠性内生真菌》，中国科学院微生物研究所研究员金城的《丝状真菌细胞壁合成机制研究》，广西大学教授韦继光的《植物病原拟盘多毛孢的毒素及致病机理》，贵州大学教授康冀川的《几种黔产民族药用植物内生真菌的新活性物质研究》，福建农林大学教授谢宝贵的《我国食用菌品种育繁推机制创新与实践》，华南农业大学教授邓懿祯的《赖氨酸乙酰化修饰在稻瘟病菌致病过程中的功能与机制研究》，上海市农业科学院研究员邹根的《蘑菇类真菌中特殊功能糖基水解酶的挖掘和应用》以及江西农业大学教授霍光华的《江西大型真菌种质资源》。8位专家分别从遗传机制、分子机理、活性化合物、种质资源、菌种繁育等方面展示植物病原真菌、内生真菌、食用菌等多个菌物学领域的新进展和新成果。

会议同期召开中国菌物学会第七届理事会第七次会议，郭良栋主持大会。白逢彦介绍2020年学会在学术交流活动、继续教育培训、产业专题技术论坛、科学普及、人才成果成就等方面的主要工作，并通报2021年的工作计划。会上审议学会章程修订、2021年学会换届方案、成立大球盖菇分会等议题，通报部分专业委员会新增的副主任委员名单及2021年会员代表大会筹备与组织工作进展。与会理事从推动产业发展、攻关重大科学问题、发展中英文期刊、表彰奖励人才、加强科学普及工作等多个方面建言献策，为学会工作和学科发展提出意见和建议。

随后召开《菌物学报》编委会会议，由该学报主编、北京林业大学教授戴玉成主持会议。编辑部主任王敏汇报期刊在2020年度的工作进展情况，包括期刊投稿和发文数量统计、专刊专栏组织情况、期刊栏目建设、期刊学术影响力分析以及在网络传播方面的突破。会上还揭晓2020年度期刊优秀编委和优秀作者的评选结果。*Mycology*编辑王雅兰通过视频介绍2020年的期刊发展情况，期刊主编、南开大学教授刘杏忠与参会理事就期刊未来发展目标与计划展开讨论。

会议同期还召开中国菌物学会第七届理事会党委会议，郭良栋带领全体与会党员学习党课《弘扬科学家精神，在创新之路上开拓进取》以及《习近平总书记在科学家座谈会上的重要讲话》。

【2020种群遗传学与基因组学高级培训班暨研讨会（第二期）】 9月20—24日，由中国科学院微生物研究所真菌学国家重点实验室主办、学会协办的2020种群遗传学与基因组学高级培训班暨研讨会（第二期）在北京召开。

培训班以推动国内进化群体遗传学和基因组学的发展、加强相关研究人员的理论基础、促进研究人员实现从“会跑流程”到“理解原理”的跨越为目的，邀请包括多位国家杰出青年科学基金获得者在内的15名领域内全国优秀一线科学家任授课教师，精心设计培训内容，针对群体遗传学流行软件及程序背后的原理和方法进行介绍；同时结合最新进展对与之相关的种群遗传学基本理论、原理和方法展开系统讲授，为进化遗传相关学科研究带来新视角和新理念。

培训内容分三个部分。第一部分介绍群体遗传学的基本内容，尤其是与分子进化的联系和区别。同时以动物、真菌、肿瘤细胞三个领域中的应用为例，对进化群体遗传学理论的应用进行直观介绍。第二部分聚焦群体遗传学的核心内容，包括Wright-Fisher模型、溯祖原理、溯祖原理中如何考虑重组等重要理论。第三部分围绕若干具体主题进行介绍，包括有效群体大小、群体/物种间迁移、群体结构和混合、群体水平自然选择的鉴定以及种群历史推断等。

培训采取线上线下相结合的方式，共有线下100余名、线上180余名学员参加培训。学员就疑难问题与授课专家进行讨论和交流。

（撰稿人：蒋　娜）

中国晶体学会

服务创新型国家和社会建设 1月13—17日，学会在北京主办中国晶体学会2020年单晶X射线衍射技术讲习班。讲习班授课内容主要包括五大部分：衍射原理、对称性与消光规律、数据收集与还原、结构解析和精修、孪晶无序等疑难问题的解析。来自全国的从事单晶X射线衍射结构解析等相关研究领域的青年教师、研究生等70余人参加讲习班。

9—10月，学会遴选晶体学领域特别是稀土晶体方面的专家学者参加科技服务团工作。10月19—21日，在江西省赣州市进行稀土晶体多尺度制备与表征技术、装备研制及最新进展方面的直播和答疑互动活动。同时，学会与中国稀土学会深入赣州市的相关企业进行调研，调研兼顾广泛适用与特定区域的需求，以求为企业提供精准的科技服务。

学会建设 受新冠肺炎疫情影响，学会原定于2020年举办的全国会员代表大会无法按期举办。12月，学会召开理事会通信会议，按程序申请延期换届，已获得民政部批复同意。

青年人才托举工程 11月5—7日，学会作为中国科协先进材料学会联合体青年工作委员会所在单位，在湖南省长沙市承办中国科协先进材料学会联合体第三届先进材料青年学者论坛。论坛进行第四届中国科协“青年人才托举工程”项目的结题工作、第五届中国科协“青年人才托举工程”项目的中期汇报以及第六届中国科协“青年人才托举工程”项目候选人的答辩和评审。

国内主要学术会议 11月28—29日，中国晶体学会青年工作委员会成立大会暨中国晶体学会首届青年学术沙龙在广东省广州市召开。来自中国科协“青年人才托举工程”项目的青年专家和学会所属专业委员会推荐的青年科学家30余人参加成立大会。会议同期举办中国晶体学会首届青年学术沙龙。沙龙邀请中国青年科技奖特别奖获得者、中国科学院物理研究所研究员谷林作特邀报告《功能材料功能性起源》。此次沙龙活动共安排17位青年科学家作报告。

党建强会 学会理事会党委召开通讯会议，学习习近平总书记在科学家座谈会上的重要讲话精神。

【中国晶体学会晶体应用与产业分会成立大会暨晶体应用与产业论坛】 12月6日，由中国科学院福建物质结构研究所、闽都创新实验室、福晶科技股份有限公司共同承办的中国晶体学会晶体应用与产业分会成立大会暨晶体应用与产业论坛在福建省福州市召开。来自科研院所、高校、产业界的40余位专家学者参加现场会议。中国晶体学会晶体应用与产业分会成立大会由中国科学院福建物质结构研究所研究员吴少凡主持，中国科学院福建物质结构研究所书记黄艺东向与会的专家和领导表示欢迎，学会理事长苏晓东宣布并祝贺学会晶体应用与产业分会正式成立。山东大学教授王继扬担任分会第一届理事会理事长，吴少凡担任分会第一届理事会秘书长。

晶体应用与产业论坛由中国科学院福建物质结构研究所研究员叶宁主持。王继扬和合肥知常光电科技有限公司董事长吴周令在晶体应用与产业论坛上分别作大会报告《光电功能材料发展趋势和功能晶体》《晶体元件微纳缺陷检测技术及应用》。

（撰稿人：陈　冲）

中国神经科学学会

服务创新型国家和社会建设 面对新冠肺炎疫情，学会理事积极向社会呼吁，联名发布《给上海市民的倡议书》，制作《抗击疫情心理援助简报》，撰写《加强对疫情期与后疫情期创伤应激性心理障碍的社会治疗》，形成《科技工作者建议》专报向中共中央办公厅、国务院办公厅报送。

学会建设 2020年，学会第七届理事会召开理事长办公会议3次、理事会议1次、常务理事会议2次、功能型党委会议2次、监事会议2次。完成17个下属分支机构的换届工作，同时修订《中国神经科学学会下属分支机构管理规定（修改版）》，制定《中国神经科学学会分会活动管理办法》。另外，制定《中国神经科学学会财务制度管理和会计工作规范》等一系列财务制度，加强学会财务管理。

学会有个人会员15359人，比2019年度增加1718人。其中，学生会员4917人、普通会员10418人、荣誉会员24人。新增3个团体会员，共计15个团体会员。微信公众号关注者2020年增至10985人，比2019年度增加2492人。

青年人才托举工程 2020年，学会推荐的2人获得第六届中国科协“青年人才托举工程”项目资助。从第一届到第六届，学会共有8人入选该项目。

主办期刊 2020年，中国科学院脑科学与智能技术卓越创新中心和学会共同主办的英文期刊*Neuroscience Bulletin*（《神经科学通报》）共出版12期，发表论文162篇，包括研究论文85篇、综述16篇、方法学3篇。2019年度《期刊引用报告》显示，*Neuroscience Bulletin*影响因子为4.326，于2019年获得“中国科技期刊卓越行动计划重点类项目”资助。

学科发展工程 2020年，在完成“神经科学方向预测及技术路线图研究”项目的基础上，学会组织情报研究部门调研近两年中国各地脑计划出台后取得的神经科学进展，完成《神经科学和类脑人工智能发展——新进展新趋势》简报，发表于2020年第十期《生命科学》杂志封面。简报分析、总结类脑智能领域发展态势与规律，并基于中国类脑智能产业与技术发展现状，提出中国类脑智能领域重点发展方向及发展路径，旨在促进中国类脑智能技术与产业快速发展。

学会组织评选2020年度“中国神经科学重大进展”共计6项：夜间光干扰引发负性情绪的神经机制探索、两个保守的表观遗传调控因子妨碍健康衰老、揭示大脑三维血管网络形成的细胞和分子机制、多特征注意的认知神经机制、主观颜色认知形成的脑机制、利用中文语言研究“植物人”大脑意识水平。参与“科创中国”系列宣讲活动，作题为“脑科学与脑机融合智能领域技术发展趋势和应用前沿”的报告。

国际学术会议 学会及分支机构组织召开境内国际会议12次，参加人数约57290人次，交流论文419篇。会议主要包括第三届世界顶尖科学家论坛（WLF）——世界顶尖科学家脑科学峰会、2020年中国计算与认知神经科学大会（线上）、广济论坛暨中国神经科学学会神经病学基础与临床分会第五届学术年会/神经科学国际前沿技术青年学者论坛、中国神经科学学会精神病学基础与临床分会第十七届全国学术会议暨第五届华西国际精神医学论坛、第六届湘雅医学国际精神论坛、第二届成都国际临床神经科学论坛等。

国内主要学术会议 2020年，学会及分支机构共举办国内学术会议12次，共计参会人员6422人，交流论文212篇。会议主要包括中国神经科学学会意识与意识障碍分会2020年度学术沙龙活动、2020中国情感障碍大会、中国神经科学学会儿童认知与脑功能障碍分会2020学术年会等。

11月6—8日，中国神经科学学会神经胶质细胞分会2020学术年会暨"神经胶质细胞功能与疾病前沿"研讨会在重庆市召开。会议采用线上线下相结合的方式，邀请国内外28位专家学者就神经胶质细胞在调控中枢神经系统功能方面的最新前沿和进展进行报告。会议同步进行网上直播，约2.7万次在线观看，400余人现场参会。

国际组织任职 2020年，学会理事长、中国科学院院士张旭在国际脑研究组织担任理事会成员。学会前任常务理事叶玉茹当选国际脑研究组织提名委员会成员（任期为2021—2023年）。

国际交往 1月，学会与日本神经科学学会（JNS）合作，推荐6名优秀青年学生进行国际交流；同时与欧洲神经科学联盟合作，推荐3名优秀青年学生进行国际交流。

与国际脑研究组织合作，在其简报上刊发学会重要通知；同时在学会官网发布国际脑研究组织的相关新闻。

搭建"中-日-韩神经科学学术年会"交流平台，2022年中-日-韩神经科学学术年会将在中国召开。

科普活动 2020年，学会共组织科普活动6次："星光璀璨　与您同行"FANS团队自闭症科普活动、《医师报》脑胶质瘤科普专栏、脑科学与学习科普开放日、预防脑卒中大型科普活动、"党旗飘扬迎国庆　送医下乡暖人心"科普宣传和义诊活动、线上科普宣传教育"糖尿病人早餐应该吃什么"等。

4月，学会创立官方科普微信公众号"遨游脑科学Navibrain"，并根据每月神经科学相关主题征集科普文章，共发布原创科普文章11篇:《肉毒毒素：从至毒到良药》《脑卒中的识别和急救》《烟瘾是一种病，得治》《慢性意识障碍的体系构建》《七夕——问大脑什么是爱情》《中国脑健康日——小脑：熟悉的陌生人》《淡漠——阿尔茨海默患者被遗忘的角落》《你了解抑郁症吗?》《给精神松绑》《和疼痛说再见》《吃好睡好脑也好的奥秘》。学会下属分支机构微信公众号"离子通道研究进展""应激与大脑"等侧重发布具体研究领域的最新进展。

面对新冠肺炎疫情，学会发布《面对疫情，我们如何做心理调适》《知己知彼，你必须知道关于病毒的秘密》等科普文章，开设防疫健康微课《防新冠疫情无情，安医心理有情》。

表彰举荐优秀科技工作者 学会向中国科协推荐第二届全国创新争先奖候选人、2020年度未来女科学家计划候选人和第十七届中国青年女科学家奖候选人等4名。大连理工大学教授孙长凯获第二届全国创新争先奖状。

党建强会 2020年，学会召开第七届理事会功能型党委会议2次，发挥社会组织密切联系群众的重要作用。

在学会功能型党委的领导下，学会全面落实联防联控措施，以学会官方微信公众号为平台，面向数万名会员和广大神经科学关注者发布《中国神经科学学会致全体会员的信》，发出安全防控、抗击疫情的倡议，号召全体会员参与新冠疫情防控工作。

会员服务 学会每季度向会员发布一次学会简报，2020年共发布4期简报。12月，向全体会员发布2020年年报和2021年工作计划。以第四个全国科技工作者日为契机，组织注册入会优惠活动。发放《中国神经科学学会会员服务调查问卷》及《中国神经科学学会会员手册》。

自主开展青年科技人才培养工作，开设各种技术和前沿进展的培训班共21次，总计培训人员5173人次。包括2020单细胞技术培训班（第三期）、2020疼痛研究技术与方法培训班（第四期）、2020单细胞技术培训班（第三期）、第九届全国光遗传技术培训班暨第五届神经环路示踪技术全国培训班、"欣中心"——抑郁焦虑诊疗系列教学项目、"赛过阳光"2020

心境障碍学术能力提升项目等。

【第三届世界顶尖科学家论坛——世界顶尖科学家脑科学峰会】 第三届世界顶尖科学家论坛（WLF）是以诺贝尔奖、沃尔夫奖、拉斯克奖、图灵奖等顶尖科学奖项得主为主体的国际科学论坛，由世界顶尖科学家协会（WLA）发起、上海市人民政府主办。学会受世界顶尖科学家协会的邀请，于10月29日—11月1日参加在上海市举办的第三届世界顶尖科学家论坛并承办世界顶尖科学家脑科学分会Ⅱ——光电协奏曲、世界顶尖科学家脑科学分会Ⅲ——大脑分子密码和世界顶尖科学家青年论坛医学影像与脑机融合会议。

【2020中国情感障碍大会】 8月21—23日，由学会精神病学基础与临床分会主办的2020中国情感障碍大会在湖南省长沙市召开。大会共邀请到国内外相关领域的百余名专家发言和讨论，吸引全国各地500多名相关领域的专家学者参加会议。大会设置4场大会主题报告、6场专题会及13场学术论坛、1场病例比赛。

交流和讨论主题涵盖抑郁障碍、双相障碍等情感障碍，围绕其发病机制、生物标记、临床特征、识别诊断、治疗进展和疾病管理等进行多维度的深入探讨与交流，并达成多项学术共识。

【中国神经科学学会精神病学基础与临床分会第十七届全国学术会议暨第五届华西国际精神医学论坛】 10月31日—11月1日，中国神经科学学会精神病学基础与临床分会第十七届全国学术会议暨第五届华西国际精神医学论坛在四川省成都市召开。共计690余位专家学者参加现场会议，直播观看人数超12万次。

会议为期3天，主题演讲聚焦“信息时代精神神经科学的进展”，以特邀主题演讲、主题论坛、博士论坛、专题会、大会论文报告、壁报等多种形式交流，围绕“神经调控”探讨最新的精神疾病神经科学的最新进展。

【中国神经科学学会神经科学研究技术分会2020年学术年会暨第九届全国光遗传技术培训班暨第五届神经环路示踪技术全国培训班】 11月18—22日，中国神经科学学会神经科学研究技术分会2020年学术年会暨第九届全国光遗传技术培训班暨第五届神经环路示踪技术全国培训班在广东省深圳市举办。学术年会聚焦神经科学领域的热点研究问题及其研究中涉及的关键技术方法，邀请国内外27名专家学者作特邀报告、19名学者针对实用技术进行详细讲解，共计超过600人次参加会议。

培训内容主要围绕“光遗传学技术的应用”“非人灵长类光遗传研究现状”“神经环路顺行示踪病毒新系统开发及应用”“新型鸡尾酒病毒在神经环路中的应用”“植入式脑机接口的电极界面技术”“光信息与本能情绪行为的调节”“单细胞时空测序组学”“用于神经血管成像的组织光透明方法”“基因编码光学探针在神经科学中的应用”等方面展开。深港脑科学创新研究院院长、学会神经科学研究技术分会主任委员王立平致闭幕词。

（撰稿人：王娜娜　韩　雪）

中国认知科学学会

服务创新型国家和社会建设 2020年，学会承担“认知科学发展战略研究”项目。

学会神经教育学分会与其他单位合作开展贫困地区儿童早期发展现状调研（覆盖15个省、自治区、直辖市，28个县），最终形成《贫困地区儿童早期发展状况调研报告》，为国家和相关部委了解中国贫困地区儿童发展现状、制定国家对贫困地区儿童支持的长效机制提供依据。

学会神经教育学分会服务四川省华蓥市的脑科学产业园规划，助力地方政府产业升级，提升当地政府的产业形象和产业效率。在重庆市，四川省成都市、广安市、南充市、德阳市以及江苏省南京市等地区培训志愿者，服务当地的儿童发展评估和干预。

四川大学华西医院磁共振中心教授黄晓琦参与四川省女医师协会组织的“互联网专家义诊”免费咨询服务；华西医院心理卫生中心教授况伟宏组织四川省心理卫生协会单位和个人会员在新冠肺炎疫情期间全程投入疫情心理救援和援助活动；学会专家应中国驻阿塞拜疆大使馆的要求，安排心理咨询师为当地华人进行远程线上咨询。

学会推荐的1项成果入选中国科协生命科学学会联合体“中国生命科学十大进展”。

学会建设 2020年，学会有个人会员1560人、单位会员25个；设立2个分会、2个专业委员会、2个工作委员会，分别为社会认知科学分会、神经教育学分会、神经环路与信息处理专业委员会、神经与精神影像专业委员会、认知科学和脑疾病转化医学工作委员会、认知计算与人工智能工作委员会。

2020年，学会以换届为契机，设立监事会，建立第二届理事会。完成学会负责人备案和章程修订及备案工作。加强推荐学会秘书处成员参加中国科协组织的各类培训、秘书长沙龙等，促进学会办事机构职业化能力提升。

青年人才托举工程 学会推荐的北京大学第六医院师乐入选第五届中国科协“青年人才托举工程”项目。

主办期刊 学会创立 *Psychoradiology*（《精神放射影像杂志》）。该期刊是由四川大学华西医院主办，与牛津大学出版社合作的英文学术期刊，也是学会神经与精神影像专业委员会会刊。*Psychoradiology* 为国际上第一本专注于精神影像学的英文期刊，涉及脑科学、精神病学、医学影像学、计算科学、物理学等多学科的交叉领域。期刊采取开放获取模式，旨在为学者提供一个精神心理行为问题的影像学研究平台，促进神经精神疾病防治的转化研究成果。

国内主要学术会议 2020年度，受新冠肺炎疫情影响，学会主办的大型线下学术交流活动和培训工作受限。为响应复工复产要求，学会积极探索互联网办公、学术交流新模式，以线上形式联合主办第三届中国认知计算与混合智能学术大会、神经与精神影像专题研讨会等。

学会承办中国科技峰会——脑与认知科学领域：认知和计算的关系研讨会。12月6日，在海南省召开“大范围首先”理论研讨会，进一步推动峰会成果总结。

国际组织任职 2020年，学会1位理事新当选美国医学与生物工程院会士。

表彰举荐优秀科技工作者 2020年，学会申报全国创新争先奖、谈家桢生命科学奖、中国青年女科学家奖等奖项评选11项，其中1人获得第二届全国创新争先奖状。

党建强会 学会成立理事会功能型党委，通过党建工作引领学会能力提升。2020年度完成学会章程修订和备案工作。组织理事会党委集中学习党的十九届五中全会精神和习近平总书记在科学家座谈会上的讲话精神，并将讲话精神贯彻落实到工作实际，通过智库、学术、科普三轮驱动，为学会国内、国际双循环作出贡献。

会员服务 学会坚持以会员为本，强调理事的会员服务责任，调动理事参与会员发展、会员学术交流、人才培养等服务。

通过构建线上学术交流会议，服务会员群体。以学会依托单位为支撑，发挥党员同志的先锋示范作用，调动广大师生积极性，组织由院士、教授、博士生近百人组成的志愿者队伍和科普小组，在学会的学术活动、科普活动中发挥积极作用。

【第三届中国认知计算与混合智能学术大会】 10月17—18日，学会与国家自然科学基金委员会、中国自动化学会联合主办的第三届中国认知计算与混合智能学术大会在线召开。大会主席由学会理事长、中国科学院院士陈霖，中国自动化学会理事长、中国工程院院士郑南宁担任。600余人参加线上会议。

大会共设立四个论坛，主要围绕混合智能、知识表达与推理、统计学习与深度学习、计算机视觉、智能机器人、人工智能新型计算架构与芯片、自主智能系统与无人驾驶等主题，邀请来自国内外大学、研究所和科技公司的25位专家学者作报告。其中论坛一：认知计算的基础理论共6个报告，论坛二：混合增强智能与深度学习共6个报告，论坛三：受神经科学启发的计算架构与器件共6个报告，论坛四：先进感知与智能环境共7个报告。

（撰稿人：周　馨）

国际数字地球学会

服务创新型国家和社会建设 2月11日，中国科学院院士、学会名誉主席郭华东发起“国际数字地球学会积极支持我国抗击新型冠状病毒疫情”的倡议。学会组织召开常务理事会通信会议，一致通过秘书处起草的《致中国科协的支持信》。

在第四个全国科技工作者日来临之际，学会参加在北京举办的主题为“致敬新时代、礼赞科学家”的系列活动。此次活动以弘扬科学家精神为主线，以服务科技工作者投身新冠肺炎疫情防控和经济社会发展为目标。在5月29日举办的主场活动上，学会的“数字地球之窗”项目入选中国科学技术馆2020年度“全面建成小康社会”主题数字馆藏。数字地球可以使人们看到地球的变化、世界的变化、中国的变化，已经成为一个国家经济能力、科技能力、综合能力的体现，通过数字化手段，能够深度认知地球，对社会—

经济—环境可持续发展的驱动机制作深入系统研究，提出全球性复杂问题的解决方案，为人类应对生态环境变化、防灾减灾救灾、城市管理、遗产保护、可持续发展等社会经济问题作出贡献。

主办期刊 《国际数字地球学报》（*International Journal of Digital Earth*，IJDE）2020年共收到投稿335篇，发表文章90篇，出版13期（包括2期专刊），组织专刊1期。IJDE影响因子为3.097，在全球50个地理类期刊中名列第17位，在30个遥感类期刊中排名第14位。在爱思唯尔2019 CiteScore™引用中，IJDE在地球与行星科学类187个期刊中排名第11位。为适应文章出版需求，基本确认该期刊未来两年将从订阅刊转变为开放获取电子刊的发展模式，并在数据文章发表政策与模式上进行试点研究。

《地球大数据（英文版）》（*Big Earth Data*）2020年共发表4期24篇论文，其中两期为策划的热点专刊，于5月被Scopus收录。1月、8月分别向EI和Web of Science数据库提交索引申请。

国际学术会议 7月20日，“面向2030数字地球理念”研讨会在线上举办。来自中国、美国、意大利、澳大利亚、墨西哥、新西兰、日本、奥地利、俄罗斯、捷克、英国、阿拉伯联合酋长国、匈牙利、印度14个国家的26位专家学者进行交流与讨论。2020年年初，学会在全球范围内发布并收集“面向2030数字地球理念”调查问卷。经过多轮调研、筛选整理并形成调研报告，为“面向2030数字地球理念”研讨会的召开奠定基础。在会议讨论基础上产出两篇文章，发表在领域内重要国际学术期刊上，作为数字地球学科发展的重要指导。

11月30日—12月2日，第八届数字地球峰会在线上举办。会议分为6个主题，邀请24位领域知名科学家作报告，来自全球76个国家的384名专家学者参加线上会议。会议视频在媒体平台上得到广泛传播。

国内主要学术会议 11月20—22日，第六届全国激光雷达大会在北京召开。此次大会由国际数字地球学会中国国家委员会主办、中国地质大学（北京）和首都师范大学共同承办。来自国内近100家科研院所、高等院校和相关企业的500余位专家学者参加会议。中国科学院院士、学会名誉主席、大会学术委员会主任郭华东参加开幕式并致辞。中国工程院院士刘先林及来自自然资源部国土卫星遥感应用中心、中国科学院空天信息创新研究院、厦门大学等单位的专家学者分别作大会特邀报告，围绕激光雷达软硬件研制、高分激光测距卫星、激光雷达数据处理与行业应用的最新进展等内容进行介绍。

大会共接收论文100余篇，组织13个分会场（包括首次设立的激光雷达创新创业专题）、93个口头报告和71个墙报展示。与会人员围绕激光雷达基础理论、数据处理及行业应用、激光雷达测深技术及应用、点云深度学习、激光雷达实时感知技术、点云融合与分类、星载激光雷达数据处理与应用等专题进行交流与探讨。大会还设立激光点云数据处理和无人车高精度地图制图大赛，来自国内高校、研究所的7支参赛队伍在北京开展实地无人车比赛。大会最终评选出10篇青年优秀论文和6个激光雷达数据处理与无人车高精度制图大奖。会议期间，13家激光雷达行业企业同步展示最新激光雷达软硬件产品以及国内激光雷达技术应用的最新进展。

大会恰逢全国激光雷达大会举办十周年，国际数字地球学会中国国家委员会激光雷达专业委员会特别组织“全国激光雷达大会十周年成果展”系列活动，制作十周年成果宣传视频并设立成果展区，展示2010—2020年中国自主研发的各种激光雷达软硬件产品以及行业应用成果，首次设立“中测瑞格杯”全国激光雷达大会青年优秀奖和创新产品奖。此外，还评选出国际数字地球学会中国国家委员会系列学术会议突出贡献奖和国际数字地球学会中国国家委员会激光雷达专业委员会突出贡献奖。

国际交往 学会作为联合国全球地理空间信息管理专家委员会地理空间学会联盟、地球观测组织、国际科学理事会的成员，积极组织学会成员参加这些组织举办的相关活动，参与撰写各类咨询报告。推荐学会理事林珲等专家代表学会加入地球观测组织程序控制台。

表彰举荐优秀科技工作者 学会积极参与第二届全国创新争先奖评选工作。作为学术团体推荐渠道，学会组织推选数字地球学科领域的优秀候选人并成功获奖。

学会参与第十七届中国青年女科学家奖和2020年度未来女科学家计划候选人提名工作。经遴选，学会推荐女科学家奖候选人1名。

学会组织开展中国科学院院士、中国工程院院士候选人推荐工作。根据《中国科协办公厅关于组织推选2021年中国科学院和中国工程院院士候选人的通知》要求，学会成立推选工作小组，负责推选工作的组织和管理。为确保各项材料的真实性和完整性，组织召开材料审核小组工作会议，并按照工作计划于2月8日组织召开院士候选人推选专家委员会评审会议。专家委员会主任为中国科学院院士、学会名誉主席郭华东，成员包括中国科学院院士周成虎，中国工程院院士陈军、王桥和7名数字地球领域具有学术权威性和影响力的专家。会议根据中国科学院和中国工程院关于院士的标准和条件开展推选和评审。经专家评议与无记名投票，学会推荐中国科学院院士候选人1名、中国工程院院士候选人1名。

会员服务 8月5日，学会联合Taylor&Francis出版集团在线组织“与数字地球科学共同成长”期刊宣传活动，邀请《国际数字地球学报》《地球大数据》期刊的编委与出版社人员向会员及广大科研人员介绍数字地球科学的进展、青年学者的成长之路、发表文章的伦理道德规范等，积极引导青年科学家投稿。

（撰稿人：王长林　刘婧娜）

国际动物学会

服务创新型国家和社会建设 学会响应中国（海南）自由贸易试验区建设的需求，依托自身国际专家库优势，推荐专家Nils Stenseth、Yvon Le Mhao、Rodolfo Diroz、张知彬入选海南省科技厅院士（外籍）工作站。工作站以企事业单位创新需求为导向，依托省内研发机构，联合进行科学技术研究的高层次科技创新，推动中国（海南）自由贸易试验区建设。在11月7日举办的海南省院士创新平台授牌仪式上，播放挪威科学院、欧洲科学院、美国国家科学院院士Nils Stenseth的发言视频。

学会建设 截至2020年年底，学会共有团体会员123个，覆盖各类科技人员3万余人，分布在37个国家；个人会员1562人，分布在79个国家和地区。根据动物学科的研究热点，学会共成立11个工作组，促进重点方向的学术交流。学会在中国科协的帮助下，将中国科学院会议平台上停止运营的学会网站迁移到中国科协的平台上。

12月17日，国际动物学会2020工作总结及发展战略研讨会在海南省海口市召开。30位代表出席会议。学会工作人员刘明和熊文华分别汇报学会和《整合动物学》杂志2019—2020年度的工作进展和2021年度工作计划。学会同海南省代表讨论未来合作发展、互相促进的可能性。

青年人才托举工程 学会承担第四届（2018—2020年度）中国科协“青年人才托举工程”项目。华中师范大学童泽宇的项目“传粉者行为在植物－传粉者互作中的作用”和温州大学李树然的项目“气候变暖对卵生蜥蜴的影响”获得资助。学会推荐外籍指导专家并提供学术交流的机会。2020年，童泽宇发表1篇SCI论文；李树然发表6篇SCI论文，其中2篇刊登在学会期刊《整合动物学》上。

主办期刊 2020年，学会主办的双月刊*Integrative Zoology*《整合动物学（英文版）》共发表56篇文章，全文下载约6万篇次，下载量较2019年增加约42.9%，远高于Wiley所有动物学期刊的平均增长值。2020年ISI发布的《期刊引证报告》显示，*Integrative Zoology*影响因子为2.514，在SCI收录的全世界169种动物学期刊中排名第16位，首次进入JCR前10%（Q1区），同时入选中国科学院1区期刊。

国际学术会议 受新冠肺炎疫情影响，学会采取线上线下相结合的方式举办3次国际会议，近500人参加。

9月19日，学会与“一带一路”国际科学组织联盟、国际自然保护地联盟、中华人民共和国人与生物圈国家委员会（中国MAB）在长白山国家级自然保护区共同组织“一带一路”生态安全评估研讨会和自然保护地跨境区域合作交流会，50人参加会议。多国科研工作者根据自身经验，对生态安全评估和自然保护地跨界区域合作提出看法。

9月19—21日，国际自然保护地联盟成员大会在长白山国家级自然保护区举办。会议由学会与长白山保护开发区管理委员会、吉林省林业和草原局、中国野生动物保护协会国家公园及自然保护地委员会共同主办，国际自然保护地联盟等多家单位协办。近300位自然保护地管理工作者和专家参加现场和网络会议。会议围绕“自然保护地的历史和未来”“自然保护地自然教育”“‘一带一路’生态安全评估”等主题展开讨论，分享生态文明建设成果，交流生态保护经验，为全球生态文明建设提出建议。会议期间共有24名专家学者发表主旨演讲，其中有7名国外专家通过网络远程演讲。

10月16日，第三届世界绵羊大会云会议在北京主会场召开。大会由中国农业大学、新疆农垦科学院、“一带一路”国际科学组织联盟和学会共同主办。会议收到来自52个国家和地区共162位云端参会人的注册信息，汇聚国内外众多从事绵羊遗传、育种、繁殖、营养、疾病和生物技术等领域的专家学者及技术人员。

国内主要学术会议 12月26—29日，全球变化下动物与植物互作关系专题研讨会在云南省昆明市召开。会议由学会主办、云南大学和中国科学院昆明植物研究所承办。来自多所大学和科研机构的70余名国内学者参加会议。会议包括8个大会报告和18个专题报告。学会理事长、中国科学院动物研究所研究员张知彬所作的大会报告从对抗—合作的角度逐步阐释非单调性在种群、群落以及生态系统构成中的作用，扩展生态学中基于“正”“负”“零”3种基本假设的单调性理论，并对原有单调性理论中难以解释的问题进行合理解释。与会人员均表示这是对现有生态学理论的一次创新，可能会对未来生态学发展产生重要影响。

国际组织任职 2020年，学会理事长、中国科学院动物研究所研究员张知彬担任国际生物科学联合会新成立的动物疫病工作组联合组长。

国际交往 1月，学会理事长张知彬和执行委员Nils Stenseth参加联合国政府间气候变化专门委员会第六次报告编写工作会议。

党建强会 学会认真学习中国科协印发的《科技社团党委2020年学会党建工作要点》，并研读《科技社团党委关于认真学习贯彻习近平总书记在科学家座谈会上重要讲话精神的通知》。学会以习近平新时代中国特色社会主义思想为指导，紧密围绕“合作发展”年度主题，经挂靠单位党委同意，联合中国动物学会和中国昆虫学会成立学会工作专门党小组，实现党组织全覆盖。

会员服务 2020年，学会编写2期通讯并通过电子邮件发给会员，方便会员了解学会的日常工作、期刊出版和组织活动信息。

【助力中蒙俄经济走廊生态安全和动物保护】 为响应国家“一带一路”倡议，保障中蒙俄经济走廊建设的生态安全，学会与“一带一路”国际科学组织联盟、国际自然保护地联盟、中国MAB等合作伙伴共同研讨和评估“一带一路”跨国合作的动物保护和生态安全问题，并得到“一带一路”中蒙俄走廊生态安全评估及对策研究项目支持。

9月19日，在长白山国家级自然保护区召开的“一带一路”生态安全评估研讨会和自然保护地跨境区域合作交流会上，重申“一带一路”倡议在跨国间社会经济发展、合作共赢上发挥的重要作用。同时指出“一带一路”沿线地区是许多野生动物重要的栖息地和迁徙地，野生动物保护和疾病传播问题不可忽视，该地区的生态安全评估意义重大。希望项目成员单位进一步推动生态安全评估工作，为“一带一路”沿线国家、地区可持续发展提供帮助和支持。

学会利用自身优势推动中国、蒙古国、俄罗斯跨界保护，在国内外多位专家的支持和推动下取得重大进展。中国工程院院士、东北林业大学教授马建章和东北林业大学教授姜广顺与俄罗斯科学家合作，开展东北亚地区东北虎种群跨境保护合作，发现高速公路、农业开垦、边境军事围栏等因素对东北虎种群跨境迁移和交流的影响，提出三个跨境合作的建议，即两国分别制定中俄联合虎豹保护行动计划和实施方案，并纳入各自国家未来社会生态经济发展方案；两国高层政府主管部门行政管理职能的有效对接与合作；国家层面专门科研机构进行对接合作与技术交流。马建章关于“中俄建设野生东北虎跨境保护区”的建议以及姜广顺关于“建设野生东北虎中俄国际廊道”的建议均得到中央政治局常委、国务院副总理韩正的批示。学会正在推动政府层面的落实。

内蒙古师范大学教授毕俊怀长期从事黄羊保护工作，他发现围栏不仅严重危害黄羊等野生哺乳动物，导致中国保护区内黄羊种群面临严重问题，还破坏草原生态系统，导致草场退化。毕俊怀的观点和建议不仅得到中央电视台的报道，还得到韩正的批示。内蒙古自治区党委书记李纪恒、内蒙古自治区人民政府主席布小林等领导也对毕俊怀的建议作出逐级批示。由毕俊怀牵头的《新巴尔虎黄羊自治区级自然保护区野生动物保护方案》已全面展开，包括开通边境黄羊通道、拆除核心区内沿边境线一带草场网围栏、黄羊栖息核心区域全面禁牧、黄羊栖息地核心区外建设隔离围栏、加强黄羊保护区基础设施建设、建立健全保护区管理机构、强化黄羊保护区疫病防控7个方面。这些措施将有力地促进中国－蒙古国边界黄羊跨境保护。

（撰稿人：张　薇）

中国机械工程学会

服务创新型国家和社会建设 2020年，中国机械工程学会战略咨询研究中心正式成立。完成中国科协“我国工程类科技社团发展态势研究”项目，完成工业和信息化部装备工业一司委托的“智能制造人才需求预测”项目，完成中国工程院“福建建设一带一路制造业国际合作产业基地战略研究”和“全面提升创新设计能力”2个课题的阶段性研究。

学会作为中国科协智能制造学会联合体秘书处单位，牵头组织评选出“2020世界、中国智能制造十大科技进展”，并在11月26日召开的2020世界智能制造大会开幕式上发布。编写出版《中国智能制造重点领域发展报告（2019—2020）》、*2020 Intelligent Manufacturing Report*。

受工业和信息化部装备工业一司委托，学会开展重大制造装备论证研究及相关工作，完成《重大制造装备重点攻关目录（2020年）》《重大制造装备案例（2019）》，完成中国科协创新战略研究院“我国重点领域重大制造装备发展研究”课题。

学会共完成科技成果鉴定72项。其中，独立完成58项、与中国机械工业联合会完成14项，比2019年增加18项。

学会受人力资源和社会保障部委托，承担《智能制造工程技术人员国家职业技术技能标准》的研制和《智能制造工程技术人员继续教育指南》的编写。

学会新发布团体标准16项，累计已发布36项，在研85项。推荐1项标准入选工业和信息化部2020年度全国百项团体标准应用示范项目。

学会主办的中国大学生机械工程创新创意大赛入选中国高等教育学会2015—2019年全国普通高校学科竞赛排行榜。2020年学会共举办7个专项赛事活动，共有来自567所高校的1909支团队及作品参赛。

2020年，学会举办各类培训班20余次，2000余人次参加培训。依托学会国家专业技术人员继续教育基地，举办“新时代如何推动供应链创新”和“应对重大突发事件的应急供应链管理”高级研修班。

按照中国工程教育认证协会的要求，学会承担的机械类专业认证委员会共受理154所高校226个专业的认证申请，审议通过84所高校101个专业的认证申请。全年共完成37次入校考查工作（含线上考查）。

学会入选中国科协“科创中国”首批试点，获批“高端装备制造科技服务团项目”，先后开展“科创中国”天津滨海行、“科创中国”银川专题调研、铜陵市“科创中国”专题调研、中国机械工程学会院士专家大庆行、世界青年科学家峰会乐清智能制造论坛等活动，共举办高端研讨会5场、培训讲座2次，2000多名科技工作者参与，受益企业60多家，解决企业技术难题20个，成立联合体/服务站4个，形成智库研究报告2份。

6月，举办2020年北京·埃森焊接网上展，启动仪式总观看量11.72万人次，进驻企业近600家。11月，在上海市举办2020亚洲国际物流技术与运输系统展览会，展示面积近8万平方米，超700家展商参展，观众达到101057人次。

2020年，学会参与疫情防控和助力复工复产，召开疫情防控领导小组工作例会15次，编发疫情防控工作简报6期，自主开展“新冠疫情对制造业的影响与对应策略”“装备制造业企业复工问题与对策调研”“疫情之下，供应链如何破局”“新冠肺炎疫情带给学会工作的思考与建议”4项课题研究，向中国科协、工业和信息化部、人民日报内参报送7份建议。被中国科协授予“优秀抗疫学会”称号。

学会建设 2020年，学会第十一届理事会召开理事长办公会4次、理事会议1次、常务理事会议2次、全国总干事秘书长工作会议2次。

学会新成立空间机构、工业大数据及智能系统2个分会。塑性工程、摩擦学、材料、失效分析、设备与维修工程、增材制造（3D打印）技术、工业设计、物流工程、铸造、机械史10个分会完成换届。

学会开展第13次有影响力学术活动评选，评选出10项2019年度最具影响力的学术活动。

2020年度，学会新增个人会员14135人，同比2019年增长9845人，其中，学生会员11562人、普通会员1450人、高级会员1109人、通讯会员14人。新增单位会员25个。

按照民政部和中国科协要求，学会完成对章程个别条款的修订，在章程中载入“坚持党的全面领导”“习近平新时代中国特色社会主义思想和社会主义核心价值观”等相关内容。

学会制定《中国机械工程学会理事会“三重一大”实施办法》，印发《中国机械工程学会分支机构合法合规性管理负面清单（2020年版）》。推动工作总部绩效改革，制定《中国机械工程学会工作总部工资薪酬管理暂行规定》《中国机械工程学会人事管理暂行办法》等文件。9月，学会通过质量管理体系2020年度监督审核。

青年人才托举工程 2020年，学会推荐10人获得第六届中国科协“青年人才托举工程”项目资助。从第一届至第六届，共有31人入选。

主办期刊 2020年，*Chinese Journal of Mechanical Engineering*：*Additive Manufacturing Frontiers*（《中国机械工程学报：增材制造前沿》）通过科技期刊卓越行动计划高水平新刊项目评审。

作为牵头单位，学会承担中国科协委托的第五届中国科协优秀论文遴选（制造业与材料集群）推介活动，推荐10篇论文入选。承担机械工程领域高质量科技期刊分级目录发布试点工作。

学科发展工程 2020年，《2018—2019机械工程学科发展报告（机械制造）》正式出版，“绿色制造丛书”获得2020年度国家出版基金资助，“智能制造系列丛书”30本分册全部交付出版社，出版发布《中国物料搬运装备产业发展研究报告（2018—2019）》。

学会向中国科协推荐5个科学问题和5个技术难题，其中科学问题“特种能场辅助制造的科学原理是什么？”入选中国科协发布的10个对科学发展具有导向作用的科学问题。

国际学术会议 2020年，学会组织全球疫情下制造业的应对与供应链协作国际研讨会（在线）、国际智能制造联盟（筹）学术委员会2020年度会议（在线）、IFWT 2020焊接国际论坛（在线）等10次，约54300人次参加会议，交流论文443篇。

国内主要学术会议 2020年，学会推荐16个会议入选中国科协《重要学术会议指南2020》。举办2020中国机械工程学会年会、2020年全国青年摩擦学学术会议、3D打印应用热点研讨会、2020年中国（国际）光整加工技术及表面工程学术会议暨2020年高性能零件光整加工技术产学研论坛、第13届中国热处理活动周、2020年（第三十三届）全国机械行业可靠性技术学术交流会、第三届塑性工程技术高层论坛、2020·中国制造自动化技术学术研讨会、第二十三届全国钎焊及特种连接技术交流会、第十一届全国流体传动与控制学术会议、2020中国铸造活动周、第十三届全国表面工程大会暨第十二届全国青年表面工程论坛、中国机械工程学会极端制造分会第一届学术年会暨第二届极端制造高端论坛、2020年中国工业工程年会、2020年全国高分子材料与工程研讨会等国内学术会议90多次，37355人参加会议，交流论文4740多篇。

国际组织任职 2020年，学会9名专家在国际学术组织担任执委以上职务，其中主席1人、副主席2人、执委（理事）6人。学会铸造分会主任委员娄延春担任2020/2021世界铸造组织副主席；学会焊接分会委员邹贵生当选国际焊接学会微纳连接委员会主席。

国际交往 学会保持与美国、英国、德国、法国、韩国、日本、马来西亚等国家和地区科技组织间的工作联系。派72名学者参加国际焊接学会2020年会（在线），派2名学者参加2020世界铸造组织成员国代表大会（在线）。与美国机械工程师学会、马来西亚工程师学会等国外科技组织密切互动，凝聚抗疫共识。

科普活动 2020年，“我是工程师”科普系列丛书获得2020年北京市科协科普创作出版基金资助，已正式出版发行5本。启动“云说新科技”科普大赛试点，成功申报中国科协“公众科学素质提升与科学思维训练视频课程制作”“青少年设计思维科普活动组织与实施”“打造全国学会科普品牌专项”“2020年中国机械工程学会科普中国共建基地”“国家重大科技成果科普化的互联网传播研究及案例开发”5项科普项目。

学会新设立北京市，上海市，广东省广州市、东莞市、佛山市，山西省太原市，四川省德阳市7个区域中心。截至2020年年底，“中国好设计”区域中心已达20个。

11月，中国机械工程数字博物馆正式启动上线。

表彰举荐优秀科技工作者 2020年，学会组织开展第二届全国创新争先奖候选人的推荐工作。向中国科协推荐个人奖候选人10位、奖牌候选团队2个，焦宗夏获全国创新争先奖章；王树新、苑伟政、单忠德获全国创新争先奖状。推荐浙江大学张斌为2020年度高等学校科学研究优秀成果奖（科学技术）青年科学奖候选人。

学会与中国机械工业联合会共同设立中国机械工业科学技术奖，共受理申报项目837项，有370项获奖，其中，特等奖9项、一等奖38项、二等奖133项、三等奖190项。学会开展“好设计奖”评选，共评出 10 个金奖、20 个银奖、40 个创意奖和 30 个提名奖。

党建强会 1 月、4 月、7 月、11 月，学会理事会党委分别组织召开 4 次党委会，传达和学习党的精神、研究疫情防控常态化和 2020 年度重点工作。中国机械工程工作总部党总支共召开 15 次党总支支委员会议，组织疫情防控，组织学习《习近平谈治国理政》（第三卷）专题党课 2 次。

参加中国科协全国学会理事会党委第一批分类试点工作，制定《中国机械工程学会理事会党委职责任务分类试点职责任务清单》《中国机械工程学会理事会党委职责任务分类试点职责任务负面清单》等相关工作文件。

5 月，学会理事会党委书记李培根为中国科协科技社团党委云课堂作讲座《企业与社会》。9 月，学会副监事长包起帆在中国科协全国各学会党组织负责人培训班上作科学家精神传承讲座《不忘初心、牢记使命、乐于奉献》。

会员服务 2020 年，学会在浙江工业大学设立“生产工程领域青年会员工作站”。组织开展 2020 年中国机械工程学会会员日、机械科技知识服务季（与中国知网共同主办）、2020 年迎春报告会等会员活动，参与人数累计超过 3 万人次。编发 1 期《会员工作简报》。继续提供《机械工程学报》（中英文）与《液压与气动》电子刊服务；免费赠送《机械工程导报》《制造业简报》《先进制造业信息参考》《制造业技术动态》以及效率手册、中国机械工程学会组织机构通讯录等资料。被中国科协授予“科技工作者日优秀组织单位”。

【2020 中国机械工程学会年会】 11 月 15—16 日，2020 年中国机械工程学会年会在浙江省杭州市召开。学会理事长、中国工程院院士李培根，学会常务副理事长张彦敏，学会副理事长尤政、陈钢、陈学东、林忠钦、郭东明、蒋庄德、谭建荣，学会副理事长兼秘书长陆大明，浙江省政协副主席陈小平，浙江省委委员、浙江工业大学党委书记蔡袁强，浙江省科协秘书长谢牧人以及来自全国各地的会员和机械科技工作者共计 1000 余人参加会议。

年会开幕式由张彦敏主持，李培根代表学会致欢迎词，蔡袁强、谢牧人、陈小平也分别代表浙江省有关部门致辞。开幕式上进行两项成果发布，陈学东发布《机械工程领域高质量科技期刊分级目录》，蒋庄德发布“2020 年机械工程重大科学问题和工程技术难题”。开幕式上举办“中国机械工程学会高端学术著作出版计划”签约仪式，陆大明和机械工业出版社社长李奇代表双方签署合作协议。开幕式上还举办了中国机械工程数字博物馆启动仪式，李培根、林忠钦、尤政、郭东明、谭建荣、陈学东、蒋庄德、陈钢、陆大明以及中国机械工程学会机械史分会主任委员、中国科学院自然科学史研究所所长张柏春共同为“中国机械工程数字博物馆”揭幕，李培根分别向尤政、张柏春颁发馆长、执行馆长聘书。

主旨报告会由林忠钦主持，尤政作报告《智能微系统技术》，浙江大学杨华勇作报告《智能制造的一些探索与实践》，张柏春作报告《保护工业遗产、传承技术文化》。

年会期间开设多场专题论坛，包括大师讲堂暨机械工程青年精英论坛、2020 年绿色制造发展论坛暨绿色制造青年论坛、机械史与机械工业遗产学术研讨会、极端制造分会第一届学术年会暨第二届极端制造高峰论坛、新媒体环境下科技传播暨“我是工程师”科普丛书智享会、液压泵新技术与发展趋势学术论坛、“绿色制造丛书”编委会第二次工作会议、2020 年中国机械工程学会期刊工作研讨会等。

（撰稿人：刘永华　花牡丹）

中国汽车工程学会

服务创新型国家和社会建设 2020 年，学会共开展“乘用车企业回收利用管理体系研究与应用”“车内空气质量正向设计模拟验证设备开发及方法研究”“乘商兼用型非承载式车身与车架开发关键技术及应用”等 20 项科技成果的评价工作。其中，企业类单位委托 13 项、高校类单位委托 7 项。受新冠肺炎疫情影响，采用线上及线下相结合的评价方式共开展线上评价工作 16 项、线下评价工作 4 项。

学会 2018 年发布《汽车工程师能力标准》，2019 年实现标准国际互认，2020 年与世界汽车工程师学会联合会（FISITA）共同推进汽车工程师国际标准的建立、汽车工程师国际互认申报网站建设等工作。经过与 FISITA 沟通、结合近两年汽车工程师水平评价工作实践，2020 年学会对现行《汽车工程师专业水平评价实施要则》《汽车工程师能力标准》等文件进行修订，使其更符合国际标准，更贴近评价工作实际需求。

2020年，共有226人申请中国汽车工程学会汽车工程师专业水平评价，共组织6次线上答辩，最终有157人通过评价。2020年首批92位汽车工程师取得国际互认证书。

2020年，学会共发布51项标准，立项59项标准。4月，学会制定并发布《智能网联汽车团体标准体系建设指南》1.0版。学会组织2020智能网联汽车C-V2X“新四跨”暨大规模先导应用示范活动，共有40余家国内外整车企业、40余家终端企业、10余家芯片模组企业等相关企业参与活动。7月，学会当选第一届全国共享经济标准化技术委员会委员单位。12月，学会当选第五届全国汽车标准化技术委员会副秘书长单位。

学会承担中国工程院重点院士咨询课题两个，分别是“中国智慧城市、智能交通与智能汽车深度融合发展战略研究”和“突破智能汽车核心瓶颈，实践交通治理智能化”。两个课题由学会理事长、中国工程院院士李骏牵头，参与单位包括清华大学、北京航空航天大学、上海交通大学、北京理工大学、四川大学、公安部交通管理科学研究院、中国城市规划设计院等。两个课题从不同角度对以智能汽车为核心的跨领域融合发展战略进行研究，给出智能汽车、城市建设、智慧能源、信息通信、人工智能、地理信息等关联领域的协同发展路径，提出智能汽车、智能交通、智慧城市、智慧能源深度融合发展方向。

9月26日—10月5日，由中国机械工业联合会、中国机械工业集团有限公司、中国国际贸易促进委员会、中国汽车工业协会主办，学会与中国国际贸易促进委员会汽车行业分会、中国机械国际合作有限公司、中国国际展览中心集团公司承办的2020（第十六届）北京国际汽车展览会在北京举办。展出总面积达20万平方米，共展示车辆785台、全球首发车82台、概念车36台、新能源车160台，吸引观众53万人次参观。

2020年，学会共举办轻量化材料领域——高韧性铝硅镀层技术培训会、智能网联高精度地图定位及感知系统先进技术交流培训会、智能网联V2X领域先进技术及行业应用交流培训会等11期培训，参加培训人数350人次。结合新冠肺炎疫情实际情况，开展线上培训71节，覆盖各个技术领域，参与人数17013人次。

学会建设 2020年度，学会共有单位会员1700家，比2019年增加4%；个人会员61609人，比2019年增加28%。

2020年，学会成立国际汽车工程科技创新战略研究院。国际汽车工程科技创新战略研究院在工作定位上与学会秘书处协同合作、独立运营。重点围绕汽车产业中长期科技预见与科技发展战略研究，节能与新能源汽车技术路线图跟踪研究与评估，汽车产业技术安全研究评估，跨领域、跨行业前瞻技术融合研究，相关技术领域的标准与政策研究，产学研协同创新模式与创新体系研究等方向开展工作。

10月28日，中国汽车工程学会九届四次理事会议暨六次常务理事会议在上海市召开。会议审议并通过《中国汽车工程学会2020年工作报告》《关于批准专业分会换届及成立的议案》《关于理事会人员增补及变动情况的议案》《关于设立荣誉会士的议案》。

截至2020年年底，学会共有专业分会39家，其中新成立1家；工作委员会12家。在学会统一领导下，学会分支机构依照《中国汽车工程学会专业分会工作条例》在各自领域有效开展工作。

依据《中国汽车工程学会章程》，学会修订《中国汽车工程学会专业分会工作条例》（征询意见稿），并向各分会征询意见后修正发布《中国汽车工程学会专业分会工作条例（暂行）》。依据《中国汽车工程学会专业分会工作条例（暂行）》，向各分会征询分会建设标准和管理体系意见后，制订《中国汽车工程学会专业分会建设标准与评估指标体系》，开始在各分会实施。

青年人才托举工程 2020年，学会依据中国科协通知要求，发布《关于开展第六届中国科协青年人才托举工程项目申报工作的通知》，共收到24份申报材料，经形式审查合格后，根据研究方向划分为4个专业类别，通过组织小同行专家以函评形式选拔，确认13位青年人才进入终评环节。终评环节因疫情原因以线上答辩的形式开展，经评审专家团队综合评议后，8位优秀青年人才入选第六届中国科协“青年人才托举工程”项目。

主办期刊 2020年《中国科技期刊引证报告》统计结果显示，由学会主办的《汽车工程》总被引频次为1792，影响因子为0.787（同比增长34%），位列公路运输核心期刊第二、汽车领域第一。《汽车工程》全年共收到稿件1293篇，正刊出版12期，发表论文236篇。2020年实现来稿和刊出论文比例的双增长，其中刊出论文增加 16%。

由学会创办的 *Automotive Innovation*（《汽车创新工程（英文版）》被中国科学引文数据库核心库收录，5 月被 Scopus 数据库收录。编委队伍由 94 位全球知名学者与工程师组成，包括汽车行业 4 位院士，国际编委占比 50% 以上。2020 年来稿来自 26 个国家，数量增长近 15%；全年下载量约 6 万次。据 Springer 统计，在同领域的新刊中文章下载量领先，单篇文章最高下载量超过 13000 次。

学会成功申请第五届中国科协优秀科技论文遴选计划，牵头负责“交通与基建”集群的优秀论文遴选工作，最终该领域推选的 10 篇论文通过终审入选第五届中国科协优秀科技论文。其中，清华大学教授李克强团队刊登在《汽车工程》2016 年第 9 期上的论文《基于三维激光雷达的智能车辆目标参数辨识》入选。

学会遵照中国科协的统一部署，面向汽车科技工作者广泛征集高质量科技期刊，按照同行评议、价值导向、等效应用原则，依照“汽车工程领域高质量科技期刊分级目录评价指标体系”对参选期刊进行分组评价，最后遴选出行业认可的高质量科技期刊，形成《汽车工程领域高质量科技期刊分级目录》，供行业使用和参考。

学科发展工程 受工业和信息化部装备司委托，学会开展《节能与新能源汽车产业发展规划 2012—2020 年》评估工作，主要从规划目标完成情况、规划实施进展情况、取得成效及经验、存在问题、下一步工作考虑及建议等方面对规划进行评估。经评估认为，《节能与新能源汽车产业发展规划 2012—2020 年》实施顺利，主要指标、重点任务和重点工程完成进度达到预期，重点政策措施落实顺利。

11 月，受工业和信息化部委托，学会与中国汽车技术研究中心共同开展并完成国内外氢能与燃料电池发展情况研究，全面阐述美国、日本、韩国、中国及欧洲等主要经济体的氢能发展战略及未来重点发展方向，深入分析国内外氢能供应体系建设及燃料电池汽车技术研发与推广应用情况，系统梳理中国氢能与燃料电池汽车产业发展存在的问题，并针对相应问题提出建设性发展建议。

受中国科协委托，学会开展新兴产业领域专利与创新发展专题研究——无人驾驶汽车领域；受吉林省工业和信息化厅委托，开展吉林汽车产业生态及衍生经济研究；完成智能共享出行细分领域年度研究报告《中国汽车智能共享出行发展报告 2020》。

国际学术会议 2020 年，学会及其所属分支机构共举办 10 余项国际学术交流活动，包括第十二届国际汽车变速器及驱动技术研讨会、2020（第十四届）国际汽车轻量化大会暨展览会、第五届国际氢能与燃料电池汽车大会、2020 中国汽车工程学会年会暨展览会、第七届国际智能网联汽车技术年会、第二届世界汽车智能安全大会等，参加交流人数近万人，交流论文和报告 730 篇。

9 月 27—30 日，第二届世界新能源汽车大会在海南省海口市举办。大会以“共克时艰、跨界协同、合作共赢”为主题，围绕新能源汽车可持续健康发展、跨产业协同、科技变革与技术创新等议题展开研讨。首次设立并邀请德国作为主宾国。全国政协副主席、中国科协主席万钢出席大会并作大会主旨报告，时任海南省省长沈晓明出席大会并致欢迎词，德国驻华大使葛策出席大会并致辞，国务院发展研究中心原党组书记陈清泰、前驻德国大使史明德等出席大会。来自中国科协、科技部、工业和信息化部、国家市场监督管理总局、海南省人民政府、联合国环境规划署、清洁能源部长级合作机制等有关部委及地方政府负责人，国际组织和机构官员，大众、宝马、戴姆勒等国内外汽车产业企业高层及院士、专家出席大会并发表讲话和演讲。来自德国、法国、日本、美国、韩国等 10 多个国家和地区的 1000 多人参加，同时，160 万余名观众在线实时收看大会直播，大会线上传播量总计超过 3500 万人次。

国内主要学术会议 2020 年，学会及其分支机构共举办年会、研讨会、论坛等学术活动 20 余次，包括 2020 第十七届全国汽车职业教育年会、2020 汽车空气动力学分会学术年会、2020 第八届中国汽车防腐蚀与老化技术论坛暨新技术新设备展等。参加交流人数 2000 余人次。

12 月 26 日，2020 第十七届全国汽车职业教育年会在重庆市召开。来自全国 150 多家院校、企业的专家学者围绕“聚焦新汽车人才培养，规划新汽车专业建设”主题展开讨论交流，共探汽车职业教育未来发展之路。

国际组织任职 11 月 20 日，在 2020 世界汽车工程师学会联合会（FISITA）领袖峰会上，学会理事长特别顾问、清华大学汽车工程系教授、汽车产业与技术战略研究院院长赵福全卸任 FISITA（2018—2020）主席，被授予“FISITA 终身名誉主席”称号。

在 2020 年第 60 届春季执委会上，学会代表中方正式成为国际能源署先进燃料电池合作项目副主席国，学会郑亚莉当选为副主席。

国际交往 2020 年，学会组织开展全球环境基金（GEF）“中国新能源汽车和可再生能源综合应用商业化推广”项目工作，牵头组织开展清洁能源部长级合作机制（CEM）电动汽车倡议（EVI）、先进燃料电池技术合作组织（AFC TCP）、创新挑战能源部长级合作机制（MI）的清洁和可再生氢能挑战计划（IC-8）等国际组织的项目工作。

科普活动 6 月和 7 月，学会召开两场中国大学生方程式线上培训交流会，两次直播时长共 13.4 小时，吸引 17.6 万余人次观看。7 月和 8 月，学会举办两期中国大学生方程式“对话大咖”线上直播，两次会议直播时长为 3 小时，共吸引 11 万余人次观看。

表彰举荐优秀科技工作者 9 月 10—11 日，2020 年度“中国汽车工业科学技术奖”终评会在江苏省镇江市召开。根据《中国汽车工业科学技术奖励办法》规定，经中国汽车工业科学技术奖评审委员会评审，共评出科技进步奖特等奖 1 项、技术发明奖一等奖 2 项、科技进步奖一等奖 7 项、技术发明奖二等奖 1 项、科技进步奖二等奖 9 项、科技进步奖三等奖 34 项，累计授奖项目 54 项。中国汽车工业优秀科技人才奖 4 名，中国汽车工业优秀青年科技人才奖 3 名。

党建强会 2020 年，学会深入学习贯彻习近平新时代中国特色社会主义思想和党的十九大精神，组织领导干部和党员学习《习近平新时代中国特色社会主义思想学习纲要》《中国共产党的九十年》《习近平谈治国理政》（第三卷）等相关理论知识。完善学会党建制度，制定《中国汽车工程学会理事会党委工作制度》（功能型）、《中国汽车工程学会党建工作经费使用管理暂行办法》以及《秘书处党建工作考核办法》等制度性文件。

学会与中国科协办公厅党支部开展主题为“弘扬科技创新精神，党建引领建功新时代”的联学联建活动。

会员服务 学会为会员提供丰富的服务内容，开展一系列在线精品课程，聚焦新能源汽车、轻量化、智能网联以及共享出行等领域。针对个人会员，建立 100 余个汽车技术交流微信群，为会员提供行业动态及前沿技术。同时，为丰富学会会员体系，发挥行业专家资源的引领推动作用，2020 年度授予学会高级会员称号 30 名、会士 6 名。

学会上线科研资源平台、产业链目录两大系统平台。单位会员可发布相关技术需求、技术成果、最新展品、专家团队信息以及产业链检索等相关信息。学会通过自身搭建的宣传平台，为单位会员提供云展示、云直播、云传播等多种传播渠道。

学会上线应届生招聘平台，为会员单位发布应届生、实习生、宣讲会等相关信息。

【第十二届国际汽车变速器及驱动技术研讨会】 8 月 13—14 日，第十二届国际汽车变速器及驱动技术研讨会（TMC 2020）在上海市举办，共提供 48 场技术演讲及 2 场热点问题高层互动论坛，邀请 10 位国外专家演讲，2 场国际连线演讲。同期举办的展览展示 55 家动力总成和零部件等公司（30% 为合资或国外企业）的最新技术产品与服务展示，吸引来自整车、变速器及驱动总成、零部件和工程咨询等公司的 716 位代表参加会议，其中外国代表 25 余人。除展商数量有所减少外，会议规模基本上与第十一届持平，其中整车、变速器及驱动总成企业的注册代表人数（341 人）超过第十一届（315 人）。

会议的演讲和研讨涵盖混动和纯电驱动两大专题，电机控制器、集成式电驱动冷却润滑和电驱动 NVH3 个分专题，内容更为集中和深入。此外，会议创新性地组织创新技术评选活动。27 家展商提供 32 项参与评选的创新技术信息，现场 460 多位代表阅读含有创新技术信息的《评选指南》，近 200 位与会代表进行投票。

【第五届国际氢能与燃料电池汽车大会】 9 月 14—16 日，第五届国际氢能与燃料电池汽车大会（FCVC 2020）在上海市召开。此次大会由学会与国际氢能燃料电池协会（筹）共同主办，迄今已连续举办 5 届。包括 1 场全体大会、4 场专业论坛、1 场试乘试驾和 1 场专业技术展览，近 1000 人参加会议，127 家氢燃料电池领军企业带来新技术、新产品展示，吸引 5000 余位专业观众到场参观，累计参观人数达 15000 人次以上。

【2020（第十四届）国际汽车轻量化大会暨展览会】 9 月 21—23 日，由学会与汽车轻量化技术创新战略联盟、江苏省科协、扬州市人民政府主办的 2020

（第十四届）国际汽车轻量化大会暨展览会（ALCE）在江苏省扬州市召开。针对汽车轻量化技术的交流和对接，组织2场全体大会、2场车身会议、9个分会场交流、23场对接及特色活动，发布包括国内外5位院士的技术报告82个。来自国内主流整车企业、主要材料及零部件企业、高校及科研院所、扬州市当地企业的约2000名专家学者、企业代表等参加会议和观展，150余家企业参展。

【《节能与新能源汽车技术路线图2.0》发布仪式】 10月27日，学会理事长、中国工程院院士李骏在2020中国汽车工程学会年会暨展览会开幕式上就《节能与新能源汽车技术路线图2.0》的编制背景和主要内容进行发布。《节能与新能源汽车技术路线图2.0》提出面向2035年中国汽车产业发展的六大目标，即中国汽车产业碳排放将于2028年左右先于国家碳减排承诺提前达峰，至2035年，碳排放总量较峰值下降20%以上；新能源汽车将逐渐成为主流产品，汽车产业基本实现电动化转型；中国方案智能网联汽车核心技术国际领先，产品大规模应用；关键核心技术自主化水平显著提升，形成协同高效、安全可控的产业链；建立汽车智慧出行体系，形成汽车、交通、能源、城市深度融合生态；技术创新体系基本成熟，具备引领全球的原始创新能力。

【第二届世界汽车智能安全大会】 10月29日，由学会和FISITA共同主办的第二届世界汽车智能安全大会（ISC 2020）在上海市召开。大会围绕智能驾驶安全的技术路线、电子电气架构、人工智能技术、HMI设计、仿真测试及评价、相关标准等热点主题展开，邀请来自宝马、奔驰等整车企业的CTO、智能安全研发负责人及资深技术专家，清华大学、吉林大学、美国得克萨斯大学奥斯汀分校等高校的学者及企业、研究机构等单位的专家，通过现场演讲和在线演讲的方式作分享，同时还对业界关心的预期功能安全组织互动讨论。

【2020中国汽车工程学会年会暨展览会】 10月27—29日，由学会主办、FISITA支持的2020中国汽车工程学会年会暨展览会（SAECCE 2020）在上海市召开，原定于5月在北京召开的第七届国际智能网联汽车技术年会与SAECCE 2020合并举办。年会共呈现76场会议、505场技术报告。2位行业院士，20余位整车首席技术官、高校资深专家参与策划、组织和演讲。80家展商参与同期技术展览，展览面积共计1万平方米，共吸引3416位专家学者、企业代表和20432人次专业观众参加会议。

年会主题为“汽车+协同创新”，紧扣行业趋势，围绕智能网联汽车技术和新能源汽车技术的会议共举办20余场，形式涵盖全体大会、专题分会、中外论坛。此外，针对汽车关键共性技术，年会围绕仿真，测试，安全，动力学，噪声、振动与声振粗糙度，制造，轻量化，内燃机，排放及技术管理等技术领域共举办40余场会议，会议主题囊括大多技术热点和技术难点。

年会共计征集论文1393篇，录取730篇。其中，10篇论文入选《汽车工程》并进入EI检索，5篇入选《汽车技术》，4篇入选《汽车工程学报》，7篇入选《汽车工艺与材料》，111篇入选《2020中国汽车工程学会年会论文集精选》并进入EI检索，593篇入选《2020中国汽车工程学会年会论文集》。所有年会录取论文均正式出版。

【中国大学生方程式系列大赛】 11月9—14日，中国大学生方程式系列大赛在湖北省襄阳市举办。此次系列大赛分为方程式、电动方程式和无人驾驶方程式，三个大赛同时开展。参加中国大学生方程式汽车大赛（油车）的车队有47支，参加“蔚来杯”中国大学生电动方程式大赛的车队有41支，参加“爱驰杯”中国大学生无人驾驶方程式大赛的车队有13支，总共101支车队2172名学生队员。吉林大学再次夺得大学生方程式冠军，北京理工大学第三次获得无人驾驶方程式大赛冠军，同济大学首次获得电动方程式大赛冠军。

【乘用车用钢（板材）联合研究】 学会与汽车轻量化技术创新战略联盟采取“众筹模式”，联合中国宝武钢铁集团有限公司、马鞍山钢铁股份有限公司、邯郸钢铁集团有限责任公司和攀钢集团有限公司4家钢铁企业共同开展“乘用车用钢（板材）联合研究项目”，旨在通过深度分析钢铁产业板材生产与汽车行业实际需求、乘用车未来轻量化技术的发展及要求变化情况，总结出较明确的、趋势性的产业发展方向，给出技术预见及结论，为钢铁企业更好地满足汽车行业对板材需求提供参考依据。该项目已完成《乘用车用钢（板材）产业研究报告》初稿，针对乘用车用钢（板材）下一步发展形成主要内容与阶段性结论。

（撰稿人：张　静）

中国农业机械学会

服务创新型国家和社会建设 2020年，学会成立国家农机装备科技服务团，7月25日在重庆市举办启动仪式。学会在重庆市，山东省济南市、青岛市，浙江省宁波市、台州市等地开展优化组织机制组建地市级农机产学研用协同创新组织活动，开展科技成果宣传转化对接、成果展示路演、新产品展览，组织团体标准制定，派遣专家赴企业开展技术调研咨询，举办线上线下技术培训、高端技术研讨活动，专题调研为地方撰写智库报告等多种"科创中国"科技服务活动，全方位推动上述地区农机行业的产学研融合和农机装备产业升级，为地方农机工业发展提供有效的助力服务。

8月22—27日，学会申请并承办人力资源和社会保障部"互联网+智能农机装备"助力乡村振兴发展高级研修班，来自全国农业机械和农业工程领域的科研院所、高等院校，全国各地方农业机械管理部门及企业的从事农业机械技术管理、开发与应用的专业技术人员和管理人员共60余人参加。研修班通过专家授课、专题研讨、学员沙龙、微论坛、技术参观、论文撰写培训等多种方式推动行业高层次人才的培养。

学会与中国农业机械工业协会联合开展农机装备团体标准制定工作，面向行业征集并联合发布团体标准项目计划50项，并按规定程序开展团体标准起草和制定工作。2020年，批准发布《北斗农业机械远程作业监测终端技术规范》等53项团体标准。

12月19日，"中联重科杯"第六届大学生智能农业装备国际创新大赛决赛在山东省淄博市举办。大赛以"智能农装、创新未来"为主题，由国际农业和生物系统工程委员会、中国农业机械学会、中国农业工程学会、江苏省现代农业装备与技术协同创新中心、农业工程大学国际联盟主办，山东理工大学承办。来自48所高校的700余名学生携305件创新思维强、科技含量高、市场潜力大的优秀作品参赛。

学会建设 12月12—14日，第十八届中国农业机械学会2020学术年会暨第十一届理事会第三次会议在浙江省宁波市召开，近1000位科技工作者参加大会。学会的24个分支机构和相关机构围绕不同专业领域，组织10个分会场进行专题学术研讨。

截至12月31日，学会召开理事会议1次、常务理事会议2次、监事会议1次、秘书长工作联席会1次。

按照《中国农业机械学会分支机构考核评估办法》，学会对27个分支机构进行考核评估。

青年人才托举工程 学会继续执行第五届（2019—2021年度）中国科协"青年人才托举工程"项目，托举青年科技人才2名。

主办期刊 学会主办的《农业机械学报》2020年共收到有效来稿2000余篇，完成正刊12期、增刊2期的出版任务，全年共刊出论文711篇，各类基金类论文达100%，国家级项目资助论文约占90%。《中国学术期刊影响因子年报》最新发布的数据显示，2019年度《农业机械学报》复合总被引频次为20598，复合影响因子为3.242；期刊总被引频次为11477，期刊综合影响因子为2.233；居农业工程类科技期刊Q1区，入选2020年中国国际影响力优秀学术期刊。

《国际农业与生物系统工程学会会刊》共出版4期，发表学术论文111篇；亚洲农业工程学会学术期刊《国际农业工程学报》共出版4期，发表论文169篇。

学科发展工程 学会和江苏大学共同实施中国科协2020年学科发展项目"农业装备产业与技术发展路线图研究"。由来自高等院校和科研院所、龙头企业的院士及专家组成研究团队，通过调研和组织产学研相关领域专家召开研讨会等形式，草拟形成"农业装备产业与技术发展路线图"编写大纲，选择拖拉机、灌溉设备及收获机等细分行业开展农业装备产业与技术发展路线图研究，为行业发展提供智库支撑。

国际学术会议 2020年，学会及其所属分支机构共举办国际会议1次，参会人数300余人次，邀请国外专家交流报告5篇。

4月29日，由学会、中国农业机械工业协会等5家农机行业学协会主办，江苏大学和农业工程大学国际联盟联合承办的2020耒耜国际论坛在江苏省镇江市召开。论坛采取线上线下相结合的方式，以"脱贫攻坚，农机赋能"为主题，围绕"智能农业装备发展趋势"展开研讨。来自7个国家和地区及中国农业大学、浙江大学、吉林大学等60余所涉农高校的300余位专家学者参加会议。

国内主要学术会议 2020年，学会及其所属各分支机构举办第十八届中国农业机械学会2020学术年会等各类学术活动23次，交流论文、报告516篇，参会人数3999人次。

7月25—26日，2020中国乡村振兴战略推进大会在重庆市召开。会议由学会主办，学会丘陵山区农林机械分会、重庆市农业机械学会、西南大学、重庆市农业科学院承办。会议以“聚焦智能农机　助力乡村振兴”为主题，邀请中国农业机械化科学研究院研究员方宪法、重庆市农业农村委员会副主任秦大春、青岛农业大学教授尚书旗、中国农业大学教授杨敏丽、北京工业大学教授高国华、西北农林大学教授崔永杰以及西南大学教授谢守勇分别作学术报告。来自全国高等院校、科研院所、企事业单位的专家、代表150余人参加大会。

9月11日，由学会丘陵山区农林机械分会等主办的2020丘陵山区农业机械化发展高峰论坛在重庆市举办。论坛主题为“农业机械化助力丘陵山区乡村振兴”，邀请6位专家学者围绕无人农场的关键技术与实践、农机工业运行趋势、“十四五”中国农机化发展战略思考、宜机化助力丘陵山区农业机械化发展、重庆市丘陵山区农机化的实践与思考、“十四五”丘陵山区宜机化改造若干重大问题研究等进行专题报告。同期举办2020中国（重庆）丘陵山区农业机械展览会暨泵与电机展览会。

10月16—18日，由学会、中国农业机械化科学研究院主办的2020年中国农机青年论坛在四川省成都市举办。来自全国各农业科研院所、高校和生产企业等70多家单位的160余位青年专家学者参加论坛。论坛围绕“智能农业装备　赋能乡村振兴”主题，设置基础性技术、全面全程机械化、智能化技术装备3个专题，共43位青年专家学者分享学术研究、科研经历及研究成果。

12月2—5日，由学会拖拉机分会等主办的2020拖拉机、低速汽车、农用发动机行业发展研讨会在广西壮族自治区北海市召开。来自学会拖拉机分会各委员单位，国内各拖拉机主机企业、配套件企业，大专院校、科研院所，在中国境内的拖拉机、配套件外企等单位的近100人参加会议。来自拖拉机行业内外的有关领导及专家针对现阶段拖拉机行业发展中的技术与市场问题进行专题报告和学术交流。

科普活动　5—11月，学会普及工作委员会联合几何重工（山东）有限公司共同主办“几何重工杯”第一届农机摄影及短视频大赛。

学会全力打造“农机TV”，为农机企业提供产品销售、技术宣讲、售后服务的信息传播平台。2020年，“农机TV”组织10场大型直播活动，聚焦春耕时农民朋友和业内人士关心的问题，主题涵盖“农机战疫”“农机3·15”“农机安全”“智能农机”“科学选购”，宣讲农机行业抗击疫情经验，推广使用新机具积极备耕，为农民春耕遇到的选机购机、维修保养等问题提供学习平台。活动直播在线观看总人数超过40万人次。

表彰举荐优秀科技工作者　学会推荐的中国农业机械化科学研究院研究员陈志、江苏大学教授邹小波获得第二届全国创新争先奖状，江苏大学教授徐立章获得第十六届中国青年科技奖。

党建强会　2020年，学会党委会召开7次工作会议，前置审议学会理事、常务理事及负责人调整，分支机构换届，分支机构委员调整及学会重大活动方案等主要业务事项。

7月25日，中国农业机械学会第十一届常务理事会第三次会议暨常务理事会全体党员会议在重庆市召开。会议审议2019年学会工作总结，重点审议2020年学会主要工作计划，对学会各方面重要工作提出明确要求；对学会理事、常务理事、负责人调整等人事重大事项以及学会2020年科技经济融合发展工作方案等业务重大事项进行审定。

12月13日，中国农业机械学会第十一届理事会第三次会议暨理事会全体党员会议在浙江省宁波市召开。会议听取并审议学会2020年度工作总结与2021年工作计划，审定调整增选学会理事、常务理事和负责人等事项，商讨部署学会重点工作等。

学会党委申报中国科协各类党建项目，实施完成中国科协学会党建研究会的2020年调研项目“学会党组织引领凝聚科技工作者听党话跟党走，实际有效措施方法”并提交研究报告。

【第十八届中国农业机械学会2020学术年会】　12月12—14日，第十八届中国农业机械学会2020学术年会在浙江省宁波市召开。会议由学会与中国农业机械化科学研究院主办，以“智能农机装备助推乡村振兴，促进科技经济融合发展”为主题。4位中国工程院院士、1位中国科学院院士及国内外专家共1031人参加会议。

会议邀请10位专家作主旨报告，围绕“收获加

工机械创新发展　支撑农业现代化”“智能驱动地面机器和拖拉机创新发展”“智能农机装备 · 农机化发展质量 · 产业兴旺”“耕种和田间管理农机装备的新技术”“支撑智慧农业的卡脖子基础关键技术创新”“材料技术助力能源装备促进产业绿色发展”“新时期排灌机械的挑战与机遇”“以青春之志，创农机之智——新时代农业装备前沿技术创新、应用与发展”“农产品及食品加工智能工厂发展论坛”“创新驱动设施农业，智慧助力乡村振兴”主题设置 10 个分会场，作专题学术报告 214 个，收到论文 315 篇。

（撰稿人：高　璇）

中国农业工程学会

服务创新型国家和社会建设　学会以中国科协“创新驱动助力工程示范”项目为契机，组建“科创中国”农业工程科技服务团，通过实地调研、转化对接、高端论坛、宣讲培训、组织赋能等方式开展科技服务活动，面向黑龙江省、陕西省和宁夏回族自治区先后组织召开针对黑土地保护、黄土高原生态保护、陕西省苹果与猕猴桃产业、葡萄与葡萄酒产业高质量发展及生态修复产业高质量发展的高端论坛 5 场、线上宣讲 4 场、产业培训 4 场，参与或促成转化对接 6 项，推动项目落地 4 项。现场参会、调研的专家学者总计 600 多人次，线上参会人数累计达 12 万人次。

学会承揽中国科协“科普惠民服务专项服务定点扶贫县”项目，为山西省吕梁市岚县现代设施农业科技示范园和临县木瓜坪乡的农业现代化发展提供决策咨询建议，提出可行的规划建设方案。

学会承揽《广东省从化区花卉现代农业产业园（国家级）创建方案》的编制工作，助力广东省广州市从化区现代农业产业园入选国家现代农业产业园创建管理体系。

针对农作物秸秆综合利用难度大等问题，学会组织召开专家研讨会，在分析现有问题的基础上提出政策建议并完成《关于加强秸秆综合利用的建议》智库报告 1 份。

为促进农业工程领域科技成果转移转化，学会先后完成“村镇有机废弃物高效清洁好氧发酵智能技术装备”“新疆特色林果滴灌节水增效关键技术研究与应用”“农林剩余物清洁制备车用燃料联产化学品关键技术与应用”“甘薯快速愈伤处理技术及设备”4 个项目的成果评价工作。

学会建设　学会获中国科协全国科技工作者日“十佳优秀组织单位”称号，在年鉴、科普、统计、财务等方面获中国科协表彰。

2020 年，学会召开党委会议 6 次、常务理事党员会议 1 次、常务理事会议 2 次、理事会议 1 次、理事长办公会议 4 次、监事会议 2 次、秘书长办公会议 12 次。

制定《中国农业工程学会科技奖奖励办法》《中国农业工程学会科普工作条例》，修订《中国农业工程学会章程》《中国农业工程学会工作规则》《中国农业工程学会秘书处财务管理办法》《中国农业工程学会秘书处组织机构方案及职责》，以及《农业工程学报》“三审三校”出版流程和编辑部工作守则，中国农业工程学会科技成果评价工作规范、流程、专家行为守则等文件近 20 个。

学会规范分支机构管理，加强分支机构换届审批，完成学会青年科技工作委员会换届审批工作。

加强信息化建设，已开设“中国农业工程学会”“农业工程学报”“IJABE 国际农业与生物工程学报”“农业信息化”4 个微信公众号，其中“IJABE 国际农业与生物工程学报”于 2020 年首次开通。依托学术期刊建立 6 个学科专业微信群，全年推送文章千余篇。

持续组织开展弘扬新时代科学家精神活动，建立宣讲长效机制。在官网开设“弘扬科学家精神”专栏，对农业工程领域的 6 位院士进行专题报道，该专栏入选中国科协“2020 年全国科技工作者日”主会场宣传活动。

青年人才托举工程　学会组织申报第六届中国科协“青年人才托举工程”项目。

主办期刊　2020 年，《农业工程学报》出刊 24 期，刊发论文 904 篇。入选“中国科技期刊卓越行动计划”梯队期刊项目。被 EI 收录，影响因子、总被引频次在国内农业工程类期刊中均排名第 1 。入选“百种中国杰出学术期刊”“中国精品科技期刊”“中国最具国际影响力学术期刊”“中国科技核心期刊”等。

International Journal of Agricultural and Biological Engineering（《国际农业与生物工程学报》，IJABE）出刊 6 期，刊发论文 182 篇，被 SCI 等 30 多个国际检索收录，影响因子为 1.731，居全球农业工程学科第

6，进入 Q2 区，首次入选中国科学院高质量期刊目录二区（6% ~ 20%）。

学会与支撑单位合作主办的《农业工程技术》完成全年 36 期出刊任务，在宣传推广、业务拓展和效益等方面同比均有明显提升。

学会科普杂志《农业工程技术·农业信息化》2020 年出版 12 期，刊出科普文章近 400 篇，其中原创性文章占比 81%。

学科发展工程 学会持续多方位开展学科发展研究，2020 年成功申报中国科协学科发展项目“农业传感器产业与技术发展路线图研究”，并按计划开展项目工作，高质量完成当年工作任务，通过中国科协验收。

国际学术会议 4 月 29 日，学会与中国农业机械学会等联合主办的 2020 耒耜国际论坛在江苏省镇江市召开。论坛以“脱贫攻坚，农机赋能”为主题，原农业部副部长、国务院原扶贫开发领导小组办公室主任刘坚，中国工程院院士汪懋华、罗锡文、陈学庚、赵春江，清迈大学校长 Niwes Nantachit，北亚利桑那大学副校长 Daniel Palm，广东省农业科学院院长陆华忠，河北农业大学副校长张立杰，沈阳农业大学副校长王铁良等以网络视频方式参加会议。农业农村部南京农业机械化研究所所长陈巧敏，西华大学副校长余孝其，中国一拖集团有限公司副董事长蔡济波，江苏大学党委书记袁寿其、校长颜晓红等现场出席会议。江苏省农业科学院院长易中懿主持开幕式。来自美国、英国、泰国等 7 个国家和地区及中国农业大学、浙江大学等 60 余所涉农高校的 300 余位专家学者参加会议。学会理事长张辉致辞。

10 月 19—21 日，学会与中国农业大学等联合主办的 2020 智慧畜牧业亚洲论坛在北京召开。论坛以“数字技术支撑畜禽养殖信息化”为主题，200 余名国内外的专家学者参加会议，线上参与和关注人数达 6.6 万人次。

国内主要学术会议 2020 年，学会及学会分支机构举办国内学术会议 10 余次，现场参会人数 1500 余人次，线上参会与关注人数累计达 17.8 万余人，形成科技工作者建议近 10 个。

4 月 26 日，学会土地利用工程专业委员会联合自然资源部国土整治中心和中国地质大学（北京）土地科学技术学院在线上召开土地整治工程专业的使命网坛会。会议围绕“土地整治工程专业的办学目的、课程设置”等内容展开分析当前专业建设面临的突出困难与解决对策，60 余人在线参加会议。

5 月 19 日，学会组织的作物秸秆还田 / 离田方式座谈会在北京召开。会议围绕中国作物秸秆综合利用现状及问题，在秸秆直接还田、能源化利用及保护性耕作和机具等方面展开探讨，形成相关政策建议。

5 月 20 日，由学会农业电气化与信息化分会与中国电机工程学会农村电气化专业委员会等联合主办的全国农电学科建设暨新疆（南疆）智慧农村能源论坛在北京以线上线下相结合的方式召开。会议围绕智慧农村能源和农电学科的深度融合、农业电气化学科专业建设以及内地高校高水平援疆与社会服务等问题展开交流研讨。来自 10 余所高校和单位的 85 位专家学者参加会议。

9 月 20 日，学会主办的 2020 年“科创中国”农业工程科技服务团启动会暨农业工程科技与经济融合发展高端论坛在北京以线上线下相结合的方式召开。论坛围绕农业工程科技经济融合议题，探讨科技创新在助力乡村振兴中的应用以及取得的效益，100 余人现场参加会议，900 余人线上参加会议。

10 月 17—18 日，学会与东北农业大学联合主办的 2020 东北黑土地保护高端论坛暨农业工程科技创新助力企业高质量发展论坛在黑龙江省哈尔滨市以线上线下相结合的方式召开。会议以“东北黑土地保护、乡村振兴”为主题，150 余名专家学者参加现场会议，线上点击播放量超过 9.3 万人次。

10 月 23—25 日，由学会农业电气化与信息化分会主办的 2020 年中国农业工程学会农业电气化与信息化分会学术年会在四川省成都市召开。会议以“农业电气化与信息化、智慧农村能源和智能农业技术与装备”为主题，设置 3 个分会场，交流研讨中国农业电气化、信息化和智能化发展的新趋势、新理论和新技术。收录 188 篇论文摘要，80 余名专家学者参加会议。

11 月 15 日，学会与宁夏大学联合主办的 2020 葡萄与葡萄酒产业高端论坛暨创新助力葡萄酒产业高质量发展科技服务活动论坛在宁夏回族自治区银川市召开。会议以“葡萄与葡萄酒产业高质量发展”为主题，130 余名专家学者参加现场会议，线上点击播放量近 1 万人次。

12 月 19 日，由学会农业系统工程专业委员会与中国系统工程学会农业系统工程专业委员会等联合主办的2020年全国农业系统工程学术研讨会在黑龙江省哈尔滨市召开。会议以“农业系统工程发展研究”为主题，来自全国20余所高等院校、科研院所及企业的专家学者和研究生共70余人参加会议。

12月25—26日，学会土地利用工程专业委员会与长安大学等联合主办的2020年中国农业工程学会土地利用工程专业委员会学术年会在陕西省西安市召开。会议以“美丽中国·土地工程”为主题，从农用地综合整治信息化与装备技术和专业改革和建设等方面进行研讨。来自全国22家科研院所的100多位专家学者参加会议。

国际交往 作为国际农业与生物系统工程学会（CIGR）的国家会员，学会积极参加相关活动，完成CIGR主席选举投票、2019和2020年度的会费交纳工作。

学会常务副秘书长管小冬作为世界工程组织联合会（WFEO）能力建设专业委员会委员，履职参加WFEO专业委员会和WFEO中国委员会活动，推荐学会专家和企业参加相关国际组织活动，组织分支机构和会员参加联合国教育、科学及文化组织（UNESCO）和WFEO发起的全球工程师调查。学会专家王应宽参加联合国粮食计划署（WFP）主办的数字农业与电子商务论坛并作线上特邀报告。完成联合国粮农组织（FAO）委托项目“中国数字农业典型案例研究”。

科普活动 学会通过14个科普传播专家及团队、科普示范基地、科普杂志和网站科普专栏，以线上线下相结合的方式组织开展科普活动20次，发布疫情防控科普文章20余篇，有效受众5万余人。学会获中国科协“2020年度全国学会科普工作优秀单位”表彰。

以中国科协“科创中国”农业工程科技服务团为依托新建4个科普示范基地，并在对口帮扶的河北省承德市兴隆县建立1个科普示范基地。

学会制定《中国农业工程学会科普工作条例》。5月30日前后，组织开展以“科技为民 奋斗有我”为主题的系列科普活动，共同庆祝第四个全国科技工作者日。

5月28日，学会畜牧工程专业委员会与中国畜牧业协会畜牧工程分会等联合主办的中国畜牧业机械化发展云论坛共举办四期，分期科普宣传生猪、家禽、肉牛、肉羊、肉兔养殖机械化、节能减排和废弃物资源化利用技术与装备等内容。

5月30日，由学会电子技术与计算机应用专业委员会主办的田野服务 地头过节——“两翼齐驱”田间科普展演高峰论坛在河北省涿州市以线上线下相结合的方式召开。专家对智慧农业新技术和新成果展开科普培训。

12月18—20日，学会与CIGR、中国农业机械学会等在山东省淄博市联合主办“中联重科杯”第六届大学生智能农业装备国际创新大赛。竞赛以“智能农装、创新未来”为主题，来自全国48所高校的700余名师生参加比赛。

12月26—27日，学会与全国农业科技创业创新联盟和中国农业大学在山东省烟台市联合主办第八届全国大学生农业建筑环境与能源工程相关专业创新创业竞赛。竞赛以“智慧农业与乡村建设”为主题，来自全国43所高校的179支队伍参加比赛。

表彰举荐优秀科技工作者 2020年，学会组织推荐第二届全国创新争先奖候选人5名和候选团体1个，其中2名候选人获奖；成功申请成为中华国际科学交流基金会杰出工程师奖推荐单位，组织推荐杰出工程师奖和杰出工程师青年奖候选人8名，其中1位候选人获杰出工程师青年奖；组织推荐中国科协优秀中外青年交流计划项目候选人5名，3名候选人入选；组织推荐2020年“最美科技工作者”1名；组织推荐陶鼎来和曾德超为农业工程领域学科代表人物。

学会十届八次常务理事会议审议通过设立“中国农业工程学会科技奖”的决议和《中国农业工程学会科技奖奖励办法》。秘书处完成设奖筹备和备案所需系列文件编制。

党建强会 2020年，学会召开理事会党委工作会6次、常务理事党员会议1次。

学会依托线上平台，在官方网站和微信公众号党建专栏组织习近平新时代中国特色社会主义思想，党的十九大和十九届二中、三中、四中全会精神，以及习近平系列重要讲话精神线上学习8次，线下知识问答3次。

坚持落实常态化疫情防控举措，制作宣传抗疫公益海报，发布倡议书，征集防疫抗疫案例并汇编成《中国农业工程学会防疫抗炎工作情况简报》，获得《经济日报》、科协要闻等7家媒体的重点推送和宣传报道。

会员服务 2020 年，学会新发展个人会员 200 余人，其中青年会员占比超过 60%。

学会完善会员管理系统，在官方网站组织会员先进事迹报道 10 余次。组织会员参加“世界一流科技社团建设”等问卷调查。春节、世界工程日和全国科技工作者日等重大节日期间，为学会会员送上节日祝福。

学会公开发布 2019 年年报，公布学会发展现状、内部建设、主要业务活动、会员发展服务及财务状况等。出版会讯 4 期。

【第十四届全国高等院校农业工程及相关学科建设与教学改革学术研讨会】 10 月 31 日—11 月 1 日，由学会与国务院学位委员会农业工程学科评议组、教育部农业工程类专业教学指导委员会、全国高等院校农业工程相关学科（校长）联谊会主办，福建农林大学承办的第十四届全国高等院校农业工程及相关学科建设与教学改革学术研讨会在福建省福州市以线上线下相结合的方式召开。来自全国 40 余所高校与科研院所的 80 余位专家、教师代表现场参加会议，中国农业大学、石河子大学、吉林大学、西北农林科技大学、西南大学、华中农业大学、华南农业大学、南京农业大学、浙江大学 9 所高校组织集中线上观看会议直播，在线观看人数累计 8500 余人次。

大会以“新时代农业工程教育与乡村振兴”为主题，讨论中国农业工程类专业教育及发展趋势，回应中国高等农业工程类专业教育教学改革发展的新要求、新机遇、新挑战，探讨新农科、新工科背景下农业工程类专业人才培养方案和课程体系建设。促进各高校、科研机构的交流沟通、思想碰撞，使科研工作者集思广益，加快农业工程学科的发展。

会议期间，学会还召开十届十九次党委扩大会议暨理事长办公会议、十届四次理事会议，组织学习中国共产党第十九届五中全会精神，总结学会 1—10 月工作，审议学会章程修订、理事辞职申请、增补理事、调整分支机构主任委员等事项。

（撰稿人：高　虹　管小冬）

中国电机工程学会

服务创新型国家和社会建设 学会组织 2020 年度中国电力科学技术奖推荐与评审工作，评选出授奖项目 134 项，其中一等奖 17 项、二等奖 41 项、三等奖 76 项。完成 2020 年度国家科学技术奖励提名工作。

2020 年，承担中国科协、国家能源局、中国科学院等委托的咨询项目共 12 项，组织编制《新能源电力系统发展及其技术装备创新支撑研究》《我国新一代能源系统战略研究》《电力安全监管技术支撑体系研究》等多个决策建议报告。新冠肺炎疫情期间，学会在网站建立抗击疫情专栏，宣传会员单位保障电力供给、积极参与疫情防控的突出事迹。向中国科协提交《关于加强应急状态下电力供应能力研究的建议》报告，为应急状态下可靠供电提供科学决策建议。牵头成立应对公共安全事件国际标准体系研究工作组并取得阶段成果。

发布学会标准 38 项，探索拓展团体标准服务、培训教育服务产品，开展华电章丘发电有限公司“激光诱导击穿光谱分析型煤质在线检测技术规范”标准服务项目。牵头成立应对公共安全事件国际标准体系研究工作组，推进相关国际标准研制并取得阶段性成果。

完成科技成果评价 263 项，累计组织专家 2367 人次（其中院士 166 人次）；服务行业科技成果转化，完成科技成果登记 508 项；履行电力行业科技查新管理服务职能，确认电力科技查新资质机构 42 家。

先后在江苏省南京市、浙江省温州市、江苏省镇江市、宁夏回族自治区银川市灵武市宁东镇组建科技服务团，开展能源互联网技术咨询和科技成果转化对接服务工作。在宁夏回族自治区组织召开 2020 年清洁能源国际论坛和服务清洁能源高质量发展论坛，为宁夏回族自治区清洁能源产业转型升级和区域经济高质量发展提供支持。与浙江省科协共同主办 2020 世界青年科学家峰会未来能源论坛并成立“温州能源互联网和工业互联网（产业）融合发展科技服务团”；与镇江市科协共同主办智能制造暨第二届柔性机械电子产业化国际论坛并成立“中国电机工程学会扬中市高新区智能电气科技服务团”，为区域能源互联网发展提供技术咨询服务。

学会建设 学会开展新冠肺炎疫情防控，推动复工复产，被中国科协评为“优秀抗疫学会”。定期召开理事会议、常务理事会议、监事会议、理事会党委会议等，审议和决策学会重大事项。完善工作委员会、专业委员会、省级学会管理体制和运行机制，根据能源电力发展需要对专业委员会布局进行调整，完成 5 个专业委员会换届改选工作，完成 18 个专业委员会的委员调整工作。成立学会女科技工作者委员会及执行委员会。

学会发起成立北京创拓国际标准与技术研究院有限责任公司，开展国际技术标准政策、趋势和战略研究，推动国际标准制定和检验认证工作。经中国工程教育专业认证协会第二届理事会第一次会议批准，筹备成立能源动力类专业认证委员会，学会作为秘书处挂靠单位。

学会加强员工队伍建设，优化人员结构，充实员工队伍，完善薪酬和绩效考核制度。强化学会财务管理，完善和优化财务管理流程。持续完善信息化平台建设，改版升级门户网站，新建科技鉴定在线会议系统、视频会议系统、会士遴选模块和电子发票管理模块，优化升级会员系统、期刊分级、征文系统等。编印《中国电机工程学会2020年年报》。

青年人才托举工程 学会通过中国科协项目资助、学会资金支持、依托单位配套支撑、导师培养指导相结合的方式，开展第六届（2020—2022年度）中国科协“青年人才托举工程”项目，共支持青年人才30人，其中中国科协资助2人、自筹资金资助3人、与依托单位联合培养资助25人。

持续关注历届被托举人的科研进展，助力青年科技工作者成长、成才。

主办期刊 学会及各专业委员会主办、联合主办期刊共16种。《中国电机工程学报》获“2020年中国最具国际影响力学术期刊”。*CSEE Journal of Power and Energy Systems*（《中国电机工程学会电力与能源系统学报》英文版，CSEE JPES）2020年影响因子为3.115，较2019年度增长16.23%，被Scopus数据库收录。《中国电力》《热力发电》《农村电气化》《农电管理》《动力与电气工程师》《电信息》等办刊质量持续提高。《中国电机工程学报》、*CSEE JPES*、《高电压技术》3刊完成“中国科技期刊卓越行动计划”项目。

学科发展工程 学会完善学术报告编撰体系和学术研究成果发布制度，2020年，出版《“十四五”电力科技重大技术方向研究报告》《动力与电气工程学科发展报告（2020）》《CSEE专业发展报告（2019—2020）》《CSEE专题技术报告（2020）》4套共22篇报告，并在2020年学术报告发布会上发布。

国际学术会议 学会采用线上线下相结合的方式举办中国电机工程学会&英国工程技术学会联合线上学术活动月、第四届国际高压直流会议、第二届可持续电力与能源国际会议、2020国际绿色能源高峰论坛网络会议、首届中英大学工程教育与研究联盟学术论坛、第四届IEEE能源互联网与能源系统集成国际会议、中英电力青年论坛：新能源消纳与并网运行学术研讨会等国际会议，为国内外电力科技工作者提供学术交流平台。

国内主要学术会议 学会举办以“能源电力转型与数字化”为主题的2020年学术年会，同期举办院士专家论坛、学术报告发布会等32项学术交流活动，院士、专家、科技工作者及高校师生等超过5万人通过线下或线上方式参加会议。

举办2020年电气工程学院院（校）长论坛、2020年清洁高效发电技术协作网年会，联合主办2020世界青年科学家峰会未来能源论坛、第一届全国基础设施智慧建造与运维学术论坛、2020中国太阳能热发电大会等专题学术交流活动。

创建“CSEE网络学术报告厅”学术交流平台，组织开展能源创新青年论坛等一系列线上学术活动。学会各专业委员会围绕各自专业领域开展学术活动80余次。

两岸交流 学会以“绿色低碳 智慧用能 互联互通”为主题，与台湾旅沙电力协会、台湾智慧型电网产业协会、福建省电机工程学会等在福建省厦门市联合主办2020年海峡能源电力融合发展论坛。通过搭建海峡两岸能源领域民间技术交流的平台，促进两岸能源电力产业可持续发展。

国际组织任职 2020年，学会理事长舒印彪任国际电工委员会主席。学会副秘书长范建斌任国际大电网委员会（CIGRE）理事会成员和指导委员会委员。学会副局级调研员陈小良任国际供电会议组织（CIRED）指导委员会委员。

学会推荐16位专家担任CIGRE专业委员会委员，推荐15名专家为CIGRE增选专业委员会委员，推荐64名专家加入CIGRE工作组，推荐5名专家加入CIRED工作组。

国际交往 学会理事长舒印彪在世界标准合作组织会议上就中国抗击新冠肺炎疫情发表特别演讲，向国际电工委员会各成员国家发出特别公开信，介绍中国抗击疫情的经验成果，积极推动疫情相关领域的国际合作。

组织国内专家和论文作者参加CIGRE 2020网络

大会、电气与电子工程学会电力与能源分会年会网络会议、第十二届电力系统技术国际会议网络会议、国际供电会议组织2020年柏林技术会议网络会议、国际大电网委员会亚太区域理事会技术研讨会等。

与英国工程技术学会开展工程师资质国际认证，2020年组织两批次共134人参加认证，103人通过认证。继续推进与缅甸、巴基斯坦等国家的双边互认工作，33位学会工程会员完成中国工程师与缅甸工程师的等效互认。

科普活动 学会获评成为2020年中国科协科普中国共建基地；联合12家理事长/副理事长单位共同开展2020年第三届“电力之光”中国电力科普日活动，打造“1+N+云”的全国联动电力科普盛事，被中国科协评为“2020年全国科普日优秀活动”；命名授牌2020年电力科普教育基地28家；开展科普团队建设，共聘任“电力之光”科学传播专家460名；创新“科普扶智+教育扶贫+产业扶贫+党建活动”模式，在福建省龙岩市举办2020年中国电机工程学会“电力之光”福建科普下乡暨服务苏区脱贫与乡村振兴活动；组织“电力之光大讲堂”线上系列科普讲座共8期；开展电力之光项目申报，汇总电力领域优秀科普项目119项；被评为“2020年度全国学会科普工作优秀单位”“优秀扶贫学会”“第九届中国科普摄影大赛优秀组织单位”等称号。

表彰举荐优秀科技工作者 学会完成2020年度中国电力科学技术人物奖推荐与评审工作，评选出获奖者110名，其中中国电力科学技术杰出贡献奖10名、中国电力优秀科技工作者奖50名、中国电力优秀青年科技人才奖50名。完成2020年度顾毓琇电机工程奖评审工作，上海交通大学教授陈陈获得2020年度顾毓琇电机工程奖。

开展第二届全国创新争先奖、2020年度科技人才、2020年最美科技工作者、中国青年科技奖、中国青年女科学家和未来女科学家计划候选人提名推荐工作。学会推荐的清华大学郭庆来成为电气工程领域首位中国青年科技奖特别奖获得者。

党建强会 学会将党的建设等相关内容写入学会章程，并经民政部核准。完成学会理事会党委换届，将党建工作向分支机构延伸，在45个专业委员会成立党建工作小组。完成中国科协理事会党委职责任务分类试点工作，推进理事会党委工作规范化、制度化。严格落实民主集中制和“三重一大”决策机制，做到民主决策、科学决策。落实学会党委理论学习中心组学习计划，深入学习党的十九届四中、五中全会精神，以及习近平总书记给科技工作者代表的回信、在科学家座谈会上的重要讲话精神等。新冠肺炎疫情期间，向电力科技工作者和广大党员发出《凝心聚力，众志成城，坚决打赢疫情防控阻击战》倡议书，学会党委组织党员自愿捐款，用党费购买8万元的防护用品捐赠给抗疫一线的湖北省电力员工。开展“党建强会”活动，推动党建与业务双融双促。在福建省宁德市古田县开展以“服务乡村振兴”为主题的“党建+科普”活动，组织开展科普讲座、乡村振兴论坛、党支部共建、重温入党誓词、参观古田会议会址等系列活动。开展“党建+科技服务”活动，先后在江苏省南京市、浙江省温州市、宁夏回族自治区银川市等地组织成立科技服务团，助力地方经济创新发展。

会员服务 学会加强会员发展与管理，利用会员系统推进会员规范登记，个人会员总数为110497人，2020年晋升高级会员196人，增选会士7人、外籍会士5人，注册成为工程会员111人。

学会密切与会员的联系，定期发送学会电子会刊、电信息以及各项活动等信息。开展全国科技工作者日系列主题活动，举办青年女工程师论坛、老科技工作者座谈会等，不断提升学会服务会员能力。优化完善数字化图书馆建设并推广应用，为会员提供包括期刊、论文、专著、技术报告、科技成果等23万余条数字信息资源。

【“电力之光大讲堂”线上系列科普讲座】 5月，在新冠肺炎疫情期间，学会利用互联网传播优势，在中国科协科普部的指导下，在全国科技工作者日前夕推出“电力之光大讲堂”线上系列科普讲座。先后邀请联合国教科文组织卡林加科普奖获奖者李象益，中国首位卡尔·萨根奖获得者郑永春，中国科协首席科学传播专家黄其励、李立浧、肖兰、刘建明等作讲座。

2020年共举办8期大讲堂，围绕《新时代号角下电力科普的新征程》《科研人员做科普的体会与思考》《能源互联网与无线通信》《科普作品的创作及其难点的应对》等内容开展。大讲堂主要面向科普工作者、科学传播专家以及电力科技工作者、高校师生等，受众近万人。《科普时报》、中国科普网、央视网等媒体参与传播。

【2020年中国电机工程学会年会】 11月11日，由学会主办，国家电网有限公司、中国华能集团有限公司、中国电力建设集团（股份）有限公司联合主办的2020年中国电机工程学会年会在北京召开。会议采用“一地集中、多地延展辐射”“线上线下”结合的方式，围绕“能源电力转型与数字化”主题，在全国14个城市先后安排32场学术活动。20位院士出席会议，300多位专家作报告，解读行业发展趋势，共同探讨新形势下能源电力转型与数字化发展的创新之路。超5万名电机工程领域的专家、科技人员、工程师及高校师生通过线上或线下的方式参会。

（撰稿人：李洛安　刘雁斌）

中国电工技术学会

服务创新型国家和社会建设　学会按照《中国科协2020年服务科技经济融合发展行动方案》，与河北省保定市科协、天津市科协、浙江省乐清市科协等单位共同组建中国（保定）电气装备产业科技经济融合发展联合体、中国（天津）电气装备产业创新发展联盟、中国（乐清）电气装备产业创新发展联合体、中国（常州）电气装备产业创新发展联合体、中国电工技术学会宁波产业创新服务中心5个产业赋能组织。

2月，成立电气装备科技专家服务团，面向22个“科创中国”试点城市和国家重大经济建设区域开展科技服务工作100余场，内容涵盖高端产业论坛（分别在浙江省宁波市、浙江省乐清市、天津市、河北省保定市、河南省许昌市5地举办6场高端产业论坛，发布企业先进技术成果20余项，4000余名科技人员参加会议）、技术培训（累计36场，涉及变压器、中压开关柜、配电网、电动汽车充电设施、储能技术、人工智能、固体断路器等领域）、成果鉴定（共53项，其中院士主持鉴定20余项）、新产品云发布（推广平高、正泰等10余项产品）、技术金融尽调（共3项，其中1项已获国家电网首批首个能源互联网“双创基金支持”）等10余种科技服务品牌，建立科技经济融合常态化的长效服务机制。

学会电子信息与电气工程类专业认证委员会收到374个专业的认证申请，受理认证专业235个，新增受理专业174个，综合受理比例为62.8%，受理数量比2019年增长54%。181个专业提交《自评报告》，同意入校专业57个，同意入校比例为30.9%。

学会成功申报2020年中国科协“一带一路”国际科技组织合作平台建设项目，承担“一带一路”沿线国家电气工程类团体标准制定政策体系及运行机制比较研究课题。

学会建设　学会召开第九次会员代表大会，选举产生第九届理事会领导机构。全年审核6个专业委员会换届方案，审核批复7个专业委员会15名委员的调整。新增高级会员521人、普通会员76人、学生会员21人、团体会员2家。建立长效机制保证专家库建设持续开展，入库专家近3000人。

主办期刊　学会的主要期刊有《电工技术学报》《电气技术》《中国电工技术学会电机与系统学报（英文）》。2020年召开《电气技术》第六届编委会成立大会，共70余名编委参加会议。学会作为牵头单位，承担中国科协“第五届中国科协优秀科技论文遴选计划‘电工、电子与信息技术集群’”组织工作。《电工技术学报》有2篇论文入选第五届中国科协优秀科技论文遴选计划优秀论文。组织开展《电工技术学报》《电气技术》2019年优秀审稿人、2018年优秀论文评选并进行表彰。

国际学术会议　2020年，学会及其分支机构组织召开国际电力电子与运动控制会议、国际电机与系统会议等境内国际会议4次，参加会议人数约1345人次，交流论文778篇。

国内主要学术会议　学会及分支机构全年共举办电工学科青年学者学科前沿研讨会、电气工程学院院（校）长论坛等国内学术会议78次，参加人数99501人次，交流论文3180余篇。

国际组织任职　2020年，学会理事郑军奇任国际电工委员会无线电干扰委员会副主席。

科普活动　2020年，学会继续开展科普讲座、技术参观等科普活动，同时借助“电气工程科学普及”微信公众号等信息化手段发布科普短文。3月10日和3月26日，分别以“认识变压器”和“认识电机”为题举办中国电工技术学会线上科学大讲堂。4月10日和4月16日，以“新形势、新业态、新需求对变压器产业发展影响”和“物联网时代下新能源发展的特点和机遇”为主题分别举办2场科普报告会。被中国科协授予“2020年度全国学会科普工作优秀单位”。

表彰举荐优秀科技工作者　2020年，学会科学技术奖励办公室收到项目推荐书125份。根据《中国电工技术学会科学技术奖评定标准》和《中国电工技术学会科学技术奖奖励办法》的规定，评选出一等奖5项、二等奖10项、三等奖15项。

党建强会 组织党员学习《习近平谈治国理政》（第三卷）《习近平在全国抗击新冠肺炎疫情表彰大会上的讲话》《习近平在科学家座谈会上的讲话》《中国共产党第十九届中央委员会第五次全体会议公报》《中共中央关于制定国民经济和社会发展第十四个五年规划和二〇三五年远景目标的建议》。组织党员群众观看十三届全国人大三次会议开幕式和中共中央举办新闻发布会解读党的十九届五中全会精神的直播。

按照中国机械工业联合会党委对党员发展的有关要求，配合党支部积极做好预备党员和入党积极分子的培养工作。

新冠肺炎疫情期间，先后向会员单位发出《凝心聚力并肩作战 共同打赢新型冠状肺炎疫情防控阻击战》的倡议书，印发会员单位征集抗击新冠肺炎工作中的先进事迹通知。利用中国科协《全国学会防疫抗炎工作情况简报》、学会网站、微信公众号等形式宣传新冠肺炎疫情防控工作典型事迹。

会员服务 利用学会现有会员管理服务平台，在会员发展、服务和管理方面实现信息化、规范化。全年举办15期中国电工技术学会青年云沙龙，受众15万余人次。

【中国电工技术学会第九次会员代表大会】 11月15—16日，中国电工技术学会第九次会员代表大会在北京召开。中国科协常委、书记处书记吕昭平代表中国科协发表视频致辞，中国机械工业联合会执行副会长薛一平出席会议并致辞。原机械工业部副部长、理事会特聘顾问孙昌基，第八届理事会理事长、天津理工大学校长杨庆新，中国工程院院士顾国彪、唐任远出席会议。近300名会员代表参加会议。学会代秘书长韩毅主持会议。

会议选举产生第九届理事会领导机构组成人员。选举天津理工大学校长杨庆新为理事长，选举孙逢春、李秦、宋永华、张文亮、徐殿国、梁曦东、荣命哲、李耀华、贾利民、尹天文、陈干锦、管瑞良为副理事长；选举郝玉成为监事长，肖立业为副监事长，刘杰、孙鹤旭、姚为正为监事。同期，理事会党委召开全体委员会议，选举杨庆新为理事会党委书记、李秦为党委副书记、郝玉成为纪检委员。聘任韩毅为秘书长。

会议向学会系统先进专业委员会、省市学会、先进个人进行表彰。举办2019年度中国电工技术学会科学技术奖、电工行业——正泰科技奖颁奖仪式。

【第九届国际电力电子与运动控制会议】 11月29日—12月2日，第九届国际电力电子与运动控制会议在线上召开。会议由学会主办，电气和电子工程师协会电力电子学会、日本电气学会工业应用分会、韩国电力电子学会等协办，南京航空航天大学承办。来自中国、日本、韩国、德国、美国、丹麦、瑞士等20余个国家和地区的1000余名专家学者参加会议。

会议开幕式由大会主席阮新波主持。学会理事长杨庆新，南京航空航天大学校长、中国工程院院士单忠德，IEEE电力电子学会理事长Frede Blabbjerg分别致欢迎词。

会议共收到论文1172篇（其中国内753篇、国外419篇），最终录用论文604篇。会议围绕电力电子器件及封装、电力电子变换器及控制、电机驱动控制、电能质量、新能源与微电网、无线电能传输以及其他新兴及热门技术等多个领域设置18场热点问题及新兴技术专题讲座、11场特邀专家大会报告、96场口头报告、16场海报交流、2场工业论坛。

会议期间，借助数字化虚拟技术，大会特别提供三维虚拟工业展览专场，9家会议合作伙伴以及7家工业展商参展，工业虚拟展厅为参加会议的技术人员和工业界提供良好的互动交流平台。

（撰稿人：马佳佳）

中国水力发电工程学会

服务创新型国家和社会建设 9月22—26日，学会在北京举办人力资源和社会保障部专业技术人才知识更新工程——风光水电力扶贫与生态修复高级研修班（第二期），70余名学员参加培训并获证书。

10月9—12日，学会组织专家赴雅砻江流域调研水电开发情况及对生态修复、移民致富的积极作用，形成建议报告供有关部门决策参考。

组织专家对《中华人民共和国长江保护法（草案二次审议稿）》和《中华人民共和国能源法（征求意见稿）》等国家法规进行研读，并提出修改建议，受到相关部门重视和采纳。

学会向国家能源局报送《关于将雅砻江清洁可再生能源示范基地建设列入“十四五”规划的建议》并被采纳，“建设一批多能互补的清洁能源基地”写入《国家“十四五”规划和2035远景目标纲要》。

在组织专家评估的基础上，学会联合中国大坝工程学会为国能大渡河流域水电开发有限公司授予“梯级水电站群智能运行创新实践基地”。

全年组织院士专家完成来自各单位不同专业领域的技术成果鉴定45项。

学会大坝安全专业委员会举办电力安全监管专业培训、西北区域水电站大坝运行安全管理培训。水电与新能源运行管理专业委员会举办水库调度自动化系统建设培训、水电站运行管理培训、水电中长期径流预测技术培训。学会继电保护专业委员会开办“云讲堂”并打造成为新品牌活动，2020年累计组织线上技术培训和专家讲座近60期、受众4万余人次。工程造价专委会联合培训机构免费开放工程类职业资格考前培训在线课程。

学会大坝安全专业委员会参与《水电站大坝安全现场检查技术规程》《混凝土坝安全监测资料整编规程》和《大坝安全监测系统评价规程》等编写和审核工作。

学会小水电专业委员会参与开发“黄河流域省区小水电突出问题清理整治平台”，参与《绿色小水电评价标准》修订、《农村水电工程项目规范》制定，组织开展小水电扶贫及增效扩容评价工作。

学会风险管理专业委员会组织编写《大中型水电站地质灾害预警及应急管理技术规范》。

学会高坝通航工程专业委员会参与《水力式升船机设计规范》和《升船机水力学模拟技术规程》等8部标准修编工作。

学会机械疏浚专业委员会参与《河湖淤泥处理处置技术导则》和《清淤工程用大型卧螺离心机》等标准编写。

学会水电监理专业委员会组织编制《抽水蓄能电站工程施工监理规范》和《水电水利工程总承包项目监理规范》，修编《水电水利工程施工监理规范》。

学会水能规划及动能经济专业委员会参与《水力发电工程项目规范》和《抽水蓄能电站选点规划技术管理规定》等标准修订。

学会工程造价专业委员会参与《水电工程勘察设计费计算标准》和《水电工程执行概算编制导则》等10多项标准编制，开展《水电工程分标概算编制规定》和《水电工程招标设计概算编制规定》英文版翻译工作。

学会建设 学会共有个人会员39415人，比2019年增加236人；单位会员169家；经变更或增补后理事会成员160人；分支机构35家，其中，新成立水电与新能源投资专业委员会，电网调峰与抽水蓄能专业委员会完成换届，有序推进海外分会筹建。

由中国科协资助开展的“世界一流学会建设”项目2019年度工作任务通过评估验收，获得2020年度资助并顺利实施。完成民政部2019年度年检、中国科协2019年度综合数据统计、全国学会综合能力评估考核工作。

10月，迎接民政部抽查审计工作，及时发现财务和内控管理方面存在的问题，学会认真落实整改，不断提升规范化管理水平。

监事会全年组织2次检查工作，监事列席理事会议（常务理事会议）、党委会议、理事长工作会议、秘书长办公会和各项学术会议等活动，监督指导学会工作发展，实现监督常态化。

成立团体标准管理委员会，制定学会《团体标准管理办法》，推进团体标准建设和管理。成立战略委员会和薪酬委员会，进一步完善学会治理结构。全面梳理学会薪酬管理制度文件和重新定岗定编，促进办事机构职业化、专业化发展。

编撰出版《中国水力发电年鉴》（第24卷）和《中国水力发电信息2020年报》。编制《中国水力发电工程学会2020年年报》，推进开放型学会建设。学会贯流式水电站专业委员会完成《贯流式水轮机组2019年年鉴》组稿。学会梯级调度控制专业委员会出版专著《水电站运行管理及梯级调度控制研究（2019）》。

5月28日，学会在北京召开2020年水力发电学会系统秘书长工作会议，110余名秘书长和代表通过视频方式参加会议。

11月26日，学会成立40周年纪念暨八届五次理事会议在北京召开。全年以通信或现场方式召开八届十一次、十二次常务理事会议。

潘家铮水电科技基金至2020年年底已有57家单位和11名个人捐资，基金规模达4699万元。2020年，学会召开基金换届暨四届 次理事会议，开展2020年度潘家铮水电奖学金评定，奖励来自19所高校和科研院所的优秀学生61名。

主办期刊 学会会刊《水力发电学报》全年出版12期，共收到论文稿件563篇，录用刊登164篇，印发6000册。连续五年有学报论文入选“中国科协优秀科技论文遴选计划”。根据2020年《中国科技期刊引证报告（核心版）》统计,《水力发电学报》核心影响因子为1.031，在23种水利工程类刊物中排名第4位；核心总被引频次1894次，在23种水利工程类刊物中排名第3位；刊登论文中，科学基金资助的论文比例0.94；综合评价总分56，在23种水利工程类刊物中排名第3位，在全国2049种学术刊物中排名第405位。根据中国科学文献计量评价研究中心发布的《世界学术期刊影响力指数WAJCI年报》,《水力发电学报》进入“世界学术影响力Q1期刊”前25%。完成2019年度《水力发电学报》优秀论文奖评定。

联合主办《岩土工程学报》《水电能源科学》《大坝与安全》《水电站机电技术》和《小水电》，协办《水电与抽水蓄能》等核心期刊。

学科发展工程 学会联合有关单位组织编撰“中国水电关键技术丛书”（36分册）和“中国水电管理创新丛书”（16分册），全面总结中国水电科技和管理成就及经验。自2017年起陆续完成书稿编写。

学会联合支撑单位水电水利规划设计总院共同编撰发布《中国可再生能源发展报告2019》。学会组织行业单位和专家编撰《中国电力工业史・水电卷》。

学会环境保护专业委员会组织委员单位开展流域水电环境保护综合管理、水电环保高新技术、流域综合监测管理平台、鱼道运行适宜性、岷江柏深化保护、生态修复关键技术等研究。

学会抗震防灾专业委员会参与向家坝电站升船机区域振动安全、严寒地区水库抗震安全评价、菲律宾KALIWA水电站重力坝动力计算分析与抗震安全评价等研究。

学会混凝土面板堆石坝专业委员会首次整理发布《国内30米以上堆石坝统计成果》（截至2019年年底）。

学会水工及水电站建筑物专业委员会组织编撰专著《高混凝土坝抗震技术研究》，开展金沙江白格堰塞湖险情应急处置和金沙江上游水电梯级风险评估、病险水电工程坝体或坝基异常渗漏处理研究。

学会水库专业委员会组织开展西藏自治区水电工程移民安置管理机制研究，启动《大中型水利水电工程建设征地补偿和移民安置条例》修订工作。

学会水能规划及动能经济专业委员会参与开展《水电发展“十三五”规划实施总结评估》和《西南地区重点水电工程开发建设时序及经济性分析》等研究。

学会工程造价专业委员会参与大直径机钻导井技术经济、水电工程高强压力钢管安装技术经济等研究。

国内主要学术会议 学会及各分支机构共举办国内学术交流及技术培训活动90余场，线下参加人数3540余人次，线上参加人数24万余人次，出版论文集8部共1400余册，收录论文700余篇，会议交流论文400余篇。

10月21—23日，中国水力发电工程学会施工专业委员会、碾压混凝土筑坝专业委员会2020年会暨水利水电地下工程建设施工新技术学术交流会在四川省成都市召开。来自有关电力集团、流域企业、勘测设计、施工建设等59个单位的180余名专家学者参加会议。大会邀请中国工程院院士、清华大学教授张建民作主旨报告《无人驾驶智能碾压技术研发、实践与难点》，从研发背景、研发内容、工程实践等方面进行阐述，对智能建造的未来建设进行解析与展望。会议还组织17个单位的专家作新技术专题报告。会议共征集论文74篇并出版论文集，论文从深基坑工程、混凝土工程、暗挖工程、盾构工程、信息化智能化技术等专业角度展示地下工程建设的创新能力和发展趋势。

11月10日，由学会主办的复杂地质条件下全断面隧道掘进机施工与智能化装备关键技术交流会在湖南省长沙市召开。300余名专家学者和技术人员参加会议。会议邀请中国工程院院士聂建国等7名专家围绕TBM与智能化装备的设计研发、项目应用和产业打造等作主题报告。

11月25—26日，学会电网调峰与抽水蓄能专业委员会2020年学术交流年会暨换届大会在广东省广州市举办，130余名委员和代表参加会议。

11月27日，学会工业控制系统安全专业委员会在四川省成都市主办全国发电企业工业控制系统安全技术交流会，200余名专家学者参加会议。

12月3日，学会继电保护专业委员会2020年学术年会以线下+线上相结合的形式召开，近200名专家学者参加会议。

国际交往 学会主动向国际水电协会（IHA）等

国际组织发送国内新冠肺炎疫情通报和抗疫慰问信，联合IHA等16家国际组织共同签署发出《水电和电力行业协会关于新冠肺炎疫情的联合声明》，助力全球坚决打赢疫情防控阻击战。

6月11日，国际航运协会WG228工作组启动视频会议召开，学会高坝通航工程专业委员会委员赵根生、安建峰作为协会工作组委员参加会议。

6月17日，国际航运协会内河委员会2020年度工作会议以视频形式召开，学会高坝通航工程专业委员会主任委员李云、委员赵根生参加会议。

12月1—4日，国际航运协会亚太地区会议以视频形式召开，学会高坝通航工程专业委员会委员赵根生参加会议。

科普活动 学会全年向广大科技工作者发出抗疫和复工复产倡议书2次，汇编一批抗疫简讯报送中国科协，多条被采纳，利用学会官网和微信公众号宣传会员单位有关抗击疫情和复工复产的报道300多条。

有序推进位于湖北省宜昌市三峡工程坝区的中国水电科技博物馆筹建工作，进行展陈方案设计、展品征集和布展工作。

7月，中国长江流域遭遇严峻汛情，国内外诋毁三峡防洪能力的声音又起。学会2次组织专家在《中国日报》刊发英文科普文章，举办“大家谈三峡”圆桌论坛，邀请有关院士专家专门回应社会各界对三峡工程的误解。

9月，全国科普日期间，学会在湖北省武汉市举办“水电与未来”科普讲座，线下线上共有2500余名武汉大学的师生参加讲座。同期，组织有关专家开展水电科普专题座谈，共同探讨通过加强科创和科普助力长江大保护和长江经济带高质量发展。

依托中国科协平台继续推进网上会史馆建设，获中国科协2020年“最佳网上会史馆组织”第三名。

评选2020年中国水电十件大事并制作视频宣传片。

表彰举荐优秀科技工作者 组织开展水力发电科学技术奖评选。2020年共收到行业单位申报的科技成果152项（参与科研人员2100多人），奖励57项，其中一等奖12项、二等奖15项、三等奖30项，获奖科技人员近800人。

组织开展第六届潘家铮奖评定，奖励作出突出科研贡献的水利水电科技专家3人。

组织开展第二届水电英才奖评定，表彰奖励在水利水电工程建设和运行管理等基层一线工作的中青年科技人员共10人。受张光斗科技教育基金管理委员会委托，代评第六届张光斗优秀青年科技奖3人。

进一步推进青年人才库建设，在库青年人才480多名。

党建强会 学会通过内部工作程序在学会章程中增加党建内容并施行。

学会党委全年召开党委会议5次，就将近50件学会改革发展等“三重一大”事项进行前置审议。用好用活中国科协智慧党建工作平台，学会党委获“智慧党建建设优秀学会党组织”表彰。

继续获得中国科协“党建强会计划”项目支持，赴四川省凉山彝族自治州进行科技扶贫活动，其间到“中国工农红军强渡大渡河纪念馆”开展革命教育。

学会秘书处党支部强化“三会一课”制度，开展支部书记带头讲党课、赴怀柔“第一党支部”和铁军纪念馆进行主题党日活动等。

继续推进分支机构中成立党的工作小组试点，截至2020年年底，33家分支机构成立党的工作小组，基本实现党的建设“全覆盖”。

会员服务 5月29日，学会在北京组织召开全国科技工作者日活动——中国水电进入了新时代座谈会，中国工程院院士王浩等10余位专家参加会议。

制作学会成立40周年纪念宣传片和纪念章，征集出版纪念文集并发送给会员。及时更新网站和公众号有关行业资讯，方便广大会员及时获取相关信息。

【2020年中国水电发展论坛暨水力发电科学技术奖颁奖典礼】 1月7日，由学会与中国华能集团有限公司联合主办的2020年中国水电发展论坛暨水力发电科学技术奖颁奖典礼在北京举办。中国科学院院士张楚汉，中国工程院院士陆佑楣、马洪琪、王浩、顾国彪，国家开发银行原行长姚振炎，水利部总经济师张忠义，水利部原副部长、中国大坝工程学会理事长矫勇等专家学者，以及来自全国水利水电行业100多家单位的300余名水利水电工作者参加会议，分享行业各单位在水电科技研究和工程实践中取得的新成果，传承水电精神，共谋水电创新发展。

学会理事长张野、中国华能集团有限公司总经理邓建玲分别代表主办单位致辞，水利部副部长蒋旭光发表讲话。会上发布“2019年中国水电十大新闻”并播放宣传片。

大会设置4个主题报告，分别为中国工程院院士马洪琪所作的报告《碾压混凝土坝发展与智能黄登建设》，水电水利规划设计总院院长郑声安所作的报告《中国水电“十四五”发展思路》，中国三峡集团长江生态环保集团董事长赵峰所作的报告《参与共抓长江大保护工作实践与思考》，哈电集团哈尔滨电机公司副总工程师覃大清所作的报告《中国水电技术进步——从三峡到百万水电》。

学会常务副理事长兼秘书长袁柏松主持颁奖典礼。2019年水力发电科学技术奖共评出获奖成果39项，其中一等奖10项、二等奖12项、三等奖17项，评选出首届水电英才奖获奖者10名、2019年度《水力发电学报》优秀论文奖获奖文章10篇。

【水库大坝和水电站智能建造与运行学术交流会】 10月8—9日，由学会与中国大坝工程学会联合主办的水库大坝和水电站智能建造与运行学术交流会在四川省成都市举办。中国工程院院士潘云鹤、王浩、钟登华、刘吉臻、张建民、谢和平、缪昌文，以及来自中国水电规划设计、施工建设、运营管理、设备制造以及人工智能等专业领域的专家学者300余人参加会议，共同研究水库大坝和水电站智能建造与运行的新技术、新装备，探讨产业发展的新思路、新方向，发布重要创新研究成果，助力全国水电企业推进智慧化建设。

潘云鹤、钟登华、王浩、张建民、刘吉臻5位院士分别作特邀报告《AI2.0的制高点》《水利水电工程建设智能化发展概述》《智慧梯级水电站调度运行关键技术与实践》《智能建造技术探讨与实践》和《智能发电关键技术与工程应用》。

大会以线上线下相结合的形式召开，现场参加会议的专家学者共300余人，会议通过《中国企业报》、新浪财经、百度财经等媒体进行网络视频直播，在线观看人数累计超20万人次。

【2020中国水电青年科技论坛】 11月21日，由学会主办的2020中国水电青年科技论坛在陕西省西安市召开。论坛主要邀请45岁以下的青年科技工作者参加，并由水电青年人才作为主持人及学术报告人，展示中国青年学者在水电清洁能源领域所取得的研究成果及最新进展，探讨行业所面临的机遇、挑战及未来发展前景，促进中国水电科技高质量发展。来自行业40余家单位的210余名青年学者参加会议。

“新时代水力发电与青年”主题沙龙邀请2位全国工程勘察设计大师——中国电建集团西北勘测设计研究院有限公司原院长石瑞芳和水电水利规划设计总院副总工程师杨泽艳，3位水电优秀青年学者——中国电建集团西北勘测设计研究院有限公司新能源工程院总工程师、“全国五一劳动奖章”获得者彭怀午，雅砻江流域水电开发有限公司工程管理部主任、2019水电英才奖获得者张鹏，水电水利规划设计总院科技标准部副主任、2019水电英才奖获得者杜小凯担任对话交流嘉宾。

石瑞芳结合自身60多年来的工作经历，讲述中国水利水电从小到大、从弱到强、从学习跟跑到领跑的发展历程，寄语青年科技工作者在工作中要注重知识积累、工程实践以及科学研判，努力登攀世界水电技术高峰。

杨泽艳指出，近十几年来建成的大型水电工程是中国水电勇攀科技高峰的见证，勉励青年人要勇于创新、培育扎实理论功底、高度关注工程实践、把握核心科技源头，让中国水电标准走出国门，赢得更加广阔的发展空间。

学术交流环节共有10位青年专家作技术报告、7位特邀专家进行点评。

【中国水力发电工程学会成立40周年纪念暨学会八届五次理事会议】 11月26日，中国水力发电工程学会成立40周年纪念暨学会八届五次理事会议在北京召开，160余人参加会议。大会总结回顾学会40年来的发展历程和成就，团结凝聚广大水电科技工作者，对未来事业发展献计献策，助力水电清洁能源高质量发展。

中国科协、国际水电协会、国际水利与环境工程学会、全球能源互联网发展合作组织等发来贺信，中国水利学会、中国大坝工程学会等100多家兄弟学会共同祝贺。

学会理事长张野作报告《不忘初心四十载，砥砺奋进新时代》。会议审议通过《坚定信心，主动作为，为推动实现学会“十三五”和“世界一流学会建设”目标任务而奋斗》的工作报告、2019年度及2020年1—9月财务收支情况和2021年度预算安排的报告、有关理事变更和新增团体会员的议案。

（撰稿人：雷定演）

中国水利学会

服务创新型国家和社会建设 受水利部委托，学会承担水利技术标准日常管理，共完成180项在编标准管理和25项标准报批稿审定等工作，发布3项国家标准和42项水利行业标准，报批2项国家标准；配合水利部国际合作与科技司完成《水电新农村电气化规划编制规程》等87项水利行业标准梳理和废止工作。在团体标准工作方面，参与编制发布水利部《关于加强水利团体标准管理工作的意见》；修订《中国水利学会团体标准管理办法》；组织开展《大中型泵站工程规范运行管理标准》等20项团体标准的立项论证，发布16项团体标准；在与中国教育后勤协会签订战略合作协议的基础上，联合发布《节水型高校建设实施方案编制导则》团体标准。

围绕社会关注的热点、焦点问题，申报相关项目，组织专家调研，将调研成果与专家建议凝练总结，形成《黄河流域生态保护和高质量发展》《科学认识和应对长江水电开发的生态利弊》等6篇参阅信息，报送中国科协、水利部及相关单位参阅。

3—4月，学会组织省级水利学会和各专业委员会专家研提34项涉水重大科学问题与工程技术难题，并遴选报送中国科协。其中“如何优化变化环境下我国水资源承载力，实现健康的区域水平衡状态”入选中国科协年度十大前沿科学问题。

协助中国科协撰写《科技工作者建议——关于2020年水旱灾害防御的建议》，被中央采纳，所提谨防疫情、洪灾叠加问题的意见受到中央肯定。

组织完成2020年度水利职称考试工作，共有2870人参加考试。

10月28—30日，2020年中国水博览会暨第十五届中国水务高峰论坛在江苏省南京市举办。展会以搭建展览交流平台为桥梁，将“会、展、服”多种形式结合，共设置国际合作展区、水污染治理与生态修复、智慧水利、节水供水、饮水安全与水处理、防灾减灾与水利机械等展区，展览面积8000平方米，参展企业100余家，约1万余人次参观交流。

修订《中国水利学会科技成果评价试点办法》。共完成33项水利科技成果的评价工作。

完成10个水利类工程教育专业点的进校考查及结论审议，完成水利类专业认证委员会换届工作。正式发布《水利类专业补充标准》，制订《水利类专业认证自评报告审核要点及审核结论说明》《水利类专业认证申请审核实施细则（试行）》等制度。5—6月，在线举办3场2020年水利类专业认证自评报告撰写辅导答疑培训。

学会建设　12月21日，中国水利学会第十一次会员代表大会在北京召开。水利部部长鄂竟平，原中国科协党组书记、常务副主席、书记处第一书记怀进鹏出席并讲话。286名会员代表参加会议，以无记名投票方式选举产生学会第十一届理事会理事和监事会监事、监事长，投票表决通过《中国水利学会会费标准及管理办法》。随后召开第十一届理事会第一次全体会议，161名理事参加会议。于琪洋、王浩、王超、王斌等54人当选第十一届理事会常务理事，选举魏山忠为第十一届理事会理事长，汪安南、胡春宏、陈生水、金兴平、周海燕、唐洪武、张建民、王斌、潘海涛、汤鑫华10人当选为副理事长，汤鑫华兼秘书长。根据章程规定，由秘书长提名、理事会通过，吴剑、张淑华为学会第十一届理事会秘书处专职副秘书长，刘杰、吴剑疆、邵天一、彭祥、关铁生、王锦国6人为学会第十一届理事会秘书处兼职副秘书长。

开展分支机构集中换届工作。7月，印发《中国水利学会关于开展分支机构集中换届工作的通知》。截至12月底，分支机构已认定18个、完成换届12个、撤销3个、申请延期换届22个。按照行业需求，新增4个分支机构。召开6次常务理事会通讯会议，新增会员单位31家。

9月24—25日，学会在湖南省长沙市召开2020年部分省级水利学会秘书长工作座谈会。学会秘书长汤鑫华作工作报告《顺时应变　继往开来》，阐述当前和今后一段时期学会工作的重点、努力的方向。学会副秘书长刘咏峰介绍学会2020年重点工作情况、换届筹备进展，以及“十四五”规划编制等情况。湖南省水利学会、北京水利学会等14家参会单位介绍各自工作情况，并为学会“十四五”规划建言献策。来自14个省市级水利学会的秘书长和学会秘书处的部分职工共43人参加会议。

青年人才托举工程　学会申报中国科协第六届“青年人才托举工程”项目，获得8个培养名额。开展青托学术沙龙、线上讲座、线上读书会等活动，以多种形式为青年人才搭建交流平台，促进和带动水利青年成长成才。学会青托人才徐梦珍被推选为青年科技工作者代表，在中国科协2020年全国学会工作会议上作交流发言。

主办期刊　学会主办6种科技期刊。期刊工作委员会会员期刊规模扩大到60家，联合中国水利水电出版社在会员期刊中征集材料，策划出版《新中国水利期刊见闻录》。11 月 20 日，组织召开水利科技期刊发展研讨会，加强与国内外知名出版机构和涉水全国学会、协会的合作，组织引导全国涉水期刊集群发展。

国际学术会议 10 月 20 日，中国水利学会 2020 学术年会国际分会场在线举办。作为年会第 16 分会场，国际分会场由学会主办、国际水利与环境工程学会中国分会协办。来自美国、巴西、葡萄牙、法国、苏丹、韩国、马来西亚、新西兰等国的专家与国内学者在线展开学术研讨，46 个国家和地区近 3000 人次通过实时直播观看会议。各国专家学者围绕海岸弹性、洪水资源管理、幸福河湖建设、长江三峡泥沙管理、雨水特性记录与复制、河流生态修复等话题作报告。会议同期举办第三届水利青年科技论文（英文）竞赛，国内 10 余家单位推荐的近 20 名选手参加角逐。

国内主要学术会议 2020 年，学会及其所属专业委员会通过线上、线下共举办国内会议 45 场，参加会议人数 1.6 万余人次，交流论文 1700 余篇。

9 月 15—18 日，学会生态水利工程学专业委员会参与协办的 2020 年第 15 届青岛国际水大会在山东省青岛市召开。大会围绕智慧水务、水环境综合治理、黄河流域水环境污染控制与生态修复等开展研讨，共同应对面临的挑战，探讨技术发展对策，发掘新机遇，分享新成果。

10 月 28—29 日，学会在中国水博览会期间举办第十五届中国水务高峰论坛。论坛设置 1 个主论坛和 5 个分论坛，主论坛围绕水利行业复工复产行情、水利行业发展规划、水利发展政策、防洪保安全、优质水资源、健康水生态、宜居水环境和先进水文化等方面进行交流；分论坛分别以“水利工程建设”“污染水体治理与生态修复”“智慧水利”“河湖生态流量与跨界治理”“节水产品和技术”为主题进行研讨，共有 1000 余人次参加会议。

科普活动 学会配合水利部起草《水利科技创新“十四五”规划》水利科普章节。在大禹水利科学技术奖奖项设置和科技成果评价中增设科普类项目，2020 年共有 17 项科普类项目申报大禹水利科学技术奖，其中 3 项获奖。组织“节水在身边”短视频大赛活动，共征集 5.2 万部作品，累计播放量达 2.2 亿次。开展“中国水之行”——黄河生态保护行，将科普与学术交流、智库咨询融合。组织制作“黄河流域生态文明”科普挂图 8 张，发送到机关社区和学校。创建“护好大水，喝好小水”主题科普品牌，进社区宣讲、进公园展览。开展“水利云讲堂”“水与健康”“河湖研学水边课堂”线上、线下科普讲座和活动 20 余次。举办第二届大学生水利水运装配式技术设计大赛，在线上进行答疑解惑。

表彰举荐优秀科技工作者 学会完成大禹水利科学技术奖评审改革。4 月 13 日，启动 2020 年大禹水利科学技术奖评审工作，截至 5 月底，共收到 65 个提名单位和 5 名提名专家提交的 177 项成果和团队的提名材料。与水利部人事司合作完成第二届全国创新争先奖候选人举荐评选工作，共评选出 12 名候选人，其中，河海大学环境学院院长王沛芳获得第二届全国创新争先奖。

学会完成 2019 年度刘光文水文科技教育基金的评审和授奖工作，中国工程院院士王浩获刘光文科技成就奖，另有 2 人获刘光文工程技术奖，3 人获刘光文青年科技奖，13 名研究生、23 名本科生获刘光文奖学金。组织 2020 年度刘光文奖学金申报评审工作。完成 2020 年度张光斗优秀青年科技奖、中国青年女科学家奖申报工作。

党建强会 2020 年年初，学会把党建工作纳入全年工作整体布局，做到与核心业务同部署、同检查、同考核、同落实。继续推动党的工作小组建设，全年建成 6 个，覆盖率达 85%。全年召开理事会党委会议 5 次，党支部组织召开秘书处全体党员大会、支部委员会议 24 次，党小组会议 40 余次。开展“灯下黑”专项整治，接受水利部党组党建督察。组织开展与水利部国际合作与科技司联合学习北医三院抗疫报告、与北京水利学会联合开展党建科普活动及党建强会项目“党建 + 科技志愿服务基层”系列活动 3 项党建活动。

7 月，党支部书记向全体职工讲授党课《静观潮流，紧跟党走》。扎实开展党建扶贫工作，筹措专款并拨付给重庆市巫溪县水务局，用于贫困户劳动力转移就业技能培训；资助 2 名巫溪县大学生利用暑假时间勤工助学。9 月 14—16 日，作为对口巫溪县扶贫第二小组成员单位，深入巫溪县开展支部共建和科技咨询扶贫活动。

9 月，召开以警示教育为主题的“厉行勤俭节约、反对餐饮浪费”专题组织生活会。

以“党建引领、科技志愿、服务基层”为主题，完成中国科协“党建＋科普”项目，在山西省吕梁市兴县、岚县、临县和方山县举办科普、调研和座谈10余场次，为吕梁市3个贫困县捐赠价值约6万元的科普图书、学生课外读物和节水器具。

会员服务 学会举办主题为“与主编对话——如何写好科技论文”的线上科技工作者会员日活动，邀请《水利学报》主编主讲科技论文写作直播讲座。被中国科协授予“全国科技工作者日积极贡献单位”。

推进个人会员登记。在学生会员、普通会员和高级会员的会员分级基础上增加会士层级，完善会员分级。

【中国水利学会2020学术年会】 10月18日—11月20日，中国水利学会2020学术年会在北京召开，主题为“强化科技支撑，建设幸福河湖”。会议采取“线下＋线上”“国内＋国际”“汉语＋外语”“会议＋比赛”相结合的模式，分地点、分领域、分时段进行。

年会突出国际化，注重多学科、多领域的交叉融合，注重学术引领，设大会主会场和流域发展战略、黄河流域生态保护和高质量发展、水利行业强监管、水生态、水资源、地下水、京津冀、生态水利工程技术与生态流量、水利史、雨洪利用、水利工程爆破、水循环、水利风景区、水工结构与材料、生态水文学、国际分会场16个分会场，邀请数百位专家学者对国家重大发展战略、水利改革发展中的热点重点难点问题作学术报告。国际分会场邀请来自各国学术专家在线开展学术研讨。同期举办第三届水利青年科技论文（英文）竞赛，助力水利青年人才培养。

开幕式上，水利部副部长陆桂华出席并讲话，学会理事长、全国政协常委、全国政协提案委员会副主任胡四一主持开幕式。世界水理事会主席福勋、加拿大土木工程学会主席穆利根分别通过视频向大会致辞。2019年度刘光文科技成就奖获得者、中国工程院院士王浩致辞。邀请水利部规划计划司副司长乔建华，中国工程院院士张建云、曲久辉，全国工程勘察设计大师杨启贵等8名专家作特邀报告。年会公布“节水在身边”全国短视频大赛获奖名单。共收到论文600余篇，其中362篇入选《中国水利学会2020年学术年会论文集》并正式出版。

大会特邀2019年度刘光文水文科技教育基金获奖代表、在北京的学会专业委员会代表、会员代表等50余人参加现场会议，学会分支机构、省级水利学会、单位会员和个人会员，水利科研人员和技术骨干，年会论文作者等通过视频直播的形式参加会议。共有近7000人次观看主会场视频直播，国际分会场共有全球46个国家和地区的近3000人次通过实时直播观看，其他15个分会场的线上线下参加会议人数明显超过往届。

（撰稿人：李志平）

中国内燃机学会

服务创新型国家和社会建设 2月，学会创新成果转化工作委员会组织行业报送内燃机行业重点成果推广应用项目，组织行业向科技部提出国家重点研发计划“十四五”重大研发需求。4月，召开内燃机科技成果转移转化项目第三次核对工作会议，对《内燃机科技成果转移转化推广项目汇总表》的内容进行第三次核对审定，在听取专家意见后定稿。

学会开展甲醇汽车及甲醇燃料应用创新科技成果项目审议评价（鉴定）工作，会同机械工业科技成果评估中心、中国机械工业联合会邀请业内有关专家组织对甲醇汽车和甲醇燃料应用领域创新科技成果进行审议评价（鉴定）工作，推动甲醇汽车和甲醇燃料应用创新成果工程化建设和产业化应用。6月，受工业和信息化部节能与综合利用司委托，承担“甲醇汽车应用推广工作支撑”课题。7月，按照“中国战略性新兴产业研究与发展”系列丛书任务要求，组织编写《战略性新兴产业——甲醇汽车及甲醇燃料》一书。7月，以视频会议的形式组织召开甲醇燃料应用安全智能监控管理系统科技成果评价会。

6—11月，学会后处理技术分会共举办7期移动源排放控制技术讲坛，以专题报告的形式对机动车、船舶等移动源排放法规标准和相关排放控制技术进行讲解。邀请国家环境保护机动车污染控制与模拟重点实验室研究员倪红、国家环境保护机动车污染控制与模拟重点实验室高级工程师李刚、上海交通大学客座研究员黄益群、上海交通大学特聘教授湛日景、北京理工大学教授葛蕴珊、国家环境保护机动车污染控制与模拟重点实验室博士王军方、哈尔滨工程大学教授周松分别作技术报告。技术讲坛均采用线上直播方式，累计2200余人次专业人士线上观看。

学会建设 学会全年召开常务理事会议（视频）

1次、理事会议（视频）2次、秘书长工作会议（视频）1次，分别就学会2019年工作总结和2020年活动计划、2019年财务收支情况、《中国内燃机学会章程》修订议案、《中国内燃机学会理事管理办法》修订议案、第八届理事会常务理事出席会议情况及理事变动情况、《中国内燃机学会科学技术成果评价管理办法》、《中国内燃机学会会员注册及管理办法》、第二届世界内燃机大会筹备方案、学会高原内燃机分会和内燃动力智能技术分会成立筹备方案及其他有关事项等进行汇报和审议。

学会新成立高原内燃机分会、内燃动力智能技术分会2个分会。

2020年，学会共建立管理制度约30项，包括人事、财务、固定资产、理事会、分支机构、评价评审等方面。

主办期刊 《内燃机学报》全年共收稿件205篇，录用74篇，录用率36%；第1—6期共发表稿件72篇，EI收录率100%。据《中国学术期刊影响因子年报》（2019年）显示，《内燃机学报》总下载量为4.78万次，复合影响因子为1.154，期刊综合影响因子为0.84，在能源与动力工程分类（52种）中排名第6位。发表在2016年第2期的《燃料特性对柴油机排放颗粒物理化特性影响的研究》入选2020年“第五届中国科协优秀科技论文遴选计划”优秀论文。

《内燃机工程》全年收稿318篇，共刊登文章75篇。获得上海期刊编校质量检查优秀奖。

《内燃机》全年收稿140篇，录用80篇。持续完善和提升收稿、三审三校、排版等多项内部规章制度。建立行业咨询中心统筹期刊工作，匹配科技和行业资源的机制。

国际学术会议 5月5—6日，国际内燃机学会（CIMAC）2020年春季董事会会议以网络视频形式举办。学会理事长、CIMAC主席、天津大学校长、中国工程院院士金东寒出席会议并讲话，CIMAC董事会成员、CIMAC秘书处工作人员共计14人参加会议。

9月11日，CIMAC2020年理事会议采用网络视频形式举办。学会理事长、CIMAC主席、天津大学校长、中国工程院院士金东寒出席会议并讲话。CIMAC董事会成员、理事会成员和CIMAC秘书处工作人员共计50余人参加会议。

国内主要学术会议 6月19—20日，发动机润滑油中国标准开发创新联盟第十一次工作组会议在清华大学苏州汽车研究院（吴江）举办。会议就四项台架方法标准分别成立工作组、台架方法标准开发工作计划、台架试验精细化操作和管理的要求、严格落实工作计划及工作节点考核要求、江淮2.0CTI台架方法标准初稿评审等议题进行讨论并形成决议。

8月16—18日，由学会燃烧节能净化分会、学会测试技术分会等单位联合主办的中国内燃机学会燃烧节能净化分会暨测试技术分会2020年联合会议在山西省大同市举办，同时进行线上直播。来自清华大学、同济大学、上海交通大学、天津大学、太原理工大学、昆明理工大学等高校及内燃机相关研究所、内燃机制造企业的50余名专家学者参加会议。中国北方发动机研究所首席科学家王增全、广西玉柴工程研究院院长林铁坚等4名专家作技术报告。

9月26日，由学会汽油机气体机分会与湖北省内燃机学会、中国汽车工程学会汽车发动机分会联合主办的2020年车用动力联合学术年会在湖北省武汉市召开。会议采用线上线下相结合的方式举办，现场参加会议人数126人、线上152人。特邀8名专家作大会主题报告，共设5个分会场进行交流，并出版《2020年车用动力联合学术年会论文集》，收录论文116篇。

10月16—18日，由学会、学会后处理技术分会主办，河南科技大学、河南省内燃机学会、拖拉机动力系统国家重点实验室承办的中国内燃机学会后处理技术分会2020学术年会在河南省洛阳市举办。年会采用线下和线上相结合的方式举办，100余人现场参加会议，线上参加会议人数160余人。特邀15名专家针对当前和未来内燃机后处理技术领域的热点问题作大会主旨报告和主题报告。

科普活动 7月和8月，学会组织3期中国内燃机学会云课堂，共邀请6名行业专家进行在线授课。

7月18日，学会邀请北京理工大学机械与车辆学院党委书记冯慧华、清华大学车辆与运载学院副院长王志分别作学术报告《更安静、更惬意——浅谈内燃机NVH性能》和《汽油机实现50%热效率的高效清洁燃烧技术和燃料需求》。

7月25日，学会邀请上海交通大学内燃机研究所所长林赫、天津大学内燃机燃烧学国家重点实验室主任尧命发作学术报告《面向未来车用动力系统的后处理技术》和《重型柴油机节能减排技术》。

8月15日，学会邀请武汉理工大学能源与动力工程学院副院长钱作勤、山东大学能源与动力工程学院副院长白书战作学术报告《内燃机热负荷与可靠性》和《GAE 技术在发动机征集及零部件开发中应用》。

通过中国科协科界平台，学会组织专家教授在线授课、科技工作者线上观摩学习、线下咨询提问，并通过学会网站、微信公众号等方式进行宣传，推动内燃机行业企事业单位科技工作者和高校学生的培训和学习，受众累计 10 万余人次。

8 月 29 日，学会燃烧节能净化分会依托内燃机燃烧学国家重点实验室开展中国科技周科普报告会，活动以“科技战役，创新强国”为主题。内燃机燃烧学国家重点实验室副主任谢辉等 4 名专家在线作 4 场科普讲座，吸引来自全国的 700 余名观众在线收看。

表彰举荐优秀科技工作者　2020 年，学会推选 4 名第二届全国创新争先奖候选人和 1 个全国创新争先奖牌候选团队。

9 月 19—20 日，2020 年学会昆仑突出贡献奖和史绍熙人才奖评审会议在上海市召开。经过专家评审，评选出 2020 年学会昆仑突出贡献奖 3 人、史绍熙人才奖 4 人。

9 月 25 日，2020 年学会科学技术奖评审会在上海市召开。会议对 9 个申报项目进行评审，确定 2020 年科学技术奖 3 项。

10 月 21 日，学会 2020 年优秀博士学位论文奖评审会在北京召开，评选出 2020 年度中国内燃机学会优秀博士学位论文奖金奖 1 篇、银奖 2 篇、铜奖 4 篇。

党建强会　2020 年，定期召开学会功能型党委会会议，严格落实会议要求，对“三重一大”事项进行党委会前置研究审议，有效落实学会党委政治功能。完成学会章程修订，将“坚持党的全面领导”写入学会章程。

为鼓励行业青年员工进一步了解领域前沿技术，学会党组织联合中国船舶重工集团公司第七一一研究所主办大功率发动机青年交流会——分享 29 届 CIMAC 大会信息展望技术发展方向活动。为青年员工提供分享研究成果、提升汇报沟通能力的平台，为学会后续党群工作的深入开展提供切入点和示范基础。

【中国内燃机学会第七届青年学术年会】 10 月 30 日—11 月 1 日，中国内燃机学会第七届青年学术年会在山东省济南市召开。年会邀请 2018 年和 2019 年史绍熙人才奖获得者以及本届年会征文中经评审专家推荐的青年科技工作者作主题报告。北京理工大学副研究员何旭、中国船舶集团有限公司第七一一研究所博士李华、吉林大学汽车仿真与控制国家重点实验室博士周遊、广西玉柴机器股份有限公司工程研究院高级工程师王辉、同济大学汽车学院毛伟昂、天津大学副教授梁兴雨、东风汽车集团有限公司技术中心工程师黄河清、浙江大学颜睿东、广州汽车集团股份有限公司汽车工程研究院工程师杜家坤、昆明理工大学徐加恒和昆明贵研催化剂有限责任公司工程师赖慧龙，分别作报告《折射率匹配法在发动机附壁油膜测试中的应用研究》《引燃喷油器安装位置对柴油微喷引燃甲醇发动机燃烧组织和性能影响》《稀释气体对低负荷甲醇发动机燃烧及排放性能的影响》《商用车动力系统高效低排放关键技术的开发》《基于燃烧器的 GPF 快速累灰试验方法研究》《柴油机润滑油与颗粒物排放》《某增压发动机排气热端振动问题仿真分析及优化》《活塞疲劳试验中惯性力对疲劳寿命的影响研究性》《基于光学单缸机的发动机缸内喷雾过程研究》《基于响应曲面法柴油甲醇双燃料发动机进气均匀性优化》和《Cu 基 SCR 催化剂氨吸附 - 脱附特性及其与 NH3-SCR 活性关系》。此外，还特邀中国石油润滑油公司高级工程师金鹏作报告《发动机润滑解决方案》。

会议出版论文集《内燃机科技——中国内燃机学会第七届青年学术年会论文集》（电子版）上下册，收录论文 147 篇。

（撰稿人：刘　芳）

中国工程热物理学会

服务创新型国家和社会建设　学会充分发挥智力资源优势，组建能源高效转化（传递与储存）服务团，主动对接江苏省南京市、浙江省湖州市长兴县等地的公司，就电力电子产品的热设计技术改进提供实际指导，助力企业复工复产。为助力地方中小企业创新发展，解决技术难题、技术服务等短板弱项，学会联合中国可再生能源学会申办云贵川绿色能源科技专家服务团，为云南省、贵州省、四川省等地的能源类中小企业提供技术支持。

2020 年，成立以学会秘书长陈海生为组长的科学道德和科学文化建设的机制和模式研究课题小组，开展发达国家和地区科技社团科学道德和科学文化建设的机制和模式研究。

年初，新冠肺炎疫情突如其来。学会响应党中央号召，第一时间向工程热物理学界发出“同袍情深吾与汝，患难与共国和家”的捐赠款物倡议。2月11日和16日送达湖北抗疫一线负压救护车1辆、医用N95口罩2000只和40余箱生活用品等急缺物资。

学会建设 学会积极探索完善治理体系，严格执行理事会议事制度。针对学会章程修订、推荐奖项候选人、举办学术交流活动等重大事件，召开2次常务理事会议、1次理事会议，进行审议和表决。对学会的工作计划、项目申报、选题策划、人才培养等事宜，通过线上线下方式，按照公平、公正、公开的原则落实到实际工作中。

为提高学会办事效率，进一步强化学会与各学科分会的工作联系，第八届理事会全面推进学会秘书处队伍建设，共聘任4位副秘书长，明确每人具体负责联系的学科分会，实行分工合作工作机制，以组办学术交流活动、学科进展报告等为抓手，推动各学科分会的各项工作同步谋划、共同发展。

为适应不断增多的工作任务需要，2020年秘书处实行例会制度，全体工作人员从国内外学术交流、科普工作、会员管理、网站建设等方面汇报工作进展、提出工作计划、落实工作进度。

青年人才托举工程 经过申报、答辩，学会连续获得中国科协第五届、第六届“青年人才托举工程”项目资助，中国石油大学（华东）副教授白章、大连理工大学副教授杨磊和上海交通大学副教授徐震原成为被托举人。学会通过筹划、申报、评审，遴选出具有良好道德风尚、较大科研潜力的青年科技人才进行托举，为其量身定制导师队伍和培养方案，助力其快速成长。

主办期刊 2020年,《工程热物理学报》出版12期，共发表449篇文章，继续被EI、CA、CSCD、CNKI等收录。学报在中国知网期刊评价体系“能源与动力工程领域”55本期刊中综合排名第4位，并被中国科学技术信息研究所评为2020年中国精品科技期刊，年度审读结果为优秀，期刊社会效益评价为优秀。举办创刊40周年系列宣传，包括历史回顾、主编致辞、专家题词等。

学科发展工程 学会获批2020年度学科发展研究项目，成为全国12家承担单位之一，工程热物理领域“十四五”的重点发展方向是报告的重点内容。

国内主要学术会议 10月23—25日，由学会和国家自然科学基金委员会主办，华北电力大学动力工程系、吴仲华学院承办的2020年中国工程热物理学会热机气动热力学和流体机械学术会议暨国家自然科学基金项目进展交流会在河北省保定市举办。大会共设置30个分会场、2个基金进展交流报告会场和1个基金进展交流展板会场。会议围绕压气机流动与设计、压气机流动稳定性、透平流动、涡轮流动与设计、涡轮冷却、压缩机与风机、风能、泵与水轮机、气动热力与整机性能、数值模拟10个专题共进行370场学术报告和52份基金展板交流，邀请工业界、学术界相关领域的专家学者进行25场分会场邀请报告。

11月12—15日，由学会燃烧学分会和国家自然科学基金委工程与材料科学部工程科学三处主办、集美大学和厦门大学联合承办的2020年中国工程热物理学会燃烧学学术会议暨国家自然科学基金项目进展交流会在福建省厦门市举办。来自全国157所高校、研究机构和企业界的1700余名专家学者参加会议。会议共设12个平行分会场，宣读11个专题报告和290篇口头交流论文，展示400篇墙报交流论文、41件科普作品；20项国家自然科学基金项目进行项目进展口头汇报，153项国家自然科学基金项目进行中期进展墙报交流。会议期间，还举办青年学术沙龙、工业论坛、女性学者沙龙、科普作品展示等系列活动。

12月4—7日，由学会、国家自然科学基金委员会主办，上海交通大学承办的中国工程热物理学会工程热力学与能源利用学术会议暨国家自然科学基金工程热力学与能源利用领域项目进展交流会在上海市举办。来自全国高校和科研机构的近700位专家学者和师生代表参加会议。大会共设置热力系统循环，热力系统动态特性，基础热力学，热泵与制冷空调，诊断与控制，可再生能源，储能、脱碳、材料热物理性7个分会场；14个国家自然科学基金项目进行现场进展汇报，79个基金项目进行展报交流，235篇论文进行口头报告，167篇论文进行墙报展示。

12月11—14日，由学会、国家自然科学基金委主办，大连理工大学能源与动力学院、海洋能源利用与节能教育部重点实验室承办的2020年中国工程热物理学会多相流学术会议暨国家自然科学基金多相流领域项目进展交流会在辽宁省大连市举办。来自高校、科研院所和相关企业的650余名专家学者参加会议。大会共征集到论文321篇，设气液两相流与沸腾传热传质、气固两相流与燃烧及其污染控制、多相流数理模型和数值方法、石油工程多相流、两相流相变传热强化和节能、高新技术中的两相流与传热传质及其他、多相流测量技术7个专题组进行交流，还邀请18名相关领域专家进行分会场主旨报告。共计10个国家自然科学基金项目进行现场进展汇报，52个基金项目进行展报交流。

科普活动 学会借助科普中国－科普融合创作与传播项目、科普融创培植计划，开展“能源转化与清洁利用”科普作品征集活动，征集一批有科学内涵、生活趣味、推广价值的科普作品，经过审读、加工，在中国科普博览、网易、人民号、今日头条等平台发布《流浪地球？别闹了！科学利用太阳能才是关键》《同样是太阳能发电，为什么光热发电一直“默默无闻”》《想不到吧，科学家用这种方式照亮鸟巢》等科普作品，阅读及转载量上万次。

制作科普云讲堂系列线上活动，邀请中国科技大学教授刘乃安讲授《自然界中的火灾——知与不知》、中国科学院工程热物理研究所研究员刘启斌讲授《神奇的太阳能与太阳能利用》等科普知识讲座，与广大青年学生、科技工作者在线交流和互动。

表彰举荐优秀科技工作者 5月，学会完成第二届全国创新争先奖候选人推荐工作，学会常务理事、中国工程院院士黄震，学会常务理事、浙江大学副校长严建华获第二届全国创新争先奖状。学会推荐的西安交通大学教授敬登伟、清华大学教授任祝寅等6人获得国家杰出青年基金资助。学会推荐的北京航空航天大学教授孙大坤、西安交通大学教授李明佳获得吴仲华优秀青年学者奖。学会还组织推荐第十七届中国青年女科学家奖、2020年度未来女科学家计划、中国科协优秀中外青年交流计划候选人等，组织会员申报中国科协“十四五”发展规划编制专题研究课题，为中国科协科学技术普及部“大国学者＆点亮科学好奇心”公益宣传活动推荐科技工作者，助力科技工作者成长。

党建强会 8月20—24日，学会第八届理事会第二次全体会议采取线上方式召开，全体理事就学会“党建入章”事项的章程修订进行审议并通过。学会理事会党委对照《中国科协科技社团党委2020年学会党建工作要点》制定学会的党建工作要点，并与具体工作内容紧密结合。学会理事会党委与挂靠单位中国科学院工程热物理研究所党委多次共同召开工作讨论会议，建立沟通渠道。

会员服务 学会对官网进行改版，整合学会新闻、行业动态、科技前沿、学术会议、奖励推优、科普教育、学会刊物等多个板块。开通运营学会微信公众号。会员可通过官网全方位了解学会的各项工作。学会将会员在学会年会上的学术交流论文优先推荐给学会期刊发表。

【中国工程热物理学会传热传质学术会议暨国家自然科学基金传热传质领域项目进展交流会】 11月27—29日，由学会和国家自然科学基金委员会主办、广州工业大学承办的中国工程热物理学会传热传质学术会议暨国家自然科学基金传热传质领域项目进展交流会在广东省广州市举办。

清华大学教授、中国科学院院士过增元，空军工程大学教授吴云代中国科学院院士李应红，上海交通大学教授赵长颖，国家自然科学基金委员会研究员纪军分别作大会报告《浅论热学的学科体系》《越来越热的航空发动机》《微纳热辐射与超材料能源器件：机理、调控与应用》《2020年度国家自然科学基金项目评审及资助情况》。会议共设置18个学术论文交流分会场和1个优秀论文评选分会场，共邀请55名学者针对热传导、微纳尺度传热，对流换热、微通道对流，辐射换热，多孔介质传热传质，蓄热、热电转换，对流换热、超临界流体传热等主题作主旨报告。2个基金项目进展交流报告会场分别邀请9名国家自然科学基金项目的负责人进行项目进展口头汇报、140项国家自然科学基金项目进行中期进展展报交流。会议期间，还举办华为电子散热技术交流会，共邀请9名学者作电子散热相关的研究报告。

本次会议采取线上、线下同步进行的方式举办。线下近800名、线上超2000名专家学者共同参加会议。大会开幕式观看人数累计超过5400人次，论文云展厅浏览量累计超过4000人次。

（撰稿人：陈　琳）

中国空气动力学会

服务创新型国家和社会建设 新冠肺炎疫情期间，学会“中南大学先进轨道交通科普专家团队”积极开展高速列车内部疫情防控机理及措施系列工作研究，向中国国家铁路集团有限公司提出的3条建议全部被采纳并立即部署全国运行列车的整改。

4月21日，中国空气动力学研究与发展中心受四川省相关部门委托，协查西昌森林火灾起火原因。气动中心迅速组织力量，与省事故调查组相关成员单位密切合作，快速完成方案确定、试验件改装和风洞试验，顺利完成10千伏绝缘导线引流线1:1局部实物风摆试验。试验结果表明：引流线风摆现象明显，在较高风速和特定风向角下引流线将接触金属电线杆顶部斜撑等部件，可能造成电力事故。不仅为厘清事故原因提供可靠数据，也为10千伏线路安全设计和施工方法提供重要参考。

5月5—10日，广东省虎门大桥主桥发生多次桥面涡激共振现象，在应急处置过程中，学会风工程和工业空气动力学专业委员会成员单位同济大学、西南交通大学和长安大学分工协助、相互校验，提出抑流板临时应急措施和箱梁底部检修轨道优化的长期抑振措施，为虎门大桥恢复正常通车提供关键技术保障。

学会建设 2020年，学会召开理事会议2次、常务理事会议2次、理事长办公会议3次。学会全年新发展团体会员3个，实现民营团体会员零的突破。

主办期刊 《空气动力学学报》全年刊登论文120篇，其中基金资助论文占比75%，印刷发行共计6000册。编辑出版6个专栏："湍流结构研究""中国流动稳定性和转捩研究40年""湍流燃烧""旋涡与分离流""空化流动与空泡"和"国家数值风洞自主可控关键技术"，发表约稿58篇，出版综述稿件10篇。

《实验流体力学》全年编辑出版6期，共刊登论文83篇，印刷发行6000册。重点开展"复杂流场光学诊断技术""微纳流动与复杂流体""面向发动机的湍流燃烧""流体力学实验测量研究新进展"4个专栏的约稿工作。

4月，*Advances in Aerodynamics*（《空气动力学进展（英文版）》，AIA）被数据库DOAJ（开放存取期刊目录）收录。7月，AIA入选2020年度中国科技期刊卓越行动计划高起点新刊子项目。AIA刊文可被10余个数据库或平台检索，近30种国内外知名期刊文章进行引用，刊物稿件来源国家和地区从2019年的11个增加到2020年的19个。

国内主要学术会议 2020年，学会先后召开各类学术交流会和研讨会5次，线下参加会议人数900余人次，线上参加会议人数约3万人次，交流学术报告和论文340余篇。

1月11日，学会和中国科学院力学研究所在北京共同举办中国空气动力学会2020年度春节学术座谈会。会议邀请中国科学院力学研究所研究员姜宗林、北京航空航天大学教授王晋军、中国航天空气动力研究院研究员黄育群分别作学术报告《高超声速动力技术的探索和进展》《涡与边界层的相互作用机理及流动控制》《航天十一院高焓试验模拟技术探索与实践》，介绍空气动力学相关领域的最新工作。共有20余家单位的150余名专家学者参加会议。

10月15—17日，由学会风工程和工业空气动力学专业委员会主办，国家气候中心、空气动力学国家重点实验室和中国气动中心低速所联合承办的全国环境风工程学术会议在广西壮族自治区北海市召开。会议共征集论文93篇，来自55家单位的150名专家学者参加会议。

10月21—24日，由学会与中国航空学会、中国宇航学会主办，太原理工大学机械与运载工程学院协办，北京航空航天大学流体力学研究所、流体力学教育部重点实验室承办的第十八届全国分离流、旋涡和流动控制会议在山西省太原市召开。会议线下和线上同步进行，共有来自全国40多家科研院所、高校及企业的200多名专家学者参加线下会议，网络在线观看人数达2.8万余人次。大会邀请报告8篇、分会场学术报告97个（篇）。

11月13日，由学会计算空气动力学（CFD）专业委员会主办，厦门大学航空航天学院与中国空气动力研究与发展中心计算空气动力研究所联合承办的计算空气动力学专委会工作会议暨专题研讨会在福建省厦门市召开。会议主题为"人工智能与CFD"。来自全国研究机构、高校的88名专家学者参加会议。会议邀请11名专家报告人工智能及其在计算流体力学应用领域的最新研究进展。

11月25—28日，由学会高超声速专业委员会主办，中国航天科技集团公司第一研究院第十四研究所、厦门大学、航天飞行器气动热防护实验室联合承办的第十九届全国高超声速气动力/热学术交流会在福建省厦门市召开。会议围绕高超声速飞行器设计与验证、高超声速热环境与热防护、高超声速流动机理与数值模拟3个主题进行研讨，共收到学术论文131篇，评选出优秀论文15篇，40多家单位的200余名专家学者参加会议。

科普活动 在学会流动显示专业委员会的倡导下，中国航空工业空气动力研究院成立气动研究与试验培训中心，培训中心对内开展新员工风洞实习和技术培训，对外为院校提供培训和实习平台，为从事空气动力学的航空企事业单位提供员工培训环境，为社会广大航空爱好者和中小学生提供科普展示活动。

新冠肺炎疫情期间，学会“中南大学先进轨道交通科普专家团队”组织开展“交通运输工程学科文化建设项目”，向社会大众展示学科文化，接待来自澳门特别行政区新生代表团、湖南省长沙麓山国际实验学校等来访2000余人。团队参与建成国际首创600km/h级高速磁浮列车气动特性动模实验系统，为更高速度铁路交通系统提供重大关键装备支撑；建设完成落锤实验室，满足轨道车辆塑性大变形试验要求，开展中国高速列车、城轨车辆、机车等轨道车辆的零部件冲击试验。以上新建的两大试验系统全部对外开放，开展科普工作。

广东省虎门大桥大跨径悬索桥涡振应急处置过程中，学会“同济大学风工程和工业空气动力学科普团队”借助《桥梁》杂志在线公开课和“同济风工程”微信公众号等平台，面向社会民众传授风灾应急知识、澄清舆论误区，完成在线视频公益讲座12次，微信推文18篇。《空气动力学学报》配合“虎门大桥科振”热点特约稿件，普及科学理念。

表彰举荐优秀科技工作者 8月12日，学会举办“最美科技工作者”候选人推荐评选会。12月8日，举办第十七届中国青年女科学家奖候选人推荐评选会，中国航天科技集团公司第八研究院第八设计部研究员王波兰被推荐为第十七届中国青年女科学家奖候选人。

党建强会 学会积极参加中国科协组织的各类党建活动、培训班、讲座等，进一步提高学会党建工作能力。学会党委结合理事长工作会议召开学会党委扩大会议，学习理解中央文件和中国科协部署，对学会“三重一大”事项进行前置审议。积极参加中国科协科技社团党委组织的各项活动。

（撰稿人：胡汉东　孟　琳　吴德松）

中国制冷学会

服务创新型国家和社会建设 1月30日，学会首批参加中国科协与全国学会发出的《战“疫”有我，为决胜攻坚提供科技志愿服务》倡议行动。2月1日，学会成立中国制冷学会抗击新冠肺炎空调（供热）系统专家小组，编写《春节后应对新冠肺炎疫情安全使用空调（供暖）的建议》，指导广大空调用户和建筑管理者正确使用空调通风系统。学会联合新华网开展《新冠肺炎疫情对企业影响的问卷调查》，并接受新华网采访，为政府决策提供参考。组织专家将指导性建议翻译成英文，与国际制冷学会和国际组织分享。被中国科协授予“优秀抗疫学会”称号。

9月29日，经学会专家咨询委员会评审，对2019年学会研究课题中的3项进行结题，并评审出2020年5项课题，为行业创新发展服务。此外，2020年学会还承接6项科技评估项目。

学会申报中国科协2020年度创新驱动助力工程示范项目。依托示范项目，组织编写《2020年中国轻型商用制冷产业与技术发展蓝皮书》，联合中国汽车工程学会组织编写《中国新能源汽车热管理技术发展报告》，并申报“科创中国”试点城市联合服务团项目。

8月15日，学会与山东省青岛市科协、青岛海尔智能技术研发有限公司达成战略合作协议，成立中国制冷学会—海尔联合创新中心，探索科技与经济融合发展模式。

开展2020年专业技术人员专业水平评价工作。16个省（自治区、直辖市）和1个专业委员会的385人申报制冷系统、制冷空调设备和空调系统3个方向的见习工程师、助理工程师、工程师、高级工程师和资深工程师。经考试和线上面试，工程师通过137人、高级工程师通过101人。

中国工程教育专业认证协会批准成立能源动力类专业认证委员会，开展能源动力类专业认证工作。学会作为该项工作参与单位启动第一轮申报，西安交通大学、浙江大学、上海交通大学等高校提交预申报材料。

学会与教育部高等学校建筑环境与能源应用工程专业教学指导分委员会、青岛理工大学“暖基金”联合主办第二届全国建筑环境与能源应用工程专业青年教师讲课技能竞赛，16所院校的16名青年教师参加，评选出特等奖、一等奖、二等奖和三等奖。

3月25日，学会对新颁布的强制性能效国家标准GB 26920.3—2019进行线上宣贯解读，各生产企业组织850名技术人员参加学习。经学会团体标准工作委员会批准发布CAR3—2020《绿色冷库评价方法》、CAR4—2020《制冷自提柜》、CAR5—2020《冰淇淋冷藏展示打球分类要求和试验条件》3项团体标准，并于8月20日在重庆市召开发布会。学会经公示立项青岛海尔生物医疗股份有限公司建议的《自动化低温生物样本库》、清华大学和广州市建筑科学研究院建议的《空调系统冷水机房运行能效标准》等13项标准。

学会与生态环境部对外合作与交流中心联合开展第二期中国制冷维修行业良好操作广西地区培训项目，5期共培训学员200人。11月19日，学会在广东省肇庆市举办全国职业教育制冷空调类专业骨干教师培训班，30名制冷空调专业中高职骨干教师参加培训。

学会节能环保技术与信息化工作委员会面向全行业征集节能与生态环境产品和技术，专家从55项节能与生态环境产品和20项技术中评选出15项产品和9项技术，并向申报单位颁发证书。

学会建设 2020年，学会召开第十次全国会员代表大会、1次理事会议、2次常务理事会议、1次监事会议，讨论决定学会重大事项。全年发展单位会员39家、个人会员768人，其中，高级会员56人、普通会员87人、学生会员625人。

学会支持各地方学会开展活动。11月27日，在贵州省遵义市召开第34次各省、直辖市、自治区制冷学会秘书长会议，就加强兄弟学会合作、促进区域发展，加强省会合作、驱动行业创新进行研讨。对业绩突出的地方学会给予表彰，并介绍工作经验。

学会加强对专业委员会、工作委员会、工作组的支持，6个专业委员会、11个工作委员会根据各自专业特点开展工作。共举办线下活动16场，参加会议人数超3000人，收录论文800篇；线上活动超12万专业人员参加学习和交流。

青年人才托举工程 学会成功申报中国科协第五届“青年人才托举工程”项目，西安交通大学副教授钱苏昕和国内贸易工程设计研究院有限公司助理工程师孙建军成为被托举人。

主办期刊 2020年，《制冷学报》出版6期，刊文132篇，同比增长15.3%，全年发行量1.74万册。《中国科技核心期刊指标检索报告（2019）》显示，《制冷学报》位列本学科14种科技期刊的第5位，综合评价总分排名876/2049。2020年有66篇文章完成网络首发，比2019年增长74%。《制冷学报》网站2020年访问量接近47.2万次，较2019年增长92.65%；微信公众号总用户数为1614人，增长42.33%。

《中国制冷简报》出版6期，全年发行量3.18万册。针对新冠肺炎疫情对产业的影响，简报策划近20页的“行业助力抗击新型冠状病毒特别报道”，从政府抗疫政策、行业专家抗疫经验、学会及地方学会响应国家号召积极成立专家小组，反映中国制冷空调行业为抗击疫情所做的贡献。

《制冷技术》由学会与上海制冷学会合办，2020年出版6期，载文量84篇，全年发行量7.5万册，综合影响因子排名11/53。出版专刊2期，并于8月开通“制冷技术期刊资讯”微信订阅号。

学科发展工程 7月，学会出版中国科协学科发展研究系列报告《制冷及低温工程学科发展报告（2018—2019）》。报告对2018—2019年中国制冷领域的发展进行总结、分析和研究，细分为制冷及低温工程所涉及的6个专业基础领域的18个分支领域以及5个专题应用的14个分支方向，比较国内外学科发展状况，提出中国在制冷及低温工程学科领域的发展对策与建议。

8月15日，学会出版由中国工程院院士、清华大学教授江亿牵头编写的《中国制冷辉煌之路——新中国成立70周年制冷空调行业创新成果汇编》。图书全面总结并记载中国制冷科技工作者的科研成果和企业创新业绩，便于业内人士通过回顾中国暖通空调与制冷行业的发展史及创新成果总结经验，结合国内外行业发展现状明确未来发展方向。

学会和英国建筑服务研究与信息协会共同撰写出版2019年《中国制冷行业发展分析报告五周年特别版》，于4月以《制冷技术》增刊的形式发行12000册。学会与英国建筑服务研究与信息协会合作出版《2019年度中国制冷行业发展分析报告》，并于7月以《制冷技术》增刊形式正式出版，发行20000册。

8月20日，学会数据中心工作组召开《2019中国数据中心冷却技术年度发展研究报告》（简称《报告》）发布会。《报告》全文14万字，由50名专家撰写，阐述新一代绿色数据中心液气双通道散热技术的研发、实践与展望，以及超大型数据中心绿色制冷实践和节能技术等。9月8日，中国工程院院士、清华大学教授江亿组织召开2020版报告线上启动会，对撰写工作进行部署。

国内主要学术会议 3月11日，学会联合清华大学召开新冠病毒封闭空间传播规律线上研讨会，中国工程院院士、清华大学教授江亿等17名内地和香港特别行政区的专家学者围绕“病毒传播机理”和“有效通风方式”进行分析和交流。会议峰值在线人数超过5000人，观众数量累计1.2万人次，会议评论2300条，点赞数7.6万次。

8月26—27日，由学会与山东省青岛市科协等单位联合举办的2020中国轻商制冷设备产业发展与技术论坛在山东省青岛市召开。来自行业组织、高校、科研院所以及轻商制冷设备上下游企业的专家和科技工作者共200人参加会议。

9月17—20日，由学会与上海交通大学共同主办的第十一届全国高等院校制冷及暖通空调学科发展与教学研讨会暨第十一届全国制冷空调新技术研讨会在湖南省长沙市举办。会议就学科专业教学改革、人才培养和制冷空调新技术成果及行业发展方向进行研讨交流。收录论文78篇，300名专家学者参加会议。

10月17日，由学会与中国制冷空调工业协会、中华医学会环境卫生分会、河北省科协联合主办的首届全国空气调节与生命健康发展论坛在河北省衡水市举办。会议特邀4名专家就空调技术与人体健康、防疫等问题作主题报告，并组织3个在线分论坛。

10月28—30日，由学会与清华大学、西安交通大学、中国制冷空调工业协会、合肥通用机械研究院共同主办的第五届中国制冷空调专业产学研论坛在江苏省南京市举办。会议展示高校、科研院所和企业在制冷空调领域技术创新进展和取得的技术成果，探讨增强中国制冷空调产业产学研用结合的重点研发方向，分享合作经验。13名专家作主题报告，收录论文70篇，评选出13篇优秀论文，220名专家学者参加会议。

11月19日，由学会与北京道路运输车辆展组委会主办的新能源商用车热管理技术论坛在北京举办。来自中国科学院理化技术研究所、西安交通大学等高校和科研院所的5名专家就新能源商用车热管理技术和热泵空调技术的最新发展情况作报告，线下70人、线上210人参加会议。

国际交往 6月19日，学会在线参加2020年国际制冷学会执行委员会会议。会议审议通过2019年8月25日会员国代表大会和执行委员会会议纪要、国际制冷学会发展报告、第26届国际制冷大会筹备情况介绍及第27届国际制冷大会启动申办、国际制冷学会财务账目及预算。

10月13—15日，学会参加德国制冷展线上展，并邀请中国科学院理化技术研究所研究员田长青作论坛报告《中国冷链设备技术进步》，介绍中国冷链设备技术发展现状。

学会受联合国开发计划署委托，开展乡村振兴生态技术开发工作。

学会申请承担联合国环境规划署冷冻冷藏行业装备制冷剂替代及维修良好操作培训项目，并通过申请。

科普活动 5月，学会印制3万份《制冷在你身边——家用空调自助清洗全攻略》科普宣传折页，免费在19个省（自治区、直辖市）制冷学会和11家科普基地发放。

9月，“全国科普日”活动期间，学会组织地方学会及科普基地开展以“制冷在你身边，助力科学防疫”为主题的科普进社区、进校园活动44场次，参与总人数19808人次，总浏览量79207次，线上总转发量12761次。

学会与教育部高等学校建筑环境与能源应用工程专业教学指导分委员会，美国采暖、制冷与空调工程师学会（ASHRAE）联合主办的第12届CAR-ASHRAE学生设计竞赛共有52所院校报名参加，评选出一等奖、二等奖、三等奖和优秀奖及单项奖。

12月21—23日，2020年全国机械行业职业院校技能大赛——“三向杯”制冷设备安装与调试技能大赛在广东省佛山市顺德区举办。全国28所职业院校的90名选手组成45支队伍参加比赛，最终5支队伍获得一等奖、11支队伍获得二等奖、16支队伍获得三等奖、9名教师获得“优秀指导教师”称号。

表彰举荐优秀科技工作者 2020年，学会推荐广东美的制冷设备有限公司高级工程师邱向伟为第二届全国创新争先奖候选人，推荐华商国际工程有限公司冰雪及特种制冷事业部为第二届全国创新争先奖候选团队，推荐2020年“最美科技工作者”候选人1名。

党建强会 学会组织召开党委会议1次，组织学会理事参观香山革命纪念馆，开展“不忘初心、牢记使命”主题教育。

9月14—16日，学会联合北京制冷学会赴河北省承德市丰宁满族自治县开展党建活动。专家团队就当地企业反映的制冷系统制冷剂泄漏、冷冻油回油、降低运行能耗等问题给出具体维护和改造建议，还组织专家为当地企业开展蘑菇采后热泵烘干技术培训。

会员服务 8月6—18日，学会在重庆市召开2020中国制冷学会（单位）会员大会，280名代表参加会议。会议就后疫情时期的产业发展和行业技术热点进行交流研讨，并邀请中国人民大学教授金灿荣作专题报告。

为助力全行业特别是湖北省复工复产，学会对高级会员和湖北省单位会员免收年度会费。

【中国制冷学会第十次全国会员代表大会】 10月16日，中国制冷学会第十次全国会员代表大会在北京召开。来自各省（直辖市、自治区）的229名会员代表参加会议。会议由学会第九届理事会理事长金嘉玮致开幕词，中国科协党组成员、书记处书记吕昭平致贺词，中国商业联合会副会长傅龙成出席并致辞。会议由学会第九届理事会副理事长兼秘书长孟庆国主持。

会议审议通过《中国制冷学会第九届理事会工作报告》《中国制冷学会第九届理事会财务报告》《中国制冷学会章程修订草案及修订说明》《中国制冷学会各类会员收费标准的建议》，宣读并通过《中国制冷学会第十次全国会员代表大会选举办法》，提出并通过总监票人和监票人建议名单，选举产生中国制冷学会第十届理事会理事153名和中国制冷学会第一届监事会监事5名。

中国制冷学会第十届一次理事会议以无记名投票的方式选举产生51名常务理事。中国工程院院士、清华大学教授江亿当选第十届理事会理事长，李晓虎、何雅玲、丁杰、王强、罗二仓、田旭东、刘长永、温克学、徐伟、徐鸿、谭建明11名理事当选副理事长。会议投票表决通过副理事长李晓虎兼任秘书长和委托法定代表人。

中国制冷学会第十届一次常务理事会议由理事长江亿主持，50名常务理事参加会议。讨论通过由理事长江亿提名的学会名誉理事长、名誉副理事长、特邀副理事长和由秘书长李晓虎提名的学会秘书处专职副秘书长和各专业委员会主任人选。

中国制冷学会第一届一次监事会议由学会第九届理事会理事长金嘉玮主持，5名监事参加会议。选举产生中国制冷学会第一届监事会监事长、副监事长。金嘉玮当选监事长，吴百灵、肖大海当选副监事长。

【第三十一届国际制冷、空调、供暖、通风及食品冷冻加工展览会】 8月19—21日，由学会与中国国际贸易促进委员会北京市分会、中国制冷空调工业协会主办，北京国际展览中心有限公司承办，重庆市制冷学会、湖北省制冷学会协办的第三十一届国际制冷、空调、供暖、通风及食品冷冻加工展览会在重庆市举办。

展览会以“稳中求进、共克时艰、品质引领、创新发展”为主题，展览面积约5万平方米，来自8个国家的490家企业和机构参展，设有1场主题论坛、17场专题研讨会（其中1场为国际论坛）、18场技术交流活动，并组织创新产品评选活动，邀请冷冻冷藏业观摩团、全国设计院总工团、暖通空调行业用户观摩团和全国省级制冷学会观摩团共4个观摩团进行参观。

8月20日，学会联合国际制冷学会，美国采暖、制冷与空调工程师学会，印度供热制冷空调工程师学会，俄罗斯供热通风空调工程师学会等国际组织举办在线国际论坛。来自6个国家的行业专家针对制冷空调技术与抗击新冠病毒在空调系统中传播应对策略进行分享，668人次在线观看。

由学会牵头创建的展览会官方抖音账号关注用户超过4.5万人，发布作品128条，播放总量达3027.7万次。通过央视频移动网、中国网等线上平台对展览会开幕式暨主题论坛和部分专题研讨会进行在线直播，线上总访问量达到44万人次。

【第十五届全国食品冷藏链大会暨第十二届全国冷冻冷藏产业创新发展年会】 9月23—25日，由学会与华商国际工程有限公司主办，学会冷链工作委员会、全国商业冷藏科技情报站、学会冷藏冻结专业委员会承办，河南省制冷学会、郑州轻工业大学协办的第十五届全国食品冷藏链大会暨第十二届全国冷冻冷藏产业创新发展年会在河南省郑州市召开。会议以“凝心聚力　砥砺前行”为主题，中国科学院院士周远、中国制冷学会理事长金嘉玮，以及来自国内高等院校、科研院所、冷链制冷装备上下游企业的600余名专家、企业管理者参加会议。

来自国内外的9名行业专家针对农产品冷链流通现状和政策解析、用系统思维有效防控新冠肺炎疫情、国外冷链制冷技术发展趋势、日本肉食冷链应用技术介绍等内容作主题报告。大会特设以“后疫时代　冷链观澜”为主题的嘉宾对话环节，6名专家就智慧能源管理、食品加工和冷链物流建设、企业依托互联网迅速匹配客户需求、智能制造、制冷剂和制冷设备的选择等问题进行讨论。

会议还设置冷冻冷藏装备技术研讨会、冷链企业家论坛、冷藏工艺学术论坛、商用冷柜及冷藏运输专题研讨会5个分会场，27名专家就各分会场议题作报告。

（撰稿人：范　薇）

中国真空学会

服务创新型国家和社会建设　11月8—20日，学会质谱分析与检漏专业委员会举办全国军工集团检漏人员资格认证培训班，来自航天、核工业、航空、兵器、中国科学院等单位的检漏技术人员参加培训。培训内容包含基础理论、工艺技术、标准规范、实际操作等。来自高校、研究所的教授、研究员和具有工程实践经验的技术专家进行授课。

学会围绕质谱和检漏领域的国内技术发展现状和国际发展趋势，开展核心技术和标准方面的自主可控预先研究，引导专业委员会在大科学工程、真空管道列车、航天器在轨泄漏检测、深空探测质谱仪器研制等方面开展相关技术创新和技术攻关。

9月，学会咨询工作委员会成立调研小组，开展国内真空行业调研工作。调研中国航天城时，调研组建议将当前具有国际领先水平的实验室建设成为国际化的第三方检测鉴定与评价平台，联合国内相关管理机构对国内使用的各类真空产品实行质量评价，促进整个产业的稳定快速增长。调研参观真空骨干单位时，提出要以企业科技创新资源优势为依托，助力国家前沿领域科技创新能力提升，解决关键领域“卡脖子”问题。

9月2—7日，中国真空网在上海市举办第四十届真空镀膜技术培训会，为参加培训的学员讲述真空镀膜技术中常见问题，组织学员参观真空镀膜机生产厂家以及真空镀膜设备现场。

学会建设　2020年，学会共组织召开理事会议1次、常务理事会议3次、办公会议2次，讨论和决定学会的重大事务。

9月，学会完成第九次全国会员代表大会换届备案工作，同时向中国科协和民政部提交备案材料，办理相关备案手续并获批通过。

学会办公室对在册的团体会员单位进行全面彻底普查。根据《中国真空学会章程》规定，对不履行缴纳会费义务、不参与学会活动的229家会员单位作退会处理。经过对学会团体会员单位的重新整理，截至2020年年底，学会个人会员3501人、团体会员单位269家。

学会在中国科协年度系统财务数据汇总工作中获得2019年度“优秀单位”称号。

完善有关管理制度，对《中国真空学会固定资产管理办法》《中国真空学会印章和法人证书管理办法》进行规范，形成较为完备的管理体系和管理内控机制。

在学会第九届理事会完成换届基础上，开展新一届党委、各专业委员会、工作委员会组建工作，推动各分支机构换届工作顺利完成。

经学会第九届三次办公会议决定，成立由学会副理事长带队的学会2021年第十六届国际真空展览会工作小组，并召开2次全体人员工作会议。与会人员对招商、观展、展会同期活动等内容进行交流与讨论，在明确各自责任的基础上提出指导性意见。

经学会第九届二次常务理事会议审议通过，为节约成本、方便工作学会将办公地点搬迁至中国科学院物理研究所院内。按照中国科协和民政部的要求，办理相关变更手续并获得审核通过。

青年人才托举工程　12月，学会申报第六届中国科协“青年人才托举工程”项目资助，这是学会第一次参与该项目申报。

主办期刊　《真空科学与技术学报》完成12期的编校任务，共处理投稿494篇，录用稿件179篇，见刊216篇。

8月，召开第九届编委会第一次工作会议。对学报网站进行及时更新，推出“真空科学与技术学报”微信公众号。公众号在继续做好纸质期刊发放、中国知网、万方电子数据发送的同时，及时推送重点文章和动态信息，扩大《真空科学与技术学报》影响力。

学科发展工程　3月，学会成立“2020年重大科学问题和工程技术难题遴选”专家推荐委员会，学会理事长、中国科学院院士高鸿钧担任专家推荐委员会主任，委员会成员包括学会理事长、副理事长、学会各专业委员会主任共21人。征集学会表面纳米专业委员会前沿科学问题1个、咨询工作委员会工程技术难题2个，报送中国科协。

国际学术会议　7月19日，由学会电子材料与器件专业委员会承办的电子信息国际青年学者（云论坛）在线上、线下同时举办。论坛由学会电子材料与器件专业委员会主任邓少芝主持，来自杜克大学、新加坡国立大学、清华大学、香港科技大学、美国阿贡国家实验室等海内外高校、研究机构及中山大学电子与信息学科部分教师和研究生 70 余人齐聚云端，开展学术交流。11 名青年学者作学术报告，报告内容涉及应用电磁场、天线设计、可穿戴电子设备、生物传感与检测等前沿课题。

10 月 11 日，由学会显示技术专业委员会［国际信息显示学会（SID）北京分会］承办的 2020 年国际显示技术大会在湖北省武汉市举办。8 名来自海内外的显示行业专家作主题报告，数百名专家学者和企业家从不同角度、不同层面分享新型显示技术、产业和市场的最新发展现状和未来趋势，交流新的技术成果和创新理念。会议在 17 个技术领域设立 56 个技术分论坛，约 230 个口头报告、100 个海报报告。800 人现场参加会议，1000 余人次在线上参加各类论坛。

国内主要学术会议 5—6 月，学会采用线上直播的方式举办 SID China 春季线上技术研讨会，为显示产业界和学术界提供展示最新技术成果和促进技术交流的平台，分技术领域举办系列研讨会，涵盖显示的 17 个技术领域。

国际交往 10 月 9—11 日，学会在线上参加国际真空科技与应用联合会第 133 届执行委员会会议。

科普活动 学会科学技术普及和教育委员会依托兰州空间技术物理研究所的科普资源，全年举办科普活动 24 次，受众 10 万余人次。

学会组建以首席科学传播专家、科普教育委员会为主体的全国科学传播专家团队，调整优化科普兼职讲师和志愿者。9 月，中国真空学会科技志愿甘肃服务站正式挂牌，科技志愿服务下基层更加深入。

5 月 23 日，学会表面与纳米科学专业委员会参与主办的中国科学院物理研究所第 17 届公众科学日活动在北京举办。本次公众科学日活动首次采取纯线上直播形式，吸引数百万名“云观众”共同参与，活动主题为“中二所的奇妙冒险”，旨在以线上的第一人称视角呈现科学冒险故事。微加工实验室为公众展示三维微纳加工技术的神奇之处。

8 月 28 日，学会表面与纳米科学专业委员会、中国科普网、科普时报社联合字节跳动旗下的抖音、头条、西瓜视频等网站，在中国科学院物理研究所举办主题为“物理真奇妙 · 云上科技周”网络直播，让公众在云端学习科学知识、领略科技魅力。

8 月，学会第二部科普图书《太空，我来了》正式出版，出版《航天器空间环境模拟设备》《离子电推进技术》《离子电推进物理》3 部行业专著。

9 月，学会科学技术普及和教育委员会组织“典赞 · 2020 科普中国”宣传推选工作，向中国科协推选年度科普人物 2 名、年度科普作品 1 项。

表彰举荐优秀科技工作者 完善学会奖励体系建设，完成学会设立奖项备案工作，做好中国真空学会真空科技成就奖和中国真空学会真空科技青年创新奖的推荐评审工作。

2020 年，学会第六、第七届理事会副理事长邱家稳，第八、第九届理事会副理事长李得天当选国际宇航科学院工程学部终身院士。

学会副理事长李得天获第二届全国创新争先奖状。推荐第十七届中国青年女科学家奖候选人 1 名。学会科学技术普及和教育委员会副主任雷占许入选中国科协“科普中国 2020 年度科研科普人物”。

学会颁发中国真空学会真空科学硕士、博士优秀论文奖学金 5 名，中国真空学会真空科学与技术硕士生奖学金 5 名。

党建强会 学会党委加强组织建设，完成学会党委委员换届。在新一届（第九届）学会理事会中产生学会第九届理事会党委委员。建立第九届理事会党员名册。制定并发布《中国真空学会理事会党委工作规则》，修订并发布《中国真空学会党委会议事规则》。

学习贯彻中共中央《关于加强党的领导、为打赢疫情防控阻击战提供坚强政治保证的通知》，学会党组织及时总结宣传党员、科技人员在疫情防控斗争中涌现出的先进典型和感人事迹，有关信息报中国科协科技社团党委。贯彻落实党中央关于社会组织“两个全覆盖”要求，派驻党建指导员，向中国科协报送学会“宣传思想工作队伍人员”和“网络宣传平台建设情况”。组织申报中国科协学会党建项目。

会员服务 1 月，由学会主办、兰州空间技术物理研究所承办、兰州真空设备有限责任公司协办的全国科技工作者日活动暨 2020 新春联谊会在甘肃省兰州市举办，近 70 人参加活动。活动内容包括：参观兰州空间技术物理研究所和兰州真空设备有限责任公司，共同缅怀并观看学会第一任理事长、中国科学院院士金建中纪念片，学会副理事长李得天作专题党课《国庆观礼感受》、举办文艺演出。

2020 年，学会利用网站、期刊、《学会动态》、《年报》以及微信公众号等媒体手段推动会员管理向信息化和服务型转变。全年整理印发《学会动态》2 期，《真空科学与技术学报》微信公众号及时推送学会信息，编制《中国真空学会年报 2019》，向会员提供准确的学术信息。

（撰稿人：张黎云）

中国自动化学会

服务创新型国家和社会建设 2020 年，学会牵头成立新一代信息技术科技服务团，由学会理事长、中国工程院院士郑南宁任团长，组织领域内 100 余名专家学者服务山东省青岛市和北京中关村两大“科创中国”试点城市（园区），参与实施浙江省杭州市、上海市杨浦区、天津市武清区等科技服务工作。

组织服务团专家 60 余名走访北京市、天津市、上海市、山东省青岛市、浙江省杭州市、江苏省泰州市、陕西省宝鸡市、广东省深圳市等 10 个城市，调研 20 余家企业，了解当地企业发展瓶颈和技术需求。与河北省衡水市、天津市、江苏省、浙江省温州市、山东省青岛市等地签订 10 个框架协议，在天津市武清区、江苏省泰州市、苏州市、苏州市吴江区成立 4 个学会服务站，在广东省深圳市成立发布智能机器人集群。

面对突发疫情，学会理事长、中国工程院院士郑南宁迅速调整研究策略，开展疫情发展与传播规律的智能预测、智能化疾控系统等科研攻关。

面向企业创新和区域发展需求，组织 160 余名专家开展 22 项科技成果鉴定工作。

围绕京津冀、长江三角洲、粤港澳大湾区等国家重要战略区域，根据不同城市不同产业特点，分别从机器人产业、智能制造、人工智能等技术角度，以线上线下相结合的方式开展第二十二届中国科协年会工业互联网与 5G 创新发展论坛（青岛）、2020 国家智能车发展论坛（杭州）、2020 中国自动化大会（上海）、2020 国家机器人发展论坛（深圳）等学术交流活动，培育地方产业化集群，助推地方产业经济发展。

2020 年，学会承担中国科协世界一流学会建设项目、新一代科技服务团项目、科技服务团服务包项目、全国学会“四服务”优秀案例汇编、2020 重要学术会议指南、能力建设论坛、中国科协年会专业领域分论坛等 10 余个项目。其中“重要学术会议指南”项目已连续承担 3 年，共动员近 2000 名各领域专家、217 家全国学会（学会联合体）推荐 8 个学科领域共计 2248 个会议入选。

2020 年，学会获评“2020 年世界一流科技社团评价四星级社团”称号，入选 2020 年世界一流科技社团评价不同学科（工程技术类）50 强。

学会建设 2020 年共发展学生会员 9540 人，在册会员数量增长 14343 人，团体会员数量增长 27 家。截至 2020 年年底，学会个人会员 6 万余人，团体会员 200 余家。新成立分支机构 3 个，筹备成立 8 个，共有 55 个专业委员会、9 个工作委员会、30 个省市级自动化学会。

学会每两个月召开一次学会正副秘书长工作会议、每季度召开一次学会正副理事长工作会议，受疫情影响会议采取线上线下动态调整方式。全年学会召开常务理事会议 2 次、理事会议 1 次，共形成决议 20 余项。

推进办事机构实体化建设和职业化改革，聘请专业法律顾问和财务顾问，通过面向社会全员招聘、定岗定责定流程、薪酬管理、职业培训、成长路径等手段，加强办事机构人事体系改革。学会秘书处有专职工作人员 26 人，平均年龄 32 岁，其中硕士学位人员比例为 28%，博士学位人员比例为 24%。

按照“集体领导、民主集中、会议决定”的原则，学会理事会建立集体领导与个人分工相结合的工作机制，制定学会工作例会议事规则。不断加强分支机构的管理与评估工作，建立“秘书长工作会议 – 常务理事（学术组）– 常务理事会”三级创建审核流程，同时对新申请分支机构设置 1 年筹备期，考核通过方可成立。修订《中国自动化学会分支机构工作条例》和《中国自动化学会分支机构评估办法》。

在 2020 年中国自动化学会青年学术大会上，邀请国家自然科学基金委员会科研诚信建设办公室副主任何杰就科学道德与学风建设、学术规范等问题开展宣讲。

青年人才托举工程 经学会推荐，共有 6 名青年学者获得第六届（2020—2022 年度）中国科协“青年人才托举工程”项目资助。

主办期刊 《自动化学报》获得中国科技期刊卓越行动计划梯队资助。《自动化学报》最新影响因子为5.936，核心影响因子、总被引频次、综合评价总分、核心权威因子4项主要指标全部排名第1位，根据《中国学术期刊影响因子年报》，在自动化与计算机领域的140本期刊中影响因子位列第一。2020年，获“中国最具国际影响力学术期刊”称号（TOP 5%），20篇文章入选“领跑者5000”顶尖论文。《自动化学报》位居信息与系统科学相关工程与技术学科期刊排行榜首，被评定为该学科唯一的中国中文权威学术期刊。

IEEE/CAA Journal of Automatica Sinica（JAS）被SCIE、EI、Inspec、Scopus等数据库收录，入选中国科技期刊卓越行动计划重点项目资助（全国自动化、计算机相关领域仅2本重点期刊）；首个SCI影响因子为5.129，在自动化与控制系统领域排名前17%（11/63），成为该领域唯一的中国主办Q1区SCI期刊；首次入榜谷歌学术计量自动化学科TOP 20出版物，是该学科全球最年轻的英文刊、唯一中国主办期刊；最新CiteScore为8.3，是2019年发布数值的1.6倍，首次突破8，位于所属领域Q1区前列。国际影响力指数和国际他引影响因子三年蝉联第一，获“中国最具国际影响力学术期刊”称号（TOP 5%）。

学科发展工程 2020年，学会在战略层面深入参与学科规划，开展学科发展研究、学科分类工作等。完成智能控制普及性教材《智能控制：方法与应用》出版工作，在2020中国自动化大会上召开新书发布会，同步推出《智能控制：方法与应用》系列云讲座活动。完成《自动化学科发展路线图》的出版和《中国控制科学与工程学科史》的组稿工作。承接中国科协《智慧教育技术与产业路线图》，完成智慧教育技术与产业发展综述部分初稿。

国际学术会议 12月5日，由学会、国际自动控制联合会联合举办的第三届信息物理与人类系统研讨会在北京召开。本届研讨会以分布式混合会议组织，分为在线远程研讨会、线下研讨会以及Plenary报告3个环节。收到会议论文410余篇，录用152篇。来自28个国家的132名专家学者线上/线下分享信息物理与人融合的学术以及产业应用相关研究成果。

10月30日—11月1日，由武汉大学、清华大学、IEEE电力与能源协会（PES）、中国电机工程学会联合主办，中国电工技术学会、中国自动化学会、中国电源学会、IEEE电力电子协会（PELS）等机构协办的IEEE PES中国技术理事大会暨第四届IEEE能源互联网与能源系统集成国际会议在湖北省武汉市召开。会议以“共建低碳高效能源互联网系统”为主题，共收到1000余篇会议论文，来自国内外电力与能源领域的专家学者等1000余人参加会议。

国内主要学术会议 2020年，学会及所属分支机构共举办270余场学术交流活动，线上线下参加会议人员40万余人次，交流论文1万余篇。

7月27—29日，由学会、学会控制理论专业委员会、中国系统工程学会主办的第39届中国控制会议在辽宁省沈阳市召开。会议共组织大会报告7场、专题分论坛4场，收到来自19个国家和地区的论文2272篇，专家、控制理论专业委员会委员等2200余人参加会议。

7月30日—8月1日，由学会与学会过程控制专业委员会主办的第31届中国过程控制会议在江苏省徐州市召开。会议采用线下+线上的形式举办，设有工业和教育2个专题论坛，包含6场主旨报告、32场特邀专题报告。收到会议论文325篇。来自科研院所、高等院校、学术界等的50余人现场参加会议，3.3万人次线上参加会议。

8月12日，由中国科协和山东省人民政府联合主办、学会与青岛市人民政府共同承办的第二十二届中国科协年会工业互联网与5G创新发展论坛在山东省青岛市召开。论坛采用线上+线下的形式举办，3.3万人次参加会议。

10月16—18日，由学会主办、学会青年工作委员会和广东海洋大学承办的第35届中国自动化学会青年学术年会在广东省湛江市召开。会议采用线下+线上的形式举办，设有自动化和人工智能领域密切相关的8个大会报告、110余个特邀报告以及231篇会议论文口头报告和张贴报告。来自海内外自动化、人工智能、无人系统、信息技术等相关领域的院士、青年学者等450余人现场参加会议，3000余人线上参加会议。

10月17日，由国家自然科学基金委员会信息科学部、学会、中国人工智能产业发展联盟主办的2020国家智能车发展论坛在浙江省杭州市召开。论坛设有智能车关键技术、自动驾驶2个分论坛，采用线下+线上的形式举办，150余人现场参加会议，31万余人次线上参加会议。

10月17—18日，学会第三届中国认知计算与混合智能学术大会以线上形式召开。大会设立4个论坛，围绕混合智能、知识表达与推理、统计学习与深度学习、计算机视觉、智能机器人、人工智能新型计算架构与芯片、自主智能系统与无人驾驶等主题展开。25名专家作论坛报告，600余人线上参加会议。

科普活动 学会组织开展2020中国机器人大赛、2020 RoboCup机器人世界杯中国赛、ABB杯智能技术创新大赛、菲尼克斯智能技术创新与应用大赛、第15届全国大学生智能汽车竞赛。

根据《中国自动化学会科普教育基地管理办法》，组织开展2020年度科普教育基地评选工作，新建10家科普教育基地。

2020年，学会被中国科协评为“全国学会科普工作优秀单位”。

表彰举荐优秀科技工作者 学会继续开展中国自动化学会先进集体和优秀学会工作者评选工作，共9个集体、11名学会工作者获奖。

2020年，学会全面启用奖励申报系统，首次采取会评（现场答辩）方式。完成2020年度中国自动化学会科学技术奖、中国自动化学会青年科学家奖、中国自动化学会优秀博士学位论文奖、中国自动化学会自动化与人工智能创新团队奖、中国自动化学会杰出工程师奖、中国自动化学会企业创新奖、中国自动化学会小微创业奖、中国自动化学会智慧系统创新解决方案奖等奖项的评选工作，评出成果奖30项、人物奖22名、团队奖3个。

开展科学家精神宣讲活动，邀请华侨大学副教授、全球化智库“一带一路”研究院院长、中共中央宣传部“四个一批”宣传思想文化青年英才黄日涵进行科学家精神宣讲。

开展口述历史系列活动。2020年，学会继续开展“口述历史”系列活动，走访万百五、陆元九、熊范纶等老一辈科技工作者。

党建强会 新冠肺炎疫情期间，学会党委第一时间发布《坚决打赢新型冠状病毒肺炎疫情阻击战——致中国自动化学会全体党员会员的公开信》。坚持“三会一课”，组织开展学会党建工作沙龙、“学党章党规，做合格党员”主题党日及参观纪念抗美援朝70周年主题展览等党建活动。

学会党委落实党建工作与业务工作同谋划、同部署、同推进、同考核，按照中国科技社团党委部署，开展学会理事会党委职责任务试点工作，研究形成学会理事会党委职责任务清单及“负面清单”等多项内容，进一步明确学会理事会党委职责定位。

会员服务 面对突发疫情，学会第一时间发布《万众一心 我们终将战胜这一疫情——中国自动化学会致广大理事、会员的一封信》。将紧急采购的防疫口罩优先送至武汉地区高校，同时面向学会会员陆续发放口罩、消毒液等防疫物资万余份。

学会全年给会员邮寄期刊22000余册，通过举办的各项活动发放1万余册；开展1次会员月活动、5次主题会员活动；疫情期间创新会员服务手段，组织中国自动化学会云讲座系列活动，邀请100余人开展80期线上报告，约80万人次观看线上直播。

根据《中国自动化学会会士实施细则》，组织开展会士评选工作，授予10名自动化、信息与智能科学领域内的学者“中国自动化学会会士”。

学会在B站、爱奇艺视频平台开通官方账号，在已经开通的抖音、西瓜视频等平台的账号以及学会官方微信、微博、今日头条等渠道及时发布学会信息，保证会员及时了解最新学术活动。充分利用官方微信公众号、微博、今日头条等新媒体渠道传播自动化、信息与智能科学技术领域相关知识，累计发布动态2000余条，粉丝7.5万余人。

【2020中国自动化大会】 11月7—9日，由学会主办，同济大学、上海自主智能无人系统科学中心承办的2020中国自动化大会在上海市召开。大会以“自主智能 创享未来”为主题，采取线上线下相结合的会议形式，特邀7名院士、专家作大会现场报告。

大会共设13个专题论坛，80余名专家学者现场分享热点话题。线上举办15个卫星会议，80余名专家学者探讨自动化领域不同层面的核心技术与创新成果。共收到1700余篇会议论文，来自自动化、先进控制、新一代信息技术、人工智能、区块链、智能制造等领域的20余名院士，100余名长江学者、国家杰出青年，近100名知名院校校长、院长等共3000人现场参加会议，万余人次线上参加会议，共同探讨自主智能自动化的前沿技术与产业发展。

【2020国家机器人发展论坛】 12月11日，由学会与深圳市科协联合主办的2020国家机器人发展论坛在广东省深圳市召开。论坛以“智能互联 助力大湾区发展”为主题，通过线上+线下形式举办。学会

副理事长、中国工程院院士、中南大学教授桂卫华，学会常务理事、中国工程院院士、湖南大学教授王耀南，学会副理事长、山东大学特聘研究员王成红，学会副理事长、中国科学院自动化研究所研究员侯增广，学会制造系统控制专业委员会主任委员、西安交通大学教授梅雪松，以及高校、科研院所、企业的专家学者，媒体记者等共计600余人参加会议，共同探讨机器人技术，助力机器人产业创新发展。

论坛期间，学会牵头成立智能机器人产业集群，发布2020国家机器人发展论坛机器人示范单位榜单，共37家企业上榜。

论坛还设置智合－聚焦机器人行业的深层技术变革、契合－共享“机器人+”的智慧生态、聚合－智能新业态下的突围与共生、融合－开启机器人的大航海时代4场圆桌论坛。

（撰稿人：陶则宇）

中国仪器仪表学会

服务创新型国家和社会建设 学会依托“科创中国”平台，围绕科学仪器、传感器和智能制造3个方向建立仪器仪表科技服务团，采取线上、线下相结合的专家授课、技术培训、技术交流、实地考察、现场答疑、提供方案、应用示范等一站式方式对接技术研发与应用瓶颈，服务地方产业发展需求、产业转型升级，实施精准科技服务40余次。

组织科技服务团专家赴广东省深圳市、浙江省杭州市、浙江省绍兴市、福建省泉州市、河北省唐山市、辽宁省盘锦市、黑龙江省大庆市等地面向制药、智能制造、石化、精细化工等领域开展应用交流研讨会10场；开展中药、制药、传感器等领域技术线上培训宣讲8场；组织专家赴广东省深圳市、浙江省杭州市、山东省青岛市、福建省泉州市、湖南省长沙市等9家企业调研，现场提供技术咨询服务和企业升级发展建议；在浙江省杭州市、绍兴市、湖南省长沙市建立3家学会科技服务团制药、饲料行业近红外光谱技术过程控制应用示范基地。学会参与推进产学研用协同创新赋能组织的建设，推进在南京经济技术开发区内建设并运营国仪智能创新中心，推进触觉传感器联合实验室建设，组织召开触觉传感器联合实验室建设研讨会及筹备会，从企业征集8项开放性课题项目，与江苏省南京市、福建省泉州市、四川省成都市、江苏省常熟市等地洽谈寻求落地；学会科技服务团原位检测及过程分析协同创新联合体已启动。

12月24日，“科创中国”中国仪器仪表学会专家杭州行活动启动仪式在浙江省杭州市举办。学会理事长、中国工程院院士尤政，学会副理事长、中国工程院院士谭久彬等出席活动。行业内权威科研院所与重点院校的专家学者等200余人参加会议。4支科技专家服务团赴代表性企业进行现场座谈，开展面对面技术交流。

面向经济建设主战场开展“三库一平台”建设，完成科技成果转化典型案例5项；促成技术转让（含技术许可）或科技成果作价投资项目案例2项，对25项科技成果和新产品组织开展鉴定，为委托单位在科技奖励申报、科技成果转化和推广、技术交易等工作中提供第三方评价。代表国家智能制造标准化专家咨询组，为承担智能制造标准化专项近40个单位覆盖石化等20多个行业的专项进行技术审查；承担近30个专项覆盖20个行业的智能制造新模式和智能制造综合标准化专项验收工作。

2020年，共有38个工程教育仪器类专业点提出认证申请，12个专业点通过申请获得受理；8名仪器类专业认证见习专家获得正式专家身份。10月30日，学会组织召开2020仪器类专业教学建设研讨会，来自90个专业的200余名教师参加会议。

学会开展“制造企业受新型冠状病毒肺炎疫情影响情况问卷调查”等调查工作，调研装备制造业、仪器仪表及自动化、建材、纺织等16个行业、4500余家企业，根据调查结果形成相关调查报告，提供给中国工程院制造业研究室纳入给中央上报的报告中。

面向国家战略需求，承接工业和信息化部项目2项、科技部项目2项、中国工程院项目1项、中国科协项目8项。组织专家完成《中国汽车行业智能制造发展及研究报告》《机器人触觉传感器技术发展现状报告》《锻压装备行业智能制造发展水平研究报告》《泉州智能制造产业发展建议报告》《对我国工程组织治理体系的思考》《中国工程院蓝皮书2020（测量计量与仪器专题）》等报告的编写，为行业发展提供建议，形成《中大型邮轮标准体系架构和标准需求分析（电气专业）》报告素材。完成新兴产业领域专利与创新发展专题研究——高端数控机床领域、物联网领域2个专题研究，形成专题研究报告和专利检索指南，建立2个领域的专利数据库。征集并向中国科协及中国科协智能制造学会联合体等推荐“仪器仪表领域2020重大科学问题”1项、“仪器仪表领域2020重大工程技术难题”3项、“世界智能制造技术进展”1项、“中国智能制造技术进展”3项、“2020年科创中国先导技术榜单”5个技术项目。

学会制定发布科学仪器行业的重要标准2项，立项制定抗击新冠病毒疫情工作和产品市场亟待的重要系列标准2项；交付中国标准出版社印刷出版学会团体标准2项；在工业和信息化部评选的百项团体标准示范项目中，学会2项标准入选；2020年1月，受人力资源和社会保障部委托，学会牵头开发制定《仪器仪表制造工国家职业技能标准》，于10月29日正式颁布；拓展助推行业发展业务，翻译美国工业安全设计手册2本，交付中国质检出版社印刷出版。拓展团体标准国际化业务，用标准制定项目搭桥，参与国际标准组织（如ISO和ASTM）的工作；用合作发布标准等项目与国际社团（国际自动化学会ISA等）沟通合作；用行业技术（如美国Kenexis公司工业安全手册）引进，开展国际化的产业桥梁搭建；用参与国际标准制定，推动国内专家和企业走向国际。2020年各授权培训中心共开展线上培训工作8期，累计培训申报学员509人，面试学员293人。经学会组织评审专家综合评审后，审议通过正高级工程师资格29人、高级工程师资格267人、工程师资格173人。

举办各类技能大赛5项：2020数字中国创新大赛机器人赛道青少组、2020年全国智能楼宇及空调系统职业技能竞赛智能楼宇赛项、2020年全国首届机械工业设计创新大赛（仪器仪表赛项）、2020年第十八届全国机械行业职业技能竞赛——第三届全国仪器仪表制造工赛项、第七届微米纳米技术“创新与产业化”科研成果转化学生大赛。

学会建设 2020年，学会召开理事会议1次、常务理事会议2次、监事会议1次。面向社会招聘秘书处工作人员3名，秘书处工作人员达到32人，其中博士研究生1人、硕士研究生8人、本科生15人。

2020年，学会个人会员52546人、单位会员1420家。

加强学会制度规范化建设，对科学技术奖励办法、优秀博士学位论文评选办法、期刊分级分类工作方案、会士产生与评选办法等管理制度进行修订及审议。对分支机构换届流程严格把关，完成5家分支机构的换届工作。

青年人才托举工程 完成第三届中国科协“青年人才托举工程”项目终期考核验收工作，4名被托举人完成托举项目的研究；组织和开展第四届、第五届中国科协“青年人才托举工程”项目验收和中期检查会；召开第六届中国科协“青年人才托举工程”项目被托举人选拔评审会，6名候选人通过第一轮评审。

学科发展工程 学会完成中国科协学科发展项目《仪器科学与技术学科方向预测与技术路线图研究》的编写工作。完成中国工程院中长期研究项目《面向2035的我国科学仪器技术发展战略研究》的编写，并提交中国工程院。承接中国科协《仪器科学与技术学科（自动化仪表）发展史》项目，组建编委会编写目录大纲。组织开展《中国大百科全书》（第三版）仪器科学与技术学科编写工作。

翻译美国Kenexis公司《火灾和气体系统工程手册》和《安全仪表系统工程手册》，为流程工业行业提供重要的工业安全工具书。

国际学术会议 2020年，学会采用线下线上结合的方式组织召开国际学术会议5场，参与国家20余个。

10月30日和12月16日，学会召开2次“一带一路”智能传感与物联网合作联盟线上会议，来自24个国家的79名专家学者参加会议。

11月20—21日，由学会与北京信息科技大学联合主办的2020第八届国际测试自动化与仪器仪表学术会议以线上会议的形式举办，约360名国内外专家学者围绕“智慧感知、共享决策、智能控制、个性服务”的主题进行学术探讨。会议邀请8名国内外顶尖专家学者进行线上报告，32名专家学者分别在分会场作不同研究方向的学术报告。

11月28—29日，学会主办的2020第五届国际结构健康监测与完整性管理会议在线上召开。47名国内外健康监测领域的专家作学术报告。

12月3日，学会召开可持续发展与全球协助论坛，邀请国内外知名学者在介绍可持续发展技术的同时，分享他们在工程教育领域的一些思考，共同探讨如何进一步加强工程技术人才培养和人才培养方面的国际合作。

国内主要学术会议 2020年，学会以线上、线下相结合的形式开展各类学术活动60余场、自主品牌会议10余场、高端学术论坛10余场，线上、线下参与人数50余万人次。

8月12日，由山东省工业和信息化厅、学会主办的2020智能制造推进发展论坛在山东省青岛市召开。来自山东省的国家级智能制造试点示范项目企业、系统解决方案供应商企业、山东省智能制造标杆企业及各地市工业和信息化主管部门的120余人参加论坛。

8月13日，学会在山东省潍坊市承办召开第22届中国科协年会分论坛——高端装备产业发展论坛。会议设1个主论坛和2个专题论坛，主题涉及农机装备、智能制造等，邀请19名报告人作现场报告和视频报告。会议采取线上、线下方式召开，共吸引3万余人参加会议。根据企业需求调研，召开3场线上项目对接会，发布“智能制造领域相关前沿问题”，撰写《山东省农机装备发展情况及建议》并提交中国科协。

9月19日，由全国敏感元件与传感器学术团体联合组织委员会主办的第十六届全国敏感元件与传感器学术会议在辽宁省沈阳市召开。会议以“聚焦科技前沿、引导行业规划、促进交流合作、推动产业发展”为主题，中国工程院院士蒋庄德、柴天佑、王天然，中国科学院院士刘云圻，以及来自全国各地的专家学者和工程技术人员近500人参加会议。

11月13日，由学会主办的2020苏州推进智能制造发展高端论坛在江苏省苏州市召开。论坛围绕中国智能制造发展的动向以及制造业数字化转型设立3个主旨报告，100余人参加会议。

国际交往 学会参与由中国科协实施的2020年“一带一路”国际科技组织合作平台建设项目，创建“一带一路”智能传感与物联网合作联盟，完成英文网站建设、联盟章程制定、专家库搭建、召开2次工作会议等工作。与国外工业安全专业咨询公司探讨合作开展工业安全工程师培训与认证工作。学会2项标准分别被美国材料实验协会（ASTM）和国际标准化组织（ISO）批准立项，修订为ASTM标准和ISO标准。

科普活动 2020年，学会新增科普基地3家，累计设立科普教育基地8家。学会科普公众号正式启动运营，推动常规科普形式和线上“云科普”相结合。组织科普讲座、专家进校园、媒体科普节目制作、编撰科普图书和科普宣传手册、举办科学家影展、开展科技创新大赛、科普大篷车志愿服务、科普直播表演、“小小讲解员”体验营等36场科普活动，受众人数10万余人次。全国科普日、全国科技活动周期间，开展“科技助力脱贫攻坚——送科技到边疆少数民族地区助力农林产业提升”活动，在云南省临沧市凤庆县、宁夏回族自治区固原市隆德县、吉林省珲春市分别围绕粮油、核桃、中药材三个产业，通过“云课堂”网络直播课的形式开展为期一个月的系列讲座，每场会议线上点击量都超过15000人次，约9万人次参与云宣讲的分享。

表彰举荐优秀科技工作者 2020年，中国仪器仪表学会科学技术奖共征集申报项目202项，评选出一等奖17项、二等奖38项、三等奖32项。推荐第二届创新争先奖候选人10名、候选团体2个。评选中国仪器仪表学会青年科技人才奖4人。评选中国仪器仪表学会奖学金51人，其中，一等奖14人、二等奖37人。评选2020年度中国仪器仪表学会“全国仪器科学与技术学科优秀博士论文”5篇、提名奖5篇。评选中国仪器仪表学会会士13人，优选2名候选人参评中国仪器仪表学会“最美科技工作者”评选。授予36个单位或团队中国仪器仪表学会“最美抗疫先锋团队”会员荣誉称号。

党建强会 6月15—20日，学会党委在广西壮族自治区玉林市、柳州市所属5个区县联合主办2020年广西国防科普知识进校园、领导干部国防形势报告会，共组织开展1场专家咨询会、5场领导干部国防形势报告、9场航模表演、60余场国防科普报告和100多场航模（船模）科技课，600余名地方党政领导干部和2.3万余名中小学生参加活动。人民网、光明网、科技日报、广西电视台、广西新闻网、玉林及柳州地方电视台等媒体对活动进行报道。

9月25日，由中国科协科技社团党委主办、学会承办的“党建强会”活动——疫情下中小企业生存及创新之道在北京举办。有关专家分别作报告《助力创新创业者赢得未来》《企业产品研发中的创新之路》和《中小企业如何享受政策红利》，线上线下参与关注超5万人次。

会员服务 学会编写《抗疫仪器仪表及系统产品信息汇编》《新型冠状病毒肺炎中药宣传手册》等抗疫、防疫相关手册，发放给学会会员。开展“你复工，我护航”会员回馈活动，向会员赠送防疫用品。

学会加强会员管理信息化建设，2020年启用新的会员注册系统，对会员申请、管理流程不断优化，提升面向会员的服务管理能力。搭建集工作、交流、管理等多元化功能的工程教育专业认证管理网络信息化平台，提高工程教育专业认证工作的效率和质量。相关分会注册“功能材料核心服务平台”“近红外云课堂”等微信公众号，用新媒体广泛宣传学会成员、团队、高校成果及学科进展等。

【2020 中国仪器仪表学会学术年会】 8 月 27—30 日，由学会、国务院学位委员会仪器科学与技术学科评议组、教育部高等学校仪器类专业教学指导委员会主办的 2020 中国仪器仪表学会学术年会以线上形式举办。主题为“交叉·融合·跨界·赋能”，总计播放量达 14 万人次。

学会理事长、中国工程院院士、清华大学副校长尤政致开幕词。开幕式邀请清华大学数学科学中心主任丘成桐，学会常务理事、北京理工大学党委常委、副校长龙腾，中国空间技术研究院通信卫星事业部研究员陈东，中国人民银行数字货币研究所副所长狄刚作报告。

会议设置 7 个专题论坛，分别是计量与仪器仪表发展论坛、电子测量仪器及系统专题论坛、测量感知与先进制造专题论坛、“智能制造助力产业链供应链稳定”分论坛、自动化仪表与控制技术专题论坛、关键功能材料及应用专题论坛、智慧医疗高端装备技术专题论坛。中国工程院院士李天初、谭久彬、钱锋作报告，另有 15 名专家作在线会议报告。

闭幕式采取远程互动的方式，邀请 2 位传感器领域外籍专家荷兰代尔夫特大学教授 Paddy French 和英国牛津大学教授 Manus Henry 同年轻学者进行交流。年会共设 15 个征文方向，收到征文 324 篇，收录 315 篇，可在年会网站进行在线阅读。

【第三届数字中国建设峰会智能制造分论坛】 10 月 12 日，由中国科协、福建省人民政府主办，学会、泉州市人民政府承办的第三届数字中国建设峰会智能制造分论坛在福建省福州市召开。分论坛主题为“智能制造助力高质量发展超越”，来自天津大学、南京理工大学、中国科协创新战略研究院等单位的专家学者共 450 余人参加会议。

学会名誉副理事长吴幼华、福建省委常委周联清、泉州市市长王永礼出席论坛并致辞。中国工程院院士、浙江大学“求是学者”特聘教授谭建荣作主题报告。《智能制造与数字孪生：关键技术与发展趋势》。中国通用技术（集团）控股有限责任公司总经理陆益民，中控科技集团创始人、宁波工业互联网研究院创始人、院长褚健等作主旨报告。

会议期间，泉州市共对接项目 92 个，总投资 579 亿元。泉州市人民政府分别与思爱普（SAP）和华为签署战略合作协议，15 个项目进行集中签约，总投资 86.6 亿元，项目涵盖数字经济园区、工业互联网、人工智能、卫星应用、集成电路、平台经济、5G+ 智慧工厂、跨境电商等领域。

【2020 智能创新高峰论坛】 11 月 15 日，由学会、中共天长市委、天长市人民政府主办的 2020 智能创新高峰论坛在安徽省天长市举办，论坛的主题为“智能制造　仪领未来”。中国工程院院士谭久彬、天长市委书记邓继敢、合肥工业大学校长梁樑、学会副理事长兼秘书长张彤等出席开幕式并致辞。来自北京交通大学、北京理工大学、南京理工大学、江南大学、滁州学院等高校和国机集团科学技术研究院、重庆材料研究院、沈阳仪表科学研究院等科研院所的近 100 名行业专家出席开幕式。

中国工程院院士谭久彬作主题报告《新一代国家测量体系与高端装备制造质量》。中国工程院制造业研究室首席专家董景辰、华陆工程科技有限责任公司副总工程师陈鹏、南京优倍自动化系统有限公司董事长董健、重庆金鑫科技产业发展有限公司创始人及首席技术官杨永东作主旨报告。

（撰稿人：韩媛媛）

中国计量测试学会

服务创新型国家和社会建设　2020 年，学会对清华大学、北京市计量检测科学研究院等单位的 9 项科技成果组织开展鉴定工作。

2020 年，学会批准《近眼显示设备性能测试评价方法——第一部分　显示光学性能》等 6 项学会团体标准立项。通过制定团体标准，有效整合社会技术资源，促进产品质量提升和转型发展。

开展测量管理体系认证工作，修订《测量管理体系认证管理办法》，规范测量管理体系服务企业行为；帮助企业建立完善的测量管理体系，全年共认证企业 427 家、监督 1507 家。

新冠肺炎疫情暴发后，学会及时受理疫情用相关标准物质的申请，组织专家进行评审、上报、发证等工作，共批准新型冠状病毒核酸标准物质 19 种。2020 年，学会共完成 279 种国家一级标准物质、471 种二级标准物质的评审和批准工作。

做好注册计量师管理，开展注册计量师资格考试、命题、阅卷。做好注册计量师注册工作，完成注册计量师职业资格制度制定相关工作。2020 年，完成 696 人的一级注册计量师注册工作；受理计量标准考核 1210 项，完成 1065 项；发放社会公用计量标准证书 307 项；完成计量标准更换审核 134 项；完成计量标准封存、撤销工作 6 项。审核维护补充社会公用计量标准信息公开系统（试运行）相关数据，对中国计量科学研究院、7 个国家计量测试中心、国家轨道衡计量站等 10 余个授权的计量技术机构上报的 1700 余项社会公用计量标准信息进行审核。

学会组织有关专家提出《关于量子化变革教材修订及相关宣传工作的建议》，并上报国家市场监督管理总局。

学会建设 2020 年，学会建立完善会员管理系统、分支机构管理制度、加强网站建设等。对 36 个分支机构加强服务，并对分支机构中存在的问题进行清理整顿。增强学会秘书处为分支机构服务的意识，规范学会分支机构依规办事的能力。

截至 2020 年年底，学会新发展个人会员 60 人，会员总数 650 余人，团体会员 164 家，下设分支机构 36 个。成立学会实验室支撑与技术保障专业委员会、智能量测产业技术创新分会、交通计量测试分会。

青年人才托举工程 2020 年，学会继续对学会青托人才孙传智、龚晓云、李红、吴丹进行培养，支持开展科学研究，聘请专家指导，给予科研经费支持。

主办期刊 2020 年，《计量学报》由双月刊变更为单月刊，年刊发论文 257 篇，比 2019 年的 186 篇增长 38%，缩短论文发表周期。在 2020 年中国知网发布期刊指标中，《计量学报》影响因子为 1.264，比 2019 年的 0.927 有大幅提升。据美国 Scopus 数据库网发布，截至 11 月，《计量学报》CiteScore 指标为 1.1，2019 年该项指标为 0.7。

学科发展工程 学会组织开展中国科协“2020 年度重大科学问题和工程技术难题”推荐工作，由学会推荐的中国科学院微电子研究所提出的“如何解决集成电路制造工艺中缺陷在线检测难题”入选 10 大工程技术难题。入选后，学会组织专家就难题开展战略咨询，研讨难题前沿进展与未来趋势研判，凝练形成系列政策建议报告。同时，组织专家解读该难题并出版科普图书，服务国家科学决策，促进公众理解科学难题。由学会推荐的中国计量科学研究院“芯片三维纳米结构关键尺寸准确计量难题”项目入选该活动前 100 名（79 名）。

学会开展“2020 科创中国先导技术榜单征集”推荐工作，共有 7 家单位、7 个项目向学会申请，经学会组织专家评审，向中国科协推荐 5 家单位、5 个项目。其中，西安交通大学的“大长径比纳米探针可控制备技术及应用”成为 2020 年科创中国电子信息技术领域十大先导技术。

国际学术会议 12 月 11—13 日，由中国工程院、国际测量与仪器委员会共同主办，学会等单位承办的首届国际高端测量仪器高层论坛暨第 11 届精密工程测量与仪器国际会议在北京举办。中国工程院院士、哈尔滨工业大学精密仪器工程研究院院长谭久彬担任大会主席并主持会议。来自英国、美国、德国、加拿大、日本、瑞士、荷兰、俄罗斯、中国等 12 个国家和地区的专家学者等 180 余人通过线上线下相结合的方式参加大会。会议通过直播平台同时进行直播，实时在线观看人数达 3200 余人次。会议分为主论坛大会报告、分论坛研讨和圆桌论坛 3 部分。来自清华大学、中国科学院等高校和科研院所的 100 余名科学家、技术专家和企业家共同探讨和交流国际前沿问题、主要发展趋势与挑战、最新突破、应用需求以及产业发展战略等重大问题。

国内主要学术会议 学会全年共组织召开 11 次专业学术会议，参加会议人数 3300 余名；召开 5 次产业计量测试学术会议，参加会议人数近 1000 人。

国际组织任职 2020 年，学会推荐的哈尔滨工业大学教授朱延河成为国际测量技术联合会机器人测量专业委员会委员。学会秘书长马爱文受邀担任重新成立的测试、检验和认证中的测量专业委员会科学秘书。

国际交往 11 月，学会秘书长马爱文在线参加第 63 届国际测量技术联合会（IMEKO）总理事会议。共有来自 24 个国家的近 50 名代表在线出席会议。会议研究 IMEKO 的未来发展战略，讨论通过下一届总理事会有关内容；通过各专业委员会的人员调整及学术会议举办情况；听取第 62 届 IMEKO 总理事会议纪要、顾问委员会报告、主席团报告、技术委员会报告、信息官员报告、关于出版物的报告、主席和秘书处报告、财务报告、审计报告、外联报告、成员变更报告、2021 年在日本横滨举办第 23 届 IMEKO 大会和第 64 届总理事会议的筹备报告。

科普活动 学会邀请上海交通大学教授关增建等计量专家在线讲解古代度量衡以及时间计量等有关知

识，观看人数累计1000多人次，覆盖15个省（自治区、直辖市）。配合北京市海淀区园林绿化局，将马甸公园打造成“计量主题公园”。

新冠肺炎疫情期间，学会开展“线上教学　我们在行动”科普教育活动。结合疫情检测中相关仪器设备的使用情况，于2月23日组织“仪器误差的基本概念和分析”专业知识免费培训。来自25个省（自治区、直辖市）的2200余名学员参加线上学习和考试。

学会加强与疫情相关的科普宣传，动员各专业技术委员会和各科普基地发挥宣传平台作用，针对疫情防控中的温度测量等开展应急科普宣传工作，利用学会公众号、网站等平台发布与疫情相关的科普文章和科普视频，做好疫情期间的应急科普工作。

表彰举荐优秀科技工作者　学会组织开展全国创新争先奖候选人推荐工作，并组织专家对候选人进行评审。最终推荐中国计量科学研究院研究员张金涛、中国科学院计算研究所研究员李晓维为第二届全国创新争先奖候选人。

党建强会　全面加强学会功能性党委建设，坚持党委前置审议重大事项。加强党风和廉政建设，促进学会健康发展。加强学习教育，巩固“不忘初心，牢记使命”主题教育成果。

会员服务　学会会员可优先参与学会活动、在学会期刊发表论文。通过学会会员系统、学会官方网站、学会微信公众号等平台及时发布学会活动，方便会员了解学会资讯，可通过会员系统网站平台办理入会事宜。

【中国计量测试学会科学技术进步奖】2020年，组织开展2019年度中国计量测试学会科学技术进步奖评选，经过网上申报、网络初评、会议复审、评审委员会答辩和终审、发布公示等，最终评出24个项目获2019年度中国计量测试学会科学技术进步奖。同时，为获奖项目颁发奖杯、奖牌、证书，制作视频宣传片，并编辑出版《2019年中国计量测试学会科学技术进步奖获奖项目汇编》。

（撰稿人：崔　翼）

中国标准化协会

服务创新型国家和社会建设　协会全年完成国家标准报批并获批18项，新获批立项11项，在研25项。完成国家标准样品报批167项。全年团体标准批准立项133项，批准发布91项，同比增加56%和30%。累计发布团体标准376项，其中，4项团体标准获得2020年工业和信息化部百项团体标准示范项目，另有2项团体标准分别转化为国家标准和行业标准。

协会获得并完成外部的研究类和工作类项目25项，涉及政府部门、技术机构、高校等，支撑服务各方面的标准化工作。设立和推进内部项目4项，涉及技术服务评价、工作信息平台等。其中，协会主推项目企业标准化良好行为评价体系基本建成，形成包括一套国家标准、一套工作机构、一套评价机制与管理准则、一个全流程网上工作平台、一套评价专家课件和考试题库、一个正式注册商标、一张统一证书的综合运营体系，形成共建共赢共享格局。截至12月底，设立51家试点评价机构，808名注册评价专家，企业标准化良好行为服务平台访问量超过16万人次，注册企业450余家，颁发标准化良好证书156张。

2020年，协会举办各类专业基础培训班39期，通过线上录播和在线直播培训总人数3257人次。其中，举办8期国际标准制定系列讲座，涉及程序、规则、要点、技巧、翻译等全流程解析，培训人数1100余人次。开发上线远程教育平台，具有在线报名付费、自主视频学习、在线考试和能力测试三大功能。截至12月底，平台课程播放量达2089人次。

学会建设　2020年，协会正式完成“五分离、五规范”脱钩改革，与国家市场监督管理总局、中国科协实现行政脱钩，注册审批直接对接民政部，党务对接中央和国家机关工作委员会，外事对接北京市人民政府外事办公室，业务自主独立运营，人事自主管理，资产财务归属管理与国家市场监督管理总局分离，期刊出版继续由国家市场监督管理总局主管、中国标准化研究院和协会主办。

协会有注册团体会员3083家、个人会员3247人，其中，理事会员166人、常务理事会员49人、正副理事长14人；设立分会、专业委员会和工作委员会29个，2020年新增筹建优质服务、健康消费2个分支机构；是洁净室及相关受控环境、雷电防护、标准样品、项目管理、地理标志产品保护5个国家标准化管理委员会/技术委员会（SAC/TC）秘书处；承担太平洋地区标准大会、东北亚标准合作会议、自愿性可持续标准中国国家平台、中英营商环境合作项目中国秘书处职责；是团体标准化发展联盟主席单位及秘书处，团体标准化发展联盟成员和观察员共有

274家。

主办期刊 协会主办《中国标准化》、*China Standardization*（《中国标准化（英文版）》）、《标准科学》、《标准生活》和《产品安全与召回》5本期刊，以打造主流、专业、精品为目标，积极服务标准深化改革和实施标准化战略，发挥标准化宣传报道和知识科普的主流媒体作用。

国内主要学术会议 1月8日，第三届团体标准化发展论坛暨2019年团体标准化发展联盟年会在北京举办。团体标准化发展联盟秘书长、协会副理事长兼秘书长高建忠作2019年工作总结。

4月22日，由协会与中国专利保护协会共同主办的《团体标准涉及专利处置指南》解读及团体标准涉及专利处置案例分析研讨会通过网络会议的形式召开。

8月14日，国家标准化战略实施专家咨询委员会成立暨第一次工作会议在北京召开。来自中国科学院、中国工程院、高等院校、科研院所以及相关企业的院士、学科带头人、学者、技术专家和企业家等组成的专家咨询委员会成员和相关嘉宾近60人参加会议。会议由协会副理事长兼秘书长高建忠主持。

9月9日，由中国国际贸易促进委员会主办、中国国际贸易促进委员会商业行业委员会与协会共同承办的第四届中国服务贸易标准化论坛在北京举办。论坛以“标准化助力服务贸易创新发展”为主题，来自高校、科研院所、行业协会、企业的专家、业内人士针对数字展会、电子商务、人力资源、直播经济、文化创意等服务贸易重点和前沿领域发展以及相关标准化建设进行交流和探讨。

9月24日，企业标准化良好行为评价工作会暨标良评价实践研讨会在北京召开。会议采取线下和线上同期直播的形式召开，来自18个省、直辖市的47家标良评价机构的150名专家学者参加会议。

12月12日，由协会与中国家用电器研究院主办的第六届中国智能家居国际高峰论坛在广东省佛山市举办。来自高校以及智能家居行业企业、机构的专家、企业家围绕智能家居领域的热点话题和共性难点展开观点交锋，立足技术创新，打破发展瓶颈，加速行业创新升级。

国际交往 协会通过视频方式参加或举办太平洋地区标准大会、第19届东北亚标准合作会议、第47届国际标准用户联盟年会、中英营商环境标准化工作组多场网络会议等，有效支撑中国国际标准化工作。2020年，经过国际标准化组织考试遴选，1名员工赴日内瓦国际标准化组织（ISO）总部任职项目经理，工作得到ISO积极评价，这也是中国第二个派往ISO的工作人员。

科普活动 2020年，协会举办首届全国青少年标准化大赛暨国际奥林匹克选拔赛，参赛的2支队伍分别获得国际竞赛金奖和特别奖。

党建强会 协会设有理事会功能型党委，秘书处设立党总支部。将党对群团组织的领导写入协会章程。坚决贯彻党中央的路线方针政策，严格遵守党纪党规和落实中央八项规定精神，认真开展基层党组织工作，实施党建强会活动，坚持做好政府的助手、企业的朋友、标准化工作者之家，发挥党联系标准化工作者的桥梁纽带作用，被中国科协评为九星级党组织。

2020年是脱贫攻坚的决胜之年，协会联合中华中医药学会共同开展以“中药关爱、扶助健康”为主题的爱心帮扶活动，邀请中成药企业为甘肃省陇南市礼县马河乡定点捐赠中成药品；联系有关中药材企业赴甘肃省陇南市礼县考察调研中药材情况，推动帮扶礼县中药材的定点采购、定点基地建设等；深入推进“党建＋扶贫”，协会党总支与礼县马河乡党委共同开展党建工作座谈会，捐赠中药材种植技术等相关书籍300册，组织党员捐赠党建工作经费等，推进礼县马河乡扶贫工作取得新进展。

会员服务 以协会专项技术资源和交流活动为抓手，协作提供多层面、定向化联络和标准化研讨、培训，咨询和标准制定等服务。全年代购标准2.9万件，查询标准3万多条。推荐3家会员获得第二十一届中国专利奖金奖和银奖，获得国家知识产权局颁发的优秀组织奖。

【第17届中国标准化论坛】 11月19—20日，由协会主办，福建省标准化与认证认可协会、福建省标准化研究院、福建省产品质量检验研究院和方圆标志认证集团福建有限公司承办的第17届中国标准化论坛在福建省福州市举办，论坛以现场和线上直播方式进行。来自20多个省（自治区、直辖市）的400余名标准化工作者、企业家参加论坛现场活动，近万人收看论坛线上直播。本届论坛的主题是“国家标准化与制造强国战略之实施”。协会副理事长兼秘书长高建忠主持论坛开幕式。

开幕式上，颁发2020年度中国标准化协会科学技术奖和本届论坛优秀论文奖。福建龙净环保股份有限公司等8个单位获得科学技术奖单位奖，中车青岛四方机车车辆股份有限公司副总经理梁建英、国家海洋标准计量中心政策法规室副处长张燕歌等17人获得科学技术奖个人奖，吴军等撰写的30篇论文分别获得第十七届中国标准化论坛“腾讯杯”征文特等奖和优秀奖。

论坛紧扣国家全面深化改革的形势和标准化体制机制改革，邀请多位标准化专家，解读国家标准化工作政策举措，分享涉及智能制造、数字经济、工业互联网、海峡两岸和工业园区（产业）标准化建设、团体标准发展等新成果和新实践，推广、普及标准化知识，探讨在不断完善社会主义市场经济体制中如何持续实施标准化和制造强国战略，全面发挥标准化支撑经济社会发展的基础性、战略性和引领性作用，以高标准助推中国经济社会全面高质量发展。

（撰稿人：田　欣）

中国图学学会

服务创新型国家和社会建设　11月、12月，学会开展第二十四期全国CAD技能等级考试考评工作及第十六期全国BIM技能等级考试考评工作，报名参加考试人数达4.5万人次。修订并出版《CAD技能等级考评大纲》。组织第十六期全国BIM技能等级考试三级考试。通过使用无纸化试卷、增加巡考人次、提高雷同试卷检测标准，提升考评水平，保证考试含金量。

学会建设　学会定期召开常务理事会议、理事会议，根据工作需要随时召开理事长办公会议、秘书长工作会议，做到参会有纪律、过程有记录、结果有纪要、决议有落实。8月11—16日，学会召开第七届第九次常务理事会通信会议；8月29日，召开第七届第六次理事会视频会议；12月25—29日，召开第七届第十次常务理事会通信会议。制定、完善相关内部管理制度。

推进“互联网+”提升信息化建设水平，启动学会整体OA系统搭建。

学会新发展个人会员15714人，会员总数达到118681人；新增单位会员1个，单位会员总数81个。

实施专业委员会评估工作。1—7月，组织开展对15个专业委员会进行年度评估，学会土木工程图学分会等7个专业委员会年度工作优异。

青年人才托举工程　学会推荐2人作为第六届（2020—2022年度）中国科协“青年人才托举工程”项目候选人。同时，启动“中国图学学会青年托举计划”的征集和初步遴选工作。

主办期刊　学会主办3本期刊，《图学学报》2020年出版发行6期，收到论文603篇，录用157篇，刊发127篇，篇均文献23条，基金论文共计110篇，占比87%；高级职称占比为0.9%；博士学位占比为40%；硕士学位占比为48%。继续被国内3大数据库收录，再次入选知网《中国学术期刊影响因子年报》统计源期刊、万方《中国核心期刊（遴选）数据库》及《中国学术期刊文摘》源期刊。

《工医艺的可视计算（英文）》全年发稿29篇，出刊4期。相继被PubMed（PMC）、Scopus、DBLP等收录。2020年度国际化稿件占比超过60%，投稿专家的国家分布更广，论文国际化程度有所提高；审稿周期缩减至30天内完成，收、校、发稿时间大大缩短。

《土木建筑工程信息技术》出版6期，继续入选2020《中国学术期刊影响因子年报》统计源期刊。收稿368篇，录用175篇，其中基金论文126篇。

学科发展工程　做好中国科协学科发展研究项目，召集专家对报告进行三轮次修订。2020年年底，《2018—2019图学学科发展研究报告》正式出版。

国际学术会议　9月24—25日，由学会土木工程图学分会主办的第七届BIM技术国际交流会在广东省广州市召开。会议主题是“智能建造与建筑工业化创新发展”，邀请中国工程院院士丁烈云等国内外专家，勘察设计、施工、运营、房地产企业，软件厂商，BIM服务商等企业代表，高校教师等300余人共同探讨智能建造及建筑工业化的技术、产品及人才培养等热点问题。

国内主要学术会议　8月5日，由学会图学教育专业委员会主办、机械工业出版社承办、高等教育出版社协办的第二十二届全国图学教育研讨会在线上召开。机工教育平台对会议进行在线同步直播，超过6500人次观看。研讨会以“新挑战、新模式、新机遇”为主题，研讨新形势下“互联网+教学”“智能+教学”“线上线下混合教学”等议题，探讨互联网教育和智能技术为图学教育改革带来的新机遇和图学教育未来发展的新模式。

11 月 7—8 日，由学会指导、山西路桥集团承办的第六届全国 BIM 学术会议在山西省太原市召开。会议的主题是“GIS+BIM 技术在公路工程中的研究应用”，来自全国各地的高校师生、相关企业的主管领导和技术负责人以及 BIM 从业人员共计 500 余人参加会议，直播观看人数累计达 4 万余人次。

11 月 7—8 日，由科技部高技术研究发展中心、四川省科技厅主办，学会应用图学专业委员会和西南交通大学等单位承办的国家重点研发计划“现代服务业共性关键技术研发及应用示范”重点专项城市群综合科技服务集成技术研讨与交流会在四川省成都市召开，300 余名专家和科研人员参加会议。

11 月 20—22 日，由学会数字化设计与制造专业委员会主办、北京理工大学和中国兵器信息中心联合承办、中国空间技术研究院和中国北方车辆研究所协办的第六届数字化论坛暨中国图学学会数字化设计与制造专业委员会 2020 年会在北京举办。会议主题是“数字孪生和智能制造”，来自 37 所高等院校、科研院所和企事业单位的约 120 名专家、学生、企业人员参加会议，围绕数字孪生与数控加工、智能装配技术、工业智能技术、智能装备、航天器制造数字化、装配可视化、工业软件等议题进行专题演讲与研讨交流。

11 月 28 日，在学会的指导下，学会计算机图学专业委员会以现场 + 视频的方式举办第一届图学计算与工业软件发展研讨会。会议设置上海市、北京市、湖北省武汉市、云南省昆明市、广东省广州市、浙江省杭州市 6 个分会场，现场参加会议人数 150 余人，其他注册人员通过腾讯会议线上参加会议。同时，哔哩哔哩“图学大讲堂”官方账号全程直播，2100 余人次在线观看会议。

12 月 26 日，第三届“奋发图强”青年科学家论坛以腾讯会议 + 哔哩哔哩“图学大讲堂”在线直播的方式召开。会议主题为“图学迎接新一年”，40 人以腾讯会议的方式参加会议，哔哩哔哩“图学大讲堂”观看直播人数峰值达到 900 人次，线上参加会议人数共计 940 人次。

科普活动 8 月 7 日，学会建筑信息模型（BIM）专业委员会与清华大学－广联达 BIM 联合研究中心共同举办第六期 BIM 大讲堂活动。活动采用线上线下相结合的方式，累计 2500 人次关注直播。

11 月 13 日，由学会制图技术专业委员会、学会产品信息建模专业委员会、南昌航空大学共同主办，高等教育出版社等单位协办的第十三届“高教杯”全国大学生先进成图技术与产品信息建模创新大赛暨学术交流会在江西省南昌市举办。全国近 400 所高校、640 多支参赛队伍、4500 余名选手参赛。大赛采取选手云端线上参赛、专家云端线上评审等全新模式。大赛共评选出团体奖机械类 184 项、建筑类 72 项、道桥类 23 项、水利类 14 项、3D 打印 137 项。

表彰举荐优秀科技工作者 学会启动图学教育奖、优秀科技工作者奖、优秀博士学位论文奖、2020 年度青年人才托举计划 4 个科技奖项征集工作。

党建强会 拟定《中国图学学会党委工作规则》，面向理事中的党员同志征求意见，以发挥政治引领、思想引领和组织保障作用。学会功能性党委成员以及各专业委员会主任委员和委员立足本职岗位，用实际行动积极投身抗疫工作，通过捐资、捐物助力全国各行各业复工复产。

会员服务 2020 年“龙图杯”全国 BIM 高峰论坛首次面向会员全免费；各分支机构组织召开学术会议对会员的注册费减免普遍达 20% 以上；为参加全国 BIM 技能等级考试的会员提供可在学会官网提前查总分并查询单项得分的服务。编写、印制《中国图学学会 2019 年年报》，面向社会公开，为会员提供了解学会的渠道。

【2020 年全国 BIM 高峰论坛暨第十届“龙图杯”启动会及第九届“龙图杯”颁奖会】 11 月 26 日，学会主办的 2020 年全国 BIM 高峰论坛暨第十届“龙图杯”启动会及第九届“龙图杯”颁奖会在北京举办。大会得到中国科协、中国建筑科学研究院、清华大学、北京航空航天大学等相关单位和科研院校的支持。

第九届“龙图杯”全国 BIM 大赛分为设计、施工、综合、院校 4 个组别，共有参赛单位 1619 家，收到参赛作品 1999 项，参赛人数达到 23981 人次。经过专家委员会的初审、复审、现场答辩及终审、评审结果公示等环节，从 BIM 技术应用功能、应用创新、应用水平和综合效益等方面严格评审，最终 4 个组别共评出一等奖 61 项、二等奖 134 项、三等奖 199 项、优秀奖 294 项。会议同时在哔哩哔哩“图学大讲堂”官方账号和“CETV 新闻”抖音官方账号同步直播，在线观看人数峰值达 1.8 万人次。人民网、《科技日报》等媒体对大赛进行报道和转载。会议印发《2020 第九届“龙图杯”全国 BIM 大赛获奖工程应用文集》。本文集由学会组织一等奖获奖单位撰文介绍获奖成果，从工程概况、BIM 组织与应用环境、BIM 应用及应用效果、经验及创新等方面展示各获奖成果在 BIM 应用上的亮点及最新技术，供业内企业和技术、管理人员交流与借鉴。

大会邀请 4 名专家作大会特邀报告，并安排主题沙龙对话和优秀获奖作品分享环节。中建集团首席专家、中建科技集团有限公司首任董事长叶浩文作报告《智能建造是建筑业的新方向新动能》，北京市建筑设计研究院有限公司总建筑师邵韦平作报告《数字助力建筑创新和品质营造》，中国建筑西南设计研究院有限公司副总工程师方长建作报告《数字化驱动设计创新及转型》，万达商业规划研究院副院长朱镇北作报告《万达商业不动产数字化发展》。会议以“培养时代需要的创新 BIM 人才推动智能建造　助力建筑行业数字化转型升级”为主题组织沙龙对话，7 名专家就 BIM 创新人才培养、BIM 标准的实施、如何利用 BIM 推动智能建造与建筑工业化协同发展、如何解决 BIM 正向设计面临的困难、如何发展国产化软件等议题进行交流与探讨。6 名获奖项目代表作案例分享报告。

（撰稿人：杨　洁　王　玉）

中国电子学会

服务创新型国家和社会建设　2020 年，学会围绕机器人、人工智能、智慧社会、数字经济、工业互联网、区块链等前沿科技和产业，承担工业和信息化部、中国科协等相关部委的项目和课题等工作，其中研究报告《全球产业数字化转型趋势及方向研判》获得工业和信息化优秀研究成果奖三等奖。承担并完成工业和信息化部委托的“新一代人工智能生态体系专项”“电子信息制造业高质量发展评估专项”“数字经济高质量发展指标体系研究”“激活数据要素资源潜力相关政策预研”“区块链技术产业创新发展路径研究”“工业互联网创新发展路径研究”“中德智能制造合作前景研究”“新一代信息技术领域国际政策动态研究”，以及中国科协委托的“山东省数字经济发展战略研究”等课题研究工作。举办 2020 线上智博会数字经济百人会、第三届数字中国建设峰会智慧社会论坛、数字化转型与工业互联网创新发展论坛等行业论坛。同期发布《我国工业数字化转型“云”洞察研究报告（2020 年）》《新一代人工智能白皮书（2020 年）——产业智能化升级》《全球工业互联网平台创新发展白皮书（2020 年）——主要应用场景研判》和《全球社会治理数字化转型趋势研判（2020 年）》等智库报告。编制完成并发布《区块链创新发展白皮书（2020 年）——主要应用场景研判》和《制造业数字化转型与中德智能制造合作》等研究报告。

组织实施“2020 中国电子学会 – 腾讯 Robotics X 犀牛鸟专项研究计划”，完成科技成果鉴定 66 项。根据中国科协“科创中国”统一协调和部署，组织专家团队赴江苏省无锡市、安徽省铜陵市、浙江省丽水市、重庆市永川区等地服务地方发展，为实现科技经济融合、推动经济高质量发展提供支撑服务。

支撑工业和信息化部节能司开展国家绿色数据中心遴选工作，完成 2020 年绿色数据中心先进适用技术产品的征集工作，完成绿色信贷工作的相关调度和推进。发布集成电路、机器人等领域团体标准 29 项，在研团体标准 69 项。由学会组织制定的机器人互操作系列标准以中文、英文、德文、西班牙文 4 种语言同时发布。建立青少年机器人技术、青少年软件编程、青少年三维创意、青少年电子信息、青少年无人机技术 5 类等级评价标准。12 月 1 日，正式出版《青少年机器人等级评价指南》团体标准。

学会建设　学会全年组织召开 1 次理事会议、4 次常务理事会议，审议学会重大事项；召开 2 次监事会议，审议学会工作报告、财务报告、年检报告等。修订《中国电子学会工作委员会管理办法》《中国电子学会分会年度工作评估考核办法》。进一步完善分会换届流程，完成有线电视综合信息技术分会、天线分会、信号处理分会、量子电子学与光电子学分会 4 家分会换届工作，通过常务理事、会士等渠道广泛征集委员候选人。开发学会组织管理系统，实现分会换届管理、考核评优的信息化流程管理。新成立柔性电子技术分会。每季度召开分会秘书长沙龙，围绕分会发展进行研讨。

截至 2020 年年底，学会总部工作人员硕士以上学历人数占 58%，电子信息专业人员占 50%，留学归国人员占 17.4%。组织中层以上干部参加网络干部学院线上学习，各级人员集中开展绩效管理、干部监督、安全生产、民法典等培训。出台《中国电子学会总部发现培养优秀年轻干部实施办法》《中国电子学会总部干部考核管理办法》《中国电子学会总部干部选拔任用办法》，起草制定《中国电子学会总部干部培训管理办法》，修订《中国电子学会总部绩效考核管理办法》《中国电子学会总部采购管理办法》《中国电子学会总部信访处理规定》。

青年人才托举工程 2020年，学会修订《中国电子学会青年人才托举工程项目管理办法》，完成第三届中国科协"青年人才托举工程"项目总结工作，并通过中国科协验收。组织开展第四届和第五届项目执行及第六届（2020—2022年度）中国科协"青年人才托举工程"项目推荐工作。

以线上或线下形式举办8期青年人才托举沙龙，打造被托举人成长平台。邀请被托举人参加学会活动，为被托举人提供良好的学术生态环境。

主办期刊 2020年，学会主办科技期刊13种，其中，学术期刊12种（含英文学术期刊2种）、技术期刊1种，科技期刊总印数25.8万册，科技期刊发表论文数8286篇。学会主办的《电子学报》在《中国学术期刊影响因子年报》无线电电子学、电信技术类159个期刊中位居第4名。

学科发展工程 学会开展"2020电子信息领域重大科学问题和工程技术难题"征集工作评审，最终向中国科协上报4项重大科学问题和5项工程技术难题。

学会作为中国科协信息科技学会联合体的成员学会，牵头编辑中国科协新一代信息技术系列丛书《区块链导论》《工业互联网导论》《第五代移动通信技术导论》等。

国内主要学术会议 2020年，学会举办2020年中国国际服务贸易交易会数字贸易发展趋势和前沿高峰论坛、2020数字经济创新发展论坛、2020第二届全球工业互联网大会、第三届进博会2020智能科技与产业国际合作论坛、2020世界物联网博览会"慧海湾"物联网产业生态高峰论坛和中国大数据创新发展大会、2020中国5G应用创新大会、第二十二届中国科协年会机器人与人工智能产业发展论坛、第三届中国智慧社会发展与展望论坛、2020中国（佛山）国际智能机器人博览会、第三届数字经济百人会、2020量子信息技术学术交流大会、2020年全国物联网技术与应用大会、全国电子信息青年科学家论坛暨第三届半导体青年学术会议、2020年空间电子学学术年会、半导体产业创新发展专题会议，加强学术交流与合作。

11月21日，由学会、华中科技大学电子信息与通信学院、天津大学微电子学院等联合承办的半导体产业创新发展专题会议在2020中国5G+工业互联网大会期间召开。200余名国内半导体领域的专家学者参加会议。美国国家工程院院士、美国艺术与科学院院士、美国第三脑研究院院长陈世卿，华中科技大学电子信息与通信学院密铁宾，华中科技大学微电子学院院长缪向水，天津大学微电子学院院长马凯学，武汉大学电子信息学院教授李仲阳等作专题报告。

国际交往 学会积极开展世界工程组织联合会创新专委会秘书处、中国科协联合国咨商信息与通信技术专委会秘书处工作。策划实施首届"世界工程日"庆祝活动，参加第15届联合国互联网治理论坛并举办分论坛。

协助中国科协联合国咨商办公室推出新冠肺炎知识与数据信息系统公众版，为全球抗疫提供数据支撑。

科普活动 2020年，面对疫情影响，学会开发和运用线上平台，以线上和线下相结合的方式开展科普活动。通过构建广泛覆盖的青少年科普教育服务体系，吸引29个省（自治区、直辖市）的考生参加包括青少年机器人技术等级考试、软件编程等级考试、三维创意设计等级考试、电子信息等级考试等在内的青少年等级考试，全年开展考试123场，考试人数累计约22万人次，较2019年增长50%；开设线上、线下培训活动203场，结业16588人次，较2019年分别增长95%和51%，学会的教育培训平台课程点击量超过40万人次；在北京市、上海市、湖北省等地开展2020全国科普日校园科普联合行动，学会申报中国科协科普日活动4个，受益人数25141人次。

举办第十五届中国研究生电子设计竞赛，来自230余家研究生培养单位的3818支队伍共2万余名教师、研究生参加竞赛，较2019年增长12.5%。学会还主办或共同主办多个本科生赛事，400余所高校的5000余支队伍共2万余名师生参赛。学会与国家级实验教学示范中心联席会共同举办第七届全国高校电工电子基础课程实验教学案例设计竞赛，5个赛区共收到参赛作品721件，参赛规模较2019年扩大80%。学会主办的2020年世界机器人大赛赛场面积超过2万平方米，共有2000余支参赛队伍7000余名选手参赛。

2020年，学会在重庆市北碚区建设工业互联网平台体验中心，体验中心建设面积4000余平方米，完成总投资5840万元。

表彰举荐优秀科技工作者 开展2020中国电子学会科学技术奖评选，共评出特等奖1项、一等奖24项、二等奖19项、三等奖23项。学会科学技术奖一等奖项目有16项提名2020年度国家科学技术奖，其中，获得国家技术发明奖一等奖1项、国家科学技术进步奖一等奖1项、国家科学技术进步奖二等奖1项。此外，学会承担中国青年科技奖、中国青年女科学家奖、光华工程科技奖等国家级人才奖项推荐工作。发起设立中国电子学会集成电路奖学金。

党建强会 学会全面加强党的建设，推动党建与业务融合发展，探索通过党建促进学会创新发展的新路径新方法。发挥理事会党委把方向、管大局的领导作用，启动编制学会“十四五”规划。紧扣科技经济融合发展主题，对接重庆市永川区、江苏省无锡市、安徽省铜陵市、山西省吕梁市、江西省南昌市等地的产业发展和技术需求，开展科技成果转移转化服务。依托区域化党建平台和党组织共建联建纽带，开展党建+扶贫、党建+科普活动。赴广西壮族自治区偏远地区开展“党建强会—国防科普知识进校园”活动，先后走进9所学校，举办5场国防形势报告会、9场航模表演、60余场国防科普报告和100多堂科普课。

会员服务 会员可通过支付宝、微信等方式缴费，平台及时发送电子票据。为学会总部各业务部门、专业分会、专家委员会和省（自治区、直辖市）电子学会分配发展会员的二维码，便捷入会。启动与省（自治区、直辖市）电子学会开展合作的试点工作。为会员提供电子版《中国电子学会会员通讯》《中国电子学会青年科学家通讯》，分别在北京市、上海市、浙江省嘉兴市、重庆市、海南省举办8期青年人才托举沙龙活动。开展高级会员评选和会士遴选工作。

【中国电子学会科学技术奖励大会】 8月15日，中国电子学会科学技术奖励大会在北京举办。中国科协党组书记、常务副主席、书记处第一书记，中国科学院院士怀进鹏以视频方式为大会致辞。学会理事长、工业和信息化部原党组成员、总工程师张峰，以及学会副理事长、北京理工大学校长、中国工程院院士张军，学会副理事长、国家自然科学基金委员会副主任、中国科学院院士陆建华，学会副理事长、西北工业大学常务副校长、中国科学院院士黄维，学会监事长、中国工程院院士樊邦奎，中国科学院院士刘明、冯登国，中国工程院院士于全、高文、费爱国、吴建平、周济、王沙飞出席大会。会上举办2019中国电子学会科学技术奖、第七届中国电子学会优秀科技工作者、电子信息领域优秀科技论文（2020）遴选活动入选论文等表彰仪式。

【第十五届中国研究生电子设计竞赛总决赛】 8月19日，“兆易创新杯”第十五届中国研究生电子设计竞赛总决赛在江苏省南京市开幕。来自全国109所高校的402支参赛队伍参加总决赛。总决赛由中国学位与研究生教育学会、中国科协青少年科技中心及学会共同主办，江苏省南京市江北新区管理委员会与南京信息工程大学承办。

学会理事长，工业和信息化部原党组成员、总工程师张峰，南京信息工程大学校长李北群等出席开幕式并致辞。学会党委书记张宏图，学会副秘书长刘明亮，南京信息工程大学副校长张永宏，组委会秘书长、重庆大学信号与信息处理研究所所长曾孝平等共同为总决赛开赛。

【2020中国生命电子学术年会】 11月12—14日，由学会生命电子学分会主办、广东省佛山市南海区人民政府承办的2020中国生命电子学术年会在佛山市举办。会议主题为“聚焦电子健康，助力智慧中国”，学会生命电子学分会主任委员邓玉林主持开幕式。大会共有10个专题论坛、12个大会报告和80个特邀报告，国内生命电子学领域专家和相关学校师生共300余人参加会议。

中国科学院院士贺福初、谭蔚泓、张玉奎、唐本忠、邵峰，中国工程院院士刘良，国际宇航科学院院士邓玉林，中国科学院深圳先进技术研究院副院长郑海荣，学会生命电子学分会副主任委员、重庆邮电大学副校长林金朝，东南大学生物电子学国家重点实验室主任、学会会士陆祖宏，中国科学院精密测量研究院副院长、武汉国家磁共振中心副主任周欣分别作大会报告。报告中展示国内外最新成果、国家政策及产业发展的趋势，增进交流与合作。

【2020世界物联网博览会——中国大数据创新发展大会】 9月22日，由学会、无锡太湖新城集团、浪潮集团共同主办的2020世界物联网博览会——中国大数据创新发展大会在江苏省无锡市召开。大会以“现场论道+云端连线”方式全程直播。学会组织大数据领域国内外院士、专家、企业家围绕大数据、区块链、5G应用及数据安全等共同探讨和推动大数据、物联网、云计算与智能计算的深入融合，探寻大数据

时代的发展新机遇。

中国工程院院士沈昌祥作主题报告《用主动免疫可信计算保障数字经济高质健康发展》，中国工程院院士谭建荣、挪威工程院院士容淳铭分别以现场直播和视频录制方式作主旨演讲《大数据与区块链：关键技术与发展趋势》和《基于区块链重新定义互联网服务》。北京理工大学计算机学院副院长刘驰、齐鲁工业大学金融学院院长齐如志分别作主题报告《大数据共享与流通的处理与隐私保护技术》和《区块链与新型社会信用体系建设》。

【全国电子信息青年科学家论坛暨第三届半导体青年学术会议】 10月28—31日，由学会青年科学家俱乐部主办的全国电子信息青年科学家论坛暨第三届半导体青年学术会议在浙江省宁波市召开。论坛以“半导体前沿研究与关键技术”为主题，中国科学院院士、浙江大学宁波理工学院校长杨德仁，中国科学院院士、南昌大学副校长江风益，东北师范大学校长刘益春等专家以及青年科技工作者400余人参加会议。会议设主论坛、青年学者沙龙和专题论坛。

（撰稿人：段　续）

中国计算机学会

服务创新型国家和社会建设　2020年，学会共举办3次内容安全策略（CSP）认证，全年CSP认证报名人数21473人。在全国156所高校建立认证点，报名人员来自400余所高校。截至2020年年底，已举办21次CSP认证，144226人参与认证。根据2020年各认证点全年参与情况，学会评选出2020年度中国计算机学会CSP组织优秀奖和成绩优秀奖。

2020年，学会举办学科前沿讲习班培训10期，以线上结合线下方式进行，主题涉及图神经网络及认知推理、深度学习处理器、贝叶斯深度学习前沿进展、理论计算机、Suphx：Superhuman Mahjong AI、区块链技术与应用研究、数据安全与隐私、量子计算、深度学习前沿技术与产业应用、知识图谱，超过2200人次参加培训。

学会建设　2020年，学会召开理事会议，选举产生新任秘书长；召开2次常务理事会议、1次理事大会和若干次工作机构会议。

学会继续开展常务理事参加专业委员会学术年会活动，对各专业委员会活动进行调研和数据采集；组织专业委员会秘书长培训和主任研讨会；按照专业委员会服务的会员人数拨付工作经费。

2020年，经学会常务理事会议决议成立计算艺术分会，语音对话与听觉专业组升级为专业委员会，中文信息技术专业委员会更名为自然语言处理专业委员会。2020年有1个专业委员会完成换届选举。

新成立会员活动中心1个、学生分会7个。活动中心和学生分会组织各类学术活动共计400余场。截至2020年年底，付费会员总数达79921人，年度新增会员人数11921、新增专业会员4900余人，会员人数净增长近18%。

持续提升《中国计算机学会通讯》的质量和水平，提升学科发展报告的质量，努力打造成本领域的权威指南。

主办期刊　2020年，经过学会会刊评估组评议确认，《计算机学报》、*Journal of Computer Science and Technology*、《计算机辅助设计与图形学学报》、《计算机研究与发展》、《软件学报》评估结果为优秀，《计算机科学与探索》为年度进步期刊。

学科发展工程　学会组织撰写《2019—2020中国计算机科学技术发展报告》，组织专业委员会开展学科研究，并发布16篇学科发展报告，主题涉及量子算法与复杂性研究进展概述、对抗机器学习研究进展及趋势、数据库与人工智能的交叉技术研究、大数据知识工程的研究进展与趋势、新一代数据中心网络技术研究进展及发展趋势、跨媒体智能理论与技术研究进展、芯片安全研究进展与趋势、人机物融合操作系统的研究进展与趋势、资源匮乏语言机器翻译、高性能计算发展现状及趋势、智能软件可靠性的研究进展与趋势、人工智能系统的形式化验证技术研究进展与趋势、元学习的研究进展与趋势、序列到序列语音合成的研究进展与趋势、区块链信息系统发展现状与前瞻、网络信息安全智能技术与应用的研究进展与趋势。

国内主要学术会议　2020年，学会及下属专业委员会共举办学术年会、研讨会等30场，共有15217（线下）人次参加会议。

1月18日，YOCSEF（中国计算机学会青年计算机科技论坛）举办特别论坛“Win7停服，中国该怎么办”，《人民政协报》《中国青年报》、i黑马网、雷锋网等多家媒体报道。YOCSEF总部和27个城市分论坛全年共举办逾160次活动，参加人数8000余人次。

国际交往 2020年，学会与国际计算机协会（ACM）、美国电子电气工程师学会计算机协会（IEEE CS）、日本信息处理学会（IPSJ）和韩国信息科学家和工程师学会（KIISE）保持良好合作交往。与IEEE CS签署战略合作备忘录，双方将继续在服务会员、资源共享和出版等方面展开合作；与ACM签订合作备忘录，联合设立CCF/ACM人工智能奖，并在2020中国计算机大会颁奖典礼上首次颁发。2020中国计算机大会开幕式上，IEEE CS主席Leila De Floriani、ACM主席Gabriele Kotsis通过视频远程致辞。学会授予ACM首席执行官Vicki L. Hanson荣誉会员称号；应KIISE邀请，学会会士、北京大学教授陈宝权在线出席KSC2020会议并作报告。

科普活动 2020年，学会组织国际信息学奥赛（IOI）中国队选拔、计算机非专业组别能力认证（CSP-J/S）、全国青少年信息学奥林匹克联赛（NOIP）、全国青少年信息学奥林匹克竞赛能力测试及培训（NOI Online）、全国青少年信息学奥林匹克竞赛（NOI）教师培训。来自全国27个省（自治区、直辖市）的超过300名教师、学生参加NOI 2020；同期举办网上同步赛，共有2335名选手报名参加。

4名选手代表中国队参加在主办国新加坡以及世界各国同步举办的第32届国际信息学奥林匹克竞赛（IOI 2020），在与87个国家（地区）的343名选手的比赛中均获得金牌且名列全场前七位，中国队获得团体第一的好成绩。

学会举办第4届NOI与中小学计算机教育论坛，23名教师就“疫情常态化下信息学奥赛的发展之道”和“强基计划背景下的信息学奥赛”两大主题作探讨交流。

NOI教师培训本年度为线上培训，共有329人报名参加。

2020年学会共组织50场走进高校社会公益讲座，提供在线学术视频200余小时。

表彰举荐优秀科技工作者 2020年度中国计算机学会终身成就奖授予南京邮电大学/深圳大学教授陈国良和上海交通大学教授孙永强；夏培肃奖授予北京大学教授陈堃銶和清华大学教授王小云；杰出贡献奖授予清华大学教授陈文光；卓越服务奖授予中国电子科技集团公司第十五研究所研究员刘爱民和联想研究院博士侯紫峰；杰出教育奖授予合肥工业大学教授李廉和西北大学教授耿国华；计算机企业家奖授予用友网络科技股份有限公司董事长兼CEO王文京；杰出工程师奖授予阿里巴巴集团研究员林昊；优秀博士学位论文奖分别授予清华大学柴成亮等10位博士；王选奖授予华中科技大学教授金海；海外杰出贡献奖授予英国爱丁堡大学信息学院主任樊文飞、美国纽约州立大学石溪分校电气与计算机工程系SUNY杰出教授杨元元；CCF-IEEE CS青年科学家奖由学会与IEEE CS联合评审与颁发，授予国防科技大学教授郭得科、北京大学副教授梁云、中国科学院软件研究所研究员吴志林、南京大学教授俞扬、清华大学副教授翟季冬；CCF-ACM人工智能奖授予南京大学教授周志华。

北京大学、上海交通大学、南京信息工程大学、广东工业大学共同完成的“高维复杂数据的低秩模型理论与方法”，北京大学、中国科学院深圳先进技术研究院、山东大学、国防科技大学、深圳大学共同完成的“基于中层几何结构的三维重建理论与方法”，清华大学完成的“现代处理器重大安全漏洞发现”项目获得2020年中国计算机学会科学技术奖自然科学一等奖；湖南大学、香港中文大学共同完成的“物联网组网与计算优化理论与方法”，南京信息工程大学完成的“高效视觉目标跟踪理论与方法”，北京邮电大学、北京大学共同完成的“复杂异质网络化数据的建模理论与挖掘方法”项目获得2020年中国计算机学会科学技术奖自然科学二等奖；浙江大学、阿里巴巴集团控股有限公司共同完成的“面向数字经济的可视化设计与开发关键技术及应用”，清华大学、华为技术有限公司共同完成的“持久性内存存储系统关键技术与应用”获得2020年中国计算机学会科学技术奖技术发明奖一等奖；中科驭数（北京）科技有限公司、中国科学院计算技术研究所共同完成的“中科驭数数据库与网络一体化芯片与系统”，联想研究院完成的“面向5G智能应用的异构轻量级MEC多接入边缘计算系统”，国网湖南省电力有限公司信息通信分公司、湖南匡安网络技术有限公司、湖南大学、国网湖南省电力有限公司电力科学研究院、全球能源互联网研究院有限公司共同完成的“电力物联网网络安全主动防护关键技术及应用”项目获得2020年中国计算机学会科学技术奖技术发明二等奖；北京嘀嘀无限科技发展有限公司（滴滴出行）完成的“基于大数据的互联网+信号精细化交通管理平台”，蚂蚁集团、浙江大学共同完成的“金融智能自动机器学习系统研发与规模化应用”项目获得2020年中国计算机学会科学技术奖科技进步卓越奖；浪潮电子信息产业股份有限公司、浪潮（北京）电子信息产业有限公司完成的“浪潮人工智能计算系统关键技术及应用”，华为技术有限公司完成的“昇腾AI计算解决方案”，上海氪信信息技术有限公司、中国科学技术大学完成的“基于人工智能技术非或然智能引擎系统”，阿里巴巴集团、北京大学完成的“基于行为分析的电商智能对抗平台”，内蒙古大学、内蒙古奥云信息技术服务有限公司完成的“蒙古文人工智能云服务平台”项目获得2020年中国计算机学会科学技术奖科技进步杰出奖；联想研究院“联想MOLI-多语言多模态智能客服系统”，北京爱奇艺科技有限公司“爱奇艺奇观——基于娱乐场景的识别与理解服务”，同方计算机有限公司“基于HPC&AI的高性能计算公共服务平台”，北京交通大学、中国铁道科学研究院集团有限公司完成的“大数据驱动的高速铁路智能安全检测方法与系统”，深圳前海微众银行股份有限公司“基于迁移学习、联邦学习和进化学习的语音技术优化框架”，平安科技（深圳）有限公司“蜂巢联邦智能平台：数据隐私保护的商用级解决方案”项目获得2020年中国计算机学会科学技术奖科技进步优秀奖。

2020年，CCF-腾讯犀牛评选出30名青年学者获得科研基金资助，16名学者获得创意基金资助；与蚂蚁集团签署战略合作协议并宣布成立“CCF-蚂蚁科研基金项目”，最终评选出22个项目获得2020年度CCF-蚂蚁科研基金资助；与百度联合成立CCF-百度松果基金，评选出23名青年学者获得2020年度松果基金资助；CCF-绿盟科技鲲鹏科研基金评选出12个项目获得资助。

党建强会 学会党委成立以来，深入开展党建强会行动，结合学会业务工作探索开展形式多样的党组织活动，充分发挥党组织的战斗堡垒作用和党员的先锋模范作用。学会党委号召各地方分部、专业委员会等机构开展党员教育活动，并将活动信息报学会秘书处进行宣传，将有特色创意的活动报送中国科协科技社团党委。

会员服务 2020年，学会继续以提升会员价值为出发点，持续改进服务会员和专业工作者能力，除向会员赠送学会通讯、确保会员享受各种专享优惠福利、开展满意度调查和会员关怀外，信息化建设使会员服务更加完善。数字图书馆依托阿里云的视频转码和点播服务，使会员访问及播放更流畅；增加专享资料浏览权限控制功能，收录学会21个会刊、学科发展报告等出版物以及学会会议、重要学术活动的音视频资料、PPT、会议图集等各类资料，并且按题材进行分类汇总，制作数十个资料专题。会议系统提供论文投稿及评审、会议注册交费等功能，为使用者征文、论文评审及会议注册缴费提供支持。

学会官方微信、微博等新媒体渠道选择《中国计算机学会通讯》的文章及报告等资源推送给会员。学会还建设CCF在线小程序，为会员提供线上个性化资源服务。

学会已在33个城市建立会员活动中心、在55所高校建立学生分会。2020年度活动中心和学生分会组织各类学术活动400余场，学会派遣专家支持地方活动并提供部分活动经费。

【2020中国计算机大会】 10月22—24日，2020中国计算机大会采用线上线下相结合的方式举办，主会场设在北京，并分别在辽宁省沈阳市、浙江省杭州市、山东省济南市、重庆市、福建省厦门市设立3个分会场和2个专场。大会以“信息技术助力社会治理”为主题，设15个特邀报告、3场大会论坛、100余场技术论坛、CCF CTO峰会、CCF颁奖典礼、优秀大学生颁奖等活动，邀请400余名国内外计算机领域知名专家、企业家演讲，来自572家单位的6000余名专业人士在现场和线上参加会议。参会人员对数据库、新基建、知识图谱、智慧城市、5G、医疗健康等焦点话题进行讨论与交流。大会同期举办科技成果展，并举办CCF颁奖典礼，颁发CCF王选奖、CCF海外杰出贡献奖、CCF-ACM人工智能奖、CCF-IEEE CS青年科学家奖、CCF科学技术奖。

学会理事长、中国科学院院士梅宏致开幕词，合作单位ACM主席Gabriele Kotsis、IEEE CS主席Leila De Floriani通过视频远程致辞。大会由程序委员会主席、北京大学讲席教授谢涛主持。

大会特邀讲者包括ACM图灵奖获得者John Hennessy，美国科学院院士、工程院院士David Harel，日本情报信息处理协会主席Katsumi Emura，中国工程院院士廖湘科、李培根，中国科学院院士刘明，IEEE终身会士黄铠，IEEE会士张黔，清华大学讲席教授张亚勤等。

3场大会论坛分别以“新基建的机遇与挑战”“第

三代人工智能的演进路径：'统计' 还是 '类脑'""市域社会治理现代化"为主题。

学会资助 107 所院校的 162 名师生参加大会。

【2020 中国计算机学会青年精英大会】 6 月 5—8 日，2020 中国计算机学会青年精英大会在辽宁省沈抚改革创新示范区、北京两地会场同步举办。大会通过腾讯、爱奇艺和 B 站同步直播，33 万余人次观看直播。

大会主题为"制胜激变 · 智谋未来"。大会邀请到包括 2 名院士在内的超过 50 名国内外顶级专家、企业家在线演讲。设置 7 场特邀报告、8 场技术和观点分论坛、6 场思想秀、科技创业秀以及 YOCSEF Club 等环节。

大会特邀报告邀请讲者包括学会会士、浙江大学教授、中国工程院院士陈纯，学会理事、学会会士、北京大学教授陈宝权，学会副理事长、学会会士、清华大学教授胡事民，北京大学 / 美国芝加哥伊利诺伊大学教授刘兵等。

8 个技术和观点分论坛分别就智能无人系统、经典算法、软件编程能力、泛在智能、可信智能、新基建国产自主可控系统等议题交流探讨如何以科技力量对抗和解决后疫情时期的经济社会问题，并对未来技术热点和发展前景等展开讨论。

（撰稿人：陈玉辉）

中国通信学会

服务创新型国家和社会建设 开展科技咨询，服务科学决策。组织专家围绕信息通信技术在疫情防控中的应用建言献策，形成 7 份专报报送上级部门。积极参与国家立法咨询，组织专家就《数据安全法》《个人信息保护法（草案）》提出意见建议。承担中国科协、国家自然科学基金委员会等委托的项目和课题研究 15 项。

开展重点区域战略合作。与江西省科协、浙江省杭州市科协、江西省南昌市国家高新技术产业开发区管委会、浙江省杭州市萧山经济技术开发区管委会、之江实验室等签署战略合作协议，与萧山经济技术开发区管委会合作设立萧山创新助力中心。受中国科协委托，建设浙江嘉兴车联网高端智库及产业科技服务团，助力产业高质量发展和区域经济建设。

推进创新助力网络计划，开展科技服务对接活动。邀请中国科学院院士郑志明、中国工程院院士张平等领衔，组织 40 名专家组成 5G 通信与产业应用科技服务团，联合华为、中国信科、百度、腾讯等 30 家机构，重点在四川省、江西省、浙江省、天津市等地对接 20 多家企业需求。

提供科技社会化服务。开展 11 项科技成果评价；组织完成 50 余项专利评估；推进 25 项团体标准，发布《信息通信工程类工程能力评价规范》，对《绿色数据中心评价标准》等 6 项标准征求意见，网络 5.0 系列等 18 项标准立项。受工业和信息化部委托，承担并完成工程系列科技管理专业高级职称评审组织工作。

举办专业展览展示。5 月 17 日，学会主办 2020 年"世界电信和信息社会日"系列活动，开设"5G 应用成果展示"网上展厅，为公众了解中国信息通信领域前沿科技搭建平台。9 月 7—11 日，举办 2020 中国国际工业互联网创新发展展览会，展览面积 6000 平方米，集中展示中国工业互联网创新技术及应用成果。12 月 5 日，2020 中国信息通信大会设置成果展示区，集中展示 21 家信息通信领域重要企业的最新技术、最新产品以及解决方案等。

开展"双创"系列活动。举办 2020 年第六届 3S 杯全国大学生物联网技术与应用"三创"大赛、第四届"经世 IUV 杯"全国大学生通信网络部署与优化设计大赛 –5G 移动通信应用竞赛、2020"深唐杯"大学生 5G 技术及应用大赛、2020 移动互联创新大赛、第二届智能网络技术挑战赛 5 场赛事活动，承担中华人民共和国第一届职业技能大赛物联网技术项目，承办 2020 年全国大众创业万众创新活动周之 5G 应用创新高峰论坛，激发全社会创新创业创造活力。

加强教育培训。开设免费线上公开课，累计服务全国 186 所高校师生 19678 人次；开发"领跑新基建：5G 前沿应用 60 讲"语音课程，听众累计约 4.6 万人次；举办线下 5G 培训，开展 5G"1+X"试点工作，开发中国通信学会培训管理平台，上线中国通信学会科普教育培训平台。

学会建设 学会强化依章依规治会，全年召开 2 次理事会议和 5 次常务理事会议，编制《中国通信学会事业发展"十四五"规划（2021—2025 年）》，制定和修订制度 20 余项，建设高效专业的办事机构，加强人才队伍建设，强化"智慧学会"建设。

2020 年，学会个人会员新增 9000 余名，单位会员新增 40 家。新组建公共安全通信委员会、边缘计算委员会、能源互联网委员会、车联网委员会 4 个分支机构，分支机构总数达到 35 个。加强与省级通信学会的上下联动，与四川省、福建省、江西省等地方学会联合举办学术会议、科普活动。

受工业和信息化部委托，完成《中国通信年鉴》（2021 年卷）的编辑出版工作，为行业发展服务。编撰并印发《中国通信学会 2019 年年报》《中国通信学会制度汇编（2020 年）》《中国通信学会廉政风险防控机制建设工作手册（2020 年）》等内部资料。

青年人才托举工程 学会推进实施青年人才托举工程和青年英才培养计划。制定《中国通信学会青年人才托举成效评估办法》，组织第三届“青年人才托举工程”项目总结验收，开展第四届项目中期评估工作，召开第五届项目工作会，申报第六届项目，报名参与选拔的人员共计 30 名。举办中国通信学会科协青年人才托举沙龙，为托举对象搭建交流平台。

健全青年人才培养体系，配合“青年人才托举工程”项目工作，制定《中国通信学会青年英才培养计划管理办法》，组织实施青年英才培养计划，报名参与人员 90 余名。

主办期刊 学会主办《中国通信》（英文版）、《通信学报》《电信科学》《爱上机器人》《中国电信业》5 本科技期刊。

期刊影响力不断提升，《中国通信》（英文版）SCI 影响因子突破 2.0，完成中国科协科技期刊卓越行动项目影响因子指标，被评为“2020 中国最具国际影响力学术期刊”。作为中国科协分领域发布高质量科技期刊分级目录项目的 15 家试点单位之一，2020 年学会开展信息通信领域科技期刊评价工作，发布第一版信息通信领域中文科技期刊推荐目录。

学科发展工程 学会建立系列学术报告编撰体系和研究成果发布机制，引领通信学科发展方向，推动学科交叉融合，树立促进学科发展的风向标。

编制《中国通信学会学科发展“十四五”规划》，公开发布人工智能、硅基光电子、量子保密通信、四网四流融合、车联网等领域前沿报告 9 篇，白皮书 2 部。学会推荐的“硅光技术能否促成光电子和微电子的融合”入选中国科协 2020 年十大工程技术难题。

国际学术会议 学会举办国际学术会议 10 余场，参加会议人数 144 万余人次（其中线下参加会议人数 3000 人次），收录论文近 500 篇。

承办中国科协主办的 2020 中欧科技创新合作发展论坛之数字经济产学研协同创新发展论坛，举办第九届中国国际通信大会、2020 中国国际区块链技术与应用大会、2020 中国国际车联网技术大会、环球科学家蓝海论坛暨《中国通信》科技前沿研讨会等国际学术会议。

8 月 9—11 日，学会与电气与电子工程师协会（IEEE）、电气与电子工程师协会通信委员会（IEEE ComSoc）共同主办的第九届中国国际通信大会在重庆市举办。大会主题为“智能助力互联”，设置 8 场座谈会、7 场专题报告会和 6 场研讨会。来自加拿大、美国、日本、新加坡等国家和地区的 400 多名专家学者参加开幕式，会议录用论文 280 篇。

国内主要学术会议 2020 年，学会举办国内学术会议 40 余场，参会人数 700 万余人次，收录论文近 400 篇。

12 月 9—11 日，2020 全国物联网技术与应用大会在江苏省南京市召开。大会设置主论坛报告、20 余场学术和行业分论坛专题报告、3S 杯大学生“三创”大赛决赛等内容。中国工程院院士孙玉、赍德、刘韵洁、于全、王广基、姚富强、苏东林，中国科学院院士尹浩以及全国物联网领域的专家学者 400 余人参加大会，中国工程院院士邬贺铨、薛禹胜远程参加会议，线上参加会议人数超过 1.8 万人次。参加会议的专家共同探讨物联网产业发展的关键技术，共同推动物联网技术创新、产业应用、行业推广。

国际交往 深化国际合作关系，推进与 IEEE、国际电信联盟（ITU）等国际组织的良好合作；向 IEEE 总部捐赠防疫物资，助力海外疫情防控；与 IEEE、IEEE ComSoc 合作举办第九届中国国际通信大会，加强《中国通信》（英文版）期刊国际合作力度；与日本电子信息工程师学会－通信分会续签战略合作框架协议。

推进工程师资格国际互认，受中国科协委托，探索开展信息通信领域工程能力评价试点工作，发布标准，为推动中国信息通信领域工程能力与国际接轨迈出第一步。

科普活动 学会积极开展信息通信领域“科普中国”行动，获评中国科协全国学会科普工作优秀单位。

举办第二十五届电信新技术新业务高级报告会，

重点面向中央国家机关、大型国企、专网单位加强科普。

加强科普专家团队和科技志愿者队伍建设，组织地方学会、分支机构推荐信息通信科学传播专家、5G科学传播专家，注册成立中国通信学会科技志愿者总队，组织动员成立科技志愿者分队开展科技志愿服务。

推进科普创作，承接中国科协《科技民生报告》任务，组织编制《区块链简史》，完成10万字的书稿编辑及100余幅科普漫画插图绘制工作。

表彰举荐优秀科技工作者 学会推荐的学会会士、常务理事陈山枝获第二届全国创新争先奖状；向中国科协推荐“最美科技工作者”候选人2名、第十七届中国青年女科学家奖和2020年度未来女科学家计划候选人5名。

中国通信学会科学技术奖评选出获奖成果35项，其中，一等奖9项、二等奖12项、三等奖14项。遴选出8项成果，报送参加国家科技奖励评选。

党建强会 巩固深化“两个全覆盖”，组织召开理事会党委会议6次，在10个分支机构新成立党的工作小组，新成立及换届的分支机构党的工作小组覆盖率达100%。

学会充分发挥党组织战斗堡垒作用和党员先锋模范作用，开展支部党员自愿捐款助力新冠肺炎抗疫活动，组织免费线上公开课，启动助力中小企业抗疫复产与数字化转型帮扶“春雨行动”，获评中国科协“优秀抗疫学会”称号。

落实党建组团帮扶工作，与四川省南充市南部县定水镇郑家沟村建立结对帮扶关系，对口开展捐赠图书和消费扶贫等活动。

会员服务 2020年，组织完成会士遴选工作，29名高级会员晋升会士。组织会员参加学会举办的各类活动，优化会员管理系统，编制发布会员服务手册和《会员通讯》，向会员寄送期刊1万余册。

组织开展金融科技与数字化转型云端大讲堂“全国科技工作者日”特色活动，宣传科学家精神，收集和宣传报道会员单位抗击疫情新闻，获中国科协2020年全国科技工作者日“全国学会十佳优秀组织单位”称号。

【2020中国信息通信大会】 12月4—6日，学会主办的2020中国信息通信大会在四川省成都市召开。大会以“新基建 新动能”为主题，围绕5G应用、人工智能、能源互联网、6G技术等ICT创新重点领域举办2场主题活动、6场线下分论坛、3场线上分论坛以及4场内部会议。工业和信息化部副部长刘烈宏与四川省副省长李刚出席主论坛并致辞，9名国内外院士以及来自高校、科研院所、企业的100余名专家学者参加会议，现场参加会议人数约1800人次，网上直播共2万人次观看。

大会积极引导优质研究成果和行业资源集聚地方，推动地方品牌与科研成果融合对接。学会与四川企业开展座谈交流，推动科技创新成果转化，助力地方创新发展。大会设置成果展示区，集中展示21家信息通信领域重要企业最新技术、最新产品及解决方案等。

【2020年“世界电信和信息社会日”系列活动】 5月17日，由学会主办的2020年“世界电信和信息社会日”系列活动在线上举办，活动主题为“连通目标2030：利用ICT促进可持续发展目标（SDG）的实现”。时任工业和信息化部党组成员、副部长陈肇雄，国际电信联盟秘书长赵厚麟发表致辞。中国科学院院士艾国祥、中国工程院院士张平分别作主题报告。中国电信、中国移动、中国联通、中国铁塔、中国广电等单位分别作主题发言。

除主会场外，聚焦5G、工业互联网、大数据等主题的6场线上论坛和“5G应用成果展示”网上展厅等系列活动同步开展。论坛邀请国内外8名院士在内的40多名专家作主题演讲，为公众了解中国信息通信领域前沿科技搭建平台，展示信息通信技术在推动经济社会可持续发展中的重要作用。

本次活动合作媒体渠道62家，转发媒体132家，曝光总量34820次。活动首次采用云上会议模式，好视通、新浪科技、中国信息通信研究院“智能+学院”、咪咕视频、天翼超高清5个平台同步直播。活动当天直接参与观众330万余人次。

学会联动信息通信领域相关单位开展活动，北京市、湖北省、宁夏回族自治区、江苏省、浙江省、贵州省6地会场同步直播。20余个省（自治区、直辖市）围绕主题同步开展纪念宣传活动，受众约340万人次。

（撰稿人：张焕焕）

中国中文信息学会

服务创新型国家和社会建设 2月19日，学会发出抗击新冠肺炎疫情捐款倡议，截至2月24日24时，共收到来自学会理事及学会办公室工作人员的捐款102笔共计111298元。2月25日，学会将募集的全部款项捐献给湖北省慈善总会——新冠肺炎疫情防控专项。

学会建设 2020年，学会现有分支机构20个，其中工作委员会8个、专业委员会12个。学会大数据安全与隐私保护专业委员会更名为大数据安全与隐私计算专业委员会。

学会继续推进办事机构实体化建设和职业化改革，建设专职队伍。学会秘书处现有专职工作人员5人，平均年龄40岁，其中硕士学位人员比例为83%。

主办期刊 2020年，学会会刊《中文信息学报》（月刊）共出刊12期。根据《中国科技期刊引证报告》显示，核心影响因子为0.923，在信息与系统科学相关工程与技术领域的19本期刊中，核心影响因子和核心总被引频次排名分为第4位和第8位。根据《中国学术期刊影响因子年报》显示，《中文信息学报》在自动化与计算机领域的142本期刊中综合影响因子为1.712，学科排序列第22位，影响力指数为Q1区。

国际学术会议 7月27—29日，由电气与电子工程师协会（IEEE）、中国工程院、学会网络空间大搜索专业委员会主办，香港理工大学承办的第五届国际网络空间数据科学大会以线上方式在中国香港特别行政区举办，吸引国内外近200名网络空间数据科学领域的专家学者参加会议。本届大会邀请学会理事长、中国工程院院士方滨兴，美国佐治亚理工学院教授刘玲等6名专家作主题报告，丹麦、瑞士等国的专家作特邀报告和辅导报告，共同探讨和交流数据科学和网络空间领域的研究热点和最新成果。与会专家学者就网络空间中的大数据挖掘、多元网络融合分析、大数据在商业中的应用、漏洞分析与对抗学习等议题进行交流与探讨。

国内主要学术会议 2020年，学会及其分支机构共举办系列研讨会、学术讲座、报告会、年会、评测竞赛等学术活动约30次，参加会议总人数超过11万人次（含线上）。

8月14—16日，由学会和中国计算机学会联合主办、西安电子科技大学承办的第二十六届全国信息检索学术会议以线上形式举办。会议邀请国内从事信息检索理论与应用研究的50多所高校和科研机构的230余名专家学者参加会议。与会专家学者对信息检索领域的相关技术和挑战性问题进行分享和成果展示，促进相关学科领域与IT界的学术交流。

9月4—6日，由学会社会媒体处理专业委员会主办、浙江大学承办的第九届全国社会媒体处理大会在线上举办。会议邀请多位专家学者作大会主题报告、专题论坛报告。会议包括2场前沿讲习班、3场特邀报告、2场青年科学家报告以及社交机器人、计算传播学等8个分论坛，还举办3场主题论坛（顶级会议论坛、重大公共卫生安全论坛和企业论坛）。会议注册人数3046人，录用口头报告摘要和海报展示摘要各34篇，吸引1万余名观众在线参与。

10月10—12日，由学会机器翻译专业委员会主办、内蒙古大学承办的第十六届全国机器翻译大会（CCMT 2020）在线上举办，吸引来自高校、科研院所和企业界的近500名专家学者参加会议。会议分为讲习班和主会2部分：10月10日，讲习班邀请微软亚洲研究院博士周龙、字节跳动人工智能实验室博士周浩作报告；10月11日，主会邀请卡内基梅隆大学教授Graham Neubig和微软亚洲研究院首席研究员韦福如作特邀报告，还针对CCMT 2020评测进行专题报告。近500名专家学者注册，近4000名观众在线观看。会议报告机器翻译领域的最新研究成果，讨论机器翻译评测相关的任务和系统建设，探讨研究发展、技术应用和博士生培养等一系列问题。

10月24—25日，由学会主办、山东大学计算机科学与技术学院承办的第十七届全国自然语言处理青年学者研讨会在线上举办。会议主题为“聚焦科技前沿，勇担社会责任”，旨在促进自然语言处理领域国内外学者间的学术互动，加强认知学、语言学和自然语言处理的学科交叉和融合。会议设置2个特邀报告、3个主题研讨。清华大学教授朱小燕、东北大学教授朱靖波作特邀报告。预训练技术前沿进展论坛、认知语言智能前沿进展论坛及“科技抗疫，NLP青年在行动”论坛3个主题研讨邀请国内学术界和产业界优秀的青年学者作经验交流和分享。会议通过腾讯会议和B站直播的形式进行，线上近3000人参加会议。

10月30—31日，由学会大数据安全与隐私计算专业委员会主办、华中科技大学网络空间安全学院承办的第三届大数据安全与隐私计算学术会议在湖北省武汉市举办。学会理事长、中国工程院院士方滨兴，中国科学院院士郑建华作特邀报告，来自全国25家单位的60余名专家学者参加会议。会议邀请学术和工业界的学者专家围绕“受控共享为数据应用排忧解难，隐私计算为个人信息保驾护航”的主题展开讨论和交流。专家学者就大数据安全和隐私计算的科研和产业发展进行探讨，并就共同发展中国隐私计算的路线图达成共识。

10月30日—11月1日，由学会主办、海南大学承办的第十九届中国计算语言学大会在线上举办，参加会议人数超过2万人。大会收到303篇论文（中文204篇、英文99篇），录用论文109篇（中文74篇、英文35篇）。大会设置7场特邀报告、4场前沿讲习班、2场评测研讨会，并围绕会议论文、科研经验、前沿动态综述、系统平台展示进行探讨交流。

11月4—6日，由中国工程院、学会主办，中国工程院信息与电子工程学部、哈尔滨工业大学（深圳）承办的网络空间智慧搜索暨未来数据论坛在广东省深圳市以线上线下相结合的方式举办。学会理事长、中国工程院院士方滨兴，中国工程院院士廖湘科等40多名海内外大数据及相关领域的杰出科学家和学者应邀出席大会。美国伊利诺伊大学芝加哥分校教授Philip S.Yu，加拿大西蒙菲莎大学教授、加拿大皇家学会院士裴健等在线上作报告。线上、线下参加会议人数共计120余人。

11月6日，由学会和中国计算机学会联合举办的第五届语言与智能高峰论坛在线举办，B站直播峰值观看人数近2万人。论坛邀请微软亚洲研究院副院长周明等4名专家作特邀报告，中国科学院软件研究所研究员韩先培等3名杰出青年学者作青年科学家报告。论坛还邀请清华大学副教授黄民烈等4人围绕“后预训练模型时代自然语言处理的发展图景”主题展开圆桌讨论。百度技术委员会主席吴华作关于2020年语言与智能技术竞赛的评测报告，并公布获奖名单。

11月12—15日，由学会语言与知识计算专业委员会主办、江西师范大学承办的全国知识图谱与语义计算大会在江西省南昌市举办。会议主题为“知识图谱与认知智能”，采取线上+线下结合的方式，包括讲习班和主会2部分，300人现场参加会议，B站直播峰值参加会议人数接近5万人。11月12—13日，线上举办学会《前沿技术讲习班》（ATT 22期）；11月14—15日，线上线下同步举办主会。主会包括特邀报告、知识图谱前沿趋势论坛、优秀学术论文报告、知识图谱评测与竞赛、青年学者论坛、知识图谱工业界论坛等。特邀报告环节邀请海内外知名学者介绍学科前沿及重要成果，中国科学院院士陆汝钤等作特邀报告。报告内容涵盖知识表示、多模态知识图谱构建、知识问答以及知识图谱行业应用等方面。大会还邀请国内外知名高校、研究院及企业相关领域的专家学者作有关知识图谱构建、信息抽取、知识存储、检索与推理、知识共享重用与基于知识图谱的问答等主题报告和专题讨论。

11月22日，由学会民族语言文字信息专业委员会主办、内蒙古自治区社会科学院蒙古语言文字研究所承办的第八届全国少数民族自然语言处理青年论坛在线上举办。会议邀请多名专家学者作特邀报告，还邀请少数民族自然语言处理领域的青年学者作论坛报告，共吸引240余人参加论坛。

11月28—29日，第六届中国健康信息处理会议在线上举办。会议聚集全国医疗信息处理学者与医疗专家，共同探讨智慧医疗发展的趋势与挑战、数据驱动与知识驱动两条技术主线的可行和可能的融合方式。会议邀请美国密歇根大学医学院教授何勇群等4名专家作特邀报告，青年科学家论坛邀请北京航空航天大学生物与医学工程学院教授许燕等进行分享，工业论坛邀请腾讯医疗人工智能研究院高级研究员孙继超等分享人工智能技术落地健康医疗领域的经验。

国际组织任职　2020年，学会有1人在国际组织中任职。学会副理事长、百度高级副总裁王海峰任国际计算语言学协会亚太地区分会创始主席。

科普活动　2020年，学会共举办系列学术科普活动《前沿技术讲习班》2期，吸引超过3万人次参加学习。

11月7—8日，由学会主办的第15届中国中文信息学会暑期学校暨《前沿技术讲习班》在线开课，主题为“深度学习”。讲习班邀请加拿大蒙特利尔大学商学院助理教授唐建、天津大学副教授张鹏、清华大学长聘副教授黄民烈、复旦大学教授邱锡鹏等青年专家学者系统讲述基础理论、深度学习、认知推理、对话系统等方面的前沿动态。讲习班在线直播，并免费面向公众开放，B站直播间观看人数超过1万人次。11月12—13日，《前沿技术讲习班》第22期在江西省南昌市举办，主题为“知识图谱”。

表彰举荐优秀科技工作者　7月5日，启动2020年中国中文信息学会科学技术奖——钱伟长中文信息处理科学技术奖评选工作。经过材料申报、格式审查、专家初审和终审，共评出一等奖3项、“汉王青年创新奖”一等奖5人。

7月，2020年中国中文信息学会优秀博士学位论文评选工作启动。经过材料申报、格式审查、专家初审、初审公示及专家终审会，评出2020年中国中文信息学会优秀博士学位论文奖5篇、优秀博士学位论文提名奖3篇。

会员服务　2020年，学会在向会员赠阅《中文信息学报》的基础上，继续改革会员资讯类服务手段，完善学会微信公众号建设，及时发布相关学术领域的新闻、宣传学会的学术活动，加强与科技工作者的互动。

（撰稿人：肖千慧）

中国测绘学会

服务创新型国家和社会建设　学会开展2020年测绘地理信息创新产品认定工作，共收到87项产品申报，55项产品被认定为2020年测绘地理信息自主创新产品。

编制印发2020年《中国测绘地理信息科技创新与产业发展研究报告》，反映2020年度中国测绘地理信息领域科技创新与产业发展的总体情况，剖析存在的主要问题，分析所处的发展环境，提出进一步推动科技创新发展的思路。

学会与全国测绘地理信息职业教育教学指导委员会、河南省测绘地理信息局、开封市人民政府、黄河水利职业技术学院等单位共同发起成立中国测绘地理信息职业教育集团，旨在以国家产业政策为导向，以市场为驱动，以企业和高校为主体，搭建产学研用合作平台，促进相关主体之间的交流与深度合作，促进供需对接和资源共享，促进科研成果转化，形成优势互补，推动中国测绘地理信息职业教育发展。

完成2020年工程教育认证工作项目预算和联合体项目的投标工作，组织100余名专家学者参加中国工程教育专业认证协会组织的线上培训和会议。召开测绘类专业认证自评工作学习交流会和测绘类专业认证专家学习研讨会视频会议2次，完成10所高校的进校考察认证工作。

共完成389家甲级测绘资质申报单位的审查工作。

学会与河南省鹤壁市人民政府签署合作协议，共同打造全国首个空间地理信息与5G融合试验区，旨在推动传统地理信息产业转型升级、加快测绘科技成果由产品向应用转化。

学会建设　2020年，学会新发展团体会员139家，团体会员达到900家；个人会员近4万人。

全年共召开党委会议2次、理事会议1次、常务理事会议5次，坚持“三重一大”决策事项集体讨论研究决定。

制定和完善《中国测绘学会章程》《中国测绘学会合同管理办法（试行）》《中国测绘学会分支机构年度考评奖励管理办法》《中国测绘学会分支机构负责人工作约谈办法（试行）》《中国测绘学会省级测绘（地理信息）学会类团体会员年度工作考评办法（暂行）》《中国测绘学会财务管理制度（试行）》《中国测绘学会财务报销管理办法（试行）》《中国测绘学会固定资产管理办法（试行）》《中国测绘学会内部控制评价与监督制度（试行）》《测绘科学技术奖评选办法》10项制度，为学会工作提供制度保障。

完成分支机构2019年工作考评（3家综合优秀和12家单项优秀），引导分支机构打造高质量的亮点活动，激励分支机构争先创优。完善工作细则，优化分支机构管理与服务模式，对分支机构的各项工作提供服务与支持。

参与中国科协学会公共服务能力提升项目申报，报送《测绘（地理信息）团体标准示范学会建设》《面向产业链的测绘地理信息先进技术科技成果转化服务项目》。

主办期刊　2020年，《中国测绘》杂志每月按时策划出版，月发行量10013份。策划“疫线测绘人”“测绘地信，精准扶贫——全面小康收官决战年之利器”“森林防火地信有为”“全力以‘复’开足马力”“地质灾害防治的测绘服务”“北斗三号全球卫星导航系统正式开通”“智慧水利的测绘支撑”“高分七号卫星正式投入使用”等系列主题报道。

学科发展工程　推进《测绘学科发展研究报告（白皮书）》编写工作，为测绘科技工作者在发展前沿、开拓创新与引领学科发展方面提供参考指南。

国内主要学术会议　10月28—30日，中国测绘学会2020学术年会在河南省郑州市召开。会议以“万

物互联　智绘驱动——新测绘服务新发展”为主题。来自全国各地测绘地理信息学会、企事业单位和香港特别行政区、澳门特别行政区、台湾地区的2000多名专家学者参加会议。10余名院士出席会议，并从自然资源治理体系和治理能力现代化的需求、测绘地理信息技术与物联网、大数据、云计算、人工智能等新技术的融合发展等视角作报告。大会还统筹线上线下举办16场分论坛，围绕新测绘新发展、地理信息新基建、智慧城市新应用、智能互联、位置服务、5G时代测绘装备、人工智能、无人机、卫星遥感等技术进行交流，展现测绘地理信息技术创新应用的新成就、新发展。

两岸交流　申报中国科协2020年海峡两岸暨港澳台民间科技人文交流项目和中国科协海智计划项目。报送海峡两岸暨港澳科技人文交流合作案例。

国际交往　学会理事长宋超智代表学会分别致函国际地图学协会、国际测量师联合会、国际摄影测量与遥感学会等国际测绘组织，通报中国抗击新冠肺炎疫情的有关情况，介绍中国测绘地理信息科技人员利用高新测绘技术，为抗击疫情做好测绘地理信息保障服务的进展。

科普活动　面对新冠肺炎疫情，学会开展多项科普活动。学会与中华全国体育总会等单位联合开展“定向战疫　健康中国”居家定向大赛。组织开展2020年度测绘地理信息科普摄影大赛，征集670余幅参赛作品，参加第九届中国科普摄影大赛，获评优秀组织单位奖，1项推荐作品获优秀奖。组织多家会员单位联合开展技能大赛，组织会员单位参加2020年自然资源科普讲解大赛。参加“典赞·2020科普中国”宣传推选活动，推荐年度科普人物刘先林和张志华、年度科普作品《国家版图知识读本》《绿水青山看中国》等，其中《国家版图知识读本》入选“典赞·2020科普中国”年度科普图书图文名单。成功申报全国学会科普品牌专项《国家版图知识普及教育》。

持续推进测绘地理信息科技与产业示范区建设，为浙江省湖州市德清县地信小镇科技馆授牌学会科普基地。

学会开展线上“测绘大讲堂”，围绕“创新驱动”“智慧发展”“科技融合”“产业升级”4个主题，邀请10余名院士、专家、企业家和一线技术骨干等作为主讲人进行宣讲，关注人数达到5万人次。

表彰举荐优秀科技工作者　单位推荐6名候选人和1个候选团队参评第二届全国创新争先奖，最终有2人获得第二届全国创新争先奖。

学会扎实开展科技奖励及推荐工作。进一步完善测绘科学技术奖、全国优秀测绘工程奖、优秀地图作品裴秀奖、青年测绘地理信息科技创新人才奖、科技创新型优秀单位奖5个奖项评选办法，认真开展评选工作，共受理申报奖项总数905个，其中，测绘科学技术奖246个、全国优秀测绘工程奖426个、优秀地图作品裴秀奖115个、青年测绘地理信息科技创新人才奖56个、科技创新型优秀单位奖62个；评选出测绘科学技术奖86项、全国优秀测绘工程奖213项、优秀地图作品裴秀奖56项、青年测绘地理信息科技创新人才奖35个、科技创新型优秀单位奖40个。

党建强会　坚持党的领导，贯彻落实全面从严治党要求。学会党委和秘书处党支部履职担责，认真落实党的组织和工作“两个全覆盖”，并与巡视整改工作紧密结合，高度重视问题整改落实，为推进学会各项工作提供坚强的政治、思想和组织保证。

通过召开全国测绘学会工作会议、测绘地理信息企业家座谈会、部分科研院校和事业单位座谈会以及深入会员单位调研等形式，学习宣传贯彻习近平新时代中国特色社会主义思想和党的十九大及十九届二中、三中、四中、五中全会精神，了解测绘地理信息产学研用单位现状和困难，就如何发挥学会桥梁纽带作用、促进测绘地理信息科技创新与产业发展开展调查研究。

会员服务　会员入会、奖项申报、分支机构考评等均实现通过综合服务平台提交，辅以团体会员、正副理事长、常务理事、理事单位、省级学会、分支机构等建立QQ群和微信群，基本实现工作信息化管理。

【第十届中国测绘地理信息技术装备博览会】　10月28—30日，第十届中国测绘地理信息技术装备博览会在河南省郑州市举办。展览面积约2万平方米，200余家企业、5000余人参观展览。博览会汇聚全国行业的顶尖测绘硬件装备、软件技术、数据服务、系统集成和解决方案，包含2020年参与珠穆朗玛峰高程测量的测绘与北斗装备企业、自主知识产权的软件平台。博览会还增设“十三五”期间测绘地理信息科技创新成果专区，充分发挥技术装备博览会的展示、宣传、交流3大功能。

（撰稿人：黄　城）

中国造船工程学会

服务创新型国家和社会建设 学会承担中国科协“科技社团开展评估的标准与规范研究”和创新驱动助力工程示范项目“船舶与海洋装备科技服务团”等项目。

学会造船科技服务团建立“深海装备产学研用创新平台”和“海洋装备产学研用创新平台”，聚焦国家重大需求和产业急需，开展技术协同创新机制建设，推进关键核心技术攻关、装备研制与应用示范，促进科技成果转化，加快产业培育与发展，为中国深海装备科技攻关和海洋经济高质量发展搭建融合发展平台。

与江苏省科协、江苏省南通市人民政府、福建省科协、大连市科协、天津市科协等签订战略合作协议，为区域船舶海工及配套产业发展提供科技引领，推动船舶产业转型升级，支撑区域经济发展。

学会承接工业和信息化部高技术船舶专项工作，主要包括“船舶及典型配套设备质量品牌评价体系研究”“内河绿色智能船舶技术体系总体构架研究”“半潜式养殖装备工程开发”“浮式保障平台工程（二期）项目——中法规适用性及应急方案”“深水高效海上风电安装平台关键技术研究”“翼型风帆助推系统工程化应用研究”6项课题。

学会完成环境自适应高速水声通信技术及网络，船舶空气污染物排放控制系列标准、技术与应用研究等23项科技成果评价工作。

按照工业和信息化部《关于征集船舶工业科技中长期发展需求的通知》要求，聚焦深海、极地、绿色、智能等领域和方向，推荐面向2035年的重点科研方向需求8项、“十四五”重点研发需求32项。

完成海洋领域两用前瞻性技术目录编写任务，其中大容量、高功率密度的氢燃料电池技术等5项技术入选。针对交通运输部海事局关于征求“客运船舶重大改建”“船舶检验管理规定”等有关政策意见函的要求，分别就船舶新能源、节能减排、产品检验等内容提出意见和建议。

学会组织编写、发布《船用柴油机涡轮增压器压气机叶轮制造工艺绿色评价方法》等12项团体标准，涉及船舶、海工、电子、甲板机械等领域，为船舶产业高质量发展提供急需的公共服务产品。

组织制定国内首个修船行业标准《修船行业绿色船舶修理企业规范条件》，并根据该标准及规范对企业进行评价，对符合条件的企业授予“绿色修船示范企业”称号。工业和信息化部有关部门专门组织召开全行业座谈会进行推广。

学会举办“船舶智能制造企业应用实践”网课，组织专家进行2期线上讲座，在线学习人数达3万人次。举办船舶制造业管理人员培训班1次，来自船舶行业从事船舶制造、设计和研发及有关工作的管理、技术人员30余人参加培训。

10月29日，由学会与中国船舶工业行业协会等单位共同主办的第十四届中国大连国际海事展在辽宁省大连市举办。本届展会展览面积1.5万平方米，参展企业数量265家，参观人数累计超过25000人次。

12月9日，由学会与中国船舶工业行业协会等单位共同主办的第九届中国广州国际海事贸易展览会在广东省广州市举办。共邀请256家企业联合参展，9031名专业观众参观采购。

学会建设 2020年，学会召开理事会议2次，审议通过方案9项。发展个人会员223人，其中高级会员61人、普通会员153人、学生会员9人；发展单位会员8个。截至2020年年底，共有个人会员31790人、单位会员1021个。

学会聘任首席专家2人，秘书处聘任工作人员3人。制订修订各项规章制度15项。

学会参与编写《中国船舶工业年鉴2020》。组织出版《船舶设计整体方案》《国外航母核化母港改建评估案例》等专业书籍。

青年人才托举工程 学会已经托举和正在托举的青年人才共21人，其中4人2020年入选，组织被托举人开展学术交流、科技沙龙、青年论坛、编译图书等活动5项。

主办期刊 《中国造船》共发行4期，发行量为2600册，共收到投稿285篇，录用108篇，发表92篇。所有文章均被美国《工程索引》EI收录，收录率达100%。

《船舶工程》发正刊12期，发行量为16734册。共收到投稿1177篇，录用317篇，发表303篇。该刊为中国科学引文数据库和北京大学《中文核心期刊要目总览》来源期刊。

Journal of Marine Science and Application（《船舶与海洋工程学报》）全年发正刊4期，共收到投稿153

篇，发表55篇。该刊为中国科技核心期刊和中国科学引文数据库来源期刊。

《舰船知识》共出版12期，发行量为10万册。共收到投稿600篇，发表180篇。

《水下无人系统学报》共出版6期，共收到投稿180篇，发表98篇。该刊为北京大学《中文核心期刊要目总览》和中国科技核心期刊来源期刊。

国际学术会议 8月27日，学会标准化学术委员会参加第18届ISO/TC8/SC8（国际标准化组织/船舶与海洋技术委员会/船舶设计分技术委员会）全会（以视频形式召开），就委员单位主导提出的3项国际标准新工作项目提案与各国代表进行交流研讨，并对下一步船舶设计领域的项目孵化开展探讨。

9月21—23日，学会标准化学术委员会参加第39届ISO/TC8（国际标准化组织/船舶与海洋技术委员会）全会（以视频形式召开），听取海上安全、海洋观测、海上环境保护等领域主题报告，并与欧洲各国与会人员进行交流。

10月19—23日，学会标准化学术委员会参加ISWG-GHG7（IMO船舶温室气体减排工作组第7次会间会）会议（以视频形式召开），就温室气体减排的技术及营运方案开展探讨，并围绕“优化海上航线，减少温室气体排放”作专题技术报告。

国内主要学术会议 学会及分支机构全年共举办国内学术会议35次，参加会议人数5094人次，征集论文481篇。

10月15日，在第二届深圳海洋经济博览会期间，由学会主办的船舶工业前沿技术发展论坛在广东省深圳市举办。论坛以“创新、绿色、智能”为主题，围绕豪华邮轮、智能制造、绿色船舶等行业热点展开研讨。

10月25日，由学会与上海交通大学共同主办的2020“海上争锋”青年创新论坛在山东省日照市召开。青年学者围绕海洋智能装备与系统领域关键问题，结合研究方向作报告。中国工程院院士邱志明等专家为报告作点评。

10月29日，学会举办2020海洋技术与装备发展论坛，会议以“发展海洋技术装备，建设海洋强国”为主题，6名行业专家就智能船舶标准、海洋牧场、绿色动力等作报告。

10月30日，由中国船舶工业行业协会和学会主办的中国“绿色修船”论坛和全国“绿色修船”座谈会在辽宁省大连市举办。会议以线上线下形式同步举办，直播关注人数近3万人次。座谈会通报行业七年来“绿色修船”的实验成果，回顾四年来长江经济带“绿色修船”整治进展，聚焦自贸区复制“绿色修船规范管理”如何行动。

11月22日，由学会联合西北工业大学和中国船舶重工集团公司第七〇五研究所共同主办的2020年水下无人系统技术高峰论坛在黑龙江省哈尔滨市举办。会议以“水下无人系统海上跨域互联和海上作战”为主题，来自涉海高校、研究所和企业的200多名专家学者通过线上线下相结合的方式进行技术交流。

学会在第九届中国广州国际海事贸易展览会期间举办第五届中国绿色船舶技术高峰论坛、2020绿色修船&科技修船论坛、LNG双燃料舱改装技术论坛。

科普活动 2020年，学会首席科普专家带领团队采用线上形式作科普知识讲座，并深入偏远地方学校为学生们讲解科普知识。组织“奋斗者”号载人潜水器副总设计师李艳青为广西壮族自治区桂林市的学生们作报告《载人深潜器技术与应用》。配合“科学传播”活动，捐赠《舰船知识》杂志等2000本科普读物。

学会联合中国科普作家协会等推出《小川谈大师》系列新媒体科普作品，讲述船舶设计大师鲜为人知的故事，弘扬科学家精神，传播科学正能量。组织有关科普专家开发北洋海军模型制作及甲午海战兵棋等科普服务公共产品。

学会在线上举办2020年全国舰船及航海知识竞赛，吸引来自20多个省（自治区、直辖市）的3000多名参赛者，共评出75名获奖者。

表彰举荐优秀科技工作者 学会推荐的西北工业大学教授宋保维、哈尔滨工程大学教授张阿漫获得第二届全国创新争先奖状；推荐的大连理工大学教授邹丽获得中国青年女科学家奖。

学会与国务院学位委员会船舶与海洋工程学科评议组共同开展优秀博士学位论文评选工作，评选出优秀博士论文10篇。组织开展中国造船工程学会科学技术奖评审工作，评出获奖项目65项，其中特等奖2项、一等奖8项、二等奖25项、三等奖30项。

党建强会 学会党委承接中国科协“党建强会计划”项目。6月15—20日，在广西壮族自治区玉林市容县等地与10个行业的60余名专家和10家企事业单位就当地重点领域产业融合创新发展举办论坛、专家咨询会、红色资源开发宣传等系列活动。

会员服务　学会为会员提供多种学术服务，充分发挥学术引领、科技成果转化、科技智库建设、人才培养、技术标准制定等方面的优势，为会员搭建行业科技创新交流平台。每月为理事单位赠送《舰船知识》杂志，全年累计1400余册。加强对学会官网、微信公众号的更新与维护，将学会的活动和重要信息及时向会员传达。

【第九届全国海洋航行器设计与制作大赛】　8月22—23日，由中国科协、工业和信息化部指导，学会与中国船舶集团有限公司、中国海洋学会、教育部海洋工程类专业教学指导委员会、教育部创新创业教育指导委员会、国际船舶与海洋工程创新与合作组织联合主办的第九届全国海洋航行器设计与制作大赛在辽宁省大连市举办。大赛采用线上云端对决的比赛模式，赛前所有作品通过网络报名提交，全部评审和答辩工作均通过网络平台进行。

大赛主题为“创新引领、逐梦海洋”，共有56所学校参加比赛。共收到作品502件，其中，新概念创意设计（A）248件、设计与制作（水面组B1类）75件、设计与制作（水下组B2类自选功能）40件、设计与制作（水下组B2类指定功能）45件、技术难题求解（Q类）35件、前沿科技与产业发展挑战（产品、产业类项目T类）20件、前沿科技与产业发展挑战（科研项目T类）39件。经过参赛选手答辩和裁判专家评分，大赛最终评出特等奖46项、一等奖89项、二等奖147项。

2020海洋智能装备线上论坛（大连）作为大赛配套同期召开。学会首席专家陈映秋、船舶设计大师——大连船舶重工集团副总设计师刘文民、大连理工大学船舶工程学院院长张桂勇在直播间分别作专业报告《我国智能船舶技术发展之路》《漂浮的未来》《极地海洋装备与海冰作用研究》。此外，来自国内各大船厂、船舶设计院、船舶研究所等单位的40多名专家和高校师生就“海洋智能装备的需求、现状及发展趋势”“现代船舶与海洋工程制造业的现状及发展趋势”“极地海洋工程需求及发展”3个议题展开学术研讨，共谋行业未来繁荣。

【第二届“智慧海洋·水下攻防”科技创新论坛】　9月23—24日，由学会、青岛海洋科学与技术试点国家实验室、中国船舶集团有限公司第七一〇研究所等共同主办的第二届“智慧海洋·水下攻防”科技创新论坛在山东省青岛市举办。论坛以“聚集水下攻防和海洋工程装备技术创新与进步，推动我国智慧海洋水下攻防装备强国建设不断取得新成就”为主题，分为主论坛和分论坛，来自全国高校、科研机构和相关企业共64个单位的270余名专家学者参加会议。

在主论坛上，中国科学院院士、中国海洋大学副校长吴立新，中国工程院院士、清华大学教授何友，中国工程院院士邱志明，第七一〇研究所所长王晓林分别作主题报告。在分论坛上，15名行业专家作主题报告。

【2020中国（南通）船舶设计师高峰论坛】　11月21—22日，由学会、江苏省南通市人民政府共同主办，南通市商务局、中国船舶集团第七〇四研究所、上海佐赢海洋工程装备技术服务中心承办的2020中国（南通）船舶设计师高峰论坛在江苏省南通市召开。来自国内外船舶海工领域的500余名专家学者参加会议。

中国工程院院士蹇锡高作主题报告《新型杂环高性能工程塑料应用研发进展及其在船舶领域的应用展望》，中国工程院院士严新平作专题报告《面向新一代航运技术需求的船舶设计思考》，全国政协委员、船舶设计大师胡可一作报告《智能制造的核心——造船业内人士的观点》，Aker Arctic Technology Inc 船舶设计总监 Mika Hovilainen 作专题报告《芬兰阿克北极助力中国极地船舶技术发展》，船舶设计大师汤敏作主题报告《船舶辅机绿色智能技术应用思考》，中远海运重工有限公司副总经理陈弓作报告《探索船舶制造智能化转型之路》。

论坛设高端对话环节。国家能源局原副局长张玉清，中国船舶设计大师胡可一、杨葆和、汤敏，中远海运重工有限公司副总经理陈弓，中船邮轮科技发展有限公司副总经理房泉，中国船舶集团第七〇四研究所副所长李建明就智能制造和高技术船舶的瓶颈问题解决、发展方向及关键技术研究进行交流探讨。

论坛分别以“豪华邮轮”“高端甲板机械”“海上风电安装船与运维船技术”为主题举办3场学术报告会，17名专家学者作专题交流。

（撰稿人：梁冠军）

中国航海学会

服务创新型国家和社会建设　学会围绕航海领域及经济社会发展中的重要问题开展科技评价工作，完成97项科技成果评价评定并发布年度航海科学技术奖92项，其中，特等奖2项、一等奖17项、二等奖58项、三等奖15项。

强化磁罗经校正服务工作和管理。通过对学会磁罗经技术服务部相关组织及管理办法的修订、完善，保障各项制度标准的合理化、规范化，提升服务工作的科学性、严谨性。磁罗经校正技术服务工作继续保持稳定发展态势，全年共校正船舶21211艘次、校正磁罗经23670台次。

为全国13所航海院校81名优秀学生发放“中国航海学会－中国船级社航海奖学金”；为全国19所航海院校海上专业的273名贫困学生发放“中国航海学会－张荣发助学金”。

为进一步提升学会服务国家战略和经济社会发展能力，探索学会在促进航海业与新经济融合发展中的新路径新作为，学会牵头成立中国航海智库，并发布《融入双循环 变中开新局——后疫情时代航运业发展机遇、挑战及对策》的智库产品。

面对疫情发生后航运业暴露的应急法制、体制和国际国内合作机制等问题，向相关部委提出《航运业完善应急管理体系的对策建议》《关于推动将海员认定为“关键工作人员”的建议》；为及时指导广大船员科学应对疫情，及时发表论文《突发疫情事件的船舶应对策略》；为提高船员和引航员新冠肺炎疫情防控的英语交流能力，与中国引航协会合作编写并发布《船舶驾引人员防控新冠肺炎英语手册》。

学会与中国交通通信信息中心联合举办首届智慧航运数据创新应用大赛，大赛历时2个月，16支队伍获奖。

学会建设 在深入调研和自身现状分析的基础上，学会起草发布《中国航海学会创建“双一流”（2020—2024）行动方案》（“双一流”，即世界一流学会和一流科技期刊）。该方案提出，用5年左右时间基本建成创新引领、行业倚重、社会信任、会员满意的“双一流”科技社团，并明确提出8项重点任务：深化学会改革与创新能力建设，全面推进学会治理能力和治理体系现代化；打造学术活动品牌，提升学术引领力和影响力；建设中国航海智库品牌，主动服务国家战略；建设世界一流科技期刊，构建与创新型国家相适应的科技期刊发展体系；打造科技奖励、评价、认证品牌，提升科技社会化服务能力；拓展和完善国际交流合作机制，构建国际航海领域命运共同体；推进现代科普体系建设，传承弘扬优秀航海文化；完善会员发展和服务体系，打造科技工作者之家。

通过修改学会章程和完善制度，进一步明确理事会、常务理事会的决策程序和职责范围。

2020年，学会召开专题会议数次、理事长办公会议15次、党委会议7次、理事长全体会议2次、理事会议2次、常务理事会议1次，集体审议、决策议题100余项。

为加强秘书处建设和提高工作效率，将多部门整合为综合事务部、学术交流部和科技服务部，实现工作协同；在会员单位的支持下，补充一批业务骨干，强化工作力量；开展中层干部竞争上岗和绩效考核奖惩制度，加强职业化建设。

通过修改《中国航海学会分支机构管理办法》等规章制度，进一步规范分支机构管理，明确学会、分支机构及其依托单位之间的职责和工作关系。在推进分支机构按期换届的同时，根据分支机构运行存在的问题、业务范围合理性和发展适应性分析及业界的意见建议，提出《中国航海学会专业委员会设置调整方案》，调整后，学会专业委员会数量从22个增加到27个。

学会与20家地方航海学会共同签署《全国航海学会合作机制协议》，建立全国航海学会合作机制。

青年人才托举工程 学会依托中国科协创新融合学会联合体，按照多渠道推荐、同行专家评议的模式，开展第五届（2019—2021年度）中国科协“青年人才托举工程”项目候选人遴选和培养工作。2020年，学会推荐的大连海事大学讲师王生海成为被托举人。

学科发展工程 学会组织会员单位和360余名专家分11个领域完成《中国航海科技发展报告（2020）》的编制工作，并在2020年中国航海学会学术年会上正式发布。成功申报“中国智能航运产业发展路线图”项目和“青岛航运智能化与高质量发展科技服务团”项目。

国际学术会议 9月8日，由学会、福建省人民政府主办的2020“丝路海运”国际合作论坛在福建省厦门市召开。论坛以“丝路海运：高质量发展之路”为主题，围绕“共商港航合作、共建丝路通道、共享经贸繁荣”愿景，设置主旨演讲、“丝路海运”快捷航线发布、“丝路海运”联盟新成员授牌、“丝路海运”服务标准体系研究成果和“丝路海运”蓝皮书发布等环节。“海丝”沿线主要港口、全球知名航运公司、物流商贸企业、学术机构、行业协会等相关领域的专家学者参加会议。

国内主要学术会议 6月6日，大连海事大学与学会联合举办2020年智能航运发展云论坛。论坛以主论坛和专题讨论形式进行，海内外数千人次参加云论坛。参加会议的专家学者围绕“智能技术下航运发展的机遇与挑战”“新冠疫情下全球航运应对策略”等主题，从智能航运发展的全链条、全要素以及疫情状态下航运发展的新挑战等多维视角进行交流和探讨。

11月16—17日，2020中国航海学会学术年会暨航海科技成果展示活动在广东省广州市举办。通过会展结合的方式探索开放融合协同发展，促进产学研用交流合作。

学会所属各专业委员会举办海帆寻踪文化遗产视野下的海上丝绸之路学术研讨会、“保险＋期货”重构集装箱运输新业态主题研讨会、船员与航行安全研讨会等专业性论坛或研讨会。

国际交往 5月，学会参加国际航行学会联合会（IAIN）2020年第一次执行委员会工作会议，提交2024年IAIN世界大会筹备情况报告，汇报2021年奖项评审委员会构成及工作计划，并参与五年发展规划、执委提名等议题的讨论。学会原理事长黄有方作为国际航联国际评审委员会主席，组织第17届约翰·哈里森奖和尼科奖的评审工作，学会组织开展候选人推荐工作。

学会理事长、国际海事组织亲善大使何建中参加国际海事组织海事亲善大使年度工作会议，鼓励青年人投身航海事业。受国际海事组织邀请，何建中参加世界海事日线上交流研讨会。

科普活动 为大力普及航海文化、加强青少年航海教育，学会相继举办青少年航海教育研讨会、首届青少年航海教育论坛等系列活动。通过研讨交流，发现中国青少年航海教育面临的问题与挑战，探寻海洋强国战略建设后备人才培养的新思路、新方法。学会理事长何建中向全国政协提交的航海知识在中小学进校园进课堂进教材的提案，获得国家有关部门回应。

学会与北京市体育局等4家单位联合主办的2020第二届北京国际帆船赛线上赛暨北京帆船公开赛由中央电视台全程直播。

2020年，学会先后认定6家单位或机构为学会科普教育基地，推荐中国航海博物馆入选中国科协“科普中国”共建基地项目。

10月30日，由学会、辽宁省大连市人民政府主办，大连市科技局、大连海事大学承办的全国智能无人艇搜救大赛暨智能无人艇技术高峰论坛在辽宁省大连市开幕。大赛以“海上智能搜救”为主题，以无人艇技术在搜救领域的应用展示为主要目的和内容，设置智能无人艇搜救创意设计、人机协同无人艇水面目标快速救助、自主无人艇水面目标快速救助、无人艇搜寻探测水下目标4个科目。线上赛事与线下赛事同步举办，包括哈尔滨工业大学、华中科技大学、天津大学、北京理工大学、西北工业大学、大连海事大学、海军大连舰艇学院等30余家单位的近60支队伍参加比赛。大赛期间，同步举办智能无人艇技术高峰论坛、海洋智能装备青年学者论坛、产学研技术对接会，发布海洋技术需求、对接海洋科技成果。

表彰举荐优秀科技工作者 2020年，学会举荐的南京水利科学研究院教授胡亚安获第十三届光华工程科技奖，武汉理工大学教授、中国工程院院士严新平获第二届全国创新争先奖状，哈尔滨工程大学教授赵玉新获第十六届中国青年科技奖。经学会推荐，由交通运输部科技司报送的航海家翟墨获全国科普工作先进个人。向中国科协推荐2名“最美科技工作者”候选人及5名中外青年交流计划候选人。

为进一步改进和加强航海科技奖励工作，学会对《中国航海学会科学技术奖励办法》进行修订。将中国航海学会终身成就奖改设为中国航海学会最高科学技术奖，将中国航海学会青年航海科技奖改设为中国航海学会青年科学技术奖，将中国航海学会航海科技突出贡献人物奖改设为适用于个人、创新团队和组织的中国航海学会科学技术突出贡献奖，将中国航海学会优秀航海科技论文评奖改设为中国航海学会优秀科学技术论文奖，增设中国航海学会技术发明奖和中国航海学会科学技术普及奖，并共同构成中国航海学会科学技术贡献奖。

完成2019年度中国航海学会青年科技奖、2019年中国航海学会科技贡献突出团队、2020年中国航海学会科技突出贡献个人评选工作。

党建强会 学会党员代表大会与九届一次理事会议套开，同步选举产生九届理事会党委。将“党的建设”“坚持党的全面领导”“社会主义核心价值观”载入学会章程，出台加强党建工作的若干意见，建立严格规范的工作制度和党委中心组学习制度，为党委强化政治引领、参与重大决策、指导和规范学会各项工作有序开展提供制度保证。围绕加强党的建设、防范风险、科技服务经济社会发展等重大主题，每季度开展中心组学习。学会办事机构党支部3月换届后，完善制度建设，强化“三会一课”，组织开展多次学习实践活动。

会员服务 组织会员参加中国科协科技工作者日、学会及各专业委员会学术年会、中国航海日论坛、国际或地区学术交流等活动。举荐航海领域优秀人才参评中国科协、交通运输部等部门组织的评优树先活动。

【中国航海智库成立大会暨后疫情时代航运业发展机遇与挑战研讨会】 8月25日，学会在北京召开中国航海智库成立大会暨后疫情时代航运业发展机遇与挑战研讨会。学会理事长何建中，交通运输部原部长李盛霖、原副部长徐祖远，原交通部副部长洪善祥，中国工程院院士张建云、钮新强、严新平等专家出席会议，学会分支机构、地方航海学会负责人等80余人参加会议。

何建中在讲话中说，中国航海学会要充分发挥航海智库咨询专家委员会的指导作用、学会各专业委员会和专家委员会的支撑作用，建立学会型智库研究机制，创建中国航海智库成果发布平台，探索新型智库的经费渠道和激励机制。在战略规划方面，要立足航海领域基础性、重大性、前瞻性、战略性问题研究，为国家、行业及相关的企业发展战略规划的制定提出咨询意见和建议；在公共政策方面，要就新基建政策投入、“双循环”转型发展、行业税费政策调整、航海科技创新支持等提出研究方案和意见；在治理体系方面，要围绕现代信息技术与传统航运要素的融合发展开展集中性研究、加强国际合作，推进行业治理体系和治理能力的现代化建设；在航运人才方面，要针对船员队伍建设和青年航海科技人才的培养方式和途径等开展系统性研究；在航海文化方面，要开展多种文化载体研究，弘扬新时代航海精神，并不断丰富其内涵。

成立大会前，中国航海智库管理委员会第一次会议审议通过《中国航海智库章程》和中国航海智库咨询专家委员会组成名单。

在后疫情时代航运业发展机遇与挑战研讨会上，专家学者为后疫情时代的航运业发展把脉问诊、谋策献智。

【中国航海科技发展报告（2020）】 11月17日，在2020年中国航海学会学术年会上首次发布《中国航海科技发展报告（2020）》（简称《报告》）。《报告》包括总报告和船舶驾驶、船舶机电、航海保障领域、通信导航与遥感、航道工程与运行、港口建设与运行、货物运输与安全、管理与服务、政策与法规、监管、航海教育与文化11个分报告。《报告》总结“十三五”时期中国航海领域主要科技进展，就国内外航海科技发展进行比较，分析存在的差距和原因，展望未来五年或更长时间航海科技发展趋势，并提出中国的发展策略和措施建议。

【首届青少年航海教育论坛】 9月19日，由学会、中国船东协会、中国海员建设工会、陶行知教育基金会联合主办的首届青少年航海教育论坛在山东省日照市举办。来自航运界和教育界，以及关心支持青少年航海教育、致力于航海文化传播的有关行业协会、企事业单位以及相关院校的近150名专家学者参加会议，就如何加强青少年航海教育，为建设海洋强国、航运强国储备具有强烈海洋意识和航海精神与文化的未来人才展开交流和研讨。

论坛以“加强青少年航海教育 筑梦海洋强国建设”为主题，致力于引导更多的年轻人热爱海洋、热爱航海事业，积极推动航海文化知识进教材、入课堂。论坛围绕“加强青少年航海教育的举措”焦点话题展开专题对话，举办打造青少年航海教育综合实践示范基地揭牌仪式以及青少年航海教育课题带头人和课题实验校（基地）签约仪式。

【纪念2020年中国航海日暨航海科技表彰活动】 7月10日，由学会、招商局集团共同主办的纪念2020年中国航海日暨航海科技表彰活动在学会官网上线。活动主题为“科技助力航海可持续发展”，邀请多名专家学者分享航海科技领域新思想、新实践，并公布2019年度中国航海学会科学技术奖、2019年科技突出贡献团队、2020年科技突出贡献个人和2020年航海青年科技奖，发布《中国航海科技发展报告概要》。

国际海事组织海事亲善大使徐祖远发表主题演讲。交通运输部海事局局长、党组书记曹德胜，招商局集团总经理、党委副书记胡建华，中国交通建设股份有限公司党委常委、副总经理孙子宇，中国船舶集团有限公司党组成员、副总经理孙伟，中远海运科技股份有限公司董事长、党委副书记蔡惠星，中国船级社社长、党委副书记莫鉴辉，中国工程院院士严新平，交通运输部水运科学研究院院长、党委副书记费维军，大连海事大学校长、党委副书记孙玉清，上海海事大学校长、党委副书记陆靖发表主旨演讲。

（撰稿人：殷艳杰）

中国铁道学会

服务创新型国家和社会建设 推进学会标准研制工作，完成18本技术标准的报批稿编制，其中《市域铁路工程动态检测技术规范》《市域铁路电气化工程施工及质量验收标准》等7本系列专项标准构建学会市域铁路技术标准体系的主体骨架；《铁路工程地应力测试规程》《铁路预钻根植桩基础技术规程》《铁路云计算平台总体技术要求》等11本四新技术标准与铁路政府标准和国铁集团标准探索形成融合发展、互为补充。

完成学会标准平台——铁道行业团体标准管理信息系统的全面升级改版工作，实现学会标准化信息公开、800名专家委员在线办公以及标准网络审批的全流程管理。

完成《中国铁道学会标准编写规则》报批稿编制工作，形成《中国铁道学会标准知识产权政策》初稿。

学会标准化工作获国家标准化管理委员会、中国科协授予的“团体标准示范学会”称号。标准化工作迈入中国科协系统200多家学会中的“十佳”行列，被国家标准化管理委员会纳入“十四五”期间国家团体标准培优计划。

推进国际工程师认证工作的顶层设计，组织开展铁道领域工程能力评价2批次考官培训等工作。

编制完成《中国铁道学会科技服务管理办法》初稿，规范学会成果评价和技术咨询等技术服务标准和流程。

完成“弹性支承块式无砟轨道技术与应用”“城际铁路城市隧道修建关键技术及应用”“环境敏感区软硬不均地层隧道建造关键技术及应用”“基于物联网＋下穿铁路工程信息化施工技术及安全控制”“高速铁路路基微膨胀岩土变形机制及控制关键技术”“厚层湿陷性黄土隧道地基变形评价及处理新技术”6项科研成果的技术评审。

11月5日，学会组织京雄城际铁路考察活动。中国工程院副院长、中国科协副主席何华武，学会理事长卢春房等13名中国工程院院士参加。中国国家铁路集团副总经理王同军等40余人参加活动。

学会建设 2020年，学会新增单位会员25个，单位会员总数达230个；新增个人会员67789人；新设立智能铁路、勘察设计、海外建设和科技出版4个分支机构，分支机构达30个。

制定《中国铁道学会分支机构评估考核办法》，学会通信信号分会等10个分支机构被授予“2020年度优秀分支机构”，陈勇等38名个人被评为“2020年度分支机构先进工作者”。

召开七届十次理事会议和2次常务理事会议，审议《中国铁道学会科学技术奖奖励办法（修订稿）》、《中国铁道学会科学技术奖奖励办法实施细则（修订稿）》、分支机构评估考核办法、副理事长和理事变更、运输委员会换届、新增单位会员审批等事宜。

学会组织修改《中国铁道学会章程》，把政治机关建设的要求增补到学会《章程》中。制修订秘书处办公会议议事规则、财务管理、预算管理、资金管理、用工及薪酬管理、国内学术活动管理、期刊质量管理及成本管理、办公用品及公务用车管理等22项规章制度。

青年人才托举工程 学会参与完成第三届（2019—2021年度）铁路青年人才托举工程（第五届中国科协“青年人才托举工程”）项目推荐及遴选评审、报送审核、公示公布工作。

签订《第二届（2018—2020年度）铁路青年人才托举工程（第四届中国科协“青年人才托举工程”）第三年项目合同书》《第三届（2019—2021年度）铁路青年人才托举工程（第五届中国科协“青年人才托举工程”）第二年项目合同书》。

组织首届（2017—2019年）铁路青年人才托举工程（第三届中国科协“青年人才托举工程”）项目验收、总结、公示、上报、现场汇报工作。

依托第六届全国桥梁结构健康与安全技术大会暨中国铁道学会工程分会2020年学术年会，为第四届被托举人颁发入选证书，被托举人及其所在单位、培养导师和铁道学会四方签署《铁路青年人才托举工程项目任务书》。

11月20—21日，中国铁道学会2020年青年人才托举工程项目研讨会在江苏省镇江市召开。第三届被托举人、导师团队、被托举人所在单位主管领导及部门负责人等参加会议，考察被托举人成长及其所在单位培养计划制订落实情况。

主办期刊 《铁道学报》全年完成12期编辑、出版、发行工作，刊发论文225篇。在铁路运输行业146种期刊中CI影响因子排名第1。

10月31日，组织召开第二届《铁道学报》理事会议和第七届编辑委员会会议，邀请铁道行业知名专家和学者就铁路工程建设、智能铁路发展等前沿学科作专题报告，探索“学会+企业”“学会+科研院所”的办刊模式，明确面向世界铁路科技前沿、铁路发展主战场和国家重大需求的办刊方向。

承担中国科协委托的“铁路运输领域高质量科技期刊分级目录”课题研究，建立以《铁道学报》为龙头的全面、客观反映铁路科技期刊水平的评价标准体系。组建专家委员会，制定《铁路运输领域高质量科技期刊分级目录发布工作实施细则（试行）》，通过网络推荐筛选出173种国内外期刊。组织铁路行业640名专家进行网络评分，20多名编辑专家对24本中文刊进行评价，对中国知网、中国信息情报研究所、中国科学引文数据库中的3年影响因子进行定量，形成分级期刊目录并提交评审委员会评议，公示评议结果并上报中国科协，形成最终分级期刊目录。

采用南京善锋软件“word参考文献自动校对系统”优化审稿、录用、发表流程，提高对参考文献的校对效率，缩短出版周期。

《铁道知识》作为铁路行业唯一公开发行的全国性科普期刊，2020年共发刊6期，刊登各类科普、新闻类稿件90余篇。第三期围绕“复兴号动车组研发创新团队获第二届全国创新争先奖牌”的主题，组稿开展宣传活动，发行量突破10万册。

学科发展工程 学会面向有关单位征集“2020重大科学问题和工程技术难题”，组织完成中国科协“2020年度重大科学问题和工程技术难题”推荐工作，向中国科协报送科技问题10项，其中科学问题4项、工程技术难题6项。

承担中国科协“科创中国”项目“轨道交通技术交易平台建设”学会公共服务能力提升课题。与相关企业、院校和科研院所签订一系列战略合作协议，发布《智能铁路通信云技术白皮书》《下一代承载网技术白皮书》《雷达技术轨道交通应用白皮书》《新基建新通信新动能白皮书》等。

国内主要学术会议 学会及分支机构全年共主办、承办学术会议40余次，参加会议人数15000余人次，发表学术报告362篇，征集论文873篇，194篇论文获年度学术活动优秀论文。举办的学术会议主要包括第二届中国铁路发展论坛、第十届桥梁与隧道工程技术论坛、道岔维护技术及常见病害整治、第三届全路计算机联锁技术交流会、2020铁路桥梁年会、2020铁路隧道年会、重载列车制动技术研讨会、第七届铁路运营管理国际研讨会、第八届运输与时空经济论坛等。

国际交往 3月27日，国际重载协会主席王保国、丽萨，理事马福海，顾问孙健举办视频会议，研究讨论第十二届国际重载运输大会相关事项，初步确定大会主题为“面向未来的智能重载技术”。

4月7日、6月4日、9月23日，国际重载协会分别召开理事会视频会议。会议由国际重载协会首席执行官斯科特主持，学会副理事长马福海向理事会汇报第十二届国际重载运输大会的筹备情况，讨论并通过国际重载协会2019年度财务报告以及吸纳新理事单位的原则及方案。

科普活动 学会与26个分支机构、30家省级铁道学会协同行动，开展全国科普日、全国科技活动周、全国科技工作者日等科普活动，组织指导省级学会和分支机构开展科普宣传教育活动，举办系列科普讲座150场，受众人数超过3万人次。

推出中国铁路技术丛书，出版《面向世界的复兴号》，组织修改《了不起的高铁建造》，出版《川藏铁路隧道工程规划与设计》等8本工程建设丛书。

开发《机车爷爷的愿望》等动漫系列片，制作《日行千里游历山河》视频，获2020年度铁路“五个一百”网络正能量优秀作品。针对青少年儿童，推出“复兴号给小朋友的话”系列漫画。

结合疫情防控需求，组织编写《铁路防控新冠肺炎疫情知识100题》，共印制5000册，在全国科普日期间在中国国家铁路集团机关和北京西站举办防疫手册赠书仪式，免费赠阅铁道行业和有关单位。

学会出台《科普教育基地认定与管理办法》，完成“全国铁路科普教育基地”的评审认定工作，中国铁道博物馆等16家单位被认定为“全国铁路科普教育基地”。

截至2020年年底，已有291名行业内院士、科技专家、科技管理工作者进入学会科普专家库。推出“铁道大讲堂”系列讲座，邀请社会和铁路行业院士、大师，科技专家普及铁路科技知识，介绍铁路发展成就，传播铁路创新理念。学会理事长、中国工程院院士卢春房作为主讲人作首场报告《中国高速铁路创新与发展》。

表彰举荐优秀科技工作者 学会组织完成第二届全国创新争先奖候选人（团队）遴选推荐工作，推荐候选人5名、候选团队1个。以陆东福为团队负责人、15名技术专家为核心成员的“复兴号动车组研发创新团队”获第二届全国创新争先奖牌。

组织完成2020年“最美铁道科技工作者”遴选工作，对遴选产生的30名2020年“最美铁道科技工作者”，在《人民铁道》、“中国铁路”微信公众号、“人民铁道”微信公众号、中国科协网站、学会网站以及《铁道知识》第3期进行宣传。

在2020年“最美铁道科技工作者”遴选工作基础上，遴选推荐2名铁路行业杰出科技工作者为2020年“最美科技工作者”候选人。

完成2020年度“中国铁道学会科学技术奖”评审工作，授奖项目275项，其中，特等奖8项、一等奖39项、二等奖90项、三等奖138项，获奖人员共4859人次。

组织开展铁道行业中国科学院院士候选人、中国工程院院士候选人、第十七届中国青年女科学家候选人、2020年度未来女科学家计划候选人、何梁何利基金科学与技术进步奖、北京市科学技术进步奖，“科创中国”十大引领人物、十人新锐企业、十人产学融通组织榜单的推荐工作。

党建强会 加强学会规范管理，健全完善制度建设，修改《中国铁道学会章程》，把政治机关建设的要求增补到学会《章程》中。落实“三会一课”和主题党日活动制度，推进党组织标准化、规范化建设。6月4日，学会与北京西客站共同举办“科技为民、战役有我”主题党日活动。结合实际强化政治机关意识教育，推动“灯下黑”问题专项整治。

会员服务 学会期刊及各种论文集免费发放给理事单位、会员，免费提供视频、音像、展板和文字材料。邀请单位会员代表和个人会员参加学会组织的学术研讨会，为会员单位提供决策咨询。

【第二届中国铁路发展论坛】 10月23—24日，由学会、北京市丰台区人民政府、中国铁道科学研究院集团有限公司、北京交通大学联合主办的第二届中国铁路发展论坛在北京举办。论坛以“轨道交通智能化发展”为主题，中国工程院院士、专家、“最美铁道科技工作者”获得者等参加会议。

学会理事长、中国工程院院士卢春房，中国工程院院士郑静晨、丁烈云分别从高速铁路技术发展、应急救援智能化、融合基建赋能等技术领域分享最新研究成果。论坛期间，为30位“最美铁道科技工作者”颁发荣誉证书。

轨道交通工程智能建造技术与装备、铁路通信信号创新发展2个分论坛，围绕铁路通信信号领域前沿进行展望，分享数字化时代铁路产业链的生态变革、高铁信号技术的应用及发展、智能连接、北斗导航应用、自主化新型列控系统研发、通信网智能管控、高铁调度集中智能化等技术领域的研究成果，提出铁路通信信号智能化的发展策略。同时发布《铁路下一代承载网应用技术白皮书》和《智能铁路通信云技术白皮书》。

【2020铁路桥梁年会】 11月8日，由学会、中国铁路经济规划研究院有限公司、学会桥隧委员会主办的2020铁路桥梁年会在福建省泉州市召开。会议主题为“沿海高速铁路桥梁建造及创新技术”，中国工程院院士秦顺全、国际桥梁与结构工程协会主席葛耀军等140余名来自桥梁工程领域的院士、设计大师、专家参加会议。

会议聚焦福厦高铁泉州湾跨海大桥、湄州湾跨海大桥以及川藏铁路桥梁建设，结合国内沿海高铁通道需求，分别从桥梁跨度、结构体系、抗风性能、防撞技术、规范编制、梁轨作用等方面展示桥梁设计创新技术成果，探讨桥梁建造技术难题。

【电气化铁路建设十万公里技术创新暨学术交流会】 12月19日，由学会电气化委员会主办、中国中铁电气化局承办、北京《电气化铁道》编辑部协办的电气化铁路建设十万公里技术创新暨学术交流会在北京召开。学会理事长、中国工程院院士卢春房出席大会，并作主旨报告《中国高速铁路创新与发展》。学会副理事长兼秘书长马福海、中国国家铁路集团公司工电部主任王保国、詹天佑科学技术发展基金会秘书长陈建东、中国中铁股份有限公司总工程师孔遁出席大会并致辞。大会由学会电气化委员会副主任李爱敏主持，中国中铁、中国铁建以及来自铁路行业工程建设、运行管理、装备制造领域的专家学者90余人参加会议。大会开通网络同步直播，1800余人次在线关注。

天津中铁电气化设计研究院王立天、中国铁道科学研究院集团有限公司韩通新、中国铁路设计集团有限公司罗健、国网江苏省电力有限公司黄祥等专家学者围绕牵引供电技术领域创新发展作主题交流和分享。会议期间，还举办首届詹天佑铁道电气化专项奖颁奖仪式，其中成就奖10名、贡献奖15名、青年奖19名。

【第十届桥梁与隧道工程技术论坛暨北京茅以升科技教育基金会第29届颁奖大会】 10月24日，由学会、中国工程院、中国土木工程学会、北京茅以升科技教育基金会联合主办的第十届桥梁与隧道工程技术论坛暨北京茅以升科技教育基金会第29届颁奖大会在北京举办。原铁道部常务副部长孙永福，中国工程院副院长、中国科协副主席何华武，学会理事长卢春房等12位院士以及400余名专家学者参加会议。

论坛以“川藏铁路桥隧工程面临的挑战与对策”为主题，中国工程院院士何华武、郑皆连、秦顺全、卢春房分别作主旨报告《川藏铁路雅林段隧道建设重大挑战与对策》《艰险山区特大跨径铁路拱桥》《桥梁跨度、构件尺度与工程创新》《川藏铁路智能化建造》。

（撰稿人：董鹏祥）

中国公路学会

服务创新型国家和社会建设 2020年，学会承担中国工程院“交通强国战略研究”二期子课题——“实现高质量综合交通一体化战略”的研究工作。承担浙江舟山北向大通道、沪舟甬跨海通道战略规划等重大项目技术咨询，承担江苏省、安徽省交通执法“十四五”规划编制。

按照中国科协“科创中国”工作部署，学会联合山东省科协、泰安市科协等组建交通基础设施与工程材料服务团。8月13日，在第22届中国科协年会上，学会依托服务团成立土工合成材料协同创新共同体，组织院士和专家编制《交通基础设施与工程材料》智库报告和标准体系等。联合河北省、安徽省公路学会，于8月、9月分别在河北省雄安新区、安徽省合肥市举办路用材料关键技术协同创新高端论坛、道路工程材料循环利用技术研讨会等交流活动。

截至12月底，学会完成2020年度74项团体标准立项。列入中国公路学会编制计划的标准已达275项，已发布38项。

2020年，学会完成科技成果评价245项。其中，利用线上视频会议等方式完成215项。全年共邀请专家1700余人次，评价项目遍布27个省（自治区、直辖市），服务100余家行业单位。

受交通运输部委托，学会负责起草《关于加快推进区块链技术在交通运输行业应用的指导意见》，完成征求《智能网联汽车道路测试与示范应用管理规范（试行）》意见，制定《公路服务区运营服务规范（征求意见稿）》《高速公路服务区、停车区分类管理办法（征询意见稿）》，修订完善《高速公路服务区信息化建设指南》。

承担交通运输部和中华全国总工会“司机之家”建设标准制定、服务质量等级评定工作，协助交通运输部完成“全国十大最美农村路”推选活动，编撰《2019年中国交通信息化发展报告》《中国交通运输年鉴2020》，承担中共中央宣传部委托的《“两路”精神读本》编撰工作。

学会助力会员单位和行业企业复工复产，搭建网上直播交流平台。通过开展网上公益课堂、视频会议等，保证工作开展。全国公路学会系统共组织线上学术交流和技术服务1240多场，参加人员27.8万人次。调研撰写《高速公路服务区新冠病毒疫情防控工作调研分析与相关建议》《疫情防控下加强运输与物流企业政策支持的建议》《疫情对高速公路行业的影响及措施建议》《推进“司机之家”建设，完善道路运输保障服务体系的建议》和《自动驾驶技术试点和示范应用专题调研报告》等10余个建议、报告，上报交通运输部和中国科协。

学会建设 3月，《中国公路学会世界一流学会建设行动方案》正式印发，提出今后一个时期学会建设总体要求、建设目标、重点任务和保障措施；明确未来一个阶段的发展思路，提出“两个转型”，即由服务型向服务研究型、由传统业态向数字化转型的发展战略。

截至12月底，学会单位会员达到2482个，个人会员达到72824人。2020年，共发展单位会员62个，其中新入会31个单位会员；新发展个人会员1287人（含高级会员426人、普通会员740人、学生会员121人）。

11月15日，学会工会第一次会员大会在北京召开，选举产生学会第一届工会委员会、经费审查委员会和女职工委员会。

2020年，学会全面梳理历年形成的各项规章制度，修改、补充后编制《中国公路学会制度汇编》。根据发展需要，进一步精简职能部门，形成由业务中心、职能部门、直属机构组成的工作体系。同时，对部门机构和职责进行调整充实，首次开展部门负责人岗位公开竞聘，建立起科学的选人用人机制。

12 月 19 日，2020 年度中国公路学会青年专家委员会年会暨欧洲分委会成立大会召开，160 多名青年专家委员会委员参加会议。会议决定成立欧洲分委会，共有 14 名工作在欧洲不同国家的海外学子加入欧洲分委员。这是学会青年专家委员会成立的第一个海外分委会。

截至 2020 年年底，由学会运营管理的交通运输部官方微博、"中国公路学会""中国公路""中国高速公路""中国交通信息化"等微信公众号、中国公路学会网、中国公路网等媒体针对重大主题、重大问题和活动共发布 10 万余条行业新闻资讯和信息。其中，交通运输部官方微博订阅量已突破 500 万人。

青年人才托举工程 2 月，学会召开第五届中国科协青年人才托举工程遴选工作答辩会。经专家组初审，从 41 人中选拔出 12 人参加在线答辩，最终 2 人被确定为第五届（2019—2021 年度）中国科协"青年人才托举工程"项目候选人。2020 年年底，学会申报第六届中国科协"青年人才托举工程"项目候选人。

主办期刊 2020 年，《中国公路学报》连续第四次被评为"百种中国杰出学术期刊"。2020 年新冠肺炎疫情以来，《中国公路学报》以线上会议的形式举办学术研讨会 4 场，与学会国际部联合召开重大突发公共卫生事件下交通运输应急管理高端学术研讨会（线上）。

《中国公路》和《中国交通信息化》2 本期刊，共策划制作 57 个专题，涉及抗疫保通、抗洪抢险、交通强国建设、撤销省界收费站、交通扶贫、"十三五"成就等，全年累计发行 33.2 万册。

学科发展工程 由学会提交的"数字交通基础设施如何推动自动驾驶与车路协同发展"和"如何突破进藏高速公路智能建造及工程健康保障技术"分别入选中国科协 2020 十大科学问题和技术难题。

11 月，由学会联合中国银行股份有限公司、中银金融科技有限公司等单位编制的《交通运输区块链白皮书（2020）》正式发布。这是国内首个交通区块链白皮书，全方位展示当前中国交通运输区块链研发和产业化水平。

国际学术会议 2020 年，学会组织国际会议、培训活动等 15 次，主要包括联合国教科文组织国际研讨会、道路安全数据模型国际对比研究研讨会、"一带一路"国际交通研讨会暨粤港澳青年科学家论坛、"一带一路"国际交通联盟理事工作会、第三届车路协同自动驾驶国际论坛等。

8 月 27 日、10 月 15 日、12 月 2 日，学会与美国交通研究委员会联合主办交通出行服务国际（网络）研讨会系列活动 3 期，包括中美、中欧智慧出行服务高端对话会，大数据赋能高效出行青年论坛等。

12 月 23 日，"一带一路"国际交通研讨会暨粤港澳青年科学家论坛在北京召开。会议以"积极应对疫情影响，促进'一带一路'物流运输与'双循环'协同发展"和"基础设施建设促进'一带一路'互联互通高质量发展"为主题分别展开高端对话。研讨会为 11 家"一带一路"国际交通联盟理事单位颁发证书，提出《港澳青年科学家支持"一带一路"交通建设倡议》。

国内主要学术会议 2020 年，学会举办第 22 届中国高速公路信息化大会暨产品展示会，参加展示会人数突破 1.5 万人次。由学会参与发起举办的中国 REITs（不动产投资信托基金）论坛 2020 年会是学会立足交通运输基础设施建设技术领域，向金融领域拓展的有益尝试。

举办的其他主要学术活动有：全国新型交通基础设施建设与发展研讨会、第三届品质工程论坛、2020 全国公路治理车辆超载超限研讨会暨全国公路法律与综合执法管理研讨会、第三届 BIM 在交通领域推广应用技术交流暨交通 BIM 协同创新共同体成立大会、第六届全国公路养护新材料及装备应用技术大会、2020 智慧交通高端论坛、第二届全国高速公路救援管理与服务年会、高速公路服务区自有品牌与线上平台建设推进专题会、第六届全国绿色公路技术交流会、第四届中国旅游交通大会等。

国际交往 2020 年，学会推荐的 11 项中国桥梁工程中有 6 项获得世界桥梁大会大奖，刷新中国桥梁年度获奖的数量纪录；学会推荐的 2 项工程获得 2020 年国际道路联合会杰出工程奖。

3 月，学会首次开展国际工程能力互认工作，在缅甸达拉大桥等工地工作的 5 名中国工程师通过专家考核，获得缅甸工程理事会认可，成为中国土木工程领域首批拿到"国际通行证"的工程师。

新冠肺炎疫情期间，学会主动与有关国际组织以及美国、日本、意大利、希腊等国同行保持密切联系，介绍中国疫情防控经验，开展线上业务合作。

科普活动 2020年，学会获得中共中央宣传部、科技部、中国科协联合表彰的“全国科普工作先进单位”。

8月，学会组织全国公路科普教育基地、全国各级公路学会开展主题为“科技战疫、创新强国”的2020年全国公路科技活动周。安徽省、广东省、湖南省、河北省、贵州省等公路学会和部分全国公路科普教育基地参与并组织相关活动。

按照交通运输部、科技部联合开展2020年度国家交通运输科普基地申报工作部署，从已授牌的全国公路科普教育基地中推荐道路绿色照明与安全防灾新材料试验室并上报。

2020年，学会举办首届全国公路“微创新”大赛；编纂出版大型科普图书——《中国廊桥》，获得2020年第六届中国科普作家协会优秀科普作品奖图书类银奖；完成首批全国公路科普教育基地考核，并向通过考核的24家基地重新授牌；启动2021世界大学生桥梁设计大赛和2021中国公路学会“世界人行桥奖”申报工作。

表彰举荐优秀科技工作者 8月，学会开展第四届优秀科技工作者和十佳优秀科技工作者评选活动，共40名科技工作者当选，于11月在四川省成都市召开的学会八届六次理事会议上进行表彰，并在学会微信公众号进行宣传。

2020年度中国公路学会科学技术奖申报项目共计575个，其中科技奖申报项目562个、科普奖申报项目13个。通过初审、复审，从575个申报项目中评选出获奖项目181个，其中，特等奖6个、一等奖35个（含科普奖1个）、二等奖85个（含科普奖2个）、三等奖55个（含科普奖1个）。

党建强会 新冠疫情暴发后，学会第一时间成立由学会党委、秘书处领导组成的疫情防控工作领导小组。学会党委多次召开党委会议研究部署工作，印发《关于在疫情防控期间加强党的领导和充分发挥党组织战斗堡垒作用的通知》，统筹推进疫情防控和业务工作。学会党员干部轮流值班，保障日常工作的开展。向全体会员、科技工作者以及有关会员单位发出慰问信，向湖北交投实业发展有限公司、湖北省公路学会捐赠口罩4400只。学会服务区工作委员会、运输与物流分会分别发出抗疫倡议书。

会员服务 7月16日，学会以线上线下结合的方式召开全国公路学会会员工作会议，对会员工作进行专题部署，强调做好会员服务和管理等5项工作。学会开展现有会员注册入库、加强会员服务信息化建设、发展新会员、拓展和丰富会员服务内容产品等工作。

【世界交通运输大会成都论坛】 11月8—15日，由世界交通运输大会执行委员会、学会联合相关单位主办的世界交通运输大会成都论坛及线上活动周举办。大会分为两个阶段，11月8—10日为线上线下同步举办的论坛；11月11—15日为线上活动周。大会主题为“智建新交通，协同新发展”，同期还举办交通科技博览会、召开学部委员会工作会等。10多名中国工程院院士，国际组织代表（视频）及国内外交通主管部门、高校、科研机构、企事业单位的1500多名专家学者参加会议。同期举办的博览会展览面积达5000平方米，64家科研院所、企业展出代表性的人工智能、智慧工程、新型系统、装备、材料等技术成果。

论坛围绕公路工程、桥梁工程、隧道工程、交通工程、运输规划、水上运输、轨道交通、航空运输、交叉学科9个专业领域，举办64场（次）专题活动技术论坛，累计作379个报告。经过一周的线上展示，共计2.5万余人次收看直播。

【“一带一路”国际交通联盟成立】 6月19日，“一带一路”国际交通联盟（BRITA）2020年理事工作会以线上视频会议形式召开。这标志着由学会倡议并筹备3年的“一带一路”国际交通联盟正式成立。来自中国、俄罗斯、希腊、南非、尼泊尔等30余个国家和地区的50多名联盟理事代表参加会议。会议选举产生联盟战略咨询委员会、理事会领导机构和理事会成员。学会理事长翁孟勇受邀担任BRITA战略咨询委员会主席，提名中国交通建设集团有限公司总经理宋海良担任联盟理事会主席。

会上，各国专家围绕国际交通行业、未来交通发展趋势、交通技术标准应用以及联盟的工作和计划进行研讨。

BRITA成立以来，基本形成“六廊六路多国多港”的互联互通架构，与24个国家和4个政府间国际组织签署36项合作文件，达成共建“一带一路”共识。截至12月底，联盟成员由来自42个国家（地区）的183家单位组成。

【中国交通产业经济联席会议成立大会】 12月

16—18 日，中国交通产业经济联席会议成立大会暨 2020 中国交通投融资年会在河南省郑州市举办。大会主题为“协同协作、共建共享”，由学会与河南交通投资集团共同主办。

12 月 16 日召开的中国交通产业经济联席会议第一次工作会议，审议通过联席会议章程、组织架构及机构名单。经过现场表决，河南交通投资集团任首届联席会议轮值主席单位，集团党委书记、董事长程日盛担任联席会议首届轮值主席。江苏交通控股有限公司、江西省高速公路投资集团、招商局公路网络科技股份有限公司、天津高速公路集团、河北交通投资集团公司、黑龙江省交通投资集团、安徽省交通控股集团、湖北省交通投资集团、广东省交通集团、重庆高速公路集团、四川交通投资集团、陕西省交通投资集团、甘肃省公路交通建设集团、内蒙古高等级公路建设开发有限责任公司、湖南省高速公路集团、广西交通投资集团、新疆交通投资有限责任公司 17 家单位及其董事长（企业负责人）为首届联席会议组成单位及代表。学会党委副书记、副理事长兼秘书长刘文杰任联席会议秘书长。

大会发布 2020 年度中国交通投融资年度项目创新及优秀论文奖，共有 23 个项目和 15 篇论文获奖。大会同时举办中国交通产业经济发展高层论坛、交通基础设施投融资发展与公募、第二届交通运输行业上市公司峰会、新基建与交通运输产业融合创新论坛，与会专家学者就国企改革、转型发展、交通行业科技创新、交通产业经济发展、交通建设投融资、上市公司高质量发展、信息技术与交通融合发展、交通养护领域新业态、供应链金融等进行交流研讨。

（撰稿人：徐德谦）

中国航空学会

服务创新型国家和社会建设　2020 年，学会承担中国科协国家级科技服务团科技服务活动项目，成为“科创中国”科技志愿服务活动十大重点产业领域牵头单位之一，组建“航空科技－产业”科技专家顾问团，以建设集“产业、教育、研发、文化”四位一体航空综合体为抓手，推动地方通用航空产业发展。

学会积极发挥专家资源优势，推动先进大型燃机、峰飞无人机、先进抗疲劳制造技术的产业落地，合作金额超过 50 亿元。

学会组织专家完成江苏省淮安市金湖县净空环境评估、大型燃气轮机技术论证、无人机事故鉴定等政府和企业课题，承接中国科协京津冀协同发展高层次研讨会项目，并形成政策咨询建议上报。

学会组织专家先后对 24 家单位申请的 45 项科技成果进行鉴定，中国科学院院士李应红、杨伟，中国工程院院士李贺军、吴光辉、陈祥宝、唐长红等院士、专家参加成果鉴定工作。

2020 年，学会承担中国科协航空航天领域高质量科技期刊分级目录评审工作，组织以中国科学院院士胡海岩为主任，中国科学院院士房建成、中国工程院院士侯晓为副主任的评审委员会，对进入中国科学技术信息研究所集成平台的 211 本国内外航空航天领域期刊进行分级。经过 184 名专家在线投票，10 月 28 日在北京召开终审会，经与会专家讨论，最终选取 62 本期刊分为 T1、T2、T3 等级并进行发布。

学会建设　截至 10 月底，2020 年新发展个人会员 3500 余人、单位会员 26 家。做好各项换届筹备工作，调研、研判延迟换届对学会工作的影响，完成分支机构、主办期刊编委会换届等。组织召开九届八次理事会议，完成 2019 年民政部年检等。

承担中国科协青年科技人才成长服务平台建设（应用研究及国防领域）项目，就服务应用研究及国防领域的青年科技人才成长的机制、形式、方式等进行实践探索和研究，形成可推广可复制的模式。

推进世界一流学会项目实施，完成 2019 年度项目总结、2020 年项目合同签订。8 月 10 日，在第二十二届中国科协年会科技社团发展与治理论坛期间发布 2020 年世界一流科技社团排行榜，中国共有 11 家科技社团入围，学会以中国科技社团排名第 5 名列前 100 名。

青年人才托举工程　学会完成第五届（2019—2021 年度）中国科协“青年人才托举工程”项目推荐工作。举办第九届中国航空学会青年科技论坛，承办中国科协第 398 次青年科学家论坛——空中智能对抗青年科学家论坛、空中智能博弈对抗技术发展青托沙龙、学会青托座谈会系列活动等活动，推动青年人才工作的开展。

主办期刊　新冠肺炎疫情期间，学会主办的《航空知识》通过原创、整编、转载等形式在学习强国、微信公众号、微博、今日头条、网易新闻客户端等平台发布文章、视频、长图等一系列疫情防控相关科普内容，总阅读量超千万人次。

学科发展工程 2020年，学会承担中国科协学科发展项目，负责中国航空科学技术学科发展报告编写工作。10月13日，报告开题会在北京召开，从学科最新研究进展、国内外研究进展比较以及未来5年发展趋势等方面展开研究。

学会举办航空宇航科学技术学科“十四五”规划研讨会。

国际学术会议 8月24日，学会与中国国际科技交流中心、中国航空研究院联合主办的民机多学科研讨会线上会议召开。会议邀请来自中国航空工业集团有限公司、中国商用飞机有限责任公司、复旦大学、德国宇航研究院、莫斯科航空学院以及空中客车公司的有关专家进行报告交流，以“飞机多学科优化发展前景及未来发展重点”为主题进行研讨。研讨会采取线上会议室和平台直播方式开展，线上收看观众峰值达到2500余人次。

10月14日，由学会、瑞士航空科学学会、中国国际科技交流中心和中国航空研究院联合主办的中瑞双边研讨会在线召开。会议以“提升通用航空安全性”为主题，发言专家围绕两国通航产业发展、通航安全管理措施与技术、无人机应用与监管等行业热点和科技前沿话题展开交流讨论。500余名专家学者在线观看研讨会。

国内主要学术会议 8月19—20日，由学会主办的第二十届全国疲劳与断裂学术会议在重庆市召开。会议由6家全国学会轮流主办，130余家单位423人报名参加会议，共收到340篇论文摘要，得到40余家厂商支持。中国科学院院士闫楚良等9名来自不同行业的专家学者围绕会议主题作专业报告。

8月25—27日，由学会、内蒙古科协等单位联合主办的第二十一届全国复合材料学术会议在内蒙古自治区呼和浩特市召开。会议由4家全国学会轮流主办。学会副理事长、中国工程院院士徐惠彬，中国工程院院士宫声凯，内蒙古科协主席赵吉，以及来自国内航空、航天、船舶、兵器等企事业单位、科研院所和高校的300多名专家学者以及30余家厂商参加会议。

此外，学会还举办第九届民用飞机航电国际论坛2020（第二届）民航空中交通管理科学技术交流会，2020国际机载机电系统学术会议，2020年第36届中国直升机学术交流会暨技术经济融合论坛，2020国际制导、导航与控制学术会议，2020（第四届）民用飞机运行支持技术国际论坛等活动。

国际交往 9月12日，美国普渡大学理工学院院长Chris Holford一行5人来访，学会秘书长姚俊臣与其进行会谈。

10月21—25日，学会与国际自动机工程师学会联合在上海市开展适航标准专题培训，邀请Electron International公司系统与安全副总裁Eric M. Peterson作为讲师，学员30余人。

11月5日，学会与瑞士航空科学学会在北京签署谅解备忘录，双方将就青少年科普活动、基础研究领域学术研讨等展开双边合作。

11月20日，美国驻华大使馆经济处经济事务官员唐俊雄（Adam Stevens）、经济专家苏煜访问学会。

科普活动 9月21—23日，由学会牵头组织、中国科协航空发动机产学联合体主办的“航空心·中国行”——2020航空发动机科普进校园公益活动（江西行）分别在江西省南昌市和景德镇市举办。活动共走进10所学校，其中大学3所、中学2所、小学5所。共捐赠航空模型1680架、航空科普图书近500册、航空科普展板100余套。

10月23—25日，由中国航空工业集团有限公司、浙江省人民政府、学会主办的“航空工业杯”第七届国际无人飞行器创新大奖赛暨2020安吉航空嘉年华活动在浙江省湖州市安吉县举办。大奖赛内容包括竞技赛旋翼类和创意赛（专业组和非专业组），共有48支队伍报名参赛。同期举办2020无人机产业技术合作论坛及展演暨安吉通航产业研讨会，航模及无人机飞行表演秀、航空嘉年华等活动。

全国青少年无人机大赛进入教育部公布的“2020—2021学年面向中小学生开展的全国性竞赛活动名单”，是被教育部批准的35项中小学生全国性竞赛活动中唯一一项航空航天领域针对青少年开展的赛事活动。学会在全国各地区开展地区赛申报及审批活动，截至10月底，共收到申请15份，审核批复近10家单位主办及承办该活动。

完成第五届中国航空创新创业大赛、“创新杯”全国未来飞行器设计大赛 、“洪都杯”2020未来飞行器设计大赛等品牌赛事活动。

学会科普部与微博、抖音等自媒体建立官方账号，利用学会专家优势资源共同开发航空领域的各类线上推广活动，通过短视频、文章、图片、问答、抽奖以及直播等形式开展航空科普教育，共发布作品500余条，粉丝数达50万余人，总浏览量达1.5亿人次。其中，直播10次、线上教学课程20节、科普文章100余篇、图片信息100余篇、短视频260个。学会获中国科协“优秀抗疫学会”称号。

表彰举荐优秀科技工作者 学会完成第二届全国创新争先奖推荐工作，开展2020年度“最美科技工作者”推荐。推荐的西北工业大学教授祝小平、中国飞机强度研究所研究员王彬文获得第二届全国创新争先奖状，推荐的南京航空航天大学教授潘时龙获得第十六届中国青年科技奖。

2020年度中国航空学会科学技术奖评选共收到49家单位会员、5个地方学会、2个专业分会推荐的116份材料。9月30日，2020年度中国航空学会科学技术奖综合评审会在北京召开。学会科学技术奖评审委员会主任、中国科学院院士胡海岩主持会议。会议评审出46个拟授奖项目，并提名项目“彩虹四多用途无人机”通过国家科学技术进步奖二等奖初评。

党建强会 加强党建对业务工作的引导，发挥理事会党委和学会党支部对“三重一大”前置审议作用。注重党建与业务结合，发动学会各级组织及中国科协创新融合学会联合体有关成员学会党组织，联合中共广西壮族自治区委员会宣传部、国防教育委员会办公室于6月15—20日在玉林市、柳州市所属5个区县主办2020年广西国防科普知识进校园、领导干部国防形势报告会、广西“三航”（航空、航天、航海）暨重点领域产业融合创新发展论坛专家咨询会系列活动。活动共组织开展1场专家咨询会、5场领导干部国防形势报告、9场高水平航模表演、60余场国防科普报告和100多场航模（船模）科技课，为600余名地方党政领导干部和2.3万余名中小学生进行科普宣传。西安会员工作站、陕西省航空学会、四川省航空宇航学会、广东省航空学会、无人机分会等在学会党委指导下也开展相关活动。

做好中国科协学会党建示范工作联合体轮值工作，组织召开全国学会党建工作沙龙，牵头编写全国学会党建工作指南等。全面开展学会理事会党委职责任务清单试点，完成学会党委职责任务清单、负面清单和会议必审内容梳理，牵头承担学会理事会党委职责任务试点第一组（支撑单位为国家部委、国有企业）组织工作。完成2019年和2020年承担的党建研究课题，2019年党建研究报告被中国科协学会党建研究会评为优秀研究报告，2020年被确定为重点调研课题。完成理事会党委换届筹备相关工作，确保学会章程修订及分支机构、主办期刊编委会换届顺利进行。

会员服务 加速会员服务信息化建设，会员服务体系进一步完善，线上服务内容持续增加。加强会员优先、优惠或免费参加学会主办活动力度。

与中国知网等单位持续举办多期“航空航天类系列公益讲座”和团体标准、航空航天前沿技术等线上培训，根据有关单位会员需求，邀请业内专家提供针对性上门培训超过40场，累计直接受众超过2万人次。召开江西航空职业技术学院学科发展规划研讨会等。

【2020中国航空产业大会】 9月21—22日，由国家应急管理部指导，学会、江西省人民政府、中国航空工业集团有限公司、中国商用飞机有限责任公司、中国航空发动机集团有限公司、中国科协航空发动机产学联合体联合主办的2020中国航空产业大会在江西省景德镇市召开。大会以“新科技、新装备、新体系，让航空应急救援能力强起来”为主题。国家应急管理部副部长孙华山，江西省副省长罗小云，学会名誉理事长刘高倬，学会理事长林左鸣，中国工程院院士陈志杰、何友，航空领域的专家及企事业单位负责人等1000余人参加会议。

开幕式上，孙华山与罗小云交换部省共建航空应急救援重点实验室协议文本，景德镇市政府、航空工业昌河飞机工业（集团）有限责任公司、中国民用航空飞行学院三方共同签署《航空应急救援领域项目战略合作框架协议》，景德镇市政府与南昌航空大学共同签署《战略合作框架协议》，景德镇市政府与上海市航空学会共同签署《航空产业发展合作框架协议》。大会期间共组织航空应急救援飞行演练等活动12场，签约项目21个，总投资超100亿元。

学会理事长林左鸣，中国工程院院士、北京航空航天大学教授刘大响，中国工程院院士、南京航空航天大学校长、党委副书记单忠德，中国工程院院士、西北有色金属研究院院长张平祥，中国航空救援协会筹备组组长刘世江等5位专家作大会报告。

（撰稿人：杨　亮）

中国宇航学会

服务创新型国家和社会建设 11月，学会提交的

《关于国际空间法发展的分析及建议》被中共中央办公厅采纳，全年共形成《关于推动建立科技社团服务经济融合发展长效机制的建议》等专报12篇。

学会承办的《航天政策研究》杂志共设置8个深度研究方向，围绕航天政策研究报告、航天科技工作者建议、航天政策研究动态等内容，反映上级政策落地进展及航天政策研究动态，全年共供稿24篇。

学会承担中国科协“九大”代表课题，以研究国有企业科技创新体系建设与运行调研分析为题，从体制的角度理解和分析中国航天企业技术创新的现状、不足与缺点，并提出相应的改进优化建议。开展的其他课题研究还包括“航天前沿科技成果转化利用研究（2020—2021年度）”等10余项课题。

学会全年完成27项团体标准的立项、起草、审查和发布，部分成果已在民用航天领域得到应用。

学会组建航天科技成果转化服务团，召开“科技社团服务科技经济融合发展的长效机制探究”专题沙龙；在2020年中国航天大会期间组织主题为“赋能海丝·智绘福建”的空间产业高端论坛，邀请8名院士起草《空间信息产业国际化与合作模式研究》智库报告，为推动福建省空间产业发展提供思路和途径。大会期间，服务团共促成60项合作协议，签约项目56个，意向投资规模约1236亿元。

学会建设　截至2020年年底，学会共有个人会员36446名、单位会员179个、分支机构42个，新增空间太阳能电站专业委员会、空间激光与太赫兹专业委员会、航天产业化工作委员会、航天科学与技术教育工作委员会4个分支机构。全年共召开理事会议1次、常务理事会议2次、理事会党委会议2次、监事会议2次。

9月9日，学会召开第七届第四次理事会议及相关会议，吴燕生当选学会第七届理事长，完成学会届中调整。制修订《学会业务制度管理办法》《学会分支机构管理条例》《分支机构财务管理实施细则》《分支机构考核管理办法（试行）》，首次推出分支机构增值服务目录及走访调研方案；制修订《学会会员管理与服务细则》《学会单位会员入会指南》等，成立由学会副秘书长、常设工作机构负责人等组成的会员专项工作小组。

青年人才托举工程　2020年，学会推荐7名航天优秀青年入选第五届中国科协“青年人才托举工程”项目，累计已有26名航天优秀青年入选。

9月19—20日，学会“青聚闽江”青年科学家论坛在福建省福州市举办。论坛旨在通过共同探讨青年人才成长成才等话题，搭建青年交流平台，航天青年及福州大学教师、学生近300人参加论坛，学会以“青聚”为品牌已举办4届青年科学家论坛。

学会青年科学家俱乐部在2020年中国航天大会期间成立，全年举办3期俱乐部学术活动，包括俱乐部首期沙龙暨航天运载器机构技术助力产业发展全国青年研讨沙龙、2020年中国科技峰会系列活动青年科学家沙龙第六期——培育青年科学家支撑航天强国建设主题沙龙、中国宇航学会深空探测前沿技术青年科学家论坛。

主办期刊　2020年，学会主办的《宇航学报》继续保持中文核心期刊、中国科技核心期刊、EI源期刊。根据《2020版中国科技期刊引证报告》显示，《宇航学报》核心影响因子为1.003，为学科平均水平（0.51）的1.97倍，较2019年（0.942）提高6.5%，综合评价总分继续保持航天科技期刊第一位。全年共发行9600册，收到稿件629篇，录用并发表论文175篇。入选中国科技期刊卓越行动计划、科技部“三高论文”期刊，位列《航空航天领域高质量科技期刊分级目录》T1级，获“百种中国杰出学术期刊”称号，9篇论文入选2019年度“中国精品科技期刊顶尖学术论文（领跑者5000）”。推出《宇航学报》微信公众号，扩大学术传播力。

英文刊《航天科技前沿》加入斯普林格“金色开放获取计划”，继续承担国际宇航大会会刊职责，编委会成员47人，其中中国科学院院士、中国工程院院士5人，国际编委26人。全年共约稿59篇，发表51篇，下载4812次。

学会主办的*Journal of Systems Engineering and Electronics*、《系统工程与电子技术》《深空探测学报》《固体火箭技术》等期刊全年正常出版。

科普读物《太空探索》全年共发行12000册，收到投稿538篇，录用并发表168篇。

学会继续推进中国航天科普网、中国航天期刊融合创新云服务平台和中国航天科学技术知识库项目建设，累计收录航天领域图书325种、期刊23种，累计发行945期20038篇。

学科发展工程　10月28日，学会在北京召开“航天产业与技术发展路线图研究”课题启动会，30余名航天院士、专家参加会议。中国工程院院士王礼恒、中国科学院院士王巍等专家在研究总结航天领域发展态势和规律的基础上，从顶层设计、研发动态、技术路线、产业进展及应用等方面预测航天产业与技术发展趋势，提出发展方向及发展重点，制定航天产业技术发展的路线图。

学会报送的“航天电器电子元器件智能制造”“航天复杂构件多品种变批量数字化柔性生产线”2 项成果入选 2020 年中国智能制造十大科技进展，并牵头完成中国信息科技领域前沿热点问题推荐评选工作。2020 年中国航天大会期间，发布 2020 年宇航领域十大科学问题和技术难题，助力研判航天科技发展趋势、识别并攻克技术难点，其中，“水平起降组合动力运载器一体化设计为何成为空天技术新焦点”入选中国科协 2020 重大科学问题和工程技术难题。全年向教育部科技管理信息系统专家库推荐航天专家 20 余人。

国际学术会议 2020 年，学会举办境内国际会议 6 个，参加会议人数共计 20 余万人次（含线上），国外专家参加会议人数 193 人次，交流论文 173 篇。

3 月 25 日，学会牵头组织召开国际宇航科学院月球背面研讨会，会议以视频方式召开。来自国际宇航科学院、联合国和平利用外层空间委员会、欧洲航天局、美国国家航空航天局、美国加州大学伯克利分校、美国科罗拉多大学博尔德分校等机构的 66 名专家学者参加会议。会议交流“嫦娥四号”在鹊桥中继星、巡视探测、科学探测等方面取得的成就，欧洲航天局、蓝色起源未来月球探测相关计划，以及月球背面的无线电保护区域在天文观测中的重要性。

11 月 27 日，国际宇航科学院院士日活动在北京举办，60 余名中外国际宇航科学院院士和航天专家出席活动，国际宇航科学院秘书长通过视频为大会致贺词。参加会议的院士、专家围绕重大战略等话题作报告，交流分享各自领域最新的前沿研究，为中国航天学者提供高端对话平台。

国内主要学术会议 学会及其分支机构全年共举办国内学术会议 67 次，参会人数 55847 人次（含线上），交流论文 3023 篇。

5 月，学会推出以“智慧城市”和“区块链”等为主题的系列中国宇航学会云论坛活动，邀请中国工程院院士钟山等作专题报告。首期直播累计观看量近 2.3 万人次，专辑播放 25 万余次，学会获得“2020 全国科技工作者日积极贡献单位”称号。

12 月 4 日，由学会主办的航天技术助力交通产业发展论坛在浙江省杭州市召开。论坛以“航天助力交通产业新动能”为主题，就航天产业化发展、北斗导航卫星全球应用及航天航班化运输的发展目标进行研讨，助力交通领域产业创新发展，推动交通产业产出新动能。

学会参与主办第二十一届全国复合材料学术会议、第六届中国（国际）商业航天高峰论坛，协办 2020 年文昌国际航空航天论坛。学会分支机构举办或参与的学术会议包括 IEEE 全球流体动力学会博士生论坛、第四届精密光机电国际学术研讨会、第九届中国（深圳）国际光纤传感技术及应用大会、2020 世界慕课大会、第二十一届中国遥测遥控科技大会、第十六届中国电推进学术研讨会、第三届中国空天推进剂技术论坛、第四届空间微推进技术研讨会等。

国际组织任职 2020 年，推荐学会常务理事王小军当选新一任国际宇航联合会副主席。自 1983 年起，学会累计推荐 11 名专家担任国际宇航联合会副主席，25 名专家任国际宇航联合会、国际宇航科学院执行委员以上职务，129 名专家成为国际宇航科学院院士。

国际交往 学会为因公出访团组提供政策咨询服务，同时充分发挥科技社团在应对重大疫情中的特殊作用，第一时间发出凝聚航天力量抗击疫情倡议书，向国际宇航联合会、国际宇航科学院和国际空间法学会等对口国际组织及时分享中国疫情防控情况。

科普活动 学会全年共举办科普宣讲活动 42 次，受众人数 600 万余人次；制作科普挂图 5 种，共印刷 500 份。

11 月，贵阳科技馆航天特色馆全面建设完成并通过竣工验收，整馆展示面积约 4000 平方米，由序厅、人与太空、精神文化、箭指长空、群星璀璨、九天揽月、天宫筑梦、探索火星、星际航行、科普教室 10 个板块组成，共计研发 80 多项航天主题展品与视频。其中，国内首创、创新展项占整馆的 60% 以上，互动创新展项占 80% 左右。学会授牌“中国航天青少年科普教育基地”。

学会举办青少年科普活动 12 次，包括“少年问天”航天科普活动、“少年宇航技师”训练营活动、云上科学营航天专题营、“我的太空梦”第九届太空画创作征集活动、“我的太空梦——抗击疫情”航天主题征文活动、世界大学生立方星挑战赛等。

9—11 月，学会举办“世界空间周”科普系列活动，共制作 2000 多份中国版世界空间周宣传海报，并寄送到 180 多家科研院所与中小学校等单位。举办网络专题宣传、科普直播、漫游科技馆、抖音短视频推广、线上问题征集与解答等形式的推广活动 30 余场，受众达 600 万人次（含网络）。

学会组织院士专家进校园——航天科普大讲堂，线上线下共计 20 场，围绕微纳卫星、中国火箭发展、航天精神、航天员成长、深空探测、太空育种等主题开展科普报告，直接参与人数约 8 万人次。

学会组织专题展览 3 次，举办“星耀寰宇 箭震五洲”——东方红一号发射成功 50 周年科学家精神线上线下展览教育活动，线上展览累计观众突破 300 万人次，入选“网聚正能量、奋进新时代”——第五届“百项”网络正能量专题。组织“航天放飞中国梦”航天科普展暨中国航天成就展（福州站），开放展出 2.5 天，参观人数 2 万余人次。此外，还举办第九届太空画创作征集活动优秀作品展。

9 月 23 日，学会与澳门科技大学联合主办科技大师系列讲座之航天大师进校园活动，共计 600 余名师生在线学习。11 月 24 日，学会组织澳门科协代表团赴海南省文昌市进行爱国主义教育，见证“嫦娥五号”发射。

表彰举荐优秀科技工作者 2020 年，学会推荐的“嫦娥四号”工程团队代表吴伟仁、于登云、孙泽洲获国际宇航联合会世界航天奖；推荐的中国科学院院士余梦伦、中国工程院院士孟执中获 2020 年国际宇航联合会名人堂奖；推荐 18 名中国专家入选国际宇航科学院院士（含台湾地区）。

推荐的学会理事长吴燕生、理事朱坤获得第十三届光华工程科技奖，推荐 3 名航天专家获得第二届全国创新争先奖、2 个项目获得 2020 年国防科学技术进步奖二等奖。

党建强会 9 月，学会召开七届四次理事会议，将“坚持党的全面领导”等要求写进学会章程，完成学会章程修订。发布《学会理事会党委会议事规则》和《学会监事会工作办法》，全面落实学会党建责任。完成理事会党委职责任务分类试点方案，建成覆盖分支机构党建工作小组 42 个，召开理事会党委会议 2 次、党员大会 5 次、支部委员会议 10 次，组织党课学习 5 次。

建立学会党建活动室，贯彻落实《中国共产党宣传工作条例》，围绕“建党 100 周年航天事业发展中党的建设经验与启示”主题，组织完成“新时代中国宇航学会党建强会创新发展研究”“学会引领青年党员在民族复兴和科教兴国发挥作用的研究”等党建研究课题，总结学会党建工作经验。

会员服务 1 月，学会推出 2020 年度会员增值服务目录，其中个人会员增值服务 33 项、单位会员增值服务 12 项。上线新版会员管理与服务系统，实现快速入会申请、会议在线服务、证书打印查询、专属内容推送等一站式综合服务。

在学会微信公众号上开设“疫情阻击战 航天力量在行动”和“展会员风采 弘航天精神”专栏，利用学会媒体矩阵进行宣传，鼓励广大会员充分展示学术特性、实现自我价值、弘扬航天精神，全年累计分别发布 15 期和 16 期文章。

【2020 年中国航天大会】 9 月 18 日，由学会与中国航天基金会共同主办，国家航天局、中国科协、福建省人民政府、中国航天科技集团有限公司、中国航天科工集团有限公司以及国际宇航联合会、国际空间法学会、亚太空间合作组织指导和支持的 2020 年中国航天大会在福建省福州市召开。大会以“弘扬航天精神，拥抱星辰大海”为主题，共设计 16 场活动。除主论坛外，还包括 1 场院士专家座谈会、2 场国际论坛、7 场学术（技术）论坛、1 场文化论坛、1 场教育论坛、2 场科普活动和 1 场展览展示。800 余人参加会议。

福建省委书记、省人大常委会主任于伟国，工业和信息化部副部长、国家航天局局长张克俭，中国航天科技集团有限公司党组书记、董事长吴燕生分别致辞。国际宇航联合会执行主任克里斯汀·费奇廷和国际空间法学会主席凯伍·施罗格通过视频为大会致辞。开幕式由学会副理事长、国际宇航联合会副主席杨保华主持。开幕式上颁发 2019 年中国航天基金会钱学森杰出贡献奖和航天重大项目奖，举办福建省与中国航天科技集团、中国航天科工集团战略合作协议签约仪式。

主论坛上，中国科学院院士王巍发布 2020 年宇航领域十大科学问题和技术难题。北斗卫星导航系统总设计师杨长风，火星探测工程总设计师张荣桥，中国载人航天工程副总设计师周雁飞，中国航天科技集团有限公司科技委主任、中国科学院院士包为民，空间引力波探测“太极计划”首席科学家、中国科学院院士吴岳良等 15 名中外航天领军人物聚焦北斗导航、火星探测、载人登月、航班化航天运输、空天飞行、高分工程建设、空间引力波探测、月球及行星探索、载人火星探测等议题作报告。

【2020年国际宇航大会中国分会场】 10月12日，由学会主办的2020年国际宇航大会（IAC）中国分会场在北京召开，中国运载火箭技术研究院院长、国际宇航联合会副主席王小军，学会副理事长兼秘书长、国际宇航联合会卫星商业应用委员会秘书长王一然，中国空间技术研究院科技委主任、国际宇航联合会空间能源委员会副主席李明等在国际宇航联合会任职的专家，以及本届IAC论文作者等专家学者70余人参加会议。会议以网络直播方式召开，举办全体大会、亮点报告、专题论坛等学术活动，同时还举办线上展览。

开幕式上，国际宇航联合会主席帕斯卡尔宣布2020年国际宇航联合会世界航天奖获奖者是“嫦娥四号”团队优秀代表吴伟仁、于登云、孙泽洲。开幕式后，举办4场学术活动。在航天局长论坛上，中国国家航天局局长张克俭、美国国家航空航天局局长布里登斯廷、俄罗斯国家航天集团总经理罗戈津、日本宇宙航空研究开发机构局长山川宏、加拿大航天局局长坎贝尔、印度空间研究组织主席斯万、欧洲航天局局长沃纳参加会议。2020年世界航天奖获得者之一于登云作亮点报告《“嫦娥四号”的技术突破》，介绍工程成果。特别专题“世界航天界对新冠疫情的响应”“气候变化时代的地球观测技术网络论坛”讨论当下热门话题。欧洲航天局、德国航天局、洛克希德·马丁空间系统公司、泰雷兹集团以视频方式介绍最新技术和计划。中国分会场专家就线上发布或提出的航天发展新观点、新议题、新趋势等展开讨论。

（撰稿人：姜 军 曹亚君 陈文婷）

中国兵工学会

服务创新型国家和社会建设 2020年，学会共承接国家发展改革委、国家机关事务管理局、中国工程院、国家国防科技工业局、中国科协、中国兵器工业集团有限公司等各类项目25项。

学会工程教育专业认证委员会对兵器类16个专业点认证申请进行审核，受理6个专业的申请，其中3个专业的自评报告通过审核、完成1个专业的现场考查；对机械类18个专业点的认证申请进行审核，受理7个专业的申请，其中3个专业的自评报告通过审核、完成2个专业的现场考查。

学会完成国家发展改革委“国家应急装备与技术应用思路研究”课题；承接中国工程院“创新融合深度发展若干重大问题研究（二期）”“国防功能与城市建设一体化发展战略研究”重点咨询项目和“创建海南创新融合创新示范基地”课题；承接并完成中国科协“全国学会深化改革情况调研”“打造山东国防与民用产业高地策略研究”“中国科协九大代表调研”项目；撰写《中国兵器工业集团有限公司应急体系建设领域实施方案》，起草并上报《中国兵工学会创新融合发展方向和使命定位》，通过各种渠道上报建议8份，获国家部委有关领导的重要批示。

学会承担中国科协学会服务中心科技社团研究所的“印度科技社团发展现状及管理体制研究”项目，分析印度科技社团的历史、规模、特点和作用等，对5个典型科技社团进行案例分析，归纳印度政府对社团的监管和扶持政策，提出对中国科技社团发展的启示。

学会全年完成10项团体标准立项，其中《碳纤维工作梯》等6项正式启动，发布《军警用后勤保障用车爆胎应急安全装置性能要求和试验方法》团体标准1项。

学会与四川省遂宁市加强合作，共同发布300个项目，最新专利成果156个，8个项目落地签约，39个技术落地转化。

11月20日，学会与中国科协学会服务中心等单位共同主办的第二届中国（无为）电缆产业科技创新协同发展高峰论坛在安徽省无为市召开。论坛牵头无为市人民政府与中国科协创新融合学会联合体、安徽省电缆产业协同创新联合体签署三方战略合作协议，组织无为市政府与北京理工大学信息与电子学院签署创新创业实践基地协议，同期召开招商引资与电缆供需产品对接会，达成签约合作成果9项。

学会联合中国科协创新融合学会联合体、京津冀创新融合产业协同创新共同体在北京召开京津冀协同发展高层次专家研讨会，会后形成《京津冀地区国防科技工业协同发展研究建议》专项报告。

学会建设 9月25日，中国兵工学会第九次全国会员代表大会在北京召开，选举产生学会第九届理事会。2020年，学会共召开2次常务理事会议、1次理事会议（通讯会议）、1 次监事会议，共审议 18 条议案并全部通过。指导 5 个专业委员会完成换届，成立体系工程专业委员会，恢复系统工程专业委员会活动，撤销 3 个专业委员会。

学会承接第 34 场中国科协所属全国学会秘书长沙龙——学会治理改革中监事会的作用与工作模式探讨，会后形成《面向国际化、现代化的科技社团治理与监督》总报告并上报中国科协。

2020 年，学会完成由公安部牵头组织的“护网行动”，确保学会网站监管运行稳定。

疫情期间，完成学会党委会、办公会、党委理论学习中心组学习的会务保障，制订并细化疫情防控工作方案，建立疫情防控台账，采购防疫物资，做好疫情防控值班值守、信息上报、卫生消毒、防疫宣传等工作。

青年人才托举工程 2020 年，学会推荐的 11 名青年专家获得第六届中国科协“青年人才托举工程”项目资助。从第一届至第六届，学会共有 40 名青年入选。学会组织策划的青年科学家论坛、青托沙龙、青托工作座谈会形成系列品牌。

主办期刊 2020 年,《兵工学报》收到论文 863 篇，发表论文 280 篇，在“武器工业与军事技术工程”27 种学术期刊中，影响因子排在首位；在“武器工业与军事技术工程”16 种国内外学术期刊中，世界学术影响力指数位于世界第 2 位。

Defence Technology（《防务技术》）最新影响因子为 2.637，进入工程多学科领域二区。2020 年共收到稿件 1200 余篇，刊登稿件 120 篇，出版 2 期专刊，入选中国科技期刊卓越行动计划梯队期刊；2020 年获得“中国最具国际影响力学术期刊”称号、科爱出版集团“最佳服务作者奖”。

2 月,《兵器知识》（手机版）正式向读者全面推出。通过阅读码和淘宝店平台的结合,《兵器知识》（手机版）实现在线订阅，成为军事科普期刊中第一本手机杂志。《兵器知识》（手机版）针对移动端用户开发，阅读体验超过传统的数字化期刊。截至 12 月底，共有注册用户 8888 人，阅读卡被激活 369 张。

《兵器知识》头条号粉丝达 46 万人，同比增长 21%；微信公众号粉丝达 5 万人，同比增长 40%；微博粉丝达 33 万，同比增长 21%；西瓜视频号共发布原创视频 33 个，总播放量达 100 万次。开通“学习强国号”，自 10 月 16 日上线后每日更新，其中单篇最高阅读量为 18.8 万次。通过加大网络销售，正式开通运营《兵器知识》微店、有赞店铺，推出手机版杂志等，线上全年订阅数和销售收入比 2019 年增长 40% 以上。

学科发展工程 学会完成并出版《2018—2019 兵器科学技术学科发展报告（制导兵器技术）》，包括综合报告 1 项和专题报告 7 项。

2020 年，学会申请并启动“兵器科学技术学科发展报告（身管兵器技术）”工作并完成开题会，确定编写大纲和团队，细化各课题组分工。

学会完成 100 万字的《火炸药汇编手册》，覆盖全球各大火炸药科研机构。

国际学术会议 学会全年利用在线软件召开境内国际会议 7 次、国际培训 8 场，参加人数 946 人次，交流论文 402 篇。举办的会议和培训主要包括 2020（亚）毫米波器件、测量和应用国际研讨会，2020 先进机器人装备关键技术及应用国际研讨会，2020 年碳基纳米材料在含能材料中应用国际研讨会，2020 装甲新材料和技术国际研讨会，欧洲科学院院士 Timon 教授讲学等。

10 月 26—29 日，由学会主办的 2020 国际防务技术大会在线召开。来自 21 个国家的 380 名专家学者参加会议。大会围绕含能材料、爆炸与冲击（含装甲与防护）、新型制造工艺与管理（包括增材制造、3D 打印、金属纳米结构、铸造技术）、自主技术、定向能与脉冲电源、复合材料的应用、仿真与模拟、光电信息及其他防务技术领域开展交流和讨论，来自中国、英国、德国、俄罗斯、法国、波兰、意大利和以色列 8 个国家的 11 名首席科学家作大会特邀报告，70 名科技工作者作分会场报告。

国内主要学术会议 2020 年，学会及分支机构组织召开国内学术会议 50 余场，参加会议人数约 5 万余人次，交流论文 900 余篇。主要包括第四届中国兵工学会青年科学家论坛——城市安全与智慧应急、中国科协跨域智能飞行器未来发展趋势青托沙龙、2020 年第六届装备环境工程发展论坛、弹箭动力与新材料技术发展专题研讨会等会议。

科普活动 学会开展小学 4—6 年级国防科普系列课程，策划出版儿童国防科普系列丛书“‘兵小白’小科普画册”。

10 月 16 日,《兵器知识》正式入驻“学习强国号”，成为继微信公众号、头条、微博号三大网络媒体平台后，又一媒体宣传阵营。

学会开展“云游军博”国防科普大直播，举办“云游军博导弹馆”“云游军博空军馆”“云游中国人民抗日战争纪念馆”“云游轻武器博物馆”4场直播节目，累计观看人数达488.6万人次。

表彰举荐优秀科技工作者 学会组织开展中国科协、国家科学技术奖励工作办公室相关项目的推荐工作。学会推荐的南京理工大学教授肖忠良获得第二届全国创新争先奖状，向中国科协推荐2020年“最美科技工作者”候选人2名、推荐第十七届中国青年女科学家奖候选人3名。开展中国兵工学会科学技术奖申报和评审工作。

党建强会 2020年，学会理事会党委召开3次党委会议，研究学会重点工作，参与学会重大问题决策，对重要业务活动、大额经费开支等提出意见，前置审议理事会重大事项议题。

5月，根据《关于开展中国科协所属学会党委职责清单试点工作的通知》要求，学会党委制定《中国兵工学会理事会党委职责清单试点工作实施方案》，根据试点工作要求，整理《中国兵工学会理事会党委职责清单》《中国兵工学会理事会党委会会议审议内容》《中国兵工学会理事会党委职责任务负面清单》，从制度上明确理事会党委的工作范围，从工作流程上明确理事会党委的工作程序。

9月，部署并完成中国兵工学会第九届理事会党委换届工作。

会员服务 2020年，学会会员总数31996人。其中普通会员31996人、高级会员762人，会士49人。

举办智能光电探测识别技术及应用、企业数字化转型与高效人力资源管理战略等17期培训班；举办军工安全防范与应急专业技术人员继续教育培训11期；取得国家机关事务管理局会计专业人员网络培训资格；建立中国兵工学会云课堂在线学习平台，开展线上培训。

【中国兵工学会第九次全国会员代表大会】 9月25日，中国兵工学会第九次全国会员代表大会在北京召开。会议采取线上线下相结合的方式，以无记名投票的方式选举产生由182名理事组成的第九届理事会和5名监事组成的第九届监事会。大会审议通过八届理事会工作报告、财务工作报告、《中国兵工学会章程》和《中国兵工学会会费收取与管理办法》。

在学会九届一次理事会议上，选举产生第九届理事会常务理事和负责人。焦开河当选学会第九届理事会理事长，李春建、董春波、赵长禄、付梦印、周劼、沈兴全、芮筱亭、邱志明、于小虎当选副理事长。会议同意焦开河担任学会第九届理事会党委书记，赵长禄担任党委副书记，张华担任党委纪检委员，李春建、董春波、付梦印、沈兴全、芮筱亭、于小虎为党委委员；同意聘任副理事长于小虎兼任学会秘书长和学会法定代表人。在九届一次监事会上，选举张华为第九届监事会监事长。九届一次常务理事会议审议通过第九届理事会设立8个工作委员会及聘任主任委员的议案和聘任学会副秘书长的议案。会后完成在民政部的各项备案。

（撰稿人：殷宏斌）

中国金属学会

服务创新型国家和社会建设 2020年，学会承接中国科协先进材料科技服务团工作，牵头“科创中国”宁夏回族自治区银川市科技服务团工作，围绕银川市高端装备制造、新材料产业开展科技服务，完成15家企业调研，召开中国（银川）新材料产业协同创新联盟成立暨中国（银川）新材料推广应用产业高端论坛。调研山东省、江苏省、黑龙江省、山西省等地产业园区和重点企业；与河南省安阳市、广西壮族自治区贵港市、宁夏回族自治区银川市、江苏省盐城市等政府部门达成合作意向或签订框架合作协议；分别与天津市新天钢集团、临清智创未来科技发展有限公司、黎城太行钢铁公司、齐齐哈尔市科协等签署学会服务站合作协议或框架协议。

学会构建冶金与新材料产学研协同创新服务平台，更新90余项科技成果与研发动态信息；围绕行业技术热点、难点问题，组织筛选前沿的、有应用基础的关键共性技术进行推广；出版《钢铁工业绿色智能制造、高质量发展关键技术成果汇编》，包含162项技术。

根据生态环境部《重污染天气重点行业应急减排措施制定技术指南》，配合生态环境部大气环境司组织钢铁行业短流程专题网络研讨会，征求意见。

开展学会团体标准工作，完善学会团体标准信息管理系统并全面运行；先后发布并实施《阶梯连续加料电弧炉》《钢铁行业绿色生产管理评价标准（焦化）》《智能炼铁体系架构与建设指南》《型钢码垛机器人通用技术条件》《钢铁行业绿色生产管理评价标准》《钢铁工业绿色园区标准》等14项团体标准。

对“绿色高效超高强度桥梁缆索关键技术研究和应用”等46项行业科技成果项目开展评价工作。承担“冶金工程与金属材料（金属学与金属工艺）”领域科技期刊分级目录的评价分级与发布工作，由中国工程院院士干勇、中国科学院院士叶恒强等11名专家组成评审委员会，评选出冶金工程技术领域T1级14种、T2级19种、T3级37种，金属材料（金属学与金属工艺）领域T1级16种、T2级23种、T3级27种。

举办专业技术人才培训班8次，培训人数700余人次。作为材料类专业认证委员会秘书处，承接材料类专业认证相关工作。组织完成84个专业认证申请的评审工作，对受理的40个专业开展自评审核，完成18个专业入校考查；组织90余名专家参加认证培训和研讨，开展专家管理与评价工作。

为应对新冠疫情对中国和世界材料行业和企业造成的冲击，组织先进材料学会联合体成员学会中包括5名院士在内的10余名材料专家，撰写《浅析疫情对材料产业带来的影响和启示》建议报告，对中国材料产业的发展模式和变革提出建议，提交中国科协。

学会与国家超低排放与国家环保监测总站、中国科学院生态环境研究中心等共同组织开展钢铁行业烧结烟气氧化法脱硝技术评估工作，选取4个厂家、3类技术进行系统调研分析，从现场监测、技术原理分析等方面对该技术进行评估。

牵头先进材料学会联合体承担中国工程院“2035我国基础材料绿色制造和智能制造技术路线图研究”，由中国工程院院士翁宇庆领衔、100余名知名专家参与，针对基础材料领域实现绿色制造和智能制造提出政策建议。承担中国科协“绿色冶金关键共性技术协同创新研究”“氢冶金前沿技术前沿跟踪研究”等课题，向中国科协、国家发展改革委提交《关于钢铁行业钢渣处理技术及尾渣综合利用的建议》报告。

学会建设 2020年，学会会员总数92213人、单位会员总数196个；新发展高级会员5人、普通会员1102人、外籍会员1人；制定《中国金属学会外籍会员管理办法（试行）》；分支机构换届1个，新成立1个；变更副理事长1人、常务理事3人、理事5人。

学会完善会议制度、改革会议方式，规范调整负责人、常务理事、理事，规范召开理事会议、常务理事会议和监事会议，进一步加强分支机构管理，修订《中国金属学会专业分会管理办法》。

青年人才托举工程 11月6日，由学会牵头成立的先进材料学会联合体在湖南省长沙市举办第四届（2018—2020年度）“青年人才托举工程”结题汇报会、第五届（2019—2021年度）“青年人才托举工程”中期汇报会和第六届（2020—2022年度）“青年人才托举工程”答辩评审会。学会推荐的3名青年人才获得中国科协资助、5人获得自筹资金资助。

主办期刊 《材料科学技术》（英文版）SCI影响因子为6.155，位居中国材料和冶金综合性学术期刊榜首。《金属学报》（英文版）、《金属学报》影响因子分别为2.09和0.938。《钢铁》2019年最新核心影响因子为1.407，在22种金属材料类核心期刊中排名第1位。《中国冶金》2019年最新核心影响因子为1.211，在11种冶金工程技术类核心期刊中排名第1位。

《材料科学技术》（英文版）、《金属学报》《钢铁》分别获得中国科技期刊卓越行动计划重点期刊和梯队期刊项目支持，完成2019—2020年度计划任务，继续获得2020—2021年度项目支持。学会开展期刊社会效益评价活动，《材料科学技术》（英文版）、《钢铁》《中国冶金》《金属学报》、《金属学报》（英文版）被中国科协评价为社会效益优秀，《连铸》《金属世界》被评价为良好。

学科发展工程 学会组织撰写“钢铁工业绿色制造节能减排先进技术丛书”，学会理事长干勇担任编委会主任，中国工程院院士徐匡迪作序。丛书入选国家出版基金资助项目，12分册已全部出版。

国内主要学术会议 2020年，学会和各分支机构共组织各类学术交流活动58次，参加人员12417人次，交流论文2643篇。

8月13日，由学会牵头、中国科协先进材料学会联合体承办的第二十二届中国科协年会先进钢铁制造基地建设论坛在山东省日照市召开。会议主题为“改革开放、创新引领、科技赋能、合作发展”，来自钢铁产业相关企业、高校、科研院所的120余名专家学者参加会议。论坛聚焦先进钢铁材料的升级换代及其生产的绿色化和智能化发展并进行网络直播。

9月15—17日，由学会与中国水利学会脱盐分会共同主办的2020年全国冶金用水节水与废水综合利用技术研讨会在山东省青岛市召开。同期召开第十五届青岛国际水大会，会议主题为“高效低成本绿色处理废水，发展智能水务，提高用水效率”。

9 月 24—25 日，由学会与学会炼铁分会主办的 2020 年全国炼铁生产技术会暨炼铁学术年会在重庆市召开。会议主题为“绿色、低碳、长寿、智能，推动炼铁高效低成本、高质量发展”，来自 160 余家单位的 600 名专家学者参加会议，共同交流探讨近年中国炼铁领域的技术研究、生产及应用等方面的技术进步和发展趋势。

10 月 12—13 日，由学会与北京科技大学主办、世界钢铁协会协办的 2020 年（首届）洁净钢生产技术研讨会在北京召开。中国工程院院士干勇、殷瑞钰、刘正东，北京科技大学校长杨仁树等出席。来自 124 家钢铁企业的 260 余名科技工作者参加会议。与会专家对中国洁净钢生产技术的现状和发展趋势进行分析，国内各大钢铁企业就优化制造流程、加快品种钢结构调整、促进高效率低成本洁净钢生产技术进行探讨与交流。

10 月 27 日，由学会与山东省高端人才工作专项小组、山东省科协联合主办的品牌化不锈钢产业与城市生态融合发展高端论坛在山东省济南市召开。中国工程院院士殷瑞钰、中国钢铁工业协会副会长骆铁军等作特邀报告，200 余名行业专家学者参加会议。殷瑞钰、骆铁军以及中国社会科学院、北京科技大学、中国科学院浙江研究院、钢铁研究总院、山东建筑大学以及有关企业的专家学者分别作主题报告《关于钢铁工业产品品牌化的思考》《聚焦发展痛点 着力解决钢铁行业高质量发展面临的问题》《创新驱动发展》《钢厂与城市融合发展的现实路径：仿地幔熔铁浴固废能源化》《热态钢渣的高值利用》等，专家们还围绕钢铁企业如何进一步加快绿色发展步伐、推进产城融合、提升高质量发展水平进行交流探讨。

11 月 4—6 日，由学会主办的 2020 年全国轧钢生产技术会在山东省日照市召开，70 余家单位的 260 名专家学者及科技人员参加会议。会议主题为“发展绿色、智能轧制技术，促进钢铁工业高质量发展”，中国工程院院士王国栋、毛新平作大会报告。会议共收到技术交流报告 198 篇，安排大会报告交流 60 篇。

11 月 5—7 日，学会牵头中国科协先进材料学会联合体在湖南省长沙市举办第三届先进材料青年学者论坛。论坛在中国先进材料产业创新与发展大会暨 2020 长沙新材料产业博览会期间举办，设有院士专家主题报告会、青年人才托举项目汇报交流会等活动。学会联合体主席干勇、副主席赵沛，中国工程院院士谢建新、张涛、李仲平，学会联合体秘书长王新江，国际材料研究学会联盟主席韩雅芳等出席论坛。

11 月 19—20 日，由学会与河钢集团有限公司联合主办的 2020 年全国冶金能源环保技术交流会在河北省唐山市召开。会议主题为“构建节能高效、精准稳定的超低排放技术体系，促进钢铁工业绿色发展”，80 余家单位的 260 余名专家学者及科技人员参加会议，交流近年来中国冶金能源环保领域技术研究、生产应用及控制等领域的技术及发展趋势。

12 月 9 日，学会在北京召开 2020 第三届中国电炉炼钢科学发展论坛。工业和信息化部、生态环境部相关领导，学会理事长、中国工程院院士干勇，钢铁研究总院名誉院长、中国工程院院士殷瑞钰等出席会议并讲话。会议聚焦讨论电炉短流程，研讨中国金属学会相关电炉短流程团体标准。

科普活动 2020 年，学会举办科普展览 2 次，受众 4 万余人次，发放科普宣传材料 1000 份，组织科普工作志愿者 100 余人次参加活动。

3—6 月，学会联合中国科协“科创中国”“科普中国”“绿平台”等先后举办“中国冶金材料大讲坛”“中国先进材料大讲坛”直播视频公益讲座，在线宣传先进钢铁、材料的相关知识。邀请中国工程院院士干勇、刘玠、王海舟、王国栋、殷瑞钰、谢建新、聂祚仁，中国科协党组成员、书记处书记、北京科技大学教授吕昭平等院士、专家围绕新材料产业前沿热点问题和“卡脖子”问题作报告，在线观看人数 4 万余人次。

学会依托金属材料学科科学传播专家团队，举办 2020 年全国模拟炼铁－炼钢－轧钢大赛。预赛和全国总决赛通过网络在线形式举办，来自 54 家企业和院校的 2300 余名选手参加预赛，556 名选手参加全国总决赛。10 月，在辽宁省鞍山市举办大赛团体挑战赛。

学会举办第四届冶金青年创新创意大赛，收到参赛作品 280 余份，评选出一等奖 32 名、二等奖 57 名、三等奖 83 名。

表彰举荐优秀科技工作者 学会与中国钢铁工业协会共同开展冶金科学技术奖评选工作，101 个项目获奖，其中，特等奖 1 项、一等奖 22 项、二等奖 25 项、三等奖 53 项。2020 年度中国金属学会冶金医学奖获奖项目 39 项，其中，二等奖 13 项、三等奖 26 项。

第十届中国金属学会冶金青年科技奖评选产生马立峰、王厚昕等 15 名获奖者。学会推荐的武汉科技大学教授张一敏、东北大学教授姜周华获得第二届全国创新争先奖状；学会非晶合金分会主任委员、安泰科技公司首席科学家周少雄获第十三届光华工程科技奖。

党建强会 学会党委和办事机构党支部在疫情防控工作中加强党建和政治引领，向理事、分支机构、全体会员发出《中国金属学会关于抗击新型冠状病毒，打赢疫情防控保卫战的倡议书》，号召全体会员科学防控、精准防控、全民防控。

会员服务 学会编写2020年年报，反映学会年度工作的综合信息；建立微信平台，介绍学会工作动态，传播学会工作信息；组织编发43期《科技新进展报告》，在学会网站、微信上发布，为会员提供科技新进展、新动态信息服务。

学会面向企业和会员提供公共服务，建有炼铁生产技术服务平台、电炉炼钢生产技术服务平台，指导企业解决生产中的技术难题，提出可行性方案。

【第十届中国金属学会青年学术年会暨第四届辽宁青年科学家论坛】 10月24—25日，由学会、辽宁省科协联合主办，辽宁科技大学、辽宁省金属学会、鞍山市科协承办的第十届中国金属学会青年学术年会暨第四届辽宁青年科学家论坛在辽宁省鞍山市举办。会议主题为“智能制造、绿色低碳，引领冶金材料高质量发展”，来自全国钢铁企业、研究院所、高校的430余人参加会议。

学会理事长、中国工程院院士干勇，中国工程院院士、东北大学副校长唐立新，学会常务副理事长赵沛，中国科学院金属研究所副主任孙明月作大会主旨报告。干勇在主旨报告《钢铁工业智能化及品种发展》中指出，新一代信息技术与先进材料是制造业的两大“底盘技术”，支撑制造业迈向高质量发展；“十四五”期间智能制造将是流程制造业技术创新的主要抓手和转型升级的主要路径。唐立新在视频报告中强调，强制性碳减排必将来临，中国钢铁工业应当提前布局，“倒逼”低碳技术的进步，迎接低碳时代的到来。

会议设有炼铁与铁前、炼钢与连铸、轧制与热处理、金属材料、智能制造、绿色低碳6个分会场，发布99篇分会场报告，其中38篇为邀请报告。

会议同期举办第十届中国金属学会青年科技奖颁奖典礼、2020年“辽科大杯”全国模拟炼铁－炼钢－轧钢大赛颁奖典礼。

（撰稿人：曹莉霞）

中国有色金属学会

服务创新型国家和社会建设 开展“科创中国”专家服务团活动，助力地方科技经济融合发展。组建由中国工程院院士黄伯云、王国栋、潘复生、黄小卫、聂祚仁、张平祥、柴立元牵头，有研科技集团、中南大学等单位的200余名专家组成的有色金属全产业链绿色发展科技服务团和先进结构材料科技服务团。服务团先后与江西省宜春市，广西壮族自治区南宁市，辽宁省鞍山市，山东省滨州市、聊城市、泰安市，宁夏回族自治区银川市，贵州省贵阳市，湖南省湘潭市、郴州市，重庆市九龙坡区等省（自治区、直辖市）人民政府、科协及企业对接，签订合作协议19项；在辽宁省鞍山市、山东省泰安市、湖南省湘潭市、广西壮族自治区南宁市、安徽省铜陵市等地建立学会专家工作站6个；与江西省宜春市，山东省聊城市、泰安市，辽宁省鞍山市等地方科协、政府及企业建立产业协同创新联合体；科技服务团服务企业100余家，开展技术对接、高端论坛、成果落地等科技服务工作。

学会主办有色金属全产业链绿色发展服务团“有色金属云课堂”44期，同期在中国科协“科界”直播3期，承办中国先进材料大讲坛1期，累计受众人数近60万人次，编制培训手册，开展有色金属行业技术培训，为地方培养技术人员。学会特种冶金专业委员会聘请美国普渡大学博士、爱荷华州立大学机械工程系终身教授王信伟，围绕“纳米结构对声子散射的分子动力学研究”“微米/纳米低维材料热物性的非接触非破坏性测量”等主题，通过线上会议模式进行17场培训和学术讲座。理化检验学术委员会依托挂靠单位有研科技集团有限公司，并联合中国新材料测试评价联盟等单位举办金属材料失效分析培训班。安全学术委员会举办安全生产上岗、技术、国家标准宣贯、职业健康等培训。

学会建设 2020年，学会发展个人会员4000余名。新成立固废资源化专业委员会，部分分支机构调整秘书长及增补委员。加强分支机构的制度建设，使分支机构的管理规范化。

推进学会智库建设，学会设立的“中国有色金属智库”入库专家达3000余人，充分发挥行业科技骨干领军作用。

12月16日，学会七届五次理事会议在河南省洛阳市召开。中国工程院院士何季麟、张文海、孙传尧、蔡美峰、桂卫华、黄小卫、张平祥、柴立元及学会理事共260余人参加会议。会议对学会2021年换届方案等相关决议进行表决，规范学会工作有序开展。同期召开分支机构及地方学会秘书长工作会议，总结各分支机构2020年工作并讨论2021年工作计划。

主办期刊 学会共主办16种行业期刊和出版物，其中，英文期刊5种、核心期刊13种。《中国有色金属学报》（英文版）、《稀有金属材料与工程》（英文版）、《稀有金属材料与工程》被SCI、EI、SCOPUS、CSSCI、CSCD收录。《中国有色金属学报》（中、英文版）、《稀有金属》（中、英文版）、《稀有金属材料与工程》（英文版）等期刊先后获得中国科协精品科技期刊工程项目资助。

学会与有研科技集团成立有研博翰（北京）出版有限公司，联合中国有色金属工业协会、中南大学出版社等行业重点单位整合行业内高校、学会、协会、科研机构、企业的优质期刊资源，构建有色金属特色行业刊群。刊群共计68本期刊，集中有色行业内龙头期刊，期刊总数达到行业总期刊数的95%以上，形成以有色金属选矿、冶金、材料、检测为核心，以金属材料和大金属材料选矿、冶金、材料加工为外延的刊群布局。根据2020年度《期刊引证报告》,《稀有金属》（英文版）和《中国有色金属学报》（英文版）均位于国际Q1区;《稀有金属》（英文版）和《稀土学报》（英文版）影响因子分别达到2.161和3.104。

国内主要学术会议 学会组织各学术委员会和地方学会共同举办综合性、交叉性、跨学科的学术交流活动，全年共举办影响力较大的国内学术会议27次，参加会议人数8091人次，发表论文846篇，大会报告1393场。同时，学会还探索空中云课堂，开展线上学术交流，每周播放一次。学会采矿学术委员会举办第七届中国矿山安全技术装备与管理大会线上会议，约4000余人次在线参加交流。

7月30—31日，由学会选矿学术委员会、中国矿业联合会选矿委员会等单位主办的第二届浮选理论、工艺与装备技术交流会在江西省赣州市举办。中国工程院院士邱冠周、东华理工大学校长孙占学、江西理工大学副校长邱廷省，以及来自全国相关高校、科研院所、矿山公司、优秀设备供应单位的近500名专家学者参加大会。会议探讨交流浮选技术发展现状、浮选工艺流程、浮选设备研制、浮选药剂研发、矿物分选等相关内容，总结近年浮选基础理论、工艺优化、技术发展与装备应用管理等方面的新动态、新成果和新思路。会议期间，组织与会人员赴赣州金环磁选设备有限公司金峰分公司、赣州有色冶金研究院、赣州好朋友科技有限公司实地参观考察。

10月24—26日，由学会、中南大学、昆明冶金研究院有限公司、东北大学等12家单位共同主办的第八届全国湿法冶金工程技术交流会在广东省深圳市召开。中国工程院院士柴立元和学会理事长贾明星担任大会主席，来自国内的500余名专家学者参加会议。会议对湿法冶金先进科技成果研发、工程化应用进行探讨，总结国内外先进经验，并结合典型工程实例进行归纳和对比分析。

11月5—7日，由中国有色金属工业协会铂族金属分会和学会贵金属学术委员会共同主办的2020年中国贵金属论坛在云南省昆明市召开。来自高校、科研院所、企业的300余名专家学者参加会议。会议特邀中国科学院院士张锦作大会报告《石墨烯材料研究进展及应用前景》，与会专家学者共同分析行业面临的难题与发展，解读政策和市场信息，分析把握新形势新要求，共同促进贵金属行业健康可持续发展。

11月18—21日，由中南大学、学会矿山信息化智能化专业委员会、学会采矿学术委员会、湖南省有色金属学会等单位共同主办的2020矿业前沿与信息化智能化科技年会在湖南省长沙市召开。中国工程院院士古德生、谭建荣、桂卫华、王国法、陈晓红，以及来自国内高校、科研院所、相关企业的800余名专家学者、企业家参加会议。学会理事长贾明星致开幕词。会议围绕“新基建推动智能矿山建设”主题，邀请陈晓红、谭建荣、桂卫华、王国法等47名专家学者作学术报告，系统总结近年来中国矿山智能化建设经验，特别是基于“新冠肺炎疫情”与“新基建”双重背景，探讨物联网、大数据、5G、虚拟现实等前沿技术，全面推进有色金属、冶金、煤炭等矿山行业的智能化、无人化技术发展，全面提升传统产业的科技创新水平。会议期间，组织150余家单位的400余名专家学者赴湖南创远高新机械有限责任公司、山河智能装备股份有限公司、长沙迪迈数码科技股份有限公司、长沙智能驾驶研究院有限公司、长沙施玛特迈科技有限公司现场参观考察。

科普活动 针对中国铝工业赤泥状况，组织专家撰写并出版科普专著《赤泥知多少》。

学会钒资源清洁利用专业委员会依托挂靠单位武汉科技大学建造地质标本陈列馆、污水结晶科普实验室及工业安全体验馆，免费为群众进行科普讲座 10 余次。

8 月 23 日—9 月 12 日，学会粉末冶金与金属陶瓷专业委员会举办 2020 年全国科技活动周公众开放日活动，接待人数 300 余人次；依托挂靠单位中南大学粉末冶金研究院的陈列室全年接待参观 200 余次，共计 1000 余人次。

学会有色冶金资源综合利用专业委员会在 2020 年青少年“云上科学营活动”中，邀请中国工程院院士柴立元作专题报告《我的科学梦》；柴立元还为中国五矿集团有限公司“中国五矿科技大讲堂”作线上主题报告。

学会地质学术委员会持续做好北京市中小学以“地质与人文”为主题的课外教育活动。

表彰举荐优秀科技工作者 学会开展全国创新争先奖推荐工作，推荐的中南大学赵中伟和大理大学王华获第二届全国创新争先奖状。

组织“青年人才托举工程”项目、青年女科学家奖、未来女科学家计划、“最美科技工作者”等奖项推荐工作。其中“青年人才托举工程”有 3 名人员入围，未来女科学家计划有 1 名人员入围。

2020 年，学会与中国有色金属工业协会共同开展中国有色金属工业科学技术奖评选工作。共评选出 236 个获奖项目，其中一等奖 83 项、二等奖 92 项，三等奖 61 项。

党建强会 学会认真落实中国科协党建强会要求，2020 年获批“党建强会示范活动”项目。

会员服务 学会网站设有个人会员管理模块，为会员提供会员登录、注册、咨询等相关服务。2020 年新冠肺炎疫情期间，利用学会网站、微信公众号等媒体为推动企业复工复产开展宣传报道。编辑学会双月电子会刊，向学会理事和会员单位及时传递学会动态和工作进展。继续开展学会个人会员征集、服务以及管理工作，完善单位会员、个人会员入会申请审批程序，实现个人会员使用网站系统快速注册入会。会员可优先参与学会活动，优先在学会期刊上发表论文，优先受聘参加学会组织的论证，评议鉴定和技术咨询等各项活动，并以优惠价格参加学会会议。

【2020 中国有色金属学会青年科技论坛】 8 月 19—21 日，由学会和广西壮族自治区科协共同主办的 2020 中国有色金属学会青年科技论坛在广西壮族自治区南宁市召开。中国科学院院士刘忠范，中国工程院院士丁文江、桂卫华、黄小卫、聂祚仁出席会议。中国科协党组成员、中国科技馆馆长殷皓，广西壮族自治区政协副主席、自治区科协主席黄日波，学会理事长贾明星，有研科技集团有限公司党委副书记、学会青年工作委员会主任委员张世荣等出席大会并致辞。刘忠范、丁文江、黄小卫、桂卫华、聂祚仁分别作大会报告《制备决定未来：石墨烯新材料的规模化制备技术与装备》《轻氢之镁，创新栽培》《稀土资源绿色高效开放与应用展望》《铒微合金化铝合金》和《核燃料中稀贵金属的冶金分离及循环利用》。

论坛以“创新科技引领，青年开创未来”为主题，设置 24 个国内分会场、1 个国际分会场。会议共收到 140 余篇论文、100 余篇论文摘要，编辑印刷论文摘要集 1 册。论坛有 150 余名“四青人才”（“青年千人计划”入选者、“优秀青年科学基金”获得者、“青年长江学者”“万人计划青年拔尖人才”）参加，报告交流 659 场，来自国内外的 1500 余名有色金属行业专家、青年学者参加会议。

【2020 年全国有色金属工业生态环境保护大会】 10 月 27—29 日，由学会与中国有色金属工业协会共同主办的 2020 年全国有色金属工业生态环境保护大会在湖南省郴州市召开。大会以“科技引领，推动有色产业可持续发展”为主题，共设 15 个分会场。中国工程院院士孙传尧、邱冠周、柴立元出席大会，学会理事长贾明星出席并致辞。柴立元作大会特邀报告《浅析我国有色金属工业环保形势与应对措施》，生态环境部、工业和信息化部、中铝环保节能集团等单位的 4 名专家分别作大会特邀报告《有色金属行业重污染天气应急减排管理思路及要求》《“十四五”工业节能与绿色发展思路》《环境法制与体制改革》《有色金属行业绿色发展大有可为》。会议共收到论文摘要 40 余篇，印刷论文摘要集 1 册。来自国家相关部门、有色金属行业企业、高校和科研院所的专家学者等 600 余人参加会议。

（撰稿人：刘为琴）

中国稀土学会

服务创新型国家和社会建设 学会对《矿产资源法（修订草案）（送审稿）》、自然资源部郑州矿产资源综合利用所《离子型稀土绿色矿山建设规范》、生态环境部环境规划院编制完成的《赣州稀土矿山车间整改效果评估技术指南》、工业和信息化部原材料工业司《稀土行业“十三五”总结评估报告》《中国稀土产业发展纪实》提出建议和意见。

完成《加快推动中国混合动力汽车发展》的建议。参与四川瑞泽科技有限责任公司稀土水处理技术推广。

承担和参与研究工业和信息化部的课题3项、中国科协的课题5项、其他单位委托课题7项，15项研究课题按要求全部或阶段性完成。

学会和中国稀土行业协会、包头稀土研究院、白云鄂博稀土资源研究与综合利用国家重点实验室共同编制完成具有独家著作权的《世界稀土资源分布图》。

学会建设 按照学会章程规定，召开六届四次、五次、六次、七次理事会议和六届七次、八次、九次、十次、十一次常务理事会议。在理事会议上，审议通过增补调整部分理事、常务理事、吸收新会员单位等议案。

2020年，学会新增个人会员548名，新增团体会员7家，团体会员总数达97家。新成立稀土永磁磁浮技术及应用专业委员会、稀土生物医学专业委员会、稀土分子材料与超分子器件专业委员会，学会专业委员会达到21个。

6月9日，《中国稀土学报》第七届编委会第三次会议暨提升学报期刊学术影响力研讨会在北京召开，中国工程院院士黄小卫接替黄松涛担任《学报》常务副主编。

学会在中国科协主办的“中国科技工作者之家”平台“2020年度系列评选”活动中获“最具影响力组织”第六名。

完成民政部2019年度年检工作。实行专员负责制联系18个专业领域科技研发和产业发展工作，完善工作人员分工联系理事成员机制。

完成《中国稀土学会年鉴（2019年）》的编审出版发行工作。完成编印出版发行3期学会简报。出版发行学会编印的成立四十周年《我和中国稀土》文集。学会官网三大业务系统运维顺畅，实现互联互通。

青年人才托举工程 学会组织完成第五届（2019—2021年度）和第六届（2020—2022年度）中国科协“青年人才托举工程”项目的申报推荐工作。西安交通大学张赛获得第五届中国科协“青年人才托举工程项目”资助，福州大学宋晓荣、华南理工大学乔建伟、中国科学院城市环境研究所汪鹏获第六届中国科协“青年人才托举工程项目”资助。

主办期刊 根据中国知网公布的《2020中国学术期刊影响因子年报》（自然科学与工程技术版），按照综合评价指标影响力指数，《中国稀土学报》（中文版、英文版）位于Q1区。

《稀土》继续被Scopus数据库、《中文核心期刊》、中国科技核心期刊及CSCD数据库收录。5月，更新智能信息化办公系统。入选有色金属领域高质量科技期刊分级目录T2级别，同时入选“国内冶金工程与金属材料领域科技期刊初选目录”。

2020年，《中国稀土信息》（英文版）转型改版，出版3期，增加期刊内容的深度和广度，丰富栏目设置，加大信息量和含金量。

学科发展工程 承担“中国科协稀土学科方向预测及技术路线图研究”二期项目，初步完成并提交中国科协项目初稿，全文共计15.6万字。项目主要从稀土资源绿色提取及分离化学、稀土永磁材料、稀土光功能材料、稀土储氢材料、稀土催化材料等5个方向研究稀土学科发展方向及技术路线图。

国际学术会议 11月18日，由内蒙古自治区人民政府、中国工程院、学会和中国稀土行业协会共同主办的第十二届中国·包头稀土产业国际论坛在内蒙古自治区包头市召开。中国工程院院士陈毓川、孙传尧，学会理事长李春龙出席论坛。论坛主席、中国工程院院士干勇，中国工程院院士李卫、蔡美峰等专家学者、企业家作大会主旨演讲。欧洲稀土和锕系元素学会会长班兹利进行视频致辞。加拿大国际研究和咨询公司Adamas Intelligence创始人卡斯蒂罗作报告《全球稀土产业——疫情之后的需求与合作机遇》。来自科技部、生态环境部、工业和信息化部、自然资源部、商务部等部委相关负责人以及企业家等500余人参加论坛开幕式。

国内主要学术会议 2020年，学会主办、参与主办、承办或者协办专业重要会议5个。

8月22日，由学会、南昌大学等单位共同主办的“离子吸附型稀土高效绿色开发与生态修复一体化”项目启动会暨“高丰度稀土高值化平衡利用”国际高峰论坛在江西省南昌市举办。学会理事长李春龙出席大会并致辞。来自清华大学、浙江大学、中国科学院、包头稀土研究院、芬兰国家PTE中心、法国索尔维、上海高纳新材料等高校、科研院所、企业的216名国内外专家学者通过线上线下形式参加会议。会议举行38场国际高峰论坛报告，围绕“高丰度稀土高值化平衡利用”主题交流研讨。

9月9—13日，学会作为协办单位与包头钢铁（集团）有限责任公司等单位在内蒙古自治区包头市共同召开第四届白云鄂博资源战略研讨会。中国工程院院士陈毓川、沈保根、蔡美峰、李卫、黄小卫、王运敏，中国科学院院士翟明国、吴福元、李献华，以及中国地质调查局、中国科学院地质与地球物理研究所、内蒙古科技厅等31个单位的近200名专家学者参加会议。会议就矿床成因机理、资源潜力与综合利用、稀土产业发展战略等问题展开讨论交流。

11月6—8日，学会参与的由中国科协先进材料学会联合体举办的中国先进材料产业创新与发展大会暨2020长沙新材料产业博览会在湖南省长沙市举办。大会的主题为“创新、发展、应用”。中国工程院原副院长、中国工程院院士干勇，中国科学院副院长、中国科学院院士张涛，中南大学原校长、中国工程院院士黄伯云，东华大学校长、中国工程院院士俞建勇，北京科技大学原副校长、中国工程院院士谢建新等出席大会开幕式。

11月16日，学会参与承办的战略性矿产资源绿色勘查开发利用高峰论坛在四川省凉山彝族自治州德昌县召开。会议以“聚焦国家稀土等战略资源需求，推进绿色勘查开发科技创新，推进产学研用融合，建设全产业链绿色示范基地”为主题，聚焦稀土、钒钛、锂、铜镍、萤石等战略性矿产资源，安排9个特邀学术报告和19个专题报告，内容涵盖矿产资源绿色勘查、开发、高效分选、资源综合利用、绿色矿山建设及矿山生态保护与修复等矿业产业链的各环节，100余名专家学者参加会议。

科普活动 由胡伯平等编著、冶金工业出版社出版的《稀土永磁材料》和学会编写的7本“中国稀土科学与技术丛书”入选第四届中国有色金属A级优秀出版物。

由学会理事长李春龙主讲的《钢中有稀土 坚韧世无双》和中国工程院院士李卫主讲的《无处不在的稀土永磁材料》视频在新华网“科普中国”频道发布。

表彰举荐优秀科技工作者 学会组织2020年稀土科学技术奖申报与评审工作，共收到申报材料48项。经初评，共有35项进入评审程序，其中地采选冶分析类14项、材料类21项。根据《稀土科学技术奖奖励条例》和《稀土科学技术奖量化评价标准》，所有参评项目经过形式审查、网络评审、专业评审、评审委员会评定和奖励委员会审定，并征求被授奖人意见，最终确定一等奖9项、二等奖11项。

组织完成第十七届中国青年女科学家奖的推荐提名工作，推荐内蒙古科技大学教授郑春丽、有研稀土新材料股份有限公司博士刘远红为第十七届中国青年女科学家奖候选人。

会员服务 发展会员并做好会员服务和管理，服务会员需求，开展各项工作，为会员成长、成才助力，密切会员和学会的联系，增强学会的影响力和凝聚力。

【中国稀土学会2020学术年会暨江西（赣州）稀土资源绿色开发与高效利用大会】 10月20—21日，由学会、江西省科协、江西省赣州市人民政府主办的中国稀土学会2020学术年会暨江西（赣州）稀土资源绿色开发与高效利用大会在江西省赣州市召开。中国工程院院士干勇、李卫，中国科学院院士沈保根、洪茂椿出席开幕式。学会理事长李春龙主持开幕式。来自全国稀土行业的专家、企业家共800余人参加会议。李卫主持学术年会，干勇、沈保根作大会主旨报告。

年会设置15个分会场，422篇口头报告进行现场交流，其中69篇报告被评为优秀口头报告、67篇墙报进行展示、20个墙报被评为优秀墙报。会议开幕式上颁发中国稀土学会杰出工程师奖，为5名获奖者颁发证书、奖牌和奖杯。会议期间，举行赣州市稀土产业招商推介活动，共有19家国家级稀土企业和15家赣州市企业参加展览。学会与中国科学院赣江创新研究院、江西理工大学、中国南方稀土集团、赣州中科拓又达智能装备科技有限公司、赣州诚正稀土新材料股份有限公司5家科研单位和企业签订战略合作框架协议。还安排2次中国稀土学会2020院士专家行、稀土永磁电机产业高质量发展研讨会暨稀土科技成果推介等特色活动。

（撰稿人：王　勇）

中国腐蚀与防护学会

服务创新型国家和社会建设 学会开展防腐蚀工程师技术资格培训、认证工作。先后举办4期培训班，培训结业人数共131人。

学会组织专家进行腐蚀与防护领域的调研咨询，形成工业环境下材料腐蚀现状及其对生态环境污染调查与对策报告。委托北京科技大学顺德研究生院进行现场咨询服务，研究编撰《佛山市涂料产业调研建议报告》，为广东省佛山市涂料产业化提供建议方案。

学会全年共组织业内专家进行防腐蚀工程师系列水平评价工作4批次。其中有17人通过研究员级高级工程师评审、48人通过高级工程师评审、244人通过工程师评审、30人通过助理工程师评审。组织4期NACE（美国腐蚀工程师国际协会）阴极保护课程，共计82人参加学习。组织12次科技成果鉴定会，对12项科技成果进行鉴定。征集企事业单位技术需求，组织专家提供现场咨询和技术服务，签订技术合同、完成成果转化11项。

学会建设 2020年，学会发展个人会员133人，团体会员5个。

主办期刊 《中国腐蚀与防护学报》全年来稿280篇，发表79篇。最新CJCR影响因子为0.87，被引频次达874次，在收录的腐蚀与防护领域4本期刊中位列第一。

《材料保护》全年来稿数超过900篇，刊出文稿400篇左右。

学会主办出版的《腐蚀防护之友》杂志，是腐蚀界唯一一本科普性杂志。杂志分14个栏目，双月刊，每期包含科普文章40篇左右，每期发行量约1300—1800册，2020年由于新冠肺炎疫情影响共出版2期。

国内主要学术会议 11月26—28日，“科创中国”多领域腐蚀与防护科技服务团系列活动——第三届先进材料腐蚀与防护学术年会在广东省佛山市举办。会议以“聚焦智能耐蚀新材料，助力大湾区产业发展”为主题，共有110余名专家学者参加会议。

国际组织任职 2020年，学会常务副理事长当选美国国际腐蚀工程协会会士，学会国际合作与交流办公室主任张达威当选该协会亚太区主席。

国际交往 1月6—14日，学会国际合作与交流办公室主任张达威带队赴泰国曼谷、是拉差、达叻、呵叻对泰国农业大学、东北皇家理工大学及呵叻钢铁研究中心等单位进行访问，就联合成立中泰腐蚀与防护联合实验室、中泰腐蚀与防护科普培训基地进行协商并初步达成共识，有效推进中泰两国在腐蚀与防护领域人才培养、科学研究、工程应用等方面的进一步深层次合作。

9月25日，学会秘书长杜翠薇、副秘书长程学群、国际合作与交流办公室主任张达威代表学会秘书处与欧洲腐蚀联盟举办年度高层工作会议。

科普活动 学会获中国科协“2020年度全国学会科普工作优秀单位”称号。

开展2020年“世界腐蚀日”科普宣传活动。4月24日，“捋一捋抵御新冠病毒入侵——白衣战士的铠甲那些事儿”世界腐蚀日专题在中国腐蚀与防护网上线。本专题向公众科普常用口罩种类以及医用口罩的抗菌原理、防护服材料和护目镜材料分类及相关科技，旨在为公众正确做好防护提供参考。同期中国腐蚀与防护网微信公众号对本专题进行宣传。

5月19日，在2020全国科技活动周期间，中国腐蚀与防护网开设“军事装备中的防腐黑科技”专题，开展科普宣传；9月19日，“全民高铁 防腐先行”全国科普日专题在中国腐蚀与防护网上线，介绍高铁材料的发展及种类，阐述高铁材料的腐蚀原因等。同期学会微信公众号和中国腐蚀与防护网微信公众号均对专题进行宣传。

党建强会 在每月固定的时间组织党员集体理论学习，严格落实“三会一课”等组织生活制度。坚持民主集中制，定期召开党员会议。学会党委发挥党组织建设在学会工作中的政治引领、思想引领和组织保障作用，在各项重大决策上，坚持集中讨论、民主集中制原则。

会员服务 加强与个人会员、团体会员的联系。定期向团体会员单位发送学会动态，及时办理证书更换，为新入会的团体会员办理入会相关事宜，及时将学术活动计划通知团体会员单位，团体会员单位不论有无学术论文，均有权选派代表参加与其有关学科的学术会议。根据会员单位的需求，协助解决技术咨询问题，为其进行施工资质认证等。

【2020第七届海洋材料与腐蚀防护大会】 11月7—8日，2020第七届海洋材料与腐蚀防护大会暨2020第一届钢筋混凝土耐久性与设施服役安全大会在江苏省无锡市举办。会议主题为“创新·延寿·安

全·互利”。会议聚焦发展海洋新材料和海洋防腐新技术，共享海洋高新技术，共商制约海洋经济发展和海洋生态保护的科技瓶颈。中国工程院院士薛群基、侯保荣、毛新平、宫声凯等全国腐蚀防护领域及材料领域的院士、专家630余人参加会议。大会开幕式由学会秘书长杜翠薇主持，薛群基致开幕词，侯保荣致欢迎辞。

毛新平，东北大学教授王福会，大会主席、学会常务副理事长李晓刚，学会缓蚀剂专业委员会主任郭兴蓬，中国科学院宁波材料技术与工程研究所研究员王立平等作主旨报告。

会议设置6个平行分会场，研讨内容涉及海洋材料腐蚀行为及机理、海洋耐蚀新材料及新技术、电化学保护与应用、微生物腐蚀与生物污损、涂层与表面处理技术、海洋工程装备及高技术船舶腐蚀防护、能源设施腐蚀防护、高端装备腐蚀防护、先进轨道交通腐蚀防护、钢筋混凝土腐蚀基础理论和室内外数据积累及试验技术、新型耐蚀钢筋的开发与应用、钢筋混凝土检测技术、钢筋混凝土设施耐久性评估、钢筋混凝土设施维护及防护技术、大型钢结构的耐久性与安全性、海洋工程用新型钢筋混凝土材料等16个议题。

（撰稿人：张小红　杨　帆）

中国化工学会

服务创新型国家和社会建设　2020年，学会开展团体标准立项和研制工作，审核批准团体标准制定立项16项，在研项目21项，批准发布涉及化工环保、化工工艺安全、危化品管理、化工新产品等领域的团体标准14项。完成化工领域科技成果评价评估项目20项，促进化工领域科技成果转化。

学会参与本科教育认证工作，全年共参加全国高等院校化工类、材料类专业认证4次。作为中国科协科技人才评价试点单位，首次开展学会化工工程师专业水平评价工作，41人通过评价。

学会加入中国科协工程能力建设联盟，承接中国科协化工领域工程师资格国际互认工作，筹建化学工程专业评价指导委员会，开展化工领域“走出去”企业需求调研，探索国际化工工程能力评价规范和标准建设。

学会完成中国工程院“2035我国基础材料绿色制造技术路线图研究”石化化工子课题初稿，组织专家对“新材料强国2035战略研究”石化化工子课题研究成果进行梳理提炼，形成并发表3篇综述。

学会承接中国科协“山东大科学计划、大科学工程对策研究”调研项目，组织跨领域院士专家团队深入调研，提出山东省大科学重点任务、方向布局与趋势建议，并形成决策咨询报告。组织专家开展浙江省温州市平阳县塑料包装产业发展战略咨询，并形成咨询报告。

学会组建近100人参加的“科创中国”化工科技服务团，配合中国科协“科创中国”22个试点城市建设工作，组织30多个领域的60多名专家对接山东省、福建省、黑龙江省、河南省、宁夏回族自治区、内蒙古自治区、江苏省、山西省、陕西省等10余个省（自治区、直辖市）的100余项需求，提供针对性精准服务。组织100多名专家先后赴黑龙江省七台河市、安徽省铜陵市、山东省泰安市、河南省濮阳市、浙江省宁波市、天津市滨海区、湖南省岳阳市等地进行10余次调研及咨询服务。

学会与江苏省科协、河北省保定市科协、山东省滨州市科协、湖南省岳阳市科协签订战略合作协议，与山西省科协、陕西省科协、安徽省科协达成合作意向，围绕战略合作区域和科协及石化产业聚集区，梳理关键性成果300余项，推进科技成果转化落地以及技术合作。

学会承接中国科协高水平科技创新智库“科技人才智慧服务平台”化工人才子库建设工作，首批吸纳500多位高层次人才入库。牵头申报中国科协先进材料学会联合体品牌建设项目“新材料产业科技经济融合发展”，获中国科协立项。

学会建设　9月14日，学会在北京召开中国化工学会四十届六次理事会议，136名理事参加会议。会议审议通过关于会费收支情况报告、建立中国化工学会新闻发言人制度并设立新闻发言人、增加分支机构副主任委员名额、新设立分支机构、撤销矿业工程专业委员会、侯德榜科技发展基金增资等多项议案。会前召开中国化工学会四十届七次理事会党委会议，前置审议各项议案。会议邀请学会第四十届监事会参加会议，监督理事会履职情况和秘书处工作，并作监事会报告，确保学会工作合法合规。

学会完善内控管理制度体系建设，制修订《中国化工学会干部选拔任用制度》《中国化工学会岗位聘任制度实施办法》《中国化工学会薪酬管理制度》等制度。

学会加强分支机构管理，发布《分支机构改革及能力提升工作要点（2020年）》《分支机构登记管理系列指南》《分支机构工作条例（范本）》等文件，进行分支机构委员会成员登记更新及备案；建立“有进有出、优胜劣汰”的动态调整机制，撤销1个专业委员会，优化治理结构，进一步提升分支机构服务能力。

学会建设完成中国化工学会科技奖励信息化平台（奖励系统），通过“会员库＋专家库＋评审系统”的信息化联动模式，建立互联互通的科技奖励管理、申报、评审和宣传平台，推动奖励的信息化建设及高效工作机制，获中国科协“科技奖励示范学会建设项目”专项。

学会发展青年及学生会员，制定学生分会工作指南，推进学生分会建设。2020年，新增个人会员8000余人，现共有3万名会员；新增单位会员30家。

11月27日，学会分支机构工作会议在北京召开，64人参加会议。会议对2020年学会主要业务和分支机构管理等工作进行部署并提出相关要求，并就分支机构党建、分支机构管理规章制度、分支机构经费管理办法、会员发展服务与信息化建设、科技公共服务等重点工作展开培训。

学会向社会公开发布《中国化工学会2019年度工作报告》，纸质版发行500余册，电子版寄送20000余份。

青年人才托举工程 学会通过中国科协先进材料学会联合体推荐的2名科技工作者入选“青年人才托举工程”项目。

主办期刊 2020年，《化工学报》、《中国化学工程学报》（英文版）、《化工进展》和《储能科学与技术》4种期刊被国内外重要数据库收录，均进入全国石油和化工期刊百强榜、精品期刊40强。

《化工学报》的总被引频次在化工学科排名第1，影响因子和综合评价总分排名第2，入选“百种中国杰出学术期刊”“2020中国国际影响力优秀学术期刊”“第五届中国精品科技期刊”。

《化工进展》的影响因子和综合评价总分在化工学科排名第1，总被引频次排名第2，入选“第五届中国精品科技期刊”。

《中国化学工程学报》（英文版）被SCI、EI、Scopus等数据库收录，SCI影响因子创新高，为2.627，增幅37%，首次进入SCI及中国科学院期刊分区表化工类2区，入选“2020中国最具国际影响力学术期刊”“第5届中国国际化精品科技期刊”。

《储能科学与技术》的影响因子为0.796，增长4%，入选中国科技核心和中国科学引文核心数据库（CSCD）。

学科发展工程 学会继续开展《化工名词》（定义版）审定工作和《中国大百科全书》第3版化工学科编纂工作，出版《安全·环保·可持续发展》《化工规划·研发·工程建设及产业化》分册，完成大百科化学工程、基本有机化工、燃料化工等8个分支初稿。

学会组织包括6名院士、12名长江学者在内的近200位专家编写的“化工过程强化关键技术丛书”20个分册，经过4年全部出版，反映当前中国化工过程强化的最新科研成果和生产技术水平。

国内主要学术会议 学会及所属分支机构创新服务模式，开展线上活动，全年开展100余项学术活动，参加会议的科技工作者超过10万人次。

8月21—22日，由学会信息技术应用专业委员会和化工安全专业委员会联合主办的第七届全国石油和化工生产安全与控制技术交流会在浙江省衢州市召开。来自各大石油和化工企业、高校、科研单位及IT（互联网技术）服务厂商的140多人参加会议，为石油和化工企业的安全发展寻找新方法和新路径。

9月3日，由学会主办的第二届中国智慧炼化高峰论坛在浙江省宁波市召开。来自国内大型炼化、煤化工、化工生产企业以及科研院所的450多位专家学者参加会议，围绕“两化融合”集成创新、深化“智慧炼厂”建设等热点问题展开探讨。

9月21日，由学会与宁夏回族自治区科技厅、石嘴山市人民政府等单位联合主办的第二届中国氰胺高峰论坛在宁夏回族自治区石嘴山市举办，会议主题是“绿色发展·高质量发展”。会上，为宁夏绿色氰胺化学新材料研究院揭牌。

9月24—25日，由学会主办的2020年中国石油化工设备检维修技术大会在江苏省南京市召开。来自国内大型炼化、煤化工、化工生产企业、检维修改制服务企业、新技术、新材料、新设备制造企业等各界450余位专家学者参加会议，以“聚力创新——驱动石油化工企业设备管理运维能力”为主题，探讨石油化工设备管理、长周期运行、腐蚀防护等热点、难点问题。

10 月 18—19 日，由学会与浙江省温州市平阳县人民政府联合主办的 2020 世界青年科学家峰会第三届中国塑包纺织产业高峰论坛在平阳县召开。200 多位专家学者就双循环与产业新趋势、绿色智造与行业新活力等热点话题进行交流。会上，为中国化工学会科技经济融合发展平阳服务站揭牌。

11 月 16—18 日，由学会工业水处理专业委员会主办的 2020 年中国工业水大会暨第 40 届年会在河南省郑州市召开。大会主题是“技术创新助力水污染防治攻坚战，科学治水护航生态文明建设”，同期举办 6 个主题会议，交流报告 100 余篇，800 多位专家学者参加会议，研讨水处理创新技术及解决方案，为科学治水、打好水污染防治攻坚战赋能。

12 月 5—8 日，由学会主办的第二届全国化工过程强化大会在江苏省南京市召开，800 多位专家学者参加会议。11 位院士和专家作特邀报告，42 位学者围绕催化与过程强化、反应强化、分离强化、耦合与装备强化 4 个主题作大会报告，8 位知名专家对 14 位青年学者的研究工作进行点评。

12 月 12—13 日，由学会储能工程专业委员会、山东省淄博市人民政府、山东理工大学和化学工业出版社有限公司联合主办的第七届全国储能科学与技术大会暨淄博先进能源材料论坛在山东省淄博市召开。来自国内高校、科研院所、企事业单位的 400 多位专家学者参加会议，共话储能促进新能源产业可持续发展。

国际交往 2 月 20 日，学会理事长戴厚良向世界化学工程联合会、欧洲化学工程联盟等 7 家友好国际化工组织致函，通报新冠疫情暴发以来，中国人民全力以赴打赢疫情防控阻击战的情况。收到对方回函，对中国为应对和攻克疫情所采取的严格措施表示赞赏。

6 月 11 日，学会针对《德国应用化学》杂志发表的歧视性观点文章，发表郑重声明，予以强烈谴责。不久后，《德国应用化学》杂志发表公开信致歉，并表示将致力于不断改进自身行为准则、道德规范和出版政策，继续与中国科学家开展友好合作。

学会组织出席线上亚太化工联盟理事会议、国际橡胶会议组织委员会议；推动“一带一路”国际科技组织合作平台建设项目，举办线上 2020 国际绿色技术培训班和抗疫杀菌化工产品绿色化升级国际研讨会等。学会正式加入中国科协工程能力建设联盟，启动化工领域工程师资格国际互认筹备工作。

科普活动 学会全年共举办科普宣传活动 9 次，受众 15000 人次，发放科普宣传材料 10000 份。

学会发布《关于加强化工科普的倡议书》，创新开展侯德榜公益大讲堂活动。编写发布《化工和生活》《化工和社会》《认识化工》《变幻莫测的碳元素》等科普作品，以及《黎巴嫩贝鲁特港爆炸案》应急科普作品。

学会组建中国化工学会科技志愿服务总队，入选中国科协“智惠行动”科技志愿服务项目，在广西壮族自治区、贵州省、山西省开展并完成科技培训、科普讲座、技术指导等科技志愿服务，推进科技科普基本公共服务均等化。

学会组织分支机构参加中国科协“全国科技工作者日”活动，获得 2020“全国科技工作者日”全国学会“积极贡献单位”称号。

8 月 21—23 日，由学会与中国化工教育协会联合主办的第十四届全国大学生化工设计竞赛全国总决赛在安徽省合肥市举办。全国共 367 所高校 2323 支队伍报名参赛，参赛学生超 1.1 万人次。本届总决赛经过专项评审与两轮线上展示和答辩，共评出特等奖 12 个、一等奖 48 个、优秀组织奖 1 个，设计文档质量优秀奖、工程图纸绘制优秀奖和现代设计方法应用优秀奖各 3 个。其中，浙江大学获金奖、浙江工业大学获银奖、宁波工程学院获铜奖。

11 月 21—22 日，由学会主办的第四届中国大学生 Chem-E-Car 竞赛（化学能汽车）在线上线下同时举办，吸引国内 30 所高校的 300 多名选手参加竞赛。北京化工大学、大连理工大学（盘锦）、南京工业大学获得性能竞赛一等奖，大赛还评选出最佳展示答辩奖、最佳海报奖、最佳视频奖、金轮胎奖、最具创意驱动奖以及 SAChE 安全奖。

12 月 12 日，由学会、中国石油和化学工业联合会、上海化学工业区和华东理工大学联合主办的 2020“SCIP+”绿色化学化工创新创业大赛决赛在上海市举办。全国 28 个省（直辖市）、6 个海外国家的 387 支队伍报名参赛，涵盖 110 所高校和 140 家企业，比首届增加 129 支队伍（增幅 50%）。大赛为化工行业提升自主创新能力和实现高端绿色发展搭建平台。

表彰举荐优秀科技工作者 学会组织完成第十二届侯德榜化工科学技术奖评选工作，5 人获成就奖、

14 人获创新奖、30 人获青年奖，形成青年—创新—成就三个类别的人才举荐梯队；完成中国化工学会科学技术奖评选工作，35 项优秀科技成果获奖；与全球华人化工学者学会联合开展第二届国际杰出青年化学工程师奖，1 人获奖。

学会完成第二届创新争先奖、“最美科技工作者”、典赞·2020 科普中国科普人物、第十七届中国青年女科学家奖、科创中国榜单十大引领人物、亚洲杰出科研工作者和工程师奖等奖项的推选工作，推荐优秀候选人 12 名。

经学会推荐，南京工业大学教授邢卫红获第二届创新争先奖奖章，北京化工大学教授戴伟获典赞·2020 科普中国科普特别人物，浙江大学教授邢华斌获 2020 亚洲杰出科研工作者和工程师奖。

党建强会 学会坚持党的全面领导，不断加强学会三级党组织建设。在新冠肺炎疫情防控工作中充分发挥党组织战斗堡垒作用和党员先锋模范作用，面向国际发声、强化科普宣传、助力企业复产复工、积极宣传会员抗疫优秀事迹，凝聚行业正能量，获中国科协“优秀抗疫学会”称号。

学会开展“党建 + 科普”“党建 + 创驱”等活动，组织党员捐款、重温入党誓词、主题党日活动等，参加庆祝建党 100 周年、“我是共产党员”主题征文活动等。组织 2020 年度中国化工学会分支机构工作知识竞答活动，以“持续加强党的建设，提升改革发展能力”为主题，加强学会分支机构党建和发展能力。

会员服务 学会强化会员的学术和工程伦理道德建设，组织化学工程伦理课程线上专题英文报告会，推动起草《中国化工学会工程伦理守则》。

学会升级会员信息化建设，完成会员奖励系统和水平评价系统，对接专家库系统，实现会员信息的贯通。开展 2020 年度中国化工学会会士评选工作，9 名杰出科技工作者被评为学会会士，已有 41 名中国科学院院士、中国工程院院士成为学会会士。

【2020 中国化工学会科技创新大会】 9 月 15 日，由学会主办的首届 2020 中国化工学会科技创新大会在北京召开，17 位院士出席会议，500 多位专家学者参加会议。大会以“交叉融合 创新变革”为主题，由学会理事长戴厚良任主席，邀请 70 余位院士为学术顾问，100 余位领军学者为专家委员。戴厚良，中国科学技术协会党组成员、书记处书记吕昭平向大会致辞。大会邀请 11 位院士专家围绕化工领域重大创新、绿色化工、新能源新材料、智能制造、过程强化、安全工程等前沿领域作主论坛报告；设立五大关键领域分论坛，就分子化学工程、过程工程、产品工程、安全环保工程、先进化工装备及智能系统工程等关键共性主题进行研讨。

会上，发布《关于加强化工科普的倡议书》，举办 2020 年度中国化工学会会士授予仪式、“化工过程强化关键技术丛书”首发式，颁发 2020 年度侯德榜化工科学技术奖、2020 年度中国化工学会科学技术奖等奖项。大会还设置 2020 中国化工科技创新展览会和墙报展示等活动。

（撰稿人：王　燕）

中国核学会

服务创新型国家和社会建设 学会承担国际工程教育认证核工程类专业认证工作，完成哈尔滨工程大学、成都理工大学、东华理工大学、华北电力大学、南华大学、西南科技大学、西安交通大学、上海交通大学、重庆大学、南京航空航天大学、烟台大学等高校核工程与核技术、辐射防护、核燃料、核材料专业申请受理、自评报告审阅、专家入校考察等工作，8 所高校的 10 个专业点通过认证。

工程师资格国际互认项目通过中国科协验收，获得中国科协的工程能力授权，加入中国工程师联合体。参与核工程类工程能力评价规范研制，完成规范文本的修订，进行工程会员制度改革，开发继续教育在线课程 7 门共 20 课时，参加工程能力评价候任考官交流研讨会，上报推荐 9 名候任考官。

11 月 20 日，学会完成“超高通量多功能堆”项目建设方案专家评审会。中国工程院院士赵宪庚担任评审专家组组长，学会副理事长、中国核工业集团总工程师雷增光主持评审会，中国工程院院士孙玉发、罗琦，全国政协常委、学会理事长王寿君，国防科技工业科技委副主任王毅韧，以及来自哈尔滨工程大学、兰州大学、海军研究院等单位的专家出席评审会。专家组听取中国核动力研究设计院关于“超高通量多功能堆”项目建设方案汇报，参观相关堆型实验装置，经质询、讨论，最终形成意见。

学会是团体标准化发展联盟副主席单位，也是国际工作委员会的牵头单位。自 2015 年开展团体标准工作以来，学会累计发布团体标准 58 项，其中中文标准

46项，英文标准12项。《压水堆核电厂金属材料环境疲劳影响模型》等4项团体标准获得2020年中国标准创新贡献奖。2020年组织编制具有自主知识产权的第四代核电——高温气冷堆技术的标准。

学会承担“分领域发布高质量科技期刊分级目录试点”项目。学会完成系统期刊建设、期刊分级基本信息填报，学会专家组设置、公示评价体系与评分细则。

学会向中国科协推荐140项前沿技术，编制《2020前沿领域科技成果系列推介手册（融合创新领域）》。

学会向中国科协提交21篇引领世界科学前沿科学问题、建设世界科技强国的工程技术难题，其中4篇被选中作为2020年度的重大科学问题和工程技术难题。

学会建设 学会以现场会议形式召开九届三次理事会议，以通信方式召开九届四次、五次常务理事会议。审议通过《中国核学会章程》《中国核学会科技成果鉴定工作管理办法（试行）》修订，以及关于学会理事会人员变更的议题，审批通过新增专业分会、单位会员入会申请。

成立知识产权分会、核反应堆热工流体力学分会、核石墨及碳材料测试与应用分会、核能综合利用分会、数字化与系统工程分会5家分会。截至2020年年底，学会个人会员增长至12000余人，团体会员单位共186家，专业分会43家，联系地方23个省核学会。

青年人才托举工程 2020年，学会评选出9名青年托举人才，核领域10余名院士、60余名专家参与中国科协“青年人才托举工程”项目的人才推荐和人才培养工作。截至2020年年底，学会已有核领域30余名院士、100余名专家参与青年人才托举工程项目的人才推荐和人才培养工作，共托举青年人才33名。学会每年举办青年论坛，邀请院士、专家与被托举对象参加会议并作报告。

主办期刊 学会主办的学术期刊有《核科学与工程》《核技术》、*Nuclear Science and Techniques*（《核技术》英文版）、《计算物理》。《核科学与工程》被多家国际检索系统收录，并被列为核领域的中文核心期刊。2020年，NST影响因子达1.556，首次进入Q2区，全球SCI分类排名进入前1/3。

学科发展工程 学会发布《中国核科学技术进展报告（第六卷）》，报告分10册，共收录723篇较高水平的论文。启动《2018—2020核技术应用学科发展报告》编制，召开编写研讨会等会议，并形成初稿。

推荐优秀论文10篇，最终“先进核能系统结构材料辐照性能研究”被《原子能核物理评论》刊发。

承担全国科学技术名词审定委员会《核科学技术名词》审定工作。学会组织24个专业分会、100余名专家对涉及专业的10000个词条进行审定工作。

国际学术会议 8月4—5日，学会、美国机械工程师学会和日本机械工程师学会共同主办2020年核工程会议线上会议。会议围绕核燃料和工程、小堆和先进堆、核安全、安保和网络安全、规范和标准、热工水力、去污和退役、核政策和概率风险评估等议题展开。经济合作与发展组织核能署总干事Bill Magwood、美国爱达荷国家实验室主任Mark Peters、西屋电气公司首席技术官Ken Canavan参加线上会议并作报告。

国内主要学术会议 8月13—15日，学会承办的第二十二届中国科协年会高技术协同创新分论坛在山东省青岛市举办。分论坛是中国科协年会“科技与经济深度融合”系列活动的重要组成部分，以“高新技术引领战略落地 协同创新共筑崭新局面”为主题，共举办线上、线下2场活动，利用网络平台播放外籍专家的学术报告，通过钉钉平台进行会议直播。学会理事长王寿君作大会报告《核技术应用产业发展现状及展望》，中国工程院院士杜祥琬作大会报告《激光技术为科技强国做贡献》，中国航空学会理事长林左鸣作大会报告《世界大变局下技术经济融合发展的几点思考》，中国航天科技集团公司研究员孙为钢作大会报告《月球探测与开发愿景》。

11月10—11日，2020年第六届中国（国际）核电仪控技术大会启动会在四川省成都市召开。来自核电仪控领域科研院所、企业及高校的材料及仪控制造专家，以及学会和中国仪器仪表学会的专家共28人参加会议。会议主题为“安全可靠 智能创新”，与会专家学者根据国家“十四五”规划纲要及“卡脖子”情况进行讨论。

10月13日，学会举办核技术应用论坛。论坛围绕“核技术应用——让生活更美好”主题，邀请中国核工业集团有限公司、清华大学、北京大学、中国原子能科学研究院核技术应用研究所、中国农业科学院农产品加工研究所等机构的专家学者分享先进技术和成功经验。

国际组织任职 2020年，学会副秘书长王志正式担任太平洋地区核理事会主席。

国际交往 学会已经与40余个涉核国际组织建立联系。与国际原子能机构、世界核协会、世界核运输学会、美国机械工程师学会互访加深合作关系。加强与“一带一路”国家民间交往，与泰国、哈萨克斯坦、马来西亚核学会签订战略合作协议。

科普活动 学会创新开展第八届“魅力之光”核电科普系列活动。把中学生核科普竞赛及夏令营活动全部改为在线上举办，由直播核科普“云课堂”与核科普短视频大赛2部分组成。邀请中国原子能科学研究院党委书记、中国工程院院士罗琦等4位嘉宾进行抖音直播。单场在线人数近10万人次，点击转发量近1000万。“学习强国”平台上“魅力之光”核科普相关推送阅读量近100万次。核科普短视频大赛收到参赛作品1400个，总播放量近400万次。

启动“N宇宙·源启”核科幻小说征集大赛。举办“核科技创造美好生活”大型科普展，展览包括魅力核电、揭开核世界的奥秘、神奇的核技术、辐射与安全、太空探索核动力和“两弹元勋”6部分内容，并展示第三届中国核学会科普奖先进单位和先进工作者事迹。

组织开展2020年度第三届中国核学会科普奖评选工作，评选出中国核学会科普奖先进单位10家、中国核学会科普奖先进工作者11名。

组织举办全国核科普讲师培训班。邀请中国原子能科学研究院副院长柳卫平，清华大学教授、同方威视副总裁李元景，北京大学国际战略研究院执行副院长关贵海，国家行政学院经济学教研部公共经济教研室主任樊继达，中国科普研究所科普理论研究室主任高宏斌，中国中医科学院广安门医院心理科主任王健，中国核能电力股份有限公司部门副主任左跃，清华大学高技术实验室研究员、博士生导师房超，新华网“科普中国”频道主任李新，中国科技馆展览设计中心副主任胡滨10名专家为学员讲课并交流科普工作经验。来自全国近40家涉核单位的60余名学员获得结业证书。

学会编制并集中发布《四十华载 壮丽篇章——中国核学会成立40周年纪念图文集》《中国核学会科学家画册——理事长系列》《2019中国核科学技术进展报告》《2019年国外核工业与技术重大发展动向》《2049年中国科技与社会愿景——核能技术与清洁能源》《面向未来的科技——2020重大科学问题和工程技术难题解读》《中国核学会标准汇编》《核能科普ABC》《辐照食品50问》《核能公众接受性：研究、反思与对策》《公众沟通：打开邻避困局的理想模式》《“核”你抗疫》《核学周讯》《国家行动》等学术报告和科普图书。

开展科学传播专家讲座活动。全国政协常委、学会理事长王寿君在核科技改变生活——中原科普论坛2020核技术专题科普活动、“核你在一起”科普开放周、清华大学核能与新能源技术研究院建院60周年等活动上作专题报告；11月15—16日，在“新华视谈”栏目录制“核能科普与技术应用”，讲解核安全、核技术发展、核能供热和“十四五”期间中国核电产业的发展展望等；接受《中国能源报》《中国电力报》《中国核工业报》专访讲科普。

开展2020—2024年度全国核科普教育基地认定工作。学会第九届理事会科普咨询教育工作委员会第二次会议评选出6家2020—2024年度全国核科普教育基地，分别是国家电投新能源科技馆、哈尔滨工程大学核科学与技术学院、中核陕西铀浓缩有限公司、安徽省核工业勘查技术总院、咸宁核电有限公司清洁能源展厅、地学核技术四川重点实验室。

表彰举荐优秀科技工作者 学会组织开展院士候选人推荐工作。学会推荐各理事单位和专业分会的优秀科技工作者参评第十三届光华科技奖、第十六届中国青年科技奖、2020年度未来女科学家计划、第二届全国创新争先奖、全国优秀科技工作者等评选。获第二届全国创新争先奖3人、第十六届中国青年科技奖1人、国防科工局国防科技奖二等奖2项。

党建强会 1月9日，学会承办中国科协创新融合学会联合体党建强会——助力四川省德阳市经济发展专家行活动。邀请专家、当地政府领导与重点企业就企业面临的技术难题进行交流。把四川德阳金山创新创业孵化园作为产学研的“试验田”、成果转化的“孵化器”，为园区推荐引进项目，提升园区发展层次和水平。

会员服务 建立专业分会和省级核学会会员联络员机制，采用中国科协个人会员管理系统，完善升级中国核学会会员信息库，实行“会员注册＋互联网”模式。编制印发《会员入会指南》，制作发放学会徽章，发展外籍会员。做好中国科协会员日活动和全国科技工作者日活动。

10月，第十六届中国国际核工业展览会期间，特别开设会员服务及活动专区，为广大会员及核科技工作者提供服务，发展会员。同时，在专区中还专门设置多种设施，组织会员活动。结合学会成立40周年，打造丰富的打卡场景，吸引国内外展商和观展的核工业相关人士参与其中，吸纳会员加入学会，丰富会员活动模式。

【第十六届中国国际核工业展览会】 10月12日，学会在北京举办第十六届中国国际核工业展览会。展览主题为“创新引领·合作共赢”，20余个国家和地区的150余家企业参展，近2万名专业人士参观。展出“华龙一号”、聚变堆ITER、“玲龙一号”、高温气冷堆、CF系列核燃料元件、“燕龙”泳池式低温供热堆、海上浮动核电站等科技创新成果。国务委员王勇专场参观。来自中国科协、中国核工业集团有限公司、工业和信息化部、生态环境部、国家核安全局、国家知识产权局、国务院国有资产监督管理委员会、中国科学院、中国工程院等的专家学者出席开幕式。

展会期间，召开中国核学会成立40周年座谈会。100余人参加会议。会议发布《四十华载 壮丽篇章——中国核学会成立40周年纪念图文集》和《中国核学会科学家画册——理事长系列》，播放学会成立40周年宣传片。《四十华载 壮丽篇章——中国核学会成立40周年纪念图文集》记录学会历届全国会员代表大会概况；在推动国内外学术交流、开展科学普及活动、建设“核科技工作者之家”等方面所做的主要工作；学会党委通过参与中国科协创新融合学会联合体等各项活动，推进实施党建强会计划；学会40年发展历程中的重大活动和经典人物事迹。

（撰稿人：陶 芸）

中国石油学会

服务创新型国家和社会建设 2020年，学会落实与教育部全国工程专业学位研究生教育指导委员会签订的《石油工程硕士研究生教育认证合作框架协议》，召开石油工程硕士研究生教育认证咨询专家委员会和认证专家委员会会议，发布《石油工程硕士研究生教育认证办法》《石油工程硕士研究生教育认证标准》。

接受国家科学技术奖励工作办公室委托，召集院士专家对2020年国家科学技术奖初评通过项目提出行业咨询意见。承接中国地质调查局油气资源调查中心“油公司勘查进展跟踪调查”研究项目，开拓科技服务新领域。

举办第十届中国石油工程设计大赛、第五届全国大学生油气储运工程设计大赛。开展全国石油管材螺纹检测人员资格鉴定与认证、油气管道完整性管理技术、科研论文写作技巧在线讲座等专业培训6场，培训人数1721人次。

学会建设 学会全年发展个人会员121人，接纳国家石油天然气管网集团有限公司为第6个单位会员。组织召开理事会议2次、常务理事会议1次、秘书处办公会议7次、月度工作会议7次、年度工作会议1次。6月18日，第九届理事会第七次会议撤销1名理事资格，第九届理事会理事减少至111名，其中常务理事36名。注销全民所有制企业北京陆海丰科技咨询服务中心，完成石油管材专业委员会换届，成立石油环保专业委员会、标准化工作委员会2个分支机构，组织分支机构及地方学会自查自评、数据统计、年度考核和评先选优，评选表彰年度优秀秘书长10人。

学会与华油阳光出行（北京）旅游有限公司签订商旅服务协议，组织全员学习《民法典》《中华人民共和国公职人员政务处分法》等法律法规，学习宣贯《中国科学技术协会所属全国学会财务管理指引大纲》，编制年度预算、执行预算管理，制定执行《中国石油学会“三重一大”决策制度实施办法》《中国石油学会保密管理规定》《中国石油学会新闻宣传和信息发布保密审查制度》《中国石油学会工会经费收支管理规定》等规章制度，严格执行理事会议、常务理事会议和三级办公例会等工作会议制度，强化“三重一大”事项规范决策。获中国科协年度财务数据汇总工作优秀单位、统计调查工作优秀单位，中国石油政策研究和档案工作先进个人，公安部“护网2020”网络攻防演习作出贡献个人3人。

学会印发《中国石油学会党委关于在防控疫情阻击战中发挥党组织和党员作用的通知》，传达学习有关新冠肺炎疫情防控工作文件精神，制定执行《中国石油学会新型冠状病毒感染肺炎疫情防控工作方案》《中国石油学会新冠肺炎疫情防控常态化工作方案及应急处置预案》，严格执行进出京审批、返岗报备和“日报告”“零报告”制度，持续排查中高风险地区人员情况，组织全员核酸检测，有序开展复工复产，编写刊登“石油人抗疫”系列文章，制作发布防疫科普宣传片6个，购置发放员工防疫物资3次，签订落实北京疫情防控要求责任书 2 次，向中国科协通报宣传学会及会员单位精准抓牢疫情防控稳步推进复工复产情况 3 次，1 人获“支持中国石油抗击新冠肺炎疫情先进个人”表彰。

青年人才托举工程 学会申报第六届中国科协“青年人才托举工程”项目，首次获得 1 个资助名额。

主办期刊 《石油学报》影响因子 3.439，总被引频次 5707，与 2019 年相比略有下降，在石油天然气工程类科学技术期刊中总被引频次仍名列第 1 位。第 9 次获“中国最具国际影响力学术期刊”称号，并入选第五届中国精品科技期刊目录和中国科技期刊卓越行动计划项目，刊发的《四川盆地高石梯—磨溪地区震旦系—寒武系大型气藏特征与聚集模式》（2015 年 36 卷 1 期）入选 2020 年度中国百篇优秀论文。

《石油学报（石油加工）》作为石油化工领域唯一 EI 核心期刊，入选 2020 年中国权威学术期刊（A+ 等级），并与中国学术期刊（光盘版）电子杂志社有限公司签署合作协议，开通网络首发数字出版平台。

Petroleum Research 单月下载量达 7000 余次，正式被国际数据库 Scopus、DOAJ 收录，在 CiteScore 得分 1.9。

《石油知识》刊载《疫情、口罩、无纺布与石油》《疫情、油价与变局》等关于疫情专题文章，联合石油工业出版社有限公司策划创作大型专题《大国气脉——西气东输 20 年科技创新成果回眸》，并参与新闻故事图书《大国工匠刘丽》和科普丛书“走进石油”《智慧石油》卷编写。

国际学术会议 9 月 14—15 日，学会石油物探专业委员会（SPG）联合国际勘探地球物理学家学会（SEG）在江苏省南京市召开 SPG/SEG 国际地球物理会议。会议采用线上线下同步、现场宣讲与纸媒交流相结合的方式进行。中国科学院院士陈颙、SEG 主席莫瑞思·纳西姆等国内外专家学者 400 余人，围绕“迈向智能化地球物理勘探新时代”主题进行交流，大会宣讲论文 214 篇、张贴论文 218 篇，内容涉及陆上复杂区地震资料采集技术、地震资料处理、地震资料解释、大数据及人工智能等 10 个地球物理勘探专业领域。

12 月 16 日，学会名誉理事长、中国世界石油理事会国家委员会主任王宜林在北京主持召开中国世界石油理事会国家委员会第二次全体会议，审议调整、增补副主任和委员，通报 2020 年度工作进展，研究确定 2021 年度重点工作计划。

国内主要学术会议 学会及分支机构全年组织召开各类重点学术会议 35 次，参加人数 13200 余人次，交流论文 1639 篇，出版论文集 12 部。

8 月 6 日，学会天然气专业委员会、石油储运专业委员会与中国石油勘探与生产分公司、中国石油储气库分公司在北京以视频会议形式共同举办中国储气库高效建设及运行管理技术创新发展论坛。中国科学院院士高德利、邹才能，中国工程院院士黄维和、赵文智、李根生、姜德生、杨春和 7 名专家出席论坛。论坛以“创新引领、产业驱动，支撑中国地下储气库高质量发展”为主题，邹才能、杨春和、意大利 Snam 公司高级副总裁詹卢卡·宗塔等国内外 16 名专家针对储气库建库技术、运营模式和未来发展方向等议题分享最新研究成果，2100 余人次通过 1556 个网络端口参加论坛。

11 月 4—5 日，学会联合中国石油勘探与生产分公司、中国石化油田勘探开发事业部、中国海洋石油有限公司勘探部在北京举办主题为“依靠创新驱动、推进高效勘探”的中国油气勘探技术交流大会。学会名誉理事长、全国政协经济委员会副主任王宜林致辞，自然资源部油气资源战略研究中心总工程师杨虎林，中国科学院院士贾承造、郝芳、邹才能，中国工程院院士孙龙德、赵文智、郭旭升等 14 名行业专家作大会报告。中国石油化工集团有限公司原副总经理、俄罗斯自然科学院与工程院外籍院士牟书令，中国科学院院士王铁冠，中国工程院院士孙金声出席大会。大会设油气勘查最新进展、成熟探区精细勘探关键技术、复杂构造和特殊岩性勘探与关键技术、深层 – 超深层勘探关键技术、非常规勘探与关键技术 5 个分论坛，宣讲论文 99 篇，张贴论文 58 篇，参会专家学者 400 余人。大会征集论文 400 余篇，优选 170 篇出版论文集。大会采用线上线下相结合的方式，主会场全程线上直播，在线观看量超过 3.4 万人次。

11 月 13—14 日，学会天然气专业委员会在重庆市召开第 32 届全国天然气学术年会。国家有关部委、油气田企业、高等院校、科研机构的专家学者 760 余人参加年会。学会理事长赵政璋致辞。中国科学院院士贾承造、邹才能，中国工程院院士周守为、刘合、郭旭升、李宁等专家学者，围绕“科技创新提质增效，推进油气高效开发”主题作大会报告 14 篇，在地质勘探、气藏开发、非常规气藏、钻采工程、储运安全环保及综合5个分会场交流论文180篇。年会首次采用网络直播形式，55.15万人次点击观看年会视频直播和图片直播。

12月1—2日，学会石油测井专业委员会在云南省昆明市召开主题为“以新发展理念引领测井科技创新，以测井科技创新驱动高质量发展”的第二十一届测井年会。中国工程院院士李宁、西南石油大学副校长刘向君等292名专家学者参加年会。年会作主旨报告5篇，分4个分会场交流论文107篇，内容涉及岩石物理、元素测井、随钻测井、过钻具测井、远程测井、高温高压测井、井间成像、光纤传感、地质导向、人工智能、注采同测、资料处理、解释评价等。

科普活动 学会各级组织机构全年开展科普活动31次，线上受众约75万人次，线下参与约1.3万人次。围绕全国科普日、科技活动周，举办院士专家科普进校园、院士专家科普行、科学传播大讲坛等品牌科普活动，与石油工业出版社有限公司共同开展“图片石油百科”征集活动，组织石油地质、工程、通信、管材、物探5个分支机构和3个地方学会开展科普日活动15项。学会与石油工业出版社有限公司联合举办的“开学第一讲：重新发现石油”活动，学会石油地质专业委员会举办的“为国家能源增添底气，中国储气库——天然气‘地下粮仓’”石油科技传播系列活动，学会和陕西省石油学会联合举办的地球科学主题系列科普活动3项特色活动被评为“全国科普日优秀活动”。学会获评“全国科普日活动优秀组织单位”。

表彰举荐优秀科技工作者 学会组织推荐教育部科技管理信息系统专家库专家63人，评选推荐最美科技工作者候选人2人，遴选推荐2个候选团队和7名候选人参加第二届全国创新争先奖评选，其中学会理事、中国石油大庆油田有限责任公司首席技术专家程杰成获第二届全国创新争先奖状。

党建强会 学会党组织深入学习贯彻习近平新时代中国特色社会主义思想，认真学习《习近平谈治国理政》（第三卷），以及习近平给袁隆平、钟南山、叶培建等25位科技工作者代表的回信和习近平总书记在科学家座谈会上的讲话精神，大力弘扬新时代科学家精神和石油精神，筑牢“石油人”团结奋斗的共同思想基础。以中国科协“党建强会”活动为着力点，组织院士专家科普进校园活动。制订年度党建工作和学习计划，严格执行“三会一课”制度，逐级签订党风廉政建设责任书，定期开展警示教育宣传。补选增设党支部副书记，组织分支机构党建工作座谈会，参观“铭记伟大胜利 捍卫和平正义——纪念中国人民志愿军抗美援朝出国作战70周年主题展览”，参加党建理论学习培训，承担中国科协党建研究会课题项目，制定执行《中国石油学会“战严冬、转观念、勇担当、上台阶”主题教育活动实施方案》《中国石油学会2020年提质增效专项行动实施方案》，巩固“不忘初心、牢记使命”主题教育和巡视整改成果。组织召开党委、支委会议20次，党员大会7次，组织专题党课3次、党员学习讨论会7次。获中国石油直属优秀共产党员、宣传思想文化工作优秀工作者各1人。

4月11日，中国石油直属党委同意学会党支部因退休原因补选1名支部委员，并于4月22日同意增设1名副书记。5月7日，批复同意宋宁任副书记。

会员服务 落实全国科技工作者日部署，组织2名院士专家与1200余名会员及科技工作者在线参与“提质增效——石油科技工作者在行动”技术论坛。升级会员管理服务系统，再次开展会员信息更新工作。编制《中国石油学会科学技术奖励章程》及实施细则、《中国石油学会会士条例》和会士评选工作实施办法，推进科技奖项报备、会士制度改革等工作。走访调研中国地质调查局油气资源调查中心、国家石油天然气管网集团有限公司等单位，征集会员单位技术需求和工作建议。

【2020年中国石油石化企业信息技术交流大会暨数字化转型、智能化发展高峰论坛】 10月22—23日，学会与中国石油天然气集团有限公司信息管理部、中国石油化工集团有限公司信息和数字化管理部、中国海洋石油集团有限公司科技信息部等单位在北京联合主办2020年中国石油石化企业信息技术交流大会暨数字化转型、智能化发展高峰论坛。国家有关部委、石油石化企业、高等院校、科研机构的网络与信息技术专家学者400余人参加大会。学会名誉理事长、全国政协经济委员会副主任王宜林，工业和信息化部科技司副司长朱秀梅，公安部网络安全保卫局副巡视员黄小苏致辞。

工业和信息化部原部长、党组书记、中国工业经济联合会会长李毅中，中国工程院院士郑纬民、沈昌祥、钱锋、邬贺铨、邬江兴、丁烈云等19名行业专家作主题报告。倪光南、吴澄、韩大匡、李阳、高德利、丁文华等院士出席大会，并为中国石油石化企业数字化转型建言献策。大会以“大力推进石油石化企业数字化智能化转型，助力业务高质量发展”为主题，设立包括能源企业CIO论坛在内的9个分论坛及5个技术分享会，交流论文231篇。大会征集论文360余篇，优选161篇出版论文集。大会采用线上线下相结合的形式，主会场全程线上直播，在线观看人数1.6万余人次。

（撰稿人：邹　刚）

中国煤炭学会

服务创新型国家和社会建设　学会组织完成“超千米矿井110工法冲击地压防治关键技术研究及应用”等26项科技成果的评价鉴定工作。学会开采损害技术鉴定委员会完成地方政府和法院委托的房屋开采损害技术鉴定7项。完成“山西晋煤集团‘十四五’科技规划研究”等10余项各级政府、社会组织和企业委托开展的研究课题和咨询服务项目。

学会承接新的政府转移职能，获批工业和信息化部2020年节能诊断服务评价资格，为内蒙古自治区赤峰市、乌兰察布市、鄂尔多斯市、呼和浩特市、包头市等7个盟市的166家企业提供节能诊断服务，形成“一企一策”的节能诊断报告。

学会举办26期中国煤炭学会能源科技专家服务团云课堂。围绕能源转型发展、煤矿智能化建设、西部大开发、煤炭清洁高效利用、黑龙江“四煤城”产业转型发展等社会关心的问题，邀请清华大学、中信重工机械股份有限公司等单位的26名能源专家在中国知网、“科创中国”等平台进行网络授课，累计点击观看达56.2万人次，其中，新疆大学教授姚强的“经济西移中的能源技术创新”课程，在线观看量达11.9万人次。

学会组织煤矿智能化建设现场实训班。为落实国家八部委印发的《关于加快煤矿智能化发展的指导意见》，交流煤矿智能化重点建设领域经验，在4个技术领先矿井，针对煤矿智慧采煤、智慧掘进、智慧选煤、信息通信技术等开展4场次现场培训，培训一线人员456人次。

承办中国科协企业创新服务中心“科创中国”创新创业项目云路演专场活动，助力企业创新产业转型升级，推进优质创新成果与资本要素融合发展。分别举办煤炭清洁转化与高效利用专场、炭基新材料与新能源专场2场线上路演活动，选出具有技术创新优势的8家企业参与路演，累计8万余人次观看线上直播。

学会组织专家完成《中华人民共和国数据安全法（草案）》的咨询服务，提出4条修改建议。

学会与煤矿智能化技术创新联盟组织起草并开展《煤矿智能化标准体系》《智能露天煤矿标准体系》《智能化洗选标准体系》等标准体系研究工作。

学会颁布《智能化煤矿（井工）分类、分级技术条件与评价指标体系》和《智能化采煤工作面分类、分级技术条件与评价指标体系》2个团体标准。

学会协助中国煤炭工业协会分析“十四五”发展的外部环境和影响行业健康发展的深层次矛盾及问题，有针对性地提出新时期煤炭工业发展思路、路径和目标，梳理“十四五”期间重点支持的推广技术，促进《煤炭工业“十四五”科技发展指导意见的出台》，为政府决策提供依据。

学会落实中国科协推动共同体工作的文件要求，牵头组建能源化工专家服务团，围绕黄河流域和东北老工业基地能源化工产业发展开展调研。

学会组建黄河流域煤炭产业生态治理技术研究院，在战略规划、组织协调、联合研发、成果转化和政府决策咨询等方面发挥桥梁纽带作用。12月15日，举办黄河流域煤炭矿区生态保护关键技术与产业政策高端论坛。

学会建设　2020年，学会发展单位会员7个，单位会员总数127个；发展个人会员1490人，个人会员总数22990人。

12月22日，在湖南省长沙市召开学会第八届理事会第二次会议，学会理事、常务理事、分支机构和会员代表300余人参加会议。会议传达中国科协关于做好党的十九届五中全会精神学习宣传工作的安排意见，审议并通过《关于中国煤炭学会八届理事会第二次会议工作报告的决议》和《关于中国煤炭学会八届理事会第二次会议财务情况报告的决议》。经142名理事无记名投票，选举增补张彦禄、昌孝存为学会副理事长，聘任王蕾为学会第八届理事会秘书长；为煤炭青年科技奖、“最美煤炭科技工作者”等奖项的获奖人颁奖；学会分支机构交流工作经验，会员单位介绍创新发展思路和人才培养情况；学会理事长刘峰对学会建设与发展提出4点意见。

5月15日，学会召开2020年分支机构秘书长座谈会，会议以线上视频形式召开。学会理事长、党委书记刘峰，秘书处全体人员及所属34家分支机构共52人出席。会议传达中国科协九届七次全委会议精神，学习中国科协主席万钢所作的常委会工作报告，通报学会主要工作，并就修订的《中国煤炭学会分支机构管理办法（试行）》进行说明。学会相关部门负责人及19个分支机构秘书长分别发言交流。

学会指导青年工作委员会、选煤专业委员会等4个分支机构完成换届；调整6名分支机构负责人，增加12名分支机构中青年委员；矿用油品专业委员会更名为矿用材料专业委员会。

学会修订《中国煤炭学会分支机构管理办法》并进行宣贯；制定《中国煤炭学会监事会工作规则》，召开第一届监事会第二次会议。

学会立项专题研究“中国煤炭学会建设世界一流学会和‘十四五’事业发展规划”。课题组系统总结学会“1248”品牌16年建设成就，研究分析国内国际能源与矿业相关领域发展环境和科技社团特点，对标世界一流学会的建设标准，研究学会工作任务和建设重点，分步骤提出《中国煤炭学会建设世界一流学会行动规划》和《中国煤炭学会“十四五”事业发展规划》。

青年人才托举工程 经过本人答辩和专家评审，学会从基层推荐的59名青年科技人才中评选出10人，其中张通、杜松2人获得第五届（2019—2021年度）中国科协“青年人才托举工程”项目资助，王兆会等8人为自筹资金。

主办期刊 2020年,《煤炭学报》影响因子达到2.189，与2019年相比增幅为10.2%；总被引频次达9705，在能源科学综合类期刊中主要期刊引证指标继续领先。入选中国科协中国科技期刊卓越行动计划、中文科技期刊精品建设计划。创建专题成果发布新模式，发布“煤矿智能化关键技术”专题，活动在线上平台累计观看人数超过20万次，专题论文在中国知网、知识服务平台、学报官网共计下载超过4万次。《煤炭学报》第13次入选“百种中国杰出学术期刊”，第9次入选“中国最具国际影响力学术期刊”，入选第5届中国精品科技期刊目录。

International Journal of Coal Science & Technology（《国际煤炭科学技术学报》）被EI Compendex、Scopus、DOAJ、CAS、GeoBase等数据库收录，世界学术期刊影响力指数进入Q1区，在“矿山工程技术”学科的全球期刊中排名第14位；入选中国科协中国科技期刊卓越行动计划，被Springer Nature授予卓越编辑TOP奖。

《当代矿工》对新增设的“科普”栏目进行重点培育，刊登煤炭行业抗击疫情、复工复产的稿件。

学会发布煤炭领域高质量科技期刊分级目录，从59本涉煤科技期刊中遴选出一批科技人员公认、社会影响力强、期刊出版界认可的期刊进行分领域等效评价，带动煤炭行业科技期刊提升办刊质量。

学科发展工程 学会与中国煤炭工业协会联合起草发布《2020煤矿智能化建设发展报告》。与华为、中国移动等有关单位联合发布《5G+煤矿智能化白皮书》，促进5G与煤矿现有系统的融合，推动5G技术在智能矿井的规模部署和商业化应用。

学会面向资源能源、生态环境等科技领域征集具有引领作用的基础研究、关键共性技术、前沿引领科技问题、工程技术难题20项，研判未来科技发展趋势、前瞻谋划前沿科技领域方向。

国际学术会议 12月17日，学会参与主办的国际矿山测量协会第48次主席团会议在山东省青岛市召开，会议采取线上（国际）与线下（国内）相结合的方式。来自中国、德国、澳大利亚等国家的30余名专家学者参加会议。国际矿山测量协会第四和第六专业委员会，德国、澳大利亚、波兰、匈牙利、蒙古、阿尔巴尼亚矿山测量协会分别报告年度工作情况。与会专家针对在时代发展和科技进步背景下国际矿山测量协会六个专业委员会的主要学术工作、测量专业青年人才培养、矿山测量学科发展等事项展开讨论，达成基本共识。

国内主要学术会议 2020年，学会和各专业（工作）委员会共组织国内学术会议28个，出席人数267445人次（其中线下出席4999人次），交流学术论文805篇，编辑出版论文集5本。

8月12—13日，由中国煤炭工业安全科学技术学会水害防治专业委员会、学会矿井地质专业委员会、中国地质学会、学会煤炭地质专业委员会和煤炭工业技术委员会煤矿防治水专家委员会等主办的煤炭安全高效绿色智能开采地质保障学术论坛在内蒙古自治区鄂尔多斯市举办。中国工程院院士彭苏萍、袁亮、王双明，学会理事长刘峰出席论坛，420名专家学者参加会议。论坛邀请中国工程院院士彭苏萍、袁亮，煤炭科学研究总院西安研究院院长董书宁研究员作大会主题报告，20名专家和8名青年科技人才作专题学术交流。会议聚焦“安全高效绿色智能”主题，研讨煤炭地质科技发展新方向。

9月1—2日，由学会岩石力学与支护专业委员会、中国煤炭工业协会技术委员会井工开采专家委员会、《采矿与岩层控制工程学报》编辑部联合主办的全国煤矿安全、高效、绿色开采与支护技术新进展会议在云南省昆明市召开。中国工程院院士康红普作主题报告《我国煤矿巷道围岩控制技术发展70年及展望》，中国矿业大学（北京）副校长王家臣教授等36名专家学者作学术报告。298名科技人员出席会议并进行交流。

10月10—11日，由学会等主办的第六届煤炭行业青年科学家论坛在山东省青岛市召开。中国工程院院士谢和平、武强，学会理事长刘峰等7人围绕“能源转型升级助推经济高质量发展”作特邀报告。论坛采取线上线下相结合的方式，600余名煤炭行业青年科学家围绕智能开采与绿色技术、动力学与岩层控制、资源高效清洁利用等主题作100余场学术交流。

10月16—18日，由学会土地复垦与生态修复专业委员会主办的第九届全国土地复垦与生态修复学术研讨会在山西省太原市召开。会议紧密结合国家的生态发展战略和矿山绿色开发的需求，针对大型矿产基地全域土地复垦与生态修复的政策法规、规划计划、理论研究、技术开发和应用等领域，开展学术研讨与交流。中国工程院院士彭苏萍、王双明作主题报告，25名专家学者作专题报告，300余名科技人员参加会议，15000余人次观看网络直播。

11月7—8日，由中国煤炭加工利用协会和学会环境保护专业委员会联合主办的沿黄河流域煤炭及深加工产业环境保护高峰论坛在山西省太原市召开。论坛邀请专家学者作21个学术报告。300余名专家围绕沿黄河流域煤炭及深加工产业的黄河水和矿井水资源利用、三废治理与回用技术、环境保护措施及先进环保技术装备进行研讨。

国际交往 在牛津大学、英国帝国理工大学、哈佛大学、加州伯克利大学、清华大学、中国矿业大学、中国国家能源局等机构的支持下，学会获得“英国繁荣基金中国能源与低碳经济项目”子项“推动中国煤炭转型有效路径及实施机制”资助。项目旨在将中国能源转型的特定需求与英国在能源和低碳领域的发展优势对接，周期为18个月，以气候驱动和社会公平为出发点，为中国受煤炭转型影响行业、地区、企业绘制绿色转型行动路线图。

科普活动 学会打造科普品牌“煤炭学报大讲堂”，举办8期讲座，在线观众人数累计超过2万人次。活动已入驻中国知网学习平台，并设置专属页面。

学会主办科普期刊《当代矿工》对抗疫先进人物、科技创新人才进行8期专题报道。与中国矿业大学联合开展科学防疫科普宣传。制作《口罩分类与中低风险人群呼吸防护》等2期科普视频。获得中国科协2020年“全国科技工作者日全国学会积极贡献单位”称号。

表彰举荐优秀科技工作者 学会与中国煤炭工业协会共同组织煤炭工业科学技术奖评审工作，共收到来自煤炭企事业单位申报的778个项目，评选出获奖项目332个，其中特等奖2项、一等奖32项、二等奖137项、三等奖154项、创新团队奖7项。

学会开展煤炭青年科技奖评审奖励工作，从基层推荐的155名候选人中选拔出50名获奖者；评选煤炭优秀博士论文10篇、提名奖10篇。学会推荐的中国煤炭科工集团有限公司首席科学家康红普、中国矿业大学（北京）校长葛世荣获得第二届全国创新争先奖状；推荐杰出工程师奖候选人17名，其中董书宁、杨俊哲获得第四届杰出工程师奖，孙海涛获得第四届杰出工程师奖青年奖；推荐许献磊为第十六届中国青年科技奖候选人。

学会评选31名“最美煤炭科技工作者”，报道宣传其中7名先进事迹。

党建强会 学会认真学习贯彻党的十九届五中全会精神和习近平总书记在科学家座谈会上的重要讲话精神，组织宣讲活动4次。宣传煤炭行业在抗击疫情期间的突出人物和事迹，印发学会抗击疫情特别报道6期。与中国岩石力学工程学会联合发出“不忘采矿初心 牢记安全使命 促进科技经济深度融合发展”的科技工作者倡议。遴选启动庆祝中国共产党成立100周年主题征文活动。

12月23日，在毛泽东同志诞辰127周年之际，学会党委组织第八届理事会理事及代表、煤炭青年科技奖获奖代表、“最美煤炭科技工作者”等共计85人参加韶山红色主题教育活动。

【煤矿智能化技术创新论坛】 7月15—16日，由学会与中国煤炭工业协会主办的煤矿智能化技术创新论坛在北京举办，会议采取“主会场（线下）+网络直播（线上）”的形式召开。中国知网、科界、学习强国等平台同步直播或转播。

中国工程院院士王国法、学会理事长刘峰、中国矿业大学（北京）校长葛世荣、中国煤炭科工集团首席科学家王虹作学术报告《煤矿智能化发展的认识与思考》《5G+智能化煤矿顶层架构与应用系统》《数字孪生智能采煤工作面技术架构研究》《掘锚一体化智能高效掘进研究进展与发展趋势》。会议设置智能化建设典型煤矿经验交流论坛、煤矿智能化关键技术学术论坛、智能装备与系统平台交流论坛3个分论坛，邀请30余名来自煤炭企业、高校科研单位、煤机设备厂商的专家分别围绕最新研究进展和成果、关键技术难题等进行探讨和交流。会议期间，发布《煤炭学报》第6期“煤矿智能化关键技术”专题。线上观看人数达20万人次。

（撰稿人：岳燕京）

中国可再生能源学会

服务创新型国家和社会建设 学会承担国家能源局能源领域首台（套）重大技术装备（可再生能源）评定工作。学会研究制定《能源领域首台（套）重大技术装备可再生能源项目评定工作细则》，并开展征集和评定工作。共征集项目15个，经过初筛和专家评定两个环节，遴选推荐2个项目上报国家能源局。

截至2020年年底，学会收到团体标准立项申请37项，累计批准立项团体标准25项。完成编制并通过审查后，在全国团体标准信息平台发布的团体标准共8项。

受国家能源局和国家海洋局委托，开展风电产业发展的数据统计及报送工作。完成《2020年度中国可再生能源工作总结报告》《关于“‘十三五’以来可再生能源和氢能发展改革情况及有关思路建议”的汇报》《重大技术装备进口税收政策有关目录修订意见汇总表》等15项意见报告，并报送有关部门。

学会完成首航高科能源技术股份有限公司“100MW级塔式熔盐光热电站吸热器技术”、沈阳建筑大学“铜铟镓硒建筑集成系统和装配技术研究”、株洲时代新材料科技股份有限公司“低风速抗冰冻大型复合材料风电叶片关键技术及应用”等9项科技成果的评价工作。

8月8—10日，学会与其他单位联合主办的第十四届（2020）国际太阳能光伏与智慧能源（上海）展览会暨论坛在上海市举办，200名行业专家参加会议并发言，线上线下参加会议人数共9万余人次。共有1378家企业参展，展出面积超过15万平方米，参观人次15万余人次。

10月14—16日，学会风能专业委员会主办的2020北京国际风能大会暨展览会（CWP2020）在北京举办。展会面积近5万平方米，426家国内外企业参展，接待来自中国、奥地利、比利时、丹麦、德国、法国、荷兰等16个国家和地区的专业观众46230人次。

学会建设 截至2020年年底，学会共有个人会员3506人，较2019年增长26.5%；单位会员144个，较2019年增长41.2%。

学会共召开各级工作会议18次，其中理事会党委会议3次、全体理事会党员大会1次、常务理事会议1次，理事会议1次、理事长工作会扩大会议5次、秘书长工作会议6次、换届领导小组会议1次，全年形成、传达、落实有关重要决议20余项。

学会修订《学会团体标准管理办法》和《中国可再生能源学会科学技术奖奖励办法》，制定《学会人才评定评价工作管理办法（暂行）》《学会内部控制管理办法》《学会“青年人才托举”实施办法（试行）》等6项制度。

青年人才托举工程 学会研究出台《中国可再生能源学会“青年人才托举”实施办法（试行）》。根据实施办法，学会筹措和落实资助资金，开展第六届中国科协“青年人才托举工程”项目的申报及人才遴选工作，并获得2个自筹资金资助名额。

主办期刊 2020年，学会主办的《太阳能学报》收稿1400篇，发表论文600篇。根据中国知网《中国学术期刊影响因子年报（自然科学与工程技术·2020版）》数据，《太阳能学报》复合影响因子为1.040，较2019年提高44%；综合影响因子为0.624，较2019年提高53%。入选《世界期刊影响力指数（WJCI）报告（2020科技版）》目录。

《太阳能》杂志接收投稿259篇，出刊12期，发表文章150篇。根据中国知网《中国学术期刊影响因子年报（自然科学与工程技术·2020版）》数据，《太阳能》杂志复合影响因子为0.674，较2019年提高30%；综合影响因子为0.317，较2019年提高28%。

学科发展工程　学会推荐的“如何在可再生能源规模化电解水制氢生产中实现‘大规模’‘低能耗’‘高稳定性’三者的统一？”入选中国科协2020十大工程技术难题。

学会承担“中国可再生能源学科史”项目研究，周期2年。项目主要对可再生能源学科在中国的生成、发展、演化历史进行梳理和研究。参与的专家主要包括学会理事长、中国工程院院士、北京化工大学校长谭天伟，中国科学院院士、学会光伏专业委员会副主任、浙江大学宁波理工学院院长杨德仁，中国工程院院士、中国林业科学研究院林产化学工业研究所研究员蒋剑春等。

学会光伏专业委员会主持编制《2020中国光伏技术发展报告》。报告共计264页，分6个章节从硅料、硅片、晶硅电池、新型电池、系统、效率，全面阐述2020年度光伏技术的进展。

学会风能专业委员会编制《中国风电产业地图2019》。该书共174页，分析2019年中国风电发展情况，包括市场格局及风电装机情况等。

学会发电并网专业委员会编辑出版首部《中国新能源发电并网分析报告（2020）》。报告系统梳理风光发电并网相关政策及政策影响、“十四五”及中长期可再生能源并网消纳重点问题及建议措施等内容。

学会太阳能热发电专业委员会编制《太阳能热发电产业发展蓝皮书2019》。该书主要对2019年太阳能热发电市场发展概况、研发项目情况、标准制定情况，以及2019年年底前中国太阳能光热发电项目并网发电情况等进行总结与分析，并结合当前情况提出建议。

国际学术会议　2020年，学会举办境内国际会议2个，参加会议人数4500余人次，交流论文214篇。

8月26—28日，由学会风能专业委员会联合多家单位共同主办的第五届全球海上风电大会在山东省济南市召开。大会以“融合发展，向新而生”为主题，从产业前沿的视野，剖析中国海上风电产业发展脉络，聚焦政策市场导向，解读技术发展趋势，分享典型工程项目。会上发布《全球海上风电大会济南倡议》和《海上风电回顾与展望2020》。

10月14—16日，学会风能专业委员会在北京举办2020北京国际风能大会暨展览会。大会以“引领绿色复苏 构筑更好未来”为主题，集中探讨实现绿色复苏、“碳中和”的重大意义与路径，分析产业发展走势、技术动态和市场资讯。开幕式上，全球400余家风能企业签署并发布《风能北京宣言》。

国内主要学术会议　学会及各分支机构全年共举办国内学术会议46次，较2019年增加6次；参加人数88903人次，较2019年增加7万余人次；交流论文1746篇，较2019年减少254篇。

5月27日，学会光伏专业委员会创办的全新品牌线上学术会议“光伏约”在线举办。4名业内专家分享有关钙钛矿太阳电池的发展历程、现状与趋势，以及产业化要点，共同探讨钙钛矿太阳电池的转换效率及稳定性问题。

5月28—29日，学会光化学专业委员会主办的第七届新型太阳能电池材料科学与技术学术研讨会线上直播召开。上海交通大学教授韩礼元等专家学者针对钙钛矿太阳能电池、薄膜太阳能电池、纳晶敏化太阳能电池、有机太阳能电池、量子点太阳能电池、新型光化学材料和技术、新材料及新原理等7个方面的最新前沿研究进展作报告。

8月8—9日，学会氢能专业委员会参与主办的SNEC（2020）国际储能和氢能大会在上海市举办。会议就氢能及燃料电池领域前沿创新技术的发展、氢能产业化发展、政策与市场前景等议题进行讨论与交流。

8月26—27日，学会与多家单位联合主办的2020中国太阳能热发电大会在江苏省宿迁市召开。大会以新一代电力系统为基点，研讨和聚焦太阳能热发电的价值和发展路径，挖掘太阳能的光、热、电三者耦合的科学途径。

11月24—27日，学会生物质能专业委员会联合多家单位共同主办的第十四届全国研究生生物质能研讨会在湖南省长沙市召开。学会理事长、中国工程院院士、北京化工大学校长谭天伟，加拿大工程院院士毕晓涛，湖南省林业科学院院长李昌珠分别作大会邀请报告《生物绿色合成总体的发展方向和趋势》《生物质能对温室气体减排的贡献》《木本油料生物炼制发展前景》。分会就生物质材料与化学品、生物质热化学转化、生物质液体燃料和生物炼制4个专题开展交流。

11月24日，学会主办的践行“碳中和”承诺——氢能燃料电池及储能技术创新专题研讨会在广东省深圳市召开。会议聚焦氢能燃料电池技术、储能技术创新发展需落实的主要任务，中国氢能燃料电池、储能行业现状、存在的主要问题、“十四五”发展目标，以及深圳市燃料电池、储能发展目标与实施路径等问题展开研讨。

12月17日，学会主办的践行2060“碳中和”承诺——可再生能源发展路径与关键技术创新专题研讨会在北京召开。会议围绕可再生能源发展路径与关键创新技术，聚焦可再生能源技术创新发展需落实的主要任务，中国可再生能源行业发展现状、存在的主要问题及“十四五”发展目标和规划等专题进行研讨。会议还围绕“实现‘30/60’目标的关键技术和非技术影响因素”展开头脑风暴，并现场选出包括不同可再生能源提效降本关键技术、绿氢制备及氢能全产业链布局、可离网可再生能源规模制氢及储运技术以及多能互补的能源外送基地设计及容量优化配置技术等关键技术和非技术影响因素各10项。

国际交往 5月26—29日、10月12—15日，学会理事、风能专业委员会委员、IEA Wind IA（国际能源署风能实施协议）中国工作组副组长杜广平分别在线上参加国际能源署风能第85、第86次执行委员会会议，并向大会作中国风能发展情况的报告。

6月2—4日、11月3—5日，学会常务理事、热利用专业委员会秘书长何涛作为IEA-SHC副主席、中国代表，在线上参加国际能源署太阳能供热制冷委员会第87次、第88次执行委员会议。

10月5—7日、12月9—11日，学会氢能专业委员会分别在线参加国际能源署氢能技术合作委员会执行委员会第83次、第84次执行委员会委员工作会议。会议就国际能源署氢能技术合作委员会组织机构改革和实施协议任务进行交流。

12月，学会光伏专业委员会在线参加由创新使命国际秘书处组织的高比例可再生能源电力使命高级别专家研讨会。中国联合意大利和英国提出“高比例可再生能源发电”使命建议（2020—2030）。该建议通过专家评审及MI执行委员会认可。

科普活动 2020年，学会及各分支机构、科普教育基地共举办线上、线下科普活动11次，参加人数33000余人次；参与制作并发布科普视频4个、电视节目1个。

围绕氢能、生物质能、风能等领域，在科界、哔哩哔哩、蔻享直播等平台举行4场“我为可再生能源代言”线上科普品牌论坛。

配合“科普中国”——科技前沿大师谈栏目，围绕光伏、风能、海洋能等可再生能源领域，策划、组织制作“可再生能源大师谈”系列科普视频4个。

与中央电视台综合频道合作，学会理事长、中国工程院院士谭天伟参与录制《院士说科技：废弃秸秆竟能变身汽车燃料》，为公众解密废弃秸秆是如何变为清洁汽车燃料的。

学会主办第三届大学生优秀科技作品竞赛，共收到全国120所高校的申报作品734件。经过初赛、复赛，最终评选出获奖作品292项。

学会与国际太阳能学会、中国建筑设计研究院有限公司联合主办2020“台达杯”国际太阳能建筑设计竞赛。竞赛以“阳光·稚梦”为主题，面向全球展开幼儿园作品征集活动。共征集来自全球1200个团队提交的249个作品。经过初评、终评和现场答辩，共评选出一等奖2名、二等奖4名、三等奖6名、优秀奖30名、技术创新奖2名。

表彰举荐优秀科技工作者 由学会设立的中国可再生能源学会科学技术奖共受理申报项目71项，获奖32项，其中一等奖7项、二等奖9项、三等奖16项；受理人物奖申报材料40项，获奖10项，其中优秀科技工作者5名、优秀青年科技人才4名、杰出贡献奖1名。

党建强会 学会办事机构党员加入挂靠单位党组织，实现依托单位党支部覆盖。

学会理事会党委入选中国科协科技社团党委学会理事会党委职责任务首批试点单位。根据相关工作要求，完成1份学会理事会党委职责任务清单和1份负面清单建议；完成1份打造党建示范样板间标准的建议稿；提交学会典型党建案例总结等工作任务。

完成中国科协2020“党建强会”项目：党建促业务，举行多场可再生能源专题座谈会；联合云南省科技厅开展需求征集，结合调研需求，形成相关成果；参观国立西南联合大学旧址，并开展“不忘初心、牢记使命”主题教育；学会理事单位捐赠36套总价值7万余元避雷器，用于云南光伏提水扶贫项目。

学会获中国科协“优秀扶贫学会”“2020年度全国学会智慧党建建设优秀学会党组织”等称号。

学会理事会党委与云南省能源研究院有限公司党委共同建立“云南绿色能源党员专家先锋科技服务站”，与兄弟协会开展联学联建活动1次。

会员服务 2020年，学会通过网站、微信公众平台向会员发布各类通知、新闻等80余条。学会筹资开发“会员之家”服务系统，推动会员服务电子化进程。

学会向国际太阳能学会（ISES）推荐40名中国专家学者，以团体会员身份加入国际太阳能学会。

学会风能专业委员会举办年度中国风能新春茶话会，组织会员、专家等600余人参加。学会光伏专业委员会举办年度光伏重阳敬老活动，30余名光伏前辈及行业专家参加活动，传承科学精神，探讨光伏发展未来。

【2020中国可再生能源学术大会暨云南绿色能源国际论坛】 9月20—23日，由学会主办的2020中国可再生能源学术大会暨云南绿色能源国际论坛在云南省昆明市召开。7名院士以及1200余名专家学者、企业管理者等参加会议。大会围绕新能源和可再生能源各领域的学术研究、产业发展、能源政策以及前沿技术创新发展趋势等展开讨论。云南省副省长董华出席大会开幕式并致辞。大会开幕式由学会秘书长祁和生主持。

大会分为全体大会和专题分会。全体大会上，国家发展和改革委能源研究所高级顾问、中国宏观经济研究院研究员韩文科，国家电网公司副总工程师、中国工程院院士郭剑波，云南省能源投资集团有限公司副总裁杨万华，中国科学院院士、浙江大学宁波理工学院院长杨德仁，西安隆基硅材料股份有限公司总裁李振国，中国科学院院士、中国科学院大连化学物理研究所研究员李灿分别作主题报告。

大会以“‘十四五’绿色能源高质量发展”和“云南绿色能源高质量发展与国际合作”为主题进行2场高端对话。中国科学院院士、西安交通大学教授郭烈锦，中国工程院院士、中国矿业大学教授武强，中国工程院院士、中国林业科学研究院研究员蒋剑春等18名院士、专家参与讨论。

大会期间，还召开光伏、生物质能、可再生能源供热制冷、风能、太阳能光化学转化和利用、氢能与燃料电池、产能建筑、海洋能、天然气水合物、可再生能源并网技术与政策、储能、地热能和太阳能热发电13个专题的20余场分会。

大会共收录论文527篇，其中口头交流351篇，墙报交流81篇。

【“科创中国”绿色能源科技服务团】 学会组建“科创中国”绿色能源科技服务团，并开展绿色能源科技入滇行动。学会先后走访云南省科协、省科技厅、省能源局、省能源投资集团、省能源研究院、昆明理工大学，以及大型能源企业在云南省分公司等单位，介绍服务团服务内容与工作思路，探讨合作，征集需求，开展技术服务，促进成果转化等。

围绕云南农林生物质能源资源综合利用，云南水电硅材一体化发展战略与太阳能光伏产业布局，高海拔地区低风速风机，叶片气动特性优化关键技术，风电机组雷电防护关键技术，氢能、储能等产业基础及应用等问题，征集并遴选形成首批科技服务专家28人，拟转化科技成果与服务项目58项。

经过对需求服务的匹配对接，推动组建太阳能水泵培训实践基地、高原风电技术创新联盟、滇西（保山）太阳能光伏硅材料产业创新联合体、天然橡胶产业升级与绿色炼制院士专家工作站4个赋能组织并持续开展工作。

学会联合云南能源投资集团有限公司在2020中国可再生能源学术大会同期举办云南绿色能源国际论坛（2020）。在论坛交流的基础上，凝聚院士、专家研究成果和产业发展建议，形成《云南绿色能源高质量发展》智库报告和《“十四五”能源发展展望与可再生能源并网挑战及创新》《高原风电与生态环境和谐发展》《可再生能源电解水制氢技术研究》《光伏硅材料的现状和进展》4项专题报告。

（撰稿人：孙孟佳）

中国能源研究会

服务创新型国家和社会建设 为有效服务各级政府，协同解决制约能源经济发展的关键问题，研究会牵头组建中国科协“科创中国”综合能源科技服务团。服务团在天津市、上海市、湖北省荆门市分别建成以综合能源产业发展促进地方经济高质量发展的综合能源专家服务站。

研究会联合国家发展改革委能源研究所申报并完成国家能源局法制和体制改革司的“《能源法》立法有关重要制度研究”课题，形成研究报告，提交国家能源局法制和体制改革司，为开展《能源法》重要制度的甄别和设立提供论证材料。

研究会和各分支机构共完成自筹资金课题“我国核电站节能潜力及改进建议研究”“分布式能源系统现状与发展趋势研究”“2035年我国电源结构优化研究”3项；完成国家部委委托课题“中国－意

大利环境可持续发展培训回顾与展望”“电力安全生产‘十四五’行动计划研究”“‘十四五’能源结构调整与重点任务措施研究”“《电力行业应急能力建设行动计划（2018—2020）》中期评估”4项；完成中国科协委托课题“山东氢能及燃料电池产业发展战略研究”“智能电网信息工程学科发展技术路线图”2项；完成企事业单位委托课题“中广核三澳核电厂生态核电与地方融合发展专题研究服务”“蒙电助力内蒙古现代能源示范区建设发展分析与研究”“面向大规模源网荷储友好互动系统价值发现与市场机制研究”等7项；完成国际组织资助课题“中国石油消费总量达峰与控制方案研究”“西北能源市场化改革与能源监管研究”2项。

研究会承接和完成能源行业信息通报平台服务项目、长龙山抽水蓄能电站建设安全生产标准化达标评级咨询服务、基于信创的应用安全咨询技术服务项目、南方区域跨区跨省电力中长期交易关键技术与应用、亚临界机组600℃升温改造关键技术研究与应用等咨询、鉴定和评审。

研究会推进团体标准制定工作，规范和引导团体标准化工作有序开展。2020年发布电力线路跨越电气化铁路防护技术规范、电容取电电源技术规范、110KV及以下变电站并联型直流电源系统技术规范、核电厂冷源安全分级预警规范水母灾害等9项标准；新立项3项标准。

2020年，研究会及各分支机构发布《能源经济形势分析报告（季度）》《能源数据简明手册2020》《分布式能源研究报告2020》《储能产业研究白皮书2020》《西北能源市场化改革与能源监管研究》《中国地方电力年度发展报告2019》《增量配电改革动态100期汇编》《2020年度增量配电发展研究白皮书》，合作发布《能效2019》中文版报告和《中国能效2020》。

学会建设 按照中央部署和民政部要求，研究会组织修订《中国能源研究会章程》，并通过章程修订的初审。

研究会第七届理事会召开理事会议和常务理事会议，讨论并确定理事会换届事宜；按照国家科学技术奖励工作办公室工作要求，研究会召开常务理事会议修订《中国能源研究会能源创新奖管理办法》，增加“拟获奖者应及时向所在单位及人事关系所在部门报告并征得同意”等有关内容，通过国家科学技术奖励工作办公室对研究会能源创新奖的第三方评价工作。

2020年，研究会新增单位会员36家，其中常务理事单位7家、理事单位8家、单位会员21家，单位会员总数达到328家；个人会员新增929人，个人会员总数达到3674人。

研究会加强内部治理制度建设。《中国能源研究会管理制度（修订讨论稿）》通过中国科协学会服务中心组织的专家评审和验收；进一步完善财务管理制度，加强财务管理。

研究会进一步建立健全科学合理的理事会、常务理事会的议事规则，确保理事会、常务理事会、秘书处及分支机构各司其职。11月，获得“2019年度科协系统统计调查工作优秀单位”称号。

研究会对官方网站和微信公众号进行改版升级，对用户界面和功能模块进行重新设计，更新充实栏目内容。全年共发布各类信息报道143篇，实时反映研究会动态。加快服务体系应用的信息化建设，上线会员管理与服务系统、学术会议活动管理系统等。

主办期刊 《能源研究参考》是研究会编辑发行的内部月刊。每期报送中央财经委员会办公室、国家发展改革委、科技部、财政部、国务院研究室等有关部委和单位。

2020年，由研究会主办的《中外能源》杂志先后完成“国内外催化技术文摘”“环境治理催化技术与催化材料”等多篇调研报告；10月杂志入选中国化工情报信息学会、中国化工信息中心、中石油经济技术研究院联合发布的“全国石油和化工期刊百强榜”，并被评为“精品期刊40强”。

国际学术会议 研究会及其各分支机构全年共组织召开境内国际会议3次，分别是：由研究会可再生能源专业委员会与中国可再生能源学会风能专业委员会、全球风能理事会联合主办的2020年全球海上风电大会；研究会分布式能源专业委员会与中国能源网、水发能源集团有限公司联合主办的2020（第十六届）中国分布式能源国际论坛；核能专业委员会作为支持单位参加的第七届国际核电运维大会。参加会议总人数1000余人次。

国内主要学术会议 研究会及其分支机构全年共主办、联合主办及参与举办各类研讨会、论坛等学术活动40余次，线下参加会议人数约4000人次。会议主要包括2020中国能源研究会年会、“中国电力圆桌”高端闭门研讨会（3 场）、适应高比例可再生能源发展的能源系统专题研讨会、可再生能源驱动储能创新应用专题研讨会、能源互联网形态下多元融合高弹性电网高端研讨会、中国能源电力“十三五”成就与“十四五”展望论坛、可再生能源行业落实碳中和目标座谈会、2020 年（第十三届）北京国际风能大会暨展览会、第九届中国政府管制（监管）论坛、储能国际峰会暨展览会、中国储能西部论坛 2020、燃料电池行业疫后复工复产专题研讨会、第三届智慧能源网络安全高峰论坛、高效节能电机技术发展研讨会、全国储能技术专业学科建设论坛、建言“十四五”能源发展系列活动（15 场）、2020 第十二届中国国际地源热泵行业高层论坛等。

国际交往　6 月 23 日，研究会能源经济专业委员会副秘书长桑晶出席国际能源署（IEA）第五届“全球能效大会”并作发言。本次大会共吸引来自各国政府、企业和国际机构的 40 余名嘉宾和 3000 多名专家学者参加会议。

7 月 3 日，研究会燃料电池专业委员会常务副主任兼秘书长韩敏芳与日本东北大学学者共同组织线上会议，并作主题报告，交流探讨固体氧化物电池隔离层制备及物理化学性能。

10 月 22 日，研究会燃料电池专业委员会常务副主任兼秘书长韩敏芳出席第 14 届 European SOFC&SOE Forum（线上会议）并作报告，交流讨论固体氧化物电池在中国的最新研究进展。

12 月 17 日，研究会燃料电池专业委员会常务副主任兼秘书长韩敏芳出席由日本燃料电池协会（The SOFC Society of Japan）主办的第 29 届 SOFC Symposium in Japan（线上会议），并受邀作报告，同各国学者交流中国固体氧化物燃料电池的学术研究与技术进展。

科普活动　5 月 29 日，研究会以在线视频的方式举办“全国科技工作者日”活动。特别设置科普专题讲座。研究会可再生能源专业委员会主任李俊峰，研究会能源互联网专业委员会副主任兼秘书长、华北电力大学教授曾鸣分别作科普专题讲座《我的能源我做主》《能源互联网与大众生活》。

在 5 月 29 日召开的科普工作会议上，研究会通报表扬 12 家 2019 年度优秀能源科普教育基地和 35 名优秀志愿者；在 11 月 10 日召开的 2020 中国能源研究会年会上，表彰大亚湾核电科普教育基地、国网江苏电力体验馆、佛山电力体验馆、开滦国家矿山公园、鲁能海西州多能互补能源科普教育基地、中广核新能源云南省磨豆山科普教育基地 6 家已授牌的能源科普教育基地。2020 年，研究会新设东软能源科普教育基地、敦煌首航能源科普教育基地、南方电网公司昆明供电局智慧用电科普馆、华东能源科普教育基地、贺州华润循环经济科普展览馆、京能五间房草原生态产业综合示范基地 6 家能源科普教育基地。截至 2020 年年底，研究会授牌的能源科普教育基地总数达到 35 家，志愿者总数 350 多人。

2020 年，研究会组织编撰《什么是储能》《燃料电池成长史》《石油是怎么来的》能源知识科普读本。加强科普资源共建共享，进一步搭建社会化科普服务平台，全年共发布能源科普类图文视频等近 300 篇（个）。

表彰举荐优秀科技工作者　2020 年，研究会组织会员单位和分支机构参与申报第二届全国创新争先奖、第十七届中国青年女科学家奖和 2020 年度未来女科学家计划候选人的提名。

2020 年，中国能源研究会能源创新奖的评选共收到能源学术、管理、技术创新奖申报项目 341 项，优秀青年能源科技工作者奖的申报候选人 177 人。最终评选出能源学术创新奖、管理创新奖和技术创新奖 107 项，包括一等奖 16 项（管理创新奖 3 项、技术创新奖 13 项）、二等奖 39 项（能源学术创新奖 2 项、管理创新奖 9 项、技术创新奖 28 项）、三等奖 52 项（能源学术创新奖 2 项、管理创新奖 16 项、技术创新奖 34 项）；评选出优秀青年能源科技工作者 43 名。

党建强会　2020 年，研究会召开 4 次党委会议，集中学习中央有关文件精神和习近平总书记重要讲话精神，研究部署重点工作。

研究会始终把“不忘初心、牢记使命”作为加强党的建设的永恒课题，购买《习近平谈治国理政》（第三卷）等图书，要求党委委员、研究会秘书处全体员工和各分支机构认真自学；组织党员干部参加“党员应知应会”学习和测试。

9 月 14 日，在 2020 年全国科普日期间，全国首席科学传播专家、研究会副理事长、科普工作委员会主任委员王禹民带领科普专家团赴贵州省黔南布依族苗族自治州龙里县草原小学，开展“党建强会 帮扶送温暖”活动，开设能源科普讲座，进行能源知识有奖问答，并向学生捐助科普图书、学习用品、文体用品、生活用品等。

12月23日，研究会组织召开学习贯彻党的十九届五中全会精神宣讲会议。研究会党委领导、秘书处全体人员在主会场参加会议，各分支机构在线参加会议。

会员服务 研究会定期向会员提供《中国能源研究会年报》、会刊《能源研究通讯》（月刊）、《中外能源》（月刊）和《能源研究参考》（月刊）等资料。

【2020中国能源研究会年会】 11月10—11日，2020中国能源研究会年会在北京召开。年会以“低碳转型、智能发展、多元融合”为主题，采用线上+线下方式举办，线下参加会议人数500人，线上参加会议人数累计达到4万人次。

研究会理事长吴新雄在致辞中表示，更好推动能源革命和“十四五”能源高质量发展，助力应对气候变化，应该围绕2035年基本实现社会主义现代化愿景目标、“十四五”时期经济社会发展主要目标、发展战略性新兴产业、推进能源领域基础设施建设、畅通国内大循环、拓展投资空间、加快推进绿色低碳发展、保障国家经济安全等8个方面深入研究，建言献策。

大会邀请中国工程院院士、中国工程院原副院长杜祥琬，中国工程院院士、清华大学教授、中国制冷学会理事长江亿分别作主旨报告《世界能源形势与中国能源革命》《中国能源消费革命的目标和路径》。

中国工程院院士王国法、郭建波，中国科学院院士邹才能，中国石油化工集团副总经理刘宏斌，国家发展改革委能源研究所所长王仲颖，华为全球能源行业首席数字化转型官夏文波，围绕大会主题作演讲《加快推进煤炭高质量发展》《高比例新能源电力系统的挑战与思考》《构建油气发展新格局与安全新路径》《能源低碳化路径与策略》《新发展阶段新机遇新挑战：建设现代能源体系》《数字经济赋能中国能源高质量发展》。

年会按不同专题举办8个分论坛，并为中国能源研究会能源创新奖、中国能源研究会优秀能源科普基地颁奖，为新设的能源科普基地授牌。

【“科创中国”综合能源科技服务团】 研究会受中国科协委托牵头组建“科创中国”综合能源科技服务团，会聚100余名能源行业科技工作者。

截至2020年年底，已经在天津市、上海市、湖北省荆门市分别建成综合能源专家服务站，形成覆盖天津市、上海市、湖北省荆门市，辐射京津冀、长江三角洲地区、长江经济带的“政产学研金服用”的协同创新联合体。服务团和专家服务站通过实地调研天津市、上海市、湖北省荆门市等地能源经济发展需求，以座谈、咨询、论坛等多种形式与当地政府和研究机构分析能源经济发展中的问题，讨论研究区域能源战略规划，为地方能源经济发展提供政策建议与解决方案。

天津综合能源服务站通过常态化沟通、集中归纳问题、专业化服务、推广综合能源典型经验模式，为天津市能源高质量发展做好科技助力工作。已对接天津市滨海新区中新生态城智慧城市升级改造工作。

上海综合能源服务站在做好政府顶层设计智囊团、产业高质量发展催化剂、企业开发模式引领者的同时，充分发挥上海人才、技术、产业优势，聚焦长三角一体化示范区、临港自贸区等重点区域，着力打造区域能源产业高质量、可持续发展系统性解决方案，打造科技创新“上海服务”创先品牌，打造长三角区域综合能源产业发展新样板。

荆门综合能源专家服务站深入基层，与荆门市科协通过线上线下多轮磋商与实地调研，确定通过人才聚合、技术集成和服务聚力等途径，形成多方合作、上下联动，资源整合、沉入基层的工作方式，明确转化对接、高端研讨、智库报告、宣讲培训、组织赋能、综合能源地方行的工作内容，推动地方和企业能源科技经济深度融合发展。

（撰稿人：刘淑琴）

中国硅酸盐学会

服务创新型国家和社会建设 7月24—26日，中国科协跨学科高端科技创新智库——能源材料前沿跟踪研究项目结题研讨会在云南省昆明市举办。项目自2019年12月27日正式启动以来，以中国科学院院士南策文、张清杰、邹志刚领衔的专家团队针对能量转化材料和新型储能材料开展工作，通过跟踪、分析比较能源材料领域相关新技术、新趋势，梳理世界领先研究机构、团队前沿研究成果，初步形成《能源材料前沿热点综述》《能源材料发展展望》2份智库报告。

学会参与《2035我国基础材料绿色制造和智能制造技术路线图研究》，承担建材部分研究。截至2020年年底，绿色制造和智能制造两个部分研究报告均已完成，计划 2021 年出版“基础材料强国制造技术路线图丛书”，丛书按六大领域分别成册，各包含 2018 年和 2019 年中国工程院基础材料、绿色制造和智能制造子课题研究成果的集成。

学会建设 10 月 22 日，学会以通信方式召开第九届理事会第二次会议。理事会对会议议题进行审议并以无记名方式进行表决，所有议题均获得通过。

10 月 30 日和 12 月 16 日，学会以通信方式分别召开第九届理事会第三、第四次常务理事会议。参加会议的常务理事对会议议题进行审议并以无记名方式进行表决，所有议题均获得通过。

12 月 10 日，学会以“线下 + 线上”形式召开分支机构秘书长工作会议，传达 2020 年学会工作会议精神，学习贯彻中国科协、民政部《关于进一步推动中国科协学会创新发展的意见》，强化分支机构依法依规依章程开展活动的责任，聚焦分支机构管理、依法合规开展活动、会员发展与服务。

截至 2020 年年底，学会新发展个人会员 98 人，个人会员总数达 21172 人；团体会员总数达 50 个。

学会依法依章程开展活动，接受民政部社团年度检查，年检结论“合格”。

历时 10 年的《硅酸盐辞典》（第 2 版）修编工作完成。辞典设 22 章，共收录词条 10048 条，其中新增词条 5314 条、删除 5562 条。学会所属 15 个分会参与辞典修编工作，组织 300 余名专家学者参与词条编写、审稿、统稿等。

主办期刊 学会主办的《硅酸盐学报》编辑出版 12 期，刊发稿件 249 篇，其中综述 26 篇、英文 11 篇，各类基金资助论文比约为 98.4%。在新冠肺炎疫情影响下，《硅酸盐学报》通过加强专题约稿，截至 11 月 20 日，来稿数量已超过上年。全年累计收到稿件 867 篇，退稿率约为 71.3%。组织超高性能混凝土、3D 打印、国家自然科学基金重点项目中期成果、工程陶瓷材料、新型电池、固体氧化物燃料电池 6 个专题，影响因子增长到 0.752。被评为中国精品科技期刊、中国科技核心期刊、中国国际影响力优秀学术期刊，刊发的 6 篇论文入选“领跑者 5000——中国精品科技期刊顶尖学术论文”。

学会主办的 *Journal of Materiomics*（《硅酸盐学报》英文版）出版 4 期，刊发论文 85 篇，通过出版柔性电子材料与器件特刊、组织主编及编委投稿、推送期刊热门文章等措施，全年累计收到稿件 570 篇，超出 2019 年一倍以上，其中国际稿件 294 篇，占总投稿量的 52%。在 Scopus 数据库材料科学类排名中位居前 5%。

《硅酸盐学报》（中英文版）同时入选由中国科协、财政部、科技部等七单位实施的“中国科技期刊卓越行动计划”。通过一年的项目实施，期刊的稿源质量、伦理道德和科研诚信、办刊机制、人才队伍、传播能力等方面均有较大提升。

国内主要学术会议 学会全年举办国内学术会议等活动 45 个，35000 余人次参加，交流论文 1811 篇。

8 月 20—23 日，由学会特种玻璃分会和中国科学院上海光学精密机械研究所主办的第十一届中国功能玻璃学术研讨会暨新型光电子材料国际论坛在浙江省宁波市召开，共有 320 余人注册参加会议。会议报告内容涵盖发光玻璃材料、先进玻璃制备技术、玻璃性质测试方法、玻璃结构基础研究、特种玻璃光纤、新型玻璃及光电子产业技术等多个基础与应用研究主题，共收到摘要 180 余份，会议分为 5 个分会场，包括 12 个大会报告、72 个邀请报告、52 个口头报告及 43 个墙报。

8 月 30 日—9 月 1 日，学会混凝土与水泥制品分会在江苏省苏州市举办 2020 全国纤维水泥与硅酸钙板生产应用技术交流会，共有 70 家科研、设计、生产、施工单位的 89 名专家学者参加会议。会议安排材料增强机理以及失效分析、纤维增强板材标准技术要求及检测现状、纤维水泥板材料与配比等 9 个专题的技术交流。

9 月 26—29 日，学会固态离子学分会主办的第 20 届全国固态离子学会议暨新型能量储存与转换材料及技术国际论坛在贵州省贵阳市召开。来自全国各单位的 830 余人参加会议。大会收到论文投稿 520 篇，设 7 个分会场，共安排大会报告 11 个、分会报告 249 个、墙报 224 个。

10 月 17—18 日，学会耐火材料分会参与联合主办的 2020 武汉耐火材料学术年会以线上形式召开。会议共邀请 10 个专题学术报告，约 300 余人通过网络参加会议，部分耐火材料企业以培训班的形式集体收看会议直播。

10 月 24 日，学会玻璃钢分会在天津举办民用航空复材用树脂及预浸料学术交流研讨会，邀请碳纤维、树脂、预浸料等材料研发制造相关高校、科研院所和企业共 13 名专家进行报告宣讲，50 余人参加会议。

11月4日，由学会陶瓷分会和国家建筑卫生陶瓷质量监督检验中心联合主办的第五届中国建筑卫生陶瓷质量大会在陕西省西安市召开，来自全国各地的会员350余人参加会议。本次会议总结和交流建筑卫生陶瓷产品质量状况和科研成果以及实践经验，以促进建筑卫生陶瓷行业的发展和制造技术的不断进步。

表彰举荐优秀科技工作者 学会推荐的中国科学技术大学教授余彦获得第16届中国青年科技奖。推荐的4名候选人获第六届中国科协“青年人才托举工程”项目资助，这是学会连续3次推荐的候选人全部当选。

开展第二届全国创新争先奖评选工作，经分支机构等推荐和专家评审，学会向中国科协推荐5名创新争先奖候选人和1个创新争先奖候选团队。王爱勤、余家国和潘伟3人获得第二届全国创新争先奖状。

开展第四届中国硅酸盐学会优秀博士学位论文奖评选工作，收到参评论文33篇，评选出10篇优秀博士学位论文。

学会与中国建筑材料联合会共同开展2020年度建筑材料科学技术奖的评选工作。

会员服务 学会及其分支机构举办2020年全国科技工作者日活动。学会办事机构制作庆祝“全国科技工作者日”小程序，理事长向广大会员和科技工作者致以节日的问候，通过活动展示学会形象，对王爱勤、包亦望、李敬锋、潘伟4名科技工作者的先进事迹进行宣传和报道。

【学会办事机构学习和落实疫情防控工作】 3月3日，国务院国有资产监督管理委员会召开协会系统疫情防控工作会议，学会办事机构党支部第一时间组织全体党员和干部职工对会议精神进行学习，并结合会上的讲话精神和新要求，制定当前学会办事机构疫情防控工作的重点和具体措施。

疫情防控期间，学会党支部组织全体党员、职工学习贯彻习近平总书记在统筹推进新冠肺炎疫情防控和经济社会发展工作部署会议上的讲话精神，认真落实北京市委、市政府关于疫情防控工作新精神和国务院国有资产监督管理委员会关于应对疫情防控工作的相关要求，落实学会办事机构疫情防控主体责任，做好疫情防控，为确保首都安全稳定作出贡献。

学会办事机构成立疫情防控领导小组，明确党支部书记为学会办事机构疫情防控第一责任人，支持配合北京疫情防控工作。

面对疫情防控工作新要求，学会办事机构党支部制定符合疫情防控要求的办公方式，做到防控疫情、工作两不误，确保疫情期间学会各项工作顺利开展。党支部引导党员发挥模范先锋作用，组织全体党员捐款支持疫情防控工作，使全体党员做到“疫情防控，党员先行”，切实把思想和行动统一到党中央对疫情防疫工作的指示上。

在学会办事机构疫情防控领导小组领导下，根据疫情防控要求和工作需要，学会办事机构采用轮岗值班和远程办公相结合的工作形式，把疫情预防和员工安全放在首位。

【第二十二届中国科协年会先进陶瓷分论坛】 8月12日，由学会承办的第二十二届中国科协年会先进陶瓷材料分论坛在山东省青岛市举办，邀请学会常务理事、清华大学教授潘伟，学会理事、中材高新材料股份有限公司总裁张伟儒，学会特种陶瓷分会副秘书长、中国建筑材料科学研究总院教授级高级工程师陈玉峰，学会青年工作委员会副主任、中国科学院上海硅酸盐研究所副所长吴成铁作学术报告。会上，学会与山东省科协签署服务创新驱动战略合作协议。

【中国硅酸盐学会防水材料专业委员会成立大会】 6月19日，学会防水材料专业委员会成立大会在江苏省南京市召开，会上宣读同意成立学会防水材料专业委员会的批复文件，防水材料专业委员会筹备组负责人汇报相关筹备工作等。韩国首尔科技大学教授、韩国建筑施工学会名誉会长、韩国建设防水学会共同会长吴祥根视频祝贺。选举产生防水材料专业委员会领导机构。

（撰稿人：孙睿哲）

中国建筑学会

服务创新型国家和社会建设 1月15日，学会开展第十届梁思成建筑奖提名工作。

2月4日，在学会微信公众号发布《办公建筑应对“新型冠状病毒”运行管理应急措施指南》，阅读量突破10万人次，又陆续分享《新型冠状病毒感染的肺炎传染病应急医疗设施设计标准》《公共卫生事件下体育馆应急改造为临时医疗中心设计指南》《酒店建筑用于新冠肺炎临时隔离区的应急管理操作指南》等技术标准与操作指南，供广大会员和社会各界在疫情防控工作中参考，被中国科协组织人事部评选为“优秀抗疫学会”。

申报2020年中国科协学会公共服务能力提升项目——科技奖励示范学会建设专项暨“打造建筑领域品牌奖项”，通过中国科协审核并予以立项，该项工作已完成。

学会与中国科协科技社团党委等联合举办7期“线上+线下”党课，共有20位专家学者参与报告，线下总人数900多人，线上超64万人次观看，该项工作仍在进行中。学会被授予“中国科协党校全国学会分校教育基地”牌匾。

学会受住房和城乡建设部建筑节能与科技司委托，6月组织开展“新时期城市建筑评论”工作。

承接北京市建筑师负责制课题研究，以提升建筑设计品质和质量，促进城乡建设高质量发展为目标，与国际接轨，提升建筑师地位。鼓励建筑师主导工程设计、招标采购和合同管理，变“责”“权”“利”为“权”“利”“责”，以给建筑师赋权作为前提，以合理化取酬作为保障，以信用监督落实责任。

制定并发布学会团体标准9项，立项22项。

完成贵州民族村寨文化空间识别技术研究与应用、中国城乡遗产可持续利用与活化关键技术创新与应用、绿色建筑标准体系构建和性能提升技术研究及应用、中信大厦高烈度区超大巨型结构设计关键技术、集中生活热水系统水质保障及节能节水技术研究与应用、城市全域建筑与基础设施全寿期安全控制理论及关键技术科技成果鉴定。

苏州古城保护建筑设计工作营均选取位于平江历史文化街区核心保护区范围内，且具有苏州传统民居特色的区域。每期工作营都有来自国内外20多个设计团队参与，为中国正在进行的类似古城改造、复兴项目，提供可借鉴的经验。

1月，协助由河北省雄安新区管理委员会主办的高质量发展背景下中国特色的雄安建筑设计竞赛。竞赛立足于满足北京非首都功能疏解需求，设计范围选取位于雄安新区启动区内主要建筑类型的代表性地块，竞赛分为专业组和公众组，共收到来自国内外超300个单位及团队（个人）的700个参评作品。

3月，协助重庆市规划和自然资源局、重庆广阳岛绿色发展有限责任公司举办重庆广阳岛国际会议中心、广阳岛长江文化书院、长江生态文明干部学院和长江生态环境学院等项目建筑方案征集活动，70余个国内外设计单位和设计联合体报名参加。组织12次专家咨询会，为设计方案提出咨询意见，为建设项目进行技术把关，得到重庆市有关部门认可。

中国建筑学会2020学术年会期间举办中国建筑学会建筑创作大奖（1949—2019）获奖作品巡展、古城复兴建筑设计工作营优秀设计成果展、CADE建筑设计博览会2020（北京）。

学会建设 学会理事会党委前置审议学会“三重一大”事项，以及二级组织换届、成立和撤销，预防学术不端行为，开展涉外活动，新冠肺炎疫情防控等事项。

学会共有二级组织57家，全年举办二级组织工作会议1次。共有个人会员40987人，单位会员1832家。

建立多样化信息宣传平台，整合上级单位、建筑专业媒体、二级组织、合作媒体等多家资源形成学会宣传媒体矩阵。

微信公众号、微博、今日头条全年共发布信息2776条，累计阅读量1亿人次，最高单条阅读量11万人次。网站新增文章765篇，访问量586万人次。

青年人才托举工程 学会开展第六届（2020—2022年度）中国科协“青年人才托举工程”项目申报及遴选工作，建立青年人才托举管理制度、人才数据库和托举专家库，接收14位院士在内的67位专家推荐的27名候选托举人。

主办期刊 学会及其二级组织公开出版和内部发行的刊物共16种，全年累计发行48万册。其中，CSSCI期刊《建筑学报》全年出版正刊11期，3、4两期合刊抗疫特集“为新型人类集聚而设计”，2期学术论文增刊。《建筑结构学报》全年正刊出版12期，总计发表论文254篇，增刊2期，入围建筑科学领域高质量科技期刊分级目录（2020年）T1级，获2019年百种中国杰出学术期刊、第5届中国精品科技期刊等称号。《建筑实践》全年出版正刊12期、增刊1期，总计发表文章165篇，介绍设计作品和方案184个，开辟“建筑评论”专栏。

学科发展工程 学会完成中国科协“建筑科学领域高质量科技期刊分级目录（2020年）”项目实施及验收工作。

教育评估办公室承担住房和城乡建设部人事司全国高校建筑学专业评估委员会秘书处日常运作工作，截至11月底，共71所学校通过建筑学专业评估。

承担全国注册建筑师管理委员会办公室工作，推进中国注册建筑师改革。

参与中国科协2020年工程能力国际互认项目，参与“工程能力建设联盟”组建、《土木类工程能力评价规范》研制、工程能力评价候任考官培训、工程能力国际互认圆桌会议、工程技术人员在线学习平台建设等工作。

国际学术会议 12月5日，由同济大学主办、学会与学会建筑教育分会联合协办的第三届亚洲建筑师协会国际城市论坛以线上形式召开。论坛共邀请来自6个国家的9名专家学者发表主旨演讲，主旨演讲分别安排在3个分论坛中进行。

国内主要学术会议 为支持北京申办第31届世界建筑师大会，学会与北京市规划和自然资源委员会等单位多次召开线上和线下工作会议，讨论中国馆展览、外联工作、票仓落实协调、对外网络宣传支持、医疗物资支援、专题汇报等事宜，并于12月4日进行2020年申办工作总结。

国际组织任职 孙凌波担任国际建筑师协会女建筑师委员会通讯委员。

国际交往 国际建筑师协会主席托马斯·沃尼尔、前主席阿尔伯特·杜伯乐、荣誉主席瓦西利斯·斯古塔斯、Ⅲ区副主席罗伯特·西蒙就新冠肺炎疫情的发生向学会和中国建筑师来函表示慰问。法国建筑师协会理事长戴德旭和德国GMP建筑事务所创始合伙人曼哈德·冯·格康先后向学会来函表示慰问。国际建筑师协会荣誉主席瓦西利斯·斯古塔斯再次致信学会理事长修龙，对学会开展相关国际合作和交流提出建议。

国际建筑师协会成立新冠肺炎信息中心，按照学会分享抗疫文章原则，国际建筑师协会委员王清勤、唐文胜和鲁安东在网站上分享抗疫的相关文章。

学会就黎巴嫩毁灭性爆炸向国际建筑师协会秘书处致信表达问候，清华大学建筑学院与贝鲁特美国大学建立联系，研究港口重建和城市设计课题。

学会与建筑师分会和北京市规划和自然资源委员会等多家单位参加巴西网络博览会，展示学会介绍和网址、中国馆展览、北京申办的介绍，并专门制作《中国建筑学会名片》视频英文版。

学会与韩国注册建筑师协会互致信函，表达希望在新形势下通过视频会议持续开展交流合作，共同营造美好建筑环境的愿望；与蒙古建筑师联盟就续签和增补中蒙两会合作协议保持交流；分享中国建筑界在抗击新冠肺炎疫情方面所做的工作和经验。

亚洲建筑师协会第40届理事会通过学会承办亚洲建筑师协会英文官方杂志《亚洲建筑》（*Architecture Asia*）的决议，同济大学具体负责编辑和运营工作。截至2020年年底，该杂志全新的官方网站已正式上线，发布亚洲建筑师协会2020年度建筑奖特刊和以“构筑健康未来”为题的抗疫特刊。

5月起，协调亚洲建筑师协会任职人员参加亚洲建筑师协会职业实践委员会、社会责任委员会、青年建筑师委员会、建筑师应急委员会等专业委员会举办的在线工作营和研讨会，参与制定疫情防控指南，分享中国抗疫经验，并就建筑行业面临的机遇与挑战进行交流讨论。

5—7月，学会组织中国建筑师参与2020年亚洲建筑师协会建筑奖评选活动，提交参赛作品292件。2020年度建筑奖共设7大类13个奖项，44个项目获奖。中国共摘取28项大奖，包括5项金奖、22项荣誉提名奖、1项特别奖。

9月16日和18日，中国工程院院士、全国高等学校建筑学专业教育评估委员会主任庄惟敏，学会副理事长赵琦组成中方代表团参加堪培拉协议中期视频会议。会议听取协议各工作组的工作汇报，审议疫情影响下的认证工作，并就协议实体化、网站改版、秘书处换届和2021年大会筹备等事项进行讨论。

11月25日，学会参加APEC（亚太经济合作组织）建筑师项目中央理事会线上特别理事会议。会议主要讨论筹备APEC建筑师项目第九届中央理事会议情况，讨论交流各经济体报告，更新APEC建筑师操作手册，确定第九届理事会议讨论议题，介绍APEC建筑师项目新网站，讨论出版咖啡桌书、会费收取等事项。

科普活动 截至2020年年底，学会科普教育基地数量已发展至85家。全年科普活动以线上线下相结合的方式展开，受益人数达10万余人次。共支持15项科普公益项目，涵盖线上建筑文化公开课、世界建筑大师连线访谈直播课、乡建科普教育、儿童建筑科普教育等领域。

表彰举荐优秀科技工作者 5月30日，第二届全国创新争先奖表彰奖励大会在北京举办，学会推荐的汤群、张颂民和学会会员吴志强、学会建筑施工分会副主任委员张琨、宗敦峰等获奖。

2019—2020中国建筑学会建筑设计奖评选活动开展以来，截至10月15日，学会共征集受理申报项目3076项。其中，项目类2760项、人物类316项，获科技进步奖 194 项。覆盖团体会员 411 家、个人会员 23478 人次，申报数量与覆盖面再创新高。

党建强会 学会编写《中国建筑学会 2019 年度党组织工作总结》《党委书记履职情况报告》《中国建筑学会关于落实政治督查整改工作的报告》《关于贯彻落实意识形态工作责任制情况的报告》《中国建筑学会 2020 年度党建工作计划》，完成《全国学会党委情况调查表》，对照社团党组织普遍存在的问题清单逐一对照检查，发现问题、提出整改意见，编写《中国建筑学会 2020 年扶贫工作计划和落实措施》和《中国建筑学会关于扶贫工作的情况报告（截至 2020 年 8 月）》。

学会党支部组织党员干部群众，集中学习贯彻落实党的十九届五中全会精神，支部书记围绕习近平总书记在党的十九届五中全会上的重要讲话精神进行宣讲和解读。

会员服务 学会修订《中国建筑学会通讯（外籍）会员管理办法》《中国建筑学会荣誉会员管理办法》，执行民政部、中国科协关于会员发展和管理的相关规定，规范二级组织发展会员流程，推动学会会员规模不断增长。

利用学会网站、微信公众号、短信平台、邮件平台、各种会议及活动资料以及面对面宣讲等形式，向会员推介学会服务、活动通知，宣传会员权益，服务会员需求。

督促和监督学会及二级组织举办的学术活动会议注册费向会员打折。

完善会员系统、会议系统，推动智慧学会建设稳步前进。

【2020 中国建筑学会学术年会】 10 月 28—30 日，由学会、深圳市住房城乡建设局联合主办，深圳市土木建筑学会承办的 2020 中国建筑学会学术年会在广东省深圳市召开，主题为“好设计 · 好营造——推动城乡建设高质量发展”。学术年会首次采取线上线下相结合的方式召开，聚焦建设领域的学术热点、政策焦点、行业难点，设置 10 场主旨报告、32 场专题论坛以及学术展览等活动，包括 12 位中国科学院院士、中国工程院院士，20 位全国工程勘察设计大师，国内建筑科技工作者、建设者、管理者，高校师生以及社会各界人士近 2000 人现场参加会议。年会的“云开幕”和累计 126 小时的全程线上直播吸引 60 万余人次共聚直播平台。

【开展新时期城市建筑评论活动】 受住房和城乡建设部建筑节能与科技司委托，学会于 6 月组织开展“新时期城市建筑评论”工作，包括面向专业人士的建筑评论、面向建筑师的建筑作品评论、面向社会公众的城市文化评论。通过建筑评论宣传推广优秀建筑作品和建筑师，引导建筑创作的正确价值取向。

7 月，开通“ASC 建筑评论”微信公众号，共发表 16 篇文章。学会理事长修龙、中国科学院院士郑时龄发表刊首语。

《建筑学报》开辟“热评”专栏，刊出文章 10 篇；《建筑实践》开设建筑评论专栏，共发表文章 18 篇；以不同形式召开建筑评论座谈会 3 次，其中，在上海市召开的当代中国城市风貌座谈会上发表《上海宣言》。6 月 26 日《科技导报》发表学会秘书长李存东的建筑评论文章《赋权建筑师——提升建筑师地位，繁荣城市建筑文化》；7 月 12 日《文汇报》“建筑评论”专栏刊载郑时龄的建筑评论报刊文章《建筑评论是创造建筑历史的重要推动力》。

（撰稿人：冷　亮）

中国土木工程学会

服务创新型国家和社会建设 学会隧道及地下工程分会完成 2018 年度中国科协学科发展项目“隧道及地下工程学科发展研究”，并出版《2018—2019 隧道及地下工程学科发展报告》；学会桥梁及结构工程分会申报并承担中国科协学科发展项目“桥梁工程学科发展研究”，已完成 2020 年度研究任务；学会组织申报并承担中国科协 2020 年学会公共服务能力提升“团体标准示范学会建设专项”，由“试点项目”转变为“示范专项”。

按照《住房和城乡建设部标准定额司关于征集国家重点研发计划“十四五”重大研发需求的函》的有关要求，学会组织开展国家重点研发计划“十四五”重大研发需求征集工作，共征得 2 项重大研发需求，上报住房和城乡建设部。

学会按照中国科协《关于进一步推进创新驱动助力工程的指导意见》，持续实施中国科协“创新驱动助力工程”，与江苏省科协签署战略合作框架协议。

学会建设 学会新增个人会员 195 人，新增单位会员 109 家。

5 月 14 日，学会以通讯会议方式召开十届三次理事会暨一届三次监事会议，审议通过《关于修订〈中国土木工程学会章程〉的说明》等议案。

学会召开常务理事会通讯会议4次，审议通过变更学会第十届理事会副理事长人选、调整学会常务理事和理事及变更学会分支机构防震减灾工程技术推广委员会名称为防震减灾工程分会等议案。

学会组织召开分支机构2019年度工作总结会。学会学术与标准工作委员会完成合并成立工作，2家分支机构完成换届工作。

10月，学会召开2020年度标准立项评估会议，对21项学会标准进行立项审查，最终有18项标准通过立项。累计立项标准100余项（其中2020年立项18项），已有15项学会标准正式批准发布（其中2020年发布10项）。

主办期刊 学会主办期刊《土木工程学报》第七年入选“中国国际影响力优秀学术期刊”。《土木工程学报》全年接收论文1102篇，正刊出版12期，发表稿件143篇；增刊出版2期，发表论文107篇。

国内主要学术会议 学会及其所属分支机构共召开国内学术会议30余次，线下参会人数约8000余人次，线上参会人数及网页浏览量约580万余人次，交流学术报告700余篇，出版论文集10本。会议主要包括中国土木工程学会2020年学术年会暨第十七届中国土木工程詹天佑奖颁奖大会、首届全国智能建造学术大会、第一届全国基础设施智慧建造与运维学术论坛、第二十四届全国桥梁学术会议、2020中国隧道与地下工程大会暨中国土木工程学会隧道及地下工程分会第21届年会、2020（第九届）国际桥梁与隧道技术大会、2020年中国土木工程学会公共交通分会学术年会、建筑市场与招标投标政策法规及相关学术交流研讨会、第七届全国新型建筑工业化创新技术交流会、第29届地铁学术交流会暨2020中国城市轨道交通关键技术论坛、2020中国工程防火技术与灭火救援大会暨消防给水及自动喷水会议等。

9月22日，由学会主办的中国土木工程学会2020年学术年会在北京召开。

12月16—17日，由学会、同济大学、中国建筑集团有限公司联合主办的首届全国智能建造学术大会在上海召开。大会以“数字孪生与智能建造”为主题，来自全国高校、企业智能建造领域的专家学者约400人参加大会。中国工程院院士吴志强、岳清瑞、肖绪文、丁烈云，中国科学院院士何积丰作大会主旨报告，35名学者与行业专家在5个分论坛作大会特邀报告。大会旨在分享最新科研成果和工程应用进展，探索智能建造未来发展趋势和发展道路。大会同步进行网络直播，在线观看人数超过5万人次。

科普活动 5月20日，由学会城市公共交通分会主办，镇江市公共交通有限公司承办的以“理解与尊重同行，共同关爱公交驾驶员”为主题的“5·20”全国公交驾驶员关爱日活动在江苏省镇江市举办。活动采用5G技术进行网络直播，以镇江为主会场，另设天津市、河北省石家庄市、上海市嘉定区、上海久事公共交通集团有限公司4个分会场，全国近100家公交企业积极响应，分别在各自城市举办相关活动。

8月1—5日，由学会和东南大学共同主办的2020年土木工程院士知名专家系列讲座暨第十一届全国研究生暑期学校在江苏省南京市举办。活动采用线上交流的形式，设1个主会场和5个专题分会场（结构与防灾、桥梁、岩土、工程管理、力学）。

学会桥梁及结构工程分会为应对虎门大桥涡振事件，举办在线视频公益讲座12次，发表科普论文2篇。

学会建筑市场与招标投标研究分会以“规范市场行为 促进行业发展”为主题，聚焦建设工程招标投标领域，开展15期公益直播讲座，累计近80万人次参与学习。

表彰举荐优秀科技工作者 学会组织推荐最美科技工作者候选人2名、教育部科技管理信息系统专家库专家7名、科技部创新人才推进计划候选人3名；2019年推荐的第十六届中国青年科技奖候选人2名在2020年组织开展征求意见、征集事迹工作，并于10月入选。

经全国土木工程专业院校推荐，授予46名学生“2020年中国土木工程学会高校优秀毕业生”称号（其中土木工程专业31名、工程管理专业15名）。在中国土木工程学会第十四届优秀论文奖评选中共收到78篇候选论文，评出获奖论文27篇，其中一等奖2篇、二等奖8篇、三等奖17篇。

党建强会 10月28日，学会召开党委通讯会议，审议通过《中国土木工程学会党委工作规则（试行）》。为深入学习宣传贯彻党的十九届五中全会精神，学会党委给全体党委委员转发中国科协党委《关于全国学会党组织深入开展党的十九届五中全会精神宣讲活动的通知》，并在学会官网上发布《怀进鹏围绕学习宣传贯彻党的十九届五中全会精神作专题宣讲报告》，号召广大土木工程科技工作者深入贯彻新发展理念，构建新发展格局，推动高质量发展。

学会党支部采取自学与集中学习相结合的形式，坚持日常组织党员传阅和自学有关文件，并坚持定期召开支委会和全体党员会议集中学习，开展“不忘初心，弘扬优良家风”主题党日活动，召开“厉行勤俭节约、反对餐饮浪费”专题组织生活会，组织学习十九届五中全会精神和习近平总书记在科学家座谈会上的重要讲话精神等。发布2期疫情防控简报《抗击疫情 凝心聚力 我们在行动》，记录学会各分支机构、理事单位、会员单位用实际行动履行社会责任，为抗击疫情作贡献的一批先进典型事迹。学会党支部响应住房和城乡建设部号召，组织学会党员干部自愿捐款，以实际行动支援疫情防控工作。

会员服务 学会坚持密切联系会员单位，主动了解会员情况，及时处理会员单位提出的建议和需求，扎扎实实为会员单位做好各项服务工作。一是向财政部票据中心申请办理会费电子票据，由传统的快递票据转变为邮件发送电子票据，提高工作效率并节约会员管理费用。二是通过网站、邮件等渠道，更好地为单位和个人会员及土木工程行业技术人员提供服务，对会员管理系统的注册页面进行修改完善，完善会员入会及会员咨询等相关工作。三是向会员单位赠阅全年12期《土木工程学报》。四是及时向会员单位提供学术活动信息。五是对于会员参加学会及各分支机构组织的各类学术活动给予优惠政策，坚持不收费或者只收成本费，对会员、理事、学生采取会议注册费的减免和优惠措施。同时，学会开展的人才举荐、奖项评审、国家奖推荐、标准编制、科技成果鉴定等工作坚持不收费。会员享有参与学会主办的中国土木工程詹天佑奖、中国土木工程学会优秀论文奖、中国土木工程学会优秀毕业生奖评选活动的资格。

【中国土木工程学会2020年学术年会暨第十七届中国土木工程詹天佑奖颁奖大会】 9月22日，由学会主办，中国建筑科学研究院有限公司、北京詹天佑土木工程科学技术发展基金会承办的中国土木工程学会2020年学术年会暨第十七届中国土木工程詹天佑奖颁奖大会在北京召开。大会表彰31项中国土木工程詹天佑奖获奖工程，并围绕“新基建与土木工程科学发展”主题进行交流研讨。来自住房和城乡建设部、交通运输部、水利部、中国工程院、中国科协、中国国家铁路集团有限公司、国家铁路局等单位的领导，全国建筑、交通、铁路、道桥、隧道、市政等土木工程各个领域的院士、专家学者、会员及新闻媒体代表参加大会，现场参会人数300余人，在线观看人数517.48万人次。

住房和城乡建设部副部长易军，学会副理事长、交通运输部副部长戴东昌分别为大会致辞。住房和城乡建设部总工程师李如生宣读第十七届中国土木工程詹天佑奖颁奖决定及获奖工程名单。与会领导向31项获奖工程及获奖单位代表颁发中国土木工程詹天佑奖荣誉奖杯，获奖工程包括建筑工程9项、桥梁工程3项、铁道工程3项、隧道工程3项、公路工程2项、水利水电工程1项、水运工程2项、轨道交通工程3项、市政工程4项、住宅小区工程1项。 大会开幕式由学会秘书长、北京詹天佑土木工程科学技术发展基金会理事长李明安主持。

会议同期举办以“新基建与土木工程科学发展”为主题的中国土木工程学会2020年学术年会。出席大会的院士有近20位，其中中国工程院院士何华武、卢春房、缪昌文、陈军、王复明、陈湘生、岳清瑞、徐建，学会副理事长、中国建筑科学研究院有限公司董事长王俊9名院士、专家作学术报告，围绕健康建筑、韧性城市、智能交通工程、数字市政工程、现代桥隧工程、地下空间高效开发与利用、综合防灾减灾、智能建造、工程质量大数据监督与智能管控、土木工程科学发展等热点、难点问题进行交流研讨，报告紧密结合新基建，为推动土木工程科学发展建言献策。大会院士专家报告分别由学会副理事长、中国工程院院士聂建国，学会副理事长、中国铁道建筑集团有限公司副总裁李宁，学会副理事长、中国建筑科学研究院有限公司董事长王俊分别主持。

大会共收到论文投稿110篇，经评审，64篇论文入选，汇编成2020年学术年会论文集。

（撰稿人：张　君　刘　渊）

中国生物工程学会

服务创新型国家和社会建设 8月13日，学会与德州市人民政府签订《关于促进科技经济融合组织体系建设的战略合作协议》，双方将进一步搭建高水平的学术交流和培训平台，提高德州市生物产业发展质量。

针对湖北省襄阳市发展生物医药产业的需求，学会与襄阳市科协共同完成《智能技术支撑下襄阳接续主导产业发展建议》，提出襄阳市通过开发生物医药产业优势资源，利用在汉江生态经济带与湖北省生物医药产业布局中的区位优势以及良好的产业配套基础，大力实施创新驱动战略，培育以生物医药为核心的健康产业，支持和推动襄阳市生物医药行业整体水平提升，为“绿色襄阳”作出贡献。相关智库成果分别发表在《中国生物工程杂志》《高科技与产业化》，进一步扩大研究成果的影响和传播效果。

学会与天津市武清区、山西省吕梁市、黑龙江省七台河市、河南省濮阳市拟定创新驱动服务方案，组织专家为地方重点企业与行业发展献计献策，开展调研与咨询。重点对天津市武清区、湖北省咸宁市进行专家对接，并组织多场专家讲座（含视频讲座），特别是组织对口专家参加“科创中国”试点城市院士专家咸宁行暨大健康产业高峰论坛。

学会与山西省生物工程学会，福建省福州市辖连江县、闽清县有关企业，内蒙古自治区呼和浩特市托克托县农业产业园区建立协同创新服务机制和学会服务站，将专家的学术资源有效转化为服务企业转型升级的具体实践。

学会承担中国科协第五届优秀科技论文遴选计划项目，组织生命科学和基础医学集群的相关学会及期刊出版单位，通过专家推荐和论文遴选，最终选出10篇优秀论文。

学会建设 学会理事会有127人，其中常务理事37人、女性理事9人。学会按照章程规定按期召开2次常务理事会议和1次理事会议。新增个人会员137名，新增团体会员2个；个人会员共3101人，团体会员共136个。学会分支机构数量28个。

学会日常工作实行秘书长负责制，每月召开一次秘书长办公会，讨论和解决日常工作中遇到的问题，提出解决方案。重大事项通过常务理事会议或理事会议表决。按照章程规定，每年召开一次理事会议和两次常务理事会议并撰写会议纪要。

为加强分支机构的考核和规范化管理，学会制定分支机构考核管理办法，并对分支机构进行考核。

青年人才托举工程 学会完成中国科协生命科学学会联合体第三届中国科协“青年人才托举工程”项目结题工作。

南京工业大学副教授章文明和中国科学院深圳先进技术研究院副研究员陈明海入选第六届中国科协“青年人才托举工程”项目。学会累计有12人入选。

主办期刊 学会会刊《中国生物工程杂志》为《中文核心期刊要目总览》核心期刊、中国科技论文统计源期刊（中国科技核心期刊）、中国科学引文索引核心期刊、中国科学院主管期刊，被美国《化学文摘》、英国国际农业与生物科学研究中心等检索系统和相关领域文摘类期刊收录。期刊现有编辑人员3名，其中高级职称1名。全年载文162篇，印刷13450册。

2月，学会与化学工业出版社有限公司共同创刊《合成生物学》，为中文双月刊，共印刷6次，纸质发行3900册；投稿91篇，录用80篇。期刊前身为《生物产业技术》，由国内外142名合成生物学领域的专家学者组成编委队伍，中国科学院院士赵国屏和研究员张先恩分别任期刊指导委员会主任和副主任，教授元英进任期刊主编，教授李春和研究员刘陈立任执行主编。刊登的文章为基础理论和应用研究的最新成果，具有重要的科学意义和应用价值。

国际学术会议 12月4—5日，由学会、天津科技大学、中国科学院天津工业生物技术研究所共同主办的第五届应用生物技术国际会议暨工程生物学1.0国际会议在天津召开。来自美国、英国、德国、瑞典、新加坡、中国等国家近30名专家围绕生物数据科学与工程、基因合成与组装工程、生物分子与细胞工程、智能生物过程工程4个主题展开讨论。会议聚焦相关领域的科技创新、人才培养、成果转化等热点问题，通过交流和讨论，达成共识，为推动生物技术研究与产业化发展献计献策。会议采取“云报告+线上、线下云交流”形式，200余名专家学者参加现场会议，近2.2万人次通过线上直播平台参加会议。

国内主要学术会议 8月13日，由中国科协、山东省人民政府主办，学会、山东省科协、德州市人民政府承办的第二十二届中国科协年会公共卫生安全与生物技术分论坛在山东省德州市举办。论坛以“公共卫生安全——生物技术的责任”为主题，邀请20余名国内生物领域的院士、专家，相关企业、科研机构代表围绕论坛主题和德州市生物产业发展需求进行交流；邀请俄罗斯、马来西亚等国家的10名有关领域专家学者就公共卫生安全、生物技术重要领域进展进行视频学术报告。论坛到场人数135人，直播线上观众达7.9万人次。在论坛现场，德州市人民政府与学会签订《关于促进科技经济融合组织体系建设的战略合作协议》。

8月15—16日，由学会生物资源专业委员会主办、遵义职业技术学院承办的2020中国（遵义）生物资源大会在贵州省遵义市举办。会议以线上线下相结合的形式召开，全国近200名生物资源研究领域的专家和青年学生，同期参加网络会议。

9月5日，学会精准医学专业委员会通过直播平台举办“深化抗疫，构建人类健康共同体”网络高峰论坛，邀请学会理事长、中国科学院院士高福分享公共卫生突发事件的防控战略思考；康希诺生物技术有限公司首席运营官巢守柏分享新冠疫苗的研发和临床结果；中国科学院微生物研究所研究员严景华分享抗新冠病毒中和抗体的研发和临床；FDA（美国食品药品监督管理局）分子病理办公室前副主任胡云富分享突发事件中的药政法规。约200名专家和同行通过平台参与交流与讨论。

11月18—20日，由学会干细胞与组织工程专业委员会主办的第五届全国干细胞组织工程治疗与再生医学高峰论坛在浙江省温州市举办。来自全国生物医药领域的500余名专家学者、临床医师、研究生以及产业界人士参加，围绕干细胞组织工程研究最新进展、免疫治疗临床应用等开展学术交流与产业合作，共同探讨干细胞组织工程的发展前景与创新趋势。

科普活动　学会在大型活动中开设科普展区，建立生物技术科普教育基地，持续加强科普信息化，加强与主流媒体的合作。学会被中国科协科学技术普及部授予“2020年度全国学会科普工作优秀单位”称号。

学会组建科普原创作者队伍，从而保证转基因科普公众号“基因农业网”与生命科学科普公众号“基因中国”的及时更新，并形成重点信息转载与优秀原创文章相结合、通过移动端广为推送的有效科普机制。

学会通过挂牌“全国生物技术科普教育基地”活动，开展与地方紧密结合的专项科普工作。

表彰举荐优秀科技工作者　学会向中国科协生命科学学会联合体推荐5项2020年度中国生命科学十大进展候选项目。向中国科协推荐研究员王奇慧、研究员张晨虹、教授安学丽3名女性科学家作为第十七届中国青年女科学家奖候选人。向谈家桢奖励办公室推荐研究员刘陈立、教授李天晴、教授吴强、博士李懿为第十三届谈家桢生命科学奖候选人。

党建强会　9月26日，学会在筹备换届工作会议上召开学习习近平总书记在科学家座谈会上的讲话精神座谈会。学会副理事长兼秘书长马树恒主持座谈会，学会各专业（工作）委员会、全国生物技术职业教育教学指导委员会负责同志参加学习讨论，理事长高福以视频连线方式全程参加学习讨论。

按照中国科协科技社团党委的有关要求，学会把认真学习贯彻习近平总书记在科学家座谈会上的讲话精神作为一项长期的重要政治任务来抓紧抓好，通过学习贯彻，进一步增强“四个意识”、坚定“四个自信”、做到“两个维护”，引领广大生物工程科技工作者建功新时代。

【第十三届中国生物产业大会】　9月24日，由湖北省人民政府、学会等共同主办的第十三届中国生物产业大会在湖北省武汉市举办，约600余人参加大会开幕式，主题为“科技抗疫，产业赋能”。“共和国勋章”获得者、中国工程院院士、国家卫生健康委高级别专家组组长钟南山，中国工程院院士、国家卫生健康委高级别专家组成员李兰娟，中国科学院院士、中国人民解放军总医院第五医学中心肝病生物治疗研究中心主任、全军传染病研究所所长王福生，“人民英雄”国家荣誉称号获得者、湖北省卫生健康委副主任张定宇，国家药品监督管理局药品审评中心首席评审员王涛，国药集团中国生物技术股份有限公司董事长、党委书记杨晓明，华大集团董事长汪建，中源协和细胞基因工程股份有限公司董事长龚虹嘉在高层论坛发表演讲。中国科学院院士杨焕明主持大会高层论坛。380万余人次通过网络收看大会现场直播，300余家媒体对大会进行报道。大会安排新冠病毒检测与诊断技术、新冠疫苗疫情防控与生物安全、病毒性传染病的药物治疗、病原检测助力公共卫生防控4个专题论坛，24名专家在分论坛上发表专题演讲。

【第二届全国食品生物技术大会】　11月21—22日，由中国生物工程学会、广州大学、江南大学共同主办的第二届全国食品生物技术大会在广东省广州市召开。大会主题为“未来食品与健康生活”，旨在聚焦未来食品与人类健康中的重要科学问题，解析食品生物技术未来发展趋势；结合食品领域前沿热点，探讨食品生物技术对未来食品科技的深远影响和对人民健康生活的重要作用。

大会设有5个分会场，来自全国的200余名食品领域专家学者在会上作专题报告，分享最新研究进展及对未来食品的战略思考。大会同期进行网络同步直播，在线访问人数达 1.48 万人次。

（撰稿人：蒋玉清）

中国纺织工程学会

服务创新型国家和社会建设 学会完成中国工程院的“先进基础材料强国战略研究”课题纺织领域子课题，承担中国工程院“2035 我国基础材料绿色制造和智能制造技术路线图研究”2 个课题的纺织领域子项目。承担的“纺织领域先进基础材料发展战略研究项目”获得 2020 年度中国纺织工业联合会科技进步奖二等奖。共发布团体标准 8 项，推荐的 2 项标准入选工业和信息化部“2020 年百项团体标准应用示范项目”。

作为中国工程教育专业认证协会纺织类专业认证委员会秘书处，共受理 8 个专业的认证申请，完成 2 个专业的入校考察。学会举办全国纺织品印花技术系列工程师培训班，70 余人参加培训。开展纺织工程、印染工程、服装工程与质量管理专业的行业技术人员水平评价工作，共 100 余人通过助理工程师、工程师和高级工程师评审。

学会下属的两家产业研究院共获得“弹性复合纤维及其制造方法”等 18 项技术专利授权，完成“立体抗菌针织口罩和成衣保暖性能的检测和评价”等 2 项企业标准制定，完成“金塑拉链（5# 塑钢）布带品质稳定性提升方案”等 8 项企业技术攻关，承担“智能人体静电去除材料及装备的研发与应用”等 4 项省市级科研课题。学会苏州（盛泽）中纺学面料产业研究院研制的“基于降低臭气的新型环保牛仔浆染纱硫化黑染色工艺技术”被列入第十四批中国印染行业节能减排先进技术推荐目录。学会中纺学石狮产业研究院获得“石狮市科技与科普服务平台科普实践点”和“泉州市新型研发机构”称号；8 月 25 日，中国科协党组副书记、副主席、书记处书记徐延豪一行赴福建省泉州市石狮市的中纺学石狮产业研究院调研。

学会共组建 5 个“中国纺织工程学会科技服务团”服务站，分别是与杭州余杭家纺产业发展有限公司、杭州市余杭区科协成立的余杭服务站，与华夏特纺（北京）新材料研究院有限公司成立的北京服务站，与西藏第三极毛纺织有限公司成立的拉萨服务站，与平湖市科协成立的嘉兴服务站，与九江市科协成立的九江服务站。

学会服务 20 余家企业和高校，协助企业和高校推进 12 项科技成果项目，包括服务中国恒天集团有限公司全自动口罩机落户广东康居医药科技有限公司、服务重庆中纳科技有限公司“高效防护纳米纤维口罩”团体标准的研制、服务广东欣丰科技有限公司“磁控溅射纳米薄膜技术”研发、组织山东三同新材料股份有限公司等单位开展“超高分子量聚乙烯绳索深度染整处理项目”联合攻关，组织绍兴飞亚印染有限公司、浙江大学等单位开展“纯棉阳离子改性方法印染项目”产业化应用等科技成果项目推广。

学会与地方科协和相关机构签署合作协议 2 份，分别是与宁波市科协、浙江纺织服装职业技术学院、宁波智尚国际服装产业园等四方签署《中国纺织工程学会宁波纺织服装技术创新研究院能级提升框架协议》；与中国纺织工业联合会检测中心、广东职业技术学院签订《产教融合合作协议》。

学会联合北京市、天津市、上海市、河北省、山西省、陕西省、河南省、广东省、福建省、江苏省、浙江省、山东省、四川省、湖北省等 15 家省级纺织工程学会在江苏省无锡市举办纺织工程学会联合体成立仪式，制定联合体章程。

学会启动广东省东莞市虎门镇服装产业发展规划制订工作，并召开虎门服装未来发展规划研讨会。

学会开展新冠肺炎疫情应急科普，发布科学防控新冠肺炎疫情科普图文 15 篇、科普视频 1 个，11 篇文章被共青团中央、今日科协、SIFIC 感染官微等近 100 个公众号转载，总阅读量超过 30 万人次；印发《中国纺织工程学会党委关于在打赢疫情防控阻击战中加强党的领导和发挥党组织战斗堡垒作用的通知》；对学会副理事长单位西安工程大学等先进典型和感人事迹进行宣传报道；发出《关于组织党员自愿捐款支持新冠肺炎疫情防控工作的通知》，组织全体党员捐款。

学会建设 学会第二十五届理事会召开常务理事会议 2 次。召开第二十六次全国会员代表大会、第二十六届理事会党员大会、第二十六届理事会党委第一次会议、第一届监事会第一次会议、第二十六届理事会第一次常务理事会议。

学会新增个人会员 503 人，其中，学生会员 84 人、普通会员 303 人、高级会员 132 人。

学会评选出中国工程院院士陈文兴等 16 人成为中国纺织工程学会首批会士。

学会制定《中国纺织工程学会理事会条例（试行）》《中国纺织工程学会会员管理办法（试行）》《中国纺织工程学会分支机构管理办法（试行）》等文件。

青年人才托举工程 学会推荐3人获得第六届中国科协“青年人才托举工程”项目资助，已累计推荐12位入选者。11月，学会理事长伏广伟带队走进天津工业大学，召开中国科协“青年人才托举工程”项目人才交流座谈会。

主办期刊 学会主办的《纺织学报》和《毛纺科技》两刊收稿量均大幅增长，全年《纺织学报》刊出文章349篇,《毛纺科技》刊出文章238篇。《纺织学报》组织走进高校（江南大学、天津工业大学、安徽工程大学）活动，向师生推介期刊。《纺织学报》被中国科学评价研究中心评为“RCCSE中国权威学术期刊（A+）”。

学科发展工程 学会对“纺织科学技术名词”14个子项目进行审定；组织修订《中国大百科全书》第3版纺织科学与工程学科。

学会组织各纺织重点实验室、广大纺织科技工作者启动纺织领域“2020重大科学问题和工程技术难题”征集工作，向中国科协推荐前沿科学问题4个和工程技术难题7个。

国际学术会议 学会及其分支机构组织召开境内国际会议3次，参与人数约20330人次，交流论文及报告324篇。会议主要包括中日医用纺织品论坛、中国化纤科技大会（青岛大学2020）暨第26届中国国际化纤会议、2020年可持续创新与时尚科技国际会议等。

10月17—18日，由学会主办，苏州大学、纺织面料技术教育部重点实验室、日本纤维学会等协办的中日医用纺织品论坛在江苏省无锡市召开。论坛以“守护健康 无限纺织”为主题，来自高校、科研院所及企业的130余人参加。论坛包括邀请报告与墙报展示，邀请报告采取线下、录播及直播相结合的方式；邀请报告21个，包括6个日本专家报告、1个美国专家报告和14个中国专家报告。近30位学者参与墙报展示，共评出8个优秀墙报。

国内主要学术会议 学会及其分支机构全年共举办国内学术会议14次，参会人数3161人次，出版1本论文集，交流论文495篇。会议主要包括第十届中国纺织学术年会、第33期中国科协全国学会秘书长沙龙、第17期纺织科技新见解学术沙龙暨纤维微塑料削减与可持续发展论坛、2035我国基础材料绿色制造技术路线图研究课题纺织材料绿色制造技术子课题研讨会、时尚袜业智能改造高峰论坛暨院士专家诸暨行活动、长三角现代纺织产业创新发展高峰论坛、第二十二届中国科协年会科技经济融合高峰论坛、2020全国纺织科技成果转化与合作大会、公共安全与卫生应急纺织材料创新青年论坛、东华大学2020年“服装·艺术·时尚”青年论坛暨优秀大学生暑期夏令营、第十四届全国纺织服装标准与质量管理论坛、2020针织科技创新发展大会、设计之都会议2020年服装科技学术交流会等。

1月6日，由中国科协指导，学会、浙江省科协主办，嘉兴市科协、嘉兴学院承办的中国科技峰会传统制造业转型升级产业高端论坛——长三角现代纺织产业创新发展高峰论坛在浙江省嘉兴市召开。论坛以“科技、创新、融合、发展”为主题，进一步贯彻落实中国科协“科创中国”试点城市建设要求，聚焦传统产业领域转型升级，导入国家级学会（协会）资源，发挥科协优势，形成“产业需求+技术补给+创新发展”的服务模式，切实推进科技进步与区域经济融合发展。

12月12日，由学会主办，东华大学、《纺织学报》编辑委员会和优彩环保资源科技股份有限公司承办的第17期纺织科技新见解学术沙龙暨纤维微塑料削减与可持续发展论坛在江苏省江阴市召开，主题为“循环再生及生物可降解纤维”。中国工程院院士、东华大学教授俞建勇，东华大学研究员王华平，同济大学教授杜欢政担任领衔科学家。学会副理事长尹耐冬和优彩环保资源科技股份有限公司董事长戴泽新出席会议并分别致辞。来自高校、科研院所以及企业的50余名专家学者等参加会议。开幕式由学会副秘书长刘军主持。

12月30—31日，由中国科协学会学术部主办、学会承办的第三十二期中国科协全国学会秘书长沙龙在北京举办。会议以“支撑科技自立自强的科技社团人才凝聚与会员服务”为主题，50余名全国学会秘书长参加并开展研讨。学会理事长伏广伟、中国科协学会学术部副部长杨书宣先后致辞，学会秘书长高惠芳主持。

两岸交流 6月，由学会联合发起成立的“海峡两岸纺织服装产学研联合体”，参与远程课程“时尚之未来趋势”（中英双语）的录制及发布。课程在国际网课平台 EDX 上线，在全球范围内播放，由学会负责组织邀请的 4 名专家学者在课堂中作专题发言。

国际交往 由学会发起成立的“一带一路”国际纺织科技联盟筹建“一带一路”国际纺织科技联盟培训中心，同时开通微信小程序移动端版本和 PC 端网校版本，完成视频课件 20 个，举办 3 次直播培训。

科普活动 学会组织科普讲座 3 次，新建科普教育基地 7 个，聘任科学传播专家 14 人，在产业用纺织品和生物医用纺织品领域新组建 2 个学会首席科学传播专家团队，签署《中国纺织工程学会科普教育基地建设合作协议》。

学会举办科技志愿服务活动 16 场，学会科技志愿者肖红被评为“2020 年全国科普工作先进工作者”。

表彰举荐优秀科技工作者 学会共推荐第二届全国创新争先奖、第十六届中国青年科技奖、中国纺织工程学会学术奖、第四届杰出工程师奖候选人等 20 名，推荐 31 篇论文参评第 21 届陈维稷优秀论文奖和 2020 年度纺织优秀博士、硕士学位论文奖。

东华大学教授覃小红获得第十六届中国青年科技奖；天津科技大学副校长程博闻和东华大学研究员王华平获得第二届全国创新争先奖；北京服装学院教授王锐获得中国纺织工程学会学术奖纺织学术大奖，西安工程大学教授李鹏飞等 5 人获得中国纺织工程学会学术奖纺织学术带头人奖，探路者控股集团有限公司技术总监陈百顺获得国纺织工程学会学术奖纺织技术带头人奖，江南大学教授马丕波等 3 人获得中国纺织工程学会学术奖“绍兴飞亚”纺织青年科技奖；广东溢达纺织有限公司技术总监程鹏等 6 人获百草纤维纺织科技成果转化贡献奖；济宁如意新材料技术有限公司技术总监陈超获得第四届杰出工程师青年奖。

党建强会 学会理事会党委共召开 3 次党委会会议，研究学会重点工作，部署学会系统的主题教育活动。

10 月 15 日，学会召开第二十六届理事会党员大会，选举产生第二十六届理事会党委委员；召开第二十六届理事会党委第一次会议，选举产生学会第二十六届理事会党委书记、党委副书记及纪检委员。

10 月 16 日，学会在江苏省无锡市举办以“弘扬科学家精神、宣传典型事迹”为主题的院士讲党课特色活动。江南大学党委副书记、校长，中国工程院院士陈卫担任主讲人，学会理事会党委书记、中国纺织工业联合会副会长李陵申主持会议。党课制作视频学习资料，在线上开展延续性学习，在科技平台上播放量超过 11000 人次。

会员服务 学会举办“会员月”系列活动，策划理事长寄语、录制中国工程院院士姚穆等 8 位专家的会员风采视频、设置线上专家讲堂等内容，并在学会官微、中国科协官网、《中国纺织报》《纺织服装周刊》、科界等多家媒体推送，观看量突破 2 万人次，并被授予“2020 全国科技工作者日全国学会积极贡献单位”称号。

学会制作中英双语《会员手册》，并发放到省级纺织工程学会、会员工作站等；利用学会会员系统、微信公众号，推送《纺织动态信息》《中国纺织工程学会 2019 年度报告》《中国纺织工程学会致学会会员和全国纺织科技工作者的倡议书》等 15 期不同类型的电子信息。

【中国纺织工程学会第二十六次全国会员代表大会暨学会成立 90 周年纪念活动】 10 月 15 日，学会第二十六次全国会员代表大会暨学会成立 90 周年纪念活动在浙江省无锡市召开。来自全国的会员代表、理事，各省、自治区、直辖市纺织工程学会负责人，各专业委员会代表 300 余人参加会议。中国科协副主席、书记处书记孟庆海，中国纺织工业联合会会长孙瑞哲出席并致辞。

大会审议通过《中国纺织工程学会第二十五届理事会工作报告》《中国纺织工程学会章程（修改草案）》修改说明和《中国纺织工程学会第二十五届理事会财务报告》，选举产生第二十六届理事会理事 177 名和第一届监事会监事 5 名；召开学会第二十六届理事会第一次理事会议，选举产生新一届理事会的常务理事及负责人。伏广伟当选学会新一届理事会理事长。

召开学会第二十六届理事会党员大会，推选产生新一届的理事会党委委员 8 名；召开学会第二十六届理事会党委第一次会议、第一届监事会第一次会议，分别选举产生党委书记、党委副书记、纪检委员和监事长。李陵申当选党委书记，朱超当选第一届监事会监事长。

召开学会第二十六届理事会第一次常务理事会议，审议通过《中国纺织工程学会第二十六届理事会分支机构拟任负责人》等 5 个事项，对分支机构进行调整，新增时装艺术专业委员会和产业数智化技术委员会。

学会编辑印制包含34万字、305张图片共500页的《中国纺织工程学会成立90周年纪念册》；展出150余张学会90年历史的图片展板；设计出版纪念邮票和纪念信封；制作90周年纪念徽章和宣传片；颁发先进集体、先进工作者、杰出成就、杰出贡献及突出贡献等奖项。

【第十届中国纺织学术年会】 10月15—17日，由学会主办、江南大学承办、绍兴飞亚印染有限公司协办的第十届中国纺织学术年会在江苏省无锡市召开，主题为“国际合作与融合发展”。来自全国高等院校、科研机构、企事业单位的650余名代表参加大会，中国纺织工业联合会会长孙瑞哲、副会长李陵申，学会理事长伏广伟，中国工程院院士孙晋良、蒋士成、俞建勇、陈文兴，中国科学院院士彭孝军、张锦，江南大学党委书记朱庆葆等出席会议。

年会设置1个主会场，设4个特邀主题报告，分别为《“双循环”格局下，中国纺织工业的国际合作与融合发展》《烯碳纤维——纳米碳材料应用的新方向》《智能化学产品工程及其发展》《纺织品外观性状图像检测分析技术》。

年会还特别设置7个主题分会场，分别是高性能纤维及复合材料分会场、现代纺织技术论坛、毛纺新科技分会场、纺织品时尚设计与绿色制造分会场、健康与产业用纺织品分会场、纺织生态染整技术分会场、纺织数字化与智能化技术论坛分会场，作邀请报告57个，并对中国纺织工程学会学术奖和第21届陈维稷论文奖的获得者进行表彰。

（撰稿人：刘凤坤）

中国造纸学会

服务创新型国家和社会建设 学会组织行业科技工作者应对突发疫情影响，及时向造纸科技工作者发出《坚决贯彻落实党中央决策部署打赢疫情防控阻击战的倡议》，参加中国科协《战疫有我，为决胜攻坚提供科技志愿服务——向全国科技工作者的倡议》，学会会员提供科技支持、捐款捐物，转产供应防疫物资，以各种形式参与疫情联防联控。6月，学会负责人先后到东顺集团股份有限公司、山东太阳纸业股份有限公司、亚太森博（山东）浆纸有限公司、汶瑞机械（山东）有限公司、华泰集团有限公司、山东杰锋机械制造有限公司等企业调研，了解企业受疫情影响情况和生产经营状况，与企业共商发展之策，助力企业复工复产。

学会开展特种纸基材料产业情况调查。学会特种纸专业委员会通过调研调查和访谈，对中国特种纸基材料产业情况进行分析，形成《2019年我国特种纸产业发展现状》报告。

学会建设 学会继续健全规范运行模式。制定和修订一系列的规章制度，召开理事会议1次、常务理事会议4次、监事会议2次，按章程审议通过重大决策。

规范管理分支机构，适应行业发展需求。学会根据行业科技发展方向和技术领域重点的变化，按相关制度对所属专业委员会进行调整改革。指导特种纸专业委员会完成换届工作，组织完成废纸回收利用专业委员会的换届和名称变更（变更为再生纤维利用技术专业委员会），撤销新闻纸专业委员会、节能与环保专业委员会和造纸技术经济专业委员会。

提升专业服务能力与水平。学会通过公开招聘，新增1名具有制浆造纸专业硕士学位和科研机构工作经历的青年专职人员。

学会加强制度建设，制定和完善《中国造纸学会工作人员招聘管理办法》《中国造纸学会工作人员选拔聘用工作办法》《中国造纸学会（收入）收费管理办法》等制度，严格预算管理的工作方案。

青年人才托举工程 根据中国科协及中国科协先进材料学会联合体的相关要求，学会开展第六届中国科协“青年人才托举工程”项目的推荐工作。10月，经专家评审，学会推荐的制浆造纸领域3名候选人入选。

主办期刊 学会主办的 *Paper & Biomaterials*（《造纸与生物质材料》）及《中国造纸学报》《中国造纸》《纸和造纸》《造纸信息》全面推广期刊电子化。严格把控学术水平和出版物质量，打造精品学术期刊，影响因子取得提升。

学科发展工程 学会参与中国科协先进材料学会联合体工作，发挥协同优势，按项目计划完成中国工程院“先进基础材料强国战略研究”“2035我国基础材料绿色制造和智能制造技术路线图研究”中造纸领域的子课题研究内容并形成研究报告。

学会征集重大科学问题和工程技术难题。根据《中国科协办公厅关于征集2020重大科学问题和工程技术难题的通知》，研判未来科技发展趋势，谋划和布局前沿科技领域与方向，组织调研和征集行业难题，向中国科协推荐行业重大科学问题候选项目。

10月，学会年鉴编辑部出版发行《2020中国造纸年鉴》。

国内主要学术会议 学会举办国内学术会议6场，现场参会人数1000余人次，交流学术论文140余篇。

8月21日，由学会、中国制浆造纸研究院有限公司和金光集团App（中国）联合主办的新限塑令下纸质包装的机遇和挑战沙龙在北京举办。沙龙就国家发展改革委、生态环境部《关于进一步加强塑料污染治理的意见》的实施进行研讨交流，共同推动纸质包装的科技创新和融合发展。来自有关部委、行业组织、企业，以及造纸、包装、塑料、印刷、电商平台等相关行业的20余名专家学者、企业代表出席。

9月15—17日，由学会、中国制浆造纸研究院有限公司主办，学会特种纸专业委员会承办的2020全国特种纸技术交流会暨特种纸委员会第十五届年会在山东省威海市荣成市召开。

9月23日，由学会、中国造纸协会、中国制浆造纸研究院有限公司联合举办的2020中国国际造纸创新发展论坛在江苏省苏州市召开。

12月11—12日，学会第十九届学术年会在河南省郑州市召开。

8月26日，由学会特种纸专业委员会主办、浙江华章科技有限公司承办、学会自动化专业委员会协办的2020特种纸产业信息及市场形势研讨会在浙江省桐乡市召开。会议围绕"聚焦产业形势，探索创新发展"主题对造纸行业的形势进行分析，从全球禁塑和中国限制废纸进口的背景出发，全面剖析中国造纸行业，特别是特种纸、包装用纸、生活用纸产业面临的问题和应采取的举措。来自全国49家企业的88名专家学者参加会议。

9月27—29日，由学会造纸器材专业委员会等主办的2020年造纸网毯行业技术交流年会在陕西省西安市召开。会议围绕造纸行业发展现状，造纸网毯行业技术创新、智能制造、市场拓展、服务能力再造等议题进行深入交流。会议期间，还就《造纸压榨毛毯》《造纸毛毯用单丝》和《造纸毛毯用短纤维》等行业标准的制修订情况等进行讨论。来自造纸网、造纸毛毯行业上下游的相关企业代表近100人参加会议。

国际交往 学会完成中国科协"一带一路"国际科技组织合作平台建设项目，受全球新冠肺炎疫情影响，于8月、9月组织行业专家与泰国、越南相关行业组织负责人、机构负责人通过线上形式进行交流沟通，讨论中国、泰国、越南近年来造纸产业生产运行情况、政策环境、市场需求等内容，分析共享行业发展数据。12月发布《"中－泰－越"造纸产业发展现状与合作潜力研究报告》。

科普活动 5月29日，学会联合会员单位中国制浆造纸研究院有限公司举办"科普行动：复学季，科学防疫——湿巾您选对了吗？"线上科普直播活动。直播活动设置四大话题，分别为常态化防疫期间如何做好个人防护、防疫期间湿巾发挥哪些重要作用、湿巾的安全性、应如何挑选湿巾。活动邀请北京大学人民医院感染科主治医生孙春玲、爱乐恩幼儿园园长武欣、维达国际控股有限公司市场营销总裁汤海棠作为嘉宾，针对观众们在直播中提出的湿巾擦拭物体和手部在方法上的区别、学生户外活动时使用湿巾的频次、湿巾包装上需要重点关注的指标等热点问题进行答疑解惑。共有超过1万人次在线观看。

党建强会 12月10日，学会第八届常务理事会党员大会在河南省郑州市召开。会议以现场无记名投票表决的方式产生新一届学会党委，经中国科协科技社团党委批准，曹振雷担任党委书记，曹春昱担任党委副书记，王晓昕担任纪委委员，李耀、程言君担任党委委员。

7月24日，在原中国照明学会、中国造纸学会联合党支部到期换届以及学会具备独立成立党支部条件的情况下，经中国轻工业联合会党委批准，成立中国造纸学会党支部。

学会理事会党委、党支部采取集中学习、宣讲、调研等多种方式学习宣传贯彻党的十九大及十九届二中、三中、四中、五中全会精神。组织开展"学习贯彻党的十九届五中全会精神"主题党日活动和"党的领导和社会主义法治是一致的"党课，进行形势政策教育、知识技能教育等。坚持把党建工作融入学会发展过程中，严格落实党建工作制度，不断增强学会党组织的创造力、凝聚力、战斗力。强化党建引领作用，促进学会健康发展。

会员服务 学会发挥学术资源优势，为会员提供咨询和服务。会同中国轻工业联合会为企业的技术成果及产品进行评价和鉴定。

学会深入会员单位调研，了解生产经营情况和重大科技需求，助力会员单位复工复产和绿色可持续发展。推进期刊电子化工作，免费向会员开放。同时为单位会员定期寄赠《中国造纸年鉴》和学会主办的其他刊物。传播科学家精神，组建科技服务团队。

【中国造纸学会第十九届学术年会】 12月11—12日，学会第十九届学术年会在河南省郑州市召开。来自高校、科研机构、企业的领导、专家、企业家和科技工作者近300人参加会议。

学会理事长曹振雷致开幕词，开幕式由副理事长兼秘书长曹春昱主持。

会议分别作学术报告《化学机械浆生产过程影响因素分析》《i-CTMP节能型化机浆新技术和关键装备研发》《微爆对纤维结构及制浆性能的影响，以及生物机械浆产业化的最新进展》《新型洗浆及苛化装备》《壳聚糖自组织行为与有序水凝胶结构设计》《卷烟配套用纸生产现状》《复合填料形态设计与高加填造纸技术》《基于木质纤维的创新技术和项目，创造可持续未来》《造纸工业资源与环境发展现状》《硫酸盐化学木浆工程设计实践》《再生纤维利用筛选新技术与应用》《造纸工艺技术创新与纸基功能材料研究》《中－泰－越造纸产业发展现状与合作潜力》《凹凸棒土在纸机白水处理中的应用》《信息化、数字化技术在造纸行业的应用》《慈竹制备天丝溶解浆工艺的研究》《造纸行业排污许可2.0时代展望》《微纤化纤维素在可降解纸餐饮具涂层中的应用》《造纸湿部化学与造纸助剂的研发成果》。

会上，专家学者站在学术研究前沿，分享最新研究成果和最新技术，提出许多新的学术观点和思路，为进一步推动造纸行业科技进步提供良好的基础。

【2020全国特种纸技术交流会暨特种纸委员会第十五届年会】 9月15—17日，由学会、中国制浆造纸研究院有限公司主办，学会特种纸专业委员会承办的2020全国特种纸技术交流会暨特种纸委员会第十五届年会在山东省威海市荣成市召开。来自全国各地131家单位的271名专家学者参加会议。

会议主题是“以纸代塑”，作13场学术、技术讲座，分别为《纸基材料科技创新热点及思考》《禁、限塑令下特种纸的机遇和挑战》《以纸代塑食品包装材料与可降解膜制备技术及产业化》《生物可降解PBST的性能和应用》《纸吸管的生产及发展前景》《益瑞石用于特种纸的功能性填料及阻隔涂料》《帝斯曼水性环保阻隔产品在纸包装领域的方案及应用》《光催化纸研究进展》《吸附材料的原纸制备与涂覆技术》《基于智能染料的可重复书写／打印纸基材料与功能墨水》《化学机械浆制浆废水污染防治可行技术》《生物基纳米材料在纸张阻燃等功能方面的应用》《2019年我国特种纸产业概况》。会议同期还发布2019年中国特种纸市场数据，特别分析玉米秸秆制浆造纸替代进口废纸的技术和经济可行性，介绍纳米纤维素纤维产业化应用情况。

【2020中国国际造纸创新发展论坛】 9月23日，由学会、中国造纸协会、中国制浆造纸研究院有限公司共同主办的2020中国国际造纸创新发展论坛在江苏省苏州市举办。论坛以“创新谋机遇，逆势求发展”为主题，针对造纸行业面对后疫情时代的危机管理、5G变革、新基建机遇以及造纸行业面临的市场调整、消费改变、原料短缺，以纸代塑等新情况，围绕造纸企业如何进行产业链重构、供应链优化、价值链提升等热点话题进行交流研讨。来自造纸及相关行业的近300名专家学者出席。

开幕式上，学会副理事长兼秘书长曹春昱致辞。中国造纸协会理事长赵伟作主旨报告《造纸行业的困局、突围与重构》。论坛主题演讲环节分三部分，主题分别为“优化三链，驱动发展”“跨界融合，协同发展”“科技标准引领，创新驱动发展”，分别作报告《提升价值链 促进包装产业上下游融合发展》《构建安全可靠的供应链：企业生存发展之关键》《创新产品与服务 持续为客户创造最大价值》《新一代信息技术与制造业融合发展路径》《全球限塑大背景下造纸行业的机遇与挑战》《科技标准引领，创新驱动发展》《拥有前瞻技术储备 赢得企业发展先机》《食品包装纸板的发展潜力与趋势》《废纸浆及绿色制造标准现状与展望》。论坛期间还发布《2020中国造纸产业竞争力报告》，并对报告进行详细介绍与解读。

（撰稿人：王　斌）

中国文物保护技术协会

服务创新型国家和社会建设 协会承接并完成国家文物局“2020年可移动文物保护修复项目组织管理服务”项目，组织数十名专家利用网报网审系统，采取网审结合会审的形式对68个文物本体保护修复、预防性保护和数字化保护项目立项材料进行评审，其中国家一级文物保护修复项目63项。

协会承接并完成国家文物局“万年永宝——中国馆藏文物保护成果展”大纲编写项目。

4月26—30日，协会举办首期文化遗产预防性保护在线培训班，来自100余家单位的400余人参加线上培训。10月11—13日，协会近现代建筑保护专业委员会在上海举办近现代建筑保护与开发利用专业知识培训班。本次培训旨在落实全国文物工作会议精神和《国务院关于进一步加强文物工作的指导意见》，加快文博领军人才、科技人才、技能人才、复合型管理人才的培养，加强对城市优秀近现代建筑的保护工作，促进城市建设发展与城市历史文化遗产保护的协调发展。来自全国各省、自治区、直辖市从事文化遗产保护相关工作的100余名专业人员参加培训班。

学会建设 协会现有个人会员1601人，较2019年增加180人。

协会第七届理事会召开理事会议1次、常务理事会议3次、常务理事会扩大会议1次，对重大事项、重要人员变更、重要工作安排等进行审议决策。

协会新成立不可移动文物预防性保护专业委员会和工业遗产保护专业委员会。完成石窟和土遗址保护技术专业委员会、文物保护教育专业委员会主任委员变更工作。

协会官方网站正式上线。围绕“促进文物保护行业发展、搭建文物保护工作者之家”的建设宗旨，聚焦内容介绍、管理服务两个重要方面，网站设置8个一级频道、22个二级栏目，包含协会简介、组织机构信息展示、各类新闻展示、学术交流活动专题、四十年华诞回顾专题等多个板块，并建设会员管理系统和会议管理系统，实现手机端功能同步，运用文字、图片、视频等形式展现协会发展动态与学术成果，为广大学者提供及时的新闻服务与学术交流平台。

协会官方微信公众号共发布文章28条，阅读量达37845人次，新增关注量1217人。

5月,《中国文物保护技术协会第十次学术年会论文集》由科学出版社正式编辑出版。论文集共收录文章82篇，其中可移动文物保护技术研究37篇、不可移动文物保护技术研究16篇、文物预防性保护9篇、文物科学分析研究10篇、其他10篇，内容涵盖金属文物、石质文物、纸张、纺织品、竹木漆器、彩绘壁画、古建筑遗址等不同质地的文物保护研究与分析研究等多个方向，可供文物保护、文物科技工作者及高等院校相关专业师生作研究参考。

青年人才托举工程 协会参与申报第六届中国科协“青年人才托举工程”项目，并按照同行推荐、专家评议的方式开展候选人遴选工作。

国内主要学术会议 协会和各专业委员会共举办国内学术会议4次，参会人数500余人次，交流论文40篇。

10月26日，由协会石窟和土遗址保护技术专业委员会举办的“丝绸之路古遗址保护理论与实践”线上研讨会成功召开。会议作特邀报告4个、主题报告14个，报告人以中青年科研人员为主，内容涉及岩土质文物风化机理研究、丝绸之路古遗址赋存环境及长期保存关系研究、岩土质文物长期保存机制研究、古遗址保护加固技术研究、古遗址预防性保护研究、保护案例等内容。

11月7—8日，协会近现代建筑保护专业委员会2020年度大会暨“近现代历史建筑保护技术”研讨会在重庆召开。来自全国多家高校、文博单位、建筑遗产保护研究机构、建筑遗产保护公司等80多名专家学者参加会议，以革命文物的价值分析与红色旅游、重庆市近现代建筑遗产的保护实践、近现代历史文化街区的保护与更新策略、近现代文物建筑的保护与创新利用的关键技术等相关内容为主题，就中国近现代历史建筑保护技术、研究成果等展开交流讨论，共同促进“一带一路”倡议背景下的近现代文物建筑保护科技发展和创新工作。

11月17日，由协会文物分析检测技术专业委员会主办、上海博物馆承办的X射线荧光分析技术及其在文物保护中的应用研讨会在上海召开。会议以线上线下相结合的方式举办，作特邀报告4个，230余名专家学者参加会议。

党建强会 协会党委按照中国科协科技社团党委要求，根据《中国共产党章程》及《中国科协所属全国学会党委委员产生方式及审核办法（试行）》的有关规定，完成第七届理事会党委委员调整工作，王时伟任党委书记，黄滋任党委副书记，郭宏任纪检委员，黄继忠、曲亮、周旸、郑冬青任党委委员。

协会召开理事会党委委员会议2次，深入开展学习贯彻党的十九届五中全会精神的活动，制定发布《中国文物保护技术协会党委工作条例》，进一步加强协会党委建设。

会员服务 协会官方网站设置多个专题栏目，为会员获取信息提供极大便利。网站首页设有论文集入口，汇总协会自1981—2020年的学术年会论文，较为全面地提供文物保护技术领域的学术研究脉络。同时，网站还嵌入会员申请、会议报名等功能。

【第一届文化遗产保护青年学者论坛】 11月23日，由故宫博物院、协会、中国紫禁城学会、北京故宫文物保护基金会联合主办的2020年第一届文化遗产保护青年学者论坛在北京召开。论坛以“创新驱动下的文化遗产保护技术与实践”为主题，邀请40岁以下的青年人才共同探讨最新研究成果、学术动态及发展趋势。来自全国多家高校、文博单位、科研机构等的50人参加论坛。

文化和旅游部党组成员、故宫博物院院长王旭东，国家文物局党组成员、副局长关强，北京市文物局党组成员、副局长凌明，协会理事长王时伟，故宫博物院常务副院长、北京故宫文物保护基金会秘书长娄玮，故宫博物院副院长闫宏斌参加论坛开幕式。故宫博物院副院长、中国紫禁城学会副会长赵国英主持开幕式。

论坛共收到143篇投稿论文，由协会和中国紫禁城学会共同组建专家评审组，经过两轮盲审评选出12篇优秀论文，邀请作者以学术报告的形式在论坛发表研究成果，内容涵盖文物保护材料、文物病害机理、预防性文物保护、文物分析检测等多个研究方向。论坛邀请黄克忠、陆寿麟、朱光亚等11名专家在论坛现场作专业点评和指导，在研究思路、技术细节等多个方面对青年学者的研究提出建议。

【中国文物保护技术协会成立四十周年纪念座谈会】 12月27日，协会成立四十周年纪念座谈会在北京召开。国家文物局、故宫博物院、中国文化遗产研究院、中国博物馆协会、中国文物学会、中国古迹遗址保护协会、中国文物保护基金会、东亚文化遗产保护学会、中国紫禁城学会、北京故宫文物保护基金会的专家学者，以及协会常务理事会、监事会成员参加会议，会议还特别邀请黄克忠、周宝中、陆寿麟、付清远4位资深专家。协会理事长王时伟主持会议。

与会专家在座谈会上分别发言，向协会成立四十周年表示祝贺。协会特别对陈中行、付清远、黄克忠、姜怀英、陆寿麟、李化元、马家郁、奚三彩、王丹华、周宝中10名专家前辈进行表彰，以感谢其为协会建设和中国文化遗产保护事业作出的贡献。

（撰稿人：张　瑜）

中国印刷技术协会

服务创新型国家和社会建设　为应对新冠肺炎疫情，协会第一时间发出《关于做好新型冠状病毒感染肺炎疫情防控工作倡议书》，先后汇编并发布《应对疫情中央及地方支持性政策汇编》《印刷企业复工疫情防控参考指南》等文件。同时编辑发布《疫情影响和冲击下的中国印刷业》特刊、《战“疫”！印刷战线在行动》专栏，进行立体式连续性宣传与报道，共刊登80期140余篇稿件，带头履行疫情防控社会责任，引领全行业科学认识疫情、规范防控行为。

协会开展印刷行业助力“双决”精准扶贫活动，组织会员单位走进“三区三州”。在中共中央宣传部、农业农村部组织的2020新时代乡村阅读季活动中获得“携手奔小康”图书捐赠活动优秀单位称号。

受中共中央宣传部印刷发行局委托，协会承接并完成“印刷业‘十四五’发展规划的编制研究”“印刷业标准化战略研究”等课题。在系统分析印刷行业现状与问题的基础上，结合中国印刷业发展面临的机遇和挑战，提出建设印刷强国的战略重点和实施路径。

受中共北京市委宣传部委托，协会组织开展《服务首都核心功能出版物印制质量要求及检验方法》技术规范制定工作。该技术规范将带动北京地区服务首都核心功能的重点出版物印制质量的大幅提升，实现服务首都核心功能出版物印制的高质量发展。

协会承办第七届全国印刷行业职业技能大赛。

协会完成印刷工程专业技术职称的评审工作，308人通过初级职称评审，40人通过中级职称评审。

10月12—13日，2020中国印刷业创新大会在上海举办。在中共中央宣传部印刷发行局指导下，协会承办儿童读物印制创新专题展，成立中国儿童读物印制创新产业联盟。

10月12—16日，协会在上海举办第八届中国国际全印展。

协会作为全国印刷标准化技术委员会秘书处承担单位，完成1项国家标准、20项行业标准和2项团体标准的制定和颁布工作。开展“标准云课堂”线上培训，组织行业专家和标准主要起草人录制12个视频课件。组织行业专家对所归口的国家标准和行业标准进行梳理，形成《印刷标准评估情况报告》并上报主管单位。

协会深入贯彻国家新闻出版署等五部委《关于推进印刷业绿色发展的意见》的要求，以生态环境部和国家新闻出版署颁布的相关标准为依据，继续修订发布《绿色原辅材料产品目录（2020）》，推进绿色印刷体系建设。

学会建设 协会发展个人会员705名、单位会员2321个；有理事415名、常务理事138名，工作委员会6个、二级分会5个。

协会全年召开理事会议1次、常务理事会议2次，完成1个分会的换届、更名工作，完成2个分会、1个工作委员会的撤销工作。

12月21日，协会成立40周年系列纪念活动在北京举办。中共中央宣传部副秘书长、出版局局长郭义强受中共中央宣传部副部长张建春委托出席活动并讲话。中共中央宣传部进出口管理局局长王志成、中共中央宣传部机关党委副书记安立春等有关职能部门负责人出席活动。中共中央宣传部印刷发行局局长、协会理事长刘晓凯在活动开幕式上致辞。协会副理事长、秘书长陈迎新主持纪念活动。

协会重点加强办事机构的工作作风、理论学习和办事办文制度建设，夯实工作基础；加强对分支机构的绩效考核管理，提高组织机构工作人员的系统性、全局性意识，强化协会工作的整体性、联动性、协调性和一致性。

学科发展工程 协会联合教育部高等学校轻工类教学指导委员会及印刷工程专业指导工作组推进新工科建设、产教融合，培养高质量复合型印刷人才。

国际学术会议 1月，由协会等主办的世界印刷与传播论坛在印度孟买召开，协会副理事长常晓霞出席会议并作关于中国印刷业发展现状与转型趋势的报告。

8月31日，协会与中国印刷博物馆、中国出版协会共同主办的2020年印刷出版文化国际研讨会在北京召开。会议采取线上线下相结合的方式，以“印刷出版文化与文化生活”为主题开展研讨，来自世界各地印刷出版领域的专家学者参加研讨会。

国际组织任职 在ISO/TC 130（国际标准化组织/印刷技术委员会）第34届全体会议上，由协会提名的中国印刷科学技术研究院院长赵鹏飞被选为ISO/TC 130下届主席。

国际交往 协会承担ISO/TC 130主席和秘书处工作，ISO/TC 130第34届春季工作组会议、秋季工作组会议以及全体会议转为在线会议，主席和秘书处完成各项会议及工作任务。同时按规定进行ISO/TC 130主席任期届满换届工作。

科普活动 协会通过官网、微信公众号及新开通的微信视频号等平台，定期推出抗击新冠疫情、助力双决典型案例及印刷业“十四五”规划专家建言等相关科普内容，制作34个相关视频，累计播放量超过万次，网站累计点击量18.3万次，公众号点击量47.3万次。

在全国科技工作者日和全国科普日期间，协会组织会员单位、分支机构开展科普活动。中国印刷博物馆联合北京市大兴区融媒体中心，在一直播平台和新浪微博同时在线直播，近20万网友观看；上海印刷博物馆、力嘉创意文化产业园开展市民科普游、亲子科普游等活动；雅昌文化集团在全国范围内开展“流动美术馆”“点亮孩子艺术梦想”公益行动，流动美术馆惠及人数约24万人次。协会副理事长、印刷科技文化科学传播首席专家孙宝林开展“印博开讲”系列活动，光明网直播最高收看人数达8.9万人次，累计观看120万人次；印刷电子与智能包装科学传播首席专家吴伟开展行业专家进课堂活动；协会顾问丛中笑在江苏省无锡市惠山区开展“王选事迹宣讲交流活动”。

表彰举荐优秀科技工作者 按照国家发展改革委、科技部、工业和信息化部、自然资源部四部委联合印发的《关于组织推荐绿色技术的通知》要求，协会于7月上旬向行业征集节能环保、清洁生产、清洁能源、生态环境、基础设施绿色升级等领域的相关绿色技术。经各单位申报，组织专家评审，推荐2项绿色技术申报。最终，无锡奥康环保科技有限公司的“印刷废水废液固化分离及处理技术”技术入选国家发展改革委发布的《绿色技术推广目录》。

10月，协会按照《国家知识产权局关于评选第二十二届中国专利奖的通知》要求，推荐乐凯华光印刷科技有限公司、北京大学等4家单位报送的专利参评第二十二届中国专利奖。

12月21日，协会召开成立40周年系列纪念活动。在“致敬时代榜样活动”环节，举办向“先进工作者”“优秀通讯员”“先进集体”“优秀会员单位”和“特别贡献集体”的致敬仪式。

党建强会 协会严格按照中共中央宣传部机关党委《关于严格规范部管社会组织党的建设工作的通

知》和《关于在部机关全面推进党支部标准化规范化建设的工作方案》要求，重点开展强化政治机关意识教育和“灯下黑”问题专项整治工作。突出问题导向，突出部管社会组织的政治属性、政治功能，严格按照政治标准、政治要求开展各项工作，全面推进协会党组织标准化规范化建设。协会坚持“围绕中心、建设队伍、服务会员”推动党建和业务工作相融合，党支部书记带头，领导班子共讲授6次党课，严格规范协会党的建设，开展10余次集中学习研讨。

会员服务 疫情期间，协会作出对湖北省会员单位免收2020年度会费、对湖北省以外地区会员单位在原会费标准基础上减免20%的决定。该举措共计减免会员单位会费29.8万元。

协会围绕中宣部印刷发行局和协会的中心工作，通过微信公众号“中国印协通讯”“全国印协工作简报”，将行业政策、会议精神、行业资讯动态传递给会员；提升《中国印刷》《印刷质量与标准化》及中国印刷行业网运营水平，创新服务会员的机制和手段。

【2020新时代乡村阅读季暨印刷业“携手奔小康”图书捐赠活动】 10月15日，由中共中央宣传部印刷发行局指导，中国印刷技术协会主办，四川省委宣传部、绵阳市委宣传部、四川省印刷协会、绵阳市印刷协会协办的2020新时代乡村阅读季暨印刷业“携手奔小康”图书捐赠活动在四川省绵阳市园艺小学举办。中共中央宣传部印刷发行局局长、协会理事长刘晓凯，中共中央宣传部印刷发行局一级巡视员、副局长董伊薇，四川省委宣传部二级巡视员邓志明，中共中央宣传部印刷发行局办公室主任、农家书屋工作处处长何彬，中共中央宣传部印刷发行局发行处处长武远明，四川新华发行集团有限公司副总裁柯继铭，协会副理事长、秘书长陈迎新及捐赠会员单位代表等领导出席捐赠活动，活动由绵阳市人民政府副秘书长刘明刚主持。

捐赠活动在全体师生的“君子操”和古诗词吟诵声中拉开帷幕。学生代表为参与捐赠活动的领导、嘉宾佩戴红领巾，相互敬礼。协会副理事长、秘书长陈迎新向园艺小学校长谢家斌移交捐赠物品清单，并与捐赠会员单位代表向园艺小学学生代表现场发放图书及学习用品。活动共向园艺小学、四川省绵阳市锁江羌族乡锁江小学、四川省绵阳市平武县锁江羌族乡槐窝村、四川省凉山彝族自治州甘洛县吉米镇等地捐赠价值近50万元的党的创新理论著作、优秀少儿读物、数码文体用品等。

【第七届全国印刷行业职业技能大赛】 第七届全国印刷行业职业技能大赛由国家新闻出版署、人力资源和社会保障部共同主办，协会承办。

大赛以2019版《印前处理和制作员》《印刷操作员》《印后制作员》3项国家职业技能标准为依据，在保持历届3项竞赛工种的基础上，结合印刷业发展趋势和主流工种特征，新设数字印刷员、装订工两个工种，每个竞赛工种均分设职工组和学生组。

共有来自29个省（自治区、直辖市）的50多万名职工和学生参加各级选拔赛，315人参加裁判员在线培训，最终选拔出474名选手进入各工种、各组别全国决赛。大赛共决出职工组一等奖15名，拟授予“全国技术能手”称号；学生组一等奖15名，职工组二等奖45名，拟授予“全国印刷行业技术能手”称号；另有三等奖和优秀奖若干名。

【第八届中国国际全印展】 10月12—16日，协会在上海举办第八届中国国际全印展，展会以“新智造、新边界、新动能”为主题，展出面积近10万平方米，687家展商参展。接待国内协会和企业团队107个，近12万人次参观。

展览涵盖六大主题：数字印前、综合印刷、印后加工、包装设备、标签产业，以及油墨、纸张等耗材。惠普中国、富士施乐等国际企业及天津长荣科技集团股份有限公司、北京北大方正电子有限公司等中国企业参展，涵盖书刊、商业、包装、标签、大幅面喷墨等主要细分领域。据不完全统计，共有100多家展商带来几百款全球或全国首发设备、产品和技术，为后疫情时期印刷行业新旧动能转换注入创新活力。

此外，由国家新闻出版署主办的2020中国印刷业创新大会同期活动之五大特色主题展同期举办。全国出版物精品展、印刷业创新（融合化）主题展、疫情防控印刷保障主题展、儿童读物印制创新专题展、包装印刷与美好生活专题展五大特色展区从不同维度展现出印刷业“融合化”探索和成果。

展会为应对疫情带来的负面影响，推出中英文“云上全印展”“星级买家服务计划”“海外买家在线配对会”“大咖逛展”等系列活动，16家国内展商参与中英文版的直播大厅线上推介，来自全球17个国家和地区的12万人次收看，30万人次浏览贸易大厅展商页面。

（撰稿人：沈　翔）

中国材料研究学会

服务创新型国家和社会建设 学会助力江西省宜春市锂电新能源新材料产业发展。5月，宜春市科协在宜春经济技术开发区召开“战疫情促发展·科技专家进企业”云对接会，学会领导和行业专家围绕宜春市锂电新能源、新材料产业的发展方向、技术瓶颈等问题，进行精准对接、决策咨询和服务指导。与宜春市签订《中国材料研究学会锂电产业论坛落户宜春合作协议》等协议。学会锂电产业论坛永久落户宜春市，先后举办多场产业论坛和专家、企业对接会，帮助解决企业问题150多个。

9月，学会“科创中国”新材料科技专家服务团活动结合成都市第三届先进材料产业创新成果交易会暨新经济赋能产业升级推介会在四川省成都市青白江区举办。青白江区委副书记、区长池勇主持会议；四川省政协党组副书记、副主席崔保华，成都市科协党组书记、副主席罗蓉出席会议；国际材料研究学会联盟主席韩雅芳出席大会并致辞。学会“科创中国”新材料科技专家服务团全程参与。

11月20日，由学会、青岛市科协主办的中国科协“科创中国”新材料科技专家服务团青岛对接会在山东省青岛市举办。学会“科创中国”新材料科技专家服务团成员、青岛市有关部门的业务负责人，以及青岛市有关院校、新材料产业研发机构和企业代表60余人参加会议。青岛市科协党组书记、主席王建出席对接会，国际材料研究学会联盟主席韩雅芳出席对接会并致辞，学会秘书长张增志主持对接会。对接会还安排交流研讨环节，青岛市有关部门、园区、企业就发展需求、创新合作、组织赋能、转化合作等方面展开交流。对接会结束后，中国科协“科创中国”新材料科技专家服务团成员到有关企业进行调研考察，并具体洽谈合作事宜。

11月21日，学会在北京组织召开由安徽大地熊新材料股份有限公司、合肥工业大学等单位共同完成的“稀土永磁材料绿色高效表面防护关键技术及产业化应用”项目成果评价会。

12月1日，学会在上海组织召开“中国古陶瓷多元信息提取及应用技术”项目成果评价会，对中国科学院上海硅酸盐研究所等单位的研究成果进行技术评价。

学会建设 2020年，学会个人会员新增271人，共计6200余人；团体会员单位新增10个，共计223个。

青年人才托举工程 10月，按照中国科协先进材料学会联合体的工作安排和有关要求，学会开展第六届中国科协（2020—2022年度）“青年人才托举工程”项目。共收到申报书57份，最终3位候选人入选。

主办期刊 由学会和国际材料研究学会联盟联合主办的英文期刊 *Progress in Natural Science: Materials International* 影响因子为4.0，在全球材料科学综合类期刊分类下排名96/314，位于Q2区前部；全年共收稿700篇，录用135篇，发表112篇。

学会承担2020年度材料领域高质量科技期刊分级目录试点工作，组建专家委员会，制定材料领域期刊评审标准及工作细则。

国内主要学术会议 由学会主办的中国材料大会2020各分会场以线上+线下、线上、线下形式召开，设置生态环境材料分会（线上+线下）、光催化材料分会（线上+线下）、高性能铝合金分会（线下）、材料先进制备加工技术分会（线上+线下）、超材料与多功能材料分会（线上+线下）、材料服役行为与结构安全分会（线上+线下）等分会场。

8月12日，由中国科协、山东省人民政府主办，中国科协先进材料学会联合体承办的第二十二届中国科协年会——先进材料现状与发展趋势研讨会在山东省青岛市召开。

科普活动 学会组织材料科研一线的科学家、教育家编撰“新材料科普丛书”，向社会公众普及有关前沿新材料的基本知识。9月，出版《走近前沿新材料2》，印刷6000册。

学会制作时长5分钟的《中国材料研究学会系列科普片——神奇的多孔材料》和时长6分钟的《中国材料研究学会系列科普片——微纳小医生、缉毒圣斗士》2部科普短视频，分别涉及多孔材料和微纳米机器人。短视频在山东第一届中国（淄博）新材料产业国际博览会上播放和展示。

表彰举荐优秀科技工作者 7月，学会组织召开中国材料研究学会科学技术奖评审会。经专家评审，评选出获奖项目18项，其中一等奖6项、二等奖12项，奖励人数合计142人。

4月，根据《人力资源社会保障部、中国科协、科技部、国务院国资委关于评选第二届全国创新争先奖的通知》，学会通过中国科协先进材料学会联合体组织开展推荐工作，推荐的候选人北京大学教授侯仰龙获得全国创新争先奖状。

党建强会 学会党委发挥政治引领作用，在党委会上研究审议常务理事会议中的重大问题，建立学会“三重一大”事项党委前置审议机制。党委书记多次专程到学会秘书处与秘书处党支部成员一起学习，并对学会党建和业务工作提出明确要求。党委委员带头参加中国科协和中国科协科技社团党委举办的各种学习班、讲党课、主题活动、专题报告会等。每月定期召开专题组织生活会，党支部书记带头开展批评与自我批评。认真执行“三会一课”制度，从严教育管理党员，注重提高党员素质，增强支部的凝聚力、战斗力。

10月，学会召开专题会议，学习习近平总书记在科学家座谈会上的讲话精神。11月，学会秘书处召开会议，由秘书处党支部书记作《科学家精神的发扬和传承》的报告，学会全体工作人员参加学习。学会党委充分发挥工作平台、微信群等新媒体的作用，做好引导工作。学会官网中增设党建工作栏目，并有专人负责上传各种活动稿件。

会员服务 学会将年度开展的学术交流、科技奖项评审、中国科协“青年人才托举工程”项目、科技评估评价等活动信息及时通知会员，动员会员单位参与；将学会编写并出版的《中国新材料产业发展报告（2020）》《走近前沿新材料》科普图书寄送给广大会员。

为应对新冠肺炎疫情，学会主动为高等院校毕业生和企事业单位牵线搭桥，传递就业招聘信息。征集和转达20多家单位的270余个工作岗位信息，涉及材料、矿冶、理化、电子、机械、仪表、资环、计算机等专业，优先向武汉大学、华中科技大学、武汉理工大学学生就业指导中心或材料学院发送信息。

【第二十二届中国科协年会先进材料现状与发展趋势研讨会】 8月12日，由中国科协和山东省人民政府主办，中国科协先进材料学会联合体、山东省科协和青岛市人民政府承办的第二十二届中国科协年会——先进材料现状与发展趋势研讨会在山东省青岛市召开。会议由国际材料研究学会联盟主席、中国科协先进材料学会联合体国际学术交流委员会主任韩雅芳主持。中国工程院院士、中国科协先进材料学会联合体主席团主席、国家新材料产业发展专家咨询委员会主任干勇，中国科学院院士、中国科学院化学研究所刘云圻，法国国家技术科学院院士、香港城市大学副校长吕坚，中国科学院院士、中国科学院长春应用化学研究所陈学思和山东大学教授王继扬作报告《中国先进材料发展战略》《功能高分子材料与器件》《先进结构材料未来与挑战》《生物医用高分子材料的制备及其应用》《光电信息材料发展趋势和功能晶体》。会议围绕国际科技发展前沿和中国新材料产业发展规划、国际最新先进材料研究成果和进展、中国先进材料的发展重点和路径、推进材料科技强国建设展开交流，设有先进陶瓷材料、先进生物材料、新能源材料和海洋材料4个分会场。学会是新能源材料和海洋材料2个分会场的承办单位之一。会议期间，专家还介绍海洋生物材料和功能晶体材料的研究进展和产业化现状，与企业进行关键技术研讨和对接咨询服务。

（撰稿人：张艳红）

中国食品科学技术学会

服务创新型国家和社会建设 学会第7年与国家市场监督管理总局合作开展食品安全风险解析与食品安全消费提示项目，全年共邀请专家112人次完成32期风险解析类内容；邀请62名专家完成45篇消费提示类内容。特别是在新冠肺炎疫情防控的关键时期，针对消费者的安全、健康饮食等备受关注且与公众需求密切相关的话题撰写食品安全消费提示，并通过学会微信公众号、官网及国家市场监督管理总局微信公众号等平台发布。

9月，学会受科技部中国农村技术开发中心委托承担“后疫情时代食品产业科技与创新发展战略研究”项目，提出未来食品科技服务于产业发展的政策建议，以有效推动中国食品科技发展的战略布局，承担起中国食品产业在国家重大战略需求中的责任和使命。

11月1—5日，为贯彻落实中央第七次西藏工作座谈会精神，指导西藏自治区高水平编制工业发展“十四五”规划，助力新时代西藏自治区长治久安和高质量发展，学会与工业和信息化部规划司、西藏自治区经济和信息化厅共同邀请中国工程院院士孙宝国、多吉、李培武和有关领域专家组成调研组，赴西藏自治区开展专题调研，并召开规划专家座谈会。

学会根据中国科协“全国学会专业技术人员专业水平评价工作群”的整体工作部署，对来自北京市、上海市、河南省、湖南省、福建省、山东省、黑龙江省等34家单位的159名申报人进行评审，最终152人取得相应技术级别。

学会继续牵头制修订《乳粉》等5项食品安全国家标准，参与制修订《速冻面米制品》等16项食品安全国家标准。牵头《调味面制品》行业标准制定工作，并通过全国食品工业标准化技术委员会审查。

学会首次启动团体标准工作，按照《团体标准工作管理办法》组织立项《植物基肉制品》等10项团体标准。12月25日，学会发布的第一项团体标准——《植物基肉制品》团体标准正式发布。

学会举办专业技术人才培训班4次，包括食品接触设备微生物控制培训班、清洁消毒与验证培训班、肉制品加工企业卫生设计培训班和乳制品企业卫生设计培训班，累计参加培训人数达570余人次。

学会有序推进食品类专业认证工作。完成13个专业自评审核和1个专业自评再审核、8个专业现场考查、51个专业认证申请审核；召开2次食品类专业认证委员会工作会、1次面向全体专家的自评审核研讨会。

学会的各项科企战略合作和科研项目以创新的工作方式深入开展，包括与雅培贸易（上海）有限公司共同设立中国食品科学技术学会食品科技基金——雅培食品营养与安全专项科研基金、与沃尔玛百货有限公司合作开展的《食品安全最佳实践白皮书》项目、与江西江中食疗科技有限公司基金开展的东方国家功能食品产业政策对比研究项目、与世界自然基金会开展的食品行业可持续棕榈油课题研究和行业宣传项目等。

学会针对由科研单位和企业共同完成的“乳制品生产过程微生物溯源和控制体系构建与应用”等项目开展科技成果评价，鼓励和引导科企合作和创新发展。

学会建设 学会召开六届七、八次理事长办公会，明确2020年工作计划及分工安排。多名副理事长探讨后疫情时代食品工业的发展变化，并对学会未来工作提出建议。

学会在党委领导下、在监事会的监督下，分别于4月、7月、10月召开六届八次常务理事会议（通信形式）、六届五次理事会议（通信形式）、六届九次常务理事会（扩大）会议。

青年人才托举工程 3月，学会组织召开2019—2021年度中国科协“青年人才托举工程”项目遴选评议视频会议，在线对通过资格审查和函评的拟推荐候选人进行答辩评审。经专家评审，华中农业大学胡昊和中国农业大学杨光辉入选学会推荐名单，后经公示入选中国科协“青年人才托举工程”项目。

主办期刊 学会主办的《中国食品学报》再次被EI收录，成为被EI收录最早、持续收录时间最长的食品类中文学术期刊；连续4届入选“中国精品科技期刊”；11篇论文被评为2019年度“领跑者5000——中国精品科技期刊顶尖学术论文”。

学科发展工程 工业和信息化部消费品司组织、学会牵头开展第七次《食品工业发展报告》编写工作。9月完成印刷、发行工作。《食品工业发展报告》的编写为政府部门决策提供支撑，有利于引导和促进食品工业稳定健康发展。

10月，经全国科学技术名词审定委员会批准，学会组织70余名专家学者完成《食品科学技术名词》正式出版、公布工作。此项工作历时6年，共计收录名词3432条。

学会益生菌分会在《益生菌的科学共识（2019年版）》的基础上，根据益生菌的最新研究进展，对共识内容进行更新，形成《益生菌的科学共识（2020年版）》，并于4月首发于《中国食品学报》。

国际学术会议 8月19—21日，由学会主办的第十五届益生菌与健康国际研讨会在江苏省南京市召开。

12月3日，学会与国际食品科技联盟在北京举办2020年国际食品安全与健康大会。

国内主要学术会议 4月，学会以线上会议方式分别召开挂面行业、咸味香精调味料行业及冷冻食品行业、益生菌行业4个不同专业领域的专家及龙头企业家年度会议，针对行业发展遇到的问题、未来的发展趋势及科技创新等话题进行深入探讨，使学会在方便食品行业的工作更精准、到位。

9月3—4日，由学会主办的第二十届中国方便食品大会在北京召开。

10月28—29日，学会在陕西省西安市召开中国食品科学技术学会第十七届年会。

国际交往 1月31日，国际食品科技联盟通过网络电话会议的形式组织成员全体代表会议，学会作为中国食品科技界在国际食品科技联盟中的唯一代表受邀参加会议。会议主要讨论联盟2020年工作计划及未来发展战略规划。

科普活动 学会按照权威性、时效性、协同性和精准性的工作原则，邀请100余名科技工作者入驻中国科协科普辟谣平台，参与识谣、辟谣工作，撰写30余篇谣言破解文章。

1月3日，学会在北京举办2019年食品安全与健康热点科学解读媒体沟通会，包括4位中国工程院院士在内的多位专家分别对“益生菌”“辣条”“食品真实性”等2019年食品行业十大热词进行科学解读，对舆情进行正向、科学的引领。

8月，学会与国家市场监督管理总局特殊食品安全监督管理司共同开展保健食品（益生菌及真菌类）科普宣传研究项目，形成“益生菌及真菌类保健食品科普题库”及“益生菌及真菌类保健食品认知误区的科学解读”2项成果，通过专业媒体、微信平台等途径进行传播，提升广大消费者对益生菌及真菌类保健食品的科学认知。9月，学会再次受国家市场监督管理总局特殊食品安全监督管理司委托，开展特殊医学用途配方食品的科学普及项目，重点聚焦消费者亟须了解的科学常识和普遍存在的消费误区，通过持续、多样的公众科普引导社会科学、合理地认知特殊医学用途配方食品。

9月，由中国科协指导、学会主办的2020年全国科普日暨食品安全与健康科普——百名专家百校行活动启动仪式在北京举办。截至12月底，活动已在江南大学、中国农业大学等40余所高校，以科普讲座、科普竞赛、校园科普展等形式开展落地活动70余场，覆盖全国近40个城市，覆盖1万余人。

12月18日，中国科协科学技术普及部发布《关于公布2020年度全国学会科普工作考核结果的通知》，经评审，学会被评为“2020年度全国学会科普工作优秀单位”。

学会分别与杜邦中国集团有限公司、福建盼盼食品有限公司、李锦记（中国）销售有限公司、江苏恒顺集团有限公司、三只松鼠股份有限公司、杭州娃哈哈集团有限公司等企业合作，主办6项学生创新活动。

表彰举荐优秀科技工作者 学会继续开展中国食品科学技术学会科技创新奖的申报和评审工作，本年度科技创新奖包括技术发明奖、技术进步奖、产品创新奖3个专项奖。经过评审，产生技术发明奖一等奖2项、二等奖2项、三等奖1项；技术进步奖一等奖12项、二等奖11项、三等奖6项；产品创新奖二等奖4项、三等奖10项。

在第四个全国科技工作者日期间，人力资源和社会保障部、中国科协、科技部、国务院国有资产监督管理委员会在北京联合举办以“科技为民　奋斗有我”为主题的第二届全国创新争先奖表彰活动。经学会推荐，学会副理事长、中国疾病预防控制中心营养与健康所所长丁钢强获第二届全国创新争先奖状。

党建强会 学会加强党建工作对学会工作的全覆盖，严格履行重大事项由学会党委会决策的前置审议制度。本年度按计划召开党委会。遵循集体领导、民主集中、事前酝酿、会议决定的原则，做到依法依规办会。

学会党委认真落实习近平总书记和党中央的重要指示精神以及中国科协的部署，加强对防疫工作的全面领导，创新特殊时期的工作思路与方法，组织学会理事、会员单位、会员和广大的食品科技工作者等发挥科技与专业优势，把打赢疫情防控阻击战作为当前最重要的工作，在支援抗疫一线、普及抗疫知识、助力复工复产等工作方面聚人心、强信心、尽全力，确保各项抗疫工作落到实处。向中国科协科技社团党委上报7篇先进事迹报道、5篇关于疫情期间饮食安全的消费提示，在科技社团党建、科界、今日科协等平台刊发。学会因在疫情防控工作中表现突出，被中国科协组织人事部授予“优秀抗疫学会”称号。

根据党支部发展党员计划，预备党员转正1人，1名党员同志被评为“优秀共产党员”。学会党支部被中共中国食品工业（集团）有限公司总支部委员会评为“先进基层党组织”。

【2019年食品安全热点科学解读媒体沟通会】 1月3日，学会在北京举办2019年食品安全与健康热点科学解读媒体沟通会。这是学会第9年邀请权威专家对年度热点问题进行解读。国家食品安全风险评估中心总顾问陈君石、北京工商大学校长孙宝国、江南大学副校长陈卫、中国农业大学任发政4位中国工程院院士，以及来自北京大学、浙江大学、国家粮食和物资储备局科学研究院等科研院所的多名专家参加会议。60余家媒体参与活动，报道近1800篇，对舆情形成正向、科学的引领。

中国科协副主席、书记处书记孟庆海，国家市场监督管理总局抽检监测司副司长梁钢致辞；学会理事长孟素荷对2019年食品安全形势进行综合分析。

【第十五届益生菌与健康国际研讨会】 8月19—21日，由学会主办的第十五届益生菌与健康国际研讨会在江苏省南京市举办。会议以“科技塑造益生菌行业未来”为主题，来自国家市场监督管理总局、江苏省农业农村厅的领导出席会议并致辞，来自40余家科研院所与50余家企业的近500人参加会议，收到会议论文76篇。

学会副理事长兼秘书长邵薇作大会报告，指出为做好应对后疫情时代各种变化的准备，益生菌行业要在继续夯实基础研究的同时，加大应用技术的研究，加速产业化。此外，还要注重法规标准体系中的基础问题建设。学会益生菌分会理事长、中国工程院院士陈卫对肠道菌群与宿主健康间的关系进行深入阐释。内蒙古农业大学教授张和平，首都医科大学肿瘤学系主任石汉平，爱尔兰皇家科学院院士、美国微生物科学院院士 Paul Ross，军事科学院军事医学研究院微生物流行病研究所研究员杨瑞馥等专家分别作大会报告。

“益生菌科学研究十大热点”在会上发布。研讨会上，主办方特别设置益生菌的基础研究及产品开发、益生菌作用新机制及研究新技术、益生菌功能性开发及应用3大专题。国内外专家围绕这3大专题作报告。

【第二十届中国方便食品大会】 9月3—4日，由学会主办的第二十届中国方便食品大会在北京召开。大会以“后疫情时代的迭代创新”为主题。工业和信息化部、国家卫生健康委、国家市场监督管理总局、中国农村技术开发中心等多个部门相关领导出席大会并致辞。学会副理事长、中国工程院院士、北京工商大学校长孙宝国等数十名长期关注方便食品领域的科学家与600余名学者进行交流与互动。

会议期间，学会通过对数十家方便面、挂面、速冻食品、休闲食品、咸味香精调味料、机械设备等企业的深入调研，以及与科技界和产业界专家的多层次研讨，首次形成并发布“2020年中国方便食品产业十大科学技术问题”，连同本年度发布的“2019—2020年度中国方便食品行业八大创新趋势”，助力行业未来健康、高质量发展。

大会组织各具特色的活动，包括6大专题和多场线上线下交流活动，以引导新形势下方便食品行业的整体价值提升。学会与京东超市合作在会期内推出“方便美食盛宴”，线上开启面向方便速食品类的促销活动，促进创新产品的线上销售。

【中国食品科学技术学会第十七届年会】 10月28—29日，学会在陕西省西安市召开中国食品科学技术学会第十七届年会。中国工程院院士孙宝国、朱蓓薇、陈坚，以及来自食品科技界和产业界、企业界的2200名专家学者，共议后疫情时代食品科技创新与产业发展之路。

年会持续关注科技创新。在大会报告中，中国工程院院士、江南大学校长陈卫作报告《益生菌与人体健康》；学会副理事长、南京农业大学周光宏作报告《细胞培养肉技术研究进展》；西北农林科技大学葡萄酒学院终身名誉院长李华作报告《中国葡萄酒可持续高质量发展》。

会议设7场科技论坛、15场技术专题、4项青年活动等，围绕前沿科技与可持续发展、食品营养与健康、传统食品与地方特色食品、科技与产业深度对接、教育与人才培养等话题，破解产业发展的共性技术问题展开研讨，推进多学科交叉与融合。会议共收到论文487篇，张贴海报168张。

【2020年国际食品安全与健康大会】 12月3日，学会与国际食品科技联盟在北京举办2020年国际食品安全与健康大会。会议以“后疫情时代食品安全与健康的新需求和新挑战”为主题，中国工程院院士陈君石、庞国芳、孙宝国、任发政等国内专家，以及来自10余个国家和地区的80余位专家以线上或线下的形式出席大会的系列活动并作报告，共议食品安全与健康未来航向。大会设置的6大专题和3个培训班在前期以全线上的形式举办，主场活动以线上与线下相结合的方式开展。累计观看量达370.9万余人次。

中国科协副主席、书记处书记孟庆海致辞。中国工程院院士、国家食品安全风险评估中心总顾问陈君石，联合国工业发展组织农商发展部可持续粮食系统司司长 Ali Badarneh，加拿大卫生部食品局前局长 Samuel Godefroy，英国牛津大学马丁学院院长 Charles Godfray，学会副理事长、国家食品安全风险评估中心副主任李宁等10位专家作报告，围绕中国食品安全与产业健康转型的难点和焦点展开研讨，为解决中国乃至全球的食品安全与健康问题提出更多科学建议。

大会设置的食品过敏问题专家研讨会、国际食品安全最佳实践论坛、后疫情时代特殊食品产业的新机遇、食品检验方法社会需求与标准化论坛等6大专题研讨及微生物风险舆情交流和检验技术研讨会、肉制品加工企业卫生设计培训班、乳制品企业卫生设计培训班以线上形式举办，相关内容紧跟行业发展热点。

（撰稿人：侯　威）

中国粮油学会

服务创新型国家和社会建设　学会协助国家粮食和物资储备局举办2020年全国粮食和物资储备科技活动周，参与完成科技成果汇编材料、科普作品以及科研机构和创新团队展播材料征集整理、遴选等相关工作。与山东省泰安市人民政府、河南省驻马店市人民政府等3个地方政府开展合作，助力地方粮油产业经济发展。其中，举办的第十五届全国粮油产销企业订货会有400余家企业参展，参展产品达1000余种，订货量超过400万吨。承办第三届粮食交易大会粮食机械装备发展论坛，近200名粮食装备领域的专家和企业代表围绕“引领粮食装备智造、助力粮食产业强国建设”的主题进行研究讨论。作为实施主体，学会协助完成《“中国好粮油”产品遴选管理暂行办法》、实施细则和遴选通知等文件的制修订工作，并完成2020年“中国好粮油”产品遴选工作。

学会团体标准立项39项，正式发布团体标准31项，通过国家标准化管理委员会团体标准试点工作验收，总结形成可复制、可借鉴、可推广的典型案例，为中国粮食产业标准化和规范化提供技术支撑和理论依据。开展《浓香菜籽油》等4项团体标准宣贯推广活动，提升团体标准影响力。在国家粮食和物资储备局开展的首次粮油产品企业标准“领跑者”活动中，学会作为第三方评估机构完成菜籽油等3类食用植物油产品的11个企业标准评估。

学会向中国科协推荐4项前沿科学问题和4项工程技术难题。推荐的问题、难题属于交叉学科领域，具有一定的前瞻性和引领性，为粮食行业发展谋划和布局前沿科研方向提供依据。

学会完成国家粮食和物资储备局重点调研课题“搭建粮油产业链团体标准框架体系的调研”和“中国粮食科技期刊对粮食科技的支撑作用研究”，助力政府科学决策。组织专家为单位会员承担的行业重点科研项目提供技术咨询和成果评价服务，为国家粮食和物资储备局全面总结和评估“十三五”规划实施情况提供支撑。

学会组织专家、单位会员赴山西省吕梁市、河南省驻马店市正阳县等地进行实地考察和调研，为推动特色农产品产业发展建言献策。其中，为有效解决疫情期间吕梁农产品滞销问题，拍摄特色农产品宣传片，举办农特产品推广直播专场，累计观看人数达126万人次，累计销售112万元；帮助正阳县构建“加工所＋正阳政府＋企业＋农户”政产学研结合扶贫新模式，扶持30多家花生加工企业，带动1040家贫困户脱贫致富。被中国科协组织人事部评选为“优秀扶贫学会”。

学会发布《粮人守“粮心”　战“疫”上前线》等5篇系列报道，制作《并肩战疫——新时代粮油企业的责任与担当》宣传片，宣传行业抗疫先进事迹和典型做法。学会被中国科协组织人事部评选为“优秀抗疫学会”。

学会建设　学会个人会员23796人、单位会员1982个，与2019年同期相比分别提升7.7%和1%。

学会官方网站年点击量700万次，增长10%；官方微信公众号用户1868人，增长24.5%。优化完善中国粮油学会科技奖励评估系统，现共有学报编审系统、学术交流平台、科技奖励评估系统、会员管理系统4个网络工作平台。

学会参与撰写《中国科学技术协会年鉴》《中国粮食年鉴》《中国粮食发展报告》等年鉴类材料。被中国科协信息中心评为“《中国科学技术协会年鉴》优秀组织单位”，两人被评为“优秀撰稿人”。

学会理事会审议修订《中国粮油学会章程》，在章程中增加党的建设和社会主义核心价值观有关内容。增设学会首席专家。制修订党组织建设、财务管理、业务管理、人员管理等方面10余项制度。

学会创新利用3D建模、VR等数字化手段搭建“中国粮油学会虚拟展厅”，以图文、视频等形式展示中国粮油领域的科技人才和创新成果。9月5日，学会采用“线下会议＋线上直播”形式举办第二期粮新青年论坛，当日累计点播量达1.24万人次，为行业探索举办数字化、网络化、智能化会议提供可复制、可推广的成功经验。

青年人才托举工程　为贯彻落实国家粮食安全和创新驱动发展战略，服务“科技兴粮、人才兴粮”，提升粮食行业人才竞争力，学会组织开展第三届至第六届中国科协“青年人才托举工程”项目相关工作。第三届中国科协“青年人才托举工程”项目通过总结验收；第四届中国科协“青年人才托举工程”项目中，1名被托举人入选第三届全国粮食行业青年拔尖人才；组织召开第五届中国科协“青年人才托举工程”项目启动会，并推荐被托举人参加中国科协2020年青年科技人才国情研修班；申请第六届中国科协“青年人才托举工程”项目，获批4个资助名额，其中科协资助2名、自筹资助2名。

主办期刊 《中国粮油学报》围绕“科技兴粮”主题开展“中国粮食科技期刊对粮食科技的支撑作用研究”专题调研，分析中国粮食科技期刊对行业的支撑作用，探索提升期刊服务科技创新、驱动发展的能力和水平。出版的全国粮食科技周活动专刊以“科技创新促发展，兴粮兴储保民生”为主题，刊登29篇稿件。通过扩大版面、有效缩短期刊发稿周期，加快稿件的发稿速度。《中国粮油学报》在中国知网上实行优先数字出版的基础上开展网络首发工作，抢占科研成果首发权，提升稿件传播时效。通过微信公众号、超星学习通App等为行业科研人员提供电子化期刊摘要及过往期刊下载服务。

学科发展工程 历时一年多，学会组织业内100多名专家学者撰写完成《2018—2019年度粮油科学技术学科发展报告》，并协助中国科协完成报告的编校、出版、印刷等相关工作，通过中国科协组织的项目验收。学会设计制作学科发展报告视频并通过学会第十届学术年会发布，进一步扩大学科影响力，为政府科学编制粮食行业“十四五”规划提供参考依据。

国际学术会议 9月11—12日，由学会主办的第十届学术年会暨第七届全谷物与健康食品国际研讨会在江苏省无锡市召开，共有600多名粮油领域的专家学者及企业家参加会议。会议主题为“协同创新 助力粮食产业高质量发展”，邀请4名专家作特邀报告。首次运用图片直播的方式，浏览量超过12万人次。

9月20—22日，由学会指导、河南省驻马店市人民政府主办、学会花生食品分会承办的2020国际花生产业发展大会暨花生文化交流研讨会在河南省驻马店市正阳县召开。国家部委有关领导，秘鲁驻华大使，国内外花生专家、企业家以及相关学者等近300人参加会议。会议聚焦“花生产业科技创新与发展”，推动全球花生产业高质量发展，为世界花生产业健康发展贡献中国智慧和中国方案。会议得到来自美国、阿根廷、印度、塞内加尔、坦桑尼亚、荷兰、澳大利亚等国家专家的支持，签署近10份国际双边合作协议。

国内主要学术会议 学会及其所属分会举办油脂分会第二十九届学术年会暨产品展示会、植物蛋白加工技术与营养研讨会、2020年饲料科技论坛等学术会议等共13场，吸引专家学者2000多人次，交流科研成果300多项，推动科技与粮食产业的深度融合，为粮油产业链延伸和可持续发展提供有效支撑。

10月19—21日，由学会油脂分会主办的中国粮油学会油脂分会第二十九届学术年会暨产品展示会在广西壮族自治区防城港市召开。大会以“科技引领 攻坚克难 高质发展 开创未来”为主题，紧抓问题导向、需求服务，吸引来自全国粮油食品领域高校、科研院所、工程技术和装备企业、油脂生产企业的专家、企业家等400人参加会议。

国际交往 学会与国际谷物科技协会（ICC）保持联系与沟通，对ICC发起成立第一届全谷物理事会和启动在线研讨会方案给予支持。同时，研究推举教授卞科为ICC 2021—2022届待任主席候选人。

科普活动 疫情期间，学会充分发挥平台优势，组织撰写《疫情期间粮油选购储存十问十答》《特殊时期健康饮食生活方式倡议书》等疫情防控专题科普文章，正确引导民众抗击疫情。学会粮油营养分会为北京、上海330余名支援武汉的一线医务人员编制“中粮爱心餐”营养食谱，切实关心医务人员身心健康，助力国家打赢疫情防控武汉保卫战。

在2020年全国科技活动周、世界粮食日等活动期间，学会组织开展“爱粮节粮，助力国家粮食安全”“天地‘粮’心，珍食莫蚀”等主题科普活动，向公众宣传粮食营养和安全知识。学会在第四个全国科技工作者日向粮油科技工作者献上节日祝福，向公众宣传典型人物和先进事迹，弘扬科学家精神，增强粮油科技工作者的自豪感、获得感、认同感。学会获得中国科协“2020年度全国学会科普工作优秀单位”称号。

学会通过深入社区、学校、互联网直播等方式开展科普相关活动，组织筹备建设粮油行业科普基地，进一步增强粮油行业的文化传播力。

表彰举荐优秀科技工作者 学会组织完成中国粮油学会第二届青年科技奖评审工作，共评选表彰10名青年科技工作者。根据中国科协要求，学会推荐第二届全国创新争先奖候选人5名、先进集体候选团队1个，2020年度最美科技工作者候选人2名，并对2名候选人进行推广宣传。

学会完成2020年度中国粮油学会科学技术奖评选工作，评选出获奖项目26项，其中特等奖1项、一等奖6项、二等奖11项、三等奖8项。疫情期间，学会受会员单位委托，以线上等形式组织专家完成11个项目的科技成果评价。

学会推荐米制品分会会员黄利华参评中国科协“2020年度优秀科技志愿服务典型事迹”。推荐单位会员珠海格力电器股份有限公司的科普展览展品“大松金康煲”参加中国科协“典赞·2020科普中国活动”。

党建强会 学会按照中国科协和民政部的相关要求，在学会章程中明确载入坚持党的全面领导的相关表述，为党建工作的开展提供制度保障。学会功能型党委利用各类学术会议、交流活动广泛联系会员，向广大粮油科技工作者宣传解读党的重要方针政策，充分发挥政治引领和政治吸纳作用。在疫情防控工作中，学会功能性党委第一时间发布《中国粮油学会理事会党委关于抗击疫情发挥党组织和党员示范引领作用的倡议书》《中国粮油学会致会员单位及广大粮油科技工作者的倡议书》，做好思想引领工作。党委书记张桂凤同志率先垂范，通过科协云讲堂作报告《科技引领后疫情时期粮食产业经济的高质量发展》。在学会“发挥党组织和党员示范引领作用”的倡议下，各副理事长单位、理事单位率先垂范，响应“三保”行动，抓紧复工复产，保障市场粮油供应充足、价格稳定。学会秘书处党支部规范开展“三会一课”等政治理论学习，持续推进“党员示范岗”活动，共召开全体党员大会18次、支委会18次、党小组会24次、专题党课3次、“主讲主问”学习会3次。完成中国科协科技社团党委2020年度“党建强会计划”，联合北京工商大学、东北农业大学、中粮营养健康研究院有限公司、益海嘉里金龙鱼粮油食品股份有限公司、中粮工科（西安）国际工程有限公司、黑龙江北大荒绿色健康食品有限公司等6家单位的代表，赴山西省吕梁市共同开展“党建+调研+扶贫+科普”党建扶贫活动，开展“不忘初心、弘扬优良家风”“描画我心中的红色旋律”等主题党日活动。扎实开展调研工作，完成全国学会党建研究会2020年度调研课题《引导青年党员在民族复兴和科教兴国中发挥作用研究》。鼓励青年科技工作者参与中国科协组织开展的“庆祝建党100周年”党建活动，提交征文作品《党师赋》和影像作品《忆百年峥嵘 铸时代粮心》。学会获中国科协“年度优秀党建调研报告”、国家粮食和物资储备局“青年理论学习小组标兵”集体和个人等荣誉。

会员服务 学会持续推进网上学会建设，优化网站内容，提升会员体验。不断丰富杂志、期刊内容，为会员及时提供行业信息。积极拓宽渠道，通过利用网络平台、微信公众号、网络直播等网络资源为会员提供更加便捷、更加高效的服务。

【中国粮油学会第十届学术年会暨第七届全谷物与健康食品国际研讨会】 9月11—12日，由学会主办、江南大学承办的中国粮油学会第十届学术年会暨第七届全谷物与健康食品国际研讨会在江苏省无锡市召开。国家粮食和物资储备局党组成员、副局长贾骞出席并讲话，全国各地的600多名粮油科技工作者参加年会。年会主题为“协同创新 助力粮食产业高质量发展”，与学会品牌专题学术活动——全谷物与健康食品国际研讨会进行有机结合。邀请4名专家分别作特邀报告《我国粮油加工业发展现状与趋势分析》《世界大变局下国家粮食安全新格局》《储量理论新趋势和储量人工智能应用新进展》《中国居民膳食营养特征与干预》。

【重走红色革命路 党建铸魂促发展——中国粮油学会吕梁临县行】 10月24—25日，学会党委、秘书处党支部结合工作实际，带领6家会员单位在山西省吕梁市临县举办“党建+调研+扶贫+科普”四位一体主题系列活动，走进安家庄乡，前往山西中鹰大红枣产业有限公司工厂一线，走进中粮工科（西安）国际工程有限公司培训室，深入了解吕梁市特色农产品特点、“智力扶贫、科技扶贫”进展状况以及村镇脱贫致富模式和贫困人口生活情况；深入百姓家中看望慰问孤寡老人，深入了解临县脱贫情况。学会党委、秘书处党支部和临县有关部门共同组织召开座谈会，中粮工科（西安）国际工程有限公司、中粮营养健康研究院有限公司等会员单位代表、专家共40余人参加会议。与会人员进行讨论，共同探讨科技助力产业脱贫、产业创新的思路和方法，为推动临县特色农产品产业发展建言献策。学会党委书记张桂凤代表学会向临县政府赠送《粮油食品安全与营养健康知识问答》科普图书1000册。

（撰稿人：魏　然　左　巍）

中国职业安全健康协会

服务创新型国家和社会建设　协会开展团体标准工作，批准6项团体标准立项，发布4个团体标准，其中《大理石地下机械开采（平硐）安全技术规范》（T/COSHA 003-2020）团体标准填补中国大理石地下机械开采（平硐）矿山安全生产无标准的空白。

协会开展安全类专业认证工作。承担国际工程能力互认的安全类专业认证委员会秘书处的工作，开展工程教育安全类专业的国际实质等效认证工作。开展安全管理技术咨询服务。面向中粮集团有限公司下属大悦城控股集团股份公司、中粮粮谷投资有限公司、中粮酒业有限公司、中粮糖业控股股份有限公司等开展安全生产双重预防机制建设咨询项目。开展天津开发区金属熔融安全诊断评估及整改指导项目、广东大鹏石油天然气应急预案制修订项目、北京西城区德胜街道安全生产应急预案制修订项目。

协会开展各类培训，建成网络教育培训学院，培训各级科技人员2000余人次。

受国家卫生健康委职业健康司的委托，协会承担并完成“冶金行业健康企业创建指南和评估标准研究”项目和“企业职业卫生师试点研究”项目的研究。

为落实《健康中国行动》，协会与中国石油天然气集团有限公司合作，加快推进健康企业创建活动，打造健康企业模板、建立完善创建标准和示范样板。

协会启动紫金矿业发展奇迹综合研究项目。推进河北省邢台市清河县开发区调研安全生产、职业健康及应急救援等方面的工作。完成阿舍勒铜业有限公司职业安全健康发展模式的项目。完成冀中能源安全文化建设项目工作。

学会建设　协会成立应急与防灾救援、煤炭行业职业健康、职业安全健康事故应急救援、矿山应急救援、城市安全风险防控、天然矿泉水行业职业安全健康等7个分支机构，共有37个分支机构。新发展单位会员3000余个、个人会员2500余名，共有单位会员7000余个、个人会员8000余人，完成“十三五”规划会员数量过万的目标。

8月12—13日，协会第六届常务理事会第八次全体会议在河北省石家庄市召开。会议认真贯彻落实党中央、国务院和有关上级机关关于协会与主管部门脱钩及安全生产、职业健康、应急管理工作的总体部署，以习近平新时代中国特色社会主义思想为指导，全面总结完成的工作，安排部署下一阶段的工作任务，特别讨论在疫情防控常态化情况下各项工作如何抓好、任务如何完成、目标如何实现和协会与主管部门脱钩后如何履职、如何运转、如何发展等问题以及如何深入开展创建世界一流协会、如何加强自身建设、如何做好换届准备等工作。

协会深化内部改革，提高秘书处的管理水平。为整合资源、更好地推动工作，协会进行内部机构调整：设立党群工作部（会员工作部）、教育培训部（新闻宣传部）、协会网站和《职安健报》划归教育培训部；设立综合办公室（人力资源部、外事办公室）；成立协会党建工作领导小组、会建工作领导小组、宣传工作领导小组；成立《中国安全科学学报》杂志社和《职安健报》社。

协会加强制度建设，健全和完善相关规章制度。按照协会工作要求，相继制定完善《中国职业安全健康协会工作报告及督办制度》等10余项制度。加强工作督办，不断提高干部和员工抓落实能力和执行力，提高工作成效。改进成本管理，实现降本增效。完善考核、激励和约束机制。加强机关文明办公建设。

协会全面做好换届准备工作。依据《全国性行业协会商会章程示范文本（试行）》等相关文件的要求，对协会章程进行反复修订，增加党建内容和相关条款，经协会六届常务理事会八次会议审议通过并在民政部备案。根据新修订章程，起草《中国职业安全健康协会会员代表大会会员代表产生办法》《中国职业安全健康协会第七届理事、常务理事及协会负责人产生和选举办法》《中国职业安全健康协会2021年换届工作方案》等相关文件。向相关单位发出担任协会副理事长及加入理事会成员的邀请函，已收到大部分单位发回的同意担任相关职务函件。

协会完成“十四五”规划编制工作。在总结评估好“十三五”规划的基础上，按照新形势、新任务、新要求联合相关专家做好“十四五”规划编制工作，用以引领、指导协会在下一个“五年计划”的发展。

主办期刊　《中国安全科学学报》是由协会主办的安全科学与工程一级学科领域的国家级学术性刊

物，是国内该领域一流期刊。根据《中国学术期刊影响因子年报（自然科学与工程技术 · 2020 版）》，该刊影响力指数仍保持安全科学技术学科第一名。召开协会青年编委会第二届工作会议，颁发 2020 年度优秀青年编委、优秀论文、优秀审稿专家等奖项。

国内主要学术会议 11 月 11—12 日，协会在江苏省苏州市召开以“关爱生命与健康、人人应从我做起”为主题的第三届中国职业安全健康高峰论坛、第五届职业安全及粉尘防爆技术研讨会。全国重点行业领域的专家学者和重点企业职业安全健康负责人参与交流。

11 月 17 日，协会在山东省烟台市召开会员单位（黄金行业）职业安全健康管理现场会，推广山东黄金集团的好理念、好经验。

11 月 17—18 日，协会在山东省烟台市召开中国职业安全健康协会 2020 年学术年会暨 2019 年度科技奖颁奖大会。来自科研院所和企业的科研技术人员 360 人参加会议。

科普活动 协会整合资源，创建科普交流平台。协会职业安全健康教育专业委员会在江苏南京工程高等职业学校建设职业安全健康应急科普交流基地。开发职业健康安全科普影像、应急救护桌面推演平台、灭火安全应急仿真实训平台、高空逃生体验实训平台，建立共建共享开放的健康安全应急职业体验中心。与此同时，面向全国 256 所职业院校、500 家企事业单位、社区近 50 万人次开展网络职业健康安全应急科普知识普及。

表彰举荐优秀科技工作者 协会做好科技人才举荐与科技成果推广工作。参与第二十二届中国专利奖评选活动，向相关部委推荐第十三届光华工程科技奖、第二届全国创新争先奖等候选人。在中国职业安全健康协会学术年会暨 2019 年度科技奖颁奖大会上为 107 项获得协会科学技术奖的项目颁奖，为首届协会安全科学与工程学科全国优秀博士学位论文奖获得者颁奖，并进行安全科学与工程类本科专业成果展示等。

党建强会 协会发挥党委领导作用，推动协会事业发展，建立重大事项党委前置审议、党委会和常务理事会合并召开机制，对协会的“三重一大”事项进行前置审议。加强制度建设，制订《中国职业安全健康协会党委工作规则》《中国职业安全健康协会党委中心组学习制度》等制度，促进党建工作制度化、规范化、常态化。加强分支机构党的建设，制定《分支机构党组织成立进度表》并做好督促、指导工作，推动分支机构实现党的组织全覆盖，已有 18 家分支机构建立党的领导小组。召开首次党建工作现场会，总结学习推广协会会员单位福建春伦集团党建工作的成功经验和好的做法，推动会员单位、分支机构、协会秘书处及会办（控股）企业加强党的建设。

协会强化秘书处党的建设。加强理论武装工作，把学习宣传贯彻习近平新时代中国特色社会主义思想作为首要任务，组织党员干部深入学习《习近平总书记系列重要论述摘编》《习近平新时代中国特色社会主义思想学习刚要》等辅导读本。加强组织建设，完善协会秘书处党组织设置，对协会秘书处党总支所属的三个支部的人员进行部分调整。加强党员发展工作，全年发展入党积极分子 12 名、确立发展对象 1 名、预备党员转正 1 名。创办业余学校（党校），依靠教育培训全面提升员工综合素质和业务能力。强化党风廉政建设，严格落实“三会一课”制度和组织生活会、民主评议党员、谈心谈话等制度规定要求，建立廉政谈话和廉政提醒制度，诫勉谈话 1 人。推进十九届中央巡视整改工作，制定《整改工作方案》，并根据方案组织开展工作。建立党群活动室，开展建党 99 周年系列活动及“不忘初心 · 爱在协会”主题诗歌朗诵会，以党建带群团促进群团组织作用发挥。坚持党建带群团建，实现党群团工作同步谋划、同步推进。加强青年干部的培养，发动工会会员和团员青年为完成全年任务开展比学赶帮超劳动竞赛。

9 月 15—16 日，中国职业安全健康协会党的建设工作现场会在福建省福州市召开。会后，起草《党建破题开新篇 凝心聚力创一流》的会务总结报告，并起草、印发《贯彻落实中国职业安全健康协会党委福建春伦集团党的建设工作现场会会议精神实施方案》。

会员服务 协会配合相关会员单位、会员个人完成协会任职情况梳理工作，提供企业、个人备案所需相关资料；与 3M 签署服务协议、与中国安全生产科学研究院签署技术咨询服务合同，并按要求编制《实验室智慧化安全管理建设咨询汇编》；召开会员单位（春伦集团）党建工作现场会，推广会员单位先进经验；与科界工作人员联系，提供会员权利与义务、协会 LOGO、分支机构名录等相关信息，完成数据迁移对接工作；到中国石油天然气集团有限公司等会员单位拜访并进行座谈，深入了解企业需求并加强合作；

配合培训部及其他部门、中职安健（北京）科技发展有限公司向会员单位、分支机构转发《关于转发〈中国科协科普部 山西省科协关于举办第九届中国科普摄影大赛的通知〉的通知》《关于征集安全社区工作委员会委员及社区安全专家的通知》等相关文件。

【中国职业安全健康协会 2020 年学术年会暨会员单位和黄金行业职业安全健康管理现场会】 11 月 17—18 日，由协会、中国黄金协会联合主办的中国职业安全健康协会 2020 年学术年会暨会员单位和黄金行业职业安全健康管理现场会在山东省烟台市召开。协会党委书记、理事长王德学到会并作讲话《守正创新，强化支撑，真抓苦干，推动职业安全健康工作不断向前发展》；烟台市副市长王中出席会议并致辞；山东黄金集团有限公司党委书记、董事长陈玉民作职业安全健康管理经验介绍，作报告《践行新理念，迎接新挑战，实现新发展，全面打造行业领先的绿色矿业集团》，提出并交流黄金行业安全生产治理体系、治理能力现代化新进程和践行安全绿色可持续发展的新思路；中国黄金协会党委副书记、副会长兼秘书长张永涛出席会议并讲话。

张永涛受中国黄金协会会长、中国黄金集团有限公司党委书记、董事长卢进的委托，代表中国黄金协会讲话。他指出，要坚持“绿水青山就是金山银山”的理念，坚持尊重自然、顺应自然、保护自然，坚持节约优先、保护优先、自然恢复为主，守住自然生态安全边界。

王德学提出加强职业安全健康工作的六方面意见：一要强化政治统领、坚持党建引领；二要强化以文化人、筑牢思想防线；三要强化科技创新、促进本质安全；四要强化基层基础、切实固本强基；五要强化体系构建、推动责任落实；六要强化组织领导、提高治理能力。

【第三届中国职业安全健康高峰论坛 / 第五届职业安全及粉尘防爆技术研讨会暨展览会】 11 月 11—12 日，由协会、苏州市安全生产管理协会联合主办的以“关爱生命与健康、人人应从我做起”为主题的第三届中国职业安全健康高峰论坛、第五届职业安全及粉尘防爆技术研讨会暨展览会在江苏省苏州市召开。协会党委书记、理事长王德学到会致辞并作主旨演讲《坚持文化铸魂，促进安全发展》。论坛就中国安全生产与应急管理法治建设及发展趋势、中国职业病防治的形势与任务、城市安全风险管控现状及对策、重点行业企业（石化、电力、煤炭、冶金、建筑、铁路等）安全生产及应急现状与对策、“工业互联网 + 安全生产”融合创新与推广应用、高校安全及应急管理教育现状及前景等主要内容，开展深入讨论与交流，探索在疫情防控常态化情况下，职业安全健康工作新形势、新任务、新观点、新举措、新对策、新方法。

（撰稿人：王文兵）

中国烟草学会

学会建设 学会依照章程组织召开换届大会及理事会议等，共召开理事会及以上规模会议 3 次、常务理事会议 5 次、常务理事党员大会 2 次。5 月，召开七届十三次常务理事会议，审议通过增补副理事长事项。6 月，召开七届八次理事会议，审议通过由副理事长刘融担任学会法定代表人的决议。召开七届十四次常务理事会议，审议推荐学会负责人及监事会人选。召开七届常务理事会党员会议审议第八届理事会党委拟任人选。7 月，开展法人离任审计和换届审计工作，并按照审计整改要求进行整改。8 月，举办省级学会秘书长培训班，协调无偿借助科协培训平台资源进行网络培训，邀请专家摄制视频课程。面向省级学会秘书长，组织开展学会工作线上调研。9 月，以电视电话会议形式召开第八次会员代表大会、第八届理事会第一次会议、第八届常务理事会第一次会议及常务理事会党员会议，审议通过学会工作报告、学会章程、学会负责人及党委委员人选等事项。其中，选举采用邮寄选票、34 个分会场现场投票计票、微信群统票的方式开展。10 月、12 月，分别召开八届二次、三次常务理事会议，通过调整专业委员会主任委员事宜。

7 月，学会教育培训专业委员会组织行业网络培训课程竞赛，154 名专家对 43 家直属单位和中国烟草实业发展中心提交 10 个选题范围的 474 门课程进行网络评审，共评出获奖课程 282 门，其中一等奖 24 门、二等奖 48 门、三等奖 72 门、优秀奖 138 门，13 个参赛单位获得组织奖，竞赛获奖课程和部分优秀参赛课程发布在中国烟草网络学院，供行业职工学习观看。

学会安全生产专业委员会针对行业安全生产标准化建设过程中的疑难和困惑，组织编制《烟草企业安全生产标准化规范解读》，为安全生产标准化有效实施提供指导教材，审定确立《烟草企业有限空间作业安全技术规范》《烟草企业熏蒸杀虫安全管理规范》等科研项目和研究团队，完善行业安全生产管理体系和技术标准。

12 月，学会新网站开始作为国家烟草专卖局政府网站司局子站板块运行。为进一步加强烟草学会新网站建设，促进经验交流，学会组织各会员单位提报网站通讯员并进行培训。

学会农业专业委员会组织有关专家和单位汇总年度烟叶政策、工作要求、实用技术、典型经验、研究进展、科研成果等内容，编撰 2020 年度《烟叶生产技术指南》，印刷 3000 册，免费发放给烟叶产区、工业企业及科研院所。

学会安全生产专业委员会针对疫情防控的特殊实际，依托职工进修学院网络资源开展在线培训，组织消防、生产等专业安全培训班 5 期，培训 1026 人次；开展网络安全培训课件研发、评选工作，向网络平台推送 35 件优秀作品，面向全行业展播学习；组织安全大讲堂系列直播活动，邀请行业内外专家分专题举办 14 期辅导讲座，交流经验、分享成果，参与学习人数 21 万余人次。

主办期刊 《中国烟草学报》按时保质做好编辑工作，影响因子同比提高 16%，位居轻工业（除纺织食品类）学科前列。组织开展英语科技期刊创刊前期调研，推进行业文化输出。

组建学术联络员队伍，完成《中国烟草学报》学术联络员推荐工作，聘任行业 50 名科技人员担任学术联络员，进一步增强论文的时效性、创新性和前瞻性。

运用信息技术，打造“互联网 +”编辑平台。推进 XML 排版生产流程管理系统（期刊端）建设，实施数字出版全流程优化改造，截至 2020 年年底项目已基本完成。

做好微信平台建设，提升期刊影响力。“烟草学术期刊”微信公众号关注总人数 7000 余人，全年推送 50 余条消息，阅读量 1 万余人次。利用微信平台，与其他烟草期刊实现学术论文的全文共享，拓展学术交流渠道。

学科发展工程 12 月，学会完成《中国烟草科学与技术（1982—2020）》编写及出版工作。该书由学会组织，行业内外 100 余名专家学者参与，历时 5 年编撰完成的烟草科学技术史类著作；是自中华人民共和国成立以来第一本全面记述烟草科技发展史的专著；是中国烟草总公司成立后行业内第一本系统介绍烟草科学与工程研究领域的新技术、新材料、新方法、新成果的专著；是继建设中国烟草博物馆和修撰《中国烟草通志》后又一项重要文化工程。

国内主要学术会议 2020 年，学会以学术论文征集评审为重点，引导广大科技工作者围绕烟草行业“1+6+2”高质量发展政策体系建设，及时总结科技创新经验和成果，不断提升国内学术交流质量。全年共征集参评论文 1238 篇，宣读论文 95 篇，交流论文 146 篇，录用论文 230 篇。改进论文征集评审机制，推动论文征集评审交流及数据管理全面实现信息化运行。

11 月，学会农业专业委员会在江苏省南京市召开植保学组会议，重点对绿色防控技术高校推广策略进行研讨。植保学组成员、烟叶产区植保技术人员、有关科研单位植保研究人员和特邀专家参加会议。南京农业大学教授王源超、中国农业大学教授何雄奎、农业农村部南京农业机械化研究所研究员薛新宇、中国农业科学院烟草研究所研究员任广伟分别围绕作物疫病研究及防控技术、绿色植保高效施药技术、植保无人机应用技术、烟草病虫害绿色防控进展作学术报告。

国际交往 1 月 22—26 日，郑州烟草研究院博士胡斌代表中国烟草总公司参加在美国肯塔基州路易维尔市召开的国际烟草科学研究合作中心（CORESTA）2020 年第一次科学委员会会议。学会完成国内推荐论文评审和报送工作，做好 CORESTA 秘书处在线论文展示及在线参会等组织工作，向行业科技期刊推荐已经入选 CORESTA 大会的论文，切实为行业科技人员服务。11 月 16 日，学会副理事长、中国工程院院士、郑州烟草研究院院长谢剑平作为理事成员单位代表，胡斌及云南省烟草公司玉溪市公司博士张立猛分别作为 CORESTA 产品工艺学组副主席、农学与烟叶完整性学组委员在线参加 2020 年 CORESTA 大会。另有 65 人次在线参与 CORESTA 分学组会议及进行 CORESTA 大会论文网络在线展示。

科普活动 学会聚焦疫情防控，做好健康科普工作。开辟“烟草战疫”科普专栏，宣贯防疫知识，以科普保障科学防治，助力打通疫情科普“最后一公里”。

学会聚焦优秀作品，展示行业形象。开展全国科技活动周、全国科普日和科普摄影系列活动，展示行业在科普惠民、绿色农业等方面取得的成果。举办优秀科普作品展，征集遴选38个优秀科普作品，在行业媒体、各省学会网站巡展，向社会传播烟草行业服务社会的正能量。

表彰举荐优秀科技工作者 学会面向一线科技人员，聚焦先进典型，做好人才选拔推荐和宣传工作。经专家评审，在全行业选树10名作出突出贡献的最美科技工作者，并从中推荐2人参加全国最美科技工作者评选。做好最美科技工作者事迹宣传工作，协同中国烟草杂志社、《东方烟草报》开设专栏，各省学会网站、刊物广泛报道。

党建强会 学会认真学习贯彻习近平新时代中国特色社会主义思想，党的十九大和十九届二中、三中、四中、五中全会精神，以“三会一课”、网络培训、党性锻炼为依托，开展多形式、全覆盖的学习培训，支部建设得到加强。

夯实党建工作基础。完成支部和党小组调整工作，选举产生新一届支部书记和委员。修订完善支部议事规则等8个制度，确保组织生活规范有序。及时传达贯彻国家烟草专卖局机关第四次党员代表大会精神，深入谋划党建工作，力促党建和业务深度融合。

创新党建活动方式。创建党员活动室，制作党建宣传展板，编印学会党员干部应知应会手册，开展党内法规知识测试，让党规党纪入脑入心。创新“不忘初心、弘扬优良家风”主题党日活动形式，利用工余时间，组织党员观看文献纪录片《守望家风》。创新支部学习研讨方式，处级以上干部带头，每期研讨专人领题、轮流主谈、结对点评、全员交流，确保“思想上受洗礼、作风上有改善、行为上立规范”。

落实全面从严治党主体责任暨深入推进政治生态突出问题全面整改工作。制订自查方案，召开专题民主生活会和组织生活会，党员干部严格对照“九个有无”自查自纠。开展消除“小圈子”不良影响，营造积极健康党内政治文化活动，制订实施方案，组织学习研讨，教育党员干部自觉净化“朋友圈”“社交圈”“生活圈”。深入推进机关党建三项重点工作。制定学会关于推进机关党建三项重点工作实施方案，认真查摆“灯下黑”问题清单，落实党支部标准化规范化建设要求，确保边学边改、真学真改。

会员服务 学会定期在微信公众号上发布信息，便于会员了解学会相关内容。学会会员可优先参与学会活动和在学会期刊发表论文。

【中国烟草学会第八次会员代表大会】 9月15日，学会第八次会员代表大会在北京召开。国家烟草专卖局党组书记、局长，中国烟草总公司总经理张建民对会议作出批示。国家烟草专卖局党组成员、副局长韩占武出席会议并讲话。

张建民在批示中指出，学会和各级学会要紧密团结带领行业广大科技工作者，坚决围绕行业改革发展大局，以加强党的建设为统领，以推进行业高质量发展为中心任务，以提升行业软实力为重要目标，更好地为行业广大科技工作者服务，为烟草科技创新服务，为提高全民科学素质服务，为推动行业高质量发展作出新的更大贡献。

韩占武在讲话中强调，第八届理事会要按照“四服务”职责定位，将全力助推行业高质量发展作为根本职责和历史使命，立足促进行业科技创新和科技人才成长，积极谋划，主动作为，全力助推行业高质量发展。一要坚持把党的政治建设摆在首位，增强政治定力和政治自觉。二要坚持主动作为的工作理念，提高服务行业高质量发展的能力。三要不断强化纪律规矩意识，把严格规范贯穿工作始终，努力实现学会发展和规范建设双促进、双提升。

会上，学会秘书长作第七届理事会工作报告。会议审议通过学会第七届理事会工作报告、财务报告和章程修改说明；选举产生第八届理事会、监事会，选举产生韩占武等9名理事长、副理事长、第八届理事会党委委员，聘任秘书长及各专业委员会主任委员。

会议以电视电话会议形式召开。国家烟草专卖局机关各部门、各单位代表在主会场参加会议，各省级代表在分会场参加会议。

（撰稿人：王文静）

中国仿真学会

服务创新型国家和社会建设 1月31日，学会通过官网和微信公众号向会发出《协同一心抗击疫情 我们终将赢得胜利》倡议书，并不间断地在学会网站、微信公众号上陆续发布各类抗疫信息和科普文章。

11月26日、12月2日，学会副理事长张柯参加中国科协组织的赴中国电子信息产业集团有限公司和中国电子科技集团的调研活动。通过调研，了解企业产业发展、自主创新情况。调研过程中就贯彻落实党的十九届五中全会精神，聚焦国家战略需求，深化会企合作、产学研融合，促进人才培养、科技创新等方面进行座谈交流。

学会建设 11 月 28 日，学会八届二次理事会议在北京召开，113 位理事及代表参加会议。会议审议并选举产生学会第八届理事会党委委员。

学会新增个人会员 2398 人，会员总人数达 23512 人；新增单位会员 2 家，单位会员总数达到 99 家。新增 6 个分支机构，分别为人工社会专业委员会、不确定性系统分析与仿真专业委员会、道路基础设施建模与仿真专业委员会、机器人系统仿真专业委员会、综合能源系统数字孪生专业委员会、人工智能仿真技术专业委员会，专业委员会总数增至 28 个。学会下属分支机构共 32 个，覆盖航空航天、教育、军事、交通、社会、经济、医学、生命和娱乐等仿真科学技术领域。

截至 12 月 31 日，学会官方网站总浏览量近 70 万次，发布各类信息共计 86 篇。微信公众号图文阅读总量约 4.8 万余次，累计阅读人数 4.8 万余人次，单篇阅读量最高 8779 次。学会充分利用信息化手段，提高服务效率。

学会进一步修订《2020 年度专业委员会考评表》，明确要注重发展高端会员及提高会员活跃度，增加专业委员会特色工作栏，鼓励专业委员会开展能充分发挥专业特色的活动。

青年人才托举工程 学会完成第四届中国科协“青年人才托举工程”项目验收工作，启动第六届中国科协“青年人才托举工程”项目申报工作。第五届中国科协“青年人才托举工程”项目实施期间，1 名被托举人入选英国皇家学会牛顿高级学者并破格提升为博士生导师，1 名成为“智能仿真优化调度”领域青年学术骨干。

学会通过微信公众号、工作群等平台发布信息，对被托举人进行宣传，扩大影响力和认知度。在官网设立“青年人才托举”专栏，用于宣传被托举人的研究成果以及个人事迹等，同时也为后续的青年优秀人才树立榜样。

11 月 29 日，在 2020 中国仿真大会上，学会开辟青年科学家论坛，由学会入选中国科协“青年人才托举工程”项目的青年学者共同举办，邀请国内相关领域专家作报告。

主办期刊 学会会刊《系统仿真学报》出刊 12 期，共发表 269 篇文章。其中 2020 年度新投稿 1062 篇，录用 292 篇。根据《中国学术期刊影响因子年报（2020 版）》，在 142 种自动化技术、计算机技术类期刊中，《系统仿真学报》影响力指数值为 473.006，排名第 17；期刊综合影响因子为 0.652，同比增长 17.27%，排名第 60；综合总被引频次为 8916。国际杂志 *International Journal of Modeling, Simulation, and Scientific Computing*（IJMSSC）收到 400 余篇投稿，投稿量较 2019 年增加约 15%。

学科发展工程 学会向 27 个分支机构和 95 个理事单位征集前沿科学问题和工程技术难题，经过专家遴选，最终向中国科协提交 10 个科学问题和 11 个工程技术难题。其中，“如何建立虚拟孪生理论和技术基础并开展示范应用”一项科学问题入选中国科协 20 个重大科学问题和工程技术难题，并在第二十二届中国科协年会上发布。同期提交该项科学问题的论述文章 1 篇、科普文章 1 篇、文献研究报告 1 篇、科技工作者建议 1 篇。

作为教育部“卓越工程师教育培养计划”2.0 的重要抓手，学会与哈尔滨工业大学共同申报的教育部第二批“新工科”研究与实践项目“新工科人才培养仿真创新平台与建设实践”获批。

国内主要学术会议 11 月 27—29 日，由中国工程院主办，中国工程院信息与电子工程学部、学会、中国自动化学会、北京仿真中心联合承办的国际工程科技战略高端论坛暨 2020 中国仿真大会在北京召开，主题为“面向 CPS（信息物理融合系统）工程的建模与仿真技术”。学会荣誉理事长、中国工程院院士、中国工程院信息与电子学部副主任赵沁平，学会理事长、中国工程院院士、论坛主席曹建国，中国自动化学会副理事长、冶金自动化研究设计院院长张剑武出席大会开幕式并致辞。中国工程院院士李伯虎和曹建国担任论坛主席，开幕式由北京航空航天大学教授张霖主持。会议以“线上 + 线下”形式举办，探讨“面向 CPS（信息物理融合系统）工程的建模与仿真技术”的未来发展之路。大会邀请 6 位国内外院士及 6 位国外专家分别作线上线下大会报告，同时还邀请数十名专家作分会场报告。线上线下共 1000 余人次参加会议。

国际交往 10 月 24—27 日，学会国际交流工作委员会组织 IEEE UV 2020 线上盛会的 Session 5A 和 Session 2B 分会场，共有来自国内外高校和研究机构的

100余名专家学者和研究人员参加会议。会议由麻省理工学院承办，邀请国内外学者作大会报告，内容涉及人工智能等新兴技术以及建模与仿真技术在制造、医疗、建筑、城市规划等领域的应用，并进行学术论文交流研讨。

科普活动 学会以咨询、讲座、展览、开放实验室等形式举办科普及大赛活动。共举办大赛3项，总会及分支机构开展的线上线下科普活动12项。

教育部高等学校自动化类专业教学指导委员会、学会和西门子（中国）有限公司联合主办2020年CIMC“西门子杯”中国智能制造挑战赛。3月1日赛事开始报名，7月22日开始第一个赛项的资格赛，8月25日举办全国总决赛，8月28日进行决赛评审。参赛队伍共6011支，其中报名学校数为433个、学院数为827个，参赛老师2296人、学生9782人。总决赛评选出特等奖30项、一等奖79项、企业奖5项。

9月22日，由学会、国际水中机器人联盟和青岛蓝谷管理局共同主办的第十三届国际水中机器人大赛在山东省青岛市举办。学会副理事长纪志成、青岛蓝谷管理局副局长王学东、国际水中机器人联盟秘书长于泓等出席开幕式。大赛包括11个组别共36个科目，来自清华大学、北京大学、哈尔滨工业大学、南开大学、西北工业大学等近60所高校的400支参赛队伍参与。大赛共产生一等奖59名、二等奖82名，33名指导教师获得优秀指导教师奖，16所高校获得优秀组织奖。

学会举办首届仿真教学大赛。主要面向国内大中专院校的专业教师及实验教师开设仿真教学课件和仿真教学能力2个赛项，每个赛项分为理科、工科、文科、医学和其他5个组别。

6月24日，学会虚拟技术及应用专业委员会与（南昌）北京理工大学虚拟现实标准检测与评测中心共同举办面向南昌市第五中学学生的VR虚拟现实体验活动。

9月19—25日，学会生命系统建模仿真专业委员会和上海大学机械工程实践工作站共同举办“机器拥抱智能”青少年科学探究活动，把科学知识、科学方法、科学精神传递给青少年。

表彰举荐优秀科技工作者 根据《中国仿真学会科学技术奖评选办法》，学会开展2020年度中国仿真学会科学技术奖评选工作，其中一等奖3项、二等奖6项，相关获奖名单已在学会网站及公众号公示。

学会完成第二届全国创新争先奖、2020年最美科技工作者、第十七届中国青年女科学家奖和2020年度未来女科学家计划候选人提名及推荐工作。

党建强会 按照中国科协科技社团党委的要求，学会21个分支机构成立党小组，学会初步形成理事会、办事机构、分支机构三级党组织体系。

学会在《中国仿真学会章程》中增加马克思列宁主义、毛泽东思想、邓小平理论、“三个代表”重要思想、科学发展观、习近平新时代中国特色社会主义思想等相关内容，加强政治引领，以党建引领学会发展。

学会21个分支机构成立党小组。学会党组织要在工作中发挥政治核心、思想引领和组织保障作用。

学会召开线上和线下党建专题会议，学习中国科协宣传思想工作会议精神、习近平总书记给25位科技工作者代表回信精神、习近平在科学家座谈会上的讲话及十九届五中全会精神。

学会12个分支机构开展各种形式的党建教育活动，如中国仿真学会生命系统建模仿真专业委员会“四史”学习参观——见证共和国前进历程活动、在广西壮族自治区南宁市参观学习百色起义烈士纪念馆和江西省赣州市于都县中央红军长征出发纪念馆、学会仿真计算机与软件专业委员会联合三部海鹰仿真中心党支部举办党小组活动等。

会员服务 学会将纸质版《中国仿真学会通讯》电子信息化，并在学会公众号分栏目进行推送，促进学会与会员的信息交流。

5月，学会秘书处通过邮件系统推送《中国仿真学会通讯》和《系统仿真学报》目录及有关活动通知等。截至12月31日，共推送43.5万余条信息。

学会电子发票系统升级，增加会员查询系统，便于会员下载电子发票及查询会员证号、在学会官网下载电子会员证书。

【数字孪生智能制造青年学术沙龙】 11月13日，由中国科协主办、学会承办、学会青年工作委员会协办的数字孪生智能制造青年学术沙龙在北京举办。会议以“数字孪生智能制造”为主题，围绕4个专题组织13个学术报告，分别从基础理论与算法、关键技术和平台以及行业应用案例三个方面探讨数字孪生与智能制造在各个行业、领域的研究成果和应用现状。会议采用“线上+线下”的形式，邀请各大高校、科研院所以及相关企事业单位的专家学者作报告并交流。

【第二十届中国虚拟现实大会】 9月17—20日，由中国计算机学会、中国图象图形学学会和学会联合主办，中国计算机学会虚拟现实与可视化技术专业委员会、中国计算机学会职业教育发展委员会、中国图象图形学学会虚拟现实专业委员会、学会虚拟技术及应用专业委员会、吉林省党外知识分子联谊会协办，吉林动画学院、吉林大学、长春理工大学、长春大学、中国科学院长春光学精密机械与物理研究所官方联合承办的以“虚拟现实促进民心相通”为主题的第二十届中国虚拟现实大会在吉林省长春市召开。会议以“线上＋线下”的形式举办，获得北京金山云网络技术有限公司的支持。大会历时4天，线下邀请数百名国内外虚拟现实领域的专家学者、企业家、行业用户、政府及投资机构人士，线上参会者累计超过10万人次。

【2020医疗仿真创新进展与挑战专题论坛】 10月29日，由学会医疗仿真专业委员会、中国虚拟现实技术与产业创新平台虚拟医疗专业委员会、北航VR/AR创新研究院（杭州）、上海生物医学工程学会医用机器人专业委员会联合主办，浙江润湾投资咨询有限公司承办的2020医疗仿真创新进展与挑战专题论坛在浙江省杭州市举办。会议采用“线上＋线下”的形式，旨在探讨医疗仿真技术发展方向，促进相关前沿技术交流，深化产学研医合作，在线人数超千人。

（撰稿人：赵　罡）

中国电影电视技术学会

服务创新型国家和社会建设 学会承接政府转移职能，应中央广播电视总台、中共中央宣传部电影数字节目管理中心、国家广播电视总局广播电视规划院等14家单位的委托，对“5G媒体应用实验室”“基于大数据的农村公益电影业务运营与监管服务平台”等67项科技项目作科技评价和咨询。

学会在全国标准信息公共服务平台上颁布团体标准4项，分别为《〈电视台信息系统运行维护服务通用要求〉成熟度模型及评估细则》《电影数字拷贝卫星接收机技术要求和测量方法》《电影鉴定放映室和录音棚技术要求和测量方法》《电视成品节目声音质量主观评价方法》；完成《网络视听节目内容审核系统技术与应用要求》标准的立项；有3项标准处于征求意见稿阶段，分别为《无障碍电影制作技术规范》《电视成品节目图像质量主观评价方法》《电视成品节目声音质量主观评价方法》。

在水平评价工作方面，学会完成10人（单位）的续期换证工作，其中3个单位为北京新奥特集团、北京星光影视集团和华创。

学会举办品牌培训2次。6月，组织行业专家资源，发挥企业会员网络直播优势，首次以网络直播的形式举办电视节目制作技术质量控制培训，1000余名一线技术骨干参加培训。10月，在浙江省宁波市举办2020安全播出研修班，提升各广播电视台安全播出保障水平。

学会建设 学会新增团体会员单位6家，新增个人会员23人；以通讯形式召开理事会议1次、常务理事会议2次、分支机构会议2次。

在分支机构管理方面，学会完成1个专业委员会的更名备案工作，3个专业委员会完成换届。

学会强化内部治理工作，严格执行合同审批管理和预算管理制度。指导分支机构在举办会议、活动时严格遵守财务制度。

学科发展工程 学会和中国电视艺术家协会媒体融合推进委员会共同编辑发布《2019中国电视媒体融合发展报告》。报告展示2019年学会开展行业学科发展研究的重要成果，对推进中国广播电视媒体行业利用互联网、大数据等新媒体传播优势，推动融合发展，提高新闻舆论传播力、引导力，具有重要实际意义。

国际学术会议 12月，由学会和中国电影学院主办的2020国际特种影像论坛在北京召开。论坛邀请国际特种影像研究和应用领域的专家学者及创作者共同探讨特种影像技术及相关行业的发展前景，加强国内外特种影像技术标准、制作流程和创新观念的交流。

国内主要学术会议 10月，由学会主办、学会声音专业委员会承办的中国电影电视技术学会影视声音技术研讨会暨2020年声音制作优秀作品奖评审活动在江苏省昆山市举办。

9月，学会摄影摄像专业委员会在第二十九届北京国际广播电影电视展览会活动中承办摄影摄像技术论坛。论坛从摄影摄像技术应用涉及的多个角度完成全天超过8小时的直播。

9月，学会台网协作发展专业委员会举办台网协作发展专业委员会第一届第四次理事会议及会员代表大会和台网协作发展专业委员会项目评审会。

11月，由学会电影高新技术专业委员会主办的中国电影电视技术学会电影高新技术专业委员会第三届会员大会在海南省海口市举办。大会以“高新技术融合应用支撑中国电影高质量发展”为主题，举办电影高新技术研讨会、电影行业发展座谈会、技术参观等活动。

12月，学会摄影摄像专业委员会在北京举办新闻现场报道摄影摄像培训，同期召开学会摄影摄像专业委员会年度工作会议。

12月，学会城市电视台技术分会在浙江省宁波市举办2020科技创新优秀论文评审会，27个单位选送的99篇论文参评。

科普活动 学会通过官方网站和微信群发布新冠肺炎抗疫科普知识，宣传在抗疫过程中个人及单位会员的先进事迹，同时向中国科协申请与200余家全国学会联合发出共同抗击新冠肺炎疫情的倡议书。

10月26日，学会化妆专业委员会与中国气象局联合举办气象主持人出镜科普日活动。

表彰举荐优秀科技工作者 学会科技进步奖、科技人才奖、论文奖以网络申报、评审的方式进行。8月28日，2020年度科技人才奖（全国广播电影电视青年科技奖）举办终评会，全国共有28个单位推荐42名候选人参评，最终评选出全国广播电影电视青年科技奖获奖者30名；9月，全国共有33个单位申报第十三届中国电影电视技术学会科技进步奖，参评项目144个，评选出一等奖12个、二等奖24个、三等奖37个。

11月，学会在海南省琼海市博鳌镇举办电视节目技术质量奖（金帆奖）终评会，共评出获奖节目471个。其中，一等奖69个、二等奖172个、三等奖230个。中央广播电视总台、江苏省广播电视总台、浙江广播电视集团、上海广播电视台、湖南广播影视集团有限公司、广东广播电视台6家单位获得金帆奖综合奖。

11月，学会举办广播节目技术质量奖（金鹿奖）终评会，共评出获奖作品247个。其中，一等奖36个、二等奖85个、三等奖126个。上海广播电视台、天津广播电视台、江苏省广播电视总台、浙江广播电视集团、中央人民广播电台、吉林广播电视台6家单位获得金鹿奖综合奖。

党建强会 学会制定《中国电影电视技术学会党委工作制度》。1月中旬，中国科协科技社团党委印发《关于开展中国科协所属学会党委相关情况调查的通知》，学会党委领导高度重视，在新冠肺炎疫情期间以通讯方式召开党委工作会议，根据《关于进一步加强中国科协所属学会党委建设的指导意见（试行）》的要求，讨论通过《中国电影电视技术学会党委工作制度》，并报送中国科协科技社团党委备案。

为加强党的领导，学会探索工作与党建融合方式。学会党委建立学习制度，聘请专人从事党委日常党建联络工作，及时通报中国科协党委的指示精神，通过远程文件学习和线上交流相结合的方式，学习党的各项政策和习近平总书记讲话等重要精神。

6月23日，中国科协科技社团党委副书记以视频会议的方式调研学会党建工作，肯定学会党委近两年组织的传达中央精神、文件学习辅导、扶贫、红色教育等活动，并对《中国电影电视技术学会党委工作制度》提出修改意见。

9月，学会党委组织学会秘书处工作人员及部分专业委员会党员在北京市怀柔区沙峪抗日烈士纪念馆和长城红馆参观学习，接受革命传统教育。

12月25日，学会党委举办习近平新时代科技创新重要论述和增强党组织引领学会工作的责任意识主题报告会，学会党委书记丁汶平作专题宣讲报告。学会党委成员、秘书处全体员工、各分支机构部分党员共51人参加会议。会议采取现场会议和视频会议相结合的形式举办。

会员服务 学会在官网开放影视技术成果库，及时更新学术会议信息、行业标准、发展动态，方便会员浏览。维护会员、专家和杰出影视科技工作者信息库。利用学会微信公众号向会员发布会议通知、介绍影视科技发展动态、发布学会工作信息。通过学会科学奖励管理系统，为申报奖项的广大会员提供专业服务。

（撰稿人：路晓俐　蒋　芳）

中国振动工程学会

服务创新型国家和社会建设 为应对新冠肺炎疫情，学会创新工作方式，联合各分支机构和部分企业会员单位开展“科技支撑，助力复工”系列活动，共举办振动与噪声测试分析网络课堂、激光测振传感网络课堂、振动试验及电动振动台基础网络课堂等 4 个网络课堂，累计点击播放 3000 余次。

学会建设 学会个人会员 2347 名，新增个人会员 802 人，比 2019 年增长 51.9%。

学会贯彻落实《中国科协 2020 年工作要点》，加强制度建设，完善内部治理，积极开拓学会业务，提升会员发展和服务水平，切实为广大会员提供有效的科技服务，提升学会组织力、凝聚力和影响力。

7 月 23 日，学会九届三次常务理事会议以线上形式召开，审议并通过《中国振动工程学会会员管理办法（修订）》《中国振动工程学会分支机构 / 编委会管理办法（修订）》《中国振动工程学会财务管理办法（试行）》《学会工作人员薪酬管理办法（试行）》和《振动工程学报编委会管理办法（试行）》等一系列管理办法和举措，建立高效科学的管理机制。会议完成《振动工程学报》编委会换届工作，产生由 109 名专家组成的第九届编委会。

11 月 28 日，学会九届四次常务理事会议在江苏省南京市召开，会议审议通过中国振动工程学会科学技术奖、青年科技奖评审结果，审议部分专业委员会换届工作和印章管理办法，讨论学会学术年会申办工作。

11 月 29 日，学会九届二次理事扩人会议暨学术报告会在江苏省南京市召开，南京航空航天大学校长中国工程院院士单忠德受邀出席。会上，学会理事长胡海岩致辞，审议并通过学会工作报告和财务工作报告，举办 2019 年度中国振动工程学会科学技术奖颁奖仪式，特邀学会副理事长李惠和西安交通大学教授雷亚国分别作学术报告《大型桥梁安全监测、诊断与控制》和《大数据驱动的机械装备智能运维》。

主办期刊 11 月 29 日,《振动工程学报》九届一次编委会在江苏省南京市召开。常务副主编陈国平主持会议，主编胡海岩，副主编翟婉明、李惠、史铁林，以及各位编委、编辑部工作人员共 70 余人出席会议。

《振动工程学报》出版 6 期，年收稿量 519 篇，发表论文 144 篇。根据《中国学术期刊影响因子年报》（2020 版）,《振动工程学报》2019 年复合影响因子为 1.008，在力学类 22 种期刊中排名第 7，在工程与技术科学基础学科类 53 种期刊中排名第 16，在机械工程 89 种期刊中排名第 18，基金论文比为 0.89。

《振动与冲击》出版 24 期，年收稿量 2786 篇，发表论文 927 篇。根据《中国学术期刊影响因子年报》（2020 版）,《振动与冲击》2020 年他引总被引频次为 7443，他引影响因子为 1.26，影响力指数在工程与技术科学基础学科类 53 种期刊中位居第 1，在土木建筑工程 169 种期刊中排名第 9。被评为“中国国际影响力优秀学术期刊”。

学科发展工程 学会开展 2020 重大科学问题和工程技术难题征集活动。经专家组评审，共遴选出“如何解决不确定性环境下的复杂工程系统动力学基本问题”“如何实现基于航空发动机三维叶尖间隙的叶片早期裂纹定性精确和定量全息诊断”“复杂月貌月壤如何影响月基装备着陆和移动安全性与稳定性”3 个前沿科学问题。

国际学术会议 10 月 10—13 日，由西安交通大学主办，国际电气电子工程师学会及其机器人与自动化分会、学会动态测试专业委员会、香港大学和深圳市智能机器人研究院等协办的第十届国际电气电子工程师学会自动化、控制和智能系统中的网络技术国际学术会议在陕西省西安市召开。来自国内外高校和研究机构等 40 多家单位的 200 名专家学者参加会议，20 名国外代表和国内部分代表线上参加会议。会议紧紧围绕“机器人技术、控制 / 自动化、网络物理系统、物联网和传感器网络”等主题共同探讨网络通信、智能自动化的未来。

国内主要学术会议 学会及所属分支机构举办各类国内学术会议 8 次，参会人数 3050 人次，交流报告、论文 928 篇。

3 月 26 日，学会振动与噪声控制专业委员会采用线上直播的形式举办 2020 机械振动噪声测试与智能监测交流会，分享机械振动噪声测试领域的最新技术和工程应用经验，促进国内机械行业振动噪声测试技术的进步，在线观看人数 1080 人次。4 月 24 日，以线上形式举办 2020 土木桥梁测试与结构健康监测技术交流会，在线观看人数 795 人次。5 月 28 日，以线上形式举办 2020 轨道交通振动噪声测试技术交流会，用于分享轨道交通领域的解决方案、测试分析经验与工程应用案例，在线观看人数 736 人次。

6月22日，学会举办主题为“动力学与学科交叉”的中国振动工程学会青年学者论坛第一场云会议，共有 600 余名从事本领域研究的学者以线上线下相结合的形式参加会议。学会理事长胡海岩、西北工业大学教授张伟伟、北京航空航天大学博士于洋分别作报告《空间结构的展开动力学分析与设计》《数据驱动的流固耦合动力学分析方法》和《小行星探测中的动力学问题》。会议针对大型航天器在轨自主组装动力学与控制、复杂航天结构动力学设计与制造、航空类飞行器动力学与控制、数据驱动的流固耦合动力学等问题进行深入的交流。

7月2日，学会振动与噪声控制专业委员会以线上的形式召开2020机械测试基础与工程应用技术交流会，来自国内高校和企业的专家学者和工程师等200余人参加网络直播会议。北京东方振动和噪声技术研究所技术工程师围绕“机械振动、声学测试技术与工程应用”这一主题，结合自身工程测试经验，以实际案例对振动噪声测试与智能监测技术的关键问题进行分享，在线观看人数达到769人。

8月19—21日，由学会故障诊断专业委员会和中国机械工程学会设备与维护工程分会共同主办、福州大学承办的2020年全国设备监测诊断与维护学术会议在福建省福州市举办。会议主席为学会故障诊断专业委员会主任委员、清华大学教授褚福磊，会议征集论文400余篇，697名专家学者参加会议。会议设立17个专题报告分会场，分别就直升机传动部件建模与健康监测，深度学习与机械装备故障诊断，多故障复合诊断，智能制造中的诊断与维护，齿轮系统动力学建模与诊断，非线性、耦合动力学与故障机理，航空发动机故障诊断，轨道交通故障诊断，数字孪生与故障诊断，风电设备故障诊断与预测，机械装备可靠性，智能感知与信号处理，叶片状态监测，太赫兹信号处理与诊断，电力设备智能诊断等主题进行交流和讨论。

9月20日，学会举办主题为“随机动力学与可靠度”的中国振动工程学会青年学者论坛第二场云会议，从事相关领域研究的400余名学者以线上线下相结合的形式参加会议。会议特邀学会副理事长、同济大学教授李杰，浙江大学教授宦荣华，美国科罗拉多州立大学博士贾高峰分别作学术报告《物理随机系统：一个新的世界观》《微机械谐振器非线性随机动力学与高性能传感》和《复杂系统的不确定性量化：基于模拟和软计算的方法》，多名青年学者针对复杂工程系统可靠性分析、大数据融合的随机动力学等进行讨论。

10月30日—11月1日，由学会主办，学会随机振动专业委员会、重庆大学土木工程学院、同济大学土木工程防灾国家重点实验室、重庆大学高性能风电设施及其高效运行学科创新引智基地联合承办的第十二届全国随机振动理论与应用学术会议暨第九届全国随机动力学学术会议在重庆召开。来自全国91家高校、科研院所和企业的385名专家学者参加会议。大会共收录论文212篇，举办12场现场和1场线上国际前沿学术报告，作140场分会场学术报告。

10月29日—11月1日，由学会包装动力学专业委员会主办的2020年第二届包装工程青年论坛在云南省昆明市召开。论坛延续“包装·未来”的主题，来自全国127所高校、科研院所和企业的430多名专家学者就包装领域面临的重大挑战、核心关键技术、交叉科学研究等进行讨论。论坛收录论文112篇，来自各大高校、科研院所等单位的62名专家青年学者和研究生分别作主题报告、邀请报告和研究生报告，近30名研究生的论文进行墙报展示。

10月29日—11月2日，由学会转子动力学专业委员会在广东省佛山市主办第14届全国转子动力学学术大会暨中国振动工程学会转子动力学专业委员会九届四次会议。会议邀请河南科技大学教授叶军、中国矿业大学教授朱真才、浙江大学教授冯毅雄、东北大学佛山研究生院院长徐新阳分别作大会特邀报告。来自全国高等院校、科研院所、企事业单位的转子动力学领域的专家学者及研究生近200人参加大会。会议针对转子装备（部件）动力学设计与控制、运行监测与故障诊断、健康评估与智能维护等方面进行学术研讨。

11月6—8日，由学会机械动力学专业委员会主办、石家庄铁道大学承办的2020机械动力学及先进制造装备前沿学术讨论会在河北省石家庄市召开。参会人数138人，作大会报告3个，分别为《流体界面异相介质行为调控及应用》《网络制造的几个关键底层技术》《高速列车走行部件动力学分析与故障诊断》。作分组报告18个，内容涉及机械动力学与智能检测技术、智能制造与先进装备技术等。

科普活动 由学会主办、学会科普工作委员会承办的网上学术课堂邀请振动界专家针对国家经济建设需求和社会关心的科技热点问题开展系列网上学术讲座。讲座共邀请4名专家分别作主题学术报告，分别为北京大学教授颜大椿《浅谈虎门大桥风振问题》、同济大学教授葛耀君《风—风工程—桥梁风工程》、北京航空航天大学教授林京《装备瞬态信号诊断信息的提取与集成》、中国科学院院士胡海岩《漫谈动力学反问题》。

表彰举荐优秀科技工作者 4月，学会奖励办公室完成学会科学技术奖励实施细则修订工作，并向国家科学技术奖励工作办公室备案。5月，启动2020年度学会科学技术奖推荐与评选工作，评选中国振动工程学会科学技术奖和中国振动工程学会青年科技奖。经专家推荐和单位推荐，共评出中国振动工程学会科学技术奖获奖项目4项，其中一等奖空缺、二等奖4项；5人获中国振动工程学会青年科技奖。

根据《人力资源社会保障部 中国科协 科技部 国务院国资委关于评选全国创新争先奖的通知》，经学会民主推荐、专家评议、常务理事会研究决定，向中国科协推荐中国工程院院士陈政清、研究员杨建中、教授苏成、研究员王开云为全国创新争先奖状候选人，推荐机械结构力学及控制国家重点实验室为创新争先奖牌候选团队。经评审，陈政清、王开云获第二届全国创新争先奖状。

学会开展2020年最美科技工作者评审与推荐工作并制定工作方案。经九届三次常务理事会议评审通过，推荐中国工程院院士、中国机械工业集团有限公司首席科学家徐建院士和隔而固（青岛）振动控制有限公司研究员尹学军参评全国最美科技工作者。

党建强会 学会理事会党委共召开3次党委会会议，贯彻落实中国科协科技社团党委调研会的指示精神，认真总结学会党建工作经验，切实加强学会党的建设，加快推进学会专业委员会党的组织和党的工作全覆盖，共有5个专业委员会成立党的工作小组。1月，学会理事会党委发出致广大会员倡议书，号召学会各分支机构、广大会员及时贯彻落实党中央、国务院决策部署和习近平总书记重要指示精神，切实做好新型冠状病毒肺炎疫情防控工作。4月，学会理事会党委筹备弘扬科学家精神——纪念张阿舟先生诞辰100周年活动申报中国科协2020年“党建强会计划”项目。7月，学会党委参加中国科协科技社团网络会议，会议对学会党建工作开展调研，就学会党建工作、理事会党委制度建设、作用发挥和学会党建工作与重点业务工作融合发展等进行指导和交流。9月，学会理事会党委与南京航空航天大学联合主办的张阿舟先生诞辰100周年纪念会暨力学学科发展研讨会在江苏省南京市举办，学会理事长胡海岩，理事会党委书记华宏星及理事会党员代表等200余人出席大会。

（撰稿人：刘 红 张利明）

中国颗粒学会

服务创新型国家和社会建设 7月29—31日，由学会和纽伦堡会展（上海）有限公司主办的第十八届中国国际粉体加工/散料输送展览会（IPB 2020）在上海举办。展会为期3天，面积8500平方米，展商数量109家，观众数量8867人次，全方位展示颗粒领域的创新产品及技术成果。IPB 2020与弗戈传媒合作，同步线上直播，吸引线上1.53万人次线上参与。

学会建设 为更好地促进重点业务的开展和逐步打造全国一流学会，学会在2020年初建立专家委员会，人数已达到400余人，深入参与学会的各项工作。为储备青年后备人才、扶持职业发展和学术成长，学会梳理青年理事会，青年理事人数约为300人，为学科的持续发展和人才培养奠定基础。

为使学会秘书处人事管理工作规范化、制度化、标准化和统一化，使各项人事相关工作有章可循，学会秘书处工作人员进行重新聘任，按职设岗，秘书处设立业务部、会员部、事务部和期刊部。各部门全面负责本部门工作，并协调其他部门工作。

7月30日，学会举办2020年颗粒测试与表征技术培训班，共有80余人参加。

主办期刊 由学会和中国科学院过程工程研究所主办、中国科学院院士李静海院士担任主编的期刊《颗粒学报》（*Particuology*），2019年SCI影响因子约为2.787。

由学会和济南大学主办的《中国粉体技术》是国内唯一集中讨论粉体工程学的技术性期刊，已成为海内外人士了解中国粉体技术的窗口和中国粉体技术走向世界的桥梁和纽带。

两岸交流 10月23—25日，学会在福建省厦门市组织召开第十一届学术年会暨海峡两岸颗粒技术研讨会。大会共设置16个分会场和5个论坛，以线上线下相结合的形式召开。会议共作口头报告506个、展示墙报240个，共有多名院士及近1500名专家学者现场参加会议。

科普活动 6月27日，学会主办“小颗粒，大健康”之冠状病毒来源、传播、防控和疫苗发展线上交流会。交流会在十几家线上平台直播，直播关注人数达33万人次。

学会开展防疫科普工作。与北京科技报社合作，在科普中国平台组织“小颗粒，大健康”科学达人活动。学会科普工作委员会利用学会媒体矩阵发布新冠病毒肺炎相关科普知识，同时推送科普中国各类科普资源。

表彰举荐优秀科技工作者 学会组织开展第十一届中国颗粒学会青年颗粒学奖的评选工作，李卫军、刘马林、王洁欣、王利民、王伟、王治宇、吴学成、徐红梅、许传龙、余彦、赵赫等11人获奖。

党建强会 借助学会年会，将“建党百年”和“郭慕孙先生学术百年纪念”相融合，组织“百年融合论坛”，宣扬老一辈科学家精神。

会员服务 6月18日，学会流态化专业委员会召开第一届青年人才托举线上交流会。会议遴选具有潜力的青年科技工作者作为报告人，分别就其研究领域、重点科学和技术问题、突破思路、已取得研究成果和未来工作计划等进行汇报。学会聘请多名专家作为指导老师，提出建设性意见和建议，帮助青年报告人理清科研思路、优化研发路线、取得更好研发成果。

（撰稿人：韩秀芝）

中国照明学会

服务创新型国家和社会建设 学会与佛山市人民政府签署战略合作协议。11月19日，第二十四届全国发明展览会——“一带一路”暨金砖国家技能发展与技术创新大赛在广东省佛山市开幕。活动现场，学会与佛山市人民政府签署战略合作协议，结合佛山市照明产业需求，在人才培训、产业咨询、技术推广、专家智库、标准制定、成果鉴定等方面，助力佛山市照明科技高质量发展，推动“世界科技+佛山智造+全球市场”格局的形成。

学会联合佛山市照明灯具协会承担佛山市科协“2020年佛山市深入推进创新驱动助力工程”项目，并于1月在广东省佛山市召开2020年中国智慧照明发展论坛，共商佛山市半导体照明产业的发展方向，服务照明产业的转型升级。

8月，根据《轻工行业职业技能等级评价实施方案》，经中国轻工业联合会会长办公会审核，学会被批准为中国轻工业联合会首批轻工业职业能力评价总站。

学会举办照明设计师培训30次，参加培训人数1870人，比2019年增加138人，其中初级照明设计师732人、中级照明设计师897人、高级照明设计师241人。

学会编制发布《多功能智慧灯杆系统应用技术标准》《教室用紫外线杀菌（消毒）装置》《中小学教室健康照明设计规范》《照明工程费用计价标准》《汽车工业用房LED照明设计标准》《LED植物光照产品的光学性能测量方法》等近10项团体标准，参与修订《中小学教室照明技术规范》标准，为照明行业发展提供重要的标准支撑。

学会建设 学会个人会员4007名，其中高级会员609名；团体会员1119名。学会现有分支机构27家。

11月9日，学会文旅照明专业委员会成立大会在江苏省苏州市举办。

11月11日，学会召开第八次会员代表大会暨八届一次理事会。中国轻工业联合会会长张崇和出席会议并讲话。中国科协会向大会致贺信。会议选举刘正雷为第八届理事会理事长，高飞、杨春宇、潘建根、魏彬、苏耀康5人为副理事长，华树明为秘书长，张保洲为第二届监事会监事长。会议选举产生理事147名、常务理事50人、监事3名。会议聘请中国科学院院士、南昌大学副校长江风益担任名誉理事长。

12月22日，学会召开分支机构负责人工作会议，传达学习中国科协2020年全国学会工作会议精神，讨论修订《中国照明学会分支机构管理办法》，重点安排分支机构换届工作。

主办期刊 学会主办的《照明工程学报》共出版6期，发行12000册，入选《2020年中国科技核心期刊目录》，被俄罗斯《文摘杂志》收录。《中国学术期刊影响因子年报（自然科学与工程技术·2020版）》显示，《照明工程学报》复合影响因子为1.006；综合影响因子为0.745，增加幅度为14.09%。

学科发展工程 学会组织编写《中国照明工程年鉴2019》，反映近两年来中国照明工程取得的主要成就，为中国照明事业高质量发展提供支撑。

国内主要学术会议 学会及其所属的分支机构共举办国内学术交流活动10次，参会人数共计3150余人次，交流论文140余篇。

6月18日，学会交通运输照明和光信号专业委员会与复旦大学电光源研究所、上海机动车检测认证技术研究中心有限公司联合主办第八届中国国际汽车照明论坛，主题是“照明、信号、感知”。论坛共作18篇报告，近600名专家学者参与线上互动，线上交流5篇国外专家报告。

10月22日，学会在北京举办以“匠人·匠心”为主题的照明设计师第十届交流年会暨工程应用产品展，700余名专家学者、设计师参加会议。

10月24日，学会联合中国教育装备行业协会在重庆主办紫外线消杀助力学校抗疫沙龙活动，并发布中国照明学会团体标准CIES 028—2020《教室用紫外线杀菌（消毒）装置》。近100名专家学者出席活动，交流报告5篇。学会副理事长华树明致辞，副理事长杨春宇发表讲话。

10月27日，学会在北京举办“艺美光影，共创未来”——2020博物馆与美术馆光环境评价方法学术研讨会。近100名专家学者参加，学会驻会副理事长高飞出席。

11月10—11日，学会在江苏省苏州市召开2020年中国照明论坛。

两岸交流 10月12日，学会与台湾区照明灯具输出业同业公会共同举办海峡两岸第二十七届照明科技与营销研讨会。

国际组织任职 学会特邀副理事长、《照明工程学报》主编郝洛西担任国际照明委员会副主席，主管出版工作，任期为2019—2023年。

国际交往 3月，学会副理事长、国际照明委员会（CIE）D2中国代表潘建根担任主席的技术委员会CIE TC2-74起草的技术报告CIE 239：2020《光辐射源空间光谱辐射度学》，经国际照明委员会各成员国表决通过并正式发布。

5月，学会副理事长、国际照明委员会副主席郝洛西参加CIE中央局例行协调会。9月，参加CIE董事局工作会议，作虚拟电厂工作报告。同时每月定期参加CIE中央局的月例会、不定期参加CIE分部部长会议等。

7月16日，CIE光和辐射测量分部年会第一阶段会议以视频会议的方式召开。来自世界各国的CIE D2成员50余人参加会议。学会副理事长、CIE D2中国代表和TC2-74（光辐射源的空间光谱辐射测量技术委员会）主席潘建根出席会议。

8月27日，国际照明委员会（CIE）光和辐射测量分部年会第二阶段会议以视频会议的方式召开。40余名来自世界各国的CIE D2成员参加会议。学会副理事长、CIE D2中国代表和TC2-74主席潘建根出席会议。

科普活动 2月，针对疫情期间居家光环境是否有利于健康的问题，学会发布《应对新冠肺炎疫情居家期间安全健康使用照明的建议》，引导公众正确理解居家光环境对人的生理和心理作用，防止错误使用电子屏幕、高辐射灯光，引导用户科学规范使用紫外线杀菌消毒灯具。

5月，针对采用紫外辐射（UVR）管控COVID-19传播风险的问题，学会及时发布《CIE关于采用紫外辐射管控COVID-19传播风险的立场声明》，引导公众安全使用紫外线辐射杀菌消毒技术，科学认识采用紫外线辐射尤其是UVC管控COVID-19病毒传播的基本原理和需要注意的关键事项。

表彰举荐优秀科技工作者 学会开展第十五届中照照明奖评选工作，评选出照明工程设计奖一等奖19项、二等奖52项、三等奖43项。

11月11日，学会第八次会员代表大会暨八届一次理事会议在江苏省苏州市召开。大会表彰第七届理事会“优秀团体会员”“优秀分支机构”“特殊贡献奖”“先进工作者”，并向获奖代表颁发荣誉证书。

党建强会 11月11日，中国照明学会第八次会员代表大会审议通过在章程中增加党的建设和社会主义核心价值观有关内容的决定。

疫情期间，在中国科协党委、中国轻工业联合会党委的领导下，发出倡议书，号召会员、企业坚定信心、保持定力，发挥党组织战斗堡垒和党员干部先锋模范作用，以高度的责任感和使命感，全力以赴防控疫情，科学有序复工复产。

1月17日，学会秘书处党支部召开支部会议，传达习近平总书记在“不忘初心、牢记使命”主题教育总结大会上的讲话精神，学习《中国共产党支部工作条例》主要内容，总结近3年来中国照明学会、中国造纸学会联合党支部主要工作，安排部署2020年主要工作，完成学会党支部的换届，选举刘正雷为新一届党支部书记。

7月16日，学会党委召开2020年第一次会议，前置审议学会换届方案。会议学习《中国科协科技社团党委2020年学会党建工作要点》，介绍学会2020

年上半年主要工作，通报学会换届前期筹备工作，就党委换届和党建工作进行商讨并达成共识。

7月17日，学会秘书处党支部召开2020年第2次会议，讨论开展庆祝中国共产党建党100周年活动。组织党员学习《中华人民共和国民法典》和《习近平谈治国理政》(第三卷)。

11月11日，学会第八届理事会党员理事大会在江苏省苏州市召开。49名理事党员参加。大会宣读中国科协科技社团党委《关于中国照明学会党委委员拟推荐建议人选的批复》，审议通过《中国照明学会第七届理事会党委工作报告》。大会选举刘正雷同志为第八届党委书记，高飞、张保洲、沈茹、王京池4名同志为党委委员。

会员服务 学会为会员免费寄送《照明工程学报》8000余份。会员可优先参与学会活动，在《照明工程学报》发表论文。会员可通过学会微信公众平台等了解学会活动。

【中国照明学会第八次全国会员代表大会】 11月11日，中国照明学会第八次全国会员代表大会在江苏省苏州市召开。中国轻工业联合会会长张崇和出席会议并讲话。中国科协向大会发来贺信，对大会的召开表示热烈祝贺。会员代表近300人参加。

大会审议通过《中国照明学会第七届理事会工作报告》《关于中国照明学会换届方案的说明》《中国照明学会章程》《中国照明学会第七届理事会财务报告》《中国照明学会第一届监事会工作报告》等。大会以无记名投票的方式选举产生第八届理事会理事147人、第二届监事会监事3人。选举刘正雷为第八届理事会理事长，高飞、杨春宇、潘建根、魏彬、苏耀康为副理事长，华树明为秘书长，张保洲为第二届监事会监事长。聘请中国科学院院士、南昌大学副校长江风益担任名誉理事长，郝洛西、官勇、姚梦明、梁毅任特邀副理事长，邴树奎、窦林平担任顾问，周洪伟、郑炳松担任副秘书长。

大会同期召开第八届理事会党员大会，49名理事党员参加。大会宣读中国科协科技社团党委《关于中国照明学会党委委员拟推荐建议人选的批复》，审议通过《中国照明学会第七届理事会党委工作报告》。大会以无记名投票的方式，选举刘正雷为党委书记，高飞、张保洲、沈茹、王京池为党委委员。

【2020年中国照明论坛】 11月10—11日，由学会主办的2020年中国照明论坛——半导体照明创新应用暨智慧照明发展论坛在江苏省苏州市召开。学会党委书记、理事长刘正雷在开幕式上致辞。论坛以“新基建、新机遇、新挑战”为主题，照明行业的专家学者、设计师及企业代表近500人参加。

学会名誉理事长、中国科学院院士、南昌大学副校长江风益作报告《LED照明芯片新技术与新应用——纯LED照明技术进展》。学会特邀副理事长、国际照明委员会副主席、同济大学教授郝洛西作报告《全球重构下的光与照明：热点与趋势、变革与对策》。学会特邀副理事长、昕诺飞中国区照明设计和应用部总经理姚梦明作报告《后疫情时代照明的可持续发展》。此外，还有19名专家学者从新基建背景下健康照明、文旅照明以及智慧照明的机遇和挑战等方面作学术报告，围绕照明行业关注的跨界融合、健康照明等热点话题进行研讨交流。大会共作22篇学术报告，同期举办第十五届中照照明奖颁奖活动和照明企业新产品新技术展览。

【海峡两岸第二十七届照明科技与营销研讨会】 10月12日，学会与台湾区照明灯具输出业同业公会采取线上线下相结合的形式，共同主办海峡两岸第二十七届照明科技与营销研讨会。会议从广州线下会场连线台北现场，主题为“新冠疫情对照明行业的影响与应对”。来自海峡两岸的专家学者、企业代表近100人参加会议。开幕式上，学会理事长刘正雷、台湾区照明灯具输出业同业公会理事长冯松阳先后致辞。

报告环节，广东雪莱特光电科技股份有限公司柴华总裁作报告《疫情下紫外标准制定及其应用》，工业技术研究院量测中心陈政宪博士作报告《UVC光源标准与COVID-19之应用简介》。此外，还有4名专家学者围绕会议主题作报告。

（撰稿人：徐欣欣）

中国动力工程学会

服务创新型国家和社会建设 学会充分利用和发挥自身技术和人才资源优势，加强与有关单位合作，通过组织考察和调研、科技成果鉴定会、行业性技术展览和行业成果总结编纂等，为企业和行业提供服务。同时，认真落实中国科协防疫要求，通过多媒体平台做好新冠肺炎防疫宣传工作。

为总结改革开放四十年来中国电力装备技术创新

与发展成果，学会和多家相关单位共同编撰《电力强国崛起——中国电力装备技术创新与发展》，多次组织不同版块主要撰稿人对内容进行修改完善。

受相关单位委托，学会组织专家开展安全高效的汽液接触凝结释热技术及应用、630MW亚临界空冷机组全工况自动控制系统研究与应用等20多个项目技术成果鉴定会和技术评审会。

学会环保技术与装备专业委员会联合上海电力大学能源与机械工程学院的学生志愿者开展题为“地摊经济背景下城市精细化治理的探索”的社会调研项目；联合上海电力大学能源与机械工程学院暑期志愿者队通过发放网络问卷和实地走访中共一大、二大会址，中国社会主义青年团中央机关旧址纪念馆和国歌纪念广场，形成《建党100周年背景下红色基地爱国主义教育成效调研与研究》，探究上海红色基地的基本情况以及青少年对爱国教育和红色基地的了解，同时对存在的问题提出可行性建议。

学会建设 根据学会章程和有关条例规定，结合实际情况特别是新冠肺炎疫情防控要求，以通讯会议方式召开监事会议2次、理事会议1次。学会共有理事会成员120名，其中常务理事39名；6个工作委员会、12个专业委员会；工作人员6名，其中挂靠单位在职职工6名。

学会对个人会员和团体会员资料进行重新整理、统计，共有团体会员单位88个、个人会员1502名。

主办期刊 学会主办期刊《动力工程学报》是中文工程类核心期刊，截至2020年年底，编辑部共收到投稿近500篇，发表论文122篇，录用率为24.4%。在已发表的论文中，国家自然科学基金重点项目等资助论文75篇，占发表论文总数的61.47 %；国家其他基金项目和省、市级重要基金项目资助论文25篇，占发表论文总数的20.49%。

《动力工程学报》编辑部组织专家进行优秀论文的推荐和评审工作，向中国科协推荐能源、化工与环境学科优秀论文参加评审。组织员工参加“木铎杯”第二届全国出版编校网络大赛，4名编辑获奖。

学科发展工程 8月2—4日，学会在内蒙古自治区巴彦淖尔市组织召开《2018—2019动力机械工程学科发展报告》第五次工作会议。会议对报告的整体情况进行研讨，审读报告排版样稿，并参观乌拉特中旗100MW国家级光热发电示范项目。报告已于2020年年底出版。

国际学术会议 学会及其所属专业委员会共组织各类境内国际学术会议、技术交流活动3次，参加人数340人次，发表论文198篇。

1月9日，学会核电专业委员会联合上海电气核电集团有限公司共同主办核电装备技术及研究国际研讨会。围绕核电标准和规范，核电装备设计、制造、检测和试验技术，核电装备材料及其服役性能等方面的最新研究成果展开交流。来自中国科学院金属研究所、清华大学核能与新能源技术研究院、中国核动力研究设计院、上海交通大学、美国机械工程师协会、意大利安萨尔多能源公司、德国KSB泵阀集团有限公司等的19名核能行业专家以通讯方式作技术专题报告。

9月18—20日，由学会环保技术与装备专业委员会主办的第五届能源与环境研究进展国际学术会议采取线上线下结合形式召开。会议设置主会场和2个线上分会场，7名专家作主旨报告和大会报告，内容涉及能源与环境相关的前沿研究领域。英国、乌克兰、泰国以及中国80余所高校、科研院所的160余名专家学者线上参加会议。

9月24—25日，由学会环保技术与装备专业委员会主办的第五届亚洲危险废弃物处置大会在山东省济南市召开。来自中国、美国、法国、瑞典、奥地利等20多个国家和地区的专家学者共200余人共同探讨危废安全环保管理处置问题。专家针对中国医疗废物处置设施建设情况、新冠疫情对医疗废物处理处置的影响、运营商视角的中国危险废弃物处置等“抗疫情、补短板”相关议题进行研讨。会议为危废产生企业、处置方案企业和处置企业建立联系。

国内主要学术会议 学会及其专业（工作）委员会共组织国内各类学术会议、技术交流活动5次，参加人员1068人次，发表论文244篇。

9月13日，学会第八届青年学术年会在重庆召开，主题为“智慧能源与先进动力”。会议首次采取“线上＋线下”的形式进行，大会开幕式暨大会报告、论文分组交流和学术沙龙活动通过网络直播和网络会议室的形式向动力工程领域的青年科技工作者同步开放，线上线下共650余人参加会议。年会共录用论文127篇，线上交流论文71篇，评选出优秀论文15篇。会议期间举办第二届中国动力工程学会青年科技奖颁奖仪式和学会首届青年工作委员会成立揭幕仪式，并为学会首届青年工作委员会委员颁发委员证书。

10月14—17日，学会锅炉专业委员会学术交流会暨锅炉行业总工程师研讨会在四川省成都市举办。来自电站锅炉行业各企业总工程师、行业内的专家学者及论文作者等70余人参加会议，专家学者就相关学术及技术问题进行讨论和交流。

11月12日，学会核电专业委员会联合上海电气集团科技管理部举办高端装备先进焊接技术专题科技沙龙。会议特邀上海交通大学、上海工程技术大学、上海航天设备制造总厂有限公司等单位的专家作专题报告，为高端装备行业领域专家提供交流的平台。

11月12—13日，2020年汽轮机行业总工程师工作研讨会暨学会透平专业委员会工作会议在四川省德阳市召开。会议邀请3名专家作大会报告，交流论文29篇，共计103人参加会议。

表彰举荐优秀科技工作者 学会通过微信公众号对7名第二届中国动力工程学会青年科技奖得奖者进行事迹宣传。

党建强会 学会贯彻中国科协《科技社团党委2020年学会党建工作要点》要求，借助微信公众号等新媒体平台宣传党中央和中国科协科技社团党委有关精神和要求，以及新冠肺炎疫情防控和复工复产中涌现出的典型事迹和好做法。

学会响应中国科协关于开展“庆祝建党100周年”征文活动，推荐2首由学会会员创作的诗歌向建党100周年献礼。

会员服务 学会通过微信平台向会员发布会议通知，介绍学会工作动态，做好科学防疫和党建强会宣传工作。学会官网上更新中国科协在线会员注册系统，基本实现会员信息电子化管理。

学会定期向会员、会员单位赠送由学会主办的期刊《动力工程学报》，会员可优先参与学会活动和在学会期刊发表论文。

（撰稿人：施亦龙）

中国惯性技术学会

服务创新型国家和社会建设 学会参与中国科协重大科学问题和工程技术难题申报，组织相关专家开展惯性技术领域课题研究和编写工作，先后完成科技工作者建议、科普稿、文献分析报告等材料编撰工作。学会申报的“无人车如何实现在卫星不可用条件下的高精度智能导航”项目入选中国科协重大科学问题和工程技术难题。

学会建设 学会召开常务理事会议2次、理事会议1次、监事会议2次、工作机构会议3次。

学会制定《中国惯性技术学会党委工作制度》，修订《中国惯性技术学会青年人才托举工程管理办法》等规章制度。

学会新发展会员102人，会员人数达到4436人；吸收团体会员2个，团体会员数达到157个。

学会参加中国科协组织的全国学会秘书长沙龙、法律实务培训等；完成海智计划、高质量科技期刊分级目录、重要学术会议指南申报工作；完成中国科协统计调查、提交全国学会“四服务”案例、理事会党委调查评估等工作。

学会对分支机构进行内部评估，明确各分支机构工作职能，对新增的分支机构进行监督检查，对相关工作开展予以支持。

学会利用企业微信平台，开发线上公文流转及归档工作模式，实现173份文件的线上审批，减少线下公文流转的损耗，提高办公效率。

学会开发并完善微信公众号，形成包括主微信公众号、科普杂志微信公众号、学报微信公众号在内的微信公众号集群。优化学会公众号各类栏目设置，发布内容更加贴近读者需求，同时严格微信公众号文章审查发送流程，确保发布内容不涉及敏感信息。学会科普杂志微信公众号拥有订阅用户4300余人。

学会开发新一代会员系统。会员系统已完成电脑端、手机端开发，进入试运行阶段；同时开发完成学报期刊采编系统及期刊网站，便于作者投稿及查阅稿件审核进度。

青年人才托举工程 学会推荐2人获批第五届中国科协“青年人才托举工程”项目资助，组织落实人才跟踪培养、项目经费支持等工作。现已获得第六届中国科协“青年人才托举工程”项目资格。

主办期刊 学会主办的《中国惯性技术学报》出版发行6期，共刊登学术论文130余篇；继续被EI、Scopus等数据库收录，与中国知网、万方数据、重庆维普、超星数据等多家数据库保持合作关系，继续被中国科学引文数据库收录。

学会主办的《海陆空天惯性世界》全年出版发行8期，刊登各类文章81篇。刊载的稿件涉及六自由度并联平台、地质灾害风险识别与监测预警、无人艇海底管道巡检、沉底水雷探测等方向，从不同角度介绍惯性技术知识，聚焦惯性技术在不同领域的新应用。

国际学术会议 9月，学会联合南京惯性技术学会举办无人系统的自主制导、导航与控制国际研讨会。来自英国帝国理工大学、西班牙马德里理工大学、澳大利亚新南威尔士大学等的11位国内外专家学者就无人系统的自主制导、导航与控制领域的相关科研问题开展交流，150余人通过线上线下形式参加会议。

11月，学会惯性仪表与元件专业委员会在广东省深圳市召开第九届国际光纤传感技术及应用大会，大会首次在北京以外的地区举办。300多名国内外专家学者围绕智能电网、土木工程、应急安全、轨道交通、油气资源、水下技术等7个应用领域展开研讨和需求对接，搭建光纤传感领域的产学研合作平台。

11月，由学会主办的第四届精密光机电国际学术研讨会以线上形式召开。来自加拿大、美国、英国、意大利、波兰等近10个国家的14位院士、专家分别从定位导航技术、MEMS（微机电系统）技术、光子技术、石墨烯技术、量子磁力仪等方面作学术报告。国内科技工作者通过哔哩哔哩在线观看人数为1826人次，百度直播单日观看人数超过10万人次；海外科技工作者通过YouTube在线观看人数为375人次。

国内主要学术会议 8月，学会联合哈尔滨惯性技术学会举办智能无人协同导航学术交流研讨会，来自国内高校、研究所的近50名科技工作者参加会议，会上就多无人系统的协同导航进展、存在的问题和未来的发展方向展开交流。

10月，学会2020年科技工作者研讨会在河南省南阳市召开。中国工程院院士冯培德，学会副理事长赵坤、姜福灏，河南省科协副主席邓洪军，南阳市委副书记曾垂瑞出席会议。来自清华大学、北京大学、北京理工大学、国防科技大学、南京理工大学等国内高校、研究院所、企业和相关高科技公司的领导、专家共200余人参加会议。研讨会通过梳理惯性传感器及系统技术的发展现状、关键技术和发展方向，为未来的惯性技术科研工作指明方向，推动中国惯性技术实现跨越式发展。

10月，学会惯性系统与测量专业委员会、上海市惯性技术学会、西安惯性技术学会、惯性技术航空科技重点实验室联合举办的2020年度学术交流会在安徽省池州市召开，会议共征集论文63篇，其中21篇参加会议交流。国内30余家单位的90余名代表参加会议。

国际交往 3月，学会组织科技工作者参加在日本举办的第七届IEEE惯性传感器及系统会议，学会共有2篇论文被选为大会报告进行线上交流。会议分享美国、英国、法国、俄罗斯、意大利等全球惯性传感与系统科研人员的研究成果，涉及全球惯性传感技术的最新研究进展，参会专家对材料、微制造工艺、创新设计、新原理、产品性能、新应用和商业市场等相关方面进展进行研讨。

5月，第27届圣彼得堡组合导航系统国际学术会议以线上形式召开，会务组为学会50余名科技工作者开设专场会议，从惯性传感器、导航和定位系统、组合导航及运动控制系统、全球卫星导航系统、重力辅助导航等方面展开学术研讨，与来自德国、俄罗斯、美国等国家惯性技术领域的专家学者进行交流。会上学会共投稿11篇，录用9篇。

9月，学会组织科技工作者以线上方式参加在德国布伦瑞克召开的德国陀螺会议。会议围绕新型惯性传感器、惯性导航系统及陀螺技术的最新进展进行研讨。学会会员的报告受到与会专家学者的关注。会议为促进中国惯性技术更快、更好发展拓展思路。

学会天空海一体化导航与探测专业委员会与澳大利亚纽卡斯尔大学合作开展基于GRACE卫星数据和水文模型的数据同化研究工作。

科普活动 学会全年共开展近20场科普活动。

学会邀请北京理工大学教授王美玲在线上作科普讲座《漫谈无人驾驶车辆技术》；邀请北京理工大学教授邓志红为重庆市第十八中学学生作线上讲座《自主导航——神奇的指路魔杖》；邀请北京理工大学教授王博作线上讲座《未来世界的眼睛——北斗卫星导航系统的应用》；邀请中国兵器工业第二一四研究所研究员乔伟作讲座《硅MEMS技术及应用》；邀请深圳市国微电子股份有限公司孟云生作讲座《国产化FPGA在惯性导航产品的应用》；邀请中电科技集团重庆声光电有限公司研究员林日乐讲授《新型微型石英MENS陀螺技术》；邀请西安电子科技大学教授赵萌副作专题技术讲座《石英各向异性刻蚀仿真研究》；邀请重庆自行者科技有限公司总经理许文渊作专题技术讲座《光纤陀螺的技术现状和产业发展》；邀请哈尔

滨惯性技术学会秘书长张勇刚，会员黄玉龙、杨柳、部中星4位专家，面向测控专业学生作新型惯性器件与信息融合方向的科普讲座；邀请北京理工大学教授金鑫作精密结构的智能装配技术交流；邀请哈尔滨工程大学教授张树侠为企业作报告《惯性器件与导航系统近30年来发展历程的思考与随想》；邀请北京航空航天大学仪器科学与光电工程学院教授孙鸣捷作单像素成像技术进展主题科普讲座。

学会组织重庆惯性技术学会秘书长卜继军到重庆大学自动化学院为本科生作科普讲座《惯性技术及其发展趋势》；组织开展“智能导航技术”交流，邀请哈尔滨工程大学教授张树侠就导航与授时、垂线与北线、惯性器件测试智能化、数据分析与评定、导航技术的智能化发展趋势等进行交流研讨。

学会指导青少年参与科技创新活动，其中“身临其境”交互式水族馆观赏系统获得第40届北京青少年科技创新大赛一等奖。

学会联合上海市惯性技术学会举办2020年“神奇的惯性世界——云科普”活动，近1000人观看科普讲座。来自北京市、上海市、陕西省西安市、江苏省等地的中小学生参与科普知识竞赛和“跟我一起动手做”活动，经过评审，评选出一等奖1名、二等奖2名、三等奖3名，并颁发证书及奖品。

学会联合上海市惯性技术学会承办2020年上海科技节公众开放日活动，活动安排参观航天控制技术展厅，介绍代表性科研成果、核心产品等情况。

表彰举荐优秀科技工作者 学会共推荐最美科技工作者、第二届全国创新争先奖候选人等共6名。

学会推荐的1个项目获得国防科学技术进步奖二等奖；举荐创新争先科技工作者团队1个。

完成学会第一届科技创新奖励评选工作，共受理申报项目23项，经评选，共7个项目获奖、78名科技工作者获得表彰。

党建强会 7月10日，学会以线上形式召开七届四次常务理事会暨党委会会议，会议由学会党委书记、理事长包为民主持，学习传达《中国科协2020年度工作要点》《万钢同志在中国科协九届七次全委会议上的工作报告》《怀进鹏同志在决战决胜科技助力精准扶贫推进会上的讲话》等文件精神。

12月21日，学会召开七届五次常务理事会暨党委会会议，学习习近平在科学家座谈会上的讲话及《凝心聚力开放创新团结引领科技工作者为全面建设社会主义现代化国家贡献力量》《中国科协关于做好党的十九届五中全会精神学习宣传工作实施方案》等文件精神。

学会以组织建设为抓手，实现党的组织和工作的全面有效覆盖，组织党员参与服务会员、服务社会的活动。

学会制定《中国惯性技术学会党委工作制度》，明确党委工作职责，确保学会党建和学会业务高质量发展。

学会召开3次工作机构会议，对党和国家有关方针政策和法律法规进行学习，传达和研究落实中国科协部署的相关工作，提高学会工作人员政治意识、管理和协调能力。

学会组织学习《习近平谈治国理政》（第三卷）和党的十九届五中全会精神，参与中国科协组织的社团党委培训、中国科协党校2020年全国干部能力提升网上专题培训等。

会员服务 学会建立与会员的沟通机制。听取会员单位的需求，跟踪并反馈，同时向学会资深会员赠送主办刊物。学会组织会员之家活动，促进会员之间的沟通与联系。

（撰稿人：罗　茂）

中国风景园林学会

服务创新型国家和社会建设 学会响应国家脱贫攻坚号召，紧密配合住房和城乡建设部对湖北省黄冈市麻城市的扶贫工作，依托学会菊花分会，扶持菊花产业持续发展，支持在麻城市召开菊花高层论坛、举办菊花文化旅游节等。麻城市扶贫项目被住房和城乡建设部推荐参加民政部第十一届中华慈善奖慈善项目评选。

为配合第十五次生物多样性缔约国大会的召开，学会受住房和城乡建设部城市建设司委托，组织基础设施和城市生物多样性专项研究，系统梳理中国城市生物多样性领域的成就、经验，对未来10年的重点工作进行论证，并撰写研究报告。

学会配合完成国家科学技术奖励工作办公室组织的对奖项的第三方评价工作。学会承担的“风景园林规划设计奖国际化”项目完成结题验收，拟定奖项国际化方案，奖项网站基本制作完成。

为总结“十三五”期间园林绿化领域建设成果，

学会受住房和城乡建设部城市建设司委托，联合中国城市建设研究院、北京市园林科学研究院、《风景园林》杂志社等单位，组织城市滨水绿地、城市绿道、立体绿化、微型花园等调研工作，先后整理出30余个城市的近100个典型项目资料。

学会深入贯彻落实党中央、国务院指示精神和中国科协向全国科技工作者发出的倡议要求，2月7日发布《抗击疫情，守职尽责——中国风景园林学会致全体会员和风景园林工作者的倡议书》，号召分支机构、会员单位以及广大风景园林工作者履行职责、传播科学、立足专业、提供服务等。学会秘书处、菊花分会、《中国园林》杂志社联合向开展对口扶贫的湖北省黄冈市麻城市捐款6万余元。学会盆景赏石分会先后组织839人次向湖北省捐款，累计捐款444461.31元。学会经济与管理专业委员会向湖北省武汉市园林和林业局机关党委捐献4000只医用外科手术口罩。

为全面落实党中央、国务院对新冠肺炎疫情防控的工作部署，实现城市公园绿地科学、安全运行管理，学会城市绿化专业委员会和学会秘书处组织专家编制，并于2月20日发布《城市公园绿地应对新冠肺炎疫情运行管理指南》团体标准，得到山西省、新疆维吾尔自治区等省（自治区、直辖市）公园绿地管理部门采纳推广，为疫情防控提供专业指导。

学会企业工作委员会开展“园林绿化企业受新冠肺炎疫情影响”调查，撰写《调查结果报告》和《关于疫情防控及复工复产工作的意见和建议》，上报住房和城乡建设部。

学会配合住房和城乡建设部，编制出台规范性文件。组织专家参与编制和论证，从技术上协助住房和城乡建设部、国家市场监督管理总局出台《园林绿化工程施工合同示范文本（试行）》。受住房和城乡建设部委托，组织编制《园林绿化工程施工招标资格预审文件示范文本》和《园林绿化工程施工招标文件示范文本》并以团体标准形式向行业推出，推动园林绿化招投标和承包（发包）行为规范化。

学会依托企业工作委员会，编制发布《园林绿化工程项目负责人评价标准》，开展北京市、广东省园林绿化项目负责人考试。编写新版《园林工程项目负责人培训教材》，启动中国风景园林行业网络培训资源库建设工作，组织园林绿化行业新标准及行业网络培训平台上线宣贯。首次举办2020年全国盆景职业技能竞赛，推荐决赛前3名且有职工身份的选手申报“全国技术能手”荣誉，向15名金奖、20名银奖和25名铜奖获得者发放盆景职业技能等级证书。继续加强风景园林师职业制度建设，多次调整修订工作方案，积极推动主管部门间的沟通协调。

学会依托专家委员会，应云南省风景园林协会、山西省风景园林协会邀请，组织专家团队分别就云南省大理白族自治州洱海生态廊道建设、山西省太原古县城保护及周边环境整治等项目进行咨询论证，助力地方风景园林建设高质量发展。学会部分专家就自然保护地体系建设向主管部门建言，得到相关部门领导批示，并被有关部门采纳。

学会继续推进行业标准化工作。以标准化为抓手，参与国家社会治理，推动行业建设。学会新发布《城市公园绿地应对新冠肺炎疫情运行管理指南》《城市生态评估与生态修复标准》《园林绿化用城镇搬迁地土壤质量分级》3个团体标准，新立项《城市小微湿地园林设计标准》等15个团体标准编制。

7月，学会召开2020年度团体标准编制工作会议。10月，学会举办全国风景园林行业技术标准宣贯培训会，推动标准的学习与贯彻，提升全国园林绿化建设技术和管理水平。

学会建设 截至12月31日，学会完成登记注册的个人会员数量达11680人，较2019年增加680人，增长率6.2%，单位会员数量达1420家，较2019年增加123家，增长率9.5%。

1月，学会在天津召开六届五次常务理事会议，审议通过学会2019年工作总结及2020年工作计划，审议通过撤销园林公共艺术专业委员会，成立园艺疗法与园林康养专业委员会，清华大学教授李树华任主任委员。11月，学会在年会期间召开六届四次理事会议，审议通过增补李青、王勇、陶步黎为学会理事，增补张海、朱祥明、李端杰、沈守云、寇有良为学会常务理事，聘任郑晓笛为学会副秘书长。

学会微信公众号在板块设置、信息数量、时效性等方面有所突破，持续推送相关工作及行业动态报道。全年微信公众号共推送225篇文章，总点击量超34万人次，同比增长135%；官网发布文章630篇，总点击量达830万人次，同比增长84%。

主办期刊 学会继续加强学刊《中国园林》建设，注重提升学术质量，期刊学术影响力得到进一步扩大。截至2020年年底，共编发论文380余篇，正刊12期、增刊2期。继续保持中文核心期刊，入选中国科技核心期刊和RCCSE中国核心学术期刊，入选建筑科学领域高质量科技期刊分级目录（2020）T1级。

学科发展工程 学会继续推进《风景园林设计资料集》（第2版）、《中国风景园林史》《中国近代园林史（续篇）》等学科基础性图书的编写工作。启动汪菊渊《中国古代园林史纲要》等著作的整理与出版工作。《风景园林学学科史研究》完稿，即将出版。学会再次成功申报中国科协新一轮风景园林学科发展研究，形成以贾建中、王向荣为首席科学家，130余名中青年学者组成的研究团队和39名专家组成的顾问团队，编制完成研究大纲，确定史学研究、规划研究、设计研究等14个专题研究方向，组织课题开题等。

国际学术会议 8月20日，学会与华中农业大学联合主办、华中农业大学园艺林学学院承办、湖北省风景园林学会协办的2020风景园林国际学术论坛——变化中的风景园林召开。会议采用线上会议加网络直播的形式，来自中国、日本、英国、法国、美国、澳大利亚6个国家的13位专家学者齐聚云端作报告。

国内主要学术会议 鉴于疫情防控，学会采取线上线下相结合的灵活办会方式开展各类学术活动。

11月，由学会主办，四川省住房和城乡建设厅、成都市人民政府支持，成都市公园城市建设管理局、成都市博览局承办，成都市风景园林学会、成都市公园城市建设发展研究院执行的中国风景园林学会2020年会在四川省成都市召开，会议主题为“风景园林·公园城市·健康生活”。住房和城乡建设部副部长黄艳发表书面讲话，中国工程院院士孟兆祯、国际风景园林师联合会（IFLA）主席詹姆斯·海特（James Hayter）发来视频致辞，中国工程院院士吴志强等20位专家学者为会议作大会报告和公园城市专题报告。本届年会采取创新方式，分别在四川省成都市、重庆市、北京市、上海市等地设置公园城市研究、长江生态保护与风景园林、风景园林管理与高质量发展、乡村风景园林、风景园林与健康生活、风景园林智慧化、青年人才创新研究实践7个专题研讨分会场，以“线下会议+云端直播”方式进行。来自全国科研院所和企业等单位的专家学者和园林行业相关从业者等约300人参加线下会议，另有28万人次观看云端直播。

学会与北京市园林绿化局（首都绿化委员会办公室）、北京世界园艺博览会事务协调局、北京市延庆区人民政府共同主办首届北京国际花园节，活动主题为“让园艺融入自然，让自然感动心灵”。同期举办多项展赛活动，包括大学生花园花境设计竞赛、企业花园花境展赛、市民花园展赛以及新优品种展示。

学会各专业委员会、分会均召开学术年会、专题研讨会和论坛等，丰富学术活动内容。学会规划设计分会召开的第21届中国风景园林规划设计大会，线上直播访问量达6万人次；学会教育、风景名胜、园林植物与古树名木、植物保护、文化景观、园林生态保护、信息等专业委员会均采取线上线下相结合的方式举办学术年会；学会经济与管理专业委员会配合学会年会举办分会场，并举办风景园林管理干部培训班；学会园林工程分会年会将学术交流和优秀项目展示相结合；学会女风景园林师分会组织多名女风景园林师在首届北京国际花园节专业论坛作报告；新成立的园艺疗法与园林康养专业委员会组织召开成立大会暨中国园艺疗法与园林康养论坛。

两岸交流 学会加强与香港特别行政区、台湾地区的交流工作，成立工作领导小组并制定工作方案，完成全国盆景职业技能竞赛香港特别行政区、台湾地区参赛选手的报批工作。

国际组织任职 经学会推荐，北京林业大学园林学院教授郑曦当选为IFLA亚太区教育与学术委员会主任，任职周期为2年（2020—2022年）。

国际交往 学会继续做好与IFLA的交流与合作，组织参加线上IFLA世界理事会议和IFLA亚太区理事会议，邀请IFLA主席詹姆斯·海特作学会年会视频致辞。

科普活动 学会继续举办“风景园林月”系列学术科普活动。

4月11日，学会与北京建筑大学、成都市公园城市建设管理局主办，《中国园林》杂志社、北京建筑大学建筑与城市规划学院、北京建筑大学教师发展中心、成都市公园城市建设发展研究院承办美好生活与公园城市网上学术论坛。

4月25日，学会及教育部高等学校建筑类专业教学指导委员会风景园林专业教学指导分委员会主办，《中国园林》杂志社、华中农业大学风景园林系、华中科技大学景观学系承办风景园林与公共卫生安全云端论坛。

7月12日，由学会主办、《风景园林》杂志社和北京林业大学园林学院共同承办2020青年风景园林师论坛暨“风景园林月”说园沙龙活动，主题为“开放与多元——青年风景园林师的先锋实践”。

根据2020年全国科普日活动安排，学会组织“园艺疗法与园林康养的提案”网上科普报告会，号召学会专业委员会、分会、科普教育基地等积极响应活动。学会科普教育基地中国园林博物馆、广州市林业和园林科学研究院、成都市植物园等积极响应，结合本地特色举办科普活动。“园艺疗法与园林康养的提案”科普报告会被评为2020年全国科普日优秀活动。

学会在《中国建设报》发表文章，宣传抗疫中风景园林的作用，并报道全国风景园林工作者抗疫情况。学会网站和微信公众号发布多期《抗疫有我——风景园林人在行动》，对行业抗疫行动、典型事迹等进行宣传。学会各分支机构利用网站、微信公众号宣传抗疫事迹。

学会科普教育基地和众多会员单位开展“云游园”活动，丰富疫情期间群众的居家生活。

学会响应中国科协科学技术普及部防汛救灾应急科普工作精神，组织分支机构和会员单位围绕汛期的园林绿化养护管理、园林工程施工安全和园林古建保护修复等撰写科普文章，在学会微信公众号上发布，访问量累计1678人次。

在学会微信公众号开通科普板块，定期推送风景园林专业及相关方向科普文章，将科普工作逐步常态化。

表彰举荐优秀科技工作者 经学会推荐，南京农业大学校长陈发棣获第二届全国创新争先奖先进个人。

学会进一步修订《中国风景园林学会科学技术奖评奖实施细则》和各子奖项申报书等，细化各子奖项评分标准，实施科学技术进步奖子奖项拟授一等奖项目答辩等，进一步完善和优化申报和评审程序。2020年度收到申报项目1218项，经过形式审查、初评、终评，评出获奖项目572项，其中科学技术进步奖80项、规划设计奖201项、园林工程奖291项。2020年度获奖比例为47%，比2019年度降低4%。在学会科学技术奖评选基础上，学会择优推荐6个项目获华夏建设科学技术奖。

党建强会 学会党支部落实住房和城乡建设部社团党委的各项工作要求，定期召开党员大会，疫情期间采取线上线下相结合的方式组织党员学习上级党委有关文件及指示精神，召开“厉行勤俭节约、反对餐饮浪费”党员专题会议，结合自身对照检查，制定整改措施。

会员服务 学会继续加强会员管理制度建设。在现有会员工作制度的基础上进一步优化入会程序，提高入会效率。逐步建立会员动态管理机制，实现“有进有出”。继续加强会费收交工作，开通微信、支付宝等交纳会费的新渠道。

12月12日，学会在湖北省武汉市举办主题为“抗疫有我，风景园林人在行动”的第十二届会员日活动。

【持续推进“送设计下乡” 助力乡村地区发展】 学会响应国家乡村振兴、科技下乡、精准扶贫等政策精神，按照住房和城乡建设部指示要求，针对乡村地区生态建设、环境提升、文化振兴等需求，发挥风景园林专业特点，持续推进“送设计下乡”工作，助力乡村地区发展。

应中共阿克苏地区委员会组织部的邀请，学会开展新疆维吾尔自治区阿克苏地区乌什县阿合雅镇托万克库曲麦村和温宿县托乎拉乡思源村的“送设计下乡”工作。

学会规划设计分会组织中国城市规划设计研究院、北京林业大学园林学院和乌鲁木齐市园林设计院3家共计10余位设计师组成的设计团队，通过实地调研、座谈、入户走访等了解和分析村庄现状，针对村庄社会综合治理、生活环境改善、文化素质提升、旅游经济增长等需求，确定“托万克库曲麦村环境品质提升规划设计”和“思源村乡村旅游规划和景观提升设计”2项任务，截至2020年年底，已完成初步规划方案的编制。

（撰稿人：付彦荣　刘艳梅）

中国电源学会

服务创新型国家和社会建设 学会开展第六届中国电源学会科学技术奖评选工作。共收到各类推荐63项，为进一步提升评奖质量，本届评奖流程中新增材料预审环节，邀请专家对申报材料的专业领域、支撑材料真实性及完成人与项目的关联性等进行审查，同时严格控制授奖比例。经过函审初评和会评，最终评选出13个获奖项目和5位获奖人，其中特等奖1项、一等奖3项、二等奖6项、优秀产品创新奖3项，个人类杰出贡献奖1人、青年奖4人，总授奖比例为

28.5%。

学会团体标准工作继续推进，第三批 11 项团体标准于 8 月正式发布，并于 9 月 1 日起实施，已发布实施团体标准共计 27 项。年内完成第四批共计 15 项团体标准立项工作，同时启动 2021 年第五批团体标准征集工作，已收到标准提案申请 21 项。

学会进一步改进完善工作方法，通过对标准提案多维审查、视频评审答辩等形式严格把关标准质量；首次编辑发布《中国电源学会团体标准汇编（2020 版）》，集中推介发布学会团体标准，提高标准的影响力。

学会针对"基于国产芯片的全自主可控大功率 UPS 系统"项目组织 1 场科技成果评价会议。

学会建设 根据中国科协部署，学会完成《中国电源学会章程》修订工作，加入党的建设和社会主义核心价值观等内容，同时完成《中国电源学会会员管理办法》《中国电源学会科学技术奖实施细则》等的修订工作。

召开学会八届四次全体理事会议，八届六次、七次常务理事会议，讨论审议学会各重大事项和规划。

学会以中国科协印发《中国科协所属全国学会财务管理指引大纲》为契机，在常务理事会议中传达学习大纲精神，并依据大纲的有关规定对学会财务工作流程进行优化调整，组织办事机构、分支机构主要人员专门学习，进一步提高学会财务管理规范化水平。

开展学会工作流程规范整理制定工作，对学会各类工作进行重新梳理分析，制定标准工作流程，并整理形成流程文档，进一步提高各项工作的标准化规范化程度。

学会组织开展员工培训，持续提升工作人员专业能力。针对新冠肺炎疫情影响，通过外部采购为员工提供在线培训课程。

进一步加强信息化建设，正式启用学会活动平台。学会及其分支机构相关会议、培训、竞赛等活动可在活动平台集中发布，并一键建立活动网站，实现会议信息发布、查询、在线投审稿、在线报名、会员资格验证、酒店预订等一站式管理。

主办期刊 学会主办期刊《电源学报》全年出版 6 期，发表论文 150 篇，纸刊发行 12000 册，电子刊发行 130057 份。全年共组织 6 期专辑，包括电力电气前沿技术与应用，电力电子与电力系统集成，高性能双向直流变换技术及其应用，宽禁带器件应用技术，兆赫兹功率变换技术，微网运行控制、建模与仿真。

学会主办的英文期刊《电力电子技术及应用英文学报》（*CPSS Transactions on Power Electronics and Applications*，CPSS TPEA）影响力稳步提升，全年共出版 4 期，发表论文 32 篇。

学科发展工程 学会完成《中国电源行业年鉴（2020）》的编写工作，于 9 月由机械工业出版社正式出版发行。内容包含政策法规、宏观经济及相关行业运行情况、行业发展报告及综述、电源行业新闻、科研与成果、电源标准、主要电源企业简介、重点工程项目应用案例及相关产品等。

9 月，学会组织行业专家、相关行业企业、高校、科研机构合作编撰《中国电源产业技术发展路线图》（以下简称路线图）正式立项。期望通过路线图的规划研究，为政产学研协同创新提供指引，引导企业结合自身实际确立发展方向和重点，引导市场和社会资源向产业战略重点领域聚集，为相关政府部门支持重点领域和创新资源布局提供参考和依据。

"CPSS-Springer 电力电子"英文丛书正式出版 2 本，累计出版 9 本。新出版的 2 本为 *Multi-MHz High Frequency Resonant DC-DC Power Converter*、*Transformerless Photovoltaic Grid-Connected Inverters*。

国内主要学术会议 学会开展"中国电源学会科技服务行动"电源云讲坛线上交流活动。讲坛采取"腾讯会议网络研讨 + 钉钉直播"的形式，每期安排 2—3 场专题报告，同时邀请相关专家作为互动嘉宾就相关话题发表观点并与会员进行互动讨论。按照既定计划全年共计组织 8 期，邀请报告人和嘉宾 68 人，共计 4000 余人次参加活动。

学会共举办 5 场会议，共计 5500 余人次参加会议。

9 月 11—12 日，由学会交通电气化专业委员会主办的第四届电气化交通前沿技术论坛在湖南省株洲市召开。会议采用线上线下相结合的形式，就电气化交通中的关键技术、发展趋势、行业发展及政策建议等开展研讨和交流。共安排 9 个大会报告、7 个线上开放论坛报告，线上共计 4600 余人次观看直播。

10 月 31 日，由学会青年工作委员会主办的第二届教学育人与科研实践经验交流会——知名专家与青年教师面对面在四川省成都市举办，共计 200 余人参加会议。会议就电源领域国家重大项目规划、科技创新、产学研合作经验等进行交流研讨，同时邀请专家针对青年教师提出的关于科研实践与教学育人方面的问题进行解答。

10 月 31 日，由学会女科学家工作委员会主办的“用心启迪，追梦 PE”——中国电源学会电气女科学家论坛在四川省成都市举办。论坛集学术报告、主题讨论、互动交流于一体，旨在促进电气女科技工作者的成长与发展，搭建女科技工作者与同行学术交流的桥梁，提高电气女科技工作者的学术水平和专业水平，为女科技工作者提供一个展示才华、建言献策、服务社会的平台。会议共计安排特邀报告 3 场、青年女科学家报告 3 场，共计 120 余人参加会议。

11 月 3—4 日，由学会主办、学会青年工作委员会承办的 2020 国际电力电子创新论坛在广东省深圳市举办。论坛聚焦行业三大热点，设置宽禁带器件及电源创新技术、交通电气化与运动控制、新能源发电及其并网控制技术 3 个主题分会场，组织报告 18 场，参加会议的专家学者共 365 人。

12 月 26—27 日，由学会变频电源与电力传动专业委员会主办的 2020 电力电子与变频电源“十四五”规划路线学术论坛在上海市举办。会议采用线上线下相结合的形式，邀请专家学者就电力电子器件、现代交通电气化以及电力电子与变频电源技术与产业“十四五”规划的设想作主题报告，共计 200 余人参加大会。会议设置“十四五”规划学术研讨会，邀请有关专家就行业未来发展进行讨论。

国际交往　10 月 23 日，学会与国际电气与电子工程师学会电力电子学会在线召开高层工作讨论会。双方就国际论坛、期刊合作、会员服务、分支机构、青年人才培养等方面的合作进行交流讨论。

科普活动　学会科普工作委员会和竞赛组委会举办“GaN Systems 杯”第六届高校电力电子应用设计大赛。竞赛以“高效率高功率密度双向 AC/DC 变换器”为主题，全国共有 34 所高校的 35 支队伍报名参赛。经过预审和初赛，14 支队伍进入决赛。12 月 19—20 日，大赛决赛在湖北省武汉市举办，最终决出特等奖 1 个、一等奖 2 个、二等奖 3 个、优胜奖 4 个。活动同时进行线上直播，总计有超过 1500 人次在线观看。

在学会科普工作委员会的组织和相关专业委员会的配合下，举办线下培训 5 场，分别为：8 月 27—29 日在上海举办的高品质电源电磁兼容性高级研讨班，67 人参加；10 月 17—19 日在福建省福州市举办的功率变换器磁技术分析、测试与应用高级研修班，85 人参加；12 月 5—6 日在江苏省南京市举办的高效率高功率密度电源技术与设计高级研修班，76 人参加；12 月 11—13 日在上海举办的功率半导体器件——技术、封装、驱动与应用高级研修班，60 人参加；12 月 20—22 日在湖北省武汉市举办的高品质电源电磁兼容性高级研讨班（第二期），45 人参加。共计参加培训人员 333 人次，单场平均人数 66 人次。

探索线上培训新模式。11 月，试点举办线上培训 1 场，由学会直流电源专业委员会、科普工作委员会承办，“以高效高功率密度开关电源设计与测试”为主题。此次培训分 5 次进行线上授课，共计超过 300 人报名，为保证培训效果，最终 150 人参加培训。

9 月 24 日，在 2020 年全国科普日期间，学会在上海大学举办《理论如何联系实际》系列讲座之“电磁场长啥样”和“产品不稳定如何解决”系列科普讲座，近 100 人参加讲座。

党建强会　学会加强党委引领保障作用，召开 2 次党委会议，审议年度工作报告、财务报告、工作计划、财务预算并提出意见，就学会年度重点项目和相关重大事项进行前置讨论。为进一步规范学会党建工作，完成《中国电源学会党委议事规则》，并报送中国科协社团党委审查通过。

在学会党委指导下，学会秘书处组织全体员工集中学习宣传贯彻党的十九届五中全会精神。

会员服务　4 月，学会研究并推出电源企业抗疫专项服务，通过发布行业情况通报、组织在线行业交流、搭建产品推广和供需信息交流平台、宣传企业抗疫先进事迹等举措，切实解决企业实际困难，助力企业复工复产。

【中国电源产业与技术发展路线图项目启动会】
学会正式启动《中国电源产业技术发展路线图》研究编写工作。

路线图以 2021—2030 年为时间范围，全面梳理国内外电源产业、技术发展现状和发展特点，剖析中国电源产业、技术发展面临的机遇与挑战，识别未来电源技术的重点发展方向、关键技术及其优先程度，从产业进展、人才建设、产业应用等方面对未来新技术、新产业和新模式进行预测研判，提出并制定政产学研协同各方力量推进电源产业技术创新的行动指南，搭建电源总体和重点细分领域 1+N 的发展路线图体系。

为确保高质量完成路线图编写工作，学会联系行业专家、相关高校、科研机构、行业企业组建编写队伍，并于 9 月 25 日在线召开中国电源产业与技术发展路线图项目启动会，10 月 17—18 日在天津召开中国电源产业与技术发展路线图规划讨论会，就路线图工作进行研讨。

路线图项目已完成包括功率器件及模块、电力系统电力电子技术与装备、交通电气化与变频、信息系统供电、特种电源、前沿领域在内的 6 个编写组组建工作，共邀请 150 余位专家参与，并已制定路线图编写方案、编写计划和编写大纲。

【“中国电源学会科技服务行动”电源云讲坛系列线上交流活动】 学会探索开展线上交流活动，打造线上交流品牌活动，推出“中国电源学会科技服务行动”电源云讲坛系列线上交流活动。活动内容以产业和企业需求为导向，选择企业关注的热点、痛点等技术话题，解决企业产品开发、技术升级方面的实际问题、难题，助力会员单位和行业企业创新发展。

讲坛采取“腾讯会议网络研讨 + 钉钉直播”的形式，根据国家新基建战略部署，结合企业具体需求，每期选择一个专业主题内容进行专题报告和交流互动。专题报告环节，邀请各领域专家和会员企业就会员关心的新技术、新成果、新产品作 3 场讲座报告；互动研讨环节，邀请 5 位专家和会员企业相关人员就当期主题发表观点并与参加会议的会员企业进行互动交流。

6—12 月共计组织 8 期活动，分别为数据中心供电专题、新能源车驱动技术专题、新能源应用技术专题、新能源车充电技术专题、开关电源技术专题、电能质量专题、电磁兼容设计专题、元器件与照明电源专题，由学会各专业委员会承办。邀请报告人和专家学者 68 人，来自电源领域高校、科研院所、企业的专家和科技工作者共计 4000 余人参加。

【“GaN Systems 杯”第六届高校电力电子应用设计大赛】 12 月 20 日，“GaN Systems 杯”第六届高校电力电子应用设计大赛在湖北省武汉市举办。大赛由学会、学会科普工作委员会主办，华中科技大学承办，得到 GaN Systems 公司和宁波希磁电子科技有限公司的支持。大赛第一次采取“线下决赛 + 现场直播”的形式举办，通过哔哩哔哩直播平台直播，超过 1500 人次通过网络关注大赛情况。

第六届大赛以“高效率高功率密度双向 AC/DC 变换器”为主题，4 月初发布竞赛方案征集通知，共吸引来自全国 34 所高校的 35 支队伍报名参赛。

7 月 27 日，“GaN Systems 杯”第六届高校电力电子应用设计大赛启动仪式暨参赛辅导说明会以线上会议的形式举办。对报名参赛的项目计划书进行首次评审，评选出 30 支队伍进入初赛，同时给各参赛队提出方案修改意见。

10 月 15 日，进入初赛的各参赛队提交阶段研究报告，7 名来自高校和企业的专家组成评审小组对各参赛队提出的阶段研究报告进行评审，14 支队伍获得决赛参赛资格。

决赛开幕式由华中科技大学电气与电子工程学院党委副书记兼副院长林磊主持，华中科技大学电气与电子工程学院党委书记陈晋代表承办单位致辞，学会监事长、竞赛主席、台达（上海）电力电子设计中心主任章进法致辞。

GaN Systems 公司副总裁 Paul Wiener 通过录播的形式致辞，向大赛的举办表示祝贺，并介绍新型 GaN 器件的优势和前景，同时强调设计大赛对促进新型功率器件的普及和发展所起的重要作用。

大赛决赛设置样机性能测试和汇报答辩两个环节。经评审委员会评审，黑龙江科技大学代表队获特等奖，上海海事大学、华中科技大学代表队获一等奖，南京理工大学、杭州电子科技大学、北京交通大学代表队获二等奖，燕山大学、西安交通大学、中国科学院大学、昆明理工大学代表队获优胜奖。大赛现场向获奖参赛队颁发证书，同时向赞助商颁发证书。

（撰稿人：杨乃芬）

中国复合材料学会

服务创新型国家和社会建设 学会组织会员开展慈善捐助、应急科研、科普辟谣等工作，引导复合材料科技工作者齐心协力抗击疫情，服务企业复工复产。6 月 9 日，学会被中国科协组织人事部授予“优秀抗疫学会”称号。

学会入选中国科协“科创中国”36 家试点学会，成为中国科协“科创中国”样板间，中国科协学会学术部、中国科协学会服务中心、中国科协企业创新服务中心领导多次来访调研。4 月 30 日，在北京召开的中国科协第九届全国委员会第七次会议上，学会理事长、中国工程院院士陈祥宝受邀作经验交流报告《创新学会服务科技经济融合模式助力产业升级经济发展》。

学会与江苏省科协、广东省科协等单位合作，开展新材料产业发展咨询建议及服务。学会组织专家编写《珠海地区碳纤维复合材料产业发展情况及未来发展建议》《推动长三角地区航空航天用先进编织复合材料产业发展政策建议报告》等行业决策咨询报告，并对广东省东莞市复合材料产业进行调研并提出发展建议，旨在通过参与全国复合材料产业领先地区的发展规划，进而辐射并带动全行业转型升级。

学会根据中国科协工作部署，牵头成立并启动“新材料产业创新科技专家服务团”，以实地调研对接、产业需求项目对接、搭建产学研协同创新平台、提供决策咨询与智库报告等形式开展系列活动。

4 月，学会参加由中国科协学会服务中心组织召开的“科技服务团”启动暨产学研用协同创新联盟在线签约视频会议。5 月，学会签约“科技经济融合（泵阀产业）学会产业联合体”项目，助力浙江省温州市泵阀产业（泵阀用复合材料方向）科技创新和转型升级，并与地方企业开展技术服务合作。6 月，学会组织科技志愿服务专家赴浙江省温州市开展技术调研和对接工作。学会青年专家前往浙江省温州市永嘉县 3 家泵阀企业进行调研并举办关于泵阀用复合材料技术座谈会。8 月，学会承办第二十二届中国科协年会分会场——中国科协服务山东省创新发展现场交流会并受邀作典型交流。9 月，学会接待中国科协企业创新服务中心调研“科创中国”平台建设以及科技经济融合工作，汇报相关工作并进行经验交流。

11 月 5—7 日，学会在广东省东莞市举办第八届国际复合材料科技峰会（ISCT 8）暨第四届国际复合材料产业创新成果技术展览会（ICIE 4）期间，设置新材料产业应用创新高峰论坛暨产业推介会、2020 年度中国复合材料行业趋势发展发布会等活动，组织院士、专家与广东省地方企业对接，发挥学会作为产学研用交流平台的作用，促进复合材料领域人才、技术、成果、资金等资源与地方需求有效整合。

在 ISCT 8 会议期间，学会与广东省科协签署“共建广东省复合材料产业技术研究院”项目合作协议。双方将合作开展复合材料产业发展咨询、引进复合材料技术、承接政府职能转移以及促进复合材料技术成果产业化、信息与技术服务等工作，并建设高规格创新创业团队，搭建创新平台，建设复合材料特色产业园区。

12 月，学会在山东省泰安市举办复合材料产业创新与发展高端论坛，重点围绕玻璃纤维新型材料、工程塑料、精细化工、纳米新材料等泰安市重点产业领域及技术需求和复合材料应用水平开展研讨，并进一步连接复合材料产业链上中下游，为泰安市提出切实可行的解决方案和前瞻性对策建议。

学会举办 2 期复合材料工程继续教育培训，共培训学员 120 余名。8—9 月，学会举办 8 场系列线上培训课程，课程内容涉及复合材料应用、复合材料成型工艺、复合材料结构设计及复合材料学术期刊等多个方面，累计在线播放量达 14.79 万次。9 月，学会承办科创专家助力七台河产业转型升级云课堂线上课程活动，邀请专家作石墨烯的性质与主要制备方法的讲座，线上直播观看人数达 1.6 万人次。

学会年度受理团体标准申请 11 项，立项 4 项，发布 6 项，在研 4 项。学会举办 2 场线上团体标准培训活动，对团体标准工作及编制过程中常见问题进行讲解。

学会完成一批次职称评定工作，共评审出复合材料正高级工程师 1 人、高级工程师 9 人、工程师 11 人、助理工程师 6 人。

学会完成工程教育认证年度工作，审核 2019 年自评报告 3 份，通过 1 个专业；审核 2020 年材料类专业 48 份申请材料，通过 13 份；审核 2020 自评报告 10 份，通过 5 个专业。

学会推荐 11 位专家入选教育部科技管理信息系统专家库专家；推荐 7 项成果入选工业和信息化部《产业基础领域先进技术产品项目应用目录（2020 年度）》。

学会建设 学会召开七届五次、六次理事会议及七届八次、九次常务理事会议。在七届五次理事会议上审议通过学会第八次会员代表大会及换届工作延期事项。

学会会员总数达 15063 名；新设立电网工程复合材料专业委员会。

学会秘书处进一步推进实体化、规范化、职业化建设，整体梳理与修订秘书处管理制度，完善例会、节点考核等制度，并在日常工作中运用信息化管理系统。

学会在中国科协网络平台宣传评价测试中排第8名，获评“全国科技工作者日全国学会积极贡献单位”称号。

青年人才托举工程 学会举办2017—2019年度中国科协“青年人才托举工程”项目总结评价会，被托举人均通过答辩。学会累计推荐入选中国科协“青年人才托举工程”项目的青年人才数量达32人。

主办期刊 学会主办的《复合材料学报》收稿量和刊载量均上升10%左右，复合影响因子为较2019年增长4.7%，在材料学科期刊中位列第4，影响力指数位列第3。

学会与Elsevier出版社合作开办的*Composites Communications*首个影响因子为4.915，在SCI收录的复合材料类全球学术期刊中排名第7。

学科发展工程 学会组织编写的“先进复合材料丛书”获得国家出版基金资助。丛书已被中共中央宣传部出版局批准为“十三五”国家重点出版物出版规划项目。

面向行业细分及应用领域，学会发布《轨道交通用先进复合材料行业发展报告》《风电行业用复合材料发展研究报告》《碳纤维复合材料压力容器行业研究报告》《电子封装复合材料行业报告》《民用航天领域复合材料应用调研报告》《新能源汽车用电池盒复合材料调研报告》等行业报告，支持、引导地方政府与行业企业科学规划产业发展。

国际学术会议 11月5—7日，由学会、广东省科协与东莞市人民政府联合主办的第八届国际复合材料科技峰会（ISCT 8）在广东省东莞市召开，近1000名中外复合材料界专家、企业高管出席会议。

国内主要学术会议 学会2020年度举办国内学术会议20余场次，参加人员3000余人次，交流论文、报告700余篇。主要会议包括第二十一届全国复合材料学术会议（NCCM-21）、“科创中国”长三角一体化高层次发展论坛暨先进编织复合材料与航空航天论坛、空天动力复合材料及应用专业委员会2020年度学术会议、第七届全国交通运输领域复合材料科技会议（NCCT-7）、第四届全国复合材料力学与工程研讨会等高水平学术会议及青年沙龙活动等。

8月25—27日，由中国航空学会、中国宇航学会、中国力学学会、学会主办的第二十一届全国复合材料学术会议（NCCM-21）在内蒙古自治区呼和浩特市举办。

10月23—25日，由中国力学学会、学会联合主办的第四届全国复合材料力学与工程研讨会在陕西省西安市举办。来自全国10家科研院所的专家、科技工作者和26所高校的师生共120余人参加会议。

国际交往 8月，学会邀请英国普利茅斯大学教授John Summerscales参加第二十二届中国科协年会并作视频演讲报告，并与哈尔滨工业大学航天学院复合材料与结构研究所合作举办力学及复合材料国际暑期学校，开展专题讲座。

11月，学会组织会员参加美国普渡大学复合材料设计与制造中心主办的全球“复合材料过去、现在与未来”世界著名专家高端网络讲坛，并与法国JEC集团合作，发布全年度复合材料行业发展趋势报告。

科普活动 1月，学会组织科技志愿服务专家到学会会员之家开展科普讲座，学会秘书处工作人员与相关会员等近30人参加讲座。

针对新冠肺炎疫情，学会在信息平台发布《疫情防护发展新方向——纳米口罩》《北京化工大学突破可重复使用民用口罩关键技术》等疫情防控及应急科普相关文章11篇。

9月，在全国科普日期间，学会在网站、微信公众号等信息平台上发布科普文章15篇，介绍最新复合材料学科与产业进展。

11月，学会在第四届国际复合材料产业创新成果技术展览会上设置科普展区，展示多件最新应用复合材料的体育器材、交通运输工具等样品，并发放科普书籍与宣传品。

学会组织开展“贤材杯”先进材料研究生创新大赛，对研究生群体的创新创意进行专业评价，挖掘其中具有产业化意义的创意和成果并推荐至学会协同平台进行快速孵化，助力先进材料领域研究生的成长成才。

学会举办第五届“光威杯”大学生科技创新竞赛，吸引来自77所高校的205支参赛队伍共1000余人参与，31支参赛队伍晋级参与在广东省东莞市举办的总决赛。最终评选出特等奖1名、一等奖2名、二等奖7名、三等奖21名。

学会年度编辑发布《复材新动向》季刊4期，从行业大数据、新技术、新装备、新动向、大事记向会员展示行业动态，并收录《什么材料能承受长征五号火箭尾焰两千多度的高温》等原创科普文章10篇，共赠阅近2万册。

表彰举荐优秀科技工作者 学会在年度科学技术奖评选中共评出一等奖1项、二等奖4项。在年度优秀博士学位论文评选中，评出优秀博士学位论文5篇、优秀博士学位论文提名奖5篇。

学会完成第二届全国创新争先奖、第十六届中国青年科技奖等奖项推荐工作，推荐的哈尔滨工业大学教授冷劲松获得第二届全国创新争先奖状，中国科学院化学研究所副研究员周恒获得第十六届中国青年科技奖。

党建强会 学会理事会党委前置审议学会疫情防控工作方案，发布《万众一心 抗击疫情——中国复合材料学会倡议书》《牢记使命、坚定信心，坚决打赢疫情防控阻击战——致中国复合材料学会全体党员的公开信》。学会党委根据复产复工需求，指导秘书处梳理会员关于疫情防控生产的需求，发布“新型冠状病毒医卫防护材料应急专项”等相关信息。

1月，学会入选中国科协党委职责分类试点学会，担任以高校、科研院所为支撑单位的科技社团“负面清单”梳理工作牵头单位。11月，学会加强办事机构党建工作，组织秘书处学习《共产党为什么能》等中央党校网络课程。

会员服务 学会网站及数据库完成改版，数据库更新完成，会员申请入会流程信息化，并建设学会品牌学术活动注册与管理系统，使会议参会流程信息化。

学会在微信群建立“行业简讯”“招贤聚材”栏目，收集简讯动态与人才需求，每日在行业微信群发送。

学会开展线下会员服务，在会员之家举办沙龙、座谈等活动20余场次，参与会员400余人次。

【第八届国际复合材料科技峰会】 11月5—7日，学会在广东省东莞市举办第八届国际复合材料科技峰会（ISCT 8）。学会理事长、中国工程院院士陈祥宝，广东省科协党组书记、专职副主席郑庆顺，东莞市市长、党组书记肖亚非出席开幕式并致辞。11位中国科学院院士、中国工程院院士，科技部、广东省科协、东莞市有关部门的领导，以及近1000名中外复合材料界专家学者与企业代表出席。学会副理事长、中国工程院院士俞建勇主持开幕式。

大会主题为“新理念、新态势、新动向”，设4个主题学术特邀报告。会议期间，中国工程院院士瞿金平、吴锋、张联盟、单忠德、李贺军等作大会特邀报告。各特邀会场共作60余场专题报告，涵盖复合材料理论及应用、工艺及技术、测试及评价与绿色复合材料与能源等主题。同期举办第四届国际复合材料产业创新成果技术展览会，展示面积10000平方米，100多家企业、各级重点实验室展示创新成果与技术。

【先进编织复合材料与航空航天论坛】 10月10—11日，学会与江南大学在江苏省无锡市联合举办先进编织复合材料与航空航天论坛。学会监事会主席、中国工程院院士、上海大学孙晋良等学会专家与地方相关单位领导出席活动。11位专家围绕先进编织复合材料在航空航天领域的性能表征、分析评价、应用进展及未来展望等作主题报告。来自长三角地区复合材料、纺织领域的专家学者、企业高管、高校教师以及科技工作者代表200余人参加论坛。

开幕式上，学会、无锡市科协、江南大学纺织科学与工程学院三方就共同创建“先进编织复合材料技术与成果转化实验室”签署合作框架协议。

（撰稿人：叶金蕊 郝江涛 赵 峥）

中国消防协会

服务创新型国家和社会建设 推动行业信用建设。协会开展2020年度第十一批消防行业信用等级评价工作。初评的会员单位共82家，其中49家生产型企业有40家获AAA级、4家获AA级、5家获A级；20家安装施工型企业有9家获AAA级、8家获AA级、3家获A级；13家技术服务型企业有6家获AAA级、7家获AA级。同时对2018年度第九批和2019年度第十批信用企业进行复评，共有7家企业级别提升，其余保持原有级别。

推动团体标准建设。2020年，协会制定《中国消防协会团体标准管理办法（试行）》《中国消防协会团体标准制修订工作程序（试行）》《中国消防协会标准化委员会章程》，印发相关工作文件模板。面向全社会公开征集委员和专家，现已聘任委员和专家402人，专业划分为智慧消防、消防救援装备、森林消防等11个专业。截至2020年，收到团体标准草案30项，批准立项22项，其中2项已完成送审稿。与中国汽车工程学会联合批准立项13项电动汽车消防安全标准，7项标准已发布，其中3项被行业或国家标准吸纳。委托专业机构开发“团体标准管理系统”和“标委会管理系统”软件，规范工作流程，扩大专家智库的业务和技术覆盖面，提升智库的整体专业水准和行业影响力。

学会建设 加强协会基础建设。协会不断加强信息化建设，运行“综合办公系统”，实现协会“无纸化”办公，各理事单位、分支机构等相关人员通过网上办公系统流转文件；“会员系统”完成会员申报、审批、缴费等程序研发，且上网运行良好。

做好疫情防控工作。协会成立疫情防控领导小组，多次下发疫情防控通知，运用微信公众号、微信群等新媒体平台对全体员工进行疫情提示，引导员工消除恐慌情绪、科学防控。建立人员流动台账，实施动态跟踪管理。组织人员对协会所在办公楼全面进行防毒消杀，加强环境卫生整治。

提高协会管理水平。加强对分支机构的管理，指导分支机构召开工作会议23次、开展较大规模业务研讨会12次，审查和批复分支机构书面请示6个。各分支机构组织开展多项学术活动，按照业务工作范围，以消防技术咨询为主线，向行业内外开展技术服务，参与、协助国家有关部门制定行业标准、管理规定7项，参与消防技术性工作90多次，征集论文1850余篇，开展行业职业化培训400多课时，1万多人次参加。11月24日，新增成立中国消防协会城市轨道交通消防安全专业委员会。

完成脱钩改革工作。3月、7月，协会分别将《中国消防》杂志社、注册消防工程师考试和职业技能鉴定移交应急管理部消防救援局管理。7月，应急管理部消防救援局下发《应急管理部消防救援局关于取消与中国消防协会挂靠关系的通知》，取消应急管理部消防救援局与协会的挂靠关系。12月，中国科协下发《关于取消与中国标准化协会等6家协会业务主管关系的通知》，取消中国科协与协会的主管关系。

青年人才托举工程 2020年，协会入围第六届中国科协青年人才托举工程立项单位名单，并获得2个资助名额。

国内主要学术会议 8月4—5日，协会在上海市召开第十届中国消防协会科学技术创新奖评审会，协会副会长李引擎、秘书长曹忙根，应急管理部上海消防研究所所长闵永林出席会议。来自上海市消防救援总队、国家减灾中心等单位的13位专家对申报项目进行评审。

9月24—25日，协会石油化工防火专业委员会在上海市召开第三届中国石油化工消防科技创新和发展论坛。大会邀请国家相关部委领导、中国科学院院士、中国工程院院士及中国石油、中国海油、中国石化等单位的主管领导和专家，以及化工园区、国内外科研单位、技术支撑单位的专家学者共430多人，针对国家级危险化学品油气管道应急救援基地建设、石油石化企业及化工园区消防应急救援技术等主题，开展管理与经验分享和应急救援前沿新技术交流。论坛期间还进行消防侦检无人机、防火耐高温防护服、智慧消防等基于“互联网+智慧消防”的新技术、新装备、新产品应用推广与展示。

10月30日—11月1日，协会学术工作委员会、灭火救援技术专业委员会等单位联合承办以“建筑火灾综合防控与智慧消防”为主题的2020消防科学与技术学术研讨会。来自中国建筑科学研究院有限公司、北京理工大学、中国消防救援学院、北京科技大学、中国矿业大学、应急管理部天津消防研究所、四川省消防救援总队、山东省消防救援总队等单位的100多名专家学者参加会议，围绕“建筑火灾综合防治的基础理论与技术问题”和“智慧消防发展趋势与动态”开展学术交流。

12月2—4日，协会森林消防专业委员会在广东省深圳市举办第四届全国森林消防装备展会，展会面积约8万平方米，60余家企业参展。同时，举办现代消防发展研讨会，设1个主会场、1个无人机在森林消防中的应用分会场。邀请国内相关行业专家学者作科技创新报告和学术交流，160余人参加研讨，收到论文50余篇。

国际交往 2020年，协会会长陈伟明作为国际消防协会联盟执委和亚洲分会副主席，3次参加国际消防协会联盟大会及亚洲分会执委会视频会议。会上通报联盟财务情况，讨论联盟章程修改事宜，进行执委换届选举，并研究确定下届执委会工作规划。

科普活动 2020年，协会组织开展全国性消防科普宣传活动。在新冠肺炎疫情期间指导创作《防疫期间消防安全能力培养》系列科普动画，通过微信公众号平台科普消防知识。组织专家对“新时代大学“体验式”消防安全教育馆建设体系研究”“基于多人互动的3D消防灭火体验系统”“基于VR技术的消防安全教育培训系统”“中小学幼儿园应急疏散演练操作规程”等消防科普项目课题进行验收。组织全国消防科学传播专家团成员、“中国消防－科普中国共建基地”专家工作委员会成员及消防科普工作者在全国各地开展消防科普宣传活动。举办2020年全国优秀消防科普宣传教育作品评选大赛，在812份作品中评选出200个获奖作品，其中优秀消防科普图书3部、一等奖27个、二等奖61个、三等奖109个。采用线上方式举办6期全国消防安全知识网络大赛，普及消防安全知识，增强民众防火意识。

表彰举荐优秀科技工作者 协会先后完成第二届全国创新争先奖、2020年“最美科技工作者”、第十三届光华工程科技奖候选人遴选推荐，《2019年度社会科技奖励第三方评价函评报告》的填报及第十二届“火凤凰杯”全国优秀消防科普工作者评选活动。

组织完成中国消防协会优秀论文奖评审工作。根据《中国消防协会优秀论文评审奖励办法（试行）》，对征集的396篇论文进行查重检测和初评，召开2020年优秀论文评审会，最终确定174篇论文被评为“优秀论文”，其中一等奖29篇、二等奖57篇、三等奖88篇。

组织完成中国消防协会科学技术创新奖评审工作。经评审，最终确定26项科研成果获奖，其中一等奖5项、二等奖9项、三等奖12项。协会科普教育工作委员会副主任兼秘书长纪杰、协会会员宋文琦被科技部、中共中央宣传部和中国科协评为“全国科普工作先进工作者”。

党建强会 协会发挥党委的政治引领作用，落实协会“三重一大”事项前置审议程序。2020年共组织召开党委会议3次，审议重大事项16件。

积极参加中国科协科技社团党委活动，认真落实“三会一课”制度，严格党员教育管理。组织党员集中学习3次，组织退休的老同志坚持参加双重组织生活，及时传达学习贯彻上级的部署要求，发挥协会党组织的战斗堡垒作用。做好党员统计、党费收缴和预备党员转正、入党积极分子培养等党务工作，确保党组织工作正常有序开展。

积极参加中国科协科技社团党委组织的全国学会党组织负责人和党务干部培训；采取多种形式开展党日活动；坚持集中学习和自学相结合，规定动作和自选动作相结合，充分调动广大党员、干部学习的积极性和主动性。2020年，培养入党积极分子1名。

协会党委坚持将党风廉政建设贯穿于日常管理工作始终，多次召开会议，学习相关文件，全面落实从严治党要求。完善内部管理制度，将全面从严治党与依法依章办会相结合，针对协会工作特点，要求领导干部以身作则、严格自律，切实增强接受监督的思想自觉和行动自觉。

会员服务 提升会员服务管理水平，健全完善服务模式。协会与应急管理部沈阳消防研究所共同开发会员管理系统，对单位和个人会员信息进行大数据管理，实现网上申报、网上审批，高效办理入会手续。以会员需求为导向，为会员单位牵线搭桥，保障会员单位的优秀科技项目在立项、资金等方面能够获得相应支持，保障优秀科技工作者在“优秀论文奖和科技创新奖”“火凤凰杯优秀消防科普工作者”“优秀消防科普作品”等相应表彰奖励方面有申报平台。强化会员服务管理，加强与广大会员和消防科技工作者联系，倾听消防科技工作者的意见、呼声，维护消防科技工作者的合法权益，努力为会员搭平台、解难题。

【中国消防协会城市轨道交通消防安全专业委员会成立大会】 11月24日，中国消防协会城市轨道交通消防安全专业委员会成立大会在江苏省徐州市召开。协会会长陈伟明、中国矿业大学校长宋学锋、协会秘书长曹忙根、江苏省徐州市副市长赵兴友、中国城市轨道交通协会副会长王汉军，以及徐州市科协、徐州地铁集团、徐州市消防救援支队等25家共同发起单位的领导出席会议。会议由中国矿业大学副校长周福宝主持。

会上，宋学锋首先致辞，曹忙根宣读成立批复文件，陈伟明与宋学锋共同为协会城市轨道交通消防安全专业委员会揭牌并向专业委员会第一届委员颁发聘书，全体委员审议通过《中国消防协会城市轨道交通消防安全专业委员会工作细则》。专业委员会第一届主任委员周福宝进行发言。

（撰稿人：曲　毅　吴礼龙）

中国图象图形学学会

服务创新型国家和社会建设 10月12—14日，学会与汉诺威米兰展览（上海）有限公司共同主办华南国际机器视觉及工业应用展览会。来自国内外近100家机器视觉展商参展，展位面积约1100平方米，近1万人次参观展览。随展举办产业发展论坛，整合转化学术资源，助力华南地区机器视觉产业发展和产学研融合，推动行业发展。

学会持续完善科技成果鉴定工作流程，建立和完善学会专家库，充分发挥学会第三方评估优势，完成

2 项科技成果评价项目。

学会建设 2020 年，学会召开理事会议 2 次、常务理事会议 6 次、理事长会议 2 次。新成立数字文化遗产专业委员会；指导 4 个分支机构完成换届工作；完成 2 个专业委员会更名，分别是视频监控与安全专业委员会更名为视频图像与安全专业委员会、图象视频通信专业委员会更名为图像视频通信专业委员会。

12 月 5 日，中国图象图形学学会成立三十周年庆祝大会在北京召开。会议设置 5 个主题论坛，从“不忘初心”“众志成城”“砥砺前行”“乘风破浪”“继往开来”5 个方面回顾学会三十年的发展历程。

青年人才托举工程 2020 年学会推荐 2 人获得第五届中国科协“青年人才托举工程”项目资助。

12 月 3 日，学会在北京召开 2020 年青年人才托举工程项目座谈会，邀请被托举人和领域专家参加会议。会上，第四届“青年人才托举工程”的被托举人作项目结题交流学术报告，第五届“青年人才托举工程”的被托举人就工作进展、未来工作计划等方面作汇报。与会专家与各位青年交流互动、分享经验，探讨学科研究与科技创新的相互促进关系，并对被托举人的成长给出指导建议。

主办期刊 2020 年,《中国图象图形学报》完成编委会的换届工作，新一届编委会由 160 人组成，包括院士 9 人。入选中国科技期刊卓越行动计划选育高水平办刊人才子项目。

学科发展工程 2020 年，学会完成 16 篇学科发展报告的编写工作。

国际学术会议 11 月 13—14 日，由学会与中国计算机学会、中国仿真学会主办的第十届国际虚拟现实与可视化会议在线召开。会议涉及虚拟现实的理论和技术创新、新应用、实践和经验分析等内容，与会人员共同探讨虚拟现实标准的建设以及未来趋势等问题。收录论文 102 篇，同期举办第三届国际虚拟现实大赛。

国内主要学术会议 2020 年，学会及其分支机构共举办国内学术会议 80 余次，约 30 万人次参加会议，交流论文 886 篇。

9 月 18—20 日，由学会、中国计算机学会、中国仿真学会共同主办的第二十届中国虚拟现实大会在吉林省长春市召开。会议以“虚拟现实促民心相通”为主题，与会专家学者围绕虚拟现实前沿科技发展、产业关键技术创新、先进适用产业技术开发与推广应用、系统性技术解决方案研发供给等话题共同探讨。会议设置专题报告 3 个，收录论文 22 篇。

10 月 16—18 日，由学会与中国自动化学会、中国人工智能学会和中国计算机学会联合主办的第三届中国模式识别与计算机视觉大会在江苏省南京市召开，来自国内外高等院校、科研院所、企业的 1000 余位专家学者参加会议。会议安排 6 个专题论坛、2 个讲习班、1 个女科学家论坛、4 个大会特邀企业讲坛、1 个博士生论坛。收录论文 158 篇，其中，口头报告论文 30 篇、亮点论文 60 篇、墙报论文 68 篇。

11 月 1—3 日，由学会主办，学会可视化与可视分析专业委员会、西安电子科技大学等联合承办的第七届中国可视化与可视分析大会在陕西省西安市召开，来自高等院校、科研机构、企业的 600 余位专家学者参加会议。会议以“数据求真，可视为善”为主题，设 12 个专题报告，与会专家学者共同探讨数据可视化与可视分析的前沿技术和未来发展前景。

科普活动 2020 年，学会通过学会微信公众号推送防疫科普知识，宣传先进典型事迹。学会创办“CSIG 云讲堂”“CSIG 云上微表情”“CSIG 媒体取证与安全在线”等系列活动，依托数字化平台实现云端互动，有效传播前沿科技成果。

8 月 27 日，学会联合天津工业大学共同组织开展中小学生科普教育主题系列活动，向中小学生普及视觉检测、人工智能等方面的知识，中小学生参与多种机器人的拼装项目。

全国科普日期间，围绕“决胜全面小康，践行科技为民”的主题，学会组织“云上科普——苹果园叶片氮含量图像诊断技术研究”“云上科普——人工智能走进中小学”线上科普讲座。

表彰举荐优秀科技工作者 2020 年，学会推荐第十七届中国青年女科学家奖候选人 1 名、2020 年度未来女科学家计划候选人 1 名、第二届全国创新争先奖先进个人候选人 2 名、全国三八红旗手候选人 1 名。

党建强会 2020 年，学会理事会党委共召开 6 次党委会议，研究学会重点工作。学会党委参与学会 2020 年换届方案等“三重一大”事项的前置审议，推进学会换届等工作有序开展。

12 月 5 日，在中国图象图形学学会第八次全国会员代表大会期间召开第八届常务理事会党员大会，经常务理事会到会党员现场无记名投票，通过学会第八届理事会党委委员组成名单，选举学会理事长王耀南为学会党委书记。

会员服务 学会推动信息化建设，完善会员信息系统和会议管理系统，实现会员和会议的管理信息化；组织多层次的学术活动，为科技工作者搭建交流平台，以学术交流带动会员发展；修订《中国图象图形学学会会员条例》，完善会员体系，设立理事单位、杰出会员等会员类型；通过微信公众号、网站等多种渠道宣传会员成就，发布领域最新成果速览，促进科技成果推广；组织举办中国图象图形学学会三十周年庆祝大会，回顾学会和图像图形学科发展历程，增强会员使命感、荣誉感和归属感。

【中国图象图形学学会第八次全国会员代表大会】 12月5日，中国图象图形学学会第八次全国会员代表大会在北京召开，来自全国的202名代表参加会议。大会审议通过《中国图象图形学学会第七届理事会工作报告》《中国图象图形学学会第七届理事会财务报告》《中国图象图形学学会第一届监事会工作报告》《〈中国图象图形学学会章程〉修订草案》和《中国图象图形学学会会费标准》，选举产生学会第八届理事会理事150名、第二届监事会监事5名。中国工程院院士、湖南大学教授王耀南当选学会新一届理事会理事长。

【第二十届全国图象图形学学术会议】 6月28—30日，由学会主办、新疆大学承办、南京理工大学和新疆维吾尔自治区科协联合协办的第二十届全国图象图形学学术会议以网络直播方式召开，累计观看人数24万余人次。

会议以“图像图形智能处理”为主题，安排4个特邀报告，设置2个讲习班、4个专题论坛、1个青年学者论坛。会议收录论文206篇，其中口头报告论文40篇、墙报论文166篇。

会议特邀中国工程院院士、浙江大学教授潘云鹤，中国工程院院士、北京大学教授高文，清华大学教授胡事民和颜水成博士分别作报告《视觉智能的五个基本问题》《数字视网膜——城市大脑从云计算走向端边云混合的体系架构》《可视媒体内容生成：从数据驱动到深度学习》和 *AI: From Artificial Intelligence to Affordable Intelligence*。

【中国图象图形学学会2020年青年科学家论坛】 12月3—4日，由学会主办、学会青年工作委员会承办、中国科学院计算技术研究所和北京航空航天大学协办的中国图象图形学学会2020年青年科学家论坛在北京召开。会议采取线上线下相结合的方式，来自全国各地的高校教师、学生以及企业界人士150余人参加会议。

论坛邀请15位专家围绕“图像视频处理与通信”“图像理解与机器学习”和“图形学”3个专题作报告。此外，会议安排3场Panel研讨、3场企业宣讲，共同探讨图像视频处理与通信中的深度学习问题、图像理解与机器学习中的挑战、图形学的未来研究趋势等问题。

（撰稿人：肖成园　骆岩峰　洪　淼）

中国人工智能学会

服务创新型国家和社会建设 2月，学会积极响应中国科协倡议，先后发布、联合参与发布《AI（爱）国担当 共抗疫情 驰援武汉》等6份倡议书，695位学会会员募捐善款合计437699.67元，定向支持疫区重点医院——华中科技大学同济医学院附属同济医院。学会获评中国科协“优秀抗疫学会”称号。

11月15日，在中国人工智能学会系列AI皮书发布会上，学会发布1本蓝皮书和4本白皮书：《中国人工智能系列蓝皮书——人工智能未来趋势、安全、教育与人类关系》《智慧医疗助力抗击疫情》《智能制造白皮书》《智能农业白皮书》和《智能驾驶白皮书》。

2020年，学会针对疫情之下企业复工复产建言献策，提出4份对策与建议：《关于克服疫情促进行业发展的对策与建议》《关于围绕区块链在应急物资和紧缺物资管理配置中应用的建议》《关于疫情后产业创新发展的对策与建议》《关于“强化我国人工智能基础理论研究与产业发展”的对策建议》。

2020年，学会还以多种形式助力贫困边远山区，开展多项科技扶贫工作。5月10日，学会党委书记赵春江前往广东省开展爱心助农；8月25日，学会副理事长王国胤于重庆市城口县蓼子乡第二小学开展科普讲座；8月26—27日，学会中小学工作委员会承办开展科普中国系列活动——助力偏远地区的在线公益师资培训行动；10月10日，学会联合多方在第三届中国智能教育大会上启动“智能教育扶贫扶智”公益行动，向7省36县捐赠中文作文教学与测评智能系统。

学会新启动科技成果鉴定工作，2020年共为7家企业在内的22家单位的27项科技成果进行鉴定。出席正式鉴定会的专家共227人次，其中院士担任组长的鉴定19次，测试组、资料审核专家120人次。

学会建设 学会安排专人梳理会员库，删除重复会员、“僵尸”会员，确保会员库信息清晰透明。2020年，学会共有个人会员41752人，新增3503人；单位会员574个，新增70个；会士84人，新增9人。

学会共有分支机构49个（41个专业委员会和8个工作委员会），2020年新增1个分支机构（人机融合智能专业委员会）。各分支机构全年共举办学术活动320余场，其中科普活动200余场。

2020年，学会召开全体理事会议1次、常务理事会议5次、理事长工作会议2次。学会根据发展需要，在常务理事会议上通报学会工作报告、财务报告、会士评选情况；在组织工作委员会会议上，对学会各专业委员会进行考核评估，评选出2020年度学会优秀专业委员会。学会会员服务中心（西北站和浙江站）全面落成。

学会在腾讯、网易、百度、头条等媒体平台开设自媒体账号，对学会活动进行直播，在线观看人数超4000万人次，活动覆盖全国100余家媒体。“中国人工智能学会”和“CAAI会员中心”两个微信公众号全年推送2000余条内容，订阅人数超15万人。

青年人才托举工程 2020年，学会获得第六届中国科协“青年人才托举工程”项目2个名额。

6月13—14日，学会在线举办2020青年人工智能精英论坛。12月19日，2020年人工智能菁英创新论坛暨“协同创新”青托学术沙龙在陕西省西安市举办。

主办期刊 学会共主办3种学术期刊，分别为《智能系统学报》、*CAAI Transactions on Intelligence Technology*（《智能技术学报》）、*International Journal of Advanced Intelligence* 和《中国人工智能学会通讯》。2020年,《中国人工智能学会通讯》共发表原创文章190篇;《智能系统学报》期刊影响因子为1.883，在自然科学与工程技术类的142种期刊中排在第18位；*International Journal of Advanced Intelligence* 共发表文章40篇，其中海外文章28篇，占比70%。

学科发展工程 2020年新建学会专家库，作为学会奖励工作评审系统支撑平台，承接中国科协智能科学与技术学科发展报告编制项目。

2020年，学会组建专家团队完成《人工智能导论》修订、习题集和匹配课件编制工作。

国际学术会议 5月23日，由学会、中国科学院组织，学会神经网络与计算智能专业委员会等单位共同协办的2020年国际高性能大数据暨智能系统会议在线上召开。来自21个国家的757名科技人员参加，旨在搭建高性能计算、大数据及人工智能领域高端前沿交流平台，促进海内外专家学者的交流与合作，推动智能技术进步和智能制造产业发展。

10月10日，由学会自然语言处理专业委员会承办的第15届自然语言处理与知识工程国际会议在陕西省西安市召开。来自中国、日本、德国等国家的专家学者围绕自然语言处理的各项技术基础、多种应用以及自然语言处理中知识工程等领域的研究和应用发展进行讨论和交流，线上线下累计参加会议人数超12万人次。

11月20日，学会联合新加坡通商中国承办的中新数字经济与人工智能高峰论坛在线上召开，累计参加会议人数超61万人次。来自中国、新加坡的数字经济、人工智能行业的专家学者、社会知名人士通过主题报告的形式就数字经济产业发展、人工智能科技前沿等诸多方面进行剖析，共同助力两国数字经济及人工智能的发展。

12月25—27日，由学会主办、学会认知系统与信息处理专业委员会参与承办的第五届认知系统和信息处理国际会议在广东省珠海市召开。会议以“面向人工智能的认知计算”为主题，旨在推动认知、心理、智能、机器人等领域的融通交汇。大会共设置3个大会报告、3个特邀报告，同期举办15场分会场报告，近150人参加。共收到130余篇论文，选出8篇最佳论文提名奖、1篇最佳学生论文奖、1篇最佳应用论文奖、1篇最佳论文奖。

国内主要学术会议 8月29—30日，由学会、江苏省科协等主办的2020中国人工智能大会在江苏省南京市举办。大会以线上线下相结合形式召开，累计近1000万人次在线观看。

10月10—11日，由学会语言智能专业委员会参与承办的第三届中国智能教育大会在陕西省西安市举办。大会共设置1场开幕式、8个主题报告、10场专题论坛、1场同期活动。来自海内外的100余位科学家、教育家、企业家共同探讨智能教育的发展机遇与未来趋势，线上线下累计参加会议人数超727万人次。

10月31日，由学会主办的2020年第五届全国高校人工智能学院院长 / 系主任论坛在山西省太原市召开。论坛主题为“复合型‘人工智能 +’交叉学科创新人才培养”。来自全国高校、科研院所的人工智能教育专家以及人工智能领域企业代表参加论坛，研讨在当前新工科建设大背景下，如何实现产教融合、学科交叉的人工智能的创新人才培养模式，共同探讨典型案例与成功经验。

11 月 14—15 日，由学会、嘉兴市人民政府主办的 2020 第十届中国智能产业高峰论坛在浙江省嘉兴市召开。包括 10 位中外院士在内的 100 余位人工智能专家学者参加会议。大会共设置 8 个主题报告、2 场尖峰对话、9 场专题论坛、1 场同期活动。

科普活动 2020 年，学会开展主题科普活动 200 余次，线上线下受众人数达 100 万人次。举办实用技术培训 32 次、青少年科技竞赛 10 次，编著科技图书 10 种。

5 月，学会在“科普中国”科普云平台开通账号，以文字、视频的形式推送稿件 57 篇，阅读点击量达 17194 次。获评中国科协颁发的 2020 年“全国科技工作者日”全国学会十佳优秀组织单位称号。

7 月 26 日，学会主办的人工智能大讲堂第 27 期、第 28 期、第 29 期均以线上形式举办。开展 CAAI（中国人工智能学会）云课堂、云论坛、AI 创新讲堂等近 20 期。

表彰举荐优秀科技工作者 5 月，启动首届中国人工智能学会优秀科技工作者风采及成果评选。经评审，13 位科技工作者被评为 2020 年度中国人工智能学会优秀科技工作者，14 项科技成果被评为 2020 年度中国人工智能学会优秀科技成果。

5 月 30 日，学会推荐的学会监事、中国工程院院士王耀南，学会监事长、同济大学副校长蒋昌俊和科大讯飞联合创始人胡郁，获第二届全国创新争先奖状。

12 月 28 日，学会向中国科协推荐的学会第七届副理事长、学会会士，科大讯飞联合创始人、轮值总裁胡郁获 2020 年“最美科技工作者”称号。

学会授予中国工程院院士、中国人民解放军总参谋部第六十一研究所李德毅 2020 年度“吴文俊人工智能最高成就奖”。

2020 年度第十届吴文俊人工智能科学技术奖通过对提名项目进行网络评审、会议初评和终评答辩、公示，共有 100 个成果获奖，包括吴文俊人工智能最高成就奖 1 项、吴文俊人工智能杰出贡献奖 3 项、吴文俊人工智能自然科学奖 20 项、吴文俊人工智能技术发明奖 8 项、吴文俊人工智能科技进步奖 24 项、吴文俊人工智能科技进步奖企业技术创新工程项目 17 项、吴文俊人工智能科技进步奖科普项目 3 项、吴文俊人工智能优秀青年奖 16 项、吴文俊人工智能专项奖芯片项目 8 项。

党建强会 2020 年，学会党委共举办 2 次党委会议。在 4 月 3 日召开的中国人工智能学会党委第七届第九次线上扩大会议上，审议通过并成立首批 14 个分支机构功能型党建工作小组；9 月，学会启动第八届理事会党委委员调整工作，通过“两上两下”以及拟推荐人选所在单位政治资格审核等流程，于 10 月 28 日收到中国科协科技社团党委《关于同意中国人工智能学会委员调整的批复》，学会党委换届工作顺利完成。2020 年，邀请学会党委书记赵春江和党委委员蒋昌俊做客科技社团党委云课堂。此外，学会还开展科技扶贫、服务会员等系列党建强会活动。

会员服务 在疫情防控期间，动员会员捐款献爱心，并向捐款会员一一发送感谢信；在新年期间，分别以纸质和电子贺卡形式为会员送去新年祝福；分别为学会缴费会员邮寄学会定制笔记本；统计梳理 10 年及以上会龄的会员，并以邮寄特制奖牌、证书和感谢信的形式向其表达谢意与支持。

学会加强会员服务能力，进行学会期刊精准化传播，全年推送电子样刊 12 万余份。

【2020 全球人工智能技术大会】 7 月 25—26 日，由学会主办的 2020 全球人工智能技术大会在浙江省杭州市召开。大会以“交叉、融合、相生、共赢”为主题，设置 6 场主旨报告、20 场专题论坛、3 场同期活动，来自全球 13 个国家与地区的 164 位人工智能领域的专家学者分享最新成果和趋势观点，展开探讨交流，累计 1163 万余人次通过云端参加会议，大会吸引 100 多家媒体关注与报道。

浙江省人民政府副省长高兴夫，杭州市委副书记、市长刘忻，杭州市委常委、余杭区委书记张振丰等领导，以及包括学会理事长、中国工程院院士戴琼海，学会名誉理事长、中国工程院院士李德毅，中国工程院院士、浙江大学教授潘云鹤，学会监事、中国工程院院士、湖南大学教授王耀南，中国科学院自动化研究所研究员、欧洲科学院外籍院士蒋田仔在内的专家学者出席开幕式。会上，潘云鹤、北京大学博雅讲席教授高文分别作学术报告。

【2020中国人工智能大会】 8月29—30日，由学会、江苏省科协等主办的2020中国人工智能大会在江苏省南京市召开，来自人工智能领域的专家学者参加会议，累计近1000万人次在线观看。大会设置7场特邀报告、6场专题论坛及4场同期活动。与会人员围绕全球前沿热点、核心技术以及国家政策等话题进行探讨，并着重关注中国当前人工智能产业发展现状和未来发展态势。

学会名誉理事长、学会会士、中国工程院院士李德毅，学会理事长、国务院参事、中国工程院院士、清华大学信息学院院长戴琼海，江苏省科协副主席徐春生，南京市建邺区委副书记梁爱国，南京市建邺区政府副区长、建邺高新技术产业开发区党工委书记杨波，以及人工智能领域的专家、企业家等出席大会开幕式。学会副理事长，南京大学计算机系主任、人工智能学院院长周志华主持开幕式。

大会邀请学会理事长戴琼海，加拿大蒙特利尔大学教授、2018年图灵奖获得者、蒙特利尔学习算法研究所主管 Yoshua Bengio，人工智能促进会现任主席、美国南加州大学信息科学研究所科研副主任 Yolanda Gil，学会名誉副理事长、微众银行首席人工智能官杨强，微软亚洲研究院副院长周明，华为云人工智能领域首席科学家、教育部“长江学者奖励计划”讲座教授田奇，中国科学技术大学机器人实验室主任陈小平作7场特邀报告，报告聚焦理论突破、学术研究引领技术创新。

【中国智能产业高峰论坛】 11月14—15日，2020年第十届中国智能产业高峰论坛在浙江省嘉兴市举办。包括10位中外院士在内的专家学者带来8个主题报告、2场尖峰对话、9场专题论坛、1场同期活动。论坛面向长三角一体化高质量发展战略需求，聚焦智能领域的热点话题和共性难点，探索AI成果转化与协同创新机制。

中国工程院院士戴琼海、陆军、何友以及欧洲科学院外籍院士蒋田仔等10位中外院士携手各领域专家，解构人工智能商业实践现状，探索智能产业未来发展路径，带来极具预见性和示范性的研究成果。论坛邀请戴琼海、何友、陆军，以及国家自然科学基金委员会信息科学部常务副主任张兆田、加拿大工程院院士孟庆虎、学会名誉副理事长杨强和清华大学周斌博士、京东集团技术委员会主席周伯文作主题报告。

（撰稿人：邹亚茹）

中国体视学学会

服务创新型国家和社会建设 学会响应国家抗击疫情号召，委托华中科技大学团队为华中科技大学同济医学院附属同济医院、湖北省荣军医院、鄂州市中心医院、大冶市人民医院4家公立医院捐赠物资，募集资金17万余元，直接对接医院一线人员。数字PET团队学生在湖北省中西医结合医院梁子湖院区快速完成一台全数字PET/CT的安装、调试与测试，并留驻医院协助医生进行扫描工作。学会图像分析分会胡伏原教授团队协助中国移动通信集团江苏有限公司苏州分公司，建立“不见面审批”在线平台，有效降低疫情期间的人员流动性，助力企业复工复产。

学会建设 2020年，学会智能成像分会筹备并成立。8月8日，智能成像分会成立大会在线上召开，近300名会员参加成立大会，完成分会委员的选举和首届委员会的组建工作。

学会秘书处完善会员管理平台，实现会员入会全流程电子化，线上完成300多名新会员的入会注册、缴纳会费、开具电子会费发票等手续。

学会七届六次常务理事会议审议通过智能成像分会首届选举方案。学会七届四次理事会议暨七届七次常务理事会议审议通过增补学会理事15人，其中常务理事3人的决议。

学会监事积极参加理事会议和常务理事会议，并定期召开监事会议，落实和加强监事会对理事会和学会工作的监督。学会认真执行各级会议制度，定期召开理事会议、常务理事会议、理事长秘书长联席会、秘书处工作会等会议，并严格执行理事会议事规则和常务理事会议事规则。

学会加强分支机构管理，根据《中国体视学学会专业分会管理办法》，指导分会成立和换届工作。分会主办学术活动时，财务方面严格按照《中国体视学学会分支机构财务管理规定》执行。

主办期刊 学会期刊《中国体视学与图像分析》为中国科技核心期刊，每年出版4期，2020年收录论文49篇，其中获得国家自然科学基金、“863”国家重点科研、全军指令性科研基金、省市自然科学基金等各类基金项目资助的论文40篇，占全年刊登论文的81.6%。

国内主要学术会议 2020年，学会和各专业分会组织各类学术、技术交流活动 8 次，参加人数 2.3 万余人次，交流论文 70 余篇。

10 月 30—31 日，由学会 CT 理论与应用分会主办的 2020 年全国射线数字成像与 CT 新技术研讨会通过在线会议的形式召开，约 300 人在线参加会议。会议邀请国内射线数字成像与 CT 技术领域的 9 名专家学者作专题报告、13 名青年学者作学术报告交流。

科普活动 2020 年，学会及各专业分会开展科普讲座、科普展览等科普活动 15 次，受众人数约 800 人次。

由学会组织申报、中国科学院苏州医学与工程技术研究所主要承担的“儿童视力保健‘科普中国’共建基地”项目获得中国科协“科普中国”共建基地授权挂牌。疫情期间，儿童视力保健科普基地开展线上科普活动，通过官方微信公众号结合实际情况持续发布视力保健知识。结合疫情时中小学生上网课期间进行爱眼知识宣传，包括用眼注意事项、夏季爱眼的科学方法、社会高度关注的近视和眼镜佩戴等科普知识，内容聚焦儿童视力保健，并延伸到生活。10 月 11 日世界爱眼日，学会特邀眼科专家进行“爱眼护眼”科普讲座，同时为 25 组家庭提供义诊，包括视力健康咨询、视力筛查、眼镜清洗等。2020 年科普基地共计举办 6 次儿童视力保健展览活动，接待参观人员 100 余人。

表彰举荐优秀科技工作者 12 月 25 日，2020 年度中国体视学学会科学技术奖评审会在北京召开。学会理事长、清华大学研究员陈志强主持评审会。来自体视学及相关领域的 13 名专家学者参加会议。经专家评审，最终评选出 2020 年度中国体视学学会科学技术奖科技进步奖一等奖 1 项、自然科学奖二等奖 1 项、科技进步奖二等奖 2 项、技术发明奖二等奖 1 项、青年科学技术奖 4 人。

党建强会 2020 年，学会共召开 2 次党委会议，组织党委委员学习习近平总书记给 25 位科技工作者代表的回信精神、习近平在科学家座谈会上的讲话以及中国科协领导围绕学习宣传贯彻党的十九届五中全会精神作专题宣讲报告等，审议通过《中国体视学学会党委工作规则》，并对学会近期重点工作进行讨论。

经学会理事会审议通过，将“坚持党的全面领导”载入学会章程。

学会利用现代技术手段，建立学会党委工作群，及时传播党的声音、布置党委工作部署。

会员服务 学会建立学会理事会微信群、各分会微信群，传播学会信息、学科动态，听取会员意见和建议，扩大学会工作对个人会员的覆盖面。

（撰稿人：胡　蓓　王　锂　刘克音）

中国工程机械学会

服务创新型国家和社会建设 学会矿山机械分会组织“智能机器人”国家重点研发计划项目的合作申报。学会测试技术分会组织会员单位利用新型测试技术应用于全国各大港口等。学会起重机分会在安徽省蚌埠市成立华峰起重机职业培训学校，以加大对起重机操作人员的技术培训，2020 年开展 8 期培训，向市场输送 327 名合格的起重机操作人员。学会维修和再制造分会协助学会在中铁工程服务有限公司、中铁十一局集团城市轨道工程有限公司等单位建立试验、检测中心及盾构机操作人员培训中心。

作为指导单位，学会协助中国建筑金属结构协会等单位，在河南省郑州市荥阳市举办 2020 年（第 73 届）全国建筑机械及矿山机械交易会；协助广州科学城筹建广州工程机械展销基地；协助相关企业筹建测试和试验等基地。

为做好 2021 长沙国际工程机械展览会，学会参与筹备并参加新闻发布会，在《中国工程机械学报》中刊登相关消息等。

学会建设 2020 年，学会召开常务理事会议和党委联席会议，学会理事长卞永明作 2019 年工作总结，学会党委书记兼监事长石来德就 2020 年的具体工作作出部署与说明。学会新成立高空作业及装修机械分会。为筹备中国工程机械学会理事会换届，各分会积极调整分会理事会。

主办期刊 2020 年，学会主办期刊《中国工程机械学报》按期出版，经评审列入中国高质量科技期刊目录。

学科发展工程 2020 年，学会组织学者编写《工程机械维修与再制造》《市政、园林机械及城市游乐设施》《桥梁施工机械》《铁路建设和维修机械》《钢筋和混凝土预应力机械》《混凝土制品成型机械》《电梯和扶梯》《叉车及工业运输车辆》《矿山机械》《农、林、牧、渔业机械》《工程机械信息化技术》《高空作业及装修机械》12 大类手册。为适应国际合作的要求，还参照工程机械型谱翻译成英语、俄语、德语、法语、意大利语、日语、西班牙语、阿拉伯语8种语言。

国内主要学术会议 2020年，学会及其各分支机构分别以线上、线下形式举办多次学术交流活动。主要包括：8月11—12日，学会矿山机械分会在黑龙江省哈尔滨市以线上形式举办矿山机电装备创新研讨会；9月4—6日，学会桩工机械分会联合中国建筑业协会深基础与地下空间工程分会、中国土木工程学会土力学及岩土工程分会在山东省济南市共同举办第九届深基础工程发展论坛；10月22—24日，学会液压技术分会、中国工程机械工业协会等单位在福建省福州市共同举办中国工程机械工业协会筑养路机械分会2020年年会暨筑养装备与液压传动控制技术高质量发展论坛；11月13日，学会港口机械分会在江苏省南京市举办第十届中国港口机械高新技术研讨会；12月3—5日，学会桩工机械分会和中国工程机械工业协会桩工机械分会在福建省厦门市举办2020年度中国工程机械工业协会桩工机械分会行业年会；12月15日，学会起重机分会在辽宁省大连市举办中国工程机械学会起重机分会第二十二届年会；12月16日，学会高空作业及装修机械分会在辽宁省大连市召开中国工程机械学会高空作业及装修机械分会成立大会和第一届学术交流会。

党建强会 2020年，学会党委先后组织党委成员和部分先进工作者参观中国共产党第一次全国代表大会会址纪念馆、西北坡纪念馆和解放战争博物馆以及"伟大的变革——庆祝改革开放40周年大型展览"。学会完成14个分会的党的工作小组的建立。绝大部分分会的工作小组组长为分会的理事长或秘书长，各分会工作小组成员进行分工。

（撰稿人：张玉洁）

中国遥感应用协会

服务创新型国家和社会建设 2020年，协会积极参与"科创中国"重大任务，与辽宁省、吉林省、江苏省、浙江省、安徽省、江西省、山东省、湖南省、陕西省9个省，江苏省无锡市、南通市、常州市3个地市，浙江省湖州市德清县、湖南省长沙市浏阳市2个县（市）以及武汉大学科协等进行沟通交流。其中，已与江苏省科协签署战略合作协议。

协会与北京、河北、山西、辽宁、吉林、江苏、浙江、安徽、江西、山东、河南、湖北、湖南、陕西等10多个省（市）发展改革委、工业和信息化厅、自然资源厅等部门，以及北京市海淀区、昌平区、朝阳区和河南省郑州市，安徽省黄山市、亳州市，河北省廊坊市、秦皇岛市，山西省运城市，湖北省武汉市新洲区，江西省赣州市章贡区，浙江省湖州市德清县等10多个市（区）、县（市）政府进行沟通衔接，形成《北京国际空间信息创新科技园（暂定名）建设方案》等10多份咨询材料，并在数据供应方面取得重大进展；得到北京市副市长隋振江、河南省常务副省长黄强（时任）、辽宁省委书记陈求发（时任）等领导批示和湖南省省长许达哲（时任）、河南省省长尹弘等领导会见。

学会建设 协会严格按照中央和国家相关要求稳步推进脱钩工作，2月形成《中国遥感应用协会党组织脱钩实施方案》《中国遥感应用协会资产清查工作报告》，并报送国家国防科技工业局相关部门；4—6月完成资产清查审计工作；7—10月完成手续办理。

2020年，协会新成立航天遥感论证专业委员会、空间信息应用职业教育分会、生态气象遥感专业委员会、高光谱遥感技术与应用专业委员会、无人机遥感分会、建设工程遥感分会、黄河流域高质量发展遥感分会、人工智能遥感解译专业委员会8个分支机构，并稳步发展会员，个人会员达2595人，单位会员达420家。

2020年协会秘书处专兼职工作人员共13人。

主办期刊 协会主办的《红外》期刊被中文科技期刊数据库、中国核心期刊（遴选）数据库、中国期刊网中国学术期刊（光盘版）全文数据库和中国学术期刊综合评价数据库等重要数据库收录。

协会内部期刊《中遥通讯》记录协会2020年度重要活动、党建工作、科普建设、内部治理等工作，通过转发电子版给协会理事和会员阅览。

国际学术会议 11月18—19日，由中国国家航天局指导、协会会同相关单位和社团组织共同举办的2020年空间技术和平利用（健康）国际研讨会在北京召开。研讨会在云上及线下并行举办，在北京设立1个主会场，在中国、美国、欧洲等20个中心城市设立网络分会场，同时对数千家支持单位和空间信息领域企业开放网络直播端口，参与大会交流互动人数超过30万人次。全国政协副主席、中国科协主席万钢致贺信。大会邀请中国国家航天局副局长吴艳华、中国航天科技集团有限公司董事长吴燕生，来自美国、俄罗斯、英国、法国、意大利、南非、日本、印度及欧洲等国家和地区的航天机构代表，以及国际宇航联合会、国际宇航科学院、美国航天基金会、太空探索者协会、莱斯大学空间医学全球峰会、国际空间法学会、国际空间大学等代表出席。

国内主要学术会议 9月17日，协会与中国地质科学院在陕西省西安市共同主办黄河流域生态保护和高质量发展高层次专家研讨会暨空间信息助力黄河流域生态保护和高质量发展战略实施交流会。会议就协会秘书处草拟的《空间信息深化应用助力黄河流域生态保护和高质量发展报告（讨论稿）》，邀请中国科学院院士、西北大学教授张国伟，中国科学院院士、中国地质大学（武汉）教授王焰新，中国社会科学院学部委员汪同三等16名专家针对如何在黄河流域的环境保护、资源管理、防灾减灾、社会经济发展等各领域深化空间信息应用、服务相关省（区）高质量创新发展等进行研讨，并提出建设性意见。协会相关会员单位、分支机构的专家100多人参加会议，全国相关政府部门和企事业单位的管理人员、专家、企业家、投资者、师生等数千人次通过在线直播观看交流会，会议在线观看人数累计达4200余人次。

11月25日，协会与河南省国防科学技术工业局在河南省郑州市联合举办河南省空间信息深化应用高层次专家研讨会。河南省委常委，常务副省长、省政府党组副书记（时任）黄强出席并作出指示，要求结合“十四五”规划编制加强顶层设计，深入推进空间信息应用。

两岸交流 为促进海峡两岸及香港特别行政区、澳门特别行政区之间交流，在国务院台湾事务办公室、国家航天局、中国科协等单位支持下，协会与中国电视艺术家协会和中华文化发展促进会联合主办2020第三届海峡两岸暨港澳无人机航拍创作大赛，并于9月23—26日举办决赛，9月26日在深圳市大鹏新区（主会场）和北京（分会场）举办颁奖典礼。此次大赛邀请中国文联副主席、中国电视艺术家协会主席胡占凡等近20位专家进行评审，决出金奖、银奖、铜奖、网络人气奖、传媒关注奖5项团队奖和最佳编剧、最佳飞手、最佳云台手、最佳剪辑4项个人奖。大赛在人民网、央视网、中国网、中国台湾网等媒体进行宣传报道。

科普活动 协会确定科普活动形成“三个面向、两个结合、五个针对”的顶层设计，即面向国家创新驱动战略实施、面向全民素质提升和面向遥感成果转化、应用推广与产业发展；紧密结合中国科协科创中国、科普中国、“全国科普日”活动、“全国科技工作者日”活动等重大工作和国家航天局“中国航天日”、空间科技发展与空间应用推广等重大工作；针对政府主管部门人员和现有用户，针对潜在参与者、投资者和消费者，针对高等学校、职业院校与中小学校学生，针对新闻传媒人员和针对外交外事相关人员开展科普工作。

推进科普示范基地建设。在商业服务方面，支持协会科学普及分会在山东省临沂市沂水县，依托尹家峪田园综合体建成山东临沂国际航天遥感科技馆，于10月正式投入使用；在广东省惠州市启动相关展馆建设。在公益服务方面，支持浏阳艺术科技博物馆深化建设，获批“科普中国共建基地”（2020—2021年），并组织开展院士赠书与寄语、权威专家讲座、网上展馆建设等工作；支持协会科学普及分会于2020年年初建成广东省梅州市五华县航天遥感科技展厅，该展厅成为五华县科普教育、党建宣传等活动打卡“网红”点；在北京推进中国航天博物馆筹建等。

支持武汉大学、清华大学、北京大学等20多所高校联合推进“遥感科学与技术”学科“双一流”建设。10月25日，在湖北省武汉市举办“遥感科学与技术”学科“双一流”建设研讨会，并发起成立协会高等教育工作委员会。

表彰举荐优秀科技工作者 协会推荐的中国空间技术研究院“高分四号高轨遥感卫星系统工程”项目，获2020年国防科学技术进步奖一等奖。

党建强会 协会进一步加强协会网站党建栏目、党建微信公众号等信息平台建设，与全国所有17个省级遥感社团建立网络联系；拓展支持协会分支机构党小组建设的宣传功能；及时宣传习近平总书记系列重要指示和讲话、中央重大战略与政策导向、党建政策法规、党的十九届五中全会精神、协会党建等内容。

协会完成2020年党风廉政建设宣传教育月活动，结合弘扬抗疫精神、纪念建党99周年和党的十九届五中全会精神学习等，组织专题党课3次、主题党日活动2次，并开展廉政谈话、警示教育等活动。

会员服务 协会组织广大会员单位克服新冠肺炎疫情影响，通过宣传展示、信息服务等方式参与疫情防控；主动免除疫情严重地区会员单位的会费；通过促进会员间合作、衔接部委和地方政府、牵线搭桥投融资机构、开展成果鉴定、提供司法援助等支持会员单位复工复产。

服务中国四维测绘技术有限公司、北京二十一世纪空间技术应用股份有限公司等20多家企业和河北、山西、辽宁、吉林、江苏、浙江、安徽、江西、山东、河南、湖北、湖南、陕西等10多个省份的省级高分辨率对地观测数据与应用中心拓展业务。

【中国遥感应用协会第六届全国会员代表大会】 10月17日，中国遥感应用协会第六届全国会员代表大会在北京召开。工业和信息化部党组成员、副部长，国家航天局局长张克俭，中国科协党组成员、党组书记处书记吕昭平和民政部社会组织管理局副局长陈小勇出席并讲话。来自国家有关部委、地方政府、科研院所、企事业单位等249名会员代表以及协会各分支机构代表、社会各界代表数十人参加大会。

大会选举产生协会第六届理事会、监事会和党委，其中，罗格当选理事长，白志刚等14人当选副理事长，卫征当选秘书长，丁雷等41人（含卫征）当选常务理事，丁建丽等113人当选理事；赵启发当选第六届理事会监事会监事长，罗秀清和贺芳当选第六届理事会监事会监事。大会还审议通过《中国遥感应用协会第五届理事会工作报告》《中国遥感应用协会章程》《中国遥感应用协会会费管理办法》。

（撰稿人：张圆圆　卫　征　阴慧洁）

中国指挥与控制学会

服务创新型国家和社会建设　9月22—24日，第六届中国（北京）军事智能技术装备博览会在北京举办，来自全国100多家企业参展，新华社、北京电视台等超过100家媒体、自媒体对展览会进行报道，接待观众逾2万余人次。

学会重视智库建设。投身“科创中国”，开展“数字孪生城市服务团助力新型智慧城市建设”项目；服务地方政府决策，撰写的《大数据＋社会治理研究报告》和《高分遥感助力山西数字城市建设研究报告》入选中国科协智库报告汇编。承接中国科协“行业协会商会脱钩背景下的部分学会监管对策研究”任务。

学会制定《软件测试缺陷数据分类与合并要求》《云计算基础设施软件通用测试规范》2项团体标准，完成立项、编写、征求意见稿评审和送审稿评审。

学会建设　2020年，学会召开全体理事会议1次、常务理事会议2次、党委扩大会议1次。截至2020年年底，拥有单位会员132家，个人会员5710人，新增个人会员420人；拥有分支机构39个，其中包括工作委员会6个和专业委员会33个，比2019年新增分支机构2个；学会第二届理事会拥有理事单位117家、理事147人，与2019年相比，增补常务理事单位3家，增补理事单位4家，增补常务理事2人，增补理事5人。

学会位居2020年第二季度“中国科协网络平台宣传评价排行榜”微信排行榜全国学会第3；位居2020年第三季度“中国科协网络平台宣传评价排行榜”微信排行榜全国学会第2；位居2020年第四季度“中国科协网络平台宣传评价排行榜”总榜排行榜全国学会第6及微信排行榜全国学会第3。

学会加强分支机构管理，完成对分支机构2020年度工作评价。据学会章程和分支机构管理办法，学会成立分支机构换届工作组，统筹安排组织换届工作，实行分支机构主任委员公开竞聘制，在全国范围内公开招聘主任委员。

青年人才托举工程　学会组织开展第五届（2019—2021年度）中国科协“青年人才托举工程”申报及选拔工作，经资格审查、初评和终评三个阶段，对申报人员进行遴选，最终评选出同济大学研究员衣鹏、东南大学副教授吕跃祖为培养对象。

主办期刊　学会会刊《指挥与控制学报》于5月获2019年度国家哲学社会科学文献中心学术期刊数据库军事学学科最受欢迎期刊；于7月被RCCSE《中国学术期刊评价研究报告》（第六版）评为“RCCSE中国权威学术期刊（A+）”，并位居军事学学科榜首；于12月被中国科学技术信息研究所发布的《2020年版中国科技期刊引证报告（核心版）》选为“中国科技核心期刊”。

国际学术会议　11月27—28日，由学会、哈尔滨工业大学、电气与电子工程师协会（IEEE）联合主办的第三届国际无人系统大会以线上形式召开。大会以“无人系统联通未来”为主题，共收到投稿336篇，经评审委员会严格审查，最终录用216篇，被录用的稿件已由IEEE出版。

国内主要学术会议　2020年，学会举办国内学术会议23次、组织学术报告377场，4万余人次参与，交流论文850篇。

1月3日，学会在北京举办未来陆军建设发展研讨会暨2020院士专家新春座谈会。中国工程院院士、国防科技大学副校长刘泽金，学会理事长费爱国、军事科学院系统工程研究院研究员戴浩，以及来自军队、院校、科研院所的专家学者及学会常务理事近60人出席参加。会议由学会副秘书长刘玉超主持，学会理事长、中国工程院院士费爱国代表学会致辞。刘泽金、军事科学院信息中心研究员吕彬、原总装备部陆军装备总体论证中心研究员徐林生分别作主题报告。

6月6日—8月2日，学会和国防工业出版社共同主办智能C2云讲堂。邀请学会理事长、中国工程院院士费爱国，学会常务理事、《指挥与控制学报》主编王飞跃，学会副理事长兼秘书长秦继荣，军事智能化特邀专家吴明曦等作报告，通过学会云课堂、光明网、中国网和央视频同步在线直播。

8月8—9日，由学会主办的2020年度数据链技术学术会议在四川省成都市召开，来自全国各企事业单位和院校的专家学者共300余人参加会议。此次大会主题为“数据链技术创新与系统运用”。大会主席由学会理事长、中国工程院院士费爱国担任，执行主席由学会数据链技术专业委员会主任委员罗强一担任，会议由学会数据链技术专业委员会常务委员、中国电子科技集团有限公司首席科学家卢建川主持。中国科学院院士尹浩、朱中梁针对数据链研究的前沿领域分别作大会主题报告。

8月22日，由学会主办、南京市公安局和江苏省计算机学会网络空间治理专业委员会协办的第二届跨区域智力共享警务协作会议在内蒙古自治区包头市召开。会议以“共享、赋能、传承、知识、智力、智慧”为主题。来自全国各省（自治区、直辖市）的公安机关、部分公安院校负责人共60余人参加会议。中国科学院院士、西北工业大学常务副校长黄维，东南大学计算机学院院长罗军舟，一体化指挥调度技术国家工程实验室副主任马文学分别作主题报告。

9月22—24日，由学会主办的第八届中国指挥控制大会在北京召开。来自国内指挥与控制领域相关政府、科研机构、高等院校、大型国企、高新技术企业及社会科技团体等单位的1000余名专家学者参加会议。大会同期召开6个领域高端论坛，开展40余场报告，收录20余个专业领域的149篇论文。

10月16—18日，由学会主办，学会国防教育专业委员会、同济大学武装部、中央财经大学国防经济与管理研究院联合承办的第四届中国国防教育学年会在上海市举办。来自全国近40所高校的近100名专家学者参加会议。

10月21—22日，由学会及中北大学、中国兵器工业集团第二〇七研究所主办的第八届中国指挥与控制学会青年科学家论坛暨2020火力与指挥控制学术年会在山西省太原市召开。来自全国指挥控制领域的科研院所、企业、媒体等80多个单位的160余名专家学者参加会议并进行交流。学会理事长、中国工程院院士费爱国，山西大学大数据科学与产业研究院院长钱宇华，中北大学教授邵星灵，中国兵器工业集团第二〇七研究所副研究员石昊，清华大学信息科学技术学院副研究员姜春晓，东南大学副教授吕跃祖，同济大学研究员衣鹏，北京航空航天大学副教授李文萍，北京交通大学国家轨道交通安全评估研究中心副研究员刘思平共9位专家学者分别作学术报告。

10月30—31日，由学会和西北工业大学等主办的2020年兵器科学与技术学科暨海上指挥控制高端论坛在陕西省西安市召开。来自60余家单位的300余名专家学者参加学术年会。在开幕式上，学会副秘书长宋荣代表学会讲话。中国工程院院士邱志明、朱广生、向锦武，西北工业大学教授宋保维、中国船舶重工集团有限公司第七一六研究所研究员潘冠华等分别作大会报告。

11月4日，由学会主办的第一届指挥控制网络安全大会在浙江省杭州市召开，来自国内网络空间安全领域的科研机构、高等院校、应用单位的专家学者、科研人员、管理人员及在校学生共400余人参加大会。大会同期召开中国指挥与控制学会网络空间安全专业委员会年会。

11月15日，由学会和中国电子科技集团有限公司共同主办的2020第二届全国多智能体对抗博弈挑战赛颁奖典礼暨学术交流会在北京举办。学会副理事长兼秘书长秦继荣、中国电子科技集团有限公司科技质量部副主任晏敏分别致辞。大赛组委会办公室主任、中国电子科技集团有限公司认知与智能技术重点实验室主任助理陈思主持会议。2020第二届全国多智能体对抗博弈挑战赛获奖团队代表以及多智能体技术相关领域专家学者共150余人参加。

11月20—22日，由学会主办、学会集群智能与协同控制专业委员会等单位共同承办的2020第四届全国集群智能与协同控制大会在北京召开。来自全国集群智能与协同控制领域相关高校、科研院所和企业等130多个单位的300余名专家学者参加会议。大会开幕式由中国航天科工集团二院二部副主任于道林主持。学会副理事长兼秘书长秦继荣代表大会主办方致辞。学会集群智能与协同控制专业委员会主任兼大会主席任章代表大会承办方和程序委员会致辞。中国科学院院士吴宏鑫、中国工程院院士邱志明、中国工程院院士费爱国、华南理工大学教授陈俊龙、清华大学教授钟宜生分别作特邀大会报告。

12月24日，第三届空中交通管理系统技术学术年会在江苏省南京市举办。中国工程院院士戴浩、陈志杰，以及来自中央空中交通管理委员会办公室、各军兵种、民航局、军地院校的领导、专家及论文作者共90余人参加。会议共收录论文42篇，形成会议论文集并公开出版发行。会上，学会空中交通管制专业委员会常务副主任委员陈平宣读优秀论文名单，戴浩、陈志杰为10名优秀论文作者颁奖。

国际组织任职 学会安全防护与应急管理专业委员会主任委员余乐安入选国际系统与控制科学院院士。

科普活动 学会举办2020第四届全国兵棋推演大赛，来自全国14个省、直辖市84所军地院校的近1万名选手参赛。大赛主题为"聚焦军事智能博弈、推进国防教育创新"。设一项主体赛事和一项专项赛事。主体赛事为每队3人的编队对抗赛，分校园选拔赛、省级选拔赛和全国总决赛三个阶段组织；专项赛事为智能体博弈赛，分智能体测试、晋级赛和全国总决赛三个阶段组织。经过线上线下比赛和专家评审，对获得主体赛事奖的113支队伍的339名选手、获得专项赛事奖的9支队伍的39名选手进行奖励，评选出22名优秀指导教师、23名优秀裁判、64名优秀战报奖、12个团体组织奖、6个突出贡献奖，并对获奖单位和个人颁发获奖证书。

学会微信公众号保持每天1期资讯推送频率，具备平台直播、书籍购买、会议报名、在线缴费、学会微站等功能。截至2020年年底，得到相关政府、军队以及各行业领域10万余位专家学者的关注与点击。

表彰举荐优秀科技工作者 学会评选出2020年度中国指挥与控制学会科学技术进步奖11项、CICC创新奖2名、CICC青年科学家奖4名、CICC优秀博士论文9篇和CICC终身成就奖1名。董志荣获得2020年度CICC终身成就奖，并在第八届中国指挥控制大会上颁奖。

5月30日，学会副理事长龙腾、吕金虎、付琨及理事朱坤获得第二届全国创新争先奖。

11月13日，学会名誉理事长曾毅、学会指挥控制网络专业委员会和空中交通管制专业委员会委员朱衍波获何梁何利基金科学与技术创新奖。

党建强会 学会举办学习贯彻党的十九届五中全会精神报告会。1月6日，学会党委获中国科协"2020年度全国学会智慧党建建设优秀学会党组织"称号。

会员服务 学会建立会员服务部，建设便捷的信息化工作平台，配备优秀的会员工作专职队伍。通过学术会议、继续教育、人才表彰和推荐、科技奖励等平台为会员提供服务，编制《中国指挥与控制学会通讯》并免费向会员发送。

【第八届中国指挥控制大会暨第六届中国（北京）军事智能技术装备博览会】 9月22—24日，由中国科协指导、学会主办、北京洞见未来会展有限公司承办的第八届中国指挥控制大会暨第六届中国（北京）军事智能技术装备博览会在北京召开。大会主题为"智能C2：承载未来军事创新"，来自军队和国防科技工业部门、企业、高等院校、科研院所的领导、专家学者等1000余人参加专题论坛和主题报告会，同时吸引2万余人次观众参观。

大会开幕式由学会副理事长兼秘书长秦继荣主持，学会理事长、中国工程院院士费爱国代表学会致欢迎词，中国科协学会学术部相关领导出席并致辞，中国科学技术发展战略研究院相关领导出席会议。大会邀请学会监事长、中国工程院院士戴浩，学会副理事长、北京理工大学副校长龙腾，中国科学院空天信息创新研究院副院长、中科星图股份有限公司董事长、学会副理事长付琨，学会副理事长、北京航空航天大学自动化科学与电气工程学院院长吕金虎等专家主持主题报告会。

大会主论坛特邀学会名誉理事长、中国工程院院士李德毅，学会副理事长、中国工程院院士于全，学会副理事长、中国工程院院士、海军航空大学教授何友，中国工程院院士、北京航空航天大学电子信息工程学院教授苏东林，国防大学教授、兵棋系统总师胡晓峰等9名专家作报告。

大会同期召开6个领域高端论坛，分别是第六届智能指挥与控制论坛、C4ISR 理论与技术高峰论坛、富媒体指挥信息系统论坛、无人化指挥控制论坛、智能筹划技术论坛、智能仿真与模拟训练论坛。6 个专题论坛邀请专家分别作 30 余场专题报告。除此之外，举办第六届中国（北京）军事智能技术装备博览会。

大会期间，举办 2020 年度 CICC 科学技术奖颁奖典礼，对 15 项 CICC 科学技术进步奖、2 名 CICC 创新奖、4 名 CICC 青年科学家奖、9 篇 CICC 优秀博士论文和 1 名 CICC 终身成就奖获奖人员进行授奖。

【第二届全国智能博弈高峰论坛暨 2020 第四届全国兵棋推演大赛总决赛】 12 月 19—20 日，第二届全国智能博弈高峰论坛暨 2020 第四届全国兵棋推演大赛总决赛在浙江省杭州市举办。来自各战区、军兵种、军地高等院校和军内外企业的 100 多个单位的 400 余名专家学者参加。开幕式由学会常务理事、兵棋推演大赛专家委员会副主任、学会智能指挥与控制系统工程专业委员会主任、国防科技大学系统工程学院副院长刘忠主持。大会邀请学会监事长、中国工程院院士戴浩，国防科技大学系统工程学院政委李东，中国电子科技集团有限公司第五十二研究所所长郑寄平出席大会开幕式并致辞。

（撰稿人：杜　颖）

中国微米纳米技术学会

服务创新型国家和社会建设　4 月，学会参与中国科协 2020 重大科学问题和工程技术难题征集工作，推荐前沿重大科学问题 2 项、工程技术难题 1 项。

参加 2020 中国智能制造十大科技进展推荐工作，推荐的项目“面向类生命机器人的跨尺度生物制造装备及检测关键技术”入选。

参与“科创中国”先导技术推荐工作，经征集、评审，共推荐 8 项技术，其中微纳材料表面纳米包覆技术和装备、高性能机器人触觉传感智能系统、柔性电子多维感知及应用 3 项技术入选。

2020 年，学会举办继续教育培训班 2 期，累计培训 750 人次。2 月，学会开展“科技赋能、共克时艰”防疫线上讲座，解读高价值专利培育与技术点挖掘、专利布局策略和实操建议、专利壁垒构建和技术风险控制以及国际专利申请实务；探讨科技成果转化实务，对政策、专利、法律与产业进行解读；围绕技术运营和知识产权综合管理展开讨论。9 月，举办期刊投稿公益讲座及中国专利奖解读。

10 月 24—30 日，由学会、中国国际科学技术合作协会联合主办的第十一届中国国际纳米技术产业博览会在江苏省苏州市举办，展区面积 1.8 万平方米，参展企业 2000 余家，参展人员 19309 人，展出产品 1800 余件。

学会建设　截至 12 月底，学会个人会员 2258 名、团体会员 107 个，较 2019 年新增个人会员 171 名、团体会员 7 个。经征集、提名、初审、评定、公示等程序，评选 4 名学会会士。学会全年召开理事会议 2 次、常务理事会议 6 次。

学会办事机构工作人员参与职业技能提升行动“互联网 + 职业技能培训计划”，结合疫情防控常态化形式，切实提高员工职业技能，做好复工复产。

青年人才托举工程　学会依托所属中国科协先进材料学会联合体开展“青年人才托举工程”，经同行推荐、专家评议，遴选出 1 位被托举人并获立项。

主办期刊　学会和东南大学联合主办的期刊《传感技术学报》2020 年共印 9000 册，发表论文 265 篇；由学会和天津大学共同主办的 *Nanotechnology and Precision Engineering*（《纳米技术与精密工程》）共印 432 册，发表论文 25 篇。

学科发展工程　学会“微纳机器人科学与技术学科发展综合研究”获中国科协学科发展项目立项支持。项目共 2 期，2020 年度一期组建项目课题组，部署项目进度安排，确定报告编写大纲，一期已结题。

国际学术会议　学会承接 2020 年中国科协学会联合体品牌建设项目“亚洲先进材料高峰论坛”第五分会场——微纳传感系统及敏感材料，为亚洲材料科学家和企业家提供交流材料科学与技术领域最新研究和发展成果的平台，促进亚洲材料科学家之间的合作。

国内主要学术会议　2020 年，学会举办国内学术会议 4 个，其中线下会议 2 个、线上会议 2 个，共计 2850 人次参加会议，交流论文 605 篇。

9 月 19—25 日，由学会主办，哈尔滨工业大学、黑龙江大学联合承办的中国微米纳米技术学会第二十二届学术年会以线上方式举办。

10 月 24—26 日，由学会主办、厦门大学与嘉庚创新实验室联合承办的微纳医疗与健康论坛暨第四届微米纳米技术应用创新大会在福建省厦门市召开。会议以“技术赋能、智慧医疗、健康中国”为主题，围绕微纳米机器人在医学上的应用、微纳创新诊疗方法、微纳生物医学传感与检测技术、纳米分子医学成像、纳米生物材料、微纳生物医疗器械设计与制造以及纳米药物与递送系统等议题展开交流，共计520人参加会议。

11月30日—12月4日，由学会、广东省材料研究学会联合主办，哈尔滨工业大学（深圳）承办的生物医用微纳米马达研修班暨大湾区青年学者论坛在线上举办，共计380人参加会议。

12月5—7日，由学会主办、南方科技大学承办的中国微米纳米技术学会第四届微流控技术应用创新论坛在广东省深圳市召开。论坛以分享新技术、展示新产品、探讨新思路为主题，聚焦微纳加工技术、液滴微流控、微纳流控检测技术、微流体驱动及控制技术、器官芯片、单细胞分析、微纳流控新方法及新应用、微纳流控与医学健康、微纳米流体力学等相关议题，共计640人参加会议。

两岸交流 12月11—14日，海峡两岸暨港澳青年科学家智能可穿戴技术创新论坛采取线上线下相结合的形式召开，线下会址在广东省深圳市。该论坛是中国科协2020年海峡两岸暨港澳民间科技人文交流项目支持项目，以“智能可穿戴技术”为主题，内容涉及智能可穿戴材料、微纳传感器、大数据、智慧医疗、产品专利与市场等议题，共计480人（含线上、线下）参加会议。

科普活动 学会积极响应中国科协号召，向全国科技工作者发出联合倡议《战“疫”有我》，为决胜攻坚提供科技志愿服务，做好疫情防控和应急科普工作。

4月，学会面向微米纳米领域科技工作者开展“疫后的日子，灿烂依旧”摄影摄像作品征集活动，以展现科技工作者积极向上的工作状态和丰富多彩的生活风貌。

学会纳米制造与传感技术团队录制疫情相关视频，参与中国科学技术馆疫情期间特别讲座活动，面向社会大众介绍微米纳米技术与科技抗疫的关系。

学会通过官网、微博、微信公众号、电子期刊等平台开展科普活动，发布科普资讯50余篇，受众人数1万余人次；“科普中国”平台开通科普云平台官方账号，发布20余篇科普文章，点击量超1.2万次。

学会作为支持单位参与“拥抱数据基础设施，开启智能时代美好生活”主题活动，征集与“数据基础设施”相关的概念解读、技术分析、场景应用、未来构想等原创科普作品，讲述智能时代故事。

表彰举荐优秀科技工作者 学会参与国家科学技术奖、第二届全国创新争先奖、第六届（2020—2022年度）中国科协“青年人才托举工程”项目、第十七届中国青年女科学家奖和2020年度未来女科学家计划候选人等推荐工作。其中，学会推荐的3位候选人获第二届全国创新争先奖。

党建强会 学会坚持“党建+学术”的党建强会发展路线，深入推进“两个覆盖”；办事机构基层党组织和理事会层面功能型党组织协力推进，重大事项党组先议，确保学会各项工作坚持政治引领、党建先行。与挂靠单位党组织、分支机构党组织联合开展沙家浜红色教育基地参观、北京市城市副中心建设考察、全面从严治党学习、“两学一做”教育工作方案学习、《习近平谈治国理政》（第三卷）学习方法、上级党建相关文件全体会员范围内宣传学习等党建活动。

会员服务 学会全年编纂《新科技快讯》（电子期刊）12期，每月向会员推送*Nature*（《自然》）、*Science*（《科学》）等国际知名期刊的最新科技进展，每期电子版发送12万余人次。编纂《会讯》2期，发送给广大会员。开通网站、微信、电子邮件等便捷入会通道。通过QQ群、微信群、MEMS技术论坛、微信公众号、网站、邮件、微博等平台推送学会活动信息。

【中国微米纳米技术学会第二十二届学术年会】 9月19—25日，由学会主办，哈尔滨工业大学、黑龙江大学联合承办的中国微米纳米技术学会第二十二届学术年会（CSMNT 2020云·年会活动周）以线上方式举办，共计1310人次参加会议。

会议就2020年度微米纳米技术最新研究成果进行云端交流，为微米纳米科技工作者搭建线上交流平台。大会包括开幕式、大会报告、专题分会场、教育培训等环节。

学会副理事长兼秘书长王晓浩主持开幕式，中国科学院院士、清华大学教授段文晖，哈尔滨工业大学教授朱嘉琦分别在开幕式上致辞。

大会邀请中国科学院院士、东南大学教授崔铁军，亚太材料科学院院士、俄罗斯国际工程科学院院士、香港理工大学教授蔡定平，中国工程院院士、哈尔滨工业大学教授马军，哈尔滨工业大学教授冷劲松，清华大学教授魏少军5位专家学者，分别作特邀报告《基于数字基元与可编程编码序构的信息超材料》《纳米光学超构表面元件：未来之眼》《纳米技术在水质净化中的研究进展与工程应用》《形状记忆纳米复合材料及其应用》《学科交叉推动集成电路技术持续前行》。

专题分会场包括微纳传感器与执行器、微纳光子器件及制造、微纳机电系统、微纳医药及传染病和新冠肺炎诊疗、微纳加工与集成技术、微纳米马达与智能机器人、微纳操作机器人及其应用、微纳材料与器件、微纳表征与测量、微纳仿生制造、微纳能源技术、微纳流控芯片系统与应用、微纳超表面、微纳米力学与表征技术、微纳米技术应用15个专题分会场，127位专家学者作分会场邀请报告。

大会期间，邀请到4位专家举办投稿公益讲座及中国专利奖专题解读。

学会借CSMNT 2020云·年会活动周的契机，开通线上直播学术平台，开通CSMNT网络讲堂栏目，并将年会特辑作为首期上线，丰富学会学术交流的形式。

（撰稿人：刘　颖　李　娟）

中国密码学会

服务创新型国家和社会建设　1月12—17日，学会商用密码应用安全性评估联合委员会在北京举办第二批商用密码应用安全性评估试点培训，来自各省（自治区、直辖市）网信、工信、公安、能源、交通、应急、电信等行业的约770名学员参加培训。

4月15日，学会主办的"密码视界"在"学习强国"平台上正式上线。

4月15—24日，学会举办密码政策与知识竞赛，活动采取微信答题方式进行，总访问量达238.7万人次，参与答题人数6.05万人次，约300人分别获一、二、三等奖。

4月，学会按要求向政府部门反馈对《商用密码管理条例（征求意见稿）》的研究意见和建议。

6月，学会组织"'十四五'期间密码前沿理论和前瞻技术"专题研究，并将研究成果提交国家密码主管部门。

7月，学会按要求向中国科协反馈对《商用密码管理条例（修订草案征求意见稿）》和《中华人民共和国数据安全法（草案）》的意见。

学会建设　截至2020年年底，学会共有个人会员4015人、单位会员267家，较2019年分别增加8.8%、13%。

学会全年召开常务理事会议4次、理事会议1次、会员代表大会1次。完成学会理事会、常务理事会换届工作，新一届理事会成员87人，其中理事长1人、副理事长6人，常务理事会成员29人。成立学会监事会，监事会成员5人，其中监事长1人。中国科学院院士王小云当选新一届理事会理事长，王杰当选监事长。

学会调整商用密码应用安全性评估联合委员会、密码测评专业委员会主任委员。制修订《中国密码学会章程》《中国密码学会职权运行流程图》等3项制度。

完成商用密码应用安全性评估实战操作验证在线考核平台建设；组织商用密码应用安全性评估试点机构约800人进行实战模拟在线考核。

青年人才托举工程　学会遴选推荐1人获得第五届中国科协"青年人才托举工程"项目资助。完成第三届中国科协"青年人才托举工程"结题验收答辩工作。从第二届到第五届，学会共有8人入选。

主办期刊　2020年，学会出版《密码学报》6期，共发表论文71篇，包含"密码应用安全"专刊和"物联网安全技术""物理层安全""人工智能与密码"3个专栏；被国际学术期刊数据库俄罗斯《文摘杂志》收录；完成《密码学报》编委会换届工作，成立第三届编委会并召开主编会议。

学科发展工程　学会组织编撰出版《中国密码学发展报告2020》。

学会组织2020年密码领域重大科学问题和工程技术难题征集工作，经遴选，向中国科协提交密码领域的2个重大科学问题和3个工程技术难题。

国内主要学术会议　学会及其分支机构主办国内学术会议5次，交流论文160篇，约4000人参加。会议主要为密码测评学术会议、电子认证学术会议、密码芯片学术会议、密码协议学术会议和密码应用高峰论坛等。

10月27日，学会密码芯片专业委员会在黑龙江省哈尔滨市举办密码芯片学术会议，约300名专家学者及研究生参加。会议开通线上直播，国内外专家学者通过视频方式参加会议，在线人数峰值高达3047人，均值为2300人。会议安排5个特邀报告和10个专题报告，内容聚焦密码芯片软硬件设计、安全分析、实现及应用的最新科学研究和技术开发成果，探讨密码芯片技术在物联网、智慧城市、AI 安全、区块链等各行业应用中的主要理论、前沿热点问题及发展趋势，为安全芯片“产、学、研、用”的协同创新提供交流平台。

科普活动 参与“礼赞共和国——庆祝新中国成立 70 周年科技成就科普展”有关密码科普的设计、制作。3 月，收到中国科协办公厅感谢信，感谢学会在“礼赞共和国——庆祝新中国成立 70 周年科技成就科普展”设计、制作和展出过程中的支持与协助。

参与中国科技馆“全面小康·科技同行”专题展览——“密码科技如何保障金融安全”。11 月，中国科技馆对学会参展表示感谢并颁发参展证书。

表彰举荐优秀科技工作者 学会开展“密码创新奖”评选活动，通过申报、形式审查、初评、终评和公示，最终评选出一等奖 1 名、二等奖 5 名。

经遴选推荐 2 人为第二届全国创新争先奖候选人。

1 月 13 日，学会在北京举办全国密码算法设计竞赛颁奖仪式，100 多名专家学者和在校学生参加。大会表彰获得全国密码算法设计竞赛公钥算法、分组算法的一、二、三等奖的算法设计团队；表彰全国密码算法设计竞赛检测评估工作中作出突出贡献的责任专家和团队。

党建强会 学会召开党委会工作会议 3 次，研究学会理事会、监事会、党委会换届筹备等重点工作。

学会办公室党支部完成换届，选举产生新一届支部书记、副书记。党支部组织政治理论学习、全体党员大会、组织生活会、主题党日及讲党课等活动 40 余次。

会员服务 学会开展全国科技工作者日主题活动。新冠肺炎疫情期间组织线上慰问密码领域院士、专家以及会员单位。利用学会网站、微信公众号等及时转发习近平总书记和党中央、中国科协等对新冠疫情防疫工作部署和信息，组稿宣传多家会员单位直接参与湖北省武汉市新冠疫情阻击战事迹，为会员提供服务。

学会向会员赠送《密码学报》《中国密码学发展报告 2020》等书刊 5600 余册。提供《密码学报》电子版免费下载。

【中国密码学会第五次全国会员代表大会】 11 月 28 日，中国密码学会第五次全国会员代表大会在北京召开，约 200 名密码领域的专家学者参加会议。中国科协党委、党组成员、书记处书记束为，国家密码管理局局长李兆宗出席开幕式并作讲话。大会审议通过《中国密码学会第三届理事会工作报告》《中国密码学会第三届理事会财务报告》《中国密码学会章程（修订草案）》和《中国密码学会会费标准》；通过《中国密码学会第四届理事会理事选举办法（草案）》《中国密码学会第一届监事会监事选举办法（草案）》。会议选举产生学会第四届理事会理事 87 人，第一届监事会监事 5 人。中国科学院院士王小云当选学会新一届理事会理事长，王杰当选学会第一届监事会监事长。

（撰稿人：陈　灏）

中国大坝工程学会

服务创新型国家和社会建设 学会承担并完成水利部水利工程建设司水利建设市场主体信用评价机构的第三方评估工作，提出的复核结论和进一步完善信用评价工作的意见和建议被采纳。支撑 2020 年水利部督办事项“水利企业信用评价体系建设执行情况监督检查”的完成，协助完成信用体系落实情况的检查工作，提交《省级单位信用评价体系落实情况检查评估报告》，为相关工作提供支撑。

学会在水利部国际合作与科技司的指导支持下，制定《中国大坝工程学会标准管理办法（试行）》。承担的基于“互联网 + 工程医院”国际平台（中英文）建设取得新进展，已上线国内国际专家智库、专业知识智库、能力建设、技术交流互助等板块，上传专业技术资料 1.4 万份，构建 1.8 万人的专家库。7—12 月，来自 86 个国家的 15396 名专家登录，访问量达 5.52 万次。该平台建设被纳入水利部推进“一带一路”建设水利合作 2019—2021 年重点实施计划。

学会成为中国科协团体标准示范学会建设专项支持的全国 10 个学会之一，正式发布首部学会标准《混凝土坝厚层浇筑施工规范》，经审查通过 28 家会员单位提交的 31 项学会标准立项；入驻“科创中国”平台，利用该平台发布团体标准动态与成果，提升学会标准的影响力；征集 3 个水库大坝领域 2020 重大科学问题与工程技术难题向中国科协报送。

学会积极探索工程师能力标准国际互认，联合完成《水利水电工程能力评价规范》编制工作；推荐学会副秘书长徐泽平作为工程能力评价候任考官，共同组建水利水电工程能力评价考官队伍。作为理事单位积极支持推进中国工程师联合体成立。

学会进一步完善胶结坝筑坝理念，提出大坝结构材料功能优化理论和可靠度分析，研究高边坡空天地一体化监测与安全预警云平台，研发胶结坝施工质量控制和专用设备、数字化的拌合、智能化调控设备，发展基于最粗最细级配可用水量区间的强度双控方法，并结合工程建设进行推广应用，实现超宽带数字碾压控制系统和胶结坝筑坝的数字化。以新技术为着力点，积极促进胶结坝关键技术的研究和推广，学会秘书长贾金生分别受邀在四川省、广东省、贵州省等地授课，推动西南地区科技创新驱动水库大坝的高质量发展。

学会联合兄弟学会组织行业专家，对《中华人民共和国长江保护法（草案二次审议稿）》进行研读并发声。学会理事长矫勇、理事郭军分别在全国人大常委会会议上对二审稿、三审稿中“严格限制在长江流域新建大中型水电工程”“国家对跨长江流域调水严格控制”等有关条款的科学表述建言献策。

学会撰文《长江保护法应立该立，但需全面认识、科学表达》，转发并重温中国科学院院士潘家铮在《重力坝设计二十年》一书中写的跋，对《中华人民共和国长江保护法》的修改完善发挥重要作用。

学会理事郭军对《中华人民共和国人民武装警察法》（修订草案）中“公共设施、核设施、企业、仓库、水源地、水利工程、电力设施、通信枢纽等目标的核心要害部位的武装守卫”等有关条款提出具体建议并被接受。

学会积极为水利部、国家能源局制定“十四五”发展规划建言。

学会作为水利部定点扶贫丰都帮扶单位之一，与重庆市丰都县联合开设水果种植技能、榨菜种植、农村饮水安全等继续教育“就业技能”专项培训课程，全县4个深度贫困乡镇和6个农业人口大镇非贫困村共150名贫困人员免费参加培训，任务完成率为100%。培训以现场教学与实践操作相结合，通过互动式交流和提问对答等教学方法，着重提高参训学员水果种植技术的能力、水源地保护和制水、供水等相关知识。获得水利部规划计划司的肯定。同时，学会向会员和社会各界发出“消费扶贫 爱心助农”的倡议，牵头组织并调动会员力量购买重庆市丰都县助农产品超过6万元，帮助200户定点帮扶贫困群众解决农产品滞销问题，在一定程度上增加贫困人口收入。

学会建设 7月7日，学会创新采用“视频＋现场会议”相结合的方式召开第三次全国会员代表大会，会议选举产生学会第三届理事会理事和第二届监事会监事。

截至12月底，学会年度新增个人会员5064人，共计20133人，比2019年增加近34%；新增单位会员48家，总数达294家，比2019年增加近20%。

学会全年召开全体理事会议3次，审议通过学会章程修订及功能型党委工作制度、会计人员交接制度、预算管理制度、财务信息公开制度等管理办法与财务内控制度；新增监事会工作规则。

学会成立工程医院水库大坝国际分院，进一步宣传中国水库大坝理念、技术进展和成就。新增设立促进水库大坝发展的“灰坝工程”与“大坝混凝土与岩石断裂力学专业委员会”2个分支机构。截至2020年，学会共有14个分支机构。

学会利用“水库大坝智能服务云平台”（中文）在线文函系统与短信平台衔接，会员可以通过短信、邮件、微信等方式获得最新资讯，平台实时提示文函收阅情况，优化学会工作流程；利用智能移动办公平台，对学会办事机构工作人员进行考勤和工作效能管理。

青年人才托举工程 学会成为第六届（2020—2022年度）中国科协“青年人才托举工程”的实施单位。天津大学关涛和中国水利水电科学研究院田济扬两位博士经学会推选获得资助。

主办期刊 学会新增成为《水电与大坝》（*International Journal on Hydropower and Dams*）国际期刊的支持单位，该期刊被EI检索收录。联合主办的期刊《水利学报》于2020年入选“中国国际影响力优秀学术期刊”和“第5届中国精品科技期刊”。

国内主要学术会议 10月7—9日，由学会和中国水力发电工程学会联合主办的水库大坝和水电站智能建造与运行学术交流会在四川省成都市召开。大会采用线上线下相结合的形式召开，600余人到现场参加会议，5位院士及20位专家作主旨报告。学术交流通过《中国企业报》、新浪财经、百度财经进行网络直播，累计在线观看超过20万人次。

12月3—4日，由学会主办的第九届水库大坝新技术推广研讨会暨工程医院水库大坝国际分院成立仪式在北京举办。线上线下共有380余名专家学者参加会议，包括3位院士和40位专家作学术报告，分享水库大坝的新技术、新产品、新工艺、新设备和新理念。

国际交往 11月，国际大坝委员会以在线视频会议形式召开第88届执行会议，国际大坝委员会主席Michael Rogers、秘书长Michel de Vivo主持会议，各位荣誉主席、副主席、各专业委员会主席，以及来自各会员国代表共160多名专家参加会议。学会理事长矫勇、秘书长贾金生、副秘书长周建平、张国新、郑璀莹、徐泽平等参加会议。会上，经无记名投票表决，成都获得国际大坝委员会第28届大会暨第92届年会承办权，学会承办此次会议。

会议期间，学会以在线视频的方式召开亚太地区分会。来自国际大坝委员会亚太地区12个国家的近40名专家学者出席会议。学会副秘书长、中国水利水电科学研究院副总工程师张国新代表学会在会议上作主旨报告。其间，国际大坝委员会专业委员会主席、学会秘书长贾金生、中国长江电力股份有限公司原总经理陈国庆，中国三峡集团移民工作局副局长望西炯分别以在线视频会议形式组织召开胶结坝专业委员会、水电站与水库联合运行专业技术委员会和水库移民会议。专业委员会委员、专家通过参与专业委员会工作，促进中国相关理念和技术得到国际认可并纳入国际大坝委员会技术公报。

2020年，学会在水库大坝智能服务云平台上发布65篇国内技术进展英文新闻、推送7期国际简报，获得国际大坝委员会主席Michael Rogers、秘书长Michel de Vivo肯定；整理发布世界坝高前100名及世界库容前100名，国际大坝委员会荣誉主席Luis Berga、马来西亚大坝委员会主席Lariyah Mohd Sidek等专家表示肯定；整理发布中国59项水电有关行业标准（英文版），来自84个国家的3121名国际专家登录云平台，访问量高达15579次，获得国际大坝委员会主席Micheal Rogers、荣誉主席Anton Achleiss，日本大坝委员会主席Hiroyasu Sugiyama等肯定。

学会与国际大坝委员会及西班牙、意大利、法国、瑞士等25国大坝委员会和国际水媒体集团等组织和机构密切互动，捐赠防疫物资和发送慰问邮件，向世界传递凝聚合作共识、联手抗疫的积极信号，各国大坝委员会以及国际水媒体集团积极响应，表示共同抗疫。相关做法纳入中国科协工作报告。

10月，学会组织80多名国内专家参加Hydro 2020在线国际研讨会。学会秘书长贾金生在大会上致辞，中国多位专家在会上作学术报告。

11月，学会依托“互联网+”水库大坝工程云平台能力建设板块开发在线论坛，邀请专家录制并上传反映中国水利发展和水库大坝建设新理念、新进展和新技术的报告和国际动态报告，并提供在线交流功能。论坛开放期间，共有来自49个国家的773名专家登录，围绕相关技术进行交流，访问量达2374次。论坛为促进发展中国家水利水电从业人员能力建设提供平台，成为国际大坝委员会能力建设的重要组成部分。

科普活动 学会利用自媒体平台传播水库大坝的科普资讯，提供有价值、有见地的水利水电科普信息。学会主办的“大坝新闻”微信公众号继续保持每周2期资讯推送频率。同时，结合学会举办的院士专访、主办的名家讲坛、推荐与评选的科技奖励等制作专题。截至12月底，累计发布资讯642期，单篇阅读量峰值达2.93万次，稳定关注受众近1.5万人。“大坝新闻”搜狐号阅读量达59.1万余次。

学会与主流媒体加强战略合作，打造专业科普产品。积极联络中国长江三峡集团有限公司等会员单位专家，接受中央广播电视总台科教频道《超级洪水》节目采访；各相关会员单位专家也积极接受《新京报》《三联生活周刊》、环球网等媒体专访，对公众关心的洪水问题进行解答。承担并完成中国水利水电科学研究院委托的水利科普丛书《水利工程知识读本》单册编写工作。

学会围绕社会热点，依托专家力量科学引导舆论。组织专家撰写《洪水导致美国密歇根溃坝，迫使上万人撤离》《美国密歇根州大坝溃决事件的分析与思考》等时事文章；转发学会常务理事、中国工程院院士王浩，中国长江三峡集团有限公司总工程师张曙光等被特邀推出的“三峡三问”专题报道——《三峡大坝变形了吗？会溃坝吗？》《三峡水库加剧了重庆、武汉等上下游的洪灾吗？》等，积极撰文予以回应，纠正社会上关于“水利工程作用”视频和文章的一些常识性错误。

学会公益宣传志愿项目“走近国之重器”，申报参与由共青团中央、水利部、民政部等7部委共同主办的第五届中国青年志愿服务项目大赛，获得专项赛二等奖。学会综合部主任周虹代表水利部参加由科技部牵头举办的2020年全国科普讲解大赛，作品《抗洪利器看三峡》获得94.90的高分；还参加首届全国水利科普讲解大赛，其作品《抗洪利器——水库大坝》获一等奖。

学会组织参与中国科协联合中央广播电视总台等相关主流媒体共同举办的“典赞·2020科普中国”推选活动，推选出的《奇妙的水库》科普图书图文和《三峡工程　国之重器》《长江上游梯级水库群联合调度》科普影音视频两类报送中国科协科学技术普及部。结合2020年防洪科普成果，制作“抗洪利器看三峡”专题视频作品。

学会依托公众认知专业委员会联合开展10000尾中华鲟子二代放流活动，对自然环境中的中华鲟物种资源再作补充。中华鲟放归长江后开展声呐追踪监测并于2020年首次探索性开展放流中华鲟的海洋生活史研究。此次活动在微信公众号上开设“中华鲟放流”专题，并制作《极危，中华鲟》《保护中华鲟，我们一直在路上》《中华鲟追踪监测》等5个科普视频。该活动已成为生态保护的品牌。

学会依托公众认知专业委员会在乌东德水电站施工区联合组织开展2次共48万尾齐口裂腹鱼、鲈鲤、白甲鱼等珍稀特有鱼苗放流金沙江，这是2015年以来组织开展的第7次放流活动。学会被评为2020年度全国学会科普工作优秀单位。

学会依托科普教育基地开展水库大坝公众认知活动。针对中小学生在线开展三峡工程博物馆“水电小达人”测试研学展项。活动邀请来自湖北省宜昌市的43名中小学生参加博物馆展厅——好奇水电研学中心“好奇三峡百问”展项的内部测试。参与者通过挑战设置的问题探索水电和三峡工程的基本知识。

学会和中国水力发电工程学会共同授予国家能源集团大渡河流域水电开发有限公司“梯级水电站群智能运行创新实践基地”，计划增设“峡江水利枢纽工程展示馆”为学会科普基地。

学会利用水库大坝云平台上减灾与风险管理的有关文献资料，为公众普及堰塞湖相关科普知识、中国水旱灾害背景、防洪抗旱减灾成效、抗震减灾主要对策等知识。利用主办的“大坝新闻”新媒体平台，采用漫画形式，以寓教于乐、问答的方式为广大青少年讲述《水多水少话祸福——认识洪涝与干旱灾害》等科普知识，帮助青少年了解遭遇暴雨、台风、地震、泥石流等的急救知识。在官方网站专门开设专栏，以漫画类、视频类、文字解说类等资讯形式传播水库大坝、防灾减灾科普知识。

学会以年代为主线挑选123座代表工程，邀请水利水电行业相关院士、专家和大坝建设管理及工程业主，以及设计、科研、施工单位等多方面力量共同参与科普案例编写工作。每个工程以图文并茂的形式，从工程简介、勘测设计与建设、工程运行及风采展示4个方面进行展示，编写完成《中国大坝70年》。

表彰举荐优秀科技工作者　学会组织评选中国大坝工程学会科技进步奖和技术发明奖。来自各会员单位推荐的“300m级高心墙堆石坝智能填筑关键技术及工程应用”“流域水环境水生态精准调控云计算关键技术及其应用”“堤坝渗流隐患随机分析理论和精准探测及分级加固技术”“黄河冰凌演变机理与防凌调控关键技术及应用”“复杂地质条件超300m高拱坝安全高效建设关键技术”和“高寒区长距离供水渠道高效运行与安全保障技术”6个项目获得中国大坝工程学会科技进步奖特等奖，“堤坝工程安全评价和预警关键技术研发与应用”等13个项目获得科技进步奖一等奖，14个项目获得科技进步奖二等奖；“胶结坝广源材料动态优化配制和安全评估关键技术”“高应力、高水压耦合作用下水工隧洞安全评价关键技术”和“复杂地质条件下双护盾锚喷TBM关键技术与装备”3个项目获得技术发明奖一等奖，4个项目获得技术发明奖二等奖，6个项目获得技术发明奖三等奖。

学会组织开展第三届中国大坝工程学会大坝杰出工程师奖评选活动。来自会员单位中国水利水电科学研究院副院长汪小刚、中国电建集团华东勘测设计研究院有限公司董事长张春生、中国长江三峡集团有限公司科技管理部主任李文伟、中国水利水电第七工程局有限公司总工程师向建、黄河勘测规划设计研究院有限公司董事长张金良5位专家获得第三届大坝杰出工程师奖。

学会组织评选第十届汪闻韶院士青年优秀论文奖。经过单位推荐、形式审查、专家网评、会评、公示等环节，最终评选出优秀论文3篇。由中国水利水电科学研究院推荐的雷添杰、林兴超和武汉大学推荐的杨威嘉撰写的论文分别获奖。

学会推荐的中国工程院院士、中国水利水电科学研究院水资源所名誉所长王浩和中国电力建设集团有限公司总工程师宗敦峰获得第二届全国创新争先奖状。

学会推荐的中国电建集团华东勘测设计研究院有限公司董事长张春生获第四届中华国际科学交流基金会杰出工程师奖；推荐的中国电建集团昆明勘测设计研究院有限公司获第二届工程科技人才贡献奖。

学会推荐的四川省大渡河大岗山水电站、广西壮族自治区右江百色水利枢纽工程分别获第十七届、第十八届中国土木工程詹天佑奖。

党建强会 9月，学会以视频会议形式召开中国大坝工程学会第三届常务理事会党员大会。全国人大常委会委员，学会理事长、理事会党委书记矫勇出席会议并作党委工作报告。学会常务理事会全体党员同志出席。会议选举产生7位新一届学会理事会党委。此外，学会按时进行秘书处党支部换届，选举产生新一届支部书记、副书记、委员。

12月，学会党委书记矫勇通过学会第九届水库大坝新技术推广研讨会，面向广大会员宣贯党的十九届五中全会精神。学会秘书处党支部全体党员同志参加并完成中国科协党校2020年全国学会干部能力提升网上专题培训。

学会通过自媒体平台，开设党建专栏——致敬楷模，组织中国工程院院士朱伯芳、马洪琪、陈厚群、郑守仁等坝工专家爱党敬业事迹宣传活动，高扬爱国奋斗主旋律，弘扬新时代中国科学家精神。

6—12月，学会秘书处党支部按照"灯下黑"问题专项整治、"党风廉政建设宣传""警示教育"主题活动要求，先后开展"在新冠肺炎疫情防控工作中充分发挥基层党组织战斗堡垒作用和共产党员先锋模范作用""'灯下黑'问题专项整治""警示教育"和"保持清正廉洁"等10次专题教育学习，并召开"不忘初心忆过往、建功立业新时代"主题党日活动和"警示教育"主题、"厉行勤俭节约，制止餐饮浪费"专题组织生活会、民主生活会。

学会秘书处党支部申报并组织完成的全国党建研究会科研院所专业委员会课题"全国性学术社会组织创新开展党建工作研究"获得二等奖。

会员服务 学会建立水库大坝智能服务云平台（中英文），整合本学科领域内的各类学术资源，以"学会动态""工程智库""工程诊断""科技奖励""会议管理""会员中心"为核心板块，同时还设立专业资源共享和友好交互机制。平台集专业知识智库、国际专家智库、专业在线诊断手段、专业解决方案为一体，便捷国内外会员互联、互通、互动。

学会组织编印《大坝新闻》纸质参刊，寄送有关政府部门和会员单位领导、专家，促进行业信息的传播，为有关部门和单位提供及时的信息。

【中国大坝工程学会第三次全国会员代表大会】 7月7日，中国大坝工程学会第三次全国会员代表大会在北京以视频会议方式召开。来自全国各地的会员代表共302人出席会议。中国科协和中国水利学会、中国水力发电工程学会等85家全国学会向学会发来贺信。学会理事长矫勇主持会议。会议采用在线投票，聘请北京精诚公证处公证员对每一轮投票过程进行全程监督，审议通过中国大坝工程学会第二届理事会工作报告、财务报告以及第一届监事会工作报告和学会章程修订的说明；表决通过中国大坝工程学会第三届理事会、常务理事会选举办法，第二届监事会选举办法；选举产生191名第三届理事会理事和5名第二届监事会监事。在学会第三届理事会第一次全体会议和第二届监事会第一次会议上，选举产生学会第三届理事会理事长、副理事长，第二届监事会监事长、副监事长。学会成为部管社会组织中首家采用"视频＋现场"形式进行换届的社团。

【"向世界讲好中国水利故事"主题宣传活动】 学会参与并完成"向世界讲好中国水利故事"主题宣传活动。学会理事长矫勇、国际大坝委员会主席Michael Rogers、秘书长Michel de Vivo应邀接受《中国水利报》的"向世界讲好中国水利故事"专题的高端访谈。在坝工国际交流中发出中国声音、讲好中国故事，推进科技奖励的品牌化和国际化，推动水利在"一带一路"建设中取得良好成效。

（撰稿人：周　虹　陈丹妮）

中国卫星导航定位协会

服务创新型国家和社会建设 2020年，协会共组织完成30项科学技术成果评价。完成2项团体标准的申报和发布实施，包括《非暴露空间超宽带安全应急定位系统技术规范》（标准号为T/GLAC 0001—2020）和《北斗产业园区划分与评定》（标准号为T/GLAC 0002—2020）。成立卫星导航行业社会信用评价专家委员会、卫星导航行业社会信用评价办公室，开展卫星导航行业信用体系建设工作，10家单位获得2020年度（第一批）卫星导航行业信用评价AAA级企业。

2020年度学会共承接中国科协项目7个，分别是"一带一路"精准农业国际合作联盟项目、2020年学会公共服务能力提升项目（"一带一路"北斗产业应用平台建设）项目、青年科学家科技经济融合与成果转化主题沙龙项目、2020年中俄青年科学家交流计划项目、北斗应用产业与技术发展路线图研究项目、北斗科普大讲堂项目、中国青年人才托举工程沙龙项目。

此外，协会还承担绵阳科技城科教创业园区管理委员会北斗卫星应用产业功能区规划编制项目；为山东大学申请教育部批准的国家战略“北斗新时空＋智慧产业”微专业协同育人新机制与实践项目获得经费支持；为深圳市北斗产业互联网研究院申请的第三届“北斗之星”创新创业大赛项目获取政府经费支持。

协会除参与自然资源部的测绘资质、测绘地理信息保密制度征求意见、高精度车载导航管理办法及路径设定研究等工作，还承担自然资源部、国家保密局在7月1日发布实施的《测绘地理信息管理工作国家秘密范围的规定》（自然资发2020〔95〕号）文件培训工作，9—12月在北京市、河南省焦作市、陕西省西安市共举办3次培训班，来自全国测绘资质单位的共400余人参加培训。

9月24日，协会在湖北省武汉市举办2020“依迅杯”全国北斗定位越野行业大赛。第三届“北斗之星”创新创业大赛全国总决赛，各城市赛区推荐15个来自全国的北斗创新应用项目进行决赛，最终评选出特等奖1名、一等奖2名、二等奖3名。

学会建设　2020年，协会第六届理事会召开会长办公会议5次、理事会议1次、常务理事会议2次、理事会党委会议1次。

截至2020年年底，协会共有分支机构34个，全年新增北斗产业孵化专业委员会、北斗共享经济应用专业委员会、国际时空信息综合服务专业委员会、一带一路国际专业委员会、北斗产教融合创新专业委员会、北斗铁路专业委员会6个专业委员会。

2020年，协会新增单位会员91个，新发展个人会员62人。

2020年，协会制定《中国卫星导航定位协会优秀论文评选办法》《中国卫星导航定位协会优秀硕士学位论文评选办法》《卫星导航定位教学成果奖评选办法》《北斗科普发展成果奖评选办法》《北斗创新创业青年奋斗奖评选办法》《中国卫星导航定位协会25周年卓越贡献奖评选办法》《团体标准项目费用管理实施办法》《技术服务项目管理办法》《中国卫星导航定位协会党委工作规则》等。

协会组织办事机构人员参加民政部、中国科协组织的业务培训，包括参加中国科协系统宣传干部培训班和科普能力提升培训班；参加中国标准化出版社组织的团体标准管理能力提升培训班；参加民政部组织的2020全国性社会组织登记服务工作座谈会线上等培训。

青年人才托举工程　2020年，协会推荐1人获得第五届（2020—2022年度）中国科协“青年人才托举工程”项目资助，4人被中国科协批准为协会自筹经费资助的青年托举人才。

主办期刊　2020年，《导航定位学报》发表期刊论文113篇，入选“世界期刊影响力指数”期刊。

学科发展工程　协会组织征集的16篇优秀论文在《测绘学报》（卫星导航与位置服务专刊）出版；14篇优秀论文在《卫星导航》（英文）专刊出版，并在线上发布。向全行业征集《中国新闻两会特刊（北斗产业发展专题报道）》34篇。出版《卫星导航定位与北斗系统应用（2020年）》论文集，49篇论文入选。编辑印刷《协会成立25周年纪念册》，主题为“不忘初心 共铸辉煌”，中国科学院院士孙家栋为主编，有89个企业参与宣传。

5月18日，协会发布《2020中国卫星导航与位置服务产业发展白皮书》。发布会第一次采用线上直播模式。发布会分别在CCTV-1《新闻联播》、CCTV-2财经频道《第一时间》以及CCTV-13《朝闻天下》等栏目作相关新闻报道，国内其他各类媒体和信息传播平台对此次发布会累计发布文章877篇次。

国内主要学术会议　2020年，协会共举办国内学术会议5次，参加人数1400余人次。会议主要包括中国北斗应用大会暨中国卫星导航与位置服务第九届年会、北斗产业发展高端论坛、2020“一带一路”精准农业国际合作高端论坛暨第六届中国（成德）智慧农业创新峰会、“一带一路”北斗产业应用平台建设项目成果展示交流会、中国科协培育成立“一带一路”区域科技组织/联盟项目经验交流会。

科普活动　2020年，协会开展线上北斗科普活动，先后组织4位相关专家分2期在《智慧中国》大讲堂宣讲“北斗在国民经济各领域中的广泛应用”，每次在线观看人员超1万人次。协会秘书长张全德参加由中国科普网、科普时报社联合抖音、今日头条、西瓜视频共同举办的2020年全国科技活动周“云上科技周”北斗主题的直播活动，讲述主题为神通广大的北斗导航系统、如何与5G通信深度融合等公众关心的问题，在线观看人数达18.3万人次。

表彰举荐优秀科技工作者　2020年卫星导航定位科技进步奖共有39项获奖，其中特等奖4项、一等奖

13项、二等奖22项。2020年卫星导航定位创新应用奖共有60项获奖，其中金奖11项、银奖19项、铜奖30项。2020年授予中国工程院院士魏子卿卫星导航定位终身成就奖。

党建强会 9月24日，协会召开理事会党委会议1次，审议通过协会理事会党委规章制度并报中国科协科技社团党委备案。

按照中国科协、国家机关党工委协会党建部《民政部关于督促指导全国性社会组织在章程中增加党建有关内容的函》要求，协会向三部门分别报送《行业协会商会党建入章情况表》，并通过协会内部工作程序在《中国卫星导航定位协会章程》中增加党建内容。

8月，协会完成党支部换届工作。

会员服务 2020年年初，协会举办2020年度新春座谈会，在北京的院士、副会长、常务理事、副秘书长共70余人参加座谈。11月6日，协会组织召开卫星导航定位基准站网服务工作座谈会和卫星导航定位基准站网安全管理座谈会。来自自然资源部国土测绘司、中国测绘科学研究院大地测量与地球动力学研究所、国家测绘产品质量检验测试中心有关负责人及相关企业共计50余人参加座谈会。

协会向全体会员单位发出减免2020年度会费的通知，免收2020年度湖北省会员单位会费、湖北省外的会员单位会费减半。

【中国北斗应用大会暨中国卫星导航与位置服务第九届年会】 9月22—24日，协会与武汉市人民政府在湖北省武汉市共同举办中国北斗应用大会暨中国卫星导航与位置服务第九届年会。大会以“推进北斗应用，壮大新兴产业”为主题，以贯彻“新产业”“新型基础设施建设”为导向，落实中国科协提出“科创中国”行动，推动科技与经济深度融合，构建创新、创业、创造良好生态。大会采用线上线下相结合方式召开，分为开幕式、主论坛、分论坛、“武汉北斗夜”晚会、企业家座谈会等板块。来自中国科协、自然资源部、湖北省及武汉市有关领导和1000多名企事业代表参加会议，其中包括11位院士和近100位行业知名企业家，在导航、遥感、通信等卫星系统的技术和应用领域进行交流。有10家企业与武汉东湖新技术开发区签署合作协议。

线上会议通过《人民日报》海外网进行直播，据统计全网展示量总计1.17亿，在线观看人数141万人次。来自中央及地方30多家媒体现场采访报道，中央电视台在多个频道的多档新闻栏目中滚动播出大会新闻报道，并在央视网、央视新闻客户端、央视移动网等不同平台进行转载和播放。在稿件传播方面，全球中外文稿件共分发200余家，总阅读量超过800万次。

【北斗产业发展高端论坛】 8月31日，协会联合郑州高新技术产业开发区在河南省郑州市举办“集智高新区 北斗系中原”系列主题活动。主要包含北斗产业发展高端论坛、第三届“北斗之星”创新创业大赛郑州赛区决赛、北斗在轨道交通行业中应用论坛3个方面内容。有关省市领导、院士、专家和郑州企业家共300余人参加会议。

【2020“一带一路”精准农业国际合作高端论坛暨第六届中国（成德）智慧农业创新峰会】 11月24日，由协会主办的2020“一带一路”精准农业国际合作高端论坛暨第六届中国（成德）智慧农业创新峰会在四川省德阳市举办。会议由协会秘书长张全德主持。德阳市科协党组书记、主席何学军，中国农业科学院北京畜牧兽医研究所研究员、原党委书记袁学志向大会表示祝贺。大会采用线下与线上同步直播的形式召开，来自国内外的院士、专家、青年学者、院校师生、农业农村部门的技术与管理人员等参加论坛，围绕“一带一路”国家精准农业的发展趋势、农业国际合作联盟的建立模式、智慧农牧领域最新的前沿方向、应用难点、热点科技和产业创新等问题交流创新思想，凝聚集体智慧。来自全国各地的180余人参加现场会议，同时来自俄罗斯、蒙古国、意大利、捷克、荷兰、罗马尼亚、马来西亚、印度、泰国、巴基斯坦、坦桑尼亚等10余个国家的数十位国际机构负责人及农业领域的专家参与线上会议互动。

【中国科协培育成立“一带一路”区域科技组织/联盟项目经验交流会】 12月29日，由协会主办的中国科协培育成立“一带一路”区域科技组织/联盟项目经验交流会在北京召开。协会秘书长张全德主持会议。中国科协国际联络部国际组织处副处长尹霖、协会常务副会长刘大可，以及来自承担中国科协“一带一路”国际合作平台联盟类项目的中华护理学会、中国电子学会、中国公路学会、中国航海学会、湖北省青少年科技中心、中华医学会、中国仪器仪表学会、中国数学会等9家学会单位的30余名项目负责人和专家参加会议。各单位围绕各自项目作主题报告，分享各自承担项目的进展、成功经验及主要成果，交流项目过程中的问题，提出疫情时期国际合作的一些新思路、新模式，并对后两年项目的实施作出展望；同时交流国际合作经历、分享项目执行过程中的体会、探讨面向“一带一路”沿线国家的合作方式。

【“一带一路”北斗产业应用平台建设项目成果展示交流会】 12月29日，“一带一路”北斗产业应用平台建设项目成果展示交流会在北京举办。会议由协会一带一路国际专业委员会主办，苏州超擎图形软件科技发展有限公司、云海新媒（北京）科技发展有限公司承办，北高遥科创产业联盟协办。协会副会长刘大可、秘书长张全德出席。会议主题为“北斗产业新格局 数字底座新时空”，与会专家学者围绕优势资源展开交流，挖掘以北斗高精定位、高分遥感、高精地图为基础的全时空数字底座的商业价值，共同探寻数字底座赋能数字城市建设、智慧城市数据运营、交通市政等智慧服务领域的发展机遇，推动全时空数字经济深度融合，实现行业跨越式发展。“一带一路”北斗产业应用平台建设项目的完成是北斗定位与“一带一路”倡议的“走出去”战略很好的契合，配合参与当地的新基建建设，并且可以同产业应用结合在一起“走出去”。北斗系统作为中国自主可控的卫星导航系统，其导航、定位、授时等功能为“新基建”打下时空基准。

（撰稿人：梁聪伟）

中国生物材料学会

服务创新型国家和社会建设 2020年，学会协助国家药品监督管理局医疗器械技术审评中心承接创新医疗器械特别审批申请项目。截至11月底，承接60个创新医疗器械特别审查申请项目，组织专家审查会53次。

10月，学会医用金属材料分会组织举办国家自然科学基金委金属生物医用材料“十四五”规划研讨会。金属生物医用材料“十四五”规划编写组成员的中国专家分别汇报永久植入金属材料、可降解金属、多孔医用金属、医用金属表面处理4个主题规划的情况。

11月，学会参与设计并组织会员填写中国生物技术发展中心关于生物材料领域的调查问卷，调查中国生物材料领域的发展现状和面临的主要问题，为国家“十四五”发展规划的研究制定提供参考。

学会烧创伤创面修复材料分会组织和参与制定生物材料在创面治疗中应用的专家共识，为相关技术在基层医院的推广与规范应用提供重要参考。2020年，由分会委员执笔或参与完成的共识共3项，包括PRP治疗专家共识、复合皮应用专家共识和双层人工真皮临床应用专家共识等，其相关成果先后在《中华烧伤杂志》《中华创伤杂志》等学术期刊上发表，另有数项共识处于论证阶段。

学会承接中国科协实施国家级科技服务团科技服务活动项目“医疗器械产业科技创新专家服务团”，组织学会科技专家服务团先后深入浙江省宁波市慈溪市、四川省成都市、重庆市的医疗器械企业进行调研并整合出10万余字的智库报告，为生物医用材料、医疗器械产业发展进程中的重点区域及产业发展战略、发展规划、重大问题等提供决策咨询和技术指导，推动中国医疗器械产业科技经济深度融合。

学会面向全体生物材料领域科技工作者发出《“同舟共济，共同抗疫”中国生物材料学会防控疫情倡议书》，倡议广大生物材料科技工作者全力争做“防疫使命”践行者、防疫工作保障者及防疫宣传引导者。为应对疫情对生物材料行业所造成的影响，学会面向全体理事发布《关于征集疫情对生物材料行业影响分析及应对措施的通知》，在汇总相关专家意见及建议后形成《关于疫情对生物材料行业影响分析及应对措施的报告》并报送中国科协先进材料学会联合体，同时形成研究报告《浅析疫情对材料产业带来的影响和启示》。

学会个人会员及单位会员响应学会倡议，持续开展抗疫活动。学会先进制造分会联合中国增材制造产业联盟生物增材制造产业工作组、华东数字医学工程研究院及广州迈普再生医学科技股份有限公司共同开展“‘科技抗疫’——生物3D打印医学应用专题，从抗击新冠（COVID-19）谈起”专家线上讲座，特邀清华大学教授徐弢为广大生物材料科技工作者分享医工结合推动新冠疫情防控及前沿领域创新转化；学会副理事长、四川大学国家生物医学材料工程技术研究中心主任王云兵与相关企业联合攻关，研制防雾护目镜及面罩，已申请专利2项，并于3月获得成都市市场监督管理局医疗器械审批（川蓉械备：20200063号）；学会单位会员威高集团已向武汉市捐赠包括手术衣、消毒液等价值300余万元的医用物资，与此同时还联合山东大学广告研究中心、《齐鲁晚报》共同发起“WEGO，为最美逆行者加油”公益传播计划活动；乐普（北京）医疗器械股份有限公司向湖北省武汉市、随州市、孝感市等疫情严重的地区医院首批捐助价值100万余元的急需物资；苏州汇涵医用科技发展有限公司取消工厂春节假期，复工赶制3000瓶医用速干消毒液，并紧急发往武汉市第三医院。

学会建设 2020年，学会新发展会员906人，会员总数为4216人；团体会员总数为90个。学会新成立分会3个，下设分会共22个。

学会全年共召开常务理事会议4次、理事会议1次。

青年人才托举工程 学会累计获得8个托举资助名额。

10月，学会开展第六届中国科协“青年人才托举工程”项目的推荐工作。学会向中国科协先进材料学会联合体推荐华中科技大学杜莹莹、华南理工大学况宇迪、四川大学李高参、上海交通大学医学院钱运4名候选人。

主办期刊 学会官方英文会刊《再生生物材料》（*Regenerative Biomaterials*）采用开放获取的方式在线出版。现任主编为学会名誉理事长张兴栋，编委会由53名生物材料领域专家组成。根据《期刊引证报告》，*Regenerative Biomaterials* 影响因子为4.882，在Web of Science同学科期刊中排名前26%（Q2），较2018年首个影响因子3.382有所提高。期刊已通过四川省新闻出版局向国家新闻出版署提交国内刊号申报材料。

作为双月刊，学会官方英文会刊《再生生物材料》全年共收到投稿148篇，出版6期，累计出版32期，官网全文下载量累计为30万余次，平均每月下载量6500余次；文章采用及时上线模式，审改完毕的文章出版周期不超过5.1周，每期文章都准时或早于计划日期上线。

国内主要学术会议 2020年，学会及其分支机构开展学术交流活动28次，其中举办国内学术会议17次、研讨会8次。线上线下参与人数23865人次，作专题报告597个。

10月9—12日，由学会医用金属材料分会主办的2020年中国生物材料学会医用金属材料分会学术年会在贵州省贵阳市召开。来自全国高校、研究机构、医院和企业的300余名专家学者参加会议。

11月6—8日，中国生物材料学会青年学者论坛在北京召开。论坛共设置“生物材料表面/界面”“肌肉骨骼系统”“纳米生物材料（影像、载药、诊疗）”“组织修复与再生医学（神经、心血管）”及“Emerging Concept Forum（材料生物学、生物适配、新概念材料、水凝胶）”5个分会场，涵盖生物材料各大领域，参会人数达500余人。

两岸交流 11月13—16日，由学会与东华大学联合主办的2020海峡两岸暨港澳生物材料与组织再生青年科学家学术会议在上海市举办。专家以线上线下相结合的形式，探讨生物材料与组织再生学术领域的最新成果。线下出席人数200余人，两天累计在线参会人数40万余人次。

国际交往 6月，学会开展中韩青年科学家交流会青年科学家代表推荐活动。经专家评选，最终推荐四川大学雷洋、武汉理工大学晏乐三、南方医科大学周东方3人作为学会青年科学家代表参加11月5日举办的线上中韩生物材料青年科学家学术交流会。

12月11—15日，第十一届世界生物材料大会在线上举办。国际生物材料科学与工程学会联合会主席、学会名誉理事长、中国工程院院士张兴栋在大会开幕式上致辞。学会17名专家获“国际生物材料科学与工程学会联合会会士”称号。

科普活动 2020年，学会组建2个科学传播专家团队：3D打印生物材料科学传播专家团队和生物材料药物递送科学传播专家团队；培育2个科学传播专家团队：口腔生物材料科学传播专家团队和创面修复材料科学传播专家团队；建立2个学会科普教育基地：北京市生物医学工程高精尖创新中心和重庆登康口腔护理用品股份有限公司。

5月9—15日，在防灾减灾宣传周期间，学会通过微信等新媒体平台推出“防灾减灾一周微科普”宣传活动，连续一周发布防灾减灾科普知识。

在全国科技工作者日，学会开展“科技为民 科学传承 使命在肩 奋斗有我”的主题活动。学会各二级分会发挥专业领域优势，将科研资源与科学普及、疫情防控与公众健康相结合，利用线上云平台开展活动，如院士专家节日祝福寄语、新会员注册福利活动、“科学防疫 安全用械”科普宣传活动、“疫”战到底，助学未来之星科普直播讲座、“云游实验室”线上直播活动、“神经再生，共创未来”科普展览等。

在全国科技活动周期间，学会各二级分会、科普基地围绕“科技战疫 创新强国”的主题分别展示科技“战疫”成效及科技创新成就等内容。学会材料生物力学分会围绕科技“战疫”科研攻关新进展、疫情防控新技术新设备、疫苗开发等开展“科研战疫 奋斗在一线”科普讲座；学会生物复合材料分会面向华东交通大学师生，采用线上直播形式举办细菌纤维素基生物材料及应用的科普报告；学会生物材料生物学评价分会依托挂靠单位山东省医疗器械产品质量检验中心，开展科普讲座、科普进社区、科技咨询助力企业发展等活动。

在全国科普日期间，学会采用“学会＋企业＋社区服务”三方联动的形式，聚力医疗器械科学普及，联动浙江广慈医疗器械有限公司、成都市爱有戏社区发展中心共同关注口腔健康，对广大群众进行“种植牙”云科普，解疑牙齿到底是怎样被种植的，活动获评2020年“全国科普日优秀活动”。此外，学会科普基地重庆登康口腔护理用品股份有限公司围绕“决胜全面小康，践行科技为民”的活动主题，在重庆市江北区人民政府行政服务中心广场开展“科技助力口腔健康”科普活动；学会再生医学材料分会面向上海市卢湾高级中学高二年级生物班学生开放上海市组织工程研究重点实验室，并进行组织工程科普宣教活动。

学会利用微信公众平台编辑转载相关科普文章16篇，科学宣传疫情防护知识，助力提升公众自我保护意识。全年共计编辑转载知识普及和科学辟谣文章近30篇。

学会开展的“2020科普日爱牙日——CSBM广慈医疗爱有戏：关于种植牙”科普活动被评为“全国科普日优秀活动”。

表彰举荐优秀科技工作者 学会推荐第十七届中国青年女科学家奖、第六届中国科协“青年人才托举工程”项目候选人共计7人次。

4月，学会开展第二届全国创新争先奖推荐工作。由学会推荐的徐铭恩获第二届全国创新争先奖状。9月，由学会推荐的候选人华南理工大学教授唐本忠，中山生物工程有限公司董事长、总经理王胜岚被评为2020年“最美科技工作者”。

9月，学会开展中国科协优秀中外青年交流计划项目，在理事范围内征集推荐人选，向中国科协推荐3名候选人。其中，何秋琳、赵瑞波2名候选人入选。

党建强会 2020年，学会党委始终坚持以习近平新时代中国特色社会主义思想为指导，深入学习贯彻党的十九大和十九届二中、三中、四中全会精神，全面落实中国科协科技社团党委各项工作部署，召开专题党委会，组织党委委员集中学习党中央、中国科协相关重要会议、调研指导、重要指示精神等。按照《中国科协所属全国学会党委委员产生方式及审核办法（试行）》规定要求，完成党委换届工作。经上级党组织批准成立秘书处党支部。

学会党委高度重视疫情防控工作，充分发挥学会专家资源优势，做好相关领域的科普工作。制发《关于开展助力定点扶贫县巩固脱贫攻坚成果的倡议》，号召会员单位参与“吕梁决战决胜淘宝直播购货”等扶贫活动。

会员服务 为发挥好科技工作者思想政治引领，学会理事长、中国工程院院士王迎军，前任理事长、中国工程院院士付小兵，副理事长张胜民等8名学会专家在全国科技工作者日，为学会会员撰写专家寄语。

学会编撰年报，反映年度工作综合信息。每月发布一期《中国生物材料学会简讯》，向全体会员发布学会工作信息、活动讯息及学科前沿动态。

为解决疫情期间高校毕业生就业难、企事业单位专业人才招聘难的问题，学会面向生物材料领域企业、科研院所、大学征集30余家单位的招聘信息，通过学会官网、微信公众号和邮件等形式发布5期会员单位招聘信息。

【“科创中国”宁波（慈溪）产业创新服务论坛】 12月17日，由学会主办的“科创中国”宁波（慈溪）产业创新服务论坛在浙江省宁波市慈溪市召开，论坛主题为“科创医疗 健康中国”。学会理事长、中国工程院院士王迎军，中国科协组织人事部副部长、“科创中国”浙江挂点组组长谭华霖，慈溪市副市长励映忠出席开幕式并致辞。来自当地政府部门、高等院校、科研院所、慈溪市医疗器械相关企业的200余位专家学者参加论坛。论坛期间还举办慈溪医疗器械企业技术对接会、慈溪医疗器械科技项目论证会以及院士专家企业行等科技服务活动。

（撰稿人：许秀娟　刘　静）

国际粉体检测与控制联合会

服务创新型国家和社会建设 2020年，联合会工业应用委员会联合本领域技术专家创办技术研发和产业服务基地，分别在山东省淄博市和浙江省湖州市设立粉体工程装备研发基地、粉体加工与应用基地，在山东省滨州市和江苏省无锡市设立生态农业和土壤改良研发基地。

联合会工业防爆技术创新联盟和工业应用委员会为全国有关研究所和企业开展10次专业技术培训，主要包括粉尘爆炸与安全防护技术培训（河北省秦皇岛市 7 月 13—16 日，四川省成都市 7 月 20—23 日）；粉尘爆炸与安全防护技术培训（陕西省西安市 8 月 19—22 日，山东省烟台市 8 月 26—29 日）；粉尘爆炸与安全防护技术培训（广西壮族自治区桂林市 10 月 13—16 日）；全国粉体技术基础培训（北京 2 月 3—8 日）；全国粉体技术基础培训（第二期）（北京 8 月 25—29 日）；全国粉体技术专业培训（北京 3 月 14 日，3 月 28 日，4 月 4—18 日）。

学会建设　截至 2020 年年底，联合会共有个人会员 1433 人，外籍会员 52 人。会员分布在中国、美国、日本、韩国、澳大利亚、德国、英国、意大利、荷兰等国家。联合会共有理事会理事 31 人，外籍理事 22 人，常务理事会成员 7 人。2020 年，联合会秘书处定期举办 3 次常务理事会网络会议，2 次理事会网络会议。

3 月 15 日，联合会秘书处在辽宁省沈阳市举办第一次常务理事会网络会议，共 7 位常务理事参加。会议介绍 2020 年上半年秘书处的工作计划以及中国分支机构的工作计划。会议由秘书处常务副秘书长金智贤主持。

3 月 15 日和 10 月 15 日，联合会秘书处举办理事会网络会议，通报延期举办第五届会员代表大会暨理事会换届大会的决议，以及第十三届国际学术会议于 2021 年 9 月在辽宁省沈阳市举办的计划。

5 月 10 日，联合会秘书处在辽宁省沈阳市举办第二次常务理事会网络会议。会议讨论世界各国新冠肺炎疫情蔓延情况，由联合会秘书长李新光介绍中国抗疫形势和对各国会员的支援计划。通报第五届会员代表大会暨理事会换届大会的筹备计划和延期举办计划。会议由秘书处常务副秘书长金智贤主持，常务理事共 7 人参加。

11 月 20 日，联合会秘书处在辽宁省沈阳市举办第三次常务理事会网络会议。联合会秘书处向常务理事会汇报各国会员抗击疫情和各位理事的健康状况，通报中国 2 个分支机构 2020 年度开展学术交流和技术培训活动情况。常务理事成员一致认为，在疫情严重的情况下中国分支机构积极开展学术活动并取得好成绩，有助于联合会开展国际学术活动积累经验。会议通报 2021 年联合会的工作计划，并要求各国理事和会员积极响应。会议由秘书处常务副秘书长金智贤主持，常务理事共 7 人参加。

国内主要学术会议　10 月 19—21 日，联合会工业应用委员会在内蒙古自治区乌兰察布市举办第三届石墨粉体与锂电负极材料大会，来自全国各地科研院所的教授、行业专家及会员企业 230 余人参加会议，邀请有关专家介绍行业前沿领域研究成果。此次大会为企业提供交流平台，助力行业协同创新，推进科技成果转化。

国际交往　联合会通过网络进行线上学术交流。与日本东京工业大学物质理工学院教授寺田就“阻燃材料中非金属矿的应用”进行学术交流；与日本名古屋工业大学教授藤正督就“粉体表面活性化”相关的课题进行学术交流。

由联合会秘书处通报各国理事抗击疫情的注意事项，了解各位理事在抗击疫情中遇到的困难。在理事会成员国中，德国的疫情较严重，联合会副理事长 S. Radandt 和 2 位理事急缺口罩，联合会秘书处购买 500 个口罩，通过国际快递分 2 次寄出。副理事长 S. Radandt 对中国的防疫成就表示赞赏，并对秘书处的援助表示感谢。一年来，联合会的国外理事（22 人）中尚未发现新冠肺炎感染者。

【第三届中国职业安全健康高峰论坛 / 第五届职业安全及粉尘防爆技术研讨会暨展览会】　11 月 11—13 日，联合会工业防爆技术创新联盟、中国职业安全健康协会和苏州市安全生产管理协会在江苏省苏州市共同举办第三届中国职业安全健康高峰论坛 / 第五届职业安全及粉尘防爆技术研讨会暨展览会。此次研讨会以“关爱生命与健康、人人应从我做起”为主题，围绕本行业或企业安全生产、职业健康和应急管理等方面问题，探索职业安全健康工作新形势、新任务点。来自政府部门、行业协会、铝镁粉尘企业，以及木材加工与家具、纺织品、粮食加工与储运、化工、树脂与塑料、造纸、生物医药、农药、火力发电、钢铁、水泥、环保等行业的约 1000 人参加大会。

大会同期举办的展览会有 85 个企业单位参展。展会强化“科技兴安”“科技强安”理念，展示应用于矿山、危险化学品、工程建设、交通运输、电力等行业的安全装备和应急装备，以及应用于城市安全、工业园区安全、消防、灾害救援、安全生产信息化等领域的技术装备。粉尘防爆产品展区展示防爆型除尘技术与设备、爆炸防护技术与装备（爆炸泄压设备、爆炸抑制设备、抗爆设备、爆炸隔离设备、惰化设备、灭火设备等）、火花探测与消除设备、防爆电气设备、静电防护设备、粉尘浓度检测设备等。

（联系人：金智贤）

中国农学会

服务创新型国家和社会建设 学会实施创新驱动助力工程，牵头成立乡村振兴科技服务团，开展“科创中国”试点建设工作，协调10多家单位，围绕肉羊加工、种苗基地建设等与内蒙古自治区巴彦淖尔市开展需求对接。组织农业科研杰出人才及其创新团队与地方主导产业、农业龙头企业开展深入合作。组织院士专家到山西省吕梁市、四川省眉山市、内蒙古自治区乌海市等地开展院士专家企业行活动，为农业企业提供技术指导和咨询服务。

学会参与疫情防控，主动投身脱贫攻坚。开设“抗疫情、助春耕、保供给”专家直播系列课堂，举办“战疫情、保春耕”系列科普知识竞赛。印发多份倡议书，引导广大农业科技工作者在疫情防控中守初心、担使命。邀请院士专家多次深入山西省吕梁市、四川省凉山彝族自治州等地开展现场指导咨询，助力当地特色产业转型升级。深化河北省承德市承德县定点帮扶工作，推进北京工商大学与承德板城酒业有限责任公司战略合作，助力承德县巩固脱贫攻坚成果。被中国科协授予“优秀扶贫学会”“优秀抗疫学会”称号。

学会组织遴选中国农业农村科技发展最新成果，在2020中国农业农村科技发展高峰论坛暨中国现代农业发展论坛上发布年度十项新技术、十项新产品和九项新装备。同时组织完成2020年农业主推技术遴选工作。

学会围绕农业农村经济发展中基础性战略性问题，组织院士专家起草《关于加快数字农业农村建设的建议》《关于加强农业合成生物技术创新研发的建议》等。受中国科协委托，调研撰写《乡村振兴齐鲁样板科技支撑对策研究》报告，为山东省委、省政府提供咨询建议。聚焦农业科技体制机制创新、重大科技布局等主题，组织专家撰写8篇咨询报告，为有关部门制定相关政策提供参考。

学会探索开展网络视频成果评价，全年组织院士专家570余人次对71项农业科技成果进行咨询评议。经广泛征集遴选，向国家科学技术奖励工作办公室提名国家科学技术奖21项。受国家科学技术奖励工作办公室委托，对17项进入国家科学技术奖初评的成果进行评议并出具咨询意见。

学会围绕农业专业技术人员能力提升和继续教育需求，举办行政、财务、档案等业务能力提升培训班3期、新型农业经营主体优秀运行模式培训班5期。探索定制教育培训新模式，举办2期针对基层的定制培训班，为当地农业农村系统、新型经营主体和农户讲解农业新技术及管理营销等相关知识，累计培训3000余人次。

学会建设 学会先后组织召开十一届四次、五次、六次常务理事会议及四次、五次理事会议，将“坚持党的全面领导”“习近平新时代中国特色社会主义思想和社会主义核心价值观”等内容写入学会章程，总结交流2020年工作情况，谋划部署“十四五”学会改革发展和重点工作。

学会印发分支机构年度活动计划，修订分支机构工作指南，指导杂粮分会、食用菌分会等分支机构开展换届工作，开展分支机构年度考核评估，促进分支机构规范发展。

11月5日，组织召开省级农学会负责人座谈会，交流工作情况与发展经验，并就进一步加强体系建设、促进全国各级农学会之间的共建共融和交流合作进行研讨。

学会各处围绕贯彻落实中央关于科技、人才和社会组织工作的新部署新要求，开展内部课题研究，形成《依托农业科研杰出人才提升咨询服务能力研究》等14篇研究报告，推动解决制约业务发展的实际问题。

学会全面梳理现行规章制度，编制主要业务工作规范，先后制定《廉政风险防控手册》《农业科技成果评价管理办法（试行）》等制度共11项。

青年人才托举工程 学会组织开展第三届中国科协“青年人才托举工程”项目总结验收工作，挖掘典型案例和人才成长故事，完成并上报总结验收报告、经费使用情况报告和成果展示视频。筹备第六届中国科协“青年人才托举工程”项目申报工作，召开候选人推荐评审会，通过分支机构推荐、候选人答辩、专家评审，确定拟推荐人选。

6月30日，学会以视频会议形式组织召开中国科协“青年人才托举工程”项目实施情况交流会，介绍项目实施总体情况，交流项目实施成效，研究提出下一步工作思路和措施建议。

学会组织实施“青年科技人才培养行动”，开展两场农业英才进校园、进院所活动，邀请青年学者走进湖南农业大学、中国热带农业科学院作主题报告，分享科研成长故事与心得体会。举办牧业转型发展青年科学家论坛，组织开展2020年中国农学会青年科技奖评审工作，助力青年农业科技工作者成长成才。

主办期刊 学会升级改造稿件系统和发布平台，强化编委和编辑队伍建设，着力提升英文摘要水平，主办的9种期刊影响力均有提升，其中《中国农学通报》被评为“第五届中国精品科技期刊”，《农学学报》的综合影响因子和被引频次增幅达80%以上，论文下载量增幅达101.8%。*Journal of Integrative Agriculture*（《农业科学学报》）影响因子达1.984，总被引频次位居农业综合学科第13名，首次晋级Q1区。

学科发展工程 学会组织开展2020—2021年度基础农学学科发展研究，以农业信息分析学为重点研究方向，及时跟踪、总结、发布国内外学科最新进展、重大突破、发展方向，形成发展研究报告，提出学科发展战略思路与对策措施。

学会组织完成2020农业农村科技重大科学问题和工程技术难题征集推荐和发布工作。其中，中国水稻研究院研究员王克剑研提的“植物无融合生殖的生物学基础是什么”入选中国科协2020十大前沿科学问题。7月17日，组织召开植物无融合生殖生物学基础研究专家座谈会，形成科学家建议，并通过中国科协呈有关部门决策参考，为推动中国植物无融合生殖研究厚植优势、寻求突破。

国内主要学术会议 8—9月，学会主办中国农学会学术活动月活动。组织学会棉花分会、特产分会、农业气象分会、立体农业分会等分支机构，围绕“棉花基因组变异及遗传改良”“中药材生态种植”“现代农化服务技术与安全风险控制”等主题举办10余场线上学术活动。

在做好疫情防控的前提下，学会先后组织召开2020中国农业农村科技发展高峰论坛暨中国现代农业发展论坛、农业气象分会学术年会、中国计算机农业应用学术研讨会、图书情报分会学术年会、都市现代农业研讨会等各类学术交流活动共计38场，累计100余万人次专家学者进行线上线下互动交流。

两岸交流 11月5日，学会在福建省福州市主办海峡两岸青年科学家论坛，中国科学院院士谢联辉以及杰出青年农业科学家、创新创业优秀青年、科技社团负责人等150余人参加论坛。专家学者围绕“农业绿色发展与乡村振兴”作专题报告，多角度多层次阐述农业绿色发展与乡村振兴的研究前沿和服务内容。

科普活动 学会认真落实《乡村振兴农民科学素质提升行动实施方案》，在安徽省巢湖市和贵州省遵义市主办2期乡村振兴高素质农民暨基层科技志愿者培训班，来自25个省的170名高素质农民及基层科技志愿者参加培训。承办2020农民科学素质网络知识竞赛，参赛人数达到3700万人次。

学会主办转基因科普线上巡讲系列活动，单场点击量最高达到300余万次。组建近300人的中国农学会科技志愿服务队，编创农村人居环境整治、农业文化遗产等系列科普微动漫，开展乡村振兴农村科普联合行动，辐射100余万人次。加强“三农科学传播”新媒体建设，推送优质科普作品306篇，累计阅读量达300余万次。

9月19日，学会开展“我是农业科学家”活动，将5位农业行业领域杰出科学家请上舞台，采用线上线下结合方式，分享农业现代化取得的成就以及科学家背后的故事，弘扬新时代科学家精神。

表彰举荐优秀科技工作者 学会组织开展创新人才推进计划、百千万人才工程国家级人选等项目候选人遴选评审工作，近100名优秀科技工作者获得举荐。开展第二届全国创新争先奖推荐工作，1名农业科技工作者经学会推荐获奖。承担第二届“寻找最美农技员”评选工作，产生99名“最美农技员”，其中10人在2020年中国农民丰收节期间获中央领导颁发证书。

党建强会 组织学习习近平新时代中国特色社会主义思想和党的十九届四中、五中全会精神，深入学习《习近平谈治国理政》（第三卷）《习近平关于“三农”工作论述摘编》等重要读本。印发《中国农学会2020年党的建设工作要点》，推动全面从严治党各项举措落地见效。落实“三会一课”制度，开展理论中心组学习4次，组织系列主题党日、讲党课等活动，按要求召开班子民主生活会和支部组织生活会。坚持问题导向，加强对学会党员干部的日常教育和管理监督，注重运用监督执纪“四种形态”，引导党员干部守纪律讲规矩。强化干部教育培训，全年共选派271人次参加中国科协和农业农村部组织主办的宣讲会、辅导会和培训班。

会员服务 学会印发《中国农学会关于发展个人会员和单位会员的函》，完善会员发展机制，逐步实施一次活动一次入会、长期联系和差异化服务。完善学会会员系统，优化个人会员在线注册流程，实现单位会员在线注册申请和提交材料的功能，为科技工作者入会提供便捷渠道。与山东省农业科学院、广西农业职业技术学院、武汉农学会共建3个中国农学会会员服务中心，就地就近服务学会会员及农业科技工作者。

【2020 中国农业农村科技发展高峰论坛暨中国现代农业发展论坛】 11月20—21日，由学会主办的2020中国农业农村科技发展高峰论坛暨中国现代农业发展论坛在江苏省南京市举办，论坛以“科技创新助力农业高质量发展”为主题。学会会长、农业农村部副部长张桃林出席论坛并讲话，来自农业科研、管理、推广、企业等领域的500余名院士、专家现场参加会议。论坛同时进行线上直播，累计近100万人次观看。论坛发布“十三五”农业科技标志性成果、2020中国农业农村重大新技术新产品新装备、2020中国农业科学重大进展等6个专项成果和研究报告，并举办院士、专家报告会和5个专题论坛。新华社、中央电视台、《光明日报》等20余家媒体对活动进行报道。

（撰稿人：魏　政）

中国林学会

服务创新型国家和社会建设　学会举办中国科技峰会——京津冀生态环境建设和科技创新高层论坛，并提交政策建议。修订《〈林业专家建议〉专刊管理办法》，编辑出版《林业专家建议汇编Ⅱ》，刊发的8篇专家建议获国家林业和草原局领导8次批示，其中《关于自然教育的调研报告》《粤港澳大湾区生态环境保护与生态系统修复的建议》和《经济林果产业亟待提质增效》3篇建议获上级单位采用，信息综合采用情况在国家林业和草原局直属单位中排名第7位。

学会加强服务站与林草乡土专家队伍建设。进一步强化浙江省宁波市、吉林省、四川省等服务站建设，新建浙江省湖州市南浔区服务站、山西碧秀农林开发有限公司服务站，依托宁波服务站举办林下经济高质量发展技术培训班，打通服务基层“最后一公里”。在定点扶贫县以及全国有关深度贫困县市评选认定149名中国林学会乡土专家，会同国家林业和草原局科技司开展国家林业和草原局林草乡土专家遴选。

学会开展科技成果评价与团体标准建设工作。按照学会科技成果评价管理办法和团体标准管理办法，评价“松褐天牛综合防控技术”等一批项目，制定公布《规格材产品认证规则》等5项团体标准。

助力脱贫攻坚。围绕广西壮族自治区河池市罗城仫佬族自治县、贵州省黔南布依族苗族自治州荔波县、山西省吕梁市临县等国家林业和草原局、中国科协定点扶贫县和深度贫困地区开展科技扶贫。承担中国科协决战决胜科技助力精准扶贫宣传项目及文冠果新品种高效栽培绿色脱贫示范项目。开展经济林等林业特色产业在巩固脱贫成效中的战略问题研究并提交调研报告。

4月25日，学会组织召开林下经济助力脱贫攻坚公益大讲堂网络直播活动。活动主题为“让绿水青山赢来源源不断的金山银山”，吸引近6000人次在线收看。活动现场连线观摩贵州省、江西省、河北省等林下经济示范基地和生产车间，解读实际案例，分享成功经验。

学会成立“抗疫情、促发展”林业产业科技服务团，组建甬黔延林业科技经济联合体，打造《乡人乡品·品味乡土》全新视频栏目，出版《主要林木及林下资源产业化栽培及利用》。申报并完成2020年中国科协创新驱动助力工程示范项目“中国林学会科技服务团助力疫情防控与重大战略”。举办第四届中国（上海）国际竹产业博览会，吸引3万余名观众参观。

学会开通运营“中国自然教育”微信公众号。推进自然教育理论研究，对各地开展自然教育情况进行摸底调查。先后组织专家赴上海市、四川省、江西省等地调研，推进自然教育工作。编撰完成《中国自然教育发展报告2019》。审议通过第三批自然教育学校（基地）名单。开展《湿地类自然教育基地建设导则》等多项团体标准研制工作。与中国绿色时报社合作开展自然教育宣传推介活动。启动中国（长沙）自然公园博览会。筹备开展自然教育师培训，完成自然教育线上培训课程录制工作。

学会建设　2020年，学会能力提升专项——“世界一流学会建设项目”通过考核评估，获得“优秀扶贫学会”“全国科普工作优秀单位”“全国科技助力精准扶贫工作先进团队”等称号。

学会以线上线下相结合方式召开全体理事会议，研究学会重大问题。在线召开全国林学会秘书长会议，部署全年工作。

青年人才托举工程　学会完成第三届中国科协“青年人才托举工程”项目总结，签订第四届、第五届托举对象项目合同，遴选出中南林业科技大学博士万才超、东北林业大学博士马洪伟2名被托举人。

主办期刊　2020年，学会主办期刊《林业科学》收稿1046篇，发稿252篇；影响因子1.097，总被引频次4560，综合评价总分列全国2068种核心期刊第38位、林学期刊第1位。第18次被评为“百种中国杰出学术期刊”，连续9年入选“中国国际影响力优秀学术期刊”，继续被EI收录。2019年度期刊社会效益评价考核优秀。完成农林领域高质量科技期刊分级目录林业科技期刊推荐及评选工作。1篇论文入选第五届中国科协优秀科技论文遴选计划，3篇论文入选农林集群优秀论文，9篇论文获得F5000入选提名。在中国网络植树公益网建立“《林业科学》主题林”。

学科发展工程　学会编辑出版《中国林业优秀学术报告2019》，征集《中国林业优秀学术报告2020》内容。

国内主要学术会议　2020年，学会及其分支机构以线上、线下及线上线下相结合的方式开展100余次学术交流活动，累计线上观看人数超100万人次，线下参会人数1万余人次。

7月2日，学会通过网络直播形式举办自然与文化遗产学术研讨会，邀请国家林业和草原局世界自然遗产专家委员会委员、中国科学院地理科学与资源研究所研究员闵庆文等4名专家，围绕“林业遗产保护与乡村振兴”交流互动。

9月19—20日，由学会主办、学会森林昆虫分会和森林病理分会联合承办的首届全国森林保护青年云学术论坛以线上线下相结合的方式举办，设立中国林业科学研究院森林生态环境与保护研究所、北京林业大学、南京林业大学、东北林业大学、国家林业和草原局森林和草原病虫害防治总站、西北农林科技大学6个线下会场。论坛以“新锐青年，创新未来——中国森林保护学的新挑战与新机遇”为主题，860余人参加论坛。论坛获线上点赞2万余次，互动交流5000余条，提问200余条。

10月13日，学会在浙江省杭州市召开新时代林草科技治理学术研讨会，30余人参加会议。会议期间，组织召开《中国林业优秀学术报告2019》评审会和定点扶贫县及深度贫困地区乡土专家评审会。

10月27—30日，由学会与林木遗传育种国家重点实验室联合主办、长江大学承办、中国林业科学研究院研究生部与湖北省林学会共同协办的全国林木遗传育种研究生学术研讨会在湖北省荆州市召开。中国林业科学研究院、东北林业大学、北京林业大学、安徽农业大学、长江大学等50余家单位的280余名研究生和青年科研工作者参加会议。

11月27日，由学会主办、安徽省林学会和旌德县林业局承办的华东六省一市林学会学术年会在安徽省宣城市旌德县举办。会议以“加强松材线虫病防控维护森林生态安全”为主题。安徽省林学会理事长、安徽省林业局副局长邱辉，江西省林学会理事长魏运华，上海市林学会理事长刘磊等近100人参加会议。

12月7—9日，由学会主办、学会珍贵树种分会、海南省林学会、海南大学林学院共同承办的第六届中国珍贵树种学术研讨会在海南省海口市举办，珍贵树种相关领域专家学者150余人参加会议。

12月9—11日，由学会主办，学会林下经济分会、锦屏县人民政府、黔东南苗族侗族自治州林业局共同承办的第七届全国林下经济发展学术研讨会暨林下经济分会换届大会在贵州省黔东南苗族侗族自治州锦屏县召开，近200人参加会议。会议选举中国工程院院士李文华继续担任分会第二届委员会主任委员，陈幸良任常务副主任委员，曾祥谓任秘书长。

12月13—15日，由学会主办，学会杉木专业委员会、广东省林业科学研究院等承办的第五届全国杉木学术研讨会暨杉木专业委员会换届大会在广东省广州市举办。会议主题为“科技创新引领杉木产业高质量发展”，188位专家学者参加会议。会议选举福建农林大学教授马祥庆为第二届主任委员，曹光球为秘书长。

12月19日，由学会主办，学会林业计算机应用分会、中国林业科学研究院资源信息研究所承办的首届中国林草计算机应用大会在北京举办。中国工程院院士陈军、国家林业和草原局科技司司长郝育军、学会副理事长兼秘书长陈幸良等出席会议。会议主题为“智慧引领林草未来”，24个省（自治区、直辖市）的78家科研单位和相关企业的170余人参加会议。

两岸交流　学会申报两岸林业基层人员交流项目，被列入国务院台湾事务办公室2020年对台湾地区交流重点项目。

国际交往　学会积极与国际社会沟通中国疫情及防控举措。世界自然保护联盟理事会主席章新胜专门致函赞赏中国抗击疫情的努力，呼吁全球科技界携手应对疫情挑战。

科普活动 2020年，学会开展全国林业和草原科普微视频大赛、全国林业和草原科普讲解大赛、全国林草科普基地评选工作和“憧憬·美丽中国”艺术设计大赛等活动。

学会组织专项宣传，向社会公众普及疫情防控科学知识。组织“守护抗疫天使”公益活动，为医护人员提供针对性森林疗养课程，助其恢复身心健康。

学会推进林业科普信息化建设，不断丰富“林业科学传播公众服务平台”科普资源，科普写作栏目新增373篇科普文章。举办“深度影响中国的树木传奇”大型公益宣传活动，推出《海岸线绿色卫士》等90篇科普文章。

表彰举荐优秀科技工作者 2020年，国家林业和草原局首次举办科技奖励仪式，对获2019年度国家科学技术进步奖二等奖的2个局属团队和获梁希林业科学技术奖一等奖的6个团队进行表彰。推进梁希林业科学技术奖评审工作，完成第十一届梁希林业科学技术奖、第八届梁希青年论文奖、第九届梁希优秀学子奖和第九届梁希科普奖评选，评选出第十一届梁希林业科学技术奖获奖项目103项，包括自然科学奖9项、技术发明奖5项、科技进步奖89项，另有3名国际友人获国际科技合作奖；第八届梁希青年论文奖获奖论文41篇；第九届梁希优秀学子奖获奖学生45名；第九届梁希科普奖获奖作品13项、获奖活动18项、获奖个人2名。

由学会推选的冯仲科、张国防获得第二届全国创新争先奖，推荐费本华和杨传平为“最美科技工作者”候选人，推荐中国工程院院士尹伟伦为2019年度北京市科学技术奖突出贡献奖中关村奖候选人。

学会会同国家林业和草原局科技司联合开展林草科技管理优秀论文评选。共收到申报论文372篇，评选出获奖论文50篇，其中，一等奖6篇、二等奖16篇、三等奖28篇。

党建强会 学会始终把政治建设放在首位，认真学习《习近平谈治国理政》（第三卷），筑牢“四个意识”、坚定“四个自信”、做到“两个维护”。

落实全面从严治党，推动党建质量全面提升。认真履行学会理事会党委和秘书处党总支班子抓党建工作和党风廉政建设的主体责任，完善从严治党“一岗双责”责任制。以“党建强会”“学习与实践”等平台为载体，深化“两个全覆盖”，提升社团党建成效，是中国科协党校五家全国学会分校之一。制定落实全面从严治党责任清单等10多项制度性文件。严格执行民主集中制，坚持重大问题集体研究。坚持运用“四种形态”，强化监督执纪。从严从实开展“灯下黑”问题专项整治，认真开展廉政风险防控工作。配合国家林业和草原局党组对学会的巡视工作。

会员服务 2020年，学会累计注册缴费会员4115人，比2019年增长19.2%。8月25日，学会举办2020年学会能力建设论坛，探讨新形势下全国学会发展会员与服务工作的变革与创新。继续完善学会会员发展与服务系统，建设会员系统微信平台。制定《关于加快会员发展强化会员服务的暂行规定》，探索开展多元会员服务活动。完成学会首批终身会员认定工作。

【第十六届中国竹业学术大会暨首届遵义农民方竹丰收节】 9月17—19日，由学会、中国竹产业协会、贵州省林业局、遵义市人民政府共同主办的第十六届中国竹业学术大会暨首届遵义农民方竹丰收节在贵州省遵义市桐梓县举办，大会主题为“践行‘两山’理念，推动绿色发展——竹产业助力精准扶贫与乡村振兴”。学会理事长、原国家林业局局长赵树丛，贵州省人大常委会原副主任傅传耀，遵义市委书记魏树旺，学会副理事长兼秘书长陈幸良，遵义市委副书记、市长黄伟，遵义市政协主席石邦林等出席开幕式。来自全国各地的专家学者、企业代表、采购商及经销商等600余人参加会议。

活动设中国大娄山方竹产业发展研讨会主会场和中国竹业青年学术研讨会、全国中小径竹笋产业发展研讨会和全国竹子林下经济与森林康养产业发展研讨会3个分会场。同期发布《“大娄山方竹笋”检验报告》，并表彰会议优秀论文。

【2020年全国桉树产业发展暨学术研讨会】 11月11—13日，由学会主办的2020年全国桉树产业发展暨学术研讨会在江西省赣州市举办，会议的主题为“桉树产业未来发展新方向”。国家林业和草原局副局长彭有冬、学会理事长赵树丛、中国林业科学研究院分党组书记叶智等在开幕式上致辞。学会副理事长、国家林业和草原局科技司司长郝育军等出席开幕式，学会副理事长兼秘书长陈幸良主持开幕式，来自10个省（自治区、直辖市）共74个单位的217名专家学者参加会议。

开幕式上颁发"中国桉树发展突出贡献奖"，广西壮族自治区国有七坡林场陈文军、国家林业和草原局桉树研究开发中心陈帅飞和广东乾山园林工程有限公司文应乾3人获奖。

（撰稿人：林昆仑）

中国土壤学会

服务创新型国家和社会建设 2020年，学会向中国科协推荐"科创中国"资源环境领域2项先导技术——重金属污染耕地土壤的安全可持续利用技术、污染场地原位修复与风险管控联合修复集成技术，面向产业需求，挖掘企业－学会合作潜能。完成"沿海发达地区耕地质量提升关键技术创新与应用"项目成果评价工作。

学会组织专家对《中华人民共和国乡村振兴促进法（草案）》提出部分修改意见，内容突出保护生态环境和防控农村大气污染。对《中华人民共和国科学技术进步法》提出修改意见，强调社会评价在奖励制度中的重要性。

9月，学会向黑龙江省人民政府提出关于加强黑土地保护的建议，建议将黑土保护纳入黑龙江省"十四五"规划重点任务，设立黑土保护与可持续利用研究重点专项；建议开展黑龙江省全域黑土地力调查，加强黑土地力检测工作；建议整合全国黑土科技资源，成立黑土保护利用研究所。

学会土壤质量标准化工作委员会全年共开展38项国家标准制定项目，其中20项已发布实施，11项正在报批，另有7项正在编制。新提出国家标准项目建议9项，秘书处组织起草人员参加推荐性国家标准立项评估会，有6个项目参加答辩，5项通过评估，正式立项。

学会向教育部推荐11名科技管理信息系统专家库专家，向中国科协科技传播中心推荐农业领域学科代表人物候选人李庆逵、熊毅。

学会建设 9月24日，学会第十四次全国会员代表大会完成新一届理事会的换届工作。沈仁芳当选学会第十四届理事会名誉理事长，张佳宝当选理事长，颜晓元（常务）、冯浩、朱永官、李芳柏、邹建文、易可可、赵小敏、黄元仿当选副理事长，颜晓元兼任秘书长，副秘书长9人，分支机构负责人23人，常务理事42人，理事142人，邓良基为新一届监事会监事长，监事共7人。

2020年，学会召开理事会议1次、常务理事会议3次。

学会将土壤学名词工作委员会合并至编辑工作委员会，同时成立学会环境微塑料工作组。12月5日，新成立学会国际合作与交流工作委员会。

学会制定并通过《中国土壤学会个人会员条例》《中国土壤学会换届选举办法》《中国土壤学会活动基金管理条例》，并对《中国土壤学会章程》《中国土壤学会会费标准和收取办法》《中国土壤学会关于吸纳企事业团体会员的规定》《中国土壤学会分支机构管理条例》等制度进行修订。

青年人才托举工程 经申请，学会获得第六届（2020—2022年度）中国科协"青年人才托举工程"项目资助，名额2人；修订《中国土壤学会青年人才托举工程项目实施与管理办法》；完成学会2020—2022年度"青年人才托举工程"项目遴选工作，同时完成第四届、第五届"青年人才托举工程"项目工作计划，4名被托举人完成预期任务。

主办期刊 学会主办或合办《土壤通报》《土壤学报》《土壤圈》（英文版）、《水土保持学报》和《干旱区研究》5种期刊。

《土壤学报》获得第十二届江苏省科技期刊"金马奖"十佳精品期刊，入选"2020中国国际影响力优秀学术期刊"、中国农林领域高质量科技期刊分级目录T1类，被评为"RCCSE中国权威学术期刊（A+等级）"。

《土壤圈》（英文版）最新SCI影响因子达3.736，进入Q1区；SCOPUS影响因子达6.2，位于Q1区；入选"2020中国最具国际影响力学术期刊"、中国农林领域高质量科技期刊分级目录T1类。

《水土保持学报》入选"中国精品科技期刊"、中国农林领域高质量科技期刊分级目录T2类，获得第六届陕西省科技期刊精品期刊奖。

《干旱区研究》入选SCOPUS数据库、中国地学领域高质量科技期刊分级目录T2类，获得中国科学院中文科技期刊择优项目资助。

国内主要学术会议 学会及其分支机构全年共举办5次现场学术会议，参会人数2200余人次，交流论文、报告近500篇。

6月8日，由学会土壤工程工作委员会主办的太仓市土壤工程新型装备应用现场会在江苏省太仓市举办。太仓市科协、太仓市农业农村局、太仓市农业技术推广中心有关专家学者以及太仓市各乡镇农民、种植大户和农技人员等100余人参加会议。

10月25—27日，由学会土壤生物与生物化学专业委员会主办的土壤生态学前沿研讨会在江苏省南京市召开。500余名专家学者参会，23名专家作大会报告，以土壤生态学前沿问题为核心展开研讨。

11月20—22日，由广东省土壤学会和学会土壤环境专业委员会、学会土壤化学专业委员会主办的土壤科学与绿色可持续发展高峰论坛暨广东省土壤学会2020学术研讨会在广东省广州市召开。来自全国科研院所、高等院校、政府管理部门、企业等70多家单位的350余名专家学者参加会议。20余名专家作学术报告，另设4个分论坛，30多名专家学者和16名青年学者作报告，内容涉及土壤健康与人群健康关系、土壤–微生物界面反应、土壤酸化与肥料创新应用等多个土壤科学研究领域，为解决制约中国经济社会绿色发展的重大土壤学难题提供方案。

国际交往 11月19—22日，国际土壤学联合会（IUSS）届中会议首次以视频会议的形式召开，来自世界各国和地区土壤学领域的专家学者50余人参会，学会常务副理事长兼秘书长颜晓元及副秘书长宋昕作为中国代表参加会议。会议的主要内容包括IUSS各部门2020年工作总结和2021年工作展望以及第二十二届世界土壤学大会的筹备工作。此外，会议期间在线进行新名誉会员的选举。

科普活动 12月5日，世界土壤日期间，学会在中国科学院南京土壤研究所张贴2020年世界土壤日主题“保持土壤生命力、保护土壤生物多样性”宣传画，对外开放学会科普场馆并提供义务讲解，向公众免费发放《健康土壤带来健康生活》科普宣传册，同时在学会官网链接2020年世界土壤日科普宣传知识。

学会科普工作委员会组织有关专家及工作人员在全国多地开展科普系列活动15场，其中，基层科普活动4场。全年出版3本书籍，分别为《耕地污染防治知识问答》《土壤健康：反思与重构》和《健康土壤培育与实践指南》。编辑出版1套10个展板《土壤的秘密》，开展科普进校园活动。学会科普工作委员会成员利用“土壤观察”“土壤家”“环境与土壤观察”微信公众号开展土壤科普工作。

12月5日，在第七个世界土壤日期间，学会科普工作委员会与福建省石狮市科协联合开展“土壤科普进校园、进乡村、进企业”系列活动。活动包含校园科普讲座、农业种植土壤质量现场咨询与诊断、线上科普报告。专家重点讲述土壤污染防治和修复治理以及有机肥料使用的注意事项。

表彰举荐优秀科技工作者 学会组织开展第五届中国土壤学会奖、第十五届中国土壤学会科学技术奖、第七届中国土壤学会优秀青年学者奖的评选工作，评选出第五届中国土壤学会奖4人，第十五届中国土壤学会科学技术奖一等奖1个、二等奖2个，表彰奖励40人次、单位16家，第七届中国土壤学会优秀青年学者奖10人。

党建强会 学会制定《中国土壤学会理事会党委工作规则（试行）》，将学会重点工作融入党建工作，规范召开学会理事会党委会议，更好地发挥党的政治核心、思想引领和组织保障作用。

9月24日，学会召开第十四届常务理事党员大会，以无记名投票方式表决产生第二届理事会党委，选举张佳宝为党委书记，严卫东为党委副书记，邓良基、朱永官、赵小敏、魏丹、商建英为党委委员。

会员服务 一年两期的学会会讯集中反映学会工作的计划与进展，包括学会动态、通知公告、学术交流、规章制度等，每年5月、12月定期发送给会员。

2020年，学会采用中国科协学会管理服务平台统一管理学会会员，同时在学会官网宣传相关内容，吸引更多个人会员及团体会员加入学会。

【“守护土壤健康，助力高质发展”学术研讨会】 9月22—24日，由学会主办的“守护土壤健康，助力高质发展”学术研讨会在黑龙江省哈尔滨市召开。来自科研、生产、教学等单位的1200多名专家学者参加会议。大会以“守护土壤健康，助力高质发展”为主题，中国科学院院士邵明安、朱永官，中国工程院院士张福锁、张佳宝，东北农业大学教授刘娣分别作大会特邀报告《绿水青山提质增效与乡村振兴》《“One Health”框架下的土壤生物学研究》《用绿色发展理念引领资源环境科技创新》《土壤健康研究进展与未来发展思考》和《种养结合，保护黑土》。

学会各分支机构组织16场专题学术研讨会，来自全国各地的180多名专家学者分别作相关专题报告，展示近年来土壤学各领域的研究进展和最新成果。

在研究生专场学术研讨会上，共有100名研究生作报告，经专家评审，评选出25篇优秀报告。此外，会议还展出墙报32份，编辑《守护土壤健康，助力高质发展》会议论文摘要集，收录论文摘要137篇。

（撰稿人：周凌波）

中国水产学会

服务创新型国家和社会建设 学会组织学习贯彻国务院十部委《关于加快推进水产养殖业绿色发展的意见》，推进水产绿色健康养殖“五大行动”，即生态健康养殖模式推广行动、养殖尾水治理模式推广行动、水产养殖用药减量行动、配合饲料替代幼杂鱼行动、水产种业质量提升行动。编印《2020中国水生动物卫生状况报告》《2020中国小龙虾产业发展报告》《2020中国稻渔综合种养产业发展报告》《中国休闲渔业发展监测报告（2020）》和12期《“五大行动”工作动态》。

学会联合大连海洋大学、大连市科协、中国海洋湖沼学会等单位，以“科创中国”为依托，牵头组建环渤海区域渔业生产科技服务团。组织开展养殖生产指导22次、应急处理17次、技术检测72次，服务5000余人次。组织线上培训16次，超过200万人次在线观看。邀请中国工程院院士丁德文、中国科学院海洋研究所研究员张国范等80余名院士专家探讨北黄海渔业高质量健康发展问题，形成6篇决策咨询报告，并向有关部门上报8条环渤海区域渔业发展建议。其中，《关于加强辽宁省进口水产品输入性疫情防控对策与建议》得到辽宁省委书记陈求发和副省长陈绿平批示。

学会组织专家对《中华人民共和国长江保护法（草案）》《中华人民共和国乡村振兴促进法（草案）》进行研究，提出意见建议23条。组织学会分支机构梳理“2020重大科学问题和工程技术难题”，形成8条问题和难题。

学会按照《中国水产学会渔业科技成果评价管理办法（试行）》和《渔业科技成果评价工作手册》，组织对14项科技成果进行评价。

根据《中国水产学会团体标准管理办法（试行）》，学会组织开展4次团体标准审查活动；完成12项团体标准的立项工作；完成《区域性人工鱼礁建设容量评估及布局规划技术规范》等8项团体标准的意见征求工作；完成《人工鱼礁建设工程质量评价建设技术规范》《海洋牧场在线监测信息化建设技术规范》等6项团体标准发布工作。

学会组织编写的《水产养殖防汛救灾技术操作指南》被农业农村部印发各地，供抗洪复产时参考使用。学会淡水健康养殖科学传播专家团队利用湖南省地方电视台、通信公司、广播电台、微信公众号等渠道及时介绍渔业灾后恢复生产情况和应对措施，为洪涝灾害地区养殖户提供技术咨询服务。

学会组织完成渔业统计、渔情监测调查和休闲渔业产业发展统计监测，定期对渔业经济形势进行分析，编辑出版《2020中国渔业统计年鉴》，组织编写《增殖渔业统计报表制度（报批稿）》。开展养殖渔情监测，完成月报、半年报、年报编报。完成国内外水产品市场信息采集任务，全年汇总整理价格条目25万余条、成交量条目24万余条，上报动态分析月报1080篇。按照“农产品批发市场价格200指数”要求，对外发布11类水产品价格指数，推动将11个种类水产品价格信息纳入联合国粮农业组织全球水产品价格指数体系。

9—12月，学会组织专家先后赴福建省、广西壮族自治区、广东省等地开展修复性水产养殖专题调研，为修复性牡蛎养殖最佳养殖实践指南的制定提供参考依据。

学会派员参加农业农村部疫情防控工作，及时了解渔业生产、水产品市场、养殖病害防控、国家级场苗种生产、稳产保供和复工复产情况，采集批发市场运行等信息1000多条，报送疫情对水产养殖生产的影响简报等各类日报、周报和专报100余篇，为中国科协、农业农村部应对新冠肺炎疫情调度会和国务院联防联控机制新闻发布会等提供基础资料依据。

学会建设 2020年，学会新增个人会员494人，总数达21110人；新增单位会员18家，总数达417家。

学会以通信形式组织召开理事会议1次、常务理事会议2次。4月，召开十届六次常务理事会议，审议通过《中国水产学会范蠡科学技术奖奖励办法》《关于与世界水产养殖学会联合主办2022年世界水产养殖大会事宜》。9月，召开十届七次常务理事会议，审定通过《第五届中国水产学会范蠡科学技术奖评审结果》，审议通过《中国水产学会基层科技服务工作站管理办法（送审稿）》，投票表决水产领域学科代表人物的推荐意见。12月，召开十届四次理事会议，审议通过《中国水产学会2020年工作总结和2021年重点工作计划》。

学会向水产科技工作者、会员单位、分支机构、期刊分会成员单位及期刊编辑部发出致力培育世界一流水产科技期刊的倡议，倡导水产科技工作者响应

“把论文写在祖国大地上”的号召。

青年人才托举工程 学会继续实施第四届中国科协“青年人才托举工程”项目，主动与2名被托举人进行沟通，明确年度项目实施的目标任务，细化项目执行进度、年度考核指标，力争达到申报国家级人才计划的要求。

主办期刊 2020年，学会组织开展水产领域高质量科技期刊分级目录认定和评审工作，经组织专家评审，向农林领域推荐8种水产类科技期刊，最终全部入选《农林领域高质量科技期刊分级目录》，其中有5本为学会主办期刊（T1等级《水产学报》和《中国水产科学》，T2等级 *Aquaculture and Fisheries*（《渔业学报》），T3等级《海洋渔业》和《渔业科学进展》）。

10月，学会期刊分会在上海市举办科技期刊编校质量培训，来自全国15个编辑部的40余名编辑参加。在2020中国水产学会范蠡学术大会、2020年中国水产学会青年学术年会等会议期间，组织各水产期刊举办水产期刊展，开展赠阅、作者与读者交流、现场约稿和组稿等活动。

国际学术会议 1月25—26日，学会海水养殖分会在山东省青岛市举办第三届丝路国家水产养殖国际论坛暨中国水产学会海水养殖分会2020年年会。会议以“水产养殖可持续发展”为主题，旨在对接产业需求，交流和传播水产养殖可持续发展的先进理念、技术和模式，推动丝路国家水产养殖健康可持续发展，促进水产养殖领域科研交流和成果推广应用。来自中国、澳大利亚、比利时、文莱、柬埔寨、印度尼西亚、老挝、马来西亚、缅甸、菲律宾、新加坡、泰国、越南、斯里兰卡、孟加拉国、埃及、突尼斯、沙特阿拉伯、墨西哥等20余个国家和地区的政府主管部门、科技教育机构、行业协会、水产企业，以及联合国粮农组织、亚太水产养殖中心网、世界渔业中心等主要涉渔国际组织和非政府组织的专家学者近1000人参加会议。

5月28日，学会联合美国大自然保护协会在浙江省台州市三门县召开修复性水产养殖研究与试点项目专家讨论会。

国内主要学术会议 学会及其分支机构全年共举办学术活动11次，主要有2020中国水产学会范蠡学术大会、2020年中国水产学会青年学术年会，以及由学会海水养殖分会、渔药专业委员会、水产生物技术专业委员会、水产品加工和综合利用分会等9个分支机构举办的专题学术活动，累计3100余人次参加会议。

科普活动 9月1日，学会首次在线开展水产科技活动周和庆祝科技工作者日活动。活动以“科技战疫创新强国”为主题，发动并组织水产科学传播团队及首席专家、各省级水产学会和学会各分支机构、单位会员、学生会员工作站，在水产科技周期间深入城市、学校、乡村开展活动。活动参与人数超过9000人次，累计发放各种科普宣传资料2000余份，线上传播超过11万人次，被中国科协评为“2020年度全国学会科普工作优秀单位”。

9月19日，学会在山东省日照市组织开展全国科普日主会场活动。主会场参观人数超过7000人次，累计发放各种科普宣传资料2300余份，接待科普咨询超过1000人次。各分会场线上科普直播互动人数累计超过41万人次，累计发放科普资料近万份，科普进学校、进社区等活动累计开展200余场，其中主会场系列活动被中国科协评为“2020年全国科普日优秀活动”。

学会全年累计开展1600余次线上线下水产养殖规范用药科普下乡活动，培训渔民19余万人次，科技入户近3万次。编印《水产养殖用药明白纸2020年1、2号》《渔药知识手册》《水产品质量安全法律法规读本》《水产养殖病原菌耐药性状况与防控技术》，供各地加强水产养殖用药技术科普宣传使用。

学会新增设6家基层水产科技服务工作站，新增科技志愿者近200人。学会组织各分支机构、科学传播专家团队、科普教育基地、省级水产学会等单位开展宫廷金鱼特展、科普线上线下宣讲或讲座、线上线下技术培训、科普进社区进校园、开放日等科技志愿服务工作近300次。

学会组织科普工作委员会、期刊分会等分支机构和省级水产学会、各单位会员共同开展水产品质量安全科普和辟谣等工作，邀请有关专家撰写科普辟谣文章。累计通过“科学养鱼”“中国水产”等微信公众号及学会网站发布111篇科普辟谣文章。

表彰举荐优秀科技工作者 学会对《中国水产学会范蠡科学技术奖奖励办法》进行修订完善，开展第五届中国水产学会范蠡科学技术奖的评奖工作，共收到69项申报成果，最终评出获奖成果26项，其中，科技进步类14项、科技推广类9项、科普作品类3项。

2020年，学会推荐3名科技工作者参评第二届全国创新争先奖状，最终上海海洋大学教授陈新军获奖；推荐朱元鼎、钟麟2人作为水产领域学科代表人物，推荐陈勇、蒋军2人作为“最美科技工作者”候选人。

学会推荐1个项目申报2020—2021年度神农中华农业科技奖。

党建强会 学会对《中国水产学会章程》进行修订，将“党的建设”“坚持党的全面领导”“社会主义核心价值观”写入学会章程。

2020年，学会理事会党委先后召开4次党委会会议，研究2020年学会理事会党委工作计划，前置审议国际合作、人才举荐、制度修订方面的重要事项。

学会研究制定《中国水产学会党委职责清单试点工作实施方案》，提出任务清单、审议事项和负面清单，定期报送工作进度。

8月12日，学会理事会党委联合黑龙江省水产技术推广总站在黑龙江省齐齐哈尔市泰来县开展“党建强会”特色活动，围绕稻渔综合种养技术模式和水产养殖规范用药等内容，为100余名来自泰来县水产技术推广部门、水产养殖专业合作社及家庭农场的人员进行培训和现场答疑解惑，并向渔民赠送《水产养殖用药明白纸》《渔药减量使用技术指南》《渔药使用风险管控疑难问题精解》等技术资料和挂图500余册。

10月29—30日，学会赴河南省濮阳市参加由中国国土经济学会牵头组织的“党建引领科技助力乡村振兴”活动。

学会理事会党委完成党建调研报告《践行“授人以渔”理念 打造产业扶贫新模式——在扶贫攻坚中发挥学会党组织作用研究》，被中国科协学会党建研究会评为优秀调研报告。

会员服务 学会对官网页面和模块进行优化，配合中国科协对会员管理系统进行升级，并对学会工作站及基层科技服务站进行调研回访。

学会利用官网、官方微信公众号等平台转发重大政策、推送科普作品，发布《水产品市场价格监测简报》等信息。

学会向全体会员发出《恪守学术道德，弘扬学术诚信——中国水产学会关于弘扬科学家精神加强作风和学风建设的倡议书》。

【2020中国水产学会范蠡学术大会】 11月11—12日，学会在四川省成都市举办主题为“科技创新促进渔业绿色发展”的2020中国水产学会范蠡学术大会。大会围绕当前渔业重要热点、难点和前沿科学问题设置12个领域、28个专题，农业农村部副部长于康震发表视频讲话，7名院士、专家作大会主旨报告，148名专家学者作专题报告，366人作墙报交流，716人作摘要交流。大会形成的专家意见建议被农业农村部副部长于康震批转农业农村部渔业渔政管理局研究。

【2020年中国水产学会青年学术年会】 10月22—23日，学会在福建省厦门市举办2020年中国水产学会青年学术年会，来自多家科研院所、高校的12名专家作特邀报告，6名青年学者作青年学者报告，11名学生作研究生报告。年会就8个主题发布电子墙报80篇、视频报告14个。300余名青年学者参加学术年会。年会评出优秀口头报告9篇、优秀电子报告6篇、优秀墙报32篇。

（撰稿人：李利冬）

中国园艺学会

服务创新型国家和社会建设 学会积极探索发挥智囊团和思想库作用，围绕园艺产业发展重大问题、现实问题开展决策咨询研究，满足政府、行业、企业等决策需求。在中国科协前沿领域科技成果征集活动中，征集学科前沿领域科技成果24项。被中国科协授予“中国科技志愿服务百家学会”称号。

学会建设 截至2020年年底，学会共有38个分支机构、45个团体会员、9822名个人会员。第十三届理事会有理事150名、常务理事50名。

主办期刊 根据中国学术期刊影响年报2020年数据显示，《园艺学报》最新总被引频次9106次，复合影响因子1.593，影响力指数1309.366，位列学科第一，入选百种中国杰出学术期刊，进入第五届中国精品科技期刊目录；刊登的3篇论文分别获得第五届中国科技期刊农林集群优秀科技论文一、二、三等奖；获得中国科协科技期刊主编（社长）沙龙和中国科技期刊卓越行动计划选育高水平办刊人才子项目资助；长期被多个国内外重要检索机构收录；门户网站全年浏览量达68.96万次，下载量54.8万次。

Horticultural Plant Journal（《园艺学报》）被SCIE、Scopus、BIOSIS Previews（BP）& Biological Abstracts（BA）、DOAJ、CAB Abstract、Food Science and Technology Abstract、中国科技论文与引文数据库（CSTPCD）等

多个国内外数据库收录。据 2019 年 Web of Science 平台 JCR 数据，影响因子达到 1.524，位于 SCIE 园艺学科（36 种）Q2 区，被评为“中国国际影响力优秀学术期刊”，所有论文在 Science Direct 平台免费开放获取，下载量达到 13 万次。

国内主要学术会议 学会及各分支机构全年共举办国内学术会议 16 次，共有 4662 人次参加会议。着力打造中国园艺学会、园艺作物分子育种分会、观赏园艺专业委员会、青年学者联合会学术年会 4 个会议品牌，4 个学术年会参加人数均超过 800 人。

科普活动 9 月 22—24 日，以全国科普日为契机，学会举办“缤纷浆果与葡萄美酒的邂逅”主题活动，特邀学会草莓分会理事长张运涛、学会小浆果分会理事长李亚东、学会葡萄与葡萄酒分会理事长段长青进行网络直播科普讲座。直播由中国农业科学院农业信息研究所“农知播”提供技术支持，并在多个直播平台同时投放，其中知领平台在线观看人数总计 25591 人次，观众所在区域涉及美国、德国、法国、意大利和中国 5 个国家，其中中国观众分布在 28 个省（自治区、直辖市）。“农业知库”微博观看量总计 3.6 万次，阅读量总计 5.3 万次。

表彰举荐优秀科技工作者 学会积极举荐会员参与评奖、评优，全年向省部级（含）以上科技奖项、人才计划（工程）举荐候选人 14 人次。

党建强会 学会党委以“服务决胜全面建成小康社会、决战脱贫攻坚”为主题，开展科技志愿服务基层活动，落实科技精准扶贫。学会党委以下属分支机构为依托，选择河北省保定市阜平县和安徽省安庆市岳西县两个国家级贫困县作为扶贫点。组织专家重点帮扶阜平县大枣加工重点企业和阜平县店房村，以定期到企业和村帮扶、产学研共建等形式帮助企业进行新产品研发、样品检测、技术人员培训等，并共建保定市大枣加工工程技术研究中心，帮助店房村建设鲜食枣促成栽培示范园和枣树省力、安全、优质、高效新一代栽培技术试验基地，培训技术人员。学会党委组织相关专家赴安徽省安庆市岳西县板舍村调研高山蔬菜和水果产业现状，为下一步产业发展提出指导意见；开展高山蔬菜等适宜新品种筛选试验工作；探讨高山蔬菜种植模式和品种布局；指导山区菜园、果园土壤改良、水土保持等；在山区蔬菜、育苗、精准施肥、病虫害绿色防控等方面指导高山果蔬优质高效发展；指导高山蔬菜、水果贮藏保鲜、运输及品牌化销售。

会员服务 学会积极探索“互联网 +”会员工作新模式，建成集会员、会议系统统一管理的全新网站，介绍学会工作动态，向会员及时发布会议通知和学会工作信息等。

学会首次推出线上报名参会、线上缴费、会员会议费优惠等服务，在提升参会者体验的同时提高会员参加学术交流的积极性。

【中国园艺学会 2020 年学术年会】 11 月 15—17 日，由学会主办，湖南农业大学、湖南省园艺学会等单位承办的中国园艺学会 2020 年学术年会在湖南省长沙市召开，年会主题为“园艺与健康”。中国工程院副院长、中国工程院院士、中国科协副主席邓秀新，中国工程院院士、沈阳农业大学副校长李天来，中国工程院院士、湖南农业大学校长邹学校出席会议。来自 30 多个省（自治区、直辖市）的科研院所、大专院校和农业推广部门相关领域的专家学者共 900 余人参加会议。大会开幕式由学会副理事长兼秘书长孙日飞主持。

学会理事长杜永臣汇报学会近一年来开展抗击疫情稳产保供、党建强会、科技扶贫、科学普及、学术交流等方面的工作情况。会议邀请邓秀新、宁波大学中国乡村政策与实践研究院院长刘艳、邹学校、中国农业科学院作物科学研究所研究员夏兰琴分别作大会报告《我国园艺研究的思考》《科技创新——变局中开新局》《辣椒对我国经济社会发展的影响》和《CRISPR/Cas 介导的植物基因组精确编辑技术及其应用》。

参加会议的专家学者按照果树、蔬菜、西甜瓜、观赏园艺 4 个专业进行分组交流，50 多名专家作交流报告。大会共收到论文摘要 400 篇，编印出版会议论文摘要集。会议期间还召开《园艺学报》编委会会议。

（撰稿人：朱路芳　张　祎）

中国畜牧兽医学会

服务创新型国家和社会建设 2020 年年初，针对突发的新冠肺炎疫情，学会名誉理事长、中国工程院院士陈焕春和理事金梅林带领团队参与病毒溯源及相关防控技术的攻关任务；学会学术顾问、中国工程院院士张改平集中其在河南农业大学、郑州大学、河南省农业科学院 3 个相关重点实验室的优势资源，组织精干研究团队第一时间紧急启动新型冠状病毒疫苗和相关检测技术的研究工作；学会学术顾问、中国科学院院士陈化兰，副理事长步志高，理事王笑梅带领应急攻关团队承担国家和黑龙江省新冠病毒科技攻关任务。

学会信息与市场研究部和国家肉鸡、水禽产业技术体系相关专家配合，在行业内首先推出助力抗疫、复工复产的公益直播课“战疫保供体系在行动”，并与相关行业组织及食品、牧业企业研讨交流应对措施。

学会宁波（象山）服务站和湘潭服务站为疫情期间面临经营和生产困境的企业、农户提供技术服务，解决销售、运输等一系列难题，保障当地“菜篮子”稳定供应。

学会各团体会员单位踊跃向湖北省武汉市等疫情重灾区捐款捐物，支援抗疫，助力复工复产。

5 月 29 日，中国科协授予学会“优秀抗疫学会”称号并授予奖牌，优秀抗疫事迹被《全国学会抗疫事迹选编》收录。

10 月 20 日，为助力山西省吕梁市临县脱贫攻坚，在马学分会、吕梁市科协的配合下，学会在山西省吕梁市举办吕梁地区驴产业创新发展高端论坛，60 余名业内专家和当地养殖企业负责人参加交流活动。与会专家对吕梁地区驴产业发展提出意见建议。马学分会与临县相关养殖企业签订战略合作协议，赠送优质种驴，促进当地驴品种改良。

11 月 6—8 日，由学会主办，学会家禽学分会、江西省畜牧兽医学会和宁都县人民政府承办的优质肉鸡产业高质量发展研讨会在江西省赣州市宁都县举办。会议以“高质量发展与乡村振兴”为主题，邀请国家肉鸡产业技术体系首席科学家文杰等 5 名专家就优质肉鸡屠宰加工、生物安全防控、营养与饲料、质量安全与快速检测等方面作专题报告和交流，助力赣南革命老区优质肉鸡产业高质量发展。

2020 年，学会继续为农业农村部生猪等畜禽产品信息统计监测预警系统、生鲜乳质量安全监管提供信息决策服务，承担乳制品法律法规修订调研任务。为农业农村部提供专项的饲料原料市场研究及风险评估研究、生猪价格日报数据采集和处理分析服务。承担农业农村部畜牧兽医局屠宰布局调查研究、现代畜牧业转型升级调研任务。承担河南省畜牧局畜牧业生产形势信息咨询服务研究、山东省饲料行业协会生产形势分析等工作。

2020 年受新冠肺炎疫情影响，中国大豆到港延误，价格阶段性波动大，玉米去库存接近尾声，针对行业需求，学会信息与市场研究部依据长期跟踪积累和调研，向农业农村部畜牧兽医局提交报告《关于当前大豆进口供应形势及后势判断》和《我国玉米供需形势判断及政策调整建议》，为政府部门决策提供依据。

学会信息与市场研究部根据用户需求，进行定向的专业培训、专业策划、专向市场调研及企业顾问服务。2020 年先后为中粮集团有限公司、安迪苏生命科学制品（上海）有限公司、泰高营养科技（北京）有限公司、帝斯曼（中国）有限公司等多家公司提供专业化的顾问服务。

学会建设　12 月 19 日，学会在北京召开十四届八次常务理事（扩大）会议，深入学习贯彻党的十九大和十九届二中、三中、四中、五中全会精神，贯彻落实中国科协全国学会工作会议精神，总结学会各项工作，审批年度活动计划和分会换届申请，增选理事 3 名。

学会调整学科分会的组织机构，动物营养学、生物技术学、生物制品学、畜禽遗传标记学、家畜生态学、养猪学、动物福利与健康养殖 7 个学科分会完成理事会换届改选工作。

青年人才托举工程　1 月 8—10 日，学会在广东省广州市召开中国畜牧兽医学会第四届青年拔尖人才学术论坛，为青年人才成长成才铺路搭桥。学会推荐的“青年人才托举工程”项目人才及储备人才参加会议并进行交流。

10 月 23 日，学会在第九届全国畜牧兽医青年科技工作者学术研讨会上举办青年人才托举项目专题报告会，9 名青年科技人才作报告交流，会后搭建学会青年托举人才库。

12 月，学会积极开展第六届中国科协“青年人才托举工程”项目申报工作。

主办期刊　学会主办 6 本期刊，其中 4 本中文期刊、2 本英文 SCI（科学引文索引）收录期刊。创刊 10 周年的 *Journal of Animal Science and Biotechnology*（《畜牧与生物技术杂志》）SCI 影响因子 4.167，国际显示度和影响力进一步扩大；*Animal Nutrition*（《动物营养》）获得首个 SCI 影响因子 4.492，在全球 63 个农业、奶业与动物科学类期刊中位列第 2 名。

学科发展工程 学会历时两年完成中国科协学科发展研究系列报告《2018—2019兽医学学科发展报告》，于9月出版发行。

学会在全国科学技术名词审定委员会支持、指导下，组织80余名专家历时14年编撰完成《畜牧学名词》，经全国科学技术名词审定委员会正式公布后，于9月出版发行。

国内主要学术会议 学会及其分支机构全年共举办各类学术年会、研讨会、交流会、报告会和学术论坛等27次，征集交流论文、报告2142篇，共有68597人次参加会议。

8月28—29日，学会联合中华预防医学会、中国工作犬管理协会在陕西省西安市共同举办2020年中国狂犬病年会。来自卫生、畜牧兽医、公安以及高等院校的专家学者800余人在线下和线上参加会议。会上，还发起响应2030年实现狂犬病零病例的全球行动倡议活动。

2020年，学会举办第十二届中国氨基酸与饲料原料应用研讨会、2020中国维生素产业发展高层论坛、2020重大动物疫病防控策略研讨会、2020年宠物主要疾病防治与公共卫生安全研讨会、2020经典猪瘟防控与净化高峰论坛、2020羊业发展高级研讨会以及2次中兽药研发与应用研讨会等技术交流活动。

国际交往 1月29—31日，学会副秘书长兼国际交流部主任马闯参加俄罗斯农业与农场展览会，并与俄罗斯畜牧业有关机构和人士进行产业发展和贸易促进方面的交流。

科普活动 2020年，学会组织专家参加科技下乡、科技服务等活动，举办科普宣讲活动44次，宣讲受众8250人次；举办实用技术培训13次，参加培训人数1330人次。

犬学、养羊学、养牛学、养兔学、口蹄疫学、家畜生态学、动物生理生化学、兽医生物技术学、兽医食品卫生学等分会紧密结合学科、产业发展特点，多次举办技术培训、科技下乡、科技服务等活动；马学、小动物医学、信息技术等分会通过微信公众号发布科普文章、传播科普知识。

针对社会上一度出现的犬等宠物会传染新冠病毒的谣言，学会组织小动物医学分会、动物福利及健康养殖分会的专家撰写科普文章，在公共媒体发声，并通过学会网站、分会公众号以及微信群传播，快速辟谣，答疑解惑。

表彰举荐优秀科技工作者 1月9日，在第四届青年拔尖人才学术论坛上，学会为在第三届青年拔尖人才论坛推动下入选国家级人才的11位“井冈新秀”颁发奖杯、证书和奖金。

5月，学会推荐的扬州大学教授焦新安、中国农业大学动物科技学院教授谯仕彦获得第二届全国创新争先奖。

10月23日，第九届中国畜牧科技论坛评选出优秀论文奖10名、优秀论文提名奖10名；颁发第七届振兴中国畜牧贡献奖特别奖1名、杰出人物奖10名。

10月24日，第九届全国畜牧兽医青年科技工作者学术研讨会评选出10名优秀论文奖获得者、10名优秀壁报奖获得者。会议还为4名获得2020年度“猪蓝耳病”“猪肠道病”“经典猪瘟”研究进步奖的代表颁奖。

2020年，学会开展光华工程科技奖、何梁何利基金科学与技术进步奖、中国青年女科学家奖候选人推荐工作。

党建强会 12月，学会理事会党委召开党委会议，传达贯彻中国科协有关会议精神，研究加强学会党建工作。

会员服务 学会全年编辑印刷《会讯》7000余份，免费发放给学会高级会员和相关单位，做到及时贯彻业务主管部门指示精神、通报学会（分会）工作动态、关注学界业界热点、宣传会员和科技工作者事迹。

根据《中国畜牧兽医学会所属学科分会管理办法》，学会召开1次高级会员评审会，评审通过150名新的高级会员。继续在学会网站为会员、高级会员提供不同权限的会议论文集电子版、《会讯》电子版等资料的下载推送服务。

【科技大讲堂公益网络直播课】 3—4月，学会组织开展科技大讲堂公益网络直播课。此次科技大讲堂公益网络直播课由学会主办、15家学科分会和1家省级学会承办，49名行业专家历时45天从多个视角就畜牧业发展形势、疫病防控、营养调控、遗传育种等内容，通过“波米直播”平台开展在线交流，观看人数达30余万人次。

2020年，受新冠肺炎疫情影响，学会全面响应和落实中国科协提出的“让科学家精神光耀时代，让科技创造新的价值”倡议，组织各学科分会和兄弟省学会优势资源，开展科技大讲堂公益网络直播课，为畜牧行业持续输入管理和技术经验，助力养殖企业抗击疫情和复工复产，在畜牧生产遭遇冲击的关键时期及时注入专家智慧和科技力量。

学会副理事长兼秘书长杨汉春在第一节直播课中诠释科技大讲堂举办的初衷和意义，并针对当下非洲猪瘟生物安全防控等热点问题在线讲解，观看直播人数超过2.2万人次。陈代文、王楚端、颜培实、张英杰、李拥军、李福昌、张细权、徐桂云等行业专家将积累的丰富临床实战经验通过直播平台传授给远程的观众。

直播期间，为缓解养殖企业面临的诸多压力，科技大讲堂49名行业专家通过在线互动方式，实时解决生猪、家禽、羊、马、兔、小动物6类畜种养殖前端面临的各种问题1500余次；通过在线交流，解决因新冠肺炎疫情导致的时间和地域交流问题，为畜牧业健康发展提供技术支撑。

【第九届中国畜牧科技论坛】 10月22—24日，由学会主办，重庆畜牧科学院、荣昌区人民政府承办的第九届中国畜牧科技论坛在重庆市荣昌区举办。来自全国150余所大学、科研院所的专家学者及300余家企业的技术人员共计1000余人（其中中国科学院院士、中国工程院院士共10人）参加会议。

全国政协常委、九三学社中央副主席赵雯，中国科协副主席、书记处书记孟庆海，重庆市副市长李明清，以及科技部、农业农村部等相关单位负责人出席会议并讲话。学会副理事长兼秘书长杨汉春致大会开幕词，副理事长乔玉锋主持大会。

论坛特邀九三学社中央原副主席贺铿，科技部巡视员申茂向，中国科学院（或中国工程院）院士舒红兵、陈焕春、沈建忠、印遇龙、陈化兰、姚斌，西北农林科技大学教授陈宏，铁骑力士集团总裁冯光德等分别作主题报告《疫后面临的经济形势与发展问题》《坚持“四个面向” 加快创新步伐 推进畜牧业现代化进程》《抗病毒天然免疫机制的研究》《国内外重大动物疫病流行趋势分析》《“限抗”下的健康养殖与食品安全》《营养免疫对非洲猪瘟常态下的防控研究》《不同动物对新冠病毒的易感性研究》《饲用蛋白资源的开发与高效利用——生物酶研发新方向》《家畜基因工程育种》《科技与产业融合发展助力乡村振兴》等。

论坛围绕“创新、开放、合作、共赢”的主题，采取线上和线下相结合的方式共话科技创新赋能畜牧产业。

会议还组织生猪产业发展分论坛、畜牧业大数据及未来牧场分论坛、人兽共患病与新发疫病分论坛、第九届全国畜牧兽医青年科技工作者学术研讨会、国家畜牧科技城建设暨国家生猪技术创新中心建设方案专家咨询论证会、重庆市畜牧科学院“十四五”科研事业发展规划专家咨询论证会、首届中国农牧高新科技成果博览会等系列活动，为促进更高层次的畜牧业发展新格局搭建平台。

会议共征集论文658篇，编辑电子论文集2部，共有40名优秀论文作者受到大会表彰。

【第二届中国白鹅产业技术高峰论坛暨白鹅产业扶贫交流会】 10月16—17日，学会在宁波（象山）服务站、象山畜牧兽医总站、象山畜牧兽医学会等单位配合下，在浙江省宁波市象山县举办第二届中国白鹅产业技术高峰论坛暨白鹅产业扶贫交流会、“石榴籽”白鹅产业扶贫项目启动仪式等活动。

开幕式上，象山白鹅产业扶贫对象和扶贫志愿者分享亲身经历，身处海南省、江西省、安徽省等地的养殖户也通过视频连线与现场分享致富经验，举办象山白鹅LOGO发布和“象山白鹅代言人”授予仪式。

开幕式后，学会邀请浙江省农业科学院畜牧兽医研究所研究员张存、卢立志等4名专家与参加会议的专业技术人员及规模养殖户就白鹅养殖中的疫病防治、选育等问题进行探讨。

在10月17日第7个“国家扶贫日”上，“石榴籽”白鹅产业扶贫项目启动仪式在象山县晓塘乡举办。“石榴籽”白鹅产业扶贫项目是学会宁波（象山）服务站推动低收入少数民族增收致富的一项新举措，通过发挥产业优势，以本地致富能手为投资主体，以服务站为技术保障，向少数民族农户深入开展技术扶贫工作。启动仪式上，5名少数民族创业代表分别获赠“致富信物”大白鹅。随后还举办象山县少数民族创业实践基地、中国民主同盟宁波市委员会陈淑芳科技服务工作站、中国畜牧兽医学会白鹅产业扶贫实践基地等授牌仪式。

（撰稿人：申　凌）

中国植物病理学会

服务创新型国家和社会建设 2020年，学会各专业委员会共参与实用技术培训15次，参加活动人员

157 人次，受众 5000 多人次。

11 月 26—28 日，由学会、江西省植物病理学会、江西省农业科学院植物保护研究所和江西农业大学主办，兴国县科协承办的中国植物病理学会对接帮扶兴国县产业扶贫培训会议在江西省赣州市兴国县举办。专家学者及学员共计 139 人参加培训会。本次培训分课堂教学和现场技术指导两部分。培训期间，在东村乡政府开展秋后柑橘果园的管理及主要病虫害的发生与防治技术专题培训，江西农业大学教授蒋军喜授课。专家学员还一起走进柑橘基地，针对果园的实际问题对参训学员进行现场技术指导。主办方向参训学员现场发放柑橘主要病虫害、番茄病虫害和水稻病虫害的发生与防治技术等技术资料。在兴莲乡蔬菜大棚进行现场教学，开展蔬菜病虫害的发生与防控专题培训。

学会建设 4 月 23 日，根据中国科协《关于中国科协所属全国学会章程修订有关事项的通知》要求，学会理事会完成学会章程修改。8 月 1 日，学会理事会议审议通过 1 名理事辞任。

国内主要学术会议 7 月 22 日和 7 月 29 日，由学会青年委员会主办的 2 期中国植物病理学会 2020 年暑期网上青年学术论坛举办。论坛以腾讯会议的形式召开，主题为“青年植病，同心抗疫，协同创新”，每期邀请 3 名植物病理领域的青年人才作学术报告。

在第一期论坛上，学会青年委员会副主任委员、西北农林科技大学教授王晓杰主持学术报告，中国农业大学教授王献兵、南京农业大学教授钱国良、中国农业科学院植物保护研究所研究员陈捷胤分别作学术报告《植物弹状病毒 - 昆虫介体 - 寄主植物的互作研究》《无鞭毛生防产酶溶杆菌 OH11 的分子适应机制研究》、*Global Verticillium dahliae Genomics Research: Verticilli-Omics*。

在第二期论坛上，学会青年委员会副主任委员、中国农业科学院植物保护研究所研究员刘文德主持学术报告，浙江大学教授李正和、华中农业大学教授谢卡斌、西北农林科技大学研究员江聪分别作学术报告 *Plant Rhabdovirus Vectors - A ‘Silver Bullet’ in Functional Genomics*、《CRISPR/Cas 技术在作物微生物组分析中的应用》《小麦赤霉菌侵染和发育的分子调控》。

6 名青年人才围绕各自的报告主题，介绍最新研究进展和下一步研究计划，分享研究经验和思路。参会人员通过语音和留言区留言的形式进行提问，报告人对相应问题进行详细解答。论坛共有 1780 余人次参加，同时在线人数最多时 460 余人。

9 月 16—19 日，由学会植病生防专业委员会举办的第二届农作物连作障碍绿色解决方案技术与经验交流会在内蒙古自治区呼和浩特市召开。来自全国的 350 名专家学者参加会议。会议围绕“解决连作障碍 助力脱贫攻坚”的主题，共征集相关论文、摘要 60 余篇。

表彰举荐优秀科技工作者 学会推荐第二届全国创新争先奖候选人 3 人，其中，中国农业科学院植物保护研究所研究员周雪平获得第二届全国创新争先奖；学会推荐“最美科技工作者”候选人 2 人、2020 年度未来女科学家计划候选人 1 人。

党建强会 9 月 10 日，学会党委召开会议通过《中国植物病理学会功能型党委工作规则》，并上报中国科协科技社团党委备案。

会员服务 2020 年，学会继续做好会员信息登记工作，充实完善学会会员数据信息，在建立完善会员交纳会费制度、初步实现会员交纳会费目标的基础上，进一步提高对会员的服务质量。对所有按时交纳会费的会员，学会为其以优惠价格加入 APS（美国植物病理学会）和订阅 APS 期刊提供服务，为加入 APS 的会员在 APS 期刊上发表文章提供版面费减免推荐，在植物病理学刊物上发表文章提供优惠。学会全年共有 104 名会员加入 APS。

【第三届全国植物病理学教学研讨会】 11 月 10—13 日，由学会教学专业委员会主办、河南农业大学植物保护学院承办的第三届全国植物病理学教学研讨会在河南省郑州市召开。来自全国 45 所涉农高校的教学主管院长、植物病理学学科带头人、主讲教师等相关人员共 180 余人参加会议。河南农业大学副校长尹新明出席开幕式，学会副理事长兼秘书长韩成贵和学会副秘书长、教学专业委员会主任吴学宏分别致辞。

研讨会邀请全国优秀教师、西北农林科技大学教授黄丽丽等全国一流课程负责人作大会报告，10 名教学经验丰富的专家作专题报告。研讨会首次设置青年教师和博士后教学基本功交流会专场，来自全国 26 所农林院校的 42 名青年教师和师资博士后进行课堂教学展示和交流。会议还组织 40 多名专家开展“新农科建设背景下如何创新植物病理学教学”的专题讨论和高峰论坛，共同探讨植物病理学教育教学改革的新思路、新方法，交流一流课程建设的新经验、新成果。

（撰稿人：邹菊华）

中国植物保护学会

服务创新型国家和社会建设 学会注重发挥智库在服务创新型国家和社会建设方面的作用，建设的专家库为开展成果推荐、评审、表彰、人才举荐、决策咨询等活动提供有力支撑。

2020年，中国农作物重大病虫害发生较为严重，威胁农业生产安全、农产品质量安全和农业生态安全。在草地贪夜蛾、小麦条锈病、小麦赤霉病、黏虫、水稻螟虫、稻飞虱等重大病虫害发生的关键时期，学会开展技术咨询和指导，组织专家进行发生趋势会商会，发布电视预警和病虫情报，在电视、广播、微信、网络同步发布，受到媒体和社会的关注。同时，为判断2021年病虫害发生趋势掌握第一手数据。针对草地贪夜蛾，全年作出重要时间发生趋势预报6期，部分预报内容被《农业农村部关于草地贪夜蛾防控工作的报告》采用，报送国务院，为国家防控决策提供参考。

根据中国科协办公厅《关于征集2020重大科学问题和工程技术难题的通知》，学会组织开展重大科学问题和工程技术难题推荐工作。学会推荐的“如何实现农业重大入侵生物的前瞻性风险预警和实时控制”入选中国科协2020重大科学问题和工程技术难题。

学会建设 学会全年组织召开理事会议1次、常务理事会议2次，召开全国省级植物保护学会理事长、秘书长工作会议1次，监事会例会2次。

截至2020年年底，学会个人会员22469名，较2019年增加200名；团体会员162个，较2019年增加3个。

修订《中国植物保护学会科学技术奖奖励办法》部分条款，对奖励委员会进行换届并经学会理事会议（常务理事会议）审议通过。

青年人才托举工程 为进一步加强对学会承担的青年人才托举工程的管理，学会秘书长和常务副秘书长于11月赴被托举人所在单位开展督导检查，听取项目工作进展，制定下一步培养计划。在北京市科协的支持和北京昆虫学会的配合下，学会探索与北京市科协共建全国学会学术交流主平台，是获得北京市科协2021—2023年度青年人才托举工程项目支持的唯一全国学会，组织完成2021—2023年度青年人才托举工程项目推荐工作。

主办期刊 2020年，学会主办的《植物保护学报》《植物保护》共发表论文478篇，同比增加16篇，总发行12900册，与2019年基本持平。两刊均进入《世界期刊影响力指数（WJCI）报告》（2020版），入选农林领域中国高质量科技期刊分级目录。其中，《植物保护学报》入选T1等级，获得中国科技期刊卓越行动计划梯队期刊项目和选育高水平办刊人才子项目“青年人才支持项目”的支持；《植物保护》获2019年“百种中国杰出学术期刊”，影响力指数和复合影响因子在《中国学术期刊影响因子年报（自然科学与工程技术·2020版）》20种植保类期刊中排名第1位。

学科发展工程 面临如何“御入侵生物于国门之外，灭入侵生物于入侵之初”的重大难题和提升生物入侵防控由被动应对向主动应对转变的国家科技与管理能力建设的挑战，在全面分析国内外农业入侵生物防控研究进展基础上，提出中国农业入侵生物防控研究与管理的主要难点，从战略规划、专项支持、支撑保障等方面提出关于发展农业入侵生物防控技术的政策建议。为促进入侵生物学学科建设和发展，进一步推动中国入侵生物学教学工作，组织召开全国入侵生物学教学研讨与推进会，探讨农业入侵生物学学科发展联盟机制，达成农业入侵生物学教学推进会广州共识。

国际学术会议 2020年，学会以线上为主主办或联办国际学术交流会议3次，参加会议人员276人次，其中境外64人次、交流报告81篇。

10月21—22日，学会与先正达公司等联合召开第15届先正达国际会议（15th Syngenta International Conference），11个国家和地区的120名专家学者参加交流研讨，其中境外专家35人。学会杂草学分会主任委员李香菊作报告《中国耐除草剂作物研发》。

12月9—12日，学会与贵州大学、中国植物病理学会联合举办中欧植物保护青年科学家论坛——后疫情时代下农作物可持续利用与保护（线上），26名专家学者进行学术交流，其中境外专家11人。

国内主要学术会议 全年组织召开学术交流活动13次，采取线上与线下相结合的方式进行，参加会议人数1233人次，交流报告205篇。《植物健康与病虫害防控》论文集按计划编辑出版，收录论文及摘要103篇。

12月12—14日，学会在广东省广州市召开全国入侵生物学教学研讨与推进会，70人参加会议。

12月14—16日，学会组织召开昆虫雷达技术发展研讨会，95人参加会议。会议总结国内外昆虫雷达技术的研究进展。

科普活动 2020年，学会结合中国农作物病虫害发生动态，及时在学会微信公众号和网站发布有关病虫害识别和绿色防控的科普文章195篇，微信公众号关注人数21151人，年度总阅读量323599次，同比分别增长20%、40%和84%。

为做好《农作物病虫害防治条例》的贯彻落实工作，学会邀请中国工程院院士、学会副理事长陈剑平，学会党委书记、理事长陈万权，学会党委副书记、副理事长魏启文等12名专家分5场以云视频直播方式开展《农作物病虫害防治条例》普法、农作物病虫害防治知识与植物健康科普宣传讲座，受众3万余人次；开发简便实用的答题软件，制定普法宣传策划案，开展知识问答活动，宣传覆盖5.22万人次。邀请魏启文作报告《学习贯彻〈农作物病虫害防治条例〉开创植物保护工作新局面》。

继续开展科技志愿服务基层系列活动。8月，学会邀请专家就芒果采后管理技术、主要病虫草害以及农药安全使用技术作专题培训，广西壮族自治区百色市田东县近170名芒果种植户参加培训。10月，邀请专家分别就芒果栽培管理技术、病虫害防控技术作专题培训报告，在广西壮族自治区百色市田阳县百育镇新民村芒果基地开展现场技术培训，近50名芒果种植户参加培训，同期组织科技咨询、科学普及等科技志愿服务活动。

针对2020年中国主要农作物病虫害发生发展态势，学会组织有关专家编写农药减量控害绿色防控技术资料，指导基层植物保护部门积极应对，保障国家粮食生产安全。组织编写的《农业害虫光源诱控技术》和《蜜蜂授粉的奥妙（科普系列丛书）》由中国农业出版社出版发行。

表彰举荐优秀科技工作者 学会制定工作方案，建立工作机构，完成全国创新争先奖推荐工作。学会推荐的副理事长张友军获第二届全国创新争先奖状。

根据《中国植物保护学会科学技术奖奖励办法》，学会成立第四届中国植物保护学会科学技术奖奖励委员会（2020—2022），并经学会理事会议（常务理事会议）审议通过。开展2020年学会科学技术奖推荐评审活动，收到推荐书43项。在形式审查、专家网络评审基础上，评审出一等奖5项、二等奖10项、三等奖20项、科普奖1项（不分等级），涉及296名植物保护科技工作者，其中女性108人、45岁以下81人。

党建强会 修订《中国植物保护学会章程》部分条款，将“党的建设”和“社会主义核心价值观”有关内容写入章程，载入“坚持党的全面领导”的相关表述等有关内容。

在中国科协“党建强会计划”支持下，学会党委组织开展“党支部＋扶贫龙头企业/合作社＋农户”“学会党组织＋省级科技社团党支部＋省级科研院所党支部”支部共建活动。学会党委委员郑传临分别作专题党课主旨报告，分享学会党建工作经验，让党建工作与学会自身建设有机统一，促进学会党建工作和服务“三农”的融合创新。

会员服务 学会依托专家优势，与有关科技公司合作研发人工智能识别农作物病虫害的“慧植农当家”App，为广大会员和农友提供病虫害田间管理工具和生产种植指导。2020年年底，用户总数477031人，同比增长589%；病虫害识别总数965287次，平均日活4958次。在华为HMS全球应用创新大赛上，该App在2000多支参赛队伍中获得最具社会价值奖和星光创意奖。

【“如何实现农业重大入侵生物的前瞻性风险预警和实时控制”专题研讨会】 学会组织开展中国科协2020年重大科学问题和工程技术难题推荐工作。根据组织起草制定的遴选推荐方案，学会理事长牵头组建专家推荐委员会，主持学会推荐的问题、难题遴选推荐工作。在103家全国学会、学会联合体、企业科协提交的490个问题、难题中，学会推荐的“如何实现农业重大入侵生物的前瞻性风险预警和实时控制”入选中国科协2020年10个对科学发展具有导向作用的科学问题和10个对技术和产业具有关键作用的工程难题，是农业科技领域入选的唯一一个工程技术难题。

7月11日，学会召开专题研讨会组织专家进行深入研讨。中国工程院院士、学会名誉理事长吴孔明，中国工程院院士、学会副理事长陈剑平，中国工程院院士、学会名誉副理事长朱有勇，中国工程院院士、学会副理事长宋宝安，中国工程院院士、学会副理事长康振生，学会党委书记、理事长陈万权等出席会议。专家组凝练提出农业入侵生物防控研究与管理的主要难点，从战略规划、专项支持、支撑保障等方面提出具体建议。指导项目组开展《科技工作者建议报告》的撰写、《面向未来的科技——2020重大科学问题和工程技术难题解读》的编写等系列工作。推荐学会生物入侵分会名誉主任委员万方浩为“中国科技会堂论坛”主讲专家。

（撰稿人：郑传临）

中国作物学会

服务创新型国家和社会建设 2020年，学会在中国科协“科创中国”项目支持下，联合中国植物营养与肥料学会、中国植物保护学会组建“沁农作物科技服务团”，对接服务山东省东营市、山西省晋中市、山西省吕梁市、内蒙古自治区巴彦淖尔市、黑龙江省佳木斯市桦川县等地。服务团共有成员119名，其中院士7名（万建民、吴孔明、王汉中、钱前、于振文、盖钧镒、朱有勇）。建立种植示范基地10个，帮扶农业龙头企业、农村合作社18家，推广新品种32个、栽培新技术30项，举办宣讲培训23场、专家直播云课堂5场，撰写智库报告《山西吕梁农业发展报告（2020）》，编制作物栽培新技术《实用生产技术手册》，组建农业科技服务联合体5个。项目获得良好的经济效益、社会效益、生态效益，助力科技与地方经济融合发展。

学会麻类专业委员会助力推进四川省达州市大竹县苎麻“一县一业”战略发展，组织专家学者为大竹县传统苎麻产业振兴建言献策。

学会玉米专业委员会支持地方科技兴农工作，中国工程院院士戴景瑞科研团队相继与多地企业联合建立院士工作站，提供技术和人才服务。

学会大豆专业委员会号召全体会员与黑龙江省黑河市6个县进行全面对接，由点到面，带动黑河市大豆产业发展，提升大豆生产技术水平。

学会组织专家承担国家科学技术奖励工作办公室开展的2020年度国家科学技术奖初评通过项目的行业咨询工作，组织专家认真研究并提出书面咨询意见。

学会栽培专业委员会会长、中国工程院院士张洪程提交的《建议将全面推进水稻生产绿色发展、高水平建设“绿色大粮仓”作为实施长江经济带发展战略和国家粮食安全战略的重大工程》得到国务院副总理胡春华批示。

学会水稻专业委员会组织专家完成的调研报告《当前疫情对水稻生产的影响与对策建议》《沙漠蝗对国内外稻谷供需的影响与对策建议》分别得到农业农村部、浙江省领导的批示。

学会大豆专业委员会撰写的《大豆产业分析》《大豆产业重大科技需求》《“十四五”大豆科技支撑中的科技短板与突破点》等政策建议，提交农业农村部、国务院等相关部门，为中国大豆产业政策制订提供支撑。

学会甘蔗专业委员会组织专家完成《“十四五”全国糖料蔗生产基地建设规划（2021—2025）》。

学会大麦专业委员会为西藏自治区提供《西藏自治区“十四五”农牧业关键技术创新建议》，向农业农村部提供《2020年大麦青稞产业技术发展报告》。

学会油料作物专业委员会完成《油菜种业“十四五”发展研究报告》《重要农产品保障战略规划》等发展规划的编写。

学会粟类作物专业委员会专家完成《谷子、高粱、糜子种业“十四五”发展研究报告》，为种业“十四五”发展规划编制提供参考。

学会甘薯专业委员会编制《甘薯种业“十四五”发展研究报告》《特色作物（甘薯）育种攻关“十四五”规划》等，为农业农村部撰写《2020年全国甘薯生产技术指导意见》。

学会建设 2020年，学会召开全体理事会议1次、常务理事会议3次。11月8日，学会召开全体理事会议，增选钱前为学会副理事长。

学会各专业委员会召开相关秘书长会议、工作会议22次。学会对2019年度取得突出成就的分支机构进行表彰。

经向民政部申请，学会增加技术推广、成果鉴定、标准制订等职能。加强志愿者队伍建设，在中国科协“科技志愿者”注册的中国作物学会志愿者人数达250人。

截至2020年年底，学会个人会员总数7450人、团体会员总数148个，较2019年分别增长31%和10%。

青年人才托举工程 学会完成第五届中国科协“青年人才托举工程”项目候选人的遴选、第三届“青年人才托举工程”项目总结及考核，认真做好人才的扶持与培养工作。

主办期刊 2020年，*The Crop Journal*（《作物学报》英文版）出版6期，刊登文章97篇，比2019年增加18篇，完成60余篇文章的在线预出版，出版专辑2期，影响因子3.395，位于Q1位置。第5次入选“中国最具国际影响力学术期刊”，入选中国高质量科技期刊分级目录农林类 T1，8 篇论文获 2020 年中国科技期刊农林学科年度优秀论文奖。继续得到中国科技期刊卓越行动计划重点项目资助。

《作物学报》2020 年出版 12 期，刊出文章 186 篇，与 2019 年持平。第 19 次被中国科技信息研究所授予“百种中国杰出学术期刊”称号，获“中国国际影响力优秀学术期刊”称号，入选中国高质量科技期刊分级目录农林类 T1、第五届中国精品科技期刊，7 篇论文获 2020 年中国科技期刊农林学科年度优秀论文奖。继续得到中国科技期刊卓越行动计划梯队项目资助。

《作物杂志》稿源稳步增长，2020 年共刊出论文 183 篇，CNKI 期刊影响力指数在农艺学类期刊中排名第 14 位，综合影响因子 1.405，复合影响因子 1.833，较 2019 年分别提高 21.3% 和 14.1%。

《麦类作物学报》2020 年刊出稿件 213 篇，CNKI 复合影响因子 1.637，与 2019 年基本持平。获中国高校百佳科技期刊奖、第六届陕西省优秀科技期刊奖。

国际学术会议 9 月 7 日，由学会粟类作物专业委员会主办的第七届世界小米起源与发展会议在内蒙古自治区赤峰市敖汉旗举办。大会以“塑强品牌，产业升级”为主题，通过主题报告和专题研讨等方式分析小米产业发展面临的机遇与挑战。来自谷子产业领域和相关行业的专家学者以及企业管理者近 300 人参加会议。

10 月 24—25 日，由学会油料作物专业委员会主办的第五届国际脂质科学与健康研讨会在湖北省武汉市举办。来自中国、美国、澳大利亚、芬兰等国内外脂质科学领域的专家学者及企业管理者 200 余人参加会议，探讨国际脂质科学与健康领域前沿问题，共商产业高质量发展之路。

国内主要学术会议 学会及其分支机构围绕学科发展的基础性问题和学科前沿热点，全年举办国内学术会议 20 次，现场参加会议人数 7410 人次，线上交流人数超 32 万人次，交流论文 618 篇。

9 月 19—20 日，由学会与中国农业科学院作物科学研究所、中国科学院地理科学与资源研究所、东营市人民政府、联合国环境署国际生态系统管理伙伴计划共同主办的第三届三角洲论坛暨中国作物学会分子育种专业委员会 2020 年学术年会在山东省东营市召开。本届论坛以“生态·农业·科技：盐碱地利用与种业创新、大江大河与湿地保护”为主题，来自 46 所高校、科研院所、企业的 180 余人参加会议。

9 月 26—28 日，学会马铃薯专业委员会在甘肃省定西市召开第二十二届中国马铃薯大会。来自国内 30 个省（自治区、直辖市）的 1200 名专家学者以及相关人员参加会议，大会主题为“马铃薯产业与美丽乡村”。

10 月 11—14 日，学会与中国植物生理与植物分子生物学学会、中国遗传学会、中国细胞生物学学会、中国植物学会联合主办的 2020 全国植物生物学大会在广东省深圳市举办。大会以“植物科学与可持续发展”为主题，1000 余名科研人员通过线上线下的方式参加会议。

10 月 18—20 日，学会在江西省上饶市万年县举办首届万年稻作论坛。10 余名院士、专家及来自全国各地的 150 名稻作科技与文化专家参加会议，以“中华史前稻作与中国优质稻米产业发展”为主题展开讨论交流。

国际交往 学会藜麦专业委员会与联合国粮农组织、国际生物盐碱农业研究中心、智利天主教大学、玻利维亚圣西蒙市立大学等国际机构开展合作和交流，引进藜麦种质资源，签订科技合作协议。学会大麦专业委员会专家与德国、匈牙利、美国、澳大利亚和蒙古等国专家开展大麦科研国际合作。学会粟类作物专业委员会专家与国外专家继续开展“张杂谷”品种的引进和示范工作。

科普活动 2020 年，学会及其分支机构、科学传播专家团队共举办科普活动 212 次，开展培训与技术指导 145 次，共惠及农业科技工作者、农民及公众 3000 万人次。制作动画、视频、科普图文、科普图解等科普作品 40 余个，受众超 2000 万人次。

学会“作物基因编辑让生活更美好”项目获得科普中国（2020—2021）资助，在科普云、光明网、学会官网、微信公众号等平台发布视频、科普图文、科普图解等 17 条，开展科普直播活动 4 场，浏览总量超 2000 万人次。

6 月 7 日，学会主办“走进作物科学，认识藏粮于技”主题作物科普直播活动，以网上公益直播的形式向观众展示科普基地的作物及小麦育种技术、小麦立体匀播技术、玉米密植高产全程机械化绿色生产技术等作物科技知识。

9 月 20 日，学会举办全国科普日作物科普基地云游活动。活动以直播方式带领公众到作物科普基地认识不同的作物，了解作物的历史、特点、价值、用途等知识，开展科普互动问答及有奖竞猜，在线观看人数达 183.5 万人次。

学会分别以“使用新媒体讲好科学故事”“一步法稻田养蟹技术”“玉米绿色简化高效生产技术”“粮饲兼用作物——小黑麦”“大麦产业的良性发展助推国民营养健康”“中国藜麦产业的现状和展望”为主题开展系列云课堂，2000 余人次参加在线学习、交流互动。

学会作物种子专业委员会以“聚合发展向心力，共筑种业强国梦”为主题，面向全国农林院校种子科学与工程专业或热爱种子的在校学生举办“登海杯”全国农林院校种艺作品大赛，通过“以赛促学，以学促做，以做践学”提高学生创新能力和创业意识。

表彰举荐优秀科技工作者 学会开展 2020 年度中国作物学会科学技术成就奖评奖工作，授予华中农业大学教授张献龙、中国农业科学院作物科学研究所研究员李少昆 2020 年度中国作物学会科学技术成就奖——杰出人才奖。

开展 2020 年度中国作物学会优秀博士论文奖评选工作，授予《玉米叶夹角主效 QTL-*UPA2* 的克隆和功能验证》等 6 篇博士论文 2020 年度中国作物学会优秀博士论文奖。

经学会推荐，学会理事、中国农业科学院作物科学研究所育种中心主任黄长玲，学会理事、袁隆平农业高科技股份有限公司副总裁杨远柱获得第二届全国创新争先奖状。

党建强会 学会全年召开 3 次党委会议，党委直接参与学会重大工作事项的讨论与决策。

截至 2020 年年底，按照应建尽建的原则，学会所属 21 个分支机构已有 18 个成立分支机构功能型党建工作小组。

学会开展“党建引领，参与科技服务，助力产业绿色发展”主题党建强会特色活动，在山西省吕梁市、山东省东营市、黑龙江省佳木斯市桦川县参与“沁农作物科技服务团”，充分发挥党建引领带动作用，28 名党员专家开展多项科技服务，参与人数 2400 余人次，助力区域经济发展。

会员服务 5 月，学会开展会员需求问卷调查，并对调查结果进行科学分析。

11 月 8 日，学会在华中农业大学举办第四届中国作物学会会员日活动，学会专家、学会会员、华中农业大学师生近 500 人参加活动。活动以“粮食安全与绿色发展”为主题，开展院士公开课和专题讲座。中国工程院院士、中国农业科学院油料作物研究所研究员李培武在“院士公开课”作报告《农产品黄曲霉毒素风险监测与预警控制研究》。在专题讲座环节，学会副理事长、中国科学院遗传与发育生物学研究所研究员杨维才作报告《科研旅途与学会》。

【第十九届中国作物学会学术年会】 11 月 8—9 日，由学会主办、华中农业大学承办的第十九届中国作物学会学术年会在湖北省武汉市举办。会议以“粮食安全与绿色发展”为主题，1500 余名作物领域的专家学者及企业相关人员现场参加会议，超 10 万人次在线观看。

年会设置 2 场大会报告、8 场分会场报告、4 场研究生论坛，来自全国高校、科研院所、企业的 93 名作物学及相关领域的专家交流学术思想、分享最新成果、提出创新观点、展开深入探讨。

中国科学院院士张启发、钱前、陈晓亚分别作报告《新时期的稻之道》《保障粮食绝对安全——绿色革命回顾与展望》《棉纤维伸长与细胞壁加厚的调控机制研究》。杨维才、孔令让、田志喜、赵明、张献龙、郭岩、张立新、赵久然、李刚华 9 名专家作大会报告。

81 名专家在作物基因挖掘与分子育种、作物种质资源与遗传改良、绿色丰产高效栽培与乡村振兴、作物信息与智慧农业 4 个分会场作分会场报告，32 名研究生在研究生论坛作报告，136 名学者、研究生通过墙报展示最新研究进展，36 家展商参展。会议收录论文摘要 409 篇。

年会期间举办 2020 年度科技奖励颁奖盛典，颁发 2020 年度中国作物学会科学技术成就奖杰出人才奖、优秀博士论文奖；举办研究生论坛优秀学术报告奖和优秀墙报奖颁奖仪式。

（撰稿人：徐　莉）

中国热带作物学会

服务创新型国家和社会建设 学会理事长刘国道与学会多个分支机构委员会专家深入热区乡村调研。与剑麻产业委员会专家到广西壮族自治区平果县开展石漠化区域剑麻产业发展调研，为石漠化区域构建兼顾经济与生态效益的发展模式提供指导，助力石漠化区域绿色崛起。与牧草与饲料作物专业委员会专家到云南省怒江傈僳族自治州、保山市、临沧市、文山壮族苗族自治州等地开展种草养畜和石漠化特色作物产业发现现状调研，指导云南草畜一体化发展模式的构建，引导云南畜牧产业健康发展。与生态环境专业委员会专家到四川省攀枝花市开展生态芒果园建设管理调研，推广果园间作豆科牧草的生态栽培方式，为攀枝花芒果产业健康持续发展提供方案。与热带作物领域相关专家在贵州省开展两江一河热带作物产业发展现状调研，提出“加强新品种引进试种，优化产业布局，注重经济与生态协同发展”的方案，确保两江一河区域乡村振兴和珠江生态屏障的安全。

学会香料饮料专业委员会和咖啡专业委员会组织专家赴云南省普洱市、保山市、德宏傣族景颇族自治州、怒江傈僳族自治州等主产区进行咖啡、胡椒、草果等作物产业调研20余次，了解作物分布、种植规模、生产加工及贸易等现状，分析产业技术需求，并为当地政府提供多项产业发展专题调研报告。

2020年，学会农业经济与信息专业委员会在自贸港政策、热区农业农村政策、热带农业科学发展政策等相关领域为农业农村部、海南省人民政府等部门提供决策建议报告多份，其中9份获省部级领导的重要批示及意见采纳。开展以工程咨询为主的农业智库服务，承担各类农业农村发展规划、政策和市场调研咨询等25项。学会棕榈作物专业委员会针对槟榔黄化的科研难题，向政府提出科学防控建议，联合地方政府制定《槟榔黄化防控明白纸》，帮助槟榔种植户正确认知槟榔黄化病，科学防控槟榔黄化病蔓延扩散。

学会建设　学会全年共召开理事会议、常务理事会议、监事会议、理事长办公会议、理事会党委会议、理事会党员大会及专题学习会13次。

6月22日，学会第十次全国会员代表大会在海南省海口市召开。大会选举产生学会第十届理事会、第十届理事会党委和第一届监事会。刘国道当选第十届理事会理事长，杨礼富当选第十届理事会党委书记，刘波当选第一届监事会监事长，第一届监事会由5名监事组成。

坚持依规有序推进学会各分支机构年度考核工作。指导学会科技推广应用专业委员会开展换届工作，指导机械应用专业委员会和南方瓜类蔬菜专业委员会开展届中变更工作。

2020年，学会新增个人会员189人，会员总数达到3493人，较2019年增加5.7%。

新制定《中国热带作物学会理事会和常务理事会会议制度》等7项制度，进一步规范学会管理。

依据改革任务要求和学会实际情况修订完成《中国热带作物学会章程》，经民政部核准通过后正式印发。学会章程增加党的领导和党的建设、监事会相关内容、分支机构和代表机构相关规定、发展外籍会员等内容。

2020年，学会秘书处配置1名专职秘书长，新增3名兼职副秘书长，提升学会办事机构的服务保障能力。加强信息化办公建设，使用“科协一家”平台办公，升级学会会员管理系统，建立学会各级机构微信工作群等，畅通学会秘书处与理事、会员、分支机构等的沟通渠道，提升管理服务效能。

青年人才托举工程　完成第三届中国科协“青年人才托举工程”项目总结验收工作。组织开展第六届“青年人才托举工程”项目申报和评审工作，获2个资助名额。

主办期刊　学会主办的《热带作物学报》入选2020《中国学术期刊影响因子年报》统计源期刊，影响力指数在全国同类期刊中排名第4位，位列Q1区，入选2020年中国科技核心期刊和中国核心学术期刊。《热带作物学报》策划创刊40周年特辑，主题为“热带作物科学前沿进展”，由中国科学院华南植物园研究员蒋跃明和福建农林大学教授赖钟雄共同担任主编，邀请中国热带农业科学院院长王庆煌为特辑作序。通过专家约稿和自由投稿的形式，共遴选出19篇高水平论文在学报第十期出版。

学科发展工程　“一带一路”国际科技组织平台建设项目“中国—印度尼西亚热带香料饮料作物病虫害防控技术”获中国科协资助。“剑麻产业与技术发展路线图研究”项目获2020年度中国科协学科发展项目资助，该项目针对剑麻的技术发展路线开展研究，对剑麻产业的未来发展具有重要意义，为科技工作者明确重点研究领域提供参考，为党和国家科学决策提供支撑。

国内主要学术会议　2020年，学会及所属分支机构共主办国内学术会议15次。

4月9日，由学会剑麻专业委员会和广东省湛江农垦局（集团公司）共同主办的湛江剑麻产业研讨会暨标准化技术现场培训会在湛江农垦剑麻产区举办。近50名专家学者参加活动。

9月25日，学会联合广东农垦热带农业研究院申报的中国科协2020年度学科发展研究“剑麻产业与技术发展路线图研究”项目开题会在广东省湛江市召开。30多名专家学者参加会议。

11月8—10日，由学会南方瓜类蔬菜专业委员会主办、福建省农业科学院作物研究所承办的中国热带作物学会南方瓜类蔬菜专业委员会年会暨学术研讨会在福建省福州市举办。近80名专家学者参加会议。

11月11—14日，由学会遗传育种专业委员会主办、中国热带农业科学院热带生物技术研究所等单位联合承办的2020年全国热带作物遗传育种学术研讨会在贵州省黔西南布依族苗族自治州兴义市举办。近140名专家学者参加会议。

11月25—27日，由学会牧草与饲料作物专业委员会主办，中国热带农业科学院热带作物品种资源研究所、贵州省农业科学院亚热带作物研究所共同承办的中国热带作物学会牧草与饲料作物专业委员会2020年学术研讨会在贵州省黔西南布依族苗族自治州兴义市举办。近70名专家学者参加会议。

12月5日，由海南大学、学会联合举办，海南大学热带作物学院承办的2020第二届全国代谢生物学大会在海南省海口市举办。会议以“代谢生物学与自由贸易港建设之机遇与挑战”为主题，500余名专家学者参加会议。

国际组织任职 学会理事长刘国道自1月起担任联合国粮农组织发起的热带农业平台执行委员会观察员。

国际交往 学会国际合作工作委员会克服疫情影响，组织开展相关国际交流会议等工作。配合与新建交国家基里巴斯双边外交关系的发展，协调学会相关专业委员会，通过云交流为基里巴斯椰子产业相关企业开展技术网络交流会，牵起两国“椰子情”。回应马尔代夫外交部提出的中马联合防治椰树害虫研究中心的合作需求，为国家部委提供援助任务的决策参考。组织实施援塞拉利昂农业技术援助综合考察任务。在线上参与中国－巴基斯坦农业联合工作组第二次会议，关于热带作物种质资源交换和信息交流工作建议被纳入中巴农业合作框架。发起中国－古巴热带农业科技合作对话，在中古建交60周年之际，为古巴热带农业发展特别是甘蔗、咖啡、热带水果等主要热带作物的绿色生产建言献策。

科普活动 学会组建157人科技志愿服务总队，建立6支87人科学家传播团队。全年共开展各类活动340余场次，创作科普作品48种。

学会各科普基地加强投入和建设，在做好疫情防控工作的前提下组织开展各类科普活动140余场次，参与人数达11万人次。

组织开展科技活动周和全国科普日专题活动。活动期间，在海南省组织开展“走进奇特的热带雨林”“香料饮料植物知多少”等科普活动共54场次；在云南省组织专家开展科普巡展、技术培训等活动7场次，组织技术咨询50多次，免费发放资料300多份，培训农户40多户，惠及农民300多人次；在广东省开展农科大讲堂、科普一日游、科普自由行等活动50多场次，吸引4.5万余人次参加。

做好疫情防控和应急科普工作。开展疫情生产指导服务6场（次）。编写《战“疫”进行时　科技助春耕——2020年春耕生产技术要点》免费发放给农民。学会各科普基地通过发放疫情防控手册、张贴宣传画、制作抖音直播视频以及在官网、微信公众号发布疫情相关内容等方式积极做好疫情防控宣传。学会南药专业委员会完成云南省瑞丽市市民287254份样本检测工作及421名外籍人员的信息登记录入工作，为全市外籍人员摸底调查和管理提供翔实的数据信息。

开展科技惠农服务，助力乡村振兴和精准脱贫，开展科技110活动。在海南省、云南省的十余个市县、乡镇、农场开展科普示范、技术咨询、技术指导、技术培训、技术推广等农业科技服务活动26场次，派出专家及科技人员80余人次，培训和指导农户、农技人员1600余人次，免费发放实用技术手册近万册，指导协助建设示范基地4个。开展科技特派员活动，在广东省深入129个对口省定贫困村开展科技服务，派出科技特派员小分队38支，累计派出下乡专家300多人次，开展相关帮扶技术培训、讲座260余次，累计下乡服务天数200多天，示范带动农户400户，培训农民2万余人次。

搭建科普研学平台，服务中小学生科学素质提高。组织开展“博士大讲堂”“品味热带植物芬芳”“神秘的蜜蜂王国”“丝路蚕生”“世界油王的故事”等研学品牌活动，吸引中小学生3万余人次参加研学活动。

学会立足兴隆热带植物园科普基地独特优势资源，开展“可可文化＋巧克力制作体验”、DIY调香盛会、第二届中国可可文化节、可可高峰论坛、2020年海南省科普讲解大赛等特色科普活动10余场次，吸引2万余人次参加。

表彰举荐优秀科技工作者 学会全年共举荐各类人才60余人次。组织申报第二届全国创新争先奖，推荐全国科技助力精准扶贫工作先进团队和先进个人，中国科协“最美科技工作者”候选人、第五届中国科协优秀科技论文遴选计划推荐专家和评审专家、“十佳科技志愿者”等。学会刘光华获第二届全国创新争先奖状，李欣勇获“2016年以来全国科技助力精准扶贫先进个人”。

党建强会 学会党委书记带头讲党课，组织专题学习《习近平总书记在科学家座谈会上的讲话》、党的十九届五中全会精神和习近平总书记在全国劳动模范和先进工作者表彰大会上的讲话精神等。

学会党委召开2次党委会议，严格按照《中国热带作物学会党委“三重一大”决策制度实施办法》对学会“三重一大”事项进行前置研究和政治把关。强化党建与业务融合，实现党建与业务工作同部署、同落实、同推进、同考核。依托学会2020年获批的“党建强会”项目“科技志愿服务基层”，以“打造基层服务阵地　引领科技志愿服务”为主题开展系列活动。

参与全国学会理事会党委职责任务试点工作，全面推进学会党的建设各项工作有序开展。建好学会党建文化阵地“科技工作者之家”。9月，学会党委与中国汽车工程学会党委联合开展“牢记革命历程、传承红色基因”主题党日活动。12月，与中国热带农业科学院、怒江州委州政府等单位共同组织开展“强化党建引领　科技助力怒江巩固拓展脱贫攻坚成果”联合党建活动。在云南省保山市举办以“学习十九届五中全会精神”为主题的联合主题党日活动。秘书处党支部组织开展党员志愿服务活动、“不忘初心、弘扬优良家风”等主题党日活动。

完成党委换届和秘书处支部换届工作。第十届理事会党委12月成立，由5名委员组成，学会副理事长杨礼富任党委书记。秘书处党支部6月完成换届，有3名党员，学会副理事长兼秘书长邬华松任支部书记。按照支撑单位要求，严格开展“三会一课”，切实推进标准化党支部建设。

会员服务 统一使用中国科协会员管理系统，开通相关功能，为会员服务提供便利。完善会员服务渠道，在学会官网新增“会员中心”专栏，在学会微信公众号设置“会员之家”专栏，加强信息推送，服务广大会员需要。运用“科协一家”平台，基本实现学会与会员之间、会员与会员之间的联系。定期发布科技志愿活动信息，为会员提供参与科普和公益活动的平台。

【首届中国国际热带博览会】 10月28—30日，学会联合广东热区科学技术研究院、广州泛珠城市发展研究院在广东省佛山市共同主办首届中国国际热带博览会。联合国粮食及农业组织总干事屈冬玉在贺函中表示：“热博会的举办将加强热带亚热带国家和地区的交流合作，促进互利共赢共同发展，顺应国际社会的期待，热带好全球便好，联合国粮农组织对此高度赞赏。”发来贺信贺电的还有坦桑尼亚等30多个国家和相关国际组织。本届热博会展示交易的产品包括一、二、三产实物展，服务业展和知识产权展，吸引线下线上共3000多家企业参加。

【2020年全国热带作物学术年会】 10月28—30日，2020年全国热带作物学术年会作为热博会专题论坛与热博会同期在广东省佛山市举办。来自全国各地的600余名专家学者参加会议。年会由学会主办，中国热带农业科学院科技信息研究所、广东省农业科学院果树研究所、广东农工商职业技术学院承办。年会围绕“助力科技经济融合发展，促进国际国内双向循环”主题，通过特邀报告、专题论坛、墙报、论文等形式开展学术交流，分享中国热带作物和相关学科领域最新科技创新成果。学会理事长刘国道，学会副理事长韩沛新、陈东奎、邬华松、曾继吾等出席会议，会议由学会副理事长杨礼富主持。

中国工程院院士尹伟伦、美国国家科学院院士朱健康以及长江学者等12名专家为大会作特邀报告。年会设种质资源与遗传育种、病虫害防控与绿色农业、农产品储藏加工与质量安全、天然橡胶学术年会、剑麻与园艺产业发展论坛、南药资源与开发利用、都市农业、热带农业发展与对外合作8个专题论坛。120名专家学者在专题论坛作主旨报告和专题报告，交流论文98篇，展出墙报32个，52800余人次收看会议直播。

开幕式上还举办了第五届中国科协和中国热带作物学会“青年人才托举工程”项目证书颁发仪式。

（撰稿人：郭诗筠）

中国蚕学会

服务创新型国家和社会建设 学会开展行业咨询和产业服务工作。面对新冠肺炎疫情对产业的冲击，学会理事长廖森泰，副理事长李龙、李标、代方银、吴海平，秘书长沈兴家等带队组织专家到重点蚕区四川省广安市武胜县、宜宾市高县和珙县，重庆市黔江区，云南省曲靖市陆良县、大理白族自治州祥云县，广西壮族自治区百色市凌云县等地指导疫情下的产业生产活动，针对各地产业发展规划、产业定位、技术措施提出建设性意见，推动当地蚕桑产业高质量发展，在脱贫攻坚和乡村振兴中发挥蚕桑产业的作用和贡献。针对蚕业生产中的各类技术问题，各地会员开展技术咨询与科技服务工作，在主产区广西、四川、云南、重庆、辽宁、广东、山东、安徽、江苏、浙江等省（自治区、直辖市）开展相关服务工作50余次，参加活动专家300多人次。

7月和11月，学会组织开展蚕桑专业领域成果评价工作。受广东省农业科学院蚕业与农产品加工研究所委托，以现场会议形式对委托单位的2项科研成果进行评价。

学会开展全国蚕种生产单位生产情况调研。10月，编印内部资料《2017—2019年全国主要蚕种场生产经营情况调查统计汇编》，汇编统计全国规模以上大中型蚕种场生产经营情况，使各会员单位能及时了解全国蚕种生产信息，指导蚕种生产。

学会建设 学会全年以通讯方式召开理事会议1次、常务理事会议2次、理事长办公会议3次。

2月3日，学会以通讯方式召开理事长办公会议，专题研究学会如何应对新冠肺炎疫情带来的冲击，并向广大会员和蚕业科技工作者发出应对新冠疫情的倡议。3月7日，以通讯方式召开理事长办公会议，研究部署疫情防控形势下学会年度工作，要求疫情期间线下聚集性活动转至线上、延期或取消。3月25日，以通讯方式召开常务理事会议，交流研讨疫情下学会的主要工作及年度工作任务的开展。3月26日，以通讯方式召开理事会议，报告2019年度学会工作以及2020工作任务，通报年度工作计划。10月31日—11月5日，以通讯方式召开常务理事会议，表决通过学会与广西蚕业科学研究院、河池市农业农村局、河池市宜州区人民政府共建宜州蚕桑产业研究院的方案。12月8日，以通讯方式召开理事长办公会议，研讨讨论2020年学会学术年会举办相关事宜。

主办期刊 2020年，学会主办的学术期刊《蚕业科学》共出版6期，刊登研究论文120余篇，版面约900面，比2019年略有减少。发表获国家、省部级重点科研计划项目资助并代表学科前沿的论文达到期刊载文总数的75%以上。继续被收录为中国科技核心期刊、中文核心期刊。

【第三届全国大学生蚕桑生物技术创新大赛】 11月27—29日，由学会主办，浙江大学动物科学学院、浙江省蚕桑学会、浙江省蚕蜂资源综合利用与创新研究重点实验室承办的“陌桑杯”第三届全国大学生蚕桑生物技术创新大赛在浙江省杭州市举办。大赛以“弘扬丝路精神，绽放创新青春”为主题，以创新实践论文、发明专利为主要比赛内容。来自中国科学院、苏州大学、西南大学、华南农业大学、广西大学、江苏科技大学、浙江大学等12所高校和科研院所的115个作品参赛。学会理事长廖森泰、教育部高等学校动物生产类专业教学指导委员会秘书长蒋思文出席活动。本科生组、硕士生组、博士生组3个组别的115名参赛选手分别在5个分会场进行报告答辩，30位特邀专家进行现场评审，共评选产生优秀作品第一等次18项、第二等次35项。

（撰稿人：刘　挺）

中国水土保持学会

服务创新型国家和社会建设 2020年，学会完成生产建设项目水土保持方案编制单位和监测单位水平评价工作，373家水土保持方案编制单位通过专家评审，其中11家单位被评为5星级、25家单位被评为4星级、68家单位被评为3星级、81家单位为被评为2星级、188家单位被评为1星级；535家水土保持监测单位通过专家评审，其中16家单位被评为5星级、40家单位被评为4星级、63家单位被评为3星级、159家单位被评为2星级、257家单位被评为1星级。

学会完成2批次生产建设项目水土保持方案编制单位和监测单位水平评价证书变更工作。

学会根据《生产建设项目水土保持技术服务单位水平评价专家库管理办法》规定，建立由254名专家组成的水平评价专家库。

2020年，学会共举办2期线上生产建设项目水土保持设施验收报告编制技术人员培训班，培训学员570余人次。

学会建设 2020年，学会共召开1次理事会议、1次常务理事会议、2次理事长办公会议，审议通过学会修订或制定的制度和其他重要事宜。

2020年，学会在北京分别召开学术交流、期刊与科技奖励工作委员会会议、组织宣传工作委员会会议、咨询与评价工作委员会会议和科普工作委员会会议。

主办期刊 2020年，《中国水土保持科学》发表文章109篇，其中水保黄河22篇、基础研究26篇、应用研究 34 篇、开发研究 3 篇、工程技术 3 篇、学术论坛 11 篇、研究综述 9 篇、水保人物 1 篇，12 月被 Scopus 数据库收录。

10 月，学会推荐的论文《无人机遥感技术在生产建设项目水土保持监测中的应用——方法构建》被评为第五届中国科协优秀科技论文农林集群三等奖。

10—11 月，学会开展第九届《中国水土保持科学》优秀论文评选工作，本次评选范围为 2018 年第 1 期至第 6 期发表的 110 篇论文。经编委初评和评审委员会专家评审，评选出 5 篇优秀论文。

11 月 8 日，学会在北京召开《中国水土保持科学》第四届编委会 2020 年主编会议，总结第四届编委会自 2016 年成立以来的工作，围绕期刊定位、学术质量提升和同行评议制度等进行研讨，聚焦期刊发展方向。

学会加强《中国水土保持科学》网站和微信公众号建设，网站点击量超过 230 万次，下载量 227 万次；期刊微信公众号总用户数 3145 人次，推送信息 287 条。

2020 年，《中国水土保持科学》在与 CSCD、知网、维普、中邮阅读、超星等数据库合作基础上，新增与清华大学研发的 AMiner 平台合作，定期推送期刊发表的论文。

国际学术会议　10 月 26 日，学会土壤侵蚀专业委员会承办土地退化、水土保持与可持续发展视频会议。来自国内外的 300 余名专家学者参加会议。

国内主要学术会议　10 月 29 日，学会水土保持植物专业委员会在陕西省西安市举办高效水土保持植物学术交流会。会议主题为“加快高效水土保持植物资源建设与开发利用，支撑服务黄河流域生态保护和高质量发展”。近 50 名水土保持科技工作者参加会议。会议共征集论文 32 篇。

12 月 5 日，学会科技协作工作委员会在北京举办 2020 年年会暨学术交流会议。近 200 名水土保持科技工作者参加会议。会议以线上和线下相结合的形式举办。

12 月 13—15 日，学会水土保持规划设计专业委员会在陕西省西安市举办 2020 年年会暨学术研讨会，会议主题为“新形势水土保持规划设计实践与发展”。会议期间举办主题为“创新发展，提高水土保持规划设计水平”的青年论坛。200 余名水土保持规划设计科技工作者参加会议。会议共征集论文 80 篇。

科普活动　2020 年世界土壤日期间，学会联合世界水土保持学会、西班牙土壤学会、西班牙科学研究委员会加利西亚农业生物研究所推出西班牙加利西亚文化理事会编写出版的《生活在土壤里》科普漫画中文版。

学会以互联网思维创新科普工作模式，制作并推出水土保持科普微视频《水土保持这些事儿》，推出《水土保持谱大地，绿水青山惠民生》电子摄影画册。面向社会宣传新媒体科普作品。

2020 年，学会开展第四批“全国水土保持科普教育基地”评选工作，北京市房山区水土保持科技示范园区等 4 家国家水土保持科技示范园区被评为学会第四批“全国水土保持科普教育基地”。

学会山地灾害学科科学传播专家团队开展全国青少年高校科学营山地专题营活动、地质灾害防治系列宣传活动、“绿水青山”系列讲座等科普活动。

学会科普教育基地依托各自的科普资源优势，通过线上线下等形式开展形式多样的科普活动，科普受众达到 100 余万人次。

表彰举荐优秀科技工作者　2020 年，学会评选出第十二届中国水土保持学会科学技术奖 11 项，其中一等奖 3 项、二等奖 4 项、三等奖 4 项；13 名青年人才获第十二届中国水土保持学会青年科技奖；推荐的 2 名青年人才获第五届中国科协“青年人才托举工程”项目资助。

2020 年，学会向中国科协举荐国家科学技术奖候选项目 1 项。

党建强会　2020 年，学会共召开 3 次党委会会议，传达学习中国科协有关文件精神，前置审议学会“三重一大”事项。

（撰稿人：张东宇）

中国茶叶学会

服务创新型国家和社会建设　2020 年，学会 36 名专家分赴广西壮族自治区三江侗族自治县、四川省广元市旺苍县、陕西省汉中市镇巴县等地开展科技助力精准扶贫活动 240 余次。通过走访调研，了解当地茶叶生产状况，举办科技讲座或技术培训 55 次，来自当地茶叶管理部门、茶叶企业的 4300 余人参加活动，参与企业 222 个，发放生产技术资料 9230 份，推广新品种 17 个、新技术 31 个，种植 25.3 万亩，获得经济效益 2.23 亿元。

面对突发的新冠疫情，学会牵头组织制定《茶叶加工企业应对新冠肺炎防控指南》，举办“疫情下的茶叶生产经营”线上公益直播课，组织6名业界专家针对茶园绿色防控技术、茶产业健康发展等开展公益直播讲座，提供生产加工管理、营销策略等方面的抗疫应对思路，线上累计观看超20万人次。

学会与抖音合作共同举办“县长来直播”春茶专场系列活动和茶企直播带货公益培训。学会官微及时发布活动预告，并点对点推送给会员。“县长来直播”春茶专场系列活动邀请全国近20个名茶产区县长走进抖音直播间，向网友介绍当地茶叶，提升产品认知度和品牌影响力，8场活动共销售茶叶近44万件，销售额达3208.5万元。茶企直播带货公益培训共有2000多家茶企近1万人次参与。

学会承接政府转移职能，完成茶叶科技成果评价5项，茶叶品质评价茶样390个，茶叶冲泡参数研究茶样10款，发布团体标准14项，编译4项。

学会为全国茶叶加工工（精制）职业技能竞赛、中华人民共和国第一届职业技能大赛国赛精选项目“茶艺赛项”制定规程、起草题目、提供技术支撑。

学会继续推动实施“青茶计划”，指导企业建立茶园绿色防控农资专柜3个，并建立4个示范基地；举办茶园绿色防控技术培训班1期，55人参加；在浙江省余姚市举办“青茶计划”全国研讨会，邀请包括2名院士在内的10余名专家作实用技术推广讲座；总计赠送书籍800余册。

学会举办专业人才知识更新研修与技能人才培训班，全年共举办52期次，培训3146人次。其中，六大茶类品质评鉴、茶与器、全国少儿茶艺培训能力提升等知识更新研修举办14期次，培训762人次；茶艺师、评茶员培训举办19期次，培训1503人次；茶艺师资、审评师资举办19期，培训881人次。

学会建设 2020年，学会第十届理事会召开理事长办公会议8次、常务理事会议2次、理事会议1次。被评为“优秀抗疫学会”“2020年度全国学会科普工作优秀单位”“2016年以来全国学会科技助力精准扶贫工作先进团队”等。学会党委被中国科协科技社团党委授予“2020年度全国学会智慧党建建设优秀学会党组织”称号。

学会新制定发布《中国茶叶学会专业技能水平评价管理办法》，将原有的《中国茶叶学会科学技术奖奖励办法》《中国茶叶学会青年科技奖评选办法》《中国茶叶学会优秀茶叶科技工作者评选表彰办法》《中国茶叶学会优秀女茶叶科技工作者评选表彰办法》《中国茶叶学会陆羽奖评选办法》进行整合，形成总的奖励章程——《中国茶叶学会科学技术奖奖励章程》，并修订各个子奖项的实施细则。

学会网站完成中英文改版，开通抖音、快手、西瓜视频等平台学会官方账号，建设学会App。微信公众平台发送信息356条，点击量149万人次，现有粉丝9.1万。

学会新发展单位会员68家，共484家；新发展个人会员463人，共4508人。理事113名，其中常务理事36名，调整常务理事1名。分支机构15个，新设国际茶文化研究与培训中心。

主办期刊 《茶叶科学》在被中国知网、万方、维普、超星、博看等国内数据库收录基础上，被中教、Scopus数据库收入。网站实现全部文献办公自动化，网站点击率达到4.7万余次，与2019年同期相比增长50%，美国、英国、德国等国外点击量明显上升。《茶叶科学》最新影响因子为1.500，较2018年（1.371）有所提升，获评“RCCSE中国权威学术期刊（A+）”。

学科发展工程 学会开展2020茶学重大科学问题和工程技术难题征集工作，结合2018年、2019年度遴选结果，共征集重大科学问题和工程技术难题37个，遴选出“茶树中特征性次生代谢物的生物学功能是什么”等3个前沿科学问题和3个工程技术难题。

科普活动 学会开辟中国茶叶学会科普云课堂，举办讲座20期，邀请21人次专家（含2位院士）以理论讲座和操作演示相结合的方式科普茶知识、茶技术，通过钉钉、科界、抖音等9个平台线上直播，累计311万人次在线观看。

4—5月，学会举办“中国茶，世界茶”微文、微视频大赛，共收到微文、微视频作品111个。经线上展示及网友投票，评选出优秀微文、微视频作品17个，点击量20.1万次。部分作品被中央广播电视总台亚非中心选中，进行海外多语种传播。

5月21日，由学会、中国茶产业联盟、抖音共同主办的首个国际茶日暨第十二届全民饮茶日活动——美美与共云茶会在浙江省杭州市举办。

学会组织线下“全民饮茶日”活动，共有38个城市的216个点近10万人次参与，免费赠送茶科普口袋书4万册。

表彰举荐优秀科技工作者 学会开展第五届中国茶叶学会优秀茶叶科技工作者及第三届中国茶叶学会

优秀女茶叶科技工作者评选工作，共收到来自16个省（自治区、直辖市）推荐的高校、科研院所、技术推广机构及企业的28名优秀茶叶科技工作者候选人、23名优秀女茶叶科技工作者候选人。经形式审查、专家评审、奖励委员会审核及公示，华中农业大学陈玉琼等10人被评为第五届中国茶叶学会优秀茶叶科技工作者，安徽农业大学戴前颖等10人被评为第三届中国茶叶学会优秀女茶叶科技工作者。

学会组织开展第二届全国创新争先奖候选人推荐工作，推荐的中国工程院院士、湖南农业大学教授刘仲华，浙江大学教授王岳飞获第二届全国创新争先奖状。

党建强会 学会把“习近平新时代中国特色社会主义思想”“党的建设”和“社会主义核心价值观”等内容载入学会章程。学会党委履行党建工作主体责任，制定党委职责清单。

学会办事机构党支部坚持“三会一课一费”制度，党委领导和支部党务干部全年共讲党课4次，召开支部委员会议18次、支部党员大会12次、民主生活会1次，组织办事机构全体党员前往中国丝绸博物馆参观“一带一路”建设成果展等主题党日活动4次。

学会理事会党委与四川省马边彝族自治县人民政府党组签订结对共建协议，赠送绿色生态防控生产资料2000件，举办咨询会1场，开展技术培训1期、品质评鉴活动1场，审评茶样30个，受众3000人次。参与中国科协科技社团党委组织的“科学家带您寻好物”淘宝网科技扶贫直播活动，推介结对共建贵州省黔南布依族苗族自治州贵定县党支部驻地的茶叶产品，在线观看人数达7.7万人次。

会员服务 学会为个人会员和单位会员提供全年12期《中国茶叶》期刊或6期《茶叶科学》期刊，发送学会工作简报和节日问候。学会信息化平台联动发送，为广大会员和茶叶爱好者提供最新茶叶资讯、最新茶叶科技与研究进展、茶叶科普知识等。

学会举办以“科技为民 奋斗有我”为主题的全国科技工作者日系列活动。邀请3名专家围绕科技工作者学术成长、价值实现等主题，就“如何做好茶叶科研”和“如何撰写高质量茶叶科技论文”等专题开展线上讲座，共计12万人次茶叶科技人员在线观看；组织常务理事及会员代表看望慰问全国老一辈茶叶科技工作者73名；用电子贺卡向所有茶叶科技工作者送上节日祝福，通过学会官网及微信公众号等平台宣传科学家精神，宣传优秀青年茶叶科技工作者10人次，阅读量达1万余次。

【首个国际茶日暨第十二届全民饮茶日活动——美美与共云茶会】 5月21日，为庆祝首个国际茶日，由农业农村部指导，学会与中国茶产业联盟、抖音共同主办的首个国际茶日暨第十二届全民饮茶日活动——美美与共云茶会在浙江省杭州市举办。活动以“茶和世界·共品共享”为主题，以线上为主、线下为辅的形式举办，邀请全球18个国家、全国20个省份的40余个行业组织共同参与。茶会以“名家、名茶、名匠、民俗”为核心，邀请中国工程院院士陈宗懋、刘仲华就中国茶产业在世界上的地位、饮茶有益健康、茶文化精神内核等专题作讲座。8位非遗传承人展示中国六大茶类的非物质文化制作技艺、地方饮茶习俗与少数民族饮茶风俗。50余名国内外茶人发来祝贺视频。说茶传媒、抖音、科界、《茶周刊》、湖南广播电视台茶频道等11个平台直播。《钱江晚报》《都市快报》、中国新闻社浙江分社、茗边智库等20余家媒体现场报道，203万人次在线观看。《人民日报》《每日商报》、浙江在线、浙江新闻网、学习强国等平台相继报道，多个平台设置回播通道。

【国际茶文化研究与培训中心成立】 12月2日，学会在浙江省杭州市以线上线下相结合的方式举办国际茶文化研究与培训中心成立仪式。来自中国、韩国、斯里兰卡、俄罗斯、意大利、赞比亚、乌克兰、巴基斯坦等19个国家的70余名嘉宾和媒体工作者出席现场活动，来自阿根廷、澳大利亚、加拿大、法国、德国、英国、美国等36个国家的近400名外宾通过线上平台参与活动。海内外25家社会团体和单位发来祝贺视频，其中国外11家。成立仪式上还举办茶文化国际讲座，邀请2名专家分别围绕六大茶类和中国茶文化发展简史作中英双语线上专题报告，同时展示傣家竹筒茶、土家族油茶汤、四川长嘴壶等饮茶习俗和恩施玉露等茶叶传统制作技艺，邀请外国茶叶爱好者感受中华茶文化。活动通过《中华合作时报·茶周刊》、湖南电视台茶频道、说茶传媒、科界等平台同步直播，累计8万人次在线收看。

【2020中国茶业科技年会】 10月27—30日，由学会、江西省科协、江西省农业农村厅、上饶市人民政府主办的2020中国茶业科技年会在江西省上饶市婺源县召开。来自21个省（自治区、直辖市）的相关部门，以及40家科研院所、30所高等院校、200余家茶

叶企业的约600名专家学者、企业管理者等参加开幕式。会议以“科技引领·提质增效·转型升级”为主题，聚焦茶叶领域重点、难点问题，搭建茶业“产、学、研、政、用”交流合作服务平台，促进茶叶科技成果转化，助力脱贫攻坚与乡村振兴，共谋“十四五”茶产业发展。年会设1个主会场、2个科技分会场和1个经济分会场进行专题交流。年会邀请26名专家学者（包括2名院士）分别围绕绿色高效发展、新思路新技术、扩大消费创新业态3个主题进行交流，介绍国内外产业技术发展动态、分析产销形势；展示414名毕业生就业信息、65个茶叶最新科研成果、近40个优质茶样；为第五届中国茶叶学会优秀茶叶科技工作者、第三届中国茶叶学会优秀女茶叶科技工作者颁奖。

江西省副省长罗小云，学会名誉理事长、中国工程院院士陈宗懋，中国工程院院士、湖南农业大学教授刘仲华，中国农业科学院副院长、党组成员梅旭荣，上饶市委副书记、市长陈云，中国农业科学院茶叶研究所所长、党委书记姜仁华，学会理事长、中国农业科学院茶叶研究所副所长江用文，江西省科协党组书记、副主席罗莹等出席会议。在主会场特邀报告环节中，陈宗懋、刘仲华、梅旭荣分别作大会报告《饮茶与健康研究四十年：进展和问题》《创新驱动中国茶产业高质量发展》《促进农业绿色发展战略路径》。

年会创新办会模式，以线上线下相结合的方式举办，全程通过湖南电视台茶频道、中国科协“科技工作者之家”进行网络和图文直播，线上共计253万人次收看。

（撰稿人：马秀芬）

中国草学会

服务创新型国家和社会建设 为贯彻落实国务院副总理胡春华关于加快草牧业发展的批示精神，学会草地植保专业委员会委员涂雄兵作为主要执笔人参与《促进草牧业高质量发展的指导意见》的起草工作。涂雄兵参与撰写的《关于张家口坝上地区农牧业结构调整情况》调研报告经农业农村部信息专报第11期报到国务院，得到胡春华批示。

针对境外沙漠蝗暴发的情况，根据农业农村部、国家林业和草原局关于研判沙漠蝗入侵中国风险的要求，学会草地植保专业委员会组织专家队伍对沙漠蝗生物学特性、迁飞规律进行研究，对沙漠蝗在中国潜在的适生区进行详细分析，向科技部、农业农村部、国家林业和草原局提交《沙漠蝗入侵我国风险分析及对策》，并以专报形式上报至科技部、国家林业和草原局、全国畜牧总站主管领导。

学会副理事长、学会草地管理专业委员会主任委员王德利牵头提出的关于“围栏禁牧”的调整建议被《人民日报》内参采用，得到中央领导批示。国家林业和草原局于10月在北京召开“围栏禁牧”专家咨询研讨会，王德利围绕草原“围栏禁牧”的相关问题进行阐述并提出建议。

1月，学会常务理事史莹华到河南省驻马店市泌阳县双庙恒都夏南牛养殖基地针对全株玉米青贮、苜蓿干草、精料等饲料原料的收存、加工和利用进行技术指导；开展“不同纤维源对三元母猪繁殖性能和肠道健康的影响”的研究，为阐明苜蓿纤维的营养原理和加快苜蓿纤维在单胃动物上的应用提供理论依据；在河南省濮阳市南乐县对湖羊养殖提供技术指导，为解决湖羊舍饲容易产期瘫痪、合理优化饲粮结构和羊生产管理技术提供参考。3—11月，史莹华6次考察河南省驻马店市平舆诚信瑞亚牧业有限公司现代牧场项目，勘察人工种植混播草地牧草的生长情况，根据不同季节牧草的生理特性、生长情况、雨水情况等定制方案，实施牧草补播、灌溉和施肥等措施，确保人工混播草地建植成功；指导该牧场开展青牛奶牛的草场放牧，制订放牧计划，确保人工混播草地的高效利用。同期，多次赴河南省周口市沈丘县槐山羊繁育场指导混播放牧草地的建植，包括草种的混合方法、介质的选择、整地要求、播种和镇压等要领。

7月10日，学会草地植保专业委员会委员张泽华、王广君赴西藏自治区调研，完成《关于对尼泊尔迁飞入境沙漠蝗情况调研的报告》，并在日喀则市农业农村局组织关于沙漠蝗蝗灾防控培训，来自西藏自治区各地级草原工作站的工作人员及当地农民50余人参加培训。

学会饲料专业委员会主任委员崔国文的“优质牧草新品种选育、生产及转化关键技术集成与产业化示范”和学会常务理事赖志强的“林（果）草牧耦合生态系统综合技术”2项成果入选国家林业和草原局2020年重点推广林草科技成果100项。

学会草地管理专业委员会主任委员王德利及委员王岭、马全会赴内蒙古自治区锡林郭勒盟乌拉盖管理区，与有关企业就疫情期间企业的发展状况进行交流，为当地企业的复工复产进行指导。学会草地管理专业委员会成员孙伟和邢福前往内蒙古自治区通辽牧区，了解当地牧民疫情期间复产情况。

学会及其各专业委员会全年通过线上、线下方式举办研讨会、研修班，开展基层生产技术服务培训30余次，受众1万余人次。

8月26—28日，学会草地植保专业委员会委员王登为河北省林业和草原有害生物防控技术培训班讲授草原鼠害防控技术。60余名专业技术人员参加培训。

9月7日，学会副理事长师尚礼参加全国青粗饲料饲草资源开发与利用技术在线培训会，作报告《西北地区饲草种植制度与模式分析》，参加线上培训人员共150人次。9月28日，师尚礼为甘肃省草食畜牧业发展草畜一体化技术培训主讲苜蓿栽培与管理，来自各县乡奶牛等养殖企业及相关技术骨干共78人参加培训。

11月10—11日，学会饲料专业委员会委员匡崇义一行到云南省文山壮族苗族自治州砚山县开展2020年现代农业草产业技术体系草地畜牧业技术培训，来自全县畜牧行业及牛羊养殖企业（户）的共100余人参加培训。

学会草地管理专业委员会副主任委员李永宏为2场草原管理科技支撑现场培训会授课。来自内蒙古自治区草原工作站及各盟市工作站站长以及开展草原生态修复试点的旗县草原工作站站长和技术服务组组长共130余人参加培训，并在退化草地改良、草原适应性放牧和豆禾混播草地建植等方面展开技术交流。

学会饲料专业委员会常务理事贾玉山及其团队多次通过线上视频会议、电话等方式对内蒙古多家牧业、饲料公司及合作社的苜蓿、燕麦、草颗粒等的生产加工工作进行技术指导。

12月，学会组织相关专家对内蒙古农业大学关于“蒙农杂种冰草、蒙农1号蒙古冰草及蒙农4号新麦草种子生产经营权转让”举办专家论证会，并出具专家论证意见1份。

学会建设 2020年，学会第九届理事会召开理事会负责人线下工作会议1次、通讯会议2次、常务理事会通讯会议2次、理事会通讯会议3次。

根据民政部、中国科协的要求以及学会自身建设的实际情况，对《中国草学会章程》进行修订。

截至12月底，学会个人会员5335人，比2019年新增7人。

主办期刊 学会和兰州大学主办的 *Grassland, Forages and Ecosystems*（《草地、饲草和生态系统》英文版）入选中国科技期刊卓越行动计划高起点新刊项目。该刊为中国第一本草学类英文科技期刊。

根据CSCD《2020年版中国科技期刊引证报告（核心版）》,《草业科学》影响因子为1.1276，总被引频次为3017。《草地学报》综合影响因子为1.428，较2019年提升33.58%；全年收稿557篇，较2019年提升50.5%。根据《中国学术期刊影响因子年报（自然科学与工程技术·2020版）》,《中国草地学报》复合影响因子为2.119、综合影响因子为1.610，较2019年分别提升21%和27%；全年载文量148篇；投稿量较2019年提升14%。

根据《中国学术期刊评价研究报告》（第六版），《草业科学》《中国草地学报》被评为“RCCSE中国权威学术期刊（A+）”,《草业科学》入选农林领域中国高质量科技期刊分级目录拟入选期刊名单T1等级。

4月,《中国草地学报》微信公众号正式上线，并开通《草·世界》栏目。

学科发展工程 1月19日，学会召开重点研发计划“十四五”重大研发需求征集研讨会。21名专家就森林质量精准提升、人工资源培育与高效利用、林草重大生态工程科技创新、草原生态修复、草业绿色发展、林草装备制造、林草种质资源挖掘与创新利用、山水林田湖草系统治理、自然保护地功能提升、林草生物资源高效利用等10方面的内容进行研讨。

学会草坪专业委员会主任委员孙彦牵头组织多名会员编写的《草坪管理学实验实习指导》作为国家林业和草原局高等教育“十三五”规划教材和高等院校草业科学专业系列教材完稿，并在2020年年底由中国林业出版社出版。学会草坪专业委员会与中国林业出版社就翻译出版《运动场草坪：管理、设计与建造》（第三版）达成协议。

国际学术会议 1月15—17日，由学会、中国农业大学、国际生物多样性中心东亚办事处、中国农业科学院农业资源与农业区划研究所共同发起的“一带一路”草原退化荒漠化防治亚洲联盟启动研讨会在北京召开。50余名专家学者参加会议。会议通过联盟章程，以中国草学会、国际生物多样性中心东亚办事处为联盟发起单位，建立含4个国家（中国、尼泊尔、乌兹别克斯坦、哈萨克斯坦）、3个国际组织（国际生物多样性中心东亚办事处、国际生物多样性中心中亚办事处、国际生物多样性中心尼泊尔办公室）、11个成员单位（学会、中国农业大学、中国环境科学研究院等）的亚洲联盟。联盟秘书处设在学会，联盟国际成员单位联络处设在国际生物多样性中心东亚办事处。会议签署11方合作协议书，同时开展草地生态系统服务功能评价培训、草地荒漠化防治及植被恢复重建等方面的交流。

国内主要学术会议 7月24日，由学会草地植保专业委员会、中国农业科学院植物保护研究所、草原生物灾害防治国家创新联盟主办，农业农村部锡林郭勒草原有害生物科学观测实验站承办的锡林郭勒盟绿色发展研讨会在内蒙古自治区锡林浩特市召开。中国农业科学院植物保护研究所，锡林郭勒盟科技局、农牧局、林业和草原局，以及锡林浩特市、锡林郭勒盟多伦县和太仆寺旗相关部门负责人和技术人员共30余人参加研讨会。与会专家学者围绕锡林郭勒盟农牧业绿色发展、科技扶贫工作、农作物病虫害防控及草原保护面临的问题与解决办法进行研讨。

8月25—26日，学会草地植保专业委员会在内蒙古自治区锡林浩特市举办草地有害生物监测与防控学术研讨会，30余名专家学者参加会议。

科普活动 6月18日，学会举办以“保护草原，保卫蓝天、碧水、净土，我们在行动”为主题的6·18草原保护日科普宣传作品征集活动。作品在学会官网和微信公众号进行科普宣传，阅读量达4000余人次。

8月14日，学会草地植保专业委员会委员王大伟受邀为《农作物病虫害防治条例》科普解读宣讲鼠害相关内容，并作线上讲座《我国农牧业鼠害治理的现状与发展》，共有2400余人次观看。

10月，学会草地植保专业委员会在新疆维吾尔自治区伊犁市举办“科普宣传、科技下乡”活动，专业委员会委员王勇对鼠害科学防控理念及技术进行宣传，约50名专业技术人员及群众参加。

崔国文录制《黑龙江省苜蓿生产中存在问题及解决途径》视频培训课件，对苜蓿种植户在品种选择、栽培技术、牧草收割晾晒等方面进行科学知识普及。

学会草地管理专业委员会组织在校大学生开展社会实践调研活动。王德利团队指导的本科生对草地等生态系统生物多样性水平和自然保护区管理现状等进行调研，并对居民进行生物多样性保护科普宣传。

表彰举荐优秀科技工作者 学会共推荐“最美科技工作者”、第十七届中国青年女科学家奖等候选人3名。

2020年，第四届中国草学会草业科学技术奖共受理申报奖项11项，获奖奖项8项，其中一等奖1项、二等奖3项、三等奖4项。

党建强会 2020年，学会召开党委会议2次，组织党员教育学习4次，学会网站和微信公众号发布党建信息12条。

会员服务 通过官网、微信公众号发布中国科协文件、党建文件资料、草业最新动态与资讯、会议通知以及求职资讯等内容，以方便会员查阅。

【第八届中国草原论坛暨首届CAU草学前沿论坛】 1月4日，由学会主办，中国农业大学草业科学与技术学院、国家林业和草原局草原司、农业农村部畜牧兽医局、全国畜牧总站承办的第八届中国草原论坛暨首届CAU草学前沿论坛在北京召开。会议以“科技创新与草业振兴”为主题，交流草业科技前沿成果，研讨草业科技发展动态，助推新形势下的农业发展。全国人大常委会副委员长武维华、中国工程院院士张守攻、中国农业大学校长孙其信、学会理事长何新天、全国畜牧总站站长王宗礼等出席会议。

全国畜牧总站副站长贠旭江、国家林业和草原局草原管理司副司长李拥军、中国工程院院士张守攻分别作报告《我国草牧业发展现状及思路》《完善草原保护修复制度，构筑国家生态安全屏障》《落叶松资源培育科技支撑体系构建——回顾与展望》。与会专家学者就草牧业发展、草原保护修复制度、区域性草业发展前景、产业政策、法律法规、遗传改良、草地生物多样性、草种资源研究、生态保护、金融信贷10个主题分享前沿的草学技术报告，进行学术交流。来自科研院校及中国农业大学的师生200余人参加会议。

（撰稿人：李晓明）

中国植物营养与肥料学会

服务创新型国家和社会建设 2020年，依据学会《科技成果鉴定暂行管理办法》，对中国农业科学院农业资源与农业区划研究所、中国科学院南京土壤研究所等共同完成的国家重点研发计划课题“设施蔬菜化肥减施关键技术优化”进行科技成果评价。

学会建设 2020年，学会会员总数达6000余人，团体会员共150余个。召开常务理事会议1次，工作会议1次。

3月26日，学会以视频会议组织召开2020年度工作会议。学会副理事长、秘书长、监事长、副秘书长、专业委员会负责人、地方学会秘书长50余人参加会议。会议由理事长白由路主持，围绕2020年学术年会、表彰奖励、人才培养、理事服务企业制度、脱贫攻坚、科普工作、思想库建设、修订《中国肥料》等研究和部署2020年度主要工作。

4月21日，学会九届七次常务理事会议以视频形式召开，会议由学会理事长白由路主持。学会副理事长、秘书长、监事长、副秘书长、专业委员会负责人、地方学会秘书长共43人参加会议。会议听取理事长白由路根据2020年度工作会议确定的重点工作内容通报，同意学会工作主要围绕2020年学术年会、植物营养与肥料科学技术奖、理事服务企业制度、脱贫攻坚、配合中国科协年会、科普工作、思想库建设、修订《中国肥料》等10个方面开展工作，审议并通过《植物营养与肥料科学技术奖奖励办法》《中国植物营养与肥料学会标准管理办法》，讨论并同意落实理事服务企业制度。会议确定以6月15日为时间节点确定是否如期举办2020年度学术年会。另外，根据学会章程及民政部有关文件要求，同意张景丽担任学会专职秘书长。

学会坚持四个服务的职责定位，以信息化建设和网络化建设为基础，以新媒体建设为抓手，全面打造开放型、枢纽型、平台型的现代化学会。在学会网站、微信公众号、微信群和注册报名系统等方面实施信息化升级与整合，全面迎合“互联网+”新时代，全方位为会员服务，拉近会员与会员的关系。

根据中国科协有关思想库建设精神，为传承和发展植物营养与肥料学科，学会翻译完成学科典型著作《农业的基本原理》且已正式出版。

学会积极推进制度建设，促进学会改革发展。修订《植物营养与肥料科学技术奖奖励办法》《中国植物营养与肥料学会标准管理办法》《中国植物营养与肥料学会理事联系服务企业》等制度，坚持制度治会，规范学会治理。同时，为加强与地方学会的协同发展，在学会平台上宣传和推荐地方学会活动，鼓励地方学会参与全国学会的学术活动。

青年人才托举工程 学会按照多渠道推荐、同行专家评议、“三对一”指导的模式开展人才遴选和培养。4月，根据《中国植物营养与肥料学会青年人才托举工程项目实施与管理细则》和《关于推荐中国植物营养与肥料学会2019—2021年青年人才托举工程项目的通知》等文件的要求和部署，经推荐、初审和终审视频答辩会评议，最终推荐2名青年人才参评2019—2021年度中国科协“青年人才托举工程”项目，分别为天津市农业科学院助理研究员周丽平、南京农业大学博士后郭俊杰。自中国科协“青年人才托举工程”项目开展以来，学会已有8人获得经费资助。

学会邀请同行专家定期对被托举人进行考核指导，为国家高层次领军人才和高水平创新团队培养后备力量。

主办期刊 学会主办《植物营养与肥料学报》和《中国土壤与肥料》2种期刊。

2020年，《植物营养与肥料学报》出刊12期，刊发论文215篇，共印刷7800册。据中国科技论文与引文数据库统计，《植物营养与肥料学报》2019年度核心影响因子2.61，核心总被引频次6170，在土壤学期刊中排名均列第1。《植物营养与肥料学报》自创刊以来，多次获得“中国精品科技期刊”和“中国百种杰出学术期刊”称号，2019年入选中国科技期刊卓越行动计划梯队期刊项目。

2020年，《中国土壤与肥料》出刊6期，刊发论文210篇，共印刷5360册。据《中国科技期刊引证报告（核心版）》统计，2019年《中国土壤与肥料》统计影响因子为1.444，在土壤学类期刊中排名第5位。2018年《中国学术期刊影响因子年报》统计期刊复合影响因子为2.224，在农业基础科学期刊中排名第10位。

国内主要学术会议 10月26—27日，由《植物营养与肥料学报》编辑部组织的首届植物营养理论与方法创新学术研讨会在北京举办。来自全国各地农科院校的30名专家学者参加现场研讨，100余人参加线上会议。研讨会旨在把握植物营养与肥料学科的发展趋势，拓展植物营养理论内涵和范畴，加强学术交流，促进学科和期刊创新发展。与会专家就学术界比较关心的养分高效品种培育、养分利用效率、土壤健康、生物炭、植物光谱特征和应用等方面的研究热点和难点进行交流，并就如何开展以粮食生产为核心的资源高效循环利用、如何深化和拓宽植物营养理论和方法等一系列问题进行讨论。

科普活动 9月19日，学会与中国农业科学院农业资源与农业区划研究所、国家化肥质量监督检验中心（北京）联合举办以“植物吃什么”为主题的科普活动，吸引100余名小学生和家长前来参加。中国农业科学院农业资源与农业区划研究所副所长王秀芳出席活动并致辞，学会理事长白由路主持活动。国家化肥质量监督检验中心（北京）主任汪洪开展主题科普讲座，对土壤、植物营养与肥料学知识进行讲解。科普活动激发学生对农业科学知识的兴趣，培养他们对科学知识的求真探索精神。

表彰举荐优秀科技工作者 8月，学会开展第四届优秀博士、硕士学位论文评选工作，授予5名博士研究生、10名硕士研究生中国植物营养与肥料学会－大北农优秀论文奖。

党建强会 1月17日，中国植物营养与肥料学会党建工作座谈会在北京召开。学会挂靠单位中国农业科学院农业资源与农业区划研究所党委书记兼学会党建工作指导员郭同军，学会在京党委成员、纪委委员及退休人员共10余人参加会议。会议由学会党委书记白由路代表学会向与会人员汇报一年来的主要工作和2020年工作计划。

7月30日，学会以视频会议的形式召开党委会会议。中国农业科学院农业资源与农业区划研究所党委书记、学会挂靠单位党建指导员郭同军，学会党委全体委员及秘书处工作人员共10余人参加会议。学会党委书记白由路主持会议，并通报农业农村部检查组对学会财务审计情况，对学会固定资产管理、财务管理等工作进行解释说明。与会人员在听取相关情况通报后，针对加强学会管理和下一步工作进行讨论并形成共识。

会员服务 5月，为深入实施创新驱动发展战略，推进开展“服务企业、服务基层”专项行动，形成长效化、常态化工作机制，优化企业服务，助力企业创新发展，提升服务产业发展能力，学会制定《理事联系服务企业制度》。学会的理事发挥专业优势，深入联系企业，提供咨询指导，促进产学研合作。此外，经中国科协批准，学会建立肥料技术科技顾问团，根据企业技术需求，以肥料技术科技顾问团形式服务企业。

学会编纂《中国植物营养与肥料学会会讯》，每2月发行1期，便于会员及时了解学会工作的综合信息。学会编纂工作年报，并利用学会网站、微信公众号平台及网络电子刊等渠道向会员公开发布，反映学会年度工作的综合信息，使会员能够及时了解学会的发展现状、内部建设、主要业务活动、会员发展服务及财务状况等，形成服务会员的新方式，扩大学会的社会影响力，提升知名度。

学会采取会员信息网络化、会费支付多元化、票据管理电子化的新措施，建立高效有序的会员沟通机制。

（撰稿人：宋震震）

中国农业历史学会

服务创新型国家和社会建设 学会发挥农业史、农业文化研究领域的专业优势，引领学会专家学者继续做好农业农村部重点项目《中国农业通史》后续编撰年度工作，开展《中国农业百科全书·农业历史卷》《古今论种》《近代中国农村变迁史论》《建党100周年中国共产党三农思想和政策演变》等国家级、省部级重大课题项目的研究工作，深化农史领域研究。

组织专家赴西藏自治区拉萨市、林芝市、山南市等地开展“拉萨市尼木县藏香用柏树文化系统”“拉萨市当雄县游牧文化系统”“林芝市藏猪传统养殖系统”“山南市乃东区西藏第一块农田文化系统”等重要农业文化遗产的实地考察，为当地的遗产申报和传承保护提出指导建议。推动广东省岭南荔枝种植系统（广州市增城区、东莞市）、广西壮族自治区南宁市横县茉莉花复合栽培系统入选第5批中国重要农业文化遗产，承担广东省茂名市古荔枝贡园文化系统、广州市海珠区湿地农业系统的传承保护工作，推动农业文化遗产的保护传承。

学会建设 9月19日，学会第七次会员代表大会在江苏省南京市召开。大会选举产生学会第七届理事会。

做好学会年检、财务审计、财务预算报送、学会年度重点工作统计等各项工作，组织开好学会理事会议和常务理事会议，对于“三重一大”事项，采取民主集中的方式科学决策。加强对各专业委员会的管理和指导，重点围绕会议筹办、备案事项报批及年度总结等工作加大审核把关力度。注重与会员的联系，通过微信群、电子邮件等方式与会员进行交流，及时通报中国科协及学会相关文件精神、学会重大事项等，认真做好会员服务，提升履职服务能力。

认真做好新冠肺炎疫情防控工作，号召广大会员认真贯彻落实国家及当地的疫情防控政策，响应中国科协倡议，联合发布《团结信任、创新争先，坚决打赢疫情防控人民战争》倡议书。

主办期刊 《中国农史》是由学会、南京农业大学、中国农业博物馆联合主办的社科类双月刊，是中文社会科学引文索引来源期刊、中文核心期刊、中国人文社会科学核心期刊和美国《史学文摘》杂志摘录期刊，设农业科技史、农业经济史、农村社会史、农业文化遗产保护等栏目，全年累计发表论文 83 篇。

国际学术会议 9 月 22 日，由中国农业博物馆主办、学会协办的二十四节气国际学术研讨会在北京召开。会议采取线上线下相结合的方式举办，共 400 余人参加会议。

联合国粮农组织、联合国教科文组织的代表分别致辞并作学术报告。中国社会科学院荣誉学部委员刘魁立、清华大学教授刘晓峰、北京师范大学教授萧放、北京联合大学研究员张勃、北京民俗学会会长高巍、中国天气·二十四节气研究院副院长宋英杰等来自中国大陆和台湾地区的 31 名学者，以及日本东京都立大学教授何彬、日本国立历史民俗博物馆研究部教授松尾恒一、俄罗斯科学院研究员克廖斯、土耳其安泰普大学教授巴扬等 9 名国外学者，围绕“弘扬节气文化，促进合作交流”主题，就二十四节气的形成脉络、丰富内涵、价值作用、保护传承以及节气与时间制度、节气与农业生产、节气与人们生活、节气与民俗文化、节气文化的传播等专题展开研讨。

国内主要学术会议 12 月 19 日，由中国农业博物馆主办、学会协办的 2020 年二十四节气保护传承工作年会暨二十四节气保护传承联盟成立大会在北京举办。农业农村部副部长于康震、文化和旅游部非物质文化遗产司副司长李晓松出席会议并讲话。农业农村部有关司局、北京市文物局等相关单位负责人，二十四节气保护传承联盟联合发起单位代表，以及业界专家学者共 200 余人参加会议。

2020 年二十四节气保护传承工作年会全面总结 2020 年全国二十四节气保护传承工作，谋划 2021 年保护传承工作及“十四五”期间工作设想。与会专家围绕如何进一步做好二十四节气传承保护工作建言献策，从不同专业视角展开研讨交流。

二十四节气保护传承联盟由中国农业博物馆联合学会等相关机构共同发起组建，52 家联盟成员单位在联盟成立大会上审议通过联盟章程并签署关于加强二十四节气保护传承倡议书。推举中国农业博物馆党委书记、学会理事长隋斌为联盟理事长，著名专家刘魁立为荣誉理事长。会议表彰二十四节气文化作品设计大赛获奖人员，并开通“顺天应时——二十四节气非遗沉浸式数字艺术展”网上展厅。

《光明日报》《农民日报》、北京电视台、人民网、弘博网等多家媒体对年会进行专题报道，央视网、爱奇艺、搜狐等多家媒体对报道进行转发。

科普活动 围绕传承弘扬中华农耕文明，学会联合中国农业博物馆开展“云过端午”线上科普活动，通过图文并茂的方式对端午节传统习俗进行科普，讲解展示端午节手工香囊的制作方法，活动在线阅读量达 6500 人次，参与人数达 3700 余人。在全国科普日组织开展“穿越古今，体验农耕智慧”线下活动暨中秋文化体验活动，参观现代农业科技成果展览，体验传统农具及丝织工具，参与月饼制作和手绘中秋团扇，活动吸引 200 余人参加体验。

学会农学思想与《齐民要术》专业委员会围绕“农圣贾思勰”主题，策划建设农圣文化展馆，集中展示农圣文化的渊源背景、发展脉络、价值作用和创新发展。创作排演话剧《农圣贾思勰》。

作为支持单位，配合学会理事长单位中国农业博物馆开展二十四节气文化作品设计大赛，编撰《二十四节气农谚精粹》。

【中国农业历史学会第七次会员代表大会暨 2020 年度学术年会】 9 月 18—21 日，由学会与南京农业大学主办的中国农业历史学会第七次会员代表大会暨 2020 年度学术年会在江苏省南京市举办。120 余名会员代表、专家参加会议。会议选举产生学会第七届理事会、常务理事会、学会负责人和党委委员以及第一届监事会，修订《中国农业历史学会章程》《中国农业历史学会会费管理办法》，审议通过第六届理事会工作报告和财务报告。隋斌当选学会第七届理事会理事长，王一民当选学会第一届监事会监事长，陈军当选学会秘书长。选举副理事长 9 人、常务理事 27 人、学会副秘书长 11 人、新一届理事会成员 85 人及监事会成员 3 人。会议期间还进行中国农业历史学会畜牧兽医史专业委员会换届选举。

中国农业历史学会 2020 年度学术年会围绕“农史研究——文化传承与学术创新”主题，从数字人文时代的农史文献整理与研究，作物起源、传播与中外农业科技文化交流，江南地区农业历史文化，农业生态与灾害史，近现代农业史与农学家，乡村振兴、农业遗产保护与农史研究，百年农史研究与农史学科建设等方面展开研讨交流。

（撰稿人：付　娟）

中华医学会

服务创新型国家和社会建设 新冠肺炎疫情暴发后，学会按国家卫生健康委的要求，组织推荐高水平专家进入指导组。同时，学会紧急动员和组织各专科分会和广大会员奔赴防疫前线，助力湖北省及全国抗击新冠肺炎疫情。据不完全统计，学会有46个专科分会投入疫情防控工作，其中，呼吸、重症、检验、感染、急诊、放射、病理、麻醉等分会发挥重要作用。1.9万名重症专业、6000余名呼吸与危重症学科医护人员驰援湖北。

学会充分发挥专家和学术资源优势，在分析疫情形势、完善防控策略、指导和参与医疗救治、助力科研攻关、开展科普宣传、促进国际合作等方面献计献策，为疫情防控作出贡献。以钟南山、李兰娟、王辰、张伯礼、高福等为代表的杰出会员为疫情的形势分析、科学防治、精准防控提供关键性的意见和建议。28个专科分会参与制定新冠肺炎相关指南共识近70篇，为提高新冠肺炎诊治水平提供重要依据和借鉴。

由科技部、国家卫生健康委、中国科协、学会共建的"新型冠状病毒肺炎科研成果学术交流平台"入选中共中央宣传部2020年度数字出版精品遴选项目，被新冠肺炎疫情防控网上知识中心、世界卫生组织官网等加入新冠肺炎资源列表并提供链接，为全球科研人员、临床医务工作者及公众提供及时、全面、系统的科学知识。平台收录文章1400余篇，累计阅读量超过360余万次。学会制作《中华医学杂志·新冠肺炎特刊》并寄送至全国百余家医院，为疫情防控和临床诊疗提供参考。

学会响应国家新闻出版署发布的《加强出版服务 助力打赢疫情防控阻击战》的号召，策划安排战疫选题，在中华医学教育在线平台搭建"新型冠状病毒肺炎培训专线"，上线视频、音频、电子图书及相关文献近300种；策划和出版疫情相关专业、科普融媒体图书13种，电子音像出版物30余种。中华系列电子期刊组织召开新冠肺炎公益讲座20余场，观看人数10万余人次，为科学战疫提供全方位的知识服务。

学会受国家卫生健康委等上级部门委托，组织专家开展协助制定"新型抗肿瘤药物临床应用指导原则""医务人员健康体检政策"等政策咨询工作32项。组织相关20余个专科分会的130余人次专家开展医务人员职称评价标准研究和修改完善工作。组织专家开展医务人员院前综合急救培训规范的制定，并形成超过10万字的报批稿报送上级单位，推进《非医务人员院前综合急救培训团体标准》的制订工作。向教育部、国家卫生健康委等上级单位推荐135名科技管理信息专家和18名专业专家协助开展科技信息服务和仿制药品目录遴选工作。针对《中国新闻周刊》等有关媒体文章，组织专家就医学教育工作进行研究并提出意见建议。

学会提升继续医学教育服务水平，服务卫生人才建设。公布国家级继教项目和国家级继教基地项目6554项，核审和公布会级Ⅰ类学分继续医学教育项目384项。优化继续医学教育项目执行率与项目申报限额挂钩方案，提高继续医学教育活动质量。升级改造国家级CME项目网上申报及信息反馈系统，完成项目管理系统安全性测试，提高项目申报效率。修订《国家级继续医学教育项目学科分类与代码》，增补重症医学、医院感染（管理）学等相对急需紧缺的学科。开展2020年度继续医学教育现状调查与发展战略研究，提出的"可将全部或部分培训内容改为线上执行的政策建议"被纳入国家级继续医学教育文件中，指导疫情防控期间的继续教育培训工作。

学会创新继续医学教育发展，推进继续医学教育专科培训。争取上级部门支持，继续保持学会国家级远程继续教育机构试点资格，为开展远程继续教育提供保障。起草《继续医学教育在线课程开发方法指导》，推动继续医学教育规范化建设。以线上线下相结合及远程方式开展继续医学教育培训项目共计149期次，覆盖学员19.70万人次。持续推进"中华医学会基层卫生人才培养千人计划项目"，开展基层医院学科重点人才培训，组织17个省的215名县级医院骨干医生到51家省内三级甲等医院、6家非三级甲等当地结核病专科医院进行为期6个月的专业培训。通过开展专家下基层、送教下基层等培训项目，提高基层医务工作者规范化诊治能力。推动感染科医师培训项目，针对培训学员开展调研，在对4408份回复问卷进行总结研究后形成调研报告，为课程改进提供指引。

学会依法组织医学鉴定，服务医疗安全法制建设。参与国家政策法规的研究制定，接受国家卫生健康委的委托，根据《疫苗管理法》的要求，牵头起草

《预防接种异常反应鉴定办法》。配合最高人民法院和国家卫生健康委开展《医疗损害鉴定指引》《医疗损害鉴定专家库管理办法》调研。组织召开评审会、鉴定会，举办线下培训会2期，参加并指导地方医学会培训会11期，完成27例医疗事故案件的预审及鉴定工作、7例预防接种异常反应鉴定的技术指导工作。编写《医疗安全警讯》3期，开辟“医鉴视点”专栏，增强医务人员的防范意识，不断提高医疗质量安全。为适应新形势下对医学鉴定的要求，举办民法典专题培训，推动依法开展医学鉴定工作。

学会建设 学会推进专科分会建设，开展细菌感染与耐药防治分会新建工作，推动医学鉴定分会组建工作，适应学科发展需求。规范专科分会管理，组织召开分会与部门联席会议，促进信息沟通；开展专科会员资质审核、数据统计等工作，规范会员管理。加强专科分会组织保障，完成6个专科分会青年委员会的换届工作和12个专科分会78个专业学组的换届形式审查工作；制定《专科分会换届选举会议疫情防控方案》。

学会完善治理结构和治理机制。筹备第二十六次全国会员代表大会。按照《中国科协组织通则》《中华医学会章程》的规定，学会启动理事会换届筹备工作，成立理事会换届筹备工作委员会，各工作组按照职责分工有序推进各项工作。完成理事会换届方案、章程、工作报告等各类会议文件的制定和审批。在各选区的配合下，完成会员代表、理事、常务理事的推荐工作。按照《中国科协全国学会改革方案》的要求，落实第一届监事会的筹建工作。

学会推进学会实体运营机制改革。期刊管理部和《中华医学杂志》社有限责任公司的“管办分离”治理模式逐步走向正轨，企业管理平台已搭建并启用，公司法人治理体系和现代企业管理制度正逐步建立，公司市场认可度和竞争力得到提升。履行主办单位职责，制定并发布《中华医学会关于深化改革培育世界一流科技期刊的实施意见》，通过顶层设计、多措并举，推动实现建立专业化医学期刊集群目标。

主办期刊 2020年出版期刊1821期，已形成由“中华”“中国”“国际”“电子”“英文”五大系列组成的共190种期刊，其中英文期刊数量达到19种。学会系列期刊共有8篇论文入选“第四届中国科协优秀科技论文”、3种英文期刊入选中国科技期刊卓越行动计划高起点新刊。

学会制定精品化、全集化、系列化出版路线，实施“精品图书”工程。在八大系列图书出版方向基础上共策划选题100余种，出版新书60种约1500万字。印制137个图书品种（含新书54种），共计22万余册，发行16.7万余册，电子出版物发行近20万套。策划出版100余种电子音像制品，发行音像制品1100余套。不断提高图书策划出版水平，其中“中国医学发展系列研究报告”“新型结核病实验室检测技术标准化操作教程”获委管出版单位主体宣传优秀作品奖。

学会扎实推进落实中国科技期刊卓越行动计划期刊集群化试点及数字出版服务平台建设，持续完善集约化服务平台建设，完成部分数字出版基础平台的搭建，中华医学期刊网论文总量超过109.7万篇，比2019年同期增加9万余篇；完成《中国临床案例成果数据库》建设及上线运行工作，收录病例报告3万余篇，面向社会免费开放。

国内主要学术会议 学会召开会议80个，收到投稿近8万篇，为近100万人提供学术会议服务。学会结合实际制定《学术会议疫情防控工作预案》。实地调研海南省、四川省、浙江省等地疫情防控政策要求，结合国家疫情动态情况，及时调整完善工作预案，指导分会做好学术会议的召开工作。在疫情常态化下，探索和创新线上线下相结合的学术会议模式，制定、完善《线上学术会议全流程管理》和《线上学术会议风险防控管理措施》。

国际交往 10月26—30日，世界医学会第71届全体大会暨215—216届理事会议以线上线下相结合的形式召开。会议正式注册的参会代表来自58个国家和地区的医学会，线上参会代表近200人。学会副会长兼秘书长饶克勤、学会常务理事兼世界医学会理事张抒扬等代表团成员在北京会场以网络参会的形式出席。学会专家参与专业技术议题，对《渥太华宣言》《社会决定因素》《医生与商业企业的关系》等涉及公共卫生、医学伦理等议题的决议性文件或声明提出专业性建议，报名志愿加入《远程医疗技术》决议审议工作组并被推选为工作组组长。

学会向世界医学会及专科分会对口的190多个国际医学组织和俄罗斯等86个国家医学会通报中国抗击新冠肺炎疫情工作情况。应邀与泰国、缅甸、巴基斯坦等国医学会共同组织新冠肺炎防治中国经验研讨会。学会呼吸病学分会、重症医学、感染病学分会等通过召开网络研讨会、录制视频讲座、分享诊疗指南等方式开展技术经验交流、分享防疫经验。经中国科协推荐,《中华医学会参与疫情防控国际交流合作情况》以专刊的形式发表在中共中央对外联络部的《民间抗疫国际合作》杂志。

学会联合中国华文教育基金会开展海外华文学校、侨团支持中国抗击新冠肺炎疫情募捐活动，共协助募集医用防护物资389万件/套，直接用于国内63家医院或相关机构抗疫工作。学会参与中国民间组织国际交流促进会组织的“丝路一家亲”抗疫活动，共同向意大利、巴基斯坦、俄罗斯等国家医学会组织捐赠医用外科口罩132万只。学会支持分会向国外对口学会开展物资捐赠工作，放射学分会分别向意大利放射学会、法国放射学会捐赠医疗防护物资。

学会打造“一带一路”医学交流平台，以中国科协中巴－中缅青年科学家来华进修项目、亚欧医学会合作网络项目、民间组织事务专项、日本武田科学振兴财团奖学金项目等为依托，推进与“一带一路”国家的合作。

学会作为世界医学会理事单位，参与世界医学会全体大会和理事会议，动员分会专家参与专业技术性声明、决议的审议工作并在会上提出专业性建议；向《世界医学会官方杂志》投稿，宣传中国器官移植领域和重症医学发展成就；在涉敏感议题上发出中国声音，维护国家核心利益和国际形象。

学会承担中俄友好、和平与发展委员会中方医学理事会主席单位工作，派遣专家向俄罗斯提供医疗援助，开展线上线下多种形式的学术交流和联合技术研究等工作。助力申办神经病学等国际会议，支持手外科等专科分会参与国际与地区性医学组织，推荐感染病学分会主委王贵强担任中国科协联合国生命科学与人类健康专业委员会委员。学会和各专科分会对口联系的国际组织达191个，已正式加入的42个，在国际组织决策层任职达到188人次。

学会加强外事制度化、规范化、程序化建设，制定并发布《中华医学会因公临时出国（境）管理实施细则》《中华医学会因公出国（境）证件管理实施细则》《中华医学会签证邀请函管理实施细则》和《中华医学会专科分会专家因公临时出国（境）事项管理实施细则》等外事管理制度，推进“外事联系人”制度实施，加强与专科分会外事工作联系渠道。

科普活动 学会牵头筹备组建中国公众科学素质促进联合体医学健康专业委员会，完善学会健康科普专家库建设工作。组织开展西部行（基层行）公益活动、血糖共识科普项目、呼吸科技下乡活动、全国心肺复苏普及进亿家精准健康工程等科普活动。为政府及相关部门提供专家资源和智力支持，选派医疗专家参与国际科学与和平周、基层医疗卫生适宜技术推广工作、农民科学素质提高行动，联合中国药学会组织专家开展科普知识辟谣等活动。在承担科协“明医识药”项目的基础上，开展突发公共卫生事件应急科普调查，收集调查问卷56078份，形成调查研究报告，支持国家突发公共卫生事件应急科普机制和体系建设。参与“典赞 · 2020科普中国”宣传推选等活动，推荐的专家入选年度十大科学传播人物。参与2020新时代健康科普优秀作品征集大赛，报送推荐健康生活方式及常见病、多发病和慢性病防治等作品参与大赛。启动“中华医学健康科普知识库”项目，共完成16大类1000余个短视频选题的策划和征集工作，正式出版100余个短视频。

表彰举荐优秀科技工作者 学会继续打造中华医学科技奖品牌。加强评审工作的学术引领，保持高层次评审专家数量，全年共有6名院士、37名各专科分会主任委员、45名副主任委员和118名常务委员参加评审工作。组织召开本年度科技奖评审工作，评选出拟授奖项目共计91项（不包含卫生政策奖）。

学会推荐2020年度国家科学技术奖项目12项，进入拟授奖阶段1项。开展国家科技奖行业咨询，完成社会科技奖励第三方评价函评报告。

学会完成全国创新争先奖、创新人才推进计划、最美科技工作者等候选人推荐工作。

党建强会 学会加强党的建设，筑牢组织阵地。学习贯彻落实党的十九届五中全会精神，坚持学习全员覆盖、重点突出的原则，通过党委书记讲党课、各支部开展专题学习等方式，抓好全会精神宣传和党员干部学习。开展“模范单位”建设和“灯下黑”问题专项整治工作，强化政治机关意识教育，推进党支部标准化规范化建设，做好民主生活会、组织生活会和民主评议党员工作。落实“两学一做”学习教育常态化、制度化，开展《习近平谈治国理政》（第三卷）精神的专题学习。将意识形态工作纳入年度党建工作要点和落实全面从严治党主体责任清单，进一步加强对出版物、网站、微信等意识形态阵地的建设和管理，制定《中华医学会党委意识形态工作责任制实施办法》及实施细则。

学会强化党建引领，积极担当作为。筹备学会理事会党委换届工作，组织制定《中华医学会理事会党委 2020 年工作要点》，以参加中国科协学会理事会党委职责任务分类试点工作为契机，全面梳理学会理事会党委职责，形成任务清单和“负面清单”建议条款，进一步推动学会理事会党委建设。加强专科分会党的小组建设，按程序进行党的工作小组换届的审核与报批工作。组织专科分会认真学习贯彻习近平总书记在科学家座谈会上的重要讲话精神。

学会聚焦监督执纪，推进作风建设。研究部署学会党风廉政建设和反腐败工作，召开党风廉政建设和反腐败工作会议，推动各项工作任务落实。制定党风廉政建设和反腐败工作分工意见表，确保从严治党落到实处。加强监督执纪制度建设，制订《中华医学会党支部纪检委员工作规范（试行）》，明确监督责任。

【中华医学会第 14 次全国重症医学大会】 8 月 7—14 日，由学会重症医学分会主办的为期 1 周的中华医学会第 14 次全国重症医学大会在线上举办。大会围绕重症战“疫”主题全方位展开，及时总结、交流和分享抗疫经验，同时研判疫情防控要求。大会作各类专题讲座 662 场；邀请来自国内及国际 15 个国家的 570 名专家参会。大会共设立 40 个板块，涉及基础、临床、讨论、查房等，还专门设立基础研究及基层重症、新冠肺炎相关板块。27 名来自欧美、“一带一路”沿线国家及中国台湾地区的专家参加大会并发言。大会共举办 192 场次病案讨论及论文点评活动；共设立 1 个主会场、9 个分会场、24 个 3D 虚拟展台、9 个普通平面展台，共开展 36 场企业专题会。

【新冠肺炎防治中国经验研讨会】 4 月 7 日，学会与泰国、缅甸、巴基斯坦三国医学会共同举办新冠肺炎防治中国经验研讨会，旨在不断加强新冠肺炎防控国际交流与合作。会议采取全英文网络直播的形式，来自呼吸、重症、检验、放射和预防等领域的中国专家分享中国防控新冠肺炎的经验并与他国讨论交流。中国科协书记处书记吕昭平、学会纪委书记顾法明、学会副秘书长姜永茂、泰国医学会会长 Amorn Leelarasamee、缅甸医学会会长 Htin Aung Saw、巴基斯坦医学会前任会长兼旁遮普省卫生委员会主任 Prof Ashraf Nizami 等出席开幕式，共计 500 余名专家学者参加和观看网络直播。会后，各国医学会对活动进行宣传报道，为中国与“一带一路”国家交往奠定了较好的民意基础。会议回放视频链接及时发送给世界医学会并发布到世界医学会“新冠肺炎”专题资源库，扩大中国经验的国际影响力。

（撰稿人：陈　旸）

中华中医药学会

服务创新型国家和社会建设　学会 145 名分会委员前往湖北抗疫一线；组织学会及相关分支机构、企业、个人捐赠物资；通报表扬肺系病分会等 46 个抗疫集体和中国工程院院士张伯礼等 207 名抗疫个人，学会获得中国科协组织人事部授予的“优秀抗疫学会”称号。

学会党委、秘书处党支部号召企业向山西省忻州市五寨县，吕梁市临县、岚县，河北省保定市阜平县等地捐赠药品。学会血液病分会、会员刘长信分获全国科技助力精准扶贫工作先进团队和先进个人。

学会开展国家级中医药继续教育项目，开通“中医师承继教”微信公众号，发布 100 余学时公开征集的视频学习资源，开发中医药继续教育线上学习平台，开展新冠肺炎疫情中医药防控视频培训，参与人数 11.04 万人次。推动基层中医药服务能力提升，组织编写出版“基层中医药适宜技术丛书”，开展中医药特色人才公益培训（如“春播行动”）等。

学会建立团体标准观察员与联络员机制，征集观察员 94 名、专家库成员 104 名、企业联络员 75 名。团体标准立项 72 项，发布 24 项；专家共识立项 28 项，发布 13 项。制定《中华中医药学会团体标准工作手册》《中华中医药学会中医指南工作手册》《中华中医药学会中成药临床应用专家共识手册》。向上级主管部门报送《中医基础理论术语（修订）》《中医药研究伦理审查体系要求》《中医药术语标准编制通则》《中医药术语翻译标准编制通则》4 项推荐性国家标准项目建议。

学会成立中药产业发展与科学监管高端智库，发布《2020 年全民中医健康指数研究报告》，出版《中药大品种科技竞争力研究报告（2019 版）》。召开《中华人民共和国中医药法》实施三周年专家座谈会、《中医药传统知识保护条例》专家座谈会。参与《基本药物目录管理办法》《中药注射剂再评价工作方案（建议稿）》等文件论证工作。成立糖尿病、高血压基层中医药防治专家指导委员会，推进中医药内容写入国家相关指南，如将中医药防治糖尿病相关内容写入

《中国2型糖尿病防治指南》，新发布的《国家基层高血压防治管理指南（2020版）》中首次写入中医药相关内容。

学会完成1090项国家级中医药继续教育项目的执行审核，发放电子学分证书12.98万份。

学会与中国科协“绿平台”共享学会技术需求库、人才库和成果库，推荐的2项服务产品入选。

学会建设 学会新发展个人会员4876人，会员总数达25860人；新发展单位会员29家，单位会员总数达62家。

学会修订《中华中医药学会章程》《中华中医药学会会议管理办法（试行）》《中华中医药学会秘书处职工考勤及请销假制度》《中华中医药学会分支机构管理办法》等。对任期届满的分支机构进行考核评估，新成立分支机构1个，完成15个分支机构换届工作。开展分支机构年度考核评估。

加强学会信息化建设，完善学会“智慧杏林”系统，升级国家中医药管理局继续教育服务平台，对分支机构委员管理系统与会员管理系统进行整合。

11月18日，学会第六届常务理事会第二十二次会议在北京召开。学会会长王国强出席会议并讲话，副会长兼秘书长王国辰主持会议。国医大师孙光荣，学会副会长张伯礼、闫希军、李俊德、杨殿兴、曹正逵等出席会议。会上听取《中华中医药学会第七次会员代表大会筹备工作报告》，审议通过《中华中医药学会第六届理事会工作报告》《中华中医药学会第七届理事会理事、常务理事候选人产生情况、名单及审查情况》《中华中医药学会第七届理事会拟成立的委员会及拟提名的主任委员候选人建议人选》《拟授予“终身理事”人员名单》《中华中医药学会第一届监事会选举办法（草案）》《中华中医药学会第一届监事会监事候选人建议人选产生情况、名单及审查情况》《中华中医药学会理事会党委委员产生方式及审核办法（试行）》《中华中医药学会第七届理事会党委委员建议人选产生情况、名单及审查情况》《中华中医药学会第六届理事会党委工作报告》《中华中医药学会第六届理事会会费收支报告》《中华中医药学会第七次会员代表大会关于使用电子计票系统的说明》等事项。

青年人才托举工程 学会完成2017—2019年度中国科协“青年人才托举工程”项目的结题验收工作，制作宣传视频并通过学会官网、官微等平台宣传，设立《青托成长故事》专栏进行宣传，累计阅读量达2万余人次；完成2019—2021年度中国科协“青年人才托举工程”项目中期评估材料收集工作；开展2020—2022年度中国科协“青年人才托举工程”项目，共收到479份申报材料，拟立项支持14人；为加强人才培养，推荐24名被托举人在学会相关分支机构任职委员/青年委员。

主办期刊 学会推进中医药期刊集群化建设，吸纳《中国针灸》《针刺研究》《世界针灸杂志》等期刊加入学会系列期刊。学会主办《中医药文化》（英文版）创刊，系列期刊达73种。

学会与中国知网合作，从“知网新冠OA平台”已经刊发的近千篇“中医药抗击新冠病毒COVID-19”论文中，遴选出70篇具有较高临床应用和科学研究价值，特别是对世界范围内临床抗击COVID-19具有实践指导意义的论文，经中英文双语翻译、汇编结集，以中国知网ISBN电子书形式在全球出版发行。

9月24—25日，在中国科协主办的第十六届中国科技期刊发展论坛上，通过展板和视频的形式，以“中医药期刊走在抗疫一线”为主题，对中医药期刊在抗疫工作中的成果进行展示。

学科发展工程 学会启动年度中医药十大学术进展遴选工作；风湿病分会等7个分会的年会列入中国科协2020年度重要学术会议；推荐项目入围中国科协20个对科学发展具有导向作用的科学问题并向社会公布；继续推进中国科协学科发展研究项目，出版《2018—2019中医药（中药炮制）学科发展报告》；“中医疫病学学科发展”项目通过一期验收。

国际学术会议 4月4日、4月6日，学会举办新冠肺炎治疗国际学术交流会。会议邀请中国工程院院士张伯礼，中国科学院院士仝小林，教授韩晶岩，以及加州大学旧金山分校医学院麻醉系教授Andrew Schober，世界卫生组织全球康复联盟主席、德国汉诺威医科大学康复中心主任Christoph Gutenbrunner等国内外专家以网络视频会议方式开展线上学术交流，分享中国新冠肺炎防疫经验，交流中医药防治新冠肺炎的方案以及各国最新研究成果。学会副会长兼秘书长王国辰，中国驻悉尼总领馆科技参赞卢萍，中国科协党组成员、书记处书记宋军，中国驻美使馆经商处公使朱洪等在大会上致辞。国内外累计7万余人次观看。

6月7日，学会与人民网、中国健康促进基金会共同主办第二届中医药国际化发展论坛。论坛以“中医药传承创新发展的前景探讨及所面临的机遇和挑战”为主题，邀请中国工程院院士张伯礼、国医大师孙光荣、中国工程院院士韩雅玲、中国工程院院士张运以及北京中医医院院长刘清泉等专家作主题报告。国家中医药管理局局长于文明、学会副会长兼秘书长王国辰、中国健康促进基金会终身荣誉理事长白书忠、人民网总编辑罗华出席会议并致辞。会上，与会专家围绕“如何打造中西医并重，彰显中医药在慢病防治中的优势”“如何促进中药质量提升和国际化”“中医药科技创新的前景探讨”等主题进行交流。论坛进行双语同步直播，累计播放量达 56 万人次。

10 月 24 日，由学会等主办的第十六届国际络病学大会暨第八届中西医结合血管病学大会在河北省石家庄市召开。10 名院士及国内外专家学者共 600 余人参加会议。会议在全国 28 个省份设立 3000 余个视频分会场，线上线下同步收看人数超 6 万余人次。

学会举办共 29 期国际抗疫大讲堂，邀请抗疫一线的国内外专家通过直播、回播、答疑等方式分享中国疫情防控经验、诊治方案、研究成果。讲座以双语同声传译、国外同步转播的形式举办。20 多个国家超过 50 万人次在线观看。

国内主要学术会议 学会组织学术会议 89 次，参会人数 2089193 人次（其中线下参会 11932 人次、线上参会 2077261 人次），交流论文 4733 篇。

4 月 23 日，学会召开线上新冠肺炎恢复期康复论坛。邀请中国工程院院士张伯礼，教授陈立典、王刚以及主任医师夏文广解读由学会与中国康复医学会联合发布的《新型冠状病毒肺炎恢复期中西医结合康复指南（第一版）》。国内外的 10 万余名科技工作者在线观看直播。

5 月 12 日，由学会主办的中医药抗疫与传承创新发展研讨会在北京召开。研讨会以“彰显中医药优势，推动高质量发展”为主题，总结中医药在新冠肺炎防治中的经验，聚焦卫生健康工作体制机制中的中医药角色定位、中医药学术传承与人才培养、中医药学科发展等领域，邀请专家进行主题研讨。

5 月 30 日，学会与人民网·人民健康共同举办中西医并重助力人类卫生健康共同体建设访谈。活动邀请中国科学院院士仝小林、中国工程院院士张运、世界针灸学会联合会主席刘保延共同分享中西医并重抗疫故事，探讨人类卫生健康共同体建设，就中医药参与全球卫生治理、中医药国际化发展提出建议。中国科协学会学术部部长刘兴平、学会副会长兼秘书长王国辰出席活动并致辞。国内外点击观看人数超过 30 万人次。

6 月 6 日，由学会肺系病分会主办的中医药传承创新发展暨新冠肺炎防治专题研讨会在北京召开。国家中医药管理局副局长闫树江，中日友好医院院长孙阳，国医大师晁恩祥，人民卫生出版社副总编辑朱双龙，广州中医药大学副校长、广东省中医医院副院长张忠德等专家，以及肺系病分会援鄂专家、部分委员等 80 余人参加会议，12 名专家分享防治新冠肺炎的心得体会与临床经验。

10 月 9—10 日，由学会主办的第二届粤港澳大湾区中医药高峰论坛暨中医药与疫情防控常态化高峰论坛与粤港澳大湾区中医药发展高层次专家研讨会分别在广东省深圳市、广州市召开。两次活动均为中国科协“中国科技峰会”系列活动之一。来自全国各地的专家学者、医疗行业从业者近 400 人参加粤港澳系列活动。高峰论坛期间，国医大师李佃贵、首届全国名中医王庆国、中国针灸学会会长刘保延、国家中医药管理局对台港澳中医药交流合作中心主任杨金生、上海中医药大学校长徐建光等专家作中医在新冠肺炎疫情中的应用及对中医抗疫基因的思考、新冠肺炎重症患者的救治体会、中医药（包括针灸）对新冠肺炎防治及其恢复期的康复思路、粤港澳中医药创新发展政策解读与思考及对建立新时代中西并重健康保障体系建设的思考等相关主题报告。在专家研讨会上，与会专家围绕中药评审、研究成果转化、临床与基础研究结合模式等方面展开研讨。

两岸交流 8 月 21—24 日，由学会、台湾“中华海峡两岸中医药合作发展交流协会”、湖南省中医药和中西医结合学会、安徽省药学会共同主办的第二届海峡两岸青年中医药传承创新论坛暨第二届皖湘中药论坛在湖南省衡阳市召开。论坛主题为“两岸道地药材”与“青年中医药人才”，120 余名来自海峡两岸的专家、中医药从业者参加会议。学会副秘书长孙永章、湖南省中医药和中西医结合学会会长邵湘宁、台湾“中华海峡两岸中医药合作发展交流协会”会长梁克玮等专家出席开幕式并致辞。论坛邀请中国医学科学院协和医学院药用植物研究所中国中药材 GAP 研究中心副主任王文全、台湾“中华药用植物学会”理事长黄世勋、全国茯苓协会会长王先有等专家分别作专题演讲，与会嘉宾围绕青年中医药学者创业案例、两岸各地道地药材与民族药物进行交流。会议还设立圆桌讨论环节，共同讨论中医药的传承创新发展。

国际交往 学会与日本中医学会共同主办新冠肺炎中医药对策中日网络交流会。会议邀请中央指导组专家组成员、学会急诊分会主任委员刘清泉和经方临床专家王三虎分别分享新冠肺炎的中医救治经验和方案。中国驻日本大使馆参赞兼总领事詹孔朝、学会副会长兼秘书长王国辰、日本中医学会会长平马直树等出席会议并致辞。日本医科大学名誉教授高桥秀实、日本金泽大学附属医院汉方医学科准教授小川惠子、日本中医药研究会会长乾康彦、日本中医协会会长辰巳洋等专家交流分享新冠肺炎防治经验，共计近千名中日两国专家学者和医务工作者参加在线交流会。

4月26日，学会举办“越洋五地”中医防疫经验交流直播会暨留学生爱心关爱活动，来自中国、美国、意大利、澳大利亚、阿拉伯联合酋长国5个国家的中医专家线上交流各国在此次疫情中的经验和认识。活动邀请全国名中医严世芸、意大利中华医学会创会会长何嘉琅、湖南针灸学会会长常小荣等作主题报告。国内外近5万人次观看直播。

7月，学会与韩国大韩韩医学会共同主办中韩新冠肺炎专题座谈会暨MOU签约仪式。会议以线上形式召开，学会会长王国强、韩国大韩韩医学会会长崔道永出席开幕式并致辞，学会副会长兼秘书长王国辰出席会议。学会方药量效研究分会主任委员、中国科学院院士仝小林，学会急诊分会主任委员、首都医科大学附属北京中医医院院长刘清泉，韩国庆熙大学教授李范濬，韩国又石大学教授张仁寿作主题报告，并围绕“传统医学对病毒和传染病的作用”展开交流讨论。中韩双方以在线的形式签署合作备忘录（MOU）。

科普活动 学会建立由505名专家组成的中医药科学传播专家团队，成立由1426名专家志愿者组成的科技志愿服务分队，设立学会科技志愿者服务站。编制《2020年中国中医药科普发展报告》，遴选年度科普人物和科普作品。进驻抖音、快手等新媒体平台，录制视频100余集，抖音粉丝数达26.8万，点击量3363.8万次，在中国科协网络平台第三季度综合影响力排名第1。以“漫创中医之美，脉动健康生活”为主题开展中医药健康文化作品（动漫）遴选活动，征集中医药动漫形象、中医药动漫及微视频等各类优秀作品500余件。

学会编写《中医药抗疫蓝皮书》，制定发布中医药疫情防控相关指南、意见9项。在微信平台发布疫情科普文章375篇，征集并推送科普作品175部。联合录制中医居家预防新冠肺炎健康科普特别节目。免费发布学会指导编著的新冠肺炎防控指导、身心调护和康复保健科普读物。

学会在官微开设中医药战“疫”微课堂，推送作品73部，部分作品被推荐为云南、贵州两省中医药专业人员培训课程。组织专家在团中央微信公众号开设防控疫情专栏，在抖音等新媒体上直播。

学会与中国初级卫生保健基金会共同主办七期《中西医荟萃》栏目，以线上直播的形式在“壹生”App推出系列讲座。首期栏目邀请援鄂医疗队专家史锁芳、黄东晖分享抗疫一线临床经验。第二期、第三期、第六期围绕疫情期间慢病管理展开讨论。在第四期、第五期的栏目中，邀请中国工程院院士张伯礼与国医大师孙光荣分别探讨中西医结合诊治新冠肺炎经验以及国家“中西医并重”发展战略的积极影响。超过63万人次在线观看。

表彰举荐优秀科技工作者 学会评选中华中医药学会科学技术奖131项、李时珍医药创新奖3人。推荐3人获第二届全国创新争先奖章，推荐1人获第十六届中国青年科技奖。

党建强会 9月，学会党支部与国家中医药管理局人教司党支部举办第四期、第五期定点扶贫五寨县中医适宜技术培训班。来自山西省忻州市五寨县各乡镇卫生院的84名基层医生参加两次培训，重点学习艾灸、刮痧、刺络放血、付罐、耳穴等技术。

12月5日，完成学会理事会党委换届选举工作。坚持第一议题制度，将学习习近平总书记最新讲话精神、新冠肺炎疫情防控工作重要指示、党中央重要文件和中国科协党组工作部署等作为第一议题传达学习，组织收看两会开闭幕式和十九届五中全会新闻发布会等。

学会开展“灯下黑”专项整治工作，逐条对照习近平总书记指出的“灯下黑”问题具体表现、上级党组织梳理的整治重点制定方案，建立台账，认真整改。推进学会党支部标准化、规范化建设，运用集中学习研讨、实地考察、知识竞赛等形式和手段，严格规范落实“三会一课”等。推进党风廉政建设和反腐败工作，推进利用特殊资源谋取私利等整改落实工作，制修订7项制度。

会员服务 学会创新会员发展服务模式，起草《会员联动服务与发展实施方案》。

学会收集、整理、编辑、宣传各地方学会、会员单位及会员在疫情防控工作中的典型事迹。在各平台设立“抗疫亮点”和“同‘心’战疫丨学会会员单位在行动”“地方中医药学会战疫在行动”“抗击疫情，青托人在行动”四个专栏，累计编辑、推送抗疫动态等相关文章305篇。

【中华中医药学会第七次全国会员代表大会】 12月5日，学会第七次全国会员代表大会在北京召开。全国政协副主席何维出席开幕式并讲话。国家卫生健康委党组成员、国家中医药管理局党组书记余艳红，中国科协副主席、书记处书记孟庆海出席开幕式并致辞。于文明当选中华中医药学会第七届理事会会长。

会议审议并通过《中华中医药学会第六届理事会工作报告》和《中华中医药学会章程（修改草案）》，选举产生中华中医药学会第七届理事会理事、常务理事和领导成员。于文明当选新一届中华中医药学会理事会会长，王国辰、仝小林、闫树江、李灿东、杨关林、杨明会、杨殿兴、肖伟、陈达灿、郑进、胡鸿毅、徐安龙当选副会长。提名王国辰为秘书长，刘平、孙永章为副秘书长。

学会第六届理事会会长王国强作理事会工作报告。国家中医药管理局党组成员、副局长闫树江宣读第七届理事会致第六届理事会的感谢信。大会还为2020年度中华中医药学会科学技术奖、李时珍医药创新奖获奖者颁奖。

（撰稿人：余珍珍）

中国中西医结合学会

服务创新型国家和社会建设 为贯彻落实中央关于新冠肺炎“强化中西医结合，促进中医药深度介入诊疗全过程，及时推广有效方药和中成药”的指导意见，经学会会长、秘书长会议研究，组织专家编写《新型冠状病毒肺炎中西医结合防治专家共识》。由学会会长、中国工程院院士陈香美牵头，商讨确定共识针对的目标用户，议定共识结构、涵盖的范围与主题。

为贯彻落实中央脱贫攻坚重大决策部署和习近平总书记关于精准扶贫开发战略思想，深入推动“科技助力精准扶贫工程”，按照国务院扶贫开发领导小组相关部署，学会各专业委员会开展扶贫攻坚活动。

为进一步贯彻落实国务院《深化标准化工作改革方案》《中医药法》《中医药健康服务发展规划（2015—2020年）》及《中医药发展战略规划纲要（2016—2030年）》有关要求，加快推进中医药标准化工作，学会受国家中医药管理局政策法规与监督司委托，承担《中西医结合医院工作指南》修订工作。

受国家中医药管理局医政司委托，承担国家中医药管理局“重大疑难疾病中西医临床协作试点项目”成果编制工作。10月16日，在北京召开重大疑难疾病中西医临床协作试点项目成果编制培训会，由学会秘书长吕文良主持，会长陈香美对参会人员进行专题培训。

学会共举办国家级继续教育项目11项、学会级继续教育项目7项；会议培训人数高达28540人次，线上点击量达374864人次。

学会建设 学会以线上线下相结合的方式全年共召开7次会长办公会和工作委员会扩大会议，有序推进第七届理事会改选换届工作。

组织任期届满的实验医学、医学影像、灾害医学、微循环、神经科、麻醉学、围手术期7个专业委员会完成改选换届工作。

10月22日，学会在北京召开第七届十六次常务理事会议。会议审议通过第七届理事会工作报告；听取第八次全国会员代表大会筹备情况及日程安排；决定设立第八次全国会员代表大会主席团；聘请第八届理事会名誉会长、名誉理事。

10月22—25日，学会在北京召开第八次全国会员代表大会。会议审议通过第七届理事会工作报告；审议并通过《中国中西医结合学会章程（草案）》；审议并通过第七届理事会财务报告、第八届理事会选举办法，推选监票人；选举产生第八届理事会理和第八届监事会监事。

10月23日，学会在北京召开第八届一次理事会议。会议选举产生第八届理事会常务理事；选举产生第八届理事会会长、常务副会长、副会长及秘书长；提名并通过第八届理事会法定代表人；聘请第八届理事会名誉会长、名誉理事；聘任第八届理事会副秘书长。

10月23日，学会在北京召开第八届一次常务理事会议。会议审议并通过第八届理事会五年重点工作规划（草案）、学会“十四五”规划；听取第八次世界中西医结合大会筹备情况。

12月3日，学会在湖北省武汉市召开第八届二次常务理事会议。会议学习十九届五中全会精神；审议通过学会2020年工作总结及2021年工作计划；审议通过2020年学会科学技术奖、2021年学术活动计划及继续教育项目；听取标准化技术委员会工作进展汇报；提出2021年学会重点工作等。

主办期刊 学会召开第八届编辑工作委员会第六次工作会议，来自全国中西医结合系列杂志的30多名代表参加会议，探讨新形势下中西医结合系列期刊改革发展思路，研究确定中西医结合系列期刊年度工作计划与重点，交流各期刊办刊经验。学会主办的10种学术期刊共出版102期，刊发文章3257篇，《中国中西医结合杂志》有9篇论文入选“中国精品科技期刊顶尖学术论文（F5000）”。

国际学术会议 12月3—6日，学会在湖北省武汉市召开第八次世界中西医结合大会。

国内主要学术会议 学会全年共召开学术会议50场，其中线上会议30项、线下线上相结合会议16项、线下会议4项；注册参会人数205776人次，点击量达1343362人次，编写论文集37册，交流论文和报告7902篇。

科普活动 学会各专业委员会举办健康知识讲座、发放健康宣教手册、组织媒体宣传等科普宣教活动，并通过媒体、报纸杂志、网站、微信公众号等途径进行宣传。学会所属活血化瘀、心血管疾病、急救医学等56个专业委员会共开展活动722余场，普及117.4万余人，其中义诊覆盖4160余人次，发放宣传册20.2万余册。学会被中国科协科学技术普及部评选为“2020年度全国学会科普工作优秀单位”。

学会各专业委员会在世界肾脏病日、全国爱眼日、世界心脏日、世界肝炎日、世界睡眠日、全国爱耳日等开展健康科普讲座和义诊咨询活动，提供咨询、诊疗和指导服务。同时各专业委员会结合自己的专业组织开展一系列科普活动，如“爱眼日——中国行”“白金十分钟——全国自救互救活动日”“2020年世界肾脏日主题活动”“全民营养周”“健康洛阳行·大医献爱心”等一系列集讲座、健康咨询、义诊为一体的健康教育活动。

表彰举荐优秀科技工作者 学会完成国家科技进步奖提名材料上报工作，广东药科大学教授郭姣牵头的“糖脂代谢性疾病的中医药综合一体化防控”项目获得提名并通过第一轮网络初评。

开展2020年度学会科技进步奖评选工作，收到全国各省市学会、专业委员会及相关单位申报科学技术奖项目共计165项，受理108项，形式审查不合格3项，进入初审候评105项。专家通过网络初评，确定基础15项、临床30项、药学5项，共50个候选项目参加终评。其中，二等奖基础、临床各退出1项；三等奖基础、临床各退出1项，合计46项进入终评。11月18日，学会在北京组织37名专家开展终评工作，共评出一等奖7项、二等奖16项、三等奖20项、科普奖3项，合计46项获奖项目。其中，公示期间二等奖获奖项目退出2项，经公示最终获奖情况为一等奖7项、二等奖14项、三等奖20项、科普奖3项，合计44项最终获奖项目。

党建强会 根据中国科协科技社团党委发布的《中国科协科技社团党委关于开展2020年度全国学会“党建强会计划”项目申报的通知》文件要求，学会申报并获得中国科协科技社团党委“科技志愿服务基层”类项目经费资助，并签署资助合同。

学会办事机构定期召开党小组会，党小组围绕习近平总书记系列讲话、抗击疫情、第十三届人大三次会议、政府工作报告、弘扬优良家风、党的十九届五中全会精神等主题共开展15次党员大会。

为落实《中国科协科技社团党委关于2020年度“党建强会计划”项目资助的通知》文件要求，根据中国科协科技社团党委的安排，按照学会党委的通知要求，部署两次党建扶贫工作。

8月27—29日，学会党委委派心血管疾病专业委员会主任委员吴宗贵带队赴井冈山吉安地区基层医院开展党建扶贫公益活动，向当地医院捐赠药品，同时开展示范教学查房工作，就传染病流行病的预防、慢病常见病的管理、危重急症的康复治疗提出建设性的意见和建议，培养当地医务人员约150余人。

10月15—18日，学会党委委派灾害医学专业委员会教授李奇林带领近20名专家赴井冈山地区开展党建精准扶贫工作。在万安县人民医院、井冈山市中医院开展学术交流、教学查房、业务讲座、手术示范、义诊咨询等活动，并赠送相关书籍。

10月23日，学会在北京召开第八届理事会第一次常务理事会党员大会，会议由学会会长陈香美主持。会议学习近年来习近平总书记关于中医药工作重要指示精神和《中华人民共和国中医药法》，选举产生中国中西医结合学会（功能型）党委，其中郭姣为党委书记，唐旭东为党委副书记，朱广丽为纪检委员，吕文良、施建蓉、葛元靖、尚东为党委委员。

【中国中西医结合学会第八次全国会员代表大会】 10月22—25日，中国中西医结合学会第八次全国会员代表大会在北京召开。来自全国各省、自治区、直辖市的400余名会员代表出席会议。学会第七届理事会会长陈香美致开幕词，中国科协书记处书记吕昭平，国家中医药管理局医政司副司长严华国，中国中医科学院书记查德忠，中国人民解放军总医院院长徐迪雄，中华中医药学会会长王国强，以及学会名誉会长、中国科学院院士陈可冀、陈凯先到会祝贺并致辞，中国工程院院士张伯礼通过远程视频致辞。开幕式期间，学会向全体会员代表发出“高擎中西医结合旗帜，守正创新，弘扬伟大抗疫精神”倡议书。

全国会员代表大会审议并通过学会第七届理事会工作报告、章程修订草案、财务报告和会员管理办法；选举产生第八届理事会理事和监事会监事成员。

工作报告以“坚持中西医结合道路，传承精华守正创新，为建设健康中国贡献力量”为题目，详细阐述学会第七届理事会5年期间在党建工作、组织建设、学术交流、会员管理、科学普及、“一带一路”、定点扶贫、标准化工作以及疫情防控工作等方面取得的成绩。

10月23日，第八届理事会第一次全体会议选举产生第八届理事会常务理事，选举陈香美为第八届理事会会长，选举中国中医科学院副院长唐旭东为常务副会长，选举王伟、王笑频、丛斌、吕文良、刘继红、刘清泉、杨宝峰、施建蓉、姚树坤、高秀梅、郭姣为学会副会长，选举吕文良为秘书长。

【第八次世界中西医结合大会】 12月3—6日，由学会主办，湖北省中西医结合学会、华中科技大学同济医学院附属同济医院承办，湖北省中医院、湖北省中西医结合医院、武汉市中西医结合医院、华中科技大学同济医学院附属协和医院、武汉大学人民医院、武汉大学中南医院、湖北中医药大学协办的第八次世界中西医结合大会在湖北省武汉市召开，大会以“中西医结合抗击疫情，守正创新开创未来”为主题。来自中国、俄罗斯、美国、加拿大、德国、日本、韩国、瑞典、意大利、奥地利、智利、巴基斯坦、毛里求斯等10余个国家和地区的1000余名专家学者参加会议，其中中国科学院、中国工程院院士8名，外籍专家20名，线上观看直播人数5万余人次。国家中医药管理局、湖北省人民政府和湖北省卫生健康委等部门领导出席大会开幕式。

中国工程院院士、学会会长陈香美作开幕式致辞，国家中医药管理局副局长孙达、湖北省副省长杨云彦、中国工程院院士钟南山出席大会并致辞。

来自国内外的41名院士、专家分别就中医药疫情防治、中医药现代化、免疫调节等方面的发展动态、研究成果、创新趋势作学术报告，并设立4个海外专场：中俄专场、中亚专场、中欧专场及中美专场。武汉现场举办中西医结合展览和壁报展示活动。

除主会场外，大会还设立麻醉、重症、传染病及呼吸病（线上）等分会场，共有国内外60余名学者分别从疾病的流行病学、综合诊治、研究进展等方面进行探讨。会前共收到投稿论文1841篇，涵盖优秀论文200篇、壁报140份，内容横跨基础、临床、药学等多个专业领域。

【中国中西医结合学会肾脏疾病专业委员会2020年学术会议】 11月26—29日，学会肾脏疾病专业委员会在浙江省杭州市召开2020年学术会议。中国工程院院士、学会会长、学会肾脏疾病专业委员会主任委员陈香美，中国工程院院士、传染病诊治国家重点实验室主任、国家感染性疾病临床医学研究中心主任李兰娟，中国工程院院士、军事科学院研究员陈薇，上海交通大学党委副书记、上海交通大学医学院党委书记范先群，杭州医学院院长黄东胜，浙江中医药大学校长陈忠等专家、领导出席。大会由陈香美主持，共邀请180余名来自全国各地的肾脏病专家交流、讲课。线下参会800余人，线上注册12000余人，线上点击观看达5万余人次。

会议共收到稿件1651篇，其中抗击疫情类稿件143篇。经过评选，300篇作壁报交流，评选出30篇优秀论文，143篇作抗击疫情类壁报现场展示。大会开设主会场和4个分会场进行学术交流，讲者81人次、主席60人次，大会主题报告5场，分会场专题讲座、论坛报告76个。

【第十八届全国中西医结合肿瘤学术大会】 11月7—8日，由学会肿瘤专业委员会主办的第十八届全国中西医结合肿瘤学术大会以线上线下相结合的形式召开。学会肿瘤专业委员会主任委员王笑民担任大会主席并致辞，作学术报告《中西医结合肿瘤学创新与发展》，秘书长杨国旺主持开幕式。大会邀请国医大师金世元、周岱翰，国家级名老中医郁仁存，学会肿瘤专业委员会名誉主任委员林洪生，国家癌症中心教授陈万青等肿瘤行业专家学者作主题学术报告。同时，北京市中医管理局、首都医科大学以及北京中医医院的主要领导出席大会开幕式。线上累积近15000人次收听。

大会围绕“传承、创新、精致、全程”的主题，分阶段由不同专家主持，集中探讨中西医结合肿瘤名家学术传承，中西医结合肿瘤防治的新理论、新方法、新进展，以及中西医结合肿瘤防治的基础研究与成果，从战略指引到肿瘤发病的流行病学数据呈现、从临床疗效的评价研究再到疾病发生发展的机制探索展示中西医结合防治肿瘤的现状与进展，并为中西医结合抗肿瘤未来的继承、创新、融和、国际化等发展指引方向。

大会进行论文征集和优秀论文评选，共征集论文206篇，评选出优秀论文15篇。

【第十三次全国中西医结合内分泌代谢病学术大会】 9月11—13日，由学会内分泌专业委员会主办，四川中西医结合学会内分泌专业委员会、成都中医药大学附属医院承办的第十三次全国中西医结合内分泌代谢病学术大会在四川省成都市召开。直播平台收看会议直播人数达15万余人次。大会围绕“传承　创新　融合　发展”主题，分享中西医结合防治内分泌代谢病领域的前沿新知。共收录论文及摘要200余篇，论文内容涉及临床研究、实验研究、病例报道、理论探讨、名医经验传承及内分泌领域最新研究进展，病种涵盖糖尿病及其并发症、甲状腺疾病、骨质疏松症、肥胖、代谢综合征、高尿酸血症、非酒精性脂肪肝、胰岛素瘤、垂体瘤等，并对内分泌代谢病中西医结合关键科学问题进行探讨。

【中国中西医结合学会麻醉与围手术期专业委员会2020年会】 11月27—29日，学会麻醉与围手术期专业委员会年会在广东省广州市召开。大会主题为“传承精华，守正创新，共建新医学”。会上，学会麻醉与围手术期专业委员会同时换届选举，产生新一届专业委员会，即第三届麻醉专业委员会和第四届围手术期专业委员会，现场参会人数近500人。大会分设7个分会场，分别为围术期医学、青年论坛、舒适化医疗、ERAS专场、新概念新技术、气道大讲堂及肌松药演讲竞赛，共作49场学术报告，其中25场与中医药相关。分会场讲座采取先现场演讲后点评的方式，每场分会场最后由大会会务在所有分会场播放中华麻醉学会前任主任委员熊利泽录播的演讲稿《让历史告诉未来》。

（撰稿人：史冬云）

中国药学会

服务创新型国家和社会建设　学会建设药学科技智库。开展医药工业“十四五”发展规划专题研究。开展公立医疗机构药品实际采购价格和采购数量监测统计、过快涨价药品分析、药品临床综合评价主题遴选、健全国家统一应急物资保障体系等项目研究。持续进行过度重复类药品目录动态监测，发布《关于发布第六批过度重复药品提示信息的公告》，科学引导企业及研发机构优化研发资源配置。开展医院用药监测，发布《2020年上半年度医院用药监测报告》。紧密追踪全球新型冠状病毒感染医疗对策的研究进展，完成《中国疫苗专报》。

学会承接政府转移职能。承担医药代表备案平台建设和维护工作。完善国家药品监督管理局科技成果登记管理平台功能。参加仿制药质量和疗效一致性评价工作，检索并翻译44个相关品规的生物等效性指导原则。开展国际人用药品注册技术协调会（ICH）培训工作，举办M4Q指导原则培训试点项目，申获ICH国际组织M3指导原则培训项目，举办3场ICH培训，共培训1366人。

学会开展国家医药创新能力评估，系统分析医药科技创新优势特色和薄弱环节。开展监管科学项目科技评估，为中国完善药品监管科学顶层设计提供启示。开展省（市）级药品集中采购平台体制机制与功能绩效评估、小品种药集中生产基地供应保障能力评估。开展雷尼替丁、利福平及利福喷汀临床使用及替代性研究。

学会发布《毒性病理学术语集（第一版）》《医疗机构胰岛素安全使用管理规范》《中国药物经济学评

价指南2020》3个团体标准，完成《中国癌症症状管理规范——化疗所致恶心呕吐舒适化药物防治》《咳喘药学服务门诊验收标准》2个团体标准立项，促进学科发展及规范行业行为。

学会落实与江苏省科协签署的全面战略合作协议，在江苏省举办中国药师周、太湖（马山）生命与健康论坛、中国－扬州生物医药论坛等会议。与浙江省科协签署服务科技经济融合发展合作协议，助力长江经济带建设。与山东省政府联合举办山东省暨济南市生物医药高质量发展圆桌会，形成《院士专家关于济南生物医药产业高质量发展的意见建议》。牵头中国科协“科创中国”项目湖北省咸宁市试点城市科创服务团，参与山东省泰安市、天津市滨海新区、黑龙江省七台河市等地项目，将药学科技资源引向基层，助力地方科技经济融合发展。

学会持续加强数据支持和技术保障能力。承担国家药品监督管理局安全用药知识竞赛、工业和信息化部国家医药储备管理信息系统、国家卫生健康委国家药品供应保障综合管理信息平台药品基本数据库等维护工作。

学会完成国家继续医学教育项目和学会继续教育项目43个，受益人数达95.78万人次。列入学术会议的继续教育项目26项，培训27.63万人次。

12月27日，学会战略发展专家委员会座谈会在北京召开，发挥专家资源和智库优势，为国家相关政策制定和产业发展建言献策。

学会注重搭建青年药学人才学术交流平台，2020年中国药学大会开设药剂学青年科学家论坛、海洋药物博士论坛、纳米药物创新与转化论坛、生物技术药物研发与转化论坛等分会场。3—9月，以线上直播形式召开6场医院药学青年人才培养座谈会，助力青年临床药师的成长发展。

学会认真落实党中央关于打赢疫情防控阻击战部署，号召广大会员在药物研发、药学服务、科学普及等领域参与战“疫”，同时与FIP支持全球疫情防控。多名专家奔赴一线，多个专家团队参与研发抗新冠病毒药物和疫苗。学会免费开放药学网络大讲堂213个专题培训课件，47余万人次在线学习。5月，被中国科协组织人事部授予“优秀抗疫学会”称号。

学会各主办期刊刊发新冠肺炎疫情防控有关科研成果79篇。组织编写适用于医院药学部和零售药店新型冠状病毒感染防控策略专家共识，推荐专家参与FIP新型冠状病毒感染疫情防控指南制定。

学会认真落实党中央关于打赢脱贫攻坚决策部署，推进党建扶贫责任落实。与全国政协教科卫体委员会共同在贵州省等地开展医药卫生“三下乡”活动，募集价值302万元药品。开展10余场“科学用药　科普扶贫”活动，继续开展“智爱妈妈”安全用药科普促进行动项目。利用药学网络大讲堂提升贫困地区基层药师专业能力。向安徽省阜阳市临泉县和宿州市砀山县捐赠科普读本，组织中药材种植技术培训，加快当地产业转型升级。为临泉县张老庄村投入帮扶资金建立党群服务中心，向基层党组织和医药希望学校捐赠书籍和口罩。直接购买贫困地区农产品，帮助销售贫困地区农产品。5月，被中国科协组织人事部授予“优秀扶贫学会”称号。

学会建设　学会发展个人会员311人、团体会员3家。

学会召开理事会议1次、常务理事会议4次、理事长办公会6次、秘书长办公会10次、秘书处办公会16次。

学会成立工业药剂学、医药生物分析2个专业委员会，完成老年药学、药物化学、应用药理、药事管理4个专业委员会换届改选工作。

12月20日，学会在重庆市召开2020年全国地方药学会改革创新发展研讨会。全国各地药学会的理事长、副理事长、秘书长、副秘书长等40余名代表参加会议，研讨学会改革创新发展中积累的成功经验、面临问题及今后工作安排，推动深化学会改革创新发展。

12月27日，2020年中国药学会专业委员会工作会议暨学会创新发展研讨会在北京召开，学会理事长孙咸泽作关于学习贯彻党的十九届五中全会精神的报告，传达学习中国科协2020年全国学会工作会议精神。

青年人才托举工程　学会完成第三届中国科协“青年人才托举工程”项目总结工作，实施第四届和第五届中国科协“青年人才托举工程”项目，开展第六届中国科协“青年人才托举工程”项目立项申请。

主办期刊　学会推进世界一流科技期刊建设工作。主办期刊《药学学报》（英文版）2020年改版为月刊，增加发文量，缩短出版周期，SCI影响因子为7.097，总被引频次为3560次，位于国际药理学与药学270本期刊的第13位，居Q1区，获评“2020中国最具国际影响力学术期刊”。

《中国中药杂志》分别位列《世界期刊影响力指数（WJCI）报告（2020科技版）》“药理学”和“中医学与中药学、结合与补充医学”两个领域中国期刊首位。第9次入选“中国最具国际影响力学术期刊”，在CI排名TOP5%的175种科技类学术期刊中总排名第103位，在中文期刊中排名第11位。获“百种中国杰出学术期刊”“中国精品科技期刊”等称号。

《中草药》《药学学报》获评“中国国际影响力优秀学术期刊”,《中草药》获天津市重点出版项目扶持。

组织召开主办期刊第二十六次审读会，主办第六届《药学学报》药学前沿论坛暨第十五届中国药学会青年药学论坛、《中国药学杂志》药物分析前沿专题组稿会暨岛津杯30年座谈会等会议，推动科学道德与学风建设，加强领域内出版资源整合，强化主办期刊科学管理与服务。

学科发展工程 学会编写《药学学科发展报告（2019—2020）》，研究药学学科发展趋势，提出发展建议，提升服务科技创新和引领学科发展能力。

学会组织征集2020重大科学问题和工程技术难题，遴选推荐“如何利用药用植物大数据实现药用植物活性成分的生物富集”等3个前沿科学问题。

学会开展中国科协“科创中国”先导技术榜单推荐工作，推荐“基于大数据和人工智能的药物设计前沿技术”项目。

学会编辑4期《药学科技前沿》（内刊），为药品监管及科技人员提供参考。

学会组织专家及相关院校、医疗单位、科研机构完成30位药学学科发展拓荒者、奠基者、耕耘者和集大成者的代表人物科学家精神事迹整理、汇编，形成近30万字的报告集。

国际学术会议 5月9日，学会以线上形式主办中国-埃及药学领域专家抗击新冠疫情研讨会，来自中国、埃及和中东地区其他国家的共计6000余名药师参加会议，中国、埃及两国药学专家携手推进国际抗疫合作。

国内主要学术会议 学会创新学术会议举办方式，拓宽合作形式。全年举办2020年中国药学大会、第二十届中国药师周、第五届中国医疗器械警戒大会、第七届药物检测质量管理学术研讨会、第八届中国药学会生物技术药物质量分析研讨会、青年医院药学人才发展座谈会、第30届全国医院药学学术年会暨第80届FIP卫星会等44个学术活动，现场参会人数14604人次，线上参会人数62.46万人次，作会议报告1216个，交流论文1388篇。

11月26—29日，由学会主办的第二十届中国药师周在江苏省苏州市举办，会议以线上线下相结合方式召开，主题为“推动药学发展　守护全民健康”。大会共设7个学术论坛，同期开展“科海扬帆　梦想启航”校园科普公益活动和“安全用药　战疫同行——药师您好”科普文艺作品展演活动，2700人现场参加会议，682人在线参加会议。

两岸交流 9月18—19日，学会以线上线下相结合的方式主办2020年海峡两岸药物化学研讨会，围绕“新药让生活更美好”主题，为两岸药物化学领域专家交流新成果、新技术、新经验，探讨新机遇、新挑战搭建平台。共有289名专家学者参加会议，其中大陆线下参会249人、台湾地区线上参会40人。

12月9日，学会理事长孙咸泽作为两岸企业家峰会生物科技与健康照护产业合作推动小组陆方副召集人出席2020两岸企业家峰会年会，促进两岸经济交流合作，推动两岸关系和平发展。

国际组织任职 学会循证药学专业委员会主任委员张伶俐担任国际药学联合会（FIP）药品短缺政策委员。

国际交往 协助学会专家参加FIP线上会议6次。深入参与FIP活动：组织申报FIP 2020杰出科学奖等奖项；完成2021年FIP大会讲者及2020年世界药学大会热点话题征集；组织反馈《FIP关于药师在支持患者安全方面作用的政策声明》等3个声明的意见建议；反馈《FIP关于免疫和疫苗接种中发挥作用》等2份调查问卷工作。

学会申请成为美国药典委员会大会成员。

科普活动 学会开展科普活动12项、科普研究5项，线上线下活动覆盖公众1亿人次。

学会已成立376支志愿服务队，志愿者规模达1.6万人。在全国科技工作者日期间，以线上线下相结合的形式与新华网等媒体平台联合开展“科技为民　奋斗有我”主题系列活动，号召会员和药学工作者参与志愿服务，传播量达9.3万人次。

学会以“监管科学　创新强国”为主题举办2020年药品科技活动周启动仪式，展示药监系统监管科学研究成果和新冠疫情战疫成效，普及科学知识。牵头协调实施全国安全用药月活动，重点开展全国安全用药月启动仪式暨第五届中国药品安全论坛，发布2020年公众十大用药提示和《中国家庭用药手册》（儿童安全用药），41.28万人次通过直播参与活动。承办第九届药品安全网络知识竞赛，答题量达386.3万人次。牵头开展全国科普日“卫生健康科普联合行动”专题活动，通过知识竞答和科普文章发布等方式累计覆盖受众4.1万人次。开展第二十届中国药师周系列科普活动，包括“安全用药　战疫同行”——科学传播论坛、健康中国“药”你知道——药学服务V课堂（儿童用药专题）直播、“科海扬帆　梦想启航”科普进校园活动走进苏州大学、“药师您好”科普文艺作品展演活动等主题活动。

学会强化科普研究。结合中国科协“明医识药”科学辟谣试点项目，与中华医学会联合开展新冠肺炎疫情期间医药卫生类应急科普工作调查研究，研究成果《新冠疫情下医药卫生类应急科普需求与实施情况调查研究》在第80届FIP世界药学大会作为壁报交流展示，并在*Pharmaceutical Education Journal*期刊发表。继续开展科技传播创新工程、“智爱妈妈”安全用药科普促进行动、“精准用药”科技传播促进行动，新增甲状腺疾病合理用药临床科普干预行动和泌尿健康金箭头守护计划。

学会开展抗疫科普工作，共推出新冠肺炎相关原创科普作品449条，通过“药葫芦娃”两微九端平台发布4130条。

学会组织出版《探秘冬虫夏草》科普图书和《甲状腺疾病合理用药》教材。

学会创编各类科普资源文章7000篇，通过“药葫芦娃”两微九端科普传播矩阵宣传，获学习强国、中国药闻、科普中国等平台转发。

表彰举荐优秀科技工作者　学会评选第十五届中国药学会科学技术奖12项；推评第二十一届吴阶平－保罗·杨森医学药学研究奖4名；评选表彰中国药学会2020年最美科技工作者10名、中国药学会优秀药师101名。推荐的中国药科大学教授孔令义获第二届全国创新争先奖状。

推荐1人入选2020年中国科协优秀中外青年交流计划。

党建强会　学会召开理事会党委会议2次、党支部委员会会议26次、党员大会6次、党员干部讲党课6次。

加强党建引领。理事会党委书记、理事长孙咸泽以“学习贯彻党的十九届五中全会精神，为建设社会主义现代化医药强国贡献力量”为题作报告。

开展党支部标准化规范化建设。设立学会党支部2020年度“共产党员示范岗”。

促进党建业务融合、同频共振。与中国食品药品检定研究院中药民族药检定所党支部联合开展“传承中药文化、坚定创新自信”主题党日活动，参观中国食品药品检定研究院中药标本馆，推进党支部共建交流。与天士力医药集团股份有限公司党委联合开展“弘扬爱国情怀、凝聚会员力量”主题党日活动，了解单位会员党组织建设情况，听取会员和药学科技工作者意见。

推进专业委员会党建工作。学会医院药学专业委员会党的工作小组组织参观抗击新冠肺炎疫情专题展览。

会员服务　学会坚持树立以会员为本的发展理念，在学会网站发布单位会员及个人会员入会指南、会费缴纳指南等文件。

加强会员科学管理。以会员管理系统为基础，了解会员使用体验，不断完善会员信息数据库及会员服务管理平台建设工作。

学会组织23场药学网络大讲堂培训，涵盖68个主题，受益人数达32万余人次。通过免费开放专题培训视频课件、开发微信端子系统、灵活授课时间、安排课程重播等举措，拓宽学习途径，满足会员不受时间限制的听课需求，社会效益良好。向会员推送学会工作年报、4期会讯、药学期刊电子版等。

【中国药学会“弘扬科学家精神，宣传典型事迹”主题宣讲会】　11月，学会以线上线下相结合的方式开展三场中国药学会“弘扬科学家精神，宣传典型事迹”主题宣讲会。会议面向药学高等院校师生、广大会员及药学工作者、社会公众，宣传中国中医科学院国家援鄂抗疫中医医疗队和华中科技大学同济医学院附属协和医院党委抗疫先进事迹，弘扬孟目的、彭司勋、顾学裘、嵇汝运、楼之岑、周海钧等老一辈药学科学家精神，强化政治引领，联系和凝聚药学人才力量，传承和发扬科学家精神。

【2020年中国药学大会】　9月6—8日，由学会、

山东省人民政府主办的2020年中国药学大会以线上线下相结合的方式召开。线下会场设在山东省济南市，大会主题为“发扬抗击新冠肺炎精神　推动药学事业高质量发展”。全国政协副主席、农工党中央常务副主席何维作视频讲话。全国政协教科卫体委员会副主任、学会理事长孙咸泽致开幕词。国家药品监督管理局党组成员、副局长颜江瑛，山东省委副书记杨东奇，山东省委常委、济南市委书记孙立成等领导出席开幕式并讲话。中国科协党组成员、书记处书记吕昭平及FIP主席多米尼克·乔丹作视频讲话。共有8位院士、专家作主题报告，120位特邀专家在11个分会场作专题报告，280人现场参加会议，6399人在线参加会议。

（撰稿人：张　梦　王筱婧）

中华护理学会

服务创新型国家和社会建设　学会受国家卫生健康委委托，组织专家完成护理专业技术人员职称改革技术性文件制定工作。协助完成国家卫生健康委《关于进一步加强医疗机构护理工作的通知（征求意见稿）》意见征求工作。

学会发布团体标准10项，分别为《成人有创机械通气气道内吸引技术操作》《PICC尖端心腔内电图定位技术》《成人经口气管插管机械通气患者口腔护理》《缺血性脑卒中静脉溶栓护理》《乳腺癌术后淋巴水肿预防和护理》《放化疗相关口腔黏膜炎预防及处理》《认知障碍患者进食问题评估与处理》《成年女性压力性尿失禁护理干预》《成人住院患者跌倒风险评估及预防》和《成人肠内营养支持的护理》。

学会新增新生儿护理、康复、静脉治疗、口腔护理、营养支持、耳鼻咽喉头颈外科护理、眼科护理、中医护理治疗8个专科护士培训领域。举办专科护士培训班22个，培训人数5213人次。举办各类专项培训、专题培训13次，培训人数5002人次。

学会发挥服务地方经济社会发展功能，与佛山市人民政府签订战略合作协议，为期两年。

学会建设　学会第二十七届理事会召开理事长办公会议5次、理事会议2次、常务理事会议2次。

学会修订《中华护理学会办事机构关于职工带薪年休假的实施办法》《中华护理学会专职人员薪酬管理办法》《中华护理学会考勤管理规定》等文件。

学会科普平台及科技奖励评奖系统完成开发和上线运行工作。微信公众号关注数量超过50万。

截至11月底，学会个人会员数量达184486人，其中资深会员11425人。会员人数较2019年增加15.2%。

学会被中国科协组织人事部评为“优秀抗疫学会”“优秀扶贫学会”，被中国科协科学技术普及部评为“2020年度全国学会科普工作优秀单位”。

主办期刊　由学会主办的《中华护理杂志》获中国科技期刊卓越行动计划选育高水平办刊人才子项目——青年人才支持项目支持，入选“中国精品科技期刊”和北京国际图书博览会“2020中国精品期刊展”。

《中华护理杂志》全年共收到稿件9960篇，发表论文371篇。疫情期间，征集新冠肺炎专题论文3400余篇，连续刊载5期，刊出论文32篇。出版新冠肺炎护理特刊，刊载论文330余篇。

学会主办的《国际护理科学》（英文刊）收稿534篇，发表92篇。截至12月底，下载阅读1023088篇次，动态影响因子为2.5，入选中国科学院文献情报中心期刊分区表及《世界期刊影响力指数（WJCI）报告（2020科技版）》。参加学术会议4次（包括线上），召开编委会议和小型编委会会议共2次，热点研究方向约稿6篇（4篇来自境外）。

7月，《中华护理杂志》和《中华护理教育》各2篇论文入选“中华医学百篇优秀论文”。

吸纳国际编委4名，招收编辑2名。编辑队伍实行外派学习与内部培训相结合的培养模式。

国际学术会议　学会举办线上国际会议2场，在线观看人数共计23万余人次。

9月17日和12月2日，由学会主办的“一带一路”国际新冠肺炎抗疫护理经验交流研讨会以线上形式召开。

国内主要学术会议　学会及分支机构共同举办线上线下年会、研讨会、论坛等学术活动36次，共计71350人次参加会议，收到投稿29639篇。其中，5000人以上规模的会议2场、2000人以上规模的会议9场。论文投稿比2019年减少53.6%，参会人数较2019年增长100%。

10月30日—11月1日，以“携手合作·创新发展·共赢挑战”为主题的中华护理学会全国护理教育研讨会暨第11次护理学院（校）长论坛在福建省厦门市召开。全国各护理院校、医院的专家、教学骨干等近900人参加现场会议，围绕人才培养、人才评价、教育改革、专业认证与建设等方面的相关问题进行交流与探讨，在线观看会议直播人数约5000人次。

12月4—5日，中华护理学会第24届全国手术室护理学术交流会议在海南省海口市召开。大会主题为“守正创新　责任担当”。来自海峡两岸及香港特别行政区、澳门特别行政区以及亚太地区、美国、澳大利亚等地的专家学者及手术室护理人员参加会议，线上线下参会人数共计2000余人次。美国围手术期注册护士协会副主席、澳大利亚围手术期护理学会主席以及各地手术室护理专家、医院感染控制专家、医学专家等受邀作学术分享。大会设抗疫先锋、手术室护理管理、手术室护理教学、手术室护理创新、患者安全、专科护理、感染控制、信息化建设以及麻醉恢复与疼痛护理9个分论坛，围绕当前手术室护理领域的热点问题展开交流和研讨。

科普活动　9月，学会以“科技促民生　科普惠健康——科学抗疫　守护健康”为主题，线上线下同时开展全国科普日活动，受众人群达2000万余人次。

表彰举荐优秀科技工作者　开展中华护理学会“杰出护理工作者”评选工作。5月10日，中华护理学会庆祝国际护士节大会以线上形式召开，大会宣读获“杰出护理工作者”称号的176名护理工作者名单。

学会评选出第三届中华护理学会创新发明奖一等奖1项、二等奖10项、三等奖30项，并在学会第十届学术年会上举办颁奖仪式。

党建强会　学会全年召开理事会党委委员会议5次。办事机构党支部组织召开全体党员大会8次。

发挥党委组织推动作用和党员主体作用，健全学会党委工作制度，制订《2020年中华护理学会党的建设工作要点》及学会党委职责任务清单。

12月，学会党委组织开展“弘扬　传承　发扬”主题党日活动，办事机构全体党员赴中国人民抗日战争纪念馆参观。

会员服务　升级会员管理平台，会员入会实现全流程电子化，平台功能包括自助注册、在线缴费、实时发票推送等。

【中华护理学会“一带一路”国际新冠肺炎抗疫护理经验交流网络研讨会】　9月17日，由学会主办的“一带一路”国际新冠肺炎抗疫护理经验交流研讨会以线上形式召开。会议主题为“携手抗疫，守护健康”。来自意大利、俄罗斯、缅甸、葡萄牙、马来西亚和英国6个国家的专家学者参加会议，国内外在线观看人数达13.2万余人次。

国家卫生健康委医政医管局监察专员焦雅辉、中国科协国际联络部副部长王庆林、学会理事长吴欣娟先后致辞。学会理事长吴欣娟、意大利护士协会主席Walter De Caro、俄罗斯护士协会主席Valentina Sarkisova、缅甸护士与助产士协会主席Yin Mya、葡萄牙护士协会主席João Fernandes、马来西亚护士协会副主席Yohgasundary Letchumanan和英国皇家护理学院主席Anne Marie Rafferty分别介绍本国在抗击疫情过程中所面对的难题、采取的措施及收获的经验，共同探索“一带一路”倡议框架下分享合作、守望相助的抗疫合作机制。

（撰稿人：赵　瑾　余　馨）

中国生理学会

服务创新型国家和社会建设　学会继续教育工作委员会从2020年起每年至少举办一次提升生理科学工作者科研能力的工作坊，帮助广大生理科学工作者提升凝练关键科学问题、开展创新性研究能力，同时为生理科学工作者和研究机构搭建自由交流的学术平台。工作坊将邀请国家自然科学基金委员会生理学科相关负责领导及国内从事生理科学研究的专家作主旨报告，并进行分组讨论、分组汇报和专家点评。工作坊为专家和学者搭建一流的交流与合作平台，同时也让青年学者获得生理学科最新研究发现和未来发展趋势的信息，提升科研能力，推动国内生理学研究领域的发展。

学会建设　学会会员注册人数6924人，建立并完善11个工作委员会、23个专业委员会。学会召开2次常务理事会议、1次理事会议。学会不断推进治理结构和治理方式的改革，探索建立科学合理、位阶有序的工作制度，确保理事会、常务理事会和监事会等依规开展工作。同时要求各分支机构进行年终总结和2021年工作重点汇报。

学会各工作委员会推动学会系统规划的制定和实施，学会常务理事会负责指导和监督规划实施工作的落实。学会对各工作委员会的主要领导和工作任务进行明确，以保障各项工作落实到人和落实到位。

学会进一步加强对专业委员会的管理工作，吸纳血栓与止血、衰老与健康等领域的优秀科技工作者成立专业委员会，进一步扩大学会工作的覆盖面。同时，根据中国科协的相关文件精神和学会章程、分支机构管理办法等，结合实际工作情况，起草《中国生理学会分支机构考核评价办法（试用稿）》和《中国生理学会学术会议预算表（试用稿）》，为学会的规范化管理和分支机构的健康发展提供有力的制度保障。

青年人才托举工程 学会发挥专家人才优势，举荐优秀人才和项目。按照中国科协工作总体部署，根据《中国科协青年人才托举工程管理办法》和《中国科协青年人才托举工程实施细则》有关要求，2020年度组织开展第五届中国科协“青年人才托举工程”项目的人才选拔工作。收到北京大学等多所高校的18位候选人申报材料，经评选，学会有一名青年生理科学工作者获得支持。

主办期刊 《生理学报》由学会和中国科学院上海生命科学研究院主办、科学出版社出版，是中英文兼登的学术刊物。《生理学报》设立教学专辑，已出版的第一期专辑推动生理学教学适应后疫情时代及新形势下的改革和发展。

学科发展工程 学会完成《生理学名词》编撰任务。9月，公布经学会第二届生理学名词审定委员会审定的生理学名词《生理学名词》（第二版，科学出版社）。

国际学术会议 4月和7月，学会分别主办以“智慧·交融·定义生理学教学新模式”和“后疫情时代的生理学教学创新与探索”为主题的在线教学国际研讨会（远程），围绕后疫情下生理教学工作的创新和探索，组织国内外专家进行现场探讨，为生理教学工作者提供充足的资源，以应对时代变化。参会人数超过3000人次。

IUPS教育工作委员会主办、学会承办“后疫情时代生理学慕课在教学中的应用”IUPS国际生理学教学在线研讨会。IUPS教育工作委员会主席以及来自国内的生理学专家作大会报告，共同分享疫情时期医学生理教学的创新理念与技术，迎接后疫情时代在线教育的新发展。

国内主要学术会议 1月27—29日，学会干细胞生理专业委员会第二届学术年会在浙江省宁波市召开。年会聚焦神经干细胞与神经科学其他各分支领域间的交叉合作，旨在推动多学科、多领域科研人员间的学术交流与思想碰撞，分享研究经验，拓展团队合作，推进神经干细胞领域与其他相关学科的融合发展。年会邀请领域内专家学者作会议报告，交流近年来国内外干细胞、神经发育、神经与精神疾病等方向的最新科研进展，共同推进干细胞生理和神经科学的发展。

4月8日起，学会运动生理专业委员会根据实际情况共开展全国网络会议18期。会议内容包括运动生理学教学科研、文章投稿发表、科研申报等主题，报告主讲人是国内外相关领域专家，每名报告人报告和讨论时间2个小时，每场会议200～500人参加。

10月23—25日，中国生理学会第四届全国高校生理学教学高峰论坛暨第四届“泰盟杯”全国高校人体生理学微课大赛颁奖仪式在四川省成都市召开。会上对全国高校人体生理学微课教学大赛的获奖作品进行赏析点评，来自高校的108名生理学教育工作者参加会议。大赛共收到来自全国59所高等院校的78个微课作品，经过全国20名生理学教学领域的专家和来自3所高校的20名医学本科生评委网上在线评审，共评出一等奖4名、二等奖12名、三等奖26名。根据教态与表达的单项得分，还同时产生4个最佳风采奖。同期举办现场颁奖仪式。

11月6—8日，学会呼吸生理专业委员会在重庆市召开第八届全国呼吸系统重大疾病转化医学学术论坛。学术论坛注册200人，实际参会210人。会议议程安排有国内学者分享最新的研究成果及青年研究者展示风采。会议旨在将基础研究的最新成果快速有效地转化为临床医学实践，并推动相关研究单位间的交流合作，逐步建立呼吸系统转化医学平台与培养呼吸系统重大疾病转化医学人才；同时为呼吸领域科学工作者、研究机构搭建学术、技术自由交流平台。

科普活动 学会通过科普平台宣传新冠肺炎疫情防护知识，并推出与重庆大学出版社共同主编的《新冠肺炎疫情后复工复学防护手册》科普书籍等。同时，充分利用全国科技周、全国科普日、会员日等组织科普工作委员会和各个专业委员会开展不同层次、不同领域、不同区域的科普工作，普及科学知识、弘扬科学精神、传播科学思想、倡导科学方法，在全社会推动形成讲科学、爱科学、学科学、用科学的良好氛围。

学会科普平台定期为广大生理学爱好者宣传老一辈科学家的服务精神，如《昂首拓新路，俯身育杏林——蔡翘先生生平》《中国生理学和神经科学的一代宗师冯德培先生生平》《张锡钧先生简述》等。

表彰举荐优秀科技工作者 学会推荐解放军总医院第五医学中心刘兵和山西医科大学冯艳林参评第十三届谈家桢生命科学奖。推荐西安交通大学刘健康教授团队的“肿瘤细胞‘细胞周期紊乱’与‘细胞代谢紊乱’的偶联机制”、中国科学院深圳先进技术研究院王立平团队的“中枢神经环路调控压力应激诱发骨丢失”、中国科学院动物研究所刘光慧团队的“器官衰老的机制及调控”项目申报2020年度中国生命科学十大进展，并将推荐项目在学会网站向社会进行公示。

党建强会 学会一贯坚持党的领导，提高党建工作的针对性与实效性，推动学会党建工作制度化、规范化、科学化，结合学会业务工作探索开展形式多样的党组织活动，把党委工作作为提升学会服务能力的动力保障，努力把党的工作贯穿到学会工作的方方面面。

学会按照民政部规定，在学会章程中增加党建相关内容。学会建立健全党组织的工作制度，组织理论学习。开展以学习贯彻习近平新时代中国特色社会主义思想为主要内容的主题教育，引导广大科技工作者在各自工作岗位创先争优，增强学会公信力、凝聚力和影响力。

会员服务 学会会员注册人数达到6924人，其中永久会员558人。在第二十五届第五次常务理事会议上，通过关于修改和完善学会章程的说明，组织讨论《中国生理学会企业团体会员条例》文件，明确申请条件、申请方式、会员单位权利和义务等具体文件条例介绍。

学会编纂印刷会员刊物《生理通讯》（双月刊）6期，向全体会员免费邮寄近3000册，同时上线电子版，方便广大会员阅读。

【中国生理学会2020年在线学术年会】 8月22—23日，学会首次以线上形式召开中国生理学会2020年在线学术年会。会议共安排4场大会报告、27场专题研讨会，报告专家162人，共有900余名代表参加会议。学会理事长、北京大学教授王韵致开幕词。大会共收到投稿290篇，其中录用墙报221篇；提交系统墙报126篇，其中103篇参加优秀墙报评审，同时有13家生命科学领域企业在线进行学术交流和新产品推广。学术年会期间，5个直播间合计点击量为41234人次，其中主会场直播间累计点击量高达16746人次，其他4个直播间点击量也均高于5391人次。

（撰稿人：周语章）

中国解剖学会

服务创新型国家和社会建设 学会举办5次继续教育学习班，培训人员600余人次。

10月9—15日，第十二届《神经解剖学》师资培训班在海南省海口市举办；10月15—19日，由学会断层影像解剖学分会和内蒙古解剖学会联合主办的第26届全国断层影像解剖学及其临床应用学习班在内蒙古自治区呼和浩特市举办，学习班采用线上线下相结合的形式进行；12月17—20日，第二届全国运动解剖学教师研习班在广东省清远市举办；12月18—22日，由学会虚拟现实分会主办的第二期“VR技术与医学教育和医疗应用”研修班在江苏省扬州市举办。

11月，学会开始募集曾长期在医学本科院校从事基础医学教育教学和科研一线工作的优秀退休教师，组建基础医学教育教学高级师资团队开展“志愿帮扶支教”活动。

学会建设 学会第十一届理事会召开理事长办公会议2次、理事会议1次、常务理事会议2次、监事会议2次。新发展个人会员460人，比2019年度增加181人。

学会新成立耳鼻喉头颅外科临床解剖学分会。

青年人才托举工程 学会组织并推荐会员参加中国科协“青年人才托举工程”项目的遴选工作，周文娟入选第六届中国科协“青年人才托举工程”项目。

主办期刊 学会公开出版刊物7种，其中中国科协业务主管期刊5种，分别为《解剖学报》《解剖学杂志》《中国临床解剖学杂志》《解剖科学进展》《中国组织化学与细胞化学杂志》；非中国科协业务主管的期刊2种，分别为《解剖学研究》《神经解剖学杂志》。

学科发展工程 学会为迎接中国共产党成立100

周年和纪念中国解剖学会百年华诞，组织编写《百年历程》一书，弘扬学会老一辈优秀党员和解剖学家的高尚品质和崇高精神，激励中青年解剖学者不忘初心、牢记使命，传承并发扬优良传统。

国际学术会议 2020年国际解剖学工作者协会联合会执行委员会会议以线上视频会议的形式召开，先后召开3次会议，李云庆和周长满教授参加会议。

国内主要学术会议 学会及其分支机构组织召开国内学术会议4次，参与人数约4280人次，交流论文约38篇。会议内容主要包括中国解剖学会2020年教学工作年会暨第四届“日升恒隆杯”解剖学微课比赛、科普工作委员会2020年工作会议暨学术研讨会、中国解剖学会2020年神经环路高峰论坛、第二届海峡两岸暨港澳解剖学青年科学家论坛等。

12月12—13日，中国解剖学会运动解剖学分会第二届全国运动解剖学学术会议（线上线下教学研讨会）在江西省宜春市举办。200余人次参会，其中国内45所高校的120余名学者向大会递交136篇学术论文，包括教学类论文108篇、实验类论文16篇、相关学科论文12篇，内容涵盖运动解剖学教学方法、运动解剖学课程建设、运动技术动作的解剖学原理、运动解剖学学科史、研究生创新能力与人才培养、运动解剖学与运动损伤及康复、运动人体科学相关领域研究。会议选取具有代表性的教学研究性论文31篇作专题报告。

两岸交流 10月16—18日，由学会主办的第二届海峡两岸暨港澳解剖学青年科学家论坛以线上线下相结合的形式在上海市、台北市、香港特别行政区、南宁市、重庆市、西安市、北京市、长沙市、复旦大学等9个分会场同步召开。论坛以The Future of Anatomical Sciences为主题，共有28位海峡两岸和港澳代表作学术报告，涵盖15位副高级以上青年学者。其中内地青年学者17位、香港特别行政区青年学者4位、澳门特别行政区青年学者1位、台湾地区青年学者6位。来自80余家高校、科研院所和港澳台地区等单位的150余名专家学者、教师代表和学生代表参加本次论坛。台北分会场、南宁分会场在场人数均超过30人，香港特别行政区、澳门特别行政区及台湾地区现场参会学者总数超过40人，在线参会的青年学者超过1900人次。

国际组织任职 学会理事长张绍祥担任2020—2024年国际数字医学学会主席，副理事长李云庆担任2020—2022年国际解剖学工作者协会副主席。

科普活动 学会针对新冠肺炎疫情防控开展科学辟谣工作，学会科普工作委员会委员、河北医科大学张秋霞团队推出科普漫画作品《新型冠状病毒感染肺炎防控漫画》。

学会副理事长隋鸿锦在“圆梦行动”——农村未成年人科普志愿服务行活动中直播讲授科普课程《神秘的深海巨兽》。

学会科普工作委员会举办《巨鲸传奇》特展，以抹香鲸塑化标本为主线设置六个主题展区，分别为“鲸是鱼吗”“巨鲸家族”“生存智慧”“鲸奇历程”“前世鲸生”“巨鲸落万物生”。

10月15日前后，学会在全国各地组织多场以抗击新冠肺炎为主题的纪念第2个国际解剖学日活动，通过遗体捐献仪式、新学生解剖第一课宣誓、重温医学生誓言、解剖陈列馆科普开放日等多种形式开展。

学会科普工作委员会举办“日升恒隆杯”第三届全国医学生解剖学绘图大赛，并邀请解剖学专家为大赛作品现场终审，评审全程同步网络直播。大赛评选出一等奖作品20幅、二等奖作品30幅、三等奖作品30幅。

党建强会 7月，学会完成新一届党委委员的调整，并得到中国科协科技社团党委的批复。学会理事会党委召开2次党委会会议，研究确定学会重点工作。

学会开展分支机构党小组建设工作，有5个分支机构建立党小组，并按照《分支机构党的工作小组工作条例》开展相关工作。

7月，学会理事会表决通过将“党的建设”“坚持党的全面领导”“社会主义核心价值观”写入学会章程。

8月，学会党委在孟良崮战役纪念馆举办党建活动。

学会开展党的十九届五中全会精神宣讲活动，学会党委组织宣讲团队制订宣讲活动计划。12月，学会党委会和常务理事会通过宣讲活动方案和实施细则。

会员服务 通过学会官网、微信公众号、会员群向会员推送最新动态信息。编撰《中国解剖学会2020年工作年报》《中国解剖学会第40期会讯》并及时发放给会员。

学会微信公众号开设遗体捐献专栏，号召全体会员网上祭奠，充分利用好网络资源开展追思活动。

（撰稿人：祁　栋）

中国生物医学工程学会

服务创新型国家和社会建设　学会受国家药品监督管理局（NMPA）委托，承接《医疗器械科技前沿》杂志4期主要内容的编写，为NMPA监管层决策提供学术信息支撑。

学会完成国家药品监督管理局创新医疗器械特别审批审评项目123项、优先审评项目9项，组织专家审查会议121次；配合国家医疗器械技术审评中心完成审评专家库的扩建，协助完善“医疗器械优先审批审核中临床急需的审核标准”工作。

10月19日，国家药品监督管理局和学会、中国生物材料学会联合主办的医疗器械创新与发展研讨会在北京召开。会议围绕产、学、研、监四个方面，集中探讨多糖类生物医用材料和胶原蛋白材料现状及其新发展，有利于促进国家医疗器械的创新发展。

12月18日，学会医学人工智能名词术语规范化工作组召开研讨会议，发挥学会在行业专家方面的资源优势，对医学人工智能技术术语进行学科分类、名词收集、审核、编撰、发布等。

学会发挥人才和专家优势，与产业搭建协同创新赋能组织，深度参与技术攻关和科技成果转化，构建“智库＋联盟”双轮驱动工作机制，成立医药健康科技服务团，即融合医药健康领域科技专家形成专家智库，搭建5个产学研创新平台服务科技经济，为地方医药健康产业发展贡献力量。

学会服务国家重大战略区域的医药健康产业发展。一是转化对接。开展医药健康方面的联合技术攻关、科技成果转化、实用性技术推广等高质量科技类公共服务。二是高端研讨。与地方政府联合举办针对医药健康产业高端产品核心技术的研讨活动，并提炼形成成果报告。三是智库报告。针对国内医疗及健康的重大产品及重点研发方向，通过实地调研，跨界组建高端智库研究团队，进行分析与研讨，形成重点产业区域的高端智库研究报告。四是宣讲培训。针对医疗专业法规与标准，组织专家开展系列线上线下宣讲活动，编制培训手册，开展技术培训，提高医药产业整体技术水平与创新能力。五是协同创新。组建和推进产学研用协同创新赋能组织的建设（如产业联盟、会企联合体、产业研究院等创新平台），建立完善的运营机制，以项目与成果为纽带，力求实体化运营并取得阶段性成果。

学会组织或参与各类团体标准化活动34场次，包含团体标准宣贯会3场、团体标准网络立项会议2次、团体标准技术审查会4次、团体标准审批会议暨立项评审会1次、团体标准审批会1次、团体标准技术审查会暨团体标准研讨会1次、团体标准项目专题研讨会3次、国家标准化管理委员会主任办公会1次、国家标准化管理委员会办公室会议3次。

学会发布8项团体标准，在数量及标准质量上均有所提升，项目类型涵盖疫情防护所需的应急防护类团体标准及量大面广的产品类标准项目与评价类标准项目。发布团体标准《医用防护头罩》《一次性使用防护隔离衣》《一次性使用普通隔离衣》《医用正压防护头罩》《一次性使用麻醉面罩》《血浆解冻箱》《血浆速冻机》《导尿管亲水涂层润滑性能评价方法》。

学会组织动员50余名专家重点服务国家长江经济带、京津冀协同发展、粤港澳大湾区等国家重大战略区域和医疗器械产业领域。推动浙江省绍兴市、四川省成都市、江苏省无锡市、黑龙江省佳木斯市等地建立中国生物医学工程学会服务站，并依托学会服务站，以地方重点医疗器械企业为服务对象，培育新兴医疗器械企业，突破技术瓶颈，为提升国家重大战略区域健康产业水平作贡献。

学会建设　1月12日，2020中国生物医学工程学会分支机构联席会议在广东省广州市召开。全国各分支机构、地方生物医学工程学会代表80余人参加会议。

8月29日，学会常务理事会议通过设立17个工作委员会及主任委员人选的决议。

11月20日，学会十届三次常务理事会议在北京召开，讨论并通过学会主要工作汇报、第十届理事会换届方案、《黄家驷生物医学工程奖奖励章程》，并投票表决通过筹建机械循环支持分会申请。

学会扩大秘书处专职人员队伍，面向社会公开招聘1名专职工作人员。完成学会章程修订、理事会换届备案工作。加强学会分支机构管理，强化分支机构依法依章办事。

学科发展工程　学会完成中国科协《2020—2021年度生物医学工程学科发展报告》编写队伍构建、编写提纲确立工作，已通过验收。

国内主要学术会议 8月21—23日，由学会、广东省医学会主办，学会心律分会、广东省医学会心脏起搏与电生理学分会承办的中国心律学大会在广东省广州市召开。大会以网络直播与现场交流相结合的形式举办，开设近40个论坛，设400多个讲题，500多名专家参与，每个直播间均超千人在线观看。大会以专家讲座、手术转播、病例报告、基础培训和新技术专题会等形式呈现。

8月21—23日，学会体外循环分会召开2020全国体外循环学术年会。年会采用线上线下相结合方式召开，分别在北京市、上海市、广东省广州市设立3个线下主会场，会议开幕式及大会主题发言均在线下会场完成，观看直播的登记人数接近3000人，直播点击量近15000人次。

8月22日，学会医学物理分会与国家卫生健康委国际交流与合作中心以线上形式举办第二届医学物理促进医疗器械行业发展论坛。医学物理专业人员、临床科室专业人员、医疗器械工程技术人员、医疗机构管理人员，以及来自卫生行政机构、科研机构等专业人员和产业代表参加会议。

10月17日，由学会免疫治疗工程分会主办的多组学与复杂性疾病转化医学大会在湖南省长沙市举办，全国200余名专家学者针对复杂性疾病的基础研究与临床转化最新进展进行深入交流与探讨。

10月30—11月1日，由中山大学、学会数字医疗及医疗信息化分会、OHDSI中国联合主办的2020年健康医疗大数据与人工智能前沿论坛在广东省广州市举办。论坛主要围绕医疗卫生信息化、健康医疗大数据分析与应用、医学人工智能、医学信息标准与术语、医疗质量与患者安全、精准医学、数据安全与隐私等主题进行交流研讨。40多名来自中国、美国、荷兰、韩国的健康医疗信息领域的专家学者受邀作系列主题学术报告和发言。

12月26日，由学会、北京市医疗机器人产业创新中心、北京清华工业开发研究院、北京中关村科学城创新发展有限公司、中关村智友天使研究院、北京积水潭医院、北京生物医学工程学会联合主办的第三届国际医用机器人创新发展论坛在北京召开，主题为“中国医疗机器人技术创新成果与发展方向”。国内外专家学者和企业家参加会议，共同研讨中国医疗机器人产业发展现状及未来趋势，探索产业创新生态构建的新服务与新模式。会上，学会与北京市医疗机器人产业创新中心举办战略合作签约仪式。

国际交往 6月11日，学会参加线上国际医学生物工程联合会亚太区工作组会议。经过申请、答辩、投票，学会获得2023年亚太区学术会议举办权。

7月19日，学会举办第42届电气和电子工程师协会医学与生物工程学会国际年会分论坛（线上），主题为“可穿戴健康监测中的特征工程与计算智能”。邀请7名来自世界各地的可穿戴领域的专家学者作主题报告。

11月，为庆祝国际医学物理与工程科学联盟（IUPESM）成立40周年以及IUPESM被接纳为国际科学理事会正式成员20周年，IUPESM在全球遴选出58名对医学物理和医学工程科学有杰出贡献的科学家，学会原理事长、中国工程院院士、中国医学科学院基础学院研究所刘德培，学会原副理事长兼秘书长、中国医学科学院肿瘤医院教授胡逸民和学会常务理事林康平入选。

科普活动 学会组织开发3套科普视频，组织2个线上科普云讲座，参与中国科协“和院士一起去探索”系列绘本——《啄木鸟为什么不得脑震荡》的创作，参与中央电视台《科学超感想》节目设计。开发《高原医学防护知识》科普动画三集，科普特殊的高原环境与当地人群呼吸、心血管和脑血管等疾病发病率的关系等医学知识。设计制作科普视频《人体血液循环》和《3D打印技术在心血管中的应用》。

学会举办2场弘扬新时代科学家精神宣讲活动，分别由姜宗来和张西正教授宣讲，宣讲题目分别为《学科交叉　奋发有为》《不忘初心砥砺行　筚路蓝缕薪火传——从事生物力学研究工作的感悟》，受众人数达5000余人次。

表彰举荐优秀科技工作者 选拔优秀科技工作者。完成第十七届中国青年女科学家奖和2020年度未来女科学家、2020年度第十三届谈家桢生命科学奖推荐工作。完成2020年最美科技工作者、第二届全国创新争先奖推荐工作，学会推荐的副理事长程京获全国创新争先奖状。

学会首次设“学会工作杰出贡献奖”，每五年评选一次。13名专家获奖，分别为中国工程院院士俞梦孙、巴德年、刘德培，教授黄诒焯、杨子彬、郑振声、蒋文平、陶祖莱、万柏祥、杨国忠、杨虎、董秀珍、高上凯。

9 月，为奖励在中国生物医学工程领域作出突出工作的青年学者，学会启动第一届青年学者奖评选工作，5 名青年学者获奖，分别为许敏鹏（天津大学）、贺号（上海交通大学）、谢曦（中山大学）、吴丹（浙江大学）、林秋宁（上海交通大学）。

11 月 21 日，在 2020 中国生物医学工程大会暨创新医疗峰会开幕式上举办 2020 年度中国生物医学工程学会优秀博士论文颁奖仪式，孙庆涛（华中科技大学）、吴桐（东华大学）获得优秀博士论文奖；周小虎（中国科学院大学）、齐毅松（华中科技大学）、游民黎（西安交通大学）、周添（重庆大学）获得优秀博士论文提名奖。

党建强会 学会进一步优化由理事会党委、秘书处党组织、分支机构党的工作小组构成的党建工作三层组织架构，执行好“理事会党委对学会全面落实从严治党负主体领导责任，秘书处党组织对学会落实有关规定精神负战斗堡垒责任，分支机构党的工作小组对科技工作者负团结凝聚责任”。

8 月，学会完成理事会党委换届工作，确保党组织在学会决策层发挥政治引领、思想引领和组织保障作用。同时，作为首批试点学会，完成理事会党委分类试点工作。同时完成秘书处党支部换届工作。

学会开展党建强会计划。由理事会党委牵头成立中国生物医学工程学会专家服务团，协调本领域专家人才科技资源，组织专家及生物医学工程科技工作者参与走访调研、科技咨询、学术活动等。

会员服务 学会有 34 个专业分会，注册个人会员 24616 人，同比减少 181 人。

学会进一步完善会员信息库及会员通讯工作，全年出版《中国生物医学工程学会通讯》4 期。充分利用微信公众号平台，以在线交流、专家在线回复等方式及时解决会员提出的相关问题，定期发布学会主办各类活动信息，收集发布重要业内信息。完善学会官网，及时报道学会各方面活动信息，年度总访问量突破 774452 人次。

为庆祝学会成立四十周年，制作 400 余页的纪念册和以“四十砥砺　同心共远”为主题的时长 15 分钟的纪念宣传片，全方位介绍学会成立四十周年的发展历程和取得的成绩。

【2020 中国生物医学工程大会暨创新医疗峰会】 11 月 21 日，由学会主办的 2020 中国生物医学工程大会暨创新医疗峰会在北京召开，大会的举办适逢学会四十周年庆。学会副理事长兼秘书长池慧主持开幕式并宣读中国科协发来的贺信。学会理事长、中国工程院院士曹雪涛发表讲话，回顾总结学会 40 年来的发展。中国工程院院士、中国医学科学院北京协和医学院院长王辰，国家药品监督管理局副局长徐景和出席开幕式并致辞，就助力科技创新、强化监管创新提出新期待。

大会主题为“医工融合发展，创新引领未来”，通过线上线下相结合的方式，将学术交流、技术转化、产业发展等结合起来，吸引政产学研医等各界的关注，线上观看人数达 10 万余人次，现场参会 200 余人。

大会瞄准中国现代化建设全局中创新发展的“四个面向”，助力科技自立自强，聚焦医疗器械创新。学会副理事长、中国工程院院士胡盛寿，学会副理事长、中国工程院院士程京分别作主旨报告《智慧医疗——离我们很近，也很远》和《面向中西医，守正加创新》。

大会还组织 25 个专题论坛，围绕新冠疫情防控与中国医疗器械发展战略、中国医疗器械产业创新、国产放疗新技术、体外诊断新技术和发展趋势、神经工程与类脑智能、生物感知与智能信息检测及处理、新常态下全民健康的挑战与应对、医学物理创新发展、康复工程新进展与新趋势、医学人工智能软硬件融合发展与应用、干细胞工程技术、医工融合中的生物力学前沿问题、纳米诊疗技术与医学应用、组织工程与再生医学、医学图像与人工智能、生物电磁学的发展与挑战等方面展开研讨。

（撰稿人：康亚文）

中国病理生理学会

服务创新型国家和社会建设 学会积极响应国家号召，组织重症医学专业委员会、肾脏病专业委员会、心血管专业委员会、动脉粥样硬化专业委员会等十余个专业委员会的会员奔赴武汉抗疫一线。在官网、微信公众号及所属期刊发表抗疫科普文章，指导民众科学抗疫、做好个人防护措施。10 月，在国家抗疫先进表彰中，学会被中国科协组织人事部评为“2020 年抗疫优秀学会”，有 57 位会员被授予“抗疫先进个人”或“抗疫优秀共产党员”称号。

为响应习近平总书记“精准扶贫、科技扶贫”的号召，学会承办中国科协科普惠民服务专项服务定点扶贫项目，举办山西省吕梁市临县护工技能提升培训班和岚县重大疫情防控医生培训班，培训人数达420余人次。

学会建设 10月17日，学会在北京召开会员代表大会并进行换届选举，产生第十一届领导班子，张幼怡连任理事长，陈国强、陆大祥、董尔丹、王建枝、李萍任副理事长，秘书长由李萍兼任。同期，新一届党委改选，张幼怡任党委书记，董尔丹任党委副书记，陈琪任纪检委员，陈国强、王建枝任党委委员。学会蛋白质修饰与疾病专业委员会成立，学会专业委员会总数达到22个；危重病医学、中医等9个专业委员会进行换届工作，产生新一届委员会。

学会先后出台分支机构党建、会议管理流程和财务管理等管理制度；学会办公室建立各专业委员会联络群，及时传达中国科协各项通知及会议精神；学会设有秘书处、行政办公室、党委办公室。招聘办公室工作人员2人、专职会计和出纳各1人，由专职常务副秘书长负责学会办公室的全面工作。

青年人才托举工程 学会继续申请中国科协“青年人才托举工程”项目，1人获资助。

主办期刊 学会主管的《中国病理生理杂志》获得中国科协中国科技期刊卓越行动计划项目的资助；连续10年获得“百种中国杰出学术期刊”称号。《中国实验血液学杂志》和《中国动脉硬化杂志》稳步发展，稿源稳定。

国际学术会议 8月26—27日，由学会和温州医科大学共同主办的基础医学整合实验教学国际论坛暨人体机能实验教学高级研讨班在浙江省温州市举办。研讨班采取线上方式，新西兰奥克兰大学教授Anuj Bhargava、新西兰奥塔哥大学教授Carla Dillon、埃德仪器国际贸易（上海）有限公司联合创始人Tony Macknight分别作报告*Rich Environment for Active Learning*（*REAL*）、*Pharmacy Simulation Lab–Curriculum Design and Adapting to COVID19 Restrictions*、*How Physiology Laboratory Teaching is Changing-A global perspective*。

10月17日，由学会实验血液学专业委员会主办的血液肿瘤靶向治疗转化和创新论坛在上海以线上线下相结合的形式召开。美国科学院、美国工程院和美国国家医学院院士Lee Hood，国际细胞治疗协会主席John Rasko，美国纪念斯隆－凯特琳癌症中心教授Omar Abdel-Wahab，欧洲血液及骨髓移植组重要成员Andrea Bacigalupo在线参加会议并作大会报告。

国内主要学术会议 学会共举办国内线上线下结合的学术交流活动14次，参加会议人数约12100人次，交流论文200余篇。

7月25日，由学会大中专教育工作委员会主办、江苏护理职业学院协办的中国病理生理学会大中专教育工作委员会第八届第三次会议暨学术交流会以线上形式召开；10月16—18日，中国病理生理学会第十一次全国代表大会暨学术会议在北京召开；10月17日，中国病理生理学会炎症发热感染低温专业委员会与中医专业委员会第十七次联合学术会议在北京召开；10月18日，由国际心脏研究会中国分会和学会心血管专业委员会主办的第十八届中国病理生理学会心血管专业委员会议暨第十五届国际心脏研究学会中国分会学术大会在北京召开；10月29—11月1日，由学会、学会危重病医学专业委员会、北京健康促进会共同主办的第三届中国危重病医学研究论坛&第三届中国重症治疗技术大会以线上线下相结合的方式在贵州省贵阳市召开；11月6—8日，中国病理生理学会中医专业委员会燕赵科学论坛暨首届玄府理论与心脑血管病的基础和临床研究学术交流会在河北省石家庄市召开；11月13—16日，中国病理生理学会蛋白质修饰与疾病专业委员会筹备委员会议暨第一次学术会议在广东省广州市召开；11月14日，中国病理生理学会2020年系统生物医学专业委员会学术年会在广东省广州市举办；11月20—22日，由学会微循环专业委员会、中国中西医结合学会微循环专业委员会、中国微循环学会痰瘀专业委员会和世界中医药学会联合会气血专业委员会主办的第五届中国微循环周会议在广东省广州市召开；11月20—23日，由学会机能实验教学工作委员会举办的第四期机能学科骨干教师高级研修班暨第二届机能实验教学工作委员会第三次会议在云南省大理市召开；12月11—13日，学会动脉粥样硬化专业委员会胆固醇逆向转运第二届学术研讨会在海南省海口市召开；12月12日，中国病理生理学会肾脏病专业委员会2020年学术年会在江苏省南京市召开。

国际组织任职 在学会心血管专业委员会第十届全国委员会议暨国际心脏研究学会中国分会第八届委员会换届中，中国科学院院士韩启德、学会理事长张幼怡当选国际心脏研究学会中国分会名誉主席，朱毅教授当选中国分会主席，中国工程院院士董尔丹、研究员徐明当选中国分会副主席。

国际交往 在新冠肺炎疫情期间，学会危重病医学专业委员会杜斌、马朋林、邱海波等与美国、欧洲和南美洲的专家学者就新冠肺炎的诊治多次在线上进行学术交流，并在 *Intensive care medicine* 等杂志上介绍中国重症医生抗击疫情的经验和教训。学会危重病医学专业委员会同时收到来自法国以及美国重症医学会主席的信，充分肯定中国在疫情方面作出的努力及成效，并感谢中国的经验分享。

科普活动 学会将科普纳入工作考核并出台科普规划，注册志愿者 200 余人、科学传播专家团队 8 个；利用学会公众号及杂志等社会媒体平台进行新冠肺炎疫情防治宣传。疫情暴发初期，学会在公众号及官网上发布介绍新冠肺炎及如何有效预防新冠肺炎等防疫宣传文章；中国科协首席科学传播专家李萍为北京市中小学生录制“科学防控新型冠状病毒，中西医共同行动”系列线上课程；9 月，学会科普基地——山东泰山氢生物医学研究院科技展厅迎来科普参观季，共接待观众约 1500 人次；学会承担北京市通州区卫生健康委的“通州区中医文化进校园”项目，项目组为学生开发 30 多集弘扬中医药文化的动画片并在学校滚动播放，还为师生录制 10 节中医线上课程和中医药实践课程；学会配合中国科普团队典型素材案例收集，完成中医药文化普及科普团队的资料上报。

党建强会 学会党委以公众号、学会网站党建专栏、微信群等方式开展“不忘初心、牢记使命”“两学一做”、学习党的十九届五中全会精神等主题教育活动，学会常务理事会及 14 个专业委员会分别召开党的十九届五中全会精神学习宣讲会。学会党委注重党委制度建设，建立健全党的工作机制，学会申报并获批 2020 年党建强会计划项目。10 月 17 日，“弘扬科学家精神　宣传典型事迹”党建强会主题大会在北京召开，大会邀请中国科学院院士陈国强讲授党课，并表彰 57 名抗击新冠肺炎疫情的先进个人和优秀共产党员，共有 360 余名党员及会员参加大会。

会员服务 学会启动智能化会员管理系统，新会员注册登录管理、会员费缴纳、会员证书打印等管理全部线上完成。自 4 月启用中科科界（北京）科技有限公司会员系统开展十一届会员登记注册以来，截至 2020 年年底，会员人数已达到 11697 人，认定的终身会员人数 96 人。学会办公室有专职人员通过专业委员会管理员群、办公室电话、个人微信等方式，第一时间回复并解决会员提出的各种问题，让会员切实体会到学会会员服务的高效与便捷。通过网站和公众号传播学会学术活动、学会工作等信息，建立高效有序的会员沟通机制，提高学会凝聚力。

【中国病理生理学会第十一届全国会员代表大会】 10 月 17 日，学会第十一届全国会员代表大会暨学术会议在北京召开。出席大会开幕式的有全国人大常委会原副委员长、全国政协副主席、中国科协名誉主席、中国病理生理学会前任理事长、中国科学院院士韩启德，学会前任理事长吴立玲，学会前任副理事长黄启福、朱广瑾，学会理事长张幼怡，学会副理事长陈国强、刘秀华、陆大祥、陈琪等，来自全国各地的 300 余名会员代表参加大会。陈琪主持大会开幕式，韩启德向大会致辞并发表讲话。张幼怡代表学会第十届理事会作《中国病理生理学会第十届理事会工作报告和财务报告》，全体会员代表以举手表决的方式通过第十届理事会工作报告和财务报告。学会副秘书长王谦作《中国病理生理学会章程修改报告》，全体会员代表通过手机扫描二维码进行投票，通过学会章程修改报告。大会还进行学会第十一届理事会和第一届监事会的选举，全体会员代表以无记名投票的方式选举产生第十一届理事会理事 125 人和第一届监事会监事 3 人。在第二分会场进行第十一届理事会第一次会议，选举产生新一届常务理事会成员；召开第十一届常务理事会议、第一届监事会议。会议期间还进行党建强会项目大会，对学会的抗疫先进个人及优秀共产党员进行表彰。

【中国病理生理学会心血管专业委员会第十八届暨国际心脏研究学会（ISHR）中国分会第十五届学术大会】 10 月 18 日，中国病理生理学会心血管专业委员会第十八届暨国际心脏研究学会（ISHR）中国分会第十五届学术大会在北京召开。大会由学会心血管专业委员会、国际心脏研究学会中国分会联合主办，北京大学分子心血管学教育部重点实验室承办。会议采取线上线下相结合的形式，线上有近 9000 名专家学者及学生参加。内容涵盖心脏保护与损伤、心功能障碍、心脏代谢、血管损伤与修复等多个专题，邀请陈琪、任俊和余鹰作学术报告，还邀请爱思唯尔集团 Koos Admiraal，《分子与细胞心脏学》（*Journal of Materials Chemistry C*，JMCC）主编 Rong Tian、副主编 Michael Regnier 和中国科学院大学教授杨黄恬分享 SCI 期刊投稿的经验和要求。分论坛包括心脏论坛、血管论坛和青年论坛。会议期间还组织国际心脏研究学会中国分会第八届委员会换届活动，选举产生新一届委员及领导班子。

【中国病理生理学会肾脏病专业委员会 2020 年学术年会】 12 月 12 日，学会肾脏病专业委员会 2020 年学术年会在江苏省南京市召开。大会由学会肾脏病专业委员会主办、南京医科大学第二附属医院承办，主题为“代谢 - 免疫炎症与肾脏病”。年会围绕近年来困扰人民群众健康福祉的重大肾脏疾病，如慢性肾脏病、糖尿病肾病、急性肾损伤、肾小球肾炎等的发病原因和治疗进展，设置医学前沿论坛、大会主题报告、青年论坛、研究生口头报告等环节，采取线上线下相结合的形式展开讨论交流。来自北京大学、复旦大学、上海交通大学、浙江大学、南京大学、武汉大学等高等院校的专家学者，以及北京协和医院、北京大学第一医院、四川大学华西医院、上海交通大学附属医院、上海长征医院、南京医科大学附属医院、武汉大学人民医院、中南大学湘雅二医院、南方医科大学南方医院等数十家国内一流医疗机构的临床医师和科研工作者近 200 人现场参加会议，同期有千余名科研工作者借助平台观看会议的线上直播。

【中国病理生理学会大中专教育工作委员会第八届第三次会议暨学术交流会】 7 月 25 日，由学会大中专教育工作委员会主办、江苏护理职业学院协办的中国病理生理学会大中专教育工作委员会第八届第三次会议暨学术交流会以线上形式召开，来自全国 20 多个省（自治区、直辖市）的第八届委员和第九届候选委员参加会议。会议主要内容包括线上教学的经验交流、国家教学资源库建设情况介绍及新一届委员会选举。安徽医学高等专科学校教授张薇主持线上教学的经验交流，沧州医学高等专科学校教授张玉华、楚雄医学高等专科学校教授徐云生和安徽高等专科学校副教授汪晓庆分别作经验分享，沧州医学高等专科学校副教授王汝峰详细介绍多校共建的临床医学国家资源库——病理学课程的建设情况。在换届选举中，通过无记名投票方式选举产生新一届委员，江苏护理职业学院教授季润元当选第九届大中专教育工作委员会主任委员。

（撰稿人：张幼怡　许　红　农小花）

中国营养学会

服务创新型国家和社会建设 学会组建国家级“营养科技·智慧健康”科技服务团，启动系列地方学会服务站活动，赴江西省宜春市、江苏省苏州市、山东省青岛市、浙江省宁波市、湖北省襄阳市等地开展科技服务需求对接活动，构筑多方参与的科技创新平台，并在此基础上形成《我国营养健康食品科技产业发展现状和趋势报告》。

学会承担国家卫生健康委《食品包装正面标识规范》，对 31 类预包装食品油、盐、糖含量制定技术指标和标识，旨在减少预包装食品中油、盐、糖含量；承担国家卫生健康委《营养健康餐厅建设指南》，围绕合理膳食和“三减”（减盐、减油、减糖）规定提出营养健康餐厅应满足的要求。

学会承担科技部“十三五”重点专项“膳食营养评估和干预技术研究”项目，开展不同膳食模式下适宜国人的膳食营养指南研究工作；承接科技部“科技冬奥”重点专项子任务“冬季项目运动员膳食营养推荐标准”研制工作，发布《冬季项目运动员营养推荐标准》研究报告 1 份和团体标准 1 个。

学会举办首届营养健康产业科技创新发展大会暨“科创中国”系列路演活动——营养健康专场，用技术路演的思路展示 10 余家营养企业和研究机构的需求、前沿技术和成果。

学会围绕《国民营养计划（2017—2030 年）》，重点推动已立项团体标准的研制和发布。全年发布《医疗机构人乳库建立与管理规范》《快速康复外科（ERAS）围手术期营养诊疗规范》《共轭亚油酸甘油酯含量的测定——液相色谱法》《学龄前儿童集体餐营养要求》团体标准 4 项，预计审议并发布 4 项，待审议对外征求意见团体标准共计 6 项。

学会完成人力资源和社会保障部《公共营养师职业技能等级标准》制定及《公共营养师职业培训包（指南包、课程包）》的编写工作；组织 2020 年度注册营养师 / 注册营养技师水平评价，全国 15 个考点共 7091 人参加，首次采用计算机考试模式。

学会开展营养关爱志愿服务。在贵州省、江西省、四川省、云南省等地的 7 个县选取试点学校 16 所，招募组织注册营养师 11 名，开展乡村学生营养改善工作；在云南省昭通市昭阳区开展教职工营养知识培训，活动覆盖人数1000余人次；膳食餐盘、手册、海报、教科书4000余份。提升乡村寄宿制学校营养与健康管理能力，改善乡村学生营养状况。

学会组织营养专家团队指导抗疫工作，编写制定《新型冠状病毒感染的肺炎防治营养膳食指导》等4个指南，并由卫生健康委食品司发布，受众超过10万人次。学会官网开辟专栏，关注抗疫动态，发布相关信息。组织临床营养专家编写并出版《防控新冠肺炎膳食读本》和《新冠肺炎防控期间营养膳食指导》（漫画版），号召和组织学会40家单位会员捐赠特医食品、营养素补充剂、益生菌类等物资。

学会为抗击疫情作宣传，官方公众号“中国营养界”及学会官网推出“最美抗疫人”系列报道，截至3月15日，共推出10期典型人物和典型事迹报道，其中包括在战疫一线殉职的湖南省营养学会副理事长张辉、在一线开展临床营养和膳食指导的同济医院临床营养科、让一线医护人员“吃好饭”的宜昌市第二人民医院临床营养科等，并在国际妇女节推出“最美巾帼战疫者，铿锵玫瑰营养人”特别报道等。

3月，学会发布科学普及与传播研究基金，来自全国12个省的13个项目获得资助。

学会首次发起中国营养界优秀青年人才推荐活动，共推荐近150名优秀青年人才，组建首批“营养科技·智慧健康”青年科技服务团。

学会举办第七期营养领导才能培训班，共培养40名青年营养后备人才，并进行导师一对一的帮扶指导。

学会举办首届中国营养青年科学家论坛，以“膳食营养与人体健康关系的研究进展及适合干预技术”为主题，搭建中国营养青年科技工作者交流平台。

学会建设 学会召开理事会议1次、常务理事会议2次、理事长办公会5次。响应上级要求对章程进行修改，召开全国会员代表大会。新成立3个分会，筹备建立5个分会。

学会继续推进秘书处规范化、职业化建设，修订完善和新建内部管理规章制度。内设部门8个，工作人员24人，1名专职秘书长和2名专职副秘书长，3名秘书长对日常工作进行分工管理，全年共计召开全体会议、中层会议10余次。

学会个人会员总数从2019年的38946人增至42553人；单位会员达到92家。

青年人才托举工程 学会主持开展中国科协“青年人才托举工程”项目。召开第四届项目工作汇报会和阶段性总结会，推荐第五届“青年人才托举工程”项目人选4人，最终1人入选。

主办期刊 学会主办的《营养学报》全年收稿630篇，发稿121篇，期均载文20篇，稿件采用率35.0%，处理内文图380余幅；国内总发行量1万册，国外发行和交换30余册。被国内9个数据库和380种期刊作为数据源，入选《中文核心期刊要目总览》《中国科技论文统计源期刊（中国科技核心期刊）》《中国科学引文数据库》和《中国学术期刊文摘源期刊（中英文版）》等。

《亚太临床营养杂志》（*Asia Pacific Journal of Clinical Nutrition*，APJCN）全年出版4期，发表论文100篇，该杂志是世界四大临床营养杂志之一，影响因子为1.236。

学科发展工程 学会组织并开展《中国居民膳食指南（2016）》修订工作，全年组织修订专家讨论会7次。

学会全年开展6项营养科研基金评审工作，累计支持32个项目，发表科技论文132篇（编制论文集1册）。组织召开营养科研基金创新论坛，促进科研基金项目产出成果在技术和科普两个领域的转化与利用。

学会出版《2018—2019营养学学科发展报告》，报告研究和分析营养学发展现状、面临形势和未来发展战略需求及重点发展方向，提出本学科未来发展趋势和发展策略。

学会推荐的妇幼营养学术年会、全国临床营养学术会议、首届营养科研基金创新论坛等13个重要学术会议全部入选中国科协重要学术会议指南。

学会组织编写《营养百科条》，内容涵盖基础营养、食物营养、公共营养、妇幼营养、临床营养、运动营养、老年营养、预防医学相关营养、疾病相关营养等词条。

国内主要学术会议 学会召开学术会议20次，参加人数共161911人次（含线上参会人数），交流论文359篇。

10月9—11日，学会临床营养分会第17届全国临床营养学术会议在上海市召开，邀请80余名临床营养专家共计876人参加会议。

10月24—25日，由学会益生菌益生元与健康分会主办的第四届全国益生菌益生元科学大会在广东省广州市召开，会议采用线上线下相结合的方式。来自政府、研究机构、高校、企业等约300名专家学者出席现场会议，29586人次参加线上会议。

11月15—16日，由学会营养与保健食品分会主办的探索肥胖解决方案——代餐和轻食趋势与创新大会暨膳食纤维与健康会议在北京召开，240名专家学者参加大会。会议搭建代餐、轻食和膳食纤维的创新、应用与发展交流平台。

11月20日，学会运动营养分会年会在北京举办，主题是“运动营养与免疫”，200余名专家学者参会。

12月18—19日，学会社区营养与健康管理分会组织召开第八届中国（注册）营养师大会暨第四届中国社区营养与健康管理大会。大会以“营养师——健康中国的践行者”“社区营养——织密健康中国的防护网”为主题，共邀请18名营养学家作主旨报告。

12月19日，学会海洋食品营养与健康分会在山东省青岛市举办第二届国际海藻与健康产业论坛和第二届中国营养学会海洋食品营养与健康分会年会暨海洋食品营养与健康论坛，400余名专家学者参会。

国际交往 学会与联合国儿基会联合组织召开行动呼吁草案解释会（BMS Call to Action）中国区首次会议，对《国际母乳代用品销售守则》及获取营养倡议（ATNI）进行宣讲。

学会与世界卫生组织驻中国办事处合作，推动减油减盐工作开展。

科普活动 5月17日，学会以线上形式举办全民营养周启动仪式，主题为“合理膳食 免疫基石”。启动仪式在人民网、新华网、腾讯、央视频等平台同步直播，在线观看483.7万人次。在微博、抖音、今日头条等平台开展多种类型线上活动，线上受众达5.7亿人次，直播累计观看人数3500万人次，场次突破170场。学会开发五大类32项内容的核心工具包，作为合理膳食行动的技术支撑。开发的核心传播工具包包括视频、海报、文章等，供全国各地活动组织方免费下载；同期举办第二届全国营养科普大会活动，组织多名营养科普专家解读“合理膳食”基本概念。

学会组织拍摄倡导家庭健康减盐的公益视频，在央视等各大媒体播放，建议健康成人每天食盐摄入不超过5克，播放覆盖3亿人次。

学会以科学传播专家团队建设为基础，继续培养45岁以下青年营养专业工作者30名，组建中国好营养科普达人队伍（82人），培养1.5万名营养科技工作者参与多种形式的基层营养科普教育活动。

学会组织专家团队编写《新型冠状病毒感染的肺炎防治营养膳食指导》《新冠肺炎防治膳食指导（问答）》，报送国家卫生健康委并向全社会公布，被中国政府网、人民日报客户端、新华网等转载。

为增强疫情期间膳食指导的针对性、科学性、有效性，邀请营养学家在线上开展“膳食战疫 营养助力 新冠肺炎防治营养指导”系列公益微课；组织专家撰写《关于防治新型冠状病毒肺炎患者的营养建议》《妇幼人群预防新型冠状病毒感染膳食/喂养指导建议》《新冠肺炎防控期间糖尿病患者居家膳食建议》《新型冠状病毒肺炎患者恢复期骨营养与健康专家指导建议》及《社区居民防控新冠肺炎疫情居家膳食营养与健康管理共识》。与清华大学出版社采用漫画的形式编写《新冠肺炎防控期间营养膳食指导（漫画版）》，电子书在全网免费公开，纸质书全国发行。

以学会官方公众号、官网组建抗疫膳食指导自媒体矩阵，同时与主流媒体、新媒体合作，扩大抗疫营养科普的人群覆盖面。疫情期间，学会组织撰写的抗疫膳食指导科普文章全网传播量达到7000万余次，微博、头条、抖音等自媒体传播逾2亿人次。

表彰举荐优秀科技工作者 学会组织最美科技工作者、全国创新争先奖、优秀中外青年交流计划等人才举荐工作，共举荐4人。

党建强会 理事会层面党委和秘书处党支部坚持宣传贯彻习近平新时代中国特色社会主义思想，深入学习十九届五中全会精神，加强对科技工作者的思想政治引领。提前审议理事会会议、常务理事会议、会员代表大会，将党的指导思想加入章程，加强组织建设。结合实际工作召开党委会会议。

学会组建科技志愿者服务队、举办营养捐赠“送温暖”活动、提升“健康小屋”服务能力等一系列活动。通过党员营养宣讲员的培训和科普活动，普及营养知识，开展主题党日活动2次、科普讲座2次，参与党员专家12人，受益群众达500人次。

学会官网开辟“党建强会”专栏，及时转发中国科协《战“疫”有我，为决胜攻坚提供科技志愿服务——向全国科技工作者的倡议》《中国社会组织促进会关于新型冠状病毒感染的肺炎疫情防控的倡议书》《让科学家精神光耀时代　让科技创造新的价值》等通知和倡议，并发布《中国营养学会理事会党委关于坚定信心共克时艰、为打赢疫情防控阻击战提供坚强政治保证的通知》《中国营养学会抗击新型冠状病毒感染疫情倡议书》。

会员服务　学会完善会员分类管理，健全会员结构体系，在会员体系中增加会士类别，新发展外籍会员 8 名。继续完善会员系统平台，提升会员管理信息化水平。

学会完善会员信息咨询服务联动机制，做好会员信息咨询服务窗口。利用会员群、会员服务邮箱、咨询电话等途径，定期收集整理会员咨询热点问题和意见建议，逐步形成统一受理、分类转办、限时答复的流程。

【2020 年第六届全民营养周】　5 月 17—23 日，举办第六届全民营养周活动。5 月 17 日，召开全民营养周暨“5.20”中国学生营养日线上启动会。活动由国家卫生健康委、国民营养健康指导委员会、国家食物与营养咨询委员会、中国科协科学技术普及部指导，学会、中国学生营养与健康促进会、中国疾控中心营养与健康所、农业农村部食物与营养发展研究所、中国科学院上海营养与健康研究所主办。

全民营养周主题为“合理膳食　免疫基石”，旨在向全国范围普及合理膳食对于增强免疫的基石作用和相关知识技能。重点宣传优质蛋白来源，倡导合理膳食，推广全民分餐制，推动国民健康饮食习惯的形成和巩固。各级疾控中心、医疗机构、高校、科研院所、营养学会、营养师协会等开展义诊、现场宣教、膳食实践课、知识竞赛、专题研讨、专家访谈等多种形式的线上线下活动。

活动期间，全国各地举办活动场次达 207583 次，以线上活动为主；参与活动科技人员数量达 132787 人，其中专家人数 20470 人。国家级启动仪式在新华网、人民网、腾讯视频、爱奇艺等多个平台直播，在线观看人数近 150 万人次，科普大会、百场科普直播等累计观看和浏览量超过 2100 万人次，抖音“营养演说家”话题浏览量 6 亿人次；新华社等 1800 余家媒体进行活动报道；1 万余家食品、商超、餐饮等企业参与开展消费者营养与食品选购教育活动。

【第七期营养领导才能培训班】　11 月 2—6 日，学会在江苏省苏州市举办第七期营养领导才能培训班。从全国 100 多名报名者中遴选 40 名学员，培训课程围绕提升“领导力”的核心目标，从个人、团队、国家三个方面，从宏观视角、历史文化、新闻传播、政策方针、科学研究等维度诠释领导力应具备的要素。

培训班由学会与国际营养科学联合会联合创办。培训导师团包括原国家卫生和计划生育委员会副主任、中国医药卫生文化协会会长陈啸宏，学会理事长杨月欣，中国学生营养与健康促进会会长陈永祥，中国疾控中心营养与健康所研究员杨晓光，国际食物政策研究所教授陈志钢，西安交通大学全球健康研究院院长王友发等 12 名专家。培训班班长由海南医学院公共卫生学院副院长张帆担任，40 名学员通过抽签分成 4 个功能小组，即会议组、新闻组、娱乐组和拓展组，每个小组负责不同的工作内容。

在培训班闭幕式上，培训班的 4 个小组以多种形式向会议组委会作结业总结汇报，杨月欣作培训总结。培训结束后，启动为期两年的第七期营养领导才能培训班导师学员匹配计划，选出 8 名优秀学员，导师对其一对一指导，促进学员领导力的全方位提升。

（撰稿人：李耕华）

中国药理学会

服务创新型国家和社会建设　为配合国家“重大新药创制”科技重大专项全面总结，国家卫生健康委科技教育司以政府购买服务的方式，委托学会承担“国产药物国际化”和“国家药物创新能力评估”两项研究课题。12 月提交研究报告，完成课题任务。

2 月，针对中国新冠肺炎防治药物临床试验及研发的状况，学会理事长张永祥通过中国科协生命科学学会联合体提交《关于新型冠状病毒肺炎防治药物研发的建议》。

学会药源性疾病学专业委员会组织专家参与技术指南和专家共识制定工作。制定《疫情期间百姓居家药物治疗合理用药管理与指导专家共识》《新型冠状病毒感染：医院药学工作指导与防控策略专家共识》

（第一版）。

学会深入实施创新驱动发展战略，助力区域科技创新能力提升。7—8月，学会作为中国科协生命科学学会联合体成员，参加联合体组织的“科技服务保定行”活动，对河北省保定市生物医药产业发展情况进行调研，并作为协办单位组织专家参加第三届创新驱动发展大会及分论坛“科创中国”科技服务团服务保定创新发展座谈会；9月，参与主题为“疫情防治与医药创新”的中国（泰州）医药峰会组织工作；10月，承担主题为“医药创新与智慧医疗”的2020世界青年科学家峰会、国际青年医药科学家研讨会暨中国（温州）医药峰会学术活动组织工作；11月，作为指导单位，参与第四届中国（连云港）国际医药技术大会筹备工作；11月27日，与江苏省科协签订全面战略合作框架协议，发挥学科和人才优势，助力江苏省医药科技创新发展。

为促进药理学教学工作、探讨网络授课对医学教育人才培养的模式，学会举办2020年全国药理学青年教师网络授课展示活动，共收到有效作品36份。学会组织全国药理学教师评阅，优秀作品通过学会网站和学术会议进行展示。

学会举办各类专业培训10场次，参加人数总计8910人次。

学会建设 学会新发展会员307人，个人会员总数11734人。

学会召开2次常务理事会议、1次理事会议。学会肿瘤药理专业委员会、临床药理专业委员会、药物毒理专业委员会、药源性疾病学专业委员会完成换届工作。

学会通过内部工作程序，在章程中增加“习近平新时代中国特色社会主义思想”“坚持党的全面领导”“党的建设”等党建内容并施行。

青年人才托举工程 学会依托中国科协生命科学学会联合体组织申报，推荐的中国医学科学院药物研究所副研究员宋俊科入选2020—2022年度中国科协“青年人才托举工程”项目。

主办期刊 学会主办期刊8种，其中学术期刊7种、内部通讯期刊1种，发行量总计5.91万余册。

根据科睿唯安发布的《2019年期刊引证报告》，《中国药理学报》（*Acta Pharmacologica Sinica*，APS）影响因子为5.064，比2019年上升7位。

《中国药理学通报》学科影响力指数、复合影响因子、期刊影响因子和基础研究类影响因子四项指标在中国知网发布的《中国学术期刊影响因子年报（自然科学与工程技术 · 2020版）》药学领域69种期刊中均排名第2位；根据武汉大学中国科学评价研究中心发布的《中国学术期刊评价研究报告》（第六版），《中国药理学通报》再次获“RCCSE中国权威学术期刊”称号，在药学类期刊中排名第1位。

《中药药理与临床》和《医药导报》入选《中文核心期刊要目总览》2020年版（即第9版）医学综合类核心期刊。

面对新冠肺炎疫情，以《医药导报》为代表的学术期刊积极响应国家号召，通过组织编发专题稿件，解读国家发布的各版诊疗指南，报道抗新冠肺炎药物试验阶段性成果，介绍防控、科研进展以及救治经验等，让读者及时追踪疫情防控的科学进展。中国科协在“科协要闻”栏目对《医药导报》组织编发“快速指南”事迹作特别报道。

国际学术会议 国际学术会议主要以线上或线上线下结合的形式召开，共举办5场，参会人数1570人次，交流论文195篇。

4月7日，学会与国际基础与临床药理学联合会（IUPHAR）联合主办的抗新冠肺炎药物临床研究网络研讨会以线上形式召开。

10月18日，2020世界青年科学家峰会、国际青年医药科学家研讨会暨中国（温州）医药峰会在浙江省温州市举办。学会承担医药创新与智慧医疗峰会的筹备工作，共计120人参加会议。学会特邀IUPHAR秘书长Michael Spedding以录制视频的方式作大会报告*Managing your creativity in drug discovery: 50 years as a young scientist*（《保持药物发现的创造力：做50年青年科学家》）。

12月15日，中英药理学会联合论坛在英国药理学会冬季学术年会期间在线召开主题为“COVID-19-Lessons learned and future hopes”（新冠肺炎——教训与希望）的会议。会议就抗新冠药物治疗、疫苗研发、公共卫生策略等最新研究进展进行探讨。

国内主要学术会议 学会及所属分支机构举办各类学术年会、研讨会、论坛等共计22次，参会260966人次（含线上参会人数），交流论文980篇。

5月28日—6月6日，由学会药源性疾病学专业委员会等联合主办的第十二届药源性疾病与安全用药中国论坛以线上形式召开。大会分论坛以跨界交流与研讨、新挑战与新防范、新实践与新贡献、新指南与新解读、新学科与新人才、新思维与新证据为主题展开讲演与讨论。近4.5万人次参加会议。

12月6—8日，由学会、上海市药理学会、中国药理学报联合主办的第三届东方药理论坛在上海市召开，同期举办《中国药理学报》创刊40周年纪念会和上海市药理学会第二十一届学术年会，1000余人参加会议。会议特邀16名专家作大会报告。专题报告共设9个分会场，以中青年药理学工作者为主。

国际交往 2月11日，IUPHAR召开例行执委电话会议，表示对中国疫情防控形势的关切，对所采取的防控措施给予肯定，并从专业角度提出抗新冠病毒的观点和建议。

5月，英国药理学会致函学会，希望联合国际主要药理学会共同签署主题为“正确应用临床药理学原则，寻找新冠肺炎（SARS-CoV-2）安全有效治疗方法的倡议”的联合声明，并在国际学术期刊发表。学会在向上级主管部门汇报、征求指导意见，向学会常务理事和监事征求意见后，正式作为支持方参与联合声明的签署。同期，学会副理事长、IUPHAR临床药理分会执行委员魏伟参与制订《新冠病毒感染性疾病大流行期间用药和临床研究声明》，并代表学会署名。

学会领导和代表年内6次获邀参加IUPHAR领导例会、工作会议或分会会议，讨论关于IUPHAR组织机构改革、在中国设立分支办公室、分会学组设立、开展天然产物与传统药物药理学交流合作等重要组织机构建设和专业研究方面的问题。

科普活动 学会围绕抗击疫情、安全用药等公众关注的社会热点和重大科技事件开展科普工作，被中国科协科学技术普及部评为“2020年度全国学会科普工作优秀单位”。

3月，中国科协邀请学会组织呼吸药理学专家，参与中国科协科技传播中心与网易科技联合打造的科普知识类图书《疫情大考——50位科学家的100条建议》的编撰，协助完成第四期“医疗篇”的编撰工作。3月19日，专题在网易科技频道刊出并进行全平台推送，在光明网、焦点新闻等多个门户网站传播，一周内点击阅读量超过5000人次。

学会面向理事、会员尤其是身处疫情严重地区的会员征集科学抗疫、事迹宣传等科普文章，通过学会微信公众号刊发宣传。包括组织“前线药事”系列稿件，报道湖北省地区药理学工作者的先进事迹；开辟“同心抗疫”系列专栏，报道抗疫一线先进人物事迹。

学会药源性疾病学专业委员会联合中国医院协会药事管理专业委员会在“药物不良反应杂志”公众号上发布科普文章150篇、视频45个，总阅读量10万余次。

9月17日，世界患者安全日期间，由学会药源性疾病学专业委员会主办的“安全用药·我行动”——世界患者安全日主题活动在北京举办。活动主题为“卫生工作者安全：实现患者安全的首要任务”，行动呼吁“为卫生工作者安全发声”，旨在提升全社会对卫生工作者安全的重视程度，采取有效措施提高卫生工作者和患者安全水平。

9月21日，世界阿尔茨海默病日期间，由学会抗衰老与老年痴呆专业委员会、中国老年保健协会阿尔茨海默病分会、青海省医师协会老年医学科分会、青海省人民医院共同主办的以“从容面对，不再回避”为主题的义诊活动在青海省西宁市举办。专家免费义诊200人次、咨询80人次，为70人次开展记忆测定、认知康复训练，发放宣传资料和健康手册100余份，免费测量血压和血氧饱和度100人次，赠送药品共计1000元。

为引导学会会员认真学习和落实中共中央、国务院《关于进一步加强科研诚信建设的若干意见》文件指示精神，《精诚探索·正心求真——中国药理学会科研诚信主题征文选编》一书于5月正式出版。全书共13万余字，从多角度阐释科研诚信的重要意义以及作者的认识和观点。9月，学会在新学年伊始向部分高校、科研院所的研究生赠送本书，帮助青年科研工作者树立正确的世界观和价值观，进一步增强科研诚信意识。

表彰举荐优秀科技工作者 4月，根据《人力资源和社会保障部 中国科协 科技部 国务院国资委关于评选第二届全国创新争先奖的通知》文件精神，学会组织和实施全国创新争先奖候选人推选工作，推选个人奖候选人2名、奖牌候选团队1个。学会副理事长、中国工程院院士、中国科学院上海药物研究所丁健获得全国创新争先奖章。

党建强会 年内学会召开2次党委（扩大）会议。制订《中国药理学会党委工作规则》，在学会十一届四次理事会暨党委扩大会上讨论通过并试行。

学会党委响应党中央“坚决打赢疫情防控阻击战”的号召，向全国药理学工作者发出三大抗疫倡议，号召专业人员认真学习贯彻习近平总书记对疫情防控工作的一系列重要指示精神和中央政治局常委会会议关于疫情防控工作精神，认真落实中国科协《社会组织登记管理机关疫情防控工作实施方案》等有关文件精神，发挥学科特长，主动担当作为，投身疫情防控相关的药物研发等科技攻关工作，做好合理用药和科学用药的指导工作。

学会通过微信公众号第一时间转载和宣传《习近平总书记给25位科技工作者代表的回信》《习近平总书记在科学家座谈会上的讲话》，并组织党委委员学习。

12月，按照《中国科协关于做好党的十九届五中全会精神学习宣传工作实施方案》的要求，学会在中国药理学会十一届四次理事会暨党委扩大会议上组织集中学习和讨论。

学会党委负责的科技扶贫、健康扶贫工作继续开展。8月29—31日，学会临床药师培训基地、首都医科大学宣武医院药学部专家和骨干药师赴贵州省遵义市习水县开展临床药学对口帮扶工作，进行义诊、药物咨询及科普宣传活动，并以专题讲座、临床药学教学查房等形式指导当地临床药师开展工作，加强基层医疗机构临床药师队伍建设。

11月，学会党委委员及部分理事会党员赴台儿庄大战纪念馆进行爱国主义教育。

【抗新冠肺炎药物临床研究网络研讨会】 4月7日，学会与IUPHAR联合举办的抗新冠肺炎药物临床研究网络研讨会召开。来自IUPHAR临床药理学分会的14名专家和学会理事，以及国内各高校、研究院所、医院的近百名专家学者参加会议。

学会理事长张永祥和IUPHAR主席Ingolf Cascorbi担任研讨会共同主席，学会党委书记杜冠华和IUPHAR秘书长Michael Spedding共同担任研讨会主持人。会议重点讨论新冠肺炎防治药物临床试验设计、组织实施与管理等有关问题，尤其是应急情况下药物临床研究的思路与方法。

学会邀请北京大学第三医院药物临床试验机构副研究员刘东阳和天津中医药大学循证医学中心教授张俊华分别作报告《小分子抗新冠病毒药物临床开发现状与思考》和《中医药防治新冠肺炎临床研究概述》，对中国化学药和中药抗新冠肺炎的研究进展进行讨论。

IUPHAR临床药理分会主席Caroline Samer针对临床试验设计提出6点建议。其余专家学者相继发言，强调遵循良好试验设计原则的重要性、伦理监管的责任，并讨论合作共享数据库、高风险和特殊人群治疗策略调整、免疫应答调控等问题。

会议重点讨论抗新冠肺炎药物临床研究有关问题，对于进一步提高抗新冠肺炎药物临床研究的水平和规范化程度具有重要指导意义。本次会议是学会利用国际临床药理学优秀科技资源，通过开展国际学术交流为科学抗疫作贡献的有益举措。

（撰稿人：赵　颖）

中国针灸学会

服务创新型国家和社会建设　学会发布《实验动物常用穴位名称与定位——通则》等12项针灸团体标准，出版《针灸门诊装备设施配置规范》等20项针灸团体标准。推进《经外奇穴名称与定位》等7项针灸国家标准项目的研制和《针灸临床实践指南制定及其评估规范》等2项国家标准的报批。召开6项针灸团体标准项目提案立项评审会。推进全国针灸标准化技术委员会换届与委员调整，开展外文版针灸国家标准研制。

学会举办2020年度国家中医药管理局继续教育项目培训班6期，培训学员395人次。举办针灸特色培训班9期，培训学员575人次。承担2020年中国科协定点扶贫项目“中医针灸适宜技术培训班”，在山西省吕梁市临县为乡村基层医务人员进行2期教育扶贫培训，培训学员120人次。同时，选拔6名基层优秀医务人员前往北京市中医医院针灸科进行为期6个月的进修学习。

学会向中国科协申报2020年海峡两岸暨港澳民间科技人文交流项目、中国针灸学会与世界针灸学会联合会邀请外国专家等人出席世界针灸学会联合会第九届执委会第四次会议暨2020中国海南国际针灸学术研讨会项目、国际耳穴诊疗标准规范高峰论坛暨世界耳穴诊疗研究与成果展览会项目、2020年“党建强会计划”项目。

学会设立安徽省滁州市明光市专家工作站、贵州省贵阳市专家工作站，并在海南省海口市召开2020年中国针灸学会专家工作站建设经验交流会，会上举办甘肃省平凉市灵台县专家工作站和内蒙古自治区巴彦淖尔市磴口县专家工作站合作协议续签仪式。

6—12月，学会与世界针灸学会联合会联合举办“名老中医百家讲坛”系列视频讲座共22期，累计网上浏览量达20万人次。11月，在文化遗产日和世界针灸周期间，动员各地方针灸学会及所属各分支机构和全国针灸科技工作者组织开展义诊、科普讲座、展览等活动，召开中医针灸传承精华守正创新暨中医针灸成功申遗十周年专家座谈会，同时在海南省海口市举办中医针灸申遗成功十周年展览。

学会联合中国中医科学院针灸研究所向全体针灸会员发出《大医精诚，一心赴救，坚决打赢新型冠状病毒肺炎阻击战——致全体中医针灸同仁倡议书》，及时召开学会应对新型冠状病毒肺炎疫情防控工作电话会，成立学会防控新型冠状病毒肺炎专家组。先后印发《新型冠状病毒肺炎针灸干预的指导意见》第一版和第二版。团结广大针灸科技工作者，动员全体针灸会员积极开展临床科研攻关，组织相关艾灸企业捐赠抗疫物资。

学会建设 学会新发展个人会员5847人，会员总数达到41952人；团体会员24个。召开常务理事会议3次、学会全国工作会议1次。

学会制定《中国针灸学会合同管理办法》《中国针灸学会会徽使用管理办法》《中国针灸学会电子公章管理办法》，修订《中国针灸学会科学技术奖奖励办法》《中国针灸学会学术活动管理办法》《中国针灸学会标准管理办法实施细则》。

学会成立民间针灸分会、综合医院针灸分会、睡眠健康管理专业委员会、灸养专业委员会4个分支机构，完成针推结合专业委员会、针灸器材专业委员会、减肥与美容专业委员会、针灸技术评估专业委员会、青年委员会5个分支机构的换届工作，并将2014年之前学会成立的22个分支机构印章统一收回、作废。

青年人才托举工程 学会组织专家对第四、第五届中国科协“青年人才托举工程”项目的5名培养人进行年度督导。完成第三届中国科协“青年人才托举工程”项目的结题验收工作。

主办期刊 根据2020年《中国学术期刊影响因子年报（自然科学与工程技术）·2020版》，《中国针灸》复合影响因子2.333，影响因子学科排名上升到第5名，在中医学与中药学技术研究类83本期刊中首次位列第一。《针刺研究》复合影响因子3.187，继续保持在127本中医药学期刊中位居首位。两刊均入选“RCCSE中国权威学术期刊”。《针刺研究》《世界针灸杂志》被收入EMBASE数据库。

《中国针灸》《针刺研究》《世界针灸杂志》组织开辟“抗疫专栏”，协助中国知网进行多场“中医药抗击新冠病毒COVID-19进展全球公益讲座”网络直播。

学科发展工程 学会召开两次针灸推拿一级学科论证会，研讨针灸推拿一级学科建设关键问题，并向教育部、国务院报送针灸推拿一级学科建设论证报告，大力推进针灸推拿一级学科建设倡议工作。

国际学术会议 11月28—30日，世界针灸周“中医针灸”申遗十周年特别活动暨世界针灸学会联合会2020国际针灸研讨会在海南省海口市举办。会议由世界针灸学会联合会、中国中医科学院与海南省卫生健康委联合主办，学会承办。国家中医药管理局党组成员、副局长孙达出席并致辞。中国民间组织国际交流促进会副会长窦恩勇，中国工程院院士、中国中医科学院院长黄璐琦，中国工程院院士吴以岭，中国针灸学会会长、世界针灸学会联合会主席刘保延，国家中医药管理局国际合作司司长吴振斗，《中国中医药报》社有限公司党总支书记、执行董事、经理武东，中国中医科学院党委副书记杨龙会，中国中医科学院广安门医院党委书记王笑频，中国非物质文化遗产保护学会中医药委员会会长曹洪欣，国际标准化组织中医药技术委员会主席沈远东，海南省卫生健康委副主任陈少仕，海口市副市长凌云等出席开幕式。中国工程院院士、国医大师石学敏，世界卫生组织传统补充医学协调员张奇，上海合作组织秘书长弗拉基米尔·诺罗夫，哥斯达黎加前总统何塞·马里亚·菲格雷斯·奥尔森发来祝贺视频。会议以“中医针灸传承创新、全球抗疫命运与共”为主题，设置18个学术分论坛，主题涵盖中医药针灸基础理论、临床技法、专病治疗、标准化、教育、科研、文旅康养和健康传播等领域。同期举办针药结合国际健康产业论坛、“中医针灸”申遗十周年展和中医药产业展。共有700多名专家学者现场参会，作5个主旨报告、195个分论坛口头发言，提交论文117篇，在线参与、观看超千万人次。

国内主要学术会议 学会及所属分支机构以线上线下相结合的方式共举办、承办各类年会、研讨会、论坛等学术活动35次。

10月17—19日，由学会主办，学会耳穴诊治专业委员会、佛山市中医院承办，世界针灸学会联合会、中华中医药学会外治分会协办的2020年中国针灸学会耳穴诊治专业委员会学术年会、国际耳穴诊疗标准规范学术论坛暨世界耳穴诊疗研究与成果展览会在广东省佛山市召开。来自国内外的专家学者共300余人参加会议，为推动中国耳穴诊疗规范化国际化、助力佛山市医药健康产业创新发展建言献策。

10月18日，由中国科协、学会主办，学会青年委员会、深圳市针灸学会、深圳市中医院承办的2020年海峡两岸暨港澳青年科学家学术论坛——“新时代针灸循证医学的发展与展望”在广东省深圳市召开。学会会长、世界针灸学会联合会主席刘保延，世界中医药联合会创会副主席兼秘书长李振吉，中华中医药学会内科分会主任委员孙塑伦，陕西中医药大学党委书记刘力，上海中医药大学副校长杨永清，学会副会长、华南针灸研究中心主任许能贵，深圳市卫生健康委中医处处长刘冬云，深圳市中医院院长易铁钢等领导及专家出席论坛。深圳市针灸学会会长杨卓欣主持开幕式。论坛围绕“新时代针灸循证医学的发展与展望”主题进行讨论，为促进针灸临床应用和科学原理阐释提供新思路，加深港澳地区青年科学家的学术交流。香港博爱医院、香港浸会大学、台湾“中国医药大学”、澳门科技大学、澳门大学、中国中医科学院针灸研究所、哈佛大学医学院神经调节中心、北京中医药大学、上海中医药大学等全国20余家高校、医院、科研院所的100余名专家学者参加活动。

10月22日，由学会主办的2020年“泰山论灸”高端论坛暨第二届泰山大健康博览会在山东省泰安市召开。学会会长、世界针灸学会联合会主席刘保延，学会副会长许能贵，学会副秘书长兼学术部主任文碧玲，世界针灸学会联合会常务副秘书长兼办公室主任杨宇洋，山东针灸学会会长、山东中医药大学校长高树中，山东针灸学会副会长兼秘书长陈少宗，泰安市委副书记、市长张涛，泰安市政府副市长成丽，泰安市政府秘书长张韧，泰安市科协党组书记、主席张秀峰等出席开幕式。学会副会长兼秘书长喻晓春主持开幕式。论坛以“激发中医艾灸新活力，构建康养产业新格局”为主题，组织国内针灸界专家进行现场教学、学术交流，展示科研和临床的最新研究进展，演示多种灸法的操作方法，促进灸法临床、科研、推广、标准等全方位发展。

国际交往 学会通过搭建线上国际学术交流平台，向世界分享中医药抗疫经验。与世界针灸学会联合会、中华中医药学会共同合作打造“国际疫情大讲堂”系列活动，每周2次，连续举办29期，先后邀请中国工程院院士张伯礼、中国科学院院士仝小林、中国工程院院士黄璐琦、中国工程院院士王琦等42名专家开讲，宣传中国方案，与海外同道分享中国疫情防控和临床救治经验，国内外累计参与人数达20万余人次。

学会协助邀请中国专家与意大利、伊朗、美国、荷兰、匈牙利、瑞士等多国开展抗击新冠肺炎的视频会议5场。组织远程专家会诊，邀请仝小林、李光熙、刘保延等中国专家与伊朗卫生部专家进行多次新冠肺炎会诊。组织国内和国际针灸专家参与中央电视台《中华医药》抗击疫情专题节目的录制，并推荐中国、法国、意大利、西班牙等国的专家参与中央电视台“全球疫情会诊室——CGTN智库在线论坛”。

科普活动 学会在贵州中医药大学第二附属医院、明光市中医院成立科普教育基地。组织专家于端午节开展“艾”健康线上授课活动，并在各大网络平台进行同步直播，受众约150万人次。

学会科普专家在新媒体平台、公众号发布抗疫文章180余篇，拍摄抗疫宣传视频、科普类视频40余部，各种类防疫科普作品综合点击量约330万人次。学会及所属各二级分支机构、科普教育基地共举办科普宣讲活动424次，参与专家822人次；举办专题展览8次；开展科技咨询16次，受众95万余人次；举办义诊活动146次，参与专家479人次，受众约1万人次；推广新技术、新品种23项，参加活动科技人员总数103人次；出版科普作品9部，发布科普文章3027篇；建设新媒体平台19个，受众约40万余人次，平均每日点击量14800余次。

表彰举荐优秀科技工作者 学会推荐的中国中医科学院中医药数据中心刘保延获得第二届全国创新争先奖状。

党建强会 在学会党委的领导下，学会所属14个分支机构通过选举正式成立党的工作小组。

3月，学会党委和办事机构党支部以视频会议方式开展中医药人抗击疫情主题党课活动。6月，为纪念建党99周年，学会党委和办事机构党支部开展以“不忘初心”为主题的党课学习活动。9月，学会党委和办事机构党支部在北京市房山区良乡镇残疾人“温馨家园”公益基地开展2020年“党建强会计划”项目——针爱梨园认捐助残扶贫走进温馨家园特色党建活动，并开展学习《习近平谈治国理政》（第三卷）专题党课活动。12月，学会党委和办事机构党支部采用线上线下相结合的方式召开党的十九届五中全会精神宣讲会，各地方学会和分支机构代表2000余人参加会议。同月，学会党委号召各分支机构党的工作小组发挥带头引领作用，动员优秀党员科技工作者担任宣讲专家，开展宣讲工作。

会员服务 会员可利用“个人会员管理系统”进行网上注册、办理电子会员证、开具电子会员发票等。学会利用邮箱、微信公众号为会员及时推送会议和学会动态消息。维护网站，及时发布通知公告、新闻动态、继续教育等信息。

（撰稿人：吴 远 贾晓健）

中国防痨协会

服务创新型国家和社会建设 11月8日，“科创中国”结核病诊断技术创新与应用科技服务团结核病诊疗创新联合实验室建设方案研讨会暨联合协议签署仪式在广东省深圳市举办。湖南省胸科医院、广州市胸科医院、深圳市慢性病防治中心、佛山市第四人民医院、惠州市职业病防治院和广东体必康生物科技有限公司分别与协会签订“科创中国”结核病诊断技术创新与应用科技服务团结核病诊疗创新联合实验室建设联合协议。

协会建设的团体标准管理信息平台上线，先后两次共发布9项团体标准，包括《非结核分枝杆菌病诊断（T/CHATA 001—2020）》《从业人员健康体检结核病部分（T/CHATA 002—2020）》《学校肺结核患者密切接触者筛查及处置规范（T/CHATA 003—2020）》《新生入学体检结核病检查规范（T/CHATA 004—2020）》《流动人口肺结核患者管理指南（T/CHATA 005—2020）》《结核病定点医疗机构防治工作质量评价（T/CHATA 006—2020）》《县级结核病定点医院设置规范（T/CHATA 007—2020）》《病原学检测阴性肺结核诊断流程（T/CHATA 008—2020）》和《肺结核患者居家治疗管理指南（T/CHATA 009—2020）》。经全国公开申报、专家评审，评选出5个协会转化医学创新基地，分别是西安市胸科医院、长春市传染病医院、深圳市第三人民医院、长沙市中心医院和南宁市第四人民医院。

11月19日，协会与佛山市人民政府在第二十四届全国发明展览会上签署战略合作协议。

11月23日，由协会和中国疾病预防控制中心、世界卫生组织全球结核病规划司（GTB）和热带疾病研究培训特别项目（TDR）共同组织的结核病数字健康实施性研究培训班在北京举办。来自巴基斯坦、马来西亚、乌兹别克斯坦和中国的20余名结核病防治专家采用线上线下相结合的方式参加培训。GTB的博士Dennis Falzon、Cecily Miller，TDR的博士Corinne Merle、Vanessa Veronese，加拿大麦吉尔大学博士Jonathon Campbell、Stephanie Law，世界卫生组织驻华代表处结核负责人陈仲丹，中国疾病预防控制中心结核病预防控制中心主任赵雁林出席开幕式，协会副秘书长樊海英主持。

协会获中国科协“科创中国”项目支持，牵头成立以中国科学院院士陈润生领衔的结核病诊断技术创新与应用科技服务团，开展高端智库建设。8月7日，协会在中国科学院生物物理研究所组织召开“科创中国”科技服务团结核病防治创新与发展高端智库专家咨询会。陈润生、张先恩等专家就大数据、人结核病防治创新与发展高端智库研究进行研讨。随后，组织撰写并上报《抗结核药物肝损伤防控策略研究报告》，介绍抗结核药物肝损伤发生率、发生机制、临床表现和分级处理原则、预防和防控策略建议等。

学会建设 协会发展个人会员1212人，个人会员总数达21536人。

4月20日，协会召开第十一届理事会第八次常务理事会议通讯会议，审议中国防痨协会十二次全国会员代表大会的有关材料，包括第十二届理事会拟任负责人名单、监事会成员名单，《中国防痨协会章程（修改草案）》和《中国防痨协会章程》修订说明，第十一届理事会工作报告（审议稿）、财务报告（审议稿）和第十二次全国会员代表大会主要议程等。

9月28日，协会召开第十二届一次常务理事会，审议通过协会负责人分工安排、分支机构换届、新分支机构申报等内容，第一届监事会列席参加会议。

协会中西医结合专业分会成立。协会学术工作委员会、国际交流工作委员会、基层结核病防治专业分会、学校与儿童结核病防治专业分会进行换届。

主办期刊 由协会主办的《中国防痨杂志》《结核病与肺部健康杂志》《中国肺癌杂志》均按期完成出版任务。

《中国防痨杂志》出版12期，载文量244篇;《结核与肺部疾病杂志》出版4期，载文量76篇。

根据《中国科技期刊引证报告（核心版）》,《中国防痨杂志》核心影响因子为0.894，总被引频次为1670;《结核与肺部疾病杂志》扩展总被引频次为368，扩展影响因子为0.954。

9月，协会聘任王黎霞教授为《中国防痨杂志》主编，聘任唐神结教授为《结核与肺部疾病杂志》主编，并于12月19日完成《中国防痨杂志》和《结核与肺部疾病杂志》编辑委员会的换届工作。

国内主要学术会议 协会及其所属分支机构举办学术会议5次、论坛1次，参加会议人数2003人次，收到论文508篇。

10月31日，由协会主办的中国防痨协会结核病健康促进专业分会年会暨结核病健康促进实施与评估培训班在广东省湛江市召开。会议是疫情常态化防控时期召开的线上线下同步的专业会议。180余人现场参会，5000余人次收看直播。

11月1—2日，中国防痨协会“一带一路”结核病控制合作中心学术交流会暨筑梦海丝之路活动在福建省泉州市举办。会议听取泉州市党校教授作的报告《“一带一路”倡议与泉州先行》，总结合作中心“一带一路”工作总结，讨论和部署下一步活动计划。

11月22日，由协会、深圳市慢性病防治中心主办，协会基层结核病防治专业分会承办，深圳市龙华区慢性病防治中心协办的中国防痨协会无结核社区高峰论坛暨基层结核病防治专业分会换届大会在广东省深圳市举办。大会以“创建无结核社区”为主题，围绕无结核社区创建、结核病防治新策略新方法内容，邀请结核病防治领域的专家学者进行交流。来自全国各级医疗卫生机构、高校和企业的134位专家学者参加会议。会议期间，协会基层结核病防治专业分会进行换届选举。

11月28日，由协会主办的中国防痨协会中西医结合专业分会成立大会暨首届中西医联合结核病防治临床应用与发展高峰学术论坛在广东省佛山市举办。来自全国各省市结核病防治机构、单位的相关专家共120余人参加会议，5000余人次观看会议直播。会议期间，协会中西医结合专业分会进行换届选举。

12月30日，中国防痨协会学校与儿童结核病防治专业分会2020年换届大会暨学校与儿童结核病防治学术会议在上海市召开。会议期间，协会学校与儿童结核病防治专业分会进行换届选举。

国际交往 10月20—24日，协会组织相关专家参加第51届世界肺部健康大会线上会议。协会秘书长成诗明作为国际防痨与肺部疾病联合会亚太地区协调员，参加亚太区执行委员会议。

12月29日，协会、中国科学院生物物理研究所、巴基斯坦国家结核病控制中心和巴基斯坦DOW医科大学共同主办“丝绸之路友邻：促进跨境结核病防控‘一带一路’2020年中国－巴基斯坦结核病防控在线论坛”，会议通过ZOOM会议系统召开。中巴双方共12位专家在线交流中国和巴基斯坦在结核病预防和控制方面的经验，讨论新冠肺炎疫情大流行带来的影响，交流在结核病预防和控制等方面的新技术。论坛开幕式上，协会副理事长张宗德和巴基斯坦国家结核病控制中心主任兼副协调员Nasim Akhtar主持并讲话。协会理事长、中国疾病预防控制中心副主任刘剑君，协会副理事长兼秘书长成诗明，协会青年理事会主任委员沈鑫，巴基斯坦管理结核病、艾滋病和疟疾的公共部门研究主管Razia Fatima等出席开幕式。论坛第一部分主题为“疫情下的结核病防控”，交流新冠肺炎疫情对巴基斯坦结核病防控的影响和策略。刘剑君和Nasim Akhtar分别作报告《新冠肺炎疫情对中国结核病防控的影响》和《新冠肺炎疫情对巴基斯坦结核病防控的影响》。第二部分主题是“结核病诊断和治疗新进展”，双方交流用于改善结核病诊断和治疗的最新技术及其潜在应用价值。中国疾病预防控制中心传染病预防控制所（结核病控制室副主任）副研究员刘海灿和中国科学院生物物理研究所副教授Joy Fleming分别作报告《中国结核分枝杆菌感染的分子学诊断方法》和《结核病诊断新产品在中国的应用》;巴基斯坦国家结核病控制中心政策顾问Sabira Tehseen和Dow医科大学生物科技系主任Shaukat Ali分别作报告《结核病相关新技术在巴基斯坦的应用》和《超声处理对痰样本中结核分枝杆菌复苏的影响》。第三部分主题是“结核病基础研究新进展”。复旦大学基础医学院教授高谦，上海市结核病（肺）重点实验室主任、同济大学教授戈宝学和中国科学院武汉病毒研究所微生物耐药性研究学科组组长、研究员邓教宇分别作报告《耐多药结核病的基因组流行病学》《结核病的固有免疫：宿主防御》和《病原体逃逸结核分枝杆菌和叶酸拮抗剂》。博士 RaziaFatima，巴基斯坦 Aga Khan 大学病理学、实验室医学系分子病理学部门教授 Zahra Hasan，巴基斯坦 Aga Khan 大学在读博士生 Dania Khalid 分别作报告《巴基斯坦的结核病运筹学》《结核潜伏感染的糖尿病患者转录组下调免疫激活和宿主代谢基因》和《外排泵和已知基因突变导致的结核分枝杆菌贝达喹啉耐药》。

科普活动 3 月 24 日，在第 25 个世界防治结核病日，协会联合中国科协“科技工作者之家”平台推出“携手抗疫防痨，守护健康呼吸”科普专题，包括《一文读懂肺结核》《12 张 3·24 世界防治结核病日主题宣传海报，聚焦宣传倡导精华》《公众结核病防治知识 10 问答》等 20 条科普图文。

中国科协 – 科创中国科技服务团“抗疫防痨云讲坛”系列宣讲活动第一期开讲，中国疾病预防控制中心副主任、协会理事长刘剑君和复旦大学附属华山医院感染科主任、协会结核病与肝病专业分会主任委员张文宏作报告。直播在线观看人数达 178.6 万余人次。截至 12 月 31 日，直播 21 期，邀请 62 位专家作报告，累计收看 3189715 人次。

协会老年结核病防治专业分会发布《新型冠状病毒感染的肺炎疫情防控期间老年人居家健康管理指引》。

党建强会 9 月 28 日，协会第十二届常务理事会党员大会召开，第十二届常务理事党员和监事党员 43 人参加会议，协会理事长、第十一届理事会党委书记刘剑君向大会作《中国防痨协会第十一届理事会党委工作报告》。大会选举通过刘剑君担任第十二届理事会党委书记、成诗明担任党委副书记、洪峰担任纪检委员、钟球担任宣传委员、黄春担任组织委员，袁政安、刘永煜、陈效友、张帆担任委员。

11 月 2—3 日，在中国科协科技社团党委指导下，协会、中华医学会赴山西省吕梁市岚县联合开展 2020 年“党建强会”科技志愿服务基层医疗帮扶活动。协会党委宣传委员、协会副理事长钟球，协会副秘书长樊海英，中华医学会杂志社党总支宣传委员、副社长刘冰和中国医学科学院阜外医院等 15 人参加活动。中国科协驻岚县副县长常羽，岚县副县长程智芳，岚县医疗集团人民医院党委书记、院长李润生等出席活动。11 月 2 日，岚县医务人员培训班举办，来自岚县人民医院、中医院及医疗集团下辖乡镇卫生院的医务人员 86 人参加培训。中国医学科学院阜外医院教授吴瑛为学员讲授《晕厥的规范诊治》，山西医科大学第一医院教授胡晓芸为学员讲授《基层医疗卫生机构常见疾病诊疗管理指南——慢性阻塞性肺疾病》，首都医科大学附属北京友谊医院教授魏红涛为学员讲授《老话新谈——腹痛那些事》，辽宁省沈阳市胸科医院教授樊丽超为学员讲授《儿童结核感染及结核病诊断新进展》。钟球、刘冰带队赴王狮乡中学为学校学生捐赠科普图书，与王狮乡长门村村委会开展座谈，并看望慰问协会和中华医学会资助的 3 名贫困家庭学生。11 月 3 日，钟球、吴瑛、胡晓芸、魏红涛、樊丽超、唐芹等专家一行在岚县开展义诊、疑难病例会诊。活动还组织有关人员赴岚县八路军 120 师司令部旧址参观学习。

会员服务 协会为单位会员免费提供《中国防痨杂志》《结核与肺部疾病杂志》，为会员提供实时电子版杂志。定期通过官方网站、官方微信、会员管理系统等向会员推送会议通知、科普知识、学术动态等信息。为企业单位会员提供技术咨询、评估和论证会、创新成果推广等服务内容；向单位会员分发特制中国防痨协会年历。

【中国防痨协会第十二次全国会员代表大会】 9 月 28 日，协会第十二次全国会员代表大会在北京召开。协会第十一届理事会副理事长王栩冬主持开幕式。协会第十一届理事会理事长刘剑君致开幕词。国家卫生健康委副主任、中华预防医学会会长李斌出席会议并讲话。中国科协学会学术部学会管理处处长邹超向大会宣读中国科协贺信。来自全国的 260 位代表参加会议。

大会选举产生第十二届理事会理事 171 名、常务理事 57 名；选举产生第一届监事会，监事长为洪峰；选举中国疾病预防控制中心副主任刘剑君为理事长，钟球、袁政安、张宗德、成诗明、黄春、刘永煜、陈效友、张帆为副理事长；秘书长为成诗明（兼），副秘书长为樊海英、黄飞和陈禹。

刘剑君代表协会第十一届理事会作工作报告，全面总结第十一届理事会 5 年来取得的工作成绩，对第十二届理事会工作提出期望和建议。

大会审议通过中国防痨协会第十一届理事会工作报告和财务报告、《中国防痨协会章程》和《中国防痨协会会员会费标准》。新当选的第十二届理事会理事长刘剑君作重要讲话。

【"科创中国"结核病诊断技术创新与应用科技服务团2020年生物产业协同创新与产业集群发展促进大会暨中国防痨协会结核病防治产学研用协同创新论坛】 12月8日，由协会和江门市政府共同主办的"科创中国"结核病诊断技术创新与应用科技服务团2020年生物产业协同创新与产业集群发展促进大会暨中国防痨协会结核病防治产学研用协同创新论坛在广东省江门市召开。中国疾病预防控制中心副主任、协会理事长刘剑君出席大会并致辞。中国科学院院士刘以训，协会副理事长钟球、袁政安、张宗德，协会副理事长兼秘书长成诗明，国务院发展研究中心《经济要参》政策咨询部副主任王树强等200名来自全国疾控机构、医疗机构、科研院所、生物科技、产业金融领域的专家和企业家参加大会。

会议开幕式由钟球和协会结核病转化医学专业分会主任委员毕利军主持。刘剑君、中国科学院生物物理研究所科技合作与成果转化处处长孙哲、江门市新会区区委书记文彦和江门市委书记林应武分别致辞。

大会还邀请有关部门领导、结核病相关生物医药领域院士、协会医学转化创新基地代表、专家、企业家和媒体人士为大会作报告，其中刘剑君作报告《中国结核病防治策略》；中国科学院院士刘以训作报告《干细胞在人类健康发展中的作用》；军事医学研究院微生物流行病研究所研究员杨瑞馥作报告《UPT技术和活菌药物——从基础到转化》；协会结核病与肝病专业分会主任委员、复旦大学华山医院感染科主任张文宏作报告《消除耐多药结核病新方案与新路径》；上海科技大学免疫化学研究所副所长杨海涛作报告《蛋白机器与新药：抗结核的新药开发》；协会标准化专业分会主任委员、中国医学科学院病原生物学研究所所长金奇授作报告《未来科技支撑结核病防治的挑战》；中国人民解放军总医院第八医学中心结核病医学部学术主任、全军结核病研究所副所长兼全军结核病重点实验室主任吴雪琼作报告《抗结核药物作用靶标及新药的研究进展》；人之初杂志社社长、广东卫生在线新媒体平台总编郑子谦作报告《全媒体环境下卫生健康领域的精准传播》；中国科学院生物物理研究所研究员、美国医学与生物工程院院士张先恩作报告《生物科技抗击新冠疫情》。

大会邀请疾控部门领导、科学家和企业家开展对话，举办"科创中国"2020年结核病防治产学研用协同创新论坛。

【"弘扬科学家精神，携手抗疫防痨"线上和线下主题活动】 5月30日，在第四个全国科技工作者日期间，由协会、北京结核病控制研究所和北京防痨协会联合主办，广州迪澳生物科技有限公司协办的"弘扬科学家精神，携手抗疫防痨"线上和线下主题活动在北京举办。活动邀请抗疫防痨一线科技工作者和最美防痨人代表在腾讯视频、腾讯健康、腾讯新闻、中国科协科创中国和科界等媒体平台直播宣讲，直播在线观看人数达172.7万余人次。随后，在北京结核病控制研究所开展科技工作者座谈和慰问活动。

网络宣讲报告会由协会副理事长钟球主持。北京市疾病预防控制中心党委书记、副主任、北京结核病控制研究所党总支书记、所长黄春，协会结核与肝病分会主任委员、复旦大学附属华山医院感染科主任、上海新冠肺炎医疗救治专家组组长张文宏，中国疾病预防控制中心结核病预防控制中心政策规划部主任、全国最美防痨人代表刘小秋和协会理事、广州迪澳生物科技有限公司总经理肖艳文依次进行网络宣讲，解读新时代科学家精神，分享抗疫防痨故事，倡导广大防痨科技工作者开展科技志愿服务。

黄春、张文宏、刘小秋、肖艳文分别作报告《弘扬疾控精神，致敬抗疫先锋》《传染病大流行与科学防疫》《我在武汉86天的新冠战疫之征》《加速科技创新成果转化，为疫情防控贡献力量》。专家还就网友关心的"学校什么时候开学""结核病和新冠肺炎怎么区别"等问题进行答疑。

报告会后，在北京结核病控制研究所召开科技工作者座谈会，慰问老科技工作者和最美防痨人。

（撰稿人：成诗明　樊海英）

中国麻风防治协会

服务创新型国家和社会建设 9月9—13日，协会主办由中国科协学会学术部申报的高危（新冠）病毒检测技术及实验室生物安全防护应用高级研修班，授课专家11人，培训学员51名。

10月8—11日，协会举办全国麻风皮肤病学术年会暨全国皮肤性病检验与诊断学术会议，同时举办药物治疗学分会、皮肤外科与美容分会、皮肤病中西医结合诊断和治疗分会、麻风皮肤病防治分会及皮肤性病检验与诊断分会场会议。授课专家13人，722名学员获得国家级继续医学教育证书。

学会建设 协会登记会员增加至10065人。

5月，协会被中国科协组织人事部评为“优秀抗疫学会”；10月，被中国科协科学技术普及部评为“2020年全国科普工作优秀组织单位”。

协会共召开3次常务理事会议、1次理事会议、1次会员代表大会。

6月23—25日，协会七届理事会第十九次常务理事通讯会议审议并通过第八届理事会拟任负责人候选人；10月8日，在山东省泰安市召开第二十次常务理事会议，审议通过换届大会主席团成员、会议日程等。

10月9日，由协会主办、山东第一医科大学（山东省医学科学院）承办的中国麻风防治协会第八届全国会员代表大会暨2020年全国皮肤病防治学术年会在山东省泰安市召开。开幕式由协会会长张福仁主持，来自相关领域的专家学者等600余人参加会议。600余名代表审议通过第七届理事会《不忘初心，牢记使命，开拓进取，砥砺前行，为最终在全球消灭麻风贡献中国力量和中国智慧》的工作报告和财务报告；原则通过《中国麻风防治协会章程》（修改草案）；经与会代表无记名投票，一致同意第八届理事会会费收取标准，报民政部备案后生效；经无记名投票等额选举，产生万卫斌等136人组成的第八届理事会和潘美儿等5人组成的第八届监事会；通过第八届理事会建议。

在第八届理事会第一次全体会议上，经无记名投票等额选举，成立由王小燕等44人组成的常务理事会；产生第八届理事会领导班子，张福仁任会长，冯清华、严良斌、张连华、李伟、李进岚（女）、杨军、郑道城、姚强、谭江平、黎青山、潘春枝（女）任副会长。

学术年会设置主题报告、学术卫星会、麻风皮肤病防治专场、中西医结合学专场、药物治疗学专场、防治经验交流（含优秀论文专场）、皮肤外科美容、皮肤外科实战、皮肤肿瘤进展、皮肤性病检验与诊断专场等学术交流活动。

国内主要学术会议 协会召开国内学术会议2次，850人次参加，征集论文105篇，其中18篇论文获优秀论文奖。

11月6—9日，协会皮肤病药物治疗学分会在上海市举办第三届全国经皮给药制剂暨皮肤病药物治疗学创新与发展高峰论坛，线下参会人数100人，线上参会人数1200人。

科普活动 1月16日，协会到河北省保定市开展世界防治麻风日宣传慰问活动，并河北省卫生健康委党组成员、副主任江建明，协会副会长潘春枝等领导出席活动并深入病区慰问麻风休养员和医务人员，慰问麻风康复者及一线科技工作者，并送上慰问金和节日慰问品。

1月20日，协会与北京市热带医学研究所在北京开展麻风防治知识科普宣传活动，并看望99岁教授李桓英，交流全国麻风防治情况及愿景。

1月26日，协会举办第67届世界防治麻风日暨第33届中国麻风节活动，主题为“消除麻风贫困，共享健康生活”。

2020年科技活动周期间，协会各科普专家团队根据自身优势和特点，分别举办各具特色的群众性科普活动。

中国科协皮肤病学科学普及专家团队组织开展皮肤科名家讲坛活动，皮肤病学科首席专家、山东省第一医科大学副校长张福仁率团队成员，联合山东省皮肤病性病防治研究所、山东省麻风防治协会，通过“线上+线下”的模式，面向山东省皮肤性病学专科联盟172家成员单位进行免费直播。张福仁介绍皮肤科名家讲坛系列学术活动的开展背景和模式，北京大学人民医院皮肤科主任张建中和空军军医大学西京皮肤医院院长王刚分别作报告《特殊人群银屑病治疗的策略》《再谈AD的诊断》；在“转诊病例结果反馈&病例分享”环节中，槐鹏程博士介绍专科联盟转诊病例情况，暴芳芳博士分享《海分枝杆菌感染1例报告》，薛晓彤博士介绍《结节性类天疱疮1例报告》。临床医师、在读研究生和进修医生共76人参加现场学术活动，专科联盟内的122家单位累计215人通过线上参与论坛。

8月23日，中国科协麻风心理康复学科学普及首席专家团队举办探访上坪麻风康复村活动，共87人参与。

表彰举荐优秀科技工作者 协会推荐山东第一医科大学附属皮肤病医院（山东省皮肤病性病防治研究

所）研究员张福仁、华中科技大学同济医学院附属同济医院副主任技师彭静、南方医科大学皮肤病医院副研究员廖玉辉、云南省文山州皮肤病防治所主任医师龙恒、浙江省皮肤病医院副主任医师姚强为第二届全国创新争先奖候选人；推荐云南省文山州皮肤病防治所为创新争先奖后选团队；推荐山东第一医科大学附属皮肤病医院科主任刘红及云南省疾病预防控制中心麻风病防治所副所长税铁军为第十七届中国青年女科学家奖候选人。

党建强会 1月29日，协会党委发出倡议，提高政治站位，坚持党建引领，切实把思想和行动统一到党中央、国务院决策部署上来。向会员重点约稿，指导会员展开科技社团两翼，充分发挥抗疫科学导向作用。从各地报来的230余篇稿件中选出80余篇报送中国科协和《知识就是力量》杂志社。

协会党委通过微信公众号、微信群和网站党建专栏发布党的政策方针、习近平总书记重要讲话精神，报道党建活动、抗疫动态，宣传最美奉献者李桓英、马海德等先进事迹。

（撰稿人　潘春枝）

中国心理卫生协会

服务创新型国家和社会建设 2月，协会在国家卫生健康委的指导下，紧急组织专家撰写《新型冠状病毒感染的肺炎公众心理自助与疏导指南》，针对六类不同群体提出干预方案；印制6万余册直接送达抗疫一线，同时上线电子版，在人民卫生出版社官网发布，并通过协会官方公众号转发，被近500家媒体及政府、学校、心理服务机构、企业、个人等公众号转载。应中国之声请求，推荐专家利用广播向公众传播科学知识，有部分节目被推荐到“学习强国”平台。该指南还入选中共中央宣传部和农业农村部主办的2020“新时代乡村阅读季”的“农民喜爱的百种图书”。

2月7日，协会在国家卫生健康委的指导下，协调动员全国专家资源，组建中国心理卫生协会抗疫公益心理督导师团队，全国116名专家进入团队，提供全天候无假日的督导和咨询服务。其中，6名专家直接深入抗疫一线，在武汉市金银潭医院、东西湖区第二人民医院、武汉客厅方舱医院等机构服务医护人员和病患，并为当地心理咨询师进行专业督导；部分专家在后方为抗疫一线的心理治疗师和咨询师提供专业支持；部分专家值守在国家和地方各界设立的心理援助热线上。据不完全统计，协会公益督导师共参与值守70多条相关热线。

自新冠肺炎疫情发生以来，协会向中国科协等部门提供多篇心理健康相关科普文章、科普挂图文稿、心理急救简明手册、专家公益视频课程等。同时发挥专业优势，抽调专家参编上海市东方医院主编的《抗疫·安心——大疫心理自助救援全民读本》，其中5万册送往抗疫一线；协会还参与北京大学心理与认知科学学院主编的《护心防疫——面对疫情的心理调适手册》的策划和编写工作。2月12日，协会再次联合中国心理学会、中国社会心理学会推出《新型冠状病毒肺炎疫情期间网络心理援助服务指南》，为网络心理援助服务提供规范和操作依据。

3月，协会携手国家电子政务服务平台、视联动力、腾讯云、中央委员会政法委员会、法制日报社及其融媒体、新疆广播电视台及广东广播电视台、斗鱼直播等多家单位在疫情期间推出3次大型全国远程心理健康培训课，根据疫情的发展情况、人民群众关心的话题，围绕“压力管理——面对当前疫情举重若轻”“构建积极心态　共建和谐家园”“阳光心理　驱散毒霾”三大主题开展培训。培训由协会首席科普专家杨凤池领衔，以北京专家连线驰援武汉专家等互动方式进行，全程高清连线，范围从省、市、县到村一级社会综治服务中心及基层医务服务站，将培训直接送达防疫工作一线。受众包括全国各地的综治点位人员、防疫干部、一线医护人员、社区一线网格员、心理咨询师、学校师生、社区工作者等，总观看人数达900万余人次。央视、人民网、《法制日报》、北京卫视等多家媒体进行多次报道。

3月25日，应外交部的请求，协会成立外交部心理援助专家团，值守外交心理援助热线，向中国驻外使领馆工作人员提供专业的心理援助，保障使领馆工作人员的心理健康，维护正常外交秩序。专家团由协会理事长马辛带队，16名国内心理卫生领域专家参与。同时为响应需求，为外交部紧急撰写《中华人民共和国外交部应对疫情驻外使领馆心理应急管理预案》和《中华人民共和国驻外使领馆应对疫情心理应急管理预案》。半年来，心理援助热线共提供服务45次。

学会建设 根据中共中央办公厅、国务院办公厅印发的《行业协会商会与行政机关脱钩总体方案》和十部委联合印发的《关于全面推开行业协会商会与行政机关脱钩改革的实施意见》的文件要求，协会被纳入新一批行业协会商会名单，须与挂靠单位、主管单位完成脱钩。协会参与多次脱钩碰头洽谈会，学习了解相关政策。在中国科协的指导帮助下，结合协会实际制定脱钩实施方案并报上级批准，依照“五分离”的工作要求逐项向前推进，已完成机构分离、职能分离、资产财务分离、人员管理分离、党建外事分离工作。

为贯彻中国科协对全国性社团所属分支机构的管理规定，同时加强管理、防控风险，协会发文收回下设专业委员会（分会）印章，由总会统一管理，并在官网上发布声明。

国内主要学术会议 9月25—27日，协会第十三次全国心理卫生学术大会以线上线下相结合的形式召开。

科普活动 协会在第十三次全国心理卫生学术大会期间举办心理直播间活动，对场外公众免费开放，全天四时段8小时直播。直播间邀请14名国内心身医学、精神医学、教育心理学、社会工作等领域的专家学者针对社会热点话题和群众关注的焦点问题进行解答和互动，直播浏览量23万余人次。

10月，协会与新华网客户端共同策划录制《新华大健康》精神卫生日特别节目。10月12—16日，每天直播5场，每场1小时50分钟，总计近3000分钟，邀请首都医科大学附属北京安定医院、上海市精神卫生中心、安徽省精神卫生防治中心、河南省精神卫生中心、中国康复研究中心北京博爱医院、北京大学医院等70余名专家就群众关注的心理、精神领域相关热点话题进行宣传解读，总浏览量2000万余人次。

党建强会 1月31日，协会在功能型党委领导下发出疫情防控总动员令，在官网和微信公众号发布《凝心聚力　共克时艰——致广大理事和会员的一封公开信》，号召协会137名全国理事和3万余名会员在各自岗位上贡献心理卫生工作者的专业力量。

【中国心理卫生协会第十三次全国心理卫生学术大会】 9月25—27日，在全球新冠肺炎疫情的特殊背景下，协会第十三次全国心理卫生学术大会以线上线下相结合的形式召开，主题为“疫情下的心理卫生服务”。1000余名来自综合医院、专科医院、社会心理卫生机构的精神卫生和心理卫生从业者参加会议。

会上，近200名心理卫生领域的专家学者以线上直播的方式作5个大会报告。大会设8个主题论坛、1个外宾工作坊、10个会中工作坊和12个分会场，并进行全天候的科普直播，线上浏览量25万人次，浏览时长总计超过180万分钟。

（撰稿人：姜婧怡）

中国抗癌协会

服务创新型国家和社会建设 协会组织开展科技志愿服务基层计划项目“走进基层，早癌筛查在行动”公益活动。组织专家编写《中国抗癌协会癌症早筛科普患教手册》；举办“十大名家谈防癌，十大癌种论早筛”系列讲坛；建立早癌筛查专家在线平台，开展线上义诊咨询。针对中国居民死因前10位的恶性肿瘤，邀请国内学科专家主讲介绍癌症防控最新规范和标准。

各专业委员会、省市抗癌协会通过协会申报和实施国家级继续医学教育项目28项，举办27场学术会议，累计培训学员21006人次，授予学分140分。

学会建设 协会现有分支机构87个、团体会员单位105个、地方抗癌协会31个、个人会员270315人。新增厦门大学附属翔安医院、哈尔滨医科大学附属第一医院、北京大学首钢医院、浙江省人民医院、天津市人民医院5个单位为事业团体会员单位；浙江瑞新药业股份有限公司、南京诺源医疗器械有限公司为企业团体会员单位。新成立骨肿瘤和骨转移瘤、国际医疗交流、口腔颌面肿瘤整合医学、肿瘤病案、肿瘤内分泌、肿瘤胃肠病学6个专业委员会（分会）。

对于分支机构届满但因疫情缘故不能召开线下会议的情况，协会出台《关于做好疫情防控期间专业委员会换届工作的指导意见》，指导分支机构采取线上会议的方式召开筹备会。

青年人才托举工程 协会通过中国科协生命科学学会联合体申报中国科协“青年人才托举工程”项目。推荐的2名青年人才珠海市人民医院彭绍军、中山大学肿瘤防治中心陈雨沛入围第六届中国科协“青年人才托举工程”项目。

主办期刊 协会现有系列期刊30种，全年共出版

296 期，发行 58.7 万册，刊登论文 5670 篇。*Cancer Biology & Medicine*（《癌症生物学与医学》）影响因子为 5.432，*Chinese Communications*（《中国通信》）影响因子为 5.627，位于 Q1 区；*Chinese Journal of Cancer Research*（《中国癌症研究》）影响因子为 4.135，位于 Q2 区。在纸媒发行的基础上利用数字化手段扩大宣传、提升服务，19 种期刊已建立微信公众号，关注人数 13.1 万人次，浏览量 236 万人次。期刊出版部在协会官网建立“中国抗癌协会系列期刊集成平台”和微信公众号“中国肿瘤学信息平台”，为肿瘤学专业人员提供一站式信息服务。

Cancer Biology & Medicine 和 *Chinese Journal of Cancer Research* 分别获得“中国科技期刊卓越行动计划”重点期刊和梯队期刊项目资助。

学科发展工程 为推动肿瘤整合医学的发展，协会组织《整合肿瘤学》大型学术专著编写工作。全书分 6 个分册，字数超过 1000 万字，已进入编审出版阶段。《整合肿瘤学》对国内外肿瘤医学基础与临床各领域进行全面梳理、总结，以推动学科建设和临床诊治水平提升。

协会组织专业委员会编写《中国恶性肿瘤学科发展报告》，从学科发展的高度全面梳理、归纳肿瘤医学各领域的国内外研究现状与进展、存在问题，并提出解决方案与建设性意见，助力中国肿瘤科技创新。

为推动肿瘤规范化诊治，协会继续加强指南标准的制定发布工作，发布《中国晚期乳腺癌规范诊疗指南（2020 版）》《中国小细胞肺癌放射治疗临床指南（2020 版）》《胃癌诊治难点中国专家共识（2020 版）》等指南共识，指导临床实践。

国际学术会议 4 月，协会与独立国家联合体和欧亚国家肿瘤学与放射学学会共同承办第十一届独立国家联合体和欧亚国家肿瘤学与放射学学术大会远程会议国际专场。大会以线上形式召开，3000 多名国外肿瘤学、放射学等领域的专家就肿瘤前沿科研成果及临床新技术应用等相关议题进行探讨。协会名誉理事长、监事长，中国工程院院士郝希山作为特邀发言专家在国际合作成就专场作专题学术报告。

11 月 27 日—12 月 2 日，亚洲肿瘤学会召开第一届学术年会。协会秘书长、亚洲肿瘤学会秘书长王瑛代表协会参与组织会议，并受邀主持亚洲胃癌专场。会议以线上形式召开，邀请来自中国、日本、韩国、印度尼西亚、菲律宾等 10 余个亚洲国家的肿瘤科学家作学术报告并开展专题讨论。

11 月，协会与澳大利亚 ICON 医疗集团、澳中抗癌协会联合举办 2020 年度中澳肿瘤双边学术研讨会，邀请中澳两国肿瘤流行病学、外科、内科、护理、放疗专业的专家学者进行线上、线下学术交流。

11 月，协会与马中抗癌协会、中山大学肿瘤防治中心培训基地在广东省广州市合作举办东盟国际整合肿瘤医学研讨会。邀请越南、新加坡、马来西亚的肿瘤学家作线上报告，邀请广州市肿瘤学专家作鼻咽癌、淋巴瘤等东盟地区常见癌症的学术报告。会议现场 200 人参会，线上直播观看超过 2.7 万人次。

国内主要学术会议 11 月 12—15 日，由协会主办，中山大学肿瘤防治中心、广东省抗癌协会承办，国际抗癌联盟、中国整合医学发展战略研究院、中国工程院医药卫生学部协办的 2020 中国肿瘤学大会在广东省广州市举办。大会共收到 13553 篇征文，24 位院士、近 2800 名专家学者、25921 名肿瘤科技工作者参加会议。

大会主题为“肿瘤防治，赢在整合”，通过 80 个前沿专题、119 场学术论坛，聚焦基础、临床研究，推动成果转化，促进研企合作。协会理事长、大会主席、中国工程院院士樊代明和相关领导出席大会开幕式并致辞，国际抗癌联盟首席执行官 Cary Adams 视频连线发表致辞。大会执行主席、中山大学肿瘤防治中心主任徐瑞华主持开幕式。来自中山大学肿瘤防治中心、天津医科大学肿瘤医院、复旦大学附属肿瘤医院、浙江省肿瘤医院、北京大学人民医院的 9 名专家学者作主旨报告，内容涵盖肿瘤基础研究、诊疗手段以及内科、外科、放射、综合治疗等领域。

大会设立主旨报告和人文专场主会场，以及院士论坛、名家外科专场、学科前沿专场、科技奖人才奖专场、科普大赛、青年医师辩论大赛、东盟国家肿瘤整合医学论坛、中澳双边学术会议 8 个主题会场和 80 个专题分会场。在人文专场，樊代明、阿里健康董事长兼 CEO 朱顺炎、《最强大脑》主持人蒋昌建在“适道·仁心医学与人文”沙龙围桌探讨“互联网 + 医疗，去向何方”，就互联网与医疗如何互促互进进行深入交流。同期，606 名医护专家组建 45 支巡回科普团队，在全国 26 个省（自治区、直辖市）举办 101 场线下科普宣教、义诊咨询活动，直接受益人数超过 100 万人次。同时与媒体建立战略合作关系，打造“云端 CCO”，媒体报道 2504 篇，阅读量 8665 万次，直播观看人数 2202 万人次。

大会线上观看人数达到 2203 万人次；279 家媒体进行报道，全网的新闻阅读量已超过 8600 万人次；与会专家学者报告数量突破 2500 篇次。

国际组织任职　6 月，国际抗癌联盟启动新一届常务理事提名工作，经过线上投票，协会理事长、中国工程院院士樊代明当选国际抗癌联盟常务理事。

国际交往　协会与国际抗癌联盟合作开展中国青年肿瘤科技人才海外培训奖学金项目。2 月，在全国范围遴选 40 周岁以下、博士学历且拥有高级职称的青年人才赴海外进行短期培训。经过严格的资格审查，59 位申请人脱颖而出；经协会专家评审，20 位进入国际抗癌联盟的终评环节，现已遴选出 10 名给予奖学金奖励，分别派往瑞典、日本、英国、美国等国家进行为期 1 个月的学习和交流。

科普活动　4 月 15—21 日，由协会发起主办的第 26 届全国肿瘤防治宣传周暨 2020 中国抗癌日活动在全国范围内开展。活动主题为“科学抗癌，关爱生命”，副主题为“抗癌路上，你我同心”。在启动仪式上，多名科普专家针对癌症的 26 个真相作权威解读。人民网、百度医典、腾讯、大专家、健康界等平台进行直播，直播观看总人数 2145.6 万人次。

5 月 27—31 日，为响应国家卫生健康委《健康中国行动（2019—2030 年）控烟行动》，在世界无烟日与全国科技工作者日到来之际，协会与中国控制吸烟协会共同主办“保护年轻人，控烟防癌两手抓”世界无烟日暨全国科技者工作日系列活动。协会 App、人民网 · 人民健康、央视频、光明日报客户端、北京广播电视台、腾讯新闻、阿里健康、搜狐健康、新浪健康、今日头条等 20 家平台联合报道，协会理事长、中国工程院院士樊代明带领 30 余名专家参与，1000 万人次观看直播。

为实现肿瘤科普宣传实施精准传播，协会各科学传播专家团队牵头发起创立全国性肿瘤防治科普教育基地，定期组织科普宣教及科普能力培训等活动，使肿瘤科普和患者教育工作常态化。协会征集抗癌故事，出版《逢生》（第三辑）和《癌症知多少》系列科普丛书（20 分册）。充分发挥主流媒体力量，联合人民网、人民健康、人民好医生建立肿瘤专属频道，在全国肿瘤防治宣传周期间开展肺癌名家系列访谈 8 期，受益患者达 1000 万余人次。联合百度健康医典共同打造《防癌早知道》系列科普短视频 300 期，全网播放流量超过 1 亿人次，指导公众科学防癌。

表彰举荐优秀科技工作者　1 月，中国科协生命科学学会联合体公布 2019 年度“中国生命科学十大进展”获奖项目和团队，协会推荐的中山大学肿瘤防治中心教授马骏团队完成的“提高中晚期鼻咽癌疗效的新方案”获奖。

5 月，人力资源和社会保障部、中国科协、科技部、国务院国有资产监督管理委员会联合在北京举办第二届全国创新争先奖表彰颁奖大会。协会推荐的协会科普部部长、首都医科大学肺癌诊疗中心主任支修益获全国创新争先奖状。

协会参与推荐中国青年科技奖、中国青年女科学家奖、最美科技工作者候选人等。

党建强会　2020 年年初，新冠肺炎疫情突发，协会率先发出致全国抗疫一线会员书。2 月 12 日，协会理事会党委印发《关于在新冠肺炎疫情防控中充分发挥党组织和广大党员积极作用的倡议书》，提出 5 条倡议。协会向中国科协科技社团党委报送抗击疫情信息，共发布 30 余条。秘书处党支部党员带头以党费形式捐款。经中国科协科技社团党委推荐，协会被中国科协组织人事部评为“优秀抗疫学会”。

协会建立理事会层面功能型党委、办事机构党组织和分支机构党的工作小组，实现党的组织全覆盖。党委审议通过并印发《中国抗癌协会专业委员会（分会）党的工作小组工作规则（试行）》，包括党的工作小组设置、职责任务、组织生活、议事规则、党的工作小组组长和组织领导等，使分支机构党的工作小组的工作有所遵循。

5 月 12 日，中国科协科技社团党委印发《关于开展学会理事会党委职责任务分类试点工作的通知》。协会党委列入第四组，侧重点是发挥学会理事会党委领导作用，推动学会改革，促进党建与业务深度融合，完善学会制度规范，强化学会治理结构，提升治理能力。理事会党委和办事机构党支部认真落实，如期完成。

会员服务　为加强与会员的沟通联系，协会开发中国抗癌协会 App，4 月 1 日正式上线，包含新闻、会议、资源、个人中心四个板块，全面整合各专业委员会、省市抗癌协会、团体会员单位和媒体资源，面向协会会员打造垂直化服务，实现信息、资源与会员的重新连接，提供及时的行业新闻和前沿资讯、权威的学术报道和学习资源、丰富的互动体验和个性化推送。

协会及其各专业委员会建立网站和微信公众号 44 个，平均每月发布信息 800 余篇，访问量 60 万余次，微信公众号关注人数达 24 万。每月编发《会员管理和服务信息专刊》，及时报道会员管理和服务动态。疫情期间，协会各会员单位、分支机构涌现出无数抗疫先进人物，协会制作《抗疫抗癌，我们同在——中国抗癌协会抗疫宣传片》进行宣传。

【第 26 届全国肿瘤防治宣传周】 4 月 15 日，协会发起并主办第 26 届全国肿瘤防治宣传周活动。全国各地参与活动的协会专业委员会，各级省、自治区、直辖市抗癌协会、医疗机构、科研院所、高校、企事业单位、康复会及各类公益组织等达 2091 家。直接参与活动的医护人员、科技工作者、活动组织者、志愿者、媒体人员总数达到 26.7 万人次。

活动以线上形式为主，宣传周期间共举办各类直播、讲座、义诊、媒体访谈、患友交流活动 5367 场。各地在科普讲座、义诊咨询、医患互动等活动中，累计发放科普图书、宣传资料、音像制品等 91 万份。活动期间，通过各种线上及线下活动，直接受益公众和患者达到 3749 万人次。

协会科普专业委员会作为承办单位，组织专业团队参与，实现“专职策划—专家创作—专业传播”，实现公众端和患者端的精准传播、高效推广，提升宣传周活动的宣传效果和影响力。宣传周期间，媒体阅读总量达到 5.03 亿人次，是 2019 年媒体总阅读量（2.94 亿）的 1.71 倍，创历届媒体阅读总量之最。

（撰稿人：刘　齐）

中国体育科学学会

服务创新型国家和社会建设　学会开展国家队营养食品集中采购工作，加强采购工作的疫情防控和反兴奋剂管理，构筑营养食品安全屏障，助力国家队备战东京奥运会。协助国家体育总局 30 个采购委托单位所属的 69 支国家队采购营养食品。

受国家体育总局科教司委托，学会组织国家体育总局体育科学研究所、国家体育总局体育信息中心和国家体育总局运动医学研究所开展研究机构科技活动调查，组织国家体育总局体育科学研究所开展 1 项国家级科技项目跟踪调查。组织国家体育总局体育科学研究所、国家体育总局运动医学研究所、国家体育总局反兴奋剂中心和北京体育大学开展全国科普统计调查。

学会组织完成 2019 年高校体育与健康教育课程建设专项课题结项验收工作，43 项课题结题，其中重点课题 12 项、普通课题 31 项。

学会组织全国体育与医疗系统 14 个单位的 44 名专家学者编写《运动处方》精品高校课程与培训教材，于 10 月由高等教育出版社正式出版。

8 月 22 日，学会主办全国运动戒毒理论与应用体系构建高峰论坛。

学会及分支机构组织继续教育培训活动共计 50 余次，累计培训近 4000 人次。学会举办 8 期运动处方师培训班，766 位学员参加，603 人通过考试并获得运动处方师证书，通过率约为 79%。举办 2 期体能训练师培训班，186 位学员参加，126 人通过考试并获得体能训练师证书，通过率约为 68%。

学会建设　学会以线上形式召开 1 次理事会议、1 次党委会议和 1 次分支机构秘书长工作会议，以通讯形式召开 1 次党委会议和 14 次常务理事会议。学会体育统计分会等 3 个分支机构按期召开工作会议。

学会以视频方式召开第八届理事会第四次会议，选举增补李业武和张剑为学会第八届理事会副理事长，选举增补杨杰和杨国庆为学会第八届理事会常务理事。学会第一届监事列席会议，对会议情况进行监督。

学会新成立运动营养分会；审核 11 个分支机构用印申请 40 余次；审核 3 个分支机构合同签订 8 份。

主办期刊　《体育科学》通过国家社会科学基金资助期刊年终考评，在中国知网发布的《中国学术期刊影响因子年报（人文社会科学）》的影响力指数值为 1414.214，影响因子为 2.632，均排名第 1 位。在中国人文社会科学综合评价研究院公布的“CSSCI 源刊微信公众号传播力指数”（2020 年测试版）全部 C 刊中，排名第 26 位，在体育学术期刊中排名第 1 位。《体育科学》设主编 1 名、副主编 3 名，并由体育各分学科领域的专家组成编委会，其中外籍编委3名。建设有官方网站、远端采编系统、微信公众号和微信小程序。

《中国运动医学杂志》创新专题专栏设置。“专家论坛”刊发中华医学会运动医疗分会历任主委联名专论文章《功能至上、早期康复与重返运动是骨科运动医学的灵魂》。“青年运动人群补液专题”集中报道关于中国青年运动人群补液行为的系列调查数据，填补该领域空白，为进一步开展运动与补液的深入研究提供科学基础。在中国知网发布的《中国学术期刊影响因子年报（自然科学与工程技术）》中的影响力指数为854.517，在国内临床医学/特种医学类学术期刊中排名第2位。

《运动医学与健康科学》（英文刊）新聘请中国工程院院士陈君石任荣誉主编，新增编委10名，外籍编委占比70%。2020年特别关注新冠肺炎、运动抗癌和慢病防治，设置“COVID–19 pandemic and physical activity”“Exercise，physical activity and cancer”“Physical activity and chronic diseases”3个重大选题。论文 *The COVID-19 pandemic and physical activity* 由来自7个国家的17名学者共同撰写，突出新冠肺炎对人体各生理系统的威胁和损害，探讨与病毒暴发相关的体力活动下降对人体的危害。本文已经由Elsevier新冠病毒信息中心、PubMed Central和世界卫生组织新冠肺炎数据库收录。《运动医学与健康科学》（英文刊）2020年共出版4期，发表英文论文32篇，已被DOAJ、Embase、Scopus等15个数据库收录，年度全文下载量突破10万次（根据Science Direct统计），被引80余次。获得北京科爱森蓝文化传播有限公司颁发的Newcomer Award和中国高校科技期刊研究会颁发的“2020年度中国高校优秀科技期刊”两大奖项。新引进一名英国爱丁堡大学的应届硕士毕业生加入编辑队伍。开通微信、微博、抖音、Twitter、Facebook等多个多媒体信息平台官方账号。

国际学术会议 7月，由学会和青海省人民政府–北京师范大学高原科学与可持续发展研究院、青海省体育局主办的第六届中国多巴高原训练与健康国际研讨会暨第二届高原科学与可持续发展分论坛在青海省西宁市召开。来自中国、澳大利亚、比利时、奥地利等国家的200余名专家学者参加会议。

12月，学会运动训练学分会举办竞技体育大讲堂，邀请澳大利亚学者Aaron kuttz作专题讲座《运动训练表现分析》。

国内主要学术会议 学会以线上线下相结合的形式举办国内学术会议、论坛和研讨会共计10余次，参会人数近3000人次。

6月13日，由学会武术与民族传统体育分会与上海体育学院、全国学校体育联盟（中华武术）联合主办的2020年全国体育非物质文化遗产学术研讨会在上海市以视频方式召开。会议主题是“体育非遗与健康生活”，来自全国各地的近200名专家学者参加。

10月24日，由学会体育建筑分会主办的2020 SAEDRC体育建筑高峰论坛暨中国体育科学学会中国建筑学会体育建筑分会学术年会在黑龙江省哈尔滨市召开。会议主题是“当代语境下体育建筑创新与发展”，来自高校、设计院、科研院所、政府机构、建设单位、施工单位、体育工艺厂商等的300名专家学者参加。

11月14日，由学会体育史分会和国家体育总局体育文化发展中心主办、玉溪师范学院承办的2020中国体育史年会以线上线下相结合的方式举办。会议主题是“体育强国进程中的历史与文化”，来自全国各地的近800名专家学者和在校学生参加。

11月21日，由学会体育社会科学分会主办的2020年全国体育社会科学年会以线上形式召开。会议主题是“迈向体育强国——体育治理体系与治理能力现代化”，来自全国各地的500多名专家和中青年学者参加。

科普活动 学会及各分会通过线上形式开展科学健身指导和科普宣传工作，在微信公众号上累计推送文章约900篇，被中国科协组织人事部评选为“优秀抗疫学会”

新冠肺炎疫情暴发初期，学会发布一系列居家健身科普，助力科学抗疫。共发布5期科普亲子家庭锻炼系列课程“‘宅在家’就可以做的亲子锻炼来啦”、14期“抗击新型冠状病毒，南体世界冠军带你一起强身健体”和28期疫情防控类科普宣传《一堂鲜活的免疫学课：从新型冠状病毒感染肺炎到治愈》及“战‘疫’之小辟辟与大黄口辟谣漫画系列”。

表彰举荐优秀科技工作者 根据国家相关政策和学会实际情况，修订《中国体育科学学会科学技术奖奖励章程》和《中国体育科学学会科学技术奖奖励章程实施细则》，开发设计科学技术奖提名平台，组织开展第九届中国体育科学学会科学技术奖提名工作。

向中国科协举荐第十七届中国青年女科学家奖、2020年未来女科学家计划候选人和中国科协优秀中外青年计划候选人共9人次。

党建强会 新冠肺炎疫情发生后，学会理事会党委响应党和国家号召，面向全国体育科技工作者发出倡议。

组织学习贯彻党的十九届五中全会精神，在学会微信公众号上开设“学会党建”栏目，向学会会员、体育科技工作者转发关于党的十九届五中全会精神、科学家精神等内容。将“党的建设”“坚持党的全面领导”“社会主义核心价值观”写入学会章程。全年召开2次理事会党委会会议，对学会年度总结和工作要点、届中增补学会负责人及外籍会员审核等重要事项进行审议。推进学会党建组织全覆盖，批准成立4个和调整1个分支机构党的工作小组。

会员服务 学会利用信息化手段，提高会员管理服务水平。依托中国工商银行的管理系统，开发移动端微信会员管理系统。在微信移动端制作会员入会流程展示图，优化普通会员的入会审核机制，提高审核效率。上线移动端微信会员支付会费功能，打通会员业务通信功能与会员缴费功能，提升信息化管理能力。

【全国运动戒毒理论与应用体系构建高峰论坛】 8月22日，由学会主办的全国运动戒毒理论与应用体系构建高峰论坛在山东省日照市召开，来自全国各地高校、科研院所的院士、专家学者及司法行政戒毒系统警察骨干共120余人参加。与会专家学者围绕运动戒毒理论体系、应用体系、评估体系、培训体系等内容进行讨论，并达成以下共识：推进运动戒毒相关学术组织成立，整合资源，形成合力；利用学术组织，对接科技部、司法部、国家体育总局以及各省相关政府机构、相关企业等，针对运动戒毒体系建设提交国家重大需求计划，多方共举推进运动戒毒科学体系构建；积极融合医疗、康复体系，构建不同类型毒品的运动戒毒风险防控方案；增加智慧化运动戒毒方案，建设全智能、全自动、自我纠错的创新型康复训练中心；建立基于运动学、生理学、影像学等多学科交叉的运动戒毒评估体系，形成运动戒毒评估的客观依据；运动戒毒科学研究要围绕各场所工作实际，结合司法戒毒行政系统关注的理论与实践关键问题开展；解决司法行政系统警察从运动戒毒理论到运动戒毒技术两个层次需求；逐渐培养戒断人员运动行为保持能力，从被动介入向主动介入转变；发挥运动戒毒的教育功能，融合运动戒毒与康复训练，克服康复训练重康复技术、不重教育的属性，逐渐形成主动运动康复戒毒习惯。

论坛分别邀请学会副理事长兼秘书长、国家体育总局体育科学研究所研究员冯连世和中国科学院院士、暨南大学教授苏国辉及上海体育学院教授周成林作主题报告《国内外运动戒毒研究进展与思考》《运动与脑健康》《运动与药物成瘾记忆、决策及奖赏的认知功能作用》。另有9名运动戒毒领域的专家学者围绕运动戒毒管理实践、运动戒毒风险预防、运动戒毒前沿新技术等研究领域进行专题交流。

【第六届中国多巴高原训练与健康国际研讨会暨第二届高原科学与可持续发展分论坛】 7月20—22日，由学会、青海省人民政府－北京师范大学高原科学与可持续发展研究院和青海省体育局共同主办的第六届中国多巴高原训练与健康国际研讨会暨第二届高原科学与可持续发展分论坛在青海省西宁市召开。研讨会主题是“国际视域下的高原训练与健康促进”，来自中国、澳大利亚、比利时、奥地利等国家的200余名专家学者参加。

研讨会邀请国内长年在高原训练与健康领域从事科学研究与应用的专家以及来自澳大利亚、比利时、奥地利等国家的学者，采用线上线下相结合的方式，通过大会报告、专题报告和研讨等形式交流、分享近年来国内外高原训练、高原健康及高原赛事的发展趋势、最新成果和创新理念。邀请中国工程院院士吴天一和国家体育总局体育科学研究所研究员冯连世作主题报告《人类低氧适应机制研究》和《中国高原训练的发展》。同时，与会专家、科研人员及论文录用作者围绕会议主题，针对高原训练与健康领域的现状与趋势、创新与合作等热点问题进行探讨。

【2020海峡两岸暨港澳民间中华武术（国术）文化交流】 11月14日，学会通过线上线下相结合的方式在江苏省南京市举办2020海峡两岸暨港澳民间中华武术（国术）文化交流。大会主题是“传承文化·交流技艺·共谋发展”，来自海峡两岸及香港特别行政区、澳门特别行政区的80名代表参加会议，线上参会人数约2.36万人次。

会议收到视频展演76个，来自海峡两岸及香港特别行政区、澳门特别行政区的百余名传统武术传承人进行技艺展演。参加单位主要有香港健身气功太极联合会，澳门武术与休闲协会，澳门拳艺俱乐部，台湾中文大学，国际苗刀联合会，沧州通臂、劈挂拳研究总会，江西婺源八极拳传习所，福建静觉堂武馆，常州武进区武术协会，上海体育学院，成都体育学院，哈尔滨体育学院，南京体育学院等。

大会分别邀请上海体育学院教授戴国斌和济南大学教授闫民作专题报告《人类命运共同体视野中武术研究的使命担当》和《新时代优秀传统武术创新发展的思考》。同期举办两场分会场主题报告。

（撰稿人：高利君）

中国毒理学会

服务创新型国家和社会建设 学会完成政府部门委托的《优先控制化学品名录（第二批）（征求意见稿）》任务1项。

学会继续承接科学决策咨询并开展技术标准研制等政府转移职能。1月，制定《中国毒理学会团体标准管理办法（试行）》《中国毒理学会团体标准工作细则》，并在常务理事会议上通过；3月，发布《中国毒理学会团体标准管理办法（试行）》，并在全国团体标准信息平台上完成注册申请和公示后，发布征集学会团体标准通知，共收到10份申报书。

学会举办继续教育培训班5次，共计2000余人次参加培训。

8月30日，中国毒理学会科技评估会议在北京召开，理事长周平坤、副秘书长关华、教授付立杰等9位专家参加科技评估会议，日本农药企业代表通过视频参加会议。

学会组织疾控专家开展流行病学调查、病毒核酸检测、疫情监测分析等疫情防控工作。参加国家卫生健康委疫情防治信息组或作为国务院疫情防疫指导组成员，赴各省指导疫情防治工作；组织毒理学科技工作者发挥人才智力优势，进行科技攻关和疫情防控科普宣传，在《今日关注》《健康北京》、湖北广播电视台经视频道等多家媒体和搜狐、大专家等新媒体发布疫情科普文章、视频等500余篇。同时，学会20余家科技支撑单位、团体会员单位、合作企业单位等为抗疫捐赠科技装备和防护用品。

学会建设 截至12月底，学会新发展会员1153人，会员总数达16951人，增加7%；新增单位会员7个，单位会员总数191个。学会下设分支机构共30个，正在筹备组建1个新分支机构。

学会按章程办会，召开常务理事会议2次、理事长办公会3次、秘书长办公会4次。

根据《中国毒理学会所属专业委员会组织管理细则》，学会生殖毒理专业委员会、临床毒理专业委员会、灾害与应急毒理学专业委员会3个专业委员会举办换届会议。新成立表观遗传学毒理专业委员会、生物技术与药物毒理安全性评价专业委员会，拟成立特种医学毒理学专业委员会。

5月29日，学会被中国科协组织人事部评选为“优秀抗疫学会”。学会常务理事、中国科学院院士陆林获第二届全国创新争先奖状。

青年人才托举工程 在学会第七次中青年学者科技论坛期间，2017—2019年度中国科协“青年人才托举工程”项目被托举人段军超、孙艳、谢达菲作结题汇报，2018—2020年度中国科协“青年人才托举工程”项目被托举人刘晶、王迪雅作中期工作汇报。

主办期刊 学会与牛津大学出版社合作创办的*Toxicology Research*（《毒理研究》英文版）出版6期，共刊登来自中国大陆学者的论文34篇。

国际学术会议 5月17日，学会临床毒理专业委员会在线主办2020紫禁城国际药师大会医疗大数据整合与药物警戒研究分会场。分会场邀请来自美国伊利诺伊大学和佛罗里达州大学、中国台湾奇美医院及北京天坛医院、浙江省肿瘤医院、中山大学中山医学院、河南中医药大学的专家针对医疗大数据在药物警戒中的应用进行介绍。

12月4—5日，学会生化与分子毒理专业委员会副主任委员皮静波组织召开第一届现代毒理学国际云端论坛，参加论坛的国内外学者超过400人，有11位境外专家作论坛发言。

国内主要学术会议 学会及其分支机构共举办年会、研讨会、报告会、论坛等学术活动14次，现场参加学术交流的人数达3000余人次，线上参与交流的人数达37000余人次；交流论文1000余篇。与2019年相比，学术论文数量略有减少，质量有所提升。

8月3—6日，由学会工业毒理学专业委员会、中国环境科学学会化学品环境风险防控专业委员会共同主办的第六届毒理学术沙龙研讨会在山东省烟台市召开。会议以“暴露科学”为主题，邀请来自生态环境部、中国疾病预防控制中心等28家单位的50人参加会议。

10月28日，由学会、北京大学中国药物依赖性研究所主办，学会药物依赖性毒理专业委员会联合承办的第十六届全国药物依赖性学术会议暨国际精神疾病研讨会以网络直播的方式召开。近15000名药物依赖与精神卫生领域的专家学者参与研讨。欧洲科学院外籍院士、华南理工大学陈俊龙等数十名专家针对药物依赖与相关精神疾病的流行病学现状、前沿研究进展、诊疗新技术等主题作学术报告并进行交流。

11月5日，由学会毒性病理专业委员会主办，成都华西海圻医药科技有限公司、湖北省疾病预防控制中心公共卫生安全评价研究所、青岛海华生物医药技术生物有限公司承办的第一届全国毒性病理网络读片会以网络直播的形式举办。读片会设立北方、华东、南方、西南四个片区47个分会场，共有来自87家机构的424人参加。

11月6—9日，由学会主办、广西医科大学公共卫生学院和广西科技大学医学部联合承办的第七次中青年学者科技论坛在广西壮族自治区南宁市召开。会议主题为“创新毒理科学，服务健康中国”，来自全国100余家单位的200余位中青年毒理学工作者参加会议。

11月9—12日，由学会工业毒理学专业委员会、生化与分子毒理专业委员会联合主办，广西医科大学公共卫生学院承办的主题为“新形势下的环境与健康：挑战与机遇”的2020年环境与健康学术会议在广西壮族自治区南宁市召开。参会专家学者来自全国160多所高校和科研机构，共收到566篇论文摘要，展出壁报221个。大会设9个特邀学术报告，6个分会场设179个报告。大会期间，学会工业毒理学专业委员会和生化与分子毒理专业委员会分别召开专委会委员会议。

11月11—13日，由学会生物技术药物毒理与安全性评价专业委员会主办、成都华西海圻医药科技有限公司和成都高新区生物产业专家联合会共同承办的中国毒理学会生物技术药物毒理与安全性评价专业委员会成立大会暨2020年生物技术药物毒理与安全性评价第一届学术大会在四川省成都市举办。来自医药领域的院士、专家共500余人参加会议。

11月13—15日，学会临床毒理专业委员会在海南省海口市主办第二届上市药品风险评价及风险管理会议。会议围绕“药品风险发现与科学评控”开展学术研讨。来自国家药品监督管理局药品审评中心等单位的200余名专家参与会议交流。

11月19—21日，由学会分析毒理专业委员会、学会计算毒理专业委员会、国家自然科学基金委员会化学科学部主办，环境化学与生态毒理学国家重点实验室、山西大学、国家卫生健康委员会食品安全风险评估重点实验室联合承办的第十一次全国分析毒理学大会暨第三次全国计算毒理学大会、国家自然科学基金委员会环境化学学科分析毒理与计算毒理发展战略研讨会在山西省太原市召开。会议主题为“分析与毒理学科的新挑战：从宏观到微观，从理论到实践”，来自全国近40所高校及科研院所的100余名专家学者参加会议。会议共设62场报告，收到56篇会议摘要。

12月4—7日，由学会表观遗传毒理专业委员会主办、广州医科大学公共卫生学院承办的中国毒理学会表观遗传毒理专业委员会成立大会暨第一次学术大会在广东省广州市召开。大会设9个主旨报告、12个专家报告和12个青年报告，来自200余家单位的300余名相关领域科技工作者参加会议。

12月10日，由学会灾害与应急毒理学专业委员会主办、广东省职业病防治院和军事医学科学院毒物药物研究所承办的第四次全国学术交流会在广东省佛山市召开。会议设2个特邀报告。

12月28日，由学会神经毒理专业委员会主办、空军军医大学军事预防医学系承办的中国毒理学会神经毒理专业委员会2020学术年会利用网络会议平台举办。主题为“神经毒理学研究新进展和新技术”，直播观看人数达2.4万人次。

国际组织任职 学会常务理事付立杰连任本届国际毒理学联合会执行委员，任期三年。

国际交往 学会理事长周平坤代表学会向国际毒理学会、亚洲毒理学会、美国毒理学会、日本毒理学会、韩国毒理学会、英国毒理学会、德国毒理学会、法国毒理学会、芬兰毒理学会发函，通告中国防控新冠肺炎疫情情况。亚洲毒理学会发来慰问信，表示赞赏和支持。

科普活动 5月30日，学会会员发挥各自专业优势，围绕疫情防控、心理调适、居家用药等问题，推出系列科普视频、漫画、文章，为打赢疫情防控总攻战、阻击战作出贡献。

学会利用科普专项经费资助3个专业委员会及会员单位开展以“抗击新型冠状病毒肺炎和疫情防控”为主题的科普项目。学会临床毒理专业委员会的居家用药项目、南京医科大学的科普调查、广东省疾病预防控制中心的器械消毒项目获学会资助。

学会启动以“防疫抗疫”为主题的校园科普大赛，采用先宣传后评审的方式，收到作品64件，评选出一等奖1名、二等奖3名、三等奖5名、优秀奖10名、优秀组织奖5名。

学会放射毒理学专业委员会与中南大学湘雅公共卫生学院合作制作宣传视频，获中国科协“众志成城、共克时艰”优秀作品奖。学会灾害与应急毒理学专业委员会以线上线下相结合的方式进行科普宣传，开展专家讲座、交流培训、专题展览、科技咨询等活动，在多个平台发布科普、职业健康政策、宣传活动等推文，受众逾30万人次。学会临床毒理专业委员会组织“合理用药、拒绝滥用，安全用药进校园”等各类科普活动7场，受众7500余人次。学会毒性病理专业委员会副主任委员黄振烈指导本科生制作微视频参加2020年全国大学生健康科普大赛。学会工业毒理专业委员会委员周舟、黄瑞雪、张艳淑通过科普讲座等方式开展“公共卫生健康知识”新冠疫情防控宣讲。学会中毒与救治专业委员会主任委员邱泽武及其团队录制12种毒物的科普节目。

9月20日，学会毒理学史专业委员会及陕西省毒理学会以“毒理学邮票科普展”“草原毒草危害”为主题参加陕西省暨西安市2020年全国科普日主场示范活动。示范活动结束后，先后在西北大学附属中学、陕西师范大学博物馆展出。

学会新招募30余名科普工作志愿者。

表彰举荐优秀科技工作者 依据《中国毒理学会科技奖励章程》《中国毒理学会优秀青年科技奖实施细则》的规定，学会开展2020年度中国毒理学优秀青年科技奖评选工作，共评选出获奖者5人，分别是陈石磊、尚增甫、宋杨、翁勤洁、张乐帅，并在11月召开的中国毒理学会第七次中青年学者科技论坛上颁奖。

党建强会 学会党委参加科协党委试点工作，完成职责任务清单和负面清单；督导分支机构成立党的工作小组，实现功能型党小组全覆盖机制，11个专业委员会新成立功能型党小组，共有14个专业委员会成立党小组，党组织覆盖率达到50%。

学会组织理事会党委和秘书处党支部学习《中国共产党党章》、习近平总书记系列讲话读本、习近平总书记在科学家座谈会上的重要讲话精神以及中国科协关于党员学习的相关指导内容，建立党员学习宣传专栏。

结合学术交流平台及官网“党建强会”专栏促党建，宣传学会党委与分支机构党组织开展的党建联学活动，初步建立起分支机构与学会党委之间的党建学习宣传联动模式。

学会秘书处党支部与挂靠单位建立联合党支部，通过集中学习、参观学习和召开民主生活会等方式完成“不忘初心、牢记使命”主题教育活动。

会员服务 学会以“智慧学术”服务学会会员和科技工作者，有效提升实体化、规范化、职业化建设。基本建立学术资源共享、科技工作者网上社交、线上管理服务的新生态。

【中国毒理学会第七次中青年学者科技论坛】 11月6—9日，由学会主办、广西科技大学医学部和广西医科大学公共卫生学院共同承办的中国毒理学会第七次中青年学者科技论坛在广西壮族自治区南宁市召开，主题为“创新毒理科学，服务健康中国”。大会作多场学术报告，其中《多氯联苯醌暴露下的应激反应及信号传递通路》《简易细胞三维培养——带领细胞药理毒理学研究走向2.0版本时代》《孕期母体镉暴露通过激活胎盘线粒体自噬诱发胎儿生长受限》《新冠病毒重组蛋白疫苗的非临床安全性评价研究》等报告涵盖最新毒理学进展，受到与会者好评。

大会邀请5位获得中国毒理学会优秀青年科技奖的青年科学家、中国科协“青年人才托举工程”项目入选者段军超、陆军军医大学陈石磊、西南大学宋杨、苏州大学放射医学与防护学院尚增甫、浙江大学翁勤洁和苏州大学教授张乐帅等28位专家学者作报告。来自全国的200余名专家学者参加会议。

大会开幕式上还为2020年度中国毒理学会优秀青年科技奖获奖者、中国毒理学会2020年校园科普大赛奖获奖者以及获得2019年中国毒理学家资格认证证书的代表颁奖。

（撰稿人：铁　轶　关　华）

中国康复医学会

服务创新型国家和社会建设 学会完成国家卫生健康委“中国康复医疗资源调查”“康复治疗师队伍建设的政策研究”“居家康复可行性”等委托任务。

学会完成民政部“甘肃、青海、新疆贫困残疾儿童康复救助项目”，为1000余名患儿、10000余个家庭提供公益性康复评估和治疗服务。

学会开展中国康复医学会培训基地建设评审，共有160家机构被评为继续教育培训基地、专科专项培训基地，涵盖全国26个省（自治区、直辖市）。

学会组织“康复医学指南”系列丛书第一批、第二批共66部指南的编著和出版工作，启动第三批共18部指南的编著工作。

学会印发《中国康复医学会团体标准制定常规工作程序》，颁布《国际功能、残疾和健康分类康复组合（ICF-RS）评定标准》，研究制订《中医医院康复医学科建设标准》。

学会组织55个继续医学教育项目和培训班，培训康复医疗从业人员15500余人次。

学会与10余家康复医疗及相关领域创新型企业签订合作协议，形成协同创新合力。

学会及分支机构举办国际康复设备博览会、2020中国康复机器人论坛、首届康复产业创新创业大赛等创新活动和赛事，促进康复技术创新与产业发展。

学会建设 学会正式注册个人会员39562名，同比增长120%；单位会员330个，同比增长130%。开展会员清理整治工作，共清理2000余人。

学会优化理事（常务理事）会构成，调整11名理事（常务理事）。采取现场会、通讯会等形式召开理事会议2次、常务理事会议4次。

学会新成立科技管理与评估委员会、骨质疏松预防与康复专业委员会、智能康复专业委员会、康复辅具应用专业委员会、器官移植康复专业委员会、医学影像与康复专业委员会6个分支机构，学会所属分支机构总数达72个；2个分支机构完成换届。

学会办事机构增补5名中青年专家兼任副秘书长；面向社会新招聘4名专职工作人员，专职人员达25人。

学会修订《中国康复医学会章程》，制定科技评估与咨询管理暂行办法、分支机构考评管理办法以及办事机构人事管理办法、档案管理办法、采购管理办法等规定，修订考勤管理办法、薪酬管理办法，促进制度化建设。

学会成立信息化工作领导小组和信息中心，在中国科协“融合信息样板间建设项目”支持下全面改版学会官网，研发OA（办公自动化）系统、科学技术（教学成果）奖评审系统等自动化办公平台。

学会建立档案室，对学会历史资料和重要工作材料进行全面收集整理。推进“网上会史馆”建设，在中国科协“最佳网上会史馆组织评选”中排名第5。

主办期刊 学会主办期刊增至10本。根据6月发布的JCR影响因子年报，《中国神经再生研究》（英文版）2019年期刊影响因子为3.171（较2018年上升28.3%），在神经科学领域期刊位居第121名（占全球前45%），首次进入Q2区；在细胞生物学领域期刊位居第117名（总195种）。根据中国知网《中国学术期刊影响因子年报》（2020年版），《中国组织工程研究》在基础医学领域影响力指数为1112.370，在66种期刊中排名第1。《中国康复医学在职》在临床医学综合领域影响力指数为609.77，在123种期刊中排名第3。

国际学术会议 8月21—23日，由国家老年疾病临床医学研究中心（华山）、学会老年康复专业委员会、学会手功能康复专业委员会主办的首届上海国际老年康复论坛以全球网络直播形式在上海市举办。大会以“与世界话老年”为主题，邀请全国老年医学临床及康复领域专家以及美国、欧洲、日本、澳洲等专家学者100余人线上交流老年康复实践经验、研究成果及学术思想。大会设老年脑卒中康复论坛与老年康复综合论坛两个主论坛，以及老年神经系统疾病康复、日本老年康复专场、英国老年康复专场、优秀论文大赛等10个分论坛，开设120节线上课程，论坛总观看量达到78503人次。共计169人报名摄影、网络视频演说等比赛，入围学术论文94篇。

国内主要学术会议 学会及其分支机构共举办全国性学术交流活动56次，线上线下参会总人数达45万余人次，其中境外学者参会80余人次，交流论文、报告2168篇。

8月7日，由学会主办、学会脑血管病专业委员会承办的中国康复医学会脑血管病专业委员会2020学术年会在湖南省长沙市举办。年会以“铭记初心，砥砺前行”为主题，设1个主论坛、15个分论坛，邀请国内专家就脑血管病康复的理论基础、新冠肺炎疫情期间的卒中远程康复等进行专题讲座，全国1500余名从事康复医学、神经内科、神经外科、老年医学、中医中药、临床护理及康复工程等专业的医务工作者参加会议。

9月17—20日，由学会主办、陕西省康复医院承办的第三届中国康复医学会“一带一路”西部康复医学高峰论坛在陕西省西安市举办。论坛以“一流的平台，助力成果经验传帮带；一流的学者，共谋科技创新康复路”为主题，设立1个主论坛和10余场专题分论坛，邀请国内康复机构资深管理者和康复医学专家针对不同层次康复机构从业者和管理者举办学术论坛、学术讲座、主题培训活动。世界卫生组织合作中心2名主任，以及来自全国17个地区的105名专家、18名三甲医院负责人、60余名学科带头人参加论坛，发表103场专题演讲。

10月10—11日，由学会举办的中国康复医学会康复护理高峰论坛在四川省成都市召开。论坛以“康复、融合、创新、共享”为主题，聚焦康复医学科技发展前沿，研讨康复医疗中康复护理新理念、新技能、新机遇。大会设30余场康复护理分论坛讲座，交流论文40余篇，来自全国各地的1000余名专家学者参加次论坛。

10月16—18日，由学会主办、学会呼吸康复专业委员会和四川大学华西医院承办的中国康复医学会呼吸康复专业委员会第四届学术年会在四川省成都市召开。年会以“协同行动，建立医院内呼吸康复体系”为主题，设置1个线下主会场及12个线上直播分会场，共计16000余人参会。会议邀请呼吸康复领域的多名专家学者围绕呼吸康复体系建设等前沿问题和热点问题进行交流分享。在专家论坛之后举办病例汇报比赛，105家单位的112个病例参赛，经过初赛、复赛和决赛，最终评出一等奖1名、二等奖2名、三等奖3名。

11月27—29日，由学会主办的2020第四届中国康复医学会综合学术年会暨国际康复设备博览会在北京举办。会议以“智慧引领，科技赋能，创享康复未来”为主题。

12月5日，由安阳市人民政府和学会联合主办的第三届“一带一路”中部康复高峰论坛暨第五届国际康复设备博览会在河南省安阳市召开。论坛设神经康复、中医康复、运营管理、康复产业发展、儿童康复等10余个专题分论坛，为2000余名医疗专家搭建学术研讨、交流合作、创新发展的高层次学术共享平台。来自国内近百家康复设备企业参加博览会。

两岸交流 10月17—18日，海峡两岸暨港澳《国际功能、残疾与健康分类（ICF）》交流会议在广东省深圳市举办。大会以“交流融通、共创发展”为主题，围绕世界卫生组织推出的《国际功能、残疾与健康分类（ICF）》在海峡两岸暨港澳的临床应用工作及科研前沿问题，聚焦当前ICF在我国医学界尤其是康复医学领域发展的热点问题进行主旨论坛及分论坛，为ICF的进一步系统研究和推广应用打下坚实基础。由于疫情防控需求，全国各地的各类医疗机构和企业代表300余人参加现场会议，6700余人次在线观看直播。

12月18—20日，由学会主办的第三届海峡康复产业高峰论坛暨“一带一路”东部康复医学论坛在福建省泉州市安溪县召开。论坛以“交叉融合，康复创新发展”为主题，设国际康复主论坛及10个分论坛，同期召开中国康复医学会推拿技术与康复专业委员会学术年会、中国康复医学会中西医结合专业委员会学术年会。中国科学院院士郑有炓、中国工程院院士夏照帆、福建中医药大学党委书记陈立典等多位专家学者发表主旨演讲。论坛采用线上线下相结合的形式进行，共吸引来自海峡两岸、“一带一路”沿线国家和地区的高校、医疗机构等康复专家和相关医务人员3万余人次参加会议。

12月25—27日，由学会主办的第二届“一带一路”东北亚国际康复论坛暨首届东北地区四省（区）康复协作会议在黑龙江省哈尔滨市召开。会议以“融合创新，智慧康复”为主题，设1个主论坛、2个会前研讨会、6个分论坛，探索康复产业技术创新与转化的发展趋势，展示智慧康复科研、教育和医疗的最新成果。来自东北地区四省（区）康复医学领域的近300名专家学者参加会议。

国际组织任职 3月，学会副会长、福建中医药大学党委书记陈立典教授连任国际物理与康复医学学会执行委员会中亚和东亚委员，任期为2020—2022年。11月，陈立典当选欧亚科学院院士。

国际交往 11月11日，中澳康复联盟成立大会暨首届中澳康复论坛在福建省福州市举办，学会党委书记牛恩喜通过视频致辞。

科普活动 学会在全国各地开展科普宣传活动

106次，发放宣传材料5000余册，线上线下惠及群众数百万人次。学会微信公众号、学会康复科普微信公众号累计推送科普文章497篇，新增关注量18371人次，阅读量804921次，转发57427次。学会科技志愿者总队共发布科技志愿服务活动52项、品牌项目2项，累计志愿时长658小时。被科技部、中共中央宣传部、中国科协表彰为“全国科普工作先进集体”，被中国科协评为“2020年度全国学会科普工作优秀单位”“科技工作者日全国学会积极贡献单位”“科技志愿服务队先进典型”。

表彰举荐优秀科技工作者 4月22日，学会启动科学技术奖申报推荐工作，共评选出39项获奖项目，其中一等奖11项、二等奖13项、三等奖15项。

学会组织2020第四届中国康复医学会综合学术年会会议论文征文活动，共有108篇论文被评为优秀论文，其中一等奖17篇、二等奖32篇、三等奖59篇。

8月19日，学会启动“年度优秀奖”申报推荐工作，共评选出235名“优秀三师”“优秀青年三师”。

11月28日，在2020第四届中国康复医学会综合学术年会暨国际康复设备博览会开幕式上，授予戴尅戎等17位康复医学科技工作者“中国康复医学会第四届终身成就奖”。

学会面向40周岁以下康复科技工作者组织“优秀青年康复医师、康复治疗师、康复护士奖”评选工作，177人获得表彰。

党建强会 学会将疫情防控作为检验党建质量的战场，团结带领广大康复科技工作者形成战斗力，从组织一线救援、开展应急科普、提供专业指导、强化学术支撑、组织捐款捐物等五个方面持续精准发力，募集并定向捐赠善款、设备物资，发布科普作品1200篇，编写印发《新冠肺炎期间呼吸康复指导意见》等指导性文件9部，被中国科协组织人事部评为“全国优秀抗疫学会”。

5月19日，学会办事机构党支部正式成立，挂靠中日友好医院行政党总支。学会党委批准13个分支机构成立功能型党支部。

学会结合抗击疫情、庆祝建党99周年等重要时机开展评先评优活动，共有3批次61个单位的355名个人受到学会党委通报表扬。

学会党委推进“党建强会”康复服务行特色活动，30多个分支机构党支部采取线上线下相结合的方式，组织专家深入西藏自治区、内蒙古自治区、甘肃省、宁夏回族自治区等20余个省（自治区、直辖市），开展科普、培训、义诊、帮扶活动。

会员服务 学会升级改版个人会员系统，会员管理系统实现在线注册、缴费、管理等功能为一体。制定15条个人会员服务、单位会员服务承诺，优先优惠服务会员3.6万人次、会员单位500多家次。在12所试点院校开展学生会员集中入会工作，批量免费加入会员1.5万人。

【2020第四届中国康复医学会综合学术年会暨国际康复设备博览会】 11月27—29日，由学会主办的2020第四届中国康复医学会综合学术年会暨国际康复设备博览会在北京举办。会议以“智慧引领，科技赋能，创享康复未来”为主题，设立综合国际康复主论坛、医养结合高峰论坛及46个分论坛。同期举办第四届国际康复设备博览会。会议采取线上线下相结合的形式召开，来自国内外康复、医疗、护理、疗养、养老等领域的专家学者近万人参加。

开幕式上，与会领导向2020年度中国康复医学会教学成果奖一等奖、2020年度中国康复医学会科学技术奖一等奖获奖人员颁发证书，授予17位老专家“中国康复医学会第四届终身成就奖”。举办“康复医学指南”系列丛书新书发布启动仪式。

在综合国际康复主论坛上，中国工程院院士王辰、张伯礼、樊代明、张英泽，教授胡大一、励建安、凌锋、樊瑜波、陈立典、燕铁斌、李常威，世界作业治疗师联盟主席Marilyn Pattison，美国言语语言听力学会首席执行官Arlene等国内外康复医学领域的专家学者作主旨演讲。

会议期间举办第四届国际康复设备博览会，设展位250余个，展览面积达到12000平方米，共100余家企业入驻展会。

【中国康复医学会全国科技工作者日系列活动】 5月30日，学会全国科技工作者日系列活动在上海市启动。活动以“科技领航　齐心抗疫　助力生命千天　百年健康”为主题，在上海市设主场，在全国设15个分场地。上海主会场邀请来自上海市13家医疗机构与院校的26位医学科普专家分享关于口腔卫生、先天性心脏病患儿运动建议、老年痴呆、用药安全、新冠疫期老年人健康管理等公众关心的疾病防治和日常保健科普知识。

会议举办“中国康复医学会科普列车”发车仪

式。此后，学会相继组织康复科普专家志愿服务队赴贵州省遵义市、云南省红河哈尼族彝族自治州开远市、广西壮族自治区柳州市、江苏省泰兴市、陕西省延安市开展5次“中国康复医学会科普列车”智惠行动，普及康复知识，开展义诊服务，扶助科室建设，组织人员培训，活动覆盖千余名患者、百余名一线康复工作者。

【2020全国科普日康复联合行动暨第二届中国康复医学会科普年会】 9月19日，由学会、中国科协科技传播中心联合主办的2020全国科普日康复联合行动暨第二届中国康复医学会科普年会在上海市举办。会议以“决胜全面小康，践行科技为民”为主题，以“科技为民，康复同行，共助生命百年健康”为主旨，在上海市设主会场，在全国14个城市设21个分会场。

会议总结“十三五”以来康复科普工作取得的成绩，部署“十四五”时期康复科普工作任务，向30个科普示范基地授牌，为年度科普先进个人代表颁发获奖证书，对在第二届康复科普创新作品大赛中获奖的单位和个人进行表彰。

会议举办康复学术科普论坛，邀请150名医学专家围绕饮食健康、口腔卫生、儿童康复与营养、老年认知、智能康复、精准康复等主题进行演讲。科创中国、新浪、百度等多家媒体平台同步直播，在线观看人数突破百万人次。

（撰稿人：全　华　崔　川）

中国免疫学会

服务创新型国家和社会建设 学会发挥自身优势，在中国科协党组领导下，有效落实党中央决策部署，在发挥政治引领作用、开展应急科普工作、提出抗疫政策建议、推动基础科研等方面取得成效，被中国科协组织人事部授予“优秀抗疫学会”称号。

学会“一带一路动物疫病防治联合研究中心”项目继续得到中国科协专项资助，研究中心在稳步推进以中哈、中埃、中巴为代表的双边合作基础上，2020年重点开展国内技术交流及培训工作。

学会临床免疫分会完成“自身抗体自动化监测的多中心研究”项目，正式发表专家共识《自身免疫病诊断中抗体检测方法的推荐意见》。

11月8—9日，学会在北京举办肿瘤免疫治疗高级讲习班，培养临床一线工作者，将基础与临床相融合，全面提升中国肿瘤免疫治疗行业的整体水平。讲习班围绕免疫学研究历史与进展、免疫细胞发育迁移与定居、免疫细胞识别自我与非我的基本原理、肿瘤免疫的基本理论、肿瘤免疫治疗的历史与现状、临床应用及发展与未来等方面进行讨论。

学会建设 学会第八届理事会召开理事会议1次、常务理事会议2次，召开全国秘书长工作会议1次。

学会完成《中国免疫学会财务管理制度》修订工作；完成《中国免疫学会学术奖章程》和《中国免疫学会学术奖管理细则》修订工作。

学会兽医免疫分会完成换届工作，选举产生第六届委员会。

学会参与中国科协生命科学学会联合体工作，完成重要活动13项。

学会提升对个人会员的管理和服务水平。全年累计发展个人会员509名，清理欠费会员2294名，个人会员总数为8974名。

青年人才托举工程 学会推荐2人获得第六届中国科协“青年人才托举工程”项目资助。从第一届至第六届，学会共有16位入选者。

主办期刊 *Cellular & Molecular Immunology*（CMI，《中国免疫学杂志》）年度影响因子上升至8.484，5年影响因子上升至7.365，在全球158种免疫学SCI期刊中排名第15，位于国际免疫学领域Q1区。

Cellular & Molecular Immunology 作为来源期刊入选《世界期刊影响力指数（WJCI）期刊名录》，入选第5届中国精品科技期刊暨“中国精品科技期刊顶尖学术论文（F5000）”项目来源期刊（2020—2023）。

学科发展工程 学会组织召开2020年免疫学香山科学会议，以“免疫学理论前沿与技术应用：挑战与机遇”为主题，探讨免疫学进一步创新发展的意义、方式和目标，提出开展免疫学研究大计划的政策建议，形成《香山科学会议简报》提交国家相关决策部门。

国内主要学术会议 学会及其分支机构以线上线下相结合的方式举办国内学术会议12次，参加人数2.8万人次。会议主要包括中国免疫学会免疫新技术研讨会、中国免疫学会2020肿瘤免疫与生物治疗年会、中国免疫学会第七届新进展研讨会、中国免疫学会临床免疫分会2020年会、中国免疫学会兽医免疫分会第十四次学术研讨会。

9月27—28日，由学会、重庆市科协主办，重庆市免疫学会、重庆国际免疫研究院共同承办的中国免疫学会免疫新技术研讨会在重庆市召开。会议围绕组织解码、细胞解码、基因解码及免疫组学四大主题，邀请国内外免疫学家和中国科学院院士、中国工程院院士等专家学者作会议报告，共同探索新技术如何助力免疫学及生命科学的发展，促进学术交流与资源共享。大会共吸引线下200名、线上5000名学者参加。

国际交往 2月，学会在中国科协统一部署下向国际免疫学联合会发出联合抗疫倡议书，宣传中国抗疫成果，呼吁国际免疫学者携手抗疫。

6月，学会向国际免疫学联合会提交的中国免疫学会抗疫特别报道（包含2篇科研进展及1篇女科学家抗疫风采报道）发布在国际组织官方网站上。

学会理事长吴玉章受《自然》期刊编辑部邀请，在《自然·免疫学·综述》总第598期上介绍中国免疫学会在疫情防控中的做法和贡献。

科普活动 学会重点做好新冠肺炎疫情应急科普工作，宣传疫情防护知识，提高公众自我保护意识。

学会通过官方网站、微信公众号等平台在疫情初期集中力量发布《人体防御病毒的免疫力究竟是什么？》《炎症因子风暴》等多篇原创科普文章。

学会副理事长黄波参加北京广播电视台科教频道《健康北京》栏目，解读新型冠状病毒感染与人体免疫力之间的关系。学会理事石艳春为内蒙古广播电台和内蒙古科技馆录制多期“提升人体免疫功能，抵御新型冠状病毒感染”“免疫系统是什么，如何对人体发挥保护作用”等系列科普讲座。

学会公益性参与由中国科协牵头立项的腾讯游戏作品《健康保卫战》，完成对游戏内容中科学元素的指导和审查。

由学会组织编写、中国工程院院士曹雪涛任总主编、中国工程院院士田志刚和教授于益芝任副总主编的“人体健康与免疫科普丛书”获“2019年全国优秀科普作品”。

表彰举荐优秀科技工作者 学会共推荐第二届创新争先奖候选人（团队）、第十七届中国青年女科学家奖和2020年度未来女科学家计划候选人、2020年度第十三届谈家桢生命科学奖候选人7名、团队1个。

由中国科学技术大学、学会青年工作委员会主任委员周荣斌，学会监事长、中国工程院院士田志刚，教授江维和彭慧等作为主要完成人完成的“炎症巨噬细胞的活化、调控及效应机制”项目获国家自然科学奖二等奖。由学会理事长、陆军军医大学教授吴玉章牵头完成的“蛋白质抗原工程技术的创立及其应用”项目获国家技术发明奖二等奖。

学会3名专家获全国创新争先奖状，分别为学会理事长吴玉章，学会感染免疫分会主任委员、中国科学院院士、解放军总医院第五医学中心王福生，学会感染免疫分会委员、广东省深圳市第三人民医院研究员张政。

学会常务理事、中国科学技术大学教授魏海明和中国科学院院士王福生被评为“全国抗击新冠肺炎疫情先进个人”，王福生团队被评为“全国抗击新冠肺炎疫情先进集体”。

党建强会 学会理事会党委共召开3次党委会议，研究学会重点工作，部署党建强会特色工作。

7月22日，学会办事机构党支部从原中国医学工程学会－中国免疫学会联合党支部中独立出来，在中国科协科技社团党委的领导下开展工作。

会员服务 利用学会会员系统、官方网站定期推送中国学者在世界顶级期刊上发表的最新科研成果，每年编写《中国免疫学会通讯》电子版发送给全体会员。

【2020年免疫学香山科学会议】 11月19—20日，学会组织召开2020年免疫学香山科学会议，以“免疫学理论前沿与技术应用：挑战与机遇”为主题。会议执行主席为中国工程院院士、南开大学校长曹雪涛，中国工程院院士、中国科学技术大学教授田志刚，中国工程院院士、中国人民解放军军事科学院研究员沈倍奋，中国科学院院士、中国疾病预防控制中心主任高福，中国科学院院士、北京生命科学研究所研究员邵峰，中国科学院院士、清华大学医学院院长董晨。会议邀请包括全国政协副主席、中国医学科学院基础医学研究所教授何维和中国科学院院士、解放军总医院第五医学中心王福生等近50名免疫学和其他交叉学科专家学者围绕免疫学前沿热点、“研究现状与发展前景”“免疫治疗的机遇与挑战”“免疫应答及其调控研究的新方向新机遇”三个中心议题进行讨论。专家学者从中国免疫学发展现状、发展前景和前进方向的宏观全局进行探讨，形成会议共识与建议。《科技日报》

和《中国科学报》对会议作专题报道。

（撰稿人：姚　婕）

中华预防医学会

服务创新型国家和社会建设　学会履行中国科协联合国咨商工作生命科学与人类健康专业委员会秘书处工作职责，组织召开中华预防医学会慢病国际专家智库第二次全体大会；参加第16届世界公共卫生大会并举办中国卫星会；编译《新型冠状病毒肺炎防控和诊疗指南》（英文版），撰写《“一带一路”国家传染病风险与防控》（英文版）；与学会预防医学信息专业委员会联合建立新冠肺炎知识与数据信息系统；参与制作中国抗击COVID-19科研进展视频；完成《中国科学界就新冠肺炎疫情下如何推进全球卫生治理的政策建议》；开展留学生健康宣传项目等活动。

学会开展技术预见研究、建言献策等智库相关工作。开展基于人工智能的呼吸道传染病早期症候群监测预警研究；研究利用跨区域跨部门跨业务跨学科多源异构、实时和非实时、格式化和非格式化数据、高性能计算、大数据建模、知识图谱和知识推理，为传染病早期发现提供真实、可靠、被动和自动的数字依据；组织多学科专家发布《加速疫苗创新，提升传染病防控能力》倡议书；制定《肺炎球菌性疾病免疫预防专家共识（2020版）》《儿童轮状病毒胃肠炎免疫预防专家共识（2020版）》《预防接种知情告知专家共识》，提出长江三角洲免疫规划一体化建设建议。

学会与中国医学科学院北京协和医学院群医学及公共卫生学院、深圳赛诺菲巴斯德生物制品有限公司等高校、企业签署战略合作协议，共同构建协同创新共同体。启动支持海南省预防医学会能力建设工作，推动国家卫生健康委委省共建协议落地。

学会发布《莱姆病诊断标准》《中国肺癌筛查标准》《新型冠状病毒肺炎（新冠）样本保藏通用要求》等团体标准20项。开展新冠肺炎防控大数据与人工智能应用优秀案例征集，推动应用成果转化。开展新冠肺炎疫苗研发生产调研，交流不同技术路线疫苗研发技术和生产准备工作，形成免疫策略建议。

学会受国家国际发展合作署委托，开展援塞拉利昂固定生物安全实验室第3期技术援助项目可行性研究。受国家卫生健康委疾控局委托，完成“一带一路”输入性传染病防控策略研究报告。

学会推进社会组织参与艾滋病防治基金工作，动员29.2万名重点人群接受检测，新发现艾滋病阳性感染者5100余人。安排中央财政资金支持深度贫困地区社会组织防治工作。

社会组织防艾基金完成中央财政和社会捐赠资金2021—2022年项目申请、评审工作，共资助31个省（自治区、直辖市）的925个干预关怀类项目；资助预防艾滋病母婴传播项目17个。开展多元化筹资，继续推广“爱你爱我艾检测”公益品牌，参与99众筹活动，动员2.2万余人次公众捐款，提高公众艾滋病防治正确认识及主动检测意识。为提高基金项目工作效率，加强项目过程管理，发挥“互联网+”的作用，防艾基金办开发NGO Fund。防艾基金邀请专家通过政策解读、经验分享，为全国31个省（自治区、直辖市）的疾控中心、医疗机构及社会组织开展艾滋病暴露前后预防干预线上培训班12期，累计培训3.6万人次。

学会推荐多名专家参加国家卫生健康委新冠肺炎防控专家组工作，组建学会新冠肺炎防控专家组，上报疫情分析报告和防控对策建议28份。参与传染病防治法修订和突发公共卫生事件应对法起草工作。上报公共卫生应急体系能力建设、推进全球卫生治理、援外生物安全实验室等6项研究建议。6月2日，学会副会长杨维中参加习近平总书记主持召开的专家学者座谈会，代表全国预防医学和公共卫生科技工作者提出构建强大公共卫生体系的意见建议。

学会开展线上培训，举办7期全国重大传染病核酸检测能力培训，共培训3.7万基层专业人员；与国家卫生健康委国际交流中心共同开展援外医疗队新冠肺炎防控知识在线培训。

学会开展第三期疫苗与免疫青年人才托举项目，遴选60名青年科技工作者参加项目培训。

学会建设　学会会员总数11万人，其中实名登记的分支机构专科会员10792人。

学会修订《分支机构管理办法（2020版）》《继续医学教育管理办法》《固定资产管理办法》和《社会支持项目执行成本费核算标准》；制定《项目管理办法》。

学会全年共召开常务理事会议2次、理事会议1次、功能型党委会议3次和监事会会议3次，制定并落实《中华预防医学会监事会工作规则》。新批复成立疫苗临床研究专业委员会、更年期保健分会、叙事医学分会、健康测量与评价专业委员会、肾脏病预防与控制专业委员会、体育运动与健康分会、爱国卫生技术指导工作委员会、促进消除病毒性肝炎工作委员会8个分支机构。

学会参与中国科协财务信息化系统建设，完成系列期刊网站建设，集中展示系列期刊信息、发布重要资讯、开展健康主题宣传、开展期刊质量评价。完成学会科技奖项推荐系统2期建设，实现专家线上评审功能。学会完成学术资源共享平台建设并上线试运行；完成学会系列期刊网站建设。学会被中国科协组织人事部评选为“优秀抗疫学会”。

主办期刊 学会系列期刊现有73种，其中学术类期刊71种、健康科普类期刊1种。46种系列报刊入选中国科技核心期刊，16种系列报刊入选中国科学引文数据库核心期刊。全年总计出版792期。设立期刊发展基金。系列期刊开通相关论文快速通道，网络首发相关论文133篇。

国际学术会议 4月2日，学会以线上形式举办“携手共进，抗击疫情”新冠肺炎疫情防控国际经验交流研讨会。

5月30日，学会举办新冠肺炎疫情下的全球科技发展与治理国际研讨会。

9月12日，学会举办首届大湾区疫苗峰会。

10月16日，学会举办第16届世界公共卫生大会中国专场卫星会，主题为“中国抗击新冠肺炎疫情的公共卫生举措”。中国科协党组书记、常务副主席、书记处第一书记怀进鹏出席会议并致辞。世界公共卫生联盟主席 Walter Ricciardi 在线参会并致辞。学会副会长兼秘书长梁晓峰、中国疾病预防控制中心外事处处长王晓琪共同主持会议。

11月1—2日，学会召开2020世界流感大会。世界卫生组织荣誉总干事陈冯富珍等国内外800余名专家学者出席，共谋新冠肺炎疫情期间流感防控工作，在线观看人数达840万人次。

12月28日，由学会和北京协和医学院群医学及公共卫生学院共同主办的“一带一路”国家传染病风险与防控研讨会在北京召开。

国内主要学术会议 学会及分支机构全年举办各类学术会议140余场，线上线下参会人数超1000万人次。主要包括2020年中国狂犬病年会、2020年大湾区疫苗峰会、无脊灰20周年成就与创新学术交流会、2020年季节性流感防控研讨会、2020年感染性疾病防控与免疫学术研讨会、2020儿童疫苗可预防疾病免疫策略研讨会、第八届媒介生物学及控制会议等。

国际组织任职 6月，学会副会长兼秘书长梁晓峰担任世界公共卫生联盟执委（2020—2023年），并参与联盟关于新冠肺炎免疫接种和公平获得疫苗的声明等重大事项决策。

国际交往 10月，学会与盖茨基金会签订提高新冠肺炎疫苗及其他疫苗的安全性和药物警戒性研究合作协议。

科普活动 学会开展疫情防控应急科普，涉及3亿多人次。举办直播65场，观看人数超4500万人次；制作发布科普短视频260多个，点播量超1.1亿次；编写发布科普书籍、图文近千个，阅读量近300万人次；《新发传染病健康安全防护公众指南》入选中共中央宣传部2020年主题出版重点出版物选题、国家新闻出版署2020年农家书屋重点图书推荐目录。联合腾讯发布新冠肺炎症状AI辅助自查工具，使用人群超9000万人次。联动各省级预防医学会举办祖国心系海外留学生科普防疫活动，健康中国等平台播放活动视频7570万次。发布指导相关行业复工复产科普文章100多篇。

7—12月，学会举办2020全国大学生健康科普大赛，112所院校的267个团队参赛，193万人次参与作品网络投票。

学会建成16个科普基地，拓展健康科普覆盖。持续开展健康科普扶贫工作。9月，启动“人人享有免疫预防行动”，关注边远贫困山区儿童的预防接种；走进甘肃省张掖市等贫困地区开展健康科普扶贫活动。

11月，学会启动2020全国预防接种科普大赛，提升公众疾病防控意识，呼吁全社会共同关注预防接种事业。利用卫生纪念日和学术会议开展科普宣传，在主办科普报纸《保健时报》开设糖尿病和心脑血管疾病防治专版。

表彰举荐优秀科技工作者 学会推荐“最美科技工作者”和第二届全国创新争先奖候选人，宣传科技工作者先进事迹。推荐的1名专家获第二届全国创新争先奖，推荐的2名专家成为未来女科学家计划候选人。

党建强会 学会定期召开理事会党委会议，研究审议涉及学会改革发展的重大事项。按照应建尽建、发挥功能作用、突出问题导向、注重工作创新的工作原则，稳步推进分支机构党的工作小组建设，截至12月10日，除正在筹建或换届的分支机构外，其余78个均已成立党的工作小组。

学会组织专题学习，贯彻落实习近平总书记关于抗击新冠肺炎疫情、加强公共卫生体系建设的系列重要指示精神，学习十九届五中全会精神。

学会加强纪律建设，落实党规党纪季度测评工作，全年共开展警示教育活动11次。10月20日，组织召开学会系列期刊意识形态工作会议，强调期刊出版工作中要严格遵守政治纪律。

学会在中国科协“党建强会计划”项目支持下，拍摄疾控人抗疫的微纪录片，宣传公共卫生系统的最美科技工作者。

会员服务 学会在微信平台开设“抗疫前线”专栏，宣传展示会员先进事迹。

【2020世界流感大会暨世界流感日学术活动】 11月1—2日，由学会、亚太流感控制联盟、中国医学科学院、中国疾病预防控制中心共同主办的2020世界流感大会暨世界流感日学术活动在北京举办。

大会的主题为“加强流感控制，应对COVID-19大流行”。学会名誉会长、中国工程院院士王陇德，世界卫生组织荣誉总干事陈冯富珍，学会副会长、国家卫生健康委疾控局局长常继乐，国家卫生健康委科教司司长杨青，以及来自世界卫生组织、亚太流感控制联盟、中国医学科学院、中国疾病预防控制中心、欧洲流感工作组、美国疾病预防控制中心等机构的专家以线上线下的形式出席活动会议，探讨流感的预防与治疗措施、流感疫苗的新技术、新型冠状病毒肺炎期间的流感防控策略等。大会开幕式由学会副会长兼秘书长梁晓峰主持。

世界卫生组织首席科学家Soumya Swaminathan，中国工程院院士、中国工程院副院长、中国医学科学院北京协和医学院院长王辰，中国科学院院士、中国疾病预防控制中心主任高福分别就制定SARS-CoV-2疫苗政策、新冠大流行的应对和血清流行病学研究、提高对流感的认识等作大会主旨报告。

会议以“正在变化中的季节性和大流行性流感管理的未来”“大流行防范计划的未来之路：当前COVID-19大流行应对带来的提示”为主题设置圆桌讨论，并在会议期间举办“新常态　拒流感”——跟专家一起观评大片《传染病》、流感季肺炎球菌性疾病预防研讨会及COVID-19疫情下的流感防控、诊断及抗病毒治疗新进展研讨会3场卫星会。

【2020年中国狂犬病年会】 8月28—29日，学会、中国畜牧兽医学会和中国工作犬管理协会在陕西省西安市共同举办2020年中国狂犬病年会。学会副会长兼秘书长梁晓峰、中国畜牧兽医学会副理事长乔玉锋、陕西省卫生健康委副主任马光辉等参加会议，来自卫生、畜牧兽医及高等院校的专家学者以线上线下相结合的形式参加会议。

会议邀请国内40多名相关领域专家围绕狂犬病流行病学进展与防控策略、狂犬病基础研究与检测、狂犬病暴露后处置、狂犬病监测与防控实践等进行学术交流；圆桌访谈邀请7名不同领域的专家学者围绕“多部门多学科联动　助推消除狂犬病”主题，分享中国狂犬病防控工作取得的成就，并对2030年如何实现消除狂犬病目标提出建议。

年会期间，召开第一届中华预防医学会狂犬病防控专家委员会成立会议；开展科普能力培训；组织3位专家开展以“致命的伤口——狂犬病”为主题的健康科普直播，学习强国、央视频、快手、抖音、保健时报、科创中国等10余个平台共同参与直播；开展“我和狂犬病防控故事”征集活动，并对评选出的15篇优秀故事进行表彰；组织儿童青少年绘画获奖作品展。

【首届大湾区疫苗峰会】 9月12日，由学会和深圳市坪山区人民政府共同主办的以“疫苗创新与公众健康”为主题的首届大湾区疫苗峰会在广东省深圳市召开。峰会围绕全球疫苗研发、审批、使用和管理的新进展、新策略及实践经验等话题展开。

学会会长、国家卫生健康委副主任李斌，国家卫生健康委疾病预防控制局二级巡视员崔钢，中国科学院院士、中国疾病预防控制中心主任高福，中国工程院院士、中国医学科学院北京协和医学院院长王辰等专家学者在峰会开幕式致辞。中国工程院院士、中国疾病预防控制中心徐建国，中国科学院院士、清华大学董晨，俄罗斯儿科学会主席Leyla Namazova-Baranova，德国联邦疫苗与生物药品研究院博士Michael Pfleiderer，美国FDA疫苗研究与评价办公室前负责人Norman Baylor等专家作大会报告并参加圆桌访谈。来自国内外临床、公共卫生相关领域的专家学者，食药监、医保局、深圳市人民政府和高等院校、企业界代表300余人参加会议。

峰会上，国内外专家围绕加速疫苗创新的机遇和挑战、扩大疫苗价值及优化免疫策略的创新方式等议题展开讨论，发出《加速疫苗创新，提升传染病防控能力的倡议》。会后，相关专家进一步讨论落实倡议的行动计划。

【2020新冠疫情与免疫预防高峰会】 9月5日，由学会、中国初级卫生保健基金会共同主办的2020新冠疫情与免疫预防高峰会在北京举办。

会议主题为“新挑战　新起点　更可及”，来自学会、中国农工民主党中央委员会、国家卫生健康委、中国医学科学院、国家药品不良反应监测中心、中国疾病预防控制中心、世界卫生组织、盖茨基金会、中国初级卫生保健基金会等单位的领导、院士、专家通过线上线下相结合的形式出席会议。会议由学会副会长兼秘书长梁晓峰和中国初级卫生保健基金会常务副秘书长陈易新共同主持。

为贯彻《“健康中国2030”规划纲要》，落实“预防为主”和“人人享有”的战略主题，峰会上，中国初级卫生保健基金会理事长曹锡荣作关于“人人享有免疫预防行动”的主旨发言。在现场来宾的共同见证下，“人人享有免疫预防行动”正式启动。

中国工程院院士、中国医学院北京协和医学院院长王辰，中国科学院院士、清华大学免疫学研究所所长董晨，学会副会长杨维中，中国疾病预防控制中心副主任冯子健，流行预防创新联盟（CEPI）项目和创新技术负责人兼CEPI上海代表处首席代表Nicholas Jackson，全球疫苗免疫联盟战略创新与新投资者中心主任张丽分别作学术报告。

世界卫生组织驻华代表高力、盖茨基金会北京代表处副主任徐福洁、中国疾控中心免疫规划首席专家王华庆、国家药品不良反应监测中心处长任经天、云南沃森生物技术股份有限公司董事长李云春等以“如何加强国际合作应对新冠肺炎疫情”和“中国如何借鉴国际经验促进疫苗人人享有”为话题，展开2个圆桌讨论，分享先进理念。

（撰稿人：牛霏霏　夏建国）

中国法医学会

服务创新型国家和社会建设　学会为减轻企业负担，减免单位会员会费。

中国科协组织对《中华人民共和国民法典（草案）》进行征询意见，学会组织相关专家进行研究讨论，对民法典中涉及法医学相关内容提出修改意见。

学会建设　学会共有个人会员6881人，其中新批准个人会员161名、单位会员2个。

学会学习《中国科协所属学会财务管理指引大纲》，根据大纲对学会财务相关制度进行修改和修订。秘书处逐条对照，将现行学会财务管理制度相关内容进行修订，以保证学会能更好地依法依规开展各项工作。

主办期刊　学会组织《中国法医学杂志》编辑部学习公安部新闻宣传局转发的国家新闻出版署《关于开展出版单位“三审三校”制度执行情况专项检查的通知》，按照相关要求切实做好三审三校工作，确保《中国法医学杂志》高质量出版发行。编辑部根据新闻出版部门和公安部新闻宣传局的要求，开展自查自纠自评工作，将《中国法医学杂志》自查自评情况、存在问题和改进意见等按要求报公安部新闻宣传局。

《中国法医学杂志》全年收到稿件567篇，编辑出版正刊6期，共刊发稿件179篇。入选武汉大学中国科学评价研究中心中国核心学术期刊、中国科技论文统计源期刊（中国科技核心期刊）、荷兰国际科学文献数据库收录期刊、荷兰医学文摘收录期刊、《中国学术期刊综合评价数据库》统计源期刊、《中国学术期刊（光盘版）》收录期刊、《中国期刊全文数据库》全文收录期刊、《中文科技期刊数据库》收录期刊、《CAJ-CD规范》执行优秀期刊。

表彰举荐优秀科技工作者　4月，学会根据中国科协通知要求，依照组织程序推荐牛勇等5位专家学者为第二届全国创新争先奖候选人。经过评选，最终公安部刑事侦查局牛勇、同济医科大学刘良、公安部物证鉴定中心朱军荣获奖项。

12月，学会根据中国科协要求，依照组织程序推荐公安部物证鉴定中心白雪、任昕昕为第十七届中国青年女科学家奖候选人。

党建强会　学会秘书处党支部坚持每周开会学习和研究如何在疫情影响下开展各项工作；组织员工在保证个人身体健康的情况下复工复产。秘书处1名员工向党组织递交入党申请书。

学会按照《中国法医学会党委议事规则》开展党

委工作。先后制订年度工作计划、学习计划，按时召开支部会议，组织学习重要文件精神。修改《中国法医学会章程》，把“党建强会”和党建相关内容写入章程。

学会参与中国科协科技社团党委组织的有关十九届五中全会精神学习和培训活动。组织开展学习习近平总书记在科学家座谈会上的重要讲话、党中央重大决策和方针路线，研究学会下一步工作。

学会开展党性、党风、党纪教育，建立健全廉政监督机制。

（撰稿人：赵丽娜）

中华口腔医学会

服务创新型国家和社会建设 由中央财政重大公共卫生专项资金持续支持开展的“全国儿童口腔疾病综合干预项目”在学会设立国家项目办公室，学会负责项目管理工作。项目覆盖1132个县（市、区），累计培训口腔卫生服务人员2.9万余人次，参与医疗机构4032家，健康教育累计覆盖1064.7万余人次。

受全国科学技术名词审定委员会委托，学会组织《口腔医学名词》编写与审定工作，已完成15个口腔分支学科词条收录、除重及逐条审定工作。

学会37个口腔医学团体标准公示立项，发布14项团体标准，6个专业委员会联合制定《维护牙周健康的中国口腔医学多学科专家共识（第一版）》。

根据国家卫生健康委科教司工作部署，全面推开全国住院医师规范化培训年度工作。学会在甘肃省兰州市举办师资培训班，加强住院医师规范化培训基地建设。

学会举办各类继续教育培训班61余次，培训人数1.9万余人次，完成继续教育基地建设。

学会在官微上发布抗疫好人好事信息332条，先后5次发布倡议。全国口腔医学界响应学会号召，共捐赠抗疫物资66491件（套），学会民营口腔医疗分会组织口腔医师捐款。

学会建设 学会个人会员116203人，比2019年新增11523人；专科会员99008人；学生会员5764人；团体会员366个。

学会依照章程制定不同层级的会议议事规则。召开党委会议16次、理事会议1次、常务理事会议7次、会长办公会14次、监事会议2次。

6月，以线上形式召开第十二次专业委员会（分会）工作会议。来自38个专业委员会（分会）的148多人线上参加会议，对2019年的工作进行总结并对2020年重要工作进行部署。首次召开专业委员会（分会）秘书培训会，来自38个专业委员会（分会）的学术秘书、工作秘书共65人参加，对组织管理系统的使用、学术活动实施过程中的注意事项、继续教育项目管理以及经费报销及使用等部分内容进行培训。

10月，学会在中国科协科学技术普及部和中国科协信息中心发布的全国学会和省级科协科学传播榜单中均居榜首。

10月16日，学会召开第九次省级口腔医学会会长、秘书长联席工作会议，围绕促进分支机构有序发展、会员工作、学术交流中的涉台问题进行报告及讨论。

学会完成14个二级分支机构的换届改选。对38个分支机构2019年度工作进行综合考评，9个分支机构获综合优秀奖、2个分支机构获单项优秀奖、5名秘书获优秀秘书奖。

学会与中央电视台合作制作3集学会发展纪录片，向新中国成立70周年献礼；利用电子周报传播业内资讯和行业动态，共发布45期，发布消息共585条。

青年人才托举工程 学会承接中国科协“青年人才托举工程”项目，3人获批。通过第三届中国科协“青年人才托举工程”项目验收工作。11月，举办“青年人才托举工程”项目进展汇报及结题报告会。

主办期刊 学会主办中文学术期刊3本，刊出论文225篇；英文学术期刊1本，刊出论文31篇。

学会完成精诚口腔医学期刊传媒有限公司申办程序，公司负责《中国口腔医学继续教育杂志》《中国口腔颌面外科杂志》《中国口腔种植学杂志》的编辑、出版、印刷、发行和宣传工作。

英文期刊 *The Chinese Journal of Dental Research*（CJDR）入选“2020年中国国际影响力优秀学术期刊”。8月，CJDR首次在年会上发布论文高引用学者名单，鼓励更多优质稿源投稿，增加引用率。

期刊展示平台正式在学会官网上线，展示25本口腔医学专业期刊。

学科发展工程 学会组织全国口腔医学专家参与的国家自然基金委委员会重大项目“牙周稳态维持与重塑机制”按期开展相关研究内容。

学会承接的国家医学考试中心 2018—2020 年度科研项目“基于岗位胜任力的口腔执业医师资格分阶段考试研究”结题。

国内主要学术会议 学会及所属分支机构共同举办学术年会、专题研讨会、论坛等各类学术活动 35 场，参会总人数约 15000 人次。作学术报告 700 余场，交流学术论文、病例、壁报等 4000 余篇。

9 日 1—3 日，学会口腔正畸专业委员会在上海市举办第十九次全国口腔正畸学术会议。国内 27 名口腔正畸专家作 27 场报告，1000 余名医生参加会议。

11 月 11—13 日，由学会口腔颌面 - 头颈肿瘤专业委员会主办，武汉大学口腔医院承办的口腔颌面 - 头颈肿瘤专业委员会第二次学术年会在湖北省武汉市举办。会议主题为“创新超越，共赢未来”，来自全国口腔颌面外科及相关领域的专家学者就口腔颌面 - 头颈肿瘤多学科协作、肿瘤治疗新理念及新技术进行探讨，包括肿瘤外科治疗、口腔颌面外科基础研究、口腔癌的联合根治、唾液腺的功能性外科、综合治疗、修复重建、多学科论坛、护理、康复与营养等专场。会议分为 22 场次，累计参会 898 人次，收到论文投稿 674 篇，壁报展示 123 篇，169 人次在会上发言。

两岸交流 3 月，学会向香港牙医学会、澳门口腔医学会、台湾牙医师公会全联会发去邮件慰问，通过邮件发送疫情防控知识小册子，包括疫情防控政策、学会在口腔医学领域的建议措施以及口腔健康科普等内容。

国际交往 1 月 9—10 日，学会会长俞光岩等人参加在柬埔寨金边举办的柬埔寨口腔医学会 2020 年会。俞光岩与柬埔寨口腔医学会会长 Suorn Monika 会见，表达加深双方合作交流的意愿。华西口腔医学院教授祝颂松作为世界牙科联盟继续教育志愿者讲师作学术演讲。

6 月，学会与法国驻华使馆召开视频会议，就中国口腔医学行业现状与双边合作进行交流。

7 月，学会国际交流部部长刘怡参加世界牙科联盟“新冠肺炎对牙科改变”线上论坛，对疫情以来中国口腔医疗执业情况以及学会团结中国口腔人所作的各方面努力作报告。

8 月，学会国际交流部部长刘怡受邀在国际牙医师学院线上论坛作报告 How much we can do for Class II malocclusion? 。

8 月 24 日，学会参加世界牙科联盟口腔发展愿景 2030（Vision 2030）线上研讨会。参与讨论由世界牙科联盟组织编写的《口腔发展愿景 2030》，包括未来十年口腔行业将面临的主要机遇和挑战的战略指导意见、具体工作内容的目标及考核方法。

科普活动 学会举办主题科普活动 20 项、科普展览 1 场，参与科普工作者 1400 余人，受众达 900 余万人次。举办青少年科普宣讲活动 3 次，受众 1200 人次。

2 月起，学会建立中华口腔医学会口腔科普资源站，整理汇总 5 个专题 30 篇科普图文、3 个方面 31 条口腔科普短视频。开通咨询通道，对人们居家关注的热点问题给予专业指导。

3 月，针对疫情期间全民居家防控的新形势，学会组织专家撰写疫情防控期间维护口腔健康的科普文章，筛选和推荐包括电子书、期刊文章等疫情防控科普内容 16 项，陆续在官网和官微上发布。

3 月，学会在世界口腔健康日期间发起活动号召和倡议。全国各地通过线上传播宣传海报、科普视频，线下张贴海报、发放宣传页等活动，进行口腔疾病防治咨询，覆盖近 3500 万人次。同时，学会联合多家媒体发布世界牙科联盟关于家长对孩子口腔健康关注程度的调查结果。

5 月，《口腔健康　从我做起》四次流调科普解读图书出版，展示第四次全国口腔健康流行病学调查的结果。全书内容分为概述，儿童、青少年、中年人和老年人口腔健康现状、原因分析及保健措施、口腔清洁方法指导等部分。

9 月 22 日，学会在西藏自治区拉萨市、山南市开展“党建助力雪域情西部行”公益活动，组织专家举办“西部行”西藏自治区口腔临床规范化培训班，近百名基层口腔医生参加培训；为西藏自治区口腔医学会捐赠 800 套爱牙包，并联系爱心企业捐赠树脂充填材料；开展口腔健康科普检查咨询活动，200 余名群众受益；发放爱牙包 200 余份、藏汉双语科普宣传资料 4000 余份；赴国家口腔执业医师培训基地检查指导；赴西藏自治区 4 家医院进行调研座谈。

9 月 23 日，全国儿童口腔疾病综合干预项目“健康口腔助成长”西藏自治区口腔健康促进示范活动在西藏自治区拉萨市正式启动。活动由全国儿童口腔疾病综合干预项目办公室和学会联合启动。国家技术组的专家先后在拉萨市和山南市为当地小学生讲授口腔健康教育示范课，为当地口腔医生进行口腔疾病防治技术的示范操作和指导，并为当地学生进行口腔健康检查和窝沟封闭。

在第32个“全国爱牙日”期间，学会在国家卫生健康委疾病预防控制局的指导下组织开展系列宣传活动，以提升大众口腔健康素养、营造有利于口腔健康的社会氛围，包括发布爱牙日活动主题和副主题、主办“全国爱牙日”专题直播节目并在人民日报客户端播出、与光明网联合播出“口腔健康全身健康”全国爱牙日主题线上沙龙节目、与新浪微博共同发起“爱牙日”直播活动，网络浏览量达150余万人次，受众近340万人次；联合益达口腔健康计划项目发起公益活动，为全国15个省（自治区、直辖市）的约1万名贫困地区儿童赠送护牙包，关注贫困地区儿童口腔健康。

学会组织开展口腔科普视频的录制工作，已完成41名全国三甲医院口腔医学专家的视频拍摄工作，共出片981集，内容涉及牙体牙髓、口腔预防、唇腭裂、牙周、口腔颌面外科、口腔种植、正畸等科普知识。部分视频已通过学会官网发布。

表彰举荐优秀科技工作者　学会推荐第二届全国创新争先奖候选人4名、中国科协优秀中外青年交流计划候选人2名、第十七届中国青年女科学家奖候选人提名3名、2020年度未来女科学家计划候选人2名。

学会累计表彰奖励科技工作者443人次。

由口腔颌面－头颈肿瘤专业委员会主任委员张陈平领衔，上海交通大学附属第九人民医院、首都医科大学附属北京口腔医院、空军军医大学第三附属医院合作完成的“颌骨缺损功能重建的技术创新与推广应用”获国家科学技术进步奖二等奖。

学会举办第四届科技奖评审，9个项目获奖，其中一等奖1项、二等奖3项、三等奖5项。北京大学口腔医学院周永胜项目组完成的“口腔骨丢失／骨缺损再生和修复的应用基础研究”获一等奖。

学会自筹经费设立临床应用科技研究项目。其中，青年临床科研基金全瓷材料研究项目和口腔正畸研究项目均完成10个项目的中期检查；新设立口腔正畸研究项目，当年立项10项。西部临床科研基金11个项目立项；11项完成中期检查，10项结题。

党建强会　学会共召开16次党委会会议。

学会严格分支机构党组织设立和随专业委员会换届审批程序。13个党的工作小组随专业委员会（分会）换届。

学会首批参加中国科协科技社团党委职责任务清单试点工作。对党委职责清单、党委前置审议内容、党委参与学会治理工作“负面清单”提出建议。

学会落实“党建强会计划”，结合“西部行”公益项目开展2次活动。

会员服务　学会个人会员达116203人，发展学生会员5764人。

学会不断创新会员服务新形式，拓展会员服务项目，多维度服务会员。开通企业微信，为会员提供一对一在线咨询服务，实现会费票据电子化。举办感恩回馈会员活动，连续五年在学会学术年会期间设立会员服务专区，为会员提供现场服务。

3月，学会开展线上继续教育课程“云课堂”，免费向广大会员提供规范化的口腔临床理论和技能课程，指导口腔临床医生在疫情期间有序开展口腔临床诊疗工作。全年授课75节，3万余人次参加。3—12月，学会在“云课堂”基础上推出“云讲坛”线上论坛，全年10个专业委员会共举办27场线上直播课堂，50余万人次在线观看。

【中华口腔医学会第22次全国口腔医学学术会议暨2020中国国际口腔设备器材博览会】　9月1—4日，中华口腔医学会第22次全国口腔医学学术会议暨2020中国国际口腔设备器材博览会在上海市召开。学术年会继续以“健康口腔，牙周护航”为主题，以“健康口腔”为主线，邀请400余名专家开展300余场学术活动。年会以口腔医学疫情常态化防控为亮点，通过邀请张文宏教授作特别演讲、举办首届院士论坛等学术活动，探讨疫情常态化防控时期口腔医学的应对之策。中国工程院院士邱蔚六、张志愿，中国科学院院士王松灵出席大会。此外，年会揭晓2021—2023年学术年会新主题“健康口腔，守护天然牙”，为未来3年学术年会重点议题指出方向。

（撰稿人：王　靓）

中国医学救援协会

服务创新型国家和社会建设　1月7日，协会“科普中国—灾害医学救援及公众自救互救科普基地”项目考察评审专家组一行5人，对上海健康医学院双加应急医学救援技术研究院申报的“科普中国—灾害医学救援及公众自救互救科普基地”进行考察评审。

1月18日，协会和天津市卫生健康委共同举办公众心肺复苏技术能力建设启动会，由天津市卫生健康委等11个部门联合制定的《天津市公众心肺复苏技术能力建设实施方案（2019—2021年）》正式启动。天津市将在全国率先启动公众心肺复苏技术能力建设，建立公众心肺复苏技术标准化的培训体系和人员能力评定体系。协会会长李宗浩作报告。

3月11日，中国科协召开专家座谈会，研讨应急科普机制，完善国家应急管理体系。中国科协党组书记、常务副主席、书记处第一书记怀进鹏主持会议。中国科协副主席、书记处书记孟庆海，中国科协党组成员、书记处书记宋军，以及中国科协有关部门负责人参加会议。国务院应急管理专家组组长闪淳昌，中国工程院院士、清华大学公共安全研究院院长范维澄，国家战略咨询与综合评估特邀委员会委员薛澜，协会会长、中国灾害防御协会救援医学会会长李宗浩等12名专家出席并发言。

6月9日，中国科协组织人事部发布《中国科协组织人事部关于通报表扬年度科协系统优秀组织和个人的函》，协会获评“优秀抗疫学会”称号。

8月12日，协会航空医疗救护培训基地正式落户厦门大学附属翔安医院。基地成立后，将开展航空紧急医学救援专业培训，进一步提升中国航空医疗救援能力。

10月26—30日，由协会主办的全国航空医疗救护专业培训班首期第五班在广东省深圳市举办。

11月12日，科普中国—灾害医学救援及公众自救互救科普基地工作经验研讨会在浙江省湖州市召开。协会会长、中国科协委员李宗浩出席会议并讲话。各基地负责人结合本基地成立以来开展的科普、培训工作进行总结及经验分享，并针对自身现状及发展中存在的问题进行讨论。

12月21日，协会心肺复苏急救培训基地落户湖北省武汉市。

学会建设 4月24日，协会、协会空中急救分会和中国航空运输协会通用航空分会联合在北京召开航空医疗救护试点推进网络视频研讨会。会议按照中国民用航空局和国家卫生健康委印发的《航空医疗救护联合试点工作实施方案》，总结交流试点经验做法，分析问题和困难，研究探讨解决办法，推动下一步试点工作。

协会新成立旅游救援分会、医院后勤与安全保卫分会、救援资源保障分会。

主办期刊 协会主办的《中国急救复苏与灾害医学杂志》全年刊稿402篇，其中论著335篇、获国家/省部级基金项目支持183篇。被《2020年版中国科技期刊引证报告（核心版）自然科学卷》收录，影响因子为0.559。

国际学术会议 6月1日，由协会主办的中国心肺复苏周2020线上启动会暨中国心肺复苏学院成立三周年会议以线上形式召开。会议由上海交通大学医学院苏州九龙医院院长刘峰主持，协会会长李宗浩致开幕词。

10月31日，协会联合中华护理学会、中国灾害防御协会、中国心血管健康联盟、国家创伤医学中心联合举办的2020年首届中国·国际心肺复苏心血管急救居庸关长城论坛在北京举办。会上，协会会长李宗浩作主旨演讲，来自全球复苏联盟的10余名国内外专家学者作视频演讲。

国内主要学术会议 8月12日，由协会动物伤害分会举办的中国动物致伤诊治高峰论坛在河南省郑州市召开。论坛聚焦动物致伤诊治领域的最新进展和热点议题，展示近年来中国在动物致伤领域取得的成果。同时发布中国首部动物致伤诊治专著《中国动物致伤诊治规范》。

11月28日，第三届中国医学救援协会影像高峰论坛暨中国医学救援协会影像分会介入学组成立仪式在广西壮族自治区桂林市召开，来自全国23个省（自治区、直辖市）的80余名专家学者参加会议。

科普活动 协会创作自救互救科普产品，推进“科普中国”品牌发展。围绕心脏猝死、脑卒中等群众最关心的疾病问题，拍摄《心肺复苏和心脏除颤》科普微视频并在科普基地滚动播放，同时上传协会官网和微信公众号。升级协会官网，专设“科普基地”板块。

协会与科普中国网合作建立“科普中国医学救援频道”，开设“急救要闻”“心肺复苏·心脏除颤（CPR·D）”“生命健康　从心开始”“意外灾害　勇敢面对”“儿科常见疾病及意外情况的预防与处置”五大板块，刊登科普文章40余篇。

在为期一周的中国心肺复苏周2020活动中，协会通过举办线下义诊、走进社区/学校、线上科普直播、短视频征集大赛活动，发动医院、学校、急救单位向全民进行“心肺复苏+心脏除颤（CPR·D）”科普，宣传急救知识和理念。在协会、中国心血管健康联盟和中国胸痛中心联盟的联合倡议下，31 个省（自治区、直辖市）的胸痛中心、医院、急救单位开展一系列活动。

6 月 3 日，由协会、中国心血管健康联盟、苏州工业园区湖西党工委、苏州工业园区湖西社工委共同主办的心肺复苏科普活动走进江苏省苏州市湖西社区，为小区居民、后勤人员作心肺复苏科普宣传。

表彰举荐优秀科技工作者 协会心血管分会候任会长、北京大学第一医院教授霍勇获第二届全国创新争先奖状。

党建强会 10 月 31 日，协会党支部组织专家和志愿者 100 余人赴居庸关长城就心肺复苏、心脏除颤、创伤救护以及空中、地面联合急救等进行实地演练研讨，共同发表《长城誓言》，宣誓“急救工作者誓言”，认真落实《健康中国行动（2019—2030 年）》。

11 月 12 日，协会党支部成员赴浙江省湖州市南浔区红军长征追踪馆开展“不忘初心、牢记使命”主题党日活动。红军长征追踪馆以《经济日报》原常务副总编辑罗开富重走长征路为主线和依据，展现整个追踪长征历程。党员们先后观看资料照片、实物展览、场景模拟等，重温长征精神。

（撰稿人：吴　慧）

中国女医师协会

服务创新型国家和社会建设 协会坚决服从全国疫情防控大局，发挥自身优势，号召全体女医师积极投身抗击疫情第一线。协会会长、中国工程院院士、国家产科专业医疗质量管理与控制中心主任乔杰驰援武汉抗击疫情，了解湖北地区在疫情防治期间的母婴安全、孕产妇感染和救治、是否有垂直传播等相关情况，组织湖北省武汉市部分定点收治医院开展临床观察研究，评估其可能的传染来源及传染途径，并指导当地医院对已入院观察或待产孕产妇采取特别防护措施，避免院内感染，加强孕产妇宣教工作，减少或消除其恐慌情绪，同时密切追踪并评估孕产妇及新生儿的长期安全性和健康状况。

2 月 12 日，湖北女医师协会会长张元珍作为共同通讯作者在期刊《柳叶刀》在线发表研究论文，回顾分析 9 例妊娠期感染病例，表明尚无证据表明妊娠晚期感染 COVID-19 肺炎的妇女会由垂直传播引起宫内感染。协会会长乔杰受邀同期发表述评：孕产妇和新生儿应被视为 COVID-19 预防和管理的重点人群。国家卫生健康委党组成员、国家中医药管理局党组书记余艳红到湖北省妇幼保健院调研工作时，向协会详细了解孕产妇是否有垂直传播及如何预防、救治等情况。乔杰、张元珍组织相关人员根据研究形成的范性意见被国家卫生健康委颁布的第七版《新型冠状病毒感染的肺炎诊疗方案》收录。

4 月，为保障人民生命安全和健康，聚焦医学类急需紧缺专业、应急管理人才的培养，促进医学学科的发展，在宝洁（中国）护舒宝品牌支持下，协会、中国妇女发展基金会联合发起“护疫天使——女医务工作者成长计划”，定向培养中国医疗卫生行业急需紧缺的专业人才，协会将推荐优秀青年女医务工作者前往国内一流临床医院、医学院进行短期培训学习。

5 月 7 日，协会会长乔杰受邀参加中华全国妇女联合会女医务工作者座谈会，分享疫情防控故事和经验。

7 月底，协会糖尿病专业委员会开启“春苗计划”项目，包含糖尿病的诊断、糖尿病的治疗、糖尿病的管理、糖尿病的慢性并发症、糖尿病足病筛查技能、糖尿病血糖监测、甲状腺功能亢进症、甲状腺功能减退、甲状腺结节、妊娠期甲状腺功能亢进症和甲状腺功能减退、内分泌与高血压等 16 个课程。开展线上培训 18 场，参与培训的医生人数达 7 万余人次。

协会承接中华全国妇女联合会发展部开展的“全国妇联巾帼健康大讲堂走进六省”活动，对 7 个贫困地区的社区进行健康讲座巡诊，带教医师 50 余人，受益人数超过 2 万余人次。

协会举办学术讲座 120 余次，参加培训人员 5 万余人次。

协会完成中华全国妇女联合会两癌知识普及工作，拍摄 12 集短视频并发放到中华全国妇女联合会基层单位。协会联合中国妇女发展基金会，通过“母亲健康快车·爱心巡诊周”等活动，为农村女性获取健康提供助力。协会举办 70 场面向社区的儿童健康知识进社区讲座。

协会急诊医学专业委员会申报“北京市西城区拔尖团队《建立急诊急救应急培训基地》”项目并获批。

12月19日，协会“健康中国、职业健康促进行动”在河北省邯郸市启动。

学会建设 协会新成立靶向、重症医学、健康管理、消化4个专业委员会，主任委员分别由克晓燕、杨毅、刘召芬、段丽萍担任。5个专业委员会完成换届，新成立地方女医师协会1个；共有专业委员会48个，地方女医师协会15个；新发展个人员1285人，个人会员共49438人。

协会第五届理事会召开会长会1次、理事会议3次、常务理事会议1次。审议通过协会章程的修改并已通过民政部审核。

协会制定《中国女医师协会办公室工作管理规范及流程》《中国女医师协会聘用人员管理规定》《中国女医师协会考勤管理规定》等文件。

国内主要学术会议 7月15日，协会肛肠专业委员会组织加速康复理念的肛肠良性疾病手术和围手术期管理线上专题学术会议。

7月17—18日，协会举办第8届复发转移乳腺癌的管理和综合治疗进展学习班（CABC 7）暨第5届中国女医师协会乳腺疾病研究中心学术年会。会议以线上为主、线下为辅的形式召开，并进行在线直播，线上参与医生达6000余人次。

10月29日，召开血液肿瘤临床医治研讨会。来自6家中心（北京博仁医院、湘雅常德医院、华中科技大学同济医学院附属同济医院、中南大学湘雅医院、青岛大学附属医院、中国人民解放军总医院第一医学中心）的23名血液肿瘤、实验室、病理领域的专家以专题演讲形式就整合诊断、CART（细胞疗法）、移植诊疗前沿进展及临床经验进行分析与讨论。

10月31日，协会药学专业委员会举办精准用药高峰论坛暨精准用药门诊规范化培训班，来自全国的200余名医院药师、全科医生、医疗行业人士现场参与，线上观看4.85万人次。会议从药学服务、药学科研、科学普及、新药研发四个模块进行交流分享，采用现场会议和网络直播的形式，以“聚焦精准用药，促进药学服务模式转型与持续改进”为主题。

11月12日，由协会靶向专业委员会主办、首都医科大学附属北京朝阳医院西院承办的多发性骨髓瘤新进展会议以线上形式召开。

国际交往 协会会长乔杰就新冠肺炎疫情与暴力侵害妇女和女童与世界女医师协会主席Eleanor Nwadinobi对话。而后，Nwadinobi发表报告《女医师在处理COVID-19和暴力侵害妇女和女童的交叉大流行中的作用》，介绍国际女医师协会的发展历程、宗旨及在国际事务中的角色和作用；指出新冠疫情发生后全球范围内女性遭受亲密伴侣或他人的身体和性暴力的概率发生明显增加；介绍卫生部分及女子医师协会面对和处理这些事件的具体规则及措施。

6月，协会邀请国际人际心理治疗协会主席Scott Stuart开设中美人际心理治疗理论和督导网络课程，参会人员100余人次。12月，开办IPT团体治疗培训班。

科普活动 协会医学与临床心理专业委员会共举办“精神分裂症代谢综合征的监控与管理”“情绪起伏不定是个性还是疾病　双相情感障碍的多种治疗方式”等4次线上科普讲座，参会人数共计6000人次。

2月5日—5月21日，协会母胎专业委员会面向全国及非洲地区多次开展“疑似感染的孕产妇如何做好隔离和治疗”“新型冠状病毒肺炎疫情下围产期全程防控的分类管理建议”“COVID-19疫情下围产期全程防控的分类管理”“COVID-19疫情下产科需注意的几个问题”“COVID-19疫情下妊娠及分娩期管理”“COVID-19疫情下围产期全程防控分类管理”等学科领域线上讲座，累计听众达9.5万人次。

4—8月，结合疫情防控工作，协会开展女医务工作者公益活动月项目，共举办70场科普公益讲座及线上义诊活动，参与人数35000余人次。

7月24—26日，协会眼科专业委员会召开中国眼科教育论坛。论坛侧重于基础理论培训，聚焦临床医生在工作中关注的重点问题，共设置14个学术板块，内容包含玻切热点大咖辩、眼科术语荟萃、眼科影像鉴别、白内障屈光手术五地直播之线上wetlab、疑难病例辨析、青图故事、角膜/眼表以图辨病、儿童眼病与斜视、艾在云端电影节、眼科教学查房、学术争鸣、跟着大咖学手术、角膜塑形镜验配经验谈、眼整形教学视频展示等模块，打造眼科多专业交流的学术平台。会议共邀请国内158名专家、教授前来授课及交流。会议直播在线观看累积达9.95万人次，截至7月27日，观看直播及回放总人数达11.57万人次。

8月28日—11月，协会健康教育专业委员会在云课堂继续开展女性健康教育30条的系列讲座，各位专家分别作8场讲座。协会健康教育专业委员会副主任委员韩萍主讲“生活方式病与自我健康管理”。

表彰举荐优秀科技工作者 协会成员有13名个人、6个团队获得全国抗疫先进个人、团队奖。协会获“全国三八红旗手（集体）”称号。

协会眼科专业委员会副主任委员、汕头大学·香港中文大学联合汕头国际眼科中心常务副院长张铭志获第二届全国创新争先奖状。协会肾脏病与血液专业委员会杨莉、精准医疗专业委员会张艳桥、妇产科专业委员会郭瑞霞、心脏与血管专业委员会韩清华4人入选第九届国家卫生健康突出贡献中青年专家。协会重症医学专业委员会副主任委员杨晓军获2020年宁夏“最美科技工作者”称号。协会推荐的重症医学专业委员会杨毅、姜利、尹海燕获“全国最美家庭”；公共卫生专业委员会任丽丽、肾脏病及血液净化专业委员会罗从娟获“全国五好家庭”。

党建强会 协会党支部组织召开全体党员大会、支部会议40余次。

11月21日，协会党支部组织开展以“缅怀革命先烈 坚定理想信念”为主题的党日活动，党支部全体党员和协会群众及在京专业委员会党建指导员走进“铭记伟大胜利，捍卫和平正义——纪念中国人民志愿军抗美援朝出国作战70周年主题展览”，接受爱国主义实践教育。

会员服务 协会举办各种学术交流活动和报告会，组织各领域专家、院士进行网络授课。同时向国家和社会推举医学科技人才，开展中国青年女科学家奖的评选，推荐全国优秀科技工作者、中国青年科技奖、全国创新争先奖等奖项候选人。

【第六届中国女医师大会暨中国女医师协会成立二十五周年纪念活动】 9月11—13日，第六届中国女医师大会暨中国女医师协会成立二十五周年纪念活动在北京召开。协会会长、中国工程院院士乔杰主持会议。中华全国妇女联合会主席沈跃跃、第一书记处书记黄晓薇出席会议。中国工程院院士王红阳、陈赛娟、韩雅玲、夏照帆、尚红，全国抗击新冠肺炎疫情先进个人、先进集体及全国抗疫最美家庭等女医务工作者出席大会。

国家卫生健康委医政医管局监察专员焦雅辉作演讲《中央指导组医疗救治组工作总结》。世界女医师协会主席Eleanor Nwadinobi作报告《女医师在处理COVID-19和暴力侵害妇女和女童的交叉大流行中的作用》。

会议包括全体大会和16个分会场交流。6名院士、专家在主会场作大会报告，90名专家在分会场作分会场报告。

（撰稿人：韩宇书）

中国研究型医院学会

服务创新型国家和社会建设 学会响应党中央、国务院决策部署，第一时间成立工作专班，制定预案，充分发挥专家优势，为抗击疫情作出重要贡献。先后下发六个通知，号召各分会、专业委员会、会员单位和专家会员发挥党员先锋模范作用和医学专家专业优势。据不完全统计，从迅即应对突发疫情到全国疫情防控进入常态，学会共有1000多名专家奔赴抗疫一线。学会被中国科协组织人事部评为“优秀抗疫学会”。

学会共制定推出新冠肺炎及其相关疾病诊治指南共识15个、电子手册1部，开通互联网医疗服务抗疫平台，举办相关线上论坛、系列讲座23期，撰写高质量疫情防控科普文章130余篇，完成中国科协《关于“推进康复者恢复期血浆治疗工作”建议》任务课题。

学会邀请国医大师张大宁亲自组方，定制“扶正御疫胶囊”，赠送给4000余位一线抗疫专家和天津市援非抗疫医疗队人员。

学会开辟“战疫行动”专栏，编辑发表战“疫”人物、战“疫”故事、战“疫”日记等文稿近300篇，向人民网推荐发表30余篇。组织创作战“疫”歌曲《我看不清你是谁》，并制作MV在人民网、新华网和中国军网上播放。

2月，学会申报的健康照护师新职业获人力资源和社会保障部批准，在其组织指导下，制定《健康照护师国家职业技能标准（2020年版）》，编制《健康照护师国家基本职业培训包（指南包 课程包）》，组织全国有关院校、医院及培训机构专家启动《健康照护师国家职业技能等级认定培训教材》编修工程；撰写健康照护师职业景气度分析报告，起草政协提案；召开两会期间“健康中国人”系列圆桌论坛健康照护师专场，与周口市人民政府、天津市卫生健康委分别签署健康照护师战略合作框架协议，与重庆市人力资源和社会保障局签署中国健康照护师培训基地协议。12

月，天津市首批健康照护师和医疗护理员培训开班仪式举办，首批培训86人；同时，河南科技职业大学于12月完成首批培训。学会承担第一届职业技能大赛的技术支持工作，学会护理教育专业委员会多名专家担任国赛精选项目“健康照护项目”的裁判长及出题专家。

7月，学会医患体验管理与评价专业委员会《医疗机构患者满意度第三方评价要求》团体标准正式发布。

学会开展继续教育工作。申请发放学分项目28个，已经发放学分项目28个。经各分支机构申请，新增继续教育账号4个，学会继续教育项目申请账号增至115个；继续教育项目新增27个，备案项目36个。

学会建设　学会加强会员单位和分支机构管理。整理完成自成立以来的会员单位，包括原有会员单位、新增补会员单位、企业会员单位以及辞去和退出会员单位等情况。组织召开第二届理事会第二次会议，增选顾问3名、常务副会长1名、常务理事10名、理事23名，新成立专业委员会9个、撤销1个，通过到期换届19个。经反复修改，完成学会分支机构换届工作规定。

8月1日，学会召开高层管理例会，驻会副秘书长以上领导，驻京科学顾问、管理顾问，分会会长、专业委员会主任委员、秘书长等以线上线下相结合的方式参加会议。会议对2020年上半年工作作总结，对下半年工作进行部署。

学会加强财务管理工作。组织学会专项审计并进行整改。针对专项审计指出的问题，财务部进行分门别类的分析，从财务管理、劳务费发放、费用报销、会计核算、业务规范、福利费发放等方面入手，提出整改意见20余条，推动学会财务管理不断走向专业化、规范化。加强学会财务内控管理，修订完善学会劳务费实施细则和学会公务费接待规定。对历年的会计凭证和合同进行整理。

学会完成网站平台升级改造工作。按照满足宣传、展示、智能办公、开发服务的要求，学会与人民网密切合作，边运行边改造，提升学会网站建设水平。会务工作网上服务平台开通运行。

主办期刊　学会主办的《中国研究型医院》全年出版6期，刊登论文111篇。论文同步收录在万方数据、中国知网、维普网。10月17日，在北京成立期刊第三届编委会，120余名编委参加会议。与会专家对期刊未来发展方向和选题策划进行讨论，对新一届编委会的工作提出建议。

学科发展工程　学会围绕研究型医院理论创新与实践发展，在与协和医院线上、301医院专家线下座谈的基础上，会长分别带领副会长和副秘书长赴上海交通大学医学院、中国人民解放军海军军医大学、中国人民解放军空军军医大学和北京天坛医院就研究型医院的理论与实践开展调研，分别从不同的专业角度进行交流，明晰研究型医院的实践路径。

学会拓展深化研究型医院理论研究。围绕研究型医院理论创新与实践发展，以设立课题、组织招标的形式，筹划围绕八个思考，分别编撰八本理论专著。召开“思考”课题研究动员部署会，成立总编审委员会和总统筹委员会，确定八个“思考”课题研究的主审人、主笔人，并同主笔人签订课题承担合作协议。召开“思考”课题研究第一次交流会。八个“思考”课题研究的主审人、主笔人正按照计划完成所承担课题的第一、第二章节内容的研究工作。

国内主要学术会议　2月29日，学会在全国举办抗击新冠病毒肺炎疫情在线专题学术论坛。在线观看人数约1.9万人次，提问留言互动数百人次。

3月15日，由学会血栓与止血专业委员会承办的COEID-19血栓与止血线上专题论坛以网络会议形式召开，共有16000余名专家学者在线参加会议。

4月25日，由学会甲状腺疾病专业委员会主办的“推规范走基层”——疫情后甲状腺疾病诊治规范化线上名家沙龙及名家讲堂以网络会议形式召开。

5月8日，由学会心血管影像分会主办的急性主动脉夹层影像诊断专题线上研讨会以网络会议形式召开。

6月18日，由中国心胸血管麻醉学会检验与临床分会、学会血栓与止血专业委员会联合主办的2020年中国心血管实验医学大会以网络会议形式召开。直播期间总在线人数超过20万人次，单个论坛在线观看多达6.3万人次。

6月20日，由学会妇产科专业委员会主办的妇科恶性肿瘤保留生育功能专家共识云巡讲会以网络会议形式召开。大会由北京大学人民医院教授王建六与北京协和医院教授向阳共同担任大会主席，围绕子宫内膜癌保留生育功能的诊疗方案与助孕方案进行讲授。

7月2日，由学会心血管影像分会主办的心血管影像与临床直播间——瓣周漏诊断与治疗专题研讨会以网络会议形式召开。

7月9日，由学会心血管影像分会主办的心血管影像与临床直播间——主动脉术后血管并发症介入治疗专题研讨会以网络会议形式召开。

7月24日，由学会肝病专业委员会举办的第五届中国研究型医院学会肝病专委会学术年会暨第三届青年肝病医师论坛以网络会议形式召开。

8月14日，学会肾脏病学专业委员会2020年学术年会在河南省郑州市召开。

8月21日，由国家远程医疗与互联网医学中心、国家卫生健康委基层远程医疗发展指导中心、北京协和医学院培训中心、中国社科院健康业发展研究中心、中国研究型医院杂志社、中国农村卫生事业管理杂志社主办的2020首届中国互联网医院大会第二届中国互联网医院创新峰会暨中国研究型医院学会互联网医院分会理事大会在广东省珠海市召开。

8月21日，学会结直肠肛门外科专业委员会3D腹腔镜右半结肠手术演示会以网络会议形式召开。

8月21日，2020年中国研究型医院学会医学科普专业委员会成立大会暨首届学术年会暨健康教育专员研修班（第三期）以网络会议形式召开。学会副会长姚军出席会议并致辞。多名专家作学术报告，从不同领域、不同视角对医学科普进行讨论。

9月18日，由学会消化道肿瘤专业委员会主办的第六届中国研究型医院学会消化道肿瘤专业委员会学术年会以网络会议形式召开。

9月21日，由学会智能医学专业委员会主办的第21届北京国际肝胆胰外科论坛以网络会议形式召开。会议包括10台肝胆胰外科手术直播，设23个主题会场，包括4位院士在内的国内外肝胆胰外科领域431名专家参加会议。

10月16日，由学会血液净化专业委员会举办的血液净化专业委员会第三届学术会议以线上线下相结合的形式召开。

11月25日，由2020中国疾病细胞/生物治疗大会以网络会议形式召开。

12月12—13日，由学会细胞外囊泡研究与应用专业委员会主办、南方医院检验医学科承办的第四届全国细胞外囊泡大会线上会议召开。会议注册人数达2100余人，点击量达5万人次。会议邀请20名国内外专家学者针对细胞外囊泡研究领域的最新成果、研究趋势以及面临的问题作大会报告。

科普活动 学会组织工作人员和专业委员会专家开展全国科技工作者日和全国科普日等活动，并获中国科协2020年“全国科技工作者日全国学会积极贡献单位”“全国学会科普工作优秀单位”和“全国科普日活动优秀组织单位”表彰。

表彰举荐优秀科技工作者 学会向中国科协推荐国家科学技术进步奖候选项目1项，并通过国家科技奖励工作办公室形式审查和公示。向人力资源和社会保障部、中国科协等四家单位推荐第二届全国创新争先奖候选人3名，其中学会会员、华中科技大学同济医学院附属协和医院院长胡豫获第二届全国创新争先奖章。向中共中央宣传部、中国科协等六家单位推荐“最美科技工作者”候选人2名，其中学会泌尿外科学专业委员会主委、武汉大学中南医院院长王行环被评为2020年最美科技工作者。向中国科协、中华全国妇女联合会等单位推荐第十七届中国女科学家奖候选人2名、女科学家候选团队1个、2020年度未来女科学家计划候选人2名。

党建强会 学会及时传达学习党的十九届五中全会精神，制订学习贯彻计划方案。通过开展学习宣讲党的十九届五中全会精神主题党课活动，围绕五中全会重大意义、主要内容，采取问答解读、交流互动的方式进行集中学习宣讲，并通过网络、微信群等深入学习宣传贯彻党的十九届五中全会精神。

学习习近平总书记关于卫生与健康重要论述。在中国社会科学院习近平新时代中国特色社会主义思想研究中心指导下，编辑完成“习近平关于卫生与健康重要论述学习交流会”理论研究汇编，印发学会机关和各专业委员会，为学会及其二级机构深入学习贯彻习近平关于卫生与健康重要论述提供系统资料。

学会组织完成“讲习所”学习活动。根据民政部社会组织综合党委统一安排，学会党支部组织完成3场民政部部管社会组织“讲习所”视频集体学习活动。

【2020中国研究型医院高峰论坛】 10月24日，由学会、中关村发展集团股份有限公司和人民网·人民健康联合主办的2020中国研究型医院高峰论坛在北京举办。论坛以“实践创新·融合发展”为主题，采取线上线下相结合的方式召开，设1个主论坛、28个分论坛，全面总结16年研究型医院理论探索和实践成果，提炼概括可借鉴、可复制的研究型医院建设经验。

研究型医院建设主要倡导者秦银河作论坛主旨报告《研究型医院的实践思考》。国家知识产权局党组书记、局长申长雨，中国卫生信息与健康医疗大数据学会会长金小桃，中国工程院院士、北京大学医学部主任詹启敏分别作现场报告《新冠肺炎疫情视角下的医药行业创新与知识产权保护》《疫情启示和智慧健康医疗的创新融合发展的意义和作用》《科技创新是一流医院建设发展必由之路》。

人民网、新华社、《光明日报》《科技日报》《健康报》对论坛进行报道。

（撰稿人：王雅捷）

中国睡眠研究会

服务创新型国家和社会建设 研究会李庆云、胡克、王涛、马靖、王蓓等医务人员支援抗疫一线。研究会理事长黄志力发出《中国睡眠研究会抗疫捐助倡议书》，为战斗在一线的同事捐助医用物资。截至2月6日，共捐助医用一次性口罩10000支、医用外科手套10000支、医用护目镜1500副，消毒液、消毒水共70箱，分三批次分别运送到武汉大学人民医院、武汉协和医院、武汉市第一医院、武汉市第六医院、湘雅医院、黄冈中心医院。

1月3日，研究会举办的睡眠科学前沿问题研讨会暨国家自然基金申请经验交流会在北京举办。培训班针对睡眠觉醒前言科学问题及相关疾病的发病机制和对策等进行交流学习，从学员申请国家自然科学基金的实际出发进行一对一辅导。共有78位学员参加学习。

3月14日，研究会与慕思健康睡眠股份有限公司共同推出《新冠肺炎疫情期间国人睡眠白皮书》，内容涉及疫情期间人们的生活情况、身心健康情况，疫情前后睡眠状况、睡眠习惯，疫情过后人们对睡眠与健康的期望等多个方面。

3月21日，研究会与喜临门家具股份有限公司、小米科技有限责任公司、北京健康界科技有限责任公司、北京知萌咨询有限公司举办“睡出免疫力”中国睡眠指数 & 抗菌产品线上发布会，发布《2020喜临门中国睡眠指数报告》。

10月10日，研究会在广东省广州市召开表彰大会，表彰抗击新冠疫情优秀代表李庆云、胡克、张熙、王涛、詹淑琴、王蓓、王佩佩、熊念、皮巍巍，并颁发表彰证书。

12月25—26日，研究会举办的睡眠科学前沿问题研讨会暨第二届国家自然申请经验交流会在海南省三亚市召开。研讨会旨在提高研究会会员科研基金申请水平，了解国家自然科学基金申请要求，针对睡眠觉醒科学问题及相关疾病发病机制等问题进行交流和讨论。研讨会分为基金申请经验分享和专家面对面两部分内容。

学会建设 研究会新增企业会员单位45家；新增个人会员758人，其中女会员412人。

研究会召开常务理事会议3次、理事会议1次，重大问题均由理事会（常务理事会）决定。

12月4—6日，研究会社区与基层工作委员会成立大会在安徽省黄山市召开。来自全国20多个省（自治区、直辖市）的180名代表参加大会。大会选举产生研究会社区与基层工作委员会第一届主任委员、副主任委员、常务委员以及委员。汪卫东当选第一届主任委员，王熙、熊念、黄德健、谷献旦、董凯峰、任向军、赵振海、赵智玲、杜辉当选第一届副主任委员。

青年人才托举工程 1月4日，研究会评审专家在北京对10名中国科协“青年人才托举工程”项目候选人进行现场答辩评审，丁凤菲、任成栓、任蓉、沈赟4人入选第五届中国科协“青年人才托举工程”项目。

学科发展工程 1月3日,《睡眠医学》术语编审会在北京召开，来自全国多个专业学科的20名专家参加会议。已确定睡眠术语1094条，分别在睡眠总论、睡眠生理与心理基础、睡眠疾病分类、睡眠疾病诊断学、睡眠疾病治疗学框架之下，突出体现睡眠医学独特的知识与技术。

国内主要学术会议 研究会及其所属各专业委员会线上线下共举办学术年会、研讨会、高峰论坛等学术活动8次，参会人数2322人次，交流论文587篇。

5月30日，由研究会主办的疫情后如何重启睡眠中心国内对话暨疫情期间远程睡眠医学的医疗模式研讨会以线上视频会议模式召开。会议主题为“国内远程睡眠医疗发展模式及特点”。来自北京大学人民医院、复旦大学基础医学院、北京大学口腔医院、首都医科大学朝阳医院、中日友好医院等国内20多家医院的睡眠相关专家参与研讨会，围绕疫情期间国内远程睡眠医疗发展模式及特点进行深入探讨。

6 月 13 日，研究会组织开展的经颅交流电临床应用技术研讨会以线上视频会议形式召开。研究会理事长黄志力，副理事长赵忠新、胡志安、陈贵海、宿长军，常务理事詹淑琴、王涛、潘集阳、唐吉友、孙洪强等 22 名专家学者参加会议，对交流电刺激干预慢性失眠患者从治疗方法、疗效、安全性等角度进行辩证讨论。

8 月 21—23 日，由研究会青年工作委员会主办的第七届中国睡眠研究会青年学术论坛在四川省成都市召开，200 余名专家学者、医务工作者参加会议。

9 月 4—6 日，由研究会睡眠医学发展工作委员会、贵州省医学会呼吸病学分会共同主办的 2020 年第七届中国西部睡眠医学大会在贵州省贵阳市召开。受疫情影响，大会仅邀请来自全国各地睡眠医学领域的专家学者 200 人到现场参加会议。同时，25 万余人次通过网络直播平台参加大会。

10 月 9—11 日，由研究会主办的中国睡眠研究会第十二届全国学术年会在广东省广州市召开。

12 月 4—6 日，研究会社区与基层工作委员会以“睡眠助力大健康”为主题举办第一届社区与基层睡眠医学论坛。国内睡眠医学及呼吸、耳鼻喉、口腔、精神医学、心理、中医、催眠等相关学科领域的专家就社区与基层睡眠医学发展的相关问题作专题发言和学术交流。论坛以现场参会与网络直播的方式召开，共有 228 名线下参会者和 921 名线上参会者。

12 月 25—26 日，由研究会等主办的第一届中国睡眠医学发展高峰论坛在海南省三亚市召开。现场参会学者有 300 余人，线上直播观看人数达 21.74 万人次。

国际交往 研究会承接中国科协项目“中国 – 俄罗斯睡眠医学合作及睡眠产业交流计划”。

研究会与俄罗斯睡眠学会以联合主办的形式开展项目合作，创建双方睡眠医学相关专家、青年学者年度访问、举办讲座、科研合作及学术交流机制。北京大学人民医院为本项目的主要参与单位，俄罗斯神经病学及睡眠医学领域青年学者 Golovatyuk 将在北京大学人民医院睡眠中心进行参观学习和学术交流。

8 月 27—30 日，在 Virtual Sleep 2020 上，合作双方主要负责人（北京大学人民医院教授韩芳和俄罗斯莫斯科国立谢东诺夫第一医科大学教授 Mikhail Poluectov）在讨论会中介绍双方的合作模式及成果。

在中国睡眠研究会第十二届全国学术年会上，研究会邀请博士 Golovatyuk、教授 Irina Madaeva 通过录播形式为中国学者介绍他们在睡眠医学研究方面的最新进展。

研究会依托“一带一路”倡议，联合国内睡眠医学临床研究中心，以与俄罗斯睡眠研究会、俄罗斯莫斯科国立谢东诺夫第一医科大学教授 Mikhail Poluectov 的合作为试点，建立国际专家合作交流、青年学者互访学习的模式和平台。

11 月 11—12 日，第 12 届全俄科学与实践大会“现代睡眠问题”在俄罗斯莫斯科举办，北京大学人民医院睡眠中心教授韩芳受邀线上参会并作主旨演讲。

科普活动 研究会现有科普专家团队 11 个、科普专家 114 人。

研究会召开世界睡眠日中国主题发布会，发布《新冠疫情期间国人睡眠白皮书》，举办世界睡眠日网上科普活动启动仪式。中国科协党组成员、书记处书记宋军，中国科协科学技术普及部部长白希分别参加活动并致辞。据不完全统计，3 月 14 日世界睡眠日中国主题发布会直播点击次数 26428 人次；网上科普活动启动仪式点击次数为 49366 人次。截至 3 月 18 日，上述活动转播（浏览）量达到 2292207 人次。

5 月 28 日，研究会举办 2020 年全国科技工作者日“健康中国·睡眠行”“科技为民　奋斗有我”——后疫情时期睡眠论坛，线上累计观看人数达 100 万人次。

8 月 26 日，研究会举办 2020 全国科技活动周“科技战疫　创新强国”——睡眠科创之夜活动，线上累计观看人数超过 80 万人次。

11 月 6 日，研究会理事、山西医科大学第二医院呼吸与危重医学科主任王蓓应临县科协、临县老干部局邀请，赴临县老年大学作科普宣教讲座《如何睡一个好觉？》，到会者约 300 人。

2020 年世界睡眠日期间，研究会理事王赞在“关于疫情期间失眠障碍及不良情绪管理”的网络会议上作报告《疫情期间慢性失眠障碍的管理》，直播观看人数达 1.45 万人次；通过吉林省广播电视台向全省人民介绍世界睡眠日的主题、意义和睡眠障碍种类及诊疗方法，重点讲解如何解决疫情期间睡眠问题；同时通过医生圈平台开展主题为“疫情期间慢性失眠障碍的管理”的系列线上学术会议，结合当前国内疫情介绍中国睡眠日主题“良好睡眠，健康中国”。

研究会针对新冠肺炎疫情防控开展应急科普工作。研究会常务理事胡克参与编写《新型冠状病毒肺炎预防手册》和《新型冠状病毒肺炎：问题与思考》，研究会常务理事、中国科学院院士陆林发表文章《积极心态抗疫情》，副理事长唐向东从睡眠与免疫的关系阐述大众应如何提升自己的免疫力，常务理事潘集阳发表文章《面对突发事件，如何保持自己的平常心》，常务理事张斌组织编写《对“新型冠状病毒肺炎”防控期睡眠监测的建议》，理事李韵课题组开展“新型冠状肺炎对睡眠和心理健康的调查”。

会员服务 疫情期间，研究会连续3次派科普专家参加顾家集团有限公司的科普宣传活动，组织会员企业主办、协办、参与科普宣传活动。

【中国睡眠研究会第十二届全国学术年会】 10月9—11日，由研究会主办的中国睡眠研究会第十二届全国学术年会在广东省广州市召开。年会就多个专题进行研讨，包括“一带一路”与国际接轨战略研讨会、睡眠中心建设发展研讨会、睡眠疾病临床思维培训、睡眠医学新技术新方法继续教育培训、科研方法工作坊、技能大赛和病例大赛等工作坊。突出睡眠医学基础培训的重要性，强化医务人员临床技能和睡眠科研思维。

年会设立睡眠障碍与神经退行性疾病、睡眠障碍与心血管疾病、睡眠障碍与OSAHS（阻塞性睡眠呼吸暂停低通气综合征）及慢病管理、睡眠障碍与免疫调节、睡眠障碍临床诊疗指南解读与评价等分会场；举办3场卫星会、16场不同议题及方向的研讨会。年会采用线上和线下相结合的方式举办，线上观看人数达4.4万人次。

（撰稿人：潘继红）

中国卒中学会

服务创新型国家和社会建设 学会在北京、上海、福建、甘肃、安徽等29个省（自治区、直辖市）开展工作，完成评审并授牌784家基层血管健康管理中心，开展295场医生培训会、3718场患者教育会及3489场风险评估活动，覆盖医生15237人次、患者72070人次。

9月，在国家卫生健康委医政医管局的指导下，学会与国家神经系统疾病医疗质量控制中心、国家神经系统疾病临床医学研究中心、中国疾病预防控制中心慢性非传染性疾病预防控制中心联合发布《中国卒中报告2019》。

学会成立“中国脑血管病血脂管理新瑞计划——第二届卒中血脂新瑞基金项目奖”，共有32名青年学者参与申报，最终张健、刘欣、孟珩、计仁杰、张颖影、谭泽锋、童璐莎、谢雪微8位青年学者获奖。成立“急性缺血性卒中管理专项基金——启航基金项目奖”，共开展4期，第一期共有288名医学工作者申报，最终刘晓蕾、夏健、黄立安等35人获奖。

学会建设 学会秘书处共有39名工作人员，其中33名专职人员、6名兼职人员，以上人员均于社会招聘。秘书长为专职。秘书处下设办公室、学术会务部、组织部、会员服务部、财务部、国际合作部、期刊部、临床研究部、科技奖励办公室、科普部（红手环办公室）、卒中中心联盟办公室、项目部等12个职能部门，各部室明确职能。

10月9日，中国卒中学会第二次全国会员代表大会在北京召开，大会审议通过第一届理事会工作报告、财务报告、章程修订草案及修订说明，选举产生第二届理事会和第一届监事会。第二届理事会第一次会议选举产生包括会长、副会长在内的第二届常务理事会，决定聘任秘书长，审议同意委托担任法定代表人的议案等。第二届常务理事会第一次会议决定聘任副秘书长。第一届监事会第一次会议选举产生监事长。党员理事会议选举产生包括书记、副书记、纪检委员在内的第二届党委。

学会第二届理事会现有理事150名、常务理事50名，召开理事会议1次、常务理事会议2次。第一届监事会现有监事3名，召开监事会议1次。

学会个人会员55155人，比2019年增加14959人。新成立1个脑健康分会，下属分支机构由2019年的24个增至25个。在学会支持下，云南省卒中学会正式成立，省级卒中学会由2019年的21个增至22个。

中国卒中中心联盟已在全国范围内发展2795家成员单位，成员单位数量占全国二级及以上级别医院数量比例达22%，新增成员单位126家。中国卒中中心联盟为成员单位提供卒中数据管理、反馈、质量控制、数据库使用等服务，截至12月31日，总数据量达 150 万例。中国卒中中心联盟办公室在中国卒中学会第六届学术年会期间，以线上形式为 111 家优秀单位颁奖。

主办期刊 学会会刊 *Stroke Vascular Neurology*（SVN）2019 年度核心影响因子为 5.9，在 Medicine-Cardiology and Cardiovascular Medicine 学科领域（324 种期刊）及 Neurology（Clinical）学科领域（348 种期刊）分别位列前 19% 及前 20%。根据 2019 年期刊引证报告，SVN 获得首个影响因子 4.765，在 Clinical Neurology 学科中排名第 35（204 种期刊），位列 Q1 区，是该学科中国第一本 SCI 期刊。SVN 已被 Web of Science 核心合集 Science Citation Index-Expanded（SCIE）、Essential Science Indicators（ESI）、MEDLINE、PubMed Central（PMC）、Scopus、DOAJ 等国际数据库及文献检索系统收录，并已提交中国科技核心期刊和中国科学引文数据库申请收录。

国内主要学术会议 7 月 4 日，学会重症脑血管病分会第五届学术年会以线上会议形式召开，线上参会总人数 5.5 万余人次。会议特别邀请专家以线上直播的方式作报告，围绕重症卒中脑水肿及颅高压管理、血压及血流动力学评估干预、神经功能监测技术进展及临床应用、急重症脑血管病血管再通治疗后监护与管理等主题进行交流。

学会中西医结合分会“畅讲中西”学术会议以线上会议的形式召开，共举办 4 期。举办时间分别为 7 月 5 日、9 月 26 日、11 月 14 日、11 月 28 日。线上共有 782 名专家学者参加会议，围绕国内外中西医结合脑血管病临床、科研的相关热点和名老中医药专家学术思想的传承与发扬等方面展开学术交流。

8 月 29 日，学会青年理事会第六届学术年会暨四川省卒中学会第四届学术年会以线上线下相结合的形式在四川省成都市召开。38 位专家讲授课程 40 余节，线下参会 300 余人。来自全国卒中相关领域的青年学者及专家围绕“脑小血管病论坛”“隐源性 / 少见病因卒中论坛”“卒中二级预防论坛”“急性期治疗与血管再通论坛”“交叉学科论坛”5 个主题论坛展开讨论。

9 月 1—6 日，学会高危人群管理分会第四届学术年会以线上线下相结合的形式在河南省郑州市召开，来自国内的近 100 名专家和 600 余名医师参加会议，就卒中相关的热点问题及最新进展进行探讨。

9 月 5 日，学会脑静脉病变分会第四届学术年会以线上线下相结合的形式在河北省张家口市召开。来自全国脑血管疾病治疗领域的专家学者、医务工作者参加会议，现场注册参加会议人数 200 余人、线上听课 2600 余人。会议主要展示脑静脉病变领域的主要临床研究结果，为脑静脉病研究人员和临床医生搭建学术经验交流平台。

10 月 9—11 日，由学会主办的中国卒中学会第六届学术年会暨天坛国际脑血管病会议 2020 采取线上线下相结合的形式在北京召开。来自国内的 300 余名专家到现场参加会议，近 60 万人次线上参加会议。学会荣誉会长、中国科学院院士赵继宗出席会议。大会共设 31 个分论坛、6 个直播间，涵盖基础、临床及科研，包括神经内科、全科医学、神经介入、神经外科、神经重症、卒中康复、卒中护理、青年医师论坛等，向全国神经科医生传播最新的卒中防治理念、防治手段和最实用的临床操作技术，展示脑血管病领域的阶段性研究成果，解读卒中领域最新的临床防治指南。

10 月 16—17 日，学会脑血管外科分会第三届学术年会在湖北省武汉市召开。专题讲座累计 30 多场，300 余人次参加学习。学术年会议题主要有长期服用抗血小板药物后严重自发性脑出血、神经外科治疗的现状和困境、脑脊髓动静脉畸形的演化和终结、血流导向装置面临的问题与展望、脑血管病相关性癫痫、血流导向装置治疗小血管夹层动脉瘤、复杂颅内动脉瘤的显微外科治疗策略、高流量搭桥与颅底外科等。

10 月 17—19 日，学会护理学分会第四届学术年会以线上会议形式召开，来自全国的 56 名卒中护理专家参加会议。

11 月 4—8 日，学会遗传学分会第五届学术年会以线上会议形式召开，88 人参加会议。会议帮助全国各级医院的神经科医生、研究生尤其是脑血管病亚专业的相关医务人员快速了解和掌握遗传性卒中诊治技术及诊疗指南，提高临床业务水平，为临床医务人员及遗传分析人员提供讨论卒中遗传检测行业标准的平台。

11 月 13 日—12 月 5 日，学会卒中与眩晕分会第四届学术年会以线上线下相结合的形式在北京召开，累计 1382 人参加会议。会议设立卒中论坛和眩晕论坛，围绕卒中领域的最新进展，头晕 / 眩晕领域的基础知识、最新研究和热点话题，头晕 / 眩晕规范化诊疗流程等内容进行授课和讨论。专家授课主题分别为“脑小血管病与头晕”“老年头晕和眩晕诊治进展与鉴别”“头晕眩晕诊断评估”“中枢性眩晕机制浅析”“头晕眩晕量表的使用”等。

11月20—21日，学会脑小血管病分会第二届学术年会以线上线下相结合的形式在北京召开。会议旨在总结国内外脑小血管病研究与临床实践新进展，展望脑小血管病防治新形势和新方向，引领中国脑小血管病研究走向规范化、流程化、组织化、前沿化、国际化。

12月4—6日，学会神经介入分会第六届学术年会以线上线下相结合的形式在北京召开。线上累计2000余人参加会议。年会秉承“介入、创新、携手、共赢”的理念，立足神经介入学科前沿，汇聚国内外最新理念，聚焦当前研究热点，深入临床技术难点，直播顶级中心手术，强化医疗质量控制，引领学科创新发展，不断推进中国的神经介入事业继续开创新的局面。

12月27—29日，学会医疗质量管理与促进分会第五届学术年会以线上线下相结合的形式在北京召开。年会分为神经内科、神经外科、神经重症、神经介入等分会场，由各领域学术带头人分别就新进展、新观点、新技术进行介绍。

科普活动 学会健康科普志愿队伍“红手环志愿者服务团”已发展成为拥有1633家志愿单位（分队）、40413名志愿者的全国性志愿科普服务团队。新增志愿单位96家、志愿者290名。所属志愿单位累计开展科技志愿服务近9798场次（含线上患教和义诊活动），参与志愿者人数达9.6万人次，服务总时长约19.2万小时。3—6月，学会组织所属各志愿单位利用互联网提供疫情防控及慢病防治健康科普知识精准教育服务，全国共有1000余家志愿单位参与宣传工作，覆盖公众近4万人次。制作14部系列慢病防治科普微视频，编写《卒中患者知识手册2020》并向100家志愿单位发放5000册。

表彰举荐优秀科技工作者 10月，学会组织开展第六届中国卒中学会终身成就奖、第六届中国卒中学会中国卒中奖和第二届中国卒中学会国际合作贡献奖的评审工作，最终授予中国科学院院士、首都医科大学附属北京天坛医院神经外科主任医师赵继宗中国卒中学会终身成就奖，授予复旦大学附属华山医院教授董强中国卒中学会中国卒中奖，授予澳大利亚皇家墨尔本医院教授Mark Parsons中国卒中学会国际合作贡献奖，并在中国卒中学会第六届学术年会开幕式上举办颁奖仪式。

5月，学会授予胡波等14人“2019年度中国卒中学会优秀科技工作者”称号。

学会推荐的重庆医科大学附属第一医院教授谢鹏获第二届全国创新争先奖状。

党建强会 学会党支部严格执行《中国共产党支部工作条例（试行）》，规范开展党支部各项工作，推进“两学一做”学习教育常态化制度化，坚持“三会一课”制度。学会办事机构党支部共召开党员大会10次，组织生活会联合民主评议会1次、志愿者服务1次、主题党日活动12次、党课12次，参加全国学会党组织负责人培训班1次。同时，全体党员和积极分子坚持通过包括“支部工作”App在内的多种方式进行学习，不断提升个人党性修养。学会党支部被评为“2020年度全国学会智慧党建建设优秀学会党组织”，同时王枫、高欣、高小芹、李雪、汤连芬5名党员被评为“2020年度智慧党建工作平台学习标兵”。

1月，学会党委向全体理事、青年理事、分会委员、会员、红手环志愿者、红手环志愿单位及中国卒中中心联盟各单位发出倡议书，号召全体医护同道在一线抗疫的同时参与“共抗疫情——健康守护者行动”，向患者提供远程义诊服务。2—3月，学会党支部围绕抗疫工作开展2次主题党日活动，全体党员为抗疫工作捐款，利用党费购买抗疫物资用于学会抗疫工作，协同办公室做好全年的抗疫日常管理，协同有关部门开展与抗疫有关的学术研讨活动，同时配合党委开展抗疫优秀人物和典型事迹的征集、宣传和推荐工作。抗疫期间，学会共征集和宣传近百篇抗疫感人事迹和优秀人物报道。5月，学会被中国科协组织人事部评为“优秀抗疫学会”。

学会办事机构党支部始终把学习贯彻习近平新时代中国特色社会主义思想放在首位，根据中国科协科技社团党委的统一部署，组织支部党员及积极分子认真学习党的十三届全国人大三次会议、十九届五中全会精神及习近平总书记的重要讲话精神。6—12月，多次组织学习党的十九届五中全会精神主题党日活动，参加中国科协科技社团党委组织的党课及报告会。12月，中国科协科技社团党委组织党的十九届五中全会精神知识竞赛，学会组织全体党员参加比赛，并获得“党的十九届五中全会精神知识竞赛优秀组织奖”。

学会党支部坚持理论学习与业务培训相结合，把提升工作知识和技能水平作为促进业务工作水平发展的抓手。10—12 月，先后组织 4 次全体员工业务能力集中培训活动，培训内容包括社会组织常见法律风险防范、合同相关问题及后疫情时代劳动关系纠纷解决、民法典解读及合同法重点法条梳理、常用公务文书写作方法等。12 月，组织全体职工参加中国科协党校 2020 年全国学会干部能力提升网上专题培训班。

【急重症血压管理 MDT（多学科综合治疗）诊疗能力提升线上培训项目】 3—7 月，学会发起急重症血压管理 MDT（多学科综合治疗）诊疗能力提升线上培训项目，利用网络平台的优势开展线上直播会议，组织专家线上讨论心血管疾病的诊疗难点，强化提升医疗服务水平，教育培训临床医生，提升重大疾病防治能力。

学会在全国范围内共计举办 110 场培训会议，覆盖 21 个省的 256 家医院，全国各科室医生共计 8605 人参加。邀请神经内科、神经外科、急诊科、ICU（重症加强护理病房）、心外科等各科室授课专家 355 人。其中，主动脉夹层领域专家 32 人、缺血性卒中领域专家 159 人、高血压疾病领域专家 75 人、脑出血疾病领域专家 69 人、卒中领域专家 16 人、其他领域专家 4 人。各科室专家围绕心脏重症常见高血压急症的血压管理、主动脉夹层患者心动过速的血压优化管理、自发性脑出血急性期一线静脉降压药等内容作演讲。

【中国卒中学会血管性认知障碍分会“陪伴－照护者教育项目”】 7—9 月，学会、学会血管性认知障碍分会共同发起“陪伴－照护者教育”项目，共召开线上及线下会议 11 场，辐射全国，汪凯、冯加纯、罗本燕、郁金泰等 10 余位认知障碍专家参与。5 场医生培训会议主题分别为“关注卒中后认知障碍，重视早期筛查诊断”“卒中后认知障碍的治疗与管理策略”，6 场患者教育会主题分别为“卒中后认知障碍，您知多少？”“出现卒中后认知障碍，该怎么办？”“卒中后认知障碍照料者该如何解压？”，共覆盖 130 余名医师、100 余名患者。通过医生教育联动患者教育，全面提高照护者对疾病的知晓度，增强医护人员对卒中后认知障碍疾病的诊疗意识。

【中国卒中学会脑重大疾病影像新进展学习班暨第二期全国神经影像学习班——“从教科书到临床”】 5 月 10—29 日，由学会医学影像分会主办的中国卒中学会脑重大疾病影像新进展学习班暨第二期全国神经影像学习班——“从教科书到临床”以线上形式召开。专家讲课人数达 39 人，线上学习 20.6 万人次，线上累计观看 9.37 万人次，累计观看 4.12 万人。学习班对神经影像领域的经典书籍及论著进行梳理总结，以影像“三基”知识为基础，以征象识别、影像诊断思路为重点，通过大量临床病例进行知识解读与分析，实现从理论到解决临床实际问题的跨越。授课内容涵盖神经影像诊断思路、神经影像解剖及影像技术、脑血管病、中枢神经系统肿瘤、中枢神经系统感染与免疫疾病、脑遗传代谢疾病、脑创伤及精神疾病等，帮助学员全面认识神经系统影像学、掌握神经系统疾病影像诊断思路及诊断要点并能在临床实践中应用。

【中国脑血管病圆桌会议 2020】 12 月 26 日，由学会、国家神经系统疾病临床医学研究中心、国家神经系统疾病医疗质量控制中心等联合主办的中国脑血管病圆桌会议第六次全国会议在北京召开，主题为“脑血管病防治 2035 科技优先发展战略”。中国科学院院士、首都医科大学附属北京天坛医院赵继宗，中国科学院院士、海南大学教授骆清铭，首都医科大学附属北京天坛医院教授王拥军、赵性泉、李子孝，悉尼大学教授陶大程，以及国内外脑血管病领域的专家学者共 68 人参加会议，围绕全脑介观神经联接图谱、基于大数据和多组学技术在脑血管病机制和药物靶点的研究、心脑血管病诊治新模式研究、脑血管病防控 2035 科技优先发展战略报告进行交流。

【第十五个世界卒中日健康科普志愿行动】 10 月 29 日，学会秘书处以“医体融合，预防卒中”为主题在北京组织开展 2020 年世界卒中日健康科普志愿行动的主场活动。全国共有 1000 余家志愿单位的近 2 万名志愿者在医疗机构院内或走进社区、乡村、养老院和干休所等地开展卒中防治健康科普志愿活动；新疆维吾尔自治区等疫情反弹区域普遍以线上形式举办互联网健康科普教育讲座。近 20 万人次在全国各地参与相关活动。活动期间，学会向各志愿单位提供《世界卒中日患者教育折页》《世界卒中日医务人员科普折页》和《预防卒中，我们能做什么——2020 年世界卒中日主题“医体融合，预防卒中”健康教育电子版课件》等健康科普资料。

（撰稿人：王　枫）

中国自然辩证法研究会

服务创新型国家和社会建设　2020 年，研究会常务理事彭富国及相关会员的研究成果《疫情大考要求地方政府着力提升四大治理能力》先后获得湖南省政协主席等省部级领导批示。研究会常务理事李建军在《国家治理》周刊上发表文章《以疫情防控为契机加强野生动物保护立法执法管理》，理事张云飞在《国家治理》周刊上发表文章《在完善野生动物保护法的系统之策——基于新型冠状病毒肺炎疫情防控阻击战的思考》，理事段伟文在《新京报》专栏发表文章《防控疫情，要以“最坏情形”做充分预案》、在新华网上发表文章《健康认知与疫情监测》。

5 月 15 日，研究会理事、编辑与出版工作委员会副主任张云飞接受中央电视台《焦点访谈》节目采访，访谈内容以“生态优先　绿色发展”为主题，就推动实现生态优先、绿色发展为导向的高质量发展路子提出建议。

学会建设　2020 年，研究会共召开 1 次理事长会议、2 次常务理事会议、1 次理事会议、1 次全国工作会议。

研究会推进治理结构和治理方式改革，修订编制内部治理制度，理顺研究会权力机构、决策机构与办事机构的关系，完善民主议事、民主决策、民主监督规则。

10 月，中国自然辩证法研究会八届四次理事会议先后通过吴彤因身体原因辞去副理事长、学术工作委员会主任的职务，尚智丛辞去兼任秘书长的职务，海南省自然辩证法研究会将全国理事由夏代云更换为娄瑞雪的决议。

研究会在八届四次理事长会议和八届四次理事会议上研究审议加强学会改革和秘书长职业化建设：启动职业化秘书长人选准备工作，按程序提交下次理事会议并报中国科协和民政部备案；会议设执行秘书长，由全职在编人员赵月刚担任，负责研究会日常协调和行政工作。

主办期刊　研究会主办期刊有《自然辩证法研究》《历史与哲学》及委托主办的《科学技术哲学研究》，2020 年均按期出刊且通过年检。

12 月 19 日，研究会召开《自然辩证法研究》第八届编委会第一次全体会议，会议审议通过第八届编委会工作条例以及第八届编委会负责人名单：主任为何鸣鸿，副主任为刘大椿、周忠和、陈凡、刘孝廷、张大庆、尚智丛，主编为何鸣鸿，副主编为陈凡、刘孝廷、张大庆、尚智丛、董春雨、崔伟奇、段伟文。

2020 年，《自然辩证法研究》纸质版每期印刷 2500 份，并继续入选中文社会科学引文索引核心期刊、全国中文核心期刊、中国人文社科学报核心期刊、《中国学术期刊影响因子年报》统计源期刊、《复印报刊资料重要转载来源期刊》等。

研究会在《自然辩证法研究》中开辟“纪念恩格斯诞辰 200 周年”学术专栏，回顾和重温恩格斯的历史经典文献和思想、积极推进马克思主义时代化，推动自然辩证法在新时代的发展。

学科发展工程　2020 年是革命导师、自然辩证法创始人恩格斯诞辰 200 周年，研究会常务理事会将 2020 年确定为中国自然辩证法界的“恩格斯年”，发起《关于纪念恩格斯诞辰 200 周年的倡议书》，以纪念恩格斯为契机开展系列学术活动，探讨学科发展问题。

研究会副理事长陈凡撰写的《科技哲学与逻辑学增设为一级学科的建议》以及《增设科技哲学与逻辑学为一级学科的建议》分别上报国务院学位委员会和教育部及全国人大第十三届三次会议。

研究会原副理事长刘大椿在《光明日报》发表重要文章《科学技术哲学在中国的兴起与发展》，文章内容涉及“学科历史渊源”“科学技术哲学兴起”“规范与多元”“问题与期待”4 个方面。此文被新华网、中国新闻网、中国社会网等多家媒体转载。

国内主要学术会议　2020 年，研究会和下属委员会所举办的学术会议多采取线上视频会议的形式，其中研究会举办 13 次国内学术会议，各委员会举办 30 余次国内学术会议。

7 月 5 日，由研究会秘书处、教育与普及工作委员会、休闲哲学专业委员会、未来哲学与发展战略专业委员会共同主办的于光远先生自然辩证法思想学术研讨会以线上形式召开。来自中国科学院、中国社会科学院、清华大学、北京大学、北京师范大学、北京航空航天大学等单位的专家学者以及于光远先生的家属和朋友等共 20 余人参加会议。会议由研究会副秘书长赵月刚主持。

7—9月，研究会通过线上会议在线直播的形式主办3场纪念恩格斯诞辰200周年系列学术报告会。分别邀请东北大学教授陈凡、清华大学教授吴国盛、中国人民大学教授张云飞作学术报告《恩格斯的技术思想与新时代中国特色的技术哲学》《自然的发现》《〈自然辩证法〉的创作史和内容编排问题》。

8月5日，研究会以视频会议方式举办“纪念恩格斯诞辰200年，在新时代弘扬与发展自然辩证法”座谈会。来自中国自然辩证法界的前辈、专家，研究会理事会、监事会、秘书处相关负责人，以及纪念大会分会场负责人等30余人参加座谈会。

9月26日，“动植物疫情与科学·文明”学术研讨会在江苏省南京市召开。此次会议由研究会和研究会农业哲学专业委员会、农业高校自然辩证法研究会、科学技术与公共政策专业委员会共同举办，南京农业大学科技与社会发展研究所、南京农业大学农业伦理研究中心承办。来自中国人民大学、浙江大学等高校和科研院所的近百位专家学者参加研讨会。南京农业大学教授严火其主持开幕式，南京农业大学副校长董维春、研究会副理事长刘孝廷分别致开幕词。南京农业大学教授窦道龙和周波分别作特邀主旨报告《植物疫情与人类生活：历史、现状和未来》和《动物疫情与我国养猪业发展》。开幕式后，南京大学教授林德宏和研究会副理事长刘孝廷分别作主题分享报告《利益与信仰的冲突——动植物疫情的思考》《后疫情时代的人与自然》。与会专家学者聚焦“动植物疫情与科学·文明”，围绕“动植物疫情”“疫情综合情况”“新冠肺炎疫情”等主题展开分享与讨论。

11月28日，由研究会主办、陕西省自然辩证法研究会和西北工业大学马克思主义学院承办的“自然辩证法与延安精神”学术研讨会暨第14届陕西省自然辩证法专业研究生论坛在陕西省西安市召开。来自清华大学、中国人民大学、北京师范大学、西安电子科技大学、长安大学、中国科协创新战略研究院等全国20余所高等院校、科研院所的百余位专家学者、优秀研究生代表参加会议，就相关主题进行研讨和交流。

国际组织任职 研究会常务理事成素梅任国际科学技术史和科学技术哲学联盟的逻辑学、方法论和科学技术哲学协会第17届理事会成员，任期为2020—2023年。

研究会国际交流工作委员会成员刘闯当选科学哲学协会国际交流委员会理事。

国际交往 3月，英国博物学史学会主席Peter Davis在其官方网站和学会《通讯》上介绍中国博物学进展，其中包括研究会学者主办的第四届博物学文化论坛的议题。

研究会生命伦理学专业委员会成员参加有关预防控制新冠病毒以及研制疫苗的研讨会，如英国纳菲尔德生命伦理学理事会举办的有关健康码的国际网络研讨会，美国社会、伦理学和生命科学研究所举办的有关免疫护照网络研讨会以及2020年世界生命伦理学大会等国际网络会议。

7月，研究会生命伦理学专业委员会的3位成员受邀参与签署“one day sooner”国际疫苗研发推进组织关于实施新冠疫苗HCT（人体挑战性试验）的国际宣言，签署人员包括15名诺贝尔奖得主和50名哲学家在内的全球150余名学者、大学教授、医生和流行病学家等，倡议尽快开展效率更高的人体受控感染疫苗临床试验。

研究会生命伦理学专业委员会主任翟晓梅、副主任兼秘书长雷瑞鹏入选世界卫生组织伦理与COVID-19（新型冠状病毒肺炎）专家工作组，参与起草和制定世界卫生组织应对COVID-19研究和创新路线图以及一系列相关伦理准则和指南，参与国际合作抗疫研究项目。

科普活动 研究会主办期刊《自然辩证法研究》开设专栏，聚焦疫情防控及其对科技的挑战，对新冠肺炎疫情防控给出对策及反思。另一部主办期刊《医学与哲学》发挥专业优势，研讨疫情防控机制，提供防疫科普资源。

党建强会 10月9日，中国自然辩证法研究会第八届常务理事会党员大会在北京召开，会议选举第八届理事会学会党委委员及领导班子。11月，中国科协科技社团党委对研究会第八届理事会学会党委委员的调整进行批复，同意党委委员组成人选：何鸣鸿担任党委书记，尚智丛担任党委副书记，董春雨担任纪检委员，赵月刚担任组织委员兼宣传委员，刘孝廷、陈凡、吴彤、范冬萍、殷杰担任党委委员。

研究会党委结合研究会业务和实际情况开展工作，在研究会建设中发挥政治引领、思想引领和组织保障作用。特别是2020年组织和带领广大科技工作者以各种形式参与疫情防控工作，努力为疫情防控和经济社会发展提供支撑。运用马克思主义世界观和方法论科学宣传疫情防控知识，提出针对疫情的决策建议。

中国科协学会服务中心党委下设的第二联合党支部是由研究会、中国科技新闻学会、中国能源研究会秘书处的6名党员组成的联合党支部。第二联合党支部于7月21日召开支部党员大会，进行换届选举。7月30日，中国科协学会服务中心党委同意并批准支部换届选举结果。新一届支委会由赵月刚、苏杰两位同志组成，赵月刚为书记，苏杰为副书记（兼纪检委员）。

2020年，党支部通过“三会一课”、支部共建活动、党建与学会业务相结合等方式开展学习贯彻习近平新时代中国特色社会主义思想和党的十九届五中全会精神。通过支部共建活动，于11月27日在陕西省西安市与西北工业大学马克思主义学院开展“学习党的十九届五中全会精神座谈会暨宣讲报告会”联合党日活动，支部书记赵月刚作专题宣讲报告《深入学习贯彻十九届五中全会精神》，来自陕西省各高校的100余名师生参加报告会。

会员服务 2020年，研究会新增会员151人。全年向会员赠阅《自然辩证法研究》11600余册及内部刊物《工作通讯》11100余册。

5月6日，研究会特邀生命伦理学界的专家邱仁宗通过网络形式为广大会员作宣讲报告，报告题目是《新冠疫情下我们为什么需要生命伦理学》，会议听众近200人。

【中国自然辩证法研究会纪念恩格斯诞辰200周年大会暨2020年学术年会】 10月10日，由研究会主办的纪念恩格斯诞辰200周年大会暨2020年学术年会在北京召开。来自全国自然辩证法、马克思主义理论等哲学社会科学领域，以及自然科学、工程和技术等相关学科领域的专家学者共500余人，通过现场和分会场在线直播方式参加会议。

中国科协党组副书记、副主席、书记处书记徐延豪出席大会并作讲话。中国未来研究会理事长金灿荣、中国马克思恩格斯研究会副会长王东、中国管理科学与工程学会副理事长何桢分别致辞。尼泊尔自然辩证法学会、中国化学会、中国能源研究会、中国科技新闻学会等学会发来贺信。研究会理事长何鸣鸿作讲话。中国科协学会服务中心党委书记、副主任刘亚东，中国科协学会学术部副部长林润华出席会议。研究会副理事长刘孝廷主持开幕式。

在大会学术报告环节，中国社会科学院学部委员李惠国、中国工程院院士王安和中国人民大学教授刘大椿分别作大会报告《学习恩格斯的伟大品格　继承恩格斯的宏伟事业》《工程创新与工程哲学》和《继承与开拓　自然辩证法与科学技术哲学》。大会报告由研究会副理事长陈凡主持。

此次会议除主会场外，还设立13个分会场的学术研讨会。会议以纪念恩格斯诞生200周年为契机，以“恩格斯与自然辩证法”为主题，邀请相关领域的专家学者参加研讨，重温马克思恩格斯的自然辩证法思想和探索具有中国特色的新时代自然辩证法理论体系，继续发挥自然辩证法在两科联盟和弘扬科学精神方面的作用，在对话和交流中不断深化对自然辩证法的理解，从中国和世界的联系互动中探讨人类面临的共同课题，为构建人类命运共同体贡献中国智慧、中国方案。人民网、新华网、中国新闻社、《光明日报》《科技日报》《中国科学报》等媒体对大会进行报道。

（撰稿人：赵月刚）

中国管理现代化研究会

服务创新型国家和社会建设 2020年，研究会公共管理专业委员会理事会成员及各位委员在公共管理领域从不同层面和角度提供政策谏言；在新冠肺炎疫情期间，围绕完善疫情防控组织领导体制、调整疫情减缓阶段应对策略、提升基层社区疫情防控能力、提升中国在全球公共卫生治理领域影响力等问题展开对策研究，先后向党中央国务院及北京市、湖北省武汉市等各地机关和政府提交研究报告，多份报告获中央领导批示及相关部门采用。

3月，研究会组织行为与人力资源管理专业委员会号召中国人力资源管理学界为湖北省宜昌市抗击新冠肺炎疫情捐款。

2020年度，由研究会信息管理专业委员会秘书长陈国青担任组长的指导专家组组织开展一系列交流研讨，对国家自然科学基金重大研究计划“大数据驱动的管理与决策”项目的重要进展成果进行凝练提升。特别是在新冠肺炎疫情形势下全面梳理和总结重大研究计划项目团队所参与的疫情防控相关研究工作，形成简报并报送国家自然科学基金委员会。此外，研究会信息管理专业委员会成员撰写《发挥数据开放平台作用，做好疫情数据公开和利用工作》《积极推动管理科学与工程学科创新发展，助力深化新时代研究生教育改革》等研究报告和政策建议，报送国家相关部门。

研究会金融管理专业委员会主任委员张维在疫情期间撰写咨政要报《关于在坚决打赢疫情防控总体战中完善企业有序复工复产措施的对策建议》，获天津市 3 位领导批示。张维应天津市滨海新区中小企业协会邀请，出席滨海智声企业论坛十余次，与企业家共同探讨解决融资等复工复产相关问题，2020 年被天津市社会科学界联合会、天津市科协举办的“学者专家抗疫展览”遴选为典型进行宣传。

5 月，研究会国际商务谈判专业委员会与农业农村部对外经济合作中心举办以“新冠疫情下的农业跨境投资谈判策略与风险应对——中东欧国家”为题的线上跨境投资讲座，为中国企业如何在新的国际形势下开展农业对外投资相关业务及国际市场拓展进行指导。

研究会技术与创新管理专业委员会联合创业与中小企业管理专业委员会组织管理学家，分别于 2 月 11 日、12 日、14 日以“突发疫情下企业如何危中掘机”“疫情背景下的创业生态系统”“疫情危机应对与包容性创新”为主题召开圆桌会议，为如何有效应对新冠肺炎疫情建言献策，为企业面对当前危机、制定未来策略提供决策参考。此外，在科技部创新方法项目资助下，依托理事单位同济大学、西安交通大学、上海交通大学，组织专业委员会理事开发多个课程对上海市和陕西省西安市的企业进行培训。整合国际国内资源，组织“创新创业”训练营、“技术转移案例工坊”等活动，对 40 余个重点项目案例进行复盘，培训人数 400 余人。撰写关于补足科技成果孵化链、促进高校成果转化等 3 条建议。

研究会城市与区域管理专业委员会专家组向国家发展改革委提交咨询报告《依托环保“四治”，促城市环境治理能力现代化》；受自然资源部国土整治中心委托，参与《全国重要生态系统保护和修复重大工程总体规划（2021—2035 年）》编制工作；向国务院办公厅提交《专报》，为城市疫情防治、复工复产相关政策的制定提供数据支撑和决策参考。

研究会青年工作委员会主任委员寇纲针对四川省经济社会存在的问题建言献策。2020 年提供咨询建议 6 条，其中《合理布局助力区块链产业健康发展》获四川省经济和信息化厅采纳；《加速人工智能助力智能金融》获四川省地方金融监督管理局采纳；《加强动态监控防控地方政府性债务风险》获四川省财政厅采纳；《共建学术规范　整饬学术道德》获四川省科学技术厅采纳。

2020 年，研究会财务与会计专业委员会主任委员吴世农牵头主持的国家自然科学基金重大项目“我国会计、审计和公司财务若干重大科学问题的研究”继续为中国政府相关部门制定和调整有关政策提供科学依据和建设性建议，同时为中国企业改革和转型提供管理建议和智力服务。

研究会企业并购重组研究专业委员会撰写的《G20 大阪峰会期间中美领导人会晤的国际舆情综述》和《有关当前经济形势的国际舆情分析报告》得到中共中央宣传部有关局室信息采用并获批示；《湖北武汉红十字会与政府公信力的分析报告》《近期有关第 13 轮中美贸易谈判结果负面评论的国际舆情报告》和《中国地方政府应对新冠肺炎疫情冲击部署经济发展政策的分析报告》获得中共中央宣传部有关局室信息采用。

2019—2020 年度，研究会平行管理专业委员会共计服务企业 100 余家。

2020 年，研究会管理思想与商业伦理专业委员会围绕以中华老字号企业为主脉络的大消费行业的企业文化传承与战略创新、商业伦理、社会责任等问题展开调研，形成《“管理思想与商业伦理专业委员会”企业实践基地管理制度》，对接联系 10 余家上市企业，推进企业基地建设与发展。

8—12 月，研究会股权投资专业委员会主任委员金李，以及副主任委员张峥、赵龙凯，执行秘书长王佳妮等核心成员承担由团中央维护青少年权益部委托的第三方评估项目“青年创业促进政策实施效果评估及建议”。该课题内容框架包括现有青年创业促进政策及实施情况、青年创业政策实施过程中存在的问题及其原因、新形势下健全完善青年创业促进政策的基本思路及对策建议。

学会建设　12 月 12 日，中国管理现代化研究会第七次全国会员代表大会召开。会议选举产生研究会第七届理事会，审议通过修改后的《中国管理现代化研究会章程》。第七届理事会由 174 名理事组成，其中常务理事 80 人，石勇当选研究会第七届理事会理事长。选举产生首届监事会，监事会成员共5人。第七届理事会党员理事选举产生新一届党委成员。研究会设立顾问委员会。

主办期刊 《信息系统学报》全年出刊4辑，收录论文约40篇。全文收入中国期刊全文数据库及中国学术期刊综合评价数据库，同时为中国人民大学书报资料中心《复印报刊资料重要转载来源期刊》。

6月，根据科睿唯安发布的2020年度《期刊引证报告》，*Financial Innovation*（《金融创新》）获得首个影响因子2.964，在金融学领域被SSCI收录的108本期刊中排名第14位，全球排名位于Q1区。

Energy, Ecology and Environment（《能源，生态与环境》）2020年入选中国管理科学（涵盖管理与经济学科）《FMS管理科学高质量期刊推荐列表》。

8月，《管理学季刊》入选《FMS管理科学高质量期刊推荐列表》。

《管理案例研究与评论》2020年共出版6期，发表文章48篇，其中案例研究方法论3篇、案例研究论文45篇。入选CSSCI来源期刊扩展版，连续3次入选《复印报刊资料重要转载来源期刊》。在10月出版的金平果RCCSE《中国学术期刊评价研究报告》中，在管理学学术期刊TOP 65中位列第31位，列入A类期刊。

12月13日，研究会期刊工作委员会在四川省成都市举办年度工作会议，研讨期刊工作委员会的发展并举办期刊论坛，共有26家期刊的30多名代表参加会议。

学科发展工程 研究会公共管理专业委员会专家组推动应急管理二级学科建设，参与应急管理二级学科论证及申报材料准备。

12月9日，公司治理学科进入国家自然科学基金委员会管理科学部工商管理二级代码（G0212），包含15个研究方向和255个关键词。

研究会政府战略与公共政策研究专业委员会专家组完成《中国公共管理学科前沿报告》编纂和部分出版工作，报告共分10部，涵盖公共部门战略管理、公共政策、公共经济学、政府绩效管理等10个主题，已出版4部。

国内主要学术会议 7月15—16日，由研究会管理案例研究专业委员会、全国工商管理专业学位研究生教育指导委员会、中国管理案例共享中心联合主办的第十一届中国管理案例学术年会以线上会议的形式召开。来自全国的近2000名专家学者参加会议。

8月23日，由研究会电子商务与网络空间管理专业委员会和管理科学与工程学会信息系统与数字化分会联合主办的电子商务与数字创新2020年年会在线上召开。会议围绕电子商务与数字创新中的“效率·智能·变革”关键主题，探究电子商务与数字创新最新发展趋势和前沿理论方法成果。会议设大会主会场和3个平行分会场。主会场800余人次在线参加会议，分论坛1000余人次在线参加会议。

9月25—27日，由研究会廉政建设与治理研究专业委员会与西安交通大学联合主办的中国廉政研究2020年学术年会在陕西省西安市举办。会议共收录论文100余篇，260人参加。年会增设“廉洁创新”研讨专题，约20个“中国廉洁创新奖”获奖单位代表和专家参加。

10月24日，由研究会创业与中小企业管理专业委员会、技术与创新管理专业委员会联合主办的大变局背景下的创新与创业年会在广东省广州市召开。大会采取线上线下相结合的方式开展，来自北京大学、清华大学等20余所高校的技术创新与创业领域的专家学者参加会议。

11月14—15日，由研究会公共管理专业委员会和青年工作委员会主办、电子科技大学公共管理学院承办的2020中国公共管理学术年会暨第六届青年学者论坛在四川省成都市召开。来自全国数十所高校和科研机构的近200名专家学者参加会议，围绕“智慧社会与国家治理现代化”主题展开交流与探讨。会议包含主旨报告、主题论坛、院长论坛以及26场分论坛。

11月21—22日，由研究会组织与战略专业委员会主办、中国人民大学商学院承办的中国管理现代化研究会组织与战略管理专业委员会年会在北京召开。会议以“生态系统管理”为主题，以“线下现场+线上直播”相结合的方式召开。会议共设9篇靶子论文及7个主题演讲。

11月22日，由研究会财务与会计专业委员会等联合主办的《中国工业经济》第三届中国管理学高端前沿论坛暨双循环相互促进和新科技革命背景下的管理创新研讨会在线上召开。来自中国社会科学院、中国人民大学、对外经济贸易大学等30多所国内研究机构和高校的50余名专家学者参加。论坛分为大会报告和分论坛讨论2个阶段，在线参会人数超过2000人次。

12月18—19日，由研究会管理思想与商业伦理专业委员会、复旦大学东方管理研究院、复旦大学管理学院企业管理系共同主办的2020年第二届中国管理思想与商业伦理高端论坛在上海市举办。会议共收到关于管理思想、东方管理、量子管理、管理变革、商业伦理与社会责任等方面的最新理论研究与实践应用案例30余篇，安排3个专题分论坛。

科普活动 1月，研究会决策模拟专业委员会举办“贺岁杯”企业经营分析与决策技能大赛，来自全国107所院校的620支团队参赛。3—4月，举办2020年企业经营分析与决策挑战赛暨战疫情联谊赛，来自全国95所院校的504支队伍报名参赛。8月，举办“精英杯”企业经营分析与决策技能大赛，来自全国67所院校的232支队伍参赛。

3月9日—7月5日，研究会廉政建设与治理研究专业委员会参与组织完成第二届中国廉洁创新奖评奖活动，评出6个创新奖、13个提名奖。本届增设“特色创新项目”，28个项目获奖。11月1日，第二届中国廉洁创新奖颁奖典礼和中国廉洁创新高端论坛在北京召开，150名专家学者参加。

4月28日，由研究会决策模拟专业委员会主办的中国与尼泊尔2020年企业竞争模拟大赛启动会暨决策模拟教学线上交流会召开。

4—5月，研究会决策模拟专业委员会组织开展2020年企业竞争模拟大赛（高校组&MBA组）。高校组代表队共1905支，来自27个省（自治区、直辖市）的164所高校；MBA组代表队357支，其中中国参赛队伍347支，分别来自25个省（自治区、直辖市）的63所学校，另有10支来自尼泊尔特里布文大学的参赛队伍。大赛在线进行。

7月30日—8月3日，由研究会廉政建设与治理研究专业委员会主办的2020年全国大学生廉洁领袖夏令营通过在线方式举办，130名廉洁大使和廉洁社团骨干参加。

以“战略与组织”“创新与创业”“中国企业管理模式”为主题的《管理案例研究与评论》“手拉手云上论文交流会”系列活动分别于7月31日、8月14日、8月30日举办。

由研究会政府战略与公共政策研究专业委员会组织开展的第十届全国高校“模拟市长”大赛于9月启动。来自全国20余所高校的260余支团队自由报名参赛，遴选出13支团队进入校际总决赛。校际赛于12月23—30日采取线上评审方式进行。

10—12月，研究会国际商务谈判专业委员会分别举办“北二外杯”2020未来国际商务（英语）谈判精英赛和“法大杯”2020未来国际商务（中文）谈判精英全国赛。比赛采用线下线上相结合的方式，来自近30所国内外高校的34支队伍近300名高校师生参加比赛，线上观摩比赛的师生达1000余人。

11月9日—12月9日，研究会廉政建设与治理研究专业委员会举办第10届全国大学生廉洁教育月活动。本届活动首次增加“大学生廉洁教育之走进企业”系列活动；首次安排全国性的在线廉洁教育讲座3场。

12月，研究会决策模拟专业委员会举办第五届（2020）全国工商企业管理技能大赛（高职组&本科组），来自148所院校的1001支队伍报名参加全国复赛，总决赛于12月18—19日在江苏省淮安市通过线上举办。

表彰举荐优秀科技工作者 2020年，研究会公共管理专业委员会主任委员、清华大学教授薛澜获得第二届全国创新争先奖章。

【第十五届（2020）中国管理学年会】 12月12日，由研究会、复旦管理学奖励基金会主办的第十五届（2020）中国管理学年会在四川省成都市召开。会议以“危机时代的治理与管理创新”为主题。开幕式通过网络直播方式举办，线上有1万余人次参加。中国工程院院士、四川大学校长李言荣，中国科协党组成员、书记处书记吕昭平在开幕式上发表视频致辞。

在主旨报告环节，中国工程院院士、湖南工商大学校长、中南大学商学院名誉院长陈晓红，中国工程院院士、合肥工业大学教授杨善林，国家自然科学基金委员会管理科学部副主任刘作仪，北京大学国家发展研究院BiMBA商学院院长陈春花分别作报告《数字新技术助力智慧社会治理体系建设》《高端装备智能制造工程管理理论与方法》《科学基金改革与管理科学部资助工作》《组织间的信任》。大会网络直播观看人数达4万人次。

在平行论坛环节，举办杰出专家论坛、优秀青年学者论坛、校长院长论坛、期刊论坛、企业家论坛和女管理学家论坛。

大会共设25个专题，举办40场分论坛，500余名青年学者作成果分享。会议共收到592篇投稿论文，评选出18篇优秀论文。部分高校举办人才招聘线上宣讲会。

（撰稿人：石谷山）

中国技术经济学会

服务创新型国家和社会建设 受中国科协委托，学会完成《中国科技创业研究报告》及中国科技创业数字地图的研制与发表项目、《我国科技人才政策的演进与实施成效》研究报告，为中国科技创业及人才发展战略的制定提供参考。

受黄河水利委员会黄河水利科学研究院委托，学会完成《水利科技和标准化支撑保障战略研究项目汇总》报告，通过分析水利学科发展趋势和研究重点，掌握水利发展态势。

受国家发展改革委综合司委托，学会完成《高质量发展综合绩效评价测算研究》报告，基于国家高质量发展综合绩效评价指标体系，测算评价全国31个高质量发展的综合绩效情况。

受江西省院士专家服务中心委托，学会完成《江西省产业链和创新链融合发展对策建议》报告，从分析江西省产业链和创新链融合发展现状入手，提出促进融合发展的对策建议。

受生态经济数字化工程（丽水）研究院委托，学会完成《生态产品价值实现机制与生态产业发展》报告，对未来丽水市生态产业发展方向和重点提出相关政策建议。

受北京市科协北京科技咨询中心委托，学会完成“开放型企业科协建设机制完善”课题调研，从现有政策工具的完善推广和可选政策设计两方面研究提出“十四五”北京市推进开放型企业科协建设的政策建议。

受广东省佛山市国信数字仿真技术研究院委托，学会完成《新冠肺炎疫情对佛山市南海区经济发展的量化分析》报告。

学会常务理事赵芝俊组织专家对《中华人民共和国乡村振兴促进法》的修订提供修改意见。

在疫情防控的关键时期，学会有关专家通过自身渠道为政府部门决策提供参考意见。学会理事长李平及团队的《基于手机信令大数据的武汉流出人口分析》等一系列报告在湖北省武汉市封城期间提供了武汉流出人员在各地分布情况为全国尤其是北京的疫情防控提供依据，相关政策建议得到采用。

学会以《科技工作者建议》的方式向中共中央办公厅、国务院办公厅及中央和国家机关部委提交《科技社团促进枢纽型技术交易市场建设的建议》，指出科技社团应积极参与顶层设计，完善国际化、专业化技术交易人才培养和管理体系。

学会理事朱岩起草的《关于利用区块链技术重构国家疫情防控体系的建议》通过中国科协调研宣传部作为科技工作者意见报送有关部门。

学会农业技术经济分会提供2020年中国农业科技进步贡献率测算结果，被农业农村部采纳并获得副部长张桃林批示；撰写的报告《建议南方主产省积极承接各地转场蜂农》获全国政协副主席杨传堂批示；参与撰写“十四五”蜜蜂种业发展战略研究；参与撰写的《必须牢牢掌握农业“芯片”的主动权》报告获得中央农村工作领导小组办公室领导批示。

学会在2020年共立项团体标准68项，完成制定并发布42项，其中5项与新冠肺炎防控有关，包括《新型冠状病毒肺炎疫情防控及管理指引》《新型冠状病毒肺炎企业防控生产管理指南》《企业传染病防控应急管理指南》《新型冠状病毒肺炎疫情办公人员防控管理指南》《抗菌抗病毒口罩》。

学会建设 2020年，学会共召开3次理事长办公会、3次常务理事会议、1次理事会议。10月17日，召开中国技术经济学会第六届理事会第五次会议，增选8名理事、4名常务理事。同意2名理事辞任，1名常务理事辞任。截至12月31日，第六届理事会共有206名理事、46名常务理事。

学会将“加强中国共产党全面领导”等相关内容纳入《中国技术经济学会章程》，制定《中国技术经济学会党委工作规则》。

学会完善《中国技术经济学会优秀成果奖奖励办法》《中国技术经济学会工作经费管理办法》《中国技术经济学会秘书处考勤管理办法》，修订《中国技术经济学会财务管理制度》，进一步规范学会内部管理。

学会联合清华大学互联网产业研究院、聚量集团共同发起“产业数字金融技术应用实验室”，用科技创新的方式打通金融与产业融合的通道，推动实体经济高质量发展。

学会标准化研究分会推动地方“领跑者”工作与国家“领跑者”工作相结合；联合相关行业协会开展“领跑者”标准对标工作、制定“领跑者”标准；完善“领跑者”评估机制。

主办期刊 2020 年,《科学技术与工程》共出版 36 期，累计发表论文 2184 篇。据中国知网《中国学术期刊影响因子年报（2020 版）》数据，影响力指数学科排序为 141 种期刊的第 8 位，影响因子学科排序为第 41 位，影响因子排序比 2019 年提升 12 位；已连续 4 次入编《中文核心期刊要目总览》。

《技术经济》出版 12 期，累计发表论文 254 篇。影响力指数学科排序为 92 种期刊的第 27 位，影响因子学科排序为第 36 位；已连续 3 次入编《中文核心期刊要目总览》。

《科技和产业》出版 12 期，累计发表论文 420 篇，较 2019 年增加 52%。

学科发展工程 学会继续组织《中国创新 50 人笔谈》的编辑出版工作。从 2018 年开始，每年遴选学者 50 人，从产业创新、区域创新、制度创新、创新驱动和技术经济 5 个角度展开调查研究，提出对策建议和解决方案。2019 年《中国创新 50 人笔谈》已出版，2020 年的编辑工作基本就绪。

学会副理事长李开孟组织编写“工程咨询专业分析评价方法及应用丛书”共 10 卷，其中 2020 年出版 3 卷。该丛书针对工程咨询专业分析评价方法的研究成果，探索中国工程咨询行业发展的新趋势及经验，推动工程咨询理论方法的创新研究。

学会技术管理专业委员会 2020 年出版《技术管理概论》《技术创新管理》《知识产权管理》《知识管理》4 册。

学会农业技术经济分会组织出版《中国蜂业经济研究（第三卷）》，分析中国蜂业发展面临的问题及对策思路。

国际学术会议 11 月 7—8 日，学会神经经济管理专业委员会通过线上在浙江省杭州市举办第七届神经管理学与神经经济学国际会议。会议主题为“双脑驱动的管理科学”，旨在推动神经管理学和神经经济学的发展，促进中国神经科学与社会科学进一步交叉与融合，为国内外该领域学者的交流与合作建立一个平台。来自国内外高校的 400 多位专家学者参加会议。

国内主要学术会议 2020 年，学会举办国内学术会议 21 个，线上线下参会人数达 48800 余人次。

4 月 25 日，学会产品创新管理专业委员会在湖北省武汉市召开以“全面争取中央政策支持，努力实现武汉抗疫复工双胜利”为主题的线上会议，聚焦疫情下如何通过科学研究建言献策服务中小企业，55 名专家学者参加会议。

5 月 20 日，学会通信技术经济专业委员会与北京师范大学教育学院联合在线主办宅经济中的网络教育研讨会，26 名专家学者参加会议。

6 月 20 日，学会复杂科学管理分会召开主题为“不确定条件下的‘稳’发展”云上论坛。600 余名师生参加，共同探讨新冠疫情冲击下中国的“稳”发展问题。

6 月 28 日，学会中小企业分会以线上形式召开以“凝聚多方智慧，助力中国梦”为主题的第二届影响力投资国际论坛，2000 余人参加。针对新冠肺炎疫情下企业家如何进行创业与投资作分析和解读。

7 月 28 日，学会林业技术经济专业委员会在北京召开“两山理论：中国林草建设的理论基石”学术研讨会，多位学者分别就两山理论的本质与实现意义、闽江流域山水林田湖草生态修复工程试点项目调研等题目作报告。80 多人参加线上研讨会。

9 月 16 日，学会知识产权专业委员会以线上形式召开主题为“地理标志保护与农业、农村现代化”的学术会议，163 人参加。

10 月 25—26 日，第三届中国技术经济学会神经经济管理专业委员会暨第五届管理科学与工程学会神经管理与神经工程分会特邀学术年会在河北省秦皇岛市召开。会议以“中国神经管理研究的未来”为主题，来自 20 余所高校的 50 名师生到现场参加会议。

11 月 6—8 日，由学会环境技术经济分会等主办的第四届中国环境技术经济前沿学术研讨会在四川省内江市召开。会议以“绿色创新与转型发展”为主题，来自 30 余家科研机构和高校的 90 多名专家学者及学生参加会议。会议收到论文 60 余篇。

11 月 7—8 日，学会技术管理专业委员会在浙江省宁波市举办第十七届中国技术管理学术年会，主题是“面向未来制造的技术创新”。大会采用线上线下相结合的形式，200 余名专家学者到现场参会，2 万余人次在线观看。

11 月 13—15 日，由学会与中国社会科学院数量经济与技术经济研究所联合主办的中国技术经济论坛在江西省南昌市召开，主题为“后疫情时代的科技创新与高质量发展”，参会人数达300余人，收到论文100余篇。

11月14—15日，学会复杂科学管理分会在湖北省武汉市召开第十一届复杂科学管理国际研讨会，来自国内外的专家学者以“复杂科学管理与重大突发公共事件”为主题进行交流，参会人数60余人。

11月21—22日，由学会等协办的第八届“运输与时空经济论坛”国际会议暨TSTE 2020在北京召开。会议以“后疫情时代交通运输与经济社会高质量发展”为主题，邀请政府机构、行业协会、高等院校、科研院所、企业代表参加会议，把脉重大城市交通难题，建言城市交通治理优化，推动政产学研用一体化，助力城市高质量发展。线下有200余人参加，线上有4000余人次参与。

11月27日，学会神经经济管理专业委员会在福建省福州市召开神经科学驱动的管理决策与应用创新研究交流会，30余位专家学者参加会议。

11月27—29日，学会技术创新与创业分会在重庆市召开以“双循环下的中国创新创业理论与实践”为主题的学术会议，现场参会人员300人，线上观众1.9万人次。会议就科技创新与双循环经济的重要关系、数字技术与数智技术的发展、创新创业新态势等展开讨论。

12月3—5日，学会投融资分会在山西省太原市召开第14届中国城市建设投融资论坛。论坛以“大变局　大挑战　大转型——产融赋能城投行业高质量转型提升”为主题，旨在判断和把握2021年及“十四五”期间宏观经济发展形势和未来政策走向，推动城建投融资行业发展，600余人参加论坛。

12月5—6日，学会林业技术经济专业委员会在线上召开主题为“技术经济与美丽中国建设”的学术研讨会，来自全国各农林院校的科研人员、师生60余人参加交流。

12月12日，学会技术孵化与创新生态分会在线上召开第三届中国技术孵化与创新生态学术年会。会议围绕技术孵化机制与创新生态建设进行研讨，120余人参加会议。

12月15日，学会知识产权专业委员会在线上召开主题为“当前中国产业发展的若干关键技术知识产权基础”的学术会议，217人参加会议。

12月19日，学会体育经济与价值管理分会在线上召开第六届中国体育产业价值创新论坛暨第四届全国体育经济与价值管理学术会议以及《中国价值工程辉煌成就40年》出版发布会。论坛秉承“智造国家产业未来”的宗旨，邀请17位价值工程领域专家针对智造产业未来发表看法、把脉产业发展，参与人数近500人。

12月19—20日，学会国防技术经济分会在北京举办首届战略与防务经济学术年会。会议主题为“百年未有之大变局下的战略与防务经济学研究”，约100人参加会议。

12月25—26日，学会边疆生态与资源技术经济专业委员会在云南省大理白族自治州举办第一届生态与资源技术经济论坛，46名专家参加。论坛聚焦边疆民族地区生态资源，围绕“变局中的探索——新时代生态与资源技术经济的理论、方法与实践”主题展开讨论。

科普活动　学会通过网站和微信公众号发布《新型冠状病毒感染的肺炎防控知识》《坚定信心，团结一心，共渡难关——就应对重大疫情给全国中小企业的八项建议》，给受疫情冲击较严重的广大中小企业提供参考意见；发布《疫情下企业经营管理的创新》，帮助企业通过经营管理上的创新来积极应对当下困境；发布《关于在当前疫情防控阻击战中加强党的领导、发挥学会专业优势的通知》，要求各位理事、各位会员、各分支机构把打赢疫情防控阻击战作为当前的重大政治任务。

学会技术管理专业委员会在疫情期间面向湖北省学员作公益讲座《创新与反贫困》，该公益讲座已在“学习强国”平台上线。

学会神经经济管理专业委员会通过微信公众号等平台将神经科学相关内容进行科普并保持更新。

学会体育经济与价值管理分会在3—11月联合北京体育大学体育商学院举办6期“业界讲堂”、3期“学界讲堂”，就体育产业价值工程相关专业开展知识普及。

学会区块链分会围绕区块链前沿技术与创新以及数字化产业转型等方向，面向会员以及各界人士提供公益讲座、线上沙龙，累计观看人数超过1.8万人次。联合世界反洗钱协会举办3场线上活动，观看人数超过3000人次。

表彰举荐优秀科技工作者　学会开展第二届中国技术经济学会技术经济奖、2020年度优秀成果奖、优秀博士学位论文奖和博士生优秀论文奖评选工作。

经评审委员会评审、奖励委员会审议及结果公示，3人获得第三届中国技术经济学会技术经济奖，其中牛东晓、李开孟获杰出贡献奖，王永利获青年创新奖；22项学术研究成果获得优秀成果奖，其中一等奖5项、二等奖8项、三等奖9项。

经会员推荐、博士生申报、评议组评定、结果公示、复议等程序，学会决定授予韩少杰、何威俊、周平录3人优秀博士学位论文奖，授予潘禹辰、庞博、商大为、闫嘉妮、廖凯诚5人博士生优秀论文奖。

党建强会 2020年，学会召开3次理事会党委会，学习习近平总书记《在科学家座谈会上的讲话》、中国科协《科技社团党委2020年学会党建工作要点》，决定将“加强党的全面领导”等有关表述纳入学会章程、前置审议学会重大决策事项等，同时批准学会中小企业分会、神经经济管理专业委员会、技术创新与创业分会成立党的工作小组。

10月16日，学会理事会党委2020年第三次会议通过《中国技术经济学会党委工作规则》，对学会党委的职责、组织原则、议事程序等作明确规定。

12月11日，学会秘书处在北京召开“学习习近平总书记讲话精神”专题研讨会。会议由期刊编辑部主任张利梅主持，秘书处党员及群众参加会议。

12月16日，与中国社会科学院数量经济与技术经济研究所第二党支部联合开展共建活动，以“我国科技人才政策的演进与实施成效”为主题，围绕科技人才政策，就如何将党建与科研相结合、提升资政能力和影响力展开讨论。

12月27—28日，学会秘书处和边疆生态与资源技术经济专业委员会部分党员前往云南省大理白族自治州云龙县、漾濞彝族自治县进行生态田园综合体实地调研，交流基层党务工作经验。

会员服务 学会与北京中科服科技有限公司合作，开发会员系统，完善会员数据库，调整过程已经完成，为会员队伍的增加和扩大打下基础。

【中国技术经济学会第二十七届学术年会】 10月16—17日，由学会和电子科技大学联合主办，电子科技大学经济与管理学院、中国社会科学院项目评估与战略规划研究咨询中心共同承办的中国技术经济学会第二十七届学术年会在四川省成都市举办。年会主题为“变局与对策——疫情、百年未有之大变局与应对之道”。来自高等院校、研究机构、企业和政府部门的专家学者、企业管理人员、学生共500余人参加会议。开幕式由学会常务副理事长李志军主持，电子科技大学副校长熊彩东致欢迎词。

大会邀请中国社会科学院亚太与全球战略研究院院长李向阳，中国科学技术信息研究所党委书记赵志耘，电子科技大学创新与创业研究中心主任鲁若愚，中国社会科学院数量经济与技术经济研究所信息化与网络经济研究室主任姜奇平分别作学术报告《后疫情时期全球化的发展方向》《颠覆性技术的感知响应与预测》《基于生命周期的创新创业研究：几点思考》《数字经济前沿的技术经济理论问题》。

此外，学会组织主题为“智能制造与高质量发展”“新时代知识产权保护与治理”“应对新冠疫情的中小企业对策与经验”“乡村振兴与两新一重”“新时期的电力技术经济”“科技创新政策与评价”的6个分论坛以及2个学术期刊交流会。其间，颁发第三届中国技术经济学会技术经济奖、2020年度优秀成果奖、2020年度优秀博士学位论文奖、2020年度博士生优秀论文奖和第二十七届学术年会优秀论文奖。

（撰稿人：何　冰）

中国未来研究会

服务创新型国家和社会建设 2020年，研究会主办两期高级工商管理研修班，来自企业的董事长、总经理和政府部门的相关领导干部共42人参加。

10月23日，由研究会协办的2020壹点壹滴首届幼教云合作伙伴工作会议在北京召开，来自全国各地的近百位幼儿园园长、投资人参加。

10月24—25日，研究会开展企业家培训，持续引进北京大学、清华大学、荷兰欧洲商学院、英国剑桥大学等高校的高端教育资源，为国内30名企业家提供教育培训。

11月4日，由研究会协办的“铁军是这样炼成的”——2020年紫荆云增长特训营在北京举办，来自全国各地的近百位幼教工作者参加，分享课程培训与经验。

学会建设 2020年，研究会召开理事会议1次、常务理事会议4次、理事长办公会3次、秘书长办公会2次。秘书长办公会议制度是按照理事长办公会的要求于2020年恢复的，旨在加强秘书处工作执行力。增补4名副秘书长、5名理事、2名研究会专家委员会委员。

研究会新增设传统中医药学传承创新发展分会、创新创业研究分会、大数据与数学模型专业委员会、法律维权委员会、区域发展分会、数字经济委员会、职业技能人才工作委员会、健康治理分会、长三角研究分会、区块链专业委员会10个分支机构。

完善研究会各项制度，制作《中国未来研究会制度汇编》，加强制度建设。对原有制度进行补充、完善，共修订完善学会各种制度40余项。

研究会为纪念科教兴国战略全面实施25周年（1995—2020年）编撰《中国影响力人物》特辑。该特辑于10月出版发行，展现全国300多位专家学者的风采及创新成果。

主办期刊 研究会主办的《未来与发展》在国内外公开发行，全年出版12期，收到稿件1650篇，发表学术论文234篇，全部纳入中国期刊全文数据库和中国核心期刊（遴选）数据库，已入网“万方数据——数字化期刊群”，入选中国科学评价研究中心（RCCSE）核心期刊，是中国人文社会科学期刊AMI综合评价（A刊）扩展期刊。

国内主要学术会议 6月20日，由研究会主办的“疫情防控常态化下的旅游发展趋势与对策”视频学术研讨会在江西省南昌市召开。与会专家学者探讨疫情防控常态化下的旅游发展趋势和推进旅游业加快复苏、振兴发展的对策措施。百余名会员和网友参加线上会议。

9月19—20日，研究会在北京协办第九届中国科学家教育家企业家论坛，主题为“汇聚众志促进产学研深度融合，助力后疫情时代产业转型升级”。来自全国各行各业的600多位专家学者、科技工作者、教育工作者、新闻工作者、企业家代表出席会议。

11月26日，研究会与中国科学院中国现代化中心联合举办《中国现代化报告2020》专家座谈会。与会专家学者围绕《中国现代化报告2020》主题“现代化度量衡”进行座谈。

12月25日，由研究会与互货空间商学院联合主办的首届新时代互货贸易（金沟河）论坛在北京召开。论坛以“互货、互补、互信、互助、互惠”为宗旨，围绕“互货贸易的发展与创新”“互货贸易的机遇与挑战”“互货贸易与‘一带一路’”“互货贸易与美国上市”4个主题展开，探讨新时代互货贸易的内涵、特征、挑战、机遇、对“一带一路”建设的影响与作用等问题，探索在互联网、现代物流、现代金融等新时代背景下进行互货贸易的新形式、新机制、新模式。

科普活动 研究会法律维权委员会为贯彻落实习近平总书记提出的全民学习《中华人民共和国民法典》有关精神，受河南省三门峡市陕州区委的邀请为陕州区委、区政府机关进行宣讲，讲授内容主要为《中华人民共和国民法典》的四大原则和重大意义。讲座同时在三门峡市广播电视台播放，现场受众达200余人次。

党建强会 2020年，研究会党委在理事会议和常务理事会议上传达学习贯彻落实党的十九届五中全会精神，发挥学会党委的思想引领作用，派出研究会秘书处党员参加中国科协和中国科协学会服务中心组织的学习教育活动。研究会党支部贯彻执行“三会一课”制度。

【中国未来研究会2020年学术年会】 11月28日，中国未来研究会2020年学术年会在北京召开，主题为“疫情对中国和世界的影响”。来自全国的近120名会员代表出席会议。开幕式上，中国科协学会服务中心主任申金升到会致辞。研究会理事长金灿荣致辞并作主题学术报告《新冠疫情后的世界图景》。研究会首席顾问、未来学家秦麟征出席开幕式。年会期间，共有近20位专家学者建言献策。

（撰稿人：白兆钦）

中国科学技术史学会

服务创新型国家和社会建设 2020年，学会继续承担“老科学家学术成长资料采集工程”（以下简称“采集工程”）的学术组织和学术支撑工作。学会副理事长张藜担任首席专家，带领学术团队为采集工程做好学术性把关，多位学会理事参与采集工程相关的业务培训、专家评审、技术与学术指导工作，同时承担具体的采集工作。截至2020年年底，累计出版科学家传记120余册。

学会多位专家参与中共中央宣传部委托中央党史和文献研究院和中国科协牵头承担的“中国共产党革命精神系列读本”丛书之《科学家精神》一书的编写工作，已完成撰写并提交中央党史和文献研究院。

2020年，国家邮政局、中国科协发布《中国现代科学家（八）》纪念邮票，学会承担并完成入选科学家推荐、设计素材提供、文本撰写、家属联系等相关工作。

学会组织多位专家参与中国大百科全书出版社组织实施的重点音像出版项目《赤子初心》。该片共10集，以20世纪中国科学家为中心，描述中国科学技术发展的历程。2020年，学会医学史专业委员会承担并组织《中国大百科全书·医学史卷》《中国大百科全书·科学技术史卷》医学史相关内容的编撰工作。

学会参与由中国科协和俄罗斯科学工程协会联合会共同举办的“中俄数字经济示范项目”——数字人文技术直播，推荐学会两名专家参与，为未来中俄双方文化领域的合作打下基础。

学会造纸史与纸质文物专业委员会参与布达拉宫古籍文献修复工程。此次布达拉宫古籍文献保护与利用工程整体实施方案由中国文化遗产研究院承担并完成，项目主要分为古籍文献预防性保护、抢救性保护修复、数字化保护、展示利用4个部分。学会造纸史与纸质文物专业委员会主任委员王珊担任大项目组副组长，并具体负责抢救性保护修复子项。

学会工业考古与工业遗产专业委员会冯立昇、潜伟、张柏春、方一兵等成员以评审专家的身份参与工业和信息化部组织的第四批国家工业遗产名录的初选、终选和现场核查工作。

学会农学史专业委员会协助浙江省仙居县人民政府申报联合国粮食及农业组织认证全球重要农业文化遗产——“浙江仙居古杨梅群复合种养系统”。

学会多个专业委员会参与中国科协科学技术传播中心国家科技传播中心内容建设专项——“学科代表人物精神事迹素材整理工程”的公开招标并获得立项，负责并完成遴选数学、天文学、地学、物理学4个学科代表人物的事迹素材任务。

学会建设 2020年，学会第十届理事会召开理事长办公会议4次、理事会议1次、常务理事会议2次。学会结合自身特点，推进办事机构人员队伍建设，健全专职人员聘用、考核、评估、薪酬、工作质量管理机制；试行以竞争和流动为核心的动态人事管理办法，采用聘用方式招聘秘书处人员，加强学科专业研究生志愿者队伍的发展和管理；学会坚持年度财务审计和税审制度及经费预、决算制度。

学会继续扩大专业委员会和工作委员会。10月18日，学会语言、文学与科学研究专业委员会在北京召开成立大会。截至2020年，学会共有专业委员会和工作委员会等分支机构29个。学会数字人文专业委员会的成立倡议已经第十届常务理事会第三次会议表决通过，处于筹备成立阶段。

主办期刊 2020年度学会主办的《中国科技史杂志》的投稿量比2019年有所增加，其中第3期设“纪念中国科学技术史学会成立40周年”专号，由学会理事长孙小淳负责担任执行主编，共收录16篇学术论文。卷首语刊载由孙小淳撰写的《中国的科技史研究：写在中国科学技术史学会成立40周年之际》一文。

《中国科技史杂志》作为学会会刊，向会员赠刊。

学科发展工程 学会理事长孙小淳、副理事长曲安京任国务院学科评议组召集人，在学科评估、学科标准制定、课程建设、学科发展等方面作出贡献，推动科学技术史一级学科的建设。

8月19—22日，学会参与内蒙古师范大学召开的第二届全国科学技术史学科点学科联席会议，全国政协原副主席、中国科协名誉主席、北京大学科学技术与医学史系主任韩启德全程参加会议并作指导发言，为凝聚国内学科点、培养青年科技史人才、联合开展科学技术史通识教育等工作达成共识。

南京农业大学新增文化遗产本科专业，学会农学史专业委员会协助完成策划、筹建，并获教育部批准。

学会科技史教学工作委员会组建科学通史课程联盟，把全国各地正在或准备开设科学通史或类似课程的教师组织起来，开展读书班、集体培训、教学经验交流、教学资源共享等活动，推动在全国高校普遍开设科学通史课程。自5月19日开始，每周举办一次线上读书活动，2020年度共举办33次活动，首次活动由清华大学教授吴国盛领读林德伯格《西方科学的起源》。参与领读者来自清华大学、北京大学、中国科学院大学、中国科学技术大学、北京科技大学、上海科技大学、复旦大学、上海交通大学、南开大学、西北大学、上海师范大学、首都师范大学、北京中医药大学、广东财经大学等高校。读书会主要阅读与科学通史教学直接相关的科学史家名著，该活动受到科学史专业授课教师与学生的欢迎，每次活动平均有150名师生参加，在科技史教育领域影响广泛。

国内主要学术会议 7月，学会数学史专业委员会举办青年数学史学术研讨会，会议以视频会议形式分两场举办，由青年学者作9个报告，线上200余人听取报告。

8—9月，学会天文学史专业委员会举办在线会议。邀请杨凯、汪小虎、李亮、陈志辉4位青年学者分别作报告《返璞归真：关于日本古代天象记录整理及其应用的若干思考》《颁历授时：国家权力主导下的时间信息传播》《斗转星移：古星图与中外科技文化交流》《戊戌变法时期盗版伪托的西书〈天文地球图说〉》。

10月18日，学会语言、文学与科学研究专业委员会举办中国科学技术史学会语言、文学与科学研究专业委员会成立大会暨首届年会。会议主题为“语言、文学与科学的交叉与融合——机遇和发展”，特邀科学家和语言研究专家作主旨发言，2000多名专家学者、师生和相关人士参加会议，共话“新文科”背景下多学科的广泛交叉与深度融合之路。

11月21日，中国科学技术史学会语言、文学与科学研究专业委员会多学科术语翻译研究专题论坛通过线上召开。会议特邀科学家和翻译研究专家作主旨发言，旨在进一步提升学界对术语及其翻译的认知，推动标准化程度进程，促进术语研究对接时代发展，推进中国学术话语权建设。

11月28日，由学会金属史专业委员会与北京科技大学科技史与文化遗产研究院共同主办的第五届古代材料研究专题研讨会在北京召开。来自北京大学、中国科学技术大学、中国科学院大学、中国科学院自然科学史研究所、故宫博物院、中国国家博物馆以及英国剑桥大学、美国伊利诺伊大学等高校、科研机构和文博单位的近百名专家学者参加会议。

国际交往 2月疫情暴发初期，学会理事长孙小淳以学会名义分别致函国际科学史与科学哲学联盟和国际哲学与人文科学理事会，表明中国科技史工作者的抗疫决心以及国际学术交流合作的重要性，并获得共识性的回函。

学会气象科技史专业委员会与国际气象史委员会联络，国际气象史委员会第三任主席致函支持中国抗疫的新闻在《中国气象报》上刊发。

科普活动 8月26日，学会和中国南阳张衡研究会共同主办的纪念国际天文学联合会命名月球“张衡山”50周年会议在河南省南阳市召开。中国科学院大学副校长徐中平，学会理事长、中国科学院大学人文学院常务副院长孙小淳，南阳市委常委、宣传部部长张富治等出席会议。与会的专家学者围绕张衡的成长求学经历以及张衡在天文、地震、机械、文学等多个领域为人类作出的巨大贡献，“一山”“三星”命名的历程等多个方面进行探讨并作报告。8月27日，孙小淳来到河南省南阳市淅川县第一高级中学，以“做张衡一样的科学家”为题为300余名高中生作科普报告。

8月，学会理事长孙小淳、北京大学教授张大庆等人参与《理性派对——新科技发布厅》的《传染病与应对》《留学与人才竞争》两期节目的录制。《理性派对——新科技发布厅》是由中国科协科普部出品，中国科普博览、SELF格致论道讲坛制作，中国科学院计算机网络信息中心监制的一档打破刻板印象的科学文化聊天节目。该节目聚焦科技前沿、探讨热点话题，邀请各领域的首席、一线科学家进行权威性的科学解读。

由学会副理事长张藜主编、张佳静等多位会员承担研究撰写、北京出版集团出版的“共和国脊梁”科学家绘本丛书8册获得第六届中国科普作家协会优秀科普作品奖科普图书类金奖、北京市科协2020年优秀科普读物推荐书目等奖项。

党建强会 2020年，学会理事会党委共召开4次党委会议，研究学会重点工作，部署学会系统的主题教育活动。

学会党委组织开展形式多样的党员活动，增强学会党组织凝聚力。举办亲历记座谈会：葛能全先生谈1980年广州粒子物理理论讨论会，组织党员参观香山爱国主义教育示范基地、中国科学院与“两弹一星”纪念馆。

【中国科学技术史学会2020年学术年会暨学会成立40周年庆祝活动】 11月14日，由学会主办、北京科技大学科技史与文化遗产研究院承办的中国科学技术史学会2020年学术年会暨学会成立40周年庆祝活动在北京召开。全国政协原副主席、中国科协名誉主席、北京大学科学技术与医学史系主任韩启德，北京科技大学党委书记武贵龙，中国科协党组成员、书记处书记吕昭平，学会原理事长、国际科技史学会原主席刘钝，学会原秘书长、中国科学技术馆原馆长王渝生，学会原常务理事、哈尔滨工业大学教授姜振寰，学会理事长、中国科学院大学教授孙小淳出席开幕式并讲话。

来自全国200多家科研、教学单位的400多位专家学者作论文报告。会议由大会报告和分会场报告组成，共邀请9位科学技术史专家作大会报告，内容涉及中国现当代科技史、数学史、天文学史、科技考古、农史、传统工艺等多个主题。除两场大会报告外，年会还组织20个分会场，分别是数学史、天文学史、物理学史、生物学史、地学史、农学史、医学史、气象科技史、科技人物研究、中国近现代科技史、科技与社会发展史、性别与科学研究、综合科技史、技术史、少数民族科技史、金属史、造纸史与纸质文物、传统工艺研究、科技考古、工业考古与工业遗产。

（撰稿人：汤深语）

中国科学技术情报学会

服务创新型国家和社会建设 2月5日，学会面向社会发布《关于抗击新型冠状病毒肺炎疫情的倡议书》，呼吁全国科技情报工作者、学会各理事单位及广大会员在疫情防控的关键时期要贯彻落实好党中央关于新冠肺炎疫情防治工作统一决策部署，充分发挥社会组织作用，全力配合打赢疫情防控阻击战。全国科技情报工作者积极行动，发挥情报学研究和工作优势，加强信息收集、分析与研判，为国家科技抗疫工作和科学决策提供有力支撑。

4月25日，学会情报理论方法与教育培训专业委员会与教育部人文社会科学重点研究基地武汉大学信息资源研究中心共同主办"重大疫情中的数据治理与危机应对"云端学术研讨会。

学会健康信息学专业委员会和信息行为研究专业委员会聚焦突发公共卫生事件情境下的信息发布与用户信息需求和信息行为，围绕健康信息搜寻行为、健康信息规避行为、健康App使用行为、特定健康情境下的健康信息传播行为、健康医疗众筹、突发公共卫生事件的健康信息活动等开展一系列研究并发表相关论文。

7—12月，学会企业信息管理及情报工作专业委员会在线上共组织开展10场"名企巡研2020——信息管理及情报工作新思路全国巡回系列活动"，包括上海专场、江苏专场、河南专场、陕西专场、四川专场、湖南专场、湖北专场、北京专场、吉林专场和西藏专场。该系列活动自7月15日从上海站开始，以线上线下相结合的方式开展，总计有7000人次参加，参加直播的人员场均达到900人次。

10月17—18日，第八届中国TRIZ杯大学生创新方法大赛在黑龙江省哈尔滨市举办决赛和总决赛。大赛由中国科协、科技部联合主办，学会创新方法专业委员会和黑龙江省科学技术情报研究院等承办。共收到来自全国24个省（自治区、直辖市）157所高校的1368项参赛作品。参赛项目申报专利400余项，109个参赛项目与企业成功签约，签约金额超过2204.52万元。大赛最终评选出特等奖6项、一等奖39项、二等奖114项、三等奖290项。

10月19日、10月27日、11月16日，学会分别在浙江省宁波市、青海省西宁市和陕西省西安市举办全国首期科技查新员培训班、情报工程前沿技术实践与应用培训班和全国首期医学查新员培训班，共培训全国各查新机构213人次。

学会建设 学会经常务理事会审议表决通过，新增设3个分支机构，分别是青年人才工作委员会、信息行为研究专业委员会和健康信息学专业委员会。截至2020年，学会下设分支机构共18个，包括6个工作委员会、11个专业委员会和1个分会。

主办期刊 学会主办《情报学报》和《情报工程》2本学术期刊。2020年,《情报学报》新系统稿件流转传递、模板单据等多项操作功能进一步优化，门户网站当期全文PDF和HTML文本实现公开获取全年无延时，综合影响因子2.665，同比增长76.72%。2020年度微信公众号推送图文消息14组，其中全文推送封面文章33篇。全年编辑出版15篇专题稿件、完成约组稿件26篇、系统审稿1379余篇、编辑出版稿件39篇。

《情报工程》综合影响因子由0.490升至0.604。微信公众号全年推送图文消息21组，其中全文推送封面文章共计30篇。全年共编辑出版专题稿件16篇、完成约组稿件20篇、系统审稿187余篇、编辑出版稿件64篇。

国内主要学术会议 5月17日，由学会创新方法专业委员会主办、黑龙江省科学技术情报研究院承办的2020年创新方法学术研讨会在线上举办。来自内蒙古自治区、辽宁省、河北省等省（自治区、直辖市）的创新方法专家、专业委员会成员等近百人参加研讨。主讲专家就创新方法研究现状与趋势、TRIZ理论研究的发现与思考等主题作报告，与会人员针对情报研究、教育、创新方法推广与应用等内容进行讨论。

8月1日，第27届美国计算机协会（ACM）/电气与电子工程师学会（IEEE）数字图书馆联合会议在线上举办。会议主题为“加快创新、可持续发展与社会转型”。会议由学会情报理论方法与教育培训专业委员会与武汉大学信息管理学院、信息资源研究中心和西北大学公共管理学院共同举办。

9月25日，第二十六届中国竞争情报年会在线上举办。年会以“竞合创新·智慧引领——走进竞争情报发展新时代”为主题，由学会竞争情报分会和北方科技信息研究所共同主办。与会专家学者分别从中美贸易摩擦看中国行业科技情报发展到战略判断，从感知洞悉研究中的谱系设计研究到构建对标情报系统，从技术尽职调查到科技创新发展下的竞争情报能力需求分析，从大集团信息情报体系能力建设实践到海外竞争情报实践以及商业秘密保护与反情报技术等内容，从多个角度和层面展现当代中国竞争情报发展的最新进展和成就。会议安排9位专家作报告，收录论文37篇。

10月28—31日，第五届知识服务与情报工程学术交流会暨2020年中国科学技术情报学会知识组织专业委员会年会在青海省西宁市召开。会议共邀请31位专家作报告，累计参会人数200余人。报告内容涉及知识图谱与知识问答、知识组织与知识工程、情报分析与决策技术、知识服务与情报分析、成果转化过程中的技术情报应用等；涉及领域包括计算机、出版、情报、人工智能、水利、医药、农业等。

11月5日，由学会合作交流工作委员会主办的科技期刊业务培训暨情报学期刊创新发展学术研讨会在广西壮族自治区百色市举办。来自全国18个省64家科技期刊单位的近200名专家学者参加会议。会议邀请中国科学院、南京大学、中国科学技术信息研究所等期刊评价体系的相关专家作主旨报告。与会专家学者就贯彻落实《关于深化改革培育世界一流科技期刊的意见》、探索新时期科技期刊创新发展路径、提升科技期刊质量和水平进行学习交流，促进科技期刊出版工作的转型升级和健康发展。

科普活动　9月15—30日，2020年上海科技情报服务宣传周在上海图书馆举办。此次科技情报服务宣传周以“携手同行二十载　初心不改再出发”为主题，向读者展示上海市中心图书馆20年的发展历程，尤其展现技术对中心馆发展的引领作用，同时还对FOLIO（开源图书馆服务平台）系统进行测试。活动展览现场搭建有一个24小时城市书房，通过FOLIO系统实现人脸识别、自助办证、预约借书、自助借还等。展览还配备MR（介导现实）眼镜，通过混合现实技术展示世系图形式的相关家谱内容，帮助读者寻找文化之根、家族之根。活动吸引300余人参观。

表彰举荐优秀科技工作者　5月30日，学会向中国科协推荐的第二届情报科学奖杰出情报科学家奖获得者、南京大学教授苏新宁获第二届全国创新争先奖状。

党建强会　2020年，学会发挥理事会党委政治引领作用和办事机构基层党组织战斗堡垒作用，参与学会“三重一大”事项前置审议，及时传达学习中央及科协科技社团党委会议文件精神。

10月23日，学会在北京组织召开2020年中国科学技术情报学会党委会，学会党委书记戴国强主持会议。会议审议并通过《中国科学技术情报学会党委规章制度》《中国科学技术情报学会第九届理事会党委委员拟推荐建议人选名单及分工》。戴国强作关于2020年中国科学技术情报学会开展的重点工作报告，并就学会第九届理事会换届选举工作征求与会党委委员意见，研究讨论换届工作相关事宜。

学会办事机构联合党支部多次组织集中学习习近平在科学家座谈会上的讲话精神，学习《习近平谈治国理政》之党风廉政建设和习近平总书记在中央党校中青年干部培训班开班式上的讲话精神。

11月15—21日，学会组织4位被托举青年人才参加中国科协党校青年人才国情研修班，引导青年科技人才深刻认识把握世情国情科情，增强为建设创新型国家服务的责任感和使命感。

12月5日，在第九届理事会完成换届之际，学会在广东省广州市组织召开第九届理事会常务理事党员大会，完成中国科学技术情报学会新一届党委换届选举工作。第九届理事会党委由8位同志组成，理事长戴国强担任党委书记，副理事长魏大威担任党委副书记，监事长马费成担任纪检委员，副理事长揭玉斌、刘炜、潘云涛、夏立新和曾祥效担任委员。

【中国科学技术情报学会第九次会员代表大会】　12月5日，中国科学技术情报学会第九次会员代表大会在广东省广州市召开。来自全国各省（自治区、直辖市）的科技情报学会、团体会员单位的会员代表，学会第八届理事会理事及第九届理事会候选人共计

140余人参加大会。

受学会第八届理事会委托，第八届理事会理事长戴国强向与会代表作理事会工作报告《交流互鉴·合作共享——推进新时期我国科技情报事业创新发展》，学会秘书长潘云涛作第八届理事会章程修改报告、财务工作报告和会费标准报告，并提请大会审议。

大会以无记名投票方式选举产生学会第九届理事会理事171人、监事会监事3人、常务理事57人。大会选举戴国强为学会第九届理事会理事长，揭玉斌、刘炜、潘云涛、魏大威、夏立新和曾祥效6人为副理事长，潘云涛兼任秘书长。选举马费成为监事会监事长，代涛和靖继鹏为副监事长。

在随后召开的第九届理事会第一次会议上，与会代表首先听取并审议通过《中国科技情报学会第九届理事会工作委员会和专业委员会主任委员组成报告》，会议代表讨论并审议通过《中国科技情报学会第八届理事会工作报告》《中国科技情报学会章程（修改稿）》和第八届理事会财务工作报告、会费标准报告，充分肯定第八届理事会为行业发展所做的工作，为第九届理事会提出意见和建议。

学会理事长戴国强在讲话中表示，学会作为推动中国科技情报行业发展的重要平台，要在科技创新中强学术，推进竞跑阶段的创新情报研究，推动学术创新引领能力提升；在学会治理上见真章，优化学会结构，激发组织活力；在新发展格局中有大作为，树立情报学会研究、评价和服务品牌，坚持科技情报服务国家重大决策需求，集中科技情报人员智慧力量，支撑引领中国科技事业向关键领域和创新无人区进军；发挥学会优势，发现和培养专业人才，做好“十四五”科技情报专项规划。

会上，第九届理事会副理事长揭玉斌、刘炜、潘云涛、魏大威、夏立新、曾祥效和监事长马费成分别发言，从人才培养、科学研究和行业服务等角度为学会第九届理事会工作开展提出建议与思考。

【2020中国情报学年会暨情报学与情报工作发展论坛】 12月6—8日，2020中国情报学年会暨情报学与情报工作发展论坛在广东省广州市召开。论坛主题为“应对不确定的未来：情报学和情报工作的使命与挑战”。论坛由学会联合中国国防科技情报学会、全国图书情报专业学位研究生教育指导委员会、中山大学信息管理学院共同主办。学会理事长、中国科学技术信息研究所所长戴国强向大会致辞。来自全国情报学界的专家学者、博士研究生500余人参加。

论坛设置主题报告和专题报告共12场分论坛，以青年论坛、学生论坛和论文交流等多种形式交流报告79个，会议收录论文102篇。论坛旨在加强中国情报学学界和业界的合作与交流，推动中国情报学与情报工作的开展，提升中国情报学水平。此次论坛全面汇聚科技情报界专家学者、全国主要科技情报机构负责人、科技情报从业者，分别从情报学理论、情报学方法、情报技术、信息检索与组织、情报服务、情报工作与情报事业发展等角度开展研讨与交流。围绕高质量发展和新发展格局，情报学工作如何从支撑科技创新向提出新要求、引领新发展转变，夯实科技情报在科技自立自强伟大工程中的战略支撑。

会议闭幕式上进行优秀会议论文颁奖、期刊录用论文名单宣读。

（撰稿人：王婷婷）

中国图书馆学会

服务创新型国家和社会建设 学会为国家立法提供决策咨询，就《中华人民共和国数据安全法（草案）》等有关法律法规征求意见。

承接文化和旅游部公共服务司有关培训项目。10—11月，学会承接“2020年基层文化和旅游公共服务队伍线上培训项目”，先后在线举办两期公共图书馆创新发展系列培训班，1087人参加培训。10月23—28日，文化和旅游公共服务机构功能融合试点工作培训班在浙江省湖州市举办，来自全国文化和旅游系统的约100人参加培训。

学会承接文化和旅游部公共服务司“公共图书馆评估定级服务效能监测”项目，规划提出全国公共图书馆效能监测及动态评估试点工作方案和试点单位建议，组织相关单位推进全国公共图书馆效能监测系统研发工作。

学会开展“革命文献与民国时期文献保护计划”线上专题培训。9—10月在线举办培训班，来自全国的469名民国文献整理与保护从业人员参加。

学会开展2020“全国图书馆未成年人服务提升计划”。10月26日—11月9日在线开展培训，来自全国的712名未成年人图书馆服务工作者参加。

学会举办防疫物资设备与图书馆服务产品线上

博览会，来自48家单位的133款产品参加展览，产品浏览量达143199次，促成线下成交额约119.8万元，实现图书馆和企业供需双方的有效衔接，助力各图书馆合理选择防疫设备、做好疫情防控和复工开馆。

学会发挥继续教育职能，举办“智慧图书馆发展研究”主题研讨班，近300人参加。组织开展“古籍与文创”主题系列线上培训——图书馆文创开发研修班，1652人报名参加，课程浏览量20735人次，768人申请结业证书。

学会建设 学会加强组织建设，探索建立学会议事制度。学会党委会、学会负责人工作会议、常务理事会议、理事会议、秘书长联席会议在不同层面共同推进学会工作开展和事业发展。2020年，学会召开5次学会负责人工作会议和4次常务理事会议，审议通过有关分支机构和省级图书馆学会变更理事、常务理事及分支机构委员等申请事项；审议通过学会第十次会员代表大会代表及十届理事、常务理事候选人组成原则、名额分配及推选办法等文件，就学会章程草案、理事会工作报告、会议主要议程、重要人选名单等相关文件征求意见。

主办期刊 2020年，《中国图书馆学报》出版6期，发文53篇；编辑文字约120万字，发行2.4万册，审稿1206篇。

完成2019年英文年刊的校对、出版工作；开展2020年英文年刊的组稿、翻译、审校和编辑工作。跟踪热点和前沿问题，举办选题策划会暨“道大无外——图书馆与社会”学术研讨会。

学科发展工程 2020年完成并出版《2018—2019图书馆学学科发展报告》。该报告重点对2016—2018年的学科发展进行研究，包括综合报告和六个专题报告，约23.5万字。综合报告重点研究中国国内图书馆学学科研究进展和国外图书馆学研究进展及热点分析，并预测图书馆学学科发展趋势；专题报告包括《中华人民共和国公共图书馆法》和公共图书馆评估研究进展、图书馆学学史研究进展、人工智能技术在图书馆学中的研究与应用进展、数字人文研究进展、信息用检索的研究热点与动向、图书馆学教育研究进展六个专题，有效探索图书馆学学科发展规律，不断提升学会的学术引领力。

学会负责编辑出版“阅读推广人系列教材”第三辑至第五辑，包括《读书会运营与阅读推广》《高校图书馆阅读推广理论与方法》《中小学图书馆建设与阅读推广》《图书馆空间设计与阅读推广》等18个主题。

国内主要学术会议 2020年，学会组织开展2020年中国图书馆学会学术论文和业务案例征集活动，主题为“滋养民族心灵　培育文化自信”，共设38个分主题，分两个大类组织实施。举办生态文明示范区域图书馆建设与服务论坛暨生态文明示范市建设成果摄影展、2020北京出版高峰会议、2020图书馆总分馆制建设与城乡公共文化空间创新发展论坛、2020公私藏书与经典阅读论坛、“十四五”公共图书馆发展战略研究专题论坛、中国图书馆学会医学图书馆分会第28届学术研讨会暨2020年学术年会、第32届全国十五城市公共图书馆工作研讨会、第二届全国工会院校文献资源保障体系建设暨图书馆核心服务能力创新学术研讨会、中国图书馆学会专业图书馆分会2020年学术年会等学术活动13场次。

国际交往 10月27日，学会和中国国家图书馆、大英图书馆联合举办2020中英图书馆论坛视频会议，中英双方共同邀请专家围绕“疫情响应——针对挑战提出的解决方案”“如何在后疫情环境中平衡到馆服务和数字服务”等热点问题进行主题演讲。

11月5日，国际图书馆协会联合会（简称“国际图联”）在荷兰海牙举办全体会员大会，大会期间审议国际图联的工作文件并就诸多事项进行表决。根据相关要求，学会向国际图联提交2020年国际图联全体会员大会代理委托书文件，委托国际图联（全体会员大会主席）就相关动议代为行使投票权。

科普活动 2020年，学会完善全民阅读工作机制，面向业界发布年度全民阅读工作通知和少年儿童阅读年系列活动通知。其中，围绕“书香助力战‘疫’，阅读通达未来”主题策划8大类54项活动。

开展2020年“书香城市（区县级）”发现活动，并举办“书香城市（区县级）”论坛。活动吸引全国37个城市申报，经初步核验，符合申报条件的城市有24个，覆盖全国14个省份。经审读材料和专家研议等程序，北京石景山区等14个区县进入2020年“书香城市（区县级）”发现活动名单。

举办全民信息素养教育公益大讲堂活动，邀请公共图书馆和高校图书馆从事信息素养教育的专家学者围绕“信息辨伪——在信息爆炸时代如何去伪存真”“搜索引擎在生活中的应用”等主题开展线上讲座，近万人次参加。

开展“阅读推广人”培育行动。8月17—24日，“阅读推广人”培育行动（第十六期）在线举办，主题为“阅读推广活动与品牌建设”，来自吉林省的389名“阅读推广人”参加。

开展“中国阅读”2019年度图书推荐榜系列活动。活动依托全国各级公共图书馆各类图书借阅基础数据，参考各类图书销售数据，经图书馆、出版、评论等各界专家研议，共产生7个子榜单70种图书。同时，依托榜单联合开展“中国阅读”2019年度图书推荐榜推广活动。

开展文津图书奖获奖图书宣传推广活动，依托第十五届文津图书奖获奖图书，通过展览、讲座等形式向公众推介优质图书资源。开展2020庚子鼠年春节主题活动，2020年春节前夕集中推送新春文化“大礼包”，全国共有1000余家图书馆及有关单位承办活动，覆盖全国大部分省（自治区、直辖市），受众1000万余人次。

开展主题为“听见童话之声”的“我听·我读——第四届少儿读者主题朗诵作品征集活动”。活动内容包括阅读学习、作品征集和成果展播等环节，152家单位注册报名，上传作品8118部。开展“图书馆故事”短视频作品征集活动，主题为“让图书馆为美好生活赋能”，收到投稿作品244部。开展“声采飞扬”青少年英语口语风采展示活动，活动历时5个月，全国1500多所学校注册报名，涵盖小学、中学、大学3个学段52641人参与。

6月，开展“百名摄影师聚焦COVID-19图片巡展”；9月，开展“百名摄影师聚焦脱贫攻坚图片巡展”。

党建强会 学会党委先后组织党员学习习近平《在全国抗击新冠肺炎疫情表彰大会上的讲话》《在教育文化卫生体育领域专家代表座谈会上的讲话》《习近平关于“不忘初心、牢记使命”重要论述选编》等重要论述精神。开展“不忘初心、弘扬优良家风”主题党日活动，分享《周恩来同志的家风》《习仲勋同志的家风》等家风故事，学习习近平总书记关于家庭家教家风建设的重要论述。安排“落实习近平总书记给国家图书馆老专家回信精神，推进事业发展”主题党课。党支部年轻干部理论学习小组开展“学习强国”打卡晒分活动，引导督促年轻干部重视和加强理论学习。

学会党委申报并获准开展中国科协科技社团党委2020年“党建强会计划”项目，启动“书香助力战‘疫’，阅读通达未来——图书馆员业务能力提升”主题活动和举办防疫物资设备与图书馆服务产品线上博览会等，保障疫情防控期间各地图书馆人才培养和复工开馆需求。

学会党委召开7次会议，审议通过《中国图书馆学会党委工作规则（试行）》等，主动参与学会换届重要文件和人选等“三重一大”事项前置审议，发挥政治引领、思想引领和组织保障的作用。积极参与中国科协科技社团党委组织的学会理事会党委职责任务分类试点工作，向试点工作第四组提交学会党委职责任务清单、“负面清单”及党委会审议具体内容等材料，汇总整理本小组理事会党委审议内容，总结提交学会党委发挥政治思想引领作用典型案例等。

会员服务 学会加强会员管理与服务平台、“会员学习中心”及“读联体·数字共享阅读服务平台”建设。2020年年初，学会精选100余门专业课程，通过“会员学习中心”网页端和移动端向全国广大会员及图书馆工作者免费开放共享，访问量达3375293人次。联合企业会员及相关资源提供商和技术服务公司，通过“读联体·数字共享阅读服务平台”提供电子书、有声书、视频、期刊、图片等各类型数字资源，平台资源量达3000种，存储总量达10TB，为全国31个省（自治区、直辖市）的2693家图书馆提供服务，总时长约75.1万小时，满足广大会员和图书馆工作者在线学习需求，开启会员服务新模式。

【中国图书馆学会第十次会员代表大会】 11月25日，中国图书馆学会第十次会员代表大会在北京召开。文化和旅游部党组成员、副部长张旭，中国科协党组副书记、副主席、书记处书记徐延豪，文化和旅游部公共服务司司长李宏等领导，大会主席团主席、学会理事长、国家图书馆馆长饶权，大会主席团成员，第九届理事会常务理事，以及来自国家图书馆、学会及其各有关分支机构和各省（自治区、直辖市）图书馆学（协）会正式代表、列席代表等350余人参加大会。

开幕式上，张旭、徐延豪分别致辞，饶权致开幕词。大会听取并审议通过《守正创新 砥砺前行 推动新时代我国图书馆事业行稳致远——中国图书馆学会第九届理事会工作报告》《中国图书馆学会第九届理事会财务收支情况报告》；审议并表决通过《中国图书馆学会章程》；选举产生由175人组成的第十届理事会，成立由5人组成的第一届监事会。

大会期间，召开十届一次理事会议，选举产生由55人组成的常务理事会，国家图书馆馆长饶权当选理事长，原文化部公共文化司巡视员刘小琴、中国农业科学院副院长孙坦、上海图书馆馆长陈超、军事科学院军事科学信息研究中心副主任陈锐、国家图书馆副馆长陈樱、武汉大学研究生院院长陈传夫、北京大学图书馆馆长陈建龙、中山大学文献与文化遗产管理部主任程焕文当选副理事长，聘任王雁行为秘书长，聘任邓菊英、刘细文、宋姬芳为副秘书长，聘请吴慰慈、彭斐章、詹福瑞为顾问，授予马民玉等14人为“第十届理事会名誉理事”；召开一届一次监事会议，王余光当选监事长，李春来当选副监事长；召开十届理事会党员大会，选举产生由10人组成的第十届理事会党委，饶权当选党委书记，陈樱当选党委副书记，刘小琴、孙坦、陈超、陈传夫、陈建龙、程焕文、王雁行当选党委委员，李春来当选纪检委员。

【“书香助力战‘疫’，阅读通达未来——图书馆员业务能力提升”主题活动】 在第25个“世界图书与版权日”来临之际，学会联合全国各级各类图书馆启动“书香助力战‘疫’，阅读通达未来——图书馆员业务能力提升”主题活动。此次活动包含馆员业务能力提升专题讲座、专家“荐读”活动、馆员业务能力提升知识竞赛三个部分。5月6日—7月31日，“书香助力战‘疫’，阅读通达未来——图书馆员业务能力提升专题讲座”在线开播，特邀业界12位专家和图书馆管理者围绕重大公共事件应急管理、公众信息素养教育、中华优秀传统文化传承、图书馆空间建设等热点专题，开展12场主题线上讲座。共有25378人报名参加讲座，讲座总观看人数为143495人次，总浏览量为810891次。5月21日—7月31日，在线举办馆员业务能力提升知识竞赛。竞赛试题依托“图书馆员业务能力提升专题讲座”授课内容和专家“荐读”书目设计，内容涵盖公共文化服务体系、公共文化政策及图书馆重大公共事件应急管理、公众信息素养教育、图书馆管理、课题申报与论文撰写等多个知识领域。来自全国各级各类图书馆的共9665人在线参加竞赛。

【中国流动科技馆“跨界流动·助力基层”巡展项目】 2020年，学会联合中国科学技术馆开展中国流动科技馆“跨界流动·助力基层”巡展项目，依托全国县级科协和县级公共图书馆面向基层公众免费开展科普教育文化活动。项目融合实体科技馆、流动科技馆和数字科技馆优质展教资源，以中国科技馆现有的实体资源和数字资源为依托，采用线下展览、专题科普文化讲座、线上资源共享及科普读物推介等形式吸引基层群众走进图书馆、参观展览、参与科普文化活动。经过遴选，浙江省湖州市德清县、江西省宜春市樟树市和甘肃省酒泉市敦煌市3个地县级公共图书馆被作为试点单位。9月25日，巡展项目西部试点在敦煌市图书馆启动；11月2日，巡展项目东部、中部试点在德清县图书馆、樟树市图书馆同步启动。

【全国数字图书馆建设与服务联席会议第二十一次会议】 12月18日，全国数字图书馆建设与服务联席会议第二十一次会议在北京召开，主题为“‘十四五’数字图书馆发展规划”。此次会议由中国社会科学院图书馆承办，来自国家图书馆等联席会议成员单位的30余位代表参加会议。会上，中国社会科学院图书馆党委书记、馆长王岚，中国社会科学院中国历史研究院副院长路育松，国家图书馆研究院（业务管理处）院长申晓娟，文化和旅游部全国公共文化发展中心协调规划处处长王芬林，上海图书馆（上海科学技术情报研究所）系统网络中心副主任夏海，中国科学院文献情报中心业务管理处处长韩涛，北京大学图书馆（CALIS管理中心）副馆长童云海，浙江大学图书馆（CADAL管理中心）副馆长黄晨，中共中央党校（国家行政学院）图书和文化馆馆长于军分别作专题发言《加快建设国家哲学社会科学文献中心》《建设具有中国特色、中国风格、中国气派的新时代史学专业数字图书馆》《智慧化转型发展——国家图书馆“十四五”事业发展的初步思考》《上海图书馆“十四五”信息化发展规划要点简介》《中国科学院文献情报中心“十四五”规划思考》《公共文化云“十四五”规划》《新时代背景下的CALIS发展若干问题思考》《数字知识服务联盟倡议》《收官“十三五”，开启新征程》，并就会议主题进行交流和讨论。

（撰稿人：马　骏）

中国城市科学研究会

服务创新型国家和社会建设　2020年，研究会完成2项科技成果的评价工作，项目研究成果总体上均达到国内先进水平。其中“广州之窗商务港智慧园区构建与应用”项目已应用在广州之窗商务港A区，在节能节水、降低管理成本、提高客户满意度等方面成效显著，社会经济效益良好。

受中国科协委托，“世界一流学会建设”项目（全国仅50家入选）进入第三年建设周期，所有工作稳步推进，努力发挥交叉学科优势，夯实研究会基础，提升“五大能力”，提高研究会的国际化水平。

研究会完成7项学会团体标准:《健康社区评价标准》《住宅通风设计标准》《装配式磷石膏隔墙体技术标准》《可拆装低层装配式钢结构建筑技术标准》《城市照明建设规划标准》《既有住区健康改造评价标准》《民用建筑室内绿色评价标准》；合作编制完成2项国际行业标准:《智慧城市需求分析框架》《用例收集和分析——城市信息模型》。

2020年度，研究会服务国家经济社会发展和科学决策，先后组织专家参与决策咨询活动百余人次，举办决策咨询活动数十场。研究会理事长仇保兴针对经济建设、社会发展中的重大问题建言献策，形成决策支撑研究报告20篇，获国务院总理等国家领导人批示。

学会建设　研究会新成立2个专业委员会：城市老旧小区改造专业委员会、总师专业委员会。截至2020年年底，研究会已拥有23个专业委员会，年度新增会员175人，缴纳会费的个人会员占比44.5%；其中，学生会员占比0.89%，女性理事占比0.31%，中青年科学家理事占比1.15%，会员总数达4000余人。

在新冠肺炎疫情期间，研究会组织专家撰写的7篇疫情相关咨询报告得到有关部门采纳，为疫情防控提供科技支撑，并于5月29日被中国科协评为“优秀抗疫学会”。发布《中国百日抗疫信息汇集（信息征集版）》（中英双版）。

研究会继续对内部科研机构实行改革，激发科技工作者研究的积极性和创新自主性。继续加强自身规范性建设，加强对分支机构规范性的管理，继续对各分支机构开展综合能力评估工作，各分支机构明确今后重点工作方向。

智能网上办公系统逐步完善，修订网上办公系统管理办法，实行网上办公一体化、无纸化；科普信息化建设取得新进步，利用新媒体加大宣传力度，通过微信公众号定期推送相关科普知识、学术动态、学术观点，影响力逐渐扩大，关注人数稳步提升。

主办期刊　研究会主办《城市发展研究》和《城建档案》两本月度期刊，其中《城市发展研究》全年出刊12期，刊发学术论文近300篇，发行纸质期刊48000册。2020年，研究会在对城市规划、城市更新、城市经济等传统研究内容继续保持高度关注的同时，抓住城市科学研究的重点和热点，特别关注“韧性城市”“安全与健康”“生态与智慧城市”等问题。《城市发展研究》入选2020年“中国最具国际影响力学术期刊”，继续保持南京大学中国社会科学引文索引来源期刊、中国人民大学《复印报刊资料重要转载来源期刊（2020版）》、北大核心期刊和中国科技核心期刊，影响因子快速上升。

《城建档案》在2020年度出刊12期，刊发学术论文518篇，发行纸质期刊12000册。聚焦信息化建设、声像档案、编研与利用、地下管线、档案管理等板块，交流行业动态。

学科发展工程　研究会2020年出版12本年度报告及年鉴:《中国低碳生态城市发展报告（2020）》《中国绿色建筑（2020）》《中国城市规划发展报告（2019）》《中国城市交通规划发展报告（2018）》《中国小城镇和村庄建设发展报告（2019）》《智慧城市年度发展报告（2019）》《中国数字化城市管理发展报告2019》《中国城市公用事业发展报告（2019）》《中国城市更新发展报告2019》《中国智慧城市年鉴2018》《中国建筑节能年度发展研究报告2019》《中国城市治理发展报告2019》。

研究会对现有奖项“城市科学奖”进行优化，对现有奖励管理办法进行修订。

国际学术会议　研究会2020年以线上线下相结合的方式共举办国际会议3场：第十六届国际绿色建筑与建筑节能大会、第十五届城市发展与规划大会、第十五届中国城镇水务发展国际研讨会，参会人数达到上万人次，已成为业内人士交流学习新技术、新观念、新案例的平台。

国内主要学术会议　研究会及其分支机构共举办

年会、研讨会、论坛等学术活动10次，参会人数近4000人次。与往年相比，参会人数、学术水平和社会影响力均有提高。

9月12日，由研究会水环境与水生态分会主办的2020（第二届）中国城市水环境与水生态发展大会在广西壮族自治区桂林市举办。会议聚焦当前城市水环境与水生态问题的深度分析、污水处理前沿技术进展、新的治理模式探索等方面进行讨论。此次大会创新设置前沿论坛、热点研讨、水业深度对话等平行论坛，为水环境与水生态领域的政产学研各界搭建交流平台。

10月11日，中国城市科学研究会城市大数据专业委员会2020年会暨“数据驱动与智慧治理”学术研讨会在线举办，邀请50余位专家学者及行业代表参加会议。与会专家学者围绕“数据驱动与智慧治理”会议主题，通过学术汇报、学术点评、线上线下提问交流等多种形式进行探讨。此次年会主题积极响应大数据、国土空间规划、新型智慧城市建设等国家战略，云集学术界和行业领域的专家学者，聚焦城市大数据应用理论、方法及技术的最前沿研究。大会期间，会议网络直播平台最高同时在线人数达1.8万人次。

国际交往 研究会同德国、法国、芬兰、日本及欧盟在生态城市、绿色建筑评价等多个领域开展合作，并形成中德生态城项目研究、中法生态城项目研究、中芬生态城项目研究、中国绿色建筑标识和德国DGNB、法国HQE“双认证”的国际性核心品牌。

与德国可持续建筑委员会、英国建筑科学研究院、法国建筑科学技术中心分别签署绿色建筑合作备忘录或框架协议，以国际双认证的形式开展标准和评价合作。

开展中国绿色建筑标准与外国标准的对比工作，累计发布3本中外标准对比报告，完成1个非洲项目（阿尔及利亚安纳巴住宅小区）和7个国内项目的联合评价。

强化与世界绿色建筑委员会、国际水协会之间的交流；开展同美中绿色能源促进会、世界自然基金会之间的合作。世界绿色建筑委员会、国际水协会在2020年度多次派遣专家以线上和线下形式参与研究会的学术研究和论坛。

研究会在2020年度为世界绿色建筑委员会推荐中国候选人叶青，并获得世界绿色建筑委员会“绿色建筑女性领袖奖”。

科普活动 研究会及其各分支机构共建立11个网站和11个微信公众号，定期推送相关科普知识、学术动态、学术观点等内容。微信公众平台总关注人数近2万人，年度总阅读量近20万次。专职、兼职科普志愿者总数近千人次。

举办科普活动4次，受众近5000人次：与中国建设教育协会联合主办第二届全国高等院校绿色建筑设计技能大赛，经专家组评审，推选出杰出作品56项、优秀作品95项；第二届全国大学生绿色校园概念设计大赛，收到来自160所高等院校的有效参赛作品734组；2020（第二届）城市水环境与水生态科普创意大赛，共征集来自清华大学、同济大学、南京大学等60多所高校的学生有效作品600余件；开展绿色建筑、生态城市科普创新训练营，对绿色建筑、生态城市建设相关知识进行宣讲。

党建强会 2020年，研究会坚持中国特色的发展方向，自觉坚持党的领导与依法依章程独立办会相统一，强化研究会党建对业务工作的统领。制定系统方案，带领全体党员干部学习宣传贯彻党的十九届五中全会精神。落实“三会一课”制度，持续巩固深化“不忘初心、牢记使命”主题教育成果。发挥基层党组织战斗堡垒作用和共产党员先锋模范作用，为研究会常态化疫情防控做好政治保障。党支部组织召开全体党员大会、支委会共计45次，讲党课6次。

8月21日，采用线上形式组织全体党员进行专题学习。邀请中央党校（国家行政学院）督学、教授洪向华解读《习近平谈治国理政》（第三卷）。洪向华以“把学思践悟习近平新时代中国特色社会主义思想引入深处”为主题，针对《习近平谈治国理政》系列书籍的出版历程、逻辑结构、学习重要性、学习方法、思想精髓、国内外影响等方面进行讲解。

完成“学会党建宣传电子作品”宣教片拍摄系列成果，其中两篇文章成果入选《弘扬科学家精神优秀作品——100个故事》。

会员服务 研究会利用微信公众号等平台定期为会员推送信息。搭建高端前沿学术交流平台，组织会员参与研究会每年举办的国际学术交流会议，促进会员之间的学术互动，提升会员对研究会的归属感。

【第十六届国际绿色建筑与建筑节能大会】 8月26—27日，由研究会等单位联合主办的第十六届国际绿色建筑与建筑节能大会在江苏省苏州市召开。清华大学环境学院教授、研究会秘书长余刚主持开幕式，来自国内外的专家学者3000余人次出席会议。

大会以“升级住房消费——健康绿色建筑”为主题，设有1个综合论坛，47个分论坛。开幕式上，国务院参事、住房和城乡建设部原副部长、研究会理事长仇保兴作报告《立体园林——住宅消费和绿色建筑的升级版》，中国工程院院士钱七虎、江亿、缪昌文等11位专家和绿色建筑领域先进企业负责人致辞并发表演讲。在分论坛上，国内外专家学者重点交流国内外绿色建筑与建筑节能的最新科技成果、发展趋势、成功案例，研讨绿色建筑与建筑节能技术标准、政策措施、评价检测、创新设计和优化建造，加速推进绿色生态城区的实施，分享国际国内绿色建筑与建筑节能新经验、新技术，加快装配式建筑的普及和绿色建筑的发展。

【第十五届城市发展与规划大会暨第十五届中国城镇水务发展国际研讨会与新技术设备博览会】 11月17—18日，由研究会主办的第十五届城市发展与规划大会暨第十五届中国城镇水务发展国际研讨会与新技术设备博览会在浙江省杭州市同期召开。国务院参事、住房和城乡建设部原副部长、研究会理事长仇保兴，中国工程院院士、同济大学副校长吴志强，中国工程院院士、哈尔滨工业大学教授、城市水资源与水环境国家重点实验室主任任南琪等11位领导、专家在大会上致辞。来自全国部分省（自治区、直辖市）住房和城乡建设厅、自然资源厅、水利厅、生态环境厅等城镇水务和城市规划工作的有关负责人，以及全国水环境治理和城市规划的专家学者、先进企业代表等共计3000余人参加大会。同时还邀请到20多位院士专家、400多位国内外城市发展与规划领域的专家学者参加大会。

大会分别以“韧性宜居·健康活力”和“补水污染治理短板，促健康美丽城乡建设”为主题，设有开幕式暨主论坛、城镇水务发展和城市规划主论坛两场全体大会，平行召开39个分论坛。

第十五届城市发展与规划大会围绕市级国土空间总体规划、韧性城市设计方案、未来社区设计与实践、智慧城市建设最新进展、公园城市设计与建设、生态城市理论与实践、城市老旧小区改造理论与实践、水生态修复与水景观设计、健康城市建设发展、浙江省杭州市城市发展等相关议题进行专题学术研讨。

中国城镇水务发展国际研讨会围绕海绵城市、智慧水务技术与规划建设、保障水安全；净水工艺、水质达标与二次供水的技术与案例及供水设施建设与改造；城市黑臭水体综合治理、污水处理与污泥的处理处置及资源化利用；供水管网漏损控制与城市节水；城镇水系统监测发展与建设、水质监测技术与应急管理；雨水、再生水等非传统水源的利用；水系统规划与水景观设计、水环境保护与水生态修复的技术及理念、健康美丽城乡建设等与城镇水务相关的专题展开研讨和交流。

会议同期举办中国城镇水务发展新技术设备博览会，展览规模达3万平方米，集中展示中国城镇水务发展成果、智慧水务系统及设备、水处理技术设备、产业融合成果以及国内外先进技术等。

（撰稿人：叶蒙宇　姬朕宇）

中国科学学与科技政策研究会

服务创新型国家和社会建设　研究会聚焦国家重大战略规划与工作布局，组织动员专家资源，发挥决策咨询职能。在服务中央重大战略部署方面，研究会先后承接科技部、中国科协、国家自然科学基金委员会等部委的多个决策咨询研究项目。在服务立法咨询方面，研究会组织并参与立法咨询和政策解读。2020年，研究会共组织32个学会对《中华人民共和国民法典（草案）》《中华人民共和国突发事件应对法（修订草案征求意见稿）》等13个法案开展立法咨询，服务国家治理现代化与依法治国。在服务地方发展方面，研究会与地方政府、有关部门合作，促进研究会在经济建设主战场发挥科技创新引领作用。研究会承接北京市，广东省深圳市、佛山市南海区等多个有关地方和区域的发展咨询及科技评价项目，为地方经济转型、科技创新发展提供战略支撑及决策咨询服务。

研究会推进智库建设，对世界科技前沿发展趋势及学科发展动态进行跟踪与研究，并承接中国科学院、中国科协、相关企业等单位委托的有关国际科技政策、科技战略、数字化转型、开放科学、组织构建与工作机制创新等方面的研究项目，为科技政策学发展和产业发展提供理论支持和政策依据。

2020年，研究会承担中国科协组织人事部、学会学术部、学会服务中心、创新战略研究院等相关部门围绕建设世界一流科技社团、数字化转型与产业发展等方向在内的多个决策咨询项目，为中国科协服务党和政府科学决策、促进科学技术繁荣发展提供决策咨询。

学会建设 11月21日，研究会召开第八届全国会员代表大会，大会选举产生新一届理事会及研究会负责人，穆荣平当选第八届理事会理事长。同时，选举产生首届监事会。

研究会秘书处组织实施章程修订工作，对章程修订进行意见征求及反复论证。新章程草案于10月召开的理事长办公会上获得通过，并提交研究会第八届全国会员代表大会审议。研究会探索治理结构和治理方式改革，依照国家有关规定，在新章程中加入“党的建设和社会主义核心价值观”等内容，并健全研究会运行机制、监督机制和约束机制，形成高效、有序的研究会议事制度。党委会、理事长办公会、常务理事会议和理事会议等在不同层面参与管理决策，为充分发挥研究会职能提供体制机制保障。研究会探索分级分类管理和会员退出机制，实施会员多样化和精细化管理服务。同时，研究会明确不同类型会员的责任、权利、义务和审批程序，规范会员行为，拓宽服务领域，提供精准服务。已设立学生会员、普通会员、外籍会员、荣誉会员与团体会员。

研究会推进理事会人员结构优化，加强吸纳青年理事工作。第八届理事会现有青年理事（45岁以下）112人，占理事会总人数的56.6%。同时，根据第七届第五次理事会议决议，2020年对无故不参加会议、不能正常履职的理事进行调整。

研究会按照中国科协办公厅《关于中国科协所属全国学会进一步加强财务管理的若干规定》的通知要求，开展财务管理对照检查和整改工作，针对存在的个别制度不完善、不规范现象，制定有关制度实施方案，自查自纠，强化规范管理。

主办期刊 研究会主办的《科研管理》《科学学研究》和《科学学与科学技术管理》3本期刊较2019年取得较大发展。

根据知网数据统计，2020年《科研管理》共发表文章359篇，比2019年多出34篇，复合影响因子为4.711，综合影响因子为2.462。其中基金资助文献量达到325篇，占本年文献量的90.53%。8月，《科研管理》入选FMS管理科学高质量期刊2020。

《科学学研究》全年共发表文章252篇，复合影响因子为4.238，综合影响因子为2.618。其中基金资助文献量达到221篇，占本年文献量的87.7%。纸质期刊每期平均发行量1600册，期刊数据库下载次数达到460万次。

《科学学与科学技术管理》共发表文章109篇，复合影响因子为4.311，综合影响因子为2.169。其中基金资助文献量达到103篇，占本年文献量的94.5%。

在“中国科技期刊国际影响力提升计划”的资助下，由中国科学院主管、研究会和中国科学院科技战略咨询研究院主办的*Innovation and Development Policy*（《创新与发展政策》，IDP）英文国际期刊于2019年正式创刊，主要发表创新发展政策与管理领域的一流学术成果，旨在促进国内外学者之间的学术交流，展现中国学者在创新发展政策与管理领域取得的研究成果，深化与其他国际期刊的学术合作。编辑委员会聘请国际创新发展政策与管理领域专家，如英国牛津大学教授Xiaolan Fu以及丹麦哥本哈根商学院教授Alan Irwin等。截至2020年，已发行一卷两期，纸质期刊发行1200册，期刊数据库下载次数和期刊自建网站下载次数各达到2430次。

国际学术会议 2020年，研究会先后以“世界一流科技社团/学协会的发展与运作经验”“转型创新政策（Transformative Innovation Policy）的理论、方法与实践”“中国开放创新的路径与策略”为主题，举办包括世界一流科技社团论坛民——系列研讨会、中国科技政策与管理学术年会转型创新国际论坛、在华国际专家创新政策沙龙研讨会在内的多个国际科技交流活动，围绕学会的运作方式和治理经验、核心竞争力和业务特点、创新政策与可持续发展、科技创新与政策、开放科学、国际科技共同体信任与合作等方向展开交流研讨。

国内主要学术会议 2020年，受新冠肺炎疫情影响，研究会采取线上线下相结合的形式举办各类学术会议17场，参会人数较2019年增长近一倍，达9000余人次，其中线上参会人数达4200余人次。

研究会各专业委员会围绕新型冠状病毒全球疫情下科学技术发展、产业创新发展、社会服务创新发展面临的机遇与挑战，“十四五”科技创新规划及新一轮中长期科技发展规划编制，国家战略科技力量培育与新型研发机构发展等科技政策领域热点，紧扣时代主题，先后以“国家战略科技力量培育与新型研发机构体制机制创新”“全球公共危机与科学技术发展：

机遇与挑战”“技术评价、技术预见与区域绿色崛起”“科学社会学理论与科技治理”等主题举办包括第十六届中国科技政策与管理学术年会、第八届全国科学社会学学术会议、第十届技术创新圆桌会议、第十五届全国技术预见学术研讨会等在内的多项学术交流活动。

科普活动 2020年，研究会结合各方需求开展应急科普，对社会热点问题给出科学准确、实事求是的解读。疫情期间，研究会发起“关于加强‘抗击疫情’针对性和前瞻性对策研究的倡议”，通过微信公众号对外发布有关解决当前疫情防控应急管理问题的文章13篇，阅读量达15561人次，转载分享量达1251次。研究会被评为“优秀抗疫学会”。

表彰举荐优秀科技工作者 4月，研究会副理事长、清华大学教授薛澜获得第二届全国创新争先奖章。

11月，在第十六届中国科技政策与管理学术年会上，研究会授予雷德森教授“终身成就学者”称号，邱均平教授、游光荣研究员“杰出贡献学者”称号，授予陈衍泰教授、赵炎教授“优秀青年学者”称号。

会员服务 研究会加强智慧学会建设，通过微信公众号、网站等平台联系服务广大会员。截至12月31日，研究会会员人数达5543人，较2019年增长14%；微信公众平台关注人数达5674人，较2019年增长44%。

【中国科学学与科技政策研究会第八次全国会员代表大会暨第十六届中国科技政策与管理学术年会】 11月21—22日，中国科学学与科技政策研究会第八次全国会员代表大会暨第十六届中国科技政策与管理学术年会在北京召开。

第八次全国会员代表大会审议通过《中国科学学与科技政策研究会第七届理事会工作报告》《中国科学学与科技政策研究会第七届理事会财务报告》《中国科学学与科技政策研究会章程》和《中国科学学与科技政策研究会会费标准及管理办法》修订案，选举产生新一届理事会。其间，召开第八届第一次理事会议，选举产生新一届常务理事和研究会负责人。中国科协党组成员、书记处书记吕昭平出席大会并致辞。研究会全体会员代表260余人参加会议。

经选举产生的中国科学学与科技政策研究会第八届理事会成员198名、常务理事会成员59名。穆荣平当选理事长，李垣、胡志坚、张卫国、魏江、薛澜、陈劲、吴建南、游光荣、李光、柳卸林、蔡莉当选副理事长。经第八届理事会决议通过，聘任陈光为秘书长。

在第十六届中国科技政策与管理学术年会上，10位专家围绕“全球公共危机与科学技术发展：机遇与挑战”主题作主旨报告。研究会副理事长胡志坚从系统进化的角度出发，运用能量耗散理论解释自然系统和社会系统的进化，探讨信息化在进化过程中的作用。魏江从数字创新的本质出发，给出数字创新研究范式层面的些许思考。李垣立足于现实考察，探讨双循环格局下企业创新生态的构建。吴建南则立足于城市治理现代化的角度，就改革创新如何推进城市治理现代化提供相关意见。最后，研究会理事长穆荣平针对面向中国的二〇三五远景发展规划，分别从科技创新政策的实践和创新发展的格局演变角度出发，就未来中国科技创新政策的发展方向提出见解。

学术年会共收到论文255篇，组委会经匿名评审程序遴选20篇优秀论文，研究会名誉理事长方新、理事长穆荣平及与学会副理事长为优秀论文获奖者颁发证书。

【中国科学学与科技政策研究会第八届第二次理事会议】 11月22日，中国科学学与科技政策研究会第八届第二次理事会议在北京召开。会议由研究会理事长穆荣平主持，109位理事和各分支机构代表、研究会正副秘书长参加会议。

会上，各分支机构对2020年的工作进行汇报。研究会下设的2个工作委员会、23个专业委员会及3个期刊编辑部分别对本机构2020年工作情况及2021年工作计划向第八届理事会进行汇报。到会理事对各分支机构工作情况进行表决，通过各分支机构工作汇报。

根据研究会发展及实际工作需要，由中国科协科学技术传播中心、中国科学院文献情报中心发起，研究会筹备成立科技传播与产业融合专业委员会及科研诚信与负责任创新专业委员会。两家筹备新设专业委员会负责人袁军鹏、陈锐分别作专业委员会申请成立的汇报。到会理事对两家筹备成立专业委员会事项进行表决，全体理事一致同意科技传播与产业融合专业委员会和科研诚信与负责任创新专业委员会的成立申请。

此次理事会议所有表决事项均满足章程中关于“决议需经到会理事2/3以上表决通过方能生效”的规

定，予以通过。

穆荣平在大会总结中指出各分支机构要持续推进品牌化建设、深化各专业委员会网络化建设、加大国际化力度，把国内学界同人团结在一起，为科学学与科技政策发展贡献力量。

（撰稿人：邢子如）

中国农村专业技术协会

服务创新型国家和社会建设 作为首批全国学会和协会，2021年年初，协会联合发起《战“疫”有我，为决胜攻坚提供科技志愿服务——向全国科技工作者的倡议》，发布《坚决贯彻落实党中央决策部署，打赢疫情防控阻击战——致全国农技协和广大会员的倡议书》，号召各级农技协党组织开展志愿服务，利用信息化平台做好疫情防控科普工作，加强生产保供，并联动各地农技协全力抗疫、保春耕促生产。被中国科协授予“优秀抗疫协会”称号。

协会推进中国农技协科技小院建设，汇聚全国涉农高校科研院所人才资源，打造政产学研金服用联合体，探索“新时期上山下乡”服务新模式，搭建“科创中国”在乡村落地生根新平台，让科技走进田间地头，服务科技经济深度融合。截至12月底，在四川、河北、福建、江西、广西、内蒙古、浙江、河南、吉林、重庆、云南、广东、山西、江苏等14个省（自治区、直辖市）成立119个中国农技协科技小院。

协会组织中国农技协科技服务团赴山西省吕梁市临县、岚县，四川省凉山彝族自治州布拖县、乐山市马边彝族自治县，吉林省白城市通榆县，广西壮族自治区南宁市隆安县，河南省商丘市柘城县等多个贫困地区开展“科技下乡”活动，并为当地农业产业发展提供专家咨询。在20个国家贫困县支持建立中国农技协四川马边高山茶科技小院、中国农技协山西临县食用菌科技小院、中国农技协山西岚县马铃薯科技小院等20个中国农技协科技小院，通过科技小院提供精准科技服务、推动当地农业产业发展、助力打赢脱贫攻坚战。举办中国科协科普惠民专项定点扶贫县——山西省吕梁市岚县农业种植技术培训班、中国农技协火龙果种植技术研修班、中国农技协蜜柚绿色优质高效栽培技术研修班，为贫困地区培养专业技术人才。

学会建设 3月，协会分别召开3期农技协组织建设（视频）研讨会，调查了解各地农技协组织建设基本情况和意见建议。

协会支持23个专业委员会发挥专业优势，组建专家服务团，在业务范围内开展各项活动。先后支持协会茶叶专业委员会举办2020年年会、中国乌龙茶产业（建瓯）高峰论坛，支持协会油料专业委员会举办中国（青岛）第四届花生新品种、新技术现场观摩会。

协会召开第五届理事会第三次会议，审议通过协会第五届理事会年度工作报告、财务报告，变更、增补部分理事、常务理事的报告，变更专业委员会主任委员、增补副主任委员的报告，以及《中国农村专业技术协会章程》补充党建有关内容的说明。同时为“2020年选树农技协十佳行动”获奖的集体和个人代表颁发荣誉证书。

协会严格按照民政部社团管理相关规定开展协会年检、信息备案等组织工作。

科普活动 协会号召各省农技协、专业委员会、科技小院等围绕“决胜全面小康，践行科技为民”主题，参与2020年全国科普日“农村科普联合行动”，发挥组织和专家资源优势，通过农技培训、现场指导、展览展示、特优农产品展销、网络直播等多种活动方式开展科普宣传活动。广泛动员各级农技协组织会员参加农民科学素质网络知识竞赛活动。

协会引导、鼓励各地农技协组建科技志愿服务分队，主动对接党群服务中心和新时代文明实践中心，开展科技志愿服务活动，服务党委政府中心工作及基层百姓所需。截至12月底，在科技志愿服务平台注册的农技协科技志愿服务队有570余个。

协会支持中国农技协科技小院研究生和指导教师开展农业科技培训、现场指导等服务。2020年，各科技小院开展技术培训和现场指导活动300多场，受益群众1万余人次。

表彰举荐优秀科技工作者 2020年度协会共推荐中国科学院院士、中国工程院院士候选人2名。

协会薯类专业委员会主任、中国农业科学院蔬菜花卉研究所研究员金黎平获全国创新争先奖章，福建省农村专业技术协会理事、福建省南平市顺昌县竹荪协会会长高允旺获全国创新争先奖状。

协会组织开展“2020年选树农技协十佳行动”，遴选各地在助力脱贫攻坚和乡村振兴中成绩突出的农技协和乡土科技人才进行广泛宣传和推广，形成基层农技协优秀典型材料。

党建强会　10月，在第五届理事会第三次会议上召开第五届理事会党员大会，传达学习习近平在科学家座谈会上的讲话精神，带领各级农技协尤其是农技协党组织对标乡村振兴战略实施的总体要求和部署，发挥基层党组织战斗堡垒作用。以服务基层农技协党建工作需求为着力点，调整完善协会网站“党建强会”板块内容，汇聚中央党校、学习强国等平台“学习书库”“云党课”“党建期刊”相关学习资源，设置“榜样示范”专题栏目，突出基层农技协先锋引领作用，打造农技协特色的“互联网＋党建”。

会员服务　4月，召开智慧农技协建设研讨（视频）会议，听取各地关于智慧农技协平台建设的意见与建议。建设完善“问题库”“成果库”“开源库”3个在线数据库。开设专题页面，宣传推介中国科协定点扶贫及湖北省农产品。完善联系服务机制，加快推动开发“科协一家”，组织9000余名农技协领办人及科技小院师生入驻“科协一家”。截至12月底，全国有10161家组织入驻智慧农技协平台。

【科技小院助力脱贫攻坚暨农业绿色发展战略研修班】　9月28日，科技小院助力脱贫攻坚暨农业绿色发展战略研修班在广西壮族自治区南宁市召开。协会理事长、中国农业大学原校长柯炳生，协会副理事长、中国工程院院士、中国农业大学教授张福锁，中国科学院院士、中国科学院水生生物研究所教授朱作言，中国工程院院士、兰州大学教授南志标，中国工程院院士、贵州大学教授宋宝安，中国工程院院士、沈阳农业大学教授李天来，中国农业绿色发展研究会理事长、农业农村部原常务副部长余欣荣，中国农业农村法制研究会理事长、农业农村部原党组成员宋建朝，协会副理事长、中国农技协科技小院联盟理事长、中国农业大学原副校长张建华，中国科协农村专业技术服务中心副主任王诚，广西壮族自治区科协副主席刘翠权等领导和专家出席。来自中国农技协科技小院联盟、各地科协、农技协、中国农业大学、广西大学、四川农业大学、福建农林大学的专家学者共50余人参加研修班。

此次研修班旨在总结和交流科技小院在服务“三农”和脱贫攻坚中取得的经验和模式，加快培养服务脱贫攻坚和乡村振兴的高层次科技人才，为脱贫攻坚和乡村振兴的衔接贡献智慧和力量。

【中国农技协火龙果种植技术研修班】　9月28日，中国农技协火龙果种植技术研修班在广西壮族自治区南宁市召开。协会理事长、中国农业大学原校长柯炳生，协会副理事长、中国农技协科技小院联盟理事长、中国农业大学原副校长张建华，中国科协农村专业技术服务中心副主任王诚，广西壮族自治区科协副主席、中国农技协科技小院联盟副理事长刘翠权等出席。来自广西壮族自治区、贵州省、四川省等地的140余名火龙果产业技术人员参加研修班。

此次研修班旨在加强农技协专业人才培养，推进中国农技协科技小院联盟建设，提升新时代农技协组织建设发展活力，助力乡村振兴战略。

【中国农技协科技小院联盟交流观摩活动】　9月29日，中国农技协科技小院联盟交流观摩活动在广西壮族自治区南宁市举办。中国科协副主席、书记处书记孟庆海，协会理事长、中国农业大学原校长柯炳生，协会副理事长、中国农技协科技小院联盟理事长、中国农业大学原副校长张建华，中国科协科学技术普及部副部长廖红，中国科协农村专业技术服务中心副主任王诚，协会副理事长、广西壮族自治区科协党组书记、副主席纳翔等领导、专家出席。来自全国11个省的中国农技协科技小院、各地科协、农技协及农业企业代表70余人参加交流观摩活动。

【中国农村专业技术协会第五届理事会第三次会议暨农技协组织建设研修班】　10月25—28日，中国农村专业技术协会第五届理事会第三次会议暨农技协组织建设研修班在江西省九江市召开。协会理事长、中国农业大学原校长柯炳生，协会党委书记、常务副理事长、中国科协农村专业技术服务中心主任师铎，协会副理事长、广西壮族自治区科协党组书记、副主席纳翔，协会副理事长、中国农业大学原副校长张建华，江西省科协主席史可，江西省科协副主席梁纯平，九江市委副书记、市长谢来发出席。来自全国28个省（自治区、直辖市）的协会理事、各级科协、农业院校等部门有关负责人、基层农技协代表等共计200余人参加会议。

柯炳生作年度工作报告。师铎主持召开第五届理事会党员大会，传达学习习近平在科学家座谈会上的讲话精神。

【中国农技协科技小院联盟助力乡村振兴研修班】　12月9—12日，中国农技协科技小院联盟助力乡村振兴研修班在浙江省杭州市举办。协会理事长、中国农业大学原校长柯炳生，协会党委书记、常务副理事长、中国科协农村专业技术服务中心主任师铎，协会副理事长、中国工程院院士、中国农业大学教授张福锁，协会副理事长、中国农技协科技小院联盟理事长、中国农业大学原副校长张建华等领导及专家出席。浙江省科协党组成员、副主席陆锦，浙江省杭州市余杭区区委副书记李忠誉出席并致辞。来自全国22个省（自治区、直辖市）的科协、农技协、高校及学生代表近250人参加。

研修班上，柯炳生作专题报告《优先发展农业农村　全面推进乡村振兴》，重点解读《中共中央关于制定国民经济和社会发展第十四个五年规划和二零三五年远景目标的建议》中关于农业农村的重要内容。

师铎强调，中国农技协科技小院要以科技小院加强农技协组织建设，提升农技协组织发展活力；要以建设中国农技协科技小院工作为切入点，发挥政产学研金服用深度融合的平台作用，服务科技经济融合；要以科技小院为农村科普工作阵地，开展农村科普工作。打造中国农技协科技小院精品，完善中国农技协科技小院体系。

张福锁作专题报告《小院作用大》，介绍科技小院的起源和发展以及在科技创新、社会服务和人才培养等方面的重要意义。张建华作中国农技协科技小院联盟工作报告，汇报中国农技协科技小院联盟的工作进展，从工作机制、建设进展、工作成效等方面分析中国农技协科技小院在提升农技协组织发展活力、助力农业产业发展、提升农民科学素质、助力脱贫攻坚等方面发挥的作用。

研修班审议通过《中国农技协科技小院联盟管理办法（修订稿）》。广西壮族自治区科协党组成员、副主席何求，江西省科协党组成员、副主席梁纯平，福建省农技协理事长吴瑞建分别作广西、江西、福建科技小院建设经验交流。来自四川省、福建省、江西省、广西壮族自治区、内蒙古自治区等地的教师和学生代表作中国农技协科技小院建设经验交流分享。

【岚县农业种植技术培训班】 12月13—16日，协会在山西省吕梁市岚县举办农业种植技术培训班。中国科协农村专业技术服务中心副主任王诚出席开班式并致辞。来自岚县四镇八乡的100余名种植户参加培训。

中国科协党校专家、协会理事长柯炳生通过视频作专题报告《优先发展农业农村　助力乡村振兴》，农业农村部农业品牌专家李志起作报告《农产品品牌与电商》，山西农业大学张勇、山西省果业工作总站李晓霞、山西省晋城市阳城县科惠微生物研究所马锋军等就羊肚菌、灵芝、香菇等食用菌栽培技术和推广应用进行授课，山西省农业科学院白小东等就马铃薯生产、栽培及品牌打造等作报告。

理论教学结束后，培训班学员赴山西康农薯业有限公司、山西欣康源农业开发有限责任公司、岚县万泽食用菌种植专业合作社等地进行现场实践学习。

【中国农技协蜜柚绿色优质高效栽培技术研修班】 12月27—30日，中国农技协蜜柚绿色优质高效栽培技术研修班在福建省漳州市平和县举办。协会副理事长、中国农技协科技小院联盟理事长张建华，协会副秘书长、中国农技协科技小院联盟秘书长、中国农业大学教授李晓林出席开班仪式。

研修班围绕蜜柚产业发展的主要环节，在修剪整形、养分管理、土壤改良、病虫害防治、大数据应用以及蜜柚产业的现状和现代互联网电商等方面进行讲授与经验分享。来自全国科技小院联盟的师生代表、平和县柚农和农化技术服务人员90余名学员参加研修班。

（撰稿人：赵勇钧）

中国工业设计协会

服务创新型国家和社会建设　协会牵头成立山东省工业设计研究院、广东省生态工业设计研究院，以工业设计领域公共服务为核心功能，以工业设计关键共性技术为研究重点，利用互联网与信息通信技术，整合国际国内、线上线下各类设计资源，并于2020年1月入围首批国家工业设计研究院培育对象名单，打造国家工业设计研究院示范样板。

协会贯彻党的十九大关于坚决打好精准扶贫攻坚战的部署要求，落实工业和信息化部《设计扶贫三年行动计划（2018—2020年）》，发挥工业设计助力产业扶贫的作用，推动设计扶贫工作精准落地。响应工业和信息化部产业政策与法规司的号召，持续开展13次“设计师走进扶贫点”活动，足迹遍布浙江省、贵州省、甘肃省、山西省、云南省、新疆维吾尔自治区、内蒙古自治区、四川省、山东省、河南省等地区，共计2000余人次参与。累计邀请设计扶贫专家学者和相关企业家90余人次参与现场培训讲座，参与企业超过800家，实地走访调研相关企业70余家，150余家扶贫点当地企业在系列活动中得到咨询对接，已经开展关于特色农产品、非遗传承、特色产业园、公共服务平台建设、美丽乡村民宿建设、全域旅游开发等多个县域整体委托与企业系统需求项目的对接转化。

协会组织开展2020年中国优秀工业设计奖评选活动，负责2020年中国优秀工业设计奖评奖、展示、颁奖等工作。评奖工作于9月启动，经过初评、复评、终评，并由工业和信息化部评奖工作领导小组审定，共评选出10个金奖，在2020世界工业设计大会期间举办颁奖典礼及中国优秀工业设计奖展览。此次展览面积近2万平方米，分别展示智能制造、航空航天、智慧交通等领域的优秀产品作品，汇集全国十四大领域新科技、新设计、新产品，并设置金奖特装展区。

协会贯彻习近平总书记关于统筹推进新冠肺炎疫情防控和经济社会发展工作的重要指示精神。疫情期间，在工业和信息化部产业政策与法规司及相关单位的统筹指导下，发挥行业组织的资源优势，第一时间组建专家组赴山东省日照市、烟台市等地应急防护重点物资企业实地现场调研支持，为企业提供研发设计服务和企业整体创新升级解决方案。与海尔卡奥斯工业互联网平台、太火鸟科技等国内54家工业设计相关机构共同发起“助力设计企业获客及数字化转型特别行动”，为设计公司提供信息化、大数据线上协同平台，帮助企业获得业务订单，提供线上协同设计和项目管理解决方案，助力企业复工复产。

协会牵头组织设计创新产品评选、发起设计抗疫联合行动、提供免费设计服务等活动，全国有200多个设计机构、设计类高校、平台园区等单位参与“免费公益设计”相关活动，累计提供免费公益设计产品解决方案超过2000件，创作2000多幅防疫抗疫海报；为各地政府设计制作生活生产防疫指导材料，推出中文、英文、日文、韩文等多种版本；为科学高效开展线上线下、联防联控、企业复工复产工作提供咨询服务与设计解决方案。

1月10—11日，由协会、山东省工业和信息化厅主办的德国智能制造赋能企业转型升级主题培训在山东省烟台市举办。培训课程以“智能制造——德国企业生产流程数字化转型”为主题，中德工业设计中心专家委员会德国智能制造专家与山东省100余名企业家共同探讨在智能制造时代背景下如何实现企业生产流程数字化转型。培训期间，中德工业设计中心专家委员会专家组织开展“设计创新工作坊”“专家面对面”等培训板块，与企业家进行互动交流，精准剖析企业发展瓶颈，面对面解答企业转型困惑。通过智能制造对接会与中德专家委员会走进制造业等活动，了解企业现状及发展需求，共谋合作，加速成果落地。

协会为工业和信息化部、国家发展改革委等部委提供智库咨询服务。就制造业转型升级、新旧动能转换、创新创业、设计扶贫、乡村振兴、“一带一路”倡议、国家工业设计奖项等工作建言献策，一些建议被采纳，成为指导性意见。

协会完成工业和信息化部委托的《制造业设计能力提升专项行动指南》解读及推动落实相关工作，以及“2020中国优秀工业设计奖评奖工作专项”“工业设计扶贫工作专项”“面向智能互联时代的工业设计产业发展战略和路径研究”“加强国际合作壮大工业设计园区政策路径研究”研究课题。

学会建设 协会持续提升秘书处管理水平和服务能力，强化责任意识，在强健队伍上下功夫。坚持工作项目化、项目工作责任化，做到实化、细化、量化、具体化和可比较、可检验、可考核。健全绩效考核机制，用机制的作用促进和提升团队建设水平。

发挥分支机构专业和组织优势，支撑行业全面发展。2020年，协会汽车产业分会成立并选举产生第一届理事会，以设计创新为核心生态圈，推动中国汽车产业高质量发展，加快汽车强国建设步伐。协会设计教育分会发动全国30多所设计高校参加2020第三届“义乌中国小商品城”杯国际小商品创意设计大赛、2020“非同凡想”中国首届非遗创意大赛等行业活动。协会设计标准分会牵头制定14项工业设计相关团体标准，范围涉及智能制造、工业技术软件、城市设计、服务设计、大规模定制、交互设计、通信终端等领域，以促进行业科学、规范、健康发展。协会用户体验产业分会牵头开展全国用户体验设计师能力水平认定工作，主办第二十届国际人－机－环境系统工程大会、第十二届国际用户体验创新大赛等活动。

2020年，协会联合全国行业龙头骨干企业和高校正式启动全国工业设计能力水平等级认定工作，分领域、分专业建立工业设计人才能力水平体系。

协会联合海尔卡奥斯工业互联网平台共同建设智

能制造设计产业集群，为广大设计师群体、制造业企业、中小企业、金融机构提供合作交流平台、设计智库的支撑，以及产品转化、产业孵化的创新机遇。推动建设开放共享的研究开发平台、协同高效的成果转化平台、产学研联动的人才培养平台、支撑制造业创新发展的公共服务平台。

作为设计产业“双创”共同体，烟台国际设计小镇数字化原型创新工场项目2020年正式投入运营，融合智能制造、产品试制与工程验证、融资众筹与资本输入、品牌策划与成果转化等能力，为行业提供国际化项目落地服务。

主办期刊 2019年，根据中国知网公布结果，协会主办期刊《设计》复合影响因子、综合影响因子、人文社科影响因子均位居68本艺术类期刊首位，被中国知网（Q1区）、《中国学术期刊网络出版总库》、中国知网CNKI系列数据库、科学引文数据库源期刊、中国学术期刊综合评价数据库、《中文科技期刊数据库》、《中国核心期刊（遴选）数据库》、国家科技期刊开放平台、万方数据电子出版社入选期刊、中国龙源期刊网、维普网、博看网等全文收录。

国际学术会议 11月25—29日，由工业和信息化部、山东省人民政府主办，协会等单位共同承办的2020世界工业设计大会在山东省烟台市召开。大会开设100个全球分会场，举办WIDC 2020“科技+设计”产业峰会、全国工业设计领军企业家创新创业路演、“一带一路”叙利亚艺术展等多项活动；开展1000多场产业对接合作，集中展示全国35个省（自治区、直辖市）800多家创新企业的1000多项优秀创新成果，线上线下全球联动，网络浏览量超3亿人次。

大会邀请全球智能制造行业学术导师、实践专家和精英人士等共同参与WIDC 2020“科技+设计”产业峰会，以线上线下相结合的形式，围绕设计与智能制造、智能服务、智能产品、智慧城市、轨道交通、工业互联网、5G+等主题进行讲解。

国内主要学术会议 协会在2020世界工业设计大会期间举办全国工业设计领军人才创新创业路演，8位来自行业、院校、企业的创投导师与跨界专家构成导师评审团，带来20余项创新创业路演项目，内容涵盖装备制造、医疗健康、时装时尚、人才教育、智慧家庭、文化创意等领域，路演持续8小时，为企业管理者和创业者带来新思路、新模式、新理念与创新解决方案，帮助企业持续高效发展。

国际交往 2020年，世界设计产业组织发布全球首个《设计产业宣言》，共同探讨世界范围内设计创新发展的未来趋势与新思想新模式，制定共同行动计划，互通设计产业资源，探讨设计创新如何与各类创新要素融合发展。

2020年世界设计产业组织理事会成立，总部设在中国，旨在建设设计产业跨国合作平台与创新资源共享平台，以设计的力量链接构建以国内大循环为主体、国际国内双循环相互促进的新发展格局。

11月25日，WIDC 2020“一带一路”叙利亚艺术展在山东省烟台市举办。展览展出叙利亚画家瓦利德·阿里创作的50余幅风景及人物油画作品以及珍贵藏品。中国与叙利亚有着几千年的友谊，文化与贸易往来贯穿丝绸之路，此次艺术展是双方在当代丝绸之路艺术交流中迈出的重要一步。

科普活动 协会在全国范围内开展工业设计大奖、大赛、展览、论坛、设计周等工业设计推广普及活动。2020年组织、动员全球设计资源，指导支持北京、上海、深圳、武汉、广东、山东、四川、福建、浙江、重庆等全国20多个省（自治区、直辖市）开展“省长杯”工业设计大赛、“市长杯”工业设计大赛、展览、工业设计周及相关活动近30场次，促进设计产业化发展，为各地政府主管部门、地方协会、高校、平台园区等提供国内国际、产业生活、设计智造的对接平台。

党建强会 协会始终坚持党对一切工作的领导和覆盖，切实保障党委“把方向、管大局、保落实”作用落到实处，把握正确的政治方向，牢固树立“四个意识”、坚定“四个自信”、做到“两个维护”。

在部署推进上，协会全面建立健全党务工作规范化管理标准体系，提升管党治党科学化水平，坚持党建强会，强化党建业务一盘棋、一起抓，同部署、同落实，有步骤、有计划地布局工作任务和路线图。

协会依托全行业发展动力，在习近平新时代中国特色社会主义思想的指引下，以服务会员、服务行业、服务社会为宗旨，充分发挥党支部战斗堡垒作用和党员先锋模范作用，夯基础、强支撑、聚能量、促工作，推进党建工作与业务工作齐头并进，助推协会服务质量提高，以党建促各项工作开展。

会员服务 协会充分利用全国性行业资源平台优势，支持和服务会员发展，发挥会员在不同领域居于领先地位的优势。除组织展览会、论坛、培训、对接会或通过联络、协调等方法解决会员单位遇到的实际问题外，还及时发布行业发展信息。已经形成网站、微信公众号、微博、《设计通讯》、《设计》杂志、《中国工业设计年鉴》等信息发布媒介，及时向会员推送行业发展的相关动态情况。

【2020 世界工业设计大会】 11 月 25—29 日，由工业和信息化部、山东省人民政府主办，协会等单位共同承办的 2020 世界工业设计大会在山东省烟台市召开。大会以“设计·智向未来”为主题，推动以设计为代表的人类智慧、以计算为核心的人工智能、以互联为生态的智能制造，三智融合，设计未来。来自世界设计产业组织，全球 40 多个国家和地区的设计协会、企业、机构、高校代表和创新领袖，以及来自国内外智能制造领域的学术导师、实践专家、创新精英参加大会。

工业和信息化部总经济师许科敏、山东省副省长凌文、烟台市委书记张术平出席大会开幕式并致辞。联合国工业发展组织总干事李勇，中国工程院院士潘云鹤以及全球设计行业组织主席为大会发来祝贺视频。

大会同期举办 2020 年中国优秀工业设计奖颁奖典礼，揭晓 10 个金奖产品和作品。

（撰稿人：王艳峰）

中国工艺美术学会

服务创新型国家和社会建设 10—12 月，学会首次申请并承担人力资源和社会保障部 2020 年全国行业职业技能竞赛——全国工艺品制作（漆器制胎工、漆器髹漆工）职业技能竞赛、全国工艺品雕刻工职业技能竞赛三项国家级职业技能竞赛。

学会完善竞赛管理机制，在国家标准的基础上制定《2020 年全国行业职业技能竞赛——全国工艺品制作职业技能竞赛管理文件》《2020 年全国行业职业技能竞赛技术文件》《2020 年全国行业职业技能竞赛——全国工艺品制作职业技能竞赛题库管理办法（试行）》等文件，实现漆器与石雕领域技能人才的异地培训、考核及竞赛功能。

漆器制胎工、漆器髹漆工与雕刻工三个工种的竞赛分为预选赛和总决赛。漆器预赛在华东（浙江省杭州市）、华南（广东省）、华北（湖北省荆州市）三个地区举办，共有 206 人参赛；总决赛在湖北省荆州市举办，121 人参加。石雕预赛在华东（浙江省温州市泰顺县）、华南（福建省泉州市惠安县）、华北（河北省保定市曲阳县）三个地区举办，共有 177 人参赛；总决赛在福建省泉州市惠安县举办，共 60 人参加。各工种获得总决赛前三名的选手经人力资源和社会保障部核准后，被授予“全国技术能手”称号；获得总决赛四至十五名的选手经中国轻工业联合会核准后，被授予“全国轻工技术能手”称号。

10 月 22—26 日，学会与中国旅游协会共同主办 2020 中国（大连）国际文化旅游产业交易博览会暨辽宁省乡村旅游产业博览会。博览会以“让文旅更融合，让生活更美好”为主题，展区面积 15000 平方米。博览会期间，学会举办首届“经典工美”——工艺美术优秀作品大赛。

11 月 1—4 日，以“绿色富民　健康生活”为主题的第 13 届中国义乌国际森林产品博览会在浙江省义乌市举办。学会和中国义乌国际森林产品博览会组委会、中国林业产业联合会共同举办木（竹）雕艺术“金雕手”创新设计大赛，并召开专家点评交流会。

11 月 2 日，“丰盈韵”第六届全国高校毕业生石雕创作营在福建省泉州市惠安县举办。创作营以“人与自然”为主题，从 2020（第十五届）全国高校毕业生雕塑作品展来稿的作品中遴选出 10 所院校的 21 件优秀作品参赛。毕业生作为第一作者，由雕刻艺术研究会、石雕石材协会、玉石雕刻行业协会、观赏石协会等联合向业界征集选拔雕艺匠师作为第二作者携手创作完成。

11 月 22 日，艺术茶具·诗意生活——2020 首届“百狮杯”全国惠明茶禅器具原创大赛在上海市揭晓。活动最终征集到来自全国的 300 余件作品，经专家委员会评选出金、银、铜奖 6 名，优秀奖 6 名，入围奖 24 名。

12 月 4—7 日，学会联合厦门市文化改革发展工作领导小组办公室共同主办的 2020 创意工美——中国工艺美术创新作品大赛暨知名品牌推介展、鹭岛学术对话在福建省厦门市举办。作为第十三届海峡两岸（厦门）文化产业博览交易会同期的重要活动，此次活动致力于推动工艺美术和现代设计的结合，推动学术、行业和产业之间的融合与发展。

12 月 12 日，由学会联合中国工艺美术协会、清华大学美术学院、河间市工艺玻璃行业协会共同主办的第四届中国·河间国际灯工玻璃艺术节暨第五届中国·河间工艺玻璃设计创新大赛在河北省沧州市河间市举办，活动征集到来自美国、英国、德国、法国、俄罗斯、乌克兰、奥地利、波兰、匈牙利等22个国家的作品。

为宣传战“疫”中的人物、故事，《雕塑》杂志社举办2020抗疫阻击战雕塑作品网展，收到稿件及作品上千件，关注访问量达70万次。

学会举办2020（第十五届）全国高校毕业生优秀雕塑作品展，收到全国50余所艺术院校推荐的600余件（组）作品，其中150件（组）优秀作品入围参加展示。

学会建设 截至2020年年底，学会有个人会员6580人、单位会员6个。召开理事会议1次、常务理事会议1次，完成学会的换届工作。设立学会监事会，王建良担任学会监事会主席。完善省际学会理事长联席会议工作机制，并由广东省工艺美术学会担任新一届省际学会理事长联席会议轮值主席单位。

学会建立地方学会、专业委员会、科普基地等各相关机构的信息报送体系，实现咨询沟通互享。设立特邀副理事长单位工作机制。

学会完善会员管理与服务，从9月开始，对会员工作的现状进行系统梳理，着手起草会员注册制管理办法。

强化分支机构工作机制。从10月开始，学会对全国工艺美术重点地区、重点院校及学会已有各分支机构进行调研，根据工艺美术新时代的特点开展分支机构的重组、恢复、组建工作。重组分支机构包括雕塑专业委员会、民间工艺美术专业委员会、织锦专业委员会、纤维艺术与设计专业委员会、书画专业委员会、传统工艺协同创新中心、会展工作委员会、玉雕艺术专业委员会、石雕艺术专业委员会、竹工艺专业委员会、鼻烟壶艺术专业委员会、木雕艺术专业委员会。恢复分支机构包括理论专业委员会、紫砂艺术专业委员会、刺绣艺术专业委员会。筹备组建分支机构包括学会党校、青年工作委员会、香文化艺术专业委员会、缩微艺术专业委员会、滕铁艺术专业委员会。

青年人才托举工程 学会参与并支持第五届传统工艺青年论坛。筹备中国工艺美术学会青年人才工作委员会，启动对青年人才的培养工程，打造中国工艺美术行业青年人才挖掘、培养和评价的平台，探讨建立对创新青年人才的发掘机制、培养模式和评价标准。

主办期刊 学会主办的双月刊《雕塑》2020年度共出刊8期（6本正刊、2本增刊），主要栏目包括特别报道、封面艺术家、艺海掇英、公共艺术、国之大匠、泛雕塑、非遗英粹、雕塑教育、理论纵横等。

学科发展工程 学会积极鼓励、支持地方工艺美术学会和相关机构编撰工艺美术行业的白皮书，支持2020年广东省城镇集体企业联社编撰《广东省工艺美术产业白皮书（2020）》并在全国推广经验。

学会织锦专业委员会南京云锦研究所有限公司承担的“湖南省博物馆马王堆汉墓出土丝织品文物仿制项目”通过验收；海南锦绣织贝实业有限公司“龙被复制”项目结项，五联幅清代织锦龙被、三联幅清代刺绣龙被复制项目通过海南民族宗教事务委员会的验收。

国际学术会议 12月5日，纤维艺术专业委员会在线上举办2020中美纤维艺术与科技创新交流展，邀请40位中国和美国的纤维艺术家参与展示和交流活动。中美双方在线上就共同关心的主题、创作方法、表现形式、新技术新材料的应用展开探讨与交流。

由学会参与并支持、国际陶艺学会主办的“2020国际陶艺学会新会员作品展”开幕式暨国际陶艺学术论坛在北京举办。论坛以线上线下相结合的方式同步进行，参加论坛的人员包括来自60多个国家的94位国际陶艺学会主席、副主席、理事及会员。此次作品展从2019年度国际陶艺学会新会员中甄选出139件/套作品，在北京国中陶瓷艺术馆网站进行展示，同时70余件实物作品在北京国中陶瓷艺术馆进行实体展示。

国内主要学术会议 1月18日，由《雕塑》杂志社主办的“畅享交流　跨越发展”——2020《雕塑》杂志新年座谈会在北京召开。来自美术高校、雕塑艺术、工艺美术、艺术收藏、文化交流、新闻传媒等领域的专家学者近50人参加活动。专家们通过回顾《雕塑》杂志25年的历程，从国家民族的高度上展望雕塑艺术、文化产业、城市设计、生活美学、国民教育、数字科技等方面的发展，共同针对新时期下文化艺术行业发展、创新方向与对策、城市雕塑与公共艺术对当代城市文化及生活品质的影响等方面进行探讨。

7月10日，由《雕塑》杂志和西安美术学院中国雕塑艺术研究所联合主办的“无中生有——雕塑家四人VR创作营”开营，历时1个月。该创作营是国内首个使用VR技术进行创作的雕塑创作营，艺术家们在创作营的基础上举办主题为“数字雕塑 VR 状态的正反磋商”的专题研讨会，就数字雕塑和VR技术的发展进行研究和探讨。

8月23日，“后疫情·谋发展”——《雕塑》杂志第二十二届中国雕塑论坛在北京以在线会议形式召开。来自中国城市雕塑、公共艺术、艺术设计、工艺美术、科学技术、诗词文学、文化旅游、乡村建设、信息工程、国际交流等多个领域的专家学者、院校师生、雕塑从业者代表参加会议。50余位专家学者围绕“后疫情与数字时代叠加下的雕塑创作”“后疫情时期雕塑与公共艺术发展问题”和“雕塑与公共艺术在乡村振兴中的角色”3个议题作发言。

8月29日，疫情+数字平台·论雕塑教育的利与弊——2020（第十五届）全国高校毕业生优秀雕塑作品展研讨会在线上举办。来自中央美术学院、清华大学美术学院、广州美术学院、西安美术学院、鲁迅美术学院、四川美术学院、湖北美术学院、北京工业大学、南京艺术学院、广西艺术学院等25所雕塑专业艺术院校的专家及教师参加。与会专家学者针对雕塑艺术线上教学的利弊、疫情下的毕业季雕塑展、数字化手段给雕塑教育的启示和前景3个方面进行讨论。

10月29—30日，由学会织锦专业委员会主办、苏州丝绸博物馆承办的中国工艺美术学会织锦专业委员会年会暨全国织锦技艺学术研讨会在江苏省苏州市举办。来自全国各地织锦行业、科研院所、高等院校、非遗机构和相关企业的百余位专家学者参加。会议分为学术报告和学术研讨两个部分，参加此次会议的锦种包括云锦、宋锦、蜀锦、壮锦、黎锦、侗锦、土家锦、瑶锦等。

11月19—24日，2020海南锦·绣世界文化周专题论坛在海南省三亚市举办，来自全国织锦行业的专家学者、匠人代表等参加。论坛围绕“非遗传承与创新”展开主题演讲及专题对话，在探讨中国织锦未来发展的同时，也为海南自由贸易港建设建言献策。活动期间，学会举办2020海南黎锦及纹样服饰创新设计征集遴选活动。

12月4—5日，由学会主办、福州大学厦门工艺美术学院承办的2020创意工美——鹭岛学术对话（学院论坛）在福建省厦门市举办。论坛主要针对“新时代的工艺美术价值重构与创新传播”和“传统工艺的当代价值”两个主题进行研讨。来自清华大学美术学院、中国美术学院、南京艺术学院、上海艺术学院及工艺美术行业的从业者、工艺美术大师等针对论坛主题发表专题演讲，并以对话的形式对行业融合与发展进行交流与讨论。

12月19日，2020第四届深圳“琵鹭杯”公共艺术精英赛暨公共艺术研讨会在广东省深圳市举办。此次研讨会以“四十载·艺未来”为主题，旨在通过吸引国内外艺术家的积极参与，促进公共艺术优秀人才脱颖而出，并激励艺术创作，从而更加丰富和发展现代城市的公共精神。受全球疫情影响，2020年“琵鹭杯”举办“云颁奖”及“云研讨”，打破物理空间限制，让更多的艺术爱好者参与其中，现场直播观众达6.4万人次。来自全球公共领域、公共场所、公共空间及与公共艺术相关的专家学者和艺术家共同探讨公共艺术在城市更新和再生过程中对城市领域和人群生活的关系和影响。

科普活动　2020年，学会与各省（自治区、直辖市）工艺美术学会和学会各工艺美术科普教育基地共同开展2020年工艺美术科普教育周系列活动，相继举办网络公益大讲堂、专题交流与展示、博物馆科普教育、学术讲座、手作体验等活动36项，累计近10万人次参与。

党建强会　学会党委成立后，组织党员对有关精神的学习，包括习近平总书记给25位科技工作者代表回信精神、在科学家座谈会上的精神、党的十九届五中全会精神等。建立学会党委工作学习群。

9月2日，中国工艺美术学会第五次全国会员大会暨五届一次理事会议在北京召开。会议决议将学会党建工作纳入学会章程，明确学会新时代使命与价值，主动对标中央决策部署、国家重大战略需求，在学会重点工作中贯彻执行党的路线方针政策。学会党委履行抓学会党建工作的主体责任，学会党委工作机构设在学会秘书处党支部，学会党委日常工作由学会秘书处党支部承担。在五届一次理事会议上，学会完成理事会党委换届。

学会党委主动介入学会治理，在每次理事会议和常务理事会议召开之前，党委书记都要召集党委会对学会发展方向性的工作进行讨论。党委主动介入学会治理和“三重一大”等重大事项的决策，如最近的会员发展、分支机构设立和基地建设以及地方学会联席会议等。

建设学会先进文化，学会党委发挥政治核心、思想引领和组织保证作用，学习习近平新时代中国特色社会主义思想。积极弘扬科学家精神，投身科普活动。

会员服务 学会通过网站、微信等平台探索为会员服务的新模式。

学会深入产区、院校等进行实地调研，推动产学研一体化发展。五届理事会领导班子成员深入基层，调研和走访33个省（自治区、直辖市）的工艺美术主要产区、院校、科普基地、大师工作室、重点企业等，了解工艺美术行业发展现状，并针对工美行业发展中面临的新形势明确开局定位、带动全盘工作。

学会依托产业集群评估工作，组织专家组深入产区，对产业集群未来发展提出专业建议。11月，学会和中国轻工业联合会共同组成专家组，对湖南省土家族苗族自治州龙山县“中国土家织锦之乡”进行复评工作。12月，学会和中国轻工业联合会共同组成专家组，对浙江省义乌市“中国工艺美术产业贸易之都”进行考评工作。专家组在对这两个地区的产业发展进行评估的同时，也根据不同领域情况对产业集群未来发展献计献策。

【中国工艺美术学会第五次全国会员代表大会暨五届一次理事会议】 9月2日，中国工艺美术学会第五次全国会员代表大会暨五届一次理事会议在北京召开。来自全国各省（自治区、直辖市）的工艺美术学会、学会分支机构、相关艺术院校、研究院所及会员代表近200人参加。中国轻工业联合会党委书记、会长张崇和，中国科协党组成员、书记处书记吕昭平，中国轻工业联合会纪委书记、学会理事长陶小年，中国轻工业联合会党委委员、副秘书长才大颖，学会党委副书记、副理事长马佩，学会秘书长任建新，中国轻工业联合会党委委员、党建人事部主任杨曙光，中国科协学会学术部学会管理处处长邹超，中国科协学会学术部学会管理处李伟华等出席会议。

会议由陶小年主持。会议听取并审议通过《中国工艺美术学会第四届理事会工作报告》《中国工艺美术学会第四届理事会财务报告》及对学会章程的修订；投票通过第五届理事会会费标准，投票选举第五届理事会、常务理事会和监事会，投票选举产生理事、常务理事、理事长、副理事长、监事、监事长以及通过聘任秘书长的议案。

在监事会第一次全体会议上，学会监事长王建良和监事会全体成员就监事会重点工作进行探讨和研究。按照中国科协社团党委要求，规范学会体制机制改革，学会第一次设立监事会，并将监事会职能写入学会章程。

（撰稿人：陈　敬）

中国科普作家协会

服务创新型国家和社会建设 2020年，协会组织开展科幻产业发展研究，并在2020年中国科幻大会上发布成果。参与撰写的关于中国科幻产业发展的相关报告获国家领导人批示。

学会建设 加强制度建设，完善服务保障体系。协会严格执行中央八项规定精神，不断完善《中国科普作家协会规章制度汇编》，逐一针对风险点建立健全协会各项业务活动内控制度。进一步完善并严格执行项目实施管理办法，积极配合主管部门开展巡视、审计等工作，2020年协会通过中国科协财务检查和民政部组织的年检工作。

鼓励分支机构参与服务协会发展建设。协会农业科普创作专业委员会和科普教育专业委员会举办覆盖全国范围的主题年会。协会科普演讲专业委员会、青年科学家工作委员会坚持在全国范围内举办惠民科普讲座和活动。协会医学科普创作专业委员会、应急安全与减灾科普专业委员会和生态科普创作专业委员会在抗疫中发挥专业人员优势，帮助各大平台把关科普文章和视频质量，举办各种活动并积极建言献策。协会国防科普、海洋科普创作、科普演讲、科普美术、科幻和科普出版与编辑专业委员会以协会为依托，出版系列科普和研究类著作。协会科普文化创意产业专业委员会推动科普产业发展，向协会捐赠第六届中国科普作家协会优秀科普作品奖的部分奖金。协会科幻电影、科幻、科技记者与编辑、科学文艺、科普摄影、科普教育、科普演讲等专业委员会举办和承担科普创作相关活动和项目，取得良好社会效益。协会组织工作委员会与秘书处一起承担个人会员、单位会员和各专业委员会（工作委员会）的组织和服务工作。

主办期刊 协会主办的期刊《科普创作》开展专题学术沙龙、海外圆桌论坛、作家访谈、科普作家宣讲会等系列征稿工作；为具有重大影响力的科普作家推出“名家赏析”“作家档案”专题；结合科普热点问题，推出自然文学、科学绘本、机器人、科幻电影、自然纪录片等专题。2020年开始推出《科普创作》电子刊。

协会主办的期刊《科学故事会》打造面向小学高年级和初中学生的科学阅读、写作、培训和活动的科学阅读与写作平台。2020年，期刊编辑部牵头在全国范围内举办青少年科学创作活动，累计征集作品1万余部，覆盖24个省65个市区的248个学校及机构。7—8月，特邀高水平教师组成“讲师团”，通过16次云讲座，与来自全国教育一线的3000余名教师一起探讨科普科幻教育，累计点赞量上百万次。

学科发展工程 2020年，协会开展科普期刊分级目录研究、学科科普图书创作历史研究、科幻产业发展研究、健全应急科普机制研究、优秀科普图书评介研究，以及《第四次气候变化国家评估报告（科普版）》编写工作。撰写的《我国科幻产业的发展困境与政策建议》和《关于健全我国应急科普机制建设的建议》两份专报得到国家领导人批示。协会理事长周忠和作为第十三届全国政协常务委员，于2019—2020年提交多项关于推动科普事业发展的提案。四川省科普作家协会理事长吴显奎等多位协会常务理事积极为地方科普科幻创作和地方文化发展建言献策。

协会承担中国科普期刊分级目录工作，成立中国科普期刊分级目录专家委员会，并对长三角地区和西南地区的科普期刊进行调研。结合调研情况，项目组在专家委员会指导下设计科普期刊评价指标和评审细则，经大众投票和专家评审评选出《中国国家地理》等50种科普期刊进入中国优秀科普期刊目录（2020年）。

国内主要学术会议 2020年，协会举办多次科普作家作品研讨会。

6月10日，由中国科协主办，协会、中国科普研究所、上海市科普作家协会、少年儿童出版社承办的叶永烈科普科幻创作思想与实践座谈会在北京市、上海市两地视频连线同步召开。中国科学院院士杨焕明、褚君浩，联合国教科文组织科普大奖“卡林加奖”获得者李象益，科幻作家韩松等40余位专家学者、科普作家、科研人员、教育工作者和传媒从业者参与研讨。中国科协副主席、书记处书记孟庆海出席座谈会。协会理事长、中国科学院院士周忠和主持会议。

11月12日，由协会、上海市科协主办，上海市科普作家协会、上海科技发展基金会和长三角科普创作联盟承办的“加强作品评论　繁荣科普原创”——顾凡及科普作品研讨会在上海市举办。

12月18日，中国科普作家协会2020年会在北京举办，主题为“繁荣科普创作，坚定文化自信”。年会设置主旨报告、专题论坛、优秀科普科幻图书作品展示和科普创作现场交流等板块，展现新时期中国科普创作成果，来自全国各地科普界的200余人到现场参会。

科普活动 2020年，协会继续主办“繁荣科普创作　助力创新发展”系列沙龙活动，协会专业委员会、单位会员、地方科普作家协会、科普创作基地积极承办。截至12月底，通过“线上＋线下”形式在全国范围内组织沙龙活动16期，累计参与会员千余人次。

9月，由协会担任活动指导的后疫情时代中日SF高峰云论坛以线上视频形式召开。来自中国和日本的30余位科幻作家、资深评论家、产业界以及媒体界人士参加论坛，从科幻作家、科幻创作、科幻产业、科幻政策等视角探讨中日灾难主题科幻作品、科幻与纯文学之间共同题材的作品研究、科幻衍生产品及向海外推介路径等问题，共议后疫情时代下科幻与人类文明新希望。

打造科普阅读推广品牌。9月，协会受中国科协科学普及部委托，承担“全民科普阅读线上推广活动示范”项目，共举办22场线上线下领读活动。60余家出版社报名推荐优秀科普图书160余种，经专家评选，形成“科普阅读联合行动”100部优秀科普图书推荐书目并发布。活动得到《中国青年报》《北京青年报》、中央电视台、学习强国、光明网、中国日报网、新浪新闻、腾讯新闻、抖音、快手、京东等40余家媒体平台的宣传推广，线上线下参与人数超过1000万人次，传播覆盖达7000余万人次。在全国科普日活动期间，联合阅读展台受到国务院领导、中国科协领导和相关部委领导关注，并对促进科普阅读和创作作出指示。

表彰举荐优秀科技工作者 协会对评奖程序进行修订完善。2020年，完成第六届中国科普作家协会优秀科普作品奖评奖工作。

协会以评奖工作为依托，向科技部全国优秀科普作品、自然资源部优秀科普作品、文津图书奖、中国好书、吴大猷科学普及著作奖、中国科协典赞活动等奖项和评选活动推荐多部优秀科普作品。

协会完成第四届王麦林科学文艺创作杰出人物表彰工作。2020 年，3 位获奖人分别是首都师范大学数学系教授、协会荣誉理事李毓佩，原第二军医大学教授、协会荣誉理事谈祥柏，中国科学院院士、协会名誉理事长张景中。

协会理事长、中国科学院院士周忠和，协会荣誉理事、中国工程院院士李玉，协会医学科普创作专业委员会主任王韬获第二届全国创新争先奖状。

党建强会 协会贯彻实施“党建强会计划”要求，发挥党组织在协会发展中的领导核心作用，完善协会功能型党委工作机制；将“党的建设”和“社会主义核心价值观”内容写入协会章程；加强党的领导和完善协会治理相统一，推动协会党建工作与协会事业发展同谋划、同部署、同推进；督促协会基层党组织做好整改落实情况检查，将主题教育成功经验做法转化为长效机制，推动主题教育常态化制度化；实施协会“抗击新型冠状病毒肺炎疫情”相关主题科普创作支持计划，开展应急科普政策意见建议征集活动、山西省吕梁市岚县重大疫情防控能力培训活动；协助协会党组织及广大科普创作人员、协会会员利用专业优势，在科学防疫岗位发挥作用；要求协会重要工作执行前置审议制度，根据《中国科普作家协会“三重一大”议事规则》《中国科普作家协会理事会党委工作规则》，协会党委提前对协会重大问题、重要业务活动、大额经费开支、接收大额捐赠等重要事项进行审议，保证协会依法依章开展活动。

会员服务 协会鼓励个人会员积极创作，出版、发表大量作品，在国内各种与科普作品有关奖项中都有协会会员和作品获奖。2020 年，协会完成向中国作家协会推荐会员的工作，协会会员张冲、左文萍、郑军、罗琳被吸纳为中国作家协会会员。

建设全媒体互动宣传平台，畅通会员沟通渠道。截至 12 月底，协会官方网站（中国科普作家网）共发布文章 2296 篇，协会官方微博（@ 中国科普作家协会）共推送文章 1501 篇，协会官方微信公众号（ID: kpzj_010）共发文 1011 篇，总阅读量 2276 万人次。协会新媒体平台工作多次入围中国科协系统科学传播榜（全国学会）前十。

【中国科普作家协会第八次全国会员代表大会】 12 月 17 日，中国科普作家协会第八次全国会员代表大会在北京召开。中国科协副主席、书记处书记孟庆海出席会议并致辞。中国科普作家协会第八次全国会员代表大会代表及特邀专家学者 200 余人出席大会。会议由中国科学技术大学教授、协会第七届副理事长汤书昆主持。协会第七届理事长周忠和致开幕词。

大会选举产生协会第八届理事会，包括常务理事 46 人、理事 143 人；选举产生协会第一届监事会，王晋康、石顺科、冯伟民、刘泽林、杨焕明、居云峰当选监事会成员；通过协会荣誉理事名单（16 人）。

会议期间，召开中国科普作家协会八届一次理事会议，选举周忠和担任协会第八届理事长，王挺、王元卓、王劲松、尹传红、汤书昆、吴岩、张文宏、陈楸帆、郑永春、徐颖、崔丽娟担任协会副理事长。会议还审议通过《关于提名常务副理事长和聘任秘书长的决议》，王挺担任常务副理事长，陈玲担任秘书长。

会议期间，还召开中国科普作家协会八届理事会第一次全体党员会议，表决产生第八届理事会党委，王挺担任协会党委书记；召开中国科普作家协会第一届监事会第一次会议，刘泽林当选监事长。

【中国科普作家协会 2020 年总结会议暨颁奖典礼】 12 月 17 日，中国科普作家协会 2020 年总结会议暨颁奖典礼在北京举办。协会党组成员、副主席阎晶明出席并致辞。中国科普作家协会第八次全国会员代表大会代表，第六届中国科普作家协会优秀科普作品奖获得者、入选中国优秀科普期刊目录（2020 年）及 2020 年科普科幻青年之星代表等 200 余人参加会议。北京广播电视台节目主持人段玉龙主持会议。

会议期间为第六届中国科普作家协会优秀科普作品奖获奖者颁发奖牌，包括科普图书类金奖作品 10 种、银奖作品 19 种；科普影视动画类金奖作品 5 种、银奖作品 10 种；青年短篇科普佳作金奖作品 10 篇、银奖作品 19 篇。会议现场展示中国优秀科普期刊目录（2020 年）、2020 年科普科幻青年之星计划成果，并为取得优秀成果的获奖者代表颁发证书。

【2020 中国科幻大会——青少年科普科幻教育专题论坛】 11 月 1 日，“以好奇为指引，探科幻之未来”为主题的 2020 中国科幻大会——青少年科普科幻教育专题论坛在北京召开。论坛由中国科协，北京市人民政府主办，协会承办，清大紫育（北京）教育科技股份有限公司、北京科技报社和《科学故事会》杂志

社共同协办。论坛邀请包括中国科学院院士林群、协会理事长周忠和、中国教育学会常务副会长刘堂江以及协会副理事长吴岩在内的众多业内专家学者、知名作家参加论坛，围绕“中国青少年科普科幻教育”话题，与广大公众积极交流、畅谈分享。

刘慈欣、尹传红、韩松、何夕、陈楸帆、陆杨等多位科普科幻领域作家以及来自全国各地中学的校长和学生通过视频为论坛送去祝福和寄语，希望更多的青少年加入科普科幻创作。

【《科普伦理倡议书》发布】 9月24日，在江苏省常州市召开的科普伦理倡议书发布会上，协会与中国自然科学博物馆学会、中国科技新闻学会、中国科协创新战略研究院、北京果壳互动科技传媒有限公司联合发布《科普伦理倡议书》。中国自然科学博物馆学会理事长程东红、协会副理事长汤书昆、中国科技新闻学会理事长宋南平、中国科协创新战略研究院副院长赵立新、北京果壳互动科技传媒有限公司CEO嵇晓华共同宣读倡议书。来自全国自然科学博物馆领域、参加中国自然科学博物馆学会2020年年会的500余名科普工作者共同见证倡议书的发布。

《科普伦理倡议书》面向全国广大科普工作者，分别从“坚持科技向善的价值导向，秉承公平普惠的科普理念”“坚持平等友善的态度，尊重生命尊严”“坚持科学性原则，鼓励科普原创”“坚持开放发展的视野，增进国际交流”4个方面发出倡议。《科普伦理倡议书》呼吁科普工作者秉持科技向善、科普向善的价值追求，坚持科普“以人民为中心”的初心，更好地面向公众开展科普，促进科普工作服务于国家发展和人民幸福生活，并针对这一目标表达科普工作者主动提升科普质量、承担社会责任的使命担当。

（撰稿人：李姗姗）

中国自然科学博物馆学会

服务创新型国家和社会建设 1月29日，学会向全体会员发布倡议书，号召全体会员积极投身疫情防控和应急科普工作。学会针对湖北省疫区医用物资紧缺的情况，第一时间通过展项研发及环境设计工作委员会号召企业会员向湖北省捐赠医用防疫物资。企业会员合肥安达创展科技股份有限公司设法寻找渠道，分两批次捐赠口罩、消毒液等医用防疫物资。

10月27—29日，由学会、中国科学技术馆、中国科技馆发展基金会联合主办的西北地区自然科学博物馆科普教育专题培训班在甘肃省兰州市举办。来自陕西省、甘肃省、青海省、宁夏回族自治区及新疆维吾尔自治区的自然科学博物馆和农村中学科技馆的一线科普教育人员参加培训。培训班聚焦科普教育专题，设置理论授课、案例分析、专题讨论、实践模拟、现场教学等环节，邀请多位专家学者围绕科普教育理论、馆校结合、教育活动方案策划与实施、数字科普资源开发与利用等方面进行辅导授课与专题研讨。

学会建设 2020年，学会先后组织召开理事长办公（扩大）会议5次、常务理事会议3次、监事会议1次；完成新会员入会单位82家，个人145人；组织分支机构换届，推进12个专业委员会完成换届工作；完成学会年检工作；完成税费缴纳、汇算清缴、财税审计等财务工作；推进实施《中国自然科学博物馆学会分支机构管理办法》；协调学会领导参加分支机构组织会议和活动9次；推进《中国科普场馆年鉴（2018卷）》编撰出版。

主办期刊 2020年，学会主办的期刊《自然科学博物馆研究》完成编委换届，增加相关机构和业界专家推荐的编委人选，特别是在科技博物馆领域具有持续发展潜力的中青年专家学者，增加杂志学术外援。加强作者队伍建设，邀请行业专家开展学术论文写作培训。2020年完成6期出版发行，刊登论文66篇。微信公众号共刊发48期，完成图文编辑172篇。关注用户累计达6661位，相比2019年的4486位增加48%。

学科发展工程 学会编辑并出版《中国科普场馆年鉴（2018卷）》。该年鉴收集整理117家科普场馆的2018年的发展情况、数据统计、资料分析以及自然科学博物馆学会发展等资料，由社会科学文献出版社出版。

国内主要学术会议 9月23—24日，中国自然科学博物馆学会2020年年会在江苏省常州市召开。此次年会参会规模超过500人，设置2场主旨报告、1场特邀报告、1个发布会、1个发展论坛、4场平行会议、9个分支机构会议及1场参观调研活动。会上，与中国科普作家协会、中国科技新闻学会、中国科协创新战略研究院、北京果壳互动科技传媒有限公司5家单位联合发布《科普伦理倡议书》，得到新华网、光明网、《科技日报》《中国青年报》等多家主流媒体报道。在学会成立40周年发展论坛上，学会名誉理事长等老中青三代人结合个人经历，探讨如何秉承“学术立会、科普立身”的办会理念。

国际交往 2月21日，学会向联合国教科文组织发出《致联合国教科文组织的函》；在“一带一路”科普场馆发展国际研讨会（BRISMIS）英文官网发布《致BRISMIS朋友们的一封信》；向国际组织和“一带一路”科普场馆通报中国政府、中国科协和学会在疫情防控期间的应急科普工作情况，宣传中国作为负责任的大国为防控疫情蔓延、有效应对这一人类面临的共同威胁所作出的贡献。

5—6月，根据联合国教科文组织拟定召开“携手科学中心/科技馆共同抗击新冠肺炎疫情”在线国际研讨会的计划，学会联合下属科技馆专业委员会、学术工作委员会，以全国科技馆疫情防控期间的工作情况为主体内容，起草《我们的行动&体会：应对COVID-19大流行和大流行后时期》中英文稿件，为国际会议做准备。

11月6日，应联合国教科文组织邀请，学会理事长程东红，学会副理事长兼秘书长、中国科学技术馆副馆长欧建成出席联合国教科文组织“2020世界和平与发展科学日”在线圆桌会议，来自中国科学技术馆、北京天文馆、上海科技馆、重庆自然博物馆等单位会员的15位代表也应邀参加。来自英国、马来西亚、津巴布韦、巴西等国的特邀专家作会议发言，来自全球各地科学组织、科普场馆等机构和单位的400余人参加在线会议。学会理事长程东红受邀录制“2020世界和平与发展科学日”活动视频，并上传到联合国教科文组织官网。

科普活动 2月17—28日，学会主办线上“新型冠状病毒肺炎科普知识有奖竞答”活动，采取“边推广、边吸纳、大联合”的方式，12天吸引327家单位参与，公众参与ID超过7.6万人，覆盖全国34个省（自治区、直辖市）答题超过40万次，参与单位提供并发送门票等3万份奖品。疫情期间，学会开展“会员在行动”活动，持续收集、整理和宣传各分支机构和会员单位在疫情防控、应急科普、线上科普等方面的工作情况，发出疫情防控和应急科普工作链接100余条，发布宣传稿件近百篇。

表彰举荐优秀科技工作者 学会向2020年全国创新争先奖推荐基础研究和前沿探索类、社会服务类科技工作者2人，科技团体若干。

党建强会 学会党委班子带领理事会党委学习贯彻习近平新时代中国特色社会主义思想和党的十九大精神，落实中国科协关于学会改革发展的总体要求，坚持“学术立会、科普立身”，在面对新冠肺炎疫情勇于担当、大力支持各会员单位疫情防控的同时，持续推进会员结构、办事机构、治理机构和管理方式的改革。

（撰稿人：陈　春）

中国可持续发展研究会

服务创新型国家和社会建设 为落实国家创新驱动发展战略，研究会发挥人才、技术和信息优势，先后组织多批专家、单位会员赴广西壮族自治区桂林市、湖南省郴州市国家可持续发展议程创新示范区调研，支持地方政府编制国家可持续发展议程创新示范区建设方案；组织研究会理事和专家参与主管部门科技部和委托管理单位中国21世纪议程管理中心组织的创新示范区年度报告和评估报告的研究工作；组织秘书处和分支机构参加针对创新示范区的课题研究，支持地方可持续发展案例研究。

研究会组织开展绿色读书会、气候沙龙等系列活动，汇集相关领域专家学者持续加强可持续发展热点跟踪及应对气候变化战略研究，培养可持续发展事业的研究者和实践者。通过培养实习生、开展项目合作、鼓励志愿者参与联合国可持续发展目标研究与地方可持续发展实践等，为科技工作者拓宽视野、提升科学素质提供服务。

研究会人居环境专业委员会、创新与绿色发展专业委员会联合策划，与国家住宅与居住环境工程技术研究中心、新华社《经济参考报》、南开大学环境科学与工程学院联合编制《中国落实2030年可持续发展议程目标11评估报告：中国城市人居蓝皮书（2020）》，该报告收集、凝练中国在城乡建设领域的可持续发展经验和做法，并对典型城市进行评估。

研究会人居环境专业委员会、创新与绿色发展专业委员会联合策划并组织落实2030年可持续发展议程中国行动之“2020探寻黄河之美”科考活动。活动于10月25日启动，历时两个月，贯穿青海、四川、甘肃、宁夏、内蒙古、陕西、山西、河南、山东9个省、自治区，沿途关注各地落实联合国可持续发展目标的成功经验，梳理黄河流域可持续发展的中国故事。此次科考成果通过《落实2030年可持续发展议程中国行动之“2020探寻黄河之美”科考活动考察报告暨黄河沿线城市可持续发展进展专题报告》公开发布。

研究会积极响应国务院抗击疫情部署和安排，支持委托管理单位举办“病毒传播途径专班”等工作。按照专班要求，研究会秘书处组织专门力量，协助专班收集有关病毒传播途径的相关信息，内容包括不同传播方式，如飞沫传播、接触传播、气溶胶传播、粪口传播、眼结膜传播、母婴传播等；致病机理与跨物种传播，如病毒如何引发疾病、基因变异、其他物种感染情况；病毒环境耐受性，即病毒在不同温度条件下的空气、水、物体等介质中的存活情况；流行病学特点与防护举措；阻断传播的手段、防护设备；病毒传播的热点事件；无症状感染的研究进展、新闻和信息等。

研究会绿色经典读书会先后成立15个研究小组，陆续开展布伦特兰、利奥波德等21位绿色经典人物的研究工作，先后召开23期专题研讨会分享读书心得，推动研究进展。2020年已形成《布伦特兰·多重身份的不凡人生》《戈尔——因环境保护获奥斯卡诺贝尔双料奖的政治人物》等10篇研究报告。其中《布伦特兰·多重身份的不凡人生》发表于《世界环境》2020年第5期，《可持续革命——塑造人类文明发展新范式》《利奥波德与大地伦理》分别被《中国人口·资源与环境》和《国际人才交流》录用。

绿色经典读书会形成的《可持续发展革命》《科技支撑助力中国2060年前实现碳中和》等报告先后在第十五届清华大学公共管理高层论坛、博鳌亚洲论坛国际科技与创新论坛大会、世界公众科学素质促进大会等论坛上进行交流。

研究会气候变化工作委员会持续开展碳捕集利用与封存（CCUS）技术研究，参加多次CCUS相关论坛及CCUS联盟青年学者沙龙并作报告，编写《第四次气候变化国家评估报告》CCUS技术章节和《中国CCUS技术评估》特别报告，支撑应对气候变化战略和政策制定，与国际能源署共同编制CCUS与氢能耦合研究报告，促进CCUS领域的知识国际共享与经验交流。

9月29日，研究会气候变化工作委员会参加“中国2060年实现碳中和目标技术路径”专家研讨会，围绕如何正确认识2060碳中和目标，碳中和目标对中国经济社会发展的影响，发达国家实现碳中和举措对中国的启示，电力、工业、建筑、交通等部门低碳转型的技术挑战，以及碳中和目标实现对科技创新的中长期需求等议题进行研讨。会后，参与编写《实现碳中和目标科技创新路径研究》《大力推动绿色消费，为实现碳达峰与碳中和提供有力支撑》报告。

学会建设 研究会加强领导班子队伍建设，召开第五届理事会第五次理事会议，增选委托管理单位中国21世纪议程管理中心主任黄晶为副理事长。研究会获得4类注册商标证书，分别为第16类、第35类、第41类和第42类；通过民政部2018年度社会组织评估，获4A等级证书；按照中国科协要求，研究会财务部门完成2020年度财务决算工作。

重新评估分支机构和办事机构运营管理情况，依照第五届理事会第七次理事会议通过的《中国可持续发展研究会分支机构管理办法》，逐一核准各分支机构人员构成及其业务范围；根据学会发展需求，可持续发展实验区工作委员会更名为可持续发展实验示范工作委员会，变更国际交流工作委员会、可持续发展实验示范工作委员会负责人，增设气候变化工作委员会、绿色经典读书会；加强对会刊的指导，把握正确办刊方向，秘书处与编辑部建立密切联系机制，并督促会刊编辑部建立业务学习和交流机制。

主办期刊 研究会调整主办期刊《中国人口·资源与环境》编委会，加强主办单位对期刊的领导和管理；重新组建英文版期刊的国际化编委会，与北京科爱森蓝文化传播有限公司建立出版合作；完善编校质量、管理流程和制度建设；开展学术研究，提高期刊编辑的科研素质。

根据《中国学术期刊影响因子年报（2020版）》，《中国人口·资源与环境》中文版复合影响因子从2019年的5.428上升到2020年的6.010，增幅10.7%，在环境科学技术、经济计划与管理两个学科领域期刊中排名第1；据《中国学术期刊评价研究报告》（第六版），《中国人口·资源环境》中文版在环境科学技术与资源科学技术领域68种期刊中被评为权威期刊A+等级第一名；中、英文版均入选由中国地理学会和中国自然资源学会编制的《地理资源领域高质量科技期刊分级目录》（2020年），其中中文版入选T1类、英文版入选T3类；中文版首次被海外大型数据库（美国EBSCO数据库）收录；英文版在SCOPUS数据库中，2020 年 Citescore 为 1.9，比 2019 年度的 1.0 提升 90%，在人口学类期刊中从 2019 年的 Q4 进阶到 2020 年的 Q2，为进入 SCI/SSCI 奠定基础。

国内主要学术会议 研究会与世界自然基金会（瑞士）北京代表处合作举办 2060 碳中和背景下的中国低碳城市创新发展论坛；联合中国 21 世纪议程管理中心共同举办“中国 2060 年实现碳中和目标技术路径”专家研讨会。研究会气候变化工作委员会组织开展城市低碳绿色发展论坛、煤电实现碳中和目标路径研讨会等；联合中国环境科学学会和北京师范大学共同主办 2020 年“一带一路”绿色创新大会——气候变化与低碳发展论坛。

国际组织任职 6 月，在联合国气候技术中心与网络（CTCN）咨询委员会第十五次会议上，研究会国际交流合作工作委员会主任委员仲平当选为 CTCN 咨询委员会主席。研究会国际交流合作工作委员会副主任委员高翔长期参加《联合国气候变化框架公约》谈判，并担任“透明度议题”协调人；2020 年联合国“气候对话”活动期间，担任“结构性专家对话”协调人。研究会常务理事、生态环境专业委员会主任委员吕永龙担任 *Ecosystem Health and Sustainability*（《生态系统健康与可持续性》，EHS）期刊主编。

国际交往 研究会绿色经典读书会与国际智库罗马俱乐部建立长期协作关系，和罗马俱乐部执委周晋峰进行现场会谈，通过视频会议与罗马俱乐部委员冈特·鲍利进行交流研讨，现场听取尼古拉斯·斯特恩斯 12 月 7 日在 2020 绿色发展城市高峰论坛上所作的报告并参与交流互动。

党建强会 2020 年，研究会秘书处工作人员参加中国科学技术发展战略研究院联合党支部组织的各项活动，包括党员大会 12 次、支委会会议 9 次、支部书记讲党课 4 次、联学 1 次，并通过多种形式领会党的文件精神，引领研究会业务工作有序开展。

12 月 16 日，中国科协党组成员、机关党委书记王守东带队就学会党建工作到研究会进行现场调研，中国生态学学会、中国航海学会、中国水土保持学会、中国麻风防治协会等 5 家学会 / 协会负责人、办事机构党支部书记、党建联络员及中国科学技术发展战略研究院联合党支部书记参加此次调研座谈交流。6 家学会围绕各自党建工作亮点、特色和党建工作实际遇到的问题、难点等，从抗疫、扶贫、学术交流等方面开展座谈；并就学习《关于加强中央和国家机关行业协会商会党建工作的意见（试行）》进行交流，结合本学会实际对《全国学会党的建设工作方案（讨论稿）》提出建议。

【煤电实现碳中和目标路径研讨会】 11 月 15 日，研究会气候变化工作委员会联合 CCUS 产业技术创新战略联盟、浙江大学与中国环境科学学会环境与热能利用专业委员会、碳捕集利用与封存专业委员会等单位在浙江省杭州市召开煤电实现碳中和目标路径研讨会。包括多位院士在内的 60 余位专家学者参加会议，针对碳中和下能源和经济转型、煤电行业发展机遇与挑战、化石能源技术创新路线、CCUS 在未来气候经济下的关键作用等进行研讨交流。

【城市低碳绿色发展论坛】 8 月 27 日，研究会气候变化工作委员会以视频会议方式组织召开“城市低碳绿色发展”论坛。中国 21 世纪议程管理中心、中国社会科学院生态文明研究所等国内智库和研究机构代表，世界资源研究所、世界可持续发展工商理事会、世界自然基金会、能源基金会等国际非政府组织代表近 300 人参加论坛。国家可持续发展议程创新示范区代表参加论坛并开展对话交流、分享发展经验，推动示范区低碳绿色转型和高质量发展。

【“一带一路”绿色创新大会——气候变化与低碳发展论坛】 12 月 9 日，研究会气候变化工作委员会联合中国环境科学学会组织召开“一带一路”绿色创新大会——气候变化与低碳发展论坛。来自多家政府机构、高等院校、研究院所、企业和国际组织的近 40 位专家学者参加会议，针对中国绿色发展的“零碳之路”、减排技术需求和发展路径、绿色金融发展现状和展望以及城市低碳可持续发展实践展开交流研讨，推动应对气候变化工作朝着更清晰的方向发展。

【2060 碳中和背景下的中国低碳城市创新发展论坛】 12 月 16 日，由世界自然基金会（瑞士）北京代表处支持、研究会主办的 2060 碳中和背景下的中国低碳城市创新发展论坛在北京召开。来自政府、高等院校、科研机构、企业等的代表参加论坛，通过报告成果分享、经验交流和研讨等方式交流低碳发展创新实践研究成果及相关经验，促进政府界、学术界、企业界、国际组织以及国家可持续发展议程创新示范区多方对话，为加强各方面合作奠定基础。

（撰稿人：马启程）

中国青少年科技辅导员协会

服务创新型国家和社会建设 2020年疫情期间，协会积极响应国家“停课不停学”的号召，组织科普报告团科学家运用信息化手段开设抗疫公益助学课程，推出10期“科学家讲科学”系列微课，视频总播放量突破200万次。面向全国青少年和社会公众开设“空中科普课堂”，普及推介有关安全健康、能源资源、生态环境等多个主题的科技实践活动。开展美国《新一代科学教育标准》解读、新入职科学教师科技辅导员专业能力提升等6期示范性线上培训交流活动，组织西藏科技辅导员专项培训，配合中国科协“科创中国”试点工作开展山东省人工智能教育骨干科技辅导员专项培训。“科技辅导员在线学习平台”全年共开设12期慕课、65门微课和30场直播课，在线学习超过8万人次。面向社会征集推送“AI看见未来”等20门暑期科技实践活动公开课。

协会开展2020年青少年科技辅导员专业水平认证工作。2020年初级、中级青少年科技辅导员专业水平认证试点工作在北京、天津、内蒙古、江苏、辽宁等10个省（自治区、直辖市）和新疆生产建设兵团开展，高级青少年科技辅导员专业水平认证面向全国开展。2020年，全国共有2423人报名申请不同等级专业水平认证，544人通过初级青少年科技辅导员专业水平认证，284人通过中级青少年科技辅导员专业水平认证，59人通过高级青少年科技辅导员专业水平认证。

学会建设 12月24日，中国青少年科技辅导员协会第八次全国会员代表大会在北京召开。中国科协党组成员、书记处书记宋军出席会议并致辞。来自全国的150余名会员代表及特邀专家学者参加大会。开幕式上，宋军向第七届理事长陈赛娟颁发突出贡献荣誉纪念牌，中国自然科学博物馆学会理事长程东红代表友好协会致贺词。大会由执行主席、中国科协青少年科技中心主任辛兵主持。大会审议通过第七届理事会工作报告、第七届理事会财务报告、《中国青少年科技辅导员协会章程（修改草案）》《关于修订会费标准的说明》《关于变更中国青少年科技辅导员协会名称的报告》。选举产生第八届理事会115人、常务理事会38人，以及第一届监事会3人。大会期间，召开八届一次理事会议、一届一次监事会议和八届常务理事会党员大会，选举产生协会负责人、监事长及党委委员。

2020年，协会新命名17家全国青少年科技辅导员培训基地，截至年底累计命名35个科技辅导员培训基地。在协会微信公众号上推出“科技辅导员培训基地巡礼”系列报道，宣传优秀培训基地在青少年科技教育和教师培训工作方面的特色和优势。

主办期刊 协会主办期刊《中国科技教育》，2020年发行64800份，发表文章380篇。杂志社微信公众号每周5天按时推送，订阅人数已达20886人，全年发表文章668篇。

国内主要学术会议 12月24日，由协会主办的2020年科学教育发展论坛在北京召开，近200位会员代表参加。协会第八届理事会理事长、中国科学院院士武向平，北京师范大学科学教育研究院院长郑永和，陕西师范大学教授胡卫平，北京师范大学附属实验中学校长李晓辉分别作主旨报告《自然科学的宇宙观》《我国科学教育发展战略的若干思考》《科技教育面临的挑战与改革发展》《科技创新人才培养的学校探索》。论坛由第八届理事会副理事长、中国科学院科学传播局高级项目主管徐雁龙主持。

科普活动 9月20日，由协会及中国科协青少年科技中心、天津市科协共同主办的第十一届全国青少年科学影像节展映活动启动仪式在天津市举办。活动共收到来自全国32个省（自治区、直辖市）及香港特别行政区、澳门特别行政区提交的6372部作品，其中科学探究纪录片3821部、科学微电影1523部、科普动画1028部。此届影像节活动首次线上展映与线下活动同时开启，在线展厅上线2天访问量达30万人次。线下首次举办全国巡展，140部由全国各地中小学生创作完成的科学探究纪录片、科学微电影和科普动画被送到部分省级科技馆展览。

协会机器人教育专业委员会开展青少年机器人竞赛专项指导线上报告讲座，在线为青少年学生作有关机器人教育的专题报告12场，受益师生达50万余人次。组织青少年机器人教育支教团队分赴全国各地、深入基层，开展青少年机器人教育科技教师专题培训，为广大青少年科技教师和青少年送去机器人专业知识与行业技能。

党建强会 协会党委响应中国科协“科技助力精准扶贫工程”有关号召，组织协会机器人教育专业委员会专家赴河北省承德市围场满族蒙古族自治县开展以“塞罕坝精神”为主题的机器人教育、培训、竞赛活动，将红色教育、党课教育内容贯穿到青少年科技辅导员培训过程中，加大对贫困地区青少年科技教育工作的支持力度，有效提升贫困地区科技辅导员的专业素养和业务能力。

在抗击疫情过程中，协会秘书处团结引领科技教育专家和广大科技辅导员发挥专长，开展各类在线科技教育活动，并广泛征集宣传各级协会和单位会员在疫情防控方面的事迹。通过协会微信公众号推送科技辅导员充电计划 32 篇、科技辅导员防疫抗疫事迹 22 篇。

会员服务 协会运用信息化手段提升会员服务水平，会员入会和续费通过协会官网和微信小程序办理。全年为会员赠送《中国科技教育》杂志和科教图书 7271 册。通过科技辅导员在线学习中心——科技学堂为会员提供网上课程资源，通过互联网为会员作专题线上培训。截至 12 月底，协会会员管理系统登记在册的个人会员 8959 人、单位会员 589 个，全年新增个人会员 1226 人、单位会员 34 个。

【中国青少年科技辅导员协会第八次全国会员代表大会】 12 月 24 日，中国青少年科技辅导员协会第八次全国会员代表大会在北京召开。来自全国的 150 余名会员代表及特邀专家学者参加大会。中国科协党组成员、书记处书记宋军出席会议并致辞。宋军在致辞中充分肯定协会第七届理事会所做的成绩，并对未来协会工作提出期望。第七届理事长陈赛娟作工作报告。新当选理事长武向平作总结讲话。

在中国青少年科技辅导员协会八届一次理事会议上，选举中国科学院院士、中国科学院国家天文台研究员武向平担任协会第八届理事会理事长，辛兵担任常务副理事长，苏青、李晓辉、郑永和、林利琴、胡卫平、俞书宏、徐雁龙担任副理事长，聘任林利琴为秘书长。同时审议通过《关于协会分支机构设置和主要负责人名单》。

大会期间召开中国青少年科技辅导员协会八届常务理事会党员大会，表决产生理事会党委委员，辛兵担任理事会党委书记；召开中国青少年科技辅导员协会第一届监事会第一次会议，李晓亮当选监事长。

【第八届全国科学教育专业师范生教学技能创新大赛】 12 月 12—14 日，由协会主办，浙江师范大学、协会科学教师教育专业委员会承办的第八届全国科学教育专业师范生教学技能创新大赛在浙江省金华市举办。此届大赛首次以线上方式举办，来自全国 63 所院校的 599 名选手参加比赛。经初评，来自 59 所院校的 211 名选手参加线上决赛。决赛设置即席讲演、模拟上课和现场答辩等多项活动，选手们从学校科学课程的教学内容策划、教学过程实施、教学技能运用和教学创新设计等多个维度展示授课风采，并与评委进行现场互动。经过比赛，共评选出一等奖 63 名、二等奖 73 名、三等奖 75 名。

（撰稿人：于　波）

中国科教电影电视协会

服务创新型国家和社会建设 协会参与主办第三届中国农民电影节，主要负责组织科教影视推优发布活动及农村科教电影公益展映活动。活动采取“线上 + 线下”的模式集中展演一个月。线下集中展映 40 余部反映脱贫攻坚、乡村振兴、美丽乡村建设等方面内容的优秀影片，在江苏省张家港市南丰镇永联村、吉林省四平市、河北省张家口市沽源县、贵州省黔东南苗族侗族自治州等地开展线下展映。同时在人民网开设专区，线上展映 1000 余部精选影视作品。

10 月 9 日，由协会、驻马店市委宣传部、驻马店市文学艺术界联合会主办，汝南县委宣传部、《摄影与摄像》杂志社、驻马店市摄影家协会承办的“丰收杯”秋韵天中 2020 全国摄影大赛在河南省驻马店市汝南县启动。大赛以“光影捕捉美好生活、镜头记录绿色发展新风貌”为主题，以人民丰收的喜悦和山川秀美为题材，围绕天中大地近年来工作中城乡面貌的大变化、城乡百姓幸福指数的大提升等内容，充分发挥广大摄影爱好者在新时代的新作用。来自全国的 300 多名摄影专业人士和摄影爱好者参加比赛，共收到各类作品 4635 幅，从内容上分为丰收喜悦、脱贫攻坚、自然景观、生活美好、天中印象、历史变迁、艺术院线 7 个板块。经专业评审组初评、定评，共遴选出 57 位作者的 96 幅作品，其中特等奖 1 幅、一等奖 5 幅（含组图）、二等奖 30 幅（含组图）、采访三等奖 60 幅。

11 月 20 日，协会在国际科教影视与科幻创作发展高端论坛上首次发布《中国科教影视发展调研报告》。该报告由研究背景意义、行业观察和思考，行业未来展望三部分构成，明确提出科教影视的时代概念和新的指导方略，回顾科教影视行业发展的历史进程。

协会召集十余位业内知名专家组建国内首个由科教、科幻影视为一体的“茅庐书院”，发掘顶尖人才引领作用。第一期邀请的讲授人有刘建中、陈晓卿、季林、刘亚东、陆小华、李成才、张力、朱定真、李倩、柴宝亭。通过线上线下相结合的方式，面向广大会员、科教影视从业人员、大中专院校相关专业学生开展专业课程培训。

协会自5月开始征集中国国际科教影视展评暨制作人年会优秀科教影视作品，截至7月31日共收到来自68个国家和地区的556部作品，其中中国作品138部（含合拍）、外国作品418部。经过初评和终评，最终评选出38部作品，其中特等奖2个、评委会奖1个、金奖5个、银奖12个、铜奖18个。38部作品分别来自中国（含中国香港）、美国、巴西、法国、比利时、澳大利亚、俄罗斯、德国、阿根廷9个国家和地区的33个参评者。在往年金银铜奖的基础上，2020年首次开设单项奖，共评选出优秀导演奖2个和优秀制作奖1个。

学会建设 协会推动内部治理结构改革，修订并完善一系列协会规章制度，针对风险逐一建立健全协会各项内部风险控制及管理制度，强调在协会章程中加入党建工作条款。自六届三次常务理事会通过后，协会共新增党建制度6个：理事会党委职责任务清单、负面清单、党委会议审议内容、党委学习制度、协会宣传工作管理办法、信息发布管理办法；修订制度2个：党委议事规则、支部工作条例。

主办期刊 经协会理事会党委动议、六届三次常务理事会通过，《摄影与摄像》杂志收回由协会秘书处主办。

科普活动 协会积极响应中央关于加强中医药在抗疫中的作用部署，协会理事会党委与叁伍伍叁生态科技研究院党总支建立中医抗疫党建联盟。每周在固定时间通过微信群为广大会员、理事进行中医科普讲座，倡导健康防疫抗疫，在社会上引起广泛关注。2020年共开展37堂公益中医科普讲座，深受好评。协会将此活动录制成中医抗疫纪录片《中华医药 抗击疫情》（共5集），在全国科普日期间通过线上、线下进行公益展映。

协会充分利用全国优秀科普影视作品共享平台进行线上抗疫科普，与国家开放大学联合在全国优秀科普影视作品公益展映平台上上传60部抗击疫情系列科普动漫作品。截至2020年年底，点击率已突破5000万次。

在全国科普日期间，协会分别在三个地点按三个维度展开线上线下公益展映。从9月18日起，与汉川市科协、应城市科协联合举办科普影视周公益展映活动。协会负责提供抗疫宣传、前沿科技、智慧生活、生命科学、网络安全等主题的优秀科教影片，当地科协组织在农村、社区、校园、广场等地方进行线下展映。与天津市静海区科协联合举办优秀科教老电影公益展映活动。与中国少年儿童新闻出版总社合作，在全国优秀科普影视作品共享平台上播放少儿交通安全系列科普动画片，同时播放2020年党建强会项目的拍摄成果——中医抗疫纪录片共5集。

党建强会 协会发挥功能型党委作用，积极引导广大党员、会员牢固树立“四个意识”、坚定“四个自信”、坚决做到“两个维护”。采取集中学习与分散学习相结合的方式，通过党委微信群、支部微信群、钉钉会议系统等网络学习平台开展理论学习，建立健全理事会党委（办事机构党支部）学习制度。理事会党委2020年共组织线上学习5次、线下集中学习2次；办事机构党支部共组织学习8次，支部书记为党员讲党课2次，支部副书记讲党课1次。

协会办事机构（秘书处）党支部坚持在每周例会前做党建工作安排，及时传达上级党委重要会议精神。充分利用民主生活会、支部书记谈心日、支部书记讲党课等主题活动开展思想建设、组织建设、队伍建设，提高专职人员的政治素养和综合素质。认真落实“三会一课”制度，每月开展讲党课集中学习，通过理论学习提升政治觉悟和思想认识。2020年支部共组织各类党务活动22次，均在“支部工作”平台上发布。

协会明确理事会党委前置审议“三重一大”程序。严格落实意识形态责任制，从规范管理、创新发展、可持续发展三个方面入手，强化党对协会的领导。坚持党建与业务融合、科技与文化融合、创新与发展融合，提高党组织在协会发展中的重要地位与作用。同时按照《中国科教电影电视协会章程》理顺关系，明确常务理事会召开之前召开党委会，坚持问题导向，把关、动议协会重大事项决策、重要干部任免、重要项目安排、大额资金使用，为理事会正确决策提供政治保证、组织保证、廉洁保证。

会员服务 协会与天津大学、南开大学等多所高校和机构达成合作意向，建立互通互联的团体会员管理体系。截至2020年年底，协会新加入个人会员144人、团体会员10个，协会共有个人会员1094人、团体会员58个。

【第11届中国国际科教影视展评暨制作人年会】 11月20日，由协会主办的第11届中国国际科教影视展评暨制作人年会在广东省深圳市举办。受疫情影响，年会首次开启线上全程直播，共包含年会报道、开幕式、主旨发言、论坛、颁奖典礼等主要内容。其中直播分为图片直播和视频直播两个通道同时进行。

国际科教影视与科幻创作发展高端论坛是第11届中国国际科教影视展评暨制作人年会的开幕活动，来自电影学界、业界的50余名中外专家出席论坛，共同探讨国际科教影视与科幻创作的学术热点和未来发展。深圳市科协党组成员、驻会副主席张治平在开幕式上致欢迎词。年会国际顾问方百德、苏德本通过线上视频的方式参与论坛讨论。

论坛期间还开展科普UP主和科幻大师访谈、科教、科幻影视项目的推介交流等活动，推动学术研究与前沿创作的深度融合。

（撰稿人：刘　畅）

中国科学技术期刊编辑学会

服务创新型国家和社会建设　12月1—11日，学会首次举办线上全国科技期刊编辑业务培训班。来自各地的科技期刊主编、编辑部主任、责任编辑以及其他编校人员共310人参加培训。参加培训的人员经考试合格，颁发继续教育证书，计入出版专业技术人员继续教育72学时。

学会建设　8月，学会第六届理事会到期届满。学会换届领导小组成员召开5次工作会议，商讨学会第七届理事会换届事宜，遵循《中国科学技术期刊编辑学会换届方案》中有关第七届理事会、常务理事会、监事会、负责人规模、人选条件、组成原则及名额分配办法，讨论学会第六届理事会工作报告、财务报告、修改章程报告，各类候选人人选提交至第六届理事会，并经学会第六届理事会第十次常务理事会议表决通过。

12月23日，学会第六届理事会第十次常务理事会议在北京召开，26位常务理事参加会议，学会理事长朱邦芬主持会议。会议分别讨论第六届理事会工作报告、财务报告、章程修改说明、《中国科学技术期刊编辑学会章程（修改稿）》、第七届理事会各类候选人人选、第七次会员代表大会日程以及学会会费管理办法等。候选人名单提交至中国科学技术期刊编辑学会第七次会员代表大会进行审核。

截至2020年年底，学会共有团体会员1367个、个人会员10041人。

主办期刊　2020年，《编辑学报》收到稿件1316篇、录用134篇，共出版正刊6期，发表文章198篇约140万字（含补白）。纸刊每期发行量平均2300册。入选《中文核心期刊要目总览》（第8版）、CSSCI来源期刊、《中国科技期刊引证报告（扩刊版）》《中国学术期刊影响因子年报（社会科学版）》《中国科技期刊引证报告（核心版）：社会科学卷》《中国人文社会科学期刊AMI综合评价报告（2018）》核心期刊、《国内高校权威期刊认定参考目录》、“世界学术影响力Q2期刊”等。

国内主要学术会议　2020年，学会共开展第四届科技期刊青年编辑大赛，出版伦理规范建设与科研诚信协同共治研讨会，第十八届（2020）全国核心期刊与期刊国际化、网络化研讨会，2020中国学术期刊未来论坛4次学术交流活动。参加学术研讨人数8000人次，交流论文73篇，出版论文集1册。

9月24日，由中国科协学会服务中心主办、学会承办、中华医学会杂志社协办、学会青年工作委员会具体组织实施的第四届科技期刊青年编辑大赛决赛在吉林省长春市举办。大赛自7月开始，经过在线答题，145名选手获得复赛资格，最终17名选手参加决赛，其中4人获得一等奖，分别是《中国激光》杂志社有限公司丁洁、《协和医学杂志》刘洋、《全球能源互联网》李锡、中华医学会杂志社夏爽；13人获得二等奖。

10月26日，出版伦理规范建设与科研诚信协同共治研讨会在北京召开。研讨会由中国科协学会服务中心主办、学会承办、中国生物物理学会协办。来自中国科协、中共中央宣传部、科技部、中国科学院、高校、期刊出版单位的30余名专家学者参加会议。学会理事长、中国科学院院士朱邦芬出席会议并作报告《科技期刊在发现、识别和解决科研诚信问题过程中的困难与对策》，中国科学院院士、*Protein & Cell*（《蛋白质与细胞》英文版）主编饶子和主持开幕式。

针对科研诚信与出版伦理体系建设，中国科学院监督与审计局综合处高级业务主管侯兴宇、BioArt生物艺术总编丁广进分别作报告《学术期刊与学风建设》《近期生命科学领域热点学术诚信事件的思考》。在实践方面，中国科学技术信息研究所研究员马峥、泰勒－弗朗西斯出版集团高级副总裁胡昌杰、中国动物研究所副研究员彭耀进分别作报告《第三方服务边界》《泰勒－弗朗西斯实践及如何高效利用COPE资源》《胚胎和干细胞研究的伦理与政策考量》。

科普活动 2020年，学会促进科普期刊在新媒体特别是短视频制作、发行和组织线下活动等方面整体合作的策划与组织，探讨合力打造跨机构科普平台的可能性，各刊物相互借力切实开展系列科普活动，推进学会科普工作。

3月，《航空知识》开通抖音账号，7个月粉丝突破120万，其中《中国机长刘传健与塔台的真实对话》播放量达到1亿次。

党建强会 2月，学会党委积极响应中国科协号召，向学会会员、理事以及分支机构发出《关于在新型冠状病毒感染肺炎疫情防控阻击战中加强党的领导、发挥学会资源优势作用的通知》，要求学会全体会员学习贯彻执行中共中央《关于加强党的领导、为打赢疫情防控阻击战提供坚强政治保证的通知》，按照中国科协关于疫情防控工作的要求和部署，把打赢疫情防控阻击战作为重大政治任务，为打赢疫情防控阻击战作出贡献。

发挥学会的学术资源和传播渠道优势，引导《中国科学院院刊》《医学新知》《航空知识》《法医学杂志》《城市规划》《稀有金属材料与工程》等会员单位期刊以及中国地质学会期刊委员会等会员单位投身疫情防控阻击战，为疫情防控建言献策。

学会党委分别于8月4日和9月23日召开2次党委会议，组织学会党委同志集中学习《习近平谈治国理政》（第三卷）和《关于新形势下党内政治生活的若干准则》，并就学会2019年党建工作中存在的具体问题及中国科协科技社团党委提出的建议进行讨论。

学会将党建融入实际业务工作中，在2020年学会组织的科技期刊编辑业务培训课程中开设习近平总书记关于新闻出版方面的重要论述等课程，增强科技期刊编辑的党员意识。

制定《中国科学技术期刊编辑学会宣传工作管理办法》《中国科学技术期刊编辑学会信息发布管理办法》，确保意识形态工作有章可循、有规可依。

会员服务 学会组织会员参加青年编辑业务大赛，培养和支持中国科技编辑在国际组织任职，积极参与国际民间科技人文交流计划，加快推进国际交流与合作。组织会员单位申请中国科协青年科学家参与国际组织及相关活动项目申报活动，资助学会青年工作委员会主任任延刚、青年工作委员会委员王晓峰参加国际组织学术交流活动。

【第十八届（2020）全国核心期刊与期刊国际化、网络化研讨会】 12月7—10日，第十八届（2020）全国核心期刊与期刊国际化、网络化研讨会在浙江省杭州市召开。研讨会由学会、中国科学技术信息研究所、北京万方数据股份有限公司、万方数据电子出版社共同主办。来自28个省市的215个编辑部共360余名专家学者参加会议。

大会以“创新协作，‘办好一流学术期刊和各类学术平台，加强国内国际学术交流’”为主题，研讨中国期刊新时期主要发展特点和趋势，深化学习、领会和落实践行好习近平总书记“要办好一流学术期刊和各类学术平台，加强国内国际学术交流”重要讲话精神。论坛设有万方医学期刊论坛，100余名专家学者参加。

中共中央宣传部出版局原巡视员刘建生以“‘十四五’背景下的科技期刊提升”为题解读政策布局、指明发展路径。北京万方数据股份有限公司副总经理乔晓东、万方医学信息科技有限公司总经理张秀梅、《浙江大学学报》教授张月红、中国科学技术信息研究所评价中心研究员张玉华、北京科印传媒文化股份有限公司总经理助理常晓霞、中国科学技术信息研究所信息资源中心主任曾建勋、中国科学院地理科学与资源研究所学术期刊中心副主任刘闯分别围绕科研诚信、“疫情年”学术出版思考、科技期刊论文评价、科技期刊数字化融合化转型、开放出版与开放评价、科学数据共享等内容作报告。

大会共收到76篇论文，收录于《第十八届（2020）全国核心期刊与期刊国际化、网络化研讨会论文集》中。

大会邀请6名论文获奖作者宣讲学术论文，就科技期刊移动端服务中的短视频应用、引导中国科技论文发表在祖国大地、如何吸引稿源、科技期刊转型发展等问题与参会人员进行分享与交流。

（撰稿人：张　霞）

中国流行色协会

服务创新型国家和社会建设　2020年，协会累计开展51期（含线上和线下）色彩搭配师职业能力培训与考评（包括四级、三级和二级），来自服装、家具、建筑设计、室内装饰、形象设计、纺织品设计、环境艺术、机械制造、化妆品制造、互联网、工业设计、涂料等行业的相关人员参加培训与考评。其中，举办色彩搭配师四级培训31期，累计363人次通过色彩搭配师职业技能四级培训；举办色彩搭配师三级培训12期，累计172人次通过色彩搭配师职业技能三级培训；举办色彩搭配师二级培训8期，累计100人次通过色彩搭配师职业技能二级培训。举办1期中国流行色协会色彩搭配师四级讲师班，培训人数21人。

9月23—25日，由协会主办的2020中国（上海）国际拼布手工艺术展在上海市举办。中国、澳大利亚、韩国、日本等国家的相关行业代表带来150余幅优秀拼布艺术作品参展。

11月，协会与广东省东莞市大朗镇人民政府联合发布2021/2022年中国毛织服装流行趋势，促进当地毛织服装产业时尚度的提高，带动国内毛衫产业发展。

组织专家通过线上调研、讨论等形式与16个成员国共同确定2022年春夏季、2022/2023年秋冬季国际色彩流行趋势定案。

2020年，协会继续与青岛海尔集团开展全面色彩战略合作咨询服务，为企业进行色彩规划和色彩管理，为企业新产品开发提供技术支持与指导，帮助企业进行产品规划、市场调研及产品色彩应用，提高企业产品线管理的时效性，帮助企业进行产品分类、细化和销售。

协会继续与北京爱慕内衣有限公司进行色彩咨询服务，并确立新项目合作的创新点及开发方向。

学会建设　2020年协会累计发展团体会员40个，团体会员总数达846个；发展个人会员225人，个人会员总数达9971人。

召开常务理事会议2次、理事会议1次。10月24日，中国流行色协会十届二次理事会议在广东省佛山市召开。大会审议并通过2020年工作报告；表彰2020年度中国色彩学术论文征集活动中入选论文及优秀论文作者共77人。

修订《中国流行色协会会员服务条例》，优化会员服务流程，扩大会员服务内容和形式，搭建集《流行色》期刊、专业报告、色彩研究、学术交流、色彩培训等于一体的多元化会员服务体系。

结合协会各项业务工作的开展和专业委员会的活动，做好会员宣传和发展工作。同时配合学术论文征集以及专业活动的组织工作，制定优惠各类会员的多种举措，吸纳企业和个人加入协会会员队伍，促进会员发展。

主办期刊　协会主办期刊《流行色》全年出版12期，刊登科普文章800余篇。

国内主要学术会议　2020年，协会举办国内学术会议1次，共有150余人参加。

11月17日，由协会主办、色空生活色彩研究所承办的空间色彩流行趋势论坛在四川省成都市举办。此次论坛围绕空间色彩设计与趋势，邀请来自科研院校、企业和社会组织的4位专家分享各自的研究成果，同时与参加论坛的100余位企业家、设计师、高等院校教师共同围绕空间色彩设计与趋势以及色彩对空间组织与设计的重要性和未来趋势展开研讨。

国际交往　5月、11月，国际流行色委员会董事会召开线上色彩定案会，协会组织专家通过线上调研、讨论等形式制定的2022年春夏季及2022/2023年秋冬季中国色彩提案于会议期间进行线上发布，并得到各国专家认可。同期参加国际流行色委员会线上会议的还有日本、韩国、泰国、英国、法国、美国、意大利、德国、瑞士、芬兰、西班牙、匈牙利、土耳其、葡萄牙、丹麦等16个成员国的代表，会议历时一周，最终确定最新两季国际色彩定案，并于6月、12月分别出版《国际色彩趋势报告》，将最新的色彩信息传达给协会会员。

科普活动　协会与广东顶固集创家居股份有限公司、东莞市懿境实业发展有限公司、广东家居设计谷、浙江苏达山新材料有限公司等企业联合开展《室内设计中的色彩心理知识》《色彩三属性和空间色彩搭配》《室内空间的配色印象》《色彩助力产品设计与营销》等10场主题色彩科普讲座，受众1万余人次。

协会在2020年“全国科技工作者日”活动中开展《儿童色彩与安全》色彩科普线上讲座，分别从色彩与身心健康、色彩与交通安全、色彩与消防安全、色彩与医疗安全、色彩与生活 5 大模块开展普及工作。

开展 8 次女童保护公益讲座，共计 216 名小学生受益。

利用“流行色”和“色彩搭配师”微信公众号、微博等新媒体渠道传播时尚流行趋势、色彩科学常识、色彩设计理念、色彩时尚、色彩趋势、色彩营销、色彩培训等方面的色彩知识。协会的 4 个官方微信公众号粉丝人数达 8.9 万，共计发文 380 篇次。微博账号粉丝人数达 4 万，发文 104 条。2020 年新开通“中国流行色协会”和“色彩搭配师”两个官方抖音账号，其中“中国流行色协会”抖音号发布 27 条信息，浏览量 4979 人次；“色彩搭配师”抖音号发布 38 条信息，浏览量 4926 人次。

表彰举荐优秀科技工作者　协会表彰入选论文作者 50 人、优秀论文作者 27 人；举荐光华龙腾奖设计奖 2 人；举荐全国创新争先奖 1 人及 1 个团队；举荐最美科技工作者 1 人。

党建强会　协会党委发挥政治引领、思想引领和组织保障作用，促进协会治理结构和治理方式改革。制定《中国流行色协会党建工作要点》《中国流行色协会理事会党委职责任务分类试点工作方案 2020》《中国流行色协会理事会党委职责任务清单》《中国流行色协会理事会党委职责“负面清单”》《中国流行色协会理事会党委审议内容》等文件；开展学习习近平《在科学家座谈会上的讲话》单行本、习近平总书记在湖南省长沙市基层代表座谈会上的讲话，观看《战“疫”一线党旗红》专题片；参与协会“三重一大”事项前置审议工作。2020 年，在协会理事会议上，党委副书记徐海松传达《关于进一步弘扬科学家精神加强作风和学风建设的意见》精神并开展主题报告；在协会相关培训及活动中开展《关于进一步弘扬科学家精神加强作风和学风建设的意见》的宣传和倡议；号召广大色彩科技工作者学习《习近平：团结合作是国际社会战胜疫情最有力武器》《全球抗疫“中国方案”彰显科技硬核力量》《中国科协再次倡议：让科学家精神光耀时代　让科技创造新的价值》等资料；宣传协会会员单位抗疫先进事迹。

协会党支部落实“三会一课”工作，布置并开展“纪念建党 99 周年活动”：组织支部党员开展自学与集中学习，组织支部党员参观三一八烈士纪念馆，开展“党的生日、重温入党誓词”主题党日、“我是共产党员”征文、“新时期党的基础知识问答试卷”等活动。2020 年，协会党支部严格落实疫情防控工作，开展新冠疫情预防和保护工作，向疫情中的会员表示慰问，组织党员捐款，组织党员观看全国抗击新冠肺炎疫情表彰大会等。支部继续贯彻落实“两学一做”学习教育常态化制度和推动建立“不忘初心、牢记使命”长效机制，组织支部党员学习《习近平谈治国理政》（第三卷）、《中国共产党基层组织选举工作条例》（单行本）、《党史故事 100 讲》、“庆祝中国共产党成立 99 周年”微视频等系列内容。

会员服务　协会全年为会员企业提供 12 期《流行色》期刊以及《2022 春夏国际色彩趋势报告》《2021/22 秋冬国际色彩趋势报告》《纺织服装流行趋势展望》等专业研究报告，传递业内最新资讯。

【第十二届亚洲色彩论坛】 10 月 24 日，由协会主办、佛山市工业设计学会承办的第十二届亚洲色彩论坛在广东省佛山市召开。此次论坛以“变局 · 重塑”为主题，邀请来自中国、日本、韩国的 10 位专家学者分享各自领域的研究成果。与会专家学者与同时参加论坛的近 500 位跨界人士共同展开国际交流，探究家居色彩设计产品创新、色彩的重要作用与影响以及色彩在各个领域中的发展趋势。

（撰稿人：蔡　飞）

中国档案学会

服务创新型国家和社会建设　2020 年，学会积极响应党中央号召，按照中央档案馆、国家档案局关于扶贫工作的统一部署，合理安排经费使用，利用自有资金支持四川省凉山彝族自治州喜德县扶贫工作。

学会发挥社团平台作用，围绕中央档案馆、国家档案局重点工作提供服务。6 月 20 日，新修订的《中华人民共和国档案法》公布，与其配套的《中华人民共和国档案法实施办法》的修订工作也提上议事日程。学会配合政策法规司，组织业界学界档案法规专家学者成立专家组，围绕《中华人民共和国档案法实施办法》一至四章修订开展研究，多次召开线上线下会议进行研讨，已提出修订初步稿本。同时，为配合做好《中华人民共和国档案法》宣传贯彻落实工作，学会设计、出版发行《中华人民共和国档案法》宣传挂图。挂图一套 6 张，以档案法内容为主线。

学会积极响应中国科协《让科学家精神光耀时代 让科技创造新的价值》倡议，号召各专业委员会和各地档案学会在疫情防控和经济社会发展中发挥学会社团特色作用。2月25日，学会联合中国知网开通免费“中国档案知识服务平台”服务账号，为档案工作者提供档案专业文献知识服务，满足学习和研究需要，受到各地档案部门欢迎。学会与中国人民大学信息资源管理学院合作开展“新冠肺炎疫情防控档案工作模式研究”项目，将研究报告报送中央档案馆、国家档案局。学会档案学基础理论学术委员会、档案保护技术委员会与中国人民大学档案学院、中国知网联合举办档案业务创新与能力提升公益大讲堂，先后邀请11名专家采取视频会议形式线上授课。

学会建设 4月3日，学会以通讯会议形式举办第八届理事会第十一次常务理事会议，会议通报学会新冠肺炎疫情防治工作情况，学会办事机构向常务理事会汇报换届工作筹备情况和受疫情影响2020年有关工作调整安排情况。

5—6月，学会积极配合中央第十三巡视组对学会的巡视工作，组织人员谈话，提供有关工作资料，针对建党100周年宣传庆祝活动和发掘档案价值、反击历史虚无主义方面进行整改，在学会网站、微信公众号上及时转发登载中央档案馆、国家档案局网站有关建党100周年音视频、图片和节目内容，制作发行《党员工作学习笔记本》，召开利用档案反击历史虚无主义研讨会等。同时，学会开展“集中学习周”活动，深入学习习近平新时代中国特色社会主义思想。把巡视整改同中央档案馆、国家档案局党风廉政教育月学习活动结合起来，同以案促改结合起来，一体推进、一体整改。

9月10日，学会以通讯会议形式举办第八届理事会第十二次常务理事会议，通报换届工作筹备进展情况，采取无记名投票方式表决通过经中央档案馆、国家档案局同意推荐的第九届理事会理事长候选人，同意杨冬权为中国档案学会第九届理事会理事长人选，按有关规定履行报批程序。组织理事参加“6·9国际档案日”线上专题讲座。

12月2日，召开八届六次理事会议，审议通过拟提交中国档案学会第九次全国会员代表大会选举、审议的人选和会议文件。

12月3日，中国档案学会第九次全国会员代表大会在北京举办。大会应到会员代表260人，受疫情影响实到236人。会议审议通过工作报告，表决通过新修订的学会章程和《会员会费标准及管理办法》，选举产生第九届理事会和第一届监事会，选举产生新一届理事会党委和学会领导机构。中央档案馆馆长、国家档案局局长陆国强和中国科协党组成员、书记处书记束为分别致开幕词。闭幕式上，中央档案馆副馆长、国家档案局副局长付华和学会第九届理事长杨冬权分别讲话。

学会首次在换届选举中使用机读卡片配合软件代替人工进行选举计票。

2020年，学会对门户网站中国档案学术网进行改版升级，分别从网站结构、资讯内容、展示形式、应用技术上进行升级。完成《档案学研究》自创刊以来所有文章的数字化，实现互联网和移动终端的在线检索阅读。升级会议管理系统，提高办会效率。加强办事机构的人才队伍建设，经网络招聘遴选一名编辑、一名财务人员，相关岗位实现新老交替。

党建强会 学会深入贯彻落实习近平总书记对档案工作的重要指示批示精神，领会和把握其丰富内涵、精神实质和工作要求，用习近平总书记关于新时代档案工作重要论述这个强大思想武器武装头脑，不断增强“四个意识”、坚定“四个自信”、做到“两个维护”、践行“五个坚持”。

学会统筹抓好党建和各项业务工作。学会换届工作把党建作为重要内容，选举产生第九届理事会党委，修订学会章程，增加“习近平新时代中国特色社会主义思想”“党的建设”和“社会主义核心价值观”有关内容，明确提出学会要“坚持中国共产党的全面领导，根据《中国共产党章程》的规定，设立中国共产党的组织，开展党的活动，为党组织的活动提供必要条件”，从制度层面和组织层面对学会党建工作予以保障和加强。

学会办事机构加强学会党支部建设，做好支部改选工作，认真履行“一岗双责”责任、落实“三会一课”制度，把支部建设成推进疫情防控和各项工作开展的战斗堡垒。学会党支部组织党员干部传达、学习习近平总书记系列重要讲话，组织学习党的十九届五中全会精神及党风廉政建设专题党课和中央档案馆、国家档案局有关领导党课，参加中共中央办公厅机关党委组织的双周报告会、十一专题党课视频会，学会班子成员也为大家讲党课。

持续推进党风廉政建设，学习习近平总书记关于全面从严治党的重要论述和有关“灯下黑”重要指示批示精神，以及丁薛祥同志在中共中央办公厅机关2020年度党风廉政建设工作会议和全厅警示教育会议上的讲话。参加中央档案馆、国家档案局党风廉政教育月学习活动，组织学习党的纪律处分条例和廉洁自律准则以及协会工作人员与企业人员交往行为规范，组织召开专题民主生活会。

会员服务　为规范会员管理，学会制定会员管理办法，修订会员会费标准及管理办法，进一步明确会员权利和义务，明确提出学会为会员单位加强服务的方式和途径。为提升会员管理水平，学会升级会员管理系统，进行会员重新登记，把发展新会员作为工作重点。2020年，共发展单位会员285个、个人会员1188人。6月，开通“中国档案学会”微信公众号，及时发布信息。截至2020年年底，微信公众号关注人数已超5000人。

学会加强与会员单位的合作共建。9月，学会与科大讯飞股份有限公司在北京签署全面战略合作协议，就人工智能技术在档案行业应用的学术研究、学术交流、科技成果推广达成共识。中央档案馆副馆长、国家档案局副局长付华，科大讯飞股份有限公司联合创始人、高级副总裁江涛出席签约仪式。学会副理事长、秘书长邓小军和科大讯飞智慧档案业务线总经理张海剑代表双方签署协议。双方将凭借各自优势，积极推动人工智能技术赋能档案工作，利用人工智能技术服务学术交流、共同开展活动，并致力于推进“人工智能＋档案”的创新方向研究。

【中国档案学会第九次全国会员代表大会】　12月3日，中国档案学会第九次全国会员代表大会在北京召开。中央档案馆副馆长、国家档案局副局长付华，中国档案学会第八届理事会理事长段东升，第八届理事会副理事长、常务理事、理事，第九届理事会理事候选人，第一届监事会监事候选人，以及全国各地档案学会的会员代表200余人参加会议。中央档案馆馆长、国家档案局局长陆国强出席会议并讲话，中国科协党组成员、书记处书记束为致开幕词。

第九次全国会员代表大会听取审议通过《中国档案学会第八届理事会工作报告》《中国档案学会第八届理事会会费收支情况报告》《中国档案学会2021—2025年学术活动计划要点》；审议并表决通过《中国档案学会章程（草案）》与《中国档案学会会员会费标准及管理办法（审议稿）》；选举产生由150人组成的第九届理事会，成立由6人组成的第一届监事会。

随后举办的第九届理事会第一次会议选举产生由41人组成的常务理事会，中央档案馆原馆长、国家档案局原局长杨冬权当选第九届理事会理事长，邓小军、刘芸、孙森林、李华强、张斌、高大岭当选副理事长，邓小军兼任秘书长；审议通过理事会议事规则（草案）。第九届常务理事会第一次会议表决通过学会副秘书长人选，选举产生第九届理事会党委。

大会期间还召开第一届监事会第一次会议，姜延溪当选监事长，丁海斌当选副监事长。经监事长提名，牛力任监事会秘书长。

【“6·9国际档案日”线上专题讲座】　6月9日，由中央档案馆和国家档案局主办、学会承办、同方知网（北京）技术有限公司协办的“6·9国际档案日”线上专题讲座在北京举办。中央档案馆副馆长、国家档案局副局长付华主持讲座并讲话。中华预防医学会副会长、北京协和医学院特聘教授、中国疾病预防控制中心原副主任杨维中作专题讲座《中国传染病防控70年》。杨维中通过大量档案资料介绍中华人民共和国成立以来不同历史时期传染病的类型、特点以及在防控领域取得的显著成效，阐述中国防控传染病的宝贵经验，着重介绍中国在积极应对新冠肺炎疫情期间所取得的防控成果。此次讲座是中央档案馆、国家档案局首次以视频直播方式举办国际档案日专题讲座，讲座共吸引4.6万余人次线上观看，直播期间10.7万余人次点击浏览，效果良好。

（撰稿人：李　威）

中国国土经济学会

服务创新型国家和社会建设　2020年，学会围绕国土经济领域发展以及事关国土资源发展大局的战略性、前瞻性问题，站在推动“高质量发展”全局的高度，组织专家建言献策，为国家决策提供理论支撑。1月，启动《中国国土经济高质量发展报告2020》的编撰工作；8月9日，研究通过学会团体标准管理办法，同时启动《美丽中国·深呼吸小城评价标准》和国土空间综合交通（Tod）团体标准的编制工作，其中《美丽中国·深呼吸小城评价标准》于9月26日在河南省商丘市睢县发布。

学会智库为中小城市政府决策服务。5月，学会组织专家到河北省邯郸市魏县，就该县国土空间规划编制提供决策咨询建议；7月，为河南省鹤壁市高质量发展提供建议。

2020年，学会分别与保定市科协联合成立成果转移转化中心；与濮阳市科协成立乡村振兴促进中心。

5月，学会成为中国科协“科创中国”首批科技服务团试点学会，成立“科创中国”中小城市高质量发展科技服务团，搭建智库建设、政策信息、城乡发展、文化旅游、康养建设、投资融资、数字城市、国际合作、经验交流、宣传推广“十大服务平台”，为构建国土空间开发保护新格局、促进中小城市地方社会经济发展服务。学会先后为试点城市河南省濮阳市、山东省泰安市、黑龙江省七台河市等地开展10次服务活动。积极参与牵头学会组织的服务活动并主动作为，组织中小城市高质量服务团深入地方提供服务。10月14—15日，受北京密云区太师屯镇党委、政府邀请，学会“科创中国”中小城市高质量发展科技服务团前往密云区太师屯镇考察调研。10月23—25日，四川省广安市委书记李建勤等接待学会“科创中国”中小城市高质量发展科技服务团柳忠勤一行，就深呼吸小城创建及共建发展工作进行交流。10月26—27日，柳忠勤一行6人到浙江省温岭市石桥头镇考察调研，并就石桥头镇美丽乡村、生态环境以及文创产业发展等进行考察调研。11月7—9日，学会“科创中国”中小城市高质量发展科技服务团第二次到广西壮族自治区贵港市桂平市考察，并就复函确认的10个项目进行对接交流。

10月28—30日，学会联合中国农业工程学会等10家全国学会共同助力河南省濮阳市乡村振兴高质量发展并举办系列活动。

2020年，学会开展云讲堂助力复工复产，分别邀请国家发展改革委原副秘书长、经济学家范恒山接受《今日国土》记者采访并全媒体矩阵传播，从经济趋势、疫情影响、产业发展、扶助重点、热门建设等方面对“疫情与经济”的关系进行阐述；同时还邀请学会常务理事、清华大学国际生物中心主任王宏广，学会副理事长、北京第二外国语大学校长助理邹统钎分别就生物经济与国家命运、疫情与旅游转型等话题接受专访并通过全媒体矩阵传播。传播量达百万余人次。

学会与中国人民大学重阳金融研究院等建立战略合作关系，探索共同开展国际学术交流活动。11月14日，学会首席顾问、原环保部副部长周建，学会理事长柳忠勤等参加中国（深圳）国际气候影视大会。大会聚焦“气候变化与绿色复苏”，积极发挥社会组织在推动气候行动中的责任和担当。

学会建设 2020年，学会第五届理事会召开理事会议1次、常务理事会议2次、监事会议1次。此外，还召开2次理事长办公会、1次分支机构负责人工作会议。

2020年，学会按照相关要求加强制度建设，在已有规章制度的基础上进行梳理、整合，形成以下规章制度体系：学会章程、会员管理条例、分支机构管理办法、党委工作规则、监事会暂行条例、会议管理办法、财务管理办法、人事管理办法、秘书处工作守则、秘书处工作规范、来客来访接待工作有关规定、内部奖励有关规定、会刊和多媒体宣传工作条例、廉政建设若干规定等，并于年底编印成册。

学会加强对分支机构的管理与服务，有序开展相关活动。1月11日，学会休闲农业专业委员会在北京举办以“共享村落”；为主题的2020休闲农业与乡村旅游TED跨年演讲会；11月28日，学会国土交通综合规划与开发专业委员会在北京召开成立大会。

2020年，学会分别派员参加中国科协新媒体宣传培训、2020年中国科协系统宣传干部培训班、党建系列宣讲和培训等多项培训活动。加强秘书处专职工作人员业务素质建设，提高办事效率和水平。

主办期刊 2020年，通过《今日国土》期刊与融媒体中心矩阵宣传平台相结合，打造宣传科技工作者发声和传播科技工作者学术研究成果平台。《今日国土》推出权威访谈文章：刘燕华的《制度与创新》、范恒山的《疫情状态下的中国与世界经济》、王宏广的《生物经济与国家命运》、邹统钎的《疫情与旅游转型》、董祚继的《空间规划治理与土地改革》等11期，每期推出一位访谈人物。通过后台数据分析，学会官网、中国科协官网和融媒体平台阅读量达10万余次。

学科发展工程 1月5日，由学会主办的《中国国土经济高质量发展报告2020》启动仪式在北京举办，80余位专家学者出席。会上成立《中国国土经济高质量发展报告2020》学术指导委员会：学会首席顾问、第九届至第十二届全国政协人口资源环境委员会副主任江泽慧任学术指导委员会主任，学会首席顾问、著名经济学家、国家发展改革委原副秘书长范恒山任总编辑，同时组成编辑出版工作团队。《中国国土经济高质量发展报告2020》是一部系列蓝皮书，结合“一城三区”高质量发展的实践经验尤其是成功典型案例，推动理论和实践相结合。

国内主要学术会议 2020年，学会及其分支机构共举办6次国内学术会议，参加人数达7万余人次，交流报告48篇。会议分别是：1月5日在北京召开的《中国国土经济高质量发展报告2020》启动仪式；9月26日在河南省商丘市睢县举办的旅游发展论坛——第六届深呼吸旅游休闲论坛；11月29日在北京召开的“世界粮食安全与中国对策”高峰论坛；11月28—29日在北京举办的交通一体化引领国土空间高质量发展论坛、“十四五”规划交通与城市群都市圈融合发展论坛、交通引导国土空间高质量发展综合开发论坛。

科普活动 2020年，学会组织专家学者为地方党委、政府、企业、会员继续开展“国土大讲堂”活动。5月17日，应河北省邯郸市魏县邀请，主办第二期“中国国土大讲堂”，专题辅导国土空间规划编制工作。11月8日，举办以“绿色复苏”为主题的第三期“中国国土大讲堂”活动，开创讲堂“线上线下、场内场外”相结合的新模式。

学会联系科协和相关自媒体开展云讲堂活动。从2月14日起，开办乡村休闲旅游在线培训咨询视频直播活动，邀请学会休闲农业专业委员会会长吕彦讲解《2020疫情之后如何再出发——乡村休闲旅游行业分析与关键举措》、学会休闲农业专业委员会秘书长荣振环讲解《疫情对乡村休闲旅游的影响及对策》并进行线上直播，与地方领导、业界专家、乡村经营者视频交流，直观输出乡村休闲旅游行业优秀思想。2020年，该培训活动举办3期，累计受众71.3万余人。

党建强会 2020年，学会理事会共召开2次党委会议，研究学会重点工作，部署学会党建工作。

1月31日，学会党委发表告全体党员书，坚决响应党中央号召，坚决贯彻落实党中央、国务院疫情防控的决策部署，坚决为打赢疫情防控阻击战贡献力量。坚决做到“守土有责、守土负责、守土尽责”。

6月29日，学会秘书处党支部举办以“守初心，担使命，提升工作水平”为主题的党日活动。结合学会发展历史和工作重点，提出要在学术研究、科学普及、期刊宣传和学会业务工作中“守纪律、讲规矩、提升工作水平”，把党的声音和要求及时传递给广大会员和科技工作者，稳步推进学会各项事业有序开展。

2020年，学会制定学会党风廉政规章制度，通过党建强会发挥学会党员专家积极作用；通过党建强会，让学会团结一批兄弟学会，共同在中国科协科技社团党委领导下参与“四服务”过程。

会员服务 截至2020年，学会共有个人会员3007人、团体会员55个。通过学会期刊分别为20余名会员发表文章；另外，通过《今日国土》杂志社融媒体为100多名会员发表简讯和文章。

学会志愿者队伍服务形式主要以会议服务为主，2020年重点筹建科技志愿者服务团队，并已小范围开展工作。11月5日，学会3名科技志愿者助力乡村振兴，助力湖北省荆门市智慧农业发展。

【世界粮食安全与中国对策高峰论坛】 11月29日，由学会联合北京大学中国战略研究中心、中国农业大学中国粮食与食物安全中心、莫干山研究院、国际绿色经济协会等共同主办的“世界粮食安全与中国对策”高峰论坛在北京召开。原环保部副部长周建，学会党委书记、理事长柳忠勤等出席论坛。论坛邀请共和国勋章获得者、中国工程院院士袁隆平发表视频报告。同时邀请联合国副秘书长、联合国粮食及农业组织和国家有关部委、科研单位的专家学者参加论坛，共讨粮食安全问题。

与会专家针对全球形势与中国粮食安全进行交流研讨，倡议要从“保粮食安全”“端牢中国饭碗”的战略高度认识保障粮食安全的重要性和紧迫性。强调要有底线思维、高线防备，通过8个方面的努力夯实中国粮食安全基础，为世界粮食安全贡献中国经验、作出中国贡献。

论坛采用线上线下相结合的形式进行，现场直播得到中国科协学会服务中心微会议支持，线上有《今日国土》杂志社融媒体中心以及科创中国、科技工作者之家等媒体支持，在线观看人数达7.6万余人次。

【2020“党建强会”科技助力乡村振兴活动】 10月29日，由中国科协科技社团党委支持，学会联合中国农业工程学会、中国粮油学会、中国农学会等10家全国学会在河南省濮阳市科协的协办下，共同举办2020“党建强会”科技助力乡村振兴活动，共计80余人参加活动。10家全国学会以“党建引领”为核心，为濮阳乡村振兴建设与发展组织专题培训班开班。培训班培训内容涵盖农产品深加工技术创新、粮食收储技术提升、合理膳食知识、农村宅基地信息化建设、智能云技术、甘薯产业分析、农业技术建设、林业发

展建设、内陆水产品附加值提高、休闲农业顶层设计10项。活动受到《中国农民日报》、人民网、新华社、《今日国土》杂志社融媒体中心以及河南省濮阳市当地媒体的关注和支持。

活动期间，学会党委书记、理事长柳忠勤与中国科协学会党建研究会常务副理事长李桐海，中国农业工程学会常务副理事长、国际欧亚科学院院士朱明等10家全国学会的党员专家代表在河南省濮阳市相关领导的陪同下先后考察清丰县、濮阳县乡镇、村以及农村党支部书记学院、中国科协乡村振兴科技党校，并进行现场座谈。

【学会助力魏县高质量发展】 5月16—17日，学会首席顾问、原环保部副部长周建，原国土资源部副部长胡存智，学会党委书记、理事长柳忠勤以及国家发展改革委、自然资源部、中国科学院大学、北京城乡经济信息中心等相关部委和科研机构的专家学者一行13人应邀考察河北省邯郸市魏县，通过实地调研、召开座谈会、举办大讲堂等方式就经济社会发展情况及国土空间规划编制、落地实施等工作进行调研指导，助力魏县经济社会高质量发展。与会专家学者就魏县国土空间规划编制、县域经济社会发展进行发言、讨论，提出指导性意见建议。

（撰稿人：杨巧英）

中国土地学会

服务创新型国家和社会建设 学会组织落实各项防控政策、防疫要求，包括转发和落实中国科协倡议书，免收湖北省内团体会员单位2020年会费，减半收取其他地区会员年度会费，及时收集免费开放的学术资源数据平台信息与会员共享；根据“工作需要，无法替代，办公环境许可”原则，有序推进复工并创新工作模式，搭建在线工作平台，保障学会工作全年有序开展和顺利进行；响应疫情防控要求，尤其在疫情反弹时中止年度学术年会召开、海峡两岸土地学术交流、派团出境参加FIG年度工作会议等计划，有效降低疫情损失。

受自然资源部国土空间规划局委托，联合北京土地学会组建团队开展国土空间规划行业管理专题研究，完成土地规划从业单位和从业人员基础调查，基本查清规划行业队伍状况。组织开展省国土空间总体规划编制任务情况调查，基本掌控全国国土空间规划工作推进进度。组织专家就国土空间规划关键问题展开研讨，厘清思路。起草完成《国土空间规划行业管理办法（草案）》和《国土空间规划行业监管信息平台需求报告》，协同自然资源部信息中心开展平台建设，为国土空间规划资质建设和行业管理提供有效支撑。

服务国家自然科学基金委员会地理学科申请代码调整优化，由学会副理事长张凤荣、郭仁忠等发起，众多专家参与，形成《关于设置“土地系统与土地科学”二级学科的建议》并上报。

按照自然资源部《国土资源科学技术奖励办法》统一部署，会同中国地质学会、中国地质矿产经济学会组织开展2020年度国土资源科学技术奖励推荐和评审工作。

服务精准扶贫、精准脱贫战略，面向自然资源部江西省赣州市定点扶贫地区举办国土空间规划培训班，400多人参加培训。委托会员单位开展江西省赣州市扶贫点赣县区五云镇夏潭村村庄规划编制志愿服务工作，并形成规划文本初稿。

服务会员，在广西壮族自治区南宁市、广东省广州市等地举办国土空间规划培训班，近2000人接受培训。

2020年，由《中国土地科学》编辑部研究员王庆日领衔的编研团队申报的“善治理念下农村建设用地市场化改革研究”获得国家社会科学基金一般项目立项。

学会建设 修订《中国土地学会章程》，添加有关“坚持党的全面领导”“习近平新时代中国特色社会主义思想”“社会主义核心价值观”等内容，同时按民政部要求修改相关格式，使其更加符合学会发展需要，并通过民政部和中国科协的核准。采用线上线下相结合的方式召开副理事长会议、七届六次常务理事会议和七届五次理事会议，总结和决策学会发展重大事项，并定时召开办事机构工作会议，督办进度。修订学会财务管理办法、合同管理办法、劳务费管理办法、固定资产办法，制定期刊稿费管理办法、优秀论文评选办法等制度，进一步提升行政运转效率。适时调整分支机构成员，加强分支机构的联系督导，引导分支机构健康发展。按自然资源部网络安全和信息化办公室要求，整合学会网站和微信公众号平台，开展相关宣传活动，增强学会工作的凝聚力。稳步发展会员，2020年学会个人会员达8687人，团体会员达

561个。筹备纪念学会成立40周年，包括组建工作班子、编制纪念册、拍摄纪念视频和开展40周年40篇优秀论文评选等。

主办期刊 学会进一步实施强刊计划。设立“专论”栏目，加大向国内有研究、有思想、有理论素养的专家学者约稿；推出“书评”“书荐”栏目，加强对优秀书籍的推荐，促进学科建设发展。主动跟踪国家社会科学重大项目、自然基金重大项目等项目的最新研究成果。完善和丰富微信公众号发布功能，及时推出更多优秀文章。针对期刊数字化编辑出版系统和数字化平台运行中存在的问题，重新修订三审三校制度，要求每期责任编辑制定编辑日历，按照时间节点推进期刊编辑出版工作，实现月初公布目录、月底出版纸刊。

全年完成12期《中国土地科学》的编辑、排版、校对、出版、发行工作，共推出学术论文158篇、专论7篇。根据《中国学术期刊影响因子年报（2020版）》,《中国土地科学》影响力CI值为579.003，复合总被引频次为6880，复合影响因子为4.489，复合影响因子在全国农业经济类51种学术期刊中排名第5位，位于Q1区。2020年《中国土地科学》继续被评为中国最具国际影响力学术期刊。

全年完成6期《土地科学动态》选题、组稿、初审、编辑、出版工作，共推出80余篇观点性文章，多篇被相关媒体转载。

学科发展工程 学会完成“2019年土地学科进展和土地科学前沿问题研究”项目和“土地基本术语标准研究”课题成果验收。“2020年土地学科进展研究”项目形成土地管理、土地资源利用与空间规划、土地经济、土地工程与信息技术等领域的4个分报告和总报告。12月15日，联合北京大学、中国农业大学、中国人民大学及中国矿业大学（北京）召开2020年土地科学研究重点进展评述及2021年展望，针对2020年土地科学各分支学科研究中的热点、重点问题及主要进展进行讨论。完成“2020年土地科学前沿问题研究”项目的6个分报告。依托项目，将《土地科学动态》2019年6期的相关文章及报告整理汇编出版《国土空间规划与用途管制——土地科学前沿问题研究（2019）》，并在“学习强国”App上推荐。

国内主要学术会议 2020年受新冠肺炎疫情影响，学会取消举办大型学术会议，改为召开一些小型学术会议。

1月5日，由学会规划分会与南京农业大学公共管理学院等单位共同主办、农村土地资源利用与整治国家地方联合工程研究中心承办的国土空间规划历史使命与治理路径研讨会在江苏省南京市召开。来自清华大学、浙江大学等全国13所高校，以及中国土地勘测规划院等相关科研机构，江苏省自然资源厅的领导、专家及南京农业大学部分师生代表共计100余人参加。

4月25日，由《中国土地科学》编辑部与郑州大学中国土地法研究中心、广东外语外贸大学土地法制研究院等共同主办，苏州大学王健法学院土地法与公共政策研究中心承办的《土地管理法实施条例》修改相关重大问题学术研讨会在腾讯会议平台上召开。来自中国人民大学、北京师范大学、吉林大学、郑州大学、中南财经政法大学、广东外语外贸大学、广东财经大学等单位的专家学者参加会议。

5月10日，由《中国土地科学》编辑部与广东外语外贸大学土地法制研究院和法学院、苏州大学王健法学院土地法与公共政策研究中心、郑州大学中国土地法研究中心共同主办，由广东外语外贸大学土地法制研究院和法学院、国家社科基金重大项目（18ZDA151）课题组承办的新冠疫情背景下耕地保护与粮食安全法治保障——中国土地治理的机遇与挑战线上远程视频研讨会召开。来自中国人民大学、吉林大学、清华大学、武汉大学、浙江大学、中国政法大学、中南财经政法大学、西南政法大学、西北政法大学、广东外语外贸大学等高等院校和自然资源部的120多位专家学者参加，300余人观看直播。

7月26日，由《中国土地科学》编辑部与中国人民大学公共管理学院、中国人民大学国家发展与战略研究院、林增杰土地科学发展基金共同主办的土地要素市场化配置与权益实现学术研讨会在线上召开。与会人员就土地要素市场化配置中的政府职能与边界界定、产权制度及权益实现、市场规律和实现路径、地方实践与案例等问题进行讨论。

9月26日，由《中国土地科学》编辑部与中国人民大学公共管理学院和林增杰土地科学发展基金共同主办的林增杰土地科学发展基金第三届优秀学术论文奖征集评选活动在线上举办，16位答辩评委及来自全国各地高校的50余位博士、硕士研究生和本科生出席。

10月18日，由《中国土地科学》编辑部与《自然资源学报》编辑部、南京农业大学和中国自然资源经济研究院共同主办，南京农业大学公共管理学院和南京农业大学不动产研究中心共同承办的“中国自然资源资产权益：治理体系与治理能力学术研讨会”在线上举办，来自全国各地700余位领导、专家学者和研究生参加。

12月18日，由学会土地经济分会、《中国土地科学》编辑部与中国农业大学土地科学与技术学院联合主办的首届全国自然资源资产核算研究生论坛在北京召开。来自自然资源部信息中心、自然资源部国土整治中心、中国自然资源经济研究院、中国土地勘测规划院、清华大学、浙江大学等20余家单位的80余名专家学者与研究生参加会议，2700余人观看网络直播。

科普活动 开展4·22世界地球日科普系列活动，包括依托宁波学会服务站，组织专家在线科普南极和地球知识，深入浙江省宁波市宁海县黄坛镇弘扬村开展科技服务活动。开展6·25全国土地日系列宣传活动，包括举办“节约集约用地　严守耕地红线”第30个全国土地日专家座谈会；以“耕地保护：艰巨且不可松懈的任务”为主题举办青年网上论坛；利用中国知网平台，联合相关兄弟学会举办第四届资源环境行业创新知识网络大赛，11万余人次在线参与。组织专家参与自然资源部土地日宣传片拍摄、配合地质博物馆举办“耕地保护”主题展览等活动。举办2020年全国科技活动周系列活动，包括在海南省土地学会和自然资源厅的支持下开展自然资源科普知识网络竞赛、科普讲座、社区科普宣传和优秀成果宣传片展示等系列活动。举办以“土地政策创新与高质量发展”为主题的第二届全国大学生土地国情大赛。

【第30个全国土地日专家座谈会】 6月24日，由学会、中国土地勘测规划院和自然资源部土地利用重点实验室联合组织的第30个全国土地日专家座谈会在北京召开。全国政协委员、学会理事长王世元致辞，来自全国高校和科研机构的多位专家学者参加会议。与会专家学者回顾中国实行最严格保护耕地制度和节约用地制度取得的成就、面临的挑战，探讨进一步强化节约集约用地、严守耕地红线的路径和政策建议。中国工程院院士郭仁忠、天津大学法学院院长孙佑海和北京大学副校长王仰麟等7位专家在座谈会上作重点发言。专家们瞄准土地领域的新情况，提出在新的发展理念下如何重新认识土地资源、《中华人民共和国民法典》和土地资源管理有哪些关系、高标准农田建设和中低产田改造如何协同推进、新冠肺炎疫情对中国粮食安全和耕地保护有哪些挑战和启示等多个问题，并为自然资源部决策建言献策。

（撰稿人：许　坚）

中国科技新闻学会

服务创新型国家和社会建设 1月30日，学会发出倡议书，号召各分支机构、单位会员、杂志社向武汉科技报社学习，开展疫情防控科普工作，大力宣传社会各界抗击新冠肺炎疫情的先进经验和有效做法，努力践行社会责任。鼓励全体会员利用各自优势开展活动，用好微博、微信等新媒体平台，助力防疫抗疫，助力复工复产复课。2月1日，湖北省科技新闻学会向会员及全省科技新闻工作者发出《湖北省科技新闻学会倡议书》。2月5日，学会新媒体专业委员会向会员、会员单位及广大科技领域新媒体从业者、自媒体人发出《关于促进新冠防疫科普新媒体传播工作的倡议书》。

受中国科协调研宣传部委托，学会组织并参与多项科协重大活动的宣传策划与实施。据统计，学会先后组织全国科技工作者日、第二十二届中国科协年会、2020世界新能源汽车大会、2020年全国科普日等5场新闻发布会，并为中国科协第九届全国委员会第七次会议、第二十二届中国科协年会、2020绿色发展科技创新大会、全国科学道德和学风建设宣讲教育活动、中国科协定点扶贫35周年回望报告会等40余场活动提供服务，邀请中央主要媒体和网络主流媒体进行宣传报道，共计发稿700余篇。

9月23—24日，由中国科协调研宣传部主办、学会承办的2020年中国科协系统新媒体工作人员培训班在北京举办。来自全国学会、北京市科协、中国科协各部门及事业单位的80名学员参加线下培训，600余名学员通过线上直播参加培训。此次培训聚焦媒体融合发展、科技类内容创作与智能化传播，通过专题讲座、影像教学、体验教学、交流讨论、提交作业等教学模块进行培训。

11月11—13日、16—18日，由中国科协科学技术普及部主办、学会承办的2020年媒体从业者科普能力提升培训班（共两期）在北京举办。第一期主题为“新时代媒体融合与科普事业发展”，从如何做好科技传播、建设科技传播品牌、推进媒体融合等方面进行授课。第二期主题为“提升科学素养　创新传播思路”，围绕未来科学素质建设的思考、重大科学选题的策划与报道、如何挖掘热点事件中的科技元素等方面进行授课。培训采用“线上＋线下”相结合方式，120余名来自中央媒体、主流网站、科学期刊、科研机构的记者、编辑、新媒体从业者参加线下培训，全国各地的1200余名学员观看线上直播。

学会建设　2020年，学会新增个人会员145人，新增团体会员7个。新增数字传播伦理专业委员会，下属分支机构由19个增至20个。

学会重新修订《中国科技新闻学会主办期刊出版经营管理办法》，制定《中国科技新闻学会主办期刊负责人年度考核办法》，并与期刊负责人签订责任书。

4月初，学会召开分支机构负责人通讯会议。各分支机构总结在疫情期间开展的各类科技传播活动、报送2020年工作计划，并对学会工作献计献策。

学科发展工程　学会引进英国劳特利奇出版社的《科学新闻导论》一书，组织会员王大鹏等相关专家翻译，于12月由中国科学技术出版社正式出版发行。此书作者为德国科技新闻记者和科学传播从业者马丁·W.安格尔。全书约28万字，内容丰富，为科学研究不同领域如何生产新闻内容提供指导。

国内主要学术会议　8月27—28日，由学会、上海科技馆主办，中国科普研学联盟、长三角科普场馆联盟承办的第三届中国科普研学大会在上海市召开。会议以“科普创新与研学发展”为主题，围绕国际视野下科普研学发展的现状和存在的问题，探讨中国科普创新和研学发展的有效结合机制。开幕式上发布《共识与行动》倡议书。学会理事长宋南平、副理事长周建强、副理事长兼秘书长许英、常务理事金振蓉出席会议。来自全国各地科普场馆、科普基地、中小学校、科研院所和科技企业的100余名专家学者参加大会，共同倡议搭建科普研学合作平台。

9月5—6日，由学会科技报分会主办、山东科技报社承办、山东省农村专业技术协会协办的全国科技报新冠肺炎疫情防控宣传工作总结交流会议在山东省烟台市召开。学会理事长宋南平、副理事长兼秘书长许英、副理事长兼学会科技报分会理事长郝建新，以及山东省科协党组成员、副主席陈爱国出席会议。来自全国30多家科技报、科技期刊及新媒体机构的负责人、企业代表共计60余人参加会议。会议总结交流全国科技报系统抗击新冠肺炎疫情的宣传工作经验和科技报刊机构改革的经验与做法；实地考察学习山东科技报社科普信息化建设以及与农村专业技术协会开展“报会结合”的经验；听取典型企业发言，希望通过“媒企合作”模式推动科技传播能力提升。

11月14日，由学会、广西壮族自治区科协主办，学会科技报分会、广西科普传播中心（《南方科技报》）、山西运城科普惠农服务中心等承办的2020年全国科技报服务乡村振兴研讨会在广西壮族自治区南宁市召开。会议以“服务乡村振兴”为主题，旨在学习贯彻党的十九届五中全会精神，在脱贫攻坚与乡村振兴战略背景下凝聚全国科技报系统的共识和力量，进一步加强交流与合作，为服务乡村振兴作出更大贡献。学会理事长宋南平，广西壮族自治区科协党组书记、副主席纳翔，广西壮族自治区科协党组成员、副主席何求，学会副理事长兼秘书长许英，学会科技报分会副理事长兼秘书长石宝新，广西壮族自治区党委宣传部传媒监管处相关领导出席会议。来自全国科技报、科技期刊、科技领域新媒体、科技传播机构、科技传播企业的负责人及代表等200余人参加会议。

12月13日，由学会、湖南省科协、衡阳市人民政府联合主办的2020年大数据科技传播与应用高峰论坛在湖南省衡阳市召开，主题为“百年变局，数胜未来”。论坛以“自立创新、开放创新、联动创新”为宗旨，通过主旨报告、高端对话、企业家座谈会、参观考察等环节，聚焦“抗疫大数据应用”“产业数字化与数学产业化”“工业人工智能发展方向”等热点话题。中国工程院院士李兰娟，中国科学院院士、中国工程院院士李德仁，中国工程院院士柴天佑，中国科学院院士诸君浩，中国工程院院士顾国彪，日本工程院外籍院士李颉，欧洲科学院院士兰玉彬，加拿大工程院院士宋梁、杨军出席，来自大数据应用、科技传播等领域的200余人参加论坛。

国际交往　2月底，学会响应中国科协号召，加强国际交流互动，向世界科学记者联盟致函，客观介绍中国共产党、中国政府和中国人民在疫情防控工作中的决心、努力和进展，争取国际社会的理解、信任和支持。

科普活动　2月8日，学会发出“抗击疫情，小作者在行动”主题创作征集通知，鼓励青少年用手中的画笔表达对抗疫英雄的敬意。经过征集与评审，学会从近5000幅绘画作品中遴选出133幅优秀作品。儿童节期间，以“抗击新冠疫情，致敬科学家”为主题的第二届“让科学插上艺术的翅膀——全国少年儿童科技创新艺术作品展”在中国科学技术馆展出。

表彰举荐优秀科技工作者 4月，学会推荐会员北京高精尖科技开发院院长汪斌、北京国际城市发展研究院院长连玉明、杭州阿优文化科技有限公司总裁李小方为全国创新争先奖先进个人候选人；推荐武汉市金银潭医院药物临床试验机构为全国创新争先奖先进团队候选团队。

党建强会 为贯彻落实党的十九大和十九届五中全会精神，学会在《中国科技新闻学会章程》中加入“坚持党的全面领导”“习近平新时代中国特色社会主义思想”和“社会主义核心价值观”等相关内容，并经六届六次常务理事通讯会议审议通过。此外，根据中国科协科技社团党委要求，学会理事会党委制定党委工作规则，并在六届三次常务理事党员通讯会议上审议通过。

会员服务 学会对单位会员和个人会员在疫情防控、复工复产中的工作和宣传予以支持。在疫情暴发期间，武汉科技报社处于新冠肺炎疫情中心，社长兼总编辑陈海涛牢记使命，组建“战疫突击队”，带领报社记者奋战在抗疫第一线。学会根据实际情况编写《武汉科技报：以笔作战　含泪冲锋》等文章，被全国科技报系统广泛转发。

4月底，学会整理各分支机构、单位会员、主办期刊的抗疫宣传工作，编写《中国科技新闻学会抗疫在行动》系列报道，展现会员的防疫抗疫科普工作，并重点转发分支机构、单位会员的相关工作动态。

【2020年中国科技传播论坛暨中国科技新闻学会第十五次学术年会】 12月5日，2020年中国科技传播论坛暨中国科技新闻学会第十五次学术年会在北京召开，主题为“突发公共事件的科技传播”。论坛由学会主办、光明网支持，来自各新闻单位、科研院校、医疗卫生机构的200余人参加大会开幕式。中国科协党组副书记、副主席、书记处书记徐延豪出席大会并致辞。

论坛开幕式由学会理事长宋南平、中央广播电视总台主持人杨富江主持。邀请中国工程院院士、环境工程专家、博士生导师侯立安，中国工程院院士、天津中医药大学校长、“人民英雄”国家荣誉称号获得者张伯礼，中华全国新闻工作者协会原党组书记、常务副主席翟惠生分别作主旨报告《科学家精神在疫情常态化防控中发扬光大》《弘扬抗疫精神，坚定文化自信》《突发公共事件的媒体责任》。

论坛设有8个分论坛，主题分别为“越过寒风·聚力融合——第十三届新媒体节全国科技新媒体年会”“VR技术科普应用研讨会”“‘探索星辰大海　逐梦航天强国’——第二届太空文化青少年教育论坛”“5G时代的科技创新传播”“新格局下的健康传播”“数据新闻与建设性新闻”“全媒体时代科技报健康科学传播”“疫情报道的科技素养与伦理反思”。

《科技日报》《中国青年报》《人民政协报》《中国科学报》、中国新闻社、光明网、中国经济网、中国网等媒体对论坛进行报道。

（撰稿人：杜　梦）

中国老科学技术工作者协会

服务创新型国家和社会建设 2020年年初新冠肺炎疫情暴发后，协会决策咨询专门委员会分析疫情防控需求，会同中国科协创新战略研究院、上海交通大学医学院等有关单位开展“疫情反思及建言”系列研究。2—5月，形成专报15篇，其中12篇通过《决策咨询专报》《科技工作者建议》《调研动态》报送至有关部门及单位，2篇得到党和国家领导人批示。

动员全国各级老科学技术工作者协会（以下简称“老科协”）和广大老科技工作者服务常态化疫情防控，助力企业复工复产。印发《关于认真学习贯彻习近平总书记在统筹推进新冠肺炎疫情防控和经济社会发展工作部署会议上的重要讲话的通知》《关于进一步深入学习贯彻落实习近平总书记重要讲话指示精神服务常态化疫情防控促进科技经济融合发展的通知》等文件，号召各级各地老科协引领广大老科技工作者进一步发挥优势、作出更大贡献。

开展多项调查研究，服务党和政府科学决策。开展众多着眼国家宏观决策诉求、老科技工作者关心关切的咨询课题，基于重大课题和调查研究形成的报告成果多次得到国家领导人的批示和有关部门采纳。《关于将科普场馆纳入新基建科教基础设施的建议》《国家中长期科技发展规划（2021—2035年）指导方针的建议》2篇专报获得党和国家领导人批示。《关于在我国西部六省区建设国家草种生产带的建议》部分观点被中共中央办公厅采纳。“北京市科技工作者精神压力与心脏损伤调研”课题成为2020年全国两会政协提案。《关于凝聚新乡贤力量　助力乡村振兴的建议》通过《决策咨询专报》上报中央及有关部门。《关于构建人工智能社会实验室推动产业核心技术发展的建议》报送中国科协党组。2020年新立项“中美经贸摩擦背景下构建更加开放的科技创新体系战略研究”“科技工作者权益保护制度研究”等决策咨询研究项目14项。助力《全民科学素质行动计划纲要（2021—2025—2035年）》的编制，发挥老科协智库优势，在方向把握、政策建议等方面发挥作用。

新增5家老科技工作者调查站点，累计建成15家。完成“全国老科技工作者作用发挥现状及人才资源开发研究”等调查活动，为课题研究提供一手调查保障。

2016—2020年，协会持续开展“既有多层住宅加装电梯”课题研究，连续上报3篇报告，先后得到多位党和国家领导批示，推动“鼓励有条件的加装电梯”和“支持加装电梯”连续3年写入《国务院政府工作报告》。2020年上报《关于推动既有住宅加装电梯情况的跟踪报告及建议》，以惠民工程拉动疫后经济发展，为党和政府切实增进人民福祉提供决策参考。在各级政策的支持下，南京、厦门、广州、上海、北京、杭州、济南等城市有力推进这项工作，加装电梯工作取得明显建设成效，得到广大老科技工作者的认可。

开展老科协大学堂培训，分别在山西省、上海市、北京市举办老科协工作人员研讨班3期，培训学员160余人。

积极应对老龄化，探索解决老年人运用智能技术困难的相关问题。开展“老年人数字技能的现状和问题”调查研究，形成《关于提高老年人数字技能　使其更快融入智能社会的建议》。贯彻落实国务院办公厅《关于切实解决老年人运用智能技术困难的实施方案》和《全国老龄办关于开展“智慧助老”行动的通知》精神，会同中国科协科学技术普及部，结合工作实际印发《中国老科协、中国科协科普部智慧助老行动三年计划》，就发挥老科协组织和智力优势，帮助老年人融入智慧社会、共享智慧社会便利提出行动方案。协会联合宁波市老科协于11月19日举办老年人智能手机应用辅导公开课，围绕老年人当前最热切关注的内容展开，具体包括如何下载手机软件、如何拍照、手机导航使用、微信使用、手机挂号和医疗服务、看新闻、在线话费充值以及如何识别电信诈骗等内容。

加强老龄健康工作，举办系列活动。先后征集和整理广东省、重庆市、宁夏回族自治区、江苏省、河南省、上海市退（离）休高级专家协会等单位对加强医养结合和老龄健康工作的意见和建议，报送国家卫生健康委老龄健康司。举办科学健康论坛，开展健康科普讲座。举办2020老科学家圆桌会，研究探讨老年人科学素质和数字技能提升等问题。

学会建设　协会深入学习贯彻落实习近平总书记对老科协工作的重要指示精神和党的十九届五中全会精神。切实把思想和行动统一到习近平总书记重要指示精神上来，把贯彻落实重要指示精神与当前工作有机结合。在官网和微信公众号上持续宣传各级老科协深入学习贯彻落实习近平总书记重要指示精神的好的做法。

依法依章程办会。按期召开会长办公会议，商讨协会重大事项、研究部署工作。根据工作需要召开常务理事会议，增补协会副会长，变更法人代表。完成社会组织2019年度检查工作。梳理统计省级老科协换届情况，指导云南省、黑龙江省、福建省、上海市退（离）休高级专家协会及东风汽车集团有限公司等老科协完成换届。

加强网站、微信公众号和期刊建设。截至11月底，网站浏览量超675万次；微信公众号订阅用户4847人，阅读量达19.8万次。协会编纂出版《中国老科协三十周年》精装书，宣传中国老科协的发展历程。

研究筹办老年科技大学，开展北京老年科技大学建设思路及方案研究项目，研究并试点在北京科学中心共建老年科技大学。

主办期刊　《今日科苑》适时开设“技术预见”“科协研究”“中国创新50人论坛”“科创中国”等专栏，出版2期增刊。拓宽稿源渠道，吸纳来自科协系统单位、北京大学等高校以及国家工业信息安全发展研究中心等科研院所的学术论文。

国内主要学术会议　11月14日，协会在上海市召开神经酸项目研究进展情况座谈会。协会会长陈至立出席并讲话，协会副会长杨继平、上海市科学技术工作委员会书记刘岩、中国科学院院士陈凯先、上海市老科协会长蔡敏勇等领导和专家参加座谈会。会议回顾“神经酸及相关天然衍生物的成药性评价研究”项目进展情况，为进一步研究指明方向。

科普活动 协会邀请30余位院士、专家在20多个省市开展《新冠疫情下的中美关系》等科普报告240余场，听众超过12万人次。

加强老科协报告团建设。调整科普报告会组织方式，邀请各级老科协推荐本地优秀科普专家加入中国老科协科学报告团并在本地举办报告会。新增医疗卫生、智能手机、通信大数据等领域专家150余名。编辑出版《科学健康（十一）》《科学健康（十二）》等科普图书。开发中国老科协科学报告团管理系统，推进报告团信息化管理。获评中国科协“2020年度全国学会科普工作优秀单位”。

助力农村中学科技馆建设。赴广西壮族自治区、云南省等地开展农村中学科技馆调研，了解运营情况，提出管理和完善建议，组织专家为农村中学科技馆举办科普和爱国教育讲座，培养和提升农村青少年科技素养。

举办6场“助力乡村振兴健康行”大型义诊、科普活动，推动基层医疗技术水平提高和百姓健康意识提升。组织北京同仁医院等多家三甲医院的医疗专家72人次，分别在河南省信阳市和新乡市延津县、安徽省黄山市、宁夏回族自治区中卫市海原县、黑龙江省鹤岗市、山东省淄博市开展义诊、科普活动。诊治患者7000余人次，举办学术讲座25场，会诊、疑难病例讨论268次，教学查房790人次，科室会诊157人次，指导手术16例，培训医护人员3189人次，所举办的健康科普报告惠及听众6468人次。福建省老科协在福建省三明市泰宁县开展“送医药、送科普、送技能、送健康”大型义诊健康扶贫活动，诊治患者1350人，发放健康科普材料900余册。山东省老科协组织40位专家在山东省济宁市等地开展免费义诊活动20场次，受众2万余人次。

表彰举荐优秀科技工作者 协会评选出2020年度中国老科协奖“突出贡献奖”10人、老科协奖176人以及先进集体奖20个。《今日科苑》出版专刊予以报道，同时获奖个人和单位的先进事迹在协会网站、微信公众号上持续宣传。

党建强会 协会举办2020年老科协工作研讨班，组织各省级老科协会长、副会长40余人学习党的十九届五中全会精神，讨论贯彻落实举措。印发《关于深入学习贯彻党的十九届五中全会精神　进一步加强老科协工作的意见》，要求各级老科协贯彻落实党的十九届五中全会各项决策部署。

加强协会党组织建设。坚持和加强党的领导，按时召开理事会党委会，完善党委理论学习制度，疫情期间建立理事会党委微信群，多次召开线上党委会。联合山东省老科协等单位共同开展“走进焦裕禄故乡”主题党日活动。

根据中国科协科技社团党委统一部署，协会理事会党委开展职责任务分类试点工作，结合实际制定工作方案，完成“两单一例”及各项工作。

会员服务 10月25日（重阳节），协会组织开展以“健康行”为主题的第五届全国老科技工作者日活动，邀请院士和老科技工作者代表100余人参加活动，共同探讨科学健康知识。光明网对活动全程直播，新华社、《人民日报》客户端、学习强国、《中国青年报》等20家媒体网络平台对活动进行报道。

【中国老科学技术工作者协会六届二十九次会长办公会议和2020年老科协工作研讨班】 11月2日，协会在北京召开六届二十九次会长办公会议和2020年老科协工作研讨班。原国务委员、第十一届全国人大常委会副委员长、协会会长陈至立主持会长办公会议并在研讨班上讲话。常务副会长齐让主持研讨班，副会长陈小娅、杨继平、王延祜、徐强出席。此次研讨班采取线上线下相结合的方式举办，来自各省级老科协的会长、常务副会长等40余人通过网络视频方式参加研讨班。

会议和研讨班深入学习党的十九届五中全会精神，研究讨论《深入学习贯彻党的十九届五中全会精神　进一步加强老科协工作的意见（讨论稿）》，对下一步工作作出安排部署。

陈至立强调，各级老科协要把学习贯彻党的十九届五中全会精神作为当前和今后一个时期的重要政治任务，结合老科协实际，把会议精神落到实处；要牢记初心使命、增强信心，奋进新时代、开启新征程；要创新工作思路，作出新贡献。规划建议把科技创新放在经济社会发展和改革开放12项重点任务之首，强调坚持创新在我国社会主义建设全局中的核心地位，把科技自立自强作为国家发展战略支撑。各级老科协要紧密结合各地“十四五”规划的制定，结合科技创新新要求，结合弘扬科学家精神的新要求，结合企业和农村发展的新要求与双循环的新需求，结合老科协未来工作安排，立足本地、立足基层、立足实际，寻找工作的新亮点、新着力点、新突破点，力争作出新成绩和新贡献。

【《全民科学素质行动计划纲要（2021—2025—2035年）》编制工作顾问组第一次会议】 6月2日，《全民科学素质行动计划纲要（2021—2025—2035年）》（以下简称《新纲要》）编制工作顾问组第一次会议召开，原国务委员、第十一届全国人大常委会副委员长、协会会长陈至立主持会议并讲话。中国科协党组书记、常务副主席、书记处第一书记怀进鹏，中国科协副主席、书记处书记孟庆海，《新纲要》编制工作顾问组成员出席会议。

怀进鹏致辞并邀请陈至立为《新纲要》编制工作顾问组组长，协会常务副会长齐让为副组长，汪光焘等16位老领导、老专家为成员，协会多位特邀高级顾问担任《新纲要》编制工作顾问组成员。

怀进鹏指出，党中央、国务院高度重视全民科学素质工作，习近平总书记强调科技创新、科学普及是创新发展的两翼，要把科学普及放在与科技创新同等重要的位置。为落实习近平总书记对科普工作的重要论述精神，按照国务院办公厅会议纪要关于制定面向2035年的公民科学素质建设规划的有关要求，中国科协联合全民科学素质纲要实施工作办公室成员单位正式启动编制《新纲要》工作。未来15年是中国发展的关键时期，编制实施《新纲要》对于建设世界科技强国具有重要意义。希望各位专家从各自专业领域提出意见建议，为《新纲要》把关定向。

陈至立指出，《全民科学素质行动计划纲要（2006—2010—2020年）》颁布实施15年来，特别是党的十八大以来，在各地各部门的努力下，中国公民科学素质公共服务能力明显提升，公民科学素质建设推进机制进一步完善，公民科学素质水平快速提升，为决战决胜脱贫攻坚、全面建成小康社会作出积极贡献。陈至立强调，编制《新纲要》工作要围绕学习贯彻习近平新时代中国特色社会主义思想，把总书记对公民科学素质建设和科普工作的重要论述精神贯彻落实到《新纲要》编制工作中去，站在新的历史起点上来思考、谋划全民科学素质工作；要深入研究提升全民科学素质的着力点，进一步明确任务措施。《新纲要》编写组要认真研究、充分吸纳顾问组提出的宝贵建议，进一步增强文本的时代性、人民性、针对性、创新性和前瞻性。希望顾问组成员发挥专长，在方向把握、政策建议等方面发挥作用，为《新纲要》编制贡献出智慧和力量。

【第五届（2020）全国老科技工作者日暨北京第十六届老科技工作者日活动】 10月25日，以“健康行”为主题的第五届（2020）全国老科技工作者日暨北京第十六届老科技工作者日活动在北京启动。活动由协会、北京市科协主办，北京老科学技术工作者总会、中国国际科技交流中心、北京科技社团服务中心、北京科学中心承办。原国务委员、第十一届全国人大常委会副委员长、协会会长陈至立，中国科协党组成员、书记处书记束为，国家卫生健康委老龄健康司副司长蔡菲，协会副会长陈小娅、岳明生、王延祜，北京市科协党组书记马林，中国工程院院士董家鸿，中国科学院院士葛均波、仝小林等专家以及老科技工作者代表100余人参加活动。协会常务副会长齐让主持启动仪式。陈至立宣布活动正式开始。

启动仪式后，中国国际科技交流中心原主任吴甘美主持科学健康论坛。中国工程院院士、肝胆外科专家董家鸿，中国科学院院士、心脏病学专家葛均波，中国科学院院士、中医内科学家仝小林，中国医学科学院肿瘤医院内科主任王洁，北京大学第一医院心脏中心教授、亚洲心脏病学会主席霍勇分别作健康科普讲座《精准医疗：理念、技术和范式》《心脏瓣膜病与TAVI（TAVR）的发展和展望》《态靶医学——中医的过去、现在与未来》《防微杜渐　禁于未然　肺癌早筛早诊早治》《新冠疫情下的急性心肌梗死救治》。论坛期间，院士和专家带领全场观众共同练习太极八段锦、合唱《夕阳红》，倡导大家追求身体上和精神上的健康状态。

论坛结束后，王洁、霍勇为老科技工作者代表签赠图书。参加活动的领导、专家及老科技工作者代表共同参观“人类与传染病的博弈”主题展览，感受当代科技战“疫”的新技术和新成就，了解疫情防控知识背后的科学原理和思想方法。

【2020科学健康圆桌会议】 11月5日，由协会、空军军医大学第三附属医院、军事口腔医学国家重点实验室共同主办的2020科学健康圆桌会议在陕西省西安市召开。原国务委员、第十一届全国人大常委会副委员长、协会会长陈至立，协会常务副会长齐让，中国国际科技交流中心原主任吴甘美，鞠躬、陈志南、

张生勇、李鹤林、蒋庄德、邱爱慈、周卫健、王松灵8位院士，空军军医大学校长张思兵，中华口腔医学会会长俞光岩、名誉会长王兴及老科技工作者代表30余人出席会议。国际口腔医学博物馆馆长赵铱民主持会议。中国国际科技交流中心、空军军医大学第三附属医院和协会秘书处等有关同志列席会议。

会议主题是“老年口腔健康”。王松灵、俞光岩分别作交流发言《小口腔，大健康》《健康口腔，幸福老年》。王兴、吴甘美等与会专家围绕老年人常见的口腔问题、解决措施以及口腔健康知识科普、科学家精神传承等展开交流研讨。

与会专家认为，口腔健康与全身健康密切相关。由于疾病和身体机能的下降等原因，老年人更容易罹患口腔疾病。这些口腔疾病如果没有得到及时有效的治疗，不仅影响患者的口腔功能、面容和心理，还可能诱发脑卒中、心脏病、糖尿病、消化系统疾病等全身系统疾病。

陈至立强调，老年人是社会的宝贵财富，应当更加重视和关注老年人口腔健康，加强口腔健康知识的普及，让更多的老年人享受有品质的健康长寿，为健康中国加油助力。要继承好、传承好口腔领域老科技工作者的艰苦奋斗和爱国奉献精神，激励新时代的科技工作者肩负起历史赋予的科技创新重任。

会议期间，陈至立还参加国际口腔医学博物馆开馆仪式，考察国际口腔医学博物馆，并为布伦·马克铜像揭幕。齐让在开馆仪式上致辞。

（撰稿人：刘　艳）

中国科学探险协会

服务创新型国家和社会建设　2020年，由协会创意并与江苏南极岛旅游文化发展有限公司联合筹建的“地球‘三极’博物馆”项目取得实质性进展。地球“三极”博物馆第一次筹备工作会议于7月30日召开，会上组建地球“三极”博物馆筹备领导小组，组长由协会副主席兼秘书长李杰担任，副组长由协会常务理事、中国科学院南京地理与湖泊研究所研究员李世杰和协会理事、江苏南极岛旅游文化发展有限公司董事长王绪连担任。会议对筹备工作作出部署。8月30日召开第二次筹备会，明确地球“三极”博物馆科学内容编撰方向，布置具体的撰稿任务并落实到人。11月27日召开第三次筹备会，对地球“三极”博物馆科学内容初稿进行初审评议，并对地球“三极”博物馆的建设规划作进一步研讨。

11月3—5日，在第十六届海峡两岸（三明）林业博览会上，协会与福建省三明市林业局、三元区人民政府等单位联合签署《福建省三明市三元格氏栲国家森林康养基地和中国科学探险协会及石探记科学教育开展自然研学战略合作框架协议》，共同规划在三元格氏栲国家森林康养基地探索建立全国未来科学家孵化基地和全国低海拔原始森林自然科学研学中心。该基地占地8000平方米，规划设置研学床位近百张，并配套多功能综合会议厅、实验室、博物科学馆以及森林书吧、森林主题餐厅等基础配套设施。

协会完成泛美公路全程、南美洲10国、中美洲8国、加勒比30国、非洲43国、印度洋10国、南太平洋13国、大西洋3个群岛等活动的策划工作，为全球后疫情阶段重启海外项目活动打下基础。

2020年，协会经过实地考察、反复修改，策划中国山脉系列活动，包括祁连山、秦岭、横断山、唐古拉山、念青唐古拉山、喜马拉雅山、太行山、昆仑山、阿尔泰山、天山、三江源等，并在下半年国内疫情得到稳定控制后择机实施部分活动。

7月22—24日，协会海洋科学考察专业委员会与中国－斯里兰卡联合科教中心在福建省漳州市东山县联合举办无人机海洋观测技术培训班。培训内容包括无人机在海洋观测方面的应用、海流的示踪和遥感探测、热带大洋的季风协同观测等，为开展海洋科学考察培养后备人才。

2020年，协会在生物多样性保护、科技扶贫等方面继续加大公益力度。在准噶尔基地进一步强化基地核心区管护，为入住生态园的野生动物创造安全的生存环境。4月，协会工作人员捐助资金和劳动力建成一座野生动物饮水池。5月，为新疆维吾尔自治区昌吉回族自治州奇台县西北湾乡满瀛湖村7户贫困户捐款，还为满瀛湖村种植梭梭－肉苁蓉编写可行性方案，启动产业科技扶贫工作。10月，启动北疆“生态造林——仿野生种植肉苁蓉”的科普视频编制工作。11月，深入新疆维吾尔自治区昌吉回族自治州奇台县及巴音郭楞蒙古自治州且末县、若羌县，行程4000余千米，对梭梭造林、肉苁蓉规范化种植等进行专业技术指导，帮助政府、企业和农牧户发展荒漠生态产业。发放野生动物保护宣传海报1300张。

学会建设　为配合协会改制（脱钩），根据民政部要求，7月17日协会办公室参加民政部社会组织管理局线上举办的新版社会组织登记系统视频直播培训。

协会加强完善网站和微信公众号平台建设工作，使网站和微信公众号的应用及会员管理得到进一步加强，信息更新发布得到改善。

9月，协会在腾讯微视开通官方媒体号，并依托祁连山冰川考察策划主题为“四穿祁连”的短视频，截至2020年年底发布11期内容，单个短视频最高点播量超过1.6万次，粉丝达3.5万人。

主办期刊 《中国科学探险》2020年选题策划“荒漠治理”“绿化工程”“地质资源”“气候生态”和“环境工程”等专题，得到读者好评。在公益宣传方面，《中国科学探险》连续以醒目版面弘扬“中国梦”和“社会主义核心价值观”。针对新冠肺炎疫情，增添“公益宣传、我在行动”的抗击新冠肺炎疫情主题宣传。

此外，协会继续与国际爱护动物基金会、世界自然保护联盟、国际绿色和平组织（中国）等公益组织合作，全年累计公益广告宣传达20版。

国际交往 2020年，协会青少年科学考察工作委员会积极探索与国际组织之间的合作，与日本国立岩手山青少年交流之家沟通，引入《日本全国青少年教育设施运营研究协会报告书》和《国立岩手山青少年交流之家活动集》。从东京都福祉保健局引进《身边的有毒植物》一书。三本书已启动翻译工作。

科普活动 协会依托兰州大学通过“地理发现与探索”微信公众号推送科学考察、科普活动相关文章。

1月18日—2月1日，协会组织190名会员赴南极半岛开展科学探险考察活动。

3月，协会特殊地区探险专业委员会分别设计蝴蝶谷的科学考察和研学两条线路，4月进行投稿并参加由云南省文化和旅游厅主办的“亲近自然、静心养性”和“一部手机游云南”的云南文化旅游线路产品大赛活动，分别获“精品线路”和“创意线路”设计一等奖。

3—6月，协会海洋科学考察专业委员会指导“中大海精灵”微信公众号开展线上海洋知识问答活动，同时指导广东海启星海洋科技有限公司在公司网页上发布科普文章，为青少年提供线上科普教育新方式。“中大海精灵”微信公众号由中山大学海洋科学学院运行，是科普基地的线上工作阵地。

7月3日，协会海洋科学考察专业委员会参与组织中国科学院广州分院2020年“讲科学秀科普”讲解大赛。来自中国科学院南海海洋研究所、华南植物园、广州能源研究所、广州地球化学研究所、广州生物医药与健康研究院、广州化学有限公司等中国科学院在广东省的6家单位的19名选手，围绕海洋科学、地球化学、生物医药、防疫抗疫、清洁能源、生态系统保护和修复等科学研究领域，应用各种多媒体手段讲解科学知识。

7月27—31日，由协会主办、协会奇异珍稀动物探险考察专业委员会承办的第一届全国青少年生物多样性挑战赛在安徽省黄山举办。经过比赛，最终评选出一等奖、二等奖、三等奖和最佳摄影奖。活动得到安徽省动物学会、黄山风景区环保办、黄山市生态环境局、北京石探记教育科技有限公司等单位的支持。《新民晚报》、新华社、中国新闻社、黄山电视台等多家媒体对活动进行报道。

8月24—28日，协会副主席兼秘书长李杰与协会特殊地区探险专业委员会相关人员组队赴云南省红河哈尼族彝族自治州金平苗族瑶族傣族自治县，对云南省蝴蝶谷进行深度科学探险考察，并与金平苗族瑶族傣族自治县达成初步合作意向。

9月15日，协会副主席兼秘书长李杰带队对重庆市四面山基地进行考察，并对会龙庄景区鸳鸯亭等可能存在暗道的地方进行实地勘察。会龙庄景区位于重庆市江津区四面山镇，是一组保护完好的多院落组合的合院式古建筑，在功用上集民居、宗祠、防御于一体，是清代川东地区典型的城堡式庄园建筑，享有“西南第一庄”“深山中的紫禁城”之称。

9月16日，“实验3号”海洋科学考察船从广东省广州市新洲码头起航赴印度洋执行2020年东印度洋综合科学考察共享航次任务。协会海洋科学考察专业委员会专家、中国－斯里兰卡联合科教中心执行主任王卫强作为此次科学考察航次的首席科学家随船考察，协会海洋科学考察专业委员会骨干会员、中国－斯里兰卡联合科教中心观测技术主管张镇秋担任水文队长参加。

10月5日，中国科学探险协会武夷山基地正式挂牌。协会副主席兼秘书长李杰、副秘书长梁红斌、协会奇异珍稀动物探险考察专业委员会副主任陈睿、福建省南平市邵武市副市长林新长等出席挂牌仪式。该基地通过开展科学知识普及、大学生野外实习、科研院所科学考察等活动宣传科学友好的自然观，引领队员享受自然、尊重自然、保护自然。

协会对国内探秘（科普、科探）游、亲子游、户外游开展研究，并积极参与国家正在兴起的地学旅游的建设与规划活动，还与多家研学及户外机构进行沟通联络，搭建户外科探、科普的网络共享资源平台，为下一步开展针对青少年的活动奠定基础。

党建强会 2020年，协会功能型党委完成上级党组织交办的各项工作和任务，包括上报协会脱钩相关的党建工作移交实施方案及一系列报表等。

2020年，协会按照国家发展改革委、民政部、中国科协要求，呈报和办理脱钩手续。11月15日，协会的脱钩实施方案得到正式批复。12月8日，中国科协正式通知取消中国科协与协会的业务主管关系。协会按照通知要求完成变更、核准、备案和换证手续。

协会功能型党委通过秘书处办公会向协会各部门、各分支机构全体党员和工作人员传达上级精神，组织学习贯彻党的十九届五中全会精神及党建工作要求。

（撰稿人：霍翠萍）

中国城市规划学会

服务创新型国家和社会建设 学会承担“新形势下科协组织信息化建设发展对策研究”“国土空间规划体系下的详细规划研究”“儿童友好型城市建设体系研究”等课题，发布《公园城市指数框架体系》，与中国工程院战略咨询中心、中国岩石力学与工程学会地下空间分会联合发布《2020中国城市地下空间发展蓝皮书》。

学会组织编制《老工业区工业遗产保护利用规划编制指南》《南方丰水地区滨水空间详细规划设计技术规程》《城镇更新区划定技术导则》《健康融入城市国土空间总体规划编制导则》4项团体标准。

学会完成《市县国土空间总体规划编制指南修改建议》《关于乡村振兴促进法（草案）的意见和建议》《分区接诊、集中诊治》《大国“战疫”需要城市“善治”》《应警惕美国地理空间图像软件出口限制令对我国的影响》《关于科学规划健康城市服务可持续发展的建议》《关于在洪灾频发地区建立乡村应急避难场所的建议》等科技工作者建议。

学会组织太湖科学城战略规划与概念性城市设计等12项国际方案征集与评估、临海市未来商贸城选址及概念性规划论证、重庆市广阳岛智创生态城城市设计征询等。

疫情期间，学会作为中国城乡国土空间规划与社会空间规划的高端智库，于1月27日向中国科协、住房和城乡建设部、自然资源部提出《分区接诊、集中诊治——一个减少冠状病毒扩散的规划建议》。学会第一批加入中国科协“凝聚科技力量 坚决打赢疫情防控阻击战”的联合倡议，为决胜攻坚提供科技志愿服务。

学会组织编制《应急传染病医院的选址、设计、建设和运行管理导则》《应对重大突发公共卫生事件的城市空间应急管理指南》《城市防疫专项规划编制导则》《社区生活圈防灾防疫应急规划指南》4项防疫团体标准。

学会推行线上学术交流，引导规划机构防疫管理及科技创新，以科技力量推动复工复产；汇总各规划院校优质教育资源，推广规划在线课程和教学资源目录，助力规划高校复学复课。加强城市治理领域的研究成果转化，并通过新媒体传递权威信息，有序推动城市生产生活回归正轨。

学会被授予“全国优秀抗疫学会”称号。

学会建设 2020年学会新增个人会员792人、单位会员10个；个人会员总数达9630人，单位会员总数达110个。

学会召开理事会议1次、常务理事会议2次，完成学会历史文化名城规划学术委员会、国外城市规划学术委员会、山地城乡规划学术委员会换届工作；完成学会青年工作委员会领导班子调整工作；组织修订《中国城市规划学会二级组织管理办法》，严格落实二级组织年度考评制度。

7月25日，学会以视频会议形式组织召开2020全国城市规划学会工作会议，部署下半年工作，倡导创新性持续性开展学术活动。

学会推动智慧学会建设，通过网站、微信、微博、手机WAP端、App软件、小程序、抖音小视频等信息化手段打造全方位立体化的知识传播体系。完成中国城市规划学会英文网站的基本构架。学会官方微信、微博等新媒体关注用户年内超过55万，浏览量超过1500万次，学会直播平台2020年共进行117场学术活动直播。在中国科协网络平台宣传评价排行榜中，学会被评为“微信第一、综合第二、微博第五”。

1月30日，学会微信公众号开辟“规划师在行动”专栏，邀请专家学者建言献策。2月4日，学会会刊《城市规划》策划“规划治疫”专栏，并于2月13日在知网以全网首发的方式发表。

青年人才托举工程 学会开展“论文背后的故事”线上沙龙、规划青年说学术沙龙、2020年度青年规划师年会、2020六校联合毕业设计、2020年京津冀城乡规划专业x+1联合毕业设计、中国城市规划学会第八届青年规划师演讲比赛、2020年度全国高等院校城乡规划专业大学生乡村规划方案竞赛等活动，给青年学者提供学习交流和展示的平台。

主办期刊 学会全年共发行期刊155320册。其中，学会会刊《城市规划》刊发12期106620册，*China City Planning Review*《城市规划（英文版）》刊发4期1000册，《人类居住》刊发3期12000册，《城市交通》刊发6期3300册，《小城镇建设》刊发12期32400册。

学会会刊《城市规划》入选建筑科学领域高质量科技期刊分级目录T1级，同时入选地理资源人文地理学领域T2级；入选2020年“中国最具国际影响力学术期刊”。

学会编辑出版工作委员会发挥引领作用，协同提高全行业40多家期刊总体水平，营造规划出版领域的良好学术生态。组织召开编辑出版工作委员会年会，探索传统媒体与新媒体融合发展，培育优秀青年编辑。

学科发展工程 学会完成《学科预测及技术路线图研究》，研究总结规划学科发展趋势，提出规划学科未来发展方向，明确规划学科各个阶段发展任务、关键难点，制定学科发展路线图，为中国规划理论自主创新提供支撑。完成《城乡规划学名词》的研究及编撰工作。

学会举办城市规划历史与理论高级研讨会、第六届“早期聚落与城市”学术论坛，出版《城市规划历史与理论》学科进展报告；委托西安建筑科技大学、同济大学、东南大学等高校编写“低碳生态城市规划”系列丛书。

参与高校城乡规划专业教育评估，确保疫情期间规划专业教育基本质量，为在国际上相互承认同等专业的评估结论及相应学历创造条件。

国际学术会议 2020年，学会共举办境内国际会议2个，参会人数10600人次，交流报告25篇。

9月20日，作为2020中国城市规划学术季重要活动之一的文化传承·健康发展——第二届水网地区城乡发展与规划国际会议（2020）在线举办，来自国内外的10000余人次参加会议。会议由学会和苏州科技大学主办、苏州科技大学建筑与城市规划学院承办。会议聚焦文化传承·健康发展，探讨人类生存空间的绿色生态建设、城乡健康发展以及人类历史文化的传承等议题。

国内主要学术会议 2020年，学会共举办国内学术会议66次，较2019年度增加20次；参会人数380718人次，较2019年度增加360613人次；交流论文1265篇，较2019年度减少1678篇。出版《治理规划》等12本学术出版物，共发行20200册。

3月31日，由学会城市规划新技术应用学术委员会与智能城市知识服务中心iCity网站共同主办的2020城市规划新技术专题会以网络视频直播形式举办。会议主题为“数据治理·智慧规划·科学防疫”，参会人数6000余人，互动评论900余条。

4月24—30日，为推动规划行业认真学习、深刻领会中共中央、国务院《关于构建更加完善的要素市场化配置体制机制的意见》，学会以视频会议方式组织召开要素市场化配置与深化规划改革系列专家研讨会，按照土地要素、劳动力要素、资本要素、技术与数据要素不同类型进行分专题研讨。

5月20日，学会与武汉市自然资源和规划局通过线上视频连线共同组织召开《武汉市疫后重振规划》专家咨询会，通过规划引领和干预，恢复并增强武汉市城市吸引力、竞争力，推动城市发展转型，同时服务疫后民生发展，并以此支撑武汉市委、市政府疫后重振工作，促进国土空间规划体系升级，加快健康城市、宜居城市建设。

9月4日，2020年中国城市规划学会住房与社区规划学术委员会年会在陕西省西安市举办。会议以线上直播方式召开，来自相关学界和行业代表等千余人参加会议。年会以“共营与共赢·健康社区规划”为主题，汇聚多所高校和科研院所的专家学者、相关部门的主管领导以及社区规划与建设的多方代表展开探讨，以期共同促进社区健康可持续发展。

10月24—25日，由学会主办、学会规划实施学术委员会与南京市规划和自然资源局共同承办的第八届中国规划实施学术研讨会暨2020年中国城市规划学会规划实施学术委员会年会在江苏省南京市举办。会议同步进行线上直播，设置主会场及3个分论坛，累计吸引45000余人次参与。会议全面总结国土空间规划实施技术与管理创新经验，为新时期国土空间规划实施管理、技术支持及制度创新提供新思路。

11月13—14日，由学会和东南大学建筑学院共同主办的第12届城市规划历史与理论高级学术研讨会暨2020中国城市规划学会城市规划历史与理论学术委员会年会在黑龙江省哈尔滨市召开。年会主题为“铁路·城市·规划：历史与展望”。采取线上线下相结合的方式，围绕铁路网络与区域发展、铁路与城市空间、规划史研究与方法、聚落与城市等议题，探讨铁路城市及其规划的发展规律，发现规划智慧、规划遗产，寻找中国特色城市理论与规划理论的历史线索。

11月21—22日，由学会主办，西安建筑科技大学建筑学院、西安市城市规划设计研究院、中国城乡建设与文化传承研究院联合承办的2020城市规划·长安论坛在陕西省西安市召开。论坛主题为“国家战略和西部规划使命”，以线上线下相结合的方式举办，包括全体会议和3场平行论坛。论坛强化东西部学术交流，为促进西部地区人居环境高质量发展建言献策，并倡议西部规划青年增强担当使命的自觉。

国际组织任职 在第56届世界规划大会期间举办的国际城市与区域规划师学会会员大会上，学会常务副理事长兼秘书长石楠再次当选国际城市与区域规划师学会主席团成员。学会学术工作委员会委员杨俊宴担任国际城市与区域规划师学会科学委员会委员。

国际交往 2020年，学会常务副理事长兼秘书长石楠受邀参加线上国际学术会议7次、参加国际城市与区域规划师学会主席团会议3次。学会邀请英国伦敦大学学院荣誉教授Greg Clark参加学会举办的“规划尤里卡”线上活动。

7月9日，学会常务副理事长兼秘书长石楠受邀参加由联合国人居署和世界卫生组织联合举办的“城市形态与新冠病毒：对密度、过度拥挤、公共空间和健康问题的思考在线论坛”并作报告，探讨城市密度与疾病传播之间的关系。

学会积极推动疫情期间及疫情常态化的国际交流，举办、协办、参与健康城市国际合作论坛、疫情及时响应、为残疾人和老年人定义新常态、“应对COVID-19：复原力和恢复计划”等多个国际会议，取得联合国、国际城市与区域规划师学会等国际组织和世界主要国家规划组织的理解与支持，主动向国际同行分享中国抗疫经验，强调中国对外开放、推动人类命运共同体的总体战略思路，争取到更多国际专业人士对中国抗疫工作的支持。

科普活动 由学会主办的科普类杂志《人类居住》面向社会公众推广可持续人居环境理念，普及世界范围的人居环境知识。学会官网、微博、微信等信息平台协同普及规划知识，开辟“学会声音”“规划周刊”等栏目，为公众梳理城乡规划行业热点。

组织专家参与编写《中国大百科全书》（第三版）人居环境科学学科城乡规划学分支相关内容。依托专业学委会加强团队建设，在疫情期间积极提供专业科普服务。开展“922绿色出行活动”示范性科普活动，宣传普及绿色出行、低碳生活理念。

学会获评中国科协2020年度全国学会科普工作优秀单位。

表彰举荐优秀科技工作者 学会开展2020年度中国城市规划学会科技专项奖、2019—2020年度杰出学会工作者、优秀党员科技工作者评选。学会向中国科协推荐全国创新争先奖候选人5名、候选团队1个，学会副理事长吴志强获得全国创新争先奖。学会向中国科协推荐先导技术4项，其中，学会常务理事段进团队的“空间基因解析与传承技术”入选2020年“科创中国”先导技术榜单。

党建强会 作为中国科协指定的13家试点学会之一，学会理事会党委高质量完成职责任务分类试点工作，进一步推行学会党委职责清单试点工作。积极申报中国科协党建强会计划项目，团结引领助力经济发展。学会党支部与青海省西宁市湟中区阳坡村开展“党建结对子”活动，落实党建扶贫。

学会党组织充分发挥战斗堡垒作用，团结科技工作者共同抗击疫情。发挥学会组织优势和智力优势，开展应急科普，引导公众科学理性看待疫情；响应中国科协的号召，发出专业倡议，动员全国规划师为疫情防控提供规划技术支援。

会员服务 学会全年编印《学会简讯》纸质版及电子杂志12期，面向全体会员及时传递学会及其所属二级组织的最新工作动态。

2020年，学会完善会员数据库、学术资料库、专家资源库，建设学术会议申报系统、双语视频会议平台、奖励申报系统。运维官网、微信、微博、手机客户端、在线视频系统等为主体的线上服务平台，实现会员及时了解学会动态、适应疫情常态化会员参加学会活动。开展全国科技工作者日会员优惠活动，学会各项活动和奖励优先、优惠向会员开放。

【2020 中国城市规划学术季】 9 月 16—26 日，2020 中国城市规划学术季通过线上线下相结合、跨地区同期举办的方式召开。活动由全国部分高校、规划院以及学会二级组织等 108 家合作单位共同参与举办，750 多位规划专家学者参与交流和讨论，推动规划领域融合发展，吸引线上线下 70 万余人次参加。学术季主动适应疫情防控常态化工作，旨在更好发挥平台作用，传播专家见解、增进合作共识、促成更多科技成果转化，实现高端生产要素融会贯通，助力中国城乡高质量发展。

作为全国规划行业系统学习贯彻中央精神的年度重要学术活动，学术季活动围绕规划领域的学术热点、政策焦点、行业难点等多个主题展开，设置大师对话、科创分享汇、规划青年说、学术峰会、规划大讲堂、书香规划 6 大板块 9 个栏目共 86 场活动。

活动得到中国科协的肯定，受到新华网、人民网、光明网、中国发展网、中国科协网、《经济日报》《中国建设报》《中国城市报》《中国环境报》等媒体的刊登报道，以及各规划管理部门、规划编制单位、规划研究机构自媒体的发表宣传报道，微信和微博端的讨论热度分别超过 20 万和 200 万。百度搜索显示，以“2020 中国城市规划学术季”为关键词的搜索结果超过 2000 万个。

（撰稿人：刘静静　曲长虹）

中国产学研合作促进会

服务创新型国家和社会建设　2020 年，促进会开展产学研合作创新示范基地试点工作，以政产学研用紧密结合为突破口，结合城市、园区、大学、产业集群等不同主体的不同特点、不同需求，支持认定苏州市产学研合作创新示范城市、重庆交通大学产学研合作创新示范基地等，为区域创新发展注入新动力。

促进会组织深入基层调查研究，先后到深圳市贝斯达医疗股份有限公司、深圳中智卫安机器人技术有限公司、大连万融科技金融服务集团有限公司、大连东方亿鹏设备制造有限公司、重庆海润绿色科技集团有限公司、无锡日联科技股份有限公司、江苏盐城环保科技城、深圳邦创虚拟现实创业投资有限公司、重庆交通大学、江苏省苏州市相城区等企业、高校、园区开展交流座谈，了解产学研融合过程中的新情况、新问题、新模式，切实为企业、行业、区域创新发展服务。

5 月 14 日，由国务院国有资产监督管理委员会指导、促进会支持的中央企业北斗产业协同发展平台揭牌暨线上开通仪式在北京举办。

支持指导会员单位参与科技部、国务院国有资产监督管理委员会、中国科协等组织的抗击疫情科普活动，并通过多种途径和渠道捐资捐物，鼓励会员单位派医疗专家驰援疫区。

参加中国科协组织的各项活动。参加“科创中国”试点城市建设现场交流调研活动，并参加第二十二届中国科协年会、2020 年全国学会工作会议、科技经济融合专题调研座谈会、秘书长沙龙活动、科技社团发展与治理论坛、科技法律专题宣讲、中国科技会堂论坛、第二届世界科技与发展论坛及 2020 年全国学会法律实务培训班、2020 年国际组织任职及后备人员培训班、新媒体从业人员岗位培训等各种培训活动，推动科技经济融合发展。

参与科普中国共建基地项目、全民科学素质行动项目、学术交流课题研究项目、2020 重大科学问题和工程技术难题征集活动等。

2020 年，促进会共发布 30 项团体标准。支持袁隆平团队青岛海水稻研发中心发布的《“海水稻”良好产业规范》系列标准，对促进“海水稻”产业健康发展、推动盐碱地改良进程、提高“海水稻”技术及产业国际竞争力具有重要意义。

学会建设　经国务院国有资产监督管理委员会和民政部审核，促进会年检合格，按期完成中国科协财务决算工作；接受民政部指定会计师事务所审计，审计报告认为促进会内部财务会计制度执行规范、制度完善。

2020 年，促进会发挥集聚资源集成创新优势，探索、搭建和完善产学研用一体化的协同创新平台。根据民政部要求，先后召开产学研创新平台建设座谈会和专题讲座，对促进会支持建立的百余个创新联盟统一规范，并重组为产学研协同创新平台；支持搭建中央企业北斗产业协同发展平台、中央企业区块链合作创新平台、光伏工程产教融合协同创新平台、工业芯片技术创新平台、检验鉴定技术协同创新平台、海水稻协创平台等协同创新平台。

完善信息网络和平台服务环境建设。通过不断改进和完善中国产学研合作促进网、中国科技产业网和国家重点科技期刊《中国科技产业》，完成对全国两会、党的十九届五中全会、全国科技活动周、全国“双创”活动周、“科技列车怀化行”、国家科技奖励大会、全国抗击新冠肺炎疫情表彰大会等重大活动以及产学研合作示范基地、示范企业、产学研合作好案例等新做法、新经验、新成果的宣传报道，充分发挥“两网一刊”在推动国家创新驱动战略实施和产学研协同创新中的权威发布和科普宣传作用。

推动企业在产学研合作创新示范试点工作。2020年，共评出产学研合作创新示范企业98家，申报数量较2019年增长20%以上，申报质量和水平有较大提高。

促进会遴选核医学、临床营养产业、红外医学产业、矿产资源与材料应用产业、有色金属产业技术、电力大数据、智能配电与物联网、高空机械与吊篮产业、稻渔综合种养产业、标准化10个产业为“2020年度中国产学研合作十大好平台”，通过总结其成功经验、提炼其特色做法并加以宣传推广，切实发挥其引领示范和辐射带动作用。

坚持组织人员深入基层，先后到上海市、广东省广州市、山东省济南市、广东省深圳市、浙江省杭州市、江苏省无锡市等地开展调查研究，总结推出一批“中国产学研合作好案例”。

主办期刊 2020年,《中国科技产业》重新改版栏目、调整栏目顺序，对30余位科技创新人物、40余家创新示范企业、示范基地进行宣传报道。

国际学术会议 9月17日，在促进会支持下，第三届河北国际工业设计周启动仪式暨主旨演讲在河北省雄安新区举办。来自河北省政府相关部门的领导及国内外产学研界的专家学者等200余人参加活动。设计周以线上线下相结合的方式举办，主题为“设计营造多元世界”，聚焦智能设计、绿色设计、服务设计、社会设计等国际设计前瞻理念和业界发展趋势，引入全球顶尖创新设计资源，推动河北制造业、战略性新兴产业、未来产业与工业设计融合发展。

国内主要学术会议 4月16日，促进会在北京召开创新平台建设工作座谈会。促进会副会长兼秘书长王建华围绕产学研协同创新平台建设作专题发言。与会领导、专家学者就完善促进会体制机制建设和推进产学研一体化进行交流探讨，提出建设性意见。产学研协同创新平台作为一种新型的创新组织模式，成为产学研合作促进会的工作亮点和特色，为“科创中国”的实施提供经验。

8月14日，在促进会支持和指导下，佛山市产学研合作促进会与中山市产学研合作促进会在广东省中山市古镇镇签署战略合作协议，推进粤港澳大湾区产学研协同创新体系建设，进一步提升粤港澳大湾区产学研合作的效率和效果。

8月30日，促进会支持河北省产学研合作促进会召开第二届会员代表大会和河北省产学研合作创新大会，推动地方促进会为区域创新发展贡献力量。

9月15日，促进会支持中国科普产学研协同创新平台在广东省深圳市建立机器人专业服务平台，推动机器人教育创新创优工作的开展以及全国机器人科教、科普工作的开展。

9月19日，由促进会支持、中国医学影像AI产学研用创新联盟主办的第二届中国医学影像AI大会在上海市举办。大会以“AI助力健康中国”为主题，集结产学研各界力量，围绕2030年健康中国行动纲要探讨人工智能在“健康中国”行动中的实践、问题与对策，整合产业资源，联合上下游各方力量，加速行业产品落地，促进行业标准形成和新技术、新业态、新模式深度融合，推动中国医学影像行业创新发展。

10月10日，促进会与大连万融科技金融服务集团有限公司合作签约暨授牌仪式在辽宁省大连市举办。促进会党委书记、执行副会长兼秘书长王建华，大连市人民政府副秘书长罗卫星，大连万融集团董事长王召华等产学研界领导、专家学者和科技企业代表等近百人参加活动。

10月22日，由促进会支持、指导的中国检验鉴定技术协同创新平台在浙江省杭州市揭牌。全国打击侵犯知识产权和制售假冒伪劣商品工作领导小组办公室原副主任马恩中、促进会常务副秘书长丁玉贤等出席活动并为平台揭牌。平台将在检验鉴定行业充分发挥协同创新的能力，促进检验鉴定技术创新发展，为中国构建产品高质量发展格局奠定基础。

11月1日，由促进会支持、中国地热与温泉产业技术创新战略联盟与中国矿泉水资源利用协同创新平台共同主办的2020全国地热、温泉与矿泉水产业创新发展高峰论坛在山东省济南市举办。来自产学研界的领导和行业专家学者以及全国地热、温泉和矿泉水企事业单位的代表400余人参加会议。论坛以“合作、发展、包容、共赢”为宗旨，与会人员围绕地热开发政策，推进地热、温泉与矿泉水资源开发利用技术，产业可持续发展等展开研讨，就开展项目产业化链条合作、实现共赢发展达成共识。

11月7日，在促进会支持下，中国产学研合作示范基地重庆交通大学在重庆市举办“赋能双城·智创未来”发展论坛。论坛聚焦交通学科发展趋势、成渝地区双城经济圈及西部（重庆）科学城建设规划，深入挖掘国家重大战略举措，围绕相关行业发展概况共绘重庆交通大学未来发展蓝图。

11月19日，促进会与苏州市人民政府签订战略协议，将苏州市作为中国产学研合作创新示范城市试点，并在苏州市举办首届大院大所合作发展大会。62位高校校长、14位院士、33位科研机构领导出席大会。促进会在会上发布《中国·产学研合作苏州宣言》，帮助112个项目在苏州市签约落地，投资总金额达575亿元。大会以“开放合作、智汇苏州”为主题，通过举办高峰论坛、校企对接、项目签约、大院大所板块行等系列活动推动大院大所与苏州市深度合作。

12月5日，在促进会支持下，由北京大学、北京大学第三医院和中国运动医学产学研协同创新平台等主办的第二届北京大学·崇礼冰雪运动医学峰会在河北省张家口市崇礼区举办。全国政协原副主席韩启德出席开幕式并讲话，中国工程院院士乔杰、王俊等专家致辞并作专题报告。与会人员共同见证北京大学第三医院崇礼院区中国冰雪运动员医疗基地的授牌和国家区域医疗中心建设运营协议的签署。

12月5—7日，在促进会指导下，由中国虚拟现实协同创新平台主办的第六届中国虚拟现实产学研大会（CVRVT 2020）在北京石景山区举办。全国政协教科文卫体委员会副主任、促进会常务副会长、科技部原副部长陈小娅，中国工程院院士、北京航空航天大学教授赵沁平等600余名专家学者及各界人士参加会议，交流虚拟现实技术研发成果，分享虚拟现实产学研合作经验，探讨虚拟现实产业发展问题。

12月11日，由促进会支持、中国快堆产业化技术创新战略联盟主办的第八届中国快堆论坛暨快堆产业化技术创新战略联盟第八次成员大会在广东省广州市举办。来自快堆产业领域的产学研专家学者参加会议，回顾总结快堆产业联盟成立十年来的工作成绩，探讨和摹画中国快堆产业未来创新发展新图景。

两岸交流 作为海峡两岸暨港澳协同创新联盟的理事长单位，促进会组织海峡两岸暨港澳协同创新联盟成员多渠道多形式开展品牌科技交流活动。海峡两岸暨港澳协同创新联盟先后组织征集2020年海峡两岸暨港澳协同创新创业活动15个项目，获取经费支持300多万元；举办“东南亚论坛”2020国际会议暨粤港澳大湾区产教融合创新论坛、海峡两岸智能科技项目路演活动暨2020“投创之星”投融资项目路演、2020丝绸之路创新设计论坛、海峡两岸暨港澳青年创新创业训练营、抗疫常态化海峡两岸暨港澳智慧康养论坛、深圳创新创业投资大会、海峡两岸暨港澳工业设计创新论坛、2020海峡两岸暨港澳物流业转型升级高峰论坛、2020大湾区机器人与人工智能大会、海峡两岸暨港澳精准医疗协同创新论坛、海峡两岸暨港澳协同创新创投生态（前海）合作论坛等活动。

6月20日，在促进会、澳门科学技术协进会、海峡两岸暨港澳协同创新联盟等单位支持下，由澳门产学研合作促进会主办、澳门高等教育局协办的首届粤港澳大湾区科研转化研讨会以在线会议形式举办。与会专家学者围绕会议主题，就高校科技成果的转化和复合型人才的培养、如何在澳门和粤港澳大湾区共同打造产学研用一体化完整链条建言献策。

12月17日，在中国科协指导和促进会支持下，由海峡两岸暨港澳协同创新联盟主办的海峡两岸暨港澳协同创新联盟第二届理事会第三次会议在广东省深圳市召开。中国科协党组成员、书记处书记宋军，海峡两岸暨港澳协同创新联盟理事长、促进会执行副会长王建华，以及海峡两岸和港澳产学研界的专家学者出席会议，围绕如何发挥海峡两岸暨港澳协同创新联盟的平台作用，进一步探索海峡两岸暨港澳协同创新的新机制、新模式，提升海峡两岸暨港澳科技创新与产业发展的核心竞争力，共商海峡两岸暨港澳发展路径，共建协同创新发展新格局。

12月20日，在促进会及中国科协交流部支持下，由海峡两岸暨港澳协同创新联盟、中国工业设计协同创新平台联合主办的2020海峡两岸暨港澳工业设计创新论坛在山东省青岛市举办。来自海峡两岸暨港澳地区的产学研各界专家学者、青年企业家等300余人参加活动，分享行业见解、展示创新成果，共促区域创新发展。

表彰举荐优秀科技工作者 2020年，促进会共评出中国产学研合作创新与促进奖850项，其中产学研合作突出贡献奖8项、产学研合作创新奖329项、产学研合作促进奖117项、产学研工匠精神奖51项、产学研合作创新成果奖345项。中国兵器集团原总经理马之庚，国务院资深参事、中国工程勘察大师王秉忱，西安交通大学校长王树国，中国工程院院士、北京大学第三医院院长乔杰，中关村软件园董事长杨楠，浙江省政协副主席周国辉，中国有色金属产业技术创新战略联盟理事长郭学益，盛隆电气集团党委书记、董事长谢元德获得产学研合作突出贡献奖。

促进会作为承接政府职能转移的创新人才推进计划推荐试点单位，2020年推荐6位产学研界优秀科学家、企业家作为国家创新人才推进计划候选人；继续积极参与全国创新争先奖、中国青年女科学家奖、中国青年科技奖、最美科技工作者等奖项的推荐工作，推荐4个优秀产学研合作项目申报中国专利奖（其中1个获中国专利优秀奖）。

党建强会 促进会党组织坚持“三会一课”制度，加强党员理论学习；落实巡视整改措施，坚持抓好党风廉政建设；组织党员参加中国科协科技社团党委组织的培训活动；先后邀请陈毓川、彭苏萍、关凤峻、白中科、栾政明、吴永高6位专家（中国科学院院士2名、行业专家4名）在“院士专家科技大讲堂”活动中举办网络直播专题讲座。

【脑疾病的曙光——世界顶尖科学家脑疾病峰会】 11月1日，由促进会与复旦大学医学院共同承办的第三届世界顶尖科学家论坛系列主题峰会之“脑疾病的曙光——世界顶尖科学家脑疾病峰会”在上海市举办。2013年诺贝尔生理学或医学奖得主托马斯·苏德霍夫、2005年沃尔夫化学奖得主理查德·扎尔、2018年生命科学突破奖得主唐·克利夫兰、中国科学院院士张旭、世界神经康复联盟主席李常威等国内外顶尖医疗专家及产学研界和科技界的专家学者参加会议，通过一系列演讲和研究报告介绍神经退行性疾病发病机制的最新研究进展，探讨谋划提高脑疾病治疗的方法和途径，为人类对抗脑疾病带来新的希望和曙光。

（撰稿人：蒋向利）

中国知识产权研究会

服务创新型国家和社会建设 2020年，研究会承担“经济专业技术资格考试知识产权专业科目”相关工作，组织专家制定完成知识产权专业职称（初、中、高级）考试大纲，组织编写并出版6册职称考试教材及有关书籍，累计204万字。组织专家完成高级职称考试的人工阅卷工作。搭建线上职称考试学习交流平台“知识产权师之家”，访问量超10万人次。通过线上和线下方式组织10场知识产权职称考试政策宣讲、辅导培训，培训人数3000余人次。

2020年，研究会推动知识产权运用，完成知识产权运营服务体系重点城市遴选和绩效评估工作。同时针对地方特色优势产业精准开展专利导航，整合各方资源全方位推进知识产权转化和高质量运用。

2020年，研究会共承担国家知识产权局和中国科协等部门委托的项目27项、课题43个，形成研究报告60余篇。开展知识产权“十四五”规划类研究项目，包括对知识产权“十四五”规划整体思路框架的研究以及针对专利审查、“放管服”、保护工程、公共服务等专项规划的研究。2020年，已完成“十四五”知识产权保护整体规划和“十四五”知识产权公共服务分项规划的基础研究工作。

研究会完成国家知识产权局委托的“深化知识产权领域‘放管服’改革需求调查研究”“探索建立知识产权领域信用分级分类评价标准”“知识产权对外转让安全清单梳理工作”“地理标志助力精准扶贫典型案例梳理和分析工作”等课题。

研究会承接并完成中国科协“产学研融合技术创新服务体系建设——核心关键技术专利分析研究”“产学研融合技术创新服务体系建设——新兴产业领域专利与创新发展专题研究（人工智能芯片领域、区块链领域）”等课题，启动中国科协“‘十四五’加强知识产权保护专题研究”课题研究项目。

研究会组织完成“知识产权支撑实体经济发展的路径研究”“我国商标注册质量状况调查研究”“专利支撑人工智能芯片核心关键技术领域高质量发展策略研究”等自主立项课题。

2020年，研究会共完成35个课题研究项目，形成课题研究报告60余篇。共完成专利、商标、商业秘密等委托鉴定30余项，出具50余份鉴定意见书，其他各种形式鉴定咨询200家次。

研究会作为国家海外知识产权纠纷应对指导中心理事长单位，为22家国内企业提供海外纠纷应对指导服务，为近百家企业提供其他咨询服务。组织编写《2019年中国企业在美“337调查”研究》等报告并面向社会发布。

学会建设 2020年，研究会召开理事会议1次、常务理事会议2次。新成立高校知识产权专业委员会和知识产权鉴定专业委员会，建立高校知识产权专家库，汇集70所高校的200余名学界专家；在加强行业管理、组织制定鉴定行业标准等方面取得突出成效。

研究会完成《中国知识产权研究会分支机构管理办法》《中国知识产权研究会会员管理办法》等17项规章制度的制修订工作。

截至12月31日，研究会共有团体会员300家、个人会员376人。

主办期刊 2020年,《知识产权》期刊出刊12期，发表论文96篇。围绕《关于强化知识产权保护的意见》组织策划系列专题12个，组织策划电商平台相关知识产权问题研究、未注册商标保护问题研究、《中华人民共和国民法典》知识产权惩罚性赔偿条款研究、《中华人民共和国著作权法》颁布三十年、法治体系建设等多个专题。

新制定《〈知识产权〉政治方向审查办法》《〈知识产权〉“三审三校”及相关出版流程管理办法》《〈知识产权〉审稿标准》等期刊编辑管理制度7项。

国内主要学术会议 11月24日，研究会以“知识产权与高质量发展暨纪念专利法实施三十五周年”为主题举办第一届中国知识产权学术年会，500余人参加，交流论文62篇。年会针对社会关注的知识产权领域的热点和难点问题，举办近20场专题讲座和学术研讨。

国际交往 11月25日，研究会、日本知财学会和韩国知识产权学会以线上形式共同主办2020中日韩知识产权国际学术研讨会。会上，中国、日本、韩国知识产权专家分别就再论AI参与发明的专利申请现状与专利适格性判断标准、基于区块链的BM专利申请与注册状况及其专利资格审查、5G相关的专利现状与IP特有的争论、防止数据的不当使用等议题发表演讲。来自中国、日本、韩国政府部门、司法机构、企事业单位、高校、科研单位及知识产权服务机构的代表约300人参加研讨会。

科普活动 在2020年全国知识产权宣传周期间，研究会在线举办7场知识产权科普宣传活动，围绕“知识产权运营”“疫情之后中国知识产权发展趋势预判”等主题进行解读及宣讲，增强全社会知识产权意识。

研究会以“聚焦知识产权　点亮智慧生活”为主题，成功申报中国科协“科普中国”共建基地项目，开展举办知识产权科普活动、制作知识产权科普产品等工作。

党建强会 2020年，研究会坚持以党中央决策部署和习近平总书记重要指示批示精神作为政治建设的依据，将“坚持党的全面领导”的相关表述写入《中国知识产权研究会章程》中，确立开展工作的政治标准。同时，梳理关于加强社会组织党建工作的文件并汇编成册，作为开展业务工作的基本手册，保障在各个环节各个项目中强化政治领导。

研究会开展强化政治机关意识教育系列学习活动，支部书记以此为专题讲授党课；开展6次集中研讨学习，围绕党的十九届四中全会精神、《习近平谈治国理政》（第三卷）、习近平总书记在中央和国家机关党的建设工作会议上的重要讲话、习近平总书记关于疫情防控的重要讲话精神、习近平总书记关于厉行节约的指示精神等进行学习。

研究会推进意识形态工作责任制的落实，构建支部统一领导、党政齐抓共管、层层压实的意识形态工作责任落实机制；召开思想工作形势分析会，专题研究意识形态工作；开展“强化意识形态，筑牢思想防线”主题党日活动；对关键部门的关键岗位人员加强宣传教育，筑牢意识形态思想根基；参加国家知识产权局主办的意识形态工作培训班；在研究会“一刊两讯、一网四号”以及各类培训会议活动中加强意识形态阵地的建设和管理，切实做到“管人、管内容、管平台”；进一步完善党建信息宣传工作机制，组成党建信息宣传工作小组，加强宣传报道与信息报送工作；在研究会网站上设立党建工作专栏，及时更新党建工作动态。

2020年，研究会成立青年理论学习小组，围绕“党的政治意识建设”和“提升青年干部能力建设”主题召开2次专题理论学习会。

研究会严格落实“三会一课”、组织生活会、民主评议党员等组织生活制度，召开党员大会15次、支委会13次、党小组会20次、研究会班子成员讲党课4次、主题党日活动12次。

研究会不断提升党建工作和业务工作的相融相促，在开展政策研究、人才培养等中心工作中深入贯彻落实习近平总书记的重要指示精神；在各项业务工作中深入贯彻落实习近平总书记关于知识产权创造、保护和运用等方面的重要指示精神；发挥社团优势，以党建融合为纽带，广泛开展与会员、学界、地方政府、企业、代理机构等各类主体的共建共联。特别是在疫情防控和助力脱贫攻坚工作中，大力发挥支部作用，全力投入知识产权抗疫服务实践，为疫情防控和经济社会发展积极作为；发动员工购买扶贫产品金额达万元，用实际行动助力脱贫攻坚。

研究会开展党风廉政建设“六个一”活动，严格落实党风廉政建设责任制，签署《党风廉政建设责任书》，开展经常性的警示教育；制定党风廉政教育工作推进计划，召开党风廉政建设专题会议；制定并深入实施《开展廉政风险防控、坚守知识产权意识形态及防范化解重大风险工作实施方案》，开展廉政风险点排查，针对重点岗位和关键环节建立风险预警、纠错整改、内外监督、考核评价和责任追究机制；紧盯“四风”新问题新动向和形式主义官僚主义突出问题，严格落实中央八项规定及其实施细则精神。

会员服务 2020年，研究会第一时间向会员发出《同心战“疫”，为打赢疫情防控阻击战贡献力量》倡议书，会员纷纷捐款捐物支援疫区；在微信公众号开设“会员战‘疫’行动”专栏，对近40家会员进行宣传，弘扬会员战“疫”正能量；实行会员资格延期优惠政策。

研究会因组织会员联合抗疫成效显著，被中国科协评为“优秀抗疫学会”。

2020年，研究会确保疫情期间会员服务不打折，创建线上培训直播平台，举办创新方法、商标实务、海外知识产权纠纷应对与防范实务等10期知识产权实务线上培训，培训人数2000余人次。继续向会员提供知识产权信息服务，赠阅《知识产权》杂志12期及《知识产权竞争动态》《中国知识产权研究会通讯》20期。

组织会员参加知识产权研讨交流活动，包括中国知识产权学术年会等。面向会员开展中国专利奖、全国创新争先奖、“中国科技会堂论坛”主讲专家、2020年度最美科技工作者等评选推荐工作。研究会推荐的2个专利项目分别获第二十一届中国专利银奖和中国专利优秀奖。

【第一届中国知识产权学术年会】 11月24日，第一届中国知识产权学术年会在北京召开，来自政府有关部门、科研院所、知识产权服务机构等单位的500余人参加。国家知识产权局局长申长雨以视频方式致辞。

年会开幕式由国家知识产权局副局长周晖国主持。研究会理事长田力普、全国政协常委张勤、上海大学校长刘昌胜、研究会副理事长杨铁军、第四届国家知识产权专家咨询委员会主任肖兴威，以及知识产权领域的专家学者等在现场或以视频方式出席年会。

年会主论坛由研究会秘书长陈燕主持。国家知识产权局条法司司长宋建华、国家知识产权局知识产权保护司司长张志成、教育部科技发展中心副主任张拥军、北京大学教授易继明在大会主论坛作主旨发言。与会专家学者采取线上线下相结合的方式，分别围绕年会主题以及“民法典下的知识产权与专利法第四次修改”“知识产权治理体系和治理能力现代化”“新技术新业态知识产权保护”“知识产权与经济高质量融合发展”4个议题进行探讨。

（撰稿人：杨　丹）

中国发明协会

服务创新型国家和社会建设 协会党委负责人和班子成员先后赴福建省与省领导交流合作举办“一带一路”国际发明创新博览会事宜；赴河南省商丘市和虞城县调研，共同探讨脱贫致富、新农村建设新举措，共谋乡村振兴新发展；赴河北省张家口市崇礼区调研，了解国家知识产权局自2007年定点扶贫崇礼以来开展的产业扶贫、教育扶贫、知识产权帮扶等工作情况和成果，共同研究“科技助力扶贫”专展筹备情况；赴浙江省宁波市调研，与当地近50位企业代表、专家共议“以知识产权促进科技创新”之道。

9月1—3日，受国家知识产权局委托，协会在内蒙古自治区呼和浩特市举办“一带一路”背景下企业“走出去”知识产权战略研修班。来自内蒙古自治区各市、旗（县、区）、开发区管理委员会从事知识产权相关工作的50人参加研修班。协会副理事长贺振福主持开班活动，协会党委书记余华荣、呼和浩特市副市长乔允利致辞，国家知识产权局人事司司长王岚涛讲话，内蒙古自治区市场监督管理局副局长吕金华、呼和浩特市市场监管局局长苏云喜等出席开班式。中国科学院院士闫楚良，亚布力中国企业家论坛创始人、主席田源，国务院知识产权战略实施工作部际联席会议办公室副主任龚亚麟，内蒙古财经大学法学院院长、知识产权协同创新中心主任张术麟等作主旨报告和专题报告。培训班期间，内蒙古自治区党委常委、呼和浩特市委书记王莉霞，呼和浩特市委副书记、市长、和林格尔新区党工委书记张佰成等领导与出席研修班的领导、专家座谈交流，并陪同参观内蒙古蒙草生态环境（集团）股份有限公司等企业。

11 月 19—21 日，第二十四届全国发明展览会——“一带一路”暨金砖国家技能发展与技术创新大赛在广东省佛山市举办。来自全国各地的超过 2050 个发明创新项目、800 多家企业、高校和科研院所共 5000 多人参加展会活动。此届展会突出服务国家战略，特设科技助力扶贫专区，参展项目包括大别山地区河南省光山县油茶产业、陕西省柞水木耳产业、内蒙古自治区呼和浩特市蒙草生态产业、青藏高原生态建设产业、西藏高海拔地区那曲科技植树产业、陕西省榆林市佳县渗水地膜技术产业以及井冈山地区永新县蚕丝产业、秦巴山片区高效特色农业等。来自中国、俄罗斯、摩洛哥、博茨瓦纳、卢旺达、喀麦隆等国家的 83 支代表队共 400 余名中外高技术技能人才参与“一带一路”暨金砖国家技能发展与技术创新大赛佛山未来技术技能国际挑战赛。大赛设置 9 个赛项，共有 1295 个项目获“发明创业奖·项目奖”，其中金奖 413 个、银奖 476 个、铜奖 525 个，金奖中评出专项奖 141 个；140 个项目获得“发明创业奖·创新奖”。大赛分别评选出“佛山未来技术技能国际挑战赛单项”特等奖 16 名、一等奖 20 名、二等奖 27 名、三等奖 44 名。

12 月 10 日，第十五届全国高职院校“发明杯”大学生创新创业大赛总决赛在山东省济宁市举办。大赛由协会及山东省教育厅、人力资源保障厅、科技厅、市场监督管理局（知识产权局）、科协共同主办。来自全国 21 个省（自治区、直辖市）的 152 所院校参加比赛，最终评出一等奖 188 项、二等奖 262 项、三等奖 450 项、优秀组织奖 30 个。

学会建设　7 月 29 日，中国发明协会一届六次党委会、七届八次常务理事会议在北京举办。审议协会及协会党委 2019 年工作报告，研究部署新时期新任务；审议《中国发明协会章程（修订稿）》，增加坚持党的全面领导、设立监事会等内容；审议调整理事会人员组成情况，增补贺振福、褚景春 2 位副理事长，刘振英、潘新华 2 位常务理事以及孟宪飞、张列宇、李继良、杨建华、葛海龙 5 位理事；协会成立换届工作领导小组，实行由理事长、党委书记负责的双组长制，组长由潘云鹤、余华荣担任，成员来自理事代表、监事代表、党组织代表、会员代表及院士专家和基层会员代表、地方分会代表、企业界代表、监事会代表等人选。会议还审议通过其他事项，待主管部门审批实施。

在 2019 年度中国科协系统财务数据汇总工作中，协会连续第八年被评为优秀单位。

青年人才托举工程　经协会领导班子研究、院士专家评议，协会推荐籍国东、朱光有、袁东海 3 人申报 2020 年中青年科技创新领军人才；经民主推荐、专家评议，共推荐 4 名个人、1 个团队参选第二届全国创新争先奖。

国际交往　受全球新冠肺炎疫情影响，2020 年协会共组织参加英国、新加坡、俄罗斯、韩国（妇女发明展、首尔发明展、青少年竞赛）、泰国、塞尔维亚、克罗地亚、北马其顿、摩洛哥等十几个国家举办的国际发明展览会线上展及线下展，遴选 182 个优秀发明项目参展，获 103 金 20 银 11 铜。

表彰举荐优秀科技工作者　第二届发明创业奖成果奖共有 200 个项目参评，经 44 位评委两轮打分，评出一等奖项目 59 项、二等奖项目 67 项。

党建强会　2020 年，协会党委不断增强“四个意识”、坚定“四个自信”、做到“两个维护”，始终坚持党建工作的政治引领、思想引领和组织保障，以党建促会建，党建工作促进和带动协会工作全面发展，按计划完成 2020 年重要工作安排。

7 月 29 日，在北京召开中国发明协会党委一届六次全体会议，协会理事长潘云鹤通过视频发表讲话，协会党委书记余华荣作 2019 年党委工作报告。

9 月 8 日，协会党委、党支部组织党员干部、全体员工参观 2020 年中国国际服务贸易交易会，学习组展办会先进经验。

9 月 9 日，协会党委、党支部组织党员干部、全体员工观看抗战题材电影《八佰》，接受爱国主义教育。

会员服务　2020 年，协会新入会个人会员 350 人、单位会员 23 家。新入会会员中博士、硕士研究生 97

人，占比约 27%；单位会员中科技行业占比居多。

7 月 29 日，新会员座谈会在北京举办，座谈会采取现场会议和网络会议两种形式。协会党委书记、常务副理事长兼秘书长余华荣，协会党委副书记、副理事长唐大立，协会副理事长兼副秘书长贺振福，以及在北京的副理事长、常务理事、理事代表与线下 50 多位、线上 100 多位新会员进行座谈。

【第二十四届全国发明展览会——“一带一路”暨金砖国家技能发展与技术创新大赛】 11 月 19—21 日，第二十四届全国发明展览会——“一带一路”暨金砖国家技能发展与技术创新大赛在广东省佛山市举办。活动由协会和金砖国家工商理事会、广东省科学技术厅、广东省科协共同主办，佛山市人民政府承办，并得到科技部、中国科协等单位的支持和指导。来自全国各地的超过 2050 个发明创新项目、800 多家企业、高校和科研院所共 5000 多人参加展会活动。

协会党委书记、常务副理事长兼秘书长余华荣主持开幕式，全国政协副主席、中国科协主席万钢通过视频致辞。科技部原部长徐冠华出席闭幕式并讲话，并为获奖代表颁奖。全国人大常委会委员、民盟中央副主席龙庄伟，协会理事长、第十二届全国政协常务委员、外事委员会主任、中国工程院原常务副院长潘云鹤，世界知识产权组织中国办事处主任刘华，科技部副秘书长贺德方，佛山市委常委、常务副市长蔡家华等领导在开幕式上致辞。由佛山中国发明成果转化研究院发起的“中国发明成果转化上市公司联盟”等 11 个项目在开幕式上举办战略合作签约仪式。成交项目 132 项，意向成交总额为 4.1 亿元。

来自中国、俄罗斯、摩洛哥、博茨瓦纳、卢旺达、喀麦隆等国家的 83 支代表队共 400 余名中外高技能人才参加大赛。3 天现场参观人数达 3.5 万人次，开幕式、闭幕式、现场采访等网络直播收看人数超 300 万人次。

【第十四届中国发明家论坛暨第十一届发明创业奖 · 人物奖颁奖典礼】 7 月 29 日，第十四届中国发明家论坛暨第十一届发明创业奖 · 人物奖颁奖典礼在北京举办。论坛以“创新创业创未来，服务人类大健康”为主题。中国工程院院士袁隆平发来贺信，协会理事长潘云鹤在线致辞，中国科协党组副书记、副主席、书记处书记徐延豪发表讲话，科技部党组成员、科技日报社社长李平，国家知识产权局党组成员、副局长赵刚等领导出席，并为 100 位发明创业奖获奖代表颁奖。中国工程院院士、中国中医科学院名誉院长、天津中医药大学校长张伯礼作主旨报告《中医药在抗击疫情中的经历与思考》。张建胜、张贵民、潘新华 3 位特等奖获奖代表发言，与会领导为乔杰、罗安、余华荣、李洪、谢大雄、王子纯、商建忠、赵生捷、钱弘道、韩卫东 10 位第三批会士颁发证书。

【第二十五届中国五金博览会】 9 月 26—28 日，由协会等 5 家单位主办、永康市人民政府等承办的第二十五届中国五金博览会在浙江省金华市永康市举办。协会党委书记、常务副理事长兼秘书长余华荣，协会党委副书记、副理事长唐大立，协会副理事长兼副秘书长贺振福出席开幕式。此届展会以“新五金、新智造、新格局”为主题，共有 1343 家企业获批参展，其中首次参展企业 586 家，占 46%，同比增长 15%。除传统展示内容，还设置高新技术成果展、五金工业设计展、全国永康商会会长论坛和出口网上交易会等内容。

（撰稿人：朱汉夫　王清梅）

中国工程教育专业认证协会

服务创新型国家和社会建设　2 月，协会积极落实教育部和中国科协有关要求，先后印发《中国工程教育专业认证协会致全体认证专家的信》，响应中国科协号召，发布《战“疫”有我、为决胜攻坚提供科技志愿服务》倡议以及《关于应对新型冠状病毒感染肺炎疫情做好 2020 年工程教育专业认证工作的通知》，及时组织慰问专家，调整认证安排，宣传抗疫工作，统筹推进疫情防控与认证各项业务工作。

3 月，为应对新冠肺炎疫情，协会制作上线学校培训慕课，向 2020 年受理认证的 246 所学校 671 个专业免费开放。慕课上线 100 天，共有 13600 多名教师参加学习，日均 300 人在线。

5 月，面向“三区三州”和 52 个未摘帽贫困县所在地市高等学校免费开放工程教育认证慕课培训，共计开放学习账号 1200 余个，通过宣讲普及工程教育认证先进的教育理念和认证标准要求，助力相关高校人才培养和脱贫攻坚工作。

6 月 19 日，协会发布《关于公布北京交通大学机械工程等 402 个专业认证结论的通知》。经学校自评、专业类认证委员会审核、专家组现场考查、结论审议等程序，402 个专业通过工程教育认证。通过认证的专业将纳入《华盛顿协议》互认名单。

6月22日，协会发布新修订的专业类补充标准。这是该标准近十年来最大的一次修订，修订后的标准进一步拓宽适用专业口径，适用范围从专业拓宽到专业类，涵盖所有基本专业、特设专业和国控专业；进一步强化补充标准的“补充”属性，突出特殊要求，避免对通用标准进行细化或解释；删除大量关于具体课程或教学内容的细化要求，避免限制专业特色，引导学校和专家从“课程导向”向“产出导向”转换。

8月21日,《工程教育认证线上考查（试点）工作指南》正式印发。工作指南为适应新冠肺炎疫情防控常态化要求、持续推进认证工作提供依据，同时为推进线上线下相结合的认证工作模式进行探索。有53个专业按照工作指南要求开展线上考查试点工作。

8月27日，举办2020年工程教育认证第一次培训。培训采取“现场会议＋视频直播”的形式，面向2020年受理认证专业、全体认证专家（秘书）、已通过认证专业及拟申请认证专业开放，近13000人参加培训，线下会场设在江苏省南京市。

9月14日，印发《工程教育认证状态保持与持续改进工作指南（试行）》。指南聚焦产出要求“主线”和评价机制“底线”，关注专业日常改进材料积累，进一步强化持续改进的核心价值，改变“评后欠改”的工作现状，并为保持“通过”认证状态提供明确指导。

9月18日，发布《关于开展2021年工程教育认证申请工作的通告》，受理专业范围拓宽至23个工科专业类。截至10月20日，共有1778个专业提交认证申请材料。

12月30日，河北工程大学采矿工程通过线上方式完成认证集中考查。至此，全年168所高校287个专业的认证考查工作全部完成，其中，53个专业采用线上方式考查、234个专业采用现场方式考查。

学会建设 3月，推动秘书处支撑单位教育部高等教育教学评估中心与中国科协培训和人才服务中心签署建立常态化沟通机制。参与“新工科专业评价制度研究和探索”和“新兴工科专业人才培养质量标准研制”2个新工科研究项目结题工作。全年先后承担中国科协“面向联合国2030可持续发展目标的多边国际工程教育专业认证交流合作”等2个研究项目，承担教育部高等教育教学评估中心“工程教育认证专业类补充标准修订及线上认证系统设计”委托业务，以推进项目研究为契机，提升认证协会的学术研究能力和战线影响力。

10月20日，中国工程教育专业认证协会第二次会员大会在北京召开，共有107名协会会员参加。会后召开二届一次理事会议暨常务理事会议、二届一次监事会议、第二届理事会党员大会、第二届理事会功能型党委会等会议。

11月11日，协会响应中国科协号召，参与发起成立中国工程师联合体，并推荐协会副理事长范唯担任联合体第一届理事会理事候选人，推动并构建与工程师能力评价相衔接的工作平台与工作机制。

12月2日，以视频会议形式举办工程教育认证工作纪律专题培训活动。各专业类认证委员会主任委员、副主任委员、秘书长、相关工作人员，各专业委员会核心专家共430余人参加会议。协会监事会、秘书处代表和专业委员会代表就认证工作纪律进行专题报告。

12月3日，印发《工程教育专业认证现场考查经费管理办法（暂行）》。经费管理办法根据《华盛顿协议》通行规则和中国工程教育认证工作实际情况，明确2020年及以后由协会具体实施、学校自愿申请参加且纳入《华盛顿协议》互认机制的工程教育认证，按照《工程教育专业认证现场考查经费管理办法（暂行）》执行，现场考查期间发生的各项费用按照“谁受益谁负担”的原则，由接受认证专业所在学校承担。

12月7日，印发《关于公布中国工程教育专业认证协会各专业类认证委员会名单的通知》。根据二届一次理事会议决议，公布机械、化工与制药等18个专业领域的新一届专业类认证委员会人员组成，同时公布轻工、能源动力2个新成立专业类认证委员会（筹）的人员组成名单和秘书处所在单位名单。

12月9日，发布《关于推荐工程教育认证专家和秘书的通知》，明确专家的推荐标准、推荐方式、遴选原则及培训等，推动建立常态化的专家遴选与培训机制。

推进信息化建设，初步建成与“宽进严出”相适应的认证工作信息系统，完善专家管理平台，正式上线认证工作中英文网站，开通“工程教育认证”微信公众号，及时发布有关信息，规范认证工作过程，提高认证工作效率，支撑保障专业认证工作持续健康发展。

国际学术会议 1月，协会承办2020年工程能力论坛工程教育分论坛。先后邀请近20个《华盛顿协议》成员组织、欧洲工程组织等国际同行参加会议，做好会议各项筹备工作。根据中国科协疫情防控统一安排，会议暂缓召开。

6月22日，2020年国际工程联盟大会以在线视频方式召开。根据国际工程联盟安排和中国疫情防控要求，中国代表团分别在北京和天津市两个线下会场参加会议。作为《华盛顿协议》正式成员，中国代表团会上参与表决通过哥斯达黎加工程师和建筑师联合会的转正申请，通过全印度技术教育委员会国家认证委员会和英国工程委员会的周期性考察，未予批准墨西哥工程教育认证委员会的转正申请，并决定将周期性检查等各项考察在原有基础上推迟1年。

国内主要学术会议 4月22日，2019年下半年工程教育认证结论审议会以视频会议方式召开。会议对审议程序和审议重点进行研讨，完成对2019年下半年认证的186个专业的认证结论审议工作。

8月6日，2020年第一次学术委员会扩大会以视频会议的方式召开。会议就在线考查试点工作方案、接受《华盛顿协议》周期性检查准备工作方案、第二学士学位等专业认证有关问题、“优化工作时间”认证试点等有关议题进行研讨，形成有关决议。

10月20日，协会在北京举办工程教育高峰论坛，100多位工程教育和行业企业的专家现场收听报告，1万多名认证领域内的认证专家、专业教师在线收听报告。

国际交往 6月13日，受《华盛顿协议》副主席Lock Kai Sang、新加坡工程师学会和巴基斯坦工程委员会的邀请，协会派员参加“关于线上教学与评价和远程专业认证办法”的《华盛顿协议》工作研讨会。电子信息与电气工程类认证专家、清华大学教授于歆杰作专题报告《在线教学的挑战、方法与评估》，分享疫情期间中国在线教学及评价的经验与成果，提出中国对远程考查的基本设想。

7月，应巴基斯坦工程理事会邀请，协会推荐中国工程院院士、机械类认证专家、华东理工大学教授涂善东担任巴基斯坦工程理事会首届国际咨询委员会成员。12月，按照中巴经济走廊联合合作委员会科技联合工作组第一次会议纪要约定，再次推荐监事会监事涂善东、认证专家真淑倩2人参加中巴双方组建的专家委员会，推动中国－巴基斯坦工程师资格互认。

7月18日，协会派员参加由世界工程组织联合会、国际工程联盟、联合国教科文组织共同组织召开的国际工程联盟《工程教育毕业生素质与职业能力要求》框架修订咨询研讨会，会议以在线方式举办。南方科技大学校长陈十一、天津大学教授顾佩华、南京大学教授陈道蓄和华东理工大学教授郭旭虹等专家代表协会参加研讨。

12月18日，协会派出4位专家会同中国科协有关代表参加亚太工程组织联合会举办的Evidence-based Approach in Outcome-based Engineering Education工程教育线上专题研讨会。来自6个国家12个机构的近40位专家学者参加会议。会议围绕OBE框架内实施“证据导向”工程教育及证据导向在教学、评价、复杂工程问题中的体现进行讨论。

中国科协为《华盛顿协议》的正式成员，协会对内负责开展中国工程教育认证工作的组织实施，按照相关要求高质量完成《华盛顿协议》日常工作，并提交2019年度报告，报告内容包括专业领域、近期活动、认证标准、认证程序、组织架构等。

党建强会 协会秘书处党建工作纳入教育部高等教育教学评估中心统筹组织。2020年度，协会共参加评估中心党支部组织召开的党员大会3次、党小组会10次；党支部书记带头讲党课3次，班子成员、党小组长、特邀专家讲党课4次；主题党日活动6次，同时还参加其他党建活动。

2月20日，发布《工程教育认证自评报告指导书（2020版）》。新版指导书进一步落实立德树人根本任务，聚焦产出要求“主线”和评价机制“底线”，同时简化文本撰写要求，减轻撰写负担，突出认证工作重点。

7月8日，联合单位会员中国兵工学会、中国航空学会、中国造船工程学会共同参加“扶贫有我，爱心捐助”公益活动，向未摘帽贫困县四川省凉山彝族自治州喜德县2所学校捐赠科普读物1700余册、“中国”字样T恤短袖600件、小红旗800面以及其他学习用品等，受助建档立卡贫困户学生共计813人。

10月20日，召开第二届理事会党员大会和功能型党委会，选举产生由王树国、范唯、范海林、刘冬梅、王庆林、谢建新、周爱军7名同志组成的第二届理事会功能型党委并明确党委委员分工，王树国任党委书记，范唯任党委副书记。党组织建设进一步完善。

会员服务 2月，协会新版中英文网站正式上线。新版网站界面风格清新、功能分类明确，预留结论查询、学习平台、工作平台等交互功能，实用性强，更新维护便利，能够满足认证工作需要。英文版网站风格与内容设计更加国际化，能够充分展示中国工程教育认证相关动态，提升中国工程教育认证国际形象。

6月19日，官方微信公众号“工程教育认证”正式开通。截至2020年年底，公众号关注总用户数近万人，共发布文章93篇，其中涉及认证工作及相关原创文章共计81篇，篇均浏览量3000余人次，用户转发8万余人次。

8月25日，发布会员招募通告。经2020年第四次理事会（通讯）会议批准，共吸纳单位会员13家，单位会员总数由成立时的33家扩大至56家，包括广东、上海、江苏、重庆、山东和北京6省市的省级工程师学会加入认证协会，进一步推动教育认证与工程师管理的衔接融合。

协会全年共发出20期通讯刊物，刊物记录协会大事、要事、新事和突出成绩。

【中国工程教育专业认证协会第二次全国会员大会】 10月20日，中国工程教育专业认证协会第二次会员大会在北京召开。教育部党组成员、副部长、总督学郑富芝，中国科协党组成员、书记处书记宋军到会指导。协会第一届理事会理事长、教育部原副部长吴启迪，第一届监事会监事长、西安交通大学校长王树国，第一届理事会副理事长、全国政协常委、中国科协原党组副书记、副主席张勤，第一届副理事长、教育部高等教育教学评估中心主任范唯出席会议。第一届理事会副理事长兼秘书长、教育部高等教育司司长吴岩主持会议，107名协会会员参加会议。大会通过第一届理事会工作报告、财务报告、监事会工作报告，审议并表决通过协会章程修订案和会费标准议案，选举产生第二届理事会理事和第二届监事会监事。会后召开二届一次理事会议暨常务理事会议、二届一次监事会议、第二届理事会党员大会、第二届理事会功能型党委会等会议。

【《关于发布已通过工程教育认证专业名单的通告》】 7月21日，协会联合教育部高等教育教学评估中心发布《关于发布已通过工程教育认证专业名单的通告》。截至2019年年底，1353个专业已通过工程教育认证，这些专业分布于全国241所高校，涉及机械、仪器等21个工科专业。名单发布后，“学习强国”学习平台、《中国青年报》等重要媒体集中报道转发。其中，协会会同《中国青年报》、“科普中国”平台等相关机构推出的《2020工科“硬核”专业报考指南》系列文章和视频受到各大主流媒体转发与关注，浏览量突破百万。

（撰稿人：李　涛）

中国检验检测学会

服务创新型国家和社会建设 学会完成国家市场监督管理总局《“十四五”中国检验检测人才发展规划报告》以及中国科协《检验检测智能化产业技术发展报告》《长江中下游地区生态保护和修复综合治理构想》和《检测能力对比分析报告》。组织开展中国科协“检验检测产业与技术发展路线图研究”项目，为检验检测产业明确概念、内涵以及划定边界和范围提供参考意见。向“科创中国”专家库推荐智库专家50名，向“科创中国”领军人物榜单推荐提名人7名。

按照2020年中国科协创新驱动助力工程示范项目要求，第一期选定长江经济带这一重点区域，聚焦生态修复产业质量基础设施能力提升，开展科技服务活动。11月26日，学会以“生态修复，美丽中国”为主题举办“科创中国”之2020生态修复产业高质量发展论坛，受到社会广泛关注。在政府相关部门支持下，学会还设立“科创中国”浙江省检验检测科技服务中心，并建立浙江省宁波市、嘉兴市、湖州市3个地市科技服务站。

学会起草发布《标准“领跑者”评价通则　检验检测服务机构》团体标准，2020年通过审定并完成发布14项团体标准。

2020年，学会完成对甘肃省陇南市礼县的定点扶贫工作。

2020年学会参与中国科协科学技术传播中心等单位举办的第二届世界科技与发展论坛——科技型中小企业创新分论坛，收到来自中国科协科学技术传播中心的感谢信。

学会建设 6月5—6日，学会在北京召开中国检验检测学会第二届会员大会，确定第二届理事会成员/理事单位68人（个）。选举李怀林为学会会长、王海舟等9人为学会副会长、夏扬为学会秘书长。

学会修订学会章程，明确学会职责；规范内部管理，重新制定会长办公会、会长工作会、秘书长办公会等会议议事规则；修订、废改内外管理规章制度42项；调整秘书处人员和岗位，重新制定部门和岗位职责。

学会修订《中国检验检测学会科学技术奖励办法（试行）》《中国检验检测学会科研项目管理办法》，以及《中国检验检测学会团体标准管理办法》及实施细则；重新梳理和完善专家智库，修改《中国检验检测学会专家智库管理办法》《推选院士候选人工作实施细则构架说明》《中国检验检测学会咨询委员会方案》。

学会确认第一批学会个人/单位会员196人（个），其中单位会员71个、个人会员125人。

学会网站和微信公众号进行全新改版。学会获得中国科协2020年度“最具影响力组织”称号，在全国学会和地方科协中排名第4位。

国内主要学术会议 8月12日，由学会等部门承办的首届检验检测学术年会暨国际检验检测能力验证研讨会在山东省青岛市召开。会议以“能力验证助力高质量发展”为主题，旨在加快推动检验检测能力提升。来自政府机构、国内大专院校、科研院所、国家级重点实验室等的相关人员参加会议。会议邀请中国工程院院士庞国芳、中国疾病预防控制中心流行病学首席专家吴尊友、国际标准化组织专家丹尼尔·索伦（Daniel Tholen）等国内外专家作报告。会上，庞国芳提出的农残检测信息化路径和方案以及吴尊友提出的加强常态化检测、监测技术设备及研究的建议具有一定的学术价值，网上收看直播人数达141万人次。

科普活动 2020年，学会承接中国科协“智能检测与营养健康科普中国共建基地”项目。项目组由3名专家、7名国家级食品检验师/营养师及16名科普志愿者组成。通过线上线下对全国10个健康合作机构相关人员进行培训，组建完成科普传播专家团队。受新冠肺炎疫情影响，项目组通过线上交流，前期将工作重点放在调查问卷及科普视频、图文选题上，完成老、中、青三个年龄段健康调查问卷内容设计以及1000份问卷调查工作，通过分析问卷内容为项目科普选题提供依据。受疫情影响，项目组委托基因检测机构完成1000名居民营养素检测，同时完成每人20项共2万项内容的统计工作。

学会利用学会专家智库的人才优势，通过产学研相结合的学术交流和项目创新体系确保食品营养健康科普内容的科学性和权威性。截至2020年，通过线上线下在北京市、辽宁省、安徽省、山西省、山东省等省市开展科普讲座52场。其中，线下公益科普讲座32场，听课人数达1796人次；线上20场，听课人数达16951人次。

推进科普视频及科普原创图文工作。项目组通过线上线下召开3次专家评审会议，最终审核确定《居民健康手册》，印制2万册并发放到社区、学校、机关、企事业单位；录制科普视频15集，上传至科普中国App及中国网食品中国，浏览量达11256次；发表科普原创文章18篇，阅读量达14327次。同时，组织专家组建学会科普基地，对本领域科普工作者进行相关培训。

启动科普公益大讲堂活动。10月29日，由学会、中国网食品中国主办，北京丰台区马家堡时代风帆楼宇党委承办的“健康中国行科普公益大讲堂”线下启动仪式在北京举办。学会秘书长夏扬、北京丰台区工会马家堡街道工作委员会副书记王东波、北京丰台区马家堡时代风帆楼宇党委书记韩青等领导参加启动仪式。

学会会员单位北京普析通用仪器有限责任公司申请中国检验检测学会科普基地评审合格，成为首家投入建设的科普基地。2020年，在科普基地组织60余人开展科普健康公益讲座1次，中国检验认证集团党委组织青年员工40余人参观学习交流1次。

表彰举荐优秀科技工作者 11月，学会推荐第十七届中国青年女科学家奖和2020年度未来女科学家计划候选人1名。

党建强会 党支部制定《中国检验检测学会落实从严治党责任清单》，明确党支部领导班子职责，推进全面从严治党工作贯彻落实；制定《中国检验检测学会党建扶贫工作计划》，开展相关学术调研课题活动，加强智库型、学习型、创新型扶贫工作；制定《中国检验检测学会党员干部职工廉政教育月实施方案》，开展廉政教育月活动；制定《中国检验检测学会党支部标准化规范化建设实施方案》，开展自查评估工作。

开展违反中央八项规定精神突出问题专项整治和“灯下黑”专项整治活动，增强学会党组织的战斗力、凝聚力、创造力，发挥党支部战斗堡垒作用和党员的先锋模范作用；加强意识形态工作督促指导；加强队伍自身建设，坚决做到“两个维护”。

会员服务 2020年，学会邀请会员参加首届检验检测学术年会暨国际检验检测能力验证研讨会，为会员提供科研学术交流和团体标准咨询服务，并在学会网站和微信公众号宣传会员单位及个人风采。

【中国检验检测学会第二届会员大会】 6月5—6日，中国检验检测学会第二届会员大会在北京召开。国家市场监督管理总局总工程师韩毅出席会议并致辞。中国科协学会学术部、国家市场监督管理总局认可与检验检测监管司、民政部社会组织管理局等单位相关负责人，各地检验检测学会、协会相关负责人和检验检测相关领域代表等200余人参加会议。

大会选举产生学会第二届理事会。在第二届理事会一次会议上，选举产生学会常务理事会及学会新一届领导。李怀林当选学会第二届会长，生飞为常务副会长，王海舟、沈建忠、吴尊友、张峰、腾俊恒、刘挺、陈永煊、夏扬为副会长，夏扬为秘书长。

大会审议通过新的《中国检验检测学会章程》《中国检验检测学会会员管理办法》《对第一届理事会设立分支机构处理意见提案》等相关文件。

（撰稿人：李怀林　夏　扬　赵南南）

中国女科技工作者协会

服务创新型国家和社会建设 9月，协会启动“海峡两岸暨港澳科技人文交流合作案例征集”工作，汇总整理60余份案例材料。该项目旨在对海峡两岸暨港澳科技人文交流合作现状进行梳理总结，归纳分析海峡两岸暨港澳科技人文交流合作好的经验做法、取得的成果和存在的不足，探索交流合作的特点规律和机制模式，对新时期中国科协开展海峡两岸暨港澳科技人文交流合作工作提出意见和建议。

9月，协会启动“中国企业女工程技术人员状况调查研究”项目，采取实地采样调查研究及网络调查问卷的方式进行调查研究，已收回700余份调查问卷。该项目旨在客观反映女工程技术群体面临的现实瓶颈及问题，建议国家和相关行业在制定相应政策或规定中给予适度倾斜，丰富激励手段与保障措施；依托调研成果适时公开发布，积极通过高规格主流媒体发声；动态跟踪重点行业及企业情况，依托协会的平台优势建立女工程技术人员意见建议反馈机制，定期举办专题座谈或沙龙汇集智慧成果，逐步将此项调研工作形成“品牌效应”。

9月，协会启动关于增设“中国科协联合国咨商科技女性专业委员会”调研项目，专门组建工作团队。团队由协会领导、秘书处和研究专家组成：协会秘书长统筹协调，秘书处工作人员提供服务支撑，研究专家长期从事科技领域课题研究。此次调研旨在进一步团结鼓励中国女科技工作者参与全球交流合作，在加快落实联合国《2030年可持续发展议程》女性领域目标的进程中不断提升影响力和话语权。

10月，协会启动“‘十三五’期间女科学家贡献研究”“女性科技工作者‘孕哺’两期保障问题专题研究”两个项目，访谈50位不同年龄段的女科技工作者，收集整理访谈记录录音；收回1000余份调查问卷，旨在调研对女科技工作者的团结引领服务作用的情况；梳理女科技人才队伍建设总体情况，通过人才总量、人才结构、行业领域分布、区域特征等维度进行系统性分析；客观反映“十三五”期间党和国家重视女科技人才所取得的成效；了解女科技工作者在国际科技交流中的活跃度。

面对疫情影响，由协会会长王红阳领衔的国家肝癌科学研究中心研究团队对新冠病毒致病机理、流行规律等一系列科学问题高度关注，第一时间申请中国工程院课题攻关项目和火神山医院科研课题，联合湖北省武汉市一线医务和研究人员，及时组建抗疫攻关小组。同时，团队针对医护人员高感染风险问题，联合传染病重大专项参研企业共同研发病毒采样器和病毒裂解保存试剂盒并应用于抗疫一线。团队与军事科学院、中山大学等单位合作，应用单细胞测序技术对新冠肺炎康复患者外周血单核细胞的转录变化进行综合分析，为新冠疫苗及抗体研发提供理论支持。针对不同时段疫情防控局面和发展趋势，分3次向中国工程院提交14点建议，包括统一指挥、延长假期、加强舆论引导和群众心理疏导、关爱医护人员、控制扩散源头、采取多种检测手段、抓好试剂盒与结果的质检核查，同时提倡信息资源共享、重视后续科研工作等，呼吁不能让错误的检测结果误导医生救治，更不能让不实的信息影响战略布局，为疫情防控提供参考。

协会副会长吕植发起行动，19名院士专家联名呼吁“杜绝野生动物非法食用和交易，从源头控制重大公共健康危机”，并起草完成《从源头管理野生动物利用的具体建议》。此外，协会常务理事陈瑞爱向全国人大常委会修改野生动物法提出多条意见，包括加强养殖和走私的管控、做好野生动物分类、规范野生动物养殖、统一管理野生动物交易端、严厉打击滥食野生动物行为等，得到全国人大常委会采纳。

作为新冠肺炎五大主攻方向之一，动物模型团队首席科学家、协会副会长秦川率领团队进行新冠肺炎动物模型攻关，经过240多天的试验，最终在国际上完成第一个疫苗动物模型评价，主导中国5条技术路线疫苗的评价，孵育并促进6种疫苗的生产工艺改进，保障中国在新冠肺炎疫苗研发领域的国际领先地位。

1月26日，协会常务理事、中国妇女十二大代表陈薇带领专家组赶赴湖北省武汉市进行新型冠状病毒的病原传播变异、快速检测技术、疫苗抗体研制等工作。专家组应用自主研发的检测试剂盒，配合核酸全自动提取技术，使核酸检测时间大大缩短，取得科研攻关的重要应用成果。

学会建设 2020年，协会召开理事会议1次、常务理事会议2次；个人会员达22183人，单位会员达44个。12月5日，新成立单位会员——中国实验动物学会女科技工作者工作委员会，投票选举产生主任委员和副主任委员，提名并聘任委员会秘书长。

国际学术会议 11月9日，由协会承办的第二届世界科技与发展论坛在北京召开。来自7个国家的80余位女性科技工作者围绕“女科学家社会责任——构建和平、健康、美好的明天”展开对话，为广大女科技工作者提供交流平台。

国内主要学术会议 10月8—10日，第392次中国科协青年科学家论坛暨首次中国青年女科学家论坛在浙江省舟山市举办。来自42家高校、科研院所及政府科技部门的120余位科技工作者参加会议，其中95位为工作在一线的科研、教学和管理人员，半数以上（52位）为高级职称科学家，45位是高级职称的女性科学家。此外，线上参与论坛的科研工作者超过200人。此次论坛由中国科协主办、协会联合浙江大学海洋学院承办，以“从陆地到海洋：环境保护与生态修复中的她力量”为主题，旨在启发思想、借鉴方法，分享理念经验、提出政策建议、开展科学普及，实现“交流－互鉴－分享－建议－行动”五位一体，推动女科技工作者队伍成长，促进地球环境健康发展。

10月10—11日，由中国科协与北京航空航天大学联合主办、协会联合北京航空航天大学－中国航发航空发动机研究院联合承办的2020年中国科技峰会系列活动青年科学家沙龙第二十五期——动力工程领域青年科学家科技经济融合与成果转化主题沙龙在北京召开。中国科协、北京航空航天大学、国家自然科学基金委员会以及动力工程领域企业单位领导到场指导交流。北京航空航天大学－中国航发航空发动机研究院和航空发动机国际学院院长丁水汀、中国航发湖南动力机械研究所专职总师、研究员单晓明和8位优秀青年科技工作者分别作演讲报告。与会领导、专家展开交流讨论，其观点和思想汇集编写为《动力工程领域科技经济融合与成果转化政策建议报告》。

国际组织任职 2020年，协会共有25名女科技工作者代表在国际民间科技组织任职，均为高级别专家。12月24日，世界分子影像学会主席名单正式公布，协会理事田梅当选世界分子影像学会主席。

科普活动 10月10日，65名青年女科学家与10名来自浙江省舟山市普陀小学的五年级学生、15名来自南海实验小学校四年级的学生，在浙江大学野外科学观测研究站和综合实践教育基地——摘箬山岛上开展“大手拉小手，随科学家姐姐乘风破浪”活动。

10月18—19日，由中国科协、浙江省人民政府支持指导，协会与浙江省科协、温州市人民政府共同主办的“女科学家进校园”活动在浙江省温州市举办。协会副会长朱美芳，西北大学地质学系教授刘建妮，同济大学隧道及地下工程研究所所长、同济大学特聘教授张冬梅3位优秀女科学家代表分别通过案例与中学师生分享科研心得及生活感悟。此次“女科学家进校园”活动主题为“培育科学精神，畅想无限未来”，旨在进一步引导青少年理解新时代的科学家精神，为祖国的文化传承和科技发展努力学习、拼搏奋进。

10月19日，协会会长王红阳，协会副会长曹晓风、秦川以及中车青岛四方机车车辆股份有限公司副总经理、总工程师梁建英（线上）4位女科学家代表走进温州医科大学，围绕“恪守学术道德　永葆诚信本色”作专题报告，并以各自的科研故事对话青年学子，诠释新时代科技创新的“她”力量，勉励现场400余名青年师生厚植爱国情。

表彰举荐优秀科技工作者 2020年，协会共受理19份第五届女科技工作者社会服务奖的候选者推荐/申报材料，最终评选出6人获得社会服务奖，分别是王建萍、钟彩虹、雷燕、姜爱芹、朱红惠、呼丽萍；中国力学学会女科技工作者委员会获得集体奖。

协会向全国妇联推荐的李赞获“全国三八红旗手”称号；刘建妮、高彩霞获“全国巾帼建功标兵”称号；天水师范学院“三区”人才科技扶贫团队获“全国巾帼文明岗”称号。同时，协会向中国科协推荐年度科研科普人物候选人2名、科普特别人物候选人1名，第十七届中国青年女科学家奖候选人3名、候选团队1个，未来女科学家计划2人。

党建强会 2020年，协会先后围绕习近平总书记在全国抗击新冠肺炎疫情表彰大会上的讲话、习近平总书记在科学家座谈会上的讲话、党的十九届五中全会精神组织专题学习，自上而下统一思想认识，将“听党话、跟党走”的思想内涵贯穿到各项工作中。

协会积极参加中国科协组织的相关党建工作培训班，坚持党的全面领导，在《中国女科技工作者协会章程》中增加党建内容，为党组织的活动提供必要条件。

会员服务 在2020年年初防疫关键阶段，协会通过《致奋斗在战疫一线女科技工作者们的一封信》，为奋斗在战疫一线的女科技工作者打气加油。截至2月27日，众多院士、科技女企业家、中国青年科技奖获奖者及青年科学家等共计捐赠善款100多万元，并全部用于购买医用防护口罩等物资捐赠湖北一线多家医院。

（撰稿人：孙明杉）

中国创造学会

服务创新型国家和社会建设 2020年，学会与同济大学科协联合世界自然基金会面向广大科技工作者征集“引领世界科学的前沿科学问题、建设世界科技强国的工程技术难题”，组建由院士团队为成员的专家委员会对所征集的难题进行遴选推荐，最终推荐上报“超大跨度桥梁建设如何突破特异风致灾风险的困局”“金属面曝光超高速SLM增材制造技术”“铁路运控设备设施系统安全和效益提升技术研究”“智能制造工厂中如何实现桥式起重机的无人化”“复杂应力状态下多尺度固体材料强度及变形模量机理及理论模型研究”“煤矿乏风瓦斯综合利用技术”“如何构建智联感知的城市公共卫生和居住环境紧急应对技术支撑”“糖尿病血管病中血管内皮细胞动态显像的问题”“高密度住区的生态修复难点与方法”“肠道微生态诊疗新技术”共10个课题。

2月，学会企业创新专业委员会与厦门锐传科技有限公司（拥有等离子风吹扫与干雾消毒技术）和厦门城力智能设备有限公司（拥有物联网设备研发和生产能力）两家企业联合开发自动消杀亭防疫设备，并应用于福建省厦门市、泉州市等地疫情防控工作。

2020年，学会开展第一届全国产教融合创新创业大赛，主题为“产教融合、‘创’见未来”。此次大赛分为五个赛道，分别是新零售赛道、跨境电商赛道、网红直播及“抖音＆快手”营销赛道、虚拟现实XR产教融合赛道、财务信息化赛道，共包括59个获奖名额。

6月27—29日，学会举办第三届全国大学生创新体验竞赛。来自60所高校的687件参赛作品共获得网络有效投票数1529821，209件作品入围全国总决赛。最终，36人获得“日新月异——每日一设想”一等奖，22组获“创新价值——没有无用的东西”一等奖，16人获得“创业无界——我的未来之路”一等奖。

学会承办中国大学生机械工程创新创意大赛——2020智能制造大赛。此次大赛由中国机械工程学会、教育部高等学校机械类专业教学指导委员会、教育部高等学校材料类专业教学指导委员会、教育部高等学校工业工程类专业教学指导委员会联合主办。比赛设置研究生组、本科组、高职组3个组别，来自全国的150所院校参赛，其中来自上海大学、同济大学、北京交通大学、吉林大学、西安交通大学、哈尔滨工业大学等50所院校的70余支队伍参加全国决赛。

8月16—21日，学会在上海市举办产教融合实训基地高级研修班，来自全国24家机构的61位学员参加培训。研修班分为领导班和教师班。邀请学会智能制造与服务分会副理事长陈明从课程内容与企业现场调研给出不同的研修方案。其中，“领导班”以宏观、发展、改革为理念，向高校领导介绍新工科如何建设、产教融合如何实施等内容，并组织培训人员参观调研上海上飞飞机装备制造有限公司、卡尔·蔡司股份公司、费斯托（Festo）等国内外智能制造企业；“教师班”以教学、科研、创新为主线，组织培训人员学习并参观调研上海第二工业大学等5所高校与企业的特色专业建设和先进的技术科研与产教融合转化。

8—11月，学会组织完成第十二届中国创造学会创造成果奖评选活动。经评选，共评出一等奖3项、二等奖7项、三等奖7项。

10月，学会企业创新专业委员会与福建省漳州市科协达成合作意向，在福建省试点企业福建省中孚检测技术有限公司、漳州市恒丽电子有限公司建立创新驱动服务站，与企业进行深度合作，为企业创新框架设立、研发推广新技术、进行技术交流等事务提供点对点服务。

11月，学会与中国AH（Active House）产业联盟、丹麦工商业联合会共同举办第三届中国－丹麦城市对话会议，并正式签署合作备忘录。

学会建设 2020年，学会新成立创新创业创造专业委员会、人居环境专业委员会两个分支机构。

7月15日，中国创造学会创新创业创造专业委员会成立大会暨首届中国创造学会创新创业创造专业委员会委员选举大会在线上举办。经会议自荐、民主投票和推举，共选举出主任委员1名、副主任委员4名、秘书长1名、副秘书长4名。

10月17日，举办中国创造学会人居环境专业委员会成立大会。会议由学会常务副理事长兼秘书长张亚雷主持，人居环境专业委员会首届28位委员及学会常务秘书李芹参加会议。经会议自荐和推举，共选出主任1名、常务副主任（兼秘书长）1名、副主任1名、副秘书长3名。

【中国创造学会2020学术年会暨创造创新与跨越发展论坛】 12月27日，由学会主办，襄阳市科协协办，湖北文理学院、襄阳市创新学会承办的中国创造学会2020学术年会暨创造创新与跨越发展论坛在线上召开，主题为“创造创新与跨越发展”。学会理事、创造成果奖获奖者、热心会员，创造学相关领域专家学者和管理技术人员及特邀专家学者等156人参加会议。

会议由主论坛和4个分论坛组成。主论坛由学会常务副秘书长殷俊锋主持，学会理事长徐建平致辞。学会常务副理事长兼秘书长张亚雷作报告《中国创造学会2020年度工作总结和2021年度工作计划》。第十二届中国创造学会创造成果奖一等奖获得者，中国科学院深圳先进技术研究院副研究员聂泽东，学会元老理事长许嘉曾，湖北文理学院张增常和东南大学张志胜分别在论坛上作报告。

【第三届全国大学生创新体验竞赛颁奖典礼】 6月29日，由学会主办、南京市江宁经济技术开发区协办、东南大学和安徽工业大学联合承办的第三届全国大学生创新体验竞赛颁奖典礼在江苏省南京市举办。

学会常务副理事长张亚雷、东南大学党委副书记郑家茂、江宁经济技术开发区管理委员会副主任王爱军等领导出席并致辞。南京市科学技术局副局长周文海，南京市就业管理中心主任韩小燕，江宁经济技术开发区科技人才局、东南大学国家大学科技园相关领导以及参赛获奖师生代表等近200人参加活动。此次活动由学会副理事长、东南大学机械工程学院党委书记张志胜主持。

【第一届全国产教融合创新创业大赛倍凡教育杯新零售赛道启航研讨会】 8月28日，第一届全国产教融合创新创业大赛倍凡教育杯新零售赛道启航研讨会在福建省厦门市举办。大赛由学会、中国市场学会、中国企业财务管理协会、中国民办教育协会、中国高校创新创业教育联盟指导，北京创新研究所协办。主题为“产教融合、‘创’见未来”，旨在推动高校创新创业教育改革，探索创新创业人才培养模式，搭建以行业为依托、院校为基础、企业为纽带的产教融合一体化“双创”平台。

中国民办教育协会会长王佐书，中国市场学会常务副会长、秘书长朱小惠，中国民办教育协会职业教育专业委员会理事长蔺琪，北京创新研究所执行所长林鑫，中国市场学会副秘书长赵欣，辽宁省基础教育教研培训中心职教部主任徐雷，中国市场学会职业教育专业委员会秘书长顾雷等领导，以及来自广州财经大学华商学院、山东协和学院、安徽新华学院等30多所院校和20多家企业的赛道承办单位负责人共计112人参加研讨会。

【“想象与创造”上海市中学生未来之星成长活动】 11月20日，由学会创造教育专业委员会、上海市校外教育协会联合中国下一代教育基金会振威教育科技专项基金共同主办的“想象与创造”上海市中学生未来之星成长活动在上海市举办。

活动旨在上海市初中培养一批品学兼优、学有余力，在科技创新、文化创意方面具有浓厚兴趣的学生，让他们走进科创和文创领域；并引入社会优质教育资源，特邀交通大学、复旦大学、同济大学、华东师范大学等高校专业导师，听取名师主题演讲，发布课题研究，建立区拔尖学生培养基地和入校课程以及各参与校未来之星成果展示。同时培养学生的原创能力，实现文理融通的学习模式，结合科技创新、美育文创等内容对学生进行综合素质培养，进而发现和培养一批创新潜质突出的优秀初中学生。

活动内容包括四方面：组织学生参加开幕式，邀请31位专家与学生见面；进行多次专家有关科创与文创的讲座，学校也可申请专家到校讲座；学校组织学生开展科创与文创研究活动，可申请专家到校指导；举办线上或线下科创与文创研究活动成果展示、评奖、奖励。

【全国首届中小学创新创业教育论坛】 11月16日，由学会创新创业创造专业委员会主办，重庆市云阳县教育委员会、县科协、老科学技术工作者协会等单位指导，重庆市发明协会、云阳职业教育中心承办的全国首届中小学创新创业教育论坛在重庆市举办。来自全国各地的创新创业教育专家、重庆市部分中小学创新教育工作者、云阳县各中小学创新教育教师等500余人参加线上线下活动，共同探讨中小学创新创业教育的发展方向和途径。论坛由学会创新创业创造专业委员会副秘书长刘彦辰主持。

论坛上，学会副理事长冷护基、学会创新创业创造专业委员会副秘书长刘彦辰、重庆市发明协会副理事长皮发万等专家通过线上线下围绕“开展创新教育有效途径探索”“少年强则中国会更强”“重视与两个问题衔接，做好创新教育”等主题举办专题讲座。来自全国各地的20余名科技创新教师采取线上线下交流研讨的方式分享各自创新教育心得与收获。

【第八届先进制造业大会】 11月17日，由学会智能制造与服务分会等联合主办的以“融合·赋能·转型”为主题的第八届先进制造业大会在上海市召开，相关政府领导、60余位业界领袖、500余家企业代表参加会议。学会智能制造与服务分会副理事长陈明与参加会议的专家学者共同探讨疫情对全球制造业的影响，交流国内外企业智能制造转型升级的经验与借鉴，分享工业4.0、工业互联网和智能制造在企业中的应用实践与案例。

（撰稿人：李　芹）

中国高科技产业化研究会

服务创新型国家和社会建设　打造“科创中国”平台，开展科技志愿服务和技术转移转化服务。结合中国科协与江苏省人民政府全面战略合作框架内容，研究会与江苏省科协达成全面战略合作协议，从成果需求对接、科技咨询、创业孵化、成果转化等方面推动江苏省创新创业服务发展。双方共建的江苏高端装备制造业院士协同创新中心落地南京市白下高新技术产业园区，10月30日在江苏省南京市举办揭牌仪式。研究会与中国光华科技基金会、南京市白下高新技术产业园区签署战略合作框架协议。

整合资源，打造长效的协同合作机制。研究会分别在山西省大同市浑源县人民政府、深圳科技工业园（集团）有限公司支持下，与当地有关企业签署共建成果孵化基地合作协议；研究会国际交流合作中心与厦门火炬集团有限公司、青岛西海岸新区融合控股集团有限公司、云南红塔集团有限公司等一系列地方产业投资集团达成战略合作。

服务广大企业，开展科技咨询服务。2020年，研究会以企业为主要服务对象，共完成58项科技成果评价工作，累计召开成果评价研讨会70次。

聚焦企业需求，开展定向跟踪服务。研究会帮助竹缠绕复合材料项目企业在四川省、河南省、湖南省落地、应用。同时联合人工智能联盟，组织清华大学机械工程系专家团队到企业调研，为其生产线的智能化升级改造提供咨询服务。

研究会联合相关机构和医疗企业，组织院士团队和各领域医疗专家发起“宁晋县医院院士团队综合服务项目”，推动优质医疗资源纵向流动，提高基层医疗卫生机构服务能力。计划将其作为试点不断总结推广。

2020年，研究会参与10项相关规划编制及申报工作。部分项目已入库“千企千镇工程”办公室项目、列入国家发展改革委特色小镇基金重点项目名单。协助11家企业申报国家发展改革委、工业和信息化部、科技部项目。

2020年，研究会受载人航天办公室委托，与云南省、宁夏回族自治区两地政府合作承办长征五号B运载火箭首飞发射新型试验飞船面向全国的搭载项目征集、遴选、专家评审、报批及搭载样本的清点封包、装舱、开舱、交付、公证等事务，初步形成搭载资源利用和搭载实验项目征集遴选的科学性、规范性、公开透明，对搭载管理规范进行有益探索。

研究会编写完成并向社会公开发布第二年版《中国智能制造产业发展报告》，发展报告主要包括智能制造概况、全球智能制造态势、中国智能制造原则任务、态势分析、产业分析、趋势分析、困境分析、转型分析、十大科技进展等共11篇6.7万字。增加地方篇，介绍广东省广州市黄埔区、浙江省衢州市等智能制造优秀地方经验。

研究会承担的“航天育种大豆盐碱地试验种植及其推广应用研究”课题结题并完成验收。课题组历时两年，将十余年来航天育种大豆育成品种中适宜盐碱地种植的品种、种植方式、试种效果进行分析、总结，提出在盐碱地推广航天育种大豆品种的建议以及应对大豆自给率、改造和利用盐碱地、提高综合效益的建议。

研究会参与承接中国工程院“绿水西输”二期课题研究，2020年上半年完成二期课题总结汇报，海洋分会课题组撰写《中国工程院2019年院士重点咨询项目〈大规模海水淡化与西输工程战略研究〉院士建议案》《“绿水西输”二期课题调研实录》。报告中提出“三水”的概述——稳定水、发展水、生态水以及新空间经济带，既为二期课题奠定战略基础，也为“绿水西输”三期课题的研究打开局面，受到中国工程院好评。

研究会与国家发展改革委国际合作中心联合通过竞标，承接陕西省神木市发展改革和科技局“神木市‘十四五’经济社会发展规划”课题项目，7月前完成调研工作，截至2020年年底已完成规划报告初稿。

2020年，研究会向中国科协推荐2020年重大科学问题、工程技术难题7项。

学会建设 1月6日，研究会召开第四届理事会第十二次理事长会议，审议提交第四届理事会第五次理事会议的内容，同时决定此次理事会议采取通讯会议形式召开，会议邮件于2月7日发出。会议主要内容包括向理事会汇报2020年工作情况及2021年主要工作计划，会上审议通过拟新设立卫星互联网分会、空间信息智慧产业专业委员会、青少年科学探索工作委员会3个分支机构的决议。研究会修订《中国高科技产业化研究会投资管理办法》《中国高科技产业化研究会学术自律规范》《中国高科技产业化研究会合同管理办法》等8项规定。

学科发展工程 《中国航天育种发展报告（1987—2020）》蓝皮书于11月10日在广东省广州市发布。研究会组织国内20余家科研院所、企事业单位的专家学者参与该蓝皮书编写工作，向全国52家科研院所、企事业单位的近百位从事航天育种专业的专家学者发出编纂资料征集函。该书全面回顾中国航天育种事业三十余年发展历程，总结取得的成果和经验，分析发展的机遇和挑战，提出未来发展规划。

国内主要学术会议 2020年，研究会及其分支机构主办、联合主办学术会议11场，参与人数1586人次，交流论文75篇。

11月28日，由研究会承接的中国科协国际交流部2020年港澳民间青年科技人文交流资助项目内地香港青年科学家对话——免疫评估和免疫治疗论坛在浙江省宁波市召开。论坛由中国科协指导，研究会、香港科学工作者协会、宁波市科协、宁波大学共同主办，研究会国际交流合作中心、宁波大学医学院附属医院共同承办。会议采取“线下＋线上”的方式，来自内地和香港免疫领域的专家学者围绕“呵护免疫、守卫健康”这一主题展开对话。

国际交往 12月4日，研究会理事会领导应欧洲联盟驻华代表团邀请，赴其北京驻地就“中国政府双循环战略的提出、内涵、意义及其对欧盟在华企业发展的影响和中－欧长远战略合作关系”等进行非正式座谈。双方均表示将保持联络、增进了解，充分发挥民间科技智库作用，就双方共同感兴趣的议题开展研究、交流与合作，为促进中－欧中小高技术企业交流、合作开拓市场、搭建服务平台。

科普活动 2020年，研究会共举办4场科普展览、专业展及相关活动，展览面积累计3400平方米，制作展品48件，参观人数12500人次；举办科普宣讲活动24次，科普活动受众人数12730人次。

8月21日，研究会“火星探索计划”系列科普活动之“火星车设计大赛”在青海省海西蒙古族藏族自治州茫崖市冷湖镇举办。大赛活动期间共收到45份参赛作品，最终由12位专家评委评出10项大奖。大赛相关报道、视频、科普文章等素材获得400万人次传播，社会效益显著。

表彰举荐优秀科技工作者 2020年，研究会向中国科协推荐的“水下发射大型固体运载火箭研制团队”获得全国创新争先奖牌、中国航天科技集团有限公司第五研究院李劲东获得全国创新争先奖状。推荐的中国运载火箭技术研究院长征五号运载火箭总设计师李东获得2020年全国十大“最美科技工作者”称号。

党建强会 研究会党委始终坚持履行从严治党主体责任和党委书记“第一责任人”职责，围绕高科技产业化发展大局，从严从实抓好党组织建设，解决党建工作中的重点、难点问题，打造战斗堡垒，将党委的政治、思想引领作用融入研究会日常工作。

2月5日，研究会党委及理事会向下属机构及全体会员发出《关于坚定信心、同舟共济、科学防治、精准施策坚决打赢疫情防控阻击战的通知》，动员研究会全体员工开展防疫工作，整合多方资源、组织下属机构及会员单位捐赠口罩、防护服、测温枪、医用酒精、消毒机等医疗防护物资。研究会国际交流合作中心协调会员单位上海金汇通用航空股份有限公司利用应急救援直升机向湖北省武汉市中心紧急运送医疗物资；同时组织专家向地方医院推荐新型快速检测病毒技术，联合研究机构向上海市商务委员会提交《关于立即开展新冠病毒疫情对上海市外资工作风险评估及对策研究工作的建议》。

2月21日，研究会党委、理事会向成员发出“奉献爱心、捐助抗疫”的号召，募集捐款32.07万元。3月4日，研究会领导到北京医院进行慰问和交流，并向北京医院援鄂抗疫一线医护工作者捐款。北京医院党委书记汪耀、副书记李赵城、副院长许峰、总会计师黄贵平及相关科、处、室领导出席活动。研究会积极参与抗疫工作专报，得到中国科协认可，在中国科协网站及微信公众号相关专栏中均有转载报道。

研究会党委组织参观香山革命纪念馆，开展以“弘扬科学家精神，强化使命担当”为主题的党日活动。组织下属机构党员参加《科技社团党委关于开展建党99周年“七一系列活动”》等文件的网上学习活动。

研究会科普教育中心作为试点开展创建星级党支部工作，将党的政治引领工作向基层延伸。研究会积极承接中国科协科技社团党委关于开展“庆祝建党100周年”征文、影像作品及节目征集活动。

会员服务 1月5日，由研究会、中国交响乐团、中国青年网主办，研究会国际交流合作中心承办的献给共和国的科学家们——2020年新春音乐会在北京举办。中国科学院院士、中国工程院院士、科技工作者和各界知名人士等600余人出席，活动受到院士、科学家们的一致好评。

【第三届中国高科技产业化高峰会议】 11月7—10日，第三届中国高科技产业化高峰会议在广东省广州市举办，400余人参加会议。会议围绕“双循环格局下的高科技产业化之路”主题，邀请中国科学院院士徐冠华、刘忠范及中国工程院院士邬贺铨、陈鲸4位院士分别作主题报告。同时邀请科技部火炬高技术产业开发中心副主任李有平解读国务院7号文件，中国科学院科技战略咨询研究院中国高新区研究中心主任刘会武发布广州高新技术产业开发区高质量发展指数（2020）。另外，主论坛上发布5项2020年度“高科技产业化推荐项目”，分别是基于龙勃透镜的相控阵卫星通讯终端设备、新型冠状病毒核酸检测试剂、新型冠状病毒肺炎分层管理检测系统、面向轨道交通行业的高效激光清洗技术应用与产业化、AI+3D多维数字化自动建模技术的应用与实践。

会议期间举办8场平行分论坛，涵盖人工智能、5G时代智能制造、海洋资源开发与利用、新能源产业化技术、产业园科技金融融合服务、航天育种、信创产业技术、商业航天等领域。以“中小企业能办大事”为主题的对话会议邀请来自商业航天、新材料、智能机器人、大数据、电子信息安全、高端装备制造等不同行业的7位企业代表对话，就企业发展的成功经验、中小企业科技创新的难题与破解、家族传承与职业经理人等热点话题进行经验交流和思维碰撞。同时，本届对话新增项目路演推介活动，进一步推进会议成果落地。

会议期间举办闭门会议，广东省委常委、统战部部长黄宁生，广东省科技厅副厅长杨军，广州市黄埔区区长、广州高新技术产业开发区管理委员会常务副主任陈勇出席会议。研究会邀请10位领导、企业代表就粤港澳大湾区国际科技发展、人才培养、技术转移、成果转化、产业链安全、科技金融融合等新时代高科技产业化道路进行交流。

会议在中央电视台《朝闻天下》、央视财经频道、《广东新闻联播》、央视新闻客户端、《广州日报》等媒体上进行报道。

（撰稿人：凌　芸）

中国基本建设优化研究会

学会建设 研究会将内部治理制度建设与学会领导机构改革相结合，在加强理事会队伍建设的同时，依托秘书处建强建好四大平台。一是建强国家智库平台。为各级政府出谋划策，为区域经济发展提供咨询、规划、设计、产业调整服务。二是打造政商学研服务平台。发挥桥梁和纽带作用，促进政商学研对接，打造全领域、全产业链式的政商学研综合服务平台。三是搭建金融运作服务平台。为企业提供信贷、基金、证券、保险等多方位现代金融创新服务，实现金融工作委员会（三农金融创新中心）和芦笋产业引导基金的“双突破”，增强学会的“造血”功能。四是做实科技文创服务平台。充分整合科技文化智力资源，促进科技文化创意产业发展，在四川省乐山市主导建成全国第一家中国根书艺术馆。

国内主要学术会议 研究会举办大型商业改造技术研讨会、第20届中国·安平国际丝网博览会、旧房改造技术研讨会、组合钢结构课题研讨会、城市规划建设研讨会、检测鉴定行业发展研讨会等会议。

5月13日，在江苏省南京市举办大型商业改造技术研讨会，对大型商业建筑改造技术的应用进行研讨，20人参会。7月15日，在江苏省苏州市举办旧房改造技术研讨会，对老旧多层厂房改造再利用技术应用进行研讨，25人参会。8月20日，在江苏省南京市举办组合钢结构课题研讨会，10人参会。12月10日，在江苏省徐州市举办检测鉴定行业发展研讨会，主要对工程检测鉴定行业发展动态进行研讨，30人参会。

党建强会 研究会党委组织学习落实党的十九大精神和十九届五中全会精神，把学习和工作结合起来。一是践行“两学一做”。组织学习党的十九届五中全会精神，使各项业务工作坚持正确的政治方向；以激励党员践行“两学一做”为目的，给支部党员上微党课；坚持“三会一课”制度，推进“两学一做”学习教育常态化制度化。二是加强思想政治建设。突出政治建设在党的建设中的重要地位，教育党员严格遵守政治纪律和政治规矩，在政治立场、政治方向、政治原则、政治道路上同党中央保持高度一致，带头践行“两个维护”。三是履行党委主体责任。党委积极宣传贯彻执行党的路线、方针、政策，组织开展“党建强会”特色活动和课题研究，围绕业务抓党建，以党建促业务，推动学会各项工作健康发展。

会员服务 2020年研究会个人会员2733名，比2019年增加23人；单位会员94家，比2019年增加3家。依据学会章程和《中国基本建设优化研究会分支机构管理细则（试行）》等相关要求管理会员。会员及分支机构的日常管理由副秘书长分管，日常联络工作由会员管理处负责。研究会专门设置会员管理部，通过研究会官网、微信公众平台、会员服务群等手段和形式对会员进行直接有效的管理与高效服务。

【第20届中国·安平国际丝网博览会】 10月22日，第20届中国·安平国际丝网博览会在河北省衡水市安平县召开。博览会采取“线下＋线上”相结合的方式进行，吸引来自全国各地的300余家参展商参展。

博览会展区面积约4万平方米，由疫情防控消毒检验区、突发事件应急处置区、临时隔离区、特装展区、升级标准展区、机械展区、商务洽谈区、新闻发布区、专业就餐区、废弃垃圾处置区、会议室构成，同时还打造线上“互动、对接区”“云展示、洽谈区”。博览会期间，举办纪念丝网博览会20周年座谈会、四新产品发布会、云供采对接会、稳外贸法律护航专场等系列活动，并同步召开“招商之冬”专项推进会。

会议期间，研究会与安平县人民政府签署合作协议，研究会将为安平县蔬菜进北京、特色产业优化、县域经济的发展提供支持和帮助，为推动京津冀一体化发展发挥作用。

（撰稿人：张　芹）

中国科技馆发展基金会

服务创新型国家和社会建设 基金会2020年在全国25个省（自治区、直辖市）和新疆生产建设兵团新建258所农村中学科技馆，直接服务公众222.8万人次以上。截至2020年年底，全国累计建成1112所农村中学科技馆，河北省、内蒙古自治区、吉林省、江西省、湖北省、宁夏回族自治区、西藏自治区、贵州省、广西壮族自治区、重庆市实现集中连片贫困县全覆盖。累计培训科技教师超过2440人次，直接服务公众达967万人次。

基金会为“中国科协求是杰出青年奖”的评审表彰奖励提供资金支持，推动国家创新驱动发展战略实施，促进科技人才队伍建设，为创新型国家建设提供有力支撑。

2020年基金会共收到社会企事业单位捐赠资金2683.4万余元以及价值699.2万元的实物捐赠。

1月30日，基金会面向社会公众发起“坚定信心，同舟共济，‘疫’期加油”公共募捐倡议，号召社会公众为疫区捐赠款项和救灾物资。活动结束时，累计接收爱心人士捐赠款合计105595.4元；接收口罩7笔共计2.3万只，连同基金会利用自有资金8万元采购的2万只口罩全部发往湖北省疫区和浙江省、河南省、湖南省、安徽省科技馆等地一线科普工作者及医护人员手中。募捐所得捐款分别捐赠湖北省黄冈市黄梅县人民医院和湖北省黄冈市英山县人民医院。

基金会动员爱心企业为科普场馆疫情防控复工复产提供支援。3月9—11日，收到上海智慧圆科普教育设备有限公司和浙江天煌科技实业有限公司捐赠的无菌口罩12500只，立即组织捐赠给河北省科技馆等24家地方科技馆，用于支持科普场馆一线员工复工防护。

9月7—9日，基金会秘书处在腾讯公益平台"99公益日"期间组织开展农村中学科技馆公益项目公开募捐活动，社会各界爱心人士共计938人次参与捐助，为项目筹集善款10549.12元。

11月2—8日，由基金会和宁夏回族自治区科协主办的2020年宁夏农村中学科技馆骨干科技辅导员培训班在宁夏回族自治区银川市举办。来自宁夏回族自治区88所农村中学科技馆的分管校长和科技辅导员170余人参加。培训通过"区内培训＋区外考察"的形式开展主旨报告、培训讲座、动手工坊、实操演练、交流考察等活动。西藏自治区、云南省、广西壮族自治区先后通过各种渠道开展农村中学科技馆教师培训。全年共有1023名基层科技教师参加培训。

学会建设　3月15日，基金会向中国科协申请换届并成立3人换届领导小组。完成《中国科技馆发展基金会章程修订草案及修订说明》《中国科技馆发展基金会第五届理事会工作报告》《中国科技馆发展基金会第五届理事会财务报告》等换届文件的编写工作。其中，《中国科技馆发展基金会章程修订草案及修订说明》于12月21日经民政部预审通过。

基金会被评为"2020年度全国学会科普工作优秀单位"，获中国科协"优秀抗疫学会"奖牌，优秀事迹被收录《凝心聚力　科学协同——全国学会战疫事迹选编》。

科普活动　截至2020年年底，基金会科技志愿者总队人数已达395人，志愿者总队共举办科技志愿服务活动12场，参与科技志愿服务活动449人次，志愿服务时长12640小时。疫情期间开展8期"服务在线上，温暖沁心田"抗疫在行动，参与"99公益日"农村中学科技馆项目公开募捐等活动，提供科普志愿服务。

1月30日，基金会面向科技志愿者服务总队发布"逆行最美，防控有我"活动倡议，联合广大科技志愿者开展疫情防控应急志愿服务工作，推出"展品辅导微课""科普防疫微课""礼赞科学家精神""基于中学生物学科视角的防疫绘本"等内容。

2月6日，基金会秘书处开启"我分享　你快乐"公益科普行线上特别活动，旨在给公众特别是偏远山区和革命老区的乡村青少年和居民一个"疫"期发声的平台。通过广泛征集作品倡导健康生活方式、传播科学防疫知识，共收到561件作品，其中优秀作品94件，在基金会官网上予以推广分享。

11月9日，"我分享　你快乐"公益科普行活动启动仪式在宁夏回族自治区石嘴山市平罗县举办。来自基金会、宁夏科技馆、平罗县科教系统的相关师生及平罗县新时代文明中心（所、站）代表300余人参与活动。活动主题为"助力文明实践建设　携手共筑科普联盟"。基金会为平罗县新时代文明实践中心（所、站）青少年科普活动室捐赠科普类图书2750册、科普资源165套，助力新时代文明实践中心（所、站）建设。

基金会向全国农村中学科技馆已建校发布《闭馆不停工，抗疫在行动——关于报送农村中学科技馆科普抗疫情况的通知》，百余所农村中学科技馆利用基金会网络积分系统实时上报疫期活动资讯886篇，为乡村疫情防控阻击传递科学的声音、筑牢生命安全的防线。

表彰举荐优秀科技工作者　基金会开展2020年度科技馆发展奖评选工作。依照《中国科技馆发展基金会科技馆发展奖奖励办法》的相关规定，按照公开公平公正的原则，经专家评审委员会和基金会理事会审议，通过《中国科技馆发展基金会2020年度科技馆发展奖评审决议》。最终评选出2020年度科技馆发展奖"创意奖"10项、"贡献奖"3名、"创意奖"提名奖10项。

12月，基金会推荐的河南省周口市淮阳区农村中学科技馆辅导教师刘华东入选"典赞·2020科普中国"十大年度基层科普人物。

党建强会　根据《民政部关于督促指导全国性社会组织在章程中增加党建有关内容的函》的精神，基金会将"本会坚持中国共产党的全面领导，根据中国共产党章程的规定，设立中国共产党的组织，开展党的活动，为党组织的活动提供必要条件"等内容写入章程，强化全面政治引领。基金会理事长作为功能型党委书记，带领全体参会理事结合党建和业务领域开展学习研讨。

基金会通过参观、调研、党课、读书会等多种方式开展主题党日活动。7月，组织支部参观“东方红一号发射成功50周年科学家精神展”。8月，组织党员赴香山革命纪念馆参观学习。10月，组织党员赴中国人民革命军事博物馆参观“铭记伟大胜利　捍卫和平正义——纪念中国人民志愿军抗美援朝出国作战70周年主题展览”。12月，组织“加强学习　提高素养”主题读书会。

基金会全年组织召开党员大会12次、支委会13次、党小组会25次、党课2次、专题组织生活会1次。

【农村中学科技馆场馆建设】 4月，基金会将在宁夏回族自治区自建的59所农村中学科技馆纳入项目平台统一管理。6月，完成上海智慧圆科普教育设备有限公司捐赠的30套农村中学科技馆展品出厂验收，并由基金会自行采购4套展品，合计34套设备配发至全国17个省（自治区、直辖市）。12月，由中国科学技术馆出资建设的164所农村中学科技馆在各地落成。同期，联合社会力量，协同公益组织——北京世纪慈善基金会在贵州省铜仁市思南万里高级中学建成一所农村中学科技馆。

为推进展品不断优化升级，在广泛调研基础上替换4件易损易坏、危险性高和演示效果不明显的展品，新增“跳舞的回形针”“人体发声”“斐波那契数列”和“虚拟世界”。在农村中学科技馆配套设备中，将往年配发的错觉画变更为科学家人像挂图，展示历年国家最高科学技术奖获得者人物事迹，弘扬科学家精神。推进展品设备标准化。改进展品制作工艺，实现电气和互动部件插板化，降低展品维修难度，减少企业现场维修频次。

实施农村中学科技馆项目信息化管理，发挥科普阵地作用。根据学校每月上报的参观数据、展品运行情况和开展的相关活动资讯进行综合积分，按照积分排名情况对项目学校进行全国级和地区级表扬。正式上线农村中学科技馆展品信息平台，在维修系统保障下，实现展品信息化、展品检修、厂家评价等全过程闭环管理。

【农村中学科技馆项目发展蓝图】 2020年，基金会启动农村中学科技馆项目“十三五”总结和“十四五”规划。申请课题立项，制定《农村中学科技馆“十四五”发展规划编制工作方案》，成立专家组和“基金会－地方科协－学校”共同组成的工作组，完成线上问卷调查及访谈工作。课题共形成2份访谈和案例报告、1份发展研究报告和《中国特色现代科技馆体系“十四五”农村中学科技馆专项发展规划纲要》，为《全民科学素质行动计划纲要（2021—2025—2035）》《中国特色现代科技馆体系“十四五”发展规划》等顶层规划提供前期的基础研究。

基金会启动创新展览资源开发工作，推动项目供给侧结构性改革，助力中国特色现代科技馆体系创新升级。探索形成一个主题多样化、组合模块化、配置菜单化、展品便携化的科普资源库。针对每一件科普展品，基于展教融合的形式，采取“1+1+N”的资源开发模式，即1件科普展品+1套数字资源+N个科普活动。从基础科学、实践应用、创新拓展三个维度设计9个固定主题和3个自选主题模块。展品结构从原有的台式箱体向展品小型化转变，呈现桌面级箱体结构，满足模块资源流动化的要求。

基金会实施展品课程资源开发项目。设计包括教师指导手册、学生学习手册、动手资源包和教学视频在内的15件经典展品配套课程，并根据其课程设计归纳出一种以“体验—复现—释义—拓展”为特征的探究式展品教育活动开发思路。项目成果将为农村中学科技馆已建校提供成体系、较规范、有支撑的课程资源，最大化实现展品的科普效用。

【2020年“中学科技馆在行动”启动仪式】 9月9日，2020年“中学科技馆在行动”启动仪式在北京举办，来自全国27个省（自治区、直辖市）和新疆生产建设兵团的86所农村中学科技馆师生通过互动直播平台参与活动。中国科协原副主席、基金会顾问齐让，中国科协党组成员、中国科学技术馆馆长、基金会理事长殷皓，基金会秘书长初学基，中国科协科学技术普及部传播处处长张卓等领导出席活动。

截至8月，活动已面向贫困地区、革命老区、民族地区、边疆地区的农村中学科技馆建成校的师生开展16场次32学时的“中学科技馆在行动”教师培训，为科技教师带来科普活动组织、科技创新技法、活动案例解读、芯片技术与编程等主题课程，共有122所学校累计3400人次参与培训。

【第七届全国青年科普创新实验暨作品大赛启动仪式】 11月10日，由中国科协主办，中国科学技术馆、中国科协青少年科技中心承办，三星（中国）投资有限公司独家公益支持，中国青少年发展基金会、中国科技馆发展基金会提供公益合作支持的第七届全国青年科普创新实验暨作品大赛在宁夏回族自治区启动。

中国科协党组成员、中国科学技术馆馆长、基金会理事长殷皓，宁夏回族自治区科协党组书记、主席陈红缨，宁夏回族自治区党委宣传部副部长于小晗，中国三星副总裁张剑，中国青少年科技辅导员协会秘书长林利琴，基金会秘书长初学基，中国青少年发展基金会副秘书长梅峰以及全国29个分赛区科普场馆和组织单位的代表出席启动仪式。第七届大赛赛期定于2020年10月至2021年5月。

【中国公众科学素质促进专项基金】 2月底，基金会秘书处完成《中国科技馆发展基金会公众科学素质促进专项基金实施方案》《中国科技馆发展基金会公众科学素质促进专项基金管理办法》起草，并经第五届理事会第十一次会议审议通过。4月底，与科大讯飞、华为、腾讯、中核、航天科工、华能、美团7家企业完成捐赠协议签署工作；6月底，7家捐赠方首批捐赠款全部到账；12月底，与三峡集团公益基金会完成捐赠协议签署，捐赠款项到账，全年专项基金收到捐赠款823万元。

为规范管理第一支专项基金，基金会秘书处于7月起草《公众科学素质促进专项基金财务管理办法》；10月，完成专项基金管理委员会组建工作并在基金会官网进行公示。

（撰稿人：范家旭）

中国生物多样性保护与绿色发展基金会

服务创新型国家和社会建设 3月16日，国家林业和草原局等四部委对首批国家森林康养基地建设名单进行公示，基金会对森林康养基地建设相关文件中存在的问题提出五点建议，并致函中共中央政治局常委、全国政协领导。函件得到领导批示，并收到国家林业和草原局副局长刘东生的来信。

2020年年初，基金会“绿会融媒”平台推出生态文明主题系列精品栏目《周道生态文明》录播讲座。截至12月31日，共录制75讲，在喜马拉雅、微信公众号、微博等平台播放百万次。发表科学抗疫、野生动物保护相关文章千余条，接受中外媒体采访50余次，制作短视频150余条，播放总数达4000万次，其中关于野生动物保护的短视频点赞量近135万次。

抗疫期间，基金会帮助蜂农转场，获领导批示；成立蜂巢基金，精准帮扶受困群众。致函有关部门并谏言中央推动全面禁食野生动物相关政策出台。

基金会针对穿山甲盗猎、入药进行专项研究，并成立“穿山甲研究中心”，通过开展鳞片成分分析、取代药物研究等配合宣传呼吁，推动穿山甲由原国家二级保护动物升级为国家一级保护动物，以及将穿山甲鳞片移除2020年版《中国药典》。

3月，基金会联合光华设计基金会、世界绿色设计组织等发起“绿丝带”行动，向意大利捐赠口罩、防护服、护目镜等抗疫物资。

5月，基金会编制的《乌兰察布市国家生态文明建设示范市规划》通过专家评审。该规划通过实施国土空间综合规划、扩大生态经济发展规模、深化生态环境整治与保护等措施，将乌兰察布市建设成为具有北方特色的国家级生态文明示范市。

7月，基金会积极研究由国家林业和草原局、农业农村部两部委共同形成的《国家重点保护野生植物名录（征求意见稿）》并广泛征求意见，提出18项修改建议，其中11条被采纳。

9月，基金会良食基金获洛克菲勒基金会“食物体系远见奖”，成为全球10个获奖项目之一。

10月，基金会启动“罗布泊生物多样性调查与监测（2020—2030）”活动的首期科学考察，历时10天行程数千千米，调查发现121个植物群落、近百种野生动物、13种水生动物等，科考成果得到肯定和关注。

11月，基金会就《生态环境损害鉴定评估技术指南》等7项国家环境保护标准征求意见稿所提交的66条修改意见获生态环境部反馈，60条修改意见被有效采纳，采纳率达90.9%。

2020年，基金会团体标准中心先后发布《生物多样性调查与监测标准》《生物多样性评估标准》《生物多样性补偿标准》《生物多样性修复标准》《生物多样性适应规范》《小型鲸目类动物尸检和标本采集标准》《良食准则》《自然摄影伦理规范》8部团体标准，同时参与行业标准《无抗产品认证规范》的编制修订。

2020年，基金会秘书长周晋峰提出生态修复“四原则”和污染治理“三公理”。“四原则”即节约原则、自然原则、有限原则、宏观原则。要求生态修复工程应加强节约自然资源，强调工程按照自然规律进行修复，合理利用有限的自然资源，充分考虑周边环境实际情况，再确定其治理、修复的强度以及标准。“三公理”即不扩散、不为害、充分公示。强调污染治理最重要的是防止扩散，应减少并消除为降低重金属污染而使用化学药剂所造成的影响，要充分告知土地曾发生的污染情况，保护公众知情权。

基金会持续开展水安全项目，改善乡村学校饮水条件，助力脱贫攻坚。截至2020年年底，水安全项目已向江西省、河北省、辽宁省、甘肃省等地的33所学校和2个村庄提供净水设施，进行水安全改造工程。

2020年，基金会共吸纳志愿者12627名，志愿者服务时长达3万小时。通过开展“公民科学家”项目，截至12月31日，基金会为全球生物多样性信息网络上传共享15组337条物种记录。

2020年，基金会新建保护地26个，总量近170个，覆盖西藏、新疆、河南、甘肃等全国30多个省（自治区、直辖市），并从其中遴选出34个优秀保护地项目进行重点扶持和资助。

8月5日，开展绿色产业残疾人帮扶项目，帮助残疾人开展绿色发展领域的创业和再就业，真正实现绿色助困与可持续发展。

11月，基金会发起“文明驿站”项目，旨在推动循环利用与可持续理念，讲述来自民间的生态文明典型故事，先后有8家机构或个人申请加入。

2020年，基金会建立生态专家库，面向整个社会提供生态环境调查、生态环境保护倡导、生态环境咨询和研究、环境公益诉讼法律证言等服务。截至2020年，基金会专家库资源已有300余人。

学会建设 9月和12月，基金会分别召开五届第四次理事会议和第五次理事会议。会议审议通过章程修改，二级机构和专项基金的设立、变更、合并、撤销，“十三五”规划总结，增补副理事长等多个事项。

8月，基金会建立“绿会融媒”矩阵并发布品牌logo。实现品牌旗下50余个宣传平台同步推进，实现视频、直播、图文全领域传播，粉丝超120万。短视频累计发布内容近400条，获赞超750万，累计播放量超4亿次。“绿会融媒”位居2020年上半年中国科协网络宣传评价榜全国学会榜首位。

国际学术会议 2020年，基金会先后主办、承办或参加联合国重要公约及组织的国际学术会议及活动42场，受众人数20万余人次。关注议题包括生态文明建设与研究、可持续饮食、野生物种保护、气候变化、荒漠化防治、可持续发展、环保法治建设等。

6月12日，由基金会协办的第三届绿色建筑与环境管理国际学术会议在线上召开，基金会秘书长周晋峰作主旨演讲《绿色工程，亟需从根本上破解绿色思维缺失症》。

11月18日，由中国科协主办、基金会承办的2020世界公众科学素质促进大会“公众科学素质与生态文明建设”专题论坛在北京举办。论坛以“提升公众科学素质　促进生态文明建设”为主题，采取线上线下方式同步召开，参会人数超过13.7万人次。

国内主要学术会议 2020年，由基金会主办、联合主办或指导并参与的研讨会、论坛等学术活动共50余场。内容涉及环境法律（案件、草案征求意见、社会热点、提案议案）、绿色经济与可持续发展、生物多样性保护等。

5月，基金会在线推进第五届“两会”提/议案建议征集工作，共收集来自全国各地生态环保领域的50余份提案建议，其中有13份获全国人大代表和全国政协委员认可与提交。

5月29日，基金会组织召开《中华人民共和国动物防疫法（修订草案）》线上讨论会，邀请动物保护及防疫、卫生法、环境法等相关领域专家提出建议。经过认真研究、汇总，将14条总体建议和10条具体建议提交至全国人大常委会法制工作委员会，其中多条建议获采纳。

8月26日，由基金会主办的“以关注化学品隐形污染”为主题的“电商平台塑胶玩具化学品安全调查（Ⅱ）——以小黄鸭3C认证及增塑剂问题为例”线上发布会举办。会议发布玩具小黄鸭增塑剂含量调查（第二期）结果，相关专家和业内人士针对增塑剂对环境和人体健康的影响、电商平台监管责任等议题进行探讨。

11月6日，由基金会主持召开的《中华人民共和国野生动物保护法（修订草案）》研讨会在北京举办。会议围绕野生动物保护中的现实困难与问题，邀请相关领域专家学者共同参与讨论，提出对野生动物保护法修订草案的相关建议。经过认真研究、汇总，15条修改建议被提交至全国人大常委会法制工作委员会。

11月27日，基金会举办第二次大气污染精准治理研讨会，分析中国雾霾久治不愈的原因，探讨科学、精准治理的对策，并形成建议报告提交有关部门。

12月12日，基金会健康与生物安全工作组联合国内知名相关企业及专家召开“发展我国疫苗疫病技术，推动生物安全，保障人民健康”专家讨论会。邀请院士及动物病毒学、传染病学、临床医学、经济学及生物多样性等长期从事相关工作的专家学者参加会议，就中国人－畜－禽共患病的防控、提升生物安全的保障能力进行讨论交流并达成共识。会上，基金会发起并成立“健康与生物安全共同体”，共同开展相关涉及健康与生物安全技术的科研、科普、宣传等工作。

12月21日，由基金会与江汉大学生命科学学院联合主办的“动物福祉：食品安全与人类健康的联结”主题研讨会在湖北省武汉市举办，基金会秘书长周晋峰作专题讲座。

国际组织任职 2—12月，基金会秘书长周晋峰分别担任《濒危野生动植物种国际贸易公约》常务委员会闭会期间电子系统和信息技术工作组联络专家及G20青年企业家联盟菁英计划顾问。

国际交往 2月24—28日，全球网络气候友好型旅行智库会议在马耳他卡瓦拉举办。基金会秘书长周晋峰应邀出席会议，与全球学界、业界及政府思想引领者共商气候友好型旅游发展。

2月，由基金会和国际鹤类基金会共同主办的“减少农药与毒饵对迁徙鸟类的影响”国际边会在《保护迁徙野生动物物种公约》第十三次缔约方大会会议期间举办，旨在关注受毒害影响的迁徙鸟类、探讨可行有效的解决方案。

4月18—19日，受联合国环境规划署邀请，基金会秘书长周晋峰围绕环境影响评价的重要作用对联合国环境规划署关于环境维护者政策修订草案提出三点建议。

4月27日，应联合国环境规划署相关部门的邀请，基金会向联合国大会就“此次环境大会如何能对加强自然行动作出重大贡献以实现全球范围的可持续发展目标”提交建议书。

11月4日，经过世界自然保护联盟成员投票表决，由基金会提交的《调整传统医药　实现社会和环境可持续性》等6项提案获得通过。

12月，为推动《区域全面经济伙伴关系协定》（Regional Comprehensive Economic Partnership，RCEP）国家社会组织与学术机构的交流探讨，基金会成立RCEP工作组。首次会议于12月2日在线上举办，日本前首相鸠山由纪夫参加会议并致辞，联合国全球契约组织前高级顾问杜晖贤等参与讨论，线上参会人数超过1万人次。

12月9日，基金会应邀参加终止大流行病联盟会议，基金会秘书长周晋峰首次出席并作演讲。

科普活动 2020年，基金会举办或参与主办科普活动80余场次，包括多项环保公益活动、“生态文明”专题宣讲、外国专家科学讲堂、青少年科普教育活动等。

在2020年世界地球日、国际生物多样性日、世界海洋日等环保节日，组织生物多样性保护和可持续发展理念公益活动，累计受众人数超4亿人次。

2020年，以基金会大学生发展工作委员会与少年儿童工作委员会为依托，先后举办校园科普活动60余场次。其中包括由基金会联合四川省生态文明促进会主办的第四届全国大学生环保知识竞赛，来自全国的1000余家高校团委/社团共同参与协办，180万名大学生报名参加。

2020年，基金会新建4个少年儿童工作委员会基地，截至年底，在全国境内共成立11个少年儿童工作委员会基地，已有2000多名小学生通过少年儿童工作委员会平台参与生态环保活动。

8月26日，基金会生物与科学伦理工作委员会秘书长萨拉·普拉托受邀参加在北京举办的2020年全国科技活动周“外国专家科学讲堂”活动，并作科普知识讲座《海豚的声音世界是什么样》。

9月7—9日，由基金会联合中国少年儿童文化艺术基金会共同主办的“美丽公约引领者，守护地球第三极”公益活动在西藏自治区林芝市启动。20位企业家代表和商界代表携手文化名人、媒体记者、志愿者一起组成百人志愿者团队，在西藏自治区开展为期5天的公益行动和公益研讨。

党建强会 2020年，结合“两学一做”学习教育、“不忘初心、牢记使命”主题教育等活动，基金会党支部组织党员干部学习党的十九大、十九届四中全会精神及习近平总书记系列讲话。

基金会党支部全年共开展学习和主题党日活动近30次，组织全体工作人员学习专题党课，开展理论政策知识测试，组织首届全民战“疫”故事暨微生物科普作品征集活动。

【第十五届国际基因组学大会】 10月25—31日，由基金会与武汉大学等联合主办的第十五届国际基因组学大会在湖北省武汉市召开。来自海内外的20余位院士及百余位基因组学领域的专家学者参加会议，线上参与人数达7万人次。湖北省委常委、武汉市委书记王忠林，武汉市委副书记、市长周先旺等领导出席大会开幕式。会议期间，基金会组织召开“生物多样性与组学研究：生态文明时代的生命科学”分论坛。

【“大江大河大征途”&“美丽长江之歌”公益活动】 11月，为贯彻落实中央“长江大保护”理念、助力《中华人民共和国长江保护法》实施，由基金会与新华网联合主办的“大江大河大征途”&“美丽长江之歌”公益活动启动。活动历时50多天，完成从长江源头至长江入海口的全流域考察，聚焦长江生态环境保护、精准扶贫等领域，沿途通过直播、视频、图文报道等方式传播长江可持续发展理念，参与人数达2亿余人次。

（撰稿人：王晓琼）

中国反邪教协会

服务创新型国家和社会建设 2020年，协会组织发动各地反邪教协会开展以“抵制邪教，崇尚科学，从自身做起”为主题的全国反邪教协会系统防范邪教宣传日（周、月）活动。据统计，全国各地先后开展36万场展览、宣讲、文艺演出、竞赛、理论研讨、监所帮教、心理咨询、教转回访、反邪教宣传资料发放、涉邪违法犯罪线索举报等各类活动，覆盖受众约1亿人次。

组织参与全国反邪教知识竞赛活动，协会系统现有1337个微信公众号、微博和网站报道推广，全国共有1.57亿人次参与活动。

做好“薄荷茶社”网站的运行维护和推广工作，“薄荷茶社”全年发布稿件3105篇，其中原创稿件1669篇，网站点击量22万余次。做好“薄荷茶社”微信公众号运行维护和提质增效工作。推送内容以活动类、反邪故事、科普文化类文章为主，影响力稳步上升。

上线反邪教宣传教育资源库，给基层送去“及时雨”。资源库借助互联网的共建共享特点和优势，汇集展板/挂图、微电影/微视频/微动漫、文学作品、图书4大类625条。协会开发制作大量优秀的反邪教宣传教育资源并免费向协会系统用户开放，既可以满足各地协会对宣传资源的需求，又可以解决各地反邪教协会宣传资源不足等问题。

学会建设 牵头组建全国反邪教专家库，壮大反邪教研究力量，打造反邪教工作智囊团、人才库。加强对理论研究工作内容的引导，注重以课题带动人才培养和研究基地建设，注重在其中发现培养研究骨干。

协会完成新时代高校反邪教工作调研，首次针对高校反邪教工作开展大规模专题调研，首次科学设计完成针对大学生的邪教问题认知情况调查问卷并取得大量宝贵数据，首次动员反邪教协会系统力量将实证研究方式与案例分析、经验总结相结合开展系统研究。

主办期刊 办好《中国反邪教通讯》月刊，每期近6万字，印发3000册。发挥刊物对协会系统的指导、示范和推动作用，开辟“党建强会”专栏。

国际交往 协会加强对国际反邪教理论研究的引进，完成对中国反邪教工作有借鉴参考意义的8部专著和2部影视作品的翻译编审工作。

科普活动 与科普时报社在《科普时报》上合办“理性之光”栏目，全年刊登科普类反邪教相关主题文章，通过“学习强国”“科普中国”等平台进行二次传播，受众人员逾千万人次。

党建强会 协会扎实开展“不忘初心、牢记使命”主题教育，牢牢把握“守初心、担使命，找差距、抓落实”总要求，组织开展集中学习12次，累计开展调研活动20余次，与中国密码学会开展2次联学联建活动。党支部书记围绕学习总体国家安全观上专题党课，邀请专家讲授党史、新中国史、反邪教斗争史，建立“不忘初心、牢记使命”主题教育学习园地，协会党员干部传承红色基因、服务工作大局的意识不断增强。

【新时代高校反邪教工作专项调研】 协会组织全国反邪教协会系统、反邪教理论研究基地、部分高校以实证研究方式共同对全国10个省（自治区、直辖市）62所高校的1.1万余名在校学生（包括研究生、本科生、专科生）进行“高校学生对邪教问题认知与应对情况问卷调查”，对3个省市的百余所高校反邪教工作进行系统总结，深度剖析13所高校涉邪教问题的典型案例，全景多角度呈现当前高校学生对邪教的认知和邪教对高校的渗透情况，从正反两方面总结反邪教的经验和邪教的渗透与危害，从供需角度分析高校反邪教工作的不足和改进方向，并提出工作意见。

（撰稿人：姚　达）

北京市科协

8月6日，北京工程师学会成立大会在北京召开

天津市科协

8月20日，天津市滨海新区“科创中国”试点城市建设启动会暨科技经济融合专家座谈会在天津市召开

河北省科协

5月22日，2020年全国科技工作者日河北主场活动之《礼赞，逆行天使》电视节目在河北广播电视台录制完成

山西省科协

6 月 10 日，山西省服务科技经济融合发展行动省级学会座谈会在山西省太原市召开

内蒙古自治区科协

9 月 19 日，2020 年全国科普日内蒙古主场活动启动仪式在内蒙古自治区呼和浩特市举办

辽宁省科协

11 月 27 日，中共辽宁省科学技术协会科技社团委员会成立大会在辽宁省沈阳市召开

吉林省科协

6月18日，吉林省科技助力乡村振兴专家服务团启动仪式在吉林省长春市举办

黑龙江省科协

12月4日，黑龙江省科学技术协会第八届委员会第五次全体会议在黑龙江省哈尔滨市召开

上海市科协

10月20日，上海市科协第十八届学术年会开幕式暨2020年上海石化科技论坛在上海市举办

江苏省科协

11 月 27 日，2020 第八届江苏省青年科学家年会在江苏省南京市召开

浙江省科协

5 月 25 日，浙江省青年高层次人才协会揭牌仪式在浙江省杭州市举办

安徽省科协

9 月 19 日，2020 年“安徽省最美科技工作者”发布会在安徽省合肥市举行

福建省科协

9月7日，福建省科学技术协会九届四次常委会（扩大）会议在福建省福州市召开

江西省科协

10月16日，2020中国·江西国际虚拟现实产业创新创业大赛总决赛暨颁奖典礼在江西省南昌市举办

山东省科协

11月13日，第三届山东省新旧动能转换国家战略乡村振兴与产业发展论坛在山东省菏泽市举办

河南省科协

9月16日，黄河流域生态保护和高质量发展高层科技论坛在河南省郑州市召开

湖北省科协

10 月 31 日，湖北省高端装备制造产业创新联盟成立大会暨学术报告会在湖北省武汉市召开

湖南省科协

4 月 29 日，湖南省科学技术协会第十届全省委员会第六次会议在湖南省长沙市召开

广东省科协

9 月 23 日，2020 中国创新创业成果交易会在广东省广州市召开

广西壮族自治区科协

5月30日，首届广西青少年科技创新自治区主席奖表彰活动在广西壮族自治区南宁市举办

海南省科协

5月30日，2020年海南省“全国科技工作者日”优秀科技工作者表彰会暨抗疫科技工作者代表座谈会在海南省海口市召开

重庆市科协

11月21日，重庆英才大会·成渝地区双城经济圈暨西部科学城高峰论坛在重庆市举办

四川省科协

7月16日，天府科技云服务启动暨平台上线仪式在四川省成都市举办

贵州省科协

8月17日，2020年贵州省科协双创系列活动启动仪式在贵州省贵阳市举办

云南省科协

12月31日，云南省科学技术协会第九次代表大会在云南省昆明市召开

西藏自治区科协

9月30日，航空航天爱国主义科普活动在拉萨藏域星球天文体验馆举办

陕西省科协

9月29日，“智惠铜川”高端科技创新智库论坛在陕西省铜川市召开

甘肃省科协

5月30日，2020全国科技工作者日系列活动暨首届陇原最美科技工作者颁奖仪式在甘肃省兰州市举办

青海省科协

7月15日，2020青海科技创新论坛在青海省西宁市召开

宁夏回族自治区科协

11 月 21—22 日，宁夏贺兰山东麓葡萄酒产业高质量发展高峰论坛在宁夏回族自治区银川市举办

新疆维吾尔自治区科协

5 月 11 日，2020 年新疆维吾尔自治区科普工作视频会议在乌鲁木齐市召开

新疆生产建设兵团科协

5 月 29 日，2020 年“全国科技工作者日”系列活动之兵团科协、科技局慰问石河子大学科技工作者座谈会在新疆维吾尔自治区石河子市召开

省、自治区、直辖市科协，新疆生产建设兵团科协简况

北京市科学技术协会

服务经济社会发展 面对新冠肺炎疫情，贯彻中央和市委决策部署，发布《北京市科协抗击新型肺炎疫情倡议书》，共开展应急科普、咨询义诊、交流研讨等抗疫活动5200多项，与50余家国（境）外合作机构开展疫情防控互助。中国科协以《在首都战"疫"中科协组织担当作为》为题专刊登载。"首都科学讲堂"防疫知识内容被编入国家有关部门向外方提供的疫情防控手册。在北京组织开展《中华人民共和国传染病防治法》修订工作第三方评估，调研材料报中国科协。

开展"北京科技型头部企业现状与发展研究"等12个年度重点调研课题和"科学精神在新时代的内涵和重要作用研究"等19个科学思想、方法学术类课题研究以及10期决策咨询沙龙。其中，"常态化疫情防控与推进复工复产"决策咨询沙龙活动相关报告在《北京工作》上刊登。调整科技工作者状况调查站点，新增2个站点，科技工作状况调查站点达到56个。其中2个站点被中国科协评为优秀调查站点、4名工作人员获"优秀调查员"称号，市科协站点工作经验由中国科协在全国推广。站点完成人才发展等4次专项调查，填答问卷6000余份，报送站点信息200余篇。

落实中央关于脱贫攻坚的决策部署，组织31家科技社团科技工作者1536人次，开展科技服务活动1016项，累计服务52448人次，涵盖北京低收入村16个，带动1065个低收入农户增收。面向河北省开展科技服务51场次，参与专家166人次，服务企业113家，达成合作项目28项。与市委统战部合作，促成科技小院与科技套餐工程基站合作，16家涉农科技社团、10个远郊区科协与27家科技小院对接28个服务项目。

落实"科创中国"建设部署，助推科技与经济融合发展。制定《创新驱动工程企业创新服务中心建设项目管理办法（试行）》和《创新驱动工程企业创新簇建设项目管理办法（试行）》。推动国家海外人才离岸创新创业基地落地开发区，同期在德国、意大利、比利时、瑞典、美国、法国、古巴、日本的11家科研和科创机构设立北京亦庄离岸创新中心。推荐中关村软件园入选"科创中国"试点城市（园区）。全年新建创新簇58个，开展合作项目126项；院士专家工作站清理规范后保留75家。新成立企业科协65家，企业科协总数达1058家，其中开放型企业科协284家。

依托创新服务中心、企业科协等，开展创新方法大赛、高校科技创新成果推介会等。

服务科技工作者 出台《关于加强新时代科协系统人才工作的意见》，完善人才工作体系。全年表彰奖励科技工作者1399人次，其中女性科技工作者557人次、45岁以下科技工作者927人次。共推荐个人候选人106人次、候选团队或项目7个，其中2人获得第二届全国创新争先奖、1人入选中国科协优秀中外青年交流计划、2人入选青年北京学者计划、3人入选国家百千万人才工程、2人入选市级百千万人才工程、2人获得享受政府特殊津贴奖励。

报送各类政策建议200余篇，研究报告7篇，其中《关于改进新冠肺炎疫情期间"停课不停学"网络教学的建议》《关于在全市推广〈疫情期公共建筑空调通风系统运行管理指南〉的紧急建议》《关于北京疫情防控常态化下开启中央空调的几点建议》《加强基层社区疫情防控能力，构筑牢固人民防线》《关于尽快落实进口和国产冷链食品分库存储的建议》《关于对疏解腾退的畜牧业设施空间再利用的建议》等7篇建议得到蔡奇、陈吉宁等市领导9条批示。团体提案《关于聚焦"二关键"领域创立北京高端制造品牌的提案》获2020年度市政协优秀提案。

实施2021—2023年度"青年人才托举工程"项目，192名人入选，导师包括11位院士，46家学会获得立项，包括部分全国学会。北京青年学术演讲比赛一等奖、北京青年优秀科技论文奖获奖者均可入选。入选者中低于32岁的青年人才占77.6%，博士研究生占79.2%。

推动宣传工作和业务工作良性互动，宣传科技工作者2235人次，其中中央/省级媒体宣传967人次。宣传媒介呈多样化，电视宣传416人次，纸质媒体宣传403人次，网络与新媒体宣传1556人次。在中国科协网络平台宣传评价指标体系中，北京市科协名列省级科协总榜第一。

《科学素质纲要》实施和科普工作 牵头制定《2020年北京市全民科学素质行动工作要点》。《全民科学素质行动专刊》刊发24期、微信公众号推送225条。北京市公民科学素质大赛新注册用户63.34万人，浏览量1200万余人次，传播量1946.07万人次。启动《北京市全民科学素质行动计划纲要（2021—2025—

2035）》编制工作，配合开展第十一次中国公民科学素质抽样调查。2020年北京市公民具备科学素质比例达24.07%，较“十二五”末增加6.51%，居全国首位。

开展疫情防控应急科普工作，编制应急科普工作简报18期，报《中国科协应急科普工作简报》刊登16期。向基层配发科普挂图和折页5万份、制作配发《战“疫”》应急科普特刊10万份，开展“战疫30问”专项答题，覆盖近200万人；网络推送科学防控知识等信息1300余篇。京津冀科学教育馆联盟联合长三角科普场馆联盟、粤港澳大湾区科技馆联盟，围绕“疫情防控与科技场馆开放”主题，在线开展科学教育馆馆长高峰对话会，2万余人次在线观看，100万余人次关注。

推动科普理念和实践双升级，出台《关于推动科普工作高质量发展的指导意见》，推进科普创新实践。北京科学教育馆协会开展“首都科普”主题研学23场，涵盖3大主题、6条路线、10个科教场馆（所），受众2600余人次。第十届北京科学嘉年华突出科学思想方法传播，87家科技场馆参与首都科普联合行动，35家高新技术企业参与“首都科普”科技企业开放日，16个区科协组织开展新时代文明实践基层科普行动，100多家科普机构参加北京科学中心主场活动，网络点击总量6100万余人次。联合中国科学院科学传播局、市教育委员会、市科学技术研究院举办第二届北京科学传播大赛，86人报名参加科技辅导员、科普讲解员竞赛，征集展品20项、动画动漫作品7004件，科学表演44项；13名科技辅导员、25名科普讲解员、10项展品、135项动画动漫作品和30项科学表演获奖。

开展社会化科普行动。联合市委宣传部实施新时代文明实践中心基层科普行动，重点支持10个新时代文明实践中心的科普品牌活动和31个乡镇、社区、乡村科普项目。第二十二届“北京科普之春”活动期间，开展活动200余项，受益群众36万余人次。2020第八届北京国际科技电影展汇集中国、澳大利亚、奥地利、美国等国家的20部科普影片进行网络播放，点播量5.5万次。联合有关单位举办第40届北京青少年科技创新大赛、第20届北京青少年机器人竞赛等赛事。

市、区科协拥有所有权或使用权的科技馆共5个，总建筑面积55700平方米，展厅面积21817平方米，已免费开放的科技馆共5个。科技馆全年接待参观人数50.7万人次。拥有流动科技馆2个，科普活动站（中心、室）1126个，全年参加活动（培训）人数176.0万人次。科普画廊（宣传栏、宣传橱窗）建筑面积1.8万平方米，全年展示面积5.0万平方米。拥有科普大篷车8辆，全年下乡157次，行驶里程2.1万千米，受益人数3.9万人次。

基层科普服务能力增强。全年举办实用技术培训441次，接受培训人数3.1万人次。推广新技术新品种136项。各类科普活动覆盖村（社区）3973个次。北京科普志愿服务总队设分队92支，注册人数近4000人，累计志愿服务时长近10万小时。北京急救医疗培训中心分队负责人陈志被中国科协评为2019年度优秀科技志愿者。科普e站设计印刷垃圾分类专题海报配发至16个区科协17个站点。科普中央厨房各栏目资源的输入量达到21745条，其中文字13619篇、视频6726个、挂图337张、音频692条、试题155组、专家216名。首都医科大学附属北京儿童医院被中国科协评为2020年科普中国共建基地。

学术交流　全年共举办学术会议975场次，参加人数21.3万人次，交流论文2.3万篇，其中国际学术会议52场次，境外专家学者578人次，交流论文报告3488篇。主办科技期刊25种，科技期刊总印数86.4万册，发表论文、文章5732篇。

北京科技交流学术月发挥主平台作用，其间开展学术活动200余场，199位院士参与，交流论文1000余篇，线上线下受益科技工作者1300万余人次。第23届北京科技交流学术月开幕式暨走进未来科学城报告会（能源技术专场）线上点播量280万余次，大幅超过2019年。北京地区广受关注学术成果报告会实现系列化、规范化，遴选130项学术成果，举办21场报告会，在线点击量高达1400万人次。支持市属学会走进科博会、中关村论坛、服贸会、“双创”周等国家和北京大型平台。61家全国优秀学会与市科协建立合作。

开展学风建设资助计划，指导35家高校、9家科研院所申报100个项目（占申报数的23%），其中47个项目立项（占立项数的40%）。克服新冠肺炎疫情影响，组织首都高校、科研院所开设全国科学道德和学风建设宣讲教育报告会视频直播分会场百余个，近万名师生、科技工作者在线收看。向45所首都高校集中配送科学道德和学风建设读物9.8万册。

自身建设　市科协系统深化改革取得显著成绩。活跃学会数量的占比由长期徘徊在33%左右跃升至

80%，学会会员人数增长 76%，企业科协数量增长 61.5%，高校科协数量增长 56%。在中国科协改革工作办公室根据以往三年工作情况发布的《地方科协改革活跃指数榜单》中，北京市科协位居总榜单第一，并在 5 个一级维度分榜单中占据 4 个第一、1 个第五。

科学编制“十四五”规划。组织 10 余场科技工作者、基层工作人员座谈会，完成 8 项专题研究报告，并形成《北京市科学技术协会事业发展“十四五”规划（初稿）》。

省级学会 截至 2020 年年底，全市新增北京神经变性病学会、6 家团体会员，撤销 7 家，共有 216 家。

北京针灸学会主动编写并完成《新冠肺炎中医居家预防保健手册——经络腧穴篇》，于 2 月 28 日由中国中医药出版社正式出版发行，电子版公开免费阅读。由北京医学会神经病学分会主办的第六届国际神经感染免疫暨脑血管病高峰论坛（NIC 论坛）在北京举办，会议共举办 6 个场次的 55 场报告，105 位国内外专家参与授课、主持和讨论，现场听众 150 人，线上听众 8000 人。由北京物联网智能技术应用协会等单位举办的 2020 首届 AIOT 产业融合发展高峰论坛在北京举办，来自相关领域的近 150 家企业负责人参加。北京制冷学会与英国赫尔大学、英国伯明翰大学等单位共同举办中英“一带一路”能源研究和创新合作会议，130 余人参加会议。

区县科协 截至 2020 年年底，全市有区科协 16 个。

顺义区科协联合中关村天合科技成果转化促进中心、北京老科学技术工作者总会组织开展“两聚三精”助力企业创新发展服务活动，北京顺鑫农业股份有限公司、北京牵手果蔬饮品股份有限公司、北京汉飞航空科技有限公司、北京潮白环保科技股份有限公司等企业参与，推动科技创新成果在顺义区落地转化。大兴区科协深化“1+N+X”精准服务青少年科技教育模式，与驻区高校和中小学进行调研对接。门头沟区科协聘请科技公司走进深山区，组织开展 20 场“科普互动进农村”宣传服务活动，受益村民达 1000 余人。

科协基层组织 截至 2020 年年底，企业科协总数 1058 个；新增高校科协 7 个，总数为 28 个；乡镇（街道科协）312个，村（社区）科协259个，农技协23个。

北京理工大学科协主办的 2020 年“天地之美 万物之理”——北京理工大学物理公众科学日拓展线上渠道，设置 3 个板块 6 个栏目。北京交通大学科协主办的“天地交通——人类的交通·交流·交融”系列科普讲座线上举办，并上线中国科协“全国科技工作者日”云平台。

【北京地区广受关注学术成果报告会】 市科协以高品质的学术交流做强北京科技交流学术月，打造北京地区广受关注学术成果报告会，取得一定成效，并得到市委书记蔡奇的批示。

2020 年聚焦突发事件（新冠肺炎疫情）、社会热点（交通运输）和北京的十大高精尖产业，确定预防医学、交通工程、力学、肿瘤学、航空航天科技、控制科学与智能制造、能源与环境、新材料、人工智能、生物医药、新能源汽车、信息技术、集成电路、软件和信息服务 14 个领域，从北京学者近五年（2014—2018 年）发表在国内外期刊上的 70 万篇论文中共遴选出 300 篇（每个领域选出 20 篇论文），在北京大学、北京师范大学、北京经济技术开发区、中国商用飞机集团有限公司等高校、科技园区和央企举办 23 场报告会，135 名学者作报告，在线观看人数突破 1400 万人次。线上网友累计点赞数 752.3 万次，评论数 3234 条。其中“能源技术”专场浏览量累计 300 万余人次，在线实时观看人数 13.8 万人次。报告会得到新华社、《人民日报》、北京电视台等多家媒体的关注与争相报道，其中《人民日报》9 月 28 日发表文章《这样的学术交流平台搭得好》，专门点评市科协的北京地区广受关注学术成果系列报告会。

【科学教育馆馆长高峰对话会】 5 月 18 日，由市科协主办，京津冀科学教育馆联盟、长三角科普场馆联盟、粤港澳大湾区科技馆联盟联合开展的“疫情防控与科技场馆开放”科学教育馆馆长高峰对话会在北京市、上海市、广州市在线同步召开。来自科技场馆、科普基地和相关科技传播领域 2 万余人次在线观看，社会公众超过 100 万人次关注。

此次馆长高峰对话会聚焦“在常态化疫情防控下推进科技场馆开放服务”问题，中国疾病预防控制中心副研究员张宇从国内疫情情况、中国应对疫情的措施、常态化疫情防控的理解以及复工复产人们需要做什么四个方面作专业解读。广东科学中心主任卢金贵从第一时间响应、措施落实落细、筑牢科普防线和加强自身建设四个方面分享经验和做法。上海科技馆馆长王小明用“社会化参与、市场化运作、法制化约束、国际化交流、信息化支撑”的新思路，探寻场馆的核心竞争力，从时代特征中寻找机遇与发展。北京科学中心主任何素兴分享科技馆如何针对公众多样性需求，联合科技工作者发挥科普资源优势，做好应急科普资源储备，建立具有权威性、专业性的应急科普平台的实践经验。专题报告后，科技馆馆长与疾病预防控制中心专家针对疫情防控和场馆开放的问题展开讨论，并回答观众及网友关心的问题。

【北京工程师学会成立暨第一次会员大会】 8月6日，北京工程师学会成立暨第一次会员大会在北京召开。北京市副市长隋振江，中国科协党组成员、书记处书记吕昭平出席并讲话。清华大学原校长、市科协名誉主席顾秉林，中国工程院院士、市科协主席刘德培，世界工程组织联合会主席、中国科协荣誉委员龚克，市科协党组书记马林及单位会员的代表和个人会员270多人通过线上或线下方式参加会议。市科协常务副主席司马红主持大会。

会议审议通过《北京工程师学会章程（草案）》等文件，选举产生北京工程师学会第一届理事会领导机构。中国工程院院士、清华大学教授贺克斌当选为学会理事长。

【国家海外人才离岸创新创业基地揭牌仪式】 9月25日，国家海外人才离岸创新创业基地揭牌仪式在北京经济技术开发区举办，与北京科技交流学术月——首都海智“创新链接”年度会议同期举办。中国科协党组成员、书记处书记宋军发来视频祝贺并发表讲话。来自首都科技社团代表，海内外科学家、工程师、企业家代表近300人参加活动，近170万名观众网络同步收看。

【北京市科协系统深化改革三周年工作会】 10月22日，北京市科协系统深化改革三周年工作会在北京召开，来自市学会、区科协、基层组织等120余人参加会议。会议总结市科协改革三年来的成效和经验，在市委的正确领导和中国科协的直接指导下，基本实现《科协系统深化改革实施方案》预期改革目标。朝阳区科协、北京工程师学会、北京超声医学学会、中国移动通信集团公司科协、北京老科学技术工作者总会等5家基层单位代表进行发言。

（撰稿人：董小玲）

天津市科学技术协会

服务经济社会发展 在全国率先启动应急防疫科普预案，动员市、区两级科协党员干部267人下沉一线，投身疫情防控工作。广大科技工作者建言献策170余篇。152个科技社团、69位科普大使、3100名基层“N长”、9.6万名科技志愿者、4.8万名社区（村）网格员、16万名科普信息员全力投身疫情防控，助力“双战双赢”。举办天津市科技工作者抗疫风采展，14位市领导带队参观展览，累计接待313个团队、超过10万人次。

推动“科创中国”试点城市建设纳入市委、市政府总体工作布局，制定出台《天津市实施中国科协服务科技经济融和发展行动方案》和《滨海新区建设“科创中国”试点城市实施方案》，推动滨海新区、东丽区、北辰区、武清区4区建设市级试点区。

将推进全域科普、“科创中国”试点城市建设两项工作纳入《中共天津市委关于制定国民经济和社会发展第十四个五年规划和二〇三五年远景目标的建议》，作为“十四五”期间天津经济社会发展重点任务。

成立天津市服务科技经济融合发展联合体、天津市产业服务类企业联合科协。依托学会工作站、院士专家工作站、平台企业，建立15个新型联合体。围绕产业链、人才链、创新链分别建成6个产业发展创新联盟、5个人才创新联盟和57个产业技术创新联盟。

匹配“科创中国”服务团成立103支科技服务队深入一线服务。建成“科创中国”创新资源共享平台天津滨海分中心，8万多项科技成果、2700余家企业上线。加强天津市（滨海）海外人才离岸创新创业基地建设，出台涵盖26项内容的支持措施。服务“海河英才”创业大赛、举办第六届中欧生命科学论坛，吸引超过20个项目落地，投资额超过2亿元。

建成天津数字经济研究中心，中国科协党组书记、常务副主席、书记处第一书记怀进鹏亲自为中心揭牌，并出席数字经济高端智库论坛作主旨演讲。依托天津数字经济研究中心，申报中国科协调研课题13项，发布《中国数字经济发展研究报告2020》。

协调中国科协组织全国学会深入天津力神电池股份有限公司、盛实百草药业有限公司等企业开展57项实地对接。支持市石油学会举办2020年全国炼化企业创新发展论坛，邀请15位行业顶级专家为渤海油田高质量发展开展前沿科技咨询服务。承办中国科协、科技部，市政府联合主办的2020年全国创新方法大赛总决赛，网上浏览量超过1123万人次。

实施“千名专家进基层”科技志愿服务行动，组织28个学会的百余名专家、千名志愿者开展集体产业技术指导、农技培训、农业科普等工作。组织各市级学会、高校科协，开展55场文化科技卫生“三下乡”活动。

服务科技工作者 开展全国科技工作者日系列活动，邀请中国工程院院士张伯礼、李兰娟等作抗疫专题报告，市、区科协面对面慰问300余个基层单位、2000余位一线科技工作者。组织“最美科技工作者”学习宣传活动，20名科技工作者被评为2020年天津市“最美科技工作者”。

深入落实“海河英才行动计划”，开展天津市杰出人才培养计划，实施天津青年科技奖、天津市青年人才托举工程、天津市“科技咨询专家”青年项目，为36名杰出人才培养计划入选者、38名青年人才托举工程入选者拨付培养经费。

组织国家级科技人才奖项推荐工作，5人获第二届全国创新争先奖，3人获第十六届中国青年科技奖，11人入选第五届中国科协青年人才托举工程。

开展天津市科学传播职称评审，42人获得科学传播中、高级职称。成立全国首家民营企业职称社会化专业化评审机构，面向非公经济组织中的工程技术人才开展高级职称评审，91人获得相应职称资格。

研究制定《关于进一步关心关爱医护科技工作者的若干措施》，明确11项关心关爱务实举措。出台《关于科技工作者之家服务体系的指导意见（试行）》，建设覆盖全市四级科技工作者之家服务体系，全市建成示范点49个。管好用好天津科技工作者之家，累计服务接待院士专家1961人次，服务科技工作者7727人次，服务各类学术活动111场。

《科学素质纲要》实施和科普工作 12月23—24日，中国科协、天津市委在天津市共同举办全域科普工作和基层科协组织建设现场会。

落实36个市纲要办成员单位责任，大力开展青少年科学素质提升、科技志愿服务行动等11个专项行动。新冠肺炎疫情防控期间，联合各领域协同发力开展应急防疫科普，服务覆盖超过5700万人次。

在全市246个街道（乡、镇）全部成立科协组织，1728个社区、3538个村全部成立科普组织，科普阵地全面进入5145个社区（村）党群服务中心，明确4.8万名社区（村）网格员承担科普工作责任，推动科普服务融入百姓生活。

用好“科技大讲堂”“我们爱科学”“院士来上课”“科学流言终结榜”“健康大讲堂”“生活科普一分钟”“创新天津大家谈”“健康天津”8个市级科普传播品牌和“生活黑科技”“百医百顺”等10档电视科普节目。2月29日，由市科协主办，天津科技馆、天津广播电视台科教频道承办的“天津科技大讲堂”策划推出一期“战疫情”特别节目，在天津广播电视台科教频道、津云网络平台、中国青少年科技辅导员协会科技学堂平台进行直播。

动员全市4000多家市属社会组织面向群众广泛开展行业科普，全年服务上百万人次。成功举办第34届科技周、全国科普日活动，带动基层开展科普活动2860场。

学术交流 搭建多学科、多层次学术交流平台，累计开展中国科学院、中国工程院院士学术活动37次、重点学术交流活动78次、高校科协交流活动6次，邀请百余位院士作学术报告，带动超过100万人次科技工作者积极参与。

11月19日，中国科协国际联络部、全欧华人专业协会联合会、市科协、中欧生命科学联盟、中国科协生命科学学会联合体共同主办第六届中欧生命科学论坛，来自中国和欧洲的近百位生命科学领域的专家学者和企业家围绕新冠肺炎疫情防治技术与生命科学进展展开交流研讨。论坛包括主论坛、分论坛和项目路演等活动，中欧双方在前期各汇集20个生命科学领域项目的基础上，组织可穿戴设备、抗菌肽机器人等10个优质项目进行线上路演和合作洽谈。

自身建设 5月19日，中共天津市委办公厅印发《关于加强新时代科协工作的实施意见》。

健全完善市科协专业委员会设置，由12个精简为9个。完成科协事业单位改革，整合四个所属事业单位为天津科技馆，加挂天津青少年科技中心牌子。

实施“党建强会计划”，开展学会党建工作标准化考评，创建学会“微党校”，为8个学会建成联合学会党建阵地。开展“小金库”问题专项治理，排查廉政风险点132个，提出防控措施169条。

落实《天津市科协市级学会组织通则》，成立天津市青年科技工作者协会、高校天津市校友会科技经济融合研究会、天津市工程师学会、天津市解剖学学会4家市级学会，直接联系服务科技工作者会员超2万名。指导20个学会推进换届与法人变更，开展两轮学会经营性收费清查工作，推进9个行业协会与市科协脱钩，完成6个市级学会的注销撤销工作。

省级学会 截至2020年年底，全市共有市级学会152个。

新冠肺炎疫情发生后，152个市级学会发出倡议或致信慰问抗疫一线科技工作者，23个医学领域市级学会帮助卫健系统动员医疗科技工作者驰援一线，80余个市级学会联系专家通过新媒体、融媒体，普及防疫知识，传播防控方法，稳定公众情绪，累计传播全域防疫科普知识3000万余条。市健康教育协会、市心理学会等60多个学会助力疫情防控大局，组织专家学者推出科普作品181种。市医学会与天津广播电视台合作，组织专家讲解疫情防控专业知识，其中天津市泰达医院教授任新生讲解的“无症状传播”4天点击量突破1000万人次。9月8日，全国抗击新冠肺炎疫情表彰大会在北京举办。中国工程院院士、天津中医药大学校长、市中西医结合学会理事长张伯礼被授予“人民英雄”国家荣誉称号，市级学会的12位医护科技工作者获评全国抗击新冠肺炎疫情先进个人。

市心脏学会举办第十届渤海－天津心脏学术会议，中国工程院院士韩雅玲等来自全国近百位心血管专业的专家学者进行研讨交流，会议在线观看量达9.5万人次。

市机器人学会、市机器人产业协会、市机器人与智能制造产业技术创新战略联盟和南京理工大学北方研究院联合主办第三届天津机器人大会，来自机器人产业及学术界的150余位专家学者参加会议。

区县科协 截至2020年年底，全市16个区科协全部实现机构独立、编制独立、党组独立、办公独立。

滨海新区科协制定《滨海新区新冠肺炎防疫科普宣传工作方案》，组织动员科普信息员累计转发应急防疫科普信息80万条次，累计阅读量超过455万次。北辰区科协在全国首创“科普星期六”特色品牌，全年开展各类科普活动2860余场，中国科协以“‘科普星期六’唱响天津市北辰大地科技志愿服务主旋律”为题进行宣传。和平区科协聚焦青少年科普教育，推进校园物联网创客中心、校园科技中心建设，推动21中学、耀华小学、实验小学校园科技中心建成使用。南开区科协推进基层科协组织力“N+1”试点工作，积极吸纳各街道党政领导干部、“三长”等优秀科技人才，在12个街道、165个社区建立科协组织。东丽区科协组建全市首个青少年科技教育联盟，吸纳联盟校19所，涵盖机器人编程、人工智能、无人机等8个主题，研发教材29种。蓟州区科协与东方伊甸园小镇项目开展科普基地共建，打造伊甸园植物园科普教育园区。

科协基层组织 截至2020年年底，全市19所高校、32家市管企业、41个市级及以上园区、246个街道（乡镇）、5266个社区（村）实现科协组织全覆盖。新成立天津财经大学科协、天津城建大学科协2个高校科协和天津医药集团有限公司科协、天津市产业服务类企业联合科协、天津市新天钢钢铁集团有限公司科协3个企业科协。

出台《天津市企业事业单位科学技术协会组织通则》《天津市高等学校科学技术协会组织通则》《天津市街道（乡镇）科协组织建设通则》3个科协基层组织建规范性文件。

新冠肺炎疫情防控期间，天津渤海化工集团有限责任公司科协、天津大沽化工股份有限公司科协、天津市海杰金属制品制造有限公司科协等4家企业科协先后组织向抗疫一线捐赠大量84消毒液、75%酒精等防疫物资。滨海高新区科协组织5家社会组织、5个科普基地共50名战“疫”应急宣传员参与防疫工作，先后转载刊发各类防疫信息500余篇，总阅读量超过15万人次。

【滨海新区“科创中国”试点城市建设启动会暨科技经济融合专家座谈会】 8月20日，滨海新区“科创中国”试点城市建设启动会暨科技经济融合专家座谈会在滨海商务文化中心举办，中国科协党组成员、书记处书记束为，天津市委常委、滨海新区区委书记连茂君出席会议并讲话。中国工程院院士、中国机械工程学会副理事长陈学东代表“科创中国”天津（滨海）服务团接受团旗并作报告。11个全国学会和中国电子信息产业集团40余位专家，市科协、市科技局、市工信局、市商务局和滨海新区各园区有关部门负责同志参加会议。会上，签订中国机械工程学会与天津滨海高新区联合推动智能制造产业发展，中国可再生能源学会、中国造船工程学会与天津力神电池公司发起建立新能源船舶产业联盟，中国金属学会在新天钢集团建立科技服务站等7项产学研用合作协议。

【2020年中国创新方法大赛总决赛和电视擂台赛】 12月8日，2020年中国创新方法大赛电视擂台赛在天津梅地亚大剧院举办。中国科协党组成员、书记处书记宋军，天津市政协党组成员、副主席李绍洪

出席并致辞。中国科协企业自主创新专门委员会副主任、中华全国总工会原副主席许振超，中国科学院院士、南开大学教授葛墨林，中国科学院院士、国家自然科学基金委员会原副主任刘丛强，天津大学党委委员、副校长元英进出席并为总决赛金、银、铜奖获奖团队颁奖。中国科协企业办公室副主任、企创中心主任苏小军，天津市科协党组书记、常务副主席陆为民等相关委办局领导同志分别为一、二、三等奖获奖团队颁奖。

【第11届全国青少年科学影像节暨2020年天津市全国科普日活动】 9月20日，由市科协、市委宣传部、市教委、市科技局等11家单位联合举办的第11届全国青少年科学影像节暨2020年天津市全国科普日主场活动启动仪式在天津大剧院举办。中国科协党组成员、中国科技馆馆长殷皓，天津市委常委、市委教育工委书记于立军，市人大常委会副主任李虹，副市长王卫东，市政协副主席李绍洪，共同启动第11届全国青少年科学影像节暨2020年天津市全国科普日主场活动。

全国科普日期间，全市各部门、单位，各区，各学术团体、社会组织集中开展科普阅读、社区、农村、校园、企业、学会、爱国卫生和文明健康、公共安全、节水、科研团队、科普阵地等11个科普联合行动，带动基层单位开展科技展览展示、互动体验、咨询服务、科技讲座、科普设施开放等丰富多彩的活动近2000项。

【天津市第34届科技周】 8月23—29日，主题为“科技战疫　科普为民　创新强市”的天津市第34届科技周活动开幕。全市各区、各系统紧紧围绕“科技战疫、科技创新、全域科普”的主题，开展三大系列重点科普活动300余项，其中市级重点活动20项，带动基层科普活动2000余项。

【天津市成立全国首家民营企业职称社会化专业化评审机构】 经市人力资源和社会保障局核准备案，市科协负责组建的天津市民营企业工程技术系列高级职称评审委员会正式成立，这是全国第一家民营企业职称社会化专业化评审机构。该机构先后组织3次定向评审和1次常规年度评审，共有来自云账户技术（天津）有限公司、中逸安科生物技术股份有限公司等49家民营企业的140余位工程技术人员获得相应专业职称资格。

（撰稿人：潘玉伟）

河北省科学技术协会

服务经济社会发展　推进京津冀科协科技成果转化平台建设。在保定市举办科技成果转化推介会，围绕京津冀生命健康产业促进保定市经济转型升级和高质量发展进行成果推介，组织有关方面开展推介、对接活动，为保定市生物医药健康产业提供精准科技服务。河北清华发展研究院、河北大学等单位进行科技成果发布，保定市进行生物医药健康产业科技需求征集。

开展首都科技工作者助力河北创新发展行动计划。先后在邢台市沙河市、张家口市怀来县、承德市兴隆县、石家庄市新乐市、衡水市武强县实地开展5场首都科技工作者助力河北创新发展行动计划，借助北京市科协所属学会资源优势、人才优势助力河北创新发展。来自北京高校和科研院所51名专家对接河北省110余家企业，并与上述地区签订长期战略合作协议。

继续推进创新驱动发展示范县（市、区）试点建设工作。与新乐市、兴隆县、怀来县、武强县、沙河市签订合作协议，给予经费支持、专家支撑，围绕增强县域企业创新能力建立专家工作站，发挥创新驱动示范带动作用。

承办全国大众创业万众创新活动周河北分会场系列活动。省科协组织举办的河北省电磁环境效应技术高层论坛、人工智能技术在轨道交通领域中的应用创新交流论坛被评为优秀活动。中国科协海智计划河北（保定）工作基地建成揭牌。

组织学会参加疫情防控阻击战。向省科协所属学会及时转发中国科协《战“疫”有我，为决胜攻坚提供科技志愿服务——向全国科技工作者的倡议》，指导各学会结合自身实际提前介入疫情防控工作，有关学会积极响应。省卒中学会开展冠状病毒肺炎疫情灾害应急心身症状调查；省呼吸与健康学会发布《如何战胜新型冠状病毒——防护篇》；省心理咨询师协会开办抗击疫情心理援助系列公益微课，开通心理咨询热线；省金属学会组织会员单位捐款4000余万元、捐赠进口医用口罩10万只；省蔬菜学会、省农业产业协会等向会员发出“战疫情、保供应、促发展”的倡议，协调指导农业生产，保障农产品供应。组织科技工作者为疫情期间复工复产作贡献。邀请院士到企业指导防疫物资生产，引进院士团队合作项目3个，开展院士企业行活动5次，在企业新建院士专家工作站76个，组织实施科技创新项目112项。

发挥科技人才优势，助力精准扶贫精准脱贫。全省科协系统帮扶贫困人口135695人。其中，专家服务团队438个，助力脱贫贫困人口74745人；专家6017人，帮扶贫困人口60950人。开展为基层送科技活动，共邀请省内经营电商、种植果树等行业内的15名专家开展线上答疑和知识讲座。全省13个地市（含辛集市、定州市）以及雄安新区、168个县区、343个农技协、470家企业参与或观看首场活动的线上直播，在线观看人数达86万余人次，线下通过广电、地铁融媒体矩阵推送，覆盖200万高清用户，受益286万余人次。组织科普大篷车开展为民族地区送科技活动，年内在5个市9个县进行巡展。

开展驻村帮扶工作。2020年省科协驻村工作队一手抓抗击疫情，一手抓发展生产、改善民生、美化环境、培育文明新风。进一步完善基础设施，硬化互助院连接村内主街道的路面，安装40盏高效能太阳能路灯；种植新疆杨、国槐、金叶榆等树木800多棵，安装科普宣传栏、党建宣传栏、公示栏和便民座椅。谋划发展富民产业，为村民免费提供谷种50千克、马铃薯种薯1000千克，赠送小金红等树苗，购置农业机械设备17台。开展便民服务，以此作为密切党群干群关系、进行感恩教育、提高群众满意度的重要切入点。协调社会各界到村义演义诊，发动社会力量到村献爱心。

服务科技工作者　完成3000平方米科技工作者之家建设任务，涵盖河北院士之家、专家工作室、科技工作者之家等，有检索室、阅览室、会议室、培训室、休息室、健身室、心理咨询室、法律咨询室、健康咨询室、科技沙龙等，为广大科技工作者提供知识产权、技术合同登记、法律咨询、学术交流、健康咨询、休闲交友等多项服务。建立健康志愿服务队、专利志愿服务队，2020年开展8次活动，服务科技工作者400多人。

组织开展2020年全国科学道德和学风建设宣讲教育报告会暨宣传月启动仪式集中收看活动，在河北师范大学、河北医科大学通过网络形式组织召开两场科学道德和学风建设宣讲教育报告会，1000余名师生参与。组织开展“弘扬科学家精神”主题宣传报道，累计在《河北科技报》和微信公众号“弘扬科学家精神”专版专栏刊发朱有勇、李佃贵等52位省内外杰出科学家、优秀科技工作者的事迹报道52篇，配合全国科技工作者日推出“弘扬科学家精神”主题公益海报6幅。

推进“河北院士之家”常设展馆建设。展馆采集整理19位驻河北省工作院士、74位河北籍院士和85位合作院士的简历、研究方向和科研成果。建立院士专家网络化信息管理平台，开设“两院院士”模块，入库院士1500多名，并设立检索引擎。设立河北省科协专家库，收录专家2900多名。开展“院士专家燕赵行”活动，取得多项科技成果，并入选省科技厅重大科技成果转化专项。

做好人才表彰举荐及慰问工作。联合省人力资源和社会保障厅、省科技厅、省国有资产监督管理委员会组织第二届全国创新争先奖评选推荐活动，孙建设、张雪霞、谢晓亮3人获全国创新争先奖状。与省委宣传部联合选树宣传10名最美科技工作者，在全省先进典型宣传展示平台——“最美河北人发布厅”公开发布播出，制作发放“最美科技工作者”事迹宣传光盘，并通过“河北广播电视台”微信公众号及省科协官网、微信公众号等宣传平台宣传展示“最美科技工作者”事迹。在疫情防控形势最紧张的时候，党组书记带队到省级收治定点医院河北省胸科医院慰问奋战在防疫最前线的医护工作者，送去慰问信及慰问品，全省科协系统共看望慰问医护人员680多人。省科协申报的科技人才培养项目连续三年入围“人才强冀工程”，党组书记刘纪雷代表省科协在省委人才工作会上作发言。

探索开展学术人才评价试点工作。通过遴选确定4个组织基础较好、学术交流较活跃、内部治理较规范、实施能力较强、具有一定学科和专业代表性的学会开展试点。4个试点学会评价产生学术带头人39名，青年学术英才57名。通过组织学术带头人服务基层、推荐青年学术英才参加高水平学术交流活动等多种方式促进人才成长进步。

加强新型智库建设，搭建科技工作者建言献策平台。以定向委托、自主选题和自拟课题三种方式，重点支持省科协代表和所属学会、有关高校、科研院所和有关单位开展课题研究，立项支持调研课题项目40项，加强对课题实施情况督导管理，成果提炼和应用。协调联系省科学院、河北经贸大学、河北科技大学、河北师范大学、石家庄铁道大学、河北地质大学等单位，筹备成立河北省科技创新战略研究会。加强对国家、省级科技工作者状况调查站点的管理维护，全年组织14个全国科技工作者状况调查站点完成中国科协调查问卷任务4次，上报信息50余篇。

《科学素质纲要》实施和科普工作 持续推进疫情防控应急科普。新冠肺炎疫情发生以来，省科协以应急科普工作为重点，组织全省广大科技工作者科学防控、精准施策，有力、有序、有效地开展疫情防控工作。及时转发中国科协通知，成立河北省科协应急科普工作领导小组，先后出台疫情防控工作方案、疫情防控应急预案，完善应急组织体系，省科协的疫情防控工作在中国科协简报上登载13篇。

协同推进《科学素质纲要》实施，推动“十三五”目标实现。做好《全民科学素质行动计划纲要（2006—2010—2020年）》实施评估，以及新科学素质规划纲要编制工作。履行省全民科学素质工作领导小组办公室职责，印发《2020年河北省全民科学素质行动工作要点》。

推进中国特色科技馆体系建设。抓好科技馆免费开放试点工作，唐山市科技馆和晋州市科技馆纳入免费开放。指导各地做好农村中学科技馆运行管理，新增2个农村中学科技馆项目。开展流动科技馆和科普大篷车的运行巡展工作，克服疫情影响，总巡展138场（次），总行程14596千米，受益人数74845人次，活动时间643小时，媒体报道102次。对省科技馆展品及基础设施进行升级改造，采用线上预约方式做好常设展览免费开放工作。

实施基层科普行动计划，创新基层科普服务内容。重点服务于中央及省委、省政府关于乡村振兴战略、健康中国行动、雄安新区建设、民族地区发展等重大决策部署。支持新时代文明实践中心建设。按照《河北省建设新时代文明实践中心试点工作实施方案》要求，结合科协承担的具体任务，支持20个试点县（市、区）开展新时代文明实践中心建设。

开展科技志愿服务活动。发动广大科技工作者注册为科技志愿者，截至2020年年底，共注册科技志愿者16265人，注册科技志愿服务队伍671个，线上发布活动287场。

推进“科普中国”落地应用，有线电视开设“科普中国”的九大科普栏目，覆盖80万高清用户，777科普点播台24小时点播和轮播；在石家庄市地铁全线开设科普终端，播放科普影视作品，全天播出10—12次。通过腾讯网、腾讯新闻客户端、“河北科协”微信公众号和各地重点频道发布病毒防护知识、学会服务活动等文章，累计浏览量1000多万人次；制作《河北科协在行动》等科普影视动漫视频12部，利用户外媒体宣传平台传播科学防疫视频137个，受众量达600万人次；在河北网络广播电视台点播平台“科普中国”版块与首页轮播平台，投放405个疫情科普视频，覆盖800多万有线用户；在《河北科技报》开设“河北省科协抗击疫情科普专刊”，阅读量达40万人次，其官方微信公众号发布的220篇疫情防控文章浏览量超过16万人次；在省内省外20家电台的《小涡气象》栏目中插播防疫科普宣传；联合《武汉科技报》开展“抗击新型冠状病毒”网络知识有奖竞答活动。

打造科普活动品牌。开展2020年全国科普日河北省主场系列活动，省级重点活动多达797个。河北科技报社举办的河北省甘薯产业发展论坛被中国科协评为全国科普日优秀活动。组织开展各类科技周（日）和纪念日主题科普活动，受益公众达百万余人次。联合省气象局等部门开展“冀望风云”——燕赵科普行活动。创新提升基层科普服务水平，推动科普e站以客户端为重点转型升级，进一步推进河北省科普大讲堂品牌培育，深入东安社区开展线上线下科普大讲堂12场，科普情景剧创作剧本10个，进校园进社区演出10场。

开展青少年人工智能科普、青少年科学调查体验、青少年云上高校科学营、青少年高校科学营、青少年科学影像节、院士专家讲科学、青少年虚拟机器人在线体验等各类科普活动。举办河北省第35届青少年科技创新大赛、第12届河北省青少年机器人竞赛、2020年河北省青少年创意编程与智能设计比赛。创建河北省青少年科技后备人才库，2020年全省选拔青少年科技后备人才1359人，完成发现培养优秀后备人才5000名的任务。加强青少年科普阵地建设，推进京津冀青少年创客联盟河北中心建设，着力打造河北省青少年科学工作室精品工程，依托北京市、天津市优势资源举办第三届河北省青少年科技创新教育校长论坛。

学术交流 实施学会能力提升计划行动。支持指导省蔬菜学会、省计算机学会等10家学会开展品牌学术活动，省机械工程学会、省中医药学会等10家学会举办高层次学术活动；省林学会、省创造创新学会等6家学会围绕服务区域经济发展开展创新学术活动；省营养学会、省粘接与涂料协会等25家学会举办特色学术活动；省卒中学会、省神经科学学会等学会，克服疫情影响采取线上与线下相结合的方式举办国际学术交流活动。据不完全统计，2020年全省科协组织及省级学会共邀请院士17人次，全国知名专家120余人次到河北省出席学会学术交流活动。

学会有序承接政府转移职能工作进入常态化。积极顺应新一轮深化行政审批制度改革和科技体制改革要求，在总结以往学会承接政府转移职能工作经验基础上进一步创新方法、拓展领域、健全制度，协助省特种设备学会、省兵工学会等14个省级学会承担相关省直厅局的多项职能性工作。

自身建设 “123会员发展计划”稳步实施，2020年度新审批个人会员5215名，累计发展省科协个人会员38229名。省科协会士制度有效落实，累计聘任会士53名。成立科协基层组织，改审批制为备案制，完善科协组织方式和运行机制。推动实施六项民主办会制度，推进民主办会、开门办会。继续在全省推动科技工作者之家建设，把“家”建在生产线上、产业链上，开展第三批省级科技工作者之家建设示范单位命名工作，组织召开全省科技工作者之家建设工作经验交流会。推进实施“互联网＋科协”行动，提高信息化水平。

省级学会 省级学会治理结构和治理方式更加科学。着眼建设现代科技社团、创新学会自身发展，持续推动学会改革。实施秘书长职业化和秘书处实体化项目10个。实施学会能力提升计划项目，支持开展高层次科技活动16项、学会特色学术活动25项、服务区域经济创新发展学术活动6项。编制《河北省科协省级学会服务工作手册》。

省级学会基层服务站建设初见成效。省科协主席段惠军带队，相关省级学会组织国医大师李佃贵、省专家咨询委员会副主任王慧军以及果树、中药、蜜蜂等专业和产业领域的省内高层次专家队伍赴邢台市信都区开展调研对接，拉开开展省级学会基层服务站建设序幕。5个示范学会与其他省级学会一道，与11个市的37个县区科协签订建站协议，驻站学会总数达52个次，100多人次省内高水平专家参加各种形式的基层服务活动50余项。

加强学会日常监管和组织建设，继续推动学会理事会规范化，完成换届学会35家，办理变更事项、延期换届手续学会30余家，其中换届学会全部实现理事会规范化，严格落实准入退出机制，接纳新学会2个。

围绕京津冀协同发展，省科协加大同北京市、天津市两地科协及所属学会联系力度，创新研究合作共建模式，省食品学会、省蔬菜学会、省名医学会、省预防医学会、省急救医学会等省级学会通过主办、联办等方式开展学术交流与人才推介活动。

地市县科协 承德市科协牵头联合7家单位主办“链接世界，互联未来”第六届承德市互联网大会；牵头联合3家单位主办以“科技改变未来”为主题的首届承德市青少年人工智能编程竞赛，共吸引全市7所学校500余名师生参与。

张家口市科协创新开展科技服务冬奥特色活动，成立助力冬奥筹办·省科协省级学会基层服务张家口站和河北省翻译工作者协会、河北省科技英语协会张家口服务点等平台，围绕冬奥会筹办张家口赛区语言文化环境优化等内容开展服务。

秦皇岛市科协在全省率先成立秦皇岛市科协社会组织党总支部委员会，开创社会组织党的组织制度建设的新模式。

唐山市科协在全省首创评选99名“最美医务工作者”，并组织这些医务工作者参加“致敬逆行者，相约科技馆”主题专场活动。

科协基层组织 截至2020年年底，全省建有园区科协149个、企业科协401个、高校科协54个、乡镇（街道）科协1856个，在中国科协绿平台登记农技协1217个。发展省科协团体会员，新吸纳团体会员11个。提升基层科协组织力“3+1”试点全部完成，县级科协主席、副主席中兼挂职人数共207人，其中“三长”132人，占比64%；乡镇（街道）科协主席、副主席中兼挂职人数共5623人，其中“三长”3532人，占比63%。

【第三届创新驱动发展大会】 8月21—23日，第三届创新驱动发展大会在保定市涞源县举办。大会由中国科协支持，省科协与中国科协学会服务中心、河北大学、保定市人民政府主办，中国科协生命科学学会联合体、保定市科协、河北大学生命科学学院、涞源县人民政府承办，22家全国学会协办。大会主题是“生命健康与生态文明”，分为开幕式、科学家企业家座谈会、主旨报告、专题报告、分论坛、“创新驱动的保定”展览6个板块。中国科学院院士康乐、贺福初、饶子和、杨焕明、高福、仝小林、魏辅文、朱永官，中国工程院院士丛斌共9名院士，以及王小宁等33位长江学者、国家杰出青年科学基金获得者和医疗机构的专家学者参加大会。中国科协生命科学学会联合体及所属22家全国学会负责人、保定市有关部门负责人、市生物医药健康产业相关企业和产业园区代表500余人参加会议。

会议建立高端智库，开展决策咨询，为生命健康生态文明产业发展汇聚人才。大会达成首都医科大学附属北京天坛医院落户保定市的合作意向。大会签署4个战略合作协议，建立1个院士工作室。中国科协生命科学学会联合体与保定市人民政府签署生命健康发展与生态文明建设战略合作协议；国科绿色发展有限公司、保定市第一中医院、河北三臧生物科技有限公司签署满足大健康产业需求的科研创新能力和人才培养质量内容的战略合作协议；河北清华发展研究院、河北大学附属医院、河北数港科技有限公司签署运用大数据、互联网、人工智能、5G通信、物联网等先进技术的战略合作协议；保定市卫生健康委与中国健康管理协会糖尿病防治与管理专业委员会签署糖尿病防治合作协议；建立仝小林名医传承工作室。大会提出“全民健康促进和产业发展”的涞源宣言。

（撰稿人：姚　琳）

山西省科学技术协会

服务经济社会发展　省科协与省科技厅、省工业和信息化厅联合实施中国科协2020年山西省服务科技经济融合发展行动。成立中国科协山西省人民政府全面战略合作领导小组，重点推进科技经济融合发展工作，助力山西省高质量转型发展。

推动院士专家工作站和学会服务站建设。建立院士工作站、专家工作站、技术创新中心9个，在全省开展“院士专家山西行”活动10余场。建立并完善院士专家库，累计有122位院士入库。新建学会服务站23个，其中国家级学会服务站4个。

营造“双创”氛围。组织全国大众创业万众创新活动周山西分会场线上线下活动26场（项），举办论坛、报告会等21场，群众性竞赛活动5项，线上展示项目705个，访问量达111.6万人次，举办“创响山西”系列推选活动，线上线下参与投票共225.9万人次。联合省农业农村厅举办第四届“三晋新农人”创业创新竞赛、第四届山西省农村创业创新创意大赛等活动，联合省总工会、共青团省委开展“五小”竞赛活动。

开展服务企业创新系列活动。采取线上线下相结合的方式开展创新方法培训、知识产权战略巡讲等活动，培训创新人才230人、创新骨干50人、知识产权骨干20人，形成创新改进成果30项。建设省科协科技成果库，入库国内外科技成果200项。2020年，技术合同认定登记96份；“金桥工程”项目立项40个，实施20个；“讲理想、比贡献”活动征集企业技术创新建议1245项。举办科创中国2020企业创新大家谈第四期山西药茶产业集群发展论坛等企业创新大家谈系列活动5场，举办黄河流域生态保护和高质量发展高级研修班等培训。

实施科技助力精准扶贫工程。举办第八届山西省科普惠农特色优质农产品展销会、科普惠农“3·19”行动暨吕梁市第三届乡村e站科技节，联合省农业农村厅举办2020年山西功能农产品品牌建设活动。制作完成百部农业科普片，报送省委组织部、中共中央组织部，在共产党员网上播出。举办畜牧养殖技术培训，为1550人提供畜牧养殖技术指导；围绕香菇栽培、肉牛养殖、有机旱作谷子种植等项目举办实用技术培训51场。

加强科技创新智库平台建设。围绕抗击新冠肺炎疫情服务经济社会健康稳定发展开展专题研究，在全省范围内开展科协智库抗疫情促发展调查，形成调查报告，并向社会发布。受中国科协委托，开展《中华人民共和国传染病防治法》修改完善第三方评估调研。组织开展智库建设年度课题决策咨询研究。开展科技工作者学习贯彻全省科学技术大会精神调查、科协基层组织决策咨询能力调查与省内有关政策咨询工作，服务地方科协决策咨询工作。

服务科技工作者　强化对科技工作者的政治引领。举办科技工作者学习班，召开省级学会服务科技经济融合发展行动座谈会、涉农学会座谈会，围绕学习贯彻习近平总书记视察山西重要讲话指示、《习近平谈治国理政》（第三卷）进行专题学习辅导；开办的“党的创新理论微讲堂”微信公众号被中共中央宣传部办公厅评为“优秀理论宣讲公众号”。

开展省第二届全国创新争先奖候选人推荐工作，

为全省首位全国创新争先奖获奖者姚建民举办媒体见面会并进行专题报道；举办最美医务工作者等系列主题宣传展示活动，对7位在晋工作院士、188位抗疫医务工作者等进行宣传，线下观展3.45万人次，线上观展30.98万人次；编印《勇攀科技高峰——第九届山西省十佳中青年优秀科技工作者事迹选编》；与省委宣传部联合开展2020年“山西最美科技工作者”遴选活动。

答复省政协委员提案8份。向省科协代表大会代表征集建议案，听取科技工作者的意见建议；打造“山西省科技工作者之家”网站和微信公众号，办好“山西科协”“山西科普”等微信公众号，开展网上建家交友活动。

《科学素质纲要》实施和科普工作 健全完善全民科学素质长效机制。对全省“十三五”期间全民科学素质工作进行总结评估，制定并印发《2020年山西省全民科学素质行动工作要点》。配合中国科协开展第十一次全国公民科学素质抽样调查，协助中国科协全民科学素质纲要实施工作办公室在太原市召开全国《全民科学素质行动计划纲要（2021—2025—2035年）》编制工作北部片区座谈会、全国《全民科学素质行动计划纲要（2021—2025—2035年）》编制工作基层科协代表座谈会及相关调研活动。组织省级成员单位开展年度公民科学素质特色活动，举办新冠肺炎防控科普知识宣传等24项公民科学素质特色活动。举办山西省公众科学素质网络知识竞赛，36万人参与、500万人次答题。开展山西省全国科普日系列活动，太原市主场重点科普活动41项；举办第九届中国科普摄影大赛，收到稿件9968件，100件优秀作品在第20届中国平遥国际摄影大展展出；开展全省性青少年科技类竞赛6项、青少年科普类活动5项。

推进科普信息化建设。发挥科普中国·乡村e站优势，举办线上培训126期（252场次），受众15.1万人次；“农村微课堂”微信公众号推送农业科普课件1829期，“山西科普”微信公众号推送及更新93期共280篇文章；在太原市公交车车载电视、楼宇电视开展“科普每一天”工程，编播科普专题片48期；为全省基层科协配发挂图5000余套、手册1.2万余本、可印刷电子版挂图30套；创作图书、挂图、动漫、视频、H5海报等科普资源400余套件，新增资源量300GB。

创新升级现代科技馆体系。省科技馆入驻中国数字科技馆科普联盟，实现场馆的平面地图导航及VR（虚拟现实）漫游。开展新冠肺炎疫情防控科普知识线上竞答活动等线上系列科普活动，参与人数10万人次，答题人数60万人次。参与“致敬新时代，礼赞科学家”全国科技馆联合行动，6件作品获全国奖项；组织流动科技馆在12个县巡展，受众人数6.86万人次。

开展疫情防控和应急科普工作。组织专家学者创作科普文章169期；制作宣传片16期在市县公交车车载电视和楼宇电视滚动播放；录制短音频100期在各市县电台广播频道播出；《科学导报》抖音号发布视频164条，阅读量达1.39亿次；组织省医学会专家3372人为群众提供在线免费问诊服务36万人次。

学术交流 举办2020年山西省科协年会，围绕“科技赋能 创新引领”主题，组织科技助力农谷创新发展、院士专家山西行、“科创山西”科技经济融合发展系列论坛等活动11场，10名院士参加年会。围绕全省14个战略性新兴产业集群和学科发展，评选出学术活动项目10项给予重点资助。举办科技期刊培训班，培养科技期刊人才70人。

7月8日，省科协在太原市举办晋鲁科协黄河流域生态保护和高质量发展座谈会。来自山东大学、太原理工大学、山西大学等高校的专家学者以及省环保领域企业界代表围绕会议主题建言献策。

自身建设 推动科协系统改革走深走实。2020年，省科协着力推动所属事业单位改革，对直属事业单位进行整合重塑和功能再造，将省科协10个事业单位精减为4个，人员编制由274名精减为151名。在中国科协发布的《地方科协改革活跃指数榜单》5项一级指标排行榜中，省科协有3项指标（新时代科协改革推进强度、创新科技类公共服务产品、思想政治引领）名列全国前十。

推进“3+1”试点工作。着力推动县、乡镇（街道）两级“三长制”改革工作，全省有59个县（市、区）、1398个乡镇（街道）实现“三长”全覆盖。

全面提高科协组织党的建设质量。学习贯彻习近平总书记视察山西重要讲话、指示，坚持“党组中心组周一学习、党支部周五学习”制度，组织开展专题党课、专家报告、干部培训、座谈交流等活动；全年党组中心组学习24次，专题交流研讨学习9次，召开年度省科协党的建设和全面从严治党工作会议、党风廉政警示教育大会，开展违反中央八项规定精神突出问题等专项整治和警示教育活动。

深化学会改革创新。推进学会治理结构方式改革，开展学会自查自纠清理整顿工作，完成4个学会与行政机关脱钩任务；继续实施学会改革创新和服务能力提升项目，推进学会试点承接政府转移职能工作，8个项目被确定为年度承接政府转移职能试点项目，涉及科技评估、技术标准研制等多个领域。

省级学会 截至2020年年底，全省共有省级学会136个，其中理科学会17个、工科学会34个、农科学会16个、医科学会22个、综合交叉学科学会47个。

省医学会发挥优势开展疫情防控互联网诊疗服务，网上会诊助力湖北抗疫一线。省心理卫生协会开通24小时热线为群众防控疫情提供援助。省生物工程学会组织会员单位向湖北疫区捐赠防疫物资。省机械工程学会举办智能装备与转型发展学术论坛。省气象学会举办气象科技服务山西高质量发展学术研讨会。省水利学会举办首届山西水论坛。

地市县科协 截至2020年年底，全省有市级科协11个、县（市、区）科协117个，其中独立建制116个，朔州市右玉县科协与科技行政部门合署办公。

太原市科协发挥职能作用，动员社会组织助力抗击疫情工作开展。大同市科协组织全市科技工作者开展“我为高质量发展做贡献”建言献策活动。朔州市科协推进朔州市科技馆建设，已完成展教工程招标。忻州市科协推进学会服务站建设，建立9个学会服务站，其中国家级学会服务站2个。吕梁市科协启动吕梁市科技馆建设项目，推进服务科技经济融合发展工作，做好“科创中国”首批试点城市创建工作。阳泉市科协举办阳泉市科技工作者创新创业大赛，开展2020年科技工作者政治引领行动培训活动。晋中市科协在国家农业高新技术产业示范区承办2020年山西省科协年会主场活动。长治市科协获得2020年山西省公众科学素质网络知识竞赛第一名，推进高校科协筹建工作。晋城市科协举办晋城现代铸造产业高层论坛、2020山西阳城陶瓷产业发展高峰论坛、2020中国古建园林琉璃产业（阳城）高峰论坛等学术会议。临汾市科协组织家庭实验挑战赛，开展临汾市科技工作者状况调查。运城市科协编印《运城市首次科技工作者状况调查》，举办运城市医养结合学术论坛等4场学术活动。

科协基层组织 省科协加强企业科协、高校科协、园区科协组织建设，新成立1个园区科协、1个高校科协，不断扩大科协基层组织的覆盖面。全省共有行业科协2个，分别是省国防科协、省电力科协。围绕高校科协自我发展中的体制机制、高校科协各类科普活动等内容开展对高校科协科普课题及项目的支持工作，加强对高校科协科技工作者的服务和引导。

【2020年山西省科协年会农谷主场活动】 10月24日，由省科协、山西农业大学（省农科院）、晋中市人民政府、晋中国家农业高新技术产业示范区（山西农谷）管理委员会主办的2020年山西省科协年会农谷主场活动在晋中市举办。中国工程院院士刘仲华作视频主旨报告。中国科协企业创新服务中心副主任宁方刚，省科协党组成员、副主席温万一，省科协机关及直属单位负责人及科技工作者代表共200人参加开幕式及论坛。

年会主题为“科技赋能　创新引领”，分科技助力农谷创新发展、“科创山西”科技经济融合发展系列论坛、院士专家山西行三大版块。年会期间，举办1个主场活动和10个分会场活动，10余位院士和100余位国内外专家参加会议。

年会期间，省科协还举办院士专家报告会、科创中国2020企业创新大家谈等活动，助力国家农业高新技术产业示范区打造农业创新高地、人才高地、产业高地，推动国家农业高新技术产业示范区高质量发展。

【全国科普日山西省启动仪式】 9月19日，全国科普日山西省启动仪式在太原市举办。活动由省全民科学素质工作领导小组、省科协、中共山西省委宣传部、省教育厅、省科技厅等共同主办。省科协主席周然出席并讲话。

活动主题为“决胜全面小康，践行科技为民”，围绕弘扬科学精神、展现科学价值，助力疫情防控、推动健康科普，聚焦脱贫攻坚、决胜全面小康，加强科技志愿、彰显科技为民四个方面展开。

活动期间各主办单位，省科协所属省级学会（协会、研究会）、企业科协、高校科协，省科协直属单位等线上线下举办展览、讲座、咨询、体验、表演等活动6000场次；全省重点安排开展山西省科技志愿服务智惠行动——心肺复苏急救技能培训，打造“智惠行动”科技志愿服务品牌，完成万名群众培训任务。

（撰稿人：吕　伟）

内蒙古自治区科学技术协会

经济社会发展 为深度聚焦高质量发展建言献策。5月，组织召开蒙医药高质量发展座谈会，自治区副主席欧阳晓晖出席会议并讲话。自治区蒙医药学会常务副会长巴雅尔等14位蒙医药专家参加座谈，立足蒙医药发展现状及面临的问题建言献策，围绕蒙医药循证医学研究、蒙医药人才队伍培养、蒙医药临床基地建设、蒙医药文化传承创新等提出意见建议。9月，组织召开“科技兴蒙、绿色发展”院士专家建言献策座谈会，研究探讨推动自治区农牧业绿色高质量发展的思路举措，自治区副主席李秉荣出席座谈会，沈建忠、赵春江、姚斌3位中国工程院院士和12位专家从智慧农业、品牌建设、种养结合、人才引进等方面提出意见建议。组织科技工作者开展专题研究，向自治区党委、政府报送《科技工作者建议》26篇。开展煤化工产业高质量发展和企业科技需求调研活动。300多名科技工作者通过各类决策咨询活动为当地经济发展提出意见建议。

全力助推创新驱动发展战略。在全区高校、学会、企业持续开展“提升科技服务能力，推动企业创新驱动发展”主题活动，命名创新先锋号69个，创新先锋岗68个。推动20家区直学会对接服务40多家科技企业，实施“服务科技经济融合发展”行动，协助包钢金属制造有限责任公司完成“高新技术企业”认证，为企业每年节约税费1亿元。组织9位专家深入内蒙古赛科星繁育生物技术（集团）股份有限公司、省部共建草原家畜生殖调控与繁育国家重点实验室等地开展“点对点”服务指导，推动产学研合作对接与科技成果转移转化。围绕企业实际需求举办“企业创新云课堂”4期，200多家企业、3000多名科技工作者参与；开通“企业云创”快手平台，全年直播12场次，2万多名企业科技工作者观看。举办创新方法培训班13期，培训企业人员3400多人，解决技术难题132项。选送9支参赛队入选2020中国创新方法大赛总决赛，获一等奖1个、二等奖4个、三等奖3个，自治区科协连续四年获大赛优秀组织奖。

推进“科创中国”试点城市建设。支持巴彦淖尔市人选“科创中国”首批试点城市（园区），自治区副主席欧阳晓晖作出批示，鼓励巴彦淖尔市打造成“科创中国”的样板间。推动巴彦淖尔市政府与中国农学会、中国作物学会分别签署“地方政府+全国学会”战略合作框架协议。指导181家企业注册“科创中国”经济融通平台，征集科技需求39项。加强与中国农学会、中国农技协沟通协调，集聚院士专家智库资源为自治区创新发展服务，入库院士专家264名。组织农业科研人才及创新团队就果蔬加工情况与合作社、企业座谈，为华莱士保鲜、黄柿子加工等提供技术支持。组织召开“科创中国”试点建设工作座谈会4次，11月，在陕西杨凌举办“科创中国”巴彦淖尔市农高区骨干人员培训班，60多人参加培训。经过争取，包头市成为中国科协“科创中国”新增试点城市。

开展科技助力精准扶贫和乡村振兴。深化“县会协作”，31家区直学会与国贫旗县科协开展“一对一”定向科技帮扶服务，组织实用技术培训、现场技术指导150多场次，受益农牧民1.5万人次。分两批次在31个国贫旗县和5个深度贫困旗县开展“科技助力精准扶贫和乡村振兴专家旗县行”活动，举办实用技术培训300多场次，受益农牧民10万余人次。推广“科技小院”模式，搭建“院地共建”项目平台，建成“科技小院”12个。自治区科协被评为全国科技助力精准扶贫工作先进团队。

服务科技工作者 开展“建家交友”活动。9月召开科技工作者座谈会，学习习近平总书记在科学家座谈会上的重要讲话精神，来自区直学会、高等院校、科研院所、科技企业的30多位科技工作者代表参加学习座谈。组织开展走访慰问抗疫一线科技工作者活动，自治区心理咨询师协会为医务工作者提供心理疏导服务，自治区蒙医药学会授予驰援武汉医护人员“援鄂抗击新冠肺炎疫情先锋”称号。向自治区统战部报送加强科技工作者工作情况汇报，自治区党委常委、统战部部长段志强作批示。

营造良好科学风尚。10月开展中国科协科学家精神报告团“传承2020”内蒙古行活动，在呼和浩特市、通辽市、兴安盟多所学校举办报告会18场次，8000多名师生及党员干部听取报告。11月组织开展2020年全国科学道德和学风建设宣传月活动。

选树科技工作者典型。开展2020年“最美科技工作者”学习宣传活动，刊发宣传稿件26篇次。在《内蒙古日报》《内蒙古科技报》《身边科学》（蒙古文）刊发科技工作者先进事迹6篇、专题报道78篇。开展媒体走基层活动，邀请8家自治区媒体深入5个盟市，在主流媒体刊发科技工作者事迹报道50篇次。评选自治区“最美科技工作者”20名，优秀科普专家62名、优秀科普信息员119名、优秀科技志愿者60名。支持学会设立以表彰优秀科技工作者为主的奖项。

《科学素质纲要》实施和科普工作 持续推进《科学素质纲要》实施。配合完成第11次全国公民科学素质抽样调查内蒙古自治区调查工作。“十三五”末自治区公民具备科学素质比例达8.73%，较2015年增长3.59%，增幅70%，达到“十三五”预期目标（预测区间为8.28%～9.33%），其中呼和浩特市（11.5%）、包头市（10.3%）、鄂尔多斯市（10.1%）科学素质水平超过10%，巴彦淖尔市（9.3%）、乌海市（9%）超过自治区总体水平。12月，召开内蒙古自治区“十三五”全民科学素质行动计划纲要实施成果新闻发布会。

切实加强科普阵地建设。争取科技馆免费开放资金2965万元，资助全区26个科技场馆；新建、改扩建旗县科技馆11个，总数达84个，列全国第1位。新增流动科技馆展品14套，总数达46套，年巡展68个旗县，开展活动1364场次，受益人数29.3万人次，巴彦淖尔市流动科技馆实现旗县区巡展全覆盖。新增科普大篷车7辆、更新展品9套，总数达118辆，总行程79.4万千米，举办活动4823场次，受益人数213.5万人次。受新冠肺炎疫情影响，内蒙古科技馆年接待参观体验者52万人次，较2019年同比下降48%，举办电影会客厅6期、云上观球幕11期、科普大讲堂50期、开设科学课140节，线上线下参与人数达716万人次。开展“夏日科技狂想曲”抖音线上打卡活动，点击量超1500万次。

深入开展品牌科普活动。9月，2020年全国科普日内蒙古系列活动启动，自治区党委副书记、政法委书记林少春出席主会场启动仪式，全区同步开展活动2300多场次，500万人次参与。自治区30项活动、20家单位被评为全国科普日优秀活动、优秀组织单位，自治区科协被评为全国科普工作先进集体。持续推进覆盖12个盟市、103个旗县（市、区）的“百名专家走进盟市旗县科普传播行”活动3次（含线上1次），举办科普报告、讲座1081场次，覆盖30万余人次，视频直播参与人数200万余人次，线上刊载活动信息2500余条，浏览量60万以上。科普信息员发展到38.8万人次，较2019年新增15万人次，转发科普文章3400多万篇次，被中国科协评为2020年科普中国信息员队伍建设优秀单位。组织全区公民科学素质大赛、青少年科技创新大赛等活动，线上线下参与人数超224万人次。积极参与新时代文明实践中心建设，科普志愿者发展到4.7万人次，开展科技志愿服务活动3000多场次，覆盖200万人次，自治区党委常委、宣传部部长白玉刚作出批示，将自治区科普志愿服务工作情况报中共中央宣传部，将自治区科协纳入自治区新时代文明实践重点部门协调、调度。

加大信息化科普资源供给力度，全国首家蒙汉文数字资源共享平台建成并投入使用，900多万字蒙古文科普资源入库，为蒙古族群众提供蒙古文科普服务。加强“智慧科协”建设，通过科普数据管理、科普志愿者服务平台、智库系统和意见建议征求系统，为科技工作者和公众提供多元、高效、精准的科普服务。

丰富科普服务资源。数字电视4K智能终端“科普内蒙古”平台覆盖用户310万，点击量550多万次，利用平台举办科普知识答题活动3次，参与答题人数219万人次，被国家广播电视总局评为智慧广电先进示范案例。“央视频”App开设智慧科普专题，播出节目100多期。编写出版3个类别17部科普图书。

做好应急科普工作。在自治区科协网站、“两微一端”开设“抗击疫情”专栏，刊发疫情防控文章687篇，推送疫情防控科普信息2.6万条次，点击量超3600万次。通过4K数字电视“科普内蒙古”平台、新华网内蒙古频道、“央视频”App播出抗疫科普视频，点击量超41万人次。联合武汉市科协开展新型冠状病毒肺炎科普知识网上答题活动，参与人数达240万人次。在《内蒙古科技报》《身边科学》（蒙古文）期刊开设“疫情防控”专栏，刊发疫情防控文章450篇；编印发放蒙汉双语防疫知识挂图、折页5000余份。

学术交流 8月，联合举办“科技兴蒙”——家畜种质资源创新与繁育技术学术研讨会，来自全国各地畜牧学、动物学等相关领域的专家学者200余人参加会议。联合举办第二十一届全国复合材料学术会议，设立1个主会场、4个分会场，中国工程院院士徐惠彬、宫声凯及300多名专家学者参加会议。投入150多万元资助全区学会的55个学术交流项目。

9月，联合自治区教育厅、科技厅、人力资源和社会保障厅举办以“科技兴蒙、绿色发展”为主题的第十五届内蒙古自治区自然科学学术年会，设立1个主会场和20个分会场。分会场围绕不同学科发展现状和自治区经济社会发展战略新兴产业、支柱产业、主导产业进行交流研讨。60多家区直学会、科研院所、高新技术企业的科技工作者和青年学生3000多人参加活动。年会共征集学术论文870篇，评选优秀论文232篇。在巴彦淖尔市举办中日科技成果交流对接研讨会，200多名国内外科技工作者参加交流，征集中日双方各领域科技成果147项，达成土壤改良技术、中草药口服制剂技术、污水处理技术方面的合作意向4项。

组织科技工作者参加第十三届海峡两岸科普论坛，8篇论文获评优秀论文。组织开展海智基地申报工作，通辽市科协获批为自治区首家中国科协海智计划工作基地，11月，开展“海智专家通辽行”活动，邀请比利时、日本等国家的专家深入通辽市科尔沁区、开鲁县、霍林郭勒市等地的科技示范园区、养殖企业及协会、煤电铝企业进行考察指导。

自身建设 持续推进科协系统深化改革。以公函形式与相关盟市党委、政府沟通协调解决基层科协深化改革和组织建设方面的问题，自治区党委常委、呼和浩特市委书记王莉霞，自治区党委常委、包头市委书记孟凡利等自治区领导同志和各盟市党政主要领导同志作出批示。8月召开深化改革暨基层组织建设工作座谈会。自治区科协60项改革任务全部完成。

切实抓好科协基层组织建设。新建科协基层组织1306个，累计建成3715个，总体覆盖率达到98%，赤峰市率先实现科协基层组织全覆盖。举办3期基层干部能力提升培训班，300多人参加培训。9个盟市、56个旗县（市、区）科协完成换届工作，2478名“三长”进入各级科协兼职，锡林郭勒盟蒙医医院院长斯琴巴特尔被中国科协评为全国优秀基层科协“三长”典型。

全面提升党建工作水平。成立自治区科协党员干部教育培训学校，举办各类培训班13期，开展专题讲座7次，线上线下培训科技工作者和各级党员干部2万人次。围绕贯彻落实习近平总书记在参加十三届全国人大三次会议内蒙古自治区代表团审议时的重要讲话精神，制定工作方案，明确13条具体任务；围绕贯彻落实习近平总书记在科学家座谈会上的重要讲话精神，制定11条具体落实措施。实施“党建强会计划”，区直学会全部建立党组织，评选党建和业务工作融合开展示范学会10个。充分利用科协组织优势和科普资源，开展民族团结进步教育，内蒙古科技馆被呼和浩特市委、市政府授予“民族团结进步模范集体”称号。

省级学会 新吸纳9家学会成为自治区科协团体会员，截至2020年年底，自治区级学会、协会、研究会发展到123家。

自治区计算机学会开发的“蒙古文人工智能云服务平台”获中国计算机学会CCF科学技术奖；自治区测绘学会编制的地图集获2020年全国优秀地图作品裴秀奖金奖；自治区数字转化医学会开展的数字骨科学研究获自治区科学技术进步奖一等奖。自治区细胞生物学会的“一种肉苁蓉多肽混合物制备方法及应用”获得国家发明专利授权。自治区瓜果蔬菜协会完成《海红果冷冻贮藏技术规程》《金红苹果贮运技术规程》两项地方标准的立项申报工作，引进先进的现代生物技术SP菌微生物，在会员单位中推广示范。

地市县科协 呼伦贝尔市科协开展“弘扬蒙古马精神，勇做草原科普轻骑兵”行动，发挥科普大篷车机动灵活的优势，建立扎根基层、服务群众的“草原科普轻骑兵”队伍，常态化开展科普宣传、实用技术培训、科普文艺会演，草原科普轻骑兵队伍入选“典赞·2020科普中国”基层科普人物。呼和浩特市科协联合市委宣传部、市教育局等举办呼和浩特市2020年全国科普日暨科技志愿服务“智惠”活动，300多名志愿者借助网络向全市公众发出科技发明倡议。鄂尔多斯市科协推出“百嘎丽科普开讲”新媒体科普宣讲品牌，通过卡通形象传播科学知识。锡林郭勒盟科协面向全盟科技工作者征集建议12篇，报当地盟委、行署。

兴安盟科右前旗科协开展“旅游科普、健康出行、智慧出行”行动，在9个旅游站点开展旅游科普宣传30多场次，展出科普展板100多延长米，发放旅游科普宣传资料8000多册。巴彦淖尔市乌拉特中旗科协推动基层组织建设，全旗10个苏木镇、8所中小学校、6个社区全部建立科协组织，工作经验和做法在全自治区科协系统推广。

科协基层组织 截至2020年年底，全区苏木乡镇（街道）科协总数达到1111个、企业科协328个、高校科协30个、中小学科协2246个，其中新建苏木乡镇（街道）科协109个、企业科协47个、高校科协8个、中小学科协736个。全区三级农技协共计374个，其中自治区级1个、盟市级52个，较2019年新增2个；旗县级321个，较2019年减少112个。包钢科协以创新方法大赛为契机，激发企业科技工作者的创新热情，为企业推广创新方法开辟新路径。内蒙古工业大学、内蒙古科技大学和包头轻工职业技术学院等院校开设创新方法公共选修课，累计选修学生超过1万人。阿拉善盟阿左旗王府街道西花园特色科普示范社区，推进科普工作群众化、社会化，发挥示范引领和辐射带动作用。

【自治区党委办公厅、政府办公厅印发《关于加强新时代科协工作的意见》】 9月30日，自治区党委办公厅、政府办公厅印发《关于加强新时代科协工作的意见》，包括7个方面18项工作内容，对做好新时代全区科协工作作出安排部署。《关于加强新时代科协工作的意见》强调，要全面加强党对科协工作的领导、密切联系服务科技工作者、更好服务创新驱动发展、提升全民科学素质、发挥决策咨询作用。同时对加强科协组织建设，提升科技类学会服务能力，加强科协干部队伍建设，保障科协事业经费提出具体要求。

【2020年全国科普日内蒙古主场活动启动仪式】 9月19日，2020年全国科普日内蒙古主场活动在启动仪式在呼和浩特市启动。自治区党委副书记、政法委书记林少春，中国工程院院士、中国运载火箭技术研究院运载火箭系列总设计师龙乐豪等出席启动仪式，区直学会、科技企业、自治区科普专家团代表、内蒙古工业大学师生等400余人参加。现场为内蒙古医科大学附属医院、自治区健康大学等96个自治区科普教育基地授牌，为12名自治区第二届科普视频创作大赛获奖者颁发证书。各区直学会、高新技术企业、科研院所、高等院校、医疗机构以及科普教育基地、科技教育示范学校在主场活动区开展8大主题板块科普活动。

【第十五届内蒙古自治区自然科学学术年会】 9月16日，第十五届内蒙古自治区自然科学学术年会在呼和浩特市召开。中国工程院院士、中国农业大学动物科技学院院长沈建忠，中国工程院院士、国家农业信息化工程技术研究中心主任赵春江，中国工程院院士、中国农业科学院北京畜牧兽医研究所研究员姚斌受邀出席主会场开幕式并作学术报告，来自全区科协系统、科研院所、高新技术企业的科技工作者和青年学生200多人参加开幕式。

【包头稀土研究院项目获2020年中国创新方法大赛金奖】 12月8日，由自治区科协选送的包头稀土研究院“解决磁致伸缩促动器体积过大与发热问题”项目获2020年中国创新方法大赛电视擂台赛金奖。该项目打破意大利Microgates（迈克盖茨）公司的国际技术垄断，获得PCT专利（国际专利）1项、发明专利10项、实用新型专利7项，该项目研制的促动器推动国内大口径自适应镜面的研发，填补国内技术空白。

（撰稿人：吴欣倩）

辽宁省科学技术协会

服务经济社会发展 助力辽宁高质量发展。联合中国机械工程学会等共建“东北振兴创新设计联盟”，成立5名院士领衔的4个重点行业专家诊断服务队，开展“百家企业义诊”“数字化赋能”“创新设计论坛”对接交流活动14场，解决行业关键技术难题21项，签订科技研发项目85项。举办中国“好设计·东北区域”设计大赛和中国创新设计大会沈阳峰会，吸引中国一重等企业500余家，推出设计成果121项。

开展科技经济融合发展行动。争取中国科协“创新资源共享平台”落地辽宁省中小微企业5000余家。组织326个学会服务站、262个企业科协、80个省级学会，利用网上“助力企业复工疫情防控平台”为企业提供找专家、找技术等服务。联合开展2020沈阳海智创新创业大赛，举办“国际工业数字孪生技术视觉展”，打造中德（沈阳）高端装备制造产业园、大连高新技术产业园为中国科协离岸创新创业基地和海智计划基地。实施服务民企“百千万”行动，全省建立院士站、专家站、海智站和学会服务站1189家，开展科技服务2666人次，解决企业技术难题258项，实现科技成果转化560余项。

创建“创新驱动助力示范区（县）”。联合省委组织部在辽西北新建“创新驱动助力示范区（县）”4家，组织21家学会100余名专家开展科技服务，签署协议40余项。全省14个示范区（县）共建全国和省级学会服务站108个，转化科技成果247项，技术培训7650人次，服务企业200余家。“创新驱动助力示范区（县）”工作入选中国科协“服务科技经济融合优秀案例”，经验启示在新华社智库《新华中经观察》刊载，得到多位省领导批示。

开展决策咨询。征集调研选题建议147份，形成《2020年度辽宁省科协调研课题选题目录》。建立智库研究基地22个，接收智库专题研究项目153项，并展《高档数控机床产业现状及创新发展研究》等33个智库项目，形成8个学科和产业科技发展报告。遴选装备制造、电子信息、新型材料等领域关键技术难题和重要科技问题85项，31个问题上报省委、省政府领导，为科学决策提供参考。针对疫情心理健康、数字经济发展和智慧城市建设等，报送《科技工作者建议》162条，36条建议得到省委、省政府领导批示。

助力脱贫攻坚。实施省科协助力乡村振兴提升农民科学素质凌源示范工程，建立“农技协＋基地＋教育培训”的科协助力乡村振兴提升农民科学素质的“凌源模式”。全省建设农业科普示范基地126个，培育农民专业合作社370个，支持建设农技协174个，组织1124名农业科技专家服务“一乡一业”“一村一品”特色扶贫产业发展，推广新技术675项，产出新品种528个。

服务科技工作者 经省科协推荐的辽宁省10名优秀科技工作者获全国创新争先奖。推荐中国科学院大连化学物理研究所李先锋为第十三届中国科协求是杰出青年成果转化奖候选人。选树陈温福等10人为2020年“辽宁好人·最美科技工作者”。联合省人力资源和社会保障厅评选第十二届辽宁省优秀科技工作者140人。遴选辽宁省第二批学术头雁70人，扶持第一批学术头雁19个学术项目。修订《辽宁省优秀自然科学学术著作出版资助办法》，资助出版2020年度优秀自然科学学术著作21部。编印青年科技工作者参加国际和港澳台学术交流项目成果40篇。两位老科学家入选中国科协老科学家学术成长资料采集工程。

开展全国科技工作者日活动。走访慰问全国疫情防控工作先进个人和援鄂抗疫一线代表，为辽宁省2054名援鄂医护工作者创意定制“万众一心 抗击疫情”个性化主题邮册。通过“为我身边的科技人点赞”微博话题、“探访辽宁科技企业”直播节目、“致敬辽宁科技工作者”视频进地铁等形式，展现科技工作者“抗疫”精神风貌与科技成就，受众达900万人次。全省各级科协组织举办全国科技工作者日系列活动200余场次，宣传表彰科技工作者449人次，走访慰问科技工作者220人次，开展活动130余场。

举办中国科学家精神主题展。同步在全省高校、科研院所启动巡展，130余家单位参观展览，接待观众近10万人次。联合省教育厅、中国科学院沈阳分院共同开展辽宁省科学道德和学风建设宣讲超过百场。召开“学习习近平总书记在科学家座谈会上重要讲话精神”座谈会，举办意识形态和宣传思想文化工作培训班，面向科技工作者开展分众化对象化宣讲20余场，受众5000余人次，讲好习近平总书记对科技工作者关怀的故事。

《科学素质纲要》实施和科普工作 履行省纲要领导小组办公室职责。联合成员单位开展文化科技卫生“三下乡”、科技活动周、公众科学日等品牌活动。围绕“决胜全面小康，践行科技为民”主题，采取“线上线下相结合，线上为主”的方式开展全国科普日暨辽宁省第九届科普日活动，推出“十大科普联合行动”，全省开展活动410项，受众270万人次。全省公民具备科学素质比例达10.41%，位居全国第11位。

开展疫情科普宣传。开展疫情应急科普、征集专家建议、助力复工复产等5个联合行动，推动科普资源进入“学习强国”“辽宁日报”“共产党员杂志”等权威平台。新冠肺炎疫情期间，全省1700余个“科普e站”发布图文视频638.39万余篇，全省3万余名科普员推送科普知识近18万篇，各地微信平台发布信息300.95万余条，报纸专栏刊发科普文章426篇，电视专栏播放科普知识573期。各渠道推送科普资源累计传播1220万人次。

创新开展科学普及。实施科技志愿“智惠行动”，全省342个科普组织开展大型活动200余场，资助省级科技志愿服务15个优秀项目。举办全民“防灾减灾日”“食品安全日”“科普日”科学素质网络知识答题竞赛，受众110万人次。推动“科普中国”优质科普资源落地应用，转型升级科普e站，培育科普信息员队伍，全省在科普中国App注册科普信息员4.27万人，分享文章470万余篇次，平均每天转发科普文章3000余篇。创新第33届“科普之冬”活动方式，开展“科普之冬联合行动”，全省设立14个活动分场。发挥省科技馆传播阵地作用，研发科学教育资源项目50个，推出《展品说》《聊“辽”科技》等自媒体栏目，举办科教活动140余次，全年接待观众近40万人次。建设流动科技馆5所、农村中学科技馆10所。科普大篷车、流动科技馆线上线下巡展受众20万余人次。利用“两网两微”平台宣传科协工作、科技工作者典型和科普知识，发布信息3547篇，总访问量293万人次。

开展科技后备人才培养促进行动。线上评审第35届省青少年科技创新大赛优秀项目715项，云端举办第17届辽宁省青少年机器人竞赛暨2020年辽宁省青少年创意编程与智能设计大赛，以“云游”方式开展

"全国高校科学营活动"；以网络视频形式实施"英才计划"，252名中学生获得全国"五学科竞赛"一等奖。

学术交流 深入实施"全国学会入辽计划"。引进7个全国学会"科技服务团"，支持7个全国学会在辽宁省举办高端学术交流会议，促成国家级学会和辽宁省签署合作协议6项。推动中国科协先进材料学会联合体与省五大基地开展深化合作，促成中国有色金属学会与鞍山市及海城市中昊镁业有限公司签署战略合作协议、中国水产学会与大连市有关单位签订"环渤海区域渔业生产科技服务合作协议"、中国造船工程学会与大连市有关单位签订"船舶与海洋工程科技创新服务合作协议"。支持一批全国学会在辽宁省举办学术会议200余场，建立专业委员会等分支机构39个，吸引中国科学院院士、中国工程院院士100多人。

举办"菱镁产业绿色高质量发展与辽宁鞍山全面振兴"辽宁省第十四届学术年会，推出3场院士与企业高端对话会，推动学术交流成果转化应用。建立"省科协现代农业学会联合体"，开展"资源保护与粮食安全"大调研，采取"线上直播+线下举办"方式，举办"资源保护与粮食安全"第十一届辽宁现代农业发展论坛，推出16个生态保护和农业绿色发展方面的高质量调研报告。举办"智能制造、绿色低碳，引领冶金材料高质量发展"第十届中国金属学会青年学术年会暨第四届辽宁青年科学家论坛，设置金属材料、智能制造、绿色低碳等6个分会场，430名专家学者通过主题报告、研讨交流、对接企业等形式共商冶金发展大计。打造省级精品学术交流平台，支持41个学术交流品牌项目。

自身建设 持续推进"两学一做"学习教育常态化制度化，巩固"不忘初心、牢记使命"主题教育成果，深化"党建+营商环境建设"。全力推进巡视整改，制定完善制度21项，通过约谈市科协党组书记、开展基层工作大调研、召开科技工作者座谈会等形式推动整改措施落实到各层级各领域。持续深化科协系统改革，组织召开辽宁省科协九届二次常委会议和三次全委会议，完成机关机构调整和人员岗位调配，大力开展"网上科协"建设，提高机关规范化水平，提升网上服务科技工作者能力。加强基层科协组织建设指导，编制《辽宁省市县科协组织建设指导手册》，建立换届备案制度，推动2个市、9个县（区）科协完成换届。召开市县（区）科协组织建设专题培训班暨提升基层科协组织力"3+1"工作推进会，推动企业、高校、"四站"、农技协、社区科普阵地、科普教育基地等科协基层组织联动。

省级学会 截至2020年年底，省科协所属省级学会共127家，新增辽宁省植物生理学会和辽宁省化学会。加强学会党建工作，成立中共辽宁省科协科技社团委员会，举办党建引领学会服务能力提升专题培训班，82家业务主管省级学会实现党组织全覆盖。实行学会党支部换届提醒制度，受理58家学会1200余份变更报备材料，指导11个学会理事会和31个学会党组织完成换届。支持学会参加社团组织评估，获得37个3A以上学术类社会组织评估等级，评选13家学会为"辽宁省科协第二批规范化建设示范学会"。组织29家医科学会从决策咨询、科普宣传、技术支持等方面助力疫情防控。

地市县科协 辽宁省共有副省级科协2个、地级市科协12个、县级科协100个。沈阳市科协积极投身疫情防控，编发科普专刊4.2万份、H5图集82期、科普挂图1.3万张，征集统筹疫情防控和经济社会发展对策建议78项。大连市科协聚焦企业复工复产的关键领域，建设中国科协创新资源共享平台分中心，与上海市114产学研协同创新服务平台开展合作，创建学会创新助力服务站4个、高校创新助力联合体5个、企业科协创新助力站5个。丹东市科协被评为全市脱贫攻坚定点帮扶优秀单位。锦州市科协被中国科协授予"2020年全国科普日优秀组织奖"。鞍山市科协入选第二批地方科协深化改革试点项目单位。铁岭市科协成为第二批地方科协深化改革试点项目入库单位。

科协基层组织 强化企业科协建设，出台《关于加强企业科协组织建设实施意见》，把"四站"建设作为企业科协基层组织的重要力量。

加强高校科协建设，编印高校科协制度文件材料汇编，提供建设高校科协基本遵循和规范，形成高校科协工作联系人通讯录，推动资助出版等资源向高校科协倾斜，实现高校科协组织和工作覆盖率达到93%。

发挥乡镇街道、农村社区科协和农技协作用。大连市科协通过换届选举把"三长"吸纳进市科协领导机构。鞍山市科协在社区8890幸福驿站打造微型科普展示馆。朝阳市北票东官营镇海丰村入选2020年度辽宁省"十佳科技志愿服务村"评选活动，参加中共中央宣传部和中央精神文明建设指导委员会办公室"四个 100”先进典型评选。葫芦岛市南票区农产品协会鑫澜云商城科技志愿者“智惠行动”项目，举办两次电子商务进农村培训班，覆盖全区 10 个乡镇、15 个社区。

【“支持鞍山镁合金产业发展　助推菱镁产业转型升级”在线签约交流活动】 4 月 21 日，由中国有色金属学会、鞍山市委、市政府主办，鞍山市科协承办的“支持鞍山镁合金产业发展　助推菱镁产业转型升级”在线签约交流活动在辽宁省鞍山市举办。

在线签约中，中国有色金属学会与鞍山市政府共同签署《鞍山市政府与中国有色金属学会战略合作框架协议》，中国有色金属学会与海城市政府、辽宁科技大学共同签署《鞍山镁合金材料协同创新战略合作协议》，中国有色金属学会与海城市中昊镁业有限公司共同签署《中国有色金属学会在海城市中昊镁业有限公司建立专家工作站协议》。中国有色金属工业协会镁业分会副会长兼秘书长孙前、中南大学教授刘楚明、上海交通大学教授曾小勤、吉林大学教授王慧远、重庆大学教授蒋斌、中铝郑州研究院轻金属材料研究所所长肖阳、鹤壁万德芙镁科技有限公司总经理郝杰等专家学者参加会议并进行学术交流。

【省科协关于进口水产品输入性疫情防控建议获省领导批示】 8 月 10 日，辽宁省委书记、省人大常委会主任陈求发，副省长陈绿平分别对省科协报送的《加强我省进口水产品输入性疫情防控对策建议》作出批示，要求在省严防境外输入性研判会上专题研究，作进一步安排。

针对近期国内多地在进口水产品外包装检出新冠病毒的情况，中国疫情输入方式呈现由“人传人”向“物传人”转变的复杂态势，辽宁省作为全国第三大海鲜进口贸易大省，防控由进口水产品引发的疫情传播势在必行。水产品安全监管存在进口水产品境内外流通环节较多、加工企业短期雇工城际流动频繁、交易市场环境潮湿人流量大等情况，且水产品传播路径尚未明晰，溯源机制尚不完善，这些问题都加大精准防控的难度。

省科协组织相关领域专家，围绕辽宁省水产品进口、运输、加工、流通及销售等多环节进行实地调研，收集资料，并深入分析辽宁省进口水产品输入性疫情防控面临的问题与挑战，从检验检疫、仓储管理、企业防控、追溯监管、企业扶持五个方面提出新形势下加强水产品安全监管的对策建议。

【辽宁省第十四届学术年会】 9 月 29 日，由省科协、中国有色金属学会、省国家新型原材料基地建设工程中心以及中共鞍山市委、鞍山市人民政府共同主办的“辽宁省第十四届学术年会”在辽宁省鞍山市举办，会议主题为“菱镁产业绿色高质量发展与辽宁鞍山全面振兴”。

年会期间，举办特邀报告会和专题报告会以及中国有色金属学会走进鞍山高端对话会、郭东明院士与鞍山企业高端对话会、成会明院士与鞍山碳材料企业高端对话会。以中国工程院院士郭东明、孙传尧和中国科学院院士成会明为代表的院士专家和科技工作者400 余人参加会议。各位院士围绕辽宁省和鞍山市的菱镁产业、装备制造业和先进碳材料制造业企业绿色健康发展进行深入探讨和交流，并提出具有重要参考价值的意见和建议。

【2020 年辽宁省暨沈阳市“全国科普日”启动仪式】 9 月 22 日，2020 年辽宁省暨沈阳市“全国科普日”启动仪式在辽宁省科技馆举办。

启动仪式上，省全民科学素质工作领导小组办公室介绍前一届科普日活动开展情况。2020 年，全省将紧紧围绕本届科普日“决胜全面小康，践行科技为民”活动主题，着重开展卫生健康、公共安全、农村科普、校园科普等十大联合行动，在全社会形成讲科学、爱科学、学科学、用科学的良好社会氛围。主题活动持续一年。启动仪式后，参加会议的专家学者共同参观科学家精神主题展和国际孪生技术视觉展。

辽宁省和沈阳市全民科学素质工作领导小组成员单位代表参加活动。本届科普日启动仪式进行全程网络直播，浏览量 20 万余人次。

（撰稿人：郑福宝）

吉林省科学技术协会

服务经济社会发展　开展决策咨询。组织科技创新智库专项课题研究 50 项。其中,《关于对我省科技企业复工复产情况调查及建议的报告》《关于我省冷链物流产业发展情况及建议的报告》得到省政府主要领导、省委分管领导批示;《关于推进吉林省汽车产业产学研深度融合的技术创新与协同发展体系建议的报告》得到省政府主要领导批示;《关于科技助推我省粮食总产量迈上 800 亿斤新台阶建议的报告》得到省委分管领导、省政府领导批示;《关于组织新型冠状病毒肺炎防控研究，加强我省对该病疫情防控的紧急建议》得到省领导圈阅重视。

推进“双创”示范建设。举办吉林省首届科技工作者创新创业大赛，聚焦农业科技创新，共收到来自高校、科研院所、企业申报的项目208项，其中78个项目在决赛中进行路演展示，最终9个优秀项目分别获得大赛初创组、成长组、乡村组一等奖。线上举办创新驱动+会企项目合作暨吉林省人工智能论坛，邀请省内5位专家围绕人工智能前沿、吉林省发展人工智能主攻方向、无人驾驶技术赋能农机等内容作主旨报告，450余人参加。

实施脱贫攻坚。启动实施吉林省科技助力乡村振兴专家服务工作，组建由中国工程院院士、吉林农业大学教授李玉担任总团长、505名“三农”专家组成的科技助力乡村振兴专家服务团，征集地方需求近百项，组织200余名专家深入8个市（州）的20多个县（市、区）开展建言献策、产业发展、科学普及、人才培养、技术推广“五大助力服务”活动60余场次，解决生产技术难题22项，培训基层农业技术人员600多人，服务群众1万余人次。持续深化定点扶贫工作，党组主要领导先后2次带队入村、党组班子成员5次入村推进产业扶贫项目实施，通过组织专家走进去和村民走出来相结合的方式培养科技致富带头人，组织开展义诊活动等，驻村第一书记获评2020年全省脱贫攻坚贡献奖。

“科创中国”工作加快推进。组织吉林省企业入驻“科创中国”科技创新融通平台，共入驻企业1476家，其中2020年新入驻企业835家，指导企业在平台发布需求、成果158项，指导10家省级学会在平台创建服务商店，入驻专家260余名。

院士专家工作站、科技小院建设。新建双辽工业专家工作站、双辽农业专家工作站、长春净月高新技术产业开发区专家工作站3家专家工作站。按照中国科协《关于进一步做好科协系统院士工作站规范管理工作的通知》要求，对省科协设立的院士专家工作站进行清理规范，撤销工作站16家。现有省科协设立的工作站56家，其中院士专家工作站7家、专家工作站49家。现有通榆谷物科技小院、梨树玉米科技小院2家，2020年获中国农技协“科技小院”联盟授牌。

助力创新驱动发展。与省委组织部共同开展“院士专家基层行”活动，邀请中国科学院院士仝小林、中国工程院院士蒋剑春等院士专家82人次，通过线上线下相结合的方式为省内15个市县的96家企业开展宏观指导、技术咨询、学术讲座和实地对接等服务，解决问题需求192项。立足服务创新驱动发展职责，支持省级学会、地方科协、高校科协举办助力吉林高质量发展交流活动19项、第十四届青年科学家论坛项目29项、第六届研究生论坛项目15项。

服务科技工作者 联合省委组织部、省人力资源和社会保障厅、省财政厅开展第十六届吉林省青年科技奖评选工作，评出创新团队奖1个、特别奖3名、青年科技奖30名。联合省财政厅出台《吉林省青年科技人才托举工程管理办法》，开展2020年青年科技人才托举工作，30人入选。推荐的中国工程院院士、吉林农业大学教授李玉获第二届全国创新争先奖状和“全国最美科技工作者”称号。组织科技工作者申报国家奖项，3名科技工作者获第十六届中国青年科技奖，2名科技工作者获第十七届中国青年女科学家奖。完成省科协相关工程系列职称评审工作，290人取得相应资格。

依托国家级科技工作者调查站点，配合中国科协组织开展人才发展及科技工作者状况等专项调查，完成调查问卷5000份。全年向中国科协报送科技工作者调查站点信息45件。

强化正面宣传引导。开展“吉林最美科技工作者”推荐学习宣传活动，结合全国科技工作者日时间节点，集中在媒体宣传报道12位基层一线科技工作者投身疫情防控、脱贫攻坚、科技创新的事迹。

强化对高层次人才的联系服务。开展2020年吉林省院士专家学术休假活动，与吉林籍院士密切联系，沟通服务省外吉林籍院士28位，推进柔性引才工作的开展。

《科学素质纲要》实施和科普工作 召开2020年吉林省全民科学素质工作会议。10月20日，2020年吉林省全民科学素质工作会议在长春市召开。会议学习习近平总书记关于公民科学素质建设和科学普及工作的重要论述精神，总结近期全民科学素质工作情况，部署下一阶段重点工作。省政府副省长安立佳出席并讲话，就做好当前和今后一个时期全民科学素质工作提出要求。

举办主题科普活动。8月14—23日，省科协、长春市科协、长春农业博览园共同主办第十九届长春农博会科普大集活动，围绕宣传贯彻习近平总书记视察吉林重要讲话重要指示精神和省委十一届七次全体会议部署，制作宣传展板，现场并通过网络直播进行专题宣讲11次；开展咨询与对接服务，200余人次专家线上线下接受咨询，集中展示推介农业新技术、新品种、新成果120多个；组织新型职业农民、科技致富能手、科普带头人现场观摩交流和线上交流培训，受益农民群众55万人次。9月19—25日，由省科协等八部门联合主办的2020年全国科普日暨吉林省第十八届科普周活动在全省各地开展，组织科技助力乡村振兴专家服务团59人次，深入省内9个地区19个县（市、区）调研服务；举办省科协大讲堂科普讲座直播、线上专家对接服务会、新型职业农民培训班、科技抗疫成果展、科普“云”课堂、流动科技馆及科普大篷车进校园活动等，指导全省各级科协组织开展各类主题活动227项，针对基层不同受众实际需求进行精准对接服务。12月3日，由省科协、省委宣传部、省农业农村厅、省扶贫开发工作领导小组办公室主办的2020—2021年吉林省科技助力乡村振兴“科技之冬”集中示范活动在长春市榆树市举办，推动专家与基层组织签订科技服务协议，邀请医疗专家深入基层新时代文明实践站开展健康咨询和义诊服务，举办省科协系统科普能力提升培训班，还为基层新时代文明实践中心（所、站）赠送科普图书，为期5个月的全省“科技之冬”活动全面启动。

疫情防控应急科普宣传工作。在科普中国融媒体传播平台开辟专区专栏实时推送应急科普内容，直播频道、点播专区日均收视次数均达百万余次；全省科协系统50余辆科普大篷车深入社区、乡村，累计行驶4.5万千米，宣传时长3000多小时；协调省委宣传部、省民政厅，通过新时代文明实践中心和社区使防疫应急科普工作覆盖城乡。强化科普作品创作开发，编印出版《病毒来了！——新型冠状病毒感染的肺炎预防知识绘本》，自主创作《防疫小讲堂》系列科普音频节目，组织省级学会创作生产图文、音视频等疫情防控科普产品千余种。强化与媒体合作，在省内多家媒体刊发疫情防控科普知识和工作信息，多篇图文被新华网、人民网转载；开办“防疫科普进行时”“‘慧养生，会健康’防疫专家连线”“科协在行动防疫栏目”等专栏，针对不同受众宣传科学防疫知识。在助力复工复产和经济社会发展中，编印《吉林省复工复产企业新冠肺炎科学防控指南》，整理《抗击疫情科技成果汇编》发放给企业，引导企业入驻“科创中国”平台；指导有关省级学会搭建线上学习交流平台，免费为企业提供视频学习资料和技术水平测试；开展“吉林省科协大讲堂——知农云课堂”农业生产线上培训，直接服务农村群众30万余人次。

加强青少年科技教育工作。培养科技创新后备人才，选拔75名高中生入选全国中学生“英才计划”，2名学员受邀参加第三届世界顶尖科学家论坛（2020），选拔300名高中生参加2020年青少年“云上科学营”活动。举办吉林省青少年科技竞赛4次，5691名青少年获省级奖励；推荐吉林省青少年参加全国各类科技竞赛和活动，共获国家级奖励201项。制作“1+X”青少年科普慕课18期并播出，累计点击量16.06万次。组建吉林省青少年科普宣讲团，聘请省内专家学者31人为宣讲团团员；组建吉林省青少年科技竞赛活动项目专家库，邀请409名专家入库。资助5所农村中小学成立青少年科学工作室。

开发科普资源。2020年共开发、整理各类科普资源挂图200余幅、H5资源40个、科普文创作品1件、虚拟现实沉浸式科普体验项目4个。

推进科技馆建设。常设展厅全年接待观众23.8万人次，全省青少年科技创新“云”大赛、流动科技馆线上巡展、科普“云”课堂等线上科普阵地服务公众185.2万人次。为开展综合性实践活动和研究性学习，依据小学校课程标准，研发编写《小学校科技实践课程》一套共6册。举办“光辉典范　永耀苍穹——朱光亚生平事迹展”；自主研发设计并展出“虫动一夏”昆虫科学展、“艺·数”数学趣味展。2020年全省新增5家市县级科技馆，纳入全国免费开放科技馆体系。

实施“吉林省基层科普行动计划”。建设“科普中国”e站132个、“科普中国”电视互动点播频道站点5个，资助农技协和科普示范基地78个。

科普信息化建设。建设省科协科普传播新媒体矩阵，利用微信公众号、微信视频号、微博、抖音等新媒体平台发布关联消息，打破壁垒，协同推广省科协科普工作、科技助力乡村振兴工作、科技馆活动等，在传播内容和受众群体上交叉覆盖，形成互联互动的良性发展。支持吉林省科技工作者、科普爱好者创作，推送内容原创率达44%。

学术交流　9月23—25日，由中国科协、国家新闻出版署主办，省科协、省新闻出版局承办的第十六届中国科技期刊发展论坛在长春市举办。中国科协党组成员、书记处书记吕昭平，吉林省政府副省长安立佳，中共中央宣传部出版局副局长冯士新出席开幕式并致辞。

8月12日，第十一届吉林省科协年会在长春市召开。以“科技助力，乡村振兴”为主题，邀请中国工程院院士李玉、中国农业大学教授李保国作主旨报告，25位农业专家分别在4个高峰论坛上作报告，160万人次通过网络直播参与活动。8月中旬至9月末，吉林省科协年会陆续举办15个分会场活动。

自身建设 持续深化科协系统改革，研究制定《关于发挥“一体两翼”作用，切实增强科协组织活力的意见》，提出突出科技工作者主体地位、夯实“一体两翼”组织基础、发挥“一体两翼”优势作用、强化“一体两翼”工作机制四个方面的具体工作举措，10月30日，经吉林省科协九届六次常委会议审议通过。

省级学会 截至2020年年底，全省共有省级学会、协会、研究会143个；新成立3个，分别为省全科医学学会、省智慧农业学会、省神经科学学会；脱钩1个，为省标准化协会。

省科协副主席、省动物学会理事长、吉林农业大学校长冯江牵头组织申报的“冠状病毒跨种传播的生态学机制是什么”问题，入选2020十大“对科学发展具有导向作用的科学问题”之一。6月29日，围绕该问题，由中国动物学会主办，省动物学会、东北师范大学、吉林农业大学和军事医学研究院军事兽医研究所承办的野生动物疫病与生态安全战略研讨会在线上召开。中国科学院院士、中国动物学会理事长孟安明，中国工程院院士、军事医学研究院研究员夏咸柱出席，吉林农业大学校长冯江作报告。来自国内科研单位、高校的32名专家学者共同围绕动物疫源疫病与人类发展等问题展开研讨。

省光学学会等单位协办中国工程科技“先进光电领域发展趋势与前沿技术”论坛。论坛由中国工程院主办，长春理工大学、北京空间机电研究所、中国科学院长春光学精密机械与物理研究所、吉林大学、中国光学学会、中国光学工程学会承办，包括13位院士在内的400余位光学领域专家学者参加，聚焦光电领域发展趋势分享66个学术报告。

省中医药学会举办2020中国长白山健康论坛，设置开幕式暨主论坛、7个平行论坛、养生文化节、专家座谈会、调研考察等内容，400余人参加，网络直播点击量达57万人次。

省机器人学会举办“RobotDays：教育生态共同体”大型主题系列活动，设立机器人教育生态共同体高峰论坛、青年科学家论坛、第二届吉林省大学生人工智能创新大赛、机器人主题科普活动日、首届吉林省机器人博览会五大版块，探索“人工智能＋机器人”复合型人才培养新模式。

地市县科协 截至2020年年底，全省共有市（州）科协9个、长白山开发区科协1个、县（市、区）科协60个，除长春市朝阳区科协合署办公外，已全部独立建制。

四平市科协建立四平市科技人才信息库，录入各类科技人才456人。通化市科协组织开展科技下乡活动47次，覆盖乡镇43个、村屯332个，受众4.19万人次。延边朝鲜族自治州科协与中国林学会、浙江省宁波市科协、贵州省黔西南布依族苗族自治州科协共同签约组建中国林学会甬黔延林业科技经济联合体，开展科技服务与学术交流、林产品异地交流销售等。

科协基层组织 截至2020年年底，全省共有企业科协309个，其中新成立13个；园区科协17个，其中新成立1个；新发展成立企业科协联合会2个、企业科协联盟1个；高校科协29个，占全省高校总数的46.6%，其中新成立1个；乡镇（街道、社区）科协208个；农技协1366个。

吉林市安瑞克能源科技开发有限公司科协、辽源市万通汽车部件有限公司科协与吉林大学相关学院开展校企合作。

东北师范大学科协承办中国科协学术交流项目——青年科学家科技创新发展规律与创新治理体系主题沙龙暨第二届东北地区环境生态青年学者论坛，邀请中国工程院院士曲久辉、任南琪作主题报告，10位国内专家学者作专题报告，200余名专家学者参加线下会议，13.4万人次通过网络直播参加会议。吉林农业大学科协举办健康中国与养老事业高质量发展高端学术论坛，邀请来自英国、美国、日本及中国的5位专家作主旨报告，10位吉林省内专家在分论坛作交流发言。

长春市双阳区科协，延边朝鲜族自治州珲春市科协、敦化市科协、安图县科协已在辖区内全部乡镇街道建立科协组织，实现基层科协（科普）组织全覆盖，以“三长”为龙头，成立科技志愿服务分队，有效发挥团结引领作用。

吉林省农技协组织开展2020年度吉林省“林农乡土专家”评选，面向基层林农生产经营一线科技人员，分为生产、经营、技能服务、技能带动4种类型，评选出“林农乡土专家”37名。评选工作已连续组织3年，共评选“林农乡土专家”120名。

【第十六届中国科技期刊发展论坛】 9月23—25日，由中国科协、国家新闻出版署主办，省科协、省新闻出版局承办的第十六届中国科技期刊发展论坛在长春市举办。中国科协党组成员、书记处书记吕昭平，吉林省政府副省长安立佳，中共中央宣传部出版局副局长冯士新出席开幕式并致辞。

论坛以“合作共赢、赋能未来——共筑科技期刊发展生态圈”为主题，贯彻落实《关于深化改革，培育世界一流科技期刊的意见》精神，邀请“人民英雄”国家荣誉称号获得者、中国工程院院士、天津中医药大学校长张伯礼，中国科协副主席、中国科学院院士、《中国科学·数学》主编袁亚湘，全国政协教科卫体委员会副主任、科技部原副部长、《光：科学与应用》主编曹健林，中国工程院院士、华东师范大学校长钱旭红分别作主旨报告。会议期间，举办校长对话、高峰论坛、专题论坛、第四届中国科技期刊青年编辑业务大赛决赛、地方交流活动，发布《中国科技期刊发展蓝皮书（2020）》、中国科技期刊发展云展览、高质量科技期刊分级目录试点成果等。来自国内科技期刊相关领域专家学者、从业者300余人线下参加会议，央视网、人民网等平台对论坛开幕式及主旨报告进行网络直播，64万人次在线观看。

【吉林省科技助力乡村振兴专家服务团成立仪式】 6月18日，吉林省科技助力乡村振兴专家服务团成立仪式在长春市举办。省委副书记高广滨出席，中国工程院院士、吉林农业大学教授李玉，省委副秘书长盛效儒，省科技厅、省教育厅、省农业农村厅、吉林农业大学、长春中医药大学、省农业科学院有关领导参加活动。

启动仪式上，与会人员共同学习习近平总书记给袁隆平、钟南山、叶培建等25位科技工作者代表的回信，围绕贯彻落实习近平总书记重要回信精神，开展科技助力乡村振兴专家服务工作座谈交流，李玉等5名专家作交流发言。高广滨作总结讲话，并向吉林省科技助力乡村振兴专家服务团总团长李玉授旗。截至2020年年底，专家服务团成员已达505人，深入8个市（州）的20多个县（市、区）开展活动60余场次，解决生产技术难题22项，培训基层农业技术人员600多人，服务群众达1万余人次。

（撰稿人：任　远）

黑龙江省科学技术协会

服务经济社会发展　助力复工复产，发动企业科协组织开展“学习抗疫英雄，为企业复工复产作贡献”活动，支持学会召开重大传染病疫情防控技术及综合防控策略研讨会、优化中西医结合防治新冠肺炎方案研讨会，举办医务工作者赴湖北抗疫事迹报告会、黑龙江省医疗科技工作者抗疫事迹报告会。

推进科技经济深度融合。推进服务科技创新资源供需对接平台共建共享，全省13个市级、77个县级科协和29个省级、38个市级学会入驻，1454个企业完成注册，631个企业通过认证，注册专家533人。推动七台河市成为科创中国全国首批试点城市，接待中国煤炭学会等8个全国学会组成的“七台河科技服务团”，围绕现代煤化工、石墨及石墨烯新材料、生物和医药三大产业，面向七台河市36个企业开展供需对接合作，梳理出包括科研人才、技术攻关、人才培养、产学研合作4方面共性需求和47个个性需求。齐齐哈尔市科协积极参加“百城千会万企”行动试点，主动导入中国科协学会资源，会同齐齐哈尔高新技术产业开发区与中国机械工程学会、中国科协智能制造学会联合体分别签署框架合作协议。

实施创新驱动助力工程，支持学会和地市、高校科协开展创新驱动助力工程示范项目8个，支持建设学会服务工作站2个。

举办2020年黑龙江省企业创新方法（TRIZ理论）线上培训，3000余人参加培训，累计点击量3.6万余次。支持哈尔滨新区设立黑龙江省首个海智基地，举办工研show——项目融资路演会。

10月24—25日，2020年中国创新方法大赛企业创新方法专项赛黑龙江赛区竞赛在黑龙江省科学会堂举办。大赛决出一等奖项目团队10个、二等奖项目团队20个、三等奖项目团队23个，3个单位获得先进组织奖。

服务科技工作者　规范奖项评选推荐工作。推荐全国创新争先奖候选人10名、全国创新争先奖候选团队2个、中国科协求是杰出青年成果转化奖候选人1名。推荐的张阿漫等7人获第二届全国创新争先奖。推选4名中国科协优秀中外青年交流计划人选。

开展“5·30全国科技工作者日”宣传活动，通过主流媒体宣传表彰全国创新争先奖和省青年科技奖获得者。联合黑龙江交通广播举办百名科技工作者访谈，集中宣传19位科技工作者的优秀事迹。

开展“最美科技工作者”宣传活动，推选中国工程院院士马军等10位候选人，在“学习强国”和“龙江科协”微信公众号进行集中展示。

开展新时代爱国主义教育宣传，在《科协工作》开辟“新时代爱国主义教育”专栏，讲述中国科学院院士、中国工程院院士刘永坦等优秀科学家的爱国奋斗故事，宣传优秀科技工作者的先进事迹，引导科技工作者弘扬新时代爱国主义精神。

《科学素质纲要》实施和科普工作 拓展科普信息化平台和载体，打造科学素质融平台“科普中国”专区、省政府官网科普专栏和黑龙江广播电视台“极光新闻”科学辟谣专栏三大科普信息化平台。建立由人民网等8家媒体组成的科普信息化矩阵。

组织全国科普日、科普之冬、英才计划等科普品牌活动，参与公众超500万人次。扩大科技志愿服务参与覆盖面，科技志愿者达1.7万名、科技志愿服务队433个。新时代文明实践中心试点工作深入推进，覆盖公众达30万人次。

推进全省科协系统青少年科技工作，录制线上青少年科技创新课程视频14个，组织科技教师线上培训4场，培训科技教师419人，开展云上科学营、英才计划云上课堂、科学工作室线上课堂等青少年科普活动8场，共有近5000名青少年和科技教师参与其中。

加强科普基础设施建设。为全省3200个行政村和1000个社区科普宣传栏配送50万张科普挂图，为5个贫困县提供社区科普体验馆，为5个县级科技馆提供科普展教设备。

推进中国特色科技馆体系建设，各科普设施接待公众25万余人次，其中实体馆接待公众13万人次、流动科技馆接待公众10万人次，科普大篷车接待公众2万人次。球幕影院放映152场，观影人数3140人次；4D影院放映249场，观影人数1636人次。完成铁力市、穆棱市、安达市3个县级市的中国流动科技馆巡展任务。

组织全省科协系统党员干部、“三长”410余人下沉社区，开展助力疫情防控科技志愿活动。启动应急科普宣传预案，制作原创防疫科普视频60个、科普挂图50种、海报27幅，编印《新型冠状病毒感染防护60问》7万册、《疫情防控科普漫画》2.8万册、科普宣传单10万张，配发60多个市县，与黑龙江广播电视台、快手等联合开展网上防疫、惠农行动，惠农热线、《黑龙江日报》等媒体公众号发布信息300余条，总阅读量130万余次；组织省级学会开展疫情背景下的健康云课堂科普讲座等科普活动。

学术交流 打造学术交流品牌，举办太阳岛科技论坛系列活动、新发展新理念学术沙龙、小型高端学术研讨活动等17项学术交流活动，围绕疫情防控增加防疫学术研讨会、抗疫英雄座谈会等活动。实施学会能力提升计划，开展科技奖励品牌化等项目13个。指导省医学会、能源环境学会等8家学会开展特色活动。

12月11日，由省科协和国家杂粮工程技术研究中心联合主办的2020国际杂粮产业科技论坛在大庆市举办。日本专家Kiyoaki Kato、巴基斯坦专家Yousaf Laraib、国内专家刘景圣等9位专家围绕杂粮生产加工技术的前沿与趋势作专题学术报告，国内外杂粮领域专家学者就杂粮产业发展瓶颈问题进行研讨。

自身建设 12月4日，召开黑龙江省科协八届五次全委会议，省委副书记陈海波出席会议并讲话，九三学社中央常委、黑龙江省主委，省政协副主席庞达当选为省科协主席。

实施《黑龙江省科协省级学会通则（试行）》，编制学会组织建设工作流程标准化文本，进一步规范学会管理。开展学会基本情况调查，建立学会动态管理台账和电子档案。指导省作物学会成立和省林学会等3个学会换届、省微生物学会等3个学会法人代表人变更。探索学会党建工作“两个覆盖”，进行摸排自查，形成党建工作台账，成立学会党组织92个，共有党员2494名。

提高高校科协覆盖率，高校科协数量达22个。加强企业（园区）科协建设，研究起草企业（园区）科协通则，指导开展规范化建设，全省企业（园区）科协达86个、个人会员达9.8万人。全省13个市（地）和41个县（市、区）出台科协改革方案。佳木斯市汤原县、绥芬河市科协由合署变为独立，鹤岗、黑河、绥化、牡丹江、大庆、伊春、齐齐哈尔7个市级科协和绥滨、依兰、富锦、龙江、海伦等县级科协完成换届，独立建制设党组的县（市、区）科协达28个，36个县（市、区）科协增设兼职副主席。完成所属事业单位改革，由改革前的9家调整为3家。开展《黑龙江省科学技术协会条例》修订立法调研工作。

省级学会 截至2020年年底，全省共有省级学会213个，与2019年持平，其中业务指导省级学会117个、业务主管省级学会96个。

5月29日，省营养学会召开疫情下各行业防疫指南与公众生活科普研究研讨会。参加会议的专家学者围绕“建立健全有效的疫情常态化防控机制”“疫情常态化各行业复工复产防疫”“疫情防控常态化下的应急准备”等主题进行研讨。会后，形成《新冠疫情常态化各行业复工复产防疫工作方案》和《重大传染病疫情传播的时空计量建模与风险预测报告》2份专家建议。

5月30日，省络病学会举办络病理论在防治新冠肺炎中的应用专题学术研讨会。省络病学会理事长、黑龙江中医药大学附属第一医院纪委书记周亚滨，长春中医药大学基础医学院院长张文风分别作报告《仲景治疗咳喘大法》《温病经典方剂解析》。专家们从经典方剂入手，就新冠肺炎的发病特点、病因、发病条件、病机、病性、病位、病势、病情、中医辨证论治原则、诊治注意事项等方面进行分析研讨，提出适合黑龙江省的中医防疫策略及实施方案。

8月22—23日，省糖尿病教育学会举办以“决胜全面小康　践行科技为民”为主题的科普宣传活动，为数百名市民提供测量血压血糖、健康咨询、健康指导等义务服务。

11月30日，省畜牧兽医学会在哈尔滨市举办第三届（2020）哈尔滨国际猪业峰会。峰会以中国生猪发展进程中的主要问题为导向，研究商讨猪业发展大计，打造政产学研媒相融合的交流合作平台，谋划战略目标与战术策略，探讨生猪绿色高效生产模式。

地市县科协　截至2020年年底，全省共13个市（地）科协、县级科协127个。

8月19日，哈尔滨市科协与哈尔滨市农业农村局对接，共商合作助力县域经济发展。双方经协商交流，在推进信息共享、人才培养、项目合作、成果转化、平台共建5方面达成合作意向。

12月8日，黑河科技馆开馆暨中俄青少年科普交流基地揭牌仪式在黑河市举办。中国科学技术馆党委书记、副馆长苏青，省科协党组书记、副主席陶福胜出席揭牌仪式并讲话。黑河市委书记马里，市委副书记、市长李世峰出席仪式。

佳木斯市科协、抚远市科协、抚远市卫生健康委与中国药学会科技开发中心共同支持中国中医科学院医学实验中心与抚远东龙鲟业有限公司合作，进行特产鱼养生食品组方研发，进而支持抚远市发挥鲟鳇鱼资源优势，发展特色产业，六方共同签署《合作框架协议》，组建黑龙江·抚远鲟鳇鱼产业学会联合体。

科协基层组织　全省共有企业科协86个，比2019年增加7个；高校科协22个，比2019年增加1个。

全省各地农技协组织积极参与“科普之冬·助力乡村振兴科技志愿服务活动”。青冈县继东大鹅养殖协会举办为期10天的白鹅养殖技术培训班，全县15个乡镇的234名大鹅养殖户参加培训。嫩江市农技协科技志愿服务队联合市农技、农机、畜牧、林草、水产等志愿服务队深入8个乡镇，举办各类农技培训班8期，培训820人次，利用“科普嫩江”微信公众号推送应急科普6次，受益人数达2万余人次。通河县大果榛子技术协会举办大果榛子实用技术推广培训班，全县80余名榛子种植户参加培训。尚志市中药材协会会长刘德福在农技小院进行在线技术推广，在备春耕期间，每天进行快手直播并进行微信群集中授课，内容涉及平贝、五味子、板蓝根、赤芍、柴胡等中药种植、病虫害防治技术，参与人数3万余人次。

【省科协八届五次全委会议】　12月4日，省科协八届五次全委会议在哈尔滨市召开。省委副书记陈海波出席会议并讲话。会议选举省政协副主席，九三学社中央常委、黑龙江省委主委庞达为省科协八届委员会主席。省科协党组书记、副主席陶福胜作工作报告。会议传达学习党的十九届五中全会精神、省委十二届八次全会精神，听取和审议省科协第七届常务委员会工作报告，并通过相应决议，审议并原则通过《黑龙江省科学技术协会事业发展“十四五”规划（草稿）》。刘德权、孙敢胜、倪红伟、谭久彬当选为省科协第八届常务委员会委员。

【中国科协“科创中国”工作调研组赴黑龙江省调研】　9月21—23日，中国科协党组成员、书记处书记吕昭平率领“科创中国”七台河市挂点工作组和科技服务团部分专家到黑龙江省就“科创中国”试点市建设工作进行调研。吕昭平一行深入七台河市园区、企业进行考察，与企业家们进行座谈交流，了解产业规划布局、企业状况和科技需求，并与省政府及有关部门、有关方面进行对接座谈。省政府副省长徐建国在哈尔滨市会见吕昭平一行。

【《黑龙江省科学技术协会条例》修订工作推进座谈会】　10月23日，《黑龙江省科学技术协会条例》修订工作推进座谈会在省人大常委会机关召开。省人大教科文卫委员会副主任委员高欣，省科协党组成员、副主席刘福出席会议。会议听取被委托团队黑龙江大学法学院关于工作阶段性进展情况、梳理提出的具体问题和建议意见的汇报，研究成立《黑龙江省科学技术协会条例》修订工作领导小组，并通过工作推进方案。

【刘永坦参观黑龙江省科学技术馆并题词】 8月12日，2018年度国家最高科学技术奖获得者，中国科学院院士、中国工程院院士，哈尔滨工业大学教授刘永坦，莅临黑龙江省科学技术馆，完成“国家最高科学技术奖获奖科学家手模”项目工作并参观。刘永坦以“热爱科学，立志成才，为祖国的强大贡献力量”为内容题赠黑龙江省科学技术馆。

（撰稿人：谢　婷）

上海市科学技术协会

服务经济社会发展　以“科创中国”品牌为引领，制订服务科技经济融合发展工作实施方案，实施“科创中国”上海试点培育计划，市区联动开展“科技经济融合发展的区域试点培育研究”项目。推动杨浦区入选“科创中国”全国首批试点，打造以技术交易为核心的科技经济融合样板间。推动30家企业入驻“科创中国”平台，征集企业技术需求50条，组织企业参加国际路演活动8场。

市科协与上海推进科技创新中心建设办公室、市科委、市生态环境局、市经济和信息化委员会、中国航海博物馆、上海辰山植物园签订全面战略合作协议，促进资源共享、协同联动。与江苏、浙江、安徽三省科协共建“长三角助力创新联盟”，推荐16家学会和195名专家加盟。与德勤中国等世界500强企业开展合作，携手打造立足上海、辐射全国、面向世界的“国际科技会客厅”。

新建院士专家工作站（服务中心）61家，新增进站院士专家258名。全市建站464家，76%建在民营中小企业，进站院士专家2656名。启动工作站分类管理，推动工作站实现精细化管理、精准化服务。联合院士专家、专业机构，组建科技创新“在线支援团”和“云服务”实验室，为企业提供“抗疫情稳发展”政策解读、远程技术诊断、专业检验检测、技术委托研发、专利信息推送、人才继续教育、知识产权保护等多元化服务。

市科协专家数据库已收录专家1300余人，年内开展重点课题研究和软科学研究项目21项，举办决策咨询论坛10场。上报市委、市政府《科技建言》《专报》12篇，6篇获市领导批示。协助完成市政协《进一步加强基础研究，不断提高本市创新策源能力》重点课题调研，形成《国际国内双循环理念下，推动长三角创新共同体协同联动发展》等建言。

聚焦脱贫攻坚与乡村振兴，联合上海市对口支援新疆工作前方指挥部、新疆维吾尔自治区科协，开展喀什地区巴楚县干部能力提升培训活动，组织院士专家赴云南省、新疆维吾尔自治区等地送教上门，科技助力精准扶贫。

服务科技工作者　市科协开展第十届上海青年科技英才、第十三届上海市大众科学奖等人才评选表彰活动，优化评选标准，加大奖励额度。成立上海青年科技英才联谊会，进一步推动高层次科技人才交流互动。开展上海市推选第二届全国创新争先奖工作，20人获全国创新争先奖、3人获奖章。完成中国科协求是杰出青年奖成果转化奖上海地区候选人推荐、上海市科学技术奖提名等工作。

市科协举办5·30全国科技工作者日系列活动，组织开展科技信息服务、职称申报受理、继续教育培训、法律咨询服务，发动园区、企业参与线上路演对接交流活动。举办科学会堂草坪音乐会，为科技工作者提供精神文化服务。

市科协与市委宣传部等联合开展上海地区“最美科技工作者”宣传活动，举办北斗精神主题宣讲会，弘扬不断探索、不断创新的科学精神和科学家精神。组织上海30余所高校和科研院所的万名师生线上观看2020年全国科学道德和学风建设宣讲教育报告会。编撰出版《弘扬科学家精神，培育新时代学风——上海科学道德和学风建设的探索与实践》。依托全市49家科技工作者调查站点，征求科技工作者建议130条，开展上海科技工作者状况调查研究，形成《上海科技工作者发展报告（2015—2019）》（蓝皮书）。

推进上海自贸试验区海外人才离岸创新创业基地建设，形成由16个合作空间构成的主体孵化网络，发展境内外机构团体合作伙伴35个。举办2020年海外人才上海自贸区云+创业汇活动，29个国家的622个项目报名参与，遴选60个优质项目实施对接，助力海外人才延揽和科技创新。

《科学素质纲要》实施和科普工作　2020年，市科协系统举办科普活动3443次，受众1281.8万人次；举办青少年科技竞赛125项，参与人数148.4万人次；编写出版科普读物、挂画等154册（套）；注册科技志愿者6247人，科技志愿服务组织203个。

为助力打好科学防疫阻击战，市科协依托中国科协“中央厨房”资源库，整合系统资源，持续开展应急科普工作。统筹网站、微信、微博、数字科普终端等传播渠道，分类精准发布应急科普知识。推出《冠状病毒防治宣传册》电子科普手册。联合全市16个区打造应急科普传播矩阵，推送防疫资讯8000余篇、视频700余部，覆盖受众约1500万人次。举办奇“疫”之旅科普主题巡展、新民科学咖啡馆“抗疫时期的心理援助”系列科普讲座等抗疫主题科普活动。

市科协联合市委组织部深入实施《关于加强党建引领基层科协建设的意见》，研究制定“社区书院”工作机制和建设标准，建立科普经理人队伍，因地制宜打造家门口科学社、科学咖啡馆、科学农家会等，引导优质科普资源、科普服务向基层下沉。自主研发和推广“智慧科普”盒子，全市布点2000多个，利用云计算、大数据等技术手段，实现分类传播和精准推送。

举办2020年上海市“全国科普日”活动，市区两级组织活动2700余项，首次推出“科普全媒体全日大放送（大联播）”。举办“心中的江南”科学与艺术对话活动，网上观看人数超过600万人次。针对不同人群需求，举办解读科学类诺贝尔奖、科技电影周、“谁是王牌诠释者”大赛、“美丽城市”环保创意作品展示展演、阿尔兹海默症宣传周、防范邪教宣传月等活动，进一步扩大科普活动覆盖面和影响力。

市科协联合市科学技术委员会，建立市级学会专题科普活动项目申报机制，资助一批贴近公众需求、社会热点的学会科普项目，25家学会入选。联合市科普志愿者总队，动员学会、基层科协组织等开展科技志愿服务，建立起覆盖全市各区的科技志愿服务管理员队伍和工作群。与联合利华（中国）有限公司等合作开展“清塑行动”，并将其纳入科普惠民项目，通过市、区、社区三级科普网络，推进塑料循环示范社区项目落地，引导公众参与“减塑”行动。与腾讯科技（深圳）有限公司、上海市创展科普发展中心、上海波克城市网络科技股份有限公司等企业开展合作，推出多样化、个性化、品质化的互联网科普产品。

市科协联合复旦大学等高校开展“英才计划”培训，举办第35届上海市青少年科技创新大赛、上海青少年“云上科学营活动”、世界海洋日上海青少年海洋知识传播系列活动、上海市青少年生态环保知识传播系列活动、上海青少年编程追梦营、上海市青少年创意编程与智能设计大赛等活动，助力培育科技创新生力军。

学术交流 2020年，市科协系统举办学术会议活动1111场（其中境内国际学术会议活动41场），参与人数90.2万人次（其中外国学者1147人次），交流论文、报告2.4万篇；主办科技期刊61种，发表文章1.5万篇。

市科协承办第三届世界顶尖科学家论坛，习近平主席向大会致视频贺词。与市经济和信息化委员会联合举办第三届世界人工智能大会，大会首次设立“青年优秀论文奖”，市科协获大会优秀组织奖。

市科协策划举办“病毒演变、进化、传播的基础研究与防治实践”“中医药在新冠肺炎防治中的作用与传承创新发展”“科学与文艺，携手共对疫情新常态”等研讨会，邀请中国科学院院士赵国屏，中国工程院院士闻玉梅、宁光，以及耿美玉、张文宏、吴凡等院士专家交流研讨，单次活动网上关注量超过500万人次。

依托市科协集成电路、人工智能专业委员会，举办2020中国（上海）集成电路创新峰会、2020人工智能与数字化发展峰会，邀请院士专家研判上海重点产业技术和发展趋势。举办“上海科坛”系列活动，围绕“建设国际知识产权保护高地”“数字技术再塑行业新生态”“高质量城市建设与集约型地下工程”等主题，邀请科学家、企业家、金融专家等交流研讨，推动跨学科、跨行业、跨领域学术交流。

市科协第18届学术年会首次移师生产一线，围绕上海石化碳纤维产业发展需求和上海“十四五”产业发展需求，为推动上海石化和金山区新材料产业发展、形成相关创新企业集群和产业集群建言献策。

自身建设 截至2020年年底，市科协共有个人会员31.3万余人、团体会员1.5万余个。

市科协推进“十四五”发展规划编制，持续深化科协改革，优化整合事业单位功能，强化公益性服务性职能。建好“上海科协·网上家园”，为科技工作者和科技社团提供一站式网上咨询和服务。推进网上会史馆建设，获中国科协“最佳网上会史馆组织”称号。

深入推进提升基层科协组织力“3+1”试点，全市 215 个乡镇街道中成立科协组织 184 家，12 个区实现街镇科协全覆盖，覆盖率达 85.6%。

健全完善科技社团“三位一体”党建工作体系，开展“党建引领科技社团能力提升”培训。完成《科技社团党组织覆盖情况及存在问题分析》调研课题，获市委组织部课题评审一等奖。开展星级学会评选表彰，遴选五星级学会 13 家、四星级学会 12 家。

省级学会　截至 2020 年年底，市科协共有市级学会 201 家。完成上海市健康促进协会的团体会员吸纳工作，配合市社会组织管理局完成市铁道学会的撤销工作。

市科协引导支持学会承接政府转移职能，打造科技奖励、科技竞赛、科技展会、团体标准制定、科技人才评价和培养等社会化服务品牌。63 家科技评价机构完成第三方科技评价 594 项。市科协推进学会开展第三方科技评价工作情况报告，《以评价促创新，撬动学会社会化服务新支点》入选《中国科协改革创新案例集》。

各学会积极响应市科协“抗击疫情，守护家园”号召，聚焦社会关切和舆论关注，发挥专业优势和专家资源优势，为打赢疫情防控总体战贡献智慧和力量。市医学会、市医师协会发布《新型冠状病毒肺炎影像学检查诊断与感染控制》等专业指导意见；市建筑学会、市制冷学会对疫情期间各类场所的空调通风措施提出应急处理建议；市净水技术学会开展防疫特殊时期市民饮用水安全调查，科普水处理标准；市药学会就上海药房购买口罩一事向市场监督管理局提出“改为由社区或街道登记发放”建议，得到采纳；市康复医学会发布首个医学领域疫情防控团体标准《新型冠状病毒感染时期康复医疗疫情防控指南》，并与市标准化协会共同开展网上宣传活动；市科普作家协会线上推出“众志成城战疫情”漫画展。

各学会在做好防疫基础上，稳步开展各项工作。区块链技术协会承办 2020 中国（上海）区块链技术创新峰会，会上发布《2020 上海区块链技术与应用白皮书》；市气象学会与江苏、浙江、安徽三省气象学会成立“长三角气象科普联盟”；市健康安全环境研究会承担并完成市政协《长三角一体化下公共卫生事件应对与思考》等课题研究；市地质学会联合上海科技教育出版社、同济大学海洋与地球科学学院举办第十届“低碳杯”上海中学生地球科学知识竞赛活动；市交通工程学会组织开展“云研讨”，指导突发公共卫生事件后的交通应对；市心理卫生服务行业协会联手阿基米德 App 推出心理健康电台；市测绘地理信息学会发布全国首部新型基础测绘团体标准《基于地理实体的全息要素采集与建库》；市标准化协会发布的团体标准《正电子发射断层扫描仪用锗酸铋闪烁晶体》入选首批 10 项“上海标准”，关键技术指标达到国际领先水平。

区县科协　截至 2020 年年底，全市共有区科协 16 个、区级学会 256 个。

黄浦、杨浦、徐汇、虹口区四区科协共同主办第十五届“蓝色浦江”学术年会，围绕“智慧医疗——推进健康中国建设”主题展开研讨交流；浦东新区科协举办“奋进三十载、科创先行者”——纪念浦东开发开放 30 周年科技人物事迹宣讲会；长宁区科协举办“生命之光”第三届国际青少儿艺术科普展；普陀区开展“党建带科建、科普惠企业”主题活动；嘉定区科协召开第四次代表大会；闵行区科协举办“院士专家进校园”系列活动；金山区科协举办“与院士面对面”活动；青浦区科协举办上海国际自然保护周“野趣自然行”生态践行活动；松江区科协举办长三角科普场馆联盟新型冠状病毒科普知识有奖竞答活动；崇明区科协开展新冠肺炎专题线上科普知识竞赛。

科协基层组织　截至 2020 年年底，共有企业科协 181 家、园区科协 34 家、高校科协 12 家、乡镇（街道社区）科协 184 家。

企业（园区）科协和建站单位投身和支援抗疫一线，提供消毒试剂、防护工具、空气净化、体温检测、医学影像、生物制品、疫苗药物研发技术平台，以及工程建设、通信设施、信息系统等物资和设备，捐赠款项及物资价值超过 9000 万元。

各高校科协充分依托学校特色，融合科协和高校双方资源，助力学校和地区科技创新工作。同济大学、东华大学、上海大学、上海工程技术大学、上海电机学院 5 所高校科协加入“长三角助力创新联盟”，推荐 53 位高校专家和 31 项待转化科技成果入库；同济大学成立学生科协，为本科学生进入实验室，从事科研工作提供绿色通道；东华大学科协依托学校从纤维研发到时尚创意的全学科链科技创新，推动学科链与产业链深度融合。

【第三届世界顶尖科学家论坛】　10 月 30 日，由世界顶尖科学家协会发起，上海市委、市政府主办，市科协承办的第三届世界顶尖科学家论坛在上海市召开，论坛以“科技，为了人类共同命运”为主题。国家主席习近平向论坛致视频贺词。上海市委书记李强，中国科协党组书记、常务副主席、书记处第一书记怀进鹏，世界顶尖科学家协会主席、2006年诺贝尔化学奖获得者罗杰·科恩伯格等出席开幕式并致辞。上海市委副书记、市长龚正主持开幕式。开幕式上举办世界顶尖科学家发展基金会揭牌仪式和世界顶尖科学家社区“云启幕”仪式。

论坛采用线上线下相结合方式举办，包括61位诺贝尔奖得主在内的全球300多位科学家参加会议。论坛期间，怀进鹏还与顶尖科学家、少年科技英才分别座谈。中国科协党组成员、书记处书记宋军等陪同出席有关活动。

【万钢对市科协工作作出批示】 2020年，市科协联合上海科技管理干部学院、市科学学研究所、市科技研发公共服务平台等单位，组织开展关于上海科技工作者状况的调查研究，形成《上海科技工作者发展报告（2015—2019）》。

7月28日，全国政协副主席、中国科协主席万钢对报告作出批示，指出报告对上海科技人才的现状和发展方向进行了全面系统的梳理和研究，具有重要的参考价值和示范意义。他肯定市科协在疫情防控和经济社会发展中所取得的工作成效，要求市科协发挥优势、主动作为，抓好“十四五”规划的契机，为提升上海创新策源能力和服务国家战略作出更大贡献。

报告还得到市委书记李强，市委常委、副市长吴清等市领导的批示肯定。

【上海市杨浦区建设“科创中国”试点城市（园区）现场推进活动】 8月25日，上海市杨浦区建设“科创中国”试点城市（园区）现场推进活动在上海杨浦湾谷科技园举办。中国科协党组成员、书记处书记宋军出席并讲话。活动中，中国科协“科技服务团”与杨浦区科协签署《关于共建“科创中国”试点城市的合作协议》；长三角“科创中国”首批试点城市江苏省无锡市科协、浙江省宁波市科协、浙江省嘉兴市科协、安徽省铜陵市科协与上海市杨浦区科协共同发起倡议建立“科创中国”长三角区域创新组织；杨浦区与上海海洋大学共建的海洋科技领域样板间——“中国国际海洋技术交易服务平台”正式揭牌。

（撰稿人：葛繁丽）

江苏省科学技术协会

服务经济社会发展 推动中国自动化学会等6家全国学会与省科协签订战略合作协议，已签约全国学会达34家。积极构建需求导向、服务精准、赋能共生的科技服务体系，推动无锡市列入中国科协首批“科创中国”22个试点城市，会同省工业和信息化厅制定《2020年服务企业科技创新专项行动实施意见》，联合11个全国学会、6个省级学会建立院士协同创新中心，组建31支省级科技服务队，务实推动科技经济融合发展。瞄准突破“卡脖子”关键技术，开展学术交流。

提升科技智库建设水平，苏科创新战略研究院获评省级重点高端智库。进一步认定省综合交通运输学会等10家单位为省科协科技创新智库基地。

积极开展建言献策，全年报送《科技工作者建议》15期，获省领导批示18次，其中省委、省政府主要领导批示3次；报送《科技智库专报》7期，获省领导批示2次。推进省科协调研课题研究，形成《大数据驱动的江苏数字经济发展路径研究》等10余份调研报告和对策建议。特别是2020年新冠肺炎疫情发生以来，围绕民生需求、助力复工复产等专题开展建言献策，其中《关于疫情期间有序推进企业复工复产的对策建议》获省长吴政隆批示。疫情期间，报送各类建议、信息、调研报告等共计130余篇，编发工作简报50期，中国科协刊载38次，居全国前列。省科协抗疫经验做法被中国科协“科技界情况”转发。组织涉医学会、高校科协投身抗疫斗争，召开6次省级学会线上专题学术报告。召开新冠肺炎防控国际合作视频会议，与中国科协欧洲（比利时）海智创新创业基地合作，邀请国际知名病毒研究专家与省专家探讨新冠病毒的防控，推动新冠病毒流行预防与控制国际合作交流。

服务科技工作者 推荐16名个人和1个团队获第二届全国创新争先奖。推荐中国科协求是杰出青年科技成果转化奖、第十七届中国青年女科学家奖、2020年度未来女科学计划候选人20余名。实施江苏省科协青年科技人才托举工程，从189名候选人中产生99名托举人选。

开展2020年江苏省“最美科技工作者”学习宣传活动，评选出薛峰等10名“最美科技工作者”。推进老科学家学术成长资料采集工程，赉德等4位江苏籍院士入选。

召开科技工作代表座谈会，省委常委、宣传部部长王燕文出席会议并讲话，著名科学家代表、一线科技工作者代表等50余人围绕“科技为民　奋斗有我”主题进行深入交流，形成建议上报省委、省政府。

积极开展科技工作者状况调查，完成科技工作者状况和人才发展专项调查问卷1624份。改造提升科技工作者“有形之家”，新建院士之家、省政协科协界委员活动之家、海智之家、学会之家、院士墙等科技工作者服务设施。

承办“我和我的祖国”科学家精神主题展南京站活动，10333人次参观展览。推动南航原创话剧《旋翼人生》纳入科学大师名校宣传工程剧目，组织公演4场，3200人次现场观看、超31000人次网络观看。

实施“科学家精神传播计划”，利用全媒体矩阵，系统宣传报道赵其国等7位院士及陈家振等51位科技工作者的优秀事迹。

《科学素质纲要》实施和科普工作　2020年，全省具备科学素质的公民比例达到13.84%，比全国整体水平高出3.28个百分点，连续六年蝉联全国省份第一。城镇居民具备科学素质的比例为16.06%，高于全国城镇居民水平；农村居民具备科学素质的比例为9.37%，高于全国农村居民的水平。召开省全民科学素质工作领导小组会议，领导小组组长、副省长马秋林出席会议并讲话。开展2006—2020纲要评估检查，编印《江苏省公民科学素质发展报告》。

整合运用社会科普力量，开展抗疫应急科普宣传。累计上线科学防疫资源图文资料110万余字、短视频130个、电子图书和插图600余件，累计发布疫情防控和复工复产信息近5000条，近1.3亿人次阅读。编辑出版的图书《科学战疫——人类与病毒的故事》入选中宣部2020年度全国重点主题出版物，获评全国新时代健康科普作品图书类优秀作品。开发传播“空中课堂”“科学少年班”等在线教育课程。

对23家全国科普示范县进行综合评估，推动全域科普工作任务落地。联合各成员单位办好专题科普活动，举办科普宣传周和科普日活动。全省开展线上、线下科普活动3424项，举办第十三届海峡两岸科普论坛，联合省应急管理厅等单位组织省危化品安全有奖知识线上竞答活动，参与人数超115万次。开展“省安全应急科普环省行”活动，参与人数800万次。

完成“科普云”科普屏改版，扩容线上资源，数据总量达7.03TB，其中自主研发2.46TB。围绕科普成果、科技人物、科技成就展览展示，建成省网上科普展示馆并上线运行。首次在线上举办第31届江苏省青少年科技创新大赛。

编印《战略性新兴产业科普丛书》。组织第十一届江苏省优秀科普作品评选和第六届江苏省科普公益作品大赛，评出获奖作品707件；组织江苏省全民科学素质大赛线上赛，70.5万人次参加；组织2020年度全国农民科学素质网络知识竞赛江苏赛区活动，266.76万人次参赛。制作《大众科学》栏目50期，《科普动视》200期；继续在南京市地铁4号线运营“科学号”专列，取得良好科学传播效果。

加强科普队伍建设。全省注册科技志愿者63321人，居全国第5；科技志愿服务组织1540个，居全国第6；平台发布的科技志愿服务活动数量4732项，居全国第2；创建科技志愿服务平台91个，居全国第一。南京航空航天大学科技志愿服务队和淮安市盱眙县科技志愿服务大队王晓鹏，获2020年全国优秀科技志愿服务队和优秀科技志愿者表彰。全年举办科技志愿服务工作培训班2场，吸引全省3035名骨干参加培训。持续加大科普中国信息员队伍建设，新增科普中国信息员205515人。完成第五批省科技传播专家服务团队建设，聘任首席科技传播专家82人，认定科技传播专家服务团43个。组织“院士专家进基层”活动，在校园、农村、社区、企业、机关开展专题科普活动230场。

开展科普大篷车社会化试点运行，为33套流动科技馆配发展品更新包；争取中央财政补助资金，支持13家科技馆免费向公众开放；开展专业科普场馆扩大开放试点工作，新增14家社会类科普场馆免费开放；争取中国科技馆发展基金会支持，新建5个农村中学科技馆；新评定120家省级科普教育基地，奖补20家优秀科普教育基地；组织年度省科普场馆绩效考评，13家综合性科技馆、11家专业科普场馆获评合格以上等次。呈报《关于将江苏省自然科学技术馆列入省“十四五”国民经济和社会发展规划的请示》《关于江苏省自然科学技术馆筹建工作推进情况的报告》，获省政府主要领导和分管领导批示，明确将省自然科学技术馆列入省“十四五”规划。

学术交流　举办第八届江苏省青年科学家年会，省委常委、宣传部部长张爱军出席会议并致辞。

集聚全国学会高端科技创新资源，举办2020第十四届国际汽车轻量化大会等10余场全国性学术大会，引领带动省级学会举办“会展赛商”一体学术交流活动912场，参加会议人数超64万人次。

创新合作机制，与世界绿色设计组织、中国科协五家海外基地及中国海归创业联盟签订战略合作协议。打造“海智大会”品牌，举办2020南京创新周分会场活动——T20南京－欧洲绿色技术投资峰会暨中国绿色产融（海智）创新论坛、2020国际科学家苏州峰会、第四届中国（连云港）国际医药技术大会、2020南京知识产权国际论坛、第三届太湖（马山）生命与健康论坛、“海外创业者科创中国行”系列活动江苏行活动等品牌活动。

持续开展国际科技连线，举办线上路演24场。完善海智工作体系，放大苏州市国家级离岸基地示范效应，指导南京市成功申报国家级离岸基地。大力推进省级离岸（海智）基地建设，组织开展省级基地评估，推动完成时序目标任务。

发挥民间科技交流优势，举办2020海峡两岸暨港澳青年创新创业训练营和第六届苏台青少年科技创新创意大赛。全年有8个项目列入国务院台湾事务办公室、省台湾事务办公室对台湾地区交流重点。

自身建设 持续深化“不忘初心、牢记使命”主题教育成果，全年组织专题学习教育14次，其中研讨交流7次，3640人次参加学习。

召开全面从严治党工作会，印发《关于贯彻落实省委“三项机制”的实施办法》，制定《2020年省科协党的建设工作要点》《2020年省科协党建工作三级责任清单》《2020年省科协党的建设年度成效考核办法》等党建制度规范性文件。全力配合和支持省委第二巡视组对省科协的政治巡视工作，针对巡视反馈的49个具体问题制定的81条整改措施全部取得明显成效。

全面加强学会党建规范化建设，出台《省科协所属学会理事会党建工作领导小组工作规则（试行）》《科技社团党委年度成效考核办法》等制度。

省级学会 截至2020年年底，全省共有省级学会151个。规范学会运行，指导学会厘清与支撑单位的权责关系，提升自主办会水平。推进学会秘书处“两化”建设，省级学会共有秘书处工作人员561人，其中社会招聘工作人员205人、职业化秘书长15人。完善学会综合能力评价体系，指导省级学会加强自身建设。

地市县科协 截至2020年年底，全省设区市科协13个、县（市、区）科协95个，全省注册科技志愿者63321人。全部95个县（市、区）科协中独立建制的83家，占比87.4%；无锡、常州、南通、连云港、淮安、盐城、镇江、泰州、宿迁9个市所属县级科协全部独立建制。县级科协设立党组的64家，占比67.4%。县级科协领导班子成员进入同级人大或政协常委会的64家，占比67.4%。全省县级科协全部出台《“4+1”工作实施方案》，县乡村三级科协吸纳“四长”1.5万名，各级科协以党建带群建为抓手，积极融入“两个中心”建设，充分发挥“四长”作用。

科协基层组织 全省乡镇、街道科协1111个，企业科协4063个，高校科协94个。市县两级农技协覆盖面分别达到69.2%和42.1%，高校科协覆盖56.3%的省内高校，企业科协覆盖全省11.2%的规模以上企业和高新技术企业，接长科协工作手臂。

【2020年全国科普日江苏省主场活动暨第十三届海峡两岸科普论坛】 9月25日，2020年全国科普日江苏省主场活动暨第十三届海峡两岸科普论坛在南京市开幕，省委副书记任振鹤出席开幕式并讲话，省科协党组书记、副主席孙春雷主持开幕式，来自海峡两岸科技、科普界的近200名专家学者参加现场活动。开幕式上，为第六届省科普公益作品大赛获奖作品颁奖，为省优秀科普教育基地授牌，为第五批省首席科技传播专家颁发聘书，启动2020—2021年度江苏省全民科学素质大赛线上赛。

【全国科技工作者日活动江苏主场活动】 5月29日，2020年全国科技工作者日江苏主场活动在南京市开幕。省科协召开科技工作者代表座谈会，就进一步做好科技创新工作听取意见和建议。省委常委、宣传部部长王燕文出席会议并讲话。省政协副主席、党组副书记阎立，省委副秘书长、省委党建办主任尹卫东，中国科学院院士、省科协主席陈骏，中国科学院院士常进，中国工程院院士欧阳平凯、缪昌文、沈洪兵，省委组织部、省政协科技委、省科技厅、中国科学院南京分院等有关部门领导，以及省政协第十二届科协界委员、第二届全国创新争先奖获得者、新冠肺炎疫情防控专家、省青年科技奖获奖者、省科协托举工程资助对象、基层科技工作者代表参加会议。会议由省科协党组书记、副主席孙春雷主持。专家学者结合自身工作，围绕“科技为民 奋斗有我”主题开展座谈交流，为推动高质量发展、投身“强富美高”

新江苏建设新征程建言献策。会上，“院士之家”“省政协科协界委员活动之家”揭牌。

【第八届江苏省青年科学家年会】 11月27日，第八届江苏省青年科学家年会在南京市开幕，大会由省科协联合南京大学、东南大学等21所高校共同举办。省委常委、宣传部部长张爱军出席大会并讲话。省科协党组书记、副主席孙春雷主持会议。本届年会执行委员会成员，2020年江苏省“最美科技工作者”荣誉称号获得者，第五届江苏省科协青年会员创新创业大赛获奖代表，各省级学会、高校科协、地市县科协代表等近500人参加会议。

【省全民科学素质工作领导小组会议】 5月11日，省全民科学素质工作领导小组会议在南京市召开。会议总结交流2019年以来省全民科学素质工作情况，研究部署下一阶段重点任务。副省长、领导小组组长马秋林出席会议并讲话。领导小组副组长，省科协党组书记、副主席孙春雷主持会议，并向会议汇报全省实施《全民科学素质行动计划纲要》的进展情况和2020年重点工作安排建议。省全民科学素质工作领导小组成员单位负责人、联络员，省科协相关部门和直属事业单位负责人参加会议。

【2020年全国科技活动周暨江苏省、南京市第32届科普宣传周主场活动】 8月23日，2020年全国科技活动周暨江苏省、南京市第三十二届科普宣传周主场活动在南京科技馆举办。本次活动的主题是“科技战疫、创新强国”，由省科协、省委宣传部、省科技厅、省卫生健康委员会、中国科学院南京分院以及南京市科协、市委宣传部、市科技局、市卫生健康委员会联合举办。副省长马秋林，中国科学院院士、省科协主席陈骏，省科协党组书记、副主席孙春雷，中国科学院南京分院分党组书记朱怀诚，省卫生健康委员会副主任、省中医药管理局局长朱岷，省科协副主席徐春生，南京市副市长沈剑荣等出席开幕式。

【2020（第十四届）国际汽车轻量化大会暨展览会】 9月22日，2020（第十四届）国际汽车轻量化大会暨展览会在扬州国际展览中心开幕，大会由中国汽车工程学会、汽车轻量化技术创新战略联盟、省科协、扬州市人民政府主办。副省长马秋林，中国科协党组成员、中国科技馆馆长殷皓，中国工程院院士、中国汽车工程学会理事长李骏，扬州市委书记夏心旻致辞。中国科学院院士、大连理工大学原校长程耿东，中国工程院院士、北京科技大学钢铁共性技术协同创新中心主任毛新平，省科协党组书记、副主席孙春雷，中国汽车工程学会常务副理事长兼秘书长张进华，扬州市市长张宝娟等领导参加活动。

【第四届中国（连云港）国际医药技术大会】 11月6日，第四届中国（连云港）国际医药技术大会在连云港市开幕。大会以“聚力医药创新・扬帆中华药港”为主题，由连云港市人民政府、省科协、省药品监督管理局联合主办。全国政协副主席、农工党中央常务副主席何维通过视频致辞。全国政协教科卫体委员会副主任、中国药学会理事长孙咸泽，省政协副主席周健民为大会致辞。省科协党组书记、副主席孙春雷等主办单位领导和院士专家共同为大会揭幕。连云港市委书记项雪龙致欢迎词。连云港市委常委、常务副市长胡建军主持开幕式。中国科学院院士、国家重大科技专项“重大新药创制”技术副总师陈凯先，中国科学院院士、华中科技大学同济医学院附属同济医院外科学系主任陈孝平，中国工程院院士、南京医科大学校长沈洪兵等专家学者出席会议并作主旨报告。

【第三届太湖（马山）生命与健康论坛】 11月21日，第三届太湖（马山）生命与健康论坛——2020精准医疗创新发展大会在无锡市举办。中国药学会理事长、十三届政协教科卫体委员会副主任孙咸泽，无锡市委书记黄钦，中国工程院院士、北京大学党委常委、常务副校长詹启敏，省科协党组书记、副主席孙春雷等出席开幕式并致辞。论坛以“聚焦精准医疗，服务健康中国”为主题，围绕精准预防、精准外科、肿瘤、心血管等多领域进行分享与研讨，旨在推进江苏省精准医疗创新创业、融合发展，为专家院士、医疗机构、知名企业搭建一个交流合作的平台，助力未来更多的新药、医疗器械的精准面世。

【2020南京海智国际知识产权论坛】 11月19日，2020南京海智国际知识产权论坛在南京市江北新区举办，论坛由中国科协海智计划办公室、省科协和南京市江北新区管理委员会联合主办。第十三届全国政协常委、国际核能院院士张勤应邀作主旨报告。省科协党组书记、副主席孙春雷，中国科协海智计划办公室代表邱爱军，南京市江北新区管理委员会副主任陈潺嵋出席会议并致辞。中国民营科技促进会常务副会长盛小列、南京市科协党组书记朱军出席论坛，省市海智（离岸）基地负责人、南京市江北新区科技企业、机构代表等近100人参加论坛。

【第十七届长三角科技论坛】 8月29日，第十七届长三角科技论坛在浙江省湖州市长兴县开幕，论坛由江苏、浙江、上海、安徽三省一市科协和湖州市委、市政府共同主办。省科协党组书记、副主席孙春雷出席开幕式。中国工程院院士潘云鹤、郑裕国、缪昌文，中国科学院院士杨玉良、杜江峰等近30位院士和近百名来自三省一市的专家学者参加会议。开幕式后举办主旨报告会，中国科学院院士杨树锋主持报告会，郑裕国、缪昌文、杜江峰三位院士以及华东师范大学教授杜德斌分别就长三角区域的生物制造产业、科技创新、量子通讯和量子计算、科技引擎培育进行交流发言。

【第32届江苏省中小学生金钥匙科技竞赛团体赛颁奖仪式】 12月27日，第32届江苏省中小学生金钥匙科技竞赛团体赛颁奖仪式在南京科技馆举办，本次竞赛由省教育厅立项，省科协、省文明办、省科技厅主办。中国工程院院士赉德，省科协党组书记、副主席孙春雷，省教育厅副厅长顾月华，省文明办副主任公永刚，省科协党组成员、秘书长周景山等领导出席颁奖仪式，孙春雷代表主办单位讲话。

【智能制造暨第二届柔性机械电子产业化国际论坛】 10月27日，智能制造暨第二届柔性机械电子产业化国际论坛在镇江市扬中市举办。论坛由中国机械工程学会、中国电机工程学会、省科协、江苏大学联合主办。论坛邀请到中国工程院院士单忠德、罗安等专家作主旨报告。省科协党组书记、副主席孙春雷，镇江市委常委、宣传部部长孙晓南等领导出席论坛开幕式和有关活动。

（撰稿人：王　亮）

浙江省科学技术协会

服务经济社会发展　举办2020世界青年科学家峰会，联合国秘书长安东尼奥·古特雷斯向峰会致信。全国政协副主席、中国科协主席万钢，中国科协党组书记、常务副主席、书记处第一书记怀进鹏等领导同志出席，12位诺贝尔奖、沃尔夫奖获得者，110余位中外院士，125个国家、地区和国际组织的800名代表参加开幕式。峰会累计签订战略合作协议8项、落地高能级创新平台15个、引进领军型人才创业项目136个。中央电视台《新闻联播》对峰会进行报道，《人民日报》《光明日报》等80余家中央、省级主流媒体刊发峰会各类宣传报道700多篇，全网阅读量超2亿次。

打造“科创中国”浙江样板间。推荐宁波市、嘉兴市成为全国试点，选取温州市、湖州市德清县、杭州市余杭区等作为省级试点。承办2020中小企业数字经济全球论坛浙江分论坛、“海外创业者科创中国行”等大型活动。启动“全国学会智汇浙江”行动，全年对接全国学会125家次、学会专家1450余人次，促成20余家全国学会与浙江省相关单位建立战略合作，帮助200余家企业建立专家联系直通渠道。新增杭州临平新城、义乌信息光电高新区等4家中国科协海智计划工作基地，新建市级以上学会服务站81个、科技经济融合型研究院32个、学会产业协同创新联合体18个、产业创新服务中心20余个。

强化应急科普服务疫情防控和复工复产。打造融媒体联盟应急联动机制，推出“科学+战疫”应急科普品牌，累计发稿2万余篇、阅读量6.86亿人次。省心理卫生协会开通“暖心行动”心理咨询服务等4条热线1个平台，省健康促进与教育协会组织专家编写《新型冠状病毒感染的肺炎预防手册》，全省累计成立科技志愿服务组织700余个，9万名科技科普志愿者参与疫情联防联控。推出“We+抗疫暖企云服务平台”，免费开展17场企业云培训活动。深化“千名专家进万企”活动，组建数字经济、生物医药、装备制造等11个科技服务团，走访调研企业4635家，组织专企对接5057次，帮助企业解决难题2075个，达成合作项目476个。

组建之江科技智库，首批确定49位院士专家任智库学术委员会委员，浙江大学中国科教战略研究院等19家机构为智库研究基地。发挥《科技工作者建议》专报作用，多篇建议获得省委、省政府领导批示。联合智库基地协同举办2020年度全国高等院校大学生乡村规划方案竞赛，打造乡村振兴示范基地。组织16批次专家科技下乡巩固帮扶结对乡奔小康成果，建立特色农业创新驿站。联合浙江大学、浙江农林大学、浙江海洋大学等高校成立5家“科技小院”。举办第三届浙江省中西部乡村振兴战略论坛，成立乡村振兴科技人才联合会，组织农业专家开展科技帮扶贵州省黔西南布依族苗族自治州、吉林省延边朝鲜族自治州工作。

服务科技工作者　举办“全国科技工作者日”系列活动，组织开展寻找“科技追梦人”活动。完成第四次浙江省科技工作者状况调查，启动科技志愿服务创新试点“潮起钱塘、智惠浙江”行动。组织全省50余所高校和科研院所、3万余名师生参加科学道德和学风建设宣讲教育活动。

开展科技人才培育举荐工作，联合省科技厅、省人力资源和社会保障厅推选第二届全国创新争先奖先进个人，李兰娟、蔡秀军、严建华等8位浙江省的院士专家获奖。联合浙江大学、之江实验室、阿里巴巴集团控股有限公司等12家单位发起成立浙江省青年高层次人才协会。面向35周岁以下优秀青年科技人才实施“育才工程”，20位青年科技工作者入选年度“育才工程”资助培养名单。开展“三百”举荐活动，在全省2275家企业科协中举荐表彰100家优秀企业科协、100位优秀企业科协工作者、100位优秀企业科技工作者。组织省内知名创新创业教育专家赴企业、高校等开展“双创”报告团巡讲活动。举办浙江省2020年农民科学素质网络竞赛，浙江省在全国农民科学素质网络竞赛全国排名中位列第四。完成省科技会堂改造提升，全年承办各类会议220余场，服务科技工作者6000余人次。

《科学素质纲要》实施和科普工作　推动省政府办公厅正式印发《浙江省提升全民科学文化素质行动计划（2020—2025年）》，提出到2025年建成科技文化强省。推动《浙江省科学技术普及条例》列入省人大常委会立法计划。举办首届浙江科技文化论坛，与省社会科学界联合会共同开展“科技文化建设”省级社科规划专项课题，并纳入省级哲学社会科学规划课题。完成纲要“十三五”实施工作评估，全省公民具备科学素质比例达13.53%。

开展青少年五项学科竞赛，浙江省代表队获得全国竞赛金牌67块，金牌总数并列全国第一。32人入选国家集训队，其中8人入选国家队，入围人数居全国第一，代表中国参加2020年国际五项学科奥林匹克竞赛，获得信息学、数学、生物、化学等8块金牌。

开展科学传播融媒体联盟“提升年”系列活动，网易科普直播总人数超1260万人次。浙江省2020年全国科普日主场活动吸引620万人次网络观众参加，《加油！科学+》科普剧全省巡演39场，科普益智竞赛《冲刺！科学+》参与人数超过28万人次。聚焦“防诈骗”等社会问题的农村科普小剧进驻文化礼堂，原创科普动漫《百变小加之小加向前冲》入选“典赞·2019科普中国”十大网络科普作品。围绕前沿科技和社会热点编撰浙江科学文化素质丛书，《科学24小时》杂志年发行量近百万份。

学术交流　8月29日，举办第十七届长三角科技论坛。郑裕国、廖昌文、杜江峰、杜德斌4位院士分别就长江三角洲区域的生物制造产业、科技创新、量子通信和量子计算、科技引擎培育四个方面进行主旨报告。组织召开长三角区域一体化院士专家恳谈会，中国工程院院士潘云鹤、俞梦孙，中国科学院院士杨玉良等院士专家聚焦数字经济、生命健康、绿色生态、新能源材料等领域为党委政府科学决策提供高质量建议，近500名科技工作者和企业家代表参加开幕式及主旨报告会，3000余名科技工作者参加分会场活动。

深化“浙江院士之家”建设，首批8家试点单位正式授牌成立。全省全年共邀请进家院士357名，举办院士行活动156次，引进项目合作150项、科研成果转化35项、关键技术攻关123项、决策咨询262项。落实中央管理规范要求，全省共保留198家院士工作站，其中省级站87家。与中国国际科技交流中心联合开展“国际学术交流中心”建设，首批确定5家试点单位。

自身建设　组织开展全面从严治党工作暨警示教育月活动，扎实推进“建设清廉机关、创建模范机关”。实施党支部建设提升工程，常态化开展党章党规党纪学习教育。以“党建强会”推进各级学会党的建设，实现省科协业务主管省级学会党的组织和党的工作全覆盖。

“网上科协”建设完成二期建设，正式上线“科学汇”App，服务平台专家库收录副高技术职称以上行业专家1400余名，对接省内各类企业用户100余家。推进科协机关政务信息化，推广浙政钉2.0平台。强化信息报送及信息员队伍建设，组织政务信息专题研讨培训班。

推荐台州市、衢州市、嘉兴市等地为中国科协第二批深化改革工作试点城市，探索“三长”领衔制，开展“十百”计划评选。实施学会能力提升工程，遴选17家学会作为全国一流学会创建试点。深化省科协事业单位改革，完成所属事业单位“三定”方案修订、岗位优化设置、人员调配和资产划转，出台规范事业单位干部人事管理的实施意见。

省级学会　截至2020年年底，全省共有省级学会（协会、研究会、促进会）178个、团体会员9381

个、个人会员 25 万人。

省心理卫生协会组织 100 多位专家组建疫情防控心理咨询义诊平台，累计提供心理咨询服务接线时长超 29000 分钟，拍摄心理科普短视频累计播放量超 2000 万次，提供直播讲座 10 场、培训 15 场，受益人数超 300 万人次。

省医学会举办呼吸系病学术大会，会议针对新冠肺炎疫情防控开展专题讲座，邀请中华医学会呼吸分会主委瞿介明教授、副主任委员曹彬主任、华中科技大学同济医学院附属同济医院赵建平教授就新冠肺炎的病理生理致病机制、不同表型的治疗策略等重点问题进行交流。中日友好医院翟振国教授针对新冠肺炎的凝血相关问题作大会报告。线上线下参加会议人数超过 5000 人。

省水利学会举办 2020 科技治水峰会，中国工程院院士王浩、中国科学院院士刘昌明分别作特邀报告。会议设置“美丽河湖”建设向“幸福河湖”迭代升级主题论坛、“幸福河湖，科技助力”科技治水峰会、“浙江水利十四五高质量发展”专家沙龙等活动单元，全省水利科技工作者 400 余人参加会议，省内外近 30 家企事业单位展示水利新技术成果。

地市县科协 截至 2020 年年底，全省共有市、县科协组织 100 个。

杭州市科协举办第十五届海外英才杭州项目对接会，90 多个海外英才项目在会上展示，纳肽得生物医药、髋关节置换手术机器人、北斗和 5G 新型运载级无人机等 6 个项目进行现场路演。

宁波市科协开展 2020 年科学家精神主题展全国巡展活动，线上线下 7 万余人次参观，中国科协名誉主席韩启德出席宁波科学家精神研究与宣传座谈会。温州市科协引入 443 位高层次人才落户签约，其中博士以上全职到温州市工作 338 名，柔性引进 16 位院士、55 名领军人才、94 名博士与温州市企事业单位开展挂牌揭榜、技术攻坚。嘉兴市科协推进科教融合试点，设立“嘉兴市青少年科技创新市长奖”，认定首批科教融合试点学校 27 所、科教融合开放实验室 3 个，聘任“英才计划”试点工作导师 20 名。台州市科协探索开展“三长”领衔制，首批征集“三长”领衔示范项目 17 项，其中“医院院长”项目 6 个、“学校校长”项目 4 个、“农技站站长”项目 7 个。

科协基层组织 截至 2020 年年底，全省共有乡镇（街道）科协 1340 个、村（社区）科协组织 24966 个、企业科协 2455 个、园区科协 91 个、高校科协 67 个、农技协 875 个。

【2020 世界青年科学家峰会】 10 月 18—19 日，省人民政府与中国科协联合主办的 2020 世界青年科学家峰会在温州市举办。联合国秘书长安东尼奥·古特雷斯向峰会致信，对峰会参会者“为建设一个更加包容、公平、可持续与和平的未来所作的贡献”表示感谢。峰会共举办 14 项核心活动和 15 场延伸系列活动。开幕式上颁发第十六届中国青年科技奖。峰会期间召开全球青年科技领袖圆桌会，发布《2020 世界青年科学家峰会温州宣言》，并将 2020 大学创业世界杯全球总决赛和国际“金属杯 2020 金色赛季”总决赛引入温州市。峰会引进中国科学院大学温州研究院、浙江大学温州研究院、科思技术（温州）研究院等 37 家高能级创新平台和北斗产业基地、中国眼谷、大唐 5G 全球创新中心等一批标志性创新项目。峰会期间 84 个重大科创项目签约落地浙江省，数字经济、生命健康、新材料、智能装备等战略性新兴产业项目占比超 2/3。

【浙江省青年高层次人才协会成立大会暨首届之江青年高层次人才学术论坛】 2020 年，省科协联合浙江大学、西湖大学、中国美术学院、浙江清华长三角研究院、之江实验室、温州医科大学等单位，共同发起成立浙江省青年高层次人才协会。首批入选会员 287 名，均具有博士学位或正高职称，其中获得国家科学技术进步奖、中国青年科技奖等国家级科技和人才奖励和荣誉的有 77 名，获得省级科技和人才奖励和荣誉的有 182 名。5 月 25 日，浙江省青年高层次人才协会成立大会暨首届之江青年高层次人才学术论坛在杭州市举办。成立大会上，省委常委、组织部部长黄建发和省政协副主席周国辉为浙江省青年高层次人才协会揭牌。大会宣布协会第一届常务理事会选举结果，省科协副主席、计算机信息安全专家范渊当选为首任主席。在学术论坛上，中国工程院院士、温州医科大学校长李校堃，中国美术学院副校长高世名分别作专题报告《潜心研究 30 载探索“生长因子”之秘》《人工智能与艺术智性》。

（撰稿人：耿　介）

安徽省科学技术协会

服务经济社会发展 服务科技经济融合发展。推动铜陵市“科创中国”试点市建设，组织 15 个全国、省级学会51名专家赴铜陵市开展科技服务，联合中国科协学会服务中心等单位举办中国（铜陵）先进结构材料产业高质量发展与城市创新资源配置高峰论坛。面向市、县征集146项产业发展需求和产业链技术需求，组织相关省级学会积极对接。组织百余名专家深入园区、企业开展技术对接，帮助解决企业技术难题60余项。协调中国宇航学会、中国航空学会、中国核学会和中国电子学会加入安徽省电缆产业协同创新联合体。组建机器人产业（芜湖）学会企业联合体。成立硅基新材料产业技术创新战略联盟、铜基新材料产业联合体。

助力长三角一体化高质量发展。落实上海、江苏、浙江、安徽三省一市科协《关于服务长三角一体化发展战略合作框架协议》，牵头成立长三角科技志愿服务联盟，参与组建长三角助力创新联盟，组织参加第十七届长三角科技论坛。11月7日，牵头举办2020长三角一体化院士论坛暨第三届安徽院士创新发展论坛，24位院士参加。

搭建对外创新合作平台。加强海智基地建设，举办67场专题性引智对接活动，签署各种合作协议42个，洽谈项目138项，引进人才76人。推进合肥国家海外人才离岸创新创业基地建设，新增8个海外服务站，举办海外人才资本项目对接会、中澳海外项目路演对接会等33场对接活动。

推动科技智库建设。2020年，新增省老科技工作者协会为省科协创新智库研究基地，研究基地总数达到7个。建立省科协决策咨询专家库，出台省科协决策咨询专家库管理办法，聘任84位专家。编报10期《安徽省科技工作者建议》，获省领导批示3次，1篇被省直有关单位采纳。向省政协第十二届三次会议提交《关于设立安徽省科学传播专业职称的提案》。开展2020年安徽省科技工作者建议征集评选，表扬11个优秀建议和4个优秀组织单位。

科技助力精准扶贫。组织36个农技协、3000余名科技专家到扶贫一线开展农业实用技术培训和新技术、新品种推广服务。履行定点帮扶职责，支持六安市霍邱县和叶集区洪集镇唐畈村实施科技助力精准扶贫项目。制作安徽省科技助力精准扶贫成果展并亮相2020年全国科普日安徽省主场活动。邀请4名专家赴西藏自治区山南市开展农作物种植栽培、绵羊选育养殖技术培训。

服务科技工作者 举荐优秀科技工作者。1人获得全国创新争先奖章，3人获奖状；6人获得第十六届中国青年科技奖，其中1人获特别奖（全国共10人）、1人获2020年全国“最美科技工作者”称号（全国共10人）、1人获第二十三届中国科协求是杰出青年成果转化奖（全国共10人）。评选表扬省科协系统新冠肺炎疫情防控工作30个先进集体和60名先进个人。

宣传科技工作者。开展“江淮科技英才”系列宣传活动。联合省委宣传部等单位在全省开展2020年“最美科技工作者”学习宣传活动，授予10人“2020年安徽省最美科技工作者”称号，通过中安在线、《安徽日报》、安徽广播电视台等主流媒体向社会发布。联合省委宣传部集中宣传安徽省第二届全国创新争先奖获得者。

实施青年科技人才托举计划。制定《安徽省科协青年科技人才托举计划试点方案》，遴选10家省级学会托举10名青年科技工作者，组建培养专家团队10支共36人、培养导师10人。

密切联系服务科技工作者。组织开展“全国科技工作者日”安徽省活动，时任省委副书记信长星，省政协副主席、省科协主席韩军等省领导走访看望科学家代表和一线科技工作者；5月30日，召开“科技为民 奋斗有我”安徽省科技工作者座谈会。落实省科协领导干部联系服务省级学会、专家等制度，全年累计联系服务省级学会257人次、专家235人次，办结基层意见建议50件。建立省科协常委、委员、代表微信群，开设省级学会审批事项网上办理平台。依托17个全国科技工作者状况调查站点上报有效信息68篇，及时反映科技工作者意愿诉求。

《科学素质纲要》实施和科普工作 推进《科学素质纲要》实施。履行全民科学素质纲要实施工作办公室牵头单位职责，完成省政府对各市政府2019年度全民科学素质考核工作。开展“十三五”纲要实施情况总结评估，协调推动各地各部门开展科学素质提升行动。中国科协调查显示，2020年安徽省公民具备科学素质比例达到10.8%，首次超过全国平均水平，居全国第10位。

打造科技志愿服务品牌。印发《安徽省科协关于健全全省科技志愿服务体系 扎实开展新时代文明实践中心科技志愿服务工作的通知》，将科技志愿服务工作纳入省政府对各市政府目标管理绩效考核。组织开展“科普惠民乡村行”“智爱妈妈行动”“农村少儿爱科学”系列活动1500场次。安徽省科技志愿服务专家团全年开展科技志愿服务101场次，覆盖全省16个市及60%的县（区），受众1.3万人次。邀请10位专家通过科学加、今日头条等平台开展线上讲科普直播活动，观看人数近26万人次。安徽省科技志愿者组织数量、开展科技志愿活动数量位居全国第一，注册科技志愿者人数、志愿项目数量位居全国第二。

开展各类科普活动。9月19日，2020年全国科普日安徽省暨合肥市主场活动在中国科学院合肥物质科学研究院举办，省委常委、常务副省长邓向阳，省政协副主席、省科协主席韩军等省领导出席活动。全省500多家单位共举办科普活动9114项，受众超5000万人次。全省44个单位被中国科协评为全国科普日优秀组织单位，位居全国第一。50个活动被评为优秀活动，位居全国第一。举办“百名专家乡村学堂讲科普”149场次，受益学生5.7万人次。联合省关心下一代工作委员会开展“科技点亮未来——青少年科普教育走进广德活动”。安徽省科技馆共接待观众18万人次，开展各类科普活动250余次。命名89个省级示范农技协、100个科普示范社区、84个省科普教育基地。全省37辆科普大篷车开展活动187场次，社会公众10万余人次参与。17套中国流动科技馆展品在全省开展2轮巡展，受益群众500万余人次。

推进科普信息化建设。推动将科普中国e站纳入社区、村综合性文化服务中心建设，按照“六有”标准共建成科普e站1169个。依托科普中国e站，各级科协和科技志愿者开展线上线下活动近2万次，公众点击量逾百万人次。“科普中国”的权威科普资源上线安徽卫视《超级新闻场》栏目。加强“科普安徽”平台建设，发布科普文章、视频8500篇（个），阅读量达51万余人次。

举办各类青少年科技竞赛。联合省教育厅、团省委举办第十一届安徽省百所高校百万大学生科普创意创新大赛，全省共有72所高校3015名大学生注册报名参赛，提交参赛作品2139件，共评出优秀科普作品奖特等奖1件，一等奖13件、二等奖28件、三等奖80件。举办2020年安徽省青少年科技创新大赛，共评出一等奖33项、二等奖76项、三等奖102项。主办第七届全国青年科普创新实验暨作品大赛安徽赛区比赛。

开展疫情防控应急科普宣传。安徽省17万名科普信息员转发科普中国和科学辟谣平台权威科普知识超1120万次，位居全国第一。开展线上新冠肺炎应急科普知识竞答，全省累计超220万人次参与。组织动员全省各级学会制作科普读本、视频，编写建议书、倡议书，积极开展复工复产、建言献策、心理援助等工作，为全省一个月控制住疫情蔓延、三个月取得决定性成果作出积极贡献。

学术交流　实施省级学会学术会议支持计划。重点支持39家省级学会举办学术交流会议。举办积极践行习近平总书记“绿水青山就是金山银山”科学论断发表十五周年座谈会、2020年长三角区域一体化暨中部六省光电与人工智能论坛暨安徽省光学学会2020年学术年会、首届“气象科技创新高峰论坛”暨“第八届淮河流域暴雨·洪水学术交流研讨会”、第八届安徽畜牧业可持续发展论坛暨非洲猪瘟常态化与畜禽高效养殖大会等一批学术会议。联合中国科协学会服务中心等共同举办第二届中国（无为）电缆产业科技创新协同发展高峰论坛。

自身建设　全面加强党的政治建设。建立决策前学习习近平总书记重要讲话和有关重要论述的制度机制。落实《省科协贯彻落实加强党的政治建设有关文件的措施》，常态化开展“三查三问”。坚持把政治标准作为第一标准，出台贯彻落实全国党政领导班子建设规划纲要措施，制定省科协领导干部政治素质考核办法。加强对学会党建工作指导，推动学会党组织以审议“三重一大”事项为抓手进一步增强政治功能。全力配合省委巡视组对省科协党组开展巡视。举办省科协系统干部学习贯彻习近平总书记考察安徽重要讲话精神专题研讨班，市县级科协主要负责人、省科协机关及直属单位干部共计125人参加培训。

推动科协组织向基层延伸。截至2020年年底，已有33所部属、省属高校成立科协组织，覆盖率达72%。96个省级以上园区建立科协，覆盖率达80.7%。全省县、乡级科协“三长”（医院院长、学校校长、农技站站长）进入科协领导机构覆盖率达100%。

深化学会治理改革。推动省级学会大力发展个人会员，截至2020年年底，省级学会个人会员达22万余人。出台《示范省级学会建设实施方案》，开展示范省级学会综合能力评价，命名10家省级示范学会。

省级学会　截至2020年年底，全省共有业务主管的省级学会152个。

9月，省农学会第九次会员代表大会在合肥市召开，省委书记李锦斌致信祝贺。2020年年初，省科普作家协会组织专家参与安徽省疾病预防控制中心编写

《新型冠状病毒疫情集体场所防控100问》。2月12日，省科协委员、省农业科学院土壤肥料研究所所长张其安带领学会专家赴六安市舒城县桃溪农村产业融合发展示范园、安徽省瓜菜新品种新技术示范基地指导瓜菜生产。6月18—19日，安徽省美丽公路建设论坛暨美丽公路设计指南宣贯会在宣城市泾县隆重举办。8月23日，省畜牧兽医学会在合肥市举办第八届安徽畜牧业可持续发展论坛暨非洲猪瘟常态化与畜禽高效养殖大会。9月27日，由黄山市预防医学会主办的主题为“健康　提升　发展——构建起强大的公共卫生体系”的第二届浙皖闽赣四省边际城市公共卫生学术交流会在黄山市召开。10月19—20日，省化工学会组织7位医药化工专家赴浙江省台州市仙居县参加2020世界青年科学家峰会院士专家仙居行活动。11月12—14日，安徽省公路学会2020年学术年会——转型升级背景下山区高速公路创新建造技术论坛在宣城市泾县召开。11月19—20日，安徽省档案学会第六届第四次理事会议暨第二届“皖档青年论坛”在黄山市屯溪区召开。11月27日，由中国林学会主办、省林学会和旌德县林业局承办的华东六省一市林学会学术年会在宣城市旌德县召开。11月28日，由省化工学会主办，安徽中医药大学、安庆高新技术产业开发区管理委员会、安庆市科协协办的2020年安徽省医药化工创新与绿色发展研讨会在合肥市召开。

地市县科协　截至2020年年底，安徽共有设区市科协16个、县级科协102个。

省科协开展市级科协特色工作创新试点，省科协驻会负责人联系指导“构建联系服务体制机制、提升委员履职能力”“探索有效机制，积极推进学会党的工作全覆盖”“打造科普宣传体系”等7项特色创新工作。铜陵市、宿州市、滁州市科协召开代表大会，完成换届工作。合肥市科协出台《市科协机关干部联系基层科协和科技工作者意见》《市科协八届委员会主席会议工作规则》《市科协代表大会代表任期制实施办法》《市科协委员履职管理办法（试行）》，推进代表委员常态化履职。铜陵市入选中国科协“科创中国”首批试点市，与中国有色金属学会联合申报的铜陵市先进结构材料产业高质量发展与城市创新资源配置高峰论坛首获中国科协科技峰会项目，6家国家级学会组建铜陵市“科创中国”科技专家服务团。组织开展铜陵市“百名专家进百企”活动，征集关键技术难题及企业需求40余项。阜阳市科协探索“协会＋基地＋农户”扶贫模式，动员全市21个市级学会、166个农技协和483名涉农科技工作者投身精准扶贫工作。滁州市科协举办长三角智能制造与机器人产业发展高峰论坛和第七届皖台物联网研讨会。池州市科协与徽商银行筹划支持民营科技企业发展，开展“银会合作、银企对接”工作，帮助民营科技企业复工复产。六安市科协实施市级创新驱动助力工程，先后邀请14个学会、协会组织86位专家深入企业开展技术服务活动，帮助企业解决技术难题32项，提供咨询建议96余项，为企业增加经济效益5800余万元。蚌埠市科协积极推进海智计划，全年组织参加国际高端会议、论坛10余次，开展线上线下对接活动13场，接待海智专家团体17人次，邀请海智专家开展讲座、培训等活动7次，洽谈项目8项，共签署各种合作协议3个，引进海智专家2名。

科协基层组织　截至2020年年底，全省共有乡镇（街道）科协1387个、农技协2300个、高校科协53个、企业（园区）科协656个。

11月20日，安徽大学科协牵头组织学校360名师生集体收看2020年全国科学道德和学风建设宣讲教育报告会暨宣传月启动仪式网络直播。

【省领导对省科协工作批示情况】 4月，时任省委副书记信长星对省科协疫情防控工作作出批示并指出，省科协充分发挥职能作用，主动谋划做好疫情防控应急科普工作，发布疫情防控科学知识、开展线上心理疏导服务、开展科技志愿服务，应予以肯定。

【安徽省最美科技工作者】 7月，省科协联合省委宣传部、省科技厅、中国科学院合肥物质科学研究院、省国防科学技术工业办公室共同开展2020年“最美科技工作者”学习宣传活动。9月19日，举办2020年安徽省最美科技工作者发布会，省政协副主席、省科协主席韩军参加发布会，授予伍志鲲等10人“2020年安徽省最美科技工作者”称号。

（撰稿人：张佳佳）

福建省科学技术协会

服务经济社会发展　持续开展“院士专家八闽行”活动，邀请150多位院士及400多位专家为福建省100多家企事业单位提供线上线下产业发展咨询和技术指导服务，促成34个项目签约落地。新建省级院士专家工作站22家，遴选省级示范院士专家工作站10家。首次上线福建省院士专家云成果馆，在“云上”展示82项最新科技成果。联合福州大学、福建农林大学、集美大学、厦门理工学院、福建省农业科学院，共同打造首批5个福建省科技经济融合服务平台，着力推动高校和科研院所向企业转移转化科技成果，助力创新链与产业链深度融合。

联合省发展改革委等单位，积极推动泉州市“科创中国”试点城市建设。联合开展福建院士专家宁夏行活动，签订《闽宁科协系统合作框架协议》。联合全欧华人专业协会联合会主办2020海智专家科技服务团福建行活动，邀请17位海智专家助力福州、泉州企业创新。开展科技助力精准扶贫工作，组织部分省级学会深入乡村开展结对帮扶。

积极承建省政府与中国工程院共建的中国工程科技发展战略福建研究院，召开学术委员会第二次会议，创新项目选题、立项评审、服务保障、项目跟踪等机制，向省委、省政府报送的院士专家建议获得6位省党政领导批示24次。举办全方位推动福建高质量发展超越院士专家恳谈会，邀请17位院士专家把脉建言，形成院士专家建议33条。实施60个科技创新智库课题研究项目，联合省科技厅共同实施50个福建省创新战略研究计划联合项目。

服务科技工作者 开展第四个“全国科技工作者日”系列活动，省委常委周联清看望慰问基层一线科技工作者代表并座谈。开展首批省特级后备人才遴选工作，确定入围人选10名。开展第二届福建省科协青年人才托举工程推荐评审工作，遴选确定托举对象15名。联合省委宣传部等部门开展“最美科技工作者”学习宣传活动，遴选福建省“最美科技工作者”30名。

举荐优秀科技工作者。5人获第二届全国创新争先奖，1人获第十六届中国青年科技奖，1人获第二十三届中国科协求是杰出青年成果转化奖。

举办科技人员创新能力提升培训班，60人参加培训。举办技术创新方法培训班3场，492人参加培训。组建第二批省级科技志愿服务队12支，深入企业、乡村开展志愿服务。遴选10个科技志愿服务优秀项目。

《科学素质纲要》实施和科普工作 首次召开福建省全民科学素质工作联席会议，促成4个设区市和43个县（区）将全民科学素质工作纳入党委、政府考核。开展2020年福建省“全国科普日”活动，举办重点科普活动1400余项。实施基层科普行动计划，下达1375万元资金用于科技助力精准扶贫、新时代文明实践中心科技志愿服务、科普示范村等建设。首次联合省委宣传部、省教育厅开展福建省优秀科普教育基地建设，30个项目入选。聘任第三批闽江科学传播学者10名。

开展新冠肺炎疫情防控应急科普工作，组织157名闽江科学传播学者、476支科技志愿服务队、1.2万名科技志愿者、5.4万名信息员投身应急科普。评选福建省科普工作优秀学会、福建省十佳科学传播人物。出台《关于进一步加强学会科普工作的意见》，联合省地震局、省应急管理厅等部门出台《加强新时代防震减灾科普工作的实施意见》。

举办第三十五届福建省青少年科技创新大赛，参赛项目740个。首次举办福建省青少年创意编程与智能设计比赛，参赛队伍436支。举办福建省全国中学生数学、物理、化学、生物和信息学五项学科奥林匹克竞赛，从报名参赛的3995人中选拔出56人参加全国决赛，共获16枚金牌，11人入选国家集训队。组织参加第十一届全国青少年科学影像节，14件作品入围全国线上展映。

推进科普信息化建设。福建数字科技馆访问次数突破1000万人次；“福建科普”微信公众号推文4200多篇，总阅读量347.8万人次，已整合微信自媒体平台70个；“福建科协”微信公众号粉丝数量突破40万人。科普中国e站完成整改升级1115个，举办福建省科普中国e站信息员培训班2期。录制播放惠农科普专题栏目《乡约科普》100期，推出福建科普大讲坛“微讲坛”64集。首次举办福建省全民科学素质网络竞赛，参赛人数达216万。

学术交流 举办第二十届福建省科协年会，组织1400多名科技工作者服务举办地绿色产业发展。联合中华预防医学会、中国仪器仪表学会和中国农村专业技术协会，围绕公共卫生安全、智能制造、乡村振兴等主题，举办东南科技论坛3期。

采用线上线下结合方式，举办第十二届海峡论坛——2020海峡科技专家论坛，1800多名（其中台湾地区360多名）专家学者相聚“云端”，征集科技论文360多篇，促成5个科技合作项目签约，提出5项两岸科技融合发展政策建议。举办第十三届海峡两岸科普论坛，征集论文300余篇，评选出优秀论文150篇并结集成册，近200名专家学者参加现场活动，

2万多人线上收看。首次启用“云辩论”方式，举办第十九届海峡两岸大学生辩论赛，来自海峡两岸16支高校代表队、80多名辩手以辩会友。新促成闽台科技社团“一对一”结对子4对。汇编出版《闽台民间科技交流博览（第一册）》。

联合省科技厅、省教育厅开展第十四届福建省自然科学优秀学术论文评选活动，评选出一等奖27篇、二等奖82篇、三等奖163篇。

自身建设 制定出台《福建省科协干部联系服务科技工作者制度》《福建省科协科技专家库管理办法（试行）》《关于进一步激励科协干部新时代新担当新作为的实施意见》《福建省科学技术协会干部交流轮岗暂行办法》，印发《关于做好直属单位中层干部选拔任用工作的通知》《关于加强省科协所属学会组织建设规范管理的通知》等文件。

开展深化改革试点工作，遴选支持10个市县科协（省级学会、高校科协）实施改革试点，以点带面推动改革向纵深推进、向基层延伸。召开省科协九届四次常委会（扩大）会议，推进福建科技群团治理体系和治理能力现代化，为服务“三创”优秀学会、学会联合体授牌。举办处级干部论坛2期，县级科协主席创新能力提升网上培训班1期。

省级学会 2020年，新成立省级学会2个：福建省乡村振兴研究会、福建省人工智能科教学会；新建学会联合体3个：福建省科协健康福建学会联合体、福建省科协服务乡村振兴学会联合体、福建省科协医改研究学会联合体；新建省级学会服务站56家。截至2020年年底，省科协业务主管的省级学会有148个。

省科协继续安排专项资金支持15家服务“创新创业创造”优秀学会建设。出台《关于进一步推动省级学会健康持续发展的若干意见》《福建省科协业务主管省级学会综合能力评价办法（试行）》《关于加强省级学会意识形态阵地管理工作的意见》等文件。举办省级学会工作人员创新能力提升线上培训班、服务“三创”优秀学会建设工作座谈会等。

省级学会全年共举办国内学术会议、境内国际学术会议和港澳台地区学术会议217次，参加人数6.94万人次，交流论文、报告5695篇；主办科技期刊35种，总印数42.89万册，发表文章7997篇。

省气象学会、省航空学会等举办学术年会106次。省土木建筑学会发布《福建省建筑机电工程信息模型技术应用标准》《透水性地层岩化法防渗堵漏处理技术规程》《多彩反射隔热建筑涂料应用技术规程》3个团体标准，举办第十届热带、亚热带（夏热冬暖）地区绿色建筑技术论坛。省公路学会举办福建省“四好农村路”高质量发展研讨班，省医学会编印《新冠肺炎复工、复产、复学防护指南》，省护理学会建立60个护理技术服务帮扶基地，省信息协会举办第十六届海峡两岸信息化论坛暨2020海峡两岸数字经济项目对接洽谈会。省计算机学会、省光学学会、省计量测试学会等与企业开展深度合作，推进数字经济领域学术与产业对接。

地市县科协 截至2020年年底，全省9个地市科协均为独立建制，共有县（市、区）科协84个。

福州市科协评选出10名福州市“最美科技工作者”，组成省市学会乡村振兴科技帮扶团，在35个行政村组织实施科普助力乡村振兴试点村建设工作，在80个社区继续推进社区科普标准化建设，编印《专家建言》20期。厦门市科协开展“爱心厦门，志愿助农”行动，联合市委宣传部、市教育局出台《厦门市科普（教育）基地认定与管理办法（试行）》。漳州市科协在电视台、广播电台开设科普栏目，出台《漳州市国家（省）级学会创新驱动服务站建设管理办法（试行）》。泉州市科协打造“科创中国泉州样板间”，首创全国科技馆展教工程PPP模式，指导2个市级学会成为全市首批承接政府职称评审权转移的社会组织。三明市科协成立创新创业创造专家智力服务团，举办海峡两岸建设清新家园研讨会。莆田市科协联合举办“5·12”国际护士节表彰大会，表彰100多名护理科技工作者，录制11期“线上云讲解”科普视频被“学习强国”平台采用。南平市科协开展科技特派员风采摄影展等全国科技工作者日活动。龙岩市科协开展“科普大篷车老区行”服务近百所边远学校师生，“个人会员制度创新”入选中国科协第二批深化改革试点项目。宁德市科协开设“向科技工作者致敬”专栏，宣传97名坚守抗疫第一线、助力复工复产科技工作者事迹。平潭综合实验区科协录播4期反映科技工作者创新创业创造的电视短片，指导台湾地区企业成立企业科协3家。

福安市科协在中国科协全域科普工作和基层科协组织建设现场会上作典型发言。永春县开展“百会帮百村”、村会技术协作活动，助力乡村振兴。浦城县科协开展科普大篷车革命老区校园行活动。

科协基层组织 截至2020年年底，全省共有企业科协1632个（当年新建82家）、高校科协63个、乡镇（街道）科协1089个、村（社区）科协1506个、农技协610个。

“三长制”工作扎实推进，科协基层组织建设得到加强，全省乡镇科协组织“三长制”实现全覆盖。召开全省基层科协组织建设推进会，推广龙岩市科协、福安市科协等特色做法。

中核霞浦核电有限公司科协参加科技人才活动周。南平市葡萄协会获评全国科技助力精准扶贫先进团队，顺昌县竹荪协会会长高允旺获第二届全国创新争先奖。创建第二批“科技小院”8家。连江海带科技小院、建瓯闽北乌龙茶科技小院、平和蜜柚科技小院获评2020年“十佳中国农技协科技小院”。

【第二十届福建省科协年会】 10月28—29日，省科协联合南平市人民政府共同主办的第二十届福建省科协年会在南平市召开。年会以“绿色生态、创新引领——科技助力新南平新发展”为主题，设置特邀报告会及“高质量发展”“绿色发展”“创新发展”3个主题板块12个专项活动，通过搭建学术交流、成果转化、科学普及、决策咨询等平台，汇聚科技资源，助力南平市全方位推动绿色高质量发展。省委常委周联清出席开幕式并讲话，中国科学院院士、中国科协副主席、西湖大学校长施一公通过微视频致辞，中国科学院院士、省科协主席郑兰荪致辞。中国工程院院士、中国水稻研究所所长胡培松，中国科学院院士、中国科学院城市环境研究所研究员朱永官，中央农村工作领导小组办公室、农业农村部乡村振兴专家咨询委员会委员、中国农村专业技术协会理事长柯炳生，上海喜马拉雅科技有限公司创始人兼CEO余建军分别以“稻米产业高质量发展”“城市微生物与生物安全”“乡村产业振兴：挑战与机遇”“新科技 新文化 新消费”为题作特邀主旨报告。

【中国工程科技发展战略福建研究院学术委员会第二次会议】 11月20日，中国工程科技发展战略福建研究院学术委员会第二次会议在福州市召开。会议采用线上线下结合的方式，中国工程院院士、中国工程科技发展战略福建研究院（以下简称“福建研究院”）学术委员会主任、大连理工大学校长郭东明出席会议并讲话，中国科学院院士、福建研究院学术委员会主任、福建省科协主席郑兰荪主持会议，19名学术委员会委员参加会议。郭东明代表福建研究院学术委员会对做好学术委员会工作提出具体意见。福建研究院院长、福建省科协副主席、中国工程院院士、福州大学校长付贤智代表福建研究院对2020年咨询研究项目立项申报情况作说明。会议对2020年13个咨询项目进行立项评议评审。

【2020年“全国科普日”福建省主场活动启动仪式】 9月22日，省科协联合省委宣传部等共同举办的2020年“全国科普日”福建省主场活动启动仪式在福州市召开。省委常委周联清，省人大常委会副主任吴洪芹，省政协副主席薛卫民，省科协主席郑兰荪，以及省直有关部门、高等院校、科研院所负责人等300多人参加启动仪式。启动仪式上，发布福建省科普工作优秀学会、福建十佳科学传播人物，向第三批闽江科学传播学者颁发聘书。省疾病预防控制中心副主任、闽江科学传播学者张山鹰，省农业科学院研究员、闽江科学传播学者翁伯琦分别作“新冠防控常态化情况下如何科学应对秋冬季传染病”“农业绿色发展与保障粮食安全”主题科普报告。同期举办福建中医药大学中医药文化博物馆开馆仪式。

【首期东南科技论坛】 10月21日，省科协联合中华预防医学会在福州市举办以“公共卫生安全与健康——新冠疫情的启示”为主题的首期东南科技论坛，150余名专家学者参加。中国科学院院士、中国疾病预防控制中心主任高福作主旨演讲《科学防控COVID-19：病毒发现、认知与防控》；清华大学万科公共卫生学院常务副院长梁万年、中国疾病预防控制中心首席流行病学专家吴尊友分别围绕“公共卫生体系建设”“新冠疫情形势与防控策略”作专题报告；北京大学公共卫生学院流行病学与卫生统计学系教授刘民等专家就“新冠疫情风险评估与防控”展开学术交流研讨。

【第十二届海峡论坛——2020海峡科技专家论坛】 9月17—27日，中国科协主办、省科协承办的第十二届海峡论坛——2020海峡科技专家论坛采用线上线下结合的方式分别在厦门市、福州市、龙岩市等地举办，并连线台湾地区。论坛设1个主会场、6个分会场（海峡两岸管理论坛、海峡能源电力融合发展论坛、海峡两岸数字经济融合发展研讨会、海峡两岸社区卫生健康服务研讨会、海峡护理高峰论坛、闽台乡村特色产业融合发展交流会），征集科技论文360多篇。中国科协党组成员、书记处书记宋军，福建省副省长郭宁宁分别在论坛开幕式上致辞。来自两岸科技专家学者1800余人参加活动，其中台湾地区360多人。此届论坛以“两岸新时代，科技新融合”为主题，重点聚焦科技融合、健康中国、社会治理、乡村振兴、第一家园建设等议题，探索两岸融合发展和高质量发展新路径，推进两岸民间科技和产业交流融合，促成5个科技合作项目签约，提出5项两岸科技融合发展政策建议。

（撰稿人：严建和）

江西省科学技术协会

服务经济社会发展 全省共建国家级学会科技服务站25个，其中2020年新建4个。支持省级学会科技服务站项目76个，其中2020年新增5个。

全省设立海智工作站70家，其中2020年新建18家，引进海外专家81人、团队52个，开展引智对接活动40场次。设立中国科协海智基地5家，其中2020年新增2家。

推进院士工作站建设，争取到71位院士同意保留在江西省建设的76家院士工作站工作，新建市级院士工作站3家。与省委人才工作领导小组办公室联合推动分级建设专家工作站，与省委组织部、省人力资源和社会保障厅共同建立“江西省高层次人才联谊会”，邀请56位院士加入有关专业委员会。

开展企业创新方法线上培训、带题实战培训等活动，帮助企业提升自主创新能力。主办2020年中国创新方法大赛江西企业创新方法区域赛，评选出4个项目参加全国总决赛，获二等奖1项、三等奖1项、优胜奖2项。

在全省规模以上企业开展科技信息应用推广项目，项目应用企业已达到3486家，其中2020年新增188家。组织相关专家赴企业指导122人次，当年产生专利应用成果的企业54家，产生新技术43个、新产品23个和新专利41个。

建立200余人的省科协高端科技创新智库专家库，动员广大科技工作者围绕省委、省政府重大决策部署提出高质量对策建议。评选出16个年度决策咨询课题，编辑出版11期《决策咨询专报》，其中6期专报分别获省领导批示7次。

印发《江西省科协2020年服务科技经济融合发展行动方案》，建立服务企业创新的需求库和专家库。出台《江西省科协“创新吹哨、科协报到”工作机制》。赴广东省科协、广州市科协对接，推动省科协和赣州市科协加入粤港澳大湾区创新联盟；赴南京航空航天大学对接，牵头推动江西省政府与南京航空航天大学签订战略合作协议；推动省科协、吉安市政府、中国电子学会签订三方合作协议，省科协、南昌国家高新技术产业开发区分别与中国电子学会、中国通信学会、中国航空学会签订三方合作协议，中国稀土学会、中国有色金属学会、中国营养学会、中国茶叶学会、中国电子学会、中国纺织工程学会等分别与赣州市、宜春市、上饶市、抚州市、九江市等地有关企业签订合作协议。争取中国科协2020年度创新驱动助力工程示范项目2个。

实施科技助力精准扶贫工程，在2016年以来全国科技助力精准扶贫工作考核中，江西省2人获先进个人（全国共51人）。引进中国农学会、中国林学会等7个国家级学会，深入对口帮扶贫困县开展科技帮扶和技术指导。成立“抗疫情、稳生产”专家服务团，组织181位农业专家免费为农民提供线上农技指导和服务。开展“农技云课堂”直播9次，在线学习120万余人次；“乡村振兴大讲堂”4期，在线学习227万余人次，两个课程均入选江西干部网络学院必修课程，6.6万余名党员参加学习。出版并向贫困地区农民赠送《农业生产技术》等书籍1万册。组织36位专家赴22个贫困县开展科技人才服务脱贫攻坚和乡村振兴对接服务活动，对接技术需求51项。开展各类农民、农技培训班70期。推动7个科技小院开展科技服务40余次，培训农户、农技人员3000余人，江西井冈蜜柚科技小院、江西彭泽虾蟹科技小院获得“十佳中国农技协科技小院”称号。

组织专家编写发布30余篇“连续强降雨农业生产应对措施”，线上答疑、线下会诊。编印《抗洪救灾农业生产技术手册》1000余册，并通过“二维码+电子书”的方式广泛推送。组织农业专家线上开展直播访谈，针对受洪涝灾害比较严重的产业支招献策。

服务科技工作者 “全国科技工作者日”相关活动获省委书记刘奇、时任省委副书记李炳军批示，被中国科协授予2020年“全国科技工作者日”十佳优秀组织单位。做好人才举荐工作，在第二届全国创新争先奖评选中，江西省推荐的1人获奖章表彰、3人获奖状表彰，推荐人员获奖总数在全国各省份中排名第4，工作获江西省省长易炼红，省委常委、常务副省长殷美根，省委常委、副省长吴忠琼批示。组织开展首届江西省创新争先奖评选，评出获奖集体5个、获奖个人35名。开展2020年江西省“最美科技工作者”评选，授予20人荣誉称号。举办江西省科技工作者先进事迹报告会。出台《江西省科协联系服务科技工作者的实施意见》。

《科学素质纲要》实施和科普工作 围绕“2020年公民具备科学素质的比例与全国同步达到10%以上”的目标，召开全省全民科学素质工作推进会，及时部署、宣传动员、广泛培训、巡回指导。推动赣州市、吉安市、九江市、上饶市、新余市等地明确将全民科学素质工作纳入对县（市、区）高质量发展考核体系，全省完成中国科协第11次全国公民科学素质调查工作，2020年江西省公民具备科学素质的比例达到9.62%。

开展“赣鄱科普大讲堂”1000余场；开展科技志愿服务“智惠行动”，截至12月底，注册科技志愿者人数达67274人，全国排名第4，科技志愿者组织1606个，全国排名第5；2020年“全国科普日”江西主场活动采取全景VR(虚拟现实）云游科普日的形式，线上参与774.2万人次，各地线上线下开展科普宣教活动500多场，惠及公众1000万余人次，全省14个单位、15项活动受到中国科协表彰。

加强全省科技馆体系建设，省科技馆新馆免费内测开放65天，共接待游客45474人次。萍乡市科技馆新馆建成并开馆，景德镇市、鹰潭市、抚州市科技馆建设进展顺利。争取到2020年中央财政科技馆免费开放资金补助3044万元，比2019年增长250%（全国总额同期增长33%），7个科技馆受益。38所农村中学科技馆参观人数达10万人次，争取上级配发8所农村中学科技馆。重点资助建设科普小镇4个，印发相关建设标准和管理办法。12套中国科协流动科技馆常态化区域巡展项目在赣州市和吉安市巡展，37辆科普大篷车运行5万余千米，受益公众35万余人次。开展第35届江西省青少年科技创新大赛、第六届全国青少年创意编程与智能设计大赛江西省选拔赛、中学生学科竞赛等并选送参加全国竞赛。

“科普江西”抖音号累计获得点赞226.3万次；“科普江西”微信公众号关注量超过80万人；全省建成494个科普e站，各类内容获得点击132万余次。

新冠肺炎疫情防控期间，向全省科技工作者发出倡议书、慰问信，动员6.2万余名科技志愿者投身新冠肺炎疫情防控阻击战。在全国率先启动应急科普，发布新冠肺炎疫情防控科普信息20万余条次。开展新冠肺炎疫情防控科普知识网络竞赛，参与人数454万人次。举办疫情防控知识讲座网络直播3场，51万余人次在线观看。印制应急科普挂图3万张并免费送到社区、乡村。组织机关党员干部参与社区联防联控，为疫情捐款17.4万余元。征集工艺美术抗疫宣传作品700多件，推送7期《“艺”起抗疫》网络专题展。针对企业、机关、学校复工复产编印疫情防控知识手册并免费推送。广泛征集企业、农村技术、人才需求，动员省级学会专家线上研判、对接和免费在线服务。新冠肺炎疫情防控工作获《人民日报》《江西日报》、中央电视台、江西广播电视台等媒体相继报道。

学术交流 聚焦航空、有色金属、电子信息、汽车等重点产业的产业链和创新链融合发展，举办专题论坛5场、座谈会2场；指导支持100多个省级学会、高校科协、地市科协先后举办2020中国肿瘤新进展研讨会、2020年（第四届）土木工程赣江学术论坛、首届万年稻作论坛等一批学术交流活动，组织省内外院士204人次、专家近3000人次开展学术报告、技术指导和项目对接服务。

举办第七届中俄工程技术论坛江西南昌分会场活动，推介的航空、5G通信有关项目得到俄罗斯专家关注。举办科创中国技术路演第44场ITEC国际技术交易服务联盟平台（南昌站）俄罗斯新材料专场活动。

自身建设 推进省科协系统改革工作，省、市、县科协组织工作同部署、同推进、同总结，多次召开三级科协视频会议进行工作交流，在完成省本级改革任务的同时，加强对各设区市科协工作指导和督查，推动各设区市、县科协科普经费增加。南昌市、九江市科协进入中国科协第二批地方科协深化改革试点项目。根据省委、省政府部署要求，推进省科协事业单位改革，5个直属单位撤并为2个。

承办2020中国科协青年科技领军人才国情研修活动，依托南昌市、井冈山红色教育资源，宣讲党的光辉历史和优良传统，弘扬井冈山精神，对接服务地方科技经济发展，近40位省外专家与本省相关企业对接，江西省人大常委会副主任、吉安市委书记胡世忠出席有关活动并为学员授课。主办2020年江西省科协市县科协主席能力提升培训班，邀请江西省直机关工委、江西省委党校、江苏省科协、广州市科协、东莞市科协相关领导和专家作专题授课，组织学员聆听微党课，接受红色教育。

省级学会 截至2020年年底，省科协所属省级学会（协会、研究会）133个，其中新成立8个，筹备成立4个，指导12个学会完成换届。推动所属131个省级学会成立党组织。

立足科技评估、资格认定、标准研制、科技奖励推荐等领域，支持引导省土地学会、省电机工程学会、省医学会、省林学会等40多个省级学会分别承担政府转移的有关职能。

地市县科协 省科协系统有11个设区市科协，100个县（市、区）科协。南昌国家高新技术产业开发区入选“科创中国”首批试点城市（园区）。九江市科技志愿服务支队获“中国科协2020年度全国十佳科技志愿服务队”称号。景德镇市科协联合市教育局、市航空学会承办航空心·中国行——2020航空发动机科普进校园公益活动。萍乡市科协举办赣鄱萍实科普大讲堂——中科院老科学家科普演讲团报告会。新余市科协举办蜜橘产业技术对接交流会，邀请专家实地指导，与产业代表精准对接，提供柑橘产业技术服务，打造“新余蜜橘”品牌。鹰潭市科协建立覆盖全市所有乡镇（街道）村（社区）的近万名科普员队伍，通过提升科普员科学素质，带动和影响全民科学素质提升。赣州市科协推进改革工作经验入选中国科协出版的《地方科协改革创新案例集》。宜春市科协参加中国科协科技服务团第一批产学研用协同创新联盟签约，工作经验被中国科协推广。上饶市万年县科协参与举办首届万年稻作论坛。吉安市科协推进科普工作，13个县（市、区）人均科普经费达到1元以上。抚州市科协联合市委组织部等单位开展院士专家人才抚州行活动，邀请近20位院士专家深入16家高新技术企业开展科技咨询服务。

科协基层组织 全省建立企业科协381家，其中2020年新建47家；园区科协86家，其中2020年新建3家；院校科协75家，其中2020年新建4家；三甲医院科协43家，其中2020年新建2家。推进提升科协组织力“3+1”试点工作实现全省县（区）、乡镇科协全覆盖。安福县农机站站长被评为全国优秀基层科协“三长”。

【2020中国航空产业大会】 9月21—22日，由省人民政府、中国航空学会等主办，省科协牵头承办的2020中国航空产业大会在景德镇市召开。大会以“新科技、新装备、新体系，让航空应急救援能力强起来”为主题，吸引航空产业相关领域近千名专家学者以及40多家企业参加会议和展览，成功签约项目21个，签约资金100亿余元。

【中国稀土学会2020学术年会暨江西（赣州）稀土资源绿色开发与高效利用大会】 10月19—21日，由省科协与中国稀土学会、赣州市人民政府主办的中国稀土学会2020学术年会暨江西（赣州）稀土资源绿色开发与高效利用大会在赣州市召开。会议包含开幕式、稀土产业招商推介、签订并互换协议文本、院士主旨报告会、院士专家行、稀土永磁电机产业高质量发展研讨会暨稀土科技成果推介会、中国稀土学会2020年会学术分论坛等活动。来自全国稀土领域的院士、专家、企业家共计800余人参加会议，12位院士专家建言献策。

【2020中国茶业科技年会】 10月27—29日，由省科协与中国茶叶学会、省农业农村厅、上饶市人民政府主办的2020中国茶业科技年会在上饶市婺源县召开。副省长罗小云出席开幕式并讲话。大会以“科技引领·提质增效·转型升级”为主题，来自全国21个省、自治区、直辖市的相关部门，43家科研院所、30所高等院校、200余家茶叶企业、15个省市级茶叶社团近600名专家学者参加会议，开幕式线上直播观看人数达90万余人次。会议期间，举办江西茶产业创新发展专家咨询会，12位院士专家建言献策。中国茶叶学会常务理事，全省13个茶叶主产区县（市、区）等有关负责人，全省有关企事业单位、科研院所专家学者等200余人参加会议。

【2020中国·江西国际虚拟现实产业创新创业大赛总决赛暨颁奖典礼】 10月16日，2020中国·江西国际虚拟现实产业创新创业大赛总决赛暨颁奖典礼在南昌市举办。副省长罗小云出席颁奖典礼并颁奖。大赛以“VR引领未来”为主题，由中国科协作为指导单位，省科协与中国电子学会、中共南昌市委组织部（市委人才工作领导小组办公室）、南昌小蓝经济技术开发区管理委员会、泰豪创意科技集团股份有限公司共同主办。大赛分为内容和应用、硬件两个组别，面向全球征集302个虚拟现实领域创新创业项目，经过2个多月的筛选，最终20个优质项目晋级总决赛，“Nreal Light混合现实智能眼镜项目”与“无介质全息项目”分别获得大赛硬件组、内容和应用组一等奖。大赛聚焦虚拟现实技术和产业领域，搭建创新技术、思路和实践经验交流分享平台，推进引导优质项目落

户江西省。该赛事项目入选中国科协2020年海智计划资助项目。

（撰稿人：刘　平　钟海峰）

山东省科学技术协会

服务经济社会发展　8月10—15日，省科协承办第二十二届中国科协年会。全国政协副主席、中国科协主席万钢，中国科协党组书记、常务副主席、书记处第一书记怀进鹏等6位中国科协领导，省委书记、省人大常委会主任刘家义，省委副书记、省长李干杰等10位省领导出席，55位院士，4200多位国内外科学家、企业家等参加会议。89项重大科技需求项目确定合作院士专家，40个院士项目签约落户，与全国学会签订46项合作协议，世界海洋科技论坛永久落户山东省。70多家中央主流媒体、地方媒体和网络新媒体集中报道，进行36场网络直播，总浏览量4100万人次。

推进“科创中国”建设。推荐青岛市、泰安市入选“科创中国”建设试点城市，入选数量居全国首位。全省企业科协、园区科协注册“科创中国”平台数1202个。青岛市委、市政府印发《建设“科创中国”试点城市行动方案》，成立工作推进专班，设立总规模500亿元的科创母基金。泰安市委、市政府印发关于实施“双百双千”行动加快建设“科创中国”创新枢纽城市的意见，举办“科创中国”工作培训会，在“科创中国”试点城市建设北片区现场交流调研活动上作典型发言。举办中国科协服务山东省创新发展现场交流会，组织全国学会、院士专家开展科技服务团“入鲁行动”，打造“科创中国@山东”服务品牌。

助力新冠肺炎疫情防控和经济社会发展工作。两次向科技界发出倡议，动员科技工作者投身科研攻关。建立全省科协系统融媒体联盟科普宣传联动机制，普及预防新冠肺炎科普知识，受众100万余人。联合微医互联网医院总院开展24小时免费在线问诊服务，5.5万余名医生志愿加入，问诊量177万人次。联合省直属机关工作委员会举办抗击疫情先进事迹巡回报告会。组织院士专家建言献策，《关于高效防控新冠肺炎疫情促进经济平稳健康发展的建议》等3期建议获得省委书记、省人大常委会主任刘家义批示。

助力黄河流域生态保护和高质量发展。省科协组织智库专家到沿黄八省区，围绕加强黄河流域合作开展专题调研。举办黄河流域生态保护和高质量发展协同智库座谈会，中国科协党组副书记、副主席、书记处书记徐延豪，副省长凌文出席会议并讲话。联合山东大学、中国区域经济50人论坛举办首届黄河发展论坛，省委书记、省人大常委会主任刘家义，省委副书记、省长李干杰，副省长凌文参加有关活动。发起并推动中国科协、省政府和山东大学共建黄河国家战略研究院。编报的《关于更好发挥山东半岛城市群龙头作用的建议》等获得省领导批示。

促进科技经济融合发展。举办2020年中日韩工程技术大会，推出高层次报告70余个，省委书记、省人大常委会主任刘家义对有关工作作出批示。实施学会创新发展工程，评选20家创新争先学会，开展20项助力创新驱动发展行动，服务25个协同创新基地发展。举办海外人才创新创业生态系统建设调研座谈会。推动泰安市高新技术产业开发区获批中国科协海智计划工作基地，设立山东罗欣药业集团股份有限公司、日照市侨心智能制造产业园2个省级海智基地。

加强科技创新智库建设。优化智库运行机制，制定智库专项小组规则。深化与省科技厅战略合作，实施山东智库创新项目，发布30项重大研究课题，8个优秀项目纳入省重点研发（软科学）计划。组织智库专家开展前瞻性、针对性、储备性政策研究，呈报建议22期，省委书记、省人大常委会主任刘家义批示17期。完善“智库@产业”模式，打造“新旧动能转换国家战略创新峰会”智库品牌，举办乡村振兴与产业发展论坛、现代物流与智能技术专题论坛、品牌化不锈钢产业与城市生态融合发展高端论坛、智慧交通高峰论坛、黄河流域生态保护和高质量发展高峰论坛5个专题论坛，助力山东新旧动能转换和高质量发展。

深化科技助力精准扶贫行动。制定省科协科技助力精准扶贫工作实施方案，组织实施农业技术培训、产业转型升级、科普资源优化、科普志愿服务等攻坚行动。组织各类技术培训110余场，线下培训贫困人数1.2万人次、线上70万人次。组织农业科普专家及相关学会开展技术对接帮扶活动80余次。在20个贫困县扶持、培育、建设各类科普场所63个。

深入帮包村开展活动7次，提供乡村振兴科普活动资金。累计选派26名干部参加“四进”攻坚工作，2名干部参加农村基层党组织建设工作队。

服务科技工作者　省科协组织召开全省科技界学习贯彻党的十九届五中全会精神座谈会、全省科协系统学习宣传贯彻党的十九届五中全会精神部署会暨基层科协组织建设现场推进会。举办青年科技领军人才国情研修班，被评为“北京大学继续教育精品项目”。举办全国科技工作者日座谈会，发布致全省科技工作者倡议书，省委副书记杨东奇出席座谈会并讲话。

举办全国科技工作者日系列活动，对11个优秀组织单位和19项优秀活动进行通报表扬，省科协获评2020年全国科技工作者日省级科协“十佳优秀组织单位”。开展第十届山东省优秀科技工作者评选表彰活动，100人获得表彰。开展“齐鲁最美科技工作者”学习宣传活动，10人获评，联合山东广播电视台举办发布仪式。全省科协系统累计宣传科技工作者典型800余人次。

开展山东省人才政策体系和重点人才政策评估，并纳入山东人才发展专项课题。承接全省“筑峰计划”顶尖人才摸底工作，与省科技厅、省教育厅联合开展需求调研。

完善院士专家联系服务机制，组织26位院士专家开展考察疗养活动，省委常委、组织部部长王可出席。实施青年科技人才托举工程，举办1期青年科学家论坛、8期青年科学家学术沙龙。举荐7人入选中国科协优秀中外青年交流计划，入选数量居全国第四位。推荐4人获全国创新争先奖奖状，1人获全国优秀基层科协“三长”。

大力弘扬科学家精神，联合省教育厅开展2020年全国科学道德和学风建设宣传月活动。联合省直属机关工作委员会举办“我和我的祖国——中国科学家精神主题展”，270多个单位集体参观，参观总人数超过2万人次。成立山东省科学家精神报告团，举办科学家精神系列宣讲活动。

丰富科技工作者政治引领载体，通过学习强国等媒体平台，累计发布宣传科技工作者稿件7500余篇。加强“智慧科协”推广应用，1500个机构、3.6万余名人员入驻，入库数据资源2.58T。开展选树典型人物和典型案例的“10·10”系列主题宣传活动。走访慰问抗疫一线医务人员等科技工作者代表。

《科学素质纲要》实施和科普工作　省科协牵头优化调整省全民科学素质工作领导小组成员，修订领导小组工作规则。组织开展科学素质挑战大赛、全民科学素质工作能力提升活动、2020年中国公民科学素质调查工作。开展领导干部讲科普活动，省科协班子成员分别到中小学作科普报告。

实施山东省科普示范工程，培育、打造130个先进典型。实施基层科普行动计划，支持建设科普社区110家、农技协69家、科普教育基地46家。争取中国科协基层科普行动经费。推进2019年度科普教育基地复验和2020年度认定工作，共命名179个新申报单位和264个复验合格单位，撤销4个不合格单位。

开展“科普中国”e站转型升级和整改工作，撤销1015个，保留1794个。开展数字科普终端管理使用与资产核查，动态管理在册运行站点。

省科技馆新馆主体工程竣工。推动科技馆免费开放，新增3家科技馆列入免费开放补助范围，全省获得补助科技馆达到22家。

打造科普活动品牌，举办第二十二届中国科协年会科普产业论坛。组织开展“全国科普日”系列活动，副省长凌文视频出席山东省主场活动并致辞。通过“全国科普日”活动平台发布活动3638项，数量是2019年的2.6倍，获评“全国科普日”活动优秀组织单位和优秀活动总数居全国第二位。举办山东科学大讲堂，确定100个A类项目、49个B类项目。联合省教育厅、省科技厅举办第三届山东省科普创作大赛，评选优秀作品1200余件。山东省获评全国科普工作先进集体2个、全国科普工作先进工作者1名。

实施科技志愿服务行动，组织开展新时代文明实践科技志愿服务，29个试点县（市、区）注册志愿队伍68支、志愿者3986名，组织活动数量居全国第七位。组织开展新时代农业科技志愿服务，农业医学工作队打造“战疫在线科普直播”健康科普大讲堂等短视频栏目，点击量260万余人次。

举办山东省创客嘉年华活动。开展第四届山东省科技工作者创新大赛评选工作，评出一等奖15个、二等奖31个、三等奖45个。组织开展“山东省创客之家”评选，10个单位入选。开展第十二届大学生科技节活动，74个赛事入选。

学术交流　11月1—2日，省科协联合滨州市人民政府举办2020年山东省科协年会，策划高峰论坛、院士专家见面会、“科创中国@山东”建设专题推进会等13项活动，集中发布可供转化的323项技术成果，7家省级学会及“十强”产业学会集群与滨州市有关部门、企业签署9项合作协议。

举办2020年泰山科技论坛，其中A类论坛50期，15位国内外院士及294名专家学者作学术报告，9680

名科技工作者参加论坛。

自身建设 省科协举办学习宣传贯彻党的十九届五中全会精神专题培训会，省科协党组书记带头讲党课2次。加强干部教育培训，成立省科协机关青年理论学习小组，开展读书交流、选树标兵等活动。举办10期科学讲座，赴井冈山、原山林场开展党性教育活动。优化干部队伍年龄结构，选拔任用40岁左右正处级领导干部2名。

做实党建带群建工作，实施党支部梯级提升工程，打造过硬党支部5个、样板党支部2个。机关及直属单位15个党支部与11个省级学会集群党组织结对共建。推动学会党建与业务工作结合，将党建工作作为学会创新发展工程项目申报一票否决项。

推进学会“两化”建设，所属学会秘书长专职化39家，占比25.1%；秘书处实体化65家，占比41.9%。推进学会动态调整，按程序取消省数量经济与技术经济学会等4家学会团体会员资格。省科技咨询协会等3家协会脱钩。

全面开展“3+1”工作，推动“三长”关键人物在疫情防控、乡村振兴、城乡居民科学素质提升等工作中发挥作用。推荐的9个案例入选中国科协案例选编,《科技界情况》专期刊载山东省基层科协“三长”防疫经验做法。全省市、县、乡镇（街道）各级科协领导机构中，兼（挂）职总人数3070人，其中“三长”1957人，占比63.8%，较2019年增长40%。

推进科协系统改革走深走实，开展全省科协系统深化改革试点工作，39个单位入选首批试点单位。深化改革品牌培育工程，遴选改革品牌30个。滨州市、聊城市、青岛市、潍坊市、泰安市、日照市入选中国科协第二批地方科协深化改革试点有关项目，入选总数位居省级科协首位。在中国科协发布的地方科协改革活跃指数榜单中，省科协居全国第四位。

省级学会 截至2020年年底，省科协所属省级学会共156个、会员40万余人。新成立山东轨道交通学会和山东省茶叶学会两个学会，并吸纳为团体会员。

山东电子学会搭建“山东技改在线”平台、“中国电子学会科技成果转化平台山东电子学会分平台”，成立省电子与通信标准化技术委员会，组建科技志愿服务队，助力打造“科创中国”山东样板。山东医学会开辟“战疫在线”网上专栏，开展疫情知识科普、防疫政策宣讲、新冠肺炎防治学术交流等线上活动37场，150万余人次在线学习交流。山东农学会联合山东广播电视台乡村广播开设“战疫情、战春耕——山东12396线上课堂”，组建乡村振兴科普示范团队，编印《2020年春季农业生产技术服务手册》，开展农业科技志愿服务活动，助力打造乡村振兴齐鲁样板。

地市县科协 截至2020年年底，全省16个市科协、136个县（市、区）科协全部出台改革方案，130个县级科协实现独立建制。

济南市科协建立海外创新驿站14家，联合比利时创新驿站承办第三届中国·济南新动能国际高层次人才创新创业大赛欧洲赛区预赛，征集到31个国家的241个项目。青岛市科协与17家全国学会组成科技服务团，共建联合创新中心、产业创新服务中心、科技成果转化基地，举办“科创中国”技术路演第27场——OnTech“技贸通”重点项目线上路演（青岛站）活动。滨州市科协“基层科协组织标准化建设”工作列入全市重点改革项目，入选中国科协第二批地方科协深化改革试点项目。潍坊市科协联合中共潍坊市委宣传部开展科普志愿服务“智惠行动”，组建市新时代文明实践科技志愿服务队和科普志愿服务队。

科协基层组织 截至2020年年底，全省共有企业科协1205个；高校科协130个，覆盖率达95%，新成立高校科协30余个；16个市和70%的县（市、区）建有农技协联合会。

淄博市、枣庄市、东营市、烟台市、济宁市等市科协建立健全应急科普工作机制，引领基层广大科技工作者投身疫情防控和经济社会发展大局；泰安市、威海市、日照市、临沂市、德州市、聊城市、菏泽市等市科协深化提升基层科协组织力“3+1”工作，吸纳“三长”进入科协组织。

【第二十二届中国科协年会】 8月14日，由中国科协和省人民政府共同举办的第二十二届中国科协年会在青岛市开幕。全国政协副主席、中国科协主席万钢致开幕词，省委书记、省人大常委会主任刘家义致辞，中国科协党组书记、常务副主席、书记处第一书记怀进鹏主持开幕式，省委副书记、省长李干杰作报告，省委副书记杨东奇等省领导出席或参加相关活动。电气与电子工程师协会全球总主席、中国科学院外籍院士福田敏男，中国工程院院士、中国医学科学院北京协和医学院校长王辰，中国科学院院士、国际数字地球学会名誉主席郭华东分别作主旨报告。刘家义对年会工作作出批示，要求“会议成果要推进落实，变成实实在在的实际成果”。

【黄河流域生态保护和高质量发展协同智库座谈会】 9月18日，由省科协发起的黄河流域生态保护和高质量发展协同智库座谈会在济南市召开。中国科协党组副书记、副主席、书记处书记徐延豪，副省长凌文出席会议并讲话。沿黄省（自治区）科协有关负责人、科研院校专家等80余人参加会议，专家学者围绕构建协同创新智库研究机构等主题展开研讨交流，同期举办黄河流域生态保护和高质量发展高峰论坛，推动中国科协、省人民政府、山东大学共建黄河国家战略研究院。

【首届黄河发展论坛】 12月13日，由中国区域经济50人论坛、山东大学主办，省科协承办的首届黄河发展论坛在济南市举办。省委书记、省人大常委会主任刘家义，省委副书记、省长李干杰出席相关活动。来自全国50余所高校和科研单位的专家学者、媒体人共计200人参加论坛。中国国际经济交流中心副理事长兼秘书长张大卫、国家发展改革委原副秘书长范恒山、中国科学院院士刘昌明等专家学者作主旨报告。论坛设黄河流域经济高质量发展与乡村振兴、新旧动能转换与黄河流域协同发展等5个分论坛。

【2020年中日韩工程技术大会】 9月16日，2020年中日韩工程技术大会在烟台市举办。大会采取线上线下相结合的方式，来自中、日、韩三国相关领域的院士、专家、企业家开展交流对话，共推出高层次报告70余个。日本荣泰投资控股株式会社、在韩山东同胞联合会、韩中科学技术交流协会、常春藤创业联盟、国际技术转移协作网络与烟台市有关部门单位就相关合作事项签约。

【省领导对省科协决策咨询建议作出批示】 为贯彻落实习近平总书记关于黄河流域生态保护和高质量发展座谈会重要讲话精神，省科协组织智库高端人才赴青海省、四川省等沿黄省（自治区）开展专题调研，形成《关于更好发挥山东半岛城市群龙头作用的建议》。8月11日、8月16日，省委书记、省人大常委会主任刘家义，省委副书记杨东奇分别作出批示，要求有关部门认真研究。

（撰稿人：郝美想）

河南省科学技术协会

服务经济社会发展 遴选确定2020年度中国工程科技发展战略河南研究院重大项目2项、重点项目4项、专题项目16项。依托能源革命战略研究等重点研究项目，开展院士中原行、院士专家智库论坛，15名院士、150余名专家参加线上线下活动。

完成2019年河南科技智库课题绩效评价和结项评审，推进2020年度智库课题研究，遴选确定2021年度90项课题。联合10个省辖市与11家全国学会围绕地方主导产业，联合举办13场“一市一品”产业技术发展大会，邀请韩布兴、蒋剑春、俞书宏等多名院士和50余名全国专家学者来河南省开展交流研讨、咨询服务、技术转让等，签订科技合作和项目投资协议75项、签约金额188.6亿元，举办展会5个，参展企业约2000家。

推动“一企一对接”，实施25个企业关键技术协同创新项目，组织专家140人赴企业开展科技服务118次，培训企业科技人员1190人次。举办“科创中国”系列路演之超硬材料和试点城市专场活动、中国创新方法大赛河南赛区决赛、知识产权战略宣讲暨专利应用工程师培训班和“科创中原”企业创新人才培养、企业自主创新研讨系列活动，服务产学研深度融合。

联合举办河南省第十届学术与产业发展年会，设置8个分会场，9个线上分会场，省科协与平顶山市人民政府签订战略合作协议。推进“一业一研报”，组织9家省级学会开展10项产业发展研究报告发布活动，形成产业发展蓝皮书，为地方产业发展提供智力支持和决策咨询。探索推进“一业一科技服务团”，根据产业需要组建约200名专家的“科创中原”科技服务团，指导相关省级学会成立13个科技服务分队，组织专家255人次，开展“三送”活动82次，开展科技精准脱贫志愿服务33次，解决产业、企业科技难题30项。

组织全省学会战“疫”。组织全省学会开展防治技术培训、防护知识科普宣传、心理危机干预与咨询、呈报决策建议等工作，为打赢疫情防控阻击战贡献力量。组织专家团队，为相关行业和企业复工复产制定指南、提供服务。

依托《河南科技报》，遴选360名农业科技专家，开展“抗疫情·稳生产·促发展”惠农专家在线服务。举办“抗疫情、保春耕”系列公益讲座，邀请专家指导基层农技协做好农业技术服务、服务农业生产。

全面完成“农村电商技能人才培训三年行动计划”任务，累计培训6万人次，建设示范店铺825个，受益人员112万人次，省农技协被评为“全国科技助力精准扶贫先进团队”。举办首届中原科普创新发展高峰论坛暨农业科技创新交流展示活动，围绕“三农”发展问题建言献策。

服务科技工作者 联合举办“最亮的星——2020年河南最美科技工作者发布仪式”，集中展示10位“最美科技工作者”和1个“最美科技工作者”团队先进典型风采。在河南电视台录制并播出发布仪式，《河南日报》等媒体报道并专版刊发“最美科技工作者”事迹。推荐程相文入选全国十位“最美科技工作者”。

组织全省学会、多所高校、科研院所及医疗卫生机构集中收看2020年全国科学道德和学风建设宣讲教育报告会。开展“决胜全面小康的河南科技工作者”和“决战脱贫攻坚的河南科协人”百名人物专访。

举荐优秀科技工作者，樊会涛、张金良、茹振钢等7名科技工作者获第二届全国创新争先奖。8名老科技工作者获得2020年“中国老科协奖”，推荐刘华东入选“典赞·2020科普中国”十大年度基层科普人物，首席科普专家王建忠获中国科协“2020年度科技志愿者先进典型”。

遴选30名自然科学和工程技术类“中原英才计划－中原青年拔尖人才”，给予特殊支持。实施“青年人才托举工程”，支持开展60个项目。遴选第二批首席科普专家100名。联合举办河南省青年科技人才国情研修班，组织全省科技战线的40多名青年人才学习交流。

《科学素质纲要》实施和科普工作 制定印发《河南省2020年全民科学素质工作要点》，推动“十三五”全民科学素质行动计划纲要实施工作评估检查纳入省委2020年重点工作综合督查计划。8月，由省委办公厅牵头，采取书面督查与实地督查相结合的方式，对各省辖市、济源产城融合示范区和省直有关单位全民科学素质行动计划纲要工作进行督查。全省公民具备科学素质的比例达到10.17%，完成“十三五”时期预定目标任务。

扎实开展应急科普。成立应急科普工作领导小组，组建专业化应急科普队伍。组织全省1.5万个科普组织、1.2万名科普专家和14.8万名科技志愿者精准做好科普内容供给和线上线下科普宣传，制作新冠肺炎疫情防控原创科普作品1500多件，推送权威科普知识150多万条次，总播放、阅读量超1.8亿次。

联合举办2020年河南省暨郑州市全国科普日活动启动仪式。全国科普日期间开展重点科普活动4239项，辐射公众1330万人次。举办25期中原科普讲坛，20余位院士作主旨报告。联合举办中国科幻电影创作高端论坛和第二届中国科普科幻电影周（展）。

河南省第十四届青少年科学素质大赛注册答题人数超460万，第34届河南省青少年科技创新大赛参赛人数60多万。打造“云上青少年高校科学营”。选派中学生参加第52届国际化学奥林匹克竞赛并获金牌。

联合认定106个省级科普教育基地，成立河南省科普科幻创作联盟和科普新媒体联盟，联合摄制全国首部疫情防控系列科教片《科学抗疫　医路有我》，联合出版《漫画抗疫》和《黄河密码》两部科普著作，指导拍摄的《地震逃生》科普专题片入选中国科协融创培植计划。

持续开展全省防范邪教宣传月活动，举办活动3000多场次、500多万人次参与。新建21个现代农业科普园、46个科普示范社区。全省累计注册科普中国信息员达27.8万人次，累计转发科普中国优质科普资源851万次。组建“i科普”科技志愿服务团队1184个，建设“i科普”科技志愿服务基地96个，扶持“i科普”科技志愿服务项目120个，通过专家引领、项目带动开展“i科普”科技志愿服务活动11425场次，直接受益群众1156万人次。

省科技馆新馆建设取得新的阶段性成果。落实年度项目资金投入6.66亿元，协调省财政厅完成展教工程项目经费概算评审。宇宙天文、动物家园、童梦乐园、探索发现、创享空间5个展厅和球幕影院、4D影院2个特效影院完成招标、设计，深化设计成果已获专家评审通过，开始进场布展施工。

全省免费开放科技馆18家，新建20个农村中学科技馆。组织实施中国流动科技馆河南巡展活动走进学校、走进乡村，完成29个站点巡展，受益群众100余万人次。科普大篷车志愿服务全年累计开展活动1220次，行驶总里程7.8万千米，受益群众82万人次。联合举办科普大篷车走进太行山科技志愿服务，深入4县106所乡镇中小学校开展巡展活动，14万名青少年受益。

学术交流 联合承办黄河流域生态保护和高质量发展高层科技论坛，邀请多位院士专家作论坛主旨报告。论坛采用“线下＋线上”直播相结合的形式召开，黄河流域相关省份在线观看论坛直播，河南沿黄省辖市设立分会场集中在线观看。错峰举办12个分论坛的学术技术交流，参加主论坛和分论坛活动总人数约2000人。

联合主办2020海峡两岸暨港澳物流业转型升级高峰论坛，包括1个综合论坛和3个主题论坛，来自海峡两岸及香港特别行政区、澳门特别行政区的120多位专家学者参加。论坛采用线上线下相结合的形式进行，在台湾地区设立分会场。

组织召开"高速铁路轴承自主化途径研究"项目座谈咨询会，10多位院士专家出席会议，国内轴承研制、生产、使用单位的10余位专家、企业负责人参加座谈，针对"高速铁路轴承自主化途径研究"咨询项目进行专题调研和研讨。

实施"学术引领工程"，组织全省学会主办承办中国（郑州）甲状腺疾病国际高峰论坛、中国（郑州）锁固型滑坡研究国际学术研讨会、2020中国国际航空物流高峰论坛等国际性学术技术交流活动，中国测绘学会2020学术年会等16场全国性重大学术技术交流活动，20余名院士、2万多名科技工作者参加。

自身建设 传达学习党的十九届五中全会、习近平总书记给科技工作者代表重要回信和在科学家座谈会上重要讲话精神。在《河南日报》设立"凝聚科技界力量 服务高质量发展"专栏，专版刊发科技工作者代表学习全会精神感悟、"科技为民 奋斗有我"全国科技工作者日寄语。在省科协网站开设"汇聚科技创新力量 助力中原更加出彩"专题，刊发217名科技界代表心声。落实请示报告制度，向中国科协、省委、省政府报送请示报告，获领导批示30多次。

制定实施党组工作规则、机关党建"三级四岗"责任清单、科普项目管理办法、宣传工作管理办法等规章制度。配合省委第五巡视组完成对省科协党组进行的常规巡视。上报省科技咨询服务中心改革实施方案并获批，省科技咨询服务中心事业机构撤销，9位在编人员整体划转至省科技馆，使用省科技馆现有空余编制予以安置。

加强"网上科协"建设，项目申报全部实现网络化，省科协网站点击量突破110万人次，在中国科协网络平台宣传评价2020年二至四季度排行榜中分别排名第4、第2和第1。推进全省科协系统网站、微博、微信公众号、抖音、快手、今日头条等新媒体平台建设应用。

召开中共河南省科技社团委员会成立大会，研究制订《河南省科技社团党委关于加强省科协所属学会党建工作的指导意见》《河南省科协所属学会党组织管理办法》等，完善学会党建工作机制。召开第六届河南省科技社团党建工作论坛，研讨新时代学会党建新模式、新思路、新举措。指导22家省级学会完成换届，优化学会治理结构。

省级学会 截至2020年年底，全省共有省级学会153个。

省医学会组织开展名医名家"走基层·送健康"健康扶贫系列公益活动，促进优质医疗卫生资源下沉。省药理学会、省中西医结合学会等联合主办中国（郑州）甲状腺疾病国际高峰论坛，就甲状腺疾病的诊疗策略和研究前沿的热点话题开展学术交流。省航空学会承办2020中国国际航空物流高峰论坛，为航空物流的发展、转型升级和空港型国家物流枢纽建设建言献策。省纺织工程学会、省电工技术学会、省仪器仪表学会分别发布《河南省尼龙（锦纶）产业发展研究报告》《河南省电工装备产业发展研究报告》《河南省智能传感器产业发展研究报告》，推动河南省学科发展和产业进步。

地市县科协 截至2020年年底，全省共有省辖市科协17个、济源示范区科协1个、县（市、区）科协158个。

郑州市科协与大象新闻合作推出《魅力科学课堂》《T博士讲科学》两个精品系列课程视频，开发系统化、精品化的馆校结合探究式科学教育课程。洛阳市科协承办2020中国（洛阳）耐火材料产业技术发展大会暨第十七届全国耐火材料青年学术报告会，助力洛阳市耐火材料行业的转型升级和创新发展。濮阳市科协打造"科创龙都"平台，联合北京航空航天大学成立北京濮源新材料技术研究院，入选"科创中国"典型案例汇编。南阳市科协承办中国惯性技术学会2020年科技工作者研讨会，梳理惯性传感器及系统技术的发展现状、关键技术和发展方向。驻马店市科协促成与中国农业大学动物科技学院、泌阳县夏南牛研究推广中心三方合作。漯河市科协促成与中国农业科学院中式食品加工与装备研究中心合作建立河南省食品智能装备产业研究院。商丘市科协协调商丘师范学院在8家高新技术企业设立校企协同创新工作站。

科协基层组织 截至2020年年底，全省共有企业科协491个、高校科协38个、医院科协14个、园区科协48个。新增企业科协48个、高校科协1个、园区科协14个。

三门峡市的6个县（市）区科协全部配备“三长”共20人，乡镇科协配备“三长”46人。郑州市新成立17家企事业科协，总数达到184家。驻马店市成立首家医疗机构科协，揭牌成立“科技工作者众创之家”。平顶山市37个学会成立党支部，安阳市6家学会成立党支部，漯河市16家学会成立党支部、14家学会设立党建联络员。

郑州大学科协聚焦学术交流，开展跨专业、跨院校、跨地域的高水平学术活动；河南师范大学科协聚焦科学普及，利用校内科技教育资源，开放实验室、标本室、实验示范基地等场所，面向公众特别是青少年普及科学知识，促进全民科学素质提升。

【黄河流域生态保护和高质量发展高层科技论坛】 9月16日，由中国科协主办，省科协、水利部黄河水利委员会、中国水利学会、中国气象学会等承办的黄河流域生态保护和高质量发展高层科技论坛在郑州市开幕。夏军、李泽椿、王家耀、王复明等院士作论坛主旨报告。中国科协学会服务中心副主任李芳等领导、专家参加主论坛活动。

开幕式上，省科协与郑州大学、中国水利学会以及中国气象学会在论坛上达成并签署《战略合作协议》，河南水利投资集团和广东三丰诺德环境科技有限公司签署《产业合作框架协议》，引进相关生态环保项目。

论坛采用“线下论坛+线上直播”相结合的形式召开，黄河流域相关省份组织在线观看论坛直播，河南沿黄省辖市设立分会场集中在线观看，错峰举办12个分论坛的学术技术交流。参加主论坛和分论坛活动总人数约2000人。

【2020年河南省暨郑州市全国科普日活动启动仪式】 9月19日，由省科协、省委宣传部、省教育厅及郑州市委、市政府等联合主办的2020年河南省暨郑州市全国科普日活动启动仪式在郑州市举办。穆为民、徐济超、霍金花、李英杰等省领导，中国工程院院士张改平、张新友等专家出席启动仪式。

启动仪式上，为张改平、陈静颁发“河南省科普形象大使”证书，为张新友、屈凌波、姚文艺、陈小兵颁发“河南省首席科普专家”证书，为“i科普”科技志愿服务活动授旗。

全国科普日活动持续到9月25日，全省各级科协组织会同宣传、教育、科技等部门，组织开展2000多项重点科普活动，联合相关部门举办10多项专题科普活动。

【首届中原科普创新发展高峰论坛暨农业科技创新交流展示活动】 9月29日，由省科协、省社会科学界联合会等联合举办的首届中原科普创新发展高峰论坛暨农业科技创新交流展示活动在开封市兰考县举办，省社会科学院院长谷建全、省科协副主席房卫平等领导出席论坛活动。来自高校、科研院所的10余位专家学者围绕科普助力乡村振兴主题，为推进河南农业农村现代化献计献策。

开幕式后，与会领导和专家学者参观开封农业科技创新现场展览，先后来到兰考县展览馆、河南五农好（集团）有限公司进行现场观摩。

【2020年河南最美科技工作者发布仪式】 12月17日，由省委组织部、省委宣传部、省科协等联合主办的“最亮的星——2020年河南最美科技工作者发布仪式”在郑州市举办。仪式现场公布2020年河南最美科技工作者和团队名单，现场播放获奖科技工作者和团队的事迹短片，聆听获奖科技工作者和团队的感言，并为获奖科技工作者和团队颁奖。10位勇于创新、无私奉献的科技工作者和1个团队获此奖项。

10位2020年河南“最美科技工作者”分别为：吴养洁、程相文、张金良、李红霞、张国俊、吴健、李建军、陈小兵、朱明甫、王元卓，1个2020年河南“最美科技工作者”团队为河南省第五批援鄂医疗队。

（撰稿人：马玉宝　安建伟）

湖北省科学技术协会

服务经济社会发展　印发《省科协落实〈中国科协支持湖北武汉疫后重振一揽子计划〉责任分工》，细化落地措施。推进“科创中国”试点城市建设，咸宁市、武汉市东湖高新技术产业开发区被列为试点城市，实施“科创湖北”行动。构建“科创中国·湖北”中心站和熟化服务平台；成立科技经济融合学会、高端装备制造产业创新联盟和“科创中国”联络员等载体。中国科协党组书记、常务副主席、书记处第一书记怀进鹏两次带领专家服务团来湖北省，开展“科创中国”试点城市建设现场交流调研活动。

9月22—24日和10月25—27日，4个调研组

（光电子和信息产业调研组、智能制造和汽车产业调研组、农业和生态文明建设调研组、生物医药健康产业和公共卫生体系建设调研组）、4位中国工程院副院长、42位院士以及20余位专家深入湖北省开展“荆楚院士行”活动，为全省科技创新、产业发展把脉问诊、出谋划策。283位院士领衔或参与战略咨询研究项目，以“院士智库”专刊上报决策咨询建议21篇，8篇被省委、省政府领导批示。中国科协、省政府、华中科技大学共建华中公共卫生与健康联合研究中心。报送科技工作者状况调查信息150余篇，印发决策咨询专报29篇，11篇获得15个省部级领导批示。省科协决策咨询专报《以科技创新推进湖北省质量变革、效率变革、动力变革的重要举措研究》入围中国科协“2019年十佳调研报告”优秀调研报告名单。全省海智基地（离岸创新）站点发布海外人才项目需求131项，向海外发布国内需求613项，开展海智活动157场，洽谈项目180项，签署（落地）协议40个，引进团队17个，引进海外高层次人才49人，新增湖北海智（离岸创新）工作站点2个，累计接待海外专家团体226人次。新建院士工作站1家，新建专家工作站51家，现有院士专家工作站600家。

23支省级科技专家团队深入贫困村开展精准帮扶，编辑《湖北省科技助力精准扶贫纪实》，全省组建科技志愿服务团队627个，动员科技专家20039人，组织开展科技志愿服务活动940次。

服务科技工作者 组织集中收看2020年全国科学道德和学风建设宣讲教育报告会；联合省教育厅、中国科学院武汉分院、湖北省社会科学院，邀请中国工程院院士张联盟到湖北大学为研究生代表、新入职青年教师和新上岗研究生导师共500余人作宣讲报告。

联合省人力资源和社会保障厅、省科技厅、省政府国有资产监督管理委员会开展第二届全国创新争先奖候选人推荐评选工作，武汉雷神山医院抗疫团队获全国创新争先奖牌，陈孝平、胡豫、彭志勇获全国创新争先奖章，刘良、汤群、严新平、余家国、冷文军、汪晖、张琨、张一敏、张颂民、陈莉莉、周欣、胡钦勇、钟彩虹、姚颖获全国创新争先奖状。

全年在《湖北日报》、湖北广播电视台、“学习强国”湖北学习平台等党报党媒宣传科技界典型人物、重大学术交流会议、重要科普活动30余次。《光明日报》3月12日头版刊载省科协抗击疫情的介绍；《湖北日报》以大版面推出“第二届全国创新争先奖湖北群英谱”；“学习强国”湖北学习平台对全国创新争先奖章获得者推出宣传视频，省科协门户网站制作推出专题栏目，进一步宣传优秀科技工作者的事迹和成绩。

全省科技工作者状况调查站点报送信息150余篇，5篇被中国科协刊用，完成专项调查4次。

《科学素质纲要》实施和科普工作 联合光明网开展《国防科普大直播“云”游军博——导弹馆》直播活动，在线观看人数超过752万人次。开展防灾减灾、全民营养周、地球科普日等科普报告8场。

9月18日，2020年湖北省全国科普日活动启动仪式暨主场活动在随州市举办，副省长肖菊华出席，省科协主席郭生练讲话。主场活动设置科普展台56个，70余家科技志愿组织集中开展科技咨询、科技培训、科普宣传等志愿服务。

支持贫困县特色产业科普基地、基层科普能力提升计划、流动科技馆等科普项目资金，实现贫困地区科普项目全覆盖。安排资金支持91个省特色产业科普基地、40个科普惠民社区、37所科普教育学校建设。

编创“写给孩子的科技前沿”系列丛书（6册）、抗疫系列丛书“病毒简史”，完成出版《抗疫英雄谱》《战“疫”书简》《新型冠状病毒肺炎预防手册》《雷神山战疫日记》《我的方舱日记》等。制作《漫谈戴口罩》视频节目并在湖北卫视及网络平台播出。实施乡村振兴出版工程、桥梁科普和《山水林湖田草》图书出版、“脚印”系列科普读物出版及《中小学研学旅行》教材出版等项目。印制6000本科普小册子《“智豆”来敲门》向全省各级党政机关发放。

湖北科普网、“智豆”移动客户端、手机报、江城科普快车、科普e站等科普信息化平台同步推进，累计更新内容1757篇，湖北科普网网站浏览量883771人次。

学术交流 受疫情影响，全省学会探索举办网络视频会议，以保障学术交流。全年举办学术会议364场，其中国际学术会议17场，305234人参加学术会议，交流学术论文5345篇。

7月16日，承办中国科协2020中小企业数字经济全球论坛——数字技术助力企业复工复产分会场活动，邀请院士、专家、企业家就数字技术助力企业复工复产展开讨论和交流并形成建议报告，为省委、省政府决策建言献策，得到省领导批示肯定。

8月28日，举办科创中国·中芬“生物医药合作交流”线上对接活动（湖北专场）。此次活动旨在搭建中国和芬兰科技交流合作的新平台，是中国与海外科技界合作形式的新型探索。

举办“华创会”海智助力生物产业发展会议暨海智专家荆楚行活动，联合武汉大学主办抗疫常态化海峡两岸暨港澳智慧康养论坛，华中科技大学举办光催化前沿技术国际/国内研讨会和第三届中国－东盟发展与治理论坛暨中国－东盟绿色创新政策合作研讨会，组织省激光学会、湖北武汉中俄科技合作中心等联合举办中俄激光精密制造创新对话活动，指导湖北省青少年科技中心和联投欧洲科技投资有限公司等单位共同举办第二届中比科技交流研讨会暨第一届青少年国际交流会等一批重大会议，为推动科技创新、企业转型升级、湖北省疫后重振贡献科技力量。

自身建设 构建精准化服务平台、熟化服务平台。新成立湖北省科技经济融合学会，新组建湖北省高端装备制造产业创新联盟，建立“科创中国”联络员制度，组建科技服务团，按照地方点单、科技服务团接单的方式，精准对接服务，建设一批先行先试样板间。制定《湖北省科协2020年改革工作要点》，从强化政治引领、学会党建、基层组织建设、智库建设等9个方面作出具体要求。组织市、州申报中国科协“第二批地方科协深化改革工作试点项目”，宜昌市、恩施土家族苗族自治州、孝感市3地入选，咸宁市、武汉市2地入库；推荐湖北改革创新案例，3篇入选中国科协《地方科协改革创新案例集》。

组建3支党员先锋队，成立下沉党员临时党支部，主动承接超大型小区封闭管理后门岗值守的“硬骨头”，筹措和捐赠防疫物资，开展信息统计和志愿服务。全体党员按照就近就地原则，积极参加现居住地社区的抗击疫情工作。疫情防控转入常态化后，成立2支工作队常态化下沉社区，全体党员按规定下沉报到。

3月25日，省科技馆新馆项目正式复工，成为武汉市第一批复工复产项目。土建工程、内容建设、科教活动、运营筹备稳步推进。12月30日，湖北省科技馆新馆展教工程进场启动仪式暨开馆运营誓师大会在武汉市召开，省科协主席郭生练出席大会并讲话。

5月15日，省科协九届五次全委会会议以“通讯＋电视电话会议”的方式在武汉市召开，省科协九届委员约110人在武汉市参加会议，市州、直管市、神农架林区设分会场。省委常委、统战部部长尔肯江·吐拉洪出席会议并讲话，省科协主席郭生练作工作报告，全面总结省科协2019年工作，安排2020年工作。增补中国工程院院士钮新强为省科协第九届委员会副主席；增补中国科学院院士孙和平，中国工程院院士徐青、严新平、杨春和、李培武为省科协第九届委员会常委；变更郭洪金、陶大熔同志为省科协第九届委员会常委。

省级学会 省科协所属学会（协会、研究会）完成2020年度年检工作，年检参加合格率81%，新成立湖北省科技经济融合学会，新接纳湖北省水产学会，省科协所属学会达157家。学会承接政府转移职能试点项目扩大至45个。

新冠肺炎疫情暴发，省科协第一时间发出《致全省科协组织和广大科技工作者的信》《关于发挥全省学会作用助力打赢疫情防控阻击战的通知》，全省学会（协会、研究会）积极响应、主动作为。省临床肿瘤学会、省卒中学会、省睡眠研究会等医科类学会的医务科技工作者，坚持奋战疫情防控一线；省微生物学会、省免疫学会等利用专业优势提出《建议将“四类人群”进行集中、单人单间隔离》《关于对武汉市内新型冠状病毒感染的已确诊病例和疑似病例进行集中隔离管理的建议》等建议报告；省心理学会参与抗疫心理服务与干预工作，开通心理援助热线，编写《疫情时期青少年心理健康指导》等书籍；省纺织工程学会研制国内首个《中小学生一次性使用口罩》团体标准；省公路学会、省通信学会、省钢结构学会等团体会员单位助力火神山、雷神山、方舱医院建设、助力企业有序复工复产；省茶叶学会、省柑桔学会、省棉麻学会、省作物学会等带领专家走基层指导春耕生产、开展防涝抗灾及灾后生产自救等工作。

地市县科协 全省共有市、州、直管市、林区科协17个，县级科协103个。3158名“三长”基层科技工作者进入县、乡科协领导机构，其中武汉市、十堰市、宜昌市、荆门市、恩施土家族苗族自治州实现街道（乡、镇）科协组织全覆盖。

武汉市开展“千局千企”“双万双联”“双进双服务”和科协干部下基层等活动，开展常态化下沉社区服务工作，科协干部走进103个社区、83家学会、200多家企业和20户困难群众家里，积极帮助解决企业、社区、群众反映的困难和问题。疫情期间在全市79个社区开展便民服务，筹措口罩15万只、消毒片

11万片、灭火器450余具、测温仪40个及价值70万元牙膏、消毒洗手液、即食小米粥等生活用品，助力社区抗疫。市科技馆接待公众600万余人次。

黄石市大力发展“地矿科普＋文旅经济”，连续举办4届中国（黄石）地矿科普大会，吸引30个国家200多个世界展商、30余位院士、70万余人次游客；建成8条精品地矿科普旅游线路，科学编制《黄石市全域地质矿产科学普及规划（2019—2025年）》，投资建设黄石东钢工业文化遗址产业园、黄石矿博园、黄石恐龙园、华新水泥旧址博物馆、湖北（黄石）地质博物馆、黄石园博园，建成52个民间矿晶科普陈列室等科普阵地。

科协基层组织　全省共有省级企业科协23家，会员86949人；市级企业科协324家，会员37967人；县级企业科协662家，会员21324人；高校科协50家，会员32304人；街道（乡、镇）科协1148家，会员68896人；农技协553家，会员86763人。

武汉市吸纳550名“三长”，进入县、乡科协组织。

黄石市健全基层科普工作体制机制，6个县（市、区）政府和22家成员单位成立科学素质工作领导小组，乡、镇、社区明确专兼职科普专员，吸纳“三长”135名。实施“基层科普行动计划”，打造特色产业基地20个、科普教育基地37个、科普教育学校14个、科普惠民社区90个。

十堰市吸纳440名“三长”先后进入县、乡科协组织，实现乡、镇科协组织建设全覆盖，市内高校科协组织建设实现全覆盖，市属学会党组织建设全覆盖。

宜昌市112名“三长”进入乡、镇科协班子并发挥作用。

鄂州市吸纳78名“三长”担任兼职（挂职）副主席。建立企业科协组织12个、园区科协组织4个、校园科协组织2个、乡（镇）科普协会15个、科普教育基地50个、农业科普示范基地22个、城市社区科普室33个。

荆门市在京山市开展农村科普组织建设试点，推进“3+1”试点，吸纳126名“三长”进入县、乡科协组织，京山市人民医院院长、京山市科协专职副主席郭科获评2020年全国优秀基层科协“三长”。

荆州市、县、乡共有61名科协兼职主席，166名科协兼职（挂职）副主席，其中133名副主席为“三长”兼任。

恩施土家族苗族自治州吸纳455名“三长”进入科协系统兼职（挂职）。

【华中公共卫生与健康联合研究中心揭牌仪式暨公共卫生与健康高端论坛】　经省科协申请，中国科协支持湖北省加强智库建设，8月25日，中国科协、省政府、华中科技大学三方共建华中公共卫生与健康联合研究中心。华中公共卫生与健康联合研究中心揭牌仪式暨公共卫生与健康高端论坛在武汉市举办，中国科协党组书记、常务副主席、书记处第一书记怀进鹏，副省长肖菊华，华中科技大学党委书记邵新宇共同为中心揭牌并参加论坛。该研究中心的成立为凝聚医务科技工作者智慧提供有力支撑。

【“科创中国”试点城市建设现场交流调研活动（南片区）】　11月5日，“科创中国”试点城市建设现场交流调研活动（南片区）在咸宁市举办。中国科协党组书记、常务副主席、书记处第一书记怀进鹏，中国科协党组成员、书记处书记束为、吕昭平，省科协主席郭生练出席活动。省科协党组书记、副主席叶贤林作为试点城市省级牵头部门代表发言，咸宁市委书记孟祥伟作为试点城市代表发言。来自北京中关村科技园区管理委员会、深圳市源创力离岸创新中心、浙江清华长三角研究院的3位专家作辅导报告；来自广西壮族自治区科协、中国通信学会、中国药学会、中国产学研促进会、泉州市科协、广州市科协的代表作交流发言。活动上推介、演示“科创中国·湖北中心”网络服务平台。

“科创中国”南片区试点城市（园区）代表、部分全国学会负责人、科技服务团专家代表、中国科协机关挂点工作组成员等考察调研湖北香城智能机电产业技术研究院有限公司、咸宁海威复合材料制品有限公司、咸宁南玻光电玻璃有限公司等企业，参观咸宁市科技经济融合专题展览，观摩“科创中国·湖北中心”网络服务平台建设及运行情况，并就“科创中国”试点城市建设中遇到的问题展开交流和讨论。

【“华创会”海智助力生物产业发展会议暨海智专家荆楚行活动】　11月19—21日，省科协举办“华创会”海智助力生物产业发展会议暨海智专家荆楚行活动。副省长肖菊华，省科协主席郭生练，中国科协国际联络部副部长王庆林等领导出席活动。活动按照“1+3”（1个主会场、3个分会场）模式分别在武汉市、荆州市和荆门市举办。海智助力生物产业发展主会场邀请日中科学技术文化中心理事长、日本工程院外籍院士巨东英，澳大利亚技术科学与工程院院士王林发，中国工程院院士、华中农业大学陈焕春，中国工程院院士吴清平，中国科学院武汉分院院长袁志明等国内外院士、专家学者采取线上线下相结合方式，就湖北省生物产业发展展开讨论和交流。3个分会场围绕“乐享智慧生活　共创康养未来”“延伸产业链　打造生态链　提升价值链”“汇聚天下英才服务荆州科技经济融合发展”等活动主题，通过举办主旨报告、专题报告、项目路演、学术交流、决策咨询、项目对接、考察园区及相关企业等活动，将收集到的海外人才项目与国内相关领域需求有效对接，现场签署合作协议18项，为推动湖北省疫后重振作贡献。

（撰稿人：唐　华）

湖南省科学技术协会

服务经济社会发展　搭建多层次院士专家服务平台，新认定院士专家工作站11家，新引进院士专家23人，推广新技术、新产品14项，获得授权专利41项，获得省部级以上奖励5项，参与制定行业标准1项。以“创新驱动　科技为民”为主题开展2020年湖南科技论坛暨院士专家张家界行活动，邀请多位院士专家深入园区、企业、基地进行现场考察、指导、对接洽谈和服务，并召开高端智库院士专家座谈会。

新建省级海智基地10个，实施“海智基地示范项目”10项。创建中国科协海外人才离岸创新创业基地1个，接待海外人才244人，引进海外人才73人，回国创业者11人。组织引智对接活动53场次，洽谈项目40项，签署落地协议12项，推荐合作项目21项，发布海外需求信息55条，向海外发布国内需求信息64条。新设海外引才引智工作站10个，推荐技术人才96名，签约海外团体12家。海外专家开展讲座、培训66场，受益19053人次。

开展决策咨询课题研究，完成“以工业互联网发展助推湖南智能制造升级”等5个课题。服务产业链，开展技术创新联盟试点工作，撰写《全省兵工行业和检验检测行业发展报告》。办理人大建议1件、政协提案2件。

组织全国大众创业万众创新活动周湖南省分会场活动，围绕“创新带动创业、创业带动就业”主题开展8大重点活动和预热及后续活动。

推进“科创中国”创新资源共享平台湖南分中心建设，线上注册企业9695家、学会93家、企业科协联合会7家、园区17家、企业科协470家。全省3项先进技术登上中国科协“科创中国”2020年度先导技术榜单。

做好科技助力精准扶贫与助力乡村振兴有效衔接。在全省重点推广应用现代农业、生态环境、医卫健康三类技术，打通科普惠民“最后一公里”。该工程分两个阶段实施，2020年选取14个县（市、区）首批进行试点。抓实抓好对口贫困村娄底市涟源市杨市镇砖湾村帮扶工作，如期完成整村脱贫任务。

服务科技工作者　实施科技人才托举工程，新增托举对象39人，其中院士后备人才培养计划9人、中青年学者培养计划19人、年轻优秀科技人才培养计划9人。向中国科协举荐优秀科技人才，获全国创新争先奖奖章1人、奖状8人，入选未来女科学家计划2人，获中国青年女科学家奖1人，入选中国科协优秀中外青年交流计划2人。推荐10人参评2020年全国最美科技工作者。

举办全国科技工作者日系列活动。以“爱国·创新·奉献”为主题开展“五美”评选宣传，邀请多家主流媒体对全省最美科技工作者、最美防控战士、最美学会工作者、最美科技志愿者、最美基层科协工作者进行集中报道。开展科学家精神报告团“传承2020”湘赣行活动、青年科学家进校园活动，举办科学家精神主题展，弘扬新时代科学家精神。

开展湖南区域全国科技工作者状况调查站点工作，全省19个站点共上报有效信息296条，完成问卷调查2936份，完成率100%。其中1个站点被中国科协评为优秀站点，省科协连续6年被评为全国优秀区域责任部门。

《科学素质纲要》实施和科普工作　组织“十三五”纲要实施评估和实地调研，全省公民具备科学素质的比例为10.14%，达到预期目标。实施科普惠民提升工程，推动构建社会化大科普格局。线上线下开展2020年全国科普日湖南主场活动498场次。举办湖南省第四届科学素质网络大赛，参赛人数达1700万人次。加强青少年科技教育，举办青少年科技创新大赛。加强科普基础设施建设，筹备省科普主题公园建设立项，新认定99个省级科普教育基地，流动科技馆巡展19个县

（市、区）。

加强省科技传播信息化平台内容生产和运营管理，打造集“报、刊、网、微、端、屏”于一体的科普湖南融媒体平台，“科普湖南”用户突破250万人。科普信息员有130万人，科技志愿者有17万人，均居全国第一。

助力新冠肺炎疫情防控和应急科普工作。共组织1.2万名科技人员指导春耕生产，派出数十名科协干部下沉村（社区）帮助防疫。组织编写《新型冠状病毒肺炎大众防护与心理疏导》《新型冠状病毒感染的肺炎防控知识100问》等疫情防控科普书籍，在全省、全国推介，其中校园防控手册被译成英语和阿拉伯语。组织155位专家开展线上抗疫讲座15场，共270万人次收看。开通心理危机干预热线，成功处理各类危机案例1600余人次。举办“迎疫而上，最美逆行——湖南抗疫先锋纪实展”。推出新冠肺炎校园防控知识测试小程序，青少年参与竞答达1500万余人次。实施应急科普专项，征集发布20条宣传标语，在公共汽车、宣传栏、显示屏上使用达11.2万余条次。开设“疫情防控与应急管理能力提升”专题培训班，共16.9万人次参加学习，获中共中央组织部《干教通讯》推介。

学术交流 联合省委网信办、省工业和信息化厅等单位共同主办2020长沙网络安全·智能制造大会、2020互联网岳麓峰会、2020世界计算机大会、2020国际稻作发展论坛、2020中国大数据科技传播与应用高峰论坛等一系列高端学术活动，为中国在制造领域解决“卡脖子”问题提供参考。

围绕“四个一批”开展院士专家行，组织21名院士专家赴宁夏回族自治区开展科技交流合作。

承办中南五省植物生理学会联合学术年会、中国园艺学会2020年学术年会、第二届中国临床心血管病学大会、2020年潇湘国际心血管病学术大会、农业微生物与产业化研讨会暨湖南省微生物学会2020年度学术年会、中国自然资源学会第五届全国资源科学青年科学家论坛等国内学术会议。

联合上海市科协、台北市交通安全促进会共同主办第28届海峡两岸都市交通学术研讨会。

自身建设 实施改革攻坚行动，56项改革总任务完成52项，完成率达92.85%，另外4项任务也取得阶段性成果。3个市州科协入选中国科协“第二批地方科协深化改革工作试点项目”，3个市州科协的改革经验被中国科协改革工作办公室编入《地方科协改革创新案例集》并出版。

全省共有省级学会服务站32家，新增19家；国家级学会服务站13家，新增3家。新建企业创新基地13家、学会联合体3个。

省级学会 全省共有省属学会150个，新增4个学会（民非组织），分别为省国土空间规划学会、省自然资源资产学会、省大国传奇健康产业研究院、省现代黑茶产业研究院。省科协支持所属学会参与全省“十百千”社会组织评选，省城乡规划学会等6个学会进入省级社会组织前50名，省交通工程学会获评5A级社会组织；推选4个学会获得2020年中国大数据传播奖；推进所属学会承接政府职能90余项。

省计算机学会举办第八届中国数据挖掘会议，邀请国内外知名高校和企业的50余位专家学者作报告，收录论文142篇，内容涉及数据挖掘基础算法、图像与文本挖掘等。省国土空间规划学会开展“寻找最美乡村”优秀案例和优秀国土空间规划师展评活动，评选出优秀案例特别奖3个、优秀规划师20名。省地质学会组织编写《湖南省绿色矿山文件和标准汇编》，共收录各类绿色矿山标准9条。省工程管理学会举办首届全省大学生智能建造与管理创新竞赛，以“数智建造与管理创新”为主题，探讨在数字化、智能化、新型工业化的建筑产业发展浪潮下的管理创新。此次竞赛分装配式建筑技术与管理创新、基础设施智慧运维等6个方向，来自9所高校的19支队伍参赛。

地市县科协 全省共有市级科协14个、县级科协121个。全年开展科普宣讲活动2428次、实用技术培训880次，受众2439.5万人次。

长沙市科协落实市委人才新政策，受理高端学术活动资助项目12家13场次，资助10名高层次人才参加国际性学术会议。岳阳市科协与市博物馆、市图书馆等10家单位建立馆园联盟，联动开展8场主题亲子日科普活动。邵阳市科协建成市级科技创新专家库和科技创新人才库，共收集200余名专家学者信息和1000余名科技创新人才信息。湘西土家族苗族自治州科协举办“科技小创客”活动，每周末免费为青少年学生开展现场科普教育。娄底、怀化、益阳等市科协推进乡村振兴，建立一批示范点。

科协基层组织 截至2020年年底，全省共有企业

（园区）科协6000个，新增4752个；高校科协89个，新增17个；乡镇（街道）科协1930个，新增256个；村（社区）科协23103个，新增15983个。

省高校科协联合会举办2020年湖南省高校科协工作会议暨第二届高校科协组织建设论坛，启动实施省高校科协联合会理事长单位轮值制度。

省企业科协联合会组建企业科协专家智库团队，邀请到国家创新方法研究会副理事长周元、国际TRIZ（发明问题解决理论）协会工程师孙国强等20余位专家学者和企业家参与。组织开展湖南省首届企业“创新达人”发布暨宣讲大会，共开展企业创新、创新方法培训61场，受众5000余人次；组织国家创新工程师认证考试522人次，培训企业科协干事504名、技术经理人102名，遴选创新达人100名。

【2020互联网岳麓峰会】 9月8日，由省网信办、省工业和信息化厅和省科协共同主办的2020互联网岳麓峰会在长沙市召开。中央网信办副主任盛荣华、中国工程院院士宋君强等领导和专家出席。峰会以“数字新经济，云开看未来”为主题，设置主论坛和7个分论坛，长沙国家超算中心湖南域名根镜像服务器和国家顶级域名解析节点在峰会上同步启动应用。峰会聚焦投融资体系建设和鲲鹏计算生态、智能网联发展趋势、前沿技术、软件产业，同时突出疫情下的数字经济创新发展。

在主论坛上，腾讯云总裁邱跃鹏、阿里研究院院长高红冰等互联网行业企业家围绕“数字新经济”“新基建赋能千百行”“车联网助力智慧交通”等主题，共同论道解码数字新经济的发展现状与未来趋势。中国移动副总经理高同庆、长沙智能驾驶研究院首席执行官马潍、今日资本创始人徐新等业界专家也分别作主旨演讲。阿里云、腾讯云、百度云、华为云、金山云等企业负责人参加随后的圆桌论坛。

【2020长沙网络安全智能制造大会】 11月28—30日，以“创新引领　智造未来”为主题的2020长沙网络安全智能制造大会在长沙市召开。大会由省网信办、省工业和信息化厅、省科协共同主办。开幕式上，中国电子信息产业集团有限公司董事长芮晓武、副省长陈飞等领导出席并致辞，中国机械工程学会理事长李培根、国家发展改革委学术委员会秘书长张燕生、华为云与计算中国区总裁史耀宏等院士专家和企业家分别作主题演讲。芮晓武指出，要瞄准网络安全“三大痛点”，关后门、堵漏洞、防断供，建立具有自主知识产权的计算机生态体系。李培根表示，发展智能制造最基本、最关键的因素是数据，中国在数据采集、传输等很多环节都面临着安全问题，需要引起注意。

大会聚焦工业互联网、机器人、新基建、信创产业等产业热点，围绕构建网络安全和智能制造的战略布局、产业热点、前沿技术、未来前景等方面举办4场高峰论坛、10场主题论坛和2场专项活动。大会还设有网络安全和智能网联汽车、“5G+”和工业互联网智能制造解决方案和智能装备、新基建和信创产业等4大主题展区，面积5.4万平方米，参展企业近500家等。

【2020年全国“双创”活动周湖南分会场】 10月15—21日，由省发展改革委、省科协共同主办的2020年全国“双创”活动周湖南分会场在郴州市举办，分会场活动以“创新带动创业、创业带动就业”为主题。中国科学院院士谭蔚泓、中国工程院院士印遇龙等院士专家，省直有关单位领导以及企业代表共300余人参加启动式。时任省委副书记、省长许达哲宣布活动正式启动。

活动周紧贴时代热点，举办“创新赋能　湖湘论见”主题论坛、数字投行云路演、“帮创面对面”“双创”企业帮创服务交流会等一系列活动，邀请院士专家、行业专家、行业能手等分享学界前瞻性观点与业界实践经验。其中，“创新赋能　湖湘论见”主题论坛当日线上观看点击量超123万次。活动周展区面积3000平方米，集中展示新一代信息技术、节能环保、文创产品等领域的121家创新创业企业以及31个人物典型，共有青年学生代表、创业者、科技工作者等观众5000余人次前来参观。活动周首次运用数字化手段，采用三维虚拟现实技术和多媒体互动手段叠加图文、音视频、直播等多种形式建设云上活动周平台，让市民足不出户就能了解“双创”政策信息。活动周前期，湘江新区、湘潭国家高新技术产业开发区、中南大学、三一重工4个国家级“双创”示范基地组织“创响中国”系列活动，省科协在张家界市举办湖南科技论坛暨院士专家张家界行等预热活动。

【2020国际稻作发展论坛】 10月16日，由长沙市人民政府、省科协联合主办的2020国际稻作发展论坛在长沙市召开。“共和国勋章”获得者袁隆平、世界粮食奖基金会理事长肯尼斯·奎因、国际水稻研

究所教授加哈尔·阿里通过视频连线方式作主旨演讲。中国科学院院士钱前，中国工程院院士官春云、罗锡文、邹学校等800多位专家学者和企业代表分享稻作产业发展先进经验，共谋农业产业高效有序发展。

论坛以“加强交流合作，确保粮食安全”为主题，设主论坛和五大分论坛。主论坛议题涉及稻作产业科技发展多项内容，展览展示涵盖稻作全产业链及相关文旅产业、农业科技，重点突出乡村产业扶贫成果。分论坛包括水稻高产高效与生态种养、种业与米业共赢发展、粮食安全与农业产业化等五大议题，就稻作种养模式的创新发展与效益提升、强化种业资源整合、推动稻米全球贸易、稻作产业振兴和粮食安全、稻作文化与传承和水稻新品种的创制等展开学术交流。

【2020年大数据科技传播与应用高峰论坛】 12月13日，由省科协、中国科技新闻学会共同主办的2020年大数据科技传播与应用高峰论坛在衡阳市召开。论坛以“百年变局　数胜未来”为主题，中国科技新闻学会理事长宋南平出席开幕式并致辞，中国科学院院士褚君浩、日本工程院院士李颉等多位院士专家作主旨报告。褚君浩指出，智能时代要重视数据采集、信息分析和快速反应，这三点是信息时代、智能时代最重要的基础，可以渗透到一切领域。李颉向与会人员介绍如何让大数据形成生产力，强调要提高产业的数字化，利用自然催生出的大数据来支撑赋能数字经济发展。500多位行业专家和学者参加会议，围绕抗疫大数据应用、工业人工智能发展、数字经济等热点展开对话交流。与会人员一致认为，伴随着数字经济迅速发展，科学数据已经成为开发应用潜力最大的科技资源之一。大会期间还发布《2020大数据科技传播与应用白皮书》，对近年来中国获得融资的大数据科技传播与应用企业进行统计和分析。

（撰稿人：卜仲伟）

广东省科学技术协会

服务经济社会发展　服务粤港澳大湾区建设。聚焦大湾区科技创新，建立大湾区科技协同创新联盟运行机制、平台体系，提升科技成果转化能力，建设人才合作示范区。推进粤港澳大湾区工程技术人才专业资格互认试点。确立11家粤港澳科技社团，围绕4个领域，签订资格互认协议，成为广东省第一批由科技社团主导的专业资格互认试点单位和试点专业。

开展专题调研咨询活动。落实在粤工作院士专家意见“直通车”制度。2020年，全省科协系统组织院士专家向各级党委和政府及其他政府部门提交决策咨询报告191份，其中39份得到领导批示。

促进科技经济融合发展。推进中国科协“科创中国”落地，广州市、深圳市被中国科协确定为全国试点城市。承办2020中国创新创业成果交易会，展示项目超3300项，促成163个项目转化落地。规范院士工作站等创新服务平台管理，建立院士工作站36家、科技专家工作站246家、省级学会科技服务站137家。

实施“海智计划”。推动“海智计划”工作纳入广东省海外高层次人才工作整体布局，搭建南粤海智科技成果转化平台。推动建立广东省第二家国家级离岸创新创业基地——国家海外人才离岸创新创业基地（珠海横琴基地）。新建“海智工作站”17个，与海外272家科技团体建立合作关系，引进海外人才2232人。

建立乡村振兴大联合协作机制。进一步推进落实与省农业农村厅签订的支持现代农业产业园建设合作协议，与省邮政银行联合推进“银会合作”，进一步汇集服务“三农”的创新要素。联合华南农业大学推进省乡村振兴战略联盟、省高校科协联盟的工作。争取中国农技协的支持，联合华南农业大学在清远市、汕尾市、阳江市、广州市、韶关市、河源市、惠州市、珠海市等地建立首批12家科技小院，每个科技小院派驻导师和研究生，长期服务“三农”。

实施科技工作者“上山下乡”助力乡村振兴行动计划。组织300多名院士专家和中青年科学家分赴肇庆市、茂名市、韶关市、河源市、云浮市、清远市、梅州市、汕尾市、江门市等地开展科技服务，服务200多个单位，对接291个人才技术项目，签订合作协议200多项。

实施广东省科技志愿服务行动。联合省文明办出台政策文件，广泛开展科普助力新时代文明实践工作。开展科技志愿服务2万多场次，科技志愿服务人员注册人数超过23万人。

开展科技精准扶贫工作。完成科协系统对口帮扶脱贫工作任务。省科协定点帮扶湛江市遂溪县岭北镇西塘村，持续开展农村实用技术培训，成立富硒农产品合作社，推广绿化苗木种植技术，发展光伏发电等经济产业，高质量完成扶贫工作任务。

运营中国工程科技发展战略广东研究院。聚集包括128位院士在内的100多个团队参与研究，形成一批高端战略咨询成果。

服务科技工作者 服务高层次科技人才。加强在粤院士联络服务工作，召开院士座谈会为广东省经济社会发展建言献策，组织在粤工作院士休养考察、体检就医等。组织开展在粤工作院士津贴及补贴申报与发放工作，为112名在粤工作院士发放院士津贴及补贴。举荐表彰优秀科技人才。完成中国科协求是杰出青年奖成果转化奖等推荐工作，完成第二届全国创新争先奖候选人推荐工作，中国工程院院士钟南山团队获得第二届全国创新争先团队奖，13人获得第二届全国创新争先个人奖。2020年，受省级以上表彰的优秀科技工作者7761人次，宣传报道优秀科技人物和团队6466人次。

大力弘扬科学家精神。会同省委宣传部、省科技厅等部门，在全省开展“广东最美科技工作者”学习宣传活动，选树中国工程院院士钟南山等10位在抗击新冠疫情中表现突出的“最美科技工作者”。深入推进卢永根同志先进事迹学习宣讲活动，推进中国科学家精神进校园、进社区、进企业，举办广东省科学道德与学风建设集中宣讲教育报告会。

组织开展“全国科技工作者日”活动。落实省委书记李希批示精神，召开广东庆祝“全国科技工作者日”大会，表彰一批优秀科技工作者。全省科协统一行动，走访慰问基层科技工作者，在媒体上宣传优秀科技工作者典型事迹，营造尊重知识、尊重人才的良好氛围。省科协被中国科协评为2020年全国科技工作者日“十佳优秀组织单位”。

《科学素质纲要》实施和科普工作 组织抗击新冠肺炎疫情。全省各级科协组织开展应急科普、科研攻关、建言献策三大系列活动。省科协组织开发的九大系列疫情防控科普作品，在平台网络进行全媒体推送，累计浏览量超过3亿人次。

履行实施全民科学素质行动计划的牵头职责。2020年广东省公民具备科学素质的比例为12.79%，超额完成“十三五”期末达到10.5%的目标。推动《广东省科学技术普及条例》立法工作，该条例（草案）已经省政府常务会议审议通过，省人大常委会已完成一读工作。联合省生态环境厅、省林业局、省科技厅出台加强生态环境科普和林业科普的政策文件。

组织开展群众性科普活动。组织开展全国科普日、全省文化科技卫生“三下乡”、全省科普作品创作大赛、科普剧大赛、全民科学素质大赛、广东科普嘉年华等主题科普活动。举办第35届广东省青少年科技创新大赛、第20届广东省青少年机器人竞赛等活动，广东省青少年在全国性科技竞赛中成绩位居前列。全年全省各级科协开展主题科普活动4954场，参与人数达1760万人次。

提高科普公共服务能力。加快实施“互联网+科普”行动，推动科普信息化建设工作，新建8个科普信息化试点县、93个科普中国e站，注册科普信息员21.76万人，传播615.1万次。推进现代科技馆体系建设，组织实施科技馆免费开放补贴项目，全省有9家科技馆获得中央财政补贴。继续举办中国流动科技馆、科普大篷车巡展活动，推动科普服务向基层下沉，新建2个科普小镇。

学术交流 2020年，全省科协系统举办各类学术交流活动1475场次，参加人员达424万人次。

开展粤港澳大湾区学术交流活动。11月26—28日，第16届泛珠三角区域科协和科技团体合作联席会议暨海南自贸港建设科协和科技团体创新与合作高峰论坛在海南省琼海市博鳌镇举办。会议由省科协、海南省科协主办，会上签订科技合作协议9项。

实施学术创新能力提升计划。持续打造岭南科学论坛·双周创新论坛、广东省科协学术活动周、广东院士讲坛等一批高端学术交流平台，邀请包括21位院士在内的329位国内外专家作主题演讲，举办项目路演15场，吸引819家各类型企业，近5000人次参与线下交流，网络直播平台参与人数超过215万人次。珠海市立项支持高端峰会论坛40项共20多场次。

自身建设 推进科技社团党建工作。召开省科技社团党建工作推进会，聘任一批党建指导员，创新党建组织方式和活动内容。省科协所属科技社团全部成立党组织，“两个覆盖”工作如期完成。

推进学会改革发展。实施《广东省科协科技社团综合能力评估办法（试行）》，完善科技社团评价激励机制，激发学会发展动力。支持科技社团继续开展承接政府转移职能工作，拓宽科技类社会化公共服务产品渠道。

省级学会 推进智能制造学会联合体、粤港澳视觉健康创新联合体等7个学会企业联合体建设，新组建精准医学学会企业联合体、团体标准联合体2个学会联合体。

省金属学会、省机器人协会、省眼健康协会等举办创新创业大赛。省预防医学会《关于率先在广东省建立口罩应急储备制度 充分激活口罩行业产能的建议》得到省领导的批示。省环境科学学会党支部创立“十百千”党建品牌，被省委“两新”工委选树为全省“两新组织党建工作示范点”。省测量控制技术与装备应用促进会、省营养学会等科技社团开发的职业技能培训课程标准通过省人社厅的审核备案。

地市县科协 广州市的“广州科技创新南山奖”，潮州市、汕头市、揭阳市的“潮汕星河国瑞科技奖”成为具有区域特色的奖项。广州市科协开辟“院士成长故事”“青年科技人才成长录”等专栏，讲好科技工作者故事。东莞市科协就疫情影响下东莞企业复工复产政策的落实情况开展调研，提出的对策建议得到市政府主要领导的批示。东莞市科协、中山市科协分别承办2020中国（东莞）智能终端产业高峰论坛和粤港澳大湾区科技社团协作助力创新驱动高端峰会。珠海市科协立项支持高端峰会论坛40项共20多场次。深圳市科协、湛江市科协、汕头市科协分别成功承办、2020中欧科技创新合作发展论坛、中欧海洋生物科技论坛、2020年中国创新50人论坛。佛山市设立创新驱动助力专项资金，资助一批重大项目。阳江市科协建立云上专家平台，助推科技与产业对接。中山市科协、惠州市科协组织一线科研骨干开展技术创新方法应用培训。惠州市博罗县的科技志愿服务工作富有成效，在全国科学素质工作会议上作经验介绍。深圳市科协推动科普工作全面提速增效，被中国科协列为全国全域科普先行示范市试点城市。

科协基层组织 截至2020年年底，全省建立企业科协1059家、高校科协84家；新成立乡镇街道科协457家，累计成立乡镇（街道）科协1075家。广州、佛山、河源、梅州、惠州、东莞、中山、茂名、肇庆9市实现乡镇科协建设全覆盖。

【粤港澳大湾区工程技术人才专业资格互认试点】 2020年，在中央人民政府驻香港特别行政区联络办公室、省人力资源和社会保障厅、省人民政府港澳事务办公室等部门的支持下，省科协联合粤港澳17家科技社团，多次召开粤港澳大湾区工程技术人才专业资格互认会商会。邀请粤港澳三地相关科技社团的专家召开资格互认试点、资格互认模式研讨会。组建专家团队指导各试点专业科技社团，探索大湾区工程技术专业领域规则衔接的方法路径。落实中国科协党组书记、常务副主席、书记处第一书记怀进鹏，省长马兴瑞、省委常委黄宁生指示精神，由省科协牵头省测量控制技术与装备应用促进会等11家省级科技社团成立省工程师学会，搭建粤港澳大湾区工程技术人才专业资格互认和工程师资格国际互认工作平台。组织省测量控制技术与装备应用促进会、香港工程师学会、澳门电脑学会等11家粤港澳科技社团，围绕建筑工程、计量及控制、质量管理、计算机技术与信息工程4个领域，签订专业领域工程技术人员专业资格互认协议及电气工程专业领域工程技术人员专业资格互认意向书，成为全省第一批由科技社团主导的专业资格互认试点单位和试点专业，推动大湾区工程技术专业资格互认工作。

【抗击新冠肺炎疫情】 2020年，省各级科协坚决贯彻落实中央决策部署和省委工作要求，省科协先后发出《关于开展新型冠状病毒感染的肺炎疫情应急科普工作的通知》《关于在疫情防控工作中充分发挥基层党组织战斗堡垒作用和党员先锋模范作用的通知》，向全省科技工作者发出公开信，组织开展应急科普、科研攻关、建言献策三大系列活动。各级科协及时成立工作领导小组，建立疫情防控应急工作机制。全省科协迅速组建涵盖187家省级科技社团和21个地级以上市科协的工作队伍，组建疫情防控应急科普专家组，做到第一时间传达上级防疫工作部署，第一时间推送权威信息、发放应急科普产品，第一时间组织科研攻关，第一时间开展建言献策。据不完全统计，省科协组织开发的九大系列共300多组（份）疫情防控科普作品在广东电视台、南方网、腾讯网、广东科普等平台网络进行全媒体推送，累计浏览量超过3亿人次，文章总点击量突破8000万次。

【第三届广东科普嘉年华暨2020年全国科普日广东省主场活动】 9月25日，由省科协与省科技厅、省委宣传部等有关部门联合举办的以“科技战疫 全面小康 创新为民”为主题的第三届广东科普嘉年华暨2020年全国科普日广东省主场活动在广东科学中心举办启动仪式。省委常委、统战部部长黄宁生出席并宣布活动启动，副省长王曦出席活动并作讲话。中国工程院院士、省科协主席陈勇，省政府副秘书长陈岸明，省科技厅厅长龚国平等领导以及各主办单位、承办单位有关部门负责人、市民代表及媒体代表等近200人参加启动仪式。省科协党组书记、专职副主席郑庆顺主持启动仪式。启动仪式上还举办广东省科普教育基地联盟授牌仪式；省林业局、省科技厅、省科协交换加强林业科普工作合作文本。

活动为期三天，围绕抗击新冠肺炎疫情、航天工程、人工智能、5G技术等热点事件，全面展示科技推动经济社会发展和科普创新基础等方面的发展历程以及新成就、新气象、新作为。除在广东科学中心举办的主场活动外，全省地级市在全国科普日期间，举办超过1000场科技创新和科学普及活动。此外，活动打造成线上线下融合的展览形式，全新推出“科普嘉年华”小程序，涵盖活动攻略、现场直播、“云”游科普展、“云”课堂功能，形成线上“云”展会阵地，公众足不出户即可体验展会活动。全省线上线下参与人数超千万人次。

（撰稿人：刘泽周）

广西壮族自治区科学技术协会

服务经济社会发展 2020年自治区科协入选广西特色新型智库联盟副理事长单位、广西首批高端智库建设培育单位，被指定为11家广西科技创新智库联络处。立项4个研究课题，组织申报中国科协创新战略研究院“区域科技工作者状况调查研究项目”“中国科协九大代表2020年专项资助调研课题”等3项课题获得立项。提交自治区政协十二届三次会议5篇提案获立案办理，《关于推进工业民用废弃物在公路工程中的大宗资源化利用和产业化发展的建议》被列为年度重要提案；5期决策咨询专报获得自治区领导7条批示并转有关部门研阅落实。

办好全国“双创”活动周广西分会场活动，利用“云上活动周”平台对全国具有影响力的重点活动进行视频（直播）和图文展示，活动当天广西分会场现场直播观看人数超过3万人次。

全区各级科协和基层科普项目承担单位组织动员2834人次专家开展扶贫产业技术培训2889期，培训农民14.4万人次。举办2020年“科普惠农兴村计划”成果交流活动，促进产销对接和农民增产增收。借助桂深科技创新联盟平台，深化扩展粤桂乡村振兴协作。发挥科协系统优势，精准对口帮扶的百色市平果县马头镇塘莲村、古念村及果化镇巴龙村全部脱贫。

开展“科创中国·广西”行动，南宁市入选“科创中国”首批试点城市，建设经验入选2020年“科创中国”典型案例。成立铝产业、汽车产业、现代农业、信息技术产业4个科技服务团，推动科技与经济融合。牵头负责广西“科技搭桥行动”，推进3家企业与院士团队合作开展“定向开发合作”项目。联合承办2020中国－东盟汇商聚智高峰论坛暨世界500强企业首席科学家大会并将“科创中国”各类创新资源导入论坛。推进科技志愿服务经济社会发展，组织动员126个科普服务乡村振兴助力精准扶贫专家团2880名专家深入扶贫一线，开展技术培训1550多场，3.1万人次农民受益。

推进专家（企业）工作站和学会科技服务站建设，全年按规定撤销7家自治区院士专家工作站，新建专家（企业）工作站6家、自治区级学会工作站10家。建成自治区首个国家海外人才离岸创新创业基地（南宁市），引进17个海外项目入驻，在马来西亚、英国、意大利、德国新建4个海外引智工作站。

开展科技小院建设，引导高校和科研院所资源向农业一线流动。年内新建成11个科技小院，总数达到18个，覆盖14个设区市，数量位居全国第一。

服务科技工作者 5月30日，在南宁市举办2020年“全国科技工作者日”广西活动启动仪式，时任自治区主席陈武、时任自治区党委副书记孙大伟等领导出席活动。活动当天实现“三奖同颁”“三展同台”。“三奖同颁”即自治区领导为获奖者代表同台颁发首届广西青少年科技创新自治区主席奖（含主席提名奖）、第二届广西创新争先奖、广西杰出工程师奖。“三展同台”即同时举办科学家精神主题展全国巡展（广西站）、广西科创之星展、广西科界榜样展，累计参展人数超过10万人次。

推荐科研团队参加第二届全国创新争先奖评选，中国工程院院士、广西大学教授郑皆连牵头的“大跨拱桥关键技术研究团队”获第二届全国创新争先团队奖牌。设立并开展首届广西青少年科技创新自治区主席奖（含主席提名奖）评选活动，20人获奖。开展第二届广西创新争先奖、广西杰出工程师奖评选工作，评选出广西创新争先奖集体10个、广西创新争先奖个人29名、广西杰出工程师奖30名。完成2020年中国科协优秀中外青年交流计划、2020年度未来女科学家计划候选人推荐工作以及第十七届中国青年女科学家奖、最美科技工作者等奖项候选人推荐评审工作。协同自治区党委宣传部等六部门共同开展2020年广西“最美科技工作者”学习宣传活动，评选出10名“最美科技工作者”；与广西广播电视台联合举办科界榜样——2020年广西“最美科技工作者”发布仪式，在各种媒体平台刊播并宣传。

以“弘扬爱国奋斗精神，建功立业新时代”为主题，邀请中国工程院院士张伯礼作主题报告、中国工程院院士郑皆连作首场报告，动员组织全区各级科协和有关单位举办各领域优秀科技工作者宣讲报告会100余场。

推进科学道德与学风建设，组织全区2.4万余人听取全国科学道德和学风建设宣讲教育报告会。年内，全区各相关高校开展科学道德和学风建设集中宣讲205场次、座谈交流114场次，近11万人次参与。

收集100余名广西壮族自治区籍优秀科技人才信息向自治区党委组织部推荐。组织开展第三次广西科技工作者状况调查。保有省级科技工作者状况调查站点60个、全国科技工作者状况调查站点16个，全年编辑印发站点信息摘报36期，获中国科协采用6篇，连续十年被中国科协评为全国科技工作者状况调查站点“优秀区域责任部门”。承办中国科协院士专家暑期考察休假活动，引入21位院士和7位高层次专家来自治区考察调研。

《科学素质纲要》实施和科普工作　2020年自治区具备科学素质的公民比例达到7.70%，超额完成“十三五”制定的目标任务。开展2020年全国科普日广西活动、2020年八桂科普大行动等重大活动，组织开展校园科普联合行动、农村科普联合行动、科普阵地联合行动等十大科普联合行动，参与人数超过300万人次。自治区科协获得“2020年全国科普日活动优秀组织单位”称号。组织2020年广西公民科学素质网络竞赛活动，总参赛人数超300万人次。开展新冠肺炎疫情防控应急科普宣传，利用网站、微信公众号、科普大篷车、科普e站等线上线下相结合的方式，抗疫科普宣传累计覆盖1.18亿人次，应急科普工作多次得到自治区领导批示肯定，自治区科协纳入自治区应急防控小组。

开展科普国际交流。挂牌成立中国－东盟科普国际交流中心。推进实施“科普中国”东盟语种翻译项目，累计为越南、柬埔寨、老挝、缅甸4个国家翻译科普文章15万字。开展2020年虚拟非洲科学节教师科学工作坊和第四届“一带一路”青少年创客营与教师研讨活动，超过17个国家和地区的175名青少年参加。

加强科普信息化建设。与自治区政协办公室、广西广播电视台共同录制《桂在协商》节目并在广西卫视播出，其中一期节目主题为“提升全民科学素质正当时”，进一步提高社会各界对提升公民科学素质工作重要性的认识。

组织科技志愿服务。2020年，在中国科协科技志愿服务信息平台注册科技志愿者22657人，全国排名第13；注册科技志愿服务组织1625个，全国排名第4。自治区科技志愿者杨柳获中国科协2020年度科技志愿服务先进典型表彰。

开展青少年科技教育。第35届广西青少年科技创新大赛在线观众突破110万人次。2020年广西“快乐科普校园行”活动，开展科普报告约80场次，惠及2.8万名青少年。组织全区230多所中小学校开展2020年全国科普日广西活动暨第八届广西青少年科学节活动。82所学校、校外机构获2020年度“全国青少年人工智能活动特色单位”称号，数量居全国第一。

开展广西区域中国流动科技馆和科普大篷车巡展活动，流动科技馆实现第二轮全区全覆盖，巡展里程约1.52万千米，受益观众66万人次；科普大篷车巡展行程约1.9万千米，受益群众6.35万人次。广西科技馆接待观众50万人次，展厅开展科学教育类活动160场，受益观众10万人次。

学术交流　8月20日，举办2020中国有色金属学会青年科技论坛，中国科学院院士刘忠范等5位院士出席开幕式，论坛设置24个分会场、1个国际分会场，参会人数1500余人。12月10日，举办2020中日农业绿色发展论坛，中国工程院院士宋宝安、印遇龙分别作主题报告，来自中国和日本农业领域的专家学者共160余人参加论坛。通过实施“提质增效项目”，支持所属自治区级学会开展35场学术交流活动。年内，自治区级学会累计开展275场学术交流活动，参加活动总人数877488人次，其中全国性学术交流活动62场、区域性学术交流活动152场、对外（国际）学术交流活动3场；共邀请51名外国专家参加学术活动，邀请25名院士出席11场学术活动。

自身建设 10月29日，广西壮族自治区科协八届四次全委会议在南宁市召开，会议对《广西科协“十四五”事业发展规划（征求意见稿）》进行征求意见，分组讨论。做好广西科技咨询中心撤销工作，中共广西壮族自治区委员会机构编制委员会办公室于9月30日正式批复广西科技咨询中心撤销。推动“科学传播”专业入选于6月新修订发布的《广西职称评审专业目录》。完成自治区党委全面深化改革委员会文化体制改革专项小组年初下达的关于推进“广西科技馆关于成立理事会法人治理结构”、关于落实《关于深化改革培育世界一流科技期刊的意见》两项改革任务。出台自治区科协《进一步激励广大干部新时代新担当新作为的实施方案》，落实激励措施。扎实推进科协系统干部挂职交流工作。规范档案管理，开展干部人事档案专项审核，完成自治区科协所有在职干部档案数字化录入工作。

省级学会 截至2020年年底，自治区共有区级学会（协会、研究会）114个。编写《广西壮族自治区科学技术协会学会服务管理工作手册》，出台《广西科协学会重大管理办法》，完善学会规章制度和管理办法。动员18家5A级学会申报自治区科技厅科技成果评价试点机构项目，广西内燃机学会与广西人工智能学会成功入选。广西防痨协会、广西民族医药协会集结病毒检验人员组成抗疫队伍奔赴湖北省支援抗疫；广西农学会组织专家参与科技扶贫培训志愿服务活动，助力脱贫攻坚；广西人工智能学会、广西汽车工程学会、广西有色金属学会积极参与“科创中国·广西”行动。

地市县科协 截至2020年年底，自治区共有地级市科协14个、县（市、区）科协107个。南宁市科协和梧州市科协被列为中国科协第二批地方科协改革试点单位。南宁市科协推进全民科学素质水平快速提升，在全区率先实现公民具备科学素质比例达到11%。桂林市科协推进全市17个县市区、148个乡镇街道实现“三长”全覆盖。梧州市科协被评为全国科技助力精准扶贫优秀组织单位，市科技馆项目重新立项加快建设。防城港市科协建成科技工作者之家并投入使用，为科技工作者提供联系交流平台。贺州市科协结合民族团结创新开展“科普游园＋音乐”进土瑶主场活动，该活动获评2020年全国科普日优秀活动。河池市科协探索公益科普社会化运行模式，引入第三方企业参与“微科技馆”建设，实现多方效益提升。崇左市科协开展应急科普宣传，组织企业科协、高校科协、基层农技协抗击新冠肺炎疫情。

科协基层组织 截至2020年年底，自治区共有高校科协42个、企业科协628家、园区科协42家、企业科协工作站585家，企业（园区）科协总数达到1255家，较2019年增长151%；街道（社区）科协279个，乡镇科协704个；基层农技协1250个，个人会员16.4万人。

广西大学科协、广西电子科技大学科协等组织科学道德或优秀科技工作者宣讲报告会，致力于推动学风建设；广西医科大学科协等举办品牌学术活动，助力大健康事业发展；桂林航天工业学院科协与广西机械工程学会、桂林金洋地质工程机械有限公司共建示范基地，开展校企会合作。

全区市县（市、区）乡镇三级科协共有兼职副主席2749人，其中兼职副主席的“三长”2618人，占比95%；乡镇科协“三长”覆盖率达89%。广西农技协理事和三江农技站兼职副站长杨培秀在全国科普日中被推荐与视察北京主场活动的中共中央政治局委员、国务院副总理刘鹤进行视频连线；来宾市武宣县禄新镇农技站站长、镇科协副主席廖善宗被中国科协组织人事部评为全国优秀基层科协“三长”。

【2020中国－东盟汇商聚智高峰论坛】 11月13—15日，2020中国－东盟汇商聚智高峰论坛、第二届中国－东盟人工智能峰会、世界500强企业首席科学家大会在南宁市举办。本次活动由中国科协、自治区人民政府主办，自治区科协、教育厅、科技厅、南宁市委、南宁市人民政府等部门承办。中国科协副主席、书记处书记孟庆海出席论坛并致辞。本次活动以“聚才聚智聚成果，创新创业创未来”为主题，共组织举办10场论坛、30场推介发布会，13000位专业采购商参会，26700人次现场观展，线上10个国家和地区500家企业、265位专家参展，线上观展直播参会320万人次，达成合作意向260项。

【首届广西青少年科技创新自治区主席奖】 首届广西青少年科技创新自治区主席奖由自治区党委、政府设立并表彰，自治区科协、文明办、教育厅、科技厅和共青团广西区委共同承办。2月15日—4月17日开展评选工作，共收到634人提交的申报材料。5月30日，2020年“全国科技工作者日”广西活动启动仪式暨首届广西青少年科技创新自治区主席奖表彰活动在南宁市举办，时任自治区主席陈武为10名自治区主席奖和10名自治区主席提名奖获奖者颁奖。

【中国科协院士专家暑期考察休假活动】 8月30日—9月5日，由中国科协主办、自治区科协承办的2020年中国科协院士专家第二期暑期考察活动在自治区举办。中国科学院院士、中国科协副主席沈岩，中国科协党组成员、书记处书记吕昭平率领21位来自全国各地的中国科学院院士、中国工程院院士和7位高层次专家深入南宁、崇左等地的有关高校、科研院所、医院及相关企业进行现场实地考察和交流对接、举办座谈会，为自治区高质量发展建言献策。活动期间，自治区党委书记、自治区人大常委会主任鹿心社在南宁会见来自治区考察休假的院士专家一行。本次考察活动的相关报告得到自治区党委书记鹿心社、时任自治区党委副书记孙大伟的批示。自治区人民政府办公厅专门印发通知推动24家牵头单位抓好院士专家意见建议落实，自治区党委督查室将落实工作纳入工作督查，并以良好等级办结。

（撰稿人：陈　磊　陈启浩）

海南省科学技术协会

服务经济社会发展　牵头向中国科协申报并获批在海口市设立复兴城互联网信息产业园国家海外人才离岸创新创业基地。组织海南大学、中国热带农业科学院热带生物技术研究所、三亚中科遥感信息产业园投资有限公司3家单位申报中国科协海智工作基地并获批。制定《海南省海外创新中心管理办法（试行）》，推动设立4个海南省海外创新中心，新增设立4个海南省海智计划工作站，引进4名海外高端人才分别落户海南大学和海南生态软件园，协助2名高端人才成功注册公司开展创新创业。向省委人才发展局、省科技厅等单位引荐17名欧美日等外籍院士，推动设立13家院士工作站，引进16名北京知名医学专家深度对接海南省人民医院并签署合作协议。

开展科技助力精准扶贫。省科协出台《琼中黎族苗族自治县黎母山镇握岱村2020年度脱贫攻坚实施方案》，制定帮扶措施，依托科技科普示范基地开展产业技术培训，带动农户增收致富。开展黑皮鸡枞食用菌试种，购置13000个黑皮鸡枞菌包，在食用菌科普（扶贫）示范基地和10户农户家中进行种植，投入资金对食用菌基地大棚进行改造，带动44户建档立卡贫困户增收脱贫；举办食用菌实用技术培训（含技术指导）、扶贫技术培训（含实地指导）17期，培养技术骨干33人，培训人数300余人次。联合琼中黎族苗族自治县相关企业，通过盘活握岱村山地农业资源建立蛋鸡养殖科普示范基地，拓宽握岱村村集体和贫困户的增收渠道。

推进科技创新智库建设。举办5期沙龙活动，围绕海南自贸港有关产业发展等议题向省委、省政府报送《自贸港建设背景下促进海南引进国际创新人才的建议》等12期科技工作者建议，其中2篇获省领导批示。

支持学会建立科技服务站6个，推动省级学会与企业开展企会协作创新项目3项，将学会的智力优势和基层的产业需求有效结合。

服务科技工作者　成立疫情防控工作领导小组，印发工作方案，发布《同心战役　致敬一线医务工作者——抗击疫情献爱心捐款倡议书》，组织科协系统干部职工和广大科技工作者捐款。动员海外人才联络站和中央人民政府驻香港特别行政区联络办公室捐赠3000美元、核酸扩增检测分析仪3台及口罩、防护服等抗疫物资。举办2020年海南省“全国科技工作者日”优秀科技工作者表彰会暨抗疫科技工作者代表座谈会，开展“爱国、爱海南、爱家乡、爱家庭”卫生健康大行动。

开展第二届全国创新争先奖推荐与评选工作，完成第二十三届中国科协求是杰出青年成果转化奖候选人、最美科技工作者海南省候选人推荐评审工作。与海南广播电视总台合作拍摄、录制12期“最美科技人”专题电视节目，并在海南电视台综合频道播出。

推进科学道德与学风建设。组织省科学道德和学风建设宣讲教育领导小组成员、海南医学院师生代表、科研院所代表、省级学会代表、科协系统干部在海南省分会场海南医学院收看2020年全国科学道德和学风建设宣讲教育报告会直播。

开展2020年自然科学研究系列职称评定工作。2020年完成50人的专业技术资格认定和53人的专业技术资格评审。

全省5个国家级科技工作者调查站点完成中国科协创新发展战略研究院4次专项调查任务，提交有效问卷1060份。截至12月底，共上报站点信息18篇，其中1篇被中国科协《站点信息》录用。

组织52名优秀科技工作者、科协系统业务骨干赴苏州工业园区开展2020年海南省科技人员创新能力提升培训，加大海南高层次人才培养支持力度，带动人才队伍建设。推荐省烹饪协会11名会员入选“南海工匠”名录和省烹饪协会李学深入选省2020年度享受政府特殊津贴推荐人选。

《科学素质纲要》实施和科普工作 联合省科技厅等7家全民科学素质纲要实施工作办公室成员单位举办2020年海南省“全国科普日”启动仪式暨科普主题展。活动以“决胜全面小康、践行科技为民”为主题，分为应急、垃圾分类、健康、农产品和高新科技5个科普主题展区，通过多媒体、实物或模型、虚拟现实、互动体验等形式开展“小记者带你看科普”、急救科普演示、科普宣传与互动游戏、科普小达人知识竞答、“小小邮票看海南”、图书展免费阅读等活动。科普主题展参展单位26家，参展项目共200余项，现场咨询和参与体验6000余人次，发放科普宣传手册1万余本，赠送科普图书6000余册。开展海南“全国科普日”征文大赛活动，共收到各中小学校征文稿件2064份，经专家评审选出一等奖40个、二等奖80个、三等奖160个、优秀奖320个、优秀指导老师奖30个。

针对新冠疫情持续开展应急科普，组建心理科普志愿队，开通24小时全省免费海南省心理援助热线，各省级学会累计发放抗疫科普宣传资料68632份。制作“科普一分钟”专题节目365期，受益群众9000万人次。在海口市公交户外移动电视上滚动播出疫情防控科普一分钟宣传视频共42条，覆盖公交车1300辆。在网络直播平台直播疫情防控科普7期，50多万人在线收看。

开展“十三五”期间全省全民科学素质行动计划纲要工作评估考核，形成报告并报送中国科协，完成全省公民科学素质水平调查工作，并配合中国科协做好入户调查和填报工作。

实施基层科普行动计划。修订印发《海南省基层科普行动计划实施细则》《海南省基层科普行动计划专项资金管理暂行办法》，评选出16家省级科普示范基地，投入资金支持市县科协用于表彰奖补一批科普示范学校、优秀农技协、科普示范社区等基层组织。

做好科普大篷车常态化和社会化运行试点工作。全省科普大篷车开展进乡村、进校园、进企业等活动505次，受益人数12.7万人次；实施科普大篷车社会化运营试点，在海口、文昌、琼海、白沙、定安、保亭、琼中等市县开展科普活动近80场次，参与人数4.85万人次。

推动青少年科学素质提升。举办海南省第32届青少年科技创新大赛、第六届“奥秘万千·海南省青少年科普知识大赛”、第十三届海南省青少年“科普小先生”演讲比赛、2020年海南省青少年创意编程和智能设计大赛等活动。

在东方、白沙、昌江等市县开展海南省中国流动科技馆巡展活动，累计在校中小学生及公众参展7万余人次。加强科技志愿者队伍建设，成立科技志愿服务组织78个，全省注册科技志愿者1681人，各类科技志愿服务活动30场，参加志愿服务人员365人次。

继续实施省科协青年科技英才创新计划项目。支持优秀青年科技人才30个科研项目开展探索性、创新性的科学技术研究工作。

学术交流 省科协组织实施创新驱动工程项目31项，打造一系列行业品牌活动。由省科协主办，省免疫学会、省中西医结合学会、省预防医学会、省中医药学会、省药学会、省计算机学会、省环境科学学会、省健康促进与教育协会承办的第十届海南省科技论坛开幕式暨免疫分子新元素对话新冠肺炎论坛在琼海市博鳌镇举办。科技论坛以“全民共建共享健康海南”为主题，设第二届博鳌心脏康复论坛、疾病预防和健康管理、新冠肺炎中医药治疗、中国慢病人群精准药物治疗、医疗健康大数据、禁塑和海洋垃圾处理、海南自由贸易港口岸卫生安全7个分论坛，分别在海口市、琼海市等地陆续举办。承办2020世界新能源汽车大会。澳门科学技术协进会访问省科协，双方就科普、科技创新、人才培养合作等方面进行交流。

自身建设 学习贯彻习近平新时代中国特色社会主义思想。印发《2020年海南省科协党组理论学习中心组学习计划》，召开党组理论学习中心组（扩大）会议、全体干部职工大会12次，学习习近平总书记关于新冠肺炎疫情防控、海南自由贸易港建设、脱贫攻坚等的重要讲话和重要指示批示精神，学习贯彻党的十九届五中全会精神和省委七届八次全会精神，学习《海南自由贸易港建设总体方案》，4次邀请专家作专题辅导，组织参加海南自由贸易港建设政策解读进机关活动，组织科协系统干部40人到福建古田干部学院开展科协系统党性教育培训、学习贯彻党的十九届五中全会精神中央宣讲团报告会。

编辑《学会党建》21期，指导各省级学会党支部开展特色党建活动35场；推动并批复省公路学会等4家省级学会成立功能型党支部。累计印发党建学习材料150本，召开省科协科技社团党委党建工作座谈会1次，印发《2020年省科协科技社团党委工作要点》《省科协科技社团党委"我为加快推进海南自由贸易港建设作贡献"活动方案》，引领科技工作者投身海南自由贸易港建设。

开展星级学会评估活动。2020年评审五星级学会1家，复核五星级学会2家；评审四星级学会4家，复核四星级学会5家；评审三星级学会5家，复核三星级学会2家。通过以奖代补的方式给予资金支持星级学会改革治理机构和治理方式，提升服务科技工作者能力、服务创新驱动发展能力、服务公众科学素质能力和服务科学决策能力，引导其发挥示范带动作用，促进全省学会深化改革创新。

省级学会 截至2020年年底，全省共有省级学会99个，其中所属学会共有69个、团体会员学会30个。

省计算机学会承接全国青少年信息学奥林匹克竞赛海南赛区赛事的组织工作，举办中国计算机学会CSP-J/S2020非专业级软件能力认证考试和2020海南省青少年信息学奥林匹克竞赛、"深化产教融合，共育数字人才"全国产教融合信息化高峰论坛（海南站）、全国高校教育信息化发展论坛暨AFCEC教育信息化专业委员会2020年学术年会以及海南省计算机学会2020年会暨海南省科技论坛医疗信息化子论坛。省物理学会组织第37届全国中学生物理竞赛海南赛区的复赛、海南省第二届创新教具设计与制作展示活动。此次全国中学生物理竞赛复赛考试参与人数548人，参与学校33所，选出5名同学参加决赛均获得全国竞赛三等奖。省低碳学会在海口市举办第八届海南绿色低碳发展大会，会议以"海南自由贸易港绿色化、智能化、数字化"为主题，邀请相关科研院所和协会组织专家代表为推进绿色发展、加快数字化发展及促进传统产业、企业智能化升级建言献策。省农学会组织召开2020年"南海系列"人才专家座谈会。省博士协会组织20多位博士走访调研定安县10多个乡镇农村、企事业单位以及有关职能部门。省营养学会组织有关专家在海南省电视台举办疫情相关健康饮食推荐系列节目10期，每期2～3分钟。省知识产权协会承办科技成果转化项目路演系列推介会，举办食品与饮料领域、健康产业领域等3场项目路演系列推介会，共有16个优质科技成果项目参加路演。

地市县科协 截至2020年年底，全省共有市县（区）科协22个。

海口市科协开展科普大篷车进校园、进农村、进机关等全国科普日活动30余项，参与人数达1万余人次，发放科普书籍10余种5000余份，展出各类展板50余块。三亚市科协实施《三亚市高端学术活动资助办法（试行）》，举办第二届"全国水产南繁种业发展论坛"暨海南省南海鱼类种苗协会第七届（2020）年会，拨付人才专项资金资助中国科学院三亚深海科学与工程研究所等3家市级海智计划工作站开展国际人才和科技交流合作。儋州市科协召开第五次代表大会，选举产生新一届领导班子。文昌市科协举办科普大集市等活动4场次，科普专题报告会3场，科普大篷车进农村、进社区5次，提供科技服务咨询、现场指导5200人次，发放科技、卫生等宣传资料2万余份，展出展板、挂图500余幅，受益人数达1万余人次。东方市科协举办科普大集市活动3场、科普讲座4期、专家咨询活动2场、农民实用技术培训班6期。昌江黎族自治县科协举办槟榔、橡胶等实用技术培训5期。白沙黎族自治县科协推动农技协建设工作，成立白沙县茶业协会并召开成立大会，协助白沙县橡胶协会完成换届工作。琼中黎族苗族自治县科协举办2020年"5·20世界蜜蜂日"琼中分会场活动。

科协基层组织 推动高校科协组织建设。截至2020年年底，全省已成立7家高校科协。印发《关于在高校成立科协组织的通知》，夯实科协在高校的基层组织。成立三亚航空旅游职业学院高校科协，在加强科学道德和学风建设、科技人员管理、推动学术交流等方面发挥作用。

开展提升基层科协组织力"3+1"试点工作，截至2020年年底，推动全省17个市县印发《科协系统深化改革实施方案》。万宁市科协的改革经验被编入中国科协《地方科协改革创新案例集》，指导儋州市科协申报并获中国科协第二批地方科协深化改革工作试点项目资助。万宁、五指山、东方、儋州、澄迈、白沙、保亭、昌江等8个市县已成立82个乡镇（区）科协，其中191名兼职副主席中有161人为"三长"，占比84%。发挥"三长"作用，服务引领科技、卫生等领域的基层科技工作者，共同推进创新驱动发展、科技助力精准扶贫和乡村振兴战略，进一步提升基层科协组织力。

【2020 年海南省“全国科技工作者日”优秀科技工作者表彰会暨抗疫科技工作者代表座谈会】 5 月 30 日，2020 年海南省“全国科技工作者日”优秀科技工作者表彰会暨抗疫科技工作者代表座谈会在海口市举办。会议表彰第八届海南省优秀科技工作者 29 名、抗击疫情献爱心捐赠优秀组织奖 10 个、抗击疫情献爱心捐赠组织奖 50 个、省科协系统新冠肺炎疫情防控应急科普工作先进集体 15 个，并邀请 4 名医务工作者讲述抗疫一线的感人故事，联合各大媒体对“最美科技人”等进行报道。

【第 16 届泛珠三角区域科协和科技团体合作联席会议暨海南自贸港建设科协和科技团体创新与合作高峰论坛】 11 月 26—28 日，由省科协、广东省科协主办，博鳌乐城先行区管理局、海南师范大学国家科技园、广东省土木建筑学会协办的第 16 届泛珠三角区域科协和科技团体合作联席会议暨海南自贸港建设科协和科技团体创新与合作高峰论坛在琼海市博鳌镇召开。省科协党组书记胡月明，广东省科协党组书记、常务副主席郑庆顺出席论坛并分别致辞。会议以“海南自贸港建设泛珠三角区域科协和科技团体创新与合作”为主题，邀请海南省、广东省、澳门特别行政区等地的院士、专家学者围绕落实国家泛珠三角区域合作战略、粤港澳大湾区建设战略及推进海南自贸港建设共同献计献策。省科协、澳门工程师学会、博鳌乐城先行区管理局、香港生产力促进局、澳门生产力促进局、海南师范大学国家大学科技园及相关科技企业达成 4 项战略合作协议，并举办区域项目合作签约仪式。会议期间，邀请有关专家学者作主旨报告、展开高端对话，并召开“9+2”科协和科技团体合作联席会议，各成员单位代表对泛珠三角区域科协和科技团体开展合作及经验做法进行交流。

（撰稿人：林　文）

重庆市科学技术协会

服务经济社会发展　科技助力抗疫。市科协支持科技社团疫情防控项目 34 个，组织 36 家市级医科类学会、发动 80 余万名科技工作者投入战“疫”，2 名科协干部被评为重庆市抗击新冠肺炎疫情先进个人。短平快地形成 25 篇决策咨询专报，其中中国人民解放军陆军军医大学建议获得国务院联防联控机制采纳。

科技扶贫精耕细作。召开全市科技助力精准扶贫工程视频会议，推进基层农技协（联合会）建设、实用技术培训、对接帮扶等，持续实施“村会合作”项目，组织“千会千人进千户”行动。联合区县政府、西南大学创建首批 6 个中国农技协“科技小院”。《光明日报》刊发《脱贫攻坚的“科技种子”播撒田间》，对市科协扶贫工作进行报道。

川渝合作真抓实干。助力成渝地区双城经济圈建设，分别与四川省科协、中国科学院成都分院签订全面战略合作协议。推动毗邻区县科协、同类学会分别签订合作框架协议。市科协与四川省科协联办川渝科技学术大会，共建“巴蜀科技云服务”平台。开展四川省、重庆市高校科技服务队精准对接企业活动，21 所川渝高校与北碚区、江津区、开州县、城口县等地企业形成 56 个对接成果。4 月 15 日，市科协与四川省科协在四川省成都市签订全面战略合作框架协议。两地科协将从共谋一体化顶层设计、共筑智慧服务平台、共促协同创新发展、共建全域科普格局、共担决策咨询项目、共育优秀人才队伍等多领域、全方位地开展协同合作，为推动成都、重庆地区双城经济圈建设汇聚科技力量。

科技经济融合发展。集中力量打响“科创中国”品牌，会同市经济和信息化委员会、市金融监管局出台《关于依靠中国科协“科创中国”平台促进科技经济融合发展实施方案》。永川区、重庆高新技术产业开发区入选中国科协“科创中国”试点城市，遴选 12 个区县为重庆市科技经济融合发展试点地区。组建 13 支科技专家服务队。坚持举办科创中国 @ 重庆双月论坛。承办海外创业者科创中国行重庆站活动。依托相关单位分别成立重庆市菁英科技经济融合发展服务中心、重庆市科技经济融合发展学会、重庆市上观科技经济融合发展促进中心。组织企业、园区参加“科创中国”系列路演活动 70 余场。规范清理院士工作站并保留 27 家。新建海智工作站 10 家、建成 43 家，增设 40 个海外技术合作平台。两江新区国家海外人才离岸创新创业基地首批授牌 18 个合作机构。组建重庆国际智能传感技术创新联盟。

决策咨询突出实效。推动中国科协、重庆市人民政府、重庆大学、四川大学共建城市化与区域创新极发展研究中心。与重庆市科学技术研究院共建中国创新战略研究院重庆分院，与中国工程科技发展战略重庆研究院共办《院士专家建议》。设置20余个省部级调研课题，报送决策咨询报告45篇，30篇获得省部级领导批示。

服务科技工作者 加强思想政治引领。成立市科协党校，加挂市级机关党校科协分校牌子，面向全市科技界开展党史、新中国史、改革开放史、社会主义发展史“四史”宣讲活动共计960多场次、30万余人次受教育。承办“我和我的祖国——中国科学家精神主题展”。与市委组织部、市人力社保局等联办重庆优秀科学家风采展巡展活动，联办重庆英才讲堂。

提升人才服务精准度。塑“塔尖”，牵头实施院士带培计划，首批遴选12名带培对象。成立重庆市青年科技领军人才协会，夯实高层次后备人才储备。壮“塔身”，重庆市5人获得第二届全国创新争先奖，1人获得第十七届中国青年女科学家奖。开展2020年重庆市“最美科技工作者”学习宣传活动。筑“塔基”，评选表彰第十二届重庆市青少年科技创新市长奖、重庆市十佳科技青年奖，开展第二次重庆市科技工作者状况调查。

打造人才工作新名片。参与筹办2020重庆英才大会，邀请“人民英雄”国家荣誉称号获得者陈薇等专家出席，牵头承办成渝地区双城经济圈暨西部科学城高峰论坛。弘扬新时代科学家精神，推出科学道德和学风建设系列品牌活动，开展“弘扬科学家精神、做新时代追梦人”主题征文活动，举办全市“弘扬科学精神　砥砺学术品格”辩论赛，组织全市大中小学生、科技工作者开展“我为科研诚信打CALL”网络接力活动。

《科学素质纲要》实施和科普工作 全民科学素质稳步提升。出台《关于大力推进全域科普工作的实施意见》，参与市人大常委会《重庆市科学技术普及条例》执法检查。联合有关部门出版4套公民科学素质读本，举办第三届重庆市公民科学素质大赛，开展公民科学素质年度调查。2020年重庆市公民具备科学素质比例超过10.2%，较2015年提高5.46个百分点。

构建应急科普传播矩阵，推出科普资源3000余种（篇、条），受众超千万人次。举办“科学防疫　健康过年”网络科普竞答活动，160万网民关注。组建重庆市科学传播专家团健康知识普及专家库。与市应急管理局合作共建应急科普中心。

基层科普能力持续夯实。根据市政府办公厅《加快建设区县科技馆实施方案》，新建改建4个区县科技馆；在合川区等区县探索区县科技馆集团式网络化全域性建设新范例。全市农村中学科技馆达到72所，覆盖全市所有深度贫困区县。启动2021—2025全国科普示范区县创建工作。联合市委宣传部打造新时代科技志愿服务“智惠行动”品牌，开展新时代文明实践“讲科技”志愿服务，注册科技志愿服务队伍82支、志愿者1万余名。提档升级科普重庆中央厨房，整合科普信息资源达38T。实施社区科普大学示范教学点提升行动计划，培训学员21万余人次，新命名101家示范教学点。

科普品牌活动影响广泛。举办以“决胜全面小康　践行科技为民”为主题的2020年重庆市全国科普日活动，联合四川省科协举办“川渝全国科普日云联动”主题活动。中国流动科技馆巡展、“科普大篷车渝州行”活动惠及8个区县、15万余人次。举办院士专家进校园活动190场、惠及165万人次。支持承办全国科普场馆科学教育项目展评大赛，承办第29届全国中学生生物学奥林匹克竞赛。

学术交流 承办第四届“一带一路”青少年创客营和教师研讨活动，吸引53个国家、地区和国际组织的师生参与。举办第三届智博会数字经济百人会，组建数字经济专家服务团，发起成立大数据产业研究院。承办2020中国西部反邪教论坛，通报表彰60余篇优秀论文。首届川渝科技学术大会发布20个年度川渝一流学会、20个年度川渝最具影响力学术活动和184篇优秀学术论文。

市科协主管的学（协）会共计组织学术活动608余场次，参加人员20余万人，其中国际性学术交流活动12场、全国或区域性学术交流活动210场；发表学术论文1487篇，获得全国性学会奖励97项。推动国际民间科技交流，支持举办首届重庆技术转移转化大会、长江经济带绿色发展论坛等高端学术活动；支持举办第四届国际前沿科技创新大会、第四届亚洲人工智能技术大会、第九届中国畜牧科技论坛等国际性专业化论坛。

出台《关于推进重庆优势科技期刊发展实施方案》，推动一流科技期刊建设。

自身建设 召开市科协五届五次、六次全会，修订《市科协主管学会（团体会员学会）组织通则》。

配合五届市委第六轮巡视工作，制定55条整改措施，开展6个专项治理行动。深化党建强会计划，建立学会党支部工作联系点28个，成立5个示范联合体并派出党建督导团。机关党委、纪委完成换届。制定激励干部新时代新担当新作为的八条举措，组建青年干部理论学习提高班。机关完成搬迁工作。

推动老科协工作纳入市政府督查室对区县督办事项，区县全部成立老科协组织。与市委政法委联合出台《关于进一步加强反邪教协会组织建设的意见》，反邪教协会组织在区县实现“全覆盖”。全市1029个乡镇（街道）实现科协组织“全覆盖”。3100多名学校校长、医院院长、农技站站长担任基层科协兼职副主席，市委全面深化改革委员会第十三次会议听取“三长制”改革汇报。市科协主管的科技类民办非企业单位新增5个，总数达到12家。

落实经营性国有资产集中统一监管规定，整合课堂内外杂志社、电脑报社等单位组建重庆科普文化产业（集团）有限公司，并划转市国有文化资产监督管理办公室管理。理顺重庆科技馆“事业单位监管＋企业独立运营”模式，全面实现事业人员和企业人员分类定岗、分类管理。强化院士服务中心专职服务高端人才、科技服务中心深度服务科协事业发展的工作职能。《重庆科技报》办报质量进一步提升。

省级学会　截至2020年年底，市科协主管或联系的市级学会有159个，其中理科学会25个、工科学会45个、农科学会15个、医科学会36个、交叉学科学会38个；属市科协业务主管的129个，属市科协团体会员的30个。

学会服务管理不断加强。2020年，新受理重庆市卫生健康信息学会、重庆市青少年科学素质研究会等8个筹建学会的成立申请。新成立重庆市生物医药“两学一产”联合体。注销重庆市天文科普教育协会、重庆市企事业科协研究会等2个学会。督促指导5个“问题学会”进行限期整改。重庆市解剖学会等8个学会完成换届工作。组织市级学会参加社团组织评估，重庆老年高等教育工作者协会、重庆市健康促进与健康教育学会获5A评级。

学会社会化服务不断深入。市预防医学会在抗击新冠肺炎疫情中，第一时间组织学会隶属的专业委员会、理事单位组成13个技术指导组，分赴各区县指导疫情防控工作。重庆药学会举办2020药物临床试验质量管理规范培训班。市医学会组织实施“基层医院学科重点人才培训计划”等。市环境科学学会组织专家到潼南区、合川区开展生态环保技术咨询服务。市化学化工学会启动“化学公益大课堂”，超过30万人在线观看。市电子学会承办2020中国国际通信大会。市农业机械学会承办2020中国（重庆）丘陵山区农业机械展览会。市水利学会承办全国水利院校第一届水文化育人研讨会。重庆汽车工程学会承办2020未来汽车技术大会暨重庆汽车行业第33届年会。

区县科协　全市38个区县（自治县）和万盛经济开发区、重庆高新技术产业开发区均成立科协。

渝中区科协、丰都县科协等召开代表大会完成换届。北碚区科协发起成立北碚区高层次人才发展促进会，大足区科协推动成立五金科技文化研究会，沙坪坝区科协成立技术市场协会。酉阳县科协成立科技社团党委、建成科技社团活动中心。丰都县科协联合县妇女联合会建成“女科技工作者之家”。

潼南区科协与四川遂宁市科协，合川区科协与四川武胜县科协，万州、达州、开州三地科协，大足区科协与四川资阳市科协，北碚区科协和四川绵阳市科协等分别签署合作协议，共同助力成渝地区双城经济圈建设。永川区科协承办“科创中国”数字经济专家服务团永川行暨大数据智能化创新研讨会。万州区科协举办“重庆海智专家万州行”活动。璧山区科协联合市老科协成立助企创新服务璧山工作站。

武隆区科协、云阳县科协等举办青少年科技创新区（县）长奖表彰活动。江津区科协举办“科普之光点亮山区儿童梦想”活动。江北区大力推动“微关怀”在社区反邪教工作运用项目。秀山县科协推动社区科普大学成立县老年大学分校。渝北区科协建成新时代文明实践站科普平台，石柱县科协等开展新时代文明实践“讲科技”志愿服务活动。

科协基层组织　截至2020年年底，重庆市企业（园区）、高校、科研院所科协组织共计785家。重庆人文科技学院、重庆亲禾投资（集团）有限公司等新成立科协。企业科协单位参加中国科协“科创中国”系列路演活动70余场，新增注册使用专利信息资源系统网络版的企业用户35个，培训专利应用工程师360余名。重庆大学科协举办“强基计划”背景下重庆市青少年科技教育发展研讨会。重庆房地产职业学院科协与德国费劳恩霍夫研究协会签订战略合作协议。重庆材料研究院科协组织专家开展成渝双城经济圈建设专题调研活动。

全市1029个乡镇（街道）均成立科协。各镇街科协依托党群服务中心、社区科普大学、科普活动室等平台，利用全国科普日、防灾减灾日、食品安全宣传周、公民科学素质大赛、科技助力精准扶贫等活动，服务基层社会治理创新。

全市农技协组织共计873个，其中市级农技协联合会1个、区县级联合会25个、产业联合会20个、基层农技协（单独产业）827个，农技协会员近15万人。各级农技协组织深入开展“千会千人入千户”行动，增强农村群众脱贫致富的内生动力和科技本领。巴南区农技协联合会、石柱县农技协联合会、彭水县子高中蜂养殖专业技术协会等单位获得“2020年选树农技协十佳行动”先进表彰。

【城市化与区域创新极发展研究中心成立】 11月21日，由中国科协、重庆市政府、重庆大学、四川大学共建的城市化与区域创新极发展研究中心在2020重庆英才大会开幕式上揭牌成立。中共中央政治局委员、重庆市委书记陈敏尔出席仪式。中国科协党组书记、常务副主席、书记处第一书记怀进鹏，中共重庆市委副书记、市长唐良智，重庆大学校长张宗益，四川大学校长、中国工程院院士李言荣为城市化与区域创新极发展研究中心揭牌。

城市化与区域创新极发展研究中心是中国科协与重庆市政府开展“市会”合作的重要成果，旨在聚焦成渝地区双城经济圈特别是西部（重庆）科学城建设，整合全国政产学研用资源，开展人才引培、学术研究、国际交流、政策咨询和科技服务，力求打造西部顶尖、国内一流、国际知名的高端智库和创新平台。

当天下午，研究中心举办2021重庆英才大会·成渝地区双城经济圈暨西部科学城高峰论坛。唐良智出席论坛并向中国工程院院士、重庆大学教授周绪红等研究中心学术委员代表颁发聘书。中国科学院院士李应红、张平文、卞修武，中国工程院院士江欢成、陈鲸、周绪红、潘复生等出席论坛。论坛上，专家学者围绕数字经济、建筑工程、航空、协同创新、成渝地区双城经济圈建设等建言献策。

【第四届“一带一路”青少年创客营与教师研讨活动】 11月9—24日，第四届“一带一路”青少年创客营与教师研讨活动在重庆市举办。本届活动以“携手同心共创未来”为主题，由中国科协、科技部和重庆市人民政府共同主办，国际科学院组织科学教育项目（IAP SEP）、经济合作组织科学基金会（ECOSF）、非洲科学院联盟（NASAC）为活动支持单位。

活动期间开展近30场院士专家报告，正式发布“一带一路”虚拟科学中心，举办北京正负电子对撞机等大科技装置及顶尖高校、中学和科研院所科技实验室等30场直播和线上游览活动，举办“一带一路”文化汇，发动参与活动的师生生动展示本国优秀传统文化并进行在线互动，吸引来自53个国家、地区和国际组织的师生1300万人次参与。

【第三届数字经济百人会】 9月15日，在2020线上中国国际智能产业博览会期间，由中国国际智能产业博览会组委会主办，重庆市科协、中国电子学会和永川区人民政府共同承办的第三届数字经济百人会在重庆市召开。会议以“数据要素驱动·融智赋能发展”为主题。中国科协党组书记、常务副主席、书记处第一书记怀进鹏发表视频致辞。重庆市委常委、组织部部长胡文容，中国工程院院士郑纬民等出席。

会上，中国电子学会和中国数字经济百人会发布《新一代人工智能白皮书（2020）——产业智能化升级》和《我国工业数字化转型“云”洞察研究报告（2020年）》。中国电子学会、重庆市科协、永川区人民政府联合签署《关于共建“科创中国”试点城市战略合作协议》，组建“科创中国”数字经济专家服务团，发起成立重庆大数据产业研究院。

【第十二届重庆市青少年科技创新市长奖颁奖活动】 6月29日，第十二届重庆市青少年科技创新市长奖颁奖活动在重庆市举办。市委副书记、市长唐良智出席活动并为获得市长奖学生颁奖。市政府副市长、重庆高新区党工委书记熊雪出席活动并为获得市长奖和提名奖的学生颁奖。

本届重庆市青少年科技创新市长奖和提名奖获得者各10人，他们分别来自重庆市名校联合中学校、重庆南开中学、重庆市第八中学、重庆市巴蜀中学、西南大学附属中学、重庆市第一中学、重庆市忠县中学、重庆市酉阳第二中学、重庆市育才中学、重庆德普外国语学校、重庆市松树桥中学、重庆天一新城小学、渝北实验小学、南岸区珊瑚实验小学、江北区华新实验小学、荣昌区棠香小学、重庆人民（融侨）小学，获奖学生年龄在11—19岁。

【2020中国西部反邪教论坛】 11月25日，由

中国反邪教协会指导、重庆市委政法委和重庆市科协支持、重庆市反邪教协会主办的2020中国西部反邪教论坛在重庆市召开。论坛以“探索在市域社会治理中创新反邪教协会工作新机制，构建基层反邪教工作新格局”为主题，举办专题报告、实地参观、座谈交流等活动，表彰60余篇优秀论文。中国科学院院士、中国反邪教协会理事长欧阳自远，中国反邪教协会副理事长兼秘书长王慧梅出席。来自广西、云南、贵州、四川、浙江、陕西、内蒙古等西部11省（自治区、直辖市）政法委、科协、反邪教协会的相关负责人参加。

【重庆优秀科学家风采展】 5月29日，由市委组织部、市人力社保局、市科协联合主办的“重庆优秀科学家风采展”在重庆市科技馆展出。风采展分为线上宣传和线下展览，集中展示37名优秀科学家的先进事迹。线上宣传自5月上旬启动，通过人民网、《重庆日报》、华龙网、上游新闻等主流媒体推出“聆听科学家故事”系列报道，点击量超过150万人次。线下展览以图文并茂的展板形式，根据新时代科学家精神的主要内容，分“爱国”“创新”“求实”“奉献”“协同”“育人”6个主题篇章，呈现优秀科学家的主要成就、个人照片、相关语录和研究实物成果，向观众展现优秀科学家的辉煌人生历程，引领更多科技工作者进军科技创新、争做创新争先的时代楷模。

（撰稿人：贺　鹏）

四川省科学技术协会

服务经济社会发展 创新性建成“天府科技云”服务平台并上线运行，实现企事业单位“科技所需”与科技工作者（团队）“科技所能”智能匹配、精准对接、达成合作、形成交易，帮助企事业单位便捷获取科技服务、购买科研成果、解决技术难题，构建由单打独斗变革为群策群力的科技服务获取新机制，有效破解企业科技人才获取难、科技攻关投入大、科技成果转化难等问题，减少企业人力资源成本，提高企业效益。2020年，“天府科技云”平台累计注册用户达231万个（其中科技工作者123万人），组织机构用户达12万户，平台用户累计发布科技服务需求14.9万条，委托科研项目493项，已汇聚科技成果5079项，其中促进科技成果转化565项。

积极参与新冠疫情防控工作，成立省科协应对新冠疫情工作领导小组，组织召开7次专题会议进行部署，构建省、市、县三级学会和有关单位的“3+N”联合响应模式。联合省医学会、省中医药学会等5家学会发布《致战“疫”前线医护科研人员的一封家书》。省营养学会理事长张立实编写《新型冠状病毒感染肺炎疫情时期的合理营养与膳食建议》，省国际医学交流促进会宋彬发布《新型冠状病毒肺炎影像检查与诊断流程》建议，省心理咨询师协会、省心理学会依托四川大学华西医院发布《新型冠状病毒心理防护手册》（大众版）、《新型冠状病毒肺炎疫情心理自助手册》（政府工作人员版）、《新型冠状病毒肺炎疫情心理自助手册》（医务工作人员版）。

深入推进院士（专家）工作站建设，全年新建各级工作站55个，为企业新引进院士8名、高层次专家117名，合作开展科技项目88项。

积极做好党委政府决策咨询服务，全年向省委、省政府报送《加快“四川气大庆”建设的六点建议》《促进四川省农村污水治理的五点建议》《推动四川省高端装备制造业高质量发展的五点建议》《推进四川省“绿色矿山”高质量发展的建议》等咨询专报。其中，获省领导批示3篇、被中国科协采纳刊用1篇、省委办公厅采用1篇。

发挥科协系统优势，扎实做好对甘孜藏族自治州乡城县和凉山彝族自治州布拖县脱贫攻坚帮扶工作，省科协按照“四不摘”要求持续选派扶贫干部驻村开展帮扶，全年支持乡城县建成“天府科技云”服务中心1个，建成乡城县然乌乡纳木村中蜂养殖科普基地、香巴拉镇藏香猪科普基地等科普基地5个，组织动员四川海惠助贫服务中心投资实施乡城县科技助力精准脱贫致富项目，组织动员省科技扶贫基金会、省高科技产业化协会、省科教创客研究会等社会力量面向乡城县开展资学助学、产业帮扶等工作，助力乡城县和布拖县如期实现高质量“脱贫摘帽”。

服务科技工作者 依托“天府科技云”平台，成功注册科技工作者达123万人，建立省科协与科技工作者的精准联系。通过“天府科技云”服务平台，让每个科技工作者（团队）面向全省乃至全国便捷提供科技服务、转化科技成果、承接科研项目，实现科技工作者（团队）社会价值和经济价值最大化。2020年，提供科技服务信息14.6万条，涵盖规划设计、检验检测、技术咨询、加工制造、测量测绘、调查勘查、安装调试、种植养殖、维修保养等19大类。

开展科技工作者举荐表彰工作。依托“天府科技云”平台，组织开展第十五届四川省青年科技奖评选、四川省“天府万人计划”天府杰出科学家初评、四川省学术技术带头人初审等工作，完成中国科协求是杰出青年成果转化奖、中国青年女科学家奖和未来女科学家计划候选人举荐以及四川省“最美科技工作者”遴选等工作。

7月下旬，省科协、省委宣传部、省科技厅、中国科学院成都分院联合在全省范围内组织开展2020年“最美科技工作者”学习宣传活动，经过专家严格评审，最终确定德阳市什邡市孝楠农业科技责任有限公司高级农技师李孝楠等10名科技工作者获得2020年四川省“最美科技工作者”称号。

《科学素质纲要》实施和科普工作 依托“天府科技云”建立智慧、精准、直达的科普服务体系，全年首批入驻“天府科技云”科普共享基地500家，汇聚“科普中国”等平台优质权威科普知识7.7万余条，建立自然灾害、事故灾难、公共卫生事件和社会安全事件等突发事件“应急科普资源库”，创建新冠肺炎疫情、气象灾害、消防安全、地质灾害等21个应急科普栏目，收录优质应急科普资源1.1万余条。根据应急管理部等发布的应急管理信息，触发应急事件12次，向事件区域群众及时推送应急科普专题22个，提供应急科普资源浏览服务400万余次。2020年，依托“天府科技云”，累计面向全省1894万群众提供精准科普服务7119万人次。全国科普日活动期间，全省21个市（州）策划开展共计954场形式多样、内容新颖的科普日活动，参与公众近2000万人次。

学术交流 12月10日，省科协与重庆市科协在四川省成都市共同举办首届川渝科技学术大会暨四川科技学术大会。中国科协党组书记、常务副主席、书记处第一书记怀进鹏，省委副书记、代省长黄强，重庆市副市长熊雪出席开幕式并讲话。大会以“潜心钻研　引领创新”为主题，采用现场＋线上形式进行。开幕式上发布年度川渝一流学会20个、年度川渝最具影响力学术活动20个、首届川渝科技学术大会优秀论文184篇，签署“科创中国·天府科技云”战略协议等。大会还举办主题报告会和专题报告会。

举办“杰出科学家天府论坛”。省科协积极支持高等院校、科研院所、省级学会、大型企业等单位，邀请诺贝尔奖获得者、中国科学院院士、中国工程院院士、天府杰出科学家等专家作学术报告和学术研讨。2020年，共支持16个单位举办“杰出科学家天府论坛”。

支持指导开展学术交流活动。省科协联合中国国际贸易促进委员会四川省委员会举办第五届中国（成都）智慧产业国际博览会，联合省经济和信息化厅等单位举办2020（第三届）中国信息通信大会。支持指导学会举办第三届人工智能与大数据国际会议（ICAIBD 2020）、新一代操作系统及信创应用学术交流会、2020年第五届IEEE云计算与大数据分析国际会议、新形势下肿瘤专业治疗面临的挑战与对策国际研讨会、首届“人民健康”学术交流大会、首届天府健康管理学科建设高峰论坛等学术交流活动。

10月29日，由德阳市人民政府主办、德阳市科协承办的2020年德阳市创新驱动系列学术交流活动正式启动。活动邀请中国科学院院士郑建华和北京大学政府管理学院教授李国平作学术报告，同时举办4个分会场产业专题研讨会。活动期间还举办4个创新驱动转型发展学术交流，近千名科技工作者参加交流和研讨。

自身建设 全省科协系统一体化推进天府科技云服务中心暨科创服务中心建设，创造性建成省、市、县三级天府科技云服务中心暨科协科创服务中心155个。配套形成以云平台大数据为基础的精准绩效管理机制和精准资金管理机制，重构去机关化、去行政化、去贵族化、去娱乐化高效服务组织体系，实现以大数据、云计算等方式精准推动中央和省委的决策部署落地落实。

深入推进省科协社会组织党建工作。不断加强省科协社会组织联合委员会党建工作，面向省级学会（协会、研究会）等社会组织党组织开展评优活动，表彰10个先进基层党组织、15名优秀共产党员和15名优秀党务工作者。全年省级学会（协会、研究会）成立独立党支部35个、功能型党支部13个、联合党支部2个，共涵盖55个社会组织。

省级学会 截至2020年年底，全省共有省级学会200个。

组织开展一流学会评选工作。依托“天府科技云”平台，按照《四川省学会积分管理办法（试行）》，根据积分排名及工作开展情况评选出四川省一流学会10个，并由省科协、重庆市科协联合颁发2020年度川渝一流学会奖牌。

加强学会规范化建设。规范新成立学会申报工作流程，按照省科协《科技社团成立指南》，2020年批准同意成立新学会8个，其中省风险科学与应急管理研究会、省眼视光学学会、省生物信息学学会、省医疗卫生与健康促进会、省人工智能学会5个学会已经省民政厅批准正式登记成立。规范学会换届工作，按照省科协《学会换届工作管理办法》规定，指导省细胞生物学会、省茶叶学会、省生态文明学会等完成换届工作。

地市县科协　截至2020年年底，全省21个地市科协党组已全部独立建制，183个县（市、区）成立科协。

南充市科协联合西南大学蚕桑纺织与生物质科学学院共同举办现代蚕桑丝绸产业川渝协同创新发展研讨会。德阳市科协会同市科技局、市经济合作和外事局、市经济和信息化局印发《德阳市外籍专家示范站管理办法（试行）》，将外籍专家示范站建设纳入重点人才项目资金支持，给予建站单位资金支持。2020年，首批评选产生四川广铭生物制品有限公司、四川德赛尔化工实业有限公司等一批外籍专家示范站单位。遂宁市科协和重庆市潼南区、铜梁区科协签署一体化发展合作框架协议；泸州市科协、永川区科协签署服务成渝地区双城经济圈建设战略合作协议，双方从农技协融合发展、科普资源联合开发共享、双方智库共建共享共用等方面服务成渝双城地区经济圈建设、服务两地经济社会发展。遂宁市作为中国流动科技馆区域常态化巡展试点首批试点单位之一，作为唯一市级单位受邀参加全国"2020年中国流动科技馆项目工作交流及培训会"，并作代表发言。阿坝州科技馆扩改建项目已初步纳入阿坝州"十四五"科技创新发展规划项目。广安市科协第五次代表大会于5月25日召开，省科协党组书记、副主席毛大付，广安市委书记李建勤出席开幕式并讲话。宜宾市老科协第六次会员代表大会召开并完成换届工作。攀枝花市科协开展"冶金部攀枝花钒钛磁铁矿高炉冶炼试验组"事迹抢救性挖掘。绵阳市、资阳市、泸州市、宜宾市、内江市、达州市、南充市、甘孜州等市（州）科协会同相关部门举办农村乡土人才创新创业大赛。

科协基层组织　截至2020年年底，全省共有企业科协746个、高校科协32个、乡镇（街道）科协组织2061个。

宜宾市珙县、高县、江安、翠屏区4个县（市、区）新成立老科协组织，宜宾市实现10个县（市、区）老科协组织的全覆盖。成都市新津工业园区科协会员代表大会暨换届大会在成都市召开。

【"天府科技云"服务启动暨平台上线】　7月16日，由省科协系统打造的科技服务公共平台——"天府科技云"上线并启动服务，中国科协党组书记、常务副主席、书记处第一书记怀进鹏在北京通过视频连线方式代表中国科协表示祝贺。省委副书记邓小刚出席仪式并宣布"天府科技云"服务正式启动。中国工程院院士、省科协主席、四川大学校长李言荣主持仪式。省人大常委会副主任陈文华、省政协副主席陈放出席仪式。"天府科技云"服务平台是省科协协同38个省直相关部门，打造的全民共享互联网科技服务公共平台。旨在通过大数据、云计算、人工智能等互联网现代信息技术，完善科技服务智能精准供给、科技成果智能精准转化、科研项目智能精准承接、科普服务智能精准直达四大功能，帮助科技工作者（团队）面向企事业单位、人民群众提供科技服务、转化科技成果、破解技术难题、开展科普服务，让每个科技工作者（团队）都可自主、便捷地向"天府科技云"上传科技所能，每个企事业单位都可自主、便捷地上传科技所需，每个城乡群众都可自主、便捷地上传科普所需。

【怀进鹏专题调研四川"天府科技云"服务工作】　12月9日，中国科协党组书记、常务副主席、书记处第一书记怀进鹏一行调研四川省"天府科技云"服务工作，并出席"天府科技云"服务建设座谈会。四川省副省长李云泽、省委副秘书长杨天宗等参加调研。中国工程院院士、省科协主席、四川大学校长李言荣主持座谈会。

怀进鹏一行实地走访四川省天府科技云服务中心，详细了解云服务中心部门设置、运行机制、工作成效等情况。在随后的座谈会上，省科协主要负责人介绍"天府科技云"服务情况及协同建设"巴蜀科技云"工作打算；重庆市科协相关负责人介绍"巴蜀科技云"重庆平台筹建情况；部分科技工作者、企事业单位、金融机构代表分享使用"天府科技云"的体会和感受。

【天府科技云平台"科技＋金融"战略合作协议签约仪式】　12月1日，天府科技云平台"科技＋金融"战略合作协议签约仪式在四川省成都市举办。省科协分别与四川省港航投资集团有限责任公司、华西证券股份有限公司、四川发展弘科股权投资基金管理公司、青年城投资集团签订战略合作框架协议，标志着省科协与四家创投机构开启全面战略合作，将为推动四川科技和经济的深度融合、助推建设全国具有影响力的科技创新中心发挥重要支撑作用。

根据协议内容，双方将整合各自优势资源建立“提高产业科技含量、着力实体经济发展”的科创模式；围绕四川省各地经济发展特点，结合地方政府产业规划和招商引资政策，将科技、人才、资金要素引入地方，实现科技项目的落地转化和平稳发展；建立联席会议制度和工作推进制度等保障机制，确保重点科创项目高效、有序推进。

【第35届四川省青少年科技创新大赛】 4月10日，由省科协、省教育厅、省科技厅、省生态环境厅、省体育局、团省委、省妇联、中国科学院成都分院和绵阳市人民政府共同主办的以“创新·体验·成长”为主题的第35届四川省青少年科技创新大赛圆满落幕。大赛共吸引全省科技教育工作者、广大师生及社会人士近万人参加，全省21个市（州）300多名科技小达人和50名科技辅导员参加大赛终评。共评出各类参赛作品一等、二等、三等奖，并从中择优推荐青少年科技创新成果14项、科技辅导员科技创新成果15项、青少年科技实践活动10项、少年儿童科学幻想绘画30幅参加第35届全国青少年科技创新大赛。

【四川省科协主管的3本期刊入选2020年中国优秀科普期刊目录】 2020年，中国科普作家协会组织开展中国优秀科普期刊目录试点工作，最终评选并公布50种科普期刊进入中国优秀科普期刊目录（2020年）。其中，省科协主管的《科幻世界》《科幻世界画刊》（小牛顿）和《课堂内外》（小学版）三本期刊入选。

【四川2支参赛团队获得2020年中国创新方法大赛铜奖】 12月8日，由中国科协、科技部共同主办的以“弘扬科学精神，激发创新活力”为主题的2020年中国创新方法大赛总决赛在天津市落下帷幕。四川赛区获大赛优秀组织奖；中国石油天然气股份有限公司西南油气田分公司的两个项目团队在全国11支优秀参赛团队入围的擂台赛上双双挺进全国四强，获大赛铜奖。

（撰稿人：周正彬）

贵州省科学技术协会

服务经济社会发展 发挥科技智库作用，围绕疫情防控和经济社会发展，组织专家撰写政策建议26篇，在《贵州日报》开设“科学抗疫·从心出发”建言献策专栏，为疫情防控贡献专家智力、提供专家方案，服务政府科学决策。完成课题研究6个，《关于贵州“两烟”产业发展的调研报告》入选中国科协年度十佳调研报告。实施“智引贵州·黔言行动”，积极申报2020年海智计划资助项目，完成“大湾区与黔地院士专家1+N”活动。组织评选学术服务助力高质量发展引领行动项目38个。组织院士专家深入贵州开磷（集团）有限责任公司、国药集团同济堂（贵州）制药有限公司等企业开展调研，着力破解一批关键技术难题。

10月22日，举办2020年中国创新方法大赛贵州赛区决赛。组织省内企业参加中国创新方法大赛，获二等奖2个、三等奖3个、优胜奖5个。征集45个项目参加2020年中国创新创业成果交易会，其中贵州金之键高科技材料有限公司科协申报的“功能性配位新材料”项目获全国二十家最具投资价值科技成果奖。

科技助力决胜脱贫攻坚战。组织动员广大科技工作者投身脱贫攻坚决战。实施基层科普行动计划项目129个；实施科技致富“二传手”工程，培训基层农技人员1000多人次；科技助力精准扶贫项目资金向深度贫困地区倾斜，在脱贫攻坚的12个重点县资助项目38个。组织省级学会实施“五送五促进”活动，30余家学会服务贫困村寨40余个、帮扶贫困人口2.5万余人，组织开展科技培训56次，培训人员6000人次，捐款捐物折合人民币100多万元，完成脱贫特色产业发展规划等咨询服务18项。

服务科技工作者 组织“全国科技工作者日”庆祝活动，慰问科技工作者代表。做好人才举荐工作，积极推荐优秀科技工作者和团队参与国家级奖项评选。贵州省地质矿产勘查开发局原总工程师、省科协副主席周琦获第二届全国创新争先奖状。弘扬南仁东的爱国情怀和科学精神，组织编演话剧《天眼之魂》，在高校、科研院所线上线下巡演，社会反响热烈，该剧入选中国科协“共和国的脊梁——科学大师名校宣传工程”。

《科学素质纲要》实施和科普工作 编发《全民

科学素质知识普及读本》10万册，在贵州电视台、《贵州日报》等媒体集中展示和宣传《科学素质纲要》工作。第十一次中国公民科学素质抽样调查显示：2020年贵州省公民具备基本科学素质比例为7.22%，超过“十三五”6.5%的目标任务。

积极构筑大众化科学传播新平台，与贵州广播电视台合作建设“科普中国·贵州版”电视端，截至2020年年底，用户超过300万人，累计点播超过700万次。建设贵州科技名人网络展馆，收录省科技名人超过300名，点击超过58万次。开展科学素质网络学习及竞赛活动，全国科学素质微信小程序竞赛等活动累计参与人数超300万次，位居全国前列。贵州科技馆克服疫情影响，全年共接待公众超过28万人次；同步开展流动科技馆、科普大篷车巡展等各类型科普工作，服务公众40万余人次。推进农村中学科技馆建设，建成农村中学科技馆101所，建成数量居全国之首。

加强科普队伍建设，全省科普信息员注册认证34.2万人，位居全国第五。黔南布依族苗族自治州成立多个州级和县级科技志愿者服务队伍，面向基层农民群众提供科普志愿服务。

青少年科学教育蓬勃开展，吸引更多社会关注。首次通过网络形式举办第35届贵州省青少年科技创新大赛，联合开展2020年全国青少年人工智能科普活动。组织参加2020年全国中学生奥林匹克竞赛，取得2银3铜的历史性佳绩。贵州科技馆举办“多彩的昆虫世界”“益智小课堂”“科学表演秀”等科技探索主题活动，吸引青少年儿童和家长参与。贵州科技馆获得青少年科技教育工作奖二等奖。

开展科学防疫应急科普。动员全省34万名科普信息员开展新冠肺炎疫情防控科普知识宣传，发布疫情防控相关信息755条，制作播出视频节目100余期，编印发放《贵州省新冠肺炎疫情防控手册（农村版）》等科学防疫手册7万余册。指导各地反邪教组织开展疫后反邪教科普宣教活动，动员组织全省科技战线积极响应党中央和省委号召，参与全省新冠肺炎疫情分析研判、风险评估、专业培训等工作。省级学会积极协调组织行业专家深入企业开展业务培训、技术指导，助力复工复产。

学术交流 围绕实施大扶贫、大数据、大生态“三大战略”等工作，组织开展高端学术论坛和学术沙龙，为推动经济社会高质量发展出谋划策。组织和指导34家省级学会和3个市（州）科协、5家高校科协实施学术服务助力高质量发展引领行动共43项，助力产业转型升级和创新发展。

打造品牌学术活动。省计算机学会举办大数据与实体经济融合发展论坛，促成省计算机学会与遵义市大数据发展局及毕节市乌蒙云大数据产业发展有限责任公司签订合作协议，开展贵州省“大数据与实体经济融合发展”优秀案例和领军人物评选活动；省有机农业学会举办生态农业科技创新高层论坛，推动贵州省生态农业团体标准和“黔货出山”标准出台；省地质学会、未来研究会等5家省级学会举办贵州岩溶地区地热勘察与开发、乡村振兴与贵州未来等5期学术沙龙。

指导学会开展高端学术交流活动。指导省公路学会举办2020年山区公路建设与养护技术交流大会、省岩石力学与工程学会举办第十二届全国边坡技术大会、省药学会举办药物经济学与精准用药高端学术论坛等29项学会活动。联合遵义师范学院、黔西南民族职业技术学院、毕节职业技术学院等5家高校科协开展青年学者论坛5期，为贵州省1000余名高校青年学者搭建学术交流和获取前沿学科知识平台，发挥高校人才助力学科发展和地方产业转型升级的作用。

自身建设 切实有效推进省科协系统体制机制改革创新，持续规范学会、协会组织建设，完成行政机关与行业协会脱钩方案送审工作。

省级学会 2020年，省科协现有所属学会、协会、研究会、促进会共125个，共有学会会员115637人。

指导省城市科学研究会、省水产学会、省水力发电工程学会等15个学会完成换届。指导省级学会按规定开展年检申报工作，为100余家省级学会办理年检审核。完善以科技创新质量、贡献、绩效为导向的分类评价体系，评定省公路学会等20家为2019年度省级学会目标考评优秀学会，评定省标准化协会等66家为2019年度省级学会目标考评合格学会。

地市县科协 2020年，全省共有市（州）科协9个、县级科协88个。

贵阳市科协举办“科创中国·贵阳行动”，邀请中国工程院院士何季麟等从事铝基新材料产业研究的院士专家到贵阳清镇铝材企业园区及企业实地调研并现场签订合作协议，挂牌成立中国有色金属学会贵阳（清镇）服务站。遵义市科协健全科普基础设施，仁怀市科技馆建成开馆，联合市科技局建设科普教育基地22个，联合市教育局命名青少年科技教育特色学校 38 所，联合市民政局推进科普示范社区建设。六盘水市科协在县区全面选点创建社区科普大院、农村科普小院，把科普宣传开展在第一线。安顺市科协、毕节市科协凝聚力量助力脱贫攻坚，实施科普中国 e 站、科普宣传栏、学校青少年科学工作室、街道科学工作室等建设项目，夯实科普基础设施。铜仁市科协开展对口帮扶对接，充分运用“梵净山星”命名成果，把天文科普与旅游业进行深度融合，开展学术交流、科普论坛和科普讲座，邀请苏州市天文、旅游等专家到铜仁市开展学术交流、科普人才培训 20 余次。黔东南苗族侗族自治州科协推进“银会合作”项目，助力农村产业发展，对 48 个农技协、科普带头人、科普示范基地及种养殖大户发展农业种养殖产业项目予以贴息，带动中国邮政储蓄银行投入贷款资金超过 3800 万元。黔南布依族苗族自治州科协在州、县（市）设立科技工作者服务中心，搭建服务科技工作者和科技工作者服务基层的新平台。黔西南布依族苗族自治州科协完成中国科协在全国选取的三个地市级地区通过“线下预约、线上调查”的方式开展中国公民科学素质调查的试点任务。

科协基层组织 2020 年，共有企业科协、园区科协 186 个、省级高校科协 30 个。

揭牌成立国药集团同济堂（贵州）制药有限公司科协、贵州恒力源实业（集团）有限公司科协。11 月 17 日，贵州民族大学大学生科协成立。以贵州民族大学为试点，探索在高校建设大学生科协组织，进一步扩大科协组织覆盖面。

【“贵州科学家传记丛书”第三卷启动暨作家签约仪式】 4 月 24 日，“贵州科学家传记丛书”第三卷启动暨作家签约仪式在贵阳市举办。省政协原副主席、中国老科学技术工作者协会副会长、省老科学技术工作者协会会长班程农，“贵州科学家传记丛书”编委会全体成员等 40 余人参加启动仪式。

【“弘扬爱国奋斗精神　建功立业新时代”主题活动之贵州援鄂抗疫故事与学术思考报告会】 7 月 11 日，由省科协、贵州科学院、贵阳国家高新技术产业开发区共同主办的“弘扬爱国奋斗精神　建功立业新时代”主题活动之贵州援鄂抗疫故事与学术思考报告会在贵阳市举办。报告会用疫情防控和脱贫攻坚等重大实践中涌现出的优秀个人和优秀事迹激励全省科技工作者弘扬爱国奋斗精神，建功立业新时代，积极投身战贫和战“疫”两场斗争，为夺取两场胜利贡献智慧和力量。

【仁怀市科技馆开馆仪式】 8 月 4 日，仁怀市科技馆开馆仪式举办。仁怀市科技馆建筑面积 7000 平方米，是贵州省第二个县级科技馆。该馆围绕“科技 · 生态 · 未来”主题，设置科学启蒙乐园、天地奥秘、信息与未来、探索发现、机器人以及科学梦工厂 6 个展厅，从“经典 + 特色 + 前沿”三方面入手，弘扬科学精神，普及科学知识，传播科学思想和科学方法。

【2020 年贵州省科协“双创”系列活动启动仪式】 8 月 17 日，由省科协、贵州电网有限责任公司联合主办的 2020 年贵州省科协“双创”系列活动启动仪式在贵安新区举办。省科协党组成员、副主席陶文亮（正厅长级）出席并作讲话，贵州电网有限责任公司党委副书记时蕴伟致辞。各市（州）科协分管企业科协工作领导及项目负责人，各园区（企业）科协负责人，有关企业科技工作者共 200 余人参加启动仪式。

【2020 年贵州省新时代文明实践科技志愿服务工作推进会】 9 月 18 日，2020 年贵州省新时代文明实践科技志愿服务工作推进会在黔南布依族苗族自治州龙里县召开。会议传达学习习近平总书记关于志愿服务的重要指示精神，传达中央、省委关于建设新时代文明实践中心试点工作的指导意见，传达落实中国科协、中央文明办关于组织实施科技志愿服务“智惠行动”的有关要求，安排部署全省新时代文明实践科技志愿服务有关工作。中国科协农技中心、贵州省文明办应邀到会指导，会议以观摩示范、经验交流、专题培训等方式召开。

【贵州省 2020 年全国科普日云启动仪式暨主场活动】 9 月 19 日，省科协举办以“决胜全面小康，践行科技为民”为主题的贵州省 2020 年全国科普日云启动仪式暨主场活动。此次活动采取线下拍摄、线上宣传的模式，在云启动现场通过直播连线黔南布依族苗族自治州龙里县、仁怀市等 7 个分会场，以专家点评、网络互动等形式展示科协组织在精准助力脱贫攻坚、努力践行科技为民、全面建成小康社会中所作贡献。观众实时收看量超过 130 万人次。

【中国工程院院士专家赴黔东南苗族侗族自治州榕江县、从江县调研】 10 月 20—23 日，中国工程院院士专家“贵州行”活动在贵阳市、黔东南苗族侗族自治州举办。中国工程院院士、中国工程院副院长、中国科协副主席、民盟中央副主席邓秀新率领院士专家考察团共 15 人深入榕江县、从江县，围绕两地产业发展、助推脱贫攻坚等进行实地调研和指导，并对梳理出扶贫产业项目和需要解决的问题进行咨询和帮扶，为贵州省农业产业发展问诊把脉。

【中国科协2020年基层科普区域性交流观摩活动（西南片区）】 11月25—26日，中国科协2020年基层科普区域性交流观摩活动（西南片区）在贵州省遵义市举办。中国科协副主席、书记处书记孟庆海，省科协党组书记、副主席张美圣出席活动。来自中国科协、中国科协农技中心负责人，重庆、四川、贵州、云南、西藏5个省（自治区、直辖市）科协科普部的负责人，贵州省部分市州县科协负责人及基层科普信息员参加活动。活动期间，实地调研观摩遵义院士工作中心创新基地、遵义苟坝会议会址、贵州科技馆、龙里县新时代文明实践中心、龙里经济开发区新时代文明实践所、移民搬迁安置点奋进社区、谷脚镇观音村新农村建设示范点等基层科普阵地，并围绕推动基层科普工作和科技志愿服务创新发展、应急科普等工作内容进行交流。

【2020年“科学大师名校宣传工程”社会实践活动贵州行活动】 11月23日，由中国科协主办，省科协、《人民日报》承办的2020年“科学大师名校宣传工程”社会实践活动贵州行活动在遵义市余庆县举办。活动历时5天，中国科协调研宣传部副部长宋玉荣，省科协党组成员、副主席刘炳银，中国人民大学特聘教授王志刚，浙江大学教授梁月荣，以及来自北京航空航天大学、南京航空航天大学、厦门大学、浙江大学、西安交通大学、上海交通大学、天津大学、南开大学、西北工业大学的21名师生参加。

【科创中国　贵阳行动——院士专家贵州行·贵阳（清镇）铝基新材料产业发展交流系列活动】 12月10—11日，科创中国　贵阳行动——院士专家贵州行·贵阳（清镇）铝基新材料产业发展交流系列活动在贵阳市清镇市举办。从事铝基新材料产业研究的院士专家和企业界人士参加活动，围绕国内外铝基新材料产业现状、实际应用、发展前景等展开交流探讨，并通过实地调研等助力当地铝基新材料产业升级、助推贵州省经济社会高质量发展。

（撰稿人：马　炯）

云南省科学技术协会

服务经济社会发展　2020年新冠肺炎疫情发生以来，省科协迅速动员科技工作者、科普工作者、科普志愿者下沉防控一线，广泛开展应急科普、科技研发、科学防治、科技志愿服务等工作，全力投入疫情防控工作。组织全省30多万名科普信息员走村入户、进厂入校，针对重点人群、重点地区开展防疫知识、方法、政策等宣讲，解疑释惑、科学引导。及时编印100万册疫情防控手册和150万套抗疫科普挂图，发放到基层社区、村组；发挥全省127辆科普大篷车和流动科技馆的“科普轻骑兵”作用，深入边远山区、边境一线开展疫情防控科普宣传；通过“云南通”“三农通”微信公众号及短信平台，向700多万用户发送抗疫科普短信。以各级科普网站、科普e站和科协系统微信公众号等为载体，发布、转载各类科普文章3000多万次，为疫情防控提供科学、准确、权威的科普参考，确保“疫情不解除，科普不掉线”。全省基层“四长”（学校校长、医院院长、农技站站长、行政村村长）、科普志愿者、科普信息员成为疫情防控重要力量，为打赢疫情防控阻击战贡献科协力量。紧扣全省八大重点产业建设，解决当前“六稳”“六保”工作中的科技短板，开展调查研究、决策咨询和建言献策活动，向省委、省政府报送省科协《专家建议》10期。

深化科技助力精准扶贫工作，与省农业农村厅等联合出台《关于加强和改进科技助力精准扶贫工作的意见》，“以扶技为载体、以扶智为主线、以扶志为目标”，完善“学会+扶贫”模式，依托100个省级学会组建120个专家服务团，动员2.2万名相关领域科技工作者参与脱贫攻坚。开展124场次“百名专家科技下乡”活动，培训农民10万余人次，组织双语科普培训30万人次，建成科技脱贫示范村100个、科技扶贫服务站260个，发挥科技、科普在脱贫攻坚中的示范引领作用。

开展“科创中国”“创响中国”活动，以“1+6+N”（1个标志性活动、6项定制服务、多场特色活动）模式为主线，将技术、人才、数据等创新要素引向企业、引向基层，协同解决重点领域、重点产业关键短板问题，为高质量发展提供有效支撑。深化院士专家工作站建设，修改完善《省科协院士专家工作站建设管理办法》，吸纳创新要素向战略性新兴产业、企业集聚，凸显院士专家工作站在加速科技成果转化中的引领作用，完成52家站点建设任务。与省国有资产监督管理委员会联合制定《企业科协组织管理办法》，成立企业科协30家。与省科技厅联合主办2020年中国创新方法大赛云南赛区决赛，云南有2个项目晋级全国总决赛，分别获得三等奖和优胜奖。建成全省中小企业创新服务平台，为中小企业创新创业提供资源库和专家库。

服务科技工作者 丰富拓展科技人才服务工作，牵头召开全省高层次人才座谈会，提出“高、精、尖、缺”人才培养对策和建议。按照“聚焦杰出、有序培养，一人一策、一人一队，讲求策略、精准发力”的工作思路，实施云南省院士后备人才培养服务行动，完善《院士后备人才个性化服务工作方案》，为相关专家提供精准服务。开通绿色服务通道，对相关专家科研动态、科研成果进行跟踪回访，及时为科技工作者申报国家级、省部级科技奖项提供政策咨询。参与西部地区优秀工程科技专家推荐工作，向中国工程院推荐18名专家。

加强人才表彰举荐，牵头印发《关于推荐第二届全国创新争先奖候选对象的通知》，组织专家评审组，推荐于黎等10名先进个人候选人、交通灾害防治技术研究分院等2个先进集体候选团队作为云南省优秀科技工作者的代表参加全国创新争先奖评选，云南省3名优秀科技工作者获第二届全国创新争先奖。开展2020年“最美科技工作者”学习宣传活动，联合省委宣传部和省科技厅授予李彦林等10人2020年云南“最美科技工作者”称号。

开展2020年“全国科技工作者日”活动。5月28日，省科协召开2020年全国科技工作者日座谈会，邀请部分在云南省的院士、优秀科技领军人才和省级学会负责人，结合“科技为民 奋斗有我”的主题，围绕云南省科技创新发展、科技人才需求、科学工作、科协发展建设等进行座谈交流。在全省范围内以召开科技工作者座谈会、走访慰问科技工作者、组建科技志愿队伍、开展科技志愿服务行动等形式，开展系列科技工作者日活动；组织全省各州市学会（协会、研究会）、高校科协、企业科协进行科技志愿服务信息登记，活动期间共完成近9000名科技志愿服务者、200余个科技志愿服务组织的登记工作。

开展科学道德和学风建设宣讲活动。11月，在昆明理工大学举办2场科学道德和学风建设宣讲，共有450余名师生参加报告会；组织全省各高校、科研院所、学会（协会、研究会）师生和科技工作者参加2020年全国科学道德和学风建设宣讲报告会，全省约有5万人次收看。

完善省科协干部“一对一”联系服务科技工作者制度，细化服务内容和要求，增强服务的针对性和实效性，强化与科技工作者的思想沟通、情感融通、工作联通。2020年疫情发生以来，重点对医务工作者开展3轮“一对一”联系服务工作，及时了解医务工作者思想、工作、生活、身体、家庭等状况，及时帮助解决遇到的困难和问题。

《科学素质纲要》实施和科普工作 加强公民科学素质建设，紧扣“十三五”末云南省公民科学素质达到8%的建设目标，切实履行全省公民科学素质工作联席会议办公室职责，持续推进科普信息化、科普社区益民、科普产业助力、科普人才建设、科普基础设施建设等六项工程。截至2020年，云南省公民科学素质比例达7.34%，与“十二五”末的3.29%相比提升123.1%。打造科普工作品牌，针对省公民科学素质建设“难点在农村、重点是农民”的情况，持续组织280多万农民参加全国农民科学素质网络知识竞赛活动，参赛人数连续两年位列全国第一，被中国科协、农业农村部评为全国农民科学素质网络知识竞赛一等奖。与中央和省级新闻媒体合作开展科普日、科技周、“三下乡”“三农通”“云南通”“科普高原行”、科技创新大赛等重点科普活动，有效解决科普工作“最后一公里”问题。深化各类科普示范创建，与省财政厅联合评选命名142个云南省科普示范先进集体、96名云南省科普带头人。创建省级科普示范学校50所、省级科普示范社区50个。创建64个科普小镇、5个“科技小院”。建成19所农村中学科技馆，覆盖10个州（市）、18个县（市、区），年参观人数5万人次以上。配发科普大篷车11辆，开展科普活动1179场次，受益群众84万人次。流动科技馆完成巡展站点53个，受益观众72.5万人次。各级农村致富技术函授大学（以下简称“农函大”）培训农民学员10万人次，年招生人数位居全国首位。省科协所属科普期刊《奥秘》发行48余万份，发行量居全国科普类杂志第2位。11月举办第六届中国·昆明科普（教育）产业博览会，500多家科技、科普企业参展参评。

学术交流 2020年，省级学会共组织学术活动231场次，比2019年增加47%。实施学术交流促创新发展工程，围绕云南省“一个跨越、三个定位、五个着力”战略目标，聚焦学科发展、科技前沿、自主创新、产业建设中的基础性、关键性、普遍性问题，举办多层次、多学科、宽领域的学术交流活动，促进科技与经济融合、科技成果转化和科技人才成长。支持学会专家团队开展研究，探索构建具有科协特色的学术研究工作体系。省植物学会积极参与COP15会议（《生物多样性公约》第十五次缔约方大会），在会议期间举办自然与文化高峰论坛。筹办国际性、全国性、区域性学术会议，打造学术交流品牌。以“科技服务‘一带一路’倡议，创新云南自贸试验区（德宏片区）发展”为主题开展学术交流，科技助力打造中缅经济走廊。组织学会投身面向南亚、东南亚辐射中心建设，支持省民族民间医药学会筹办第三届澜沧江－湄公河传统医药学术交流会。

自身建设 推进科协系统深化改革，全面完成省委确定的科协系统改革4个方面29项指标任务，各州（市）、县（市、区）科协组织实现独立建制，95%的乡镇建立科协组织，1.4万余名“四长”进入科协基层组织任职或兼职。建成100个综合示范学会、100个“特、精、专”特色学会，完成5.2万名科技志愿服务者、600多个科技志愿服务组织登记工作，构建省、州、县三级科技志愿服务队伍体系。夯实党建基础，全面落实管党治党政治责任，一体推进“不忘初心、牢记使命”主题教育检视问题整改，以常态化、长效化整改提高党的建设质量，推动全面从严治党走深、走实。加大干部教育培训、实践锻炼力度，在浙江省杭州市举办2期全省科协系统干部专题培训，在昆明市举办6期基层科协干部和“四长”专题培训。深化省科协系统“感怀党恩、潜心工作、任劳任怨、砥砺奋进”教育活动，着力营造风清气正的政治环境、团结奋进的创业环境、公平公正的用人环境、宽松和谐的人际环境。

省级学会 截至2020年年底，全省共有省级学会143个。推进全省科技社团制度化、规范化、标准化建设，制定出台《云南省科协关于实施科技社团创新和服务能力提升工程的意见》。建设学会管理信息化平台，对学会进行实时管理监督。推进学会改革和发展，调整会员结构，改革治理模式，建设能负责可问责的现代科技社团。指导学会开展换届工作，学会会员代表大会代表主要由基层一线科技工作者组成，学会理事会一线科技工作者比例达到3/4，常务理事会一线科技工作者比例达到2/3。创新面向社会提供公共服务产品的机制，创新服务学术活动机制，实施学术交流质量提升计划，打造区域性国际民间科学合作交流品牌，支持成立会展赛或产学研三位一体、线上线下交流相结合的学术会议模式。云南省通信学会实施“新基建 5G时代的机遇与挑战”课题，凝练形成《推动5G商业应用 助力云南数字经济发展白皮书》和《云南省5G网络建设及应用创新白皮书》，为云南省开展“数字云南”信息通信基础设施建设“先建后补”工作提供依据。省水产学会承担的“中国南方喀斯特珍稀鱼虾新属种基础研究”项目、省物流学会承担的“云南省物流园区物流标准体系研究与建设”项目分别获2020年云南省自然科学奖三等奖。省计算机学会加强区块链研究，向省委、省政府提出《云南发展区块链、大数据促进产业数字化转型战略突破的若干措施建议》。

地市县科协 截至2020年年底，全省16个州（市）、129个县（市、区）有独立建制科协组织。

昆明市科协开展应急科普，累计推送“抗疫”科普信息近11万条次，做到“疫情不解除，科普不掉线”。昭通市科协结合精准脱贫需要，多渠道全方位深入精准脱贫第一线开展科普活动。曲靖市科协强化科普e站运营管理，全市有各类科普e站255台。玉溪市科协高质量承办2020年“全国科普日”云南省主场活动启动仪式，组织开展全市第四个“全国科技工作者日”系列活动。保山市科协以“体验科学·展望未来”为主题建立保山流动科技馆，全市受益公众达8万余人次。楚雄彝族自治州科协支持农技协组织建设，楚雄州农民合作组织联合会被中国农技协评为2020年十佳创新融合发展农技协联合会。红河哈尼族彝族自治州科协联合中国科学院云南天文台、云南省天文学会及蒙自市委、市政府组织开展2020年“夏至日”系列科普宣传活动。普洱市科协聚焦促进乡村人才振兴，农函大全年共招收学员4600人。西双版纳傣族自治州科协组织开展“双语科普”活动，做到全州民族乡镇全覆盖。大理白族自治州科协实施“科普小镇”创建工程，全州12个县市实现全覆盖。德宏傣族景颇族自治州科协开展科普大篷车宣传活动20多场次，总行程达到2800多千米。丽江市科协组织开展各级各类精品科普宣传活动，被中国科协评为2020年全国科普日活动优秀组织单位。怒江傈僳族自治州科协加快推进科协系统全面深化改革，实现基层科协组织“3+1”全覆盖。迪庆藏族自治州科协举办“云南科普高原行”活动，共计4200余人参加。临沧市科协组织开展科技助力乡村振兴科技培训，被国务院扶贫开发领导小组办公室、农业农村部、中国科协全国科技助力精准扶贫工程领导小组办公室评为全国科技助力精准扶贫工作先进团队。昆明市五华区科协通过新浪网直播“共享云科普”形式开展云启动仪式、科普与“双创”论坛、科技助农脱贫、异地同网科普互动等活动；盘龙区科协于9月18日在昆明植物园东园举办“走进科学殿堂，感受生物多样性”科普惠民活动。

科协基层组织 截至2020年年底，全省共有企业科协285个、高校科协19个、园区科协1个，建立1115个乡镇（街道）科协组织、776个社区科普组织、3133个农技协组织等。

全省各州市进一步做好乡镇科协等科协基层组织建设，不断拓宽科协组织的工作覆盖面。曲靖市、玉溪市、保山市等地加强科协基层组织建设，一批农技站站长、文化站站长、医院院长、学校校长（“四长”）进入县乡两级科协组织兼职挂职。丽江市科协接长手臂，全面推广科协基层组织力“3+1”改革工作，共吸纳214名基层医院院长、学校校长、农技站站长等关键人才进入县（区）、乡（镇、街道）科协机构兼职或挂职，切实增强科协治理效能。楚雄彝族自治州深入推进农函大办学体制改革、革新办学主体，由示范协会承接培训任务，农函大办学补助经费列入农民合作组织“六位一体”示范创建补助，确保农函大办学社会效益最大化。昆明市科协扎实开展农业科技教育培训，积极培育新型职业农民。昆明安宁市八街食用玫瑰协会被评为全国十佳党建强会农技协。

【云南省科学技术协会第九次代表大会】 12月31日，云南省科学技术协会第九次代表大会在昆明市召开。中国科协党组书记、常务副主席、书记处第一书记怀进鹏，云南省委书记阮成发出席大会并讲话。云南省委副书记、代省长王予波主持会议。

怀进鹏指出，广大科技工作者要不忘初心、牢记使命，勇担历史重任、奋进新时代征程，在爱国奋斗中实现价值，在创新创造中贡献智慧，在科普服务中造福人民，努力为提升中国自立自强能力、加快推进国家现代化贡献智慧力量。怀进鹏希望云南省科协保持和增强政治性、先进性、群众性，聚焦主责、突出主业、凝心聚力，引导全省科技工作者增强“四个意识”、坚定“四个自信”、做到“两个维护”，强化政治引领，凝聚奋进新征程的强大精神力量；深化改革开放，在守正创新中提升“四服务”工作实效；夯实基层基础，建设朝气蓬勃的科协组织，在全面建设社会主义现代化国家伟大事业中展现更大作为。

阮成发指出，要认真履行科协组织职责定位，在服务科技工作者上用心用力、在服务创新驱动发展上提质增效、在服务提高全民科学素质上精准发力、在服务党和政府科学决策上多作贡献，使科协工作更好地体现时代性、把握规律性、富于创造性、增强实效性。云南省各级党委、政府要高度重视科协工作，为科协工作和科普事业创造良好条件、提供有力保障；要加强对科技工作者的关心关爱，持续优化科研环境和学术生态，让更多科技工作者在实践中成长进步。

省科协第九次代表大会正式代表、特邀代表、列席代表出席会议。大会期间，中国工程院院士、省科协第八届委员会主席朱有勇作工作报告。与会代表对工作报告进行审议，并选举产生省科协第九届委员会。大会审议通过《省科协第九次代表大会关于第八届委员会工作报告的决议》。朱有勇当选省科协第九届委员会主席。

【2020年全国科普日云南省主场活动启动仪式】 9月20日，由省科协、省科技厅、省教育厅、省农业农村厅等单位主办，玉溪市人民政府、玉溪市科协等单位承办的主题为“决胜全面小康、践行科技为民”2020年“全国科普日”云南省主场活动启动仪式在玉溪市召开。

全省16个州（市）及县（区）科协同步举办全国科普日主场活动启动仪式，突出科技助力精准扶贫、科普助力乡村振兴战略、科技创新为民，并结合当地群众的科普需求和特色产业发展趋势，集中动员组织学会、企业、学校、社会机构等开展多形式、广覆盖的科普宣传联合行动。昆明市共计开展活动400余项，州（市）、县（区）两级开展活动面达100%，活动期间参与群众约30万人次。曲靖市全国科普日活动延伸组织开展2020年“中国流动科技馆”巡展（沾益站）、2020年曲靖市第四届科普讲解大赛、曲靖市青少年人工智能教师培训实践活动、全国科普日“网络科普联合行动”、科普教育基地开放行动，并组织参加2020年全国农民科学素质网络知识竞赛等，将全国科普日活动及氛围贯穿全年。

【第35届云南省青少年科技创新大赛】 第35届云南省青少年科技创新大赛共有16个州市中小学生、科技教师1828项作品参赛。经过专家评审，确定作品奖项为青少年科技创新成果竞赛项目一等奖31项、二等奖 84 项、三等奖 400 项；科技辅导员科技教育创新成果竞赛项目一等奖 14 项、二等奖 31 项、三等奖 70 项；青少年科技实践活动比赛一等奖 15 项、二等奖 49 项、三等奖 89 项；少年儿童科学幻想绘画比赛一等奖 48 幅、二等奖 61 幅、三等奖 199 幅；优秀科技教师 16 人、优秀组织工作者 10 人、优秀组织单位 15 家。

（撰稿人：张文华）

西藏自治区科学技术协会

服务经济社会发展　围绕社会热点，资助自治区太阳能学会开展“西藏自治区清洁能源产业发展智库建设”、西藏民族大学科协开展“西藏公共卫生健康教育普及模式研究”调研咨询项目，为自治区党委、政府和有关部门决策建言献策。创办《西藏科协工作动态》，及时向自治区党委、政府反映科协事业发展情况。聚焦脱贫攻坚，围绕驻村工作“七项重点任务”制定《区科协党组助力精准脱贫工作要点》，落实扶贫资金 436 万元，落地科技助力精准帮扶项目 19 个；开展实用技术培训活动 17 场次，培训农牧民 529 人。

服务科技工作者　宣传举荐优秀科技工作者，自治区农牧科学院畜牧兽医研究所所长、研究员巴桑旺堆获第二届全国创新争先奖；自治区眼科研究领域学科带头人次旦央吉获 2020 年全国“最美科技工作者”称号。推荐德庆卓嘎、吴琪为第十七届中国青年女科学家奖候选人，旦久罗布为第二十三届中国求是杰出青年成果转化奖候选人，央吉次仁、姚小波为“西部之光”访问学者人选。

组织科技工作者学习习近平总书记给西藏大学医学院学生回信，在全国科技工作者日活动期间给钟南山、袁隆平、叶培建等 25 位科技工作者回信以及参与“东方红一号”任务的老科学家代表回信精神，激励和引导科技工作者弘扬科学家精神。

9 月 16—20 日，中国工程院副院长邓秀新一行 11 人赴自治区就工程科技领域特色学科、产业发展和工程科技优秀专家情况进行调研，并针对西部边远 9 省区的院士增选政策，与自治区相关单位的领导和科技专家进行座谈交流，听取自治区领导和专家对院士增选政策的意见建议。

《科学素质纲要》实施和科普工作　实施《全民科学素质行动计划纲要》，调动成员单位科普工作的主动性，拓展大联合大协作科普工作格局。举办全国科普日西藏主场活动，开展科普宣传活动 41 场次，发放科普宣传品和宣传资料 4.53 万份（册），受益群众 6 万人次，54 万人次参与线上活动。开展 2020 年自治区科协科普巡展活动，在 47 个乡镇、64 所中小学校开展流动科技馆、科普大篷车巡展活动，累计行程 9.26 万千米，19.7 万人次参观体验。开展“典赞·2020 科普中国”宣传推选活动，推选基层科普人物 2 名、科研人物 2 名、科普影音视频 2 个。9 月 30 日，由国家航天局探月与航天工程中心、自治区教育厅、自治区科协、西藏航空等单位联合举办的航空航天爱国主义科普活动在拉萨市启动。200 名中小学生参加启动仪式并参观天文体验馆。此次科普活动由“点亮梦想·太空主题画作征集”“筑梦太空·科普进校园活动”“我与太空·主题创意大赛”“圆梦之旅·走进贵州 FAST 与文昌火箭发射场”等环节组成。开展“健康饮茶”普及教育活动，通过媒体平台传播健康饮茶科学理念。指导地市科协将“健康饮茶”科普知识宣传纳入工作计划，组织动员科技工作者深入农牧区开展科普宣传工作，提升公众形成健康饮茶的认知。开展宣传教育活动 30 场次，发放科普宣传资料 6000 份。

加强青少年科技教育，组织参加第 35 届全国青少年科技创新大赛、全国青少年高校科学营活动、2020 年青少年科学调查体验活动、第 20 届中国青少年机器人竞赛暨 2020 年世界青少年机器人邀请赛、第十一届全国青少年科学影像节、全国高中数学联赛、全国大学生数学竞赛、第 37 届全国中学生物理竞赛和全国中学生物理应用知识竞赛等，共获得全国三等奖 6 项、自治区奖项 910 个。

加强学校科普基础设施建设，在西藏民族大学附属中学建立青少年科学工作室，实施 40 所中小学科技馆提档升级项目。举办 2020 年西藏自治区中小学科技馆科技辅导员培训班，培训 195 名科技辅导员，提升学校科技教育水平。

推进科普资源共建共享。根据自治区党委安排，编制《西藏科普读物》，开发制作科普传播载体产品 6000 件，印发藏文版《中学生科学素质读本》《小学生科学素质读本》1 万册。

推进科普信息化工作。加强“科普中国·西藏”门户网站建设，编译双语科普图文资料 505 篇、科普视频 20 个、科普音频 50 个、挂图漫画 400 幅。在西藏广播电视台播出《科普西藏》栏目 212 期，拓宽科普传播渠道。在拉萨市、日喀则市、昌都市、林芝市试点建设 4 个智慧科普社区。认定西藏藏缘青稞科技有限公司为自治区级科普教育基地。

实施自治区基层科普行动计划，奖补基层科普示范基地 10 个、农技协 10 个、科普示范基地 3 个、科普带头人 5 名、科普信息员 200 名。

学术交流 支持自治区级学会开展西藏可再生能源学术研讨会、拉萨河曲丝叶蜂发生情况调查等活动，促进学术交流。开展科学道德与学风建设宣讲活动，落实《关于进一步弘扬科学家精神 加强作风和学风建设的意见》，营造风清气正的科学环境。实施 2020 年学会创新和服务能力提升工程，完善考核制度，落实 26 个学会创新和服务能力提升项目。新增 2 家学会，帮助学会加强自身建设、完善学会管理工作制度、提高活力和社会影响力，学会“四服务”能力和水平进一步提升。

实施高校“双创”项目，委托西藏藏医药大学科协组织师生开展“培养科研创新型大学生计划项目”，进一步强化学生的创新创业观念与技能，增加学生参与创新创业的实习机会和实践经验。

自身建设 修订完善《党组理论学习中心组学习制度》，推动“不忘初心、牢记使命”教育常态化制度化。修订《区科协党组会议制度》《关于落实〈党委（党组）意识形态工作责任制实施细则〉的意见》，落实党组主体责任、党组书记第一责任人责任，发挥党组织在推动科协事业发展中的领导核心作用。压实党风廉政建设责任制，激励干部担当作为，基本完成自治区党委巡视反馈问题整改任务，着手编制科协事业发展“十四五”规划。持续强化“三型”组织建设，筹备自治区科协第七次代表大会，按照科协系统改革要求优化组织结构，提高基层一线科技工作者代表比例，增强代表性和广泛性，强化学会主体地位。

推进学会党建工作，指导 41 家学会、协会、研究会建立党组织，自治区科协所属学会建立基层党组织覆盖面达到 100%。组织参加 3 期两新组织党建培训班，指导学会规范基层党组织建设，加强学会对科技工作者的政治引领，增强科协组织的先进性。

省级学会 截至 2020 年年底，共有自治区级学会 33 个。推进学会改革，落实《西藏自治区关于全面推开行业协会商会与行政机关脱钩改革的实施方案》，按照“五分离、五规范”改革要求，指导 6 家学会有序脱钩。开展学会综合清理整顿工作，注销 5 家“僵尸”学会，激活 5 家学会，合并 2 家学会。

地市县科协 截至 2020 年年底，自治区有地市科协 7 个、县（区）科协 74 个。地市科协相继出台深化改革实施方案，落实机构和人员编制，成立全民科学素质工作领导小组，科普经费纳入本级财政预算，改革工作不断深化。拉萨市科协借助科普广播频道、“拉萨科普”微信公众号和《今日科普》电视栏目等平台丰富科普工作内容。林芝市科协与林芝市广播电视台联合推出《林芝科技（科协）助力脱贫攻坚》系列专题片。山南市科协免费为乡镇、寺庙、村居征订《西藏科技报》藏文版 1296 份、汉文版 926 份，拓宽广大群众了解科技知识的渠道。日喀则市科协积极落实日喀则市委“6677”战略部署，为高素质农牧民培训贡献科协力量。昌都市科协开展“科普七进”“科技下乡”等宣传活动，提高农牧民的科技水平和科学素养。那曲市科协探索建立“社区科普大学”，为提高居民科学素质创造有利条件。阿里地区科协配备科协专职主席，进一步建立健全工作机构。

科协基层组织 截至 2020 年年底，全区共有企业科协 3 个、高校科协 5 个。

【新冠肺炎疫情防控科普知识推介活动】 利用《西藏科技报》、科普 e 站、科普微信公众号、科普盒子、科普网络平台开展新冠肺炎疫情防控科普知识推介活动。向地市科协、70 个农牧区基点和自治区 12 个新时代文明实践中心试点县发放疫情防控科普知识资料 5400 册。组织地市科协和相关学会科技工作者开展疫情防控知识科普宣传活动。安排专项经费，委托西藏护理学会培训基层护理人员 200 人次，强化一线医护人员疫情防控护理知识和实用技能。组织西藏藏医药大学科协举办 7 期藏医药知识培训义诊活动，培训 810 人次、义诊 1070 人次。

【宣传尼玛扎西同志先进事迹】 经自治区党委领导同意，与中国科协和自治区党委宣传部沟通，启动西藏自治区农牧科学院原党组副书记、院长尼玛扎西先进事迹宣传工作。尼玛扎西几十年如一日扎根高原，全身心投入农牧业科研工作，成功选育出一批青稞新品种，研发推广一系列农牧产业新技术，用实际行动践行“老西藏精神”和科学家精神，特别是胸怀祖国、服务人民的爱国精神和永攀高峰、敢为人先的创新精神。尼玛扎西先进事迹经媒体报道后，在全区广大农牧科技工作者、农牧民群众中引发广泛反响。

（撰稿人：李月桂　张水平）

陕西省科学技术协会

服务经济社会发展　省科协联合安康市、铜川市人民政府举办“智惠安康”“智惠铜川”高端科技创新智库论坛，围绕安康市富硒产业高质量发展和铜川市新材料、中医药产业转型升级，组织70位院士专家深入30多家企业调研，为地方产业转型升级提供咨询建议和科技服务。聚焦陕西省经济社会发展热点难点问题，呈报专家建议8份，其中《以区块链为底层技术重构突发事件应急物资保障系统的建议》《关于陕西省创建“国家先进制造科学中心”的建议》《关于确保陕西省粮食安全的几点建议》等得到省委、省政府领导批示。

推进院士专家工作站建设，全省共建立院士专家工作站323家，开展合作项目980多个。联合省科技厅等单位举办全省科技工作者创新创业大赛。实施省科协“青年人才托举计划”项目，对27所高校的100个项目和53家企业的60个项目进行资助。举办陕西省创新方法大赛，近100家企业参加活动，114个项目进入复赛，共评出一等、二等、三等奖共30个，优胜奖54个。参加全国创新方法大赛，陕西省代表队获奖6项，陕西赛区获优秀组织奖。举办2020年陕西省一线工程师创新方法培训会，为57家企事业单位培训200名技术骨干。

统筹推进全省科技助力脱贫攻坚工作。在咸阳市、宝鸡市、渭南市、西安市先后举办2020年陕西省新时代文明实践科技志愿服务工作现场会暨展教活动、陕西省科普教育基地展教示范活动、2020年全省科技助力脱贫攻坚示范活动、科技助力精准扶贫农业技术培训工作推进会等4场现场示范活动，组织市县科协500余人次进行实地调研、现场观摩和学习交流。实施“基层科普行动计划”。新建省农技协科技小院86家，在建项目54个。举办中国杨凌农业高新科技成果博览会“科技助力脱贫攻坚专题展”，设25个展位和线上3D展厅，展示科技助力精准扶贫成果，省长赵一德等领导亲临展区视察并给予肯定，中国杨凌农业高新科技成果博览会组委会授予省科协优秀组织奖和优秀展示奖。

省科协获评“全国科技助力精准扶贫优秀组织单位”，20个单位和个人被评为先进团队和个人。

打造“科创陕西”服务品牌，出台《关于打造“科创陕西”服务品牌　促进科技经济融合发展的行动方案》，召开科技经济融合发展工作推进会议，推荐咸阳、榆林等5个市区参评科创中国“创新枢纽城市”，遴选13个县区开展科技经济融合试点。

服务科技工作者　围绕“科技为民　奋斗有我”主题，开展全国科技工作者日系列活动，举办优秀科技工作者事迹报告会等省级重点示范活动17项，副省长赵刚慰问优秀科技工作者和创新团队代表。

推荐黄汝锦等5人获第十六届中国青年科技奖，王香增等13人获全国创新争先奖奖状；推荐5人（团队）为第十七届中国青年女科学家奖和未来女科学家计划候选人（团队）；推荐梁增基入选“典赞·2020科普中国”全国十大年度基层科普人物；推荐10人为2020年全国最美科技工作者候选人。组织评选出第十三届陕西青年科技奖候选人100名，评选出第十四届陕西省自然科学优秀学术论文160篇，由省政府发文公开表彰。

开展科技工作者状况调查工作，建立调查站点34个，提交科技工作者意见建议101条，其中2条被中国科协创新战略研究院微信公众号采用；完成调查问卷7800份，为相关政策制定提供支撑。

承办“我和我的祖国——中国科学家精神主题展”全国巡展（陕西站）活动。举办全省科学道德和学风建设宣讲教育报告会，组织省内50多家研究生培养单位收看会议直播。评选陕西最美科技工作者51人。选树20位优秀科技工作者典型，宣传科技工作者99人次，向省委组织部报送全省科技工作者爱国奋斗宣传报道218篇。

《科学素质纲要》实施和科普工作　省科协履行全民科学素质纲要实施工作办公室职责，开展全域科普工作。依托西安交通大学等27所高校和西安国际医学中心，成立省级公民科学素质发展研究教育中心31个；指导市科协成立研究中心11个。实施提升公众科学素质研究计划项目158项、科普宣讲活动专项87个，项目受到省委书记刘国中的肯定。组织省级公民科学素质研究平台和高新园区成功申报中国科协科普中国共建基地。

建设新时代文明实践科技志愿服务试点县31个，实施科技志愿服务项目22个。创建覆盖市、县、镇和技术产业园区、医康养基地的陕西省新时代文明实践科学普及（科学传播）与创新发展试验区8个，受到中国科协和省精神文明建设指导委员会办公室的肯定。全省注册科技志愿组织1195个、科技志愿者34087人，开展科技志愿服务活动2158场次。推荐渭南市科技志愿服务队获得“全国十佳优秀科技志愿服务队”。

开展新冠肺炎应急科普工作。围绕疫情防控、春耕生产、复工复产和“决胜全面小康，践行科技为民”主题，开展第28届“科技之春”宣传月和全国科普日活动1520项，副省长程福波出席全国科普日陕西省主场活动，全国科普日主场活动当天113.1万人次参与线上直播。实施新型冠状病毒感染肺炎应急科普项目100个，省农技协联合《陕西科技报》开展“抗疫助农·县长带货”活动，组织参加“三下乡”、科技活动周、减灾防灾科普宣传等活动。

举办第35届陕西省青少年科技创新大赛，表彰一等、二等、三等奖共371项。开展青少年机器人竞赛和人工智能科普活动，获得全国科普短视频一等奖、科普智创专项奖、最佳人气专项奖各1项，教学微课入围奖2项。组织实施2020年陕西省中学生科技创新后备人才培养计划（英才计划），确定39名学生进入培养计划。开展青少年高校科学营陕西分营活动、“大手拉小手，专家进校园”等活动，助力青少年创新创造和后备人才培养。

陕西科学技术馆常设展厅开放215天，免费接待观众7.3万余人次；中国流动科技馆巡展安康、汉中等市11个县区，受益群众18万余人次；科普大篷车开展巡展活动149场，行程25111千米，接待公众15.2万余人次。开展科学工作室进校园活动105场，参与学生4326人次。实施“陕西省科普场馆、科普教育基地开放共享”项目18个。

实施“三秦科学素质行动计划”和“大众传媒科技传播计划”，在省级主流媒体共刊登播出专题科普栏目388期。出版《陕西科技报》166期，发行总量576.95万份。向市县及基层配送科普挂图3万余套共计18万余张。微信公众号、微博、“陕西科普”、今日头条、抖音及网站推送文章（视频）8096余篇，阅读量43895.89万余次。陕西科技报社新媒体工作室被科技部、中共中央宣传部、中国科协授予“全国科普工作先进集体”称号。

学术交流　省科协组织开展“学术金秋”学术交流活动426场次，报告专家1324人次（院士56人次），参与交流60万人次。聚焦产业发展和公众关切，举办陕西省公共卫生应急管理体系建设研讨会、5G与智能制造高端论坛、陕西省生物安全学术研讨会。

自身建设　开展省科协第九次代表大会代表和委员候选人推荐等筹备工作，共推荐代表443人，来自基层一线科技工作者代表占比77%、委员占比77%。

推进省科协机关及直属单位机构改革，成立陕西科技报社融媒体中心，以有关直属单位为依托，申请加挂陕西省科协信息中心、陕西科学中心两块牌子。

推动学会承接政府转移职能，指导学会申报团体标准17项，开展科技成果鉴定、决策咨询等活动50多项。指导学会推荐项目获陕西省科技进步奖一等、二等、三等奖共22个，推荐项目获奖率达60%。实施优秀科技社团支持项目，拓展学会业务，涌现出20多家标杆学会。

推进基层科协“3+1”试点工作。召开全省公民科学素质计划与“三长”工作推进会，全面提升基层科协组织力。全省各级科协共有“三长”兼（挂）职主席、副主席、常委3200余人，“三长”占比超过40%。

省级学会　截至2020年年底，全省共有省级学会141个，较2019年新增3个、注销1个；学会联合体3个；学会服务工作站15个。

省药学会、省护理学会等16家学会围绕合理用药、疫病防护等内容创作科普文章、科普音视频240多篇（个），撰写先进人物事迹报道70多篇，通过《陕西日报》、陕西广播电视台等媒体传播科学抗疫知识。

省机械工程学会、省化工学会等组织83名专家组建10支科技服务队，与铜川市高新技术产业开发区、榆林市神木市等13个试点县区结对子，深入44家企业，签订合作协议21份；聚焦当地主导产业37项科技需求，开展科技服务活动近百场。

省土建学会牵头成立陕西省绿色建筑产业技术创新战略联盟，累计发布绿色建筑产业科技成果200多项。

地市县科协　截至2020年年底，全省共有市级科协11个、县级科协107个。

地市县科协报送决策咨询报告40篇，获上级领导批示15篇；举办继续教育培训班260场次，参训31431人次；举办科学道德和学风建设宣讲活动56场次，受众人数 51786 人次；建立科技人才信息库 28 个，信息入库 9562 人；设立科技奖项 41 个，表彰奖励科技工作者 797 人次；建立科技服务组织 663 个，举办科技志愿服务活动 1414 场次，参与活动 36597 人次；举办国内学术会议 77 场次，参会 33028 人次，交流论文、报告 1113 篇；开展科普宣讲活动 2037 次，受众人数 379.5 万余人次。举办实用技术培训 2820 场次，受训 420177 人次；免费开放科技馆 29 个，参观人数 795819 人次；流动科技馆巡展站点 15 个，受众 204200 人次；科普大篷车下乡 1509 次，受众 433947 人次；建立科普中国·乡村 e 站 920 个；举办青少年科普活动 422 次，受众 776392 人次。

科协基层组织 截至 2020 年年底，全省共有企业科协 216 个；高校科协 36 个，较 2019 年增加 1 个；乡镇（街道）科协和村（社区）科协共 1060 个；农技协组织 2437 个。

组织企业开展“三新三小”（新技术、新工艺、新材料，小发明、小创新、小改造）创新竞赛活动，逾百家企业报送项目 252 个，共评出一等、二等、三等奖 129 个，产业化率达 30.18%。

开展企业科技创新活动月活动，举办新产品发布、培训表彰等共 46 项活动，参与科技工作者 3.68 万人次。省高校科协联合会举办科学讲坛和青年科技工作者学术沙龙等活动 100 余场。

全省各级科协提升基层科协组织力，吸纳“三长”进入科协组织，“三长”工作成效显著，其中安康市石泉县科协兼职副主席、农技站站长胡松被中国科协评为优秀基层“三长”，先进事迹在全国科协系统进行宣传报道。

【2020 年陕西省科技工作者创新创业大赛】 8 月 26—27 日，2020 年陕西省科技工作者创新创业大赛在西安市举办。大赛由省科协、省发展改革委、省教育厅、省科技厅、省工业和信息化厅、省人力资源和社会保障厅、省知识产权局、西咸新区沣东新城管理委员会主办，主题为“为服务创新驱动　引领高质量发展”。

经过预赛、复赛等环节，近 600 家高校、企业、科研院所、孵化器及科技组织共同完成和推荐的 500 余个高水平科技项目中有 201 个项目入围决赛。通过现场评审、项目展示及推介、项目路演等多个环节，评选出一等奖 20 项、二等奖 60 项、三等奖 112 项。大赛吸引 1800 万余人次关注，副省长程福波出席决赛并对大赛高度肯定。

西咸新区沣东新城管理委员会对获得一等、二等奖的项目给予现金奖励，对落户沣东新城的优秀项目给予支持。

【“智惠铜川”高端科技创新智库论坛】 9 月 29 日，由省科协，铜川市委、市政府，陕西中医药大学，西安工业大学，陕西科技大学主办的“智惠铜川”高端科技创新智库论坛在铜川市举办，主题为“新材料、新健康、新经济”。来自省有关学会、高校、科研院所的 50 余位专家学者参加会议。

论坛设主论坛及“新材料创新合作　产学研互融互促”“智汇药王故里　共襄健康产业”两个分论坛。

主论坛上，中国工程院院士蒋庄德和中国科学院院士黄维聚焦智能制造、先进传感技术和柔性电子国际前沿动态和发展趋势，分别作报告《智能制造与先进传感技术》《“柔性电子 +”智慧未来——打造西部碳谷》，为铜川市新材料产业发展带来新思路新方向。南京中医药大学教授段金廒提出对铜川中药产业高质量发展的若干建议，陕西中医药大学教授唐志书作报告《协同创新推动秦药产业发展》。

分论坛上，针对铜川市工业和信息化局推介的重点项目，7 位专家就铜川市新材料产业发展前景提出各自的思考和建议；针对铜川市中医药发展中心推介的重点项目，7 位中医药专家作报告交流并与铜川市相关企业进行互动和对接。

（撰稿人：田西平）

甘肃省科学技术协会

服务经济社会发展 省科协推动新建和联合省委组织部规范院士专家工作站 19 个，转化新建创新基地 45 个，柔性引进 62 名院士、专家及其团队助力创新发展。推进海智计划甘肃工作基地建设，新建工作站 6 个，实施特色示范项目 6 个，截至 2020 年年底，累计建成工作站 30 个、柔性引进海外科技团队 32 个。实施中国科协和省级创新驱动助力工程项目，助推全省 8 个市州优势产业转型升级和企业创新发展。

省科协主办或联合承办第十届兰州生命科学论坛、2020 年黄河流域生态保护与高质量发展生态环境（甘肃）高峰论坛、绿色氢能和液态阳光甲醇高端论坛等学术活动 30 余场次，形成《融合创新　推动甘肃产业高质量发展》《关于黄河中上游（甘肃段）生态屏障建设工程规划建议》《关于支持西部科技创新的几点建议》等10篇高质量决策咨询建议，助力甘肃省经济高质量发展。

在全省实施科技助力脱贫攻坚工程，组织科技专家、贫困户结对开展常态帮扶，动员全省各级农技协开展实用技术、种植养殖技术、职业技能培训631次，培训20.4万余人次；开展科技助力精准扶贫活动390次，受益人数达40.8万人次；实施学会助力精准扶贫项目，助推5个贫困县的特色优势产业提质增效。通过发展培育致富产业、科普宣传培训等项目，支持帮扶村改善人居环境、培育致富产业、建立新时代文明实践站，全方位推进3个帮扶村如期脱贫摘帽。

持续推进农技协转型升级项目，组织881个基层农技协及县级以上农技协联合会入驻智慧农技协网上平台，助推脱贫攻坚和乡村振兴战略实施。

服务科技工作者 围绕“科技为民 奋斗有我”全国科技工作者日主题，在5月30日前后组织开展走访慰问科技工作者代表、宣传优秀科技人才先进事迹、表彰陇原最美科技工作者、举办陇原最美科技工作者走基层主题宣讲等系列活动。

表彰举荐科技人才。推荐1名优秀科技工作者参评第二十三届中国科协求是杰出青年成果转化奖，推荐10名优秀科技工作者参评第二届全国创新争先奖，甘肃省共7人获此奖项；推荐9名甘肃省优秀科技工作者为2020年全国“最美科技工作者”候选人；推荐4名优秀科技工作者为2020年“感动甘肃·陇人骄子”候选人，1人入选；推荐3人申报2021年甘肃省省级重点人才项目和陇原青年创新创业人才（团队）项目。实施甘肃省科协“青年科技人才托举工程”，对25名青年科技人才进行立项资助。

建成甘肃省科技工作者状况调查站点11个，完成4次专题调查任务，收到关于科技人才政策实施、学风建设、科研伦理意识、职称改革等方面调查问卷1685份。

组织全省各级科协在省科协官网、甘肃大众科普网、科技工作者之家等省科协所属网络媒体以及《甘肃科技报》《大众科普》等报刊，全年采访报道甘肃省科技工作者38人、团队6个，累计报道新闻稿件580篇。

《科学素质纲要》实施和科普工作 2020年，甘肃省公民具备科学素质的比例达7.14%，超过“十三五”规划确定的6.25%。

举办以“决胜全面小康，践行科技为民”为主题的全国科普日甘肃主场活动、全国科普大篷车项目20周年主题年甘肃省活动等。实施中国流动科技馆“跨界流动·助力基层”试点项目，并以基层科技场馆、流动科技馆等为载体，面向农村、社区、学校和企业开展各类科普宣传活动1.2万余场次，覆盖人数达150万人次，推动全民科学素质水平提升。

支持甘肃科技馆和8个市县科技馆免费开放，推动建成2个县级科技馆，新建青少年科学工作室2个、农村中学科技馆75个、科普小院10个。认定2020—2024年甘肃省科普教育基地52家。2020年，全省拥有科技志愿者服务组织120家、科技志愿者2188名，共组织开展各类科技志愿者服务活动166场次。

甘肃科技馆借助“线上+线下”“场馆+网络”相结合的科普方式，发挥展馆信息化平台作用，线上举办第35届甘肃省青少年科技创新大赛、甘肃省第一届青少年创意编程与智能设计大赛等活动，组织开展5项学科竞赛、2020年全国高校科学营甘肃营等活动，策划开展科技馆联合行动、线上微课堂、科普大讲堂等20余项线上线下科普活动，累计参与人数近60万人次。推进甘肃科技馆后续项目及配套设施建设，并开展“律动世界——化学元素周期表专题展”、2020年全国科普讲解大赛预选赛暨甘肃省第五届科普讲解大赛、科普大讲堂等10余项科普展教活动。全省免费开放科技馆年均接待量超135万人次，甘肃科技馆全年接待观众21万余人次，开展展教活动4500次，受益人数达97万人次。

中国流动科技馆区域常态化巡展试点项目自11月启动以来，已完成首站巡展活动，全年巡展64站。全年举办科普大篷车社会化运行“一车一品”巡展活动400余场次，截至2020年年底，全省科普大篷车配发总量达94辆，累计总行驶里程67.9万千米，开展活动5369场次，服务基层公众424万人次。

省少数民族科普工作队在疫情期间配发各类科普宣传挂图60套、新冠肺炎全面解读手册10000册、宣传彩页2000份、科普图书5000册、折页8000份。

推动建成科普e站392个，在全省实施科普信息化项目13个、打造“智慧科普”样板间3个，联合专业机构打造“科学E书坊”项目。

学术交流 举办以“中医药在重大传染病防控中的作用”为主题的第十届兰州生命科学论坛，旨在促进相关中医药科研项目及科研成果在甘肃省落地转化，助力做大做强甘肃省中医药产业，加快地域中医药文化建设，促进中医药事业全方位发展。

举办由中国科协海智计划资助的第一届寒区旱区水环境国际论坛。论坛以“寒区旱区水环境保护与高质量发展”为主题，邀请中国工程院院士王浩，国际环境健康专家、美国约翰霍普金斯大学教授 Michael，中国科学院西北生态环境资源研究院国家杰出青年赵文智等来自中国、美国等6个国家的40余位专家学者作学术报告。论坛分为主会场论坛和“水资源调控及高效利用”“流域水循环与水文生态”“寒旱区环境健康风险与综合治理”“流域环境管理与高质量发展”4个分会场论坛。与会专家学者围绕寒区旱区水资源、水环境、水生态、水安全、水经济的综合管理及治理新理念、新技术、新方法展开对话与讨论，为寒区旱区水环境保护和高质量发展提供交流平台和智力支撑。

组织交通领域专家学者参加第28届海峡两岸都市交通学术研讨会。支持学会、协会、研究会及各市州科协举办绿色氢能和液态阳光甲醇高端论坛、第五届中国兰州科技成果博览会都市农业可持续发展论坛、“链通世界、智创未来”学术论坛、甘肃省第四届肿瘤治疗黄河论坛、2020年黄河流域生态保护与高质量发展生态环境（甘肃）高峰论坛、大数据助推庆阳能源化工产业发展高峰论坛等学术交流活动。

自身建设 6月19日，召开甘肃省科协第八届委员会第二次会议。推进科协系统深化改革。省科协领导班子成员带领各部门负责人深入22个县区开展调研，形成调研成果6个，召开座谈会20次，实地调研52次，听取意见建议40条。按照深化改革方案确定的任务，逐步推动科协系统机构调整和职能完善，市县科协通过机构改革新增部门27个、编制23个。

省级学会 新成立甘肃中科生命科学研究院、甘肃省无损检测学会、甘肃泓源智能终端光电产业研究院、甘肃清环废旧蓄电池循环利用技术研究院、甘肃省大地之友生态环境治理研究院等6个学会（民办非企业单位）。截至2020年年底，省科协所属省级学会有107个。指导33个省级学会成立3个学会联合体，促成10个省级学会承接政府转移职能14项，推动47个业务主管学会建立独立党支部14个、联合党支部5个。

支持省腐蚀与防护学会、省环境科学学会、省项目管理学会3个省级学会实施承接政府转移职能与公共服务示范项目。指导省科技教育文化促进会、省抗癌协会、省青少年科技教育协会等42家学会开展年检服务。指导省水利学会、省植物学会、省超声医学工程学会等4家学会完成换届工作。

省抗癌协会举办第四届肿瘤治疗黄河论坛、省高级科技专家协会举办干旱内陆区雨洪资源综合利用暨沙漠都江堰模式研讨会，武威市科协举办第一届学术年会、酒泉市科协举办戈壁林果产业交流会。

省心理咨询师学会组建心理援助专业志愿者团队，通过援助热线、网络平台面向抗疫人员和社会公众开展心理疏导近4万人次，被共青团中央评为全国抗击新冠肺炎疫情青年志愿服务先进集体，并获第三届甘肃省青年志愿服务项目大赛金奖。

地市县科协 截至2020年年底，全省14个市州科协党组已全部独立建制，86个县成立科协。

兰州市科协开放100个科普基地，并策划出版《兰州市科普基地读本》，开展特色科普活动；与兰州市教育局联合举办《金城科普云讲堂》系列活动，邀请科普专家担任主讲嘉宾开展网络直播活动，187万余人次在线观看。

白银市科协有效整合全市农技协资源，成立白银市农技协联合会；组织实施8个基层科普行动计划项目及6个科普信息化、科普小院等项目。全市共培育发展农技协69个，命名科普示范基地30个，命名科普教育基地16个，打造科普小院2个。

武威市科协推动十大文明实践行动，开展各类科技培训100余场次，受益群众1万余人次；面向建档立卡贫困家庭，开展定点定向“订单式”培训1000余户；引进农业新品种、推广农业新技术30余项。

科协基层组织 新建高校和企业科协25个，截至2020年年底，全省共有企业科协42个、高校科协15个、各级农技协组织1955个、园区科协4个。

支持市县科协因地制宜开展“3+1”试点，吸纳“三长”进入基层科协兼挂职。

2020年全省农技协组织开展科技培训6413场次，培训30.1万人次；开展科技助力精准扶贫活动390次，受益人数4.86万人次。

【甘肃省科学技术协会第八届委员会第二次会议】 6月19日，甘肃省科学技术协会第八届委员会第二次会议在兰州市召开。

省委常委、省委秘书长王嘉毅出席并讲话。副省长、省科协主席张世珍主持会议。中国科学院院士、省科协副主席赖远明，中国工程院院士、省科协副主席王锐，省委副秘书长王春江，省政府副秘书长贾宁出席会议。第八届委员会委员及有关学会、协会、企业科协负责同志，省科协机关及所属事业单位负责同志等100余人参加会议。

省科协党组书记、第一副主席陈炳东代表第八届常委会作工作报告，会议审议通过第八届常委会工作报告。庆阳市科协、兰州市科协、白银市科协、省农技协联合会、省腐蚀与防护学会负责同志分别围绕助推创新驱动发展、助力新冠肺炎疫情防控、推进院士专家工作站建设、助力脱贫攻坚、承接政府转移职能等方面作交流发言。

【第35届甘肃省青少年科技创新大赛】 4月18日，由省科协、省教育厅、省科技厅、省发展改革委、省生态环境厅、省体育局、团省委、省妇联共同举办的第35届甘肃省青少年科技创新大赛终评评审会在兰州市召开。

大赛以“创新·体验·成长”为主题，包括青少年科技创新成果、科技辅导员科技教育创新成果、科技辅导员优秀科技教育方案、青少年科技实践活动、青少年科学DV作品、少年儿童科学幻想绘画6个项目。

受新冠肺炎疫情影响，本届大赛取消开幕式、闭幕式及终评展示环节，专家初评、成果展示及答辩等环节从线下转为线上。4月13—17日，由23位专家组成的终评专家委员会按学科分类对204项入围终评作品进行资料审核和专业评审，最终推荐14项青少年科技创新成果、5项科技辅导员科技教育创新成果和优秀科技教育方案、10项青少年科技实践活动、30幅少年儿童科学幻想绘画参加第35届全国青少年科技创新大赛。

据统计，大赛共收到来自全省14个市（州）、86个县（区）的参赛师生提交作品807件，其中青少年科技创新成果作品291项、青少年科技实践活动项目68项、青少年科学DV作品64项、少年儿童科学幻想绘画240幅、科技辅导员科技教育创新成果作品70项、科技辅导员优秀科技教育方案74项。经过选拔，136项青少年科技创新成果作品、32项科技辅导员科技教育创新成果作品、36项科技辅导员优秀科技教育方案入围终评。此外，还评选出市级优秀组织奖13项、市级以下优秀组织奖39项。网络参与人数达30万余人次。

【甘肃省2020年全国科技工作者日系列活动启动仪式】 5月30日，由省科协、省科技厅举办的以“科技为民　奋斗有我”为主题的甘肃省2020年全国科技工作者日系列活动启动仪式在兰州市举办。省科协党组书记、第一副主席陈炳东主持活动启动仪式。

省委副书记孙伟，副省长、省科协主席张世珍，中国科学院院士、兰州大学校长严纯华，中国科学院院士、中国科学院西北生态环境资源研究院院长赖远明，中国工程院院士、兰州大学副校长王锐等出席活动启动仪式。省科协驻会领导班子成员，省科技厅相关领导，首届“陇原最美科技工作者”和来自全省各行各业的科技工作者代表、省级学会代表等相关科技工作者参加活动。

启动仪式上，工作人员宣读省委书记林铎和省长唐仁健致全省科技工作者的慰问信；张世珍宣读《关于授予王锐等10名同志2019年“陇原最美科技工作者”称号的决定》；孙伟为首届“陇原最美科技工作者”获得者代表王锐、王爱勤、贾生活、范多旺、冯蕾颁奖；孙伟、张世珍、严纯华、赖远明分别为兰州大学老教授志愿者服务队、甘肃省土壤肥料学会科技志愿者服务队、甘肃农业大学科技志愿者服务队、省农技协联合会科技志愿者服务队授旗。

【全国科普大篷车项目20周年主题年甘肃省活动】 7月13日，由省科协主办，省少数民族科普工作队、甘南藏族自治州科协、省社区科普研究会承办的全国科普大篷车项目20周年主题年甘肃省活动在甘南藏族自治州玛曲县启动。

活动历时10天，在甘南藏族自治州玛曲县、迭部县、舟曲县部分学校巡展。省科协从全省调用科普大篷车、工作车18辆，巡展活动内容有声光电互动展品、机器人表演、航模车模和无人机表演、科普讲座、科普展览、科学表演秀、VR大篷车互动体验、人工智能大篷车展示、科技小制作、新冠肺炎应急科普宣传及防疫物品、科普书籍发放以及“新中国科学防控重大疾病红色记忆展”等科普展项10余项，涉及展品百余件。新开发的人工智能大篷车首次亮相。

【第十届兰州生命科学论坛】 10月10日，由省科协和甘肃中医药大学主办、省科协生命科学学会联合体承办的第十届兰州生命科学论坛在兰州市举办。来自国内中医药、预防医学领域相关专家学者，中医药研发、制药、临床、教学一线的科技工作者400余人参加论坛。

论坛以“中医药在重大传染病防控中的作用”为主题，旨在汇聚智慧和力量，助力甘肃中医药产业高质量发展。

中国工程院院士、中国疾病预防控制中心传染病预防控制国家重点实验室主任徐建国出席论坛；中国工程院院士、省科协副主席（兼）、兰州大学副校长王锐宣读本届论坛的征文评选结果；省科协党组书记、第一副主席陈炳东讲话；省科协党组成员、副主席张炯主持论坛开幕式；省卫生健康委副主任张浩，甘肃中医药大学校长李金田，钟南山院士团队成员、广州医科大学国际教育学院院长吕嘉春，陕西中医药大学研究生院院长王斌等参加论坛开幕式。

论坛共设开幕式和院士论坛两部分。院士论坛主题为“中医药”“预防与免疫”，国内中医药及预防医学领域院士专家徐建国、黄璐琦、吕嘉春、李应东、张志明共同探讨和交流中医药在重大疫情防控中的效用和经验以及重大传染性疾病的预防与控制新理念、新技术、新成果和新业绩。

（撰稿人：李晓伟　聂中民）

青海省科学技术协会

服务经济社会发展　统筹全省科协系统疫情防控工作，动员省级学会参与疫情防控，开展医疗培训、防疫宣传等工作。组织8个市州及各县区科协开展应急科普宣传工作，发布新冠肺炎疫情应急科普知识、辟谣信息和视频等27.6万条（次），采编“疫情联防联控，科协在行动”应急科普信息170余条，印发宣传资料50万余份（册），总阅读量超过453万次。慰问239名青海省赴湖北省救援医务工作者和省内15名优秀医务工作者。

推进院士专家工作站建设。按照要求对全省院士专家工作站进一步规范管理，中国科协批准保留8家院士工作站、撤销25家院士工作站和1家院士服务中心。起草《关于推进青海省院士专家工作站建设发展的意见》，并报请省委全面深化改革委员会会议研究。组织开展面向企业一线创新工程师培训，举办中国创新方法大赛青海分赛区大赛，推荐优秀项目参加全国决赛，助推企业科技创新。

推进科技创新智库建设发展。广泛吸纳千人计划、青海学者、学科带头人、产业技术专家等各方面优秀人才充实科技创新专家智库，共吸纳专家学者114人。组织专家学者围绕省“一优两高”战略、培育“四种经济形态”、“五个示范省”建设、黄河流域生态环境保护等课题开展科研攻关，编发《科技工作者建言》7期、《意见建议》1期，上报省委、省政府及中国科协和相关厅局，为党委和政府科学决策提供智力支撑。

服务科技工作者　通过举办学习贯彻习近平新时代中国特色社会主义思想培训班、“科学道德与学术规范”专题讲座、交流座谈会等，加强对科技工作者的教育引导，团结引领科技工作者建功立业。组织开展“5·30”全国科技工作者日系列活动，邀请省委、省人大、省政府、省政协“四大班子”领导慰问看望一线科技工作者代表。

加大优秀科技工作者的宣传力度，推选出“青海最美科技工作者”10人，拍摄优秀一线科技工作者代表专题宣传片并集中展播。在省级媒体推出专题报道等，鼓励引导科技工作者在新时代建功立业。

推荐省内10名优秀科技工作者参加第二届全国创新争先奖评选，其中5人获奖。经多方沟通协调，设立省部级奖项——青海省科学成果奖，包含自然科学、工程技术类奖项45项，12月4日完成首届青海省科学成果奖评选工作。实施“青年科技人才托举工程”，完成10名优秀中青年科技人才托举工作中期评估。贯彻落实与科技工作者直接联系制度，建立分领域、分层次的全省骨干科技工作者档案信息库。

推进科技工作者状况调查站点建设。指导站点开展专题调查3次，上报科技工作者状况信息12篇。省科协被评为2019年度全国科技工作者状况调查站点“优秀区域责任部门”，中国科学院青海盐湖研究所、海东市科协调查站点被评为“优秀调查站点”，所有站点工作人员均获得中国科协“优秀调查员”称号。

《科学素质纲要》实施和科普工作　省科协认真履行省全民科学素质纲要实施工作办公室工作职责，召开省级层面《科学素质纲要》工作会议6次，会同省政府督查室对8个市州、27家省级成员单位进行专项督查。以目标考核为抓手推动科学素质工作提质增效。依据工作目标，设置3级考核指标、31项考核内容。“十三五”末，青海省公民具备科学素质的比例达 5.95%，超出目标值（4.5%）1.45 个百分点，较“十二五”末增幅达 83.6%。

围绕推进“一优两高”战略，把保护生态环境主题与科普工作相结合，以生态环境科普“五进”（进农村、进社区、进学校、进企业、进寺院）活动为载体，打造“生态科普”品牌活动。据不完全统计，2020 年，省科协开展大型生态科普活动 20 场次、科技下乡服务活动 50 余次，举办实用技术讲座和培训 200 余场次，受益群众 5 万余人次；建设龙羊峡文明蔬菜水果种植等 3 个重点科普示范基地，逐步打造沿黄科普示范带；省科技馆全年接待参观公众 25.6 万人次，其中少年儿童 15.2 万人次。截至 2020 年年底，中国科协配发给青海省各级科协组织科普大篷车总计 49 辆，其中 5 辆省级科普大篷车和 6 辆社会化试点运行项目科普大篷车全年共开展下乡活动 186 次，行驶里程 3.25 万千米，受益人数 8.82 万人次。在全省 12 个区县组织开展中国流动科技馆青海巡展活动，累计接待公众 3.5 万余人次，行程 3360 千米。

加快科普信息化建设，突出生态科普主题，在《青海藏文科技报》等“两报四微一端”融媒体宣传平台中推出《生态科普专刊 · 黄河源》；围绕绿色发展、生态环保，投入资金对省科技馆场馆升级改造；在全球首个藏文搜索引擎“云藏”平台开设“科普中国”藏文版块，已上传带藏语字幕的“科普中国”微视频 1200 余部，点击量超 210 万人（次）；推广藏汉双语电影科教片 20 部、动漫科普作品 32 部，出版科普类图书 87 种，年均译制科普视频 1200 余部；全省各级科协科普工作者深入 200 多所藏传佛教寺院开展科普活动 500 余次。

学术交流　围绕贯彻推进省委、省政府“一优两高”战略，聚焦生态文明建设、绿色有机农牧业发展，举办首届 2020 年青海科技创新论坛，梳理凝练的专家学者建言成果得到省委、省政府主要领导批示。指导省级学会举办学术活动，为学科发展和人才培养服务。据不完全统计，全省学会共举办各类线上线下学术会议 500 余场。组织实施省级学会创新服务能力提升项目，持续推进综合示范学会创建项目，全年重点支持 11 个作用发挥好、管理科学、学术活动活跃的省级学会。指导省级学会围绕全省经济社会发展提供各类科技服务，参与承接政府转移职能和政府购买服务工作。

自身建设　围绕促进工作科学化、规范化的目标，抓好省科协制度建设。先后制定《省科协党组从严治党责任清单》《省科协党组关于重大事项请示报告工作的规定》《青海省科普教育基地认定管理办法》《青海省科协科普中国 e 站运行管理办法（试行）》《青海省科协财务管理制度汇编》《青海省科协项目管理办法》《青海省院士专家工作站管理办法》《青海省院士专家工作站考核办法》《省科协项目资金管理办法》等制度规定，营造以制度管人、以制度办事的工作环境。

持续推动省科协系统改革创新，贯彻落实省委省级群团组织协同化建设工作要求，结合自治区科协实际制定《青海省科协推进群团协同化建设的若干措施》等，依托群团组织力量，推动科普信息员、科技志愿者团队、科技辅导员三支队伍发展。截至 2020 年年底，全省注册科技志愿者 1.56 万人、科普信息员 4.09 万人，全年开展有规模的科技志愿服务 12 次。推动科协组织向基层延伸，重点面向基层开展“3+1”试点工作，海南藏族自治州科协开展“3+1”工作取得阶段性成效，实现所属 5 个县“三长”进入科协组织。

全年举办省科协系统干部教育培训班 10 次（期），共培训 683 人次；面向省级学会举办培训班 1 次（期），共培训 80 人次；面向科普工作人员举办培训班 2 次（期），共培训 155 人次；面向企业举办培训班 2 次（期），共培训 130 人次；面向农村举办技术培训班 3 次（期），共培训 160 人次。

省级学会　截至 2020 年年底，省科协所属省级学会 60 个，从业人员 96 人，团体会员 1732 个，个人会员 6.6 万人。

省级学会聚力新冠肺炎疫情防控。省医学会协助省卫生健康委制定《青海省新冠疫情防治和治疗方案》，其中高海拔地区新冠肺炎重型患者氧合指数诊断标准进行校正的意见已纳入国家《新型冠状病毒肺炎诊疗方案（试行第六版）》。推进高原地区新冠肺炎诊治及医护防护体系建设，在全省医院建立医护防护体系培训制度、流程及操作规程。举办新冠肺炎疫情防控技术培训班、慰问抗疫一线医务工作者、落实职称评定优惠政策等。省医学会获得“青海省新冠肺炎疫情防控工作优秀社会组织”“青海省社会组织省级党建工作示范点”等称号。省藏医药学会发挥特色优势，生产藏医药传统防瘟制剂，免费发放给当地农牧民群众、医疗机构一线医护人员、防疫检查站、环卫工人、站岗执勤公安武警等。加强应急科普，及时翻译编制藏文版《新冠病毒肺炎预防常识电子手册》、科普动画，录制藏语安多方言、康巴方言防疫公益宣传视频等。

省农学会召开第九次会员代表大会，完成换届选举，审议通过修订后的《青海省农学会章程》和新制定的《青海省农学会会费标准及管理办法》。助力科技扶贫和产业扶贫，在海南藏族自治州、海北藏族自治州建立油菜、青稞、蚕豆、马铃薯等特色产业基地100万亩，带动贫困户稳定增产增收2亿元以上。省农学会还先后完成省农业农村厅委托的“寻找最美农技员”评价项目和《2020年度青海省十大产业科技转化研发平台实施方案》审查工作。省藏医药学会主办藏医药浴活态传承与创新发展论坛，搭建藏医药浴领域科技工作者相互学习、共同促进的平台。

省体育科学学会承接省体育局国民体质监测站点建设工作，完成53个监测中心（站）建设工作，组织开展2020年全国田径锦标赛暨基础体能大比武测试等；省质量管理协会承接有关厅局2020年食品及农畜产品“双安双创”安全满意度社会测评、2020年度青海省企业质量标杆评审和第四届青海省质量奖评审等工作。

地市县科协 截至2020年，全省共有8个市州级科协，其中5个独立建制、3个合署办公；27个县（市、区）科协，其中7个独立建制、20个合署办公。针对市州县科协机构不健全问题，省科协多次与省机构编制委员会办公室、市州主要领导沟通协调，解决海东市、海西蒙古族藏族自治州两地科协机构恢复独立建制，落实领导职数和人员编制。截至2020年年底，全省2市6州中，西宁市、海东市、海西蒙古族藏族自治州、海南藏族自治州、玉树藏族自治州科协为独立建制，海北藏族自治州、果洛藏族自治州科协为合署办公，黄南藏族自治州科协机构设置尚不明确，尚有18个县（市、区）没有科协组织。

西宁市科协以推动《全民科学素质行动计划纲要》实施和学会能力建设为主线，坚持群众性导向，深入开展主题科普活动。加强科普信息化工作，高标准推动全民科学素质提升，“十三五”末西宁市公民具备科学素质比例达9.3%，位居全省第一，高出全省平均值3.35个百分点。搭建平台，提升学会能力，组织开展2018—2019年度西宁市自然科学优秀学术成果奖申报评审工作，评审出一等奖4项、二等奖5项、三等奖9项，涵盖生态环保、农业生产、弘扬传统中医文化等领域。实施科技创新调研课题15个，提升学会服务科技创新能力计划项目9项。先后获得2020年“全国科普工作先进集体”“全国科普日活动优秀组织单位”“青海省青少年科技创新大赛优秀赛事组织单位”等称号。海东市、海西蒙古族藏族自治州、玉树藏族自治州科协全面推进《全民科学素质行动计划纲要》实施工作，补短板、聚资源、创举措、抓落实，多措并举推动公民科学素质提升。海南藏族自治州科协加快科普信息化建设，构建线上线下相结合的科普信息化服务新阵地，深化与主流媒体的合作，在州电视台开设《科普中国——百科面对面》藏语电视专题栏目，已翻译藏语“科普中国”微视频400余部。

科协基层组织 截至2020年年底，全省共有高校科协3个、园区科协3个、企业科协34个。2020年新成立青海互助青稞酒股份有限公司科协等4个企业科协和海东高原现代农业科技园区科协，发展个人会员187人。全省现有农技协453个，个人会员9.1万人，全部在民政部门登记注册。

【2020年青海科技创新论坛】 7月15日，2020年青海科技创新论坛在西宁市召开。中国工程院院士、中国海洋大学教授麦康森，中国工程院院士、中国农业科学院副院长王汉中，中国科学院院士、青海大学校长王光谦，青海省委常委、省总工会主席马吉孝，省人大常委会副主任高华，省政府副省长张黎，省政协副主席杜德志以及有关厅局的领导和省内外专家学者、企业家代表近260人出席开幕仪式。张黎主持开幕仪式，马吉孝致辞，省科协主席王彤宣读中国科协贺信。

论坛聚焦生态文明建设，绿色有机农牧业发展，由主旨论坛、平行分论坛、现场专题访谈、企业互动交流专场活动四大板块组成。院士专家围绕“生态青海 特色农牧”主题分别作报告和交流发言，为青海农牧业发展出谋划策，提出意见建议。组织院士专家进企业调研，通过实地参观交流，分析企业生产销售中的难点，为企业生产、营销提出建议。专家学者的建言成果得到省委、省政府主要领导批示。

【2020年中国创新方法大赛青海分赛区大赛】 10月27—28日，由省科协、省科技厅、省工业和信息化厅、省政府国有资产监督管理委员会主办的2020年中国创新方法大赛青海分赛区大赛在海东市举办。相关单位负责人出席颁奖大会，观摩优胜单位参展项目演示，并为获奖单位颁发奖牌和奖状。经过比赛，共

评选出一等奖项目4个、二等奖项目8个、三等奖项目15个。排名前十的项目代表青海省参加2020年中国创新方法大赛全国总决赛，青海省科协获优秀组织奖。

【2020年青海省全民科学素质工作会议】 6月4日，2020年青海省全民科学素质工作会议在西宁市召开。省委常委、省总工会主席马吉孝出席会议并讲话，副省长张黎主持会议。中国科协科普部副部长钱岩，省政府副秘书长、督查室主任谢宏敏以及省全民科学素质行动计划纲要办公室成员单位负责人40余人参加会议。会议书面传达《全民科学素质行动计划纲要推动落实工作会议纪要》精神；通报对省级成员单位督查情况；安排2020年青海省全民科学素质行动工作。马吉孝、张黎分别就进一步抓好《全民科学素质行动计划纲要》落实工作提出要求。

【2020年西北片区基层科普区域性交流观摩活动】 10月25—27日，2020年西北片区基层科普区域性交流观摩活动在青海省开展。中国科协副主席、书记处书记孟庆海出席活动，省委常委、省总工会主席马吉孝陪同调研。中国科协、西北五省区及新疆生产建设兵团科协科学普及部负责人参加交流活动。观摩团先后调研西宁市城中区二机社区、青海千紫缘农业科技博览园、青海省科技馆、海南州藏文信息技术研究中心、共和县恰卜恰镇城北社区、共和县龙羊峡镇文明蔬菜水果种植家庭农场和青海藏文化博物院，了解青海省基层科普工作，为西北片区基层科普工作研究探讨、经验总结搭建学习交流平台。

（撰稿人：潘永胜）

宁夏回族自治区科学技术协会

服务经济社会发展 5月，自治区人民政府与中国科协签订全面战略合作协议。制定《关于落实宁夏回族自治区人民政府中国科协全面战略合作协议任务分工的通知》，报请自治区政府办公厅印发，推动协议落实落地。推动银川市成为“科创中国”全国首批试点城市。争取中央财政科技馆免费开放、流动科技馆区域化展览等方面项目资金；在银川市和石嘴山市分别成立中国（银川）新材料产业协同创新联盟、中国氰胺产业技术创新战略联盟等协同创新组织。引入中国科协清洁能源学会联合体、中国金属学会、中国材料研究学会、中国机械工程学会、中国有色金属学会、中国化工学会等全国学会在自治区举办高端学术交流活动，建立长期合作工作机制。

推进科技经济融合发展。在自治区范围开展“科创中国”平台推广应用，已初步建立问题库和需求库。推动银川市开展“科创中国”试点城市建设工作。中国科协专家服务团两次到银川市开展调研服务，9名院士和22名专家针对银川市重点特色产业发展中的31项需求开展技术指导、成果应用科技服务活动。自治区科协组建“科创中国”宁夏科技服务团队7支，吸纳115名专家学者加入，常态化开展科技服务活动。

贯彻落实《关于科协系统实施创新驱动助力工程的实施意见》，对建设科技创新服务站等13个项目和43个学术交流项目予以立项，支持自治区学会、市县科协开展科技创新、人才培养、成果转化和推广应用工作。举办知识产权战略巡讲培训活动和一线创新工程师培训班5期，帮助企业解决生产技术难题。以“决胜小康　奋斗有我”为主题，组织实施15个科技专家助力脱贫攻坚和乡村振兴项目，在固原市开展科技专家助力脱贫攻坚和乡村振兴集中示范活动。利用“宁夏三农呼叫中心平台”，联合自治区党委组织部深化“抓党建促脱贫富民大宣讲”活动，共开展远程视频授课82场次，现场技术培训31场次，培训农民11万人次。做好中卫市海原县盐池村定点扶贫工作。固原市科协围绕助力脱贫攻坚和乡村振兴，建设“互联网+农业科普”创新服务平台。争取中国老科学技术工作者协会支持，组织20名国内医学专家深入中卫市海原县开展“助力乡村振兴健康行”活动，为5000余名群众提供义诊、科普等服务。

组织动员自治区医学会、护理学会、营养学会等学会开展心理咨询、流行病学调查、助力复工复产等工作，提出建议50余条，建言献策8篇，宣传报道300余名“最美逆行者”和战“疫”模范的典型事迹，捐款捐物300多万元。

修改完善《自治区科协决策咨询类调研课题管理办法》，围绕自治区重点工作共征集调研课题76个，对品牌农业建设、科技工作者状况调查等12个课题进行立项支持，为党委政府决策提供参考。编辑出版《宁夏科协》6期、《科技决策咨询》5期。组织政协、科协界别委员开展活动4次，上报社情民意22条，被采用8条。

服务科技工作者 做好全国创新争先奖、中国青年科技奖、自治区拔尖人才等重要奖项人选举荐工作。中卫市沙坡头区柔远镇农技站站长梁玉斌获得第二届全国创新争先奖状，实现自治区获此奖项零的突破；在全国优秀基层科协“三长”评选中，自治区梁玉斌、杨正军两名“三长”获奖。组织实施第五批宁夏“青年科技人才托举工程”，培养名额由100名增加到150名。组织开展“智慧科协”试点工作，充分利用自治区已经入驻的12个“智慧科协”子系统，强化互动服务功能。

举办庆祝“全国科技工作者日”暨科技工作者座谈会，对第二届宁夏创新争先奖和宁夏离退休专业技术人才突出贡献奖获得者进行表彰奖励。组织自治区科协系统开展以“科技为民　奋斗有我”为主题的全国科技工作者日系列活动280余场次。强化科技工作者政治引领，成立宁夏科协党校（宁夏科协科技人才学院）。

《科学素质纲要》实施和科普工作　组织开展宁夏“十三五”全民科学素质总结评估工作，启动宁夏“十四五”《科学素质纲要》实施方案编制工作。调查结果显示，2020年宁夏公民具备科学素质的比例为7.72%，比2015年的4.01%提高3.71个百分点，提升幅度为92.5%。银川市、石嘴山市、吴忠市、固原市、中卫市公民具备科学素质的比例分别为10.8%、6.3%、5.9%、5.2%、5.5%，提升幅度分别为52.1%、18.9%、156.5%、173.7%、175%，其中银川市公民具备科学素质的比例超过全国平均水平。

组织各成员单位和各市县（区）科协开展科普日、“典赞·科普宁夏”、全民科学素质网络知识竞赛、青少年科技创新大赛、青少年科学节等品牌科普活动200余场。新建青少年科学工作室5个。打造“科普+旅游”示范基地3个。在新时代文明实践所（站）建设科普活动室29个、科普书架29个。利用中央财政免费开放资金，支持新建吴忠市科技馆和吴忠市同心县科技馆并正式开馆运营；支持自治区6个免费开放科技馆进行展区改造和展品更新，提升科技馆展览服务能力。协调中国科协4套流动科技馆区域常态化巡展资源落地，完成本级3套资源配备，确定石嘴山市平罗县、中卫市中宁县等7个试点县区开展巡展活动。将88所农村中学科技馆纳入中国科技馆基金会网络积分平台管理，落实“宁夏农村中学科技馆可持续项目”资金。自治区25辆科普大篷车开展活动1904天、1812场次，累计行程16.4万千米，受益群众184万人次，分别比2019年增长70%、63%、46%和100%。

提升科普信息化水平。持续打造科普中国·宁夏全媒体科普传播云平台，“睛彩宁夏”点击量达64万人次。将“科普中国”优质视频资源引入宁夏干部教育培训网络学院“科学素养”选修课程，点播量达20万余人次。在《新消息报》设置“科普宁夏”专栏，共刊登科普知识40余期。加强“科普中国”落地应用，“科普中国”App注册人数达到9.4万人，占自治区人口比例的1.25%，分享文章2758万篇，在全国传播活跃榜上排名第4。坚持疫情不解除、科普不掉线，传播“科普中国”文章110万余篇。开展宁夏科协预防新型冠状病毒科普知识网络竞赛，答题人数超过389万人次。利用“宁夏三农呼叫中心平台”举办“一起战‘疫’”在线科普活动21期，通过今日头条、抖音、快手、西瓜视频同步直播。发挥科普大篷车“塞上科普轻骑兵”优势，走村串巷，宣传中央和自治区关于疫情防控工作部署以及防疫科普知识。

10月23日，自治区科协与科技厅联合主办宁夏第四届创新方法大赛企业专项赛擂台赛，来自新型材料、清洁能源、装备制造、电力热力、石油化工等自治区重点产业领域的8支企业队伍同场竞技。排名前5的队伍代表自治区参加在天津市举办的全国总决赛。活动共收到40个企业的57个参赛项目。

学术交流　围绕建设黄河流域生态保护和高质量发展先行区以及清洁能源、葡萄酒、新材料、大数据等产业发展，组织开展“塞上学术月”、资深专家论坛、青年科学家论坛等综合性品牌学术交流活动，先后举办2020年清洁能源国际论坛、黄河流域生态保护和高质量发展科技高峰论坛、宁夏贺兰山东麓葡萄酒产业高质量发展高峰论坛、黄河流域现代化生态灌区高质量发展高端论坛、大数据与宁夏智慧城市建设研讨会等高端学术交流活动以及线上线下学术交流活动300余场次，吸引专家学者为自治区产业发展研讨交流、建言献策。

自身建设　加强学会治理，接收符合条件的56家自治区学会、5家高校科协为自治区科协团体会员；按照“五分离、五规范”要求，对11家学会开展脱钩改革，解除业务主管关系。切实履行科协社会组织党委职责，实现学会党的组织和党建工作覆盖率均达到100%。开展“学会党支部规范化建设年”活动。加强机关党建工作。开展“让党中央放心，让人民群众满意”模范机关创建和党员大学习活动。完善《自治区科协党组意识形态工作考核办法》，制定《自治区科协网络信息管理办法》，全面压实意识形态工作责任；落实党风廉政建设责任制，组织开展“六廉”活动。持续开展整治形式主义突出问题为基层减负工作，发文数量比2019年下降20%。

省级学会　截至2020年年底，共有自治区级学会72个。

11月30日，由中国科协指导，自治区科协、银川市人民政府、中国金属学会主办，银川市科协等承办，宁夏材料研究学会、机械工程学会等协办的中国（银川）新材料产业协同创新联盟成立大会暨中国（银川）新材料产业高质量发展高端论坛在银川市举行。论坛上，银川市人民政府与中国金属学会、中国材料研究学会、中国机械工程学会、中国有色金属学会分别签订长效服务合作协议，相关企业与院士专家、高等院校签订4项框架合作协议。

宁夏化学分析测试协会成立宁夏分析检测与认证公共服务平台三个分中心，制定并发布实施19项团体标准，举办2020宁夏贺兰山东麓葡萄酒香气成分测定科技服务活动。助力宁夏新材料产业发展，在宁夏宝丰集团有限公司检测中心成立学会创新工作站并开展技术培训4次。

宁夏机械工程学会承接工程系列职称评审、职业技能鉴定工作。开展无损检测及理化检测人员岗位资质培训。为自治区工业和信息化厅编写的《自治区关键核心技术攻关任务揭榜工作方案》被采纳并发布实施。承接自治区发展改革委战略性新兴产业绩效评价委托。承接自治区工业和信息化厅首台（套）认定评价，修订评价条件。推进行业企业信息化建设，联合创建宁夏装备行业工业互联网赋能与公共服务平台。围绕自治区装备制造行业企业共性问题，提供基于工业互联网平台的工业设备及装备上云和信息化SaaS应用解决方案和服务。自治区24家企业已入驻平台，为进一步推动装备制造行业企业数字化、智能化、融合化高质量发展作出贡献。

宁夏食品安全协会承接自治区粮食和物资储备局《宁夏好粮油　稻谷》《宁夏好粮油　小麦》等的标准制定和发布。参与国家市场监督管理总局《水果制品生产许可审查细则》具体技术指标制定工作。制定《食品安全地方标准　富硒食品硒含量要求》和《食品安全地方标准　黑果枸杞》2项食品安全地方标准，承担地方标准《地理标志产品　盐池滩羊》修订工作。参与第一批服务业标准化试点项目评估验收、食品安全师认证项目工作，参加国家标准枸杞酒的制标工作，联合申请制定《枸杞原浆》团体标准。组织完成《富硒羊肉及可食内脏硒含量要求》等3项团体标准预研起草、征求意见函审、技术审查会议等制定工作，10月1日批准正式发布。

宁夏农学会组织开展自治区农作物种质资源普查与征集活动，完成7项工作任务、取得5项主要成果。组织开展自治区征集农产品质量安全监管及技术研究学术论文活动。组织完成《富硒畜产品富硒肉羊生产技术规程》等7项团体标准预研起草、征求意见通讯函审、专家技术审查会议等制定工作，11月1日起实施。组织制定《宁夏回族自治区农学会团体标准管理暂行办法》，推动宁夏农业提质增效高质量持续发展。

地市县科协　银川市科协、石嘴山市科协、吴忠市科协、海原县科协等15家单位被评为2020年度全国科普日活动优秀组织单位。

银川市科协打造“科创中国”样板间，促进经济融合发展。银川市政府常务会议和市委常委会议先后通过《银川市建设“科创中国”试点城市工作方案》，并将“科创中国”试点城市建设纳入“十四五”规划。

石嘴山市科协承办“我和我的祖国——中国科学家精神主题展”全国巡展活动，接待2万多名干部职工、青少年参观。石嘴山市平罗县科协被中央文明委确定为首批中央文明委重点工作项目基层联系点，推进科技志愿服务“智惠行动”。

吴忠市科技馆正式建成并免费对外开放。建筑面积5992平方米，设置展品200余件，日均参观量约1000人。

中卫市科协创建青少年科学工作室5个。11家农技协通过验收，规范化和社会化服务水平不断提升。

科协基层组织　截至2020年年底，自治区共有企业科协184个、园区科协8个、高校科协6个，建立241个乡镇（街道）科协组织。

基层组织力“3+1”工作向机制化、规范化方向迈进，自治区22个县（市、区）241个乡（镇、街道）成立科协组织，吸纳“三长”787人。完善工作机制，印发《宁夏基层科协“三长”人员管理办法（试行）》，制定《关于建立提升基层科协组织力“3+1”工作调研指导机制的意见》，建立完善“三长”吸纳退出、激励保障、考核评估等工作机制。强化激励保障措施，确定“三长”示范引领项目50个。

【院士专家宁夏行活动】 围绕自治区九大重点特色产业，牵头组织43名院士、517名专家来自治区参加各类人才交流活动。与湖南、江苏、福建3省科协共同组织开展院士专家宁夏行活动，征集需求和问题187项。邀请13位院士、41名高层次专家来自治区开展座谈交流72场、举办报告会37场，达成意向性合作协议28项，签订合作协议3项，特聘院士专家5人。建立“院士专家宁夏行”成果清单，加强与院士专家的沟通联系，推动所签协议落地见效，建立长期合作关系。争取中国科协支持，组织中国科学院院士杨乐等9名院士、14名专家到自治区休假考察，并开展学术交流、技术对接活动。

【助力新时代文明实践中心建设】 以中国科协挂点联系自治区新时代文明实践中心建设试点工作为契机，打造科协组织助力新时代文明实践中心建设的“2–3–3”（即夯实制度和投入2个基础；发挥基层科协、“三长”、基层科普信息员3个主体作用；强化资源整合、精准服务、宣传表彰3项措施）工作模式。自治区科协牵头成立由宁夏护理学会、宁夏医学会、宁夏老科学技术工作者协会等组成的科技志愿服务联合体。动员自治区科协系统组建各类科技志愿服务队伍623支，招募志愿者1.7万余名，推行群众“点单”、科协组织“派单”、科技志愿者“接单”的服务模式，开展服务活动2000余场（次）。在助力新时代文明实践中心建设中，各级科协组织发挥“三长”作用，引导“三长”组建科技志愿服务队420支、开展科技服务活动1200余场次。石嘴山市科协和平罗县科协推进科技志愿服务“智惠行动”，建立公民科学素质提升新机制，实现与新时代文明实践工作共融发展。

【2020年宁夏（银川）全国科普日暨第五届宁夏青少年科学节】 9月19日，由自治区科协联合银川市人民政府等9家单位开展的2020年宁夏（银川）全国科普日暨第五届宁夏青少年科学节主场活动在银川市启动。为期2天的主场展示邀请自治区60余家有代表性的科技企业、科研机构、医疗卫生单位、学会、农村专业技术协会等参展，分科技创新成果展示、青少年科技活动展示、科普助力脱贫攻坚展示、科普助力疫情防控、科普大篷车5个板块集中展示自治区科技推动经济社会发展和科技创新发展历程以及新成就、新成果。

宁夏全国科普日开展系列科普联合行动300余项，其中线上活动3项、校园科普活动34项、农村科普活动29项、社区科普活动33项、企业与各类科普基地活动19项、各市县开展系列科普活动200余项。同时举办第五届宁夏青少年科学节，包括第三届青少年创意编程暨智能设计大赛、青少年机器人竞赛暨人工智能创新挑战赛等青少年科技创意竞赛、青少年创客嘉年华、青少年电子制作、“北斗领航梦想”卫星观测、青少年纸飞机表演、青少年科技模型展示、青少年优秀科幻画作品展示等主场活动，以及科普校园行、流动科技馆巡回展出、科技教育活动骨干教师培训、《科学家讲科学》——大手拉小手科普报告全国联动等市县分场活动，参与人员覆盖自治区中小学校。

【第35届宁夏青少年科技创新大赛】 4月1—3日，第35届宁夏青少年科技创新大赛终评活动在银川市举办。由于新冠肺炎疫情，比赛采用现场评审和网络问辩方式进行。

来自自治区5个市、县（区）200多所中小学校的近万名师生参加大赛。经过自治区5市选拔，共有2001件作品参加自治区终评决赛，项目涵盖物理、化学、工程学、计算机科学、环境科学、医药与健康学、能源学、微生物学、植物学、生物化学、社会科学等13个学科。大赛共评选出青少年科技创新项目80项、科技辅导员创新项目55项、青少年科技实践活动60个、少年儿童科学幻想绘画120幅、青少年科学影像作品90个。

（撰稿人：杜　涓）

新疆维吾尔自治区科学技术协会

服务经济社会发展　实施“创新驱动助力行动”。出台《自治区科协落实中国科协服务科技经济融合发展行动实施方案》，组织克拉玛依市、哈密市创建“科创中国”试点城市，推动“科创中国”新疆品牌建设。组织区外院士来自治区服务，新建5家企业院士工作站，促进院士专家与地方行业项目对接、科研成果与企业对接、产品与市场对接，服务经济社会发展。发挥老科协人才资源优势，在企业建立老科协科技示范园6家，助力企业提升创新质量与水平。推广专利信息平台应用，组织专家一对一服务企业解决技术难题，推动企业科技创新成果转化。

实施“科学决策服务行动”。发挥科协人才资源优势，将自治区本土院士、院士工作站建站院士、“自治区天山院士计划”入选者等科技工作者纳入自治区科协创新战略研究高端人才智库。把学会、老科协和相关领域的科技工作者纳入专家库，与有关科研院所签订合作协议，借鉴自治区内外成熟智库经验做法，打造“顶天立地”智库体系，为区域经济发展提供高端智力支持。围绕新冠肺炎疫情防控、科技创新推动高质量发展、科技与经济深度融合等经济、社会、生态等方面问题，组织广大科技工作者开展咨询服务，形成16份决策咨询报告。其中，由新疆老科协提出的《关于在我国西部六省区建设国家草种专业生产带的建议》部分被中央办公厅采纳。以“天山南北院士行”科技活动为主题，举办“一带一路”院士专家论坛、院士专家报告会、院士专家沙龙等高端决策咨询服务活动，汇聚院士专家新思想、新观点，向各级党委、政府建言献策。畅通科技界建言献策渠道，引导科技工作者通过人大议案、政协提案等途径报送咨询建议。

凝聚科技工作者力量决战脱贫攻坚。坚持把服务全区打赢脱贫攻坚战作为重要政治任务，研究提出实施“南疆基层科普行动”，聚合自治区科协系统资源，全面加强南疆基层科普服务能力，提升公民特别是农牧民科学素质，厚植脱贫攻坚公民科学素质基础。先后向喀什地区、和田地区、克孜勒苏柯尔克孜自治州划拨资金，并建立乌鲁木齐市、昌吉回族自治州、伊犁哈萨克自治州、克拉玛依市科协结对支持南疆四地州科协，76个自治区学会结对支持南疆四地州32个县市区科协的结对帮扶机制。面向南疆四地州开展精准扶贫专家服务行动，选派300余名专家深入基层一线进行科技帮扶，并在巴音郭楞蒙古自治州尉犁县及喀什地区伽师县、叶城县投入资金实施“南疆基层科普行动”项目，夯实南疆四地州依靠科技脱贫基础。组织开展“院士专家民丰行”活动，由中国工程院院士邓铭江带队考察调研民丰产业发展状况，形成《打造文化名县　开发地理品牌　力促城乡融合的建议》。自治区各级科协组织定点结对帮扶工作，乌鲁木齐市科协对口和田地区、昌吉回族自治州科协对口克孜勒苏柯尔克孜自治州、伊犁哈萨克自治州科协对口喀什地区、克拉玛依市科协对口阿克苏地区开展对接工作，制定责任清单；新疆农学会、畜牧兽医学会、互联网学会、老科协等37家自治区学会分别成立“精准扶贫专家服务团”，面向农牧民群众特色种植、畜牧养殖、电商等各类技能培训130余场次，受众达1.9万余人次。

科技赋能定点帮扶见成效。自治区科协把“访惠聚”（访民情、惠民生、聚民心）驻村点和田地区民丰县安迪尔乡3个村和深度贫困村第一书记派驻点洛浦县布亚乡6个村作为主要帮扶对象，多次到两地指导脱贫攻坚工作，安排专项资金支持两地优化传统产业、发展新产业。支持安迪尔乡3个村壮大甜瓜、红枣等传统产业，通过组织专家改良种子、推广晚熟瓜，解决当地甜瓜蔓枯病困扰并对红枣种植技术进行优化。专门组织科技咨询、专家调研，规划安迪尔乡和布亚乡产业发展新格局，先后实施10万只尼雅黑鸡、1万只羊和1000头比利时蓝牛等畜禽养殖项目，并安排专家全程指导养殖产业发展。自治区科协领导班子专程到洛浦县布亚乡6个深度贫困村深入调研，研究提出发展旅游产业、实施凝心聚力、特色种植养殖、科技示范户结对帮带贫困户、提高农牧民科学素质“五大行动”并推动实施，实现农民增产增收、村集体收入增长，高质量完成脱贫攻坚任务。

开展“访惠聚”、支教、民族团结一家亲和民族团结联谊活动。全区各级科协组织贯彻落实自治区党委关于“访惠聚”、支教、民族团结等重大决策部署，不断丰富活动形式和载体，确保相关工作见实效。建立关心关爱机制，加大对“访惠聚”驻村工作队队员、支教干部和第一书记的关心关爱力度，持续给予全方位支持。自治区科协在结亲期间，主动延长驻留时间，班子成员带头与农民群众同吃、同住、同劳动、同生产、同学习，带动全体干部职工以疫情防控和复工复产为重点，帮助群众开展春耕、夏种、秋收、冬训，全面开展“五个一”微行动，做好政策宣传、思想引导、国语学习、帮扶救助、爱国卫生运动，帮助农民群众树立现代科学文明的生产生活方式。全区各级科协组织通过开展结亲活动累计走访群众12.6万人次、开展各类联谊活动1.8万场次、为群众办实事好事5700余件，进一步增强干群关系，民族团结基础得到夯实。

服务科技工作者　实施“凝心聚力行动”。全区各级科协组织采取多种形式深化建家交友活动，使科协组织与科技工作者联系得上、服务得准、凝聚得起来。自治区科协出台《自治区科协关于联系服务科技工作者的指导意见》，推动科协机关干部直接联系服务科技工作者。开展科技工作者状况调查，把握科技工作者流动趋势、价值观念等新变化，了解科技工作者建议和呼声，为科技工作者办实事好事，着力提升联系服务水平。为中国科学院院士肖文交，中国工程院院士邓铭江、王小东团队争取自治区专项科研经费。在“全国科技工作者日”、自治区科协成立60周年之际，在《新疆日报》发表自治区科协主席王永明署名文章《砥砺奋进六十年　引领创新新时代》。邀请王小东、邓铭江、肖文交等院士专家宣讲科学家精神，宣传60年来自治区重大科技成果、科技人物及先进工作者，弘扬科学家精神。搭建科技工作者沟通思想、交流情感和联系工作新平台。培养和举荐科技创新人才，肖文交等4人获得全国创新争先奖章、奖状，银波获得第22届中国科协求是杰出青年成果转化奖，杨毅宁等10人获得自治区“最美科技工作者”称号。自治区科协班子成员定期看望慰问自治区内院士专家，并明确专人负责联系服务；乌鲁木齐市、昌吉回族自治州等地科协先后慰问科技工作者代表600余名。

《科学素质纲要》实施和科普工作　应急科普助力疫情防控和复工复产。全区各级科协组织贯彻习近平总书记疫情防控有关指示精神和自治区党委决策部署，组织动员医口广大科技工作者赴湖北省支援、前往自治区内疫情点开展医疗服务。以防疫情、防恐慌、防疫辅导、心理疏导、舆论引导为主，把科普宣传下沉到社区、村组和网络，以提高公众科学素质为基础，着力提升个体防控能力。全区各级科协组织坚持“防疫不结束、科普不下线”，着力把科学防治贯穿群防群控的每个环节、每个角落。通过网络、广播电视、电子科普画廊、科普e站、科普大篷车、大喇叭等宣传疫情防控知识，传播量达到6995.9万人次。加强应急科普资源开发共享，在“科普中国”平台发布防疫科学知识、疾病预防与治疗知识、急救知识以及科学实验等科普视频资源200余个，年内两次获得科普中国服务云资源月度贡献排行榜第一名，月浏览量超过20000次。面对新冠肺炎疫情，新疆医学会、新疆预防医学会等多个学会及时编发预防新冠病毒科普知识、宣传折页发放给公众，每周通过微信公众号推送国家权威部门发布的疫情防控知识，动员广大科技工作者开展科普宣传；乌鲁木齐市、喀什地区、和田地区等地科协把新冠疫情防控应急科普作为工作重点，利用各类宣传平台为社会公众提供即时准确、科学的防控常识。

实施“科学素质提升行动”。以“南疆基层科普行动”为抓手，推动科普资源下沉一线，全年向基层科协下拨全国和自治区基层科普行动计划、全国科技馆免费开放补助资金6116万元，开展“科普期刊进万家”科普基层行活动，免费发放科普杂志3.48万册，制作完成《科普大篷车》双语电视栏目和《科普进万家》双语广播栏目1640分钟，为基层配发“中国公民科学素质系列读本”丛书、农民科学素质双语读本2万余册。以媒体融合发展大势为导向，促进科普信息化发展，用好电子科普画廊、科普中国e站等科协自有平台，打通县级融媒体中心、远程教育网、校园班班通等传播渠道，创新打造自治区首档科学文化讲坛类节目《天山论道》，每期邀请1名专家以科学公开课的形式向公众讲述国内外科技前沿动态，回应公众关切的热点科学问题，普及科学知识、弘扬科学精神、传播科学思想、倡导科学方法。组织动员全区科协组织开展全国科普日系列活动，中国老科协副会长、新疆老科协会长、自治区科协名誉主席张国梁在新疆广播电视台作主场科普报告。全区各级科协组织以“科技之冬”活动为主要载体开展科技培训，动员科技工作者深入农村一线开展农牧民冬、春季科技大培训10万余场次，培训农牧民百万余人次。推动兵地融合，联办自治区全民科学素质网络知识竞赛、应急科普知识竞赛，参与答题人数共360余万人次，其中自治区全民科学素质网络知识竞赛累计参与访问用户21万余人、参与答题218万余人次、页面访问量达1146万余次。加强科普基础设施建设，研究提出“一带一路”现代科技馆体系建设方案，争取中国科协、援疆省市科协支持。壮大科技志愿服务队伍，全区注册科技志愿者达到28283人、科技志愿服务组织1450个。举办青少年科技节等各类科技赛事，联合科技和教育部门录制“科学小实验”慕课、小学精品科学课。推进“乐享科学”志智双扶系列活动，助力10个国家级贫困县脱贫攻坚。开展自治区“科普奖”评选工作。巴音郭楞蒙古自治州尉犁县少数民族科普工作队当选“典赞·2020科普中国”年度科普人物。

学术交流　支持自治区内科技工作者参加全国青年科学家论坛、国际国内学术年会、学术沙龙等前沿高端学术会议，为科技人才成长成才搭建多领域、综合性学术平台。全年共组织线上线下学术交流活动100余场次。新疆药学会以线上形式组织召开西北中医药合理应用学术交流网络会议，197名科技工作者参加交流；新疆电机工程学会举办“天山论电”——打造能源生产和消费革命示范区主题论坛；新疆石油学会联合天津市石油学会等六家省级石油学会采取网上视频直播方式，联合举办中国石油石化企业2020挥发性有机物（VOCs）污染防治技术交流会。

自身建设 实施“改革提能强基行动”。成立自治区科协党校和党建研究会，举办习近平新时代中国特色社会主义思想专题培训、科协系统干部履职能力培训等各类培训班7期219人次，完成党建研究课题26篇。

提升基层科协组织力。推动在有条件的县市科协成立党组，在村一级设立科技副职，让科协组织“接长手臂、扎根基层”。阿克苏地区、喀什地区、巴音郭楞蒙古自治州等地科协通过深化改革，已推动13个县市率先成立科协党组；部分县市通过换届工作，进一步配齐配强队伍。推动“三长”进入县乡（镇）科协领导机构任职，提升基层科协服务能力。

履行党风廉政建设主体责任。落实巡视反馈问题的整改工作。带头贯彻中央八项规定精神和自治区党委关于改进作风“十条措施”，落实自治区党委“十要十严禁”和基层减负“20条措施”以及保密纪律，树立“红线”“底线”意识，整顿“四风”“四气”，深入开展形式主义、官僚主义专项整治工作。

省级学会 截至2020年年底，新疆科协共有自治区级学会99个。

在全国科技工作者日期间，新疆气象学会等20余家学会召开“科技为民　奋斗有我”座谈会，动员各族科技工作者投身科技创新生动实践。推动自治区级学会设立科学技术奖，拓展科学技术进步奖渠道，已有10余家学会设立科学技术奖。新疆机械工程学会组织企业开展“百千万对标达标”活动；推荐新疆金风科技股份有限公司等企业为自治区2020年度企业标准“领跑者”特色优势企业，并增补调整自治区装备制造业标准化技术委员会委员。新疆地质学会承接自治区自然资源厅“自治区工程系列地质矿产专业高级技术职务任职资格”评审工作。新疆互联网协会开展精准扶贫专家服务行动——农村电子商务和防疫知识科普培训；新疆微生物学会建立科技志愿者服务队，在83个深度贫困村开展技术培训77场次、技术服务和咨询13次，培训基层技术人员和村民7231人次。新疆医学会组织专家团队赴哈密市，在一周时间内将哈密市矿山救援队所在地改建成哈密市传染病医院。

地市县科协 截至2020年年底，全区14个地（州、市）科协中，14个独立建制；县（市、区）科协94个，其中66个独立建制、16个县级科协成立科协党组。

全区各级科协组织通过线上线下等多种方式，举办各类科技培训班18万余场次，受教育群众1200余万人次，免费赠阅少数民族科普杂志3.4万册。伊犁哈萨克自治州、阿勒泰地区、塔城地区、博尔塔拉蒙古自治州、哈密市等地科协树立“大科普、大联合、大服务”理念，开展“大学习、大培训、大宣传”，打通科普传播“最后一公里”，让科普工作深入基层、服务大众、惠及民生。

科协基层组织 全区共有企业科协110个、高校科协18个、园区科协5个、农技协246个，会员67108人。

新疆特变电工股份有限公司、新疆英派生物科技开发有限公司等企业科协服务企业科技创新，帮助企业申请专利技术112项，促进成果转化67项。宝钢集团新疆八一钢铁有限公司、新疆金禾山能源科技有限公司等企业科协重视科技交流工作，邀请相关领域专家开展专题技术讲座和交流活动30余场次。新疆惠利灌溉科技股份有限公司、乌鲁木齐上善元生物科技有限公司等企业科协为企业开展技术信息服务活动，在推动企业科研攻关、创新专利、技术革新、产品升级等方面作出贡献。

【4位科技工作者获第二届全国创新争先奖】 5月30日，第二届全国创新争先奖表彰大会在北京召开，自治区4位科技工作者获奖。其中，中国科学院新疆生态与地理研究所肖文交获得第二届全国创新争先奖章，新疆大学方创琳、新疆农业科学院农作物品种资源研究所徐麟、塔里木大学祁成年获得第二届全国创新争先奖状。

肖文交长期从事沉积大地构造学研究，瞄准造山作用与大陆增生机制的国际前沿，围绕造山带结构及时限、造山方式与大陆增生机制等关键科学问题，在中国北方及邻区戈壁山区开展系统研究，在中亚造山带构造格局和大陆增生机制等领域取得系统性创新成果。方创琳主要从事城市地理学、城市群发展与城镇化资源环境效应的教学与研究工作，先后向国务院提交数十份重要咨询报告或重大规划，相关意见和建议对推进丝绸之路经济带核心区建设、助力自治区脱贫攻坚作出贡献。徐麟自2017年参加“访惠聚”驻村工作，在全村建立“1+N”模式的庭院经济产业，促进农民增收；优化调整农业种植结构，发展“制种小麦+复播谷子”产业；发展果蔬花卉育苗产业，壮大村集体经济，帮助村民致富。祁成年从事畜牧专业教学科研工作，多年坚守兵团连队科技扶贫一线，开展畜牧养殖管理和技术指导，把新品种、新技术和新观念带进贫困连队，帮助农牧民脱贫致富，先后获得新疆生产建设兵团“星火计划与科技扶贫农村科技先进工作者”等荣誉称号。

【“十四五”规划编制工作动员会】 9月30日，自治区科协召开“十四五”规划编制工作动员会，对自治区科协“十四五”规划编制工作作出总体安排部署。自治区科协党组书记、副主席丁有明就规划编制工作提出明确要求。一要提高政治站位。以习近平新时代中国特色社会主义思想为指导，学习贯彻习近平总书记关于“十四五”规划编制工作的系列讲话和重要指示精神。二要强化责任担当。充分认识新形势下科协组织面临的机遇和挑战，对标对表第三次中央新疆工作座谈会精神，落实自治区党委、政府决策部署和中国科协重点工作安排，梳理新时代科协工作面临的新特点、新任务，主动担当科协组织的时代责任。三要突出工作重点。深入分析科协组织的优势和不足，进一步发挥科协“一体两翼”的组织优势和科技工作者人才优势，“接长手臂，补齐短板”，推动开放型、枢纽型、平台型科协组织建设。四要创新发展思路。把握新时代科协组织改革创新的抓手和突破口，主动作为，深入思考新形势新变化新要求下科协组织切实提升“四服务”水平和能力的新路径新方法。五要适应时代需要。在总结过去五年工作成绩和经验的基础上，把握当前和未来五年发展形势，编制落实自治区党委决策部署、符合科协实际和科技工作者期盼、引领未来五年科协事业发展的科学规划。

【中国工程院调研组调研院士增选工作】 10月22—25日，中国工程院党组成员、副院长、院士陈左宁一行10人来自治区，就院士增选工作开展专题调研。陈左宁肯定新疆工程科技领域取得的成就，并指出，自治区要充分发挥院士科技支撑作用，加强院地合作，推进资源共享，促进学术交流，激发新疆工程科技创新活力。结合此次调研成果，中国工程院将进一步深入研究和广泛征求意见，逐步完善院士队伍建设有关政策措施，促进自治区工程科技特色领域高层次人才的培养和发展。

【自治区青少年科技活动特色学校和青少年科技活动示范学校评选】 6—9月，自治区科协、教育厅联合启动第六批自治区青少年科技活动特色学校评选命名和首批自治区青少年科技活动示范学校推荐评选工作。此次评选主要采取网上申报、网上评选的方式进行。

经评选，乌鲁木齐市第127中学等36所中小学校被评为第六批自治区青少年科技活动特色学校，乌鲁木齐市第六十八中学等25所科技活动特色学校被评为首批自治区青少年科技活动示范学校。

（撰稿人：石本兵）

新疆生产建设兵团科学技术协会

服务经济社会发展 助力科技与经济融合发展。开展疫情防控形势下科技企业复工复产调研，对95家科技企业进行全覆盖问卷调研，深入6个师16家企业实地调研和座谈交流，形成《兵团科技企业复工复产调研报告》。动员科技工作者围绕纺织服装、农产品精深加工、装备制造等领域，开展关键核心技术攻关，与行业部门共同组织实施科技计划项目108项。联合兵团发展改革委举办线上“双创”活动周，展出展板100块，激发大众创业万众创新热情。

科技助力巩固脱贫攻坚成果。争取中国科协“科技援疆工程”项目资金，通过实施牛羊高效养殖技术、红柳种植加工等项目，科技助力51团、阿克苏地区阿克苏市托万克阿勒迪尔村脱贫攻坚，支持培养庭院养禽示范户110户（其中脱贫户36户），带领21户脱贫户、3户示范户发展肉羊养殖；扩大设施蔬菜种植，新增10座冷棚种植，新建1座温棚育苗，拓宽职工群众增收致富渠道。实施2020年民生实事“提升农业科技水平”专项和“五共同一促进”科技扶贫示范项目，建立农业科技示范基地29个，示范面积545.6万平方米，推广新品种新技术78个，培训职工5806人次，扶持脱贫户628户。开展224团巩固脱贫攻坚成果督战，通过实地调研、走访入户、梳理问题，与团连共同研究制定整改措施，持续抓好脱贫户就业和防止返贫监测工作。六师五家渠市科协以“科技扶贫”为主题制作专题片《为梦点金》；新疆农垦科学院在南疆4个团场建设示范温室10座、示范基地5个，示范推广面积133万余平方米；十师北屯市、石河子大学、塔里木大学科协和兵团植物营养与肥料学会举办线上线下农业科技培训40余场次，为巩固脱贫攻坚成果提供技术支撑。

服务党政领导科学决策。助力脱贫攻坚与乡村振兴有效衔接，促进兵地融合，与自治区科协联合开展“院士专家走进民丰、走进225团”主题活动，兵团党委副书记孔星隆出席民丰县座谈活动并讲话，中国工程院院士邓铭江等9名专家为产业支撑脱贫攻坚建言献策。以“科技引领乡村振兴 智能驱动农业发展”为主题，举办第六届兵团青年科技论坛，评选论文一等奖6篇、二等奖9篇、三等奖17篇。印发《兵团新型科技创新智库建设管理办法（试行）》，认定5个科技创新智库，确定2021年智库研究任务。围绕兵团深化改革和向南发展两大重点，立项支持学术交流7项、调研课题5项。八师石河子市科协开展第十六届自然科学优秀学术论文评选，邀请邓铭江等专家为党政科学决策建言献策；石河子大学、塔里木大学科协举办北斗导航、“一带一路”农业合作沙龙等重点学术交流20余场次；兵团医学会35个专科分会开展线上学术交流活动70余场次。

服务科技工作者 搭建服务科技工作者平台。开展第四个“全国科技工作者日”兵团主场活动，班子成员带队走访慰问百名科技工作者，在南北疆召开4场座谈会，征集22条意见建议。组织开展“全国科学道德和学风建设月”兵团系列活动，14个视频分会场1500余名科技工作者收看全国报告会暨启动仪式，邀请中国工程院院士戚发轫，国际宇航科学院院士、中国航天系统科学与工程研究院院长薛惠锋等专家在两校一院开展科学道德和学风建设宣讲报告会10余场。向中国科协遴选推荐10名“最美科技工作者”、1名中国青年女科学家奖候选人，塔里木大学祁成年获第二届全国创新争先奖状，兵团3集体6人获全国科普工作先进工作者，2集体4人获科普大篷车项目“明星车队”“明星科普工作者”称号。联合兵团党委组织部、人力资源和社会保障局评选表彰10名第六届兵团青年科技奖获得者。为兵团党委党校、两校一院配发中国科学家精神系列读本500余套。协助做好中国工程院来兵团院士遴选调研工作，做好兵团院士后备人选服务工作。推动各级科协机关干部直接联系服务169余名科技工作者，五师双河市、八师石河子市、两校一院科协慰问科技工作者代表80余名。石河子大学2人获批中国科协优秀中外青年交流计划项目，兵团公路学会闫斌获第四届“中国公路学会优秀科技工作者”称号，兵团技术市场协会推荐的10个项目获中国技术市场协会金桥奖。

《科学素质纲要》实施和科普工作 持续推进全民科学素质提升。开展“十三五”全民科学素质评估，启动《兵团全民科学素质行动计划纲要（2021—2035年）》编制，编印五大重点人群科学素质本土化教材3万本。发挥全民科学素质工作领导小组办公室作用，对领导小组成员进行调整，督促各成员单位落实《兵团全民科学素质重点工作推进方案》。开展兵师两级青少年科技创新大赛评审情况核查工作，及时回应社会关切。配合中国科协开展第十一次中国公民科学素质调查，兵团共抽取103个调查点2060份样本。联合自治区科协开展全民科学素质网络知识竞赛，兵团43家单位81747人次参与网上竞答，9家单位被评为优秀组织单位。各师市、院校科协树立“大科普、大联合、大服务”理念，开展“大学习、大培训、大宣传”，一师阿拉尔市、二师铁门关市、三师图木舒克市、四师可克达拉市科协联合成员单位印发科学素质读本1万余册、发放科普资料8万余份；五师双河市、八师石河子市开展全国科普示范市总结评估工作；九师、十师北屯市、石河子大学科协开展“科技之冬”培训活动100余场次，其中石河子大学科协开展“让科学走进课堂惠及大众”等一批科普活动，打通科普传播“最后一公里”，让科学普及深入基层、服务大众、惠及民生。

开展重点科普宣传活动。联合兵团党委宣传部、教育局、卫生健康委等部门开展2020年全国科技活动周、全国科普日网上兵团主场活动，举办线上科普展览、知名专家科普报告会以及科普讲解大赛，借助VR技术实现虚拟与场景的互动，吸引10万余人次参与。以线上形式举办第18届兵团青少年科技创新大赛，871项获奖作品在网上展示；组织286名中学生参加2020年青少年“云上高校科学营”活动。一师阿拉尔市、三师图木舒克市、六师五家渠市、十三师、十四师昆玉市科协等单位开展科普进团场、进社区、进学校、进军营“科普四进”活动；二师铁门关市、四师可克达拉市、五师双河市、七师胡杨河市、十师北屯市、十一师、十二师科协等单位在主流媒体开辟科普专栏；八师石河子市科协在“石河子新闻”、抖音号、微信公众号开展科普作品展播；石河子大学科协举办首届科普短视频制作大赛，开展线上科普报告会20余场次，辐射人群达1万余人次，创新科普形式，让科普成为抵御疾病的“广谱疫苗”。

加大科普基础设施建设和科普资源开发力度。初步形成实体科技馆、中国流动科技馆、中学科技馆、社区科普活动室、连队科普 e 站为一体的中国特色现代科技馆体系。以提升基层科普服务能力为抓手，推动科普资源下沉一线，石河子科技馆获免费开放补助资金，年均累计接待观众 4.6 万余人次。中国科协配发农村中学科技馆 4 套、科普大篷车 1 辆。兵团投入科普专项资金建设团场中学科技馆 20 个、社区科普活动室 8 个。兵团科协开发社区居民合理用药音像视频等科普资源项目 6 项。争取援疆省市科协支持，河北省科协援建二师 223 团社区科普活动室 1 个，江苏省科协援建四师 61 团青少年科学工作室 1 个，并提供优质科普电教片资源。九师科协编印种养殖和疫病防控科普手册 2.18 万本；石河子大学科协编印《新冠疫情下的心理防护》《家庭用药至关重“药”》科普图书 5000 余本，录制 30 余个疫情防控、种养殖科普视频并开放共享；兵团医学会在《兵团医学》刊发文稿 150 余篇，全面提升科普服务水平。

凝聚科技抗疫力量。兵团各级科协发出《致兵团广大科技工作者的倡议书》，并在新疆兵团卫视《兵团新闻联播》中全文播放，动员科技工作者参与防疫科研攻关和科技志愿服务。坚持防控应急值班制度，兵团科协全体干部主动捐款，把科普宣传下沉到社区、连队，上传到网络平台，第一时间向各师市发放 4000 余份新冠肺炎疫情防治科普宣传挂图和手册，通过新疆兵团电视台节目《科普兵团》、《兵团日报》专栏“科普周刊”“科普兵团”微信公众号开展疫情防控应急科普宣传。在《兵团日报》、新疆兵团电视台等主流媒体开设专版，加大对抗疫一线科技工作者的宣传，77 名援鄂医疗队医务工作者成为“最美逆行者”。

实施“基层科普行动计划”，奖补 25 个科普先进集体，表彰 17 名科普带头人，选派 512 名科技人员开展技术服务，推广先进实用技术，发挥科技示范引领作用。

自身建设 全年召开兵团科协党组会议 40 次、党组理论中心组学习研讨 14 次、全体党员干部集体学习 34 次。

坚持全面从严治党。党组书记履行第一责任人职责，党组成员履行好“一岗双责”。狠抓党风廉政建设，层层签订党风廉政建设责任书，梳理部门岗位廉政风险点 3 个。开展第 22 个党风廉政建设教育月活动，参观兵团党风廉政教育展馆，定期组织举办廉政教育大讲堂，常态化开展违纪违法案例通报。注重在深化改革、向南发展、“访惠聚”（访民情、惠民生、聚民心）工作中锻炼干部。组织各师市、院校科协通过集中学习、警示教育、开展主题党日活动、上党课等方式，教育引导科协干部筑牢思想防线，打造清正廉洁、务实高效的科协机关。

推动科协系统深化改革。落实《兵团贯彻〈科协系统深化改革实施方案〉的意见》，推进科协系统强“三性”去“四化”。指导八师、九师、十二师和两校一院等 6 个单位科协完成换届，广泛吸纳基层“三长”和科技型企业家进入科协组织，科协代表、委员中一线科技工作者的比例均达到 70% 以上。指导兵团科协所属学会与行政机关的脱钩工作，坚持兵团科协委员履职报告制度。据统计，2020 年兵团科协委员联系服务科技工作者 157 次，开展科普活动 140 次、调研活动 147 次。

提升科协组织服务效能。成立机关作风建设大学习大讨论活动领导小组，制定细化方案，把机关作风建设、疫情防控和重点工作同部署、同推进、同落实。扎实开展“四查”，围绕机关作风建设存在的突出问题，征集师市、院校意见建议 12 条，制定措施 37 条，逐项整改落实。兵团科协系统信息宣传工作实现新突破，中国科协要闻刊登兵团科协 2 篇稿件，在《兵团日报》、兵团胡杨网、今日头条等媒体发布新闻 10 余篇。各师市、院校科协信息稿件的数量保持持续增长，全年共报送信息 90 余篇。其中，七师胡杨河市、九师、十师北屯市、十四师昆玉市、塔里木大学科协信息报送数量位居前列。

兵团学会 截至 2020 年年底，兵团级学会、协会、研究会 24 个，师（局）级学会 270 多个。

兵团作物学会成立党支部，为兵团学会首家基层党组织；兵团有机产品协会召开会员代表大会；兵团财政学会召开会员代表大会，支持财政改革研究课题 10 项，获全国财政系统财税知识竞赛“优秀组织奖”；兵团青少年辅导员协会承办第 18 届兵团青少年科技创新大赛以及科技辅导员专业水平认证工作；兵团公路学会、兵团土地学会承接政府转移职能，开展兵团交通建设市场管理系统信用评价和自然资源管理工作；兵团预防医学会、兵团统计学会发挥专业特长，持续开展疫情分析和专项培训，为打赢疫情防控阻击战贡献力量；兵团棉花学会举办新疆棉花绿色优质高效生产技术高级研修班；兵团农产品加工协会参与农产品加工标准修订工作；兵团护理学会开展“互联网+护理服务”试点工作及疫情分析和专项培训；兵团老教授协会10余名科技工作者在各自专业领域发挥余热。

地市县科协 兵团科协有师（地、市）级科协17个。五师双河市科协成立农机机械科技协会，开展科技政策进企业活动；七师科协开展亩产千公斤绿色、优质、高产棉花课题攻关项目；八师石河子市科协依托院士工作站，吸引院士专家参与科研活动；十二师科协在融媒体中心开设“科技向南促发展”栏目，宣传科技服务兵团向南发展战略；六师五家渠市科协创建青少年科技创新大赛网上申报系统，首次实现兵团青少年科技创新大赛网上申报、评审。

科协基层组织 各师市、院校科协和学会党员干部赴医学观察点以及社区参加疫情防控工作，坚持“防疫不结束、科普不下线”。三师图木舒克市、八师石河子市、石河子大学科协等单位通过发放防疫科普资料、开展科普视频讲座引导公众消除恐慌、科学防疫；塔里木大学科协特别推出“新型肺炎防控专题网”。

【兵团科协四届二次常委会议和四届三次全委会议】 5月6日，兵团科协以信函形式召开四届二次常委会议，会议审议通过四届三次全委会议议程、工作报告以及更换委员的报告。5月8日，以视频会议形式召开兵团科协四届三次全委会议，主会场设在兵团机关综合楼视频会议室，各师市设视频分会场。会议传达学习中央书记处的重要指示和中国科协九届七次全委会议精神，兵团科协主席徐秀芝代表常委会作工作报告《凝聚科技力量　强化使命担当　为兵团深化改革和向南发展作出新贡献》，系统总结兵团科协2019年工作、全面部署2020年重点任务。兵团科协第四届委员会委员，兵团科协、各师市、院校科协工作人员共92人参加会议。

【2020年全国科技活动周兵团主场活动】 8月23—29日，由兵团科协等单位联合主办的2020年全国科技活动周兵团主场活动正式启动。活动围绕“科技战疫　创新强国”主题，举办线上主题展览、“体验美好生活”网上互动暨院校科研机构、兵团重点实验室对外开放活动等。线上展览展示科研攻关新进展和疫情防控新技术新装备、兵团科技战疫先进典型的抗疫故事以及兵团近年来的科技创新成就等内容，借助3D、VR等技术呈现给公众。重点实验室对外开放活动展现兵团重大科研和教研成果以及科技创新对改善和提升人民生活质量的显著成效，共吸引2.16万余人次参观体验。

【2020年全国科普日兵团主场活动】 9月19—25日，由兵团科协等单位联合主办的2020年全国科普日兵团主场活动正式启动。依靠中国科学技术馆线上资源，动员号召兵团公众在线上参观“礼赞共和国——庆祝新中国成立70周年科技成就展”，线上科普展设置展板43块，其中设立兵团板块。同时，邀请兵团疾病预防控制中心、石河子大学医学院等单位专家举办线上科普报告会5场。以“健康生活、科学战疫”为主题，开展线上科普讲解大赛作品征集活动，征集作品37个。线上内容在兵团科技局、科协政务网站等主流媒体进行展播，近6万人次参与。

（撰稿人：罗昌欧）

大事记

1月

1月2日　中央第十二巡视组向中国科协党组反馈巡视情况。中央组织部副部长吴玉良主持召开向怀进鹏的反馈会议，出席向中国科协党组领导班子反馈会议，对巡视整改提出要求。中央第十二巡视组组长武在平代表中央巡视组分别向怀进鹏和领导班子反馈巡视情况。万钢出席向领导班子反馈会议并讲话，怀进鹏主持向领导班子反馈会议并就做好巡视整改工作讲话。

1月3日　怀进鹏在北京会见北京市副市长隋振江一行，双方围绕共同举办中国科幻大会和中关村论坛、建设科幻产业基地等合作内容进行交流。孟庆海参加会见。

中国科协党组第三轮巡视第一巡视组向青少年科技中心（含青少年科技辅导员协会）反馈巡视情况。孟庆海出席会议并讲话。

1月6日　中国科协党组第三轮巡视第一巡视组向科学技术传播中心反馈巡视情况。孟庆海出席会议并讲话。

1月7日　中国科协党组召开会议，传达学习中央书记处关于科协工作的重要指示精神，研究贯彻落实举措。怀进鹏主持会议。

1月7—8日　束为赴宁夏回族自治区银川市、吴忠市开展挂点联系新时代文明实践中心建设试点工作调研，并出席在吴忠市青铜峡市瞿靖镇举办的2020年文化科技卫生“三下乡”暨“我们的中国梦——文化进万家”集中示范活动。

1月8日　中国科协党组第三轮巡视第二巡视组向信息中心反馈巡视情况。孟庆海出席会议并讲话。

1月9日　束为在北京会见来访的澳门科学技术发展基金行政委员会主席马志毅一行，双方围绕科技人文交流、合作机制发展等话题进行交流。

1月9—11日　应澳门科学技术协进会邀请，孟庆海率中国科协代表团访问澳门特别行政区，并出席“庆中华人民共和国成立70周年·澳门特别行政区成立20周年大型科技科普展——科技创新让生活更美好”展览开幕式。

1月10日　中国科协党组第三轮巡视第二巡视组向培训和人才服务中心反馈巡视情况。束为出席会议并讲话。

中国青藏高原研究会第七次会员代表大会在北京召开。姚檀栋当选研究会第七届理事会理事长。

1月15日　2020年中国科协党组向离退休老同志通报工作暨新春团拜会在北京召开。怀进鹏通报科协工作情况，并与党组、书记处全体同志一道向科协老同志致以诚挚问候和新春祝福。

1月16日　中国科协党组召开会议，传达学习中央书记处重要指示精神，研究中国科协巡视整改工作方案和整改任务细化方案。怀进鹏主持会议。

2019中国科协国际科学理事会中国委员会（ISC-CHINA）全体会议在北京召开。李静海出席会议。

1月20日　怀进鹏深入白家庄、陶然亭、北辰、魏公村、木樨地等办公区看望慰问干部职工，代表党组、书记处向大家致以新春问候和祝福。束为一同看望慰问。

1月22日　中国科协九届书记处第八十一次会议召开，审议中国科协2020年工作要点和九届常委会工作报告，研究应对新冠肺炎疫情防控工作。怀进鹏主持会议。

1月31日　中国科协发出《战“疫”有我，为决胜攻坚提供科技志愿服务》倡议。

2月

2月7日　中国科协党组召开会议，传达学习习近平总书记在中共中央政治局常委会会议研究应对新冠肺炎疫情工作时的重要讲话精神，研究部署进一步加强疫情防控工作。怀进鹏主持会议。

2月11日　中国科协发布《团结信任　创新争先　坚决打赢疫情防控人民战争——向全国科技工作者的倡议》。

2月14日　中国科协党组、书记处召开专题会议，传达学习习近平总书记在中共中央政治局常委会会议、在北京市调研指导新冠肺炎疫情防控工作时的重要讲话精神，研究部署近期工作。怀进鹏主持会议。

2月17日　怀进鹏到中国科学技术出版社和国家科技传播中心建设工地检查防疫工作和复工复产情况，看望慰问干部职工。

2月21日　中国科协党组召开会议，传达学习习近平总书记关于关心爱护参与疫情防控工作医务人员的重要指示，以及国务院关于统筹抓好疫情防控和经济社会发展有关精神，研究部署下一阶段科学防疫和有序复工工作。怀进鹏主持会议。

2月23日　中国科协发布《让科学家精神光耀时代　让科技创造新的价值》倡议书。

2月28日　中国科协党组召开会议传达学习党中央、国务院及北京市关于统筹推进新冠肺炎疫情防控和经济社会发展工作有关精神，研究贯彻落实举措。怀进鹏主持会议。

3月

3月4日　中国科协定点扶贫领导小组办公室2020年第一次会议召开。孟庆海出席会议。

3月6日　中国科协党组召开会议传达学习习近平总书记在北京考察新冠肺炎防控科研攻关工作和中共中央政治局常委会会议上的重要讲话精神，以及中央应对新冠肺炎疫情工作领导小组会议、国务院联防联控机制有关通知精神，研究贯彻落实举措。怀进鹏主持会议。

3月8日　致公党中央联合中国科协召开推进中国－瑞典抗击新冠肺炎疫情科研合作视频研讨会。万钢出席会议并讲话。

3月11日　中国科协召开专家座谈会，研讨应急科普机制。怀进鹏主持会议。孟庆海、宋军等参加会议。

3月13日　中国科协党组召开会议，传达学习习近平总书记在湖北省考察新冠肺炎疫情防控工作时的重要讲话精神。怀进鹏主持会议。

3月18日　中国科协召开科技助力企业复工产业转型专题研讨会。怀进鹏主持会议。

中国科协定点扶贫领导小组2020年第一次会议以视频形式召开。怀进鹏主持会议。

3月20日　中国科协党组召开会议，传达学习习近平总书记在中共中央政治局常委会会议和决战决胜脱贫攻坚座谈会上的重要讲话精神，传达学习中央应对新冠肺炎疫情工作领导小组会议精神，研究部署近期工作。怀进鹏主持会议。

3月26日　中国科协党组理论学习中心组召开2020年第二次集体学习研讨扩大会议，专题学习习近平总书记关于统筹推进疫情防控和经济社会发展工作的重要论述。怀进鹏主持会议并作学习讲评。

3月27日　中国科协党组召开会议，传达学习习近平主席在二十国集团领导人特别峰会上的重要讲话精神，研究落实中央应对新冠肺炎疫情工作领导小组有关部署。怀进鹏主持会议。

3月30日　中央纪委国家监委驻科技部纪检监察组组长、科技部党组成员冀星华到中国科协调研，与中国科协领导班子成员召开调研座谈会。中央纪委委员、驻科技部纪检监察组原组长王宾宜出席座谈会并发言。中国科协党组、书记处全体成员参加会议。

3月31日　中国科协召开2020年第一次深化改革领导小组会议暨重大任务调度会。怀进鹏主持会议。党组、书记处领导出席会议。

中国科协2020年科普工作视频会议在北京召开。孟庆海出席会议并讲话。殷皓主持会议。

4月

4月1日　中国科协召开科技经济融合发展工作专题研讨会。怀进鹏主持会议。

4月2日　中华预防医学会通过视频形式组织召开以“携手共进，抗击疫情”为主题的新冠肺炎疫情防控国际经验交流研讨会。怀进鹏、世界公共卫生联盟副主席沃尔特·里查尔迪出席会议并致辞。

4月3日　中国科协党组召开会议，传达学习习近平总书记在浙江考察时的重要讲话以及中共中央政治局会议、中央应对新冠肺炎疫情工作领导小组会议精神，传达学习《党委（党组）落实全面从严治党主体责任规定》，听取科协服务科技经济融合发展等情况汇报，研究部署相关工作。怀进鹏主持会议。

4月4日　“2019年度科协十大事件”揭晓。十大事件分别为：习近平向首届世界科技与发展论坛等致贺信，成功举办“国际月”系列活动；习近平向首届世界新能源汽车大会致贺信；联合下发《关于深化改革培育世界一流科技期刊的意见》；推动出台《关于进一步弘扬科学家精神加强作风和学风建设的意见》；学习最美争当最美，“最美科技工作者”学习宣传活动深入人心；广泛开展科技志愿服务行动，助力脱贫攻坚和文明实践中心建设；创建中国科协党校（人才学院），入驻学习强国平台，分类开展思想引领；举办第二十一届中国科协年会，产学融合助力东北振兴；打造中国公众科学素质促进联合体，构建科普社会协同化发展新格局；“3+1”试点改革强基，助力完善基层社会治理新格局。

4月6日　中华中医药学会通过视频形式召开新冠肺炎治疗国际学术交流会。宋军出席会议。来自中国、美国、英国、德国、法国、西班牙等国家的70多名卫生健康领域专家参加会议。

4月7日　中华医学会和缅甸、泰国、巴基斯坦等国家医学会以视频形式联合举办新冠肺炎防治中国经验研讨会。吕昭平出席会议。

4月8日　中国科协召开面向2035年公民科学素质建设专家座谈会。孟庆海主持会议。殷皓出席会议。

4月10日　中国科协党组理论学习中心组召开2020年第三次集体学习扩大会议，专题学习《中国共产党党和国家机关基层组织工作条例》。怀进鹏主持会议并作学习讲评。王守东作重点发言。党组其他同志作交流发言。

中国科协党组召开会议，传达学习习近平总书记在4月8日中共中央政治局常务委员会上的重要讲话精神，研究落实中央应对新冠肺炎疫情工作领导小组有关部署的具体举措。怀进鹏主持会议。

第二十二届中国科协年会系列活动——2020世界牡丹大会在山东省菏泽市召开。吕昭平出席会议并致辞。

4月16日　中国科协召开科技与经济融合工作推进会。怀进鹏主持会议。孟庆海、束为、宋军、吕昭平出席会议。

4月17日　中央纪委国家监委驻科技部纪检监察组与中国科协党组召开2020年第一次全面从严治党专题会商会议暨中国科协党组全面从严治党专题会议，就落实十九届中央纪委四次全会精神、推进中央巡视整改工作进行沟通会商。

4月19日　中国科协九届十一次常委会议召开。会议表决同意吕昭平担任中国科协第九届书记处书记（挂职）。

4月24日　中国科协党组召开会议，传达学习习近平总书记在陕西考察调研时的重要指示精神、中共中央政治局常委会会议和中共中央政治局会议精神以及中央应对新冠肺炎疫情工作领导小组会议精神。怀进鹏主持会议。

中国科协党组理论学习中心组召开2020年第四次集体学习扩大会议，学习习近平总书记关于扶贫工作的重要论述，贯彻落实党中央、国务院关于决战决胜脱贫攻坚和乡村振兴的战略部署。怀进鹏主持会议并作学习讲评。宋军作重点发言。党组、书记处其他同志作交流发言。

4月28日　中国科协召开科技经济融合工作调度会。怀进鹏主持会议。孟庆海、束为、宋军、吕昭平、王守东、殷皓出席会议。

4月29日　中国科协召开以“我为发展做贡献”为主题的青年干部座谈会。怀进鹏出席会议。

4月30日　中国科协第九届全国委员会第七次会议在北京召开。万钢作常委会工作报告。怀进鹏主持会议。

5月

5月8日　中国科协党组召开会议，传达学习党中央有关疫情防控和经济社会发展工作重要精神，以及中共中央办公厅《关于持续解决困扰基层的形式主义问题　为决胜全面建成小康社会提供坚强作风保证的通知》要求。怀进鹏主持会议。

5月9日　第二届全国创新争先奖复评会议在北京召开。万钢主持会议。

5月13日　中国科协“科创中国”首期论坛在北京举办。怀进鹏主持论坛。吕昭平出席论坛。

中国科协组织召开科技经济融合工作学会调研会。吕昭平出席会议并讲话。

5月14日　中国科协召开深化改革领导小组第二次会议暨科技经济融合工作调度会。怀进鹏主持会议。党组、书记处全体同志出席会议。

5月15日　中国科协党组召开会议，传达学习习近平总书记在山西调研考察有关重要精神和5月14日中共中央政治局常委会会议重要精神，研究审议《中国科协党组全面从严治党主体责任清单》。怀进鹏主持会议。

5月19日　中国科协召开决战决胜科技助力精准扶贫推进会。怀进鹏出席并讲话。宋军主持会议。

中国科协召开2020年全面从严治党、党风廉政建设和反腐败工作会议。怀进鹏、中央纪委国家监委驻科技部纪检监察组组长龚堂华出席会议并讲话。王守东主持会议。

5月20日　中国科协召开“科创中国”建设座谈会。怀进鹏主持会议。束为、吕昭平出席会议。

5月21日　中国科协在北京召开“科创中国”试点建设座谈会。怀进鹏、吕昭平出席会议。束为主持会议。

5月22日　中国科协党组召开会议，传达学习习近平总书记对毛南族实现整族脱贫重要指示精神，研究贯彻中央应对新冠肺炎疫情工作领导小组会议工作部署。怀进鹏主持会议。

5月25日　由中国科协主办的2020重大科学问题和工程技术难题征集发布系列活动在北京召开终审评议会。韩启德主持会议。怀进鹏、吕昭平出席会议。

5月29日　中国科协党组召开会议，传达学习习近平总书记在全国两会期间的重要讲话和全国两会精神。怀进鹏主持会议。

中国科协党组召开专题会议，传达学习习近平总书记给袁隆平、钟南山、叶培建等25位科技工作者代表的重要回信精神。怀进鹏主持会议。

“致敬新时代　礼赞科学家”庆祝2020年全国科技工作者日系列活动主场活动在北京举办。怀进鹏出席并讲话。

中国科协在北京召开“《传染病防治法》的修改完善”评估报告院士专家审定会。韩启德主持会议。

5月30日　第二届全国创新争先奖表彰奖励大会在北京召开。万钢出席并讲话。怀进鹏主持会议。

中国科协召开“全国科技工作者日”座谈会。万钢宣读习近平总书记给科技工作者代表的回信并讲话。怀进鹏主持会议。

第二十二届中国科协求是杰出青年成果转化奖在北京揭晓。李静海为获奖者代表颁授奖牌、证书。

新冠肺炎疫情下全球科技发展与治理国际研讨会在北京召开。怀进鹏、发展中国家科学院院长穆罕默德·哈桑、世界卫生组织荣誉总干事陈冯富珍、世界公共卫生联盟候任主席沃尔特·里查尔迪出席会议并致辞。

6月

6月2日　《全民科学素质行动计划纲要（2021—2025—2035年）》编制工作顾问组第一次会议召开。原国务委员、第十一届全国人大常委会副委员长、中国老科学技术工作者协会会长陈至立主持会议并讲话。怀进鹏、孟庆海等出席会议。

6月3日　第二届中国科学文化论坛在北京召开。韩启德、北京大学校长郝平、李静海等出席并致辞。怀进鹏作大会特邀主旨报告。

6月4日　“中关村U30”青年创新创业座谈会暨2020年启动活动在北京举办。怀进鹏出席并讲话。

6月5日　中国科协党组召开会议，传达学习习近平总书记在专家学者座谈会上的重要讲话精神。怀进鹏主持会议。

中国科协党组理论学习中心组召开2020年第五次集体学习扩大会议，学习习近平总书记在全国两会期间的重要讲话和全国两会精神，统筹谋划科协下阶段重点工作。怀进鹏主持会议并作学习讲评。徐延豪、孟庆海作重点发言。

6月5—6日　中国检验检测学会第二届会员大会在北京召开。李怀林当选学会第二届会长。

6月10日　万钢在北京会见天津市委副书记、市长张国清一行，并听取天津市关于举办第四届世界智能大会的汇报。怀进鹏、吕昭平参加会见。

6月11日　中国科协召开2020年第四次深化改革领导小组会议暨重大任务调度会。怀进鹏主持会议。徐延豪、孟庆海、束为、吕昭平、王守东、殷皓出席会议。

6月16日　中国科协召开离退休干部工作领导小组会议。徐延豪主持会议。王守东等出席会议。

6月19日　中国科协党组召开会议，传达学习习近平总书记在宁夏考察时的重要讲话精神和中央应对新冠肺炎疫情工作领导小组会议精神。怀进鹏主持会议。

中国科协党组理论学习中心组召开2020年第六次集体学习扩大会议，专题学习习近平总书记关于力戒形式主义官僚主义重要论述。怀进鹏主持会议并作学习讲评。束为作重点发言。党组、书记处其他同志作交流发言。

6月22日　中国热带作物学会第十次全国会员代表大会在海南省海口市召开。刘国道当选学会第十届理事会理事长。

6月23日　第四届世界智能大会在天津市开幕。万钢出席云开幕式暨主题峰会并作主旨报告。天津市委书记李鸿忠致辞。

6月24日　中国科协、天津市政府、南开大学数字经济研究中心成立大会在天津市举行。怀进鹏，天津市委常委、市委教育工委书记于立军，南开大学党委书记杨庆山分别致辞。

7月

7月2日　中国科协宣传思想工作会在北京召开。徐延豪出席会议并讲话。

怀进鹏带队赴中国汽车工程学会开展科技经济融合工作调研。束为、吕昭平等参加调研。

7月3日　中国科协党组召开会议，传达学习习近平总书记在6月29日中共中央政治局会议、中共中央政治局第二十一次集体学习和中央全面深化改革委员会第十四次会议上的重要讲话，以及给复旦大学青年师生党员的重要回信精神。怀进鹏主持会议。

7月7日　怀进鹏一行赴联想集团调研科技经济融合工作。北京市副市长隋振江，王守东等参加调研。

中国大坝工程学会第三次全国会员代表大会以视频形式召开。矫勇当选学会第三届理事会理事长。

7月8日　中国科协召开“科创中国”开源生态建设专题座谈会。怀进鹏主持会议。束为、吕昭平参加会议。

7月9日　中国科协召开学会国际化发展专题研讨会。怀进鹏主持会议并讲话。吕昭平出席会议。

第三届世界人工智能大会在上海市开幕。中共中央政治局委员、上海市委书记李强出席开幕式并致辞。

7月10日　中国科协党组召开会议，传达学习习近平总书记给中国石油大学（北京）克拉玛依校区毕业生的重要回信精神，传达学习中央办公厅转发的《中央宣传部、中央组织部关于认真组织学习〈习近平谈治国理政〉（第三卷）的通知》要求。怀进鹏主持会议。

中国科协召开基础科学重大问题研讨会。怀进鹏主持会议。束为、吕昭平出席会议。

7月11日　宋军看望慰问第二届全国创新争先奖牌获奖团队、广州医科大学新冠肺炎疫情防控研究南山团队，出席第二届全国创新争先奖广东地区获奖者座谈会并颁发获奖证书。

7月13日　宋军带队赴广东省广州市、深圳市开展“科创中国”试点城市建设专题调研并进行工作对接。广东省委副书记、深圳市委书记王伟中，广东省委常委、统战部部长黄宁生，广州市委副书记、市长温国辉先后会见宋军一行。

7月16日　2020中小企业数字经济全球论坛在北京召开。怀进鹏，世界工程组织联合会（WFEO）主席龚克，宋军，吕昭平等出席论坛。怀进鹏作主旨报告。

天府科技云服务启动暨平台上线仪式在四川省成都市举办。怀进鹏通过视频连线方式代表中国科协表示祝贺。

7月17日　中国科协党组召开会议，传达学习《求是》杂志发表的习近平总书记重要文章《中国共产党领导是中国特色社会主义最本质的特征》和习近平总书记关于进一步做好防汛救灾工作的重要指示精神，传达学习经济形势专家和企业家座谈会及国务院常务会议精神。怀进鹏主持会议。

怀进鹏围绕“强化政治机关意识，走好第一方阵”，以“牢记使命、坚定创新自信、凝心聚力建设世界科技强国”为题，为中国科协机关和直属单位党员、干部讲专题党课。徐延豪主持会议。

7月23日　中国科协召开科技经济融合工作专题会议。怀进鹏主持会议。束为、吕昭平出席会议。

徐延豪围绕“强化政治机关意识教育”主线，以“从‘四史’中汲取营养，提升科协组织思想引领水平”为题，为分管部门单位党员、干部和所联系的青年理论学习小组同志讲专题党课。

2020中小企业数字经济全球论坛总结会在北京召开。宋军出席并讲话。

7月24日　中国科协党组召开会议，再次学习习近平总书记在中共中央政治局第二十一次集体学习时的重要讲话精神，传达学习习近平总书记在7月17日中共中央政治局常务委员会会议上的重要指示精神、在企业家座谈会上的重要讲话精神以及赴吉林考察调研时的重要指示精神。怀进鹏主持会议。

中国科协党组理论学习中心组召开2020年第七次集体学习扩大会议，学习领会习近平新时代中国特色社会主义经济思想和《中共中央国务院关于新时代加快完善社会主义市场经济体制的意见》，研讨贯彻落实举措。怀进鹏主持会议并作学习讲评。

7月25日　中国科协“老科学家学术成长资料采集工程”北京大学联合采集启动仪式暨交流会在北京举办。韩启德出席活动并致辞。

7月27日　怀进鹏在北京会见宁夏回族自治区党委常委、宣传部部长李金科。

7月29日　中国科协召开科技经济融合工作第二次专题会议。怀进鹏主持会议。党组、书记处领导同志出席会议。

7月30—31日　吕昭平带队赴山东省济南市、青岛市对第二十二届中国科协年会筹备工作和“科创中国”建设工作进行调研考察。

7月31日　中国科协党组召开会议，传达学习7月30日中共中央政治局会议、习近平总书记在党外人士座谈会上的重要讲话、对研究生教育工作的重要指示以及在亚洲基础设施投资银行第五届理事会年会视频会议开幕式上的致辞等重要精神。怀进鹏主持会议。

8月

8月10日　第二十二届中国科协年会科技社团发展与治理论坛在北京举办。怀进鹏出席并致辞。

第二十二届中国科协年会重点活动“中国科技峰会——第三届世界科技期刊论坛”主旨报告会在北京召开。怀进鹏出席论坛并致辞。吕昭平出席论坛。

第二十二届中国科协年会国际技术贸易大会暨中日韩技术贸易论坛在山东省青岛市举办。宋军出席会议。

8月11日　第二十二届中国科协年会第八期风向标——中国创新创业先锋论坛在北京举办。吕昭平出席并致辞。

8月14日　第二十二届中国科协年会在山东省青岛市开幕。会议主题为“改革开放创新引领——科技赋能合作发展”。万钢致开幕词。山东省委书记、省人大常委会主任刘家义致欢迎词。怀进鹏主持开幕式。

第二十二届中国科协年会高端装备产业发展论坛在山东省潍坊市开幕。万钢出席论坛开幕式并讲话。山东省副省长凌文致辞。

山东省党政领导与院士专家座谈会暨2020年山东省创新驱动发展院士恳谈会在山东省青岛市召开。万钢，山东省委书记、省人大常委会主任刘家义出席并讲话。怀进鹏出席会议。山东省委副书记、省长李干杰主持会议。

中国科协与青岛市政府在山东省青岛市签署“科创中国”试点城市建设合作协议。怀进鹏，宋军，吕昭平，山东省委常委、青岛市委书记王清宪，青岛市委副书记王鲁明出席签约仪式。

8月15日	中国科协主席与山东大学生见面会在山东省青岛市召开。万钢与来自中国海洋大学、山东大学、中国石油大学（华东）等大学的50余名青年学子代表进行面对面交流。
	第二十二届中国科协年会“科创中国”科技创新企业家高峰论坛在山东省青岛市举办。怀进鹏出席并致辞。山东省副省长、中国工程院院士凌文，中国机械工程学会理事长、中国工程院院士李培根等出席论坛。
	第二十二届中国科协年会在山东省青岛市闭幕。怀进鹏出席闭幕式并致辞。吕昭平主持闭幕式。闭幕式上发布了10个对科学发展具有导向作用的科学问题和10个对技术和产业具有关键作用的工程难题，举行了中国（青岛）海外人才创新创业项目大赛颁奖仪式，怀进鹏，山东省副省长凌文，宋军，吕昭平等出席仪式并为获奖项目代表颁奖。
8月17—18日	怀进鹏一行深入山西省吕梁市临县调研定点扶贫县决战决胜脱贫攻坚与乡村振兴工作情况。宋军一同调研。
8月18日	“科创中国”科技经济融合发展工作吕梁座谈会召开。怀进鹏、宋军出席会议。
8月19日	中国科协党组召开会议，传达学习习近平总书记7月30日在中共中央政治局第二十二次集体学习时的重要讲话以及出席“北斗三号”全球卫星导航系统建成暨开通仪式、致信全国青联十三届全委会全国学联二十七大和近期作出的重要指示等有关精神。怀进鹏主持会议。
	怀进鹏在北京会见浙江省委常委、温州市委书记陈伟俊一行，双方围绕2019世界青年科学家峰会“后峰会文章”推进及2020青年峰会筹备工作进行交流。
8月19—20日	孟庆海带领中国科协化工科技服务团和挂点工作组到河南省濮阳市调研“科创中国”试点市建设工作并召开座谈会。
8月19—22日	殷皓带队赴广西壮族自治区南宁市、柳州市、崇左市等地就推进“科创中国”试点建设方面取得的进展和铝产业重点龙头企业技术需求开展调研对接。
8月21日	第十六届中国青年科技奖终评会议在北京召开。万钢主持会议。
	中国科协党组理论学习中心组召开2020年第八次集体学习扩大会议，专题学习《习近平谈治国理政》(第三卷)。怀进鹏主持会议并作学习讲评。
8月23日	“科创中国”天津试点城市建设座谈对接会在天津市召开。王守东出席会议。
8月24日	宋军赴上海市调研世界顶尖科学家协会上海中心、中国国际进口博览局和上海清华国际创新中心，赴江苏省苏州市调研海智计划国家海外人才离岸创新创业基地建设工作。
	吕昭平一行赴安徽省调研科技经济融合工作，与安徽省政府领导以及相关部门就“科创中国”落地安徽、推动安徽省科技经济融合工作进行座谈交流。
8月24—25日	孟庆海带领中国科协信息科技学会联合体服务团和挂点工作组到江苏省无锡市调研“科创中国”试点市建设工作情况。
8月24—26日	怀进鹏一行赴湖北省武汉市、咸宁市开展调研，会见湖北省委书记应勇和省委副书记、省长王晓东。
8月25日	中国科协、湖北省人民政府、华中科技大学共建“华中公共卫生与健康联合研究中心”成立大会在湖北省武汉市举行。怀进鹏、湖北省副省长肖菊华、华中科技大学党委书记邵新宇分别致辞。湖北省科协主席郭生练主持会议。
	吕昭平一行赴安徽省铜陵市调研“科创中国”试点建设工作，出席铜陵市“科创中国”试点城市建设座谈会。
8月25—26日	徐延豪率“科创中国”泉州挂点工作组和高技术纺织纤维科技服务团、生态环保科技服务团到福建省泉州市调研“科创中国”试点建设工作。

8月26—27日　孟庆海率“科创中国”挂点工作组和信息科技学会联合体服务团赴重庆市专题调研“科创中国”试点城市建设工作。

8月27日　清华大学科技发展与治理研究中心领导小组第二次会议在北京召开。领导小组联席组长怀进鹏主持会议并作总结讲话。领导小组联席组长、清华大学校长邱勇出席并讲话。领导小组副组长束为，领导小组副组长、清华大学副校长尤政出席会议。

怀进鹏在北京会见四川省委常委、成都市委书记范锐平一行，双方就科技创新建设进行交流。

徐延豪一行赴江西省南昌市调研“科创中国”试点园区建设工作并召开座谈会。江西省委常委、南昌市委书记吴晓军会见调研组一行。

王守东带队赴中关村软件园调研，与百度、君正、易捷行云等企业相关负责人交流开源生态建设情况。

8月28日　怀进鹏、孟庆海到首钢园区调研科幻工作。

8月31日　《全民科学素质行动计划纲要（2021—2025—2035年）》编制工作座谈会在北京召开。孟庆海主持会议。殷皓出席会议。

8月31日—9月1日　中国共产党中国科协机关第九次代表大会召开。怀进鹏、中央和国家机关工委副书记吴汉圣出席开幕式并讲话。中央纪委国家监委驻科技部纪检监察组组长龚堂华、副组长玄洪云出席开幕式。徐延豪主持开幕式。宋军、殷皓出席会议。王守东代表机关党委作工作报告。

9月

9月2日　中国工艺美术学会第五次全国会员代表大会在北京召开。才大颖当选学会第五届理事会理事长。

9月2—3日　怀进鹏赴宁夏回族自治区银川市、吴忠市及宁东能源化工基地调研，先后会见自治区党委书记陈润儿和自治区人民政府主席咸辉，并为自治区党委理论学习中心组作报告。

9月2—4日　殷皓率“科创中国”挂点工作组和乡村振兴科技服务团深入内蒙古自治区巴彦淖尔市调研“科创中国”试点城市建设工作。

9月3日　万钢赴中国工业互联网研究院开展调研。吕昭平参加调研。

9月4日　中国科协党组召开会议，传达学习8月31日中共中央政治局会议、中央全面深化改革委员会第十五次会议，以及习近平总书记在扎实推进长三角一体化发展座谈会、经济社会领域专家座谈会、中央第七次西藏工作座谈会、纪念中国人民抗日战争暨世界反法西斯战争胜利75周年座谈会上的讲话等有关重要精神。怀进鹏主持会议。

9月5日　2020年中国国际服务贸易交易会数字贸易发展趋势和前沿高峰论坛在北京举办。工业和信息化部部长肖亚庆，怀进鹏，北京市政协主席吉林，商务部副部长王炳南，人民日报社副总编赵嘉鸣，山西省副省长卢东亮等出席论坛开幕式。中国电子学会理事长张峰主持开幕式。

9月8日　2020年中国国际服务贸易交易会中国国际技术贸易论坛在北京举办。宋军出席论坛。

9月9日　怀进鹏出席中国农业科学院科学技术协会成立大会。

9月10日　中国科协“十四五”规划编写组第一次会议在北京召开。宋军出席会议。

9月11日　中国科协党组召开会议，传达学习习近平总书记在全国抗击新冠肺炎疫情表彰大会、中央财经委员会第八次会议、2020年中国国际服务贸易交易会全球服务贸易峰会上的重要讲话精神。怀进鹏主持会议。

中国科协党组理论学习中心组召开2020年第九次集体学习扩大会议，学习《共产党宣言》和习近平总书记关于学习马克思主义经典的重要论述。怀进鹏主持会议并作学习讲评。束为、王守东作重点发言。党组其他同志作交流发言。

9月14日　中国科协党组召开会议，专题学习9月11日习近平总书记在科学家座谈会上的重要讲话精神。怀进鹏主持会议。

怀进鹏主持召开2020年第五次深化改革领导小组会议暨9月重大任务调度会。党组、书记处领导同志出席会议。

9月15日　2020中国国际智能产业博览会采取“云上”办会模式在重庆市开幕。中共中央政治局委员、重庆市委书记陈敏尔在开幕式上致辞。

第三届数字经济百人会在重庆市召开。怀进鹏发表视频致辞。

中国烟草学会第八次会员代表大会在北京召开。韩占武当选学会第八届理事会理事长。

9月16日　中国科协召开学会国际化发展专题研讨会，贯彻习近平总书记在科学家座谈会上的重要讲话精神。怀进鹏主持会议并讲话。宋军出席会议。

9月17日　怀进鹏在北京会见重庆市委副书记、市长唐良智一行，双方围绕在促进科技经济深度融合、推动区域经济高质量发展方面开展合作进行交流。

2020中关村论坛技术交易大会正式启动。宋军出席并致辞。

9月18日　中国科协组织沿黄九省区科协及相关领域专家在山东省济南市召开黄河流域生态保护和高质量发展协同智库座谈会。徐延豪出席并讲话。

9月19日　“国家最高科学技术奖获奖科学家手模墙”揭幕仪式、中国科协“科学家精神培育基地”授牌仪式和“科技馆里的科学课”启动仪式暨首场“院士科学人文课”等系列活动在北京举办。怀进鹏、孟庆海、殷皓出席活动。

《中国现代科学家（八）》纪念邮票首发式在北京举行。徐延豪和中国邮政集团有限公司总会计师、党组成员郭成林共同为《中国现代科学家（八）》纪念邮票揭幕。

第十二届海峡论坛——2020海峡科技专家论坛在福建省厦门市召开。宋军以视频方式致辞。福建省副省长郭宁宁出席开幕式并致辞。

中国农业历史学会第七次会员代表大会在江苏省南京市召开。隋斌当选学会第七届理事会理事长。

9月21日　中共中央政治局委员、国务院副总理刘鹤到中国科技馆参加2020年全国科普日北京主场活动。

中国科协党组召开会议，传达学习习近平总书记在湖南考察调研、在基层代表座谈会上的讲话以及致中国延安精神研究会第六次会员大会的贺信等有关重要精神。怀进鹏主持会议。

2020年中国科协国际组织任职及后备人员培训班在北京开班。宋军等出席并致辞。

9月21—23日　吕昭平率“科创中国”七台河挂点工作组和科技服务团部分专家到黑龙江省就“科创中国”试点城市建设工作进行调研。

9月22日　2020年度全国学会党组织负责人培训班在北京举办。王守东出席并讲话。

9月22—24日　中国土壤学会第十四次全国会员代表大会暨“守护土壤健康，助力高质发展”学术交流研讨会在黑龙江省哈尔滨市召开。张佳宝当选学会第十四届理事会理事长。

9月23日　2020中国创新创业成果交易会在广东省广州市召开。怀进鹏视频致辞。广东省副省长王曦，广东省政协副主席、九三学社省委会主委、省住房和城乡建设厅厅长张少康出席启动仪式。广州市市长温国辉，宋军在启动仪式上致辞。

宋军赴广东阿格蕾雅光电材料有限公司、广东顺德科创管理集团有限公司、佛山中国发明成果转化研究院等单位调研，并参加中国科协海智计划广东（顺德）基地工作座谈会。

9 月 24 日　第十六届中国科技期刊发展论坛在吉林省长春市召开。吕昭平、吉林省副省长安立佳出席开幕式并致辞。

9 月 25 日　国家海外人才离岸创新创业基地揭牌仪式暨 2020 首都海智“创新链接”年度会议在北京举办。宋军发表视频致辞。

中国兵工学会第九次全国会员代表大会在线召开。焦开河当选学会第九届理事会理事长。

9 月 27 日　中国科协党组召开会议，传达学习习近平总书记在联合国成立 75 周年纪念峰会、第七十五届联合国大会一般性辩论、教育文化卫生体育领域专家代表座谈会及第三次中央新疆工作座谈会上的重要讲话精神。怀进鹏主持会议。

9 月 28 日　2020 世界新能源汽车大会在海南省海口市召开。万钢出席并作主旨报告。德国驻华大使葛策、海南省省长沈晓明出席会议并致辞。徐延豪主持开幕式。

“弘扬科学家精神，加强作风学风建设”——新当选院士研修班学员论坛在北京举办。怀进鹏主持论坛。束为出席论坛。

第二十七届全国科普理论研讨会在北京召开。孟庆海出席开幕式并致辞。

中国防痨协会第十二次全国会员代表大会在北京召开。刘剑君当选协会第十二届理事会理事长。

9 月 29 日　在 2020 世界新能源汽车大会上，万钢发布了《2020 世界新能源汽车大会共识》。

10 月

10 月 9 日　中国卒中学会第二次全国会员代表大会在北京召开。王文志当选学会第二届理事会会长。

中国麻风防治协会第八届全国全员代表大会在山东省泰安市召开。张福仁当选协会第八届理事会会长。

10 月 11 日　2020 年中国科技峰会系列活动青年科学家沙龙第二十五期——动力工程领域科技经济融合与成果转化主题沙龙在北京举办。怀进鹏出席并致辞。

10 月 14 日　中国科协在北京召开“科创中国”建设工作座谈会。怀进鹏主持会议。束为出席会议。

10 月 15 日　中国科协召开谋划“十四五”发展工作推进会。怀进鹏主持会议。

中国纺织工程学会第二十六次全国会员代表大会暨学会成立 90 周年纪念活动在江苏省无锡市举办。伏广伟当选学会第二十六届理事会理事长。

10 月 16 日　中国科协党组召开会议，传达学习习近平总书记在 9 月 28 日中共中央政治局会议、中共中央政治局第二十三次集体学习、中央党校（国家行政学院）中青年干部培训班开班式、深圳经济特区成立 40 周年庆祝大会和广东考察时的重要讲话，以及向“摆脱贫困与政党的责任”国际理论研讨会致贺信等重要精神。怀进鹏主持会议。

第 16 届世界公共卫生大会中国卫星会在北京召开。怀进鹏出席并致辞。世界公共卫生联盟主席沃尔特·里查尔迪在线参会并致辞。

中国科协在北京召开扶贫干部座谈会。宋军主持会议。

中国科协在北京举办“共和国的脊梁——科学大师名校宣传工程云端剧院”上线仪式。徐延豪、清华大学党委书记陈旭共同为“科学家精神云端剧院”揭幕。

中国制冷学会第十次全国会员代表大会在北京召开。江亿当选学会第十届理事会理事长。

10月16—17日　中国地震学会第十次全国会员代表大会在重庆市召开。张培震当选学会第十届理事会理事长。

10月17日　中国运筹学会第十一届全国会员代表大会在安徽省合肥市召开。戴彧虹当选学会第十一届理事会理事长。

中国遥感应用协会第六届全国会员代表大会在北京召开。罗格当选协会第六届理事会理事长。

中国病理生理学会第十一次全国会员代表大会在北京召开。张幼怡当选学会第十一届理事会理事长。

10月18日　2020世界青年科学家峰会在浙江省温州市召开。万钢发表开幕式视频讲话。怀进鹏出席开幕式并致辞。

2020全球工业互联网大会在辽宁省沈阳市召开。工业和信息化部副部长刘烈宏，孟庆海，辽宁省委副书记、省长刘宁发表致辞。辽宁省委常委、常务副省长陈向群主持开幕式。

10月19日　国际青年女科学家论坛暨第十二届中国女科学家论坛在浙江省温州市召开。怀进鹏出席并致辞。

10月20日　中国工程教育专业认证协会第二次会员大会在北京召开。王树国当选协会第二届理事会理事长。

10月21日　《全民科学素质行动计划纲要（2021—2025—2035年）》编制工作专家座谈会在北京召开。怀进鹏主持会议。孟庆海、殷皓出席会议。

10月23日　中国科协党组召开会议，传达学习习近平总书记在10月16日中共中央政治局第二十四次集体学习、10月22日中共中央政治局常务委员会会议、参观“铭记伟大胜利捍卫和平正义——纪念中国人民志愿军抗美援朝出国作战70周年主题展览”和纪念中国人民志愿军抗美援朝出国作战70周年大会上的讲话等重要精神。怀进鹏主持会议。

10月23—24日　中国中西医结合学会第八次全国会员代表大会在北京召开。陈香美当选学会第八届理事会会长。

10月26—29日　宋军一行赴海南省海口市，广东省深圳市、珠海市出席国家海外人才离岸创新创业基地成立活动，并调研海智计划工作。

10月29日　2020年“最美科技工作者”集中遴选会议在北京召开。万钢主持会议。

10月30日　第三届世界顶尖科学家论坛在上海市召开。习近平向论坛作视频致辞。中共中央政治局委员、上海市委书记李强，怀进鹏，世界顶尖科学家协会主席罗杰·科恩伯格等出席开幕式并致辞。上海市委副书记、市长龚正主持开幕式。

11月

11月1日　2020中国科幻大会在北京召开。怀进鹏，北京市委副书记、市长陈吉宁出席开幕会并致辞。徐延豪主持开幕会。

11月2日　中国科协召开党组会议和理论学习中心组学习扩大会议，传达学习党的十九届五中全会精神，结合学习习近平总书记在科学家座谈会上的重要讲话精神，研究贯彻落实举措。怀进鹏主持会议并作总结发言。徐延豪、宋军作重点发言。

中国科协召开全面深化改革落实情况专题研讨会暨深化改革领导小组2020年第7次会议。中国科协党组、书记处全体同志出席会议。

11月5日　“科创中国”试点城市建设现场交流调研活动（南片区）在湖北省咸宁市举办。怀进鹏、束为、吕昭平出席活动。

11月6日 中国科协组织召开全国学会学习贯彻党的十九届五中全会精神专题座谈会。怀进鹏主持会议并作总结讲话。

11月8日 世界科学峰会中德美俄四国高级别圆桌会在线上召开。万钢出席会议。

11月8—9日 第二届世界科技与发展论坛在北京举办。万钢出席开幕式并致辞。怀进鹏主持开幕式，出席分论坛——开放科学与开源创新合作论坛并致辞，并在闭幕式上作总结讲话。吕昭平主持闭幕式。

11月9日 宋军深入四川省调研天府科技云服务工作。

11月10—11日 2020年中国科协国际组织任职及后备人员高级培训班在北京举办。宋军出席培训班结业式并发表讲话。

11月11日 2020世界智能网联汽车大会在北京开幕。中共中央政治局委员、北京市委书记蔡奇出席开幕式并宣布大会开幕。工业和信息化部部长肖亚庆，北京市市长陈吉宁，怀进鹏等分别致辞。北京市委常委、副市长殷勇主持大会开幕式。

中国照明学会第八次全国会员代表大会在江苏省苏州市召开。刘正雷当选学会第八届理事会理事长。

11月11—13日 第九届中国创新50人论坛在广东省汕头市举办。徐延豪出席并致辞。

11月14日 第一届国际高科技协同创新高峰论坛在广东省深圳市举办。宋军出席开幕式。

11月15—16日 中国电工技术学会第九次全国会员代表大会在北京召开。杨庆新当选学会第九届理事会理事长。

11月16日 中国科协党组召开会议，传达学习习近平总书记在中央全面深化改革委员会第十六次会议、第三届中国国际进口博览会、上海合作组织成员国元首理事会第二十次会议、浦东开发开放30周年庆祝大会、全面推动长江经济带发展座谈会上的重要讲话，以及向博鳌亚洲论坛国际科技与创新论坛首届大会开幕致贺信等有关重要精神。怀进鹏主持会议。

11月17日 怀进鹏赴中国石化集团公司北京化工研究院调研并座谈。

11月17—18日 中国科协2020年海智计划工作会在四川省成都市召开。宋军出席并讲话。

11月18日 第四届科协发展理论研讨会在北京召开。徐延豪出席并致辞。

11月19日 《全民科学素质行动计划纲要（2021—2025—2035年）》编制工作顾问组第二次会议在北京召开。原国务委员、第十一届全国人大常委会副委员长、《全民科学素质行动计划纲要（2021—2025—2035年）》编制工作顾问组组长陈至立主持会议。怀进鹏、孟庆海、殷皓等出席会议。

11月19—21日 第二十四届全国发明展览会——“一带一路”暨金砖国家技能发展与技术创新大赛在广东省佛山市举办。万钢为展会开幕式作视频讲话。

11月20日 2020年全国科学道德和学风建设宣讲教育报告会暨宣传月启动仪式在北京举办。万钢致辞。中国工程院院士戚发轫、敦煌研究院名誉院长樊锦诗作报告。怀进鹏主持报告会。

11月21—22日 中国科学学与科技政策研究会第八次全国会员代表大会在北京召开。穆荣平当选研究会第八届理事会理事长。

11月24日 第四届“一带一路”青少年创客营与教师研讨活动在重庆市闭幕。怀进鹏等8位科学家在线寄语“一带一路”沿线国家青少年。

首次中俄科技人文交流合作联合委员会会议以视频方式召开。宋军与俄罗斯科学工程协会联合会第一书记德鲁卡连科共同主持会议。

第七届中俄工程技术论坛在北京和莫斯科等地同时在线举办。宋军出席并致辞。

11月25日 “科创中国”试点城市（北片区）建设现场交流调研活动在北京举办。怀进鹏、束为、吕昭平出席活动。

中国图书馆学会第十次会员代表大会在北京召开。饶权当选学会第十届理事会理事长。

11 月 26 日　怀进鹏赴中国电子信息产业集团有限公司网络安全和信息化产业基地调研。

11 月 28 日　中国密码学会第五次全国会员代表大会在北京召开。王小云当选学会第四届理事会理事长。

11 月 29 日　中国光学工程学会第二次全国会员代表大会暨第二届理事会换届大会在北京召开。张广军当选学会第二届理事会理事长。

11 月 30 日　2020 年全国学会工作会议在北京召开。万钢出席并讲话。怀进鹏作工作报告。

12 月

12 月 1 日　中国科协党校举办学习贯彻党的十九届五中全会精神专题报告会。王守东主持会议。

12 月 2 日　怀进鹏带领班子成员一行赴中国电子科技集团调研。

12 月 3 日　怀进鹏应邀与发展中国家科学院（TWAS）执行主任罗曼·穆伦齐进行线上会谈。

怀进鹏赴中国机械工业集团调研。

中国档案学会第九次全国会员代表大会在北京召开。杨冬权当选学会第九届理事会理事长。

12 月 4 日　中国科协党组召开专题学习会议，传达学习习近平总书记在中央全面依法治国工作会议、中共中央政治局会议和中共中央政治局第二十五次集体学习、中共中央政治局常务委员会会议、全国劳动模范和先进工作者表彰大会上的讲话等有关重要精神。怀进鹏主持会议。

黑龙江省科协第八届委员会第五次全体会议在黑龙江省哈尔滨市召开。庞达当选省科协第八届委员会主席。

12 月 5 日　中华中医药学会第七次全国会员代表大会在北京召开。于文明当选学会第七届理事会会长。

中国图象图形学学会第八次全国会员代表大会在北京召开。王耀南当选学会第八届理事会理事长。

中国科学技术情报学会第九次会员代表大会在广东省广州市召开。戴国强当选学会第九届理事会理事长。

12 月 7 日　世界公众科学素质组织筹备委员会成立会议在北京召开。孟庆海任筹备委员会主任。袁亚湘主持会议。

中国科协召开深化改革领导小组 2020 年第 8 次会议，围绕学习宣传贯彻党的十九届五中全会精神、与时俱进谋划未来改革发展进行专题战略研讨。怀进鹏主持会议并作总结讲话。

12 月 8 日　2020 世界公众科学素质促进大会在北京召开。万钢在开幕式上发表视频致辞。中国工程院院士张伯礼，诺贝尔化学奖得主迈克尔·莱维特，马来西亚科学院首席执行官哈扎米·哈比卜，以色列工程师、建筑师和技术科学毕业生协会董事会主席埃胡德·梅尼帕斯，怀进鹏等科学家作主旨报告。孟庆海主持开幕式。

“科学素质与全球挑战”电视专题论坛在北京举办。怀进鹏，中共中央宣传部副部长、中央广播电视总台台长兼总编辑慎海雄，“共和国勋章”获得者、中国工程院院士钟南山出席论坛并致辞。

宋军赴国家海外人才离岸创新创业基地（天津滨海）调研。

12 月 10 日　“中德数字化转型论坛：面向疫情的数字创新”以视频会议形式召开。万钢，德国联邦议院副议长、德国中国之桥协会主席汉斯－彼得·弗里德里希，世界互联网大会高级别专家咨询委员会联合主席维纳·措恩，中国德国友好协会会长、原中国驻德国大使史明德出席并致辞。宋军主持开幕式。

首届川渝科技学术大会暨四川科技学术大会在四川省成都市召开。怀进鹏，四川省委副书记、代省长黄强，重庆市副市长熊雪出席开幕式并讲话。四川省委副书记邓小刚出席开幕式。

“科创中国”数字平台规划方案研讨会在北京召开。吕昭平出席并作总结讲话。

12 月 11 日　中国科协党组召开会议，传达学习国家科技领导小组会议精神。怀进鹏主持会议。

中央纪委国家监委驻科技部纪检监察组与中国科协党组召开 2020 年第一次全面从严治党专题会商会议。怀进鹏主持会议并作总结讲话。驻科技部纪检监察组组长龚堂华出席会议并讲话。徐延豪、束为、宋军、吕昭平、王守东、殷皓出席会议并发言。

12 月 12 日　“科普中国——我是科学家”2020 年度盛典活动在北京举办。孟庆海、殷皓出席活动。

中国岩石力学与工程学会第九次全国会员代表大会在北京召开。何满潮当选学会第九届理事会理事长。

中国管理现代化研究会第七次全国会员代表大会在线召开。石勇当选研究会第七届理事会理事长。

12 月 15 日　中国科协党组理论学习中心组召开学习扩大会议，结合深入贯彻党的十九届五中全会精神，专题学习《论党的宣传思想工作》，研究进一步落实意识形态工作责任制、新形势下做好科协宣传思想工作思路和举措。怀进鹏主持会议并作总结发言。

殷皓赴河南省郑州市、南阳市调研指导实体科技馆建设与流动科技馆区域常态化巡展工作。

12 月 17 日　中国科普作家协会第八次全国会员代表大会在北京召开。周忠和当选协会第八届理事会理事长。

12 月 21 日　中国水利学会第十一次会员代表大会在北京召开。怀进鹏，水利部党组书记、部长鄂竟平出席并致辞。魏山忠当选学会第十一届理事会理事长。

中国科协援疆援藏工作领导小组会议在北京召开。宋军出席会议并讲话。

12 月 22 日　宋军在以色列驻华使馆会见以色列驻华大使何泽伟（Zvi Heifetz），双方就青少年科技人文交流与合作进行探讨。

中国科协青年科学家论坛 400 期回顾暨“弘扬科学家精神”报告会在北京召开。吕昭平出席并讲话。

中俄数字经济高峰论坛（2020）在北京和莫斯科等地同时在线举办。宋军、俄罗斯科学工程协会联合会第一书记德鲁卡连科出席并致辞。

12 月 23—24 日　中国科协、中共天津市委在天津市共同举办全域科普工作和基层科协组织建设现场会。怀进鹏出席全体会议并讲话。孟庆海、束为、殷皓出席有关会议并参加实地考察、研讨交流等活动。

12 月 24 日　万钢、怀进鹏到中国航空发动机集团调研。

中国青少年科技辅导员协会第八次全国会员代表大会在北京召开。武向平当选协会第八届理事会理事长。

12 月 25 日　中国科协党组召开会议，专题学习中央经济工作会议精神，研究贯彻落实措施。怀进鹏主持会议。束为、宋军、吕昭平、王守东、殷皓出席会议。

中国科协召开深化改革领导小组会议暨2020年12月重大任务调度会。怀进鹏主持会议。党组、书记处领导出席会议。

12月27日　第十七届中国青年女科学家奖评审会议在北京召开。评审委员会主任、中国科协副主席、中国工程院副院长陈左宁出席并主持会议。束为出席并讲话。王守东等出席并全程监督评审工作。

12月28日　中国科协九届常委会学术交流专门委员会针对科技评价体系改革召开专题研讨会。

12月29日　中国科协党组理论学习中心组召开学习扩大会议，结合学习中央全面依法治国会议精神，深入学习习近平法治思想，研究贯彻落实思路和举措。怀进鹏主持会议并作总结发言。吕昭平、殷皓作重点发言。党组、书记处其他领导进行交流发言。

12月31日　云南省科协第九次代表大会在云南省昆明市召开。朱有勇当选省科协第九届委员会主席。

附　录

中国科学技术协会组织体系框图

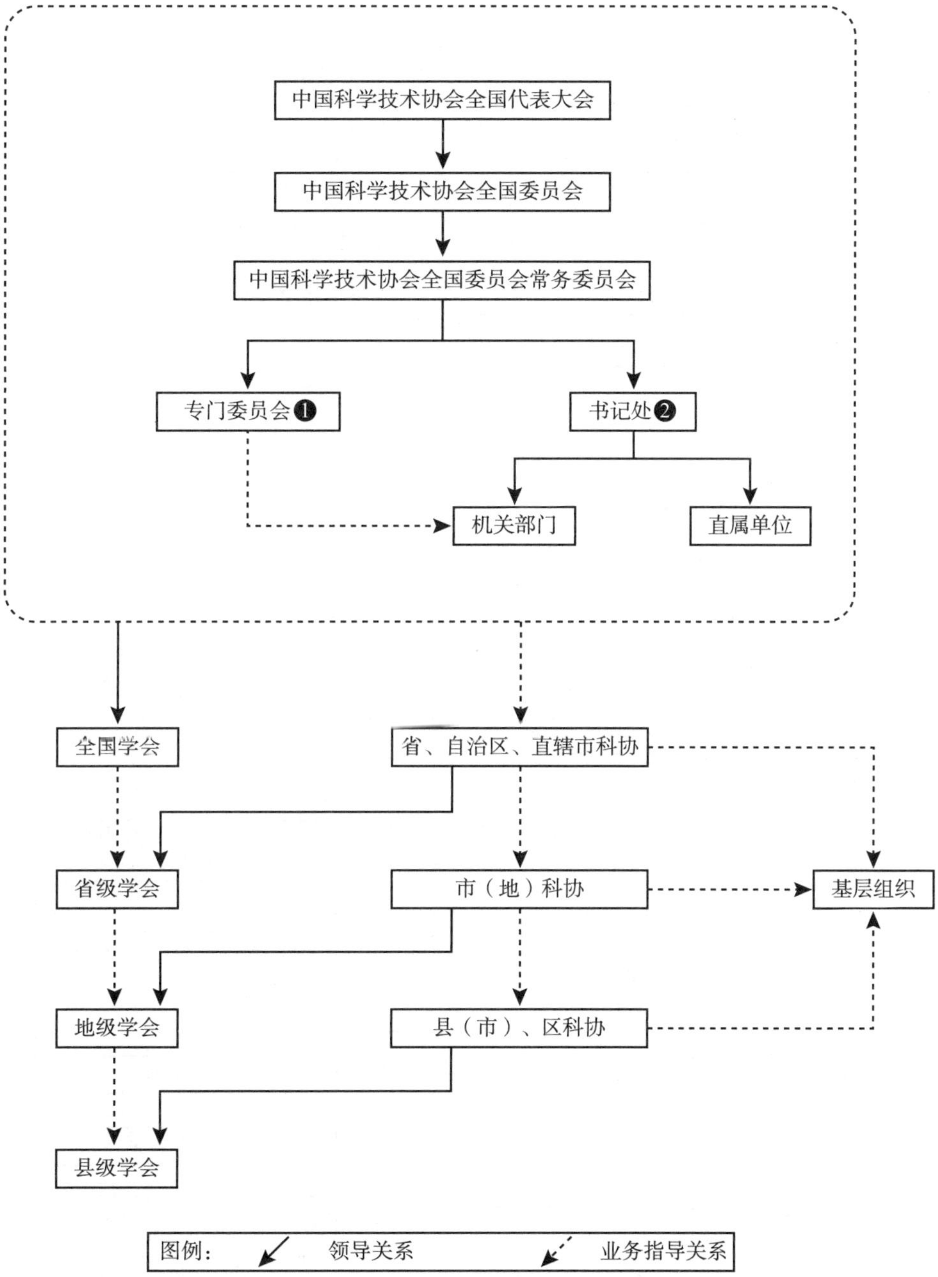

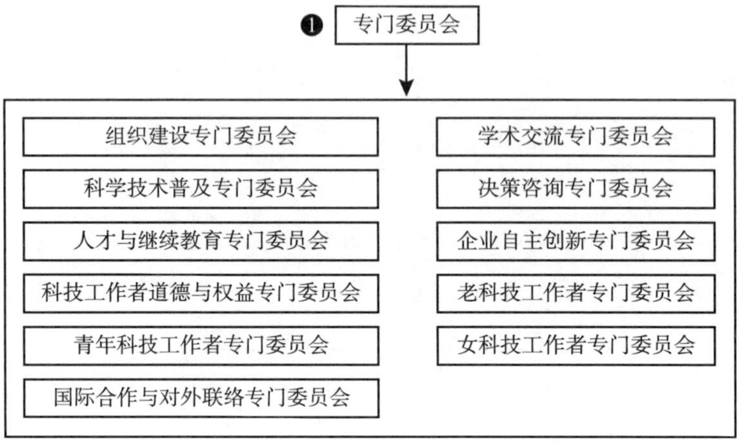
❶ 专门委员会
组织建设专门委员会
科学技术普及专门委员会
人才与继续教育专门委员会
科技工作者道德与权益专门委员会
青年科技工作者专门委员会
国际合作与对外联络专门委员会
学术交流专门委员会
决策咨询专门委员会
企业自主创新专门委员会
老科技工作者专门委员会
女科技工作者专门委员会

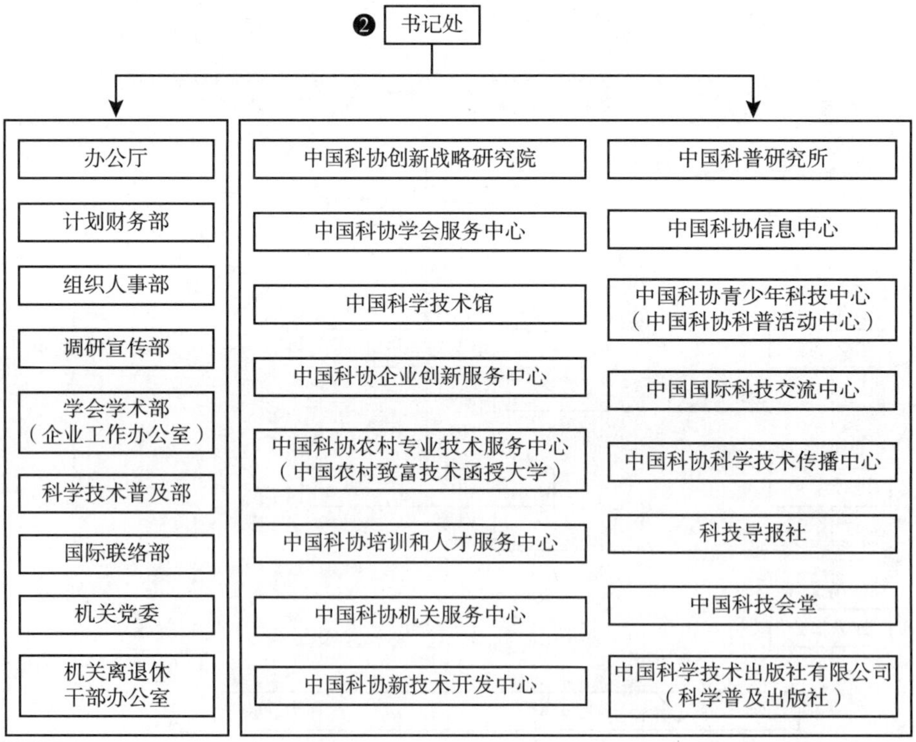
❷ 书记处
办公厅
计划财务部
组织人事部
调研宣传部
学会学术部（企业工作办公室）
科学技术普及部
国际联络部
机关党委
机关离退休干部办公室
中国科协创新战略研究院
中国科协学会服务中心
中国科学技术馆
中国科协企业创新服务中心
中国科协农村专业技术服务中心（中国农村致富技术函授大学）
中国科协培训和人才服务中心
中国科协机关服务中心
中国科协新技术开发中心
中国科普研究所
中国科协信息中心
中国科协青少年科技中心（中国科协科普活动中心）
中国国际科技交流中心
中国科协科学技术传播中心
科技导报社
中国科技会堂
中国科学技术出版社有限公司（科学普及出版社）

中国科学技术协会名誉主席、荣誉委员

1986 年 6 月 27 日中国科协三届一次全委会议通过

名誉主席 周培源 严济慈 茅以升

荣誉委员 （以姓氏笔画为序）

王顺桐 王淦昌 许 杰 苏步青 汪德昭 沈 鸿 陈世骧 杨显东 金善宝
高士其 谈家桢 黄汲清 董纯才 裴丽生

1987 年 3 月中国科学技术协会三届二次全委会议通过

荣誉委员 袁翰青 沈其益

1991 年 5 月 27 日中国科学技术协会四届一次全委会议通过

名誉主席 钱学森 钱三强

荣誉委员 （以姓氏笔画为序）

王大珩 卢嘉锡 刘东生 李国豪 吴仲华 沈 元 张 维 陆 达 唐敖庆
曹天钦 裘维蕃

1996 年 5 月 31 日中国科学技术协会五届一次全委会议通过

名誉主席 朱光亚 卢嘉锡 吴阶平

荣誉委员 何 康 林兰英（女） 强巴赤列（藏族） 胡亚美（女） 高景德

2001 年 6 月 24 日中国科学技术协会六届一次全委会议通过

荣誉委员 干福熹 王连铮 石元春 叶叔华（女） 毋国光 朱高峰 庄逢甘 孙大涌
李振声 杨 乐 闵桂荣 张存浩 陈可冀 陈佳洱 施蕴邦 聂 力（女）
顾方舟 高 潮 龚育之

2006 年 5 月 25 日中国科学技术协会七届一次全委会议通过

名誉主席 周光召

荣誉委员 左铁镛 旭日干（蒙古族） 刘 恕（女） 江泽慧（女） 苏纪兰 李依依（女）
张玉台 国 林 胡启恒（女） 钱 易（女） 徐善衍 郭孔辉 曾庆存

2011年5月29日中国科学技术协会八届一次全委会议通过

荣誉委员 马国馨　王永炎　王震西　韦　钰（女，壮族）邓　楠（女）艾国祥　白春礼（满族）
齐　让　杜祥琬　杨福家　张开逊　张启发　陆延昌　陈运泰　赵忠贤　栾恩杰（满族）
高润霖　郭桂蓉　符淙斌　管华诗

2016年6月2日中国科学技术协会九届一次全委会议通过

名誉主席 韩启德

荣誉委员 干　勇　王　兴　王　韧　王小兰（女）王诗宬　王恩哥　方　新（女）邓中翰
卢锡城　冯长根　吕　植（女）刘　玠　许振超　孙家广　杨　卫　杨　劼（女，蒙古族）
杨玉良　吴　跃　吴明江　沈爱民　张　勤　张桃林　陈惠娟（女）陈赛娟（女）
周建平　郑南宁　赵沁平　哈木拉提·吾甫尔（维吾尔族）饶子和　秦大河
袁家军　夏　强　唐启升　黄伯云　龚　克　屠海令　程东红（女）谢克昌　樊明武

已去世的名誉主席（8名）

卢嘉锡　朱光亚　吴阶平　周培源　严济慈　茅以升　钱三强　钱学森

已去世的荣誉委员（39名，以姓氏笔画为序）

王大珩　王顺桐　王淦昌　王连铮　卢嘉锡　母国光　刘东生　庄逢甘　旭日干　许　杰
吴仲华　张　维　李国豪　杨显东　汪德昭　沈　元　沈　鸿　沈其益　苏步青　陆　达
陈世骧　林兰英　金善宝　胡亚美　施莫邦　袁翰青　顾方舟　高士其　高景德　高　潮
唐敖庆　谈家桢　黄汲清　曹天钦　龚育之　董纯才　强巴赤列　裘维蕃　裴丽生

中国科学技术协会所属全国学会、协会、研究会及受委托管理的学会

序号	编码	学会名称	理事长	秘书长
1	A–01	中国数学会	田　刚	巩馥洲
2	A–02	中国物理学会	张　杰	方　忠
3	A–03	中国力学学会	方岱宁	杨亚政
4	A–04	中国光学学会	龚旗煌	刘　旭
5	A–05	中国声学学会	张春华	张守著
6	A–06	中国化学会	姚建年	范青华
7	A–07	中国天文学会	景益鹏	周济林
8	A–08	中国气象学会	王会军	王金星
9	A–09	中国空间科学学会	吴　季	庞红勋
10	A–10	中国地质学会	钟自然	李金发
11	A–11	中国地理学会	陈发虎	张国友
12	A–12	中国地球物理学会	陈晓非	郭　建
13	A–13	中国矿物岩石地球化学学会	胡瑞忠	冯新斌
14	A–14	中国古生物学会	詹仁斌	蔡华伟
15	A–15	中国海洋湖沼学会	孙　松	杨红生
16	A–16	中国海洋学会	陈连增	林明森
17	A–17	中国地震学会	张培震	李亚琦
18	A–18	中国动物学会	孟安明	魏辅文
19	A–19	中国植物学会	种　康	汪小全
20	A–20	中国昆虫学会	康　乐	戈　峰
21	A–21	中国微生物学会	邓子新	东秀珠
22	A–22	中国生物化学与分子生物学会	李　林	刘小龙
23	A–23	中国细胞生物学学会	陈晔光	杨　瑾
24	A–24	中国植物生理与植物分子生物学学会	陈晓亚	唐威华
25	A–25	中国生物物理学会	徐　涛	张　宏
26	A–26	中国遗传学会	薛勇彪	杨维才
27	A–27	中国心理学会	李　红	罗　劲
28	A–28	中国生态学学会	欧阳志云	钟林生
29	A–29	中国环境科学学会	黄润秋	王志华
30	A–30	中国自然资源学会	成升魁	濮励杰
31	A–31	中国感光学会	张丽萍	汪鹏飞

序号	编码	学会名称	理事长	秘书长
32	A-32	中国优选法统筹法与经济数学研究会	池　宏	林则夫
33	A-33	中国岩石力学与工程学会	何满潮	杨晓杰
34	A-34	中国野生动物保护协会	陈凤学	李青文
35	A-35	中国系统工程学会	杨晓光	唐锡晋
36	A-36	中国实验动物学会	秦　川	赵宏旭
37	A-37	中国青藏高原研究会	姚檀栋	张镱锂
38	A-38	中国环境诱变剂学会	曹　佳	郝卫东
39	A-39	中国运筹学会	戴彧虹	陈旭瑾
40	A-40	中国菌物学会	郭良栋	白逢彦
41	A-41	中国晶体学会	苏晓东	孙俊良
42	A-42	中国神经科学学会	张　旭	韩　雪
43	A-43W	中国认知科学学会	陈　霖	周　馨
44	A-44W	中国微循环学会	刘乃丰	詹启敏
45	A-45G	国际数字地球协会	Alessandro Annoni	王长林
46	A-46G	国际动物学会	张知彬	韩春绪
47	B-01	中国机械工程学会	李培根	陆大明
48	B-02	中国汽车工程学会	李　骏	张进华
49	B-03	中国农业机械学会	王　博	张咸胜
50	B-04	中国农业工程学会	张　辉	朱　明
51	B-05	中国电机工程学会	舒印彪	林铭山
52	B-06	中国电工技术学会	杨庆新	韩　毅
53	B-07	中国水力发电工程学会	张　野	袁柏松
54	B-08	中国水利学会	魏山忠	汤鑫华
55	B-09	中国内燃机学会	金东寒	李树生
56	B-10	中国工程热物理学会	金红光	陈海生
57	B-11	中国空气动力学会	唐志共	徐　翔
58	B-12	中国制冷学会	江　亿	李晓虎
59	B-13	中国真空学会	高鸿钧	顾长志
60	B-14	中国自动化学会	郑南宁	张　楠
61	B-15	中国仪器仪表学会	尤　政	张　彤
62	B-16	中国计量测试学会	蒲长城	马爱文
63	B-17	中国标准化协会	纪正昆	高建忠
64	B-18	中国图学学会	孙家广	赵　罡
65	B-19	中国电子学会	张　峰	徐晓兰
66	B-20	中国计算机学会	梅　宏	唐卫清
67	B-21	中国通信学会	陈肇雄	张延川

序号	编码	学会名称	理事长	秘书长
68	B-22	中国中文信息学会	方滨兴	孙　乐
69	B-23	中国测绘学会	宋超智	彭震中
70	B-24	中国造船工程学会	李长印	王俊利
71	B-25	中国航海学会	何建中	闫晓波
72	B-26	中国铁道学会	卢春房	马福海
73	B-27	中国公路学会	翁孟勇	刘文杰
74	B-28	中国航空学会	林左鸣	姚俊臣
75	B-29	中国宇航学会	吴燕生	王一然
76	B-30	中国兵工学会	焦开河	于小虎
77	B-31	中国金属学会	干　勇	王新江
78	B-32	中国有色金属学会	贾明星	张洪国
79	B-33	中国稀土学会	李春龙	牛京考
80	B-34	中国腐蚀与防护学会	王福会	杜翠薇
81	B-35	中国化工学会	戴厚良	华　炜
82	B-36	中国核学会	王寿君	于鉴夫
83	B-37	中国石油学会	赵政璋	于明祥
84	B-38	中国煤炭学会	刘　峰	王　蕾
85	B-39	中国可再生能源学会	谭天伟	祁和生
86	B-40	中国能源研究会	吴新雄	郑玉平
87	B-41	中国硅酸盐学会	高瑞平	谭　抚
88	B-42	中国建筑学会	修　龙	李存东
89	B-43	中国土木工程学会		李明安
90	B-44	中国生物工程学会	高　福	马树恒
91	B-45	中国纺织工程学会	伏广伟	高惠芳
92	B-46	中国造纸学会	曹振雷	曹春昱
93	B-47	中国文物保护技术协会	王时伟	曲　亮
94	B-48T	中国印刷技术协会	刘晓凯	陈迎新
95	B-49	中国材料研究学会	魏炳波	张增志
96	B-50	中国食品科学技术学会	孟素荷	邵　薇
97	B-51	中国粮油学会	张桂凤	王莉蓉
98	B-52T	中国职业安全健康协会	王德学	马　骏
99	B-53	中国烟草学会	韩占武	刘　融
100	B-54	中国仿真学会	曹建国	李　妮
101	B-55	中国电影电视技术学会	谢锦辉	路晓俐
102	B-56	中国振动工程学会	胡海岩	张　方
103	B-57	中国颗粒学会	朱庆山	王休壮

序号	编码	学会名称	理事长	秘书长
104	B-58	中国照明学会	刘正雷	华树明
105	B-59	中国动力工程学会	邹　磊	张树林
106	B-60	中国惯性技术学会	包为民	王　岩
107	B-61	中国风景园林学会	陈　重	贾建中
108	B-62	中国电源学会	徐德鸿	张　磊
109	B-63	中国复合材料学会	陈祥宝	张博明
110	B-64	中国消防协会	陈伟明	曹忙根
111	B-65	中国图象图形学学会	王耀南	马惠敏
112	B-66	中国人工智能学会	戴琼海	王卫宁
113	B-67	中国体视学学会	陈志强	王　忠
114	B-68	中国工程机械学会	卞永明	刘　钊
115	B-69T	中国海洋工程咨询协会	周茂平	屈　强
116	B-70T	中国遥感应用协会	罗　格	卫　征
117	B-71	中国指挥与控制学会	费爱国	秦继荣
118	B-72T	中国光学工程学会	张广军	赵雪燕
119	B-73T	中国微米纳米技术学会	尤　政	王晓浩
120	B-74	中国密码学会	王小云	安晓龙
121	B-75T	中国大坝工程学会	矫　勇	贾金生
122	B-76T	中国卫星导航定位协会	于贤成	张全德
123	B-77W	中国生物材料学会	王迎军	艾　华
124	B-78G	国际粉体检测与控制联合会	谢　植	李新光
125	C-01	中国农学会	张桃林	胡义萍
126	C-02	中国林学会	赵树丛	陈幸良
127	C-03	中国土壤学会	张佳宝	颜晓元
128	C-04	中国水产学会	王清印	崔利锋
129	C-05	中国园艺学会	杜永臣	孙日飞
130	C-06	中国畜牧兽医学会	黄路生	杨汉春
131	C-07	中国植物病理学会	彭友良	韩成贵
132	C-08	中国植物保护学会	陈万权	郑传临
133	C-09	中国作物学会	万建民	刘春明
134	C-10	中国热带作物学会	刘国道	邬华松
135	C-11	中国蚕学会	廖森泰	沈兴家
136	C-12	中国水土保持学会	陆桂华	王玉杰
137	C-13	中国茶叶学会	江用文	阮建云
138	C-14	中国草学会	何新天	张英俊
139	C-15T	中国植物营养与肥料学会	白由路	张景丽

序号	编码	学会名称	理事长	秘书长
140	C-16W	中国农业历史学会	隋　斌	陈　军
141	D-01	中华医学会	马晓伟	王　健
142	D-02	中华中医药学会	于文明	王国辰
143	D-03	中国中西医结合学会	陈香美	吕文良
144	D-04	中国药学会	孙咸泽	丁丽霞
145	D-05	中华护理学会	吴欣娟	应　岚
146	D-06	中国生理学会	王　韵	李俊发
147	D-07	中国解剖学会	张绍祥	周德山
148	D-08	中国生物医学工程学会	曹雪涛	池　慧
149	D-09	中国病理生理学会	张幼怡	李　萍
150	D-10	中国营养学会	杨月欣	杜松明
151	D-11	中国药理学会	张永祥	张永鹤
152	D-12	中国针灸学会	刘保延	喻晓春
153	D-13	中国防痨协会	刘剑君	成诗明
154	D-14	中国麻风防治协会	张福仁	袁联朝
155	D-15	中国心理卫生协会	马　辛	王　刚
156	D-16	中国抗癌协会	樊代明	王　瑛
157	D-17	中国体育科学学会	李颖川	冯连世
158	D-18	中国毒理学会	周平坤	刘　超
159	D-19	中国康复医学会	方国恩	牛恩喜
160	D-20	中国免疫学会	吴玉章	黄　波
161	D-21	中华预防医学会	李　斌	梁晓峰
162	D-22	中国法医学会		翟恒利
163	D-23T	中华口腔医学会	俞光岩	岳　林
164	D-24T	中国医学救援协会	李宗浩	李立兵
165	D-25T	中国女医师协会	乔　杰	毛　汛
166	D-26T	中国研究型医院学会	何振喜	
167	D-27W	中国睡眠研究会	黄志力	左和鸣
168	D-28W	中国卒中学会	王文志	白宇飞
169	E-01	中国自然辩证法研究会	何鸣鸿	赵月刚
170	E-02	中国管理现代化研究会	石　勇	赵景华
171	E-03	中国技术经济学会	李　平	黄检良
172	E-04	中国现场统计研究会	房祥忠	程维虎
173	E-05	中国未来研究会	金灿荣	张延岐
174	E-06	中国科学技术史学会	孙小淳	罗兴波
175	E-07	中国科学技术情报学会	戴国强	潘云涛

序号	编码	学会名称	理事长	秘书长
176	E-08	中国图书馆学会	饶　权	王雁行
177	E-09	中国城市科学研究会	仇保兴	余　刚
178	E-10	中国科学学与科技政策研究会	穆荣平	陈　光
179	E-11	中国农村专业技术协会	柯炳生	杨利军
180	E-12	中国工业设计协会	刘　宁	应放天
181	E-13	中国工艺美术学会	才大颖	毛增印
182	E-14	中国科普作家协会	周忠和	陈　玲
183	E-15	中国自然科学博物馆学会	程东红	欧建成
184	E-16T	中国可持续发展研究会	王　浩	周海林
185	E-17	中国青少年科技辅导员协会	武向平	林利琴
186	E-18	中国科教电影电视协会	薛继军	季　林
187	E-19	中国科学技术期刊编辑学会	朱邦芬	任胜利
188	E-20	中国流行色协会	朱　莎	王　淼
189	E-21	中国档案学会	杨冬权	邓小军
190	E-22	中国国土经济学会	柳忠勤	刘军萍
191	E-23	中国土地学会	王世元	高延利
192	E-24	中国科技新闻学会	宋南平	许　英
193	E-25	中国老科学技术工作者协会	陈至立	李　芳
194	E-26	中国科学探险协会	崔　鹏	李　杰
195	E-27T	中国城市规划学会	孙安军	石　楠
196	E-28T	中国产学研合作促进会	路甬祥	王建华
197	E-29T	中国知识产权研究会	田力普	陈　燕
198	E-30T	中国发明协会	潘云鹤	余华荣
199	E-32T	中国工程教育专业认证协会	王树国	周爱军
200	E-33T	中国检验检测学会	李怀林	夏　扬
201	E-34T	中国女科技工作者协会	王红阳	解　欣
202	E-35W	中国创造学会	徐建平	张亚雷
203	E-36W	中国经济科技开发国际交流协会	李振声	张　帆
204	E-37W	中国高科技产业化研究会	包为民	黎宇红
205	E-38W	中国微量元素科学研究会	陈祥友	陈　岳
206	E-40W	中国基本建设优化研究会	厉无畏	孙晓洲
207	E-41W	中国科技馆发展基金会	殷　皓	初学基
208	E-42W	中国生物多样性保护与绿色发展基金会	谢伯阳	周晋峰
209	E-43W	中国反邪教协会	欧阳自远	王慧梅
210	E-44T	中国高等教育学会	杜玉波	姜恩来

中国科学技术协会机关各部门及主要负责人

办公厅 **主 任** 王进展 **副主任** 徐 强 周大亚
下设：综合处（信访办公室）、秘书处（督查室）、委员工作处、文档处（值班室）、信息处（代表联络处）

计划财务部 **部 长** 杨文志 **副部长** 王江宏 王 蓓
下设：综合处、规划发展处、预算管理处、财务资产处、监督管理处、扶贫工作处

组织人事部 **部 长** 李坤平 **巡视员、副部长** 公坤后 **副部长** 谭华霖
下设：综合处、干部处（干部教育培训处）、事业单位人事管理处、人才工作处、组织处、干部监督处

调研宣传部 **部 长** 郭 哲 **副部长** 吴善超 宋玉荣
下设：综合处、调查研究处、政策法规处、宣传处、改革协调处

学会学术部 **部 长** 刘兴平 **副部长** 林润华 杨书宣
下设：综合处、学会管理处、改革发展处、学术交流处、期刊出版处、企业工作处

（企业工作办公室） **主 任** 刘兴平 **副主任** 苏小军

科学技术普及部 **部 长** 白 希 **副部长** 钱 岩 廖 红
下设：综合处、资源办（联络处）、基层处、传播处、科普信息化处

国际联络部 **副部长** 王庆林 张 森
下设：综合处、国际组织处、双边合作处、港澳台交流处、海智工作处

机关党委 **书 记** 王守东（兼） **常务副书记** 李志刚
副书记、机关纪委书记 周文标 **纪委副书记** 许向阳
副书记 于小晗 **副巡视员** 徐 斌
下设：办公室、党风监督室、巡视工作协调室（机关纪委办公室）、纪律检查室（审计室）、机关工会

机关离退办 **主 任** 王志舜
下设：服务一处、服务二处、办公室综合处

中国科学技术协会直属单位及主要负责人

中国科协创新战略研究院	**院　长** 任福君　**副院长** 赵立新　阮草 **纪委书记** 邓　芳
中国科普研究所	**所　长** 王　挺　**副所长** 王京春　王玉平　郑　念
中国科协学会服务中心	**主　任** 申金升　**党委书记** 刘亚东 **副主任** 楼　伟　朱文辉　**纪委书记** 张利洁 **副主任** 李　芳
中国科协信息中心	**主　任** 高　勘　**副主任** 魏时刚　曲大成
中国科学技术馆	**馆长、党委副书记** 殷　皓　**党委书记** 苏　青 **副馆长** 欧建成　隗京花　庞晓东 **纪委书记** 张　清　**局级领导** 蒋志明　兰　军
中国科协青少年科技中心 （中国科协科普活动中心）	**主　任** 辛　兵　**副主任** 张振威　刘会强 **青辅协秘书长** 林利琴
中国科协企业创新服务中心	**主　任** 苏小军　**副主任** 郭　昊　宁方刚
中国科协农村专业技术服务中心 （中国农村致富技术函授大学）	**主　任** 师　铎　**副主任** 王　诚　杨利军
中国国际科技交流中心	**主　任** 罗　晖　**副主任** 贾子文　顾雁峰
中国科协科学技术传播中心	**主　任** 郑浩峻　**副主任** 陈　锐　白元平
中国科协培训和人才服务中心	**主　任** 郑　凯　**副主任** 王书瑞　何　巍
科技导报社	**社　长** 王康友　**副社长** 史永超
中国科协机关服务中心	**主　任** 陈　剑　**副主任** 周庆云
中国科技会堂	**总经理** 余建坤　**副总经理** 杨绍丽　梁　华 **纪委书记** 胡富梅
中国科协新技术开发中心	**主　任** 罗　晖　**副主任** 秦久怡
中国科学技术出版社有限公司 （科学普及出版社）	**党委书记、社长** 秦德继 **党委副书记、总经理** 顾　斌 **党委副书记** 林　立　**副总经理** 冯师斌 **纪委书记** 高春波　**副社长** 郭　晶

中国科协主管科技期刊目录

期刊名称	CN	ISSN
癌变·畸变·突变	44-1063/R	1004-616X
癌症康复	11-3882/R	1007-8193
癌症生物学与医学（英文）	12-1431/R	2095-3941
爱上机器人	10-1564/TP	2096-580X
办公自动化	11-3749/TP	1007-001X
爆破器材	32-1163/TJ	1001-8352
编辑学报	11-2493/G2	1001-4314
兵工学报	11-2176/TJ	1000-1093
兵器材料科学与工程	33-1331/TJ	1004-244X
兵器知识	11-1470/TJ	1000-4912
病毒学报	11-1865/R	1000-8721
材料科学技术（英文）	21-1315/TG	1005-0302
材料热处理学报	11-4545/TG	1009-6264
蚕业科学	32-1115/S	0257-4799
草地学报	11-3362/S	1007-0435
草业科学	62-1069/S	1001-0629
草业学报	62-1105/S	1004-5759
测绘学报	11-2089/P	1001-1595
测绘学报（英文版）	10-1544/P	2096-5990
茶叶科学	33-1115/S	1000-369X
车辆与动力技术	11-4493/TH	1000-4687
城市发展研究	11-3504/TU	1006-3682
城市公共交通	11-4416/U	1009-1467
畜牧兽医学报	11-1985/S	0366-6964
畜牧与生物技术杂志（英文）	11-5967/S	1674-9782
大学物理	11-1910/O4	1000-0712
大自然	11-1385/N	0255-7800
淡水渔业	42-1138/S	1000-6907
弹道学报	32-1343/TJ	1004-499X
弹箭与制导学报	61-1234/TJ	1673-9728

续表

期刊名称	CN	ISSN
当代矿工	11–2762/C	1002–8897
档案学研究	11–1226/G2	1002–1620
地理学报（英文）	11–4546/P	1009–637X
地球大数据（英文）	10–1455/P	2096–4471
地球与行星物理（英文）	10–1502/P	2096–3955
地震学报	11–2021/P	0253–3782
地震学报（英文版）	11–5695/P	1674–4519
地质论评	11–1952/P	0371–5736
地质学报	11–1951/P	0001–5717
地质学报（英文版）	11–2001/P	1000–9515
电波科学学报	41–1185/TN	1005–0388
电工技术学报	11–2188/TM	1000–6753
电化学	35–1172/O6	1006–3471
电气技术	11–5255/TM	1673–3800
电信科学	11–2103/TN	1000–0801
电子测量与仪器学报	11–2488/TN	1000–7105
电子技术与软件工程	10–1108/TP	2095–5650
电子竞技	11–5293/TP	1673–0771
电子世界	11–2086/TN	1003–0522
电子显微学报	11–2295/TN	1000–6281
电子学报	11–2087/TN	0372–2112
电子学报（英文版）	10–1284/TN	1022–4653
动物模型与实验医学（英文）	10–1546/R	2096–5451
动物营养（英文）	10–1360/S	2405–6545
动物营养学报	11–5461/S	1006–267X
儿科学研究（英文）	10–1593/R	2096–3726
发现	11–1585/N	1004–5023
防务技术（英文）	10–1165/TJ	2214–9147
纺织学报	11–5167/TS	0253–9721
分析检测（英文）	10–1412/06	2096–241X
分析试验室	11–2017/TF	1000–0720
分子科学学报	22–1262/O4	1000–9035

续表

期刊名称	CN	ISSN
粉末冶金技术	11-1974/TF	1001-3784
风湿病与关节炎	10-1073/R	2095-4174
感染性疾病与免疫（英文）	10-1723/R2	2096-9511
钢铁	11-2118/TF	0449-749X
高分子科学（英文）	11-2015/O6	0256-7679
高分子通报	11-2051/O6	1003-3726
工程力学	11-2595/O3	1000-4750
工医艺的可视计算（英文）	10-1521/TP	1003-4951
固体力学学报	42-1250/O3	0254-7805
固体力学学报（英文版）	42-1121/O3	0894-9166
管理现代化	11-1403/C	1003-1154
光谱学与光谱分析	11-2200/O4	1000-0593
光学学报	31-1252/O4	0253-2239
光学仪器	31-1504/TH	1005-5630
硅酸盐通报	11-5440/TQ	1001-1625
硅酸盐学报	11-2310/TQ	0454-5648
国际地震动态	11-2362/P	0253-4975
国际护理科学（英文）	10-1444/R	2352-0132
国际煤炭科学技术学报（英文）	10-1252/TD	2095-8293
海陆空天惯性世界	11-4491/O3	1009-5497
海洋工程	32-1423/P	1005-9865
海洋湖沼学报（英文）	37-1518/P	2096-5508
海洋世界	11-1261/P	1001-5043
海洋学报	11-2055/P	0253-4193
海洋学报（英文版）	11-2056/P	0253-505X
海洋渔业	31-1341/S	1004-2490
海洋与湖沼	37-1149/P	0029-814X
焊接学报	23-1178/TG	0253-360X
航海技术	10-1744/U	1006-1738
航空材料学报	11-3159/V	1005-5053
航空模型	11-1525/V	1000-6885
航空学报	11-1929/V	1000-6893
航空知识	11-1526/V	1000-0119

续表

期刊名称	CN	ISSN
核科学与工程	11-1861/TL	0258-0918
化工进展	11-1954/TQ	1000-6613
化工学报	11-1946/TQ	0438-1157
化学传感器	32-1406/TP	1008-2298
化学教育	11-1923/O6	1003-3807
化学物理学报（英文）	34-1295/O6	1674-0068
环境科学与生态技术（英文）	10-1631/X	2666-4984
环境生态学	10-1620/S	2096-6830
环境与生活	11-5582/X	1673-9485
火炮发射与控制学报	61-1280/TJ	1673-6524
火炸药学报	61-1310/TJ	1007-7812
机床与液压	44-1259/TH	1001-3881
机械工程学报	11-2187/TH	0577-6686
机械设计	12-1120/TH	1001-2354
激光生物学报	43-1264/Q	1007-7146
计算机辅助绘图设计与制造（英文）	11-2862/TP	1003-4951
计算机辅助设计与图形学学报	11-2925/TP	1003-9775
计算物理	11-2011/O4	1001-246X
技术经济	11-1444/F	10021-980X
建筑结构学报	11-1931/TU	1000-6869
建筑热能通风空调	42-1439/TV	1003-0344
建筑学报	11-1930/TU	0529-1399
健康世界	11-3251/R	1005-4596
交通运输系统工程与信息	11-4520/U	1009-6744
结核病与肺部健康杂志	10-1059/R	2059-3755
解剖科学进展	21-1347/Q	1006-2947
解剖学报	11-2228/R	0529-1356
解剖学杂志	31-1285/R	1001-1663
今日国土	11-4757/N	1671-9158
今日科苑	11-4764/N	1671-4342
金属世界	11-1417/TG	1000-6826
金属学报	21-1139/TG	0412-1961

续表

期刊名称	CN	ISSN
金属学报（英文版）	21–1361/TG	1006–7191
经济地理	43–1126/K	1000–8462
科幻画报	11–4854/N	1671–7228
科技传播	11–5820/N	1674–6708
科技创新与品牌	11–5588/G3	1671–940X
科技导报	11–1421/N	1000–1857
科技和产业	11–4671/T	1671–1807
科技尚品	11–5573/Z	1674–1064
科技与企业	11–3096/N	1004–9207
科普创作评论	10–1739/I	2096–4285
科普研究	11–5410/N	1673–8357
科协论坛	42–1341/G3	1007–3973
科学大观园	11–1607/N	1003–1871
科学故事会	10–1591/N4	2096–6679
科学技术与工程	11–4688/T	1671–1815
科学家	10–1135/N	2095–6363
科学文化（英文）	10–1524/G	2096–6083
科学养鱼	32–1131/S	1004–843X
科学中国人	11–3292/G3	1005–3573
颗粒学报	11–5671/O3	1674–2001
矿床地质	11–1965/P	0258–7106
矿物岩石地球化学通报	52–1102/P	1007–2802
昆虫科学（英文）	11–6019/Q	1672–9609
力学学报（英文）	11–2063/O3	0567–7718
连铸	11–3385/TG	1005–4006
林业科学	11–1908/S	1001–7488
流行色	10–1458/J	1005–555X
流体机械	34–1144/TH	1005–0329
慢性疾病与转化医学（英文）	10–1249/R	2095–882X
煤炭学报	11–2190/TD	0253–9993
密码学报	10–1195/TN	2095–7025
棉花学报	41–1163/S	1002–7807

续表

期刊名称	CN	ISSN
模式识别与人工智能	34–1089/TP	1003–6059
母胎医学杂志（英文）	10–1632/R	2096–6954
内燃机工程	31–1255/TK	1000–0925
内燃机学报	12–1086/TK	1000–0909
泥沙研究	11–2532/TV	0468–155X
农村电气化	11–2181/TM	1003–0867
农电管理	11–3778/D	1672–2450
农学学报	11–6016/S	1007–7774
农业工程学报	11–2047/S	1002–6819
农业机械学报	11–1964/S	1000–1298
农业科研经济管理	11–3801/S	2095–3577
贫困所致传染病（英文）	10–1399/R	2095–5162
气象水文海洋仪器	22–1135/TH	1006–009X
气象学报（英文）	11–2277/P	2095–6037
汽车创新工程（英文）	10–1501/U	2096–4250
汽车工程	11–2221/U	1000–680X
汽车知识	11–4722/TH	1671–3567
情报工程	10–1263/G3	2095–915X
情报学报	11–2257/G3	1000–0135
热带作物学报	46–1019/S	1000–2561
软件	12–1151/TP	1003–6970
润滑与密封	44–1260/TH	0254–0150
色谱	21–1185/O6	1000–8713
设备管理与维修	11–2503/F	1001–0599
设计	11–5127/TB	1003–0069
摄影与摄像	11–3625/TB	1006–4788
生理科学进展	11–2270/R	0559–7765
生命的化学	31–1384/Q	1000–1336
生态系统健康与可持续性（英文）	10–1499/X	2096–4129
生态学报	11–2031/Q	1000–0933
生态学杂志	21–1148/Q	1000–4890
生物安全与健康（英文）	10–1630/Q	2096–6962

续表

期刊名称	CN	ISSN
生物技术世界	11-5672/Q	1674-2060
生物物理学报（英文）	10-1302/Q	2364-3439
生物学通报	11-2042/Q	0006-3193
生物组学研究杂志（英文）	10-1558/R	2096-5672
生殖与发育医学（英文）	10-1442/R	2096-2924
石油学报	11-2128/TE	0253-2697
石油学报（石油加工）	11-2129/TE	1001-8719
石油研究（英文）	10-1439/TE	2096-2495
石油知识	11-4725/TE	1003-4609
实验力学	34-1057/O3	1001-4888
实验流体力学	11-5266/V	1672-9897
实用疼痛学杂志	10-1379/R	1672-9633
世界地理研究	31-1626/P	1004-9479
世界耳鼻咽喉头颈外科杂志（英文）	10-1248/R	2095-8811
世界中西医结合杂志	11-5511/R	1673-6613
世界中西医结合杂志（英文版）	10-1354/R	2096-0964
兽类学报	63-1014/Q	1000-1050
数据采集与处理	32-1367/TN	1004-9037
数理天地（初中版）	11-3091/O1	1004-6534
数理天地（高中版）	11-3095/O1	1004-6542
数理统计与管理	11-2242/O1	1002-1256
数码影像时代	11-5714/TN	1671-1920
数学进展	11-2312/O1	1000-0917
数学通报	11-2254/O1	0583-1458
数学学报（英文）	11-2039/O1	1439-8516
水产学报	31-1283/S	1000-0615
水力发电学报	11-2241/TV	1003-1243
水利学报	11-1882/TV	0559-9350
塑性工程学报	11-3449/TG	1007-2012
太空探索	11-4492/V	1009-6205
太阳能	11-1660/TK	1003-0417
太阳能学报	11-2082/TK	0254-0096

续表

期刊名称	CN	ISSN
糖尿病天地	11–5210/R	1672–7851
特种铸造及有色合金	42–1148/TG	1001–2249
天文爱好者	11–1390/P	0493–2285
铁道工程学报	11–3567/U	1006–2106
铁道学报	11–2104/U	1001–8360
铁道知识	11–1372/U	1000–0372
通信学报	11–2102/TN	1000–436X
图学学报	10–1034/T	2095–302X
土木建筑工程信息技术	11–5823/TU	1674–7461
土壤通报	21–1172/S	0564–3945
网友世界	11–4852/TP	1671–7074
微波学报	32–1493/TN	1005–6122
未来与发展	11–1627/G3	1003–0166
无机材料学学报（英文）	10–1466/TQ	2095–7645
无机化学学报	32–1185/O6	1001–4861
无损检测	31–1335/TG	1000–6656
物理化学学报	11–1892/O6	1000–6818
物理教学	31–1033/G4	1002–0748
物理学进展	32–1127/O4	1000–0542
稀土学报（英文）	11–2788/TF	1002–0721
稀有金属	11–2111/TF	0258–7076
稀有金属（英文版）	11–2112/TF	1001–0521
稀有金属材料与工程	61–1154/TG	1002–185X
稀有金属材料与工程（英文版）	10–1190/TG	2096–0530
系统工程理论与实践	11–2267/N	1000–6788
系统工程学报	12–1141/O1	1000–5781
系统科学与系统工程学报（英文）	11–2983/N	1004–3756
系统科学与信息学报（英文）	10–1192/N	1478–9906
现代通信	11–5676/TN	1000–6559
心理科学	31–1582/B	1671–6981
心理与健康	11–3387/R	1005–7064
心血管病探索（英文）	10–1724/R2	2096–952X

续表

期刊名称	CN	ISSN
新媒体研究	11-4775/N	2096-0360
新一代信息技术	10-1581/TP	2096-6091
信号处理	11-2406/TN	1003-0530
压力容器	34-1058/TH	1001-4837
岩矿测试	11-2131/TD	0254-5357
岩石矿物学杂志	11-1966/P	1000-6524
岩石力学与工程学报	42-1397/O3	1000-6915
岩土工程学报	32-1124/TU	1000-4548
研究（英文）	10-1541/N	2096-5274
药物不良反应杂志	11-4015/R	1008-5734
药物分析杂志	11-2224/R	0254-1793
药学学报	11-2163/R	0513-4870
药学学报（英文）	10-1171/R	2211-3835
医学与哲学	21-1093/R	1002-0772
仪器仪表学报	11-2179/TH	0254-3087
仪器仪表学报（英文版）	10-1206/TH	2095-7521
胰腺病学杂志（英文）	10-1560/R	2096-5664
英国医学杂志（中文）	11-3904/R	1007-9742
应用地球物理（英文）	11-5212/O	1672-7975
应用概率统计	31-1256/O1	1001-4268
应用基础与工程科学学报	11-3242/TB	1005-0930
渔业学报（英文）	10-1397/S	2096-1758
宇航学报	11-2053/V	1000-1328
园艺学报	11-1924/S	0513-353X
园艺学报（英文版）	10-1305/S	2095-9885
运筹学学报	31-1732/O1	1007-6093
运筹与管理	34-1133/G3	1007-3221
噪声与振动控制	31-1346/TB	1006-1355
照明工程学报	11-3029/TM	1001-110X
真空科学与技术学报	11-5177/TB	1672-7126
振动工程学报	32-1349/TB	1004-4523
振动与冲击	31-1316/TU	1000-3835

续表

期刊名称	CN	ISSN
知识就是力量	11–1647/N	0529–150X
知识就是力量（汉藏文）	10–1569/N	2096–5826
植物保护	11–1982/S	0529–1542
植物保护学报	11–1983/S	0577–7518
植物病理学报	11–2184/Q	0412–0914
植物病理学报（英文）	10–1545/Q	2666–4984
植物生理学报	31–2055/Q	2095–1108
植物生态学报（英文）	10–1172/Q	1752–9921
纸和造纸	11–2709/TS	1001–6309
制冷学报	11–2182/TB	0253–4339
制造技术与机床	11–3398/TH	1005–2402
智慧医学（英文）	10–1714/R2	2096–9376
中国癌症研究（英文）	11–2591/R	1000–9604
中国安全科学学报	11–2865/X	1003–3033
中国比较医学杂志	11–4822/R	1671–7856
中国表面工程	11–3905/TG	1007–9289
中国病理生理杂志	44–1187/R	1000–4718
中国畜牧杂志	11–2083/S	0258–7033
中国电工技术学会电机与系统学报（英文）	10–1483/TM	2096–3564
中国电机工程学报	11–2107/TM	0258–8013
中国电机工程学会电力与能源系统学报（英文）	10–1328/TM	2096–0042
中国电信业	11–4524/TN	1671–3060
中国动脉硬化杂志	43–1262/R	1007–3949
中国动物保健	11–3994/Q	1008–4754
中国防痨杂志	11–2761/R	1000–6621
中国防汛抗旱	11–5587/TV	1673–9264
中国肺癌杂志	12–1395/R	1009–3419
中国腐蚀与防护学报	21–1474/TG	1005–4537
中国工程机械学报	31–1926/TH	1672–5581
中国公路	11–3597/F	1006–3897
中国公路学报	61–1313/U	1001–7372
中国惯性技术学报	12–1222/O3	1005–6734

续表

期刊名称	CN	ISSN
中国海洋工程（英文）	32-1441/P	0890-5487
中国海洋湖沼学报（英文）	37-1150/P	0254-4059
中国海洋药物	37-1155/R	1002-3461
中国航海	31-1388/U	1000-4653
中国航空学报（英文）	11-1732/V	1000-9361
中国花卉盆景	11-2444/S	1003-2142
中国化学（英文）	31-1547/O6	1001-604X
中国化学工程学报（英文）	11-3270/TQ	1004-9541
中国化学会会刊（英文）	10-1566/O6	2096-5745
中国化学快报（英文）	11-2710/O6	1001-8417
中国环境科学	11-2201/X	1000-6923
中国机械工程	42-1294/TH	1004-132X
中国机械工程学报	11-2737/TH	1000-9345
中国机械工程学报（英文版）	11-2737/TH	1000-9345
中国激光医学杂志	11-2926/R	1003-9430
中国健康心理学杂志	11-5257/R	1005-1252
中国交通信息化	11-5951/U	1672-3333
中国科技教育	11-4765/N	1671-4350
中国科技史杂志	11-5254/N	1673-1414
中国科技信息	11-2739/N	1001-8972
中国科学探险	11-5048/N	1672-6499
中国粮油学报	11-2864/TS	1003-0174
中国临床解剖学杂志	44-1153/R	1001-165X
中国临床药理学与治疗学	34-1206/R	1009-2501
中国临床药理学杂志	11-2220/R	1001-6821
中国临床药学杂志	31-1726/R	1007-4406
中国麻风皮肤病杂志	37-1348/R	1009-1157
中国免疫学杂志	22-1126/R	1000-484X
中国免疫学杂志（英文版）	11-4987/R	1672-7681
中国农学通报	11-1984/S	1000-6850
中国葡萄酒	11-5567/TS	1673-9515
中国人兽共患病学报	35-1284/R	1002-2694

续表

期刊名称	CN	ISSN
中国生物化学与分子生物学报	11-3870/Q	1007-7626
中国生物医学工程学报	11-2057/R	0258-8021
中国生物医学工程学报（英文版）	11-2953/R	1004-0552
中国实验动物学报	11-2986/Q	1005-4847
中国实验血液学杂志	11-4423/R	1009-2137
中国食品学报	11-4528/TS	1009-7848
中国兽医杂志	11-2471/S	0529-6005
中国水土保持科学	10-1449/S	2096-2673
中国体视学与图像分析	11-3739/R	1007-1482
中国通信（英文）	11-5439/TN	1673-5447
中国土地科学	11-2640/F	1001-8158
中国稀土学报	11-2365/TG	1000-4343
中国现代应用药学	33-1210/R	1007-7693
中国心理卫生杂志	11-1873/R	1000-6729
中国心脏起搏与心电生理杂志	42-1421/R	1007-2659
中国新药与临床杂志	31-1746/R	1007-7669
中国学术期刊文摘	11-3501/N	1005-8923
中国血液流变学杂志	32-1625/R	1009-881X
中国牙科研究杂志（英文）	10-1194/R	1462-6446
中国烟草学报	11-2985/TS	1004-5708
中国药理学报（英文）	31-1347/R	1671-4083
中国药理学通报	34-1086/R	1001-1978
中国药学（英文）	11-2863/R	1003-1057
中国药学杂志	11-2162/R	1001-2494
中国冶金	11-3729/TF	1006-9356
中国医院药学杂志	42-1204/R	1001-5213
中国有色金属学报	43-1238/TG	1004-0609
中国有色金属学报（英文版）	43-1239/TG	1003-6326
中国园林	11-2165/TU	1000-6664
中国运筹学会会刊（英文）	10-1191/O1	2194-668X
中国造纸学报	11-2075/TS	1000-6842
中国针灸	11-2024/R	0255-2930

续表

期刊名称	CN	ISSN
中国中西医结合耳鼻咽喉科杂志	34–1159/R	1007–4856
中国中西医结合急救杂志	12–1312/R	1008–9691
中国中西医结合皮肤性病学杂志	12–1380/R	1672–0709
中国中西医结合肾病杂志	14–1277/R	1009–587X
中国中西医结合外科杂志	12–1249/R	1007–6948
中国中西医结合影像学杂志	11–4894/R	1672–0512
中国中西医结合杂志	11–2787/R	1003–5370
中国中药杂志	11–2272/R	1001–5302
中国中医骨伤科杂志	42–1340/R	1005–0205
中国肿瘤临床	12–1099/R	1000–8179
中国肿瘤生物治疗杂志	31–1725/R	1007–385X
中国铸造装备与技术	37–1269/TG	1006–9658
中国总会计师	11–5056/F	1672–576X
中国组织化学与细胞化学杂志	42–1300/Q	1004–1850
中华病理学杂志	11–2151/R	0529–5807
中华超声影像学杂志	13–1148/R	1004–4477
中华传染病杂志	31–1365/R	1000–6680
中华创伤骨科杂志	11–5530/R	1671–7600
中华创伤杂志	50–1098/R	1001–8050
中华创伤杂志（英文版）	50–1115/R	1008–1275
中华儿科杂志	11–2140/R	0578–1310
中华耳鼻咽喉头颈外科杂志	11–5330/R	1673–0860
中华放射学杂志	11–2149/R	1005–1201
中华放射医学与防护杂志	11–2271/R	0254–5098
中华放射肿瘤学杂志	11–3030/R	1004–4221
中华风湿病学杂志	14–1217/R	1007–7480
中华妇产科杂志	11–2141/R	0529–567X
中华肝胆外科杂志	11–3884/R	1007–8118
中华肝脏病杂志	50–1113/R	1007–3418
中华骨科杂志	12–1113/R	0253–2352
中华航海医学与高气压医学杂志	31–1847/R	1009–6906
中华航空航天医学杂志	11–3854/R	1007–6239

续表

期刊名称	CN	ISSN
中华核医学与分子影像杂志	32–1828/R	2095–2848
中华护理教育	11–5289/R	1672–9234
中华护理杂志	11–2234/R	0254–1769
中华急危重症护理杂志	10–1655/R	2096–7446
中华急诊医学杂志	11–4656/R	1671–0282
中华检验医学杂志	11–4452/R	1009–9158
中华健康管理学杂志	11–5624/R	1674–0815
中华结核和呼吸杂志	11–2147/R	1002–0098
中华解剖与临床杂志	10–1202/R	2095–7011
中华精神科杂志	11–3661/R	1006–7884
中华口腔医学杂志	11–2144/R	1006–7884
中华口腔正畸学杂志	11–5797/R	1674–5760
中华劳动卫生职业病杂志	12–1094/R	1001–9391
中华老年医学杂志	11–2225/R	0254–9026
中华临床感染病杂志	11–5673/R	1674–2397
中华临床营养杂志	11–5822/R	1674–635X
中华流行病学杂志	11–2338/R	0254–6450
中华麻醉学杂志	13–1073/R	0254–1416
中华泌尿外科杂志	11–2330/R	1000–6702
中华内分泌代谢杂志	31–1282/R	1000–6699
中华内分泌外科杂志	11–5807/R	1674–6090
中华内科杂志	11–2138/R	0578–1426
中华皮肤科杂志	32–1138/R	0412–4030
中华普通外科杂志	11–3855/R	1007–631X
中华器官移植杂志	42–1203/R	0254–1785
中华全科医师杂志	11–4798/R	1671–7368
中华烧伤杂志	50–1120/R	1009–2587
中华神经科杂志	11–3694/R	1006–7876
中华神经外科杂志	11–2050/R	1001–2346
中华神经外科杂志（英文版）	10–1275/R	2095–9370
中华神经医学杂志	11–5354/R	1671–8925
中华肾脏病杂志	44–1217/R	1001–7097

续表

期刊名称	CN	ISSN
中华生物医学工程杂志	11–5668/R	1674–1927
中华生殖与避孕杂志	10–1441/R	2069–2916
中华实验和临床病毒学杂志	11–2866/R	1003–9279
中华实验外科杂志	42–1213/R	1001–9030
中华实验眼科杂志	11–5989/R	2095–0160
中华实用儿科临床杂志	10–1070/R	2095–428X
中华手外科杂志	31–1653/R	1005–054X
中华糖尿病杂志	11–5791/R	1674–5809
中华外科杂志	11–2139/R	0529–5815
中华微生物学和免疫学杂志	11–2309/R	0254–5101
中华围产医学杂志	11–3903/R	1007–9408
中华胃肠外科杂志	44–1530/R	1671–0274
中华物理医学与康复杂志	42–1666/R	0254–1424
中华显微外科杂志	44–1206/R	1001–2036
中华现代护理杂志	11–5682/R	1674–2907
中华消化内镜杂志	32–1463/R	1007–5232
中华消化外科杂志	11–5610/R	1673–9752
中华消化杂志	31–1367/R	0254–1432
中华小儿外科杂志	42–1158/R	0253–3006
中华心力衰竭和心肌病杂志（中英文）	10–1460/R	2096–3076
中华心律失常学杂志	11–3859/R	1007–6638
中华心血管病杂志	11–2148/R	0253–3758
中华心血管病杂志（网络版）	11–6031/R	2096–1588
中华新生儿科杂志（中英文）	10–1451/R	2096–2932
中华胸心血管外科杂志	11–2434/R	1001–4497
中华血管外科杂志	10–1411/R	2096–1863
中华血液学杂志	12–1090/R	0253–2727
中华炎性肠病杂志（中英文）	10–1480/R	2096–367X
中华眼底病杂志	51–1434/R	1005–1015
中华眼科杂志	11–2142/R	0412–4081
中华眼视光学与视觉科学杂志	11–5909/R	1674–845X
中华眼外伤职业眼病杂志	11–6022/R	2095–1477

续表

期刊名称	CN	ISSN
中华医史杂志	11–2155/R	0255–7053
中华医学教育探索杂志	11–6021/R	2095–1485
中华医学教育杂志	11–5259/R	1637–677X
中华医学科研管理杂志	11–3565/R	1006–1924
中华医学美学美容杂志	11–4657/R	1671–0290
中华医学信息导报	11–5178/R	1000–8039
中华医学遗传学杂志	51–1374/R	1003–9406
中华医学杂志	11–2137/R	0376–2491
中华医学杂志（英文版）	11–2154/R	0366–6999
中华医院管理杂志	11–1325/R	1000–6672
中华胰腺病杂志	11–5667/R	1674–1935
中华预防医学杂志	11–2150/R	0253–9624
中华整形外科杂志	11–4453/R	1009–4598
中华中医药杂志	11–5334/R	1673–1727
中华肿瘤杂志	11–2152/R	0253–3766
中华转移性肿瘤杂志	10–1548/R	2096–5400
中外能源	11–5438/TK	1673–579X
中文信息学报	11–2325/N	1003–0077
中学生数学	11–1531/O1	1003–1901
中医临床研究	11–5895/R	1674–7860
自动化博览	11–2516/TP	1003–0492
自动化学报（英文）	10–1193/TP	2329–9266
自动化仪表	31–1501/TH	1000–0380
自然辩证法研究	11–1649/B	1000–8934
自然科学博物馆研究	10–1368/G2	2096–2800
自然科学进展·国际材料（英文）	11–3853/N	1002–0071
自然资源学报	11–1912/N	1000–3037
卒中与血管神经病学（英文）	10–1528/R	2059–8688
组合机床与自动化加工技术	21–1132/TG	1001–2265
作物学报	11–1809/S	0496–3490
作物学报（英文版）	10–1112/S	2095–5421
作物杂志	11–1808/S	1001–7283

全国学会、协会、研究会简介

中国数学会
Chinese Mathematical Society（CMS）

地址：北京市海淀区中关村东路 55 号
邮政编码：100190
电子信箱：cms@math.ac.cn
主页网址：http://www.cms.org.cn
电话：010-82541448/82541197
理事长：田　刚
党委书记：巩馥洲
副理事长：王小云　史宇光　巩馥洲　李万同
　　　　　李　骏　肖冬梅　张伟平　张纪峰
　　　　　周爱辉　席南华　黄云清　彭联刚
秘书长：巩馥洲
监事长：袁亚湘

中国物理学会
Chinese Physical Society（CPS）

地址：北京市海淀区中关村南三街 8 号中国科学院物理研究所内
邮政编码：100190
电子信箱：cps@iphy.ac.cn
主页网址：http://www.cps-net.org.cn
电话：010-82649019
传真：010-82649019
理事长：张　杰
党委书记：张　杰
副理事长：方　忠　龚旗煌　李建刚　孙昌璞
　　　　　薛其坤　赵政国
秘书长：方　忠
监事长：詹文龙

中国力学学会
The Chinese Society of Theoretical and Applied Mechanics（CSTAM）

地址：北京市海淀区北四环西路 15 号
邮政编码：100190
电子信箱：office@cstam.org.cn
主页网址：http://www.cstam.org.cn
电话：010-62559588/62559209
传真：010-62559588
理事长：方岱宁
党委书记：方岱宁
副理事长：陈十一　戴兰宏　冯西桥　郭　旭
　　　　　何国威　曲绍兴　魏悦广　杨绍普
　　　　　郑晓静
秘书长：杨亚政
监事长：胡海岩

中国光学学会
The Chinese Optical Society（COS）

地址：北京市海淀区学院南路 86 号中国科协综合楼东 201 室
邮政编码：100081
电子信箱：cos@cast.org.cn

主页网址：http://www.cncos.org
电话：010-62103292
传真：010-62103235
理事长：龚旗煌
副理事长：李儒新　顾　瑛　贾锁堂　刘文清
　　　　　刘泽金　任晓敏　王文杰
秘书长：刘　旭

中国声学学会
The Acoustical Society of China（ASC）

地址：北京市海淀区北四环西路 21 号
邮政编码：100190
电子信箱：asc@mail.ioa.ac.cn
主页网址：http://www.aschina.org.cn
电话：010-82547904/82547909
传真：010-82547909
理事长：张春华
副理事长：李　琪　李风华　孙　超　他得安
　　　　　谢菠荪　章　东
秘书长：张守著
监事长：张海澜

中国化学会
Chinese Chemical Society（CCS）

地址：北京市海淀区中关村北一街 2 号
邮政编码：100190
主页网址：http://www.chemsoc.org.cn
电话：010-82449177
传真：010-62568157
理事长：姚建年
副理事长：丁奎岭　黄　维　刘忠范　帅志刚
　　　　　孙世刚　谭蔚泓　田　禾　谢在库
　　　　　杨学明　于吉红
秘书长：范青华

中国天文学会
Chinese Astronomical Society（CAS）

地址：江苏省南京市栖霞区元化路 10 号
邮政编码：210023
电子信箱：cas.nj@pmo.ac.cn
主页网址：http://astronomy.pmo.cas.cn
电话：025-83332036
传真：025-83332036
理事长：景益鹏
党委书记：白金明
副理事长：王　娜　白金明　刘继峰　吴学兵
　　　　　常　进
秘书长：周济林
监事长：赵长印

中国气象学会
Chinese Meteorological Society（CMS）

地址：北京市海淀区中关村南大街 46 号
邮政编码：100081
电子信箱：cms@cms1924.org
主页网址：http://www.cms1924.org
电话：010-68406821
传真：010-68406821
理事长：王会军
副理事长：宇如聪　费建芳　端义宏　杨修群
　　　　　胡永云　李廉水
秘书长：王金星

中国空间科学学会
Chinese Society of Space Research（CSSR）

地址：北京市海淀区中关村南二条 1 号
邮政编码：100190
电子信箱：cssr@nssc.ac.cn
主页网址：http://cssr.org.cn
电话：010-62559882
传真：010-62582691

理事长：吴 季

副理事长：万卫星 曹喜滨 陆 卫 高 铭
邹永廖 黄江川

秘书长：庞红勋

中国地质学会
Geological Society of China（GSC）

地址：北京市西城区百万庄大街 26 号

邮政编码：100037

电子信箱：dizhixuehui@sina.com

主页网址：http://www.geosociety.org.cn/

电话：010-68999018

传真：010-68995305

理事长：钟自然

副理事长：李金发 朱立新 王香增 邓 军
任 辉 杜运斌 郝 芳 侯启军
徐锡伟 郭正堂

秘书长：李金发

中国地理学会
The Geographical Society of China（GSC）

地址：北京市朝阳区大屯路甲 11 号

邮政编码：100101

电子信箱：gsc@igsnrr.ac.cn

主页网址：http://www.gsc.org.cn

电话：010-64870663

传真：010-64889598

理事长：陈发虎

副理事长：董治宝 葛全胜 何大明 贺灿飞
李小娟 刘 敏 鹿化煜 宋长青
吴正方 夏 军 薛德升 张国友

秘书长：张国友

中国地球物理学会
Chinese Geophysical Society（CGS）

地址：北京市海淀区民族学院南路 5 号

邮政编码：100081

电子信箱：cgs@cgs.org.cn

主页网址：http://www.cgscgs.org.cn/

电话：010-68729347/82998257

传真：010-82998257

理事长：陈晓非

副理事长：陈海弟 苟 量 谢玉洪 熊盛青
张东宁 赵殿栋

秘书长：郭 建

中国矿物岩石地球化学学会
Chinese Society for Mineralogy Petrology and Geochemistry（CSMPG）

地址：贵州省贵阳市观山湖区林城西路 99 号

邮政编码：550081

电子信箱：csmpg@vip.skleg.cn

主页网址：http://csmpg.gyig.cas.cn
http://www.csmpg.org.cn

电话：0851-85895823

传真：0851-85895823

理事长：胡瑞忠

副理事长：陈 骏 邓 军 何宏平 胡素云
王世杰 翟明国 郑建平 郑永飞
周卫健

秘书长：冯新斌

中国古生物学会
Palaeontological Society of China（PSC）

地址：江苏省南京市北京东路 39 号

邮政编码：210008

电子信箱：psc@nigpas.ac.cn

主页网址：http://www.chinapsc.cn

电话：025-83282138

传真：025-83357026

理事长：詹仁斌

副理事长：邓 涛 王永栋 姚建新 白志强
华 洪

秘书长：蔡华伟

中国海洋湖沼学会

Chinese Society for Oceanology and Limnology（CSOL）

地址：山东省青岛市南海路 7 号
邮政编码：266071
电子信箱：csol@qdio.ac.cn
主页网址：http://csol.qdio.ac.cn/
电话：0532-82898636
传真：0532-82893932
理事长：孙　松
副理事长：杨红生　沈　吉　麦康森　赵进东
　　　　　高　抒　焦念志　马德毅　张海生
秘书长：杨红生

中国海洋学会

Chinese Society for Oceanography（CSO）

地址：北京市丰台区马官营家园 3 号楼
邮政编码：100161
电子信箱：377939902@qq.com
主页网址：http://www.cso.org.cn/
电话：010-68047614
传真：010-68567980
理事长：陈连增
党委书记：陈连增
副理事长：蒋兴伟　于志刚　孙　松　李家彪
　　　　　张　偲　林明森　罗季燕　窦希萍
　　　　　戴民汉
秘书长：林明森
监事长：雷　波

中国地震学会

Seismological Society of China（SSC）

地址：北京市海淀区民族大学南路 5 号
邮政编码：100081
电子信箱：zgdzxh@sina.com
主页网址：http://www.ssoc.org.cn
电话：010-68729352
传真：010-68417858
理事长：张培震
党委书记：张培震
副理事长：陈云敏　吴忠良　孙柏涛　李小军
　　　　　马胜利　黄清华　丁志峰　姚华建
秘书长：李亚琦
监事长：王海涛

中国动物学会

China Zoological Society（CZS）

地址：北京市朝阳区北辰西路 1 号院 5 号
邮政编码：100101
电子信箱：czs@ioz.ac.cn
主页网址：http://czs.ioz.cas.cn/
电话：010-64807051
传真：010-64807051
理事长：孟安明
副理事长：包振民　冯　江　李保国　张正旺
　　　　　张知彬　陈广文　杨　光　桂建芳
　　　　　董贵信　魏辅文
秘书长：魏辅文

中国植物学会

Botanical Society of China（BSC）

地址：北京市海淀区香山南辛村 20 号
邮政编码：100093
电子信箱：bsc@ibcas.ac.cn
主页网址：http://www.botany.org.cn
电话：010-62836505/62836718
传真：010-82599636
理事长：种　康
党委书记：种　康
副理事长：巩志忠　顾红雅　黄宏文　康振生
　　　　　刘　宝　孙　航　谭仁祥　汪小全
秘书长：汪小全
监事长：葛　颂

中国昆虫学会
The Entomological Society of China（ESC）

地址：北京市朝阳区北辰西路1号院5号中国科学院动物研究所内
邮政编码：100101
电子信箱：entsoc@ioz.ac.cn
主页网址：http://entsoc.ioz.ac.cn/
电话：010-64807135
传真：010-64807098
理事长：康　乐
党委书记：戈　峰
副理事长：戈　峰　卜文俊　陈学新　高希武　韩日畴　洪晓月　金道超　骆有庆　王成树　魏启文　吴孔明　张雅林
秘书长：戈　峰
监事长：张永安

中国微生物学会
Chinese Society for Microbiology（CSM）

地址：北京市朝阳区北辰西路1号院3号
邮政编码：100101
电子信箱：csm@im.ac.cn
主页网址：http://csm.im.ac.cn
电话：010-64807200
理事长：邓子新
副理事长：黄　力　邵一鸣　徐志凯　杨瑞馥　焦念志　徐建国　张克勤　王　磊
秘书长：东秀珠

中国生物化学与分子生物学会
The Chinese Society of Biochemistry and Molecular Biology（CSBMB）

地址：上海市徐汇区岳阳路320号
邮政编码：200031
电子信箱：csbmb@sibs.ac.cn
主页网址：http://www.csbmb.org.cn
电话：021-54921088/54922818/54921090
传真：021-54922818
理事长：李　林
副理事长：陈国强　林圣彩　刘小龙　邵　峰　汤其群　许瑞明
秘书长：刘小龙

中国细胞生物学学会
Chinese Society for Cell Biology（CSCB）

地址：上海市徐汇区岳阳路320号
邮政编码：200031
电子信箱：cell@cscb.org.cn
主页网址：http://www.cscb.org.cn
电话：021-64221728
传真：021-64221828
理事长：陈晔光
党委书记：张　旭
副理事长：李朝军　李劲松　罗凌飞　任海云　宋保亮　张　旭　周　琪
秘书长：杨　瑾
监事长：高　翔

中国植物生理与植物分子生物学学会
Chinese Society for Plant Biology（CSPB）

地址：上海市徐汇区枫林路300号
邮政编码：200031
电子信箱：cspb@cemps.ac.cn
主页网址：http://www.cspb.org.cn
电话：021-54922859/54920737/54922857/54924226
传真：021-54922859
理事长：陈晓亚
副理事长：曹晓风　黄三文　黄英金　夏光敏　赵德刚　朱玉贤
秘书长：唐威华

中国生物物理学会
The Biophysical Society of China（BSC）

地址：北京市朝阳区大屯路15号
邮政编码：100101

电子信箱：wangyue@ibp.ac.cn
主页网址：http://www.bsc.org.cn
电话：010-64889894/64887226/64888542
传真：010-64889892
理事长：徐　涛
党委书记：雷　鸣
副理事长：程和平　雷　鸣　李　蓬　刘志杰
　　许瑞明
秘书长：张　宏
监事长：丁建平

中国遗传学会
Genetics Society of China（GSC）

地址：北京市朝阳区北辰西路 1 号院 2 号
邮政编码：100101
电子信箱：gsc@genetics.ac.cn
主页网址：http://www.gsc.ac.cn/
电话：010-64806529
传真：010-64806635
理事长：薛勇彪
党委书记：薛勇彪
副理事长：曹晓风　韩　斌　黄路生　金　力
　　孟安明　乔　杰　沈　岩　谭华荣
　　杨焕明　杨维才
秘书长：杨维才
监事长：杨　晓

中国心理学会
Chinese Psychological Society（CPS）

地址：北京市朝阳区林萃路 16 号院中国科学院心理研究所内
邮政编码：100101
电子信箱：cps@psych.ac.cn
主页网址：http://www.cpsbeijing.org
电话：010-64888946
传真：010-64855830
理事长：李　红
副理事长：陈　红　方晓义　郭秀艳　苏彦捷
秘书长：罗　劲
监事长：聂衍刚

中国生态学学会
Ecological Society of China（ESC）

地址：北京市海淀区双清路 18 号
邮政编码：10085
电子信箱：esc@rcees.ac.cn
主页网址：http://www.esc.org.cn/
电话：010-62849101
传真：010-62849113
理事长：欧阳志云
副理事长：安黎哲　陈利顶　吕永龙　闵庆文
　　任　海　王克林　王艳芬　魏辅文
　　吴文良　朱教君
秘书长：钟林生

中国环境科学学会
Chinese Society for Environmental Sciences（CSES）

地址：北京市海淀区红联南村 54 号
邮政编码：100082
电子信箱：hybcses@163.com
主页网址：http://www.chinacses.org
电话：010-62210708
传真：010-62210728
理事长：黄润秋
党委书记：邹首民
副理事长：丁仲礼　王灿发　曲久辉　任官平
　　任南琪　刘文清　邹首民　陆新元
　　武维华　贺克斌　倪晋仁　高吉喜
　　王金南　吴丰昌
秘书长：王志华
监事长：张远航

中国自然资源学会
China Society of Natural Resources（CSNR）

地址：北京市朝阳区大屯路甲 11 号
邮政编码：100101
电子信箱：csnr@igsnrr.ac.cn
主页网址：http://www.csnr.org
电话：010-64861455/64889806
传真：010-64861455
理事长：成升魁
党委书记：成升魁
副理事长：王仰麟　王艳芬　江　源　吴文良
封志明　夏　军　高　峻　濮励杰
邓　伟　谷树忠　杨红生　吴太平
秘书长：濮励杰
监事长：林家彬

中国感光学会
Chinese Society for Imaging Science and Technology（CSIST）

地址：北京市海淀区中关村东路 29 号
邮政编码：100190
电子信箱：xh@csist.org.cn
主页网址：http://www.csist.org.cn
电话：010-82543686/82543687
传真：010-82543687
理事长：张丽萍
党委书记：张丽萍
副理事长：魏　杰　周秉锋　杨建文　张希堂
王　剑　程灏波　陈广学　邹应全
朱永法
秘书长：汪鹏飞
监事长：黄　勇

中国优选法统筹法与经济数学研究会
Chinese Society of Optimization，Overall Planning and Economic Mathematics（CSOOPEM）

地址：北京市海淀区中关村东路 55 号思源楼 1201 室
邮政编码：100190
电子信箱：shuangfa@casipm.ac.cn
主页网址：http://www.scope.org.cn
电话：010-62542629
传真：010-62542629
理事长：池　宏
副理事长：华中生　李建平　李仲飞　梁昌勇
刘维奇　马超群　徐泽水　周　勇
余玉刚
秘书长：林则夫

中国岩石力学与工程学会
Chinese Society for Rock Mechanics & Engineering（CSRME）

地址：北京市朝阳区北土城西路 19 号
邮政编码：100029
电子信箱：csrme@126.com
主页网址：http://www.csrme.com
电话：010-82998165
传真：010-82998163
理事长：何满潮
副理事长：杜时贵　何　川　康红普　李文伟
李　晓　邬爱清　徐锡伟　杨春和
殷跃平　赵　勇　周创兵
秘书长：杨晓杰

中国野生动物保护协会
China Wildlife Conservation Association（CWCA）

地址：北京市东城区和平里东街 18 号
邮政编码：100714
电子信箱：cwcaoffice@163.com
主页网址：http://www.cwca.org.cn
电话：010-84238801
传真：010-64238030
会长：陈凤学
副理事长：王洪杰　李青文　张希武　张举彦
陈万成　郝燕湘　葛剑平　蒋志刚
焦德发　赵　勇
秘书长：李青文

中国系统工程学会

Systems Engineering Society of China

（SESC）

地址：北京市海淀区中关村东路 55 号

邮政编码：100190

电子信箱：sesc@iss.ac.cn

主页网址：http://www.sesc.org.cn

电话：010–82541431

理事长：杨晓光

副理事长：陈国青　狄增如　冯耕中　胡祥培　寇　纲　李仲飞　汪小帆　王红卫　薛惠锋

秘书长：唐锡晋

中国实验动物学会

Chinese Association for Laboratory Animal Sciences（CALAS）

地址：北京市朝阳区潘家园南里 5 号

邮政编码：100021

电子信箱：calas@calas.org.cn

主页网址：http://www.calas.org.cn

电话：010–67781534

传真：010–67781534

理事长：秦　川

副理事长：林东昕　卢金星　陈学进　孙岩松　黄　韧　赵德明

秘书长：赵宏旭

监事长：刘福英

中国青藏高原研究会

The China Society on Tibetan Plateau

（CSTP）

地址：北京市朝阳区林萃路 16 号院 3 号楼

邮政编码：100101

电子信箱：cstp@itpcas.ac.cn

主页网址：http://www.cstp.org.cn/

电话：010–84097041

传真：010–64889769

理事长：姚檀栋

副理事长：陈发虎　赤来旺杰　崔　鹏　潘保田　史培军　张宪洲　曾令森

秘书长：张镱锂

中国环境诱变剂学会

Chinese Environmental Mutagen Society

（CEMS）

地址：北京市海淀区学院路 38 号公共卫生学院 236 室

邮政编码：100191

电子信箱：iaems_cn@163.com

主页网址：http://www.cnems.org.cn

电话：010–82335754

传真：010–82335754

理事长：曹　佳

副理事长：浦跃朴　林东昕　郝卫东　陈　雯

秘书长：郝卫东

中国运筹学会

The Operations Research Society of China

（ORSC）

地址：北京市海淀区中关村东路 55 号

邮政编码：100190

电子信箱：orsc@amt.ac.cn

主页网址：http://www.orsc.org.cn

电话：010–82541190

理事长：戴彧虹

党委书记：赵晓波

副理事长：郭田德　鲁习文　唐立新　童小娇　张国川　张玉忠　赵晓波

秘书长：陈旭瑾

监事长：杨新民

中国菌物学会

Mycological Society of China（MSC）

地址：北京市朝阳区北辰西路 1 号院 3 号中国科学院微生物研究所 B410

邮政编码：100101

电子信箱：msc93@im.ac.cn

主页网址：http://www.mscfungi.org.cn
电话：010-64807455
传真：010-64807455
理事长：郭良栋
副理事长：边银丙　戴玉成　姜子德　图力古尔
　　　　　王源超　席丽艳　张劲松　张修国
　　　　　朱　平
秘书长：白逢彦

中国晶体学会
Chinese Crystallographic Society（CCrS）

地址：北京市海淀区北京大学伟利楼 207 室
邮政编码：100871
电子信箱：ccrs@pku.edu.cn
主页网址：http://www.ccrs.net.cn
电话：010-62757857
传真：010-62767969
理事长：苏晓东
党委书记：孙俊良
副理事长：牛立文　苏成勇　来鲁华　靳常青
　　　　　廖立兵　王　牧　于　荣　吕　扬
秘书长：孙俊良
监事长：麦振洪

中国神经科学学会
Chinese Neuroscience Society（CNS）

地址：上海市徐汇区岳阳路 320 号
邮政编码：200031
电子信箱：office@cns.org.cn
主页网址：http://www.cns.org.cn
电话：021-64080096
理事长：张　旭
副理事长：高天明　何　成　何士刚　罗敏敏
　　　　　王以政　吴志英　谢俊霞　徐广银
　　　　　张玉秋
秘书长：韩　雪
监事长：段树民

中国认知科学学会
Chinese Society for Cognitive Science（CSCS）

地址：北京市朝阳区大屯路 15 号中国科学院生物物理所 7300 房间
邮政编码：100101
电子信箱：sec@cogsci.org.cn
主页网址：http://www.cogsci.org.cn
电话：010-64861049
传真：010-64861049
理事长：陈　霖
副理事长：赵继宗　段树民　郭爱克　陆　林
　　　　　马原野　辛景民
秘书长：周　馨

国际数字地球学会
International Society for Digital Earth（ISDE）

地址：北京市海淀区邓庄南路 9 号
邮政编码：100094
电子信箱：isde@radi.ac.cn
主页网址：http://www.digitalearth-isde.org
电话：010-82178912
主席：Alessandro Annoni
副主席：Zaffar Sadiq Mohamed-Ghouse
　　　　Mario Hernandez
秘书长：王长林

国际动物学会
International Society of Zoological Sciences（ISZS）

地址：北京市朝阳区北辰西路 1 号院 5 号 C506 室
邮政编码：100101
电子信箱：iszs@ioz.ac.cn
主页网址：http://www.globalzoology.org.cn/
电话：010-64807295
传真：010-64807295
理事长：张知彬
副理事长：长滨嘉孝（日本） Sarita Maree（南非）
秘书长：韩春绪

中国机械工程学会

Chinese Mechanical Engineering Society

（CMES）

地址：北京市海淀区首体南路 9 号主语国际 4 号楼 11 层
邮政编码：100048
电子信箱：headquarters@cmes.org
主页网址：http://www.cmes.org
http://www.cmes.org.cn
电话：010-68799009
传真：010-68799050
理事长：李培根
副理事长：张彦敏（常务） 王德成 尤 政
陆大明 陈 钢 陈学东 林忠钦
郭东明 蒋庄德 谭建荣
秘书长：陆大明

中国汽车工程学会

China Society of Automotive Engineers

（SAE-China）

地址：北京市西城区莲花池东路 102 号天莲大厦 4 层 / 北京市大兴区亦庄经济开发区荣华南路 13 院 7 号楼 6 层、7 层
邮政编码：100055/100176
电子信箱：office@sae-china.org
主页网址：http://www.sae-china.org
电话：010-50950000
传真：010-50950095
理事长：李 骏
副理事长：陈 龙 丁宏祥 付炳锋 高和生
管 欣 瞿国春 李开国 廖振波
刘 波 欧阳明高 王国强
吴 坚 项昌乐 尤 峥 余卓平
赵 韩 祖似杰
秘书长：张进华

中国农业机械学会

Chinese Society for Agricultural Machinery

（CSAM）

地址：北京市朝阳区德胜门外北沙滩 1 号
邮政编码：100083
电子信箱：csam@caams.org.cn
主页网址：http://www.agro-csam.org
电话：010-64882291/64880302
传真：010-64882291
理事长：王 博
副理事长：于海业 刘 旭 刘恒新 李安宁
杨 洲 赵春江 黎晓煜 姜文娟
袁寿其 张 辉 傅泽田
秘书长：张咸胜
监事长：方宪法

中国农业工程学会

Chinese Society of Agricultural Engineering

（CSAE）

地址：北京市朝阳区麦子店街 41 号
邮政编码：100125
电子信箱：hqcsae@agri.gov.cn
主页网址：http://www.csae.org.cn
电话：010-59197098
传真：010-59197100
理事长：张 辉
党委书记：张 辉
副理事长：朱 明（常务） 康绍忠 李天来
赵春江 吴普特 隋 斌 袁寿其
包 军 陆华忠 张全国 李瑞川
方宪法
秘书长：朱 明
监事长：崔 明

中国电机工程学会

Chinese Society for Electrical Engineering（CSEE）

地址：北京市西城区白广路二条 1 号
邮政编码：100761
电子信箱：csee@csee.org.cn
主页网址：http://www.csee.org.cn
电话：010-63414320
传真：010-63414319
理事长：舒印彪
党委书记：张智刚

副理事长：张智刚　贺锡强　金耀华　王宏志
杨　亚　王良友　米树华　姚　强
吴　云　高立刚　刘吉臻　郭剑波
李　冶　路书军

秘书长：林铭山

监事长：欧阳昌裕

中国电工技术学会

China Electrotechnical Society（CES）

地址：北京市西城区莲花池东路 102 号天莲大厦

邮政编码：100055

电子信箱：cespublic@ces.org.cn

主页网址：http://www.ces.org.cn

电话：010-63256857

传真：010-63256808

理事长：杨庆新

党委书记：韩　毅

副理事长：尹天文　孙逢春　李　秦　李耀华
宋永华　张文亮　陈干锦　荣命哲
贾利民　徐殿国　梁曦东　管瑞良

秘书长：韩　毅

监事长：郝玉成

中国水力发电工程学会

China Society for Hydropower Engineering（CSHE）

地址：北京市海淀区车公庄西路 22 号院 A 座 11 层

邮政编码：100048

电子信箱：b07@cast.org.cn/leidy5378@126.com

主页网址：http://www.hydropower.org.cn

电话：010-58381747/58382515

传真：010-63547632

理事长：张　野

党委书记：张　野

副理事长：袁柏松（常务）　么　虹　王　琳
朱跃龙　刘金焕　刘国跃　李　云
杨清廷　张建民　陈云华　周厚贵
郑声安　夏　忠　晏志勇　韩　水

秘书长：袁柏松

监事长：邓孟元

中国水利学会

Chinese Hydraulic Engineering Society（CHES）

地址：北京市西城区白广路二条 16 号

邮政编码：100053

电子信箱：ches_1931@163.com

主页网址：http://www.ches.org.cn/

电话：010-63204863

传真：010-63202154

理事长：魏山忠

党委书记：魏山忠

副理事长：汪安南　胡春宏　陈生水　金兴平
周海燕　唐洪武　张建民　于合群
范夏夏　王　斌　潘海涛　汤鑫华

秘书长：汤鑫华

监事长：匡尚富

中国内燃机学会

Chinese Society for Internal Combustion Engines（CSICE）

地址：上海市闵行区华宁路 3111 号

邮政编码：201108

电子信箱：liufang@csice.org.cn

主页网址：http://www.csice.org.cn

电话：021-31310973

传真：021-31310973

理事长：金东寒

副理事长：董建福　李继凯　李树生　刘志刚
邵　煜　舒歌群　谭贵荣　谭旭光
许传国　张树勇

秘书长：李树生

中国工程热物理学会

The Chinese Society of Engineering Thermophysics（CSET）

地址：北京市海淀区中关村路乙 12 号

邮政编码：100190
电子信箱：cset@iet.cn
主页网址：http://www.cset.org.cn
电话：010–82543040
理事长：金红光
党委书记：何雅玲
副理事长：宣益民　郭烈锦　杨勇平　姚　强
　　张　兴　陈海生
秘书长：陈海生
监事长：韩　巍

中国空气动力学会
Chinese Aerodynamics Research Society（CARS）

地址：北京市海淀区学院路37号国家计算流体力学实验室
邮政编码：100191
电子信箱：cars@cast.org.cn
主页网址：http://www.cars.org.cn
电话：010–82317341
传真：010–82317341
理事长：唐志共
副理事长：任玉新　王志川　沈　清　孙　茂
　　高正红　赵　宁　张新宇　杨　炯
　　张来平
秘书长：徐　翔

中国制冷学会
Chinese Association of Refrigeration（CAR）

地址：北京市海淀区阜成路67号银都大厦10层
邮政编码：100142
电子信箱：car@car.org.cn
主页网址：http://www.car.org.cn
电话：010–68715723
传真：010–68434679
理事长：江　亿
副理事长：李晓虎　何雅玲　丁　杰　王　强
　　罗二仓　田旭东　刘长永　温克学
　　徐　伟　徐　鸿　谭建明
秘书长：李晓虎

中国真空学会
Chinese Vacuum Society（CVS）

地址：北京市海淀区中关村南三街8号A楼二段304室
邮政编码：100190
电子信箱：cvs@chinesevacuum.com
主页网址：http://www.chinesevacuum.com
电话：010–62607885/62607991
传真：010–62605869
理事长：高鸿钧
党委书记：邓少芝
副理事长：彭练矛　刘　明　赵红卫　邓少芝
　　董振超　李得天　张永明　蒋友荣
秘书长：顾长志
监事长：雷震霖

中国自动化学会
China Association of Automation（CAA）

地址：北京市海淀区中关村东路95号自动化大厦509
邮政编码：100190
电子信箱：caa@ia.ac.cn
主页网址：http://www.caa.org.cn/
电话：010–62522248
传真：010–62522248
理事长：郑南宁
党委书记：郑南宁
副理事长：陈　杰　陈俊龙　戴琼海　桂卫华
　　侯增广　李少远　王成红　杨孟飞
　　于海斌　张纪峰
　　张剑武　周东华
秘书长：张　楠
监事长：王飞跃

中国仪器仪表学会
China Instrument and Control Society（CIS）

地址：北京市海淀区知春路6号锦秋国际大厦A座23层
邮政编码：100088
电子信箱：info@cis.org.cn
主页网址：http://www.cis.org.cn

电话：010–82800755
传真：010–82800879
理事长：尤　政
党委书记：张　彤
副理事长：谭久彬　王　巍　刘文清　黄　如
　　　　　钱　锋　曾周末　徐洪海　吴　朋
　　　　　许大庆　马玉山　王东江　张　彤
秘书长：张　彤
监事长：李明远

中国计量测试学会
Chinese Society for Measurement（CSM）

地址：北京市朝阳区农展馆北路 2 号农业农村部北办公区 22 号楼
邮政编码：100125
电子信箱：13810830294@163.com
主页网址：http://www.china–csm.org
电话：010–59196612
传真：010–59196613
理事长：蒲长城
副理事长：丁雪梅　于化东　马爱文　张广军
　　　　　林建忠　方　向　钟新明　欧阳证
　　　　　王　巍
秘书长：马爱文

中国标准化协会
China Association for Standardization（CAS）

地址：北京市海淀区增光路 33 号院中国标准化协会写字楼
邮政编码：100048
电子信箱：cas@china–cas.org
主页网址：http://www.china–cas.org
电话：010–68482899
传真：010–68482899
理事长：纪正昆
党委书记：纪正昆
副理事长：王　晔　王中丹　王宗龄　刘泽洪
　　　　　吴江徽　吴道洪　宋明顺　陈　璐
　　　　　季　飞　钱建林　高建忠　董若琳
　　　　　冀晓东
秘书长：高建忠

中国图学学会
China Graphics Society（CGS）

地址：北京市海淀区知春路 1 号学院国际大厦 1006 室
邮政编码：100191
电子信箱：cgsmsc@cgn.net.cn
主页网址：http://www.cgn.net.cn
电话：010–62165986
传真：010–62165987
理事长：孙家广
党委书记：赵　罡
副理事长：许杰峰　孙林夫　李　华　陈锦昌
　　　　　赵　罡　韩宝玲　强　毅　魏小鹏
秘书长：赵　罡

中国电子学会
Chinese Institute of Electronics（CIE）

地址：北京市海淀区玉渊潭南路普惠南里 13 号楼
邮政编码：100036
电子信箱：dzxh@cie.org.cn
主页网址：http://www.cie.org.cn
电话：010–68600650
传真：010–68233917
理事长：张　峰
副理事长：王海峰　许宁生　芮晓武　李言荣
　　　　　吴一戎　张　军　张建锋　陆建华
　　　　　周子学　房建成　郝　跃　徐晓兰
　　　　　黄　维　龚　克　蒋亚非　潘建伟
秘书长：徐晓兰

中国计算机学会
China Computer Federation（CCF）

地址：北京市海淀区中关村科学院南路 6 号
邮政编码：100190
电子信箱：ccf@ccf.org.cn
主页网址：http://www.ccf.org.cn

电话：010-62562503
传真：010-62527485
理事长：梅　宏
副理事长：胡事民　金　海　周　明
秘书长：唐卫清

中国通信学会
China Institute of Communications（CIC）

地址：北京市海淀区万寿路 27 号院 8 号楼
邮政编码：100846
电子信箱：zhanghuanhuan@china-cic.cn
主页网址：http://www.china-cic.cn
电话：010-68209070
传真：010-68209074
理事长：陈肇雄
副理事长：余少华　张延川　衣雪青　张新生
乔建永　高步文　江　阳　许家奇
李正茂　刘桂清　范云军
秘书长：张延川
监事长：季仲华

中国中文信息学会
Chinese Information Processing Society of China（CIPSC）

地址：北京市海淀区中关村南四街 4 号中科院软件园 7 号楼 201 房间
邮政编码：100190
电子信箱：cips@iscas.ac.cn
主页网址：http://www.cipsc.org.cn/
电话：010-62661047
传真：010-62562916
理事长：方滨兴
副理事长：马少平　王海峰　刘庆峰　孙　乐
那顺乌日图　张桂平　李宇明　宗成庆
施水才　黄河燕
秘书长：孙　乐

中国测绘学会
Chinese Society for Geodesy Photogrammetry and Cartography（CSGPC）

地址：北京市海淀区莲花池西路 28 号院西裙楼 4 层
邮政编码：100830
电子信箱：zgchxh1401@163.com
主页网址：http://www.csgpc.org
电话：010-63881449
传真：010-63881320
理事长：宋超智
党委书记：宋超智
副理事长：彭震中　李建成　李清泉　程鹏飞
赖百炼　张建平　宋关福　徐　文
陈　平　杨元喜　陈　军　刘耀林
张继贤　王　倩
秘书长：彭震中
监事长：张文晖

中国造船工程学会
China Society of Naval Architects and Marine Engineers（CSNAME）

地址：北京市西城区月坛北街 5 号
邮政编码：100861
电子信箱：csname@csname.org.cn
主页网址：http://www.csname.org.cn
电话：010-59517930
传真：010-59517928
理事长：李长印
副理事长：李国安　孙　伟　王宇航　石　林
黄　震　刘志刚　宋保维　姜朋明
刘祖源　张宏军　周希辰
秘书长：王俊利

中国航海学会
China Institute of Navigation（CIN）

地址：北京市东城区和平里东街 10 号院
邮政编码：100013
电子信箱：cinnet@163.com
主页网址：http://www.cinnet.cn

电话：010-65299797
传真：010-65299796
理事长：何建中
党委书记：何建中
副理事长：张宝晨 王 宏 黄小文 周静波
莫鉴辉 孙玉清 陆 靖 费维军
朱卫国 郑和平 潘 伟
秘书长：闫晓波
监事长：曹 迪

中国铁道学会

China Railway Society（CRS）

地址：北京市海淀区复兴路 10 号
邮政编码：100844
电子信箱：zgtdxhbgs@126.com
主页网址：http://www.crs.org.cn
电话：010-51848731
传真：010-51876602
理事长：卢春房
党委书记：马福海
副理事长：王稼琼 马福海 叶阳升 孙永才
庄尚标 余邦利 张宗言 周 黎
周志亮 郑 健 赵国堂 耿志修
康高亮 程先东 傅选义
秘书长：马福海

中国公路学会

China Highway & Transportation Society（CHTS）

地址：北京市朝阳区安华路 17 号院 1 号楼
邮政编码：100011
主页网址：http://www.chts.cn
电话：010-64951487
传真：010-64951487
理事长：翁孟勇
党委书记：翁孟勇
副理事长：周纪昌 郑健龙 孟凤朝 游庆仲
刘文杰 张劲泉 石宝林 邓仁杰
马 建 唐伯明 于 民 张喜刚
秘书长：刘文杰

中国航空学会

Chinese Society of Aeronautics and Astronautics（CSAA）

地址：北京市朝阳区安外北苑 2 号院
邮政编码：100012
电子信箱：csaazhb@126.com
主页网址：http://www.csaa.org.cn
电话：010-84924382
传真：010-84923942
理事长：林左鸣
副理事长：王 政 张新国 汪劲松 罗荣怀
徐惠彬 聂 宏 高建设 吴 松
秘书长：姚俊臣

中国宇航学会

Chinese Society of Astronautics（CSA）

地址：北京市海淀区阜成路 8 号
邮政编码：100048
电子信箱：office_csa@163.com
主页网址：http://www.csaspace.org.cn
电话：010-68768625
传真：010-68768617
理事长：吴燕生
党委书记：王一然
副理事长：王一然 王兆耀 刘石泉 李 洪
杨长风 杨保华 张忠阳 陈国瑛
胡海岩 袁 洁 徐惠彬 潘旭东
秘书长：王一然
监事长：许世龙

中国兵工学会

China Ordnance Society（COS）

地址：北京市海淀区车道沟 10 号院
邮政编码：100089
电子信箱：suggest@cos.org.cn

主页网址：http://www.cos.org.cn
电话：010-68963154/68963055
传真：010-68962962
理事长：焦开河
副理事长：李春建　董春波　赵长禄　付梦印
沈兴全　周　劼　芮筱亭　邱志明
于小虎
秘书长：于小虎

中国金属学会
The Chinese Society for Metals（CSM）

地址：北京市海淀区学院南路 76 号
邮政编码：100081
电子信箱：csmoffice@csm.org.cn
主页网址：http://www.csm.org.cn
电话：010-65270210
传真：010-65124122
理事长：干　勇
党委书记：赵　沛
副理事长：赵　沛（常务）　陈德荣　戴志浩
赵民革　张少明　左　良　杨仁树
赵　继　于　勇　沈　彬　曲　阳
王新江
秘书长：王新江
监事长：李克敏

中国有色金属学会
The Nonferrous Metals Society of China（NFsoc）

地址：北京市复兴路乙 12 号
邮政编码：100038
电子信箱：nfsoc@163.com
主页网址：http://www.nfsoc.org.cn
电话：010-63971451
传真：010-63965399
理事长：贾明星
副理事长：冯贵权　李仲泽　桂卫华　严纯华
刘国平　王永前　刘江浩　胡岳华
张英杰　杨　斌　赵晓晨　夏晓鸥
陆志方　张洪国
秘书长：张洪国

中国稀土学会
The Chinese Society of Rare Earths（CSRE）

地址：北京市海淀区高梁桥斜街 13 号院乙 27 号楼
邮政编码：100081
电子信箱：csre@cs-re.org.cn
主页网址：http://www.cs-re.org.cn
电话：010-62173497/62182748
传真：010-62173501
理事长：李春龙
副理事长：严纯华　龚　斌　李　波　杨占峰
黄松涛　胡伯平　黄长庚　张尚虎
薛冬峰　黄光惠　王　涛　李　琼
秘书长：牛京考

中国腐蚀与防护学会
Chinese Society for Corrosion and Protection（CSCP）

地址：北京市海淀区学院路 30 号腐蚀楼
邮政编码：100083
电子信箱：13611354516@163.com
主页网址：http://www.cscp.org.cn
电话：010-62320080
传真：010-82372305
理事长：王福会
副理事长：李晓刚（常务）　孙明先　李　劲
吴建华　张　盾　张政军　宫声凯
陆　峰　董俊华　韩　冰　汪的华
秘书长：杜翠薇
监事长：乔利杰

中国化工学会
The Chemical Industry and Engineering Society of China（CIESC）

地址：北京市朝阳区安定路 33 号化信大厦 B 座 7 层
邮政编码：100029
电子信箱：wangyan@ciesc.cn

主页网址：http://www.ciesc.cn
电话：010-64449479
传真：010-64411194
理事长：戴厚良
党委书记：华 炜
副理事长：李静海 蔺爱国 华 炜 何仲文
胡徐腾 黄 维 李良君 刘良炎
潘正安 谭天伟 辛 忠 张传江
张 方 张锁江 乔 旭
秘书长：华 炜
监事长：杨元一

中国核学会
Chinese Nuclear Society（CNS）

地址：北京市西城区三里河南四巷 1 号
邮政编码：100045
电子信箱：cns@ns.org.cn
主页网址：http://www.ns.org.cn
电话：010-68555559
传真：010-68576150
理事长：王寿君
副理事长：王凤学 田东风 刘永德 张志俭
庞松涛 姜胜耀 赵 军 赵永明
赵宪庚 詹文龙 雷增光
秘书长：于鉴夫

中国石油学会
Chinese Petroleum Society（CPS）

地址：北京市西城区六铺炕街 6 号
邮政编码：100724
电子信箱：syxhqn@126.com
主页网址：http://www.cps.org.cn
电话：010-62067135
传真：010-62067135
理事长：赵政璋
副理事长：孙龙德 金之钧 黎 明 刘中民
于明祥
秘书长：于明祥

中国煤炭学会
China Coal Society（CCS）

地址：北京市朝阳区青年沟路 5 号
邮政编码：100013
电子信箱：mtxh@chinacs.org.cn
主页网址：http://www.chinacs.org.cn
电话：010-84262776/84262778
传真：010-84264526
理事长：刘 峰
党委书记：刘 峰
副理事长：于 斌 马世志 宋学锋 张建国
尚建选 孟祥军 顾大钊 唐永志
彭苏萍 吕孝存 张彦禄
秘书长：王 蕾
监事长：田 会

中国可再生能源学会
China Renewable Energy Society（CRES）

地址：北京市海淀区中关村北二条 6 号
邮政编码：100190
电子信箱：cres@mail.iee.ac.cn
主页网址：http://www.cres.org.cn
电话：010-82547225
传真：010-82547225
理事长：谭天伟
党委书记：谭天伟
副理事长：蒋利军 李宝山 柳 地 吴创之
许洪华 喜文华 姚兴佳 仲继寿
赵 颖
秘书长：祁和生
监事长：赵玉文

中国能源研究会
China Energy Research Society（CERS）

地址：北京市西城区三里河路 54 号
邮政编码：100045

电子信箱：cers@cers.org.cn
主页网址：http://www.cers.org.cn
电话：010-56034652/5603465253
传真：010-68513097
理事长：吴新雄
党委书记：吴新雄
副理事长：王　敏　王禹民　史玉波　李　辉
李庆奎　杨长利　吴　吟　陆启洲
陈进行　祖　斌　贺锡强　曹培玺
秘书长：郑玉平

中国硅酸盐学会
The Chinese Ceramic Society（CCS）

地址：北京市海淀区三里河路11号
邮政编码：100831
电子信箱：guisuanyanxuehui@ceramsoc.com
主页网址：http://www.ceramsoc.com
电话：010-57811248
传真：010-57811249
理事长：高瑞平
副理事长：周　玉　南策文　缪昌文　李新华
彭　寿　晋占平　宋力昕　陈　文
程　新　刘建华
秘书长：谭　抚

中国建筑学会
The Architectural Society of China（ASC）

地址：北京市海淀区三里河路9号
邮政编码：100835
电子信箱：zhb@chinaasc.org
主页网址：http://www.chinaasc.org
电话：010-88082227
传真：010-88082224
理事长：修　龙
副理事长：曹嘉明　崔　愷　丁　建　丁烈云
官　庆　刘　军　龙卫国　孟建民
王　俊　王建国　徐　建　张　桦
赵　琦　朱小地　庄惟敏　刘加平
梅洪元
秘书长：李存东

中国土木工程学会
China Civil Engineering Society（CCES）

地址：北京市海淀区三里河路9号
邮政编码：100835
电子信箱：cceszhb@163.com
主页网址：http://www.cces.net.cn
电话：010-58933958
传真：010-58933953
党委书记：李明安
副理事长：戴东昌　王同军　王祥明　张宗言
刘起涛　王　俊　李　宁　顾祥林
聂建国　徐　征
秘书长：李明安
监事长：袁　驷

中国生物工程学会
Chinese Society of Biotechnology（CSBT）

地址：北京市朝阳区北辰西路1号院3号微生物研究所B座411室
邮政编码：100101
电子信箱：xh@im.ac.cn
主页网址：http://www.biotechchina.org
电话：010-64807678
传真：010-64807678
理事长：高　福
副理事长：陈惠鹏　林　敏　刘双江　马树恒
马延和　麦康森　岳国君　张　偲
张先恩
秘书长：马树恒

中国纺织工程学会
China Textile Engineering Society（CTES）

地址：北京市朝阳区延静里中街3号主楼6楼
邮政编码：100025

电子信箱：liufengkun@ctic.org.cn
主页网址：http://www.ctes.com.cn
电话：010-65017755
传真：010-65016538
理事长：伏广伟
党委书记：李陵申
副理事长：王玉忠 尹耐冬 朱美芳 李鹏飞
李 鑫 张传雄 陈文兴 陈 莉
高卫东 龚进礼
秘书长：高惠芳
监事长：朱 超

中国造纸学会
China Technical Association of Paper Industry
（CTAPI）

地 址：北京市朝阳区望京启阳路 4 号中轻大厦 B 座 10 层
邮政编码：100102
电子信箱：123123@ctapi.org.cn
主页网址：http://www.ctapi.org.cn
电话：010-64778760/64778766/64778768
传真：010-64778769
理事长：曹振雷
副理事长：曹春昱 王晓昕 陈嘉川 何北海
胡开堂 李 耀 刘 忠 孙 波
张 辉 张美云 赵 伟
秘书长：曹春昱

中国文物保护技术协会
China Association for Conservation Technology of Cultural Heritage（CACTCH）

地址：北京市东城区景山前街 4 号故宫博物院内
邮政编码：100009
电子信箱：secretary@cactch.org.cn
主页网址：http://www.cactch.org.cn
电话：010-85007412
传真：010-85007412
理事长：王时伟
党委书记：王时伟
副理事长：杜晓帆 郭 宏 黄 滋 黄继忠
苏伯民 谭玉峰 铁付德 赵西晨
秘书长：曲 亮
监事长：李化元

中国印刷技术协会
The Printing Technology Association of China
（PTAC）

地址：北京市西城区太平街 6 号富力摩根中心 E818
邮政编码：100050
电子信箱：ptac_shenxiang@163.com
主页网址：http://www.chinaprint.org
电话：010-59361480/87
传真：010-59361489
理事长：刘晓凯
副理事长：王关义 兰本立 朱 敏 乔鲁予
刘 杰 汤 帜 孙宝林 李 莉
吴雪勇 何曼玲 沈剑毅 张 亦
张 涛 张巍远 陈宁俊 陈邦设
陈迎新 陈 斌 赵 伟 袁亚平
栗延秋 殷卫国 郭志强 常晓霞
彭 勇 蒲嘉陵 褚庭亮
秘书长：陈迎新

中国材料研究学会
Chinese Materials Research Society（CMRS）

地址：北京市海淀区紫竹院路 62 号 4102 室
邮政编码：100048
电子信箱：chinese_mrs@163.com
主页网址：http://www.c-mrs.org.cn
电话：010-68475052
理事长：魏炳波
党委书记：魏炳波
副理事长：李元元 丁文江 韩高荣 聂祚仁
潘复生 王迎军 翁 端 谢建新
杨 锐 姚 燕 张平祥 周科朝
周少雄 朱美芳
秘书长：张增志
监事长：李光宪

中国食品科学技术学会

Chinese Institute of Food Science and Technology（CIFST）

地址：北京市海淀区阜成路北三街 8 号 9 层
邮政编码：100048
电子信箱：cifst@126.com
主页网址：http://www.cifst.org.cn/
电话：010-65265375/65265376
传真：010-65264731
理事长：孟素荷
副理事长：孙宝国　周光宏　朱蓓薇　邵　薇
　　　　　金征宇　丁钢强　岳国君　吴清平
　　　　　李　宁　石维忱　谢明勇　路福平
秘书长：邵　薇

中国粮油学会

Chinese Cereals and Oils Association（CCOA）

地址：北京市西城区百万庄大街 13-6 二层
邮政编码：100037
电子信箱：zuowei@ccoaonline.com
主页网址：http://www.ccoaonline.com
电话：010-68357522
传真：010-68357522
理事长：张桂凤
副理事长：马　俊　王莉蓉　丹志国　卞　科
　　　　　邱伟芬　佟　毅　俞学锋　宫旭洲
　　　　　顾正彪　涂长明　翟江临　谢松柏
秘书长：王莉蓉

中国职业安全健康协会

China Occupational Safety and Health Association（COSHA）

地址：北京市朝阳区安华里 5 区泰利明苑写字楼 A 座 6 层
邮政编码：100011
电子信箱：302678732@qq.com
主页网址：http://www.cosha.org.cn
电话：010-64463959
传真：010-64463210
理事长：王德学
副理事长：马　骏　伊　烈　周　彬　李文昌
秘书长：马　骏

中国烟草学会

China Tobacco Society（CTS）

地址：北京市西城区月坛南街 55 号
邮政编码：100045
电子信箱：wangwenjing1@tobacco.gov.cn
主页网址：http://www.tobacco.gov.cn/gjyc/zjxh/ycxh_zlist.shtml
电话：010-63605165
传真：010-63605760
理事长：韩占武
党委书记：韩占武
副理事长：刘　融　谢剑平　陈江华　刘建福
　　　　　唐　煦　张思荣　王德平　缪明明
秘书长：刘　融
监事长：陈俊奎

中国仿真学会

China Simulation Federation（CSF）

地址：北京市海淀区学院路 37 号
邮政编码：100191
电子信箱：cassimul@vip.sina.com
主页网址：http://www.csf-sim.org.cn
电话：010-82310612
传真：010-82317098
理事长：曹建国
副理事长：查亚兵　范文慧　黄海军　纪志成
　　　　　姜　兵　马　萍　马世伟　熊新平
　　　　　张　柯　张　克　张志利
秘书长：李　妮

中国电影电视技术学会
China Society of Motion Picture and Television Engineers（CSMPTE）

地址：北京市西城区真武庙二条真武家园4号楼1层西段
邮政编码：100045
电子信箱：mishuchu@csmpte.com
主页网址：http://www.csmpte.com
电话：010-63981959
传真：010-63959031
理事长：谢锦辉
副理事长：丁汶平 马晓波 王 晓 李 江 陈 炜 周立宏 郑福双 钱岳林 徐建新 栾国志 雷振宇
秘书长：路晓俐

中国振动工程学会
Chinese Society for Vibration Engineering（CSVE）

地址：江苏省南京市秦淮区御道街29号
邮政编码：210016
电子信箱：csve@nuaa.edu.cn
主页网址：http://www.csve.org.cn
电话：025-84892135
传真：025-84892135
理事长：胡海岩
党委书记：华宏星
副理事长：陈 璞 褚福磊 华宏星 李 惠 李 杰 许希武 翟婉明 张 方 张建民
秘书长：张 方
监事长：陈国平

中国颗粒学会
Chinese Society of Particuology（CSP）

地址：北京市海淀区中关村北二街1号过程大厦1003
邮政编码：100190
电子信箱：klxh@ipe.ac.cn
主页网址：http://www.csp.org.cn
电话：010-62647657/62647647
传真：010-82544962
理事长：朱庆山
副理事长：费广涛 卢春喜 李春忠 彭 峰 常 津
秘书长：王体壮

中国照明学会
China Illuminating Engineering Society（CIES）

地址：北京市东城区菊儿胡同7号北京一轻研究所南楼3层
邮政编码：100009
电子信箱：cies19870601@163.com
主页网址：http://www.lightingchina.com.cn/cies/
电话：010-65836525/65815905/65830997
传真：010-65812194
理事长：刘正雷
党委书记：刘正雷
副理事长：潘建根 苏耀康 魏 彬 杨春宇
秘书长：华树明
监事长：张保洲

中国动力工程学会
Chinese Society of Power Engineering（CSPE）

地址：上海市闵行区剑川路1115号
邮政编码：200240
电子信箱：cspe@speri.com.cn
主页网址：http://cspe.cpeweb.com.cn
电话：021-54705106
传真：021-54705106
理事长：邹 磊
副理事长：吕智强 严建华 何雅玲 张树林 陈干锦 徐 鹏 魏昭峰
秘书长：张树林

中国惯性技术学会
Chinese Society of Inertial Technology（CSIT）

地址：北京市西城区月坛北小街 2 号
邮政编码：100037
电子信箱：zggxjsxh@126.com
主页网址：http://www.csit.org.cn
电话：010–88527791
传真：010–68388652
理事长：包为民
党委书记：包为民
副理事长：马卫华　王　巍　王振华　刘付成
　　　　　李立新　杨　雨　尚俊云　姜福灏
　　　　　赵　坤　袁　利　雷宏杰
秘书长：王　岩
监事长：董景新

中国风景园林学会
Chinese Society of Landscape Architecture（CHSLA）

地址：北京市海淀区三里河路 9 号
邮政编码：100037
电子信箱：chsla@vip.sina.com
主页网址：http://www.chsla.org.cn/
电话：010–88084198
传真：010–88082100
理事长：陈　重
副理事长：王　翔　王磐岩　李　雄　朱子瑜
　　　　　张　勇　杨　锐　吴桂昌　周如雯
　　　　　郑淑玲　夏颖彪　高　翅　强　健
秘书长：贾建中

中国电源学会
China Power Supply Society（CPSS）

地址：天津市南开区黄河道 467 号大通大厦 16 层
邮政编码：300110
电子信箱：cpss@cpss.org.cn
主页网址：http://www.cpss.org.cn
电话：022–27680796
传真：022–27687886
理事长：徐德鸿
副理事长：韩家新　罗　安　张　波　曹仁贤
　　　　　陈成辉　刘进军　阮新波　汤天浩
秘书长：张　磊

中国复合材料学会
Chinese Society for Composite Materials（CSCM）

地址：北京市海淀区花园东路 15 号旷怡大厦 3 层
邮政编码：100083
电子信箱：huiyuanbu@csfcm.org.cn
主页网址：http://www.csfcm.org.cn
电话：010–82026320/82026120
传真：010–82026120
理事长：陈祥宝
党委书记：陈祥宝
副理事长：成来飞　方岱宁　冯志海　韩克岑
　　　　　侯　晓　冷劲松　马朝利　邢丽英
　　　　　徐　坚　薛忠民　俞建勇
秘书长：张博明
监事会主席：孙晋良

中国消防协会
China Fire Protection Association（CFPA）

地址：北京市朝阳区华威西里甲 19 号
邮政编码：100021
电子信箱：bgs@cfpa.cn
主页网址：http://www.cfpa.cn
电话：010–87789619
传真：010–87789252
会长：陈伟明
党委书记：陈伟明
副理事长：王铁民　杨建民　李引擎　陈　飞
　　　　　朱力平　尹俊士　张荣昌　许兆亭
　　　　　冷　俐
秘书长：曹忙根

中国图象图形学学会
China Society of Image and Graphics（CSIG）

地址：北京市海淀区中关村东路 95 号东楼 307、308
邮政编码：100190
电子信箱：info@csig.org.cn
主页网址：http://www.csig.org.cn
电话：010-82544676/82544661
传真：010-82544676
理事长：王耀南
党委书记：王耀南
副理事长：邓中翰　赖剑煌　马惠敏　汪国平
　　　　　王　亮　王涌天　俞能海　张艳宁
秘书长：马惠敏
监事长：査红彬

中国人工智能学会
Chinese Association for Artificial Intelligence（CAAI）

地址：北京市海淀区西土城路 10 号北京邮电大学教一楼 122 室
邮政编码：100876
电子信箱：msc@caai.cn
主页网址：http://caai.cn
电话：010-62281360
传真：010-62282983
理事长：戴琼海
副理事长：陈　杰　赵春江　王恩东　刘成林
　　　　　刘　宏　孙富春　周志华　王国胤
　　　　　王文博
秘书长：王卫宁
监事长：蒋昌俊

中国体视学学会
Chinese Society for Stereology（CSS）

地址：北京市海淀区清华大学工物系刘卿楼 211 室
邮政编码：100084
电子信箱：tscss@mail.tsinghua.edu.cn
主页网址：http://www.tscss.org/
电话：010-62776336
传真：010-62784659
理事长：陈志强
副理事长：张　跃　王　忠　彭瑞云　张艳宁
　　　　　秦高梧　田　捷　姜志国　宋晓艳
秘书长：王　忠
监事长：李　亮

中国工程机械学会
China Construction Machinery Society（CCMS）

地址：上海市杨浦区四平路 1239 号同济大学机械南馆 301 室
邮政编码：200092
电子信箱：ccms_office@126.co
电话：021-65985015
传真：021-65985015
理事长：卞永明
党委书记：石来德
副理事长：杨华勇　焦生杰　宓为建　肖汉斌
　　　　　朱真才　刘元洪　黄兴华　赵静一
　　　　　许武全
秘书长：刘　钊
监事长：石来德

中国海洋工程咨询协会
China Association of Oceanic Engineering（CAOE）

地址：北京市丰台区马官营家园 3 号院
邮政编码：100161
电子信箱：caoe@vip.163.com
主页网址：www.caoe.org.cn
电话：010-68040020
传真：010-68040020
会长：周茂平
副会长：李春先　吕　波　郭立峰　刘修德　吴德星
　　　　施　兵　韩　庆　王海怀　逯　鹰　梁伟康
　　　　张东辉
秘书长：屈　强

中国遥感应用协会
China Association of Remote Sensing Application（CARSA）

地址：北京市海淀区永丰产业基地丰贤东路 5 号中国资源卫星应用中心 A 座 3 层
邮政编码：100094
电子信箱：ygxh@carsa.org.cn
主页网址：http://www.carsa.org.cn
电话：010–57503347
传真：010–57503347
理事长：罗　格
党委书记：罗　格
副理事长：白志刚　李传荣　杨运斌　杨保华　吴一戎　岳　涛　龚健雅　童旭东　赖征田　吴　双　潘旭东
秘书长：卫　征
监事长：赵启发

中国指挥与控制学会
Chinese Institute of Command and Control（CICC）

地址：北京市海淀区车道沟 10 号院科技 1 号楼 10 层
邮政编码：100089
电子信箱：cicc@c2.org.cn
主页网址：http://www.c2.org.cn
电话：010–68964721
传真：010–68964756
理事长：费爱国
副理事长：于　全　何　友　陈　杰　秦继荣　李定主　龙　腾　王积鹏　黄　强　张红文　顾　浩　朱荣刚　吕金虎　付　琨
秘书长：秦继荣

中国光学工程学会
Chinese Society for Optical Engineering（CSOE）

地址：北京市丰台区海鹰路 1 号院 6 楼
邮政编码：100070
电子信箱：dengwei@csoe.org.cn
主页网址：www.csoe.org.cn
电话：010–83739883
传真：010–63723558
理事长：张广军
副理事长：吕跃广　王立军　王　巍　刘文清　王恩东　范国滨　相里斌　苏建忠　马　晶　王　健
秘书长：赵雪燕

中国微米纳米技术学会
Chinese Society of Micro-Nano Technology（CSMNT）

地址：北京市海淀区清华大学精密仪器系 4102B 室
邮政编码：100084
电子信箱：csmnt@mail.tsinghua.edu.cn
主页网址：http://www.csmnt.org.cn
电话：010–62772108
传真：010–62796707
理事长：尤　政
党委书记：尤　政
副理事长：蒋庄德　黄　如　王　琛　邱介山　王　政　许建中　王跃林　王晓浩
秘书长：王晓浩

中国密码学会
Chinese Association for Cryptologic Research（CACR）

地址：北京市丰台区靛厂路 7 号
邮政编码：100036
电子信箱：cacr@cacrnet.org.cn
主页网址：http://www.cacrnet.org.cn
电话：010–59703621
传真：010–59703621
理事长：王小云
党委书记：安晓龙
副理事长：陈克非　吴文玲　安晓龙　徐茂智　戚文峰　谷大武
秘书长：安晓龙

监事长：王　杰

中国大坝工程学会
Chinese National Committee on Large Dams
（CHINCOLD）

地址：北京市海淀区玉渊潭南路 1 号
邮政编码：100038
电子信箱：chincold@vip.126.com
主页网址：http://www.chincold.org.cn
电话：010-68781709
传真：010-68712208
理事长：矫　勇
党委书记：矫　勇
副理事长：刘伟平　刘金焕　李文学　李　昇
汪小刚　汪际峰　沈凤生　张曙光
陈云华　陈生水　陈国平　周厚贵
胡甲均　胡春宏　钮新强　夏　忠
景来红　樊启祥
秘书长：贾金生
监事长：吕炯涛

中国卫星导航定位协会
GNSS and LBS Association of China
（GLAC）

地址：北京市丰台区万丰路金家村 288 号华信大厦
邮政编码：100036
电子信箱：glac@glac.org.cn
主页网址：http://www.glac.org.cn
电话：010-68185060
传真：010-68187080
会长：于贤成
党委书记：于贤成
副会长：刘大可　于建国　王文忠　支晓晔　刘忠华
刘贵生　刘爱明　李　澍　姜卫平　杨玉坤
张　伟　金乃高　周儒欣　赵　军　胡发兴
姜德荣　莫晓宇　贾必明　郭信平　彭扬名
李成名　张　健　王泉君　蔺陆洲
秘书长：张全德
监事长：叶银虎

中国生物材料学会
Chinese Society for Biomaterials（CSBM）

地址：四川省成都市望江路 29 号四川大学生物材料楼
邮政编码：610064
电子信箱：csbm@csbm.org.cn
主页网址：http://www.csbm.org.cn
电话：028-85417078
传真：028-85410246
理事长：王迎军
党委书记：王迎军
副理事长：陈晓峰　高长有　王云兵　张胜民
赵毅武
秘书长：艾　华
监事长：沈　健

国际粉体检测与控制联合会
International Federation of Measurement and Control of Granular Materials（IFMCGM）

地址：辽宁省沈阳市和平区文化路 3 号巷 11 号东北大学信息楼 209 号
邮政编码：110004
电子信箱：mcgm2012@126.com
电话：024-83689395
传真：024-23891977
理事长：谢　植
副理事长：Mark G.Jones（澳大利亚）
Shuji Matsusaka（日本）
Siegfried Radandt（德国）
InShup Ahn（韩国）
盖国胜
秘书长：李新光

中国农学会
China Association of Agricultural Science Societies（CAASS）

地址：北京市朝阳区麦子店街 22 号楼
邮政编码：100125
电子信箱：59194203@163.com

主页网址：http://www.caass.org.cn
电话：010-59194202
传真：010-59194204
会长：张桃林
副会长：万建民　刘　旭　孙其信　吴孔明　沈仁芳
　　　　陈晓亚　周光宏　胡义萍　喻树迅　廖西元
秘书长：胡义萍

中国林学会
Chinese Society of Forestry（CSF）

地址：北京市海淀区东小府2号
邮政编码：100091
电子信箱：zglxhbgs@126.com
主页网址：http://www.csf.org.cn
电话：010-62889815
传真：010-62889815
理事长：赵树丛
副理事长：谭光明　曹福亮　蒋剑春　马广仁
　　　　　宋权礼　郝育军　刘世荣　安黎哲
　　　　　李　斌　王　浩　陈幸良　费本华
秘书长：陈幸良

中国土壤学会
Soil Science Society of China（SSSC）

地址：江苏省南京市玄武区北京东路71号
邮政编码：210008
电子信箱：sssc@issas.ac.cn
主页网址：http://www.csss.org.cn
电话：025-86881532
传真：025-86881000
理事长：张佳宝
副理事长：颜晓元　冯　浩　朱永官　李芳柏
　　　　　邹建文　易可可　赵小敏　黄元仿
秘书长：颜晓元

中国水产学会
China Society of Fisheries（CSF）

地址：北京市朝阳区麦子店街22号楼101-1
邮政编码：100125
电子信箱：csfish@vip.163.com
主页网址：http://www.csfish.org.cn
电话：010-59195028/59195494/59195156
传真：010-59194025
理事长：王清印
副理事长：崔利锋　麦康森　桂建芳　王小虎
　　　　　吴嘉敏　宋林生　刘东超　丁雪燕
　　　　　赵玉山　张　璐
秘书长：崔利锋

中国园艺学会
Chinese Society for Horticultural Science（CSHS）

地址：北京市海淀区中关村南大街12号中国农业科学院蔬菜花卉研究所内
邮政编码：100081
电子信箱：cshs@caas.cn
主页网址：http://www.cshs.org.cn
电话：010-82109528
传真：010-82109528
理事长：杜永臣
副理事长：邓秀新　李天来　邹学校　孙日飞
　　　　　陈昆松　韩振海　高俊平　张启翔
　　　　　张　显　刘君璞
秘书长：孙日飞

中国畜牧兽医学会
Chinese Association of Animal Science and Veterinary Medicine（CAAV）

地址：北京市朝阳区农展馆南路9号博雅园1-106
邮政编码：100125
电子信箱：c06@cast.org.cn/caav123@163.com
主页网址：http://www.caav.org.cn
电话：010-85959009/85959006

传真：010-85959010
理事长：黄路生
党委书记：黄路生
副理事长：冯忠武　朱　庆　乔玉锋　杨汉春
　　　　　步志高　呙于明　张许科　陈伟生
　　　　　邵根伙　秦玉昌　殷　宏　焦新安
　　　　　廖　明　薛廷伍　才学鹏　包　军
　　　　　李　明
秘书长：杨汉春

中国植物病理学会
Chinese Society for Plant Pathology（CSPP）

地址：北京市海淀区圆明园西路 2 号
邮政编码：100193
电子信箱：office@cspp.org.cn
主页网址：http://www.cspp.org.cn
电话：010-62731025
传真：010-62813785
理事长：彭友良
副理事长：王源超　王福祥　刘杏忠　朱有勇
　　　　　吴元华　吴祖建　李健强　陈剑平
　　　　　周雪平　姜道宏　康振生　韩成贵
秘书长：韩成贵

中国植物保护学会
China Society of Plant Protection（CSPP）

地址：北京市海淀区圆明园西路 2 号中国农业科学院植物保护研究所行政楼
邮政编码：100193
电子信箱：cspp62@163.com
主页网址：http://www.ipmchina.net/
电话：010-62815913
传真：010-62815913
理事长：陈万权
党委书记：陈万权
副理事长：刘　学　沈　杰　宋宝安　张友军
　　　　　陈剑平　陈洪俊　周雪平　柏连阳
　　　　　康　乐　康振牛　魏启文
秘书长：郑传临
监事长：喻大昭

中国作物学会
The Crop Science Society of China（CSSC）

地址：北京市海淀区中关村南大街 12 号中国农业科学院育种南楼
邮政编码：100081
电子信箱：zwxh@caas.cn
主页网址：http://www.chinacrops.org
电话：010-82108616
传真：010-82108785
理事长：万建民
党委书记：刘春明
副理事长：钱　前　刘春明　杨维才　金危危
　　　　　赵久然　毛长青　丁艳锋　吉万全
秘书长：刘春明

中国热带作物学会
Chinese Society for Tropical Crops（CSTC）

地址：海南省海口市龙华区学院路 4 号
邮政编码：571101
电子信箱：cstcorg@126.com
主页网址：http://www.cstcs.org.cn
电话：0898-66962982
传真：0898-66962982
理事长：刘国道
党委书记：杨礼富
副理事长：邹学校　韩沛新　戴陆园　杨礼富
　　　　　陈东奎　曾继吾　邬华松
秘书长：邬华松
监事长：刘　波

中国蚕学会
Chinese Society of Sericulture Science（CSSS）

地址：江苏省镇江市丹徒区长晖路 666 号江苏科技大学长山校区 17 号楼
邮政编码：212100
电子信箱：csss_china@126.com

主页网址：http://sss.scimall.org.cn/
电话：0511-85616661
传真：0511-85622507
理事长：廖森泰
副理事长：李　龙（常务）　代方银　李　标
钱永华　宋国柱　吴海平　杨　彪
秘书长：沈兴家

中国水土保持学会

地址：北京市海淀区清华东路 35 号北京林业大学东配楼 2 层
邮政编码：100083
电子信箱：zgsbxhzzb@163.com
主页网址：http://www.sbxh.org
电话：010-62336252
传真：010-62336252
理事长：陆桂华
党委书记：蒲朝勇
副理事长：蒲朝勇　黄正秋　崔　鹏　吴　斌
刘国彬　王玉杰
秘书长：王玉杰

中国茶叶学会
China Tea Science Society（CTSS）

地址：浙江省杭州市西湖区梅灵南路 9 号
邮政编码：310008
电子信箱：chinatss@tricaas.com
主页网址：http://www.chinatss.cn
电话：0571-87310353/86653176
传真：0571-87310353
理事长：江用文
党委书记：江用文
副理事长：蔡　军　黄　政　梁月荣　阮建云
肖力争　殷建豪　余文权　张正竹
秘书长：阮建云
监事长：张　定

中国草学会
Chinese Grassland Society（CGS）

地址：北京市海淀区圆明园西路 2 号新动科楼 0118 室
邮政编码：100193
电子信箱：cgsoffice@163.com
主页网址：http://www.chinagrass.org.cn
电话：010-62732799/62731666
传真：010-62732799
理事长：何新天
党委书记：何新天
副理事长：王　堃　王德利　师尚礼　沈益新
张　博　呼天明　侯扶江　高洪文
韩国栋　韩烈保　张英俊
秘书长：张英俊

中国植物营养与肥料学会
Chinese Society of Plant Nutrition and Fertilizer Science（CSPNFS）

地址：北京市海淀区中关村南大街 12 号中国农业科学院资源楼
邮政编码：100081
电子信箱：zwyyxh@caas.cn
主页网址：http://www.cspnf.org.cn
电话：010-82109093
传真：010-82109093
理事长：白由路
党委书记：白由路
副理事长：王敬国　谢建华　周　卫　杨少海
孙　波　王俊忠　赵秉强
秘书长：张景丽
监事长：刘宝存

中国农业历史学会
China Agricultural History Association（CAHA）

地址：北京市朝阳区东三环北路 16 号
邮政编码：100026
电子信箱：nsxhmsc@126.com

电话：010-59199703
理事长：隋　斌
党委书记：隋　斌
副理事长：陈　军　徐剑波　陈　洁　李昌武
惠富平　朱宏斌　曾雄生　王福昌
李　军
秘书长：陈　军
监事长：王一民

中华医学会
Chinese Medical Association（CMA）

地址：北京市东城区东四西大街 42 号
邮政编码：100710
电子信箱：cma@cma.org.cn
主页网址：http://www.cma.org.cn
电话：010-85158114
传真：010-85158028
会长：马晓伟
副会长：赵玉沛　刘雁飞　刘德培　买买提·牙森
苏　志　李五四　李清杰　杨宝峰
张伯礼　陈赛娟　郑树森　柯　杨
饶克勤　贺福初　徐建光　高　福
秘书长：王　健

中华中医药学会
China Association of Chinese Medicine（CACM）

地址：北京市朝阳区樱花园东街甲 4 号
邮政编码：100029
电子信箱：xinxibu102@126.com
主页网址：http://www.cacm.org.cn
电话：010-84257895
传真：010-84257895
会长：于文明
副会长：王国辰　仝小林　闫树江　李灿东
杨关林　杨明会　杨殿兴　肖　伟
陈达灿　郑　进　胡鸿毅　徐安龙
秘书长：王国辰

中国中西医结合学会
Chinese Association of Integrative Medicine（CAIM）

地址：北京市东城区东直门内南小街 16 号
邮政编码：100700
电子信箱：caim@caim.org.cn
主页网址：http://www.caim.org.cn
电话：010-64010688/64025672
传真：010-64010688/84035154
会长：陈香美
党委书记：郭　姣
副会长：王　伟　王笑频　丛　斌　吕文良
刘继红　刘清泉　杨宝峰　施建蓉
姚树坤　高秀梅　郭　姣　唐旭东
秘书长：吕文良
监事长：朱广丽

中国药学会
Chinese Pharmaceutical Association（CPA）

地址：北京市东城区天坛西里 2 号
邮政编码：100050
电子信箱：cpa@cpa.org.cn
主页网址：http://www.cpa.org.cn
电话：010-67095470
传真：010-67095470
理事长：孙咸泽
副理事长：陈志南　黄璐琦　丁　健　李　松
王晓良　吴春福　丁丽霞　孙飘扬
李　波　来茂德　张晓东　蔡东晨
秘书长：丁丽霞

中华护理学会
Chinese Nursing Association（CNA）

地址：北京市西城区西直门南大街 2 号成铭大厦 C 座 28 层
邮政编码：100035

电子信箱：zhhlxhcna@163.com
主页网址：http://www.cna-cast.org.cn
电话：010-53779547
传真：010-53779547
理事长：吴欣娟
副理事长：皮红英　张利岩　么　莉　李　峥
丁炎明　李春燕　吴　瑛　张素秋
胡斌春　李映兰
秘书长：应　岚

中国生理学会

Chinese Association for Physiological Sciences（CAPS）

地址：北京市东城区东四西大街 42 号
邮政编码：100710
电子信箱：office@caps-china.org.cn
主页网址：http://www.caps-china.org.cn
电话：010-65278802/85158602
传真：010-65278802
理事长：王　韵
副理事长：王世强　陈应城　陈思锋　陈　军
罗自强　周嘉伟　徐天乐　管又飞
秘书长：李俊发
监事长：王晓民

中国解剖学会

Chinese Society for Anatomical Sciences（CSAS）

地址：北京市东城区东单三条 9 号院
邮政编码：100005
电子信箱：d07@cast.org
主页网址：http://www.csas.org.cn
电话：010-65296459
理事长：张绍祥
党委书记：刘学政
副理事长：李云庆　丁文龙　刘树伟　赵春华
刘学政　李　和　周德山　张宏权
崔慧先　隋鸿锦　马　超
秘书长：周德山
监事长：席焕久

中国生物医学工程学会

Chinese Society of Biomedical Engineering（CSBME）

地址：北京市东城区东单三条 5 号
邮政编码：100005
电子信箱：swyxgch@126.com
主页网址：http://www.csbme.org
电话：010-65136537/69156448
传真：010-65265035
理事长：曹雪涛
副理事长：程　京　顾晓松　王广志　万遂人
李德玉　尧德中　池　慧　赵毅武
王国胜　韩金祥　郑海荣
秘书长：池　慧

中国病理生理学会

Chinese Association of Pathophysiology（CAP）

地址：北京市海淀区学院路 38 号北京大学医学部生理楼 104 室
邮政编码：100191
电子信箱：zgblslxh@163.com
主页网址：http://www.caop.ac.cn
电话：010-82801719
传真：010-82801719
理事长：张幼怡
副理事长：陈国强　陆大祥　董尔丹　王建枝
李　萍
秘书长：李　萍

中国营养学会

Chinese Nutrition Society（CNS）

地址：北京市朝阳区建国门外大街甲 14 号北京广播大厦 1405
邮政编码：100022
电子信箱：cns@cnsoc.org
主页网址：http://www.cnsoc.org

电话：010–83554781
传真：010–83554780
理事长：杨月欣
党委书记：肖　荣
副理事长：蔡　威　常翠青　丁钢强　马爱国
　　　　　马冠生　孙长颢　杨晓光　朱蓓薇
秘书长：杜松明
监事长：李晓斌

中国药理学会
Chinese Pharmacological Society（CPS）

地址：北京市西城区先农坛街 1 号
邮政编码：100050
电子信箱：ylxh@cnphars.org
主页网址：http://www.cnphars.org
电话：010–63165211
传真：010–63165211
理事长：张永祥
副理事长：陈建国　丁　健　杜冠华　李　林
　　　　　石京山　魏　伟
秘书长：张永鹤

中国针灸学会
China Association of Acupuncture and Moxibustion（CAAM）

地址：北京市东城区东直门内南小街 16 号
邮政编码：100700
电子信箱：caambgs@126.com
主页网址：http://www.caam.cn
电话：010–64030959
传真：010–64030959
会长：刘保延
副会长：王　华　王　舒　王麟鹏　方剑乔
　　　　朱　兵　刘智斌　许能贵　孙忠人
　　　　杨金生　吴焕淦　余曙光　夏有兵
　　　　高树中　喻晓春
秘书长：喻晓春

中国防痨协会
Chinese Antituberculosis Association（CAA）

地址：北京市东城区东四西大街 42 号
邮政编码：100010
电子信箱：cata_1933@126.com
主页网址：http://www.cata1933.cn/
电话：010–65257475
理事长：刘剑君
副理事长：钟　球　袁政安　张宗德　成诗明
　　　　　黄　春　刘永煜　陈效友　张　帆
秘书长：成诗明
监事长：洪　峰

中国麻风防治协会
China Leprosy Association（CLA）

地址：北京市朝阳区十里堡甲 3 号 5 号楼 1E
邮政编码：100025
电子信箱：clabj@vip.163.com
主页网址：http://www.chinalep.org
电话：010–67522205
传真：010–67522206
会长：张福仁
副会长：潘春枝　冯清华　严良斌　李进岚
　　　　李　伟　张连华　杨　军　郑道城
　　　　姚　强　谭江平　黎青山
秘书长：袁联朝

中国心理卫生协会
Chinese Association for Mental Health（CAMH）

地址：北京市西城区德外安康胡同 5 号
邮政编码：100088
电子信箱：yyt808@sina.com.cn
主页网址：http://www.camh.org.cn
电话：010–64001762
传真：010–82029354
理事长：马　辛

党委书记：马　辛
副理事长：王　刚　谢　斌　杨甫德　刘　靖
　　　　　王　力　赵旭东
秘书长：王　刚

中国抗癌协会
China Anti-Cancer Association（CACA）

地址：天津市新技术产业园区兰苑路 5 号 A 座 10 楼
邮政编码：300384
电子信箱：bgs@caca.org.cn
主页网址：http://www.caca.org.cn
电话：022–23359958
传真：022–23526512
理事长：樊代明
副理事长：詹启敏　于金明　季加孚　王红阳
　　　　　赫　捷　李　强　郭小毛　徐瑞华
　　　　　朴浩哲　吴永忠
秘书长：王　瑛

中国体育科学学会
China Sport Science Society（CSSS）

地址：北京市东城区体育馆路 11 号
邮政编码：100061
电子信箱：csssbgs@126.com
主页网址：http://www.csss.cn
电话：010–87182586/87182587/87182594/87182593
传真：010–87183928
理事长：李颖川
副理事长：冯连世　李业武　祝　莉　谢敏豪
　　　　　张　剑　池　建　陈佩杰　刘　青
　　　　　敖英芳　季林红
秘书长：冯连世
监事长：杜利军

中国毒理学会
Chinese Society of Toxicology（CST）

地址：北京市海淀区太平路 27 号
邮政编码：100850
电子信箱：cst@chntox.org
主页网址：http://www.chntox.org
电话：010–66932387
传真：010–68183899
理事长：周平坤
副理事长：陈景元　李　桦　彭双清　浦跃朴
　　　　　沈建忠　孙祖越　吴永宁　杨杏芬
　　　　　赵宇亮　周建伟
秘书长：刘　超

中国康复医学会
Chinese Association of Rehabilitation Medicine（CARM）

地址：北京市朝阳区北辰东路 8 号汇欣大厦 A 座 307 室
邮政编码：100101
电子信箱：bgs@carm.org.cn
主页网址：http://www.carm.org.cn
电话：010–64210670
传真：010–64219690
会长：方国恩
党委书记：牛恩喜
副会长：牛恩喜（常务）　彭明强（常务）
　　　　李建军　陈立典　岳寿伟　周谋望
　　　　黄晓琳　燕铁斌
秘书长：牛恩喜

中国免疫学会
Chinese Society for Immunology（CSI）

地址：北京市东城区东单三条 5 号
邮政编码：100005
电子信箱：office@csi.org.cn
主页网址：http://www.csi.org.cn
电话：010–69156451
传真：010–69156451

理事长：吴玉章
党委书记：曹雪涛
副理事长：孙 兵 姚 智 吴 励 储以微 黄 波
秘书长：黄 波
监事长：田志刚

中华预防医学会
Chinese Preventive Medicine Association（CPMA）

地址：北京市朝阳区华威里 25 号 5 层
邮政编码：100021
电子信箱：cpma@cpma.org.cn
主页网址：http://www.cpma.org.cn
电话：010–84039879
传真：010–84039873
会长：李 斌
党委书记：梁晓峰
副会长：梁晓峰 杨维中 顾东风 乔 杰 常继乐 张 学 谷晓红 李立明
秘书长：梁晓峰
监事长：梁东明

中国法医学会
Chinese Forensic Medicine Association（CFMA）

地址：北京市西城区木樨地南里 17 号楼
邮政编码：100038
电子信箱：fyxh6626@sina.com
主页网址：http://www.fyxh.org
电话：010–66269250
传真：010–63495531
副会长：翟恒利
秘书长：翟恒利

中华口腔医学会
Chinese Stomatological Association（CSA）

地址：北京市海淀区中关村南大街甲 18 号北京国际大厦 C 座 4 层
邮政编码：100081
电子信箱：csa@cndent.com
主页网址：http://www.cndent.com
电话：010–62116665
传真：010–62110880
会长：俞光岩
副会长：王 林 王松灵 卢海平 白玉兴 边 专 刘洪臣 沈国芳 张 斌 陈吉华 周 诺 周学东 郭传瑸 凌均棨 章锦才 路振富
秘书长：岳 林

中国医学救援协会
China Association for Disaster & Emergency Rescue Medicine（CADERM）

地址：北京市海淀区永定路 69 号行政 6 层 613 室
邮政编码：100039
电子信箱：caderm@163.com
主页网址：http://www.caderm.org
电话：010–57976109
传真：010–57976104
会长：李宗浩
党委书记：吴永平
副会长：吴永平 赵劲民 王明晓 李立兵 钱阳明 黎檀实 殷 明 封志纯 田军章
秘书长：李立兵

中国女医师协会
China Medical Women's Association（CMWA）

地址：北京市西城区西直门南大街 2 号成铭大厦 B12F
邮政编码：100035
电子信箱：nysh120@126.com
主页网址：http://www.cmwa.org.cn
电话：010–51209891/51209893
会长：乔 杰
副会长：陈晓枫 毛 汛
秘书长：毛 汛
监事长：陈赛娟

中国研究型医院学会
Chinese Research Hospital Association
（CRHA）

地址：北京市海淀区西三环北路甲 2 号
邮政编码：100081
电子信箱：yjxyyxh@163.com
主页网址：http://www.crha.cn
电话：010–68484810
传真：010–68484810
会长：何振喜
党委书记：孟祥明
副会长：周先志　乔　杰　葛均波　雷光华
　　梁廷波　邵凤民　华树成　郝定均
　　王永晨　何昆仑　吕吉云　王明晓
　　刘希华　姚　军
监事长：姚春雨

中国睡眠研究会
Chinese Sleep Research Society（CSRS）

地址：北京市海淀区高梁桥斜街 40 号 B 座 902 室
邮政编码：100044
电子信箱：sleepcn@163.com
主页网址：http://www.zgsmyjh.org/
电话：010–65230156
传真：010–65230156
理事长：黄志力
副理事长：唐向东　高雪梅　赵忠新　李庆云
　　时　杰　陈贵海　胡志安　殷善开
　　宿长军
秘书长：左和鸣

中国卒中学会
Chinese Stroke Association（CSA）

地址：北京市丰台区南四环西路 188 号总部基地三区 6 号楼
邮政编码：100070
电子信箱：csa@chinastroke.net
主页网址：http://www.chinastroke.net
电话：010–57986266
传真：010–57986256
会长：王文志
党委书记：王文志
副会长：董　强　葛均波　纪立农　卢德宏
　　王彩云　徐安定
秘书长：白宇飞
监事长：樊东升

中国自然辩证法研究会
The Chinese Society for Dialectics of Nature（CSDN）

地址：北京市西城区三里河路 54 号
邮政编码：100045
电子信箱：zrbzhf@vip.sina.com
主页网址：http://www.chinasdn.org.cn
电话：010–62173089
传真：010–62173674
理事长：何鸣鸿
党委书记：何鸣鸿
副理事长：王　安　郭贵春　陈　凡　张大庆
　　刘孝廷　尚智丛
秘书长：赵月刚
监事长：张体勤

中国管理现代化研究会
Chinese Academy of Management
（CAM）

地址：北京市海淀区中关村东路 80 号青年公寓 7 号楼
邮政编码：100190
电子信箱：camchina@126.com
主页网址：http://www.camchina.org.cn
电话：010–82680396
传真：010–82680396
理事长：石　勇
党委书记：赵景华
监事长：薛　澜
副理事长：李维安　席酉民　杨善林　张　维
　　董继昌　黄丽华　王稼琼　杨　丹
　　赵景华　赵曙明　曾　勇

秘书长：赵景华

中国技术经济学会

Chinese Society of Technology Economics（CSTE）

地址：北京市海淀区学院南路 86 号
邮政编码：100081
电子信箱：jishujingjixuehui@vip.163.com
主页网址：http://www.cste.org.cn
电话：010-62144346
传真：010-62174221
理事长：李　平
副理事长：牛东晓　王宗军　李开孟　杨德林
　　　　　黄检良
秘书长：黄检良

中国现场统计研究会

Chinese Association for Applied Statistics（CAAS）

地址：北京市朝阳区平乐园 100 号北京工业大学应用数理学院（数理楼 2417 室）
邮政编码：100124
电子信箱：e04@cast.org.cn
主页网址：www.caas.org.cn
电话：010-67392433
传真：010-67392433
理事长：房祥忠
副理事长：崔恒建　郭建华　石　坚　孙六全
　　　　　唐年胜　万东华　王兆军　汪荣明
　　　　　吴耀华　张宝学
秘书长：程维虎

中国未来研究会

China Society for Futures Studies（CSFS）

地址：北京市海淀区学院南路 86 号
邮政编码：100081
电子信箱：e05@cast.org.cn
主页网址：http://www.csfs.org.cn
电话：010-62103295
传真：010-62103295
理事长：金灿荣
副理事长：阎耀军　顾朝林　何传启　陈恩红
　　　　　刘益东　张延岐
秘书长：张延岐

中国科学技术史学会

Chinese Society for the History of Science and Technology（CSHST）

地址：北京市怀柔区怀北镇中国科学院大学雁栖湖校区学园 1-209
邮政编码：101408
电子信箱：cshst1980ucas@163.com
主页网址：http://www.cshst.org
电话：010-57552527
理事长：孙小淳
党委书记：孙小淳
副理事长：曲安京　王思明　石云里　张　藜
　　　　　郭世荣　潜　伟
秘书长：罗兴波
监事长：关增建

中国科学技术情报学会

China Society for Scientific and Technical Information（CSSTI）

地址：北京市海淀区复兴路 15 号
邮政编码：100038
电子信箱：wangtt@istic.ac.cn
主页网址：http://www.cssti.org.cn
电话：010-58882544
传真：010-58882028
理事长：戴国强
党委书记：戴国强
副理事长：揭玉斌　刘　炜　潘云涛　魏大威
　　　　　夏立新　曾祥效
秘书长：潘云涛
监事长：马费成

中国图书馆学会
Library Society of China（LSC）

地址：北京市海淀区中关村南大街 33 号
邮政编码：100081
电子信箱：ztxhmsc@nlc.cn
主页网址：http://www.lsc.org.cn
电话：010–88545677
传真：010–68417815
理事长：饶 权
党委书记：饶 权
副理事长：刘小琴 孙 坦 陈 超 陈 锐
陈 樱 陈传夫 陈建龙 程焕文
秘书长：王雁行
监事长：王余光

中国城市科学研究会
Chinese Society For Urban Studies（CSFUS）

地址：北京市海淀区三里河路 9 号
邮政编码：100835
电子信箱：office@chinasus.org
主页网址：http://www.chinasus.org
电话：010–58933149
传真：010–68313149
理事长：仇保兴
副理事长：杨焕明 曲久辉 江 亿 郭仁忠
王 俊 俞孔坚 吴志强 张爱林
詹纯新
秘书长：余 刚

中国科学学与科技政策研究会
The Chinese Association for Science of Science and S&T Policy

地址：北京市海淀区中关村北一条科电大厦南门
邮政编码：100190
电子信箱：casssp@casisd.cn
主页网址：http://casssp.scimall.org.cn
电话：010–62542615
传真：010–62542615
理事长：穆荣平
副理事长：李 光 李 垣 吴建南 张卫国
陈 劲 胡志坚 柳卸林 游光荣
蔡 莉 薛 澜 魏 江
秘书长：陈 光

中国农村专业技术协会
China Rural Special Technology Association（CRSTA）

地址：北京市朝阳区白家庄东里 13 号楼 7 层
邮政编码：100026
电子信箱：zgnjx2015@sina.com
主页网址：http://www.nongjixie.org
电话：010–65032609
传真：010–65032609
理事长：柯炳生
副理事长：师 铎 韩文胜 张福锁 张改平
李杰人 张建华 纳 翔 陈豫川
秘书长：杨利军

中国工业设计协会
China Industrial Design Association（CIDA）

地址：北京市海淀区万寿路 27 号院 8 号楼 7 层
邮政编码：100036
电子信箱：cida@vip.163.com
主页网址：http://www.chinadesign.cn
电话：010–68209323
传真：010–68209323
会长：刘 宁
副会长：应放天 赵卫国
秘书长：应放天

中国工艺美术学会
China National Arts & Crafts Society（CNACS）

地址：北京市西城区阜外大街乙 22 号 408 室
邮政编码：100833
电子信箱：xuehuiwangzhan@126.com

主页网址：http://www.cnacs.net.cn
电话：010–68396408
传真：010–68396408
理事长：才大颖
副理事长：任建新
秘书长：毛增印
监事长：王建良

中国科普作家协会
China Science Writers Association（CSWA）

地址：北京市海淀区学院南路 86 号
邮政编码：100081
电子信箱：kpcswa@163.com
主页网址：http://www.kpcswa.org.cn
电话：010–62103258
传真：010–62103258
理事长：周忠和
党委书记：王　挺
副理事长：王元卓　王劲松　尹传红　汤书昆　吴　岩　张文宏　陈楸帆　郑永春　徐　颖　崔丽娟
秘书长：陈　玲
监事长：刘泽林

中国自然科学博物馆学会
Chinese Association of Natural Science Museums（CANSM）

地址：北京市朝阳区北辰东路 5 号
邮政编码：100012
电子信箱：Cansm@vip.sina.com
主页网址：http://www.cansm.org
电话：010–59041345
传真：010–59041331
理事长：程东红
副理事长：王小明　李春冀　单　敏　欧阳辉　欧建成　贾跃明　黄克力
秘书长：欧建成

中国可持续发展研究会
Chinese Society for Sustainable Development（CSSD）

地址：北京市海淀区玉渊潭南路 8 号
邮政编码：100038
电子信箱：cssd@acca21.org.cn
主页网址：http://www.cssd1992.org
电话：010–58884791/58884796
传真：010–58884795
理事长：王　浩
党委书记：王　浩
副理事长：曲久辉　郭日生　赵　清　黄　晶
秘书长：周海林

中国青少年科技辅导员协会
China Association of Children's Science Instructors（CACSI）

地址：北京市海淀区复兴路 3 号中国科技会堂 C 座 301
邮政编码：100863
电子信箱：cacsi@cacsi.org.cn
主页网址：http://www.cacsi.org.cn
电话：010–68518719
传真：010–68516005
理事长：武向平
党委书记：辛　兵
副理事长：辛　兵（常务）　俞书宏　苏　青　胡卫平　郑永和　徐雁龙　李晓辉　林利琴
秘书长：林利琴
监事长：李晓亮

中国科教电影电视协会
China Science Film and Video Association（CSFVA）

地址：北京市海淀区学院南路 86 号西楼 414
邮政编码：100081
电子信箱：cicsep@cast.org.cn
主页网址：http://www.csfva.org.cn

电话：010–62113038
传真：010–62113038
理事长：薛继军
党委书记：季　林
副理事长：兰　军　李海胜　何苏六　张　健
张　跃　陈　虎　季　林　蒋　涛
秘书长：季　林
监事长：张小林

中国科学技术期刊编辑学会
China Editology Society of Science Periodicals（CESSP）

地址：北京市海淀区学院南路 86 号
邮政编码：100081
电子信箱：cessp1987@vip.163.com
主页网址：http://www.cessp.org.cn
电话：010–62147743
理事长：朱邦芬
副理事长：任胜利　栗延文　彭　斌　饶子和
汪新红　宋培元　杨亚政　颜　帅
秘书长：任胜利

中国流行色协会
China Fashion & Color Association（CFCA）

地址：北京市朝阳区朝阳门北大街 18 号 6 层 618 室
邮政编码：100027
电子信箱：fashioncolor@fashioncolor.org.cn
主页网址：http://www.fashioncolor.org.cn
电话：010–85229531
会长：朱　莎
副会长：贺显伟　宋建明　徐海松　陈玲芬
吴　剑　夏国新　程慧玲
秘书长：王　淼

中国档案学会
The Society of Chinese Archives（SCA）

地址：北京市西城区永安路 106 号
邮政编码：100050
电子信箱：sca@saac.gov.cn
主页网址：http://www.idangan.com
电话：010–63020081
传真：010–63018703
理事长：杨冬权
党委书记：杨冬权
副理事长：邓小军　刘　芸　孙森林　李华强
高大岭　张　斌
秘书长：邓小军
监事长：姜延溪

中国国土经济学会
China Society of Territorial Economists（CSOTE）

地址：北京市丰台区紫芳园六区 2 号楼 1 单元 213 室
邮政编码：100078
电子信箱：bj_jrgt@126.com
主页网址：http://www.csote.org
电话：010–87692301
传真：010–87699631
理事长：柳忠勤
党委书记：柳忠勤
副理事长：李青松　赵林茹　严金明　吴文良
秘书长：刘军萍
监事长：潘明才

中国土地学会
China Land Science Society（CLSS）

地址：北京市西城区冠英园西区 37 号
邮政编码：100035
电子信箱：zgtdxh@vip.sina.com
主页网址：http://www.clss.org.cn
电话：010–83064931/83064669
传真：010–66562563
理事长：王世元
党委书记：王世元
副理事长：李海兵　高延利　王仰麟　冯淑怡
刘彦随　严金明　何　平　张凤荣
范树印　赵继成　郭仁忠　黄贤金
蒋文彪　谢俊奇

秘书长：高延利

中国科技新闻学会

Chinese Society for Science and Technology Journalism（CSSTJ）

地址：北京市西城区三里河路 54 号
邮政编码：100045
电子信箱：kjxw@sina.com
主页网址：http://www.csstj.org.cn
电话：010-68598031/68598032
传真：010-68598473
理事长：宋南平
党委书记：宋南平
副理事长：周建强　陈　鹏　周德进　郝建新
　　　　　宋玉荣　刘守训　田俊荣　许　英
　　　　　刘志军　崔保国　赵　承　龙兵华
秘书长：许　英
监 事长：秦德继

中国老科学技术工作者协会

China Association of Senior Scientists and Technologists（CASST）

地址：北京市海淀区学院南路 86 号
邮政编码：100081
电子信箱：zhglkx@cast.org.cn
主页网址：http://www.casst.org.cn
电话：010-62148263
传真：010-62170582
理事长：陈至立
党委书记：齐　让
副理事长：齐　让　陈小娅　冯长根　杨继平
　　　　　岳明生　王延祜　徐　强　李　芳
　　　　　臧胜业　张友君　罗啸天　仲跻权
　　　　　申立国　刘永忠　朱张才　朱正昌
　　　　　蒋笃运　蔡力峰　蒋济雄　班程农
　　　　　张国梁
秘书长：李　芳

中国科学探险协会

China Association for Scientific Expeditions（CASE）

地址：北京市海淀区西小关中国科学院大气物理所铁塔分部
邮政编码：100083
电子信箱：e26@cast.org.cn
主页网址：http://www.case.org.cn
电话：010-62378038
传真：010-62379818
主席：崔　鹏
副主席：郭　柯　康世昌　李　杰　马耀明
　　　　王　维　效存德　张百平　朱　江
秘书长：李　杰

中国城市规划学会

Urban Planning Society of China（UPSC）

地址：北京市海淀区三里河路 9 号
邮政编码：100037
电子信箱：planning@planning.org.cn
主页网址：http://www.planning.org.cn
电话：010-58323862/58323863/58323864/58323866
传真：010-58323850
理事长：孙安军
副理事长：石　楠（常务）　王建国　尹　稚
　　　　　吕　斌　伍　江　杨保军　吴志强
　　　　　何兴华　张　泉　张少康　赵万民
　　　　　赵燕菁　周　岚　施卫良　樊　杰
秘书长：石　楠

中国产学研合作促进会

China Industry-University-Research Institute Collaboration Association（CIUR）

地址：北京市海淀区西三环北路 89 号中国外文大厦 8 层 A-03-1
邮政编码：100089
电子信箱：ciur@ciur.org.cn

主页网址：http://www.ciur.org.cn
电话：010-68987182
传真：010-68986913
会长：路甬祥
副会长：陈小娅　石　军　赵长禄　王建华
秘书长：王建华

中国知识产权研究会
China Intellectual Property Society（CIPS）

地址：北京市海淀区高粱桥斜街 11 号中国专利大厦 7 层
邮政编码：100081
电子信箱：cips1985@126.com
主页网址：http://www.cnips.org.cn
电话：010-61073468
传真：010-61073455
理事长：田力普
副理事长：马小航　马宪民　王丽娟　王宏祥
王晓云　匡立春　朱雪忠　许　坚
张　平　张　勤　张雪红　张景利
李国华　李明德　杨宗仁　杨铁军
陈文彤　周中琦　林广海　俞思瑛
毕效革　袁雷峰　郭　禾　陶鑫良
高　峰　黄　峰　彭学龙　曾祥奕
谢商华
秘书长：陈　燕

中国发明协会
China Association of Inventions（CAI）

地址：北京市海淀区复兴路甲 15 号科技部专家公寓 6 层
邮政编码：100036
电子信箱：zgfmxh@cainet.org.cn
主页网址：http://www.cainet.org.cn
电话：010-63951008/63955833
传真：010-63951008
理事长：潘云鹤
党委书记：余华荣
副理事长：余华荣（常务）　唐大立　钱为强
贺振福　马　云　王子纯　王传福
王锡娟　尹　利　朱义明　刘彭芝
闫楚良　孙连桂　李家民　杨　松
邹远东　沈福昌　林晓东　林章利
易　建　郑浩峻　房汉廷　房建成
徐士龙　徐宇栋　崔卫燕　粟　斌
于英涛　李书福　王琳达　王宏宇
褚景春
秘书长：余华荣

中国工程教育专业认证协会
China Engineering Education Accreditation Association（CEEAA）

地址：北京市海淀区魏公村路 2 号
邮政编码：100081
电子信箱：ceeaa@moe.edu.cn
主页网址：http://www.ceeaa.org.cn
电话：010-82213367
理事长：王树国
党委书记：王树国
副理事长：陈十一　谢建新　范　唯　范海林
刘冬梅　王庆林
秘书长：周爱军
监事长：袁　驷

中国检验检测学会
China Inspection and Testing Society（CITS）

地址：北京市朝阳区麦子店街 22 号 3 楼
邮政编码：100125
电子信箱：info@cits.ac.cn
主页网址：http://www.cits.ac.cn
电话：010-59196550
传真：010-59196551
会长：李怀林
副会长：生　飞（常务）　王海舟　沈建忠
吴尊友　刘　挺　滕俊恒　张　峰
陈永煊　夏　扬
秘书长：夏　扬

中国女科技工作者协会

China Women's Association for Science and Technology（CWAST）

地址：北京市海淀区丰豪东路 1 号
邮政编码：100094
电子信箱：nvkeji@163.com
主页网址：http://www.cwst.net
电话：010–59872775
传真：010–59872775
会长：王红阳
副会长：吕　植　朱美芳　向　巧　秦　川
　　　　曹晓风　韩喜球
秘书长：解　欣

中国创造学会

地址：上海市杨浦区 1239 号
邮政编码：200092
电子信箱：ccsis@ccsis.org
主页网址：http://www.chinaccsis.com
电话：021–65986960
传真：021–65985811
理事长：徐建平
党委书记：徐建平
副理事长：张亚雷（常务）　魏　江　刘俊利
　　　　　毕亚雷　张志胜　冷护基　芮仁杰
　　　　　管忠民　殷　业　冯　林　程根银
秘书长：张亚雷
监事长：余安敏

中国高科技产业化研究会

China High-Tech Industrialization Association（CHIA）

地址：北京市海淀区阜成路 8 号档案馆楼 315 室
邮政编码：100830
电子信箱：zghw10@163.com
主页网址：http://www.chia.org.cn
电话：010–68370413/68370784
传真：010–68370884
理事长：包为民
副理事长：梁小虹（常务）　王宇宏　王映民
　　　　　王晋年　刘延宁　冯记春　沈保根
　　　　　张寿全　张宝红　康金城
秘书长：黎宇红

中国基本建设优化研究会

China Optimization Society of Capital Construction（COSOCC）

地址：北京市海淀区蓝靛厂路 1–17 号 2 楼
邮政编码：100097
电子信箱：1150869320@qq.com
主页网址：http://www.cosocc.org.cn
电话：010–62809310
传真：010–62809310
理事长：厉无畏
党委书记：徐小青
副理事长：傅泽田　石俊志　董晓庄　孙祁祥
　　　　　孙晓洲
秘书长：孙晓洲

中国科技馆发展基金会

Foundation for the Development of Science and Technology Museums in China（FDSTMC）

地址：北京市朝阳区北辰东路 5 号
邮政编码：100012
电子信箱：fdstmc@cstm.org.cn
主页网址：http://www.fdstmc.org.cn
电　　话：010–59041573
传　　真：010–59041576
理事长：殷　皓
秘书长：初学基

中国生物多样性保护与绿色发展基金会

China Biodiversity Conservation and Green Development Foundation（CBCGDF）

地址：北京市西城区西直门成铭大厦 B16E
邮政编码：100035

电子信箱：v1@cbcgdf.org
主页网址：http://www.cbcgdf.org
电话：010–68485952
传真：010–88431370
理事长：谢伯阳
副理事长：周晋峰
秘书长：周晋峰

中国高等教育学会

China Association of Higher Education
（CAHE）

地址：北京市海淀区学院路 35 号世宁大厦二层
邮政编码：100191
主页网址：https://www.cahe.edu.cn
电话：010—82289759/82289565
传真：010—82289759
会长：杜玉波
副会长：林蕙青　管培俊　张大良　郝　平
邱　勇　刘　伟　魏大鹏　姜斯宪
许宁生　李元元　王树国　韩　进
陈　骏　吴朝晖　罗　俊　张　炜
刘炯天　周旭勇　姜恩来
秘书长：姜恩来
监事长：孙维杰

省、自治区、直辖市科协，新疆生产建设兵团科协简介

北京市科学技术协会

地址：北京市朝阳区育慧里 4 号
邮政编码：100101
电子信箱：bastbgsh@126.com
主页网址：http://www.bast.net.cn/
电话：010-84635008/84635009
传真：010-84655007
主席：刘德培
党组书记：马　林
副主席：于德明　王恩哥　田　文　司马红　刘晓勘　孙宝国　孙晓峰　李德发　杨月欣　沈　岩　孟凡兴　徐明波　高　松　高　福　薛其坤

天津市科学技术协会

地址：天津市和平区和平路 287 号
邮政编码：300041
电子信箱：tastbgs@163.com
主页网址：http://www.tast.org.cn
电话：022-27120933/27129898
传真：022-23434553
主席：饶子和
党组书记：陆为民
副主席：陆为民（常务）张丽珠　卢双盈　夏秋雨　张泽峰（挂职）王树新　周其林　袁　鹰　韩振勇

河北省科学技术协会

地址：河北省石家庄市长安区西大街 73 号
邮政编码：050011
电子信箱：skxbgs2015@163.com
主页网址：http://www.hbast.org.cn
电话：0311-86049311
传真：0311-86049311
主席：段惠军
党组书记：刘纪雷
副主席：刘纪雷（常务）许顺斗　郑丽萍　张建辉

山西省科学技术协会

地址：山西省太原市迎泽区迎泽大街 388 号山西国际大厦
邮政编码：030001
电子信箱：sxskx@163.com
主页网址：http://www.sxast.cn
电话：0351-4086352
传真：0351-4068848
主席：周　然
党组书记：冯志君
副主席：张敬平　温万一　郝建新　张秀亲　马　进　王建文　孙世新　张克军　张其光　陈明昌　金智新　段志光　黄庆学　常国华　谢　红

内蒙古自治区科学技术协会

地址：内蒙古自治区呼和浩特市回民区新华大街 70 号

邮政编码：010020
电子信箱：nmgkxbgs@126.com
主页网址：http//www.imast.org.cn
电话：0471—6936018
传真：0471—6936018
党组书记：麻　魁
主席：赵　吉
副主席：麻　魁　荣昌平　苏雅来　王小海　乌　兰　刘振刚　刘景海　刘利强　苏日娜　吴苏海　宋希文　俞海明　张喜荣　林丛虎　塔　娜　路战远

辽宁省科学技术协会

地址：辽宁省沈阳市浑南区智慧三街159号
邮政编码：110167
电子信箱：lnkxbgs@163.com
主页网址：http://www.lnast.net
电话：024-23227601
传真：024-23221693
主席：郭东明
党组书记：张春英
副主席：张春英　王元立　崔铁民　朱玉宏

吉林省科学技术协会

地址：吉林省长春市朝阳区人民大街6255号
邮政编码：130021
电子信箱：reny1023@163.com
主页网址：http://www.jlskx.org.cn
电话：0431-85261419
传真：0431-85682405
主席：冯守华
党组书记：林　天
副主席：张晶莹　韩宇鸿　穆晓东　李启云　于吉红　王利祥　冯　江　刘益春　安立佳　苏忠民　冷春生　宋柏林　张会轩　金宁一　姜会林　贾　平

黑龙江省科学技术协会

地址：黑龙江省哈尔滨市南岗区中山路204号
邮政编码：150001
电子信箱：hljkx@sina.com
主页网址：http://www.hljkx.org.cn
电话：0451-82626403
传真：0451-82642716
主席：庞　达
党组书记：陶福胜
副主席：陶福胜　刘　福　臧晓敏　王豫龙　王希豹　付宏刚　包　军　孙柏涛　李　斌　李己华　李文华　杨宝峰　杨德森　周　玉　郭春景

上海市科学技术协会

地址：上海市黄浦区南昌路47号
邮政编码：200020
电子信箱：zhuzhu@sast.gov.cn
主页网址：http://www.sast.gov.cn
电话：021-53822040
传真：021-53826013
主席：陈赛娟
党组书记：马兴发
副主席：丁奎岭　丁晓东　马兴发　王建宇　李　林　沈余生　陈　平　金　力　秦文波　顾祥林　徐学敏　徐建光　梁兆正　蒋昌俊　蔡友铭

江苏省科学技术协会

地址：江苏省南京市鼓楼区北京西路30号宁海大厦2306室
邮政编码：210024
电子信箱：jskx2412@163.com
主页网址：http://www.jskx.org.cn/
电话：025-83323435
传真：025-83303700
主席：陈　骏
党组书记：孙春雷
副主席：孙春雷　刘志红　张建云　缪昌文　王广基　朱怀诚　易中懿　胡敏强　沈洪兵　常　进　任洪强　崔铁军　徐郭平　冯少东　徐春生　陈文娟　方胜昔　李千目　王建明　王　浩　高裕弟

浙江省科学技术协会

地址：浙江省杭州市下城区武林广场 8 号省科协大楼
邮政编码：310003
电子信箱：gengjie0889@dingtalk.com
主页网址：http://www.zast.org.cn
电话：0571-88091326
传真：0571-85107032
主席：姚　克
党组书记：谢志远
副主席：谢志远　陆　锦　王忠民　田　梅　王　涛
李家彪　杨小牛　应义斌　陈剑平　范　渊
蔡袁强

安徽省科学技术协会

地址：安徽省合肥市庐阳区花园街 4 号安徽省科技大厦 6–7 层
邮政编码：230001
电子信箱：ahskx62661726@126.com
主页网址：http://www.ahpst.net.cn
电话：0551-62661725
传真：0551-62655031
主席：韩　军
党组书记：王　洵
副主席：王　洵　蔡士祥　魏军锋　方勇华　王英俭
朱长飞　伍　军　刘晓平　闫红新　陈学东
项兴初　胡以华　俞本立　袁　亮　徐义流
曹云霞　蒋育翔　靳学明

福建省科学技术协会

地址：福建省福州市鼓楼区东大路 73 号省直机关东湖大院 2 号楼
邮政编码：350001
电子信箱：fjskxbgs@163.com
主页网址：http://www.fjkx.org
电话：0591-86270609
传真：0591-86270670
主席：郑兰荪
党组书记：曾能建
副主席：曾能建　林学理　史　斌　鲁伟群　田中群
焦念志　付贤智　徐西鹏　陈立典　杨江帆
江云宝　王长平　兰思仁　陈晓春　李清彪
曹　荣　翁启勇　朱鹏立　汪世华（挂职）

江西省科学技术协会

地址：江西省南昌市青山湖区洪都中大道 248 号
邮政编码：330002
电子信箱：357496307@qq.com
主页网址：http://www.jxkx.gov.cn/
电话：0791—86261298
传真：0791—86261298
党组书记：罗　莹
主席：史　可
副主席：梁纯平　孙卫民　李世锋　蔡震峰

山东省科学技术协会

地址：山东省济南市市中区杆南东街 8 号
邮政编码：250001
电子信箱：skxbgsgy@shandong.cn
主页网址：http://www.sdast.org.cn/
电话：0531-82073208
传真：0531-82073209
主席：王恩东
党组书记：王春秋
副主席：王春秋　纪洪波　张　波　秦维强　陈爱国
杨美红（挂职）　于金明　万书波　王　涛
王英龙　包振民　李术才　郑建华　郝　芳
凌沛学　梁建英

河南省科学技术协会

地址：河南省郑州市金水区花园路 53 号
邮政编码：450008
电子信箱：hnskxwz @ 163.com
主页网址：http://www.hast.net.cn
电话：0371-65707511
传真：0371-65707512
主席：曹　奎
党组书记：曹　奎
副主席：谈朗玉　房卫平　邓洪军　王继芬　阚云超

童孟进　张新友　张改平　刁玉华　常俊标
张建国　李红霞

湖北省科学技术协会

地址：湖北省武汉市武昌区八一路 9 号
邮政编码：430071
电子信箱：hbskxbgs@163.com
主页网址：http://www.hbkx.org.cn
电话：027-87815414
传真：027-87823704
主席：郭生练
党组书记：叶贤林
副主席：丁烈云　马忠星　王永良　王国斌　王焰新
叶贤林　朱　瑛　刘　侃　余　军　陈兴荣
陈焕春　钮新强　秦顺全　袁志明　窦贤康

湖南省科学技术协会

地址：湖南省长沙市东风路 17 号
邮政编码：410005
电子信箱：hnkxbgs@163.com
主页网址：http://www.hnast.org.cn
电话：0731-84884374
传真：0731-84884348
主席：张尧学
党组书记：刘小明
副主席：丁荣军　于起峰　刘小明　刘晓河　印遇龙
李　华　张辉学　陈晓红　周后德　罗　安
郑健龙　柏连阳　段美娟　秦裕辉　童旭东
傅爱军　蒋晓云　谭蔚泓

广东省科学技术协会

地址：广东省广州市越秀区连新路 171 号
邮政编码：510040
电子信箱：stainfo@sta.gd.cn
主页网址：http://www.gdsta.cn/
电话：020—83550424
传真：020—83549085
主席：陈　勇
党组书记：郑庆顺
副主席：王瑞军　王迎军　冯日光　刘建军　吴创之
吴焕泉　吴清平　陆华忠　陈　新　罗　俊
郑庆顺　徐义刚　廖　兵　瞿金平

广西壮族自治区科学技术协会

地址：广西壮族自治区南宁市青秀区古城路 31 号
邮政编码：530022
电子信箱：gxkxzxb@126.com
主页网址：http://www.gxast.org.cn/
电话：0771-2630650
传真：0771-2630650
主席：黄日波
党组书记：纳　翔
副主席：纳　翔　梁　宏　梁春花　何　求　朱其东
赵劲民　邓国富　马少健　孙国友　唐咸来
袁智军　刘翠权（挂职）

海南省科学技术协会

地址：海南省海口市美兰区国兴大道 69 号海南广场 9 号楼 7 层
邮政编码：570203
电子信箱：hnkxxcb@163.com
主页网址：http://www.hainanast.org.cn
电话：0898-65393360
传真：0898-65332244
主席：刘艳玲
党组书记：胡月明
副主席：胡月明　林　峰　郑　红　吕传柱　史海涛
刘　丹

重庆市科学技术协会

地址：重庆市渝中区双钢路 3 号科协大厦裙楼 3 楼
邮政编码：400013
电子信箱：cqkxbgs@yahoo.cn
主页网址：http://www.cqast.cn
电话：023-63003916
传真：023-63003788
主席：潘复生
党组书记：王合清

副主席：王生成　王合清　卞修武　石晓辉　龙　晖
卢　涛　刘　波　刘宴兵　许洪斌　杜云贵
李　林　李　彦　李祖伟　李儒冠　张卫国
陈昌明　周后康　钟　宁　唐伯明　唐洪军
蒋和全　程　伟　曾　礼　谭明星

四川省科学技术协会

地址：四川省成都市武侯区人民南路四段 11 号
邮政编码：610042
电子信箱：sckx@sckx.org.cn
主页网址：http://www.sckx.org.cn
电话：028-85221933
传真：028-85220824
主席：李言荣
党组书记：毛大付
副主席：经　戈　徐　勇　周利平

贵州省科学技术协会

地址：贵州省贵阳市南明区瑞金南路 40 号贵州科技馆
邮政编码：550002
电子信箱：gzkx2020@126.com
主页网址：http://www.gast.org.cn
电话：0851-85832225
传真：0851-85831965
主席：何　力
党组书记：张美圣
副主席：张美圣　陶文亮　杨泳滨　刘炳银　宋宝安
赵德刚　谭　红　杨　柱　冯新斌　秦水介
周　琦　韦　维　罗　扬　董泽琴　刘志杰
潘学军　杨三可　夏峥嵘　魏　巍

云南省科学技术协会

地址：云南省昆明市五华区护国路 26 号
邮政编码：650021
电子信箱：ynast@163.com
主页网址：http://www.yunast.cn
电话：0871-63138614
传真：0871-63155032
主席：朱有勇
副主席：丁中涛　王学勤　石丽康　白　松　朱有勇
向　云　阮朝奇　陈世波　陈钟耕　周　杰
胡　波　袁晓瑭　董瑞章　鲁　斌

西藏自治区科学技术协会

地址：西藏自治区拉萨市城关区藏大东路岗廓路西藏科协
邮政编码：850000
电子信箱：403382141@qq.com
主页网址：http://kjg.cdstm.cn/index.php?a=subweb&wsid=39&webname=xzkx
电话：0891-6890529
传真：0891-6828576
主席：杨开勇
党组书记：程四曲
副主席：程四曲　俞宏文　方江平（挂职）

陕西省科学技术协会

地址：陕西省西安市新城区新城大院
邮政编码：710006
主页网址：http://www.snast.org.cn
电话：029-63917170
传真：029-63917173
主席：蒋庄德
党组副书记：丁德科（主持工作）
副主席：王跃进　方光华　吕建军　孙振霖　李　跃
李金城　杨效宏　张俊华　郑晓静　赵　卫
赵铱民　郝　跃　翁志黔　韩开兴　程光旭
蔡钊利　谭永华　熊中元

甘肃省科学技术协会

地址：甘肃省兰州市安宁区银安路 566 号
邮政编码：730070
电子信箱：gsskxbgs@163.com
主页网址：http://www.gsast.org.cn
电话：0931-6184302
传真：0931-6184256
主席：张世珍
党组书记：陈炳东

副主席：陈炳东　张　平　毛曼君　张　炯　冯永成

青海省科学技术协会

地址：青海省西宁市城西区文景街32号国投广场A栋7楼
邮政编码：8100008
电子信箱：qhskxbgs@163.com
主页网址：http://www.qhkxw.com/
电话：0971-6335628
传真：0971-6302839
党组书记：尤伟利
主席：王　彤
副主席：徐东向　马　玉　朱春云　刘峰贵　吴向培　宋仁德　张超远　罗仙平　樊海宁

宁夏回族自治区科学技术协会

地址：宁夏回族自治区银川市金凤区人民广场西路宁夏科协综合楼
邮政编码：750011
电子信箱：nxkxbgsh@163.com
主页网址：http://www.nxkx.org/
电话：0951-5085100
传真：0951-5043588
主席：陈红缨
党组书记：陈红缨
副主席：陈国顺　张晓玲　郑　明（挂职）

新疆维吾尔自治区科学技术协会

地址：新疆维吾尔自治区乌鲁木齐市沙依巴克区新医路686号
邮政编码：830054
电子信箱：xjqkxbgs@126.com
主页网址：http://www.xast.org.cn
电话：0991-6386011
传真：0991-6386012
主席：王永明
党组书记：丁有明
副主席：丁有明　陶　鹏　海萨尔·夏班拜　谢国政　米　宁　巴哈尔古丽·库尔班

新疆生产建设兵团科学技术协会

地址：新疆维吾尔自治区乌鲁木齐市水磨沟区南湖北路516号南湖明珠大厦
邮政编码：830018
电子信箱：xjbtkx@126.com
主页网址：http://kjj.xjbt.gov.cn/
电话：0991-2896193/2896182
传真：0991-2896190
主席：徐秀芝
党组书记：徐秀芝
副主席：吕学强　叶含春　周　平　史晨辉　杨学东　陈　伟　宋晓玲　彭　延

索　引

主题索引

编制说明

1. 本索引为主题索引，以年鉴内容述及的主题为索引对象，包括收录书名、机构名、会议名等专有名词。主题选取力求概括全面、突出重点，揭示特色内容，提供多方位检索。

2. 索引范围为全书正文及附录中的部分相关内容。

3. 索引排序按先汉语拼音音序，再阿拉伯数字、拉丁字母的次序排列。

4. 索引以“见”的形式将非标引词指向标引词，例如：科技工作者评选表彰　见　优秀科技工作者举荐表彰；以“参见”揭示相关条目之间的联系，例如：建言献策　参见　决策咨询；再如：国际科技交流与合作　参见　各全国学会、省级科学技术协会。后一例指可参看年鉴中全国学会、省级科学技术协会条目下的相关内容。

5. 检索页码后的“a”为该页文献左栏，“b”为该页文献右栏。检索数字“d1.01”中“d”表示“大事记”，“1.01”表示 1 月 1 日的记录。连续页码只记录起始页。二级标题在主标题下以缩格方式显示，以“—”表示主标题的区分；以“，”表示主标题的补充说明。

C

D

E

F

G

J

K

L

M

P

Q

T

X

Y

Z

人名索引

本索引收录年鉴中的人名，先按汉语拼音音序排列中文人名，再按西文字母的次序排列其余人名。

F

G

H

J

K

L

M

X

Y

Z

国际组织机构名称索引

本索引收录国际机构组织名称，先按中文译名的拼音排列，再按西文字母的次序排列。